Zur Geschichte der Gleichung „germanisch–deutsch“

Ergänzungsbände zum Reallexikon der Germanischen Altertumskunde

Herausgegeben von

Heinrich Beck, Dieter Geuenich, Heiko Steuer

Band 34

Walter de Gruyter · Berlin · New York

Zur Geschichte der Gleichung „germanisch–deutsch“

Sprache und Namen,
Geschichte und Institutionen

herausgegeben von
Heinrich Beck, Dieter Geuenich, Heiko Steuer
und Dietrich Hakelberg

Walter de Gruyter · Berlin · New York

♾ Gedruckt auf säurefreiem Papier,
das die US-ANSI-Norm über Haltbarkeit erfüllt.

ISBN 3-11-017536-3

Bibliografische Information Der Deutschen Bibliothek

Die Deutsche Bibliothek verzeichnet diese Publikation in der Deutschen Nationalbibliografie; detaillierte bibliografische Daten sind im Internet über <http://dnb.ddb.de> abrufbar.

Printed in Germany
Einbandgestaltung: Christopher Schneider, Berlin

Vorbemerkung

Vom 1. bis 3. Dezember 2000 kamen in Freiburg Archäologen, Germanisten und Historiker zu einem Kolloquium zusammen, um der Begriffsgeschichte von ‚germanisch' und ‚deutsch' und damit auch den gemeinsamen Wurzeln ihrer Disziplinen nachzugehen. Wie wurden aus den antiken Germanen die Vorfahren der modernen Deutschen? Wie wurden die Wissenschaften von der Wahrnehmung der Germanen als nationales „Urvolk" beeinflußt? Veranstaltet wurde die internationale Tagung *Zur Geschichte der Gleichung „germanisch-deutsch"* von der Akademie der Wissenschaften zu Göttingen und vom Sonderforschungsbereich (SFB) 541 *Identitäten und Alteritäten. Die Funktion von Alterität für die Konstitution und Konstruktion von Identität* an der Universität Freiburg. Aus dem Teilprojekt C4 *Ethnische Einheiten im frühgeschichtlichen Europa. Archäologische Forschung und ihre politische Instrumentalisierung* am Institut für Ur- und Frühgeschichte und Archäologie des Mittelalters gingen auch Thema und Konzeption der Tagung hervor. Einerseits wurde in diesem Projekt dem Problem von ethnischer Identität in der Frühgeschichte und der ethnischen Interpretation archäologischer Funde unter Entwicklung alternativer Deutungsmöglichkeiten nachgegangen. Andererseits galt den politischen und wissenschaftsgeschichtlichen Implikationen, die sich aus der archäologischen Suche nach dem nationalen „Urvolk" (Johann Gottlieb Fichte) ergaben, besonderes Interesse. Mit archäologischen Funden, die als Hinterlassenschaft der Germanen angesehen wurden, ließ sich an einer weit zurückreichenden Vorgeschichte des deutschen Nationalstaats bauen, der indes erst 1871 Wirklichkeit wurde. Mit dem Aufstieg des modernen Nationalismus gegen Ende des 18. Jahrhunderts hatte die seit dem Nationsdiskurs der deutschen Humanisten nie ganz verstummte Rede über das deutsche „Urvolk" immens an literarischer und wissenschaftlicher Bedeutung gewonnen. Altertumsforscher widmeten sich der Suche nach den Sach- und Sprachaltertümern der „alten Teutschen" oder „Germanen" als Quellen unverfälschten und ursprünglichen „Volksgeistes" (Johann Gottfried Herder). Es galt, das typisch „Deutsche" im „vaterländischen Altertum" wissenschaftlich zu definieren und vom „Fremden" zu unterscheiden. Die Gelehrten griffen dazu auf archäologische Funde und Wissenstraditionen zurück, die in mittelalterlichen Handschriften und frühneuzeitlichen Drucken überliefert waren. Bis um die Mitte des 19. Jahrhunderts bildeten sich aus einer universalen „vaterländischen Altertumskunde" Einzeldisziplinen, die sich an den Universitäten etablierten. Ursprungsmythologische Begründungsversuche haben Legitimation und wissenschaftliche Fragestellungen der Fächer Germanistik, Geschichte und Ur- und Frühgeschichtliche Archäologie besonders im 20. Jahrhundert verhängnisvoll bestimmt.

Die Vorträge der Tagung *Zur Geschichte der Gleichung „germanisch-deutsch"* sind in diesem Tagungsband zusammengefaßt, teils in überarbeiteter und erweiterter Form in der Reihenfolge, in der sie gehalten wurden. Eröffnet wurde die Tagung mit den Ansprachen von Prof. Dr. Monika Fludernik, Sprecherin des SFB 541, und Prof. Dr. Gustav Adolf Lehmann, Vizepräsident der Akademie der Wissenschaften zu Göttingen. Die 21 Beiträge bilden inhaltlich drei Schwerpunkte. Sie beziehen sich auf Definition, Rezeption und Instrumentalisierung der Begriffe ‚germanisch' und ‚deutsch', der Geschichte ihrer Gleichsetzung sowie der Entstehung wissenschaftlicher Institutionen, deren Benennung und Tätigkeit auf der Gleichsetzung von ‚germanisch' und ‚deutsch' beruht.

Zu danken ist der Akademie der Wissenschaften zu Göttingen sowie der DFG und dem SFB 541 für die Übernahme der Kosten für die Ausrichtung der Tagung selbst. Während der Tagung liefen bei Frau Regina Kirsten im Institut für Ur- und Frühgeschichte und Archäologie des Mittelalters in Freiburg die Fäden für die praktische Organisation zusammen. Ihr sei für dieses Engagement herzlich gedankt. Unser Dank gilt besonders Frau Barbara Kröger M.A. von der Arbeitsstelle „Reallexikon der Germanischen Altertumskunde" bei der Akademie der Wissenschaften zu Göttingen für den sorgfältigen Satz der Manuskripte und die geduldige Ausführung so mancher Korrektur.

Freiburg, Herbst 2003 Dietrich Hakelberg, Heiko Steuer

Vorwort (Germanistik)

Karl Müllenhoff rechtfertigt in seiner *Deutschen Altertumskunde* einen ausführlichen Exkurs über die *Origo Germanorum* in Tacitus (Germ. 2, 1–2) damit, daß dieser „die wichtigste überlieferung für die geschichte unsres [d. h. des deutschen] volkes behandelt".[1] Die Feststellung erstaunt: *Deutsche* Geschichte fände in einem *germanischen* Zeugnis aus dem Munde eines *römischen* Historikers eine grundlegende Bedeutung! Nicht nur sei dieses Kapitel das wichtigste und inhaltsreichste der *Germania*, sagt Müllenhoff an anderer Stelle, es sei auch für die ganze Geschichte des deutschen Volkes und die Entwicklung seines Stammes bedeutsam und gebe für die Altertumskunde erst „den kern her".[2]

Mit den Stichwörtern „deutsch", „germanisch" und „römisch" sind die Perspektiven genannt, unter denen die Gleichung germanisch-deutsch, die diese gegenwärtige Tagung bestimmen soll, zunächst Gestalt gewann. Die Grundlagen dazu legten die Humanisten. Anlaß dazu gab die Wiederentdeckung der *Opera minora* des Tacitus. Dazu zählen *Agricola*, *Dialogus de oratoribus* und die so bedeutsam werdende *Germania*, die um die Mitte des 15. Jahrhunderts (wohl 1455) – aus dem Kloster Hersfeld oder Fulda stammend – nach Italien gelangten. Literarisch faßbar wird die *Germania* dann erstmals in einer Streitschrift des damaligen Kardinals Enea Silvio Piccolomini (des späteren Papstes Pius II.), der 1457/58 aus der *Germania* zitiert, um den durch Kirche und Christentum bewirkten zivilisatorischen Fortschritt in den deutschen Landen zu dokumentieren – und dies in Abwehr deutscher Klagen, die Kirche habe den Niedergang des Reiches verursacht. Ebenfalls aus der Germania zitiert *Giovanantonio Campano* 1471 in einer Rede, die er als Sekretär des päpstlichen Legaten für den Regensburger Reichstag entworfen hatte. Unter Hinweis auf die heroische Vergangenheit der Deutschen, wie sie die *Germania* belege, versucht er die deutschen Städte und Fürsten dazu zu gewinnen, der immer drohender werdenden Türkengefahr entgegenzutreten.

---

1 Karl Müllenhoff, Die Germania des Tacitus. Deutsche Altertumskunde, Bd. 4 (Berlin 1900) 124.

2 Müllenhoff (s. Anm. 1) 108.

Diese – hier nur angedeutete – Instrumentalisierung der *Germania* in einer zeitgenössischen Perspektive nahmen die deutschen Humanisten als ein „Identifikationsangebot“ (wie Achim Masser es nannte) auf, das ihnen Gelegenheit bot, eine nationale Vergangenheit zu reklamieren, die in ungebrochener Kontinuität in die von Tacitus beschriebenen germanischen Zeiten zurückreichen würde. So lautet denn der Titel der ersten Übertragung der *Germania* ins Deutsche durch Johann Eberlin von Günzburg (1526) *Ein zamengelesen buchlin von der Teutschen Nation gelegenheit, Sitten und gebrauche, durch Cornelium Tacitum vnd etliche andere verzeichnet.* Es ist die *Teutsche Nation*, die mit Hilfe des römischen Historikers eine germanische Epoche einschloß.[3]

Die Gleichung germanisch-deutsch, die also ursprünglich eine Erfindung der römischen Humanisten war, erfuhr nach dieser Grundlegung eine neue Aktualisierung im 19. und beginnenden 20. Jahrhundert durch die historische Sprachwissenschaft einerseits, die sich mehr und mehr entfaltende völkische Ideologie andererseits.

Das 19. Jahrhundert erlebte eine glanzvolle Entfaltung der Sprachforschung. Ihre Methoden schienen so begründet und tragfähig zu sein, daß von „Lautgesetzen“ die Rede war. Nach ihrem Selbstverständnis agierte sie weitgehend (wenn auch nicht ganz unwidersprochen) als eine Kulturwissenschaft, in der die Sprachforschung hierarchische Priorität beanspruchte. In Verbindung mit einem Kulturbegriff, der Sprache, Stamm und Nation in eins setzte, führte dies zu einer germanisch-deutschen Vergangenheitsrekonstruktion von ungeahnter historischer Tiefe und inhaltlicher Breite. Jacob Grimm konnte auf dieser Basis das Adjektiv *deutsch* steigern und unterschiedliche Grade der „Deutschheit“ erkennen. Die höchste Stufe des „Deutschen“ war für ihn da gegeben, wo der „germanische“ Sprachgeist zum Durchbruch kam, im „Deutschen“ das „Germanische“ wieder aufschien.

Die Germanität des Deutschen erfuhr auch in der 2. Hälfte des 19. Jahrhunderts eine erneute Vertiefung. Es war die Debatte um die Urheimat von Indogermanen und Germanen, die im norddeutschen Raum gesucht wurde und die erlaubte, eine geographische, sprachliche und ethnische Kontinuität von Urzeiten bis in die Gegenwart zu postulieren.

---

3 Vgl. zum Thema Achim Masser (Hrsg.), Johann Eberlin von Günzburg, Ein zamengelesen buochlin von der Teutschen Nation gelegenheit, Sitten vnd gebrauche, durch Cornelium Tacitum vnd etliche andere verzeichnet (1526) (Innsbruck 1986) 16ff. Ludwig Krapf, Germanenmythos und Reichsideologie. Frühhumanistische Rezeptionsweisen der taciteischen „Germania“ (Tübingen 1979).

Die „vaterländische" Komponente (wie Jacob Grimm es nannte) war seit den Anfängen Teil der Sprachwissenschaft und Philologie. Sie entwickelte sich zu einem beherrschenden Faktor in der Deutsch- und Germanenkunde – bis hin zu einem Konzept der Erneuerung des deutschen Volksgeistes aus den Quellen der germanischen Vergangenheit. „Germanische Wiedererstehung" war das Losungswort der ersten Hälfte des 20. Jahrhunderts. Möglich gemacht haben diese Wiedererstehung die deutsche Wissenschaft und die deutschen Gelehrten, die „mit unsagbarer Mühe und rastlosem Fleiß in stiller Stube ältestes Schrifttum durchforschten und zu deuten suchten; Gelehrte, die die alten Baudenkmäler auf den Ursprung ihrer Form prüften, die den Erdboden nach Resten des alten Kunstgewerbes durchwühlten, die alte Heldensage, die alten Bräuche und die alte Lehre der Götter wieder zutage förderten".[4]

Es braucht nicht geleugnet zu werden, daß die zu solcher Programmatik aufgebotenen Gelehrten in ihrer Mehrheit auch zum heute noch anerkannten Fortschritt der Germanen- und Deutsch-Wissenschaft beigetragen haben. Ebenso richtig ist es aber auch, daß es Aufgabe der Wissenschaft ist, in hermeneutischer Besinnung Voraussetzung und Bedingung des eigenen Denkens ins Blickfeld zu rücken. Die Gleichung deutsch-germanisch ist das Produkt altertumskundlicher Anschauungen, die bis in die Humanistenzeit zurückreichen und die im 19. und 20. Jahrhundert wissenschaftsbestimmend geworden sind. Aufgabe dieser bevorstehenden Tagung wird es sein, die hermeneutische Besinnung darüber zu befördern, daß dieses Konstrukt auf heute in Frage gestellten Voraussetzungen beruht.

Heinrich Beck

---

4 Hermann Nollau (Hrsg.), Germanische Wiedererstehung. Ein Werk über die germanischen Grundlagen unserer Gesittung (Heidelberg 1926) 9.

Vorwort (Geschichte)

Die im kollektiven Bewußtsein gespeicherte Gleichung „germanisch – deutsch", die auf dem den folgenden Beiträgen zugrunde liegenden wissenschaftlichen Kolloquium diskutiert und von allen Autoren aus unterschiedlichen Blickwinkeln kritisiert wurde, wird wohl auch durch den vorliegenden Band nicht aus dem Bewußtsein verdrängt werden. Schon die Tatsache, daß Deutschland von den Italienern *Germania*, von den Engländern und Amerikanern *Germany* und von den Russen *Germanija* genannt wird, sichert der auf der Tagung zu Recht als irreführend und unhaltbar kritisierten Gleichsetzung auch künftig ein gesichertes Fortleben. Die Sprach- und Literaturwissenschaft des Deutschen wird an den Universitäten weiterhin als *Germanistik* betrieben werden, und die *Germanisten* werden die volkssprachigen Zeugnisse des 8. Jahrhunderts auch künftig als althoch*deutsche* Sprachdenkmäler bezeichnen, obwohl es zu dieser Zeit weder eine *deutsche* Sprache noch ein *deutsches Volk* noch ein *deutsches* Reich, ja nicht einmal die Volksbezeichnung *deutsch/*diutisk/*theodisk* gab. Der Ostfrankenkönig Ludwig II. (840–876) wird weiterhin *der Deutsche* genannt werden – mit der Begründung, daß die zeitgenössischen Quellen ihn als *rex Germaniae* bezeichnen; und die *Baioarii, Saxones, Franci* und *Alamanni* des 9. Jahrhunderts werden auch künftig als Untereinheiten des *deutschen* Volkes angesehen werden, obwohl dieses zu jener Zeit weder im Bewußtsein noch in der verfassungsgeschichtlichen Realität existierte.

Dennoch ist es kein vergebliches Bemühen, sondern ein wissenschaftliches Erfordernis unserer Zeit, die Denkmuster des 19. und 20. Jahrhunderts zu analysieren, zu durchschauen und als solche zu erkennen. Denn obwohl die Geschichtsforschung unserer Tage, die „moderne Mediävistik" (Hans-Werner Goetz),[1] in der Analyse und Beurteilung vieler historischer Entwicklungen zu einer veränderten Sehweise und damit auch zu neuen Erkenntnissen gelangt ist, sind die offenkundig überholten Denkmuster des 19. und 20. Jahrhun-

[1] Hans-Werner Goetz, Moderne Mediävistik. Stand und Perspektiven der Mittelalterforschung (Darmstadt 1999).

derts keineswegs gänzlich überwunden. Wenn wir beispielsweise inzwischen die Entstehung des deutschen Reiches als einen lange währenden, komplexen Prozeß zu sehen gelernt haben, der nicht von einem schon lange zuvor bestehenden deutschen Volk ausgegangen ist, sondern dieses erst hervorgebracht hat, so ist daneben das traditionelle Bild von der bewußten und willentlichen Schaffung des Reiches durch die „deutschen Stämme" noch immer in den Köpfen nicht nur der nichtwissenschaftlichen Öffentlichkeit. Und wenn wir die Entstehung von Völkern inzwischen als eine lange Kette von Ethnogenesen verstehen und nachvollziehen können, so ist daneben das überkommene Bild vom Stamm als Abstammungsgemeinschaft, der sich über Jahrhunderte, ja Jahrtausende seine Identität bewahrt, nicht auszurotten.

Hier in Freiburg und am Oberrhein etwa ist im Bewußtsein der Menschen, die seit mehreren Generationen in dieser Region wohnhaft sind, ganz offenkundig die Vorstellung, sie seien „Alemannen", sie sprächen „alemannisch", sie hätten „alemannische" Fastnachtsbräuche usw., fest verwurzelt, und die daraus resultierende Überzeugung einer ungebrochenen „alemannischen" Kontinuität in Wesensart, Sprache und Brauchtum vom 3. bis ins 21. Jahrhundert ist allenthalben vorhanden und spürbar. Das 1978 erschienene Buch des Archäologen Rainer Christlein über „Die Alamannen" mit dem bezeichnenden Untertitel „Archäologie eines lebendigen Volkes" beweist zudem, daß die Vorstellung, die Alemannen seien „eine heute noch lebende Volksgemeinschaft" und bei ihrer Erforschung begebe man sich „auf die Suche nach den Ursprüngen unseres heutigen Staatswesens", auch in Werken mit wissenschaftlichem Anspruch vertreten wird.[2]

In gleicher Weise wird die Kontinuität des deutschen Volkes bis in die Römerzeit zurückprojiziert, als seien es die Deutschen gewesen, die – damals noch *Germanen* genannt – unter Arminius die römischen Legionen des Varus vernichtet haben, und als seien es die Deutschen gewesen, die – damals noch *Franken* und *Alemannen* genannt – den „Untergang des römischen Reiches" herbeigeführt hätten.

Es ist also durchaus erforderlich und sinnvoll, Irrwege der Geschichtsforschung und Geschichtsschreibung als solche aufzuzeigen – nicht in besserwisserischer Attitüde der später Geborenen, sondern um den inzwischen erzielten Fortschritten in der Geschichtswissenschaft Geltung zu verschaffen und um neueren Forschungen ein verläßliches Fundament zu geben. Auf die-

---

[2] Rainer Christlein, Die Alamannen. Archäologie eines lebendigen Volkes (Stuttgart/Aalen [2]1979).

se Weise kann auch die Geschichtswissenschaft, der es – im Gegensatz etwa zur Archäologie, die sozusagen täglich neue Funde macht – nur selten vergönnt ist, neue Quellen zu entdecken, zu neuen Erkenntnissen gelangen.

Dieter Geuenich

Vorwort (Ur- und Frühgeschichtliche Archäologie)

Die Vorgeschichte oder Ur- und Frühgeschichte, auch Mitteleuropäische Archäologie, spielt in der Diskussion um die Gleichung „germanisch-deutsch" nur eine randliche Rolle, denn das Fach wurde als Wissenschaft an den Universitäten erst spät etabliert, nachdem eine „deutsche Altertumskunde" schon längst existierte. In Österreich erhielt Moritz Hoernes (1852–1917) in Wien 1899 eine außerordentliche Professur und wurde 1911 Ordinarius. In Deutschland erreichte Gustaf Kossinna (1858–1931) nach Anstrengung 1902 eine außerordentliche Professur in Berlin. Noch deutlich später wurde Gero Merhart von Bernegg (1866–1959) im Jahr 1929 der erste Ordinarius für Prähistorie an einer Universität in Deutschland, und zwar in Marburg. Der eigentliche universitäre Ausbau des Faches erfolgte erst in der Zeit des Dritten Reichs.

Forschungen zur Ur- und Frühgeschichte in Mitteleuropa sind jedoch deutlich älter. Im Jahr 1852 wurde schon als neuer Zusammenschluß älterer Gruppierungen der *Gesamtverein der Deutschen Geschichts- und Altertumsvereine* gegründet, damit zusammenhängend auch in dem selben Jahr das *Germanische Nationalmuseum* und außerdem das *Römisch-Germanische Zentralmuseum* (RGZM). Später, im Jahr 1902, kam die *Römisch-Germanische Kommission des Deutschen Archäologischen Instituts* (RGK) hinzu, als Nachfolgerin der *Reichlimeskommission* von 1890 für die Archäologie der römischen Provinzen.

Johann Gustav Büsching (1783/1829) als Professor für „geschichtliche Hilfswissenschaften und Alterthümer" gab schon 1824 einen *Abriß der deutschen Alterthumskunde* heraus, Gustav Klemm veröffentlichte 1836 ein *Handbuch der germanischen Alterthumskunde*, Ludwig Lindenschmit (1809–1893), erster Direktor des RGZM, veröffentlichte seit 1864 die *Alterthümer unserer heidnischen Vorzeit* und begann 1880, ein *Handbuch der deutschen Alterthumskunde* zu veröffentlichen, von dem er nur den Band zur Merowingerzeit vorlegte, der archäologische Funde brachte. Während Lindenschmit für die Merowingerzeit von „deutschem Altertum" sprach, wählten andere zuvor die Bezeichnung *Germanische Ueberreste aus der sogenannten Merovingischen Zeit.*[1]

---

1 So die Tafelüberschriften im Band: Abbildungen zum Correspondenz-Blatt der Geschichts-

Es sei daran erinnert, daß Max Ebert (1879–1929), Berliner Ordinarius seit 1927, das *Reallexikon der Vorgeschichte* in 14 Bänden von 1924 bis 1929 vorlegte; zuvor war schon von Johannes Hoops (1865–1949) das *Reallexikon der Germanischen Altertumskunde* in 4 Bänden 1911–1919 herausgebracht worden, interdisziplinär und enzyklopädisch angelegte Realienkunden mit wesentlicher Berücksichtigung der archäologischen Funde.

Im Jahr 1900 kamen der *Verband der west- und süddeutschen Vereine für Altertumsforschung* und 1905 der *Nordwestdeutsche Verband für Altertumsforschung* hinzu.[2] Der Berliner Mediziner Rudolf Virchow (1821–1902) regte 1869 die Gründung einer *Deutschen Gesellschaft für Anthropologie, Ethnologie und Urgeschichte* an, bei deren (der *Deutschen Anthropologischen Gesellschaft*) Jahresversammlung 1895 der Germanist und Urgeschichtsforscher Gustaf Kossinna (1858–1931) den berühmt gewordenen Vortrag „Über die vorgeschichtliche Ausbreitung der Germanen in Deutschland" hielt, womit er ein Paradigma formulierte, mit dem er die Germanen (und andere Völkerschaften) weit in die Zeit vor ihrer ersten schriftlichen Erwähnung verfolgen zu können meinte.

Die Archäologie stellt über ihre Funde und Befunde in Zeit und Raum (nach der Kartierung) verankerte Daten zur Verfügung, d. h., im Gegensatz zur Sprachwissenschaft konnte die Urgeschichte seit dem 19. Jahrhundert relativ exakte chronologische Einordnungen für archäologische Kulturen, Kultur- oder Formenkreise nennen und ihre jeweilige Verbreitung auf dem Kartenbild erfassen. Damit waren die Grundlagen gegeben, um zur ethnischen Deutung herangezogen zu werden.

Wenn vom *Germanischen Nationalmuseum* gesprochen wurde oder von „deutscher Alterthumskunde", von „vorgeschichtlichen Germanen", was war dann damit jeweils gemeint? Es soll überprüft werden, wie die Wahl der Bezeichnung Ergebnis einer Mode des Zeitgeistes war oder wie damit bestimmte ideologische Vorstellungen transportiert wurden und werden, und zwar bis in die Gegenwart.

Es war eine Selbstverständlichkeit für das allgemeine „gebildete Bürgertum" im Deutschland des 19. und 20. Jahrhunderts, die Germanen des Ariovist und die des Arminius als „Deutsche" zu bezeichnen, und parallel dazu

---

und Alterthums-Vereine, 9. Jg., 1861. Alle 38 Tafeln sind unterschrieben: „Graphisch archäologische Vergleichungen des Grafen Wilhelm von Württemberg."

2 Georg Kossack, Prähistorische Archäologie in Deutschland im Wandel der geistigen und politischen Situation. Bayerische Akademie der Wissenschaften, Phil.-Hist. Klasse, Sitzungsberichte Jg. 1999, Heft 4 (München 1999) 37.

sah man die Germanen als Völkerschaften an, die schon seit Jahrhunderten oder gar Jahrtausenden (nach Gewinnung neuer Chronologie-Vorstellungen) im nördlichen Mitteleuropa und südlichen Skandinavien gelebt haben, wo zuvor die Indogermanen entstanden seien oder wohin sie eingewandert sein sollten. Somit wird zugleich mit der Frage nach den Ursprüngen der Germanen das Indogermanen-Problem berührt, d. h., es gab im Zuge der Identitätssuche im 19. Jahrhundert und im neuen Kaiserreich eine Denklinie von den neuzeitlichen Deutschen über die Germanen der Eisen- und Bronzezeit zu den Indogermanen der Jungsteinzeit.

Für die Ur- und Frühgeschichtliche Archäologie war es ein Ziel der Tagung, in der Diskussion herauszuarbeiten, welche Auffassungen von Kontinuitäten bestanden und wer jeweils mit den „Deutschen" gemeint wurde, mit den Germanen der Zeit des Tacitus und den Germanen der vorchristlichen Epochen. Es ist die Dreiheit des sprachlichen, des historischen und des anthropologisch bzw. rassenbiologischen Germanen-Begriffs. Es ist zugleich auch die Dreiheit der topographisch-territorialen Kontinuität im Besiedlungswesen, der politischen Kontinuität von Stammesarealen und der sprachlichen Kontinuität (in den Fluß- und Flurnamen). Was bedeuteten die Vorstellungen von derartigen Kontinuitäten, sofern sie bestehen und beweisbar waren; welche Relevanz im historischen Sinne folgt daraus für die jeweilige Gegenwart des 19. und frühen 20. Jahrhunderts, für den Zeitgeist oder für das allgemeine bürgerliche Verständnis von deutscher und germanischer Geschichte – was man auch als kollektives Gedächtnis der bürgerlichen Gesellschaft bezeichnen kann.

Fragestellungen und Paradigmen jeder Wissenschaft hängen von den geistigen Strömungen der Zeit ab, in die der Forscher immer eingebunden ist und worüber er sich nur eingeschränkt selbst Rechenschaft ablegen kann. Im Rückblick fällt das wesentlich leichter.[3] Die Übernahme völkischen Denkens aus anderen Wissenschaften und den Zeitgeistströmungen durch die Ur- und Frühgeschichtliche Archäologie, die damit eine scheinbar sichere methodische Grundlage für die ethnische Deutung archäologischer Kulturgruppen gewonnen hatte, schuf ein bis in die Gegenwart wirkendes Paradigma. Seine Grundlagen, die nach Fortgang der Forschung heute nicht mehr Bestand haben, wurden im Verlauf der Jahrzehnte aber vergessen. So bestimmt dieser methodische Ansatz immer noch weite Bereiche der ur- und frühgeschichtlichen Wissenschaft, und die scheinbar gesicherten Ergebnisse wurden im 20. Jahr-

[3] Kossack 1999, 6, 33, 44.

hundert außerhalb dieser Wissenschaft politisch instrumentalisiert, mit chauvinistischen Zielen und bedrückenden Folgen.[4]

Heiko Steuer

[4] Vgl. dazu die Beiträge in: Heiko Steuer (Hrsg.) unter Mitarbeit von Dietrich Hakelberg, Eine hervorragend nationale Wissenschaft. Deutsche Prähistoriker zwischen 1900 und 1995. Ergänzungsbände zum Reallexikon der Germanischen Altertumskunde, 29 (Berlin/New York 2001).

Inhalt

Germanisch-Deutsch – RGA-E Band 34 – Seiten 1-23

Germani und die Benennungsmotive für Völkernamen in der Antike

von STEFAN ZIMMER

0. Der Name der Germanen ist nach wie vor nicht überzeugend geklärt. Auch die folgenden Ausführungen erheben keinen Anspruch, das alte Rätsel zu lösen. Die Ausführungen hier wollen erstens eine kurze kritische Stellungnahme zu der letzten Darstellung geben,[1] zweitens einen Überblick über die formalen Möglichkeiten der Analyse versuchen und drittens einige wenige Beispiele für Völkernamen (VN) aus verschiedenen nichtgermanischen Sprachen präsentieren, deren Etymologie als geklärt gilt; daraus kann abschließend eine tentative Zusammenstellung belegter Benennungsmotive für antike Ethnika gewonnen werden.

1. Gegenwärtiger Forschungsstand

1. 0. Wie die überwältigende Mehrheit der alten Völker- und Stammesnamen ist auch die Bezeichnung *Germani* trotz intensiver Bemühungen vieler Forschergenerationen bis heute sprachwissenschaftlich nicht geklärt: weder besteht Einigkeit über die formale Analyse, noch über die damit verbundene Vorstellung, mit anderen Worten das Benennungsmotiv, aus dem heraus der Begriff geprägt wurde. Einen vorzüglichen Abriß des Forschungsstandes hat kürzlich Günter Neumann gegeben; er wird im folgenden als bekannt vorausgesetzt.[2]

1. 1. Neumann hat sich mit Recht auf eine Auswahl der seiner Ansicht nach wesentlichen und der allenfalls noch diskutablen Thesen beschränkt, dazu jeweils kritisch Stellung genommen und sich schließlich, mit aller gebotenen

[1] Neumann 1998b.

[2] Neumann 1998b. Erst im Januar 2001 ist Parson/Sims-Williams (2000) erschienen, der wichtige Beiträge zu den altkeltischen Namen enthält. Auf einiges konnte in Fußnoten noch hingewiesen werden.

Vorsicht, für eine Modifikation der sogenannten „jüngeren Deutung" Muchs entschieden. Wie ich zeigen werde, hält auch sie einer kritischen Prüfung nicht stand. Die Beleglage zeigt, daß der Name zuerst im keltisch-germanischen Übergangsgebiet aufgetreten ist, möglicherweise schon im 3., jedenfalls aber im 1. Jahrhundert, und ganz offenbar als Bezeichnung für eine eher kleinere Gruppe. Die terminologische Problematik (Stammesname, Ethnonym usw.) bleibt hier ausgeblendet; es könnte sich ja auch um die Benennung einer weder ethnisch noch linguistisch zu definierenden Sondergruppe gehandelt haben, etwa um einen Kultverband oder eine Amphiktyonie. Zum Volksnamen im heute üblichen Sinne ist *Germani* erst durch Caesar geworden, dem die strenge Abgrenzung zwischen Kelten und Germanen ein politisch bedeutsames Anliegen war. Die Germanen selbst haben sich im Altertum nie selbst so benannt.

1. 2. Alle Autoren scheinen darin übereinzustimmen, daß der Name entweder keltisch oder germanisch sein müsse; mit dem lateinischen Adjektiv *germānus* „leiblich, wirklich, echt" sind allenfalls sekundäre Beziehungen angenommen worden. Die vorgelegten Deutungen aus dem Keltischen stammen in der Regel von Germanisten ohne ausreichende keltische Sprachkenntnisse; manche postulierten keltischen Wörter sind bisher unbelegt, die Wortbildung niemals in annehmbarer Form erläutert worden. Das aber wäre unabdingbar: Bloße Wurzeletymologien helfen nicht weiter. Sie beruhen allzu oft auf dem zufälligen Stand des benutzten Wörterbuchs und vernachlässigen dort unberücksichtigte morphologische und phonologische Erkenntnisse.

1. 3. Die germanistischen Deutungen, auch Neumanns eigener Vorschlag, den er vorsichtig als „am wenigsten angreifbar" präsentiert, sind insgesamt mit erheblichen formalen wie semantischen Problemen belastet. Ernsthafter Erwägung wert scheint mir folgendes:

1. 3. 1. Die Gleichsetzung von **German-* in *Germani* mit dem Personennamen-Element *Germen-* in den westfränkischen komponierten Personennamen *Germen-berga, -ulfus, -burg* „usw.", mit Annahme eines Wandels *-a-* > *-e-* in der zweiten, unbetonten Silbe, dürfte unproblematisch sein.

[3] Vgl. Neumann 1998a.

1. 3. 2. Die (früher abgelehnte)[3] Identifikation dieses Elements mit dem Vorderglied des suebischen Göttinen- (wohl besser: Matronen-) Namens *Garman-gabis* (steht neben *Ala-gabiae* und *Fria-gabis*, daher ist die Trennung zwischen Vorder- und Hinterglied ausreichend gesichert) erfordert eine tragfähige Erklärung für den Vokal *-a-* der ersten Silbe. Neumanns – in Klammern gesetzte – Bemerkung „Das *a* der ersten Silbe wird insel-kelt. Einwirkung verdankt" reicht in keiner Weise aus. Nicht viel deutlicher war seine frühere Formulierung: „Das a (statt e) erklärt sich aus dem Einfluß des kelt. Substrats auf das Sprech-Latein in Britannien, ist also etymologisch nicht relevant. (Im gleichen Raum finden sich auch Schreibungen wie *Garmanus* statt des VNs *Germanus* usw.)"[4] Warum soll eine suebische Truppe den Namen ihrer german. Gottheit nach britischem Lautstand umformen? Latein sprechende Briten würden kaum ein germanisches **German-* in *Garman-* abändern, da der Anschluß an klassisch-lateinisch *germanus* ja viel näherliegt. Ein britisches Lexem **garman-* ist völlig unbekannt. Außerdem handelt es sich um die doch wohl betonte, daher weniger etwaigem Wandel unterliegende Erstsilbe.

1. 3. 3. An der Existenz eines indogermanischen Nominalsuffixes **-men-/-mon-/-mn-* ist nicht zu zweifeln;[5] damit werden u. a. neutrale Nomina agentis gebildet vom Typ lat. *agmen* „Truppe, Schar" < *„das was geht/treibt". Klärungsbedarf besteht in der Frage, ob die von Neumann angeführten Belege wirklich allesamt dazu gehören. Insbesondere scheint eine Abgrenzung gegenüber dem Suffix des medialen Präsenspartizips **-m*h_1*no-* erforderlich.[6] Sehr alte Bildungen könnten meines Erachtens sehr wohl germanisches *-mana-* als Fortsetzer dieses Suffixes enthalten, Belege[7] für vokalischen Reflex von zwischen-konsonantischem Laryngal im Germanischen fehlen jedoch, mit der bekannten Ausnahme des *Vater*-Wortes. Was Neumann an keltischen Beispielen für **-men-/-mon-/-mn-* bringt, ist zum Teil mißverständlich oder gar mißverstanden,[8] die von Sabine Ziegler übernommene Deutung der bei-

4 Neumann 1998a, 448.

5 Siehe z. B. Haudry 1972, Melchert 1983, Stüber 2000. Zur Bedeutung der verschiedenen Funktionen siehe Stüber 1998, 49–51.

6 Beekes 1995, 250, erklärt dieses als Kombination der Schwundstufe von *-*h_1*en-* (sic) mit einem Verbalnomen auf *-m-*.

7 Vgl. Meid 1967, 131, der jedoch von einem überholten Rekonstrukt ausgeht.

8 Kymrisch *tam*, *temm-yn* weist eindeutig auf **-sm-*; *-yn* ist Singulativ-Suffix. Gallisch *anuana* = kymrisch *enwein* (Umlaut analogisch), vgl. Sg. altkymrisch *anu* : altirisch *ainm* < idg. ***h_1*n̥m-én-* (so, also ohne zweiten Laryngal, mit ausführlicher Begründung, Stüber 1998, 53–59) gegenüber der sonstigen Vollstufe ***h_1*nóm-n̥*, ***h_1*ném-n̥-s* usw.

den Namen *Nertomanus* und *Cenomani* sicher falsch: **Nertomanus* ist eine vox nihili,[9] Ziegler wohl einer Fehllesung von *Nerto-marus* „dessen Kraft groß ist" zum Opfer gefallen. *Ceno-mani* steht neben *Ceno-manni* und anderen Namen mit gleichem und ähnlichem Hinterglied. Hier ist die Doppelkonsonanz eindeutig lectio difficilior, womit ein anderes Element vorläge, vielleicht sogar das Subst. „Pferd, Pony" (gallisch *mandu-* > lat. *mannus*); falls dennoch *-manus* richtig sein sollte, wäre eher an Gleichsetzung mit altlat. *mānus* „bonus" zu denken, da das etymologisch entsprechende keltische Lexem in kymrisch *mawn-wynt* „guter Wind" belegt ist. Ein „gall. Suffix *-mano-*" mit „intensivierender Funktion" ist bisher nicht bekannt.

1. 3. 4. Neumann bezieht sich auf eine indogermanische Wurzel **g^her-* „begehren" (mit velarem Tektal); eine solche Wurzel gibt es nicht. Vermutlich liegt ein Druckfehler für **ĝ^her-* „Gefallen finden" vor, also mit palatalem Tektal, der wegen awest. *zara-* „Streben, Ziel" angesetzt werden muß.[10] Die semantische Einengung auf „begehren" empfiehlt sich nicht, da altindisch *háryati* und griechisch χαίρω auf eine starke Konnotation von „sich freuen (an)" weisen.

1. 3. 5. Neumanns semantische Deutung von **german-* (neutrum) „das, was begehrt, ersehnt, gewünscht wird", demnach *Germani* „die das Erwünschte haben/bringen", ist erläuterungsbedürftig. Denkt er an eine elliptische Bezeichnung? Sie wäre vielleicht typologisch abzustützen durch den Verweis auf den wohl einzigen sicher als indogermanisch rekonstruierbaren Völkernamen **Venetoi* „die Erwünschten/Geliebten" o. ä.

2. Kritik des derzeitigen Forschungsstandes

2. 1. Neumann hat bereits darauf hingewiesen, daß „die indogermanische Grundsprache [...] allein fünf verschiedene Wurzeln *ger-* [und] sechs *g^her-*" kenne.[11] Er hätte ferner auf die entsprechenden Wurzeln mit *-a-*Vokal sowie

---

9 Weder von Holder 1891–1913 noch bei Schmidt 1957 oder Evans 1967 gebucht.

10 Rix 1998, 156f., ders. 2001, 176f.

11 Neumann 1998b, 259b. Pokorny 1959, 382–90 und 439–43, hat vier Wurzeln *ger-*, zwei Wz. *ĝer-*, drei Wz. *gher-*, sieben Wurzeln *ĝher-* (in Pokornys Schreibung; Varianten hier unberücksichtigt) mit folgenden Bedeutungen (Angaben vereinfacht): „zusammenfassen, sammeln; heiser schreien; drehen, winden; wachen, wecken; morsch werden; krank sein; Schallwort; reiben; hervorstechen; begehren; kratzen; strahlen; greifen, fassen; Darm; kurz, gering; starren".

diejenigen mit Laryngal verweisen können. Rix, der den neuesten Forschungsstand bezüglich des aus verbalen Bezeugungen zu erschließenden Lexikons dokumentiert (die nur nominal belegten Wurzeln sind also noch nicht einmal erfaßt!),[12] verzeichnet folgende formal in Betracht kommende Wurzeln:[13]

**ĝar-*	tönen, rufen (iran., kelt., griech.; viell. lat., germ. [**karō-* f. Sorge, Klage])
**ĝerh$_2$-*	aufreiben, alt machen (ind., iran., slav., griech.)
1**ĝ^{h}er-*	Gefallen finden (ital., ind., griech.)
?2**ĝ^{h}er-*	nehmen, holen (ind.)
?3**ĝ^{h}er-*	strahlen, scheinen; sehen (slav., balt.)
?**ĝ^{h}eRH-*	zürnen (ind., iran.)

2. 2. Ferner muß die Möglichkeit von Formen, die durch sog. Schwebeablaut entstehen, in Betracht gezogen werden; daraus ergibt sich zumindest eine weitere zu berücksichtigende Wurzel, nämlich

**g^{h}rem-*	dröhnen, wüten (iran., balt., slav., germ. [got. *gramjan* erzürnen, evtl. denom. zu an. *gramr*, as. *gram*]).

2. 3. Nur der Vollständigkeit halber sei erwähnt, daß mit Labiovelar anlautende Wurzeln nicht in Frage kommen, da anlautendes idg. **g$^{u̯}$-* zu kelt. *b-*, germ. *kw-* (außergot. *k*) wird, anlautendes **g$^{u̯h}$-* zu kelt. *gu̯-*, german. nach traditioneller Auffassung entweder zu *g-* (jedoch nur vor *o, u, C*) bzw. *w-* (vor *e, i, a*) oder zu *b-* wird (letzteres nach Seebold).[14]

2. 4. Die Forschung hat offensichtlich die Analyse *Ger-man-i* bevorzugt, doch ist eine Abtrennung *Germ-an-i* nicht von vornherein unwahrscheinlicher. Evtl. liegt eine Bildung mit dem sog. Hoffmann-Suffix **-h$_3$en-* (> vorgerman. **-on-* > german. **-an-*) vor,[15] die etwa „mit Wut versehen (o. ä.)" heißen und meines Erachtens auf eine **Wodanaz*-Kultgemeinschaft hinweisen

---

[12] Rix 1998; ders. 2001.

[13] Sprachennamen werden in den folgenden Zusammenstellungen wie üblich abgekürzt.

[14] Auf die keltologische und germanistische Diskussion von Details ist an dieser Stelle nicht einzugehen.

[15] Hoffmann 1955; Fußnote 3 spricht sich für Laryngal 1 aus. Zur Berechtigung des Ansatzes mit Laryngal 3, zuerst von Hamp 1972 gefordert, siehe zuletzt Oettinger 2000, 397.

könnte. So ähnlich (allerdings fälschlich als keltische Bildung) hat das bereits Schnetz 1923 vorgeschlagen.[16] Die Annahme einer bei der Wurzel nur hier belegten Vollstufe I wäre allerdings als „ad hoc" zu bezeichnen. Sie mag unwahrscheinlich sein, gänzlich auszuschließen ist sie nicht.

2. 5. Alle mit velarem oder palatalem a s p i r i e r t e m Tektal anlautenden der genannten Wurzeln erscheinen im Keltischen wie im Germanischen gleichermaßen als _*ger-_ (beide Sprachen sind Kentumsprachen; im Keltischen fallen die Mediae Aspiratae mit den Mediae zusammen, im Germanischen bewirkt die 1. Lautverschiebung den Wandel Media Aspirata > Media [mit spirant. Allophonen]); dagegen kommen Wurzeln mit anlautendem velaren oder palatalen s t i m m h a f t e n Tektal nur dann in Betracht, wenn mit einem keltischen Etymon gerechnet wird, da idg. _*g-_ und _*ĝ-_ durch die 1. Lautverschiebung zu germanisch _*k-_ werden.

2. 6. Auch ohne Festlegung auf die eine oder andere Wurzel läßt sich also sowohl ein keltisches wie ein germanisches _*ger-men-_ konstruieren; wenn _*garmen-_ angesetzt wird, ist das keltisch und entweder eine Ableitung von der Wz. _*ĝar-_ „rufen" oder ein Fortsetzer einer Bildung mit tiefstufiger Wurzel, also _*gr̥-men-_.

2. 7. Das bereits genannte mediale Partizipialsuffix erscheint im Keltischen als _*-mno-_, das nach Vokal zu _*-un-_ wird; im Germanischen ist es nicht (bzw. jedenfalls nicht hinreichend sicher)[17] belegt. Das ablautende Suffix _*-men-_, das gewöhnlich nomina actions bildet, dürfte daher eher in Betracht kommen. Germanisches _*-man-_ muß auf _* mon-_ zurückgehen. Die Flexion von got. _namo, namins_ usw. zeigt noch den Ablaut _*-mō(n)-Ø / *-men-s._ Die ursprünglich wohl überwiegend neutralen Bildungen sind im Germanischen durchweg zu Maskulina geworden.[18] Weiterbildungen gehen von der Tiefstufe aus: germ. _*-munja-_ < idg. _*-mn̥- i̯o-_, germ. _*-umnja-_ < _*-m̥n-i̯o-_ (ursprünglich wohl Dubletten: die erste Variante nach Vokal, die zweite nach Konsonant). Solange an der germanischen Natur des Germanennamens festgehalten wird, muß das _-a-_ kurz sein, da das Urgermanische über kein langvokalisches a-Phonem [_ā_] verfügt.

[16] Vgl. Neumann 1989b, 262a.
[17] Vgl. Meid 1967, 131.
[18] Vgl. Meid 1967, 127.

2. 8. Fazit: Etymologisch sind keine eindeutigen Schlüsse möglich. Bisher ist keine überzeugende Deutung aus dem Germanischen bekannt; noch weniger aus dem Keltischen. Am ehesten ist daher ein lateinisches Wort,[19] also eine Fremdbezeichnung, vielleicht – aber das ist völlig unbeweisbar – eine Übersetzung, anzunehmen.

3. Antike und andere Ethnonyme mit durchsichtiger Bildung

3. 0. Auf germanische Völkernamen ist hier nicht weiter einzugehen, da die rezente Darstellung von Ludwig Rübekeil (1996) ausreichend geeignet sein dürfte, den gegenwärtigen Forschungsstand zu repräsentieren. Zum Vergleich sei auf den alten Artikel von Rudolf Much „Völkernamen" in der 1. Aufl. des Hoops (Bd. IV/4.1918, 425–33) verwiesen. Die Unterschiede sind frappierend: Nicht zuletzt dank eines ständig zunehmenden Wissens um Methodenprobleme löst sich die alte Deutungsfreudigkeit mehr und mehr in Skepsis auf. Nicht nur typologisch, sondern auch historisch-komparatistisch dürften keltische und andere altindogermanische Namen interessant sein. Schon vorab sei betont, daß auch außerhalb des Germanischen die weitaus meisten Namen undurchsichtig sind. Im folgenden handelt es sich um eine Auswahl von Namen, für die meines Erachtens diskutable Deutungen vorliegen, samt gelegentlichen Kommentaren in Stichworten.

3. 1. Gallische Völkernamen[20] (in alphabet. Reihenfolge).

A(d)trebates	„die ihre Wohnstatt dabei haben"? : ir. _treb_, kymr. _tref_; aber m. E. eher von einem Ortsnamen abgeleitet wie _Tolosates_ : _Tolosa_.
Allobroges	„mit / aus einem anderen Land" oder evtl. „(immer wieder) Land von anderen erobernd", vgl. _Nitio-broges_ unten.
Ambarri	„die zu beiden Seiten der Saône (_Arar_) wohnen".

[19] Lat. _germānus, -a_ „Bruder (Schwester) von denselben Eltern", als Adj. „brüderlich, schwesterlich", erst sekundär „leiblich, verwandt; stammecht, unvermischt, leibhaftig", ist entweder als Umbildung von _*germen-us_ nach _Rom-ānus, hum-ānus_ usw. aufzufassen oder von einem unbelegten _*germā_ < _*ĝenh_$_1$_-mā_ „Erzeugung" (Kollektiv) herzuleiten (cf. Walde/Hofmann 1982, I 594).

[20] Nach Lambert 1994, 33–36 (modifiziert). Vgl. jetzt auch Delamarre 2001, ein sehr verläßliches Nachschlagewerk, auch von Germanisten gut zu benutzen.

Ambiuareti, *Ambiuariti*
„die zu beiden Seiten der Furt wohnen“ (Thurneysen 1935).

Are-morici „die am Meer“.

Are-sequani „die Seine-Anwohner“.

Arverni entweder *Ar-verni* „die am Erlenbruch“ : süd-frz. *verne*, *vergne*, kymr. *gwern*; oder *Ar-ver-ni* „die oben darüber“ (o. ä.) : *(p)ar(i)* + *u(p)er-* + *no-*?

Bituriges „Weltkönige“? Wohl eher nach einem Anführer benannt, also „Leute des Biturix“; vgl. *Dumnorix* usw.

Brannovices vielleicht „Rabenkämpfer“ (Schmidt 1957, 155; aber *-nn-* paßt nicht[21]); eher zu (latinisierte Form eines Titels?) *Brennus*?

Caletes „die Harten („mit harter Haut versehenen“?)“ : dt. *Held* usw.? Sicher zu bret. *kaled*, kymr. *caled*, ir. *calad* „hart“; wohl **-tó-* Bildung zu **kal-* „Schwiele, harte Haut“.

Carnutes „die mit Hörnern“ (idg. **k̂r̥-nu-* „Horn“, ir. *carn* „Huf“, usw.), vgl. korn., *Kerneo*, kymr. *Kernyw* „Cornwall“ (dort *Cornovii*).[22]

Caturiges „Kampfkönige“? – Wohl eher nach einem Anführer benannt, also „Leute des Caturix“, vgl. *Bituriges : Biturix*.

Eburovices „Eibenkämpfer“ (evtl. mit /b/ für *-u̯-* ?), oder mit einer anderen Pflanze: kymr. *efwr* „Bärenklau“[23] – nicht „Eberkämpfer“ (german. **ebura-* < **epero-*, Pokorny 1959, 323, 334). „Eibe“ meint hier sicher einen typischen Teil der Bewaffnung, etwa einen Eibenbogen, einen Speer aus Eibenholz, (mit Eibengift präparierte) Pfeile, oder einen Schild aus Eibenholz; vgl. entsprechendes ahd. *lintiu* (Hildebrandslied), anord. *ascr* i.S.v. „Speer“ (Edda) usw. Vgl. *Lemo-vices* unten.

(H)Elv-ētii „viel Land besitzend“ (nach Thurneysen 1923, 12), wenn als Hinterglied kelt. **-ētu* „Wiese“ (vgl. altir. *iath* „id.“) < idg. **pei-tu-* „Fette“ anzusetzen ist.[24]

---

21 Die Gleichsetzung von *Branno-* mit kelt. **brano-* „Rabe“ ist auch typologisch bedenklich. Im Vorderglied ist kein Tiername zu erwarten, denn der Name steht neben *Eburo-vices*, wohl „Eiben-kämpfer“, *Lemo-vices* „Ulmen-kämpfer“ (s. sogleich) und *Ordo-vices*, klärlich „Hammer-kämpfer“ (vgl. Sims-Williams 2000, 8, mit Verweisen).

22 Etwa im Sinne von „Verehrer einer gehörnten/hörnertragenden Gottheit“, vgl. den Typ des gall. *Cernunnos*? Sims-Williams (2000, 9, mit Belegen des Namens und Verweisen auf die Literatur) denkt eher an „Horn“ im Sinne von „Kap, Vorgebirge“.

23 Diese Bedeutung ist wohl sekundär.

24 Vgl. Delamarre (2001, 136) zu alternativen Erklärungen.

Galli	„die Dampfenden, Wütenden" (?) : air. *gal* „Dampf, Wut".
Lemovices	„Ulmenkämpfer", mit Baumnamen als Waffenbezeichnung + Wz. **u̯ik-* = german. **wig-* „kämpfen, (er)siegen", lat. *vi-n-co, vixi.*
Lingones	„die Springer" : **ling-* „springen, hüpfen".
Morini	vielleicht = *Are-morici* „die am Meer".
Nantuates	„die am Bach" : *nantu-* = kymr. *nant.*
Nitiobroges	„eigenes / dauernd Land besitzend" : altind. *nitya-* „eigen, heimisch, stetig"; got. *niþjis* „Verwandter"; Gegensatzbildung zu *Allobroges*, siehe oben.
Petrucorii	„vier Heerscharen habend" : gall. *petru-* (Kompositionsform) „vier" und altir. *cuire*, germ. *harja-*; vgl. *Tri-corii* unten.
Redones	„die Wagenfahrer" : gall. *reda* (in dt. *Pferd*), **rēd-*, *reiten* usw.
Rēmi	„die Ersten" : lat. *prīmus*, beide < **prei̯-mo-*.
Sequani	vielleicht = *Are-sequani* „die Seine-Anwohner".
Tectosages	„ein Dach suchend" oder eher „(eroberte) Häuser in Besitz nehmend" : ir. *teach*, cy. *tŷ* „Haus" + **sag-* „suchen", air. *techtaigid* „nimmt in Besitz".
Trēveri	„die (professionell) den Fluß überqueren" (Thurneysen 1935, 188–92, mit Hinweis auf *Uorioni deo* im Tempel der *Ritona* ebd.).
Tricorii	„drei Heerscharen habend", vgl. *Petru-corii* oben.
Veneti	„die Geliebten"? – Der Name ist auch sonst mehrfach belegt, z. B. in Nord-Italien und bei den Slaven (*Wenden*).
Volcae	„die Falken" : kymr. *gwalch* – dazu german. **walhisk-*, dt. *welsch*, engl. *Wales*, usw., und auf dem Balkan die *Vlachen, Walachen.*[25]

25 Rätische und videlizische Völkernamen deutet Markey (2001, 147–151) als überwiegend keltisch bzw. keltisiert. Die german. Verwendungsweisen beruhen auf einer verallgemeinerten Bedeutung „Fremde", wohl i. S. v. „nicht germanisch Sprechende".

3. 2. Griechische Ethnika[26]

3. 2. 1. Die überwiegende Mehrzahl der griech. Ethnika besteht aus sog. sekundären Bildungen, d. h. Ableitungen, v. a. mit den Suffixen *-i-jo-*, *-i-ja-*, *-a-jo-*, *-a-ja-*. Die traditionell als sog. „primäre" Ethnika geltenden Namen enthalten jedoch ebenfalls bereits mancherlei Ableitungen. Zum Teil ist die Ableitungsrichtung nicht sicher festzustellen. Besonders wichtig sind wegen ihres hohen Alters die Belege aus den mykenischen Texten.[27]

3. 2. 2. Praktisch alle griech. Völkernamen sind undeutbar, so daß der Schluß auf vorgriechische Herkunft, und damit auf beachtliche Siedlungskontinuität naheliegt. Viele Namen stehen in formalen Beziehungen zu Personen- und Ortsnamen, ohne daß dabei ungewohnte Relationen festzustellen wären.

3. 2. 3. Diskutable indogermanische Deutungen liegen allenfalls vor[28] für:

Aithioqs	„Feuerauge", „mit verbranntem Gesicht" o. ä. : Personennamen Αἰθίοψ = Sg. des Völkernamens Αἰθίοπες oder Bahuvrīhi-Neubildung?
Δωριεῖς	Sg. Δωριεύς; f. und LN Δωρίς; nach W. Schulze < *Δωρί-μαχοι „Speer-kämpfer" : δόρυ „Holz".
Πίερες (Hdt.)	„die Fetten, Strotzenden" > **Pīweriā* = Πιερία (Homer) Ländername > *Piweriata(s)* Personenname. Das Verhältnis zum Flußnamen **pīweros* = Πιερός, Πεῖρος [/ī/], Quelle Πιέρα ist unklar – beachte **pīwerjōn* > kymr. *Iwerddon*, altir. *Ériu* „Irland".[29]
Χαῦνοι	Stammesname in Epeiros, meist Χάονες (: χάος?) oder von einem Personennamen = χαῦνος „löcherig, schwammig, aufgedunsen, eitel", also Spitzname?

---

[26] Risch 1957 (^{2}1981), 133–144; Gschnitzer 1971, 90–106, v. a. 94–95; ders. 1983, 140–154; ders. 1986, 415–421.

[27] Siehe Gschnitzer 1971.

[28] Vgl. Frisk 1973 ss. vv.

[29] Ptolemäus nennt eine Stadt Ιουερνις in Ιουερνια / Ιουερνιας am Meer Ιουερνιος, ihre Einwohner Ιουερνιοι. S. dazu de Bernardo Stempel 2000, 102. Ihr Vorschlag, den Stadtnamen als Grundlage der anderen Bildungen anzusehen, ist nicht zwingend. Eher ist die – möglicherweise – fiktive Stadt nach dem schon älteren Namen der Insel benannt worden, genauso wie das umgebende Meer.

3. 3. Italische Völkernamen

Die ca. 20 Völkernamen aus dem alten Italien sind durchweg undeutbar. Hier erwähnt werden können etwa nur folgende:

Marsi	dürfte eine Ableitung vom Götternamen *Mars* sein.
Vestini < *Vesta*	ist unerweislich (Volksetymologie?).
Piceni < *pīcus*	„Specht“ ist nicht sicher, da erstens Totemismus bei den Indogermanen unbekannt, allenfalls extrem selten ist, und zweitens der Vokalismus der 1. Silbe nicht gesichert ist, vgl. griech. Formen wie Πευκεντῖνοι neben Πικεντῖνοι usw.
Falisci	ist sicher eine Ableitung vom Ortsnamen *Falerii*, der jedoch seinerseits undurchsichtig bleibt.

Wirklich klar ist nur ein junger, gut bezeugter Name:

Mamertini	nennen sich oskische Söldner, die sich a. 289 selbständig machen, also „Leute des Mamers“ (osk. *Mamers* = lat. *Mars*).

Beachtung verdient die antike Tradition, nach der der Name der

Bruttii	eigentlich eine osk. Bezeichnung für „Sklaven“ sei; doch das läßt sich vom heutigen Wissensstand aus nicht bestätigen (nicht erwähnt bei Rix 1994; Untermann 2000 verzeichnet kein auch nur anklingendes Lexem).

3. 4. Baltische Ethnika[30]

In dem Völkernamen *Sembii* (: russ. *zjabь* „Brachland, Herbstacker“ : altkirchenslav. *zębǫ*, *zęti* „(Wolle) zerraufen, kämmen“, lit. *žembù*, *žem̃bti* „(zer)schneiden“ : < *„die Erde mit einem Pflug aufreißen“) liegt möglicherweise eine Bezeichnung im Sinne von „Landbewohner, Bauern“ im Gegensatz zu „Städtern“ vor;[31] letztere waren im Baltikum bis in die Neuzeit hinein

[30] Nach Bammesberger-Karaliūnas 1998, 39–51.

[31] Auch der finnische Provinzname *Häme*, dazu der Einwohnername *Hämäläinen*, könnte hier angeführt werden, da ostseefinn. **šämä* ein Lehnwort aus balt. **źemē-* Erde : lit. *žẽmė* usw. ist.

bekanntlich überwiegend Nichtbalten: Deutsche, Schweden, Russen, Polen, Juden.

Bei dem sehr alten Namen *Aestii* spielt der Gegensatz ‚Land-Stadt' wohl kaum eine Rolle; die traditionelle Deutung als „(Leute der) Brandrodung" < Partizip **aisto-* „verbrannt" : *aid*^{h}- (angeblich auch germ. *Aisto-modius* „mit hitzigem Mut", altengl. *ást* „Dörrofen", mit verdeutlichender Wiedereinführung des Dentals) ist sachlich in der eigentümlichen Brandrodewirtschaft begründet.

3. 5. Slavische Völkernamen[32]

Die slavischen Ethnika sind durchweg jünger als alles bisher angeführte Material. Sie entstammen i. d. R. frühmittelalterlichen Chroniken sowie dem Igorlied, d. h. dem 11.–14. Jahrhundert. Die meisten Namen sind Ableitungen von Ortsnamen, sog. Einwohnernamen, also ziemlich jung. Bemerkenswert ist die auch aus anderen Sprachgruppen zu belegende mehrfache Verwendung desselben Namens für verschiedene Gruppen; hier muß es sich um alte, ererbte Gruppenbezeichnungen handeln. Die folgenden Beispiele sollen lediglich die Bandbreite der Bildungen illustrieren:

Der Ursprung des Namens der Slaven ist nach wie vor umstritten. Urslav. **slověninъ*, Pl. *slověne* (altruss. belegt) erscheint als Name von ost-, west- und südslav. Stämmen. Die naheliegende Verknüpfung mit dem gemeinslav. Wort *slovo* „Wort, Rede" wird von Vasmer u. a. abgelehnt, da das Suffix i. d. R. nur Völker- bzw. Einwohnernamen (EinwN) aus geographischen Namen bilde. In Ermangelung einer besseren Erklärung wird man vielleicht doch daran festhalten können, zumal der Gegensatz zu **Nemьcь* „Deutscher", eig. „Stummer" oder auch *Tatar* „Tatare", eig. „Stotterer" (so im Mongolischen) als Benennungsmotiv die gemeinsame Sprache nahelegt.[33]

Ebenfalls bei allen Slaven verbreitet sind die Völkernamen *Serb*, urslav. **sьrbъ*, wohl als „Verbündeter" zu verstehen, und

Chorvat, urslav. **xъrvat-*, das als Lehnwort aus iran. **(fšu-)haurvata-* „Viehhüter" (avestisch *pasu-hauruua-* Beiwort des Hirtenhundes) erklärt wird.

---

32 Nach Vasmer 1976–1980.

33 Anders Schramm (1973, 68–73); nach ihm handelt es sich bei *Slověne* um ein „altertümliches no-Derivat von *Slavantā", einem alten Namen des Dnjepr-Oberlaufs, der in der ukrainischen poetischen Formel „Dnepr-Slovuta" bezeugt sei (so zuletzt Schramm 2001, 64).

Noch einige weitere Namen können genannt werden:

Altruss. *Derevljane*, ostslav. Stamm in Wolhynien: Einwohnername zum Landesnamen *Dereva* „Waldland“, entspricht den westslav. *Dräwanen* (polab. *Drewani*) an der Elbe.

Dregoviči, ostslav. Stamm zwischen Pripjet und westl. Düna, EinwN zu weißruss. *drehvá* „Sumpfland“; der Vergleich mit dem Namen der südslav. Δρουγουβῖται in Mazedonien ist kaum rätlich, da in dem letzteren eher das Wort *drug-* „Freund, Gefährte“ stecken dürfte.

Die aruss. *Radimči*, ostslav. Stamm zwischen Dnjepr und Sožь, sind nach einem *Radimъ* benannt; dies ist wohl eine Kurzform zu **Radi-mrъ* oder **Radi-mirъ* „groß an Fürsorge“ (?) bzw. „für Frieden /die Welt (?) sorgend“.

Aruss. *Sěverjane*, ostslav. Stamm bei Černigov, wohl = Σέβερεις, südslav. Stamm in Mösien, ist eine Ableitung vom Landesnamen *Svěrъ* : *séver* „Norden, Nordwind“.

Altruss. *Vjatiči*, Name des östlichsten ostslav. Stammes, bedeutet „Leute des Vjatko“ : *Vętьko*, Kurzform für **Vętje-slavъ* „mit größerem Ruhm“ = Vjačeslav, Wenzel.

Eine ganze Reihe von Namen sind Ableitungen von Flußnamen:

Dunaijьci : *Dunaj* „Donau“, entsprechend *Po-laben* „an der Elbe (wohnend)“,

Kurjane EinwN zum Flußnamen *Kur*, daneben der Ortsname *Kurьskъ*; ebenso

Měnjane, die Einwohner von Minsk : Flußname *Měnъ* (etymologisch = *Main*), daneben ein (adjektivischer) Ortname *Měnьskъ*;

Tiverьci (am Dnjestr): Flußname *Tivrъ* < iran. *tīvrá-* „schnell“.

Kein Flußname, sondern wiederum ein Personenname liegt dem Einwohnernamen von Kiew (altruss. *Kyjevъ*) zugrunde: *Kyjane* ist ein Ableitung vom Personennamen *Kyjь*.[34]

[34] Direkt vom Ortsnamen abgeleitet ist der ein fremdes Volk bezeichnende Name *Surožane* : *Súrožь* (Sudak, Krim-Südküste) < Σουγδαία, vielleicht < osset. *suydäg* „heilig“.

3. 6. Altindische Ethnika[35]

Großes Interesse dürfen wegen ihres hohen Alters die Völkernamen Indiens beanspruchen.

3. 6. 1. Schon im R̥gveda (ca. 1200 v. Chr. im Nordwesten) sind bezeugt der Name *Bharata-* : (*bhar-atá-* „zu unterhalten, zu pflegen"?), von dem noch die heutige moderne Selbstbezeichnung der Indischen Union (Bhārat) gebildet ist, und die formelhaft sog. „fünf Stämme":

Anu- : *aná-* „jener"?

Druhyu- : *dru(g)h-* „trügen, betrügen", also „zu betrügen wünschend"? Diese Auffassung beruht wohl eher auf innerarischer Umdeutung (Volksetymologie). Die homonyme Wurzel idg. 2**d*ʰ*reu̯g*ʰ- „Gesellschaft leisten" (lit. *draũgas* Freund, germ. **dreuga-*, got. *driugan* „zu Felde ziehen" usw.) ist im Indischen zwar sonst nicht belegt, könnte aber durchaus hier vorliegen: Dann bedeutet der Name „Die gemeinsam zu Felde ziehen wünschen" o. ä.

Turvaśa- ist primär ein Personenname; der Plural wird als Völkername verwendet. Er könnte „von siegreicher Art" bedeuten (: *turva(n)-* : *tūrv-* „überwinden, überlegen sein"), aber der Akzentsitz (*turvá-śa-* gegenüber *yuva-śá-* „jugendlich" : *yúvan-* „jung") ist problematisch.

Yadu- ein primärer Personenname, ohne bekannte Etymologie;

Pūru- gehört vielleicht zu **pū-rú-* „(sich / Soma) läuternd"; Πῶρος bei Arrian, angeblich der Name (m. E. eher der Titel) eines indischen Fürsten, könnte eine davon abgeleitete Vr̥ddhibildung *paura(va)-* wiedergeben.

3. 6. 2. Später (im Atharvaveda und späteren Texten) werden weitere Völkernamen genannt:

Die *Bharata-* und *Pūru-* bilden, möglicherweise zusammen mit anderen, ungenannten Gruppen, den Verband der *Kuru-* (auch *Kauravya-*); eine herausgehobene Sippe führt den Namen *Pāṇḍava-* (klärlich eine Ableitung vom Personennamen *Pāṇḍu-*):

Kúru- wird als Völker- und Landesname verwendet, erst im Epos auch als

[35] Nach Renou 1985: 192–195, 372–3 und Mayrhofer 1986–1996 (dort auch die Nachweise zur Sekundärliteratur).

Personenname des mythischen Heros eponymos. Der Name ist vermutlich altererbt, vgl. altpers. *Kuruš* „Kyros“. Er bedeutet wohl „(Feinde) erniedrigend (viell. beim Wortgefecht vor der Schlacht)“ (Hoffmann bei Mayrhofer 1986–1996 s. v.) : *ku-*, *kava-* in *kavatnú-* „erniedrigend“; vgl. weiter jungavest. *kauuārasman-* Personenname „die (feindl.) Schlachtreihen erniedrigend“ : got. *hauns* „niedrig, demütig“, ahd. *hōnen* usw.

Pāṇḍu- ist ein als Personenname gebrauchtes Farbadjektiv „gelb, weißlich, bleich“ : **pelh₂-*, dt. *falb* usw. „mit partizipialem *-nd-* Suffix“ (Hoffmann 1941, 396). Möglich wäre auch eine Erklärung des Völkernamens als gekürztes Kompositum (Rückbildung) „die gelbe, weißliche Gewänder tragen“ o. ä.

Genannt wird ein Volk namens *Krivi-* (wohl schon im R̥gveda erwähnt), später *Pañcāla-*, die mit den *Kuru-* zusammen die *Kurupañcāla-* bilden.

Krivi- ist nicht klar; die alte Erklärung durch Bezug auf *krí-vi-* (angeblich Namen eines Schlangendämons = *kr̥-mi-* nach Rönnow 1938) ist nicht zu sichern.

Pañcālá- wird gern mit den Πασσάδαι bei Ptolemaios, Παζάλαι bei Arrian, *Passalae* bei Plinius gleichgesetzt, doch ist die Wortbildung unklar. Vielleicht liegt im Vorderglied das Zahlwort *páñca* „fünf“ vor (vgl. gall. *Tricorii, Petrucorii*). Aber was bedeutet das Suffix oder Hinterglied?[36]

3. 6. 3. Zu beachten ist, daß in Indien Völkernamen in der Regel auch als Landesnamen, z. T. sogar als regelrechte Ortsnamen gebraucht werden. Weithin üblich sind auch Zugehörigkeitsbildungen (Vr̥ddhi-Ableitungen) von Personennamen (bzw. umgekehrt Personennamen als Rückbildungen aus Orts- und Ländernamen).

---

[36] Alle anderen, später bezeugten Namen dürften nichtarischer Herkunft sein: im Osten: *Kosala* unklar; *Videha* (*Videgha*) <?; *Magadha, magádha-* AV+ „hat nicht primär mit *maga-* (= iran. *maga*) zu tun“ (Mayrhofer), also unklar; ebenso *Aṅga* unklar trotz verschiedener formaler Möglichkeiten (Kurzname?) – Im Süden: *Andhra, Puṇḍra, Pulinda, Śabara, Naiṣada* = *Niṣādá-* ehemalige *dāsá-* (wohl vorarische Bevölkerung), als Räuber und Jäger geschildert, daher nicht als **ni-sad-* „die Ansässigen, Niedergelassenen“ zu deuten. Als Nichtarier (z. T. in mythischen Kontexten) erscheinen: *Dāsa* = *Dasyu* (?), wohl = iran. *daha-*, skyth. *Dahae, Daai* usw.; später bedeutet das Lexem „Mann“ in khot. *daha-*, waxi *δay*. Ved. *dásyu-* wurde mit myken. *do-e-ro* „Knecht“ verglichen; im Iran. bedeutet entsprechendes altpers. *dahyu-*, avest. *daxiiu-* jedoch einfach „Land“. Ferne bleiben müssen die *Paṇi*, evtl. = *Párnoi* bei Strabo; der Name ist ungeklärt.

3. 7. Ethnozentrismus in der Selbstbezeichnung

Ethnozentrische Selbstbezeichnungen dürften die älteste Schicht von Völkernamen überall auf der Welt darstellen, z. B. ungarisch *Magy-ar*, wogulisch *Mańśi*, ostjak. *Moś*, čeremiss. *Mary*, allesamt „Menschen, Männer“[37]; eskimoisch *Innuit* „Menschen“; goldisch *Nanai* „Menschen des Landes“; samojedisch nenzisch *(ny)enyec*, Tavgi *nganasan* „Menschen“; selkupisch *söl'qup* „Mensch der Erde“; estn. *maarahvas* „Leute (unseres) Landes“, alte Eigenbez. der Esten : *maa* „Land“; indianisch[38] *maidu* „Mensch“ = „Indianer“).[39] Aber: *Ba-ntu* „Menschen“ ist erst eine moderne Prägung des (1851 in Bonn promovierten) Afrikanisten Wilhelm Bleek (Bleek 1856). Eine Namenfunktion erhalten diese Wörter jedoch erst im Zusammenprall mit fremden Gruppen und bei Verblassen der appellativischen Bedeutung. In der germanischen Altertumskunde spielen solche Namen keine Rolle (mehr).

4. Zur Typologie von Ethnonymen

4. 1. Die Möglichkeiten einer typologischen Einordnung von Völkernamen sind sehr begrenzt. Gewiß ist es für den Historiker wichtig, ob ein Name als Fremd- oder Selbstbezeichnung entstanden ist. In den allermeisten Fällen ist das jedoch nicht mehr feststellbar. Dagegen werden häufig Namen kleiner Einheiten von Fremden für die Gesamtheit einer Sprechergemeinschaft gebraucht. Von Fremdbezeichnung ist daher nur zu sprechen, wenn

a) entweder klare Belege vorliegen wie etwa in Caesars Feststellung, daß diejenigen, die sich *ipsorum lingua Celtae* nennen, von den Römern *Galli* genannt werden, oder
b) abschätzige Benennungen neben einheimischen stehen (*Eskimo* vs. *Innuit*, *Samojedy* vs. *Njenecja* usw.) oder
c) die Aussage klar genug ist, um eine Selbstbezeichnung ausschließen zu können (slav. *Njemcy* „Deutsche“, eig. „Stumme“).

---

[37] Vgl. dazu, auch mit Etymologie und weiterem Material, Róna-Tas 1988, 131 mit Anm. 42–44. Für letztliche Entlehnung dieser und anderer zugehöriger Termini aus dem Frühurarischen bzw. Arischen spricht sich Katz 1985, 147–148, aus; 205–207 versucht er eine historische Deutung.

[38] Selbstbezeichnung eines kleinen Volkes in Kalifornien.

[39] Entsprechend sind die Nachbarn die „Fremden“, vgl. wotjakisch *por* „Tscheremisse“, eig. „Fremder“ (R.-P. Ritter, jetzt Krakau, mündlich).

4. 2. Zu den Verallgemeinerungen vom Typ frz. *Allemands* „Alemannen" > „Deutsche", lat. *Graeci* > „Hellenen" gehört wohl auch unser *Germani*, falls der Name nicht überhaupt römischen Ursprungs ist. Beide Typen, Fremdbezeichnung wie Fremdausweitung werden auch in der Moderne noch praktiziert, vgl. den im Dt. wie Ndl. (und darüber hinaus) häufigen Gebrauch des Provinznamens *Holland* für das ganze Königreich; entsprechend auch *Hollanders/Holländer* für „Niederländer" und *Hollands/holländisch* im Sinne von „niederländisch".[40] Der umgekehrte Fall, daß Fremde einen allgemeinen Namen verengen, ist erheblich seltener: hier wäre etwa engl. *Dutch*, eigentlich „deutsch",[41] für „niederländisch" oder walisisch *Sais, Saesneg* für „Engländer, Englisch" (eig. „Sachsen, sächsisch")[42] anzuführen. Eine Verallgemeinerung besonderen Typs liegt vor, wenn der Name eines anderen (fremden) Volkes, mit dem historische Berührungen bestanden, übernommen wird: so erklären sich *France, français*, eigentlich „Frankenreich, fränkisch"; *Britannia, British* (die alten Briten waren Kelten, so daß der Name eigentlich nur den Walisern, Kornen und Bretonen zukommt); und auch *Preußen, preußisch* (die Preußen, ein baltisches Volk, sind von den Deutschordensrittern so erfolgreich bekehrt, germanisiert und vernichtet worden, daß von ihrer Sprache nur kümmerliche Reste und von ihrer Literatur praktisch gar nichts übriggeblieben ist).[43]

4. 3. Sprachwissenschaftler können formale Klassifizierungen vorlegen, also Wortbildungstypen und Ableitungsreihen feststellen. Historische Aussagekraft kommt denjenigen zu, die den Bezug eines Völkernamens auf einen Personennamen oder einen geographischen Namen sichern, doch ist die historische Identifikation der anzunehmenden Personen, Orte, Flüsse, Landschaften usw. meist schwierig, da Namen unabhängig voneinander mehrfach in Raum und Zeit auftreten können, wie etwa homerische Heldennamen in Listen mykenischer Handwerker demonstriert haben.

---

[40] Etwas anders liegt ndl. *Geuzen*, das vom Spott- zum Ehrennamen wird.

[41] Wie etwa in amerik. *Pennsylvania Dutch* noch erhalten. Vgl. auch westflämisch *diets* als Bezeichnung der eigenen Sprache; dies ist kaum noch der alte Begriff „volkstümlich"!

[42] Irisch und Schottisch unterscheiden (hier in ir. Orthographie) zwischen *Sasana, Sasanach* „England, Englishman", aber *Béarla* „English (language)", wtl. „Sprache" (sic). Für „England" gebrauchen die Waliser das alte *Lloegr*.

[43] Nähere Informationen zur preuß. Sprache und ihren dokumentierten Resten sind bequem zugänglich in Eckert/Bukevičiūtė/Hinze 1994.

4.4. Im folgenden wird eine tentative semantische Klassifikation der o. g. Völkernamen vorgeschlagen, aus der sich eine Reihe von möglichen Benennungsmotiven ergeben. Es sei allerdings nachdrücklich darauf hingewiesen, daß jeder solche Versuch nur von sehr begrenztem Erkenntniswert bleiben kann, da er in keiner Weise als repräsentativ betrachtet werden darf.[44]

Völkername < Ortsname: gall. *Adtrebat-es*, italisch *Falisci*, slav. *Surožane*;
Bildung von Appellativ „Land“: gall. *Allo-broges*, *Nitio-broges*, balt. *Sembii*, slav. *Sěverjane*;
Bildung von Appellativ „Fluß, Furt“: gall. *Amb-arri*, *Ambi-uareti/uariti*, *Are-sequani*, *Sequani*, *Nantu-ates*, *Tre ueri*, slav. *Dunajьci*, *Kurjane* usw.;
Bildung von Appellativ „Meer“: gall. *Are-morini*, *Morini*;
Bildung von Appellativ „Wald, Baum“: gall. *Ar-uerni*, *Eburo-uices*, *Lemo-uices*;
Theriophore Bildungen:[45] gall. *Volcae*, *Branno-uices* (??);[46]
Völkernamen < Personennamen: gall. *Bitu-riges*, *Catu-riges*, griech. *Kudones* (?), slav. *Kyjane*;
Bildung von Appellativ „Kampf“ (einschl. Namen nach Waffen): gall. *Branno-*, *Eburo-*, *Lemo-*, *Ordo-uices*, griech. *Δωρί-μαχοι, altind. *Turvá-śa-*;
Völkername = Adjektiv: gall. *Caletes*, *Galli* (?), *Remi*, *Veneti*, griech. Πίερες, Χαῦνοι, balt. *Aestii* (?), altind. *Bharatá-*, *Kúru-*, *Pāṇḍu-*;
Name nach Aussehen: gall. *Carnutes* [evtl. zur nächsten Kategorie], griech. Αἰθίοπες;
Name nach Sitte, Gebräuchen: gall. *Lingones*, *Redones*, balt. *Aestii* (?), altind. *Pūrú-*;
Name nach Sozialstruktur: gall. *Petru-*, *Tri-corii*, altind. *Druhyú-*, *Pañcāla-* (?), slav. *Serb*.

44 Vgl. auch die typisierenden Zusammenstellungen von de Bernardo-Stempel: keltische Stammesnamen aus Italien (2000, 89–91) und Irland (ibid. 100–102).

45 Nur noch von wissenschaftshistorischem Interesse ist die umfängliche Studie von von Kiehnle (1932).

46 Eine Reihe von altirischen Stammesnamen werden gewöhnlich als theriophor verstanden. So nennt Schrijver (2001, 195) die *Part-raige* „Crab People“, *Catt-raige* „Cat People“, *Os-raige* „Deer People“, *Art-raige* „Bear People“, *Sord-raige* „Ram People“, *Dart-raige* „Calf People“, *Gab-raige* „Goat People“. Charles-Edwards (2000, 186) übersetzt den Sippennamen *Corcu Loígde* als „the gens of the Calf Goddess“, ohne jedoch weiter auf die Frage der Benennung einzugehen. Man beachte, daß es sich um sog. *aithechthúatha* handelt, unterworfene Völker, die möglicherweise eine vorkeltische Bevölkerungsschicht fortsetzen.

4. 5. Der Vergleich mit den Kategorien Rübekeils, die deutlich jüngere Typen (formal klare Einwohnernamen und ähnliches) aufweisen, zeigt keine Auffälligkeiten. Weiterhin muß also mit einer großen Bandbreite von formalen wie semantischen Möglichkeiten bei Deutungsversuchen von Gruppenbezeichnungen aller Art, einschließlich der sog. Völkernamen, gerechnet werden. Von einer plausiblen Deutung von *Germani* sind wir leider nach wie vor weit entfernt. Wahrscheinlich ist es eine lateinische Bezeichnung für eine ursprünglich sehr kleine Gruppe, deren Namen Caesar für politische Zwecke benutzte.

Literatur

Bammesberger-Karaliūnas 1998
Alfred Bammesberger und Simas Karaliūnas, Zur Frage nach der ethnischen Identität der Aisten, in: Alfred Bammesberger (Hrsg.), Baltistik: Aufgaben und Methoden (Heidelberg 1998) 39–51.

Beekes 1995
Robert S. P. Beekes, Comparative Indo-European Linguistics. An Introduction (Amsterdam/ Philadelphia 1995).

de Bernardo Stempel 2000
Patrizia de Bernardo Stempel, Ptolemy's Celtic Italy and Ireland: a Linguistic Analysis, in: Parsons/Sims-Williams 2000, 83–112.

Bleek 1856
Wilhelm Heinrich Immanuel Bleek, The Languages of Mosambique (Cape Town 1856).

Charles-Edwards 2000
Thomas Charles-Edwards, Early Christian Ireland (Oxford 2000).

Delamarre 2001
Xavier Delamarre, Dictionnaire de la langue gauloise (Paris 2001). [2e éd. revue et augmentée 2003].

Eckert/Bukevičiūtė/Hinze 1994
Rainer Eckert, Elvira-Julia Bukevičiūtė und Friedhelm Hinze, Die baltischen Sprachen. Eine Einführung (Leipzig u. a. 1994).

Evans 1967
Dafydd Ellis Evans, Gaulish Personal Names (Oxford 1967).

Frisk 1973
Hjalmar Frisk, Griechisches etymologisches Wörterbuch (Heidelberg ^{2}1973).

Gschnitzer 1971
Fritz Gschnitzer, Stammesnamen in mykenischen Texten, in: Robert Schmitt-Brandt (Hrsg.), Donum Indogermanicum. Festgabe für Anton Scherer zum 70. Geburtstag (Heidelberg 1971) 90–106.

Gschnitzer 1983
Fritz Gschnitzer, Zur Geschichte des Systems der griechischen Ethnika, in: Alfred Heubeck/ Günter Neumann (Hrsg.), Res Mycenaeae. Akten des 7. Internationalen Mykenologischen Kolloquiums in Nürnberg 1981 (Göttingen 1983) 140–154.

Gschnitzer 1986
Fritz Gschnitzer, Neue Beiträge zu den griechischen Ethnika, in: Annemarie Etter (Hrsg.), o-o-pe-ro-si. Festschrift für Ernst Risch zum 75. Geburtstag (Berlin/New York 1986) 415–21.

Hamp 1972
Eric P. Hamp, Palaic *ha-a-ap-na-as* ‚river', in: Münchener Studien zur Sprachwissenschaft 30, 1972, 35–38.

Haudry 1972
Jean Haudry, Le suffixe Indo-Européen **-men-*, in: Bulletin de la Société de Linguistique de Paris 66/1, 1971 (1972), 109–137.

Hoffmann 1955
Karl Hoffmann, Ein grundsprachliches Possessivsuffix, in: Münchener Studien zur Sprachwissenschaft 6, 1955, 35–40 [wiederabgedruckt in: Johanna Narten (Hrsg.), Aufsätze zur Indoiranistik, Bd. 2 (Wiesbaden 1976) 378–383].

Holder 1891–1913
Alfred Holder, Alt-celtischer Sprachschatz, 3 Bde. (Leipzig 1891–1913).

Katz 1985
Hartmut Katz, Studien zu den ältesten indoiranischen Lehnwörtern in den uralischen Sprachen (unpubl. Habil-Schrift München 1985) [künftig: Studien zu den älteren indoiranischen Lehnwörtern in den uralischen Sprachen. Aus dem Nachlaß hrsg. von Anna Widmer u. a. (Heidelberg 2003)].

von Kienle 1932
Richard von Kiehnle, Tier-Völkernamen bei indogermanischen Stämme, in: Wörter und Sachen 14, 1932, 25–67.

Lambert 1994
Pierre-Yves Lambert, La langue gauloise (Paris 1994). [2ᵉ éd. revue et augmentée 2003].

Markey 2001
Thomas L. Markey, A Tale of Two Helmets: The Negau A and B Inscriptions, in: Journal of Indo-European Studies 29, 2001, 69–172.

Mayrhofer 1986–1996
Manfred Mayrhofer, Etymologisches Wörterbuch des Altindoarischen (Heidelberg 1986–1996).

Meid 1967
Wolfgang Meid, Wortbildungslehre, in: Hans Krahe/Wolfgang Meid, Germanische Sprachwissenschaft, Bd. 3 (Berlin 1967).

Melchert 1983
H. Craig Melchert, A „New" PIE **men*-Suffix, in: Die Sprache 29, 1983, 1–26.

Neumann 1998a
Günter Neumann, s. v. Garmangabis, in: Reallexikon der Germanischen Altertumskunde, Bd. 10 (Berlin/New York ²1998) 447–448.

Neumann 1998b
Günter Neumann, s. v. Germanen, Germania, Germanische Altertumskunde (§10), in: Reallexikon der Germanischen Altertumskunde, Bd. 11 (Berlin/New York ²1998) 259–265.

Oettinger 2000
Norbert Oettinger, Die Götter *Pūṣan*, *Pan* und das Possessivsuffix **-h₃en-*, in: Bernhard Forssman/Robert Plath (Hrsg.), Indoarisch, Iranisch und die Indogermanistik (Wiesbaden 2000) 393–400.

Parson/Sims-Williams 2000
David N. Parsons/Patrick Sims-Williams (Hrsg.), Ptolemy. Towards a linguistic atlas of the earliest Celtic place-names of Europe (Aberystwyth 2000).

Pokorny 1959
Julius Pokorny, Indogermanisches etymologisches Wörterbuch, Bd. 1 (Bern 1959).

Renou 1985
Louis Renou, L'Inde classique, Bd. 1 (Paris 1947–49, Reprint 1985).

Risch 1957
Ernst Risch, Zur Geschichte der griechischen Ethnika, in: Museum Helveticum 14, 1957, 63–74 [wiederabgedruckt in: Annemarie Etter/Marcel Looser (Hrsg.), Ernst Risch. Kleine Schriften (Berlin/New York 1981) 133–144].

Rix 1994
Helmut Rix, Die Terminologie der Unfreiheit in den Sprachen Alt-Italiens (Stuttgart 1994).

Rix 1998
Helmut Rix et al., Lexikon der indogermanischen Verben (Wiesbaden 1998).

Rix 2001
Helmut Rix et al., Lexikon der indogermanischen Verben. Zweite, erweiterte und verbesserte Aufl. (Wiesbaden 2001).

Róna-Tas 1988
András Róna-Tas, Ethnogenese und Staatsgründung. Die türkische Komponente in der Ethnogenese des Ungartums, in: Studien zur Ethnogenese, Bd. 2 (Opladen 1988) 107–142.

Rübekeil 1996
Ludwig Rübekeil, Völkernamen Europas, in: Ernst Eichler et al. (Hrsg.), Namenforschung, Bd. 2 (Berlin/New York 1986) 1330–1343.

Schmidt 1957
Karl Horst Schmidt, Die Komposition in gallischen Personennamen, in: Zeitschrift für celtische Philologie 26, 1967, 33–301.

Schnetz 1923
Johannes Schnetz, Der Name Germanen, in: Beiträge zur Geschichte der deutschen Sprache und Literatur 47, 1923, 470–491.

Schramm 1973
Gottfried Schramm, Nordpontische Ströme, namenphilologische Zugänge zur Frühzeit des europäischen Ostens (Göttingen 1973).

Schramm 2001
Gottfried Schramm, Ortsnamen und Lehnwörter als Quellen der Frühgeschichte Osteuropas: Kritik und Gegenkritik in einem Neuland der Forschung, in: Zeitschrift für Balkanologie 37/1, 2001, 62–83.

Schrijver 2001
Peter Schrijver, Non-Indo-European surviving in Ireland in the first millenium AD, in: Ériu 51, 2000 (2001), 195–199.

Sims-Williams 2000
Patrick Sims-Williams, Degrees of Celticity in Ptolemy's Names: Examples from Wales, in: Parsons/Sims-Williams 2000, 1–15.

Stüber 1998
Karin Stüber, The Historical Morphology of n-Stems in Celtic (Maynooth 1998).

Stüber 2000
Karin Stüber, Uridg. >$*h_1$*nóm-n̥* ‚Name', $*h_2$*óng*$^{\text{u̯}}$*-n̥* ‚Salbe' und der Ablaut der neutralen *n*-Stämme, in: Die Sprache 39, 1997 (2000), 74–88.

Thurneysen 1923
Rudolf Thurneysen, Irisches und Gallisches. 9. Gallisches, in: Zeitschrift für celtische Philologie 14, 1923, 1–12.

Thurneysen 1935
Rudolf Thurneysen, Treveri, in: Rheinisches Museum 84, 1935, 188–192 [wiederabgedruckt in: Patrizia de Bernardo Stempel/Rolf Ködderitzsch (Hrsg.), Rudolf Thurneysen. Gesammelte Schriften I–III (Tübingen 1991–1995), Bd. 2, 285–289].

Untermann 2000
Jürgen Untermann, Wörterbuch des Oskisch-Umbrischen (Heidelberg 2000).

Vasmer 1976–1980
Max Vasmer, Russisches etymologisches Wörterbuch (Heidelberg ^{2}1976–1980).

Wagner 1984
Norbert Wagner, Die idg. Wurzel in got. *hallus,* in: (Kuhns) Zeitschrift für Vergleichende Sprachforschung 97, 1984, 281–283.

Walde/Hofmann 1982
Alois Walde und Johann Baptist Hofmann, Lateinisches etymologisches Wörterbuch (Heidelberg ^{5}1982).

Germanisch-Deutsch – RGA-E Band 34 – Seiten 25-36

Germanien in römischer Sicht
Germania Magna und die römischen Provinzbezeichnungen

von SIEGMAR VON SCHNURBEIN

Die mir für diese Tagung gestellte Aufgabe habe ich so verstanden, daß anhand der antiken Überlieferung und des römischen Sprachgebrauchs dargestellt werden soll, welche verschiedenen Bedeutungen die mit Germanien verbundenen Begriffe haben konnten. Ganz speziell sollte auf dieser Grundlage erläutert werden, ob, und wenn ja, in welchem Sinn mit den Bezeichnungen der germanischen Provinzen und des von Rom nicht beherrschten Germaniens auch ethnischer Inhalt verbunden war, also so, wie dies seit dem Humanismus speziell hinsichtlich der Gleichsetzung germanisch-deutsch verstanden worden ist.

Neue Forschungsergebnisse sind von dieser Skizze auf keinen Fall zu erwarten, da über den Themenkreis seit Generationen in alle nur denkbaren Richtungen gearbeitet wird.[1] Die Zusammenfassung der mir für das Kolloquium am wichtigsten erscheinenden Aspekte wird also nicht mehr sein können als eine Art plakative Folie, vor der dann bei den folgenden Referaten die nachantiken Entwicklungen des Sprachgebrauchs und der Interpretationen gesehen werden mögen. Auf die Einbeziehung der archäologischen Untersuchungen zu etwaigen ethnischen Interpretationen von schriftlichen und archäologischen Quellen wird bewußt verzichtet, da diese für die Rezeptionsgeschichte der antiken Bezeichnungen seit dem Humanismus irrelevant sind.[2]

Zur Einstimmung möchte ich eine Passage aus Strabos *Geographica* zitieren, der in Buch 3, 4, 18 bei der Abhandlung über Keltiberien die Probleme beschreibt, mit denen er als Geograph zu kämpfen hatte: „Einige behaupten, Keltiberia sei, wie ich oben sagte, in vier Theile geschieden; Andere machen es fünftheilig. Es ist aber nicht möglich, hierüber genaue Wahrheit zu geben,

---

1 S. Reallexikon der Germanischen Altertumskunde, Bd. 11, s. v. Germanen, Germania, Germanische Altertumskunde. Speziell zum geographischen Aspekt: R.-Alföldi 1997. Allgemein zur Vorstellung von den Grenzen des Imperium Romanum in der Antike: Mehl 1994.

2 Deren Auswirkung auf die archäologischen Interpretationen ist ausdrücklich nicht mein Thema!

wegen der Veränderungen und der Unbekanntheit dieser Länder. Denn in bekannten und berühmten Ländern werden Auswanderungen, Theilungen des Gebiets, Veränderungen der Namen, und was dergleichen Anderes ist, bald bekannt; denn es wird von Vielen besprochen, am meisten von den Hellenen, welche die geschwätzigsten Aller sind. Hingegen über alle barbarische, weit entlegene, auf kleines Gebiet beschränkte und zerrissene Völker sind die Nachrichten eben so unsicher als dürftig; welche aber gar den Hellenen fern sind, da nimmt die Unkunde überhand."[3] Skepsis gegenüber dem eigenen Wissen und den verfügbaren Quellen wird hier deutlich; dem schließe ich mich bei meinem Thema in vielen Details gerne an!

Germania Magna

Der Begriff, griechisch „megale Germania", wurde vom Geographen Ptolemaios als einzigem benutzt,[4] und zwar, um das zu seiner Zeit (d. h. im 2. Jahrhundert n. Chr.) von den Römern nicht beherrschte Gebiet von dem der beiden germanisch genannten Provinzen zu unterscheiden. Er präzisiert in Kap. 8, 6, 1–2 bei der Beschreibung seiner vierten Karte: „Begrenzt wird die Kartentafel im Osten durch das europäische Sarmatien und die Metanasten-Jazygen [d. h. das heutige Theiß-Gebiet], im Süden durch die beiden Pannonien, Noricum und Rätien, im Westen durch die Gallia Belgica und zwar durch den Rhein, im Norden durch den Ozean." Wir sehen, daß er den römisch beherrschten Teil Germaniens an dieser Stelle außerordentlich pauschal und unpräzise behandelte, da er die rechtsrheinische Hälfte der Provinz *Germania superior* der *Germania Magna*, die linksrheinische der *Gallia Belgica* zuordnete. Da Ptolemaios an anderer Stelle für die Provinz *Germania Superior* „Germania he ano" und für Inferior „he kato" verwendete,[5] darf man in Zusammenhang mit seinen Darstellungen das „megale Germania" als durchaus richtige Charakterisierung des gegenüber den Provinzen sehr großen und weiten Gebietes anerkennen. Nicht ganz klar ist bei Ptolemaios die östliche Grenze der „megale Germania", da das sarmatische Gebiet nicht in sich geschlossen ist, wie bei Plinius deutlich wird.

---

[3] Übersetzung von Christoph Gottlieb Groskurd, Strabons Erdbeschreibung in siebenzehn Büchern, nach berichtigtem griechischen Texte unter Begleitung kritischer und erklärender Anmerkungen verdeutscht, Theil I (Berlin/Stettin 1831–1834) 285. Zur Charakterisierung des „Dilettanten" Strabo vgl. W. O. Schmitt/G. Chr. Hansen, in: Herrmann 1988, 500f.

[4] Ptol. Geogr. 2, 9, 2.

[5] Ptol. Geogr. 2, 9, 9.

Präziser werden die in der Germania lebenden Völker von Plinius d. Ä. bezeichnet.[6] „Es gibt fünf Gruppen von Germanen: erstens die Vandilier (Vandalen), zu denen die Burgodionen (Burgunder), Varinnen (Warnen), Chariner und Gutonen (Goten) gehören; eine zweite Gruppe bilden die Inguäonen, zu denen die Kimbern, Teutonen und die Stämme der Chauken zählen; dem Rhein am nächsten aber wohnen (drittens) die Istuäonen, zu denen [...] gehören; im Inneren des Landes sitzen (viertens) die Hermionen, zu denen die Sueben, Hermunduren, Chatten und Cherusker gerechnet werden; ein fünfter Teil schließlich sind die Peukiner und Bastarnen, die Nachbarn der weiter oben (4, 80) erwähnten Daker." Auch die Tatsache, daß zwischen Pannonien und dem Schwarzen Meer Jazygen und Daker lebten, also Nicht-Germanen, wird von Plinius berichtet.[7] Die Angaben des Tacitus[8] bieten zur Frage der Gesamtausdehnung des Germanen-Gebietes nichts, was grundsätzlich über Plinius hinausgeht. Plinius ergänzt die Abgrenzung der Völker nördlich der unteren Donau folgendermaßen: „Der Name der Skythen ist überall in den der Sarmaten und Germanen übergegangen und nur für diejenigen Völker hat sich diese alte Bezeichnung (Skythen) erhalten, die am äußersten Ende dieser Erde – den übrigen Sterblichen nahezu unbekannt – ihr Leben verbringen."[9]

Auch wenn nicht ganz eindeutig ist, ob Ptolemaios die Bastarnen und Peukiner zur *Germania Magna* rechnete, was Tacitus – im Gegensatz zu Plinius – ausdrücklich in Zweifel zog,[10] wird man allgemein festhalten können, daß Ptolemaios mit seiner *Germania Magna* geographisch das Gesamtgebiet des germanisch besiedelten Raumes umreißen wollte. Der geographische Aspekt überwog also wohl den ethnischen, während von Plinius Ethnographie und Geographie gleichermaßen berücksichtigt worden sind.

Die Germani cisrhenani

Harald von Petrikovits hat 1986 insbesondere anhand der Angaben von Caesar, Tacitus und Plinius knapp und präzise zusammengefaßt, was die antiken Quellen zu dieser speziellen Germanengruppe berichten.[11] Er hob

6 Hist. Nat. 4, 99–100; Übersetzungen von Hans Ditten, in: Herrmann 1988, 331.
7 Hist. Nat. 4, 80.
8 Germ. 29ff.
9 Hist. Nat. 4, 81.
10 Germ. 46.
11 Von Petrikovits 1986.

hervor, daß es wahrscheinlich mehrere germanische Einwanderungswellen ins linksrheinische Gebiet gegeben hat und unterschied drei Gruppen:

1.) Die *Germani cisrhenani*, die Caesar namentlich nennt, nämlich die Condrusen, Eburonen, Caerosen und Caemanen. Hinzurechnen darf man diesen kleineren Stämmen die Aduatuker, ebenso wie die Nervier und Treverer, die sich selbst ihrer germanischen Abkunft rühmten. Die Aduatuker sollen von einer 6000 Menschen umfassenden Gruppe abstammen, die die Kimbern und Teutonen gut 50 Jahre vor Caesar in Nordgallien zurückgelassen haben.

2.) In der Zeit nach Caesar wurden von den Römern auf die linke Rheinseite umgesiedelt bzw. sind dort eingewandert: die Ubier, Bataver (?), Cananefaten (?), Sugambrer oder Sueben (8 v. Chr. ?), die Triboker, Nemeter und die Vangionen.

3.) Schließlich gibt es kleinere Stämme, die man weder der ersten noch der zweiten Gruppe zuordnen kann: Baetasier, Caeracaten, Cugerner, Frisiavonen (?), Lugnessen (?), Sunucer, Supener, Talliaten und Texuandrer.

Chr. Rüger hat hervorhoben, daß durch Caesars Eingreifen in Gallien die *Germani cisrhenani* in Niedergermanien politisch in der Folgezeit keine wesentliche Rolle mehr gespielt haben.[12] Ihr Gebiet wurde in größeren Teilen umgesiedelten, zuvor rechtsrheinisch lebenden Germanen zugewiesen, wie z. B. den Ubiern.[13] Tatsächlich tauchen die von Caesar aufgezählten *Germani cisrhenani* bei Plinius nicht mehr auf.

Für unser Kolloquium wichtig ist Caesars Bemerkung, daß viele der unter dem Sammelnamen „Belger“ zusammengefaßten Völker ursprünglich Germanen gewesen seien.[14] Damit können wir ganz allgemein festhalten, daß unter Augustus links des Rhein zwischen Nordsee und Vogesen eine beträchtliche Zahl größerer und kleinerer germanischer Stämme lebte. Eine geschlossene, in sich homogene Gruppe bildeten sie mit Sicherheit nicht, sondern sie scheinen z. T. bereits weitgehend den Kelten assimiliert gewesen zu sein, wie die Nervier, Tungrer, Treverer und Aduatuker.

Zur Bezeichnung römischer Provinzen

Da es bei diesem Kolloquium im weiteren Sinn um Fragen der Art und Weise geht, wie Rom Fremdvölker mit politischen oder ethnographischen Namen

---

12 Die Problematik ethnischer Zuweisungen und Rückprojektionen wird hier überdeutlich.
13 Rüger 1968, 38.
14 De Bello Gallico 2, 4, 2.

kennzeichnete und mit diesen Bezeichnungen dann umging, ist es wohl nützlich, dies anhand der von Rom vergebenen Provinznamen kurz zu erläutern. Nehmen wir als ein Beispiel zunächst *Illyricum*, d. h. etwa den Nordwesten der Balkan-Halbinsel.[15] Nachdem der Südteil Illyriens 167 v. Chr. unter römisches Protektorat gekommen war, wurde dieser zunächst der Provinz *Macedonia* angegliedert. Die schrittweisen weiteren Eroberungen von Teilen Illyriens führten dann im 1. Jahrhundert v. Chr. zur Schaffung einer Provinz *Illyricum*. Verwaltungstechnisch wurden auch Stämme bzw. Territorien zu *Illyricum* geschlagen, die ethnisch nichts mit den Illyrern zu tun hatten, wie z. B. die Liburner oder das Territorium von Histria-Istrien, die dann illyrisch genannt wurden, weil sie zu der Verwaltungseinheit gehörten. Interessanterweise verschwand der Name *Illyricum* aus den Provinzbezeichnungen, als nach dem Pannonischen Aufstand 6–9 n. Chr. aus *Illyricum* die Provinzen *Dalmatia* und *Pannonia* gebildet wurden. Der Begriff *Illyricum* lebte jedoch in anderem verwaltungs-geographischem Zusammenhang fort, und zwar bei der Abgrenzung der Zollbezirke: Der illyrische Zollbezirk umfaßte ab der Mitte des 2. Jahrhunderts, den nördlichen Balkan inklusive *Noricum* und *Raetia*,[16] d. h. ein Gebiet von den Alpen bis zum Schwarzen Meer; das Ethnikum der Illyrier spielte darin eine marginale Rolle.

Nützlich ist ein Blick auf Gallien,[17] das zunächst bis Caesar *Gallia comata* genannt und unter Augustus in die Provinzen *Aquitania*, *Gallia Lugdunensis* und *Gallia Belgica* aufgeteilt worden ist. Wählte man für *Aquitania* und *Belgica* jeweils Völkernamen, so wurde interessanterweise für das Gebiet der Provinz *Gallia Lugdunensis* nicht ein Stammesname, beispielsweise der der Rom unter Caesar so eng verbundenen Häduer, gewählt oder *Celtica* beibehalten (s. unten), sondern der Name einer von den Römern neu gegründeten Stadt, nämlich *Lugdunum*. *Lugdunum* ist ein häufiger vorkommender gallisch-keltischer Ortsname, weist also weder auf einen gallischen Stamm, noch auf eine bestimmte Gegend. Ähnliches geschah in Hispanien, dessen eine Provinz, die *Tarraconensis* nach der Stadt *Tarraco*, die zweite nach dem Fluß *Baetis* als *Baetica* und die dritte nach dem Stamm der *Lusitani Lusitania* bezeichnet worden ist. Wir können daraus als Zwischenbilanz festhalten, daß es offensichtlich keine feste Regel gab, nach der die Provinzen ihre Namen erhielten. Die Hauptvölker in den betreffenden Gebieten wurden dabei oft be-

15 Šašel-Kos 1998.
16 Appian III 6.
17 Drinkwater 1983; Wolff 1989; Wolters 1990.

rücksichtigt, aber es gibt auch andere Beispiele, wobei der Grund für die Abweichung nicht erkennbar ist.

Blicken wir vor diesem Hintergrund auf den augusteischen Eroberungsversuch in Germanien: Man spricht oft davon, daß zwischen Rhein und Elbe die Provinz *Germania* eingerichtet werden sollte, die dann – so meint man – diesen Namen getragen hätte. Dürfen wir dies mit Blick auf die uneinheitliche Namensgebung einerseits und das große Gebiet der *Germania Magna* andererseits überhaupt so voraussetzen?[18] Nur ein Teil der *Germania Magna* wäre damit ja Provinz gewesen. Es wurde 6 n. Chr. außerdem damit begonnen, das Markomannenreich des Marbod zu unterwerfen, ein Versuch, der noch im selben Jahr abgebrochen werden mußte.[19] Nach Größe und politischer Bedeutung des markomannischen Königreiches wäre daraus sicher eine eigene Provinz *Marcomannia* gebildet worden, was fast 170 Jahre später, unter Marc Aurel, noch einmal aktuell werden sollte. Dies bedeutet, daß wohl kaum aus dem Gebiet zwischen Rhein, Donau und Erzgebirge und – einmal unterstellt, daß die Eroberung fortgesetzt worden wäre – schon gar nicht aus der *Germania Magna* als Gesamtheit jemals eine Provinz mit dem Namen *Germania* geworden wäre, sondern wohl mehrere Provinzen mit verschiedenen Namen. Wenn man *Illyricum* als Beispiel nimmt, wäre es nicht einmal auszuschließen, daß bei einer Integration des ganzen germanischen Raumes wegen der Vielzahl einzelner größerer und auch politisch bedeutender Stämme, wie der Markomannen, Chatten, Hermunduren oder Cherusker der Sammelname *Germania* aufgegeben worden wäre.[20]

Die germanischen Provinzen

Unabhängig von dem wissenschaftlichen Streit um die Frage, wie weit unter Augustus die Herrschaft Roms im westlichen Teil der *Germania Magna* bereits etabliert war, muß man unterstellen, daß das Gebiet zur Provinz gemacht werden sollte. Damit erhebt sich die Frage nach deren geographischen Grenzen, speziell im Umfeld des Rheins, denn gerade hier hatte Rom unter Augustus bereits festen Fuß gefaßt. Zunächst ist dazu festzuhalten, daß unter

[18] Vgl. zur geographisch-politischen Vorstellung Mehl 1994, bes. 449–452.

[19] Vell. Pat. 2, 108–109.

[20] Während der Tagung machte mich G. A. Lehmann auf die Formulierung Tac. ann. I 57, 2 aufmerksam, der mit „Quippe anno quo Germaniae descivere ..." klar einen Plural verwendet hat, was die Mehrteiligkeit Germaniens erkennen läßt.

Caesar das ganze Gebiet westlich des Rheins ganz pauschal als Gallien bezeichnet worden ist, und zwar mit dem Sammelnamen *Gallia Comata*; es wurde dann in die drei Teile *Aquitania*, *Celtica* und *Belgica* gegliedert, aus denen später – wohl unter Tiberius 27 n. Chr. – die *Tres Galliae*, nämlich die Provinzen *Aquitania*, *Lugdunensis* und *Belgica* gebildet wurden.[21] Im Territorium der *Belgica* lebten auch die vorhin erwähnten *Germani cisrhenani*, und in dieser Teilprovinz wurde auch entlang des Rheins ab ca. 15 v. Chr. das Germanien-Heer konzentriert.

Die historischen Quellen geben keine explizite Auskunft zu der Frage, ob bzw. von welchen Teilen der *Gallia Belgica* schon unter Augustus geplant war, sie einer Provinz Germania zuzuordnen, so, wie dies später in flavischer Zeit festgeschrieben worden ist.[22] Wie unpräzise diesbezüglich formuliert worden ist, zeigen zwei Stellen bei Sueton: „Schwere und schimpfliche Niederlagen hat der Kaiser nur zwei und nur in Germanien erlitten, unter dem Kommando des Lollius und unter dem des Varus ...".[23] Die Niederlage unter Lollius fand jedoch auf jeden Fall links des Rheins statt, also in einem Gebiet, das Sueton an anderer Stelle[24] bezogen auf dieselbe Zeit der *Gallia Comata* zurechnete.

Das entscheidende Element für die weitere Entwicklung bildete natürlich das große entlang des Rheins stationierte Heer, das lange Zeit mit acht Legionen etwa 1/3 des römischen Gesamtheeres ausmachte. Waren Angehörige des Kaiserhauses wie Drusus (12–9 v. Chr.), Tiberius (9–7 v. Chr., 4–6 n. Chr.) oder Germanicus (13–16 n. Chr.) mit prokonsularischem Imperium entsandt, unterstand ihnen wahrscheinlich sowohl die *Belgica*, als auch das in Ger-

---

21 Drinkwater 1983, 232f., Karte 1–2. Wie unterschiedlich die Grenzziehung der gallischen Provinzen gedeutet werden kann, zeigen die beiden folgenden Zitate: „... die organisatorische Dreiteilung Galliens durch Augustus richtete sich mehr nach geographischen, denn nach ethnisch-kulturellen Grenzen." (Wolters 1990, 107). „Augustus hat es hierbei nämlich offensichtlich mit wohlbegründeter Absicht vermieden, ethnisch einheitliche Provinzen zu schaffen: Sowohl Aquitanien wie auch die Belgica mußten keltische Stammesgemeinden aufnehmen, so daß die rein keltische Lugdunensis eine geschwächte Zwischenregion darstellte" (Wolff 1989, 17f.).

22 Als Argument dafür, daß ein Teil des linksrheinischen Gebietes einer Provinz Germania Magna zugeschlagen worden wäre, wird die unter Augustus vorgenommene Weihung des Ubier-Altars in Köln angesehen (Tac. ann. I 57, 2), der gelegentlich zu einer Art Zentralheiligtum für ganz Germanien hochstilisiert worden ist: Kornemann 1943, 275f.; Wightman 1985, 55; Drinkwater 1983, 23. Vgl. auch Wolters 1990, 220; hierzu deutlich zurückhaltend: Christ 1977, 197; Timpe 1970, 86.

23 Augustus 23.

24 Tiberius 9.

manien operierende Heer;[25] in den übrigen Zeiten waren die das Heer befehligenden Legaten nur für diesen Bereich verantwortlich. Allein dieses Wechselspiel macht deutlich, daß für die Zeit der augusteisch-tiberischen Germanenkriege die Frage nach einer Grenzziehung zwischen der Provinz *Belgica* und dem Bereich des seit Tiberius' Regierungsantritt als *Exercitus Germanici superioris* bzw. *inferioris* bezeichneten Gebietes[26] letztlich falsch gestellt ist. Festgehalten sei jedoch, daß im Gebiet des *Exercitus Germanici superioris* auch bedeutende keltische Stämme lebten; es sind die Sequaner, Rauraker und Helvetier. Darüber hinaus wurde das ganze gallisch-germanische Gebiet bis zur Spätantike in einer geschlossenen Finanzprokuratur und auch in anderen Bereichen gemeinsam verwaltet,[27] vergleichbar dem erwähnten illyrischen Zollbezirk.

Mehr oder weniger festen Boden betreten wir in der Frage der Provinzgrenzen erst, als unter Domitian aus den beiden Kommandobereichen des Germanien-Heeres die beiden Provinzen *Germania superior* und *Germania inferior* geschaffen worden sind. Der Zeitpunkt liegt kurz vor 90 n. Chr.[28] Für unser Thema sind die ethnischen Verhältnisse innerhalb dieser beiden Provinzen von Belang.

In der *Germania inferior* lebten ganz überwiegend Stämme germanischer Abstammung, die hier teils schon länger ansässig waren, wie z. B. die Aduatuker, teils erst nachcaesarisch angesiedelt wurden, wie die Ubier. Es bleibt offen, ob auch genuin-keltische Stammesteile, z. B. die Menapier, die in caesarischer Zeit südlich des Waal lebten, später in der *Germania inferior* siedelten. Dies ist auch deshalb nicht im Detail zu beantworten, weil sowohl die Grenzziehung zur Provinz *Belgica*, als auch die Siedlungsgebiete einzelner Stämme nicht ganz genau fixierbar sind.[29]

Ganz anders ist die Situation in der Provinz *Germania superior*. Neben germanischen Stämmen westlich von Mittel- und Oberrhein, wie den Vangionen, Nemetern und Tribokern und den schon für den Bezirk des *Exercitus Germanici superioris* erwähnten keltischen Sequanern, Raurakern und Helvetiern, wurde sogar noch das wichtige keltische Stammesgebiet der

---

25 Wightman 1985, 60.

26 Tac. Ann., I 31.

27 Wolff 1989, 18f.

28 Vgl. Reallexikon der germanischen Altertumskunde (wie Anm. 1) 249.

29 Vgl. Wightman 1985, 55 (Karte 5), und Drinkwater 1983, 234 (Karte 3); Bechert 1982, 26. Bogaers 1972, 332, formulierte: „... ein heikles Unternehmen bleibt, in eine Karte die Grenze zwischen den Provinzen Gallia Belgica und Germania inferior einzutragen.“

Lingonen der *Germania superior* zugeschlagen.[30] Der Grund hierfür lag vermutlich auch darin, daß man das verkehrsgeographisch so bedeutende Gebiet um Langres unter militärischer Kontrolle behalten und das Kommando darüber nicht vom Legaten der *Germania superior* trennen wollte. Es wurde ja auch in Mirebeau[31] südlich von Langres zeitweise ein Teil des Heeres der *Germania superior* stationiert. Es waren also auch strategische Gesichtspunkte ausschlaggebend dafür, daß die *Germania superior* eine so eigenartige Grenzziehung bekam.

Es ist bei diesem Grenzverlauf so gut wie sicher, daß in der *Germania superior* mehr Kelten als Germanen lebten, insbesondere wenn man auf die *levissimi Gallorum* verweist, die sich nach Tacitus rechts des Rhein in den *decumates agri* angesiedelt haben.[32] Andererseits blieben die angeblich auf ihre germanische Abstammung so stolzen Treverer weiterhin in der Provinz *Belgica*. Der Grund dafür lag sicher nicht in der Tatsache, daß die Treverer bereits stark keltisiert gewesen sind, denn dann hätte man es den Lingonen als echten Kelten nicht antun dürfen, nun zur *Germania superior* zu gehören.

Zusammenfassung

Die Bilanz macht einerseits deutlich, daß die antiken Autoren dort, wo es ihnen darauf ankam, klar herausgearbeitet haben, welcher Stamm oder welches Volk zu welcher Groß-Ethnie gehörte. Nachdem seit der späten Republik der Unterschied zwischen Kelten und Germanen bekannt war, wurde in den römischen Quellen in der Regel auf die korrekte Zuordnung geachtet. Ganz anders wurde bei der Bezeichnung von römischen Provinzen verfahren. Hier spielten ethnische Gesichtspunkte bei der Namensgebung und territoriale Vorgaben bei der Grenzziehung offensichtlich nicht die entscheidende Rolle. Der Name einer Provinzhauptstadt wie *Lugdunum* konnte dem Namen eines auch für Rom wichtigen und großen Stammes wie den Häduern vorgezogen werden, oder es spielte der als obergermanisch bezeichnete Heeresbezirk politisch eine so dominante Rolle, daß der gewählte Verwaltungsname die ethnischen Verhältnisse geradezu auf den Kopf stellte. Man wird es daher auch keinesfalls als ein Zugeständnis an politisch wirkungsvolle ethnische Kräfte

---

[30] Wolff 1989, 18; Wilmanns 1981, 77–81; Wightman 1977.

[31] Goguey/Reddé 1995.

[32] Tac. Germ. 29, 3

werten dürfen, daß in der Spätantike bei der Neuorganisation der Provinzen[33] der im wesentlichen ursprünglich keltische Bereich der *Germania superior* einerseits zur Provinz *Sequania* kam (Helvetier, Rauraker) und das alte Lingonengebiet zur *Lugdunensis I*. Noch weniger kann dies für die gut dreihundert Jahre früher als germanisch geltenden Tungrer zutreffen, die bei der Neuordnung zur *Germania II* kamen.

Das Ergebnis hat Strabo bereits formuliert: „Der Kaiser Augustus aber hat Gallien in vier Teile teilend die Kelten zur Narbonensischen Provinz geschlagen; die Aquitaner ließ er wie (Caesar), fügte aber noch vierzehn zwischen Garonne und Loire wohnende Völkerschaften hinzu. Das übrige Land zweifach teilend schrieb er die eine Hälfte bis zu den oberen Teilen des Rheines Lugdunum zu, die andere den Belgern. Alles nun, was durch die Natur und durch Völker geschieden ist, das muß der Erdbeschreiber (Geograph) darstellen, wenn es der Erwähnung wert ist; alles aber, was die Herrscher, den Staat nach den Zeitumständen verwaltend, mannigfach umgestalten, das genügt, nur im allgemeinen Umrisse anzugeben, indem man die genauere Darstellung anderen überläßt.“[34]

---

33 Nesselhauf 1938, 18–21.

34 Geogr. IV 1,1, zit. nach Albert Forbiger, Strabo's Erdbeschreibung (Berlin/Stuttgart 1856–1862) 73f.

Literatur

Bechert 1982
Tilman Bechert, Römisches Germanien zwischen Rhein und Maas. Die Provinz Germania inferior (München 1982).

Bogaers 1972
Jules E. Bogaers, Civitates und Civitas-Hauptorte in der nördlichen Germania inferior, in: Bonner Jahrbücher 172, 1972, 310–333.

Christ 1977
Karl Christ, Zur augusteischen Gemanenpolitik, in: Chiron 7, 1977, 149–205.

Drinkwater 1983
John F. Drinkwater, Roman Gaul. The three Provinces, 58 BC–AD 260 (London/Canberra 1983).

Goguey/Reddé 1995
René Goguey/Michel Reddé, Le camp Légionnaire de Mirebeau. RGZM Monogr. 36 (Mainz 1995).

Herrmann 1988
Joachim Herrmann (Hrsg.), Griechische und Lateinische Quellen zur Frühgeschichte Mitteleuropas bis zur Mitte des 1. Jahrtausends u. Z., Teil I (Berlin 1988).

Kornemann 1943
Karl Kornemann, Gestalten und Reiche (Leipzig 1943).

Mehl 1994
Andreas Mehl, Imperium sine fine dedi – die augusteische Vorstellung von der Grenzenlosigkeit des Römischen Reiches, in: Eckart Olshausen/Holger Sonnabend (Hrsg.), Stuttgarter Kolloquium zur historischen Geographie des Altertums, Bd. 4. Geographica Historica, Bd. 7 (Amsterdam 1994), 429–464.

Nesselhauf 1938
Herbert Nesselhauf, Die spätrömische Verwaltung der gallisch-germanischen Länder. Abh. Preuss. Akad. Wiss. Nr. 2 (Berlin 1938).

von Petrikovits 1986
Harald von Petrikovits, Germani cisrhenani, in: Heinrich Beck (Hrsg.), Germanenprobleme in heutiger Sicht. Ergänzungsbände zum Reallexikon der Germanischen Altertumskunde, Bd. 1, (Berlin/New York 1986) 88–106.

R.-Alföldi 1997
Maria R.-Alföldi, Germania magna – nicht libera. Notizen zum römischen Wortgebrauch, in: Germania 75, 1997, 45–52.

Rüger 1968
Christoph B. Rüger, Germania Inferior. Untersuchungen zur Territorial- und Verwaltungsgeschichte Niedergermaniens in der Prinzipatszeit. Bonner Jahrbücher, Beiheft 30 (Bonn 1968).

Šašel-Kos 1998
Marjeta Šašel-Kos, Illyricum, in: Der Neue Pauli, Bd. 5 (Stuttgart/Weimar 1998) 940–943.

Timpe 1970
Dieter Timpe, Arminius-Studien (Heidelberg 1970).

Wightman 1977
Edith Mary Wightman, The Lingones: Lugdunensis, Belgica or Germania superior?, in: Studien zu den Militärgrenzen Roms II. Bonner Jahrbücher, Beihefte, 38 (Bonn 1977) 207–217.

Wightman 1985
Edith Mary Wightman, Gallia Belgica (London 1985).

Wilmanns 1981
Juliane C. Wilmanns, Die Doppelurkunde von Rottweil und ihr Beitrag zum Städtewesen in Obergermanien, in: Epigraphische Studien, 12 (Bonn 1981) 1–182.

Wolff 1989
Hartmut Wolff, Die regionale Gliederung Galliens im Rahmen der römischen Reichspolitik, in: Gunther Gottlieb (Hrsg.), Raumordnung im Römischen Reich (München 1989) 1–35.

Wolters 1990
Reinhard Wolters, Römische Eroberung und Herrschaftsorganisation in Gallien und Germanien (Bochum 1990).

Germanisch-Deutsch – RGA-E Band 34 – Seiten 37-101

Die Instrumentalisierung der „Germania" des Tacitus durch die deutschen Humanisten

von Dieter Mertens

Hubert Mordek zum 8.5.2004 gewidmet

I. Einleitung. – II. Mittelalterliche Überlieferungen und Leseweisen der Werke des Tacitus; 1. Die Handschriften; 2. Textverarbeitung im Mittelalter a) Tacitus sächsisch gelesen; b) Tacitus moralisch gelesen; c) Tacitus historiographiegeschichtlich gelesen; d) Tacitus kampanisch gelesen; 3. Die Kolporteure. – III. Tacitus im deutschen Frühhumanismus: von der italienischen zur deutschen Rezeption; 1. Handschriften und Drucke; 2. Frühe Textverarbeitung. – IV. Take-off-Phase der deutschen Tacitus-Rezeption und der Umbau der Geschichtsbilder; 1. Tacitus alter Germaniae conditor; 2. Germani indigenae: Konrad Celtis und Heinrich Bebel; 3. Tacitus ur- und frühgeschichtlich gelesen: Annius von Viterbo; 4. Tacitus philologisch-historisch gelesen: Beatus Rhenanus; 5. Arminus libertatis vindex. – V. Schluß.

I. Einleitung

„The story of the early discovery and 'reception' of Tacitus' works has been told many times", konstatierte Donald R. Kelley 1993 in dem Aufsatz *Tacitus noster*.[1] In der Tat haben altphilologische Editoren und Interpreten, Archäo-

[1] Donald R. Kelley, *Tacitus noster*: The *Germania* in the Renaissance and Reformation. In: T. J. Luce/A. Woodman (Hrsg.), Tacitus and the Tacitean Tradition (Princeton 1993) 152–167; 185–200 (eine Kraut-und-Rüben-Bibliographie). – Die wichtigsten Monographien seit 1960: Jürgen von Stackelberg, Tacitus in der Romania. Studien zur literarischen Rezeption des Tacitus in Italien und Frankreich (Tübingen 1960); Else-Lilly Etter, Tacitus in der Geistesgeschichte des 16.und 17. Jahrhunderts. Basler Beiträge zur Geschichtswissenschaft, 103 (Basel 1966); F. L. Borchardt, German Antiquity in Renaissance Myth (Baltimore 1971); Kenneth C. Schellhase, Tacitus in Renaissance Political Thought (Chicago/London 1976); Jacques Ridé, L'image du Germain dans la pensée et la littérature allemandes de la redécouverte de Tacite à la fin du XVIème siècle. Thèse Paris IV, 2 Bde. (Lille/Paris 1977); Ludwig Krapf, Germanenmythus

logen, Althistoriker, Paläographen und Mittellateiner, Humanismusforscher, Frühneuzeithistoriker, Literatur- und Politikwissenschaftler, Kulturhistoriker und Erforscher des modernen Nationalismus immer wieder Veranlassung gehabt, die einzigartige Überlieferungs- und Rezeptionsgeschichte der Werke des Tacitus auf Konsequenzen für die unterschiedlichsten Fragestellungen zu untersuchen. Die frühe Entdeckungs- und Rezeptionsgeschichte des 15. und 16. Jahrhunderts – von Salutatis Frage *Ubi Tacitus?* bis zur Ubiquität des Tacitus im Zeichen des Tacitismus der Marc-Antoine Muret und Justus Lipsius – ist in ihren Grundzügen häufig eruiert und dargestellt worden. Dennoch ist die Forschungssituation nicht durchweg befriedigend. Philologen, Archäologen und Historiker arbeiteten und arbeiten zu wenig Hand in Hand. Erklärungen werden selten geboten; die mittelalterliche Tacitusbenutzung ist kaum im Zusammenhang betrachtet worden; bei wichtigen Schaltstellen der Rezeption – insbesondere bei Enea Silvio Piccolomini – herrscht Uneinigkeit; mit überholten Prämissen gewonnene Ergebnisse werden weitergetragen. Zudem keimt immer wieder der Verdacht auf, daß das gängige Bild von der Textüberlieferung nur die simplifizierende Reduktion einer im 14. und 15. Jahrhundert reicher und komplexer gewesenen Überlieferung sei, daß es hinter der bekannten eine unbekannte Geschichte der Textüberlieferung gebe. Die Unvollständigkeit der *Augusta historia*, der Kaisergeschichte der Annalen und Historien, führte Albert Krantz (1448–1517) in seiner *Saxonia* auf die absichtliche Unterdrückung durch die Italiener zurück (*Reddant, utinam reddant in Augusta integrum historia Tacitum, quem recondunt* [...]);[2] heutige textkritische Untersuchungen erschließen aus Lesarten verlorene Parallelüberlieferungen.[3] Die Etablierung der Gleichung „germanisch ist gleich deutsch" ist Teil des vielschichtigen Prozesses der Tacitus-Rezeption im 15. und 16. Jahrhundert, sie ist bedingt durch die humanistische

und Reichsideologie: frühhumanistische Rezeptionsweisen der taciteischen „Germania". Studien zur deutschen Literatur, 59 (Tübingen 1979); Herbert Jankuhn/Dieter Timpe, Beiträge zum Verständnis der Germania des Tacitus Teil I. Abhandlungen der Akademie der Wissenschaften in Göttingen, phil.-hist. Kl. 3, Folge Nr. 175 (Göttingen 1989); Rainer Wiegels/Winfried Woesler (Hrsg.), Arminius und die Varusschlacht. Geschichte – Mythos – Literatur (Paderborn u. a. [2]1999); Herfried Münkler/Hans Grünberger/Kathrin Mayer, Nationenbildung. Die Nationalisierung Europas im Diskurs humanistischer Intellektueller. Italien und Deutschland. Politische Ideen, 8 (Berlin 1998); wegen der thematischen Gliederung noch nützlich Hans Tiedemann, Tacitus und das Nationalbewußtsein der deutschen Humanisten. Ende des 15. Jahrhunderts und Anfang des 16. Jahrhunderts. Phil. Diss. (Berlin 1913).

2 Saxonia Alberti Krantz, Köln 1520, Prooemium (verfaßt ca. 1504).

3 So David Schaps, The found and lost Manuscripts of Tacitus' Agricola. In: Classical Philology 74 (1979) 28–42.

Tacitusrezeption. Dem Mittelalter verdanken wir die handschriftliche Überlieferung der Werke. Doch die mittelalterliche Weise, Tacitus zu lesen, unterschied sich kategorial von der humanistischen. Diese differenten Leseweisen gilt es aufzuzeigen. Denn erst die neuen Fragen machen die Durchschlagskraft der neuen Leseweise verständlich. Die Gleichsetzung von germanisch und deutsch meint selbstverständlich nicht die Möglichkeit, das Wort *Germani* neben anderen zur Bezeichnung der Deutschen des Hoch- und Spätmittelalters zu gebrauchen, sie meint vielmehr die Inanspruchnahme der Germanen, von denen Tacitus und andere antike Autoren – Historiker, Ethnographen und Geographen – berichten, als Deutsche und damit als die Vorfahren der Deutschen des 15. und 16. Jahrhunderts, die Tacitus lesen. Dabei geht es vielen deutschen Autoren darum, eine der römischen Antike ebenbürtige, ruhmvolle „deutsche“ Antike zu rekonstruieren, diese den römischen Schriftstellern auch gegen deren Intention zu entwinden. Es soll darum in einem zweiten Schritt das Augenmerk auf die Differenz der mittelalterlichen und der humanistischen Konzeptionen der älteren Geschichte gelegt werden – der älteren deutschen Geschichte, hätte man vor noch gar nicht allzu langer Zeit gesagt. Es ist letztlich der langen Wirkungsgeschichte der humanistischen Tacitusrezeption zuzuschreiben, wenn noch 1952 im ersten Band des Wattenbach-Levison zu lesen ist: „Von dem Deutschland, welches Arminius dem römischen Einfluß entzogen hat, bringen uns nur die Werke der Römer und Griechen spärliche Kunde [...]“.[4] Diese Sicht war, trotz Johannes Hallers frühem Widerspruch gegen die Gleichsetzung von Germanen und Deutschen,[5] nicht anstößig, sondern gängige wissenschaftliche Tradition, der die Gleichsetzung von Galliern und Franzosen korrespondierte.[6] Die zitierte Formulierung stammt aus der Feder des 1939 aus Deutschland vertriebenen Wilhelm Levison (gest. 1947), der seinen Beitrag in Durham fertiggestellt hat. Die Rezeption der *Germania* ist zweifellos der für die Gleichsetzung wichtigste Vorgang; er gab den Rahmen ab, innerhalb dessen die geschichtlichen Nachrichten aus den als letzte der taciteischen Bücher bekannt gewordenen Annalen 1–6 (1515), dann auch aus Velleius Paterculus (1520) gerückt wurden. Die

4 Wattenbach-Levison, Deutschlands Geschichtsquellen im Mittelalter. Vorzeit und Karolinger, I. Heft, bearbeitet von Wilhem Levison † (Weimar 1952) 37. Vgl. Gerd Tellenbach, Zur Geschichte des mittelalterlichen Germanenbegriffs, in: Jahrbuch für Internationale Germanistik 7/1, 1975, 145–165; Hermann Weisert, Seit wann spricht man von *Deutschen*?, in: Blätter für deutsche Landesgeschichte 133, 1997, 131–168.

5 Johannes Haller, Die Epochen der deutschen Geschichte, 126.–130. Tausend (Stuttgart/Urach 1950, [1]1923) 21f.

6 Carlrichard Brühl, Deutschland – Frankreich. Die Geburt zweier Völker (Köln/Wien [2]1995) 7–31.

Rezeption durch die deutschen Humanisten setzt mit einer erklärungsbedürftigen Verzögerung ein und gerät dann sofort in den Sog der Geschichtskonstruktionen des Annius von Viterbo (1498).

II. Mittelalterliche Überlieferungen und Leseweisen der Werke des Tacitus

1. Die Handschriften

Mittelalterlichen Historiographen war Tacitus kein völlig unbekannter Autor. Drei Arten der Bekanntschaft sind zu unterscheiden: erstens das Abschreiben und Weitergeben taciteischer Texte, zweitens das literarische Verarbeiten und drittens das Kolportieren von Zitaten aus zweiter Hand, meist verbunden mit der Nennung des Namens Tacitus', oder auch die bloße Namensnennung.

Die erhaltene handschriftliche Textüberlieferung ist bekanntlich schmal, sie umfaßt keineswegs das ganze Werk des Tacitus und reicht nicht über das 9. Jahrhundert zurück. Von den 30 Büchern, die Tacitus' großes historiographisches Opus umfaßte, das mit dem Tod des Augustus (14) einsetzte und bis zum Tod Domitians (96) reichte und im 16. Jahrhundert in *Annales* und *Historiae* unterschieden wurde, ist lediglich etwa die Hälfte erhalten. Die ersten 6 Bücher (*Annales* 1–6) liegen in einer ursprünglich fuldischen, um 1508 aus Corvey nach Rom gelangten karolingerzeitlichen Handschrift vor (Codex Mediceus I). Das mittlere Drittel des Gesamtwerks (*Annales* 11–16, *Historiae* 1–5) ist in einer cassinensischen Handschrift des 11. Jahrhunderts erhalten (Codex Mediceus II). Die karolingerzeitliche Überlieferung der kleineren Werke *Germania, Agricola* und *Dialogus* – zusammengebunden mit Suetons fragmentarischem *De grammaticis et rhetoribus* – gelangte im 15. Jahrhundert in Gestalt des von der Forschung so benannten Codex Hersfeldensis nach Italien, wurde aber sehr bald aufgeteilt und kopiert und ging danach wieder verloren. Eine Kopie des gesamten Hersfeldensis gibt es nicht, alle seine humanistischen Nachfahren unterscheiden sich nach Inhalt und Anordnung.[7]

---

[7] Florenz, Bibl. Med.-Laur., Cod. Laur. 68.1 (9. Jh.; Cod. Mediceus I), 68.2 (11. Jh.; Cod. Mediceus II); Privatbibl. des Grafen Balleani in Jesi, cod. Lat. 8 (9. und 15. Jh.; Cod. Aesinas). Vgl. die Überblicke von Karl Büchner, in: Herbert Hunger u. a. (Hrsg.), Geschichte der Textüberlieferung der antiken und mittelalterlichen Literatur, Bd. I: Die Textüberlieferung der antiken Literatur und der Bibel (Zürich 1961, Nachdruck München 1975) 412–414; sowie von R. J. Tarrant/M. Winterbottom, [Art.] Tacitus, in: L. D. Reynolds (ed.), Texts and Transmission (Oxford 1983) 407–411. – Facsimilia: Cod. Mediceus I und II: Codices greci et latini

Nach verbreiteter, zwar bestrittener, doch nicht ernstlich widerlegter Ansicht hat sich aus dem Hersfeldensis lediglich ein Quaternio des *Agricola* (13,1–40,2) erhalten als Bestandteil des Codex Aesinas, der seinen Namen vom zeitweiligen Aufbewahrungsort Jesi erhalten hat, welcher seinerseits nach dem Fluß Aesis (Fiume Esino) benannt ist. Die über den Quaternio hinausgehenden taciteischen Bestandteile des Codex Aesinas – der restliche *Agricola*-Text und die *Germania* – sind Abschriften des Peruginer Kanzlers Stefano Guarnieri aus dem 15. Jahrhundert.[8] Die ersten zwei Drittel des Codex Aesinas werden von der Trojageschichte des Dictys Cretensis eingenommen; es handelt sich um eine größtenteils karolingerzeitliche Abschrift, die mit dem *Agricola*-Quaternio gleichzeitig ist und demselben Scriptorium entstammt; auch sie ist von Guarneris Hand vervollständigt worden. 1902 wurde die Existenz des Codex Aesinas, der sich in der Privatbibliothek des Grafen Balleani befand, durch Cesare Annibaldi, einen Altphilologen aus Jesi, bekannt gemacht.[9] Weil seither Guarneris Abschrift der *Germania* als Ersatz des Hersfeldensis und damit als die für den Text der *Germania* wichtigste Überlieferung angesehen wurde, wollte das nationalsozialistische Regime den Codex nach Deutschland holen.[10] Auf Drängen Himmlers sprach Hitler 1936 Mussolini darauf an, als dieser auf Staatsbesuch in Berlin weilte, und erhielt eine Zusage. Mussolini gab sie umso bereitwilliger, als Balleani ein bekannter Antifaschist war, mochte sie aber wegen des Protests der italienischen Öffentlichkeit gegen die Verbringung der Handschrift außer Landes nicht einhalten. Als Ersatz wurde 1943 eine nur wenig verkleinerte Schwarz-weiß-Photo-

photographice depicti 7.1 und 7.2, mit einer Einleitung von E. Rostangno; Cod. Aesinas (nur die taciteischen Teile): Rudolf Till, Handschriftliche Untersuchungen zu Tacitus Agricola und Germania. Mit einer Photokopie des Codex Aesinas (Berlin-Dahlem 1943).

8 Eine gute kodikologische Übersicht mit schematischer Darstellung der Lagen bietet (auf der Basis der Beschreibungen des Entdeckers C. Annibaldi) R. P. Robinson, The Germania of Tacitus. A critical edition. Philological Monographs published by the American Philological Association, 5 (Middletown, Connecticut 1935) 14–18; zur Kritik an der traditionellen Sicht über das Verhältnis zum sog. Codex Hersfeldensis Clarence W. Mendell, Tacitus. The Man and his Work (New Haven/London 1957) 241–255; bes. Schaps (wie Anm. 3); dagegen mit konziser Argumentation C. E. Murgia/R. H. Rodgers, A Tale of Two Manuscripts, in: Classical Philology 79 (1984) 145–153; Heinz Heubner, Die Überlieferung der Germania des Tacitus, in: Jankuhn/Timpe 1989 (wie Anm. 1) 16–26, hier bes. 18f.

9 Cesare Annibaldi, Di un nuovo codice dell' Agricola e della Germania, in: Atene e Roma 5 (1902) 737; ders., L'Agricola e la Germania di Cornelio Tacito nel Ms. Latino N. 8 della biblioteca del Conte G. Balleani in Jesi (Città del Castello 1907).

10 Zum folgenden vgl. Luciano Canfora, La Germania di Tacito da Engels al nazismo (Napoli 1979) 77–80; Simon Schama, Der Traum von der Wildnis. Natur als Imagination (München 1996) 91–97 (engl.: Landscape and Memory [London 1995]); Schama beruft sich (624, Anm. 2) auf mündliche Berichte des Erben und Großneffen Conte Giovanni Baldeschi-Balleani. Aus

kopie der taciteischen Teile des Codex Aesinas mit zugehörigen paläographischen und philologischen Untersuchungen publiziert – als erster Band der klassisch-philologischen und altertumskundlichen Abteilung der Reihe „Deutsches Ahnenerbe". Die Veröffentlichung basierte, so das Vorwort[11], auf 1939 in Rom vom Istituto di patologia del libro angefertigten Photographien und auf Untersuchungen an der Handschrift selbst durch Rudolf Till und Paul Lehmann. Ein Satz Photographien des ganzen Codex befindet sich heute in der paläographischen Sammlung der Widener Library, Harvard, er bildet die Grundlage der neueren paläographischen und sogar kodikologischen Untersuchungen. Die Photographien haben Bemühungen um Einsichtnahme in den Codex Aesinas selbst unnötig erscheinen lassen und schließlich die nicht näher begründete Vermutung provoziert, der Codex existiere gar nicht mehr.[12] Er verblieb 1939 im Besitz des Grafen Balleani; im Herbst 1943 suchte ihn die SS vergeblich in den gräflichen Schlössern, die dabei teilweise verwüstet wurden. 1966 erlitt die von den Erben im familieneigenen Banco Siciliano in Florenz gelagerte Handschrift Schäden durch das Hochwasser des Arno; die ersten Seiten der *Germania* sollen betroffen sein;[13] was dies für den voranstehenden *Agricola* und dessen karolingerzeitlichen Quaternio bedeutet, ist nicht bekannt.

Die Horte der mittelalterlichen Überlieferungsträger sind die großen Benediktinerklöster Fulda und Montecassino. Die Überlieferung des 9. Jahrhunderts steht sämtlich mit der Klostergemeinschaft von Fulda in engster Beziehung. Der Codex Mediceus I stammt von dort. Der sog. Codex Hersfeldensis bzw. dessen Rest im Codex Aesinas stammt zwar nicht aus Fulda – Bernhard Bischoff erkannte seine Schriftheimat an der Loire –, wurde aber in Fulda benutzt und gehörte wohl auch zur dortigen Bibliothek.[14] Der

---

Schamas Buch referiert Philipp Reuter, Die „Germania" – ein Raubversuch, in: Die Gazette 6, September 1998.

11 Schama (wie Anm. 10) behauptet 95f., ohne auf die gegenteilige Darstellung des Vorworts einzugehen, die Aufnahmen seien in Berlin angefertigt und die Handschrift deshalb kurzzeitig dorthin gebracht worden.

12 Schaps (wie Anm. 3) 37.

13 Schama (wie Anm. 10) 625, Anm. 15; Schama erklärt nirgends, die Handschrift gesehen zu haben.

14 Paul Lehmann, Corveyer Studien. Abhandlungen der Bayer. Akad. d. Wiss., Philos.-philol. u. hist. Kl. 30,5 (München 1919) (= Ders., Erforschung des Mittelalters, 5 [Stuttgart 1962] 94–178; bes. 114ff.); Bernhard Bischoff, Die Schriftheimat der Münchener Heliand-Handschrift, in: Beiträge zur Geschichte der deutschen Sprache und Literatur, 101 (Tübingen 1979) 161–170 (= Ders., Mittelalterliche Studien, 3 [Stuttgart 1981] 112–119, hier 115, Anm. 12); Tarrant (wie Anm. 7) 407; R. P. Robinson, The Germania of Tacitus. A critical edition. Philological Monographs published by the American Philological Association, 5 (Middletown, Connecti-

Mediceus II wurde in der ersten Hälfte des 11. Jahrhunderts in Montecassino in beneventanischer Schrift geschrieben. Aber seine Vorlage könnte aus Fulda gekommen sein. Dies ist aufgrund der vielfachen Beziehungen zwischen beiden Klöstern besonders in der Zeit der „deutschen“ Äbte Richer von Niederaltaich (1038–1055) und Friedrich von Lothringen (1057) denkbar, als in Montecassino auch eine Abschrift der *Res gestae Saxonicae* Widukinds von Corvey entstand (Cod. Cas. 298), heute die älteste erhaltene; Paul Lehmann und konkreter noch Elias Lowe haben auf diese Beziehungen hingewiesen.[15] Jürgen von Stackelberg hat die Vermutung einer fuldischen Vorlage des Mediceus II mit Nachdruck ausgesprochen, Rudolph Hanslik hat dies auf der Basis ausgreifender Textkollationierungen seiner Schüler bestätigt.[16] Dagegen ist allerdings die Tatsache ins Feld geführt worden, daß die Fehler des cassinensischen Mediceus II deutlich anderer Art sind als die des fuldischen Mediceus I, was gegen eine gemeinsame Herkunft spreche.[17]

Die erhaltenen Abschriften und frühen Drucke bezeugen nicht nur den Text des Autors, sondern ebenfalls die Existenz bestimmter Vorlagen. Doch diese aus den Abschriften etwa aufgrund paläographischer Eigenheiten oder allfälliger Anachronismen der Abbreviaturen oder aufgrund von Varianten näher bestimmen zu wollen, ist ein wenig sicheres Unterfangen. So wurde vermutet, der ursprünglich fuldische Mediceus I und die fuldische Vorlage

---

cut 1935) 24–30; Bernhard Bischoff, Das benediktinische Mönchtum und die Überlieferung der klassischen Literatur, in: Studien und Mitteilungen zur Geschichte des Benediktinerordens und seiner Zweige 92 (1981) 165–190, hier 181; Paul Lehmann, Paläographische Beurteilung des Codex Hersfeldensis, in: Till (wie Anm. 7) 11–13; Ludwig Pralle, Die Wiederentdeckung des Tacitus. Quellen und Abhandlungen zur Geschichte der Abtei und der Diözese Fulda, 17 (Fulda 1952) 61f. – Poggio hatte mit dem Hersfelder Mönch Heinrich von Grebenstein verhandelt, der in Rom viermal über den Streit zwischen Kloster und Stadt Hersfeld verhandelte. Der Hersfelder Mönch versprach die Tacitushandschrift, die sein Kloster gar nicht zu bieten hatte, die er aber *vel vi vel gratia* erlangen wollte. Der Abt von Hersfeld und der Stiftsverweser von Fulda waren Brüder, Grebenstein konnte also deshalb rechnen, an die Fuldaer Handschrift zu gelangen; bekanntlich hat er sie nicht in Rom abgeliefert, also wohl wider sein Erwarten nicht bekommen. Poggio spricht nur so lange von einem Hersfelder Kodex, wie er mit Grebenstein zu tun hat. Als die Handschrift 1455 durch Enoch von Ascoli aus Deutschland mitgebracht wird, ist von Hersfeld nicht mehr die Rede.

15 Paul Lehmann, Die alte Klosterbibliothek Fulda und ihre Bedeutung, in: Aus der Landesbibliothek Fulda 2 (1928) 5–12 (= Ders., Erforschung des Mittelalters, Bd. 1 [Leipzig 1941] 213–231, hier 220f.). Elias A. Lowe, The unique Manuscript of Tacitus' Histories, in: Casinensia I (Monte Cassino 1929) 257–272 (= Ders., Paleographical Papers 1907–1965, ed. Ludwig Bieler, Bd. I [Oxford 1972] 289–302).

16 Vgl. Stackelberg (wie Anm. 1) 42; Rudolph Hanslik, Zur Überlieferung des Tacitus, in: Anzeiger der österreichischen Akademie der Wissenschaften, Phil.-Hist. Kl. 104 (1967) 155–162.

17 Tarrant (wie Anm. 7) 407, Anm. 2.

des Mediceus II gingen direkt oder über eine Zwischenstufe, vielleicht in angelsächsischer Minuskel, auf einen Codex des 4. Jahrhunderts in Capitalis rustica zurück.[18] Auch die zahlreichen Abschriften, welche die italienischen Humanisten im 15. Jahrhundert anfertigen ließen, bezeugen ältere und jüngere Vorlagen. Daß die älteren Vorlagen der Humanistenhandschriften allein die bisher genannten, der Mediceus I und II und der sog. Hersfeldensis, seien, war lange Zeit *communis opinio.* Mit der Edition Robinsons 1935 setzten die Versuche ein, die Varianten der Humanistenhandschriften nicht nur zur Neuordnung der im 15. Jahrhundert vom Hersfeldensis ausgehenden jüngeren Überlieferung zu benutzen, sondern auch dazu, anderweitige ältere Vorlagen des frühen oder hohen Mittelalters zu erschließen.[19] Um eine ältere, von Montecassino ausgehende Überlieferung geht es in der Diskussion über Boccaccios Tacitus.[20] Einige dieser Rekonstruktionsforschungen haben höchst kontroverse Diskussionen ausgelöst und umstrittene editorische Folgen gezeitigt. Doch die kritischen Einwände von C. E. Murgia und R. H. Rodgers sowie von Franz Römer und Heinz Heubner gegen Schaps' allzu scholastischen Umgang mit humanistischen Äußerungen über Texte und humanistischer Textarbeit haben gezeigt, daß die Erforschung humanistischer Wissenschaftsstile, wie sie Anthony Grafton vorzüglich für den Späthumanismus betreibt, ein wichtiges Desiderat ist.[21]

2. Textverarbeitung im Mittelalter

Die literarische Verwendung taciteischer Texte durch mittelalterliche Autoren[22] läßt sich grosso modo in zwei verschiedene Gruppen teilen. Die eine, kleine Gruppe bilden die leisen Zitierer, die einen Tacitus-Text zur Hand hat-

---

[18] Robinson (wie Anm. 8) 57–78; Hanslik (wie Anm. 16); P. Revilo, The Second Medicean Ms. and the Text of Tacitus, in: Illinois Classical studies 1 (1976) 190–225, hier 190ff. Bischoff (wie Anm. 14) schließt angelsächsische Vorlagen wegen des um 830 längst abgebrochenen Bezuges Fuldas nach England aus.

[19] Für die Germania am ausführlichsten Jacques Perret, Recherches sur le texte de la „Germanie". Collection d'études latines, 25 (Paris 1950.).

[20] Ricarda Müller, Boccaccios Tacitus. Rekonstruktion einer Humanistenhandschrift, in: Rheinisches Museum 136 (1993) 164–180.

[21] Vgl. Murgia/Rodgers 1984 (wie Anm. 8); Franz Römer/Heinz Heubner, Leidensis redivivus?, in: Wiener Studien 91, NF 12 (1978) 159–174; Franz Römer, Agricolas Arbeit am Text des Tacitus und des jüngeren Plinius, in: Fokke Akkerman/A. J. Vanderjagt (ed.), Rodolphus Agricola Phrisius 1444–1485 (Leiden 1988) 158–169.

[22] Vgl. die kurze skeptische Aufzählung von Namen in der Einleitung von. Schellhase (wie Anm. 1) 5. – Zur Tacitus-Kenntnis der sog. Fränkischen Völkertafel, deren Datierung zwischen dem

ten und daraus einzelne Phrasen oder längere Passagen übernahmen, ohne diese irgendwie zu markieren oder den Namen des antiken Autors zu nennen und als Autorität zu berufen, die Tacitus vielmehr auf eigene Rechnung verwenden. Die andere Gruppe sind die vernehmbaren, bisweilen lauten Kolporteure, die keinerlei Tacitus-Text zur Hand hatten, aber Tacitus mit Namen anführen und Tacitus-Zitate aus zweiter, anerkannter und legitimierender Hand anführen.

a) Tacitus sächsisch gelesen

Daß im 9. Jahrhundert der Text der *Germania* in Fulda zur Hand war, wird immer wieder zu Recht betont. Rudolf von Fulda (gest. 865)[23], rechte Hand des Hrabanus Maurus in Fulda und wohl auch in Mainz nach dessen Wechsel auf den dortigen Erzbischofsstuhl (847), Nachfolger Hrabans in der Leitung der Fuldaer Klosterschule mit ihrer hervorragenden Bibliothek, wendet zwei Passus aus dem allgemeinen Teil der *Germania* – einen kurzen zur Heiratspolitik aus c. 4 und einen recht langen zur Religion aus c. 9,1–11,1 – auf die Sachsen an, deren Herkunft, Landnahme und heidnische Vergangenheit er der Schilderung der christlich-frommen Handlung der 850/851 vollzogenen Translation der vollständigen Reliquien des heiligen Märtyrers Alexander aus Rom in das Kanonikerstift Wildeshausen kontrastierend voranstellte.[24] Rudolf von Fulda hat offenbar keinen Anstoß daran genommen, daß in der *Germania* von den Sachsen nicht die Rede ist, auch nicht an dem Widerspruch seiner sächsischen Herkunftsgeschichte zu Tacitus' Ablehnung jeder Wanderherkunft. Dies gilt auch für Rudolfs Schüler Meginhart, der die *Translatio S. Alexandri* fortgesetzt hat. Nur in Meginharts Handexemplar von etwa 865 ist es erhalten (Hannover, Niedersächs. LB, Ms. I 186) – und damit

frühen 6. und dem frühen 8. Jh. schwankt, s. Walter Goffart, The Supposedly 'Frankish' Table of Nations: An Edition and Study, in: Frühmittelalterliche Studien 17 (1983) 98–130, hier bes. 118f., 123ff.

23 Vgl. Klaus Nass, [Art.] Rudolf von Fulda, in: Die deutsche Literatur. Verfasserlexikon, 8 (Berlin/New York ²1992) 351–356.

24 Bruno Krusch, Die Übertragung des H. Alexander von Rom nach Wildeshausen durch den Enkel Widukinds 851, in: Nachrichten von der Gesellschaft der Wissenschaften zu Göttingen, Phil.-hist. Kl. II 13 (1933) 405–436. – Vgl. Wattenbach/Levison, Deutschlands Geschichtsquellen im Mittelalter. Vorzeit und Karolinger. Heft VI, bearb. von Heinz Löwe (Weimar 1990) 711–714; Hilkert Weddige, Heldensage und Stammessage. Iring und der Untergang des Thüringerreiches in Historiographie und heroischer Dichtung. Hermaea NF 61 (Tübingen 1989) 17ff.

zugleich die älteste noch existierende Niederschrift von Sätzen der *Germania*.[25] Die moderne Textkritik weiß die Zitate dieser Handschrift durchaus zu schätzen.[26] Freilich nannte Rudolf den Namen seines Gewährsmannes Tacitus nicht. Darum konnten Adam von Bremen, der Autor der (1075/1076 beendeten) *Gesta Hammaburgensis ecclesiae pontificum*, und Frutolf von Michelsberg, der um 1100 jene Weltchronik verfaßte, die unter dem Namen des Fortsetzers Ekkehard von Aura die Basis der Chronistik des 12. und 13. Jahrhunderts bildet, den Tacitus auch nicht mit Namen kennenlernen, als sie die *Translatio S. Alexandri* seitenweise mitsamt den Passagen der taciteischen *Germania* ausschrieben, um die Heidenzeit des Sachsenvolkes zu schildern.[27] Beide kannten die *Translatio* wohl aus Corveyer Überlieferung, Adam hielt sie für ein Werk Einhards (gest. 840).[28] Daß Adam an einer Stelle Tacitus' *Agricola* zitiert haben soll, wie bisweilen behauptet wird, ist ganz unwahrscheinlich. Bernhard Schmeidler, der Editor des Adam, hat die fragliche Stelle mit der Benutzung von Sallusts *Bellum Iugurthinum* erklärt, eines Werkes mithin, das im Mittelalter gut bekannt war und das Adam mehrfach herangezogen und dessen Autor er auch mit Namen zitiert hat.[29]

---

25 Paul Lehmann, Eine Fuldaer Handschrift, in: Otto Glaunig zum 60. Geburtstag (Leipzig 1936) 140–144; Facsimile: Translatio S. Alexandri auctoribus Ruodolfo et Meginharto Fuldensibus. Mit einer Einführung von Helmar Härtel. Facsimilia textuum manuscriptorum, 5 (Hildesheim 1979).

26 Tacitus, Germania, ed. Jacques Perret (Paris 1949) 72, 76; ed. Ericus Koestermann (Leipzig 1957) 8, 11.

27 Adam von Bremen, Hamburgische Kirchengeschichte, hrsg. von Bernhard Schmeidler. Magistri Adam Bremensis Gesta Hammaburgensis ecclesiae pontificum ed. tertia, SSrerGerm in us. schol. (Hannover/Leipzig 1917) I, 4–7, 7–9; Ekkehardi Chronicon universale, ed. Georg Waitz. MGH SS 6 (Hannover 1844) 33–265 [33–211 Frutolf von Michelsberg], hier 178, Z. 33ff., 42–54 (Tacitus). Zu Frutolf vgl. Franz-Josef Schmale, [Art.] Frutolf von Michelsberg, in: Die deutsche Literatur des Mittelalters. Verfasserlexikon, Bd. 2 (Berlin ²1980) 993–998. – Daß bereits Widukind von Corvey Tacitus benutzt habe, haben Max Manitius, Zu deutschen Geschichtsquellen des 9. bis 12. Jahrhunderts, in: Neues Archiv 11, 1886, 43–73, hier 53–63 und ergänzend ders., Geschichte der lateinischen Literatur des Mittelalters, Bd. 1 (München 1911, Nachdruck 1974) 717 u. Anm. 4, und Ludwig Cornelius, Quomodo Tacitus historiarum scriptor in hominum memoria versatus sit, Programm (Wetzlar 1888) 38f., für sicher angesehen; der Editor Karl Andreas Kehr wollte allenfalls an einer Stelle Tacitus-Lektüre durchscheinen lassen (Widukindi monachi Corbeiensis rerum gestarum Saxonicarum libri tres, MGH SSrerGerm i. us. schol. [Hannover 1904] Xf.), ohne dies aber im Apparat zu vermerken; Helmut Beumann hat aufgrund seiner einfühlsamen Stiluntersuchungen Widukinds „selbständige" Tacituslektüre für sicher gehalten: Widukind von Korvei. Abhandlungen über Corveyer Geschichtsschreibung, 3 (Weimar 1950) 162.

28 Zu Adam s. Löwe (wie Anm. 24) 854, Anm. 654; zu Frutolf Weddige (wie Anm. 24) 85ff.

29 Adam von Bremen soll in Gesta I,3 Tacitus, Agr. 11,1 zitieren, so M. Winterbottom in seiner Ausgabe der Opera minora (Oxford 1975) V. Dagegen vgl. in Schmeidlers Ausgabe der Gesta

Die sog. *Annales Fuldenses* oder Ostfränkischen Reichsannalen nennen in ihrem zweiten, auf Rudolf von Fulda zurückgehenden Teil, der von 838 bis 863 reicht, zum Jahr 852, als König Ludwig in Sachsen zu Minden an der Weser einen Hof- und Gerichtstag hielt, den Autor *Cornelius Tacitus* mit Namen. Tacitus wird als Gewährsmann für die alte lateinische Bezeichnung der Weser *Visurgis*, welche die *moderni Wisuraha* nennten, in Anspruch genommen. Das *Visurgis*-Zitat kann sich nur auf die Annalen des Tacitus beziehen,[30] wo im zweiten Buch in den Kapiteln 5 bis 28 die Kämpfe des Germanicus im Jahr 16 eine zusammenhängende Darstellung erfahren. Am *flumen Visurgis* wurde Germanicus von Arminius erwartet (II,9 sqq.); *trans Visurgim* lieferten sich ihre Heere eine große Schlacht. Doch nicht Arminius interessiert den ostfränkischen Reichsannalisten, sondern nur der lateinische Flußname. Immerhin deutet die Apostrophierung des Tacitus als *scriptor rerum in ea gente gestarum* an, daß der Autor des 9. Jahrhunderts die taciteische Schilderung des Weserfeldzugs „sächsisch" gelesen, d. h., in analoger Weise auf die Sachsen bezogen hat wie die Religionskapitel der *Germania* in der *Translatio Alexandri*. Eigenartigerweise vermerken weder die Ausgaben der sog. *Annales Fuldenses* von Kurze und Rauh noch Kurzes Kritiker die Bezugnahme auf die Annalen des Tacitus.[31] Dabei ist sie sowohl für die Frage der Verfasserschaft des Rudolf von Fulda als auch für die Nutzung der Tacitus-Überlieferung von Interesse. Heinz Löwe hat die heftige Forschungsdiskussion zu den Reichsannalen in weiterführender Weise besprochen und dahingehend resümiert, daß der zweite Teil zwar in Mainz entstanden, aber der Zusammen-

(wie Anm. 27) 5; Winterbottom kennt die kritische Edition nicht. Doch schon die von Winterbottom herangezogene Ausgabe bei Migne PL 146, Sp. 461 verweist auf Sallust. Weitere Sallust-Zitate und -Allusionen sind durch Schmeidler nachgewiesen (wie Anm. 27) 1, 6, 10, 11, 20, 28 u. ö., 201 namentliche Nennung Sallusts in Adams Text mit Zitat aus den Bellum Iug. Der Wortlaut Adams in Gesta I,3 ist dem des Tacitus nur scheinbar ein wenig näher. Die inselhafte Betrachtung einzelner kurzer Phrasen führt in die Irre. – Auch im Fall Williams of Malmesbury mußte vermeintliche Tacitus-Benutzung zugunsten Sallusts korrigiert werden; vgl. John E. Sandys, A History of Classical Scholarship I (Cambridge 1906, ³1921) 662, Anm. 6.

30 Max Manitius, Geschichte der lateinischen Literatur des Mittelalters, Bd. 1 (München 1911, Nachdruck 1974) 671; Karl Müllendorf, Die Germania des Tacitus. Deutsche Altertumskunde, IV (Berlin 1900, Reprint Amsterdam 1970) 57 denkt an das erste oder das zweite Buch (I, 70; II, 9 sqq.), doch scheint mir das zweite der eigentliche Bezugstext zu sein; vgl. die Ausführungen weiter unten.

31 Annales Fuldenses sive Annales regni Francorum orientalis, ed. Fridericus Kurze. MGH SS. rer. Germ. In us. Schol. (Hannover 1891) 42; Reinhold Rauh, Quellen zur karolingischen Reichsgeschichte, 3. Freiherr vom Stein-Gedächtnisausgabe, 7 (Darmstadt 1975) 44; Siegmund Hellmann, Die Entstehung und Überlieferung der Annales Fuldenses, in: Neues Archiv 33 (1908) 695–742; 34 (1909) 15–66.

hang mit Rudolf von Fulda deutlich sei.[32] Dieser Befund wird durch das *Visurgis*-Zitat unterstrichen. Denn seine Quelle kann nur die heute noch erhaltene Handschrift der ersten Annalenbücher aus dem 9. Jahrhundert sein, der jetzige Codex Mediceus 68,1. Paul Lehmann hielt ihn für eine Corveyer Handschrift. Doch sein Schüler Bernhard Bischoff hat dies korrigiert; er hat die Handschrift paläographisch ohne Umschweife für fuldisch erklärt.[33] Dies aber heißt, daß das rudimentäre *Visurgis*-Zitat genauso auf Rudolf von Fulda als Benutzer eines fuldischen Tacitus weist wie die *Translatio Alexandri*. Vielleicht darf man dieser Apostrophierung des Tacitus als *scriptor rerum in ea gente gestarum* noch mehr Gewicht geben. Das hier zum Ausdruck kommende Interesse an Tacitus als dem Historiographen weniger der römischen Geschichte allgemein als vielmehr der im Gebiet des nunmehr ostfränkischen Reiches stattfindenden Ereignisse könnte ursächlich sein für die zentrale Bedeutung Fuldas für die Tacitus-Überlieferung.

b) Tacitus moralisch gelesen

Ungeteilte Zustimmung hat die Beobachtung gewiß nicht gefunden, die John E. Sandys 1906 im ersten Band seiner *History of Classical Scholarship* mitteilte, daß nämlich Guibert von Nogent (c. 1055–1125) in seiner Autobiographie *De vita sua*, die er als etwa sechzigjähriger Abt verfaßte, eine prägnant formulierte Phrase aus Tacitus adaptiert habe. F. Haverfield und Mary Frances Tenney haben dem zugestimmt und betont, daß nicht eine Annalen-Stelle, sondern der *Germania*-Text dafür die Quelle sei.[34] Es handelt sich um Guibert, *De vita sua* I, 12: *Hoc et huius simili modo modernum hoc saeculum corrumpitur et corrumpit* [...]. In Tac., *Annales* 14, 20, 4 heißt es: *ceterum abolitos paulatim patrios mores funditus everti per accitam lasciviam, ut quod usquam corrumpi et corrumpere queat in urbe visatur* („Die heimatlichen Sitten kämen leider immer mehr ab und würden durch diese auswärtigen Lustbarkeiten sicher völlig ausgerottet. Man führe das Neue nur ein, damit in

32 Löwe (wie Anm. 24) 671–687, hier bes. 681.

33 Vgl. oben Anm. 14. – Paul Lehmann, Corveyer Studien. Abhandlungen der Bayer. Akad. d. Wiss., Philos.-philol. u. hist. Kl. 30,5 (München 1919) (= Ders., Erforschung des Mittelalters, 5 [Stuttgart 1962] 94–178; bes. 114ff.); Bischoff (wie Anm. 14) 115, Anm. 12.

34 Sandys (wie Anm. 29) 662; F. Haverfield, Tacitus during the Late Roman Period and the Middle Ages, in: Journal of Roman Studies 6 (1916) 196–201; Marie Frances Tenney, Tacitus through the Centuries to the Age of Printing, in: The University of Colorado Studies 22 (1935) 341–363.

Rom alles Verdorbene und Verderbliche zu sehen sei ...“[Karl Büchner]); Tac., *Germ.* 19, 1 (19,3) steht dem Wortlaut des Guibert näher: *nemo enim illic vitia ridet, nec corrumpere et corrumpi saeculum vocatur* („Denn niemand belächelt dort Unmoral, und verführen und sich verführen lassen wird nicht mit einem ‚die modernen Zeiten‘ abgetan.“ [Allan A. Lund]). Wegen des Wortes *saeculum* komme die *Germania* anstelle der *Annales* als Quelle in Frage, so Haverfield. Die Editoren und Übersetzer des Guibert haben darauf unterschiedlich reagiert; die Editoren Bourgin (1907) und Labande (1981) haben den Hinweis auf Tacitus nicht aufgegriffen; doch die von John F. Benton verantwortete englische Übersetzung (1970) verweist auf die *Germania*-Stelle.[35] Auch Jürgen von Stackelberg war nicht überzeugt: Die „merkwürdige Ähnlichkeit der Wortwahl“ – bei einer zugegebenermaßen „etwas ausgefallenen Wendung“ – sei doch wohl nur dem „Zufall“ geschuldet.[36] Erst wenn andere Zeugnisse ähnlicher Art die Möglichkeit einer Tacituskenntnis nahelegten, würde man auf ein Echo taciteischer Lektüre schließen dürfen. Zweierlei ist indes auffällig. Erstens ist von anderen Autoren keine ähnliche Formulierung beizubringen. Eine Überprüfung der Werke Augustins und Gregors d. Gr., der Hauptautoritäten Guiberts, auch der seines zeitweiligen Lehrers Anshelm von Canterbury, in der EDV-Ausgabe des Migne fördert keine Parallele zutage. Die gut vier Jahrzehnte später niedergeschriebene, als gnomisch und damit zeitenthoben ausgegebene – freilich in keine mittelalterliche Sprichwörtersammlung aufgenommene – Formulierung des Johannes von Salisbury spielt ebenfalls mit dem passiven und dem aktiven Modus: *illud: Romanus omnis adulatione corrumpitur aut corrumpit.*[37] Aber Guiberts Aussage – das *saeculum* statt *Romanus omnis adulatione* sei verdorben und verderbe – und vor allem ihr Argumentationszusammenhang schließen eine Reminiszenz an ein solches Sprichwort aus. Am Ende bleiben in der Tat nur Tacitus oder der Zufall übrig. Zweitens: Das von Stackelberg vermißte andere Zeugnis, das die fragliche Wendung als Echo einer Tacitus-Lektüre – und zwar der *Germania* – wahrscheinlich macht, gibt es sehr wohl. Es ist der Argumentationszusammenhang, in den die Wendung gestellt ist. In Guiberts cap. I, 12 geht es um Ehe und Sexualmoral. Guibert berichtet zunächst von seiner Mutter, die

[35] Guibert de Nogent, Histoire de sa vie, ed. Georges Bourgin. Collection des Textes (Paris 1907) 39; Guibert de Nogent, Auotobiographie, ed. Edmond-René Labande (Paris 1981) 82; Self and Society in Medieval France. The Memoirs of Abbot Guibert von Nogent. Ed. with an Introduction and Notes by John F. Benton (New York/Evanston 1970) 66.

[36] Stackelberg (wie Anm. 1) 41f.; im Sinn Stackelbergs auch Krapf (wie Anm. 1) 8, Anm. 8.

[37] Joannis Saresberiensis episcopi Carnotensis Policratici sive de nugis curialium et vestigiis philosophorum libri VIII, ed. Clemens C. I. Webb, 2 vol. (London/Oxford 1909) hier I, 202.

sehr jung verheiratet wurde und sich trotz übelster Machenschaften ihrer neuen Verwandten und trotz jahrelangen Nichtvollzuges der Ehe vorbildlich verhielt. Das lag mehr als sechzig Jahre zurück. Er kontrastiert damit den allgemeinen Verfall der *pudicitia* und aller Zurückhaltung in seinen Tagen, die Abwertung der Jungfräulichkeit und vor allem die allgemeine soziale Anerkennung von Laszivität. Dann fällt der oben zitierte Satz: „Auf diese und ähnliche Weise wird unsere Zeit verderbt und verdirbt sie." Tacitus handelt in *Germ.* 19 ebenfalls von Ehe- und Sexualmoral und ihrer öffentlichen Anerkennung und kontrastiert strenge und laszive Praxis von *pudicitia* und *matrimonium*. Was Tacitus an den Römern kritisiert, rügt Guibert an der Generation seiner Zeitgenossen. Eine vergleichende Lektüre läßt die Homologie beider Kapitel, die über die Ähnlichkeit der Formulierungen jener beiden Sätze weit hinausgeht, evident erscheinen. Die Ähnlichkeit der Formulierungen dürfte also doch kein Zufall sein.[38]

Guibert war Abt des Klosters von Nogent-sous-Coucy in der Picardie. Dieses war gerade einmal so alt wie er selbst, besaß also keine alte Bibliothek. Doch er war Zögling und Profeßmönch der mit Büchern wohlversehenen Abtei Saint-Germer-de-Fly, wo er etwa 30 Jahre lang lebte. Auch war er als Abt von Nogent aus vielen Gründen unterwegs, doch Näheres ist nicht bekannt; den Mönch von Montecassino, der ihm seinen Abt Desiderius als Simonisten verleumdete (III,19), wird er in Frankreich, nicht in Montecassino getroffen haben. Die Kenntnis der *Germania* des Tacitus durch Guibert scheint mir tatsächlich gegeben, doch überlieferungs- und bibliotheksgeschichtlich bleibt diese Tatsache irritierend.

c) Tacitus historiographiegeschichtlich gelesen

Petrus Diaconus (1107/1110–1159), seit 1131 Archivar und Bibliothekar in Montecassino, steht in dem Ruf, eine der farbigsten Gestalten des Mittelalters zu sein: ein bedeutender, phantasievoller Fälscher, ein emsiger Hagiograph auch bis dahin unbekannter Heiliger und ein großer Liebhaber des römischen Altertums. Er war in ungewöhnlich extensivem Maße an antiken Autoren in-

[38] Guibert hat sogar den von den deutschen Humanisten allein als Vorwurf der Kulturlosigkeit gedeuteten Satz *literarum secreta viri pariter ac feminae ignorant*, der, im Kontext von *saepta pudicitia* und *adulteria*, den Austausch von heimlichen Briefen meint, angemessen verstanden. Guibert kritisiert an homologer Stelle das Nachlassen der *custodia matrimonialis* durch Possenreißen und heimliche Winke mit den Augen.

teressiert, wovon seine noch erhaltenen Handschriften zeugen. In dem letzten Kapitel der Gelehrtengeschichte seines Klosters (c. 46) und in dem ausladenden biobibliographischen Kapitel der *Chronica monasterii Casinensis* (IV, 66), das er über sich selbst geschrieben hat, hat Petrus seine Beschäftigung mit Solinus und Vitruv vermerkt, er hat aus Frontinus, Vegetius und Varro Auszüge angefertigt[39] und Tacitus' *Agricola* gelesen und verarbeitet.[40] Er flocht in den Prolog seiner *Vita sancti Severi episcopi et confessoris* eine Reihe von Phrasen aus den beiden einleitenden Kapiteln des *Agricola*. Mit deren Hilfe drückte er, ohne Tacitus zu nennen, die Gedanken aus, daß die Darstellung von Sitten und Taten bedeutender Männer schon immer geübt worden sei – seit alters, sagt Tacitus; seit Anbeginn der Welt, sagt Petrus Diaconus und meint eine naturrechtliche, von den biblischen Autoritäten sodann bestätigte Legitimation – und daß Zeiten großer Tugenden eine entsprechende Biographik hervorgebracht hätten, daß aber die gegenwärtigen Umstände für den Historiographen ungünstig seien. Petrus hat auch seinen anderen Viten Prologe vorangestellt und dabei jedesmal andere Gründe für seine biographische Tätigkeit gefunden.[41] Mittels der Tacitusbenutzung erweitert Petrus das Spektrum seiner historiographischen Exordialtopik.

Es scheint schwer vorstellbar, daß seine *Agricola*-Zitate nicht auf unmittelbarer Textlektüre beruhten. Damit stellt sich aber die Frage, ob Petrus eine Handschrift in seiner Klosterbibliothek zur Verfügung hatte, was diese Handschrift des weiteren enthalten haben könnte – etwa die übrigen kleinen Schriften – und woher diese nach Montecassino gekommen sein könnte. Wie beim Mediceus II liegt der Gedanke an Fulda nahe. Doch weitere Anhaltspunkte gibt es nicht. Und nach Petrus Diaconus findet sich in Montecassino vom *Agricola* keine Spur.

---

39 Erich Caspar, Petrus diaconus und die Monte Cassineser Fälschungen (Berlin 1909); Paul Meyvaert, The Autographs of Peter the Deacon. In: Bulletin of the John Rylands Library 38 (1955) 114–138; Hartmut Hoffmann, Studien zur Chronik von Montecassino. In: Deutsches Archiv 29 (1973) 59–162; Lexikon des Mittelalters 6 (München 1993) 1972f.; Die Chronik von Montecassino. Chronica monasterii Casinensis, ed. Hartmut Hoffmann. MGH SS 34 (Hannover 1980) 529–531. *De viris illustribus*, Migne, PL 173, 1048.

40 Herbert Bloch, A Manuscript of Tacitus' *Agricola* in Monte Cassino about A.D. 1135, in: Classical Philology 36 (1941) 185–187.

41 Petrus hat die teils sehr kurzen, teils längeren und elaborierten Viten der Monte Cassineser „Gerechten" zu einem *Liber de ortu et obitu justorum coenobii Casinensis* zusammengestellt; die Vita des Severus ist eine von den langen Viten; Robert H. Rodgers, ed., Petri Diaconi Ortus et Vita Iustorum Cenobii Casinensis (Berkeley u. a. 1972) XLIIf., 17–21, hier 17f. (Text), 124f. (Kommentar).

d) Tacitus kampanisch gelesen

Der Mediceus II hat hingegen in Montecassino im 14. Jahrhundert in dem Franziskaner Paulinus Venetus einen topographisch interessierten Benutzer gehabt, den man gewiß noch nicht zu den Humanisten rechnen kann, die deutlich anders interessiert sind. Paulinus Venetus, auch Paulinus Minorita genannt, wurde um 1270/1274 geboren und war von 1324 bis zu seinem Tod 1344 Bischof von Pozzuoli. Er hat den Mediceus II trotz der beneventanischen Schrift, die der Humanist Poggio nicht zu entziffern vermochte,[42] offenbar lesen können, er hat sich dabei in diesem Codex sogar mit Randbemerkungen verewigt. Schon ein Jahrhundert vor ihm hatte ein Leser an mehreren Stellen die wegen der mangelhaften Präparierung des Pergaments verblassende Schrift des 11. Jahrhunderts nachgezogen.[43] Das umfangreichste Werk des Paulinus Venetus ist die *Satyrica gestarum rerum, regum atque regnorum et summorum pontificum historia* genannte Weltgeschichte. Es handelt sich um ein großes Opus mit verschiedenen Anhängen, dessen Endfassung wohl auf 1331 zu datieren ist und das vielerlei zusammenträgt, wie das Adjektiv *satyrica* besagen soll, und dadurch jedem Leser etwas bringt.[44] Das Werk war freilich nicht für jedermanns Besitz bestimmt. Vier Exemplare gebe es, sagt eine Notiz im heute in Bamberg liegenden Exemplar unbekannter Provenienz: „Dieses, ein zweites hat die Kommune Venedig, und ein drittes besitzt König Robert (der Weise von Neapel, der Landesherr des Bischofs von Pozzuoli), mit dessen Hilfe er allen Gesandten die Lage ihrer Länder und Regionen erklärt, wie wenn er dort gewesen wäre, weshalb sie über seine Weisheit sich zu recht wundern; ein viertes Buch besitzt die Prager Kirche."[45] Zu den Anhängen gehört eine *Mappa mundi*, eine Erdbeschreibung, als *scriptura* und als *pictura*, und in der *scriptura* wird im Abschnitt über Kampanien Tacitus zitiert: zwei kurze Passagen mit Namen – das ist neu – und zehn teilweise recht lange ohne Autornennung. Paulinus hat aus Tacitus' 13., 14.

---

[42] Poggio Bracciolini, Lettere I: Lettere a Niccolò Niccoli, ed. Helene Harth (Firenze 1984) Nr. 30 (21.10.1427) 83.

[43] Lowe (wie Anm. 15) mit Tafel 38.

[44] Anna-Dorothee von den Brinken, Mappa mundi und Cosmographia, in: Deutsches Archiv 24 (1968) 118–186, hier 154–156; Isabelle Heullant-Donat, Entrer dans l'histoire. Paolino da Venezia et les prologues de ses chroniques universelles, Mélanges de l'École Française de Rome. Moyen-âge 105 (1993) 381–442 (nennt alle Handschriften); dies., Ab Origine Mundi. Fra Elemosina e Paolino da Venezia. Deux Franciscains Italiens et l'histoire universelle au XIVe siècle, Thèse pour le doctorat ès-lettres, 3 Vols. (Paris, 1994).

[45] Konrad Josef Heilig, Ein Beitrag zur Geschichte des Mediceus II des Tacitus, in: Wiener Studien 53 (1935) 95–110, hier 104, Anm. 23.

und 15. Annalenbuch diejenigen Passagen herausgeschrieben (und gleichzeitig im Mediceus II durch Marginalien hervorgehoben), die sich auf Puteoli/Pozzuoli und die Örtlichkeiten am Golf beziehen: auf Misenum, Bauli, Baiae, Cumae, den Averner und Lucriner See und die Spuren der von Nero geplanten *fossa usque ad ostia Tiberina* (die Paulinus *fossa Montis Barbari* nennt und wohl mit Agrippas Kanal identifiziert, der erst nach seiner Zeit, 1538, durch eine Eruption, die den Monte Nuovo entstehen ließ, verschüttet wurde).[46] Die Tacitus-Benutzung des Paulinus ist also bestimmt – und recht eng begrenzt – durch das auf eine Region bezogene Interesse; darin ist es dem Interesse Rudolfs von Fulda ähnlich.

3. Die Kolporteure

Nicht alle spätantiken Autoren, die Tacitus nannten und zitierten, waren für die Tacitus-Kenntnis des Mittelalters von Bedeutung.[47] Der wirkungsmächtigste Kolporteur des Namens des Tacitus als römischen Geschichtsschreibers wurde Orosius. Er lieferte auch mehrere Zitate aus den Historien; deren Übernahme durch mittelalterliche Autoren war meist der Anlaß, Tacitus' Namen anzuführen. Orosius' *Historiarum adversum Paganos libri VII* vom Anfang der Welt bis zum Jahr 417 dienten im Mittelalter als Hauptlehrbuch für die Kenntnis der Antike. 245 Handschriften aus allen mittelalterlichen Jahrhunderten, die dichte Folge der Drucke von der Augsburger Erstausgabe von 1471 an, dazu volkssprachliche Versionen – von der stark verkürzenden und dabei auch alle Tacitus-Stellen übergehenden angelsächsischen Version vom Ende des 9. Jahrhunderts abgesehen,[48] im frühen Druckzeitalter zwei französische (Paris 1491 und 1526), zwei italienische (Venedig 1528 und 1539) und eine deutsche (von Hieronymus Boner Colmar 1519) –, schließlich die Einträge in mittelalterlichen Bibliothekskatalogen zeugen von der Ubiquität dieses Geschichtswerks.[49] Die großen lateinischen Weltchroniken des Mittelalters haben, insbesondere seit gegen Ende des 11. Jahrhunderts das Reich der Salier sich als Fortsetzung des römischen Reiches zu verstehen begann,

---

[46] Karl Julius Beloch, Campanien [1.] Topographie, Geschichte und Leben der Umgebung Neapels im Alterthum (Berlin 1879) 170.

[47] Vgl. Die Übersichten von Haverfield und Tenney (wie Anm. 34); Schellhase (wie Anm. 1) 3ff.

[48] King Alfred's Orosius, ed. Henry Sweet. Early English Text Society, 79 (London 1883).

[49] Vgl. Hans-Werner Goetz, [Art.] Orosius, in: Lexikon des Mittelalters, Bd. 6 (München 1993) 1474f.; August Potthast, Wegweiser durch die Geschichtswerke des europäischen Mittelalters bis 1500, Bd. 2 (Berlin ²1886) 882f.

aus Orosius' Geschichtswerk geschöpft.[50] Die niederdeutsche Sächsische Weltchronik des 13. Jahrhunderts z. B. reicht gelegentlich den wißbegierigen Leser, der mehr über das Römische Reich wissen will, an *den guden Orosium* weiter.[51] Orosius lieferte Frechulf von Lisieux, einem Freund des Hrabanus Maurus, zwei Tacituszitate für seine Weltchronik;[52] nur dank Orosius vermochten der zu Beginn des 11. Jahrhunderts die *Historia Romana* des Paulus Diaconus fortsetzende Süditaliener Landolfus Sagax und der um die Mitte des 12. Jahrhunderts schreibende Otto von Freising in seiner Weltchronik mit Tacitus-Kenntnissen und -Zitaten aufzuwarten. Orosius zitiert Tacitus achtmal, und zwar ausschließlich mit den Historien.[53] Lediglich drei von diesen Zitaten lassen sich in den modernen Ausgaben wiederfinden. Fünf Tacitus-Zitate sind auch heute allein durch Orosius bezeugt. Die modernen Editionen hängen sie dem erhaltenen Historientext als Fragmente an. Wir sehen uns also in diesen fünf Fällen in derselben Lage, in der sich Landolf und Otto von Freising gegenüber allen Tacitus-Zitaten des Orosius befanden. Beide kannten die Kontexte nicht, hatten keinerlei Tacitus-Text zur Verfügung. Landolf, dessen Originalhandschrift noch im 11. Jahrhundert, durch Kaiser Heinrich III., nach Corvey gelangte (und im 17. Jahrhundert als Codex Palatinus nach Italien zurückkehrte), beruft sich viermal auf Tacitus, wobei er vier von den Historienfragmenten verwendet.[54] Otto, reflektierter als andere, ordnet Tacitus zu allererst historiographiegeschichtlich ein; er zählt den *Cornelius* unter den heidnischen Autoren römischer Geschichte auf, die nur von dem Elend der *civitas terrena* wissen. Er nennt Tacitus so, wie wenn es die Texte noch gäbe: *extant super hoc Pompei Trogi, Iustini, Cornelii, Varronis*

---

[50] Vgl. Anna-Dorothee v. den Brincken, Studien zur lateinischen Weltchronistik bis in das Zeitalter Ottos von Freising (Düsseldorf 1957) 181ff., 246 (Reg.) und Tafel II nach 249.

[51] Sächsische Weltchronik, ed. Ludwig Weiland. MGH Deutsche Chroniken II (Hannover 1877) 79.

[52] Freculphus Lexovensis, Chronica II,2 (Migne, PL 106, 1151 = Or. VII, 10,4 = Tac. Hist. Fr. 6), III,3 (1178 = Or. VII, 9, 7 = Tac. Hist. Fr. 3).

[53] Ed. Carolus Zangemeister. CSEL 5 (Wien 1882, Reprint Hildesheim 1967) 681 (Register); es handelt sich um folgende Stelle: Or. I, 5, 1 = Tac. Hist 5, 7; Or. I, 10, 1–5 = Tac. Hist. 5,3; Or. VII, 3 ,7 = Tac. Hist., Fragment 4; Or. VII ,9, 7 = Tac. Hist., Fr. 3; Or. VII, 10, 4 = Tac. Hist., Fr. 6; Or. VII, 19, 4 = Tac. Hist., Fr. 5; Or. VII, 27, 1 = Tac. Hist. 5, 34; Or. VII, 34, 5 = Tac. Hist Fr. 7). Zwei weitere Historien-Zitate (Fragmente 1 und 2) enthält die Chronik des Sulpicius Severus, von der aber nur eine einzige mittelalterliche Handschrift erhalten ist; vgl. Sulpice Sévère, Chroniques, ed. Ghislaine de Senneville-Grave. Sources chrétiennes (Paris 1999) 441.

[54] Landolfi Sagacis Historia Romana, a cura di Amadeo Crivellucci, 2 vol. Fonti per la storia d'Italia (Roma 1912–1913) hier vol. 1, 194 (Or. VII, 3, 7 = Tac. Hist. Fr. 4), 211 (Or. VII, 9 7 = Tac. Hist. Fr. 3), 220 (Or. VII, 10, 4 = Tac. Hist. Fr. 6), 325 (Or. VII, 34, 5 = Tac. Hist. 7).

[...] *monimenta praeclara* (I, prol.). Einmal zitiert Otto (I,17) den *Cornelius* mit einem längeren Passus (Tac., Hist. 5,3) wörtlich aus Orosius (I,10,3–4), ein andermal (III,8) gibt er Orosius' Text (VII,3,6–7) und dessen Tacitus-Zitat (Fr. 4) ununterschieden als taciteisch aus; und schließlich beruft er sich (III,18) für die Zahl der bei der Eroberung Jerusalems im Jahr 70 getöteten Juden mit den Worten des Orosius auf *Cornelius et Suetonius* (Or. VII,9,7 mit Tac. Fr.3).[55]

Das wörtliche Zitat aus Tac., Hist. 5,3, das Otto aufnimmt, handelt übrigens nicht von der römischen Geschichte, sondern von Moses in Ägypten; es entstammt dem langen Exkurs über die *primordia* Jerusalems und die Geschichte der Juden (5,2–10), den Tacitus der Schilderung der Eroberung Jerusalems durch Titus (5,1; 11–14) voranstellt.[56] Dieser Teil des 5. Historienbuches voller abschätziger Urteile über die Juden hat die besondere Aufmerksamkeit der christlichen Autoren schon vor Orosius auf sich gezogen. Tertullian übte im *Apologeticum* (16,1–3), mit Tacitus' Namen spielend – *Cornelius Tacitus, sane ille mendaciorum loquacissimus* –, Kritik an dem Exkurs *in quarto Historiarum*, weil er die Christen als Verwandte der jüdischen Religion mit verleumdet fühlte.[57] Der Kirchenvater Hieronymus rückte in seinem Zachariaskommentar (XIV,1.2.) Tacitus' Schilderung der Zerstörung Jerusalems neben die des Josephus. Er kannte die Annalen und Historien als ein einheitliches, dreißigbändiges Werk.[58] Für Tertullian und Hieronymus war Tacitus zweifellos eine feste Größe; dies gilt auch noch für Sidonius Apollinaris, der Tacitus' Stil andeutend charakterisiert und dessen Briefpartner Polemius den Tacitus zu seinen Vorfahren rechnete.[59] Auch Cassiodor dürfte Tacitus' Schriften gekannt haben. In den *Variae* (V, 2, 2) spricht er scheinbar

---

[55] Ottonis episcopi Frisingensis Chronica sive Historia de duabus Civitatibus, ed. Adolf Hofmeister. MGH SS rer Germ in us. schol. (Hannover/Leipzig 1912) 7, 12, 52, 144, 157.

[56] Vgl. dazu F. F. Bruce, Tacitus on Jewish History, in: Journal of Semitic Studies 29 (1984) 33–44; Klaus Rosen, Der Historiker als Prophet: Tacitus und die Juden, in: Gymnasium 103 (1996) 107–126.

[57] Tertullien, Apologétique, ed. Jean-Pierre Waltzing (Paris 1961) 37. Dazu Stackelberg (wie Anm. 1) 38f.

[58] S. Hieronymi Presbyteri opera I,6: Commentarii in prophetas minores, ed. M. Adriaen. Corpus Christianorum ser. Lat. (Turnhout 1970) 877f.; zur Bedeutung dieser Stelle für die Kritik an der Aufteilung in Annalen und Historien s. Franz Brunhölzl, [Art.] Tacitus. Mittelalter, in: Lexikon des Mittelalters 8 (München 1997) 400f.

[59] Gai Solii Apollinaris Sidonii epistulae et carmina, ed. Christianus Luetjohann. MGH AA 8 (Berlin 1887) 65f. (Ep. XIV); vgl. auch Ep. XXII, 72f. und Carm. XXIII, 253 Z. 153f. mit dem Namenswortspiel: *et qui pro ingenio fluente nulli, Corneli Tacite, es tacendus ori.* – Zu Polemius Paulys Real-Encyclopädie der classischen Altertumswissenschaft, hg. von Georg Wissowa, Halbbd. 21, 1259f.; zu den Stellen Stackelberg (wie Anm. 1) 39f.

distanziert von „einem gewissen Cornelius", der die Herkunft des Bernsteins erklärt habe – *quodam Cornelio describente* formuliert er in Hinsicht auf die Esten, die Theoderich Bernstein überbracht haben und nun die Adressaten des Dankschreibens sind, das Cassiodor namens Theoderichs stilisierte. Irritierend ist also nicht die distanzierende Redeweise, irritierend ist vielmehr der Umstand, daß Cassiodor den Esten wohl den Tacitus (*Cornelius*) als Autor – wenngleich keine seiner Schriften – benennt, daß aber der Wortlaut seiner knappen Erklärungen über den Bernstein sehr viel eher auf Plinius' *Naturalis historia* 37, 42–43 denn auf die *Germania* 45, 4–5 verweist.[60] Jordanes nutzt und nennt in der *Getica* den Tacitus; er benutzte den *Agricola* zur Beschreibung Britanniens, nannte aber keinen Werktitel. Wenn er Tacitus dabei – nicht anders als den Dio Chrysostomus – als *annalium scriptor* apostrophierte, nahm er ihn in allgemeiner Weise als Geschichtsschreiber, nicht etwa als Autor der Annalen in Anspruch.[61]

Doch all diese Mitteilungen und Urteile über Tacitus können sich mit der Wirkung des allgegenwärtigen Orosius nicht messen. Selbst das Verdikt eines Tertullian hat dem Ruf des Tacitus im 12. Jahrhundert nicht geschadet. Jürgen von Stackelberg vermutete, wegen der Wortspielerei sei das Verdikt nicht ernstgenommen worden. Es ist aber wahrscheinlicher, daß der eigentliche Grund die angefochtene Autorität Tertullians war, denn Augustinus nannte Tertullian einen Häretiker, und das weit verbreitete *Decretum Gelasianum de recipiendis et non recipiendis libris*, im 6. Jahrhundert entstanden und im 12. Jahrhundert dem Decretum Gratiani inkorporiert, führte Tertullians Schriften unter den als häretisch und schismatisch abzulehnenden *apocrifa* auf. Orosius hingegen wird ebendort mit höchster Autorität ausgestattet: *Orosium virum eruditissimum collaudamus, quia valde nobis necessariam adversus paganorum calumpnias ordinavit historiam miraque brevitate contexuit.*[62] Der mit

---

[60] Magni Aurelii Cassiodori Variarum libri XII, ed. Å.J. Fridh. Corpus Christianorum ser. Lat. XCVI (Turnhout 1973) 182f. mit Quellenangabe Tac., Germ. 45; die Adressatenorientierung der Formulierung bleibt in der Forschung völlig unberücksichtigt, ebenso der Bezug zu Plinius. – Rainer Jakobi, Eine unbeachtete *Germania*-Reminiszenz bei Ambrosius, in: Rheinisches Museum NF 136 (1993) 376f. erkennt hinter des Ambrosius rhetorisch ausgestalteter Schilderung der Spielleidenschaft der Hunnen (De Tobia 11,39) Tacitus' sachlich entsprechende Schilderung Germ. 24,2.

[61] Jordanis Romana et Getica, ed. Theodorus Mommsen. MGH AA V,1 (Berlin 1882) XXXI, 56f. – Zur Selbständigkeit des Jordanes gegenüber Cassiodor s. Brian Croke, Cassiodorus and the *Getica* of Jordanes, in: Classical Philology 82 (1987) 117–134.

[62] Das Decretum Gelasianum ed. E. v. Dobschütz (Leipzig 1912) 72, 281; Decretum Gratiani, c. 3 D XV (Corpus iuris canonici I, ed. Friedberg (Leipzig 1879) 38f. §§ 24, 67). Vgl. Paul Lehmann, Tertullian im Mittelalter, in: Hermes 87 (1959) 231–246. Nachdruck mit Ergänzungen in Erforschung des Mittelalters, Bd. 5 (Stuttgart 1962) 184–199.

Otto von Freising etwa gleichaltrige Johannes von Salisbury hat in dem 1156/1159 verfaßten *Policraticus*, einer politisch-moralischen Lehrschrift, die einen Höhepunkt des sog. Humanismus des 12. Jahrhunderts bildet, im Rahmen seiner Tyrannenlehre über Caligula und Nero gehandelt. Er tat dies nach Orosius, verwies (VIII,19) aber auch auf heidnische Autoren, die noch ausführlicher über Wüten und Ende der Tyrannen geschrieben hätten: *Trogus Pompeius, Iosephus, Egesippus, Suetonius, Quintus Curtius, Cornelius Tacitus, Titus Livius, Serenus et Tranquillus et alii historici, quos enumerare longum est.*[63] Diese Liste dürfte, bei aller bewunderten Belesenheit des Johannes, teils den Hinweisen des Orosius zu verdanken sein – dies darf auch für die Nennung des Tacitus gelten –, teils wohl einem Schriftstellerkatalog. Der Nennung des Tacitus entspricht gewiß keine Textkenntnis. Die Liste des Johannes von Salisbury kehrt interessanterweise bei Petrus von Blois in einem seiner gerühmtem Briefe wieder. Petrus, etwas jünger als Johannes, soll diesem an Belesenheit nur wenig nachgestanden haben. Ganz gewiß aber hat Petrus die Werke des Johannes bestens gekannt. So auch im vorliegenden Fall. Denn Petrus gibt die Autorenliste des Johannes einfach als seine eigene Leseliste aus. Er will beweisen, das die Geschichtsschreiber nützlich sind für die Morallehre und die Beherrschung der *artes liberales*: *profuit mihi frequenter inspicere Trogum, Iosephum, Suetonium, Hegesippum, Quintum Curtium, Cornelium Tacitum, Titum Livium, qui omnes in historiis, quas referunt, multa ad morum aedificationem et ad profectum scientiae liberalis interserunt. Legi et alios* [...].[64] Man würde wohl zu kurz greifen, wenn man in Petrus von Blois anstatt des Tacitus-Lesers, der er nicht war, nur einen Aufschneider sähe. Denn Petrus treibt lediglich das Prinzip der Namen- und Zitatenkolportage auf die Spitze. Er fragt nicht nach dem Text, scheint ihn auch gar nicht zu vermissen. Der Name ist entscheidend. Der Name bedeutete im Mittelalter viel und vergegenwärtigte nicht nur in der Liturgie die benannte Person. Bei Petrus verbürgt der Name des Tacitus Autorität und gibt dem Bekenntnis zu den vorchristlichen antiken Autoren Richtung und Gewicht.

Coluccio Salutati ist ein früher und hervorragender Zeuge für die Veränderung der Kategorien des Urteils und der Interessen des Humanismus, für die sich herausbildende neue, geschichtlich, moralisch und ästhetisch codierte

---

63 Joannis Saresberiensis episcopi Carnotensis Policratici sive de nugis curialium et vestigiis philosophorum libri VIII, ed. Clemens C.I. Webb, 2 vol. (London/Oxford 1909) hier II, 364.

64 Petrus Blesensis, Epistola CI, Migne, Patrologia latina 207, col. 314. Vgl. auch die Anmerkung Webbs in Joannes Saresberiensis (wie Anm. 53); Max Manitius, Geschichte der lateinischen Literatur des Mittelalters, Bd. 3 (München 1931) 255, 293.

Denkweise und für die neuartige Einstellung zum Text. Auch Salutati besaß noch keinen Text des Tacitus, aber er vermißte ihn. In seinem großen Brief von 1392 über den Wert der Historikerlektüre gab er der Vernachlässigung des Studiums der *litterae* seit sechs oder mehr Jahrhunderten die Schuld daran, daß man mehr Namen antiker Geschichtsschreiber kenne als Texte. Dieser Vorwurf bedeutete allein schon eine Abwertung des mittelalterlichen Namenglaubens. Salutati macht eine lange Vermißtenliste auf mit vielen Namen: *Ubinam sunt* [...]? [...] *ubi Tacitus* [...]? Salutati bittet seinen Adressaten – Johanniter-Großmeister und Büchersammler –, um Nachrichten über neue Funde, doch sparen könne er sich Mitteilungen über die allgemein verbreiteten wie die von Cassiodor, ... Orosius, ... Sallust, auch über die läppischen neueren, wie z. B. die *Satyra* des Paulinus Venetus. 1395 ordnete Salutati – wohl ein Urteil anderer wiedergebend – Tacitus in die Entwicklungsgeschichte der Eloquenz ein, die für ihn in Cicero gipfelte, und zwar weit hinter Livius, den er nachgeahmt habe. Auch die „Humanisten" des 12. Jahrhunderts werden stilgeschichtlich eingeordnet, was nicht zu ihrem Vorteil ausfällt: Petrus von Blois und Johannes von Salisbury und andere Autoren des 12. Jahrhunderts hätten sich zuviel auf ihre Beredsamkeit zugute gehalten, kritisiert Coluccio Salutati.[65]

III. Tacitus im deutschen Frühhumanismus: von der italienischen zur deutschen Rezeption

1. Handschriften und Drucke

Die drei alten Handschriften, die am Ende des Mittelalters die Träger der Textüberlieferung waren, sind den interessierten Gelehrten in beträchtlichem Abstand zugänglich geworden. Die Hauptorte des literarischen Geschehens wurden nunmehr Florenz und Rom. Die Montecassiner Handschrift (Mediceus II) wurde als erste genutzt, aber lange Zeit nur von wenigen Eingeweihten, zu denen Coluccio Salutati 1392 noch nicht gehörte: zwischen 1361, als Boccaccio für die Viten *De mulieribus claris* die Annalen und Historienbücher wohl aus einer Abschrift verwendete, und 1427, als Niccolò Niccoli, der den Verkaufserlös ganzer Landgüter in die Bücherjagd investierte, den inzwischen in Florenz befindlichen Codex nach Rom an Poggio leihweise

65 Epistolario di Coluccio Salutati, ed. Francesco Novati, vol. II (Roma 1893) 289–302; vol. III (Roma 1896) 76–91, hier 81ff.; vgl. Schellhase (wie Anm. 1) 20ff.

übersandte (Poggio die schwierige Schrift aber nicht entziffern mochte).[66] 1455 gelangte der sog. Codex Herfeldensis nach Rom durch Enoch d'Ascoli, der in Deutschland für die Vatikanische Bibliothek vier Jahre lang nach Handschriften gesucht hatte, von denen er eigentlich Abschriften nehmen sollte[67]; nach Enochs Tod am 10.12.1457 gelangte Enea Silvio Piccolomini als erster an die Texte. Viel später, erst 1515, wurde der 1508 aus Corvey nach Rom entführte Mediceus I der Öffentlichkeit im Druck zugänglich gemacht. Die eigentliche Entdeckung des Tacitus vollzog sich dadurch, daß die *scientific community* der italienischen Humanisten sich die Texte schreibend und kritisch konjizierend aneignete. Über 30 Handschriften der Annalen- und Historienbücher des Mediceus II sind so entstanden und ungefähr ebenso viele von der *Germania*; zehn davon enthalten auch den *Dialogus*. Vom *Agricola* gibt es lediglich drei Handschriften des 15. Jahrhunderts. Die zwei großen Handschriftengruppen sind voneinander weitestgehend unabhängig; sie kommen lediglich in drei Codices zusammen.

In diese philologische Handschriftenarbeit drangen seit 1472 die Druckausgaben ein, die aus der Handschriftenarbeit hervorgingen, aber umgekehrt bei der weiteren Textarbeit auch der Anlage neuer Handschriften dienen konnten.[68] Tacitus wird eigentlich recht früh dem neuen Medium zugeführt. Denn in Basel, Venedig, Bologna, Mailand, Nürnberg und vielen anderen nachmaligen Zentren und Tacitus-Druckorten beginnt das Bücherdrucken überhaupt erst um 1470.[69] 1472 erschien in Bologna die editio princeps der *Germania*, einem von Poggio ins Lateinische übersetzten Diodorus Siculus (*Bibliotheca* 1–5) angehängt auf sechs Blatt, doch der Aufmerksamkeit des Lesers nachdrücklich als *Cornelii Taciti illustrissimi historici de situ, moribus et populis Germaniae libellus aureus* empfohlen.[70] Ihr folgte im selben oder im folgenden Jahr eine undatierte Venezianer Ausgabe des Vindelinus de

---

[66] Müller, Boccaccios Tacitus (wie Anm. 20); zur Vorreiterrolle Zanobis da Strada bei der Entdeckung der Klassikerschätze Montecassinos s. Giuseppe Billanovich, I primi umanisti e le tradizioni di classici latini. Discorsi universitari N. S. 14 (Friburgo 1953) 31–33.

[67] Vgl. das von Poggio unterzeichnete Breve Papst Nikolaus' V. an den Hochmeister des deutschen Ordens vom 30.4.1451 bei Georg Voigt, Die Wiederbelebung des classischen Alterthums, Bd. 2 (Berlin ^{3}1893) 200, Anm. 3; Krapf (wie Anm. 1) 23–42

[68] James S. Hirstein, Tacitus' *Germania* and Beatus Rhenanus (1485–1547). A Study of the Editorial and Exegetical Contribution of a Sixteenth Century Scholar. Studien zur klassischen Philologie, 91 (Frankfurt a. M. 1995) 23ff., 69ff.

[69] Ferdinand Geldner, Inkunabelkunde. Elemente des Buch- und Bibliothekswesens, 5 (Wiesbaden 1978) 33–43.

[70] Gesamtkatalog der Wiegendrucke (GW) VII (Leipzig 1938) nr. 8374; die *Germania* steht auf fol. 97r–102v.

Spira. Meist wird die umgekehrte Reihenfolge genannt. Doch Jacques Perret hat bereits 1950 diese Abfolge und Abhängigkeit, was die *Germania* anbetrifft, aufgrund der Lesarten als die richtige erwiesen.[71] Die editio Spirensis bietet neben der *Germania* die damals bekannten Texte des Tacitus, den *Agricola* ausgenommen: den *Dialogus*, die Annalenbücher 11–16 und die Historien 1–5, insgesamt 178 Blatt in Folio. Für diese letztgenannten Werke – d. h. für den größten Teil der Ausgabe – ist die Spirensis allerdings die editio princeps.[72] Die Bologneser *Germania* erschien in der ältesten Offizin der Universitätsstadt. Zu ihrer Gründung hatten sich 1470 drei Personen zusammengetan: Baldassare Azzoguida, zuständig für Kapital und Räume, Francesco dal Pozzo (Franciscus Puteolanus), verantwortlich für korrekte Textvorlagen, und Annibale Malpigli, verantwortlich für das eigentliche Druckgeschehen.[73] Die Offizin engagierte sich danach nicht mehr im Klassikergeschäft. Die nächsten Tacitus-Ausgaben erschienen andernorts, und zwar in dichter Folge: Die *Germania*: einzeln 1473 oder 1474 in Rom bei Johannes Schurener in 4° und in Nürnberg bei Friedrich Kreußner auf 12 Blatt in 2°,[74] wiederum an Diodor angehängt 1476 und 1481 in Venedig,[75] um 1498/1500 bei Johann Winterburg in Wien mit beigefügten Gedichten *de situ et moribus Germaniae* des Conrad Celtis,[76] 1502 in Leipzig, 1509 in Leipzig und in Erfurt, 1511 in Leipzig, Straßburg und in Paris, 1515 in Wien, 1519 in Basel, 1520 in Leipzig[77] – um hier jetzt abzubrechen. Eine neue Gesamtausgabe der Tacitus-Schriften nach der *editio Spirensis*, aber erstmals mit dem *Agricola*, kam ca. 1487 in Mailand heraus; Franciscus Puteolanus zeichnet hier – nach seiner Bologneser *Germania*-Edition – erstmals für alle Schriften verantwortlich; er hat sie deutlich verbessert.[78] Puteolanus eröffnet die Reihe der bedeutenden

---

71 Perret, Recherches (wie Anm. 19) 17–24; Ridé (wie Anm. 1) Bd. 3, 57.

72 Hain-Copinger *15218; Frederick R. Goff, Incunabula in American Libraries (New York 1973) T-6 [um 1473].

73 Curt F. Bühler, The University and the Press in Fifteenth-Century Bologna. Texts and Studies in the History of Mediaeval Education, 7 (Notre Dame, Indiana 1958) 15f., 59.

74 Hain 15223, Goff T-9; Hain-Copinger *15224, Goff T-10.

75 GW 8375–8376.

76 Hain 15225, Goff Supplement 1972: T-10a.; Gernot Michael Müller, Die „Germania generalis" des Conrad Celtis. Studien mit Edition, Übersetzung und Kommentar. Frühe Neuzeit 67 (Tübingen 2001) 29–40.

77 Irmgard Bezzel (Hrsg.), Verzeichnis der im deutschen Sprachbereich erschienenen Drucke des XVI. Jahrhunderts (VD 16), Bd. 20 (Stuttgart 1993) T 25–T 31. Robinson (wie Anm. 8) gibt 372–376 eine Übersicht; das halb in römischen, halb in arabischen Zahlen ausgedruckte Datum der Ausgabe Leipzig 1511 („MD11"; vgl VD 16, T 27) hat er als 1502 mißdeutet.

78 Hain-Copinger 15219; Goff T-7; Hains unrichtige Datierung „c. 1475" auch bei Robinson (wie Anm 8).

Tacitus-Editoren; sie setzt sich fort mit Philippus Beroaldus d. J., Andreas Alciatus und Beatus Rhenanus und führt hin bis zu Lipsius. Ein Nachdruck der Mailänder Ausgabe erschien 1497 in Venedig, eine weitere 1512.[79] Die nächste Gesamtausgabe erschien in Rom 1515 und brachte erstmals auch die aus Corvey bekannt gewordenen ersten fünf Annalen-Bücher, die *Libri quinque noviter inventi*, wie das Titelblatt ankündigt. Die repräsentative, von Papst Leo X. finanzierte Folio-Ausgabe stand unter der wissenschaftlichen Verantwortung Filippo Beroaldos d. J. Zwei Jahre danach, 1517, veranstaltete Manuziano in Mailand unerlaubterweise einen Nachdruck (in 4°), Alciato betreute ihn. Manuzianos Ausgabe diente derjenigen Frobens in Basel (1519, in 2°) als Vorlage. An ihr war Beatus Rhenanus durch die Bearbeitung des *Germania*-Textes beteiligt, den er – wie oben erwähnt – wenige Monate vorher separat herausgab im kleinen Oktavformat mit einem von ihm nicht gezeichneten Kommentar.[80]

Die hier von 1472 bis nur 1519 geführte Auflistung der Druckausgaben der Werke des Tacitus zeigt erstens die seit 1472/1473 enorm vermehrte Zahl der Exemplare. Bei Klassikerausgaben darf man in den letzten Jahrzehnten des 15. Jahrhunderts mit einer Auflagehöhe von 300 bis 400 Exemplaren rechnen; Vindelinus de Spira, der Drucker der *editio Spirensis*, stellte 1470 von Sallusts *Catilina* 400 Abzüge her.[81] 13 Ausgaben der *Germania* allein und 7 große Ausgaben, welche die *Germania* mit enthalten, berechtigen darum zu der Schätzung, daß von dieser Schrift innerhalb von fünf Jahrzehnten mehr als 6000 Exemplare verbreitet wurden. Die Liste zeigt zweitens, daß die Tacitus-Drucke – die Nürnberger *Germania* von 1473/1474 ausgenommen –, zunächst zweieinhalb bis drei Jahrzehnte lang in Oberitalien und Rom hergestellt wurden, daß aber die Separatausgaben der *Germania* seit der Ausgabe des Celtis, d. h. seit 1500, allein eine Sache des Nordens wurde, vor allem deutscher Offizinen. Die Gesamtausgaben folgten hier erst 20 Jahre später. Basel, Lyon, Frankfurt, Antwerpen wurden im Laufe des 16. Jahrhunderts an Stelle der italienischen Druckorte die Hauptverlagsstädte des Tacitus. Diese Beobachtungen zu Zahlen und Druckorten lassen eine Konzentration des Interesses auf die *Germania* deutlich hervortreten und indizieren den Weg von der philologisch-historischen zur überwiegend ideologischen Rezeption.

Das Druckdatum der Nürnberger *Germania* ist, im Unterschied zu den

79 Hain-Copinger *15222, Goff T-8; Robinson (wie Anm. 8) 376.

80 Die Druckbeschreibungen bei Robinson (wie Anm. 8) 372–376; Hirstein (wie Anm. 68) 69ff., 312f.; zu den Drucken des 16. Jahrhunderts s. VD 16, T 12–T 43.

81 Geldner (wie Anm. 69) 155–157.

Druckdaten seit 1500, nur schwer in den Gang der deutschen Tacitus-Rezeption einzuordnen. Selbstverständlich ist die Route Venedig-Nürnberg vielfrequentiert, und Nürnberger studieren in Padua, Bologna und Pavia[82], aber man wüßte doch gern etwas über die Initiatoren des Druckes und würde gern ein Echo hören. Über die Handschriftengeschichte, die die altphilologische Forschung, wenn sie die Texte kollationiert, zu oft unberücksichtigt läßt, gelangt man immerhin zu einigen Namen deutscher Gelehrter, die an der frühen Beschäftigung mit Tacitus beteiligt waren. Man findet sie zunächst nicht nördlich der Alpen, sondern im oberitalienischen Brennpunkt der frühen Rezeption. Sie stammen großenteils aus dem Umkreis des 1464 als Papst Pius II. (1458–1464) verstorbenen Enea Silvio Piccolomini und seines Neffen Francesco Todeschini-Piccolomini (1437/1439–1503), des damals noch jungen Kardinals, des Erben der Klientel seines Oheims und Miterben der Bibliothek.[83]

Kardinal Francesco Todeschini-Piccolomini besaß die *Germania* des Tacitus aus der Bibliothek Eneas. Diese Handschrift ist nach den Forschungen Perrets der moderne Archetyp, von dem alle übrigen Handschriften abstammen. 1466 wurde Johannes Hinderbach, ein Freund Eneas aus dessen deutschen Tagen, in Rom zum Bischof von Trient geweiht. Bei Gelegenheit dieses Aufenthalts ließ er sich die *Germania* des Tacitus abschreiben, den heutigen Vindobonensis, der neben dem *Dialogus* in der Hauptmasse Biondos *Italia illustrata* enthält.[84] 1468/69 besuchte Johannes Tröster, den Enea 18 Jahre zuvor seinem Neffen Francesco zum Lehrer in Österreich bestimmt hatte, den einstigen Schüler in Rom; in Francescos Palast ließ er einen Mela abschreiben, und vielleicht nicht nur den Mela. Jedenfalls kannte der Kardinal Francesco sein Interesse an Tacitus' *Germania*, denn er schickte Tröster im Jahr darauf die von ihm, Francesco, veranlaßte und von Raimundus Marlianus verfaßte Zusammenstellung der bei Caesar und Tacitus genannten Völker-, Flüsse- und Städtenamen nach Regensburg; es ist das heute in München (clm 5333, aus Chiemsee) liegende Exemplar.[85] Die Münchener *Germania*

---

82 Agostino Sottili, Nürnberger Studenten an italienischen Renaissance-Universitäten, in: Volker Kapp/Frank Rutger Hausmann (Hrsg.), Nürnberg und Italien. Begegnungen, Einflüsse und Ideen. Erlanger romanistische Dokumente und Arbeiten, 6 (Tübingen 1991) 49–103.

83 Perret, Recherches (wie Anm. 19) 161f.

84 Wien, ÖNB Cod. Ser. Nov. 2960 (olim 711); der Kopisteneintrag bei Robinson (wie Anm. 8) 89. Auch der gleichzeitige Cod. Hist. Q 152 der WLB Stuttgart stammt aus dem Umkreis Eneas; vgl. zu beiden Hss. Perret, Recherches (wie Anm. 19) 153f.

85 Paul Lehmann, Dr. Johannes Tröster, ein humanistisch gesinnter Wohltäter bayerischer Büchersammlungen. In: Ders., Erforschung des Mittelalters, Bd. IV (Stuttgart 1961) 336–352,

(clm 5307, aus Chiemsee), die derselben Handschriften-Klasse angehört wie der Vindobonensis, könnte eine sehr ähnliche Geschichte haben.[86] Und 1471 zog Kardinal Francesco Todeschini-Piccolomini selber nach Regensburg, um als päpstlicher Legat den sog. „Großen Christentag", einen erweiterten „Reichstag", zu besuchen in Begleitung des ehemaligen Hofliteraten seines Oheims Giovannantonio Campano (1429–1477), des Bischofs von Teramo. Campano und der Kardinal haben Reden verfaßt (bzw. verfassen lassen), die sie aber umständehalber nicht halten konnten – im Unterschied zum kaiserlichen Legaten Johannes Hinderbach. Campano bediente sich für die erst vor Ort in Regensburg getätigte Abfassung ausgiebig der taciteischen *Germania*, deren Text die päpstliche Legation darum mit sich geführt haben muß.[87] Er wurde zu einem der wichtigsten Vermittler der taciteischen Germania. Campanos *Germania*-Benutzung spielt für die deutsche Rezeption des Tacitus eine Schlüsselrolle, von der noch die Rede sein wird. Man darf resümieren: Francesco Todeschini-Piccolomini und sein Umkreis bilden die Keimzelle der deutschen *Germania*-Rezeption.

Sie waren aber nicht die einzigen Deutschen, die den Text vor den ersten Drucken kannten. Johann Pirckheimer, der Vater und Lehrer seines berühmteren Sohnes, war der Urheber und Besitzer des Arundelianus 277, der Poggios *Liber Facetiarum* und Tacitus' *Germania* enthält.[88] Die Arundel-Sammlung der British Library birgt die Bibliothek der älteren Pirckheimer; der umfassende Bestand an Klassikern der römischen Literatur geht auf Johann zurück, der die Handschriften großenteils in Italien gesammelt hat. Johann Pirckheimer hat in 1450er und 1460er Jahren zusammen mit anderen Nürnbergern in Italien studiert und 1465 in Padua den juristischen Doktor-

---

hier 342, 349; Alfred A. Strnad, Francesco Todeschini-Piccolomini, in: Römische Historische Mitteilungen 8/9 (1964/1966) 101–425, hier 339; Klaus Voigt, Italienische Berichte aus dem spätmittelalterlichen Deutschland. Von Francesco Petrarca zu Andrea de' Franceschi (1333–1492). Kieler Historische Studien, 17 (Stuttgart 1973) 134.

86 Zus Hss.-Klasse s. Perret, Recherches (wie Anm. 19) 161.

87 Strnad (wie Anm. 85) 239ff.; Voigt, Italienische Berichte (wie Anm. 85) 135f., Anm. 242, 171ff.; Frank-Rutger Hausmann, Giovanni Antonio Campano (1429–1477). Erläuterungen und Ergänzungen zu seinen Briefen (Phil. Diss. Freiburg 1968) 524–532; ders., Giovanni Antonio Campano (1429–1477). Ein Beitrag zur Geschichte des italienischen Humanismus im Quattrocento, in: Römische Historische Mitteilungen 12 (1970) 125–178, hier bes. 157–180, Überlieferung der Rede 175f.; Flavio Di Bernardo, Un vescovo umanista alla Corte Pontificia. Giannantonio Campano (1429–1477). Miscellanea Historiae Pontificiae 39 (Roma 1975) 271f.

88 Zum folgenden s. Niklas Holzberg, Willibald Pirckheimer. Griechischer Humanismus in Deutschland. Humanistische Bibliothek I,41 (München 1981) 33–41; Emil Reicke (Hrsg.), Wilibald Pirckheimers Briefwechsel, Bd. 1 (München 1940) 3–8.

grad erworben. Er hat, nach der Menge der Randnoten zu urteilen, sich deutlich mehr mit den Dichtern als mit den Historikern beschäftigt. Seine *Germania* kommt als Vorlage des Nürnberger Inkunabeldruckes wohl nicht in Betracht, sie gehört einer anderen Text-Klasse an.

Die bedeutendste Gestalt der frühen deutschen Humanisten, der Groninger Rudolf Agricola (1444–1485), nimmt unter ihnen auch in der philologischen Tacitus-Rezeption den ersten Rang ein. Agricola lebte zwischen 1468 und 1479 in Pavia und Ferrara. Er erwarb einen Druck der ersten venezianischen Gesamtausgabe (editio Spirensis, 1472/1473) und arbeitete ihn mit seinen Schülern durch. Einer von diesen ist der schwäbische Niederadlige Dietrich von Plieningen, in Italien sein Schüler, später sein Erbe und Biograph; aus seinem Besitz gelangte der von mehreren Händen annotierte Druck nach Stuttgart (WLB Stuttgart Inc. 2° 15218). Das Resultat der kritischen Arbeit an dem gedruckten Text war die in Ferrara zwischen 1475 und 1479 geleistete handschriftliche Erstellung einer neuen Textversion, es ist der in der Forschung viel diskutierte Codex Leidensis 16 B.[89]

2. Frühe Textverarbeitung

Welcher Autor zuerst von der wiederaufgefundenen *Germania* Kenntnis gehabt und diese Kenntnis verwendet habe, ist dreifach umstritten. War es Sigismund Meisterlin, war es Enea Silvio Piccolomini, war es keiner von ihnen, sondern erst Campano? Paul Joachimsen sah in Enea Silvio Piccolomini den ersten Benutzer des von Enoch d'Ascoli 1455 nach Rom verbrachten Codex Hersfeldensis, ja den literarischen Entdecker der taciteischen *Germania.* Mit dem Anfang 1458 verfaßten Pamphlet gegen Martin Mair, das seit dem von Jakob Wimpfeling veranlaßten Straßburger Druck des Jahres 1515 ebenfalls den Titel *Germania* erhielt,[90] habe Enea, so Joachimsen, die Richtung für ihre Verwertung vorgezeichnet.[91] Mithin war Enea damit der erste,

---

[89] Faksimile: Cornelius Tacitus, Annales [XI–XVI] et Historiae: Codex Leidensis Bibliothecae publicae Latinus 16 B (Codex Agricolae), ed. C. W. Mendell/Elfriede Hulshoff Pol. Codices Graeci et Latini, 20 (Lugduni Batavorum 1966). – Römer/Heubner (wie Anm. 21); Römer (ebd.).

[90] VD 16, P 3125; der erste, in Leipzig bei Wolfgang Stöckel 1496 erschienene Druck benannte hingegen Eneas Schrift im Titel *De ritu, situ, moribus et condicione Theutonie descriptio*, im Kolophon *de ritu, situ, moribus ac condicione Almanie opus celeberrimum*; vgl. Hain-Copinger *249; vgl. zum Titel auch Ridé, L'image (wie Anm. 1) Bd. 1, 177, Bd. 3, 74f.

[91] Paul Joachimsen, Tacitus im deutschen Humanismus, in: Neue Jahrbücher für das klassische

der Tacitus' *Germania* „deutsch", als Dokument der Vergangenheit der Deutschen insgesamt, gelesen hat. Diesen Rang machten Jacques Perret und, ihm unmittelbar oder mittelbar folgend, Klaus Voigt, Manfred Fuhrmann und Franz Josef Worstbrock streitig. Eine Benutzung der *Germania* sei nicht nachzuweisen.[92] Jacques Ridé hält Enea „visiblement inspiré de la *Germanie*", Jürgen Blusch erkennt eine unmittelbare Benutzung;[93] eine kritische Auseinandersetzung mit Perret ist aber ausgeblieben. Einen Schritt weiter ging Arno Borst, als er bündig feststellte: „Meisterlin benutzte als erster die *Germania* des Tacitus [...]".[94] Borst bezieht sich auf das Jugendwerk des Augsburger Benediktiners Sigismund Meisterlin (ca. 1435 bis nach 1497), die *Cronographia Augustensium* bzw. *Cronik der Augspurger*. In ihr wird, anders als bei Enea Silvio, anders auch als in Meisterlins späterer, der Nürnberger Chronik, Tacitus überhaupt nicht mit Namen genannt.[95] Joachimsen hatte Meisterlin eine frühe Kenntnis der *Germania* abgesprochen, Ridé und Krapf haben Borst gar nicht herangezogen.[96] Borst erläutert die *Germania*-Kenntnis Meisterlins nicht näher, so daß Möglichkeit und Wahrscheinlichkeit hier ausgeleuchtet werden müssen.

Meisterlin war um 1455 in seinem Augsburger Profeßkloster St. Ulrich

---

Altertum, Geschichte und deutsche Literatur 14 (1911) 697–717, wieder abgedruckt in: Ders., Gesammelte Aufsätze, Bd. 1. Ausgewählt und eingeleitet von Notker Hammerstein (Aalen 1970) 275–295, hier 282; Ridé (wie Anm. 1) Bd. 1, 173ff.; Schellhase (wie Anm. 1) 32f.; Krapf (wie Anm. 1) 39f., 49ff. – Münkler/Grünberger/Mayer, Nationenbildung (wie Anm. 1) 167, Anm. 14 behauptet, die Forschung datiere die Abfassung durchgängig auf Ende 1458/Anfang 1459. Das ist unzutreffend, vielmehr wird gemäß dem Datum des Widmungsbriefes (1. Februar 1458) Ende 1457/Anfang 1458 durchgehend als Entstehungsdatum genannt. Hätte Enea den Widmungsbrief nach dem von der päpstlichen Kanzlei befolgten Jahresanfang am 25. März datiert (nach dem Circumcisionsstil also am 1.2.1459 und damit während seines Pontifikates), hätte er sich nicht als Kardinal bezeichnen dürfen.

92 Perret, Recherches (wie Anm. 19) 142–151; Voigt, Italienische Berichte (wie Anm. 85) 132f.; Manfred Fuhrmann, Einige Dokumente zur Rezeption der taciteischen *Germania*, in: Altsprachlicher Unterricht 21 (1978) 39–49, Beilage 12–14; Franz Josef Worstbrock, [Art.] Piccolomini, Aeneas Silvius (Papst Pius II.), in: Die deutsche Literatur des Mittelalters. Verfasserlexikon, Bd. 7 (Berlin ^{2}1989) 634–669, hier 653.

93 Jacques Ridé, La *Germania* d'Enea Silvio Piccolomini et la „Reception" de Tacite en Allemagne, in: Études Germaniques 19 (1964) 274–282, hier 279; ders. L'image (wie Anm. 1) Bd. 1, 173ff.; Jürgen Blusch, Zur Rezeption der Germania des Tacitus bei Giannantonio Campano und Enea Silvio Piccolomini, in: Humanistica Lovaniensia 32 (1983) 75–106 (ohne Auseinandersetzung mit Perret).

94 Arno Borst, Der Turmbau von Babel. Band III,1 (Stuttgart 1960) 1033f.

95 Sigismunds Meisterlin's Chronik der Reichsstadt Nürnberg. 1488, in: Die Chroniken der deutschen Städte Bd. 3 (Leipzig 1864) 3–256.

96 Joachimsen, Tacitus (wie Anm. 91) 282.

und Afra mit der Abfassung einer Geschichte seiner Heimatstadt beschäftigt, die sich gegen die in der deutschen Reimchronik des Küchlin dargestellte Gründung der Stadt durch Trojanerabkömmlinge richtete.[97] Mitte 1456 vollendete er die *Cronographia Augustensium* in lateinischer Sprache, am 4. 1. 1457 schloß er die für den Augsburger Rat erstellte deutsche Übersetzung ab. Die Chronik behandelt ausführlich nur die frühe Geschichte und die Heiligen der Stadt Augsburg. 1455, als sich Meisterlin über die Anfänge Augsburgs Klarheit zu verschaffen suchte, machte Enoch d'Ascoli auf dem Rückweg von seiner 1451 begonnenen Handschriftenreise in Meisterlins Kloster St. Ulrich und Afra Station, zweifelsohne mit dem Codes Hersfeldensis im Gepäck. Meisterlin berichtet in der *Chronographia* von seinem Zusammentreffen mit Enoch; von Tacitus ist dabei nicht die Rede.[98] Doch Meisterlins Lösung des Problems der Anfänge Augsburgs bestand darin, Vindeliker, Schwaben und Germanen gleichzusetzen und sie zu Ureinwohnern zu erklären. Im Rahmen eines biblischen Geschichtskonzepts, das Monogenese nicht als Theologumenon, sondern als historisch beschreibbare Genesis versteht, bedeutete das die Abstammung von Noah und Japhet, unmittelbar von Japhets Söhnen[99] – Annius von Viterbo kommt zwangsläufig zu

---

[97] Paul Joachimsohn, Die humanistische Geschichtsschreibung in Deutschland, Heft 1: Die Anfänge. Sigismund Meisterlin (Bonn 1895), wieder abgedruckt in Paul Joachimsen, Gesammelte Aufsätze, Bd. 2. Ausgewählt und eingeleitet von Notker Hammerstein (Aalen 1983) 121–461, hier 151ff.; Tiedemann, Tacitus (wie Anm. 1) 40 folgt Joachimsohn. Zu Meisterlin s. Katharina Colberg, [Art.] Meisterlin, Sigismund, in: Die deutsche Literatur des Mittelalters. Verfasserlexikon, Bd. 6 (Berlin ^{2}1987) 356–366; Clarissa Altschäffel, „Küchlin", in: Verfasserlexikon, Bd. 5 (Berlin ^{2}1985) 407–409; Peter Johanek, Geschichtsschreibung und Geschichtsüberlieferung in Augsburg am Ausgang des Mittelalters, in: Johannes Janota/Werner Williams-Krapp (Hrsg.), Literarisches Leben in Augsburg während des 15. Jahrhunderts. Studia Augustana, 7 (Tübingen 1995) 160–182.

[98] Meisterlin, *Cronographia* (wie Anm. 99) 36. – Joachimsohn, Die humanistische Geschichtsschreibung (wie Anm. 97) 160ff.; ders., Tacitus im deutschen Humanismus, in: Gesammelte Aufsätze, Bd. 1 (Aalen 1970) 275–295, hier 278ff. Meisterlin berichtet, er habe mit Enoch über die rätselhafterweise mit Amazonenäxten kämpfenden Vindeliker bei Horaz (carm IV,4,17ff.) diskutiert – die Stelle ist für die Konstruktion einer Frühgeschichte Augsburgs jenseits einer Trojanerherkunft wichtig – und bei der gemeinsamen Handschriftensuche in der Dombibliothek prompt einen glücklichen Fund getan, den Horazkommentar des Pomponius Porphyrio, worin wieder von der den Amazonen abgeschauten Verwendung von Streitäxten durch die Vindeliker die Rede ist. Meisterlin beruft sich 1484 in einer kurzen *Descriptio Sueviae*, abgedruckt bei Joachimsohn, Die humanistische Geschichtsschreibung (wie Anm. 97) 429, auf Tacitus' *de situ Europe*, welche Schrift er mit Luchsaugen studiert habe; in seiner Nürnberger Chronik von 1488 nennt er Tacitus als einen der antiken Beschreiber Schwabens bzw. Deutschlands; Chroniken der deutschen Städte, Bd. 3 Nürnberg (Leipzig 1864) 40 (deutsche Version), 187 (lateinische Version).

[99] Sigismund Meisterlin, Cronographia Augustensium. Cronik der Augspurger. Nach der Hand-

demselben Ergebnis. Um dagegen ein Indigenat im strengen Sinne darstellen zu können, hat Celtis anstelle eines solchen biblischen Regresses den Demogorgon-Mythos kreiert.[100] Meisterlin wendet sich mit seiner Ureinwohner-These nicht nur gegen die von Küchlin behauptete Trojanerherkunft der Schwaben, er läßt auch die hochmittelalterlichen Vorstellungen Auffassungen über das Herkommen der Schwaben hinter sich. Er legt statt dessen eine *origo* dar, die das Grundmuster der taciteischen Konstruktionen des Indigenats aufweist. Meisterlin erklärt die Schwaben zu den ersten Einwohnern, ehe aus dem Autochthonie-Satz des Tacitus (*Germania* 2,1) Konsequenzen für die anderen „Stämme“ und für die „Deutschen“ insgesamt gezogen wurden. Auf Enea Silvios Türkenreden von 1454 oder den gemeinsam mit Enoch d'Ascoli in der Augsburger Dombibliothek entdeckten Horazkommentar des Porphyrio kann diese Neuorientierung nicht zurückgehen. Sie ist ohne eine Anregung durch die *Germania* des Tacitus kaum vorstellbar. Denn ohne Anregung durch Tacitus hielt sich noch mehr als dreißig Jahre später ein Felix Fabri wieder an Isidor von Sevilla und ließ die Schwaben vom namengebenden *Mons Sueuus* am östlichen Rand Germaniens eingewandert sein.[101] Meisterlin dürfte seine Auffassung von der Ureinwohnerschaft der Schwaben und Videliker dem Gedankenaustausch mit Enoch d'Ascoli verdanken, der die *Germania*, die er mit sich führte, auch gelesen haben wird, und der den die Frühgeschichte betreffenden Grundgedanken erfaßt haben dürfte. Für Meisterlin selber braucht keine weitere, unmittelbare Kenntnis des Textes, ja nicht einmal die Kenntnis des Autornamens angenommen zu werden. Die ihn auszeichnende „Besonderheit, [...] Sitten und Zustände zu schildern“ scheint unabhängig von Tacitus' ethnographischer Schrift zu sein. Joachimsohn führt dieses Interesse Meisterlins auf die Vorbilder des Sallust und des Enea Silvio zurück.[102]

Perrets Ablehnung einer *Germania*-Benutzung durch Enea Silvio in dem Pamphlet gegen Martin Mair, also in Eneas *Germania* von 1457/1458, ist nicht stichhaltig. Dies soll im folgenden plausibel gemacht werden. Perret hat

---

schrift 158/4 in St. Paul in Kärnten. Transkription, hrsg. von Hans Gröchenig. armarium Heft 13/2 (Klagenfurt 1998) 26–32; vgl. diese Kapitel bereits in den Auszügen bei Joachimsohn, Die humanistische Geschichtsschreibung (wie Anm. 97) 416–421, mit Verifizierung der Zitate.

100 Müller, Die „Germania generalis“ (wie Anm. 76) 94; Zum Problem der Indigenität unter den Prämissen des Buches Genesis und des Berosus ebd. 354–358.

101 Felix Fabri, Historiae Suevorum, in: Suevicarum rerum Scriptores, ed. Melchior Goldast (Frankfurt a. M. 1604) c. X, 74.

102 Joachimsohn, Die humanistische Geschichtsschreibung (wie Anm. 97) 158. Die wichtigsten der einschlägigen Werke Eneas sind allerdings erst nach 1456 verfaßt und verbreitet worden.

seine Ablehnung auf einen schlechten Enea-Text gegründet, und er hat in hyperkritischer, der Art humanistischer Textverarbeitung nicht entsprechender Weise argumentiert. Er gibt Eneas einschlägigen Textabschnitt wieder und kommentiert ihn. Der Kommentar erzeugt den Eindruck eines beliebig formulierenden Enea. Denn Perret zieht zu den einzelnen Wörtern und Wendungen des Enea entweder alle möglichen Parallelstellen aus Tacitus heran, oder er markiert ihr Nichtvorkommen umständlich für jedes Wort. Dem Gedankengang des Enea läßt Perret nicht die nötige Bedeutung für die Textbehandlung zukommen. Er unterstellt ohne weiteres, daß die drei Autoren Caesar, Strabo und Tacitus sachlich und stilistisch als gleichrangig für Eneas Absicht gleich geeignet gewesen seien.

Enea zitiert Tacitus im zweiten Buch seiner Schrift.[103] Dort zieht er den Vergleich zwischen dem Zustand (*status, facies*) „Deutschlands" *olim* und *hodie* und geht dabei bis auf die *vetusta tempora* zurück, um die Vergrößerung von Reichtum, Macht und Besitz (*opes, vires, possessiones*) aufzuweisen und die barbarische Unzivilisiertheit des alten, heidnischen „Deutschland" zu kontrastieren mit der Kultur, Wohlhabenheit und Macht des neuen Deutschland, die dieses der Christianisierung seit Bonifacius zu verdanken habe.[104] Auf diese Weise will Enea den „Beschwerden der deutschen Nation" über die Last der Abgaben an die päpstliche Kurie den Boden entziehen. An der Frage der Ureinwohnerschaft ist er gar nicht interessiert.[105] Über die Urzeiten Germaniens – *tempora Jani aut Saturni aut Jovis* – gebe es so wenig Nachrichten wie über das achte oder vierte Jahrhundert, die *tempora aut Romuli aut Camilli aut Alexandri Magni.* Drei antike Autoren führt Enea an und bestimmt ihre Zeitstellung: erstens (II,2) seinen ältesten Gewährsmann Caesar für dessen *etas* kurz vor Christi Geburt, zweitens (II,3) Strabo (gest. nach 23), der bis Tiberius gelebt habe, und drittens (II,4) Cornelius Tacitus (gest. nach 116), der bis in die Zeit Hadrians (117–138) gelebt habe. Es ist die erste, künftig kanonische Zusammenstellung der drei Hauptzeugen. Als Beispiel für das längerfristige Weiterwirken der Zusammenstellung und spezifische Perspektivierung dieses Ensembles durch Enea noch im lutherischen Helmstedt des

---

[103] Aeneas Silvius, Germania und Jakob Wimpfeling: „Responsa et replicae ad Eneam Silvium", hrsg. von Adolf Schmidt (Köln/Graz 1962) 46–49. Enea Silvio Piccolomini, „Deutschland". Der Brieftraktat an Martin Mayer und Jakob Wimpfelings „Antworten und Einwendungen gegen Enea Silvio", übersetzt und erläutert von Adolf Schmidt. Geschichtsschreiber der deutschen Vorzeit, 3. Gesamtausgabe, Bd. 104 (Köln/Graz 1962) 87–90.

[104] Vgl. Dietrich Lohrmann/Harald Kühn, Aeneas Silvius Piccolomini und der Reichtum Deutschlands am Ende des Mittelalters, in: Geschichte in Wissenschaft und Unterricht 48 (1997) 384–398.

17. Jahrhunderts sei die Ausgabe der taciteischen *Germania* durch Hermann Conring (1606–1681) aus dem Jahr 1652 genannt.[106] Conring verbindet die *Germania* mit Auszügen aus Caesars *Bellum Gallicum* (IV,1–4 und VI,11–28) und Strabos Geographie, ergänzt um Exzerpte aus Mela, Plinius und Ptolemaeus. Sein übergeordneter Gesichtspunkt ist die deutsche Rechtsgeschichte, deren Begründer er ist, aber in diesem neuen Rahmen ist Eneas Vergleich der – wie nun Conring Enea paraphrasiert – *antiqua illa Germaniae facies cum hodierna* geboten, um die Kulturbedeutung der Christianisierung dankbar zu erkennen, freilich nicht mehr als ein Verdienst des Papsttums, sondern als das Gnadengeschenk Gottes.[107] Enea will aus seinen drei Autoren dasselbe beweisen: die dem Ackerbau und fester Siedlungsweise abholde, wilde und nomadenhafte, ja *a feritate brutorum* nur wenig verschiedene Lebensweise der alten „Deutschen". Enea verwendet seine drei Autoren in unterschiedlicher Weise. Sein Strabo-Kapitel (II,3) besteht ganz aus zwei wörtlichen Zitaten (in der lateinischen Übersetzung des Guarino da Verona) in direkter Rede, sein Caesar-Kapitel (II,2) referiert *Bellum Gallicum* VI,21, 3–5, 22, 2–3 und 23,1 in leicht verkürzender indirekter Rede, das Tacitus-Kapitel (II,4) übernimmt aus den *Germania*-Kapiteln 5 und 9 nur Stichwörter zu Landesbeschaffenheit und Lebensweise und zur Religion, die Enea mit eigenen Worten kommentiert. Tacitus soll natürlich den beiden zuvor zitierten Gewährsmänner nicht widersprechen, da ja das Verharren der alten „Deutschen" auf derselben niedrigen Kulturstufe aufgewiesen werden soll und nicht etwa ein Fortschritt. Enea liest Tacitus' ambivalent gehaltene *Germania* durchgehend *in malam partem*. Diese Argumentationsstrategie hat Konsequenzen für den Umgang mit Tacitus' Ausführungen, die darum nicht gegen eine Benutzung der *Germania* ausgespielt werden dürfen. So kann Enea z. B. Tacitus' Mitteilung, das Land bringe Getreide hervor (5,1 *satīs ferax*), überhaupt nicht gebrauchen, da er soeben mit Caesar und Strabo jeglichen Ackerbau in Abrede gestellt hat. Er läßt sie also fort. Deshalb bleiben ihm aus cap. 5,1 nur die Stichwörter *silvae* und *pecorum fecunda (*sc. *terra)* bzw. *eae solae et gratissimae opes sunt*. Die von Tacitus solchermaßen nachdrücklich hervorgehobene Viehhaltung erscheint bei Enea in Übereinstimmung mit Caesars und Strabos

[105] Vgl. seine Ironisierung der Ursprungssagen in der Historia Bohemica edd. et in linguam Bohemicam verterunt Dana Martínková, Alena Hadravová, Jiří Matl (Prag 1998) 12, 14.

[106] C. Cornelii Taciti De moribus Germanorum liber [...] ex recensione H. Conringii (Helmstedt: Henning Müller 1652), Verzeichnis der im deutschen Sprachraum erschienenen Drucke des 17. Jahrhunderts (VD 17, http://www.vd17.de/), 23: 000579 E.

[107] Ebd. Einleitung S. 42 eine längere Paraphrase aus Eneas *Germania*, doch ohne Enea mit Namen zu nennen.

Mitteilungen über die Ernährung der alten „Deutschen" (Caesar: *lacte, caseo et carne*; Strabo: *e pecoribus trahunt alimoniam*) unter dem Begriff *pastores*. Daß dieses Wort bei Tacitus nur einmal ganz woanders (Ann. 12,51) vorkommt, wie Perret festhält, spricht nicht gegen Eneas *Germania*-Lektüre. Enea bekräftigt sodann mit einem Aristoteles-Zitat, auf das Strabo bereits angespielt hatte, die kulturelle Minderwertigkeit nomadischer Lebensweise und hebt von ihr mittels einer Negativliste die höheren Zivilisationsformen wie Städte, Burgen, Tempel bzw. Kirchen in Bruchstein, Gärten und Weinberge ab. Dieser Einschub ist der Argumentationstrategie *olim* und *hodie* geschuldet und weist voraus auf die Schilderung der *Germania nova*; daß der Einschub aus Tacitus nicht zu belegen ist, was Perret umständlich und vollständig anmerkt, versteht sich freilich von selbst. Nach diesem Einschub greift Enea sodann aus *Germ.* 5,2 die Stichworte *argentum et aurum* auf und behandelt wie Tacitus Vorkommen und Gebrauch der Edelmetalle, freilich nicht mit dessen Worten. Denn Tacitus' Unterscheidung zwischen innerem und grenznahem Germanien spielt für Eneas Argumentation keine Rolle. Enea lobt die fehlende *auri sitis* – so poetisch (vgl. Verg. Aen. 3,57 *auri sacra fames*; Hor. Ep. 1, 18,23 *argenti sitis*...) zieht er Tacitus' Satz *possessione et usu haud perinde afficiuntur* zu einem moralischen Schlagwort zusammen –, doch er schränkt das moralische Lob sofort mit dem Hinweis auf den vollständigen Mangel an avancierten Kulturtechniken, an Schriftkultur, Gesetzgebung und literarisch-wissenschaftlicher Bildung, wieder ein. Dahinter stehen die „Stellen" Tacitus, *Germ.* 2,2 (Lieder seien *unum apud illos memoriae et annalium genus*, d. h., es gab keine Schriftkultur und keine Geschichtsschreibung)[108] und 19,2 (*plusque ibi boni mores valent quam bonae leges*, dies mit Enea *in malam partem* gelesen heißt: es gab keine *leges*). Zuletzt zieht Enea das Kapitel 9 der *Germania* über den Götterkult heran, soweit er es gebrauchen kann. In Eneas Argumentation, die er mit den drei Autoren bestreitet, stellt es den Höhepunkt dar, denn er kann mit Tacitus von Menschenopfern der alten „Deutschen" berichten und so den endgültigen Beweis ihrer Barbarei in heidnischen Zeiten führen. An dieser Stelle folgt Enea dem Wortlaut des Tacitus enger als sonst. Das gilt es zu würdigen. Daß er als christlicher Autor des 15.

[108] Seit Perret wird Eneas Wendung *nulla fuit literarum cognitio* als eine mißverstandene Übernahme von Tac., *Germ.* 19,1 *litterarum secreta viri pariter ac feminae ignorant* („Briefgeheimnis ist Männern wie Frauen gleichermaßen unbekannt") verbucht – doch Enea ist mit klügelnder Similiensuche wohl nicht angemessen zu fassen; Heinrich Bebel und Andreas Althamer haben indes dies Tacitus-Zitat in der Tat als Hinweis auf Analphabetentum verstanden; vgl. Peter Schäffer, Beatus Rhenanus als Tacitus-Rezipient, in: Annuaire des amis de la Bibliothèque Humaniste de Sélestat 35 (1985) 149–156, hier 150f.

Jahrhunderts dem Heiden Tacitus über längere Strecken nicht wortwörtlich folgen kann, versteht sich von selbst. So bedeuten solche Übernahmen (recte) aus *Germ.* 9,1–2 schon viel. Bei Tacitus heißt es: *Deorum maxime Mercurium* col*unt, cui certis diebus* humanis *quoque* hostiis litare *fas habent.* Enea formuliert: *Ipsa quoque religio barbara, inepta, idolorum* cul*trix atque adeo demoniorum illusionibus labefacta, ut* humanis *sepe* hostiis lita*tum esse apud illos non sit ambiguum.* Ausgerechnet diese Stelle, die Enea ohne die Benutzung der *Germania* nicht mit diesen Worten formuliert haben könnte,[109] glaubt Perret als unecht ausscheiden zu dürfen. Denn sie erscheint in dem Enea-Druck von 1496, Perrets ältestem Textzeugen, als Marginalie. Perret schließt daraus, daß sie kein Bestandteil des Autographs, sondern eine später auf den Rand gesetzte Zutat gewesen sei. Dieses Argument ist durch die Ausgabe Adolf Schmidts hinfällig, der das Autograph zugrundelegt. Eneas Bezugnahme auf das 9. Kapitel der *Germania* ist authentisch.[110]

Herbert Jankuhn sprach in seinem archäologischen Kommentar zu Tacitus *Germ.* 9,1 von dem „lange Zeit hindurch emotional belasteten Problem der Menschenopfer bei den Germanen".[111] Diese „Belastung" läßt sich ins 15. Jahrhundert zurückverfolgen, seit eben Enea die Tacitus-Stelle so wirkungsvoll herausgehoben und zugleich in den Rahmen einer deutschen Geschichte

---

109 Aus der mittelalterlichen Überlieferung, von der die Weltchronik der Frutolf-Ekkehard am verbreitetsten war, hat Enea die Wendung sicher nicht, da sie dort nicht mit dem Namen des Tacitus verbunden ist.

110 Perret führt 148–150 zwei weitere Argumente an, die seiner Meinung eine Benutzung der taciteischen *Germania* durch Enea im Jahr 1458 ausschließen. Enea habe in seiner *Germania* II,5 Hadrian mit Trajan verwechselt, was ihm bei Kenntnis von Tac., *Germ.*27,2 nicht passiert wäre. Dazu Schmidt, Enea Silvio Piccolomini „Deutschland" (wie Anm. 103) 90. – Außerdem habe Enea in der noch im 1. Halbjahr 1458, also sehr bald nach seiner *Germania*, fertiggestellten *Europa* Tacitus' *Germania* nicht verwendet, was er aber in cap. 36 der *Europa* (Opera omnia [Basel 1571] 431 AB) getan hätte, um die dort aufgeworfene Frage nach den antiken niederrheinischen Völkerschaften zu lösen. Perret argumentiert also lediglich e silentio ohne zureichende Textbasis und -analyse und unterstellt Eneas Arbeitsweise wiederum den Prämissen modernen gelehrten Arbeitens. Zu bedenken bleibt Eneas Situation Anfang 1458. Damals schloß der die *Germania* (1457/58), die *Historia Bohemica*, die *Europa* und die *Historia Austrialis* ab, wobei die *Europa* kaum als wirklich abgeschlossen bezeichnet werden kann. Das Halbjahr vor der Besteigung des päpstlichen Thrones am 19. August 1458 war also eine Periode fieberhafter literarischer Produktion (unzutreffende Datierung dieser Schriften in den Pontifikat Eneas durch Münkler/Grünberger/Mayer, Nationenbildung [wie Anm. 1] 167, Anm. 14). – Voigt, Italienische Berichte (wie Anm. 85) 152 hat Perrets argumentum e silentio wiederholt, allein noch auf Voigt bezieht sich Müller, Die „Germania generalis" (wie Anm. 76) 252, Anm. 71.

111 Die Germania des Tacitus. Erläutert von Rudolf Much. 3., beträchtlich erweiterte Auflage, unter Mitarbeit von Herbert Jankuhn, hrsg. von Wolfgang Lange (Heidelberg 1967) 173.

gerückt hatte. Die von Enea favorisierte Leseweise der taciteischen *Germania* als Schilderung überwundener kultureller Primitivität eines Volkes, als ein Dokument zivilisatorischer Diskontinuität, konnte die Deutschen, die den ganzen Text lasen, nicht befriedigen, sollte es doch ihre eigene Geschichte sein. Zudem stellte Giannantonio Campano alsbald die andere Möglichkeit vor, die *Germania* als eine Schilderung hervorragender naturgegebener Eigenschaften, mithin als ein Dokument ethnischer und moralischer Kontinuität zu lesen.[112] Doch schon Rudolf von Fulda, Adam von Bremen und Frutolf haben im 9. bzw. 11. Jahrhundert Tacitus' Passus über die Menschenopfer – und gleich noch das ganze folgende Kapitel 10 über die Religion – zitiert. Aber sie haben sich keineswegs emotional belastet gezeigt. Rudolf – und ganz mit seinen Worten auch Adam und Frutolf – wollte den Leser erkennen lassen, aus welchen „Finsternissen der Irrtümer" sie – die Sachsen – „durch Gottes Gnade und Barmherzigkeit befreit" worden seien, als Gott sie „durch das Licht des wahren Glaubens zur Erkenntnis seines Namens führte".[113] Auch hier also ein Kontrast von einst und jetzt, doch nicht unter den Kategorien der Kultur und Zivilisation und der dank ihrer erblühten *opes, vires* und *possessiones* einer *natio*, sondern allein unter der Kategorie der Religion. Zudem kennt Rudolf keine *Germanica natio* wie Enea, sondern die Vielzahl von *Germaniam incolentes nationes.*[114]

Für deutsche Intellektuelle des späteren 15. Jahrhunderts indes erlangte die Menschenopfer-Stelle signifikante Bedeutung, wenn sie sie bei Tacitus als Zeugnis über die Deutschen lasen, nicht aber, wenn sie sie um dieselbe Zeit als Mitteilung Adams von Bremen über die heidnischen Sachsen abschrieben.[115] 1477, also nach dem Erscheinen der ersten Tacitus-Drucke und in Kenntnis der Schrift Eneas, doch noch vor den ersten Campano-Drucken, ist ein Deutscher in Italien, der Straßburger Patriziersohn Peter Schott (1460–1490), der in Bologna die Rechte studierte, in einem Gedicht dadurch als Benutzer der *Germania* zu fassen, daß er eben jene Stelle herauszog. Schott freundete sich in Bologna mit dem gleichaltrigen und im selben Jahr (1475) immatrikulierten böhmischen Adligen Bohuslaus von Hassenstein an.[116]

---

[112] Diese Unterscheidung hat Krapf (wie Anm. 1) als ein rhetorisches Verfahren herausgearbeitet, was Müller, Die „Germania generalis" (wie Anm. 76) 424ff. als „Fehlinterpretation" kritisiert.

[113] MGH SS 22, 675 Z. 46–48.

[114] Ebd. Z. 48f.; eine Formulierung aus Einhards Vita Karoli cap. 7.

[115] Die Handschriften A1a und B 1a gemäß der Ausgabe Schmeidlers sind in der Mitte des 15. Jh. geschrieben.

[116] Vgl. Bohuslai Hassensteinii a Lobkowicz epistulae, edd. Jan Martínek/Dana Martínková, 2 Bde. Bibliotheca Teubneriana (Leipzig 1969–1980), zur Biographie Hassensteins bes. Bd. 2, 224–228.

Beide widmeten einander literarische Versuche, in denen sie sich wechselseitig ihre literarisch-poetische Befähigung attestierten. Denn neben der Jurisprudenz waren beide an den humanistischen Studien lebhaft interessiert. Durch dieses Interesse verwirklichten sie das aus dem Wettstreit mit den Italienern geborene patriotische Bestreben, Deutschland vom Vorwurf der Barbarei zu befreien. Das sei möglich, so Schott, zumal zuvor auch Latium, für Griechen einst barbarisch, sich von solchem Namen befreit habe; vieles deute darauf, daß auch das deutsche Volk (*Germanicus populus*) dies vollbringen könne – im Stile Eneas lenkt er den Blick auf die vorchristlichen Zeiten der alten Deutschen zurück und vergleicht die überwundene Barbarei von einst mit der Zivilisation jetzt: Barbarische Religionsgebräuche und Unmenschlichkeiten gebe es nicht mehr, der Göttin Diana würden nicht mehr blutige Opfer dargebracht, „und auch den unversöhnlichen Merkur besänftigen wir nicht mehr mit menschlichem Blut, was den Unseren gefallen habe, wie berichtet wird.“

Hic nec barbarici ritus, immania nusquam,
Hic nec Aricine sacra cruenta dee,
Sed nec Athlantiadem placamus sanguine saevum
Humano, nostris quod placuisse ferunt.[117]

Peter Schott bezieht sich sowohl auch Enea als auch auf Tacitus selbst. Enea hatte die Stelle zielsicher herausgehoben, Schotts Wendung *barbarici ritus* echot Eneas *religio barbara,* doch den Gott Merkur hatte Enea nicht erwähnt. Peter Schott aber benennt ihn – poetisch, wie es sich für ein Gedicht ziemt –, er hat die Stelle also in Tacitus' *Germania* aufgesucht, von wo er auch das Verb *placare* übernommen hat.

Nicht explizit, doch bei näherem Zusehen umso deutlicher, verrät Konrad Celtis die Belastung, die die Tacitus-Stelle verursachte. Celtis las Tacitus' *Germania* nicht einfach im kontrastiven Sinne Eneas. Als Celtis 1498/1500 die *Germania* zusammen mit seiner eignen *Germania generalis* und dem dritten Kapitel der *Norimberga* über den Hercynischen Wald zum Druck brachte, hat er nicht zwei Zustände vergleichen, sondern eine Entwicklung vom Einst zum Jetzt aufzeigen wollen, welche Aspekte der Tugend-Kontinuität mit Aspekten der Zivilisations-Veränderung verbindet und Kultur, von den Druiden vermittelt, schon für die alte, vorchristliche Zeit einschließt.[118] Von

---

[117] Murray A. Cowie/Marian L. Cowie (Eds.), The Works of Peter Schott (1460–1490), Bd. 1–2 (Chapel Hill 1963–1971), hier Bd. 1, 267–270 (Text), bes. 268, und Bd. 2, 646f. (Erläuterungen).

[118] Müller, Die „Germania generalis“ (wie Anm. 76) 11–13 (Druckbeschreibung), 29–34 (Datierung des Druckes), 403–439 (Interpretation).

Menschenopfern in vordruidischer Zeit ist bei Celtis nicht die Rede – und aus dem Text des Tacitus tilgte er sie mittels einer einfachen Konjektur: statt *humanis* setzte er *huius*. Celtis hat gegen seine Vorlagen, den ersten Nürnberger *Germania*-Druck Kreußners von ca. 1473 und die Venezianer Gesamtausgabe von 1497, statt *Cui* [sc. Mercurio] *certis diebus humanis quoque hostiis litare* verändert in *Cui certis diebus huius quoque hostiis litare*[119] – statt „Menschenopfer“ nun also „dessen Opfer“, was auch immer diese gewesen sein sollten. In die hier erkennbare Abwehrhaltung wird man auch die Folgewirkung des Druckes der *Germania* des Enea von 1496 einordnen müssen. Dort war die Menschenopfer-Stelle als längere Marginalie wiedergegeben, möglicherweise, weil der Setzer sich ein Versehen, einen Augensprung von dem Wort *barbara* über 27 Wörter hinweg zum nächsten Vorkommen desselben Wortes, hatte zuschulden kommen lassen, den er damit korrigierte.[120] Nachfolgende Ausgaben wie die durch Jakob Wimpfeling 1515 in Straßburg herausgegebene und um seine Widerlegungen Eneas erweiterte Ausgabe,[121] ebenso die vielbenutzten Basler *Opera omnia* von 1551 und 1571, ließen dann aber die Marginalie ganz fort, anstatt sie wieder in den Text zu setzen;[122] von Menschenopfern war also überhaupt nichts mehr zu lesen. Daß Campano, der mit der Tugendkontinuität argumentierte, die besagte Stelle überging, liegt auf der Hand. Dasselbe taten trotz unmittelbarer Kenntnis der *Germania* auch Johannes Nauclerus,[123] Jakob Wimpfeling und Christoph Scheurl – waren ihre Werke doch als *Laudes Germaniae* konzipiert.[124] Der ansonsten recht redefreudige Kommentar des Andreas Althamer zur taciteischen *Ger-*

---

119 Conradi Celtis quae Vindobonae Prelo subicienda curavit opuscula, ed. Kurt Adel. Bibliotheca Teubneriana (Leipzig 1966) 50, 115; Müller, Die „Germania generalis“ (wie Anm. 76) 34f. Celtis steht mit dieser Konjektur völlig allein da, wie die Kollationierungen von Hirstein (wie Anm. 68) 285–311, zeigen.

120 Perret, Recherches (wie Anm. 19) 147f., Anm. 11, erörtert diese Erklärungsmöglichkeit und lehnt sie ab, m. E. nicht zu Recht.

121 VD 16, P 3125.

122 VD 16, P 3093; P 3094 (Nachdruck Frankfurt a. M. 1967) 1051 C. Auch die von Perret eingesehene Ausgabe von 1584 (nicht im VD 16) hat diese Auslassung.

123 Johannes Nauclerus, Memorabilium omnis aetatis et omnium gentium Chronici commentarii (Tübingen 1516) beschreibt vol. I, fol. 176v/177r Gallier und Germanen; er kennt hier noch nicht Tacitus' Germania, sondern allein Caesars *Bellum Gallicum* VI, 11ff., mit dem Naucler von Menschenopfern nur bei den Galliern, aber nicht bei den Germanen berichtet. In vol. II, fol. 118rv schildert Naucler im Rahmen seines wieder bei der Frühzeit einsetzenden Exkurses zur *Laus Germaniae* (fol. 116v–118 v) die *Germanorum vita* nun u. a. nach Tacitus' *Germania*, aber übergeht die Stelle in 9,1.

124 Jacobus Wimpfelingius, Epitome rerum Germanicarum (Straßburg: Johannes Prüß 1505); Christophorus Scheurl, Libellus de laudibus Germaniae et Ducum Saxoniae (Bologna 1506).

mania, der mehrfach aufgelegt wurde, sagt zur völlig korrekt präsentierten „Menschenopfer-Stelle“ 9, 1 kein einziges Wort.[125]

Campano ist ein für die deutschen Humanisten sehr wichtiger Vermittler der taciteischen *Germania*, er fungiert neben Enea Silvio als entscheidender Stichwortgeber, der den Blick auf die *Germania* leitet und für die ideologische Anwendung aufbereitet; in den jüngsten Publikationen von Münkler und Müller wird seine Bedeutung unterschätzt. Er habe einen ganz erstaunlichen Einfluß auf die Geschichtswerke der deutschen Humanisten ausgeübt, stellte bereits Paul Joachimsen fest.[126] Dies ist zu unterstreichen. Campano hat, wie oben bereits gesagt, die Teilnehmer des Regensburger „Reichstages“ von 1471, den er im Gefolge des Kardinals und päpstlichen Legaten Todeschini-Piccolomini besuchte, zum Abwehrkampf gegen die Türken motivieren sollen. Indes hat er die Rede umständehalber nicht halten können, doch nach seinem Tod wurde sie mehrfach gedruckt: zwischen 1487 und 1490 in Rom zweimal einzeln, im Rahmen seiner *Opera omnia* 1495 in Rom und 1500/1502 in Venedig.[127] Sie wurde wohl ohne wesentliche Eingriffe publiziert, denn dazu bestand kaum ein Anlaß, doch insbesondere die Ausgaben der *Opera omnia* sind mit ihren vielen Setzfehlern gerade an entscheidenden Stellen recht liederlich. Reaktionen deutscher Humanisten auf die römischen Einzelausgaben liegen nicht vor, aber das Erscheinen der *Opera omnia* erzeugte vernehmlichen Widerhall. Denn hier, wo Reden und Briefe zugleich zu lesen waren, wurde offenbar, daß derselbe Campano die Deutschen, die er in Regensburg mit Hilfe der *Germania* auf das gekonnteste öffentlich loben wollte, in privaten Briefen als schlimmste Barbaren schmähte und mit einem Götz-Zitat avant la lettre bedachte, als er dem Land den Rücken kehrte.[128] Jakob Wimpfelings zisterziensischer Freund Leontorius erregte sich über den windigen Autor, doch Wimpfeling selber verwendete die Rede in seiner *Epitoma rerum Germanicarum* von 1505 gern als Zusammenfassung taciteischer Gedanken und widerwillig gezollte Bewunderung aus der Feder eines Italie-

---

[125] Vgl. unten Anm. 186.

[126] Münkler/Grünberger/Mayer, Nationenbildung (wie Anm. 1); Müller, Die „Germania generalis“ (wie Anm. 76); Paul Joachimsen, Jakob Wimpfelings Epitome rerum Germanicarum, in: Hermann Grauert zur Vollendung des 60. Lebensjahres gewidmet von seinen Schülern. Festgabe zum 7. September 1910. Hrsg. von Max Jansen, (Freiburg 1910) 171–181, hier 177; wieder abgedruckt in ders., Gesammelte Aufsätze, Bd. 2 (wie Anm. 97) 613–623, hier 619.

[127] GW 5940f. (Einzeldrucke); GW 5939 (Opera); Index Aureliensis *130.764 (Aureliae Aquensis 1976) I,6, 359.

[128] Joseph Schlecht, Zur Geschichte des erwachenden deutschen Bewußtseins, in: Historisches Jahrbuch 19 (1898) 351–358, zu Leontorius 1498.

ners, und zu Händen des bildungsunwilligen deutschen Adels wünschte er 1507 eine Übersetzung sowohl der kritischen Briefe als auch der lobenden Rede.[129]

Campano nutzte die *Germania* des Tacitus dazu, zweierlei herauszustellen: erstens die Ruhmbegier und kriegerische Tüchtigkeit der Deutschen als ihre naturgegebenen und *ab initio* bewahrten Eigenschaften und zweitens ihre ursprüngliche, natürliche Einheit als „unvermischte, untereinander verbundene, immer ursprüngliche Einwohner Deutschlands und unter diesem Himmel geborene" Deutsche, eine natürliche Einheit, die sich in den Zusammenkünften realisiert – die Regensburger Versammlung erscheint wie ein von Tacitus in cap. 11 der *Germania* beschriebenes Thing.[130] Der zweite Punkt bleibt in den neueren Darstellungen unerwähnt, doch gerade hier zieht Campano die von Enea unbeachtet gelassene Tacitusstelle *Germ.* cap. 2,1 über die Indigenität der Germanen heran, so daß Campano dem Konrad Celtis den entscheidenden Anstoß geben konnte. In der Tat steht der Passus, mit dem Celtis die Indigenität zum Kern des Deutschenbildes erhebt, dem Wortlaut des Campano näher als dem des Tacitus selbst:

[129] Die Hinweise bei Ernst Bickel, Wimpfeling als Historiker. Phil. Diss. Marburg (Marburg 1904) 38, sind völlig ungenügend. Wimpfeling bzw. der ihm seit 1493 zuarbeitende Sebastian Murrho zitiert in der *Epitome* Campanos Rede auch an nicht markierten Stellen. Tacitus wird teils über Campanos Verarbeitung, teils als direktes Zitat in die *Epitome* eingebracht, z. B. cap. 5 und 6 im Druck Straßburg, Johannes Prüß, 1505, fol. Vr. Zu den Übersetzungswünschen Wimpfelings vgl. Otto Herding/Dieter Mertens (Hrsg.), Jakob Wimpfeling, Briefwechsel. Jacobi Wimpfelingi opera selecta III,1–2 (München 1990) 596–599 (ep. 230 an Johannes Spiegel 1507).

[130] Ioannis Antonii Campani [...] in conventu Ratisponensi ad exhortandos principes Germanorum contra Turcos et de laudibus eorum oratio, in: Omnia Campani opera (Venedig: Torresano de Assula 1502) fol. XCr–XCVr, hier fol. XCIIIv: *At quam aequum est convenire inter se Germanos, qui sic nominamini, non quia Gallis simillimi, ut quidam putaverunt, quippe alius robur, alia lingua, alia militia in vobis est, sed quoniam inpermixti aliis, coniuncti vobis commercia externa et peregrina coniugia aspernati, semper indigene Germaniae, hoc in coelo nati, non aliunde deducti mores, quos vestri maiores ab initio habuere, ad ultimum retinetis.* Blusch, Zur Rezeption der Germania (wie Anm. 93) 79f. bezieht diesen Passus auf mehrere Stellen der *Germania*, zu denen wegen der Versammlungen cap. 11 hinzuzufügen ist; ebd. 87f. zu den Fehlern der Drucke, die hier stillschweigend korrigiert sind. Zu diesen zählt auch *indigete* für *indigene* (gemeint ist der Nom. Pl. *indigenae*). Nur Tiedemann (wie Anm. 1) 41 hat sich auf diese Stelle bezogen, doch er hat sie, wie seine Interpunktion zeigt, möglicherweise mißverstanden: „*semper indigete Germaniae. hoc in celo nati non aliunde deducti*" Tiedemann scheint *indigete* vom Verb indigere abzuleiten und verstehen zu wollen: „Bedürfet immer Deutschlands, unter diesem Himmel geboren..."; *non aliunde deducti* könnte auch zu *mores* zu ziehen sein, vgl. Horaz Carm. IV,4,19: *Mos unde deductus....*

Tacitus:
ipsos Germanos indigenas crediderim minimeque aliarum gentium adventibus et hospitiis mixtos

Campano:
semper indigene Germaniae hoc in coelo nati, non aliunde deducti

Celtis:
Indigena haud alia ducens primordia gente,
Sed coelo producta suo [...][131]

Was er aus Tacitus herausgehoben hatte, verifizierte Campano an einer Fülle historischer Beispiele um zu belegen, daß die „Deutschen“ nie besiegt und nie vertrieben wurden – *invicti Germani estis.*[132] Das greift Celtis in der *Germania generalis* auf mit der Prädikation *Gens invicta.*[133] Auch in der Deutung des Germanen-Namens ist Campano der Anreger des Celtis. Campano entfernt sich dabei von Tacitus, und mit Campano tut dies auch Celtis. Tacitus' Namensatz, der eine usuelle, aber keine lexikalische Deutung bietet, war für eine auf moralische Bedeutungen abzielende Argumentation nicht brauchbar. Campano zog darum Strabo heran, er versteht mit ihm *Germani* als „Brüder“, doch will er Strabos Begründung nicht gelten lassen, derzufolge in dem Namen die gleichsam geschwisterliche Ähnlichkeit der *Germani* mit den *Galli* ausgedrückt werde. Campano hebt statt dessen auf Abgrenzung und Binnenkohärenz ab. *Germani* seien in Stärke, Sprache und Kriegertum etwas anderes als die *Galli*; der Name *Germani* drücke allein die Brüderlichkeit und Eintracht der *Germani* untereinander aus. So durchsichtig diese Argumentation vor dem Hintergrund der Redesituation ist, auf die hin Campano seine Rede 1471 verfaßt hat, so plausibel erscheint sie Celtis:

Campano:
At quam aequum est convenire inter se Germanos, qui sic nominamini, non quia Gallis simillimi, ut quidam putaverunt, quippe alius robur, alia lingua, alia militia in vobis est, sed quoniam inpermixti aliis, coniuncti vobis [...] *Haec fraternitas, haec germanitas fecit, ut id quod esse consuevistis, Germani diceremini.*

Celtis:
Germanos vocitant Itali, Graii sed Adelphos, Quod fratrum soleant inter se vivere more: Nomen, nobilibus quod adhuc venerabile nostris.[134]

131 Celtis, *Germania generalis* v. 60–61; vgl. unten Anm. 145.
132 Ioannis Antonii Campani [...] oratio (wie Anm. 130) fol. XCIIv–XCIIIr, das Zitat fol. XCIIIr.
133 Vgl. unten bei Anm. 146.
134 ebd. v. 63–65.

IV. „Take-off-Phase" der deutschen Tacitus-Rezeption und der Umbau der Geschichtsbilder

1. Tacitus *alter Germaniae conditor*

Franciscus Irenicus (1495–1559/1565) gab, erst 23jährig, unter dem Titel *Germaniae exegesis* eine Art Handbuch über „Deutschland" heraus, das Ethnographie, Geschichte, Geographie und Naturkunde in sachlicher Gliederung verbindet.[135] Zu Beginn läßt er die Quellen Revue passieren und füllt dabei eine ganze Seite mit den Namen von Autoren der Antike seit Herodot, die gar nichts oder nichts Wesentliches über „Deutschland" gesagt hätten oder deren Werke verloren seien; so kann er die traditionelle Humanistenklage über die *tenuitas scriptorum Germaniae* eindrucksvoll belegen. Hier nun habe einzig und allein Tacitus Abhilfe geschaffen; in elegantestem Stil habe er die *Germania* verfaßt. Deshalb sei er nichts Geringeres als der zweite Gründer Deutschlands[136]: Irenicus gehört bereits der Schülergeneration jener deutschen Humanisten an, die die ersten Träger der Tacitus-Rezeption und -verarbeitung waren und ihre enthusiastische Hochschätzung der *Germania* als neues Schlüsseldokument weitergegeben hatte.

Von etwa 1495 an erschienen drei Kategorien von Drucken, die sich der Tacitus-Rezeption verdankten und sie beförderten, in dichter Folge: erstens Texte des Tacitus selbst, zweitens Texte, die unmittelbar der Tacitusrezeption dienten wie z. B. Kommentare, und drittens Texte, die den Tacitus verarbeiten wie z. B. historiographische Werke. Diese drei Kategorien sind freilich in der Druckproduktion nicht streng getrennt, wie sich gleich zeigen wird. Daneben treten sodann die Ausgaben anderer antiker Autoren, die ihrerseits im Licht der Tacitus-Rezeption gelesen und geschätzt werden und die Autorität des Tacitus steigern: Caesar, Florus, Strabo und, ab 1520, der von Beatus Rhenanus neu entdeckte Velleius Paterculus.

Es handelt sich bei den drei Kategorien einerseits um die oben bereits angeführten Drucke der *Germania* und der übrigen Schriften des Tacitus, ins-

[135] Paul Joachimsen, Geschichtsauffassung und Geschichtsschreibung in Deutschland unter dem Einfluß des Humanismus (Leipzig 1910, Nachdruck Aalen 1968) 169–181. Günter Cordes, Die Quellen der Exegesis Germaniae des Franciscus Irenicus und sein Germanenbegriff (Phil. Diss. Tübingen 1966).

[136] Franciscus Irenicus, Germaniae exegeseos volumina duodecim, Hagenau, Thomas Anshelm, 1518, fol. Iir: *Unus ergo omnium Cornelius Tacitus Germaniae sortem agnoscens (cui ego palmam do, secumque velis agam) elegantissimo stilo „Germaniam" aggressus est, quem non minoris quam alterum Germaniae conditorem aestimo.*

besondere um die Gesamtausgabe des jüngeren Filippo Beroaldo von 1515, die 1517 in der Bearbeitung durch Andrea Alciato in Mailand neu aufgelegt wurde. In ihnen waren nun auch die Annalenbüchern 1–6 enthalten, die der Stilisierung des Arminius durch Hutten und durch etliche andere deutsche Autoren den Stoff boten. Das Medium des Buchdrucks wurde seit dem Ende des 15. Jahrhunderts neben dem Briefverkehr das selbstverständliche Medium gelehrter Kommunikation. Zwar ist die textkritische Arbeit am Tacitus auch noch durch handschriftliche Kopien bezeugt,[137] doch sie mündete nun meist in eine Veröffentlichung im neuen Medium, die dann dem nächsten Editor, der sein gedrucktes Handexemplar mit handschriftlichen Korrekturen und Konjekturen versah, als Grundlage für eine weitere gedruckte Ausgabe diente.[138] Zwei Ausgaben, soweit bisher festgestellt wurde, stehen im Zusammenhang mit universitären Vorlesungen: die Wiener Ausgabe des Konrad Celtis von 1498/1500 und die Leipziger Ausgabe des Aesticampian von 1509.[139] Die Zahl der Einzelausgaben der *Germania* nahm seit etwa 1510 deutlich ab. Schon sie hatte man meist mit kleineren Beigaben angereichert, um wenigstens ein Quartbüchlein von etwa 20 Blatt zustande zu bringen. Doch es sind nicht buchtechnische Probleme, die neue Kontextualisierungen in Gestalt von Bucheinheiten stiften, sondern intellektuelle Rezeptionsvorgänge. Tacitus' Werke als ganzes vorzulegen, war eines der Hauptziele der italienischen Humanisten gewesen – die „Wiederbelebung des klassischen Altertums" als Wiederbelebung der Autoren in Gestalt ihrer Texte. Diesem Ziel dienten die Ausgaben der Opera omnia. Sie traten fast gleichzeitig neben die Kombination mit Diodorus' *Bibliotheca*, an der man die geographisch-ethnographischen Ausführungen besonders schätzte (*multa varia de situ locorum ac moribus gentium continentur*), weshalb der *de situ, moribus et populis Germaniae* handelnde *libellus aureus* des Tacitus den unvollständigen Diodorus sehr gut ergänzen konnte.[140] Die in Deutschland erschienenen Gesamtausgaben des Tacitus mit den neuen Annalenbüchern folgten – eben als Gesamtausgaben – dem römischen und dem mailändischen Vorbild, sie kamen in der von Beatus Rhenanus bearbeiteten Gestalt 1519, 1533 und 1544 in Basel heraus, weitere Gesamtausgaben – um, wie gesagt, nur die deutschen zu nennen – erschienen im 16. Jahrhundert in Frankfurt (1542 und 1592) und in Heidelberg (1595).[141]

---

[137] Vgl. Tenney, Tacitus (wie oben. Anm. 34) 360f.
[138] Hirstein (wie Anm. 68) 101ff., mit Abb. 4 und 5 auf 280f.
[139] Joachimsen, Tacitus (wie Anm. 91) 285.
[140] Vgl. oben bei Anm. 70.
[141] Vgl. oben bei Anm. 79. – Die Basler Ausgaben VD 16, T 12, T 13, T 15; Hirstein (wie Anm. 68) 117–161; die Frankfurter Ausgaben 1542 und 1592 s. VD 16, T 14, T 16, dazu zweimal 1607

Die Fragestellungen, mit denen die deutschen Humanisten an die taciteischen Texte herangingen, bewegten sich, wie oben dargelegt, in den von Enea Silvio und Giannantonio Campano vorgezeichneten Bahnen: der kulturgeschichtlichen Beschreibung eines mit der „Germania“ gleichgesetzten Deutschland einerseits, so Enea; des Aufweisens ethnischer Kontinuität und naturwüchsiger, angeborner Eigenschaften der Deutschen anderseits, so Campano. Beider Schriften erschienen 1495/1496 im Druck, Campanos Rede in den *Opera*, Eneas *Germania* (noch nicht unter diesem Titel) zum ersten Mal.[142] Diese Drucke gaben der *Germania*-Rezeption den entscheidenden Schub und die Richtung. Doch just in diesem Moment rückte ein in den Augen der deutschen Tacitus-Leser nicht weniger richtungweisender Text an die Seite Eneas und Campanos, ja eigentlich des Tacitus selbst: 1498 erschienen mit rasch durchschlagender Wirkung die kommentierten *Antiquitates* des Ps.-Berosus, deren Kommentar Annius von Viterbo eingestandenermaßen und deren Text er uneingestandenermaßen verfaßt hatte. Folgenreich wurde die historiographische Verarbeitung der neu eröffneten Perspektiven auf die *Germania*, die Projektion auf die Zeitachse der *series temporum* der eigenen Geschichte. Unter der Frage nach dem Anfang erfuhr dabei das herkömmliche Bild von der Geschichte der Deutschen eine Neukonzeption, die man mit dem derzeit gern bemühten Erfinder-Pathos als Erfindung der deutschen Geschichte bezeichnen könnte. Jörn Garber hat diesen Vorgang plakativ die Ablösung eines „universalistischen Reichsnationalismus des Mittelalters“ durch einen „endogenen, monogenetischen Nationalismus des Humanismus“ genannt.[143] Denn es sollten sich nicht mehr die eingewanderten Völker der Franken, Sachsen, Schwaben und Bayern unter der Kaiserkrone zu Deutschen vereinigt haben, vielmehr sollten nunmehr die Deutschen als ein Volk insgesamt die Ureinwohner ihres Landes sein, die sich erst nachträglich in verschiedene Teilvölker ausdifferenzierten.

(ed. Gruter, ed. Pichena); die Heidelberger s. Wilhelm Port, Hieronymus Commelinus 1550–1597 (Leipzig 1938) 66, Nr. 121. Wenigstens anmerkungsweise sei auf die weiteren Gesamtausgaben hingewiesen: Florenz 1527, Venedig 1534, Rom 1589, Lyon 1542 (nach Basel 1533), nachgedruckt 1551 und 1559; sieben Auflagen der Ausgabe des Lipsius Antwerpen 1574, 1581, 1585, 1600, 1607 und Leiden 1588/89, 1595; Paris 1599, 1608. Vgl. Else-Lillly Etter, Tacitus in der Geistesgeschichte des 16. und 17. Jahrhunderts (Basel/Stuttgart 1966) 26–35, 213.

[142] Vgl. oben Anm. 90; 127.

[143] Jörn Garber, Vom universalen zum endogenen Nationalismus. Die Idee der Nation im deutschen Spätmittelalter und in der frühen Neuzeit, in: Helmut Scheuer, Hrsg., Dichter und ihre Nation (Frankfurt a. M. 1993) 16–37. Daß der sog. Reichspatriotismus zahlreicher namhafter Humanisten weiterhin die „universale“ Funktion des nunmehr entschieden national legitimierten Reichs umfaßte, kommt hier freilich zu kurz.

2. *Germani indigenae*: Konrad Celtis und Heinrich Bebel

Die Bedeutung des Konrad Celtis (1459–1508) als Anreger und Wegweiser für die Bemühungen der deutschen Humanisten um die eigene Geschichte ist enorm. Das gilt für seine eigene Generation, für die der Schüler und auch noch für folgende, die allesamt seinem „Projekt“ einer *Germania illustrata* verpflichtet sind. Die Ingolstädter Antrittsvorlesung von 1492 hob noch ganz auf die Frage nach der Kultur der Deutschen seiner Gegenwart ab. Sie war eine einflußreiche Programmschrift, leitete aber nicht eigentlich zur Tacitus-Lektüre an.[144] Hingegen publizierte Celtis, wie bereits erwähnt, 1498/1500 in Wien die *Germania* des Tacitus zusammen mit seinen eigenen *De situ et moribus Germanorum additiones*: Diese *additiones* sind ein Lehrgedicht im mäßigen Umfang von 283 Hexametern, dem Celtis beim Wiederabdruck in der Ausgabe seiner *Amores* (1502) den selbständigen Titel *Germania generalis* gab; mit diesem Titel wird das Gedicht gemeinhin zitiert, obgleich ihn keiner der späteren Drucke (1511, 1515, 1557, 1574, 1610, 1670) wiederholt. Gernot M. Müller hat das Gedicht ediert und in einer umfangreichen Monographie untersucht.[145] Die 1498/1500 mit der taciteischen *Germania* zusammengespannte *Germania generalis* des Celtis gewichtet und ergänzt bestimmte Aussagen der Referenzschrift. Was Tacitus in den ersten vier Kapiteln nur streift oder kurz anspricht, das hebt Celtis, teilweise von Campano angeregt, ins helle Licht: die Indigenität der „Germani“, ihre Tüchtigkeit und, besonders ausführlich, die geographische Ausdehnung und Gestalt der „Germania“.

Celtis hat des Tacitus' Vermutung (*Germania* 2,1), die Germanen seien autochthon und auch nicht mit zugewanderten Völkern vermischt – *ipsos Germanos indigenas crediderim minimeque aliarum gentium adventibus et hospitiis mixtos* – zu einer effektvoll plazierten Aussage seines Lehrgedichts geformt. Dieses beginnt mit der *Fabula Demogorgonis,* dem Mythos von Demogorgon, einer aus Boccaccios *Genealogia deorum* bekannten Gottheit. Celtis läßt Erde, Himmel, Meer, Luft und Feuer aus dem Leib Demogorgons hervorgehen und den Fixsternehimmel sich entfalten; durch die Kraft der Gestirne gestaltet sich die Erde, entstehen die Pflanzen, Tiere und Menschen (Verse 1–55). Auf der Nordhalbkugel der Erde lokalisiert Celtis sodann die

---

[144] Zur Frage der *Germania*-Benutzung vgl. Schellhase (wie Anm. 1) 35–37.

[145] Müller, Die „Germania generalis“ (wie Anm. 76), die Drucke S. 11–25; Text, Übersetzung und Stellenkommentar 90–181; zum folgenden ebd. bes. 436ff.; knapp und präzise Ulrich Muhlack, Die Germania im deutschen Nationalbewußtsein vor dem 19. Jahrhundert, in: Jankuhn/ Timpe, Beiträge (wie Anm. 1) 141f.

„Germania“ und beschreibt die einwohnende *gens* der *Germani* – es ist das Kapitel *De situ Germaniae et moribus* (Verse 56–98) – und ihre Gestirne (Verse 99–109):

56 *Gens invicta manet toto notissima mundo,*
Terra vbi se deuexa globo demittit in Arcton [...]
60 *Indigena haud alia ducens primordia gente,*
Sed coelo producta suo, Demogorgonis aluus
Protulerat patulas vbi cuncta creata sub auras.

(„Ein unbesiegtes Volk, wohlbekannt in der ganzen Welt, lebt von jeher dort, wo sich die Erde, in ihrer Kugelgestalt gekrümmt, herabneigt zum Nordpol. [...] Es ist ein Volk von Ureinwohnern, das seinen Ursprung nicht von einem anderen Geschlecht herleitet, sondern unter seinem eigenen Himmel erzeugt wurde, als Demogorgons Leib alles Erschaffene hervorgebracht hatte unter die weiten Lüfte.“[146])

Celtis vermag mittels der *Fabula Demogorgonis* die Ureinwohnerschaft der „Deutschen“, ihre Identität von Anfang an und ihre genuine Verbindung mit dem Land, so strikt wie nur irgend möglich auszudrücken – poetisch als *fabula*, nicht historisch. Die Deutschen werden demnach „direkt in ihr Land hinein erschaffen“, wie Gernot M. Müller treffend formuliert hat,[147] und sie stehen von Anfang an unter dem Einfluß derselben, nämlich „ihrer“ Gestirne. Hierin gründet die Verbindung von Ethnographie, Geographie und Astronomie in Celtis' Beschreibungen Deutschlands. Als *gens invicta* sind sie von Eroberern nie vertrieben oder überfremdet worden. Aus der Vermutung des Römers über die Germanen ist eine Gewißheit der Deutschen über sich selbst geworden.

Für ethnographische und für moralische Themen hat Celtis die *Germania* auch in einigen seiner Elegien und Oden verwendet. In dem allegorischen „Liebesgedicht“ *Ad Elsulam a priscis et sanctis Germaniae moribus degenerantem* (Amores II,9, eine Elegie von 154 Versen) hat er nach *Germ.* cap. 19 und 20 die Einfachheit und Unverdorbenheit der Sitten der alten „Deutschen“ dem Verhalten in der Gegenwart entgegengesetzt,[148] hier und in der Ode *Ad Joannem Tritemium druidam, abbatem in Spanheim* (Ode III,28) preist Celtis die Druiden als Kulturbringer der alten „Deutschen“; sein Bild

146 Ebd. 94f.
147 Ebd. 125.
148 Humanistische Lyrik des 16. Jahrhunderts. Lateinisch-deutsch. [...] ausgewählt, übersetzt, erläutert und herausgegeben von Wilhelm Kühlmann, Robert Seidel und Hermann Wiegand. Bibliothek der Frühen Neuzeit, 5 (Frankfurt a. M. 1997) 104–113 (Text und Übersetzung), 1005–1008 (Erläuterungen).

von den griechisch schreibenden Druiden knüpft an Tacitus, *Germ.* cap. 3,2 und 28,1, an Stellen bei Caesar, Strabo, Plinius und anderen an.[149]. Es soll erweisen, daß die „Deutschen" ihre zivilisatorische Rückständigkeit bereits in der Antike ohne das Einwirken Roms abgelegt haben, und so die Argumentation Enea Silvios unterlaufen.

Aus der neuen Vorstellung von der *gens indigena* hat Celtis bei weitem nicht alle die Konsequenzen gezogen, die mit dieser neuen Sicht verbunden werden konnten und die teilweise auf der Hand lagen. Celtis erschienen sie offenbar nachrangig gegenüber dem Aufweis des geographischen und kulturellen Deutschland. Doch Heinrich Bebel (1472–1518), der Vertreter des Humanismus an der Universität Tübingen, hat sie mit Entschiedenheit vorgetragen in einer kurzen Abhandlung, deren Titel der *Germania* des Tacitus entnommen ist: *Germani sunt indigenae.*[150] Die erste Konsequenz enthält die Behauptung, die „Deutschen" seien als einziges Volk ohne Vermischung mit Einwanderern und ohne Überherrschung durch Auswärtige frei geblieben (*regnavimus*) und gebiete sogar seinen Nachbarn ringsum – als einziges Volk von fast allen Nationen der Welt seit Anbeginn der Welt. „Von *fast* allen", sagt Bebel vorsichtshalber. Doch kennt er kein Volk sonst, sondern weiß Gegenbeispiele die Fülle, nennt nicht zuletzt die Römer selbst, einst Herren der Herren, heute Knechte des „Knechts der Knechte". Unbesiegt geblieben zu sein – unbesiegt selbst von Caesar und Augustus – und sich damit als unbesiegbar erwiesen zu haben, diese Gewißheit, die bei Celtis eine Gewißheit der Deutschen über sich selbst ist, wird bei Heinrich Bebel überhöht zu einem einzigartigen Ruhmestitel (*singulariter gloriari possumus*) in der Weltgeschichte und zu einem Siegertitel gegenüber konkurrierenden Nationen, namentlich gegenüber Italienern und Franzosen.

Die zweite Konsequenz aus dem Indigenitätssatz des Tacitus trägt der Tatsache Rechnung, daß es sich um den Kernsatz einer *origo gentis* handelt. Als eine solche fungiert die *Germania* ausweislich ihres Titels *De origine et situ Germanorum.* Durch diese eine *origo* aller „Deutschen" wurden die verschiedenen alten *origines gentium* der Franken und Sachsen, Bayern und Schwaben obsolet. Heinrich Bebel verlangt folgerichtig, die alten Herkunftssagen aufzugeben. Seine Absage an die fränkische Trojanersage (*fabula de Francis*) betrifft dabei nicht allein die *Franci* in Deutschland, sondern als *Francigenae*

---

[149] Müller, Die „Germania generalis" (wie Anm. 76) 418–423.

[150] Opera Bebeliana (Pforzheim: Thomas Anshelm 1509) fol. diijv–eijr. Die Schrift dürfte kurz nach 1500 verfaßt sein. Zu ihr s. Münkler/Grünberger/Mayer (wie Anm. 1) 238–240 (die Lateinzitate in den Anmerkungen enthalten irreführende Fehler und Auslassungen).

auch die Franzosen. Zugleich bedeutet die Verabschiedung der Trojanerherkunft eine Kritik an Enea Silvio, der in der *Europa* zwar die sog. sächsische Stammessage kritisierte, die Herkunftssage der Franken aber zustimmend referierte.[151] Dabei stehe über sie bei den antiken Autoren vor Diokletians Zeit nichts, umso mehr aber über die *Suevi*, von denen wiederum Enea nichts sage. Neben den Friesen seien die Schwaben die einzigen, die ihren alten Namen bewahrt hätten und von der allgemeinen *nominum mutatio* nicht erfaßt worden seien, die ihre Ursache in immer neuen, bis zu „Baden“ und „Württemberg“ reichenden Herrschaftsbildungen hätte. Nach dem alten Paradigma war den Franken das höchste Alter und die hehrste Herkunft zugekommen, nach dem neuen erlangte nun der Schwabenname trotz der Gleichheit aller *indigenae Germaniae* einen Würdevorsprung.

3. Tacitus ur- und frühgeschichtlich gelesen: Annius von Viterbo

Nachdem Tacitus in der *Germania* cap. 2,1 seine eigene Vermutung über die Indigenität und Unvermischtheit der Germanen geäußert und letztere mit der Abgelegenheit und Abscheulichkeit Germaniens begründet hat, berichtet er im nächsten Absatz 2,2 über die Auffassung der Germanen selbst von ihrer Herkunft. Sie folgt einem genealogischen Modell mit einem göttlichen Spitzenahn, die Germanen nennen ihn Tuisto/Tuisco, und einem direkt von ihm abstammenden Gründer des Gesamtvolkes, dieser ist Tuistos Sohn Mannus, der Ursprung und Gründer des Volkes (*origo gentis conditorque*). Die in unterschiedlichen Regionen der Germania siedelnden Teile dieses Volkes erhielten ihre Namen nach den Männern der dritten Generation, den Söhnen des Mannus. Sie sind offenbar gleichrangig, doch gleichen Rang beanspruchen auch weitere Teile, so daß nicht eine weitere Filiation eingeführt und nicht eine Enkelgeneration konstruiert wird; sondern daß neben die drei unbezweifelten Söhne bzw. Völkernamen vier weitere Söhne hinzutreten: zu Ingaevonen, Herminonen und Istaevonen kommen Marsi, Gambrivi, Suebi und Vandilii.

Die maßgeblichen *Germania*-Leser Enea, Campano, Celtis und Bebel, die bisher angezogen wurden, haben diesen Abschnitt 2,2 nicht zitiert, anscheinend konnten sie ihm keine besondere Bedeutung abgewinnen. Auch Celtis' *Fabula* vom Weltgebärer hat eben diesen *Demogorgon* nicht zu einem

---

[151] Europa, in: Aeneae Sylvii Piccolominei opera quae extant omnia (Basel 1571, Reprint Frankfurt a. M. 1967) 387–471, hier 422 (De Saxonia); 433f. (De ... origine Francorum).

Stammvater der Deutschen gemacht und sie hat auch keine Genalogie entwickelt.[152] Als poetischer Entwurf einer *origo* hat Celtis' *Fabula* darauf verzichten dürfen, Ursprung und Herkunft als chronologischen Ablauf zu entwickeln. Historisch und theologisch blieb eine solche Fabel indes unbefriedigend. Denn die mittels der Demogorgon-Fabel oder göttlichen Abstammung von dem erdgeborenen Tuisto in Anspruch genommene absolute, von keinem geschichtlichen Volk abgeleitete *origo* war theologisch und historisch nicht anders umsetzbar als mittels einer Interpretation des Buches Genesis. Augustinus hatte in *De civitate Dei* Buch 15,7 bis 16,3 vorgeführt, wie man sich die monogenetische Abstammung des Menschengeschlechts und seine Entwicklung von Adam zu Noah als ein historisches Geschehen (*per tempora procursus*) vorstellen könne. Wenn bereits Kain in der Lage war, Städte zu gründen, seien also schon viele Menschen gezeugt worden; die Urväter hätten ihr langes Leben lang Kinder gezeugt, die wenigen Nachkommen, die die Bibel mit Namen nenne, seien nicht die einzigen gewesen. Das galt auch für Noah und seine drei die Sintflut überlebenden Söhne. Philo nennt 24100 männliche Nachkommen noch zu Noahs Lebzeiten.[153] Grundsätzlich stand also die Möglichkeit offen, weitere Personen in die früheste Geschichte einzuführen.

Die *Antiquitates Judaicae* des Josephus (gest. um 95) und die *Revelationes* des Ps.-Methodius, göttliche Offenbarungen über Anfang und Ende der Welt, die wohl im 7. Jahrhundert in Syrien entstanden und seit dem frühen Mittelalter in lateinischer Übersetzung aus dem Griechischen kursierten, waren anerkannte Autoritäten, mit deren Hilfe eine historische Lektüre des Buches Genesis über die früheste Menschheitsgeschichte teilweise gegengelesen und auch ergänzt werden konnte. Ps.-Methodius hat *Jonitus* eingeführt, einen von Noah nach der Sintflut gezeugten Sohn, „über den Moses nicht handelte", so Petrus Comestor. Die *Historia scholastica* des Petrus Comestor, das Lehrbuch des späten 12. Jahrhunderts und der folgenden Jahrhunderte, reichte diesen *Jonitus* weiter.[154] Die Meinung Augustins, daß alle in Genesis cap. 10 genannten Noachiden Völkerväter seien, die ungenannt gebliebenen aber nur Einzelpersonen, erlangte keine Verbindlichkeit.[155] Die Rezeption der taciteischen

---

152 Als einen solchen bezeichnet ihn Müller, Die „Germania generalis" (wie Anm. 76) 95 zu unrecht, denn Celtis folgt gerade nicht einem genealogischen Modell; Demogorgons Leib hat vielmehr alles Erschaffene hervorgebracht.

153 So bei Vincentius Bellovacensis, Speculum historiale lib.1, cap. 61 (Duaci 1624, Nachdruck Graz 1965) 24.

154 Migne PL 198, col. 1088; Borst, Der Turmbau (wie Anm. 94) Bd. II,2, 724.

155 Zu Augustin s. Borst, Der Turmbau (wie Anm. 94) Bd. II,1, 398ff.

Germania im deutschen Humanismus wurde vielmehr dadurch wesentlich geprägt und gefördert, daß der Dominikaner Annius von Viterbo (ca. 1432–1502) durch von ihm selbst erfundene, aber dem Chaldäer Berosus zugeschriebene Texte die *Germania* mit der biblischen Völkertafel unmittelbar in Verbindung brachte.

Der Zusammenhang ist komplex; denn der falsche Berosus des Annius fand nicht zuletzt deshalb breite Akzeptanz bei dem Großteil prominenter Gelehrter des 16. und auch noch des 17. Jahrhunderts, weil sie aus den Werken berühmter Autoren des ersten Jahrhunderts, des jüngeren Seneca, des älteren Plinius, Vitruvs und Josephus', von der Existenz des echten Berosus wußten und vor allem bei Josephus in den *Antiquitates Judaicae* und in *De antiquitate Judaica contra Apionem* Zitate und Paraphrasen von Berosus-Texten lesen konnten – *Berosus Chaldaeus sacerdos, quem Josephus in Antiquitatibus saepe adducit*, sagt Naucler.[156] Annius selber beruft sich auf zwei dominikanische Mitbrüder aus Armenien, die – sie sind namentlich bekannt – ihn seiner Zeit in Genua besucht, ihm eine Schrift des Berosus übergeben und orale Traditionen mitgeteilt hätten.[157] Nun hat die Überlieferung des echten Berosus tatsächlich mit Armenien zu tun. Die meisten Berosus-Fragmente sind in die um 300 in griechischer Sprache verfaßte Chronik des Eusebius (gest. 339) eingegangen. Eusebius parallelisierte die altorientalischen Königslisten und Chroniken mit den einschlägigen Büchern des Alten Testaments, um die dort berichteten Ereignisse zeitlich fixieren zu können. Die *Babyloniaca* des Berosus waren dabei eine seiner wichtigeren Quellen. Berosus, Belpriester, Zeitgenosse Alexanders d. Gr. und Antiochus' I. Soter, schrieb über babylonische Geschichte in griechischer Sprache. Eusebius kannte die *Babyloniaca* durch die Auszüge des Alexander Polyhistor aus dem ersten vorchristlichen Jahrhundert. Vor Eusebius hatten bereits Josephus und Abydenus (2. Jh. n. Chr.) den Alexander Polyhistor für die assyrische und babylonische Geschichte benutzt; Eusebius zitiert auch sie. Da die Werke des Alexander Polyhistor wie des Abydenus verlorengingen, ist Berosus seither allein aus Josephus und – hauptsächlich – aus Eusebius bekannt. Indes ist die Eusebius-Chronik vollständig nur in einer armenischen Übersetzung des 6. Jahrhun-

[156] FGrH 3C1, T 5, 6, 8a, 9, 11a; F (Babyloniaca) 4c, *6, *7a,b, 8a, 9a, 14, 20, 21, 22. – The Latin Josephus I, The Antiquities books I–V, ed. Franz Blatt. Acta Iutlandica, 30,1. Humanistisk serie, 44 (Kopenhagen 1958) 135, 137, 144. – Nauclerus (wie Anm. 123) Bd. I, fol. XIv.

[157] Robert Weiss, Traccia per una biografia di Annio da Viterbo, in: Italia medioevale e umanistica 5 (1962) 425–441, hier bes. 431; E. Fumagalli, Anneddoti della vita di Antonio da Viterbo O. P. In: Archivum Fratrum Praedicatorum 50 (1980) 167–199; 52 (1982) 197–218; Anthony Grafton, Defenders of the Text (Cambridge Mass./London 1991) 76–103.

derts erhalten. Die griechische Originalversion ist bis auf Fragmente aus dem 9. Jahrhundert verloren; die lateinische Bearbeitung des Hieronymus umfaßt nur den zweiten Teil von Abraham an, wo Berosus keine Rolle mehr spielt. Durch diese Umstände bedingt, blieben die meisten Berosus-Übernahmen des Eusebius während des Mittelalters und der Renaissance unbekannt.

Auch die armenischen Dominikaner haben Annius nicht mit diesen unbekannten Berosus-Passagen vertraut gemacht. Denn was Annius Neues bringt, ist seine eigene Erfindung, der sog. falsche Berosus. Annius erfand unter Berosus' und zehn anderen teils echten, teils fingierten Namen jene Geschichten, welche die Bibel und die antiken Historiker nicht enthielten, und verwob sie mit biblischer Geschichte, antiken Mythen und mittelalterlichen Trojalegenden zu einer einzigen Geschichte.[158] Dabei trat Annius unter zweierlei Gestalt auf. Erstens verfaßte er die „alten“ Texte, die er Berosus, Manetho, Fabius Pictor und anderen zuschrieb, und zweitens umstellte er sie gleichzeitig mit neuen Texten, die eingestandenermaßen die seinen waren. Buch für Buch stellte er den „alten“ Texten eine Einführung voran, und Kapitel für Kapitel begleitete er die Texte mit einem ausführlichen Kommentar, der die meist knappen *Antiquitates* mit bekannten und entlegenen Autoren harmonisierend verband und dabei leicht die vielfache Länge des erläuterten Textes erreichte. Überdies stellte Annius Regeln für kritische Auswahl alter Überlieferungen auf: die öffentlichen wie z. B. die von den Priestern verwalteten Annalen und Listen seien den privaten vorzuziehen. Er legte die Regeln dem anstelle eines echten Megasthenes selbstgeschaffenen Perser Metasthenes in den Mund – Naucler eröffnet mit ihnen seine Chronik, und noch Bodin befand sie für richtig.[159] Die zusammenhängende *eine* Geschichte, die Annius konstruierte, dokumentierte die Einheit des Ursprungs aller Reiche aus Noah, seinen drei Söhnen und ihren Frauen, die nach der Sintflut die Arche verlassen hatten. Den Griechen seien die ersten Könige auf der Erde, die vom Ende

[158] Anthony Grafton, Joseph Scaliger. A Study in the History of Classical Scholarship, Bd. 2 (Oxford 1993) 77f.; ders., Defenders (wie Anm. 157) 80f.

[159] Ich benutze einen jüngeren Druck: Berosi sacerdotis Chaldaici antiquitates (Antwerpen 1552) 238; Nauclerus (wie Anm. 123) Bd. I, fol. Ir; zu Ps.-Metasthenes s. Grafton, Scaliger (wie Anm. 158) 308 u. ö.; ders., Defenders (wie Anm. 157) 80: „Thus, a forger emerges as the first really modern theorist of critical reading of historians – a paradox that only a reader with a heart of stone could reject.“ Zu Bodin ebd. 99; Werner Goez, Die Anfänge der historischen Methoden-Reflexion im italienischen Humanismus, in: Geschichte in der Gegenwart. Festschrift für Kurt Kluxen (Paderborn 1972) 3–21, hier bes. 12ff.; ders., Die Anfänge der historischen Methoden-Reflexion in der italienischen Renaissance und ihre Aufnahme in der Geschichtsschreibung des deutschen Humanismus, in: Archiv für Kulturgeschichte 56 (1974) 25–48, hier bes. 32ff.

der Sintflut bis Ninus regierten, unbekannt geblieben; doch Berosus nenne sie in Form einer Genealogie, mit der Absicht oder Folge, *ut nulli sit regno sua ignota origo*. Die *Antiquitates*, die Annius den Katholischen Königen widmete und 1498 in einem mit spanischem Geld finanzierten schönen Folioband bei Eucharius Silber in Rom herausbrachte, gaben also nicht allein den Deutschen eine klar bestimmte frühe Geschichte, sondern allen Reichen in Europa.[160] Entsprechende historiographische Unruhe hat sein Buch in den verschiedenen Ländern verursacht, angefangen in Italien selbst, wo Annius zugunsten seiner Vaterstadt Viterbo und Etruriens bereits mehrere Fälschungen fabriziert hatte.[161]

Annius identifizert Noah euhemeristisch mit dem ‚Vater der Götter und Menschen', mit Janus, dem Chaos und anderen Ursprungsgottheiten, und gibt ihm zahlreiche postdiluvianische Söhne. Diese werden bloß mit Namen, geordnet in genealogischen Figuren, angegeben – dies seien die Vorbilder der bei den Juristen beliebten *Arbores consanguinitatis*, wie Annius bemerkt. Dem kundigen Kommentator bleibt also viel zu erklären. Diese genealogischen Figuren bezeichnen eine Herrscherfolge und stellen damit das Gerüst eines geschichtlichen Ablaufs vor; der Kommentar füllt es. Soweit Annius dafür die *Germania* des Tacitus verwendet, wird sie Stück für Stück in diese Chronologie eingehängt. Annius gebraucht also die ethnographische Schrift des Tacitus konsequent als eine historiographische.

Gleich im ersten Baum wird unter den Söhnen Noahs *Tuiscon gygas, Germanorum et Sarmatum pater* aufgeführt. „Berosus" zählt in diesem Baum der Noah-Söhne zudem elf männliche Nachkommen Tuyscons auf: Mannus, Ingaevon, Istaevon, Herminon, Marsus, Gambrivius, Suevus, Vandalus, Hunnus, Hercules und Teutanes. Die Zuordnung der Nachfahren Tuyscons zu den Söhnen Noahs überrascht, der Kommentator erklärt dies aber damit, daß Noah die Nachkommen Tuyscons als seine eigenen Söhne adpotiert habe. Dies begründe eine Auszeichnung und Hervorhebung der Deutschen und Sarmaten, das heiße der Polen, Goten, Russen, Preußen und Dänen: *in quo*

---

160 GW 2015. Münkler/Grünberger/Mayer, Nationenbildung (wie Anm. 1) 243ff.

161 Roberto Weiss, Un unknown epigraphic tract by Annius of Viterbo, in: C. P. Brand et al., Italian Studies presented to E. R. Vincent (Cambridge 1962) 101–120. Zur Wirkungsgeschichte des Annius in Spanien und England s. Grafton, Defenders (wie Anm. 157) 271, Anm. 24, und Münkler/Grünberger/Mayer, Nationenbildung (wie Anm. 1) 244; zu Schweden s. Marianne Wifstrand Schiebe, Annius von Viterbo und die schwedische Historiographie des 16. und 17. Jahrhunderts. Acta Societatis Litterarum Humaniorum Regiae Upsaliensis, 48 (Uppsala 1992); zu Frankreich Ronald E. Asher, National Myths in Renaissance France (Edinburgh 1993) 44–87.

praecellunt Germani et Sarmatae [...].[162] Im Kommentar zitiert Annius ausführlich *Germania* cap. 2,2 und 3,1, um die frappierende Übereinstimmung zwischen „Berosus“ und Tacitus zu dokumentieren. Daß *Hunnus* bei Tacitus keine Entsprechung hat, bleibt unerläutert. Die Rolle, die Tacitus für das Fingieren der einschlägigen „Berosus“-Sätze tatsächlich spielt, ist erkennbar konstitutiv, doch die Rolle, die ihm im Kommentar zugewiesen wird, ist durchaus nachrangig. Denn Tacitus hatte ja lediglich die Anschauungen der Germanen über ihren eigenen Ursprung referiert. Indem nun „Berosus“ diese in einen Gesamtzusammenhang stellt und auf höherer Ebene ratifiziert, bleibt für Tacitus allein noch eine Funktion auf unterster Ebene: die eines Wahrheitskolporteurs ohne angemessene Einsicht oder besseres Wissen.

Indem Annius die Mitteilungen des Tacitus über Tuisco in die Noah-Geschichte einfügte, ordnete er sie zugleich in eine Chronologie ein. Er zählte zunächst in Jahren ab der Sintflut (*a salute ab aquis*), später nach den babylonischen Herrschern und den mit ihnen synchronisierten Noachiden. Demnach war es im Jahr 100 nach der Sintflut, daß Noah die Kontinente seinen drei prädiluvianischen Söhne zuteilte. Dabei erhielt Japhet Europa, nach Philo, den Annius anführt, näherhin die Küste vom Tanais (Don) bis Gades (Cadiz); Japhet besichtigte sie zusammen mit Noah, indem sie von 100 bis 110 hin und zurück reisten und erste Siedlungen (*coloniae*) gründeten. Daß Siedler einst übers Meer, nicht übers Land gekommen sind, darf Tacitus, *Germania* 2,1 bestätigen.[163] Von Tacitus übernimmt Annius den ethnographischen Terminus *advehi* bzw. *advecti*, verbindet ihn aber nicht, wie in jener *Germania*-Stelle zu lesen, mit dem Teminus *mixti*, sondern mit dem bei Tacitus nicht vorkommenden Begriff des *primus adventus*. Auf diese Weise rückt Annius die Vorstellung der Erstbesiedlung und die Vorstellung der Indigenität so eng aneinander, wie es im Rahmen einer monogenetischen Geschichte möglich ist; *primus adventus* als historiographischer Begriff vertritt an homologer Stelle den ethnographischen Begriff *indigenae*. Auch den Namensatz *Germania* 2,3 baut Annius in seine chronologische Darstellung ein. Noah habe, unbeschadet der Austeilung Europas an Japhet, den Tuyscon zum König Sarmatiens gemacht. Sarmatien habe sich zur Zeit der Herrschaft Tuyscons vom Tanais bis zum Rhein erstreckt. Laut Tacitus‘ *Germania* sei der Germanen-Name erst „unter den Römern“ angewendet worden.[164] Dem-

[162] Berosi sacerdotis Chaldaici antiquitates (wie Anm. 159) 61f.; vgl. zum folgenden Müller, Die „Germania generalis“ (wie Anm. 76) 344–347.
[163] Berosi sacerdotis Chaldaici antiquitates (wie Anm. 159) 86.
[164] Ebd. 91, 140.

gemäß läßt Annius den „Berosus" konsequent von *Tuyscones* sprechen, der Kommentar verwendet dafür den Namen *Germani*.[165] Tuyscon habe 164 Jahre lang regiert, dann, im 6. Jahr der Semiramis, habe Mannus die Herrschaft übernommen. Diese Abfolge von Tuyscon zu Mannus berichte auch Tacitus in der *Germania* (2,2). Mannus sei der Namengeber für See und Fluß *Alemannus*, und nach diesen heiße das Volk der Alemannen.[166] Die Schilderung des Tacitus über die Kampfesweise der Germanen (*Germania* 6,4) ordnet Annius der Herrschaft des Herminon zu, der die Deutschen die *militia* gelehrt habe.[167] Unter Gambrivius habe Osiris neben anderem das Bierbrauen gelehrt; Suevus, der Sohn und Nachfolger, habe die von Plinius und Tacitus geschilderten Suevi gegründet; unter Hercules Alemannus sei zu ihnen Isis gekommen, deren Kult wiederum Tacitus in der *Germania* – Annius zitiert cap. 9,1–2 und 10,1 – bezeuge. Von Teutanes hätten die Deutschen den Namen *Teutones*,[168] vom tapferen *Hercules Alemannus* handelten ihre Schlachtgesänge.[169]

Annius hat mit seiner Noachiden-Genealogie nicht allein die Deutschen bedient,[170] doch für die Deutschen war die Konkordanz von „Berosus" und Tacitus besonders attraktiv, ja verführerisch. Sie bot gegenüber den Leseweisen Eneas und Campanos eine dritte Möglichkeit, die *Germania* zu verstehen. Man kann sie als die frühgeschichtliche Leseweise bezeichnen. Signifikanterweise wurde analog zur editorischen Kombination der *Germania generalis* des Celtis mit der *Germania* des Tacitus auch diese Leseweise buchgeschichtlich manifest. 1511 erschien in Straßburg ein Druck, der Annius' *Antiquitates* und Tacitus' *Germania* zusammenfügte.[171] Diese Leseweise mußte auf die Zeitgenossen keineswegs befremdlich wirken. Denn was da in einen neuen Zusammenhang gebracht wurde, war ja in wesentlichen Teilen bekannt gewesen. Zudem war der genealogische Rekurs auf Noah – die Überbietung der trojanischen Abstammung und die Fortsetzung der Japhetiten-Reihe über die drei in Genesis 10 genannten Generationen hinaus –

[165] Ebd. 89 und 91 läßt Annius bei der Beschreibung des alten großen Sarmatien subtile Rücksicht walten. Laut „Berosus", der aus babylonischer, also östlicher Perspektive spricht, reicht Sarmatien vom Tanais bis zum Rhein, doch als italienischer Kommentator läßt Annius umgekehrt Sarmatien vom Rhein zum Tanais reichen.

[166] Ebd. 125.

[167] Ebd. 140.

[168] Ebd. 184.

[169] Ebd. 188.

[170] Vgl. oben Anm. 161.

[171] VD 16, B 1649 = T 28.

schon im 14. Jahrhundert in den Häusern Brabant und Luxemburg propagiert worden; im 15. Jahrhundert von Habsburgern als Erben Brabants und Burgunds, im 16. Jahrhundert wurde sogar ein durchgehender Habsburgischer Mannesstamm „aufgewiesen“.[172]

Die Rezeption des Annius durch deutsche Humanisten vollzog sich mit großer Geschwindigkeit. Annius' Werk war gerade drei Jahre auf dem Markt, da nutzte Heinrich Bebel seine Erhebung zum poeta laureatus in Innsbruck 1501 dazu, dem König Maximilian I. und seinem Hof in einer Rede *de laude Germaniae* die neusten Neuigkeiten vorzutragen und Ursprung und Alter der Deutschen mit Tacitus, „Berosus“ und Annius in ausführlichen Zitaten und Paraphrasen zu bestimmen. Gegenüber Annius' Ägypter „Manethon“, der zur Trojanerfabel zitiert wird, zeigte Bebel große Skepsis, doch diese Skepsis verließ ihn prompt, sobald er auf „Berosus'“ deutsche Dinge zu sprechen kam.[173] Konrad Peutinger beglaubigte „Berosus“ in den *Sermones convivales* (1506).[174] Johannes Nauclerus schrieb bereits an seiner Weltchronik, als die *Antiquitates* des Annius erschienen. Er arbeitete das neue alte Werk sofort in seine Darstellung ein, stets mit dem Verweis auf dessen Übereinstimmungen mit Tacitus. Der Umstand, daß Annius den von Tacitus referierten Glauben der Germanen über ihren Ursprung umwandelte in die für glaubwürdig ausgegebene Chronologie eines geschichtlichen Ablaufs, ließ dessen vollständige Einbeziehung in eine Weltchronik geradezu zwingend erscheinen. Dabei übersetzte Naucler die verfremdenden Formulierungen des „Berosus“ in die politische Terminologie seiner Gegenwart: Aus dem Satz des „Berosus“ *Janus pater* [id est *Noa*] [...] *regem Sarmatiae fecit Tuysconem* wurde bei Naucler die Überschrift *De exordio regni Teutonicorum seu Germanorum*, aufgrund der chronologischen Einordnung zeitgleichen Ursprungs mit dem Reich der Ägypter und älter als alle anderen Reiche in Europa.[175]

---

172 Gert Melville, Geschichte in graphischer Gestalt. Beobachtungen zu einer spätmittelalterlichen Darstellungsweise, in: Hans Patze (Hrsg.), Geschichtsschreibung und Geschichtsbewußtsein im späten Mittelalter. Vorträge und Forschungen, 31 (Sigmaringen 1987) 57–154, hier bes. 95–100.

173 Opera Bebeliana (wie Anm. 150) fol. cv–dijr, hier fol. [c viij]rv; liijr.

174 Sermones convivales Conradi Peutingeri de mirandis Germanie antiquitatibus (Straßburg: Johannes Prüß 1506) fol. biiijv–[bvi]v.

175 Nauclerus (wie Anm. 123) Bd. I, fol. XIv, XIIr, XIIIv/XIIIIr; Bd. II, fol. CXVIIr.

4. Tacitus philologisch-historisch gelesen: Beatus Rhenanus

Beatus Rhenanus hat den „Berosus" 1519 zu *Tuisto, Mannus* etc. zitiert, gab es doch den *Berosus vetus, quem Plinius et Josephus citant.* Doch alsbald hat er diesen von dem „Berosus" des Annius unterschieden und letzteren zur Gänze als *fictitius Berosus* verworfen, den Annius hat er als *omnium ineptissimus* [...] *in Berosum autoris fabulosi fabulosior interpres* durchschaut.[176] Die gleichwohl anhaltende Erfolgsgeschichte des falschen Berosus[177] erbringt keine neuen Momente der Tacitus-Rezeption. Annius hat die *Germania*-Rezeption in eine Sackgasse geführt. Langfristig wichtiger, wenn auch zunächst weniger erfolgreich wurde die Gegenposition des Beatus Rhenanus, der nicht nur Tacitus' *Germania* ohne Annius las, sondern vielmehr Methoden entwikkelte, die *Germania* im Rahmen einer sich entwickelnden Altertumswissenschaft der griechisch-römischen Antike zu verstehen. Diese Leseweisen bezogen sich nun aber auf den ganzen *Germania*-Text, ja auf den ganzen Tacitus. Die Benutzung der *Germania* durch die bisher Genannten bezog sich entweder ausschließlich oder doch schwerpunktmäßig auf wenige Stellen der *Germania* und erwies sich damit, im Wortverstand verstanden, als „häretisch". Beatus Rhenanus war in Deutschland der erste, der die *Germania* mit einem Kommentar verbunden hat. Er brachte im Mai 1519, bevor im August die Basler Gesamtausgabe unter seiner Beteiligung erschien, die *Germania* als Einzelschrift heraus, versah sie aber mit einem *Commentariolus* zu den historisch-ethnischen und -geographischen Eigennamen des alten Deutschland.[178] Dies wird eines der Hauptanliegen aller künftigen Kommentatoren bleiben. Melanchthon begründete seine Vorliebe für die etymologische Erklärungen der Orts-, Landschafts-, Länder- und Völkernamen geradezu mit dem moralischen Nutzen: *Reverentia et caritas locorum augeri videtur, cum veterum*

---

176 Beatus Rhenanus, Rerum Germanicarum libri tres (Basel: Hieronymus Froben 1531) 40, 160; Joachimsen, Geschichtsauffassung (wie Anm. 135) 128; vgl. auch Eberlin nach Beatus Rhenanus' Commentariolus: Achim Masser (Hrsg.), Johann Eberlin von Günzburg, Ein zamengelesen buochlin von der Teutschen nation gelegenheit, Sitten und gebrauche, durch Cornelium Tacitum vnd etliche andere verzeichnet. Innsbrucker Beiträge zur Kulturwissenschaft Germanistische Reihe, 30 (Innsbruck 1986) 42–45 (Beatus Rhenanus und Eberlin parallel), 105 (Beatus Rhenanus).

177 Joachimsen, Geschichtsauffassung (wie Anm. 135) 161f., 176; Frank L. Borchardt, German antiquity in renaissance myth (Baltimore 1971) 339 (Register); Münkler/Grünberger/Mayer (wie Anm. 1) 249–261.

178 Tacitus, De moribus Germanorum (Basel 1519), VD 16, T 30; ausführliche Druckbeschreibung bei Masser (wie Anm. 176) 25–27); Hirstein (wie Anm. 68) 101–116. Nachdrucke Leipzig, Valentin Schumann, ca. 1520 (VD 16, T 31) und Köln, Servas Kruffter, um 1525 (VD 16, T 32).

praedicatione celebrantur. Ideo me quoque delectant hae coniecturae, in quibus veterum auctoritas ad ornandam patriam non insulse citatur.[179] Beatus Rhenanus betont in seinem *Commentariolius* einleitend die historische Distanz zwischen der taciteischen Zeit und der Gegenwart; zwischen ihnen lägen enorme *mutationes* der Reiche und Völker und damit einhergehend ein Wandel der Völker- und Ländernamen. Beatus Rhenanus fordert darum, die Quellen genau nach ihrer Entstehungszeit, dem Autor und dem Thema zu betrachten und sie demgemäß einzuordnen und je zeitentsprechend zu verstehen; dies sei durch den Vergleich des Neuen mit dem Alten sichtbar zu machen: [...] *dici non potest, quantis mutationibus et regna et populi mutati sint. ... etiam atque etiam circumspice, quo tempore scriptum fuerit, quod legis; a quo et de quibus; deinde confer nova cum veteribus et econverso, mutationum semper memor.*[180] Rhenanus tat damit einen wesentlichen Schritt hin zu einer Historisierung der Quellen selbst, einen Schritt von der philologischen Methode der Textrekonstruktion zur historischen Kritik und der methodischen Herausarbeitung von Entwicklungen.[181] Die Regeln des Annius hatten sich dagegen allein auf den Autoritätsbeweis – die Autorisierung historiographischer Texte durch die der Abfassung und Überlieferung zukommende *fides publica* – beschränkt, aber keine Kriterien aus den Texten selbst entwickelt. Beatus Rhenanus antwortete also methodologisch auf Annius und Naucler. Er wies aber ebenso den bloßen Vergleich von *olim* und *hodie* zurück, wie ihn Enea Silvio angestellt hatte, da ja den *mutationes* seine Aufmerksamkeit galt.

Damit ging Beatus Rhenanus über alle bisherigen Tacitus-Benutzer hinaus. Konsequenterweise richtete er sein Interesse auf das ganze Oeuvre. In der Dedikationsepistel, die Beatus Rhenanus der Frobenschen Tacitus-Ausgabe von 1533 voranstellte, erklärte er, was er an Tacitus so sehr schätze und weshalb man ihn stets neben den anderen römischen Historikern zur Hand nehmen müsse. Tacitus berichte nämlich anders als Livius und die übrigen Historiker nicht bloß die unendliche Geschichte der Kriege (*perpetuam bellorum historiam*), sondern füge immer wieder bedeutende Gegenstände ein und

[179] Germania Cornelii Taciti. Vocabula regionum enarrata et ad recentia adpellationes accomodata. Harminius Ulrici Hutteni. Dialogus cui titulus est Julius. Recens edita a Philippo Melanthone (Wittenberg: Johannes Luft 1557 [zuerst 1538]) fol. 35r (zu *Abnoba*).

[180] Tacitus, De moribus Germanorum, 1519 (wie Anm. 178) 45f.; auch abgedruckt bei Masser (wie Anm. 176) 99f.

[181] Ada Hentschke/Ulrich Muhlack, Einführung in die Geschichte der klassischen Philologie (Darmstadt 1972) 34–46; Ulrich Muhlack, Geschichtswissenschaft im Humanismus und in der Aufklärung (München 1991) 353ff.; Schäffer (wie Anm. 108) 152.

schildere Einzelschicksale und moralische Deformationen aus der Zeit der Unfreiheit, was die anderen gar nicht oder nur knapp zur Kenntnis brächten, was aber höchst nützlich sei namentlich für das Verinnerlichen von Beispielen politischer Klugheit (*ad legentis pectus prudentiae monumentis instruendum*).[182] Es sind demnach die Ausführungen des Tacitus zu Politik, zu politischer Moral, Psychologie und Kultur, zur Geschichte der Freiheit – der Schlettstädter verfolgt sie selber 1531 an der frühmittelalterlichen Geschichte der Franken und Alemannen seit Zülpich[183] – und zur Ethnographie, die Beatus Rhenanus interessieren. Der Tacitus des Tacitismus – der Lehrmeister der Politik und der politischen Klugheit im Zeitalter des Frühabsolutismus – scheint bereits auf.

Philipp Melanchthon hat die *Germania* 1538 und noch einmal 1557 für den Schulunterricht aufbereitet, indem er Huttens Arminius-Dialog, seine eigenen bereits zitierten Namenerklärungen und zwei Gedichte, ein griechisches und ein lateinisches, beifügte.[184] Im Widmungsbrief zu seinen Namenserklärungen legt er die Absichten dar, die er mit dieser *Germania* ad usum adolescentum verfolgt. Er bestreitet die *gentium atque imperiorum mutationes*, auf die Beatus Rhenanus blickte, keineswegs, doch er rückt nicht die geschichtliche Erkenntnis in den Mittelpunkt, sondern die moralische. Die *mutationes* gemahnten an die Schwäche des menschlichen Geschlechts, die nirgends anschaulicher würde als im Wechsel der Reiche und dem Untergang ganzer Völker. Es sollen aber vorrangig positive Beispiele sein, durch die die *Germania* die jungen Menschen moralisch erbauen möge. Sie soll als *pictura vetus* der Heimat und *veteris Germaniae imago* die von Gott einem jeden Menschen ins Herz gepflanzte Vaterlandsliebe (*patriae amor*) entzünden, das Freiheitsverlangen der Vorfahren erwecken (*fuit haec natio servitutis impatiens*) und es gegen Türken und fremde Nationen wenden (*depellere* [...] *Turcos et barbaras nationes*), die die evangelische Lehre in Deutschland bedrükken, und sie soll die Jünglinge gleichsam als Stimme ihrer eigenen Eltern zur Tugend mahnen (*cogitent se tanquam voce parentum suorum admoneri et ad*

182 Adalbert Horawitz/Karl Hartfelder (Hrsg.), Briefwechsel des Beatus Rhenanus (Leipzig 1886, Nachdruck Hildesheim 1966) 411–414; Schäffer (wie Anm. 108) 154.

183 Dieter Mertens, „Landesbewußtsein" am Oberrhein zur Zeit des Humanismus, in: Franz Quarthal/Gerhard Faix (Hrsg.), Die Habsburger im deutschen Südwesten. Neue Forschungen zur Geschichte Vorderösterreichs, (Stuttgart 2000) 199–216, hier bes. 210–214.

184 Druckbeschreibung und Edition des Commentarius: Philippi Melanthonis opera quae supersunt omnia, edd. Carolus Gottlieb Bretschneider/Heinricus Ernestus Bindseil, vol. XVII. Corpus reformatorum XVII (Halle 1851) 611–638.

colendam virtutem invitari).[185] Beatus Rhenanus hatte aller kurzschließenden Identifizierung taciteischer Völker mit gegenwärtigen widerraten, Melanchthon überbrückt indes die Kluft zwischen dem alten Text und seiner Gegenwart ganz unmittelbar durch die moralische Argumentation. Melanchthon stattet die *Germania* des Tacitus um ihrer Wirkung im gymnasialen Unterrichts willen mit geradezu naturrechtlicher und elterlicher Autorität aus. Sind Celtis' und Aesticampians *Germania*-Ausgaben wohl im Zusammenhang mit ihren universitären Vorlesungen entstanden, so begann mit Melanchthons und mit den viel ausführlicher und didaktischer kommentierten Ausgaben des Amberger Pastors Andreas Althamer und der Kombination der *Germania* mit dem Chronicon Carionis, dem protestantischen Geschichtslehrbuch des 16. und 17. Jahrhunderts schlechthin, die Karriere der *Germania* auch im gymnasialen Unterricht.[186] Deren problematische Hauptperioden im 19. und 20. Jahrhundert hat Manfred Fuhrmann untersucht.[187] Ihr Schwerpunkt verlagerte sich im späten 16. und im 17. Jahrhundert vom protestantischen Gymnasialunterricht wieder in den Universitätsunterricht, wo sie in den Händen der Philologen, der tacitistischen Politikwissenschaftler und der Reichsjuristen lag. Diese Phase der *Germania*-Rezeption ist kaum aufgearbeitet.[188] Sie erschöpfte sich nicht in Texteditionen im Rahmen der Tacitus-Gesamtausgaben. Darum sei nur auf einige Editoren und Kommentatoren der *Germania* des 16. und 17. Jahrhunderts verwiesen. Die Chronik Carions erschien in Verbindung mit der *Germania* 1572, 1580, 1581, 1594, Althamers kommentierte Ausgabe 1609 und 1617, die Ausgaben der *Germania* von Christoph Coler, Hermann Conring, Philipp Clüver, Georg Caspar Kirchmaier und Cyriacus Lentulus erschienen 1602, 1635, 1647, 1652, 1664, 1666 und 1678,[189]

---

[185] Philippi Melanthonis opera quae supersunt omnia, ed. Carolus Gottlieb Bretschneider, vol. III. Corpus reformatorum III (Halle 1836) Nr. 1708, 565–567.

[186] Althamer: 1529, Nürnberg 1536, Augsburg 1580; Amberg 1609 und Frankfurt a. M. 1617: VD 17, (wie Anm. 106) 1:060853A; 23:278048F. – Münkler/Grünberger/Mayer (wie Anm. 1) 285ff.; Muhlack, Die Germania (wie Anm. 145) 145ff.

[187] Manfred Fuhrmann, Die Germania in der Forschung der klassischen Philologie und im gymnasialen Unterricht, in: Jankuhn/Timpe, Beiträge (wie Anm. 1) 180–197. Vgl. auch Fuhrmann., Die Germania des Tacitus und das deutsche Nationalbewußtsein, in: Ders., Brechungen. Wirkungsgeschichtliche Studien zur antik-europäischen Bildungstradition (Stuttgart 1982) 113–128.

[188] Die vorzügliche Dissertation von Else-Lilly Etter, Tacitus in der Geistesgeschichte des 16. und 17. Jahrhunderts (Basel/Stuttgart 1966), ist europäisch ausgerichtet und bezieht sich auf die Werke das Tacitus insgesamt und damit gemäß dem behandelten Zeitraum weitgehend auf Annalen und Historien.

[189] VD 16, T 39–T 42; VD 17 (wie Anm. 106) 23:269866Y; 23: 258345T; 39:128668H; 23:000579E; 23:249768B; 39:129098Z; 23:253145L.

Quaestionen und Disputationen über verschiedene Kapitel der *Germania* veranstalteten Matthias Bernegger in Straßburg 1640, in Leipzig Johannes Strauch 1650 (zweifach) und 1651 und Johann Heinrich Löderer 1689.[190] Daneben sind auch die Übersetzungen der *Germania* zu nennen: eine nur handschriftlich hergestellte von Johann Eberlin von Günzburg und die im Druck erschienenen von Jacobus Micyllus 1535 und 1612, Anton Humm 1657 und Karl Melchior Grotnitz von Grodnau 1657.[191]

5. *Arminus libertatis vindex*

Die Rezeption der 1515 neu bekannt gemachten Annalenbücher 1–6 wurde in Deutschland prompt vollzogen, ungleich schneller mithin als die Rezeption der *Germania.* Denn sie traf auf den lebhaften, wenngleich nur um bestimmte Aspekte der *Germania* kreisenden Diskurs, und sie war ihrerseits zunächst wiederum nur selektiv. Es ging um die Gestalt des Arminius.[192] Man kann die Geschwindigkeit der Rezeption gleichsam messen. Ulrich von Hutten arbeitete 1518 seine 1511 zuerst erschienenen poetischen Aufforderungen zum Krieg gegen Venedig um und fügte nun aufgrund der Annalen-Lektüre Arminius – seinen *celeris prope rura Visurgis* über Quintilius Varus errungenen Sieg – ein.[193] Die 1516 im Druck erschienene Weltchronik Nauclers, die Nicolaus Besellius nach des Verfassers Tod im Januar 1510 durch einen Anhang à jour und Thomas Anshelm in seiner Offizin, in der Melanchthon Korrektor war, zum Druck gebracht hatte, kennt Arminius allein aus dem seit 1471 mehrfach gedruckten Florus sowie aus dem in Guarinos lateinischer Version (1454) ebenfalls seit 1471 im Druck publizierten Strabo, doch nicht aus Tacitus. Irenicus hingegen, der seine *Germaniae exegesis* 1518 herausbrachte, stilisiert die Gestalt des Arminius intensiv mit Hilfe der taciteischen Annalen.[194] Wichtig ist, daß Arminius bereits vor der Kenntnisnahme der ein-

[190] VD 17 (wie Anm. 106) 3:307379Z; 12:1475528D; 12:1475530Z; 12:1475532Q; 12:139237S.

[191] Franz Josef Worstbrock, Deutsche Antikerezeption 1450–1550, Teil I, Verzeichnis der deutschen Übersetzungen antiker Autoren. Mit einer Bibliographie der Übersetzer (Boppard am Rhein 1976) Nr. 402 (Eberlin), 403 (Micyllus); Eberlins Übersetzung ed. Masser (wie Anm. 176); VD 16, T 43; VD 17 (wie Anm. 186) 12:000659D; 12:000660S. – Etter (wie Anm. 1) 214.

[192] Dazu Ridé, L'image du Germain (wie Anm. 1) Bd. 2, 570–603, zuletzt Wiegels/Woesler, Arminius (wie Anm. 1); Münkler/Grünberger/Mayer (wie Anm. 1) 263 – 308.

[193] Ulrichi Hutteni [...] opera, ed. Eduardus Böcking, vol. 3 (Leipzig 1862) 155, Z. 708f.; 335, Z. 60–64; dazu die bibliographischen Angaben vol. 1 (Leipzig 1859) 8*f., 34*–36*.

[194] Münkler/Grünberger/Mayer (wie Anm. 1) 271–277.

schlägigen Annalen-Bücher als Besieger des Qunitilius Varus etabliert wurde. Im Mittelalter wurde die Schlacht durch Otto von Freising und alle die, welche wie Burchard von Ursperg seiner Autorität folgten, bei Augsburg verortet. Doch in der mittelalterlichen Überlieferung hatte Quintilius Varus entweder überhaupt keinen namentlich genannten Gegenspieler – dies ist bereits in den Augustus- und Tiberius-Viten Suetons und in Orosius' kurzem Bericht der Fall[195] –, oder es wurde, dem Exzerpt aus einer vermutlich spätantiken „Gallica historia" folgend, ein sagenhafter Königssohn Avar genannt.[196] Mit den editiones principes der *Epitome* des Florus und der Geographie des Strabo 1471 tritt Arminius erstmals als Widersacher des Quintilius Varus in Erscheinung, im gedruckten Text eines deutschen Autors wird er zuerst von Sebastian Murrho, dem Colmarer Kanonikus und Freund Jakob Wimpfelings, in dem 1494 verfaßten, aber erst 1501 gedruckten Kommentar zum *Parthenicon* des Baptista Mantuanus, die Florus-Stelle zitierend, genannt. Wirksamer war das Florus-Zitat Konrad Peutingers in den *Sermones convivales* von 1506. Der augsburgische Patriot mochte freilich noch nicht von Augsburg als dem Schlachtort lassen. [197] Naucler nennt ebenfalls Arminius nach Florus und schwankt, wohl unter Peutingers Einfluß, zwischen Augsburg und dem von Strabo genannten Cherusker-Land. Bemerkenswert ist, daß in den Marginalien des Druckes von 1516 Arminius zweimal als *vindex libertatis* hervorgehoben wird. An chronologischer Stelle erscheinen nacheinander *Varus Quintilius* und *Arminius Ger<maniae> libertatis vindex*; an systematischer Stelle, der anläßlich der Kaiserkrönung Karls d. Gr. eingefügten *Laus Germanorum*, heißt es zum hier nochmals zitierten Florus wiederum *Arminus libertatis vindex*.[198] Naucler propagiert nicht einen antipäpstlichen Freiheitsbegriff, er begründet vielmehr die Befähigung der Deutschen für die Kaiserwürde. Im derselben Absicht hat Irenicus seinem 4. Buch über die *Germanorum gloria* deutsche Tugenden kumuliert. Ihre kriegerische Tüchtigkeit bestimme sie zu Nachfolgern der Römer. Irenicus wendet die berühmten Worte aus dem 6. Buch der Aeneis, wo Anchises seinen Sohn Aeneas über die künftigen *fata* und die Wesensbestimmung Roms belehrt, auf die Deutschen, Irenicus nennt nicht den Autor und setzt die vergilischen

[195] Sueton, Aug. 23,2; Tib. 17,1; Orosius, Hist. VI,23, 12.

[196] MGH SS XXIII S. 385–390. – Vgl. die in der neueren Literatur meist übersehene sehr wertvolle Dissertation von Ingeborg Buchholz, Die Varusschlacht im Urteil der Humanisten. Masch. Phil. Diss. (Mainz 1955) hier 1ff.

[197] Buchholz (wie Anm. 196) 25–31 mit Verweis auf Paul Joachimsen, Jakob Wimpfelings Epitome (wie Anm. 126) 620. – Sermones convivales (wie Anm. 174) fol. c^v.

[198] Nauclerus (wie Anm. 123) Bd. I, fol. 190r; Bd. II, fol, 116v–124v, hier fol. 120v.

Verse (Aen. 6, 847–856) wie Prosa: *dum itaque alii orabunt melius causas, coelique meatus describunt, radiisque cadentia sidera servant, ac alii vivos ducunt de marmore vultus: Tu regere imperio populos, Germane, memento (hae tuae erunt artes), pacique imponere morem, parcere subiectis et debellare superbos.*[199] Der kostbarste Gewinn der Kriegstüchtigkeit sei die Freiheit.[200] Deshalb habe Tacitus den „Arimius" nicht höher erheben können als ihn *haud dubie Germaniae liberator* (Ann. II, 88) *et libertatis Germanicae vindicator* zu nennen. Hutten, der 1514 in seinen poetischen Panegyricus auf den neuen Erzbischof von Mainz, Albrecht von Brandenburg, einen Abriß der deutschen Geschichte einwob, welcher mit Tuisco und Mannus begann, gab darin der Varusschlacht „auf dem Lechfeld" – er folgte Peutinger – den Rang einer entscheidenden Befreiungsschlacht und feierte Arminius, den *Germanorum Brutus*, als Sieger über die auswärtigen Tyrannen (*externi tyranni*).[201] Der Stoff, den die „neuen" Annalenbücher des Tacitus ab 1515 und der von Beatus Rhenanus publizierte Velleius Paterculus seit 1520 beibrachten, haben Huttens Arminius-Bild bereichert, aber nicht kategorial verändert. Hutten hat im 1520 verfaßten, aber erst nach seinem Tod 1529 durch den Vetter Moritz von Hutten in Hagenau zum Druck gebrachten Dialog *Arminius* die Leitkategorie *libertas* nicht verändert. An dem Gespräch im literarischen Totenreich Lukianscher Prägung nehmen neben Arminius die Götter Minos und Merkur, die Feldherrn Alexander, Scipio und Hannibal sowie der Historiker Tacitus teil.[202] Der „Deutsche" Arminius klagt, übergangen worden zu sein, als Minos dem Makedonen vor dem Römer und dem Karthager den ersten Rang als Feldherr zuerkannt hatte, und beansprucht diesen Rang für sich, wofür er Tacitus zum Zeugen nimmt – eine witzige Inszenierung der Humanistenklage über die Unterdrückung der alten „deutschen" Geschichte durch die antiken Autoren bis auf Tacitus. Minos' Urteil über Arminius' Klage ist nicht weniger charakteristisch, es verschiebt den Leitgedanken vom Mittel zum Zweck. Denn Arminius soll nicht den Feldherren zugeordnet werden, sondern den Vaterlandsbefreiern (*patriae libertatis vindices*) in Gestalt der beiden Brutus. Als solcher soll Arminius der Inbegriff des Deutschen sein: *Arminius Cheruscus liberrimus, invictissimus et Germanissimus.* Der einst von

199 Irenicus, Germaniae exegeseos (wie Anm. 136) IV,1, fol. 103r.

200 Ebd. und IV,22, fol. 114r.

201 Ulrichus de Hutten, In exceptionem Moguntinam [...] panegyricus, In Opera, ed. Böcking (wie Anm. 193) Bd. 3, 353–400, hier 377–379.

202 Hutten, Opera, ed. Böcking (wie Anm. 193) Bd. 4, 407–418; zweisprachig mit deutscher Übersetzung: Hans-Gert Roloff, Der *Arminius* des Ulrich von Hutten, in: Wiegels/Woesler, Arminius (wie Anm. 1) 211–238.

Enea Silvio gespannte kategoriale Rahmen der Tacitusrezeption mit den Leitvorstellungen ‚römische Religion und kultureller Fortschritt und Vergrößerung der Macht der Deutschen und ihres Reichs' ist hier aufgegeben zugunsten des im zweiten Jahrzehnt des 16. Jahrhunderts aktuellen politischen und zunehmend reformatorisch-kirchenpolitischen Begriffs der „deutschen Freiheit“; „Arminus ist [...] nur bei jenen Humanisten zum Helden der Deutschen geworden, die der Reformation nahestanden oder gänzlich in das protestantische Lager übgewechselt waren.“[203] Die Altgläubigen hingegen bedienten sich der Kategorien Eneas, und mit diesen gesprochen, war die antirömische „deutsche Freiheit“ nichts als *Arminische Barbarey*.[204]

Man kann nicht behaupten, daß der Arminius-Dialog Huttens im 16. Jahrhundert ein populärer Text geworden sei. Huttens Schrift ist weder der Auslöser noch der Träger des Arminius-Mythos im 16. Jahrhundert. Man darf den Kult des 19. Jahrhunderts nicht zurückprojizieren. Die Bereitstellung des Textes geht von den protestantisch-pädagogischen Bildungsbestrebungen Melanchthons aus. Melanchthon ließ den Dialog, nach dem postumen Erstdruck 1529, viermal in Wittenberg zusammen mit der *Germania* des Tacitus drukken: zweimal 1538, dann 1551 und 1557.[205] 1574 nahm der Jurist Simon Schard den Dialog in seine dreibändige Quellensammlung *Historicum opus* auf, wo er neben Texte Eneas, Bebels, Wimpfelings, Gebwilers und Peutingers zu stehen kam.[206] Ein Übersetzer fand sich vor dem 19. Jahrhundert nicht.[207] Dennoch wurde Arminius zur Symbolfigur. Die Schilderungen bei Strabo, Florus, Velleius Paterculus und Tacitus und eben des Tacitus plakatives Resumée vom *haud dubie liberator Germaniae* genügten. Dies läßt sich gut an Aventins lateinischem Annalen- und deutschem Chronik-Werk erkennen. In der deutschen Chronik, die Aventin zwischen 1524 und 1534 verfaßt hat, wird im Rahmen der terminologischen und politisch-geographischen Vergegenwärtigung des Geschehens der augusteischen Zeit auch die Eindeutschung des Namens Arminius greifbar. Die „deutschen“ Verschwörer *wollten ir heimat und vaterland, alle Teutschen vom römischen reich wider erledigen, warfen zu ainem haubtman auf herzogen Erman, so ain sun Herzog Sigmairs und*

[203] Münkler/Grünberger/Mayer (wie Anm. 1) 305.

[204] Georg Schmidt, Geschichte des Alten Reiches (München 1999) 92–99, hier 97 (aus einer Flugschrift von 1547).

[205] VD 16, T 33, 34, 36, 37. Die Ausgabe von 1557 enthält auch, aber im Titel nicht vermerkt, Celtis' *Germania generalis*, vgl. Müller, Die „Germania generalis“ (wie Anm. 76) 19f.

[206] Basel 1574, 425–432.

[207] Roloff (wie Anm. 202) 212, Anm. 10, nennt die Übersetzungen von Friedrich Fröhlich (Wien 1815) und David Friedrich Strauß (Leipzig 1860).

aus dem herzogtum, iezo Braunschweigk genant, pürtig was; [...] *mergnanter herzog Erman (wie dan Tacitus der Römer von ihm sagt) ist on allen zweifel* [...] *ain erlediger Germanien und teutscher Nation* [...]. Erman soll *Ehren-Mahner* heißen, nicht Hermann, d. h. *Heer-Mann* (*vir exercituum*).[208] Doch bereits 1530 setzte Luther *Herman, Heer man, dux belli* mit *Ariminius* [!] gleich – *Ariminius* wirkt wie eine Kontamination von Irenicus' *Arimius* und Arminius. Niemand möchte in Luther selber den Urheber dieser Eindeutschung sehen, er nimmt Anregungen des reformatorischen Milieus auf, in dem in solchen Fragen Melanchthon tonangebend war. Immerhin kennt die in seinem Umkreis entstandene deutsche Chronik des Johannes Carion 1532 die fragliche Eindeutschung: *Arminius genannt Hermann.*[209] Es war aber gerade Melanchthon, der die Bedeutung des Arminius relativierte. In seiner Bearbeitung und Erweiterung des Chronicon Carionis hat er aus heilsgeschichtlicher Perspektive nicht den Sieg des Cheruskers, sondern die Herrschaft des Augustus für wesentlich gehalten. Denn unter demselben Augustus, dessen Feldherrn Quintilius Varus Arminius besiegte, hat Gott durch die Menschwerdung seines Sohne das römische Reich legitimiert. Noch ist die deutsche Nation nicht das letzte Wort oder der letzte Wert.

V. Schluß

Im Mittelalter war Tacitus nicht völlig unbekannt, es gab Handschriften seiner Werke, Zitate und Nennungen seines Namens in antiken Werken. Doch die ihn im Mittelalter zitierten, nannten in der Regel seinen Namen nicht und fragten nicht nach ihm; und die ihn nannten wie Otto von Freising, hatten keine der Handschriften taciteischer Werke zur Verfügung. Erst als die italienischen Humanisten systematisch ein Werkverzeichnis erarbeiteten und nach den Texten energisch suchten, wurde die Lücke zwischen der Kenntnis des Autors und seiner Werke geschlossen und konnten Autor und Werk sich wechselseitig erklären. Dies war der Ansatz der italienischen Humanisten. Doch dabei blieb es nicht. Sobald die Aktualisierbarkeit von bestimmten Teilen des taciteischen

---

[208] Johannes Turmair, Bayerische Chronik, Buch I–II, hrsg. von Matthias Lexer. Johannes Turmair's genannt Aventinus sämtliche Werke, hrsg. von der Königlichen Akademie der Wissenschaften, Bd. 4,1–2 (München 1883) Bd. 4,1, 24, 27; Bd. 4,2, 603f., 605f. – Vgl. Buchholz (wie Anm. 196) 61–74; Münkler/Grünberger/Mayer (wie Anm. 1) 279–285.

[209] Buchholz (wie Anm. 196) 71ff., 94–112; Jacques Ridé, Arminius in der Sicht der deutschen Reformatoren, in: Wiegels/Woesler, Arminius (wie Anm. 1) 239–248; Münkler/Grünberger/Mayer (wie Anm. 1) 285.

Werkes für das Selbstverständnis, sobald die Instrumentalisierbarkeit für Gegenwart und Geschichte der Deutschen erkannt und genutzt wurde, griff eine methodische Regression Platz. Nur Teile des Werkes – die *Germania* und die ersten Annalenbücher – interessierten, und auch diese wiederum nur mit bestimmten Passagen. Der Autor Tacitus rückte dabei in den Rang einer Autorität, die nicht philologisch-historischer Diskussion ausgesetzt, sondern a priori als Autorität eingesetzt wurde, um bestimmte Auffassungen von Ursprung, Alter, Einheit, Wesensmerkmalen und Tugenden zu fundieren und auszubauen. Die Gleichsetzung der Deutschen mit den *Germani* des Tacitus verschaffte diesem neuen Germanen-Begriff eine ethnographische und historiographische Tiefe, die der mittelalterliche Sprachgebrauch von den *Germani* nie besessen hatte. Enea Silvio war Ende der 1450er Jahre der Anreger und Wegbereiter der Aneignung der *Germania* durch die Deutschen, doch erst seit den 1490er Jahren wurde die Tacitus-Rezeption ein Anliegen der Deutschen selbst. Der Grund für diese verzögerte Aneignung dürfte in dem Umstand zu finden sein, daß erst in der Anfangszeit Maximilians I. die kulturelle, personelle und reichspolitische Situation soweit entwickelt war, daß den deutschen Versionen der Tacitus-Rezeption eine überzeugende Funktion für die Etablierung der deutschen Nation im Prozeß der „Nationalisierung Europas" zukommen konnte.[210]

---

[210] Vgl. den Untertitel der Buches von Münkler/Grünberger/Mayer (wie Anm. 1).

Germanisch-Deutsch – RGA-E Band 34 – Seiten 103-129

Germanenideologie und völkische Weltanschauung

von UWE PUSCHNER

Es gibt eine Vielzahl völkischer Zeitschriften, Verlage und Organisationen, die sich seit der Jahrhundertwende die Verbreitung des völkischen Gedankengutes und der völkischen Weltanschauung zur Aufgabe gemacht hatten. Sie trugen Namen wie *Heimdall*, *Iduna* oder *Odin*, *Armanen-*, *Sis-* oder *Wölund-Verlag*, *Mittgart-*, *Werdandi-* oder *Urda-Bund*, *Nornenloge*, *Germanenorden* oder *Germanische Glaubens-Gemeinschaft* und verweisen auf den hohen Stellenwert des „Germanischen" im völkischen Denken.[1] Worum es den Völkischen mit ihrer Germanomanie ging, veranschaulicht die Forschungsleistung eines völkischen Sprachforschers, der 1911 verkündete, daß es ihm nach intensiver, drei Jahrzehnte währender Forschungsarbeit gelungen sei, das Rätsel um den „Sinn und die Bedeutung des Namens Homer" zu lösen: „Der Name des göttlichen Sängers [...] ist deutsch wie nur irgend einer unserer altdeutschen Personennamen": Der „urdeutsche Name Homer" gehe nämlich auf „eine ältere Form Somêros" zurück und entspreche dem Mittelhochdeutschen „Sagemäre" und „in der bairisch-österreichen Mundart So'ma' oder Sa'ma' (mit dunklem ersten a)". Mithin handele es sich bei Homer um keinen „Eigen"-, sondern um einen „Gattungsname[n]", und dieser sei in seiner Wortbedeutung „sinngleich" mit „Poet oder Dichter, Geschichtenerfinder oder Erzähler, Märenkünder oder Fabulist". Diese Erkenntnis führte den Anhänger der völkischen Bewegung zu dem zufriedenstellenden Ergebnis, daß „fürderhin der Deutsche, indem er lächelnd [zurückblicke] auf den bekannten Streit der griechischen Städte um die Mitbürgerschaft Homers, den göttlichen Sänger den Seinigen nennen [könne], denn nicht bloß sein Name, auch die hohe Kunst des Gesanges, der Muse oder Gemeinsage, ist aus urdeutscher Quelle geflossen und jede Zeile, um nicht zu sagen jedes

[1] Dieser Beitrag faßt Teilergebnisse meiner Studie *Die völkische Bewegung im wilhelminischen Kaiserreich. Sprache, Rasse, Religion* (Darmstadt 2001) zusammen; dort finden sich auch weitergehende Literaturverweise, weswegen ich mich hier im wesentlichen auf Zitatbelege beschränke.

Wort des ältesten Denkmals des europäischen Schrifttums, der Gesänge Homers, [empfinge] neues, überraschendes Licht durch unsere Muttersprache."[2]

Mit solcher Forschungs- und Sprachakrobatik kam der Würzburger Gymnasialprofessor Kaspar Stuhl der Forderung eines völkischen Agitators nach, die deutschen Professoren möchten sich „den Quellen unseres eigenen Volkstums" zuwenden und „dasselbe in Sprache und Sitte der Gegenwart, in Erinnerung und Sage der Vergangenheit zu erfassen suchen".[3] Diese Forderung war in erster Linie an die Vertreter der Germanistik, Geschichtswissenschaft, Volkskunde und Vor- und Frühgeschichte adressiert. Sie wurde jedoch nicht nur von dilettierenden Weltanschauungspropheten wie Kaspar Stuhl aufgegriffen, sondern auch von – zum Teil renommierten – Hochschullehrern wie Hans Hahne, Andreas Heusler, Gustaf Kossinna, Robert Mielke, Gustav Neckel, Alexander von Peez, Walther Schmied-Kowarzik oder Adalbert Wahl.[4]

I.

Kaspar Stuhl lieferte in den ersten drei Jahrzehnten des 20. Jahrhunderts noch zahlreiche weitere Belege für den germanischen Ursprung der antiken griechisch-römischen Hochkulturen.[5] Seine Arbeiten zählten damit zum völkischen Rüstzeug.[6] In der Riege der völkischen „Systembauer" ist er jedoch lediglich eine Randfigur.[7] Dennoch kann er als ein typischer Vertreter der völkischen Bewegung angesehen werden,[8] deren Ursprünge in Deutschland bis um das Jahr 1895 zurückreichen und die sich aus einer Vielzahl unterschiedlich organisierter Vereinigungen zusammensetzte. Nach realistischen Schätzungen zählte die mit der österreichischen institutionell und personell eng verflochtene völkische Bewegung Deutschlands am Vorabend des Ersten

---

2 Stuhl 1911.

3 Andersen 1914, 23.

4 Zu Hahne s. Ziehe 1996, zu Heusler s. Zernack 1997 u. 2001, zu Kossinna s. Grünert 2002a u. ders. 2002b; zu Neckel Zernack 1999 u. 2001, u. den Hinweis bei Seibertz 1958/59, 28, u. zu den anderen genannten Puschner.

5 Stuhl 1909, ders. 1921, ders. 1932; grundlegend für sein Denken ist Stuhl 1910.

6 S. Rüsten 1914, 32 u. 63.

7 Mohler 1972, 344.

8 S. in diesem Zusammenhang auch den Nachruf des vor allem vor dem Ersten Weltkrieg einflußreichen völkischen Ideologen Ernst Wachler 1942.

Weltkrieges in ihrem harten Kern höchstens zehntausend Anhänger. Die Zahl der Sympathisanten lag weitaus höher. Denn mit Hilfe der auflagestarken und zahlreichen völkischen Presseorgane, wozu etwa der genannte *Heimdall* als älteste völkische Zeitschrift zählt, ferner mit Hilfe einer umfangreichen Buchproduktion aus weit über tausend Verlagen im ersten Drittel des 20. Jahrhunderts und schließlich mit Hilfe einer subtil agierenden, mit modernsten Marketingstrategien operierenden Werbung erreichte die völkische Agitation weite Teile der deutschen und österreichischen Gesellschaft und – nicht zu vergessen – auch einen Großteil der deutschstämmigen Bevölkerung innerhalb und außerhalb Europas.[9]

Die mehrheitlich männlichen Anhänger der völkischen Bewegung zählten vornehmlich zum Mittelstand, gehörten dem (bildungs-)bürgerlichen Milieu an und waren insbesondere auf der Führungsebene in der Regel akademisch gebildet. Lehrer – wie zum Beispiel Kaspar Stuhl – und Professoren hatten neben Geistlichen, Beamten und Freiberuflern sowohl hinsichtlich ihrer Zahl wie vor allem auch als Multiplikatoren und als Ideologen eine herausragende Stellung in der völkischen Bewegung inne.

Die überwiegende Zahl der völkischen Honoratioren entsprach nicht dem von weltanschaulichen und politischen Gegnern überzeichneten Bild skurriler Existenzen. Daß die völkische Bewegung auch ein „Tummelplatz von Sonderlingen“ war, von „Männern mit wallenden Bärten, die aus Hörnern Met trinken wollten, [und von] Frauen, die sich in Walkürenrollen gefielen“, wie mitunter auch in den eigenen Reihen beklagt wurde, kann nicht verwundern.[10] Denn ihrem Charakter nach war die völkische Bewegung eine Sammelbewegung.[11] Sie rekrutierte ihre Anhänger aus der weitverzweigten Lebensreformbewegung ebenso wie aus der esoterischen Subkultur, dem organisierten Antisemitismus oder der nationalen Kulturbewegung, der Kaspar Stuhl zuzurechnen ist. Dieser strukturellen Vielfalt entsprach eine Segmentierung in der völkischen Bewegung, wo – vergleichbar einem arbeitsteiligen Prozeß – die Zuständigkeiten für verschiedene Teile der Weltanschauung den einzelnen Bereichen zugewiesen waren. Der vergleichenden

---

9 Zur völkischen Bewegung, der Ideologie u. ihren Kontexten s. Broszat 1958, Bronder 1964, Mosse 1979, Hermand 1988, Giesen/Junge/Kritschgau 1994, Puschner/Schmitz/Ulbricht 1996, Sievers 1997–1999, Breuer 1999, 80–89 u. 148–155, Dupeux/Fabréguet 2000, Arvidsson 2000, Breuer 2001, von See 2001, Engel-Braunschmidt et al. 2001, Hartung 2001, von Schnurbein/Ulbricht 2001, Kipper 2002. Wichtige Hinweise geben ferner Mohler 1972 u. 1989, Hartung/Orlowski 1983–1992, Kerbs/Reulecke 1998 sowie Buchholz et al. 2001 und Wahl 2002.

10 Seibertz 1958/59, 28.

11 Hierzu u. zum Folgenden Puschner/Schmitz/Ulbricht 1996, XI–XIV.

Sprachwissenschaft kam etwa die Aufgabe zu, zur Zementierung der Germanenideologie den Nachweis zu liefern, daß es sich bei den antiken Griechen um „südwärts gewanderte Urgermanen“ gehandelt habe, wie Kaspar Stuhl glaubte beweisen zu können[12] und womit er den Erwartungen des einflußreichen völkischen Rassenanthropologen Otto Ammon entsprach, der in seinem Hauptwerk über *Die natürliche Auslese beim Menschen* feststellte: „Mit derselben uneigennützigen Hingebung, mit der ein Germane sich furchtlos in die Schlachtenreihen stürzte, unternimmt sein später Nachkomme als Gelehrter die gefährlichsten wissenschaftlichen Untersuchungen“.[13]

II.

Die Germanenideologie ist ein Eckstein der auf dem Primat der Rasse aufbauenden völkischen Weltanschauung mit ihrem antidemokratischen, ständisch-autoritären Gesellschaftskonzept, mit ihrem antiegalitären Menschenbild und mit ihrem Ziel, „Deutschlands Wiedergeburt“ ins Werk zu setzen.[14] Was unter diesem Schlagwort zu verstehen ist, erläutert eine Werbebroschüre des einflußreichen *Deutschbundes* aus den frühen zwanziger Jahren, wo es heißt:

> „Wir wollen erhalten und weiter entwickeln, was uns germanisch-deutsche Vorfahren in vieltausendjähriger Kulturarbeit geschaffen, was unsere Väter, Brüder und Söhne mit ihrem Blute verteidigt haben. Wir wollen kämpfen gegen die rassen- und wesensfremden Kräfte und Einflüsse, die daran sind, alles zu zerstören, was uns teuer ist. Pflegen wollen wir die Liebe zur Scholle, zur Familie, zum Vaterlande, erhalten den heldenhaften und schöpferischen Geist, wie er uns aus unserer herrlichen Sagenwelt, unserer stolzen Volks- und Kulturgeschichte entgegenleuchtet [...]. Unsere Arbeit gilt dem deutschen Volkstum. Wir suchen es zu stärken durch Reinhaltung der Rasse, durch Einfluss auf Jugendpflege, Bildungswesen, Sprache, Schrift und Recht, durch Pflege deutscher Kultur und Gesittung, durch Wahrung bewährter Staatsgrundlagen und Mehrung deutscher Macht und deutschen Ansehens. Das hohe Bewusstsein, ein Deutscher zu sein, soll vor dem Traum von internationaler Verbrüderung schützen. Der Reinhaltung der Rasse messen wir eine besonders hohe Bedeutung bei. Ungeeignete Blutmischung führt zum Verfall. Unserem Volk muss der germanische Charakter [...] erhalten bleiben“ (Abb. 1).[15]

12 Stuhl 1911, 42.

13 Ammon 1893, 289.

14 S. hierzu etwa die völkische Agitationsschrift Ungewitter 1917.

15 Der Deutschbund. Was wir wollen! (Bundesarchiv Berlin-Lichterfelde R 1507/360, fol. 3); s. hierzu auch Riedel 1916.

Abb. 1. Zur Finanzierung der völkischen Agitation dienende Klebemarke des *Deutschbundes* mit dem Arminius- und Bismarck-Denkmal unter Eichenlaub und dem Wahlspruch des Bunde auf dem Schild „I[m] d[eutschen] N[amen] H[eil]! (Bundesarchiv Berlin-Lichterfelde, N 2165/17)

Die Völkischen beabsichtigten jedoch keineswegs, „eine Anzahl Jahrhunderte aus der Geschichte unseres Volkes einfach zu streichen und an den Anfang zurückzukehren, um dort die Fäden wieder anzuknüpfen“,[16] vielmehr ging es ihnen um eine sogenannte art- und rassebewußte Lebensauffassung und -weise auf der Grundlage eines mit Hilfe der Germanenideologie formulierten Normen- und Wertekanons (Abb. 2).[17]

Die völkische Germanenideologie stand auf drei Säulen: der Prädestination der germanischen bzw. nordischen Rasse, deren Superiorität über andere Rassen und Völker und der unmittelbaren Blutsverwandtschaft von Germanen und Deutschen.[18] Das Dilemma der nach völkischer Auffassung im Laufe der Jahrhunderte durch Kontakte mit anderen Völkern verlorengegangenen Rassereinheit der ursprünglich autochthonen Germanen wußten die Völkischen

---

16 Wollenhaupt 1914.

17 Vgl. hierzu paradigmatisch: Arjuna 1901.

18 S. hierzu die prägnante zeitgenössische Darstellung in: Deutschvölkischer Katechismus 1929, 15ff.

Also spricht Allvater:

1. **Du bist ein Germane. Sei dessen stets eingedenk!**

Bewahre im Sinne, was deine Vorfahren Großes gethan! Suche dich ihrer würdig zu zeigen! Habe stets germanisches Heldentum vor Augen! Deine Ehre sei, es deinen Ahnen gleich zu thun!

2. **Du sollst nicht auf andere Völker schielen und sie nachzuäffen suchen!**

In deinem eigenen Busen findest du, was dir taugt zur Vollendung. Diene dem Germanentum, so dienst du der Menschheit! Wahre treu vaterländische Art, Sitte und Brauch! Bewahre deine Muttersprache vor schnöder Verwelschung!

3. **Die Treue ist die schönste Tugend!**

Wer nicht treu ist, kann nicht als Germane gelten. Du stehst mit jedem Menschen, mit dem du in Verbindung bist, in einem Treueverhältnis. Wahre seinen Vorteil, als ob es dein eigener wäre! Wahre selbst deinem Feinde die Treue!

Germanisch sein heißt treu sein.

4. **Sei keusch und rein!**

Lasse nie schmutzige Gedanken in deiner Seele aufkommen! Beflecke nicht deine Einbildungskraft mit lüsternen Bildern! Siehe in jedem Weibe deine Schwester! Wehe dem Manne, der einem unschuldigen Mädchen die Schamröte ins Gesicht treibt!

5. **Sei immer wahr!**

Hasse die Lüge! Die Lüge ist die häßlichste Sünde. Sie macht feige und ehrlos. Halte dein Versprechen auf jeden Fall, aber hüte dich, leichtsinnig Versprechungen zu machen! Widerstrebe nie der erkannten Wahrheit, sie mag dir unangenehm sein oder nicht!

Sei ehrlich, auch wenn es dir Schaden bringt!

6. **Sei tapfer!**

Viel lieber tot als feig! Nur Helden kommen nach Walhall. Die Feigen trifft schon auf Erden Verachtung. Gieb in gerechter Sache nie nach! Sei versöhnlich in deinen eigenen Angelegenheiten, aber unerbittlich, wenn es das allgemeine Wohl gilt!

Sei nachsichtig gegen andere, aber streng gegen dich!

7. **Sei edel!**

Deine Gesinnung sei vornehm, damit man erkenne, daß du von edlem Stamme bist! Der Freie ist großmütig. Am kleinlichen Sinn erkennt man den Knecht. Beuge dich nicht vor der Gewalt, krümme den Rücken nicht vor den Mächtigen dieser Erde, verteidige den Schwachen, schirme das sittliche Recht! Verehre die Hohen, die als Dichter und Denker das Ewige schauen und als Pfadfinder der Menge den Weg weisen!

8. **Übe Leib und Seele, auf daß du Fortschritte machst!**

Das ganze Leben ist ein Kampf. Suche dich zu diesem Kampfe geschickt zu machen! Stähle den Leib! Führe ihm nie mehr Nahrung zu, als nötig ist! Vermeide berauschende Getränke! Versage dir auch einlullende Genußmittel, die deine Vorfahren noch nicht kannten! Sie stumpfen das Feingefühl ab und lähmen den Schwung der Seele. Gieb dich auch nicht dem Glücksspiele hin, das von den ältesten Zeiten an so viel Schaden angerichtet hat! Suche vielmehr deinen Geist mehr und mehr auf erhabene Dinge zu richten!

9. **Zeige auch in deinem Äußeren, daß du Germane bist!**

Kleide Dich möglichst in volkstümliche Tracht! Hat man dir bei der Geburt einen fremden Namen gegeben, so lege ihn ab und vertausche ihn mit einem schönen germanischen! Hast du Kinder, so gieb ihnen nur einheimische Namen! Wir haben deren genug, um nicht in der Fremde betteln zu müssen. Suche deine eigene Sprache überall zur Geltung zu bringen! Es giebt keine vollkommenere Sprache als die deutsche. Kämpfe für eine Vorherrschaft deutschen Geistes! Deutscher Rede Klang, deutscher Gedanken Gang, deutscher Töne Gesang muß gehen die Welt entlang.

10. **Dieses Leben ist ein Lehen von Gott!**

Er spendet später die goldenen Ringe als Lohn der Thaten. Diene Ihm allein! Denke, so oft du kannst, über das Ewige nach! Alles Gute kommt von Gott, alles Schlechte von dir selbst. Du bist in die Verhältnisse hineingeboren, die du verdienst. Trauere daher nicht unnütz über dein Los! Du wendest das Schicksal nur durch Heldenmut und Ergebung. Trage Leid mit Geduld, hoffe auf Gott, vertrau' seiner Huld, einst endet die Not.

Abb. 2: Der völkische Normen- und Wertekanon (Arjuna 1901).

mit der für ihr Denken charakteristischen Feststellung zu lösen, daß das „deutsche Volkstum [... stets] germanisch-rassenhaft bestimmt war und [...] noch ist".[19] Dieser Lehrsatz eröffnete den Völkischen wiederum einen Ausweg aus einem komplexen, mit dem Schlagwort „Arierdämmerung" belegten Bedrohungsszenarium und führte die „Bauleute germanischer Neuordnung", als die sie sich verstanden, zu der Forderung, sich bewußt zu machen, daß „unser geistiges und seelisches Besitztum [...] auf dem Erbe der unendlichen Reihe unserer Vorfahren" ruhe und daß daher völkisches Handeln vom Vorbild der Altvordern bestimmt sein müsse.[20] Dem zufolge lautete das Credo völkischer Fanatiker: „Diese Germanensehnsucht ist [... die] nackte Tatsache meines Lebens".[21]

Diese Sehnsucht brach sich im völkischen Kosmos allenthalben Bahn: Ernst Wachler, der vor dem Ersten Weltkrieg entscheidend an der Formulierung der völkischen Weltanschauung und an der Organisation der Bewegung beteiligt war, forderte 1914 in seinem völkischen Erziehungsroman *Osning* – in Anlehnung an den von deutschen Nordamerika-Auswanderern 1857 ins Leben gerufenen *Orden der Hermannssöhne* – ein weltweites Bündnis aller Deutschen und Deutschstämmigen mit der für die antithetische Konzeption des völkischen Denkens signifikanten Begründung: „Der Germane braucht Macht, wenn er seinen Feinden gewachsen sein will", womit er – den für die völkische Weltanschauung konstitutiven Antikatholizismus, Antisemitismus und Antislavismus aufgreifend – katholische Kirche, Juden und Slaven meinte.[22] Der Gründer der *Deutschgläubigen Gemeinschaft*, Otto Sigfrid Reuter, schuf eine *Germanische Himmelskunde*, wofür ihm 1939 die Ehrendoktorwürde der Universität Leipzig verliehen wurde.[23] Der völkische Kalender da-

---

19 Bartels 1918, 29.
20 Lehmann 1914, 171 u. 172.
21 Wolf 1918/19, 71.
22 Wachler 1914, 264–276, Zit. 268; zu diesem Werk s. Hartung 2001, 53–59, bes. 56.
23 Das Buch erschien mit Unterstützung der *Notgemeinschaft der Deutschen Wissenschaft* 1934 im Münchner J. F. Lehmann's Verlag. Es überrascht nicht, daß die Initiative zur Ehrenpromotion 1936 von Hochschullehrern – Franz Josef Hopmann (Professor u. Direktor der Universitätssternwarte), K. Otto Reche (Professor für Anthropologie u. Ethnologie), Konstantin Reichardt (Professor für nordische Philologie) u. Kurt Tackenberg (Professor für Vorgeschichte) – ausging, da Reuter nachweislich seit 1920er Jahren Kontakte zur universitären Prähistorik unterhalten hatte. Einem Gutachten Walter Hesses zufolge, der – in Unkenntnis von dessen völkischen Schriften – Reuters Leistungen 1947 würdigte und „das Werk völlig frei von militaristischen und nazistischen Gedankengut" sah, scheint es nach dem Zweiten Weltkrieg zu keiner Aberkennung der Ehrendoktorwürde gekommen zu sein. S. hierzu die Überlieferung im Universitätsarchiv der Universität Leipzig, Ehrenpromotion 26, sowie zukünftig meinen biographischen Artikel über Reuter in der Neuen Deutschen Biographie, Bd. 21, Berlin 2003 (i. Dr.).

Abb. 3. Die der alldeutschen Bewegung Österreichs nahestehende, in der Hochphase der Los von Rom-Bewegung erscheinende Münchner völkische Zeitschrift *Odin. Ein Kampfblatt für die alldeutsche Bewegung* bedient sich sowohl der Wahlsprüche der Schönerer-Bewegung wie auch von deren Zeitrechnung. Das Logo benützt eine typische völkische Ikonographie mit Odin und seinen ihm Neuigkeiten zutragenden Raben Huginn und Muninn und der weltumspannenden Mittgartschlange.

tierte in der Regel nach der Schlacht von Noreja (113 v. Chr.) oder nach Teutoburg und der Varusschlacht (9 n. Chr.), seltener nach dem „keltischen" Stonehenge (= 1800 v. Chr.!).[24] Wie die gesamte Germanenideologie unterlag auch die völkische Zeitrechnung einem als „antirömischer Affekt" bezeichnetem Denkschema, das den „Germanen nicht ohne den Römer erfassen kann" (Abb. 3).[25] Diesem Muster entsprach in der Schriftfrage die Ablehnung der Antiqua als „lateinischer" Schrift und demgegenüber die Stilisierung der Fraktur als einer das „Erbgut deutscher Art" in sich bergenden und damit wesensgemäßen Schrift.[26] Die Runen konnten zwar nicht zur neuen völkischen Schrift avancieren, sie hatten jedoch eine hohe Bedeutung als völkischer Zierat und als Buchschmuck, und sie galten vor allem völkischen Esoterikern als Vermittlungsinstanzen germanischen Geheimwissens.[27] Dem Wissenden

24 S. hierzu etwa Kroll 1921.
25 Von See 1970, 9f.
26 Deutsches Volk 1913/14.
27 S. hierzu etwa List 1908.

Abb. 4. Beispiel einer auf den Ariosophen Guido (von) List zurückgehenden Runenhaus-Deutung Philipp Stauffs (Stauff 1921, 75).

erschlossen sich auf diese Weise Fachwerkhäuser als sogenannte Runenhäuser (Abb. 4).[28] Darüber hinaus sah man im Fachwerkhaus eine germanisch-deutsche Errungenschaft, eine Fortentwicklung des germanischen Blockhauses. Beeinflußt vom zeitgenössischen lebensreformerischen Diskurs und der Forderung nach einer naturgemäßen Lebensweise stilisierten völkische Ideologen Holz zu einem Werkstoff „im deutschen Sinne“: Es sei nämlich „mit Hilfe des Holzes [...] weit eher möglich, den Kontakt mit der Natur, mit der Landschaft, mit der heimatlichen Erde [...] wieder herzustellen [...]. Denn die Bäume greifen mit ihren Wurzeln in die Scholle und mit ihrem Stamme in den Himmel und mit ihren Ästen horizontal in das Land hinein. Sie bilden eine Art natürlicher Architektur. [...] Wenn man nun in Holz baut, und um das Haus Bäume pflanzt, dann ist jener innige Kontakt des Gebäudes mit der Landschaft und mit der Mutter Erde mit einem Schlage gegeben.“[29]

---

[28] Stauff 1921, 45.

[29] Pudor 1913, 81f.; s. in diesem Zusammenhang auch Pudor 1931.

Die Aufzählung ähnlicher Beispiele ließe sich beliebig fortsetzen. Es ging den Völkischen dabei darum, mit Hilfe der Germanenideologie den einzelnen Elementen der völkischen Weltanschauung eine historische Dimension zu geben und sie damit zu legitimieren. Der für die völkische Weltanschauung kennzeichnende Antikapitalismus, Antimaterialismus, Antiurbanismus und Antiintellektualismus wurden auf diese Weise ebenso begründet wie die Forderungen nach einer naturbezogenen und körperbetonten Lebensweise, nach einer vornehmlich agrarisch geprägten Gesellschaft und nach einer sogenannten arteigenen Religion.

Die verschiedenen völkischen Religionsentwürfe strebten sämtlich eine Germanisierung der Religion an. Die beiden Hauptformen arteigener Religion bestanden erstens in einem von seinen jüdischen Wurzeln gelösten, vornehmlich vom völkischen Antisemitismus begründeten Deutschchristentum, das einen arisch-germanischen, heroischen Christus konstruierte. Die zweite Form arteigener Religion strebte eine Erneuerung germanisch-deutscher Religiosität an, teils auch der vorchristlichen germanischen Religionen. Die entschiedene Ablehnung des Katholizismus durch die Völkischreligiösen und ihre Gemeinschaften folgte dem Gesetz des „antirömischen Affekts“. Während die Deutschchristen gegen den Katholizismus vor allem deswegen ins Feld zogen, weil er gleichbedeutend mit Internationalismus war und damit in krassem Gegensatz zu ihrem Dogma der Einheit von Rasse, Volk und Religion stand, waren in den Augen der sogenannten Neuheiden Rom, Christentum und Katholizismus verantwortlich für den Niedergang des „Germanentums“, für die „Vernichtung unseres Altertums und unserer Überlieferung“ und damit für den Verlust völkischer „Eigenart“.[30] In völkischem Verständnis war eine „religiöse Erneuerung“ insofern Vorbedingung für die angestrebte „deutsche Wiedergeburt“ – und dies vor allem aus einem Grund: Man glaubte nämlich, daß „die Zurückgewinnung und Wiedereroberung religiöser Selbsteinkehr und ethischer Verantwortung die Voraussetzung sei, daß ein [das] Gesamtleben der Nation neu gestaltendes praktisches Ideal, wie es das eugenische ist, von weiteren Schichten angeeignet werden könne.“[31]

Religion und Religiosität waren nach völkischer Auffassung oberste Instanz für richtiges Fühlen, Denken und Handeln im Sinne der Rasse, wobei mit den Worten eines völkischen Ideologen „reinste Rasse innerhalb der höchsten Rasse soviel bedeutet, wie anlagemäßige Fähigkeit zu höchstem

[30] Wachler 1930, 11.
[31] Driesmans 1914/15, 250f.

Die Entdeckung der Feuererzeugung.
(Originalzeichnung von Fidus.)

Abb. 5. Darstellung eines germanischen Feuerrituals des germanischgläubigen Malers Fidus, mit dem nach paganer Vorstellung auf den Feuer- und Lichtkult der Germanen wie auch auf die hohe Bedeutung der Swastika verwiesen wird. Bei der Runenumschrift handelt es sich um eine aus den 24 isländischen und dem 18 auf Guido (von) List zurückgehenden Futhark zusammengesetzten Runenalphabet und könnte nach dem Klangbild bedeuten: „Das siegreiche Feuer wurde ins Fleisch gebracht/Durch Äste der Asen mit geheimer Bedeutung“ (Driesmans 1907).

Gottwissen und zu größter – Gottnähe.“[32] In der völkischen Metaphorik materialisierte sich in den mit den sogenannten arischen Farben gelb (für die Sonne) und blau (für den Himmel) gezeichneten „Blaublonden“ das Göttliche (Abb. 5).[33] Auserwähltheit und natürliche Überlegenheit der Germanen fanden hierin ebenso ihre Begründung wie das völkische Rassenerneuerungsprogramm mit seinen Bestrebungen, das Rasseideal vom hochgewachsenen, blonden, blauäugigen, dolichocephalen Menschen zu verwirklichen.[34] Die in einer wahren Broschüren- und Aufsatzflut thematisierte Frage „Wen soll ich heiraten“ war daher für völkische Parteigänger von zentraler Bedeutung,[35]

32 Westerich 1922, 8.
33 Schwaner 1914.
34 S. hierzu z. B. Randbemerkungen 1906.
35 S. hierzu etwa Schmidt-Gibichenfels 1907.

wie unzählige – in der Regel von Männern aufgegebene – Heiratsannoncen in der völkischen Presse illustrieren und in denen es zum Beispiel hieß: „Süddeutscher, 41 Jahre, gesund, [...] wünscht eine gut-rassige Germanin von 30 bis 40 Jahren [...] zu heiraten."[36] Als Ausdruck der völkischen Vorstellungen über die Aufgaben der Frau, in der man „die höchste und hehrste Hüterin der Rasse" sah,[37] priesen völkische Männer einen Frauentyp, den ein norddeutscher Lehrer mit den Worten beschreibt: „Ein Weib wollte ich mir erringen, groß und schlank, muskelkräftig und blühend, mit goldenem Haar und lichtem Auge, mit scharfem Edelschnitt des Gesichts und königlichem Gang. Und schön sollte sie sein! Das war mir klar: Wer höher will zum Menschen der Zukunft, der kann kein ‚Verächter des Leibes' sein. Die Schönheit auf den Thron! Denn die rechte Schönheit geht fast immer mit der Gesundheit – mit der Gewähr für eine zeugungstüchtige Mutter."[38]

III.

Die Quellen dieses aus lebensreformerisch-eugenischer Rassen- und Germanenideologie konstruierten Frauenbildes, auf die sich die Völkischen beriefen, stammten aus der altnordischen und der mittelalterlichen deutschen Dichtung, insbesondere aus der *Edda* und dem *Nibelungenlied*. Vor allem aber stützte man sich auf Tacitus. In der, in der sechsten Auflage in Analogie zur christlichen Schöpfungsgeschichte eingerichteten *Germanenbibel* beginnt der erste Tag mit Auszügen aus der Taciteischen *Germania* und wird ergänzt um Texte aus der *Edda* und dem *Nibelungenlied*.[39] Derselben Reihung folgen die Lektüre-Empfehlungen des *Deutschbundes*.[40] In keiner völkischen Bibliographie fehlten Tacitus und die *Germania*.[41] Wilhelm Schwaner, dem Herausgeber der *Germanen-Bibel* und Führer der nicht zuletzt wegen ihres hohen Lehreranteils agitatorisch einflußreichen Volkserzieher-Bewegung, galt die *Germania* als ein „für unsere Geschichte und unser Weistum so überaus wertvolles Buch".[42] „Bei aller feindseligen Gesinnung der Römer gegen unsere Vorfahren ist doch etwas ‚Positives' für uns herausgekommen", schrieb

36 [Annonce], in: Hammer 1910, Nr. 201, nach 588.
37 Völkische Hochziele 1909, 226.
38 Wolf 1918/19, 72.
39 Germanen-Bibel 1934, 7–36.
40 Auswahl aus der Bücherliste des Deutschbunde, in: Die Jahreszeiten 2, 1911, 91f.
41 S. etwa Auswahl deutscher Grundschriften, in: Iduna 1903, 183f., oder Rüsten 1914, 33 u. 58.
42 Germanen-Bibel, S. 7.

Abb. 6. Mit völkischem Runen-Zierrat ausgeschmückte Annonce für Ludwig Wilsers Germania-Übersetzung in der einflußreichen, von 1902 bis 1940 erscheinenden völkischen Zeitschrift *Hammer. Blätter für deutschen Sinn* (Hammer 1916, Nr. 224, Werbeseite nach 280).

Theobald Bieder, eine Autorität der völkischen, in die Universitäten ausstrahlenden „Germanenforschung": „Ohne römische Einmischung in germanische Verhältnisse müßten wir auf das schönste Denkmal verzichten, das uns das Altertum über unsere germanische Frühzeit hinterlassen hat, und das ist eben die Germania des Tacitus."[43]

Die *Germania* war in den Augen der Völkischen jedoch mehr nur als das „älteste germanisch-deutsche Geschichtsbuch", wie ein Werbetext zu Ludwig Wilsers deutscher Ausgabe von 1915 schrieb, sie galt den Völkischen vielmehr als „das wertvollste [, ...] für Alt und Jung unentbehrliche Germanenbuch",[44] „das unsere Vergangenheit aufhellt, die Gegenwart erklärt und die Zukunft entschleiert" (Abb. 6).[45] Die *Germania* war den Völkischen ein Offenbarungsbuch und „als lebenswahre Darstellung [...] für alle mit dem deutschen Volkstum zusammenhängenden Fragen von grundlegender Bedeutung".[46] Für sämtliche Elemente der Weltanschauung fanden völkische Exegeten Belege in der *Germania* – angefangen beim äußeren Erscheinungsbild, über die kriegerische Natur, das Wertesystem, die Verhaltensmuster (wie die Trinkfreudigkeit) und die ländlich-agrarischen Lebensform bis hin zu Autochthonie, Rasserein-

[43] Bieder 1939, 230.
[44] [Annonce], in: Hammer 1916, Nr. 334, nach 280.
[45] Tacitus 1916, VII.
[46] Tacitus 1916, VI.

heit und Religiosität. „Irrtümer" wurden eingeräumt,[47] ohne daß der tendenziöse Charakter der *Germania* und ihre Funktion als Sittenspiegel für die römische Gesellschaft ernsthaft in Betracht gezogen worden wären. In seiner als Handreichung zur „Stärkung des Deutschbewußtseins" deklarierten, mehr einer Anleitung zur völkischen Lebensführung gleichenden Übertragung der *Germania* ins Deutsche kommt der dafür als „berufene[r] Übersetzer und Erklärer" von Seiten der Völkischen hochgelobte Ludwig Wilser zu dem Ergebnis, daß Tacitus „sichtlich bestrebt" gewesen sei, „nach bestem Wissen zu schildern, weder zu übertreiben noch abzuschwächen, weder zu licht noch zu düster zu färben, und bedarf er auch in nebensächlichen Einzelheiten der Berichtigung, so hat doch im großen und ganzen die fortgeschrittene, voraussetzungslose Wissenschaft unserer Tage seine Angaben bestätigt."[48]

Wilser spielte mit dieser letzten Bemerkung nicht zuletzt auf seine eigenen, von seriösen Wissenschaftlern ihres spekulativ-ideologischen Charakters entlarvten Forschungen über die Germanen an und er dachte an die sich als eigenständiges universitäres Fach gerade erst zu etablieren beginnende Vor- und Frühgeschichte.[49] Es war vor allem der seit 1902 in Berlin auf einer neu eingerichteten Professur für deutsche Archäologie lehrende Gustaf Kossinna, der aufgrund seines weithin beachteten und bis in die vierziger Jahre immer wieder aufgelegten, auf einen Vortrag von 1911 zurückgehenden Hauptwerkes *Die deutsche Vorgeschichte eine hervorragende nationale Wissenschaft* von den Völkischen zu „den großen Kündern unserer neuen deutschen Weltanschauung" gezählt wurde.[50] Tatsächlich trug Kossinna, der durch Mitgliedschaften in völkischen Organisationen und aufgrund persönlicher Kontakte zu einzelnen Führungspersönlichkeiten der völkischen Bewegung eng verbunden war, maßgeblich zur Popularisierung der Vor- und Frühgeschichtsforschung und dem Glauben an eine „altgermanische Kulturhöhe" bei.[51] Kossinna und seinen Parteigängern ging es darum, den Nachweis zu liefern, daß es sich bei den Germanen keineswegs um ein „Volk von faulen Bärenhäutern" gehandelt habe, sondern um „ein durch und durch mannhaftes, lei-

---

[47] Tacitus 1916, VII.

[48] Tacitus 1916, VIIf.; zur Bewertung: Khull-Kholwald 1916.

[49] S. hierzu z. B. die Rezensionen von Ludwig Wilsers „Die Germanen" von Eugen Mogk, in: Historische Zeitschrift 94, 1905, 470f., u. Gustav Krüger, in: Historische Zeitschrift 95, 1905, Zit. 346.

[50] Lorenzen 1913/14, 342; Kossinna 1941. Der titelgleiche Vortrag vor den Teilnehmern der dritten, in Mainz stattfindenden Hauptversammlung der *Deutschen Gesellschaft für Vorgeschichte* erschien in: Mannus 4, 1912, 17–19.

[51] Vgl. Kossinna 1935; s. hierzu Grünert (2002b), S. 304–312.

stungsfähiges Volk".[52] Die sogenannte deutsche Vorgeschichte hatte somit – wie Kossinna feststellte – einen „hohen Gegenwartswert", weil – mit den Worten eines seiner völkischen Anhänger – „das Ergebnis, daß die soviel verschrienen alten Germanen eine hohe Kultur besessen haben, [...] dem in jeder echt und tief empfindenden deutschen Seele ungewollt und unklar, sagen wir atavistisch vorhandenem Gefühle [entspricht], einer alten Edelrasse anzugehören."[53]

Mit diesen Bestrebungen, den negativ belegten Barbaren-Topos zu widerlegen und ihm im Ideologem vom ursprünglichen, unverfälschten, jungen Volk eine positive Wendung zu geben,[54] ließ sich jedoch der völkische Glaube von Prädestination und Superiorität der Germanen und mithin der Deutschen nur zum Teil rechtfertigen.

IV.

Dieses Problem ließ sich jedoch aus völkischer Sicht mit der Lehre vom „nordischen Schöpfungsherd" vollends lösen.[55] Deren zentrale Bedeutung für die völkische Weltanschauung faßte einer ihrer Ideologen 1918 in dem Satz zusammen: „Mit der Lehre vom nordeuropäischen Ursprung der Indogermanen steht und fällt unsere ganze artbewußte Weltanschauung."[56] Die Ablehnung der älteren Ex-oriente-lux-Theorie war zwar auch antisemitisch motiviert und trug zudem der mit der Rassenideologie begründeten anti-asiatischen Haltung der Völkischen Rechnung, vornehmlich ging es jedoch darum, eine Legitimationsgrundlage für die völkische Prädestinations- und Superioritätslehre zu schaffen. Die Ex-septentrione-lux-Theorie ging davon aus, daß „der Norden Europas [...] eine Quelle der Kultur für den ganzen Erdteil geworden [ist], und [daß] die Heimat dieser ältesten, geschlossenen Kultur [...] zusammen[fällt] mit der Heimat der weißen arischen Rasse, aus der die Germanen als Kernvolk hervorgegangen sind."[57]

Die völkischen Väter dieser Ideologie waren der Wiener Gymnasiallehrer Karl Penka und vor allem der in der Öffentlichkeit omnipräsente Heidelberger Arzt Ludwig Wilser, ihr Multiplikator der Berliner Schriftsteller Willy

52 Kossinna 1914, 13.
53 Kossinna 1914, 13.
54 Beispielhaft hierfür Ernst Wachler, Die Germanen [= Rezension v. Ludwig Wilsers gleichnamiger zweibändiger Ausgabe v. 1913/14], in: Hammer 1915, Nr. 304, 105.
55 Ludwig Wilser zit. n. Wiwjorra 1996, 195; s. hierzu u. zum Folgenden jetzt Wiwjorra 2001b.
56 Karl Felix Wolff zit. n. Römer 1989, 65f.
57 Bieder 1914, 24.

Pastor.[58] Mit messianischem Eifer gelang es Wilser, die Anhänger der Exoriente-lux-Theorie in den völkischen Reihen mundtot zu machen, wobei er „den heißen Kampf [...] ums Dasein auch [für] Theorien“[59] geltend machte und in seinem erstmals 1903 erschienenen Hauptwerk *Die Germanen* freimütig bekannte, „eine einheitliche und ursächlich zusammenhängende, durchweg auf die Naturgesetze begründete Weltanschauung, eine der natürlichen Entwickelung des Menschen, der verschiedenen Begabung seiner Rassen und ihrer Verbreitung über den Erdball Rechnung tragende Geschichtsauffassung“ geschaffen zu haben.[60]

Wilsers komplexe Lehre besagte in ihrer Kernthese, daß Südschweden die „Werkstatt der Völker“ sei und daß „von dort alle arischen Wanderungen“ ausgegangen seien, zuletzt die der Germanen.[61] Von den harten Lebensbedingungen des Nordens am längsten geprägt und deshalb am höchsten entwikkelt, standen nach Wilsers und der Völkischen Überzeugung die Germanen damit an der Spitze der von Gobineau vorgegeben Rassenhierarchie. Das völkische Prädestinations- und Suprematie-Dogma war für die Völkischen auf diesem Weg ebenso bewiesen wie der Anspruch der Deutschen gerechtfertigt, „die Weltherrschaft germanischen Wesens ins Werk zu setzen“.[62]

V.

Wie es Wilser gefordert hatte, war es nun die Aufgabe der Anhänger der Exseptentrione-lux-Theorie, an der „Einrichtung und Ausschmückung“ des erst im „Rohbau“ fertiggestellten „Gebäude[es] der neuen Weltanschauung“ mitzuwirken.[63] Und diese nahmen sich dieser Aufgabe mit fanatischem Eifer an, vornehmlich wenn es darum ging, Beweise zu liefern, daß das „neuere Europa“, d. h. das Europa nach der Völkerwanderungszeit, eine „Schöpfung der Germanen“ sei.[64]

Dieser Aufgabe hatte sich der Arzt Ludwig Woltmann verschrieben, der es sich zur Lebensaufgabe gemacht hatte, die westeuropäische Zivilisationsgeschichte vom Mittelalter bis zum 20. Jahrhundert zu germanisieren. Nach

---

[58] Zu Pastor s. jetzt Wiwjorra 2001a.
[59] Wilser o. J., 3.
[60] Wilser 1903, 421.
[61] Wilser 1918, VI.
[62] Grävell 1906, 17.
[63] Wilser 1903, 422.
[64] Wachler 1903, 105.

Woltmann hatten „die Franken, Normannen und Burgunden in Frankreich, die Westgoten in Spanien, die Ostgoten, Langobarden und Bajuvaren in Italien [...] die anthropologischen Keime zu der mittelalterlichen und neueren Kultur dieser Staaten gelegt."[65] Die herausragende Stellung Italiens und Frankreichs in der spätmittelalterlichen und neuzeitlichen Geschichte Europas konnte Woltmann somit auf die Leistungen einer germanischen Führungselite zurückführen. In Italien hätten die Germanen allein aufgrund „ihrer höheren Begabung" die „meisten und größten Genies hervorgebracht", lehrte Woltmann.[66] Die Abteilung Italien seiner illustren „blonden Internationale"[67] zählt annähernd 150 Persönlichkeiten der italienischen Geschichte – unter ihnen Garibaldi, Cavour, Rossini, Verdi, ferner Thomas von Aquin, Dante, Petrarca, Michelangelo, Giordano Bruno, Columbus, Galileo und selbstverständlich auch Leonardo da Vinci, für den sich aus den von Woltmann zusammengetragenen „biographischen und ikonographischen Zeugnissen" folgendes „anthropologische Gesamtbild" ergab: „Hohe und kräftige Gestalt, langer schmaler Schädel, ebensolches Gesicht mit bedeutender leicht gebogener Nase, heller Teint, große blaue Augen, blondes und lockiges Haupt- und Barthaar." Aufgrund dieser den rassentypologischen Merkmalen der völkischen Rassen- und Germanenideologie entsprechenden Befunde stand es für Woltmann außer Frage: „Wenn irgend einer unter den großen Italienern, dann war Leonardo ein unvermischter Sproß germanischer Rasse".[68]

Mit seinem – wie ihm Houston Stewart Chamberlain attestierte – „epochemachende[n] Werk"[69] trug Woltmann maßgeblich dazu bei, dem imperialistischen Charakter der völkischen Weltanschauung eine parawissenschaftlich legitimierte Grundlage zu schaffen. Denn wie alle Völkischen wurde auch Woltmann von der Überzeugung angetrieben, daß die „nordische Rasse [...] dazu berufen" sei, „die Erde mit ihrer Herrschaft zu umspannen, die Schätze der Natur und der Arbeitskräfte auszubeuten und die passiven Rassen als dienende Glieder ihrer Kulturentwicklung einzufügen."[70] Die kulturanthropologisch wie naturwissenschaftlich-biologistisch argumentierende, historisch ausgerichtete Germanenideologie lieferte den Völkischen dabei die Gewißheit ih-

---

[65] Woltmann 1936, 349f.
[66] Woltmann 1905, 150.
[67] Von See 1983, S. 15.
[68] Woltmann 1905, 86.
[69] Chamberlain an Woltmann, 4.3.1904, abgedr. in: Chamberlain 1928, 126. S. in diesem Zusammenhang auch Weinberg 1905.
[70] Woltmann 1936, 355f.

rer Prädestination und Superiorität und die Legitimation ihrer Weltherrschaftsansprüche.

Mit der völkischen Germanenideologie ließen sich scheinbar wie von selbst sämtliche Welträtsel vom Ursprung des Menschen bis hin zu seiner Verbreitung auf der Südhalbkugel lösen, wo in grauer Vorzeit aus dem Norden zugewanderte „Herrentiere", sogenannte Germanoiden, mit „kulturbildender Gewalt" zu „unbedingten[n] Gebieter[n] der dort lebenden affenähnlichen Geschöpfe" wurden.[71] Für die Konstrukteure der völkischen Weltanschauung war es insofern ohne weiteres möglich, Polynesier oder Maoris zu „arisieren".[72] Sie schufen damit die ideologischen Denkmuster für den Nationalsozialismus und den Rechtsextremismus sowie auch für subkulturelle Bewegungen wie New Age, Esoterik, Gothic, Fantasy und sogenanntes Neuheidentum, in denen Elemente der völkischen Germanenideologie gegenwärtig sind.[73] Für die völkischen Enkel ist es nämlich immer noch eine Tatsache, „daß die Maoris ursprünglich aus dem Nordsee-Land stammen. Sie haben viel von uralter germanisch-deutscher Art bewahrt." Das belege zum Beispiel „die Musik der Maoris, die einen Deutschen beim Hören sofort begeistert mitsingen läßt. Es ist beste deutsche Volksmusik aus der Bronzezeit."[74]

---

71 Pastor 1903, 243.

72 Hierzu Pastor 1922, 379–389; s. auch Bülow 1906 u. Mühlmann 1935; für diese und die folgenden Hinweise danke ich Ingo Wiwjorra.

73 S. hierzu aus der Fülle der Untersuchungen die Studien von von Schnurbein 1995 u. 1998, Ulbricht 1995, Bischofsberger/Hölze/von Schnurbein 1996, Tandecki o. J., Iwersen 2000.

74 Fell/Maass 1999, 133; s. auch Braun 1978.

Literatur

Andersen 1914
Friedrich Andersen, Deutschtum und Christentum. Vortrag gehalten am 14. November 1913 im Curiohaus zu Hamburg (Hamburg-Altona 1914).

Ammon 1893
Otto Ammon, Die natürliche Auslese beim Menschen. Auf Grund der Ergebnisse der anthropologischen Untersuchungen der Wehrpflichtigen in Baden und anderer Materialien dargestellt (Jena 1893).

Arjuna 1901
Harald Arjuna [d. i. Harald Grävell], Die zehn Gebote der Germanen (Braunschweig 1901).

Arvidsson 2000
Stefan Arvidsson, Ariska idoler. Den indoeuropeiska mytologin som ideologi och vetenskamp (Stockhom/Stehag 2000).

Bartels 1918
Adolf Bartels, Deutsch sein ist alles. Eine Laienpredigt (Zeitz 1918).

Bieder 1914
Theobald Bieder, Eine Wanderung in das Reich altgermanischen Lebens und Glaubens, in: Thomas Westerich (Hrsg.), Das Jugendgeleitbuch Gedenke, daß du ein Deutscher bist (Leipzig 1914), 14–24.

Bieder 1939
Theobald Bieder, Geschichte der Germanenforschung 1500–1806. Deutsches Ahnenerbe, Reihe A: Grundwerke, Bd. 2 (Leipzig 2., verm. u. verb. Aufl. 1939 [[1]1921]).

Bischofberger/Hölzle/von Schnurbein 1996
Otto Bischofberger/Peter Hölzle/Stefanie von Schnurbein, Das neue Heidentum. Rückkehr zu den alten Göttern oder neue Heilsbotschaft? Weltanschauung im Gespräch, Bd. 14 (Fribourg 1996).

Braun 1978
Otto Rudolf Braun, Indogermanen, Germanen, Indianer und Polynesier, in: Deutschland in Geschichte und Gegenwart [Grabert-Verlag! Tübingen] 26, 1978, 33–36.

Breuer 1999
Stefan Breuer, Grundpositionen der deutschen Rechten (1871–1945). Historische Einführungen, Bd. 2 (Tübingen 1999).

Breuer 2001
Stefan Breuer, Ordnungen der Ungleichheit – die deutsche Rechte im Widerstreit ihrer Ideen 1871–1945 (Darmstadt 2001).

Bronder 1964
Dietrich Bronder, Bevor Hitler kam. Eine historische Studie (Hannover 1964).

Broszat 1958
Martin Broszat, Die völkische Ideologie und der Nationalsozialismus, in: Deutsche Rundschau 84, 1958, 53–68.

Buchholz et al. 2001
Kai Buchholz/Rita Latocha/Hilke Peckmann/Klaus Wolbert (Hrsg.), Die Lebensreform. Entwürfe einer Neugestaltung von Leben und Kunst um 1900, 2 Bde. (Darmstadt 2001).

von Bülow 1906
W. von Bülow, Die Bemühungen um die Feststellung der Urheimat der Polynesier, in: Globus 90, 1906, 61–66.

Chamberlain 1928
Houston Stewart Chamberlain, Briefe 1882–1924 und Briefwechsel mit Kaiser Wilhelm II., Bd. 1 (München 1928).

Demandt 2002
Alexander Demandt, Klassik als Klischee: Hitler und die Antike, in: Historische Zeitschrift 274, 2002, 281–313.

Deutsches Volk 1913/14
Deutsches Volk – hüte deine deutsche Schrift: ein Erbgut deutscher Art!, in: Kultur und Familie 3, 1913/14, 187.

Deutschvölkischer Katechismus 1929
Deutschvölkischer Katechismus. Von einem Hochschullehrer, H. 1: Begriff und Wesen des Völkischen (Leipzig 1929).

Driesmans 1907
Heinrich Driesmans, Der Mensch der Urzeit. Kunde über Lebensweise, Sprache und Kultur des vorgeschichtlichen Menschen in Europa und Asien (Stuttgart 36.-40. Tsd. 1907 [^{1}1906]).

Driesmans 1914/15
Heinrich Driesmans, Die Religion der Aufartung, in: Die Tat 6, 1914/15, 237–251.

Dupeux/Fabréguet 2000
Louis Dupeux/Michel Fabréguet (Hrsg.), Religion, „religiosités“ et politique dans les extrêmes droites allemandes de 1870 à 1933. Actes du colloque organisé à Strasbourg par le Centre d'Études Germaniques les 21 et 22 janvier 2000. Revue d'Allemagne et des Pays de Langue allemande 32, 2000, H. 2 (Strasbourg 2000).

Engel-Braunschmidt et al. 2001
Annelore Engel-Braunschmidt/Gerhard Fouquet/Wiebke von Hinden/Inken Schmidt (Hrsg.), Ultima Thule. Bilder des Nordens von der Antike bis zur Gegenwart. Imaginatio Borealis. Bilder des Nordens, Bd. 1 (Frankfurt a. M. u. a. 2001).

Fell/Maass 1999
Barry Fell/Heinz B. Maass, Deutschlands Urahnen. Nordische Schriftzeugnisse und atlantische Seefahrt der Bronzezeit (Lemwerder ^{2}1999).

Germanen-Bibel 1934
Wilhelm Schwaner (Hrsg.), Germanen-Bibel. Aus heiligen Schriften germanischer Völker (Stuttgart/Berlin 6., vollst. umgearb. Aufl. 1934 [^{1}1904]).

Giesen/Junge/Kritschgau 1994
Bernhard Giesen/Kay Junge/Christian Kritschgau, Vom Patriotismus zum völkischen Denken. Intellektuelle als Konstrukteure der deutschen Identität, in: Helmut Berding (Hrsg.), Na-

tionales Bewußtsein und kollektive Identität. Studien zur Entwicklung des kollektiven Bewußtseins in der Neuzeit 2 (Frankfurt/M. 1994) 345–393.

Grävell 1906
Harald Arjuna Grävell van Jostenoode, Die Reichskleinodien zurück nach dem Reich! Völkische Richtlinien für die Zukunft. Ostara, H. 6 (Rodaun b. Wien 1906).

Grünert 2002a
Heinz Grünert: Gustaf Kossinna – ein Wegbereiter der nationalsozialistischen Ideologie, in: Achim Leube/Morten Hegewisch (Hrsg.), Prähistorie und Nationalsozialismus. Die mittel- und osteuropäische Ur- und Frühgeschichtsforschung in den Jahren 1933–1945. Studien zur Wissenschafts- und Universitätsgeschichte, Bd. 2 (Heidelberg 2002), 307–320.

Grünert 2002b
Heinz Grünert, Gustaf Kossinna (1858–1931). Vom Germanisten zum Prähistoriker. Ein Wissenschaftler im Kaiserreich und in der Weimarer Republik. Vorgeschichtliche Forschungen, Bd. 22 (Rahden 2002).

Hartung 2001
Günter Hartung, Deutschfaschistische Literatur und Ästhetik. Gesammelte Studien. Gesammelte Aufsätze und Vorträge, Bd. 1 (Leipzig 2001).

Hartung/Orlowski 1983–1992
Günter Hartung/Hubert Orlowski (Hrsg.), Traditionen und Traditionssuche des deutschen Faschismus, 4 Tagungsbde. (Halle/Saale 1983, 1987, 1988 u. Poznán 1992).

Hermand 1988
Jost Hermand, Der alte Traum vom neuen Reich. Völkische Utopien und Nationalsozialismus (Frankfurt/M. 1988).

Iduna 1903
Iduna. Weimarisches Taschenbuch auf 1903, hrsg. v. Ernst Wachler (Berlin 1903).

Iwersen 2000
Julia Iwersen, Was ist New Age? – Was ist Esoterik?, in: Zeitschrift für Religions- und Geistesgeschichte 52, 2000, 1–24.

Kerbs/Reulecke 1998
Diethart Kerbs/Jürgen Reulecke (Hrsg.), Handbuch der deutschen Reformbewegungen 1880–1933 (Wuppertal 1998).

Khull-Kholwald 1916
Ferdinand Khull-Kholwald, Ludwig Wilser: Cornelius Tacitus Germanien, in: Germanen-Gilde 1, 1916, 35.

Kipper 2002
Kipper, Rainer Der Germanenmythos im Deutschen Kaiserreich. Formen und Funktionen historischer Selbstthematisierung. Formen der Erinnerung, Bd. 11 (Göttingen 2002).

Kossinna 1914
Gustaf Kossinna, Altgermanische Kulturhöhe, in: Thomas Westerich (Hrsg.), Das Jugendgeleitbuch Gedenke, daß du ein Deutscher bist (Leipzig 1914), 5–13.

Kossinna 1935
Gustaf Kossinna, Altgermanische Kulturhöhe. Eine Einführung in die deutsche Vor- und Frühgeschichte (Leipzig [5]1935 [[1]1927]).

Kossinna 1941
Gustaf Kossinna, Die deutsche Vorgeschichte eine hervorragende deutsche Wissenschaft. Mannus-Bücherei, Bd. 9 (Leipzig [8]1941 [[1]1912]).

Kroll 1921
Adolf Kroll, Das germanische Jahr, in: Das Deutsche Buch, hrsg. v. d. Germanischen Glaubens-Gemeinschaft (Berlin 2., verm. u. verb. Aufl. 1921 [[1]1914]) 80–86.

Krumeich/Lehmann 2000
Gerd Krumeich/Hartmut Lehmann (Hrsg.), „Gott mit uns". Nation, Religion und Gewalt im 19. und frühen 20. Jahrhundert. Veröffentlichungen des Max-Planck-Instituts für Geschichte, Bd. 162 (Göttingen 2000).

Lehmann 1914
Paul Lehmann, Neue Menschen, in: Hammer 1914, Nr. 283, 169–172.

Leroy 2003
Esther Leroy, Konstruktion(en) des ‚Germanen' in bildungsbürgerlichen Zeitschriften des deutschen Kaiserreichs. Kieler Studien zur Volkskunde und Kulturgeschichte (Kiel i. Dr.).

List 1908
Guido List, Das Geheimnis der Runen. Guido-List-Bücherei, Bd. 1. Reihe: Forschungsergebnisse, Nr. 1 (Groß-Lichterfelde 1908).

Lorenz 2000
Stefan Lorenz, Hitler und die Antike, in: Archiv für Kulturgeschichte 82, 2000, 407–431.

Lorenzen 1913/14
Andreas J. Lorenzen, Richtlinien völkischer Weltanschauung, in: Deutscher Volkswart 1, 1913/14, 337–342.

Mohler 1972
Armin Mohler, Die konservative Revolution in Deutschland 1918–1932. Ein Handbuch (Darmstadt 2., völlig neu bearb. u. erw. Fassung 1972).

Mohler 1989
Armin Mohler, Die Konservative Revolution in Deutschland 1918–1932. Ergänzungsband (Darmstadt 1989).

Mosse 1979
George L. Mosse, Ein Volk – Ein Reich – Ein Führer. Die völkischen Ursprünge des Nationalsozialismus (Königstein/Ts. 1979) [Neuaufl. u. d. T.: Die völkische Revolution. Über die geistigen Wurzeln des Nationalsozialismus (Weinheim 1991)].

Mühlmann 1935
Wilhelm Emil Mühlmann, Die Frage der arischen Herkunft der Polynesier, in: Zeitschrift für Rassenkunde 1, 1935, 3–16.

Pastor 1903
Willy Pastor, Lebensgeschichte der Erde. Ein Überblick über die Metamorphosen des Erdensterns (Leipzig 1903).

Pastor 1922
Willy Pastor, Deutsche Urzeit. Grundlagen der germanischen Geschichte, Weimar 1922.

Pudor 1913
Heinrich Pudor, Heimbaukunst (Wittenberg 1913).

Pudor 1931
Heinrich Pudor, Der nordische Ursprung des griechischen Tempels, in: Heimdall 36, 1931, 17–19 u. 30–32.

Puschner 2001
Uwe Puschner, Die völkische Bewegung im wilhelminischen Kaiserreich. Sprache, Rasse, Religion (Darmstadt 2001).

Puschner/Schmitz/Ulbricht
Uwe Puschner/Walter Schmitz/Justus H. Ulbricht (Hrsg.), Handbuch zur „völkischen Bewegung“ 1871–1918 (München 1996).

Randbemerkungen 1906
Randbemerkungen zur deutsch-völkischen Bewegung. Von einem Deutsch-Mährer, in: Heimdall 11, 1906, 4–5.

Riedel 1916
Kurt Riedel, Germanen der Zukunft. Kann der Weltkrieg unsere Stellung zum Blutsbekenntnis verändern, in: Deutsche Minne, hrsg. v. Schutzbund für das deutsche Weib, Erstes Buch (Zeitz 1916) 28–38.

Römer 1989
Ruth Römer, Sprachwissenschaft und Rassenideologie (München 2., verb. Aufl. 1989).

Rüsten 1914
Rudolf Rüsten (Hrsg.), Was tut not? Ein Führer durch die gesamte Literatur der Deutschbewegung (Leipzig 1914; Reprint Toppenstedt 1983).

Schmidt-Gibichenfels 1907
Otto Schmidt-Gibichenfels, Wen soll ich heiraten? (Berlin 1907).

von Schnurbein 1995
Stefanie von Schnurbein, Neugermanisch-heidnische Gruppierungen. Zwischen New Age und Rechtsextremismus, in: Richard Faber/Hajo Funke/Gerhard Schoenberner (Hrsg.), Rechtsextremismus. Ideologie und Gewalt. Publikationen der Gedenkstätte Haus der Wannsee-Konferenz, Bd. 5 (Berlin 1995), 204–220.

von Schnurbein 1998
Stefanie von Schnurbein, Kräfte der Erde – Kräfte des Blutes. Elemente völkischer Ideologie in Fantasy-Romanen von Frauen, in: Weimarer Beiträge 44, 1998, 600–614.

von Schnurbein/Ulbricht 2001
Stefanie von Schnurbein/Justus H. Ulbricht (Hrsg.), Völkische Religiosität und Krisen der Moderne. Entwürfe „arteigener“ Religiosität seit der Jahrhundertwende (Würzburg 2001).

Schwaner 1914
Wilhelm Schwaner, Rasse und Religion, in: Upland 3, 1914, 25.

von See 1970
Klaus von See, Deutsche Germanen-Ideologie vom Humanismus bis zur Gegenwart (Frankfurt/.M. 1970).

von See 1983
Klaus von See, Das „Nordische“ in der deutschen Wissenschaft des 20. Jahrhunderts, in: Jahrbuch für internationale Germanistik 15, 1983, 8–38.

von See 1999
Klaus von See, „Blond und Blauäugig“. Der Germane als literarische und ideologische Fiktion, in: Ein Lied von Gestern. Wormser Symposium zur Rezeptionsgeschichte des Nibelungenliedes. Der Wormsgau, Beiheft 35 (Worms 1999) 105–139. [Wiederabdruck in: Klaus von See, Texte und Thesen. Streitfragen der deutschen und skandinavischen Geschichte. Frankfurter Beiträge zur Germanistik, Bd. 38 (Heidelberg 2002)].

von See 2001
Klaus von See, Freiheit und Gemeinschaft. Völkisch-nationales Denken in Deutschland zwischen Französischer Revolution und Erstem Weltkrieg (Heidelberg 2001) [überarb. Neuaufl. der Studie: Die Ideen von 1789 und die Ideen von 1914 (Frankfurt/M. 1975)].

von See 2002
Klaus von See, Texte und Thesen. Streitfragen der deutschen und skandinavischen Geschichte. Frankfurter Beiträge zur Germanistik, Bd. 38 (Heidelberg 2002).

Seibertz 1958/59
Norbert Seibertz, Lebensfragmente. Handschrift für Freunde und Verwandte (Hamburg 1958/59).

Sievers 1997–1999
Kai Detlev Sievers, Völkischer Heimatschutz, in: Kieler Blätter zur Volkskunde 29, 1997, 5–35, 30, 1998, 5–48, 31, 1999, 5–52.

Stauff 1921
Philipp Stauff, Runenhäuser (Berlin-Lichterfelde 2., durchgearb., verm. u. erw. Aufl. 1921).

Stuhl 1909
Kaspar Stuhl, Das altrömische Arvallied ein urdeutsches Bittganggebet (Würzburg 1909).

Stuhl 1910
Kaspar Stuhl, Auf Germanenwegen, in: Grazer Wochenblatt 1910, Nr. 33ff.

Stuhl 1911
Kaspar Stuhl, Sinn und Ursprung des Namens Homer, in: Die Jahreszeiten 2, 1911, 41–47.

Stuhl 1921
Kaspar Stuhl, Nordlands Untergang. Arisch-germanische Sprachreste im Mittelmeergebiet (Perleberg 1921).

Stuhl 1932
Kaspar Stuhl, Achilleus. Der Name des Helden und seiner Heimat. Die Namen seiner Eltern und Mannen (Hamburg 1932) (= Sonderdruck aus Heimdall).

Tacitus 1916
Cornelius Tacitus, Germanien. Herkunft, Heimat, Verwandtschaft und Sitten seiner Völker, neu übersetzt u. hrsg. v. Ludwig Wilser (Steglitz 2. Aufl. 1916 [11915]).

Tandecki 2000
Daniela Tandecki, Nachtsaiten der Musik. Grauzonen und Braunzonen in der schwarzen Musikszene (o. O. u. J. [2000]) [Studie der Konrad-Adenauer-Stiftung].

Ulbricht 1995
Justus H. Ulbricht, Die Heimat als Umwelt des Volkes. Ökologische Denkfiguren in Ideologie und Programmatik „neurechter" Organisationen, in: Richard Faber/Hajo Funke/Gerhard Schoenberner (Hrsg.), Rechtsextremismus. Ideologie und Gewalt. Publikationen der Gedenkstätte Haus der Wannsee-Konferenz, Bd. 5 (Berlin 1995) 221–240.

Ungewitter 1917
Richard Ungewitter (Hrsg.), Deutschlands Wiedergeburt durch Blut und Eisen (Stuttgart o. J. [um 1917]).

Völkische Hochziele 1909
Völkische Hochziele, in: Deutsche Handelswacht 16, 1909, 209–212, 225–227, 291–292.

Wachler 1914
Ernst Wachler, Osning (Leipzig 1914).

Wachler 1930
Ernst Wachler, Über die Zukunft des deutschen Glaubens. Ein philosophischer Versuch. Irminsul. Schriftenreihe für Junggermanische (eddische) Religion und Weltanschauung, H. 44 (Freiberg/Sachsen 1930 [11900]).

Wachler 1942
Ernst Wachler, Professor Dr. Kaspar Stuhl †, in: Fränkischer Kurier, Nr. 283 v. 13.10.1942.

Wahl 2002
Hans Rudolf Wahl: Die Religion des deutschen Nationalismus. Eine mentalitätsgeschichtliche Studie zur Literatur des Kaiserreichs: Felix Dahn, Ernst von Wildenburch, Walter Flex. Neue Bremer Beiräge, Bd. 12 (Heidelberg 2002).

Weinberg 1905
Richard Weinberg, Die biologischen Wurzeln der Renaissance, in: Die Umschau 9, 1905, 926–927.

Westerich 1922
Thomas Westerich, Orplid das heilige Land. Das Mysterium der Reinheit (Stade 1922).

Wilser o. J.
Ludwig Wilser, Rassen und Völker (Leipzig o. J.).

Wilser 1903
Ludwig Wilser, Die Germanen. Beiträge zur Völkerkunde (Eisenach/Leipzig 1903).

Wilser 1918
Ludwig Wilser, Deutsche Vorzeit. Einführung in die germanische Altertumskunde (Steglitz 2. Auf. 1918 [11916]).

Wiwjorra 1996
Ingo Wiwjorra, Die deutsche Vorgeschichtsforschung und ihr Verhältnis zu Nationalismus und Rassismus, in: Puschner/Schmitz/Ulbricht 1996, 186–207.

Wiwjorra 2001a
Ingo Wiwjorra, Willy Pastor (1867–1933). Ein völkischer Vorgeschichtspublizist, in: Michael Meyer (Hrsg.), „... Trans Albim Fluvium". Forschungen zur vorrömischen, kaiserzeitlichen und mittelalterlichen Archäologie. Festschrift für Achim Leube zum 65. Geburtstag (Rahden 2001) 11–24.

Wiwjorra 2001b
Ingo Wiwjorra, „Ex oriente lux" – „Ex septentrione lux". Über den Widerstreit zweier Identitätsmythen, in: Achim Leube (Hrsg.), Prähistorie und Nationalsozialismus. Die mittel- und osteuropäische Ur- und Frühgeschichtsforschung in den Jahren 1933–1945. Studien zur Wissenschafts- und Universitätsgeschichte, Bd. 2 (Heidelberg 2002) 73–106.

Wolf 1918/19
Martin Wolf, Zur Gattenwahl!, in: Deutsche Minne, hrsg. v. Schutzbund für das deutsche Weib, Zweites Buch (Zeitz 1918/19) 69–75.

Wollenhaupt 1914
Ludwig Wollenhaupt, Vom deutschen Glauben, in: Deutschbund-Blätter 19, 1914, 74.

Woltmann 1905
Ludwig Woltmann, Die Germanen und die Renaissance in Italien (Leipzig 1905).

Woltmann 1936
Ludwig Woltmann, Politische Anthropologie. Woltmanns Werk, Bd. 1 (Leipzig 1936 [11903]).

Zernack 1997
Julia Zernack, „Germanin im Hauskleid". Bemerkungen zu einem Frauenideal deutscher Gelehrter, in: Richard Faber/Susanne Lanwerd (Hrsg.), Kybele – Prophetin – Hexe. Religiöse Frauenbilder und Weiblichkeitskonzeptionen (Würzburg 1997) 213–232.

Zernack 1999
Julia Zernack, s. v. Neckel, Gustav, in: Neue Deutsche Biographie, Bd. 19 (Berlin 1999) 20–21.

Zernack 2001
Julia Zernack, Germanische Altertumskunde, Skandinavistik und völkische Religiosität, in: Stefanie von Schnurbein/Justus H. Ulbricht (Hrsg.), Völkische Religion und Krisen der Moderne. Entwürfe „arteigener" Glaubenssysteme seit der Jahrhundertwende (Würzburg 2001) 227–253.

Ziehe 1996
Irene Ziehe, Hans Hahne (1875 bis 1935), sein Leben und Wirken, Biographie eines völkischen Wissenschaftlers. Veröffentlichungen des Landesamtes für archäologische Denkmalpflege Sachsen-Anhalt, Landesmuseum für Vorgeschichte, Bd. 49 (Halle/Saale 1996).

Germanisch-Deutsch – RGA-E Band 34 – Seiten 131-162

Erfundene Traditionen?

Zum Verhältnis von Nationsbildung und Ethnogenese im deutschen und französischen Mittelalter

von JOACHIM EHLERS

Das nationale Prinzip gehört zur Grundstruktur Europas. Es wurde schon mit der Bildung gentiler Reiche auf dem Boden des christlichen spätrömischen Imperiums angelegt und verfestigte sich in der Folgezeit nicht zuletzt durch päpstliche Ordnungsvorstellungen. Sie strebten eine Gesellschaft nationaler Monarchien unter der Suprematie des Nachfolgers Petri an, und damit setzte sich seit dem hohen Mittelalter bei den politisch und gesellschaftlich entscheidenden Kräften der europäischen Reiche außerhalb des Imperiums das Bewußtsein eigener staatlicher und historischer Valenz nachhaltig durch.[1] Über alle Transformationsprozesse hinweg blieb dieses Bewußtsein in jeweils veränderter, der Zeitlage angepaßter Form bestehen, verbreiterte seine Basis über die anfänglich begrenzte Trägergruppe hinaus in größere Bevölkerungsschichten und erreichte mit der Französischen Revolution jenen Punkt quantitativer Expansion ins Massenhafte, der die qualitative Wandlung des älteren Nationsbewußtseins zum modernen Nationalismus zur Folge haben mußte.[2]

Nation und Ethnos können deshalb nur im engen Bezug aufeinander verstanden werden, wobei die Ethnogenese zeitversetzt der schichtenspezifischen Nationsbildung folgt, denn sie braucht die Popularisierung tragender Elemente des Nationsbewußtseins, lebt von dessen vulgarisierten Inhalten

1 Ehlers 1995 und 1996b, jeweils mit Literatur. Für gentile Reichsbildung exemplarisch Kaiser 1997a, mit Forschungsbericht und Bibliographie.

2 Wichtig bleibt wegen der seltenen Breite seines vergleichenden Ansatzes Lemberg 1950; vgl. Lemberg 1971 sowie die Beiträge von Jacques Godechot (The New Concept of the Nation and its Diffusion in Europe, 13–26), Florence Gauthier (Universal Rights and National Interest in the French Revolution, 27–37) und Clive Emsley (Nationalist Rhetoric and Nationalist Sentiment in Revolutionary France, 39–52) zu Dann/Dinwiddy 1988. Ferner Jeismann 1992, Johnson 1993 (bes. 47–52) und Ehlers 1996e. England, Frankreich, Rußland, Deutschland und die USA vergleicht Greenfield 1995.

und teilweise auch in anderen Medien (Dichtung statt Historiographie oder Genealogie).[3]

Solche Prozesse waren in erster Linie Integrationsvorgänge, und deshalb gelangen sie am besten unter der Herrschaft einer erfolgreichen Dynastie.[4] Sie bildete den langfristig existenzsichernden Kern des politischen Verbandes, und in ihrem Umfeld konnten sich Traditionen bilden, die herrschaftslegitimierend wirkten. Dazu bedurfte es einerseits der Produzenten solcher Traditionen (in der Regel königsnahe Kleriker), andererseits der Rezipienten, die dauerhaft als politisch mächtige Trägerschicht in Frage kamen. Darüber hinaus waren materielle Bezugspunkte förderlich, mit denen die Inhalte der Tradition evokativ und affirmativ verbunden werden konnten (Krönungs- und Grabkirchen, durch Alter und Geschichte ehrwürdige Zentralorte, Insignien)[5], aber auch Riten und Zeremonien für die sichtbare Entfaltung einer Herrschaft, die sich ihres besonderen historischen Rechts und ihrer eigentümlichen Würde bewußt war, Erinnerungen schließlich an gemeinsame Herkunft, an Siege oder überwundene Krisen.

Eine solche Traditionsbildung war und ist immer dann besonders gut fundiert, wenn sie primär und selbständig aus dem eigenen politischen Verband heraus entwickelt wurde, auf ihn bezogen blieb und durch Kontinuität dessen inneren Zusammenhalt stärkte. Auseinandersetzung mit Fremdem war und ist demgegenüber fast durchgehend sekundär, und deshalb bieten xenophobische Topoi als solche keine Indizien für konsolidiertes Nationsbewußtsein,[6] sondern sind Ausdruck unspezifisch negativer Reaktionen in Begegnungs- oder Extremsituationen.

Im 19. Jahrhundert und weit über die Mitte des 20. hinaus haben Geschichtswissenschaft und (freilich in abnehmender Intensität) Publizistik in Deutschland die Frage nach dem Entstehen eines im ethnischen Sinne deutschen Reiches als zentrales Problem empfunden und diskutiert.[7] Dabei blieb das Bild von der deutschen Geschichte allerdings durch zahlreiche Brüche

---

3 Reiches, den Vergleich erleichterndes Material bieten die Beiträge zu Garber 1989. Instruktiv für das 19. Jh.: Flacke (Hrsg.) 1998, mit Vorwort von Étienne François/Hagen Schulze über „Das emotionale Fundament der Nationen", 17–32.

4 Zur Bedeutung des Königtums für Ethnogenese, Reichs- und Nationenbildung seit der Wanderzeit Wenskus 1977; Wolfram 1979; Ehlers 1996b; Moraw 1985, 155–169; Schneider 1989; exemplarisch zur Traditionsbildung Schneidmüller 1979.

5 Krüger 1971; Erlande-Brandenburg 1975; Gerson 1986; Meyer 2000; C. Ehlers 1996; Schramm/Mütherich 1962.

6 Diese Fehleinschätzung kennzeichnet die Arbeiten von Kirn 1943 und Schmugge 1982.

7 Nachweise bei Ehlers 1996c und 1998, 3–10; 63–73.

gekennzeichnet, die sich aus den ebenso langen wie intensiv ausgeformten einzelstaatlichen Traditionen und den entsprechend vielfältigen Geschichten unterhalb der Reichsgeschichte ergeben hatten.[8] Jede auf Einheit der deutschen Nation gerichtete Historiographie erklärte diesen Befund aus dem Partikularismus sowohl der geistlichen als auch der weltlichen Fürsten und nahm damit Differenzen auf, die sich schon im Zusammenhang mit der Reformation ergeben, seither aber erheblich verschärft hatten. Durch polemische Abwertung großer Teilbereiche der deutschen Geschichte des Mittelalters, vor allem seiner Kirchengeschichte, ging erhebliche Substanz an gemeinsamer traditionaler Identität verloren; an der Norm des postrevolutionären Einheitsstaates gemessen war die deutsche Monarchie des Mittelalters gescheitert und für eine nationale Erfolgsgeschichte allenfalls bis zum Ende der Staufer brauchbar. Dieser Befund zwang die nationale Bewegung zu erklärenden Hilfskonstruktionen, denn sie mußte das Feld des staatlich-politischen Diskurses verlassen, um den Anspruch auf nationale Einheit gleichwohl historisch begründen zu können.

Das wichtigste dieser Erklärungsmodelle, philologisch gestützt und von der gleichzeitig entstehenden kritischen Geschichtswissenschaft mit besonderer Dignität versehen, beruhte auf der humanistischen Gleichsetzung der Deutschen mit den Germanen[9] und der daraus abgeleiteten Behauptung, daß ein deutsches Volk schon seit der römischen Kaiserzeit existiert habe.[10] Als naturwüchsige Größe nicht weiter ableitbaren Rechts wäre dieses Volk nicht nur älter als jede unter römisch-christlichem oder gallofränkischem Einfluß vollzogene Reichs- und Staatsbildung, sondern allen diesen Formationen ethisch-moralisch überlegen. Eine solche ethnozentristisch verstandene, auf gemeinsamer Abstammung und auf Blutsbanden beruhende, deshalb wenig modifizierbare unpolitische Identität von der sog. „Vorzeit“[11] bis in die Gegenwart ließ sich aber mit dem Quellenmaterial der allgemeinen Geschichtswissenschaft nirgendwo nachweisen, so daß die Begründung anderweitig gesucht werden mußte, nämlich in der Fiktion einer von Alters her gemeinsamen Sprache und Kultur.

Das führte wissenschaftsorganisatorisch zur Vorherrschaft einer umfassend verstandenen Germanistik bei der Erforschung nationaler Frühgeschichte und

---

8 Nipperdey 1992, 250ff.

9 von See 1970; Ridé 1979; Krapf 1979; Mertens 1992; Münkler et al. 1998, 163–305.

10 Waitz 1880, 32ff. Über die ideengeschichtlichen Folgen und politischen Konsequenzen Gollwitzer 1971, von See 1983 und neuerdings Puschner 2001.

11 Vgl. noch den Titel von Wattenbach et al. 1952.

schließlich zu einer Germanenideologie, deren Popularität in umgekehrtem Verhältnis zu den empirischen Grundlagen einer generalisierenden Beschreibung des Germanischen stand.[12] Die Frage nach der Entstehung eines im ethnischen Sinne „deutschen" Reiches im Mittelalter gehört deshalb zur Problemgeschichte historischer Urteilsbildung; sie läßt sich nur in sehr begrenztem Sinne funktional auf politische und verfassungsgeschichtliche Abläufe beziehen. Nimmt man dagegen das Selbstverständnis mittelalterlicher Zeitgenossen zum Maßstab, so gewinnt man Anhaltspunkte für die genetisch wichtigen Elemente früher Nationsbildung. Durch Vergleich lassen sie sich konkretisieren und empirisch sichern.

Dabei sind methodische Vorgaben aus der Ethnosoziologie hilfreich, die Reinhard Wenskus für die Erforschung gentiler Bildungen der Wanderzeit adaptiert und zur Interpretation seiner Befunde genutzt hat.[13] Diese Methoden sind auf die Zeugnisse des Früh- und Hochmittelalters übertragbar, solange in sehr allgemeiner Weise nach den Elementen gefragt wird, die bei der Integration von Großverbänden mitwirken.[14] Ein solcher allgemeiner Ausgangspunkt verschafft willkommene Distanz zum Gegenstand, denn er befreit von den Wunschvorstellungen der eigenen Zeit und lehrt den Unterschied begreifen zwischen dem, was die Trägergruppen frühen Nationsbewußtseins wollten und propagierten einerseits, den Konstellationen und Kräften, die Integration im Einzelfall tatsächlich gelingen ließen, andererseits.

Eine solche Differenzierung zwischen intentionalen und funktionalen Daten öffnet den Blick auf die bestimmende Rolle fiktiver Bestandteile des jeweiligen Geschichtsbewußtseins und zugleich auf die pragmatisch-politischen Konsequenzen solcher Fiktionen. Sie zeigt aber auch die konstante Bedeutung politischer Rahmenbedingungen, ohne die ein kollektives Bewußtsein auch der frühen Nation sich nicht am Leben erhalten konnte.

Wichtigste dieser Bedingungen war offensichtlich das Königtum, von dessen Erfolg die Existenz politischer Verbände abhing. Noch im Jahre 584 beschwor der merowingische König Gunthram eine zum Gottesdienst versammelte Menge, ihn nicht zu töten, denn „sonst könnte es geschehen, [...] daß ihr nach meinem Tode auch zugrunde geht, weil dann von unserer Familie kein starker Vertreter mehr da sein wird, der euch verteidigen könnte."[15] Auf

---

12 von See 1994; Beck 1998; Pohl 2000, 5–7.

13 Wenskus 1977, bes. 1–13.

14 Ehlers 1996a.

15 „[...] ne forte contingat, [...] ut [...] me defuncto simul pereatis, cum de genere nostro robustus non fuerit qui defensit" (Greg.Tur. 7,8).

dem Fundament der Monarchie gediehen feste Vorstellungen über die eigene Vergangenheit, bildeten sich Traditionen, die Reales und Erfundenes in der Art der *origines gentium* schier unlösbar zusammenfügten, der Wirklichkeit gegenüber selektiv verfahrend. Die neuzeitlich-romantische Vorstellung, daß am Anfang einer Nation das biologisch-naturhaft konstituierte und damit aller Geschichte vorausgehende Volk steht, das sich seinen Staat schafft,[16] ist offensichtlich falsch, denn die politischen Einheiten haben ethnogenetische Abläufe erst in einer zweiten Phase ihrer Existenz freigesetzt. Solche Ethnogenesen nährten sich aus den Bildern, Vorstellungen und Normen ihrer eigenen Geschichte.[17]

Ein Vergleich mittelalterlicher Reichs- und Nationsbildungen liefert dafür die Anschauung. Deutschland und Frankreich haben von annähernd identischen Ausgangsbedingungen her, nämlich als Nachfolgestaaten des karolingischen Großreiches, zwar verschiedene Wege eingeschlagen, aber trotz weitgehender Durchsetzung des Prinzips der freien Königswahl und der stärkeren Mitwirkung des Adels am Reich hat die karolingische Tradition als Staatstheorie und Reichskultur in beiden Ländern erstaunliche Lebenskraft bewiesen.[18] Mit dem Königtum Ottos des Großen wurden Teile dieser karolingischen Tradition für eine Herrschaft reaktiviert, die mit der Kaiserkrönung 962 ihre höchste Legitimation erreichte. Im Westen hat sich demgegenüber unter den spätkarolingischen Königen zunächst ein neues, regionalisiertes Herrschaftskonzept Bahn gebrochen, das auf die Gleichsetzung von karolingisch und fränkisch hinauslief und diese Identität für den Westen monopolisierte, bis hin zum Landesnamen *Frankreich.*[19]

Akkulturationsunterschiede auf dem Boden des ehemaligen fränkischen Großreichs haben diese Auseinanderentwicklung gefördert. Dem weithin romanisierten gallofränkischen Westen mit den ehrwürdigen merowingisch-karolingischen Zentralorten Reims, Tours, St-Denis, Soissons in der Basislandschaft zwischen Loire und Seine, Seine und Maas standen die nur im Ansatz frankisierten *gentes ultra Rhenum* gegenüber, die Ludwig II. („der Deutsche") zwischen 840 und 876 zu einer relativ festen politischen Einheit verbinden konnte, gegliedert in die vier *regna* Bayern, (östliches) Franken,

---

16 Völkische Eigenart als Triebkraft staatlicher Integration behauptete Hugelmann 1931 und noch 1955, 377–409. Auch Schlesinger 1975, 533 ging hier wie auch in allen übrigen Arbeiten vom „Prinzip der Volksgeschichte" aus.

17 Graus 1975.

18 Brühl 1990, 353–529; Werner 1984a; Werner 1984b.

19 Classen 1983; Werner 1976, 765–783; Schneidmüller 1987.

Alemannien und Sachsen. Die Bedeutung Sachsens war schon damals erkennbar und steigerte sich unter Ludwigs Nachfolgern so weit, daß additive Formulierungen wie *omnis Francia Saxoniaque*[20] oder *tota Francia et Saxonia*[21] das ganze ostfränkische Reich bezeichnen konnten.

Zur Ethnogenese aber kam es zunächst und noch lange nicht auf der Grundlage des ostfränkischen Königreiches, das niemals ein „frühdeutsches" gewesen ist,[22] sondern innerhalb der karolingischen *regna*. Die Völker der *Baioarii*, *Saxones*, *Franci*, *Alemanni* können demzufolge nicht als Exponenten „deutscher Stämme" angesehen werden, als Untereinheiten eines schon bestehenden „deutschen Volkes", denn es waren eigenständige Bildungen, die sich erst spät auf den Weg supragentiler Einheit begeben haben. Dieser mühsame, bis in die Neuzeit retardierte und auch heute noch nicht ganz abgeschlossene Prozeß ist ein wesentliches Strukturmerkmal der deutschen Geschichte, die folgenreich mißdeutet wird, wenn man die Endphase zum Ausgangspunkt macht und die Quellen gegen ihre Möglichkeiten zum Reden bringen will.

Aus dem Nebeneinander dieser gentil verfaßten *regna* ergibt sich zwangsläufig die Frage nach den Gründen, die das Königreich gleichwohl als ein Ganzes fortbestehen ließen und ihm seine überaus lange Lebensdauer sicherten, hin zum Heiligen Römischen Reich deutscher Nation, das am Ende nur gewaltsam aufzulösen war. Letztlich beruhte dieses Reich auf dem Konsens der Aristokratie und war insofern eine permanente Herausforderung für die Könige, deren Hauptaufgabe im Herstellen eben dieses Konsenses bestanden hat.[23] Neben der Übernahme karolingischer Traditionen durch die sächsischen Herrscher förderten große Anfangserfolge, wie der Ungarnsieg auf dem Lechfeld und die Übernahme der Kaiserwürde, den inneren Zusammenhalt der Träger des Reiches, so daß im 12. Jahrhundert Otto von Freising den Beginn des *regnum Teutonicum* mit dem Kaisertum Ottos des Großen gegeben sah, der das Imperium an die *Teutonici Franci* zurückgebracht habe.[24]

Diese hochmittelalterliche Lehre von der Fundierung einer fränkisch geprägten deutschen Nation durch die Kaiserwürde stand in scharfem Gegensatz zu früher erkennbaren Bestrebungen Papst Gregors VII., seinen Gegner Heinrich IV. weder als *rex* noch als *imperator Romanorum* zu respektieren, sondern ihn als *rex Teutonicorum* in die Reihe der christlichen National-

---

[20] Breviarii Erchanberti Continuatio (MGH SS 2, 327–330), 329.
[21] MGH DD Arn., 62.
[22] Eggert 1973; Eggert/Pätzold 1984.
[23] Keller 1982; Althoff 2000, 230–247.
[24] Otto Fris. 6,17.

könige seiner Zeit zu stellen, sein Reich demnach als *regnum Teutonicum* vom Imperium zu scheiden.[25] Man sieht, wie die hitzigen Debatten des 19. Jahrhunderts um den Sinn der mittelalterlichen Kaiser- und Italienpolitik[26] gleichsam mit verkehrten Fronten geführt worden sind, denn eben das, was die kleindeutsch-protestantischen Kritiker ultramontanen Kräfteverschleißes empfahlen, hatte ein Papst schon 800 Jahre zuvor angeboten: Ein deutsches Reich nördlich der Alpen, national auf sich bezogen wie die französische oder die englische Monarchie.

Warum lehnten Heinrich IV. und seine Nachfolger das ab, sichtlich einig mit den Großen ihres Reiches, deren Familien über Jahrhunderte im Dienst des Imperiums hohe persönliche Opfer gebracht haben? Offensichtlich deshalb, weil das Bewußtsein vom hohen Rang des karolingisch tradierten und römisch-heilsgeschichtlich definierten Kaisertums, über das Otto von Freising gesprochen hatte, weit verbreitet und Gemeingut des politischen Denkens der maßgeblichen Zeitgenossen war. Später angeführte pragmatische Motive für die Übernahme und dauernde Erneuerung des christlichen römischen Imperiums (wirtschaftliche Vorteile des Zugriffs auf Italien, Rangsteigerung der deutschen Könige und Festigung ihrer Vormacht in Europa, kirchenpolitische Aspekte)[27] haben selbstverständlich ihre Wirkung getan, aber unter dem Gesichtspunkt der politischen Integration des Reiches traten sie zurück. Ohne das einigende Band imperialer *auctoritas* des Königs, ohne dessen Legitimation aus dem römischen Kaisergedanken, ohne heilsgeschichtlichen Rang und die spirituelle Qualität eines eschatologisch verstandenen Weltreiches[28] wäre der konsensuale Verbund der *regna* auf die Dauer nicht lebensfähig gewesen. Über die gewaltige räumliche Ausdehnung dieses Reiches hinweg, für dessen Durchquerung von West nach Ost ein Monat nötig war, das bei entsprechend reduzierter Kommunikation kräftige regionale Sonderentwicklungen freisetzte und sowohl demographisch wie auch ökonomisch inhomogen blieb, über solche Integrationshindernisse hinweg wirkte eine römisch formulierte politische Idee verbindend. Insofern verhalf das Kaisertum dem supragentilen Denken in Deutschland zum Durchbruch.

Die administrativen und politischen Strukturen des Reiches blieben freilich locker[29] und zeigen noch am Ende des 11. Jahrhunderts wenig integrative

[25] Müller-Mertens 1970.
[26] Schneider 1941.
[27] Smidt 1964.
[28] Moraw 1984; Moraw 1989.
[29] Müller-Mertens 1980; Keller 1991.

Elemente, unter denen das erfolgreiche Königtum der Ottonen funktional die größte Bedeutung hatte. Mit der Verlagerung der Herrschaftsbasis nach Sachsen steigerten sich andererseits die gentilen Traditionen dieser historischen Landschaft zu einem Selbstbewußtsein, das auf die Forderung nach Anerkennung sächsischer Sonderstellung im Reich hinauslief. Die „Nachwahl" Heinrichs II. durch den sächsischen Adel in Merseburg[30] zeigt das ebenso wie der Landtag von Werla, auf dem die Sachsen über die Annahme Konrads II. berieten, ehe sie dem schon gekrönten König zu Weihnachten 1025 in Minden huldigten.[31] Endgültig klar wurde das beim Kampf der sächsischen Großen gegen Heinrich IV., und im ganzen läßt sich sagen, daß alle Könige die politischen, wirtschaftlichen, intellektuellen und künstlerischen Kräfte nur gelegentlich reichsspezifisch zu bündeln vermochten: Diese Kräfte blieben überwiegend entweder regional oder gemeineuropäisch bestimmt. Dementsprechend blieb das Reich ein schwieriger Prozeß der Koordination personal bestimmter Kräfte und Kraftfelder, weniger ein staatlich verfaßter Zustand als ein grundsätzlich nicht vollendbares historischer Projekt.

Dabei sind seit den ostfränkischen *regna* des späten 9. Jahrhunderts auf dem Weg zu supragentiler Einheit und supragentilem Geschichtsbewußtsein mehrere Stadien durchlaufen worden. Vom historiographischen Erstbeleg für den Namen *regnum orientalium Francorum* in den Ostfränkischen Reichsannalen zu 838[32] bis zum *regnum Teutonicum* des Niederaltaicher Annalisten[33] war es ein langer Weg gewesen, der sein Ziel auch am Ende des 11. Jahrhunderts noch keineswegs erreicht hatte.

Beim Versuch, diese Retardierung zu erklären, sollte beachtet werden, daß die sächsischen Könige einen fränkischen Akkulturations- und Integrationsvorgang unterbrochen haben, der zur Zeit Ludwigs II. schon weit vorangekommen war und den man an den volkssprachigen Literaturdenkmalen ebenso ablesen kann wie an der weit über das spezifisch fränkische Siedlungsgebiet hinausreichenden Verbreitung fränkischer Rechtswörter, Orts-, Flur- und Landschaftsnamen.[34] Befand sich das Fränkische sprachlich und als zivilisatorischer Komplex auf dem Weg zu transgentiler Verallgemeinerung? Hätte das ostfränkische Reich Ludwigs zu einem „Frankreich des Ostens" werden können? In jedem Fall bedeutet die Zeit der sächsischen Könige trotz ih-

---

30 Schlesinger 1987.

31 Erkens 1998, 58f.; Wolfram 2000, 76f.

32 Ann. Fuld. 29.

33 Ann. Alt. 23, 31, 43, 49, 55.

34 Ehlers 1996d.

res Anspruchs, *reges Francorum* zu heißen, eine scharfe Zäsur mit erheblichen Verlusten an karolingisch-fränkischer Authentizität. Fränkische volkssprachige Literatur gab es hinfort nicht mehr, sächsische trat nicht an ihre Stelle, so daß die Literaturgeschichte der ottonisch-frühsalischen Zeit treffend als lateinische „Zwischenzeit" charakterisiert werden konnte.[35] Geschichten der deutschen Literatur füllen die Leerstelle mit lateinischen Werken,[36] und wir stehen in der Tat vor der paradoxen Situation, daß gerade jener Zeitabschnitt, in dem nach vielfach noch herrschender Überzeugung das deutsche Reich entstanden sein soll, durch den vollständigen Zusammenbruch aller volkssprachigen Traditionen gekennzeichnet ist. Die Gründe dafür liegen nicht nur in den Zerstörungen der Klöster und ihrer Bibliotheken während der ungarischen Invasionen, sondern auch und vor allem darin, daß die sächsischen Könige und ihre nähere Umgebung außerhalb der fränkischen Sprach- und Literaturtradition standen, so daß sie die fränkische Reichskultur nur unvollständig übernehmen konnten. Der Hof richtete sich politisch auf die karolingische Tradition aus, ohne aber den volkssprachigen Bezug zu seinem Vorbild herstellen zu können und entwickelte stattdessen ein imperial und deshalb römisch bestimmtes Reichsbewußtsein. Weder Widukind von Corvey noch Hrotsvith von Gandersheim hatten Veranlassung, sich *saxonice* in dem Sinne zu äußern, in dem Otfrid von Weißenburg *frenkisg* geschrieben hatte.[37] Weil dieser Verlust supragentil nicht wirksam kompensiert wurde, blieb es bei der im ganzen mühsamen Anknüpfung an die lateinische Literaturtradition der Karolingerzeit. Erst im Annolied findet sich um 1080/85 der wohl früheste Ansatz einer Synthese der Einzelüberlieferungen aus den *regna* zu einer *origo gentis Teutonicorum.*[38] Dieser Versuch, das Reich auf eine deutsche Nation zu beziehen, blieb indes vereinzelt; erst im Spätmittelalter ist die Verbindung von römischem Imperium und deutschem Regnum allmählich aufgelöst worden. Nun konnte der Straßburger Chronist Fritsche Closener († 1372/96) Rudolf von Habsburg loben, weil der nie *gen Rome* zog, sondern *in tutschen landen* blieb: *daz was dem lande gůt.*[39]

Auch für Frankreich ist die wissenschaftsgeschichtliche Dimension einer jeden auf die frühe Nation gerichteten Analyse zu beachten, denn dort war (und ist teilweise bis heute) die lange und narrativ klar demonstrierbare Kon-

---

35 Brunhölzl 1992 (Bandtitel).
36 de Boor 1979, 96–101; Kartschoke 1990, 174–201; Haubrichs 1995, 146–151.
37 Thomas 1990.
38 Thomas 1983.
39 Fr. Clos., 56.

tinuität des französischen Staates eine feste, immer wieder argumentativ und nicht frei von politischer Pädagogik lebendig gehaltene Größe. An den mittelalterlichen Jahrhunderten faszinierte die suggestive Kraft einer monarchischen Kontinuität, der das moderne Frankreich seine Identität im wesentlichen verdankte; diese Theorie zog jenseits aller Revolutionen royalistische Geister ebenso an wie republikanisch gesinnte Protestanten. In seinen 1823 erschienenen *Essais sur l'histoire de France* setzte Guillaume Guizot die Existenz Frankreichs schon für die Zeit Chlodwigs als historischen Tatbestand voraus,[40] doch es gab auch Widerspruch. Augustin Thierry kritisierte die Eintönigkeit einer Geschichte, die das Land vom 5. bis zum 19. Jahrhundert unwandelbar mit sich selbst identisch bleiben ließ und wies auf die vielfältigen ethnischen Formationen hin, die nicht jedem Franzosen die Gallier oder die Franken als Vorfahren plausibel erscheinen lassen könnten.[41] Die vom Norden ausgehende Vereinigung des Landes bis zum Mittelmeer war für Thierry ein wichtiges Kriterium zur Definition der historischen Identität und Individualität Frankreichs gewesen; nicht das Volk, sondern die Lehnshoheit der Könige bildete seiner Ansicht nach die Klammer eines alle Teile der alten *Gallia* integrierenden *système politique*.

Verglichen mit der deutschen Geschichtswissenschaft, die teilweise bis heute für jede Staats- und Nationsbildung ein ethnisches Substrat als entscheidende Triebkraft voraussetzt, liegt die Modernität der Betrachtungsweise Thierrys darin, den Vorgang politisch, konstitutionell, theoretisch und rechtsgeschichtlich begriffen zu haben. Dieser Ansatz läßt sich empirisch stützen, wenn wir die Französische Revolution und ihre Folgen als universalhistorische Epochenscheide auch für unser Thema berücksichtigen.[42] Mit dem Ende der aristokratisch-monarchischen Gesellschaft nämlich versanken nicht nur ihre politischen Wertsysteme, sondern auch sehr reale Bezüge sozialer Gruppen auf das Gemeinwesen. Erst durch die Revolution wurden alle Bürger zu Trägern des Staates, das politisch (nicht aber ethnisch!) durch *citoyens* (nicht etwa „Volksgenossen“) konstituierte Volk setzte sich als Nation an die Stelle des monarchischen Souveräns.[43] Dabei durfte niemand abseits stehen, denn wer die Nation nicht aktiv förderte, der schwächte sie und wurde damit nicht nur zum Staatsfeind, sondern auch zum Gegner der universalen Menschen- und Bürgerrechte, zu deren Realisierung die revolutionäre Nation an-

40 Guizot 1868, 45–56 u.ö.
41 Thierry 1836, 7–18 u.ö.
42 Dazu in vielfacher Variation die Beiträge zu François et al. 1995.
43 Nora 1988; Schnapper 1994.

getreten war. Eine allgemeine, die Massen vollständig erfassende Verbreitung des nationalen Bewußtseins ist zwar in der Praxis niemals erreicht worden,[44] macht aber als Postulat eben deshalb Wirkung und Verbreitung moderner Nationalismen aus. Der seither mögliche totalitäre Bekenntniszwang kann zum Fundament des Terrors werden, in der freiwilligen Zustimmung aber sahen die bürgerlichen Nationalstaaten des 19. Jahrhunderts ihre Stärke. Im Prinzip hatte jeder Landesbewohner Anteil an der Nation und wurde erst durch aktive Zustimmung zum Staatsbürger.

Wenn moderne Nationenforschung[45] hinter diese Epoche zurückführen will, so muß sie an den mittelalterlichen Abläufen selbst Kriterien für die Verbindung von Monarchie und Tradition, von Nationsbewußtsein und Ethnogenese entwickeln. Dabei zeigt sich zunächst, daß wir nicht von mehr oder weniger rudimentären Vorstufen der modernen Nation ausgehen sollten, denn wir finden qualitativ sehr eigenständige Gebilde vor, die mit der Revolution und der ihr folgenden Ausformung der industriellen Massengesellschaft nicht nur modifiziert, sondern in wesentlichen Teilen vernichtet worden sind. Das französische Beispiel ist für den Vergleich besonders gut geeignet, weil festgefügte Irrtümer hier präzis und eindeutig korrigiert werden können. Weder ein französisches Volk noch die französische Nation standen am Anfang, sondern beide waren das Ergebnis einer Geschichte, die von den Königen, dem weltlichen und dem geistlichen Adel bestimmt worden ist.[46]

Ebenso wie das Gebiet des ostfränkischen Reiches war auch das des westfränkischen, die alte *Gallia*, von mehreren Völkern besiedelt, die sich im Rahmen der politisch-administrativen Raumordnung des römischen Reiches ethnisch konsolidiert hatten. Die vom Niederrhein ausgegangene fränkische Eroberung[47] hatte zwar seit Anfang des 6. Jahrhunderts ganz Gallien militärisch erfaßt, zu bäuerlicher Siedlung war es aber in nennenswerter Verdichtung nur bis zu Seine gekommen, so daß der Schwerpunkt schon des merowingischen Frankenreiches im Norden lag. Diese Großlandschaft *Francia/Neustria* zwischen Loire und Maas war der materielle und ideelle Bezugsraum der fränkischen Könige; hier lagen die großen Zentralorte, hier hatte die galloromanisch-fränkische Synthese ihre größte Kohärenz erreicht.[48] In diesem Raum lag das bildende Zentrum der später so genannten fränkischen Reichskultur,

---

44 „Frankreich' bedeutet Vielfalt": Braudel 1989, 31.
45 Beumann/Schröder 1978; Werner 1992; Dann 1994; Ehlers 1995; Berding 1996.
46 Ehlers 1987; Favier 1989; Werner 1989.
47 Zöllner 1970; Ewig 1988, 9–31; Kat. Franken 1996, 1, 55–170.
48 Atsma 1989.

von hier aus ist in einem sehr langgestreckten Prozeß aus dem Westfränkischen Reich *Frankreich* geworden, weil der Frankenname an den Bewohnern dieses Gebietes haften blieb, obwohl sie in ihrer Mehrheit nicht Franken, sondern Galloromanen gewesen sind.[49] Die fränkisch-französische Ethnogenese kann deshalb ihrer Grundstruktur nach als Überlagerungs- und Akkulturationsprozeß beschrieben werden.

Einen ähnlichen Vorgang können wir zwischen dem Oberlauf der Loire und der Saône bei den frühmittelalterlichen *Burgundiones* beobachten, denn bei ihnen handelte es sich um romanisierte Kelten, die sich mit der erobernden Minderheit der Burgunden vermischt hatten.

Südlich der Loire lebten die Aquitanier, Kelten mit iberischem Einschlag, sehr weitgehend romanisiert und von der Eroberung durch die Westgoten kaum beeinflußt, weil diese nach ihrer Niederlage gegen die Franken und dem Ende des Tolosaner Reiches im Jahre 507 zum größten Teil über die Pyrenäen abgezogen waren.

Franci, *Burgundiones* und *Aquitani* hatten durch die verschiedenen Ausgangsbedingungen ihrer politischen Existenz als verfaßte Großverbände je spezifische Formen eines Eigenbewußtseins entwickelt, das besonders bei den Aquitaniern sehr ausgeprägt war. Sie hatten deshalb schon innerhalb des Merowingerreiches eigene Herzöge und bei den Karolingern Unterkönige gehabt, waren auf Unabhängigkeit des eigenen *regnum* bedacht und traten notfalls militärisch dafür ein. So deutlich wurden Franken, Burgunder und Aquitanier als Hauptvölker des Reiches angesehen, daß man noch im 11. und 12. Jahrhundert vielfach ihre Namen aufzählte, wenn man das Frankenreich als Ganzes bezeichnen wollte.[50] Die *Francia Saxoniaque* des Ostens hatte hier ihre Entsprechung.

Ein solcher Sprachgebrauch schließt die Übersetzung von *Francus* als „Franzose“ aus und ebenso die Annahme eines frühen *französischen* Gemeinschaftsbewußtseins. Das wird umso deutlicher, wenn wir die reale ethnische Vielfalt noch über diese drei Hauptvölker hinaus in den Blick nehmen.

Im südlichen Aquitanien, zwischen Rhônemündung und Pyrenäen, in Septimanien, hatte sich aus gallorömischer Bevölkerung und westgotischer Führungsschicht das neue Ethnos der *Goti* zu bilden begonnen, denn dieses Gebiet war nach 507 als ostgotisches Protektorat den Westgoten erhalten geblieben. Als Septimanien nach 750 ins Frankenreich eingegliedert wurde, blieb das westgotische Recht bestehen und bildete die Grundlage für einen Integra-

---

[49] Konziser Überblick zu den ethnischen Grundlagen Frankreichs bei Kienast 1974/75, 1, 15–23.

[50] Kienast 1968a, 29–34; Brown 1992.

tionsprozeß, der westgotische Minderheit und galloromanische Mehrheit auch weiterhin zusammenführte.[51]

Alle bisher genannten Völker und Regionen waren durch die ihnen gemeinsame romanische Sprache bis zu einem gewissen Grade abgesetzt von Basken und Bretonen, die in dieser Hinsicht bis heute eine Sonderstellung einnehmen. Die Bretonen haben ihre Unabhängigkeit vom Frankenreich immer verteidigt und sie am Ende des 9. Jahrhunderts faktisch erreicht; indem sie angrenzende Gebiete eroberten, entstand die noch heute im Land spürbare Differenz zwischen *Bretagne bretonnante* im Westen und *Bretagne française* im Osten der Halbinsel, ohne daß aber die politische Gemeinschaft beider Teile davon wesentlich berührt worden wäre.[52]

Die Basken, beiderseits der Pyrenäen und im Norden an der Atlantikküste bis auf die Höhe von Bayonne siedelnd, hatten ihre politische Verfassung im Herzogtum Gascogne[53] gefunden, zu dem seit Ende des 10. Jahrhunderts durch Eroberung das Gebiet von Bordeaux gehörte. Auch hier gab es eine zweisprachige Formation, die aber in den lateinischen Quellen hinter der Einheitsbezeichnung *Wasconia* verschwand.

In der chronologischen Ordnung zuletzt, von der Bedeutung her aber erstrangig, sind die Normannen zu nennen, deren wikingerzeitliches Landnahmegebiet an der unteren Seine im Jahre 911 vom westfränkischen König als Grafschaft im Frankenreich anerkannt wurde.[54] Mit dieser Anerkennung war die Christianisierung verbunden, der eine rasche Assimilation der skandinavischen Eroberer folgte, deren Sprache spätestens vor der Jahrtausendwende verschwunden ist.

Angesichts dieser Gesamtlage eines sich ethnisch immer weiter differenzierenden Großraumes konnte der Reimser Geschichtsschreiber Richer schon am Ende des 10. Jahrhunderts rühmend sagen,[55] daß König Hugo Capet über viele Völker herrsche, und er nannte die *Galli* (womit er die Franken meinte), die Bretonen, die Dänen (Normannen), Aquitanier, Goten, *Hispani* (Bewohner der karolingischen Spanischen Mark) und Wasconen, die er sorgfältig von anderen regionalen oder lokalen Bildungen unterschied, den *Flandrenses* etwa, den *Pictavenses* oder den *Tholosani*. Es gab mithin keine fränkisch-ethnische Einheit, sondern eine bewußt wahrgenommene regionale Vielfalt,

[51] Lewis 1965, 6f., 39f., 95f., 179–191, 384f. Kienast 1968b, 74–95.
[52] Kienast 1968b, 115–119; Fleuriot 1980.
[53] Lewis 1965, 100f., 138f., 207f., 321f., 366f., 384–390; Kienast 1968b, 125–130.
[54] Werner 1979c; Bates 1982, 2–43; Musset 1985.
[55] Richer 4,12, S. 239.

die (und das zeigt der Bericht Richers sehr klar) unter einer Herrschaft in einem Reich verbunden zu haben als äußerst ruhmvoll für den König angesehen wurde. Der politische Ehrgeiz ging demnach in eine ganz andere Richtung als sie der Nationalstaat moderner Prägung weist, nämlich gerade nicht auf das Ziel ethnischer Homogenität, sondern auf die Verbindung vieler Völker unter einer Herrschaft.

Diese Verbindung aber war zur Zeit Richers noch nicht gelungen, denn als die kapetingischen Könige um die Jahrtausendwende die Herrschaft ihrer Familie aufzurichten und zu stabilisieren begannen, mußten sie sich auf einer sehr schmalen Basis politischer, militärischer und ökonomischer Macht bewegen.[56] Geblieben waren dem westfränkischen Königtum nur geringe Güter in der Île-de-France und im Raum Orléans; verglichen mit den ostfränkisch-deutschen Königen, die seit 962 das durch Karl den Großen einst erneuerte römische Kaisertum übernommen hatten, waren die frühen Kapetinger Machthaber minderer Qualität.

Das ist freilich nur der oberflächliche Eindruck aus beschränkter Perspektive, denn mittelalterliches Fürstentum konnte aus säkularer Macht allein nicht existieren, umso weniger die Könige. Wenn die Kapetinger sich als Nachfolger der Karolinger und damit als fränkische Könige verstanden und entsprechend propagierten, so beanspruchten sie die Amtsnachfolge der ältesten katholischen Monarchie auf dem Boden des ehemaligen weströmischen Reiches, denn mit seiner in Reims vollzogenen Taufe war der erste fränkische Großkönig Chlodwig um das Jahr 500 zum Bekenntnis des Kaisers in Konstantinopel übergetreten, und er unterschied sich damit von allen anderen barbarischen Herrschern auf Reichsboden, die als Arianer niemals vollständig in die Hierarchie des Imperiums eingegliedert werden konnten.[57]

Diese besondere christliche Qualität der Franken und ihrer Könige ist seitdem festgehalten worden, und mit der Fortexistenz eines politischen Verbandes, der den Frankennamen weiterführte, gingen Traditionen einher, die große integrierende Kraft beweisen sollten. Schon aus merowingischer Zeit stammt die Überzeugung, daß die Franken ursprünglich eine versprengte Abteilung der Trojaner gewesen wären, nach dem Fall der Stadt geflüchtet, im Rheinland neu angesiedelt und im römischen Gallien als Eroberer und Reichsgründer wieder zu historischer Bedeutung gelangt.[58] Spottete die histo-

---

[56] Ehlers 2000, 27–65.
[57] Zusammenfassend mit Forschungsbericht Kaiser 1997b, 33–43.
[58] Graus 1975, 81–89.

rische Quellenkritik noch in der Mitte des 20. Jahrhunderts über diese vermeintlichen „Erzeugnisse einer kindischen Gelehrsamkeit und kecker Erfindung",[59] so verkannte sie dabei die Funktion der Geschichte, die den Franken zum Rang eines antiken Volkes verhalf und sie neben der römischen Aeneas-Tradition bestehen ließ. Politischer Wille zur Integration der Franken und Galloromanen, Streben nach Rangerhöhung steht hinter diesem Troja-Mythos, der bis in die Neuzeit zur Staatsdoktrin der französischen Monarchie gehört hat.

Ebenfalls aus merowingischer Zeit, genauer gesagt aus dem späten 6. Jahrhundert, stammt die Tradition, daß fränkische Könige in der Kirche des Kloster St-Denis bei Paris bestattet wurden.[60] Merowinger und Karolinger, Kapetinger und Valois, noch die Bourbonen haben auf diese Stätte Wert gelegt, die eben kein gewöhnliches Benediktinerkloster war, sondern Aufbewahrungsort der Ganzkörperreliquie des Heiligen Dionysius, der als einer der großen Gallienapostel des 3. Jahrhunderts galt und auf dem Pariser Montmartre, dem *mons martyrum*, um seines christlichen Bekenntnisses willen hingerichtet worden war. Die Könige und der Heilige ihres Landes waren früh verbunden, und der Rang des Heiligen wurde von den Mönchen seines Klosters dadurch gesteigert, daß sie ihn nicht nur mit jenem Dionysius gleichsetzten, der sich dem Apostel Paulus auf dem Areopag in Athen angeschlossen hatte, sondern auch mit dem Verfasser eines Corpus neuplatonischer Schriften aus dem zweiten Jahrzehnt des 6. Jahrhunderts, das für die christliche Theologie und Bibelexegese jahrhundertelang außerordentlich einflußreich und wirkmächtig gewesen ist.[61]

Diese Verbindung dreier Personen zu einem dadurch aufgewerteten Patron gehört ins 9. Jahrhundert und damit in die Zeit der Karolinger, deren Herrschaftsantritt mit der sichtbaren Umgestaltung der Königsherrschaft zu einem christlichen Amt verbunden war. Seit 751 gibt es im christlichen Europa die Herrscherweihe, die Einführung des Königs in seine Würde im Rahmen einer Meßfeier, verbunden mit der Spendung des Sakraments der Salbung,[62] die ihn zum *christus Domini* machte, zum Gesalbten des Herrn, aber auch eine zumindest formale Idoneitätsprüfung durch Bischöfe und die Lei-

---

[59] Wattenbach et al. 1952, 111.

[60] Krüger 1971, 171–189; Erlande-Brandenburg 1975, 68–86. Für die spätere Zeit Giesey 1987.

[61] Dazu Roques 1983; zur Entstehung der Legende Loenertz 1951; über die Wirkung Graus 1975, 148–158, Patschovsky 1978 und Lombard-Jourdan 1989.

[62] Affeldt 1980; Nelson 1986, 283–307; über die Vorstufen Angenendt 1982; zum Salbungsbrauch bei den Westgoten seit 672 Claude 1970, 87–91; zu Rezeption und Umsetzung christlicher monarchischer Theorie der Spätantike Anton 1968 und Nelson 1986, 133–171.

stung einer *promissio* voraussetzte, eines Schutzversprechens für die Kirche mit Verpflichtung auf bestimmte ethische Normen. Zwar teilte der König von Frankreich diese Qualität des geweihten Herrschers mit allen anderen christlichen Monarchen seiner Zeit, aber das ihm gespendete Sakrament wurde durch Zugriff auf eine seit dem Ende des 9. Jahrhunderts wirksame Tradition im Wert einzigartig erhöht. Bei der Taufe Chlodwigs (deren Rang in christlich-imperialer Sicht schon erwähnt wurde) habe eine Taube das notwendige Katechumenenöl vom Himmel gebracht, und von dieser Gabe des Heiligen Geistes würden seither dem Salböl für die Krönung des Königs von Frankreich einige Tropfen beigemischt. Erst während der Plünderungen im Zusammenhang mit der Französischen Revolution ist die Heilige Ampulle im Reimser Remigiuskloster zerschlagen worden.[63]

Alle diese Legitimationskomplexe sind im Laufe der folgenden Generationen weiterentwickelt worden und haben seit dem 13. Jahrhundert zu einem präzis geordneten System gefunden, das der Krönungsordo von Reims in den Jahren 1260/74 für die Zukunft festlegte.[64] Im Krönungsablauf wurde durch die fortlaufende Rechtshandlung vor Zeugen sichtbar gemacht, was den König von Frankreich von allen anderen Menschen unterschied.

Diese Kontinuität der Traditionsbildung, verbunden mit der Fähigkeit, deren Elemente im Laufe der Zeit zu systematisieren und auch zu popularisieren, unterschied das französische Königtum fundamental von seinem östlichen Nachbarn, der nichts Vergleichbares vorzuweisen hatte. Den wichtigsten Grund für diese so auffallend gespaltene Entwicklung dürfen wir in den Umständen der jeweiligen Reichsbildung und -geschichte sehen: Während das Reich der Ottonen aus einem Zusammenschluß der vier großen *regna* entstanden ist, durch Konsens gebildet und nur in den Anfangsjahren Heinrichs I. noch des militärischen und politischen Anpassungsdrucks bedürftig, entstand Frankreich im Zuge einer Jahrhunderte währenden Anschlußbewegung, die vom Königtum ausging, zu Anfang des 13. Jahrhunderts ihren Durchbruch erlebte, aber im Hundertjährigen Krieg noch einmal schwer gefährdet worden ist.[65] Einer in wenigen Jahren gefestigten Großmacht, die bald darauf das Kaisertum Karls des Großen übernehmen konnte, stand im Westen ein Königtum gegenüber, das sich auf schmaler Machtbasis behaupten mußte. Während sich die ottonischen Herrscher seit 962 auf die höchste denkbare Legitimität berufen konnten, auf die des römi-

---

[63] Schramm 1960, 1, 145–150 und 2, 95–98; Le Goff 1986; Brown 1991.
[64] Ehlers 2000, 191–194.
[65] Favier 1980, 403–575; Favier 1989, 365–401.

schen Imperiums, standen die Kapetinger durch die Umstände bei der Erhebung Hugo Capets und wegen der Beseitigung der letzten Karolinger im Ruch der Usurpation[66] und mußten möglichst rasch eine Legitimitätstheorie aufbauen, die ihnen keineswegs leichthin zugefallen ist. Hatte der ostfränkisch-deutsche König und römische Kaiser eine differenzierte theoretische Begründung seiner Herrschaft nicht nötig,[67] so war der französische König noch lange auf eine elaborierte Theorie angewiesen, die von Generation zu Generation im Gedächtnis gehalten und zunächst additiv ausgebaut, am Ende aber rationalisiert und systematisiert worden ist. Die Elemente dieser *religion royale* mochten einer aufgeklärten Geschichtswissenschaft fiktiv und konstruiert erscheinen, den Zeitgenossen waren sie Geschichte, Verdienst, Beweise für die Gnade Gottes, der die Leistungen des *rex christianissimus* auszeichnend anerkannte.[68]

Solche Tradition und Kontinuität war lebenswichtig, weil das französische Königtum noch über lange Zeit keinen staatlichen Vorsprung für sich geltend machen konnte, denn auch die großen Fürstentümer des Landes (Normandie, Champagne, Anjou, Maine und andere) waren selbstverständlich Staaten.[69] Nur durch die Nachfolge der Karolinger und die als Sakrament gespendete Weihe unterschied sich der König von den *principes* in seinem Reich, und er konnte Regierungsgewalt nur dort ausüben, wo die wenigen ihm zunächst verbliebenen Güter und Rechte ihm das erlaubten.[70] Anders als Deutschland bietet sich Frankreich bis in die zweite Hälfte des 12. Jahrhunderts als ein System mittlerer Fürstenstaaten dar, das seine Existenz dem Interesse aller daran Beteiligten am Status quo verdankte. Der König wirkte als ideeller Repräsentant des Frankenreiches, ein Status, der sich im gleichfalls ideellen Vorrang des Oberlehnsherrn ausdrückte. Im Konkurrenzkampf der Aristokratie standen dem König verschiedene Möglichkeiten zum steuernden Eingriff offen: Die Förderung des einen gegen mächtige Konkurrenten, die Anerkennung des loyalen Verbündeten, der seine Nähe gesucht hatte, die Vernichtung eines Feindes durch das Bündnis mit dessen Gegnern, vorzugsweise aber die

66 Werner 1979b; Baldwin 1986, 367–374; Brown 1990.

67 Der zeitweise im Dienst Friedrichs II. wirkende angesehene italienische Zivilrechtslehrer Roffredus de Epiphanio († nach 1244) hatte von deutschen Scholaren gehört, sie brauchten die *leges* nicht zu studieren, weil ihr Kaiser als *lex animata in terris* regiere: Bellomo 1985, 177, m. Anm. 194.

68 Le Goff 1996, Teil II („La production de la mémoire royale"), 317–522; für das Spätmittelalter Krynen 1981, 205–258.

69 Werner 1979a.

70 Brühl 1968, 220–309.

Förderung der nach Freiheit ihrer Kirchen und Klöster von adligem und fürstlichem Druck strebenden Bischöfe und Äbte, die sich an den karolingerzeitlichen Kirchenschutz sehr wohl erinnerten und den König immer wieder auf diese seine Pflicht hinwiesen.[71] Damit aber erkannten sie ihm auch Rechte zu und halfen, die Monarchie als Institution theologisch zunehmend klarer zu legitimieren.

Diese Unterstützung war umso wichtiger, je weiter das System durch unverhältnismäßigen Machtzuwachs eines seiner Glieder gesprengt wurde. Seit 1066 war der Herzog der Normandie auch König von England; 1119 wurde durch Heirat der Anfall der Loiregrafschaften an diesen anglonormannischen Machtkomplex vorbereitet; 1152 heiratete Heinrich Plantagenêt, Graf von Anjou und Herzog der Normandie, Eleonore, die Erbtochter des Herzogs von Aquitanien; als Heinrich II. wurde er 1154 zum König von England gekrönt: Von nun an umfaßte der anglonormannisch-angevinische Lehnsbesitz auf dem Kontinent einen so großen Teil des heutigen Frankreich, daß dessen Könige durchaus mit Recht um ihre Existenz fürchten mußten.[72]

Für eine französische Ethnogenese war dieser Zustand denkbar ungünstig, aber auch die Bildung der politischen Nation konnte sich nicht auf das Gebiet beziehen, das die Könige tatsächlich beherrschten. Das frühe französische Nationsbewußtsein, das Bewußtsein von der besonderen Einheit des Landes, ergab sich, darin den Verhältnissen in Deutschland strukturell vergleichbar, aus einem sehr viel umfassenderen, quasi jenseits praktikabler Machtpolitik verankerten Konzept, nämlich aus dem Legitimationsbereich der alten westfränkischen Monarchie, d. h. aus dem von der Westgrenze Lothringens zum Mittelmeer und zu den Pyrenäen sich erstreckenden Raum, für den der König von Frankreich Anerkennung als Oberlehnsherr beansprucht und grundsätzlich auch erhalten hat. Niemand konnte dort rechtmäßige Herrschaft ausüben (auch nicht der König von England in seiner Eigenschaft als Herzog der Normandie, Graf von Anjou und Herzog von Aquitanien!), der nicht als Vasall des Königs und also durch ihn dazu legitimiert worden war.[73]

Hierin liegt der Grund dafür, daß karolingische Tradition und Lehnrecht fast zwangsläufig zu Fermenten des inneren Zusammenhalts der französi-

---

71 Lemarignier 1962, 42–48, 143–145; Pacaut 1964, 77–90

72 Barlow 1999, 185–188; Bartlett 2000, 4–11; Ehlers 2000, 115–148. Zum Haus Anjou: Guillot 1972, über dessen Anfänge: Werner 1997.

73 Vorzüglicher Überblick bei Lemarignier 1970, 153–160, 255–63; die spätkarolingischen Grundlagen klärte Werner 1976, 738f., 776–779. Lot/Fawtier 1958. Über die lehnrechtliche Seite der angevinisch-kapetingischen Beziehungen Petit-Dutaillis 1971, 103–223.

schen Monarchie gerade in Zeiten ihrer größten Schwäche werden mußten. Geschichtsbewußtsein und ein starker Sinn für den gegenseitigen Bezug von Tradition, Recht und Politik entwickelten sich zu integralen Bestandteilen und spezifischen Kennzeichen eines Legitimationsschemas, das alles Handeln der Könige von Frankreich mehr oder weniger explizit begleitet hat.[74] Grundlage dieses Prinzips war eine historische Argumentation, die den König von Frankreich als Rechtsnachfolger der westfränkischen Karolinger sah und insofern die Grenzen des Verduner Vertrages akzeptierte, sich aber andererseits entschieden auf Karl den Großen berief.[75] Der Bezug auch des kapetingischen Hauses auf die Stätten der Karolinger signalisierte das deutlich genug: Die Grablegetradition gehörte ebenso dazu wie die früh gesuchte und dann stets aufrechterhaltene Beziehung zu Reims und seinen Erzbischöfen; vor allem aber zeigt sich der entschiedene Wille zur Übernahme von Traditionen in einer Historiographie, die den Gedanken der normsetzenden und die Nachfahren verpflichtenden karolingischen Vergangenheit immer wieder ansprach und sich nicht scheute, Berichte aus der eigenen Zeithistorie entsprechend, mitunter sogar mehrfach, umzuredigieren. Die für das kapetingische Haus arbeitende, im Kloster Fleury an der Loire ansässige Geschichtsschreibung hat dafür gesorgt, daß der Übergang von den Karolingern auf die Kapetinger am Ende nicht als Bruch und Epochenkrise in Erscheinung trat.[76]

An solchen Befunden zeigt sich eine Eigentümlichkeit traditionaler Gesellschaften, die immer wieder beobachtet werden kann und die für das Überleben solcher Verbände offenbar wesentlich ist: Die Überlieferungen, die das Fundament der historischen Identität bilden, müssen wandelbar sein, d. h., sie dürfen nicht in gelehrter Fixierung erstarren und auf die Stufe antiquarisch-professionellen Wissens von Fachleuten absinken, sondern sie müssen immer wieder die Fähigkeit bewähren, sich veränderten Zeiten und einem damit abgewandelten Bewußtsein der jeweiligen Zeitgenossen adäquat anzupassen.[77] Sie müssen umformbar sein. Das ist in Frankreich auch mit der Karlstradition geschehen, die nicht bei dem von Einhard im 9. Jahrhundert geschaffenen, einerseits monumentalen, andererseits durch sehr persönliche Züge bereicherten, aber eben dadurch auch festgelegten Bild des großen Kaisers stehenblieb, sondern dieses Bild erst in mündlicher, dann auch in schriftlicher Form mehr-

---

[74] Ehlers 1996b.

[75] Schneidmüller 1979.

[76] Spiegel 1978; Carpentier 1991. Zu Fleury (St-Benoît-sur-Loire) Vidier 1965.

[77] Grundsätzlich und weiterführend zu „Überlieferung und Geschichtsbewußtsein" Graus 1975, 1–26.

fach modernisierte.[78] Die uns seit der ersten Aufzeichnung des Rolandsliedes bekannten *Chansons de geste*, denen in Deutschland keine literarische Gattung entsprach, zeigen einen höfischen, auf ritterliche Verhaltensweisen und Mentalitäten ausgerichteten Kaiser Karl inmitten einer Gesellschaft, die im 12. und 13. Jahrhundert als zeitgenössisch empfunden werden konnte und den Anspruch des jeweils regierenden Königs auf Repräsentation der karolingischen Überlieferung und auf Karls Nachfolge immer wieder aktualisieren half.

Damit aber wirkte das literarisch und auch in der Historiographie faßbare traditionale Element auf die politisch-staatlichen Faktoren zurück, die ihm erst den Rahmen und die materiellen Voraussetzungen für spürbare Wirksamkeit gegeben hatten. Nicht lineares Messen von Ursachen und Wirkungen kann die Nationenforschung also zum Ziel führen, sondern auf das Erkennen von Interdependenzen kommt es an, letztlich auf Funktionszusammenhänge, die sich im einzelnen freilich als sehr komplex erweisen können.

Gab die Dynastie ein faktisch immer wieder bestätigtes Bewußtsein des Lebens in Kontinuität, so mußte, um nations- und identitätsbildende Wirkung zu erzielen, der Monarch auf Land und Leute bezogen werden können. Das hat in Frankreich vornehmlich die Literatur geleistet, die mit so massiv eingesetzten Motiven wie dem der *dulce France*[79] und seiner besonderen Ausgestaltung emotionaler Kräfte der Zuwendung und Solidarität freisetzte, sie bündelte und überhaupt erst artikulierbar machte. Auf diese Weise konnte sich dauerhafte Loyalität entwickeln, ohne daß freilich gesagt werden kann, daß die Literatur diese Wirkung für sich allein erzielt hätte: Solche literarischen Motive waren immer nur Bestandteile eines größeren und als Prozeß nicht steuerbaren Ablaufs, den wir durchaus als Nationsbildung ansprechen dürfen.

*

Dennoch sollten wir uns nicht zu voreiliger Modellbildung verleiten lassen, denn immer noch befinden wir uns bis zu einem gewissen Grade in der de-

[78] Bender 1967; Favier 1999, 613–715. Für Deutschland Folz 1950 und Geith 1977. Diese Modernisierungsversuche wurden im Medium der Wissenschaft fortgesetzt und haben bis in die Gegenwart nicht aufgehört: Borst 1967; Werner 1995; Ehlers 2001.

[79] Chans. Rol. 2.16, 8.109.116, 27.360, 43.573, 54.702, 55.706, 83.1054, 84.1064, 93.1194.1210, 94.1223, 127.1695, 142.1927, 147.1985, 149.2017, 175.2379, 177.2431, 1862579, 191.2661, 198.2773, 209.2935, 258.3579, 265.3673.

skriptiven Phase einer Forschung, die sich ihrem Gegenstand jenseits positiv oder negativ besetzter Kampfbegriffe distanziert und historisch relativierend nähern will. Wichtigste und allen anderen vorgeordnete Aufgabe muß deshalb eine vergleichende historische Beschreibung der Bildung von Großverbänden sein, wobei der Akzent auf den besonderen Bedingungen langdauernder und -wirkender Integrationsprozesse liegen sollte. „Bedingungen" heißt hier nicht so sehr „Motive", sondern meint die Voraussetzungen; zuweilen führt nämlich die Suche nach tieferen Ursachen historischer Abläufe über das empirische Vermögen des Historikers hinaus und zwingt oder verleitet zu pseudowissenschaftlichen Erklärungsversuchen, denen bestenfalls Plausibilität zukommt. Erst aus einer Reduktion des Ansatzes auf das methodisch Vertretbare ergibt sich aber diagnostische Kraft, aufklärendes Potential angesichts häufiger Verwilderung eines der bedeutendsten und erfolgreichsten politisch-zivilisatorischen Integrationsprinzipien der europäischen Geschichte und damit zugleich die Hoffnung, der banalen Unfähigkeit zum Unterscheiden zwischen Nationsbewußtsein und Nationalismus mittelfristig zu begegnen.

Wissenschaft ist immer ein Kind ihrer Zeit, und in gewisser Weise dient sie ihr auch. Es wäre wünschenswert, wenn die Ergebnisse anscheinend spezialisierter und auf frühe Epochen konzentrierter Forschung zur Differenzierung einer öffentlichen Debatte um Nation und Integration beitragen könnten, die in Deutschland etwas grobschlächtig geführt wird. Der Wille, die Nation für überwunden und in einem zu vereinigenden Europa ohnehin für obsolet zu erklären, ist zwar verständlich als ein Weg, der eigenen, durch unsägliche Exzesse belasteten Vergangenheit ein für allemal zu entkommen, aber es ist ein Sonderweg. Die europäische Zivilgesellschaft wird auf absehbare Zeit das nationale Prinzip, dem sie sich in ihrer Vielfalt selbst verdankt, nicht aufgeben, denn sie hat keinerlei Veranlassung dazu. Wer ihr angehören möchte, muß deshalb ein wenig in die Tiefe des historischen Raumes sehen können, in dem wir uns alle wiedererkennen, für dessen Gestaltung die vergangenen Generationen ihre persönliche Verantwortung tragen, der uns aber so bald nicht freigeben wird.

Literatur

Affeldt 1980
Werner Affeldt, Untersuchungen zur Königserhebung Pippins, in: Frühmittelalterliche Studien 14, 1980, 95–187.

Althoff 2000
Gerd Althoff, Die Ottonen. Königsherrschaft ohne Staat (Stuttgart 2000).

Angenendt 1982
Arnold Angenendt, Rex et sacerdos. Zur Genese der Königssalbung, in: Norbert Kamp/ Joachim Wollasch (Hrsg.), Tradition als historische Kraft (Berlin 1982) 100–118.

Ann. Alt.
Annales Altahenses maiores (MGH SS rer.Germ. 4).

Ann. Fuld.
Annales Fuldenses sive Annales regni Francorum orientalis (MGH SS rer.Germ. 7).

Anton 1968
Hans Hubert Anton, Fürstenspiegel und Herrscherethos in der Karolingerzeit (Bonn 1968).

Atsma 1989
Hartmut Atsma (Hrsg.), La Neustrie. Les pays au nord de la Loire de 650 à 850, 2 Bde. (Sigmaringen 1989).

Baldwin 1986
John W. Baldwin, The Government of Philip Augustus. Foundations of French Royal Power in the Middle Ages (Berkeley 1986).

Barlow 1999
Frank Barlow, The Feudal Kingdom of England, 1042–1216 (London [5]1999).

Bartlett 2000
Robert Bartlett, England under the Norman and Angevin Kings, 1075–1225 (Oxford 2000).

Bates 1982
David Bates, Normandy before 1066 (London 1982).

Beck 1998
Heinrich Beck, s. v. Germanen, Germania, Germanische Altertumskunde V, §§ 55–58, in: Reallexikon der Germanischen Altertumskunde, Bd. 11 (Berlin/New York [2]1998) 420–438.

Bellomo 1985
Manlio Bellomo, Intorno a Roffredo Beneventano: professore a Roma?, in: Scuole, diritto e società nel Mezzogiorno medievale d'Italia 1, 1985, 137–181.

Bender 1967
Karl-Heinz Bender, König und Vasall. Untersuchungen zur Chanson de Geste des XII. Jahrhunderts (Heidelberg 1967).

Berding 1996
Helmut Berding (Hrsg.), Mythos und Nation (Frankfurt am Main 1996).

Beumann/Schröder 1978
Helmut Beumann/Werner Schröder (Hrsg.), Aspekte der Nationenbildung im Mittelalter (Sigmaringen 1978).

Borst 1967
Arno Borst, Das Karlsbild in der Geschichtswissenschaft vom Humanismus bis heute, in: Wolfgang Braunfels/Percy Ernst Schramm (Hrsg.), Karl der Große. Lebenswerk und Nachleben 4: Das Nachleben (Düsseldorf 1967) 364–402.

Braudel 1989
Fernand Braudel, Frankreich, Bd. 1: Raum und Geschichte (Stuttgart 1989).

Brown 1990
Elizabeth A. R. Brown, La généalogie capétienne dans l'historiographie du Moyen Age. Philippe le Bel, le reniement du *reditus* et la création d'une ascendance carolingienne pour Hugues Capet, in: Dominique Iogna-Prat/Jean Charles Picard, Religion et culture autour de l'an Mil (Paris 1990) 199–214.

Brown 1991
Elizabeth A. R. Brown, The Monarchy of Capetian France and Royal Ceremonial (Aldershot 1991).

Brown 1992
Elizabeth A. R. Brown, „Franks, Burgundians, and Aquitains" and the Royal Coronation Ceremony in France (Philadelphia 1992).

Brühl 1968
Carlrichard Brühl, Fodrum, Gistum, Servitium Regis. Studien zu den wirtschaftlichen Grundlagen des Königtums im Frankenreich und in den fränkischen Nachfolgestaaten Deutschland, Frankreich und Italien vom 6. bis zur Mitte des 14. Jahrhunderts (Köln 1968).

Brühl 1990
Carlrichard Brühl, Deutschland – Frankreich. Die Geburt zweier Völker (Köln 1990).

Brunhölzl 1992
Franz Brunhölzl, Geschichte der lateinischen Literatur des Mittelalters 2: Die Zwischenzeit vom Ausgang des karolingischen Zeitalters bis zur Mitte des elften Jahrhunderts (München 1992).

Carpentier 1991
Elisabeth Carpentier, Les historiens royaux et le pouvoir capétien: d'Helgaud de Fleury à Guillaume le Breton, in: Jean Philippe Genet (Hrsg.), L'historiographie médiévale en Europe (Paris 1991) 129–139.

Chans. Rol.
La Chanson de Roland; ed. Pierre Jonin (Paris 1979).

Classen 1983
Peter Classen, Die Verträge von Verdun und von Coulaines 843 als politische Grundlagen des westfränkischen Reiches, in: ders., Ausgewählte Aufsätze (Sigmaringen 1983) 249–277.

Claude 1970
Dietrich Claude, Geschichte der Westgoten (Stuttgart 1970).

Dann 1994
Otto Dann, Nation und Nationalismus in Deutschland, 1770–1990 (München ^{2}1994).

Dann/Dinwiddy 1988
Otto Dann/John Dinwiddy (Hrsg.), Nationalism in the Age of the French Revolution (London 1988).

de Boor 1979
Helmut de Boor, Die deutsche Literatur von Karl dem Großen bis zum Beginn der höfischen Dichtung (München ^{9}1979).

Eggert 1973
Wolfgang Eggert, Das ostfränkisch-deutsche Reich in der Auffassung seiner Zeitgenossen (Berlin 1973).

Eggert/Pätzold 1984
Wolfgang Eggert/Barbara Pätzold, Wir-Gefühl und regnum Saxonum bei frühmittelalterlichen Geschichtsschreibern (Weimar 1984).

Ehlers 1987
Joachim Ehlers, Geschichte Frankreichs im Mittelalter (Stuttgart 1987).

Ehlers 1995
Joachim Ehlers, Was sind und wie bilden sich *nationes* im mittelalterlichen Europa (10.–15. Jahrhundert)?, in: Almut Bues/Rex Rexheuser (Hrsg.), Mittelalterliche nationes – neuzeitliche Nationen. Probleme der Nationenbildung in Europa (Wiesbaden 1995) 7–26.

Ehlers 1996a
Joachim Ehlers, Elemente mittelalterlicher Nationsbildung in Frankreich (10.–13. Jahrhundert), in: ders., Ausgewählte Aufsätze (Berlin 1996) 217–236.

Ehlers 1996b
Joachim Ehlers, Kontinuität und Tradition als Grundlage mittelalterlicher Nationsbildung in Frankeich, in: ders., Ausgewählte Aufsätze (Berlin 1996) 288–324.

Ehlers 1996c
Joachim Ehlers, Die deutsche Nation des Mittelalters als Gegenstand der Forschung, in: ders., Ausgewählte Aufsätze (Berlin 1996) 344–398.

Ehlers 1996d
Joachim Ehlers, Schriftkultur, Ethnogenese und Nationsbildung in ottonischer Zeit, in: ders., Ausgewählte Aufsätze (Berlin 1996) 325–343.

Ehlers 1996e
Joachim Ehlers, Mittelalterliche Voraussetzungen für nationale Identität in der Neuzeit, in: ders., Ausgewählte Aufsätze (Berlin 1996) 414–432.

Ehlers 1998
Joachim Ehlers, Die Entstehung des deutschen Reiches (München ^{2}1998).

Ehlers 2000
Joachim Ehlers, Die Kapetinger (Stuttgart 2000).

Ehlers 2001
Joachim Ehlers, Charlemagne, l'Européen, entre la France et l'Allemagne (Stuttgart 2001).

C. Ehlers 1996
Caspar Ehlers, Metropolis Germaniae. Studien zur Bedeutung Speyers für das Königtum, 751–1250 (Göttingen 1996).

Erkens 1998
Franz-Reiner Erkens, Konrad II. (Regensburg 1998).

Erlande-Brandenburg 1975
Alain Erlande-Brandenburg, Le roi est mort. Étude sur les funérailles, les sépultures et les tombeaux des rois de France jusqu'à la fin du XIIIe siècle (Genf 1975).

Ewig 1988
Eugen Ewig, Die Merowinger und das Frankenreich (Stuttgart 1988).

Favier 1980
Jean Favier, La guerre de Cent Ans (Paris 1980).

Favier 1989
Jean Favier, Frankreich im Zeitalter der Lehnsherrschaft, 1000–1515 (Stuttgart 1989).

Favier 1999
Jean Favier, Charlemagne (Paris 1999).

Flacke (Hrsg.) 1998
Monika Flacke (Hrsg.), Mythen der Nationen. Ein europäisches Panorama (Berlin 1998).

Fleuriot 1980
Léon Fleuriot, Les origines de la Bretagne (Paris 1980).

Folz 1950
Robert Folz, Le souvenir et la légende de Charlemagne dans l'Empire germanique médiéval (Dijon 1950).

Fr. Clos.
Fritsche Closener, Chronik; ed. Carl Hegel, Die Chroniken der deutschen Städte, 8 (Leipig 1870) 1–151.

François et al. 1995
Étienne François/Hannes Siegrist/Jakob Vogel (Hrsg.), Nation und Emotion. Deutschland und Frankreich im Vergleich. 19. und 20. Jahrhundert (Göttingen 1995).

Garber 1989
Klaus Garber (Hrsg.), Nation und Literatur im Europa der Frühen Neuzeit (Tübingen 1989).

Geith 1977
Karl-Ernst Geith, Carolus Magnus. Studien zur Darstellung Karls des Großen in der deutschen Literatur des 12. und 13. Jahrhunderts (Bern 1977).

Gerson 1986
Paula Lieber Gerson (Hrsg.), Abbot Suger and Saint-Denis (New York 1986).

Giesey 1987
Ralph E. Giesey, Le roi ne meurt jamais. Les obsèques royales dans la France de la Renaissance (Paris 1987).

Gollwitzer 1971
Heinz Gollwitzer, Zum politischen Germanismus des 19. Jahrhunderts, in: Festschrift Hermann Heimpel, Bd. 1 (Göttingen 1971) 282–356.

Graus 1975
František Graus, Lebendige Vergangenheit. Überlieferungen im Mittelalter und in den Vorstellungen vom Mittelalter (Köln 1975).

Greenfield 1995
Liah Greenfield, Nationalism. Five Roads to Modernity (Cambridge, Mass. 1995).

Greg.Tur.
Gregorii Turonensis opera 1: Libri historiarum X (MGH SS rer.Merov. 1,1).

Guillot 1972
Olivier Guillot, Le comte d'Anjou et son entourage au XIe siècle, 2 Bde. (Paris 1972).

Guizot 1868
Guillaume Guizot, Essais sur l'histoire de France (Paris ^{9}1868).

Haubrichs 1995
Wolfgang Haubrichs, Die Anfänge: Versuche volkssprachiger Schriftlichkeit im frühen Mittelalter (Tübingen ^{2}1995).

Hugelmann 1931
Karl Gottfried Hugelmann, Die deutsche Nation und der Nationalstaat im Mittelalter, in: Historisches Jahrbuch 51, 1931, 1–29 und 445–484.

Hugelmann 1955
Karl Gottfried Hugelmann, Stämme, Nation und Nationalstaat im deutschen Mittelalter (Stuttgart 1955).

Jeismann 1992
Michael Jeismann, Das Vaterland der Feinde. Studien zum nationalen Feindbegriff und Selbstverständnis in Deutschland und Frankreich 1792–1918 (Stuttgart 1992).

Johnson 1993
Douglas Johnson, The making of the French nation, in: Mikuláš Teich/Roy Porter (Hrsg.), The National Question in Europe in Historical Context (Cambridge 1993) 35–62.

Kaiser 1997a
Reinhold Kaiser, Das römische Erbe und das Merowingerreich (München1997).

Kaiser 1997b
Reinhold Kaiser, Die Franken: Roms Erben und Wegbereiter Europas? (Idstein 1997).

Kartschoke 1990
Dieter Kartschoke, Geschichte der deutschen Literatur im frühen Mittelalter (München 1990).

Kat. Franken 1996
Ausstellungskatalog: Die Franken. Wegbereiter Europas, 2 Bde. (Mainz 1996).

Keller 1982
Hagen Keller, Reichsstruktur und Herrschaftsauffassung in ottonisch-salischer Zeit, in: Frühmittelalterliche Studien 16, 1982, 74–128.

Keller 1991
Hagen Keller, Reichsorganisation, Herrschaftsformen und Gesellschaftsstrukturen im regnum Teutonicum, in: Il secolo di ferro. Settimane di studio del Centro italiano di studi sull'alto medioevo 38,1 (Spoleto 1991) 159–195.

Kienast 1968a
Walther Kienast, Der Herzogstitel in Frankreich und Deutschland, 9. bis 12. Jahrhundert (München 1968).

Kienast 1968b
Walther Kienast, Studien über die französischen Volksstämme des Frühmittelalters (Stuttgart 1968).

Kienast 1974/75
Walther Kienast, Deutschland und Frankreich in der Kaiserzeit, 900–1270, 3 Bde. (Stuttgart 1974/75).

Kirn 1943
Paul Kirn, Aus der Frühzeit des Nationalgefühls (Leipzig 1943).

Krapf 1979
Ludwig Krapf, Germanenmythos und Reichsideologie. Frühumanistische Rezeptionsweisen der taciteischen „Germania" (Tübingen 1979).

Krüger 1971
Karl Heinrich Krüger, Königsgrabkirchen der Franken, Angelsachsen und Langobarden bis zur Mitte des 8. Jahrhunderts (München 1971).

Krynen 1981
Jacques Krynen, Idéal du Prince et pouvoir royal en France à la fin du moyen âge (1380–1440). Étude de la littérature politique du temps (Paris 1981).

Le Goff 1986
Jacques Le Goff, Reims, ville du sacre, in: Pierre Nora (Hrsg.), Les lieux de mémoire II: La nation, Bd. 2 (Paris 1986) 89–184.

Le Goff 1996
Jacques Le Goff, Saint Louis (Paris 1996).

Lemarignier 1962
Jean-François Lemarignier, Les institutions ecclésiastiques en France de la fin du Xe au milieu du XIIe siècle (Paris 1962).

Lemarignier 1970
Jean-François Lemarignier, La France médiévale, institutions et sociétés (Paris 1970).

Lemberg 1950
Eugen Lemberg, Geschichte des Nationalismus in Europa (Stuttgart 1950).

Lemberg 1971
Eugen Lemberg, Soziologische Theorien zum Nationalstaatsproblem, in: Theodor Schieder (Hrsg.), Sozialstruktur und Organisation europäischer Nationalbewegungen (München 1971) 19–30 (Diskussion 31–37).

Lewis 1965
Archibald R. Lewis, The Development of Southern French and Catalan Society, 718–1050 (Austin, Texas 1965).

Loenertz 1951
Raymond J. Loenertz, La légende Parisienne de S. Denys l'Aréopagite, in: Analecta Bollandiana 69, 1951, 217–237.

Lombard-Jourdan 1989
Anne Lombard-Jourdan, „Montjoie et saint Denis!" Le centre de la Gaule aux origines de Paris et de Saint-Denis (Paris 1989).

Lot/Fawtier 1958
Ferdinand Lot/Robert Fawtier, Institutions royales (Paris 1958).

Mertens 1992
Dieter Mertens, Mittelalterbilder in der Frühen Neuzeit, in: Gerd Althoff (Hrsg.), Die Deutschen und ihr Mittelalter. Themen und Funktionen moderner Geschichtsbilder vom Mittelalter (Darmstadt 1992) 29–54.

Meyer 2000
Rudolf J. Meyer, Königs- und Kaiserbegräbnisse im Spätmittelalter. Von Rudolf von Habsburg bis zu Friedrich III. (Weimar 2000).

Moraw 1984
Peter Moraw, s. v. Reich I-III, in: Geschichtliche Grundbegriffe. Historisches Lexikon zur politisch-sozialen Sprache in Deutschland 5, 1984, 423–456.

Moraw 1985
Peter Moraw, Von offener Verfassung zu gestalteter Verdichtung. Das Reich im späten Mittelalter, 1250–1490 (Berlin 1985).

Moraw 1989
Peter Moraw, s. v. Heiliges Reich, in: Lexikon des Mittelalters 4, 1989, 2025–2028.

Müller-Mertens 1970
Eckhard Müller-Mertens, Regnum Teutonicum. Aufkommen und Verbreitung der deutschen Reichs- und Königsauffassung im früheren Mittelalter (Berlin 1970).

Müller-Mertens 1980
Eckhard Müller-Mertens, Die Reichsstruktur im Spiegel der Herrschaftspraxis Ottos des Großen (Berlin 1980).

Münkler et al. 1998
Herfried Münkler/Hans Grünberger/Kathrin Mayer (Hrsg.), Nationenbildung. Die Nationalisierung Europas im Diskurs humanistischer Intellektueller. Italien und Deutschland (Berlin 1998).

Musset 1985
Lucien Musset, Autour du pouvoir ducal normand, X[e]-XIIe siècles. Cahier des Annales de Normandie, 17 (Caen 1985).

Nelson 1986
Janet L. Nelson, Politics and Ritual in Early Medieval Europe (London 1986).

Nipperdey 1992
Thomas Nipperdey, Deutsche Geschichte 1866–1918, Bd. 2 (München 1992).

Nora 1988
Paul Nora, s. v. Nation, in: Dictionnaire critique de la Révolution française (Paris 1988) 801–812.

Otto Fris.
Ottonis episcopi Frisingensis Chronica sive Historia de duabus civitatibus (MGH SS rer.Germ. 45).

Pacaut 1964
Marcel Pacaut, Louis VII et son royaume (Paris 1964).

Patschovsky 1978
Alexander Patschovsky, Der heilige Dionysius, die Universität Paris und der französische Staat, in: Innsbrucker Historische Studien 1, 1978, 9–31.

Petit-Dutaillis 1971
Charles Petit-Dutaillis, La monarchie féodale en France et en Angleterre, X[e]–XIIIe siècle (Paris 1971, ND der Ausgabe 1933).

Pohl 2000
Walter Pohl, Die Germanen (München 2000).

Puschner 2001
Uwe Puschner, Die völkische Bewegung im wilhelminischen Kaiserreich (Darmstadt 2001).

Richer
Richer von Saint-Remi, Historiae (MGH SS 38).

Ridé 1977
Jacques Ridé, L'image du Germain dans la pensée et la littérature allemande de la redécouverte de Tacite à la fin du XVIe siècle, 3 Bde. (Paris 1977).

Roques 1983
L'univers dionysien. Structure hiérarchique du monde selon le Pseudo-Denys (Paris 1983).

Schlesinger 1975
Walter Schlesinger, Die Königserhebung Heinrichs I., der Beginn der deutschen Geschichte und die deutsche Geschichtswissenschaft, in: Historische Zeitschrift 221, 1975, 529–552.

Schlesinger 1987
Walter Schlesinger, Die sogenannte Nachwahl Heinrichs II. in Merseburg, in: ders., Ausgewählte Aufsätze (Sigmaringen 1987) 255–271.

Schmugge 1982
Ludwig Schmugge, Über „nationale" Vorurteile im Mittelalter, in: Deutsches Archiv für Erforschung des Mittelalters 38, 1982, 439–459.

Schnapper 1994
Dominique Schnapper, La communauté des citoyens. Sur l'idée moderne de la nation (Paris 1994).

Schneider 1941
Friedrich Schneider, Universalstaat oder Nationalstaat. Macht und Ende des Ersten deutschen Reiches. Die Streitschriften von Heinrich v. Sybel und Julius Ficker zur deutschen Kaiserpolitik des Mittelalters (Innsbruck 1941).

Schneider 1989
Reinhard Schneider, Das Königtum als Integrationsfaktor im Reich, in: Joachim Ehlers (Hrsg.), Ansätze und Diskontinuität deutscher Nationsbildung im Mittelalter (Sigmaringen 1989) 59–82.

Schneidmüller 1979
Bernd Schneidmüller, Karolingische Tradition und frühes französisches Königtum. Untersuchungen zur Herrschaftslegitimation der westfränkisch-französischen Monarchie im 10. Jahrhundert (Wiesbaden 1979).

Schneidmüller 1987
Bernd Schneidmüller, Nomen patriae. Die Entstehung Frankreichs in der politisch-geographischen Terminologie, 10.–13. Jahrhundert (Sigmaringen 1987).

Schramm 1960
Percy Ernst Schramm, Der König von Frankreich, 2 Bde. (Darmstadt [2]1960).

Schramm/Mütherich 1962
Percy Ernst Schramm/Florentine Mütherich, Denkmale der deutschen Könige und Kaiser (München 1962).

von See 1970
Klaus von See, Deutsche Germanenideologie vom Humanismus bis zur Gegenwart (Frankfurt a. M. 1970).

von See 1983
Das „Nordische" in der deutschen Wissenschaft des 20. Jahrhunderts, in: Jahrbuch für Internationale Germanistik 15, 1983, 8–38.

von See 1994
Klaus von See, Völkische Ideologie und Sprachforschung im 19. und 20. Jahrhundert, in: ders., Barbar, Germane, Arier. Die Suche nach der Identität der Deutschen (Heidelberg 1994) 135–160.

Smidt 1964
Wilhelm Smidt, Deutsches Königtum und deutscher Staat des Hochmittelalters während und unter dem Einfluß der italienischen Heerfahrten (Wiesbaden 1964).

Spiegel 1978
Gabrielle M. Spiegel, The Chronicle Tradition of Saint-Denis (Brookline 1978).

Thierry 1836
Augustin Thierry, Lettres sur l'histoire de France pour servir d'introduction à l'étude de cette histoire (Paris ^{5}1836).

Thomas 1983
Bemerkungen zu Datierung, Gestalt und Gehalt des Annoliedes, in: Rüdiger Schnell (Hrsg.), Die Reichsidee in der deutschen Dichtung des Mittelalters (Darmstadt 1983) 384–402.

Thomas 1990
Heinz Thomas, *Frenkisg*. Zur Geschichte von *theodiscus* und *teutonicus* im Frankenreich des 9. Jahrhunderts, in: Rudolf Schieffer (Hrsg.), Beiträge zur Geschichte des Regnum Francorum (Sigmaringen 1990) 67–95.

Vidier 1965
Alexandre Vidier, L'historiographie à Saint-Benoît-sur-Loire et les miracles de Saint Benoît (Paris 1965).

Waitz 1880
Georg Waitz, Deutsche Verfassungsgeschichte, Bd. 1: Die Verfassung des deutschen Volkes in ältester Zeit (Berlin ^{3}1880).

Wattenbach et al. 1952
Wilhelm Wattenbach/Wilhelm Levison/Heinz Löwe, Deutschlands Geschichtsquellen im Mittelalter. Vorzeit und Karolinger (Weimar 1952ff.).

Wenskus 1977
Reinhard Wenskus, Stammesbildung und Verfassung. Das Werden der frühmittelalterlichen gentes (Köln ^{2}1977).

Werner 1976
Karl Ferdinand Werner, Westfranken-Frankreich unter den Spätkarolingern und frühen Kapetingern (888–1060), in: Handbuch der europäischen Geschichte 1 (Stuttgart 1976) 731–783.

Werner 1979a
Karl Ferdinand Werner, Königtum und Fürstentum im französischen 12. Jahrhundert, in: ders., Structures politiques du monde franc, VIe-XIIe siècles (London 1979) Nr. V.

Werner 1979b
Karl Ferdinand Werner, Die Legitimität der Kapetinger und die Entstehung des „Reditus regni Francorum ad stirpem Karoli", in: ders., Structures politiques du monde franc, VIe–XIIe siècles (London 1979) Nr. VIII.

Werner 1979c
Karl Ferdinand Werner, Quelques observations au sujet des débuts du „duché" de Normandie, in: ders., Structures politiques du monde franc, VIe–XIIe siècles (London 1979) Nr. IV.

Werner 1984a
Karl Ferdinand Werner, Les duchés „nationaux" d'Allemagne au IXe et au Xe siècle, in: ders., Vom Frankenreich zur Entfaltung Deutschlands und Frankreichs (Sigmaringen 1984) 311–328.

Werner 1984b
La genèse des duchés en France et en Allemagne, in: ders., Vom Frankenreich zur Entfaltung Deutschlands und Frankreichs (Sigmaringen 1984) 278–310.

Werner 1989
Karl Ferdinand Werner, Die Ursprünge Frankreichs bis zum Jahr 1000 (Stuttgart 1989).

Werner 1992
Karl Ferdinand Werner, s. v. Volk, Nation, Nationalismus, Masse III–V, in: Geschichtliche Grundbegriffe. Historisches Lexikon zur politisch-sozialen Sprache in Deutschland 7 (Stuttgart 1992) 171–281.

Werner 1995
Karl Ferdinand Werner, Karl der Große oder Charlemagne? Von der Aktualität einer überholten Fragestellung. Sitzungsberichte der Bayerischen Akademie der Wissenschaften, Phil.-hist. Kl., 4 (München 1995).

Werner 1997
Karl Ferdinand Werner, Les premiers Robertiens et les premiers Anjou (IXe siècle-début Xe siècle), in: Olivier Guillot/Robert Favreau (Hrsg.), Pays de Loire et Aquitaine de Robert le Fort aux premiers Capétiens (Poitiers 1997) 9–67.

Wolfram 1979
Herwig Wolfram, Geschichte der Goten. Von den Anfängen bis zur Mitte des sechsten Jahrhunderts (München 1979).

Wolfram 2000
Herwig Wolfram, Konrad II. (München 2000).

Zöllner 1970
Erich Zöllner, Geschichte der Franken bis zur Mitte des sechsten Jahrhunderts (München 1970).

Germanisch-Deutsch – RGA-E Band 34 – Seiten 163-183

Der Germanenbegriff vom 3. bis zum 8. Jahrhundert – Identifikationen und Abgrenzungen

von WALTER POHL

Der Germanenbegriff des Mittelalters kann leicht zu Mißverständnissen führen. 747 zog sich Karlmann, der Bruder Pippins III., nach Montecassino zurück, wo er (nach seiner mißglückten Mission im Frankenreich) angeblich auch begraben wurde. Im 9. Jahrhundert geschah in Montecassino vielleicht nicht ganz irrtümlich eine kleine Verschreibung, die aus *Karlomannus Karlomagnus* machte, und man begann den Aufenthalt Karls des Großen in Montecassino legendenhaft auszuschmücken. Mit einigen Mühen und Widersprüchen gelang es Schreibern und Chronisten, Karl den Großen zum Bruder Pippins zu machen. Noch ein Annotator des 14. Jahrhunderts vermerkte vermeintlich klärend in der Handschrift des *Chronicon Salernitanum*: „Pippinus et Karolus magnus fuerunt germani" – Brüder also. Im 16. Jahrhundert benützten, und annotierten, einige humanistische Gelehrte dieselbe Handschrift. Sie wußten wohl besser über die Verwandtschaftsverhältnisse der Karolinger Bescheid; es blieb ja noch eine andere Möglichkeit, den Randvermerk zu verstehen. Eine Hand des 16. Jahrhunderts hat den verblassenden Vermerk nachgezogen, allerdings mit einem G in Capitalis: Pippin und Karl der Große waren Germanen.[1] Einem süditalienischen Humanisten mochte das, nach der Rezeption der *Germania* des Tacitus, naheliegend erscheinen. Wie ihm ging es später noch vielen Gelehrten: Sie sahen Germanen, wo es im Verständnis der Zeit keine gegeben hatte. Die Süditaliener der Karolingerzeit verstanden die Frankenkönige als Gallier, allenfalls als Franken.

Immerhin hat schon vor über 100 Jahren, 1901, Fritz Vigener in seiner eingehenden Untersuchung über die *Bezeichnungen für Volk und Land der Deutschen* festgestellt, daß dem Germanennamen vom 10. bis zum 13. Jahrhundert „jede lebendige nationale Beziehung fehlte" und er daher nicht „auf deutschem Boden als Volksbezeichnung heimisch werden konnte".[2] Wer die

---

1 Pohl 2001, nach Codex Vat. lat. 5001, fol. 5r.
2 Vigener 1901, 4. Vgl. Wagner 1999.

Quellen kannte, mochte zwar Kontinuität in der Sache annehmen, nämlich zwischen dem germanischen und dem deutschen Volk, mußte aber einräumen, daß der Name gewechselt hatte. Freilich, für das Hochmittelalter lag und liegt die Sache insofern einfacher, als der Germanenname als moderner Forschungsbegriff weitgehend verzichtbar war und ist. Man kann von „Deutschen" reden, auch wenn höchst diskutabel ist, ab wann und was genau damit bezeichnet wird.[3] Wesentlich schwieriger ist das terminologische Problem zwischen Spätantike und Karolingerzeit. Gleich zwei ethnische Komplexe kommen für den Germanennamen in Frage. Der eine ist die Gesamtheit jener Völker, die eine germanische Sprache sprachen oder zumindest bis zu ihrer Integration auf römischem Boden gesprochen hatten, also von den Skandinaviern und Angelsachsen bis zu den Goten und Vandalen. Das ist ein bis heute viel verwendeter Germanenbegriff, und Herwig Wolfram hat sein kleines Germanenbuch so angelegt.[4] Für diesen Germanenbegriff gibt es kein zeitgenössisches Pendant, da die Goten nicht als Germanen galten. Der andere Komplex sind die Völker, die in der Germania oder ihren Grenzgebieten lebten; auch dieser Begriff hat überdies eine sprachlich-kulturelle Komponente, die allerdings die Abgrenzung wieder erschwert. In diesem Sinn ist das Germanenbuch in der *Enzyklopädie der deutschen Geschichte* angelegt.[5] Dieses territorial bestimmte Konzept deckt sich weitgehend mit dem der lateinischen Autoren der frühen Kaiserzeit. In ähnlichem Sinn wurde der *Germania*-Begriff in der Karolingerzeit wieder aufgegriffen und konnte zur Bezeichnung des ostfränkischen Gebietes angewendet werden, wenn er auch nur selten als Volksname verstanden wurde. In Spätantike und Merowingerzeit ist der Befund hingegen wesentlich diffuser.

Das Problem zerfällt also in zwei miteinander verwobene, traditionell auch vermischte Bereiche, die gerade deshalb sorgfältig auseinandergehalten werden sollten: auf der einen Seite die Frage der historischen Semantik nach der zeitgenössischen Bedeutung des Germanenbegriffes; auf der anderen Seite die forschungsstrategische Frage nach dem Gebrauch des Germanennamens in der modernen Wissenschaft und seiner sinnvollen Abgrenzung. In Spätantike und Frühmittelalter ist das durch mehrere Faktoren kompliziert: Erstens steckt darin ein gravierendes Problem der interdisziplinären Verständigung, das ja auch im Zentrum der Freiburger Tagung stand. Die germanische Philo-

---

[3] Ehlers (Hrsg.) 1989; Brühl 1990; Ehlers 1994; Schneidmüller 1995.
[4] Wolfram 1994.
[5] Pohl 2000a.

logie kann kaum auf ihren umfassenden Germanenbegriff verzichten, der höchstens kleinere Fragen der Abgrenzung offenläßt. Schwieriger ist die Frage bei der Zuordnung archäologischer Kulturen. Wo und wieweit das Etikett „germanisch" überhaupt Sinn macht, ist fraglich. Die meisten Fundgruppen der Römischen Kaiserzeit und der Völkerwanderungszeit umfassen mehr als ein Einzelvolk, aber weit weniger als „die" Germanen. Dafür wurden synthetische Namen gebildet, wie elbgermanisch, ostgermanisch oder rhein-wesergermanisch (der heuristische Wert des Germanennamens ist dabei vermutlich beschränkt). Ethnische Zuordnung ist gerade in der Germania der Kaiserzeit, besonders aber der Völkerwanderungszeit problematisch;[6] in anderen Fällen läßt sich eine Verbindung einer archäologischen Kultur mit einem Volk leichter plausibel machen (z. B. bei den Langobarden in Italien oder den Awaren[7]). Mit dem philologischen Germanenbegriff läßt sich in Spätantike und Frühmittelalter schon gar keine archäologisch sinnvoll abgrenzbare Fundgruppe umschreiben.

Noch schwieriger hat es der Historiker mit seinem Germanenbegriff.[8] Zwei Lösungen bieten sich an. Zum einen kann man versuchen, seinen Begriff möglichst weitgehend den Quellen anzupassen, wovon noch die Rede sein wird. Zum anderen kann man den Germanenbegriff der Philologie übernehmen, was immerhin die Abgrenzbarkeit erleichtert. Die Goten zu den Germanen zu zählen, eventuell als Ostgermanen im Sinn Ludwig Schmidts als Untergruppe etwas abzusetzen, ist zudem eine vertraute Terminologie.[9] Dabei ergeben sich aber schwere Abgrenzungsprobleme; Schmidt etwa zählte die „elbgermanischen" Langobarden zu den Ostgermanen. Nicht dazugezählt werden hingegen die Alanen, von denen viele mit Goten oder Vandalen in engster Verbindung lebten und die bei den Zeitgenossen als „gotisches Volk" galten. Das Problem ist zudem, daß eine solche Einteilung leicht den grundlegenden Wandel verdeckt, dem sich die Völker in ihren nachrömischen *Regna* ausgesetzt sahen.

Auch die Sprache macht als Kriterium der Zuordnung Schwierigkeiten: Waren spanische Goten des 7. Jahrhunderts oder süditalienische Langobarden des 9. Jahrhunderts, die wohl romanische Sprachen gebrauchten, noch Germanen? Man könnte dafür anführen, daß sie weiterhin vorwiegend germanische Personennamen verwendeten, ein Problemkreis, der nun hoffentlich

[6] Vgl. Brather 2000. S. auch Veit 1989; Steuer 1994; Siegmund 2000; Halsall 2000.
[7] Vgl. Bierbrauer 1993; Daim 1998.
[8] Grundlegend: Wenskus 1986; siehe auch Hachmann 1971, 11–30; Hachmann 1971.
[9] Schmidt 1941.

durch das *Nomen et Gens*-Projekt umfassend bearbeitet wird – unter anderem die Frage, wie identitätswirksam Personennamen nun wirklich waren.[10] Der Historiker stößt hier rasch auf die Schwierigkeit, daß seine Quellen Sprache als Identitätskriterium meist ignorieren. Paulus Diaconus hatte einen Bruder mit dem germanischen Namen Arichis, doch ob er mit ihm Langobardisch oder Latein sprach, schreibt er nicht. Er widmet zwar einen kleinen Exkurs dem Wandel der langobardischen Tracht, aber die sprachliche Romanisierung der Langobarden erwähnt er nicht.[11] Wann wurden die Franken von einem germanischen zu einem romanischen Volk? Bereits der Gotenname im Spanien des 7. Jahrhunderts hat wohl wenig mit Herkunft und viel mit sozialem Status zu tun.[12] Haimo von Auxerre zählte Mitte des 9. Jahrhunderts „Romani, Itali, Aquitani, Franci, Burgundiones, Gotthi [sic]" zu den Völkern, die die *lingua Romana* sprachen.[13] Verstehen wir also Goten, Franken oder Langobarden zu eindeutig als Germanen, verbauen wir uns das Verständnis eines Prozesses, in dem Menschen germanischer und solche mit romanischer Muttersprache im Verlauf von Generationen zu einem Volk mit germanischem Namen und romanischer Sprache wurden.

Auf die Vorstellung von einer gemeinsamen germanischen Sprache gibt es einzelne Hinweise, zum Beispiel die Bemerkung des Paulus Diaconus, Alboin habe solchen Ruhm erlangt, „ut hactenus etiam tam apud Baioariorum gentem quamque et Saxonum, sed et alios eiusdem linguae homines eius liberalitas et gloria bellorumque felicitas et virtus in eorum carminibus celebretur."[14] Die „eiusdem linguae homines" hat der Grammatiker und Gelehrte Paulus sicherlich als Sprecher germanischer Sprachen verstanden, zwischen denen Heldenlieder zirkulierten; und eine solche Wanderung von Sagenmotiven läßt sich ja auch in der Überlieferung vielfach nachweisen. Ob er diese gemeinsame Sprache „lingua theotisca" genannt hätte, bleibt offen. Im *Chronicon Salernitanum*, verfaßt 974, heißt es, die Langobarden hätten einst die „lingua todesca" gesprochen.[15] Zumindest sprachlich war der Begriff „theotiscus" also in Italien zunächst nicht eindeutig auf den nordalpinen Bereich beschränkt.[16] Herwig Wolfram hat einmal vermutet, daß das Wort

---

10 Grundlegend: Ebling/Jarnut/Kampers 1980; vgl. Geuenich/Haubrichs/Jarnut (Hrsg.) 1997.

11 Paulus Diaconus, Historia Langobardorum 4, 22; zu Paulus: Pohl 1994.

12 Vgl. bereits Claude 1971.

13 Wenskus 1977, 209; Geary 1983, 20. Siehe auch Beumann/Schröder (Hrsg.) 1978, mit den Beiträgen von K. H. Rexroth und M. Pfister.

14 Paulus Diaconus, Historia Langobardorum 1, 27.

15 Chronicon Salernitanum c. 38; vgl. Pohl 2001, 168.

16 Zum Begriff Brühl 1990, 181–204; Jarnut 1996.

schon seit der Gotenzeit in Italien die germanisch sprechenden Bewohner bezeichnete.[17] Doch ist es vor der Karolingerzeit nicht belegt.

Wie weit es die Vorstellung von einer gemeinsamen germanischen Sprache vor der Karolingerzeit überhaupt gab, ist schwer zu sagen. Vom „sermo Germanicus“ der Burgunder spricht, freilich eher im Sinn antiquarischer Anspielung, im 5. Jahrhundert einmal Sidonius Apollinaris.[18] Isidor von Sevilla wußte nichts von einer gemeingermanischen Sprache; er meinte, unter den „Germanicae gentes“ habe es „plurimae gentes variae armis, discolores habitu, linguis dissonae, et origine vocabulorum incertae“ gegeben.[19] Die Formulierung wird häufig zitiert, um Isidors Kriterien für ethnische Unterscheidung zu benennen; unberücksichtigt bleibt meist, daß er auf diese Weise gerade zwischen Germanen differenzierte. Für die tatsächlichen Verständigungsmöglichkeiten der Sprecher verschiedener germanischer Dialekte untereinander zu seiner Zeit sagt das wenig aus, denn als Beispiel führt er Germanenvölker der frühen Kaiserzeit an. Daß alle Germanen eine gemeinsame Sprache sprechen könnten, kam dem Untertan hispanisierter Gotenkönige jedenfalls nicht in den Sinn. Nach sprachwissenschaftlichen Befunden läßt sich annehmen, „daß sich zunächst trotz [der] Abwanderungen, Mischungen und Ausbreitungen im Stammland der Germanen, wenn auch geschwächt und teilweise verschoben, ein sprachliches Kontinuum erhalten haben wird“, das die gegenseitige Verstehbarkeit gewährleistete.[20] Der frühmittelalterliche Kommunikations- und Kulturraum zwischen den *regna*, den wir in der schriftlichen Überlieferung fassen können, war bekanntlich vorwiegend lateinisch geprägt. Kommunikation in germanischer Sprache läßt sich zwischen den Führungsschichten der *regna* nicht leicht nachweisen; zwar standen die Könige in ständigen diplomatischen Beziehungen zueinander, doch oft genug waren die Botschafter Kleriker romanischer Abkunft.

Das Problem verschärft sich, wenn wir das im überkommenen Germanenbegriff angelegte Modell einer germanischen Kultur in unseren Germanenbegriff übernehmen. Das ist insofern naheliegend, als es oft bei der philologischen Begriffsbildung mitschwingt: Sprecher einer Sprache bilden einen Kommunikationsraum, der dadurch auch zum Kulturraum wird. Im Frühmittelalter führt ein kultureller Germanenbegriff jedoch zu manchen metho-

---

17 Wolfram 1998.

18 Sidonius Apollinaris ep. 5, 5, 1; der Begriff bezieht sich hier auf die Burgunder, deren Alte auch „Germanorum senectus“ genannt werden.

19 Isidor, Etymologiae 9,2, 97. S. dazu Pohl 1998, 17 f.

20 Seebold 1998, 298.

dischen Problemen. Es läßt sich zwar nicht ausschließen, daß Sprecher germanischer Sprachen sich einem die Völker übergreifenden Kulturraum verpflichtet fühlten; doch reicht die Verbreitung mündlicher Überlieferungen aus, das nachzuweisen? Die zuletzt geäußerte Fundamentalkritik an der Konzeption einer germanischen, mündlich überlieferten Literatur, die den Ursprung der Heldensage an den Karolingerhof verlegt und von Beginn an schriftliche Stilisierung annimmt,[21] schießt sicherlich übers Ziel hinaus. Die schriftlichen Hinweise auf eine mündlich tradierte germanische Dichtung können nicht einfach weggeleugnet werden.[22] Doch hat schon Andreas Heusler festgestellt, daß „eine ‚altgermanische Literatur‘ als geschlossene Masse nirgends erhalten ist“.[23] Selbst wenn wir davon ausgehen, daß die Sagen um Attila und Theoderich mündlich nach Skandinavien tradiert wurden, das Beowulfmotiv von dort nach England und der Nibelungenstoff von Burgund an die Donau (worüber sich streiten läßt), so belegt das nicht einen einheitlichen gemeinsamen Kulturraum, der sinnvoll als germanisch zu bezeichnen wäre. Dieser müßte unter der vorherrschenden christlich-lateinischen Kultur sozusagen verdeckt mit eigenen Kommunikationsformen und -routen angenommen werden. Eine solche schematische Gegenüberstellung einer jeweils in sich geschlossenen lateinisch-schriftlichen und volkssprachlich-mündlichen Kultur ist wenig sinnvoll. Naheliegender ist die Annahme eines weitgehend gemeinsamen, vielgestaltigen und mehrsprachigen Kulturraumes, wie er für den Karolingerhof ja bezeugt ist. Wo das Zusammenspiel von Schriftlichkeit und Mündlichkeit, von Latinität und ‚lingua theotisca‘ Niederschlag in den Quellen gefunden hat, entsteht der Eindruck komplexer Vielgestaltigkeit.[24]

Wo wir durch Grabbeigaben Einblicke in Akkulturationsprozesse in den frühmittelalterlichen Königreichen bekommen, erweist sich die Unterscheidung romanisch-germanisch auch nicht immer als aussagekräftig. Sicherlich lassen sich bis zu einem gewissen Grad ein „fränkisches Kulturmodell“, eine westgermanische Frauentracht oder gotische Beigabensitte (ohne Waffenbeigabe) als Typ konstituieren.[25] Doch ließen sich in den Reichen der Burgunder, Franken oder Goten nicht alle Barbaren überhaupt nach barbarischem Brauch mit Grabbeigaben bestatten. Besonders markant ist diese kulturelle Differenz innerhalb der herrschenden Schicht der ‚Germanen‘-Reiche

---

21 Frank 1991; s. auch Goffart 1988; Goffart 1995.

22 Grundlegend Sonderegger 1964; vgl. auch Richter 1994; Beck 1998, mit weiterer Lit.

23 Heusler 1941, 2.

24 Vgl. McKitterick 1989; Banniard 1992; Bäuml 1993; Geary 1999.

25 Bierbrauer 1994; Bierbrauer 1996.

bei den Westgoten, für die im tolosanischen Reich des 5. Jahrhunderts so gut wie keine beigabenführenden Gräber belegt sind, während sie im 6. Jahrhundert wieder recht häufig sind, allerdings nur in einem Teil des Westgotenreiches, vor allem auf der spanischen Meseta.[26] Wenn wir also die Grabsitte mit Beigaben als ‚germanisch' definieren, waren daher die Westgoten des 6. Jahrhunderts germanischer als ihre Vorfahren in Aquitanien? Noch schwieriger fällt die Unterscheidung bei vielen Gegenstandstypen. Waren die Goldblattkreuze mit Tierstil-Verzierungen, die mehrteiligen Gürtel, der Adler von Domagnano oder die Agilulf-Platte germanisch? Für jene Typen, die bereits vor der Wanderungszeit in der *Germania* gebräuchlich waren, mag diese Benennung sinnvoll sein, für die materielle Kultur der *regna* ist sie problematisch, zumal die bei den Romanen übliche Bestattung ohne Beigaben in manchen Fällen möglicherweise die römische oder byzantinische Herkunft eines nur in Barbarengräbern gefundenen Typs verdeckt.[27]

Wenig quellengerecht ist es, wenn etwa in den Handbüchern zu lesen steht, Paulus Diaconus sei in seiner *Historia Langobardorum* eine große Synthese römischer und germanischer Kultur geglückt.[28] Die Schilderung von allerlei kriegerischen Taten war nicht unbedingt ein germanischer Import ins langobardische Italien. Wie leicht die Suche nach germanischer Kultur im langobardischen Italien in die Irre führen kann, habe ich vor einiger Zeit am Beispiel des langobardischen Heidentums darzulegen versucht. In den *Dialogi* Gregors des Großen findet sich ein Bericht über langobardische Ziegenopfer und einen Tanz um den auf einer Stange aufgesteckten Ziegenkopf; in der *Vita Barbati* eine Schilderung von beneventanischem Schlangenkult. Beides wurde bislang mit Hilfe recht andersartiger Parallelstellen in der Edda gedeutet.[29] Naheliegender wäre es, den bei Augustinus und Paulinus von Nola geschilderten Schlangenkult der süditalienischen Marser heranzuziehen, ob er nun tatsächlich noch in der Langobardenzeit weitergepflegt wurde oder die *Vita Barbati* dieses Motiv nur aus der Literatur übernommen hatte. Und Gregors Schilderung des Ziegenopfers erinnert mehr an die im Alten Testament beschriebenen Ziegenopfer und den Tanz ums Goldene Kalb als an die Sage, wie Thor zwei Ziegen schlachtet und am nächsten Morgen wieder zum Leben erweckt.[30] Das muß nicht heißen, daß es in Italien kein langobardisches Hei-

---

[26] Bierbrauer 1994; Ripoll López 1998.

[27] Methodisch dazu: Daim 2000.

[28] Pohl 1994.

[29] Z. B. Gasparri 1983.

[30] Gregor der Große, Dialogi 3, 28; Vita Barbati c. 1; Pohl 2000b.

dentum mehr gab, bloß kann die Edda nicht dazu dienen, die Nachrichten zeitgenössischer christlicher Autoren auszudeuten.

Insofern besteht also die Gefahr, daß die Zuordnung zu den Germanen bei vielen frühmittelalterlichen Völkern überschießende Interpretationen mobilisiert und Germanenbilder hervorruft, die immer noch zur Verselbständigung neigen. Dem entspricht auch, daß noch keineswegs ins allgemeine Bewußtsein durchgedrungen ist, wie eingeschränkt im Gebrauch und widersprüchlich in der Anwendung der Germanenbegriff vom 3. bis zum 8. Jahrhundert wirklich war. Hier kann kein vollständiger Überblick geboten werden. Immerhin erlaubt die neue CD-ROM der MGH, die alle *Scriptores rerum Merovingicarum* und fast alle *Auctores Antiquissimi* enthält, ein relativ rasches Urteil. Der heilige Germanus von Auxerre kommt darin jedenfalls ungleich häufiger vor als der Germanenname. Ab dem Ende des 3. Jahrhunderts verlor der Germanenbegriff für die Feinde und Partner Roms jenseits des Rheins langsam an Bedeutung und wurde zunehmend von Namen einer tieferen Abstraktionsstufe, wie Franken, Alemannen oder Goten ersetzt. Ich kann hier nur einige wesentliche Elemente der Begriffsentwicklung skizzieren.

Die griechische Ethnographie hatte in der frühen Kaiserzeit die Entwicklung des Germanenbegriffes nur zum Teil mitvollzogen, hier unterschied man oft noch in der Spätantike zwischen Kelten im Westen und Skythen im Osten, so daß auch in der oströmisch-byzantinischen Historiographie Germanen weiterhin als *Keltoi* bezeichnet werden konnten, zum Beispiel bei Zosimos.[31] Dabei gibt es gelegentlich Zuordnungsprobleme; etwa werden die Juthungen, ja sogar die Alemannen bei Zosimos auch als Skythen bezeichnet.[32] Kelten nannte man jedoch zugleich die Gallier, und in dieser Bedeutung hielt sich der Begriff bis in die Kreuzzugszeit, wo vor allem die Normannen der Normandie, aber gelegentlich auch die Franzosen so bezeichnet wurden.

Prokop kennt in seiner Geschichte des Gotenkrieges in der Mitte des 6. Jahrhunderts den Germanenbegriff, und zwar in zwei Bedeutungen: In alten

---

31 Zosimos 2, 15, 1: Konstantin I. stellt ein Heer aus „Germanen und den anderen keltischen Völkern" (Γερμανϖν καὶ τϖν ἀλλϖν Κελτικϖν ἐθνϖν) zusammen. Es ist charakteristisch, daß die Übersetzung von Otto Veh auch in der Neuausgabe von 1990 (S. 86) statt dessen „aus germanischen und keltischen Völkerschaften" setzt. Für das 3. und 4. Jahrhundert spricht Zosimos im übrigen wiederholt von Germanen oder germanischen Völkern: 1, 30, 2 und 1, 37, 2 (Gallienus gegen Barbaren am Rhein); 1, 67, 3 (Probus gegen Longionen am Rhein); 3, 3, 5 und 3, 4, 2 (Alemannen unter Julian); 4, 9, 1; 4, 12, 1 und 4, 16, 1 (Valentinian I. gegen Alemannen). Im 4. Jahrhundert engt sich die Bedeutung also zunehmend auf die Alemannen ein, siehe unten Anm. 43. Zum folgenden s. auch Wagner 1999.

32 Alemannen (allerdings nicht genannt) als Skythen aufgefaßt: Zosimos 1, 37, 1; 1, 38, 1.

Zeiten, so schreibt er, lebten zu beiden Seiten des Rheins verschiedene Völker, von denen jedes seinen eigenen Namen hatte, die aber gemeinsam *Germanoí* genannt wurden.[33] Die Lokalisierung zu beiden Seiten des Rheins entspricht nicht der lateinischen Ethnographie, sondern ist eher eine Rückprojektion der fränkischen Herrschaftsgebiete seiner Zeit, wobei die römische Provinzeinteilung dazu beigetragen haben mag. Für seine eigene Zeit nennt er die Franken unterschiedslos auch Germanen.[34] Wenig später sieht Agathias immerhin das Problem, daß die ehemaligen ‚Germanen' nun Gallien bewohnen: „Sie (die Franken) können zurecht mit den Völkern identifiziert werden, die in alter Zeit ‚Germanoi' genannt wurden, da sie am Ufer des Rheins und in den umliegenden Gegenden wohnen, und obwohl sie den größten Teil Galliens besetzt halten, so ist das eine spätere Erwerbung, da sie vorher nicht dort gewohnt haben; dasselbe gilt für die Stadt Massilia, die ursprünglich von den Ioniern besiedelt wurde."[35] Das entsprach dem historisierenden Brauch, die Hunnen und später die Awaren und die Ungarn mit den Skythen zu identifizieren. Die Gleichsetzung der Franken mit den Germanen setzte sich in Byzanz durch; sie erscheint u. a. bei Konstantin Porphyrogennetos[36] und wurde noch im Hochmittelalter gebraucht, etwa um die süditalienischen Normannen als *Frankoi* von den Franzosen als *Frankoi oi kai Germanoi* zu unterscheiden. Dadurch kam es zu einer ganz unklassischen Begriffsverschiebung, da die Franzosen als *Germanoi* von den Deutschen als *Alamannoi* unterschieden wurden.[37]

Selbst wo der antike Germanenbegriff gemeint ist, verwenden ihn griechische Autoren nun gar nicht mehr. Das *Strategikon* des Maurikios, ein Kriegshandbuch der Zeit um 600, enthält eine typisierende Aufstellung der Kampfweisen verschiedener Völker. Dabei stehen neben Skythen und Slawen als dritte Gruppe von Barbaren die „Xantha Ethne", die blonden Völker, unter denen Franken und Langobarden eigens erwähnt sind. Die Überschrift des betreffenden Kapitels lautet: „Wie man sich den blonden Völkern anpassen muß, wie den Franken, Langobarden und den anderen Völkern mit derselben Lebensart", also eine recht umständliche Umschreibung dessen, was her-

---

33 Prokop, Bella 8, 20, 3.

34 Prokop, Bella, z. B. 5, 11, 29 (diese Franken wurden in alten Zeiten Germanen genannt); 7, 33, 2.

35 Agathias 1, 2.

36 Konstantin Porphyrogennetos, De administrando Imperio 25, 105, nach Theophanes 94.

37 Z. B. bei Anna Komnene; vgl. die in Wien in Vorbereitung befindliche Dissertation über die hochmittelalterlichen Wahrnehmungen der Völker des Westens in Byzanz von Stergios Laitsos, dem ich für seine Informationen danke.

kömmlich mit dem Germanennamen bezeichnet wurde; ein klarer Hinweis, daß um 600 in Konstantinopel der Germanenbegriff als Sammelname gar nicht mehr zur Verfügung stand.[38]

Für griechische wie für lateinische Autoren gehörten jedenfalls die Goten zu den Skythen, wodurch ein sehr fluktuierendes Begriffsfeld entstand. Im 5. und 6. Jahrhundert konnten die Goten als Geten den hunnischen Skythen gegenübergestellt oder als Skythen von den Hunnen abgegrenzt werden. Vielfach wurde auch die Sammelkategorie „gentes Gothicae" oder ähnlich gebildet, denen Goten und Gepiden, meist Alanen, Skiren, Rugier und Eruler, sowie oft auch die Vandalen zugerechnet wurden.[39] Nur ausnahmsweise konnten Goten auch als Germanen aufgefaßt werden, wie bei Zosimos, der von den germanischen Völkern unter Fritigern (dem Gotenfürsten) spricht, aber nur deshalb, weil er sie irrtümlich östlich des Rheins lokalisiert.[40] Auch die skandinavischen Völker wurden von den Germanen unterschieden, wie Jordanes zeigt.[41]

Im lateinischen Westen wurde der Germanenbegriff seit dem späten 3. Jahrhundert zunehmend durch die beiden Namen der Franken und Alemannen ersetzt. Auch diese Namen dienten zunächst als klassifizierende Pauschalbezeichnungen, die aber engräumiger die ethnischen Verbände jenseits des Nieder- bzw. Oberrheins umschrieben und dadurch bessere Orientierung erlaubten. Durch diese stärkere regionale Abgrenzung konnten die Namen unvergleichlich identitätswirksamer werden. Auch in der lateinischen Literatur wurden die Franken zunächst öfters mit den Germanen gleichgesetzt, etwa schon bei Hieronymus oder später bei Jordanes.[42] Vereinzelt findet sich in der Spätantike auch die Gleichung Germanen = Alemannen, zumindest

---

[38] Maurikios, Strategikon 11, 3 (Hrsg. und übers. Dennis/Gamillscheg 1981, 369). Das ist umso auffälliger, als an anderer Stelle (8, 2, S. 297) Germanen erwähnt werden. Allerdings zeigt dort der Kontext (Parther, Gallier, Ligurer, Hannibal), daß die Stelle aus viel älterer Literatur stammt.

[39] Prokop, Bella 5,1,2; 7,2,1; 8,5,5. Allgemein Pohl 1993.

[40] Zosimos 4, 34, 2: „...bedrohten zwei Abteilungen der jenseits des Rheins wohnenden germanischen Völker – die eine unter dem Befehl des Fritigern, die andere von Allotheus und Safrax befehligt – die gallischen Provinzen". Hier werden irrtümlich zwei gotische Gruppen, die von jenseits der unteren Donau kamen, als jenseits des Rheins wohnende Germanen aufgefaßt. Ähnlich 5, 26, 3, wo Radagaisus sein Heer „aus den jenseits des Rheins wohnenden Kelten- und Germanenvölkern" sammelt; auch hier handelte es sich in Wirklichkeit um Goten.

[41] Jordanes, Getica III, 24: „Hae gentes, Germanis corpore et anima grandiores".

[42] „Apud historicos Germania, nunc Francia vocatur": Hieronymus, Vita Hilarionis 22. Ähnlich Jordanes, Getica XI, 67. Es ist vielleicht kein Zufall, daß beide Autoren aus dem Ostreich stammten und sich lange dort aufhielten.

implizit, wenn Franken und Germanen nebeneinandergestellt werden.[43] Rhetorisch können Germanen in Katalogen von Barbarenvölkern nun auch als eines unter anderen Völkern aufgezählt werden, z. B. *Franci*, *Suevae*, *Vandali*, *Germani* in der *Historia Augusta* (wo damit wohl die Alemannen gemeint sind).[44] Selbst im Plural sind die *Germanica regna* bei Venantius Fortunatus eindeutig auf die fränkischen Königreiche der Merowinger bezogen.[45] Die Gleichung Franken = Germanen wurde, wie schon Eugen Ewig festgestellt hat, bis ins frühe 8. Jahrhundert gebraucht, wenn auch seltener als in Byzanz.[46] Doch machte zum Unterschied vom steten Wechsel skythischer Völker – Hunnen, Awaren, Ungarn – die Stabilisierung der Franken den Gattungsbegriff überflüssig.

Im übrigen dient der Germanenname in der Spätantike zunächst weiterhin zur Bezeichnung der Feinde Roms am Rhein, eventuell auch an der Donau, vor allem wenn der affektive Aspekt des Namens betont werden soll, etwa in den Nachrichten des Orosius über die jüngere Vergangenheit.[47] Gregor von Tours verwendet den Begriff einmal in einem wörtlichen Zitat aus dem verlorenen Geschichtswerk des Renatus Profuturus Frigiretus, wonach der Sohn des Usurpators Constantinus um 410 seinen Sohn „ad Germanias gentes" schickt, um fränkische und alemannische Hilfstruppen anzuwerben.[48] Diese Bedeutung, die ihre Wirkung aus historisierenden Anmutungen schöpfte, verlagerte sich allmählich auf Ereignisse in entfernterer Vergangenheit, und der Germanenname wurde zum vergangenheitsbezogenen Bildungsbegriff – in dieser Bedeutung hatte er ja noch eine große Zukunft. In der Historiographie des Frühmittelalters dient er fast nur mehr dazu, Ereignisse der frühen Kaiserzeit zu beschreiben. Paulus Diaconus definiert seinen Germanenbegriff in der *Historia Romana*, nach Orosius, durch eine Aufzählung der Völker, denen Caesar in Gallien begegnet war.[49] In der *Historia Langobardorum* stellt

---

43 Historia Augusta, Firmus etc. (Quadrigae Tyrannorum) 13, 3 (Hrsg. Chastagnol 1994, 1128): „Alamannos, qui tunc adhuc Germani dicebantur"; Claudian, De consulatu Stilichonis 2, 243: „Germanos Francosque".

44 Historia Augusta, Aurelian 33, 4 (Hrsg. Chastagnol 1994, 1004).

45 Venantius Fortunatus, carm. 6, 5, 41: Galswinth, die Braut Chilperichs, soll aus dem westgotischen Spanien ins Frankenreich aufbrechen. Ein ähnlicher Gebrauch in der bald nach dem Tod des Bischofs Praejectus von Clermont 676 geschriebenen Passio Praejecti 14; vgl. Fouracre/Gerberding 1996, 254.

46 Ewig 1976a, 259 f.

47 Orosius 7, 29, 15; 7, 35, 4; 7, 41, 2.

48 Gregor von Tours, Historiae 2, 9.

49 Paulus Diaconus, Historia Romana 6, 17.

er wohl fest, daß die Langobarden von den wilden Völkern der Germanen abstammten, nicht aber, daß sie Germanen seien; nach den Einleitungskapiteln ist von Germanen keine Rede mehr.[50] Kurze Berichte über einzelne Germaneneinfälle der Spätantike, etwa unter Gallienus, werden von Autor zu Autor weitergegeben: Eutropius, Hieronymus, Orosius, Fredegar, die *Romana* des Jordanes und des Paulus Diaconus.[51] Die Einschränkung des Begriffes auf den affektiven Horizont der Germaneneinfälle trug vielleicht dazu bei, seinen deskriptiven Wert weiter herabzusetzen. Er wurde im Lauf der Zeit also entbehrlich.

Einen Hinweis gibt es allerdings auf volkstümlichen Gebrauch des Namens, und zwar auf den Britischen Inseln. Beda berichtet über die Missionsbestrebungen des Ecbert folgendes: „Er wußte, daß es davon [i. e. von den Heiden] in Germanien sehr viele Völker gab, von denen bekanntlich die Angeln und Sachsen, die jetzt Britannien bewohnen, Geschlecht und Abstammung herleiten; daher werden sie noch heute vom benachbarten Volk der Briten fälschlich, *corrupte*, Garmani genannt.“[52] Die Briten nannten offenbar die ethnisch ja durchaus uneinheitliche Bevölkerung, die sich von Einwanderern aus Germanien herleitete, *Garmani*. Der uns selbstverständliche Pauschalbegriff Angelsachsen stand damals noch nicht zur Verfügung, er wurde erst in der Karolingerzeit auf dem Kontinent geprägt und im Lauf des 9. Jahrhunderts in England rezipiert.[53] Interessanterweise hält Beda diese Verwendung des Germanennamens für falsch. Der Übersetzer konnte das gar nicht glauben und gab deshalb „corrupte“ mit „in ungenauer Weise“ wieder,[54] was doch sehr ungenau, um nicht zu sagen *corrupte* übersetzt ist. Beda selbst verwendet den Germanenbegriff außer im Zusammenhang mit Julius Caesar überhaupt nicht. Klar ist, daß er ihn nach klassischem Muster nur auf die Bewohner

---

50 Paulus Diaconus, Historia Langobardorum 1, 1: „Gothi siquidem Wandalique, Rugi, Heruli atque Turcilingi, necnon etiam et aliae feroces et barbarae nationes e Germania prodierunt. Pari etiam modo et Winilorum, hoc est Langobardorum, gens, quae postea in Italia feliciter regnavit, a Germanorum populis originem ducens, licet et aliae causae egressionis eorum asseverentur, ab insula quae Scadinavia dicitur adventavit.“ Hier ist der Germanenbegriff soweit historisiert, daß erstmals zumindest implizit die gotischen Völker dazugezählt werden.

51 Eutropius, Breviarium 5, 1; 5, 17 (Caesar); 7, 9 und noch häufiger in Buch 7 (die Augustus-Zeit); 8, 12 (Markomannen-Kriege); Buch 9 (3. Jahrhundert); die letzte Erwähnung ist 10, 14 (Julian). Hieronymus, Chronica, z. B. 2277–80; Orosius, Historiae, z. B. 6, 7 (Caesar), 6, 14 (Augustus); 7, 16 (Commodus); 7, 22 (Gallienus). Jordanes, Romana, z. B. 281; 287 (Gallienus); Fredegar 2, 40; Paulus Diaconus, Historia Romana 9, 8.

52 Beda Venerabilis, Historia ecclesiastica gentis Anglorum 5, 9.

53 Pohl 1997.

54 Spitzbart 1997, 452.

Germaniens beziehen konnte und deshalb als Name für die Bewohner Britanniens für unangemessen hielt. Eine Liste der Völker der *Germania*, denen Ecberts Missionsbestrebungen galten, gibt Beda sofort anschließend: *Fresones*, *Rugini*, *Danai*, *Hunni*, *Antiqui Saxones*, *Boructuari*. Daß die Hunnen – also Awaren – genannt sind, zeigt deutlich, daß Beda ein philologischer Germanenbegriff fremd war.

Dennoch scheint das Bewußtsein einer Herkunft aus der Germania und sprachlicher Gemeinsamkeiten mit den dortigen Völkern für die angelsächsischen Missionare von Bedeutung gewesen zu sein. Daher verbreitete sich gerade im Zusammenhang mit der angelsächsischen Mission der Germanenbegriff wieder auf dem Kontinent. In den Briefen des Bonifatius ist immer wieder von den „Germanicae gentes" die Rede, die es zu bekehren oder im Glauben zu stärken gelte; zum Beispiel die Bitte um Gebet „pro Germanicarum gentium idolorum culturae deditis".[55] Daneben findet sich auch die Wendung „Germaniae gentes": z. B. „ad predicandum Germaniae erroneis vel paganis gentibus".[56] Immer sind diese germanischen Völker also konnotiert mit Heidentum oder zumindest Häresie. Im Briefverkehr mit Bonifaz gebrauchte den Germanenbegriff auch die päpstliche Kanzlei, wie in einem Schreiben Papst Gregors III. von 739.[57] Das einzige Vorkommen des Namens *Germania* im gesamten *Liber Pontificalis* findet sich ebenfalls in direktem Zusammenhang mit Bonifatius:[58] In der Vita Gregors II. heißt es, durch Bischof Bonifatius habe er die Heilsbotschaft in Germanien verbreitet. Die Terminologie der Mission und der Kirchenorganisation des 8. Jahrhunderts trug also dazu bei, der territorialen Begriff der *Germania*, und den davon abgeleiteten der „gentes Germani(c)ae", wieder vertraut zu machen, so daß er in der Karolingerzeit zur Verfügung stand.[59] Meist war von den „germanischen Völkern" in der Mehrzahl die Rede, doch konnten die östlichen Franken im 9. Jahrhundert auch im Singular als *Germani* bezeichnet werden, etwa wenn Einhard meinte, Karls Gemahlin Fastrada stamme „de orientalium Franco-

55 Bonifatius, ep. 38; ähnlich: ep. 30 („tenebrosos angulos Germanicarum gentium" – die durch das Licht des Glaubens erhellt werden sollen); ep. 33; ep. 60 (Diskussion über eine kirchliche Metropole – „coniungentem usque ad paganorum fines et in partes Germanicarum gentium"). Zu Bonifatius siehe zuletzt Wood 2001, 57–78.

56 Bonifatius, ep. 75; vgl. ep. 45.

57 Bonifatius, ep. 45.

58 Liber Pontificalis 91, 3.

59 Gallien, Germanien und Italien als Herrschaftsbereich Karls des Großen erscheinen vielleicht nicht zufällig zunächst in den Libri Carolini, Freeman/Meyvaert (Hrsg.) 1998, 97 und 136. Siehe Ewig 1976b, 333; Anton 2000, 43.

rum, Germanorum videlicet gente".[60] Der Germanenbegriff konnte dann zuweilen auch politisch verstanden werden, Ludwig „der Deutsche" etwa aus der westfränkischen Perspektive der Annales Bertiniani als „rex Germanorum" gelten.[61] Freilich stand dabei die Großraumbezeichnung *Germania* im Vordergrund, die zur sekundären Benennung einer ethnischen Landschaft diente;[62] ethnische Identitätswirksamkeit ist nicht zu erkennen. Das blieb im Lauf des Mittelalters auch weiterhin so.[63]

Das Bedürfnis, eine wie auch immer abgegrenzte Gruppe von Völkern der Gegenwart als Germanen zu definieren, gab es im Frühmittelalter – zumindest von Orosius bis Bonifatius – offenbar kaum. Als Fremdbezeichnung wurde der Begriff entweder auf die Franken eingeschränkt oder für Völker früherer Zeiten verwendet. Auf germanische Selbstzuordnung fehlen die Hinweise; zum Unterschied vom Slawennamen hat sich der Germanenname jedenfalls nirgends als Selbstbezeichnung durchgesetzt. Einen quellengetreuen Germanenbegriff haben wir für diese Epoche also nicht zur Verfügung. Was der Forschungsbegriff „Germanen, germanisch" außerhalb der Philologie zu leisten vermag, müßte neu diskutiert werden. Es ist forschungsgeschichtlich begründet, daß die Reiche der Goten, Franken, Vandalen oder Langobarden gemeinsam mit der *Germania* im territorialen Sinn Gegenstand eines *Reallexikons der Germanischen Altertumskunde* sind. Diese Betrachtungsweise bietet weiterhin einen sinnvollen Ansatz (unter anderen) zu ihrer Erforschung. Diese Reiche emphatisch als „Germanenreiche" zu bezeichnen, suggeriert freilich leicht ein Übergewicht germanischer Herrschafts- und Organisationsformen. Für dieses terminologische Problem gibt es keine einfache Lösung. Wie bei den Begriffen „Volk", „Stamm", „Nation" und ähnlichen kann man unterschiedlicher Meinung darüber sein, ob der Germanenbegriff für das Frühmittelalter vermeidbar ist, sollte aber zumindest seine Problematik reflektieren. In manchen Zusammenhängen ist es ein wenig neutraler, von „Barbaren" zu sprechen; in diesem Begriff schwingen zwar auch eine Reihe (meist negativer) Obertöne mit, doch ist er offener und impliziert wenigstens keine Aussage über spezifische Herkunft, Identität und Kultur. In der Rechtsgeschichte ist man schon länger vom Begriff „Germanenrechte" abgegangen, um zuerst von „Leges barbarorum", dann von „Leges" zu sprechen.[64] In ähn-

---

60 Einhard, Vita Karoli 18.

61 Annales Bertiniani a. 854; a. 865. Vgl. Anton 2000, 56 f.

62 Vigener 1901, 119–36; Brühl 1990; Anton 2000.

63 Tellenbach 1975.

64 S. dazu zuletzt den 2001 erschienenen Band 18 des *Reallexikons für Germanische Altertumskunde* mit den Beiträgen über die Leges.

lichem Sinn könnte man das Etikett „Germanenreiche“ durch „römisch-barbarische Königreiche“, noch besser durch „Regna“ ersetzen.

Daß der Germanenbegriff im 4.–6. Jahrhundert allmählich aufgegeben wurde, war kein Zufall, sondern entstand aus eben jenen Schwierigkeiten, die auch heute seiner Verwendung im Wege stehen. Auf dem Boden des Imperiums bildeten die Germanen in keiner der möglichen Bedeutungen eine einheitlich lebende und auftretende Gruppe. Sie waren weder die einzigen hier lebenden Barbaren noch in gleichem Maß als Barbaren kenntlich, sondern ganz unterschiedlich assimiliert. Keines der *Regna* wurde von direkt aus der *Germania* gekommenen Barbaren gegründet; die Reichsgründer hatten sich schon zumindest eine Generation auf römischem Boden aufgehalten.[65] Die *Germania* wiederum war als schwer abgrenzbare Peripherie des Merowingerreiches für eine eigenständige Großgruppenbezeichnung ungeeignet. Sie war seit dem 5. Jahrhundert an den Rand der Aufmerksamkeit gerückt. Römische Provinzen wurden ja nicht von der *Germania* her beherrscht, ganz im Gegenteil: Den Merowingerkönigen gelang, woran einst Augustus gescheitert war, nämlich die *Germania* von Gallien aus zu kontrollieren. Einen widerspruchsfreien und quellengerechten Germanenbegriff erhalten wir also auch nicht dadurch, daß wir die Reiche der Goten und Vandalen, allenfalls auch der Burgunder und Franken ausklammern und ihn auf die rechtsrheinische Germania beschränken.[66] Auch das führt nämlich zu Abgrenzungsschwierigkeiten, sogar an Rhein und Donau, wenngleich dieser territoriale Germanenbegriff in der Karolingerzeit eine beschränkte Renaissance erlebte und bei den Gebildeten auch später präsent blieb.

Erst als die Deutschen sich ihrer selbst bewußt wurden, konnten sie sich (mit Hilfe der wiederentdeckten *Germania* des Tacitus) retrospektiv mit den Germanen identifizieren. Dieses nationale Konstrukt schuf in der modernen Forschung lange trügerische Sicherheit über den Gegenstand der „Germanischen Altertumskunde“. Heute kommt unter den Ruinen dieser scheinbaren „völkischen“ Einheit langsam wieder die Vielfalt zum Vorschein. Der Germanenbegriff, so stellt sich heraus, war zu allen Zeiten (schon seit Caesar) widersprüchlich und mißverständlich. Das liegt nicht zuletzt daran, daß sein affektiver Gehalt – die Konnotation von Tapferkeit, Wildheit, Ursprünglichkeit, Stolz, Einfachheit, Heidentum usw. – immer ausgeprägter war als sein deskriptiver Wert. Für seine Wiederaneignung und Neudeutung schuf das

---

65 S. Pohl 2002, 37.

66 Diese Abgrenzung war dem Germanenbuch (Pohl 2000a) vorgegeben; sie hilft immerhin, den Gegenstand präziser zu fassen.

hervorragende Voraussetzungen, nicht aber für seine zweifelsfreie Definition und Abgrenzung. Das war von Caesar bis zur 2. Auflage des Hoops so. Die Forschung lernt, wie in ähnlichen Fällen, mit der Unschärfe des Begriffes pragmatisch umzugehen. Dafür eröffnet sich ein neues Forschungsfeld für die Untersuchung von Begriffen, Namen, Identitäten und Wahrnehmungen ethnischer und anderer sozialer Gruppen, wozu die vorliegende Skizze beitragen sollte.

Literatur

Anton 2000
Hans Hubert Anton, Antike Großländer, politisch-kirchliche Traditionen und mittelalterliche Reichsbildung, in: Zeitschrift der Savigny-Stiftung für Rechtsgeschichte, Kanonistische Abteilung 86, 2000, 33–85.

Banniard 2000
Michel Banniard, Viva voce: Communication écrite et communication orale du IVe au IXe siècle en Occident latin (Paris 1992).

Bäuml 1993
Franz H. Bäuml, Verschriftlichte Mündlichkeit und vermündlichte Schriftlichkeit, in: Ursula Schäfer (Hrsg.), Schriftlichkeit im frühen Mittelalter. ScriptOralia, 53 (Tübingen 1993) 254–266.

Beck 1998
Heinrich Beck, s. v. Germanen, Germania, Germanische Altertumskunde (Dichtung), in: Reallexikon der Germanischen Altertumskunde, Bd. 11 (Berlin/New York ^{2}1998) 305–309.

Bierbrauer 1993
Volker Bierbrauer, Die Landnahme der Langobarden in Italien aus archäologischer Sicht, in: Michael Müller-Wille/Reinhard Schneider (Hrsg.), Ausgewählte Probleme europäischer Landnahmen des Früh- und Hochmittelalters, Bd. 1. Vorträge und Forschungen, 41 (Sigmaringen 1993) 103–172.

Bierbrauer 1994
Volker Bierbrauer, Archäologie und Geschichte der Goten vom 1.–7. Jahrhundert. Versuch einer Bilanz, in: Frühmittelalterliche Studien, 28 (1994) 51–171.

Bierbrauer 1996
Volker Bierbrauer, Romanen im fränkischen Siedelgebiet, in: Die Franken – Wegbereiter Europas, Katalog 1 (Mannheim 1996) 110–120.

Beumann/Schröder (Hrsg.) 1978
Helmut Beumann/Werner Schröder (Hrsg.), Aspekte der Nationenbildung im Mittelalter, Nationes, 1 (Sigmaringen 1978).

Brather 2000
Sebastian Brather, Ethnische Identitäten als Konstrukte der frühgeschichtlichen Archäologie, in: Germania 78, 2000, 139–177.

Brühl 1990
Carlrichard Brühl, Deutschland – Frankreich. Die Geburt zweier Völker (Köln/Wien 1990).

Chastagnol (Hrsg.) 1994
André Chastagnol (Hrsg.), Historia Augusta (Paris 1994).

Claude 1971
Dietrich Claude, Adel, Kirche und Königtum im Westgotenreich (Sigmaringen 1971).

Daim 1998
Falko Daim, Archaeology, ethnicity and the structures of identitfication: The example of the Avars, Carantanians and Moravians in the eighth century, in: Walter Pohl/Helmut Reimitz (Hrsg.), Strategies of Distinction. The Construction of Ethnic Communities, 300–800. The Transformation of the Roman World, 2 (Leiden/New York/Köln 1998) 71–94.

Daim 2000
Falko Daim, „Byzantinische" Gürtel des 8. Jahrhunderts, in: Falko Daim (Hrsg.), Die Awaren am Rand der byzantinischen Welt. Monographien zur Frühgeschichte und Mittelalterarchäologie, 7 (Innsbruck 2000) 77–204.

Dennis/Gamillscheg (Hrsg.) 1981
George T. Dennis/Ernst Gamillscheg (Hrsg.), Das Strategikon des Maurikios. Corpus Fontium Historiae Byzantinae, XVII (Wien 1981).

Ebling/Jarnut/Kampers 1980
Horst Ebling/Jörg Jarnut/Gerd Kampers, Nomen et gens: Untersuchungen zu den Führungsschichten des Franken-, Langobarden- und Westgotenreiches im sechsten Jahrhundert, in: Francia 8, 1980, 687–745.

Ehlers (Hrsg.) 1989
Joachim Ehlers (Hrsg.), Ansätze und Diskontinuität deutscher Nationsbildung im Mittelalter. Nationes, 8 (Sigmaringen 1989).

Ehlers 1994
Joachim Ehlers, Die Entstehung des Deutschen Reiches. Enzyklopädie deutscher Geschichte, 31 (München 1994).

Ewig 1976a
Eugen Ewig, Volkstum und Volksbewußtsein im Frankenreich des 7. Jahrhunderts, in: Ders., Spätantikes und fränkisches Gallien, Bd. 1. Beihefte der Francia, 3/1, hrsg. von H. Atsma (Zürich/München 1976) 231–273.

Ewig 1976b
Beobachtungen zur politisch-geographischen Terminologie des fränkischen Großreichs und der Teilreiche des 9. Jahrhunderts, in: Ders., Spätantikes und fränkisches Gallien, Bd. 1, Beihefte der Francia, 3/1, hrsg. von H. Atsma (Zürich/München 1976) 323–61.

Fouracre/Gerberding 1996
Paul Fouracre/Richard A. Gerberding, Late Merovingian France. History and Hagiography (Manchester/New York 1996).

Frank 1991
Roberta Frank, Germanic legend in Old English literature, in: Malcolm Godden/Michael Lapidge (Hrsg.), The Cambridge Companion to Old English Literature (Cambridge 1991) 88–106.

Gasparri 1983
Stefano Gasparri, La cultura tradizionale dei Longobardi. Struttura tribale e resistenze pagane (Spoleto 1983).

Geary 1983
Patrick J. Geary, Ethnic identity as a situational construct in the early Middle Ages, in: Mitteilungen der Anthropologischen Gesellschaft in Wien 113, 1983, 15–26.

Geary 1999
Patrick J. Geary, Land, language and memory in Europe, 700–1100, in: Transactions of the Royal Historical Society 9, 1999, 169–84.

Geuenich/Haubrichs/Jarnut (Hrsg.) 1997
Dieter Geuenich/Wolfgang Haubrichs/Jörg Jarnut (Hrsg.), Nomen et gens. Zur historischen Aussagekraft frühmittelalterlicher Personennamen. Reallexikon der Germanischen Altertumskunde, Erg. Bd. 16 (Berlin/New York 1997).

Goffart 1988
Walter Goffart, The Narrators of Barbarian History, A. D. 550–880. Jordanes, Gregory of Tours, Bede and Paul the Deacon (Princeton 1988).

Goffart 1995
Walter Goffart, Conspicuous by absence: Heroism in the early Frankish era (6th–7th cent.), in: Teresa Paroli (Hrsg.), La funzione dell'eroe germanico: Storicità, metafora, paradigma (Rom 1995) 41–56.

Hachmann 1971
Rolf Hachmann, Die Germanen (München 1971).

Halsall 2000
Guy Halsall, Archaeology and the late Roman frontier in Northern Gaul: The so-called „Föderatengräber" revisited, in: Walter Pohl/Helmut Reimitz (Hrsg.), Grenze und Differenz im frühen Mittelalter. Forschungen zur Geschichte des Mittelalters 1 (Wien 2000) 167–180.

Heusler 1941
Andreas Heusler, Die altgermanische Dichtung (Potsdam ^{2}1941; Ndr. Darmstadt 1957).

Jarnut 1996
Jörg Jarnut, Teotischis homines a. 816. Studien und Reflexionen über den ältesten urkundlichen Beleg des Begriffes theodiscus, in: Mitteilungen des Instituts für Österreichische Geschichtsforschung 104, 1996, 26–40.

McKitterick 1989
Rosamond McKitterick, The Carolingians and the Written Word (Cambridge 1989).

Pohl 1993
Walter Pohl, I Goti d'Italia e le tradizioni delle steppe, in: Teodorico il Grande e i Goti d'Italia, Atti del XIII Congresso internazionale di studi sull'Alto Medioevo 1992 (Spoleto 1993) 227–251.

Pohl 1994
Walter Pohl, Paulus Diaconus und die *Historia Langobardorum*: Text und Tradition, in: Anton Scharer/Georg Scheibelreiter (Hrsg.), Historiographie im frühen Mittelalter (Wien 1994) 375–405.

Pohl 1997
Ethnic names and identities in the British Isles: A comparative perspective, in: John Hines (Hrsg.), The Anglosaxons from the Migration Period to the Eighth Century: An Ethnographical Perspective (Woodbridge 1997) 7–40.

Pohl 1998
Walter Pohl, Telling the difference – Signs of ethnic identity, in: Walter Pohl/Helmut Reimitz (Hrsg.), Strategies of Distinction. The construction of ethnic communities, 300–800. The Transformation of the Roman World, 2 (Leiden/New York/Köln 1998) 17–69.

Pohl 2000a
Walter Pohl, Die Germanen. Enzyklopädie deutscher Geschichte, 57 (München 2000).

Pohl 2000b
Walter Pohl, Deliberate ambiguity – the Lombards and Christianity, in: Guyda Armstrong/ Ian N. Wood (Hrsg.), Christianizing Peoples and Converting Individuals (Turnhout 2000) 47–58.

Pohl 2001
Walter Pohl, Werkstätte der Erinnerung. Montecassino und die langobardische Vergangenheit. Mitteilungen des Instituts für Österreichische Geschichtsforschung, Erg. Bd. 39 (Wien 2001).

Pohl (2002)
Walter Pohl, Die Völkerwanderung (Stuttgart/Berlin/Köln 2002).

Richter 1994
Michael Richter, The Oral Tradition in the Middle Ages. Typologie des Sources, 71 (Turnhout 1994).

Ripoll López 1998
Gisela Ripoll López, The arrival of the Visigoths in Hispania: population problems and the process of acculturation, in: Walter Pohl/Helmut Reimitz (Hrsg.), Strategies of Distinction. The Construction of Ethnic Communities, 300–800. The Transformation of the Roman World, 2 (Leiden/Boston/Köln 1998) 153–188.

Schmidt 1941
Ludwig Schmidt, Die Ostgermanen (München ^{2}1941).

Schneidmüller 1995
Bernd Schneidmüller, Reich-Volk-Nation: Die Entstehung des deutschen Reiches und der deutschen Nation im Mittelalter, in: Almut Bues/Rex Rexheuser (Hrsg.), Mittelalterliche nationes – neuzeitliche Nationen (Wiesbaden 1995) 73–102.

Seebold 1998
Ernst Seebold, s. v. Germanen, Germania, Germanische Altertumskunde (Sprache), in: Reallexikon der Germanischen Altertumskunde, Bd.11 (Berlin/New York ^{2}1998) 259–305.

Siegmund 2000
Frank Siegmund, Alemannen und Franken. Reallexikon der Germanischen Altertumskunde, Erg. Bd. 23 (Berlin/New York 2000).

Sonderegger 1964
Stefan Sonderegger, Überlieferungsgeschichte der frühgermanischen und altnordischen Literatur, in: Karl Langosch/Herbert Hunger (Hrsg.), Geschichte der Textüberlieferung der antiken und mittelalterlichen Literatur Bd. 2 (Zürich 1964) 705–62.

Spitzbart 1997
Günther Spitzbart (Hrsg.), Beda der Ehrwürdige. Kirchengeschichte des englischen Volkes (Darmstadt ²1997).

Steuer 1994
Heiko Steuer, Archäologie und germanische Sozialgeschichte. Forschungstendenzen in den 1990er Jahren, in: Klaus Düwel (Hrsg.), Runische Schriftkultur in kontinental-skandinavischer und angelsächsischer Wechselbeziehung (Berlin/New York 1994) 10–55.

Tellenbach 1975
Gerd Tellenbach, Zur Geschichte des mittelalterlichen Germanenbegriffs, in: Jahrbuch für Internationale Germanistik 7, 1975, 144–65.

Veit 1989
Ulrich Veit, Ethnic concepts in German prehistory: a case study on the relationship between cultural identity and archaeological objectivity, in: Stephen Shennan (Hrsg.), Archaeological Approaches to Cultural Identity (London/New York 1989) 35–56.

Vigener 1901
Fritz Vigener, Bezeichnungen für Volk und Land der Deutschen vom 10. bis zum 13. Jahrhundert (Heidelberg 1901; Ndr.: Darmstadt 1970).

Wagner 1999
Norbert Wagner, Der völkerwanderungszeitliche Germanenbegriff, in: Heinrich Beck (Hrsg.), Germanenprobleme aus heutiger Sicht (Berlin/New York ²1999) 130–154.

Wenskus 1977
Reinhard Wenskus, Stammesbildung und Verfassung. Das Werden der frühmittelalterlichen gentes (Köln/Wien ²1977).

Wenskus 1986
Reinhard Wenskus, Über die Möglichkeit eines allgemeinen interdisziplinären Germanenbegriffs, in: Heinrich Beck (Hrsg.), Germanenprobleme aus heutiger Sicht, (Berlin/New York 1986) 1–21.

Wolfram 1994
Herwig Wolfram, Die Germanen (München 1994).

Wolfram 1998
Herwig Wolfram, Tirol, Bayern und die Entstehung des deutschen Volksbegriffs (gewidmet Othmar Hageneder zum 70. Geburtstag), in: Veröffentlichungen des Tiroler Landesmuseums Ferdinandeum 78, 1998, 115–129.

Wood 2001
Ian N. Wood, The Missionary Life. Saints and the Evangelisation of Europe, 400–1050 (Harlow 2001).

Germanisch-Deutsch – RGA-E Band 34 – Seiten 185-197

Karl der Große, Ludwig „der Deutsche“ und die Entstehung eines „deutschen“ Gemeinschaftsbewußtseins

von Dieter Geuenich

Vorbemerkung (zu den Anführungszeichen im Titel des Beitrags): Durch die Anführungszeichen möchte sich der Verf. von den beiden Etikettierungen „deutsch“ – einerseits des Ostfrankenkönigs Ludwig II. und andererseits des Gemeinschaftsbewußtseins im Frankenreich des 9. Jahrhunderts – distanzieren. Schon im Titel soll damit darauf hingewiesen werden, daß weder der Ostfrankenkönig zu Recht „der Deutsche“ genannt wird, noch von einem „deutschen“ Gemeinschaftsbewußtsein im 9. Jahrhundert die Rede sein kann.[1]

Trotz dieser Vorbemerkung sei weder bestritten, daß in der Regierungszeit Ludwigs (840–876), aus der Retrospektive betrachtet, Voraussetzungen entstanden, die später die Entstehung eines „deutschen“ Reiches begünstigt haben,[2] noch daß es zu dieser Zeit ein Gemeinschaftsbewußtsein gegeben hat, – beispielsweise ein christliches, ein fränkisches, vielleicht auch ein römisches; das heißt: man fühlte sich der Christenheit – in Abgrenzung zu den „Heiden“ –, dem *regnum Francorum* und auch dem *imperium Romanum* zugehörig, aber man fühlte sich nicht als „Deutscher“. Es geht im Folgenden jedoch nicht allein um die Negierung der Existenz eines „deutschen“ Zusammengehörigkeitsgefühls oder Gemeinschaftsbewußtseins im 9. Jahrhundert, das mit der immer wieder diskutierten Frage um die Bedeutung und frühesten Zeugnisse des Wortes *theodisk/diutisk* verbunden ist.[3] Daß diese Diskussion in höchstem Maße unfruchtbar und sinnlos ist, haben die um dieses schier uner-

---

1 Der folgende Beitrag basiert auf früheren Ausführungen des Verf., die im Hinblick auf das Thema der Freiburger Tagung zusammengefaßt und gewissermaßen „zugespitzt“ wurden: Geuenich 1983, 104–130; Geuenich 2000, 313–329; Geuenich 2003.

2 Aus der umfangreichen Literatur zum vieldiskutierten Thema der Entstehung des deutschen Reiches seien hervorgehoben: Kämpf 1971; Jarnut 1981, 99–114; Brühl 1990; Ehlers 1994; Fried 1994; Springer 1995, 405–420; Schulze 1997 (jeweils mit weiterer Literatur).

3 Zur offenbar endlosen Diskussion um *diutisk* – *theodiscus* – *teutonicus* zuletzt: Thomas 1990, 67–95; Deutsch 1994; Weisert 1997, 152–154 und 159–161.

schöpfliche Thema kreisenden Forschungsbeiträge der letzten Jahrzehnte erwiesen, die Joachim Ehlers treffend zusammengefaßt hat: „Weil man die deutsche Nation im frühen Mittelalter nicht findet, projiziert man den romantischen, mit der Sprache aufs engste verbundenen Volksbegriff ins 9. und 10. Jahrhundert; weil das deutsche Volk als politisch handelndes Subjekt dort aber logischerweise keine Spuren hinterlassen haben kann, werden die wenigen Namensbelege gegenüber allen anderen Zeugnissen des politischen Bewußtseins der Zeit unverhältnismäßig aufgewertet. Aus der Masse dabei anfallender wissenschaftlicher Literatur entsteht so etwas wie eine ‚zweite historische Realität'."[4]

Zu dieser durch permanente Wiederholung nicht belegbarer Behauptungen geschaffenen „zweiten historischen Realität" gehört auch die These vom „werdenden deutschen Reich"[5] im 9. Jahrhundert, von einem „ostfränkischen Staatsbewußtsein", das „sich unter der Regierung Ludwigs des Deutschen ausbildete",[6] mit einem „programmatischen Ansatz zu einer schriftlichen deutschsprachigen Dichtung".[7] Es liegt nahe anzunehmen, daß zu dieser Einschätzung des Ostfrankenkönigs auch sein Beiname „der Deutsche" beigetragen hat, der allerdings erst im 18. Jahrhundert aufgekommen und erst im 19. und in der ersten Hälfte des 20. Jahrhunderts populär geworden ist.[8] Der Beiname ist also keineswegs „zeitgenössisch".[9] Daß *rex Germanorum* und *rex Germaniae* eben nicht mit „König der Deutschen" oder gar „Deutschlands" übersetzt werden kann, ist ja das zentrale Thema dieses Bandes und der ihm zugrunde liegenden Tagung.

Daß die westfränkischen Quellen – und bezeichnenderweise nur diese! – den Ostfrankenkönig *rex Germaniae* und seinen Reichsteil *Germania* nen-

---

4 Ehlers 1989, 304.

5 So Eggert 1973, 342 (für die Zeit nach 887). Vgl. auch Eggert/Pätzold 1984, 38ff.; Eggert 1992, 239–273; kritisch dazu Geuenich 2000, 324.

6 So Vollmann-Profe 1976, 5; kritisch dazu Geuenich 2000, 325 (mit weiterer Literatur).

7 Haug 1977, 74; vgl. dazu Geuenich 2000, 235 mit Anmerkung 53.

8 Geuenich 2000, 313–318.

9 Wenn Hartmann 2002, 3, Anmerkung 11, seine frühere Aussage: „Ludwigs Beiname *Germanicus*, ‚der Deutsche', ist zeitgenössisch" (Hartmann 1990, 67) als eine „etwas provozierende Behauptung" zu relativieren versucht, verkennt er ebenso wie der „Reihenherausgeber", der im „Vorwort" hervorhebt, daß der Verf. dieses Buches dem Ostfrankenkönig „seinen bereits von den Zeitgenossen benutzten Namen zurückgibt" (Peter Herde a. a. O., VII), das eigentliche Problem, das Thema der Freiburger Tagung war und des vorliegenden Bandes ist: daß *Germanicus* ebenso wenig mit „der Deutsche" wie *Germania* mit „Deutschland" übersetzt werden kann. Hartmanns neuer Vorschlag, daß *rex Germaniae* und *rex Germanicus* den Ostfrankenkönig „als ‚germanischen König' bezeichnet" (Hartmann 2002, 3), erscheint ebenso unbefriedigend.

nen, hat eine gewisse Entsprechung darin, daß die ostfränkischen Quellen das eigene Reichsgebiet als *Francia* und ihren König schlicht als *Hludowicus rex, rex orientalis* oder *rex in orientali Francia* bezeichnen – das Westreich aber nennen sie *Gallia*, den westfränkischen König *rex Galliae*, *Galliae tyrannus* usw. Wenn das Teilreich Ludwigs in Fremdbenennungen *Germania* genannt wird, dann ist dies ganz offensichtlich ein der antiken Begrifflichkeit entlehnter geographischer Terminus und kein politischer.[10] Gemeint ist damit die rechtsrheinische Osthälfte des großfränkischen Reiches, das nach wie vor als Einheit empfunden und allenfalls in *Francia orientalis* und *Francia occidentalis* unterteilt wird, wenn die Teilreiche (oder „Reichsteile") gekennzeichnet werden sollen. Die bis in die zweite Hälfte des 9. Jahrhunderts spürbar vorhandene Idee einer karolingischen Gesamt-*Francia* läßt sich während der Regierungszeit Ludwigs (843–876) noch deutlich erkennen,[11] und es wird zu Recht vermutet, „daß die Beziehungen zwischen Ludwig dem Deutschen und wichtigen Personen im Reich seines Bruders [Karls des Kahlen] […] viel enger waren, als die erhaltene Überlieferung ahnen lässt."[12] „Seine aufwendigsten Unternehmungen zielten auf das Mittel- und Westreich,"[13] und auch für Ludwigs Nachfolgeregelung gilt: „An die Fortsetzung der ostfränkischen Reichseinheit verschwendete er keinen Gedanken."[14] Das oft behauptete „Wir-Gefühl" der sogenannten ostfränkischen „Stämme" läßt sich dagegen aus den Quellen kaum nachweisen.[15]

Hartnäckig hält sich jedoch das Argument der Sprache, das heißt: die Behauptung, es habe ein Gemeinschaftsbewußtsein in den Volkssprachen gegeben, dessen man sich bereits unter Karl dem Großen und dann insbesondere im Prozeß des Zusammenwachsens der „deutschen Stämme" im Ostfrankenreich im 9. Jahrhundert bewußt geworden sei. Ja, dieses angeblich aus der Gemeinsamkeit der Volkssprache(n), der Kultur und Literatur resultierende – oder jedenfalls eng damit verbundene – Zusammengehörigkeitsgefühl sei sogar, so wird behauptet, vom Ostfrankenkönig politisch propagiert oder jedenfalls nachhaltig gefördert worden.[16]

---

10 Geuenich 2000, 316; vgl. Weisert 1997, 145–151 (mit Quellen und Literatur).

11 Geuenich 2000, 320–322.

12 Hartmann 2002, 109.

13 Fried 1994, 396.

14 Fried 1994, 411; vgl. Geuenich 2002, 320f.

15 Hartmann 2002, 103; vgl. auch Eggert/Pätzold 1984.

16 Vollmann-Profe 1976, 5; Haug 1977, 74; dazu Geuenich 2000, 324f. Eher zurückhaltend äußert sich Hartmann 2002, 222–228, gegenüber der vor allem von Germanisten vorgetragenen Interpretation, die in der Zeit Ludwigs entstandenen volkssprachigen Werke seien „als Beleg für

Es erscheint deshalb im vorliegenden Zusammenhang angebracht, die These von einer „bewußten deutschen Bildungspolitik" Karls des Großen, dem schon von jeher „der Gedanke einer christlichen Literatur in deutscher Sprache" unterstellt wurde,[17] und die neuerliche These einer solchen „Kulturpolitik Ludwigs", den man nicht zuletzt aus eben diesem Grund seit dem 19. Jahrhundert den „Deutschen" nennt, mit einem ihm unterstellten „programmatischen Ansatz zu einer schriftlichen deutschsprachigen Dichtung"[18] nochmals kritisch zu überprüfen. Denn die bewußte Sprachenpolitik ist – sowohl bei den Germanisten als auch bei den Historikern, die diese These vertreten – das gewichtigste Argument für die Postulierung eines entstehenden „deutschen" Gemeinschaftsbewußtseins im 9. Jahrhundert, das politisch gewollt und sozusagen „von oben" gesteuert worden sei. Diese Frage, ob und inwieweit die Bemühungen Karls des Großen und seines Enkels Ludwig auf die Erhebung des Althochdeutschen „zur christlichen Kultursprache"[19] im Sinne einer „staatlichen Sprachregelung"[20] abzielten, herauszugreifen, erscheint auch im Kontext und vor dem Hintergrund der anderen Beiträge in diesem Band sinnvoll, in dem Hans-Werner Goetz „Die ‚deutschen Stämme' als Forschungsproblem" und Jörg Jarnut „Die Entstehung des deutschen Reiches" behandeln.

Dabei geht es nicht vordergründig um terminologische Probleme wie die anachronistische Bezeichnung „alt-hoch-deutsch" (!) für die Volkssprachen im ostfränkischen Reich des 9. Jahrhunderts, die Etikettierung des Freisinger Bischofs Arbeo (765–783) als „ersten deutschen [!] Schriftsteller"[21] oder des sogenannten *Abrogans* als „ältestes deutsches [!] Buch"[22]. Wenn jedoch behauptet wird, Karl der Große habe eine Sprachen-, Literatur- und Kulturpoli-

---

das sprachliche Zusammengehörigkeitsgefühl der im Reich Ludwigs des Deutschen lebenden Völker" (a. a. O. 222) aufzufassen. Er lehnt auch die These von Eric J. Goldberg (bislang ungedruckte Diss. Ann Arbor, Michigan 2000, 208f.; zitiert nach Hartmann 2002, 227) ab, der in Kapitel 2 der Synode von Mainz 847 „ein Programm für nicht-biblische religiöse Dichtung in der Volkssprache" sieht.

17 De Boor 1979, 8 und 12f.; dazu Geuenich 1983, 113.

18 Haug 1977, 74 und 76; dazu Geuenich 2002, 325 mit Anmerkung 53.

19 Eggers 1963, 174; ähnlich von den Steinen 160f.: „Karl wollte, wie dann auch Otfried, das Althochdeutsche zur Kultur emporheben"; vgl. dazu Geuenich 1983, 111.

20 Von Polenz 1959, 32f.; von Polenz 1979, 38; weitere Literatur bei Geuenich 1983, 104–130 und Geuenich 2002, 313–329.

21 Schneider 1943, 61; ähnlich Klein 1954, 10, 14f. und 30ff. Vgl. zur Person und zum Werk Arbeos: Eberl 1980, 888.

22 So der Titel der von Bischoff/Duft/Sonderegger 1977 herausgegebenen Faksimile-Ausgabe. Vgl. auch Bergmann 1980, 54: „ältestes dt. Glossar".

tik zugunsten des Althochdeutschen betrieben,[23] sein Enkel Ludwig habe „noch zur Regierungszeit seines Vaters ein Programm volkssprachlicher Bibelliteratur entwickelt“[24] und ein volkssprachiges Werk wie der Heliand sei „als Zeugnis der Religions- und Bildungspolitik Ludwigs des Deutschen“[25] zu verstehen, so hat dazu auch der Historiker Stellung zu nehmen.[26]

1. Die Bemühungen Karls des Großen um das Althochdeutsche

In seinem Buch über „Die Bildungsreform Karls des Großen als Verwirklichung der *norma rectitudinis*“ und dann in weiteren grundlegenden Beiträgen hat Josef Fleckenstein die Bemühungen Karls um die Hebung der Bildung im Frankenreich dargestellt, überzeugend als ein „Streben nach klaren Normen“ charakterisiert und hervorgehoben, „daß er dabei immer die Einheit im Auge hatte“.[27] Im Karlswerk und in seinem Standardwerk über die karolingische Hofkapelle hat er zudem den Kreis von Beratern und Helfern vorgestellt, der Karl bei diesen Bemühungen um die Norm und die Einheit behilflich war, wodurch sein Reich von europäischem Ausmaß „nicht nur eine politische, sondern auch eine kulturelle Einheit geworden“ sei.[28]

So überzeugend das von Fleckenstein skizzierte Bild der Reformen durch Normierung und Vereinheitlichung im Bereich der Schrift, des Lateins, der Bibel, des Mönchswesens, der Liturgie und möglicherweise des Rechts[29] auch ist, zumal es aus den Quellen selbst, aus den Briefen, Kapitularien, Konzilsbeschlüssen usw. rekonstruiert ist, in einem Punkt vermag es nicht zu überzeugen: Karls Bemühung um die Verschriftlichung der Volkssprache und ihre Verbreitung im Frankenreich, die Fleckenstein unter Berufung auf die germanistische Sprach- und Literaturwissenschaft behauptet, ist aus den Quellen nicht nachweisbar. Mit Hinweis auf Einhard wird behauptet, es sei „Karl auch selbst gewesen, der im Anschluß an die Aufzeichnung der ungeschriebenen Volksrechte nicht nur die *barbara et antiquissima carmina* aufzeichnen

[23] Vgl. dazu Geuenich 1983, 104–130.
[24] Haubrichs 1966, 11; dazu Geuenich 2002, 318.
[25] So der Untertitel zu Haubrichs 1966, 7–32.
[26] Vgl. Ehlers 1994, 48–55 und 100–104.
[27] Fleckenstein 1953 und Fleckenstein 1980, 72 (Zitate).
[28] Fleckenstein 1980, 73 (Zitat); Fleckenstein 1965, 24–50; Fleckenstein 1959.
[29] Kritisch gegenüber der Auffassung, es habe auch einen Zwang zu einer offiziellen Kirchenrechtssammlung gegeben, äußert sich Fuhrmann 1981, 445–456. Vgl. Geuenich 1983, 128 mit Anmerkung 123.

ließ, sondern auch [...] die fundamentale Aufgabe begriff, die sich mit der Verschriftlichung seiner heimischen [!] Sprache stellte", und er habe sie „auch mit seinen Helfern in Angriff" genommen: *„inchoavit et grammaticam patrii sermonis"*.[30] Und weiter: „Die Ausführlichkeit, mit welcher Einhard davon berichtet, wie man damit begann, den Monaten und Winden heimische Namen zu geben, läßt erkennen, daß man sich am Hofe über das Außerordentliche, weit in die Zukunft Weisende dieser Bemühungen wohl im klaren war. Dieses Außerordentliche ist das Signum Karls."[31]

Es ist im vorliegenden Zusammenhang nicht möglich – und nach früheren Ausführungen auch nicht mehr erforderlich[32] –, auf die Motive einzugehen, die Einhard veranlaßt haben mögen, Karl die aktive Gestaltung der Wind- und Monatsnamen zu unterstellen, die Aufzeichnung der *barbara et antiquissima carmina* und sogar die Inangriffnahme einer volkssprachigen Grammatik. Darüber ist – wie auch über Karls Schreibtafel unter dem Kopfkissen (cap. 25) und seine angebliche Kaiserkrönung wider Willen (cap. 28) – viel spekuliert und geschrieben worden. Peter von Polenz hat gar die Karl zugeschriebenen Wind- und Monatsnamen als „ein erstes Zeugnis für staatliche Sprachregelung"[33] gewertet. Da sich diese angeblich von Karl erfundenen Namen aber nicht durchgesetzt haben und von seiner Grammatik ebenso wenig überliefert ist wie von seiner viel diskutierten „Heldenliedersammlung", sucht man die Schuld dafür bei seinem Sohn und Nachfolger: „Nach Karls Ansatz hätte sich die lateinische Bildung in die Volkssprache hinein fortsetzen und erweitern sollen. Das gelang nicht, weil der Ansatz unter seinem Nachfolger preisgegeben wurde, noch ehe er Früchte tragen konnte".[34] Entsprechend hat man aus der Bemerkung Thegans in der Biographie Ludwigs des Frommen, der Sohn und Nachfolger Karls habe die *poetica carmina gentilia*, die er in seiner Jugend gelernt hatte, später verschmäht und sie weder lesen noch hören wollen, gefolgert, Ludwig habe die Vernichtung einer volkssprachigen „Heldenliedersammlung" seines Vaters angeordnet.[35]

Es ist müßig, erneut in die überholte Diskussion um die Interpretation der merkwürdigen Mitteilungen Einhards einzugreifen, die nicht zuletzt von der

---

[30] Einhard (cap. 29), 33; Fleckenstein 1965, 49f. unter Hinweis auf von den Steinen 1950, 160f.

[31] Fleckenstein 1965, 50.

[32] Geuenich 1983, 114f. (mit weiterer Literatur).

[33] Von Polenz 1978, 38.

[34] Fleckenstein 1980, 73.

[35] So etwa Jackson 1967, 48: „Nur ein paar Fragmente lassen uns den großen Verlust ahnen, den die europäische Literatur erlitt, als der Sohn Karls des Großen die Zerstörung der Sammlung germanischer Lieder befahl, die sein Vater veranlasst hatte".

Überbewertung des „großen“ Karl und der Abwertung seines „unfähigen“ Sohnes geprägt war – klischeehafte Wertungen, die inzwischen als solche erkannt und von der Forschung weitgehend korrigiert wurden.[36] Es genügt schon, die Frage zu stellen, welche Volkssprache Karl denn in seinem Franken, Bayern, Alemannen, Sachsen, dann aber vor allem zum überwiegenden Teil romanisch sprechende Menschen umfassenden Reich hätte zur „Staatssprache“ erheben sollen.

Wie wenig die Mediävisten, die bis heute von einer „karolingischen Hochsprache“ oder von einer „staatlichen Sprachregelung“ im Reich Karls des Großen sprechen, über diese Frage nachgedacht haben, zeigt symptomatisch der jüngste Beitrag zum Thema „Karolingische Renovatio in Wissenschaften und Literatur“ im Beitragsband, der 1999 zur Paderborner Ausstellung erschienen ist.

Dort heißt es: „In den alemannischen, bairischen, rheinfränkischen und altsächsischen Gebieten wurde eine einfache Form der lateinischen (!) Sprache gesprochen und auch geschrieben, die *rustica romana lingua aut theotisca*“; und der Autor fährt fort: „Das Vaterunser, Taufgelöbnisse und zwei Glaubensbekenntnisse (usw. usw.) haben sich in diesen frühen Volkssprachen erhalten ...“.[37] Hier ist nun, wie es scheint, alles durcheinandergebracht – vielleicht aus der richtigen Erkenntnis heraus, daß, wenn schon nicht ausschließlich das Lateinische zur Verbreitung pragmatischer Schriftlichkeit im Karlsreich herangezogen wurde, sondern auch die Sprache des Volkes, dann dazu nicht nur das sogenannte Althochdeutsche, sondern auch das Altfranzösische hätte dienen müssen.

Ist es also äußerst unwahrscheinlich, daß Karl der Große in seinem germanische und romanische Bevölkerung umfassenden Reich die Sprache eines der althochdeutschen Dialekte zur verbindlichen Hochsprache hat erklären wollen, so ist dagegen die Situation im ostfränkischen Teilreich seines Enkels Ludwig eine völlig andere.

---

36 Vgl. zur Neubewertung Ludwigs des Frommen die Beiträge im Sammelband *Charlemagne's Heir* (Godman/Collins 1990).

37 Stevens 1999, 667.

2. Das „ostfränkische Staatsbewußtsein“[38] unter Ludwig II.

Es ist verwunderlich aber zugleich bezeichnend, daß niemand von einem politischen Engagement zugunsten der Volkssprache(n) unter Karls Sohn Ludwig dem Frommen spricht, obwohl doch die Fuldaer Tatianübersetzung in seine Regierungszeit fällt und auch die Niederschrift des Hildebrandsliedes, das gleichwohl immer wieder mit Karls erwähnter „Heldenliedersammlung“ in Verbindung gebracht wird.[39] Um so mehr wird Ludwigs des Frommen Sohn, der die Herrschaft im östlichen Frankenreich übernahm, ein „programmatischer Ansatz [...] zu einer schriftlichen deutsch[!]sprachigen Dichtung“ unterstellt: „Dahinter stand eine partikuläre Kulturpolitik, die daran interessiert war, das neue fränkische Reichsbewußtsein in einer der lateinischen Literatur adäquaten deutschen Dichtung hohen Stils zu objektivieren“.[40]

Dazu ist anzumerken, daß der Ostfrankenkönig Ludwig in Aquitanien geboren und aufgewachsen ist und deshalb sicher des Altfranzösischen mächtig war – was er bei der Straßburger Eidesleistung im Jahre 842 eindrucksvoll unter Beweis gestellt hat.[41] Eine politisch motivierte Propagierung der Volkssprache(n) im Ostfrankenreich durch Ludwig läßt sich nirgends nachweisen. Daß Otfrid dem *Frankono kuning des ostarrichi* sein in südrheinfränkischer Sprache gedichtetes Evangelienbuch widmete und auch der Verfasser der Praefatio des sogenannten „Heliand“ seine altsächsische Evangelienbearbeitung unter die *benevolentia* eines *Ludowicus piissimus Augustus* stellte, womit möglicherweise der Ostfrankenkönig dieses Namens gemeint ist,[42] reicht manchen Germanisten aus, diese Werke als „Reichsdichtung“ zu bezeichnen und als Bestandteil einer „partikulären“, das heißt einer „ostfränkisch-deutschen“ „Kulturpolitik“ anzusehen.[43] Ihm zur Seite habe bei diesem „Übersetzungs- und Literaturprogramm“ Hrabanus Maurus gestanden, der – passend zu seinem König Ludwig „dem Deutschen“ – mit dem ehrenden Beinamen *praeceptor Germaniae* geschmückt wird.[44]

---

[38] Vollmann-Profe 1976, 5.

[39] Zur paläographischen Datierung Bischoff 1971, 106 (Tatian) und 113 (Hildebrandslied); zur sprachlichen Einordnung Geuenich 1976, 260–262, 232–235 (Tatian) und 254–259. 272–274 (Hildebrandslied); Geuenich 1978, 109–111 (Tatian) und 119–122 (Hildebrandslied).

[40] Haug 1977, 76; vgl. auch 74, wo von einer „Kulturpolitik Ludwigs des Deutschen“ die Rede ist, und Vollmann-Profe 1976, 4f.

[41] Vgl. Geuenich 2000, 319.

[42] So Drögereit 1951, 98–110; Haubrichs 1966, 30–32. Vgl. Geuenich 2000, 323f. mit Anmerkung 42.

[43] Haug 1977, 74 und 76.

[44] Vgl. Kottje 1975, 534–545. Zu Hrabans Kontakten mit Ludwig s. Sandmann 1980, 150–180.

Dürfen diese in der Tat beachtlichen volkssprachigen Dichtungen, die zur Zeit Ludwigs im Ostfrankenreich niedergeschrieben wurden, als Belege für ein „ostfränkisches Staatsbewußtsein" verstanden werden, die davon Zeugnis ablegen, daß sich das *regnum in orientali Francia* „als staatliche und kulturelle Einheit zu begreifen und vom fränkischen Westreich abzusetzen beginnt"?[45] Dies dürfte wohl eher eine Rückprojektion im Hinblick auf die spätere Entwicklung zum „deutschen Reich" sein. Die Verwendung der Volkssprache in diesen biblischen Dichtungen diente ebenso wie in den liturgischen und katechetischen Gebrauchstexten dem besseren Verstehen (*bene intellegere*)[46] und damit der kirchlichen Verbreitung und Festigung des christlichen Glaubens. Wäre die volkssprachige Schriftlichkeit, die in der Tat während Ludwigs Regierungszeit im Ostfrankenreich in einer Qualität und Quantität hervortritt, wie sie vorher und anderthalb Jahrhunderte nachher nicht erreicht wurde, tatsächlich als das Ergebnis einer zielgerichteten Kulturpolitik des Königs zu verstehen, die auf ein Zusammengehörigkeitsgefühl der rechtsrheinischen „Stämme", auf ein „ostfränkisches Staatsbewußtsein" abzielte, dann müßten wir fragen, warum diese Ansätze in ottonischer Zeit, in der Zeit des „werdenden deutschen Reiches"[47] also, nicht fortgeführt oder gar intensiviert worden sind? Stand aber die Verbreitung volkssprachiger Schriftlichkeit rechts des Rheins im Dienste kirchlich-missionarischer Glaubensverkündigung, Glaubensverbreitung und Glaubensfestigung, dann wäre der Grund für das „Verstummen" der Volkssprachen in der schriftlichen Überlieferung der Ottonenzeit, der Grund für die immer wieder bedauerte „Lücke im deutschsprachigen Schrifttum"[48] zwischen 900 und 1050 möglicherweise in einem Funktionswandel von der monastisch-missionarisch geprägten Kirche der Karolingerzeit zur bischöflich geprägten ottonischen Reichskirche zu sehen.[49]

---

45 So Vollmann-Profe 1976, 5.

46 Vgl. Geuenich 1986, 120–124, hier 123 (mit Nachweis der zeitgenössischen Texte).

47 Eggert 1973, 342.

48 De Boor 1964, 101; Rupp 1961, 33–38; Ehlers 1997, 12f.

49 Geuenich 2000, 328f.

Literatur

Bergmann 1980
Rolf Bergmann, s. v. Abrogans, in: Lexikon des Mittelalters, Bd. 1 (München/Zürich 1980) 54.

Bischoff/Duft/Sonderegger 1977
Bernhard Bischoff/Johannes Duft/Steffan Sonderegger, Das älteste deutsche Buch: Die ‚Abrogans'-Handschrift der Stiftsbibliothek St. Gallen. Facsimile und Kommentar (St. Gallen 1977).

Brühl 1990
Carlrichard Brühl, Deutschland – Frankreich. Die Geburt zweier Völker (Köln/Wien 1990).

de Boor 1979
Helmut de Boor, Die deutsche Literatur von Karl dem Großen bis zum Beginn der höfischen Dichtung, 770–1170. Geschichte der deutschen Literatur von den Anfängen bis zur Gegenwart, Bd. 1 (München ^{9}1979).

Deutsch 1994
Deutsch – Wort und Begriff, in: LiLi. Zeitschrift für Literaturwissenschaft und Linguistik 24, 1994, Heft 94.

Drögereit 1951
Richard Drögereit, Werden und der Heliand. Studien zur Kulturgeschichte der Abtei Werden und zur Herkunft des Heliand (Essen 1951).

Eberl 1980
Immo Eberl, s. v. Arbeo, in: Lexikon des Mittelalters, Bd. 1 (München/Zürich 1980) 888.

Eggers 1963
Hans Eggers, Deutsche Sprachgeschichte, Bd. 1: Das Althochdeutsche (Hamburg 1963).

Eggert 1973
Wolfgang Eggert, Das ostfränkisch-deutsche Reich in der Auffassung seiner Zeitgenossen. Forschungen zur mittelalterlichen Geschichte, Bd. 21 (Berlin 1973).

Eggert 1992
Wolfgang Eggert, Ostfränkisch – fränkisch – sächsisch – römisch – deutsch. Zur Benennung des rechtsrheinisch-nordalpinen Reiches bis zum Investiturstreit, in: Frühmittelalterliche Studien 26, 1992, 293–273.

Eggert/Pätzold 1984
Wolfgang Eggert/Barbara Pätzold, Wir-Gefühl und *Regnum Saxonum* bei frühmittelalterlichen Geschichtsschreibern. Forschungen zur mittelalterlichen Geschichte, Bd. 31 (Weimar 1984).

Ehlers 1989
Joachim Ehlers, Schriftkultur, Ethnogenese und Nationsbildung in ottonischer Zeit, in: Frühmittelalterliche Studien 23, 1989, 302–317.

Ehlers 1994
Joachim Ehlers, Die Entstehung des deutschen Reiches. Enzyklopädie deutscher Geschichte, Bd. 31 (München 1994).

Ehlers 1997
Joachim Ehlers, Methodische Überlegungen zur Entstehung des deutschen Reiches im Mittelalter und zur nachwanderzeitlichen Nationenbildung, in: Carlrichard Brühl/Bernd Schneidmüller (Hrsg.), Beiträge zur mittelalterlichen Reichs- und Nationsbildung in Deutschland und Frankreich (München 1997) 1–13.

Fleckenstein 1953
Josef Fleckenstein, Die Bildungsreform Karls des Großen als Verwirklichung der *norma rectitudinis* (Bigge/Ruhr 1953).

Fleckenstein 1959
Josef Fleckenstein, Die Hofkapelle der deutschen Könige, Bd. 1. Schriften der Monumenta Germaniae Historica 16,1 (Stuttgart 1959).

Fleckenstein 1965
Josef Fleckenstein, Karl der Große und sein Hof, in: Helmut Beumann (Hrsg.), Persönlichkeit und Geschichte. Karl der Große. Lebenswerk und Nachleben, Bd. 1 (Düsseldorf 1965) 24–50.

Fleckenstein 1980
Josef Fleckenstein, Grundlagen und Beginn der deutschen Geschichte. Deutsche Geschichte, Bd. 1 (Göttingen ^{2}1980).

Fried 1994
Johannes Fried, Der Weg in die Geschichte. Die Ursprünge Deutschlands bis 1024. Propyläen Geschichte Deutschlands, Bd. 1 (Berlin 1994).

Geuenich 1976
Dieter Geuenich, Die Personennamen der Klostergemeinschaft von Fulda im früheren Mittelalter. Münstersche Mittelalter-Schriften, Bd. 5 (München 1976).

Geuenich 1978
Dieter Geuenich, Zur althochdeutschen Literatur aus Fulda, in: Artur Brall (Hrsg.), Von der Klosterbibliothek zur Landesbibliothek. Beiträge zum zweihundertjährigen Bestehen der Hessischen Landesbibliothek Fulda. Bibliothek des Buchwesens, Bd. 6 (Stuttgart 1978) 99–124.

Geuenich 1983
Dieter Geuenich, Die volkssprachige Überlieferung der Karolingerzeit aus der Sicht des Historikers, in: Deutsches Archiv für Erforschung des Mittelalters 39, 1983, 104–130.

Geuenich 2000
Dieter Geuenich, Ludwig „der Deutsche" und die Entstehung des ostfränkischen Reiches, in: Wolfgang Haubrichs et al., Theodisca. Beiträge zur althochdeutschen und altniederdeutschen Sprache und Literatur in der Kultur des frühen Mittelalters. Reallexikon der Germanischen Altertumskunde, Ergänzungsband 22 (Berlin/New York 2000) 313–329.

Geuenich 2003
Dieter Geuenich, Sprach Ludwig der Deutsche deutsch?, in: Marco Mostert (Hrsg.), Spoken and written language. Relations between Latin and the vernaculars in the Earlier Middle Ages. Second Utrecht Symposium on Medieval Literacy, 24–26 June 1999. Utrecht Studies in Medieval Literacy, Bd. 2 (Turnhout 2003 [im Druck]).

Godman/Collins 1990
Peter Godman/Roger Collins (Hrsg.), Charlemagne's Heir. New Perspectives on the Reign of Louis the Pious (814–840) (Oxford 1990).

Hartmann 1990
Wilfried Hartmann, Herrscher der Karolingerzeit. König Ludwig der Deutsche, in: Karl Rudolf Schnith (Hrsg.), Mittelalterliche Herrscher in Lebensbildern. Von den Karolingern zu den Staufern (Graz/Wien/Köln 1990) 59–68.

Hartmann 2002
Wilfried Hartmann, Ludwig der Deutsche. Gestalten des Mittelalters und der Renaissance (Darmstadt 2002).

Haubrichs 1966
Wolfgang Haubrichs, Die Praefatio des Heliand. Ein Zeugnis der Religions- und Bildungspolitik Ludwigs des Deutschen, in: Niederdeutsches Jahrbuch 89, 1969, 7–32.

Haug 1977
Walter Haug, Das ‚Muspilli' oder über das Glück literaturwissenschaftlicher Verzweiflung, in: Wolfgang Mohr/Walter Haug, Zweimal ‚Muspilli' (Tübingen 1977) 24–78.

Jackson 1967
William T. H. Jackson, Die Literaturen des Mittelalters. Eine Einführung (Heidelberg 1967) [amerikan. 1960: The Literature of the Middle Ages].

Jarnut 1981
Jörg Jarnut, Gedanken zur Entstehung des mittelalterlichen deutschen Reiches, in: Geschichte und Wissenschaft und Unterricht 32, 1981, 99–114.

Kämpf 1971
Hellmut Kämpf (Hrsg.), Die Entstehung des Deutschen Reiches. Deutschland um 900 (Darmstadt ³1971).

Kottje 1975
Raymund Kottje, Hrabanus Maurus – „Praeceptor Germaniae"?, in: Deutsches Archiv zur Erforschung des Mittelalters 31, 1975, 534–545.

Rupp 1961
Heinz Rupp, Die Literatur bis zum Beginn der höfischen Dichtung (900–1170), in: Bruno Boesch (Hrsg.), Deutsche Literaturgeschichte in Grundzügen (Bern ²1961) 33–38.

Sandmann 1980
Mechthild Sandmann, Hraban als Mönch, Abt und Erzbischof, in: Fuldaer Geschichtsblätter 56, 1980, 133–180.

Schneider 1943
Hermann Schneider, Heldendichtung, Geistlichendichtung, Ritterdichtung. Geschichte der deutschen Literatur, Bd. 1 (Heidelberg 1943)

Schulze 1997
Hans K. Schulze, Vom Reich der Franken zum Land der Deutschen. Merowinger und Karolinger. Siedler Deutsche Geschichte (Berlin 1997).

Springer 1995
Matthias Springer, Fragen zur Entstehung des mittelalterlichen deutschen Reiches, in: Zeitschrift für Geschichtswissenschaft 43, 1995, 1995, 405–420.

Stevens 1999
Wesly M. Stevens, Karolingische Renovatio in Wissenschaften und Literatur, in: Christoph Stiegemann/Matthias Wemhoff (Hrsg.), 799 – Kunst und Kultur der Karolingerzeit. Beiträge zum Katalog der Ausstellung Paderborn 1999 (Mainz 1999) 662–680.

Thomas 1990
Heinz Thomas, *Frenkisk*. Zur Geschichte von *theodiscus* und *teutonicus* im Frankenreich des 9. Jahrhunderts, in: Rudolf Schieffer (Hrsg.), Beiträge zur Geschichte des *Regnum Francorum*. Referate ... zum 75. Geburtstag von Eugen Ewig (Sigmaringen 1990) 67–95.

Vollmann-Profe 1976
Gisela Vollmann-Profe, Kommentar zu Otfrids Evangelienbuch, Teil 1 (Bonn 1976).

von den Steinen 1950
Wolfram von den Steinen, Karolingische Kulturfragen, in: Die Welt als Geschichte 10, 1950, 156–167.

von Polenz 1959
Peter von Polenz, Karlische Renaissance, Karlische Bildungsreform und die Anfänge der deutschen Literatur, in: Mitteilungen Universitätsbund Marburg, Heft 1/2, 1959, 27–39.

von Polenz 1978
Peter von Polenz, Geschichte der deutschen Sprache. Neubearbeitung der früheren Darstellung von Hans Sperber (Berlin ^{9}1978).

Weisert 1997
Hermann Weisert, Seit wann spricht man von den *Deutschen*?, in: Blätter für deutsche Landesgeschichte 133, 1997, 131–168.

Germanisch-Deutsch – RGA-E Band 34 – Seiten 199-227

Theodiscus, Deutsch und Germanisch – drei Ethnonyme, drei Forschungsbegriffe

Zur Frage der Instrumentalisierung und Wertbesetzung deutscher Sprach- und Volksbezeichnungen

von Wolfgang Haubrichs

Beginnen wir mit dem Gesicherten:[1] Das heutige Ethnonym, die Volks- und auch Sprachbezeichnung *deutsch* < mhd. *diut(i)sch* < ahd. **diutisk* < westgerm. **theodisk* ist ursprünglich eine relationale Adjektivableitung mit Hilfe des Suffix *-isk-*[2] zu germ. *þeudō* (altsächsisch *thioda*, ahd. *diot*, altengl. *þēod*, altfries. *thiād*, altnord. *þióð*, got. *þiuda*) ‚Volk'. Das Wort existierte auch in den Parallelsprachen des Althochdeutschen: altenglisch *þēodisc*, altsächsisch *thiudisc*, flämisch *dietsc*, mittelniederländisch *duutsc*, die auf dieselbe Ausgangsbasis zurückgehen. Aus mndl. *duutsc* wiederum leitet sich engl. *dutch* ab, das bis ins 17./18. Jahrhundert sowohl ‚deutsch' (vgl. auch das *Dutch* der Pennsylvania-deutschen Auswanderer des 17./18. Jahrhunderts) als auch ‚niederländisch' bedeutete. Seit dem späten 8. Jahrhundert ist eine mittellateinische Entlehnung *theudiscus, theotiscus, thiudiscus* belegt. Daraus oder direkt aus westgerm. **þeudisk* leiten sich romanische Wörter ab, die später ebenfalls als Volks- bzw. Sprachbezeichnungen der Deutschen dienten: mit verschiedenem Lautersatz der germ. Diphthonge [eu], [eo] ital. *tedesco*, Süditalien 10. Jh. *todesca lingua*, neapolitanisch *todesco* ‚Zechbruder', friulanisch *todesc*, rätorom. *tudesg;* mit galloromanisch (regional differenzierter) Weiterentwicklung altfrz. *tiedeis*, nordfrz. *thiois*, ostfrz. *tiche.*[3] Ein gotisches *þiudisks* ‚heidnisch' übersetzt griech. *ethnikós* ‚heidnisch' und ist entweder eine

---

[1] Zum germanistischen Forschungsstand zu *theodiscus* vgl. vor allem Reiffenstein 1985; 1988; 1999; Ehrismann 1990; Haubrichs 1993; Klein 1994a; 1994b; Schmidt-Wiegand 1997; Bergmann 1997, 45ff. – Zum historischen Forschungsstand vgl. vor allem die Arbeiten von Thomas 1988; 1990a; 1990b; 1992; 1994; 2000; Jakobs 1998; 2000.

[2] Vgl. speziell zur Wortbildung Haubrichs 1993, 24f. mit Anm. 18; Klein 1994a; 1994b; Lühr 1998; Tiefenbach 2000, 85ff.

[3] Zu den romanischen Lehnwörtern vgl. Heim 1984, 70ff.

Glied-für-Glied-Lehnbildung oder Lehnbedeutung, umsemantisiert aus einem durchaus möglichen germ. **þeudisk-*. Jedenfalls zeigt die übersetzte Bibelstelle (Gal. 2,14) got. *þiudisks* als Gruppenbezeichnung im kontextuellen Verbund mit dem Antonym *iudaiwisks* ‚jüdisch'.[4]

Das Substantiv ahd. *theot,* mhd. *diet* < westgerm. **þeoda* < germ. **þeudō* umfaßte in etwa das Bedeutungsspektrum von lat. *populus* und seiner Derivate im frühen Mittelalter: „Volk, *gens*; Gruppe von Menschen, die sich zusammengehörig fühlt; öffentlich (oft rechtlich) handelnde Menschengruppe oder Personenverband". Das Wort gehörte wohl einer eher ‚hohen', vielleicht rechtlichen Sphäre an, wie vor allem Ableitungen und Zusammensetzungen zeigen: got. *þiudans* ‚Herrscher', ‚König', *þiudanon* ‚König sein, herrschen'; altengl. *þēoden,* altsächs. *thiodan,* altnord. *þjēðann* ‚Fürst, König'; altsächs. *þiot-mallo* ‚Gerichtsversammlung, *mallum publicum*'; *diet-strāza ‚via regis, strata publica*';[5] mehrfach in Ortsnamen *diet-kirihha, Diet-kirch(en)* für bedeutende Königskirchen mit Großpfarreien, wohl im Sinne von *ecclesia publica* zu verstehen.[6] Das Wort gehört überwiegend in die Sphäre öffentlichen Handelns.[7]

---

[4] Zur gotischen Prägung *þiudisks* vgl. Reiffenstein 1985, 1717 („ad hoc-Bildung"); Tiefenbach 2000, 85f. (mit der Warnung, die semantische Breite des got. Wortes unter dem Eindruck eines einzigen Beleges zu unterschätzen). Den Thesen von Lühr 1998, daß auch ahd. **þiudisk* (und ae. *þēodisk*) „wohl lat. *gentilis* ‚heidnisch' nachgebildet ist", daß lat. *theodiscus* als Lehnwort aus dem Ahd. sein <eo> in Nachbildung von ahd. *theoda* erhielt und daß „die Entsprechungen von ahd. **þiudisk* in den germ. Sprachen nur scheinbar" seien und „keinen urgerm. oder westgerm. Ursprung des Wortes ‚deutsch'" erweisen können, ist – auch angesichts ihrer Kompliziertheit – kaum zuzustimmen. Von Wolfram 1998 und 2001 ist die These vorgetragen und später abgeschwächt worden, daß lat. *theodiscus* auf der Grundlage von got. *þiudisks* entstanden und in den rom. Sprachgebrauch Italiens (und die dortigen lat. Kanzleisprachen) entlehnt worden sei, um gemischt-gentile Verbände zu bezeichnen, von dort aus aber wiederum als Fremdbezeichnung in den Norden importiert worden sei (vgl. dazu Reiffenstein 2000, 27ff.) Doch ist bei Annahme eines gemeingerm. **þēudisk-* die komplizierte und sowohl für den gotischen Ursprung als auch für die italienische Vermittlung hochspekulative, da nur auf einer außerordentlich geringen Anzahl von Belegen beruhende These gar nicht vonnöten. Man kann sich ohnehin des Eindrucks nicht erwehren, daß in der historischen Diskussion zum Begriff *theodiscus* frühe Einzelbelege unter Ausklammerung anderer, kaum jüngerer Belege und sogar ganzer Textsorten (z. B. Glossen) bevorzugt werden. Dagegen scheint mir eine historisch-semantische Auswertung von Wortbelegen nur sinnvoll auf der Grundlage einer größeren, statistisch relevanten Belegmenge, auch wenn dafür ein größerer Zeitraum als Bezugsrahmen der Argumentation in Anspruch genommen werden muß.

[5] Vgl. Reiffenstein 1985, 1771; Thomas 1988, 306 u. ö. (zum karolingischen Bedeutungsinhalt von *theoda*); Haubrichs 1993, 24ff.; Kluge/Seebold 1995, 175.

[6] Puhl 1998; Haubrichs 2000b, 241f.

[7] Den Überlegungen von Ehrismann 1970 zu einer Grundbedeutung ‚Menge' kann ich gerade im Kern nicht folgen; die Entwicklung verläuft im Germanischen eher umgekehrt; von ‚Gesamtheit des Volks' in Richtung ‚Menge'. Vgl. auch Reiffenstein 2002, 340.

Die Bedeutung des mit einem bereits gemeingermanischen Suffix *-isk* gebildeten Adjektivs **þeudisk* > **theodisk* ist für die Frühzeit nur über das mittellateinische Lehnwort *theodiscus* (seit a. 786) abzugreifen, dementsprechend also unsicher. Doch läßt sich immerhin sagen, daß das Wort nach Maßgabe des aus ihm gebildeten Lehnworts nicht den gesamten bei einem relationalen, auf *-isk* gebildeten Adjektiv (vgl. etwa *welsch* < *walhisk* ‚romanisch' zu *Walah* ‚Romane'; *wendisch, windisch* < **winidisk* zu **Winid-* ‚Slawe'; *heimisch* < *heimisk* ‚inländisch, zur Siedlung gehörig') möglichen Bedeutungsinhalt (etwa im Sinne von ‚zum *populus,* zur *theot* gehörig') angenommen hat. Deshalb sind auch gängige und oft in polemischer Absicht aufgenommene Erläuterungen zu **þeudisk* wie ‚dem Volke eigen, volksmäßig, national' oder ‚volkstümlich' oder ‚volksgemäß' oder gar ‚völkisch' schief bzw. schlichtweg irreleitend, weil sie Assoziationen an einen so erst seit dem 18. Jahrhundert möglichen Volks- und Volkstumsbegriff nahelegen. Das Wort *theodiscus* ist dagegen in den ersten beiden Jahrhunderten seines Lebens wohl nur in sprachlichem Sinne belegt, es bedeutet ‚zur *theota* gehörig' nur auf dem sprachlichen Felde, also ‚volkssprachig'.

Ein germano-lateinisches Kunstwort freilich, zu aktuellem politischem Zweck am Hofe Karls des Großen in den achtziger Jahren des 8. Jahrhunderts geschaffen, wie das gelegentlich angenommen wurde,[8] gebildet aus dem Lexem fränk. **theoda* und einem lat. Suffix *-iscus,* wäre unerhört in zeitgenössischer Wortbildung.[9] Möglich aber wäre die Übernahme eines existierenden althochdeutschen Wortes am Hofe Karls des Großen, wobei zu berücksichtigen wäre, daß neue Bildungen auf *-isk* im 8./9. Jahrhundert offenbar vorwiegend im oberdeutschen Bereich auftraten.[10]

Daß bereits ein ahd. Wort **þiudisk* (die Entwicklung von [eu] zu [iu] verdankt sich dem [i] der Folgesilbe) existierte, ist angesichts des Mangels an direkten Zeugen verständlicherweise gelegentlich bezweifelt worden.[11] Die Zweifel sind freilich nicht berechtigt, die Variation des mittellateinischen *theudiscus, theodiscus, thiudiscus* spiegelt die nur althochdeutsch mögliche

8 Thomas 1988, 297, 325; vgl. Wolfram 2000, 43.

9 Vgl. zu der Annahme von Thomas z. B. Haubrichs 1993, 24 mit Anm. 18; Klein 1994a; Reiffenstein 2000, 28f.

10 Klein 1994b, 16f.

11 Thomas 1988, 299, 316ff.; 1990a, 69; 1990b, 26ff. In letzterem Beitrag heißt es freilich abschwächend schon (S. 26), „daß dem lateinischen *theodiscus* unbezweifelbar ein – wenn auch nie bezeugtes – *theodisk* zugrunde gelegen haben muß". Es sei nur selten gewesen oder gar verlorengegangen und später aus dem Latein neu entlehnt worden. Diese Annahmen sind völlig unnötig.

Lautentwicklung [eu] > [eo] > [iu] und setzt damit die Existenz eines althochdeutschen Adjektivs **theudisk* > **theodisk* > **thiudisk* voraus, das gleichzeitig die Grundlage von mhd. *diutsch* > nhd. *deutsch* ist, so wie sich mhd. *liuti* zu nhd. *Leute*, mhd. *triuwe* zu nhd. *Treue* entwickelte. Dieses Adjektiv muß bereits spätestens im 7. Jahrhundert existiert haben, da es die Spaltung germ. [eu] > [eo] > [io] vor [a, e, o] und > [iu] vor [i, u] des frühen 8. Jahrhunderts bereits mitmachte.[12]

Doch welche Bedeutung besaß dieses volkssprachliche Wort? Sie läßt sich nur an der Bezeichnungsbreite von *theodiscus* annähernd abmessen, was nicht illegitim ist, da die interdependente Lautentwicklung ja zeigt, daß die volkssprachliche Bezeichnung **thiudisk* und das mittellateinische *theodiscus, thiudiscus* miteinander in engem Kontakt blieben, was nur bei verwandter Semantik denkbar ist. Die Extension des Sprachbegriffs *theodiscus* etc. bezog sich nicht nur auf eine einzige **theod(a)* oder *diot,* auf eine einzige *gens*, sondern auf den jeweiligen *populus* aller *gentes* der karolingischen Welt, die nichtromanische Sprachen sprachen; positiv beschrieben bezog sich also *theodiscus* auf alle *gentes,* die Sprachen besaßen, die wir heute als ‚germanisch' bezeichnen würden. Zumindest für das Lehnwort *theodiscus* muß man also bei den Intellektuellen des Karolingerreichs von einem Bewußtsein der Ähnlichkeit der Sprachen, die Philologen würden sagen, von ‚germanischer' Sprachverwandtschaft, vielleicht sogar von einem Bewußtsein gemeinsamer Ursprünge ausgehen, das auch ziemlich klar – auch mit dem Begriff *theodiscae nationes* umschrieben –[13] in der karolingischen Gelehrtenwelt belegt ist: Der Reichenauer Kirchenhistoriker Walahfrid Strabo schreibt den Goten eine *theodisca lingua* zu,[14] Ludwigs des Frommen Hofhistoriograph Frechulf von Lisieux nimmt die Nordleute hinzu,[15] und auch für die Angel-

---

[12] Klein 1994b.

[13] Frechulf von Lisieux, in: Migne, PL 106, 967: „Alii vero affirmant eos [die Franken] de Scanza insula, quae vagina gentium est exordium habuisse, de qua Gothi et caeterae nationes Theotiscae exierunt: quod et idioma linguae eorum testatur". Vgl. auch zu den nahezu programmatischen Äußerungen im Umkreis des karolingischen Hofkreises und seiner Gelehrten Reiffenstein 1985, 1717f. (mit Hinweisen auf weitere Lit.; besonders den Aufsatz von Henning Brinkmann von 1941).

[14] Walahfrid Strabo in seiner kleiner Kirchengeschichte, MG Capitularia II, S. 481f.: „Gothi [...] in Grecorum provinciis commorantes, nostrum id est theotiscum sermonem habuerint". Goten und Franken sprechen auch für den hofnahen Smaragd von St. Mihiel in seinem Donatkommentar eine *lingua theodisca* (CC, Continuatio Mediaevalis, Bd. 68, 22).

[15] Vgl. Anm. 13. Es ist wichtig, daß die ethnische Verwandtschaft zwischen den Bewohnern der *Scanza insula* und den *Gothi* und den *caeterae nationes Theotiscae* mit Hilfe der *lingua* begründet wird. Auch die aus dem Kreise des hofnahen Fuldaer Abtes Hrabanus Maurus stammende Schrift *De inventione litterarum* (Migne, PL 112, 1581) vertritt anläßlich der Behand-

sachsen[16] und die Sachsen,[17] ebenso für die Langobarden[18] auf dem Boden Italiens ist die Bezeichnung belegt. Ja selbst das Friesische wird in der ‚Vita Liudgeri secunda' (ca. 860) als *lingua theodisca* bezeichnet.[19]

Der Begriff *theodiscus* ist also supragentil angelegt,[20] und dies ist in der Tat eine unabdingbare Voraussetzung dafür, daß er später – wenn auch in einem

---

lung von Runen diese Theorie: „Litteras quippe quibus utuntur Marcomanni, quod nos Nordmannos vocamus, infra scriptas habemus, a quibus originem, qui Theodiscam loquuntur linguam, trahunt". Vgl. dazu Thomas 1988, 308 mit Anm. 43 (mit weiterer Lit.). Es muß festgehalten werden, daß hier eine Gemeinschaft der ‚theodisk' Sprechenden konstituiert wird, die wiederum ihren Ursprung im antiken Volk der Markomannen gehabt haben sollen.

16 Im berühmten Erstbeleg für *theodiscus* von 786 benennt der päpstliche Legat Georg von Ostia, zugleich Bischof von Amiens, das Altenglische auf einer angelsächsischen Synode mit dem fränkisch-karlischen Begriff. Vgl. dazu Thomas 1988, 309ff. (mit Lit.). Daß *theodiscus* bei den Angelsachsen als importiert empfunden wurde, läßt sich wohl aus „den spärlichen Belegen für ae. *ðēodisc*" herauslesen, das „bei Alfred geradezu *lingua* ‚Sprache (fremder) Völker' wiedergeben kann". Vgl. Tiefenbach 2000, 86. Dies wird die Grundlage für die Bezeichnung der ‚deutschen' Sprachen als *dutch* werden. Vgl. ferner u. Anm. 62.

17 In der Praefatio des ‚Heliand' wird das Altsächsische – selbst als *germanica lingua* bezeichnet – auch unter dem generellen Begriff der *theodisca lingua* subsumiert. Vgl. Haubrichs 1995, 275f. Um 885 werden volkssprachliche, as. Monatsbezeichnungen in ihrer Geltung als *apud thiudiscos* umschrieben. Vgl. Hüpper 1987, 1059–1081. Otto III. spricht nach Thangmar, Vita Bernwardi episcopi Hildesheimensis, c. 25, MG SS IV, 770 „meos Saxones et cunctos Theotiscos, sanguinem meum" in einer Rede in Rom an.

18 Auf dem Ingelheimer Reichstag von 788 verurteilen „Franci, et Baioarii, Langobardi et Saxones, vel ex omnibus provinciis, qui ad eundem synodum congregati fuerunt" Herzog Tassilo wegen des Vergehens „quod theodisca lingua harisliz dicitur" (Annales regni Francorum, ed. F. Kurze, MG SS in usu scholarum, 1895, 80). Hier werden anscheinend zumindest vier *gentes* in ihrer Sprache dem ‚Theodisken' zugeordnet. Vgl. Thomas 1988, 301ff. 309ff. Noch um 978, wenn auch vereinzelt, so doch wohl aus älteren Quellen schöpfend, nennt das ‚Chronicon Saliternitanum' die „lingua Todesca, quod olim Langobardi loquebantur". Vgl. Bruckner 1900, 68; Wolfram 2001, 49. Zur Entlehnung von it. *tedesco* aus dem Langobardischen, welcher Begriff nach Erlöschen der lgb. Sprache im 8./9. Jh. zur Fremdbezeichnung der Sprache der nordalpinen Nachbarn wurde vgl. u. Anm. 57.

19 Vita Liudgeri secunda, c. 21, ed. Wilhelm Dickamp, Die Vitae Sancti Liudgeri (Münster 1881) 66: „Obtulerunt ei aliquanto, dum esset in oppido quodam Frisiae cuius vocabulum est Helawerd, quendam hominem nomine Bernlewinus super eiusdem caecitate, quae illi iam ante triennium accidit, apud sanctum virum conquerentes. Etenim quia Tiudiscae linguae poeta erat optimus et antiquorum gesta bene cantare sciens ..." Vgl. auch ebd., 99 in der Vita tertia (ca. 865): „Est insula in ipso Fresonum atque Danorum confinio constituta, quae a quodam Fosete, quem deum errore gentili estimaverunt, et a patria lingua Theodisca Foseteslant est appellata ..."

20 Zu Vorstellungen, daß eigentlich mit ‚theodiscus' nur die fränkische Rechtssprache gemeint sei, wie sie z. B. Jakobs 1998, 64 u. ö. vertritt, vgl. auch Reiffenstein 2002, 340ff. Die Supragentilität des Begriffs wird implizit auch von Jarnut 1996, Wolfram 2001 und Schmidt-Wiegand 1997, 87 („stammesübergreifende Volkssprache") vorausgesetzt. Paulus Diaconus (Historia Langobardorum, I, 27, ed. G. Waitz, MG SS in usum scholarum separatim editi 48, 81) läßt Langobarden und „Baioariorum gentem quamque et Saxonum [...] et alios eiusdem linguae homines", also Menschen gleicher Sprache sein.

immer mehr eingeschränkten Sinne – für die Bezeichnung einer sich aus den selbständigen, wenn auch verwandten Sprachen der Baiern, Alamannen, Thüringer, Franken und Sachsen entwickelnden ‚deutschen' Sprache, die es im frühen Mittelalter noch nicht gab, tauglich wurde. Noch im um 1100 oder kurz vorher entstandenen frühmittelhochdeutschen ‚Annolied' kann wie bei dem Reichenauer Walahfrid des 9. Jahrhunderts der Vermutung Ausdruck gegeben werden, daß in Asien noch Völkerstämme hausten, *die dir Diutischin sprecchin.*[21]

Unterhalb dieser Ebene, die linguistisch gesehen für *theodiscus* die eines Oberbegriffs, eines Archilexems ist, dürften für die gentilen Einzelsprachen auch eigene, von den Völkernamen abgeleitete Sprachbezeichnungen existiert haben, wie es für *frenkisg* ‚fränkisch' explizit schon im 9. Jahrhundert belegt ist.[22] Das kann dazu führen, daß in der Praefatio des altsächsischen ‚Heliand' *germanica lingua* unterhalb der Ebene der *theodisca lingua* als Bezeichnung für die Sprache der Sachsen anstatt des doppeldeutigen *saxonice* eingeführt wird.[23] Schon aus diesem Grunde waren die kommunikativen Gelegenheiten, den weiträumigen volkssprachigen Begriff **þeodisk* zu gebrauchen, wohl recht selten, das Wort mithin bis zu einer stärkeren Elaboration einheitlicher Elemente einer Gemeinsprache im Frühmittelhochdeutschen ein seltenes Wort, das erst um 1000 bei dem St. Galler Schulmeister und Übersetzer Notker Labeo und in gleichzeitigen Glossen zutage tritt.[24] Die Seltenheit wird noch durch die Existenz paralleler und konkurrierender Ausdrucksmöglichkeiten, die dem lateinischen *vulgo* ‚im Volke, in der Volkssprache' entsprachen, nämlich *in gethiuti, ze diute,* unterstrichen.[25]

---

21 Das Annolied, hrsg. von Martin Opitz, dipl. Abdruck von Walther Bulst (Heidelberg 1961) c. XX, v. 21f.

22 Das Wort findet sich im ‚Liber Evangeliorum' (863/71) Otfrids von Weißenburg im Zusammenhang eines Lobs der Franken mehrfach: Otfrids Evangelienbuch, hrsg. v. Oskar Erdmann (Halle 1882) I, 1, v. 34; 46; 114; 122; 126; I, 3, v. 46; III, 7, v. 13; V, 8, v.8; V, 14, v. 3. Das Wort wird hier überwiegend als Sprachbegriff verwendet; für den Volksbegriff und das Territorium braucht Otfrid die Wendungen *Frankôno thiot* (Ad Lud., v. 90; I, 1, v. 124) und *Frankônolant* (Ad Lud., v. 3); nur V, 8, v.8 erscheinen *frenkisge liuti*, allerdings in sprachlichem Zusammenhang. *Thiot Urankôno* findet sich auch im *Ludwigslied* (v. 12) von 882. Vgl. Reiffenstein 1985, 1721; Thomas 1988, 320, 325f. mit Anm. 82; Thomas 1990b, passim.

23 Vgl. Anm. 17.

24 Vgl. zu Notker Weisgerber 1940, 156; Eggers 1961, 387ff.; Morcinec 1986. Die autorpsychologische Deutung der Wortwendung Notkers im Sinne eines in der Allgemeinsprache nicht durchgesetzten Kunstwortes durch Eggers vermag ich nicht zu teilen, auch schon wegen der gleichzeitigen Belege in den Straßburger Glossen und den Tegernsee-Echternacher Vergilglossen, die eine bereits über das Sprachliche hinaus entwickelte Bedeutung bezeugen (Lit. zu den Glossen bei Eggers 1970).

25 Vgl. zu Otfrids Sprachgebrauch Kelle 1881, 228f. Das Adjektiv *githiuti* und das abgeleitete

Das Adjektiv **þeodisk*, lat. *theodiscus* besitzt dabei zwei hervorstechende semantische Merkmale:

1.) eine auf die Sprache eingeschränkte Relationalität zum Begriff **þeoda*;
2.) eine supragentile, d. h. auf zahlreiche sog. germanische Stämme bezogene Exension.

Dazu kommt ein drittes Merkmal, das die Bedeutungsqualität der Sprachbezeichnung innerhalb eines Wortfeldes erst richtig einzuschätzen lehrt:

3.) die Kontrastivität zu den Sprachbezeichnungen des Lateins und der romanischen Sprachen.

Es ist bezeichnend, daß schon von Anfang an *theodiscus* und später auch das mhd. *diutisk, diutsch* immer wieder im Kontrast oder in der Komplementarität zu diesen Sprachbezeichnungen vorkommen: a. 786 wird eine Rechtshandlung „tam latine quam theodisce" vorgenommen;[26] a. 813 verordnet eine Synode, die Predigt in „rustica romana lingua aut theotisca" zu halten;[27] Walahfrid Strabo konstrastiert um a. 840 die Bezeichnungen für das Volk der Alamannen, bei denen, die *latine* reden (*Alamanni*, später frz. *les Allemands*), und denen, welche die *theotisca lingua* beherrschen (*Suebi*, später dt. *die Schwaben*);[28] Gottschalk von Orbais, von Geburt Sachse, unterscheidet um 850/60 den Sprachgebrauch der *gens teudisca* von dem, *ut nos*, die lateinisch gebildeten *litterati*, sprechen.[29] Die Sprecher der *lingua teudisca* sind also auch die Nichtlateiner, die Nichtromanen, vielleicht manchmal diejenigen, die nur über eine gentile Volkssprache verfügen. Für die Sprache der Romanen besaßen die westgermanischen Sprachen übrigens ein eigenes, ursprünglich von den Volksbezeichnungen der keltischen *Volci* (germ. **Walhaz*) abgeleitetes Adjektiv auf *-isk*: *walhisk, welsch.*[30]

Adverb *githiuto* stehen im Gegensatz zu *barbarus* ‚fremd' und sind im wörtlichen Sinne als ‚im Volke, einheimisch' und übertragen als ‚gesittet' zu verstehen. Nur in ganz expliziter Formulierung können sie auf Sprache angewandt werden. Beide Wörter sind selten, vielleicht Archaismen, und stehen überdies stets im Reim zu *liuti, liuto*, was zur Vorsicht bei der argumentativen Verwendung des Befundes mahnt. Vgl. ferner Frings 1941, 243f.; neuerdings auch Tiefenbach 2000, 87f.

26 Vgl. Anm. 16.

27 MG Concilia II,1, 288, Nr. 38.

28 Vita Sancti Galli confessoris, prologus, MG SS rer. Mer. IV, 281.

29 Godescalc d'Orbais, Oeuvres théologiques et grammaticales, ed. Cyrille Lambot (Louvain 1945) 195f. Vgl. zu dieser Stelle zutreffend Ehlers 1989a, 55.

30 Vgl. Weisgerber 1944; 1948, 87–146; Kluge/Seebold 1995, 884f. (mit Lit.).

Die Supragentilität der Bezeichnung *theodiscus* ist seit der Karolingerzeit ein Merkmal, das Anderes, Älteres und Partielles überdeckt. Die Existenz einer supragentilen Bezeichnung neben eigenen intragentilen und auch spezifisch extragentilen (vgl. oben *Alamanni* versus *Suebi/Suabôn*)[31] Bezeichnungen verhilft auch zum Verständnis von Fakten, die immer wieder zur Interpretation von *theodiscus* herangezogen werden, aber doch – manchmal unbemerkt von den Interpreten – beträchtliche Interpretationsschwierigkeiten machen:[32]

1.) Z. B. erscheinen a. 863/71 im althochdeutschen Evangelienbuch Otfrids von Weißenburg[33] in seiner lateinischen Vorrede an den Erzbischof Liutbert von Mainz neben der Sprachumschreibung *propria lingua* auch (adverbial) *francisce* und *theotisce* als offenbar synonyme Bezeichnungen der gewählten Übersetzungssprache, welche die Wissenschaft ‚Althochdeutsch' – hier in rheinfränkischer Ausprägung – nennt. In der althochdeutschen Vorrede des ‚Liber evangeliorum' (I, 1), dort wo ein intensives „Lob der Franken" die Sprach- und Literaturfähigkeit der Franken legitimiert, erscheint neben der Volksbezeichnung *Fránkon* (*Fránkono thíot* ‚Volk der Franken' v. 124) auch als Bezeichnung ihrer *zunga*, ihrer *lingua* in praepositionalem Ausdruck *in frénkisgon* ‚auf Fränkisch' (v. 34; v. 46; v. 126) oder *in frenkisga zungun* (v. 114; v. 122), wobei sich die Lautform *frenkisg* gegenüber lat. *francisce* durch den althochdeutschen Umlaut [a] > [e] vor [i] der Folgesilbe erklärt. Das Kapitel als Ganzes dagegen hat der Autor, selbst ein Franke und aus dem im Speyergau und in der Diözese Speyer gelegenen Kloster Weißenburg stammend, überschrieben: „Cur scriptor hunc librum theotisce dictaverit." Daraus ist durchaus zu schließen, daß *theotisce, francisce* und *frénkisg* im gegebenen Kontext synonym sind, aber sie funktionieren nicht in einer einfachen, sondern einer komplexen Synonymität miteinander, die vom Autor instrumentalisiert wird. Es handelt sich um das Nebeneinander von supragentilem Oberbegriff (Archilexem) *theodiscus* und den lat. bzw. ahd. intragentilen Unterbegriffen *franciscus* und *frenkisg*. Sie können nebeneinander gebraucht werden, in kontextueller Synonymität, so wie der gleiche konkrete Baum einmal als ‚Buche', ein andermal unspezifisch als ‚Baum' angesprochen werden kann. So ist es dann ganz natürlich, daß der Franke Otfrid dort, wo

---

[31] Vgl. zur Frühgeschichte der Ethnonyme *Alamannen* und *Sueben* Rübekeil 1992; Haubrichs 2002.

[32] Dies gilt besonders für die frühen Arbeiten von Heinz Thomas.

[33] Otfrids Evangelienbuch, hrsg. v. Oskar Erdmann, 4. Aufl. v. L. Wolff. Altdeutsche Textbibliothek, Bd. 49 (Tübingen 1962); vgl. Vollmann-Profe 1976, 24–72, 82–142.

er die Sprache speziell der Franken aus deren Qualität als neuem Reichsvolk neben den heiligen Sprachen Griechisch und Latein, den *edilzungun* („edlen Sprachen", v. 53), als Medium des Evangeliums, des Wortes Gottes, qualifizieren will, im volkssprachigen Text nur *frenkisg* gebraucht. Daraus zu schließen, daß ein ahd. Wort **thiudisk* nicht existiert hätte, ist nicht erlaubt.

2.) Durchaus ähnlich ist es zu beurteilen, wenn wir – wie schon erwähnt – um a. 840/50 in der lateinischen *Praefatio* der altsächsischen Evangelienharmonie, des ‚Heliand', finden, daß die Untertanen des das Werk veranlassenden Herrschers Ludwig, die ja über die *gens* der Sachsen hinausreichten, insgesamt die *theodisca lingua* sprechen, der Dichter *de gente Saxonum* aber die Evangelien poetisch *in germanica lingua* übersetzt.[34] *Theodiscus* und *germanicus* funktionieren wieder wie Ober- und Unterbegriff, wobei die *germanica lingua* (in identifizierender Anknüpfung der Sachsen an des Tacitus ‚Germania') das Altsächsische meint, da *saxonicus* wegen der Verwechslungsgefahr mit der Sprache der insularen Sachsen, also Altenglisch, nicht verwendbar war.[35]

3.) Die Koexistenz von supragentilem Begriff *theodiscus* und anderen intragentilen Begriffen erklärt auch die Varianz in den Außenbezeichnungen der Nachbarvölker für das ‚Deutsche' und die ‚Deutschen', die als solche noch nicht existieren, also für die theodisken *gentes.* Die einen übernehmen *theodiscus* oder **Þeodisk*, so mit *tedesco, todesco, tudesg, thiedois* in schrumpfender, sich auf das werdende ‚Deutsch' verengender Bedeutungsextension im Süden und Nordwesten; die anderen aber – ein häufig zu beobachtendes Phänomen – richten sich nach den gentilen Bezeichnungen der am nächsten wohnenden Völker und generalisieren sie dann für das ‚Deutsche' oder die ‚Deutschen': *Allemand, Alemán* im Südwesten, aber auch partiell im Süden (Walthers Papst spricht um 1213 von *zwên Aleman* ...);[36] schließlich *Sachsen* im skandinavischen Norden und teilweise im Osten (neben dem neuschwed. Lehnwort *tysk*).[37]

---

[34] Heliand und Genesis, hrsg. v. Otto Behaghel, 10. überarbeitete Aufl. v. B. Taeger. Altdeutsche Textbibliothek, Bd. 4 (Tübingen 1996); vgl. zum Kontext Haubrichs 1973; 1995, 277ff. Ob der veranlassende Herrscher mit Ludwig dem Frommen († 840) oder Ludwig dem Deutschen († 876) zu identifizieren ist, ist in der Forschung strittig. Vgl. zuletzt Taeger, Einleitung zur Ausgabe (s. o.), XXXVf., dessen von recht komplexer Hermeneutik und inkonsequenter Argumentation geprägte Interpretation die Konsistenz der Praefatio in dieser Hinsicht nicht zu retten vermag. Der Punkt der doppelten Sprachbezeichnung wird jedoch hiervon nicht berührt.

[35] *Saxonice* wurde in Glossen für das Angelsächsische bzw. Altenglische gebraucht. Vgl. Klein 1977.

[36] Schweikle 1994, 164, 403, 406.

[37] Kluge/Seebold 1995, 77.

Wie nun kommen *theodiscus* und ahd. *thiudisk* von ihrer supragentilen Bedeutungsextension zu ihrer späteren, zweifellos verengten Bedeutung ‚deutsch'? Wie von einem Sprachbegriff zu einer Volksbezeichnung? Erst im Laufe des elften Jahrhunderts treten Sprachformeln zu Tage, die signalisieren, daß *deutsch*, mittelhochdeutsch *diutsch*, spätahd. *diutisk*, altsächsisch und althochdeutsch *thiudisk*, zu einem ‚Volksbegriff' geworden ist. In den wahrscheinlich vor a. 1029 aufgezeichneten Straßburger altsächsischen Glossen wird *Germania* mit *thiudisca liuti* (‚deutschsprachige Leute') übersetzt,[38] man könnte auch sagen, ein Raumbegriff mit einer ethnischen, auf einen Personenverband verweisenden Bezeichnung kommentiert. Im um a. 1100 im Kölner Raum entstandenen ‚Annolied' begegnet sowohl der ethnische, vielleicht noch den Sprachbegriff implizierende Inhalt mit *diutischi liuti, diutschi man*[39] als auch eine territoriale Extension mit der Raumbezeichnung *diutsche lant,*[40] eine Formel, die selbst oder in Varianten (*diutsche erde, diutsches rîche*, ja sogar romanisierend *diutsche terre* < *terra*) in reicher Fülle in die mittelhochdeutsche Literatur Einzug hält.[41] Die um a. 1150 entstandene ‚Kaiserchronik', wohl aus Regensburg, bringt dann endgültig die Substantivierung der Volksbezeichnung: *die Diutiscen* ‚die Deutschen'.[42]

Welche Bedeutung kann diesen neuen Bezeichnungen, die im elften und zwölften Jahrhundert die Schriftlichkeit erreichen, zugeschrieben werden?

Die Attributierung der *liuti* oder der *man* mit dem Begriff ‚volkssprachig' ist unmittelbar einsichtig und hat sprachliche Vorbilder oder besser Parallelen in Bildungen wie *natio theodisca,* die bis in die Karolingerzeit zurückreichen.[43] Doch muß *diutisk* in solchen Verbindungen eine neue Bedeutungsqualität nicht nur sprachlicher, sondern auch ethnischer Art gewonnen haben, die es etwa dem angeführten altsächsischen Glossator ermöglichte, den Raumbegriff *Germania* mit *thiudisca liudi* zu paraphrasieren. Und auch in den Bildungen mit *lant, erde, rîche* muß bereits das Ethnonym vorliegen und

---

[38] Gallée 1894, 276. Vgl. einen Glossator des 9. Jhs. (Clm. 22053), der *Germania* noch mit *Franchônolant* interpretiert: Steinmeyer/Sievers 1879/1922, III, 610, 7.

[39] Annolied (s. Anm. 21), c. XXVIII, v. 12, 17. Vgl. noch die ‚Deutsche Kaiserchronik', hrsg. v. Edward Schröder, MGH Deutsche Chroniken I (Berlin 1895) v. 246: *daz Dûtisc volch;* v. 453: *alle Dûtiske herren;* v. 525: *alle Dûtisce man* u. ö.

[40] Annolied (s. Anm. 21), c. VII, v. 4; c. XVIII, v. 12; c. XXIV, v. 8. Vgl. Kaiserchronik (s. Anm. 39), v. 253: *zu Dûtiscen landen;* v. 464: *in Dûtiscem rîche;* v. 684: *in Dûtiskiu lant* u. ö.

[41] Benecke/Müller/Zarncke 1854, Bd. I, 324f.; Lexer 1872, 443f.; ferner Smiths 1977; Schnell 1989.

[42] Kaiserchronik (s. Anm. 39), v. 497: *der Dûtiscen trost*; v. 16039 *dehain Diutisker*; v. 16899: *die Diutiscen.*

[43] Vgl. Anm. 13.

damit eine erste Übertragung: *diutsche lant* läßt sich nicht mehr mit ‚deutschsprachige Länder' übersetzen, da ein Land usw. nicht spricht; es enthält diese Formel eine Zugehörigkeits- oder Orientierungsangabe, die nicht mehr auf den bloßen Sprachbegriff zu reduzieren ist.

Diese Territorialisierung der Sprachbezeichnung geht Hand in Hand mit ähnlichen Prozessen, die in lateinischer Terminologie durchscheinen, wobei neben dem bereits bekannten *theodiscus* das von karolingischen Gelehrten geprägte, aber wohl vor allem im ottonisch-salischen Italien propagierte, von den aus Vergil und Vergilglossen bekannten *Teutones* abgeleitete *teutonicus* eine Rolle spielte, das von Anfang an auch eine ethnische Bedeutung – *wir Teutones* sagt Notker Labeo Anfang des 11. Jahrhunderts – implizierte.[44] Prägungen wie *teodisca gens, teodisca terra, teutonica terra* begegnen häufiger seit dem frühen elften Jahrhundert.[45] In der Polemik des Investiturstreits gewinnt nach ottonischer Vorbereitung das *Teutonicum regnum* als der nördlich der Alpen gelegene Reichsteil endgültig eigene Qualität neben den anderen Teilen des Reiches, den *regna* Italien und Burgund, festgeschrieben etwa im Wormser Konkordat von a. 1122.[46]

Man kann in Ergänzung einer bekannten Definition von Joachim Ehlers[47] sagen: *diutisk* drückt möglicherweise innerhalb des Reichsbewußtseins der

---

44 Zu *teutones, teutonicus* vgl. Reiffenstein 1985, 1722f.; Thomas 1976, 1990; 1991; Ehlers 1989a, 43f.; 1989b, 306ff.

45 *Teodisca gens* und *teodisca terra* begegnen 1018/34 bei dem westfränkischen Geschichtsschreiber Ademar von Chabannes, also in einer Außenperspektive, worauf Krogmann 1936, 34f. aufmerksam machte. *Teutonica terra* findet sich – auf das Reich Kaiser Arnulfs († 899) bezogen – in einem Herrscherkatalog der zweiten Hälfte des 11. Jahrhunderts (MGH SS X, 196).

46 Ehlers 1989a, 43. Vgl. auch Müller-Mertens 1970; Brühl 1990, passim.

47 Für den Historiker Joachim Ehlers ist das Fehlen eines einheitlichen Volksbegriffs, eines „supragentilen Volksbewußtseins" das entscheidende Argument dafür, daß sich aus den vier Traditionsverbänden der Franken, Sachsen, Baiern und Alemannen (Schwaben), wie sie etwa auch noch das ‚Annolied' als Formationen des Reiches vorführt, keine neue Ethnie entwickelte (Ehlers 1989b, 303). Die Führungsschichten, die ein Reich trugen, dessen „politische Integration" kein Großvolk hervorbrachte, wollten kein „ethnisch bestimmtes Reichs- und Politikverständnis, das sich von der fränkisch-karolingischen Tradition bewußt abhob". Ehlers stuft beim „Nationsbildungsprozeß" des Mittelalters das Element der Sprache als relativ geringwertig ein; entscheidend sei die „politische Formation als Rahmen für das Anwachsen weiterer Elemente inneren Zusammenhalts" (Ehlers 1989b, 309). Die politische Formation dessen, was später Deutschland genannt werden wird, sei das Imperium gewesen, „für das sich eine spezifische Ideologie der Translation von den Römern hin zu den Franken ausbildete, und dieser imperiale Reichsgedanke ist die mittelalterliche Form unseres Nationalbewußtseins gewesen, das vitale Zentrum supragentilen Zusammenhalts [...]" (Ehlers 1989b, 310; vgl. Schnell 1989, 288). Dem kann man grundsätzlich auch aus philologischer Perspektive zustimmen, auch wenn die Rolle der Sprache wohl zu gering und auch nicht zeitadäquat gewichtet sein mag. Vgl. Haubrichs 1993, 28f.

Führungsschichten spezieller das Reichsteilbewußtsein der im *regnum Teutonicum*, in *diutischemo lante* zusammenwachsenden Gruppen aus, ein spezielles supragentiles Bewußtsein, das sich erneut, aber auch spezieller, in Kontrast und Komplementarität zu *Walh* ‚Romane' und *Burgundeis* ‚Burgunder' entfaltet.[48] Die geographische Extension der Volksbezeichnung *diutisk* erstreckt sich dementsprechend auch auf die linksrheinischen Gebiete des *regnum*, die nach traditioneller karolingischer Terminologie als *Gallia* der rechtsrheinischen *Germania* gegenübertraten, wie in wünschenswerter Deutlichkeit die ‚Kaiserchronik' dartut, in der *dûtisk lant* und *dûtisk riterscepht* Volk aus der *Gallia* und der *Germania* umfaßt.[49] Und in Wolframs ‚Willehalm' (um 1210/20) kommen zu einem Fest in einer französischen Stadt, zu dem sich bereits Franzosen, Bretonen, Engländer und Burgunder eingefunden haben, *von tiuschem lande Flaeminge* (‚Flamen') und *Brabande* (‚Brabanter') und der *herzoge von Lohrein* (‚Lothringen').[50] In der ‚Kaiserchronik', die sich überhaupt durch ein selbstbewußtes Verständnis der *diutisc lant* auszeichnet, ist auch die Translationstheorie bereits da, nach der Karl der Große *der erste kaiser wart ze Rome von Diutisken landen* und das *imperium* übertragen habe.[51]

Überhaupt ist in dieser auf das *regnum teutonicum* bezogenen, wenn auch nicht immer mit ihr vollkommen identischen Bedeutungsextension von *diutisk, diutsch* bereits die sich rechtlich und staatsterminologisch entfaltende begriffliche Spezifizierung des *imperium sacrum*, des ‚Heiligen Römischen Reiches' durch Formeln wie *diutsche lande*, aber auch das an *natio germanica* gebildete *Dutsche nacio, Teutsche nacion* seit dem frühen 15. Jahrhundert, vor allem im Umkreis der großen Konzile von Konstanz und Basel, vorbereitet: „Dem hiligin rîche und allin dûtschen landen" adressiert a. 1409 König Ruprecht; eine Fürstenklageschrift von a. 1461 richtet sich an „das heilig Römisch reiche und bevoran Teutsche nacion", später variiert durch *Teutsche lande*; König Sigismunds Kanzlei läßt a. 1432 in einem Schreiben an das Basler Konzil *natio Teutonica* mit *Deutsche zunge* übersetzen, ein Zeichen dafür, daß der Sprachbegriff immer noch im Ethnonym anwesend ist. Die Beispiele ließen

48 Vgl. z. B. den aufschlußreichen Katalog „er si Walh oder Burgundois, Dûtschman oder Franzois" in der um 1301/05 entstandenen ‚Kreuzfahrt des Landgrafen Ludwig des Frommen von Thüringen', hrsg. v. Hans Naumann, MGH Deutsche Chroniken IV, 2 (Berlin 1923) v. 4723f.

49 Kaiserchronik (s. Anm. 39), v. 469ff. (besonders v. 480).

50 Wolfram von Eschenbach, Willehalm, hrsg. v. Joachim Heinzle. Altdeutsche Textbibliothek, Bd. 108 (Tübingen 1994) 126, 13ff.

51 Kaiserchronik (s. Anm. 39), v. 14815.

sich häufen. *Zunge* bzw. *getzung(e)* wird metonymisch geradezu zu einem Synonym zu *nacion.*[52] Diese Bedeutungsentwicklung des eigentlichen Sprachbegriffs *diutschiu zunge* im Sinne einer Formel, die ein Kollektivsubjekt, die Gesamtheit der im *regnum teutonicum* handelnden Personen, vor allem Adel und Fürsten, bezeichnete, war schon lange vorbereitet. Walthers um 1198 entstandenes „so wê dir, tiutschiu zunge, wie stêt dîn ordenunge?“ aus den Reichssprüchen[53] und ähnliche Formulierungen lassen sich kaum anders deuten.

So ist die allgemeine Sprachbezeichnung der Deutschen und das entsprechende Ethnonym aus einer allmählichen Reduktion der Reichweite einer supragentilen Bezeichnung **þeudisk* auf wenige, im Regnum zusammenwohnende und zusammenwachsende theodiske *gentes* gewonnen worden, wozu sie gleichwohl nur gerade wegen ihrer Supragentilität fähig war. Wann beginnt nun die Verringerung der Bedeutungsextension der Sprachbezeichnungen **þeudisk* und *theodiscus?*

Einen gewissen Hinweis scheint mir die Substantivierung der Sprachbezeichnung zu geben, die ja Menschengruppen anzielen und in gewissem Maße auch lokalisieren oder regionalisieren mußte: Noch um a. 840 findet sich bei dem Reichenauer Walahfrid Strabo *theodisci* in einer über den späteren deutschen Sprachraum hinausweisenden Verwendung.[54] Im sächsischen Kloster Werden sind um 885 die karlischen Übersetzungen der Monatsnamen *apud thiudiscos* in Gebrauch,[55] was nur einen Sinn ergibt, wenn sich das werdende Ethnonym auf die volkssprachigen *gentes* des karlischen Imperium einschließlich der Sachsen bezog; Thangmar in seiner ‚Vita Bernwardi‘ (um 1022/24) läßt Otto III. (983–1001) ansprechen „meos Saxones et cunctos Theotiscos, sanguinem meum“, womit sinnvollerweise neben den Sachsen die anderen in seinem Imperium lebenden theodisken *gentes* gemeint waren.[56]

In neuerer Zeit hat man zu Recht den Blick auf frühe Belege aus dem südalpinen Kontaktgebiet zum später ‚deutschen‘ Sprachraum gelenkt, die eine erste Abgrenzung von außen und damit eine Kollektivsicht der nördlichen Nachbarn und Verwendung der Bezeichnung *theodiscus* belegen.[57] So ist in

---

[52] Belege nach Diehl 1937, 457ff; weitere Hinweise bei Schnell 1989, 312; Thomas 2000, 76ff. Vgl. auch Wagner 1931, 390; Werminghoff 1908, 184ff.; Isenmann 1989, 155ff.

[53] Schweikle 1994, 74, 339f.

[54] Vgl. Anm. 14.

[55] Vgl. Anm. 17.

[56] Vgl. Anm. 17.

[57] Jarnut 1996; vgl. dazu auch Reiffenstein 2000; Wolfram 2001, 15f.; ferner Castagnetti 1995a/b, wo man auch eine gründliche Untersuchung des historischen Kontextes der Urkunden von Bergamo (a. 816) und Trient (a. 845) findet.

Bergamo a. 816 von *theotischis homines* (mit falschem Nominativ Plural auf -*es* und rom. Hyperkorrektur [e] > [i]) die Rede. Jörg Jarnut hat überzeugend gezeigt, daß hierunter nordalpine Personen, die in Italien tätig sind, zu verstehen sind, was von Sprachwissenschaft und Onomastik eindrucksvoll bestätigt werden kann. Unter den namentlich genannten *theotischis homines* befindet sich nämlich ein *Gero* mit der ahd. Entwicklung von [ai] > [ē], der in Italien regelgerecht langobardisch *Gairo* oder romanisiert *Garo* heißen müßte. In Mori bei Trient findet sich a. 845 in der Zeugenformel die Formulierung „... et aliis vassi domnicis tam Teutisci quam Langobardi", womit hier die *Teutisci* in einen expliziten Kontrast zu den einheimischen Langobarden (die vermutlich schon romanisiert sind) geraten.[58] Beide Male werden rechtliche Qualitäten und wohl ebenso sprachliche Differenzen in den Vordergrund gestellt, wofür der supragentile Begriff für die theodisken Volkssprachen des fränkischen Reiches instrumentalisiert wird. Dies ist zweifellos vom Boden der *Italia* (und zwar von ihrem nördlichsten Rande) aus gesehen eine Abgrenzung nach außen, und zwar gegenüber Gruppen, die von außen kommen. Doch daraus abzuleiten, daß auch die Volksbezeichnung der Deutschen von außen gekommen ist,[59] geht zu weit und überfordert die italienischen Belege. Sie gehören viel stärker als in die Frühgeschichte des Wortes *deutsch* in die Frühgeschichte der italienischen Sprach- und Volksbezeichnung *tedesco.*

Damit soll nicht gesagt werden, daß solche abgrenzenden Wahrnehmungsprozesse von außen keine verstärkende Wirkung auf die im Innern vor sich gehenden Unifizierungsprozesse gehabt hätten. Sie beweisen sie geradezu: von außen hat man in Norditalien gelegentlich die nordalpinen theodisken *gentes* bereits im frühen 9. Jahrhundert als Einheit wahrgenommen. Das gilt so wie für die südliche Sprachgrenze, die ja erst im Werden begriffen ist,[60] auch für den Westen, für die ost- und nordfranzösischen Kontaktgebiete, wie

---

58 Auf diese Urkunde wies bereits Finsterwalder 1990, Bd.1, 22 hin. Er zeigte auf, daß sich die Schöffen aus der Umgebung von Bozen mit Namen *Hagilo de Prissiano* (Prissian) und *Frictari* (< **Frit-hari*) *de Appiano* (Eppan) „durch die langobardische Sprachform ihrer Namen (den fehlenden Umlaut) deutlich von den Baiern" abheben; in ahd. Sprachform wären **Hegilo* und **Fritheri* zu erwarten gewesen.

59 Die Meinung von Reiffenstein 2000, 29f., 32, daß *theodiscus* Import aus Italien ins Frankenreich sei, leuchtet mir bei der von ihm doch überzeugend demonstrierten Prämisse, daß germ. **þeudisk* „in jeder germanischen Sprache bildbar war" und wohl auch gebildet worden ist, wenn nicht sogar ererbt war, nicht ein. Anscheinend vertritt er auch (S. 30) die Existenz dieses Wortes im Langobardischen.

60 Vgl. dazu mit weiterer Lit. Haubrichs 1993b; 2000a; 2002.

die lautliche Entwicklung von nordfrz. *thieois* und ostfrz. *tiche* ‚deutsch' erweist. Altfranzösisch *thiedois* löst sich ja gerade im 9. Jahrhundert sprachlich von fränkisch **thiodisk* < **þeudisk.*[61] Das Wort, das bisher auch theodiske Sprecher im Westen bezeichnen konnte, verengt sich von da ab allmählich auf die Bezeichnung der theodisken (nichtromanisierten) Franken etc., jenseits, östlich der sich verfestigenden Sprachgrenze. Damit lassen sich aber auch die Außenbelege aus Italien und von der Westgrenze besser als bisher einordnen. Sie sind nicht Zeugen einer Fremdgenese der Sprach- und später Volksbezeichnung der ‚Deutschen', sondern zeigen eine ursprünglich weitgefaßte Bezeichnung nichtromanischer Sprecher auf dem Wege zu einer einheitlichen Bezeichnung der im Imperium zusammenwohnenden künftigen ‚Deutschen', ohne dieses Ziel schon erreicht zu haben; sie sind zugleich aber auch Zeichen der Dissoziierung und des Eigenbewußtseins der werdenden Nachbarvölker.

Auch in England läuft dieser Kontrastierungsprozeß im späten 9. Jahrhundert ab: Im Blick auf kontinentale theodiske Gruppen und zwar in Abhebung von Angelsachsen wird vom Biographen König Alfreds des Großen (871–899), dem vor 900 in Sherborne schreibenden Asser die Prägung *mos Theotiscorum* (‚Brauch der Theodisken') verwandt.[62] Dieses Ergebnis ist außerordentlich bedeutsam für die Frühgeschichte der Sprachbezeichnung und des Ethnonyms der Deutschen. Gerade im 9. Jahrhundert, als im Innern noch die supragentile Extension von *theotiscus* im Vordergrund steht, wird von außen bereits das Gemeinsame gesehen.

Die Sprach- und Volksbezeichnung *deutsch* gewinnt eine neue Komponente der Bedeutungsextension durch die politische und historisch-gelehrte Diskussion einer noch eingeschränkten Öffentlichkeit, die sich unter wachsender Beteiligung der Bildungselite der Humanisten im 15. und 16. Jahrhundert vollzieht. Das relationale Adjektiv *deutsch*, das bisher die Zugehörigkeit zu Sprache, Land und Leuten bezeichnete, gewinnt nun eine qualitative Dimen-

---

[61] Vgl. Anm. 3. Zu Recht betont Reiffenstein 2000, 31: „Die feste Verankerung von ahd. *diutisk*, mhd. *diutsch*, nhd. *deutsch* im Sprachgebrauch nördlich der Alpen, von *tedesco, todesc, tudestg* usw. in der südalpinen Romania und wohl auch von afrz. *tiedeis, tieis, tiois* u. ä. in Nord(ost)-frankreich läßt sich schwerlich mit Hilfe des kurzlebigen lat. *theodiscus* erklären, wohl aber durch die Annahme eines nördlich wie südlich der Alpen vorhandenen (west)germ. **theudisk*, vorahd. *thiudisk*". Es ist freilich mit Wechselwirkungen zwischen dem mittellateinischen und den volkssprachigen Wörtern zu rechnen.

[62] Asser, De rebus gestis Aelfridi, ed. W. Stevenson/D. Whitelock, 2. Aufl. 1959, 12, 202–204, XCIIIf. Dort wird auch auf eine von einem fränkischen Schreiber a. 843 für Kg. Aethelwulf geschriebene Urkunde hingewiesen, in der es heißt: „[...] singularis silva, [...] quem nos Theodoisce ‚snad' nominamus."

sion, darin in Europa keineswegs eine Ausnahme darstellend.[63] Das ist im heutigen Sprachgebrauch nichts Besonderes: wir können *„preußisches* Pflichtgefühl" nicht nur auf Preußen beziehen, sondern können es in Vollziehung eines Werturteils auch Nicht-Preußen zuerkennen. In der frühen Neuzeit war die Extension für die Bezeichnung *deutsch* etwas Neues.[64] Doch brach sie sich rasch Bahn. Vor allem emotionale Begriffe und metaphorisch gebrauchte Körperteilbezeichnungen werden mit dem Epitheton *deutsch* versehen: Fischart (um 1546–1590) kennt *die deutsche treu,* Weckherlin (1584–1620) die *alte deutsche treu,* Caspar Stieler (1632–1707) den *guten teutschen glauben,* Liselotte von der Pfalz (1652–1722) das dankbare *deutsch gemüte,* den aufrichtigen *deutschen Sinn,* ein *teutsch herz,* aber auch schon Ulrich von Hutten (1488–1533) *ein teutsches blut* und Schiller (1759–1805) schließlich *deutsche Knochen.*[65] Und „in den frischen Eichenhainen webt und rauscht" bei Uhland (1787–1862) gar „der *deutsche Geist*".[66] Der Begriff des ‚Deutschen' erlangte in dieser Entwicklung schließlich eine nahezu nur den Gesetzen der Steigerung und Überbietung folgende absolute Qualität, die in Katalogen, wie sie etwa der „Rembrandt-Deutsche" Langbehn 1890 unfreiwillig komisch und trivial anlegte,[67] Heinrich Mann aber 1918 in seinem *Untertan* gezielt und scharfsichtig satirisch ausarbeitete, beinahe alle positiven Eigenschaften, deren ein Mensch habhaft werden kann, in ein schon überlaufendes Faß versammelte: Treue, Glauben, Ehre, Tapferkeit, Tüchtigkeit, Tatkraft, aber auch Seele, Gemüt, Idealismus und Wertarbeit ...[68]

Die bei einem qualitativ gewordenen Adjektiv naheliegende Abstraktbildung liegt a. 1639 mit *die angeborne deutschheit* aus dem Kreis der ‚Fruchtbringenden Gesellschaft' und a. 1641 bei dem Grammatiker Christian Gueintz vor.[69] *Deutschheyt* übersetzt a. 1691 *natio germanica* bei Caspar

---

63 Ansätze zu einer Erfassung des beim Adjektiv *deutsch* festzumachenden Sprachwandels bereits bei Roth 1978, 211ff., der auch 223ff. in Anlehnung an die Klassifizierung Wladimir Admonis die Unterscheidung zwischen qualitativen und relationalen Funktionen trifft.

64 Nur für Walther von der Vogelweide läßt sich in seinem berühmten, möglicherweise a. 1203 entstandenen Preislid „Ir sult sprechen willekommen" ein qualitativ gemeinter Gebrauch des Adjektivs in der Verbindung mit einem Abstraktum (*tiuschiu zuht*) aufzeigen. Vgl. dazu Thomas 2000, 71ff.; Staiti 2002 [im Druck] zur Bewertung dieser Stelle.

65 Belege mit Stellennachweisen bei DWB 1860, Bd. 2, 1043ff.; DWB, Neubearbeitung 1983, Bd. 6, 811ff.

66 Uhland 1833, 55.

67 Langbehn 1890.

68 Roth 1978, 477 zitiert als eine unter vielen Nachwirkungen das 1954 in Bonn erschienene Werk von Willy Hellpach, Der deutsche Charakter, in dem als sechs „Grundeigenschaften" des Deutschen erscheinen „Schaffensdrang, Gründlichkeit, Ordnungsliebe, Formabneigung, Eigensinn und Schwärmseligkeit".

69 DWB, Neubearbeitung 1983, Bd. 6 (s. Anm. 65).

Stieler.[70] Die Frühbelege weisen also die Neubildung dem Kreis der Sprachgesellschaften zu. Aber das Wort bleibt selten. Noch Wieland reflektiert a. 1793 über seine Kindheit: „Teutschheit war damals noch ein völlig unbekanntes Wort".[71] Zum Schlagwort scheint es erst in der Publizistik eines Matthias Claudius (1740–1815) geworden zu sein, um bald schon wieder, wie später das in den Befreiungskriegen geborene *Deutschtum,*[72] gerne ironisiert zu werden, so etwa, wenn Georg Christoph Lichtenberg (1742–1799) den „lächerlichen Trotz" seiner Zeitgenossen „auf *Deutschheit* und die törichte Verachtung der Ausländer" tadelt.[73]

Das späte Wort *Deutschtum* brachte eine ebenso füllige wie zugleich inhaltsleere absolute Qualität in die zuletzt unheilvolle Karriere des Adjektivs ein. Als ein Beispiel unter hunderten dafür, mit welcher Leichtigkeit die sprachliche und die ethnische, emotional aufgeladene Bedeutung des Wortes *deutsch* fürderhin amalgamiert werden konnten, seien die preußischen Richtlinien für die Lehrpläne der höheren Schulen zum Fach ‚Deutsch' von 1925 zitiert: „Im deutschen Unterricht sollen die Schüler lernen, deutsch zu reden und zu schreiben, deutsch zu fühlen, zu denken und zu wollen". Neben dem pädagogischen Ziel der Sprach- und Literaturerziehung solle sich ein „überwissenschaftliches Ziel" entfalten, nämlich die Erziehung zu „vergeistigtem, willensstarkem und freudigem Deutschtum".[74] Erziehung also war angesagt zum nationalen Stereotyp: Deutschunterricht ist Deutschkunde, Deutschenkunde geworden.

Es ist sprachliches Kennzeichen der absoluten Qualität, welche das Adjektiv *deutsch* gewann, wenn es nun auch steigerbar wird, anscheinend zuerst bei Klopstock (1724–1803), der von einer *deutscheren Zeit*, der älteren Zeit nämlich, redet und dem ein Kampfgenosse Hermanns des Cheruskers *deutscher war, als wir alle sind.*[75] König Ludwig I. von Bayern ließ zu der als Ausdruck des Nationalgefühls hoch über der Donau a. 1830/42 erbauten deutschen Ehrenhalle, der *Walhalla*, einem wahren Werk der ‚Erbauung', erklären:[76]

> „Teutscher soll der Teutsche aus der Walhalla treten,
> besser als er gekommen [...]"

---

[70] Von Stieler 1691, 2278.

[71] Ladendorf 1906, 54f.

[72] Wilhelm Grimm notiert noch 1860 im DWB (s. Anm. 65): „[...] ist erst in der letzten zeit aufgekommen, doch wird es meist ironisch gebraucht: man will damit übertriebene anhänglichkeit an deutsches wesen bezeichnen". Vgl. Roth 1970, 264f.

[73] Ladendorf 1906, 55.

[74] Beilage zum Zentralblatt für die gesamte Unterrichtsverwaltung in Preußen, H. 8, Berlin 1925, 9.

[75] Klopstock 1823, Bd. 1, 112; Bd. 9, 341.

[76] James 1991, 63.

Und auch Fontane zitiert – nicht ohne Ironie – die gängige Steigerung des qualifizierenden Adjektivs in seiner ,Effi Briest' (a. 1895), wenn er einer Nebenperson in den Mund legt, daß ein „typisch skandinavisches" Mädchen „rein germanisch, viel deutscher als die Deutschen" aussähe.[77]

Im Laufe der Neuzeit haben sich also zwei neue Schichten der alten schmalen Bedeutungsextension der Volks- und Sprachbezeichnung der Deutschen angelagert:

1.) Das Adjektiv *deutsch* changiert zwischen einer relationalen und einer qualitativen Bedeutung und gewinnt hierbei zunehmend an emotionalem Gehalt.
2.) Der Begriff *deutsch* entfaltet eine eigene, positiv besetzte Qualität, die andere Eigenschaften subsumiert und es erlaubt, abstrakte Substantivierungen (*Deutschheit, Deutschtum*) als Bezeichnungen von Begriffshypostasen zu bilden.

Die philologische Gleichsetzung von *germanisch* und *deutsch*, obgleich aus noch anderen Quellen gespeist, ist – solange sie besteht – auch auf dem Hintergrund dieser Bedeutungsentwicklung des Ethnonyms *deutsch* zu sehen. Sie entsteht – ebenfalls nicht zufällig – aus Lektüre und Interpretation der wiedergewonnenen ,Germania' des Tacitus im Humanismus:[78] So nennt a. 1469 die Augsburger Stadtchronik „die edeln Swab und German."[79] Sebastian Franck spricht a. 1538 in seinem *Germaniae chronicon, von des gantzen Teutschlands aller teutschen völcker herkommen, namen* von „der Teutschen und Germanier Reich." Ulrich von Hutten († 1523) sieht Arminius als jenen Helden an, „welcher nit allein sein vaterland [d. i. das Land der Cherusker], sondern ganz Germanien und Teutschland aus den händen der Römer erlediget und gerissen" habe. Auch Wörterbücher und Grammatiken des 16. Jahrhunderts transportieren die Gleichung von *lingua germanica* und ,deutscher Sprache', so identifiziert etwa Josua Maaler in seinem Werk *Die teütsch spraach, alle Wörter, namen und arten zů reden in hochteütscher Sprach mit gůtem latein* [...] *vertolmetscht* aus dem Jahr 1561 *Teutscher* mit *Germanus* und *Teutonicus.*[80] Diese Gleichung ist bei den Intellektuellen und in den Bildungsschichten des 17. und 18. Jahrhunderts allgemein anerkannt. Sie wird

[77] Theodor Fontane, Effi Briest, hrsg. v. Rainer Bachmann u. P. Bramböck (München 1974) 221.
[78] Brunhölzl/Rüegg 1996, 401f. [Lit.]; ferner Haubrichs 1993, 34f.
[79] DWB 1897, Bd. 4, 3716–3718; Stichworte ,Germane', ,Germanisch' mit den folgenden Belegen.
[80] Maaler 1561, 400.

zur Waffe im Meinungsstreit und zu einem Identitätsanker des nationalen Stolzes in den Kriegen gegen Napoleon.

Johann Gottfried Herder († 1803) kann mit Hilfe dieses Identifikationsmusters zwei in ihren Interessen durchaus unterschiedliche Mächte, Preußen und Österreich, als „zwei germanische freundes hände" ansprechen. Ja das ‚Germanische' kann als das Ursprüngliche, als uraltes Erbe superior dem ‚Deutschen' gegenübertreten: Dieses Deutschland, „wirf die lähmende deutschheit weg, und sei ein [einiges] Germanien!"[81] Obwohl andere Nationen Europas ähnliche rückwärtsgewandte Identifikationsmuster generieren, sind doch die „Befreiungskriege" die Quelle der Trivialisierung der Gleichung von ‚germanisch' und ‚deutsch' und auch ihres späteren tönenden Mißbrauchs in nationaler und nationalistischer Publizistik des 19. und frühen 20. Jahrhunderts.

Die „erfundene Tradition", die sich in den Gleichsetzungen von ‚Germanen', ‚Teutonen' und ‚Deutschen' äußert, steht, wie bekannt, auch Pate an der Wiege der Germanistik, bei Jacob Grimm.[82] Der überragende Philologe entwickelte die Gleichung sehr subtil und durchaus differenziert in dem in der dritten Auflage seiner *Deutschen Grammatik* von 1846 enthaltenen Exkurs „Über Germanisch und Deutsch": Das Germanische sei in seinem Kern im ‚Ur-deutschen' bewahrt, so wie im Hochdeutschen das eigentlich Deutsche. Auf seinen Antrag hin und nicht ohne Widerstand hat sich die erste allgemeine Versammlung deutscher Philologen einen Namen gegeben, der bisher eher den „Kennern und Lehrern des deutschen Rechts"[83] vorbehalten war, wenn es auch schon vereinzelte Vorläufer gegeben hat, die ihn auf deutsche Sprache und deutsche Altertumskunde übertrugen: *Germanisten.*[84]

Die Überzeugung, daß ‚Germanen' eigentlich ‚Deutsche' waren, prägte auch zahlreiche wissenschaftliche Darstellungen des 19. und frühen 20. Jahrhunderts wie etwa Karl Müllenhoffs *Deutsche Altertumskunde* (a. 1870),[85] die *Deutsche Verfassungsgeschichte* von Georg Waitz[86] und viele andere. Noch die Portraits der deutschen Herrscher, die Karl Hampe a. 1955 vorgelegt hat, beginnen mit dem Gotenkönig Theoderich dem Großen.[87] Erwähnt sei auch,

---

81 Zitate wie Anm. 79.
82 Vgl. v. See 1970; Beck 1990.
83 Weimar 1997, 706–710.
84 Vgl. Meves 1989; 1994.
85 Müllenhoff 1890, Bd. 1, Vorwort von 1870.
86 Waitz 1878, Bd. 1, passim.
87 Hampe 1955. Noch in der 9. Auflage (1931) des wichtigsten bibliographischen Handbuchs der deutschen Geschichte, des „Dahlmann-Waitz" hat Ludwig Schmidt die Literatur zu Goten,

daß Friedrich Engels im Abschnitt ‚Die Gens bei den Kelten und Deutschen' seiner Abhandlung über den ‚Ursprung der Familie, des Privateigentums und des Staats' statt von ‚Germanen' von den *alten Deutschen* spricht.[88] Klaus von See hat zu Recht diesen Pangermanismus, dem freilich verwandte Erscheinungen in anderen Nationen zur Seite treten, als Erborgung einer überhöhenden Mythologie in Ermangelung einer eigenen durch das neu sich entwickelnde Kollektivsubjekt des deutschen Volkes gekennzeichnet.[89] Es wählt sich eine neue, eine falsche, eine fiktive Vergangenheit.

Auf mehr trivialer Ebene waren freilich diese „erfundenen Traditionen" ebenfalls wirksam. In deutschtümelnden oder *teutschen* Kreisen (wie man in penetrant falsch etymologisierender Orthographie schrieb)[90] konnte sich jeder Deutsche als Germane fühlen, ja als Abkömmling jenes angeblichen Urvaters *Teut*, der sein ephimeres Riesendasein bereits spätmittelalterlichen Origo-Spekulationen verdankte.[91] Auf dieser Ebene auch geht die emotionale Qualität des Begriffs *deutsch* eine naive Verbindung mit der historischen Extension ein. So heißt es in Ernst Moritz Arndts Gedicht „Deutsches Herz, verzage nicht" während der napoleonischen Besatzungszeit:[92]

„Doch die Treue ehrenfest
und die Liebe, die nicht läßt,
Einfalt, Demut, Redlichkeit,
steht dir wohl, du Sohn von Teut."

Man wird sich wohl letzten Endes der Einsicht nicht verschließen können, daß auch das *Reallexikon der Germanischen Altertumskunde* unter seinem Schöpfer Johannes Hoops einiges der im Amalgamat von ‚deutsch' und ‚germanisch' sich ausdrückenden „erfundenen Tradition" verdankt. Doch stand und steht der „Hoops" weitaus deutlicher in einer anderen Gefahr, die von einem so nicht mehr aufrecht zu erhaltenden Begriff des ‚Germanischen' ausgeht, einem ‚Germanischen', das quasi als in der Geschichte, Sachkunde und

---

Wandalen, Angelsachsen und anderen germanischen Stämmen unter dem Titel „Die Ausbreitung der Deutschen" behandelt.

88 MEW, Bd. 21, 127.

89 Von See 1970, 36.

90 Zur komplexen Geschichte der t-Schreibungen im Wort *deutsch* vgl. Lerch 1942, 81ff., 89ff.; Schulze 1964; Reiffenstein 1985, 1721f.; Roth 1978, 234ff.; Sonderegger 1988, 453f.

91 Lerch 1942, 101; Sonderegger 1988, 453; Kästner 1991, 68ff. Eine etymologische Ableitung findet sich bei Hattemer 1847 („Über Ursprung, Bedeutung und Schreibung des Wortes Teutsch").

92 Ernst Moritz Arndt, Ausgewählte Werke, hrsg. v. H. Meisner u. R. Geerds, Bd. 3 (Leipzig o. J.) 32.

Mentalität der *gentes*, die man auf der Grundlage vorwiegend ihrer Sprache für ‚germanisch' hält, enthaltenes und nur freizulegendes Substrat erhalten wäre. Dieses Verständnismodell des ‚Germanischen' ist am ehesten noch auf die sprachliche Rekonstruktion, sonst aber nur partiell anzuwenden und wird der komplexen Wirklichkeit der Spätantike und des frühen Mittelalters nicht gerecht. Dieses Modell ist wohl während der Arbeit an der zweiten Auflage des (nach wie vor als Nachschlagewerk, ja auch als Forschungsinstrument unverzichtbaren) „Hoops" bereits obsolet geworden, so daß man bemerken kann, daß die Herausgeber mit Recht das Werk allmählich in ein Frühmittelalterlexikon mit spezifischen Schwerpunkten umgewandelt haben.

Bibliographie

Beck 1990
Heinrich Beck, Deutsch in den Anfängen der Germanistik, in: Werner Besch (Hrsg.), Deutsche Sprachgeschichte. Festschrift Johannes Erben (Frankfurt/M. 1990) 443–453.

Beneke/Müller/Zarncke 1854–1861
Georg Friedrich Benecke/Wilhelm Müller/Friedrich Zarncke, Mittelhochdeutsches Wörterbuch, Bd. 1–3 (Leipzig 1854–1861).

Bergmann 1997
Rolf Bergmann, Die deutsche Sprache um das Jahr 1000 – in Bamberg und im Reich, in: 133. Bericht des Historischen Vereins Bamberg, 1997, 43–60.

Bruckner 1895
Wilhelm Bruckner, Die Sprache der Langobarden (Strassburg 1895).

Brühl 1990
Carlrichard Brühl, Deutschland – Frankreich. Die Geburt zweier Völker (Köln/Wien 1990).

Brunhölzl/Rüegg 1996
Franz Brunhölzl/W. Rüegg, Tacitus, in: Lexikon des Mittelalters, Bd. 8 (München 1996) 400–402.

Castagnetti 1995a
A. Castagnetti, ‚Teutisci' nella ‚Langobardia' carolingia (Verona 1995).

Castagnetti 1995b
A. Castagnetti, Immigrati nordici, potere politico e rapporti con la società longobarda, in: S. de Rachewitz/J. Riedmann (Hrsg.), Kommunikation und Mobilität im Mittelalter. Begegnungen zwischen dem Süden und der Mitte Europas (11.–14. Jh.) (Sigmaringen 1995) 27–60.

Diehl 1937
Adolf Diehl, Heiliges Römisches Reich deutscher Nation, in: Historische Zeitschrift 156, 1937, 457–484.

DWB
Deutsches Wörterbuch von Jacob und Wilhelm Grimm, Leipzig 1854ff. Nachdruck in 33 Bänden (München 1984).

Eggers 1961
Hans Eggers, Nachlese zur Frühgeschichte des Wortes deutsch, in: Beiträge zur Geschichte der Deutschen Sprache und Literatur 82 – Sonderband. Festschrift Elisabeth Karg-Gasterstädt (Halle/S. 1961) 157–173 [Neu in: Eggers 1970, 374–391].

Eggers 1970
Hans Eggers (Hrsg.), Der Volksname Deutsch (Darmstadt 1970).

Ehlers 1989a
Joachim Ehlers, Die deutsche Nation des Mittelalters als Gegenstand der Forschung, in: Joachim Ehlers, Ansätze und Diskontinuität deutscher Nationsbildung im Mittelalter (Sigmaringen 1989) 11–58.

Ehlers 1989b
Joachim Ehlers, Schriftkultur, Ethnogenese und Nationsbildung in ottonischer Zeit, in: Frühmittelalterliche Studien 23, 1989, 302–317.

Ehrismann 1970
Otfrid Ehrismann, Volk. Eine Wortgeschichte. Vom Ende des 8. Jahrhunderts bis zum Barock (Gießen 1970).

Ehrismann 1990
Otfrid Ehrismann, ‚deota/diutisk'. Zur frühen Semantik des Wortes ‚deutsch', in: Sprache in der sozialen und kulturellen Entwicklung. Kolloquium Theodor Frings. Abhandlungen der Sächsischen Akademie der Wissenschaften zu Leipzig, phil.-hist. Kl. 73,1 (Berlin 1990) 293–302.

Finsterwalder 1990
Karl Finsterwalder, Tiroler Ortsnamenkunde. Gesammelte Aufsätze und Arbeiten, Bd. 1 (Innsbruck 1990).

Frings 1941
Theodor Frings, Das Wort deutsch, in: Altdeutsches Wort und Wortkunstwerk. Festschrift Georg Baesecke (Halle 1941) 46–82 [Neu in: Eggers 1970, 209–244].

Gallée 1894
J. H. Gallée (Hrsg.), Altsaechsische Sprachdenkmaeler (Leiden 1894).

Hampe 1955
Karl Hampe, Herrschergestalten des deutschen Mittelalters (Heidelberg ^{6}1955).

Hattemer 1847
Heinrich Hattemer, Über Ursprung, Bedeutung und Schreibung des Wortes Teutsch (Schaffhausen 1847).

Haubrichs 1973
Wolfgang Haubrichs, Die Praefatio des Heliand, in: Jürgen Eichhoff/Irmengard Rauch (Hrsg.), Der Heliand (Darmstadt 1973) 400–435.

Haubrichs 1993
Wolfgang Haubrichs, ‚die tiutsche und die andern zungen': Von der Vielfalt und Entwicklung eines Sprach- und Volksbegriffs, in: Johannes Janota (Hrsg.), Kultureller Wandel und die Germanistik in der Bundesrepublik. Vorträge des Augsburger Germanistentags 1991, Bd. 1: Vielfalt der kulturellen Systeme und Stile (Tübingen 1993) 21–39.

Haubrichs 1995
Wolfgang Haubrichs, Die Anfänge: Versuche volkssprachiger Schriftlichkeit im frühen Mittelalter (ca. 700–1050/60). Geschichte der deutschen Literatur von den Anfängen bis zum Beginn der Neuzeit, Bd. I, 1 (Tübingen ^{2}1995).

Haubrichs 2000a
Wolfgang Haubrichs, Le processus d'élaboration des frontières linguistiques: le cas des zones de contact romano-germaniques, in: Nouvelle Revue d'Onomastique 35/36, 2000, 41–68.

Haubrichs 2000b
Wolfgang Haubrichs, Die ekklesiogenen Siedlungsnamen des frühen Mittelalters als Zeugnisse der Christianisierung und der Kirchenorganisation im Raum zwischen Maas, Mosel und Saar, in: Michel Polfer (Hrsg.), L'évangélisation des régions entre Meuse et Moselle et la fondation de l'abbaye d'Echternach (V^e–IXe siècle) (Luxemburg 2000) 215–244.

Haubrichs 2002
Wolfgang Haubrichs, Geschichte der deutsch-romanischen Sprachgrenze im Westen, in: Werner Besch et al. (Hrsg.), Sprachgeschichte. Ein Handbuch zur Geschichte der deutschen Sprache und ihrer Erforschung. 2. Aufl., 3. Teilband (Berlin 2002) Nr. 114.

Heim 1984
Wolf-Dieter Heim, Romanen und Germanen in Charlemagnes Reich (München 1984).

Hüpper 1987
Dagmar Hüpper, Apud Thiudiscos. Zu frühen Selbstzeugnissen einer Sprachgemeinschaft, in: Rolf Bergmann/Heinrich Tiefenbach/Lothar Voetz (Hrsg.), Althochdeutsch, Bd. 2 (Heidelberg 1987) 1059–1081.

Isenmann 1989
Eberhard Isenmann, Kaiser, Reich und deutsche Nation am Ausgang des 15. Jahrhunderts, in: Joachim Ehlers (Hrsg.), Ansätze und Diskontinuität deutscher Nationsbildung im Mittelalter (Sigmaringen 1989) 145–246.

Jakobs 1998
Hermann Jakobs, Theodisk im Frankenreich. Schriften der Phil.-hist. Kl. der Heidelberger Akademie der Wissenschaften, Bd. 6 (Heidelberg 1998).

Jakobs 2000
Hermann Jakobs, *Diot* und *Sprache. Deutsch* im Verband der Frankenreiche (8. bis frühes 11. Jahrhundert), in: Andreas Gardt (Hrsg.), Nation und Sprache. Die Diskussion ihres Verhältnisses in Geschichte und Gegenwart. (Berlin/New York 2000) 7–46.

James 1991
Herold James, Deutsche Identität 1770–1990 (Frankfurt/M./New York 1991).

Jarnut 1996
Jörg Jarnut, *Teotischis homines* (a. 816). Studien und Reflexionen über den ältesten (urkundlichen) Beleg des Begriffes ‚theodiscus', in: Mitteilungen des Instituts für Österreichische Geschichtsforschung 104, 1996, 26–40.

Kästner 1991
Hannes Kästner, „Der großmächtige Riese und Recke Theuton". Etymologische Spurensuche nach dem Urvater der Deutschen am Ende des Mittelalters, in: Zeitschrift für Deutsche Philologie 110, 1991, 68–97.

Kelle 1881
Johann Kelle, Otfrids von Weissenburg Evangelienbuch, Bd. 3: Glossar der Sprache Otfrids (Regensburg 1881).

Klein 1977
Thomas Klein, Studien zur Wechselbeziehung zwischen altsächsischem und althochdeutschem Schreibwesen und ihrer sprach- und kulturgeschichtlichen Bedeutung (Göppingen 1977).

Klein 1994a
Thomas Klein, Althochdeutsch *diutisc* und die Adjektive auf *-isk* im Alt- und Mittelhochdeutschen, in: Heiner Uecker (Hrsg.), Studien zum Altgermanischen. Festschrift Heinrich Beck (Berlin 1994) 381–410.

Klein 1994b
Thomas Klein, Zum Alter des Wortes ‚deutsch', in: LiLi. Zeitschrift für Literaturwissenschaft und Linguistik 24, H. 94, 1994, 12–25.

Klopstock 1823
Friedrich Gottlieb Klopstock, Sämtliche Werke (Leipzig 1823).

Kluge/Seebold 1995
Friedrich Kluge/Elmar Seebold, Etymologisches Wörterbuch der deutschen Sprache (Berlin/New York [23]1995).

Krogmann 1936
Willy Krogmann, Deutsch. Eine wortgeschichtliche Untersuchung (Berlin/Leipzig 1936).

Ladendorf 1906
Otto Ladendorf, Historisches Schlagwörterbuch. Ein Versuch (Straßburg/Berlin 1906).

Langbehn 1890
[Julius Langbehn], Rembrandt als Erzieher. Von einem Deutschen (Leipzig 1890).

Lerch 1942
Eugen Lerch, Das Wort „deutsch". Sein Ursprung und seine Geschichte bis auf Goethe (Frankfurt/M. 1942).

Lexer 1992
Matthias Lexer, Mittelhochdeutsches Handwörterbuch, 3 Bde. (Leipzig 1872–1878: Neudruck Stuttgart 1992).

Lühr 1998
Rosemarie Lühr, *diutisc*, in: Albert L. Lloyd/Rosemarie Lühr/Otto Springer, Etymologisches Wörterbuch des Althochdeutschen, Bd. 2 (Göttingen 1998) 699–706.

Maaler 1561
Josua Maaler, Die Teütschsprach. Dictionarium germanicolatinum novum (Zürich 1561) [Neudruck mit Einleitung von Gilbert de Smet (Hildesheim/New York 1971)]

Meves 1989
Uwe Meves, Über den Namen der Germanisten (Oldenburg 1989).

Meves 1994
Uwe Meves, Zur Namengebung ‚Germanist', in: (Jürgen Fohrmann/Wilhelm Voßkamp Hrsg.), Wissenschaftsgeschichte der Germanistik im 19. Jahrhundert. (Stuttgart/Weimar 1994) 25–47.

MEW
Karl Marx/Friedrich Engels, Werke. Hrsg. vom Institut für Marxismus-Leninismus beim ZK der SED (Berlin 1956ff.)

Morcinec 1986
Norbert Morcinec, *Theodiscus-diutisk* bei Otfrid und Notker, in: Wortes anst – Verbi gratia. Festschrift Gilbert A. R. de Smet (Leuven/Amersfort 1986) 355–362.

Müllenhoff 1890–1908
Karl Müllenhoff, Deutsche Altertumskunde, 5 Bde. (Berlin 1890–1908).

Müller-Mertens 1970
Eckhard Müller-Mertens, Regnum Teutonicum. Aufkommen und Verbreitung der deutschen Reichs- und Königsauffassung im früheren Mittelalter (Wien/Köln 1970).

Puhl 1998
Roland Puhl, Diekirch in Luxemburg. Sein Name und seine urkundliche Ersterwähnung im Jahre 938, in: Jahrbuch für Westdeutsche Landesgeschichte 24, 1998, 51–72.

Reiffenstein 1985
Ingo Reiffenstein, Bezeichnungen der deutschen Gesamtsprache, in: Werner Besch et al. (Hrsg.), Sprachgeschichte. Ein Handbuch zur Geschichte der deutschen Sprache und ihrer Erforschung, 2. Halbband (Berlin/New York 1985) 1717–1727.

Reiffenstein 1988
Ingo Reiffenstein, *Theodiscus/diutisc* – die ‚lingua gentilis'?, in: John O. Askedal (Hrsg.), Gedenkschrift für Ingerid Dal (Tübingen 1988) 6–16.

Reiffenstein 1999
Ingo Reiffenstein, Bezeichnungen der deutschen Gesamtsprache, in: Werner Besch et al. (Hrsg.), Sprachgeschichte. Ein Handbuch zur Geschichte der deutschen Sprache und ihrer Erforschung, 3. Teilband, (Berlin [^{3}1999 im Druck]) Nr. 156.

Reiffenstein 2000
Ingo Reiffenstein, Italien und die Anfänge des Wortes *deutsch*, in: Guntram A. Plangg/Eugen Thurnher (Hrsg.), Sprache und Dichtung in Vorderösterreich: Elsass – Schweiz – Schwaben – Vorarlberg – Tirol. Festschrift Achim Masser. (Innsbruck 2000) 27–33.

Reiffenstein 2002
Ingo Reiffenstein, [Rez. von: Jakobs 1998], in: Beiträge zur Geschichte der deutschen Sprache und Literatur 124 (2002) 339–341.

Roth 1978
Klaus-Hinrich Roth, ‚Deutsch'. Prolegomena zur neueren Wortgeschichte (München 1978).

Rübekeil 1992
Ludwig Rübekeil, Suebica. Völkernamen und Ethnos (Innsbruck 1992).

Schmidt-Wiegand 1997
Ruth Schmidt-Wiegand, *Quod theodisca lingua harisliz dicitur.* Das Zeugnis der Lorscher Annalen (788) im Kontext frühmittelalterlicher Rechtssprache, in: Grammatica ianua artium. Festschrift Rolf Bergmann (Heidelberg 1997) 85–91.

Schnell 1989
Rüdiger Schnell, Deutsche Literatur und deutsches Nationsbewußtsein in Spätmittelalter und Früher Neuzeit, in: Joachim Ehlers (Hrsg.), Ansätze und Diskontinuität deutscher Nationsbildung im Mittelalter (Sigmaringen 1989) 247–319.

Schulze 1964
Ursula Schulze, Bemerkungen zur Orthographia von *diutisch*, in: Beiträge zur Geschichte der deutschen Sprache und Literatur 86, 1964, 301–321.

Schweikle 1994
Günther Schweikle (Hrsg.), Walther von der Vogelweide: Werke, Bd. 1: Spruchlyrik – mittelhochdeutsch/neuhochdeutsch (Stuttgart 1994).

von See
Klaus von See, Deutsche Germanen-Ideologie vom Humanismus bis zur Gegenwart (Frankfurt/M. 1970).

Smiths 1977
Katrin Smiths, *Tiutsch* und *lant* in mittelhochdeutschen und mittelniederdeutschen Quellen vom Annolied bis in die 2. Hälfte des 13. Jahrhunderts, in: Zeitschrift für Deutsche Philologie 96, 1977, Sonderheft, 49–86.

Sonderegger 1988
Stefan Sonderegger: *Diutisk – dütsch – deutsch.* 1200 Jahre deutsche Sprache im Spiegel ihrer Eigenbezeichnung, in: Der Schlern 62, 1988, 451–465.

Staiti (im Druck)
Chiara Staiti, La supremazia dei costumi tedeschi in Walther. Contributo alla storia dell' aggettivo *deutsch*, in: Fulvio Ferrari (Hrsg.), Le lingue e le letterature germaniche fra il XII e XVI secolo. XXIX. Convegno della Associazione Italiana di Filologia Germanica, Trento 5.–7.6.2002 [im Druck].

von Steinmeyer/Sievers 1879–1922
Elias von Steinmeyer/Eduard Sievers, Die althochdeutschen Glossen, 5 Bde. (Berlin 1879–1922: Neudruck Dublin/Zürich 1968–1969).

von Stieler 1691
[Caspar von Stieler], Der deutschen Sprache Stammbaum und Fortwachs oder teutscher Sprachschatz durch unermüdeten Fleisz in vielen Jahren gesamlet von dem Spaten (Nürnberg 1691).

Thomas 1988
Heinz Thomas, Der Ursprung des Wortes *theodiscus*, in: Historische Zeitschrift 247, 1988, 295–331.

Thomas 1990a
Heinz Thomas, Die Deutschen und die Rezeption ihres Volksnamens, in: Nord und Süd in der deutschen Geschichte des Mittelalters. Kolloquium Karl Jordan (Sigmaringen 1990) 19–50.

Thomas 1990b
Heinz Thomas, *Frenkisk.* Zur Geschichte von *theodiscus* und *teutonicus* im Frankenreich des 9. Jahrhunderts, in: Rudolf Schieffer (Hrsg.), Beiträge zur Geschichte des Regnum Francorum. (Sigmaringen 1990) 67–95.

Thomas 1992
Heinz Thomas, Das Identitätsproblem der Deutschen im Mittelalter, in: Geschichte in Wissenschaft und Unterricht 43, 1992, 135–156.

Thomas 1994
Heinz Thomas, Zur Geschichte des Wortes „Deutsch“ vom Ende des 11. bis zur Mitte des 13. Jahrhunderts, in: Marlene Nikolay-Panter/Wilhelm Janssen/Wolfgang Herborn (Hrsg.), Geschichtliche Landeskunde der Rheinlande. Regionale Befunde und raumübergreifende Perspektiven. Georg Droege zum Gedenken. (Köln/Weimar/Wien 1994) 131–158.

Thomas 2000
Heinz Thomas, *Sprache* und *Nation*. Zur Geschichte des Wortes *deutsch* vom Ende des 11. bis zur Mitte des 15. Jahrhunderts, in: Andreas Gardt (Hrsg.), Nation und Sprache. Die Diskussion ihres Verhältnisses in Geschichte und Gegenwart. (Berlin/New York 2000) 47–101.

Tiefenbach 1998
Heinrich Tiefenbach, Rezension Hermann Jakobs 1998, in: Beiträge zur Namenforschung 35, 2000, 84–90.

Uhland 1833
Ludwig Uhland, Gedichte (Stuttgart/Tübingen ^{7}1833).

Vollmann-Profe 1976
Gisela Vollmann-Profe, Kommentar zu Otfrids Evangelienbuch, Teil 1 (Bonn 1976).

Wagner 1931
Joachim Wagner, Äußerungen des deutschen Nationalgefühls am Ausgang des Mittelalters, in: Deutsche Vierteljahrsschrift für Literaturwissenschaft und Geistesgeschichte 9, 1931, 389–424.

Waitz 1878
Georg Waitz, Deutsche Verfassungsgeschichte, Bd. 1: Die Verfassung des deutschen Volkes in ältester Zeit (Berlin 1878).

Weimar 1997
Klaus Weimar, Germanistik, in: Klaus Weimar et al. (Hrsg.), Reallexikon der deutschen Literaturwissenschaft. Bd. 1 (Berlin/New York ^{3}1997) 706–710.

Weisgerber 1953
Leo Weisgerber: *Theudisk*. Der deutsche Volksname und die westliche Sprachgrenze. Marburger Universitätsreden Nr. 5 (Marburg 1940) [Wieder in: Leo Weisgerber, Deutsch als Volksname. Ursprung und Bedeutung (Stuttgart 1953) 40–95; neu in: Eggers 1970, 103–165].

Weisgerber 1944
Leo Weisgerber, Deutsch und Welsch. Die Anfänge des Volksbewußtseins in Westeuropa (Bonn 1944).

Weisgerber 1948
Leo Weisgerber, *Walhisk*. Die geschichtliche Leistung des Wortes *Welsch*, in: Rheinische Vierteljahrsblätter 13, 1948, 87–146.

Werminghoff 1908
Albert Werminghoff, Der Begriff ‚Deutsche Nation‘ in Urkunden des 15. Jahrhunderts, in: Historische Vierteljahrsschrift 11, 1908, 153–192.

Wolfram 1998
Herwig Wolfram, Tirol, Bayern und die Entstehung des deutschen Volksbegriffs, in: Veröffentlichungen des Tiroler Landesmuseums Ferdinandeum 78, 1998, 115–129.

Wolfram 2001
Herwig Wolfram, Die undeutsche Herkunft des Wortes „Deutsch“, in: Rajko Bratož (Hrsg.), Slowenien und die Nachbarländer zwischen Antike und karolingischer Epoche. Anfänge der slowenischen Ethnogenese, Bd. 1 (Ljubljana 2001) 41–56.

Germanisch-Deutsch – RGA-E Band 34 – Seiten 229-253

Die „deutschen Stämme“ als Forschungsproblem

von Hans-Werner Goetz

„Wir bezeichnen heute die Bayern, Schwaben, Franken, Thüringer, Sachsen und Friesen als die deutschen ‚Stämme‘; alle zusammen sind unser ‚Volk‘.“ So schrieb 1935 Carl Erdmann.[1] Entstehung und Struktur des Deutschen Reichs sind in der Forschungsgeschichte entsprechend eng mit den sogenannten „deutschen Stämmen“ verknüpft: „Das ‚deutsche Volk‘ ist eine Summe seiner ‚Stämme‘,“ so resümierte prägnant noch Carlrichard Brühl in seinem Monumentalwerk „Deutschland – Frankreich“,[2] und Hans Kurt Schulze lehrte in seiner Verfassungsgeschichte ganz ähnlich: „Das deutsche Volk erwuchs auf der Grundlage von Stämmen. [...] Die Stämme [...] verloren zwar im Laufe des Mittelalters als politisch-organisatorische und rechtliche Verbände an Gewicht, blieben aber trotz tiefgreifender struktureller Wandlungen als besondere Volksgruppen im Rahmen der deutschen Nation erhalten.“[3] „Das Reich und seine Stämme“ bildeten (und bilden nach gängiger Meinung der deutschen Forschung weithin immer noch) eine Einheit. „Wohl aber war es [das „deutsche“ Reich] ein Reich ‚deutschsprachiger‘ Stämme oder Völker“.[4] Diese „Stämme“ aber waren, so glaubte man, germanischer Herkunft und damit alt, und sie führten ihr Eigenleben. Frühere Forscher wie Eugen Rosenstock-Huessy,[5] Walther Merk[6] oder Karl Siegfried Bader[7] haben nachdrücklich die politische, rechtliche und administrative Eigenständigkeit der Stämme und ihre Bedeutung für die Reichsverfassung betont, und noch 1955 vertrat Karl Gottfried Hugelmann dezidiert die Ansicht, daß die deutschen Stämme nicht aus zufälliger Machtbildung, sondern aus ethnischer Gemeinsamkeit hervorgegangen seien und sich in ihren Ortsnamen, Dialekten, Siedlungsformen,

[1] Erdmann 1935, 94.
[2] Brühl 1990, 262.
[3] Schulze 1985, 37.
[4] So Dilcher 2000, 274.
[5] Rosenstock-Huessy 1914, 107–152.
[6] Merk 1938.
[7] Bader 1956.

Bauernhaustypen, in bildender Kunst, Dichtkunst, Musik, Anthropologie und Soziologie jeweils stammestypisch unterschieden.[8]

Dennoch heben sich unsere Perspektiven gerade in dieser Hinsicht erheblich von der älteren Forschung ab, ohne daß die notwendigen Konsequenzen im Hinblick auf die eingangs zitierten Ansichten gezogen worden sind. Unsere Vorstellungen von der „Geburt des Deutschen Reichs“ und, mehr noch, von der Entstehung der Nationen haben sich nämlich ebenso grundlegend gewandelt wie unsere Ansichten von dem komplizierten Vorgang der Ethnogenese. Daß die modernen Stammesgrenzen und die Dialekte erst Ergebnis einer frühestens im späten Mittelalter einsetzenden Entwicklung sind, ist seit langem bekannt.[9] Die „Stämme“ gliedern sich dadurch nicht nur in andere, zum Teil erheblich veränderte Rahmenbedingungen ein, sondern sie sind gegenüber früheren Zeiten – so scheint es – überhaupt auffällig aus dem Blick geraten. Das verlangt nach einer Erklärung und nach einer Reflexion darüber, welche Bedeutung den sogenannten „Stämmen“ im Deutschen Reich des frühen Mittelalters in einer modernen Mediävistik noch zukommt und unter welchen Gesichtspunkten sie zu betrachten sind. Zur Klärung solcher Fragen möchte ich in einem ersten Abschnitt kurz die Problembereiche durchmustern, die zu einem Umdenken der jüngeren Forschung geführt haben, um in einem zweiten Teil thematische und methodische Folgerungen aus dem Perspektivenwandel für die heutige Stammesforschung zu ziehen. Dabei kann es in diesem Rahmen nicht darum gehen, ein völlig neues Bild zu entwerfen oder gar neue Forschungsergebnisse vorzutragen. Mein Beitrag zielt vielmehr auf eine Art Forschungsevaluation zum Thema ab. Eine solche ist allerdings um so notwendiger, als sowohl der enge Zusammenhang zwischen dem Deutschen Reich und seinen Stämmen als auch die Existenz und der Charakter dieser „Stämme“ bislang weit eher vorausgesetzt als analysiert worden sind. Und auch der Stellenwert der Völker hat sich – folgerichtig – geändert: „Völker besitzen [mit den Worten Johannes Frieds] im 9. und 10. Jahrhundert längst nicht jenes Gewicht, das ihnen Nationalhistoriker des 19. und 20. Jahrhunderts zuweisen wollten.“[10]

---

8 Hugelmann 1955, 218–228.

9 Vgl. vor allem Merk 1938.

10 So Fried 1991, 17.

I. Problematisierungen und Umdeutungen der neueren Stammesforschung

1. Ein erster Problembereich betrifft die *Terminologie*. Hatte man früher zwanglos von „Stämmen“ gesprochen – „Stämme“ bezeichnen bis heute Menschengruppen gleicher Sprache und Kultur mit gemeinsamem Siedlungsgebiet und Zusammengehörigkeitsgefühl –,[11] so betrachtet man die germanischen Gruppen und ihre Nachfolger heute lieber als „Völker“, um damit der Vorstellung einer „primitiven“ politischen und Gesellschaftsstruktur vorzubeugen. (Hingegen ist, soweit ich sehe, der in der Ethnologie inzwischen übliche Allgemeinbegriff „Ethnie“ für das frühe Mittelalter bislang kaum aufgegriffen worden.) „‚Stämme‘ *oder* ‚Völker‘?“, so fragte noch Carlrichard Brühl, erhielt aus der zeitgenössischen Terminologie allerdings keine Antwort, denn: „Der Gebrauch von *populi*, *nationes* und *gentes* ist nicht säuberlich zu trennen.“[12] Tatsächlich spiegelt sich in diesem Befund jedoch ein weiteres, letztlich schwerwiegenderes Problem wider, nämlich die Unterschiedlichkeit der frühmittelalterlichen und der heutigen Terminologie.[13] *Gens*, *natio* und *populus* sind, wie verschiedene Begriffsuntersuchungen nachgewiesen haben, auch nicht annähernd mit unseren Begriffen „Stamm“, „Nation“ und „Volk“ identisch, ohne daß die mittelalterliche Begrifflichkeit eine in sich stimmige Konsistenz verriete.[14] Die Begriffsverwirrung hat Herwig Wolfram verbalisiert, wenn er schreibt: „Eine Gens besteht aus vielen Gentes und wird von einer königlichen Gens geführt.“[15]

---

[11] Vgl. etwa Meyers Enzyklopädisches Lexikon Bd. 22, ^{9}1978, 442; Brockhaus Enzyklopädie Bd. 21, ^{19}1993, 76; Wirth 1996. Wenskus 1961, 14–112, zählt additiv die verschiedenen Verständnismöglichkeiten von den „Stämmen“ auf, um sie zugleich zu verwerfen: als Abstammungsgemeinschaft, Heiratsgemeinschaft, Gautyp und Rasse, Friedensgemeinschaft, Rechtsgemeinschaft, Siedlungsgemeinschaft, politische Gemeinschaft, Teil eines Volkes, Sprach- und Kulturgemeinschaft sowie als Traditionsgemeinschaft. Ähnlich Schulze 1985, 11–30: der Stamm als ethnische Gemeinschaft, Sprach-, Kultur- und Traditionsgemeinschaft, Siedlungsverband (Stammesterritorium), Rechts- und Friedensgemeinschaft und als „politisch-organisatorischer Verband“ („politische Gemeinschaft“): als „Stammesstaat“, „Stammesbund“ (Franken), „Reichsvolk“ (Westgotenreich; Frankenreich), Glied des Reichs, wie es für das Frankenreich charakteristisch war. Zu Aspekten der Ethnizität (Sprache, Kultur, Abstammung, politischer Verband, Name, Zusammengehörigkeitsbewußtsein) vgl. Pohl 2000, 7–10.

[12] Brühl 1990, 244. Brühl zog daraus die Folgerung, daß die Sprache der zeitgenössischen Quellen zur Beantwortung der Frage „Völker oder Stämme?“ nicht ausreiche (ebd., 260).

[13] Vgl. dazu Springer 1999.

[14] Vgl. Kahl 1978; Zientara 1986; Lošek 1990; vor allem Brühl 1990, 243–267; Werner 1992, 186–214.

[15] Wolfram 1990, 33.

2. Eine zweite Neuorientierung betrifft den Charakter und das Werden dieser „Völker" (oder „Stämme"), also das Forschungsgebiet der *Ethnogenese*, das uns in den letzten vierzig Jahren, seit der bahnbrechenden Arbeit von Reinhard Wenskus,[16] eine gegenüber der älteren Forschung völlig veränderte Sichtweise mit entscheidenden Einsichten vom Werden der *gentes* vermittelt hat: Die „Stämme" oder „Völker" der Wanderzeit waren nicht „statische" Gebilde, sondern in dauerndem Wandel begriffen. Sie waren keine ethnischen, durch die gemeinsame Abstammung bestimmten Einheiten, sondern Völkergemische, die sich durch Abspaltung, Angliederung, Überschichtung und Neuformierung bildeten. Als entscheidende Elemente der Volksbildung gelten zum einen die politische Führung – die „Stämme" waren nicht ethnische Einheiten, die sich ihre politische Gestalt suchten, wie man früher glaubte, sondern formierten sich umgekehrt erst durch politische Führung zu Ethnien –, zum anderen Tradition und Traditionsbewußtsein, die sich um einen namengebenden „Traditionskern" zentrierten.[17]

Solche Erkenntnisse verändern unsere Frageweisen beträchtlich:[18]

a) Wenn *gentes* veränderlich sind, ist weniger nach ihrer Herkunft als vielmehr nach ihren Wandlungen im Verlauf der frühmittelalterlichen Jahrhunderte zu fragen.

b) Wenn *gentes* weniger ethnische als vielmehr politische Einheiten bilden, die in vielen Fällen zur Reichsbildung neigten, wird das Verhältnis von *gens* und *regnum* zu einem zentralen Forschungsproblem.

c) Wenn *gentes* weniger Abstammungs- als vielmehr Traditionsgemeinschaften waren, ist nicht die Frage nach ihrer Abstammung, sondern nach dem Glauben an eine solche, also nach ihrem Selbstverständnis als *gens* zu stellen.

Wenskus' an der Wanderzeit entwickelte Theorien sind inzwischen vielfach, vor allem in der Wiener „Schule" Herwig Wolframs,[19] aber auch in Amerika, England und Italien,[20] aufgegriffen und verfeinert worden, und sie haben in Deutschland nicht unbeträchtlich die zeitweise sehr intensive Forschung zur Entstehung der europäischen Nationen beeinflußt.[21] Sie sind hin-

16 Wenskus 1961, bes. 429–575.

17 Vgl. (zur späteren Zeit) auch Schneidmüller 1997.

18 Vgl. Goetz (im Druck b).

19 Vgl. Wolfram 1979; Wolfram/Pohl (Hrsg.) 1990; Brunner/Merta (Hrsg.) 1994; Pohl 1994.

20 Vgl. Ausenda (Hrsg.) 1995; Gasparri 1997.

21 Vgl. resümierend Ehlers 1994; Schneidmüller 1995. Der Vorstellung eines aus seinen „Stämmen" gebildeten deutschen Volkes liegt der (inzwischen als falsch widerlegte) Glaube „an die Priorität des Ethnos vor dem Staat, an die reichsbildende Kraft des Volkes" zugrunde (so Ehlers 1994, 72).

gegen kaum oder nur in Ansätzen[22] bzw. erst in jüngster Zeit auch auf die sogenannten „deutschen Stämme" übertragen worden. Hier besteht folglich noch ein Forschungsdefizit.

3. Diese *„deutschen Stämme"* bilden den dritten Problemkreis, der in dem mir angetragenen Thema zwangsläufig in den Mittelpunkt rückt.

a) Für die ältere Forschung waren diese Stämme nicht nur ethnische, sondern – unbeschadet politischer Wandlungen infolge ihrer Eingliederung in das Frankenreich – unmittelbar aus der Germanen- und Wanderzeit erwachsene und kontinuierlich bis ins Früh- und Hochmittelalter fortexistierende Einheiten, die sich erst im 12. Jahrhundert zugunsten der Territorienbildung auflösten bzw. veränderten. Eine solche Ansicht wirkt bis in die jüngste Zeit nach, wenn nämlich noch Johannes Fried, trotz seiner erfrischend entemotionalisierten Sicht im Hinblick auf die deutsche Volks- und Nationswerdung und seines Aufgreifens ethnologischer Theorien, in seiner *Propyläen Geschichte Deutschlands* von einer „Wiedergeburt" der „Stämme" spricht, die, als Erben der frühmittelalterlichen *gentes*, „in Wahrheit alte Völker waren".[23] Darüber sollten die Wandlungen allerdings nicht übersehen werden, und so mahnte, nahezu entgegengesetzt, Bernd Schneidmüller zu Recht, „daß wir keine geraden Linien von der germanischen zur deutschen Geschichte mehr ziehen wollen, daß vielmehr die ethnogenetische Produktivität der Karolingerzeit tiefe Verformungen von Gruppen und Verbänden mit sich brachte, die selbst die oft behauptete Homogenität der wanderzeitlichen Völker in Frage stellt".[24]

b) Ähnlich unstrittig wie die Existenz der „deutschen Stämme" war der älteren Forschung deren (untrennbare) Verknüpfung mit dem Herzogtum, das deshalb allgemein als „Stammesherzogtum" betrachtet wurde. Erst die kritischen, aus der Kenntnis Westfrankens erwachsenen Bemerkungen Karl Ferdinand Werners, der an Stelle ethnisch definierter „Stämme" die politischen Einheiten der karolingischen Teilreiche zur Grundlage der Herzog- bzw. Fürstentümer erhob,[25] und meine eigenen begriffs- und verfassungsgeschichtlichen Untersuchungen zur Entstehung der sogenannten jüngeren „Stammesherzogtümer", die deren Amtscharakter, zugleich aber die nirgends

---

[22] Vgl. vor allem Wenskus 1965.

[23] Fried 1994a, 703f.; vgl. auch Willoweit 1990, 35: „In den deutschen Stämmen, in ihren sozialen Schichtungen und elementaren Ordnungen, leben germanische Überlieferungen weiter" (mit Berufung auf Tacitus).

[24] Schneidmüller 1995, 82.

[25] Werner 1979; ders. 1981; ders. 1994.

stammesumfassenden, sondern einerseits auf Teile der Stammesprovinz beschränkten, andererseits überall stammesübergreifenden faktischen Herrschaftsgrundlagen der frühen Herzöge betonten,[26] haben hier ein Umdenken eingeleitet, das sich allerdings nur zögerlich auszuwirken beginnt.[27] Eine Bereicherung brachte dabei zweifellos der Vergleich mit Frankreich. Ist der methodisch an der Begrifflichkeit von Königs- und Herzogsurkunden orientierte Versuch Walter Kienasts, auch im Westfrankenreich „Stämme" anzunehmen und die (sieben) Herzogtümer auf diese zu beschränken,[28] zu Recht zurückgewiesen und widerlegt worden,[29] so hat im Gegenzug Karl Ferdinand Werners Bemühen, die – in der französischen Forschung längst übliche – Lehre der Fürstentümer auch auf das Ostfränkisch-deutsche Reich und die hiesigen Herzogtümer zu übertragen, einige Wirkung gezeigt.[30] Insgesamt aber bleiben, gerade in bezug auf die Herzogtümer, noch viele Fragen offen.

c) Strittig ist schließlich auch die verfassungsgeschichtliche Bedeutung der „deutschen Stämme" im Ostfränkisch-deutschen Reich: Hatte Gerd Tellenbach zwar nicht ihre Lebenskraft, wohl aber ihre Rolle infolge mangelnder politischer Einheit und Handlungsfähigkeit bestreiten wollen,[31] so maßen Martin Lintzel und Walter Schlesinger den Stämmen ein erhebliches Gewicht bei. Die – mit leidenschaftlicher Polemik geführte – Diskussion[32] entzündete sich bekanntlich an der Königserhebung Arnulfs und stand ganz im Zusammenhang der Frage des Zeitpunkts der Entstehung des Deutschen Reichs (843, 888, 911 oder 919?). Die „Stämme" selbst waren darin also nur ein „Nebenschauplatz". Immerhin betonten zur gleichen Zeit zwei Dissertatio-

---

26 Goetz 1977.

27 Vgl. vor allem die kritischen Bemerkungen von Engels 1991. Dazu meine Entgegnung: Goetz 1994, hier 193–197. Brühl 1990, 303–305, lehnt zwar meine Argumentation ab, bestreitet aber – mit ganz ähnlichen Argumenten – die Existenz eines „Stammesherzogtums".

28 Kienast 1968.

29 Vgl. Ganshof 1972.

30 Werner 1958; ders. 1968. Der Ansatz wurde schnell aufgegriffen. Vgl. vor allem Brunner 1973.

31 Tellenbach 1939. Vgl. ebd., 21: „Im allgemeinen hatten [...] die Stämme keinen Platz in der Reichsverfassung, sondern wurden von deren Einrichtungen, wenn man von der Heereseinteilung absieht, entweder zergliedert oder überschnitten. Ihnen fehlten weitgehend Führung und politischer Rahmen." Vgl. ebd., 7–9: Die Stämme des 9. Jahrhunderts waren nicht Grundlage für die kirchliche und weltliche Verwaltung (keine Kongruenz von Stammesgebiet und Bistumssprengeln; weder Gau noch Grafschaft noch Königsbotensprengel orientierten sich an den Stammesgebieten, sondern an den kirchlichen Strukturen). Bader 1956, 256, bemerkte, daß keiner der deutschen Stämme sich zu einem „Stammesstaat" entwickelte. Nach Hugelmann 1955, 209, waren die Stämme hingegen mitbestimmende Faktoren bei der Reichsgliederung. Von der „staatsbildende(n) Kraft der Stämme" spricht auch Bosl 1970, 747.

32 Einen Überblick darüber gibt Hlawitschka 1986, 188–201.

nen ihre Bedeutung: nämlich einmal in bezug auf die Bildung der Heereskontingente[33] und zum andern im Hinblick auf ein vorhandenes Stammesbewußtsein, das nach Wolfgang Heßler im 9. Jahrhundert ein (werdendes) deutsches Reichs- und Volksbewußtsein noch weit übertraf.[34] Auch wenn die Forschung in diesen Fragen inzwischen erheblich weitergeführt wurde, bleibt die – meist immer noch vorausgesetzte – Rolle der „Stämme“ im Reich ein ungeklärtes Problem, und noch Hans Kurt Schulze folgt im wesentlichen Gerd Tellenbach, wenn er schreibt: „Nach der Aufhebung der Stammesherzogtümer durch die Karolinger im Verlaufe des 8. Jahrhunderts hatten die Stämme als politisch-organisatorische Einheiten keinen Platz in der Verfassung des Frankenreiches mehr“, während er das „sogenannte jüngere Stammesherzogtum“ andererseits aus der Zähigkeit erklärt, „mit der die Stämme an ihrer gentilen Tradition festhielten“, und die „deutschen Stämme“ als „politische Faktoren“ würdigt.[35] Solche Widersprüche verlangen nach Klärung.

II. Folgerungen: Thematische und methodische Ansätze heutiger Stammesforschung

1. Die Erkenntnisse der jüngeren *Ethnogeneseforschung* sind dringend auch auf das frühe Mittelalter zu übertragen bzw. an dieser Zeit zu überprüfen. Daß die Völker der Wanderzeit inzwischen tiefgreifende Wandlungen durchgemacht hatten, ist bekannt: Die *Sachsen* etwa sind überhaupt erst durch die Eingliederung in das Frankenreich und die Christianisierung geeint worden, und sie entwickelten sich darüber hinaus in diesem Rahmen zu einem „Reichsvolk“, das seit dem frühen 10. Jahrhundert sogar die Könige stellte. Konsequenzen aus der Ethnogeneseforschung hat hier jedoch erst vor kurzem Matthias Becher gezogen, indem er die politischen Aspekte betont und die Eingliederung in das Frankenreich als entscheidendes Moment sächsischer Ethnogenese und der Entstehung eines sächsischen Eigenbewußtseins begreift.[36] Im einzelnen sind seine Thesen allerdings noch keineswegs allgemein rezipiert und ebenso strittig wie die Frage der politischen Einigung unter einem Herzog: Während Becher ein sächsisches Herzogtum der Liudolfinger bestreitet – die Identifizierung von *gens* und Herzog finde sich erst bei

---

33 Vgl. Kretschmann 1940.
34 Heßler 1943.
35 Schulze 1985, 29f.
36 Zusammenfassend Becher 1996, 66 und 193f.

Widukind von Corvey – und in diesem Geschlecht ein Beispiel fränkischer Reichsaristokratie verwirklicht sieht[37] – beides schließt sich allerdings nicht aus, wenn man einen Amtscharakter des Herzogtums annimmt –, erblickt er in den Billungern, die von der Forschung lange Zeit nicht als vollwertige Herzöge anerkannt wurden (deren Gleichrangigkeit ich selbst aber aufgezeigt zu haben glaube),[38] die ersten Herzöge Sachsens.[39]

Ebensowenig eindeutig ist das Beispiel der *Alemannen*, denen Dieter Geuenich erst kürzlich eine Monographie gewidmet hat:[40] Selbstverständlich waren die Alemannen des 9. Jahrhunderts nicht mehr die Alemannen der Spätantike, die den römischen Kaisern zugesetzt hatten – Helmut Castritius unterscheidet „vier Ethnogenesen" dieses Stammes.[41] Auch sie waren wohl erst im Frankenreich geeint worden, und ein (gesamtalemannisches) Herzogtum hatte sich anscheinend sogar erst unter den frühen Karolingern ausgebildet (so Geuenich,[42] dessen Ansicht jedoch keineswegs allgemein geteilt wird).

Die ob ihres Eigenbewußtseins so gern gelobten (wie auch getadelten) *Bayern* hatten sich überhaupt erst spät formiert; ihre Herkunft ist bekanntlich gänzlich umstritten (doch relativiert sich auch dieser Streit unter dem Aspekt eines ethnogenetischen Völkergemisches erheblich).[43] Die Bayern hatten unter den agilolfingischen Herzögen (die ursprünglich gerade keine „Bayern" waren) aber zu einer politischen Einheit gefunden, die fortan (weitgehend) erhalten blieb. (Dennoch ist zumindest zu fragen, wieweit ein „bayerisches Traditionsbewußtsein" nicht erst aus der Wittelsbacherzeit auf das frühe Mittelalter zurückprojiziert worden ist.)

Die *Franken* wiederum bilden ein ethnogenetisches Problem: Während der Name an das „Reichsvolk" anknüpfte, verengte sich der Begriff als „Stammesprovinz" um Mittelrhein und Main auf ein Gebiet, das erst relativ spät „frankisiert" worden war und *weder* eine ethnische *noch* eine politische Einheit (ein Herzogtum) bildete. Trotz wichtiger Arbeiten über die („fränkische") Erschließung dieses Raumes[44] sind die Übertragung des Namens und deren Hintergründe bislang noch ungeklärt.

Daß schließlich die *„Lothringer"*, der fünfte „deutsche Stamm", ihre Ent-

---

[37] Zusammenfassend Becher 1996, 108f.
[38] Goetz 1994.
[39] Zusammenfassend Becher 1996, 300–307.
[40] Geuenich 1997.
[41] Castritius 1990.
[42] Vgl. bereits Behr 1975.
[43] Vgl. Wolfram/Pohl (Hrsg.) 1990.
[44] Vgl. etwa Butzen 1987.

stehung einer politisch motivierten Reichsteilung (dem Teilreich Lothars II.) verdanken und als eine zufällige dynastische Schöpfung ethnisch, geopolitisch und sprachlich stark zersplittert waren, wenngleich sie sich dann schnell angeglichen haben,[45] ist allgemein bekannt (und war durchaus ein Problem der älteren Forschung). Daß sie sich im Verständnis der Zeit aber nicht erkennbar von den anderen, „gewachsenen“ Stämmen unterschieden, ist erst in jüngerer Zeit betont worden, letztlich jedoch unabweisbar.[46] Die Ethnogenese und die Struktur der „Stämme“ (oder „Völker“) im Ostfränkisch-deutschen Reich bergen also noch viele Probleme.

Daß die frühmittelalterlichen *gentes* Völkergemische waren, läßt sich ebenfalls kaum bestreiten. Im Hinblick auf den Adel wird das – seit den Forschungen Gerd Tellenbachs – schon durch den sogenannten fränkisch-karolingischen Reichsadel bestätigt, der nicht nur in fremden Gebieten (wie Alemannien, dann Bayern und Italien) eingesetzt wurde, sondern, wie die besitzgeschichtlich-genealogische Adelsforschung der 1960er und 70er Jahre aufzeigen konnte, hier schnell verwurzelte und mit dem „Stammesadel“ zu einer Einheit verwuchs, die (politisch) den „Stamm“ repräsentierte. Hier liegt im übrigen ein Widerspruch der sogenannten neuen deutschen Verfassungsgeschichte, die an der Existenz der Stämme festhielt, sie aber gerade durch diesen Adel repräsentiert sah, der sich aufgrund seiner weitreichenden Beziehungen und Besitzungen am wenigsten regional (und auch „ethnisch“) binden ließ. Daß darüber hinaus intergentile Heiraten üblich (und legitim) waren, bestätigen – neben der Adelsforschung – Kapitularien und Konzilsberichte des 9. Jahrhunderts, die, wie in einem eklatanten, auf der Synode von Tribur von 895 behandelten Fall, nur in Streitfällen eingriffen (und hier die Rechtmäßigkeit der Ehe, gegen den Versuch der Partner, die ethnische oder rechtliche Ungleichheit als Scheidungsgrund zu mißbrauchen, ausdrücklich bestätigten).[47] Daß die Vermischung bereits von den Zeitgenossen wahrge-

45 So Boshof 1987.

46 Vgl. Schneidmüller 1987; allgemein im Vergleich: Goetz 1994. Schulze 1991, 75, wertet Lothringens Ausprägung als Großlandschaft im Deutschen Reich gar als Beweis der „Wirkungskraft des Gentilismus in jener Epoche“.

47 MGH Capit. 2, Nr. 252, c. 39a, S. 235f.: „Pervenit ad notitiam nostram quendam Franchum genere Saxonicae gentis mulierem communi propinquorum consultu duxisse uxorem [...] quamvis enim ‚una fides et unum baptisma‘ (Eph. 4,5) utramque nationem regat, legem tamen inter se, quantum ad seculum, sortiuntur diversam.“ Ebd., c. 39, S. 235f.: „Si quis alienigenam in matrimonium duxerit, habere debebit. Quicunque alienigenam, hoc est alienae gentis feminam, verbi gratia Francus mulierem Baioaricam, utrorumque consultu propinquorum legitime vel sua vel mulieris lege adquisitam in coniugium duxerit, velit nolit, tenenda erit nec ultra ab eo separanda, excepta fornicationis causa. [...] legem tamen habent diversam et, quantum ad saeculum, interdum longe disiunctam.“

nommen wurde, beweist eine Stelle bei Rudolf von Fulda: Die Sachsen, heißt es dort, hätten derart auf *genus* und *nobilitas* geachtet, daß sie kaum Ehen mit anderen Völkern oder niedrigeren Ständen eingegangen seien und folglich ein ähnliches Aussehen bewahrt hätten.[48] Wenn hier – in typischer ethnographischer Tradition – die ethnische Reinheit der Sachsen herausgestellt wurde, so wirft das zwar ein bezeichnendes Licht auf die zeitgenössischen Vorstellungen, wurde in der Praxis aber auch damals offensichtlich als Ausnahme empfunden.

Fazit: *Alle* „deutschen Stämme" stellen ethnogenetische Herausforderungen dar, die noch genauerer Klärung bedürfen. Keiner dieser „Stämme" darf als eindeutig oder gar als Musterfall behandelt werden. Die Unterschiedlichkeit der Entwicklung erfordert vielmehr eine Einzelfallanalyse, bei der die Kriterien und Ergebnisse der jüngeren Ethnogeneseforschung zugrunde zu legen und zugleich kritisch zu hinterfragen sind. Mit Wenskus wäre folglich nach dem (ethnogenetischen) Wandel, nach der Rolle der politischen Strukturen – hier spielt das Problem des Herzogtums hinein – sowie nach der Tradition und nach dem Selbstverständnis als Traditionsgemeinschaft zu fragen. Kritisch zu überprüfen wäre aber auch, wieweit solche an der Wanderzeit entwickelten Kriterien weiterhin entscheidend waren und welche Kriterien als ausschlaggebend anzusehen sind. Es bleibt zu klären, was diese „Stämme" (oder Völker) denn vereinte (wenn es nicht, oder nur bedingt, die ethnische Abstammung war) bzw. was „ethnisch" in dieser Zeit bedeutete. Die politische Einheit war, wie vorhin angedeutet, anscheinend keineswegs überall gegeben. Ein Selbstbewußtsein, wie es uns etwa bei Hrabanus Maurus, der als Franke im Grenzkloster Fulda den Vorrang der Franken gegenüber den Sachsen herausstrich,[49] oder im bayerischen *Fragmentum de Arnulfo duce* entgegentritt, ist letztlich aber nur schwer zu fassen. Darüber hinaus wäre zu prüfen, wieweit die „Stämme" primär als „Provinzen" und damit in ihrem territorialen Umfang betrachtet wurden – ein Aspekt, auf den ich noch zurückkomme.

---

[48] Translatio s. Alexandri 1, ed. Bruno Krusch, Nachrr. von der Gesellschaft der Wissenschaften zu Göttingen, phil.-hist. Kl. 1933, S. 424: „Generis quoque ac nobilitatis suae providissimam curam habentes, nec facile ullis aliarum gentium vel sibi inferiorum conubiis infecti, propriam et sinceram et tantum sui similem gentem facere conati sunt. Unde habitus quoque ac magnitudo corporum comarumque color, tanquam in tanto hominum numero, idem pene omnibus."

[49] Hrabanus Maurus, Liber de oblatione puerorum, Migne PL 107, Sp. 431B: „dicunt quod super Saxonem nullus de Francorum aut Romanorum, aut ex alia qualibet gente, licet inter suos nobilis natu atque honestus conversatione habeatur, nisi Saxo testis esse possit." Ebd., Sp.

2. Existenz und Bedeutung dieser Stämme aber werden, trotz aller Umwertungen und der im ersten Teil dieses Beitrags dargelegten Einschränkungen, weiterhin vorausgesetzt (wenngleich unterschiedlich beurteilt). Ein zweiter, wichtiger Aspekt ist daher die Frage nach der – verfassungsgeschichtlichen, aber auch kirchlichen und kulturellen – *Bedeutung dieser „Stämme" im Rahmen der Reichsstruktur*, die sich mit der Ethnogenese vor allem durch den politischen Faktor der Stammesbildung verbindet, sich aber auch unabhängig davon behandeln läßt – und behandelt werden sollte, um nicht den Fehler zu begehen, die „deutschen Stämme" nur noch aus der Ethnogenese heraus (miß-)zuverstehen. Das Thema ist in den letzten Jahrzehnten keiner umfassenden Spezialuntersuchung mehr unterzogen worden. (Das scheint mir ein dringendes Desiderat zu sein.)

a) Folgt man den Quellen – und das habe ich selbst kürzlich, freilich in sehr beschränkter Auswahl und vorläufiger Weise, versucht –,[50] dann ist die Existenz dieser „Stämme" ebenso unabweisbar wie ihre verfassungsgeschichtliche Bedeutung, denn natürlich ist es bezeichnend, wenn die Quellen immer wieder die Volksnamen anführen: Es gab in der Wahrnehmung zeitgenössischer Autoren also „Stämme" (oder Völker) mit eigenem Namen, eigener Identität und gegenseitiger Abgrenzung *in* dem einen (politisch motivierten) Ostfränkisch-deutschen Reich (wer immer sich konkret dahinter verbarg, denn schließlich waren mit dem Begriff in den Quellen jeweils nur Teile dieser Stämme und oft nur die – bzw. Teile der – „Großen" gemeint, wie – aus bayerischer Perspektive – in der Regensburger Fortsetzung der *Annales Fuldenses* zum Jahr 888, als König Arnulf zum Weihnachtsfest in Regensburg die *primores* der Bayern sowie *die* Ostfranken, Sachsen, Thüringer, Alemannen und einen Großteil der Slawen empfing).[51] Diese „Stämme" bildeten hier – neben Gauen und Grafschaften – das wichtigste Element der Binnengliederung des Reichs und bestimmten die Politik: Die zeitgenössischen Geschichtsschreiber erwähnten sie bevorzugt als Teilnehmer an Reichstagen und auf Heerzügen und sahen in ihnen – nach der grammatischen Konstruktion ihrer Sätze – oft durchaus „die Handelnden". Das Reich aber bestand aus „seinen" Stämmen; Ludwig „der Deutsche", damals noch Teilkönig über

432AB: „Quis enim ignorat sub hac plaga mundi habitans, Francos ante Saxones in Christi fide atque religione fuisse, quos ipsi postmodum suae dominationi subegerunt armis, atque superiores effecti, dominorum ritu, imo magis paterno affectu, ab idolorum cultu abstrahentes, ad fidem Christi converterunt? Sed nunc a quibusdam primatibus de ipsa gente secundum carnem editis ingrate spernuntur [...]."

[50] Vgl. Goetz 2000, bes. 104–106 und 108–110.

[51] Annales Fuldenses Cont. Ratisbonensis a. 888, ed. Friedrich Kurze, MGH SSrG 1891, S. 116.

Bayern, versicherte sich nach dem Tod des Vaters im Jahre 840 der Treue der Ostfranken, Alemannen, Sachsen und Thüringer.[52] Mit diesen „Stämmen" beschreibt der Fuldaer Annalist demnach genau Ludwigs (neuen) Herrschaftsbereich. Die Zahl der in den Quellen bezeugten „Stämme" beschränkt sich jedoch keineswegs auf die Herzogtümer, auch wenn diese unbestreitbar am häufigsten genannt sind: Neben Alemannen, Bayern, Franken, (später) Lothringern und Sachsen begegnen nicht selten Thüringer, ferner Friesen, Hessen, Ribuarier und andere. „Stämme" bzw. Stammesprovinzen und Herzogtümer waren in der Wahrnehmung der Autoren also nicht unmittelbar identisch.

b) Schwieriger ist ihr Verhältnis im und zum Reich unter dem Gesichtspunkt der – ja erst im Gang befindlichen – Nationsbildung zu beurteilen, zumal wenn man beide „Ethnogenesen" – wieweit Nationsbildung noch „Ethnogenese" oder bereits ein „supragentiler" Vorgang ist, wird in der Forschung durchaus gegensätzlich beurteilt – in ihren gleichzeitigen und folglich ineinander verwobenen Entwicklungsprozessen betrachtet. Wenn Carlrichard Brühl (als Fazit der Forschung) kategorisch feststellt: „Bevor sich das deutsche Volk als eine eigenständige Größe ausgebildet hatte, waren diese ‚Stämme' selbständige Völker",[53] so ist das zwar richtig (bzw. dann richtig, wenn man bis in die Zeit vor der fränkischen Eingliederung zurückgeht), verfehlt jedoch den komplizierten Entstehungsgang. Die Entstehung der deutschen Nation war vielmehr, wie Bernd Schneidmüller kürzlich treffend formulierte, „eingebettet in die Vielfalt gleichzeitiger Ethnogenesen auf deutschem Boden".[54]

c) Ein weiteres Problem bildet das personale oder räumliche Verständnis dieser „Stämme", die zwar ethnische Bezeichnungen tragen, uns in den Quellen aber als politische Einheiten mit territorialen Konnotationen entgegentreten. Es ist auffällig, daß der Gebrauch der korrespondierenden (etymologisch jüngeren) geographisch-territorialen Begriffe (also: *Saxonia* für *Saxones*) im Verlauf des 9. Jahrhunderts beträchtlich zunahm – noch stärker allerdings für Italien und den Westen als für den Osten des Frankenreichs –,[55] ohne daß

---

[52] Annales Fuldenses a. 840, S. 31. Vgl. Notker, Continuatio Erchanberti, ed. Georg Heinrich Pertz, MGH SS 2, S. 329. Nach der Fortsetzung der Fuldaer Annalen bestand das Reich Arnulfs aus Bayern, Ostfranken, Sachsen, Thüringern, Alemannen und einem großen Teil der Slawen (vgl. Anm. 51).

[53] Brühl 1990, 262.

[54] Schneidmüller 1995, 98f. Vgl. ebd., 89: „im 9. Jahrhundert entstanden jedenfalls langwirkende Strukturen im Gefüge sowohl der fränkischen Nachfolgereiche als auch des Miteinanders von Königtum und Adel innerhalb dieser *regna*, die selbst wiederum kleinere *regna* und trotz fränkischer Dominanz mehrere Völker in sich vereinten".

[55] Der Gentilname überwog hier bezeichnenderweise noch bei Thüringern und Friesen (ohne Herzogtum) sowie bei den Sachsen vor der Eingliederung in das Frankenreich, aber auch bei den Franken selbst (als politisch Handelnde); vgl. Goetz 2000, Grafiken 3 und 4, 115.

gravierende inhaltliche Unterschiede erkennbar wären: Gentil- und Gebietsnamen wurden aufeinander bezogen und (nahezu) unterschiedslos verwendet.[56] Eine „Territorialisierung" der „Stämme" im Denken der Zeitgenossen (wie sie sich gut am Frankenbegriff ablesen läßt)[57] ist jedenfalls deutlich erkennbar, und Raumbezeichnungen wie *terra* oder *regio* verbanden sich sogar mit Vorliebe mit Gentilnamen, ja die *Saxones* waren, wie Matthias Becher schreibt, jetzt nichts anderes mehr als die Bewohner der *Saxonia*.[58] Die „gentile" Ebene war im frühmittelalterlichen Verständnis daher keineswegs die einzige, sondern sie wurde von politischen (*regna*) und geographischen Wahrnehmungsmustern überlagert und trat quantitativ anscheinend sogar hinter diese zurück.

3. Das führt uns zum dritten Aspekt, der *politischen Organisationsform der „Stämme"* und damit zu den *Herzogtümern*. Das ist ein weites Thema, über das ich als Involvierter nicht selbst sprechen sollte, wenn es um eine Forschungsevaluation geht. Ich will deshalb nur auf die in unserem Zusammenhang dringlichsten Probleme aufmerksam machen. Als strittige und noch weiter zu klärende Fragen wären zu nennen:

a) die Unterschiedlichkeit deutscher Herzogtümer und französischer Fürstentümer: Haben die neueren Forschungen, wie schon erwähnt, die Vergleichbarkeit Deutschlands und Frankreichs zumindest bei der Entstehung der Herzog- oder Fürstentümer betont und es somit ermöglicht, auch die Herzogtümer als Fürstentümer zu betrachten, so dürfen darüber doch die Unterschiede nicht vernachlässigt werden, denn die an den König gebundenen deutschen Herzogtümer hatten letztlich eine andere verfassungsgeschichtliche Stellung;

b) das Verhältnis von Herzogtum und Stammesprovinz: Da der früher vorausgesetzte – und somit als Erklärung der Herzogtümer herangezogene – Zu-

---

[56] Die Häufigkeit der Nennung der einzelnen Stämme war zwangsläufig, je nach Standort des Autors und Bedeutung des „Stammes", unterschiedlich, sie korrespondierte jedoch durchweg bei Gentil- und Gebietsnamen; es wurden also nicht für einige Stämme lieber Gentil-, für andere lieber Gebietsnamen verwendet (vgl. Goetz 2000, Grafik 1, 113). Der Gebietsname bezog sich, semantisch verständlich, mit Vorliebe auf Aufenthalt, Reiseziel und Reiseroute oder geographische Lage, aber auch auf Herkunft und Verwaltung; Gentilnamen wurden überwiegend im Hinblick auf Heer und Kriegsführung, Versammlungen und politische Handlungen oder Gesandtschaften verwendet.

[57] Vgl. dazu Goetz 2002b.

[58] Becher 1996, 18. Anders noch Dilcher 2000, 274: „Die Stämme aber waren nichtfeudale und nichtterritoriale Einheiten; sie sind als Personenverbände, als Rechtsgemeinschaften entstanden."

sammenhang von „Stamm“ und „Herzogtum“ (als „Stammesherzogtum“) zumindest strittig geworden ist, wird die künftige Forschung hier behutsamer vorgehen und das Verhältnis von Herzogtum und Stammesprovinz erst vorsichtig (und kritisch) eruieren müssen;

c) das Verhältnis von Amt und Eigenherrschaft, von „herzoglicher“ und „fürstlicher“ Stellung: Die Kontroversen beschränken sich hier weitgehend auf die ausgehende Karolingerzeit. Daß die Dukate im Reich der Ottonen und Salier dann sowohl – vom König vergebene (und gegebenenfalls auch wieder entzogene) – Reichsämter und zugleich mit den Stammesprovinzen verbunden waren[59] und daß das auch die zeitgenössischen Autoren so sahen – eine mir besonders wichtige Feststellung –,[60] ist jedenfalls weithin Konsens. Amt und Provinzherrschaft schlossen sich ebensowenig aus wie Amt und selbständige Stellung der Herzöge, die bis zur Verselbständigung führen konnte (wie schon in den älteren „Stammesherzogtümern“ – die Agilolfinger bilden hier ein gutes Beispiel – und, wieder, in den südfranzösischen Prinzipaten wie auch in einzelnen deutschen Herzogtümern);

d) der Charakter der Herzogtümer: Wenn Karl Ferdinand Werner deren Ursprung ausschließlich in karolingischen Teilreichen erblickt,[61] so ist im zeitgenössischen Sprachgebrauch doch kaum ein Unterschied zwischen *gens*, *provincia*, *ducatus* und *regnum* auszumachen; „Stämme“ und „Regna“ wurden vielmehr mit denselben Begriffen benannt;[62]

e) schließlich die Ausschließlichkeit der Stammes- bzw. Teilreichsbindung: Ein politischer Ursprung des Herzogtums, nämlich einmal als königliches Amt (dem nach meinen eigenen Ergebnissen auch die Bedeutung des *dux*-Begriffs entspricht), zum andern durch die Bindung an karolingische Teilreiche (Werner) – wobei sich diese allerdings bereits an Stammesprovinzen anlehnen konnten –, und schließlich in der Errichtung von Prinzipaten durch die mächtigsten weltlichen Amtsträger, muß zwangsläufig die Möglichkeit einschließen, daß die Herzogtümer nicht nur aus bestehenden „Provinzen“

---

[59] Vgl. Bosl 1970, 747f.: „Der ältere Herzog war Vertreter des Königs und Oberhaupt des Stammes.“

[60] Vgl. Goetz 1991.

[61] Werner 1994, 69, unterscheidet eine dreistufige Hierarchie: *gentes* mit einem *regnum*, *gentes*, die in einem Großreich aufgegangen sind, hier aber teilweise ihre Autonomie behalten und *gentes*, die als „namengebendes Reichsvolk“ zum Träger eines Großreichs geworden sind. Die fränkische *regna*-Struktur (*regnum Francorum* aus mehreren *regna*) umfaßt das Gesamtreich (r1), die aus der Teilung von 843 hervorgegangenen (drei bzw. später zwei) Großreiche (r2) und die jeweils mit einer *gens* verbundenen Kleinreiche (r3) als Verwaltungseinheiten von r1 und r2.

[62] Vgl. für die Ottonen- und frühe Salierzeit Eggert 1996.

(„Stämmen" oder/und „Regna") erwachsen sind, sondern diese vielleicht erst durch die Herzogsherrschaft geschaffen oder aber – wahrscheinlicher – verändert und neu formiert wurden (und tatsächlich sind immer wieder Herzogtümer „geschaffen" worden, wie Lothringen oder Kärnten). Die Geschichte der Herzogtümer würde dann zu einem Teilaspekt der Ethnogenese, bleibt gleichermaßen aber ein Element der vorhin behandelten Reichsverfassung: der Einteilung des Reichs in Herzogtümer bzw. Stammesprovinzen.[63]

4. Einen weiteren Ansatzpunkt bildet die *Begrifflichkeit* und, damit verbunden, die Bedeutung zeitgenössischer Begriffe (wie *gens*, *natio*, *populus*). Was sind das überhaupt für Gebilde? Wie wurden sie verstanden, wie bezeichnet? Was unterscheidet das zeitgenössische Verständnis von unserem? Wenn Carlrichard Brühl, wie erwähnt, den Erkenntniswert von Begriffsuntersuchungen bestreiten wollte, weil sie seine Frage „Volk oder Stamm?" nicht zu beantworten vermögen,[64] dann sollte das nicht ein Ende solcher Bemühungen bedeuten. Wenn *gens* sowohl „Stamm" wie „Volk" meinte, so ist dieses Ergebnis nämlich nicht einfach Ausdruck eines inkonsequenten Begriffsgebrauchs; es belegt vielmehr, daß die frühmittelalterlichen Autoren andere Kriterien und ein anderes Verständnis zugrunde legten, denen nachzuspüren wäre.

Neben den schon erwähnten (durchweg vorläufigen und ausschnitthaften) Begriffsuntersuchungen hat es bis vor kurzem lediglich einen, in der Ausrichtung wichtigen, in den konkreten Folgerungen jedoch problematischen Versuch Johannes Frieds über die fränkische Sicht der Normannen als *gens* gegeben.[65] Mit dieser Frage behandelt Fried – bewußt – nur einen Teilaspekt, an dem er – und das ist sein eigentliches Anliegen – einen viel generelleren Sachverhalt verdeutlichen will, den er „die doppelte Theoriebindung des Historikers" nennt, der nämlich sowohl eigenen Maßstäben wie denen seiner Quellen verpflichtet ist, ein Sachverhalt, der nicht deutlich genug unterstrichen werden kann. „Gentes" bestimmen, wie Fried in bezug auf unser Thema völlig zu Recht feststellt, nach Ansicht der frühmittelalterlichen Autoren die Geschichte, und sie werden stets nach demselben, gentilen Deutungsmuster betrachtet.[66] Bestreitbar sind hingegen die daraus gezogenen Konsequenzen: Wenn Fried die Quellen nämlich wegen ihrer „unangemessene(n) gentile(n)

---

[63] Vgl. Schulze 1991, 76: „Mit der Herausbildung dieses ‚jüngeren Stammesherzogtums' erweiterte sich der politische Handlungsspielraum der ‚Stämme'".
[64] Vgl. Anm. 12.
[65] Fried 1994b.
[66] Fried 1994b, 78.

Perspektive" kritisiert,[67] weil den Franken ein Verständnis für eine „Gesellschaft im Übergang" gefehlt habe und sie nichtgentile Verbände (wie die Normannen) daher nicht wahrgenommen, sie ebenfalls als *gens* bezeichnet und folglich nicht erkannt hätten, daß die Normannen des 9. Jahrhunderts noch kein Volk gewesen seien,[68] so setzt er nicht nur voraus, daß die Normannen kein gentiler Verband waren (eine Annahme, die angesichts der Ungewißheit der heutigen Ethnogeneseforschung kaum akzeptabel ist), sondern er mißachtet zudem seine eigene Forderung nach gebührender Berücksichtigung der „doppelten Theoriebindung des Historikers", indem er die fränkischen Autoren eben doch nicht an ihren eigenen Kriterien mißt.

Eine genauere Untersuchung des zeitgenössischen Verständnisses steht also noch aus. Ich habe eine solche kürzlich in ersten Ansätzen anhand ausgewählter Quellen vorgenommen[69] und von dieser Seite her nicht nur bestätigen können, daß die Existenz von *gentes* den frühmittelalterlichen Autoren eine Selbstverständlichkeit war, sondern darüber hinaus festgestellt, daß die schon von Isidor an eine *gens* angelegten Kriterien (Recht, Sprache, Abstammung und Sitten)[70] – übrigens in erstaunlicher Parallelität zum altdeutschen *deota/thiod* – im frühen Mittelalter weiterwirkten,[71] daß folglich klare Vorstellungen vom Wesen einer *gens* bestanden und es den Autoren offenbar ohne weiteres möglich schien, die *gentes* voneinander abzugrenzen, daß der Begriff aber in einem sehr breiten Verständnis Anwendung fand und nicht nur – gleichermaßen – „Stämme" und „Völker", sondern selbst große Weltreiche (wie Perser oder Römer) kennzeichnen konnte. Größe und Organisationsform waren offenbar unerheblich gegenüber der Abgrenzung nach den genannten Kriterien. Im Begriffsgebrauch wie auch in der Wahrnehmung als *gens* machte man ebenfalls keinen Unterschied zwischen „eigenen" und „fremden" Völkern; letztere wurden als *exterae gentes* aber deutlich negativer

---

[67] Fried 1994b, 79f.

[68] Fried 1994b, 85f.

[69] Vgl. Goetz 2000, 96–104.

[70] Vgl. Isidor von Sevilla, Etymologiae sive Origines 5,6 und 9,1f., ed. W. M. Lindsay (Oxford 1911).

[71] Berühmtheit hat die vielzitierte Stelle in einem Brief Reginos von Prüm an Erzbischof Hatto von Mainz erlangt (Chronik, ed. Friedrich Kurze, MGH SSrG 1890, S. XX): „diversae nationes populorum inter se discrepant genere moribus lingua legibus." Die Stelle belegt das Weiterwirken isidorianischer Traditionen und damit eine feste Vorstellung von „Völkern". Man wird Regino daher nicht, wie Brühl 1990, 245, unklare Vorstellungen unterstellen dürfen, weil er „unübersetzbare" Wendungen (*nationes populorum*) verwendet. In dieser Wendung offenbart sich vielmehr die gegenüber der unseren andersartige Begrifflichkeit *und* Wahrnehmungsweise der frühmittelalterlichen Quellen.

bewertet und gern als barbarisch eingestuft.[72] Darüber hinaus waren den Autoren, trotz festem Abstammungsglauben, das Bewußtsein eines „Wandels“ durch Wanderung, Landnahme oder intergentile Heiraten sowie ein territoriales Verständnis der *gens* anscheinend keineswegs fremd. Die Tragfähigkeit meines Ansatzes muß noch diskutiert werden, die Frage vor allem auf viel breiterer Ebene untersucht werden. (Ein entsprechendes Projekt ist seit längerem geplant, konnte bislang aber noch nicht in Angriff genommen werden.)

Wenn „Stämme“ aber einen politischen Aspekt besitzen – und „Stammesprovinzen“ mit Teilreichen korrespondieren (Werner) –, dann muß darüber hinaus auch das Verhältnis von *gens* und *regnum* in das Zentrum der Betrachtung rücken (und weder nur die *gens* noch nur das *regnum*),[73] muß untersucht werden, wieweit beide in den Quellen aufeinander bezogen oder gar – zumindest in bestimmten Kontexten – identisch waren. Die Wendung *regna et gentes* ist jedenfalls mehrfach belegt, beispielsweise als Substrat des Reichs Karls des Großen bei Regino von Prüm[74] – das relativiert Karl Ferdinand Werners Ansicht, nicht „Stämme“, sondern *regna* seien die entscheidenden Einheiten –, und der eigentlich ethnische *Volks*begriff der Franken wurde in den Quellen bereits seit der Merowingerzeit zunehmend auf das Franken*reich* bezogen, verlagerte sich von hier auf das (jeweilige) Teilreich und schließlich auf die „Stammesprovinz“.[75] Eine ethnische Zuordnung im modernen Sinn, etwa eine Abgrenzung von Germanen und Romanen oder von Germanen und Slawen, war den Autoren hingegen eher fremd. Einhard charakterisierte die Sachsen und die Völker zwischen Rhein, Weichsel, Meer und Donau, also einschließlich der Slawen – beide waren für ihn (nichtfränkische) „Barbaren“ – sehr ähnlich.[76] Wenn der Germanenbegriff allerdings der jüngeren Ethnogeneseforschung zunehmend fragwürdig geworden ist[77] und Verschmelzung und Symbiose heute eine höhere Bedeutung erhalten: deuten sich darin etwa Annäherungen zwischen dem heutigen und dem zeitgenössischen Verständnis an?

5. Schließlich wäre zu prüfen, wieweit ein Vergleich des Personennamenbestandes gentile Spezifika erkennen läßt. Das inzwischen von der DFG ge-

---

72 Vgl. Goetz 2000, 106–108.

73 Zur Vielschichtigkeit des *regnum*-Begriffs im 9. Jahrhundert vgl. Goetz 1987. In seiner Kritik daran wenig überzeugend Fried 1994b, 92–101.

74 Regino von Prüm, Chronik a. 880, S. 116.

75 Vgl. dazu Goetz 2002b.

76 Einhard, Vita Karoli 15, ed. Oswald Holder-Egger, MGH SSrG 1911, 18; 7, ebd. S. 9.

77 Vgl. zuletzt Pohl 2000, bes. 45–51.

förderte Projekt *Nomen et gens* geht solchen Fragen in der „germanischen" Zeit (bis etwa 800) nach, in einer Zeit also, in der Namen nahezu die einzigen Selbstaussagen sind. In der ostfränkisch-deutschen Geschichte steht nicht nur ein breites Namenmaterial zur Verfügung (das zudem zu großen Teilen bereits in der Duisburg-Göttinger Datenbank erfaßt ist), sondern seine Aussagekraft wird, anders als in der Frühzeit, von anderweitigen Informationen flankiert. Auf dieser Grundlage könnte es möglich sein, Ethnos und Ethnogenese auch der „deutschen Stämme", in Abgrenzung voneinander wie nach außen, im Spiegel der Namengebung zu durchleuchten. An der familienbewußten Namengebung des „supragentilen" Adels etwa ließe sich ermessen, wieweit nicht nur das Geschlecht, sondern auch die (gentile) Herkunft der Eltern die Benennung der Kinder beeinflußte, wieweit sich, mit anderen Worten, in den Namen nicht nur ein Familien-, sondern auch ein *Stammes*bewußtsein spiegelt. In der Anpassung an „gentile" Gewohnheiten könnte sich die oft beschworene Verschmelzung von Reichs- und Stammesadel nachweisen (oder auch falsifizieren) lassen. Welche methodischen Probleme dabei zu berücksichtigen sind, habe ich kürzlich darzulegen versucht.[78]

Das Fazit meiner – durchweg problemorientierten – Erörterungen lautet, thesenhaft zugespitzt:

1. Stammesbildung ist ein historisches Phänomen, das folglich eine zeitspezifische Untersuchung der „Stämme" oder „Völker" bedingt. Dabei ist das zeitgenössische Verständnis von den *gentes*, das seinerseits Grundlage für damaliges Denken *und* Handeln war, gebührend zu berücksichtigen.

2. Die neuere Forschung ist offener gegenüber Entwicklungen, „Verwicklungen" und Zusammenhängen der Ethnogenese geworden. Das erlaubt ein unvoreingenommeneres Verständnis sowohl von den „germanischen" wie von den „deutschen" Völkern.

3. „Stamm" ist ein uns problematisch gewordener Begriff; statt dessen von „Völkern" oder „Ethnien" zu reden, löst indes das Problem nicht. Das Augenmerk muß vielmehr der zeitgenössischen Wahrnehmung und deren (Un-)Vereinbarkeit mit dem heutigen Kenntnisstand gelten. Dabei tritt nach ersten Einschätzungen im damaligen Verständnis eine Relation von *gens* und *regnum*, treten der politische und territoriale Aspekt der „Stämme" stärker in den Vordergrund.

---

[78] Goetz 2002a.

4. Die Erkenntnisse der Ethnogenese sind bislang weder hinreichend auf die „Stämme“ im Deutschen Reich übertragen worden, noch sind deren Rolle im Reich oder ihre politische Organisation gründlich genug untersucht worden. Hier bleiben Defizite.

5. Bei aller Traditionsanbindung und Namenskontinuität der deutschen „Stämme“ ist der Weg von den germanischen Völkern zu den deutschen Stammesprovinzen durch zahlreiche Brechungen (und Ethnogenesen) geprägt. Dabei ist der politische Faktor (das Herzogtum) strittig, ein Stammesbewußtsein noch kaum näher erforscht.

6. Das Verhältnis der *gentes* zum und im Reich bildet ein entscheidendes Problem, das sicher nicht losgelöst von der Nationsbildung betrachtet werden kann, aber auch nicht ausschließlich aus dieser Perspektive betrachtet werden darf. Die „Stämme“ bilden ein (politisches) Element der Reichsverfassung: „Völker“ wurden zu Provinzen.

7. Die Bedeutung der sogenannten „deutschen Stämme“ ist von der früheren Forschung zweifellos überschätzt worden. Das war ein Fehler. Wir sollten allerdings nicht in den gegenteiligen Fehler verfallen und ihre Rolle vor dem Hintergrund fließender Vorstellungen frühmittelalterlicher Ethnogenese unterschätzen. Man mag das Deutsche Reich deshalb weiterhin als aus „seinen“ Stämmen gebildet ansehen. Hintergründe und Wirkfaktoren dieses Prozesses sind jedoch mitnichten geklärt. Der wahre Stellenwert dieser „Stämme“ harrt noch genauerer Erforschung.[79]

---

[79] Seit der Abgabe des Manuskripts (April 2001) sind verschiedene Arbeiten erschienen, welche die hier behandelte Thematik berühren, ohne daß sich die dargelegte Problematik wesentlich verringert hätte. Von den Arbeiten zur Ethnogenese und Reichsbildung sei stellvertretend (auch wegen der umfangreichen Bibliographie) verwiesen auf: Hans-Werner Goetz/Jörg Jarnut/Walter Pohl (Hrsg., unter Mitarbeit von Sören Kaschke, Regna and Gentes. The Relationship between Late Antique and Early Medieval Peoples and Kingdoms in the Transformation of the Roman World. The Transformation of the Roman World 13 (Leiden/Boston 2003); ferner Walter Pohl, Die Völkerwanderung. Eroberung und Integration (Stuttgart/Berlin/Köln 2001) sowie jetzt (kritisch) Andrew Gillett (Hrsg.), On Barbarian Identity. Critical Approaches to Ethnicity in the Early Middle Ages (Turnhout 2002). Zur Verformung der Völker im Geschichtsbewußtsein: Patrick J. Geary, Europäische Völker im frühen Mittelalter: Zur Legende vom Werden der Nationen (Frankfurt a. Main 2002). Zu einzelnen Stämmen vgl. die Aufsätze von Bernd Schneidmüller, Matthias Becher und Thomas Zotz, in: Mitteilungen des Instituts für Österreichische Geschichtsforschung 108, 2000.

Quellen

MGH Capitularia 2, ed. Alfred Boretius/Viktor Krause (Hannover 1897).

Translatio s. Alexandri, ed. Bruno Krusch, Nachrichten von der Gesellschaft der Wissenschaften zu Göttingen, philologisch-historische Klasse 1933, 423–436.

Hrabanus Maurus, Liber de oblatione puerorum, Migne PL 107, 419–440.

Annales Fuldenses, ed. Friedrich Kurze, MGH SSrG [7.] (Hannover 1891).

Notker, Continuatio Erchanberti, ed. Georg Heinrich Pertz, MGH SS 2 (Hannover 1829) 329f.

Isidor von Sevilla, Etymologiae sive Origines, ed. Wallace Martin Lindsay (Oxford 1911).

Regino von Prüm, Chronicon, ed. Friedrich Kurze, MGH SSrG [50.] (Hannover 1890).

Einhard, Vita Karoli Magni, ed. Oswald Holder-Egger, MGH SSrG [25.] (Hannover 1911).

Literatur

Ausenda (Hrsg.) 1995
Giorgio Ausenda (Hrsg.), After Empire. Towards an Ethnology of Europe's Barbarians. Studies in Historical Archaeoethnology, Bd. 1 (Woodbridge/Rochester, N.Y. 1995).

Bader 1956
Karl Siegfried Bader, Volk, Stamm, Territorium, in: Hellmut Kämpf (Hrsg.), Herrschaft und Staat im Mittelalter. Wege der Forschung, Bd. 2 (Darmstadt 1956) 243–283.

Becher 1996
Matthias Becher, Rex, Dux und Gens. Untersuchungen zur Entstehung des sächsischen Herzogtums im 9. und 10. Jahrhundert. Historische Studien, Bd. 444 (Husum 1996).

Behr 1975
Bruno Behr, Das alemannische Herzogtum bis 750. Geist und Werk der Zeiten, Bd. 41 (Bern/ Frankfurt a. M. 1975).

Boshof 1987
Egon Boshof, Lotharingien – Lothringen. Vom Teilreich zum Herzogtum, in: Alfred Heit (Hrsg.), Zwischen Gallia und Germania, Frankreich und Deutschland. Konstanz und Wandel raumbestimmender Kräfte. Vorträge auf dem 36. Deutschen Historikertag. Trierer Historische Forschungen, Bd. 12 (Trier 1987) 129–153.

Bosl 1970
Karl Bosl, Staat, Gesellschaft, Wirtschaft im deutschen Mittelalter, in: Herbert Grundmann (Hrsg.), Gebhardt. Handbuch der deutschen Geschichte, Bd. 1: Frühzeit und Mittelalter (Stuttgart ^{9}1970) 693–835.

Brühl 1990
Carlrichard Brühl, Deutschland – Frankreich. Die Geburt zweier Völker (Köln/Wien 1990).

Brunner 1973
Karl Brunner, Der fränkische Fürstentitel im neunten und zehnten Jahrhundert, in: Herwig Wolfram (Hrsg.), Intitulatio II. Lateinische Herrscher- und Fürstentitel im neunten und zehnten Jahrhundert. Mitteilungen des Instituts für Österreichische Geschichtsforschung, Ergänzungsband 24 (Wien/Köln/Graz 1973) 179–340.

Brunner/Merta (Hrsg.) 1994
Karl Brunner/Brigitte Merta (Hrsg.), Ethnogenese und Überlieferung. Angewandte Methoden der Frühmittelalterforschung. Veröffentlichungen des Instituts für Österreichische Geschichtsforschung, Bd. 31 (Wien/München 1994).

Butzen 1987
Reiner Butzen, Die Merowinger östlich des mittleren Rheins. Studien zur militärischen, politischen, rechtlichen, religiösen, kirchlichen, kulturellen Erfassung durch Königtum und Adel im 6. sowie 7. Jahrhundert. Mainfränkische Studien, Bd. 38 (Würzburg 1987).

Castritius 1990
Helmut Castritius, Von politischer Vielfalt zur Einheit. Zu den Ethnogenesen der Alemannen, in: Herwig Wolfram/Walter Pohl (Hrsg.), Typen der Ethnogenese unter besonderer Berücksichtigung der Bayern, Bd. 1 (Wien 1990) 71–84.

Dilcher 2000
Gerhard Dilcher, Die Entwicklung des Lehnswesens in Deutschland zwischen Saliern und Staufern, in: Il feodalesimo nell'alto medioevo. Settimane di studio del Centro Italiano di studi sull'alto medioevo, Bd. 47 (Spoleto 2000) 263–303.

Eggert 1996
Wolfgang Eggert, „Regna, partes regni, provinciae, ducatus“. Bemerkungen zu Reichsbenennungen und -auffassungen in „deutschen“ Geschichtswerken des 10. und 11. Jahrhunderts, in: Mitteilungen des Instituts für Österreichische Geschichtsforschung 104, 1996, 237–251.

Ehlers 1994
Joachim Ehlers, Die Entstehung des deutschen Reiches. Enzyklopädie deutscher Geschichte, Bd. 31 (München 1994).

Engels 1991
Odilo Engels, Das Reich der Salier – Entwicklungslinien, in: Stefan Weinfurter (Hrsg.), Die Salier und das Reich, Bd. 3: Gesellschaftlicher und ideengeschichtlicher Wandel im Reich der Salier (Sigmaringen 1991) 479–541.

Erdmann 1935
Carl Erdmann, Der Name Deutsch, in: Karl der Große oder Charlemagne? Acht Antworten deutscher Geschichtsforscher (Berlin 1935) 94–105.

Fried 1991
Johannes Fried, Die Formierung Europas 840–1046. Oldenbourg Grundriß der Geschichte, Bd. 6 (München 1991).

Fried 1994a
Johannes Fried, Der Weg in die Geschichte. Propyläen Geschichte Deutschlands, Bd. 1 (Berlin 1994).

Fried 1994b
Johannes Fried, Gens und regnum. Wahrnehmungs- und Deutungskategorien politischen Wandels im früheren Mittelalter. Bemerkungen zur doppelten Theoriebindung des Historikers, in: Jürgen Miethke/Klaus Schreiner (Hrsg.), Sozialer Wandel im Mittelalter. Wahrnehmungsformen, Erklärungsmuster, Regelungsmechanismen (Sigmaringen 1994) 73–104.

Ganshof 1972
François Louis Ganshof, Stämme als „Träger des Reiches"? Zu Walther Kienasts Studien über die französischen Volksstämme des Frühmittelalters, in: Zeitschrift der Savigny-Stiftung für Rechtsgeschichte, Germanistische Abteilung 89, 1972, 147–160.

Gasparri 1997
Stefano Gasparri, Prima delle nazioni. Populi, etnie e regni fra Antichità e Medioevo (Rom 1997).

Geuenich 1997
Dieter Geuenich, Geschichte der Alemannen. Urban-Taschenbuch, Bd. 575 (Stuttgart/Berlin/Köln 1997).

Goetz 1977
Hans-Werner Goetz, „Dux" und „Ducatus". Begriffs- und verfassungsgeschichtliche Untersuchungen zur Entstehung des sogenannten „jüngeren" Stammesherzogtums an der Wende vom neunten zum zehnten Jahrhundert. Diss. phil. Bochum 1977 (Bochum 1977).

Goetz 1987
Hans-Werner Goetz, Regnum: Zum politischen Denken der Karolingerzeit, in: Zeitschrift der Savigny-Stiftung für Rechtsgeschichte, Germanistische Abteilung 104, 1987, 110–189.

Goetz 1991
Hans-Werner Goetz, Das Herzogtum im Spiegel der salierzeitlichen Geschichtsschreibung, in: Stefan Weinfurter (Hrsg.), Die Salier und das Reich, Bd. 1: Salier, Adel und Reichsverfassung (Sigmaringen 1991) 253–271.

Goetz 1994
Hans-Werner Goetz, Das Herzogtum der Billunger – ein sächsischer Sonderweg?, in: Niedersächsisches Jahrbuch für Landesgeschichte 66, 1994, 167–197.

Goetz 2000
Hans-Werner Goetz, Gentes. Zur zeitgenössischen Terminologie und Wahrnehmung ostfränkischer Ethnogenese im 9. Jahrhundert, in: Mitteilungen des Instituts für Österreichische Geschichtsforschung 108, 2000, 85–116.

Goetz 2002a
Hans-Werner Goetz, Gentes in der Wahrnehmung frühmittelalterlicher Autoren und moderner Ethnogeneseforschung: Person und Name. Zur Problematik einer gentilen Zuordnung von Personennamen, in: Dieter Geuenich/Wolfgang Haubrichs/Jörg Jarnut (Hrsg.), Person und Name. Methodische Probleme bei der Erstellung eines Personennamenbuchs des Früh-Mittelalters. RGA, Erg.-Bd. 32 (Berlin, New York 2002) 204–220.

Goetz 2002b
Hans-Werner Goetz, Zur Wandlung des Frankennamens im Frühmittelalter, in: Walter Pohl/Maximilian Diesenberger (Hrsg.), Integration und Herrschaft. Ethnische Identitäten und soziale Organisation im Frühmittelalter. Forschungen zur Geschichte des Mittelalters, Bd. 3 (Wien 2002) 133–150.

Heßler 1943
Wolfgang Heßler, Die Anfänge des deutschen Nationalgefühls in der ostfränkischen Geschichtschreibung des neunten Jahrhunderts. Historische Studien, Bd. 376 (Berlin 1943).

Hlawitschka 1986
Eduard Hlawitschka, Vom Frankenreich zur Formierung der europäischen Staaten- und Völkergemeinschaft 840–1046. Ein Studienbuch zur Zeit der späten Karolinger, der Ottonen und der frühen Salier in der Geschichte Mitteleuropas (Darmstadt 1986).

Hugelmann 1955
Karl Gottfried Hugelmann, Stämme, Nation und Nationalstaat im deutschen Mittelalter. Nationalstaat und Nationalitätenrecht im deutschen Mittelalter, Bd. 1 (Würzburg 1955).

Kahl 1978
Hans-Dietrich Kahl, Einige Beobachtungen zum Sprachgebrauch von natio im mittelalterlichen Latein mit Ausblicken auf das neuhochdeutsche Fremdwort „Nation“, in: Helmut Beumann/Werner Schröder (Hrsg.), Aspekte der Nationenbildung im Mittelalter. Nationes, Bd. 1 (Sigmaringen 1978) 63–108.

Kienast 1968
Walther Kienast, Der Herzogstitel in Frankreich und Deutschland (9.–12. Jahrhundert). Mit Listen der ältesten deutschen Herzogsurkunden (München/Wien 1968).

Kretschmann 1940
Hilde Kretschmann, Die stammesmäßige Zusammensetzung der deutschen Streitkräfte in den Kämpfen mit den östlichen Nachbarn unter den Karolingern, Ottonen und Saliern. Ein Beitrag zur Frage des Verhältnisses zwischen Reichs- und Ostpolitik. Diss. phil. Königsberg 1938 (Berlin 1940).

Lošek 1990
Fritz Lošek, Ethnische und politische Terminologie bei Iordanes und Einhard, in: Herwig Wolfram/Walter Pohl (Hrsg.), Typen der Ethnogenese unter besonderer Berücksichtigung der Bayern, Bd. 1 (Wien 1990) 147–152.

Merk 1938
Walther Merk, Die deutschen Stämme in der Rechtsgeschichte, in: Zeitschrift der Savigny-Stiftung für Rechtsgeschichte, Germanistische Abteilung 58, 1938, 1–41.

Pohl 1994
Walter Pohl, Tradition, Ethnogenese und literarische Gestaltung: eine Zwischenbilanz, in: Karl Brunner/Brigitte Merta (Hrsg.), Ethnogenese und Überlieferung. Angewandte Methoden der Frühmittelalterforschung. Veröffentlichungen des Instituts für Österreichische Geschichtsforschung, Bd. 31 (Wien/München 1994) 9–26.

Pohl 2000
Walter Pohl, Die Germanen. Enzyklopädie deutscher Geschichte, Bd. 57 (München 2000).

Rosenstock-Huessy 1914
Eugen Rosenstock-Huessy, Königshaus und Stämme in Deutschland zwischen 911 und 1250 (Leipzig 1914, Nachdruck Aalen 1965).

Schneidmüller 1987
Bernd Schneidmüller, Regnum und Ducatus. Identität und Integration in der lothringischen Geschichte des 9. bis 11. Jahrhunderts, in: Rheinische Vierteljahresblätter 51, 1987, 81–114.

Schneidmüller 1995
Bernd Schneidmüller, Reich – Volk – Nation: Die Entstehung des Deutschen Reiches und der deutschen Nation im Mittelalter, in: Almut Bues/Rex Rexheuser (Hrsg.), Mittelalterliche nationes – neuzeitliche Nationen. Probleme der Nationenbildung in Europa (Wiesbaden 1995) 73–101.

Schneidmüller 1997
Bernd Schneidmüller, Nomen gentis. Nations- und Namenbildung im nachkarolingischen Europa, in: Dieter Geuenich/Wolfgang Haubrichs/Jörg Jarnut (Hrsg.), Nomen et gens. Zur historischen Aussagekraft frühmittelalterlicher Personennamen. Reallexikon der Germanischen Altertumskunde, Ergänzungsband 16 (Berlin/New York 1997) 140–156.

Schulze 1985
Hans Kurt Schulze, Grundstrukturen der Verfassung im Mittelalter, Bd. 1: Stamm, Gefolgschaft, Lehenswesen, Grundherrschaft. Urban-Taschenbuch, Bd. 371 (Stuttgart/Berlin/Köln/Mainz 1985).

Schulze 1991
Hans Kurt Schulze, Hegemoniales Kaisertum. Ottonen und Salier. Das Reich und die Deutschen, Bd. 3 (Berlin 1991).

Springer 1999
Matthias Springer, Geschichtsbilder, Urteile und Vorurteile. Franken und Sachsen in den Vorstellungen unserer Zeit und in der Vergangenheit, in: Christoph Stiegemann/Matthias Wemhoff (Hrsg.), 799. Karl der Große und Papst Leo III. in Paderborn. Kunst und Kultur der Karolingerzeit, Bd. 3 (Mainz 1999) 224–232.

Tellenbach 1939
Gerd Tellenbach, Königtum und Stämme in der Werdezeit des Deutschen Reiches. Quellen und Studien zur Verfassungsgeschichte des Deutschen Reiches in Mittelalter und Neuzeit, Bd. 7,4 (Weimar 1939).

Wenskus 1961
Reinhard Wenskus, Stammesbildung und Verfassung. Das Werden der frühmittelalterlichen gentes (Köln/Graz 1961).

Wenskus 1965
Reinhard Wenskus, Die deutschen Stämme im Reiche Karls des Großen, in: Wolfgang Braunfels (Hrsg.), Karl der Große – Lebenswerk und Nachleben, Bd. 1: Persönlichkeit und Geschichte (Düsseldorf 1965) 178–219.

Werner 1958
Karl Ferdinand Werner, Untersuchungen zur Frühzeit des französischen Fürstentums (9.–10. Jahrhundert), in: Welt als Geschichte 18, 1958, 256–89; 19, 1959, 146–193; 20, 1960, 87–119.

Werner 1968
Karl Ferdinand Werner, Königtum und Fürstentum im französischen 12. Jahrhundert, in: Probleme des 12. Jahrhunderts. Vorträge und Forschungen, Bd. 12 (Konstanz/Stuttgart 1968) 177–225 [auch in ders., Structures politiques du monde franc (VIe-XIIe siècles) (London 1979)].

Werner 1979
Karl Ferdinand Werner, Les duchés „nationaux" d'Allemagne au IXe et au Xe siècle (Erstdruck 1979), in: ders., Vom Frankenreich zur Entfaltung Deutschlands und Frankreichs: Ursprünge – Strukturen – Beziehungen. Ausgewählte Beiträge (Sigmaringen 1984) 311–328.

Werner 1981
Karl Ferdinand Werner, La genèse des duchés en France et en Allemagne (Erstdruck 1981), in: ders., Vom Frankenreich zur Entfaltung Deutschlands und Frankreichs: Ursprünge – Strukturen – Beziehungen. Ausgewählte Beiträge (Sigmaringen 1984) 278–310.

Werner 1992
Karl Ferdinand Werner, s. v. Volk, Nation, Nationalismus, Masse (Mittelalter), in: Geschichtliche Grundbegriffe, Bd. 7 (Stuttgart 1992) 171–281.

Werner 1994
Karl Ferdinand Werner, Von den „Regna“ des Frankenreichs zu den „deutschen Landen“, in: Zeitschrift für Literaturwissenschaft und Linguistik 24, Heft 94, 1994, 69–81.

Willoweit 1990
Dietmar Willoweit, Deutsche Verfassungsgeschichte. Vom Frankenreich bis zur Teilung Deutschlands (München 1990).

Wirth 1996
Gerhard Wirth, s. v. Stamm, in: Lexikon des Mittelalters, Bd. 8 (München 1996) 42f.

Wolfram 1979
Herwig Wolfram, Die Goten. Von den Anfängen bis zur Mitte des sechsten Jahrhunderts. Entwurf einer historischen Ethnographie (München ^{1}1979, ^{3}1990).

Wolfram 1990
Herwig Wolfram, Das Reich und die Germanen. Zwischen Antike und Mittelalter. Siedler Deutsche Geschichte: Das Reich und die Deutschen (Berlin 1990).

Wolfram/Pohl (Hrsg.) 1990
Herwig Wolfram/Walter Pohl (Hrsg.), Typen der Ethnogenese unter besonderer Berücksichtigung der Bayern, Bd. 1 (Wien 1990).

Zientara 1986
Benedykt Zientara, Populus – Gens – Natio. Einige Probleme aus dem Bereich der ethnischen Terminologie des frühen Mittelalters, in: Otto Dann (Hrsg.), Nationalismus in vorindustrieller Zeit (München 1986) 11–20.

Germanisch-Deutsch – RGA-E Band 34 – Seiten 255-263

Die Entstehung des mittelalterlichen deutschen Reiches als Forschungsproblem

von JÖRG JARNUT

Dieses so oft erörterte Thema erneut zu behandeln, fällt nicht ganz leicht. Dazu trägt wesentlich bei, daß es spätestens seit Otto von Freising ein Gegenstand des gesellschaftlichen und, wenn man so will, auch des wissenschaftlichen Diskurses ist,[1] eine wahrhaft nicht gerade alltägliche Feststellung für einen Mediävisten, der über eine bestimmte Problematik sprechen will. Nicht viel weniger befangen könnte man werden, wenn man sich weiterhin bewußt wird, daß man sich zu einem Gegenstand äußert, der einen stark interdisziplinären Charakter hat, weil mit dem Wort „deutsch" eine Sprach- zu einer Volks- und Reichsbezeichnung wurde und weil sich allein schon deswegen in den letzten anderthalb Jahrhunderten nicht nur zahlreiche Historiker, sondern auch zahllose Philologen damit beschäftigt haben.[2] In Anbetracht der organisatorischen Vorgaben soll hier also keine Kurzdarstellung der Forschungsgeschichte geliefert, sondern können nur einige Forschungsfelder benannt werden, die – zumindest nach Ansicht des Verfassers – bisher noch immer zu wenig bearbeitet worden sind, so daß es auch deswegen nicht verwundert, wenn unser uraltes Thema bis heute (oder sollte ich besser sagen: bis vor kurzem?) äußerst kontrovers diskutiert und zum Teil mit höchster Emotionalität behandelt wird (bzw. wurde).

Zunächst aber sind zwei Forschungsprobleme herauszustellen, um welche bis vor zwei Jahrzehnten noch heftig gestritten worden ist, über die aber mittlerweile eine gewisse Einigkeit herrscht, die dazu tendiert, sich zu einer „herrschenden Lehre" zu verdichten. Erstens: Mittlerweile ist nahezu unstrittig, daß das mittelalterliche deutsche Reich nicht durch ein herausragendes Ereignis, etwa die Königserhebung Heinrichs I., sozusagen als Analo-

---

1 Vgl. u. S. 260.

2 Vgl. zur Forschungsgeschichte etwa Fried 1987; Ehlers 1989; Brühl 1990, bes. 7–82 und Schneidmüller 1995, 73–83.

gon zum Zweiten und zum Dritten Reich begründet wurde, sondern daß es in einem komplexen und lange dauernden Prozeß entstanden ist.[3] Die Einordnung dieses Prozesses in die Zeit und die Analyse seiner einzelnen Komponenten sind hingegen weiterhin heftig umstritten. Zweitens: Nicht ein jenseits der Zeit stehendes, schon immer vorhandenes deutsches Volk hat sich ein Reich geschaffen, sondern dieses Reich konstituierte sein Volk,[4] oder wie es bereits vor einem Vierteljahrhundert formuliert wurde: „Nicht das deutsche Volk erschuf das deutsche Reich, sondern das Reich formte sein Volk, um dann schließlich nach diesem benannt zu werden."[5]

Bei der Erforschung der Anfänge des mittelalterlichen deutschen Reiches scheinen zwei Fragestellungen besonders fruchtbar zu sein: Zum einen ist dies die Frage nach der Wahrnehmung und der Bezeichnung dieses Reiches, zum anderen ist es das Problem, wer sich unter welchen Umständen diesem Reiche zurechnete oder von anderen zugerechnet wurde.

Wenden wir uns zunächst dem ersten Problemfeld zu. Zuerst einmal ist festzuhalten, daß bis in die Salierzeit hinein die Bezeichnung des nordalpinen rechtsrheinischen Reiches in offiziellen königlichen Schriftstücken in der Regel *regnum* ohne Zusätze oder aber nach wie vor, besonders bei der Notwendigkeit, es von Italien oder Burgund, den beiden anderen Bestandteilen der Trias, zu scheiden, *Francia* war.[6] Selbst die von Fritz Rörig so genannte mit der Königserhebung Heinrichs I. im Jahre 919 vollzogene „Translatio regni Francorum ad Saxones"[7] änderte daran kaum etwas, und bemerkenswerterweise bezeichnete sich keiner der ottonischen Könige jemals als *rex Saxoniae* oder ähnlich. Ebensowenig wie ihren Herrschaftsraum benannten sich diese Könige selbst mit einem gentilen Epithet, am allerwenigsten mit dem ihren imperialen Herrschaftsanspruch einschränkenden *saxonicus*.[8]

Ganz anders sah es mit der Bezeichnung des nordalpinen und rechtsrheinischen Reiches und seiner Bewohner aus, die diesen von außen gegeben wurde. Schon seit dem Beginn des 9. Jahrhunderts standen in Italien mit *theodiscus* und später *teutonicus* zwei Sammelbegriffe für die gemanischsprachigen Angehörigen des Reiches zur Verfügung, die nicht nur sprachliche,

---

[3] S. z. B. Brühl 1990, 553–706, 709; Ehlers 1994, bes. 55–62; ders. 1997, bes. 8 und Schneidmüller 1995, 87–99.

[4] S. z. B. Fried, 1994, bes. 22–25, 856–858; Brühl 1990, bes. 708–715; Ehlers 1987, 5–8; Schneidmüller 1995, 77–79.

[5] Jarnut 1981, 111.

[6] Müller-Mertens 1970, 27–36; Brühl 1990, 83–130; Eggert 1992, 261–267.

[7] Rörig 1948, 82f.

[8] Eggert 1992, 261f.

sondern auch rechtliche und ethnische Konnotationen aufwiesen.[9] 888 konnte im westfränkischen *Rhythmus in Oddonem regem* die *Teutonica* gleichrangig und gleich geartet neben die *Gallia*, die *Burgundia* und die *Wasconia*, freilich auch neben die *Bigorni regni spacia*, also die Pyrenäengrafschaft Bigorre, gestellt werden.[10] So verwundert es ein wenig, daß die eigentlich zu erwartende Fremdbezeichnung des nordalpinen Raumes als *regnum Teutonicorum* oder *regnum Teutonicum* scheinbar erst zu Beginn des 11. Jahrhunderts fast zeitgleich aus Venedig und Benevent, also außerhalb Reichsitaliens, überliefert wird.[11] Der unbekannte Verfasser des auf den Beginn des 11. Jahrhunderts zu datierenden *Chronicon Venetum*, der häufig mit dem Diakon Johannes identifiziert wird, nennt jenes Gebilde *Saxonia*, *Teutonica* und *ultramontanum regnum*, aber auch einmal *regnum Teutonicum*, als er von der Reise Ottos III. in das transalpine Reich im Jahre 999 berichtet.[12]

Fast gleichzeitig wird im langobardischen Süden das Reich im Codex Cavensis 22 als *Totonicum regnu* (sic!) apostrophiert, während Heinrich II. als *rex Totonicorum* bezeichnet wird.[13] Diese Quellen hat, ebenso wie die wenigen anderen, die vor den 1070er Jahren den Begriff *regnum Teutonicum* bieten, Eckhard Müller-Mertens in seinem 1970 erschienenen gleichnamigen Buch gründlich erforscht. Er hat auch herausgearbeitet, daß Papst Gregor VII. im sogenannten Investiturstreit seit dem Sommer 1076 jene Prägung und ihr Pendant *rex Teutonicorum* als Kampfbegriffe einsetzte, um so die universale, imperiale Ausnahmestellung seines Widersachers Heinrichs IV. zu erschüttern, ihn so zu einem König unter anderen zu machen und seine Ansprüche auf die Nebenländer Böhmen, Polen und Ungarn abzuwehren. Seitdem wird der Begriff häufiger, jedenfalls außerhalb der Königssphäre.[14]

Heute gilt vor allem wegen der einschlägigen Forschungen Müller-Mertens' als beinahe gesicherte Erkenntnis, daß der früheste Beleg für das *regnum Teutonicorum*, die Nachricht der *Annales Iuvavenses maximi* zum Jahre 920, Herzog Arnulf sei von den Bayern zur Herrschaft *in regno Teuto-*

---

9 Jarnut 1996.

10 Rhythmus in Oddonem regem, ed. Paul v. Winterfeld, in: MGH Poetae Latini aevi Karolini, 4/1 (Berlin 1899) 138, Str. 10.

11 Grundlegend Müller-Mertens 1970, 44–64.

12 La cronaca veneziana del diacono Giovanni, in: Cronache Veneziane antichissime, ed. Giovanni Monticolo (Fonti per la Storia d'Italia 11, Rom 1890) 155; vgl. Müller-Mertens 1970, bes. 44–53.

13 Catalogus regum Langobardorum et ducum Beneventanorum ex Codice Cavensi 22, ed. Georg Waitz, in: MGH Scriptores rerum Langobardicarum et Italicarum (Hannover 1878) 493; vgl. Müller-Mertens 1970, bes. 54–64.

14 Müller-Mertens 1970, 145–181, bes. 163–167.

nicorum berufen worden,[15] als Zusatz oder Verschreibung aus der Mitte des 12. Jahrhunderts zu werten ist.[16] Näherliegend und den – freilich sehr spät überlieferten – Quellentext respektierend ist es jedoch anzunehmen, daß es um 920 herum möglich war, das ostfränkische Reich des Jahres 919 als *regnum Teutonicorum* zu bezeichnen, wenn man den Frankenbegriff vermeiden wollte. Selbstverständlich ist mit dieser Feststellung nicht die Ansicht verbunden, daß es Arnulf selbst so benannte. Daß unser Beleg aus dem ersten Viertel des 10. Jahrhunderts singulär ist, hat sicher ganz wesentlich etwas mit der extremen Quellenarmut dieses Jahrhunderts zu tun. Einmal mehr ist auch hier das argumentum e silentio inakzeptabel.[17]

Eine wirklich tragfähige Einschätzung – nicht nur der Salzburger Nachricht, sondern auch aller anderen Zeugnisse über die Bezeichnung des ostfränkischen *regnum* im Frühmittelalter – wäre aber erst möglich, wenn vergleichbare Untersuchungen wie die von Müller-Mertens für die anderen Teile des sich nach dem Tode Karls III. in seine Bestandteile auflösenden karolingischen Imperiums vorlägen. In dieser Hinsicht ist die Forschungslage für das Westreich hervorragend,[18] und auch für Italien gibt es wenigstens bescheidene Ansätze zu solchen Analysen in der Perspektive „vom *regnum Langobardorum* zum *regnum Italiae*".[19] Für Burgund und die Provence hingegen fehlen derartige Studien. Zudem wäre es wünschenswert, wenn auch für die *regna*, die nicht in karolingischer Tradition standen, einschlägige Untersuchungen angestellt würden. Erst der Vergleich der Entwicklung der Reichsbegriffe könnte die ostfränkisch-deutsche Terminologie im Früh- und Hochmittelalter in ihren Besonderheiten klarer hervortreten lassen.

Ebenso wünschenswert wäre es freilich, wenn – wieder im europäischen Vergleich – ausreichend viele Untersuchungen über jene Gruppen vorlägen, die Träger des jeweiligen Reichsbewußtseins waren. Dabei wäre unbedingt stärker als bisher zu berücksichtigen, daß Menschen gleichzeitig verschiedene Identitäten haben und diese auch je nach den Umständen unterschiedlich stark empfinden und entfalten können. Zugleich ist zu bedenken, daß die Auswahl dieser verschiedenen Identitäten vor allem von den Umständen, besonders aber auch von der Wahrnehmung der beobachtenden Anderen ab-

---

15 Annales Iuvavenses maximi, ed. Harry Bresslau, in: MGH Scriptores 30/2 (Leipzig 1934) a. 920, 742.

16 Müller-Mertens 1970, 105–121.

17 Vgl. zu dieser Quelle und ihrer Deutung jetzt Jarnut 2002.

18 Vgl. bes. Schneidmüller 1987.

19 Vgl. dazu zuletzt Jarnut 1990, bes. 359f. mit weiterer Literatur.

hängt. Zur Verdeutlichung des Gemeinten sei das Beispiel eines Berliner Zeitgenossen angeführt. In Afrika wird er als Weißer oder Europäer wahrgenommen und fühlt sich auch so. In Frankreich ist er ein Deutscher und fühlt sich auch so. In Freiburg ist er ein Berliner und fühlt sich auch als solcher. Diese in der Gegenwart angesiedelte Überlegung zielt natürlich auf den supra- oder gar transgentilen Charakter des mittelalterlichen deutschen Reiches und seiner Bewohner. Die zwei entscheidenden Fragen lauten also:

1.) Seit wann und unter welchen Umständen werden Menschen von anderen als Angehörige des deutschen Reiches oder aber als Deutsche und nicht mehr ausschließlich etwa als Bayern oder Sachsen wahrgenommen?

2.) Seit wann und unter welchen Umständen empfinden sich Menschen als Angehörige dieses deutschen Reiches oder als Deutsche und nicht mehr nur als Thüringer oder Alemannen? Nach dem bisher Ausgeführten ist es fast überflüssig zu betonen, daß jemand, der sich in einer bestimmten Situation als Deutscher betrachtet, sich durchaus zugleich etwa als Regensburger und Bayer fühlen kann.

Mir erscheint es nun alles andere als zufällig, daß seit den 960er Jahren im Umkreis der ottonischen Herrscher immer häufiger der *teutonicus*-Begriff gebraucht wird, um die so bezeichnete Gruppe von Italienern und/oder Slawen zu unterscheiden.[20] Der Einwand, die nach wie vor geringe Anzahl der Belege für *teutonicus* im Sinne von „der Deutsche“ zeige, wie selten jene Menschen von anderen als „Deutsche“ betrachtet worden seien oder sich gar selbst so gesehen und bezeichnet hätten, wird zwar immer wieder vorgebracht, ist aber nur eingeschränkt richtig. Man muß zumindest die extrem geringe Überlieferungswahrscheinlichkeit von Quellen aus dieser Zeit angemessen berücksichtigen, vor allem aber bedenken, wie schwierig es ist, in einer weitgehend oralen Gesellschaft aus der trümmerhaften schriftlichen Überlieferung die wirkliche Verbreitung und Bedeutung des Wortes *teutonicus* bzw. seiner germanischsprachigen Entsprechungen zu erschließen.

Daß sich seit dem 11. Jahrhundert die Belege für *deutsch* als Fremd- wie als Eigenbezeichnung allmählich vermehren und seit ihrer zielgerichteten Verwendung durch Papst Gregor VII. immer häufiger werden,[21] hat natürlich zunächst einmal etwas mit der markanten Ausweitung der schriftlichen Überlieferung des 11. im Vergleich zu der des 10. Jahrhunderts zu tun. Vor allem aber ist diese Entwicklung auch ein Reflex der sich intensivierenden Kontakte

---

20 Vgl. zu diesen Urkunden vor allem Brühl 1990, 211–213 und Thomas 1990, 30–36.

21 Vgl. Müller-Mertens 1970, 182–335, zusammenfassend 390–393.

der geistlichen und weltlichen Eliten der *Teutonici* mit Italienern, Westslawen und Ungarn.

Wie fest verankert das Bewußtsein, in einem deutschen Reich zu leben, bereits im 12. Jahrhundert war, lehrt die durch Otto von Freising überlieferte Kontroverse darüber, ob mit Heinrichs I. Königserhebung 919 das deutsche Reich begründet wurde oder ob das Reich nach wie vor ein fränkisches sei.[22] Eine solche Kontroverse deutet auf eine breitere Diskussion über die Begriffe „deutsches Reich" und „deutsch", die uns aber ausschließlich in den wenigen Sätzen Ottos überliefert ist, wieder ein massiver Hinweis auf Überlieferungszufall und -wahrscheinlichkeit. Daß sich seit dem 12. Jahrhundert Bayern, Alemannen, Franken und Sachsen immer häufiger selbst wenigstens in bestimmten Situationen als „Deutsche" und ihr Reich als „deutsch" betrachteten und daß sie dies zum Teil auch in ihren deutschen Regionalsprachen auszudrücken begannen, ist wohl vor allem auf die Ausweitung der Gruppen zurückzuführen, die sich mit Konstellationen konfrontiert sahen, die ihr „nationales" Anderssein, das umgekehrt ihre Gemeinsamkeiten mit den anderen „Deutschen" konstituierte, deutlicher hervortreten ließ. Es sollen in diesem Zusammenhang nur noch einige dieser Gruppen genannt und zugleich deren Identitätsverständnis als Forschungsproblem herausgestellt werden.[23] Die gerade angesprochenen Konstellationen trafen z. B. auf Kreuzfahrer, auf Pilger, auf Händler, auf aus dem Westen kommende Siedler in Ostmittel- und Südosteuropa, auf Studenten in West- und Südeuropa, auf die Kleriker auf den großen spätmittelalterlichen Konzilien, aber auch auf wegen ihrer Notlage besonders mobile Angehörige bestimmter Randgruppen zu. So scheint mir, daß die sich seit dem 11. Jahrhundert beschleunigende Dynamik und Mobilität in Europa wesentlich zur Bildung und Verfestigung auch national definierbarer Gruppen und Staaten geführt haben – was aber durch entsprechende Forschungen erst noch zu bestätigen wäre. Weiterhin ist zu vermuten, aber das wäre ebenso erst noch nachzuweisen, daß der allmähliche Verlust der kaiserlich-königlichen Kontrolle über große Teile des dem Imperium zugehörigen Westens und Südens spätestens nach dem Tod Kaiser Friedrichs II. die häufigere Anwendung der Begriffe „deutsch", „deutsches Reich" und „Deutsche" entschieden begünstigte.

---

[22] Ottonis episcopi Frisingensis chronica sive historia de duabus civitatibus, ed. Adolf Hofmeister, MGH Scriptores in usum scholarum (Hannover/Leipzig 1912) lib. VI, cap. 17, 276–278. Vgl. dazu bes. Müller-Mertens 1970, 15–19; Beumann 1978, 341–345.

[23] Einen vielversprechenden Ansatz in dieser Richtung liefert Schmugge 1982.

Kommen wir nun aber zum Schluß. Schon die Darstellung von nur zwei Aspekten der mit der komplexen Entstehungsgeschichte des deutschen Reiches verbundenen Probleme hat einmal mehr deren Prozeßcharakter deutlich gemacht. Daß es sich dabei um einen extrem langgestreckten Prozeß handelte, der erst 1870 für das Zweite Reich die offizielle Selbstbezeichnung *Deutsches Reich* hervorbrachte und der erst am Ende dieses Zweiten Reiches in den Schützengräben von Verdun manchem Deutschen klar machte, daß er Angehöriger dieses Reiches, daß er Deutscher war, dürfte in der europäischen Geschichte ziemlich singulär sein. Ebenso einmalig dürfte sein, daß die nach eigenem Verständnis durch die Gnade Gottes an der Spitze des mittelalterlichen Reiches Stehenden, die Könige also, zunächst durch ihren absoluten Titel, dann durch ihre Selbstbezeichnung als *reges Romanorum* auch nur die geringste Assoziation an das „Deutsche" in ihrer Herrschaft vermieden, um nicht deren imperialen Charakter zu unterminieren.

Zum Abschluß sei wenigstens noch auf ein allerletztes Forschungsproblem hingewiesen, welches allerdings jeder wissenschaftlichen Bemühung um die Geschichte inhärent ist: die Verwurzelung des Historikers in seiner eigenen Gegenwart und die daraus resultierenden Abhängigkeiten. Im Falle der Anfänge des mittelalterlichen deutschen Reiches sei dies durch zwei Zitate aus Schriften auch in der breiteren Öffentlichkeit viel beachteter Mediävisten dokumentiert. Hermann Heimpel bemerkte 1936 über die schon mehrfach angesprochene *regnum Teutonicorum*-Stelle in den erst anderthalb Jahrzehnten zuvor entdeckten Salzburger Annalen ganz unverkrampft und dem damaligen Zeitgeist gerecht werdend: „Freuen wir uns doch des neuen, nun also ältesten Belegs für den Begriff des Deutschen Reiches und damit für ein frühes gemeindeutsches Bewußtsein".[24] Mindestens ebenso zeitgeistgerecht stellte Johannes Fried 1994 in seinem monumentalen Werk *Der Weg in die Geschichte. Die Ursprünge Deutschlands bis 1024* sentenzartig und schon feuilletonreif, den aktuellen Forschungsstand resümierend und zuspitzend fest: „Die Deutschen schlitterten in ihr nationales Dasein, ohne es zu merken und ohne es zu erstreben".[25] Es bleibt abzuwarten, welche Sichtweisen und welche Sprache deutsche Mediävisten in fünfzig Jahren für angemessen halten werden – so es denn solche dann überhaupt noch geben sollte –, um die Entstehung jenes eigentümlichen Gebildes zu erklären, das zumindest bis heute mit der problematischen Bezeichnung „mittelalterliches deutsches Reich" belegt ist.

---

[24] Heimpel 1936, 34.

[25] Fried 1994, 15. Vgl. dazu die Kritik von Schneidmüller 1995, 79.

Literatur

Beumann 1978
Helmut Beumann, Die Bedeutung des Kaisertums für die Entstehung der deutschen Nation im Spiegel der Bezeichnungen von Reich und Herrscher, in: Helmut Beumann/Werner Schröder (Hrsg.), Aspekte der Nationenbildung im Mittelalter. Nationes, 1 (Sigmaringen 1978) 317–365.

Brühl 1990
Carlrichard Brühl, Deutschland – Frankreich. Die Geburt zweier Völker (Köln 1990).

Eggert 1992
Wolfgang Eggert, Ostfränkisch – fränkisch – sächsisch – römisch – deutsch. Zur Benennung des rechtsrheinisch-nordalpinen Reiches bis zum Investiturstreit, in: Frühmittelalterliche Studien 26, 1992, 239–273.

Ehlers 1989
Joachim Ehlers, Die deutsche Nation des Mittelalters als Gegenstand der Forschung, in: ders. (Hrsg.), Ansätze und Diskontinuität deutscher Nationsbildung im Mittelalter. Nationes, 8 (Sigmaringen 1989) 11–58.

Ehlers 1994
Joachim Ehlers, Die Entstehung des deutschen Reiches. Enzyklopädie deutscher Geschichte, 31 (München 1994).

Ehlers 1997
Joachim Ehlers, Methodische Überlegungen zur Entstehung des deutschen Reiches im Mittelalter und zur nachwanderzeitlichen Nationenbildung, in: Carlrichard Brühl/Bernd Schneidmüller (Hrsg.), Beiträge zur mittelalterlichen Reichs- und Nationsbildung in Deutschland und Frankreich. Historische Zeitschrift, Beiheft 24 (München 1997) 3–13.

Fried 1987
Johannes Fried, Deutsche Geschichte im früheren und hohen Mittelalter, in: Historische Zeitschrift 245, 1987, 625–659.

Fried 1994
Johannes Fried, Der Weg in die Geschichte. Die Ursprünge Deutschlands bis 1024. Propyläen Geschichte Deutschlands, 1 (Berlin 1994).

Heimpel 1936
Hermann Heimpel, Bemerkungen zur Geschichte König Heinrichs I. (1936), jetzt in: Eduard Hlawitschka (Hrsg.), Königswahl und Thronfolge in ottonisch-frühdeutscher Zeit. Wege der Forschung, 178 (Darmstadt 1971) 1–45.

Jarnut 1981
Jörg Jarnut, Gedanken zur Entstehung des mittelalterlichen deutschen Reiches, in: Geschichte in Wissenschaft und Unterricht 32, 1981, 99–114.

Jarnut 1986
Jörg Jarnut, Ludwig der Fromme, Lothar I. und das regnum Italiae, in: Peter Godman/Roger Collins (Hrsg.), Charlemagne's Heir. Louis the Pious (Oxford 1986) 349–362.

Jarnut 1996
Jörg Jarnut, Teotischis homines (a. 816). Studien und Reflexionen über den ältesten (urkundlichen) Beleg des Begriffes „theodiscus“, in: Mitteilungen des Instituts für Österreichische Geschichtsforschung 104, 1996, 26–40.

Jarnut 2002
Jörg Jarnut, Ein Treppenwitz? Zur Deutung der Reichsbezeichnung *regnum Teutonicorum* in den Salzburger Annalen, in: Franz-Reiner Erkens/Hartmut Wolff (Hrsg.), Von Sacerdotium und Regnum. Geistliche und weltliche Gewalt im frühen und hohen Mittelalter. Passauer historische Forschungen, Bd. 12 (Köln/Weimar/Wien 2002) 313–323.

Müller-Mertens 1970
Eckhard Müller-Mertens, Regnum Teutonicum. Aufkommen und Verbreitung der deutschen Reichs- und Königsauffassung im frühen Mittelalter (Köln/Wien/Graz 1970).

Rörig 1948
Fritz Rörig, Geblütsrecht und freie Wahl in ihrer Auswirkung auf die deutsche Geschichte (1948), jetzt in: Eduard Hlawitschka (Hrsg.), Königswahl und Thronfolge in ottonisch-frühdeutscher Zeit. Wege der Forschung, 178 (Darmstadt 1971) 71–147.

Schmugge 1982
Ludwig Schmugge, Über „nationale“ Vorurteile im Mittelalter, in: Deutsches Archiv 38, 1982, 439–459.

Schneidmüller 1987
Bernd Schneidmüller, Nomen patriae. Die Entstehung Frankreichs in der politisch-geographischen Terminologie (10.–13. Jahrhundert). Nationes, 7 (Sigmaringen 1987).

Schneidmüller 1995
Bernd Schneidmüller, Reich – Volk – Nation: Die Entstehung des deutschen Reiches und der deutschen Nation im Mittelalter, in: Almut Bues/Rex Rexheuser (Hrsg.), Mittelalterliche nationes – neuzeitliche Nationen. Probleme der Nationenbildung in Europa. Deutsches Historisches Institut Warschau, Quellen und Studien, 2 (Wiesbaden 1995) 73–101.

Thomas 1990
Heinz Thomas, Die Deutschen und die Rezeption ihres Volksnamens, in: Werner Paravicini (Hrsg.), Nord und Süd in der deutschen Geschichte des Mittelalters (Sigmaringen 1990) 19–50.

Germanisch-Deutsch – RGA-E Band 34 – Seiten 265-283

Reaktionen auf die Gleichung „germanisch-deutsch" im östlichen Mitteleuropa

von Rosemarie Müller

Dopóki świat światem, nie będzie Niemiec Polakowi bratem

(Solange die Welt besteht, wird kein Deutscher einem Polen Bruder sein)

Diese Metapher möchte ich einleitend der Ungleichung germanisch-deutsch gegenüberstellen, wohl wissend, daß beide zwei sehr unterschiedlichen Sphären entstammen. Enthält die Gleichsetzung germanisch-deutsch für die Analyse seiner einzelnen Faktoren einen wissenschaftlichen Ansatz, so ist die zitierte Sentenz im emotionalen Umfeld entstanden und eher als Gegenreaktion auf die Dominanz des einen Partners in einem ungleichen Kräfteverhältnis zu verstehen. Zugleich soll mit der Paraphrase deutlich werden, wie weit und wie wenig durchforstet das Feld ist, auf das wir uns begeben. Daher kann ich hier nur versuchen, einige Aspekte aufzuzeigen.

Nach allgemeinen und einführenden Bemerkungen zur Betrachtungsweise dieser Thematik sollen Ausführungen zur Sprachlichkeit und Begrifflichkeit folgen, an die sich in einem dritten Punkt Ausführungen zu einer spezifischen Forschungsgeschichte anschließen. Zum Schluß soll der Stand der Germanenforschung in einem Teilbereich vorgestellt werden, wobei ich mich dabei in der Hauptsache auf die Spätlatènezeit und die Römische Kaiserzeit beziehe, d. h. auf das 1. vorchristliche bis 4. nachchristliche Jh. – einen Zeitraum, mit dem ich mich in eigenen Studien am meisten beschäftigt habe.

1. Allgemeine Bemerkungen

Der geographische Bereich für die Beschäftigung mit unserer Thematik ist sehr groß und umfaßt die heutigen Länder Polen, die Tschechische Republik und Österreich; mit Einschränkungen die slowakische Republik und den Westen Rußlands, Weißrußlands und der Ukraine sowie die Baltischen Republiken.[1] Die Aufzählung dieser Länder legt nahe, daß hier allein schon auf Grund sehr unterschiedlicher Wurzeln mit Resultaten zu rechnen ist, denen nachzugehen längere und umfangreichere Analysen erfordert. Daher beschränke ich mich in meinen Ausführungen auf Gesichtspunkte, die vor allem polnisch-deutsche Beziehungen betreffen.

Ein wichtiges Kriterium für unsere Fragestellung ist daher die wechselnde territoriale und staatliche Zuordnung einzelner Regionen in Polen. Daraus resultieren für die prähistorische Forschung unterschiedliche Voraussetzungen für die Ausgrabungen, die Aufbewahrung und die kulturelle Auswertung der urgeschichtlichen Quellen. Die primäre, zu einem großen Teil aus der Heimatgeschichte erwachsene Quellenforschung, bedarf für ihre Arbeitsweise mit Analogien und Vergleichen des regionalen Umfeldes. Das heißt, daß die archäologische, an den Sachquellen orientierte Forschung zum Thema „germanische Besiedlung" naturgemäß in solchen Gebieten intensiver ausfallen wird, in denen eine germanische Präsenz zumindest vermutet wird. Daher ist die archäologische Germanenforschung in Polen im keltisch bestimmten Süden und den erst in jüngerer Zeit als germanisch erkannten Stämmen in den mittleren und östlichen Landesteilen lange Zeit weitgehend zurückgetreten.[2] Intensiv betrieben wurde sie jedoch in den westlichen und nördlichen Landesteilen, die zunächst unter preußischer dann unter deutscher Herrschaft standen.[3] Es wäre dennoch unrichtig, die Germanenforschung hier allein unter dem Gesichtspunkt der deutschen Forschung zu berücksichtigen.[4] Vielmehr hat sich hier ein Gegensatz entwickelt, der vor dem politischen Hintergrund in einem Kontrast preußisch-polnisch kulminierte und in dieser Zuspitzung auf beiden Seiten seine besondere Zielsetzung und Schärfe erfuhr. Bevor dazu im forschungsgeschichtlichen Teil Stellung genommen wird, ist es nötig, neben der fachspezifischen Besonderheit auf einige Aspekte sprachlicher und begrifflicher Hintergründe im östlichen Mitteleuropa einzugehen.

---

[1] Vgl. z. B. Schmiedehelm 1990, 5–126; Skripkin 1997, 321–327.

[2] Neuland hat hier betreten und intensiv erforscht: Godłowski, 1960; ders. 1961, 137–212; ders. 1986, 125–152 (für die Frühzeit); ders. 1970; ders. 1974, 9–107; ders. 1978; ders. 1984, 327–350; ders. 1992, 9–90; Mączyńska/Grabarczyk 2000; Madyda-Legutko 1992, 263–277 (für die Spätzeit).

[3] Kolendo 1991, 189–197; ders. 1993, 9–26; zur älteren Forschungsgeschichte in Großpolen vgl. Fogel 1995; Jażdżewski 1995; Nowakowski 1992b, 69–78; ders. 1994d, 183–192; Grabarczyk 1992, 55–59.

[4] Zur polnischen Forschungsgeschichte vgl. Abramowicz 1991; 1992; Kolendo 1993; Fogel 1995.

2. Sprachlichkeit und Begrifflichkeit

Untersucht man einschlägige altertumskundliche und historisch-geographische Namen und Begriffe auf ihre Wurzeln im deutschen wie im polnischen Sprachgebrauch, werden schon früh Gegensätze sichtbar.[5] Ein typisches Beispiel ist das Wort *slavjane* (*slověne*), das hinsichtlich etymologischer Vorgehensweise und den darauf basierenden methodischen wie ideologischen Resultaten eine Schlüsselstellung in der Slawistik besitzt. Unter den verschiedenen Erklärungen interessiert hier das bis heute immer wieder aufgegriffene Muster, das nur aus dem Gegensatz von *slověne* (Die Redenden) und *němcьi* (Die Stummen) deutlich wird. Ich folge hier der Darstellung von Kronsteiner,[6] der morphologisch, phonetisch wie wortgeschichtlich Ableitungen der beiden Begriffe mit dem Resultat geprüft hat, daß die geläufige Polarisierung der beiden Namen konstruiert und aus wortgeschichtlichem Zusammenhang nicht zu erklären ist. Die Ursachen für die Gegenüberstellung sind viel jünger als die verwendeten Begriffe und gehen auf die romantische Phase innerhalb der Slawistik zurück, die mit dem Entstehen der meisten slawischen Nationen und Nationalsprachen zusammenfiel. Die Wortgleichung von „den Redenden" (Slawen) auf der einen Seite und „den Stummen" (Deutschen) auf der anderen ist demnach mit dem Geschichtsbild von einer nationalen Vergangenheit verknüpft.

Bei der Erklärung der Bezeichnung *slavjane* bildet das Wort *němcьi* eine wichtige Rolle, weil es als Gegenstück die Ableitung von *slovjane* aus *slovo* („das Wort") gestützt hat. Die naive Deutung, wonach für die „redenden" Slawen die Deutschen unverständlich, also „stumm" waren, findet bis heute Zuspruch. Naheliegende Fragen werden nicht gestellt, wie: waren die anderen Nachbarn der Slawen nicht auch stumm, und welche Deutschen waren mit den *němcьi* überhaupt gemeint? Von der volksetymologischen Deutung der *němcьi* als den „Stummen" sollten wir uns verabschieden. Einen Weg, der tatsächlich zur Deutung des Wortes führen kann, hat Kronsteiner gewiesen.

Für unseren Zusammenhang ist zweierlei von Bedeutung. In den slawischen Sprachen existiert ursprünglich eine Unterscheidung zwischen „germanisch" und „deutsch". Die Germanen in Skandinavien heißen in der Nestorchronik *Rusь*, *Varjazi* und *Svei*.[7] Die Bezeichnung *němcьi* im Sinne von „das Geschlecht", „das Volk" führt wortgeographisch dagegen in den Süden der

---

[5] Zur Wahrnehmung des Fremden vgl. Strzelczyk 1993, 203–220.
[6] Kronsteiner 1980, 339–361.
[7] Müller/Schramm 2002 (im Druck); Strzelczyk 1993, 203ff.

Slawen. Die Gleichsetzung von *němcьi* und „deutsch" ist jung und hat aus slawischer Sicht insbesondere seit der Romantik mit der Polarisierung von „redend" und „stumm" eine besondere Konfrontation erfahren. Liegt darin eine bewußte Abkehr, kommt mit einem anderen Beispiel eher eine Hinwendung gegenüber dem Westen zum Ausdruck: Resultat der politisch wie wirtschaftlichen Öffnung Rußlands unter Peter I. ist der Gebrauch von *Germanija* und *germanskij* für „Deutschland" und „deutsch". Die unterschiedliche inhaltliche Bedeutung von deutsch/Deutschland, die im 18. Jahrhundert der Bezeichnung von *niĕmiec/germanskij* für den Nachbarn hinterlegt wird, ist vor allem aus seiner Nähe oder Ferne zu verstehen. Die unmittelbare Nachbarschaft von preußischem und polnischem Interessenbereich führte auch im Sprachgebrauch zur Konfrontation. Es bedurfte im preußischen Ordensland einer Festlegung, um eine unterschiedliche deutsche oder polnische Dominanz auch in Form einer Trennungslinie festzusetzen. Ausdruck dafür ist der Begriff Grenze, der, aus dem Polnischen *granica* stammend und als spätmhd. *greniz*, *grenize* im 13. Jahrhundert im Ordensland aufgekommen, erst durch Luther gemeindeutsch geworden war. Die Verwendung dieses Begriffes zielt auf konkrete politische und rechtliche Vorstellungen und den Anspruch auf deren allgemeine Anerkennung, wie sie in der Antike oder gar noch früher in dieser Form nicht bestanden. Diese Begrenzungen sind nach ihrer Funktion besser als Grenzzonen mit integrativer Wirkung und nicht als Trennlinien zu verstehen. Das kommt noch im römischen Limes zum Ausdruck, der eher als Haltelinie der politischen und militärischen Expansion funktionierte, denn als undurchlässige Trennlinie.

Auf der Ebene einer bewertenden Abgrenzung scheint sich auch die Bezeichnung für die Mitglieder des Deutschen Ordens zu bewegen, die eben gerade nicht mit einem entsprechenden sprachlichen Äquivalent benannt werden, sondern als *Krzyzacy*, als Kreuzritter, was vor allem ihrem politischen Erscheinungsbild Rechnung trägt.[8]

Die Reihe der hier herangezogenen historischen Beispiele als Resultat ihrer unterschiedlichen übergeordneten Einbindung läßt sich fortsetzen mit forschungsgeschichtlich gewachsenen archäologischen Termini. Der unterschiedliche Gebrauch solcher Kunstnamen zur Bezeichnung von anonymen Altertümergruppen wird dann problematisch, wenn er für identische Konkreta historische Unterschiede suggeriert, die in Wirklichkeit nicht vorhanden sind.[9] Hinter einer solchen Praxis immer gleich ein Prinzip zu suchen, wäre

---

8 Kajzer/Salm 1996, 73–95; vgl. auch Kersten 1997, 351–375.

9 Machajewski 1990, 131–146; ders. 2001, 359–371; Nowakowski 1998a; ders. 2000a.

übertrieben, doch erschwert eine solche an babylonische Sprachverwirrung grenzende Praxis eine archäologisch-historische Vergleichbarkeit ungemein: identische früheisenzeitlichen Kulturen in Pommern, die aus polnischer Sicht als „westpommerellisch“ bezeichnet werden, sind aus deutschem Blickwinkel in Ostpommern verbreitet.[10] Die westbaltische Steinkistengräberkultur hat dagegen mit einer wörtlichen Übertragung in *zachodniobałtyckij* ihren inzwischen überholten geographischen Bezug behalten.[11]

Soweit sich die Archäologie auf schriftliche Quellen beziehen kann, werden die überlieferten Begriffe *Germania*, davon abgeleitet Germanien, *Germanii*, sowie Namen germanischer Einzelstämme als Termini verwendet.[12] Während die alte Geschichte in der deutschen wie in der polnischen Forschung auch weiterhin mit Begriffen wie *Germania/Germanii* auf der Basis der historischen Überlieferung arbeitet,[13] hat sich vor allem in der archäologischen Forschung in beiden Ländern der Begriff *Barbaricum* eingebürgert,[14] ohne daß dabei *Germania*/Germanien und Barbaricum in zeitlicher noch räumlicher Tiefe deckungsgleich sind. In der polnischen archäologischen Literatur erfaßt der Terminus *Barbaricum* im Osten einen Raum, der weit über den Horizont hinausreicht, der mit der historischen Überlieferung als „germanisch“ zu erschließen ist. Nach seiner zeitlicher Bedeutung steht Barbaricum für die römische Kaiserzeit und die Völkerwanderungszeit und schließt damit auch nichtgermanische Stämme und Völkerschaften ein.[15]

Er ist zeitlich und inhaltlich abzusetzen von *Barbarzyńska*,[16] einem Terminus, der mit „Barbarei“ nicht adäquat übersetzt wäre. Dieser schließt die Archäologie und Geschichte der Kelten ein.

Diese Ausführungen zur Begrifflichkeit sollen genügen, um zu zeigen, daß weder *Barbarzyńska* noch Barbarikum mit dem antiken Barbarenbegriff identisch sind und daß Barbarikum keine Umschreibung für germanische Stämme oder Völkerschaften geschweige denn ein Äquivalent für Germanien ist.

Um auf den Stellenwert einzugehen, den in der polnischen Forschung die Beschäftigung mit Germanen und ihrer Abgrenzung von deutsch eingenommen hat und einnimmt, ist ein kurzer Rückblick auf die Forschungsgeschichte angebracht.

---

[10] Ausführlich geschildert bei van den Boom 1981.

[11] vgl. z. B. Dąbrowska 1991, 201–212; Nowakowski 1994b, 373–388.

[12] Kolendo 1981, 49–56; ders. 1984, 637–653; ders. 1998, 5–20; Domański 1998, 35–41; Nowakowski 1992a, 218–230; Kozłowski 1999.

[13] Kolendo 1976; ders. 1979; ders. 1990.

[14] Kaczanowski 1998a.

[15] Kolendo 1996, 1998.

[16] Kaczanowski 1998b.

3. Forschungsgeschichtliche Aspekte

Wie in anderen Ländern Europas geht auch in Polen die Beschäftigung mit den Anfängen der eigenen Geschichte in die Zeit der Aufklärung zurück. In Polen besteht allerdings eine besondere Situation darin, daß in der stark aristokratisch geprägten Gesellschaft ein dritter Stand fehlte, der in Gestalt des Bürgertums eine Beschäftigung mit den Wissenschaften forcierte. Während sich in anderen europäischen Ländern aus dem dritten Stand ein Bürgertum mit liberalen Gesetzen, manchmal aber auch mit nationalen Sehnsüchten entfaltete, blieb dieses Gedankengut dem polnischen Adel, der dem Bürgertum mit Mißtrauen begegnete, weitgehend fremd.

Ein Beispiel dafür ist die *Societas Jablonovia*, die noch heute in Leipzig existiert und auf eine Stiftung des polnischen Magnaten und Mäzens Josef Alexander Jabłonowski zurückgeht.[17] Dessen Gründung aus dem Jahr 1761 fand aus dem eben genannten Grunde nicht das nötige wissenschaftliche Echo, worauf Jabłonowski die *Societas Jablonovia* wenig später mit der *Danziger naturforschenden Gesellschaft* verband, doch scheiterte die Kooperation bald an der vom Stifter nicht akzeptierten Entscheidung der Jury, die das von ihm gestellte Thema, das dem legendären Begründer der polnischen Nation Lech gewidmet war, in den Bereich der Fabel verwies. Die Stiftung wurde wenig später in Kursachsen zu einer polnischen Exilgesellschaft und schließlich zu einer deutschen Gesellschaft mit polnischem Gründungskapital. Sie hatte einen nicht unbedeutenden Anteil an der Gründung der *Königlich Sächsischen Gesellschaft für Wissenschaften*, aus der die *Sächsische Akademie der Wissenschaften* zu Leipzig hervorgegangen ist, und ist in der DDR-Vergangenheit auf eine unbedeutende Rolle als polnisch-deutsche Organisation nach dem Vorbild der Deutsch-sowjetischen Freundschaft abgeglitten.

An den Universitäten setzte die Beschäftigung mit europäischer Archäologie viel später ein. In Deutschland war der erste Lehrstuhl für Prähistorie („deutsche Archäologie") in Berlin an die Germanistik angeschlossen. Die Vorstellungen seines Inhabers Gustaf Kossinna sind bekannt, der dem Ansatz seines Lehrers Karl Müllenhoff folgend germanische Sprachgeschichte mit archäologischen Kulturgruppen verband und nach dessen auf Grund der sog. siedlungsarchäologischen Methode gewonnener Ansicht die Germanen im südlichen Skandinavien und in Norddeutschland entstanden waren.

Im Gegensatz zu dem nach Norden ausgerichteten Blickwinkel in der Germanenforschung orientierte sich die Hochschulforschung an den ver-

---

17 Tomicka-Krumrey 1999, 175–185; Hoffmann 1992, 45–54.

gleichbaren polnischen Fachinstituten auf den Süden. In Lwów und Krakau, wo die Prähistorie aus der klassischen Archäologie hervorgegangen war, standen ganz andere Fragen, zu Kulturbeziehungen nach dem Süden und Südosten, im Mittelpunkt des Interesses. Das drückt sich aus in Themen wie *Die Handelsstraßen der Griechen und Römer durch das Flußgebiet der Oder, Weichsel des Dnjepr und Memel zur Ostsee* – eine Arbeit von J. S. Sadowski, die schon früh zuerst polnisch in Krakau 1876 und bereits ein Jahr später in deutscher Übersetzung in Jena erschien.[18]

Ethnische Fragen in der Prähistorie versuchte man in Lwów und Krakau – an beiden Universitäten war Leon Kozłowski der erste Ordinarius für Ur- und Frühgeschichte gewesen – nicht über Sprachgeschichte zu erforschen, sondern vorwiegend über umweltbedingte Zusammenhänge, wie beispielsweise den Einfluß von Klimaschwankungen auf die Bevölkerungsentwicklung. Diese Forschung war allerdings allein auf die Ethnogenese der Slawen ausgerichtet.[19]

Ausschlaggebend für unsere Fragestellung war jedoch die Entwicklung in den preußischen Gebieten, aus denen mit Josef Kostrzewski nicht nur der Nestor der polnischen Prähistorie erwuchs, sondern auch einer der erbittertsten Gegner der Germanomanie. Symptomatisch für die damalige Prähistorie und für die Anwendung des Kossinnaschen Paradigmas[20] durch Kostrzewski und dessen Anhänger war, daß sie den Grundsatz von einer ungebrochenen Kulturenfolge nun unter dem Gesichtspunkt einer slawischen Retrospektive verfolgten und den Ausgangspunkt für deren Ethnogenese – wie ihre deutschen Kollegen am Beispiel der Germanen – in der frühen Bronzezeit gefunden zu haben glaubten.

Kostrzewski wurde 1924 zum ersten Direktor des neugegründeten *Muzeum Wielkopolskie*, dessen Grundstock der Bestand des vormaligen Provinzialmuseums in Posen und die aus einer Vereinigung der Posener Gesellschaft für Freunde der Wissenschaft und der *Towarzystwo Pzyjaciół Prahistorii w Poznaniu* hervorgegangene Sammlung war.[21]

Der Name des Museums bezieht sich auf einen historischen Landschaftsnamen und bringt die bewußte Hinwendung zu einer polnischen Vergangenheit zum Ausdruck, nachdem es seit 1918 und nach 150jährigem Interregnum wieder eine selbständige polnische *Rzeczpospolita* gab.

---

[18] Skripkin 1997, 321–327.

[19] Vgl. auch Blombergowa 1993. Dagegen zum gegenwärtigen Forschungsstand: Godłowski 1971, 187–205; ders. 1977, 96–106; ders. 1979a, 321–340; ders. 1979b, 170–193; ders. 1981, 205–218; ders. 1983, 219–236; inzwischen: Parczewski 1993.

[20] Kmieciński 1996; Leligdowicz 1998.

[21] Kolendo 1991.

In den wenigen Jahrzehnten staatlicher Selbständigkeit spielte die Germanenforschung in der polnischen Archäologie eine höchstens untergeordnete Rolle, sieht man von der weiterhin fortgesetzten Polemik ab, wie sie beispielsweise zwischen Kostrzewski und Bolko von Richthofen ausgetragen wurde. Vielmehr war das Bestreben darauf gerichtet, repräsentable Ergebnisse der jungen polnischen Archäologie zu erzielen und angemessen zu überbringen (Brześć Kujawski und die Teilnahme Sir Mortimer Wheelers, Biskupin im Film auf dem Internationalen Archäologenkongreß in Oslo 1936).

Die Zeit zwischen 1939 und 1945 bedeutete für die polnische Archäologie und deren Vertreter eine Katastrophe, in der jegliche Arbeit zusammenbrach. Sie bedeutete zugleich den Verlust zahlreicher Archäologen.

Für die Nachkriegszeit möchte ich innerhalb der Forschungsgeschichte noch kurz auf zwei Aspekte für unsere Thematik eingehen. Der erste bezieht sich auf die archäologisch-wissenschaftlichen Beziehungen über die Oder hinaus. Auch hier war die deutsche – nun ostdeutsche – Forschung tonangebend, indem sie die Ostgrenze der germanischen Verbreitung kurzerhand mit der politischen Grenze an der Oder zusammenlegte – wie aus allen Auflagen des seit 1976 erschienenen Germanenhandbuches hervorgeht.[22]

Eine Beeinflussung durch marxistisch geprägte Gesellschaftsvorstellungen hat es in Polen innerhalb der seriösen archäologischen Literatur zur Germanenforschung, soweit ich sehe, nicht in nennenswertem Umfang gegeben. Einige vom Zeitgeist gefärbte Artikel wie von Jerzy Kmieciński[23] zum Nationalgefühl und Nationalismus oder von Jan Żak[24] zur Forschungsgeschichte kann ich hier übergehen, weil sie nicht direkt unsere Thematik berühren. Das gilt auch für eine Studie über den Marxismus in der polnischen Archäologie in den Jahren 1945–1975 von Paul M. Barford,[25] einem in Warschau tätigen amerikanischen Archäologen, der auf die internationalen Zusammenhänge und Auswirkungen des Marxismus zielt.[26]

Der Neubeginn innerhalb der polnischen Archäologie hat verständlicherweise nicht sofort Resultate gezeigt, deren Gegenstand die Germanen waren. Das hat sich inzwischen grundlegend geändert. Daher soll der 4. und letzte Teil meiner Ausführungen dem aktuellen Stand der polnischen Germanenforschung unter Berücksichtigung der hier verfolgten Thematik gelten.

---

22 Krüger 1988.
23 Kmieciński 1991, 3–19.
24 Minta-Tworzowska 1992, 321–330.
25 Barford 1995, 7–78.
26 Vgl. auch Lech 1997, 175–232; Tabaczyński 1995, 69–81.

4. Zum Stand der gegenwärtigen Germanenforschung in Polen

Entsprechend der Vorgehensweise des Archäologen, die bei der Analyse des regionalen Altertümerbestandes ansetzt und sich dabei ihre eigene Terminologie schafft, gelten in der polnischen Prähistorie namentlich für die Kulturen auf ehemals preußischem Gebiet andere Bezeichnungen. Zwar richteten sich einige von ihnen wie Oksywie nach dem eponymen Fundort Oxhöft[27] oder analog Wielbark[28] nach Marienburg-Willenberg, doch haben Ausgrabungen und immens angestiegenes Fundaufkommen im Laufe mehrerer Jahrzehnte die archäologische Ausgangslage maßgebend verändert. Hinzu kommt, daß durch fehlende Sprachkenntnis und politische Abgrenzung z. B. in der Zeit des „Kalten Krieges“ in Polen erzielte Resultate der Archäologie vielfach wenig bekannt waren im westlichen Mitteleuropa, in dem sich archäologische Germanenforschung nach ihrer Abgleitung in der Zeit des „Dritten Reiches“ nicht sobald wieder erholt hatte. Das hat sich nicht zuletzt vor dem politischen Hintergrund der vergangenen Jahrzehnte auf beiden Seiten inzwischen völlig geändert.

Im Vordergrund für die historische Einbindung von Kulturgruppen der Latène- und Kaiserzeit steht innerhalb der zeitgenössischen polnischen Archäologie nicht eine übergeordnete Anbindung zu „den Germanen“, sondern an namentlich überlieferte Einzelstämme, deren germanische Zugehörigkeit durchaus unterschiedlich bewertet werden kann und wird (Bastarnen, Wandalen-Vandilier, Balten).[29] Andererseits werden große Kulturgruppen – wie die Przeworsk-Kultur – als ethnisch anonyme Kulturen nach stilistischen Merkmalen und Kriterien der Gräberarchäologie analysiert. Hilfsmittel, wie sie die Einbindung verschiedener Kulturgruppierungen mit Begriffen wie „Elbgermanen“ oder „Weser-Rhein-Germanen“ für eine Interpretation bietet, etwa Bezeichnungen wie „Odergermanen“ oder „Weichselgermanen“ werden nicht verwendet. So hat auch der schon etwas zurückliegende Vorschlag Rolf Hachmanns, die östlich siedelnden Stämme nach ihrer geographischen Verbreitung als sog. Ostgermanen zu umschreiben, in der polnischen Forschung keine Aufnahme gefunden.

War das Bestreben in der deutschen Forschung besonders auf den Nachweis einer jahrhundertelangen Bodenständigkeit gerichtet, so besteht die Stärke auf Seiten polnischer Archäologen in ihren Resultaten zur Gotenfor-

---

[27] Machajewski 1990, 131–146; ders. 2001, 359–371.

[28] Godłowski 1986, 125–152; Nowakowski 1994c, 163–181; Okulicz 1986, 135–158; ders. 1989, 135–158.

[29] Nowakowski 1996d; Okulicz 1991, 109–143; Strzelczyk 1998.

schung.[30] Das bedeutet, daß sich der geographische und zeitliche Schwerpunkt in der Erforschung germanischer Ethnogenese verschoben hat. Die Beschäftigung mit den Goten setzt zeitlich erst mit dem 1. Jahrhundert n. Chr. und in der Hauptsache im Unterweichselgebiet an. Dagegen sind die Gebiete an unterer und mittlerer Oder bis zur Warthe zwar archäologisch für die vorrömische Eisenzeit wie die Kaiserzeit gut untersucht, doch in ihrer ethnischen Bewertung noch nicht genügend erforscht.

Das Aufgreifen einer Beschäftigung mit den Goten, nun aber nicht mehr allein für Teile des südlichen Ostseegebietes, sondern für den Riesenbereich zwischen unterer Weichsel und Schwarzem Meer, ist eine Konzeption, die bereits beachtliche Resultate erzielt hat.[31] Für die forciert betriebene archäologische Vorgehensweise sollen hier nur auf dem Gebiet der Feldforschung Plätze mit spektakulären Befunden und Funden wie Łubiana oder Masłomęcz genannt werden.[32] Der Beantwortung wissenschaftlicher Fragestellungen dienten mehrere Tagungen in Polen und Schweden zum Thema *Peregrinatio Gothica*. Die Bekanntgabe der Quellen erfolgte und erfolgt zumeist in deutschsprachigen Katalogen. Mit diesen sind die Materialien von Nekropolen mustergültig aufbereitet. Dazu zählt auch die Aufarbeitung und Publikation von Altbeständen aus ehemals deutschen Museen.[33]

Die Hinwendung und Beschäftigung vor allem mit der Gotengeschichte hat die polnische Archäologie aus der unfruchtbaren Umklammerung von Gleichsetzungen wie germanisch-deutsch oder slawisch-polnisch befreit und in der Germanenforschung zu einer neuen Qualität geführt.

Viele Fragen sind und werden offenbleiben. Eines der kontrovers diskutierten Probleme bildet die Frage einer Herkunft der Goten an der Weichselmündung ausschließlich, teilweise oder gar nicht über eine Einwanderung. Die unterschiedlichen Antworten und methodischen Vorgehensweisen dafür lassen hoffen, daß darüber auch ein Zugang frei wird für die Bewertung anderer germanischer Stämme und nicht nur über den Bezug zum Norden.

Dafür existieren inzwischen auch in der deutschen Forschung neue Ansätze, die für germanische Ethnogenese bei einem Bezug zu den Kelten ansetzen. Auf den Fortgang, vielleicht sogar in polnisch-deutscher Zusammenarbeit, darf man gespannt sein. Ansätze dafür sind bereits vorhanden.

---

[30] Zur Forschungsgeschichte vgl. Hachmann 1970; Nowakowski 1998b, 41–45; ders. 1995a; ders. 1995b, 205–209; ders. 1996a–d, Tempelmann-Mączyńska 1989, 203–230.

[31] Godłowski 1972, 533–550; ders. 1992, 53–75; Bierbrauer 1992, 263–277; ders. 1994, Nowakowski 1980, 49–69; ders. 1994a, 379–391; ders. 1996c, 219–225.

[32] Kokowski 1998, 641–833.

[33] Nowakowski 1994c–d, ders. 1998a; ders. 2000b, 168–180; vgl. zur Thematik: Ritter 1997.

Lassen Sie mich abschließend kurz resümieren:

Reaktionen auf die Gleichsetzung germanisch-deutsch im östlichen Mitteleuropa sind stellvertretend am Beispiel Polens versucht worden. Bedingt durch die wechselvolle Geschichte auf beiden Seiten war hier eine Konfrontation besonders stark, die durch den Gegensatz von germanischer und nichtgermanischer Sprache zusätzlich vertieft wurde. Die Aktivitäten innerhalb der polnischen Archäologie entfalteten sich besonders während Zeiten staatlicher Unabhängigkeit, dagegen war die fachliche Position des deutschen Nachbarn in der Regel auf Grund des politischen Hintergrundes stärker. Die Gleichsetzung germanisch-deutsch hat in der Konfrontation deutsch-polnisch seine besondere Zuspitzung dadurch erfahren, daß mit archäologischen Nachweisen einer Besiedlungsstetigkeit territoriale Ansprüche gerechtfertigt werden sollten. Sie ist allerdings nur von einer Seite, der deutschen, zur Begründung ihrer politischen Vorgehensweise extrem mißbraucht worden.

Die gegenwärtige archäologische Forschung in Polen setzt bei germanischen Einzelstämmen an und hat sich neben der Gotenforschung der Quellenbearbeitung aus Altbestand, vor allem aber aus neuen Ausgrabungen zugewandt.

Die offenen Fragen darüber, wann und wo der Beginn von Ethnogenese archäologisch zu fassen ist, stellt sich gegenwärtig vor allem als ein methodisches Problem dar, bei dem mitzuwirken es sich lohnt.

Literatur

Abramowicz 1991
Andrzej Abramowicz, Historia archeologii polskiej 19 i 20 wiek (Warszawa 1991).

Abramowicz 1992
Andrzej Abramowicz, Historia archeologii polskiej Początki. Acta Archaeologica Lodziensia, Bd. 36 (Lódź, Lódzkie Towarzystwo Naukowe, 1992).

Barford 1995
Paul M. Barford, Marksizm w archeologii polskiej w latach 1945–1975, in: Archeologia Polski 40, 1–2, 7–78.

Bierbrauer 1992
Volker Bierbrauer, Historische Überlieferung und archäologischer Befund. Ostgermanische Einwanderer unter Odoaker und Theoderich nach Italien. Aussagemöglichkeiten und Grenzen der Archäologie. In: K. Godłowski/R. Madyda-Legutko (Hrsg.), Probleme der relativen und absoluten Chronologie ab Latènezeit bis zum Mittelalter. (Kraków 1992) 263–277.

Bierbrauer 1994
Volker Bierbrauer, Archäologie und Geschichte der Goten vom 1.–7. Jahrhundert. Versuch einer Bilanz, in: Frühmittelalterliche Studien 28, 1994, 51–171.

Blombergowa 1993
Maria Magdalena Blombergowa, Badania archeologiczne Polaków na terytorium Imperium Rosyjskiego w 19 i początku 20 wieku. Archaeological researches conducted by the Poles on the territory of the Russian Empire. Acta Archaeologica Lodziensia, Bd. 37 (Łódź 1993).

Van den Boom 1981
Helga van den Boom, Die Pommerellischen Gesichtsurnen, in: Acta Praehistorica et Archaeologica 11/2, 1980/81 (Berlin 1981) 219–304.

Dąbrowska 1991
Teresa Dąbrowska, Uwagi o związkach kulturowych miądzy kulturą przeworską i kulturą zachodniobałtyjską w okresie wpływów rzymskich, in: Rocznik Białostocki 16, 1991, 201–212.

Domański 1998
Grzegorz Domański, Das Problem der „Ost"-burgunden, in: 20 lat archeologii w Masłomęczu, 2 (Lublin 1998) 35–41.

Fogel 1995
Jerzy Fogel, Bronisław Domaradzki (1831–1873): zapomniany pionier archeologii Wielkopolski (Noty do biografii). Bronisław Domaradzki (1831–1873): der vergessene Pionier der Archäologie in Grosspolen (Noten zur Biographie), in: Folia praehistorica Posnaniensia 7, 1995, 11–20.

Godłowski 1960
Kazimierz Godłowski, Studia nad stosunkami społeznymi w okresach późnolateńskim i rzymskim w dorzeczu Odry i Wisły (Warszawa 1960).

Godłowski 1961
Kazimierz Godłowski, Kultura przeworska, in: Pradzieje powiatu krakowskiego 2. Prace Archeologiczne 2, 1961, 137–212.

Godłowski 1968
Kazimierz Godłowski, Die Przeworsk-Kultur der mittleren und späten Kaiserzeit, in: Zeitschrift für Archäologie 2, 1968, 256–275.

Godłowski 1970
Kazimierz Godłowski, The Chronology of the Late Roman and Early Migration Periods in Central Europe. Prace Archeologiczne 11 (Kraków 1970).

Godłowski 1971
Kazimierz Godłowski, Ukraina w okresie późnolateńskim i wpływów rzymskich, in: Prace Historyczne 32, 1971, 187–205.

Godłowski 1972
Kazimierz Godłowski, [Rez. von:] R. Hachmann, Die Goten und Skandinavien. Berlin 1970, in: Sprawozdanie Archeologiczne 24, 1972, 533–550.

Godłowski 1974
Kazimierz Godłowski, Chronologia okresu późnorzymskiego i wczesnego okresu wędrówek ludów w Polsce północno-wschodniej, in: Rocznik Białostocki 12, 1974, 9–107.

Godłowski 1977
Kazimierz Godłowski, W sprawie znaczenia ceramiki dla badań nad pierwotnymi siedzibami Słowian, in: Parczewski, M., 2000 (Red.), K. Godłowski, Pierwotne siedziby Sowian (Kraków 2000) 96–106.

Godłowski 1979
Kazimierz Godłowski, Die Völkerwanderungszeit in Pommern, in: Archaeologia Baltica 4, 1979, 3–72.

Godłowski 1979a
Kazimierz Godłowski, Die Kulturumwandlungen im nördlichen Mitteleuropa während des 5. bis 7. Jh. und das Problem der grossen Wanderung der Slawen, in: Rapports du IIIe Congrès International d'Archéologie Slave 1 (Bratislava 1979) 321–340.

Godłowski 1979b
Kazimierz Godłowski, Die Frage der slawischen Einwanderung ins östliche Mitteleuropa, in: Zeitschrift für Ostforschung 28, 1979, 416–447. Reprint in: Parczewski, M., 2000 (Red.), K. Godłowski, Pierwotne siedziby Słowian (Kraków 2000) 170–193.

Godłowski 1981
Kazimierz Godłowski, Problem chronologii początków osadnictwa słowiańskiego na ziemiach połabskich w świetle archeologii, in: J. Strzelczyk, (Red.), Słowiańszczyzna połabska między Niemcami a Polską. Reprint in: Parczewski, M., 2000 (Red.), K. Godłowski, Pierwotne siedziby Słowian (Kraków 2000) 205–218.

Godłowski 1983
Kazimierz Godłowski, Zur Frage der Slawensitze vor der großen Slawenwanderung im 6. Jahrhundert, in: Gli Slavi occidentali e meridionali nell'alto medioevo. Settimane di studio del centro italiano di studi sull'alto medioevo 30. Spoleto 1983, 257–284. Reprint in: M. Parczewski, 2000 (Red.), K. Godłowski, Pierwotne siedziby Słowian (Kraków 2000) 219–236.

Godłowski 1984
Kazimierz Godłowski, ‚Superiores Barbari‘ und die Markomannenkriege im Lichte archäologischer Quellen. Slov. Arch. 32, 1984, 327–350.

Godłowski 1986
Kazimierz Godłowski, Gegenseitige Beziehungen zwischen der Wielbark- und der Przeworsk-Kultur, Veränderungen ihrer Verbreitung und das Problem der Gotenwanderung. Peregrinatio Gothica, Archaeologia Baltica 7, Polonia 84/85, (Łódź 1986) 125–152.

Godłowski 1992
Kazimierz Godłowski, Die Przeworsk-Kultur, in: Beiträge zum Verständnis der Germania des Tacitus, Teil 2 (Göttingen 1992) 9–90.

Godłowski 1992
Kazimierz Godłowski, Germanische Wanderungen im 3. Jh. v. Chr.–6. Jh. n. Chr. und ihre Widerspiegelung in den historischen und archäologischen Quellen, in: Peregrinatio Gothica 3. Universitetets Oldsaksamlings Skrifter 14 (Oslo 1992) 53–75.

Grabarczyk 1992
Tadeusz Grabarczyk, Działność Archeologiczna Towarzystwa Naukowego w Toruniu w Borach tucholskich do 1914 r. (Archaeological Activity of the Toruń Scientific Society in the Tuchola Forests till 1914), in: Acta Universitatis Lodziensis, Folia Archaeologica 16, 1992, 55–59.

Hachmann 1970
Rolf Hachmann, Die Goten und Skandinavien (Berlin 1970).

Hoffmann 1992
Edith Hoffmann, Frühe Traditionen der Zusammenarbeit polnischer und deutscher Wissenschaftler am Beispiel der Societas Jablonoviana in Leipzig, in: Acta Universitatis Lodziensis, Folia Archaeologica 16, 1992, 45–54.

Jażdżewski 1995
Konrad Jażdżewski, Pamiętniki. Wspomnienia polskiego archeologa z 20 wieku (Łódź 1995).

Kaczanowski/Kozłowski 1998a
Piotr Kaczanowski/Janusz Krzystof Kozłowski, Zarys historii Cesarstwa Rzymskiego i ludów europejskiego Barbaricum, in: P. Kaczanowski/J. K. Kozłowski (Hrsg.), Wielka historia Polski, 1: Najdawniejsze dzieje ziem polskich, Forga oficyna Wydawnicza (Kraków 1998) 231–246.

Kaczanowski/Kozłowski 1998b
Piotr Kaczanowski/Janusz Krzystof Kozłowski, Barbarzyńska Europa w okresie dominacji celtyckiej, in: P. Kaczanowski/J. K. Kozłowski (Hrsg.), Wielka historia Polski, 1: Najdawniejsze dzieje ziem polskich, Forga oficyna Wydawnicza (Kraków 1998) 189–230.

Kajzer/Salm 1996
Leszek Kajzer/Jan Salm, Polnische Forschungen über die Burgen im Gebiet des ehemaligen Deutschordensstaates. Eine Bilanz der letzten 50 Jahre, in: Castle and Church (Gdańsk 1996) 73–95.

Kersken 1997
Norbert Kersken,: Bilder und Vorstellungen deutscher „Ostforschung“ zu Fragen der mittelalterlichen polnischen Geschichte, in: Zeitschrift für Ostmitteleuropa-Forschungen 46,3, 1997, 351–375.

Kmieciński 1991
Jerzy Kmieciński, Poczucie narodowe i nacjonalizm (The sense of the nation and nationalism), in: Folia archaeologia 12, 1991, 3–19.

Kmiecziński 1996
Jerzy Kmieciński, Gustaf Kossinna: uczony i nacjonalista. Gustaf Kossinna: learned and nationalist, in: Archeologia Polski Śródkowowschodniej 1 (1996) 157–161.

Kokowski 1998
Andrzej Kokowski, Die Masłomęcz-Gruppe. Ihre Chronologie und Beziehungen innerhalb des gotischen Kulturkreises – Ein Beispiel für den kulturellen Wandel der Goten im Verlauf ihrer Wanderungen, in: 78. Bericht der Römisch-Germanischen Kommission 1997 (1998) 641–833.

Kolendo 1976
Jerzy Kolendo, Zróżnicowanie ludów Germanii w świetle analizy dzieła Tacyta, in: Kultury archeologiczne i strefy kulturowe w Europie środkowej w okresie wpływów rzymskich. Prace Archeologiczne 22. Kraków 1976, 39–61. Reprint in: Jerzy Kolendo, Świat antyczny i Barbarzyńcy 1. Teksty, zabytki, refleksja nad przeszłością. Seria Podręczników 1 (Warszawa 1998) 57–63.

Kolendo 1979
Jerzy Kolendo, Rzymianie przebywający na terenie północnego *Barbaricum*. Sallustius Fortunatianus Costobius wychowany w kraju Kostoboków. Antiquitas 8. Acta Universitatis Wratislawiensis 449, 43–52. Reprint in: Jerzy Kolendo, Świat antyczny i Barbarzyńcy 1. Teksty, zabytki, refleksja nad przeszłością. Seria Podręczników 1 (Warszawa 1998) 231–236.

Kolendo 1981
Jerzy Kolendo, Źródła pisane w badaniach nad strefami kulturowymi i etnicznymi Europy środkowej w okresie rzymskim, in: Problemy kultury wielbarskiej (Słupsk 1981) 65–78. Reprint in: Jerzy Kolendo, Świat antyczny i Barbarzyńcy 1. Teksty, zabytki, refleksja nad przeszłością. Seria Podręczników 1 (Warszawa 1998) 49–56.

Kolendo 1984
Jerzy Kolendo, Wenetowie w Europie Śródkowej i wschodniej. Lokalizacja i rzeczywistość etniczna. Przegląd Historyczny 75, 1984, 637–653. Reprint in: Jerzy Kolendo, Świat antyczny i Barbarzyńcy 1. Teksty, zabytki, refleksja nad przeszłością. Seria Podręczników 1 (Warszawa 1998) 95–106.

Kolendo 1990
Jerzy Kolendo, Les terrains inhabités dans l'Europe barbare suivant les auteurs antiques. Archaeologia Interregionalis (Warszawa 1990) 171–189.

Kolendo 1991
Jerzy Kolendo, Cmentarzysko z okresu rzymskiego w Opinogórze, woj. ciechanowskie w świetle materiałów archiwalnych Towarzystwa Warszawskiego Przyjaciół Nauk, in: Światowit 38, 1991, 189–197.

Kolendo 1993
Jerzy Kolendo, Archeologowie dzialajacy na Uniwersytecie Warszawskim w latach 1816–1915, in: Dzieje archeologii (Warszawa 1993) 9–26.

Kolendo 1996
Jerzy Kolendo, Historia starożytna i archeologia pradziejowa. Nowe perspektywy współpracy, in: Bieżuńska-Małowist, I., Integracja czy specjalizacja? O przyszłość nauk o kulturze antycznej (Warszawa 1996) 25–35. Reprint in: Jerzy Kolendo, Świat antyczny i Barbarzyńcy 1. Teksty, zabytki, refleksja nad przeszłością. Seria Podręczników 1 (Warszawa 1998) 41–47.

Kolendo 1998
Jerzy Kolendo, Rola studiów źródłoznawczych w badaniach nad importami rzymskimi znajdowanymi na terenie *Barbaricu*, in: Jerzy Kolendo, Świat antyczny i Barbarzyńcy 2. Teksty, zabytki, refleksja nad przeszłością. Seria Podręczników 3 (Warszawa 1998) 5–20.

Kozłowski 1999
Janusz K. Kozłowski, Encyklopedia historyczna świata, 1, Agencja Publicystyczno-Wydawnicza Opres (Kraków 1999).

Kronsteiner 1980
Otto Kronsteiner, Sind die slověne „Die Redenden" und die němьci „Die Stummen?" Zwei neue Etymologien zum Namen der Slawen und der Deutschen, in: P. Wiesinger (Hrsg.), Sprache und Name in Österreich 6, 1980 (Festschrift für Walter Steinhauser zum 95. Geburtstag) 339–361.

Krüger 1988
Bruno Krüger (Hrsg.), Die Germanen I (Berlin [5]1988).

Lech 1997
Jacek Lech, Malowierni. Spór wokół marksizmu w archeologii polskiej lat 1945–1975. Current controversy over Marxism in Polish archaeology in the years 1945–1975, in: Arch. Polski 42,1/2, 1997, 175–232.

Leligdowicz 1998
Andrzej Leligdowicz, Gustaf Kossinna's life and work: the Polish perspective, in: Materialy Archeologiczne 31 (Kraków 1998), 125–134.

Machajewski 1990
Henyek Machajewski, Aus den Untersuchungen über die Kulturverbindungen der Bevölkerung Mittelpommerns zu dem Elbegebiet zur vorrömischen Eisenzeit, römischen Kaiserzeit und Völkerwanderungszeit, in: Archaeologia Interregionalis (Warszawa 1990) 131–146.

Machajewski 2001
Henyek Machajewski, Die stempelverzierte Keramik in Westpommern, in: M. Meyer (Hrsg.), „... trans Albium fluvium". Forschungen zur vorrömischen, kaiserzeitlichen und mittelalterlichen Archäologie. Festschrift A. Leube. Internationale Archäologie, Studia Honoraria, Bd. 10 (Rahden/Westf. 2001) 359–371.

Mączyńska 1994
Magdalena Mączyńska, Der Hortfund der frühen Völkerwanderungszeit aus Łubiana, Woj. Gdańsk, in Pommern, in: H. Friesinger/J. Tejral/A. Stuppner (Hrsg.), Markomannenkriege – Ursachen und Wirkungen (Brno 1994) 149–157.

Mączyńska/Grabarczyk 2000
Magdalena Mączyńska /Tadeusz Grabarczyk (Hrsg.), Die spätrömische Kaiserzeit und die frühe Völkerwanderungszeit in Mittel- und Osteuropa, Wydawnictwo Uniwersytetu Łódzkiego (Łódź 2000).

Madyda-Legutko 1992
Renata Madyda-Legutko (Hrsg.), Probleme der relativen und absoluten Chronologie ab Latènezeit bis zum Frühmittelalter (Kraków 1992) 263–277.

Minta-Tworzowska 1992
Danuta Minta-Tworzowska, Pamięci Profesora Doktora Jana Żaka (1923–1990), współtwórcy współczesnej prahistorii polskiej (Professor Doktor Jan Żak (1923–1990) zu Ehren, dem Mitbegründer der modernen Vorgeschichte Polens), in: Archeologia Polski 36,1–2, 1991, 321–330.

Müller/Schramm 2002
Ludolf Müller/Gottfried Schramm, s. v. Nestorchronik, in: Reallexikon der Germanischen Altertumskunde, Bd. 21 (Berlin/New York ^{2}2002).

Nowakowski 1980
Wojciech Nowakowski, Zum Problem der Besiedlungsfortdauer in der Masurischen Seenplatte im 1. Jahrtausend u. Z. im Lichte von Forschungsergebnissen hinsichtlich der Mikroregion der Salt Seeufer, in: Archaeologia Polona 19, 1980, 49–69.

Nowakowski 1992a
Wojciech Nowakowski, „Hic Suebiae Finis" - Concept of the border of the barbarous world at the East Baltic coast in the Roman Period, in: Barbaricum 1992 (Warszawa 1992) 218–230.

Nowakowski 1992b
Wojciech Nowakowski, „... in ista parte, quae Sambia vocatur". Römische Importe im Samland und Natangen im Licht preußischer Literatur des 18. Jahrhunderts, in: Archeologia 43,1992, 69–78.

Nowakowski 1994a
Wojciech Nowakowski, Krieger ohne Schwerter. Die Bewaffnung der Aestii in der römischen Kaiserzeit, in: Beiträge zu römischer und barbarischer Bewaffnung (Lublin/Marburg 1994) 379–391.

Nowakowski 1994b
Wojciech Nowakowski, Kultura przeworska a zachodniobałtyjski krąg kulturowy. Die Przeworsk-Kultur und der westbaltische Kulturkreis, in: Kultura przeworska 1 (Lublin 1994) 373–388.

Nowakowski 1994c
Wojciech Nowakowski, Kultura wielbarska na wschód od dolnej Wisly. Materialy z dawnych badan i przypadkowych odkryc w zbiorach berlinskich i norymberskich (Die Wielbark-Kultur östlich der unteren Weichsel. Die Funde aus den zufälligen Entdeckungen und früheren Ausgrabungen in den Berliner und Nürnberger Museen), in: Barbaricum 3 (Warszawa 1994) 163–181.

Nowakowski 1994d
Wojciech Nowakowski, Materialy z Bogdanowa kolo Obornik, woj. poznanskie, w zbiorach Germanisches Nationalmuseum w Norymberdze (Die Funde aus Bogdanovo bei Oborniki, Woj. Posen, im Germanischen Nationalmuseum in Nürnberg), in: Barbaricum 3 (Warszawa 1994) 183–192.

Nowakowski 1995a
Wojciech Nowakowski, Od Galindai do Galinditae. Z badan nad pradziejami baltyjskiego ludu z Pojezierza Mazurskiego (Warszawa Instytut Archeologii Uniwersytetu Warszawskiego 1995), Barbaricum, 4.

Nowakowski 1995b
Wojciech Nowakowski, ΣΟΥΔΙΝΟΙ – lud między Bałtykiem a Morzem Czarnym, in: Nunc de Svebis dicendum est. Festschrift Jerzy Kolendo (Warszawa 1995) 205–209.

Nowakowski 1996a
Wojciech Nowakowski, Das Samland in der römischen Kaiserzeit und seine Verbindungen mit dem römischen Reich und der barbarischen Welt. Veröffentlichungen des Vorgeschichtlichen Seminars Marburg, Sonderband 10 (Marburg 1996).

Nowakowski 1996b
Wojciech Nowakowski, Römer, Barbaren, Vermittler, in: Das Problem der Kontakte zwischen Mittellitauen und dem Imperium Romanum in der älteren Kaiserzeit (Vilnius 1996) 72–79.

Nowakowski 1996c
Wojciech Nowakowski, Wisła – Gotlandia – Niemen. Problem różnokierunkowych kontaktów nad Bałtykiem około przełomu er, in: Studia Gothica 1, 1996, 219–225.

Nowakowski 1996d
Wojciech Nowakowski, U żródeł etnogenezy Bałtów i Słowian – Wenetowie Tacyta w świetle archeologii, in: Concordia. Festschrift J. Okulicz (Warszawa 1996) 187–191.

Nowakowski 1998a
Wojciech Nowakowski, Die Funde der römischen Kaiserzeit und der Völkerwanderungszeit in Masuren. Museum für Vor- und Frühgeschichte. Staatliche Museen zu Berlin, Bestandskataloge 6 (Berlin 1998).

Nowakowski 1998b
Wojciech Nowakowski, Rückkehr in die Heimat? Die Olszytn-Gruppe in Nordostpolen in der Völkerwanderungszeit, in: UISPP 13, Atti 5 (Forlì 1998) 41–45.

Nowakowski 2000a
Wojciech Nowakowski, Die Olsztyn-Gruppe *(masurgermanische Kultur)* in der Völkerwanderungszeit. Das Problem ihrer chronologischen und territorialen Grenzen, in: M. Mączyńska/T. Grabarczyk (Hrsg.), Die spätrömische Kaiserzeit und die frühe Völkerwanderungszeit in Mittel- und Osteuropa (Łódź 2000) 168–180.

Nowakowski 2000b
Wojciech Nowakowski, Nowe materiały do badań nad znaleziskami importów rzymskich na dawnych ziemiach pruskich, in: Jerzy Kolendo, Wojciech Nowakowski (Red.), Antiquitates Prussiae. Studia z archeologii dawnych ziem pruskich (Warszawa 2000) 207–235.

Okulicz 1986
Jerzy Okulicz, Les aspects démographiques des migrations de la population de la civilisation de Wielbark en Masurie, en Masovie et en Podlasie, in: Peregrinatio Gothica. Archaeologia Baltica 8, Polonia 1986 (Łódź 1989) 135–158.

Okulicz 1989
Jerzy Okulicz, Les aspects démographiques des migrations de la population de Wielbark en Mazurie, en Mazovie et en Podlasie, in: Archeologia Baltica 8, 1989, Peregrinatio Gothica, 135–158.

Okulicz 1991
Jerzy Okulicz, J., Problemy pochodzenia Bałtów i Słowian w świetle żródeł archeologicznych i językoznawczych. Rocznik Białostocki 16, 1991, 109–143.

Parczewski 1993
Michał Parczewski, Die Anfänge der frühslawischen Kultur in Polen. Veröffentlichungen der Österreichischen Gesellschaft für Ur- und Frühgeschichte, Bd. 17 (Wien 1993).

Ritter 1997
Waldemar Ritter, Kulturerbe als Beute?: Rückführung kriegsbedingt aus Deutschland verbrachter Kulturgüter; Notwendigkeiten und Chancen für die Lösung eines historischen Problems, Germanisches Nationalmuseum Nürnberg 1997.

Schmiedehelm 1990
Marta Schmiedehelm, Das Gräberfeld Gąsior, in: Archeologia Baltica 9, 1990, 5–126.

Skripkin 1997
Anatolij Stepanovič Skripkin, Archäologische Untersuchungen deutscher Gelehrter im unteren Wolgagebiet, in: Kölner Jahrbuch 30, 1997, 321–327.

Strzelczyk 1993
Jerzy Strzelczyk, Die Wahrnehmung des Fremden im mittelalterlichen Polen, in: Die Begegnung des Westens mit dem Osten (Sigmaringen 1993) 203–220.

Strzelczyk 1998
Jerzy Strzelczyk, Zum Beginn der Überlieferung einer wandalischen Herkunft der Polen, in: Studien zur Archäologie des Ostseeraumes (Neumünster 1998) 409–417.

Tabaczyński 1995
Stanisław Tabaczyński, A future for the Marxist paradigm in Central European archaeology? The Polish case, in: Whither archaeology (Praha 1995) 69–81.

Tempelmann-Mączyńska 1989
Magdalena Tempelmann-Mączyńska, Das „reduzierte“ Trachtmodell der gotischen Frauen und seine Ursprünge, in: Peregrinatio Gothica, Archeologia Baltica 8, 1989, 203–230.

Tomicka-Krumrey 1999
Ewa Tomicka-Krumrey/Józef Aleksander Jabłonowski (1711–1777), in: Sächsische Lebensbilder 4, 1999, 175–185.

Żak 1974
Jan Żak, Stosunki polsko-niemieckie w historiografii (Poznań 1974).

Germanisch-Deutsch – RGA-E Band 34 – Seiten 285-307

„Frühdeutsch" – Ein Begriff der Archäologie des Mittelalters?

von SEBASTIAN BRATHER

I. „Frühdeutsche" Keramik östlich der Elbe

Als „frühdeutsch" bezeichnet die Archäologie des Mittelalters das 12. und 13. Jahrhundert im Raum östlich der Elbe.[1] Den historischen Hintergrund stellt die deutsche Ostsiedlung des hohen Mittelalters dar, die zu entscheidenden Veränderungen in politischer und wirtschaftlicher, sozialer und kultureller Hinsicht führte. Wenngleich der Begriff seine einstmals dominierende Stellung in den letzten beiden Jahrzehnten verloren hat, greift die archäologische Forschung zur Kennzeichnung dieser historischen Entwicklungen auch gegenwärtig noch auf den Terminus „frühdeutsch" zurück.

So gilt die graue Irdenware jener Zeit als „frühdeutsch" (Abb. 1). Damit wird die mit westlichen Siedlern zu verbindende und aus deren kulturellen Traditionen herzuleitende Keramik beschrieben.[2] Es handelt sich um eine zunächst noch grau- bis rotbraune und relativ weich gebrannte Ware, die ab der Zeit um 1200 zunehmend härter gebrannt wurde und aufgrund des reduzierenden Brandes eine (blau-)graue Farbe besaß. Die Gefäßformen wurden zunächst durch Kugeltöpfe, häufig mit gerippter Schulter, bestimmt; im 13. Jahrhundert kam eine ganze Reihe von Standbodengefäßen (Töpfe, Kannen und Krüge, Schüsseln und Näpfe) und Gefäßen mit kleinen Füßen (Grapen und Dreiknubbenkannen) hinzu. Neben die graue Irdenware traten rasch andere Waren: oxydierend gebrannte rote Irdenwaren, Faststeinzeuge und Steinzeuge. Bei diesen Keramikarten spricht man von spätmittelalterlichen Warenarten.

---

[1] Vorliegender Aufsatz entstand im Rahmen des Teilprojekts C 4 *Ethnische Einheiten im frühgeschichtlichen Europa. Archäologische Forschung und ihre politische Instrumentalisierung* des Freiburger Sonderforschungsbereichs 541 *Identitäten und Alteritäten. Die Funktion von Alterität für die Konstitution und Konstruktion von Identität.*

[2] Grimm 1959; ders. 1939.

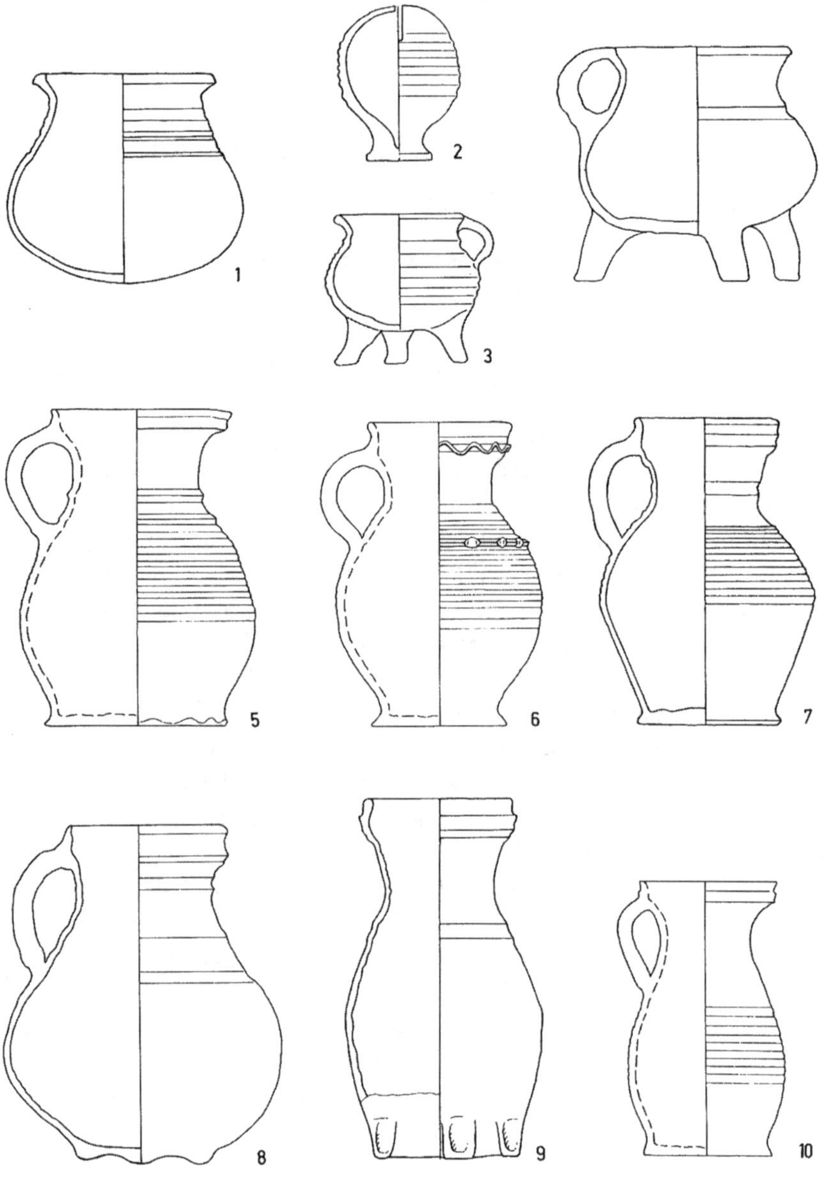

Abb. 1. Spätmittelalterliche („frühdeutsche“) Keramik aus Lübeck. 1 Kugeltopf; 2 Spardose; 3–4 Grapen; 5–10 Kannen und Krüge. Ohne M. (nach Stephan 1982).

Die Bezeichnung als „frühdeutsche Keramik" konkurriert mit anderen Begriffen wie „blaugraue Keramik", „Kugeltopfkeramik" oder „(deutsch-)mittelalterliche Ware".[3] Keine dieser Bezeichnungen hat sich allgemein durchsetzen können. Die Lektüre der Fachliteratur kommt ohne die Kenntnis der alternativen Begriffe nicht aus. Die Begriffsvielfalt erklärt sich aus der mangelnden Trennschärfe aller Varianten. „Blaugrau" sind nur einige Gefäße dieser Keramik, und mit dem Bezug auf die stark wechselnde Farbe allein ist eine Abgrenzung kaum möglich. Als ebenso unzureichend erweist sich die Betonung der Kugeltöpfe, die ebenfalls nur *eine* Variante darstellen. „Mittelalterlich" ist eine in zeitlicher Hinsicht zu vage Formulierung, denn spätmittelalterliche Warenarten und die früh- bzw. hochmittelalterliche „slawische" Keramik wären potentiell ebenfalls erfaßt. „Deutsch" wäre die Keramik nur insofern, als sie auf Vorbilder und Traditionen im norddeutschen Raum westlich der Elbe zurückgeht.[4] Seit dem späten 12. bzw. dem 13. Jahrhundert waren ihre Produzenten und Nutzer Deutsche *und* Slawen, wobei das Aufeinandertreffen dieser beiden, in sich heterogenen ethnischen Gruppen bald einer – von nicht unwesentlichen Ausnahmen einmal abgesehen – weitgehend assimilierten Bevölkerung wich.

„Frühdeutsch" fungiert auch als Epochenbegriff. Nicht nur verschiedene Bereiche der Sachkultur, sondern auch der Zeitraum des 12. und 13. Jahrhunderts selbst werden so bezeichnet. Jener Abschnitt des hohen Mittelalters, in dem sich die Ostsiedlung abspielte, erscheint insgesamt als „frühdeutsche Zeit".[5] Der Zuzug deutscher und flämischer Bauern und die Veränderungen der Siedlungsstrukturen werden als „frühdeutsche Besiedlung" gewertet,[6] ungeachtet der starken und regional sogar dominierenden slawischen Beteiligung am Landesausbau. Als entscheidend sah man in Ost wie West die herrschaftlichen Strukturen an. Die von Adligen neu errichteten „Herrensitze" geraten zu „frühdeutschen Burganlagen", die die „spätslawischen Burgwälle" ablösten.[7] Auch hier zielt der Begriff auf eine zeitliche Unterscheidung zwischen hohem und spätem Mittelalter.

Warum also das Attribut „frühdeutsch"? Es versucht eine zeitliche, eine räumliche und eine inhaltliche Abgrenzung. 1. Zeitlich wird damit die Ostsiedlung gefaßt, die sich in der zweiten Hälfte des Hochmittelalters vollzog.

---

3 Vgl. den wechselnden Gebrauch in Donat/Herrmann 1973–1985.
4 Herzog 1992.
5 Kirsch 1998; Mangelsdorf 1995; Bleile/Lübke 2000.
6 Kirsch 1992.
7 Konczak 1993.

2. Mit der Ostsiedlung ist auch der zu beschreibende Raum vorgegeben, der sich östlich der Elbe erstreckt und die zuvor (elb-)slawischen Siedlungsgebiete umfaßt. 3. Im einzelnen soll die „(früh-)deutsche" von der „slawischen" Sachkultur unterschieden werden, deren unterschiedliche „Traditionen" im 12. und 13. Jahrhundert eine zeitlang nebeneinander existierten, bevor sich die slawischen „Traditionen" allmählich verloren. Dahinter steht letztlich die Erwartung, Rolle und Anteil von Slawen und Deutschen im Rahmen der Ostsiedlung *im einzelnen* bestimmen zu können. Dies wäre aber nur möglich, wenn man „Akkulturationsprozesse" bzw. wechselseitige Beeinflussungen ausschließen könnte, denn nur dann stünden sich zwei nach außen distinkte und nach innen homogene Gruppen gegenüber.

Die Verwendung des Terminus „frühdeutsch" beschränkt sich zumindest implizit nicht auf eine neutrale Klassifikation. Denn damit wird nicht nur die Sachkultur zu einer bestimmten Zeit (12./13. Jahrhundert) in einem bestimmten Raum (östlich der Elbe) beschrieben. Innerhalb des chronologischen und geographischen Rahmens wird sie darüber hinaus von der „slawischen" Sachkultur (negativ) abgegrenzt. Hier knüpft die Unterscheidung an verbreitete Bemühungen um die „ethnische Deutung" frühgeschichtlichen Fundmaterials an. Stilistisch und technologisch unterschiedliche Keramikformen sollten sich eindeutig Slawen bzw. Deutschen zuordnen lassen.[8] Daraus suchte man Rückschlüsse auf die Anteile der Siedler, ihre Rolle beim Landesausbau (Rodung, Dorf- und Stadtgründung) und ihre kulturellen „Verdienste" zu ziehen. Es fällt auf, daß man sich gerade in den ideologisch aufgeheizten dreißiger Jahren für das hohe Mittelalter *nicht* dieses Begriffs bediente. Man verwandte ihn für noch frühere Zeiten! Archäologische Arbeiten zum hohen und späten Mittelalter kamen damals meist ohne das Attribut „frühdeutsch" aus.[9] Statt dessen hieß es überwiegend „(früh-)mittelalterlich deutsche Keramik".[10] Auch in Studien zur slawischen Frühgeschichte konnte man weitgehend auf „frühdeutsche" Keramik verzichten; Heinz Arno Knorr (1909–1996) verwendete in seiner übergreifenden Studie zum frühen und hohen Mittelalter nur gelegentlich diesen Begriff.[11]

Interessanterweise erlebte die „frühdeutsche Keramik" in den sechziger und siebziger Jahren eine erneute Konjunktur. Arbeiten wie die Bruno Krügers über die spätmittelalterlichen Kietzsiedlungen[12] oder Joachim Herr-

---

[8] Brather 2000.
[9] Schirmer 1939.
[10] Vgl. Grimm 1959; Schirmer 1939.
[11] Knorr 1937.
[12] Krüger 1962.

manns über frühgeschichtliche Wall- und Wehranlagen[13] griffen durchweg auf die Kennzeichnung des Materials als „frühdeutsch" zurück. Diese Wortwahl dürfte nur auf den ersten Blick überraschen. Die Hinwendung zur zuvor vernachlässigten slawischen Frühgeschichte (auf deren wissenschaftsgeschichtlichen und politischen Hintergrund hier nicht weiter eingegangen sei)[14] richtete den Blick wieder verstärkt auf die Gegenüberstellung von Slawen und Deutschen. Deshalb war es wichtig, „slawische" und „deutsche" Keramik voneinander zu trennen, wofür sich der Begriff „frühdeutsch" durchaus anbot.

Seit den achtziger Jahren verstärkte sich das Unbehagen, das sich mit dem Wort „frühdeutsch" verband. Zwar wurde dies nicht deutlich geäußert, doch bringt eine auch nur flüchtige Textkritik diesen Befund zutage.[15] Volker Schmidt schwankt noch unentschieden zwischen den Alternativen „frühdeutscher" und „(deutsch-)mittelalterlicher" Zeit bzw. Keramik.[16] Andere Studien wie die Günter Mangelsdorfs über westbrandenburgische Keramik des späten Mittelalters[17], Eberhard Kirschs über die entsprechende Sammlung des Berliner Märkischen Museums[18] oder Wolfgang Timpels über westthüringische Funde[19] kommen ohne das Wort „frühdeutsch" aus. An dessen Stelle treten entweder rein chronologische Bezeichnungen („spätmittelalterlich") oder aber technologisch-typologische Attribute: „weiche und harte Grauware", „graue Irdenware" usw. Dazu hat auf der einen Seite eine verstärkte Hinwendung zur Mittelalterarchäologie überhaupt und zu technologischen Fragen der Keramikproduktion im besonderen beigetragen.[20] Auf der anderen Seite ist man sich bewußt geworden, daß die unvermittelte Gegenüberstellung von Slawen und Deutschen und ihrer jeweiligen kulturellen „Traditionen" den Blick auf einstige Realitäten durchaus verstellt. Das 12. und 13. Jahrhundert war im Zuge der Ostsiedlung durch entscheidende Veränderungen geprägt, die sich in der *gemeinsamen* Lebenswelt von Angehörigen beider „ethnischer" Gruppen vollzogen. Die Differenziertheit von Akkulturationsprozessen erweist sich als erheblich interessanter als die

[13] Herrmann 1962.
[14] Vgl. dazu überblickshalber Brather 2001, 9–28.
[15] Ich selbst zog mich zunächst auf die Verwendung des Begriffs in Anführungszeichen zurück; Brather 1993, 135.
[16] Schmidt 1989.
[17] Mangelsdorf 1994.
[18] Kirsch 1994.
[19] Timpel 1995.
[20] Vgl. Lüdtke/Schietzel 2000.

ahistorische Konfrontation unveränderter und homogener Kontrahenten, die wie Billardkugeln aufeinanderprallen.[21]

II. „Frühdeutsche“ Bodenfunde im östlichen Frankenreich

Außer dieser auf das hohe Mittelalter zielenden Bedeutung läßt sich in der archäologischen Literatur noch eine weitere Verwendung des Wortes „frühdeutsch“ entdecken. Sie bezieht sich auf andere Räume sowie andere Zeiten und beschreibt somit etwas grundlegend anderes. In den dreißiger bis sechziger Jahren benutzten manche Autoren „frühdeutsch“ zur Kennzeichnung des Zeitabschnittes zwischen der Merowingerzeit und dem hohen Mittelalter, d. h. etwa für das 8./9. bis 10./11. Jahrhundert. Auch hierbei waren wieder nur bestimmte Regionen gemeint – wiederum „Grenzräume“ des ostfränkisch-deutschen Reiches. Dabei erfuhren ebenso ausschließlich die östlichen Grenzzonen Beachtung – in Abgrenzung zu den in Ostmitteleuropa siedelnden Slawen. Ein Vergleich mit dem westlichen Europa bzw. dem westfränkischen Reich scheint für die Betonung des „deutschen“ Charakters der fraglichen Bodenfunde weit weniger wichtig gewesen zu sein.

Zunächst ist Thüringen zu nennen. Gräber und Friedhöfe sowie das Fundmaterial zwischen dem 8. und 11. Jahrhundert wurden als „frühdeutsch“ bezeichnet.[22] Damit war beabsichtigt, sie von älteren „thüringisch-fränkischen“ und jüngeren („deutschen“) Bestattungen abzusetzen. Zugleich sollte in diesem Übergangsbereich zu slawischen Siedlungsgebieten, die überwiegend östlich der Saale lagen, eine „ethnische“ Scheidung vorgenommen werden.[23] Ausgangspunkt war jedoch eine geographische Abgrenzung, handelte es sich doch um „eine Keramikgruppe, die ihren Schwerpunkt im westlichen und mittleren Thüringen hat“ (Abb. 2). „Rechtfertigen“ ließ sich dieses Vorgehen Heinrich Rempel (1901–1978)[24] zufolge dadurch, daß sich die Verbreitungen von Sachkultur und „deutschen Ortsnamen“ anscheinend deckten.[25] Allerdings gab es ungelöste methodische Probleme. Einige Gräber enthielten Schläfenringe, die als „typisch slawisch“ galten und daher auf „frühdeut-

21 Gringmuth-Dallmer 1995.

22 Grimm 1933; Rempel 1940 („um 900“).

23 Rempel 1954 („karolingisch-ottonisch“); Dinklage 1941.

24 Rempel kam nach Assistenz am prähistorischen Institut in Jena und einer Tätigkeit am Hallenser Landesmuseum 1951 an das Ostberliner Akademieinstitut für Vor- und Frühgeschichte.

25 Rempel 1959, 101, 107.

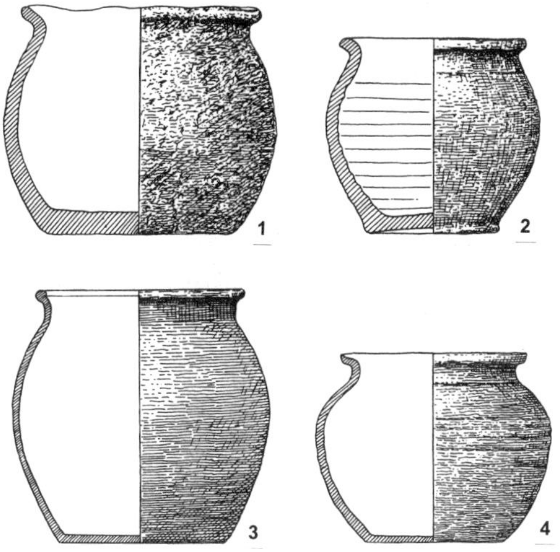

Abb. 2. Frühmittelalterliche („frühdeutsche") Keramik aus Thüringen. 1 Wernigshausen, Kr. Sömmerda; 2 Cauerwitz, Kr. Naumburg; 3 Haina, Kr. Gotha; 4 Pößneck, Saale-Orla-Kr. – M. 1:3 (nach Rempel 1959, 102 Abb. 1).

schen" Reihengräberfeldern eigentlich nicht zu erwarten waren. Man verwies deshalb auf merowingerzeitliche S-förmige Ringe, die als mögliche westliche Vorbilder angeführt wurden. Die verbreitete Wellenbandverzierung war ebenso „durchaus kein Privileg slawischer Töpfer [...], wie dies früher infolge entschuldbarer Unkenntnis" meist angenommen und auf diese Weise „frühdeutsche" mit „sorbischer" Keramik verwechselt wurde.[26] Argumente gegen südöstliche Einflüsse stellten weder Ringe mit S-förmig gebogenem Ende noch kammstrichverzierte Gefäße dar; beides ging im Westen wie im Osten letztlich auf spätantike Traditionen zurück.

Die Keramik als wesentliche archäologische Fundgruppe wurde zwischen völkerwanderungszeitlicher „fränkisch-thüringischer" Ware und den hochmittelalterlichen Kugeltöpfen eingeordnet. Nach 1960 gingen alle Autoren von der Bezeichnung „frühdeutsch" ab; statt dessen griff man auf Formulierungen wie „germanisch-deutsch" oder aber „fränkisch", „thüringisch" oder „deutsch" zurück[27] – je nachdem, welcher Aspekt betont werden sollte. Als ausschlaggebend für diesen Begriffswandel erwiesen sich, soweit sich sehen

26 Rempel 1959, 107–109.

27 Rempel 1966, 8; 68: „Wir unterscheiden eine frühdeutsche oder westliche von einer slawischen oder östlichen Tonware."

läßt, nicht methodische Bedenken angesichts einer diffusen und problematischen Kategorie, sondern die konkurrierende Inanspruchnahme desselben Begriffs für das 12. und 13. Jahrhundert. Deshalb mußte man, um eine allgemeine Verwirrung zu vermeiden, vom Terminus „frühdeutsch" für das frühe Mittelalter abgehen. Statt einer „verbindlichen" Alternativbezeichnung ist man seitdem zu einer rein chronologischen Kennzeichnung gelangt,[28] wie sie andere Autoren wie Paul Grimm (1907–1993) stets verwandt hatten.

Vergleichbar ist die Situation der Archäologie des frühen Mittelalters in Österreich. Auch hier gehörten die „frühdeutschen Bodenfunde" in Arbeiten der Jahrhundertmitte vor allem in das 9. und 10. Jahrhundert. Geographisch gesehen handelt es sich um die südöstlichen Marken ([bayerische] Ostmark, Steiermark, Kärnten und Krain) des ostfränkischen Reiches. Die Unterscheidung gilt hier einerseits der vorherigen bayerischen Dominanz im 8. Jahrhundert. Als „frühdeutsche Zeit" erschien beim ehemaligen Direktor der Prähistorischen Abteilung des Wiener Naturhistorischen Museums Eduard Beninger (1897–1963)[29] noch in den sechziger Jahren die Zeit nach dem Sturz Tassilos III. und der Eingliederung des bayerischen Herzogtums 788.[30] „Mit der zu Zeiten Tassilos III. von Bayern angebahnten, unter Kaiser Ludwig dem Frommen, König Ludwig dem Deutschen und Kaiser Arnulf dann eifrig betriebenen baierisch-fränkischen Inbesitznahme und Besiedelung Kärntens tritt nun neues Fundgut in vielen Ortsfriedhöfen unseres Gebietes auf, das der *frühdeutschen Volkskultur*".[31] Andererseits sind auch hier wieder Slawen im Spiel. Karantanen bzw. Slowenen (die sogenannten „Alpenslawen") siedelten seit geraumer Zeit an Donau, Save und Drau.[32] Deren Bestattungen und übrige Hinterlassenschaften wurden der „frühdeutschen Zeit" zugerechnet, die „ethnische" Bezeichnung also als Zeitbegriff verwandt.

Es galt außerdem, „slawische" und „frühdeutsche" Sachkultur voneinander zu sondern.[33] Dieses Bemühen stieß an methodische Grenzen, wenn wie in

---

[28] Vgl. Timpel 1995.

[29] Beninger war Landesleiter in Hans Reinerths (1900–1990) „Reichsbund für Deutsche Vorgeschichte" und ab 1940 „Dozent für germanische Ur- und Frühgeschichte" in Wien. Im Krieg Adjutant des Wiener Stadtkommandanten (1938–1944) Generalleutnant Heinrich Stümpfl (1884–1972) und 1944 Ortskommandant im ostslowakischen Michalovce, wurde Beninger nach 1945 wegen „Verletzung der Menschenwürde" zu einer dreijährigen Haftstrafe verurteilt. Erst 1957 erhielt er seinen Doktortitel zurück und bezog seit 1958 auch eine Pension. Zu seinen politischen Auffassungen vgl. Beninger 1939. – Vgl. Urban 1997; Jakubovitsch 1993.

[30] Beninger/Kloiber 1962.

[31] Dinklage 1941a, 361 (Hervorhebung im Original).

[32] Vgl. Friesinger 1971–1977.

[33] Dinklage 1941b; ders. 1941c; ders. 1941a; ders. 1943.

Steinabrunn (Gem. Großmugl, Bez. Korneuburg, Niederösterreich) ein „frühdeutsches Gräberfeld" der Zeit um 1000 Bestattungen aufweist, die in Schmuckbeigaben bzw. Kleidungsbestandteilen sowie den am Fußende der Toten jeweils deponierten Gefäßen überaus deutliche Einflüsse aus dem (Süd-)Osten widerspiegeln.[34] Ähnlich sind die Verhältnisse in Kärnten und Slowenien (Krain) und der Streit um die sogenannte „Köttlacher Kultur".[35] Das „gesamte krainische und untersteirische Fundgut des 8. bis 10. Jahrhunderts", so meinte Karl Dinklage (1907–1987)[36], zeige überdeutlich den „Anschluß an die deutsche Kultur [...] Und es kann auch nicht behauptet werden, Träger dieser an sich deutschen Stücke seien ausschließlich karantanische Slawen gewesen". „Wir können also die karolingisch-ottonischen Funde aus diesen Ländern als wichtige und sichere Bodenurkunden dafür werten, daß hier deutsche Siedlung und deutsches Wesen schon in jener Zeit Eingang gefunden und geherrscht hat".[37] Verfehlt seien deshalb Versuche, „diese frühdeutschen Sachen als slawische Kulturhinterlassenschaft zu betrachten".[38] Denn „entlang der ganzen östlichen deutschen Volkstumsgrenze der Karolingerzeit gilt: Die frühdeutschen Funde kennzeichnen den Umfang des deutschen *Siedlungs*gebietes jener Zeit" (Abb. 3).[39]

Daß hier mit Behauptungen operiert und die Argumentation nicht frei von Zirkelschlüssen ist, scheint heute offensichtlich. Anders als in Mitteldeutschland wurde hier der deutsch-slawische Gegensatz besonders herausgestrichen – ähnlich wie man es für den hochmittelalterlichen Osten Deutschlands unternahm.[40] Diese strikte Dichotomie geht an den differenzierten historischen Realitäten mit ihren vielfältigen Beziehungen (und „Akkulturations"-Phänomenen) völlig vorbei; ausgeblendet werden außerdem mediterrane und pannonisch-mährische, spätantike und byzantinische Einflüsse.[41]

Noch weiter zurück ging Leonhard C. Franz (1895–1974).[42] Für ihn waren

---

[34] Krenn 1939.

[35] Vgl. Giesler 2001; Korošec 1979.

[36] Dinklage schlug sich (nach Habilitation 1944) in Bayern mit zahlreichen kleineren, regionalgeschichtlichen und volkskundlichen Schriften durch, bevor er 1958 Kärntner Landesarchivar wurde. Als 68jähriger erlangte er 1975 noch den Professorentitel der Wiener Wirtschafts-Universität.

[37] Dinklage 1941b, 79f.

[38] Dies hatte z. B. Šmid 1908, 38–44; ders. 1925, 24f., angenommen.

[39] Dinklage 1941c, 235f. (Hervorhebung im Original).

[40] Dabei spielten die politischen Entwicklungen nach dem 1. Weltkrieg – Verlust „deutscher Ostgebiete" und Volksabstimmung in Kärnten 1920 – eine wesentliche Rolle.

[41] Vgl. Giesler 1997, 218–245.

[42] Der gebürtige Wiener Franz war nach seiner Assistentenzeit an der Universität Wien Professor an der Deutschen Universität Prag (1929–1939) und an der Universität Leipzig (1939–1942), bevor er einem Ruf nach Innsbruck folgte.

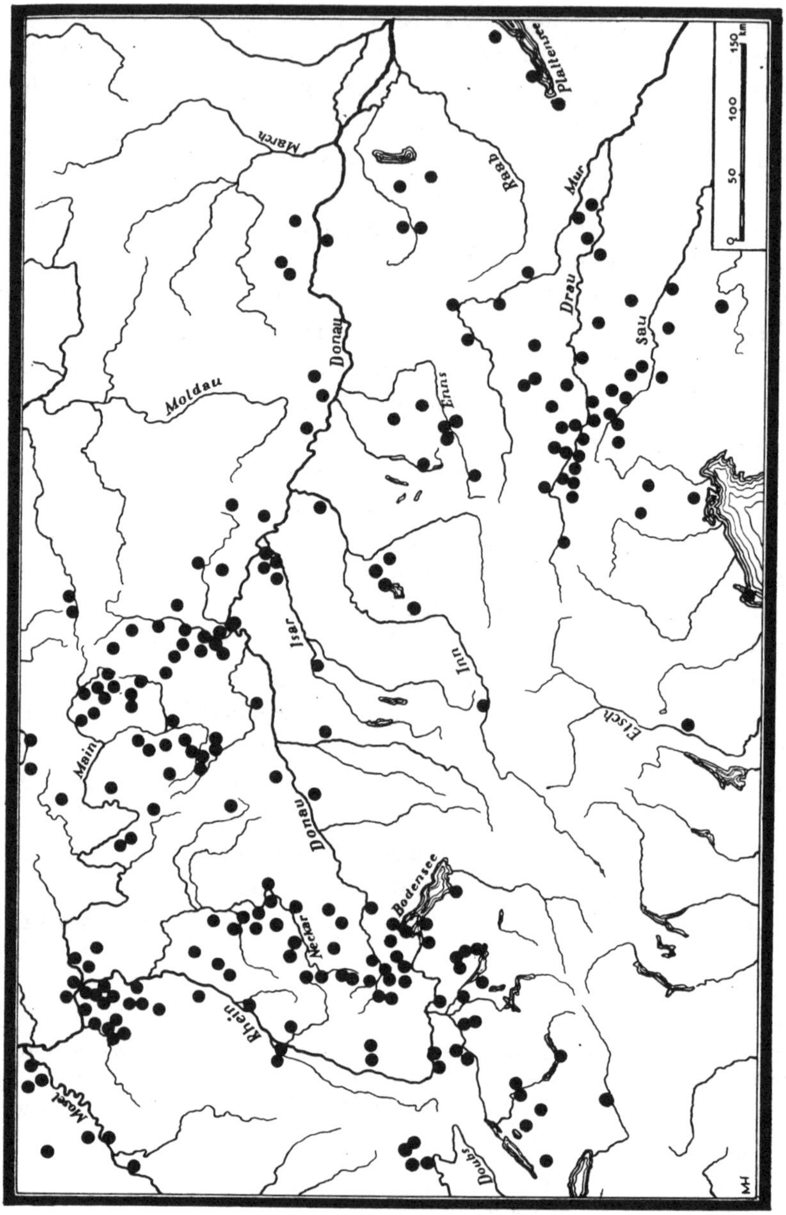

Abb. 3. „Entwicklungs- und Ausstrahlungsgebiet des frühdeutschen Fundguts im Südosten“. Kartiert sind Bodenfunde des 8./9. Jahrhunderts (nach Dinklage 1941c, 252 Abb. 2).

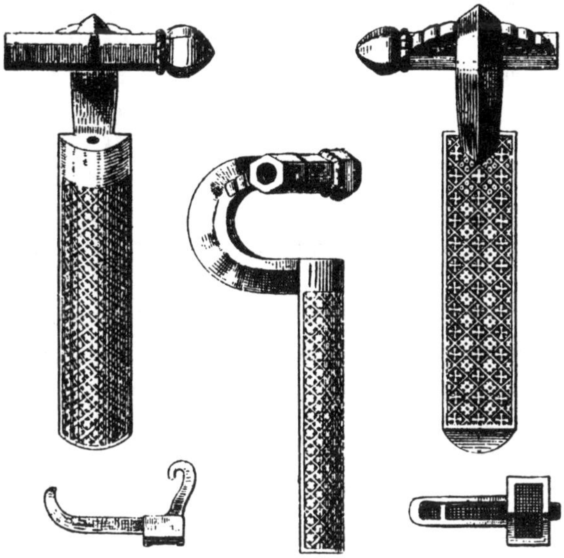

Abb. 4. Nachahmung einer Zwiebelknopffibel aus Messing (links und Mitte) (Museum Innsbruck). Das von Franz noch als spätantikes Original aus Bronze mit Vergoldung angesehene Stück ist eine 1664 angefertigte Kopie der Fibel aus dem Grab des Childerich (rechts) (vgl. Werner 1971). – M. 1:1 (nach Franz 1944, Taf. 26).

bereits die merowingerzeitlichen Funde aus Nord- und Osttirol sowie dem „Etschland" „nicht mehr [...] germanische, sondern [...] frühdeutsche, denn die Volksstämme, von denen sie herrühren, sind an der Ausbildung des deutschen Volkes wesentlich beteiligt gewesen".[43] Die zu einem beträchtlichen Teil in Nordtirol zutage gekommenen Stücke, d. h. „die Hauptmasse der deutschen Funde [stammt] aus dem 6./8. Jahrhundert", doch greift der Innsbrucker Ordinarius auch schon einmal in die zweite Hälfte des 5. Jahrhunderts zurück (Abb. 4).[44] Langobarden, Bayern, Alemannen, Goten und Franken seien die Produzenten des vorgelegten Materials gewesen. „Daß die Innsbrucker Funde auf Deutsche zurückgehen, bedarf heute, angesichts der erdrückenden Menge entsprechender Altertümer in Mitteleuropa, die deutsch sind, keiner besonderen Begründung mehr".[45] Diese an den Beginn des Mittelalters zurückreichende Verwendung von „frühdeutsch" bzw. „deutsch"

---

43 Franz 1944, 6.
44 Franz 1944, 41.
45 Franz 1944, 44–46.

steht allerdings auch in den dreißiger Jahren recht isoliert da. Sie setzt Germanen und Deutsche gleich, ebenso wie bereits zuvor deutsche Humanisten im frühen 16. Jahrhundert und die deutschen Altertumswissenschaften im 19. Jahrhundert – ablesbar an der Bezeichnung „Germanistik" für die deutsche Philologie.

III. „Frühdeutsch" in benachbarten Disziplinen

Um zu erfahren, woher der Begriff „frühdeutsch" stammen könnte, ist ein kurzer Blick auf benachbarte Disziplinen aufschlußreich. Denn es liegt nahe, von einer Beeinflussung durch zeitgenössische Diskurse auszugehen. Auch dort ist die Bezeichnung nur eine unter mehreren, die für denselben Sachverhalt verwendet werden. Im folgenden ist nur ein kursorischer Überblick und keine systematische Untersuchung des Sprachgebrauchs beabsichtigt. Doch auch eine zufällige Auswahl zeigt, daß bei aller Verschiedenheit die Verwendung des Attributs „frühdeutsch" wenigen Grundannahmen und Absichten verpflichtet ist. Die Argumentation geht meist auf einen politisch nationa-l(istisch)en bis „rechtslastigen" Hintergrund der 1920er und 1930er Jahre zurück. Meist sind es „Außenseiter", die sich auf diese Weise von anderen Darlegungen dezidiert „absetzen" wollten.[46] „Frühdeutsch" findet sich oft nur im Titel von Arbeiten, während im Text unmittelbar von „deutschen Dingen" die Rede ist.

Zunächst zur Mediävistik: „Frühdeutsch" erscheint gelegentlich zur Kennzeichnung des sich stabilisierenden ostfränkischen Reiches. Damit wird an ältere Vorstellungen angeknüpft, die den „Beginn" des deutschen Reiches mit der Wahl Heinrichs I. zum König 919 ansetzten.[47] Aus dieser Perspektive bildete für die Mediävisten Gerd Tellenbach (1903–1999) und Eduard Hlawitschka die Herrschaft der Ottonen bzw. Liudolfinger die „frühdeutsche Zeit".[48] Mit dem 11. Jahrhundert, mit Saliern und Staufern, brach die Hochzeit der „deutschen Kaiser" an[49], die dann nicht mehr als *früh*deutsch gelten

---

[46] Die Außenseiterposition wird dadurch unterstrichen, daß manche der im folgenden aufgeführten Autoren nach 1945 nicht in ihren Beruf zurückkehrten. Arno Mulot erhielt beispielsweise keine Stelle als Germanist mehr, Erdmann Werner Böhme verdiente sich sein Geld mit Reiseführern und als Pressechef der Bundesverkehrswacht. Walter Elliger wandte sich nun einem ganz anderen Thema zu – der Reformation.

[47] Vgl. etwa: Kämpf 1956; Holtzmann 1941.

[48] Hlawitschka 1971; ders. 1989; Tellenbach 1957; George 1998.

[49] Hampe 1932.

konnte.[50] Die heutige Forschung rückt den Prozeß in den Mittelpunkt, der vom 9. bis zum 12. Jahrhundert allmählich zur Herausbildung der Vorstellung von „den Deutschen" und dem „deutschen Reich" führte. In diesem dynamischen Modell, das den historischen Verlauf und dessen sich über einen längeren Zeitraum erstreckende Veränderungen sowie den Mentalitätswandel herausstellt, hat der Begriff „frühdeutsch" keinen Platz mehr.

Wohl auf die dreißiger Jahre beschränkt blieben Auffassungen von einem „frühdeutschen Christentum". Sie bezogen sich wiederum auf das frühe Mittelalter und rückten die Christianisierung im fränkischen Reich ins Zentrum. Der Germanist Arno Mulot (1904–?) bemühte sich, „an den frühen althochdeutschen christlichen Dichtungen Art und Wesen der Christianisierung Deutschlands aufzuzeigen". „Frühdeutsch" findet sich nur im Titel; im Text selbst ist nur die Rede „von einem frühen heldisch-germanischen Christentum", das sich auf germanischen Grundlagen im Karolingerreich entwickelt habe.[51] Der Kirchenhistoriker Walter Elliger (1903–1985) betonte angesichts der Christianisierung der Germanen die „Germanisierung des Christentums", denn nur so sei „die grundlegend wichtige Frage nach der völkischen Bedingtheit der Form der Verkündigung" in den Mittelpunkt gestellt und könne man „der religiösen Haltung des germanischen Menschen" gerecht werden.[52] Elliger erkannte in „der Gottesanschauung des frühdeutschen Christentums", insbesondere beim *Heliand* des 9. Jahrhunderts, „das Verhältnis innigster persönlicher Gemeinschaft zwischen Mensch und Gott [...], das [...] die klare Unterschiedlichkeit zwischen Führer und Geführtem, bei voller Einsicht in die Einzigartigkeit und Andersartigkeit des Führers anerkennt".[53] Ähnlich wie bei dem Archäologen Franz werden auch bei Mulot und Elliger Germanen und Deutsche nicht mehr auseinandergehalten, sondern als identisch ausgegeben.

Literatur- und Sprachwissenschaft benutzen „frühdeutsch" – wie bereits Elliger – zur Beschreibung eines längeren Zeitraums. Bis heute gilt das „Althochdeutsche" gelegentlich als „frühdeutsch";[54] doch läßt sich dieser Sprach-

---

50 Haller 1944 faßte den gesamten Zeitraum als „altdeutsch" zusammen, doch konkurrierte diese Bezeichnung wiederum mit dem kunstgeschichtlichen Terminus der „altdeutschen Meister" der Spätgotik und der Dürerzeit.

51 Mulot 1935, 143, 7. Vgl. zu Mulot: Barner 1996.

52 Elliger 1935, 5f.

53 Elliger 1935, 8, 19. – Vgl. auch Bublitz 1934, 7, der auf Gottfried Traubs (1869–1956) These verweist: „Die Germanen haben sich nie zum Christentum bekehrt; das Christentum hat sich vielmehr zu den Germanen bekehrt."

54 Grünanger 1942; Maurer 1952; Sonderegger 1965; Luukkainen 1982; Jochum-Godglück 1995.

gebrauch schon vor dem ersten Weltkrieg nachweisen.[55] Erfaßt wird damit etwa das 7./8. bis 11. Jahrhundert, wobei die Ansetzung des Beginns von der Überlieferungslage abhängt. Daß auch „althochdeutsch" eine wissenschaftliche Kategorisierung und keine sprachliche Realität darstellt, sei hier nur angemerkt. Wichtig in unserem Zusammenhang ist wiederum der Blickwinkel. Die ersten faßbaren *Anfänge* der späteren deutschen Sprache und Literatur sollen hervorgehoben werden. Aus dieser Retrospektive deutscher (Sprach-)Geschichte erscheinen wie in der Historiographie die Anfänge als früh, eben als „früh-deutsch".

Auffälligerweise wird in einem bestimmten Kontext die Zusammenschreibung „frühdeutsch" bevorzugt, statt z. B. „althochdeutsche" Dichtungen als Anfänge einer deutsch(sprachig)en Literatur oder vielleicht auch als frühe deutsche Literatur zu bezeichnen. Die Betonung des „Frühdeutschen" verleiht dem so Bezeichneten eine eigene Qualität, vereinnahmt es für die deutsche (National-)Geschichte, indem schon die ersten Anfänge als grundsätzlich „deutsch" betrachtet werden. Längerfristige historische Entwicklungen werden auf diese Weise scharf getrennt, statt daß ihre Offenheit und Differenziertheit beachtet würden.

In der Musikwissenschaft begegnen einem – gelegentlich noch immer – Formulierungen wie „frühdeutsche Oper"[56] und „frühdeutsches Lied".[57] Damit wird nun ein gänzlich anderer Zeitraum angesprochen. Gemeint ist die Zeit zwischen der Mitte des 17. und der Mitte des 18. Jahrhunderts oder mit anderen Worten der Barock. Von Interesse ist die Musikentwicklung in Deutschland nach dem Dreißigjährigen Krieg. Opern und Lieder begannen sich von ihren italienischen Vorbildern zu lösen; wiederum stehen also „Anfänge" im Mittelpunkt.[58] Der Berliner Musikwissenschaftler Walther Vetter (1891–1967) erblickte in einer Analyse deutscher Sololieder des 17. Jahrhunderts in der Musik die Reflexion „der ersten großen deutschen *nationalen Bewegung*". „Trotz aller [...] Abhängigkeit des deutschen Liedes von italienischen, französischen, spanischen und niederländischen Vorbildern glaube ich von seiner Deutschheit sprechen zu dürfen, die [...] in der Art der dichterischen Anlage, teilweise auch in der Eigenart mancher Stoffe und schließlich auch in der besonderen Weise der Verwertung des monodischen Prinzips sich

---

55 Schulze 1914.

56 Böhme 1931; Schmidt 1933–1934; Schmidt 1956; Huber 1957; Die frühdeutsche Oper 1981; Braun 1995.

57 Vetter 1928.

58 Vgl. Braun 1977, ohne Erwähnung einer „frühdeutschen" Musik.

ausdrückt".[59] „Frühdeutsch" bildet nur den Aufhänger, um die Liedentwicklung in Deutschland nach 1650 zu verfolgen.[60]

IV. „Frühdeutsch" als Begriff der Archäologie des Mittelalters?

Was läßt sich aus den geschilderten Beobachtungen für die Brauchbarkeit des Begriffes „frühdeutsch" in der Archäologie des Mittelalters ableiten? Einer unproblematischen Verwendung des Begriffs steht seine schillernde Mehrdeutigkeit im Wege. Zwar betrifft dies heute kaum mehr den zeitlichen Ansatz, seitdem „frühdeutsch" in der archäologischen Forschung nur noch auf das hohe Mittelalter bezogen wird.[61] Dadurch ist auch die regionale Abgrenzung auf den ostelbischen Raum gegeben. Unklar ist hingegen der „materielle" Inhalt des Begriffs. Was am 12. und 13. Jahrhundert ist in diesem Raum „früh" und was „deutsch"?

„Frühdeutsch" ist nicht mit der typologischen und chronologischen Stufengliederung in früh-, mittel- und spätslawisch bzw. alt- und jungslawisch zu vergleichen. Denn „frühdeutsch" beschreibt in der Archäologie keinen Abschnitt eines Klassifikationsschemas, anders als z. B. auch die linguistische Dreiteilung in alt-, mittel- und neuhochdeutsch. „Mitteldeutsch" ist rein geographisch besetzt, und „spätdeutsch" ist als Begriffsbildung (angesichts gegenwärtiger nationaler Identitäten) kaum vorstellbar. Hier wäre eine „Spätphase", wenn nicht der historische Abstieg oder Niedergang gemeint, den niemand zu sehen geneigt sein dürfte.

Die Verwendung des Terminus „früh*deutsch*" impliziert stets – gewollt oder ungewollt – die Abgrenzung zu „slawischen" Bodenfunden. Diese primäre Abgrenzung bestimmt erst in zweiter Linie den zeitlichen und regionalen Rahmen. Nach Westen (Frankreich) und Süden (Süddeutschland) bedient man sich anderer Vokabeln zur Abgrenzung. Die Herkunft des Begriffs aus dem nationalen Diskurs des 19. und 20. Jahrhundert läßt sich nicht verleugnen. Um die stets mitschwingende ethnisch-nationale Aufladung zu vermeiden, sprechen beispielsweise polnische und tschechische Arbeiten nicht von „(früh-)deutscher", sondern von westlicher oder spätmittelalterlicher Keramik.[62] Allein einige deutsche Archäologen halten am „frühdeutschen" Mate-

---

[59] Vetter 1928, 23 (Hervorhebung im Original), 21.

[60] Vgl. zur Musikwissenschaft in Deutschland während der 1920er und 1930er Jahre: Potter 1998.

[61] Vgl. aber den Sprachgebrauch von Historiographie und Linguistik (s. o.).

[62] Vgl. Klápště 1998.

rial fest. Dabei handelt es sich um einen unzutreffenden und inhaltsleeren Begriff: unzutreffend, weil es sich nicht um die Sachkultur ausschließlich von Deutschen (wenn auch in westlicher „Tradition“ stehend) handelt, inhaltsleer, weil es so etwas wie „*frühe* Deutsche“ (was immer man sich darunter vorstellen mag) nicht gab.

Diesen Mißlichkeiten läßt sich nur entgehen, wenn auf den Begriff „frühdeutsch“ konsequent verzichtet wird. Allerdings gibt es derzeit keinen umfassenden alternativen Begriff, der die entstehende „Lücke“ ausfüllen könnte; mit einem einfachen Austausch der Bezeichnung ist es deshalb nicht getan. Dies ist gewiß ein Grund für das Fortleben des problematischen Terminus. Je nach Zusammenhang und zu beschreibenden Aspekten sollte einer „neutralen“ Bezeichnung der Vorzug gegeben werden. Steht die chronologische Einordnung im Mittelpunkt, sollte vom „hohen (bzw. späten) Mittelalter“ gesprochen werden, geht es um das Material, beispielsweise von „grauer Irdenware“. Die Abgrenzung zur ebenfalls reduzierend gebrannten Irdenware slawischer „Tradition“ könnte durch Formulierungen wie „deutsch-mittelalterlich“, „Kugeltopfkeramik“ oder „hartgebrannt“ erreicht werden. Die Vielfalt kennzeichnender Attribute zeigt zugleich, wie verkürzend und vereinfachend die Charakterisierung als „frühdeutsch“ tatsächlich ist. Sie führt zwangsläufig zu Mißverständnissen und Unklarheiten, ungeachtet des unterschwelligen nationalen Ressentiments.

Literatur

Barner 1996
Wilfried Barner, Literaturgeschichtsschreibung vor und nach 1945. Alt, neu, alt/neu. In: Wilfried Barner/Christoph König (Hrsg.), Zeitenwechsel. Germanistische Literaturwissenschaft vor und nach 1945 (Frankfurt/M. 1996) 119–149.

Beninger 1939
Eduard Beninger, Vorstellungen über die deutsche Vorgeschichtsforschung an den Volksbildungsstätten, in: Mitteilungen der Anthropologischen Gesellschaft Wien 69, 1939, [2]–[6].

Beninger/Kloiber 1962
Eduard Beninger/Aemilian Kloiber, Oberösterreichische Bodenfunde aus baierischer und frühdeutscher Zeit, in: Jahrbuch des oberösterreichischen Musealvereins 107, 1962, 125–250.

Bleile/Lübke 2000
Ralf Bleile/Christian Lübke, Gewässernutzung in spätslawischer und frühdeutscher Zeit. Untersuchungen am „castrum cuscin“ im Plauer See, in: Nachrichtenblatt Arbeitskreis Unterwasserarchäologie 7, 2000, 55–58.

Böhme 1931
Erdmann Werner Böhme, Die frühdeutsche Oper in Thüringen. Ein Jahrhundert mitteldeutscher Musik- und Theatergeschichte des Barock (Stadtroda 1931).

Brather 1993
Sebastian Brather, Hochmittelalterliche Siedlungsentwicklung um Kloster Lehnin. Slawen und Deutsche in der Zauche, in: Veröffentlichungen des Brandenburgischen Landesmuseums für Ur- und Frühgeschichte 27, 1993, 128–178.

Brather 2000
Sebastian Brather, „Gründungsstädte“ oder Ausbau slawischer Siedlungen? Die Aussagekraft der hochmittelalterlichen Bodenfunde zum Verhältnis von Slawen und Deutschen. In: Średniowieczny Śląsk i Cechy. Centrum średniowiecznego miasta. Wrocław a Europa środkowa, hrsg. Krzysztof Wachowski/Jerzy Piekalski. Wratislavia Antique, 2 (Wrocław 2000) 113–126.

Brather 2001
Sebastian Brather, Archäologie der westlichen Slawen. Siedlung, Wirtschaft und Gesellschaft im früh- und hochmittelalterlichen Ostmitteleuropa. Reallexikon der Germanischen Altertumskunde, Ergänzungsbd. 30 (Berlin/New York 2001).

Braun 1977
Werner Braun, Das Problem der Epochengliederung in der Musik. Erträge der Forschung, 73 (Darmstadt 1977)

Braun 1995
Werner Braun, Die Coburger Treue. Zur Traditionsgeschichte einer frühdeutschen Oper, in: Klaus Hortschansky/Konstanze Musketa (Hrsg.), Georg Friedrich Händel. Ein Lebensinhalt. Gedenkschrift für Bernd Baselt (1934–1993). Schriften des Händel-Hauses Halle, 11 (Halle 1995) 423–441.

Bublitz 1934
Ernst Bublitz, Germanenglaube im frühdeutschen Christentum. Reden und Aufsätze zum nordischen Gedanken, 20 (Leipzig 1934).

Dinklage 1941
Karl Dinklage, Zur deutschen Frühgeschichte Thüringens, in: Mannus 33, 1941, 480–507.

Dinklage 1941a
Karl Dinklage, Oberkrainer Deutschtum im Spiegel der karolingischen Bodenfunde, in: Carinthia (I) 131, 1941, 360–391.

Dinklage 1941b
Karl Dinklage, Die frühdeutschen Bodenfunde aus Krain und Untersteiermark, in: Germanenerbe 6, 1941, 69–80.

Dinklage 1941c
Karl Dinklage, Frühdeutsche Volkskultur der Ostmark im Spiegel der Bodenfunde von Untersteiermark und Krain, in: Mitteilungen der Anthropologischen Gesellschaft Wien 71, 1941, 235–259.

Dinklage 1943
Frühdeutsche Volkskultur in Kärnten und seinen Marken. Kleine Schriften des Instituts für Kärntner Landesforschung, 3 (Laibach 1943).

Donat/Herrmann 1973–1985
Peter Donat/Joachim Herrmann (Hrsg.), Corpus archäologischer Quellen zur Frühgeschichte auf dem Gebiet der Deutschen Demokratischen Republik (7. bis 12. Jahrhundert), Lfg. 1–4 (Berlin 1973–1985).

Elliger 1935
Walter Elliger, Gottes- und Schicksalsglauben im frühdeutschen Christentum. Kieler Universitätsreden, NF 6 (Hamburg 1935).

Franz 1944
Leonhard Franz, Die frühdeutschen Altertümer im Tiroler Landesmuseum zu Innsbruck. Alpenschriften, 4 (Innsbruck 1944).

Friesinger 1971–1977
Herwig Friesinger, Studien zur Archäologie der Slawen in Niederösterreich 1–2. Mitteilungen der prähistorischen Kommission der Österreichischen Akademie der Wissenschaften, 15/16, 17/18 (Wien 1971–1977).

Die frühdeutsche Oper 1981
Die frühdeutsche Oper und ihre Beziehungen zu Italien, England und Frankreich [Opernsymp. Hamburg 1978], in: Hamburger Jahrbuch für Musikwissenschaft 5, 1981, 7–111.

George 1998
Dieter George, Das Forchheimer Denkmal zur Königswahl 911. Der Frankenherzog und frühdeutsche König Konrad I. Ära und Bildnis eines Übergangs. Zur Übergabe am Donnerstag, dem 28. Mai 1998 (Forchheim 1998).

Giesler 1997
Jochen Giesler, Der Ostalpenraum vom 8. bis 11. Jahrhundert. Studien zu archäologischen und schriftlichen Zeugnissen 2. Historische Interpretation. Frühgeschichtliche und provinzialrömische Archäologie, Materialien und Forschungen, 1 (Rahden 1997).

Giesler 2001
Jochen Giesler, s. v. Köttlachkultur. In: Reallexikon der Germanischen Altertumskunde^2, Bd. 17 (Berlin/New York 2001) 155–161.

Grimm 1933
Paul Grimm, Frühdeutsche Gräberfunde bei Rohrborn, Kr. Weißensee, in: Nachrichtenblatt für deutsche Vorzeit 9, 1933, 98.

Grimm 1939
Paul Grimm, Hohenrode. Eine mittelalterliche Siedlung im Südharz. Veröffentlichungen der Landesanstalt für Volkheitskunde, 11 (Halle 1939).

Grimm 1959
Paul Grimm, Zur Entwicklung der frühmittelalterlichen deutschen Keramik in den Bezirken Halle und Magdeburg, in: Prähistorische Zeitschrift 37, 1959, 72–100.

Gringmuth-Dallmer 1995
Eike Gringmuth-Dallmer, Siedlungshistorische Voraussetzungen, Verlauf und Ergebnisse des hochmittelalterlichen Landesausbaus im östlichen Deutschland. In: Werner Rösener (Hrsg.), Grundherrschaft und bäuerliche Gesellschaft im Hochmittelalter. Veröffentlichungen des Max-Planck-Instituts für Geschichte, 115 (Göttingen 1995) 320–358.

Grünanger 1942
Carlo Grünanger, Einführung in die Geschichte der altgermanischen und der frühdeutschen Dichtung (Milano 1942).

Haller 1944
Johannes Haller, Von den Karolingern zu den Staufern. Die altdeutsche Kaiserzeit (900–1250) (Berlin ^{3}1944).

Hampe 1932
Karl Hampe, Das Hochmittelalter. Geschichte des Abendlandes von 900 bis 1250 (Berlin 1932).

Herrmann 1962
Joachim Herrmann, Köpenick. Ein Beitrag zur Frühgeschichte Groß-Berlins. Ergebnisse der archäologischen Stadtkernforschung in Berlin, 1. Deutsche Akademie der Wissenschaften Berlin, Schriften der Sektion für Vor- und Frühgeschichte, 12 (Berlin 1962).

Herzog 1992
Thomas Herzog, Zur Zeitstellung der frühdeutschen Tonware auf dem Gebiet der späteren Mark Brandenburg. Diskussionsbeitrag zu einem interdisziplinären Problem, in: Zeitschrift für Archäologie 26, 1992, 69–78.

Hlawitschka 1971
Eduard Hlawitschka (Hrsg.), Königswahl und Thronfolge in ottonisch-frühdeutscher Zeit. Wege der Forschung, 178 (Darmstadt 1971).

Hlawitschka 1989
Eduard Hlawitschka, Die Verbreitung des Namens Zwentibold in frühdeutscher Zeit. Personengeschichtliche Beobachtungen und Erwägungen. In: Klaus Matzel/Hans-Gert Roloff (Hrsg.), Festschrift Herbert Kolb (Bern u. a. 1989) 264–292.

Holtzmann 1941
Robert Holtzmann, Geschichte der sächsischen Kaiserzeit (900–1024) (München 1941).

Huber 1957
Wolfgang Huber, Das Textbuch der frühdeutschen Oper. Untersuchungen über literarische Voraussetzungen, stoffliche Grundlagen und Quellen, phil. Diss. (München 1957).

Jakubovitsch 1993
Hermann Jakubovitsch, Die Forschungsgeschichte des Faches Ur- und Frühgeschichte der Universität Wien und Innsbruck im Überblick. Mit einem Beitrag zur Forschungsgeschichte des Burgenlandes 1–2, phil. Diss. (Wien 1993).

Jochum-Godglück 1995
Christa Jochum-Godglück, Die orientierten Siedlungsnamen auf -heim, -hausen und -dorf im frühdeutschen Sprachraum und ihr Verhältnis zur fränkischen Fiskalorganisation (Frankfurt/ M. u. a. 1995).

Kämpf 1956
Hellmut Kämpf (Hrsg.), Die Entstehung des Deutschen Reiches (Deutschland um 900). Ausgewählte Aufsätze aus den Jahren 1928–1954. Wege der Forschung, 1 (Darmstadt 1956)

Kirsch 1994
Eberhard Kirsch, Die Keramik des 13. bis zum Anfang des 16. Jahrhunderts in Berlin-Brandenburg. Aus der Sammlung des Märkischen Museums (Berlin 1994).

Kirsch 1992
Kerstin Kirsch, Slawische und frühdeutsche Besiedlung um Chorin. Choriner Hefte, 2 (Chorin 1992).

Kirsch 1998
Kerstin Kirsch, Die östliche und südliche Uckermark in jungslawischer und frühdeutscher Zeit. In: Christian Lübke (Hrsg.), Struktur und Wandel im Früh- und Hochmittelalter. Eine Bestandsaufnahme aktueller Forschungen zur Germania Slavica. Forschungen zur Geschichte und Kultur des östlichen Mitteleuropas, 5 (Stuttgart 1998) 231–240.

Klápště 1998
Jan Klápště, Die Anfänge der jüngeren mittelalterlichen Keramik in Böhmen als kulturhistorisches Problem, in: Archeologické rozhledy 50, 1998, 138–158.

Knorr 1937
Heinz Arno Knorr, Die slawische Keramik zwischen Elbe und Oder. Einteilung und Zeitansetzung auf Grund der Münzgefäße. Mit einem kurzen Abriß der frühmittelalterlichen Keramik. Mannus-Bücherei, 58 (Leipzig 1937).

Konczak 1993
Reiner Konczak, Frühdeutsche Befestigungsanlagen als archäologische Bodendenkmäler im Landkreis Güstrow (Güstrow 1993).

Korošec 1979
P. Korošec, Zgodnjesvednjeveška arheološka slika karantanskih slovanov. Inštitut za arheologijo, dela 11 (Ljubljana 1979).

Krenn 1939
Karl Krenn, Das frühdeutsche Gräberfeld von Steinabrunn. Praehistorica, 6 (Leipzig 1939).

Krüger 1962
Bruno Krüger, Die Kietzsiedlungen im nördlichen Mitteleuropa. Beiträge der Archäologie zu ihrer Altersbestimmung und Wesensdeutung. Deutsche Akademie der Wissenschaften Berlin, Schriften der Sektion für Vor- und Frühgeschichte, 11 (Berlin 1962).

Lüdtke/Schietzel 2000
Hartwig Lüdtke/Kurt Schietzel (Hrsg.), Die mittelalterliche Keramik in Nordeuropa. Schriften des Archäologischen Landesmuseums, 6 (Neumünster 2000).

Luukkainen 1982
Matti Luukkainen, Untersuchungen zur morphematischen Transferenz im Frühdeutschen, dargestellt an den Tegernseer Vergilglossen. Ein Beitrag zur Transferenzlexikologie. Annales Academiae Scientiarum Fennicae, Dissertationes humanarum litterarum, 32 (Helsinki 1982).

Mangelsdorf 1994
Günter Mangelsdorf, Untersuchungen zur Formenkunde spätmittelalterlicher Keramik im westlichen Brandenburg. Europäische Hochschulschriften, 38/50 (Frankfurt/M. u. a. 1994).

Mangelsdorf 1995
Günter Mangelsdorf (Hrsg.), Die Insel Usedom in slawisch-frühdeutscher Zeit. Greifswalder Mitteilungen, 1 (Frankfurt/M. 1995).

Maurer 1952
Friedrich Maurer, Nordgermanen und Alemannen. Studien zur germanischen und frühdeutschen Sprachgeschichte, Stammes- und Volkskunde. Bibliotheca Germanica, 3 (Bern [3]1952).

Mulot 1935
Arno Mulot, Frühdeutsches Christentum. Die Christianisierung Deutschlands im Spiegel der ältesten deutschen Dichtung (Stuttgart 1935).

Potter 1998
Pamela Maxine Potter, Most German of the arts. Musicology and society from the Weimar republic to the end of Hitler's Reich (New Haven, London 1998).

Rempel 1940
Heinrich Rempel, Ein frühdeutsches Reitergrab aus der Gemarkung Henfstädt, Lkr. Hildburghausen, in: Mannus 32, 1940, 314–320.

Rempel 1954
Heinrich Rempel, Zur frühdeutschen Keramik des Landes Thüringen. In: Frühe Burgen und Städte. Beiträge zur Burgen- und Stadtkernforschung. Festschr. Wilhelm Unverzagt. Deutsche Akademie der Wissenschaften Berlin, Schriften der Sektion für Vor- und Frühgeschichte, 2 (Berlin 1954) 131–136.

Rempel 1959
Heinrich Rempel, Die frühdeutsche Keramik in Thüringen, in: Prähistorische Zeitschrift 37, 1959, 101–124

Rempel 1966
Heinrich Rempel, Reihengräberfriedhöfe des 8. bis 11. Jahrhunderts aus Sachsen-Anhalt, Sachsen und Thüringen. Deutsche Akademie der Wissenschaften Berlin, Schriften der Sektion für Vor- und Frühgeschichte, 20 (Berlin 1966).

Schirmer 1939
Erwin Schirmer, Die deutsche Irdenware des 11.–15. Jahrhunderts im engeren Mitteldeutschland. Irmin, 1 (Jena 1939).

Schmidt 1933–1934
Gustav Friedrich Schmidt, Die frühdeutsche Oper und die musikdramatische Kunst Georg Caspar Schürmann's, 2 Bde. (Regensburg 1933–1934).

Schmidt 1956
Günther Schmidt, Die Musik am Hofe der Markgrafen von Brandenburg-Ansbach vom ausgehenden Mittelalter bis 1806. Mit Beiträgen zur deutschen Choralpassion, frühdeutschen Oper und vorklassischen Kammermusik (Kassel 1956).

Schmidt 1989
Volker Schmidt, Das mittelalterliche Töpferhandwerk in Neubrandenburg. Schriften des Historischen Bezirksmuseums Neubrandenburg, 20 (Neubrandenburg 1989).

Schulze 1914
Paul Schulze, Die Entwicklung der Hauptlaster- und Haupttugendlehre von Gregor dem Großen bis Petrus Lombardus und ihr Einfluß auf die frühdeutsche Literatur, phil. Diss. (Greifswald 1914).

Šmid 1908
Walter Šmid, Altslovenische Gräber Krains, in: Museum Rudolfinum in Laibach. Bericht für das Jahr 1907 (Laibach 1908) 17–44.

Šmid 1925
Walter Šmid, Südsteiermark im Altertum (Graz 1925).

Sonderegger 1965
Stefan Sonderegger, St. Gallen an der Wiege der deutschen Sprache. Das Althochdeutsche von St. Gallen im Rahmen der frühdeutschen Sprach- und Überlieferungsgeschichte. In: Die Alpen in der europäischen Geschichte des Mittelalters. Vorträge und Forschungen, 10 (Stuttgart 1965) 160–183.

Stephan 1982
Hans-Georg Stephan, Die mittelalterliche Keramik in Norddeutschland. In: Aus dem Alltag der mittelalterlichen Stadt. Hefte des Focke-Museums, 62 (Bremen 1982) 65–122.

Tellenbach 1957
Gerd Tellenbach (Hrsg.), Studien und Vorarbeiten zur Geschichte des großfränkischen und frühdeutschen Adels. Forschungen zur oberrheinischen Landesgeschichte, 4 (Freiburg i. Br. 1957).

Timpel 1995
Wolfgang Timpel, Die früh- und hochmittelalterliche Keramik im westlichen Thüringen (8.–12. Jh.). Weimarer Monographien zur Ur- und Frühgeschichte, 33 (Stuttgart 1995).

Urban 1997
Otto H. Urban, „Er war der Mann zwischen den Fronten“. Oswald Menghin und das Urgeschichtliche Institut der Universität Wien während der Nazizeit, in: Archaeologia Austriaca 80, 1996 (1997) 1–24.

Vetter 1928
Walther Vetter, Das frühdeutsche Lied. Ausgewählte Kapitel aus der Entwicklungsgeschichte und Ästhetik des ein- und mehrstimmigen deutschen Kunstliedes im 17. Jahrhundert, 2 Bde. Universitas-Archiv, 8 (Münster 1928).

Werner 1971
Joachim Werner, Neue Analyse des Childerichgrabes von Tournai, in: Rheinische Vierteljahresblätter 35, 1971, 43–63.

Germanisch-Deutsch – RGA-E Band 34 – Seiten 309-323

On the Terms for Germanic Employed by Scandinavian Scholars in the 19th and 20th Centuries

by Hans Frede Nielsen

In his review of the second volume of *Mithridates oder allgemeine Sprachenkunde* from 1809 Rask accuses Adelung of giving an erroneous and inadequate account of the Scandinavian languages.[1] Rask is critical of Adelung's definition of the *Germanen*:[2]

> Ich nehme das Wort, wie bereits andere vor mir gethan haben, in seiner weitesten Bedeutung, so daß es alle an Herkunft, Sitten und Sprache genau verwandte Völker umfaßt, welche in den frühesten Zeiten von der Donau in Süden, bis in der äußersten Norden, und von dem Rheine in Westen bis an und über die Weichsel wohnten.

And he is especially dissatisfied with Adelung's classification of the Scandinavian tongues as dialects of *Niederdeutsch*, one of the two main branches of what by Adelung is called *Germanischer Sprach- und Völkerstamm*,[3] the other being *Oberdeutsch*. Rask objects that because of their specific passive forms, enclitic definite article, infinitive ending in a vowel, unaugmented verbs, etc., the Scandinavian languages diverge much more from *Niederdeutsch* than the latter branch does from *Oberdeutsch*. Instead of the grouping posited by Adelung, Rask operates with a division into two genetically related "Hauptclassen: die *nordische* (skandinavische), und *deutsche* (germanische)".[4]

In the Adelung review Rask offered no common label for designating the two major branches he identifies within the language family. But in his *Vejledning til det Islandske eller gamle Nordiske Sprog* published in 1811 (and written in 1809),[5] he argues in favour of *gotisk* "Gothic" as a name suitable for referring to the whole language family because the Goths were

---

1 Rask 1809.
2 Adelung 1809, 168.
3 Adelung 1809, 167–294.
4 Rask [1809] 1838, 453.
5 Cf. Hjelmslev 1941, 11–15.

the only tribe evidenced both north and south (of the Baltic) and the only people whose language in both places is known to be genuine branches of that great language family,[6] cf. below. *Germaner* (Lat. *Germani*) was a term used by the ancient Romans and one not applying to the ethnology of Scandinavia. In letters to Wilhelm and Jacob Grimm dated 20 August 1811,[7] Rask stresses the wider applicability of *gotisk* in comparison with *germanisk* "Germanic" (or *tysk* "German", extending his earlier argument by saying that *gotisk* is not the name of any specific dialect: in addition to what in Rask's terminology is called *möso-gotisk* "Möso-Gothic", there is *vest- og östgötisk* (or *-gotisk*) in Sweden.[8] Adelung's predilection for the label Germanic is denounced by Rask as (what in my translation he calls) a "far too patriotic abuse" of the term.[9]

Germani and *Germania* were, of course, terms used by Caesar and Tacitus with reference chiefly to the tribes and territory closest to Gaul. Jordanes, the sixth-century historian of the Goths, on the other hand, described the island of *Scandza* (Scandinavia) as the original homeland of the Goths. In Sweden, this led to an identification of the Goths with the Swedish *Götar*,[10] a historical speculation (now called Göticism) which was boosted during the romantic era in Sweden, cf. the foundation of *Götiska Förbundet* in 1811. To what extent was Rask influenced by Jordanes and the Swedish Göticism? In an article from 1816, Rask is careful to point out that Black-Sea Goths and *Götar* are different ethnological entities: the Goths were the main group whose idiom was a *germanisk* one, whereas the *Götar* are just an insignificant group speaking a dialect which had coalesced with that of the other Scandinavians. Even if Rask grants that the ancient tongue of the *Götar*, had it been retained, would have come closest to Gothic among the Scandinavian dialects, it is inconceivable that the great Gothic nation of southern Europe should have emigrated from such small and uninhabited areas as Öster- and Västergötland (or the island of Gotland). That Rask thus looked upon Jordanes and the speculative ideas of the Göticists with greater reservation[11] than might have been expected, should perhaps be attributed to the fact that he was a rationalist[12] – unlike, e. g., N. F. S. Grundtvig who in the introduction and

---

6 Rask 1811, viif. note.
7 Schmidt 1885, 93–95.
8 Schmidt 1885, 93.
9 Schmidt 1885, 93, cf. also Rask 1809 and 1811, xxxii note.
10 Lindroth 1981, 35–38 and Paul 1998, 461–466.
11 Cf. also Rask 1811, VII note.
12 Cf. Algot Sørensen 1999, 172f.

preface to his translation of *Beowulf* had no qualms about rendering[13] the *Geatas* (cf. *Götar*, ON *Gautar*) of the epic by *Gother* or about calling it "a Gothic heroic poem, not just because the hero is a Goth, but also because it is an artistic work in the same spirit and style as is called in the artistic world, Gothic."[14]

Let us move back on the main trail. In his famous prize essay *Undersögelse om det gamle Nordiske eller Islandske Sprogs Oprindelse* written in 1814[15] and published four years later, Rask repeats his views, distinguishing between a *nordisk* (or Scandinavian) language class and a *germanisk* one, the latter consisting of two branches: Saxon (or Low German) and German (or Upper German). It should be noted that Rask (again) links *möso-gotisk* to *germanisk* and (Upper) German,[16] and that he reserves the label *gotisk* for the entire language family north and south of the Baltic. Because of its narrowness, he rejects the use of *germanisk* in a generic sense in the same manner in which he rejects the term *tysk* (or *Deutsch*) as well as the compromise form *thiotisk* (or *Thiotisch*) proposed by Jacob Grimm.[17] In Rask's opinion, *thiotisk* (*Thiotisch*) is far too close to *tysk* (*Deutsch*).[18] At an early point, Jacob Grimm had dissociated himself from Rask's employment of *Gotisch* (*gotisk*), taking it to refer to a very specific tribe only.[19] In the first volume of his *Deutsche Grammatik* (1819), Grimm abandoned any intention he might have had of placating Rask, using the term *Deutsch* in this and subsequent works in the sense in which Germanic is being used today. Other German scholars followed suit, even if some preferred *Germanisch* as Franz Bopp had done in 1816 when he published his pioneer work *Conjugationssystem der Sanskritsprache in Vergleichung mit jenem der griechischen, lateinischen, persischen und germanischen Sprache*.[20] Rask stuck to his own terminology. He used it, for instance, in *Angelsaksisk Sproglære*;[21] in the preface to *Frisisk Sproglære*;[22] in his review of Grimm 1822 and 1826;[23] and especially in his rejoinder[24] to Jacob Grimm's

[13] Grundtvig 1820, 316.
[14] Grundtvig 1820, LIf.; Shippey/Haarder 1998, 161.
[15] Hjelmslev 1941, 172f.
[16] Rask 1818, 64f.
[17] Cf. Rask 1818, 70f.; cf. also Rask's letter to J. Grimm 20 August 1811 referred to above and J. Grimm's review (1812) of Rask's *Vejledning* (1811).
[18] Cf. Schmidt 1885, 95.
[19] Grimm 1819, xxxviii.
[20] Cf. Baudusch 1963, 86.
[21] Rask 1817, 32.
[22] Rask 1825, 13f.
[23] Rask [1830] 1836, 443–450.
[24] Rask 1826.

review of Rask's *Frisisk Sproglære* (1825), which led to a severance of both the correspondence and friendship between Rask and the Grimm brothers.[25]

The early nineteenth century in Denmark was a period of growing nationalism.[26] After the loss of Norway in 1814, Danish national feeling, to a considerable extent, centred on establishing a national state that included Slesvig as far south as the river Eider. The Germans, or initially the Schleswig-Holstein side, argued in favour of the *Urdeutschheit* of Slesvig, saying that the province was ancient West Germanic (i. e. German) territory inhabited by the Angles prior to their departure for Britain in the fifth century.[27] This conflict had serious repercussions for the scholarly debates on, first, the ethnological affiliations of the Anglo-Saxon *Beowulf* epic[28] and, later, the linguistic provenance of the Gallehus gold horn legend, a runic item originally discovered near Tønder just north of the present Dano-German border.[29] In this light, the anti-German feelings[30] one occasionally senses in, e. g., Rask's writings, come as no surprise. Neither does, in fact, Rask's utter rejection of extending the terms *germanisk* and *tysk* (or *Deutsch*) to include the Scandinavian languages.

Through his scrutiny of the Gallehus inscription and the other runic monuments carved in the 24-letter older futhark, Ludvig Wimmer, the leading Danish runologist during the latter half of the nineteenth century, became heavily involved in the philological aspects of the Slesvig issue by classifying the language of Gallehus as Nordic. What concerns us here, is that in papers from 1867 and 1868 he took over Rask's model and terminology for grouping the *gotiske* language family, which he divided up into *nordisk* and *germansk*, the latter branch being subdivided into *over- og neder-germansk* "Upper and Lower Germanic".[31] In his paper from 1868, sticking to Rask's model, he uses (partly) alternative terms such as *fællesgotisk* "Common Gothic" for *gotisk*, *gotisk-germansk* "Gothic-Germanic" for *germansk*[32] and *vestgermansk* "West Germanic" for *germansk* minus Wulfila's Gothic,[33] variations which

25 Cf. Schmidt 1885, XIf., 126. For detailed accounts of the Rask-Grimm relationship, see Baudusch 1963 and Sonderegger 1986.
26 Cf. Winge 2000, 12, 85–90.
27 Adriansen 1996, 120–123.
28 Shippey/Haarder 1998, 16–20; cf. also the remarks on Grundtvig above.
29 Nielsen 2000, 41–48.
30 Cf. Winge 1991, 138–149 and Algot Sørensen 1999, 172.
31 Wimmer 1867, 12f.
32 Wimmer 1868, 303.
33 Wimmer 1868, 299f.

suggest that Rask's terminology may have been a little bit awkward to handle at this point, more than fifty years after it had been coined, cf. also below.

Up in Norway P. A. Munch[34] rejected both Grimm's extension of the content of *Deutsch* on the grounds that the underlying term (cf. ON *Þýðiskr*, *Þýðverskr*) had never been attested in Scandinavia in this meaning and Rask's comprehensive use of the label *gotisk*,[35] *gotisk* being just a specific designation for a single branch of the *tydske* "German" or *ikke-nordiske* "non-Nordic" main trunk. Instead, Munch finds it most convenient and unequivocal to employ the term *germanisk* in a generic sense,[36] because the ethnological entity *Germani* – as employed by the Romans – referred to tribes on the Continent (cf. *Cherusci* and *Chatti*) as well as in Scandinavia (cf. *Suiones*). Munch operates with four branches of Germanic:[37] Lower German, Upper German, Gothic and Nordic, but on closer examination he prefers to divide the language family into just two main classes: *nordisk* and *tydsk* (with Gothic in addition to Upper and Lower German), certain linguistic features being restricted to *nordisk* only. It is significant that Munch uses *nordgermanisk* "North Germanic" and *sydgermanisk* "South Germanic" as alternative designations for *nordisk* and *tydsk*.[38]

Munch's predilection for *germanisk* as a comprehensive linguistic and ethnological term should undoubtedly be seen in conjunction with his political ideology. Not only was he a nationalist deeply concerned with Norway's historical past, but he was a Pan-Germanicist, too, as he himself acknowledges in letters to Jacob Grimm dated 1 May 1849 and 13 June 1850.[39] Munch's Pan-Germanic sentiments were by no means shared by all his fellow countrymen,[40] but in 1872 the Norwegian writer Bjørnstjerne Bjørnson, who in 1863–1864 had supported the Danish and Scandinavianist side in the Slesvig conflict, emerged on the scene as a fully-fledged Pan-Germanicist, using the term *germansk* in an ethnic sense.[41]

In Sweden not much philological activity had been going on between the epoch of Johan Ihre in the eighteenth century and the second and third quar-

---

[34] Munch [1848] 1873, 419f.
[35] Cf. also Munch's letter to Jacob Grimm of 28 April 1847 (Schmidt 1885, 219).
[36] Cf. also Munch [1846] 1873, 225–227.
[37] Munch [1848] 1873, 421.
[38] Munch [1848] 1873, 422–429.
[39] Schmidt 1885, 229f., 233–236; cf. also Sørensen 1998, 105–107; Meulengracht Sørensen 1999, 151–153; and Nielsen 2000, 43f.
[40] Cf. Sørensen 1998, 105 and Schütte 1917, 40, 45f., 53.
[41] Sørensen 1998, 107–112 and Schütte 1917, 46–52.

ters of the nineteenth century when philologists such as J. G. Liljegren, Johan Erik Rydqvist, Carl Fredrik Säve, and Anders Uppström began to show interest in, for example, the runic inscriptions, Old Swedish and historical lexicography.[42] Rydqvist's great linguistic example was Jacob Grimm, whom he had met personally.[43] Along with Uppström, a younger colleague, Rydqvist kept up regular correspondence with Grimm,[44] both Swedish scholars appearing to have been left unaffected by the Scandinavianist cause in relation to Slesvig. In a letter dated 26 November 1850 Rydqvist, significantly, called Grimm "den Germaniska språkforskningens Linné" ("the Linné of the Germanic linguistic science").[45] It is noteworthy, too, that Uppström, who as editor of the *Codex Argenteus* was deeply engrossed in the study of Gothic,[46] insisted on calling that ancient language *Götisk* and its speakers *Göterna*.[47]

It might finally be mentioned that in Finland Germanic was employed in its present-day sense by, for instance, J. A. Lindström in a book entitled *Om den keltisk-germaniska kulturens inverkan på finska folket* (Tavastehus [Hämeenlinna], 1859).

While the generic use of the term Germanic was more or less unproblematic to (Fenno-)Swedish and Norwegian scholars and remained so after the turn of the century,[48] Rask's terminology lingered on for a while in Denmark. Vilhelm Thomsen called his doctoral dissertation from 1869 *Den gotiske sprogklasses indflydelse på den finske*; Verner Dahlerup listed *gotisk* as an alternative to *germansk* in his Danish language history (1896, 1); and as late as in 1916 Axel Olrik argued in favour of Rask's use of the label Gothic (1916, 158–160): unlike the names *Germaner* (Lat. *Germani*) and *Germania* which highlighted tribal contacts with the Romans, the term *gotisk* has "hjemlig klang" ("a familiar ring") because it is the only one among the generic terms proposed which "rent og skært tilhører vor folkegrens eget sprogstof" ("purely and simply belongs to the indigenous linguistic material of our ethnic group").

---

42 Cf. Raumer 1870, 733f.

43 Loman 1986, 131–133.

44 Schmidt 1885, 247–258, 272–307.

45 Schmidt 1885, 251, cf. also Loman 1986, 132.

46 Raumer 1870, 689 and Kleberg 1981, 22f.

47 For examples, see Schmidt 1885, 287f., 291, 298, 303 and 306; cf. also the Swedish romantic concept of Göticism mentioned earlier in this paper.

48 Cf. e. g. Noreen (1913, 1; 1970, 1f.), Wessén (1975, 8), Seip (1955, 3) and Torp (1998, 13) who all operate with a Germanic language family consisting of East Germanic (Gothic), West Germanic and North Germanic (Nordic).

Before eventually accepting what became the mainstream international terminology in this field, different approaches were made by Danish scholars to cope with the problem. An attempt at a compromise solution can be seen in Vilhelm Thomsen's *Sprogvidenskabens historie* from 1902, where the author calls the whole language family the *gotisk-germanske* "Gothic-Germanic" languages[49] in contradistinction to Wimmer[50] to whom, as we saw earlier, *gotisk-germansk* was just a variant expression for *germansk* in Rask's sense. Axel Olrik suggests that the professor of religious history in the University of Copenhagen (Vilhelm Grønbech) preferred to bury his head in the sand by not assigning any ethnic name to the people accounted for in his multi-volume work, *Vor Folkeæt* (*i Oldtiden*, Vols. 1–4).[51] But Olrik is not right here. In several places the professor in question uses the term *Germaner*. In fact, the very first sentence in his work goes like this: "Under navnet Germaner sammenfatter vi den folkestamme hvoraf vi Nordboer, Tyskere og Englændere er forgreninger." ("*Germaner* is the designation we use for comprising the tribal group of which we Scandinavians, (the) Germans and (the) English are component parts.")[52]

An uncompromising line of action was pursued by Gudmund Schütte. While noting that "the use of the name Goths as a group is limited almost entirely to Denmark",[53] Schütte chooses to adopt "the classical form 'Guttones, Gothones'" and the derived adjective "Gotthonic"[54] or "Gothonic"[55] "to avoid ambiguity", an advantage which Gothonic holds in comparison with, e. g., Germanic as well. Schütte elaborates his point by stating that Gothonic, though of classical ancestry, "has been so little used that there are no undesired associations attached to it."[56] The terminological innovation launched by Schütte was coined as early as in 1910,[57] and he stuck to it until his death in 1958. An obituary published in *Danske Studier* stresses the pride taken by Schütte in having invented the name *gottonsk* "Gothonic" in substitution for Germanic.[58] But the term gained little currency beyond the work

[49] Thomsen 1902, 51, 55, cf. also Schütte 1912, 87, 93.
[50] Wimmer 1868, 303.
[51] Olrik 1916, 160.
[52] Grønbech 1909, 1.
[53] Schütte 1912, 93.
[54] Schütte 1912, 93.
[55] Schütte 1917a, XIVf.
[56] Schütte 1912, 97.
[57] Schütte 1912, 95.
[58] *Danske Studier* 1959, 108.

of Danish scholars (some of whom disapproved of the new label, e. g. Olrik).[59] Otto Jespersen used the new adjective repeatedly,[60] granting that it was more unequivocal than any alternative proposed.[61] For reasons of clarity Peter Skautrup adopted *gottonsk* as well to designate what (significantly, cf. Rask) he describes as the *nordisk-germanske* "Nordic-Germanic" language family.[62] The latest Danish scholar who, to my knowledge, has employed *gottonsk* (and *gottoner*) generically, is Andreas Haarder, who emphasizes the more sharply defined meaning of the word than that pertaining to *germansk* (and *germaner*).[63]

Despite the terminological disagreements discussed above, it is not difficult to find nineteenth-century Danish philologists using Germanic in the modern sense. Cases in point are Jakob Bredsdorff who in 1833 insisted on operating with *den germaniske Sprogstamme* as a generic concept synonymous with with *germanisk-skandinavisk*;[64] C. A. E. Jessen;[65] and Karl Verner. The last-mentioned scholar employed the term in, e. g., his letter to Vilhelm Thomsen dated 1 May 1875 where the theory which was to become known as Verner's Law was first propounded,[66] and in his famous paper on the same topic published a year later.[67]

But the generic use of Germanic did not become widespread in Denmark until a few years after the turn of the century, when it found its way into, for example, the fifth and subsequent editions of *Saabys Retskrivningsordbog*;[68] Brøndum-Nielsen's *Gammeldansk Grammatik*, the first volume of which was published in 1928; and into the terminology employed by Holger Pedersen, Louis Hjelmslev and Paul Diderichsen.[69] But Brøndum-Nielsen's acceptance of *germansk* did not lead him to replace *nordisk* with *nordgermansk*,[70] a form adduced as a variant by P. K. Thorsen.[71]

In his survey of the history of the Danish language serving as an introduc-

---

59 Olrik 1916, 158.
60 Jespersen 1918, 65–69; 1922, 42; and 1941, 19.
61 Jespersen 1918, 65.
62 Skautrup 1944, 6.
63 Haarder 1979, 144.
64 Bredsdorff [1833] 1933, 46 with note.
65 Jessen 1861, 165–169.
66 Vibæk 1903, 282–297.
67 *Kuhns Zeitschrift* 23 (1876), 97–130, cf. Vibæk 1903, 1–45.
68 Thorsen 1909, IV; 1913, IV; 1918, VII; and 1919, VII.
69 Cf. Baudusch 1963, 86f.
70 See, e. g., Brøndum-Nielsen 1950, 103.
71 Thorsen 1918, VII and 1919, VII.

tion to *Nudansk ordbog*, Allan Karker sticks exclusively to the label *nordisk* although he designates the other branches of the Germanic language family as West and East Germanic.[72] In 1996 he published an extended version of his survey as a book in its own right, and it is interesting that Karker uses *nord-germansk* and *nordisk* as alternative terms.[73] In 2000 Karker's survey was adapted for *Politikens Etymologisk Ordbog*, the Germanic languages being divided into *nordgermansk* (= *nordisk*), *vestgermansk* and *østgermansk*.[74] The table below summarizes our findings.

Acknowledgements

I would like to thank Heinrich Beck, Klaus Düwel, Andreas Haarder, Henrik Galberg Jacobsen, Arne Juul and Povl Skårup, who, to the benefit of this paper, have kindly provided me with references and other useful information or advice.

---

72 Karker 1972, 17.
73 Karker 1996, 24.
74 Katlev 2000, 17–20.

Name	Germanic	North Gmc.	West Gmc.
Adelung	Germanisch		
Rask 1809		Nordisch	Deutsch (Germanisch)
Rask 1811	gotisk	nordisk	tysk (germanisk)
Rask 1818	gotisk	nordisk	germanisk
Grimm 1812	Thiotisch, Germanisch		
Grimm 1819	Deutsch		
Bopp 1816	Germanisch		
Wimmer 1867	gotisk	nordisk	germansk
Wimmer 1868	fællesgotisk	nordisk	vestgerm.
Munch 1848	germanisk	nordisk (nordgerm.)	tydsk (sydgerm.)
Rydqvist 1850	germanisk		
Lindström 1859	germanisk		
Seip 1955	germansk	nordisk, nordgermansk	vestgermansk
Noreen 1970	Germanisch	Nordgerm., Nordisch	Westgerm.
Thomsen 1869	gotisk		
Thomsen 1902	gotisk-germansk		
Olrik 1916	gotisk		
Schütte 1912 ff.	Go(t)thonic, gottonsk		
Jespersen 1918 ff.	gottonsk, Gothonic		
Skautrup 1944	gottonsk	nordisk	vestgermansk
Haarder 1979	gottonsk		
Bredsdorff 1833	germanisk		
Jessen 1861	germansk		
Verner 1875, 1876	germansk		
Thorsen 1909 ff.	germansk	nordisk (nordgerm.)	
Brøndum-Nielsen 1928	germansk	nordisk	
Karker 1972	germansk	nordisk	vestgermansk
Katlev 2000	germansk	nordgermansk (= nordisk)	vestgermansk

Bibliography

Adelung 1809
Johann C. Adelung, Mithridates oder allgemeine Sprachenkunde, Vol. 2 (Berlin 1809).

Adriansen 1996
Inge Adriansen, "Jyllands formodede tyskhed i oldtiden" – den dansk-tyske strid om Sønderjyllands urbefolkning, in: Else Roesdahl/Preben Meulengracht Sørensen (eds.), The Waking of Angantyr (Århus 1996) 120–146.

Algot Sørensen 1999
Bengt Algot Sørensen, Die Anfänge der deutschen Germanistik – aus nordischer Sicht, in: Frank Fürbeth et al. (eds.), Zur Geschichte und Problematik der Nationalphilologien in Europa (Tübingen 1999) 169–180.

Baudusch 1963
Renate Baudusch, Germanisch – gotisch – deutsch, in: Zeitschrift für deutsche Wortforschung 19 (N. F. 4), 1963, 75–87.

Bredsdorff [1833] 1933
Jakob H. Bredsdorff, Om Forholdet mellem de forskjellige Grene af den germaniske Sprogstamme, in: Jørgen Glahder (ed.), J. H. Bredsdorffs udvalgte Afhandlinger inden for Sprogvidenskab og Runologi (København 1933) 41–76.

Brøndum-Nielsen 1950
Johannes Brøndum-Nielsen, Gammeldansk Grammatik, Vol. 1 (København ^{2}1950).

Dahlerup 1896
Verner Dahlerup, Det danske Sprogs Historie i almenfattelig Fremstilling (København 1896).

Grimm 1812
Jacob Grimm, Review of Rask 1811, in: Allgemeine Literatur-Zeitung. Halle, 8 February 1812, Nos. 31–34.

Grimm 1819
Jacob Grimm, Deutsche Grammatik, Vol. 1 (Göttingen 1819).

Grimm 1822
Jacob Grimm, Deutsche Grammatik, Vol. 1 (Göttingen ^{2}1822).

Grimm 1826
Jacob Grimm, Deutsche Grammatik, Vol. 2 (Göttingen 1826).

Grønbech 1909–1912
Vilhelm Grønbech, Vor Folkeæt i Oldtiden, Vols. 1–4 (København 1909–1912).

Grundtvig 1820
Nikolai F. S. Grundtvig, Bjowulfs Drape. Et Gothisk Helte-Digt fra forrige Aar-Tusinde af Angel-Saxisk paa Danske Riim (Kjøbenhavn 1820).

Haarder 1979
Andreas Haarder, Det episke liv (København 1979).

Hjelmslev 1941
Louis Hjelmslev, Breve fra og til Rasmus Rask, Vol. 1 1805–1819 (København 1941).

Jespersen 1918
Otto Jespersen, Rasmus Rask (Kjøbenhavn 1918).

Jespersen 1922
Otto Jespersen, Language. Its Nature, Development and Origin (London 1922).

Jespersen 1941
Otto Jespersen, Efficiency in Linguistic Change (Copenhagen 1941).

Jessen 1861
C. A. E. Jessen, Om J. Grimms lydfremskydningslære ("die lautverschiebung"), in: Tidskrift for Philologi og Pædagogik 2, 1861, 165–171.

Karker 1972
Allan Karker, Sproghistorisk oversigt, in: Nudansk ordbog, Vols. 1–2 (København [7]1972) 14–32.

Karker 1996
Allan Karker, Politikens Sproghistorie. Udviklingslinjer før nudansk (København 1996).

Katlev 2000
Jan Katlev, Politikens Etymologisk Ordbog (København 2000).

Kleberg 1981
Tönnes Kleberg, Codex Argenteus. Silverbibeln i Uppsala (Uppsala [3]1981).

Lindroth 1981
Sten Lindroth, Göticismen, in: Kulturhistorisk Leksikon for Nordisk Middelalder, Vol. 6 (København [2]1981) cols. 35–38.

Loman 1986
Bengt Loman, Rydqvist, Grimm och verbet, in: Hans-Peter Naumann et al. (eds.), Festschrift für Oskar Bandle (Basel 1986) 131–140.

Meulengracht Sørensen 1999
Preben Meulengracht Sørensen, Sprachwissenschaft und Nationalismus im Skandinavien des 19. Jahrhunderts, in: Frank Fürbeth et al. (eds.), Zur Geschichte und Problematik der Nationalphilologien in Europa (Tübingen 1999) 147–156.

Munch [1846] 1873
Peter A. Munch, Sproghistorisk Undersøgelse om det ældste fælles-nordiske Sprogs Udseende, og Forsøg til at bestemme den olddanske og oldsvenske Mundarts normale Orthographi, Grammatik og rette Forhold til Norrøna-Mundarten, in: Gustav Storm (ed.), Peter A. Munch. Samlede Afhandlinger, Vol. 1 (Christiania 1873) 223–273.

Munch [1848] 1873
Peter A. Munch, Undersøgelse angaaende Danmarks ethnografiske Forhold i de ældste Tider og om Eensartetheden i Danmarks Befolkning, in: Gustav Storm (ed.), Peter A. Munch. Samlede Afhandlinger, Vol. 1 (Christiania 1873) 417–505.

Nielsen 2000
Hans F. Nielsen, The Early Runic Language of Scandinavia. Studies in Germanic Dialect Geography (Heidelberg 2000).

Noreen 1913
Adolf Noreen, Geschichte der Nordischen Sprachen (Strassburg ^{3}1913).

Noreen 1970
Adolf Noreen, Altnordische Grammatik, Vol. 1 (Tübingen ^{5}1970).

Olrik 1916
Axel Olrik, "Arisk" og "gotisk", in: Danske Studier, 1916, 157–160.

Paul 1998
F. Paul, Gotizismus, in: Reallexikon der Germanischen Altertumskunde 12 (Berlin/New York ^{2}1998) 461–466.

Rask 1809
Rasmus K. Rask, Bemerkungen über die skandinavischen Sprachen veranlaßt durch den zweiten Theil des Adelungschen Mithridates, in: Zeitung für Litteratur und Kunst in den königlichen Dänischen Staaten, Vol. 3.1 (Kiel 1809) Nos. 4–6, 13a-15b and 17a-24a. Reprinted in: Samlede Afhandlinger, Vol. 3, 1838, 445–466.

Rask 1811
Rasmus K. Rask, Vejledning til det Islandske eller gamle Nordiske Sprog (Kjøbenhavn 1811).

Rask 1816
Rasmus K. Rask, Om Striden angående Sproget i Ulphilas gotiske Bibeloversættelse, in: Fyns Landemodes Forhandlinger. Reprinted in: Samlede Afhandlinger, Vol. 3, 1838, 240–244.

Rask 1817
Rasmus K. Rask, Angelsaksisk Sproglære tilligemed en kort Læsebog (Stokholm 1817).

Rask 1818
Rasmus K. Rask, Undersögelse om det gamle Nordiske eller Islandske Sprogs Oprindelse (Kjöbenhavn 1818).

Rask 1825
Rasmus K. Rask, Frisisk Sproglære (København 1825).

Rask 1826
Rasmus K. Rask, Modbemærkninger ved Anmældelsen af min frisiske Sproglære i Götting. gel. Anz. 1826 Nr. 9–12, in: Hermod 1826, 73–80, 83–96, 98–100. Reprinted in: Samlede Afhandlinger, Vol. 3, 1838, 198–234.

Rask 1830
Rasmus K. Rask, Review of Grimm 1822 and 1826, in: Foreign Review and Continental Miscellany (London) 5, 1830, 493–500. Reprinted in: Samlede Afhandlinger, Vol. 2, 1836, 442–462.

Rask 1834–1838
Rasmus K. Rask, Samlede tildels forhen utrykte Afhandlinger (ed. Hans K. Rask), Vols. 1–3 (København 1834–1838).

Raumer 1870
Rudolf von Raumer, Geschichte der Germanischen Philologie (München 1870).

Schmidt 1885
Ernst Schmidt, Briefwechsel der Gebrüder Grimm mit nordischen Gelehrten (Berlin 1885).

Schütte 1912
Gudmund Schütte, Gotthonic Names, in: Publications of the Society for the Advancement of Scandinavian Study, Vol. 1 (Urbana, Illinois, December 1912) 69–98.

Schütte 1917
Gudmund Schütte, Pangermanismen i Norge, in: Samtiden. Tidsskrift for Politik, Literatur og Samfundsspørsmaal 28, 1917, 38–59.

Schütte 1917a
Gudmund Schütte, Ptolemy's Maps of Northern Europe. (Kjøbenhavn 1917).

Seip 1955
Didrik A. Seip, Norsk språkhistorie til omkring 1370 (Oslo ^{2}1955).

Shippey/Haarder 1998
T. A. Shippey/Andreas Haarder, Beowulf: The Critical Heritage (London 1998).

Skautrup 1944
Peter Skautrup, Det danske sprogs historie, Vol. 1 (København 1944).

Sonderegger 1986
Stefan Sonderegger, Rasmus Kristian Rask und die Brüder Jacob und Wilhelm Grimm, in: Hans-Peter Naumann et al. (eds.), Festschrift für Oskar Bandle (Basel 1986) 115–130.

Sørensen 1998
Øystein Sørensen, Bjørnson og pangermanismen, in: Ragnhild Sigurdsøn/Arve T. Thorsen (eds.), Tyskland og vi. Essaysamling (Oslo 1998) 105–113.

Thomsen 1869
Vilhelm Thomsen, Den gotiske sprogklasses indflydelse på den finske (København 1869).

Thomsen 1902
Vilhelm Thomsen, Sprogvidenskabens historie (København 1902).

Thorsen 1909
Peder K. Thorsen, Saabys Retskrivningsordbog (København ^{5}1909; ^{6}1913; ^{7}1918; ^{8}1919).

Torp 1998
Arne Torp, Nordiske språk i nordisk og germansk perspektiv (Oslo 1998).

Vibæk 1903
Marius Vibæk, Karl Verner. Afhandlinger og breve (København 1903).

Wessén 1975
Elias Wessén, De nordiska språken (Stockholm ^{10}1975).

Wimmer 1867
Ludvig Wimmer, De ældste nordiske runeindskrifter, in: Aarbøger for nordisk Oldkyndighed og Historie, 1867, 1–64.

Wimmer 1868
Ludvig Wimmer, Den historiske sprogforskning og modersmålet, in: Aarbøger for nordisk Oldkyndighed og Historie, 1868, 257–312.

Winge 1991
Vibeke Winge, Dansk og tysk 1790–1848, in: Ole Feldbæk (ed.), Dansk Identitetshistorie, Vol. 2 (København 1991) 110–149.

Winge 2000
Vibeke Winge, Pebersvend og poltergejst. Tysk indflydelse på dansk (København 2000).

Germanisch-Deutsch – RGA-E Band 34 – Seiten 325-341

Germanen, Deutsche und Teutonen in der englischsprachigen Geistesgeschichte

von THOMAS A. SHIPPEY

Die englischsprachige Terminologie zu Germanen, Deutschen und Teutonen ist historisch verwirrend. Anstatt zu versuchen, den Gründen dieser Verwirrung nachzuspüren, möchte ich eine konzise historische Skizze zeichnen, um basierend darauf die den verschiedenen Termini zugrundeliegenden Prinzipien und Ansichten zu erklären.

Im Gegenwartsenglisch wird Deutschland „Germany" genannt, die Deutschen sind „the Germans". „Dutch" bezeichnet die Sprache und das Volk der Niederlande, wenngleich das Land im Englischen normalerweise (und fälschlich) „Holland" genannt wird. Das Wort „Germanic" wird nur von einer gebildeten Elite und besonders von Sprachforschern gebraucht, um die west-, nord- und ausgestorbenen ost-germanischen Sprachen zu bezeichnen. Das Wort erscheint in diesem Sinne, d. h. in der erweiterten Bedeutung als „German", erst im Jahre 1841. Das Wort „Teutonic", das früher mit „High-dutch" gleichgesetzt wurde, erwarb etwa zur gleichen Zeit dieselbe breitere Bedeutung und wird oft an Stelle von „Germanic" verwendet (um – nach dem *Oxford English Dictionary* – eine mögliche Doppeldeutigkeit mit „German" zu vermeiden).[1]

Diese etwas unlogische Situation entstand erst vor relativ kurzer Zeit. In den frühesten englischen Sprachzeugnissen gab es das ae. mit „deutsch" verwandte Wort *theodisc*, das nur selten verwendet wurde. Prof. Haubrichs hat bereits darauf hingewiesen, daß es „eine Sprache" zu bedeuten scheint, d. h., es meint alle nicht-lateinischen Sprachen. Ein Beispiel für diese Verwendung findet sich in König Alfreds Boethius-Übersetzung, „þeah hit nu gebyrige ðæt ða utemestan ðioda eowran naman up ahebban ond on manig ðeodisc eow herigen …" („Wenn es auch geschehen sollte, daß die äußersten Völker

---

[1] Vgl. für alle diskutierten Wörter die entsprechenden Stichwörter im *Oxford English Dictionary* 1989.

Ihren Namen preisen und Ihnen in vielen Sprachen huldigen ...").[2] Das Wort „Germania“ wurde im Ae. ebenfalls verwendet, stammt aber immer aus lateinischen Quellen, wie z. B. in Bedas berühmtem Bericht vom „adventus saxonum“, „Aduenerant autem de tribus Germaniae populis fortioribus, id est Saxonibus, Anglis, Iutis“,[3] in der anonymen ae. Übersetzung „Comon hi of þrim folcum ðam strangestan Germanie, þæt of Seaxum ond of Angle ond of Geatum.“[4] Die frühen Engländer nannten sich *Engle* oder *Seaxe*, ihre Sprache aber stets *englisc*, nie **seaxisc*, und sogar die Westsachsen bezeichneten sich selbst als *Angelcynn*.[5] Sie waren sich aber ihrer sprachlichem Verwandtschaft mit den Friesen bewußt und hielten außerdem an einer „Rassenverbindung“ mit den kontinentalen Sachsen (oder Alt-Sachsen) fest, wie aus den Briefen des hl. Bonifatius hervorgeht. Bonifatius bat das englische Volk, für die Bekehrung der heidnischen Sachsen zu beten: „conuertat ad catholicam fidem corda paganorum Saxonum [...] Miseremini illorum, quia et ipsi solent dicere, De uno sanguine et de uno osse sumus.“[6] Wie andere germanische Volksstämme benötigten auch die Angelsachsen einen Ausdruck für „fremde Leute“, wie es ebenfalls bereits von Prof. Haubrichs diskutiert wurde. Im Ae. bezeichnete das Adjektiv *wealisc*, im An. *valskr*, im Deutschen „welsch“ „the Welsh“, das keltische Volk, die Franzosen und die Italiener – also die romanischen Völker. Die allgemeine Bedeutung des Substantivs *Wealh* usw. scheint „Sprecher einer nicht-germanischen Sprache“ gewesen zu sein, was vielleicht auf ein – wenn auch vages – Gefühl von Sprachen- und Rassenverwandtschaft hinweisen könnte.

Während der me. Periode ist die englische Terminologie wechselhaft. Das Wort „Germanye“ wird ziemlich häufig verwendet, manchmal mit „Saxonye“ gleichgesetzt. Der Schriftsteller Ranulf Higden unterscheidet in seinem *Polychronicon* (um 1475) „Superior“ von „Inferior Germany“, und meint, letzteres werde auch „Almayne“ genannt:

> There be ij Germanyes; the superior whiche extendethe vn to Alpes to the bosome of the see Adriatike. And the inferior Germanye, towarde the weste, is abowte the floode called Renus, which is called commonly Almayne.[7]

„Teutonye“ existierte ebenfalls, tritt aber nur selten auf. Einige Verse von

2 Sedgefield 1899, 46.
3 Colgrave/Mynors 1969, 50.
4 Miller 1890, 52.
5 S. ferner Wormald 1983.
6 Rau 1968, Brief 46.
7 S. *Middle English Dictionary* 1952, s. v. Germani(e).

Capgraves *Life of St. Norbert* (um 1440) zeigen, daß er die genaue Bedeutung des Worts nicht kannte und zu dem Schluß kam, „Teutonye“ sei ein Ort in Deutschland:

> This mannys name Norbert thoo þei called
> Of Teutonye nacioun, the story seith rith soo.
> Whech word made me of stody al appalled;
> For whethir it is a citye weel iwalled,
> Or ellis a cuntre, auctoris touch him nowt.
> But aftirward, whann I was bettir beþowt
> I supposed þan þis cuntre stant in Germayne,
> Because this man of whech we haue now told
> Was sumtyme dwelling in the cite of Colayne.[8]

In der frühen Neuzeit war das gemeine Wort aller Wahrscheinlichkeit nach ein Lehnwort aus dem M. Niederländischen „Dutch“. „Dutch-land“ bezeichnete aber nicht nur Flandern und die heutigen Niederlande, sondern auch Deutschland und sogar Dänemark.[9] Im großen und ganzen stimmen im Englischen dieser Zeit die Ausdrücke „High-Dutch“ und „Low-Dutch“ mit den deutschen Termini „Hochdeutsch“ und „Niederdeutsch“ einigermaßen überein. Erst die Entwicklung des Wortes „German“ im modernen Sinne vom 17. Jahrhundert an machte dieser Konvention ein Ende. Die alte, weit verbreitete Bedeutung von „Dutch“ blieb unter weniger gebildeten Sprechern über lange Zeit erhalten, besonders in Amerika und im Bereich der Seefahrt. Bis in das 20. Jahrhundert verwendeten britische Matrosen das Wort „Dutchman“, um irgendeinen ausländischen Seemann aus Nordeuropa zu bezeichnen, d. h. Niederländer, Deutsche, Dänen, Schweden und sogar Russen – nie aber Finnen, die man immer getrennt kategorisierte.[10]

Zu diesem terminologischen Durcheinander und den ihm zugrundeliegenden Einstellungen und Problemen wäre viel zu sagen. Bezugnehmend auf den Titel des Freiburger Sonderforschungsbereiches 541 meine ich: Es gibt keine Alterität ohne Identität, d. h., um zu verstehen, was eine Gruppe (wie die Engländer) von einer andern (wie den Deutschen) denkt, muß man zuerst das Selbstbild der ersten Gruppe verstehen. Es scheint mir, als ob die Engländer sich tausend Jahre lang nicht darüber im klaren waren, wie sie sich selbst innerhalb von drei Kultur- und Sprachkreisen zuordnen sollten. Drei Antinomien sind hier zu beobachten:

---

[8] Smetana 1977, 24.
[9] S. die Zitate s. v. Duche-lond in: *MED* 1952–.
[10] S. die Zitate s. v. Dutchman, 1.b in: *OED* 1989.

1.) War ihre Sprache niedergermanisch oder süd-skandinavisch?
2.) Wie sollten sie ihr Verhältnis zu den Keltisch sprechenden Einwohnern Britanniens sehen?
3.) Wie waren die germanischen und romanischen Elemente in der modernen englischen Sprache zu bewerten?

Klare historische und sprachliche Ursachen existieren für alle drei Problemfelder. Zu 1.) Wie das Ae., so wurde auch das Me. stark von den skandinavischen Sprachen beeinflußt, und es gibt Stimmen, die behaupten, daß die moderne englische Sprache sich nicht direkt vom Ae. ableitet, sondern von einer späteren englisch-dänischen Mischsprache. Problemfeld 2.) ist bis zum heutigen Tage ein politisch „heißes Eisen". 3.) Die normannische Eroberung führte in England zu einer gesellschaftlich bilingualen Situation: der Gebrauch von französischstämmigen Wörtern bedeutete Prestige, während einheimische Wörter abschätzig beurteilt wurden. Alle drei Entwicklungen beeinflussten zu verschiedenen Zeiten das englische Urteil zu den Termini „German,", „Dutch", „Teutonic" usw.

Um mit Problemfeld 3.) zu beginnen: das moderne Englisch wird stark von sprachlicher Stratifikation bestimmt. Es ist normal, zwei Synonyme mit genau derselben Bedeutung zu haben, wobei das eine vom Französischen oder Lateinischen, das andere vom einheimisch Angelsächsischen abstammt. Man kann also sagen etwas sei „ridiculous", oder „laughable" (lächerlich), „transparent", oder „see-through" (durchsichtig); man kann ein „preface" als Schwellentext vor ein Buch setzen oder ein „foreword" (Vorwort) usw. Generell gilt aber, daß der einheimische Ausdruck immer als der niedrigere, weniger gebildete und weniger zivilisierte angesehen wird. Durch eine beinahe zwangsläufige Verwirrung wird diese Unterscheidung, die von einer alten gesellschaftlichen Differenzierung herrührt, sehr oft analog auf die Karte Europas übertragen, so daß Französisch und Italienisch als Sprachen von Zivilisation und Kultur angesehen werden. Deutsch und Niederländisch dagegen gelten als Sprachen einer gewissen „boorishness", um nicht zu sagen Barbarei.

„Boorishness" bedeutet „Grobheit" und die Geschichte dieses englischen Wortes ist aufschlußreich. Es kann als einheimischer Ausdruck gelten, der mit dem deutschen „Bauer" und dem niederländischen „boor" verwandt ist, aber es könnte auch ein Lehnwort aus dem Plattdeutschen sein. Das *OED* kennt als Synonyme für „boor": 1.) „peasant, countryman", 2.) „Dutch or German peasant", 3.) „a peasant, a rustic, with lack of refinement implied". Das Adjektiv „boorish" bezeichnet nur diese letzte, negative Bedeutung von einem „Mangel an Kultiviertheit", im *OED* „rude, coarse, ill-mannered", d. h.

„grob, rauh, ohne Manieren". Diese letzte Bedeutung beherrschte im 17. und 18. Jahrhundert die englische Meinung über Niederländer und Deutsche. Im folgenden sind nur ein paar Beispiele von vielen ausgewählt. William Cowper schickte 1782 einen entmutigten Versbrief *To Lady Austen* („im Regen geschrieben"):

Tis thus I spend my moments here
And wish myself a Dutch mynheer;
I then should have no need of wit;
For lumpish Hollander unfit!
Nor should I then repine at mud,
Or meadows delug'd with a flood;
But in a bog live well content,
And find it just my element...
Should have the genius of a boor,
And no ambition to have more.[11]

„Boor" ist hier mit „Mynheer" gleichgesetzt, mit Regenschauern und einem Mangel an Witz. In *First Epistle of the First Book of Horace Imitated* (1738) behauptet Alexander Pope, satirische Verse könnten sogar auf hoffnungslose deutsche Zielgruppen, wie niederländische, schweizerische, aber auch hochdeutsche „Bären" wirken:

Know, there are Rhymes, which (fresh and fresh apply'd)
Will cure the arrant'st Puppy of his Pride.
Be furious, envious, slothful, mad or drunk,
Slave to a Wife, or Vassal to a Punk,
A Switz, a High-dutch, or a Low-dutch bear,
All that we ask is but a patient Ear.[12]

Solche Meinungen sind wahrscheinlich von den Feindseligkeiten der englisch-niederländischen Seekriege und von ökonomischem Konkurrenzdenken geprägt.

Gleichzeitig ist aber eine sprachliche und emotionale Gegenbewegung zu solch negativen Einschätzungen bemerkbar. Vom 16. Jahrhundert an gab es immer mehr Versuche, das einheimische Element im englischen Wortschatz zu vermehren und ausländische Einflüsse zurückzudrängen. Im 17. Jahrhundert arbeiteten private Altertumsforscher daran, in England ein patriotisches Bewußtsein für die ae. Sprache zu entwickeln. Hinter diesen Plänen stand die Absicht, Engländer, Niederländer und Deutsche als protestantische Phalanx

11 Milford/Russell 1967, 342.

12 Butt 1953, 283. „Bear" trägt die metaphorische Bedeutung „rough, unmannerly, or uncouth person" (*OED*, Bedeutung 3). Der phonetische Ähnlichkeit mit „boor" ist in diesem Zusammenhang zweifellos absichtlich.

gegen die katholischen Mächte zusammenzuführen. Während das Französische kultivierter und nuancierter als die einheimische englische Sprache galt, so wurden das Englische, Niederländische und Deutsche als ehrlicher, wahrhafter, treuherziger usw. angesehen. Letztendlich wurden die Franzosen – natürlich mit einer Spur Chauvinismus – für hochzivilisiert, aber verzärtelt gehalten, die Deutschen dagegen für tapfer, aber grob, während die Engländer das vollkommene Ideal zwischen den beiden Extremen darstellten: im Grunde stark und ehrlich waren sie zugleich mit dem nötigen Funken Witz und Kultur ausgestattet. Es ist nochmals darauf hinzuweisen, daß dieser ganze Komplex von der falschen Erweiterung eines sprachgeschichtlichen Zufalls ausgegangen ist.

Ich wende mich jetzt dem zweiten Problemkreis zu, dem das geschichtlich-politische Zusammenwachsen von England, Schottland und den anderen Teilen Großbritanniens zu Grunde liegt. England und Schottland wurden politisch 1603 unter den Stewartkönigen vereinigt, und dann nochmals 1707, diesmal unter dem Haus Hannover. Irland wurde 1801 angegliedert. Der Bürgerkrieg zwischen den Häusern von Stewart und Hannover dauerte bis 1746. Nach Kriegsende war es wichtig, einen Nationalmythos zu schaffen, der den Charakter des Universal-Britischen gegenüber dem Englischen betonte. Das Resultat war eine Mythographie, die ich die „Walter-Scott-Synthese" genannt habe und die in der britischen Politik und sogar unter Historikern bis zum heutigen Tage dominiert. Man kann sie durch das folgende Schaubild darstellen:

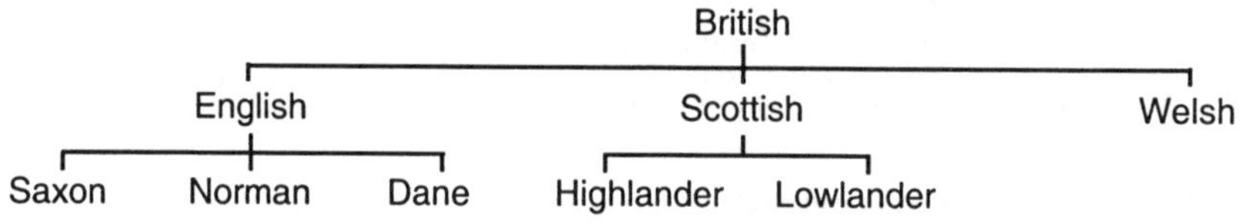

Die „Walter-Scott-Synthese" bedeutet, daß die politische Einheit „Großbritanniens" oder des „Vereinigten Königreichs" immer schon auf „Rassenvielfalt" gegründet war. „Britisch" umfaßte demnach „Englisch", „Schottisch" und „Walisisch" und – darüber gehen die Ansichten auseinander – auch Irisch. Die Gültigkeit dieser Synthese war stets von der unbestrittenen Tatsache der politischen und ökonomischen Hegemonie Englands bedroht. Der Begriff „Englisch" mußte in seiner Bedeutungsvielfalt noch weiter aufgefächert werden, indem er noch die konventionellen Definitionen von „Sachse", „Normanne" und „Däne" in sich aufnahm. Diese Synthese findet sich erstmals in Walter Scotts Roman *Ivanhoe* (1819) – noch heute der Lieblingsroman des britischen Premierministers. Vor dem Hintergrund der normannischen Eroberung beschränkt sich der Roman nicht nur auf die Auseinandersetzungen zwischen Sachsen und Normannen, sondern unterscheidet auch zwischen fortschrittlichen Sachsen, wie Ivanhoe, der normannische Moden annehmen will (wie der schottische Adlige Scott das *Hanoverian Settlement* anerkannt hatte),[13] und konservativen Sachsen, wie Ivanhoes Vater Cedric und seinen Rivalen Athelstane. Letzterer ist ein Ausbund von Grobheit, unermeßlich stark, dick, dumm, faul und geizig.

Die philologischen Neuerungen im 19. Jahrhunderts – die Grimmsche Revolution, wie sie Prof. Nielsen nennt – konnten der Scottschen Synthese leicht angepaßt werden, aber sie schufen auch Raum für neue Meinungsverschiedenheiten, die durch das englische Siegesbewußtsein („triumphalism") des 19. Jahrhunderts gefördert wurden. Als Beispiel nenne ich nur die Antrittsrede von Thomas Arnold d. Ä. an der Universität Cambridge im Jahr 1841: Die Rede vereinigt nationales Sendungsbewußtsein, sprachliches Selbstbewußtsein, und den Expansionswillen der englischen Nation, über das Gebiet zwischen Tweed und Tamar, d. h. über Schottland und das keltische Cornwall hinaus:

> We, this great English nation, whose race and language are now overrunning the earth from one end of it to the other, – we were born when the white horse of the Saxons had established his dominion from the Tweed to the Tamar. So far we can trace our blood, our language, the name and actual divisions of our country, the beginnings of some of our institutions. So far our national identity extends, so far history is modern, for it treats of a life which was then and is not yet extinguished.[14]

Im klaren Bewußtsein des Sieges über Napoleon und der kolonialen Machterweiterung in Übersee suchten die Engländer (und auch die Briten) Erklärungen für solche Erfolge im Verlauf ihrer eigenen Geschichte und fanden dabei ganz unterschiedliche. Zwei dieser kontroversen Erklärungsversuche seien im folgenden kurz erörtert.

Der eine Erklärungsversuch wiederbelebte die alte Streitfrage um den nie-

---

[13] *Hanoverian Settlement*: Stillschweigende Übereinkunft der herrschenden Klassen in England und Schottland nach der Schlacht von Culloden 1746, das Haus Hannover nach dem *Settlement Act* von 1701 auf dem englischen Thron zu akzeptieren und so ein Jahrhundert britischer Bürgerkriege zu beenden.

[14] Arnold 1860, 26; s. a. Horsman 1981, 66. Es ist bemerkenswert, daß Arnold zu dieser Zeit noch „German" als gleichbedeutend mit „Teutonic" verwendet. Wenn „German" wie heute mit „deutsch" zu identifizieren wäre, und „Teutonic" mit „germanisch", so erhielten wir eine genaue Gleichung „germanisch-deutsch". Wahrscheinlicher ist es aber, daß Arnold noch nicht zwischen „German" und „Germanic" unterscheidet. S. a. Horsman 1992, 91.

derländischen (sächsischen) bzw. skandinavischen Ursprung des Landes und seiner Sprache. Das alte *Beowulf*-Epos ist zwar in Ae. verfaßt, erwähnt aber England oder Britannien mit keiner Silbe. Die Handlung spielt sich ausschließlich in Südskandinavien ab. Das Epos wurde erstmals 1815 in Kopenhagen von einem isländischen Herausgeber, Grímur Jónsson Thorkelín, veröffentlicht, der ihm den Untertitel *poema danicum dialecto anglosaxonica* gab. Dieser Titel impliziert die Behauptung, daß Ae. und An. Dialekte ein und derselben Sprache, des „Old-Nordisk", „Alt-Nordischen" oder „Old-Northern" seien. Deutsche Gelehrte, die Englisch als einen niederdeutschen Dialekt ansahen, bestritten diese These heftig und interpretierten das Gedicht als ein frühes Beispiel des dänischen Imperialismus, wobei unschuldige Holsteiner – wie z. B. die Vorfahren der Engländer und der anonyme Dichter des Epos – dazu gezwungen wurden, sich als Dänen zu bezeichnen. Unter den Teilnehmern dieser Auseinandersetzung befanden sich die Gebrüder Grimm, Friedrich Christoph Dahlmann (der zur „Göttinger Sieben" gehörte und den mancher für den Deutsch-Dänischen Krieg verantwortlich hält),[15] und der Dithmarscher Gelehrte Karl Müllenhoff. Karl Simrocks Einleitung zu seiner Übersetzung des *Beowulf* bietet ein gutes Beispiel der Argumentationsweise der deutschen Reaktion:

> Dass der Beowulf, obwohl in angelsächsischer Sprache überliefert, doch seiner Grundlage nach ein deutsches Gedicht ist, ist schon von Andern ausgesprochen worden. Die beigegebenen Erläuterungen geben überdies noch auf den Nachweis aus, dass der Mythus ein deutscher ist, der noch vielfache Spuren bei uns hinterlassen hat. Um so mehr lag es mir am Herzen, das Gedicht unserer Sprache wieder anzueignen.[16]

Einige englische Gelehrte, wie John Mitchell Kemble und der jüngere Thomas Arnold, schlugen sich auf die deutsche – *Beowulf* sei in der Tat ein deutsches Gedicht –, einige andere, wie Benjamin Thorpe, auf die dänische Seite – *Beowulf* sei ein dänisches oder schwedisches Gedicht.[17]

Es gibt aber außer *Beowulf* noch eine Reihe anderer Beispiele. Wir müssen bedenken, daß die Philologen des frühen 19. Jahrhunderts anscheinend jedes Jahr einen ganz neuen Text aus der Vergessenheit wiedererweckten. Dies waren oft ganz unbekannte Texte, die in wenigen oder nur in einer einzigen Handschrift überliefert waren, wie z. B. der *Heliand*, die Romanze von *Kudrun*, die *Hervarar saga*, oder die *Völsunga saga*. Die wichtigste ae. Dichtung war für den Dithmarscher Müllenhoff ae. *Widsith* (erstmals 1826 veröf-

---

15 Cooley 1949, 269.
16 Simrock 1859, iii.
17 Siehe ferner die „Introduction" in Shippey/Haarder 1998, 1–74.

fentlicht), ein Katalog von meist germanischen Völker- und Personennamen. Eine gesamte Gelehrtengeneration verschliß sich daran, diesen Katalog mit der *Germania* des Tacitus abzugleichen und so eine echte deutsche – wenn auch englische – Geschichte dem Vergessen zu entreißen.[18]

Der Streit um *Beowulf*, um die Erklärung von *Widsith*, um die frühen Beziehungen zwischen Niederdeutschen, Dänen und Engländern wurden natürlich auch zu einer sprachgeschichtlichen Auseinandersetzung. Das letzte Werk von George Stephens, eines greisen Professors aus Kopenhagen, trug den Titel *Er Engelsk en tysk sprog?* („Ist Englisch eine deutsche Sprache?", 1890). Seine Antwort auf diese Frage war trotz der Grimmschen Revolution ein klares Nein. Für Stephens war „deutsch" ganz entschieden nicht gleichbedeutend mit „germanisch". Er glaubte völlig an den rein skandinavischen Ursprung Englands, des *Beowulf*, und der englischen Sprache überhaupt, die sicherlich als „germanisch" oder besser „teutonisch", keinesfalls aber als „deutsch" zu bezeichnen waren. Es gab aber eine Anzahl anderer Engländer, die eher an den deutschen, als an den skandinavischen Ursprung glauben mochten, und die man oft an der Verwendung des Wortes „Saxon" erkennen kann. So heißt die 1849 publizierte Geschichte von Grimms Gefolgsmann Kemble *The Saxons in England*. Fast gleichzeitig, im Jahr 1852, schrieb Kembles Schüler Thomas Wright ein Buch mit dem Titel *The Celt, the Roman, and the Saxon*, das zeigt, daß Wright eine deutsche Version der „Walter-Scott-Synthese" vorschwebte. Diejenigen Engländer, die einen deutschen Ursprung leugneten, zogen es vor, Wörter wie „Nordic" oder „Northern" zu verwenden, so z. B. in George Stephens *Handbook of the Old-Northern Runic Monuments in Scandinavia and England* (1884); ein Buch, dessen Hauptthese darin besteht, daß es keine deutschen, sondern nur „Old-Northern", d. h. englische und skandinavische Runen gibt.

Und was kann über das keltische Element im britischen Volk gesagt werden? Wenn Kriegserfolg auf „teutonisches Blut" zurückzuführen war, blieb für die Kelten kein Platz. Einen Ausweg aus diesem Dilemma bot der Ausschluß der Kelten aus der modernen englischen (und zum Teil schottischen) Gen-Totalität. Nach dieser Meinung mußte das Verschwinden der keltischen Sprachen von England und Süd-Schottland einer massiven Einwanderung von Angelsachsen zugeschrieben werden, die die Bevölkerung des größten Teils der Insel ersetzten. Ein extremes Beispiel für diese Ansicht bietet E. A. Freeman, der behauptete, es handle sich bei der englischen Besiedlung Britan-

[18] So z. B. Müllenhoff 1844.

niens im 5. Jahrhundert um einen Sonderfall in der Geschichte Europas, weil die englischen Eroberer

> were invaders who came by sea, and who came from lands where little or nothing was known of the Roman law or religion. They therefore made a settlement of quite another kind from the settlement of the Goths, or even from that of the Franks. They met with a degree of strictly national resistance such as no other Teutonic conquerors met with; therefore in the end they swept away all traces of the earlier state of things in a way which took place nowhere else. As far as such a process is possible, they slew or drove out the older inhabitants; they kept their heathen religion and Teutonic language, and were thus able to grow up as *a new Teutonic nation* in their new home *without any important intermixture with the earlier inhabitants*, Roman or British.
> The conquerors who wrought this change were *our own forefathers*, the Low-Dutch inhabitants of the borderlands of Germany and Denmark, quite away from the Roman frontier; and among them three tribes, the *Angles*, the *Saxons*, and the *Jutes*, had the chief share in the conquest of Britain. (Hervorhebungen von mir).[19]

Die ursprünglichen Engländer, „unsere eignen Vorfahren", waren nach Freeman also niederdeutsch. Sie hatten sich nur selten mit den früheren keltischen oder römischen Einwohnern durch Heirat vermischt. Kurzum, Freeman war ein „teutonizer" (ein Wort, das sich erst im 19. Jahrhundert einbürgerte, ganz so wie „teutonize" [1845], „teutonism" [1854] und „teutomania" [1848]).[20]

Freemans „teutonisierende" Ansicht findet in der Gegenwart keine akademischen Anhänger mehr, und „Anglo-Saxonism" wird im allgemeinen und besonders in den Vereinigten Staaten als eine Art von Rassenimperialismus empfunden.[21] In der Tat liegt der moderne Gegensatz zu Freeman oftmals nicht in der Behauptung, daß es keine Kelten im „englischen Volk" gäbe, sondern daß es nie ein „englisches Volk" oder eine englische Eroberung gab:

> In reality there was *never a specific Anglo-Saxon people in England.* A number of tribes from northern Germany began to settle in England in large numbers in the fifth century; they were not a homogenous group of „Anglo-Saxons", and they did not completely replace the Celtic tribes already living in England. Later the Viking invasions resulted in the settlement of other groups from northern Europe, and the Normans were *added to the mix* by the Conquest.[22]

> The *mixed collections* of Germanic raiders had become acceptably subsumed under the name of the English – *not indeed a nation nor a truly coherent people* but a gathering of various tribes and non-tribal bodies willing to be so described. The name was in a manner accident. Among these German invaders the real description of origin [Beda, vgl. oben] spoke of both Angles and Saxons […] and of the two Saxon was the better and more apposite patronymic. (Hervorhebungen von mir).[23]

---

[19] Freeman 1881, hier zitiert aus Freeman/Bury 1903, 97–8.
[20] Vgl. wieder die entsprechenden Stichwörter im *OED*; s. a. Kingsley 1864.
[21] S. z. B. Frantzen/Niles 1997.
[22] Horsman 1981, 4.
[23] Elton 1992, 1.

Es ist bemerkenswert, daß keiner der beiden Autoren ein Frühmittelalter-Historiker ist; beide wiederholen nur, was sie (richtigerweise) für die allgemein gültige akademische Meinung halten. In dieser Version der „Walter-Scott-Synthese" (noch heute die offizielle Politik der britischen Regierung, vgl. oben) ist die englische Tradition fast erloschen und das „germanische Element" im „britischen Volk" so weit wie möglich gemindert.

Es gab im 19. Jahrhundert also eine „teutonisierende" Partei, die jetzt allerdings in Mißkredit geraten ist, und eine „keltisierende", die jetzt akademisch und politisch dominiert. Dem Problem der englischen Identität suchte man noch auf eine dritte Weise beizukommen, indem man die modernen Engländer ganz von den alten Sachsen trennte, in den Normannen keineswegs die verachteten Franzosen, sondern verpflanzte Skandinavier und in Engländern (oder Briten) größtenteils auch Skandinavier sah. Diese Theorie war besonders unter Lowland-Schotten, wie Thomas Carlyle, beliebt; er nahm sogar an, daß die englische Sprache Schottlands (und Nord-Englands) eher vom An. als vom Ae. abstammte: „From the Humber upwards the Speech of the common people is still in a singular degree Icelandic; its Germanism has still a peculiar Norse tinge."[24] Auf diese Weise konnten er und seine schottischen Landsleute sich Vorfahren schaffen, die weder keltisch (bei Culloden besiegt) noch sächsisch (bei Hastings besiegt) waren. Die These war auch bei Nord-Engländern durchaus beliebt. Im Bereich der populären Mentalität konnte der Viktorianische „Fimmel" für „die Wikinger" auch mit der britischen Seemacht verbunden werden, sozusagen eine vererbte Seemannschaft „in the blood".[25] Einer der einflußreichsten Skandinavisierer der Zeit war W. G. Collingwood, Enkel des bei Trafalgar kämpfenden Admirals Collingwood. Es wurde sogar, wenn auch nicht von Collingwood selbst, behauptet, daß der Name des Hauptsiegers von Trafalgar, Admiral Nelson, als Njálsson (Sohn Njáls) zu verstehen sei, wie in der *Brennu-Njáls saga*, die 1861 ins Englische übersetzt wurde.[26] Der Höhepunkt dieser Theorie war wohl Charles Kingsleys erstaunliche Aussage von 1849, daß „the Anglo-Saxon (a female race) required impregnation by the great male race – the Norse introduction of Northmen by Edward paving the way for the Conquest"[27] Kingsley zufolge mußte die angelsächsische weibliche Rasse von der großen männlichen Rasse [d. h., von den Skandinaviern] befruchtet werden, damit England oder Britannien geboren werden konnte.

---

[24] Carlyle 1841; zitiert nach Horsman 1981, 63.
[25] S. Wawn 2000, 293.
[26] Wawn 2000, 284.
[27] Kingsley 1877, I 201; s. a. Horsman 1981, 76.

Die vorherrschende Ideologie ist heute wie auch damals eine Variante der „Walter-Scott-Synthese". Danach sind die Engländer teutonisch oder germanisch, aber nicht deutsch, die Briten germanisch-keltische Mischlinge, und die englische Sprache ist zusätzlich germanisch-romanisch gemischt. Zwei Gedanken möchte ich noch hinzufügen: erstens wird das Wort „Anglo-Saxon", obwohl es ganz unhistorisch ist, in der politischen Sprache heute wie damals oft als „anglo-amerikanisch", in der Bedeutung von „britisch-amerikanisch" verwendet[28] (wie etwa im modernen Französisch); zweitens schloß diese Verwendung den rassenmäßigen Mißbrauch des Wortes aus. Beide Länder umfaßten einen bedeutenden Anteil von nicht-Teutonen, besonders die Bevölkerung, die sich für Kelten hielt. Die britische Königsfamilie bleibt z. B. bis heute deutlich schottisch in ihrem Symbolismus.

Das britische Selbstbild wurde außerdem durch den Deutsch-Dänischen Krieg von 1864 beeinflußt, der die Anhänger des skandinavischen Ursprungs verärgerte, und auch vom Deutsch-Französischen Krieg von 1870–71, der die Furcht vor der deutschen Machtexpansion anwachsen ließ.[29] Zu Beginn des 20. Jahrhunderts gab es noch einen Rest von Sympathie gegenüber Deutschland, das als Land von gutmütigem Wohlstand angesehen wurde, dessen Ernst und militaristische Organisation belächelt wurden, das letztlich aber ein Beispiel von guter Gesinnung und guter Ordnung war. Die drei folgenden Zitate des komischen Schriftstellers Jerome K. Jerome (trotz seines Namens ein Engländer, kein Amerikaner) sind mit ihrer Mischung von Bewunderung und Kritik und ihrer starken Unterscheidung zwischen „Anglo-Saxon" und „Teuton = German" ein gutes Beispiel des populären Diskurses über Deutschland und die Deutschen:

> The Germans are a good people. On the whole, the best people perhaps in the world; an amiable, unselfish, kindly people. I am positive that the vast majority of them go to heaven [...] But I cannot understand how they get there. That the soul of any single individual German has sufficient initiative to fly up by itself and knock at St. Peter's door, I cannot believe. My own opinion is that they are taken there in small companies, and passed in under the charge of a dead policeman ...
>
> The German idea of [duty] would appear to be „blind obedience to everything in buttons". It is the antithesis of the Anglo-Saxon scheme; but as both the Anglo-Saxon and the Teuton are prospering, there must be good in both methods. Hitherto, the German has had the blessed fortune to be exceptionally well governed; if this continues, it will go well with him. When his troubles will begin will be when by any chance something goes wrong with the governing machine ...

28 Horsman 1981, 1–6, *passim*.
29 Simmons 1996.

The German nation is still young, and its maturity is of importance to the world. They are a good people, a lovable people, who should help much to make the world better. The worst that can be said against them is that they have their failings. They themselves do not know this; they consider themselves perfect, which is foolish of them. They even go so far as to think themselves superior to the Anglo-Saxon: this is incomprehensible. One feels they must be pretending.[30]

Während des 20. Jahrhunderts wird das englische Bild vom Germanentum natürlich durch die beiden Weltkriege beherrscht. Was ist die gegenwärtige Situation? Daß die „Walter-Scott-Synthese“ in jüngster Zeit ihre Bedeutung verliert, ist die auffallendste Veränderung in Britannien. Die Nationalparteien in Schottland und Wales, wie vorher in Irland, sind nicht mehr bereit, sie weiterhin zu akzeptieren. Die Synthese bringt auch den Engländern keinen sichtbaren Vorteil. Alle drei großen politischen Parteien bleiben ihr generell verpflichtet, aber politische Ereignisse könnten diese Situation schnell verändern. Ein deutliches Zeichen ist das Phänomen des englischen Fußball-„Hooliganismus“, den man als ein mächtiges englisches Nationalgefühl ohne erlaubten Ausdruck interpretieren könnte.[31] Man findet also eine Reihe von Büchern mit Titeln wie *England! England!*[32] oder *The English*,[33] die dieses Gefühl zu leugnen oder herabzusetzen versuchen, und so die alte britische Regelung unterstützen.[34]

In Anbetracht all dieser Entwicklungen gibt es derzeit keine „teutonisierenden“ Tendenzen mehr. Der Pan-Germanismus Jacob Grimms ist sogar im Bereich der Philologie verschwunden: Ae. wird jetzt öfter an deutschen als an britischen oder amerikanischen Universitäten gelehrt. Auch das Sippengefühl skandinavischer Provenienz ist verschwunden. Die Engländer führen ihren Ursprung meistens auf Shakespeare zurück, und haben nur einen wenig entwickelten Sinn für ihr Verhältnis zu anderen europäischen Nationen oder Volksstämmen. Ich habe im Laufe des Aufsatzes die „Walter-Scott-Synthese“

---

[30] Jerome 1900, hier zitiert nach der Ausg. von 1983, 199–200, 201, 207. Jerome scheint hier die normale (philologische) Kategorisierung von „Anglo-Saxon“ als „teutonisch/germanisch“, aber nicht „deutsch“ (vgl. Arnold und Stephens, s. oben) abzulehnen. Wahrscheinlicher ist es aber, dass Jerome „Teuton/German“ von „teutonisch/germanisch“ unterscheidet. Wie am Anfang bereits erwähnt ist der englische Gebrauch hier verwirrend und oft nachlässig.

[31] Es ist z. B. sonderbar, daß England noch keine Nationalhymne besitzt – *God Save the Queen* ist die Hymne für das Vereinigte Königreich (U. K.). Es wäre auch kein Problem, wenn die englischen, schottischen, walisischen und nord-irischen Fußball(national)mannschaften in internationalen Turnieren nicht separat konkurrieren würden. Schottland und Wales besitzen offizielle Nationalhymnen.

[32] Barnes 1998. „England! England!“ spielt ironisch auf den Schrei der Fußballfans an.

[33] Paxman 1998.

[34] Zu den Anfängen einer akademischen Gegenreaktion, vgl. Hastings 1997 und Wormald 2001.

ab und zu mit einer gewissen Mißbilligung erwähnt. Was aber meiner Meinung nach im Augenblick Not tut, ist ein begeisterter historischer Schriftsteller, der eine neue nationale Erzählung schaffen könnte, um das sogenannte „Vereinigte Königreich" vor seiner drohenden „Balkanisierung" zu retten.

Literatur

Arnold 1860
Thomas Arnold, Introductory Lectures on Modern History ... with the Inaugural Lecture Delivered in December 1841 (London ^{5}1860).

Barnes 1998
Julian Barnes, England! England! (London 1998).

Butt 1953
John Butt (Hrsg.), Poems of Alexander Pope, Band IV. Imitations of Horace (London/New Haven ^{2}1953).

Colgrave and Mynors 1969
Bertram Colgrave/R. A. B. Mynors (Hrsg.), Bede's Ecclesiastical History of the English People (Oxford 1969).

Cooley 1949
Franklin D. Cooley, Contemporary reaction to the Identification of Hygelac, in: Thomas A. Kirby and Henry B. Woolf (Hrsg.), Philologica. The Malone Anniversary Studies (Baltimore, 1949) 269–74.

Carlyle 1841
Thomas Carlyle, On Heroes, Hero Worship, and the Heroic in History (London 1841.)

Elton 1992
Geoffrey Elton, The English (Oxford/Cambridge, Ma. 1992).

Frantzen and Niles 1997
Allen B. Frantzen and John D. Niles (Hrsg.), Anglo-Saxonism and the Construction of Social Identity (Gainesville, Fl. 1997).

Freeman/Bury 1903
Edward A. Freeman/J. B. Bury, The Historical Geography of Europe (London/New York/ Bombay ^{3}1903).

Hastings 1997
Adrian Hastings, The Construction of Nationhood. Ethnicity, Religion and Nationalism (Cambridge 1997).

Horsman 1981
Reginald Horsman, Race and Manifest Destiny. The Origins of American Racial Anglo-Saxonism (Cambridge, Ma./London 1981)

Horsman 1992
Reginald Horsman, Origins of Racial Anglo-Saxonism in Great Britain before 1850, in: Maryanne Cline Horowitz (Hrsg.), Race, Gender and Rank. Early Modern Ideas of Humanity (Rochester, NY 1992) 77–100.

Jerome 1900
Jerome K. Jerome, Three Men on the Bummel (London 1900, Harmondsworth 1983).

Kingsley 1864
Charles Kingsley, The Roman and the Teuton. A Series of Lectures delivered before the University of Cambridge (London 1864).

Kingsley 1877
Fanny Kingsley (Hrsg.) Charles Kingsley. His Letters and Memories of his Life (2 Bde., London 1877).

MED 1952–
Hans Kurath/Sherman Kuhn (Hrsg.), Middle English Dictionary (Ann Arbor, Mi. 1952–).

Milford/Russell 1967
H. S. Milford/Norma Russell (Hrsg.), Cowper: Poetical Works (London ^{4}1967).

Miller 1890
Thomas Miller (Hrsg.), The Old English Version of Bede's Ecclesiastical History of the English People. Early English Text Society OS 95–6 (London 1890).

Müllenhoff 1844
Karl Müllenhoff, Die deutschen Völker an Nord- und Ostsee in ältester Zeit, in: Nordalbingische Studien 1 (1844) 111–74.

OED 1989
J. A. Simpson/E. S. C. Weiner (Hrsg.), Oxford English Dictionary (Oxford/New York ^{2}1989).

Paxman 1998
Jeremy Paxman, The English. A Portrait of a People (Harmondsworth 1998).

Rau 1968
Reinhold Rau (Hrsg.), Briefe des hg. Bonifatius (1968).

Sedgefield 1899
Walter J. Sedgefield (Hrsg.), King Alfred's Old English Version of Boethius (Oxford 1899).

Shippey/Haarder 1998
Thomas A. Shippey/Andreas Haarder (Hrsg.), Beowulf. The Critical Heritage (London/New York 1998).

Simmons 1996
Clare A. Simmons, Anglo-Saxonism, the Future, and the Franco-Prussian War in: Leslie J. Workman/Kathleen Verduin (Hrsg.), Medievalism in England II. Studies in Medievalism, Bd. VII (Cambridge 1996) 131–42.

Simrock 1859
Karl Simrock, Beowulf. Das älteste deutsche Epos übersetzt und erläutert (Stuttgart/Augsburg 1859).

Smetana 1977
Cyril Lawrence Smetana (Hrsg.), The Life of St Norbert, by John Capgrave, OESA (1393–1464) (Toronto 1977).

Wawn 2000
Andrew Wawn, The Vikings and the Victorians. Inventing the Old North in 19th-Century Britain (Cambridge 2000).

Wormald 1983
Patrick Wormald, Bede, the „Bretwaldas“ and the Origins of the „Gens Anglorum“, in: Patrick Wormald et al. (Hrsg.), Ideal and Reality in Frankish and Anglo-Saxon Society. Studies presented to J. M. Wallace-Hadrill (Oxford 1983), 99–129.

Wormald 2001
Patrick Wormald, There Always Was an England, in: Times Literary Supplement, 16. März 2001, 3–4.

Germanisch-Deutsch – RGA-E Band 34 – Seiten 343-356

„Teutonische" Rassenideologie im Amerika des 19. Jahrhunderts*

von PATRICK J. GEARY

Im ersten Jahrhundert des Bestehens der Vereinigten Staaten von Amerika verbanden sich in der „teutonischen" Rassenideologie die Bemühungen um die Konstruktion einer nationalen Identität mit damals aktuellen rassistischen und romantischen Ideen aus der deutschen und englischen Sprachwissenschaft und Geschichtsforschung.[1] Die Amerikaner des 19. Jahrhunderts entwickelten dabei allerdings in keiner dieser beiden Wissenschaften neue originelle Ansätze, sondern wählten nur bestimmte Aspekte der europäischen Philologie und Geschichte aus. Die Rezeption von Ideen aus der europäischen Wissenschaft läßt sich aber nicht nur in der „frühnationalen" Phase der Vereinigten Staaten beobachten, in der sich die Diskussion vor allem auf die linguistischen und kulturellen Implikationen der Neuorientierung amerikanischer Politik konzentrierte.

Auch als sich die amerikanische Gesellschaft in der zweiten Hälfte des 19. Jahrhunderts mit einer beispiellosen Zahl von Einwanderern konfrontiert sah, von denen die überwiegende Mehrheit aus den nicht-englischsprachigen Ländern Europas und Asiens kam, griff man in Amerika immer wieder auf philologische und historische Konzepte zurück, die in Europa entwickelt worden waren.

Sowohl in Amerika als auch in Deutschland und Frankreich vernetzten sich dabei im Laufe des 19. Jahrhunderts die beiden Wissenstraditionen immer mehr. Von einer romantischen Vorstellung von Sprache und „germanischer" (oder auch „sächsischer") Identität ausgehend, die noch stark von Herders Ideen beeinflußt war, entwickelte sich nach der Mitte des 19. Jahrhunderts im Rahmen dieser Verbindung mehr und mehr ein rassistisches und politisch instrumentalisierbares Konzept. Die Vereinigten Staaten haben zu

---

* Aus dem Amerikanischen übersetzt von Helmut Reimitz.

1 Für die Beziehungen zwischen angelsächsischem Rassismus und amerikanischem Imperialismus und Rassismus vgl. Horsman 1981.

dieser Zeit kaum hervorragende Historiker oder Philologen hervorgebracht, und die wenigen Amerikaner, die eigene Beiträge zu diesen Disziplinen beisteuerten, hatten zumeist in Deutschland studiert. Die amerikanische Wissenschaftsgeschichte ist in diesem Zusammenhang daher hauptsächlich eine Geschichte der Rezeption und Transformation, aus der man allerdings einiges über die Richtung der Diskussion um und über nationale Identität sowie über die Schwerpunkte, die dabei in der wissenschaftlichen Debatte gesetzt wurden, erfahren kann.

Für die englischen calvinistischen Kolonisten Nordamerikas war das Mittelalter tatsächlich ein „finsteres Zeitalter", in dem die Europäer, versklavt durch die katholische Kirche, in Aberglauben und Unwissenheit versanken.[2] Entsprechend wenig Aufmerksamkeit wurde dieser Epoche daher in Nordamerika gewidmet. Anders war die Situation in England, wo die Geschichte vor der normannischen Eroberung schon ab dem 16. Jahrhundert instrumentalisiert wurde. Ein britischer „Saxonismus" entstand schon bald nach der Reformation als Bestandteil einer Polemik, in der behauptet wurde, daß England nun einfach wieder zu seinem früheren, ursprünglichen Status als freies und autonomes Land zurückkehren würde.[3] In den letzten Jahrzehnten des 18. Jahrhunderts bekam dieser britische „Anglosaxonismus" auch rassistische Züge, und zwar im Kontext der regionalen Antagonismen in Großbritannien. In Polemiken gegen Iren, Waliser und Schotten, wie sie etwa von John Pinkerton vorgetragen wurden, waren die Kelten immer Wilde,[4] anders als die Goten, mit denen Griechen, Römer, Germanen und Skandinavier gemeint waren.

Solche rassistischen Ansätze fanden im kolonialen Amerika während der ersten Hälfte des 19. Jahrhunderts kaum Resonanz. Der einzige Aspekt mittelalterlicher Zivilisation, an dem man interessiert war, war die Geschichte des englischen Rechts, besonders des angelsächsischen Rechts, das allen amerikanischen Rechtsanwälten durch Sir William Blackstone und seine *Commentaries on the Law of England*, dem klassischen Lehrbuch der englischen Rechtswissenschaft, auch heute noch bestens bekannt ist. Der erste Amerikaner, der dieses Interesse an angelsächsischen Rechtsinstitutionen mit einer neuen Qualität versah, war der vielseitige Staatsmann Thomas Jefferson (1743–1826), der dritte Präsident der Vereinigten Staaten.[5] Jeffersons Engage-

2 Für die Mediävistik in Amerika während des 19. Jahrhunderts vgl. Guggisberg 1964.
3 Horsman, 1976; Horsman 1981, 7–78.
4 Horsman, 1976, 391f.
5 Jefferson und die Angelsachsen: Horsman 1981, 18–24; Frantzen 1990, 15–19; 203–207.

ment für die Rechte der amerikanischen Kolonisten war eine komplexe, vielleicht auch widersprüchliche Mischung aus aufklärerischem Universalismus, basierend auf der Theorie des Gesellschaftsvertrags von Locke, und einem „saxonistischen“ Partikularismus. Auch wenn sein Interesse für das Angelsächsische sehr breit war, so konzentrierte es sich doch vor allem auf die Gesetze, die das Eigentum an Land regelten. Der Gesichtspunkt, der dabei im Hinblick auf die Rechte der Kolonisten und Bürger der gerade entstehenden Vereinigten Staaten im Mittelpunkt stand, war der Natur des Landbesitzes im englischen Recht. Jefferson war der Ansicht, daß es möglich sein sollte, Land unmittelbar zu besitzen, ohne in einem feudalen oder quasi-feudalen Lehensverhältnis zur Krone zu stehen. Besonders wandte er sich auch gegen die Aufnahme jeder Form von Primogenitur oder festgelegter Erbfolge in das Gesetz des neuen Landes, das er gerade gründen half. Nach der vorherrschenden rechtshistorischen Interpretation kannten die Gesetze der Angelsachsen Allodialeigentum, während nach der normannischen Eroberung der einzige Landbesitzer in England der König war, von dem man entweder als direkter Lehensnehmer oder als Aftervasall Land erhielt. Jefferson betrachtete daher die angelsächsischen Gesetze als ein ideales Rechtssystem, das erst durch den normannischen Feudalismus verdorben worden war, und ging davon aus, daß die Grundlagen amerikanischer Freiheit aus der ursprünglichen Freiheit in den angelsächsischen Gesetzen hergeleitet werden könnten. Im Jahre 1776 schrieb er: „Hatte nicht jeder Rückgriff auf altes sächsisches Gesetz positive Auswirkungen? Wäre es daher nicht besser, nun zu dem glücklichen System unserer Vorfahren zurückzukehren, dem weisesten und vollkommensten, das jemals vom menschlichen Verstand hervorgebracht wurde, und zwar so, wie es vor dem 8. Jahrhundert bestanden hat?“[6]

Jeffersons Interesse galt allerdings nicht nur dem angelsächsischem Gesetz, sondern erstreckte sich auch allgemein auf angelsächsische Geschichte und Sprache. Nach John Adams (1735–1826), dem zweiten Präsidenten der Vereinigten Staaten, war Jefferson so angetan von der angelsächsischen Vergangenheit und ihrer Bedeutung für die neue Nation, an deren Entstehen er mitwirkte, daß er ursprünglich sogar das große Siegel der Vereinigten Staaten mit Hengist und Horsa gestalten wollte, den beiden sächsischen Anführern, die nach Beda die ersten Sachsen nach Britannien geführt hatten. Jefferson argu-

6 „Has not every restitution of the ancient Saxon law had happy effects? Is it not better now that we return at once into that happy system of our ancestors, the wisest and most perfect ever yet devised by the wit of man, as it stood before the 8th century?“ Jefferson an Edmund Pendelton, 13 August, 1776 (Boyd 1950, 181f; Guggisberg 1964, 9).

mentierte, daß es Hengist und Horsa wären, „von denen wir die Ehre haben abzustammen und deren politische Grundsätze und Regierungsform wir übernommen haben.“[7] Darüber hinaus hielt Jefferson, der selbst ein begabter Philologe war, das Studium der angelsächsischen Sprache für sehr wichtig – und zwar nicht nur zum Verständnis der Gesetze, sondern auch für eine angemessene Betrachtung des modernen Englisch. Dabei glaubte er sogar, daß eine gemeinsame Erforschung des Angelsächsischen Amerikaner und Engländer wieder vereinen und die Wunden des Unabhängigkeitskrieges könnte heilen helfen. Wie sehr er von der Bedeutung des Studiums der angelsächsischen Sprache überzeugt war, läßt sich etwa auch daran ablesen, daß er den Unterricht dieses Gegenstandes an der Universität von Virginia verlangte, die er 1824 gegründet hatte.[8]

Im ersten Jahrzehnt des 19. Jahrhunderts war allerdings der Großteil der amerikanischen Sprach-Diskussionen weniger damit beschäftigt, die Differenzen zwischen Amerikanern und Engländern zu überbrücken. Vielmehr war man darum bemüht, die linguistische Basis für eine nationale Identität zu finden, durch die gerade die Unterschiede zwischen England und Amerika akzentuiert werden sollten.[9] Die Auseinandersetzungen in diesem Kontext drehten sich im wesentlichen um Erfindung oder Entdeckung. Auf der einen Seite argumentierten Anhänger von Locke, daß Sprache ein Instrument wäre, das entsprechend der jeweiligen Bedürfnisse gestaltet werden könne; eine Sichtweise, die vor allem die Überzeugung ergänzte und abstützte, daß mit der neuen Republik auch eine den neuen Verhältnissen besser angepaßte Sprache entstehen würde. Auf der anderen Seite sahen romantische Philologen Sprache als ein Reservoir spiritueller Wahrheiten an, das es zu entdecken galt, um ein tieferes Verständnis der eigenen Identität zu bekommen. Aus romantischer Sicht mußte allerdings erst die Trennung vom Mutterland England und die neue Lebenswirklichkeit mit der Auffassung in Einklang gebracht werden, daß Sprache und Kultur der politischen Formation und dem Nationalcharakter definierend vorgelagert seien. Als sich in den 30er Jahren des 19. Jahrhunderts die romantische Sprachtheorie mehr und mehr durchsetzte, versuchten die Amerikaner, überzeugt von der Überlegenheit ihrer Nation, die Widersprüche zwischen dem Gedanken der Entdeckung und dem Gedanken der Erneuerung aufzulösen. Wollte man im Amerika der ersten Hälfte

---

7 Adams 1876, 211.
8 Guggisberg 1964, 10; Frantzen 1990, 206.
9 Vgl. Cmiel 1992.

des 19. Jahrhunderts davon ausgehen, daß „in der Sprache eines Volkes die Verkörperung seines geistigen Lebens läge" – um mit Maximilan Schele de Vere eine solche romantische Sprachauffassung zu beschreiben –, so stellte sich natürlich die Frage, wie ein solcher Satz auf die eigenen Erfahrungen überhaupt anwendbar war.[10] Paradoxerweise führte die Antwort zu einer Version des rassistischen „Anglosaxonismus", indem man argumentierte, daß das amerikanische Englisch unter den Bedingungen des Lebens in der Neuen Welt viele der sprachlichen Elemente, die sich seit der normannischen Eroberung entwickelt hatten, wieder verloren hätte. Damit stünde nun das amerikanische Englisch seiner angelsächsischen Vergangenheit näher als das britische und wäre diesem daher auch überlegen.

Solche Betrachtungen führten, gemeinsam mit dem herderschen Gedanken, daß die Geschichte eines Volkes in seiner Sprache steckt oder sich darin versteckt, und mit den früheren „saxonistischen" Ideologien, wie etwa denen Jeffersons, zu einer breiten Popularität von Sprachwissenschaft in der gebildeten Öffentlichkeit Amerikas. Hier spielte auch der intellektuelle Nährboden an der Universität Göttingen eine wichtige Rolle: eine Reihe junger Harvard-Absolventen, angeregt durch die hannoverischen Verbindungen zwischen Göttingen und Großbritannien ebenso wie durch ihre Begeisterung für die deutsche Romantik, studierten für einige Zeit an der Göttinger Universität. Einige von ihnen promovierten auch in Göttingen und kehrten danach in die Vereinigten Staaten zurück, wo sie das Wissen weitergaben und vermittelten, das in Göttingen – einem der bedeutendsten Zentren der Philologie und Geschichtsforschung – gelehrt worden war. Als unvermeidliches Ergebnis davon begann man sich auch in den Vereinigten Staaten für die neue, indoeuropäische Philologie zu interessieren, die sich gerade in Deutschland und England rasch etabliert hatte. In Amerika wurden diese Ansätze aber von Lehrern eingeführt und vermittelt, die noch einem traditionellen Selbstverständnis als religiöse und spirituelle Führer der Gesellschaft verhaftet waren, und so lehrten sie eine Philologie, die eher religiös als nationalistisch war.

Ein ziemlich typischer religiös inspirierter Amateur-Philologe war Benjamin Woodbridge Dwight (1816–1889). Dwight war der Enkel des äußerst einflußreichen Präsidenten des Yale College, Timothy Dwight, ein ordinierter Pastor der *Congregational Church*, der eine Zeitlang in Joliet, Illinois, seinen Dienst versah und später nach New York City zog, wo er ein bekannter Leh-

---

10 Cmiel 1992, 925.

rer und Reformer wurde. Im Jahre 1864 veröffentlichte er sein Werk *Modern Philology: Its Discoveries, History and Influence*, ein zweibändiges historisch-philologisches Kompendium.[11] Der erste, eher historisch gehaltene Band umfaßt eine Geschichte der indoeuropäischen Sprachen, eine Geschichte der modernen Philologie und eine Einführung in die „Lehre von der Etymologie." Der zweite Band widmet sich einer vergleichenden Phonologie und einer vergleichenden englischen Etymologie. Dwight, selbst kein Philologe, baute auf einem breiten Spektrum germanistischer Arbeiten auf, wobei er in seinen Zusammenfassungen sowohl deutsche philologische Studien verwertete, vor allem aber Werke heranzog, die schon davor in England übersetzt worden waren. Daneben benutzte er aber auch immer wieder Arbeiten der klassischen Altertumswissenschaften und der Geschichtsforschung. Obwohl er offen zugab, daß seine Arbeiten vollständig auf den Forschungsergebnissen anderer Wissenschaftler beruhten, gab er seiner Hoffnung Ausdruck, daß solche Arbeit „die amerikanische Wissenschaft zu heute noch unvorstellbaren Höhen der Erkenntnis führen könnte. Man wird unsere Wissenschaft dann nicht mehr als hauptsächlich von anderen Nationen entlehnte Kenntnisse betrachten können, die bestenfalls imstande ist, nur oberflächliche Ergebnisse hervorzubringen."[12]

Dwights religiöse Ausrichtung und seine Begeisterung für die „wissenschaftliche" germanische Philologie lassen seine Ansichten häufig kompliziert und widersprüchlich erscheinen. Er betonte den wissenschaftlichen Aspekt der Philologie: „Indo-Europäische Philologie beruht wie alle große und wahre Form der philosophischen Untersuchung auf der Basis gründlicher Wissenschaft!"[13]

Dies hielt Dwight allerdings nicht davon ab, seinen Enthusiasmus für das Englische mit seinen religiösen Idealen zu kombinieren: „Die drei großen Weltsprachen sind durch Gottes Vorsehung für die Verbreitung seines Wortes und seines Willens unter den Menschen bestimmt worden und haben dadurch sowohl eine besondere Stellung als auch besondere Beziehungen untereinander: das Phönizische und das Hebräische, die Sprache, in der die Übereinkunft des Alten Bundes (des Alten Testaments) bekannt gemacht wurde; das Griechische; die Sprache des Neuen Bundes; und das Englische, die Sprache

---

[11] Dwight 1864. Der Autor erklärt, daß der erste Teil in der religiösen Vierteljahresschrift *Bibliotheca Sacra* veröffentlicht wurde. Die Kapitel über die Geschichte der Philologie erschienen zuerst in *The New Englander* und *Yale Review*, eine Zeitschrift der *Congregational Church*.

[12] Dwight 1864, I, 8.

[13] Dwight 1864, I, vi.

der modernen Zivilisation, Religion und des menschlichen Fortschritts vor jeder anderen ..."[14] Das Studium der Philologie wurde so in Dwights Konzept zur Bestätigung und Feier christlichen Glaubens.

Obwohl Dwight Deutsch nicht zu seinen großen Weltsprachen rechnete, hatte er doch große Hochachtung vor dieser Sprache, die, wie er meinte, auf jeden Fall weniger mit anderen Sprachen vermischt sei als die Sprachen anderer europäischer Länder. Besonders das Englische hätte sich mit anderen Sprachen mehr als alle anderen vermischt. Dementsprechend wäre auch der „germanische Geist" geprägt, in dem sich die Reinheit der deutschen Sprache spiegele und der sich besonders im wissenschaftlichen Tun der Deutschen zeige: „Die Deutschen sind die selbsterwählten und in aller Welt anerkannten Bergleute im Reich der Wissenschaft, die sich durch ihr bereitwilliges und geduldiges Streben das reine Erz des Wissens verschaffen, das andere Nationen zum Vorteil der Welt in alle Formen des intellektuellen Handels und Austauschs umwandeln." Was Dwight allerdings dem germanischen Geist nicht zuschrieb, war Nationalismus – im Gegenteil, solche Züge, meinte der Gelehrte, wären ihm vollkommen fremd: „Statt eines nationalen Sinnes, den andere Nationen so hoch in Ehren halten, und den ihre Dichter in ihren Liedern über ihr Vaterland besingen, [...] besitzen sie [die Deutschen, P. J. G.] das weltoffene Bewußtsein von Kosmopoliten und haben dementsprechend die Aufgabe übernommen, die Reichtümer der Welt zu hüten und für ihre geistigen Bedürfnisse zu sorgen."[15]

Daß Dwight Philologie, besonders germanische und angelsächsische Philologie, nicht als Werkzeuge des Nationalismus betrachtete, kann man im Zusammenhang mit seinem Alter und seiner sozialen Stellung sehen. Zwar verfügte er über gründliche Kenntnisse der zeitgenössischen Sprachwissenschaften, doch deutsche Politik und der ideologische Gebrauch der Sprachwissenschaften in den nationalen Bewegungen blieben ihm weitgehend unbekannt. Auch dürfte er, der aus einer alteingesessenen Familie New Englands stammte, nicht einmal in den 1860er Jahren die Vertreibungen und Ängste erfahren haben, denen viele der Siedler in New England durch die massive Immigration aus Irland, Italien, Süd- und Osteuropa in der zweiten Hälfte des 19. Jahrhunderts ausgesetzt waren. Dieser demographischen Entwicklung wurde erst in den Jahrzehnten nach der Veröffentlichung von Dwights *Modern Philology* zunehmend Aufmerksamkeit geschenkt.

---

[14] Dwight 1864, I, 137–138.
[15] Dwight 1864, I, 150–51.

Der rassistische „Anglosaxonismus", der um die Mitte dieses Jahrhunderts entstand, verband die indoeuropäische Philologie eines Franz Bopp und anderer mit Ansätzen aus der Phrenologie und in manchen Fällen auch mit denen des Sozialdarwinismus.[16] Das Ergebnis war ein neues, einflußreiches historisches Modell, das die angeblich teutonischen Wurzeln der amerikanischen Institutionen und des amerikanischen Nationalcharakters hervorhob, die angesichts der massiven Immigration bewahrt werden mußten.

So wie die romantischen Philologen behaupteten, die wahre amerikanische Sprache sei nicht als Neuschöpfung in der Neuen Welt, sondern in der althergebrachten Sprache der Angelsachsen zu finden, so suchte eine Generation von Historikern die Essenz amerikanischer Institutionen und Kultur in ihren „teutonischen" Wurzeln. Über fünfzig Jahre lang, von der Mitte des 19. Jahrhunderts bis zum ersten Weltkrieg, dominierte die *teutonic theory* (Teutonentheorie) oder *Germ theory* der amerikanischen Geschichtsforschung das Verständnis amerikanischer Geschichte. Oder in den Worten von Edward Norman Saveth: „Der Geburtsort der amerikanischen Verfassungsrechte und -freiheiten wurde von der Kabine der Mayflower in die Wälder Germaniens verlegt."[17] Diese Rückbesinnung auf die authentischen Wurzeln der amerikanischen Identität war Teil einer größeren Bewegung, in der Konzepte aus dem Sozialdarwinismus mit Modellen aus der vergleichenden Sprachwissenschaft und der vergleichenden Verfassungsgeschichte verbunden wurden. Im weiten Rahmen wurde dabei „arische Geschichte" untersucht, um das politische Erbe ausfindig zu machen, das zuerst von Griechen und Römern auf Deutschland und England und schließlich auf Amerika übergegangen war. Diese Gesellschaften, so wurde argumentiert, stammten von gemeinsamen Vorfahren ab, die schon den Keim der zukünftigen Entwicklung in sich trugen. Umwälzungen und Wechsel wären auf interne Evolutionsprozesse einer bestimmten Rasse zurückzuführen und nicht auf Errungenschaften oder Akkulturation. Untergeordnete Rassen könnten weder durch Erziehung noch durch Erfahrung jemals die Werte angelsächsischer Freiheit und Herrschaft erfassen. Darüber hinaus wurden in diesem Evolutionsprozeß die jüngsten Formen als die am höchsten entwickelten und daher besten betrachtet. Daher wäre die amerikanische Demokratie der englischen, der sie entstammte, überlegen, ebenso wie die englische jene der Germanen und sogar die der Römer und Griechen übertroffen hätte.

---

[16] Für die Entwicklung rassistischer Hierarchien aus der Auseinandersetzung über die Sklaverei vgl. Horsman 1981, 116–138.

[17] Saveth 1939, 421. Zur *Germ Theory* vgl. allgemein Guggisberg 1964, 54–65.

Diese Rassentheorie war hauptsächlich dem rassistischen „Anglosaxonismus“ Englands entlehnt, der sich – wie schon erwähnt – in England seit dem 18. Jahrhundert als Teil einer Polemik gegen Iren, Waliser und Schotten entwickelt hatte. Im 19. Jahrhundert war der führende Vertreter dieser Rassengeschichte Edward Augustus Freeman (1823–1892), der klassifikatiorische Modelle der Zoologie sowie der vergleichenden Sprachwissenschaft von Franz Bopp und Theorien aus der Evolutionsbiologie zur Erforschung der englischen Verfassungs- und Institutionengeschichte heranzog.[18] Für Freeman waren die Teutonen das letzte und am höchsten entwickelte der arischen Völker und ihre Bestimmung sei daher gewesen, Herrscher und Lehrer der Welt zu sein. Die kontinentalen Germanen hätten allerdings eine Vermischung ihres Blutes mit dem der Römer erlitten, während sich in England – trotz der normannischen Eroberung – die „teutonische“ Tradition besser behauptet hätte.[19] Natürlich war in einer solchen Argumentation jede biologische Kontinuität mit der vorangelsächsischen, römisch-keltischen Bevölkerung abzulehnen. So unterstrich John Richard Green in seiner *Short History of the English People*, einem historischen Bestseller in England und Amerika, der Freemans Arbeiten populär machte, daß durch die angelsächsische Eroberung Englands die einheimische Bevölkerung ausgelöscht und ihre römischen Institutionen vernichtet worden seien: „Die Eroberung Galliens durch die Franken oder die Italiens durch die Langobarden erwies sich als kaum mehr als eine gewaltsame Ansiedlung des einen oder anderen Eroberers in einem Land, dessen Bevölkerung tributpflichtig gemacht wurde, die allerdings auf lange Sicht ihre Eroberer absorbierte. [...] Die Eroberung Englands aber war eine völlige Enteignung und Vernichtung des Volkes, das die Engländer besiegten, [...] von allen germanischen Eroberungen stellte sich die englische als die gründlichste und vollständigste heraus.“[20] Einer der ersten Amerikaner, der solche Ideen weiterentwickelte, war W. F. Allen, der an der Universität Wisconsin unterrichtete. Allen hatte in Göttingen klassische Philologie studiert, wo er auch die Vorlesungen von Arnold Heeren und Georg Waitz besucht hatte.[21] Schon in den 1870er Jahren schlug Allen eine vergleichende Studie des angelsächsischen *tun* und dem Dorf in New England vor. In seinem Werk *Town, Township and Tithing* argumentierte er, daß die Kolonisten New Englands in der Organisation ihrer Gemeinschaften an die vorfeudalen Traditionen angelsächsischer Freiheit angeknüpft hätten.

---

18 Saveth 1939, 424ff.

19 Vgl. Freeman 1874.

20 Green 1875, 9–10.

21 Guggisberg, 1964, 54–55; Frankenburger 1890.

Der einflußreichste Vertreter der Theorie, daß der „Keim" „teutonischer Freiheit" und Herrschaft auf Amerika übertragen worden sei, war Herbert Baxter Adams, der Begründer des Seminars für Geschichte und Politik an der Johns Hopkins Universität in Baltimore. Auch wenn sein eigener wissenschaftlicher Beitrag recht gering war – seine Arbeit über die *Germanic Origins of New England Towns* behandelte nur einige wenige Passagen der *Germania* des Tacitus und seine eigenen Wanderungen in den Odenwald von seinem Studienort Heidelberg aus –, so ist sein Einfluß auf eine Generation jüngerer amerikanischer Wissenschafter nicht zu unterschätzen.[22]

Solche Studien widmeten sich vor allem der Suche nach Parallelen zwischen angelsächsischen *tuns*, *reeves*, *theow* und *coerls* mit vergleichbaren Institutionen, Ämtern und sozialen Kategorien in New England.[23] Das Wiederauftauchen dieser altehrwürdigen Formen der Sozialorganisation in New England wurde in derselben Weise wie die Wiederkehr der ursprünglichen angelsächsischen Sprache im Amerikanischen verstanden: Die durch die normannische Eroberung und den Katholizismus gebildeten Überlagerungen wären durch die harten Lebensbedingungen in der Neuen Welt abgestreift worden; durch Lebensbedingungen, die man mit dem primitiven Leben in den germanischen Wäldern vergleichen konnte. Dadurch gelang es der amerikanischen Version des „Saxonismus" weitgehend, eine Diskussion zu umgehen, die man in England über die Bedeutung und den Beitrag von Angelsachsen und Wikingern für die englische Tradition und Kultur führte. In den amerikanischen Wäldern kehrten ihre Siedler zu einem teutonischen Staatswesen zurück, das älter als die beiden in England zur Diskussion stehenden war. „Teutonische Geschichte" wurde damit das vorherrschende Modell zum Verständnis der politischen und institutionellen Geschichte Amerikas. Doch ging ihre Bedeutung auch darüber hinaus: Sie war ebenso richtungsweisend. Besonders in den Schriften und Vorlesungen von Kendall Hosmer und John Fiske, wurde die teutonische „Germ theory" einer breiten Öffentlichkeit vermittelt und für politische Ziele instrumentalisiert. Dabei ging es vor allem darum, mit Hilfe der „Germ theory" dahingehend zu argumentieren, daß die Immigration von Bevölkerungsgruppen beschränkt werden müßte, die unfähig wären, an der „teutonischen Freiheit" teilzuhaben. Da die politischen Institutionen Amerikas durch „teutonische Völker" geschaffen worden seien, hinge ihr Bestand von einer fortdauernden Dominanz der „teutonischen Völ-

[22] Adams 1882. Für die Rolle Adams und die Johns Hopkins Seminar siehe Schulin 1991; Guggisberg 1964, 57–59; Geary 1996.

[23] Saveth 1939, 430.

ker" im öffentlichen Leben Amerikas ab; oder, um es in den Worten Hosmers auszudrücken: „Neues Blut ist willkommen, aber es sollte nicht in einem Ausmaß Einfluß nehmen, daß aus einem bestimmten Menschentyp etwas Anderes entsteht. Soll angelsächsische Freiheit erhalten werden, müssen wir auch Angelsachsen bleiben."[24] Mit solchen Ansprüchen und Behauptungen wurde auch eine restriktive Immigrationspolitik legitimiert, die vor allem auf Rassen abzielte, die nicht als Träger „teutonischer Traditionen" betrachtet wurden. So wären etwa die Russen die Erben des byzantinischen Reiches, wo Patriotismus die Loyalität zum Oberhaupt des Staates bedeutete und nicht die Treue zum Vaterland. Iren wiederum wurden abgelehnt: „Persönliche Bindungen kleiner Gruppen an einen gewählten Anführer sind eine besondere politische Eigenart keltischer Nationen."[25] Über die Qualität der deutschen Immigranten im 19. Jahrhundert als Träger der „teutonischen Herkunft" waren die „rassistischen Saxonisten" geteilter Meinung. Einige glaubten wie Burgess, daß ihre „rassische" Verwandtschaft zu den Angelsachsen sie zu idealen Einwanderern mache. Andere wiederum waren wie Hosmer der Ansicht, daß die deutschen Immigranten zur selben Gruppe wie die Iren und die Einwanderer aus Süd- und Osteuropa zu zählen seien.[26] Darüber hinaus fürchtete er als eine noch größere Gefahr – Immigranten aus Asien: „Angelsächsische Lande wären dann in der Tat kaum mehr als chinesische Kolonien."[27] Trotz aller zeitgenössischen Kritik verschwand der „rassistische Anglosaxonismus" in Amerika nur langsam. Schon früh gaben seine Kritiker zu bedenken, daß sich Identitäten nicht durch Analogien beweisen ließen und man, wie Edward Channing anmerkte, die Argumentation rund um die Siedlungen in New England genausogut mit dem Massai-Gebiet in Zentral-Afrika verbinden könne.[28] Bedeutende Historiker, wie etwa Henry Adams von der Harvard-University, haben die *Germ theory* niemals akzeptiert und widme-

---

[24] „New blood is to be welcomed, and yet it should not be infused to so large an extent as to make of the strain a different thing. Anglo-Saxon we ought to remain, if Anglo-Saxon freedom is to be maintained." (Hosmer 1890, 325).

[25] „Personal attachment in small bodies to a chosen chief is the peculiar political trait of the Celtic nations." (Burgess 1890, I, 34), s. auch Burgess 1909.

[26] „Whatever enthusiasm for [liberty] individuals or classes may show, among Frenchmen, Germans, or Russians, the historic discipline of those stocks has not been such as to prepare them to maintain it. These nations have all, at one time or another, been crushed and spirit-broken. The Anglo-Saxon, on the other hand, has preserved for two thousand years the connected tradition of ordered constitutional freedom." (Hosmer 1890, 354).

[27] „Anglo-Saxon lands, indeed, may become little better than Chinese Colonies." (Hosmer 1890, 357, zitiert J. C. Firth aus Neuseeland.

[28] Saveth 1939, 331.

ten sich lieber anderen Aspekten mittelalterlicher Kultur, als sich mit angeblichen „teutonischen Vorfahren" auseinanderzusetzen. Weit wichtiger wurde in der amerikanischen Geschichtsforschung die sogenannte *Frontier-Thesis* von Frederick Jackson Turner, die davon ausging, daß das Leben an der Grenze (Leben im Grenzraum) und nicht rassische Merkmale, die besonderen (einzigartigen) sozialen, institutionellen und kulturellen Traditionen Amerikas prägten.[29] Sicherlich waren auch allgemeine Ressentiments gegen die Deutschen während des ersten Weltkriegs und die darauf folgende amerikanische Isolationspolitik dafür verantwortlich, daß das Interesse an germanischer Philologie und allem Germanischen deutlich zurückging. Die Rassenideologie des Nationalsozialismus und ihre traurigen Folgen entzogen der historischen Rassentheorie in der englischsprachigen Welt jede Berechtigung, ebenso wie in der deutschsprachigen. Gehalten haben sich Ansätze davon nur in einer sehr gemäßigten Form in der indoeuropäischen Philologie, in der nach wie vor ein bestimmtes Vokabular mit charakteristischen Formen von sozialer und institutioneller Organisation verbunden wird. Erstaunlich wirkt vielleicht der zweite wissenschaftliche Kontext, in dem sich einige Ansätze aus der *Germ theory* halten konnten: der vergleichenden Religionswissenschaft, wo sich in manchen Arbeiten zur vergleichenden Mythologie immer noch Ideen aus der indoeuropäischen oder germanischen Evolutionstheorie verbergen.[30]

Doch bevor wir uns nun vom „amerikanischen Teutonismus" verabschieden, sollten wir noch kurz über einige seiner auffälligsten Merkmale nachdenken; Merkmale, die vielleicht einigen aktuellen Bemühungen in der wissenschaftlichen Forschung gar nicht so unähnlich sind. So war mit ihm erstens – wie auch häufig in der heutigen Geschichtsforschung – der Versuch verbunden, neue Ansätze der Philologie, eine „New Philology", für die entscheidenden Fragen der Geschichtsforschung zu nutzen. Dabei wurde argumentiert, daß Gesellschaft und Kultur durch Sprache faßbar und verstehbar wären. Sprache wurde als Abbild gesellschaftlicher Strukturen aufgefaßt. Zweitens war dieser Ansatz ein interdisziplinärer, der nicht nur die gerade aufstrebenden Disziplinen von Geschichte und Philologie heranzog, sondern auch Soziologie und Genetik, um historische Prozesse und Veränderungen zu verstehen. Und drittens wurde versucht, mit Hilfe einer historischen Perspektive auf aktuelle gesellschaftliche Probleme zu reagieren. Auch wenn die damalige Bewegung sich als tot, falsch und pervers erwiesen hat, bleibt am Ende doch die Frage, was wir aus dieser Erfahrung für unsere aktuelle wissenschaftliche Situation lernen können.

---

[29] Billington 1963, 101–108.
[30] Z. B. Russell, 1994.

Literatur

Adams 1876
Charles F. Adams (Hrsg.), Familiar Letters of John Adams and his wife, Abigail Adams, during the Revolution (New York 1876).

Adams 1882
Herbert Baxter Adams, The Germanic Origin of New England Towns (Baltimore 1882).

Billington 1971
Ray Allen Billington, The Genesis of the Frontier Thesis: a study in Historical Creativity (San Marino, Calif. 1971).

Boyd 1950
Julian P. Boyd et al. (Hrsg.), The Papers of Thomas Jefferson, vol. 1 1760–1776 (Princeton 1950).

Burgess 1890
John W. Burgess, Political Science and Comparative Constitutional Law, vol. I (Boston 1890).

Burgess 1909
John W. Burgess, Germany and the United States: An address Delivered before the Germanistic Society of America January 24, 1908 (New York 1909).

Cmiel 1992
Kenneth Cmiel, „A Broad Fluid Language of Democracy“: Discovering the American Idiom, in: The Journal of American History 79.3, 1992, 913–936.

Dwight 1864
Benjamin Woodbridge Dwight, Modern Philology: Its Discoveries, History and Influence (New York 1864).

Frankenburger 1890
David B. Frankenburger, Essays and Monographs (Boston 1890).

Frantzen 1990
Allen J. Frantzen, Desire for Origins: New Language, Old English, and Teaching the Tradition (New Brunswick 1990).

Freeman 1874
Edward Augustus Freeman, Comparative Politics: Six lectures read before the Royal Institution in January and February, 1873, with The Unity of History, the Rede Lecture read before the University of Cambridge, May 29, 1872 (London 1874).

Geary 1996
Patrick Geary, Medieval Germany in America. German Historical Institute Washington D. C. Annual Lecture 1995 (Washington 1996).

Green 1875
John Richard Green, A Short History of the English People (London 1875).

Guggisberg 1964
Hans Rudolf Guggisberg, Das europäische Mittelalter im amerikanischen Geschichtsdenken des 19. und des frühen 20. Jahrhunderts. Basler Beiträge zur Geschichtswissenschaft 92 (Basel 1964).

Horsman 1976
Reginald Horsman, Origins of Racial Anglo-Saxonism in Great Britain before 1850, in: Journal of the History of Ideas, 37.3, 1976, 387–410.

Horsman 1981
Reginald Horsman, Race and Manifest Destiny: the Origins of American Racial Anglo-Saxonism (Cambridge, Mass. 1981).

Hosmer 1890
James Kendall Hosmer, A Short History of Anglo-Saxon Freedom. The Polity of the English-Speaking Race. Outlined in its Inception, Development, Diffusion and Present Condition (New York 1890).

Lerner 1963
Robert E. Lerner, Turner and the Revolt Against E.A. Freeman, in: Arizona and the West 5, 1963, 101–108.

Russell 1994
James C. Russell, The Germanization of Early Medieval Christianity: A Sociohistorical Approach to Religious Transformation (New York 1994).

Saveth 1939
Edward Norman Saveth, Race and Nationalism in American Historiography: the Late Nineteenth Century, in: Political Science Quarterly 54.3, 1939, 421–441

Schulin 1991
Ernst Schulin, German and American Historiography in the Nineteenth and Twentieth Centuries, in: Hartmut Lehmann und James J. Sheehan (Hrsg.), An Interrupted Past: German-speaking Refugee Historians in the United States after 1933 (New York 1991).

Germanisch-Deutsch – RGA-E Band 34 – Seiten 357-502

Das „völkisch" Germanische in der deutschen Ur- und Frühgeschichtsforschung

Zeitgeist und Kontinuitäten

von Heiko Steuer

1. Ausgangsfragestellung

Wie in der Überschrift nur angedeutet, geht es in diesem Beitrag in erster Hinsicht um das Problem der „ethnischen" Deutung archäologischer Quellen und ihrer Zuweisung zu „Germanen" und im Sinne des 19. Jahrhunderts zu „Deutschen". Nicht die ganze Breite der Methodengeschichte des Faches, sondern linear eine Spur gilt es zu verfolgen vom frühen 19. Jahrhundert bis in die Gegenwart.

Diese Stellungnahme zum multidisziplinären Problem „völkisch-germanisch" erfolgt aus der Sicht eines Vertreters der frühgeschichtlichen Archäologie, was Historiker und Musikwissenschaftler bei der Beurteilung berücksichtigen sollten; denn wie der Blickwinkel der Archäologen des 19. Jahrhunderts von einem bestimmten Informationsstand ausging, so auch bei einem Archäologen der Gegenwart.

Es geht darum, in Erinnerung zu rufen, wie das Bild früher „deutscher" Geschichte in den Köpfen der bürgerlichen Gesellschaft sich widerspiegelt in den Theorien der entstehenden ur- und frühgeschichtlichen Wissenschaft, deren auf diesem Wege geprägten Ergebnisse dann wiederum zurückwirkend das Geschichtsbewußtsein der Allgemeinheit beeinflussen. Die Entfaltung der Ur- und Frühgeschichte als Wissenschaft ist nur vor dem Hintergrund der Denkmuster des 19. Jahrhunderts erklärbar.

Daß die Frage nach der ethnischen Zuweisung von Gräbern und der Ausstattung von Toten mit Kleidung und Beigaben weite Bereiche der Fachwissenschaft immer noch zentral beherrscht, ist daher ebenfalls nur vor dem Hintergrund „völkischen" Denkens – ohne die zeitweilig damit verbundene chauvinistische Übertreibung – zu verstehen. Im 19. Jahrhundert ist diese paradigmatische Fragestellung im allgemeinen Geschichtsbewußtsein als Grundlage einer nationalen Selbstfindung aufgekommen, und noch fehlt heute ein grundsätzlicher Paradigmenwechsel, weil die Denkmuster des 19. Jahrhunderts bis in die Gegenwart weiterleben.

1.1 Zeitgeist

Früher erklärte man das mit dem „Zeitgeist", mit der geistigen Situation der Zeit(en), dem Geist der Zeiten,[1] der im Rahmen miteinander verketteter verschiedener hermeneutischer Zirkel die Methodenentwicklung in der Ur- und Frühgeschichtswissenschaft beeinflußt hat und der dann von deren scheinbar unabhängig gewonnenen Ergebnissen wiederum verändert worden ist. Heute

---

[1] Statt einer Reflektion darüber darf einfach nur auf Goethe verwiesen werden, vgl. Schöne 1994, 40 (Faust Zeile 575ff.):

Mein Freund, die Zeiten der Vergangenheit
Sind uns ein Buch mit sieben Siegeln;
Was ihr den Geist der Zeiten heißt,
Das ist im Grund der Herren eigner Geist,
In dem die Zeiten sich bespiegeln.

spricht man von Mentalitätengeschichte und ist sich zudem bewußt, daß jede Geschichtsschreibung nicht unabhängig von der Situation des Wissenschaftlers in seiner Gegenwart erfolgen kann. Das Bekenntnis zu einer „*voraussetzungslosen Forschung*", formuliert einst von Theodor Mommsen und von Heinrich Dannenbauer in seiner Antrittsrede an der Universität Tübingen 1934 besonders hervorgehoben,[2] war verbunden mit der Erkenntnis, „*daß jedermann ein Kind seines Volkes, seiner Zeit und der besonderen Verhältnisse ist, in denen er sich gebildet hat, daß wir alle* [...] *von Rasse, Umgebung und Zeitumständen abhängig sind.*" Oswald Spengler drückte das anders aus: „*Ein Gedanke von historischer Notwendigkeit, ein Gedanke also, der nicht in eine Epoche fällt, sondern der Epoche macht, ist nur in beschränktem Sinne das Eigentum dessen, dem seine Urheberschaft zuteil wird. Er gehört der ganzen Zeit; er ist im Denken aller unbewußt wirksam.*"[3] Verblüffend sind die langen Kontinuitätsstränge, die beim Nachlesen der Meinungen aufgedeckt werden können und die scheinbar neue Thesen als längst zuvor gedachte Meinungen offenbaren; sie sind Niederschlag der Tendenzen des Zeitalters.[4]

„*Der Gedanke der Wesenseinheit von zeitgenössischen Deutschen und alten Germanen sowie die Annahme einer Kontinuität der germanisch-deutschen Volksgeschichte über Jahrtausende hinweg zählen zu den wirkungsmächtigsten Elementen des kollektiven Gedächtnisses der Deutschen*", faßt Rainer Kipper 2002 in seiner Darstellung zum Germanenmythos im deutschen Kaiserreich zusammen.[5] Es wird kaum möglich sein, in diesem Beitrag näher zu definieren, was in der Forschung alles mit „völkisch" gemeint wird, außer daß im nachhinein aus der gegenwärtigen Perspektive die negativen Aspekte politischer Instrumentalisierung von Forschungsergebnissen assoziiert werden.

Schon Oswald Spengler brachte das auf den Punkt: „*‚Das Volk' als die Urform schlechthin, in welcher Menschen historisch wirksam sind, die Urheimat, die Ursitze, die Wanderungen ‚der' Völker – darin spiegelt sich der große Schwung der Begriffe Nation von 1789 und Volk von 1813* [...] *Aber gerade weil der Begriff ein hohes Pathos birgt, entzieht er sich gern der Kritik. Selbst scharfsinnige Forscher bezeichnen hundert ganz verschiedenartige Dinge damit, ohne es zu bemerken, und so entwickelt sich das ‚Volk' zu der vermeint-*

---

[2] Dannenbauer 1935, 17f. mit Anm. zu S. 17.
[3] Spengler 1923/1990, X (Vorwort aus dem Jahr 1917).
[4] Schulz 1989, 234f.
[5] Kipper 2002, 11: 1. Satz des Buches.

lich eindeutigen Größe, welche alle Geschichte macht [...] *Was seit der Eiszeit die Erde bewohnt, sind Menschen, nicht ‚Völker'*".[6] Und weiter: „*Nun endlich ist es möglich, mit äußerster Vorsicht dem Begriffe ‚Volk' näher zu treten und Ordnung in das Chaos von Völkerformen zu bringen, das die Geschichtsforschung der Gegenwart nur noch gesteigert hat* [...] *Selbst sehr vorsichtige Historiker setzen, nach dem sie sich um eine theoretische Klärung bis zu einem gewissen Grade bemüht haben, im Verlaufe der weiteren Untersuchung Völker, Rasseteile und Sprachgemeinschaften wieder völlig gleich* [...] *Das moderne Nationalgefühl hat dies ‚Denken in Volkseinheiten' nur noch gesteigert* [...] *Blut, Sprache, Glaube, Staat, Landschaft – was von alledem ist für die Völkerbildung maßgebend?* [...] *Volk ist aber ein Zusammenhang, dessen man sich bewußt ist.*"[7]

Auch der Urgeschichtsforscher weist auf diese Funktion des Zeitgeistes hin: „*Wir Vorgeschichtsforscher, die wir sehr weit zurück in den ‚Geist der Zeiten zu versetzen' uns bemühen, sollten doch eine nahe Vergangenheit auch aus ihrem Geist verstehen!*" Hans Gummel schrieb während der Jahre des Dritten Reichs, und sein Buch von 1938 zur Forschungsgeschichte ist auf weite Strecken hin nur aus dieser Entstehungszeit heraus verständlich.[8]

1.2 Ethnische Deutung als „völkisches" Denken?

Die Konsequenzen „völkischen" Denkens vor dem Hintergrund der Geschichte der Wissenschaften lassen sich noch in der gegenwärtigen Forschung fassen. Es ist der Drang einer Richtung der Wissenschaft, zuvörderst ethnische Einordnungen des archäologischen Quellenbestandes vorzunehmen und Kulturgeschichte als weniger wichtig anzusehen, obgleich die überwältigende Mehrheit aller Ergebnisse von Geländeforschungen kulturgeschichtlichen Erkenntniszuwachs verspricht.

Es gibt zur „germanischen" Archäologie die beiden parallelen Forschungszugriffe. Der kulturgeschichtliche Zugriff geht von der Begrenzung auf den „germanisch" besiedelten Raum in Mittel- und Nordeuropa seit der vorrömischen Eisenzeit aus. Damit bildet das „Germanische" nur den allgemeinen Hintergrund zur gegenwärtigen Auffassung, daß nach schriftlicher antiker Überlieferung eigentlich erst seit Caesar und nach sprachwissenschaftlich-

---

6 Spengler 1923/1990, 688; Ehringhaus 1996, 141.
7 Spengler 1923/1990, 746f.
8 Gummel 1938, 300 Anm. 1.

archäologischer Überlegung erst seit Beginn der vorrömischen Eisenzeit von Germanen gesprochen werden kann. Für dieses Raum-Zeit-Kontinuum wird Kulturgeschichte anhand archäologischer Forschungsergebnisse erarbeitet. Diese geographisch begrenzte Epoche war seinerzeit Arbeitsfeld der „Kommission für die Altertumskunde Mittel- und Nordeuropas" der Akademie der Wissenschaften in Göttingen[9] und war und ist Arbeitsfeld des „Reallexikons der Germanischen Altertumskunde".[10] Trotz des heute antiquierten auf Johannes Hoops[11] zurückgehenden Titels von 1911 vertrat das Lexikon damals und vertritt gegenwärtig einen kulturwissenschaftlichen oder altertumswissenschaftlichen Ansatz für den geographischen Raum Mittel- und Nordeuropa.

Dem steht der ethnische oder auch „völkische" Ansatz gegenüber, der in erster Linie geschichtliche Individuen archäologisch fassen will, weniger einzelne Personen als vielmehr handelnde Einheiten wie Völker und Stämme, wobei es dann erst zu definieren gilt, was unter den Bezeichnungen verstanden wird.

Es geht in diesem Beitrag also nicht so sehr um die Forschungsgeschichte zur Ur- und Frühgeschichte als Wissenschaft im 19. und frühen 20. Jahrhundert, auch nicht um die Darstellung der geistesgeschichtlichen Strömungen auf breiter Front, sondern um Abhängigkeiten und gegenseitige Vernetzungen von wissenschaftlichen Vorstellungen in ihrer Weiterentwicklung: Wie im hermeneutischen Zirkel wissenschaftliche Erkenntnis über ständige Rückkopplungen vorankommt, so spielt die interdisziplinäre Beeinflussung eine vergleichbare Rolle, die jedoch stärker eine bewußte Entscheidung und ein Aufeinanderzugehen erfordert. Die Summe aus beiden Systemen konturiert den sog. Zeitgeist: Die Ur- und Frühgeschichtsforschung war deshalb für „völkisches" Denken anfällig, weil die „Deutschen" von der allgemeinen Bevölkerung historisch als „Germanen" angesehen und zudem höher als die Nachbarn eingeschätzt wurden.

Das Fach konnte und kann für die frühen Jahrhunderte ständig neue Quellen beibringen und die Kenntnisse wachsen lassen. Gustaf Kossinna (1858–1931),[12] Wegbereiter des Paradigmas von der ethnischen Zuweisung archäologischer Kulturprovinzen, war daher ohne Zweifel ein Vertreter seiner Zeit, der sich bei beachtlicher Sachkenntnis zusätzlich für eine extreme Auswer-

---

[9] Beck 1997, 5f.

[10] Reallexikon 1973ff., Bd. 1, 1973, Vorwort zur 2. Aufl.; Germanen 1998.

[11] Hoops 1911–13.

[12] Allg. zu Kossinna: Grünert 2002a,b; Brather 2001; Veit 1985; auch Geary 2002, 45ff.

tung der archäologischen Quellen entschieden hatte, wo andere zurückhaltender waren; diese – weniger radikale – Arbeitsweise hat sich jedoch bis heute, wenn auch nur von einem Teil der Forschung vertreten, gehalten; denn der Zeitgeist denkt weiterhin – noch zu Beginn des 21. Jahrhunderts – in Völkern, sieht die Germanen als frühe Deutsche an (vgl. dazu die gegenwärtigen „Handbücher zur deutschen Geschichte“ unten S. 441ff.) und kann sich vom alten Modell, trotz aller jeweils formulierten Einschränkungen, nicht lösen. Somit wirken die im 19. Jahrhundert entwickelten Denkstrukturen in der gegenwärtigen Ur- und Frühgeschichtsforschung weiter nach, und im Fach selbst hat die Reflektion darüber erst jetzt wieder massiv begonnen.

1.3 Aspekte des „Völkischen“

Dabei gilt es mit aller wissenschaftlichen Korrektheit zu differenzieren, wenn das belastete Wort des „völkischen“ Denkens genannt wird.[13] Es bleibt eine Ausflucht, wenn man den Begriff umgeht und statt dessen sich heute auf die Formulierung der „ethnischen Deutung archäologischer Kulturprovinzen“ zurückzieht, was vielfach tatsächlich Gleichartiges meint. Es gibt somit eine hierarchische Abfolge im Inhalt des Wortfeldes zu „völkisch“ sowie zu Volk und Stamm.

a) Die einfache Stufe ist, daß mit Volk und völkisch eine Gemeinschaft von Menschen gemeint ist, die sich selbst als Einheit sieht oder von anderen als solche mit Namen benannt wird. Mit der Identifizierung derartiger Einheiten können sich Historiker und Soziologen beschäftigen.

b) Die nächste Stufe geht davon aus, daß eine solche Einheit sich durch Abzeichen kenntlich macht oder daß sie sich durch Trachteigentümlichkeiten und spezielle Bewaffnung oder andere typische Verhaltensweisen äußerlich bewußt selbst kennzeichnet oder von außen betrachtet abgrenzbare Kennzeichen aufweist. Diese können teilweise archäologisch faßbar sein, was der archäologischen Forschung zu erlauben scheint, die ethnische Frage der Zuordnung zu stellen.

c) Der belastete Aspekt in bezug auf den Begriff des „Völkischen“ ergibt sich aus der unterschiedlichen Bewertung nachweisbarer ethnischer Einhei-

---

[13] Allg. zum „völkischen Denken“: Puschner 2001; ders. 2002; Puschner/Schmitz/Ulbricht 1999; im Bereich der Volkskunde: Jacobeit/Lixfeld/Bockhorn 1994; im Bereich der Geschichtswissenschaft: Oberkrome 1993.

ten, die sich in der Überbewertung der einen Gruppe äußert und verbunden ist mit Abwertungen anderer Gruppen. Zumeist wird die eigene Gruppe in ihrer historischen Tiefe und Herleitung dabei als höherwertig eingestuft, und mit einem entsprechenden Sendungsbewußtsein verbunden wird sie zur gefährlichen Bedrohung für die anderen Gruppen; denn immer wieder wurden und werden derartige Ansichten politisch instrumentalisiert und außerhalb der Wissenschaft eingesetzt.

Dahinter verbirgt sich das Denken in einem hermeneutischen Zirkel; denn die ethnische oder völkische Fragestellung entstand im frühen 19. Jahrhundert nicht in einem wissenschaftlich neutralen Raum, sondern wurde aus dem Bereich des Politischen in die archäologische Forschung transferiert, da man sich von dort argumentative Stützen erhoffte. Die überbetonte Ansicht, daß ethnische Einheiten, Völker und Stämme, im 19. Jahrhundert Staatsvölker und Nationen, als handelnde Subjekte den Geschichtsablauf bestimmten, ist auch in der Archäologie für diese sich in den Vordergrund drängende Frage verantwortlich.

Es war aber zum Beispiel nicht der Stamm der Cherusker, der die römischen Legionen in der Varusschlacht besiegte, sondern der im römischen Militärwesen bewanderte Feldherr Arminius, der gewissermaßen eine Revolte von Auxiliareinheiten organisiert hat.[14] Mit der weitgehenden Vernichtung der Sippe des Arminius verschwand der „Stamm" der Cherusker aus Geschichte und Überlieferung.[15] Es wäre weiter auszuführen, daß die von römischen Schriftstellern überlieferten Namen keine Völker im Sinne des 19. Jahrhunderts meinten, sondern in der Regel kriegerische Verbände, die sich zusammenfanden zu immer neuen Koalitionen und wieder zerfielen, ohne daß dabei das Besiedlungsmuster der mitteleuropäischen Landschaft sich veränderte.

Erst die Erkenntnis, daß derartige ethnische Einheiten[16] sich ständig wandelnde bewußte Gruppenbildungen sind und keine natürlichen biologisch konstanten Größen, hat die Frage im historisch-politischen Raum obsolet werden lassen, was noch keine Folgen für das archäologisch angewendete Methodenspektrum hat.

Dem Bild der neben-, mit- und gegeneinander handelnden Völker in eigenen Territorien mit Grenzen, wie sie die Kartenbilder der historischen Atlanten bis heute wiedergeben, wird zu ersetzen sein durch das Bild der zwei Ge-

---

[14] Timpe 1970.
[15] Wenskus 1961, 420.
[16] Geary 2002, 25ff.; Pohl 2002, 13ff.

sellschaften, die die Realität der Epoche der Völkerwanderungszeit bestimmten. Da ist die mittel- und nordeuropäische Siedlungslandschaft aus einem weiten Netz größerer und kleinerer bäuerlicher Ansiedlungen, in denen auch die Elite der Gesellschaft lebte und die zudem über weitreichende Kontakte verfügte. Diese Netze agrarisch bestimmter Siedlungen bestanden über Jahrhunderte mit wachsender und abnehmender Dichte, mit innerer Dynamik, was Siedlungsverlegung und Erneuerung angeht, aber im Prinzip mit beachtlicher Kontinuität von der vorrömischen Eisenzeit bis ins Mittelalter, für die gesamte „germanische" Epoche. Dieses Siedlungsgefüge mit allen Aspekten der „modernen" Landschaftsarchäologie ist archäologisch erforschbar.

Da ist aber auch die Menge der in antiken Schriftquellen überlieferten Wanderungen bzw. Kriegszüge kreuz und quer durch Mitteleuropa. Diese Heeresverbände bestanden aus Kriegergefolgschaften, die sich aus dem ländlichen Siedlungsgefüge herausgelöst hatten. Einflußreiche und militärisch erfolgreiche Anführer sammelten gegen Bezahlung aus Kriegsbeute Kriegerverbände um sich, die teils mit Frauen und Kindern in den Krieg zogen, sich mehr oder weniger autark durch weite Strecken Europas bewegten und unabhängig von den ehemaligen Siedlungsgemeinschaften neue Strukturen schafften.[17]

Überliefert sind die Namen derartiger Verbände, oft auch ihrer Anführer, selten die Namen der Bewohner geschlossener Territorien. Diese schweifenden Heerzüge der Völkerwanderungszeit sind bisher in keinem Fall archäologisch nachweisbar gewesen.

Die Suche der Archäologie nach ethnischen Einheiten geht von den überlieferten Namen dieser – um es verkürzt zu sagen – Heeresverbände aus, die archäologisch keine Spuren hinterlassen haben, und verknüpft diese mit den archäologisch erarbeiteten (konstruierten) Kulturkreisen von Siedlungslandschaften, die archäologisch gut faßbar, aber eigentlich namenlos sind. Somit erscheint die ethnische Frage für die „germanische" Epoche falsch gestellt zu sein, wenn Siedlungsgemeinschaften etikettiert werden, während „Kriegsvölker" gemeint waren.

[17] So z. B. auch schon Spengler 1923/1990, 752ff.; Steuer 2001e.

2. Forschungslage

In den Monaten nach der Tagung „Zur Geschichte der Gleichung ‚germanisch-deutsch'„ in Freiburg im Dezember 2000, die der Ausarbeitung der schriftlichen Fassungen der Referate unter dem Eindruck der gehaltenen Vorträge galten, gab es mehrere andere Kolloquien, und zahlreiche Abhandlungen wurden vorgelegt, die das Thema unmittelbar berührten oder aufgriffen. Es liegt wiederum im gegenwärtigen Zeitgeist, daß derartige Retrospektiven erarbeitet werden, die zugleich die fortdauernde oder mehr noch die erneuerte Aktualität der Problemstellung markieren. Die Folge ist eine wesentliche Veränderung der Zielsetzung meines damaligen Beitrages, die es kurz zu skizzieren gilt.

Wie aktuell die Gleichung „germanisch-deutsch" noch heute ist und im Rahmen der geistesgeschichtlichen Situation unserer Gegenwart sich auswirkt, spiegeln nicht nur zum Beispiel die neuen Euro-Münzen Deutschlands, die weiterhin traditionell mit Eichenlaub geziert sind, sondern auch wissenschaftliche Diskussionsbeiträge der Ur- und Frühgeschichte zur ethnischen Deutung archäologischer Kultureinheiten.

Der nachfolgende ausführliche Literaturbericht scheint mir deshalb notwendig, weil noch die jüngsten Veröffentlichungen die Kontinuitätsstränge aus dem 19. Jahrhundert offenbaren, ohne daß diese aber kenntlich gemacht werden und die auch den Autoren nicht immer bewußt sind.

2.1 Erinnerungsorte

Die Nachhaltigkeit bekannter Denkmuster im kollektiven Gedächtnis, die auch die Ur- und Frühgeschichte berühren, spiegeln einige Beiträge im dreibändigen Sammelwerk *Deutsche Erinnerungsorte*, das Etienne François und Hagen Schulze zusammengestellt haben,[18] nicht nur die Einleitungs- und Zwischenbemerkungen der Herausgeber;[19] zu nennen sind in Auswahl Arnold Esch mit *Ein Kampf um Rom* (Felix Dahn),[20] Peter Wapnewski mit *Das Nibelungenlied*,[21] Bedrich Loewenstein mit *Am deutschen Wesen...*,[22] Frithjof Ben-

[18] Deutsche Erinnerungsorte 2001.
[19] François/Schulze 2001a–d.
[20] Esch 2001.
[21] Wapnewski 2001.
[22] Loewenstein 2001.

jamin Schenk mit *Tannenberg/Grunwald*,[23] Michael Werner mit *Heinrich Heine* und *Die ‚Germania'*,[24] Kirstin Anne Schäfer mit *Die Völkerschlacht*,[25] Albrecht Lehmann mit *Der deutsche Wald*,[26] Sabine Behrenbeck mit *Heil*[27] und Werner M. Doyé mit *Arminius*.[28] Doch auch weitere Beiträge tangieren das Thema. Wenn noch heute als „deutsche" Themen, um die Erinnerung kreist, die „Germania" des Tacitus und Arminius, Felix Dahn und das Nibelungenlied und sogar das „deutsche Wesen" genannt werden, dann wird einerseits faßbar, wie sehr sie im Bewußtsein der gebildeten Bevölkerung noch gegenwärtig sind, wie sie seit ihrer Entstehung fortwirken; und andererseits sollte gefragt werden, ob ihr Gehalt gleich geblieben ist und die Paralellisierung von „germanisch" und „deutsch" noch den alten Vorstellungen entspricht.

Entscheidender ist jedoch ein Nachdenken darüber, wie ähnlich sich eigentlich Vorstellungen sind vom ‚Volksgeist' der Romantik, Grundlage auch des „völkischen" Denkens, und vom „kollektiven" Gedächtnis, dem Erinnern überindividueller Subjekte (Maurice Halbwachs) oder gar einer „nationalen Gedächtnisgemeinschaft"[29] oder eines gemeinsamen erwünschten „historischen Bewußtseins"[30] sind. Den Herausgebern des Sammelwerkes sei die Vorstellung von *„Nation als eines seit archaischer Urzeit bestehenden* [...] *Herrschafts- und Kulturverbandes, der ein Gespinst von rechtfertigenden und missionarischen Ideen in Gestalt des Nationalismus hervorbringe"*, völlig fremd, so Hans-Ulrich Wehler; sie seien vielmehr Vertreter der Vorstellung von Nationalismus als gedachter und konstruierter Ordnung.[31] Doch fehlt im Sammelwerk die Reflektion darüber, wie die alten Vorstellungen von Volk und Nation[32] sich in die neuen wandelten; vielmehr stehen die alten Denkmuster als „Erinnerungsorte" im Raum der Gegenwart. Aber sind die ausgewählten Gedächtnisorte im Emotionshaushalt der heutigen Deutschen tat-

---

23 Schenk 2001.

24 Werner 2001a,b.

25 Schäfer 2001.

26 Lehmann 2001.

27 Behrenbeck 2001.

28 Doyé 2001.

29 Friedrich Wilhelm Graf, Die Nationalmannschaft der neuen Normalität. Geschichtsreligion, made in Germany: Zum Abschluß der „Deutschen Erinnerungsorte", Frankfurter Allgemeine Zeitung Nr. 258, 6. November 2001, Seite L 20.

30 Hans-Ulrich Wehler, Was uns zusammenhält. Zum Auftakt eines mehrbändigen Projekts über „Deutsche Erinnerungsorte". Die Zeit vom 22. März 2001, Seite 28.

31 Wehler (wie Anm. 30).

32 Dazu allg. Alter 1994; Hobsbawn 1996; Echternkamp 1998; Langewiesche 2000.

sächlich präsent[33] oder nur im Gedächtnis der älteren Herausgeber und Autoren des Sammelwerkes, während sie der jungen Generation nichts mehr sagen? Die Mehrzahl der beschriebenen Erinnerungsorte sind durch die NS-Zeit gebrochen, und merkbar ist die Scheu, sich dem diachron darüber nachdenkend zuzuwenden. Oder ist die völkische Erinnerungskultur nur noch eine Subkultur und ist das damit auch ein wesentlicher Bereich der Ur- und Frühgeschichte?[34]

Was meinen die Herausgeber der „Erinnerungsorte", wenn sie die Einleitung mit dem *„Aufruf zur ‚Tat' und zum ‚Leben'"* schließen:[35] Ist das Ironie oder bewußtes Anknüpfen an Formulierungen des frühen 20. Jahrhunderts wie die Aufforderung zur „deutschen Tat" der frühen 1920er und 1930er Jahre, worüber der Prähistoriker Gero von Merhart sprach oder auch Ernst Jünger schrieb.[36] Mag die Gewichtung des Wortes „Tat" auch auf Goethe zurückgehen, bei dem es im „Faust" heißt: *„Am Anfang war die Tat"*[37] (statt nach der Lutherübersetzung der Bibelzeile „das Wort"), oder gar auf Herder, der 1775 dazu schrieb, die Gottheit habe hier *„das innigst begriffene, heiligste, geistigste, würksamste, tiefste"* gewählt, *„das Bild Gottes in der Menschlichen Seele, Gedanke! Wort! Wille! That! Liebe!"*. In den Jahrzehnten der Neuen Sachlichkeit gewann das anderen Inhalt. *„Viele bewunderten Bismarcks Werk als ‚Gesundung durch die Tat'"*, schreibt Loewenstein in den „Erinnerungsorten" in seinem Beitrag zum deutschen Wesen. Er bringt auch ein Zitat Thomas Manns: *„Deutschtum, das ist Kultur, Seele, Freiheit, Kunst, und nicht Zivilisation, Gesellschaft, Stimmrecht, Literatur."*[38] Findet sich da eine Kontinuität der Worte, des Jargons oder auch des Inhalts?

Was früher Zeitgeist genannt wurde, ist heute also das „kollektive Gedächtnis", zu dem seit bald zwei Jahrhunderten die Gleichung „germanisch-deutsch" zählt, und woraus folgt, daß das „völkische" Denken nur eine Verstärkung des allgemeinen Denkens in einzelnen Fasern ausmacht, nicht das abartige Denken kleiner Gruppen, sondern das allgemeine Substrat. Die Bestätigung findet sich in der diachronen Betrachtung historischer Publikationen zur Deutschen Geschichte und ihres Beginns.

---

33 Graf (wie Anm. 29).
34 Kipper 2002, 302ff.
35 François/Schulze 2001a, 24.
36 Steuer 2001 c, 29f.; zu den Zeitströmungen der Konservativen Revolution der 1920er Jahre: Mohler 1989.
37 Nach Schöne 1994, Texte 60 (1237), Kommentare 246f.
38 Loewenstein 2001, 300 und 303.

Es sind die breiten durchgehenden Linien des Zeitgeistes oder der kollektiven Erinnerung, die das Bild bestimmen und Einfluß haben, nicht die Aktivitäten der kleinen völkischen Gruppen, die man vernachlässigen könnte,[39] sondern es ist die Breite auch der Literatur, der Romane, von Gustav Freytag (1816–1895) bis Felix Dahn (1834–1912), die ältere germanische Geschichte verarbeiten und dabei Verbindungen zur Archäologie knüpfen.[40] Damit stoßen wir auf klassische Vertreter der Formen von Geschichte der „longue durée".

2.2 Zum Germanenmythos im 19./20. Jahrhundert

Die vielseitigen Studien zum Germanenmythos, die Klaus von See[41] vorgelegt hat, ergänzt durch Studien wie die von Krapf oder Wülfing[42] finden laufend Fortsetzungen und Ergänzungen. Die Germanenideologie zeichnet sich dadurch aus, daß dabei *„die Eigenschaften der alten Germanen kurzerhand zu typischen Wesenszügen der Deutschen erhoben"* wurden.[43]

Uwe Puschner legte 2001, ältere Studien ergänzend, sein Buch über *Die völkische Bewegung im wilhelminischen Kaiserreich. Sprache, Rasse, Religion* vor,[44] Dieter Langewiesche 2000 eine Sammlung seiner älteren und neue Aufsätze zum Thema *Nation, Nationalismus und Nationalstaat in Deutschland und Europa*,[45] wozu Stefan Breuers *Ordnungen der Ungleichheit – die deutsche Rechte im Widerstreit ihrer Ideen 1871–1945* aus dem Jahr 2001 herangezogen werden sollte.[46] Die Studie von Patrick J. Geary *Europäische Völker im frühen Mittelalter. Zur Legende vom Werden der Nationen*, erschienen 2002 in deutscher Übersetzung, ist ebenso für das Thema zu berücksichtigen.[47] Im Jahr 2002 hat Rainer Kipper seine Abhandlung *Der Germanenmythos im deutschen Kaiserreich* vorgelegt[48], worin er die Romanliteratur des 19. Jahrhunderts analysiert, gewissermaßen als Parallele zu Sybille Ehringhaus' *Ger-*

39 Zu den Mitgliederzahlen der „völkischen" Gruppierungen Puschner 2001.
40 Dazu Kipper 2002.
41 v. See 1983; ders. 1970; ders. 1975; ders. 1994; ders. 2001.
42 Krapf 1979; Wülfing 1991.
43 v. Essen 1998, 245.
44 Puschner 2001.
45 Langewische 200.
46 Breuer 2001.
47 Geary 2002; vgl. auch Brühl 1995.
48 Kipper 2002.

manenmythos und deutsche Identität,[49] die die Auswirkung völkischen Denkens auf die Kunstgeschichte des 19. und 20. Jahrhunderts, speziell zur Kunst der Völkerwanderungszeit, auswertet, und Wolf-Daniel Hartwichs *Deutsche Mythologie. Die Erfindung einer nationalen Kunstreligion*, der den Einfluß „völkischen“ Denkens auf den religiösen Bereich analysiert.[50] Hartwich faßt zusammen: *„Die ‚Deutsche Mythologie‘ ist dabei eine antiquarische und literarische Erfindung, die als religionsgeschichtliche Erscheinung nicht existiert hat.“*[51] Der Mythos ist die poetische Form der kollektiven Erinnerung, die weit vor die Christianisierung zurückreicht und allen germanischen Stämmen gemeinsam sein sollte.[52]

Hier kann auch auf die Verirrungen des Schweizer Psychologen C. G. Jung hingewiesen werden, den kein historisches Interesse an der germanischen Vorzeit und ihrer Mythologie bewegte, sondern der den bis in die Gegenwart fortlebenden Mythos des Gottes Wotan erdachte.[53] Dabei wird der Bezug zu Nietzsche geknüpft, der in der *Geburt der Tragödie* – Wagner hier mißverstehend – den „germanischen Mythos“ als „mythische Heimat“ der Deutschen beschwor: „„*Glaube niemand, daß der deutsche Geist seine mythische Heimat auf ewig verloren habe* [...] *Eines Tages wird er sich wach finden* [...] *dann wird er den Drachen töten, die tückischen Zwerge vernichten und Brünnhilde erwecken* [...]‘“; denn C. G. Jung war der Meinung, daß die heidnisch-germanischen Mythen aus dem „kollektiven Unbewußten“ der Deutschen niemals ganz verschwunden seien: ein uns heute völlig abwegig erscheinendes Kontinuitätsdenken, nur verständlich vor dem Hintergrund der gegenseitigen Vernetzung der Vorstellungen z. B. aus Jacob Grimms Deutscher Mythologie, entstanden zwischen 1835 und 1875,[54] Richard Wagners *Ring des Nibelungen*, den Forschungsergebnissen der Urgeschichte und dem allgemeinen Bürgergedächtnis, eine kaum aufzulösende Mischung von Denkmodellen.[55]

Den Zeitgeist auch zu unserer Fragestellung spiegelt die Auswertung von Dichtung und Literatur: Jürgen Schröder stellte in *Deutschland als Gedicht.*

---

49 Ehringhaus 1996.
50 Hartwich 2000; vgl. auch Breuer 2001, 85ff.
51 Hartwich 2000, 10; nach v. See 1994.
52 Hartwich 2000, 11.
53 Schröder 2000, 61ff.
54 Ebel 1999, 43.
55 Über den „Wotanismus“ und anderer Auswüchse germanomanen Denkens kann hier nicht weiter gesprochen werden; vgl. außer dem Exkurs bei Schröder 2000, 61–83 auch Puschner 2001; Breuer 2001.

Über berühmte und berüchtigte Gedichte aus fünf Jahrhunderten in fünfzehn Lektionen[56] im Jahr 2000 kommentierte Gedichte vor und Heinz Ludwig Arnold in *Deutschland! Deutschland? Texte aus 500 Jahren von Martin Luther bis Günter Grass*[57] im Jahr 2002.

Wenn Georg Kossack 1999 formuliert:[58] *„In Richard Wagners ‚Ring', 1876 erstmals zusammenhängend aufgeführt und damals schon als nationale Tat* [sic!] *gefeiert, schien germanisch-deutsches Wesen wiederzuerwachen. Viele Deutschbewußte verstanden dies Erlebnis als Einladung, sich intensiver mit Germanenkunde zu befassen*", dann muß eine solche Formulierung im Rahmen von Überlegungen zum völkisch Germanischen kommentiert werden, damit Wagner nicht ständig mißverstanden wird. Als neue Literatur zu diesem Komplex habe ich berücksichtigt: Dieter David Scholz *Ein deutsches Mißverständnis. Richard Wagner zwischen Barrikade und Walhalla*[59] aus dem Jahr 1997, Nora Eckert „Der Ring des Nibelungen und seine Inszenierung von 1876 bis 2001"[60] aus dem Jahr 2001, alte und neue Aufsätze von Dieter Borchmeyer in *Richard Wagner. Ahasvers Wandlungen*[61] von 2002 und Petra-Hildegard Wilberg *Richard Wagners mythische Welt. Versuche wider den Historismus*[62] von 1996 oder auch Peter Peil *Die Krise des neuzeitlichen Menschen im Werk Richard Wagners* von 1990 und schließlich auch Herfried Münkler mit *Richard Wagner*[63] in den *Deutschen Erinnerungsorten* von 2001.[64]

Das weite Feld der Nationaldenkmäler[65] muß gestreift werden, da im 19. Jahrhundert Arminius und die Herkunft der Deutschen und Germanen immer wieder zusammen dargestellt wurden. Jüngst legte Ulrich Schlie eine Zusammenfassung vor unter dem Titel *Die Nation erinnert sich. Die Denkmäler der Deutschen* (2002).[66]

---

56 Schröder 2000.
57 Arnold 2002.
58 Kossack 1999, 39.
59 Scholz 1997.
60 Eckert 2001.
61 Borchmeyer 2002.
62 Wilberg 1996.
63 Münkler 2001.
64 Außerdem Pfotenhauer 1982; Umbach 1982.
65 Alings 1996; Nipperdey 1976; Tacke 1995; Weschenfelder 1997.
66 Schlie 2002. Vgl. dazu auch Träger 1987; Wullen 2001.

2.3 Wissenschaftsgeschichte (Ur- und Frühgeschichte)

Erst 2002 – nach der Tagung zur Gleichung „germanisch-deutsch“ in Freiburg – wurden die Beiträge zur Berliner Tagung im November 1998, die Achim Leube zum Thema *Prähistorie und Nationalsozialismus* organisiert hatte, vorgelegt.[67] Die darin veröffentlichten Aufsätze von Uwe Puschner,[68] Ingo Wiwjorra,[69] Heinz Grünert[70] und Jes Martens[71] sind für meine Überlegungen einschlägig.

Die dortigen Ergebnisse zwangen im übrigen dazu nachzulesen, was seinerzeit 1929 K. H. Jacob-Friesen zur Methodikgeschichte des Faches veröffentlicht hat,[72] reflektiert in der Forschungsgeschichte, vorgelegt von Hans Gummel 1938,[73] fortgesetzt von Herbert Kühn[74] sowie von Rolf Hachmann[75] und zuletzt von Georg Kossack mehrfach erörtert.[76]

Zum eigentlichen Fachgebiet der Ur- und Frühgeschichte ist der Sammelband *Germanenprobleme aus heutiger Sicht* (1986)[77] mit den Beiträgen von Herbert Jankuhn[78] und Gerhard Mildenberger[79] heranzuziehen, außerdem Allan A. Lund[80] mit seinem Buch zu den ersten Germanen und die Schrift von Georg Kossack aus dem Jahr 1999 *Prähistorische Archäologie in Deutschland im Wandel der geistigen und politischen Situation*[81] und Heinz Grünerts umfassende Monographie zu *Gustaf Kossinna. Vom Germanisten zum Prähistoriker. Ein Wissenschaftler im Kaiserreich und in der Weimarer Republik.*[82] Parallel dazu verfaßte Barbara Sasse eine Abhandlung zur frühen Geschichte der Ur- und Frühgeschichtswissenschaft.[83] Die fachinterne Diskussion zu den methodischen Ansätzen der ethnischen Deutung in der archäologischen For-

---

67 Leube/Hegewisch 2002.
68 Puschner 2002.
69 Wiwjorra 2002.
70 Grünert 2002b.
71 Martens 2002.
72 Jacob-Friesen 1928.
73 Gummel 1938.
74 Kühn 1976.
75 Hachmann 1970.
76 Kossack 1992; 1999.
77 Beck 1986/1999.
78 Jankuhn 1986/1999.
79 Mildenberger 1986/1999.
80 Lund 1998.
81 Kossack 1999.
82 Grünert 2002a.
83 Sasse 2002, vgl. auch Sasse 1999; dazu weiterhin Stemmermann 1934 und Bieder 1921–1925.

schung beginnt mit Ernst Wahles bekannter Abhandlung von 1941, die kritische Einwände bringt, jedoch keine grundsätzliche Absage zum Modell und der latenten völkischen Interpretation, wird fortgesetzt von Hans-Jürgen Eggers wesentlichem Kapitel in seiner Einführung in die Vorgeschichte, der Volksgeschichte ebenfalls noch für ein grundsätzliches Ziel hält, und wird eindeutiger kritisiert von Allan A. Lund, Walter Pohl und Patrick J. Geary.[84]

Sebastian Brather legte im Jahr 2000 eine knappe Darstellung *Ethnische Identitäten als Konstrukte der frühgeschichtlichen Archäologie*[85] vor als Resümee der umfassenden Studien im Rahmen seiner Habilitationsschrift.[86] Beide Arbeiten regten die Diskussion im Fach zur ethnischen Frage neu an, wobei der Aufsatz von Max Martin aus dem Jahr 2002 besonders genannt sei und auf den zurückzukommen sein wird.[87]

Um den Forschungsfortgang in der Ur- und Frühgeschichte und den Transport der im 19. Jahrhundert entwickelten Prämissen bis in die Gegenwart nachvollziehen zu können, ist die Aufstellung von Cornelia Schmitz-Berning *Das Vokabular des Nationalsozialismus*[88] (2000) mit den Wortgeschichten zu Volk und Rasse höchst hilfreich; und auch der Begründer der Forschungen zur deutschen Germanen-Ideologie Klaus von See hat 2001 eine Neufassung seiner Aufsätze und Überlegungen zu *Freiheit und Gemeinschaft. Völkisch-nationales Denken in Deutschland zwischen Französischer Revolution und Erstem Weltkrieg*[89] vorgelegt, Schriften, die mir ebenso erst nach unserer Tagung 2000 zur Verfügung standen. Schließlich wurden die Gedanken zum Thema „germanisch-deutsch" auch weiterentwickelt während der Druckvorbereitungen der 1999 durchgeführten Tagung *Eine hervorragend nationale Wissenschaft. Deutsche Prähistoriker zwischen 1900 und 1995.*[90]

3. Zur Terminologie in der Ur- und Frühgeschichtswissenschaft

Im Rahmen der Tagung zur Geschichte der Gleichung „germanisch-deutsch" greift dieser Beitrag nur einen Aspekt aus der Geschichte der Ur- und Früh-

---

84 Wahle 1941; Wenskus 1961, 113–142; Eggers 1986, Kapitel IV; vgl. dazu Carnap-Bornheim 2001; Lund 1998; Pohl 2000; 2002; Geary 2002.

85 Brather 2000.

86 Brather 2002.

87 Martin 2002.

88 Schmitz-Berning 2000.

89 v. See 2001.

90 Steuer 2001a–c; auch Steuer 2002.

geschichtsforschung in Deutschland heraus, um die Abhängigkeit der archäologischen Fragestellungen und die formulierten Ergebnisse zur Prähistorie vom Zeitgeist zu verdeutlichen. Im Mittelpunkt werden dabei die Folgen des Denkens im interdisziplinären hermeneutischen Zirkel stehen. Eine Analyse der Forschungsergebnisse zur frühen Geschichte der Germanen und der Deutschen verrät mehr über die geistesgeschichtliche Situation der Zeit als über die zu erschließende vergangene Lebensrealität in der „germanischen“ Epoche. Die Begriffe des Themas lassen sich wie folgt aus der Sicht der Archäologie kommentieren.

3.1 Germanisches

Bei der Erarbeitung des 1998 im Reallexikon der Germanischen Altertumskunde erschienenen umfangreichen Artikels *Germanen, Germania, Germanische Altertumskunde*[91] wurde deutlich, daß es gegenwärtig zwischen den beteiligten Wissenschaften (Sprachwissenschaft, Geschichte, Archäologie) keinen gemeinsamen Germanenbegriff gibt. Diese Beobachtung war nicht neu. Reinhard Wenskus hatte schon im ersten Band der Reihe der Ergänzungsbände zum Reallexikon 1986 *„über die Möglichkeit eines allgemeinen interdisziplinären Germanenbegriffs“* gehandelt.[92] Seither ist die Diskussion noch vielfältiger geworden.

Ich möchte nicht weniger als sechs verschiedene Zugänge zum Germanenbegriff vermerken, die zwar miteinander zusammenhängen, deren Inhalte aber getrennt diskutiert werden müssen (Abb. 1). Nebeneinander zu sehen sind traditionell auch heute der sprachwissenschaftliche, der historische und der archäologische Germanenbegriff. Wissenschaftlich überholt und ausgeschieden ist der anthropologische bzw. rassenbiologische Germanenbegriff, der das „völkische“ Denken wesentlich bestimmt hatte. Immer noch im Gespräch ist der von mir als „territorial verankert“ bezeichnete Germanenbegriff, der von einer (biologischen) Bevölkerungskontinuität in einem Gebiet ausgeht; denn inzwischen scheint festzustehen, sowohl in der Wissenschaft als auch im allgemeinen Geschichtsverständnis, wo Germanen gelebt haben und daß eben in Norddeutschland und Südskandinavien seinerzeit Germanen wohnten. Das ist nicht etwa ein Germanenbegriff der Historischen

[91] Germanen 1998.
[92] Wenskus 1986, ^{2}1991.

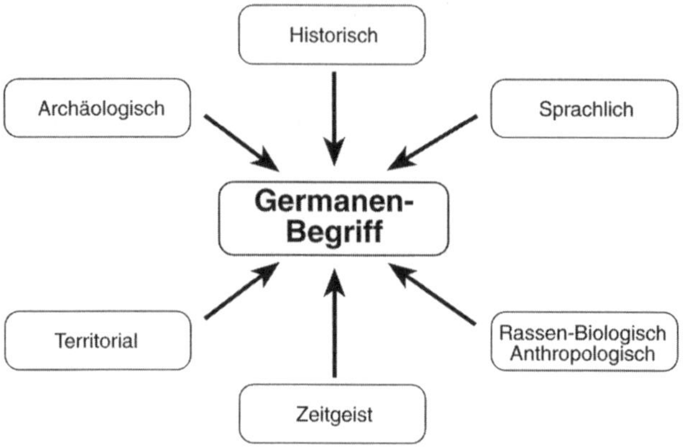

Abb. 1. Die verschiedenen Germanen-Begriffe.

Geographie, sondern hängt eher mit dem sechsten Germanenbegriff zusammen, der dem Zeitgeist angehört. Darunter verstehe ich das Geschichtsbewußtsein der interessierten allgemeinen, sog. gebildeten Öffentlichkeit, heute und im 19. Jahrhundert. Der territoriale und der im Zeitgeist verankerte Germanenbegriff verknüpften ohne Zweifel auch heute noch die Germanen der Tacitus-Zeit und die Deutschen der Gegenwart. Da genügt schon ein Blick auf den Medienrummel um die Varusschlacht und die Darbietungen in und um Kalkriese bei Osnabrück.[93]

3.2 Völkisches

Die wissenschaftlich nicht korrekte Verknüpfung der verschiedenen Germanenbegriffe im 19. Jahrhundert einschließlich des biologisch-anthropologischen Aspekts schuf die Vorstellung vom „Volklichen" oder später „Völkischen", was wiederum aus Herders Auffassung vom Volk erwuchs.

Nach Johann Gottfried Herder (1744–1803) gehörte zu einem „Volk" ein abgeschlossenes, mehr oder weniger dicht besiedeltes Landgebiet mit annähernd einheitlicher Kultur und Sprache (mit speziellen Sitten und Gebräu-

[93] Noch um historische Korrektheit bemüht der „Varus-Kurier" 1995ff.; zur Eröffnung des Museums und Park Kalkriese Varus-Kurier 8. Jg., Heft 1 – Sonderausgabe, mit einem Vorwort von Staatsminister Prof. Dr. Julian Nida-Rümelin; vgl. Wiegels 2002; Gigon/Guyer 2002.

chen, Liedern und Dichtungen).[94] Das „Volk" in diesem Sinne fühlte und handelte wie ein Individuum, wie ein Organismus, mit eigener „Wesenheit", hatte einen speziellen „Volksgeist". Diese Auffassung gehörte zum Allgemeinwissen des Bürgertums im 19. Jahrhunderts, bestimmte noch das Denken im 20. Jahrhundert im sog. völkischen-nationalistischen Bereich.[95]

Das 19. Jahrhundert sprach von *„erwachenden Nationen"*, *„eine Metapher, der die Vorstellung zugrunde liegt, Nation sei im Volk verankert und deshalb ‚ewig'"*.[96] Der Sprachforscher Louis Dimier bezeichnete – zur Zeit des griechisch-antitürkischen Freiheitskampfes – als ideologische Quintessenz, *„daß die Völker [...] als fertige Wesenheiten zur Welt kommen, daß ihr Prinzip des Daseins von Anfang an und vor aller Geschichte vorhanden sei und daß es seinen Sitz in den Massen habe [...]"*.[97] Volk ist noch in der NS-Ideologie *„eine durch Rasse und gemeinsamen Volksboden geprägte naturhafte Gemeinschaft von gemeinsamer Abstammung, Geschichte, Sprache und Kultur"*, wobei Rasse eine emphatische Überhöhung des Ausdrucks Volk sein sollte, wie sie schon in den Nationalbewegungen des 19. Jahrhunderts üblich geworden war, nun aber verknüpft mit biologischem Rassedenken und verbunden mit Wertungen der verschiedenen Rassen: *„Völkisch = National mit Betonung der in Rasse und Volkstum liegenden Werte"*.[98] Das Volk ist *„ein lebendiges Ganzes, das durchseelt ist von dem inneren Gesetz der in ihm vorwiegenden Rasse, die alle Geschlechter der Gegenwart, der Vergangenheit und der Zukunft umfaßt. ‚Volk' ist Abstammungs- und Schicksalsgemeinschaft zugleich"*.[99]

‚Völkisch' wurde schon 1811 von Johann Gottlieb Fichte (1762–1814) als Erklärung für „deutsch" gebraucht: *„deutsch heißt schon der wortbedeutung nach* völkisch", und der österreichische Germanist Hermann von Pfister (1836–1916) schlug 1875 den Ausdruck als Verdeutschung von „national" vor.[100]

Damit werden „völkisch" und „deutsch" zu einer Gleichung, verstärkt durch den wertenden Rassegedanken, der nicht erst in der NS-Zeit, sondern ebenfalls im 19. Jahrhundert in den allgemeinen Diskurs aufgenommen wurde.

---

94 Herder 1784–1791; Moser 1957; dazu z. B. Kossack 1999, 16f., 21, 33, 111; vgl. S. 378f.
95 Mendlewitsch 1988.
96 Langewiesche 2000, 24.
97 Hartung 1999, 26.
98 Schmitz-Berning 2000, 645, nach Volks-Brockhaus 1940.
99 Schmitz-Berning 2000, 642.
100 Schmitz-Berning 2000, 645.

Der Lebensstil der zahlreichen variantenreichen Gruppen der „völkischen Bewegung“ mit der Umsetzung des Ideengutes im Alltagsleben ist jedoch nicht unmittelbar zu vergleichen mit den Denksystemen der Prähistoriker, die weniger die Gegenwart beeinflussen, als die Vergangenheit verstehen wollten.

3.3 Rassisches

Der Begriff „Rasse“ hatte anfangs einen noch recht unbestimmten Inhalt, konnte Völker und Nationalitäten, Klassen und Stände umfassen. Durch Joseph Arthur Gobineau (1816–1882) wurden in seinem *Essai sur l'inégalité des races humaines* (1853–55) neue Zeichen gesetzt; er verkündete dogmatisch, daß Rassen von Anfang an nicht nur *körperlich*, sondern auch *geistig* verschieden seien.[101] Von Paul de Lagarde (1827–1891) bis Chamberlain (1855–1927)[102] transportiert, führte eine solche Idee seit 1880 zur Verschmelzung derartiger völkischer mit rassistischen und bald auch mit antislawischen und antisemitischen Tendenzen. Diese Vorstellungen setzten sich im Bewußtsein des sog. gebildeten Bürgertums fest.

Eine andere Verknüpfung bindet Volk und Blut zusammen, so in den Thesen des Radikalnationalismus, worüber in einer Zeitung zu lesen war: „*Um den Begriff ‚deutsch‘ voll zu erfassen*“ muß „*auf das uns gemeinsame deutsche Blut*“ zurückgegangen werden. „*Längst wissen wir, daß die Art des Blutes die Art des Menschen bedingt* [...] *So wollen sie freiwillig Hüter des Volkstums sein, das ihnen von ihren Ahnen her im Blute überliefert ist, und dessen Stimme sie in sich vernehmen* [...].“.[103]

Grundlage wurde Tacitus' Satz (Germ. c. 2) von den Germanen: „*Ipsos Germanos indigenas crediderim minimeque aliarum gentium adventibus et hospitiis mixtos*“ (Die Germanen selbst sind meiner Meinung nach wohl Ureinwohner und haben sich keineswegs mit anderen Völkern vermischt), der einerseits die Vorstellung von der allgemeinen Kontinuität der Bevölkerung, andererseits die Vorstellung von der einheitlichen und einheimischen Rasse vor 2000 Jahren stützte.

Man erinnert sich an Gustav Freytags Roman-Zyklus *Die Ahnen*, der mit der Völkerwanderungszeit einsetzt und eine Familie durch die Generationen

---

[101] Gobineau 1898–1901; Hartung 1999, 37f.

[102] Chamberlain 1899.

[103] Breuer 2001, 47ff.; Puschner/Schmitz/Ulbricht 1999, XVIIIf. Zitat aus: Was ist deutsch-völkisch? Thüringer Landeszeitung vom 14.4.1914, Nr. 86.

bis in die Gegenwart begleitet. Archäologen drückten später in den 1930er Jahren diese zeitliche Tiefe durch Generationszahlen aus, sprachen von nur 100 Generationen, die ihre Zeit mit den frühen Germanen verbänden. Damit kommt man in die Bronzezeit zurück.

Zu dem sog. gebildeten Bürgertum[104] des 19. und frühen 20. Jahrhunderts gehörten Ur- und Frühgeschichtler, die derartige Überzeugungen aufgenommen und mit ihren eigenen Forschungsergebnissen aufgeladen wieder weitergegeben haben. Auch für sie war das deutsche Volk eine kulturelle und sprachliche Einheit, eine Abstammungs- und ethnische Gemeinschaft, quasi biologisch konstituiert, unabhängig von politischen Gebieten und Staatsgrenzen, eine genetische und rassische Einheit.

4. Folgen des völkischen Denkens: Ethnische Deutung archäologischer Kulturprovinzen

Der Wegbereiter der völkischen Interpretation archäologischer Formenkreise und Kulturprovinzen und der Rückprojektion der Deutschen über die Germanen Caesars und Tacitus' bis in die Bronzezeit oder gar in das Neolithikum – und das mit dem größten Erfolg – war Gustaf Kossinna (1858–1931).[105] 1911 schrieb er: *„Die Germanengruppe als solche ist nachweisbar mindestens bis in den Beginn des Megalithbaues, vielleicht noch bis in die erwähnte Übergangsepoche hinein; den Eintritt der germanischen Lautverschiebung und damit den Ursprung der germanischen Sprache brauchen wir aber kaum über die Periode der Ganggräber hinaufzurücken (3000 v. Chr.)“*.[106]

Sein methodisches Modell wurde auf der Grundlage völkischen Denkens mit Wurzeln in der Romantik zu einem Paradigma, das die Arbeitsweise eines wesentlichen Teils der Ur- und Frühgeschichtler in der Schüler- und Enkelgeneration bestimmte und noch heute weiterwirkt in abgewandelter, relativierter Form unter dem Schlagwort der „ethnischen Deutung archäologischer Kulturgruppen“ oder im Grabbrauch gespiegelter „Kulturmodelle“ als Identifikationen von ethnischen Gruppen.

---

[104] Kosselleck 1990; Engelhardt 1986; Vondung 1976.
[105] Zu Gustaf Kossinna ausführlich: Grünert 2002; Brather 2001.
[106] Kossinna 1911, 29.

4.1 Gustaf Kossinna, seine Vorgänger und Nachfolger

Die Vorboten des Aufstiegs der Ethnie zur historiographischen Leitkategorie[107] finden sich seit Leopold von Ranke (1795–1886) und seiner *Geschichte der romanischen und germanischen Völker*;[108] für ihn waren Staaten und Völker Individualitäten, „*Gedanken Gottes*", im Sinne der Romantik. Schon Gottfried Wilhelm Leibniz (1646–1716) machte sich Gedanken darüber, ob sich die Grenzen eines Sprachgebietes mit den Verbreitungsgrenzen bestimmter Grabformen und bestimmter Formen von Antiquitäten deckten, und wurde daher von Gummel als ein früher Vorläufer Kossinnas angesehen.[109] Johann Gustav Gottlieb Büsching (1783–1829), 1816 habilitiert für „geschichtliche Hilfswissenschaften und deutsche Altertümer", wurde 1822 zum Ordinarius ernannt. In Folge der Freiheitskriege und der nationalen Begeisterung erfolgte auch bei Büsching die Hinwendung zu einem „[germanisch]-deutschen Altertum".[110] In den Jahrzehnten von Büschings Wirken bis 1870 war das Hauptproblem der urgeschichtlichen Forschung die Frage nach der volklichen Zugehörigkeit der Denkmäler und Funde, also deren Zuweisung an die – geschichtlich überlieferten – Germanen, Slawen oder Kelten.[111] Büsching schrieb 1824: So „*wird es vielleicht einst möglich, wenn auch nicht die einzelnen Stämme, doch die Hauptstämme, Deutsche und Slawen, in den Altertümern voneinander zu sondern.*"[112] Schon Johann Karl Wächter hat 1841 dieselben Fragen gestellt: „*1. Zu welchem Zwecke sind die verschiedenen Denkmäler errichtet, 2. Von welchem Volke sind sie errichtet und 3. Zu welcher Zeit sind sie errichtet.*"[113]

Kossinna hatte weitere Vorläufer, wie Georg Kossack erläutert: „*Der Grundgedanke, aus der Verbreitung typischer Formen des Sachbesitzes auf verkehrsgeographisch begründbare Räume und indolgedessen auf Territorien zu schließen, die ethnisch einheitliche Bevölkerungsgruppen bewohnten, geht auf Überlegungen der Anthropogeographie zurück. Carl Ritter (1779–1859) und Friedrich Ratzel (1844–1904) hatten dieses Wissensgebiet zu einer selbständigen Disziplin gemacht*". Ratzel[114] meinte nur wenige Jahre vor Kossin-

[107] Kipper 2002, 211.
[108] Ranke 1824.
[109] Gummel 1938, 102, hier Nennung weiterer früher Vorläufer.
[110] Gummel 1938, 111f.
[111] Gummel 1938, 276.
[112] Smolla 1991, 11.
[113] Jacob-Friesen 1928, 101.
[114] Ratzel 1882.

na: „*Deshalb dürfe man von raumbezogenen Kulturgruppen sprechen* [...] *Aus anthropologischen Merkmalen und ethnographisch beschreibbaren Besitztümern ließen sich Beziehungen zwischen Völkern rekonstruieren. Außer den sprachlichen Eigentümlichkeiten müsse vor allem der Verbreitung der Gegenstände Bedeutung zugemessen werden, ‚weil die Gegenstände den Stempel des Volkes tragen, das sie verfertigte* [...]‘“ (1891);[115] im Sinne des „Volkes“ als biologisch einheitliche Wesenheit.[116]

Auch Rudolf Virchow (1821–1902)[117] vertrat derartige Auffassungen: „*Denn niemand wird sich in seinen Vorstellungen über den Zusammenhang unserer Prähistorie mit anderen Kulturbewegungen frei machen können von der Betrachtung: waren unsere Vorfahren schon in der letzten Steinzeit im Lande? saßen hier schon damals Germanen oder meinetwegen Slaven?* [...] *es gibt doch kein Gemüt, das so hart gesotten wäre, daß es nicht zuletzt einigermaßen bestimmt wird von dem Gefühl der näheren Zusammengehörigkeit* [...], *wenn man genau feststellen kann, wie lange sich die jetzige uns geläufige Kultur an ein bestimmtes höher veranlagtes* [sic!!] *Volk knüpft und wie weit es möglich ist, dieses Volk als auf unserm Boden seßhaft anzunehmen*“.[118] Gummel[119] hat dieses und das folgende Zitat aufgefunden, das während der 1930er Jahre in seine damals moderne Argumentation paßte. Virchow sprach auf der Tagung der Deutschen Anthropologischen Gesellschaft in Breslau „Über ostdeutsche prähistorische Altertümer“, veröffentlicht im Korrespondenzblatt der Gesellschaft von 1884 (74f.), also zeitnah zu Kossinnas berühmtem Vortrag, und wies wellenverzierte Scherben den Slawen zu und akzeptierte damit die Gleichsetzung von Völkern und Kulturen. Es braucht daher nicht zu verwundern, daß Gustaf Kossinna seit 1895 mit seinen Thesen und apodiktisch aufgestellten Axiomen zur Verknüpfung von Archäologie und Geschichte nur formulierte, was eigentlich Allgemeingut schon in einem Teil der Forschung war. Nach seinem Kasseler Vortrag am 9. August 1895 vor der Deutschen Gesellschaft für Anthropologie über „Die vorgeschichtliche Ausbreitung der Germanen in Deutschland“ entstand dann sein Buch über die Herkunft der Germanen von 1911, worin es heißt: „*Der leitende Gesichtspunkt, dessen Richtigkeit für die frühgeschichtlichen Zeiten tausendfach erprobt worden ist, sich stets von neuem bewährt und somit ebenso für die dicht*

115 Kossack 1999, 32, 38.
116 Zum ethnologischen Völkergedanken Bastian 1881; 1895.
117 Andree 1976.
118 Virchow 1874.
119 Gummel 1938, 277 mit Anm. und 278, Anm. 1.

angrenzenden, wie für die weit zurückliegenden frühgeschichtlichen Perioden seine Geltung haben muss, ist folgender: scharf umgrenzte archäologische Kulturprovinzen decken sich zu allen Zeiten mit ganz bestimmten Völkern oder Völkerstämmen. Zwar gibt es erstaunlicherweise immer noch Gelehrte und selbst Prähistoriker, die das archäologische Material so wenig durchdrungen haben, dass sie es andauernd bestreiten, man könne aus der Verbreitung und Entwicklung von Kulturen auf Völkerausbreitung schliessen: gegen eine solche Ansicht sei hier die Gewissheit des Gegenteils mit aller Bestimmtheit hervorgehoben".[120]

Gustaf Kossinna hatte seine völkisch-nationale Gesinnung durch die Erziehung im streng konservativen Elternhaus in der Grenzstadt Tilsit erhalten, hatte nationalkonservative Lehrer und einen entsprechenden Freundes- und Bekanntenkreis.[121] Kossinna hatte den Zeitgeist aufgenommen und auf die Urgeschichte angewendet. Seine siedlungsarchäologische Methode wurde von ihm bald verbunden mit dem Drang, eine eigenständige und überlegene Kultur der frühzeitlichen Germanen nachweisen zu wollen; denn Kossinnas Endziel bestand in der Schaffung einer umfassenden germanischen „Kulturwissenschaft" auf archäologischer Grundlage, die das „gesamte Leben unserer Vorfahren", und zwar nicht nur das *„äußere, mehr stoffliche", sondern auch das „innere, mehr gedankliche"* erhellen sollte.[122]

In Gustaf Kossinnas zweitem auflagenreichen Buch *Die deutsche Vorgeschichte, eine hervorragend nationale Wissenschaft* von 1912 heißt es in der 2. stark vermehrten Auflage aus dem Jahr 1914 im Vorspann:[123] *„Weihegabe an das zum ersten Male geeinigte deutsche Gesamtvolk, das siegreich im Weltkriege und zugleich das erste Kulturvolk der Welt, beides allein kraft seines wohlbewahrten Schatzes altgermanischer Rassenwerte"*. Das Vorwort ist unterzeichnet: *„Berlin, den 1. August 1914, am Tage des Befehls zu allgemeiner Mobilmachung"*. In der 3. Auflage aus dem Jahr 1921 heißt es dann: *„Berlin, den 18. Januar 1921, am 50. Jahrestag der Gründung des Deutschen Reiches zu Versailles"*.

Der Vorspann zur Einleitung bringt neben einem Zitat von Hölderlin Worte von Jacob Grimm (1844): *„Weil ich lernte, daß seine Sprache, sein Recht und sein Altertum viel zu niedrig gestellt werden, wollte ich mein Vaterland erheben"*. Zugleich sind das die Abschlußworte des Buches insgesamt. Im

120 Kossinna 1911, 3; zitiert auch nach Eggers 1986, 211.
121 Grünert 2002, 228f.
122 Kipper 2002, 274 und 276; zitiert Kossinna 1912, 83.
123 Kossinna 1912, ^{2}1914.

Vorspann zum Schlußkapitel bringt Kossinna ein Zitat seines Lehrers, des Germanisten und Altertumskundlers Karl Müllenhoff (1818–1884),[124] aus dem Jahr 1870: „*Die vielgerühmte deutsche Wissenschaft, vor allem die geschichtliche, Historie und Philologie, sind ihrer Pflicht gegen die Nation nur unvollkommen bewußt. Was ist zu hoffen, wenn man sie täglich selbst ihr zuwider handeln sieht?*“[125] Die Beweggründe Kossinnas zu politischen Äußerungen auch außerhalb der eigentlichen ur- und frühgeschichtlichen Wissenschaft werden damit nachvollziehbar; und man sollte auch nicht vergessen, daß seine Formulierung von der „*deutschen Vorgeschichte*“ allgemeinem Sprachgebrauch entsprach; denn seit Grimms Zeiten stand „deutsch“ auch für „germanisch“, so daß das Buch auch hätte heißen können: „Vorgeschichte der Germanen“.[126]

Die Fortwirkung des von Kossinna formulierten Paradigmas zur ethnischen Deutung bis in den gegenwärtigen Wissenschaftsbetrieb hinein spiegelt sich in zahlreichen ur- und frühgeschichtlichen Forschungen, auch wenn zugleich methodisch differenzierter Abstand genommen wird von „völkischem“ Denken. Die scheinbaren Bedenken gehen am Kern des methodischen Ansatzes jedoch vorbei, da die Argumentationsweise sich nicht grundsätzlich verändert hat. Es sind immer noch die methodischen Axiome der sog. Siedlungsarchäologie im Sinne Kossinnas.

So sagte später Carl Schuchhardt (1859–1943): „*Jeder Bauer bei uns, auf dessen Acker wir Urnengräber öffnen, möchte wissen, ob sie von seinen Vorfahren oder von einem fremden Volke sind; und wenn man ihm das bestimmen kann, möchte er weiteres von diesem Volke wissen* [...] *seine Herkunft und seinen Verbleib, kurz, er möchte ausgegrabene Prähistorie möglichst in Historie verwandelt sehen.*“[127] Auch hier steht die ethnische Deutung archäologischer Funde im Mittelpunkt, auch wenn Gummel mit Recht betont, daß es eine parallele Strömung anderen Denkens durchaus gab. K. H. Jacob-Friesen (1886–1960) meinte etwa zeitgleich: „*Urgeschichte ist und bleibt in ihrem Wesen Kulturgeschichte* [...]“.[128]

In Eberts Reallexikon schrieb A. Kiekebusch seinerzeit im Jahr 1928 – im selben Jahr erschienen Jacob-Friesens „Grundfragen“ mit ganz anderer methodischer Grundlegung – den Artikel „Siedlungsarchäologie“ im Sinne Kossinnas: „*Wer auf die Beantwortung ethnologischer Fragen verzichten wollte,*

---

124 Zernack 2002; Grünert 2002, 47.

125 Kossinna 1912, [4]1925.

126 Grünert 2002, 232.

127 Zitiert nach Gummel 1938, 321.

128 Jacob-Friesen 1928, 90; zitiert bei Gummel 1938, 321, Anm. 1119.

könnte sich die Riesenarbeit siedlungsarchäologischer Forschung ersparen; für den wären aber auch wieder die Grundlagen der Siedlungsforschung, der Typologie und Chronologie, wertlos [...] *Die Vorgeschichtsforschung kann und darf auf die Behandlung ethnologischer* [gemeint: ethnischer] *Fragen nicht verzichten; sie würde mit diesem letzten, höchsten Ziele sich selber aufgeben.*"[129]

Die Tradition der ethnischen Fragestellung läßt sich weiter verfolgen. So formulierte Hans Jürgen Eggers (1906–1975) fast gleichlautend wie bei Kiekebusch im Jahr 1959, in derselben Form wieder abgedruckt 1986 (!): „*Die Vorgeschichte würde sich als historische Wissenschaft selber aufgeben, würde sie nicht immer und immer wieder den Versuch machen, auch das Problem der ethnischen Deutung zu lösen*".[130]

Und derartige Formulierungen finden sich auch in gegenwärtiger Literatur. Zum Beispiel zählt Max Martin zu den Aussagewerten frühmittelalterlicher Gräberfelder neben den sozialgeschichtlichen in erster Linie die Frage nach der ethnischen Zuordnung, verfolgt die historische Entwicklung dieser Fragestellung in der Schweiz von den 1840er Jahren an und schließt seine Überlegungen mit der Forderung:[131] „*Angesichts der massiven Kritik, die seit kurzem gegen alle bisherigen ethnischen Bestimmungen vorgebracht wird, kommt die frühgeschichtliche Archäologie künftig nicht darum herum, bei einer Verbindung von archäologischem Fundstoff mit einer historisch überlieferten ethnischen Bezeichnung die von ihr verwendeten Begriffe genau zu definieren und das gesamte Bezugsnetz, das eine Bestimmung wie gotisch, alamannisch, fränkisch und so weiter erlaubt, ausführlicher darzustellen* [...] *Dass es in vielen Fällen möglich ist, frühmittelalterlichen Fundstoff mit historischen Quellen zu verbinden, in unserem Fall mit Volksgruppen, für die jene eine ethnische Bezeichnung überliefern, steht ausser Frage.*"

Doch vertreten heute Ur- und Frühgeschichtler mehrheitlich nicht mehr die These, daß Fragen nach Stammesgebieten und Völkerverschiebungen zu den wichtigsten Problemfeldern gehören würden, sondern schlagen vielmehr Überlegungen z. B. zur Wirtschafts- und Sozialgeschichte vergangener Epochen vor, die unmittelbar aus den Quellen zu beantworten sind.[132] Doch verbleiben immer noch nicht wenige auf dem Standpunkt, daß Völkergeschichte das zentrale Anliegen der Forschung sein müßte. Gerade zu den historisch

---

[129] Kiekebusch 1928, Ebert's Reallexikon, Bd. 12, 102ff.; zitiert auch bei Gummel 1938, 362.

[130] Eggers 1986 (auch 1959), 200.

[131] Martin 2002, 302.

[132] Brather 2000.

überlieferten Stämmen der Alemannen und Franken, Bajuwaren und Langobarden, Sachsen und Thüringer und ihren Siedlungsgebieten sowie ihren externen Beziehungen werden ständig Schriften veröffentlicht, die eine derartige Frage in den Mittelpunkt stellen. Die zahlreichen Ausstellungen mit den Titeln wie zum Beispiel *Die Alamannen* (1997), *Die Franken – Wegbereiter Europas* (1997) oder *Die Langobarden – Von der Unterelbe nach Italien* (1988) widmen sich diesen Themen nur deshalb, weil in der Archäologie, aber ebenso in der öffentlichen Meinung des Bildungsbürgertums, welches derartige Ausstellungen besucht, das Interesse an Völkern und ihrer Identifizierung besteht. Diese Situation veranschaulicht die gegenseitige Beeinflussung der Meinungen; denn durch die „Wissenschaft" wird – oft trotz methodischer Bedenken – das Publikum mit dem bedient, was dieses erwartet und dann verliert die „Wissenschaft" ihre Bedenken: Ein Vorgang, wie er auf naturwissenschaftlichem Feld in der Rigorosität undenkbar ist, weil Experimente nachweisen, ob eine These haltbar ist oder nicht.

4.2 Hervorragend nationale Wissenschaften

Mit Blick auf den Zeitgeist gilt es zu bewerten, was die Betonung des nationalen oder vaterländischen Charakters von Wissenschaften bedeutet. Hans Gummel brachte eine Hymne auf Kossinna aus, zu dem er meinte,[133] „*daß ein Kämpfer für deutsches Wesen noch eindringlicher als seine Vorgänger immer wieder betonte, daß die Vorgeschichtswissenschaft ganz besonders berufen ist, seelische Kräfte für die Liebe zu unserem Volkstum zu geben.*" Günter Smolla faßte 1991 zusammen: „*Alle nationalen Bewegungen, die schon im 19. Jahrhundert wachsende Bedeutung erlangten, blickten mit Stolz auf eine große Vergangenheit zurück. Die ‚Ahnen' wurden zu Vorbildern* [...]."[134] Schon lange vor Kossinna waren die Wissenschaftler in den verschiedenen europäischen Ländern und Landschaften vaterländisch gesonnen, wie Gummel erläutert: „*Auch in der Zeit zwischen den Freiheitskriegen und der Gründung des Deutschen Reiches* [...] *haben deutsche Männer* [...] *mit wissenschaftlichem Ernst und heißer Vaterlandsliebe sich um die deutsche Vorgeschichtsforschung verdient gemacht.*"[135] Friedrich Karl Hermann Kruse

[133] Gummel 1938, 316.
[134] Smolla 1991, 14.
[135] Gummel 1938, 208.

(1790–1866), Verfasser eines Buches *Deutsche Altertümer* (1824f.), schrieb 1819 die *„schönen Worte"* – so Gummel[136]: *„Der herrliche Deutsche Geist aber, der darin seit Jahrtausenden sich gleich blieb* [...] *Dieser Geist der Deutschheit wandte sich gegen Ende des vorigen Jahrhunderts und in der neuesten Zeit wieder auf jenes verlassene Studium* [der deutschen Altertümer]*."* In einem Brief jener Zeit aus dem Jahr 1853 (M. Koch, In Sachen der urzeitlichen germanischen Altertumskunde, Korr. Bl. Ges. Ver. 1, 1852/53, 110) heißt es: Es gelte, die Altertumsforschung zur Wissenschaft zu erheben, und Altertumsforschung sei als *„echtnationale Wissenschaft"* zu bezeichnen.[137] Hans Gummel hat 1938 zufrieden mit der Ur- und Frühgeschichtswissenschaft in Deutschland gerade diese Passagen zitiert.

Der damals 38 Jahre alte Kossinna hatte im Vortrag am 9.8.1895 „Die vorgeschichtliche Ausbreitung der Germanen" gesagt: *„Uns Deutsche und mit uns alle anderen Glieder germanischen Stammes kann es aber nur mit Stolz erfüllen und bewundern müssen wir die Kraft des kleinen nordischen Urvolkes, wenn wir sehen, wie seine Söhne in Urzeit und Altertum ganz Skandinavien und Deutschland erobern und im Mittelalter über Europa, in der Neuzeit über ferner Erdteile sich ausbreiten."*[138]

Auch Rudolf Virchow (1821–1902) dachte ähnlich; er sprach 1897 während der Tagung der Deutschen Anthropologischen Gesellschaft in Lübeck: *„Ich will nur hervorheben, daß unsere deutsche Gesellschaft innerhalb des großen Rahmens der anthropologischen Bestrebungen eine Aufgabe* [...] *im Auge behalten hat,* [...] *das ist die nationale Aufgabe. Wir haben es für unsere erste und wesentlichste Pflicht erachtet, die Aufmerksamkeit unserer Landsleute auf die heimischen Besitztümer zu richten und ihre Teilnahme wachzurufen für die Erforschung und Erhaltung unserer vaterländischen Schätze."*[139] Gummel hat aus durchsichtigen Gründen gerade diese Texte von Virchow ausgewählt und mit Kossinnas „hervorragend nationaler Wissenschaft" verglichen, und er zitiert Virchow weiter: *„Unsere Gesellschaft* [...] *ist eben der Ausdruck der freien Tätigkeit, einer Tätigkeit, welche aus dem Volke herausgewachsen ist, welche im Volke ihre Stütze hat, im Volke ihre Kraft sucht und in dem, was sie zustande gebracht hat, einen trefflichen Ausdruck gerade dieser nationalen Kraft darstellt."*

---

[136] Gummel 1938, 112.
[137] Gummel 1938, 192f. mit Anm. 1., „echtnational" bei Gummel gesperrt gedruckt, 195f.
[138] Zitiert nach Smolla 1991, 13.
[139] Zitiert nach Gummel 1938, 213, Anm. 4.

Gustaf Kossinnas Ansatz ist im übrigen im methodischen Zugriff auch von den Arbeiten des schwedischen Forschers Oscar Montelius (1843–1921) beeinflußt.[140] Nicht nur in Deutschland, sondern auch in den Nachbarländern dachte man in vergleichbarer Weise.[141] Die skandinavischen Forscher sahen zwar in der nationalen Frage kein wesentliches Problem; denn sie fühlten sich als Germanen, die ihren bronzezeitlichen Vorfahren unmittelbar verbunden waren.[142] Oscar Montelius lehrte: *„Es war also unser Volk, das als erstes Schweden besiedelte* [...] *Wir mußten nicht, wie Einwohner in so vielen anderen Ländern, mit Waffen in der Hand das Land von einem anderen Volk nehmen".*[143] Doch sahen die skandinavischen Forscher die Ur- und Frühgeschichte ebenfalls als nationale Wissenschaft an, sie wurde gewissermaßen international nationalisiert. 1894 war in einer dänischen Publikation die Urgeschichte *„af fremragende national Betydning"*,[144] 1910 gab es eine Debatte in der französischen Deputiertenkammer mit der Behauptung, die Vorgeschichte sei *„eine hervorragend französische Wissenschaft".*[145] Ein dänischer Kollege faßte das jüngst zusammen: *„In den ersten Jahrzehnten des 20. Jh. entwickelte sich in Schweden eine besondere nationalromantische Archäologie, deren Ziel es war, die mythologischen und halb-mythologischen schwedischen Gestalten der nordischen Heldensagen archäologisch zu identifizieren. Als Fürsprecher sollen in erster Linie Forscher wie Oscar Almgren, Sune Lindqvist und Birger Nerman erwähnt werden. Aber auch Oscar Montelius hatte sich in seinen letzten Lebensjahren in dieser Richtung ausgesprochen"*,[146] und weiter: *„Die Vorgeschichtswissenschaft war, als sie in Dänemark und Schweden entstand, von Anfang an eine Nationalwissenschaft* [...] *Im 19. Jahrhundert fand ein Bedeutungswandel hinsichtlich der Legitimation der Archäologie von einer ‚dynastisch-staatlichen' zu einer ‚volks-staatlichen' statt".* Das Ergebnis der Überlegungen dazu ist: *„Bis heute spielt die Archäologie in den skandinavischen Ländern eine wichtige Rolle für die nationale Identität* [...] *Die nordische Archäologie ist also noch bis heute eine ‚hervorragend nationale Wissenschaft'."*[147]

---

[140] Grünert 2002, 51, 343.
[141] Díaz-Andreu/Champion 1996.
[142] Smolla 1991, 12; Grünert 2002, 51; Montelius 1888.
[143] Martens 2002, 605 zitiert Montelius 1919.
[144] Sørensen 1996.
[145] Smolla 1991, 13.
[146] Martens 2002, 607f.
[147] Martens 2002, 603, 605 und 606.

Der Unterschied zwischen dem nordischen Nationalismus des 19. und frühen 20. Jh. und dem Kossinnaschen Nationalchauvinismus lag in der zusätzlichen Verknüpfung in Deutschland mit der Rassenlehre,[148] die von einer biologischen Aufwertung der Germanen überzeugt war. Aber es gab viele Kossinna-Schüler auch in Schweden, die ähnlich dachten.[149] In Frankreich dachte man anders. War man damals in Deutschland davon überzeugt, die wandernden germanischen Völker hätten die niedergehende Antike befruchtet und den Weg zum modernen Europa gebahnt, sahen die Franzosen diese Germanen als etwas von außen Kommendes, Fremdes an und bezeichneten die *„Völkerwanderung“* als *„invasions germaniques“*.[150]

4.3 Anthropologisches oder auch Rassenbiologisches

Obwohl die Thesen von der Ungleichheit der Rassen eigentlich schon um 1900 erledigt waren, zumindest für einen breiten Kreis kritischer Wissenschaftler[151], haben andere immer wieder die Anthropologie zu politisch verwendbaren Zwecken herangezogen und mit urgeschichtlichen Forschungsergebnissen verknüpft, den von ihr herausgearbeiteten Kulturgruppen und -grenzen.

Die Wurzeln dieses Denkens gehen zurück bis zu Blumenbachs Auffassung von Rassen und den natürlichen Verschiedenheiten im Menschengeschlechte, publiziert 1798.[152] Johann Friedrich Blumenbach (1752–1840) bezeichnete die Europäer 1776 als „kaukasische Rasse“, entsprechend der späteren Vorstellung von der Urheimat der Indogermanen in diesem Raum.[153] Bald nach der Mitte des 19. Jahrhunderts breitete sich mit dem Evolutionsgedanken von Charles Darwin (1809–1882) diese Auffassung von der unterschiedlichen Wertigkeit der ethnischen Gruppen allgemein aus und fand in Gobineaus Versuch über die Ungleichheit der Menschenrassen[154] dann anscheinend seine überzeugende wissenschaftliche Begründung. Somit verwundert es nicht, so Rainer Kipper, wenn sich im 19. Jahrhundert das Denken

[148] Welinder 1994.
[149] Martens 2002, 608.
[150] Werner 2001b, 576.
[151] Jacob-Friesen 1928 passim; Hartung 1999, 36.
[152] Blumenbach 1798; Gummel 1938, 294f. mit Anm. 9.
[153] Dazu weiter Wiwjorra 2002, 77.
[154] Gobineau 1898–1901.

zunehmend, wenn auch keineswegs ausschließlich, in ethnischen Kategorien bewegte.[155]

Die Ur- und Frühgeschichtswissenschaft ist ein Kind des fortschreitenden 19. Jahrhunderts und daher von Anfang an mit diesem Paradigma belastet. Die Aussage des Tacitus in der Germania führte nach und nach dazu, daß der historische Germanenbegriff (vielleicht für die Jahrhunderte von 200 v. Chr. bis 600 n. Chr gemäß den antiken Quellen) bei Prähistorikern und Anthropologen durch einen rassenanthropologischen Germanenbegriff ersetzt wurde.[156]

Das war ein schleichender Prozeß, bei dem nicht immer zu erkennen ist, welche Vorstellung von Volk man hatte. Volk wurde seit der Romantik noch idealistisch gedacht, ohne die spätere biologische Dimension. Aber schon Ernst Moritz Arndt (1769–1860) hielt 1814/15 die Germanen für *„uraltes, reines, ungemischtes Stammvolk“*, in Anlehnung an Tacitus, die Deutschen seien nicht *„durch fremde Völker verbastardet, sie sind keine Mischlinge geworden* [...]“, womit das biologische Denken mit Wertung doch schon aufkommt. Im selben Ton sprach auch Friedrich Ludwig Jahn (1778–1852).[157]

Arthur Comte de Gobineau (1816–1882) war einer der frühesten und bekanntesten Vertreter der Vorstellung von den Ariern, besonders den germanischen Ariern, als Rasse mit blonden Haaren und blauen Augen, die aus den Steppen Asiens gekommen seien.[158]

Zeitgenössische Anthropologen des späten 19. Jahrhunderts hatten mit der Rückprojektion einer Gegenwartsanalyse an Millionen von Schulkindern dieses Rassebild in ur- und frühgeschichtliche Epochen transportiert und der Spekulation den Boden bereitet, die spätere These vom nordeuropäischen Ursprung der Germanen bzw. des „germanischen Typus“ mit der These von der Identität der blonden Rasse mit den Urariern bzw. den Urindogermanen zu verknüpfen. Dabei blieben sprachwissenschaftliche und archäologische Argumente noch unberücksichtigt oder wurden dem Primat der Rasse unterworfen. Es etablierte sich, dem Begriff „nordische Rasse“ vorgreifend, der Begriff „germanischer Typus“ als Metapher für ein nordeuropäisches Bevölkerungskontinuum.

Neben der rassenkundlich orientierten Anthropologie wird die Archäologie zum zweiten Hauptfeld der Auseinandersetzung, woher die Germanen

---

155 Kipper 2002, 61.
156 Wiwjorra 1999, 192.
157 Kipper 2002, 65f. mit Anm. 130.
158 Die folgenden Absätze nach Wiwjorra 2002, 83–90.

stammen. Das Thema, nämlich die Frage, ob die Germanen aus Asien eingewandert oder Ureinwohner Nordeuropas seien, ist schon in der ersten Hälfte des 19. Jahrhunderts mit rassentheoretischen Schlußfolgerungen beantwortet worden. Doch dauerte es Jahrzehnte, bis sich die Ansicht über die nordeuropäische Herkunft durchsetzte. Bereits vor der Mitte des 19. Jh. gab es die ersten Anhänger der Nordthese. Schon Wilhelm Lindenschmit (1806–1848), der ältere Bruder von Ludwig Lindenschmit (1809–1893), hat in seiner Schrift von 1846 *Die Räthsel der Vorwelt, oder: Sind die Deutschen eingewandert?* (Mainz 1846) Zweifel an der asiatischen Heimat angemeldet.[159]

Entschiedenste Vertreter der rassenideologisch begründeten Nordherkunft der Germanen und Indogermanen waren seit den 1880er Jahren dann der Wiener Gymnasialprofessor Karl Penka (1847–1912) und der Karlsruher Arzt Ludwig Wilser. Die Nordthese entwickelte sich zu einem die völkische Ideologie geradezu konstituierenden Identitätsmythos. Rudolf Virchow (1821–1902) blieb da als Mediziner und Anthropologe wesentlich zurückhaltender und verlangte bessere Beweise, als bisher vorlägen. Eine Forschungsreise in den Kaukasus 1881 weckte in ihm die ersten entscheidenden Zweifel an der These der asiatischen Herkunft der Indogermanen bzw. Germanen.[160]

Viel später schrieb dann noch 1915/16 in Hoops' *Reallexikon der Germanischen Altertumskunde* der Anthropologe Alfred Schliz (1849–1915) unter dem Stichwort „Rassenfragen" einen immerhin 20 Seiten langen Artikel[161], ergänzt durch einige Tafeln mit Schädelabbildungen, und er markiert damit den Stellenwert dieses wissenschaftlichen Ansatzes noch zu Beginn des 20. Jahrhunderts.[162] (Heute benutzt die Anthropologie dieses Stichwort „Rasse" nicht mehr, und seit dem Erscheinen des ersten Bandes der zweiten Auflage des Reallexikons haben sich die Fragestellungen dieser Wissenschaft vollständig geändert).[163]

Schliz verstand unter Rasse im Herderschen Sinne Völkerschaft: Der Begriff „Staat" beziehe sich auf die politische, das „Volk" auf die Sitten- und Sprachgemeinschaft, *„die ‚Rasse' auf bestimmte körperliche und geistige* [!] *Eigenschaften, welche ihre Träger von der übrigen Menschheit unterscheiden"*.[164] Er stellte zwar anfangs mit zweifelndem Unterton die Frage: *„Gibt es überhaupt eine ‚germanische Rasse'?"*, um sie aber später positiv zu beant-

[159] Wiwjorra 2002, 84.
[160] Wiwjorra 2002, 85.
[161] Schliz 1915/16, 439–459.
[162] Dazu auch Wiwjorra 1999, 194.
[163] Vgl. Alt 2003a,b.
[164] Schliz 1915/16, 439 und 440.

worten, wobei er sich zudem auf das Tacitus-Zitat der „vollkommenen Rassereinheit“ berief. Man brauche sich nur die antiken Plastiken anzusehen, um zu erkennen, daß die römischen Künstler durchaus Kelten und Germanen als rassisch verschieden betrachteten. Die Germanen fallen u. a. durch die „schön modellierte Stirn“ und den „geräumigen Schädel“ auf. Die Schädelstudien liefern Beweise für eine Megalithrasse (im Lexikon §30), eine Rasse der Schnurkeramik (§31), die Rassen der Bronzezeit (§35) und schließlich (§43) die germanische Rasse, die aus ihrer Urheimat im südlichen Skandinavien und in Norddeutschland nach Süden, Westen und Osten vorrückten. Die germanische Rasse ist *„nie aus ihren Ursitzen vertrieben worden, sondern hat von dort nur ihren Bevölkerungsüberschuß ausgesandt* [Kimbern und Teutonen zu Beginn]*; das jetzige Deutschland ist allerdings bis zum Anfang der Neuzeit immer wieder gewonnen und verloren worden, wie sich dies auch in der Zusammensetzung der jetzigen deutschen Bevölkerung ausspricht* [...] *Zur jetzigen Zusammensetzung beigetragen haben aber sicher sämtliche im vorhergehenden aufgeführten Rassen, die alle das Gemeinsame hatten, daß sie ‚Indogermanen‘ waren“.*[165] Im §17 bestätigte Schliz, daß nun die prähistorische Archäologie die ethnischen Einheiten und ihre festen räumlichen Grenzen wiedergefunden habe, die in sich abgeschlossenen Kulturkreise, so wie Kossinna und andere das bewiesen hätten.

Doch schon eine Generation zuvor meinte 1886 Friedrich Nietzsche in *Jenseits von Gut und Böse: „Als ein Volk der ungeheuerlichsten Mischung und Zusammenrührung von Rassen, als ‚Volk der Mitte‘ in jedem Verstande, sind die Deutschen unfaßbarer, unberechenbarer, überraschender, selbst erschrecklicher, als es andere Völker sich selber sind: – sie entschlüpfen der Definition und sind damit die Verzweiflung der Franzosen. Es kennzeichnet die Deutschen, daß bei ihnen die Frage ‚was ist deutsch?‘ niemals ausstirbt.“*[166]

In der NS-Zeit wurden dann übersteigert und ohne den kritisch abwägenden Unterton derartige anthropologische Aussagen von Hans K. F. Günther, dem „Rassen-Günther“,[167] in extrem „völkischer“ Interpretation dazu benutzt, andere Völker, zumal die slawische Bevölkerung abzuwerten. Er meinte, das deutsche Volk bestehe aus sechs Rassen, aber nur der nordische Anteil liefere die Kultur. Hier wird eine Rassenmischung ausnahmsweise dogmatisch als positiv bewertet, aber nur um die nicht zu übersehene Vielfalt zu überspielen und wegen des nordischen Anteils; wir finden diese These übernommen bei

[165] Schliz 1915/16, 459.
[166] Zitiert nach Münkler 2001, 568.
[167] Günther 1934; 1935; Hakelberg 2001, 230ff.

Prähistorikern wie Walther Schulz wieder.[168] Die im 19. Jahrhundert noch allein sprachwissenschaftlich argumentierende Indogermanen-These wurde endgültig mit Günther auch eine rassenbiologische.[169] Germanisten wie Otto Höfler (1901–1987) redeten später folgerichtig von der „staatenbildenden Kraft" der nordischen Rasse,[170] und das im biologisch-anthropologischen Sinne.[171] Der Leipziger Professor für Anthropologie Otto Reche (1879–1966) verfaßte zahlreiche Beiträge zur Ur- und Frühgeschichte der „Nordischen Rasse" und zur Indogermanenfrage.[172] Auch von der „deutschen Rasse" wurde seit den 1920er Jahren gesprochen.[173]

So werden die Kreisschlüsse deutlich, wenn Anthopologen, Germanisten und Archäologen sich jeweils auf die Thesen der anderen Wissenschaften berufen.

Die Ansichten von Gustaf Kossinna basierten 1911, als er von der Vorgeschichte als hervorragend nationaler Wissenschaft sprach, auf einer schon seit 30 Jahren laufenden Diskussion über die Verknüpfung von historischem, sprachwissenschaftlichem und rassenanthropologischem Germanenbegriff. Kossinna selbst war – als Germanist und Schüler von Karl Müllenhoff – anfangs in den 1890er Jahren noch nicht entscheidend rassenanthropologisch beeinflußt, sondern setzte sich für seine neue Methode ein, für die Forderung nach einem Lehrstuhl für Germanische Altertumskunde, durchaus zentral verbunden mit dem Gedanken, damit *„zur Anregung, Klärung und Vertiefung des Nationalgefühls"* beitragen zu können.[174] Erst durch den Ersten Weltkrieg mit der allgemeinen Zunahme nationalistischer und chauvinistischer Polemik angeregt, griff Kossinna für seine Thesen rassengeschichtliche Bewertungen auf.

4.4 Interdisziplinäres

Während archäologisch arbeitende Wissenschaftler wie der Anthropologe und Mediziner Rudolf Virchow im 19. Jahrhundert meinten, nicht über die

---

168 Schulz 1936; vgl. unten S. 456.
169 Werner 2001b, 582.
170 Werner 2001b, 582; zu Rassismus und Rassengeschichte vgl. Kaupen-Haas/Saller 1999; Lösch 1997; Lüddecke 2000; Lund 2002; Mühlen 1977; Beziehung zur Sprachwissenchaft: Römer 1985/1989.
171 Zum Zusammenhang von Völkermord und nordischer Saga-Dichtung: Düsterberg 1999.
172 Reche 1936; Wijworra 2002, 93.
173 Breuer 2001, 74ff.
174 Zitat bei Wiwjorra 1999, 197f.

Schwelle der Ersterwähnung von Völkern und Stämmen, also auch der Germanen, diese Namen zurückprojizieren zu dürfen und auf neutrale Bezeichnungen auswichen, hat die andere Richtung der Prähistoriker wie Kossinna die Parallelität von – dafür gewissermaßen erfundenen bzw. konstruierten – Kultur- und Formenkreisen und Ethnien, hier der Germanen, immer weiter in die Vergangenheit verlängert; und zwar immer dann, wenn sich archäologisch anscheinend eine Kultur- und Siedlungs- und schließlich auch eine biologische Kontinuität nachweisen ließen. Die historischen Überlieferungen und sprachgeschichtlichen Argumente wurden beiseite geschoben und allein archäologische und biologische Kontinuitäten beachtet, d. h., man entschied sich nicht für eine mehrdimensionale Interdisziplinarität, die irgendwann in der ferneren Vergangenheit nicht mehr griff, sondern begnügte sich mit einer – hier zweidimensionalen – Argumentationsweise. Auf diese Weise schien es möglich, bis in das späte Neolithikum mit den Germanen zurück „vorstoßen“ zu können, da erst mit der sog. Schnurkeramischen und der Einzelgrab-Kultur Brüche in der kulturellen Entwicklung bzw. eine Neuzusammensetzung des Kulturkreises im angestammten Germanengebiet über das archäologische Quellenmaterial greifbar würden. Da die Germanen eine Gruppe der Indogermanen seien, folge daraus wieder zwangsläufig, daß zuvor in diesem Gebiet, dem südlichen Skandinavien und Norddeutschland, Indogermanen gelebt hätten.

Dabei wurde nicht differenziert, um welche Erscheinung es sich eigentlich handelte, die da im Germanenkontext in den Mittelpunkt gerückt wurde. Und so wurde den Wissenschaftlern nicht bewußt, daß damit wiederum eine Argumentation im Kreis erfolgte, entsprechend dem hermeneutischen Zirkel, der durch die Interdisziplinarität versteckt wurde. Dabei wurde aus den Indogermanen als anfänglich sprachliche Erscheinung eine Völkerschaft und schließlich eine Rasse. Wir sprechen heute wieder getrennt von einem Germanen- und Indogermanenbegriff der Sprachwissenschaft, einem Germanenbegriff der Geschichte, einem der Archäologie und nicht mehr wie im 19. sowie frühen 20. Jahrhundert zudem von einem der Rassenbiologie, und schließlich bietet sich auch ein Germanenbegriff des Siedlungsgebietes, des geographischen Territoriums an (vgl. oben S. 373ff.).

Die Archäologen um Kossinna setzten also das rassenbiologisch und kulturgeschichtlich sowie sprachlich Germanische gleich und sahen daher keine Schwierigkeiten bzw. hatten auch keine Hemmungen bei der Rückprojektion (Abb. 2). Die Verknüpfung eines biologisch konstanten Ethnikums (mit bestimmten geistigen Qualitäten), das in einem gleich gebliebenen Gebiet seit Jahrhunderten oder Jahrtausenden lebt, mit der Höherbewertung dieses Ethnikums gegenüber allen Nachbarn, verbunden zudem mit einer erst in

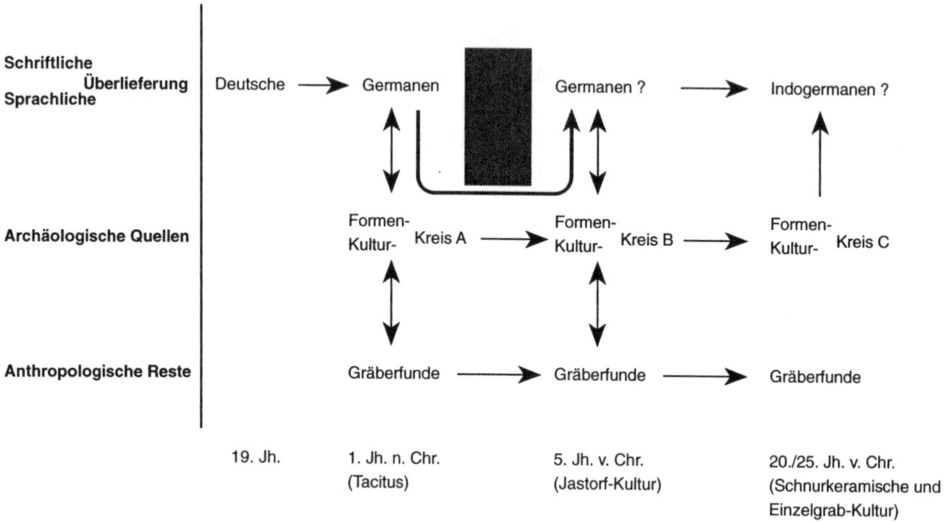

Abb. 2. Zur Verlängerung der Geschichte der „Germanen" bis in die Steinzeit: Der schwarze Balken markiert den Zeitraum, bis zu dem Hinweise auf „Germanen" über „germanische" Sprache datierbar sind, während der Nachweis von „Germanen" und „Indogermanen" in den Phasen davor nur indirekt über archäologische Quellen und anthropologische Reste erschlossen wird.

weit jüngerer Epoche nachgewiesenen sprachlichen Gruppe, den Germanen, schien wissenschaftlich kein Problem zu sein; das war „völkisches" Denken.

Dabei wurde andererseits in der zweiten Hälfte des 19. Jahrhunderts von anderen Archäologen sehr kritisch interdisziplinär gearbeitet. Spiegelbild sind Gründungen mehrdisziplinärer Organisationen, z. B. der Deutschen Gesellschaft für Anthropologie, Ethnologie und Urgeschichte. Diese Phase sah eine derartig enge Verknüpfung von Anthropologie und Urgeschichte, daß diese kaum eine selbständige Wissenschaft werden zu können schien, wie auch Virchow meinte.[175]

5. Zum bürgerlichen Geschichtsbewußtsein im 19. Jahrhundert

Gustaf Kossinna gewann seine Vorstellungen einerseits von seinem Lehrer Karl Müllenhoff,[176] der selbst in seinen jüngeren Jahren archäologisch gearbeitet hatte, ehe er sich nach der Überwechslung nach Berlin davon zurück-

175 Gummel 1938, 316.
176 Grünert 2002, 47f.

zog und ausschließlich als Philologe tätig war. Andererseits beeinflußte ihn der allgemeine Zeitgeist; denn es war Allgemeingut zu denken, daß die Deutschen der Gegenwart räumlich und biologisch von den Germanen der Zeit des Ariovist und des Arminius abstammten; und da nach dem Zeugnis des Tacitus diese Germanen sowohl autochthon waren, also immer im Raum gelebt haben, und sich auch nicht vermischt hatten, also „rasserein" waren, lag es nahe, diese Linie weiter in die Vergangenheit zu verlängern. Dafür hatte Kossinna dann seine Methode entwickelt, die ohne Zweifel die Bevölkerung des gleichen Gebietes, Norddeutschland und das südliche Skandinavien, während der Bronzezeit und des vorausgehenden jüngeren Neolithikums an diese Folge Germanen – Deutsche anbinden konnte.

Für Kossinna war der erste Schritt, die Gleichsetzung der Deutschen mit den Germanen der Tacitus-Zeit, somit kein eigenes neues Forschungsergebnis, sondern eine Selbstverständlichkeit. Nach der Wiederentdeckung der Germania und der Annalen des Tacitus und ihrer politischen Instrumentalisierung durch die Humanisten im 15. und frühen 16. Jahrhundert[177], die erneut – nach einigen Hinweisen darauf, daß dies schon in später karolingischer Zeit üblich war – die Deutschen ihrer Zeit mit den Germanen gleichsetzten, wurde das nicht vergessen und erlebte während der Romantik die nächste Renaissance, besonders in Deutschland in der Folge der Freiheitskriege. *„Aus der Vermutung des Römers über die Germanen ist eine Gewißheit der Deutschen über sich selbst geworden".*[178] Es ist hier nicht notwendig, die geistigen Strömungen des 19. Jahrhunderts in ihrem Einfluß auf die Anfänge der prähistorischen Forschung noch einmal weiter auszubreiten; es sollen einige skizzenhafte Bemerkungen genügen.

5.1 Das Wortfeld: Volk, Volksgeist, völkisch, vaterländisch, Stamm, Nation, deutsch

Etienne François und Hagen Schulze[179] umgehen in ihrem dreibändigen Sammelwerk *Deutsche Erinnerungsorte* die kaum lösbaren Definitionsversuche, was „deutsch" und was „Deutschland" sei: *„Wir begnügen uns damit, ‚deutsch' und ‚Deutschland' stets im Sinne der jeweiligen Epoche zu gebrauchen."* Damit verkennen sie Teile der Wirksamkeit des kollektiven Gedächt-

[177] Vgl. dazu den Beitrag von Dieter Mertens in diesem Band; Münkler/Grüngerber 1998.
[178] Dieter Mertens, in diesem Band S. 82.
[179] François/Schulze 2001a, 19.

nisses, denn gerade die über die Zeiten weiterwirkenden Begriffshintergründe werden zur Grundlage verzerrter „völkischer" Denkbahnen. Der Wandel vom Volk als neutrale Gruppenbezeichnung im Sinne des Idealismus des späten 18. und frühen 19. Jahrhunderts zum „Völkischen" als einem chauvistisch belasteten Begriffs ist ein schleichender Prozeß,[180] ein Weg hin zum neoromantischen-völkischen Irrationalismus,[181] bis am Ende völkische Ideologie und völkische Rassenideologie nur in Zusammenhang mit Antisemitismus denkbar waren.[182] Und parallel zu diesem Prozeß entwickelte die Ur- und Frühgeschichtsforschung die Grundlagen des völkischen Paradigmas der „ethnischen Deutung".

Es waren und sind die Worte und Begriffe Volk und Völkerschaft, Stamm und Nation, völkisch und vaterländisch, „Deutsche" und „Germanische" Altertumskunde, die eine eminente Rolle spielten, da sie den erst entstehenden Nationalstaaten wie Deutschland zur Identitätsfindung dienten und in Konkurrenz dazu die schon länger bestehenden Nationalstaaten wie Frankreich und die skandinavischen Länder zu verwandtem Verhalten anregten. Keiner der Begriffe ist mit seinem Inhalt eindeutig beschreibbar, sie sind doppeldeutig und auch als Synonyme zu betrachten, wie „deutsch" und „germanisch" seit den Brüdern Jacob Grimm (1785–1863) und Wilhelm Grimm (1786–1859). Die Sammlungen der Brüder Grimm schufen die *Deutschen Rechtsaltertümer*, *Deutschen Heldensagen*, die *Deutsche Grammatik* und die *Deutsche Mythologie*, wobei immer die germanische Epoche gemeint war, jedoch nicht immer auch zugleich Skandinavien,[183] also eigentlich die germanische Mythologie (zuerst 1835 erschienen, nach Vorarbeiten seit 1832 oder schon 1813).

Doch sollte man beachten, daß die Grimms die germanischen Kulturen keineswegs für anderen Kulturen überlegen hielten, sondern sie waren wie Herder vor ihnen der kosmopolitischen Überzeugung, daß jede Kultur die Aufmerksamkeit des Wissenschaftlers verdiene.[184] In einem Referat von Jacob Grimm heißt es lapidar, was seinerzeit gedacht wurde: „*Was ist ein Volk?* [...] *ein Volk ist der Inbegriff von Menschen, welche dieselbe Sprache reden.*"[185] Zuvor hatte Ernst Moritz Arndt in seinem berühmten Gedicht „Des Deutschen Vaterland" in der Fassung vom Februar 1813 verkündet: „*Was ist das*

---

[180] Zum Entstehungsweg des völkischen Denkens z. B. Kipper 2002, 53ff.
[181] Grünert 2002, 232; Veit 1984, 337.
[182] Puschner 2002, 49.
[183] Grimm 1875; dazu Ebel 1999.
[184] Tatar 2001, 281.
[185] Münz/Ohliger 2001, 371.

deutsche Vaterland? So nenne mir das große Land! So weit die deutsche Zunge klingt [...]".[186] Durch die Brüder Grimm und ihre Materialsammlungen bürgerte sich der romantische Gebrauch des Wortes *„deutsch"* im Sinne von *„germanisch"* ein. Johann Gottfried Herder (1744–1803) schuf die Voraussetzungen für das romantische Germanenbild und machte den Weg frei für die Auffassung, daß die umfangreiche skandinavische Überlieferung Ausdruck eines Volkstums sei, dem die Deutschen in gleicher Weise angehören wie die Skandinavier selbst.[187]

Herder meinte[188], *„auch Völker besäßen eine solche, durch innere Kräfte bestimmte Gestalt, einen ‚Genius'. Jedes Volk hätte eine eigene, vornehmlich in der Sprache sich manifestierende substantielle Eigenart, den ‚Volksgeist'; ein Volk war nicht länger bloß eine menschliche Großgruppe, sondern wurde zu einer historischen Individualität sui generis"*,[189] so auch die Germanen oder die deutschen Völker oder Stämme. Herfried Münkler betont: *„Herder hatte mit seiner entschiedenen Einbeziehung der Slawen nach Europa der verbreiteten Neigung entgegengewirkt, das ‚eigentliche' Europa auf den romanisch-germanischen Bereich zu begrenzen. So hat er als Binnenstrukturierung des Europa nördlich der Alpen die ‚deutschen' und die ‚slawischen' Völker miteinander verglichen. Dabei dient ihm ein ‚unternehmender, kühner und ausdauernder Kriegsmut' sowie ein ‚dienender Heldengeist' als Charakteristikum der deutschen Völker, während für die slawischen Völker eher Fleiß, Mildtätigkeit und Gastfreiheit als typisch sind... Herder hat Europa nach Osten und Süden geöffnet* [...]".[190]

Herder schuf somit die Voraussetzungen für das romantische Germanenbild, in dem der enge religiöse Blickwinkel aufgegeben wurde und die Betonung auf dem „Geist der Nation" lag.[191]

Herder hat und später die Romantiker haben erkannt, daß hinter allen Kunstwerken der Geist der Völker stehe, welcher die letzten unterscheidenden Eigentümlichkeiten derselben bestimme.

Volkssagen und Märchen seien Resultate der sinnlichen Anschauung der Kräfte und Triebe des Volksglaubens.[192] Hans Gummel, ein völkischer Wissenschaftler oder ein Wissenschaftler in völkischer Zeit, meinte 1938 in Nach-

---

[186] Zitiert bei Schröder 2000, 172ff. und Arnold 2002, 213f.; Schulze 1987, 13.
[187] Behrenbeck 2001, 320.
[188] Vgl. auch oben S. 374ff.
[189] Zitiert nach Kipper 2002, 55f.
[190] Münkler 1996, 128 mit den Zitatnachweisen bei Herder; Geary 2002, 33.
[191] Behrenbeck 2001, 320.
[192] Hartwich 2000, 82.

folge des Prähistorikers Max Ebert (1879–1929), daß Immanuel Kant (1724–1804) und dann erst Johann Gottlieb Fichte (1762–1814), Friedrich Wilhelm Schlegel (1775–1854) und auch Justus Möser (1720–1794) die Denker gewesen seien, die statt Fürstengeschichte erstmals Volksgeschichte geschrieben hätten.[193] Die Übersteigerung setzte zur selben Zeit bald nach 1800 ein, wozu Gerhard Schulz in seiner Literaturgeschichte aus dem Jahr 1989 meint: „*In Fichtes Überzeugung von der Auserwähltheit der Deutschen nun liegt das Provozierende der* Reden. *Er nennt sie ein ‚Urvolk' und hat dabei zunächst einmal Anteil an der generellen Aufwertung des Begriffes Volk* [...] *Jenseits von Nation und Staat steht für ihn jedoch das Volk, verbunden durch die gemeinsame Sprache und begründet in der Natur als ursprünglichem Leben schlechthin* [...] *im Volk ist der einzelne aufgehoben jenseits seiner individuellen Existenz:* [...] *‚Hoffnung auf die ewige Fortdauer des Volks* [...]' *(8. Rede)*" besteht.[194] Fichte betrieb die Politisierung der germanischen Kultur am eifrigsten, so P. Geary, „*indem er die Franzosen der Gegenwart mit den Römern des 1. Jahrhunderts gleichsetzte und sich selbst und seine deutschen Zeitgenossen mit den germanischen Anführern identifizierte*".[195]

Nach Georg Wilhelm Friedrich Hegel (1770–1831) war das sittliche Ganze daher nicht universalistisch-menschheitlich, sondern nur „national" bestimmbar, verstärkend formuliert: „*Nationalität ist die Grundlage alles lebendigen Lebens*".[196] Der deutschen Nation, die nicht mehr existierte, setzte Ernst Moritz Arndt (1769–1860) das deutsche Volk gegenüber und war damit entscheidend beteiligt an der Aufwertung des Begriffes Volk in diesen Jahren.[197]

Es war das Volk der einfachen Leute, auf das Herders Begriff des Volksliedes sich bezog, und dieses Volk wandelte sich zur nationalen Gemeinschaft, die nur eben deshalb den Namen Nation nicht erhalten konnte, weil sie politisch keine Identität besaß, sondern diese nur und daher besonders nachdrücklich in ihrer Sprache und Kultur finden konnte.[198] Der Volksgeist oder das Wesen eines Volkes sind die entscheidenden bewegenden Kräfte. Alle Dichtung vom Volkslied bis zum Epos einschließlich der Mythologien erwachsen spontan aus dem Volke. „*Grundgedanken dieser Theorie sind, daß Geschichte – als Geschichtsschreibung und erkannte Geschichte – mit der Poe-*

[193] Näheres dazu bei Gummel 1938, 112 Anm. 3.
[194] Schulz 1989, 35f.
[195] Geary 2002, 35.
[196] Loewenstein 2001, 297.
[197] Schulz 1989, 30.
[198] Schulz 1989, 250.

sie in ihren Anfängen zusammenfällt und daß die Urform aller solcher Poesie das Epos sei. Dieses Epos aber dichte sich selbst, sei nicht das Produkt der kreativen Anstrengung eines einzelnen, nicht ‚Kunstdichtung', sondern ‚Naturdichtung', vom Volke als ganzem erzeugt, wie denn auch die Volkssage, die mit dem Epos eng verwandt ist, keinen Verfasser kenne“, präzisiert Gerhard Schulz.[199] Hans Sachs war ein Repräsentant des künstlerisch produktiven Volksgeistes.[200]

Die volkstümliche Überlieferung der Volkslieder und Märchen wurde dabei als Echo der ebenfalls mündlich tradierten Dichtung einer germanisch-deutschen Vorzeit angesehen. „*Wenn die Märchen den Brüdern Grimm als ein Produkt des Volkes gelten, handelt es sich also nicht um eine nationalistisch verengte Betrachtungsweise. Der Begriff des Volkes wird nicht durch die ethnische Gemeinsamkeit definiert, sondern als übergreifende soziologische, kulturhistorische und ästhetische Größe bestimmt*“, definiert W.-D. Hartwich.[201]

Auch andere Fächer waren in die Hintergründe der Gleichung „germanisch-deutsch“ involviert. Philologische Spekulationen verfolgten das Ziel, das untergründig über die Jahrhunderte des Christentums hinweg wirkende vorchristliche „kollektive Gedächtnis“ zu rekonstruieren, eine bis in die Gegenwart hineinreichende heidnische Vorwelt.[202] Auch die Ethnisierung von Ideologien und Staatstheorien war im 19. Jahrhundert weit verbreitet.

Schon 1643 meinte der Helmsteder Jurist Hermann Conring, nicht das römische Reich und römisches Recht habe Karl der Große fortgesetzt, sondern aus altgermanischer Freiheit sei deutsches Recht geschaffen worden.[203] Friedrich Carl von Savigny (1779–1861) sah das Recht nicht als willkürliche Satzung, sondern ebenfalls als Ausdruck des Volksgeistes an. Es war die unmittelbare rechtschöpferische Kraft des Volkes, und das deutsche Volk allein sei berufen, Staaten zu schaffen, die zugleich einig und frei seien,[204] außerdem sei die genossenschaftliche Organisationsform eine besonders markante Manifestation germanischen Wesens.[205]

Volk und Nation wurden zum Zentrum des Denkens, vor den religiösen Überzeugungen. Die Bindung des Individuums an die Nation war derartig dominant geworden, daß in einer hierarchischen Werteskala alle anderen

---

[199] Schulz 1989, 265, auch 269.
[200] Münkler 2001, 564.
[201] Hartwich 2000, 57.
[202] Lehmann 2001, 188.
[203] Ehlers 2001, 48.
[204] Kipper 2002, 248f. zitiert Gierke 1873/1954, 1ff.
[205] Kipper 2002, 252 mit weiteren Zitaten nach Heinrich v. Sybel, Karl Lamprecht etc.

Loyalitäten auf die nachgeordneten Plätze verdrängt wurden. Sie bestimmte – vor Stand, Klasse und auch Konfession – die Zugehörigkeit damit zu einer überpersonalen Gemeinschaft, es ist der „pseudoreligiöse" Charakter der nationalen Bewegung.[206] Ausführlich handeln Stefan Breuer über das Begriffspaar Volk und Nation[207] und Ehlers über Nationenbildung und Ethnogenese im politischen Umfeld.[208]

Felix Dahn (1834–1912) war zum Beispiel ein solcher völkischer Avantgardist: „*Das höchste Gut des Mannes ist sein Volk* [...] *mein Volk ist mir das Höchste und alles, alles andere dagegen nichts, ihm will ich opfern, was ich bin und habe* [...]". Das war Selbstaufgabe des Individuums zugunsten seines Volkes,[209] Dahn war damit ein Vertreter des genuin „völkischen" Denkens als eigenständige Ideologie. Noch Gustav Freytag (1816–1895) faßte Volk wie Herder auf: Völker sind mit einer Seele begabte Kollektivindividuen und als solche maßgebliche Faktoren des Geschichtsprozesses, was der älteren idealistischen Variante „völkischen" Denkens entsprach, aufs engste mit dem Liberalismus verbunden. Auch Richard Wagners Auffassung vom „Völkischen" muß hier eingeordnet werden, und von Germanomanie – wie man später in seine Werke hineindeutete – sollte nicht gesprochen werden.

Emanuel Geibels Gedicht „Deutschlands Beruf" von 1861 mit dem Vers „*es mag am deutschen Wesen einmal noch die Welt genesen*" wurde gar von Kaiser Wilhelm II. in chauvinistischem Sinne zitiert.[210]

Wer gehörte zum deutschen oder germanischen Volke? In einer Denkschrift aus dem Jahr 1893 betonten deutsche Studenten der Universität Wien, daß Heinrich Heine dem deutschen Volke kein Vorbild und Wegweiser sein könnte, da er als Jude unfähig sei, „deutsches Wesen" zu verstehen,[211] auch zum echten Verständnis Nietzsches sei angeblich „nur deutsches Denken und Fühlen" befähigt.[212] Es war die Epoche, in der die Arier als die höchste aller Menschenrassen angesehen wurden, unter den Ariern zudem die germanische bzw. nach dem Ersten Weltkrieg die nordische Rasse die am höchsten entwikkelte und zugleich gefährdetste sei – wegen drohender ständiger Vermischung.[213] Das führte zu Forderungen an die Vor- und Frühgeschichte. Man

---

[206] Schlie 2002, 24 und 26.
[207] Breuer 2001, 77ff.
[208] Vgl. dazu den Beitrag von Joachim Ehlers in diesem Band.
[209] Zitate von Felix Dahn nach Kipper 2002, 136 und 151.
[210] Loewenstein 2001; Schröder 2000, 231.
[211] Werner 2001a, 484.
[212] Aschheim 2001, 505.
[213] Puschner 2002, 54.

sah in der germanischen Vorzeit eine Schlüsselrolle für die völkische Weltanschauung. Die Wiege der arischen Kulturschöpfer wurde aus Asien in das nördliche Mittel- und Osteuropa verlegt. Die Überreste germanisch-deutscher Vor- und Frühgeschichte und der „altnordischen Literatur" paßten nun zusammen.[214] Und Kossinna galt den Völkischen als Bahnbrecher der deutschen Vorgeschichte, auch wenn dieser – wie hier auf verschiedene Weise gezeigt werden soll – nur einer unter vielen Wissenschaftlern war, der seine Meinung aus dem Geist der Zeit nahm.[215]

Später im 20. Jahrhundert hatte sich der Inhalt des Wortes „Volk" noch nicht bei allen weiter ins Rassische verschoben – so bei Oswald Spengler –, es blieb beim Wesenhaften: „*Völker sind weder sprachliche noch politische noch zoologische, sondern seelische Einheiten.*"[216] „*Man könnte* [...] *fragen, ob die Ostgoten Deutsche gewesen sind. Ich gestehe, daß ich solche Fragestellungen nicht begreife* [...] *Für mich ist ‚Volk' eine Einheit der Seele. Alle großen Ereignisse der Geschichte sind nicht eigentlich von Völkern ausgeführt worden, sondern haben Völker erst hervorgerufen.*"[217] Ein anderes Zitat von Karl Großhans aus dem Jahr 1937 formuliert das Extrem: „*Germanisch heißt Ausfluß der Seele des nordischen Mythos, der Glaube an den ‚gestirnten Himmel über mir und das ewige Gesetz in mir'; germanisch, das ist höchste Sittlichkeit, tiefstes Wissen um ein tragisches Schicksal und freudiges Bejahen und Erleben ewiger Wiedergeburt; germanisch bedeutet Sichversenken in die Tiefen seiner Seele, Lauschen auf die Stimme in der eigenen Brust.*"[218]

Dann gab es noch die Parallelität zwischen dem Volk und den Stämmen,[219] dem deutschen Volk als Ganzem und den verschiedenen „deutschen" Stämmen, die schließlich noch in der Weimarer Verfassung genannt wurden. Man wies auf die Analogie der Stämme Israels in der Lutherbibel hin. Seit dem späten 18. Jahrhundert wurden die deutschen Stämme als organische Bestandteile des Gesamtvolkes aufgefaßt. Diese Vorstellung einer germanisch-deutschen Kontinuität erklärte durch Vordatierung des Kollektivs „deutsches Volk" die germanischen „gentes" zu deutschen Stämmen.[220]

Leopold von Ranke publizierte 1824 die *Geschichte der romanischen und germanischen Völker*, Johann Kaspar Zeuss benannte 1837 sein Buch *Die*

---

[214] Puschner 2002, 57; Wiwjorra 1999.
[215] Puschner 2002, 58.
[216] Spengler 1923/1990, 749.
[217] Spengler 1923/1990, 754.
[218] Großhans 1937, 13f.
[219] Vgl. dazu den Beitrag von Hans-Werner Goetz in diesem Band.
[220] Kipper 2002, 230f.

Deutschen und ihre Nachbarstämme, Felix Dahn veröffentlichte 1881 die *Urgeschichte der germanischen und romanischen Völker*, Ludwig Schmidt 1937/1940 Bände zur *Geschichte der deutschen Stämme bis zum Ausgang der Völkerwanderungszeit*, Hans Reinerth 1928 Hefte zur *Deutschen Vorgeschichte*, dann aber 1940 Bände zur *Vorgeschichte der deutschen Stämme*: eine Kontinuität der Begriffsfelder „Völker" und „Stämme", „Germanen" und „Deutsche" über mehr als ein Jahrhundert, wobei Stämme der Völkerwanderungszeit oder sogar der Römischen Kaiserzeit als Deutsche angesehen wurden.[221]

Doch wurde auch nicht von allen übersehen, daß das deutsche Volk und seine Stämme keine einheitliche Grundlage hatten. Heinrich v. Treitschke (1834–1896) formulierte beispielsweise, daß die eigentlichen Kulturträger und Bahnbrecher in Deutschland nicht die ungemischten germanischen Stämme wären, sondern daß das süddeutsche Volk keltisch gemischt sei und die Norddeutschen slawisch gemischt.[222] Aber ganz anders noch als bei Herder wurde stärker gegenüber den keltischen Galliern die Haltung gegenüber den Slawen vom Gefühl germanisch-deutscher Überlegenheit bestimmt. Diese Auffassung war mit dem Bild auch vom aggressiven slawischen Kriegertum vereinbar, das in Form von heuschreckenartigen Raubzügen (nicht von staatenbildenden Eroberungen) die germanischen Grenzlande verheert hätte.[223] So wurde die mittelalterliche Ostkolonisation als Rückeroberung der an die Slawen verlorenen Lande angesehen, da zuvor dort seit Jahrhunderten Germanen gesiedelt hätten (eine deutsche Art der Reconquista in ethnischer Sicht, nicht mit missionarischem Ziel).[224]

Um 1875 hatte der Germanist Hermann von Pfister-Schwaighusen „völkisch" als deutsches Synonym für „national" eingeführt. Die Bezeichnung „völkische Bewegung" taucht erstmals 1901 auf.[225] Doch behielt das Wort „völkisch" lange Zeit eine negative Konnotation, so auch noch bei Hitler, während die Worte „volklich" oder „volkhaft" und „Volksgeist" vorgezogen wurden.[226] Im 1999 erschienenen *Handbuch zur „Völkischen Bewegung" 1871–1918* werden alle Facetten des Begriffs durchleuchtet.[227]

Es ist deutlich, wie schwierig und offen jede Definition von „Völkischem" in der Ur- und Frühgeschichtsforschung und darüber hinaus in einem umfas-

[221] Ranke 1824 ff.; Zeuß 1837; Dahn 1881/1899; Schmidt 1937/1940; Reinerth 1928; ders. 1940.
[222] Kipper 2002, 239 zitiert Treitschke 1897, 279.
[223] Zitate bei Kipper 2002, 220f.
[224] Vgl. auch unten S. 466.
[225] Puschner 2002, 50f.; Hartung 1999, 23.
[226] Boehm 1932.
[227] Puschner/Schmitz/Ulbricht 1999; Puschner 2001.

senden kulturgeschichtlichen Ansatz bleiben muß. Welches Denken in den verschiedenen Entwicklungsphasen im 19. und frühen 20. Jahrhundert ist als „völkisch" zu bezeichnen, erst die letzte Phase mit der rassischen Unterlegung, die im extremen Fall anderen Völkerschaften als den Germanen Existenzrechte absprach, oder schon jede frühere politische Instrumentalisierung und Höherbewertung, in der nationalromantischen Phase, auch ohne rassisch-biologische Argumente? Die Bewußtseinslage des Bildungsbürgertums und damit auch der Wissenschaft, die derartige Denkmuster verinnerlicht hatten und selten darüber reflektierten, brachte es mit sich, daß neben der kritischen Ablehnung des überbetonten „völkischen" Denkens immer wieder Äußerungen niedergeschrieben wurden, die mit Werturteilen gegenüber Nachbarvölkern aufwarteten und – im Sinne der negativen Konnotation des Begriffes – als „völkische" Aussprüche gewertet werden müssen.

Am Anfang standen die deutschen Humanisten, die das literarisch stilisierte Germanenbild des Tacitus schon in ihrem neuen „Kampf gegen Rom" anregte und deutsche Wesensart fremden Sitten und importierten Fortschritten vorziehen ließ. Von Ulrich von Hutten wurde Hermann der Cherusker als Kämpfer gegen römische Tyrannei entdeckt. Aus den germanischen Wäldern (!) war in dieser Sicht einst die europäische Freiheit gekommen.[228]

Später war der Prozeß der Desintegration der Habsburgmonarchie seit 1848 verbunden mit völkischem Dünkel und Haßausbrüchen gegenüber den Slawen und dem sog. Ostjudentum. Völkisches Denken betonte bei der Bestimmung nationaler Identität die scheinbar natürlichen, angestammten Momente ethnischer, sprachlicher, religiös-kultureller Art erheblich stärker, als die unmittelbar sozialen und historischen.[229]

Der Wille zur Nation, ihre „Erfindung" durch Identifizierung, war das Ziel,[230] und es reichte nicht mehr aus, sich „ethnographisch" abzugrenzen, sondern auch die politische Ordnung mußte wesensmäßig deutsch sein.[231] Schon der „Erste deutsche Germanistentag"[232] in Frankfurt/Main 1846 griff das Thema „Nation und Volk" auf. Für die Teilnehmer waren die kulturelle und sprachliche Zugehörigkeit das zentrale Kriterium. Im Kaiserreich war der völkisch argumentierende Deutschnationalismus im Laufe der 1890er Jahre

---

228 Loewenstein 2001, 292; Muhlack 1989; vgl. dazu den Beitrag von Dieter Mertens in diesem Band.

229 Hartung 1999, 25; Schröder 2000, 102: Haß auf die Feinde Deutschlands.

230 Loewenstein 2001, 293.

231 Loewenstein 2001, 297.

232 Vgl. dazu den Beitrag von Klaus Düwel in diesem Band.

zur politisch relevanten und dominanten Größe geworden.[233] Für die Idee der Zusammengehörigkeit wurde nach 1918 die schon im späten 19. Jahrhundert entstandene Vorstellung eines nicht nur kulturell oder sprachlich, sondern quasi biologisch konstituierten deutschen Volkes von entscheidender Bedeutung, das unabhängig von bestehenden Staatsgrenzen durch genetische bzw. rassische Gemeinsamkeiten eine Einheit bildet. Die semantische Verschiebung vom Terminus „Grenz- und Auslandsdeutsche" hin zum Begriff „Volksdeutsche" war ein Resultat dieser organischen Konzeption.[234]

Im *Handbuch zur „Völkischen Bewegung"* resümiert Wolfgang Weber den Argumentationskomplex völkischer Historie, was ebenso für die Prähistorie Geltung hat, mit folgenden Komponenten:[235] *„1. die Vorstellung eines die übrigen sozialen Einheiten Individuum, Familie, Sippe, Stamm, Stand, Schicht und Klasse überwölbenden und integrierenden Volkskörpers, 2. die Ausstattung dieses Volkskörpers mit spezifischen Merkmalen und seine Abgrenzung anhand dieser Merkmale gegenüber anderen Völkern, 3. die Steigerung der historischen Bedeutung der organisch-historischen Einheit Volk zur vorrangigen geschichtlichen Wirkungsgröße, 4. die Verbindung des Volkskörpers mit geographisch-geopolitischen Vorstellungen, 5. die biologisch-rassistische Aufladung und Zuspitzung des Volksbegriffs, 6. die germanozentrisch-deutsch-völkische Hierarchisierung der Völker, 7. die sozialdarwinistische Radikalisierung der Verhältnisse der Völker untereinander, 8. die interne Organisation des germanisch-deutschen ‚Herrenvolkes' nach den Prinzipien einer monarchischen Herrschafts- und Gefolgschaftsideologie."*[236]

Am Ende stand also nach langer Entwicklung *„der Glaube an eine alldeutsch oder pangermanisch begründete deutsche Eigenart"* und die Auffassung von der *„Auserwähltheit und Mission des deutschen Volkes"* mit der rassischen, insbesondere antisemitischen und antislavischen Begründung dieser Überzeugungen.[237] Schon nach Houston Stewart Chamberlain waren die

---

[233] Münz/Ohliger 2001, 370 und 372, 376f.

[234] Nicht eingegangen wird hier auf den jüngst vielfach diskutierten Prozeß der Entstehung von Nationen, genannt seien nur Arbeiten, die speziell für das Thema zusätzlich von Bedeutung sind: im 19. Jh. Langewiesche 2000; während des Humanismus Münkler/Grünberger 1998; schon in nachkarolingischer Zeit Zientara 1997, vgl. auch Brühl 1995.

[235] Weber 1999, 835f.

[236] Eine ähnliche Typisierung bei Kipper 2002, 17: 1. Ethnische Gemeinsamkeit, in sprachlich-kulturellem und auch im biologisch-rassischen Sinne, 2. Völker sind ahistorische Größen mit Konstanz über Jahrtausende, 3. der einzelne Mensch ist Glied des Volkskörpers und damit in seinem Wert und Verhalten vorbestimmt, 4. die Völker sind von unterschiedlichem Wert.

[237] Puschner/Schmitz/Ulbricht 1999, XXI.

Doch diente Wagner die germanische Frühzeit nur als Modell zur Dramatisierung allgemein menschlicher Zustände.[321] Daher sind Wagners Vorstellungen vom Völkischen und von den Germanen sorgsam zu bewerten und zu trennen von den kollektiven Gedächtnisbildern, die sich in den Köpfen der bürgerlichen Gesellschaft formten und nicht nur bei den Inszenierungen auf das Operntheater zurückwirkten, sondern auch auf die Modellvorstellungen der Archäologen.

Diese ein Jahrhundert lang vorherrschende Interpretationsrichtung hat in Wagner den romantischen Erneuerer des deutschen Mittelalters und der germanischen Urgeschichte und Mythologie gesehen, und daher haben die meisten Inszenierungen diese Sichtweise umgesetzt.[322] Erst später wurden die gesellschafts- und politikkritischen Intentionen Wagners wieder erkannt.

Nach vielen anderen hat jüngst 2000 Wolf-Daniel Hartwich das Verhältnis Wagners zur Mythologie analysiert: *„Die Auseinandersetzung Wagners mit dem germanischen Mythos läßt sich als Aktualisierung, Universalisierung und Säkularisierung des Themas beschreiben. So nähert sich das Mythische bei Wagner aus der ‚Ferne längst vergang'ner Zeiten‘* [...] *in den avancierten Musikdramen immer stärker der Zeitgenossenschaft* [...] *Wagners ‚Ring des Nibelungen‘ und ‚Parsifal‘ gestalten die germanisch-deutsche Sage in einer zeitlosen Dramaturgie, die zugleich zum Spiegel der modernen Gesellschaft wird“*. Und weiter: *„Die Gestaltung der deutschen Mythologie in Wagners Werk stellt sich somit quer zu ihrer Rezeption im 19. Jh., die sich als Historisierung, Nationalisierung und Resakralisierung beschreiben läßt. Der germanische Mythos wurde als Ausdruck einer idealisierten Frühzeit aufgebaut und als Argument für die Demontage der Neuzeit herangezogen. Die internationale Symbolsprache der Mythologie wurde auf einen ethnozentrischen Dialekt reduziert* [...] *Wenn die germanische Sage dagegen ohne ästhetische Distanz wahrgenommen wurde, konnte sie zur kommerziellen Täuschung, politischen Ideologie und schließlich zum völkischen Kult werden* [...] *Die Beschäftigung mit der deutschen Mythologie muß erst den Schutt ihrer politischen Wirkungsgeschichte abräumen, um die Runen einer Kunstreligion freizulegen, die ganz andere Visionen und Interpretationen des Germanischen enthält“*.[323]

Die Auffassung Richard Wagners anhand seiner Schriften vom Volk hat zu diesen gegensätzlichen Interpretationen Anlaß gegeben. Es geht dabei um den Gegensatz zwischen dem romantisch-demokratischen und dem völkischem

---

[321] Peil 1990.
[322] Münkler 2001, 554.
[323] Hartwich 2000, 206 und 208.

Volksbegriff.[324] Einerseits wird Wagners Vorstellung vom Volk vor dem Hintergrund seiner revolutionären Vergangenheit als demokratisch eingestuft, d. h., in dieser Sicht setzt sich Volk aus einer Vielzahl von selbständig handelnden Individuen zusammen, und viele seiner Werke wurden für dieses selbst entscheidende Volk geschaffen. Andererseits spricht Wagner im romantischen Sinne so häufig von Volksgeist und Volksseele und meint damit eine biologische – nicht aber rassische – Einheit, daß damit wie nach Herder Volk mehr ist als die Summe der Individuen und ein überindividuelles Wesen hat. Der Gegensatz zwischen demokratischem und völkischem Denken bleibt, zumal ebenfalls abwertende Äußerungen über andere Völker zu belegen sind, nicht nur über die Juden.

Hartwich diskutiert Wagners Verhältnis zum Volk aus mehreren Blickwinkeln: „*Die Erneuerung der Kunst kann sich Wagner nur als ein Ergebnis eines revolutionären Prozesses denken. Dabei macht Wagner das Volk, also die Gesellschaft im Ganzen, zu der kulturschaffenden Größe*". Die soziale Bedeutung wird vor allem in der Bildung eines kollektiven Gedächtnisses gesehen. „*In ‚Das Kunstwerk der Zukunft' zeigt Wagner erstmals im Detail, wie er sich die Kunst als Modell der Gesellschaft und die Gesellschaft als Modell der Kunst denkt* [...] *Der partikularisierenden Wirkung der modernen Gesellschaft setzt Wagner die integrative Größe des Volkes entgegen* [...] *Daher ist Wagners Vorstellung des Volkes auch deutlich von der späteren ‚völkischen' Ideologie abzugrenzen, die eine archaisch naturhafte Gemeinsamkeit suggeriert und dabei den Willen der Einzelnen negiert. Gleichwohl wurden in der Rezeptions- und Forschungsgeschichte diese beiden gegensätzlichen Vorstellungen oftmals verwechselt. Das Volk definiert sich für Wagner gerade nicht durch die Affirmation gemeinsamer Eigenschaften, sondern durch die Distanzierung von einer kollektiven Erfahrung der Entfremdung, der ‚Not'.*"[325]

Wagner stellt zum Beispiel den germanischen Heerbann ganz im Sinne Jacob Grimms nicht primär als militärische Gefolgschaft dar, die kollektiv handelt und entscheidet, sondern die Heeresversammlung ist gleich Volksversammlung mit einer plebiszitär-demokratischen Funktion.[326]

Aber in seiner Schrift „Die Wibelungen. Weltgeschichte aus der Sage" von 1850 verknüpft Richard Wagner „*die Siegfriedfigur nicht nur mit der nordischen Überlieferung, sondern auch mit dem arischen Mythos. Die vergleichende Sprachwissenschaft und Mythologie des 19. Jh. stellte die kulturelle*

324 Münkler 2001, 560.
325 Zitate nach Hartwich 2000, 143, 145 und 147.
326 Hartwich 2000, 101.

Verwandtschaft der indogermanischen Völker fest und schloß auf ihren gemeinsamen Ursprung. Die Konstruktion eines arischen Urvolkes wurde teilweise rassistisch und antisemitisch instrumentalisiert. Wagner teilte die kritiklose Verherrlichung des Ariertums allerdings nicht“.[327]

Es ging Richard Wagner also keinesfalls um einen realen Griff in die germanische Urzeit. Die mythische Überlieferung wurde von ihm gewählt, um menschliche und gesellschaftliche Grundkonflikte zu dramatisieren. Zu Wagners Zeit war über die tatsächlichen Verhältnisse in ur- und frühgeschichtlichen Epochen noch kaum etwas bekannt. Zwar gab es viele Altertümer, Waffen aller Art und Schmuck aus alten Gräbern, aber es fehlten die Datierungsmöglichkeiten. Die Mythen selbst, Grundlage zum *Ring des Nibelungen*, spiegeln die Epochen der Völkerwanderungszeit, des 5./6. Jahrhunderts, kaum die Zeit des Arminius, und die epischen Dichtungen wurden später aufgezeichnet, in Skandinavien teilweise im 8. und zumeist erst im hohen, christlichen Mittelalter, das Nibelungenlied im Süden Mitteleuropas um 1200. Die Zeitebenen betreffen nicht die Epochen der alten Germanen. Wagner war auch noch von der asiatischen Urheimat der Germanen überzeugt.[328]

Wagner gestaltete seine Bühnenspiele, was Bühnenbild und Kostüme anging, mit bewußt willkürlich zusammengestellten Requisiten aus. Er verwahrte sich gegen gewünschte reale „Germanen“, die doch nur Theatergermanen sein konnten, und den Hang, scheinbar vergangene Realitäten auf die Bühne zu bringen. Die überlieferten Ausstattungen z. B. in der Villa Wahnfried in Bayreuth zeigen zwar Waffen und Schmuck von der Bronzezeit bis zur Wikingerzeit, aber außerdem reine Phantasieerzeugnisse. Zeitstil wurde von Bühnenbildern eingefangen, auch bei allen späteren Inszenierungen. Man könnte den äußeren Rahmen zu Wagners Opern mit gegenwärtigen, vielfältig variablen Phantasie-Mittelaltern, den Welten des *Herrn der Ringe* nach J. R. R. Tolkien vergleichen, die in imaginärer Raumzeit anzusiedeln sind. Die Durchmusterung von überlieferten Bühnenbildern und Gemälden sowie anderen Motivträgern zu Wagners Opernwelt zeigt, daß alle Zeiten – nicht ein germanisches Altertum – eingefangen wurden.[329] Erstaunlich häufig sind zwar immer wieder Objekte (Schwerter, Armschmuck als Spiralen) aus der Bronzezeit, aber auch gleichzeitig Helme und Schilde aus der gotischen Epoche des hohen Mittelalter und außerdem eindeutige Phantasieprodukte.

---

[327] Hartwich 2000, 198; dazu Wilberg, 1996, 77–184. Zum früh einsetzenden Antisemitismus vgl. Ascher 1815.

[328] Borchmeyer 2002, 280.

[329] Vgl. z. B. Mota/Infiesta 1995; Eckert 2001.

Dazu zählen in erster Linie Flügelhelme bei Wodan oder den Walküren, bei Siegfried oder Hagen, die es in Mittel- oder Nordeuropa zu keiner Zeit gegeben hat, oder auch der Metallpanzer mit Büstenhalter bei Brünhilde oder den Walküren, ebenfalls ohne realen Beleg. Derartige Ausstattungsstücke kehren auch bei den Nationaldenkmälern wieder, so der Flügelhelm beim Hermannsdenkmal oder der eiserne Büstenhalter bei der Germania.

Sehr eingeschränkte Kenntnisse der Archäologie über die tatsächlichen Lebensumstände der Germanen einerseits, die nur vagen Beschreibungen der „Kostüme“ in der epischen Überlieferung mit ihren verschiedenen Zeitschichten ihrer Aufzeichnung andererseits erlaubten diese Gestaltungsfreiheit. Richard Wagner interessierte sich nicht für die alten Deutschen oder die Germanen, auch wenn man ihm das immer wieder unterschieben wollte. Richard Wagners Walhalla war kein urdeutscher Himmel mit urdeutschen Lebensgenüssen.[330] In Bayreuth setzte sich kein reiner Biologismus durch, sondern es gab eher – wieder durch den Zeitgeist bestimmt – eine Verschränkung von rassen- und kulturtheoretischen Ideen, von idealistischer Volksgeistlehre und rassisch-biologischem Denken nach Gobineau und Houston Stewart Chamberlain (1855–1927), Schwiegersohn Richard Wagners.[331]

Wie verliefen die Beeinflussungen? Holten sich Wagner und die Theaterleute sowie die Denkmal-Entwerfer ihre Anregungen bei Archäologen oder Historikern, oder wirkten gar Theatergermanen auf die Phantasie der Forscher in ihrer jungen Wissenschaft zurück? Das Nibelungenlied mit seinem „höfischem Gepräge“, als Epos niedergeschrieben um 1200, wurde zum „deutschen Nationalepos“ gemacht.[332] Gingen die nordischen Sagamotive und die Erzählungen des Nibelungenliedes über Wagner in das kollektive Gedächtnis der Deutschen ein, die dieser über Fouqué und die Grimms kennengelernt hatte? Im Jahr 1938 formulierte Hans Gummel diesen Gegensatz zwischen Theatergermanen und archäologischem Befund wie folgt: *„Seitdem mit Heinrich von Kleists ‚Hermannsschlacht‘ die Germanen öfter auf die Bühne gekommen sind und Hebbels ‚Nibelungen‘ (1862 erschienen) und namentlich mit Wagners ‚Ring des Nibelungen‘ (Erstaufführung 1876) nicht mehr von der Bühne verschwinden, ist es noch trauriger geworden, da das Volk und auch die Künstler sich ihr Bild vom Germanen formen nach dem, was sie bei den Aufführungen gesehen haben. Die Schule hat bisher diesem Theatergermanen nicht kraftvoll genug das schlichte, allem Prunk we-*

---

[330] Kipper 2002, 169 zitiert den Roman von Conrad v. Bolanden 1875, III.
[331] Kipper 2002, 305.
[332] Wapnewski 2001; v. See 1991; Münkler/Storch 1988.

sensfremde Bild des germanischen Mannes, der germanischen Frau entgegengestellt".[333]

Hat Wagner selbst Anlaß zu den Mißverständnissen gegeben? Stefan Breuer zitiert eine bestimmte Sicht Richard Wagners, der „*die deutsche Sprache bis in das Urmenschentum selbst hinabreichen sah und der deutschen Musik einen besonderen Bezug zum Göttlichen attestierte*"; doch was meinte Wagner damit, dachte er über Indogermanenprobleme nach?[334] Wagner hat mit der germanischen Götterwelt und der Walhalla einen bis heute im allgemeinen Bewußtsein fortlebenden Mythos geschaffen, ohne es zu wollen und ohne sich selbst genauer um die historische Vorlage zu kümmern.[335] Sein Ziel war vielmehr in all seinen Werken das 19. Jahrhundert, um die Gegenwart und die Geburt der Moderne geht es, um Politik und Psychologie.[336] Wagner schuf – und das planvoll – aus dem alten Mythos einen neuen Mythos, sah nie darin germanisches Altertum; um Dieter David Scholz weiter zu bemühen: „*Das Werk ist* [...] *ein vergleichlos gewaltiges, sozialutopisches Kunstwerk: eine mythologisierende Fabel, ein musikalisch-psychologisches* [...] *Endzeitdrama, in dem Wagners Erlösungsgedanke in all seinen Spielarten zum Zuge kommt* [...] *Trotz der stofflichen Unzeitgemäßheit war der ‚Ring' ein höchst zeitgemäßes Werk, denn die germanische Mythologie ist nur Fassade* [...] *was schon Thomas Mann mit Nachdruck betonte, als er schrieb, der ‚Ring' sei eine ‚Mischung aus mythischer Urtümlichkeit und psychologischer, ja psycho-analytischer Modernität*". Und: „*Die Gefahr, daß hinter allzu realistischem, mythisch-germanischem Ausstattungspomp das moderne, das revolutionäre Potential des Stücks verlorengehen könne, hatte schon Wagner erkannt*",[337] seine Skepsis erwuchs aus der Bayreuther Uraufführungsproduktion 1876 mit realistischer, historisierend-germanischer Ausstattung[338], was zwar versucht wurde, aber – da man über die Germanen zu wenig real wußte – zu Theatergermanen, Bilderbuch-Germanen oder Indianer-Häuptlingen führen mußte, gewissermaßen zu einem „*unentwirrbaren Mischmasch aus historischen Kostümkunststücken archäologischer Rumpelkammern*".[339] Aber auch Cosima lehnte „*blonde Germanen im Bärenfell*" ab und meinte, „*die*

[333] So Gummel 1938, 199.
[334] Breuer 2001, 86.
[335] Schlie 2002, 36.
[336] Scholz 1997, 10.
[337] Zitate nach Scholz 1997, 83, 84f. und 85.
[338] Scholz 1997, 85 und 295.
[339] Eckert 2001, 28.

historische Realistik der Kostüme entstelle die Sache zur Farce",[340] *„der spielerische Trieb des Archäologen drückt sich darin aus, zum Schaden des Tragischen und Mythischen"*.[341]

Auch Dieter Borchmeyer, um einen weiteren Wagner-Forscher mit abweichender Meinung zum Zeugen aufzurufen, sagt über den *Ring des Nibelungen* als Mythos vom Anfang und Ende der Geschichte, daß es Wagner nicht um einen wissenschaftlich-objektiven geschichtlichen Begründungszusammenhang ging, sondern daß er diesen an den „Glauben" des Volkes bindet, romantischer Tradition folgend.[342] Ihm läge an einer Volksgeschichte im revolutionären Sinne und nicht an Herren- und Fürstengeschichte. Wagner sieht den Mythos nicht (!) als *„Allegorie der sozialen Verhältnisse der Moderne, sondern die Verhältnisse sind umgekehrt Reaktualisierungen der vom Mythos vorgezeichneten Ereignismuster"*.[343]

Aber mit der Beschwörung einer germanischen Vergangenheit traf Wagner den Nerv der Zeit, meint Nora Eckert und erläutert:[344] *„Man sah vor allem das romantische Bedürfnis nach Altertum und Vorgeschichte befriedigt, kombiniert mit dem Bewußtsein des Historismus, daß alles Vergangene nunmehr gleichzeitig verfügbar machte"*,[345] und dem bildungsbürgerlichen Allgemeingut hinzufügte. Es gab Stimmen, die Wagner vorwarfen, das Nationalepos, das Nibelungenlied *„zur Verschmelzung seiner eigenen psychischen Epoche"* mißbraucht zu haben.[346] Doch bleibt zu registrieren, daß das „Volk" zu Wagners Zeit anfangs eigentlich wenig vom Nationalepos wußte, auch noch wenig von der altgermanischen Mythologie – was sich aber gerade durch Wagners „Ring" änderte – und mehr von der antiken Mythologie durch den gymnasialen Unterricht. Erst Wagners „Ring" hat der germanischen Mythologie zu einer ungeahnten Popularisierung verholfen, sagt Rudolf Szimek in einem Lexikonartikel, die jedoch durch dessen eigenwillige Bearbeitung zu zahlreichen falschen Vorstellungen über diese Mythologie geführt habe, *„die noch heute im Bewußtsein der Öffentlichkeit leben"*,[347] darunter auch die bedeutendste Erfindung Wagners, die neue Rolle Wotan/Odins, außerdem die Einführung der Riesen und das derbe Walkürenbild.

---

[340] Eckert 2001, 31.
[341] Eckert 2001, 40.
[342] Borchmeyer 2002, 279.
[343] Borchmeyer 2002, 288.
[344] Eckert 2001, 31.
[345] Eckert 2001, 25.
[346] Eckert 2001, 62.
[347] Simek 1984, 453.

Dieter David Scholz nennt sein Buch daher auch *Ein deutsches Mißverständnis – Wagner zwischen Barrikade und Walhall.*[348] Nicht Wagner selbst, sondern „*erst die Witwe Cosima und die sektierischen Zirkel, die bei ihr den völkischen Sud einsaugen, türmen Wahnfried endgültig zur festen Burg von Rassismus und Arierwahn. Aber die Basis ist sein Werk, und dem Mißbrauch (wenn es denn einer ist), den die nachfolgenden mit ihm treiben, hat er zumindest Vorschub geleistet*"[349], weil man ihn falsch verstehen wollte. „*Man kann Wagner nicht boshafter dem Gelächter preisgeben, als sein Szenarium von 1876 wörtlich zu nehmen*"[350].

Wagner ließ sich instrumentalisieren und wurde instrumentalisiert, weil es an seiner Weigerung fehlte, eindeutige Absagen an „Germanisches" zu erteilen. Mit Cosima begann die systematisch verfälschende Wagner-Denkmalpflege, „*Richard erschien ihr ‚als gewaltige Rettung des germanischen Geistes'* [...]", was zu germanentümelndem Ausstattungs-Spektakel führte, der Wagner zum Verherrlicher des altdeutschen Mythos stilisierte, der er niemals gewesen war; und in Alfred Rosenbergs *Mythus des 20. Jahrhunderts* wurde er zum „*Verkünder einer germanischen Volksreligion*", in der die nordische Seele „*kosmisch-seelische Gesetze willenhaft erlebt*".[351] Wagner wurde erst im nachhinein zuständig für das Völkisch-Germanische. Die gegenseitigen Beeinflussungen im Kreise zwischen Wagners Werk, der Urgeschichtsforschung und des bürgerlichen Kollektivbewußtseins schufen einen Zeitgeist mit eigenwilligem Inhalt, der sich auch im Bereich des völkisch-germanischen Denkens in der Urgeschichtsforschung weiter verfolgen ließe.

Es gibt eine solche Traditionskette auch in Gedichten: Emanuel Geibel sagte im Gedicht „An Deutschland" von 1871: „*Wie Erz durchströmte deine Glieder das Mark der Nibelungen wieder* [...]", nicht lange vor der ersten Gesamtaufführung des Ringes, und Richard Dehmel begann ein Gedicht des Jahres 1914 „Predigt ans deutsche Volk in Waffen" mit den Worten: „*Deutsche Soldaten, ihr seit wert aller Ahnen; fühlt euch nur immer noch als Germanen!*"[352]

---

348 Scholz 1997.
349 Umbach 1983, 11.
350 Umbach 1982, 31.
351 Zitate nach Scholz 1997, 295, 297 und 300.
352 Schröder 2000, 265.

5.4 Der Nordische Gedanke

Die Skandinavier konnten schon in den Augen von Johann Gottlieb Fichte (1762–1814) als Deutsche genommen werden, es war die seit Klopstock übliche Vereinnahmung des Nordischen.[353] Auch der im 20. Jahrhundert von deutschen Prähistorikern geförderte sog. Nordische Gedanke und die hohe Bewertung der Nordgermanen hat also Wurzeln schon vor dem 19. Jahrhundert, als man über Ur- und Frühgeschichte noch wenig wußte.[354] Herder hatte sich 1774 in der Schrift *Auch eine Philosophie der Geschichte zur Bildung der Menschheit* für den neuen Menschen des Nordens begeistert und die ganze neuere Welt Europas als dessen Werk betrachtet.[355] Er stellte den Gleichklang zwischen nordischer, germanischer und deutscher Identität her, der im späteren 19. und 20. Jahrhundert immer wieder propagandistisch verwendet wurde. Aus seiner persönlichen Begeisterung für die skandinavische Geschichte folgerte er eine kollektive Affinität des Germanisch-Deutschen zum Dänisch-Skandinavischen.[356]

Nach Herder und den Arbeiten der Brüder Grimm war gewissermaßen der Weg frei für den Gedanken, daß die skandinavische Überlieferung der Ausdruck eines Volkstums sei, dem die Deutschen in gleicher Weise angehören wie die Skandinavier selbst.[357] Anders ausgedrückt: „*Die Deutschen mußten sich also ihre germanische Vergangenheit zum großen Teil vom Norden erborgen. ‚In Skandinavien* [...] *ist alles vorhanden, was man im eigenen Land vergebens sucht: Felszeichnungen, Runensteine, Wikingerburgen, dazu eine reiche mythologische Überlieferung. So wird in der deutschen Wissenschaft des 19. Jahrhunderts das skandinavische Mittelalter nun tatsächlich* [...] *zur ‚Rüstkammer‘ germanischen Geistes.‘ Zur Popularisierung des ‚Nordischen Menschen‘ leisteten die Nordlandreisen Kaiser Wilhelms II. einen nicht unerheblichen Beitrag*“.[358] Diese „Skandinavienmode“ und Nordlandbegeisterung[359] verbreitete sich besonders durch den Kaiser selbst, der an Bord der Yacht „Hohenzollern“ regelmäßige Nordlandfahrten unternahm und nordisches Kriegertum pries.[360] Skandinavien verkörperte damals aus deutscher

---

353 Kipper 2002, 59, Anm. 104.
354 Lutzhöft 1971; Steuer 2002; besonders Hennigsen/Klein/Müssener/Söderlind 1997.
355 Bohrer 1961; Schulz 1989, 235.
356 Hartwich 2000, 21; vgl. auch oben S. 395.
357 v. See 1994, 77; Hartwich 2000, 35.
358 v. See 1994, 78f.; Behrenbeck 2001, 320f.
359 Zernack 1999.
360 Kipper 2002, 224f.

Sicht das Germanentum in seiner reinsten Form, der Stellenwert des Nordischen wurde ständig weiter erhöht,[361] womit man in Skandinavien selbst nicht einverstanden war. Man legte Romanhelden dieses Denken in den Mund: *„Vom Nordland geht alle Kraft aus – dem Nordvolk gehört die Welt“*.[362] Nur Germanen schlagen Germanen.

Die Literaturwissenschaftlerin Gesa von Essen resümiert: *„Darüber hinaus schlägt sich in den Hermannsdichtungen eine zunehmende Verknüpfung der Verherrlichung der Germanen im besonderen mit der Mystifikation des Nordens im allgemeinen nieder, da vor allem seit der Mitte des 18. Jahrhunderts der Norden in einem ausgeprägten Identifikations- und Kontinuitätsbedürfnis als ‚fremde Heimat‘ des Deutschen verstanden wurde. Daher konnte etwa Klopstock in sein germanisch-deutsches Selbstbild kurzerhand keltisch-altnordische Überlieferungsströme aus der skandinavischen Renaissance einfügen, die man im Sinne Herders als eine ‚Rüstkammer‘ des deutschen Geistes adaptiert hatte“*.[363]

Die Wurzeln dieses Denkens sind vielfältig. Die Gleichsetzung von „deutsch“ und „germanisch“ durch die Brüder Grimm, die Einbeziehung der in Skandinavien überlieferten Mythologien in das Gesamtbild altgermanischer Dichtung und schließlich Wagners Einfluß auf die daraus erwachsenen allgemeinen Geschichtskenntnisse bildeten eine Richtung. Die andere, eigentlich noch ältere, bietet Jordanes im 6. Jahrhundert in seiner Gotengeschichte, mit der Aussage, daß alle Völker bzw. Stämme der Völkerwanderungszeit wie Burgunder, Langobarden und Goten sowie Heruler aus Skandinavien stammen.[364] Die dritte Wurzel lieferte schließlich die ur- und frühgeschichtliche Wissenschaft, die ihre alte Ansicht änderte, daß die indogermanischen und damit auch die germanischen Völkerschaften aus Asien, aus dem Kaukasusgebiet eingewandert seien, und seit der zweiten Hälfte des 19. Jahrhunderts dazu übergingen, eine Herkunft der Germanen aus dem Norden anzunehmen. Gustaf Kossinna wurde später der vehementeste Vertreter dieser Ansicht. Das Denken in hermeneutischen Zirkeln und interdisziplinärer Vermischung von Argumenten führte dazu, daß scheinbar unabhängig gewonnene archäologische Forschungsergebnisse den anderen Wissenschaften dazu dienten, die Meinung vom Ursprung der Germanen im Norden zu übernehmen, nachdem jedoch die Ur- und Frühgeschichtler aus den geistigen Strömungen

[361] Kipper 2002, 227.
[362] Esch 2001, 36.
[363] v. Essen 1998, 249.
[364] Hachmann 1979, 15ff.

der Zeit heraus, also nicht zuletzt von den Germanisten und Literaturwissenschaftlern beeinflußt, das in ihrem Quellenmaterial wiederfanden, was sie zuvor schon dachten.

5.5 Arminius und Varus

Die Rolle des Arminius in der Geschichte wechselt. Durch die Humanisten wurde er zum ersten Deutschen erhoben, der sein Land von Überfremdung freihielt. In den Freiheitskriegen wurde er zum Symbol des Kampfes gegen Napoleon. Aber er hatte seither auch weitere Funktionen; Hartwich weist darauf hin, daß der Freiheitskampf des germanischen Volkes gegen die römische Weltmacht auch zum Vorbild der bürgerlichen Emanzipationsforderungen wurde.[365] Die neue historische Forschung hat auf diese Verbindung zwischen Liberalismus und Nationalbewußtsein hingewiesen, wie sie sich im Mythos von der germanischen Freiheitsliebe niederschlug.[366] Heute wird Arminius als Anführer einer Revolte von germanischen Hilfstruppen in römischem Dienst angesehen.[367]

Arminius hat in der archäologischen Epoche der frühen Römischen Kaiserzeit gelebt, ist nur anhand der historischen Überlieferung durch die römischen Schriftsteller, also in einer Außensicht bekannt. Es sind die Berichte der römischen Autoren, die unbesehen als Auffassung der zeitgenössischen „Germanen" betrachtet wurden. Als diese Sicht gewissermaßen für neutrale Wahrheit genommen wurde, war noch unbekannt, wie eigentlich die archäologische Überlieferung aus dieser Zeit aussehen müßte.

Gegenwärtig weiß man durch archäologische Forschung beachtlich viel über die Lebensverhältnisse in Frieden und Krieg in dieser Epoche. Die Relativierung der Rolle des Arminius für die germanische Welt der Antike und die deutsche Gegenwart des 15. und 16. sowie 19. und 20. Jahrhunderts hängt jeweils von den zeitgeschichtlichen Denkmodellen ab. Die geschichtliche Entwicklung nach 1945 einerseits und der beachtliche Fortschritt der archäologischen Wissenschaft andererseits sind jeweils für die Bewertung des Arminius gegenläufig. Wußten die Archäologen zur Zeit seiner Hochschätzung wegen noch fehlender Ausgrabungen fast nichts über die Realität des Lebens in Germanien zur Römischen Kaiserzeit, so wird er heute bei einem umfangreichen

---

365 Hartwich 2000, 28.
366 Echterkamp 1998; Hartwich 2000, 10.
367 Timpe 1970.

und konturierten Wissen über jene Zeit fast übersehen. Erstmals gewissermaßen ist die ständige Argumentation im Kreisschluß zwischen den Wissenschaften unterbrochen und die Chance für unabhängige Bewertungen und Einschätzungen möglich.

Zur kollektiven Selbstvergewisserung gehörte im 19. Jahrhundert die Überzeugung, daß „Hermann der Cherusker" ein großer Deutscher war; mit der Vereinnahmung des Arminius fand eine *„Umwandlung fremder in eigene Geschichte"* statt.[368] Der Hermannmythos und damit die Varusschlacht wurden zum zentralen Gründungsmythos des Bismarckreiches,[369] des ersten deutschen Nationalstaates. Arminius und Varus *„hatten den Höhepunkt ihrer Karriere erreicht"*.[370] Wilhelm I. wurde sogar auf einem Relief des Hermannsdenkmals mit dem Cherusker gleichgesetzt.[371]

Monika Flacke untersuchte Schulbücher, die um 1871 erschienen sind. Es zeigte sich, daß als erstes der für die deutsche Geschichte und die Nationenbildung bedeutsamen Ereignisse immer die Schlacht im Teutoburger Wald (9 n. Chr.) angeführt und Arminius als nationale Leitfigur aufgebaut wurden.[372] In einem Schulbuch aus Altona von 1808 war über die Folgen der Schlacht zu lesen: *„Diesem Siege dankt Deutschland seine Freiheit, und wir, daß wir Deutsche sind, und daß noch Deutsch auf der Welt gesprochen wird"*.[373] Ein anderes zeitgenössisches Zitat lautet: *„Indem Arminius das römische Heer vernichtete, hat er unsere Nationalität gerettet. Daß wir noch Deutsche sind, verdanken wir ihm."*[374] Das Leben des Arminius ist nur in römischen Quellen überliefert, trotzdem ging er im 19. Jahrhundert als der „erste Deutsche" in die Geschichte ein, in deren Blickfeld er 1515 durch die Publikation der „Annalen" des Tacitus trat, als *„haud dubie liberator Germaniae"*, was er als Symbolfigur seit den Freiheitskriegen wieder wurde.

Es gab sogar – wenn auch vergebliche – wissenschaftliche Versuche, Arminius mit dem Siegfried des Nibelungenliedes gleichzusetzen.[375] Der Historiker Adolph Giesebrecht sah 1837 die mythische Gestalt des Drachentöters Sigurd bzw. Siegfried als den historischen Arminius an.[376] Argumente liefer-

---

[368] Kipper 2002, 45.
[369] Dörner 1996, 155; Kipper 2002, 191.
[370] Doyé 2001, 599.
[371] Dörner 1995, 179; Kipper 2002, 261.
[372] Flacke 1998, 101f.
[373] Flacke 1998, 103, Zitat nach: Bredow ^{4}1808, 52f. (der Text kann also noch einige Jahre älter sein).
[374] Losemann 1995, 421 zitiert Gottlob Egelhaaf 1909.
[375] Doyé 2001, 596.
[376] Kipper 2002, 262.

ten die Namen und ihre sehr ähnliche stabreimende und silbengleiche Struktur: Segestes, Segimund, Segimer; auch die Reihe Irmin, Irminonen, Armin, Herminonen wurde diskutiert. Umgekehrt gab es Versuche der Mythisierung des historischen Arminius.[377]

Das Hermannsdenkmal wurde 1875 eingeweiht. Ernst von Bandel begann mit Überlegungen und Vorplanungen zu diesem Denkmal 1830; damit wurde die gesamte Epoche zwischen den Freiheitskriegen und der Reichsgründung in ihren geistigen Strömungen zusammengefaßt.

In den Schulbüchern erscheint Arminius in ganz Deutschland seit 1840.[378] Das Denkmal wurde in den Schulbüchern reproduziert, der Spruch auf dem Schwert zitiert: *„Deutsche Einigkeit meine Stärke. Meine Stärke Deutschlands Macht"*. In Gymnasien hingen Historien-Gemälde mit Darstellungen zur Schlacht, der Heimkehr des siegreichen Arminius zu Thusnelda, gefolgt von beutebeladenen Kriegern.

Nach der Entdeckung und Ausgrabung des Schlachtfeldes bei Kalkriese in der Nähe von Osnabrück in den 1990er Jahren kommt die Schlacht im Jahr 9 n. Chr. wieder ins Gespräch, nachdem in den Jahrzehnten seit dem Zweiten Weltkrieg darüber wenig zu hören war. Die Blickrichtung hat sich zudem grundlegend geändert. Man spricht nicht mehr von Arminius *„haud dubie liberator Germaniae"*, sondern weit mehr von dem besiegten römischen Feldherrn, von der Varusschlacht. Die Frühgeschichtsforschung thematisiert denn auch verstärkt den Einfluß römischer Zivilisation auf die germanische Welt jener Epoche, als daß sie die Germanen in ihrer Kulturwelt unabhängig darzustellen versucht. Das endete gewissermaßen in der Gegenwart, als dem Arminius 1999 auf dem Denkmal ein riesiges Fußballtrikot übergehängt wurde, um damit in das Guinness-Buch der Rekorde aufgenommen zu werden; es zeigte auf der einen Seite die Werbung für den Fußball-Club Arminia Bielefeld, auf der anderen für ein Bier jener Region.[379]

Heute im Jahr 2003 hat sich die Bewertung der Schlacht im Teutoburger Wald bzw. bei Kalkriese völlig verändert, auch die Art ihrer Darstellung in der und für die Öffentlichkeit.

Kündete 1875 zur Zeit der Einweihung des Denkmals der riesenhafte Arminius mit Blickrichtung und Spruch vom politischen Gegenwartsbezug, so wird er heute als Sieger im Kampfgeschehen fast übersehen und vergessen. Gesprochen wird über die Varusschlacht und Bücher erscheinen dazu. Die

---

[377] Im Roman: Paul Albrecht, Arminius-Sigurfrid (1920).

[378] Dörner 1995, 104f.; Doyé 2001, 597; Flacke 1998.

[379] Doyé 2001, 599; Steuer 2001d, 228.

Bezeichnung „Varusschlacht“ kann wissenschaftlich als die Übersetzung der römischen Bezeichnung *„clades Variana“* betrachtet werden, aber auch als bewußter oder unbewußter Ausdruck von Bewunderung der höheren Kultur des Römischen Reichs trotz der Niederlage auf dem Schlachtfeld. Eindeutig ist der Blickwechsel: Während bis zum Zweiten Weltkrieg der Blick von den Germanen, von Arminius *„haud dubie liberator Germaniae“*, von Deutschland aus nach Westen gegen die römische vordringende Militärmacht gerichtet war, blickt man jetzt umgekehrt aus dem Römischen Reich in die schlichtere *„Germania barbarica“*, mit dem verborgenen Gefühl, daß es eigentlich schade gewesen sei und Kulturverlust für längere Zeit bedeutet habe, daß die Schlacht so ausgegangen ist, so wie alle römischen Ruinen im Südwesten höher geschätzt werden als keltische, germanische oder frühmittelalterliche Überreste. Vielleicht ist die These zu gewagt, soll aber ausgesprochen werden, daß sich Bilder ineinandergeschoben haben: Die zivilisatorische und militärische Übermacht der USA unserer Gegenwart, die als Befreier von der NS-Herrschaft begrüßt wurde, schiebt sich vor, über und an die Stelle der römischen Übermacht, die seinerzeit nicht als Befreier, sondern als Kolonisatoren kamen.

Im Zuge der Erforschung des in den 1990er Jahren lokalisierten Schlachtfeldes fand eine Reihe von Tagungen statt, bei der nicht nur die archäologischen Befunde regelmäßig diskutiert, sondern auch die gegenwärtige Einschätzung der damaligen politisch-militärischen Ereignisse und ihre Nachwirkungen über die Jahrhunderte bewertet wurden,[380] wobei speziell auf die Arbeiten von Henning Buck und Volker Losemann hingewiesen sei, weil sie besonders relevant für das hier behandelte Thema sind.[381]

Arminius und die Varusschlacht spiegeln eine besondere Kontinuität von germanisch-deutschem Geschichtsdenken. *„Wie deutsch war Hermann der Cherusker“* fragt Hagen Schulze[382] und weiß, den Deutschen fehlt es zeitlich gesehen an Kontinuität im Wissen über geschichtliche Prozesse.[383] Wie die Varusschlacht und Arminius bis heute bei ihrer Bewertung aber doch Kontinuität in Erinnerung rufen, wird nach der Entdeckung mindestens eines Teil des Schlachtfeldes und des Kampfgeschehens bei Kalkriese im Vergleich zwischen archäologischer Geländeforschung und Fundinterpretation einerseits und der Diskussion um deutsche Geschichte im 19. und 20. Jahrhundert und

---

[380] Varusschlacht 1994; Kühlborn 1995; Franzius 1995; Schlüter/Wiegels 1999.
[381] Buck 1993; Losemann 1994; ders. 1995.
[382] Schulze 1998, 7.
[383] Schulze 1998, 20.

ihrer Darstellung in der Literatur und in gegenwärtigen Ausstellungen andererseits greifbar, wenn es um den Mythos der Nation geht, gestützt auf den Sieg in der Schlacht am Teutoburger Wald und das „nationale Gedächtnis“ sowie um die personifizierte „Germania“ als Symbol der nationalen Identität. Das Hermannsdenkmal des 19. Jahrhunderts, dessen Höhe es erlaubt, das gesamte Schlachtfeld zu übersehen, wie Ernst von Bandel sagte, bekommt jetzt im Museumspark Kalkriese in einem fast 40 m hohen Turm, von dem aus das neue Schlachtfeld ebenfalls vollständig zu überblicken sein soll, eine zeitgemäße Ergänzung, um eine neue, anders ausgerichtete Erinnerungskultur zu schaffen. Dabei hat sich auch die Interpretation der antiken Überlieferung zu Arminius und damit die Einschätzung der Person und des gesamten militärischen Unternehmens der Varus-Schlacht geändert, so daß darin ein Bruch in der Forschungskontinuität gesehen werden kann; denn aus den „Freiheitskämpfern“ wird aufständisches römisches Militär.

Nach der „Entnazifizierung des Arminius“[384] dient das alte Denkmal ebenso der Ereigniskultur im modernen Verständnis, wie der Turmbau des Jahres 2000 auf dem jetzt identifizierten Schlachtfeld. Die gegenwärtige Wertung des Arminius wird deutlich, wenn man sich den jüngsten Ausstellungstitel ansieht: *„Varusschlacht. Eine Legende wird ausgegraben“*. Im Prospekt zur Ausstellung 2003 im Archäologischen Museum in Frankfurt heißt es: *„Im Jahre 9 nach Christus besiegte ein Heer aus germanischen Stammeskriegern unter der Führung des Cheruskers Arminius drei römische Legionen unter dem Befehl des Publius Quinctilius Varus“*. Da sind sie wieder, die Stammeskrieger, eine völkische Gruppe wie im 19. Jahrhundert, trotz aller modernen Forschung und Neubewertung der historischen Vorgänge.

Es wäre auch einer Untersuchung wert, warum Ariovist als Suebe nicht ebenso ins kulturelle Gedächtnis aufgenommen wurde, ob das nur aus seiner Niederlage folgte.[385]

5.6 Germanen als frühe Deutsche

Das „völkische“ Denken seit Beginn des 20. Jahrhunderts im allgemeinen Bewußtsein vereinnahmte auch ältere deutsche Literatur und ebenso archäologische Forschungsergebnisse, die vor dem Hintergrund eines anderen, des

[384] Losemann 1995, 428; Timpe 1973, 7.
[385] Neugebauer 1996; zu diesem Bereich auch Günnewig 1998.

romantischen Volksbegriffes entwickelt worden waren. Da im 19. Jahrhundert die Germanen der Römischen Kaiserzeit und der Völkerwanderungszeit biologisch und kulturell, sprachlich und topographisch als Ahnen der Deutschen angesehen wurden, war es folgerichtig, daß im 20. Jahrhundert mit verändertem Begriff des Volkes und Völkischen die ältere Literatur einfach genommen und im zeitgenössischen Sinne instrumentalisiert wurde.

Gustaf Kossinna entschied sich für eine klare Sprache seines inzwischen „völkischen" Denkens, das nichts mit der eigentlichen archäologischen Forschung mehr zu tun hatte: *„Uns Deutsche und mit uns alle anderen Glieder germanischen Stammes kann es aber nur mit Stolz erfüllen, und bewundern müssen wir die Kraft des kleinen nordischen Urvolkes, wenn wir sehen, wie seine Söhne in Urzeit und Altertum ganz Skandinavien und Deutschland erobern und im Mittelalter über Europa, in der Neuzeit über ferne Erdteile sich ausbreiten".*[386]

Der Gedanke einer Auserwähltheit der Deutschen und ihres Alleinvertretungsanspruchs erwuchs aus den Siegen der Germanen während der Völkerwanderungszeit über das Römische Reich. Diese fanden ihren Niederschlag zum Beispiel in den Romanen Felix Dahns, in denen eigentlich keinerlei Bezug zu Deutschland gegeben ist. Gustav Freytag hat im ersten Teil seiner Romane *Die Ahnen*, im Band *Ingo und Ingraban* von 1872 die Kontinuität von den Deutschen zu den Germanen der Völkerwanderungszeit geschlagen. Auch für ihn ist das Volk mehr als die Summe seiner Teile, hat naturhafte Qualität, ist etwas organisch Wachsendes. Man begegnet wieder der transpersonalen, organischen Volksseele der Romantik. Doch führten diese Ansichten in den 1930er Jahren – weil der Begriff „Volk" mißverstanden wurde – zur Einbeziehung ins völkische Denken. *Die Ahnen* erreichten damals die 62. Auflage und rund 180 000 Exemplare.[387] Liegt der Wandel in den Schriften der Dichter oder im Denken der Leser? Gustav Freytags Denken trägt durchaus völkische Züge, doch ist es noch ganz vom philosophischen Idealismus im Sinne Herders geprägt, so eine gegenwärtige Meinung.[388] Der Roman *Ein Kampf um Rom*, in den Jahren 1858/59 und 1874/75 entstanden und 1876 erschienen,[389] mit der Schilderung des heldenhaften Untergangs der Goten, vergleichbar Wagners Nibelungen, wurde für den deutschen Kampf

---

[386] Grünert 2002, 229; Kasseler Vortrag Kossinnas von 1895.
[387] Kipper 2002, 112.
[388] Kipper 2002, 117.
[389] Kipper 2002, 124.

um die Einheit des Reiches instrumentalisiert und nachfolgend für die späteren kritischen Situationen Deutschlands während der Weltkriege.

Bedrückende Visionen finden sich bei Felix Dahn. So heißt es in einem Gedicht zum Nibelungenuntergang: *„Brach Etzels Haus in Glut zusammen, als er die Nibelungen zwang, So soll Europa stehn in Flammen bei der Germanen Untergang“*.[390] Das im Lied berichtete Schicksal der Nibelungen wird zum allgemeinen Germanenlos stilisiert, und die Germanen werden unmittelbar mit den Deutschen des 19. Jahrhunderts identifiziert.[391] Der unterschiedlich aufzufassende völkische Mythos ist auch in diesem Roman wiederzufinden, weshalb er bis in die 1950er Jahre beachtliche Auflagen erlebte.[392]

5.7 Auch ein Übersetzungsproblem

Zur weiteren Verwirrung trug und trägt sicherlich das Übersetzungsproblem bei,[393] zwischen dem Lateinischen und den modernen europäischen Sprachen einerseits und zwischen diesen untereinander andererseits.[394] *Germani* und *Germania* in den lateinischen Quellen wurden oftmals ohne weitere Hintergedanken als *Deutsche* und *Deutschland* in beiden Richtungen übersetzt; *germanic* and *Germany* im Englischen steht den lateinischen Begriffen dermaßen nahe, daß bei Übersetzungen – auch in der Fachliteratur zur Ur- und Frühgeschichte – oftmals verschwommene Aussagen zustande kommen. Mit den skandinavischen Sprachen (deutsch – dän. tysk) ist es da einfacher. Eine kritische Analyse der übersetzten Literatur zur germanischen Ur- und Frühgeschichte bestätigt das leicht.

6. „Völkisch“ Germanisches und Deutsches – zum Beginn der deutschen Geschichte in der Urgeschichte

„Die Romantiker forschten nach den spezifischen Wurzeln des deutschen Volkes und suchten dabei auch vorchristliche germanische Traditionen wiederzubeleben. Doch wie authentisch war das Bild von der germanischen Vorzeit nach einer fast tausendjährigen Unterbrechung der Tradition? Man wußte

[390] Dahn 1898, 421f.
[391] Münkler 1996, 46.
[392] Kipper 2002, 118ff.
[393] Vgl. Wolfram 1998, 38.
[394] Vgl. dazu den Beitrag von Thomas A. Shippey in diesem Band.

nicht mehr viel von den Germanen, als man sie im 19. Jahrhundert als Vorfahren der Deutschen wiederentdeckte", resümiert Behrenbeck.[395]

Die Aufgliederung Deutschlands in einen einst römisch besetzten Teil und in die „*Germania magna*" hat seit der frühen Phase der Ur- und Frühgeschichtsforschung bis in die Gegenwart unterschiedliche Forschungstraditionen erzeugt,[396] die sich auch in verschiedenen Organisationsformen der Altertumsvereine und zentralen Museen in Deutschland niederschlugen. Darauf kann hier nicht eingegangen werden. Nur insoweit ist das hier von Interesse, daß über die Jahrzehnte hinweg auch zwei unterschiedliche Blickrichtungen die archäologischen Forschungen über die Epoche der Germanen beeinflußten.

So kann man lesen: „*Obwohl von deutschen Autoren geschrieben, überwiegt die lokale Sichtweise* [in Köln, Mainz, Trier etc.] *so stark, daß die Germanen mitunter als zerstörerische Eindringlinge erscheinen, die eine harmonische, christlich-römisch geprägte Kulturwelt in jahrhundertelanges Dunkel zurückstießen*".[397] In einem Vortrag in Halle um 1900 wurde gesagt: „*Die Erforschung unseres Altertums ist uns mehr als ein bloß fachmännisches Geschäft. Unsere Vorfahren, welche die vorwärts brandende Woge des Römertums ein für allemal zurückdämmten und damit eine der größten Wendungen der Weltgeschichte hervorriefen, mögen vom römischen Standpunkt aus als barbarische Insurgenten erscheinen. Aber daß wir nicht wie unsere Nachbarn romanisiert sind, daß wir heute überhaupt noch deutsch reden und verstehen, daß wir es zu einer eigenen Literatur gebracht, daß wir die Wurzeln und Quellen unseres Volkstumes noch kennen und uns an ihnen, wenn es not tut, wieder beleben können, – das verdanken wir schließlich doch jenen alten Insurgenten, mit deren Nachlaß wir uns beschäftigen.*"[398] In der damaligen Auseinandersetzung mit der Klassischen und Römischen Archäologie wird ein „Institut für die deutsche Vorgeschichte" gefordert,[399] worauf man während des Dritten Reichs wieder zusteuerte.

Diese Sicht entspricht auch Worten von Ludwig Lindenschmit von 1880/1889: „*Die Zeit der Fremdherrschaft war es vielmehr, welche die Tätigkeit für die Kunde unserer Vorzeit und ihrer Denkmale eine mächtige, bis jetzt fortwirkende Anregung gab. Gleiche Gefahr wie zur Zeit der alten Römerkriege, die gleichmäßig drohende Entscheidung über Leben und Zukunft unserer Na-*

---

395 Behrenbeck 2001, 319.

396 Vgl. dazu den Beitrag von Siegmar von Schnurbein in diesem Band; Losemann 1995.

397 Kipper 2002, 195.

398 Vgl. auch Flacke 1998, 103 mit Anm. 14 (siehe oben Anm. 372).

399 Zitiert nach Gummel 1938, 301 Anm. 2.

tion führte zu den letzten und tiefsten Quellen ihrer Macht, zu der Hebung des Selbstgefühls und der Selbstachtung des Volkes durch die Erinnerung [...] *einer mehrtausendjährigen Geschichte* [...] *haftete fester der Blick an den Denkmalen jener alten, mit welthistorischer Kraft und Leidenschaft geführten Kämpfe gegen das weltbezwingende Rom"*. Gummel fügt hinzu: *„Klingen diese Worte nicht, als ob sie heute* [1938] *geschrieben sein könnten?"*[400]

Derartige Einstellungen führten zur Inszenierung, Monumentalisierung und Fiktionalisierung von Vergangenheit im historischen Roman seit den 1820er Jahren. Es hat eben zur (im weiten Sinne) „völkisch" orientierten Erinnerung, zumindest was die Germanenzeit anging, keine Alternative gegeben.[401] Diese Vergegenwärtigung der Germanenzeit war das Mittel vaterländischer Erziehung,[402] Heimatgeschichte beginnt mit entscheidendem Gewicht mit der Urgeschichte; die nationale Forderung hieß Heroisierung der germanischen Vorfahren.[403] Gustav Friedrich Klemm schrieb schon 1836 in seinem *Handbuch der germanischen Alterthumskunde*: die Kenntnis der Vorzeit ist der sicherste Hebel der Vaterlandsliebe.[404]

Die Mitte des 19. Jahrhunderts war die Zeit der Gründung von Geschichts- und Altertumsvereinen – mit Vorläufern in den 1820/30er Jahren und einzelnen noch früheren Ansätzen – und Museen, die sich der Sammlung und Auswertung von archäologischen Funden widmeten, vordringlich unter dem Aspekt der Förderung des nationalen, vaterländischen Denkens, was ebenso für die Inhalte der zeitgenössischer Schulbücher[405] gilt. 1852 schlossen sich im Bereich der Ur- und Frühgeschichte die deutschen Altertumsvereine zusammen zum „Gesamtverein der deutschen Geschichts- und Altertumsvereine", im selben Jahr wurden das „Germanische Nationalmuseum" in Nürnberg (nicht das Deutsche)[406] und das „Römisch-Germanische Zentralmuseum"[407] in Mainz gegründet,[408] dessen erster Direktor Ludwig Linden-

---

[400] L. Lindenschmit 1880–1889, 32, zitiert bei Gummel 1938, 113, Anm. 4.
[401] Kipper 2002, 181.
[402] Kipper 2002, 184.
[403] Wiwjorra 1999, 191.
[404] Zitiert nach Wiwjorra 1999, 188.
[405] Zum Beispiel Weymar 1961; Flacke 1998.
[406] Andrian-Werburg 2002.
[407] Böhner 1982; Krämer 1982; zur Römisch-Germanischen Kommission, gegründet 1902, vgl. 100 Jahre Römisch-Germanische Kommission. Bericht der Römisch-Germanischen Kommission 82, 2001 (2002).
[408] Vgl. dazu die Beiträge von Friedrich-Wilhelm von Hase zum Römisch-Germanischen Zentralmuseum und zur Römisch-Germanischen Kommission sowie von Dietrich Hakelberg zum Germanischen Nationalmuseum in Nürnberg in diesem Band.

schmit wurde, der später seit 1864 die *Alterthümer unserer* [!] *heidnischen Vorzeit* veröffentlichte.[409]

Für die gebildeten Schichten waren das geistige Fluchtwege aus der Moderne in die vermeintlich heile Vorzeit und zur überlegenen Rasse, zur Macht der Mythen;[410] Ziel war, über geschichtliche Entwicklung und Kontinuität das Gefühl nationaler Identität zu steigern. Die Darstellung bei Tacitus Germ. 2,1 und 4,1 von der ursprünglichen Bodenständigkeit und der unvermischten Reinheit der Germanen,[411] die schon seit den Humanisten Grundlage des Denkens war, wurde zur *„Magna Charta des nationalen Selbstbewußtseins“*.[412] Der Germanen-Ideologie des 19. Jahrhunderts gelang es durchgreifend, eine völkische Identität der Deutschen zu entwickeln. Rainer Kipper untersucht 76 historische Romane zur Germanenzeit und die populären Vorstellungen von der vermeintlich nationalen Frühzeit, die unter dem Begriff Germanenmythos gefaßt werden können, mit dem Ergebnis:[413] *„Eine Epoche allerdings schien es zu geben, die vor allen politischen, kulturellen und sozialen Verwerfungen der deutschen Geschichte lag: die germanische Frühzeit* [...] *Der Germane war* [...] *gleichsam der bessere Deutsche“*.[414]

Man erkannte die Altertümer der Germanen noch nicht, bekannt waren eher keltische und römische Hinterlassenschaften,[415] und man stritt um die ethnische Zuweisung im wissenschaftlichem Diskurs, suchte die Germanen, die frühen Deutschen wiederzufinden.[416] *„Die Konstruktion des Germanentums als Grundlage der deutschen Identität überbrückte auf diese Weise geographische und historische Distanz wie auch gesellschaftliche und kulturelle Differenzen“*,[417] womit gemeint ist, daß skandinavische Mythen, aufgezeichnet im hohen Mittelalter, mit religiösen Vorstellungen der germanischen Stämmen während der Völkerwanderungszeit oder gar der Römischen Kaiserzeit gleichgesetzt wurden: Eine methodisch bedenkliche Arbeitsweise, die erst in den letzten Jahrzehnten stringent überwunden worden ist.

---

[409] Lindenschmit 1864.
[410] Wiwjorra 1999, 186.
[411] Dazu jetzt ausführlich auch Lund 1998.
[412] Kipper 2002, 41; nach Demandt 1984, 105.
[413] Kipper 2002, 20.
[414] Kipper 2002, 16.
[415] Behrenbeck 2001, 320; vgl. Dannenbauer 1935, 29.
[416] Dazu Gummel 1938 *passim*.
[417] Hartwich 2000, 11.

6.1 Darstellungen der frühen deutschen Geschichte

Der Gegensatz zwischen dem wissenschaftlichen Kenntnisstand, daß nämlich von Deutschland und Deutschen erst seit 900 gesprochen werden kann,[418] und der bildungsbürgerlichen Meinung von den Deutschen schon in der Zeit des Arminius oder gar der Bronze- oder Steinzeit bestand während des ganzen 19. Jahrhunderts und weiter bis in die Zeit des Dritten Reichs. Doch gab es durchaus Warnungen von wissenschaftlicher Seite: „*Wir Deutschen dürfen mit vollem Recht stolz sein auf unsere germanischen Vorfahren, müssen uns aber hüten, durch Schwärmerei in Unwissenheit zu verfallen*".[419]

Wo ließen und lassen Historiker die deutsche Geschichte beginnen?

In einem Schulbuch heißt es im Vorwort zur 1. Auflage (1864): „*Und eben nur die deutsche Geschichte kann die ‚vaterländische' sein in allen deutschen Staaten, zumal in Preußen. Preußen hat fast aus allen deutschen Stämmen schöne und stolze Zweige in sich verwachsen lassen*".

Eine Deutsche Geschichte aus dem Jahr 1882[420] beginnt nach einem Vorspann, in dem noch die Herkunft der Germanen aus Asien erläutert wird, die eigentliche Darstellung mit den Kimbern und Teutonen, mit Caesar und Ariovist.

Eine *Geschichte des deutschen Volkes* aus dem späten 19. Jahrhundert[421] für Schüler und die Allgemeinheit gliedert den Anfang des Buches in *Abschnitt I: Deutsche Stammes-Geschichte (A. Urgeschichte. Römer und Germanen, 1. Abstammung der Deutschen)*, und in der „Übersicht" spricht der Autor David Müller (gestorben 1877) vom ersten Auftreten der Deutschen in der Geschichte und meint in §1. „*Im fernen Hochasien, der geheimnisvollen Wiege der Menschheit, ist wohl auch der Ursprung unseres, des deutschen Volkes zu suchen. Dort wurzelt der große arische oder indogermanischen Völkerstamm* [...] *Nur des Menschen ältestes und heiligstes Eigentum, die Sprache, vermag auf die ersten geschichtlichen Spuren zu leiten* [...]. *§3. Denn, dem alten Wanderzuge der Arjas folgend, kamen nun, noch später als die Kelten abgezweigt, unsere Vorfahren gleichfalls nach dem Westen Europas. Germanen wurden sie von den Kelten genannt, d. h. Nachbarn, oder, wie andere erklären, Rufer im Streit; Deutsche nannten sie sich selbst, aber mehr als 1000 Jahre später, nach ihrer Sprache (deutsch, d. h. volkstümlich, im Gegensatz*

[418] Vgl. dazu die Beiträge von Wolfgang Haubrichs und Dieter Geuenich in diesem Band.
[419] Jacob-Friesen 1928, 57.
[420] Stacke 1882.
[421] Müller 1864/1897, 6f.

zum Latein, der Sprache der Gelehrten). Die Germanen richteten jedoch ihren Weg nördlicher und besetzten Skandinavien und die deutsche Ost- und Nordseeküste [...] *Die Germanen selbst aber hatten, als die Römer sie kennen lernten, längst die alten Wanderzüge vergessen und hielten sich für Kinder des Bodens, den sie baueten; oder sie leiteten sich noch lieber von ihren Göttern selber her"*. Müller fährt in §11 fort: *„Längere Zeit ertrugen es die Deutschen* [zur Zeit des Arminius]. *Als er* [Varus] *aber ihr heimisches Recht durch das römische verdrängte und alle die römischen Erpressungskünste* [...] *in Bewegung setzte: da schwoll nach deutscher Art unter dem Druck langsam aber furchtbar der deutsche Zorn und Freiheitstrutz, und in Arminius, Segimers Sohn, einem jungen Cheruskerfürsten, erstand dem Volk ein Rächer"*.[422]

Heinrich von Sybel (1817–1895) beginnt sein Werk *Die Begründung des Deutschen Reiches durch Wilhelm I.* von 1889 mit den Worten:[423] *„Wir wissen ungefähr, wann die Deutschen in ihre heutigen Wohnsitze gelangt und damit in das Culturleben Europas eingetreten sind: wann eine deutsche Nation als politisches Gemeinwesen zu leben und zu wirken begonnen hat, ist nicht so leicht zu sagen. In den ältesten Zeiten erscheint den Deutschen keine Spur eines nationalen Bewußtseins. Die einzelnen kleinen Völkerschaften stehen bald freundlich, bald feindlich zueinander* [...]." Ohne Zweifel wird der Name der Deutsche ohne Bedenken hier bis in die germanische Epoche zurückgedacht, doch Begriffe wie Völkerschaft und Nationalbewußtsein werden differenziert betrachtet. Heinrich von Sybel schrieb 1863 mit Blick auf die Germanenzeit, daß eine Nation, die nicht den lebendigen Zusammenhang mit ihren Ursprüngen bewahrt, dem Verdorren nahe sei so wie ein Baum, den man von seinen Wurzeln getrennt hat.[424]

Die Geschichte des deutschen Nationalbewußtseins ist Thema des ausführlichen Einleitungsteiles vor dem eigentlichen Beginn der *Deutschen Geschichte* von Karl Lamprecht (1856–1915). Gustaf Kossinna, damals in Bonn, wurde von Lamprecht beim Abfassen des ersten Bandes seiner *Deutschen Geschichte*, erschienen 1891, um Rat gefragt, und er dankte ihm besonders dafür im Nachwort. Die Diskussion um dessen neuartige wirtschaftsgeschichtliche oder auch psychologische Geschichtsschreibung hier beiseite lassend, seien einige Zitate gebracht, wie Lamprecht seinerzeit die Anfänge einer deutschen Geschichte sah und begründete. Die Lage des Nationalbewußtseins in seiner Zeit und in taciteischer Zeit werden diskutiert, dabei *„das früheste, geschicht-*

---

422 Müller 1897, 13.
423 v. Sybel 1889/1913.
424 Kipper 2002, 289 zitiert v. Sybel 1863/1880, 46ff.

lich beglaubigte Zeitalter unseres Volkes" meinend.[425] Die Deutschen sind ohne Zweifel Germanen bzw. Germanen sind Deutsche. Anschließend diskutiert Lamprecht die Herkunft und ältesten Nachweise der Benennung bzw. des Wortes „deutsch", früh in Italien, östlich der Vogesen „*überhaupt erst in der zweiten Hälfte des 10. Jahrhunderts*" nachweisbar; es folgen Verse Walthers von der Vogelweide „*tiusche man* [...]", die als Lebensstil, nicht als nationales Kennzeichen gedeutet werden.[426] In den ersten Abschnitten des ersten Buches zur Vorzeit folgen die sicherlich von Kossinna überprüften Abschnitte zur Stein-, Bronze- und Eisenzeit. Absolute Zeitansätze werden kaum genannt, „[...] *auch für die Germanen war zweifelsohne mit dem Übergang namentlich vom Steinzeitalter zur Metallzeit ein wesentlicher Aufschwung der Kultur verbunden*", d. h., die Leute im Neolithikum werden von ihm Germanen benannt – oder differenzierter „*das Mitteleuropa der späteren Kelten und Germanen in grauester Vorzeit*" beschrieben, zur Erläuterung der Bedeutung von Metallen werden Verse aus der Edda zitiert.[427] Eine Besiedlungs- und Bevölkerungs-, damit indirekt eine biologische Kontinuität wird ohne Zweifel angenommen.

Johannes Bühler schrieb 1934 in sehr differenzierter Betrachtung und eigentlich gegen den Zeitgeist, vom Prähistoriker Ernst Sprockhoff im urgeschichtlichen Teil beraten,[428] unter dem allgemeinen Entwicklungsgedanken im ersten Buch *Der Ursprung des deutschen Volkes* den Beginn in der Alt- und Mittelsteinzeit. In der Einleitung heißt es dazu:[429] „*Die deutsche Vorzeit und die deutsche Zeit selbst sind auseinanderzuhalten, sollen die Deutschen endlich zum klaren Bewußtsein ihrer eigenen Art und zum Verständnis ihres in der Geschichte sich erfüllenden und offenbarenden Schicksals gelangen. Deutschland ist nicht nur ein anderer Name für Germanien, die Deutschen sind mehr als bloße Nachfahren der Germanen. Deshalb geht uns in einer Geschichte des deutschen Volkes von dem, was vor ihr liegt, nur an, was in ihr weiter lebt und weiter wirkt oder zumindest Aufschlüsse gibt über das Wesen der Deutschen* [...] *Germanisch und deutsch ist eben in keiner Weise von vornherein ein und dasselbe. Nicht alle Germanen sind zu Deutschen geworden, und nicht alle Deutschen sind Germanen* [...] *All das ist für uns Vorgeschichte, weil das deutsche Volk im eigentlichen Sinne erst mit der Trennung*

---

[425] Lamprecht 1891, 4.
[426] Dazu vgl. auch Arnold 2002, 37ff.
[427] Lamprecht 1891, 34.
[428] Bühler 1934, VI.
[429] Bühler 1934, 3f.

des ost- und westfränkischen Reiches um 900 nach Chr. seinen Anfang nimmt“.

Während im alten Gebhardtschen *Handbuch der deutschen Geschichte* (Auflagen von 1970 bis heute) traditionsgemäß die *Ur- und Frühgeschichte im mitteleuropäischen Raum* (Ernst Wahle) und *Deutschland im fränkischen Reich* (Heinz Löwe) vorgelegt wurden, beginnt die *Deutsche Geschichte* in der Kleinen Vandenhoeck-Reihe (1974) konsequenter mit *Grundlagen und Beginn der deutschen Geschichte* (Josef Fleckenstein), wobei als Grundlagen Antike, Christentum und das Reich der Karolinger vorgeschaltet werden und der Beginn kanonmäßig mit der Konsolidierung des ostfränkisch-deutschen Reiches unter Heinrich I. einsetzt. J. Fleckenstein erläutert im Vorwort von 1973 die Traditionskette bis zu den Germanen der Arminius-Zeit:[430] „*So wirkt Vergangenheit auf jede Gegenwart*“, und seine vorausgehende Formulierung: „*Ihre* [der Geschichte] *Schöpfungen setzen immer schon etwas voraus, an das sie anknüpfen, das sie verändern oder weiterführen* [...]“ erlaubt also regelmäßig, eine Geschichtsdarstellung, auch die der deutschen Geschichte, irgendwann in grauer Vorzeit einsetzen zu lassen, was zugleich indirekt für unser Thema aussagt, daß ein Prähistoriker wie Gustaf Kossinna auch methodisch nicht ganz im Unrecht ist, wenn er die Geschichte der Deutschen über die Germanen der Tacitus-Zeit weiter bis in das Neolithikum zurückverfolgt.

Die *Deutsche Geschichte* in zwölf Bänden, deren erster Band 1982 in der DDR und zugleich im Pahl-Rugenstein-Verlag Köln erschien, führt die Darstellung *Von den Anfängen bis zur Ausbildung des Feudalismus Mitte des 11. Jahrhunderts* und schildert zu Anfang alle früheren Kulturepochen, d. h., geht sogar bis ins Paläolithikum zurück, weil nur so „*die geschichtlichen Voraussetzungen unserer Gegenwart verständlich*“ würden. „*Bei der Vorbereitung dieses Bandes stellte sich die Frage, warum in einer Darstellung, die mit dem Begriff ‚deutsch‘ verbunden ist, diese langen Zeiträume überhaupt zu berücksichtigen sind – existierte doch das deutsche Volk in dieser Zeit noch keineswegs, lassen sich einzelne Wurzeln einer Tradition doch nicht weiter als bis in die Bronzezeit verfolgen* [...] *Eine solche historische Tiefe läßt deutlich erkennen, wie außerordentlich kompliziert ethnische Formierungsprozesse verlaufen* [...] *es gibt* [...] *keine über lange Zeiträume und mehrere grundsätzlich verschiedene historische Epochen existierenden ethnischen Größen* [...] *Im Verlauf von 4 bis 5 Jahrhunderten entstand zwischen dem 6. und 11.*

---

[430] Fleckenstein 1974, 15.

Jh. das deutsche Volk als eine spezifische ethnische Existenz- und Entwicklungsform der Feudalgesellschaft [...] Gemäß dem Klassencharakter der Feudalgesellschaft bildete das deutsche Volk von Anfang an keine homogene Einheit. Einerseits flossen unterschiedliche ethnische Traditionen im deutschen Volk zusammen [...] Andererseits aber war das deutsche Volk sozial differenziert, in antagonistische Klassen gespalten [...]."[431]

Hartmut Boockmann sagt 1991 zu der Fragestellung, wann eine deutsche Geschichte beginnt:[432] „*Aus diesem Grunde darf die deutsche Geschichte nicht erst im 10. Jahrhundert [...] einsetzen. Seit Humanisten am Ende des Mittelalters in Abwehr dessen, was sie als italienischen Hochmut erlebten, die Größe ihrer Vorfahren in dem entdeckten, was Tacitus und andere römischen Autoren von den Germanen berichten, ist die Geschichte germanischer Völker in Mitteleuropa durch Rezeption und Erinnerung zu einem Teil oder jedenfalls zu einer Vorstufe der deutschen Geschichte geworden*". Hartmut Boockmann reflektiert sorgfältig die neue Sicht der Frühgeschichte mit einem „zwar – aber" und findet doch wieder einen Grund, die Darstellung der deutschen Geschichte mit den Germanen beginnen zu lassen: „*Die Germanen im Mitteleuropa der ersten Jahrhunderte nach Christus waren keine frühen Deutschen. Aber sie interessieren uns, weil sie dort lebten und Spuren hinterließen, wo später einmal Deutschland sein sollte. Und sie sind uns wichtig, weil sie so nachdrücklich als frühe Deutsche in Anspruch genommen worden sind. Das war ein Irrtum. Doch sind es ja gerade die früheren Irrtümer, welche die eigene Vergangenheit lehrreich machten*".

Reinhold Kaiser hatte schon 1993 die Einleitung zu seinem Buch *Das römische Erbe und das Merowingerreich* überschrieben: „Römer, Franken und deutsche Geschichte" und erläutert: „*Daß die Geschichte des Römerreiches nicht deutsche Geschichte ist, scheint eine Binsenwahrheit zu sein* [...]. *Und auch die Geschichte des Merowingerreiches ist nicht deutsche Geschichte* [...]", aber die Voraussetzungen würden doch dort ausgebildet.[433]

In seinem Vorwort zu Gustav Freytags *Bilder aus deutscher Vergangenheit* (1867)[434] schreibt Horst Fuhrmann 1998: „*Die deutsche Geschichte begann aus damaliger Sicht bei Ariovist; die Germanen waren die ersten Deutschen, und selbst ein so quellenkundiger und umsichtiger Mann wie Adolf von Harnack hielt vor den hohen Herren der Preußischen Akademie der Wissenschaf-*

[431] Deutsche Geschichte 1982, 7.
[432] Boockmann 1991, 9f.
[433] Kaiser 1993, 3.
[434] Fuhrmann 1998.

ten einen Vortrag über Bonifatius II. (530–532), den ‚ersten deutschen Papst‘, dessen Vater den gotischen Namen Sigibold trug.“ Aber heute zähle – so Fuhrmann weiter – niemand mehr Ariovist zu den ersten Deutschen.

Im Jahr 2000 legte Walter Pohl den Band *Die Germanen* vor und begründete das Vorhaben dieses Buches:[435] *„Dieser Band soll, im Rahmen der ‚Enzyklopädie deutscher Geschichte‘, Voraussetzungen und Ansätze aufsuchen, die in die spätere, in engerem Sinn ‚deutsche‘ Geschichte führen* [...]. *Die Auseinandersetzungen mit Anfängen ist jedoch belastet mit jahrhundertelanger täuschungsreicher Suche nach Ursprünglichem im Germanentum, dem zugleich zeitloser Wert zugeschrieben wurde. Diese Irrwege sind nun untrennbar mit dem Gegenstand verbunden, weshalb Forschungsgeschichte und Ideologiekritik ein wesentlicher Gesichtspunkt des Bandes sind“.*

Rainer Kipper diskutiert in seiner Darstellung zum Germanenmythos aus dem Jahr 2002: *„Kann der Geschichtswissenschaft vor diesem Hintergrund, wie es oft geschieht, eine Korrekturfunktion gegenüber mythisierenden Kollektiverinnerungen zugeschrieben werden?* [...] *Versucht man* [...] *aus dem vorliegenden Material Schlüsse zu ziehen, so scheint es, als ob die entscheidende Grenze innerhalb der Wissenschaft selbst verliefe, nämlich zwischen dem Bereich der quellenkritischen Spezialstudien und jenen Überblicksdarstellungen, die allein schon durch ihren Titel (‚Deutsche Geschichte‘) ihre Voraussetzung und Zielrichtung zu erkennen geben* [...]“, und weiter zum: *„‚Eintritt der Deutschen in die Geschichte‘ (v. Sybel), läßt sich feststellen, daß der Grad der Mythisierung der hier generierten Geschichtsbilder dem der belletristischen kaum nachsteht“.*[436]

In die Reihe der Darstellungen deutscher Geschichte mit entsprechendem Vorlauf gehört auch die jüngst 2003 erschienene Monographie von Friedrich Prinz mit dem aufschlußreichen Titel *Deutschlands Frühgeschichte. Kelten, Römer und Germanen.*[437] Als Einführungsband der erneuerten Reihe *B. Gebhardts ‚Handbuch der deutschen Geschichte‘ 10. Auflage* tritt das Buch von Prinz an die Stelle des Buches von Ernst Wahle *Ur- und Frühgeschichte im mitteleuropäischen Raum.*[438] Diese Schrift erläuterte – schließlich auf völlig überholtem Forschungsstand mit unbrauchbar gewordenen Zeitansätzen – die Urgeschichte von der jüngeren Steinzeit mit dem Indogermanenproblem über die Römerzeit bis zur Karolingerzeit. Prinz spricht von einer Geschichte

[435] Pohl 2000.
[436] Kipper 2002, 358.
[437] Prinz 2003, in zwei verschiedenen Versionen mit und ohne Anmerkungsapparat.
[438] Wahle 1970/1973.

Deutschlands vor seiner Entstehung, wie auch immer die Argumente klingen, bei derartigen Titelformulierungen setzt sich – zumindest bei den Lesern – der Eindruck durch, daß der geographische Raum und die dort lebende Bevölkerung zusammen eine Kontinuität und damit die Basis der späteren deutschen Geschichte bilden; denn sonst könnte man die frühen Epochen auslassen oder in anderem Zusammenhang kulturgeschichtlicher Erörterungen darstellen. „[...] *die lange Vorgeschichte gehört unlösbar zur deutschen Geschichte*".[439] Warum, so könnte man fragen, beginnt man nicht dann schon – wie die völkischen Wissenschaftler – in der Steinzeit. Zudem spricht Friedrich Prinz ständig von Völkern und Völkerwanderungen im Sinne des 19. Jahrhunderts, von Germania libera, der archäologischen Konstruktion von germanischen Wanderzügen (was jedoch bisher in keinem Falle gelungen ist), von Bonifatius (672/75–754) als „*Apostel der Deutschen*"[440], der in das Geschichtsbewußtsein eingegangen sei, und von ihm nun wieder eingebracht wird, weil auch ein moderner Mittelalterhistoriker sich nicht von Kernaspekten des sog. „völkischen" Denkens lösen kann.

Friedrich Prinz schreibt noch 2003 über Kontinuitätslinien der Ideen „germanisch-deutsch", verwendet – offenbarend – die Bezeichnung „*Germania libera*", die in der antiken Überlieferung nicht vorkommt, sondern eine Erfindung des 19. Jahrhunderts ist, eben vor dem Hintergrund der Taten des Arminius „*haud dubie liberator Germaniae*". Die Annahme einer Kontinuität von Landschaft und Leuten in dieser Landschaft ist ein biologistisches Kontinuitätsdenken, auch wenn immer wieder betont wird, daß damit nur Vorläufer der deutschen Geschichte gemeint seien.

Hat Johannes Fried eine andere Sicht auf die frühe deutsche Geschichte? Er beginnt sein Buch 1995/98 über die *Ursprünge Deutschlands* mit dem Kapitel „*Was heißt deutsch?*" und erläutert den Anfang einer deutschen Geschichte mit dem 10. Jahrhundert: „*Aber der Deutschen Ursprung* [...] *reichte überhaupt in keine heidnische Vorzeit zurück* [...] *‚Deutsch' war zu keiner Zeit mit ‚germanisch' gleichzusetzen. Die Ethnogenese der Deutschen knüpfte an keine altgermanische Einheit an. Das werdende Volk entwickelte keinen Mythos*",[441] einen solchen Mythos brauchte erst die werdende Nation im 18./19. Jahrhundert, was Fried mit Hinweisen auf Jacob Grimm und Zitaten nach Felix Dahn und Gustav Freytag skizzierte. Doch dann fügt er ein Kapitel „Land und Leute" an, in dem unter dem territorialen Prinzip die Vorge-

[439] Prinz 2003, 27.
[440] Prinz 2003, 29.
[441] Fried 1998, 16f.

schichte in Kurzfassung geboten wird, und zwar mit der Begründung: „*Die Deutschen betraten und bestellten ihr künftiges Land nicht als erste. Es hatte, bevor es Deutschland wurde, eine lange Natur- und Kulturgeschichte hinter sich, die es bewahrte und derer Erbe die Deutschen übernahmen. Denn diese waren die Kinder des Landes, dessen formender Kraft sie unterlagen.*“[442] Was verbirgt sich für ein Denkmodell dahinter? Sind die Kinder des Landes aufgrund ihrer biologischen Abstammung die schon immer hier lebenden Menschen, wird eine Kontinuität bis in die Steinzeit gedacht? Es hätte durchaus genügt, die Landesnatur als Rahmen für die Lebensumstände seit dem 10. Jahrhundert zu beschreiben, ohne die Deutschen – wie durch eine Hintertür – doch wieder mit den neolithischen Bauern in eine Ahnenreihe zu stellen.

Herwig Wolfram fügt in den ersten Band *Das Reich und die Germanen* einer *Deutschen Geschichte* von 1990/98 ein kleines Kapitel ein „*Die Germanen und die Deutschen*“ mit einer Skizze zur „*achthundertjährigen Germanenidentifikation*“ der Deutschen seit den recht besonnenen Humanisten.[443] Neben dem Hinweis auf den politischen Germanismus in der Epoche des 19./20. Jahrhunderts betont Wolfram auch, daß es selbstverständlich war, im frühen Mittelalter räumliche Identifizierungen mit den ehemaligen römischen Provinzen als Germanien zu bezeichnen. Vor diesem Hintergrund entstand im 19. Jahrhundert der Name Ludwigs des Deutschen aus dem Beinamen *Germanicus*.[444] Und für die Begründung zu einem Band über Germanen in einer Reihe zur deutschen Geschichte gibt er ein neues Argument: „*Wenn man heute an die antike Ethnographie anschließt, dann darf man die Germanen und die von ihnen geprägte Völkerwanderungszeit allein deswegen auch zur Geschichte der Deutschen zählen, weil sie und ihre Epoche in gleicher Weise Bestandteile dieser Geschichte sind, wie sie zur Geschichte aller europäischen und vieler außereuropäischen Völker gehören* [...] *Oder mit anderen Worten: Die Deutschen haben ebenso eine germanische Geschichte wie die Skandinavier, Briten und Iren, Franzosen, Italiener, Spanier und Portugiesen, Ungarn, Rumänen, die slawischen Nationen, Griechen, Türken* [...] *Bis heute motivieren sich Deutsche aus der Geschichte der Germanen* [...]. [Das Buch] *dient der Erinnerung an den Beginn einer Geschichte der Deutschen, obwohl es in den Zeiten, da unsere Geschichte beginnt und endet, noch lange keine Deutschen gab*“.[445] Ist das versteckter Chauvinismus, wenn man derartig Germanen als Ahnen

[442] Fried 1998, 36.
[443] Wolfram 1998, 35–38.
[444] Vgl. dazu den Beitrag von Dieter Geuenich in diesem Band.
[445] Wolfram 1998, 38.

fast aller modernen Nationen begründet? Denn was haben die Vandalen in Afrika oder die Sueben in Spanien, die während der Völkerwanderungszeit dorthin kamen, tatsächlich mit der deutschen Geschichte in Mitteleuropa zu tun? Damit wird der „*Moment der Urlandnahme*“ während der Völkerwanderungszeit in der europäischen Mythologie wieder zu einem Leitprinzip, wenn es um die ethnische Herkunft der modernen Staatsvölker geht.[446]

Hans K. Schulze liefert im Prolog zum zweiten Band über die Merowinger- und Karolingerzeit derselben *Deutschen Geschichte* von 1987/93 eine doppelbödige Begründung dafür, daß diese Epoche zur deutschen Geschichte gehört: „*Seit wann gibt es ein deutsches Volk, seit wann gibt es Deutschland? Wenn wir eine ‚Deutsche Geschichte‘ dieser Tage aufschlagen, so findet man sich unversehens im Neandertal wieder; in einem Lexikon der deutschen Geschichte fehlt auch ein Hermann der Cherusker nicht. Aber kann es denn eine deutsche Geschichte geben, bevor es ein deutsches Volk gibt? Sind denn die Zeiten nicht vorbei, in denen man die Germanen der ‚Völkerwanderungszeit‘ in schöner Naivität für die ‚alten Deutschen‘ hielt, Hermann den Cherusker als unseren ersten Nationalhelden feierte* [...]*?*“, und er fährt fort. „*Es soll die These sein: das deutsche Volk entstand in einem jahrhundertelangen Entwicklungsprozeß. Diese Volks- oder Nationwerdung trat zwischen dem 9. und 11. Jahrhundert in ihr entscheidendes Stadium, doch reichen die Anfänge bis in die Stammeszeit der Franken und Thüringer, der Alemannen und Bayern, der Sachsen und Friesen zurück, jener Stämme also, die sich in der Völkerwanderungszeit aus kleineren altgermanischen Völkerschaften gebildet hatten* [...]“.[447] Es hat sich seit dem 19. Jahrhundert eigentlich nichts geändert, die biologische Kontinuität der Völker und Stämme als ethnisch-biologische Einheiten verbinden die Germanen der Römischen Kaiserzeit mit den Deutschen im Mittelalter. Stamm und Volk werden in derselben Weise verwendet, wie in völkischen Geschichtsdarstellungen, trotz der scheinbaren anderen Sicht in der entschuldigenden Umschreibung.

Zwar geht es erst auf die neuere historische Forschung zurück, daß darüber reflektiert wird, wann „deutsche“ Geschichte beginnt, wann von Deutschen gesprochen werden kann. Aber die Diskussion ist nun auch schon mehr als ein Jahrhundert alt, und man könnte bis in die Zeit von Felix Dahn zurückkommen. Doch bleibt unausgesprochen bis in die Gegenwart die alte Hintergrundfolie aus der Gleichung Deutsche = Germanen bestehen; denn immer noch schalten alle diachronen deutschen Geschichtsdarstellungen Ka-

---

446 Geary 2002, 22.
447 Schulze 1987, 12.

pitel oder gar Bände vor, die die germanischen oder urgeschichtlichen Jahrhunderte erläutern. Es ist aufschlußreich, was die Rechtfertigungsgründe dafür sind – denn sicherlich gibt man nicht nur den Wünschen der Verlagsprogramme nach –, was dann wiederum zeigen würde, daß noch heute im allgemeinen Geschichtsbewußtsein der öffentlichen Meinung Deutschtum bis in die Zeit des Tacitus und weiter zurückzuverfolgen sei. Aus diesen Gründen beginnt noch heute jede „Deutsche Geschichte“ im germanischen Altertum; denn so denkt und fordert das die sog. „Allgemeinheit“.

Wie weit zurück in die Urgeschichte, in die Vergangenheit soll man also bei der Darstellung der Deutschen Geschichte gehen, und wie sind die Kontinuitätsstränge von der eigentlichen Deutschen Geschichte zurück zur Geschichte der Germanen und weiter zurück zur Geschichte der Leute in der Steinzeit zu bewerten? Ohne Frage sind die Siedlungslandschaften in Deutschland schon im Neolithikum ausgeprägt worden.

Was ist an der Argumentation anders, nicht mehr „völkisch germanisch“, wenn mit den Voraussetzungen einer deutschen Geschichte steinzeitliche Verhältnisse geschildert werden. Ist das nur die räumlich-topographische Siedlungskonstanz oder vielleicht doch eine gedachte biologische, ethnische Bevölkerungskontinuität? Wenn man dann heute weder die Benennung „deutsch“, noch „germanisch“ wählt, sondern von „Bevölkerung“ spricht, dann argumentiert man anscheinend oder nur scheinbar nicht mehr „völkisch germanisch“.

Eine Wellenbewegung in den Benennungen durch die Forschung und auch durch die allgemeine Bevölkerung ist zu verzeichnen, die sich nach dem zeitgenössischen Geschichtsbewußtsein richtet. Wenn Identität gefragt war, dann wurden „germanisch“ und „deutsch“ auch von den Prähistorikern gleichgesetzt bzw. „germanisch“ gleich durch „deutsch“ ersetzt und mit „völkischem“ Denken verknüpft, so im frühen 19. Jahrhundert (bei den Brüdern Grimm) und wieder in den 1920er Jahren nach dem Ersten Weltkrieg. Doch liegt keine Gesetzmäßigkeit vor, sondern die Wahl der Bezeichnung ist abhängig vom Alter und der persönlichen Auffassung des jeweiligen Wissenschaftlers. Weit mehr Ideologie steht dahinter als wissenschaftliches Forschungsergebnis, der Geist der Zeit. Dieter Langewiesche spricht von *„nichtprofessionellen Geschichtsbildern in der Bevölkerung“*, die fortwirken, doch schwierig zu ermitteln seien.[448] Noch einmal also: Verantwortlich auch für die Folgen ist das sog. kulturelle und zugleich kollektive Gedächtnis der sog. gebildeten Bevölkerung.

---

[448] Langewiesche 2000, 82.

Eigentlich hat Felix Dahn sorgfältiger argumentiert, wenn er in der *Urgeschichte der germanischen und romanischen Völker*[449] 1899 schreibt: „*Dieses Werk* [...] *behandelt die älteste Geschichte der Germanen* [...] *also die Geschichte der gotischen Völker, dann der Westgermanen, zu welchen außer den späteren ‚Deutschen' die Langobarden und die Burgunden zählen* [...]". Er spricht von den „*späteren*" Deutschen, sowohl was die Sprache, als auch was die Benennung angeht, da das Wort „deutsch" erst um die Wende vom 9. zum 10. Jahrhunderts entstanden sei. Warum ist *Ein Kampf um Rom*[450] so im kollektiven Gedächtnis der Deutschen verankert? Obwohl Dahn wußte, seit wann eigentlich erst von Deutschen gesprochen werden kann, macht er die Goten dann doch zu Vorfahren der Deutschen. „*Dahn, dem die heute vertretene Theorie der Ethnogenese, der Volksbildung vor Ort, noch fremd und die Völkerwanderung eben einfach Wanderung war*" bot dem Leser ein national erhebendes germanisches Gemeinschaftsbewußtsein, das er in den Quellen so nicht finden konnte. „*Es ging gewissermaßen auch darum, deutsche Versäumnisse nachzuholen: vom Teutoburger Wald zum Untergang der Goten am Vesuv – das war ja nun wahrlich heldischer Stoff genug, daß andere Nationen daraus längst ein Dutzend Heldenepen gemacht haben würden*".

Die von Ludwig Schmidt herausgegebene *Geschichte der deutschen Stämme bis zum Ausgang der Völkerwanderung*[451] hieß zu Anfang des Jahrhunderts (1909) noch *Allgemeine Geschichte der germanischen Völker bis zur Mitte des 6. Jh.* Erst nach dem Ersten Weltkrieg setzte bei der Historie dieser Wechsel von „germanisch" zu „deutsch" ein. Doch schon in den älteren Ausgaben ging es um Inkorpororation der Geschichte der Stämme der Völkerwanderungszeit in die deutsche Nationalgeschichte.[452]

Es gibt noch andere widersprüchliche Ansätze zum Beginn einer deutschen Geschichte bei den Historikern. Ein Beispiel ist die Rolle Karls des Großen in oder vor der deutschen Geschichte. Karl der Große war immer dann nicht für die deutsche oder teuschte Geschichte aus der Feder der Ideologen eines deutschen Nationalstaates zu gebrauchen, wenn dieser Staat auf der Basis einer fiktiven germanischen Kultur errichtet werden sollte.[453] „*In den Philosophischen Fakultäten gab es schon lange vorher* [1933] *angesehene und auch mächtige Fachvertreter, deren Glaube* [!] *an eine germanische Kontinuität im deutschen Mittelalter wesentliche Elemente völkischer Indoktrination ent-*

---

[449] Dahn 1899, IX und 17f.
[450] Die folgenden Zitate bei Esch 2002, 35f.
[451] Schmidt 1937/1940; ders. 1934/1941.
[452] Kipper 2002, 282.
[453] Ehlers 2001, 52 und 54f. das folgende.

hielt“. Das eigentliche Problem war, wenn die Gleichung Germanen-Deutsche abgelehnt würde, dann könnte man nicht von den „deutschen Stämmen“ der Bayern, Sachsen, Franken, Schwaben sprechen, sondern von unterschiedlichen „Völkern“ im Frankenreich. Die scheinbare Namens-Kontinuität von Sueben und Alemannen der Antike bis zu den Schwaben des Mittelalters und der Neuzeit hat nicht nur die Wissenschaft, sondern auch die bürgerliche Gesellschaft von der Existenz einer realen Bevölkerungskontinuität überzeugt. Rainer Christlein gab 1978 seinem Buch *Die Alamannen* den Untertitel *Archäologie eines lebendigen* [!] *Volkes* und setzte wohl ohne weitere „völkische“ Hintergedanken die heutige Bevölkerung in Südwestdeutschland mit den Einwanderern des 3./4. Jahrhunderts gleich. Die beiden archäologischen Ausstellungen *Die Franken. Wegbereiter Europas* 1997 und *Die Alamannen*, ebenfalls 1997 gezeigt, bringen in den Begleitbüchern ausführliche Darstellungen des „Nachlebens“ der Völkerschaften, wobei zu beobachten ist, daß zwischen kritischer Geschichtsbetrachtung und allgemein geglaubter Kontinuität nicht strikt getrennt wird. Was man bezweifeln darf: Die Instrumentalisierung des Varusschlachtfeldes und des Arminius für den gegenwärtigen Tourismus in Kalkriese geht von der Verwandtschaft, nicht von der fernen Fremdheit jener Zeit aus.

6.2 Darstellungen zur Ur- und Frühgeschichte in Deutschland

In der allgemeinen Diskussion um die Gleichung „germanisch-deutsch“ spielt die Ur- und Frühgeschichtsforschung anscheinend nur eine Nebenrolle, und zwar, weil der Kenntnisstand dieser Wissenschaft im 19. Jahrhundert noch sehr marginal war. Besondere Bedeutung hatte es, daß es noch nicht gelungen war, eine überzeugende Datierung für die Altertümer oder auch die archäologischen Kulturkreise zu vertreten. Immerhin hatte man sich im wesentlichen geeinigt, als relative Abfolge von Stein-, Bronze- und Eisenzeit zu sprechen und diesen Phasen bestimmte Kulturen zuzuordnen. Johann Friedrich Danneil (1783–1868) und Friedrich Lisch (1801–1883) hatten gerade erst in den Jahren 1836/37 das Dreiperiodensystem (Stein-, Bronze-, Eisenzeit) formuliert, zur selben Zeit hatte Christian Jürgensen Thomsen (1788–1865) in Dänemark seinen *Leitfaden zur Nordischen Alterthumskunde* (1837) mit dem Dreiperiodensystem veröffentlicht.[454] Es dauerte bis 1885, ehe Oscar Monte-

[454] Gummel 1938 mit Hinweis auf ältere Ansätze im 18. Jahrhundert zum Dreiperiodensystem; vgl. dazu auch Dannenbauer 1935, 14 und 28; Eggers 1959/1986; Eggert 2001.

lius seine entscheidende Schrift „Die Methode“ in *Die älteren Kulturperioden im Orient und in Europa I* (Stockholm 1903) publizierte und Sophus Müller (1846–1934) 1897 und 1898 seine Arbeiten zur Nordischen Altertumskunde. Gustaf Kossinna folgte mit seinen Büchern erst seit 1911, die dann aber die entscheidenden Wirkungen erzielten. Doch kann an dieser Stelle die Forschungsgeschichte nicht weiter erörtert werden.[455]

Vielmehr werden nur einige Zitate zur Verwendung der Begriffe „germanisch“ und „deutsch“ in Gesamtdarstellungen zur Ur- und Frühgeschichte gebracht. Die Auffassung der deutschen Prähistoriker vom Verlauf der Ur- und Frühgeschichte unter „völkischen“ und anderen Blickwinkeln wurde während der Tagung *Eine hervorragend nationale Wissenschaft – Deutsche Prähistoriker zwischen 1900 und 1995* behandelt, und die Ansichten einer Reihe von Wissenschaftlern werden für das 20. Jahrhundert in der Tagungspublikation diskutiert,[456] so daß hier darauf verwiesen sei.

Als sich im 19. Jahrhundert die Archäologie zur eigenständigen Wissenschaft entwickelte, zu den Fragestellungen eigene methodische Grundlagen erarbeitete, um die Antworten zu finden, da ging man im allgemeinen Bewußtsein bei der Frage zur Vergangenheit und Herkunft der Deutschen und Deutschlands davon aus, daß eine „biologische“ und eine raumgebundene Kontinuität der Bevölkerung in Mitteleuropa ohne Zweifel seit der römischen Zeit bestünde, was nicht nur die Humanisten meinten, so bei der Rezeption der Germania des Tacitus, sondern schon die Historiker zur Zeit der „ersten Deutschen“ im 10. Jahrhundert und zur Zeit des Investiturstreites, als Germanen und Deutsche gleichgesetzt wurden.[457] Daß diese biologische Kontinuität nach Ansicht des 19. Jahrhundert, aber noch bis in unsere Zeit hinein, in wesentlich früheren Epochen wurzelte, zum Beispiel dem Neolithikum, wurde schon mehrfach betont.

Waren die Germanen der Zeit des Tacitus frühe Deutsche, so waren ihre möglicherweise zu findenden archäologischen Hinterlassenschaften Überreste deutscher Kultur vor bald 2000 Jahren. Diese Vor-Urteile gehörten zum Denken der bürgerlichen Gesellschaft als selbstverständlicher Hintergrund im entstehenden Nationalstaat. Somit ging auch die Ur- und Frühgeschichtsforschung von der Vorstellung aus, daß solche Kontinuitäten existierten, und bezog sie ungefragt in das eigene Geschichtsbild ein.

Eine Diskussion der 1860er Jahre verdeutlicht den Kenntnisstand. Am

---

[455] Allg. Jacob-Friesen 1928; Gummel 1938; Kühn 1976; Eggers 1986; Eggert 2001; Hansen 2001.
[456] Steuer 2001a; vgl. auch Leube/Hegewisch 2002.
[457] Wolfram 1998, 35; Hutter 2000.

27.7.1860 hat Christian Jürgensen Thomsen (1788–1865) an Ludwig Lindenschmit d. Ä. (1809–1893) geschrieben:[458] „[...] *Es ist mir immer fatal gewesen über Nahmen zu streiten Celten, Germanen, Ureinwohner, Bataver etc:etc: ich wil nicht von alle die Volkerschaften reden die man mühselig neben ein ander grupiren will u vergist dasz sie nach ein ander kommen* [...].“ In einem Brief vom 25.8.1860 antwortete Lindenschmit: „*So außerordentlich empfehlend sich das abgerundete System der 3 Zeitalter* [Stein-, Bronze-, Eisenzeit] *darstellt, so bleibt das selbe doch an die Annahme eines durchgreifenden Völkerwechsels gebunden, gegen den sich die gewichtigste Einsprache erheben lässt. Es ist die einzige Stütze des sonst ganz haltlosen Keltismus. Die Frage der Völker ist, scheint es mir, unmöglich von jenen der Alterthümer zu trennen, und es haben sich unter den Augen der Geschichte ohne Völkerwechsel grössere Culturumwälzungen vollzogen als der Übergang vom hölzernen Speer und dem Steinbeil zur Eisenlanze und der Eisenaxt der Franken, zwischen denen die kunstvollen alten Erzgeräthe und Waffen ohne alle naturgemässe Verbindung und Vermittlung sich einschieben.*“ Lindenschmit spricht also hier von der „ethnischen Deutung“ archäologischer Funde als zentrale Aufgabe. In einem Brief vom 29.11.1861 heißt es dann (es geht um die Zuordnung von Metallgerät aus Irland als autochthone oder importierte Erzeugnisse): „*Der Sturm in den irländischen Journalen gegen die Idee einer südlichen Herkunft der Erzgeräthe lässt mich völlig ruhig* [...] *Wenn noch 1000 Formen von Celts dort gefunden werden, so wird der unbetheiligte Forscher darin nur einen stets verstärkten Beweis der wohlverbürgten uralten Handelsverbindung mit den brittischen Inseln* [...] *finden* [...] *Ich würde mich sehr gerne von der Unrichtigkeit meiner Ansicht überzeugen lassen, nur müssten mir treffendere Beweise vorliegen, als die Auffindung von Celts Lanzen und Pfeilspitzen. Für mein patriotisches Gefühl wäre es die grösste Freude mich von einer selbständigen frühen Cultur diesseits der Alpen überzeugen zu können* [...]“. Die Diskussion um die ethnische Zuordnung von Altertümern wurde sachlich geführt, aber war – so ist zitiert – von der Frage nach den Völkern nicht zu trennen.

In einem Konversations-Lexikon von 1897 heißt es: „*Die germanischen Völker haben den Namen wohl selbst erst von den Galliern gehört und sich desselben nur im Verkehr mit Fremden, besonders mit Römern, bedient;* [...] *wir verstehen unter Germanen nicht nur die im jetzigen Deutschland lebenden Völker, sondern alle diesen Zweig des arischen Stammes bildenden Natio-*

[458] Street-Jensen 1985, 100, 102 und 111f.

nen, also auch Goten, Vandalen, Dänen, Schweden, Normannen u. a. [...] *Die Grenzen Germaniens, welche die Römer Germania magna, auch Germania barbara und Germania transrhenana nannten, waren gegen Norden und Osten unbestimmt*".[459]

Über Gustaf Kossinna (1858–1931) ist jüngst ausführlich veröffentlicht worden, und seine Schriften beherrschen auch Teile dieses Beitrags; ein Vorgeschichtler mit noch extremeren Ansichten war Hans Hahne (1875–1935), zwar später geboren als Kossinna, aber im entscheidenden Abschnitt seines Lebens parallel zu diesem wirkend, über den jüngst Arbeiten erschienen sind, auf die hier nur verwiesen werden kann.[460] Ein dritter Prähistoriker, im allgemeinen nicht als völkischer Forscher eingestuft, war Carl Schuchhardt (1859–1943), auf den hier näher eingegangen werden soll, mit dem Ziel zu zeigen, wie fast alle denselben Zeitströmungen unterlagen. Er hat seine Vorgeschichte Alteuropas oder die Vorgeschichte Deutschlands je nach Situation der Zeit unterschiedlich betitelt.[461] Er schreibt im Vorwort von 1928 zu seinem Buch *Vorgeschichte von Deutschland*: „*Eine richtige Vorgeschichte von Deutschland fehlt uns. Die sich so oder ähnlich nannten, sind durchweg Vorgeschichten der Germanen, womöglich mit chauvinistischer Auffassung. An der Vorgeschichte unseres Vaterlandes, das wir wissenschaftlich fassen so weit die deutsche Zunge klingt* [!], *interessiert uns doch neben dem Germanischen gerade auch, wie die Teile, die ursprünglich nicht germanisch waren, es allmählich geworden sind. Die Entstehung aber der Kelten und Germanen auf deutschem Boden und die Heimat des vielgesuchten indogermanischen Urvolkes in der Mitte dazwischen glaubt die Archäologie in der Tat heute zeigen zu können.*"[462] Die zweite Auflage von 1934 schlägt einen anderen Ton an: „[...] *einmal die Mitbehandlung der ursprünglich nicht germanischen Teile von Deutschland, die Darstellung, wie sie einer nach dem anderen von der stärkeren Kulturkraft übermannt und eingeschmolzen wurden* [...] *Ich verstehe nicht, wie man eine deutsche Vorgeschichte schreiben mag und dabei vorübergehen an den wiedergefundenen Schlachtplätzen, die so klar die geniale Taktik des Arminius den Römern gegenüber ins Licht stellen* [...] *Die Mischkulturen an Elbe und Oder sind die Zeugen für den jahrhundertelangen Kampf der vordrängenden Germanen gegen die weichenden Illyrier, und die Lausitzer*

---

[459] Meyers Konversations-Lexikon, Bd. 7 (Leipzig/Wien [5]1897).

[460] Ziehe 1996; 2002; Müller 1999. Hahne arbeitete auf weiten Strecken stärker als Volkskundler, denn als Frühgeschichtler.

[461] Schuchhardt, Alteuropa 1918/1926/1935; Vorgeschichte von Deutschland 1928/1934.

[462] Schuchardt 1928/1934, Vorwort zur ersten Auflage 1928.

Kultur ist demzufolge nicht illyrisch, sondern die Besiegerin des Illyrischen [...] *Mit kurzer Begründung bei Seite geschoben hab ich die hybriden Übertreibungen* [...] *Umzuschalten hab ich nichts brauchen in dem Buche. Die Auffassungen des National-Sozialismus vom Germanentum sind auf denselben Ideen und Erkenntnissen aufgebaut, die unsereiner seit Jahrzehnten vertreten und verbreitet hat* [...] *Möchte es in dem starken nationalen Aufschwung unserer Zeit ganz allgemein eine Freude für jeden Deutschen werden, auf die alten Wurzeln unsres Volkes verständnisvoll zurückzublicken und sich klar zu werden, aus welchen Säften seine beste Kraft und Blüte gekommen ist*".[463]

Schuchhardt benennt die 1. Auflage seines Buches von 1918 *Alteuropa. Eine Vorgeschichte unseres Erdteils*, die 3. Auflage von 1935 seines Buches *Alteuropa. Kulturen – Rassen – Völker* und die 5. Auflage von 1944 *Alteuropa. Die Entwicklung seiner Kulturen und Völker*. Die Titel spiegeln die Vorstellung der Zeit wider. Im Vorwort zur 3. Auflage ist zu lesen, daß der zweite indogermanischen Zug nach Griechenland „*das eigentlich Nordische dort zur Geltung gebracht*" habe, und wir erkennen „*unser nordisches Gut und lernen kennen das alte nordische Blut*"; im Vorwort der 4. Auflage von 1941 spricht er „*von der ersten großen Wirkung der germanischen Kraft in Europa*". In der 1. Auflage von 1918 geht es im Vorwort schon um den deutlichen nordischen Kulturstrom gegenüber dem mittelmeerländischen, der den Süden befruchtet. In der 2. Auflage von 1926 wendet er sich im Vorwort gegen den Spruch „*ex oriente lux*" und erläutert, wie das Germanentum, wie das Griechentum entstanden seien. In diesem Buch vertritt Schuchhardt die These vom Ursprung der höheren Kultur in Europa, die sich von hier aus ins Mittelmeergebiet und in den Nahen Osten ausgebreitet hätte. Erst tausend Jahre später wäre ein östlicher Gegenstrom nachweisbar. Es geht um die Umkehrung der Ausbreitung indogermanischer Sprachen: „*Hier kommt die Sprachforschung noch weit stärker als im Mittelmeere der archäologischen Beobachtung zur Hilfe, freilich erst die jüngere, die mit der Auffassung der indogermanischen Entwicklung von Asien her, wie sie im ganzen 19. Jahrhundert bestand, entschlossen gebrochen hat* [...] *Kretschmer stellt fest, daß ganz Nord- und Mitteleuropa von indogermanischen Sprachen erfüllt sei, der Süden dagegen nichtindogermanisch sei* [...]."[464] Der Sprachwissenschaftler Kretschmer bezeichnete die Kelten und Germanen als den Kern des Indoger-

[463] Schuchhardt 1928/1934, Vorwort zur zweiten Auflage 1934, IVf.
[464] Schuchhardt 1935, 277.

manentums, die besonders tatkräftig die Kulturen am Mittelmeer umgemodelt hätten.[465] Schuchhardt fährt fort: „*Für Nordwestdeutschland zweifelt niemand, daß die Sachsen Wittekinds noch die unverfälschten Nachkommen sind der Steinzeitleute, die die großen Megalithgräber erbaut haben* [...] *Wes Stammes die Sachsen waren, desselben waren auch die Megalithgräberleute, gleichviel ob sie sich selber schon Germanen nannten oder nicht* [...] *Die weitgehende Unterstützung, die unsere archäologischen Ergebnisse heute schon bei der Sprachforschung finden, überheben uns der Notwendigkeit, sie noch besonders zu verteidigen gegen Bedenken, die häufig geäußert zu werden pflegen, daß man nämlich nicht von Kultur auf Volk und Staat oder gar auf Rasse schließen möge*", aber: „*Heute wird die Volksgemeinschaft etwas zu einseitig nach der Sprache beurteilt. Die Friesen haben erst in neuerer Zeit ihr eigenes Idiom aufgegeben* [...] *aber sie sind körperlich und kulturell doch immer noch als Friesen zu erkennen* [...] *Die Sprache wechselt am leichtesten, die Kultur, d. h. die Tracht, das Gerät, die Haus- und Grabanlage, der Götterglaube, halten sich viel zäher. Daher gibt die Archäologie eigentlich festere Anhaltspunkte für die Geschichte eines Volkes als die Sprache*".

Im Vorwort zur dritten Auflage heißt es dann: „*Meine These von 1928, daß durch die Einwanderung der Thüringer mit Schnurkeramik und Einzelgräbern der Norden indogermanisiert worden sei, hat weithin Anklang gefunden*". Und im Schlußkapitel: „*Die Vereinheitlichung, die wir Indogermanisierung nennen, beginnt ohne Frage mit den Zügen, die die zu Germanen verschmolzenen Megalithleute und Thüringer nach Ost- und Süddeutschland unternehmen* [...]."[466]

1908 legte Gustav Schwantes (1881–1960) ein Buch *Aus Deutschlands Urgeschichte* vor, in dem die Ursprünge der Germanen wesentlich nüchterner und nach heutiger Meinung korrekter gesehen werden. Es heißt dort: „*Schwieriger ist schon die Lösung der Frage, wo die Urheimat der Indogermanen war. Vor einigen Jahrzehnten galt es als unumstößliche Wahrheit, daß das Stammland irgendwo im Innern Asiens gelegen haben müsse; warum, war wohl den wenigsten klar. In den letzten Jahren sucht man, wohl mit mehr Recht, die Heimat des Urvolkes in Europa, besonders im Norden unseres Erdteiles* [...] *geht hervor, daß diese Völker zur Zeit der ungetrennten Indogermanen an den Zuflüssen der Nord- und Ostsee gesessen haben* [...] *Manche Forscher sind allerdings auch hiermit noch nicht zufrieden und begrenzen das*

[465] Schuchhardt 1935, 281, das folgende Zitat 282ff.
[466] Schuchhardt 1935, 321f.

Gebiet noch enger, indem sie Skandinavien oder Norddeutschland als Ausgangsort betrachten".[467] Die Indogermanen gehören nach Schwantes in einen späten Abschnitt der Steinzeit. *„Von den Toten, die in den Steingräbern bestattet liegen, sagte ein berühmter deutscher Forscher: Sie waren Fleisch von unserem Fleische und Blut von unserem Blut* [...] *Möglicherweise ruhen in den Steingräbern Angehörige des noch kaum getrennten Indogermanenurstammes, oder die Trennung war bereits eingetreten und die norddeutschen und skandinavischen Steinzeitleute sind die ältesten Germanen"*.[468]

Die zeitlich durchgehende Fortwirkung der aufgezeigten Basis-Denkmodelle seit der Frühzeit nationalstaatlichen Denkens durch das gesamte 19. und 20. Jahrhundert hat überzeugend Hans Gummel in seiner *Forschungsgeschichte in Deutschland*[469] dargestellt, der zudem während der nationalsozialistischen Epoche schrieb und selbst völkischem Ideengut im Fach anhing. In seinem diachronen Ansatz hat er die verschiedenen Hauptphasen der Entwicklung jeweils in einem Abschnitt *„Die Vorgeschichtsforschung im Geistesleben der Zeit"* zusammengefaßt, unter dem Blickwinkel, daß vice versa der Zeitgeist die Wissenschaft und diese den Zeitgeist beeinflußt habe. Einerseits vergleicht Gummel die methodischen Fortschritte der Wissenschaft mit den methodischen Strukturen im Handbuch von K. H. Jacob-Friesen und stieß dabei auch auf durchlaufende Thesen, die gerade die völkisch-germanischen Gedankengänge betrafen. Zu Kossinnas Forschungsergebnissen meinte er: *„Da wir die Germanengrenze bisher stetig zurückweichen sahen, so werden wir nicht fehl gehen, wenn wir ihre älteste Heimat in Mecklenburg, Schleswig-Holstein, Jütland, den dänischen Inseln und Südschweden erkennen. Dieser Urzustand der Verbreitung geht bis in den Beginn des 3. Jahrtausends v. Chr. hinauf."*[470] Kossinna fand sich im übrigen mit Oscar Montelius auf einer Linie, der zwischen den modernen Schweden und den Leuten im Neolithikum keinen Unterschied sah – sie seien rassenbiologisch dieselben Leute gewesen wie heute – und daher von einer völkischen Kontinuität ausging, die dieser ähnlich wie Kossinna archäologisch bestätigt fand.

Dagegen gab es einen Unterschied zwischen Virchow und Kossinna, was die Rückverfolgung von Germanen in die Tiefen der Vergangenheit betraf. Virchow wollte nur noch so weit gehen, wie man auch sprachlich Nachweise

---

[467] Schwantes 1908, 80f.
[468] Schwantes 1908, 85.
[469] Gummel 1938.
[470] Zitiert nach Gummel 1938, 282 mit dem besonderen Hinweis, daß diese Ansicht auch zu seiner Zeit 1938 so vertreten werden konnte.

hätte, während sich Kossinna rein mit den archäologischen Befunden begnügte und daher unbegrenzt weiter in die Vergangenheit vordringen konnte.[471]

Als man noch vom Ende der Steinzeit wenige Jahrhunderte vor Christus ausging, hatte auch Virchow 1886 archäologische Funde in Pommern aus der jüngeren Steinzeit einer Völkerschaft zugewiesen, und zwar nicht mit Sicherheit den Germanen oder Kelten, aber sicher den Ariern: *„Arier saßen hier schon in der Steinzeit"*.[472] Doch referiert Gummel weiter, daß nachdem man vom höheren Alter der Steinzeit überzeugt war, auch Virchow vorsichtiger wurde und die Volkheit offenließ; denn wo keine Anknüpfung an die geschichtliche Überlieferung mehr vorlag, sei der Mensch für ihn ‚namenlos'; man kann ergänzen, wo keine Sprache faßbar ist, bleibt die Frage nach der Nationalität unbeantwortbar.[473]

Seit den 1920er Jahren wurde die Vorgeschichtsforschung instrumentalisiert zur Rechtfertigung der deutschen Grenzen[474] und gar zur Erweiterung und zum Hinausschieben dieser Grenzen.

Das betrifft im Westen das Problem der fränkisch-germanischen Landnahme und im Osten das Problem der Zuwanderung von Slawen in ehemals germanisch besiedeltes Gebiet.

1936 schrieb Walther Schulz[475] über die Germanen als Nachkommen der Indogermanen: *„Ein Blick auf die Kultur- und Verbreitungskarten der jüngeren Steinzeit* [...] *belehrt uns schon, daß kein Gebiet so einheitlich indogermanisch besiedelt war wie das Heimatland der Germanen um die westliche Ostsee. Am Ende der jüngeren Steinzeit bestanden zwar zwei Kulturen hier nebeneinander* [Einzelgrab- und Schnurkeramische Kultur] [...] *beide aber gehören dem von der nordischen Rasse getragenen nordischen Kulturkreis an und sind aus einer Wurzel entsprungen. Die Verschmelzung dieser Kulturen läßt sich im Laufe der älteren Bronzezeit verfolgen. Das Kerngebiet ist bis zur Gegenwart germanisch geblieben"*. An der Südküste der Ostsee waren seit dem 7. Jahrhundert Slawen eingedrungen. *„Jedoch waren Restbestände der Germanen geblieben, die in der Folgezeit im slawischen Volkstum, und zwar in deren führenden Schichten aufgingen* [...] *So sind die Germanen als das Volk übriggeblieben, das wir als echteste Nachfahren der Indogermanen ansprechen dürfen* [...] *Wenn die nordische Rasse Träger der indogermanischen*

[471] Gummel 1938, 284.
[472] Zitiert nach Gummel 1938, 280.
[473] Gummel 1938, 281; vgl. dazu Hoernes 1905.
[474] Steuer 2001c; Wiwjorra 1999, 199.
[475] Schulz 1936, 75f.

Kultur war, so ist natürlich auch das rassische Bild der Germanen [...] *von ausschlaggebender Bedeutung* [...]“, und es zeigt sich, „*daß sich seit der Steinzeit nichts Wesentliches in der rassischen Zusammensetzung geändert hat* [...] *Das Volk ist also nicht nur in den Oberschichten nordrassisch geblieben* [...] *Weiter zeigt die Rassenforschung, daß nirgends die nordische Rasse heute so stark vertreten ist wie unter den Nachkommen der Germanen* [also der Deutschen]“, und es fällt auf, wie Schulz das Problem des slawischen Bevölkerungsanteils hinwegdiskutiert. Das kleine Buch schließt mit der Feststellung: „*Wenn aus dem Norden immer wieder tatskräftige und eroberungsfreudige Völker hervorbrechen, die als Eroberer und Kulturbringer* [!] *in fernen Ländern wirken, so erkennen wir den Typus der Ausbreitung der nordischen Rasse*“.

Zwei Jahre zuvor hatte Heinrich Dannenbauer in seiner Antrittsvorlesung in Tübingen im November 1934 den 88jährigen Ranke mit den Worten zitiert „*Welch ein Mißbrauch wäre es, die Germanen als Barbaren zu bezeichnen*“ und teilt einen Seitenhieb in den Anmerkungen zur schriftlichen Fassung gegen die Prähistoriker aus: „*Es hat mit dem Stand wissenschaftlicher Forschung ebensowenig zu tun wie die Dithyramben vereinzelter modernster Vorgeschichtler, die ins entgegengesetzte Extrem verfallen und zugleich so tun, als ob die Germanen von der deutschen Wissenschaft bisher grundsätzlich nicht beachtet worden wären. Merkwürdigerweise können gerade diese Leute nicht einmal immer Kelten und Germanen ordentlich auseinanderhalten und führen gar die Funde aus den vorindogermanischen Pfahlbaudörfern als Belege für nordische oder urgermanische Hochkultur an*“.[476]

Jüngst hat Dietrich Hakelberg erläutert, wie sehr völkische Ideen von „Blut und Boden“ und „Volk und Rasse“ in den Forschungen von Ernst Wahle auch nach 1945 noch eine Rolle spielten, trotz dessen Versuch, sein Buch über die *Deutsche Vorzeit* zeitgemäß umzuschreiben.[477]

6.3 Indogermanen – Germanen – Deutsche (Ursprung und Herkunft)

„*Es gehört zum Anstand eines Volkes, von irgendwoher gekommen zu sein und eine Urheimat zu haben. Daß es auch dort zuhause sein könnte, wo man es vorfindet, ist eine fast beleidigende Annahme*“,[478] womit Spengler tatsäch-

[476] Dannenbauer 1935, 29.
[477] Hakelberg 2001, 284.
[478] Spengler 1923/1990, 750.

lich eine paradigmatische Fragestellung auch der Ur- und Frühgeschichtsforschung formuliert.

Ein Urvolk zu sein, ein absolut Erstes und Ursprüngliches,[479] hat besonderen Wert; man erinnert sich an Tacitus' Einschätzung der Germanen. Die Mythenkonstruktionen über Arminius hatten die Aufgabe, *„die historische Zeit zu vernichten, um die Anfänge der eigenen Nation in mythische Ferne verlegen zu können"*, *„Alter adelt die Nation"* und jede Nation, jedes Volk wird mit einer eigenen Urgeschichte ausgestattet[480] bzw. schafft sich diese Urgeschichte.

Die Antwort auf die Frage nach der Herkunft von Indogermanen[481] und Germanen spiegelt das Aufkommen „völkischen" Denkens wider. Der Wechsel in der Vorstellung vom Ursprung und der Herkunft der Indogermanen und Germanen von der asiatischen Kaukasus-Welt (biblische These) zum europäischen Norden war notwendig.[482] Dieser Paradigmenwechsel in der Altertumsforschung hin zur Nordthese war verbunden mit einem neuen, dem eigentlichen Identitätsmythos.

Man stützte sich indirekt auf die Berichte des Jordanes (6. Jahrhundert n. Chr.) vom skandinavischen Norden als Ursprungsort aller Völker.[483] Das Ganze hängt auch unmittelbar mit dem archäologischen Forschungsstand zusammen; denn eine nennenswerte germanische Urgeschichte hatte im frühen 19. Jahrhundert im europäischen Norden noch keinen Platz, und eine Urgeschichte in der asiatischen Urheimat war von wenig allgemeinem Interesse.

Leibniz (1646–1716) war seiner Zeit entsprechend der Auffassung, daß die Urheimat der Germanen in Asien gelegen habe, nach der biblischen Überlieferung,[484] während andere den Nordischen Kulturkreis auch schon damals mit den Germanen parallelisierten. Noch bis um 1900 findet man die Überzeugung von der asiatischen Herkunft der Deutschen in Handbüchern und als Gemeingut bürgerlichen Denkens.[485]

Die Skandinavienthese entwickelte sich erst seit den 1880er Jahren. Klemm unterschied 1843 in der Menschheit aktive und passive Rassen, und damit begann die Diskussion auch um die Urheimat der Germanen. Seit 1880 wurde

---

[479] Loewenstein 2001, 290.
[480] Langewiesche 2000, 26 und 29; Wiwjorra 1999, 187.
[481] Allg. dazu die Aufsatzsammlung bei Scherer 1968; Schmitt/Häusler 2000; Seebold 2000.
[482] Wiwjorra 2002, 73ff.; Kipper 2002, 266ff.
[483] Dazu ausführlich Hachmann 1970, vgl. oben S. 427.
[484] Gummel 1938, 102, Anm. 102.
[485] Kipper 2002, 268.

die Herkunft der Germanen aus Asien unter anthropologischen Gesichtspunkten bekämpft und ihre Herkunft aus dem europäischen Norden angenommen.[486] Sog. Laienforscher trieben diese These voran, eigentlich ohne reale Beweise vorbringen zu können, sondern nur aufgrund ihrer Weltanschauung, während Wissenschaftler wie Virchow deutlich zurückhaltender blieben, das Problem offen sahen und nicht ohne Beweise *„statt Indien Deutschland als Urheimat“* der Germanen annehmen wollten.[487] Zu den Laienforschern gehörte der Mediziner und Prähistoriker Ludwig Wilser (1850–1923), der behauptete, diese These schon 1881 vertreten zu haben; fast gleichzeitig mit dem Wiener Gymnasialprofessor Karl Penka (1847–1912), der 1883 ein Buch darüber vorlegte.[488] Auch Matthäus Much (1832–1909), der sich seit 1870 prähistorischen Studien widmete, hatte sich seit den 1880er Jahren für eine autochthone Kulturtradition Europas ausgesprochen. Doch waren seine Äußerungen ambivalent: Einerseits stellte er sich eine Einwanderung der Germanen nach Skandinavien vor und dann eine neue Ausbreitung von dort aus; andererseits vermutete er die indogermanische Urheimat im nördlichen Mitteleuropa.[489] Kossinna, damals noch Philologe, griff diese Theorie sofort auf, in Nachfolge auch seines Lehrers Karl Müllenhoff, der sich wiederum auf Jacob Grimm und die Germania des Tacitus stützte. 1904 meinte Kossinna in einer Rezension zu Wilsers Buch, daß diese Gedankengänge gewissermaßen in der Luft gelegen hätten, die nordeuropäische Herkunft der Indogermanen, so daß auch ihm selbst diese sehr nahe waren.[490] Bisher kamen die Begründungen für die Nordthese aus der Philologie und Geschichte. Kossinna bewies dann gewissermaßen mit archäologischen Methoden erstmals die Herkunft der Germanen – besser ihre Urheimat – aus dem nördlichen Mitteleuropa mit Hilfe seiner retrospektiven Methode.[491] Er hatte seine These von der Autochthonität über reiche vor- und frühgeschichtliche Kulturgüter abgestützt und attraktiv gemacht; die Theorie von der Nordheimat der Germanen konnte sich auf die 1881 erfolgte Entdeckung der Einzelgrabkultur stützen. Sophus Müller (1846–1934) bezeichnete 1913 die Träger der Einzelgrabkultur als Indoeuropäer. Die These wurde dann ständig weiterentwickelt, besser begründet und ausgebaut, bis dann in den 1930er Jahren auch der „Rassen-Günther“, Hans F. K. Günther (1891–1968), die an-

---

486 Gummel 1938, 292.
487 Gummel 1938, 293.
488 Lund 1998, 14f.; Wiwjorra 2002, 88; vgl. auch S. 388.
489 Much 1886; Wiwjorra 2002, 88; Reichert 2002, 275.
490 Lund 1998, 16, Anm. 19.
491 Veit 1984, 329; Kipper 2002, 270.

thropologische Argumentation beifügte.[492] Die belastete Richtung wird durch Wiwjorra gekennzeichnet: *„Die Lokalisierung der ‚Urheimat der Indogermanen' im Norden (d. h. in Skandinavien oder sogar in Deutschland) implizierte bereits eine weltgeschichtliche Sendung der nordischen Rasse und war dem deutschen Nationalismus insofern zuträglich, als die Deutschen damit nicht nur zum Kernvolk der Germanen, sondern auch der Indogermanen erklärt werden konnten. Der völkische Heimatforscher Karl Felix Wolff beispielsweise stellte 1918 fest: ‚Das nächste Doppeljahrtausend wird eine Zeit der Deutschen sein, denn die Geschichte der Deutschen wiederholt nur die Geschichte der Indogermanen und die Welt steht im Begriffe deutsch zu werden, wie sie einst indogermanisch geworden'.“*[493]

Die Germanen galten sei jeher als Erneuerer der Abendlandes, mit dem Auftreten der Germanen begann die neuere, eigentliche Geschichte, und die Entwicklung setzte im heimischen Raum ein.[494]

Es bedarf noch weiterer Studien, um die Frage zu beantworten, ob die These von der Nordheimat der Indogermanen und der Germanen tatsächlich in der Luft gelegen hat und woher dann dieser Umschwung in der Meinung des Zeitgeistes kam, oder ob es doch schon handfeste Begründungen – und dann in welcher Wissenschaft – gegeben hat.

Doch gab es auch eine kritische Archäologie, die schon frühzeitig sprachwissenschaftliche und urgeschichtliche Quellen trennte. Jacob-Friesen meinte 1928 dazu: *„Die ganze Frage nach einer Urheimat und Urkultur der Indogermanen erübrigt sich u. E. ebenso wie die Frage nach der ‚Ursprache'. Überlassen wir doch das Indogermanenvolk den Linguisten, die dies Volk, von dem sie selbst noch nicht wissen, ob es ein Volk gewesen ist, geschaffen haben!“*[495]

Aber die These von einer Kontinuität zwischen den Germanen des Tacitus und den Deutschen des Mittelalters und der Frühen Neuzeit ist grundsätzlich von Vorteil; war diese einmal akzeptiert, dann ergaben sich mannigfaltige Bezüge und Aktualisierungsmöglichkeiten, ohne daß man deshalb unbedingt in die spätere Germanomanie verfallen mußte. Territoriale Kontinuität und hohes Alter schaffen nun einmal aus sich heraus „Adel“.[496]

---

[492] Lund 1998, 21.
[493] Wiwjorra 1999, 194, zitiert Wolff 1918.
[494] Kipper 2002, 279 zitiert Kaufmann 1880, 3.
[495] Jacob-Friesen 1928, 194.
[496] Werner 2001b, 577.

7. Die Denkmuster – Hermeneutische Zirkel

7.1 Entfaltung der Wissenschaften

Zwar entwickelten sich die verschiedenen Wissenschaften mit ihren zentralen Fragestellungen durchaus parallel zueinander seit Beginn des 19. Jahrhunderts, doch wurde erst durch die multi- oder interdisziplinäre Arbeit daraus das revolutionäre Konzept.

Gewissermaßen vier aufeinanderfolgende Phasen lassen sich beschreiben, die jeweils durch Hinzunahme einer anderen Wissenschaft das Grundkonzept veränderten. Der Weg ging von der (alten) Geschichte über die germanische Philologie und die vergleichende Sprachwissenschaft zur Anthropologie und dann erst zur Archäologie (bzw. Ur- und Frühgeschichte) und am Schluß zur biologisch „völkischen“ Geschichtsauffassung.

Den Anfang bildete die Geschichtswissenschaft; diese 1. Phase hat die älteste Tradition; die auf die Zeit der Humanisten zurückgehende Gleichsetzung „germanisch-deutsch“ war – wenn auch weniger ausgeprägt – auch im 17. und 18. Jahrhundert gegenwärtig, erlebte im 19. Jahrhundert einen neuen Aufschwung. Aus noch mangelnder Kenntnis der urgeschichtlichen Epochen genügte die Überlieferung der antiken Historiker. Die Philosophie der Romantiker von Herder bis Grimm sahen „Völker“ als geistige Einheiten mit ihrer Kultur und wesentlich ihrer Sprache als Träger der Entwicklung.

Die 2. Phase brachte durch die Verknüpfung mit der jüngst entstandenen vergleichenden Sprachwissenschaft und ihren Thesen zur Verwandtschaft vieler europäischer Sprachen einen neuartigen Ansatz, der die älteren Vorstellungen von einheitlichen Volkstümern zu bestätigen schien. Die Deutschen sahen jetzt über die Germanen als ihre unmittelbaren Vorfahren hinaus diese als Teil der Indogermanen oder Indoeuropäer, einst eingewandert aus dem Kaukasus. Biblische Motive der Abstammung und die Erkenntnis von der Verwandtschaft der Sprachen schienen mit vertiefter wissenschaftlichen Begründung eine solche Herkunftstheorie zu festigen und das hohe Alter zu bestätigen.

In der 3. Phase seit den 1880er Jahren wurden Ergebnisse der sich jetzt entfaltenden anthropologischen Wissenschaften zum weiteren Ausbau der Thesen zur Herkunft und Abstammung der Deutschen und ihrer Ahnen, der Germanen, entwickelt. Die Vorstellung von den menschlichen Rassen und ihrer unterschiedlichen Qualität, von den Völkern als biologisch rassische Einheiten, gewann rasch an Boden.

In der 4. Phase wurden nun nur wenige Jahrzehnte gegeneinander verschoben, die Ergebnisse der modernen Ur- und Frühgeschichtsforschung hinzugenommen. Nachdem sich die Vorstellung vom Drei-Perioden-System durchgesetzt hatte, die Arbeit der nationalen Altertumsvereine das archäologische Quellenmaterial gesammelt und beträchtlich vermehrt hatte, war es möglich, archäologische Kulturgruppen räumlich und anscheinend auch zeitlich zu fixieren und diese dann mit den Deutschen bzw. den Germanen gleichzusetzen. Dieser Schritt wurde mit dem durchschlagensten Erfolg von Gustaf Kossinna ausgeführt; seine Publikationen erreichten über beträchtliche Auflagen weite Kreise des gebildeten Bürgertums. In dieser Phase setzte sich nun endgültig auch eine neue Theorie zur Herkunft der Germanen als Vorfahren der Deutschen durch. Nicht mehr Asien, sondern Norddeutschland und Südskandinavien wurden als Ursprungsgebiet der Indogermanen und Germanen festgelegt, nicht zuletzt durch die Entdeckung neuer Kulturgruppen, neben der älteren schnurkeramischen Kultur die der Einzelgrab-Kultur, aus deren beider Verschmelzung dann das Indogermanentum entstanden sei sollte.

Erst die radikale politische Instrumentalisierung der interdisziplinären Forschungsergebnisse bildete die 5. Phase in dieser Abfolge. Diese setzte in den 1890er Jahren ein und verband einen Zweig der Ur- und Frühgeschichtsforschung massiv mit den „völkischen Bewegungen"[497] im wilhelminischen Kaiserreich mit der Fortwirkung und erneuten Instrumentalisierung in den Zwischenkriegsjahren und im Dritten Reich. Kernargument war zudem die unterschiedliche Bewertung des Ranges der Völkerschaften, wobei die Germanen als entscheidende Kulturträger als höchstwertig angesehen, andere abgewertet und schließlich auch für überflüssig erklärt wurden. Von der vaterländischen Altertumskunde führte der Weg zur „hervorragend nationalen" Wissenschaft, nicht nur in Deutschland, ebenso in Frankreich oder in den skandinavischen Ländern.

Eine solche Abfolge von fünf Phasen geistesgeschichtlicher Entwicklung ist konstruiert, viele Stränge laufen parallel, auch vor der fünften Phase gab es politische Verwendung von wissenschaftlichen Ergebnissen. Doch die Verknüpfung mehrerer derartiger Stränge führte zu einer Intensivierung der Richtung in gewisse Extreme, zumal die Kenntnis verloren ging, wie die Argumentationsketten miteinander zusammenhingen und sich bedingten.

Komplexer wird zudem das Gesamtbild, da jeweils nur ein Teil der Forscher sich einer Richtung anschloß: Parallel zur vierten und fünften Phase gab es zahlreiche Urgeschichtsforscher, die wesentlich neutraler dachten und die engen interdisziplinären, wie Gesetze wirkenden Verknüpfungen ablehnten; sie blieben immun gegenüber biologisch „völkischem" Denken, das die ethni-

[497] Den religiösen Aspekt klammere ich hier aus, dazu: Puschner 2001, 203ff.

sche Deutung archäologischer Quellen in den Mittelpunkt stellte, wie früh in der Geschichte Europas auch immer. Die Gleichsetzung von Stämmen, Sprachen, Rassen bzw. biologischen Einheiten als Völker und archäologischen Kulturprovinzen war und ist nur eine Möglichkeit unter einem breiten Fächer anderer Erklärungsmuster. Virchow lehnte derartige Gleichsetzungen als Mediziner, Anthropologe und Archäologe ebenso ab wie – aber nur zeitweilig – der Archäologe Schuchhardt und parallel dazu nachdrücklich Jacob-Friesen.

7.2 Hermeneutische Zirkel

Man kann nur mit Erstaunen registrieren, daß vor allem die „wissenschaftlichen" Auffassungen, die auf unbewiesenen Axiomen und auf der Volksmeinung, auf der Ansicht des Bildungsbürgertums beruhten, sich am meisten durchgesetzt haben. Das ist wiederum aber leicht erklärlich, weil das „Echo" eben im Bildungsbürgertum entstand und zurückwirkte auf die Wissenschaft.

Einer dieser Zirkel der exemplarische Kreisschlüsse und Kennzeichen „völkischen" Denkens ist das Axiom vom *Volk* als wesenhafte biologische Einheit mit typisch kulturellem Habitus und einem Siedlungsraum, z. B. die Germanen (Abb. 4). Das Volk gehört biologisch einer einheitlichen *Rasse* an, bei der Körper und Geist [!] bedeutsam und von hoher kultureller Schöpferkraft sind. Diese kulturellen Leistungen – vom Siedlungswesen über die Bestattungssitten und den künstlerischen Äußerungen im Sachgut – finden ihren Niederschlag in sog. *Kulturkreisen.* Ingo Wiwjorra[498] vermerkt diese Kreisargumentation: *„Die von der Germanistik herkommende, nationalromantisch ausgerichtete ‚vaterländische Altertumskunde'„* verband Sprachaltertümer und Bodenaltertümer sowie Ergebnisse der Rassenideologie, die ebenfalls von der prähistorischen Anthropologie herkam. *„Das Geschichts- und Menschenbild dieser nationalen Ideologie manifestierte sich in einem biologistischen und archaisierenden Verständnis der Begriffe ‚Volk' und ‚Rasse', das einerseits von den jungen Disziplinen der Anthropologie und Archäologie mitgeprägt wurde, andererseits auf diese Fachgebiete zurückwirkte."*[499]

Aber auch im Bereich der wissenschaftlichen Disziplinen, die weniger axiomatisch denken wollten, haben sich dieselben Fehler über das Argumen-

---

498 Wiwjorra 1999, 186.

499 Zur „Germanischen Altertumskunde" vgl. den Beitrag von Heinrich Beck in diesem Band.

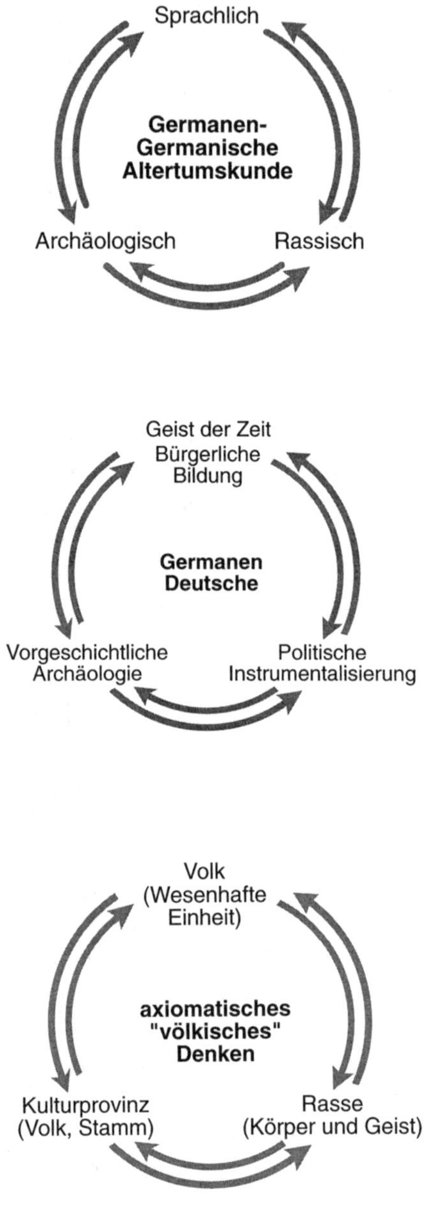

Abb. 4. Die üblichen Kreisschlüsse in den Argumentationen zum Nachweis von „Germanen" und „Deutschen": 1 im Bereich der Germanischen Altertumskunde, 2 im Bereich von allgemeiner Bildung und politischer Instrumentalisierung, 3 auf der Ebene des „völkischen" Denkens.

tieren im Kreis eingeschlichen. Immer wieder wurde vergessen, daß „deutsch" oder „germanisch" oder gar „indogermanisch" anfangs ausschließlich sprachwissenschaftliche Definitionen waren, eine Koppelung mit einer bestimmten Bevölkerungsgruppe – um die Worte Stamm, Volk, Rasse zu umgehen – war nicht von vornherein gegeben, wurde aber nachher gedacht. Aus der Sicht der Anthropologen meinte der sich im Laufe der Zeit wandelnde Begriff der Rasse eine archäologisch definierbare Kulturgruppe (vgl. oben Alfred Schliz' [1849–1915] Erörterungen), die dann einem Volk entsprechen mußte. Zugleich gingen Prähistoriker davon aus, daß ihre anscheinend nachgewiesenen Kulturprovinzen bestimmten Völkerschaften und damit auch einem speziellen Rassetyp entsprechen müßten. Den Beweis hatten anscheinend immer die anderen Disziplinen im Konzert der altertumskundlichen Wissenschaften zuvor erbracht.

Die drei wesentlichen Aussagen für germanisches Altertum und die Ursprünge im Indogermanentum haben sich gegenwärtig als Konstrukte der Wissenschaft der jeweiligen Wissenschaftszweige erwiesen: die indogermanische Ursprache, die archäologischen Formenkreise oder die Kulturprovinzen und die anthropologischen Gruppierungsmöglichkeiten (Rassen) haben heute keinen realen, der ehemaligen Gegenwart entsprechenden Charakter, sondern sind Verständigungshilfen im Diskurs der Wissenschaften.[500]

Die Gleichung „Germanen = Deutsche" läßt sich daher nicht mit den Methoden der Wissenschaften auflösen, sondern erfährt ihren Sinn aus dem Geist der Zeit und dem Stand der bürgerlichen Bildung. Das ist das kollektive Gedächtnis der bürgerlichen Bildungsgesellschaft. Das Denken über „völkisch" Germanisches in der deutschen Ur- und Frühgeschichtsforschung erfuhr und erfährt seine Speisung aus dem allgemeinen Geschichtsbild dieser bürgerlichen Gesellschaft, wirkt auf diese zurück, das dann in Zeiten der Expansion, im Ersten Weltkrieg und dann vor allem im Dritten Reich zweckentfremdet politisch instrumentalisiert wurde. Die nachgewiesenen und möglichst früh datierten archäologischen Kulturprovinzen dienten zur Rechtfertigung von Gebietsansprüchen.

Friedrich Ludwig Jahn (1778–1852) erklärte 1833 Frankreich zum Erzfeind, die Franzosen als *„junge Mischlingsbrut von ausverrömerten Galliern, Römlingen und vielen deutschen Stämmen"* und die Deutschen als ethnisch reines *„Urvolk"* (damals noch im Sinne Tacitus'),[501] – und in seinen „Briefen

[500] Brather 2000.
[501] Langewiesche 2000, 197.

an Auswanderer“ heißt es, daß solche Mischsprachen und Mischvölker „*vernichten oder vernichtet werden*“ müssen, und weiter spricht er von „*durchjuden und durchnegern und verzigeunern* [...].“[502]

Erinnert sei an Äußerungen Bismarcks im Jahr 1861, des Historikers Heinrich von Treitschke im Jahr 1862 oder auch des Philosophen Eduard von Hartmann im Jahr 1885, die Giaro zitiert,[503] mit denen jeweils die Forderung nach der „*Ausrottung*“ der Polen erhoben wurde, und er fährt fort: „*Ähnliche ‚Denkwürdigkeiten‘ zur Ausrottung, Vernichtung und Vertilgung der Juden gab es ‚im so aufgeklärten und vernünftigen‘ Preußen zuhauf*“. Theodor Mommsen zitierte in einem Beitrag „Deutsche und Juden“ von 1880: „*Allerdings wird von der deutschen Nation noch allerlei mehr abfallen als die Kinder Israels, wenn ihr heutiger Bestand nach Tacitus Germania durchcorrigiert wird. Herr Quatrefrages hat vor Jahren nachgewiesen, daß nur die Mittelstaaten wirklich germanisch seien und la race prussienne, eine Masse, zu der verkommene Slaven und allerlei anderer Abfall der Menschheit sich vereinigt habe* [...].“[504]

Diese verantwortungslosen, vielleicht ohne besonderen Tiefgang formulierten Meinungen wiederholten sich bis ins 20. Jahrhundert hinein, und im Dritten Reich wurde nur aufgegriffen und fortgesetzt, was unterschwellig immer schon vorhanden war.

Bei Heinrich von Treitschke (1834–1896) findet wir aus dem Jahr 1862 auch die Äußerung, daß es ein Verdienst der Deutschen sei, die Pruzzen und Wenden ausgerottet und verdrängt zu haben.[505]

Gustaf Kossinna kam in einem Beitrag *Altgermanische Kulturhöhe. Ein Kriegsvortrag*[506] (Jena 1918) damals auch trotz seiner archäologischen Argumentation auf die rein politisch motivierten, nur „völkischen“ Formulierungen zurück und sprach von „*unserer rassenhaften, kulturellen Ueberlegenheit über die anderen Völker*“.[507] Er sprach weiterhin von der geringeren Kulturleistung der Slawen und beschrieb deren „*erschreckende Roheit der Keramik*“; und Carl Schuchhardt[508] formulierte 1926, daß sich die Slawen „*mit einer ganz fremden Kultur in Ostdeutschland eingeschlichen*“ hätten.[509]

---

[502] Langewiesche 2000, 123.
[503] Giaro 2000, 136; Breuer 2001, 92 zu Äußerungen von Eduard von Hartmann 1889.
[504] Zitiert nach Arnold 2002, 308.
[505] Treitschke 1987, 846.
[506] Kossinna 1918.
[507] Wiwjorra 1999, 198.
[508] Schuchhardt 1926, 270.
[509] Wiwjorra 1999, 201.

Doch gab es auch früh besonnene, kritische Stimmen von Wissenschaftlern. Der Freiburger Heinrich Schreiber schrieb 1842: *„Je lobenswerther an und für sich dieses Streben* [der heidnischen Altertumskunde] *ist, umso mehr verlangt es einen freien, umsichtigen Blick; damit es sich rein objectiv halte und nicht in vorgefaßtem Particularismus ausarte. Dieser liegt nämlich umso näher, je älter die Ansprüche bestimmter Völker auf den Boden sind, auf welchem sie sich gegenwärtig bewegen, und der ihnen interessante Überreste der Vorzeit zutage fördert"*.[510]

Ernest Renan bezeichnete die Nation (Staatsnation) als ein „geistiges Prinzip" in der Geschichte und plädierte gegen die Archäologie nationaler Gebietsansprüche.[511] Doch Gebietsansprüche wurden auch im 19. Jahrhundert ethnisch und archäologisch begründet. In dem immer wieder zitierten Schreiben von Ernest Renan an David Friedrich Strauß während des Krieges 1870/71 ist zu lesen:[512] *„Ihr* [Deutschen] *habt an die Stelle der liberalen Politik das Banner archäologischer und ethnographischer Politik entfaltet; die Politik wird euch zum Verhängnis werden* [...] *Die Slawen werden sich dafür begeistern;* [...] *wie könnt ihr glauben, die Slawen würden euch nicht zufügen, was ihr andern antut?* [...] *Wenn eines Tages Slawen Anspruch auf das eigentliche Preußen, auf Pommern, Schlesien und Berlin erheben werden, und zwar deswegen, weil alle diese Namen slawischen Ursprungs sind* [...]." Und derartige Kontinuitätsstränge der Argumentation lassen sich bis in die Zeit der Humanisten, der Wiederentdeckung der Germania des Tacitus aufspüren, als Jakob Wimpfeling die Gewinnung des Elsaß für das Deutsche Reich mit dem Rückgriff auf die antiken Verhältnisse nach Tacitus begründete.[513]

Anton Tschechow[514] läßt in *Das Duell* von 1891 einen aus Deutschland stammenden Zoologen sagen: *„Du darfst nur eines nicht vergessen* [...], *daß die Menschheit in ihren Anfängen* [...] *durch den Kampf ums Dasein und die natürliche Zuchtwahl geschützt wurde; jetzt aber hat unsere Kultur Kampf und Auswahl erheblich abgeschwächt, und wir müssen selber darauf bedacht sein, die Kraftlosen und Untauglichen zu vernichten, anders wird die Zivilisation* [...] *untergehen, und die Menschheit stirbt völlig aus"*. Ihm antwortet ein russischer Arzt: *„Wenn es so steht, daß man die Menschheit ertränken und aufhängen muß,* [...] *dann zum Teufel mit deiner Zivilisation* [...] *du bist ein*

---

510 Zitiert nach K. Böhner, in: W. und L. Lindenschmit 1848/1969.
511 Langewiesche 2000, 9.
512 Zitiert nach v. Krockow 1997.
513 v. See 1970, 49.
514 Tschechow 1982, 50.

großer Gelehrter [...] *aber die Deutschen haben dich verdorben. Ja, die Deutschen! Die Deutschen!"*

Seit dem 19. Jahrhundert konnte nach Entdeckung des Volkes kein Staat mehr sein Territorium auf Kosten eines anderen Staates erweitern, ohne eine nationalpolitische, d. h. „völkische" Begründung für die territoriale Expansion zu finden,[515] was im 20. Jahrhundert entsprechende Folgen hatte. Das „völkische" Denken fand in den Arbeiten der Ur- und Frühgeschichte für politische Ansprüche die entsprechenden Hilfestellungen während des Dritten Reichs und des Zweiten Weltkriegs. Sowohl im Westen wurden die Forschungen zur Entstehung der fränkischen/germanischen Reihengräberzivilisation und ihrer Ausdehnung bis an die Loire zur Grundlage für territoriale Forderungen.[516] Und noch mehr im Osten, das schon aufgrund der Grenzverschiebungen nach dem Ersten Weltkrieg. Da Volk bis zum Ende des Weltkrieges gewissermaßen dasselbe bedeutete wie Nation, nämlich eine geschlossen siedelnde Gemeinschaft von Menschen gleicher Abstammung, Sprache und Kultur, wurde daraus nun ein Volk ohne solch umgrenztes Territorium, da viele Deutsche nun außerhalb der Reichsgrenzen lebten. Die Diskussion zwischen deutschen (B. v. Richthofen)[517] und polnischen (J. Kostrzewski)[518] Prähistorikern in den 1920er und 1930er Jahren hantierte mit denselben Argumenten, wenn es um damals polnisches Staatsgebiet ging, und ebenso die Diskussion in der NS-Zeit um die jeweils ältesten Rechte an Böhmen[519] oder um den Grenzkampf in der Ostmark[520] und den deutschen Drang nach Osten.[521] Es wäre eine weitere Aufgabe, Schulgeschichtsbücher der NS-Zeit darauf hin zu befragen, mit welchen alten „völkischen" Ressentiments sie das Verhältnis von Germanen und Deutschen einerseits sowie Slawen andererseits belasteten.[522]

[515] Langewiesche 2000, 24.
[516] Fehr 2001; dazu jetzt umfassend Fehr 2003.
[517] v. Richthofen 1929.
[518] Kostrzewski 1930.
[519] v. Richthofen/Zotz 1940.
[520] Beninger 1939.
[521] Wippermann 1981.
[522] Clever 2000; zur deutschen Ostforschung und Archäologie vgl. Müller-Wille 2002.

8. Bilanz

8.1 Kontinuitäten des Denkens

Wie ausgreifend ist „völkisch" Germanisches in der Ur- und Frühgeschichtswissenschaft gewesen, welchen Anteil hatte diese Richtung der Wissenschaft und wie weit wirkt sie heute nach?

Man kann auch eine Forschungsgeschichte ganz ohne „völkisch" germanische Fragestellungen schreiben; oder man kann die völkische Richtung betonen und die Alternativen aufzeigen: Letzteres ist eine dogmatische Sackgasse – Irrweg aufgrund des Zeitgeistes, von dem man sich nicht befreien kann.

Man darf aber Geschichtsschreibung nicht auf die Rekonstruktion des Bewußtseins derer beschränken, auf deren Zeit sie jeweils zielt; denn nicht nur das, was einst geschah und gedacht wurde, macht Geschichte aus, sondern ebenso auch das, was in späterer Zeit für wahr gehalten wurde. Geschichtsschreibung strebt nicht nur eine Rekonstruktion von Vergangenheiten an, sondern auch die spätere Rezeption von diesen Vergangenheiten, die zwischen der Gegenwart und jener Vergangenheit liegen, die uns interessieren. Deshalb ist das Studium von Handbüchern und Übersichtsdarstellungen zur Geschichte ur- und frühgeschichtlicher Epochen oder der Frühphase deutscher Geschichte so aufschlußreich, werfen sie doch entscheidendes Licht – neben aller Vermittlung von Sachkenntnissen – auf die eigene Epoche, hier das 19. und 20. Jahrhundert.

Zu den Kollektiverinnerungen, dem Gruppengedächtnis im Sinne Maurice Halbwachs und anderen,[523] gehört die Gleichsetzung von Deutschen der je eigenen Gegenwart mit den Germanen der Zeit des Arminius, oder anders ausgedrückt, des Tacitus als raumzeitliche (damit auch biologische Bevölkerungs-)Kontinuität seit zweitausend oder mehr Jahren, obgleich ein beachtlicher Anteil moderner Deutscher sich fragt – vielleicht nur seinen Namen betrachten müßte, ob man nicht ebenso die Gleichung Deutsche und Slawen, Preußen etc. denken sollte, denn jenseits der Elbe ab Hamburg und Magdeburg lebten von Sprache und Ethnos her andere Gruppen. Doch könnte dieses Gruppengedächtnis das vielleicht verdrängt haben, weil in völkischer Epoche vom Beginn bis zur Mitte des 20. Jahrhunderts die Zwischenphase der slawischen Besiedlung des ostelbischen Gebietes seit dem 6./7. Jahrhundert, das zuvor von Germanen bewohnt gewesen war, bis zur Ostkolonisa-

[523] François/Schulze 2001a, 13f.

tion im 12./13. Jahrhundert ausgeklammert wurde. *„Erst im Gedächtnis formt sich die Wirklichkeit"*, so Marcel Proust; man erinnert sich an das, woran man will oder soll.

Archäologische Kulturen lassen sich als Konstrukte der Wissenschaftler entlarven, sind nicht – Grünert versteht das falsch – *„materialisierte Hinterlassenschaft einer handelnden Einheit, als ein quasiideologiefreies Substitut einer ethnischen Gemeinschaft betrachtet"*.[524] Schon Jacob-Friesen gab 1928 ernsthaft zu bedenken: *„Der zuletzt beschrittene Weg ist die Fundgeographie. Auch diese drohte sich einseitig – und zwar ethnisch – einzustellen. Hier war es besonders die Kossinnasche Hypothese ‚Kultur = Volk', die zu voreiligen Schlüssen führte. Wir dürfen nicht mit Begriffen, wie ‚Kultur', ‚Kulturkreis' oder ‚Zivilisation' arbeiten, wenn wir nur einen einzelnen ‚Formenkreis' haben"*.[525]

Jacob-Friesen meinte auch 1928 bereits: *„Vom großen Publikum ist schon manche Hypothese als bare Münze angesehen worden, die sich dann nur schwer dem Verkehr wieder entziehen läßt; man denke nur an die Wanderungen der indogermanischen Völker!"*[526]

Die Ur- und Frühgeschichte als Wissenschaft hat sich in den Zeitgeist erst hinein entwickelt, der von der Gleichung „Germanisch = deutsch" als Selbstverständlichkeit ausging, d. h., das „völkisch" germanische Denkmuster war vorhanden. Nacheinander paßten sich die verschiedenen neuen wissenschaftlichen Forschungsstränge dieser Situation an, auf die Entwicklung der Sprachwissenschaft mit dem Indogermanenproblem folgte die Anthropologie mit der Rassenfrage, ehe dann die Ur- und Frühgeschichte mit dem Dreiperiodensystem und ersten Versuchen, die zeitliche Dimension in der Tiefe zu gewinnen, sich anschloß.

Dabei gab es immer zwei Hauptentwicklungslinien, die eine – um die es in diesem Beitrag geht – folgte der „völkisch" germanischen Linie, in die sie gewissermaßen hineinentwickelt war –, die andere entwarf kritische Denkmodelle mit methodischen Bedenken gegen die schlichte unmittelbare Gleichsetzung von Germanen mit archäologischen Kulturgruppen. Verblüffend ist dabei, daß im Deutschland des späten 19. Jahrhunderts die lineare Gleichsetzung von Deutschen mit Germanen sich durchsetzen konnte, obwohl andererseits allgemein bekannt war, daß die östliche Hälfte der deutschen Bevölkerung auf slawische Vorfahren zurückging. Im übrigen scheint auch der Name Kossinna kaum ein germanischer, eher ein baltischer zu sein.

---

524 Grünert 2002, 344; Veit 1989, 42; Steuer 2001b, 22.
525 Jacob-Friesen 1928, 230.
526 Jacob-Friesen 1928, 233.

Verblüffend ist ebenfalls, daß das ethnische Paradigma bis heute weiter einen Strang der Forschung massiv bestimmt und auch, daß anscheinend überwundene Forschungsansätze plötzlich, ohne erweiterte wissenschaftliche Begründungen, wieder aufscheinen. Die Ausbreitung der ersten bäuerlichen Kultur, der Linearbandkeramischen Kultur, aus dem Südosten über ganz Mitteleuropa mit der Ausbreitung der indogermanischen Sprachwelt gleichzusetzen, wird gegenwärtig wieder postuliert,[527] ohne daß zur Datierung mit naturwissenschaftlichen Methoden für diese archäologische Kultur in die Zeit um 5600 v. Chr. parallel irgendein Zeitansatz für die Sprachgeschichte neu gewonnen werden konnte. Die Dekonstruktion des Modells einer einst gesprochenen indogermanischen Ursprache und die Erkenntnis, daß sprachliche Entwicklungen nicht zu datieren sind, hatten dazu geführt, daß man diese unterschiedlichen Quellengruppen nicht linear verbinden kann.

Im 19. Jahrhundert war man erst bei der Sammlung und zeitlichen Einordnung von Artefakten, und die siedlungsarchäologische Methode Kossinnas bestand daraus, anhand der Kartierung von zeitgleichen Artefakten Kultur- und Formenkreise zu konstruieren, die mit Stammesgebieten gleichgesetzt wurden. Es war schon ein Fortschritt, dazu auch geschlossene Fundkomplexe, meist Gräber mit Beigaben, heranzuziehen. Siedlungsgrabungen selbst waren noch nicht möglich; dazu mußten die methodischen und technischen Voraussetzungen erst geschaffen werden. Gegenwärtig gehören die Ausgrabungen von kompletten Siedlungen oder ganzer Siedlungslandschaften, d. h. die Abdeckung von einigen Dutzend Hektar, zur eigentlichen Siedlungsarchäologie, was völlig neue Fragestellungen und Forschungsansätze eröffnet, auch zu Überlegungen über ethnisches und stammeskundliches Geschehen.

Zu diesem Thema gehört auch die Wertung der Verwendung von Begriffen wie „*Germania magna*", „*Germania barbarica*" und „*Germania libera*". Die antike Überlieferung kennt den Begriff „*Germania libera*" nicht;[528] er spiegelt die Auffassung des 19. Jahrhunderts, als er aufkam, und ist anscheinend erstmals in einer Niederschrift der Vorlesung im Wintersemester 1835/36, die Jacob Grimm in Göttingen gehalten hat, nachweisbar.[529] Die Benennung „*Germania libera*" wurde mit politischer Stoßrichtung dem Römischen Imperium und der „*Germania romana*" gegenübergestellt, das „freie" Germanien dem besetzten und unterworfenen Germanien. Die politische Instrumentalisierung, die darin steckt, wurde vergessen. Der Begriff als Beschrei-

---

[527] Renfrew 1987; 1997; Mallory 1989; ders. 1997.

[528] R.-Alföldy 1997.

[529] Neumaier 1997, 67; vgl. auch v. Carnap-Bornheim 2001, 188.

bung des germanischen Gebietes außerhalb der römischen Germanenprovinzen am Rhein verselbständigte sich und wird nun sogar von Mittelalterhistorikern unbedacht weiter verwendet.[530]

Die Anthropologie als neue Wissenschaft lieferte die Fakten für eine Unterscheidung menschlicher Rassen und die Bewertung auch des urgeschichtlichen Skelettmaterials. Denn damit war ein zweiter Ansatz für eine Datierung und damit für den Nachweis einer zeitlichen Ferne menschlicher Reste gegeben, mit der man wie bei dem übrigen archäologischen Quellenstoff weit vor die ältesten Sprachzeugnisse kam. Zwar blieb den meisten Archäologen bewußt, daß im Sinne der Rassenlehre in Deutschland verschiedene „Rassen", die Kelten, Slawen und Germanen zur deutschen Bevölkerung beigetragen hatten, aber Abstammungsdenken und Blutsverbindungen traten in den Vordergrund; erstaunlich gründlich gelang das Ausblenden anderer als „germanischer" Aspekte.

Die neuen anthropologischen Forschungsergebnisse rassenbiologischer Art wurden dann verbunden mit den traditionellen Ergebnissen der romantischen Auffassung vom Volk als einer überindividuellen Wesenheit. Von dieser rückwirkend auf die anthropologische Forschung machte sich die Vorstellungen breit, daß mit dem körperlichen Erscheinungsbild einer Rasse auch genuin bestimmte geistige Qualitäten verbunden waren.

Die Nation und damit auch das völkische Denken werden zum Religionsersatz bzw. zu einer Säkularreligion.[531] Norbert Elias charakterisierte den Nationalismus als *„eines der mächtigsten, wenn nicht das mächtigste soziale Glaubenssystem des 19. und 20. Jahrhunderts"*.[532]

Die Auffassung von der Identität frühmittelalterlicher und zeitgenössischer „Völker" ist ein Mythos;[533] doch auch die Annahme von Identität zwischen neolithischen oder anderweitig urgeschichtlichen Völkern und den Deutschen der Gegenwart über die Germanen als Brücke hinweg wurde zum Mythos, der bis heute weiterlebt.

Es gab verschiedene Grade volklichen bis völkischen Denkens bei der Interpretation archäologischer Befunde:

– *Beschreibung*: Formenkreise als Niederschlag von Völkern spiegeln Siedlungsräume und ihre Ausbreitung in Epochen, aus denen noch keine Sprachüberlieferung existiert und die Gruppierungen werden neutral bezeichnet (Virchow).

---

530 Prinz 2003, *passim*.
531 Langewiesche 2000, 16f. und 34.
532 Langewiesche 2000, 42.
533 Geary 2002, 47.

– *Deutung:* Formenkreise spiegeln auch ohne sprachliche Überlieferung bekannte Völkerschaften, so Germanen, wenn Kontinuität im archäologischen Befund nachweisbar ist (Kossinna).

– *Beurteilung:* die Struktur der Formenkreise, die Güte der Architektur, die Qualität der Sachgüter etc. spiegeln besonderen Rang der Völkerschaft, was unterstützt wird durch anthropologische Befunde.

– *Bewertung:* der Nachweis des hohen Alters der Formenkreise bzw. Völkerschaften höchster Qualität räumt ihnen Vorrang ein, der im darwinistischen Sinne gar die Ausweitung des eigenen Siedlungsraumes zur Pflicht und die Vernichtung der anderen, geringwertigen Völker zur Aufgabe macht.

Wie einleuchtend hat Sebastian Haffner[534] schon 1939 in seiner erst jüngst gefundenen und veröffentlichten *Geschichte eines Deutschen. Die Erinnerungen 1914–1933* geschrieben: „*Liest man eine der normalen Geschichtsdarstellungen – von denen man allzu leicht vergißt, daß sie immer nur den Umriß der Dinge enthalten und nicht die Dinge selbst –, so ist man versucht zu glauben, Geschichte spiele sich zwischen einigen Dutzend Leuten ab, die gerade ‚die Geschicke der Völker lenken‘* [...] *aber es ist nichtsdestoweniger eine schlichte Tatsache, daß sich die wirklich zählenden geschichtlichen Ereignisse und Entscheidungen unter uns Anonymen abspielen, in der Brust einer jeden zufälligen und privaten Einzelperson* [...] *Und es ist ein Merkmal dieser entscheidenden Ereignisse, daß sie niemals als Massenerscheinungen* [...] *sichtbar werden* [...], *sondern stets nur als scheinbar privates Erlebnis Tausender und Millionen Einzelner*“.

Das sind die Vorgänge und Erfahrungen, die „*mit denjenigen seelischen Bewegungen, Reaktionen und Verwandlungen, die in ihrer Simultaneität und Massierung das Dritte Reich Hitlers erst möglich gemacht haben, und die heute* [1939] *seinen unsichtbaren Hintergrund bilden*“. Solche seelischen Vorgänge spielten sich im privaten Leben ab, im Fühlen und Denken all der einzelnen Deutschen, die sie im Laufe ihrer Jugend zu Beginn des 20. Jahrhunderts und bis zum Ersten Weltkrieg erlernt hatten, sei es in einer der bündischen Gruppierungen oder in einer der anderen Jugendbewegungen.

So schließt zum Beispiel jedes Bekenntnis zur Nation auch immer Ausgrenzung mit ein. Reinhart Koselleck formuliert: „*‚Nation‘ ist zu einem kulturellen Bewegungsbegriff geworden, dem trotz seiner universalen Ideale kraft der Sprache ein hartes Ein- und Ausschließungskriterium innewohnt*“.[535]

---

[534] Haffner 2000, 170f.

[535] Koselleck 1992, 387.

Alle Ausschließungskriterien, die im 20. Jahrhundert wirkungsmächtig geworden sind, das klassenspezifische ebenso wie das rassenpolitische, sind schon *„langfristig in der deutschen Semantik des vergangenen Jahrhunderts angelegt“*.[536]

Aktualität gewinnen derartige Überlegungen, wenn im Herbst des Jahres 2000 im Zuge der Diskussion um die Frage, ob Deutschland ein Einwanderungsland sei, eine „deutsche Leitkultur“ oder abgeschwächt eine „Leitkultur in Deutschland“ erfunden wird, und das in einem politisch und kulturell zusammenwachsenden Europa. Und wenn die Erfinder dabei eine Formulierung des aus Syrien stammenden Göttinger Politologen und deutschen Staatsbürgers Bassam Tibi[537] von 1998 aufgreifen, aber verdrehen, der eigentlich Europa als Identitätsziel im Sinne hat und sich der europäischen Aufklärung verpflichtet fühlt, um auf diese Weise indirekt deutsche Identität oder Identität in Deutschland – dabei auf diffuse Ängste der Bevölkerung zielend – schaffen zu wollen durch Abgrenzung gegen alle möglichen Alteritäten. Nicht der Inhalt des Begriffs, über den man trefflich streiten kann, ist hier das Erregende, sondern überhaupt die Anmaßung einer politischen Partei, anderen Staatsbürgern in Deutschland vorschreiben zu wollen, wie ihr kultureller Habitus beschaffen sein soll. Untergründige Gefahr verbirgt sich in den Worten, die Sprache wird bewußt oder auch unbewußt zum Transportmittel von ungewollten Tendenzen in der Beurteilung der bei und mit uns lebenden Menschen.

Das Aufkommen eines Begriffs wie deutsche Leitkultur läßt ahnen, wie rasch sich unterschwellig wieder undifferenziert „völkisches“ Denken zu verbreiten scheint oder virulent vorhanden ist. Die Sprache birgt alle negativen Möglichkeiten der Wörter, und sie beschreibt die geistige Verfassung einer Epoche.[538] Die Analyse der Wörter und ihres Gebrauchs erhellt, wann die Wörter aufgekommen sind, aus welcher Welt heraus sie den neuartigen Gehalt aufgenommen haben und wie solche Wörter fortwirken können.

8.2 Volksgeschichte oder Kulturgeschichte

Das „völkische“ Denken bildet nicht nur im Bereich der ethnischen Deutung urgeschichtlicher Formen- oder Kulturkreise immer noch die methodische

---

[536] Langewiesche 2000, 50, hier nach R. Koselleck.
[537] Tibi 1998.
[538] Schmitz-Berning 2000.

Ausgangsbasis in der Ur- und Frühgeschichtsforschung, sondern ebenso die Grundlage für das Geschichtsbewußtsein der Allgemeinheit, denn allein deshalb entsteht die Gleichung „deutsch = germanisch“ und umgekehrt.

Die Annahme einer biologischen Bevölkerungskontinuität im geographischen Gebiet Deutschland erlaubt es anscheinend, auf die germanische Frühzeit zurückgreifen zu können, um Probleme der Gegenwart zu beleuchten. Dabei erscheint die germanische Frühzeit nicht einmal als die Epoche der Germania des Tacitus oder des Arminius, sondern sie reicht weit in das Neolithikum hinein.

Nicht näher zu thematisieren ist hier der Wechsel von der Volksgeschichte zur Sozialgeschichte nach 1945 im Bereich der deutschen Geschichtswissenschaft.[539]

Wenn man heute lesen kann, *„kaum ein Deutscher mag sich heute noch in den Germanen des Tacitus wiedererkennen“*[540] und *„man darf heute wohl die Prophezeiung wagen, daß eine neue Identifizierung mit einer wie immer gearteten germanischen Vorzeit, daß eine Germanen-Renaissance auszuschließen sei. Der berühmte Faden der Kontinuität ist abgerissen“*,[541] dann sei daran erinnert, das nach Meinung der Herausgeber der *Deutschen Erinnerungsorte* im Jahr 2001 derartiges fortwirkt im Bewußtsein der Bürger, und der Rummel um die Varusschlacht und das neue Museum in Kalkriese spiegeln ein solches untergründiges Erinnern. Es mag sein, daß noch eine Generation ohne Geschichtsunterricht zum Vergessen der Vergangenheit führt und daß dann ein Ergebnis erreicht wird, das Michael Werner vorwegnimmt.

Die negative Bewertung des „völkisch“-Germanischen in der deutschen Ur- und Frühgeschichtsforschung führt zur Überlegung, welche methodischen Ansätze gegenwärtig das Werkzeug unserer Wissenschaft ausmachen, warum wir so denken und Schlüsse ziehen, wie wir denken und argumentieren. Zwei grundverschiedene Wege beherrschen die Ur- und Frühgeschichtsforschung in Deutschland: Es gibt seit Beginn an neben der „völkischen“ Linie auch eine andere, die „kulturwissenschaftliche“ Linie. Gustav Friedrich Klemm (1802–1867) schrieb 1836 in der Einleitung zu seinem *Handbuch der germanischen Altertumskunde*: *„Die germanische Altertumskunde* [...] *beschäftigt sich* [...] *mit dem häuslichen und öffentlichen Leben im Krieg und Frieden, dem Kulturzustand und Religionswesen der Deutschen während eines Zeitraumes, wo diese von ihren kultivierten Nachbarn Germanen genannt*

[539] Oberkrome 1993; 1999.
[540] Werner 2001b, 570.
[541] Werner 2001b, 585.

wurden [...]".[542] Das ist eine neutrale, nicht nationalistische Formulierung, die jedoch von der Gleichsetzung Deutsche und Germanen bis in ferne Urzeit ausgeht. Jacob-Friesen bestätigte 1928: *„Urgeschichte ist in allererster Linie Kulturgeschichte, und wenn sie sich von den anderen Abschnitten der Geschichte dadurch unterscheidet, daß sie im allgemeinen keinen Namen nennt, weder von Völkern, noch von Personen, so ist das durchaus kein Zeichen für Minderwertigkeit"*.[543]

Der kulturwissenschaftliche Ansatz – mit oder ohne ausgeprägte Theoriereflektion – geht davon aus, daß anhand der archäologischen Ausgrabungsergebnisse die ehemaligen Lebensrealitäten, der zivilisatorische Zuschnitt sowie kulturelle und religiöse Vorstellungen rekonstruiert werden können, die die Bevölkerung eines Gebietes zu einer bestimmten vergangenen Zeit ausgezeichnet haben und die Wandlungen unterlegen sind.

Der „völkische" Ansatz stellt die ethnische Deutung archäologischer Zusammenhänge als zentrale Fragestellung in den Vordergrund und daß seit den Anfängen der Ur- und Frühgeschichte als Wissenschaft bis ins 21. Jahrhundert.

Es ist somit zu fragen, warum das immer noch so ist; denn einerseits ist die ethnische Frage nur eine unter vielen anderen und heute eine irrelevant gewordene, weil mit den Antworten nichts mehr anzufangen ist, weil nur noch Archäologen und Historiker einer gewissen Denkrichtung derartige Fragen stellen.

Mit der Relativierung dessen, was ein Ethnos, ein Stamm oder eine Völkerschaft ist, in erster Linie eine bewußte Selbstzuordnung von Menschen zu einer Gruppe, die dafür keine Abzeichen, nicht einmal dieselbe Sprache braucht, relativiert sich auch die Fragestellung. Der Prähistoriker Jacob-Friesen hat schon 1928 in den einleitenden Worten seines Buches über *Grundfragen der Urgeschichtsforschung* in diese Richtung definiert: *„Volk ist eine bewußte Lebenseinheit von Menschen mit gemeinsamem Denken und Fühlen, die in gemeinsamer Sprache oder Religion und Sitte verbunden ist und sich dadurch von anderen Einheiten unterscheidet"*.[544] Es ist die bewußte Lebenseinheit, nicht eine Abstammungs- oder Blutsgemeinschaft, die ein Volk konstituiert.

Für frühgeschichtliche Epochen hat die Frage nach ethnischen Einheiten und ihre mögliche Widerspiegelung im archäologischen Quellenmaterial eine gewisse Berechtigung, da Namen für Gruppen, Kelten, Germanen oder Sla-

---

[542] Klemm 1836; Gummel 1938, 120.
[543] Jacob-Friesen 1928, 231.
[544] Jacob-Friesen 1928, 3.

wen oder Untergruppen wie Häduer, Sequaner oder Cherusker und Sueben oder Franken und Alamannen oder Lutizen und Wilzen, überliefert sind. Eine vielgliedrige Diskussion beschäftigt sich damit, was sich hinter diesen Namen für gesellschaftliche Gruppierungen verbergen.

Für urgeschichtliche Epochen ist das Problem zwiespältig behandelt worden: Entweder man stellt die Frage nach ethnischen Einheiten nicht, weil keine Namen bekannt sind, d. h., man sieht die Frage als nicht relevant an, wie das schon Rudolf Virchow vorgeschlagen hat. Oder man projiziert bei nachgewiesener Siedlungs- und Kulturkontinuität die bekannten Namen weiter in die Vergangenheit, spricht von Germanen in der Bronzezeit oder von Kelten in der Urnenfelderzeit oder – methodisch vorsichtiger – von Gruppen im Gebiet der späteren Kelten oder der späteren Germanen.

Die dritte Lösung, die gegenwärtig diskutiert wird, betrachtet den kulturanthropologischen Ansatz über Analogie-Schlüsse anhand ethnographischer Parallelen als einen Zugang, ethnische, wenn auch namenlose Einheiten anhand kultureller Ausdrucksformen zu erschließen.[545] Alternativ werden intrakulturelle und interkulturelle Analogien diskutiert. Bei intrakulturellen Ansätzen bleibt die ethnische Deutung nicht aus, wenn es um hallstatt- oder latènezeitliche Vergleiche von Verhältnissen im „keltischen" Bereich mit Kulturgruppen im Mittelmeergebiet geht. Interkulturelle Analogien rufen regelmäßig den Eindruck hervor, daß eine gewisse Beliebigkeit im zufälligen Parallelisieren besteht.

Die Erfindung der Völker findet immer wieder statt von der Antike bis in die Moderne, aus unterschiedlichen politischen Anlässen. Dazu gehört auch die Legende vom Werden der Völker und Nationen im frühen Mittelalter. Patrick J. Geary weist darauf hin, wie beunruhigend es sei, wie sehr auch heute noch *„Völker als objektive Phänomene"* mit dauerhaftem Bestand betrachtet werden.[546]

Doch kann man abschließend sagen: Die Erfindung des „Volkes" verbunden mit dem späteren „völkischen Denken", erwachsen aus dem Wunsche nach einer nationalen Identitätsfindung, hat in Nachfolge auch die Ur- und Frühgeschichtswissenschaft mit dieser Konstruktion des 19. Jahrhunderts infiziert. Nach der Auflösung der herkömmlichen Vorstellungen von „Volk" und „Stamm" verschwindet damit auch der Sinn des Paradigmas der ethnischen Deutung als Fragestellung in unserer Wissenschaft.

---

545 Eggert 2001, 341ff.; Veit 2000. Die anderen methodischen Ansätze der prozessualen und postprozessualen Archäologie scheinen modern zu sein, doch gibt es auch hierbei Berührungen zum „völkischen" Denken in ethnischen Einheiten.

546 Geary 2002, 21.

Literatur

A) Primärliteratur

Ascher 1815
Saul Ascher, Die Germanomanie. Skizze zu einem Geschichtsgemälde (Berlin 1815).

Bastian 1881
Adolf Bastian, Der Völkergedanke im Aufbau einer Wissenschaft vom Menschen und seine Begründung auf ethnologischen Sammlungen (Berlin 1881).

Bastian 1895
Adolf Bastian, Ethnische Elementargedanken in der Lehre vom Menschen (Berlin 1895).

Beninger 1939
Eduard Beninger, Germanischer Grenzkampf in der Ostmark (Wien 1939).

Bieder 1921–1925
Th. Bieder, Geschichte der Germanenforschung, I–III (Leipzig/Berlin 1921–1925).

Blumenbach 1798
Johann Friedrich Blumenbach, Über die natürlichen Verschiedenheiten im Menschengeschlechte (Leipzig 1798).

Bredow 1808
Gottfried Gabriel Bredow, Merkwürdige Begebenheiten aus der allgemeinen Weltgeschichte. Für den ersten Unterricht in der Geschichte, besonders für Bürger- und Landschulen (Altona ^{4}1808).

Boehm 1932
Max Hildebert Boehm, Das eigenständige Volk (1932).

Bolanden 1875
Conrad von Bolanden, Urdeutsch. Historischer Roman, 2 Bde. (Mainz 1875).

Bühler 1934
Johannes Bühler, Deutsche Geschichte. Urzeit, Bauerntum und Aristokratie bis um 1100 (Berlin/Leipzig 1934).

Chamberlain 1899
Houston Stewart Chamberlain, Die Grundlagen des XIX. Jahrhunderts, 2 Bde. (München 1899).

Dahn 1898
Felix Dahn, Deutsche Lieder, in: Felix Dahns sämtliche Werke poetischen Inhalts, Bd. 18, Gedichte (Leipzig 1898).

Dahn 1899
Felix Dahn, Urgeschichte der germanischen und romanischen Völker Bd. 1 (Berlin 1881; ^{2}1899).

Damm 1933
L. Damm, Sollen wir Findlinge als Grab- und Denkmäler verwenden? in: Gartenkunst 46, Heft 11, November 1933, 161–165.

Dannenbauer 1935
Heinrich Dannenbauer, Germanisches Altertum und deutsche Geschichtswissenschaft. Antrittsvorlesung. Philosophie und Geschichte. Eine Sammlung von Vorträgen und Schriften aus dem Gebiet der Philosophie und Geschichte 52 (Tübingen 1935).

Deutsche Geschichte 1982
Deutsche Geschichte, Bd. 1: Von den Anfängen bis zur Ausbildung des Feudalismus Mitte 11. Jahrhunderts. Autorengruppe: Joachim Herrmann et al. (Köln 1982).

Deutsches Wörterbuch 1935
Jacob Grimm und Wilhelm Grimm, Deutsches Wörterbuch, 11. Bd., I. Abt., I. Teil, T-Treftig (Leipzig 1935).

Deutsches Wörterbuch 1983
Jacob Grimm und Wilhelm Grimm, Deutsches Wörterbuch, Neubearbeitung, 6. Bd., D-D-Zug (Leipzig 1983).

Eggers 1986
Hans Jürgen Eggers, Einführung in die Vorgeschichte. Mit einem Nachwort von Georg Kossack (München 1959; 3. erweiterte Aufl. München/Zürich 1986).

Fleckenstein 1974
Josef Fleckenstein, Grundlagen und Beginn der deutschen Geschichte. Deutsche Geschichte Bd. 1. Kleine Vandenhoeck-Reihe (Göttingen 1974).

Fried 1994/1998
Johannes Fried, Der Weg in die Geschichte. Die Ursprünge Deutschlands bis 1024 (Berlin 1994/Taschenbuchausgabe 1998).

Fuhrmann 1998
Horst Fuhrmann, Vorwort, in: Gustav Freytag, Bilder aus deutscher Vergangenheit (Gütersloh/München 1998).

Gierke 1873
Otto von Gierke, Das deutsche Genossenschaftsrecht, Bd. I: Rechtsgeschichte der deutschen Genossenschaft (1873, Nachdruck Graz 1954).

Gobineau 1898–1901
Joseph Arthur Gobineau, Versuch über die Ungleichheit der Menschenracen, 4 Bde. (Stuttgart 1898–1901).

Grimm 1875
Jacob Grimm, Deutsche Mythologie, 4. Aufl. besorgt von E. H. Meyer (Berlin 1875).

Großhans 1937
Karl Großhans, Romain Rolland und der germanische Geist (Diss. Berlin 1937).

Günther 1934
Hans Friedrich Karl Günther, Die nordische Rasse bei den Indogermanen Asiens (München 1934).

Günther 1935
Hans Friedrich Karl Günther, Herkunft und Rassengeschichte der Germanen (München/Berlin 1935).

Gummel 1938
Hans Gummel, Forschungsgeschichte in Deutschland. Die Urgeschichtsforschung und ihre historische Entwicklung in den Kulturstaaten der Erde, Bd.1 (Berlin 1938).

Haffner 2000
Sebastian Haffner, Geschichte eines Deutschen. Die Erinnerungen 1914–1933 (Stuttgart/München 2000).

Hallbaum 1937
Frans Hallbaum, Gestaltung deutscher Kriegergräberstätten, in: Zentralblatt der Bauverwaltung 57, 1937, Heft 7, 167–179.

Herder 1784–1791
Johann Gottfried Herder, Ideen zur Philosophie der Geschichte der Menschheit (Riga/Leipzig 1784–1791; Neudruck Wiesbaden 1985).

Hoernes 1905
Moritz Hoernes, Die jüngere Steinzeit und die Rassenfrage, in: Politisch-anthropologische Revue 4, Nr. 2, 1905, 65–75.

Hoops 1911–1913
Johannes Hoops, Reallexikon der Germanischen Altertumskunde. Erster Band (Straßburg 1911–1913).

Jacob-Friesen 1928
Karl Hermann Jacob-Friesen, Grundfragen der Urgeschichtsforschung. Stand und Kritik der Forschung über Rassen, Völker und Kulturen in vorgeschichtlicher Zeit (Hannover 1928).

Kaufmann 1880
Georg Kaufmann, Deutsche Geschichte bis auf Karl den Großen, Bd. 1: Die Germanen der Urzeit (Leipzig 1880).

Kiekebusch 1928
Albert Kiekebusch, Siedlungsarchäologie, in: Max Ebert (Hrsg.), Reallexikon der Vorgeschichte, Bd. 12 (Berlin 1928) 102–117.

Klemm 1836
Gustav Klemm, Handbuch der germanischen Alterthumskunde (Dresden 1836).

Kossinna 1911
Gustaf Kossinna, Die Herkunft der Germanen (Würzburg 1911, ^{2}1920).

Kossinna 1912
Gustaf Kossinna, Die deutsche Vorgeschichte, eine hervorragend nationale Wissenschaft (Würzburg 1912; 2. stark vermehrte Aufl. Würzburg 1914; 4. vermehrte und verbesserte Aufl. Leipzig 1925, Leipzig ^{7}1936).

Kossinna 1918
Gustaf Kossinna, Altgermanische Kulturhöhe. Ein Kriegsvortrag (Jena 1918).

Kossinna 1919
Gustaf Kossinna, Das Weichselland – Ein uralter Heimatboden der Germanen (Danzig 1919, Leipzig ^{3}1940).

Kostrzewski 1930
Josef Kostrzewski, Vorgeschichtsforschung und Politik. Eine Antwort auf die Flugschrift von Dr. Bolko Frh. von Richthofen: Gehörte Ostdeutschland zur Urheimat der Polen (Poznań 1930).

Lamprecht 1891
Karl Lamprecht, Deutsche Geschichte, Bd. 1 (Berlin 1891).

Lamprecht 1902
Karl Lamprecht, Deutsche Geschichte. Der ganzen Reihe erster Band. Erste Abteilung: Urzeit und Mittelalter. Zeitalter des symbolischen, typischen und konventionellen Seelenlebens (3. durchgesehene Aufl. Berlin 1902).

Langbehn 1922
Julius Langbehn, Rembrandt als Erzieher – Von einem Deutschen (Leipzig 1922).

Lange 1915
Willy Lange, Deutsche Heldenhaine (Leipzig 1915).

W. und L. Lindenschmit 1848
Wilhelm und Ludwig Lindenschmit, Das germanische Todtenlager bei Selzen in der Provinz Rheinhessen (Mainz 1848; Neudruck Mainz 1969 [darin: Kurt Böhner, Vorwort zum Neudruck, VII–XIX]).

Lindenschmit 1864
Ludwig Lindenschmit, Alterthümer unserer heidnischen Vorzeit (Mainz 1864ff.).

Lindenschmit 1880–1889
Ludwig Lindenschmit, Handbuch der deutschen Alterthumskunde (Braunschweig 1880–1889).

Mannhardt 1875
Wilhelm Mannhardt, Wald- und Feldkulte, 1. Teil: Der Baumkultus der Germanen und ihrer Nachbarstämme (Berlin 1875).

Martin 2002
Max Martin, Zum archäologischen Aussagewert frühmittelalterlicher Gräberfelder, in: Zeitschrift für Schweizerische Archäologie und Kunstgeschichte 59, 2002, 291–306.

Maschke 1939
Erich Maschke, Die Geschichte des Reichsehrenmals Tannenberg, in: Tannenberg. Deutsches Schicksal – Deutsche Aufgabe (Oldenburg/Berlin 1939).

Mogk 1921
Eugen Mogk, Germanische Religionsgeschichte und Mythologie (Berlin/Leipzig ^{2}1921).

Montelius 1888
Oscar Montelius, Ueber die Einwanderung unserer Vorfahren in den Norden, in: Archiv für Anthropologie 17, 1888, 151–160.

Montelius 1919
Oscar Montelius, Vår Forntid (Stockholm 1919).

Much 1886
Matthäus Much, Die Kupferzeit in Europa und ihr Verhältnis zur Kultur der Indogermanen (Wien 1886).

Müller 1864/1897
David Müller, Geschichte des deutschen Volkes in kurzgefaßter übersichtlicher Darstellung (Berlin 1864, [16]1897).

Pohl 2000
Walter Pohl, Die Germanen. Enzyklopädie deutscher Geschichte, Bd. 57 (München 2000).

Prinz 2003
Friedrich Prinz, Deutschlands Frühgeschichte. Kelten, Römer und Germanen (Stuttgart 2003).

Ranke 1824
Leopold von Ranke, Geschichte der romanischen und germanischen Völker von 1494 bis 1535 (Berlin 1824ff.).

Ratzel 1882
Friedrich Ratzel, Anthropogeographie, 2 Bde. (Stuttgart 1882, Nachdruck Darmstadt 1975).

Reche 1936
Otto Reche, Entstehung der Nordischen Rasse und Indogermanenfrage, in: Germanen und Indogermanen, Bd. 1. Festschrift für Hermann Hirt (Heidelberg 1936) 287–316.

Reimer 1905
Josef Ludwig Reimer, Ein Pangermanisches Deutschland. Versuch über die Konsequenzen der gegenwärtigen wissenschaftlichen Rassenbetrachtung für unsere politischen und religiösen Probleme (Berlin/Leipzig 1905).

Reinerth 1928
Hans Reinerth (Hrsg.), Deutsche Vorgeschichte. Grundlagen zur völkischen Selbstbesinnung. Teil I, Führer zur Urgeschichte, Bd. 1–6 (Hamburg 1928).

Reinerth 1940
Hans Reinerth (Hrsg.), Vorgeschichte der deutschen Stämme. Germanische Tat und Kultur auf deutschem Boden, Bd. 1: Urgermanen und Westgermanen (Berlin 1940).

Richthofen 1929
Bolko Freiherr von Richthofen, Gehört Ostdeutschland zur Urheimat der Polen? Kritik der vorgeschichtlichen Forschungsmethoden an der Universität Posen. Ostland-Schriften, 2 (Danzig 1929).

Richthofen/Zotz 1940
Bolko Freiherr von Richthofen/Lothar Zotz, Ist Böhmen-Mähren die Urheimat der Tschechen? (Leipzig 1940).

Riehl 1894
Wilhelm Heinrich Riehl, Land und Leute (Stuttgart ^{9}1894).

Schliz 1915/16
Alfred Schliz, Rassenfragen, in: J. Hoops (Hrsg.), Reallexikon der Germanischen Altertumskunde, Bd. 3 (Straßburg 1915/16) 439–459.

Schmidt 1937/1940
Ludwig Schmidt (Hrsg.), Geschichte der deutschen Stämme bis zum Ausgang der Völkerwanderung. Die Westgermanen (München 1937/1940)

Schmidt 1934/1941
Ludwig Schmidt (Hrsg.), Geschichte der deutschen Stämme bis zum Ausgang der Völkerwanderung. Die Ostgermanen (München 1934, Neubearbeitung ^{2}1941).

Schuchhardt 1918/1926/1935
Carl Schuchhardt, Alteuropa. Eine Vorgeschichte unseres Erdteils (Berlin 1918, ^{2}1926); Alteuropa. Kulturen – Rassen – Völker (Berlin ^{3}1935); Alteuropa. Die Entwicklung seiner Kulturen und Völker (Berlin ^{5}1944).

Schuchhardt 1928/1934
Carl Schuchhardt, Vorgeschichte von Deutschland (München 1928; erneuerte und verm. Aufl. ^{2}1934).

Schulz 1936
Walther Schulz, Indogermanen und Germanen (Berlin 1936).

Schulze 1987
Hans K. Schulze, Vom Reich der Franken zum Land der Deutschen. Merowinger und Karolinger (Berlin 1987; ^{2}1993).

Schwantes 1908
Gustav Schwantes, Aus Deutschlands Urgeschichte. Naturwissenschaftliche Bibliothek für Jugend und Volk (Leipzig 1908).

Spengler 1923/1990
Oswald Spengler, Der Untergang des Abendlandes. Umrisse einer Morphologie der Weltgeschichte (München 1923; Sonderausgabe 1990).

Spitzner 1913
Alfred Spitzner, Deutschlands Denkmal der Völkerschlacht, das Ehrenmal seiner Befreiung und nationalen Wiedergeburt. Weiheschrift des Deutschen Patriotenbundes (Leipzig 1913).

Stacke 1882
L. Stacke, in Verbindung mit anderen, Deutsche Geschichte, Bd. 1: Von der ältesten Zeit bis zu Maximilian I. (Bielefeld/Leipzig 1882).

Sybel 1863/1880
Heinrich von Sybel, Die Deutschen bei ihrem Eintritt in die Geschichte (1863), in: ders., Kleine historische Schriften, Bd. 1 (Stuttgart ^{3}1880).

Sybel 1889/1913
Heinrich von Sybel, Die Begründung des deutschen Reiches durch Wilhelm I. (München/ Berlin 1889; [3]1913).

Treitschke 1897
Heinrich Treitschke, Politik. Vorlesungen gehalten an der Universität zu Berlin, Bd. 1 (Leipzig 1897).

Tschechow 1982
Anton Tschechow, Das Duell (Frankfurt/M. 1982).

Virchow 1874
Rudolf Virchow, Die Urbevölkerung Europa's (Berlin 1874).

Wahle 1924
Ernst Wahle, Vorgeschichte des deutschen Volkes (Leipzig 1924).

Wahle 1932/1950/1962
Ernst Wahle, Deutsche Vorzeit (Leipzig 1932; 2. durchgearbeitete Aufl. Tübingen 1950; Homburg v. d. Höhe [3]1962).

Wahle 1941
Ernst Wahle, Zur ethnischen Deutung frühgeschichtlicher Kulturprovinzen. Grenzen der frühgeschichtlichen Erkenntnis I. Sitzungsberichte der Heidelberger Akademie der Wissenschaften, Phil.-Hist. Kl. Jg. 1940/41, 2 (Heidelberg 1941).

Wahle 1950/51
Ernst Wahle, Geschichte der prähistorischen Forschung, in: Anthropos 45, 1950, 497–538; 46, 1951, 49–112.

Wahle 1970/1973
Ernst Wahle, Ur- und Frühgeschichte im mitteleuropäischen Raum. Bruno Gebhardt, Handbuch der deutschen Geschichte, Bd. 1, Neunte, neu bearbeitete Aufl., hrsg. von Herbert Grundmann (Stuttgart 1970; Taschenbuchausgabe München 1973; [9]1999).

Wolff 1918
Karl Felix Wolff, Indogermanen und Deutsche (Teil 10), in: Politisch-Anthropologische Monatsschrift 17, Nr. 9, 1918, 419–426.

Wolfram 1998
Herwig Wolfram: Das Reich und die Germanen. Zwischen Antike und Mittelalter. Deutsche Geschichte, Bd. 1 (Berlin 1990; vollständige Taschenbuchausgabe Berlin 1998).

Zeuß 1837
Johann Kaspar Zeuß, Die Deutschen und ihre Nachbarstämme (München 1837).

B) Sekundärliteratur

Alings 1996
Reinhard Alings, Monument und Nation. Das Bild vom Nationalstaat im Medium Denkmal – zum Verhältnis von Nation und Staat im deutschen Kaiserreich 1871–1918 (Berlin/New York 1996).

Alt 2003a
Kurt W. Alt, Paläoanthropologie, in: Reallexikon der Germanischen Altertumskunde, Bd. 22 (Berlin/New York 2002) 450–456.

Alt 2003b
Kurt W. Alt, Prähistorische Anthropologie, in: Reallexikon der Germanischen Altertumskunde, Bd. 23 (Berlin New York 2003) 334–354.

Alter 1994
Peter Alter (Hrsg.), Nationalismus. Dokumente zur Geschichte und Gegenwart eines Phänomens (München/Zürich 1994).

Andree 1976
Ch. Andree, Rudolf Virchow als Prähistoriker, Bd. 1 (Köln/Wien 1976).

Andrian-Werburg 2002
Irmtraud Freifrau von Andrian-Werburg, Das Germanische Nationalmuseum. Gründung und Frühzeit. Begleitheft zur Ausstellung im Germanischen Nationalmuseum (Nürnberg 2002).

Arndt 1976
Monika Arndt, Die Goslarer Kaiserpfalz als Nationaldenkmal (Hildesheim 1976).

Arndt 1977
Monika Arndt, „Der Weißbart auf des Rotbarts Throne“. Mittelalterliches und Preußisches Kaisertum in den Wandbildern des Goslarer Kaiserhauses (Göttingen 1977).

Arndt 1978
Monika Arndt, Das Kyffhäuser-Denkmal. Ein Beitrag zur politischen Ikonographie des Zweiten Kaiserreichs, in: Wallraf-Richartz-Jahrbuch 40, 1978, 75–127.

Arnold 2002
Heinz Ludwig Arnold (Hrsg.), Deutschland! Deutschland? Texte aus 500 Jahren von Martin Luther bis Günter Grass (Frankfurt a. M. 2002).

Aschheim 2001
Steven E. Aschheim, Nietzsche, in: Deutsche Erinnerungsorte 2001, Bd. 1, 502–519.

Assmann 1993
Aleida Assmann, Arbeit am nationalen Gedächtnis. Eine kurze Geschichte der deutschen Bildungsidee (Frankfurt am Main 1993).

Assmann 1999
Aleida Assmann, Erinnerungsräume. Formen und Wandlungen des kulturellen Gedächtnisses (München 1999).

Beck 1986/1999
Heinrich Beck (Hrsg.), Germanenprobleme in heutiger Sicht. Ergänzungsbände zum Reallexikon der Germanischen Altertumskunde, Bd. 1 (Berlin/New York 1986, ^{2}1999).

Beck 1997
Heinrich Beck, Vorwort, in: Heinrich Beck, Heiko Steuer (Hrsg.), Haus und Hof in ur- und frühgeschichtlicher Zeit. Abh. Akad. Wiss. in Göttingen, Phil.-Hist. Kl. Dritte Folge 218 (Göttingen 1997) 5–6.

Behrenbeck 2001
Sabine Behrenbeck, „Heil", in: Deutsche Erinnerungsorte 2001, Bd. 3, 310–327.

Böhner 1982
Kurt Böhner, Das Römisch-Germanische Zentralmuseum – eine vaterländische und gelehrte Gründung des 19. Jh., in: Jahrb. RGZM 25, 1978 (1982), 1–48.

Bohrer 1961
Karl Heinz Bohrer, Der Mythos vom Norden. Studien zur romantischen Geschichtsprophetie (Heidelberg 1961).

Boockmann 1991
Hartmut Boockmann, Die deutsche Geschichte und die Germanen, in: Zwischen Walhall und Paradies. Deutsches Historisches Museum (Berlin 1991) 9–10.

Borchmeyer 2002
Dieter Borchmeyer, Richard Wagner. Ahasvers Wandlungen (Frankfurt a. M./Leipzig 2002).

Brather 2000
Sebastian Brather, Ethnische Identitäten als Konstrukte der frühgeschichtlichen Archäologie, in: Germania 78, 2000, 139–177.

Brather 2001
Sebastian Brather, Gustaf Kossinna, in: Reallexikon der Germanischen Altertumskunde, Bd. 17 (Berlin/New York 2001) 263–267.

Brather 2002
Sebastian Brather, Ethnische Identitäten in der frühgeschichtlichen Archäologie. Geschichte, Grundlagen und Alternativen (Habilitationsschrift, Freiburg i. Br. 2002).

Breuer 2001
Stefan Breuer, Ordnungen der Ungleichheit – die deutsche Rechte im Widerstreit ihrer Ideen 1871–1945 (Darmstadt 2001).

Brühl 1995
Carlrichard Brühl, Deutschland – Frankreich. Die Geburt zweier Völker (Köln/Wien ^{2}1990).

Buck 1993
Henning Buck, Der Literarische Arminius – Inszenierungen einer sagenhaften Gestalt, in: Wolfgang Schlüter (Hrsg.), Kalkriese – Römer im Osnabrücker Land. Archäologische Forschungen zur Varusschlacht (Bramsche 1993) 267–281.

v. Carnap-Bornheim 2001
Claus von Carnap-Bornheim, Hans Jürgen Eggers und der Weg aus der Sackgasse der ethnischen Deutung, in: Steuer 2001a, 173–197.

Clever 2000
Werner Clever, Germanen, Slawen und Deutsche in Ostmittel- und Osteuropa (2. Jh. v. Chr.–16. Jh.). Zur Darstellung ihrer Beziehungsgeschichte in Schulgeschichtsbüchern der nationalsozialistischen Zeit (Dortmund 2000).

Demandt 1984
Alexander Demandt, Der Fall Roms. Die Auflösung des Römischen Reiches im Urteil der Nachwelt (München 1984).

Deutsche Erinnerungsorte 2001
Etienne François/Hagen Schulze (Hrsg.), Deutsche Erinnerungsorte, Bd. 1–3 (München 2001).

Díaz-Andreu/Champion (Ed.) 1996
Margarita Díaz-Andreu/Timothy Champion (Ed.), Nationalism and archaeology in Europe (London 1996).

Dörner 1995
Andreas Dörner, Politischer Mythos und symbolische Politik. Sinnstiftung durch symbolische Formen am Beispiel des Hermannmythos (Opladen 1995).

Dorgerloh 1999
Hartmut Dorgerloh, Die Nationalgalerie in Berlin. Zur Geschichte des Gebäudes auf der Museumsinsel 1841–1970 (Berlin 1999).

Doyé 2001
Werner M. Doyé, Arminius, in: Deutsche Erinnerungsorte 2001, Bd. 3, 587–602.

Düsterberg 1999
R. Düsterberg, Völkermord und Saga-Dichtung im Zeichen des „Großgermanischen Reiches“, in: Internationales Archiv für Sozialgeschichte der deutschen Literatur 24, 1999, 88–133.

Düwel/Zimmermann 1986/1999
Klaus Düwel/H. Zimmermann, Germanenbild und Patriotismus in der deutschen Literatur des 18. Jahrhunderts, in: Beck 1986/1999, 358–395.

Ebel 1974
Else Ebel, Jacob Grimms Deutsche Altertumskunde. Arbeiten aus der Niedersächsischen Staats- und Universitätsbibliothek Göttingen (Göttingen 1974).

Ebel 1999
Else Ebel, Grimm, Jacob und Wilhelm, in: Reallexikon der Germanischen Altertumskunde Bd. 13 (Berlin/New York 1999) 40–45.

Echternkamp 1998
Jörg Echternkamp, Der Aufstieg des deutschen Nationalismus (1770–1840) (Frankfurt/New York 1998).

Eckert 2001
Nora Eckert, Der Ring des Nibelungen und seine Inszenierungen von 1876 bis 2001 (Hamburg 2001).

Ehlers 2001
Joachim Ehlers, Charlemagne – Karl der Große, in: Deutsche Erinnerungsorte 2001, Bd.1, 41–55.

Eggert 2001
Manfred K. H. Eggert, Prähistorische Archäologie. Konzepte und Methoden (Tübingen/Basel 2001).

Ehringhaus 1996
Sibylle Ehringhaus, Germanenmythos und deutsche Identität. Die Frühmittelalter-Rezeption in Deutschland 1842–1933 (Weimar 1996).

Engelbert 1975
Günther Engelbert (Hrsg.), Ein Jahrhundert Hermannsdenkmal 1875–1975 (Detmold 1975).

Engelhardt 1986
Ulrich Engelhardt, „Bildungsbürgertum". Begriffs- und Dogmengeschichte eines Etiketts (Stuttgart 1986).

Esch 2001
Arnold Esch, Ein Kampf um Rom, in: Deutsche Erinnerungsorte 2001, Bd. 1, 27–40.

v. Essen 1998
Gesa von Essen, Hermannsschlachten. Germanen- und Römerbilder in der Literatur des 18. und 19. Jahrhunderts (Göttingen 1998).

Fehr 2001
Hubert Fehr, Loire, in: Reallexikon der Germanischen Altertumskunde Bd. 18 (Berlin/New York 2001) 571–575.

Fehr 2003
Hubert Fehr, Germanen und Romanen im Merowingerreich. Frühgeschichtliche Archäologie zwischen Wissenschaft und Zeitgeschichte (Dissertation, Freiburg i. Br. 2003).

Fischer 1972
Manfred F. Fischer, Ruhmeshalle und Bavaria. Amtlicher Führer (München 1972).

Fischer 1994
Manfred F. Fischer (Bearbeiter), Befreiungshalle in Kelheim. Amtlicher Führer (München 1994).

Flacke 1998
Monika Flacke, Deutschland. Die Begründung der Nation aus der Krise, in: dies. (Hrsg.), Mythen der Nationen. Ein europäisches Panorama (Berlin 1998) 101–128.

François/Schulze 2001a
Einleitung, in: Deutsche Erinnerungsorte 2001, Bd. 1, 9–26.

François/Schulze 2001b
Volk, in: Deutsche Erinnerungsorte 2001, Bd. 1, 273–274.

François/Schulze 2001c
Romantik, in: Deutsche Erinnerungsorte 2001, Bd. 3, 471–472.

François/Schulze 2001d
Identitäten, in: Deutsche Erinnerungsorte 2001, Bd. 3, 567–568.

Franzius 1995
Georgia Franzius (Hrsg.), Aspekte römisch-germanischer Beziehungen in der Frühen Kaiserzeit. Vortragsreihe zur Sonderausstellung „Kalkriese – Römer im Osnabrücker Land" 1993 in Osnabrück (Espelkamp 1995).

Gall 1993
Lothar Gall, Die Germania als Symbol nationaler Identität im 19. und 20. Jahrhundert. Nachrichten Akad. Wiss. Göttingen, I. Phil.-Hist. Kl. Jg. 1993/2 (Göttingen 1993).

Geary 2002
Patrick J. Geary, Europäische Völker im frühen Mittelalter. Zur Legende vom Werden der Nationen (Frankfurt am Main 2002).

Germanen 1998
Germanen, Germania, Germanische Altertumskunde, in: Reallexikon der Germanischen Altertumskunde, Bd. 11 (Berlin/New York 1998) 181–438.

„Germania" 2002
Gestaltungsvorschläge zur „Germania"-Serie. Entwürfe erstmals veröffentlicht, in: Postfrisch. Das Philatelie-Journal, Juli/August 2002, 12–13.

Giaro 2000
Tomasz Giaro, Vor-, Mit- und Nachdenker des Madagaskar-Plans. Der Eiertanz um Schieders Protokoll, Erdmanns Urmanuskript und einzelne Äußerungen Conzes, in: Rechtshistorisches Journal 19, 2000, 131–156.

Gigon/Guyer 2002
Annette Gigon/Mike Guyer, Der Ort als Bauaufgabe. Objekterläuterung zu Museum und Park Kalkriese, in: Varus-Kurier Jg. 8, Heft 1, April 2002, 18–21.

Glaser 1986
Hermann Glaser, Ein deutsches Mißverständnis. Die Walhalla bei Regensburg (1842), in: Hans Jürgen Koch (Hrsg.), Wallfahrtsstätten der Nation. Zwischen Brandenburg und Bayern (Frankfurt a. M. 1986) 25–37.

v. Goldenbach/Minow 1994
Walter von Goldenbach/Hans-Rüdiger Minow, „Deutschtum erwache!" Aus dem Innenleben des staatlichen Pangermanismus (Berlin 1994).

Grünert 2002a
Heinz Grünert, Gustaf Kossinna. Vom Germanisten zum Prähistoriker. Ein Wissenschaftler im Kaiserreich und in der Weimarer Republik (Rahden/Westf. 2002).

Grünert 2002b
Heinz Grünert, Gustaf Kossinna – ein Wegbereiter der nationalsozialistischen Ideologie, in : Leube/Hegewisch 2002, 307–320.

Günnewig 1998
Beatrix Günnewig, Das Bild der Germanen und Britannier. Untersuchungen zur Sichtweise von fremden Völkern in antiker Literatur und moderner wissenschaftlicher Forschung (Frankfurt a. M. u. a. 1998).

Hachmann 1970
Rolf Hachmann, Die Goten und Skandinavien (Berlin 1970).

Hakelberg 2001
Dietrich Hakelberg, Deutsche Vorgeschichte als Geschichtswissenschaft – Der Heidelberger Extraordinarius Ernst Wahle im Kontext seiner Zeit, in: Steuer 2001a, 199–310.

Hansen 2001
Svend Hansen, Von den Anfängen der prähistorischen Archäologie: Christian Jürgensen Thomsen und das Dreiperiodensystem, in: Prähistorische Zeitschrift 76, 2001, 10–23.

Hanske/Traeger 1998
Horst Hanske/Jörg Traeger, Walhalla. Ruhmestempel an der Donau. Ein Bilderband (Regensburg 1992, ^{3}1998).

Hartung 1999
Günter Hartung, Völkische Ideologie, in: Puschner/Schmitz/Ulbricht 1999, 22–41.

Hardtwig 1997
Wolfgang Hardtwig, Nation – Region – Stadt. Strukturmerkmale des deutschen Nationalismus und lokale Denkmalskulturen, in: Gunther Mai (Hrsg.), Das Kyffhäuser-Denkmal 1896–1996 (Köln/Weimar/Wien 1997) 53–83.

Hartwich 2000
Wolf-Daniel Hartwich, „Deutsche Mythologie“. Die Erfindung einer nationalen Kunstreligion (Berlin/Wien 2000).

Hennigsen/Klein/Müssener/Söderlind (Hrsg.) 1997
B. Hennigsen/J. Klein/H. Müssener/S. Söderlind (Hrsg.), Wahlverwandtschaft. Skandinavien und Deutschland 1800 bis 1914 (Berlin 1997).

Hermand 1994
Jost Hermand, Geschichte der Germanistik (Reinbek bei Hamburg 1994).

Herrmann/Blitz/Moßmann 1996
Hans Peter Herrmann/Hans-Martin Blitz/Susanna Moßmann, Machtphantasie Deutschland. Nationalismus, Männlichkeit und Fremdenhaß im Vaterlandsdiskurs deutscher Schriftsteller des 18. Jahrhunderts (Frankfurt a. M. 1996).

Hobsbawn 1996
Eric J. Hobsbawn, Nationen und Nationalismus. Mythos und Realität seit 1780 (München 1996).

Hoffmann 1989
Detlef Hoffmann, Germania. Die vieldeutige Personifikation einer deutschen Nation, in: Freiheit – Gleichheit – Brüderlichkeit: 200 Jahre Französische Revolution. Germanisches Nationalmuseum Nürnberg (Nürnberg 1989) 137–155.

Hoffmann 1994
Stefan-Ludwig Hoffmann, Sakraler Monumentalismus um 1900. Das Leipziger Völkerschlachtdenkmal, in: Jeismann/Westheider 1994, 249–280.

Hutter 2000
Peter Hutter, Germanische Stammväter und römisch-deutsches Kaisertum (Hildesheim 2000).

Jacobeit/Lixfeld/Bockhorn 1994
Wolfgang Jacobeit/Hannjost Lixfeld/Olaf Bockhorn (Hrsg.), Völkische Wissenschaft. Gestalten und Tendenzen der deutschen und österreichischen Volkskunde in der ersten Hälfte des 20. Jh. (Wien/Köln/Weimar 1994).

Jankuhn 1986/1999
Herbert Jankuhn, Das Germanenproblem in der älteren archäologischen Forschung (Von der Mitte des 19. Jh.s bis zum Tode Kossinnas), in: Beck 1986/1999, 298–309.

Jeismann/Westheider 1994
Michael Jeismann/Rolf Westheider, Wofür stirbt der Bürger? Nationaler Totenkult und Staatsbürgertum in Deutschland und Frankreich seit der Französischen Revolution, in: Reinhart Koselleck/Michael Jeismann (Hrsg.), Der politische Totenkult. Kriegerdenkmäler in der Moderne (München 1994) 23–50.

Kaiser 1993
Reinhold Kaiser, Das römische Erbe und das Merowingerreich. Enzyklopädie deutscher Geschichte, Bd. 26 (München 1993).

Kaupen-Haas/Saller 1999
Heidrun Kaupen-Haas/Christian Saller (Hrsg.), Wissenschaftlicher Rassismus. Analysen einer Kontinuität in den Human- und Naturwissenschaften (Frankfurt/New York 1999).

Kernd'l 1977
A. Kernd'l, Archäologische Forschung und nationales Selbstverständnis, in: R. Kurzrock (Hrsg.), Archäologie. Forschungen und Informationen. Schriftenreihe RIAS-Funkuniversität 21 (Berlin 1977) 162–172.

Kipper 2002
Rainer Kipper, Der Germanenmythos im Deutschen Kaiserreich (Göttingen 2002).

Kirchner 1938
Horst Kirchner, Das germanische Altertum in der deutschen Geschichtsschreibung des achtzehnten Jahrhunderts (Berlin 1938).

Koselleck 1990
Reinhart Koselleck (Hrsg.), Bildungsbürgertum im 19. Jh., Teil 2: Bildungsgüter und Bildungswissen (Stuttgart 1990).

Koselleck 1992
Reinhart Koselleck, in: Volk, Nation. Geschichtliche Grundbegriffe. Historisches Lexikon zur politisch-sozialen Sprache, Bd. 7 (Stuttgart 1992).

Kossack 1992
Georg Kossack, Prehistoric Archaeology in Germany. Its History and Current Situation, in: Norwegian Archaeological Review 25, 1992, 73–109.

Kossack 1999
Georg Kossack, Prähistorische Archäologie in Deutschland im Wandel der geistigen und politischen Situation (München 1999).

Krämer 1982
Werner Krämer, Das Römisch-Germanische Zentralmuseum und die deutsche Vorgeschichtsforschung um die Jahrhundertwende, in: Jahrb. RGZM 25, 1978 (1982), 49–73.

Krapf 1979
Ludwig Krapf, Germanenmythos und Reichsideologie. Frühhumanistische Rezeptionsweisen der taciteischen ‚Germania' (Tübingen 1979).

v. Krockow 1997
Christian Graf von Krockow, Von deutschen Mythen (Stuttgart 1995, Taschenbuchausgabe München 1997).

Kühlborn 1995
Johann-Sebastian Kühlborn, Germaniam pacavi – Germanien habe ich befriedet. Archäologische Stätten augusteischer Okkupation. Westfälisches Museum für Archäologie – Amt für Bodendenkmalpflege 1995 (Münster 1995).

Kühn 1976
Herbert Kühn, Geschichte der Vorgeschichtsforschung (Berlin/New York 1976).

Langewiesche 2000
Dieter Langewiesche, Nation, Nationalismus, Nationalstaat in Deutschland und Europa (München 2000).

Lehmann 2001
Albrecht Lehmann, Der deutsche Wald, in: Deutsche Erinnerungsorte 2001, Bd. 3, 187–200.

Leube/Hegewisch 2002
Achim Leube/Morten Hegewisch (Hrsg.), Prähistorie und Nationalsozialismus. Die mittel- und ostdeutsche Ur- und Frühgeschichtsforschung in den Jahren 1933–1945 (Heidelberg 2002).

Lösch 1997
Niels C. Lösch, Rasse als Konstrukt. Leben und Werk Eugen Fischers (Frankfurt am Main etc. 1997).

Loewenstein 2001
Bedrich Loewenstein, „Am deutschen Wesen…", in: Deutsche Erinnerungsorte 2001, Bd. 1, 290–304.

Losemann 1994
Volker Losemann, ‚Varuskatastrophe' und ‚Befreiungstat des Arminius'. Die Germanienpolitik des Augustus in antiker und moderner Sicht, in: Varusschlacht 1994, 25–44.

Losemann 1995
Volker Losemann, Nationalistische Interpretationen der römisch-germanischen Auseinandersetzung, in: Wiegels/Woesler 1995, 419–432.

Lüddecke 2000
Andreas Lüddecke, Rassen, Schädel und Gelehrte. Zur politischen Funktionalität der anthropologischen Forschung und Lehre in der Tradition Egon von Eickstedts (Frankfurt/M. u. a. 2000).

Lund 1998
Allan A. Lund, Die ersten Germanen. Ethnizität und Ethnogenese (Heidelberg 1998).

Lund 2002
Allan A. Lund, Rassenkunde und Nationalsozialismus, in: R. vom Bruch/B. Kaderas (Hrsg.), Wissenschaften und Wissenschaftspolitik. Bestandsaufnahmen zu Formationen, Brüchen und Kontinuitäten im Deutschland des 20. Jahrhunderts (Stuttgart 2002) 323–338.

Lurz 1985a,b,c,d
Meinhold Lurz, Kriegerdenkmäler in Deutschland, Bd. 1: Befreiungskriege (Heidelberg 1985), Bd. 2: Einigungskriege (Heidelberg 1985), Bd. 3: 1. Weltkrieg (Heidelberg 1985), Bd. 4: Weimarer Republik (Heidelberg 1985).

Lurz 1986
Meinhold Lurz, Kriegerdenkmäler in Deutschland, Bd. 5: Drittes Reich (Heidelberg 1986).

Lurz 1987
Meinhold Lurz, Kriegerdenkmäler in Deutschland, Bd. 6: Bundesrepublik (Heidelberg 1987).

Lutzhöft 1971
Hans-Jürgen Lutzhöft, Der Nordische Gedanke in Deutschland 1920–1940 (Stuttgart 1971).

Maas 1994
Annette Maas, Politische Ikonographie im deutsch-französischen Spannungsfeld. Die Kriegerdenkmäler von 1870/71 auf den Schlachtfeldern um Metz, in: Jeismann/Westheider 1994, 195–222.

Maaz 2001
Bernhard Maaz (Hrsg.), Die Alte Nationalgalerie. Geschichte, Bau und Umbau. Staatliche Museen zu Berlin – Preußischer Kulturbesitz (Berlin 2001).

Mai 1997
Gunther Mai, Denkmäler und politische Kultur im 19. Jahrhundert, in: ders. (Hrsg.), Das Kyffhäuser-Denkmalplatz 1896–1996 (Köln/Weimar/Wien 1997) 9–44.

Mallory 1989
James P. Mallory, In search of the Indo-European language, archaeology and myth (London 1989; 1992).

Mallory 1997
James P. Mallory, The homelands of the Indo-Europeans, in: Roger Blech/Matthew Spriggs (Ed.), Archaeology and Language I. Theoretical and methodological orientations (London/New York 1997) 93–121.

Marianne und Germania 1996
Marianne und Germania 1789–1889. Frankreich uns Deutschland. Zwei Welten – eine Revue. Eine Ausstellung der Berliner Festspiele GmbH 1996, hrsg. von Marie-Louise Plessen (Berlin 1996).

Martens 2002
Jes Martens, Die Nordische Archäologie uns das „Dritte Reich“, in: Leube/Hegewisch 2002, 603–617.

Mendlewitsch 1988
Doris Mendlewitsch, Volk und Heil. Vordenker des Nationalsozialismus im 19. Jahrhundert (Rheda-Wiedenbrück 1988).

Mildenberger 1986/1999
Gerhard Mildenberger, Die Germanen in der archäologischen Forschung nach Kossinna, in: Beck 1986/1999, 310–320.

Mohler 1989
Armin Mohler, Die Konservative Revolution in Deutschland 1918–1932. Ein Handbuch (Darmstadt 1989).

Moser 1957
Hugo Moser, Volksgeist, Volkskultur. Die Auffassung J. G. Herders in heutiger Sicht, in: Zeitschrift für Volkskunde 53, 1956/1957, 127–140.

Mota/Infiesta 1995
Jordi Mota/María Infiesta, Das Werk Richard Wagners im Spiegel der Kunst (Tübingen 1995).

Mühlen 1977
P. von zur Mühlen, Rassenideologien. Geschichte und Hintergründe (Berlin/Bad Godesberg 1977).

Müller 1999
Rosemarie Müller, Hahne, Hans, in: Reallexikon der Germanischen Altertumskunde, Bd. 13 (Berlin/New York 1999) 359–361.

Müller-Wille 2002
Michael Müller-Wille, Deutsche Ostforschung und Archäologie, in: J. M. Piskorksi, J. Hackmann, R. Jaworski (Hrsg.), Deutsche Ostforschung und polnische Westforschung im Spannungsfeld von Wissenschaft und Politik. Disziplinen im Vergleich (Osnabrück/Poznan 2002) 81–92.

Münkler 1996
Herfried Münkler, Reich – Nation – Europa. Modelle politischer Ordnung (Weinheim 1996).

Münkler 2001
Herfried Münkler, Richard Wagner, in: Deutsche Erinnerungsorte 2001, Bd. 3, 549–566.

Münkler/Grünberger/Mayer 1998
Herfried Münkler/Hans Grünberger/Kathrin Mayer, Nationenbildung. Die Nationalisierung Europas im Diskurs humanistischer Intellektueller. Italien und Deutschland (Berlin 1998).

Münkler/Grünberger 1998
Herfried Münkler/Hans Grünberger, Arminius/Hermann als nationales Symbol im Diskurs der deutschen Humanisten (1500–1570), in: Münkler/Grünberger/Mayer 1998, 263–308.

Münkler/Storch 1988
Herfried Münkler/Wolfgang Storch, Siegfrieden. Politik mit einem deutschen Mythos (Berlin 1988).

Münz/Ohliger 2001
Rainer Münz/Rainer Ohliger, Auslandsdeutsche, in: Deutsche Erinnerungsorte 2001, Bd. 1, 370–388.

Muhlack 1989
Ulrich Muhlack, Die Germania im deutschen Nationalbewußtsein vor dem 19. Jahrhundert, in: Beiträge zum Verständnis der Germania des Tacitus, Teil I. Abh. Akad. Wiss. Göttingen, Phil.-hist. Kl. Dritte Folge 175 (Göttingen 1989) 128–154.

Neugebauer 1996
Anton Neugebauer, Caesar, Ariovist, Vercingetorix und das Gedächtnis der Deutschen, in: Klaus Schäfer, Caesar am Mittelrhein. Begleitheft zur Sonderausstellung im Stadtmuseum Andernach 1996 (Andernach 1996) 79–82.

Neumaier 1997
Helmut Neumaier, ‚Freies Germanien‘/‚*Germania libera*‘ – Zur Genese eines historischen Begriffs, in: Germania 75/1, 1997, 53–67.

Nipperdey 1975
Thomas Nipperdey, Zum Jubiläum des Hermannsdenkmals, in: Günther Engelbert (Hrsg.), Ein Jahrhundert Hermannsdenkmal 1875–1975 (Detmold 1975).

Nipperdey 1976
Thomas Nipperdey, Nationalidee und Nationaldenkmal in Deutschland im 19. Jahrhundert, in: ders., Gesellschaft, Kultur, Theorie. Gesammelte Aufsätze zur neueren Geschichte (Göttingen 1976) 133–173.

Oberkrome 1993
Willi Oberkrome, Volksgeschichte. Methodische Innovation und völkische Ideologisierung in der deutschen Geschichtswissenschaft 1918–1945 (Göttingen 1993).

Oberkrome 1999
Willi Oberkrome, Historiker im „Dritten Reich“. Zum Stellenwert volkshistorischer Ansätze zwischen klassischer Politik- und neuerer Sozialgeschichte, in: Geschichte in Wissenschaft und Unterricht 1999, Heft 2, 74–98.

Peil 1990
Peter Peil, Die Krise des neuzeitlichen Menschen im Werk Richard Wagners (Köln/Wien 1990).

Pfotenhauer 1982
Helmut Pfotenhauer, Wagners Kunstmythologie und Nietzsches Ästhetik, in: Horst Albert Glaser (Hrsg.), Deutsche Literatur. Eine Sozialgeschichte, Bd. 7: Vom Nachmärz zur Gründerzeit: Realismus 1848–1880 (Reinbek bei Hamburg 1982) 345–357.

v. Plessen 1996
Marie-Louise von Plessen, Germania aus dem Fundus, in: Marianne und Germania 1996, 31–36.

Pohl 2002
Walter Pohl, Die Völkerwanderung. Eroberung und Integration (Stuttgart/Berlin/Köln 2002).

Puschner 2001
Uwe Puschner, Die völkische Bewegung im wilhelminischen Kaiserreich. Sprache – Rasse – Religion (Darmstadt 2001).

Puschner 2002
Uwe Puschner, Grundzüge völkischer Rassenideologie, in: Leube/Hegewisch 2002, 49–72.

Puschner/Schmitz/Ulbricht 1999
Uwe Puschner/Walter Schmitz/Justus H. Ulbricht, Handbuch zur „Völkischen Bewegung" 1871–1918 (München 1999).

R.-Alföldy 1997
Maria R.-Alföldy, *Germania magna* – nicht *libera*, in: Germania 75/1, 1997, 45–52.

Reallexikon 1973ff.
Reallexikon der Germanischen Altertumskunde Bd. 1ff. (Berlin/New York ²1973ff.).

Reichert 2002
Hans Reichert, Much, Rudolf, in: Reallexikon der Germanischen Altertumskunde, Bd. 20 (Berlin/New York 2002) 273–279.

Renfrew 1987
Colin Renfrew, Archaeology and language: the puzzle of Indo-Eurpean origins (London 1987).

Renfrew 1997
Colin Renfrew, World linguistic diversity and farming dispersals, in: Roger Blench/Matthew Spriggs (Ed.), Archaeology and Language I. Theoretical and methodological orientations (London/New York 1997) 82–89.

Römer 1985/1989
Ruth Römer, Sprachwissenschaft und Rassenideologie in Deutschland (München 1985; 2. verbesserte Auflage München 1989).

Sasse 1999
Barbara Sasse, Paradigmenwechsel in der Frühgeschichtsforschung. Ein Beispiel für den Wandel von Theorien und Methoden, in: Archäologie als Sozialgeschichte, hrsg. von Sebastian Brather/Christel Bücker/Michael Hoeper. Festschrift für Heiko Steuer. Internationale Archäologie, Studia honoraria 9 (Rahden/Westf. 1999) 321–326.

Sasse 2002
Barbara Sasse, Der Weg zu einer archäologischen Wissenschaft. Studien zu Voraussetzung, Erkenntnis und Anwendung von Methoden und Theorien bis zum Frühevolutionismus (1850) (Habilitationsschrift, Freiburg i. Br. 2002).

Schäfer 2001
Kirstin Anne Schäfer, Die Völkerschlacht, in: Deutsche Erinnerungsorte 2001, Bd. 2, 187–2001.

Schenk 2001
Frithjof Benjamin Schenk, Tannenberg/Grunwald, in: Deutsche Erinnerungsorte 2001, Bd. 1, 438–454.

Scherer 1968
Anton Scherer (Hrsg.), Die Urheimat der Indogermanen. Wege der Forschung, Bd. 166 (Darmstadt 1968).

Schlie 2002
Ulrich Schlie, Die Nation erinnert sich. Die Denkmäler der Deutschen (München 2002).

Schlüter/Wiegels 1999
Wolfgang Schlüter/Rainer Wiegels (Hrsg.), Rom, Germanien und die Ausgrabungen von Kalkriese (Osnabrück 1999).

Schmidt-Wiegand 1992
Ruth Schmidt-Wiegand (Hrsg.), Jacob Grimm, Deutsche Rechtsaltertümer, Bd. 2 (Hildesheim/New York 1992).

Schmitt/Häusler 2000
R. Schmitt/A.Häusler, Indogermanische Altertumskunde, in: Reallexikon der Germanischen Altertumskunde, Bd. 15 (Berlin/New York 2000) 384–408.

Schmitz-Berning 2000
Cornelia Schmitz-Berning, Vokabular des Nationalsozialismus (Berlin/New York 2000).

Schöne 1994
Albrecht Schöne (Hrsg.), Goethe Faust. Texte, Kommentare. Deutscher Klassiker Verlag (Frankfurt am Main 1994).

Scholz 1997
Dieter David Scholz, Ein deutsches Mißverständnis. Richard Wagner zwischen Barrikade und Walhalla (Berlin 1997).

Schröder 2000
Jürgen Schröder, Deutschland als Gedicht. Über berühmte und berüchtigte Gedichte aus fünf Jahrhunderten in fünfzehn Lektionen (Freiburg 2000).

Schulz 1989
Gerhard Schulz, Die deutsche Literatur zwischen französischer Revolution und Restauration. Zweiter Teil: Das Zeitalter der napoleonischen Kriege und der Restauration 1806–1830. Geschichte der deutschen Literatur von den Anfängen bis zur Gegenwart, Bd. 7, 2. Teil (München 1989).

Schulze 1998
Hagen Schulze, Gibt es überhaupt eine deutsche Geschichte? (Stuttgart 1989; bearbeitete Neuausgabe 1998).

Schulze 1999
Winfried Schulze, Editorial: Vergangenheit und Gegenwart der Historiker, in: Geschichte in Wissenschaft und Unterricht 1999, Heft 2, 67–73.

v. See 1983
Klaus von See, Das ‚Nordische' in der deutschen Wissenschaft des 20. Jahrhunderts, in: Jahrbuch für Internationale Germanistik 15, 1983, 8–38.

v. See 1970
Klaus von See, Deutsche Germanen-Ideologie. Vom Humanismus bis zur Gegenwart (Frankfurt a. M. 1970).

v. See 1975
Klaus von See, Die Ideen von 1789 und die Ideen von 1914. Völkisches Denken in Deutschland zwischen Französischer Revolution und Erstem Weltkrieg (Frankfurt a. M. 1975).

v. See 1991
Klaus von See, Das Nibelungenlied – Ein Nationalepos?, in: Joachim Heinzle/Anneliese Waldtschmidt (Hrsg.), Die Nibelungen. Ein deutscher Wahn, ein deutscher Alptraum. Studien und Dokumente zur Rezeption des Nibelungenstoffes im 19. und 20. Jahrhundert (Frankfurt a. M. 1991).

v. See 1994
Klaus von See, Barbar, Germane, Arier. Die Suche nach der Identität der Deutschen (Heidelberg 1994).

v. See 2001
Klaus von See, Freiheit und Gemeinschaft. Völkisch-nationales Denken in Deutschland zwischen Französischer Revolution und Erstem Weltkrieg (Heidelberg 2001).

Seebold 2000
Elmar Seebold, Indogermanische Sprache und Sprachfamilien, in: Reallexikon der Germanischen Altertumskunde, Bd. 15 (Berlin/New York 2000) 408–413.

Simek 1984
Rudolf Simek, Lexikon der germanischen Mythologie (Stuttgart 1984).

Smolla 1991
Günter Smolla, Archäologie und Nationalbewußtsein, in: Zwischen Walhall und Paradies. Deutsches Historisches Museum (Berlin 1991) 11–15.

Sørensen 1996
Marie Luise Stig Sørensen, The fall of a nation, the birth of a subject: the national use of archaeology in nineteenth-century Denmark, in: Díaz-Andreu/Champion (Ed.) 1996, 24–47.

Springer/Maier 2000.
Matthias Springer/B. Maier, Irminsul, in: Reallexikon der Germanischen Altertumskunde, Bd. 15 (Berlin/New York 2000) 504–506.

Stemmermann 1934
Paul Hans Stemmermann, Die Anfänge der deutschen Vorgeschichtsforschung (Quakenbrück 1934).

Steuer 2001a
Heiko Steuer (Hrsg.), in Zusammenarbeit mit Dietrich Hakelberg, Eine hervorragend nationale Wissenschaft. Deutsche Prähistoriker zwischen 1900 und 1995. Erg.Bde. zum RGA 29 (Berlin/New York 2001).

Steuer 2001b
Heiko Steuer, Vorwort, in: Steuer 2001a, V–VI.

Steuer 2001c
Heiko Steuer, Deutsche Prähistoriker zwischen 1900 und 1995 – Begründung und Zielsetzung des Arbeitsgesprächs, in: Steuer 2001a, 1–54.

Steuer 2001d
Heiko Steuer, Kontinuitätsprobleme. II. Archäologisches, in: Reallexikon der Germanischen Altertumskunde, Bd. 17 (Berlin/New York 2001) 219–230.

Steuer 2001e
Heiko Steuer, Kriegswesen III. Kulturgeschichtliches und Archäologisches, in: Reallexikon der Germanischen Altertumskunde, Bd. 17 (Berlin/New York 2001) 347–373.

Steuer 2002
Heiko Steuer, Nordgermanen, in: Reallexikon der Germanischen Altertumskunde, Bd. 21 (Berlin/New York 2002) 277–289.

Stolz 1977
Ruprecht Stolz, Die Walhalla. Ein Beitrag zum Denkmalsgedanken im 19. Jahrhundert (Köln 1977).

Street-Jensen 1985
Jørn Street-Jensen, Christian Jürgensen Thomsen und Ludwig Lindenschmit. Eine Gelehrtenkorrespondenz aus der Frühzeit der Altertumskunde (1853–1864). Römisch-Germanisches Zentralmuseum Monographien 6 (Mainz 1985).

Tacke 1995
Charlotte Tacke, Denkmal im sozialen Raum. Nationale Symbole in Deutschland und Frankreich im 19. Jahrhundert (Göttingen 1995).

Tatar 2001
Maria Tatar, Grimms Märchen, in: Deutsche Erinnerungsorte 2001, Bd. 1, 275–289.

Tibi 1998
Bassam Tibi, Europa ohne Identität (München 1998).

Timpe 1970
Dieter Timpe, Arminius-Studien (Heidelberg 1970).

Traeger 1979
Jörg Traeger (Hrsg.), Die Walhalla. Idee, Architektur, Landschaft (Regensburg 1979).

Traeger 1987
Jörg Traeger, Der Weg nach Walhalla. Denkmallandschaft und Bildungsreise im 19. Jh. (Regensburg 1987), darin: ders., Die Walhalla. Ein architektonischer Widerspruch und seine landschaftliche Aufhebung, 19–40.

Umbach 1982
Klaus Umbach, Richard Wagner – ein deutsches Ärgernis. Das Jahrhundert nach Wagner ist Wagners bedenklichster Triumph, in: Klaus Umbach (Hrsg.), Richard Wagner. Ein deutsches Ärgernis (Hamburg 1982) 7–37.

Unverfehrt 1975
Gerd Unverfehrt, Ernst von Bandels Hermannsdenkmal. Ein ikonographischer Versuch, in: Engelbert 1975, 129–149.

Unverfehrt 1991
Gerd Unverfehrt, Arminius als nationale Leitfigur. Anmerkungen zu Entstehung und Wandel eines Reichssymbols, in: Eckard Mai, Stefan Waetzold, Kunstverwaltung Bau- und Denkmalpflege (Berlin 1991) 315–340.

Varus-Kurier 1995ff.
Varus-Kurier. Zeitung für Freunde und Förderer des Projekts Kalkriese. Herausgeber. Gesellschaft zur Förderung der vor- und frühgeschichtlichen Ausgrabungen im Osnabrücker Land e.V., 1. Jahrgang 1994ff.

Varusschlacht 1994
Varusschlacht und Germanenmythos. Eine Vortragsreihe anläßlich der Sonderausstellung Kalkriese Römer im Osnabrücker Land in Oldenburg 1993. Arch. Mitteilungen aus Nordwestdeutschland Beiheft 9 (Oldenburg 1994).

Veit 1985
Ulrich Veit, Gustaf Kossinna und V. Gordon Childe. Ansätze zur einer theoretischen Grundlegung der Vorgeschichte, in: Saeculum 35/3–4, 1985, 326–364.

Veit 2000
Ulrich Veit, Kulturanthropologische Ansätze in der Ur- und Frühgeschichtsforschung des deutschsprachigen Raumes: Ein Blick zurück nach vorn, in: Archäologische Informationen 23/1, 2000, 77–98.

Vondung 1976
Klaus Vondung (Hrsg.), Das wilhelminische Bildungsbürgertum. Zur Sozialgeschichte seiner Ideen (Göttingen 1976).

Wapnewski 2001
Peter Wapnewski, Das Nibelungenlied, in: Deutsche Erinnerungsorte 2001, Bd. 1, 159–169.

Weber 1999
Wolfgang Weber, Völkische Tendenzen in der Geschichtswissenschaft, in: Puschner/Schmitz/Ulbricht 1999, 834–858.

Welinder 1994
Stig Welinder, Svensk arkeologis protorasistika föreställningsediment/Die unbewußt protorassistischen Konzepte der schwedischen Archäologie, in: Tor 26, 1994, 193–215.

Wenskus 1961/1977
Reinhard Wenskus, Stammesbildung und Verfassung. Das Werden der frühmittelalterlichen gentes (Köln Graz 1961, 2. Aufl. 1977).

Wenskus 1986
Reinhard Wenskus, Über die Möglichkeit eines allgemeinen interdisziplinären Germanenbegriffs; In: H. Beck (Hrsg.), Germanenprobleme in heutiger Sicht (Berlin/New York 1986; ^{2}1999) 1–21.

Werner 2001a
Michael Werner, Heinrich Heine, in: Deutsche Erinnerungsorte 2001, Bd. 1, 484–501.

Werner 2001b
Michael Werner, Die „Germania“, in: Deutsche Erinnerungsorte 2001, Bd. 3, 567–586.

Weschenfelder 1997
Klaus Weschenfelder (Hrsg.), „Ein Bild von Stein und Erz“. Kaiser Wilhelm am Deutschen Eck und die Nationaldenkmäler. Mittelrhein-Museum Koblenz 1997 (Münsterschwarzach 1997).

Weymar 1961
Ernst Weymar, Das Selbstverständnis der Deutschen. Ein Bericht über den Geist des Geschichtsunterrichts der höheren Schulen im 19. Jahrhundert (Stuttgart 1961).

Wiegels 2002
Rainer Wiegels, Zur historischen Bedeutung und Wahrnehmung der „Varusschlacht“, in: Varus-Kurier 8. Jg., Heft 1, Sonderausgabe 2002, 9–13.

Wiegels/Woesler 1995
Rainer Wiegels/Winfried Woesler (Hrsg.), Arminius und die Varusschlacht. Geschichte – Mythos – Literatur (Paderborn 1995).

Wilberg 1996
Petra-Hildegard Wilberg, Richard Wagners mythische Welt. Versuche wider den Historismus (Freiburg i. Br. 1996).

Wippermann 1981
Wolfgang Wippermann, Der ‚deutsche Drang nach Osten‘. Ideologie und Wirklichkeit eines politischen Schlagwortes (Darmstadt 1981).

Wiwjorra 1999
Ingo Wiwjorra, Die deutsche Vorgeschichtsforschung und ihr Verhältnis zu Nationalismus und Rassismus, in: Puschner/Schmitz/Ulbricht 1999, 186–207.

Wiwjorra 2002
Ingo Wiwjorra, „Es oriente lux“ – „Ex septentrione lux“. Über den Widerstreit zweier Identitätsmythen, in: Leube/Hegewisch 2002, 73–106.

Wülfing 1991
Wulf Wülfing/Karin Bruns/Rolf Parr, Historische Mythologie der Deutschen 1798–1918 (München 1991).

Wullen 2001
Moritz Wullen, Die Deutschen sind im Treppenhaus. Der Fries Otto Geyers in der Alten Nationalgalerie. Staatliche Museen zu Berlin – Preußischer Kulturbesitz (Berlin 2001).

Zernack 1999
Julia Zernack, Anschauungen vom Norden im deutschen Kaiserreich, in: Puschner/Schmitz/Ulbricht 1999, 482–511.

Zernack 2002
Julia Zernack, Müllenhoff, Karl Victor, in: Reallexikon der Germanischen Altertumskunde, Bd. 20 (Berlin/New York 2002) 299–302.

Ziehe 1996
Irene Ziehe, Hans Hahne (1875–1935), sein Leben und Wirken. Biographie eines völkischen Wissenschaftlers (Halle 1996).

Ziehe 2002
Irene Ziehe, Hans Hahne (1875–1935). Protagonist eines völkischen Weltbildes, in: Leube/ Hegewisch 2002, 419–428.

Zientara 1997
Benedykt Zientara, Frühzeit der europäischen Nationen. Die Entstehung von Nationalbewußtsein im nachkarolingischen Europa (Osnabrück 1997).

Nachtrag

Canetti 1980
Elias Canetti, Masse und Macht (Frankfurt am Main 1980, zuerst Düsseldorf 1960).

Rodekamp 2003
Volker Rodekamp (Hrsg.), Völkerschlachtdenkmal. Stadtgeschichtliches Museum Leipzig (Leipzig 2003).

nicht mehr berücksichtigt:

Bemmann 2002
Klaus Bemmann, Arminius und die Deutschen (Essen 2002).

Germanisch-Deutsch – RGA-E Band 34 – Seiten 503-522

Zur Entstehungsgeschichte der *Monumenta Germaniae Historica*[*]

von GERHARD SCHMITZ

Weil die Geschichte so schön und plastisch ist, erzähle ich sie Ihnen gleich: Am 19. Januar 1819 schrieb der ehemalige Minister Heinrich Friedrich Karl Freiherr vom und zum Stein (1757–1831), wie er mit vollem Namen hieß, an Lambert Büchler (1785–1858), den badischen Legationsrat am Deutschen Bund in Frankfurt, folgendes: „Ich habe mit Herrn v. W[angenheim] und v. Plessen eine Zusammenkunft in meiner Wohnung auf morgen Nachmittag um 2 verabredet und Herrn Staatsminister v. Berckheim vorgeschlagen, welches ich noch heute bei Herrn v. Aretin tun werde. [...] Ich hoffe, Ew. Hochwohlgeboren werden zur verabredeten Stunde der Zusammenkunft beiwohnen und auch dem erwähnten Schlußgeschäfte Ihre Gegenwart nicht entziehen".[1] Und so geschah es: die – durchaus wörtlich zu nehmende – Geburtsstunde der *Monumenta Germaniae Historica* schlug also am 20. Januar des Jahres 1819, einem Mittwoch, nachmittags um zwei Uhr. Der Geburtsort war die Frankfurter Mietwohnung Steins im Hause des Bankiers Mülhen an der Eschersheimer Landstraße,[2] die Geburtshelfer waren außer Stein selbst der eben genannte Büchler, ferner die Gesandten Johann Adam von Aretin,[3] Karl Christoph von Berckheim,[4] Leopold Engelke Hartwig von Plessen[5] und Karl August von Wangenheim,[6] die Bayern, Baden, Mecklenburg und Württem-

---

* Die Vortragsform wurde beibehalten, die Nachweise in den Fußnoten beschränken sich auf die notwendigsten Belege. Für Literaturnachweise zur Geschichte der *Monumenta Germaniae Historica* sei grundsätzlich verwiesen auf Fuhrmann 1996, 133–139.

1 Freiherr vom Stein, Briefe 6 (1965) 5, Nr. 6.

2 An der Eschersheimer Landstraße, damals Eschersheimer Gasse, heute nicht mehr existierend, vgl. Fuhrmann, 1996, 13.

3 Johann Adam Freiherr von Aretin (1769–1822), seit 1817 bayerischer Gesandter am Bundestag.

4 Karl Christoph Freiherr von Berckheim (1774–1849), ab 1817 badischer Gesandter am Bundestag, später Innenminister.

5 Leopold Engelke Hartwig Freiherr von Plessen (1769–1837), mecklenburgischer Gesandter und bevollmächtigter Minister beim Bundestag.

6 Karl August Freiherr von Wangenheim (1773–1850), württembergischer Bundestagsgesandter.

berg beim Bundestag vertraten. Diese Herren gründeten die *Gesellschaft für Deutschlands ältere Geschichtskunde*. Den Gründungsakt beschloß, „nach altdeutscher Sitte, ein fröhliches Mahl bei dem Stifter".[7]

Der Plan des Freiherrn vom Stein, eine Sammlung deutscher Geschichtsquellen zu veranstalten, war im zweiten Dezennium des 19. Jahrhunderts nicht der einzige dieser Art, er war nur der einzig erfolgreiche. Relativ bekannt ist jenes wesentlich von dem Rechtshistoriker Karl Friedrich Eichhorn (1781–1854) entwickelte Projekt, an dem auch Friedrich Carl von Savigny (1779–1861) beteiligt war, und das immerhin zu dem sogenannten „Berliner Plan" von 1816 gedieh.[8] In ihm sind verschiedene Grundelemente erkennbar, die in Gründung und Zielsetzung der *Monumenta* durchaus ihre Parallelen haben; sie seien hier deshalb wenigstens gestreift: Ein solches der Nation würdiges Unternehmen übersteige die Kräfte „von einzelnen Männern" und auch „von einzelnen Regierungen": „vielmehr muß Alles daran mitwirken, was in irgend einem Theile von Deutschland Sinn und Geschmack für Geschichte hat". Als „der verderblichste Abweg" für ein solches Unternehmen wurde es betrachtet, „wenn alle, oder auch nur die größern Staaten sich hierin abschließen wollten, so daß z. B. in Bayern eine Bayrische Geschichte als letztes, in sich geschlossenes Ziel angenommen, und darauf große Sammlungen als Vorarbeiten berechnet würden". Ein solcher Plan aber „würde verkehrt und fruchtlos seyn, und besonders in unsern Tagen kann sich gewiß niemand über die Willkürlichkeit und Zufälligkeit der Gränzbestimmungen täuschen, wodurch nun zugleich die Gränzen dieser wissenschaftlichen Unternehmungen bestimmt werden müßten". Ein so im wahrsten Sinn des Wortes doppelt begrenztes Unternehmen wollte man also nicht. Andererseits schien es nicht ratsam, eine einzige, ganz Deutschland erfassende Gesellschaft zu gründen, sondern es war daran gedacht, diese Großgesellschaft durch kleinere Gesellschaften der einzelnen Staaten aufzubauen, deren Zweck aber nicht die Landesgeschichte, sondern die *deutsche* Geschichte sein sollte, was u. a. durch den Namen wie etwa „Oesterreichische, Preußische etc. Gesellschaft für Deutsche Geschichte" zum Ausdruck gebracht werden könne. Der Gedanke, sozusagen über „Teilgesellschaften" eine Dachgesellschaft zu etablieren, hat im übrigen auch bei den Überlegungen über die Struktur der *Monumenta* eine Zeitlang eine Rolle gespielt – ich erwähne das hier nur, weil ich später nicht mehr darauf zurückkomme.

---

[7] Archiv der Gesellschaft für ältere deutsche Geschichtskunde 1 (Frankfurt a. M. 1819–1820) 58.

[8] Zum Berliner Plan vgl. Toellner 1994, 33–72. Der Plan ist u. a. abgedruckt in den Beilagen zu Pertz 1854, 101ff.

Ziel dieser Gesellschaft sollte sein: „a) Ein kritisches Verzeichniß der handschriftlichen und gedruckten Quellen und Hülfsmittel unserer Geschichte, nach Art der *Bibliothèque historique de la France* von Lelong und Fontette. b) Eine vollständige Ausgabe unserer Scriptores. c) Ein kritisches Urkundenverzeichniß, nach Art unseres Georgisch und des Französischen Brequigny. d) Eine große Urkundensammlung, wie sie freilich nach einem recht umfassenden Plane noch keine Nation besitzt. e) Eine Sammlung aller Rechtsquellen. f) Eine historische Geographie mit den dazu gehörigen Charten." Man sieht auch hier die Parallelen zu dem, was später zum Arbeitsprogramm der *Monumenta* wurde, auf den ersten Blick. Anders verhält es sich bei dem, was die Gesellschaft sonst noch im Sinn haben sollte. Um es kurz zu machen: „Alterthümer jeder Art sind ihr befohlen", und dazu gehörten sowohl Gebäude sowie Kunst- und Bildwerke und andere museale Gegenstände wie „Ackergeräth" oder „Handwerksgeräth Deutscher Art", weiter sollte sie sich um alte Sitten und Gebräuche ebenso kümmern wie um Musik und Tanz, aber auch die Grundlagen für eine gelehrte *deutsche Philologie* durch Abfassung von Wörterbüchern und Grammatiken des Isländischen, Angelsächsischen, Mösopothischen, Niedersächsischen, Fränkischen und Schwäbischen sollten geschaffen werden; kurzum, das Programm war so gewaltig, daß – und damit nehme ich eine an anderer Stelle des „Berliner Plans" verwendete Formulierung auf – „das Unternehmen bis zur Lächerlichkeit unausführbar" zu werden drohte.

Der Freiherr vom Stein ist mit diesem Plan bekannt geworden, und später hat er sogar die geistige Urheberschaft für sich reklamiert: „Ew. Wohlgeboren erinnern sich vielleicht, daß bereits im Jahr 1814 auf meine Anregung durch die Herren v. Savigny, Eichhorn usw. ein umfassender Plan zur Bearbeitung der deutschen Geschichts- und Gesetzquellen entworfen wurde, er blieb aber ruhen", schrieb er am 7. März 1820 an Friedrich Wilken,[9] und unterlag hier einem Gedächtnisirrtum. In Wirklichkeit hatte Stein an den Plänen Eichhorns und Savignys keinen Anteil, und es ist wahrscheinlich, daß er erst 1815 anläßlich eines Zusammentreffens mit Eichhorn davon Wind bekam.[10] Einigermaßen zutreffend ist an der ganzen Geschichte nur, daß Savigny Stein an der Spitze eines so gearteten Unternehmens zu sehen wünschte: „Das Wünschenswerteste scheint mir", so schrieb er mit Datum vom 15. März 1816 an

---

[9] Friedrich Wilken (1777–1840), Orientalist und Historiker, 1821/22 Rektor der Berliner Universität.

[10] Freiherr vom Stein, Briefe 6 (1965) 227, Nr. 209.

Eichhorn,[11] „wenn der Herr Minister vom Stein an die Spitze treten wollte, da gewiß kein Name gefunden werden kann, durch welchen das Würdige und Bedeutende dieser vaterländischen Unternehmung so unzweideutig ausgesprochen werden möchte als dieser". Stein sollte also an die Spitze der Dachgesellschaft treten, während man bei den Landesgesellschaften an die jeweils höchste Prominenz dachte: „wie z. B. in Preußen der Kronprinz, in Oesterreich der Erzherzog Johann, in Bayern der Kronprinz etc." Aus diesem Plan wurde, wie gesagt, nichts, aber er illustriert in hervorragender Weise, wie Steins Erwägungen sich in die intellektuelle Landschaft einpaßten.

Soweit wir wissen, hat sich Stein selbst zum ersten Mal auf einer Reise, die er vom 25. bis 29. Juli 1815 mit Goethe – dem nachmaligen Ehrenmitglied und kurzfristigen Mitarbeiter der Gesellschaft[12] – den Rhein hinunter nach Köln unternahm, über ein solches Vorhaben geäußert. Auf dieser Reise hat er dem Dichterfürsten ausführlich über seine Pläne berichtet, durch Gründung einer Gesellschaft eine Quellensammlung zur deutschen Geschichte auf den Weg zu bringen,[13] ein Plan, der sich nach knapp vier Jahren realisieren ließ.

Aber der Verein, der am 20. Januar 1819 das Licht der Welt erblickte, bedurfte noch eines organisatorischen Rahmens: Stein selbst entwarf im März 1819 die Statuten, deren erster Satz lautet[14]: „Es bildet sich ein Verein zur Beförderung einer Gesamtausgabe der Quellenschriftsteller deutscher Geschichten des Mittelalters, der seinen Sitz in Frankfurt hat." Nach mehreren Sitzungen der „Zentraldirektion" wurde am 12. Juni 1819 das endgültige Statut beschlossen, in dem der Zweck des Vereins definiert wurde (Allgemeine Bestimmungen 1): „Herstellung einer Gesammt-Ausgabe der Quellen-Schriftsteller deutscher Geschichten des Mittelalters". Geleitet wurde die Gesellschaft von einer „Central-Direction", der die fünf bereits genannten Herren angehörten. Ihr war der Sekretär zu- bzw. untergeordnet, zu dem Lambert Büchler bestellt wurde; die Redaktion, die ein Freund Büchlers, der aus dem

---

[11] Freiherr vom Stein, Briefe 8 (1970) 163, Nr. 234. Dieser Brief wurde offenbar von Eichhorn an Stein weitergeleitet, vgl. ebd. Anm. 1.

[12] Dazu Fuhrmann 1995. Goethe wurde anläßlich seines 70. Geburtstages am 28. August 1819 zum Ehrenmitglied ernannt, für die Beschreibung wertvoller Jenenser Handschriften (das Autograph der Chronik Frutolfs vom Michelsberg und namentlich das Friedrich I. zugedachte Exemplar der Chronik Ottos von Freising) entwarf er eigene Richtlinien, „die man mutatis mutandis auch heute noch anwendet und deren Angemessenheit einleuchtet" (Fuhrmann 1995, 14f.).

[13] Dazu Schüddekopf 1900, 56.

[14] Freiherr vom Stein, Briefe 6 (1965) 50f., Nr. 38. Die dortige Datierung ist hier übernommen, vgl. dazu ansonsten ebda., Anm. 1.

badischen Archivdienst stammende Karl Georg Dümgé versah[15] (der sich, schwerhörig, mißtrauisch und zänkisch, wie er war, übrigens je länger je lieber als Fehlbesetzung entpuppte), und schließlich der Finanzbeauftragte, zu dem man praktischerweise den Bankier Theodor Mülhens bestimmte. Als Wahlspruch und Emblem der Gesellschaft wurde auf Vorschlag Büchlers die von einem Eichenkranz umgebene Devise *Sanctus amor patriae dat animum* gewählt, die sowohl die allgemeine Gemütslage wie auch Zweck und Ziel des Vereins am besten zu umschreiben schien.[16] Der vom „Laub des deutschesten aller Bäume“ – so Horst Fuhrmann – umkränzte Wahlspruch habe „noch an den Opfergeist der Befreiungskriege erinnert“.[17] Beides, Emblem und Wahlspruch, zieren noch heute jede *Monumenta*-Edition.

Wenn ich mich im Folgenden der Frage zuwende, welche Motive den Freiherrn vom Stein bei seiner Vereinsgründung bestimmt haben, so lasse ich dabei die weiteren Rahmenbedingungen (schon aus Zeit- bzw. Raumgründen) außer acht, d. h. ich versuche erst gar nicht zu ergründen, was, wie es im Berliner Plan heißt, „die gegenwärtige (also die damalige) Zeit sehr geschickt“ zu solchen Unternehmungen machte; ich äußere mich nicht über die Romantik oder den aufkeimenden Historismus als solche oder solchen, sondern ich konzentriere mich auf Steins Denken, das vor allem in seiner Korrespondenz faßbar wird und in dem sich, wie ich meine, manch allgemeine Tendenz der Zeit deutlich widerspiegelt.

Einem bisweilen zitierten Passus aus dem Nachtrag zu seiner Autobiographie zufolge könnte man freilich meinen, er habe – aus der aktiven politischen Betätigung ausgeschieden und unwillig, einen ihm sowohl von Österreich wie von Preußen angetragenen Diplomatenposten zu übernehmen – eine standesgemäße Altersbeschäftigung gesucht. „Ich trat also“ – so heißt es dort – „in den neuen Abschnitt des Lebens mit der Lösung zweier Aufgaben, der der Geschäftslosigkeit und der des Alters. Die Leere, so aus der ersten entstand, suchte ich auszufüllen durch Wissenschaft. Ich wählte die deutsche

---

15 Vgl. Klein 1992, 221–265. Dümgé war bis 1822 Redakteur. Nach anfänglichem Wohlwollen wird an vielen Stellen in den Briefen Steins der wachsende Mißmut über Dümgé deutlich, hier mag der Verweis auf Freiherr vom Stein, Briefe 6 (1965) 417, Nr. 406, genügen, „Herr Dümgé“ solle „sich mit Demut erinnern“ an sein mangelhaftes Quellenverzeichnis für den ersten Planentwurf und seiner „Unkunde“ ausländischer, aber in längst gedruckten Katalogen greifbarer Handschriftenbestände, „seiner Geschmacklosigkeiten und Taktlosigkeiten nicht zu erwähnen und seines bissigen Wesens“ (7. Dezember 1821). Vgl. auch das Urteil Johann Friedrich Böhmers: „Dümgé hatte viele einschlagende Kenntnisse und war unermüdlich fleißig, aber auch dumm, boshaft, eigennützig“ (zitiert bei Fuhrmann 1996, 27).

16 Fuhrmann 1996, 12.

17 Fuhrmann 1995, 5.

Geschichte, zum Teil veranlaßt durch den Unterricht, den ich darin meiner jüngsten Tochter gab, und durch das wieder erweckte Nationalinteresse".[18] Schon der Umstand, daß Stein höchstselbst seinen Töchtern Geschichtsunterricht erteilte, läßt den hohen Stellenwert erkennen, den er der Geschichte im Rahmen der Erziehung beimaß. „Es ist überflüssig, einem Mann wie Ew. W[ohlgeb.] zu sagen," – so äußerte er sich gegenüber Bernhard Moritz Snethlage[19] über die Erziehung des späteren preußischen Innenministers Adolf Heinrich Graf von Arnim-Boitzenburg (1803–1868) – „daß Religion und Geschichte, und besonders deutsche Geschichte, die kräftigsten Mittel sind, um den Charakter zu veredeln, das junge Gemüt mit würdigen Gesinnungen zu erfüllen und es zu achtungswerten Handlungen fähig zu machen".[20] Wie ernst Stein dies nahm, zeigt sich auch daran, daß er für den Unterricht seiner Tochter Henriette eine *Französische Geschichte* und für Theresa eine *Geschichte der Deutschen* schrieb,[21] durchaus mit kritischem Vorgehen und dem Rekurs auf die Quellen: Es sei ihm damals schon, so sagte er, die Unzulänglichkeit der Quelleneditionen aufgefallen: „Das Studium der deutschen Geschichtsquellen machte mir die Unvollkommenheit ihrer bisherigen Sammlungen bemerklich und veranlaßte mich, die Idee eines Vereins zur Bearbeitung der Quellenschriftst[eller] in das Leben zu bringen".[22] Aber Stein war kein Wissenschaftler, auch wenn er später auf seinen Reisen Handschriften für die von ihm gegründete Gesellschaft einsah und mit Eifer Handschriftenkataloge auswertete. Er war durch und durch ein *homo politicus*, und die oben zitierte Bemerkung führt zu dem Stellenwert, den Stein der Geschichte im öffentlichen Bewußtsein beimaß, es kam ihm wesentlich auf die öffentliche Wirksamkeit von Geschichte an: „Seit meinem Zurücktreten aus den öffentlichen Verhältnissen", so schrieb er am 19. August 1818 an Franz Egon Freiherrn von Fürstenberg, den Bischof von Hildesheim, „beschäftigte mich der Wunsch, den Geschmack an deutscher Geschichte zu beleben, ihr gründliches Studium zu erleichtern und hierdurch zur Erhaltung der Liebe zum gemeinsamen Vaterland und Gedächtnis unserer großen Vorfahren beizutragen".[23]

---

[18] Freiherr vom Stein, Briefe 6 (1965) 698, Nr. 700 (Autobiographische Aufzeichnungen Steins, 14. März 1824).

[19] 1753–1849. Über ihn: Allgemeine Deutsche Biographie 34, 516–522.

[20] Freiherr vom Stein, Briefe 5 (1964) 517, Nr. 440 (22. Juli 1816).

[21] Beide Werke sind ediert von Walther Hubatsch in: Freiherr vom Stein, Briefe 9 (1972) 4–376 (*Geschichte der Deutschen*) und 378–741 (*Französische Geschichte*).

[22] In seinen autobiographischen Aufzeichnungen von 1824, Freiherr vom Stein, Briefe 6 (1965) 698.

[23] Freiherr vom Stein, Briefe 5 (1964) 810, Nr. 715 (Zitat S. 811).

Nach dem Erlebnis der französischen Revolution und dem endlich gescheiterten Versuch, ein rational durchgeplantes, aber eben unhistorisches Staatsgebilde zu etablieren, nach den zum Teil willkürlichen Veränderungen Deutschlands 1803, nach dem Zusammenbruch des Alten Reiches 1806 und dank der durch Napoleon geschaffenen Umwälzungen und den Turbulenzen der Befreiungskriege war es die Geschichte, die für die anstehenden Aufgaben Rat, Hilfe und Orientierung bot. Sie war geeignet, dem deutschen Volk kollektive Identitätsstifterin zu sein, sie bot auch den Maßstab für die Ausgestaltung der in Art. 13 der Wiener Kongreßakten vorgesehenen Verfassungen[24] und nur sie leistete Gewähr dafür, daß die Neugestaltung nicht in einem reaktionären Zurück, aber auch nicht einem unhistorischen Radikalentwurf endete. Die Briefe und Gutachten des Freiherrn vom Stein sind voller Mahnungen, man dürfte das historisch Gewachsene nicht willkürlich ändern, man müsse es vorsichtig den Bedürfnissen der Zeit anpassen.[25] „Soll eine Verfassung gebildet werden", so war sein Credo, „so muß sie geschichtlich sein. Wir müssen sie nicht erfinden, wir müssen sie erneuern, ihre Elemente in den ersten Zeiten der Entstehung unseres Volks aufsuchen und aus diesen sie entwickeln."[26]

Die eigene Zeit wurde als „Entwicklungs- und Übergangszeit" begriffen: „Die ältere Generation, zu der ich gehöre," sagte er, „leidet durch den Unter-

---

24 Deshalb war Stein auch der Meinung, daß es ein neues Interesse an der Geschichte gebe, die, wie er sich ausdrückte, „Liebe zur vaterländischen Geschichte" wiederauflebe.

25 Freiherr vom Stein, Briefe 5 (1964) 463ff., Nr. 385. Diese Denkschrift *Über die Herrenbank* kann als Beispiel für Steins politisches Denken dienen: Sie beginnt mit dem Satz: „Die Notwendigkeit zweier Kammern in einer repräsentativen Verfassung ist durch Geschichte und Erfahrung dargetan. In den ersten Anfängen der gesellschaftlichen Verfassung unseres Volks zeigt sich Verschiedenheit der Stände und Verschiedenheit der Teilnahme derselben an dem Beraten und Beschließen über Nationalangelegenheiten", greift dann als Beleg auf Tacitus zurück und tut dann dar, daß man „diese Verschiedenheit der Stände und der Teilnahme derselben an den Nationalangelegenheiten [...] bei allen deutschen Volksstämmen [...] durch alle Epochen unserer Geschichte" antreffe (Merowinger, Karolinger usw.). Die Folgerung aus diesem historischen Befund lautet: „Diejenigen alle, die nur eine Kammer vorschlagen, wollen alles nivellieren, der Nachkomme der Zähringer, der Fürst Fürstenberg, soll gleich sein dem Sohn eines getauften Juden, und sie wollen alles verwirren, alles demokratisieren [...], sie vergessen, daß das Land, das sie konstituieren wollen, die Geschlechter, die sie unterdrücken, die Stände, die sie durcheinandermischen wollen, eine Geschichte haben, ein Gedächtnis besitzen" und: „Verfassungen bilden heißt bei einem alten Volk wie das deutsche, das seit zweitausend Jahren eine ehrenvolle Stelle in der Geschichte einnimmt, nicht sie erschaffen, sondern den vorhandenen Zustand der Dinge untersuchen, um eine Regel aufzufinden, die ihn ordnet; und allein dadurch, daß man das Gegenwärtige aus dem Vergangenen entwickelt, kann man ihm eine Dauer in Zukunft versichern, [sonst] erhält die neue Institution ein abenteuerliches Dasein ohne Vergangenheit und ohne Bürgschaft für die Zukunft."

26 Freiherr vom Stein, Briefe 5 (1964) 539, Nr. 455 (Denkschrift Steins, 20. August 1816).

gang des Gewohnten, Bestehenden. Das neue Geschlecht sucht wild zu neuern, ohne Schonung und Besonnenheit – Gott waltet",[27] und in Anwandlung depressiver, ja manchmal todessehnsüchtiger Stimmungen konnte er formulieren: „Auch ich leide an der Krankheit des Trauerns über die liebe Vergangenheit. Ohne das Mittelalter zu vergöttern, so herrschte doch Kraft, Tapferkeit, Treue und Frömmigkeit, und seine Fehler, seine Roheit, Trunkliebe usw., ekeln mich weniger an als die Genußsucht, Gewinnsucht, Lügenhaftigkeit des Zeitalters"[28] (gemeint ist das eigene).

Einzelner und Stand, Staat und Gesellschaft konnten sich und sollten sich an der Geschichte orientieren, der mehr neue Aufgaben im Sinne von Darstellung und Forschung zuwuchsen als ihr alte abhanden gekommen waren: „Indem die Bearbeitung der deutschen Geschichte in publizistischer Hinsicht alles Interesse verloren hat durch die Auflösung des deutschen Reichs, so tritt an dessen Stelle eine allgemeinere, umfassendere Ansicht, die den Menschen mehr anspricht als publizistische Untersuchungen",[29] und 1817, also ein Jahr später, beklagte er die Rolle der Geschichte in Erziehung und Ausbildung: Die Geschichte „wurde hauptsächlich bisher in Hinsicht auf Staatsrecht behandelt, da aber dessen praktischer Nutzen größtenteils aufhört, so entstand die Gefahr, daß man es ganz unterlassen würde, sie mit dem gehörigen Fleiß und Würde auf mittleren und höheren Lehranstalten zu behandeln".[30]

Zu all dem aber bedurfte es gründlicher historischer Kenntnisse, und für diese war eine Quellen-Sammlung erforderlich, die die Geschichte des ganzen deutschen Volkes umfaßte und nicht nur einzelne, womöglich nicht mehr oder wenigstens so nicht mehr existierende geistliche oder weltliche Fürstentümer; eine Sammlung, die sich nicht an dynastisch-genealogischen oder territorial-„staatlichen" Grenzen orientierte, sondern die die Nation als Ganzes in den Blick nahm. Eine solche Sammlung aber gab es nicht! „Ein Haupthindernis des Studiums der deutschen Geschichte", so schrieb Stein an den Großherzog Ludwig I. von Baden, „ist der Mangel einer vollständigen Sammlung ihrer Quellenschriften, gleich der eines Muratori, Bouquet usw."[31]

Mit seinen idealistischen Vorstellungen über den öffentlichen wie privaten Nutzen der Geschichte verband der Freiherr vom Stein eine Illusion: Er war nämlich der Ansicht, daß seine Standesgenossen es als ein *officium nobile* an-

---

[27] Freiherr vom Stein, Briefe 6 (1965) 390, Nr. 375 (an Arndt, 30. September 1821).
[28] Freiherr vom Stein, Briefe 6 (1965) 969, Nr. 977 (an Arndt, 30. März 1826).
[29] Freiherr vom Stein, Briefe 5 (1964) 476, Nr. 399 (an Eichhorn, 26. März 1816).
[30] Freiherr vom Stein, Briefe 5 (1964) 635f., Nr. 546 (an Kohlrausch, 11. Juni 1817).
[31] Freiherr vom Stein, Briefe 6 (1965) 22, Nr. 23 (25. Februar 1819).

sehen würden, den Verein mit Zuwendungen und Spenden zu unterstützen. Er irrte sich gründlich. „Meine erste Idee war immer," – so sagte er 1820 – „daß es allein durch Beiträge von westfälischen Gutsbesitzern ohne Zutun irgendeiner Regierung oder von Kaufleuten ausgeführt werden solle", was ihm schon deshalb gut erschien, weil er „wünschte, daß wir uns immer mehr gewöhnten, aus eigenen Mitteln gemeinnützige Unternehmungen auszuführen".[32] Stein hat hier viele Enttäuschungen erlebt. Er selbst war der großzügigste Sponsor und auch im „Fundraising" keineswegs erfolglos, aber bei weitem nicht erfolgreich genug. Die Gesellschaft benötigte entschieden mehr Mittel, als Stein herbeischaffen konnte. Wer seine Korrespondenz mustert, der wird schnell gewahr, daß die Geldbeschaffung bzw. die Knappheit der Mittel ein durchgehendes Thema darstellt. Im Vertrauen auf die hochherzige Gesinnung seiner Standesgenossen hatte Stein ein Angebot des Zaren, seinerseits einen erheblichen finanziellen Beitrag zu dem Unternehmen zu leisten abgelehnt:[33] „Es wäre doch demütigend, wenn wir zu unserer Ausgabe deutscher Geschichtsquellen der Unterstützung eines Russen bedürften. Ich protestiere feierlich dagegen".[34] Später soll er das bedauert haben.

Ein einprägsames Beispiel für die allgemeine Knauserigkeit stellt der Fürstbischof von Hildesheim dar, den Stein immer wieder als Sponsor für den Verein zu gewinnen versuchte. Der Bischof antwortete nicht einmal, aber als er 1825 starb, hinterließ er anscheinend ein Vermögen von drei Millionen Talern.[35] Solcher Geiz erbitterte Stein zutiefst: „Nicht einmal einen aliquoten Teil seiner Millionen" habe der Bischof „zu irgend etwas Gemeinnützigem, Edlem zu verwenden" gewußt, „sondern alles einem fratzenhaften Vetter" vererbt,[36] „das jetzige Adelsgeschlecht", so urteilte er in diesem Zusammenhang, „ist in Selbstsucht und Einseitigkeit versunken, und Leerheit, Unbeholfenheit und Egoism geben keinen Anspruch auf Einfluß und Achtung, besonders in einem so aufgeregten und nach so mannigfaltigen Richtungen bewegten Zeitalter." In diesem Punkt verstand Stein die Welt, seine Welt, nicht mehr. Die Kassenlage des Vereins war zeitweise so klamm, daß Stein, der

---

32 Freiherr vom Stein, Briefe 6 (1965) 286, Nr. 269 (an Merian, 14. Juni 1820).

33 Freiherr vom Stein, Briefe 7 (1969) 681ff., Nr. 617 (an Gneisenau, 15. 12. 1829): „Ich hoffte, die nötige Unterstützung zu erhalten, vom Adel, vielleicht von den Fürsten, ich lehnte die mir von Kapodistrias im Herbst 1818 gemachte Anerbietung einer vom Kaiser Alexander zu erteilenden Hilfe ab. Meine Erwartungen wurden teils gar nicht, teils nur schwach erfüllt, das Werk konnte nicht mit der gehörigen Macht angegriffen werden" (682).

34 Freiherr vom Stein, Briefe 6 (1965) 180, Nr. 159 (an Büchler, 4. Dez. 1819).

35 Vgl. Pertz 1856, 391.

36 Freiherr vom Stein, Briefe 6 (1965) 946, Nr. 955 (an Hövel, 16. Februar 1826); vgl. auch ebda., 949, Nr. 958 (an seinen Universitätsfreund Franz von Reden, 22. Februar 1826).

ansonsten immer auf raschen Fortschritt drängte, nicht nur zeitweise die Arbeiten stoppen mußte, sondern befürchtete, das Unternehmen aus Geldmangel einstellen zu müssen.[37] In solchen Phasen konnte er, der eine „öffentliche" Finanzierung ursprünglich ganz abgelehnt hatte, klagen: „Bouquet erschien auf königliche Kosten, Muratori auf die des Kaisers Karl VI.",[38] und seine Briefe konnten zu wahren Bettelbriefen werden: „Unser Verein für deutsche Geschichte", schrieb er am 9. Dezember 1821 an Romberg, „leidet an der Schwindsucht in seinen Finanzmitteln. Könnten Sie uns nicht etwas aushelfen"?[39] Überhaupt war es ihm ein Dorn im Auge, daß mehr für die Naturwissenschaften ausgegeben wurde als für die nationale Geschichte: „Nach der Richtung der Tätigkeit und Geldmittel unserer Regierungen und Akademien zu urteilen, sollte man glauben, die Naturgeschichte Brasiliens, Ägyptens, Nubiens, des Kaps, die Affen, Kolibris und Gazellen hätten ein größeres Nationalinteresse als vaterländische Geschichten. Auf naturhistorische Unternehmungen wendet München, Berlin, Wien große Summen, auf vaterländische Geschichte nichts!" So schrieb er an Kronprinz Ludwig von Bayern,[40] und nicht minder verärgert äußerte er sich an anderen Stellen.[41]

Zum ständigen Mangel an Finanzmitteln kam anderes hinzu: „Der Geiz der Reichen, die Faulheit der Gelehrten sind große Hindernisse an der vollkommenen Ausführung", so lautete eine schon 1820 geäußerte Erkenntnis.[42] In der Tat gab es nicht allzu viele Gelehrte, die für eine Mitarbeit in Frage kamen, und die es gab, waren zum Teil nicht einfach zu handhaben: Die Empfindlichkeit der gewonnenen oder zu gewinnenden Editoren und Mitarbei-

---

[37] Freiherr vom Stein, Briefe 6 (1965) 324, Nr. 301 (an Büchler, 3. Jan. 1821): „... wenn ich nicht an den Untergang des Ganzen glaubte, das sich wegen Mangel an Beiträgen auflösen muß, da weder Fürsten noch Privatleute dergleichen zu leisten geneigt sind". Ähnlich in einem Schreiben an Spiegel vom 18. Juni 1821 (353, Nr. 338): „Ich besorge, das Unternehmen der Herausgabe der Quellenschriftsteller wird am Mangel von Geldmitteln scheitern".

[38] Freiherr vom Stein, Briefe 6 (1965) 325, Nr. 301. (an Büchler, 3. Januar 1821).

[39] Freiherr vom Stein, Briefe 6 (1965) 417, Nr. 407.

[40] Freiherr vom Stein, Briefe 6 (1965) 597, Nr. 566 (14. Februar 1823) anläßlich der Übersendung seiner Autobiographie und einer Antwort auf die Anfrage des Kronprinzen, wer von den „alten Geschichtsschreibern würdig sei", in die „Walhalla" aufgenommen zu werden.

[41] Etwa an Niebuhr (15. Februar 1823), Freiherr vom Stein, Briefe 6 (1965) 598, Nr. 567: „Man macht kostbare naturhistorische Expeditionen von Wien, München und Berlin nach Ägypten, Nubien, Brasilien, dem Kap, man erforscht die Geschichte der Pharaonen, das Leben und Weben der Kolibris, Gazellen und Affen mit und ohne Schwänzen, aber für die Geschichte unseres Volkes geschieht nichts". Nicht minder bissig ist die Äußerung: „Während die Bayrische Regierung für ein Deutsches geschichtliches Werk nichts thut, erscheint auf ihre Kosten die Geschichte der Brasilianischen Affen und weitohringen Fledermäuse" (Pertz 1856, 573).

[42] Freiherr vom Stein, Briefe 6 (1965) 258, Nr. 240 (an Gagern, 1. Mai 1820).

ter bildete für den eher aufs Praktische ausgerichteten Stein durchaus ein Problem: „Es ist ein reizbares, unvernünftiges Volk, das Gelehrtenvolk“, konstatierte er gelegentlich,[43] und ein leicht resignativer Unterton schwingt in der Frage mit: „Herrn Stenzels Stillschweigen ist mir unerklärbar. Ist er krank, beleidigt? Diese Gelehrten, so nur in ihren vier Wänden gelebt, sind ein schwer zu behandelndes irascibile genus hominum.“[44] Ein andermal resümierte er illusionslos: „ich kann den Eifer, womit unsere Gelehrten an dem literarischen Unternehmen teilnehmen, nicht rühmen.“[45]

Wäre es nur das gewesen, Stein hätte zufrieden sein können. Was er als „literarisches Unternehmen“ bezeichnete und als „Dienst an der Wissenschaft“ begriff, als wahre „Grundlagenforschung“ nach dem Motto: „Soll Geschichte auf Universitäten einen Lehrstuhl finden, so muß der Lehrer aus reinen, ungetrübten Geschichtsquellen schöpfen“,[46] das geriet in den Strudel politischer Verdächtigungen: In Wien betätigten sich Friedrich von Gentz und andere als Ohrenbläser Metternichs und streuten herum, der Verein befleißige sich höchst zweifelhafter Umtriebe, gefährde am Ende die Sicherheit Österreichs,[47] ja, es gehe ihm darum, „geschichtlich darzutun, daß in dem Mittelalter allen deutschen Fürsten keine wahre Landeshoheit eingeräumt gewesen und daher abzuleiten wäre, daß die Landstände sehr wesentliche Rechte aus dem Grunde der bisherigen Usurpation der Fürsten in Anspruch nehmen dürften“,[48] andere wiederum argwöhnten, „man wolle die Institutionen des Mittelalters, das Feudalsystem und wie diese demokratischen Schlagwörter heißen wiederherstellen“.[49] Über die reaktionären Verdächtigungen Friedrichs von Gentz[50] verschaffte Stein seinem Unmut mit beißender Ironie Luft:

---

43 Freiherr vom Stein, Briefe 6 (1965) 191, Nr. 169 (an Gagern, 23. Dezember 1819; mit Blick auf Dahlmanns und Falcks Aufkündigung der Mitarbeit).

44 Freiherr vom Stein, Briefe 6 (1965) 852, Nr. 864 (an Pertz, 13. Mai 1825). Über Stenzel vgl. Pertz, 1856, 451f.

45 Freiherr vom Stein, Briefe 6 (1965) 514f., Nr. 490, Zitat 514 (an Spiegel, 29. April 1822).

46 Freiherr vom Stein, Briefe 6 (1965) 384, Nr. 372 (an Pertz, 16. September 1821).

47 Pertz 1856, 490ff., Bresslau 1921, 100.

48 Bresslau 1921, 50.

49 Freiherr vom Stein, Briefe 6 (1965) 384, Nr. 372 (an Pertz, 16. September 1821). Gemeint ist ein Artikel von Johannes Ignaz Weitzel (1771–1837), der die Rheinischen Blätter (Wiesbaden) herausgegeben hat. Stein nennt ihn, nicht ganz zu Recht, einen „jakobinisch gesinnte[n] Verfasser“, über ihn Faber 1962, 37 Anm. 2 (Lit.).

50 Friedrich von Gentz (1764–1832), Publizist und seit 1809 Mitarbeiter Metternichs. Über die Verdächtigungen berichtet Pertz (1856, 490f.): „Oesterreich aber frage, wozu die Geschichte gebraucht werden solle? In einer Zeit, welche Alles in Gift zu verwandeln wisse, gebe sie so gut gegen, als für, das Bestehende Waffen. Wenn auch das Unternehmen jetzt noch ohne wei-

„Es wäre wohl möglich, daß sich der deutsche Geschichtsverein durch Ungarn mit den Hetaeristen in Verbindung setzte und er auf den Trümmern des Thrones des sanften, milden Sultans Mustapha seine Arbeiten fortsetzte, und daß in dem Harem und Divan die Vergleichungen der vatikanischen Handschriften vorgenommen würden. Suchen Ew. Wohlgeboren Herrn v. Gentz hierüber zu beruhigen und versichern Sie ihn, der historische Verein werde, wenn er in Konstantinopel thronte, ihm einige Städte in Rumelien anweisen, um sein Küchenbudget zu befriedigen. Mit den Bewohnerinnen des Harems soll ihm gegenwärtig ohnehin nicht mehr gedient sein".[51] Ansonsten regierte Unverständnis: „Wer konnte es sich nur träumen lassen, daß ein Unternehmen, welches einen so ausgemachten literarischen Wert hat, als eine vollständige kritische Sammlung der ohnehin größtenteils längst gedruckten und längst benutzten *Scriptores Rer. Germanicarum*, als ein gefahrdrohendes, Staatsmänner beunruhigendes Unternehmen angesehen werden könne".[52] Kein Zweifel: derlei Verdächtigungen, so absurd sie sein mochten, haben den Fortgang des Unternehmens erheblich behindert.[53]

Zugleich schlugen die politischen Ereignisse selber auf den Verein zurück: Die nach der Ermordung Kotzebues auf Betreiben Metternichs in panischer Revolutionsfurcht gefaßten Karlsbader Beschlüsse veranlaßten Friedrich Christoph Dahlmann,[54] der unter anderem Adam von Bremen herausgeben sollte, seine Zusammenarbeit aufzukündigen: Er könne nicht in einem Verein mitwirken, in dessen Leitung Bundesgesandte säßen, die eben jene reaktionären Beschlüsse mitbeschlossen hätten, ein Schritt, dem sich Dahlmanns Freund und Kieler Kollege Nikolaus Falck[55] alsbald anschloß. Den Freiherrn erbitterte auch das: Dahlmann wurde beschieden, „unser literarisches Unternehmen" stehe „mit der Gegenwart in keiner unmittelbaren Berührung", „die Teilnahme einzelner Bundestagsgesandter an der Direktion (sei) teils etwas Zufälliges, teils die Sache fördernd", und wegen der Karlsbader Beschlüsse

---

teren Zweck sey [...], so sey damit noch keine Versicherung für spätere Zeiten gegeben, und der Bundestag in diesem Falle keine Garantie. [...] Zu viele Erfahrungen rechtfertigten den vorläufigen Verdacht gegen Alles, was jetzt als Gesellschaft oder Vereinigung auftrete."

51 Freiherr vom Stein, Briefe 6 (1965) 402, Nr. 385 (an Pertz, 23. Oktober 1821).

52 Freiherr vom Stein, Briefe 6 (1965) 384, Nr. 372 (an Pertz, 16. September 1821).

53 Vgl. Freiherr vom Stein, Briefe 6 (1965) 688, Nr. 687 (an Spiegel, 18. Februar 1824): Das Unternehmen werde durch „die widersinnigsten Ansichten" gelähmt: „die einen glaubten, die Gesellschaft habe revolutionäre Absichten, andere besorgten, sie bezwecke die Wiederherstellung der weltlichen und geistlichen Aristokratie, und beiderlei verrückte Ansichten haben gelähmt, zurückgehalten, und die eine auf Minister, die andere auf Gelehrte gewirkt".

54 Geb. 13. 5. 1785, gest. 5. 12. 1860, zur ersten Orientierung: Angermann 1957, 478–481.

55 Jurist, 1784–1850, über ihn: Michelsen 1877, 539–543.

die Mitarbeit aufzukündigen, sei ein Zeichen „unmännlichen Grams“: „Diese Handlungsweise ist eines kräftigen, tüchtigen, frommen Mannes unwürdig. Nehmen Sie also einen Entschluß zurück, den der Unwille über ein unserem Unternehmen ganz fremdes Ereignis erzeugt hat, und beharren Sie in dem edlen, guten Vorsatz, das Gute, was durch Verbreitung der geschichtlichen Denkmäler des Vaterlandes bewirkt werden kann, zu gründen und zu befördern“.[56]

Überall also türmte sich Schwierigkeit auf Schwierigkeit, und angesichts der Fülle von Mißlichkeiten muß man es als einen ausgesprochenen Glücksfall betrachten, daß ein junger, gerade 25 Jahre alter Gelehrter in Steins Gesichtskreis trat, der zu den größten Bewunderern des Freiherrn werden sollte und der sich dem Unternehmen mit Haut und Haaren verschrieb: Die Rede ist von Georg Heinrich Pertz. 1795 in Hannover geboren, hatte er nach kurzer Verweildauer in der Theologie sich ganz der Geschichte zugewandt – er bezeichnete sich, höchst ungewöhnlich für die damalige Zeit, als *Studiosus Historiae* – und hatte als Schüler des Göttinger Gelehrten Arnold Hermann Ludwig Heeren (1760–1842) mit einer Arbeit über die merowingischen Hausmeier von sich reden gemacht.[57] Stein hat die Fähigkeiten des jungen Pertz, der die Ausgabe der karolingischen Quellen übernahm und für das Unternehmen zwecks Handschriftenforschungen zunächst nach Wien, dann nach Italien ging, sofort erkannt und hielt große Stücke auf ihn: „Von Dr. Pertz erwarte ich mir vieles. Er ist voll Eifer, und ich glaube, er wird die merowingische und karolingische Periode mit gutem Erfolg [...] bearbeiten“, schrieb er am 31. August 1820.[58] Aber auch anderenorts machte Pertz einen hervorragenden und gewinnenden Eindruck: „Hätte ich in Preußen etwas zu sagen“, schrieb Niebuhr aus Rom an Stein, „so müßte Pertz für uns gewonnen werden; er taugt zu jedem Geschäfte, welches eminente Persönlichkeiten erfordert. Sein Charakter ist uns eben so lieb als sein Verstand“. Er und der ebenfalls für die Monumenta tätige Friedrich Blume hätten seine, Niebuhrs, „sehr geringe Meinung von unserer jüngeren Generation auf[ge]richtet“.[59]

---

[56] Freiherr vom Stein, Briefe 6 (1965) 175f., Nr. 155, Zitate 176 (20. November 1819).

[57] Der Titel der Dissertation lautet: *Die Geschichte der Merowingischen Hausmeier von Georg Heinrich Pertz, Doctor der Philosophie zu Hannover. Mit einer Vorrede vom Hofrath, Ritter Heeren in Göttingen* (Hannover: In der Hahnschen Hofbuchhandlung 1819). Von Heeren charakterisiert seinen Schüler in der Vorrede als einen „meiner Zuhörer, der mir unter wenigen lieb war“ (XVI). Über Pertz vgl. im übrigen Oertel 1989, 87–108, jüngst auch Kraus 2000, 319–347.

[58] Freiherr vom Stein, Briefe 6 (1965) 300, Nr. 283 (an Merian).

[59] Pertz 1854, 796f.

Pertz muß damals eine außerordentlich sympathische Erscheinung gewesen sein, der sich auf Grund seines gewinnenden Auftretens allenthalben Ansehen erwarb: „Herr Pertz“, so schrieb Stein am 5. Sept. 1823, „hat durch Gelehrsamkeit, Fleiß, Scharfsinn und Bescheidenheit sich auf seinen Reisen allgemeinen Beifall erworben“:[60] in seinen jungen Jahren also ganz das Gegenteil jenes eigensinnigen, despotischen und unzugänglichen königlichen Bibliotheksdirektors, der auf seine alten Tage drauf und dran war, wieder klein zu kriegen, was er an maßgeblicher Stelle groß zu machen geholfen hatte und der mit List, Tücke und Gewaltmaßnahmen, für die auch das Wort „Erpressung“ nicht ganz unpassend ist, in den siebziger Jahren aus der Leitung der *Monumenta Germaniae Historica* entfernt werden mußte.

Was wunder aber, daß Stein zunächst dem einsatzfreudigen, produktiven und ebenso charmanten wie talentierten jungen Gelehrten die Gesamtleitung des Unternehmens antrug: „Unser Wunsch ist“, so schrieb er Pertz im Februar 1823, „daß das ganze Werk in Ihre Hände gelegt, alle Unterstützungen, so uns zu Gebote stehen, Ihnen angedeihen, die Auswahl der erforderlichen Gehilfen und Werkzeuge Ihnen überlassen bleibe“.[61] Und in der Tat war es Pertz, der während der Rückreise aus Italien „auf einer Fußwanderung im schattigen Thal der Chiana vor Florenz“ 1823 die Konzeption für die Quellensammlung ersann, die sich im sog. Cappenberger Entwurf niederschlug, in dem der „bis dahin schwankende Umfang des Unternehmens“ klarer gegliedert wurde: „in fünf leichter übersehbare und von einander unabhängige Abtheilungen, die Geschichtschreiber, Gesetze, Urkunden, Briefe und kleine alterthümliche Denkmähler“,[62] Abteilungen, die man noch heute in dem *Monumenta*-Gesamtverzeichnis als *Scriptores*, *Leges*, *Diplomata*, *Epistolae* und *Antiquitates* wiederfindet. Im folgenden Jahr konnte dann schon ein Kontrakt mit der Hahn'schen Buchhandlung – noch heute bzw. heute wieder Hauptverleger der MGH – ausgearbeitet werden,[63] und am 15. Februar 1825 wurde eine von Pertz redigierte Subskriptionsaufforderung von der Zentraldirektion gebilligt „und in 5000 Exemplaren in ganz Europa verbreitet“.[64]

---

[60] Freiherr vom Stein, Briefe 6 (1965) 641, Nr. 625 (an Spiegel).

[61] Freiherr vom Stein, Briefe 6 (1965) 599, Nr. 568 (an Pertz, 15. Februar 1823).

[62] Vgl. Pertzens eigenen Bericht in Pertz 1854 S. 823f. Der Plan ist abgedruckt in: Archiv der Gesellschaft für ältere deutsche Geschichtskunde 5 (1824/25) 788–806: („Plan des Unternehmens der Gesellschaft f. ä. d. G.“).

[63] Pertz war Heinrich Wilhelm Hahn (1795–1873) befreundet und hatte schon seine Dissertation bei Hahn drucken lassen (vgl. oben Anm. 57). Außerdem empfahl sich Hahn durch die räumliche Nähe zu Pertzens Dienstort, vgl. Wesche 1996, 17.

[64] Bresslau 1921, 151. Abbildung der *Subscriptions-Anzeige* bei Wesche 1996, 19.

In diesem Zusammenhang mußte auch die bis dahin noch offene Titelfrage geklärt werden, in der Subskriptionsanzeige war noch von den *Monumenta historica Germaniae* die Rede. Mit Schreiben vom 22. Februar 1825 übersandte Pertz drei Vorschläge an Stein: *Monumenta Germaniae medii aevi*, *Monumenta Germaniae medii aevi historica* und *Monumenta Germaniae historica inde ab anno Christi 500 usque ad annum 1500*, jeweils mit dem Zusatz *auspiciis Societatis aperiendis fontibus rerum Germanicarum medii aevi edidit G. H. Pertz.*[65] Der Freiherr notierte beim dritten Titel den lakonischen Vermerk am Rand: „würde ich vorziehen", beschied Pertz und Böhmer entsprechend,[66] überließ aber ansonsten die Beschlußfassung der Zentraldirektion, die sich dem Geschmack des Stifters „durch Zirkularbeschluß" (Bresslau) anschloß.

Dieses einigermaßen formlose und unaufgeregte Verfahren zeigt ebenso wie die Tatsache, daß der Freiherr postwendend verkündete, der Titel heiße *Monumenta historica Germaniae*,[67] daß man dieser Frage überhaupt keine sonderliche Wichtigkeit zumaß. *Monumenta* als Titel einer Quellensammlung war so ungeläufig nicht – erinnert sei hier nur an die *Monumenta Boica*, und im Umkreis der Steinschen Unternehmung taucht er zuerst an eher kurioser Stelle auf: Herr Professor Karl Benedikt Hase, Kustos der Königlichen Bibliothek zu Paris und „Professeur à l'école Royale et spéciale des langues orientales vivantes etc" hatte es auf Bitten der Zentraldirektion übernommen, die byzantinischen Geschichtsschreiber zu bearbeiten, soweit sie Nachrichten „für die älteste deutsche Geschichte" boten, und teilte mit Datum vom 14. April 1820 mit, er werde mit dem „Band der *Monumenta historiae Germanica, ex auctoribus Byzantinis eruta et digesta*" alsbald beginnen,[68] ein Angebot, das Stein unter wörtlicher Zitation des Titels mit dem „lebhaftesten Danke" quittierte und im übrigen befand, man überlasse „das Ganze (am besten) der Beurteilung und Bestimmung dieses gründlichen, gescheiten und arbeitsamen Gelehrten".[69] In diesem Brief vom 24. April 1820 ist wie selbstverständ-

[65] Freiherr vom Stein, Briefe 6 (1965) 822f., Anm. 4, ist der Brief Pertzens abgedruckt, ansonsten ist Bresslau 1921, 151 zu vergleichen.

[66] Freiherr vom Stein, Briefe 6 (1965) 822, Nr. 837 (an Pertz, 4. März 1825) und 821, Nr. 836 (an Böhmer, 3. März 1825).

[67] Also wie in der Subskriptionsanzeige, aber eben abweichend von dem dann gefaßten Beschluß. Freiherr vom Stein, Briefe 6 (1965) 826, Nr. 841 (an Gagern, 15 März 1825) und 828, Nr. 842 (an Spiegel, gleiches Datum).

[68] Abgedruckt in: Archiv der Gesellschaft für ältere deutsche Geschichtskunde 1 (1819–20) 536–540.

[69] Freiherr vom Stein, Briefe 6 (1965) Nr. 233, S. 252 (an Büchler, vgl. auch Archiv der Gesell-

lich auch zum ersten Mal vom „Verleger der Scriptorum [sic] Rerum Germanicarum" die Rede, genauso selbstverständlich, wie Stein schon 1818 von „einem Plan zu einer zweckmäßigen Ausgabe unserer Geschichtsquellen oder der sog[enannten] Scriptores Rerum Germanicarum" sprach.[70] Auch in diesem Punkte also keine besondere Originalität, und der Zusatz, „inde ab anno Christi" usw. verdankt sich ebenfalls nicht langer gelehrter Disputation, sondern ist, man muß es zugeben, schlicht und einfach von Muratoris Sammlung übernommen: „Rerum Italicarum Scriptores ab anno aere christianae quingentesimo ad millesimum quingentesimum" heißt es dort. Kurzum: Daß der für die Quellensammlung ausgeguckte Titel einmal zum Namen eines Institutes werden würde, das eben diese Quellenedition fortführen sollte, hat damals weiß Gott noch niemand ahnen können. Etwas überspitzt formuliert: Man hat 1825 der Qualität des Papiers, auf das die *Monumenta Germaniae Historica* zu drucken seien, größere Aufmerksamkeit gewidmet als der Frage, wie die Sammlung denn nun heißen solle.

Was den Absatz betraf, so rechnete die Hahnsche Buchhandlung höchst optimistisch mit 1000 Exemplaren,[71] Stein selbst war offenkundig etwas realistischer und bemerkte im August 1825: „Ich hoffe, Herrn Hahn noch 8–10 Subskribenten zu verschaffen, und werden wir wohl allmählich 500 erreichen",[72] im ganzen ließ sich das Unternehmen mit mäßigen Erfolg an, und blieb zum Teil hinter den Erwartungen zurück: „In Frankfurt hat sich" schrieb Stein mit dem ihm eigenen Sarkasmus an Johann Friedrich Böhmer, „bey Herrn Brönner erst ein Subscribent gemeldet – das ist arg! eine Gänseleberpastete hätte mehr Liebhaber gefunden"[73]. Dank Pertzens Tüchtigkeit und Fleiß und Steins Beharrlichkeit schritten die Arbeiten zwar langsamer als gewünscht, aber doch kontinuierlich voran, und im Sommer 1826 quittierte Stein „die Nachricht von der Vollendung des ersten Bandes der Monumenta" mit „unsägliche[r] Freude",[74] und als er den Band in Händen hielt, befand er,

---

schaft für ältere deutsche Geschichtskunde 1, 536–540). – Zu Karl Benedikt Hase vgl. jetzt Alexander von Hase 2000, 217–227, der aber auf die vorübergehenden Beziehungen zu vom Stein und seiner Gesellschaft nicht eingeht.

70 Freiherr vom Stein, Briefe 5 (1964) 770, Nr. 689 (an Frau von Löw). Dies ist der meines Wissens früheste Beleg aus dem Munde vom Steins.

71 Freiherr vom Stein, Briefe 6 (1965) 846, Nr. 859 (an Fichard, 6. Mai 1825).

72 Freiherr vom Stein, Briefe 6 (1965) 885, Nr. 900 (an Pertz, 22. August 1825) mit dem Nachsatz: „Hat er keinen in Petersburg erhalten?"

73 Pertz 1856, 573; Freiherr vom Stein, Briefe 6 (1965) 861, Nr. 871 (9. Juni 1825). Später stieg die Zahl der Frankfurter Subskribenten auf immerhin zwanzig.

74 Freiherr vom Stein, Briefe 7 (1969) 23, Nr. 28 (an Pertz, 20. August 1826).

„die typographische Schönheit des Werks [übertreffe] [...] alle Erwartung", sie mache „der Hahnschen Buchhandlung und der deutschen Kunst Ehre".[75]

Dieser erste Band enthält nicht nur Quellen zur karolingischen Geschichte, sondern auch eine wichtige Quelle zur Geschichte der *Monumenta*, die oft übersehen wird und auf die deshalb hier ausdrücklich verwiesen sei: Sie gibt eine Liste der 417 Subskribenten des ersten Bandes: Nach Georg IV., dem König von Hannover, und dem Herzog von Cambridge figuriert an dritter Stelle „Se. Majestät der Kaiser von Oesterreich", der beschämenderweise nur für ein Exemplar und dann auch noch für das billigere, das „gewöhnliche" unterschrieben hatte.[76] Bereits 1829 folgte dem ersten der zweite *Sciptores*-Band, auch er fand im gebildeten Publikum eine zustimmende Aufnahme und trug zur dauerhaften Etablierung des Unternehmens bei. Noch Ranke hat sich 1876 wohlwollend daran erinnert, „welches angenehme Aufsehen das Erscheinen der ersten beiden Bände hervorrief".[77]

Die Entstehungsgeschichte der *Monumenta Germaniae Historica* aber kann mit Erscheinen des ersten und spätestens mit dem des zweiten Bandes als abgeschlossen gelten. Mit Blick auf die Namensfindung und Namensgebung aber bleibt festzuhalten: Sie hat nichts Programmatisches, und man könnte beinahe mit Fug und Recht fragen, wie man denn die *Monumenta Germaniae Historica* mit einem noch unauffälligeren Titel in die Landschaft bereits existierender Quellensammlungen hätte einpassen können. Die Namensgebung entsprang einer eher naiven, jedenfalls unprätentiösen und wenig reflektierten Gleichsetzung von „deutsch" und „germanisch" (wobei, das sei im Vorübergehen festgehalten, die lateinische Sprache auch gar keine diskutable Alternative bot): etwa in dem Sinn, in dem noch Ranke über Pertz sagte, er sei durch die „Edition der Monumenta" „der germanischen Idee, die sich eben so gewaltig erhob, und der daran sich knüpfenden Geschichtsforschung mächtig zu Hülfe" gekommen.[78] Maßstäbe setzte die Dimension des Werkes[79] und die Art seiner Durchführung, sie machten die *Monumenta* zu dem,

---

[75] Freiherr vom Stein, Briefe 7 (1969) 48, Nr. 39 (an Pertz, 19. September 1826), ganz anders urteilte Johann Friedrich Böhmer, vgl. Wesche 1996, 18, Nr. 6.

[76] Die erste Seite der Liste ist abgebildet bei Fuhrmann 1996, 16.

[77] Leopold von Ranke, Aus Werk und Nachlaß (1964) 427, Nr. 461.

[78] Leopold von Ranke, Aus Werk und Nachlaß (1964) 429.

[79] Von dessen Ausmaß weder Stein noch Pertz noch sonstwer in den ersten Jahren des Unternehmens eine auch nur annähernd zutreffende Vorstellung hatten. Dies wird von verschiedenen Autoren mit gutem Grund hervorgehoben, vgl. etwa Beumann 1967, 33. Stein selber schrieb am 26. April 1820 an Pertz: „Erwägt man, daß die Sammlung der Scriptorum rerum Francorum, so Bouquet anfing, vor 70 Jahren begonnen wurde, so kann man zufrieden sein,

was der Gründer des Germanischen Nationalmuseums, Hans Freiherr von und zu Aufseß, das „Prachtnationalwerk der Monumenta Germaniae historica" nannte.[80]

wenn wir mit unserer Sammlung innerhalb zehn Jahren bis zu Rudolfs I. Tod vorrücken": Freiherr vom Stein, Briefe 6 (1965) 255, Nr. 235. Den Gesamtumfang des Werkes schätzte Stein 1818 auf „zwanzig Quartanten", die Gesamtkosten auf ungefähr 20000 (bis 30000) Taler, vgl. Freiherr vom Stein, Briefe 5 (1964) 810f., Nr. 714 und 715 (an Romberg bzw. von Fürstenberg, 19. August 1819).

80 Anläßlich des der Bundesversammlung im Mai 1853 überreichten Gesuchs um offizielle Anerkennung des Museums, zitiert bei Mende 1999, 205.

Literatur

Angermann 1957
Erich Angermann, s. v. Dahlmann, Friedrich Christoph, in: Neue Deutsche Biographie, Bd. 3 (Berlin 1957) 478–481.

Beumann 1967
Helmut Beumann, Von der Gründung der Monumenta Germaniae historica, in: Hessischer Rundfunk. Schulfunk Nr. 22, Sept.-Dez. 1967, 32–38

Bresslau 1921
Harry Bresslau, Geschichte der Monumenta Germaniae historica im Auftrage ihrer Zentraldirektion bearbeitet. Neues Archiv der Gesellschaft für ältere deutsche Geschichtskunde, 42 (Hannover 1921).

Faber 1962
Karl-Georg Faber, Görres, Weitzel und die Revolution, in: Historische Zeitschrift 194, 37–61.

Fuhrmann 1995
Horst Fuhrmann, Goethe, Frankfurt und die Anfänge der Monumenta Germaniae Historica, in: Jahrbuch des Freien Deutschen Hochstifts 1995 (Tübingen 1995) 3–21.

Fuhrmann 1996
Horst Fuhrmann, „Sind eben alles Menschen gewesen". Gelehrtenleben im 19. und 20. Jahrhundert. Dargestellt am Beispiel der Monumenta Germaniae Historica und ihrer Mitarbeiter, unter Mitarbeit von Markus Wesche (München 1996).

von Hase 2000
Alexander von Hase, Charles-Benoît Hase, sa vie et sa contribution à la Philologie byzantine et classique au XIXe siècle, in: Recueil de memoires et documents sur Le Forez, publ. par la Société de la Diana, 28. Actes du colloque international tenu à La Diana à Montbrison les 14 et 15 octobre 1995: Aspects de l'archéologie française au XIXème siècle, publ. par Pierre Jacquet/Robert Périchon (Montbrison 2000) 217–227.

Klein 1992
Michael Klein, Aus den Anfängen der „Monumenta Germaniae Historica": Karl Georg Dümgé (1772–1845) in Berichten und Selbstzeugnissen, in: Zeitschrift für die Geschichte des Oberrheins 140, 221–265.

Kraus 2000
Hans-Christof Kraus, Quelleneditor und Monumentalbiograph. Georg Heinrich Pertz und seine Forschungen zur preußischen Zeitgeschichte, in: Jürgen Kloosterhuis (Hrsg.), Archivarbeit für Preußen. Symposion der Preußischen Historischen Kommission und des Geheimen Staatsarchivs Preußischer Kulturbesitz aus Anlaß der 400. Wiederkehr der Begründung seiner archivalischen Tradition. Veröffentlichungen aus den Archiven Preußischer Kulturbesitz, Arbeitsberichte 2 (Berlin 2000) 319–347.

Mende 1999
Ursula Mende, Das Germanische Nationalmuseum, die Monumenta Germaniae historica und die Bibliothek der Nationalversammlung in der Frankfurter Paulskirche. Zur Vorgeschichte einer deutschen Nationalbibliothek, in: Anzeiger des Germanischen Nationalmuseums 1999, 203–225.

Michelsen 1877
Andreas Ludwig Jacob Michelsen, s. v. Falck, Nikolaus F., in: Allgemeine Deutsche Biographie 6 (Leipzig 1877) 539–543.

Oertel 1989
Annedore Oertel, Georg Heinrich Pertz, in: Wolfgang Ribbe (Hrsg.), Berlinische Lebensbilder, 4: Geisteswissenschaftler. Einzelveröffentlichungen der Historischen Kommission zu Berlin, 60 (Berlin 1989) 87–108.

Pertz 1854
Georg Heinrich Pertz, Das Leben des Ministers Freiherrn vom Stein, 5: 1815 bis 1823 (Berlin 1854).

Pertz 1856
Georg Heinrich Pertz, Aus Stein's Leben, 2 Bde. (Berlin 1856).

von Ranke 1964
Walther Peter Fuchs/Theodor Schieder (Hrsg.), Leopold von Ranke. Aus Werk und Nachlaß, 1: Tagebücher (München Wien 1964).

Schüddekopf 1900
Carl Schüddekopf, Goethe und die Gesellschaft für ältere deutsche Geschichtskunde, in: Goethe-Jahrbuch 21, 52–85.

Freiherr vom Stein, Briefe
Erich Botzenhart (Bearb.)/Walther Hubatsch (Hrsg.), Freiherr vom Stein. Briefe und amtliche Schriften, 5 (Stuttgart 1964); 6 (Stuttgart 1965); 7 (Stuttgart 1969); 8 (Stuttgart 1970; Ergänzungen und Nachträge); 9 Historische und politische Schriften (Stuttgart/Berlin/Köln/Mainz 1972).

Toellner 1994
Erwin Toellner, Carl Friedrich Eichhorns Anteil an der Gründung der Monumenta Germaniae Historica, in: Deutsches Archiv für Erforschung des Mittelalters 50, 33–72.

Wesche 1996
Markus Wesche, Der erste Band der Monumenta Germaniae Historica: Scriptores I (1826), in: Zur Geschichte und Arbeit der Monumenta Germaniae Historica. Ausstellung anläßlich des 41. Deutschen Historikertages München, 17.-20. September 1996 [Katalog] (München 1996) 17–21.

Germanisch-Deutsch – RGA-E Band 34 – Seiten 523-576

Adliges Herkommen und bürgerliche Nationalgeschichte

Hans von Aufseß und die Vorgeschichte des *Germanischen Nationalmuseums* in Nürnberg[*]

von Dietrich Hakelberg

I.

Der Student, ein junger Adliger dem Vernehmen nach, hatte nicht schlecht für seine Auswahl gezahlt. Wieder einmal war er den Goldschlägern zuvorgekommen, mit denen er das Interesse an den engbeschriebenen Pergamenten teilte, und kaufte alles, was der Müller zu Leim hätte sieden können. Aus den modernden Ballen, die von Lumpensammlern und Kommissaren angeliefert worden waren, hatte er darüber hinaus ganze Faszikel und Bände in seinen Besitz gebracht. Der Müller trennte sich nicht ungern von seinem Altpapier, das sich im Holländer der Mühle zu einem grauen Papierbrei auflöste. Weil es bedruckt und beschrieben war, taugte es ohnehin nur zu Pappen.

Die Zerstörung von Archiv- und Bibliotheksgut steht geradezu sinnbildlich für die Kulturgutverluste nach der Säkularisation.[1] Sie waren eine Folge der Auflösung alter religiöser und politischer Traditionen und gesellschaftlicher Bindungen in vielen Lebensbereichen am Ende des Heiligen Römischen Reiches Deutscher Nation. Staatliche Reformen fegten auch materielle Relikte des Alten Reichs hinweg. Die Jahrzehnte nach der Französischen Revolution brachten das Ende einer mittelalterlichen Welt und die Beseitigung der Feudalordnung. Aus der territorialen Flurbereinigung Napoleons in Süddeutschland sah sich neben dem Klerus besonders der Adel als Verlierer hervorgehen. Die französische Hegemonie und die antinapoleonischen Kriege beförderten

---

* Für Unterstützung und Kritik danke ich Dr. Irmtraud Frfr. von Andrian-Werburg (Germanisches Nationalmuseum, Archiv), Prof. Dr. Susan Crane, Aenne Schwoerbel M. A., Eckart Frhr. von und zu Aufseß und Dr. Klaus Graf.

1 Fischer 1988; Grimm 1991; für Franken und das Hochstift Bamberg: Pörnbacher 2003; vgl. Veit 1978, 523ff.

den Eindruck von Verfall und Krise. In diesem Gegenwartskontext sammelten, ordneten und publizierten hochmotivierte Adlige und Bürger Schrift- und Sachüberreste aus einer Zeit, die sie im Rückblick als Blütezeit der Nation ansahen. Die Sammelpraxis einer „vaterländischen Altertumskunde“[2] knüpfte durchaus an ältere Sammeltraditionen, die Kunst- und Wunderkammern mit ihrer enzyklopädischen Kompilation staunenerregenden Wissens an. Sie war jedoch politisch höchst mehrdeutig. Einerseits Ausdruck altständischer Beharrung und eines reichspatriotischen Konservatismus, war sie andererseits von einer vorwärtsgewandten Nationsidee angetrieben, hinter der verschwommene Idealvorstellungen standen, die von einem föderalen Staatenbund bis hin zu einem zentralisierten Nationalstaat reichten.

Unter den Adelsreformkonzepten der Zeit ist besonders das Programm des auf dem Wiener Kongress gegründeten, wenig später aber schon wieder erloschenen „Adelsverein durch ganz Teutschland, die Kette genannt“ hervorzuheben: durch Geschichtsforschung und Altertumskunde sollte sich der Adel zuerst als Bildungselite mit uralter Tradition kulturell profilieren, um sich dann auch als politische Klasse in der neuen staatsbürgerlichen Gesellschaft zu verankern. Durch eine Rückwendung zum Mittelalter und seinen ritterlichen Tugenden suchte man den Adel als Stand von innen heraus zu erneuern. Dieses Programm wurzelte in einer romantisch-konservativen Sicht auf die Nationalgeschichte. „Vaterländische Altertumskunde“ war auch eine Erinnerungspraxis der ehemaligen Oberschicht an vergangene Standesherrlichkeit und, wie die mittelalterlich-frühneuzeitliche Pflege von „Herkommen“ und „Gedächtnis“, eine Form adliger Selbstvergewisserung.[3]

Der adlige Sammler, der um 1820 den fränkischen Papiermühlen Besuche abstattete, war der junge Freiherr Hans von und zu Aufseß (1801–1872).[4] Die Vorgeschichte des *Germanischen Nationalmuseums* ist bis zu seiner formellen Gründung in Dresden 1852[5] untrennbar mit dem Geschichtsbewußtsein seines Gründers und dessen „Herkommen“ aus einem fränkischen Adelsgeschlecht verbunden. Was waren die Beweggründe des einzelkämpferischen „Dilettanten“,[6] schon in jungen Jahren Handschriften und Bücher vor der

---

2 Vgl. dazu Deneke 1976 und Crane 2000.

3 Schupp 1982, bes. 149–151; ders. 1983; Reif 1994, 207ff., 220; vgl. zu „Herkommen“ und „Gedechtnus“ Graf 2001 (mit weiterer Lit.).

4 Zur Biographie: von Aufseß 1888, 322–329; Bezold 1919; Aufseß 1971.

5 Die Institutionengeschichte des *Germanischen Nationalmuseums* ist sehr gut dokumentiert. Vgl. insbes. Hampe 1902; Veit 1972; Deneke/Kahsnitz (Hrsg.) 1978; von Andrian-Werburg 2002.

6 Aufseß bezeichnete sich selbst als „Dilettant“ in der Geschichtswissenschaft, also als Liebhaber ohne berufliche und professionelle Bindung zum Broterwerb (von Aufseß 1846, 29).

Papiermühle zu retten und später seine private Altertümersammlung der Öffentlichkeit zugänglich zu machen? Warum erfuhr diese gemeinnützige Privatinitiative in einer Zeit, für die ein „allgemein gehobenes Nationalbewußtsein" konstatiert wird, keine politische Unterstützung? Worin bestanden die Widerstände? Im folgenden soll vor dem Hintergrund des Nationalismus und eines weitverzweigten süddeutschen Gelehrtennetzwerks auch sozialgeschichtlichen Implikationen *vor* der Museumsgründung nachgegangen werden. Nach einem Blick auf das Ende des Alten Reichs wird versucht, den handlungsleitenden Interessen des adligen Sammlers und Altertumsforschers genauer auf die Spur zu kommen.

Seit dem Spätmittelalter hatten sich im Elsaß, am Rhein, in Schwaben und in Franken Ritterkantone als besondere niederadlige Verbände und Interessengemeinschaften etabliert. Die Reichsritter hatten die Reichsunmittelbarkeit erlangt und konnten sich, umgeben von mächtigeren Nachbarn, als zählebige kleine Landesherren bis zum Ende des Alten Reiches halten. In Franken waren die territorialen Verhältnisse besonders zersplittert. Die Auflösung dieser mittelalterlichen Strukturen kündigte sich Ende des 18. Jahrhunderts an, als Preußen seine Markgrafschaften Ansbach und Bayreuth arrondierte und die eingeschlossenen reichsritterlichen Territorien – die der preußische Vizekönig Karl August von Hardenberg (1750–1822) als „Staat im Staate" empfand – unter seine Landeshoheit brachte. Auch anrainende reichsritterliche Gebiete am zerfransten Grenzverlauf zum Hochstift Bamberg waren von den preußischen „Revindikationen" betroffen. So wurde 1796 auch das zwischen Bamberg und Bayreuth im Hochstift Bamberg gelegene Gebiet der Freiherren von Aufseß, die seit dem 15. Jahrhundert dem Kanton Gebürg der fränkischen Ritterschaft angehörten, ein Opfer moderner Staatsbildung.[7] Allerdings hatten sich die von Aufseß angesichts der in Franken einfallenden Revolutionsarmee Jourdans nach preußischem Schutz umgesehen. Schilder mit der Aufschrift „Fief Prussien" an den Grenzen des Aufsessischen Gebietes, so hoffte man, würden von den Franzosen respektiert. Kurzerhand stellten die Preußen Schilder mit der Aufschrift „Territoire Prussien" auf und machten die Freiherren von Aufseß über Nacht zu preußischen Landsassen.[8]

Als Napoleon im Reichsdeputationshauptschluß 1803 die territoriale Neuordnung Deutschlands durchsetzte, wurden in Süddeutschland bisher eigen-

[7] Zur Fränkischen Reichsritterschaft zusf. Riedenauer [1968] 2001; vgl. Hofmann 1955; Hofmann 1962, 167–181; Endres 1979; Hofmeister-Hunger 1987, 259; Endres 2001; Demel 2001. Kartenmaterial: Spindler 1969, 30ff., 35.

[8] Liermann 1965, 389.

ständige geistliche und weltliche Herrschaften badischer, württembergischer und bayerischer Landeshoheit unterworfen. Im Zuge der Säkularisation 1803 fiel das Hochstift Bamberg an Bayern. Die Reichsritterschaft suchte sich gegen den „Rittersturm" noch zu behaupten und berief sich auf ihre Verpflichtung gegenüber Kaiser und Reich. Nach dem Preßburger Frieden 1805 wurden Baden, Bayern und Württemberg für ihre Bündnistreue im Feldzug gegen Österreich von Napoleon zu souveränen Staaten erhoben. Die neuen Mittelstaaten bereinigten ihre Territorien, wie es Preußen bereits in Ansbach-Bayreuth vorgeführt hatte, und duldeten keine Enklaven außerhalb ihrer Landeshoheit. Nach der Gründung des Rheinbundes unter französischem Schirm im August 1806 dankte Kaiser Franz II. ab. Die Reichsritterschaft verlor damit ihre verfassungsmäßige Existenzgrundlage und die neuen Souveräne okkupierten die letzten noch immediaten, vorgeblich kaisertreuen Kleinstterritorien. Bis 1806 waren rund 350 Reichsritter mediatisiert. 350.000 reichsritterliche Untertanen bekamen einen neuen Landesherrn. Für die Reichsritter stellte sich die moderne Staatsbildung als eklatanter Rechtsbruch und als ein Bruch mit der Vergangenheit dar. Sie war gleichbedeutend mit dem Verlust ihrer Privilegien und dem Untergang einer aus dem Mittelalter tradierten politischen, gesellschaftlichen und wirtschaftlichen Ordnung.[9] Mit Ansbach-Bayreuth trat Preußen alle unterworfenen reichsritterlichen Gebiete an Bayern ab, so 1803 auch das Aufsessische Territorium.[10] Als das Alte Reich aufhörte zu existieren, war Hans von Aufseß, das sechste von neun Kindern Friedrich Wilhelms von Aufseß (1758–1821), aber erst fünf Jahre alt.

II.

Der alte Reichsritter dürfte seinen Sohn über Glanz und Größe des Alten Reichs wohl unterrichtet haben. Nachdem Hans privaten Hausunterricht genossen hatte, begann er 1817 das Jurastudium an der Universität Erlangen, wo er sich nationalbewußt an der Gründung der „Allgemeinen teutschen Burschenschaft zu Erlangen" beteiligte.[11] Aufseß, der „adelige Gutsbesitzer an der Spitze revoltierender Studenten in der Metternichzeit," so schreibt

---

9 Press [1976] 1998; Wehler 1996, 363–368; vgl. auch die materialreiche Darstellung von Schwarze 1995, 213–230. Für die Entstehung der modernen Staaten aus dem Alten Reich: Reinhard 2002.

10 Liermann 1965, 390; von Aufseß 1971, 10f.

11 Leupold 1987, 13.

Hans Liermann, sei „sicher kein alltägliches Bild“ gewesen.[12] Die erfundene „altteutsche Tracht“ (vgl. Abb. 1) trug Aufseß offenbar unter dem Mantel des Malteserordens: „Ich ließ mir ein langes altteutsches Haar machen, worauf ein sehr schönes Barett mit vielen Schwungfedern gesetzt wurde, ein weißer altteutscher Kragen mit Spitzen war über den Mantel mit einem weißen Kreuz geschlagen. Das Unterkleid war anliegend und schwarz, ein weißes Kreuz auf der Brust und eine rote Schärpe um den Leib.“[13] Durch das Wartburgfest politisch aufgewertet, wurde die „Altteutsche Tracht“ von den Regierungen der Restaurationszeit seit der Ermordung Augusts von Kotzebue 1819 verfolgt. Der nationalistische Habitus war unter Studenten und Gelehrten der Zeit eine „standesübergreifende Gesinnungsmode“, ein „Zeichen politischer Unzufriedenheit“.[14] Aufseß verklärte die „bessere Zeit“ des Alten Reichs in romantischem Licht: „Ich ritt [...] fort nach Gnadenberg, wo ich eine herrliche alte gotische Ruine einer Kirche fand v. J. 1400, mit Grabstein des Erbauers, eines Ritters von Wildenfels. [...] Eine Stunde weiter in die Pfalz hinein lag die schöne Heimburg, eine uralte, zerfallene Burg, wo ich viel dachte. Der Platz, die Ruine und die Aussicht, alles ist hier da, und ein wahrer magischer Schleier umzieht einen.“ (1822).[15]

Nach dem Tod seines Vaters mußte Aufseß das Studium zeitweise unterbrechen und die Verwaltung der Familiengüter übernehmen. In Lehenangelegenheiten konnte er aus dem Quellenfundus im Familienarchiv schöpfen.[16] Noch als Student begann er, das Archiv zu ordnen und Material für eine Familiengeschichte zu sammeln. Mit der genealogischen Würdigung seiner Vorfahren setzte er praktisch die frühneuzeitliche Adelstradition von „Herkommen“ und „Gedächtnis“ fort.[17] Die Geschichte des Adels sollte aber auch der Öffentlichkeit zugänglich sein, denn sie war für Aufseß zugleich die Geschichte der in bürgerlichen Intellektuellenkreisen diskutierten deutschen Nation. Es sei Sache des Adels, Vorurteile abzubauen, seine Verdienste um das Allgemeinwohl in der Geschichte darzustellen und das „Schlechte in der Vorzeit“ zu differenzieren: „Sollte der ritterliche Adel, in dessen Archiven tausende von Urkunden und merkwürdigen Aktenstücken schlummern, allein zurück bleiben, und nicht dem schönen Beispiele [der Altertumsvereine] fol-

12 Liermann 1965, 390.

13 Zit. nach Müller 1957, 283.

14 Müller 2001; umfass. Schneider 2002, insbes. 111–133.

15 Zit. nach Leupold 1987, 136.

16 Vgl. zu den komplizierten Rechtsstreitigkeiten zwischen dem Fiskus und der Familie: von Aufseß 1888, 327f.

17 von Aufseß 1838; vgl. von Aufseß 1888, III–V.

Abb. 1. Hans von Aufseß als Erlanger Student in „Altteutscher Tracht“. Kreidezeichnung von L. W., 1817 (Schloß Unteraufseß).

gen, mitzutheilen, was ein Theil der Geschichte des theuern Vaterlandes ist?"[18] Dessen Wurzeln hatten Gelehrte schon im 18. Jahrhundert im Rückblick auf die „alten Teutschen" oder Germanen bis in die „heidnische Vorzeit" verlängert. Wiederholt hat Aufseß in seinem Tagebuch auch Ausgrabungen festgehalten: Grüfte und Gewölbe auf der eigenen Burg, besonders aber „altteutsche Grabhügel" in der Umgebung zogen sein Interesse an.[19]

Schrift- und Sachaltertümer waren eine empfindliche und schutzbedürftige Überlieferung, die es zu sammeln und zu bewahren galt. Sie besaßen für Aufseß einen doppelten Bezug: zur Familiengeschichte wie zur Nationalgeschichte.[20] In einer Zeit, in der kirchliche Handschriften und Bücher, einzigartige Gemälde und Kunstgegenstände aus der Säkularisationsmasse zu Verkauf standen und in der Wahrnehmung von geschichtsbewußten Zeitgenossen in den Händen von Ignoranten als Makulatur und Altmetall unterzugehen drohten, trug Aufseß binnen kurzem eine große Sammlung zusammen. Erste Erwerbungen fallen in seine Studienzeit. Ältere Sammler hatten schon vor ihm den Weg gewiesen: ein Besuch in der berühmten Sammlung „altteutscher" Kunst, die von den Brüdern Sulpice (1783–1854) und Melchior Boisserée (1786–1851) vorwiegend aus Säkularisationsgut zusammengetragen worden und die seit 1819 in Stuttgart ausgestellt war, muß Aufseß sehr beeindruckt haben.[21] Daß er in der Folge einen Gutteil seines Vermögens in den Ankauf „altteutscher Alterthümer" steckte, stieß bei seiner Ehefrau Charlotte von Seckendorff, die Aufseß 1824 geheiratet hatte, auf Unverständnis. Die Ideale, die er in diese Verbindung projiziert hatte – besonders die Erwartung auf eine Unterstützung seiner Passion – wurden herb enttäuscht und stürzten ihn in den Jahren 1827–1831 in eine tiefe persönliche Krise, über die er sich in seiner handschriftlichen Autobiographie *Eine Lebens- und Leidensgeschichte* von 1841 Rechenschaft gab. Seine offenbar glücklose Ehe und die Zuneigung zu dem Dienstmädchen Margarethe, die 1838 starb, meint Susan Crane als den autobiographischen Kontext herausarbeiten zu können, aus dem heraus Aufseß seine privaten Anstrengungen um Sammlung und Bewahrung vaterländischer Altertümer schließlich öffentlich machte.[22]

---

[18] von Aufseß 1838, II.

[19] von Aufseß 1832b. Zu Aufseß' archäologischen Aktivitäten Müller 1957, 285–289; vgl. Gollwitzer 1961, 157, der Aufseß mit Graf Carl Giech, Nikolaus Haas, Joseph Heller und Lukas Hermann zu den Begründern der fränkischen Vorgeschichtsforschung zählt; zu diesen Gelehrten wiederum umfass. Müller 1956.

[20] Crane 1996, 15ff.

[21] Müller 1957, 281; Leupold 1987, 133; vgl. Fleischhauer 1986 und Kier/Zehnder 1998, 348–403.

[22] Crane 1996, 10–11; dies. 2001, 98f.

Die Bemühungen des Hans von Aufseß um die vaterländische Geschichte sind vor dem veränderten rechtlichen Status seiner Familie im modernen Staat zu sehen. Aufseß verurteilte die Aufhebung des Lehenrechts in Bayern (1808) als Bruch der gültigen Lehenverträge durch den Staat, doch sah er das Lehenswesen selbst als überlebt an. An seine Stelle sei nun das bürgerliche Gemeinwesen getreten, der alte Lehenverband sei vom Staatsverband abgelöst worden. Der Staat solle daher dem Adel die allmähliche und freiwillige Ablösung der Lehen ermöglichen und dem Bauern den Loskauf von der Lehenbürde durch eine Art „Finanzierungsplan“ erleichtern.[23] 1826 hatte Aufseß die Krone darum angegangen, das 1803 aufgehobene Freiherrlich von Aufseßsche Studienseminar in Bamberg, das 1738 von Jobst Bernhard von Aufseß gestiftet worden war, wieder einzurichten oder das Stiftungsvermögen an die Familie herauszugeben. Dabei ergab sich der persönliche Kontakt zu König Ludwig I. von Bayern (1786–1868), der 1825 den Thron bestiegen hatte.[24] Daß Aufseß auf zwei Patrimonialgerichte (die gutsherrliche Niedergerichtsbarkeit, die ihm nach der bayerischen Verfassung von 1818 zustand)[25] verzichten wollte, brachte ihm königliches Wohlwollen ein. Aufseß muß angelegentlich dieser Rechtssache mit dem König auch über seine Altertümersammlung gesprochen haben. Der Monarch verfügte 1827 in einem Kabinettsbefehl die Erforschung, Bewahrung und Inventarisierung der vaterländischen Denkmale; ein Dokument, das als die „Geburtsurkunde“ der bayerischen Altertumsvereine gilt.[26] Im gleichen Jahr holte Ludwig I. die Sammlung Boisserée nach München. 1830 ermunterte er auch Aufseß, seine Privatsammlung öffentlich auszustellen:[27]

> Herr Freyherr von Aufsees! Ihre Erklärung, die beyden Patrimonialgerichte erster Klasse Aufsees und Mengersdorf abtreten zu wollen, war Mir ein sehr angenehmer Beweiß Ihrer patriotischen Gesinnungen und Ihrer Ergebenheit. – Ich habe schon früher den Wunsch gehabt, daß auch in Bayern, wie dieses in Prag bereits besteht,<28> Besitzer von merkwürdigen Gegen-

[23] von Aufseß 1828; zu liberalen Druckschriften zum Ablösungswesen aus der Feder adliger Autoren: Löffler 2000, 142f.

[24] von Aufseß 1888, 440; vgl. Hampe 1902, 11.

[25] Löffler 2000, 137f.; vgl. von Aufseß 1888, 386f. Nach dem bayerischen Edikt über gutsherrliche Rechte und Gerichtsbarkeit von 1818 wurden adligen Grundherren zugestanden: Herrschaftsgerichte (nur mediatisierte Standesherren) sowie Patrimonialgerichte I. und II. Klasse (Hofmann 1962, 396ff. und Schwarze 1995, 226).

[26] Stetter 1963, 82; Wenisch 1986, 325.

[27] Germanisches Nationalmuseum, Nürnberg (künftig: GNM), GNM-Akten K. 40 Nr. 1, Ludwig I. an Aufseß (Berchtesgaden, 15. September 1830). Nach Leupold (1987, 198: ohne Quelle) soll Aufseß die Idee von einem „Teutschen Centralmuseum“ dem Kronprinzen schon 1822 vorgetragen haben.

[28] *Gesellschaft des vaterländischen Museums in Böhmen* (seit 1816), vgl. [von Lang] 1833b, 461.

ständen solche mit Vorbehalt ihres Eigenthums in einem öffentlichen Local zur gemeinsamen Beschauung und Belehrung aufstellten, mancher verborgene und ungenützte Schatz würde hierdurch nützlich werden. Ihre Sammlungen, Herr Freyherr, setzen Sie in den Stand, ein solches nützliches Unternehmen zu begründen. Bamberg scheint hiefür ein geeigneter Platz, wenn nicht die Eigenthümer, welche zu einer solchen Sammlung beytragen, einen anderen Ort vorziehen, und Sie würden sich ein bleibendes Verdienst erwerben, wenn es ihnen gelänge, eine so gemeinnützige Anstalt ins Leben zu rufen. Ich kann nicht zweifeln, daß sie leicht Theilnehmer finden werden [...].

Winfried Speitkamp hat darauf hingewiesen, daß Ludwig I. an der Spitze des modernen bayerischen Verwaltungsstaats mit der Denkmalpflege „Geschichte kalkuliert als Instrument zur Integration heterogener Landesteile und Sozialgruppen", also gerade der neubayerischen Gebiete wie Franken einzusetzen suchte.[29] Der König wollte Aufseß zweifellos zu einer Initiative auf partikularstaatlicher Ebene, in Richtung eines *bayerischen* Nationalmuseums veranlassen. Die Überlegungen des fränkischen Adligen zu einer Präsentation seiner Sammlungen gingen aber von Anfang an über eine provinzielle nationalbayerische Perspektive hinaus. Mit dem föderativen Nationalbewußtsein des bayerischen Königs, dem „Deutschesten der Deutschen", mußten diese „gesamtnationalen" Pläne nicht unbedingt kollidieren.[30] Doch war es das Spannungsfeld widerstreitender politischer Interessen, die ein restaurativer partikularistischer Verwaltungsstaat und eine liberale Nationalbewegung an Altertümern und Denkmalpflege hatten, in dem Aufseß' Projekt eines gesamtdeutschen historischen Museums erst einmal scheitern sollte.[31]

Zunächst trat Aufseß nur mit dem Plan einer gesamtdeutschen historischen Zeitschrift an die Öffentlichkeit. Anregend mag hier die Lektüre von Karl Benjamin Preuskers weit verbreiteter Programmschrift *Ueber Mittel und Zweck der vaterländischen Alterthumsforschung* von 1829 gewesen sein.[32] Im Juni 1831 warb Aufseß in einem Schreiben an Kronprinz Maximilian um Unterstützung für ein nationales „Zeitblatt" der deutschen Altertumskunde. Staatsloyal distanzierte er sich einerseits vom „sogenannten und falsch verstandenen Zeitgeiste" und „dem schreienden Haufen der modernen Zeitgeistmänner", hinter denen die deutsche Nationalbewegung und ihr umstürzlerischer Ruf nach einem geeinigten Nationalstaat erkennbar werden. Andererseits verwahrte sich Aufseß dagegen, mit altständischen Interessenvertretern

---

29 Speitkamp 1989, 157; vgl. Stetter 1963, 19ff.; Kunz 2000, 41f.; Green 2001, 104f.

30 Vgl. Schmitz 1986a.

31 Vgl. zum politischen „Konfliktfeld" kultureller Aktivitäten in den deutschen Staaten Green 2001, 99.

32 Preusker 1829, 52f.; vgl. Preusker 1871, 140.

oder Geheimbünden in Verbindung gebracht zu werden, mit „geheimen Congregationen" aus Adel und Geistlichkeit. Aufseß war sich der politischen Implikationen seiner Projekte, die staatlicher Unterstützung in ideeller, aber auch in finanzieller Form bedurften, nur allzu bewußt. Darüber hinaus forderte Aufseß angesichts des „Zeitgeistes" eine spirituelle Erneuerung der Nation, „daß die moralische und geistige Macht Deutschlands, in so fern sie noch deutsch und christlich ist, sich vereinigen solle zu festem Bunde wider das Fremde und Unchristliche [...]."[33] Die „vaterländische Altertumskunde" und die geplante Altertumszeitschrift sind für Aufseß ein „geistiger Sammelplatz" für alle „für deutsche Sitte und Art empfängliche Männer", die „mitbrächten was sie aus den Trümmern eines nun untergegangenen Volkslebens retteten." (Quellenanhang, Nr. 1).

Bisher war unbekannt, daß Aufseß vor der weiteren praktischen Ausführung seiner Pläne einen älteren und erfahreneren Privatgelehrten ins Vertrauen zog. Der Kontakt zu Joseph von Laßberg (1770–1855), einem adligen „Dilettanten" wie er selbst, war über den schwäbischen Dichter und liberalen Politiker Ludwig Uhland (1787–1862) zustande gekommen, den Aufseß Anfang 1829 in Stuttgart kennengelernt hatte.[34] Laßberg, seit 1817 im eidgenössischen Thurgau wohnend, war 1814 auf dem Wiener Kongress maßgeblich an der Gründung des zu Beginn erwähnten Adelsvereins „Die Kette" beteiligt gewesen und hatte in dieser Standesvereinigung die „vaterländische Altertumskunde" adelsreformerischen Zwecken nutzbar machen wollen.[35] Der in Gelehrtenkreisen weithin bekannte Sammler „altdeutscher" Gemälde und Literatur hatte sich intensiv mit der *Theotisca* auseinandergesetzt und kann als eine der wichtigsten Persönlichkeiten im Gelehrtennetzwerk der süddeutschen Altertumskunde in der ersten Hälfte des 19. Jahrhunderts gelten. Mit dem Freiburger Theologen und Altertumsforscher Heinrich Schreiber (1793–1872) hatte Laßberg bereits 1820 die Herausgabe einer „der Dichtung und Geschichte des teutschen Mittelalters gewidmeten Zeitschrift" diskutiert, die den Titel *Abnoba* (Schwarzwald) tragen und zunächst auf das mittelalterlich-frühneuzeitliche Land Schwaben hätte beschränkt sein sollen. Die Gründung eines Altertumsvereins „in Gestalt einer schwäbischen Gesellschaft" sollte

---

[33] Gollwitzer (1961, 127, 135f.) weist auf die protestantisch-fränkische Komponente in Aufseß' Geschichtsbild hin und zählt ihn zu den liberal-protestantischen Kreisen um Graf Carl Giech (1795–1863) und Hermann von Rotenhan.

[34] GNM, Autographen K. 50 (Hans von Aufseß), Aufseß an Laßberg (Aufseß, 6. August 1829); Pfeiffer 1870, 114; Harris 1991, 230.

[35] Schupp 1982; Reif 1994, 207ff.

dann nach dem Erfolg des Blattes angegangen werden. Das Publikationsvorhaben wurde jedoch nicht verwirklicht.[36]

Laßberg stimmte mit den erklärten Zielen von Hans von Aufseß weitgehend überein. Er versprach dem *Anzeiger* seine Unterstützung und schrieb im Juli 1831 an den Herausgeber in spe: [37]

> Das mittelalter hat, seitdeme die geschichtquellen mer aufgedekt und erforscht werden, viele freunde gefunden: zwar schreien die leute, die ietzt die welt umkeren, kräfftig dagegen und suchen die alten fraubasereien von unwissenheit, barbarei und unterdrükung wieder hervor; aber, sind wir denn weiser, verständiger und milder geworden? In dem mittelalter erscheint auch sogar d. laster mit geist und krafft und hat durch tat und tüchtigkeit wert behalten. mir zeigt sich hingegen die gegenwärtige zeit als niederdrükend u. vernichtend. man erblikt überall nichts als eine feige kriecherei, vor dem volke oder vor den fürsten, sittenlosigkeit, unverstand u. eine wütige umwälzungssucht. Eben hiedurch wird unsere zeit dem manne von kopf und herz so schwer zu ertragen. [...].

Aufseß setzte Laßberg im August 1831 drei Hauptabsichten detailliert auseinander. Über den *Anzeiger* wolle er 1.) alle Kunst- und Geschichtsfreunde Deutschlands vereinigen, 2.) diesen Männern alle Kunst- und Geschichtsdenkmäler Deutschlands über ein großes Repertorium bekannt machen, und – streng vertraulich, wie Aufseß betont – 3.) eine deutsche Gesellschaft für Beförderung der Kunst und Geschichte des Mittelalters gründen, die in einer alten deutschen Stadt ein Museum der deutschen Kunst und Geschichte des Mittelalters errichten würde. Dieses Museum solle unter dem Schutz des Deutschen Bundes stehen (Quellenanhang, Nr. 3). Aufseß' Pläne wurden von dem Älteren sehr ernst genommen. Laßberg dämpfte jedoch allzu große Erwartungen und riet bezüglich *Gesellschaft* und Museum zu Zurückhaltung:[38]

> Ire äusserungen über den Anzeiger, und die für und bei demselben hegenden hofnungen und aussichten, scheinen mir von etwas sanguinischer art zu sein und ich möchte mich, so ser doch sich mein herz dabei rüret, denselben nicht so unbedingt hingeben. wir leben nicht in den glüklichsten zeiten, und die von dem jüngern Plinius von Trajans regirung gerümte: rara temporum felicitas, ubi sentire quae velis, et quae sentias dicere licebat,[‹39›] scheint nur für den schlechteren und schlimmern teil der jezt lebenden generation erschienen zu sein. Ich denke, wenn wir viel gute waare für wenig geld liefern können; so wird der Anzeiger bestehen, und erst nach ein par iaren wird es erlaubt sein zu prognosticieren, was noch alles aus dem kinde

---

36 Schadek 1995, 174f.

37 Archiv der Freiherren von und zu Aufseß, Unteraufseß, Briefe Hans von Aufseß, Laßberg an Aufseß (Eppishausen, 22. Juli 1831), stark gekürzt gedruckt in: *Anzeiger für Kunde des deutschen Mittelalters* 3, 1834, 121–122.

38 Archiv der Freiherren von und zu Aufseß, Unteraufseß, Briefe Hans von Aufseß, Laßberg an Aufseß (Eppishausen, 17. August 1831).

39 recte: Tacitus, Historiae, I,1: Sie sind ja so selten, die glücklichen Zeiten, wo es möglich ist zu denken, was man will, und zu sagen, was man denkt.

> werden kann? daß das blat teutsches gemeingut sein und bleiben muss, für alle Teutsche, verstehet sich von selbst. aber neben geschichte und kunst, müssen auch Sprache und Poësie mit gleichem rechte, gleichviel raum darin finden, sonst würde die darstellung des mittelalters zur hälfte unvollkommen bleiben.
> Eine teutsche gesellschaft für kunde des mittelalters, welche sich iärlich versammelte, eigene kunstsammlung und bibliotheke besässe, ein eigenes periodisches werk herausgäbe &c. wäre freilich eine schöne und wünschenswerte sache; allein: vestigia terrent! der name: Mittelalter ist verhasst oder verlacht und würde manchen abhalten beizutretten; eine gesellschaft für alte Literatur und Kunst, fände vielleicht weniger anstoß. Isthic est thesaurus stultis in lingua situs, ut quæstui habeant male loqui melioribus.<40>
> Übrigens scheint mir daß Nürenberg iedenfalls der beste versammlungs ort wäre, er liegt ia mitten im alten teutschen Reiche.
> Lassen Sie uns, mein edler Freiherr! wünschen – nicht zu viel hoffen, alles abwarten – die zeit bringt rosen. Lassen Sie uns unverwandten blikes nach einem und demselben ziele streben, mit beharrlichkeit wirken, alles, auch das geringste, was zum vorgestekten ziele fördert, one säumen benuzen, und nie von dem geraden wege abweichen, und vor allem, nichts übereilen. Für den Schuz des teutschen bundes, gebe ich keinen pappenstiel! der wird genug zu tun haben, wenn er nur sich selbst zu schüzen vermag. Unsere gesellschaft: pro aperiendis fontibus rer: germ:<41> wird nach dem tode unsers edlen vorstehers v. Stein,<42> auch nimmer lange halten, die einigkeit hat schon vorlängst gelitten und nicht umsonst sagte schon Tacitus: Quamdiu erunt Germani, tamdiu erunt jurgia.

Aufseß ließ sich von den gesellschaftlichen und politischen Bedenken bezüglich der *Gesellschaft* zunächst überzeugen:[43]

> Ihrem weisen und freundlichen Rath getreu, werde ich meine Wünsche in Beziehung auf eine deutsche Gesellschaft für alte Literatur und Kunst einstweilen ad acta legen und lauern wie sich die Umstände dazu bilden. Auf meiner lezten Reise habe ich jedoch in München eine Gesellschaft gestiftet, d. h. helfen, welche die deutsche Mahlerei, Bildhauerei und Baukunst wieder ins Leben zu rufen sich zum Ziel gestekt hat […].

Die *Gesellschaft für Deutsche Altertumskunde von den Drei Schilden* in München, zu deren Gründungsmitgliedern Aufseß und sein Erlanger Kommilitone, der Maler Friedrich Hoffstadt (1802–1846)[44] im Oktober 1831 gehört hatten, war ein vaterländischer Verein, der sich die „Errettung und Erhaltung der Reinheit der teutschen Kunst" zum Ziele gesetzt hatte und für ihre praktische künstlerische „Erneuerung" eintrat.[45] Seine wissenschaftlichen und musealen Vorhaben konnte Aufseß dort jedoch nicht verwirklichen.

---

40 Plautus, Comoediae, Poenulus III/iii: Die Narren haben ihren Schatz im Maul plaziert; es gilt ihnen für Profit, wenn sie die Besseren verlästern.

41 Die *Gesellschaft für Deutschlands ältere Geschichtskunde* in Frankfurt a. M. Vgl. den Beitrag von Gerhard Schmitz zur Geschichte der MGH, in diesem Band.

42 Heinrich Friedrich Karl Freiherr vom und zum Stein (1757–1831); vgl. auch Harris 1991, 372f.

43 GNM, Autographen K. 50 (Hans von Aufseß), Aufseß an Laßberg (Aufseß, 1. November 1831).

44 Thieme/Becker, Allgemeines Lexikon der bildenden Künstler 17, 289f.

45 Schmitz 1986b, 419.

Die erste Lieferung der neuen Zeitschrift erschien schließlich im Januar 1832 unter dem Titel *Anzeiger für Kunde des deutschen Mittelalters. Eine Monatsschrift* (künftig: *Anzeiger*), die Aufseß auf eigene Kosten herausgab.[46] Er füllte mit diesem Periodikum praktisch eine Lücke, welche die vom Inhalt her ähnlichen Altertums-Zeitschriften *Bragur* (1791–1812) und *Idunna und Hermode* (1812–1816) hinterlassen hatten, die von dem Schwäbisch Haller Altertumsforscher Friedrich David Gräter (1768–1830) herausgegeben worden waren.[47] Auch im *Anzeiger* wurden über die lose Zusammenstellung eingesandter Miszellen und Anzeigen unbekannte literarische deutsche Texte, schwer zugängliche rechtsgeschichtliche und sachkundliche Funde aus Urbaren und Urkundenbüchern, unbekannte Inschriften und Baudenkmale im Druck versammelt. An die Leistungen der Frankfurter *Gesellschaft für Deutschlands ältere Geschichtskunde*, der anderen Altertumsvereine und Gelehrten wolle man anknüpfen, so schrieb Aufseß im Vorwort des ersten Heftes. Obwohl man in Gelehrtenkreisen längst begonnen habe, „der deutschen Kunst Gerechtigkeit widerfahren zu laßen und darin zum lang entbehrten Selbstgefühl zu gelangen", sei doch zu bedenken, „daß der Sinn für das Erhabene, Schöne und Bemerkenswerthe aus unserer deutschen Vorzeit nur einer gewissen Klasse, einem sehr kleinen Theile des deutschen Volkes eigen ist, und von dem größten Theil desselben, ja selbst von einem großen Theil der s. g. gebildeten Welt mit Spott und Verachtung belacht oder wohl gar zu ertödten gesucht wird." So würden wertvolle Quellen weiterhin vernichtet. Er selbst habe erst kürzlich „mit Mühe aus Juden-Händen einige Zentner alter Rechnungen und Akten aus dem 15ten bis 17ten Jahrhundert vom gewissen Untergange errettet", einen „Codex mit Mahlereien aus dem 13. Jahrhundert, und ein Urkundenbuch aus dem 14. Jahrhundert dem Gewichte nach erkauft." [Hervorhebungen von A.]. Solange der „Vandalismus"[48] von „Alterthumsfeinden" und „Ignoranten" sein Zerstörungswerk unter den Denkmälern fortsetze, solange werde er, Aufseß, „im Verein mit allen wahren Freunden deutscher Sitte, Geschichte und Kunst für Rettung derselben thätig seyn."[49] Selbst „das Fünklein

---

[46] von Aufseß 1832c, recto; vgl. dens. 1846, 4f.; Hampe 1902, 13f.; Bezold 1919, 3.

[47] Vgl. Preusker 1829, 52; von Aufseß 1832a, 4. – Gräter hatte sich übrigens 1805 erfolglos für den Schutz der säkularisierten Bibliothek des Chorherrenstifts Comburg eingesetzt; vgl. Fischer 1988, 20f.

[48] Aufseß verwendet den Begriff, mit dem Abbé Henri Baptiste Grégoire (1750–1831) die Zerstörung von kirchlichem Kulturgut nach der Französischen Revolution bezeichnet hatte, vgl. Speitkamp 1989, 146 mit Anm. 36.

[49] von Aufseß 1832a, 2. Das Stereotyp vom „jüdischen Kunsthändler", „Trödler" oder „Krämer", der auf Auktionen als Käufer von Paramenten und liturgischem Gerät beargwöhnt wird, begegnet wiederholt in der Literatur der Zeit; vgl. Mempel 1979, Bd. 2, 95–106.

eines Interesse an der vaterländischen Kunst und Geschichte" sollte durch die Bekanntmachung der verschiedensten Quellen Nahrung erhalten „und so nach und nach zur Gluth anwachsen [...]. Daher lag es zugleich mit in meiner Absicht, durch diesen Anzeiger eine beständige Wechselwirkung, eine offene Correspondenz zwischen allen Denjenigen, welche thätig im Fache der deutschen Geschichte, Alterthumsforschung oder Kunst sich bezeigen, herzustellen, dann auch die neuesten Produkte der Literatur und Kunst, die hierauf Bezug haben, anzuzeigen [...]."[50] Der *Anzeiger* sollte aber auch eine möglichst breite Zielgruppe erreichen und hatte, was vermutlich nicht allzu realistisch war, einen durchaus populären Anspruch. Jeder Landpfarrer, Beamte, Künstler und Gelehrte könne sich den Anzeiger leisten, auch wenn er arm sei. Als Zielgruppe wurden auch die Lesevereine in Aufseß' Planungen einbezogen (vgl. Quellenanhang, Nr. 3).

Für die beiden ersten Jahrgänge des *Anzeiger*, die 1832 und 1833 in Auflagen von 500 bzw. 600 Exemplaren erschienen, lieferten vor allem der radikalnationalistische Münchner Philologe und Turner Hans Ferdinand Maßmann (1797–1874), der Bamberger Altertumsforscher Joseph Heller (1798–1849), der Breslauer Bibliothekar und Dichter August Heinrich Hoffmann von Fallersleben (1798–1874) und der Heidelberger Historiker Franz Joseph Mone (1796–1871) die Beiträge. Unter den ersten Mitarbeitern waren ferner der Bibliothekar Ludwig Bechstein (1801–1860) aus Meiningen, der Archivar Paul Oesterreicher (1766–1839) aus Bamberg,[51] der Altertumsforscher Karl Benjamin Preusker (1786–1871) aus Großenhain, der Direktor der Sammlung vaterländischer Altertümer bei den königlichen Museen in Berlin Leopold Freiherr von Ledebur (1799–1877), der Zürcher Philologe Ludwig Ettmüller (1802–1877) und der bereits erwähnte Joseph von Laßberg. Einzelne Miszellen kamen von Karl Heinrich Ritter von Lang (1764–1835) und Jacob Grimm (1785–1863), die beide auch mit Geldspenden zum ersten Jahrgang des *Anzeiger* beitrugen. Die ersten monatlichen Lieferungen des *Anzeiger* erschienen bei George Jacquet in München und Maßmann übernahm dort auch das Lesen der Korrektur.[52]

Eine provinzielle Beschränkung der Publikation, wie etwa bei den Zeitschriften der verschiedenen Altertumsvereine, war von Aufseß nicht vorgesehen, im Gegenteil. Das von Friedrich Hoffstadt lithographierte Frontispiz, das dem ersten Jahrgang des *Anzeiger* von 1832 vorangestellt war, hatte viel-

[50] von Aufseß 1832a, 3–4.
[51] Über diesen nun Rupprecht 2003.
[52] von Aufseß 1832c.

mehr ein föderal-nationalistisches Bildprogramm. Der Deutsche Bund wurde hier in die Tradition des Alten Reichs gestellt: um den Doppeladler gruppieren sich im Uhrzeigersinn die Wappen deutscher Bundesstaaten inmitten gotisierenden Maßwerks. Das Rund beginnt mit den Wappen des Kaiserreichs Österreich und der fünf Königreiche Preußen, Bayern, Sachsen, Hannover und Württemberg, und endet mit den Wappen der vier freien Städte Lübeck, Frankfurt, Bremen und Hamburg. In der Mitte unter dem Schriftband findet sich das kleine Wappen der Familie Aufseß (Abb. 2).[53] In seiner Skepsis gegenüber dem Deutschen Bund hatte Laßberg zum Entwurf dieser Allegorie an Aufseß geschrieben:[54]

> Das äusserst schön und von ser guten künstlern gezeichnete titelblat, will mir nicht recht gefallen; ich wünschte statt dessen die darstellung eines wirklichen kunst- geschichts- oder Literatur-gegenstandes, einer Burg, eines Grabsteines, mererer Siegel, architektonischen denkmales, einer merkwürdigen schriftprobe, u. s. w. one zu großen aufwand, mit wenig schrafirten umrissen. Das wäre warer gewinn für den altertums freund u. kenner, da ein alegorisches bild nur einmal angeschaut und dann weggelegt wird [...].

Im Herbst 1832 zog Aufseß mit seinen Sammlungen „von der verlassenen Burg Aufsess in das für Kunst und ältere Geschichte so merkwürdige Nürnberg" um.[55] Auf seine Initiative gründete sich dort am 28. Januar 1833 die *Gesellschaft für Erhaltung der Denkmäler älterer deutscher Geschichte, Literatur und Kunst*.[56] Auf der Generalversammlung der *Gesellschaft* im September 1833 in Nürnberg sprach man sich dafür aus,[57]

> daß es wünschenswerth sey, den bestehenden Verein, ohne die Stellung und Wirksamkeit der historischen Provinzial-Vereine, und auswärtiger, zu gleichem Zwecke bestehender Gesellschaften zu nahe treten zu wollen, als Verein für ganz Teutschland zu constituiren [...].

Aufseß hielt es darüber hinaus für förderlich, wenn einzelne Interessenzweige der verschiedenen deutschen Altertumsvereine (Sprache, Recht, ausgegrabene Altertümer usw.) sich zu jeweils einer Abteilung vereinigen würden: „Manches Werk, das dem Einzelnen auszuführen unmöglich wäre, kann in Gemeinschaft mit Gleichgesinnten zu Stand gebracht werden [...]."[58]

---

[53] Der quergeteilte Schild zeigt einen silbernen Balken auf blauem Feld, der mit einer fünfblättrigen roten Rose belegt ist (von Aufseß 1888, 24f.).

[54] Archiv der Freiherren von und zu Aufseß, Unteraufseß, Briefe Hans von Aufseß, Laßberg an Aufseß (Eppishausen, 17. August 1831).

[55] von Aufseß 1846, 4.

[56] von Aufseß 1846, 5; zuerst: *Gesellschaft zur Untersuchung, Erhaltung und Bekanntmachung der Denkmäler älterer, insbesondere deutscher Geschichte, Literatur und Kunst in Nürnberg*, vgl. *Bericht* 1833.

[57] *Bericht* 1833.

[58] *Anzeiger* 1833, 137; vgl. auch Quellenanhang Nr. 2.

Abb. 2. Frontispiz zum ersten Heft des *Anzeiger für Kunde des deutschen Mittelalters* (München: George Jacquet 1832). Lithographie von Friedrich Hoffstadt (Universitätsbibliothek Freiburg: F 8291,d).

Als „allgemeiner deutscher Sache“ hatte Aufseß der *Gesellschaft* universale Ziele gesetzt: sie sollte „ihren schon durch den Namen ausgesprochenen Zweck hauptsächlich dadurch [verfolgen], daß sie zu Nürnberg theils in Originalien theils in Copien eine möglichst vollständige Sammlung genannter Denkmäler begründet [...].“ [59] Vom Januar 1833 datiert ein Memorandum mit dem Titel *Ueber Anlage eines allgemeinen deutschen Museums für Denkmäler der vaterländischen Geschichte, Literatur und Kunst zu Nürnberg* (Quellenanhang, Nr. 4). Nach der 1833 gedruckten Fassung umfaßte die Sammlungssystematik der *Gesellschaft* die folgenden Punkte:[60]

1. Handschriften und Incunabeln;
2. neuere Werke der Literatur und Kunst, so weit sie daher gehören;
3. Urkunden, Aktenstücke, Briefe über bemerkenswerthe Gegenstände;
4. Musikalien des Mittelalters;
5. Landkarten, Grundrisse;
6. Handzeichnungen und Miniatur-Malereien;
7. Holzschnitte, Kupferstiche, Eisenstiche alter Meister;
8. Gemälde mit Einschluß von Glas- und Emaille-Malereien;
9. Werke der Bildhauer-, Bildschnitzer- und Metallgießerkunst;
10. Werke der Bau- und Steinmetzenkunst, diese, so wie folgende Abtheilung nur in Abbildungen;
11. Grab- und andere Denkmäler im engsten Sinn;
12. Münzen und Medaillen, Siegel und Siegelstöcke;
13. Heergeräthe, Hausgeräthe, Instrumente, künstliche Arbeiten und Curiositäten;
14. historische Darstellungen und Porträte merkwürdiger Personen;
15. ausgegrabene Alterthümer.

Ursprünglich hätten unter der Ziffer 16. auch Naturalia in die Sammlung aufgenommen werden sollen (vgl. Quellenanhang, Nr. 4).

Dieses öffentlich zugängliche Museum sollte die Geschichte ganz Deutschlands möglichst umfassend widerspiegeln und durch Kopien, Beschreibungen und Verzeichnisse an anderen Orten aufgestellter Altertümer zu einer zentralen Referenzsammlung deutscher Schrift- und Sachaltertümer anwachsen. Aufseß hatte die grandiose Vision eines nationalen Kopial-Archivs.[61] Die Be-

---

[59] *Statuten* [1833]; zur Entwicklung der Sammlungen *Anzeiger* 1833, 137–142; vgl. auch Wenisch 1986, 333f. und von Andrian-Werburg 2002, 5f.

[60] *Statuten* [1833], 1f.

[61] *Anzeiger* 1833, 137f. Die Verzeichnisse oder Repertorien waren Aufseß von Anfang an besonders wichtig, vgl. von Aufseß 1846, 6–8 und Quellenanhang, Nr. 3.

stände an Originalen rekrutierten sich aus Donationen und den Privatsammlungen der Mitglieder, die diese „mit Vorbehalt des Eigenthums" in das Unternehmen einbrachten. Aufseß' eigene Privatsammlung wird in der „Übersicht der zur Errichtung eines Museums für vaterländische Denkmäler der Geschichte, Kunst und Literatur versprochenen Leistungen und Beiträge" von 1833 kurz charakterisiert: „Handschriften, Incunabeln, Urkunden, /: mit Ausnahme des Familienarchivs :/ Musikalien, Handzeichnungen, Kupferstiche, Holzschnitte, Gemälde, Bauwerke in Abbild. so wie von Grabmälern, Siegeln, Münzen, Portraiten, historische Darstellungen, ausgegrabene Sachen, Versteinerungen".[62] Das Museum der *Gesellschaft* wurde zunächst im Scheurlschen Haus in der Burgstraße eingerichtet und war dann in der von Ludwig I. zu Verfügung gestellten Burgkapelle untergebracht.

III.

Allgemeinnützige Nationalmuseen waren in Deutschland schon von anderen Gelehrten projektiert, aber nie ausgeführt worden. So hatte die *Vaterländische Gesellschaft der Naturforscher und Aerzte Schwabens* 1801 „die Errichtung eines vaterländischen Museums beschlossen [...], das alle Natur- und Kunstprodukte unsers Vaterlands enthalten, ein Eigenthum der Gesellschaft bleiben, und allen unsern Landsleuten zum gemeinschaftlichen Gebrauch offen stehen soll." Dieses Museumsprojekt war allerdings auf Schwaben beschränkt und hatte ein deutlich naturgeschichtlich ausgerichtetes Sammlungsprofil.[63] Friedrich David Gräter meinte 1812, an einem „Nationalmuseum der nordischen Denkmäler des Alterthums" könne sich der deutsche „Vaterland- und Gemeinsinn" üben.[64] In *Idunna und Hermode* druckte er 1816 den reichspatriotischen „Entwurf einer teutschen National-Alterthums-Anstalt" von Karl Christian Traugott Heinze („Teuthold", 1765–1813) posthum ab. Heinzes Museum sollte ein Rat von 12 Altertumsforschern, als Ratsoberer aber der Kaiser selbst vorstehen. Endzweck war die „Aufsuchung, Erhaltung, Bearbeitung und Nützlichmachung der teutschen Alterthümer der Sprache, Kunst und Sitten in ihrem weitesten Umfange".[65] 1817 verfaßte der romantische Landschaftsmaler und Geschichtsforscher Georg Wilhelm Issel (1785–

---

62 GNM-Akten K. 1 Nr. 2, fol. 30v.
63 Roth von Schreckenstein/Mezler 1802, 61.
64 Zit. n. Narr 1968, 129.
65 Gräter 1816, 147f.

1870) eine ungedruckte Denkschrift über ausdrücklich für die breite „ungebildete" Öffentlichkeit bestimmte „deutsche Volksmuseen":[66]

> So groß die Anzahl reicher und trefflicher Kunst- und Alterthümer-Sammlungen in Deutschen Landen ist, so fehlt es doch wohl in unsern historischen Zeiten noch zu sehr an solchen öffentlichen Schau-Anstalten, welche die Aufmerksamkeit und den regen Antheil eines größeren Publikums, eigentlich der gesammten Volksmasse, zu beschäftigen und zu fesseln im Stande wären. [...]
> Als besonders förderlich zu diesen dringenden Anforderungen des Zeitgeistes scheint mir die Einrichtung eigner vaterländischer Museen, das heißt, die anschaulichste Zusammenstellung alles desjenigen, was
>
> a) die Fürsten- und Volksgeschichte.
> b) die um den Ruhm und das Gedeihen des Landes verdientesten Männer.
> c) den artistischen und literarischen Zustand.
> d) die wichtigsten Erfindungen und Entdeckungen und
> e) die Sitten und Gebräuche des Vaterlandes von der ältesten bis zu den neuern Zeiten zu bezeichnen und zu versinnlichen vermag.
>
> Kein deutscher Staat kann, am wenigsten nach den neueren Verhältnißen über die Mittel in Verlegenheit seyn, einem solchen Institute Würde, Ausdehnung und die bedeutendste Nützlichkeit zu geben [...] Gemeinnützigkeit im weitesten Sinne müßte unverrückt die Haupttendenz einer solchen Anstalt seyn und bleiben.

Issel dachte dabei nicht an ein gesamtdeutsches Nationalmuseum, sondern an mehrere einzelstaatliche „Volksmuseen".

Auch Aufseß gab vor, der Altertumskunde eine breitere Geltung verschaffen zu wollen. Es sei förderlich und an der Zeit, für das Studium der vaterländischen Geschichte „unter den Freunden dieses Studiums eine nähere Verbindung nicht allein durch S c h r i f t, wie sie der Anzeiger bezwecken will, sondern auch durch das lebendige W o r t" herzustellen.[67] Der *Anzeiger* ist ein „gedrucktes Museum"[68] und ein Bewußtseinszeugnis der Rede und des Austausches über die Geschichte der Nation; die *Gesellschaft* und ihr Museum waren dagegen die Orte dieses Diskurses, der allen Interessierten offenstehen sollte.

---

66 *Über deutsche Volks-Museen. Einige fromme Worte über Museen deutscher Alterthümer und Kunst*, 1817; in Auszügen abgedruckt bei Lohmeyer (1929, 189, 314f.). Der Museumsbau, wie ihn sich Issel (ein enger Freund Laßbergs) für ein vaterländisches Museum im Großherzogtum Hessen vorstellte, hatte einen sakralen Charakter. Er sollte neu „in deutschem Stil" errichtet werden und die folgenden Räumlichkeiten bzw. Abteilungen umfassen: 1.) Scheinkapelle 2.) Kirchenschatzkammer 3.-4.) Grabgewölbe 5.) Waffenkammer 6.) Rittersaal 7.) Fürstensaal 8.) Vasen (Geräte) 9.) Architektur 10.) Skulptur 11.) Malerei 12.) Altdeutsche Literatur 13.) dem Andenken an die Reformation geweiht.

67 von Aufseß 1833.

68 Vgl. Crane 2000, 116ff.

IV.

Wie ambivalent die Nation im Gelehrtenmilieu gedacht wurde und wieweit persönliches Geschichtsverständnis von familiären Traditionslinien und der Sozialisation geprägt war, läßt sich am intellektuellen Widerstand zeigen, der Aufseß' *Gesellschaft* und damit auch dem Museum entgegenschlug, personifiziert in der Gestalt des arrivierten Historikers, Archivars und ehemaligen Direktors der Kammer des Innern bei der Regierung des Rezat-Kreises in Ansbach, Karl Heinrich Ritter von Lang.[69] Er wurde bereits als Mitarbeiter des *Anzeiger* erwähnt. Die Kritik des aufgeklärten Reformpolitikers war vielfältig: politisch, gesellschaftlich, sicherlich auch persönlich motiviert und dabei nicht frei von Widersprüchen.

Lang war als korrespondierendes Mitglied in die 1819 von Heinrich Friedrich Karl Freiherrn vom Stein (1757–1831) gegründete *Gesellschaft für Deutschlands ältere Geschichtskunde* in Frankfurt am Main gewählt worden. Die später gegründeten regionalen Altertumsvereine bezogen sich gern auf Steins *Gesellschaft* – einen historischen Verein mit gesamtdeutscher Ausrichtung – als Vorbild.[70] Von dessen umfassendem Anspruch bei der Edition von Urkunden und Literatur des Mittelalters hielt Lang jedoch nichts, dem zentralen Vorhaben der Gesellschaft, den *Monumenta Germaniae Historica*, widersetzte er sich sogar. Schon 1801 hatte Lang den Vorschlag, eine *Bibliothek der vaterländischen Schriftsteller* aus den preußischen Fürstentümern Ansbach und Bayreuth anzulegen mit der Begründung abgelehnt, „daß die Wissenschaften nicht national sind."[71] Im Gegensatz zu der damals propagierten und bis heute oft unkritisch rezipierten monokausalen Erklärung eines durch die „Befreiungskriege" allgemein gehobenen oder geweckten Nationalbewußtseins als Auslöser für die Gründungswelle von Altertumsvereinen hatte der hyperkritische Beobachter Lang neben nationalromantischen auch lokalpatriotische und partikularstaatliche Motive ausgemacht.[72] In einem bemerkenswerten Beitrag für das *Conversations-Lexikon der neuesten Zeit und Literatur* thematisierte Lang 1833 den Traditionsverlust in der Provinz nach Säkularisation und Mediatisation als Grund für die Notwendigkeit von historischen Kreisvereinen, wobei der spitzzüngige Autor der *Hammelburger Reisen* (1813–1833) die romantische Verklärung des deutschen Mittelalters und

---

69 Sicken 1982.
70 Hausherr 1957, 260f.
71 Seiderer 1997, 439.
72 Kunz 2000, 57–58.

das Sammeln und Bewahren seiner Reste durchaus spöttisch ins Visier nahm:[73]

> In sehr kurzer Zeit haben sich über einen großen Theil von Deutschland Gesellschaften zur Beförderung des Studiums der Geschichte verbreitet, und es nicht anzunehmen, daß sie nur aus einzelner Liebhaberei oder wechselseitiger Nachahmerei entstanden, sondern daß sie aus einem wohlerkannten Bedürfnisse unserer Zeit hervorgegangen , welches am allerersten fühlbar geworden durch die Aufhebung [...] der Klöster, wodurch für die tiefern historischen und auf engere Örtlichkeiten beschränkten Studien kein Raum mehr geblieben. Hierzu kam fast in gleicher Zeit das Aufhören der vielen kleinen Staaten in Deutschland, die alle ihre eignen Archive und in diesen die Bildungsschulen deutscher Geschichtsforscher und Archivarien hatten, welche nun in solcher Art bald ganz und gar ausgestorben sein werden. Der schlimmste Umstand trat nun vollends da ein, wo man diese Provinzialarchive in die Hauptstädte der neuen Gebieter abfahren ließ, und wo denn das Anhäufen, und man sollte beinahe sagen das Aufschütten, auf andern ebenso wenig benutzten Materialien, der erstorbene Reiz des alten väterlichen Bodens und die ermangelnde Kenntniß der Localitäten den Schlüssel zu all diesen Schätzen verloren gehen ließen. Da aber ein Volk auf nichts mit mehr Schmerz verzichtet als auf seinen alten Namen und seine alte eigne Geschichte, und sich dafür von Schmeichlern und Heuchlern nichts so ungern aufdringen läßt als eine kahle Geschichte der neuen Dynastie, oder eine hochmütige Geschichte des sogenannten alten Landes, bei der die Geschichte des sogenannten neuen Landes als eine demüthige Magd die Schleppe nachtragen soll, so ist es beinahe eine allgemeine Sympathie geworden, daß alle unterworfenen Gebiete gleichwol die Geschichte ihres alten Ruhmes, die Denkmäler ihrer edeln Geschlechter, ihrer Bürgergröße und ihrer frommen Hüttenbewohner aus den Fluten der Zeiten und ihren Umwälzungen gleichsam mit dem muthigsten Ameisenfleiß zu retten und auf das Trockene zu schleppen suchen.

Im Einklang mit der königlichen Kabinettsorder von 1827, in der Ludwig I. die Erhaltung und Bewahrung von Altertümern in Bayern angewiesen hatte, vertrat Lang die Ansicht, Urkunden und Denkmale würden am besten auf dem Boden, auf dem sie entstanden auch verstanden werden, und folglich solle für jede Provinz ein eigenes Museum eingerichtet, ein eigener Geschichtsverein gegründet werden. Die Provinzen, für die nach den Vorstellungen Langs Provinzialvereine und -museen zuständig sein sollten, deckten sich nicht mit historischen Territorien, sondern entsprachen der mittleren Verwaltungsebene, den nach Flüssen benannten Kreisen (ab 1837 Regierungsbezirke), also modernen staatlichen Verwaltungseinheiten.[74] Auf Betreiben Langs war 1830 in Ansbach der erste historische Kreisverein in Bayern (*Historischer Verein im Rezat-Kreis*) gegründet worden, in den auch Aufseß 1831 als Mitglied aufgenommen worden war.[75]

---

[73] [von Lang] 1833b, 460 – zur Autorschaft Langs: von Raumer 1923, 238 (Lang an Jacob Grimm, 20. August 1834).

[74] Wenisch 1986, 326, 327ff.

[75] *Jahrsbericht Rezat-Kreis* 1831, 1f.

Unter dem Titel *Der historische Riesenverein in Nürnberg* setzte Lang einen Artikel in die *Blätter für literarische Unterhaltung* vom 24. Juni 1833. Er erhob darin gegen Aufseß und dessen *Gesellschaft* den Vorwurf „historischen Papstthums" und geißelte den gesamtdeutschen Anspruch als vermessen. Gerade bei „der jetzigen Vereinigung so mannichfacher Länder in e i n Reich" habe „jeder einzelne Bezirk oder Kreis seine eigene alte Geschichte selbst zu bewahren." [Hervorhebung von L.]. Eine „provinzielle Beschränkung" der Altertumsvereine sei daher sehr zu wünschen. Aufseß dagegen wolle nicht nur alle bayerischen, sondern alle deutschen Geschichts- und Altertumsvereine in seiner *Gesellschaft* vereinigen und habe diese Idee wohl den Zusammenkünften der Naturforscher abgeborgt. Lang ging zugleich demonstrativ auf Distanz zur Pflege von reiner Objektüberlieferung: einem „historischen Riesenverein" drohe das „Eindringen einer kernlosen und nur allzu leicht überschätzten Mittelalterthümlichkeit, welche in Ermangelung eines Bessern uns ihre alten Grabestöpfe, Streithämmer, Bierhumpen, verrosteten Spangen und verzerrten Heiligenbilder als vermeintliche geschichtliche Lekkerbissen darzubieten gezwungen sein würde."[76] Jacob Grimm sekundierte Lang und ließ ihn wissen, er halte Aufseß' Geschichtsverein für „albern".[77]

Aufseß' gesamtdeutsche *Gesellschaft* paßte ganz offensichtlich nicht in Langs partikularistisches Konzept der deutschen Altertumsvereine. Indessen dürfte der angesehene Gelehrte ein Vorbild für den vierzig Jahre jüngeren Aufseß gewesen sein, der den Autor der *Regesta Boicarum* als verdienten fränkischen Landeshistoriker schätzte und diesen wohl nur zu gern auf seiner Seite gesehen hätten.[78] In einer öffentlichen Erwiderung nahm Aufseß im Juli

---

[76] von Lang 1833a.

[77] Hampe 1902, 17, J. Grimm an Lang (Göttingen, 17. September 1833); vgl. von Aufseß 1846, 15: „Diese schriftliche Aeusserung [Grimms] theilte mir Hr. v. Lang zur Unterstützung seiner Opposition gegen eine Generalversammlung der deutschen Geschichtsforscher u. Geschichtsvereine als einen ‚48 Pfünder' mit. Allerdings traf er mich auch schmerzlich."

[78] Vgl. von Aufseß 1832a, 1. – Nach Aufseß' erster Kontaktaufnahme 1829 hatte sich Laßberg bei Lang über diesen erkundigt. Aus der Antwort Langs spricht durchaus Respekt: „Hans von Aufsees zu Aufsees, zwischen Erlang u. Bamberg liegend, ist etwa 30. Jahr alt, verheirathet wenn ich nicht irre mit einer Wöllwarth aus Stuttgardt, stammt aus einem alten Rittergeschlecht dessen Catholische Zweige (er ist ein Protestant) dem Hochstifte Bamberg schon mehrere Fürstbischöfe gegeben. Er ist nicht, was man reich nennen kann, aber auch nicht arm und als Gutsbesitzer passabel rangirt; sucht keine Dienste u. beschäftigt sich mit vieler Vorliebe mit alter Kunst u. Literatur; hat mir mit vielem Frohloken gemeldet, daß er sich wider meine Bedenklichkeit sich um Ihren Liedersaal [s. dazu Anm. 140] zu melden, weil ichs beinah für indiscret hielt, gleichwohl Brief und Gabe erhalten [sic]. Sie haben Ihre Großmuth keinem Unwürdigen bewiesen [...]". UB Freiburg, Autogr. 1686, Lang an Laßberg (Ansbach, 29. März 1830).

1833 auf einen „Absagebrief" Bezug, in dem Lang vorgeschlagen habe, die *Gesellschaft* „auf eine rein norische, auf ein Filial des Rezatkreisvereins [...] reduciren" zu wollen, um Interessenkonflikte zwischen den beiden Altertumsvereinen zu vermeiden.[79] Es war wohl die tiefe Enttäuschung über Langs vernichtende Kritik, die sich am 3. November 1833 in einem „in der That von Verbalinjurien strotzende[n] Brief" äußerte.[80] In seinem Selbstverständnis als „Dilettant" bezichtigte Aufseß Lang einer „ganz gemeine[n] Handwercksfeindschaft" gegen „einen in Ihren Augen unprivilegierten Handwerksgenossen" und schalt ihn einen Possenreißer und Hundsfott, was ihm eine gerichtliche Klage eintrug. Zur Sache schrieb er:[81]

> Bliebe dabei selbst die Ausführung [sc. der Nürnberger *Gesellschaft*] weit hinter der Idee zurück, so sind doch Sie gerade am allerwenigsten der Mann, dem es zustünde ein Wesens daraus zu machen, wenn Ihnen auch immerhin der ehrenvolle? Triumpf bleibt, einer guten Sache möglichst viel geschadet zu haben. Wie weit bleibt doch ihr Rezatkreisverein hinter der Idee zurück! Wie abgeschmackt, wie lächerlich erschien [...] Ihre von Ihnen so hochgepriesene Rezatkreis Vereins Versammlung, wenn man auch einmal davon einen ungeschminkten Bericht geben wollte!

Verkannte Aufseß den partikularistischen Anspruch des Rezatkreisvereins, weil Lang die gesamtdeutsche *Gesellschaft* auch als provinzielle Konkurrenz begriff? Eine Verständigung über die „Idee" war offenkundig nicht möglich. Die von Aufseß so emotional geführte Auseinandersetzung und Langs Ablehnung einer gesamtdeutschen Altertumskunde dürften wohl aus einem (so gut wie unausgesprochenen) Dissens über das Alte Reich erwachsen sein. Langs Tätigkeit als preußischer, dann bayerischer Beamter in Franken und das adlige „Herkommen" des Jüngeren gaben dem wissenschaftspolitischen Konflikt noch eine persönliche Schärfe.

Lang hatte Ende des 18. Jahrhunderts als Archivar des preußischen Vizekönigs in Ansbach und Bayreuth, Karl August von Hardenberg, Karriere gemacht. Er gehörte zur bürgerlichen Funktionselite, „die Reformideen der Aufklärung mit staatlichen Machtmitteln verband".[82] Unter Hardenberg begründete der Staatsrechtler Theodor Konrad Kretschmann mit der Hilfe Langs und anderer hochmotivierter Beamter, die aufgrund von mittelalterli-

---

[79] von Aufseß 1833.

[80] Hampe 1902, 18.

[81] GNM-Akten K. 1 Nr. 2, fol. 21ff., *Klage des Advocaten Greiner zu Ansbach Namens des Herrn Geheimraths* [...] *Karl Heinrich Ritter von Lang* [...] *gegen den Herrn Hans Freiherrn von Aufsess zu Nürnberg wegen Kränkung der Ehr*, Abschrift des Briefes von Aufseß an Lang vom 3. November 1833 auf fol. 40f.

[82] Langewiesche 1989, 449.

chen Urkunden den Maximalumfang markgräflicher Landeshoheit zu rekonstruieren suchten, die preußischen Besitzansprüche auf die Territorien der fränkischen Reichsritter. Die diesbezüglichen Archivrecherchen, die Lang in den Jahren 1795–1797 auf der Plassenburg bei Kulmbach durchgeführt hatte,[83] sind Aufseß sicher nicht unbekannt geblieben. „Durch besondere Ausführungen gegen einzelne Rittergüter," so schrieb Lang in seinen Memoiren, „mußte ich Materialien zu neuer Feuerung bieten, welche aus dem Journal des Staatsarchivs der preußischen Fürstentümer in Franken reichlich hervorprasselten."[84] In dem dreibändigen *Staatsarchiv*, das von Kretschmann und Carl Hänlein herausgegeben und in dem die historisch-juristischen Argumente für die preußischen Revindikationen in Franken ausgebreitet wurden, erschien 1797 eine *Historische Nachricht von den Verhältnissen des Rittergutes Aufseß* einschließlich beglaubigter Urkundenabschriften aus der Feder des Geheimen Archivars Karl Heinrich Lang. Aufseß könne danach aufgrund des allzu unbedeutenden Umfangs keine für sich selbst bestehende Herrschaft gewesen sein. Da die von Aufseß ihren Besitz den Hohenzollern als Burggrafen von Nürnberg 1378 freiwillig zu Lehen aufgetragen hatten, sei die Landeshoheit über Aufseß, so Lang, „unstrittig Brandenburgisch."[85] Auf diese Weise wurde die Rechtmäßigkeit der preußischen Ansprüche auf das Territorium historisch untermauert.

Als nunmehr bayerischer Staatsdiener war Lang 1808 selbst zum Ritter erhoben worden, „ein allzu schroffer Stürmer gegen die alte Ordnung, gegen die adelige Welt, der er nun kraft Verdienstes zugehörte, aber nicht angehörte".[86] In einer Zeit, in der vielen bürgerlichen Beamten der Adelstitel verliehen wurde, büßte der alte Adel an Ansehen ein.[87] Den herrschaftsausübenden, oft neunoblilitierten Bürokraten stand eine große Opposition aus altem Adel, Geistlichkeit, ehemaligen Reichsstädten sowie Bauern und Unterschichten gegenüber.[88] Für Lang war die kleinräumige Territorialstruktur des Alten Reiches ein Anachronismus, die kleinen Herrschaften nach geschichtlichem Recht zum Untergang verurteilt, ihre Mediatisierung nur konsequent gewesen.[89] Der berüchtigte „Adelsfresser" hatte sich seit 1812 als Leiter des

---

83 Vgl. Hofmann 1962, 176f.; Wehler 1996, 365; Seiderer 1997, 462f.; Demel 2001, 52f.

84 Zit. nach Hofmeister-Hunger 1987, 258f.; vgl. zusf. Seiderer 1997, 459–463 und Endres 2001, 36ff.

85 Lang 1797, 188; vgl. von Aufseß 1888, 3; Liermann 1965, 383, 389; Gerlich 1979, 298.

86 Hofmann 1965, 205.

87 Reif 1994, 216.

88 Schwarze 1995, 223.

89 Hausherr 1957, XV.

bayerischen Reichsheroldamts bei der heiklen Prüfung von Adelstiteln keine Freunde gemacht[90] und war 1814 als Apologet des Grafen Montgelas und dessen Reformen auch publizistisch hervorgetreten. So mögen standesgebundene Ressentiments, unterschiedliche gesellschaftliche Herkunft und „Erinnerung“ zur Auseinandersetzung um die „nationale Konzeption“ der „vaterländischen Altertumskunde“ zwischen Aufseß und Lang beigetragen haben.

Als Aufseß versuchte, den *Anzeiger* als Zeitschrift der *Gesellschaft* zu etablieren, kam es im September 1833 zum Bruch mit der ohnehin zerstrittenen Jahresversammlung. Im Juni 1834 gab Aufseß auf. Er zog sich auf seine Burg zurück und suchte sich, wohl um der Sache willen, mit Lang zu versöhnen:[91]

> Verehrter Freund!
>
> Der Stein ist vom Herzen, den mir unchristliche Uebereilung im Zorn darauf gewälzt hatte, wir sind nicht mehr Feinde, sondern wieder Freunde, und – wie ich mit Gewißheit weiß – bessere als zuvor.
> [...] obgleich mir es jetzt erst in Nürnberg zu gefallen anfängt, da ich Ruhe gewonnen habe, [gehe ich] in meinen ländlichen Wirkungskreis zurück, der mir nun auch in ganz anderem Licht erscheint, als früher. Das Studium der Geschichte, eingeschränkt auf die mir zu nächst liegenden Aufgaben, der fränkischen und meiner eigenen Familiengeschichte, wohl mit Hinblick auf das Allgemeine in dem das Einzelne sich bewegt, begleitet mich zurück in meine Burg; doch alles Entferntere, wenn es sich nicht, wie bisher der Anzeiger, mit moralischer Gewalt aufdringt, seÿ und bleibe verbannt. So hoffe ich mit Ihnen in nützliche literarische Wechselwirkung treten zu können und von Ihren Erfahrungen auf dem historischen Gebiete manches zu nützen, wogegen ich auch zu Allem bereit, wodurch ich etwa zu dienen im Stande wäre. Als Beweis meiner aufrichtigen Gesinnung gegen Sie, erhalten Sie nächstens eine Widerlegungsschrift gegen Ihre im Staatsarchive <92> ausgesprochenen Behauptungen über Aufseß zur Durchsicht und allenfalsigen Berichtigung. Unsern Frieden soll keine Meinungsverschiedenheit mehr stören. [...].

Sensibilisiert durch Langs Kritik an der *Gesellschaft* empfand der auf sein mittelalterliches „Herkommen“ bedachte Aufseß die *Historische Nachricht* von 1796, die als Legitimation der preußischen Besitznahme seiner Ansicht nach Reichsrecht gebrochen hatte, mehr als dreißig Jahre danach als ehrenrührig für seine Familie. Trotz der Hand, die Aufseß nach seiner Entzweiung mit der *Gesellschaft* ausgestreckt hatte, meldete Lang noch 1834 an Jacob Grimm, der „Nürnberger Centralverein für die allgemeine Geschichte Deutschlands“ habe unter dem „Männlein Aufseeß, das nun wieder ganz von Nürnberg abgezogen“ ein „klägliches Ende genommen, in Zanken u. Raufen unter sich selbst [...].“[93] Die Redaktion des *Anzeiger*, die Aufseß seit 1833

90 Hofmann 1962, 279.
91 GNM, NL Aufseß II,C-3, Aufseß an Lang (Nürnberg, 9. Juni 1834).
92 Lang 1797.
93 Lang an J. Grimm (20. August 1834), zit. nach von Raumer 1923, 241.

zusammen mit Mone durchgeführt hatte, gab er 1835 ganz an diesen ab. Das Defizit der Zeitschrift dürfte Aufseß wohl größtenteils aus eigener Tasche gedeckt haben.[94] Mone redigierte das Blatt noch bis 1839 und stellte dann sein Erscheinen ein. Langs Einfluß in den Gelehrtennetzwerken und Altertumsvereinen hat wohl noch über seinen Tod im Jahr 1835 hinaus mit zu Skepsis und Widerstand gegenüber einem „allgemeinen deutschen Museum" beigetragen.[95]

Über zehn Jahre lang war es still um Aufseß' Museumspläne. Nach einem Stiftungsentwurf von 1841 hatte er vorgesehen, seine Altertümersammlung zusammen mit dem Familienarchiv in eine Stiftung einzubringen. Das historisch gewachsene Archiv und die zusammengetragene Sammlung sollten als unteilbares Familieneigentum in unveränderlicher Aufstellung für alle Zeiten auf der Burg Aufseß verbleiben. Freiherr Hermann von Rotenhan (1800–1858), der Aufseß juristisch beriet, gab dem Freund zu bedenken, daß das Familienarchiv keinen wirklich historischen Bezug zu den Büchern und Kunstgegenständen in Aufseß' Sammlung besitze. Würde die Burg Aufseß zum Museum, so sei ihre Nutzung für die Erben stark eingeschränkt. Vor die Denkmaleigenschaft der zusammengetragenen Sammlung stellte Rotenhan den Nutzwert der einzelnen Sammlungsgegenstände für die Erben, der nicht durch testamentarische Bindung an die historisch gewachsene Sammlung des Familienarchivs vermindert oder beschränkt werden dürfe.[96] In letzter Konsequenz wären damit auch Einzelverkauf und Zerstreuung der Sammlung nach dem Tode Aufseß' nicht ausgeschlossen gewesen. Gerade dies war für Aufseß jedoch unvorstellbar. Zwar sah er von einer solchen Stiftung „zu Lasten seiner Erben" ab, wollte aber die mühsam zusammengetragene Sammlung auch nicht einer ungewissen Zukunft in der Familie überlassen. Nur ein solide finanziertes Museum konnte den geschlossenen Fortbestand der Privatsammlung sichern.

---

94 Vgl. Hampe 1902, 19.

95 Vgl. von Aufseß 1846, 10f.

96 Crane 2000, 143–145 (nach Quellen im Archiv der Freiherrn von und zu Aufseß); vgl. ebda. 162f. Erst 1882 wurde das Schloßinventar in eine Familienstiftung eingebracht (von Aufseß 1888, 455ff.).

V.

Nicht ohne ausführlich auf seine ergebnislos gebliebenen früheren Bemühungen hingewiesen zu haben, warb Aufseß 1846 in einem gedruckten *Sendschreiben an die erste allgemeine Versammlung Deutscher Rechtsgelehrten und Sprachforscher zu Frankfurt a. M.* wieder offensiv für seine drei Hauptanliegen: einen Gesamtverein aller deutschen Geschichts- und Altertumsvereine, ein allgemeines deutsches Museum für Geschichts-, Sprach- und Rechtskunde mit einem „Generalrepertorium", das es dem Geschichtsforscher ermöglichen solle, „ohne Mühe mit Einem Blicke sämmtliche allenthalben zerstreute Quellen und Denkmäler seines speziellen Zweiges oder Faches überschauen" zu können, sowie ein historisches Zentralblatt.[97]

Andreas Ludwig Jacob Michelsen (1801–1881), seit 1842 Professor für deutsches Staats- und Privatrecht sowie für schleswig-holsteinische Geschichte in Jena,[98] brachte auf der Frankfurter Versammlung den Antrag ein, in Frankfurt ein „Central-Antiquarium für Deutschland", und zwar für archäologische Funde, zu errichten und die „Alterthumsforscher mit dem Grabscheit" vor den „Historikern und Urkundensammlern" wissenschaftlich zu emanzipieren. Im Protokoll heißt es: „v. Aufseß schlägt [daraufhin] mit Rücksicht auf die Schwierigkeit, Originale zu erhalten, vor, ein Museum mit Nachbildungen zu gründen. Er räth, die Vereine ja nicht durch unangenehme Zumuthungen zu entfernen, sie vielmehr der allgemeinen Sache geneigt zu machen, und namentlich in der Folge direkt einzuladen."[99] Während die Versammlung den Vorschlag Michelsens ablehnte, stimmte sie der Bildung eines „Vereins der deutschen Geschichtsforscher" theoretisch zu. Aufseß' *Sendschreiben* wurde aber offenbar von der Frankfurter Versammlung nicht mehr beraten.[100] 1847 konnte Aufseß in Lübeck mit seinem Anliegen einer Generalversammlung der historischen Vereine zwar durchdringen, doch gingen „die politischen Wogen der Zeit [...] zu hoch, als dass die Unionsflagge der Geschichts-Vereine sich darauf hätte empor halten lassen."[101] Nach der Revolution, im Frühjahr 1850, ergriff Aufseß erneut die Initiative. Er siedelte wieder nach Nürnberg um, kaufte das am Tiergärtnertor gelegene Pilatushaus und mietete den Tiergärtnertorturm für die Ausstellung seiner Privatsammlung. Mit den so geschaffenen Fakten bestand die Aussicht, unter den Alter-

---

97 von Aufseß 1846.
98 Deneke/Kahsnitz 1978, 1130.
99 *Verhandlungen* 1847, 203f.
100 Vgl. Schulz 1852, 110.
101 Hektor 1863, 9.

tumsvereinen und den einflußreichen bürgerlichen Gelehrten Mitstreiter für ein „allgemeines deutsches Museum“ zu finden.[102]

Erst am 16. August 1852, auf der *Versammlung deutscher Geschichts- und Alterthumsforscher* in Dresden, wurde unter dem Vorsitz des vom deutschen Altertum begeisterten Prinzen Johann von Sachsen (1801–1873) Aufseß' Vorschlag, ein allgemeines deutsches Museum als „ein Centrum für alles dasjenige zu schaffen, was sich zerstreut in den einzelnen Ländern an Monumenten deutscher Kunst und deutscher Geschichte vorfindet“, erneut beraten. Die „weitere Begründung und Ausbildung des germanischen Museums“ wurde der Generalversammlung der deutschen Geschichts- und Altertumsvereine „dringend anempfohlen“ und das Museum ab sofort als gegründet betrachtet.[103] Ein Ausschuß zur Begutachtung des Aufseßschen Entwurfes beschied positiv und ernannte Aufseß zum Vorstand der neuen Institution.[104] Dieser verteilte auf der Dresdener Versammlung eine gedruckte Museumssatzung, über die er auch referierte, und zeigte eine Musterkollektion aus seiner Privatsammlung. Aufseß hatte in der Museumssatzung nun die Bezeichnung „*germanisches* Museum“, statt dem bisherigen „allgemeinen deutschen Museum“, gewählt.[105] Der Satzung nach sollte Aufseß' Privatsammlung, das „freiherrlich v. Aufseßische deutsche Museum für Geschichte, Literatur und Kunst zu Nürnberg“, als eine zunächst auf die Dauer von 10 Jahren vermachte Stiftung den Grundstock des „germanischen Museums“ bilden.[106]

Unmittelbar nach der Versammlung traf sich der auf der Dresdner Versammlung gegründete *Gesamtverein der deutschen Geschichts- und Altertumsvereine* in Mainz, auf Einladung Ludwig Lindenschmits (1809–1893) und Ignaz Josef Wittmanns (*1812), dem Direktor des Mainzer Altertumsvereins.[107] Die Einladung zur Versammlung in Dresden hatte sich mit der bereits ergangenen nach Mainz gekreuzt, was offenbar besonders jene Gelehrten irritierte, die sich archäologisch mit der „heidnischen Vorzeit“ befaßten. Gegen Aufseß' Willen löste sich auf der Mainzer Versammlung der *Gesamtverein* vom *Germanischen Museum* in Nürnberg und verband sich statt dessen mit dem neu gegründeten *Römisch-germanischen Centralmuse-*

---

[102] Hektor 1863, 9, von Aufseß 1888, 328.

[103] Schulz 1852, 118–120; vgl. John 2000, 66–71.

[104] Schulz 1852, 113, 115, 127.

[105] Aufseß 1852; vgl. Aufseß an Maximilian II. (München, 4. Oktober 1852), zit. in Burian 1978, 134.

[106] Aufseß 1852, § 5.

[107] Zur eindeutigen Konkurrenz zwischen den beiden Versammlungen: John 2000, 69–71 (mit Quellen).

um. Man einigte sich darauf, „daß die von Herrn von Aufseß ins Leben gerufene Idee eines germanischen Museums derart aufzufassen und festzustellen sei, daß das Museum für christlich-germanische Alterthümer in Nürnberg seinen Sitz habe, daß jedoch zur Ausführung des Römisch-Germanischen Museums der Westen von Deutschland und namentlich Mainz vor allem durch die Geschichte und die vorhandenen zahlreichen Denkmäler dieser Periode [sc. der „heidnischen Vorzeit"] vorzugsweise geeignet erscheine."[108] Die Zuständigkeit des *Germanischen Museums* wurde auf die „Kunst- und Gewerbethätigkeit des Mittelalters" festgelegt: „Die Pergamentverkaufslustigen" sollten „insonders an das germanische Museum gewiesen werden."[109] Die erhoffte finanzielle staatliche Unterstützung für das *Römisch-germanischen Centralmuseum* blieb jedoch aus, so daß Aufseß Ludwig Lindenschmit 1855 das Angebot machte, am *Germanischen Nationalmuseum* die feste Stelle eines Direktors der Kunst- und Altertumssammlungen zu bekleiden und also die Mainzer mit der Nürnberger Sammlung zu vereinen: „Nicht ich bin es, der Dich ruft, sondern das deutsche Vaterland, dieses wird Dir Dank wissen und reich genug sein, Dein Opfer zu ersetzen."[110] Dies hätte freilich die Autonomie des Mainzer Museums in Frage gestellt und Lindenschmit lehnte ab. Die Konkurrenz zwischen den beiden „Nationalanstalten" und ihren Kompetenzen, was die Altertümer der „heidnischen Vorzeit" anging, lag auf der Hand.

Der Name des Nürnberger Museums war Programm. Mit dem „deutschen Urvolk" wurde der „Volksgeist", den die Sammlungen des Museums spiegeln sollten, plakativ und publikumswirksam nach außen gekehrt. Gleichzeitig wurde Bezug genommen auf die Germanistenversammlungen von 1846 und 1847, die sich gegenüber Aufseß' Museumsplänen so sehr zurückgehalten hatten. Wenn Jacob Grimm auf der Frankfurter Versammlung die Bezeichnung „Germanist" für einen Geschichts-, Sprach- oder Rechtsforscher „der sich deutscher Wissenschaft ergibt", populär gemacht hatte,[111] so konnte ein *Germanisches Museum* beanspruchen, öffentliche Quellensammlung und Bildungsanstalt dieser nationalen „deutschen Wissenschaft" zu sein. ‚Deutsch' hätte von staatlicher Seite im Zweifelsfall allzu leicht nationalistisch interpretiert werden und das Museumsprojekt politisch kompromittieren können. So hatte Aufseß nach seinem Dresdner Aufenhalt im Oktober 1852 König Maximilian II. von Bayern (1811–1864) die erfolgte Gründung des *Germanischen*

[108] Zit. nach Böhner 1979, 198.
[109] Hektor 1862, 12–13.
[110] Zit. nach Böhner 1979, 199.
[111] *Verhandlungen* 1847, 104.

Museums angezeigt und sogleich mit dem Hinweis legitimiert, die Versammlung hätte ihm Gelegenheit gegeben, „dem dort repräsentirten deutschen gelehrten Publikum meine Vorschläge zur Errichtung eines deutschen Nationalmuseums, von mir absichtlich germanisches Museum genannt, zu machen."[112] Das Präfix *National-* erschien zwar 1854 im Titel des ersten *Jahresbericht* des Museums, wurde jedoch noch einige Jahre lang nicht konsequent verwendet.[113] 1855 zeigte man sich erfreut über gespendete Altertümer aus der Schweiz und den Niederlanden: „Ist ja das Museum kein blos deutsches, sondern ein germanisches, zu dessen Förderung alle germanischen Stämme eingeladen und berufen sind."[114] *Germanisch* meinte ‚deutsch' in einem zeitlich und räumlich allumfassenden Sinn. Als historisch wie gesellschaftlich überdehnbarer Begriff, mit dem sich Gelehrte unterschiedlicher Herkunft, politischer Couleur und Standeszugehörigkeit zu identifizieren vermochten, war *germanisch* ein sprachliches Instrument nationaler Integration.[115] In einem egalitären germanischen „Urvolk" konnten sich auch die bürgerlich-liberalen Zielgruppen wiederfinden,[116] denen die reichspatriotisch-romantische Rückwendung zu einem „deutschen Mittelalter" allzu sehr nach altständischer Reaktion riechen mochte. So heißt es noch 1856 in der *Deutschen Viertel Jahrsschrift* zur Reorganisation des deutschen Adels: „Steigt da nicht wahrhaftig das Gespenst des ‚saatenzertretenden', ‚bauernschindenden' Ritters von den Burgtrümmern nieder und setzt sich als unheimlicher Gast an den Tisch der Gegenwart? [...] Den Liberalen von heute schaudert die Haut, wenn sie an die gesellschaftlichen Zustände des Mittelalters [...] zurückdenken."[117]

Seit 1853 war das *Germanische Museum* in Nürnberg für die Öffentlichkeit zugänglich. Die Sammlungen für Kunst und Altertum waren im Tiergärtnertortum, die für Literatur und Kunst im Topler-Haus am Paniersberg ausgestellt.[118] Der ostfriesische Volksdichter Enno Hektor (1820–1874), späterer Bibliothekar und erster Sekretär des Museums, meinte dazu 1863 in der Festschrift zum zehnjährigen Bestehen:[119]

---

[112] Burian 1978, 132.
[113] *Jahresbericht GNM* 1854, 3.
[114] von Aufseß et al. 1855.
[115] Gollwitzer (1971, 283) stellt fest, *germanisch* sei häufig eine überhöhende und auf Bildungsprätentionen abhebende Floskel anstelle von *deutsch*. Zur Semantik des Museumsnamens ausf. Burian 1978, 132–138.
[116] Vgl. hierzu Gollwitzer 1971, 286.
[117] *Moderner Adelsbegriff*, 319, 327.
[118] von Eye 1853.
[119] Hektor 1862, 19.

Ueberhaupt stellte das germanische Museum in seiner anfänglichen räumlichen Zerrissenheit kein übles Bild der politischen Lage Deutschlands dar, und es kostete kaum weniger Kämpfe, für seine zerrissenen und zerstreuten Theile einen sichern, geräumigen, einheitlichen Aufbewahrungsort zu erobern, als es noch kostet, für die vielen Häupter des deutschen Volkes den einen rechten Hut zu finden.

Durch die Anerkennung als öffentliche „Anstalt zum Zwecke wissenschaftlicher Forschung und Bildung" im Februar 1853 durch das bayerische Ministerium des Innern für Kirchen- und Schulangelegenheiten erhielt das Museum den Status einer juristischen Person und öffentlich-rechtlichen Einrichtung.[120] Nach Erhalt der gedruckten *Denkschrift für die hohen deutschen Staatsregierungen das germanische Museum zu Nürnberg betreffend* sprach sich die Bundesversammlung 1853 in Frankfurt zwar dafür aus, das „germanische Museum zu Nürnberg, als ein für die vaterländische Geschichte wichtiges nationales Unternehmen, der schützenden Theilnahme und wohlwollenden Unterstützung den höchsten und hohen Regierungen zu empfehlen [...]." [Hervorhebung original].[121] Die erhoffte Anerkennung des *Germanischen Museum* als „Nationalstiftung und Centralanstalt" des Bundes blieb jedoch aus. Eine Finanzierung wurde nicht in Aussicht gestellt. Ausschlaggebend für das Lippenbekenntnis war das bayerische Votum gewesen. Maximilian II. hatte den bayerischen Gesandten vor der entscheidenden Sitzung des Bundestags instruieren lassen, die bayerische Befürwortung von Aufseß' Gesuch sei kein Zugeständnis an den Deutschen Bund bezüglich der Teilhabe an „Mir ausschließlich zustehenden landeshoheitsrechtlichen Aufsichts- und Verfügungsrechten bey dieser Stiftung [...]. Das Unternehmen darf keine Bundessache werden." Und weiter in aller Deutlichkeit: „Eine bayerische, keine deutsche Nationalanstalt hat dieses Museum zu seyn und zu bleiben."[122] Gegen diesen partikularstaatlichen Souveränitätsanspruch ließ sich eine gesamtnationale Unterstützung des *Germanischen Museums* nicht verwirklichen. Aufseß' Versuch, das *Germanische Museum* als Nationalanstalt vom Deutschen Bund nicht nur anerkennen, sondern auch finanzieren zu lassen, war gescheitert. Die Skepsis des alten Laßberg hatte sich als berechtigt erwiesen.

Als 1857/58 die Sammlungen im ehemaligen Nürnberger Kartäuserkloster vereinigt werden konnten, hatte längst die Aufbauphase des *Germanischen Nationalmuseums* begonnen. Für Aufseß gab es in Bezug auf Akzeptanz und

---

[120] Burian 1978, 153.
[121] *Jahresbericht GNM* 1854, 4; vgl. *Denkschrift* 1853, vgl. von Andrian-Werburg 2002, 11f.
[122] Zit. nach Burian 1978, 156–157.

Finanzierung der „Nationalanstalt“ allerdings kaum weniger Hindernisse zu überwinden, als vor der Museumsgründung.

VI.

> Auch in dem Hause des Freiherrn v. Aufseß, wo wir die Anfänge des Germanischen Museums in Augenschein nahmen, fand ich in der Physiognomie der Familienglieder etwas, das an das Mittelalter erinnert.[123]
>
> König Johann I. von Sachsen, 1853

Die beiden von Aufseß initiierten wissenschaftlichen Einrichtungen, sowohl der *Anzeiger* als auch die *Gesellschaft* und ihre Sammlung, waren mit ihrem gesamtdeutschen Anspruch programmatische und institutionelle Vorläufer des erst 1852 gegründeten *Germanischen Nationalmuseums*. Der Austausch über die Geschichte der Nation hatte 1832/33 öffentlich in der Altertümersammlung der *Gesellschaft* stattgefunden, nicht nur unter ausgewählten Gelehrten oder in einer beschränkt zugänglichen Privatsammlung. Waren die Naturalienkabinette und Wunderkammern der frühen Neuzeit ein vorwiegend naturhistorisch bestückter belehrender Spiegel der Welt für einen ausgewählten Personenkreis gewesen, so wurde die Ausstellung historischer Artefakte aller Art im 19. Jahrhundert gewissermaßen zum öffentlichen „Erinnerungsraum“ für das Wissen um die Nationalgeschichte[124] – ein Charakterspiegel von Volk und Nation, ganz im Sinne der Volksgeistlehre Johann Gottfried Herders.

Die Vorgeschichte des *Germanischen Nationalmuseums* ist mit dem adligen „Herkommen“ des Hans von Aufseß und der bayerischen Staatsbildung untrennbar verbunden. Obwohl erst 1801 geboren, formte sich Aufseß’ Geschichtsbewußtsein im traditionalistischen Rückblick auf das Alte Reich aus: das reichsritterliche Familienkollektiv prägte das Gedächtnis des jungen Adligen.[125] Nicht generationell, wohl aber von seinem „Herkommen“ ist Aufseß ein Traditionsträger. Der Privilegienverlust des alten fränkischen Reichsadels seit der Mediatisation und die komplizierten rechtlichen Konsequenzen zwangen Aufseß schon in jungen Jahren, die Interessen seiner Familie gegenüber dem modernen Verwaltungsstaat wahrzunehmen. Das Lehenswesen hielt Aufseß dabei für nicht mehr zeitgemäß, und er anerkannte die Notwen-

---

123 Zit. nach Kretzschmar 1958, 268.
124 Crane 1999, 187.
125 Vgl. Assmann 1997, 36.

digkeit von Reformen. Seine rechts- und familiengeschichtliche Forschung war auch praktisch motiviert.

Die Zeit nach der Französischen Revolution bedeutete ein mehr oder weniger abruptes Ende gesellschaftlicher, politischer und kultureller Kontinuität. Regionale Identitäten und Loyalitätsbindungen, Artefakte, Lebensstile oder Glaubensinhalte lösten sich auf, wurden weggeworfen oder umgestürzt. Das „kulturelle Erbe" der Nation wurde *nach* diesen Umbrüchen definiert. Die Kluft zwischen Traditionsverlust und Wiederentdeckung, zwischen Vergangenheit und Gegenwart war zwar zeitlich nur sehr schmal, reichte aber umso tiefer. Das Sammeln von nutzlos gewordenen Artefakten (von „materieller Kultur") und schriftlicher Überlieferung, der Rekurs auf abgeschaffte politische und religiöse Inhalte und die Ausbildung eines neuen historischen Bewußtseins sind zunächst konservative Reaktionen auf eine Umbruchserfahrung. Artefakte werden in Sammlungen zu Zeichenträgern, die eine nationale Sinnstiftung zulassen und zur Identitätssicherung der Nation (so unterschiedlich die Vorstellungen der Gelehrten darüber auch waren) einsetzbar sind.[126] Krzysztof Pomian meint, ein Museum schaffe einen sozialen Konsens über das „Unsichtbare", über die Bedeutung von Gegenständen und legitimiere die Personen, die solche Gegenstände sammelten und erforschten. Der sakrale Charakter kirchlicher Kunstgegenstände beispielsweise werde im Museum abgelöst durch ein „neues Unsichtbares". Der „neue Kult" sei die Nation, die sich und ihre Vergangenheit im Museum selbst feiere, über die eine Gesellschaft im Museum kommunizieren könne. Museen machten die Nation in ihren Exponaten „sichtbar".[127] Das moderne Konstrukt der Nation wurde von Intellektuellen nicht frei „erfunden", sondern überwiegend aus den verstreuten Bruchstücken historischer Tradition zusammengesetzt. Aufseß gelang, was Hans-Ulrich Wehler eine „traditionsnahe Konstruktionsleistung" genannt hat.[128] Im *Germanischen Museum* wurde die „altdeutsche" vornehmlich mittelalterliche Tradition, die passenden materiellen und schriftlichen Überreste aus den Trümmern des Alten Reichs zum „kulturellen Erbe" erhoben. Auf diese Weise konnte über die sozialen und politischen Bruchfelder der Zeit nach 1800 eine Brücke nationalgeschichtlicher Kontinuität geschlagen werden. Die persönliche Begeisterung für die „vaterländische Geschichte" trug indessen fast obsessive Züge, und Aufseß bezog sie viel weniger aus einem durch die „Befreiungskriege" „allgemein gehobenen Nationalbewußt-

---

[126] Pomian 1990, 62; Crane 2000.
[127] Pomian 1988, 69f.
[128] Wehler 2001, 37ff.

sein", auf das sich die Altertumsvereine allenthalben beriefen, als aus seinem adligen Herkommen und einer altständischen Selbstvergewisserung.

Am Leben und Wirken Hans von Aufseß' läßt sich zeigen, daß die „vaterländische Altertumskunde" nicht allein als intellektuell-nationalistische Reaktion auf die französische Hegemonie und die „Befreiungskriege" zu erklären ist, sondern auf vielfältige Traditionsverluste und Modernisierungskrisen im Inneren Deutschlands seit der Französischen Revolution zurückgeht. Das Sammeln „vaterländischer Altertümer" und ihre öffentliche Ausstellung war eine Erinnerungspraxis, mit der Aufseß einen allgemeinnützigen klassenübergreifenden Beitrag zur bürgerlichen Nationalpädagogik leisten wollte, der letztendlich auch der angefochtenen Identität seines Standes zugute kommen würde. Die Geschichte des Adels und seiner Verdienste um das Reich waren für Aufseß Teil einer „neuen" bürgerlichen Nationalgeschichte. Der Nationalismus eröffnete dem jungen Freiherrn, der seine familiären mittelalterlichen Ursprünge in die nationale Tradition einflocht, eine Perspektive. „Die traditionsschwere Bindung [solcher Adligen] an das Reich", so schrieb Hanns Hubert Hofmann, „bewirkte hier sehr oft eine Zuwendung zu jenen Kräften, die im tiefsten Sinne des Freiherrn vom Stein *die Nation* bedeuteten, an die von der Romantik genährten völkischen [!] Gedanken deutscher Einheit und Freiheit".[129] Einem Kommilitonen aus dem Herzogtum Sachsen-Meiningen hatte Aufseß ins Stammbuch geschrieben: „Wir sind alle Teutsche, Sachsen oder Baiern, aber nur derjenige ist seines Stammes würdig, welcher teutsch denkt und handelt."[130] Die Wunschvorstellung deutscher Einheit war nicht gleichbedeutend mit der Forderung nach einem deutschen Nationalstaat. Das Frontispiz des ersten *Anzeiger* hatte die deutschen Bundesstaaten von 1815 in der Tradition des Alten Reichs als Bildprogramm und kann damit als Bewußtseinszeugnis eines „‚föderativen Nationalismus' als Erbe der deutschen Reichsnation" (Dieter Langewiesche) gelten. Der gesamtdeutsche Anspruch, den Aufseß der *Gesellschaft* und ihrem Museum unterlegen wollte, durfte die Souveränität der deutschen Bundesstaaten historisch nicht in Frage stellen, denn ohne staatliche Unterstützung wäre das Museum nicht lebensfähig gewesen. Der Herausgeber des *Anzeiger* bekannte ein „föderatives Nationalbewußtsein",[131] weil er seine Pläne nicht mit der historischen Legitimation eines zentralisierenden einheitlichen deutschen Nationalstaats verwechselt

129 Hofmann 1962, 409.

130 Zit. nach Leupold 1987, 198; zur partikularistischen Gleichsetzung deutscher „Stämme" und „Staaten" als sub-nationale Gruppen Green (2001, 270ff.).

131 Langewiesche 2000, 55ff., 84; ders. 2001, 55f.

wissen wollte. Gerade mit den liberalen Idealen von Einheit und Freiheit konnte der universale Anspruch, eine enzyklopädische Zusammenschau von Altertümern aller deutschsprachigen Länder als kulturelles Erbe der „Volksnation" zu bieten, von seiten der auf ihre Souveränität bedachten deutschen Bundesstaaten nur allzu leicht gleichgesetzt werden. Der staatliche Partikularismus der Restaurationszeit jedenfalls erwies sich als wirkungsvolles Hemmnis für Aufseß' Pläne eines gesamtdeutschen Geschichtsvereins und Museums. Volker Sellin hat die Auseinandersetzung zwischen deutscher Nationalbewegung und dem Partikularismus einen „Kampf um die maßgebende Erinnerung" genannt.[132] Auch die prospektive „nationale Identität", die bei Aufseß mit einer staatsloyalen Haltung verbunden war, konkurrierte ganz offensichtlich mit anderen partikularstaatlichen, regionalen, auch konfessionellen Interessen an der Verwaltung „nationalen Erbes". Aufseß' Persönlichkeit und seine hochfliegenden Projekte werden zu einem zweispältigen Eindruck auf die Zeitgenossen beigetragen haben.

Der Konflikt zwischen Aufseß und dem aufgeklärten neunobilitierten Bürokraten Karl Heinrich Ritter von Lang lag offenbar im Gegensatz von Traditionalität und Modernität[133] begründet. Für Lang, den ehemaligen bayerischen Verwaltungsbeamten der Ära Montgelas, stellte die „vaterländische Altertumskunde", ihre Organisation und Institutionalisierung in Geschichtsvereinen und Sammlungen nach Landkreisen zunächst ein modernes staatliches Integrationsinstrument für die neubayerischen Gebiete, wie etwa Franken, dar. Was Aufseß in der Museumsgründung 1852 letztlich gelang und was im Namen „Germanisches Museum", später „Germanisches Nationalmuseum" programmatisch Ausdruck fand, war eine erfolgreiche „ethnozentrische Bündelung" von Regional- und Partikularbewußtsein,[134] im Spannungsfeld zwischen bestehender föderativer Nation und dem liberalen Leitbild eines geeinigten freien Nationalstaats.

Indem Aufseß adlige Familiengeschichte zu Nationalgeschichte „umschrieb", warb er noch 1855 unter seinen Standesgenossen um Unterstützung für das *Germanische Nationalmuseum*. Angesichts der bürgerlichen Nationalgeschichtsschreibung – hier beruft sich Aufseß auf den Partikularismus-Kritiker Wilhelm Heinrich Riehl (1823–1897) – stehe der Adel in der Pflicht, eine Institution zu fördern, die letztlich auch seiner geschichtlichen Legitimation, der Erinnerung seines „Herkommens" in der Gegenwart diene (Quel-

---

[132] Sellin 1988, 243.
[133] Vgl. Langewiesche 1989, 448.
[134] Kaschuba 1993, 65.

lenanhang, Nr. 5).[135] In der bürgerlichen Nationalgeschichte vereinigte sich die Geschichte des Volks mit der Geschichte des Adels zur Kulturgeschichte.

Auch wenn Aufseß dem radikalen Ideal eines einigen und freien deutschen Nationalstaates nur wenig abgewinnen konnte, bezog er es mit in sein politisches Kalkül ein. Für seinen im adligen „Herkommen“ wurzelnden föderativen Nationalismus war die „alte deutsche Libertät“ zuerst die Freiheit der Herrschaftsstände unter der Oberherrschaft des Reiches. Das „deutsche“ oder „germanische Volk“ als „Kulturnation“ war jedoch eine akzeptable Alternative, die territoriale Identitäten und aufgelöste alte Loyalitätsbindungen überwölbte[136] und mit der sich eine gebildete Elite aus Adel und Bürgertum, die auch als finanzielle Trägerschicht für das Museum wichtig war, identifizieren konnte. Aufseß sammelte und polierte seine Scherben des Alten Reichs, um sie zu einem Spiegel von Volk und Nation neu zusammenzusetzen. Herkommen und Erinnerung des Adels wurden dem Museum als ein Teil des „kulturellen Gedächtnisses“ der Nation einverleibt.

---

[135] Vgl. Crane 2000, 96. Zum Adelsreformer Aufseß vgl. von Drechsel 1912, 53–55.
[136] Vgl. Reinhard 2002, 340.

Quellenanhang

1) Hans von Aufseß an Kronprinz Maximilian (München, 12. Juni 1831). Bayerisches Hauptstaatsarchiv, München, Geheimes Hausarchiv, Kabinettsakten König Maximilians II. 349 a-2.

Durchlauchtigster Kronprinz,
Gnädigster Herr!

Euer Königliche Hoheit mögen gnädigst entschuldigen, daß ein Unbekannter es wagt, an Sie zu schreiben. Doch eine Sache, die so viel ich weiß, auch Euer Königliche Hoheit von Werth ist, giebt mir hiezu Veranlaßung, besondern Muth aber der Rath meines theuren Freundes Pocci.<137>

Der innere Zustand unseres deutschen Vaterlandes ist leider in mancher Beziehung ein höchst trauriger, der, nach meinem Dafürhalten, nur durch treues Zusammenwirken derjenigen Männer, die auf historischem Boden stehend, noch nicht in Abwege eines sogenannten und falsch verstandenen Zeitgeistes gekommen sind, vielleicht dereinst mit Gottes Hülfe verbessert werden könnte. Weit entfernt, geheime Congregationen von Adelichen, Geistlichen oder wer sie auch seÿen, in Schutz zu nehmen, halte ich dafür, daß die moralische und geistige Macht Deutschlands, in so fern sie noch deutsch und christlich ist, sich vereinigen solle zu festem Bunde wider das Fremde und Unchristliche, welche Deutschland schon seit langer Zeit zu keiner Blüthe und Kraft in sich selbst kommen ließ. Es scheint mir daher richtig, die Bestandtheile jener moralischen Kraft Deutschlands kennen zu lernen und zugleich zu vereinigen in ein großes Ganze[s], wodurch nur allein der Sieg im Kampfe mit dem falsch verstandenen Zeitgeiste, der ohne auf Recht, Religion und Wahrheit Rücksicht zu nehmen, nur sich gelten laßen will, möglich wird. Gewiß sehnt sich ein jeder, der allein steht unter dem schreienden Haufen der modernen Zeitgeistmänner, nach Vereinigung mit Gleichgesinnten, nicht um in Trotz und Haß eine Gegenparthei zu bilden, sondern um dasjenige was noch etwa Gutes Vaterländisches übrig geblieben ist, retten und sichern zu helfen, in gegenseitiger Aneiferung, Muth und Ausdauer zu gewinnen. Einen geistigen Sammelplaz auszufinden, auf dem sich alle für deutsche Sitte und Art empfängliche Männer einfänden und mitbrächten was sie aus Trümmern eines nun untergegangenen Volkslebens retteten, war längst mein Suchen und Streben; und ich glaube ihn in einem Zeitblatte zu finden, worin sich alle jene Männer begegnen und alle Nachrichten über die noch vorhandenen Denkmäler alter Zeiten niedergelegt werden können. Euere königliche Hoheit näher damit bekannt zu machen, halte ich für meine besondere Pflicht, indem ein solches Unternehmen zwar frei von äussern Zwang, doch geschüzt durch äussere Macht am sichersten gedeihen kann.

Ein monatlich erscheinender Drukbogen soll fortlaufend folgende Uebersichten in möglichster Kürtze geben:

1., über die neuesten Literatur und Kunstgegenstände, die in irgend einer Beziehung mit der Kunde des deutschen Mittelalters stehen,

2., Quellen und Literatur in gedrängter Zusammenstellung über einzelne Zweige der Kunde des Mittelalters, über merkwürdige Begebenheiten, Personen und Dinge,

3., Uebersicht über die sämmtlichen einzeln oder in Sammlungen vorhandenen Kunst- Alterthums- und Literaturschätze, Baudenkmäler, Grabsteine vorzüglich mit eingeschloßen,

---

137 Franz Graf von Pocci (1807–1876), Mitbegründer der *Gesellschaft für Deutsche Alterthumskunde von den Drei Schilden* in München (Oktober 1831), vgl. Schmitz 1986b.

4., Uebersicht derjenigen Männer, die sich gegenwärtig auf irgend eine Weise und Art um die Kunde und Kunst des deutschen Mittelalters bemühen, mit Angabe ihrer Bestrebungen,
5., Inhaltsübersichten aus interessanten alten und seltenen Werken, Urkunden, Kunstschätzen, auch neuen kostbaren Werken,
6., kurtze Anfragen, Wünsche, Aufläße, Bekanntmachungen, Rügen besonders über Zerstörungen u. s. w.
Alle 12 Monate schliesen 12 Bogen ein Heft, wozu ein schön gezeichnetes Titelblatt nebst Register über Inhalt geliefert werden soll. Um möglichst große Verbreitung zu begründen, soll der Preiß eines Jahresheftes nur auf 1 f. 12. x. für Subscribenten seÿn.
In der angenehmen Hoffnung Euere königliche Hoheit werden dieses Unternehmen mit hohem Beifall beglücken, habe ich die Ehre verehrungsvollst mich zu nennen

Euer Königlicher Hoheit

unterthänigster Diener
Hans Freyherr v. u. z. Aufseß.

München am 12 Juny 1831.

2) Hans von Aufseß an Ludwig Uhland (Aufseß, 17. Juli 1831). Schiller-Nationalmuseum/Deutsches Literaturarchiv, Marbach am Neckar, 46770.

Verehrtester Herr!

Vielleicht ist mein Namen noch nicht ganz aus Ihrem Gedächtniße gewichen, und Sie entsinnen sich vielleicht noch der für mich so angenehmen Stunden, welche ich zu Stuttgart vor einigen Jahren, als ich daselbst die deutschen Manuscripte der beiden Bibliotheken und des Archivs durchsah, bei Ihnen zubringen konnte. Manches hat sich unterdessen verändert, nur ist bei mir die Liebe zu unserer vaterländischen Geschichte und Kunst unveränderlich geblieben, der ich auch so viel Muße als möglich opferte, und die mich auch zu einem Unternehmen[138] führte, dessen Näheres Sie aus beigelegter gedrukter Ankündigung entnehmen mögen. Nach meine Ueberzeugung ist ein treues Zusammenwirken aller Gleichgesinnten und aller Liebhaber der deutschen Geschichte und Kunst unumgänglich nothwendig, wenn etwas Großes und Allseitiges in dieser Beziehung zu Stande kommen soll, was uns und unseren Nachkommen ein wahres Bild der Vorzeit und zugleich einen Spiegel der Gegenwart geben soll. Ihnen viele Worte darüber zu machen, wäre gewiß überflüßig, nur die bescheidene Bitte erlauben Sie mir noch, mein Unternehmen als ein allgemeines Unternehmen betrachtend, bestmöglich unterstützen zu wollen aus Ihrer reichen Schatzkammer deutscher Kunst und Geschichte. Gleiche Bitte möchte ich auch an Herrn Hofrath Eichhorn,[139] der in Ihrer Nähe wohnt, den ich aber leider nicht die Ehre habe persönlich zu kennen, stellen, so wie an alle in Tübingen und der Umgegend wohnende Gelehrte und Liebhaber deutscher Vorzeit, und so bitte ich eben auch in so fern das Unternehmen von mir fördern zu wollen, daß durch Sie etwa diese mir unbekannten Herrn zur Theilnahme aufgefordert würden. In München, Nürnberg u. andern Orten haben sich bereits viele sehr ehrenwerthe Namen unterzeichnet, auch interessiert sich

---

138 Gemeint ist der *Anzeiger*.

139 Karl Friedrich Eichhorn (1781–1854), „Vater der deutschen Rechtsgeschichte“, lebte 1829 in Ammern bei Tübingen, bevor er 1831 geheimer Legationsrat im Ministerium des Auswärtigen in Berlin wurde, vgl. NDB 4, 378.

der König persönlich dafür, so daß die Sache wenigstens vor der Hand eine gewiße Garantie hat. Da mein Streben aber dahin geht, von Nord bis Süd, von Ost bis West des deutschen Vaterlandes allgemeine Theilnahme zu finden, ja bis tief in die Schweiz hinein (wo ich hauptsächlich Herrn v. Lassberg unsern biedern Freunde zähle); so genügt mir dieser Anfang bei weitem noch nicht. Gewiß ich zähle auch auf Sie und zwar in Schwaben hauptsächlich nur fast allein auf Sie und Ihre Ausbreitung; denn ich glaube mit Recht auf Sie zählen zu dürfen, wo es die Ehre unserer deutschen Kunst und Geschichte, unserer untergegangenen aber unvergeßlichen deutschen Sitte und deutschen Rechtes gilt. Damit Gott befohlen! in wahrer Hochachtung

Ihr

treu ergebener
Hans v Aufsess

Aufsess bei Bamberg d. 17. July 1831.

3) Hans von Aufseß an Joseph von Laßberg (Aufseß, 8. August 1831). GNM, Autographen K. 50 (Hans von Aufseß).

<*Eingangsvermerk:*> erhalten am 16 August 1831

Aufsess am 8. Aug. 1831.

Hochwohlgeborner Freyherr!

Mit inniger Freude erfüllte mich Ihr mit leztem Postwagen eingelaufener lieber und wahrhaft schäzbarer Brief nebst der reichen und schönen Gabe, dem II. Theil Ihres Liedersaals,<*140*> wofür ich nicht genug danken kann. Hat der I. Theil mir und meinen Freunden so manche vergnügte Stunde gemacht, so wird dieses auch vom II. Theil zu erwarten seÿn. Also meinen herzlichsten Dank hiefür! Edler Freÿherr und Genoße! Schon bevor ich den Umschlag abnahm, ergözte ich mich an dem Siegel, um so mehr, als ich fast glauben darf, mein Siegel habe hier zum Muster gedient, was für dasselbe viele Ehre ist. An unserer Vorältern Siegeln gefällt mir nicht nur die einfache, schöne Form, sondern auch die Umschrift, welche jedermann sogleich den ehrlichen Namen des Inhabers ohne alle Zuthat, so wie er ihm angeboren ist, nennt. Das ist gleichsam der offene Helm eines Ritters, der sich nie scheuet, sein Antliz vor der Welt zu zeigen. Ob ich gleich nie zweifelte, daß mein Unternehmen „der Anzeiger" bei Ihnen, dem die Kunst und Geschichte des Vaterlandes heilig ist, finde eine thätige Theilnahme, so war mir doch die so warm und kräftig ausgesprochene Gewißheit eine recht angenehme Sache. Für Pflicht halte ich es, nicht nur die Drukkosten eines Extrabogens jährlich auf meine Person zu nehmen, welche auf circa 14–15 fl. kommen, sondern auch Sie, verehrter Herr und Freund, beim Wort zu nehmen, und von Ihnen und Ihren wohlwollenden Freunden so viel als nur immer möglich Extrabogen für dieses gemeinnützige Unternehmen anzunehmen, wofür auch der Dank der Welt und Nachwelt nicht ausbleiben kann und gewiß viel, ja sehr viel für die deutsche Sache geholfen ist. Theils die hohen Preiße, theils die Einseitigkeit der bisherigen Zeitschriften der Art haben das allgemeine Interesse der gesammten Freunde deutscher Kunst u. Geschichte von bisherigen Unternehmungen abgelenkt. Mir ist es nun hauptsächlich darum zu thun, alle Geschichts- u. Kunstfreunde in eine große Einigung zu bringen, die Sache so zu

---

140 Joseph von Laßberg, *Lieder-Saal, das ist: Sammelung altteutscher Gedichte, aus ungedrukten Quellen, 2. Theil* (o. O. [Konstanz] 1822).

stellen, daß jeder, wer er auch seÿ, Theil daran nehmen, u. Beiträge liefern kann. Die Ausgabe von 1 f. 12 x. kann sich jeder Landpfarrer, jeder Beamter, Künstler und Gelehrter, wenn er auch arm ist, machen. Anzeigen liefern kann wieder jeder, wenn er auch in Kenntnißen, in Zeit oder sonst noch so beschränkt seÿn sollte. Auf diese Weise kann ich voraus sehen, daß ein sehr großes Publicum gewonnen wird, wenn ich gleich nur, der Sicherheit wegen, auf ein kleines rechnete. Die Absicht meines Anzeigers ist 1., wie gesagt, alle Kunst u. Geschichtsfreunde in eine große Einigung zu bringen, 2., alle Kunst- und Geschichtsdenkmäler Deutschlands in ein großes Repertorium zur Kenntniß aller dieser Männer zu bringen, welche davon Gebrauch machen können u. wollen. Eine dritte Absicht, welche ich noch im Verborgenen hege ist, – im strengsten Vertrauen gesagt – diese:

> eine deutsche Gesellschaft für Beförderung der Kunst und Geschichte des Mittelalters zu stiften, welche jährlich einmal zusammenkommt, und ihren bestimmten bleibenden Versammlungssaal in einer großen alten Stadt (Cöln, Regensburg, Nürnberg, oder eine andere) wählt, wo ein Museum der deutschen Kunst u. Geschichte des Mittelalters errichtet wird. Dieses Museum würde alle Zweige deutscher Kunst u. Geschichtsdenkmäler in sich vereinigen, u. aus freien Beiträgen unterhalten u. errichtet werden. Es stünde unter dem Schutz des deutschen Bundes. Hier würden z. B. von allen ungedrukten deutschen Gedichten die besten Abschriften (neu gemachte), von allen Gebäuden die besten Abzeichnungen u. Vermessungen, eben so von Grabsteinen, Abschriften von Urkunden aller Archive x. niedergelegt. Alle Buchhandlungen und Kunsthandlungen würden ersucht ihre Werke, welche einpassen, dahin gratis zu geben, und gewiß würde bald durch Stiftungen eine reiche Bibliothek auch von ältern Schriften zusammen kommen. Was halten Sie davon? Um Ihre Ansicht, als ältern gereifteren Mann, bitte ich Sie.

Zwar besteht eine sehr achtbare Gesellschaft zur Beförderung der Herausgabe deutscher Geschichtsquellen;*<141>* doch glaube ich dieser nicht zu nahe zu treten. Vielleicht könnte sich eine Vereinigung beider machen. Durch eine so respektable Einigung (ähnlich der Gesellschaft der Aerzte u. Naturforscher) würden auch die Schwachen mit gehoben und es würde nicht nur die Kunst und Geschichte des Vaterlandes wissenschaftlich unendlich gewinnen, sondern auch sich ein Stamm bilden, der für alle spätern Einflüße stark genug wäre, kräftig da zu stehen und Deutschlands Ehre vor fremder Schmach zu schützen. Könnte nicht mit der Zeit der noch so enge Kreis wahrer Kenner und Verehrer deutscher Kunst, sich über das ganze Deutschland ausdehnen? Könnte man nicht wieder deutsch schreiben, dichten, singen, mahlen, bauen und denken und handeln?

Um auf meinen Anzeiger zurük zu kommen, erlaube ich mir zur Beantwortung Ihres Schreibens zu entgegnen.

1., der Buchhändler wird wohl schwerlich viel gewinnen, denn Druk und Papier kommen ihm, gering gerechnet, bei 500 Exemplaren p Bogen auf 15 fl., indem das Papier sehr schön und groß (weit größer als das Format der Ankündigung) ist, der Druk sehr gedrängt und schön seÿn wird. Dazu kommt noch ein vielleicht Bogen starkes Register bei jedem Hefte, so wie ein äusserst schön von sehr guten Künstlern gezeichnetes Titelblatt. Wenn der Buchhändler gleich kein Honorar zahlt, so hat er doch bedeutende Porto Auslagen, da alle Einsendungen unfrankirt kommen. Zum besten des Unternehmens habe ich jedoch mit dem Verleger ausgemacht, daß die Hälfte des Profits über 350 Exemplare, den er auf 1/3 der eingehenden Zahlungen der Abnehmer berechnet, mir d. h. dem Unternehmen zu gut kommen solle. Davon werde ich Beilagen drucken laßen, und mache mich, wie schon gesagt, zu 1 Extrabogen jeden Falls anheischig, wenn auch kein Ueberschuß da wäre. Kommt viel Ueberschuß ein, so wird unsere Extrazulage nicht mehr nöthig seÿn. Doch zur Begründung wird die von Ihnen

---

141 Die *Gesellschaft für Deutschlands ältere Geschichtskunde* in Frankfurt a. M.

mit so vieler Güte und Eifer angeregte und zugesagte Unterstützung vom größten Nutzen seÿn. Dadurch mehren sich sogleich die Abnehmer u. durch diese Mehrung gewinnt das Ganze, so, daß die Zuschüße selbst dadurch überflüßig werden. <*am Rand: Berechnung des Stückpreises von Laßbergs Hand* >
Anfangs wollte ich den Anzeiger auf eigene Kosten drucken laßen; doch alle welche etwas Erfahrung hatten, riethen mir ab, und behaupteten die Ausbreitung würde weit mehr durch den Buchhändler gefördert. Der Inhaber der Lindauerschen Buchhandlung ist ein sehr braver und thätiger Mann, dem die Sache selbst am Herzen zu liegen scheint. Maßmann in München besorgt die Correctur, so daß auch die Entfernung des Drukorts von hier ohne Nachtheil ist. In München, wo ich persönlich war, wurde mein Unternehmen zu meiner Freude allgemein gut aufgenommen, und es haben sich alle Künstler und Gelehrte, welche davon erfuhren, mit großer Zuvorkommenheit angeschloßen; selbst der König hat sich mit mehreren des Hofes unterzeichnet und seinen Schutz versprochen. [Um] Unterstützung wollte u. konnte ich nicht betteln. Postfreÿheit möchte etwa noch das einzige seÿn, welches ich erbitten könnte, wodurch doch einige Extrabogen gewonnen würden. Wäre an den Großherzog von Baden nicht zu kommen?
2., Die Ursache, weswegen erst mit 1 Januar 1832 der erste Bogen erscheint, liegt lediglich darin, daß mir sehr erfahrene Buchhändler z. B. Cotta gerathen haben, nicht früher anzufangen, damit die Lesegesellschaften mehr Theil daran nähmen, welche ihren Etat immer zu Ende des Jahres machen, auch würden die Meßbestellungen zu Leipzig im Herbst gut einwirken und die Bekanntmachungen mehr Zeit zum circuliren finden. Ausserdem hätte ich am 1 July 1830 den ersten Bogen erscheinen lassen.
3., Der Ladenpreiß wird sich entweder gar nicht oder sehr unbedeutend erhöhen, je nachdem die Hoffnung zur Kostendekung vorhanden ist. Die Bogenzahl eines Heftes ist 12, wie schon die Anzeige ausspricht. Der Bogen hat 8 QuartSeiten, gespalten, gedrängt gedrukt. Ob mit deutschen oder latein. Lettern ist noch ungewiß. Wozu rathen Sie, und welche Gründe haben Sie wohl für die lateinischen, deren Sie sich selbst bedienen?
Auch ich bedauere den Tode des Ministers v. Stein,[142] dessen Tochter Gräfin Giech[143] ich die Ehre habe als meine Nachbarin (in Thurnau) zu kennen. Ist nicht Herr u. Frau v. Hakstausen[144] bei Ihnen? Diese liebenswürdige Dame habe ich schon bei mir, als sie noch Fräulein v. Harf war, gesehen. Vielleicht erinnert sie sich meiner noch. Ihre Schwester Frau v. Rheding ist meine edle Frau Nachbarin und deren Sohn Franz Stauffenberg mein Jugendfreund. Nun sehe ich, daß ich zu viel geschwätzt habe, denn das Papier ist aus, u. ich hätte noch manches zu sagen. Daher auf ein ander Mal mehr, für heute grüßet Sie, edler Herr und Genoße in Treue und Verehrung,

Ihr

ergebener Hans v Aufsess

<*Unterstreichungen: in Rötel vom Empfänger*>

---

[142] Vgl. Anm. 42.

[143] Henriette vom Stein (1796–1855), seit 1825 mit Hermann Graf Giech (1791–1846) verheiratet; vgl. Gollwitzer 1961, 122f.

[144] Werner Moritz Maria Freiherr von Haxthausen (1780–1842), Kunstsammler, ehem. Mitglied der „Kette“ (Schupp 1982); vgl. Kier/Zehnder 1998, 290–319; ferner Harris 1991, 288.

4) Memorandum 1833. GNM-Akten K. 1 Nr. 2, fol. 37r-38r.

Ueber Anlage eines allgemeinen deutschen **Museums** für
Denkmäler der vaterländischen Geschichte, Literatur und Kunst
zu **Nürnberg**

Das Museum der Gesellschaft für Erhaltung der Denkmäler vaterländischer Geschichte, Literatur und Kunst, welches seinen bleibenden Sitz in Nürnberg haben soll, wird in 16. verschiedene Abtheilungen zerfallen:

1., Sammlung alter Handschriften und Incunabeln
2., Sammlung neuer Werke der Literatur
3., Sammlung von Archivalien, Urkunden, Akten
4., Sammlung alter Musikalien
5., Sammlung von Rissen, Karten, Plänen
6., Sammlung von Handzeichnungen
7., Sammlung von Kupferstichen, Holzschnitten
8., Sammlung von Gemälden
9., Sammlung von Bildnereien
10., Sammlung von Bauabbildungen
11., Sammlung von Abbildungen alter Grabmonumente
12., Sammlung von Münzen und Siegeln
13., Sammlung von Heergeräthe, Hausrath und verschiedenen Instrumenten
14., Sammlung alter Porträte und Vorstellungen
15., Sammlung ausgegrabener Alterthümer
16., Sammlung der Ueberreste thierischer Wesen und Pflanzen aus der Vorwelt, Versteinerungen

Für jede einzelne Abtheilung wird ein Ausschuß gewählt werden von 3. bis 4. Personen, jedoch so, daß Eine Person Mitglied mehrerer Ausschüsse zugleich seÿn kann. Die säm[m]tlichen Ausschüsse werden zusammen ein GeneralComité bilden, dem ein aus der Mitte der ganzen Gesellschaft zu wählender Vorstand unter dem Namen „Präsident" vorstehen wird, welchem noch 2. Ausschußmitglieder zum Sekretariat und Kassenwesen beigegeben werden.
Würde die Wahl des Präsidenten ein auswärtiges nicht in Nürnberg wohnendes Mitglied treffen; so ist ein Vice-Präsident für die Funktionen, welche am Ort des Museums vorzunehmen sind, aus den zu Nürnberg wohnenden Migliedern zu wählen. Die Wahlen, welche in Kurzem vorgenommen werden müssen, sollen alle zwei Jahre erneuert werden.
Generalversammlungen werden nur dann gehalten werden, wenn sie der Zweck der Gesellschaft nothwendig erfordert. Doch wird wenigstens jährlich ein Zusammentritt des General-Comités, alle 2. Jahre eine General-Versammlung der ganzen Gesellschaft als erforderlich gehalten.
Da der Zweck wenigstens theilweise mit den Absichten der historischen Kreisvereine in Bayern zusammentrift, so werden diese Vereine gewiß den größten Vortheil aus gegenwärtigem Bestreben schöpfen, da es sich jedes Mitglied zur besonderen Pflicht machen wird, jenen Vereinen von Allem, was für dieselben Interesse haben kann, Notiz zu geben.
Die Gesellschaft erkennt Seiner [!] Majestaet den König Ludwig von Bayern als ihren ersten Urheber, indem von diesem erhabenen Freunde und Beschützer der Künste und Wissenschaften die erste Idee zur Gründung eines solchen deutschen Museums ausging. Die Gesellschaft hegt daher auch die Hoffnung, daß Seiner Majestaet der König von Bayern das Protektorat des Museums zu übernehmen und die Gesellschaftszwecke zu sanktioniren geruhen werden.

Nürnberg den 31ten Januar 1833.

5) Gedrucktes Flugblatt 1855. Universitätsbibliothek Augsburg, 02/IV.14.4.181–4 [Provenienz: Bibliothek Oettingen-Wallerstein, Harburg]

An
meine lieben und verehrten Standesgenossen in allen deutschen Landen.

Nicht nur als I. Vorstand des germanischen National-Museums, sondern noch vielmehr als Glied einer Familie, welche, bis zur Auflösung des deutschen Reiches ihre uralt-angestammte Reichsfreiheit bewahrend, stets für das deutsche Vaterland, für Fürsten und Genossen zu dienen bereit war, und als Einer des deutschen Adels, der selbst seinen Standesgenossen manchen Ritterdienst leistete, glaube ich es wagen zu können, mich vertrauensvoll und mit gewohnter Offenheit an meine verehrten Standesgenossen zu wenden in einer Sache, welche auch sie mit betrifft und deren Gedeihen auch in ihrem Interesse liegt. Indem ich mich auf den hier angefügten „Aufruf" beziehe und denselben näher zu würdige bitte, erlaube ich mir, den Standpunkt, den der deutsche Adel im Allgemeinen zu dieser deutschen Nationalangelegenheit einnehmen dürfte, mit einigen Worten zu bezeichnen.
Wo es sich, wie hier, um Erhaltung, um Kenntniss und um eine Zusammenstellung aller, auch der speziellsten Quellen der Geschichte deutscher Vorzeit handelt, kann wohl kein Stand mehr betheiligt erscheinen, als derjenige, dessen ganze Existenz, dessen politische und Familien-Grundlage in der Vorzeit wurzeln und dessen Würdigung in der bürgerlichen Gesellschaft, abgesehen von Vermögen und persönlichen Eigenschaften, vorzugsweise auf seiner Geschichte und deren Erkenntniss beruht. Könnte ihm auch alles Andere durch Missgunst der Zeiten und der Menschen geraubt werden, diese wird ihm zu jeder Zeit und unter allen Verhältnissen einen Rang und äussere Anerkennung vor allen übrigen Ständen sichern. Sie muss ihm daher als ein hohes, als ein theueres und kostbares Gut gelten. Sehr treffend spricht sich hierüber der so hoch geschätzte, alle Stände in seinem Werk über „die bürgerliche Gesellschaft" (Stuttgart, 1851) mit grosser Unpartheilichkeit und Wahrheit schildernde Dr. *Riehl* aus, wenn er dort S. 165 sagt: „Das Alter der Menschen zählt nach Jahren, das Alter der Geschlechter nach Jahrhunderten, der Völker nach Jahrtausenden, der Menschheit vielleicht nach Hunderttausenden. Und sollte es darum, wo ein ehernes Gesetz der Natur und der Weltgeschichte dieses geheimnissvolle Mass, diese Schranken vorgezeichnet hat, so ganz kindisch sein, das historische Bewusstsein der Geschlechter in einem besonders berufenen Stande wach zu erhalten und in Familienüberlieferungen und Stammbäumen von dem geschichtlichen Berufe und dem Lebensalter der Geschlechter sich selber und Andern Kunde zu bewahren?" Und ich füge zu dieser Frage hinzu: sollte, wenn ein Bürgerlicher diess fühlt, nicht gleiches, ja noch lebendigeres Gefühl für solches in dessen Brust sein, der einem historischen Geschlechte angehört und seinen Namen und seine bevorzugte Existenz den Voreltern zu verdanken hat? Gesetzt auch, sein Geschlecht habe bereits seine Geschichte erlangt, wie diess jedoch nur Wenige sagen können, so muss es ihm gleichwohl darum zu thun sein, dass auch für die übrigen, ja für seinen ganzen Stand die historischen Erinnerungen bewahrt werden.
Und diess ist es, was das germanische National-Museum mit bezweckt, wozu es – wie man sich aus der beigefügten nähern Auseinandersetzung seiner Aufgabe und bereits begonnenen Lösung derselben überzeugen kann – freundlich und uneigennützig jedem unserer Standesgenossen die Hand bietet, aber auch auf wohlwollende Beihülfe für seine schöne und grosse Aufgabe rechnen muss. Indem es sämmtliche Urkunden- und Aktenschätze aller Archive in ein grosses Repertorium, mit Namens- und Ortsverzeichniss versehen, aufnimmt, indem es alle historischen und genealogischen Werke sammelt und die handschriftlichen ebenso wie die Urkunden wenigstens verzeichnet und repertorisirt, indem es alle Monumente, Grabsteine, Siegel und Wappen, wo sie sich auch befinden mögen, in gleicher Weise zusam-

menträgt, ist es allein möglich, die Geschichte des Adels, so wie jedes einzelnen Geschlechtes, sogar jedes bedeutenden Mannes, jeder Burg so vollständig, als eben die Quellen überhaupt es irgend zulassen, kennen zu lernen. Jede Familie kann dadurch ihre eigene Geschichte, sowie die Geschichte ihrer Besitzungen erhalten; denn dem geübten Museumspersonale kann gegen mässige Copialgebühr der Auftrag ertheilt werden, die treffenden Auszüge oder Abschriften, Zeichnungen und Malereien von Wappen, Monumenten, Gebäuden, Portraiten u. s. w. zusammenzutragen, so dass mit der Zeit jede Familie die sie betreffenden historischen und antiquarischen Nachrichten und Abbildungen schön geordnet in einem oder mehreren Bänden als Familienalbum und Urkundenbuch zusammen erhalten kann. Es ist sogar leicht möglich, hieraus gegen angemessenes Honorar durch einen der Historiker des zahlreichen Gelehrtenausschusses des Museums oder der sonst mit ihm in Verbindung stehenden Männer Familienchroniken schreiben zu lassen, was auf anderem Wege nur mit grossen Schwierigkeiten oder gar nicht zu erreichen wäre.

Wenn aber der Adel im Ganzen, wenn die Familien des Adels im Einzelnen solche bedeutenden Vortheile von einer Anstalt erwarten können, welche nur mit grossen Mitteln ihre grosse gemeinnützige Aufgabe zu lösen im Stande ist, für die ich, als der Anfänger und Begründer, im Bewusstsein, eine treffliche vaterländische Sache und die wahren Interessen meines Standes zu unterstützen, die grössten Opfer, deren ich fähig war, nicht scheute, so glaube ich dagegen einige Hoffnung, ja eine Art moralischer Berechtigung auf eine thätige Mitwirkung meiner verehrten Standesgenossen zu haben, denen ich mich jetzt mit Vertrauen nähere. Liegt es schon im Beruf, im Wesen des Adels, für alles Edle und Gute mitzuwirken, wenigstens, so weit es an ihm ist, seine Hülfe, wenn sie erbeten wird, hiezu nicht zu versagen, so wird er, des bin ich gewiss, ein Werk, welches einer seiner Genossen zur Ehre der deutschen Nation, zum Frommen des Adels und seiner Geschlechter, unter dem Schutz und mit Unterstützung deutscher Fürsten und des ganzen deutschen Bundes begonnen und so weit zu Stande gebracht hat, – nicht verachten, noch verlassen, sondern auch als sein Werk ansehen und kräftig unterstützen und fördern helfen. Es handelt sich hier nicht um Opfer, die dem Einzelnen schwer fallen sollen; denn unser deutscher Gesammtadel ist noch zahlreich und besitzt noch, Gott sei Dank, so viel Kraft, dass, wenn er zusammensteht, Grosses geleistet werden kann, ohne vom Einzelnen Grosses zu fordern. Darum bitte ich meine lieben und verehrten Standesgenossen: „Mann für Mann thu' ein jeder, was er kann!"

Es ist aber nicht allein damit gethan, dass jeder, je nach seinen Verhältnissen, sei es Einen, mehrere oder viele Gulden oder Thaler als jährlichen Zuschuss in die Kasse des Museums lege, sondern dass auch die Geschichtsquellen und die ehrwürdigen Reliquien der Adelsfamilien erhalten werden. Wer daher von meinen sehr verehrten Standesgenossen in seinen Schlössern, Burgen oder Häusern dergleichen Dinge hat, die entweder entbehrlich oder einer spätern Gefahr der Zerstörung und Missachtung ausgesetzt sind, möge sie dem germanischen Museum überlassen, sei es als Stiftung, oder auch nur als Depositum auf Widerruf für längere Jahre, wie ich selbst es gethan habe, obgleich ich mit grösstem Fleiss mein Hausarchiv geordnet hatte. Während mir die als Stiftung für immer feststehende Anstalt des Museums ganz andere Garantien bietet für die ewige Erhaltung meines alten Archives, als ich selbst beim besten Vertrauen auf den Sinn meiner Nachkommen und deren Beamte haben konnte, habe ich noch den Gewinn, das Wichtigste und Besste meines Archives in sauberer und lesbarer Abschrift wohlgeordnet zu erhalten. Möge diess der Beachtung werth gefunden werden! So wird mit der Zeit der deutsche Adel ein reiches, sonst kaum geniessbares Material seiner Geschichte auf Einem Punkt vereinigt erhalten, welcher zugleich ein schöner Einigungspunkt für unsere Standesgenossen werden kann und zwar ein Einigungspunkt fern von allem politischen Treiben und gemeinen Materialismus, lediglich zur Ehre und für Begründung der geschichtlichen Bedeutung unseres Standes. Während selbst entschiedene Adelsfeinde dieses Bestreben zu verurtheilen nicht ver-

mögen, werden alle wahren Freunde des Vaterlandes, der deutschen Geschichte und Kunst uns ihren Dank nicht versagen können.
Dass ich aber als deutscher Edelmann meine verehrten Standesgenossen – nicht für meine Person, sondern für eine gemeinsame gute Sache – um Beistand anspreche, dessen schäme ich mich nicht. Habe ich doch ein erhabenes Vorbild in einem erlauchten Erzherzog von Oestreich vor mir, der bei seinen fürstlichen Genossen zu Errichtung einer historischen, jetzt noch berühmten Sammlung auf seinem Schlosse Ambras sich eine gute Beisteuer von Bildern und Rüstungen erbat. So entstand die von Erzherzog Ferdinand schon vor fast 300 Jahren gegründete herrliche Ambraser Sammlung, die heute noch eine Zierde der Kaiserstadt Wien bildet. So möge denn auch unser deutscher Adel das Seinige zum Aufbau eines bereits begründeten germanischen National-Museums beitragen und noch von der Nachwelt dafür gepriesen werden! –

Nürnberg, im März 1855

Hans Freiherr von u. zu Aufsess
auf Aufsess, Freyenfels, Neidenstein, Weyer etc., Doctor beider Rechte, k. b. Kämmerer, pr. Joh. O. R., Mitgl. d. k. Academie d. Wissensch. zu München u. v. gel. Gesellschaften,
I. Vorst. d. germ. Museums.

Literatur

von Andrian-Werburg 2002
Irmtraud Frfr. von Andrian-Werburg, Das Germanische Nationalmuseum. Gründung und Frühzeit. Begleitheft zur Ausstellung im Germanischen Nationalmuseum (Nürnberg 2002).

Anzeiger 1833
Anzeiger für Kunde des deutschen Mittelalters. Eine Monatsschrift. Zweiter Jahrgang (Nürnberg 1833).

Assmann 1997
Jan Assmann, Das kulturelle Gedächtnis. Schrift, Erinnerung und politische Identität in frühen Hochkulturen (München ^{2}1997).

von Aufseß 1828
Hans von Aufseß, Das Lehnswesen in Beziehung auf die Anforderungen des Rechts und der Zeit. Mit besonderer Rücksicht auf das Königreich Bayern (Nürnberg 1828).

von Aufseß 1832a
Hans von Aufseß, Vorwort des Herausgebers, in: Anzeiger für Kunde des deutschen Mittelalters. Eine Monatsschrift. Erster Jahrgang (München 1832) 1–6.

von Aufseß 1832b
Hans von Aufseß, Nachrichten über eröffnete Grabhügel bei Aufsees, in: Archiv für die Geschichte und Alterthumskunde des Ober-Main-Kreises, Bd. 1, 3. Heft (Bayreuth 1832) 79–87.

von Aufseß 1832c
Hans von Aufseß, Bekanntmachung und Aufforderung an die Freunde der deutschen Geschichte und Kunst (Nürnberg 1832) [1 Bl. Beilage zum Anzeiger, 1. Jg., 1832].

von Aufseß 1833
Hans von Aufseß, Der historische Riesenverein zu Nürnberg, in: Literarischer Anzeiger 21, 1833.

von Aufseß 1838
Hans von Aufsess, Des ritterlichen freien Adels zu Franken Leben und Sitten. In einzelnen historischen Abhandlungen und Erzählungen, Bd. 1,1: Geschichte des Hauses Aufseß. Aelteste Geschichte bis 1338 [mehr nicht ersch.] (Bayreuth 1838).

von Aufseß 1846
Hans von Aufseß, Sendschreiben an die erste allgemeine Versammlung deutscher Rechtsgelehrten, Geschichts- und Sprachforscher zu Frankfurt am Main (Nürnberg 1846).

von Aufseß 1852
Hans von Aufseß, Satzungen des germanischen Museums zu Nürnberg, in: Mittheilungen des Königl. Sächs. Vereins für Erforschung und Erhaltung vaterländischer Alterthümer, sechstes Heft (Dresden 1852) 151–155.

von Aufseß et al. 1855
Hans von Aufseß, J. C. Beeg et al., Aufruf das Germanische Nationalmuseum betreffend. (Nürnberg ^{6}1855).

von Aufseß 1971
Hans Max von Aufseß, Des Reiches erster Konservator. Hans von Aufsess der Gründer des Germanischen Nationalmuseums, 7.9.1801–6.5.1872 (Würzburg 1971).

von Aufseß 1888
Otto von Aufseß, Geschichte des uradelichen Aufseß'schen Geschlechtes in Franken. Nach den Quellen bearbeitet und herausgegeben (Berlin 1888).

Bericht 1833
Bericht über die vom 24. bis 28. September 1833 in Nürnberg abgehaltene General-Versammlung der Gesellschaft zur Untersuchung, Erhaltung und Bekanntmachung der Denkmäler älterer, insbesondere deutscher Geschichte, Literatur und Kunst in Nürnberg, gestützt auf vorliegende Protokolle (o. O. u. J. [Beilage zum Anzeiger 1833]).

Bezold 1919
Gustav von Bezold, s. v. Aufseß, Hans Freiherr von und zu, Altertumsforscher, Gründer des Germanischen Museums 1801–1872, in: Anton Chroust (Hrsg.), Lebensläufe aus Franken, Bd. 1 (München/Leipzig 1919) 1–10.

Böhner 1979
Kurt Böhner, Ludwig Lindenschmit 1809–1893, in: Personen und Wirkungen. Biographische Essays (Mainz 1979) 194–201.

Burian 1978
Peter Burian, Das Germanische Nationalmuseum und die deutsche Nation, in: Bernward Deneke/Rainer Kahsnitz (Hrsg.), Das Germanische Nationalmuseum Nürnberg 1852–1977 (München/Berlin 1978).

Crane 1996
Susan A. Crane, (Not) Writing History: Rethinking the Intersections of Personal History and Collective Memory with Hans von Aufsess, in: History & Memory. Studies in the Representation of the Past 8, 1996, 5–29.

Crane 1999
Susan A. Crane, Story, history and the passionate collector, in: Martin Myrone/Lucy Peltz (Hrsg.), Producing the Past. Aspects of Antiquarian Culture and Practice 1700–1850 (Aldershot 1999) 187–203.

Crane 2000 Susan A. Crane, Collecting and Historical Consciousness in Early Nineteenth Century Germany (Ithaca 2000).

Demel 2001
Walter Demel, Hardenberg in Franken: Rechtsbrecher oder Reformer?, in: Thomas Stamm-Kuhlmann (Hrsg.), „Freier Gebrauch der Kräfte“. Eine Bestandsaufnahme der Hardenberg-Forschung (München 2001) 51–60.

Deneke 1976
Bernward Deneke, Konzeption einer Altertumskunde des deutschsprachigen Gebietes in der ersten Hälfte des 19. Jahrhunderts, in: Wolfgang Brückner/Bernward Deneke (Hrsg.), Volkskunde im Museum. Veröffentlichungen zur Volkskunde und Kulturgeschichte, 1 (Würzburg 1976) 58–91.

Deneke/Kahsnitz 1978
Bernward Deneke/Rainer Kahsnitz (Hrsg.), Das Germanische Nationalmuseum Nürnberg 1852–1977 (München/Berlin 1978).

Denkschrift 1853
Denkschrift für die hohen deutschen Staatsregierungen das germanische Museum zu Nürnberg betreffend (o. O. 1853).

Drechsel 1912
Carl August Graf von Drechsel, Ueber Entwürfe zur Reorganisation des deutschen Adels im 19. Jahrhundert (Ingolstadt 1912).

Endres 1979
Rudolf Endres, Franken: D. II. Staat und Gesellschaft. Zweiter Teil: 1500–1800, in: Max Spindler (Hrsg.) Handbuch der bayerischen Geschichte, Bd. 3,1: Franken, Schwaben, Oberpfalz bis zum Ausgang des 18. Jahrhunderts (München ^{2}1979) 349–415.

Endres 2001
Rudolf Endres, Hardenbergs fränkisches Reformmodell, in: Thomas Stamm-Kuhlmann (Hrsg.), „Freier Gebrauch der Kräfte". Eine Bestandsaufnahme der Hardenberg-Forschung (München 2001) 31–49.

von Eye 1853
August von Eye, Das germanische Museum. Wegweiser durch dasselbe für die Besuchenden. I. Theil, Literatur und Kunst. Haus am Paniersberge; II. Theil, Kunst und Alterthum. Thurm am Thiergärtner-Thor (Leipzig 1853).

Fischer 1988
Magda Fischer, „...und muß nun rauben lassen, was wir und unsere Vorfahren gesammelt haben." Süddeutsche Klosterbibliotheken zwischen Politik und Verwaltung zu Beginn des 19. Jahrhunderts, in: August Heuser (Hrsg.), „...und muß nun rauben lassen...". Zur Auflösung schwäbischer Klosterbibliotheken. Hohenheimer Protokolle, Bd. 25 (Stuttgart 1988) 9–42.

Fleischhauer 1986
Werner Fleischhauer, Die Boisserée und Stuttgart, in: Zeitschrift für Württembergische Landesgeschichte 45, 1986, 229–283.

Gerlich 1979
Alois Gerlich, Franken: D. I. Staat und Gesellschaft. Erster Teil: Bis 1500, in: Max Spindler (Hrsg.) Handbuch der bayerischen Geschichte, Bd. 3,1: Franken, Schwaben, Oberpfalz bis zum Ausgang des 18. Jahrhunderts (München ^{2}1979) 267–348.

Gollwitzer 1961
Heinz Gollwitzer, Graf Carl Giech 1795–1863. Eine Studie zur politischen Geschichte des fränkischen Protestantismus in Bayern, in: Zeitschrift für bayerische Landesgeschichte 24, 1961, 102–162.

Gollwitzer 1971
Heinz Gollwitzer, Zum politischen Germanismus des 19. Jahrhunderts, in: Festschrift für Hermann Heimpel. Veröffentlichungen des Max-Planck-Instituts für Geschichte 36, Bd. 1 (Göttingen 1971) 282–356.

Gräter 1816
Friedrich David Gräter, Heinzens „Entwurf einer teutschen National-Alterthums-Anstalt“, in: Idunna und Hermode Nr. 37, 1816, 147–148.

Graf 2001
Klaus Graf, Ursprung und Herkommen. Funktionen vormoderner Gründungserzählungen, in: Hans-Joachim Gehrke (Hrsg.), Geschichtsbilder und Gründungsmythen. Identitäten und Alteritäten, Bd. 7 (Würzburg 2001) 23–36.

Green 2001
Abigail Green, Fatherlands. State-Building and Nationhood in Nineteenth-Century Germany (Cambridge 2001).

Grimm 1991
Claus Grimm, Kunstbewahrung und Kulturverlust, in: Josef Kirmeier/Manfred Treml (Hrsg.), Glanz und Ende der alten Klöster. Säkularisation im bayerischen Oberland 1803 (München 1991) 78–85.

Hampe 1902
Theodor Hampe, Das Germanische Nationalmuseum von 1852 bis 1902. Festschrift zur Feier seines fünfzigjährigen Bestehens (Leipzig 1902)

Harris 1991
Martin Harris, Joseph Maria Christoph Freiherr von Lassberg 1770–1855. Briefinventar und Prosopographie. Beihefte zum Euphorion, Bd. 25 (Heidelberg 1991).

Hausherr 1957
Hans Hausherr (Hrsg.), Die Memoiren des Ritters von Lang, 1764–1835 (Stuttgart 1957).

Hektor 1863
Enno Hektor, Geschichte des germanischen Museums von seinem Ursprunge bis zum Jahre 1862. Festschrift zur Feier seines zehnjährigen Bestehens (Nürnberg 1863).

Hofmann 1955
Hanns Hubert Hofmann, Franken seit dem Ende des Alten Reiches. Historischer Atlas von Bayern, Teil Franken, Reihe 2, Heft 2 (München 1955).

Hofmann 1962
Hanns Hubert Hofmann, Adelige Herrschaft und souveräner Staat. Studien über Staat und Gesellschaft in Franken und Bayern im 18. und 19. Jahrhundert. Studien zur bayerischen Verfassungs- und Sozialgeschichte, Bd. 2 (München 1962).

Hofmann 1965
Hanns Hubert Hofmann, Der Ritter von Lang (1764–1835). Gedenken zu seinem 200. Geburtstag, in: Jahrbuch des historischen Vereins für Mittelfranken, Bd. 82, 1964/65, 201–223.

Hofmeister-Hunger 1987
Andrea Hofmeister-Hunger, Preußische Revindikationen und aufgeklärtes Beamtentum in Ansbach-Bayreuth (1792–1806), in: Hans Erich Bödeker/Ulrich Herrmann (Hrsg.), Aufklärung als Politisierung – Politisierung als Aufklärung. Studien zum 18. Jahrhundert, Bd. 8 (Hamburg 1987) 253–266.

Jahresbericht GNM 1854
Erster Jahresbericht des Germanischen Nationalmuseums zu Nürnberg vom September 1853 bis Ende August 1854 mit Rückblick auf das Jahr 1852 (Nürnberg/Leipzig 1854).

Jahrsbericht Rezat-Kreis 1831
Zweiter Jahrsbericht des historischen Vereins im Rezat-Kreis. Für das Jahr 1831 (Nürnberg 1832).

John 2000
Uwe John, Romantischer Geist und historischer Sinn, in: Klaus Gumnior (Red.), König Johann von Sachsen 1801/1854–1873. Ein Blick auf Deutschland. Saxonia. Schriftenreihe des Vereins für sächsische Landesgeschichte, Bd. 7 (Dresden 2000) 61–79.

Kaschuba 1993
Wolfgang Kaschuba, Volk und Nation. Ethnozentrismus in Geschichte und Gegenwart, in: Heinrich August Winkler/Hartmut Kaelble (Hrsg.), Nationalismus – Nationalitäten – Supranationalität. Industrielle Welt, Bd. 53 (Stuttgart 1993) 56–81.

Kier/Zehnder 1998
Hiltrud Kier/Frank Günther Zehnder (Hrsg.), Lust und Verlust II. Corpus-Band zu Kölner Gemäldesammlungen 1800–1860 (Köln 1998).

Kretzschmar 1958
Hellmut Kretzschmar (Hrsg.), Lebenserinnerungen des Königs Johann von Sachsen. Eigene Aufzeichnungen des Königs über die Jahre 1801 bis 1854. Deutsche Geschichtsquellen des 19. und 20. Jahrhunderts, Bd. 42 (Göttingen 1958).

Kunz 2000
Georg Kunz, Verortete Geschichte. Regionales Geschichtsbewußtsein in den deutschen Historischen Vereinen des 19. Jahrhunderts. Kritische Studien zur Geschichtswissenschaft, 138 (Göttingen 2000).

Lang 1797
Karl Heinrich Lang, Historische Nachricht von den Verhältnissen des Rittergutes Aufseß, in: Carl Hänlein/Theodor Kretschmann (Hrsg.), Staatsarchiv der Königl.-preuß. Fürstenthümer in Franken, 3. Band, 2. Heft (Bayreuth 1797) 180–214.

von Lang 1833a
Karl Heinrich Ritter von Lang, Der historische Riesenverein in Nürnberg, in: Blätter für literarische Unterhaltung, Nr. 175, 24. Juni 1833, 724.

[von Lang] 1833b
[Karl Heinrich Ritter von Lang], s. v. Historische Vereine, in: Conversations-Lexikon der neuesten Zeit und Literatur, Bd. 2 (Leipzig 1833) 460–467.

Langewiesche 1989
Dieter Langewiesche, ‚Fortschritt', ‚Tradition' und ‚Reaktion' nach der Französischen Revolution bis zu den Revolutionen von 1848, in: Jochen Schmidt (Hrsg.), Aufklärung und Gegenaufklärung in der europäischen Literatur, Philosophie und Politik von der Antike bis zur Gegenwart (Darmstadt 1989) 446–458.

Langewiesche 2000
Dieter Langewiesche, Nation, Nationalismus, Nationalstaat in Deutschland und Europa (München 2000).

Langewiesche 2001
Dieter Langewiesche, Staatsbildung und Nationsbildung in Deutschland – ein Sonderweg? Die deutsche Nation im europäischen Vergleich, in: Ulrike von Hirschhausen/Jörn Leonhard (Hrsg.), Nationalismen in Europa. West und Osteuropa im Vergleich (Göttingen 2001) 49–67.

Leupold 1987
Hermann Leupold, Erlangia – Concordia – Bavaria. Beitrag zur Vor-, Entstehungs- und Frühgeschichte der Bavaria zu Erlangen in der Form von Auszügen aus dem Studententagebuch des Hans von Aufseß. Einst und Jetzt, Sonderheft 10 (Stamsried 1987).

Liermann 1965
Hans Liermann, Achthundertfünfzig Jahre Aufseß, in: Jahrbuch für fränkische Landesforschung 25, 1965, 381–391.

Löffler 2000
Bernhard Löffler, Adel und Gemeindeprotest in Bayern zwischen Restauration und Revolution, in: Heinz Reif (Hrsg.), Adel und Bürgertum in Deutschland I. Entwicklungslinien und Wendepunkte im 19. Jahrhundert (Berlin 2000) 123–154.

Lohmeyer 1929
Karl Lohmeyer, Aus dem Leben und den Briefen des Landschaftsmalers und Hofrats Georg Wilhelm Issel 1785–1870, in: Neues Archiv für die Geschichte der Stadt Heidelberg und der Kurpfalz 14, 1929, 165–341.

Mempel 1979
Hans Christian Mempel, Die Vermögenssäkularisation 1803/10. Verlauf und Folgen der Kirchengutenteignung in verschiedenen deutschen Territorien (München 1979).

Moderner Adelsbegriff
Der moderne Adelsbegriff als Beitrag zur Frage der Reorganisation des deutschen Adels, in: Deutsche Vierteljahrs Schrift, 3. Heft, 1856, 348–392.

Müller 1956
Bruno Müller, Joseph Heller und die Vorgeschichtsforschung in Oberfranken, in: 93./94. Bericht des Historischen Vereins für die Pflege der Geschichte des ehemaligen Fürstbistums Bamberg, Jahrbuch 1954/55 (Bamberg 1956) 1–24.

Müller 1957
Bruno Müller, Hanns [!] Freiherr von und zu Aufseß als Prähistoriker (1801–1872), in: 95. Bericht des Historischen Vereins für die Pflege der Geschichte des ehemaligen Fürstbistums Bamberg, Jahrbuch 1956 (Bamberg 1957) 279–297.

Müller 2001
Siegfried Müller, Kleider machen Nationen: Das Beispiel der altdeutschen Tracht, in: Geschichte in Wissenschaft und Unterricht 3, 2001, 162–179.

Narr 1968
Roland Narr, Zum Stuttgarter Gräter-Nachlaß, in: Württembergisch Franken 52, 1968, 120–130.

Pfeiffer 1870
Franz Pfeiffer (Hrsg.), Briefwechsel zwischen Joseph Freiherrn von Laßberg und Ludwig Uhland (Wien 1870).

Pörnbacher 2003
Johann Pörnbacher, Die Bibliotheken und Sammlungen der Klöster im Hochstift Bamberg nach der Säkularisation 1803, in: Rainer Braun/Joachim Wild (Hrsg.), Bayern ohne Klöster? Die Säkularisation 1802/03 und die Folgen. Eine Ausstellung des Bayerischen Hauptstaatsarchivs. Ausstellungskataloge der staatlichen Archive Bayerns, Bd. 45 (München 2003) 385–399.

Pomian 1988
Krzysztof Pomian, Der Ursprung des Museums. Vom Sammeln. Kleine kulturwissenschaftliche Bibliothek, Bd. 9 (Berlin 1988).

Pomian 1990
Krzysztof Pomian, Museum und kulturelles Erbe, in: Gottfried Korff/Martin Roth (Hrsg.), Das historische Museum. Labor – Schaubühne – Identitätsfabrik (Frankfurt/M./New York/Paris 1990) 41–64.

Press 1976 [1998]
Volker Press, Die Reichsritterschaft im Reich der frühen Neuzeit, in: Nassauische Annalen 87, 1976, 101–122 [wieder abgedruckt in: ders., Adel im Alten Reich. Gesammelte Vorträge und Aufsätze. Frühneuzeit-Forschungen, Bd. 4 (Tübingen 1998) 205–231].

Preusker 1829
Karl Benjamin Preusker, Ueber Mittel und Zweck der vaterländischen Alterthumsforschung. Eine Andeutung. Der Oberlausitzischen Gesellschaft der Wissenschaften zu Görlitz bei deren funzigjährigen [!] Stiftungsfeier ehrerbietigst dargebracht (Leipzig 1829).

Preusker 1871
Karl Benjamin Preusker, Lebensbild eines Volksbildungsfreundes. Selbstbiographie von Karl Preusker Rentamtmann in Großenhain 1786–1871. Zum Besten der Preuskerstiftung (Leipzig 1871).

von Raumer 1923
Adalbert von Raumer, Der Ritter von Lang und seine Memoiren (München/Berlin 1923).

Reif 1994
Heinz Reif, Adelserneuerung und Adelsreform in Deutschland 1815–1874, in: Elisabeth Fehrenbach (Hrsg.), Adel und Bürgertum in Deutschland (1770–1848) (München 1994) 203–230.

Reinhard 2002
Wolfgang Reinhard, Frühmoderner Staat und deutsches Monstrum. Die Entstehung des modernen Staates und das Alte Reich, in: Zeitschrift für historische Forschung 29, 2002, 339–357.

Riedenauer [1968] 2001
Erwin Riedenauer, Die fränkische Reichsritterschaft, in: Frankenland, 8 (1968), 16–22 [wieder abgedruckt in: Erwin Riedenauer, Fränkische Landesgeschichte und historische Landeskunde. Grundsätzliches – Methodisches – Exemplarisches, hrsg. von Alfred Wendehorst (München 2001) 135–140].

Roth von Schreckenstein/Mezler 1802
Friedrich Frhr. Roth von Schreckenstein/Franz X. Mezler, Programm über die Beschäftigungen und den Zwek [!] der vaterländischen Gesellschaft der Naturforscher und Aerzte Schwabens (Naturhistorische Abtheilung) (o. O. 1802).

Rupprecht 2003
Klaus Rupprecht, Paul Oesterreicher und die Säkularisation der Klosterarchive im Hochstift Bamberg, in: Rainer Braun/Joachim Wild (Hrsg.), Bayern ohne Klöster? Die Säkularisation 1802/03 und die Folgen. Eine Ausstellung des Bayerischen Hauptstaatsarchivs. Ausstellungskataloge der staatlichen Archive Bayerns, Bd. 45 (München 2003) 400–410.

Schadek 1995
Hans Schadek, „Vielleicht der beste Lokalhistoriker Deutschlands". Heinrich Schreiber und die Anfänge der kritischen Geschichtsforschung, in: Zeitschrift des Breisgau-Geschichtsvereins „Schau-ins-Land" 114, 1995, 163–211.

Schmitz 1986a
Walter Schmitz, Der Deutscheste der Deutschen... – Ludwig I. und die nationale Bewegung, in: Johannes Erichsen/Uwe Puschner (Hrsg.), „Vorwärts, vorwärts sollst du schauen..." Geschichte, Politik und Kunst unter Ludwig I., 9: Aufsätze (München 1986) 125–152.

Schmitz 1986b
Walter Schmitz, „...daß der teutsche Styl das ganze Leben der Teutschen umfassen möge". Die „Gesellschaft für Deutsche Altertumskunde von den drei Schilden": Ihre Vorgeschichte in Franken und ihr Wirken in München, in: Johannes Erichsen/Uwe Puschner (Hrsg.), „Vorwärts, vorwärts sollst du schauen..." Geschichte, Politik und Kunst unter Ludwig I., 9: Aufsätze (München 1986) 419–439.

Schneider 2002
Eva Maria Schneider, Herkunft und Verbreitungsformen der „Deutschen Nationaltracht der Befreiungskriege" als Ausdruck politischer Gesinnung (Diss. Bonn 2002).

Schulz 1852
Heinrich Wilhelm Schulz, Bericht über die unter dem Vorsitz S. K. Hoheit des Prinzen Johann, Herzogs zu Sachsen, vom 16. bis 19. August 1852 zu Dresden abgehaltenen Versammlung deutscher Geschichts- und Alterthumsforscher, in: Mittheilungen des Königl. Sächs. Vereins für Erforschung und Erhaltung vaterländischer Alterthümer, 6 (Dresden 1852) 109–146.

Schupp 1982
Volker Schupp, Die adlige Wissenschaft des Reichsfreiherrn Josef von Laßberg, in: Winfried Woesler (Hrsg.), Beiträge zur Droste-Forschung, Bd. 5 (Osnabrück 1982) 144–165.

Schupp 1983
Volker Schupp, ‚Wollzeilergesellschaft' und ‚Kette'. Impulse der frühen Volkskunde und Germanistik. Schriften der Brüder-Grimm-Gesellschaft Kassel, Nr. 6 (Marburg 1983).

Schwarze 1995
Thomas Schwarze, Die Entstehung peripherer Räume in Deutschland. Regionale Images in der Spätphase des Alten Reiches und Untergang „überlebter" Territorialstrukturen um 1800. Münstersche geographische Arbeiten, Bd. 38 (Münster 1995).

Seiderer 1997
Georg Seiderer, Formen der Aufklärung in fränkischen Städten. Ansbach, Bamberg und Nürnberg im Vergleich. Schriftenreihe zur bayerischen Landesgeschichte, Bd. 114 (München 1997).

Sellin 1988
Volker Sellin, Nationalbewußtsein und Partikularismus in Deutschland im 19. Jahrhundert, in: Jan Assmann/Tonio Hölscher, Kultur und Gedächtnis (Frankfurt/M. 1988) 241–264.

Sicken 1982
Bernhard Sicken, s. v. Lang, Karl Heinrich Ritter v., in: Neue Deutsche Biographie, Bd. 13 (Berlin 1982) 542–543.

Speitkamp 1989
Winfried Speitkamp, Kulturpolitik unter dem Einfluß der Französischen Revolution: Die Anfänge der modernen Denkmalpflege in Deutschland, in: Tel Aviver Jahrbuch für deutsche Geschichte, Bd. 18 (1989) 129–159.

Spindler 1969
Max Spindler (Hrsg.) Bayerischer Geschichtsatlas (München 1969).

Statuten 1833
Statuten der Gesellschaft für Erhaltung der Denkmäler älterer deutscher Geschichte, Literatur und Kunst (o. O. u. J. [Nürnberg 1833])

Stetter 1963
Gertrud Stetter, Die Entwicklung der historischen Vereine in Bayern bis zur Mitte des 19. Jahrhunderts (München 1963).

Veit 1972
Ludwig Veit (Hrsg.), Hans Freiherr von und zu Aufseß und die Anfänge des Germanischen Nationalmuseums. Ausstellung im Germanischen Nationalmuseum zum 100. Todestag seines Gründers am 6. Mai 1972, 1. Juli bis 1. Oktober 1972 (Nürnberg 1972).

Veit 1978
Ludwig Veit, Das historische Archiv und das Archiv für Bildende Kunst, in: Bernward Deneke/Rainer Kahsnitz (Hrsg.), Das Germanische Nationalmuseum Nürnberg 1852–1977 (München/Berlin 1978) 521–545.

Verhandlungen 1847
Verhandlungen der Germanisten zu Frankfurt am Main am 24., 25. und 26. September 1846 (Frankfurt/M. 1847).

Wehler 1996
Hans-Ulrich Wehler, Deutsche Gesellschaftsgeschichte, Bd. 1. Vom Feudalismus des Alten Reiches bis zur Defensiven Modernisierung der Reformära (München [3]1996).

Wehler 2001
Hans-Ulrich Wehler, Nationalismus. Geschichte – Formen – Folgen (München 2001).

Wenisch 1986
Siegfried Wenisch, König Ludwig I. und die historischen Vereine in Bayern, in: Johannes Erichsen/Uwe Puschner (Hrsg.), „Vorwärts, vorwärts sollst du schauen …“ Geschichte, Politik und Kunst unter Ludwig I., Bd. 9: Aufsätze (München 1986) 323–339.

Germanisch-Deutsch – RGA-E Band 34 – Seiten 577-628

Zur Frühgeschichte des *Römisch-Germanischen Zentralmuseums Forschungsinstitut für Vor- und Frühgeschichte* in Mainz und der *Römisch-Germanischen Kommission des Deutschen Archäologischen Instituts* in Frankfurt am Main*

von FRIEDRICH-WILHELM VON HASE

Prof. Dr. Kurt Böhner, Generaldirektor des RGZM von 1958–1981, in Verehrung gewidmet

Zwischen der Gründung des *Römisch-Germanischen Zentralmuseums* (RGZM) in Mainz (1852)[1] und der Gründung der *Römisch-Germanischen Kommission* (RGK) in Frankfurt am Main (1901)[2] liegt nur ein halbes Jahrhundert. Allerdings ein Zeitabschnitt, der für die Entwicklung der Vor- und Frühgeschichtsforschung und der provinzialrömischen Archäologie auf deutschem Boden von außerordentlicher Bedeutung war. Vollzog sich doch in eben dieser Zeit der Übergang von einer zunächst durch Amateure und Autodidakten betriebenen archäologischen Tätigkeit zu Unternehmungen, die zunehmend in die Hände ausgebildeter Fachleute übergehen sollten.

Die ganz unterschiedliche Gründungsgeschichte der beiden genannten Institutionen markiert denn auch forschungsgeschichtlich zwei charakteristische Etappen jenes Weges, den die archäologische Forschung auf deutschem Boden einschlug und den wir hier in einem größeren Zusammenhang noch einmal darstellen möchten.

---

* Für Hinweise und Anregungen habe ich Georg Kossack und Uwe Puschner, für Abbildungsvorlagen, die RGK betreffend, Karl-Friedrich Rittershofer sehr zu danken.

1 Zur Gründungsgeschichte und Frühzeit des RGZM vgl. Lindenschmit d. J. 1902, 10ff.; Schumacher 1927, 53ff.; Gummel 1938, 135ff.; Kraemer 1946–48, 17ff.; Böhner 1978, 20ff.; Marchand 1996, 168ff.; Panke 1998, 715ff. Wichtige Angaben zur Frühgeschichte des RGZM enthalten auch die ersten Jahrgänge der Zeitschrift Correspondenzblatt des Gesamtvereins der deutschen Geschichts- und Altertumsvereine (ab 1852).

2 Zur Gründungsgeschichte der RGK vgl. Dragendorff 1904, 19ff.; Koepp 1920, IVff.; Rodenwaldt 1929, 42 ff.; Meyer 1930, 1ff.; Gummel 1938, 309; Krämer 1979, 5ff.; Marchand 1996, 176ff., 282ff.; Kossack 1999, 36ff. Ausführlich jetzt Becker 2002, 106ff.

Die Voraussetzungen: Bereits in der ersten Hälfte des 19. Jahrhunderts begann sich bekanntlich im Zuge romantisch verklärender Rückbesinnung auf die nationale Vergangenheit nicht nur ein verstärktes Interesse für das idealisierte christliche Mittelalter abzuzeichnen, sondern auch eines für die heroisierte germanische Frühzeit.[3] Von Bedeutung für die Arbeit der Historiker waren allerdings zunächst nur die schriftlichen Quellen, während man mit den Bodenfunden noch kaum etwas anzufangen wußte.[4]

Diese durchweg als unbefriedigend empfundene Situation war denn auch der Grund, daß sich bereits 1846 der zunächst in Kiel als Professor der Geschichte, ab 1842 dann in Jena als Professor des Staats- und Völkerrechts wirkende Andreas Ludwig Jacob Michelsen (1801–1881) in Form einer Eingabe an die Adresse der für 1847 durch Leopold von Ranke nach Frankfurt am Main einberufenen ersten Germanistenversammlung wandte, an der allerdings vornehmlich Juristen, aber auch Historiker und Philologen teilnehmen sollten. In seinem Schreiben sprach sich Michelsen bereits für die Einrichtung eines „Central Antiquariums für Deutschland" aus. War er doch der Meinung, daß nur durch eine überregionale wissenschaftliche Aufarbeitung der Altertümer die Möglichkeit bestünde, daß, wie er sich ausdrückte, „die Alterthumsforscher mit dem Grabscheit sich bei den Historikern und Urkundensammlern mit der Feder in Respekt setzen können."[5]

Der hier geäußerte Gedanke sollte seine Wirkung nicht verfehlen. Denn bereits ein Jahr später formulierte Ludwig Lindenschmit d. Ä., der zu jener Zeit Konservator des *Vereins zur Erforschung der rheinischen Geschichte und Alterthümer zu Mainz* war, das Anliegen einer künftigen deutschen Vorgeschichtsforschung mit folgenden Worten: „Das Bestreben, die deutsche Wissenschaft für das Leben nutzbringend zu machen, welches auf der letzten Germanisten-Versammlung zu Lübeck so tröstend hervortrat, hat die Beurtheilung des deutschen Nationalcharakters immer enger an die Aufhellung unserer Urgeschichte geknüpft. Wenn man die Geschichte eines Volkes schreiben will, so muss seine Entstehung ermittelt sein, denn diese ist es, welche den Schlüssel zur Würdigung der Charaktere liefert. Man hat die Schriften, die Münzen, die Sprachlaute durchforscht, nun lasst uns in die Gräber

---

[3] Vgl. hierzu Böhner 1978, 3ff., bes. 6ff. mit aufschlußreichen Hinweisen bis hin zum Werke Richard Wagners.

[4] Zur Entwicklung der deutschen prähistorischen Forschung im 19. Jahrhundert vgl. Gummel 1938, 110ff.; Kühn 1976, 77ff.; Böhner 1978, 17ff.; Krämer 1978, 49ff.; Panke 1998, 722; Kossack 1999, 18ff., 23ff.

[5] Zitiert nach Kossack, 1999, 19, Anm. 5 mit Lit.

steigen und die Überreste der Menschen selbst betrachten."[6] Dies also war sein Anliegen.

Den desolaten Zustand der heimischen Altertumsforschung beschrieb er nur wenige Jahre später (1851) mit den bitteren Worten: „Die zahlreichen Althertums- und Geschichtsvereine, von denen man das geeigneteste erwarten sollte, haben sich noch über keine Art gemeinschaftlicher Tätigkeit verständigt, so daß von dieser Seite eine übersichtliche und kritische Bearbeitung unserer Grabalterthümer sobald nicht zu hoffen steht. Was von Einzelnen ausgegangen, hat sogar häufig nur dazu beigetragen, die Dunkelheit des Gegenstandes zu vergrößern, und die hier vorliegenden Mißgriffe in Bezug auf Bestimmung des Zeitalters und der Nationalität der Gräberfunde sind umso mehr zu beklagen, mit je größerem Aufwande von Gelehrsamkeit sie zu stützen und zu vertheidigen gesucht werden. [...] Daher ist es an der Zeit, endlich aus der Verwirrung dieser fruchtlosen Erörterungen herauszulenken und den hoffnungsvolleren Weg der vergleichenden Zusammenstellung einzuschlagen, welcher allein, wie in anderen Zweigen der Forschung, so auch hier, zu sicheren Ergebnissen führen kann".[7]

Sowohl Michelsen wie Lindenschmit d. Ä. spielten damit auf die Tatsache an, daß es der deutschen Altertumsforschung noch nicht gelungen war, die heimischen Bodenfunde zuverlässig zu klassifizieren, zu datieren, sowie ethnisch zuzuweisen und damit der Geschichtsschreibung nutzbar zu machen.

Bei der Beurteilung der Aussagen Michelsens und Lindenschmits d. Ä. darf man freilich nicht übersehen, daß die nationale Archäologie/Prähistorie, gemessen am hohen Standard der historischen Wissenschaften in Deutschland und anderswo, methodisch noch ganz in den Kinderschuhen steckte. Die Ausgrabungen sowie die Anlage und Betreuung lokaler Altertumssammlungen lag in den Händen der Geschichts- und Altertumsvereine, deren Mitglieder überwiegend interessierte Laien waren. Von diesen Vereinigungen waren in Deutschland bereits in der Zeit zwischen 1819 und 1848 über vierzig entstanden.[8] Daß von ihnen vaterländisch-patriotisches Gedankengut hochgehalten wurde, ist bekannt, und was sie vermochten, wenn sie sich nur zu gemeinsamem Handeln zusammenfanden, zeigen die wichtigen Beschlüsse, die bereits auf den ersten zwei Generalversammlungen (1852) in Dresden und Mainz gefaßt wurden (s. u.).[9]

---

6 Zit. aus der auf den 24. Oktober 1847 datierten Vorrede zu Lindenschmit/Lindenschmit 1848.
7 Vgl. Lindenschmit 1851, 2.
8 Vgl. Hoppe 1952, 1.
9 Vgl. bereits Karl Wilhelmi, Ueber die Entstehung, den Zweck und die Einrichtung der gegen-

Beim damaligen Stand der Dinge ist es durchaus verständlich, wenn die Bemühungen der in den Reihen der lokalen Altertumsvereine tätigen „Dilettanti" um die nationale Vergangenheit durch die Vertreter der seit langem etablierten Klassischen Altertumskunde nicht für voll genommen, ja gelegentlich bespöttelt wurden.[10] So sprach Theodor Mommsen in dem ihm eigenen Sarkasmus davon, daß die lokale Vorgeschichte in den Händen von „Landpastoren und pensionierten Offizieren" sei und nicht viel freundlicher fiel in den späten 1860er Jahren das Urteil von Ulrich von Wilamowitz-Möllendorff aus.[11]

Mit aktiver Teilnahme an den lokalen Forschungen und wirklichem Interesse an den heimischen, nicht römischen Funden war jedenfalls von Seiten der Klassischen Archäologen zunächst nicht zu rechnen. Wie Ludwig Lindenschmit „noch lange vor der Reichsgründung" die Lage in einem Anflug resignierenden Humors einschätzte, ist uns durch das Zeugnis seines Sohnes überliefert.[12]

Dieser von Lindenschmit d. Ä. zunächst beklagte Zustand sollte sich zumindest in der sogen. „Germania romana" im späteren Verlauf des 19. Jahr-

wärtigen Geschichts- und Alterthumsvereine Deutscher Zunge. Eine Rede, bei der ersten General-Versammlung des Alterthumsvereines für das Großherzogthum Baden, in Baden gehalten den 5. Nov. 1844 (Heidelberg 1844); vgl. ferner Müller 1837, 120ff.; Gredy 1845–1851, 1ff.; Zu den Altertums-/Gelehrtenvereinen in der ersten Hälfte des 19. Jahrhunderts. vgl. ferner Heimpel 1972, 45ff.; Böhner 1978, 15, 19 mit Lit.; Glatz 1996, 69ff.; Panke 1998, 726ff. mit Lit.

10 Vgl. mit entsprechenden Belegen Gummel 1938, 224ff., bes. 300ff. Vgl. hierzu auch Lindenschmit d. J. 1927, 9: „Dies erste Lebenszeichen der neugeborenen deutschen Altertumskunde brachte meinen Vater in lebhaften persönlichen und schriftlichen Verkehr mit deutschen und ausländischen Gelehrten; die zünftige Lehrstuhl-Archäologie freilich, viele Jahre nur auf klassische Kunst dressiert, glaubte noch lange, die deutsche Grabforschung übersehen zu müssen."

11 Vgl. Wahle 1934, 5, sowie Krämer 1978, 53. Vgl. Wilamowitz-Moellendorff 1928, 87.

12 Erhellend ist in diesem Zusammenhang, was der Sohn Lindenschmits, Ludwig Lindenschmit d. J., 1927 über ein Gespräch seines Vaters in seiner Gegenwart zu berichten wußte, welches dieser noch lange vor der Reichseinigung führte. Danach äußerte sich Lindenschmit d. Ä. in folgendem Sinne: „Daß aus dem Schülerkreis der damaligen klassischen Archäologie, die mein Vater mit leiser Ironie als Olympier zu bezeichnen pflegte, eine brauchbare Kraft" – gemeint ist hier ein Nachfolger für Lindenschmit d. Ä. – „zu gewinnen sein werde, schien ihm ausgeschlossen, für die nur die Altertümer, die das Gepräge griechischer oder römischer Kultur trugen, wissenschaftliche Geltung zu beanspruchen hatten, von denen aber die Hinterlassenschaft der einheimischen Bevölkerung als barbarisch und wertlos erachtet wurde. Im weiteren Verlauf des Gesprächs sagte mein Vater, es sei übrigens gar nicht zu befürchten, daß irgend ein aus der Schule der klassischen Archäologie hervorgegangener Mann das Ziel des Museums verrücken werde, da kein Professor einen Lieblingsschüler, der zahlreiche Privatissima bei ihm gehört habe, in einer mit so geringen Mitteln versehenen Anstalt unterbringen wolle. Die Armut sei die Sicherheit vor allen derartigen Aspirationen." (Lindenschmit d. J. 1927, 51).

hunderts deutlich zum Besseren wenden. So zeigt uns allein ein Blick auf die Zusammensetzung des Vorstandes des RGZM um die Jahrhundertwende, in welchem Maße die Vertreter der Klassischen Altertumskunde vertreten waren.[13] Von Hause aus ein Klassischer Archäologe, war denn auch der 1900 gewählte Nachfolger Lindenschmits d. Ä., Karl Schumacher (s. u.).

Ganz anderer Natur waren die Verhältnisse dagegen in der sog. „Germania libera", wo die vorgeschichtliche Forschung zunächst in den Händen der Anthropologen lag, also primär naturwissenschaftlich ausgerichtet war, und wo die Klassische Archäologie natürlich auch keine ihr gemäßen Aufgaben finden konnte.

Die Gegensätze zwischen der Klassischen Archäologie und der nationalen Archäologie, d. h. der Vorgeschichte, hatten in Deutschland aber auch im jeweiligen Selbstverständnis der Fächer begründete Ursachen. Sie sollen hier kurz angesprochen werden: Die Klassische Archäologie, verstanden als antike Kunstgeschichte, besaß bekanntlich an den deutschsprachigen Universitäten eine bis ins späte 18. Jahrhundert zurückreichende Lehrtradition.[14]

Die Vor- und Frühgeschichte konnte dagegen erst wesentlich später, d. h. im frühen 20. Jahrhundert, an den deutschen Universitäten Fuß fassen: Der erste prähistorische Fachvertreter an einer deutschen Universität war Gustaf Kossinna (1858–1931), eine schwierige Persönlichkeit, die keinem Streit aus dem Wege ging und auch in der Öffentlichkeit von sich reden machte.[15] Eingerichtet wurde für Kossinna 1902 lediglich eine außerordentliche, also nicht vollwertige Professur für *Deutsche Archäologie,* und zwar am Lehrstuhl für *Deutsche Philologie zur Germanischen Altertumskunde* an der Universität Berlin. Zu Kossinnas Leidwesen wurde diese Tätigkeit nicht finanziell hono-

---

13 Vertreten waren in diesem Gremium neben der Prähistorie/Anthropologie, die Rudolf Virchow repräsentierte, vor allem die klassische Altertumswissenschaft mit ihren verschiedenen Disziplinen (Klassische Archäologie, Alte Geschichte, Altphilologie Provinzialrömische Archäologie) mit herausragenden Fachvertretern (vgl. hierzu Anm. 49 und Abb. 13).

14 In Göttingen wurden bereits 1767 archäologische Vorlesungen durch den Professor der Redekunst Christian Gottlieb Heyne (1763–1812) abgehalten, wogegen der erste Lehrstuhl für dieses Fach an der damals noch dänischen Universität Kiel im Jahre 1802 für Georg Zoëga (1755–1809) eingerichtet wurde. In kurzen Abständen folgten dann weitere Lehrstühle in Leipzig, Göttingen und Berlin. Am Ende des 19. Jahrhunderts war jedenfalls das Fach Klassische Archäologie an nahezu allen deutschsprachigen Universitäten durch eigene Lehrstühle vertreten. Zur Geschichte der Klassischen Archäologie an den deutschen Universitäten vgl. Schiering 1969, 67ff. mit Lit. Vgl. auch Marchand 1996, 40ff., sowie Borbein/Hölscher/Zanker 2000, 11ff.

15 Zu Gustaf Kossinna vgl. Gummel 1938, 433ff.; Kühn 1976, 337ff.; zuletzt Kossack 1999, 40ff. Vgl. auch Marchand 1996, 180ff. Zu Kossinna und seinen Beziehungen zur Völkischen Bewegung vgl. jetzt Puschner 2001, 124, 284, 382.

riert. So mußte er mit einem geringen Einkommen vorliebnehmen. Neben seiner Idolatrie für alles Germanische und seiner extrem nationalistischen Einstellung könnte auch hierin einer der tieferen Gründe für seine Ressentiments und Attacken gegen die etablierten Fachkollegen von der Altertumskunde (klassische Philologen und Klassische Archäologen) gelegen haben, sowie überhaupt gegen das klassisch ausgerichtete Bildungssystem, wie es die deutschen Gymnasien repräsentierten.[16]

Wir fügen hinzu: Den ersten wirklich voll etablierten Lehrstuhl für Vorgeschichte erhielt in Berlin erst Kossinnas Nachfolger Max Ebert (1879–1929) im Jahre 1927. Und nur wenige Jahre später (1928) wurde auf Betreiben des Klassischen Archäologen Paul Jacobsthal (1880–1957) dann auch in Marburg ein entsprechendes Ordinariat eingerichtet, das Gero Merhart von Bernegg (1886–1959) mit großem Erfolg innehaben sollte.

[16] Interessant in diesem Zusammenhang sind folgende Äußerungen Kossinnas aus dem Jahre 1912: „für sie" – gemeint sind die klassischen Philologen und Archäologen – „beginnt dies Kulturleben mit dem Augenblick, wo, dank einer uns gnädigen Himmelsfügung, Rom seinen Fuss an den Rhein und über den Rhein setzt und damit den armseligen, wilden Barbaren, die unsere Vorväter nun einmal waren, das bevorzugte Los zufällt, von einem Strahl südlich-klassischer Kultursonne berührt und durchwärmt zu werden, um so aus dem ewigen Einerlei eines stumpfsinnigen Räuberlebens ohne Fortschrittsmöglichkeit endlich hinaustreten zu können – wo nicht nur alles Schöne, was nunmehr bei den Germanen zu finden ist, sei es an Stoffen, sei es an Kunst und Technik, sondern überhaupt alles und jedes, das irgend wie mit dem Kulturleben in Zusammenhang steht – angeblich sogar der erste Getreidebau – erst aus römischer Hand in die germanische gelegt worden sei […]" Vgl. Kossinna 1912, 2. Daß die RGK und ihr von 1916–1924 amtierender Direktor, der Klassische Archäologe Friedrich Koepp (1860–1944), der sich um die provinzialrömische Forschung so verdient gemacht hatte, als Zielscheibe der unqualifizierten Angriffe Kossinnas herhalten mußte, ist ein besonders trauriges Kapitel und disqualifiziert den Angreifer, nicht aber den Angegriffenen, vgl. Kossinna in Mannus 16, 1924, 176. Vgl. hierzu auch Kossack 1999, 36 und jetzt Krämer 2002, 21, mit Anm. 52. Bemerkenswert sind auch Kossinnas Auslassungen gegen Carl Schuchhardt, einen studierten Klassischen Archäologen, der zunächst die Leitung der Abteilung Vorgeschichte am Völkerkundlichen Museum in Berlin hatte und 1908 dessen Direktor wurde. Schuchardt, ein vielgereister Wissenschaftler mit einem weiten Horizont, war geradezu ein Antipode Kossinnas, welcher sich über seinen erklärten Feind mit folgenden Worten äußerte: „Ich kann über das ganze Vorgehen jenes Berliner Herrn", – gemeint ist Carl Schuchardt – „gegen die deutsche Vorgeschichte nur sagen, daß ich es als pathologisch auffasse […] Ich bin nicht nur der prähistorische Fachmann, der in Deutschland die weitesten Fachinteressen, die umfassendste Stoffkenntnis und eingehendste Personalkenntnis besitzt […] Jener Berliner klassische Archäologe aber hat sein Leben lang über die klassischen Zaunpfähle nicht hinübergeschaut und besitzt über die wesentlichen Aufgaben der Vorgeschichte teils gar keine, teils kindisch urzeitliche Vorstellungen. Und obendrein wird seine Fähigkeit zum Urteil über diese Wissenschaft durch seinen ungezügelten Haß gegen sie und meine Person vollkommen aufgehoben […]", zit. nach Kühn 1976, 339. Zu Kossinna und seinem Umfeld vgl. auch Marchand 1996, 162, 180ff.; 280.

Daß die genannten drei Gelehrten, in deren Händen die Ausbildung der ersten deutschen Prähistorikergenerationen liegen sollte, durchweg ihre eigenen Studien in anderen Fächern absolviert hatten, Kossinna und Ebert kamen von der germanisch/deutschen Philologie, Merhart von der Geologie, konnte bei dem geschilderten Stand der Dinge natürlich nicht anders sein.[17]

Das Römisch-Germanische Zentralmuseum

Erst vor diesem Hintergrund wird die tragende Rolle verständlich, die auf dem Gebiet der heimischen Vor- und Frühgeschichte schon bald nach seiner Gründung das RGZM spielen sollte.

Zur Gründungsgeschichte dieser traditionsreichen Institution, deren Sitz sich im kurfürstlichen Schloß in Mainz befand (Abb. 1), wurde zwar schon anderen Ortes ausführlich gehandelt, gleichwohl wollen wir hier noch einmal auf einige, in unserem Zusammenhang wichtige Ereignisse eingehen.[18]

1846 hatte der studierte Jurist Hans Freiherr von und zu Aufseß in einem *Sendschreiben an die erste allgemeine Versammlung deutscher Rechtsgelehrter, Geschichts- und Sprachforscher zu Frankfurt am Main* zur Begründung einer „deutschen Hauptsammlung für Denkmäler der Geschichte, Literatur und Kunst" aufgerufen. Diese sollte „[...] das vorhandene historische Material in ein großes General-Repertorium bringen, um es übersichtlich und leichter zugänglich für den Geschichtsforscher zu machen. Dabei sollte man sich auch getreue Kopien zu erhalten bestreben".[19]

Die hier geäußerten Vorschläge entsprechen jenen Michelsens, von denen bereits die Rede war. Verwirklicht wurden sie wenige Jahre später, als 1852 zwei sich in gewisser Weise ergänzende Institutionen gegründet wurden, die sich als „weithin sichtbares Zeichen der geistigen Gemeinschaft aller Deutschen" verstanden:[20] Das vor allem dem deutschen Mittelalter gewidmete *Germanische Nationalmuseum* in Nürnberg und das den älteren Perioden vorbehaltene RGZM in Mainz. Beide Institutionen verdankten ihre Entstehung entsprechenden Beschlüssen, die am 16.–18. August 1852 in Dresden und im selben Jahre am 16.–19. September in Mainz von der Generalversammlung der deutschen Geschichts- und Altertumsvereine gefaßt wurden.

---

[17] Vgl. Kossack 1999, 53ff.

[18] Zur Gründungsgeschichte des RGZM s. Anm. 1.

[19] Zit. nach Böhner 1978, 21.

[20] Zit. nach Lindenschmit d. J. 1927, 10.

Abb. 1. Das Kurfürstliche Schloß zu Mainz, Sitz des RGZM seit seiner Gründung im Jahre 1852, in einer Aufnahme aus dem Jahre 1890 (Fotoarchiv RGZM).

Auf die besonders festlich gestaltete Versammlung nach Dresden unter dem Patronat des historisch interessierten Prinzen Johann von Sachsen (1801–1873, seit 1854 König) hatte der *Sächsische Verein zur Erforschung und Erhaltung Vaterländischer Alterthümer* eingeladen. Und hier fand auch ein erstes wichtiges Ereignis statt: Der Zusammenschluß der einzelnen deutschen Geschichts- und Altertumsvereine zu einem Gesamtverein. Auf der Versammlung in Mainz, die von dem besonders rührigen Mainzer Altertumsverein einberufen wurde, beschloß man dann die Gründung des RGZM.[21]

„Zweck des Centralmuseums“, so heißt es in § 1 seiner ersten 1853 veröffentlichten Satzung, „ist Erstrebung einer möglichst vollständigen Vereini-

[21] Zur Generalversammlung der deutschen Geschichts- und Altertumsvereine in Dresden und Mainz im Jahre 1852 vgl. Böhner 1978, 21ff.; Borrmann 1996, 15ff. Vgl. hierzu auch die Hinweise bei Panke 1998, 715ff.

gung von Vergleichsmitteln alterthümlicher Gegenstände der germanischen und römischen Periode durch Zeichnung oder plastische Nachbildung zum Studium des klassischen Alterthums und der Urgeschichte unseres deutschen Vaterlandes."[22]

Zur Namensgebung: Das natürlich mit Bedacht gewählte und antithetisch gebrauchte „römisch-germanisch" gibt bereits Auskunft darüber, wo man die Schwerpunkte der künftigen Arbeit zu setzen gedachte.

Aus dem Geschichtsbewußtsein und Sprachgebrauch der Zeit ist es natürlich zu verstehen, wenn auch in diesem Falle wieder die Bezeichnung „germanisch" als synonymer Begriff für „deutsch" verwendet wurde.[23] Dabei darf man nicht übersehen, daß gerade seit napoleonischer Zeit die Bezeichnung „germanisch" eben nicht nur einen ethnischen Begriff darstellte, sondern für deutsche Ohren durchaus emotional aufgeladen war, d. h., daß hier auch bestimmte Wertvorstellungen und patriotische Gefühle mitschwangen. Sah man doch in den bereits durch Tacitus verklärten Germanen die eigenen idealisierten Vorfahren, wie man andererseits in den Franzosen die modernen Römer und in Napoleon I. die Verkörperung des modernen Cäsar sah.[24]

Wenn in der Namensgebung des Zentralmuseums „römisch" gleichberechtigt neben „germanisch" auftaucht, so weist das natürlich darauf hin, welchen Wert man im deutschen Südwesten trotz aller „vaterländischen Gesinnung" den römischen Zeugnissen und damit dem antiken Erbe einräumte. Das in der Satzung expressis verbis angeführte „Urgeschichte unseres deutschen Vaterlandes" sollte natürlich darauf hinweisen, daß man der Meinung war, die Geschichte des eigenen Volkes bis in die größtmögliche Ferne zurückverfolgen zu müssen.

Das wissenschaftliche Anliegen, das bereits in der ersten Satzung des Zentralmuseums klar formuliert wurde, nämlich die Quellen der eigenen, nationalen Vergangenheit zu sammeln, zu ordnen und durch eine systematische Zusammenschau zum Sprechen zu bringen, entsprach letztendlich einer bereits bei den deutschen Historikern, aber auch den Altertumswissenschaften

---

22 Hier zit. nach Lindenschmit d. J. 1902, 14; vgl. auch Böhner 1978, 21ff.; sowie Panke 1998, 716.

23 Vgl. Böhner 1978, 22; zur Namensgebung des RGZM vgl. auch Krämer 1979, 7. Zum politischen „Germanismus" im 19. Jahrhundert vgl. Gollwitzer 1971, 282ff.

24 Vgl. hierzu auch, was bei J. u. W. Grimm, Deutsches Wörterbuch 4, Abt. 1, Teil 2 (1897) Sp. 3717f. unter „germanisch" zu lesen ist: „im engern sinne deutsch, echt deutsch, besonders in der napoleonischen zeit gern mit nationalem stolz als gegensatz gegen das verhaszte fremde gebraucht, da sich gewissermaszen die kämpfe der alten Germanen gegen den von jenseits des Rheines eingedrungenen Cäsar wiederholten [...]", zit. nach Böhner 1978, 22.

Abb. 2. Selbstbildnis Ludwig Lindenschmits, d. Ä. aus dem Jahre 1879 (Fotoarchiv RGZM, Neg. T 96/233, Aufnahme: V. Isserhardt).

bewährten Verfahrensweise. Denn bereits 1823 hatte man mit einer „vaterländischen" Unternehmung größter Tragweite begonnen: Der Edition der sog. *Monumenta Germaniae Historica* (MGH), durch die ein unentbehrliches Arbeitsinstrument für jedwede künftige Forschung geschaffen werden sollte.[25]

Wenn als Sitz des geplanten Zentralmuseums Mainz gewählt wurde, so dürften hierfür ganz unterschiedliche Gründe eine Rolle gespielt haben: Die zentrale Lage des Ortes, seine herausragende historische Bedeutung und nicht

---

25 Das wissenschaftliche Großunternehmen ging auf eine Initiative von Karl Reichsfreiherr vom und zum Stein (1757–1831) zurück, der 1819 die *Gesellschaft für ältere deutsche Geschichtskunde* gegründet hatte. Die endgültige Konzeption der MGH wurde 1823 durch einen Mitarbeiter Steins, den als Philologen ausgebildeten, Hannoverschen Archivar Georg Heinrich Pertz (1795–1876) erarbeitet, der dann auch die Leitung des ganzen Unternehmens übernahm. Ähnlich große Vorhaben wurden natürlich auch im Bereich der Klassischen Altertumswissenschaften ins Leben gerufen. So erarbeitete z. B. der junge Theodor Mommsen einen Plan für eine systematische Herausgabe lateinischer Inschriften, welcher 1846 von F. C. von Savigny der Preußischen Akademie der Wissenschaften zu Berlin zur Begutachtung vorgelegt wurde. Das CIL (Corpus Inscriptionum Latinorum) wurde damit ins Leben gerufen. Vgl. hierzu Böhner 1978, 17ff.

zuletzt der aktive Mainzer Altertumsverein, auf dessen tatkräftige Hilfe man bauen konnte.[26]

In der Person Ludwig Lindenschmits d. Ä. (1809–1893), der über die notwendige wissenschaftliche und systematische Begabung verfügte, war denn auch zum richtigen Moment der richtige Mann zur Stelle (Abb. 2),[27] besaß er doch die für eine solche Aufgabe benötigte Energie und Ausdauer, großen Fleiß sowie ein ganz erstaunliches Maß an Selbstverleugnung. Aus einer angesehenen Künstlerfamilie stammend und selbst von Hause aus ein talentierter Maler, Zeichner und Karikaturist hatte er sich in jüngeren Jahren, hierin ganz Kind seiner Zeit, auch in der Historienmalerei mit Bildern aus der deutschen Sagenwelt und Geschichte versucht.[28] Den geübten Zeichner verraten uns sogar noch die Fundskizzen, die er in der Zeit seiner Museumstätigkeit z. B. für den sorgfältig geführten Katalog immer wieder anfertigte (Abb. 3).

Lindenschmit, der seinen Unterhalt ab seinem 22. Lebensjahr als Zeichenlehrer an der Gewerbeschule sowie am Gymnasium seiner Vaterstadt Mainz als „Großherzoglich-Hessischer Reallehrer mit der Stellung eines ordentlichen Gymnasiallehrers“, verdiente, gehörte zu den tonangebenden Männern des Mainzer Altertumsvereins, dessen erster Konservator er war. Obwohl ohne eine entsprechende Ausbildung, war er doch bereits seit 1848 und vor allem in der Folgezeit (seit 1860) durch ernstzunehmende archäologische Publikationen an die Öffentlichkeit getreten (Abb. 4).[29] Seine wissenschaftlichen

---

26 Zum Mainzer Altertumsverein hier nur soviel: 1841 in Mainz gegründet, und zwar als *Gesellschaft der Freunde vaterländischer Geschichtsforschung und Altertumskunde in Mainz*, wurde er 1844 kurz in *Mainzer Altertumsverein* umbenannt. Für den Zeitgeist höchst aufschlußreich ist das Motto, das man bei der Gründung der Vereinigung im Jahre 1841 wählte, lautete es doch: „Der Geschichte seines Vaterlandes oder des Landes, dem wir Sohnespflichten gereicht und Sohnesrechte zu verdanken haben, dem wir als Staatsbürger speziell angehören, ernste Studien und Forschungen bis zu den entferntesten und verborgensten Quellen, bis zur ersten völkischen Bedeutsamkeit zuzuwenden, ist denen eine süße Pflicht, die sich solchen Zielen gewachsen fühlen.“ Weniger schwülstig, gleichwohl der gleichen Geisteshaltung verpflichtet, war der lateinische Wahlspruch, den man wählte: „In patriae honorem dignitatem, decus atque utilitatem vitam impendere vero nostrum dulce est officium.“ Vgl. Krämer 1946–48, 4ff.

27 Zu Ludwig Lindenschmit d. Ä. vgl. Lindenschmit d. J. 1927, 5ff.; Gummel 1938, 438ff.; Kühn 1976, 65ff.; Böhner 1978, 23ff. sowie Böhner 1979, 194ff.; vgl. ferner Panke 1998, 755 sowie von Hase 2000, 65ff.

28 Zu Ludwig Lindenschmit d. Ä. als Maler Böhner 1978, 24ff.; 33; vgl. ferner Weber 1983, 5ff.; 11ff.; weitere Lit. hierzu bei Panke 1998, 712, Anm. 9.

29 An frühen Publikationen seien hier nur genannt: W. u. L. Lindenschmit, Das germanische Todtenlager bei Selzen in der Provinz Rheinhessen (Mainz 1848); L. Lindenschmit, Die von dem historischen Vereine bis jetzt veranstalteten Ausgrabungen, in: Zeitschr. Ver. Erforsch. Rhein. Gesch. 1, 1845–1851, 331–344; ders., Über eine besondere Gattung von Gewandnadeln aus deutschen Gräbern des V. und VI. Jahrhunderts, in: Abb. Mainzer Alterth. 3, 1851, 1–16;

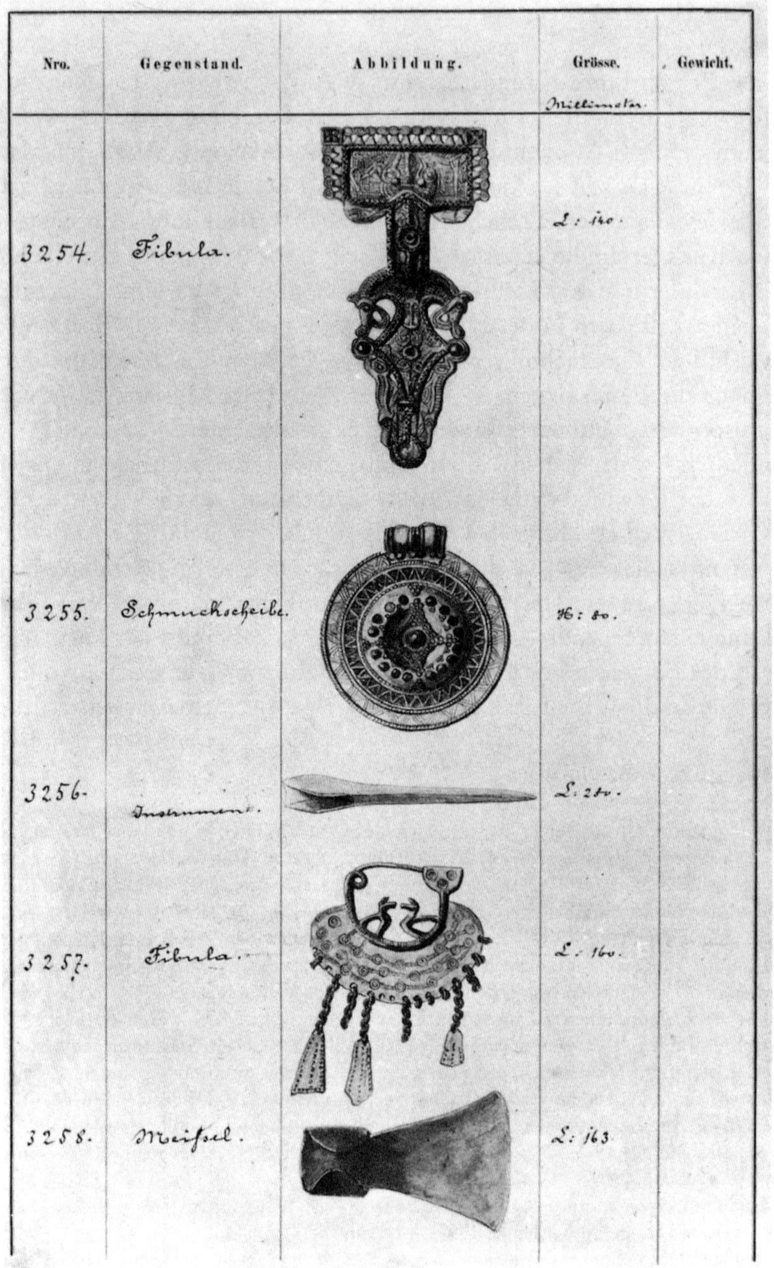

Abb. 3. Eine Seite des von Ludwig Lindenschmit d. Ä. eigenhändig illustrierten Inventarbuchs des RGZM (nach Böhner 1978, Taf. 4).

DAS

GERMANISCHE TODTENLAGER

BEI SELZEN

in der Provinz Rheinhessen,

dargestellt und erläutert

von den

Gebrüdern W. und L. Lindenschmit.

Die Gräber mit Eisenwaffen stammen aus der Zeit der Völkerwanderung.

MAINZ,

VERLAG VON VICTOR V. ZABERN.

1848.

Abb. 4. Titelblatt des 1848 von den Gebrüdern Wilhelm und Ludwig Lindenschmit in Mainz herausgegebenen Grabungsberichtes zum Gräberfeld von Selzen. Das wichtige Ergebnis der Untersuchung ist auf dem Frontispiz lapidar in dem Satz zusammengefaßt: „Die Gräber mit Eisenwaffen stammen aus der Zeit der Völkerwanderung" (nach W. u. L. Lindenschmit, Das Germanische Todtenlager bei Selzen [Mainz 1848, Nachdruck Mainz 1969]).

Arbeiten verschafften ihm im Laufe der Jahre denn auch ein solches Renommee, daß ihm bereits 1862 die angesehene Universität Basel die Würde eines Dr. h. c. verlieh. Eine Auszeichnung, der im Laufe seines langen Forscherlebens noch zahlreiche weitere nationale und internationale Ehrungen folgen sollten.[30] Vor allem die auf den 15. November 1861 beurkundete Ernennung zum „Ritter der französischen Ehrenlegion" durch Napoleon III. sollte ihre Wirkung auch in der Heimat nicht verfehlen (Abb. 5). Denn wie Lindenschmit d. Ä. mit der ihm eigenen Selbstironie bemerkte war es wohl kein Zufall, wenn er kurz vor der französischen Ehrung, nämlich am 9. Juni 1861, noch mit der Goldenen Verdienstmedaille durch seinen Landesvater, den Großherzog von Hessen, bedacht wurde (Abb. 6).[31]

Erst im fortgeschrittenen Alter, d. h. mit 43 Jahren, fand Lindenschmit zu seiner eigentlichen Lebensaufgabe, dem Aufbau des Zentralmuseums. Ihm widmete er fortan bis zu seinem Tode seine ganze Arbeitskraft.

---

ders., Ein deutsches Hügelgrab aus der letzten Zeit des Heidenthums, in: Abb. Mainzer Alterth. 4, 1852, 1–16; ders., Fragen über heidnische Gräberfunde, in: Korrbl. Gesamtver. Dt. Gesch. u. Altver. 1, 1853, Nr. 13, 109–110; ders., Alterthümer unserer heidnischen Vorzeit 1 (Mainz 1858); ders., Die Vaterländischen Alterthümer der fürstlich hohenzoller'schen Sammlungen zu Sigmaringen (Mainz 1860); ders., Die deutsche Alterthumsforschung, in: Archiv. Anthr. 1, 1866, 43–60; ders., Ueber die neueste Pfahlbautenliteratur, in: Archiv. Anthr. 1, 1866, 361–374; ders., Das Gräberfeld am Hinkelstein bei Monsheim (Rheinhessen), einer der ältesten Friedhöfe des Rheinlandes, in: Archiv Anthr.3, 1868, 101–125. Eine ausführliche Bibliographie der Werke von L. Lindenschmit d. Ä., die zwischen 1848–1891 erschienen, findet sich bei Panke 1998, 772–773.

30 An ausländischen Mitgliedschaften Lindenschmits wären zu erwähnen: *Académie d'archéologie de Belgique* (ab 1857); *Wilnaer archäologische Kommission* (ab 1859); *Verein für vaterländische Altertümer in Zürich* (ab 1860); *Société pour la conservation des monuments historiques d'Alsace* (ab 1863); *Society of Antiquaries in London* (ab 1864); *Archäologische Gesellschaft in Moskau* (ab 1865); *Society of Antiquaries of Scotland* (ab 1881); *Anthropologische Gesellschaft in Brüssel* (ab 1883); *Yorkshire Philosophical Society* (ab 1885).

31 Im Rückblick kommentiert L. Lindenschmit d. J. die dem Vater verliehene Auszeichnung eines Ritters der Ehrenlegion am 15. Nov. 1861 mit den Worten: „Unter den kleinen Verhältnissen, die damals in dem Kleinstaat Hessen bestanden, hatte man bis dahin zwar der stillen Arbeit des Museums in Regierungskreisen wenig Beachtung geschenkt, desto mehr aber von Seiten in- und ausländischer Gelehrter und wissenschaftlicher Gesellschaften, Diplome, Ernennungen zum Ehrenmitglied fremder Akademien waren uns nichts Neues und füllten schon eine große Mappe, so daß es nicht wundernehmen konnte, daß die goldene Medaille für Kunst und Wissenschaft, als sie eines Tages aus Darmstadt eintraf, nicht besonders überraschte oder epochemachend wirkte. Mein Vater sagte mit gutmütiger Ironie: ‚Dieser Orden kommt eigentlich aus Paris.' So schien es in der Tat, der hessische Orden kam, als das Ritterkreuz der französischen Ehrenlegion gewissermaßen schon unterwegs war. Man wollte eben das Landeskind noch schnell festlich schmücken, damit es nicht gar zu vernachlässigt dastehe, wenn ihm das Ausland das Ehrenkleid reiche." Vgl. Lindenschmit d. J. 1927, 41; vgl. auch von Hase 2000, 76, Anm. 33.

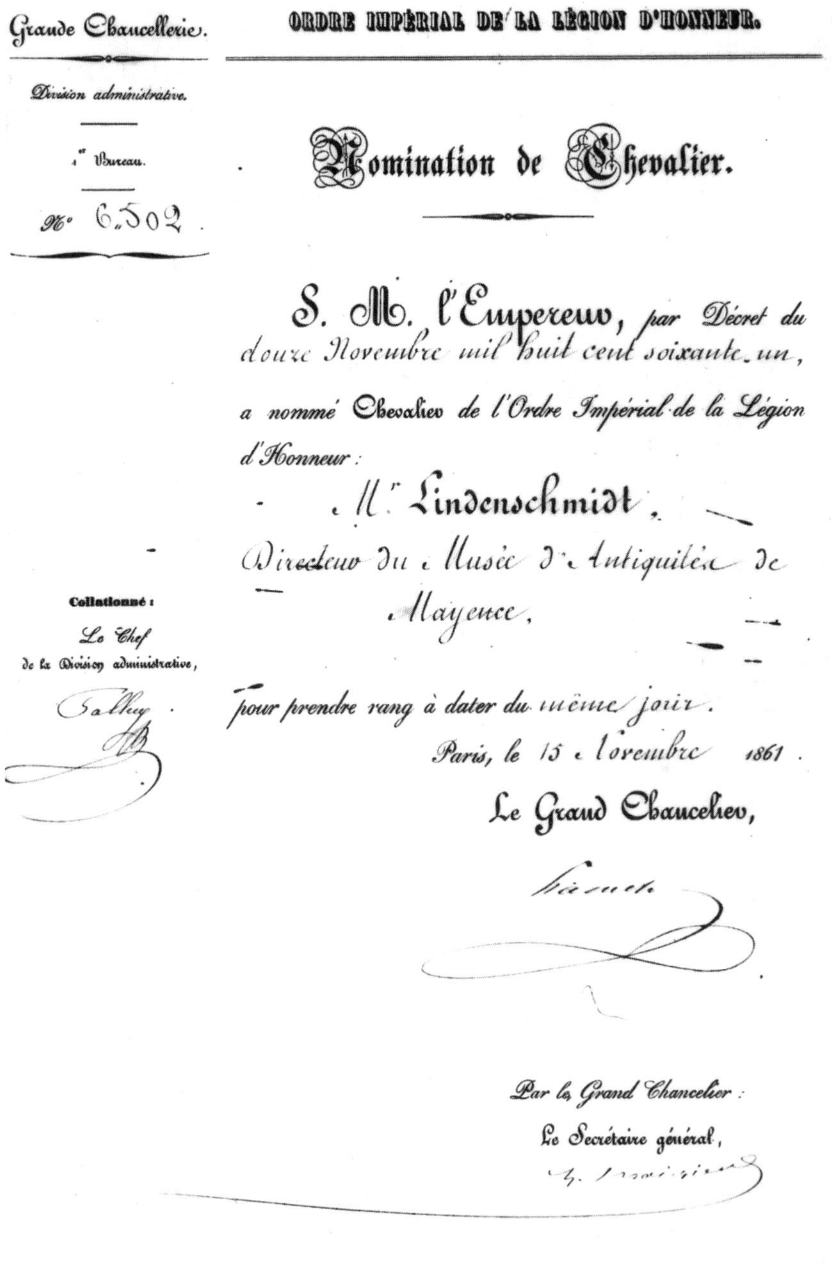

Grande Chancellerie.

Division administrative.

1er Bureau.

No 6.502.

ORDRE IMPÉRIAL DE LA LÉGION D'HONNEUR.

Nomination de Chevalier.

S. M. l'Empereur, par Décret du douze Novembre mil huit cent soixante-un,

a nommé Chevalier de l'Ordre Impérial de la Légion d'Honneur :

Mr Lindenschmidt,

Directeur du Musée d'Antiquités de Mayence,

pour prendre rang à dater du même jour.

Paris, le 15 Novembre 1861.

Le Grand Chancelier,

Collationné :
Le Chef
de la Division administrative,

Par le Grand Chancelier :
Le Secrétaire général,

Abb. 5. Ernennungsurkunde von Ludwig Lindenschmit d. Ä., zum Ritter der Ehrenlegion durch Kaiser Napoleon III., laut Dekret vom 12. November 1861, ausgestellt am 15. November 1861 (Fotoarchiv RGZM 696/11).

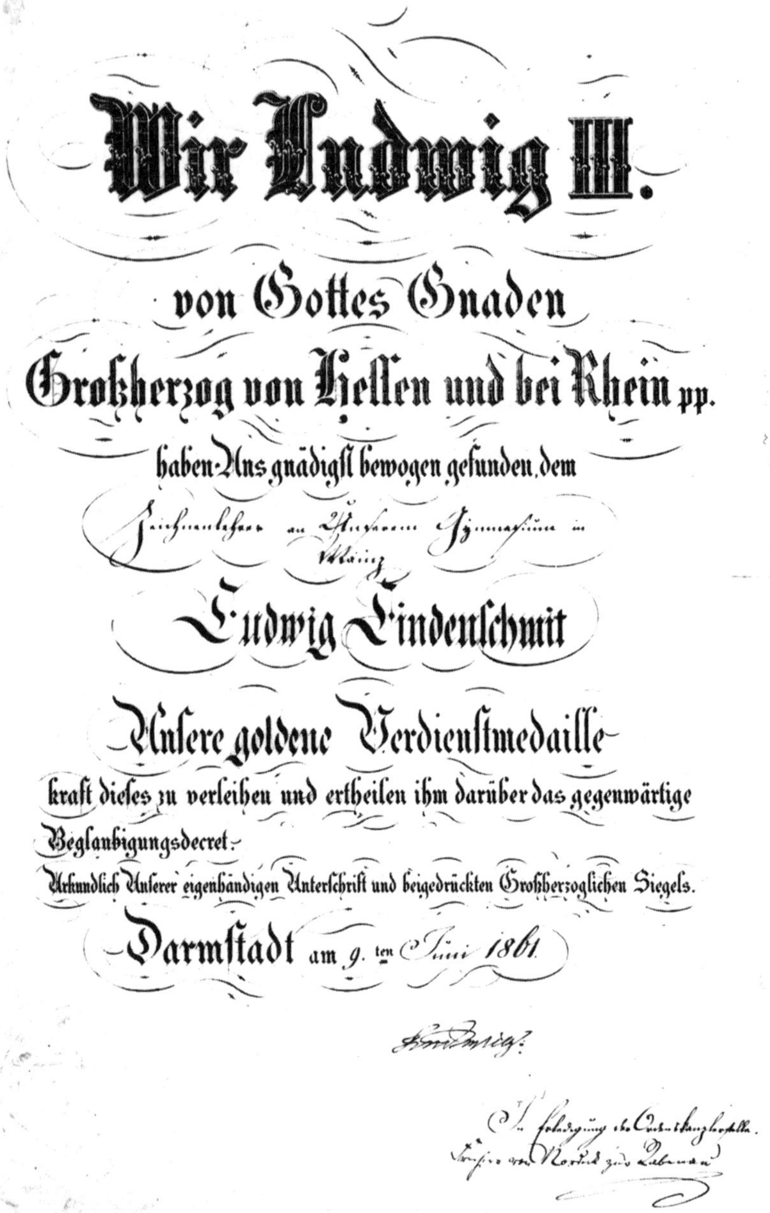

Wir Ludwig III.
von Gottes Gnaden
Großherzog von Hessen und bei Rhein pp.
haben Uns gnädigst bewogen gefunden, dem
Zeichenlehrer an Unserem Gymnasium in Mainz
Ludwig Lindenschmit
Unsere goldene Verdienstmedaille
kraft dieses zu verleihen und ertheilen ihm darüber das gegenwärtige
Beglaubigungsdecret.
Urkundlich Unserer eigenhändigen Unterschrift und beigedrückten Großherzoglichen Siegels.
Darmstadt am 9. ten Juni 1861

Abb. 6. Beglaubigungsdekret des Großherzogs von Hessen vom 9. Juni 1861 anläßlich der Verleihung der Goldenen Verdienstmedaille an Ludwig Lindenschmit d. Ä. Man beachte: Der bereits international renommierte Forscher und Museumsdirektor wird hier in Verkennung seiner wirklichen Verdienste lediglich als „Zeichenlehrer an unserem Gymnasium in Mainz“ betitelt! (Fotoarchiv RGZM Neg. Nr. L 862/35).

Die Anfänge des Zentralmuseums waren in jeder Beziehung bescheiden. Denn für die aus Originalen und Kopien bestehende Schausammlung, die Anfertigung und Kolorierung der Kopien und die Magazinierung der Funde standen zunächst nur ganze drei Räume im Kurfürstlichen Schloß zur Verfügung.[32] Eine nachhaltige Besserung der Verhältnisse sollte erst Jahrzehnte später eintreten, wovon noch die Rede sein wird (vgl. Abb. 7–8).

Lindenschmit war zunächst der einzige am Museum tätige Wissenschaftler. Ihm zur Seite stand in den ersten sieben Jahren ein Abformer, der allerdings nur sporadisch beschäftigt wurde und erst ab 1859 eine Festanstellung erhielt, zusammen mit einem ständigen Gehilfen.[33]

Bescheiden waren auch die offiziellen Zuweisungen, die dem Museum zuteil wurden: Die hessische Landesregierung bewilligte einen jährlichen Zuschuß von 500–600 Gulden. Kleinere Geldsummen steuerten jeweils die Könige von Sachsen und Preußen, verschiedene deutsche Fürsten und in der Folgezeit sogar der Kaiser von Österreich bei.[34] Daß es sich um eine gesamtdeutsche Institution handeln sollte bezeugt letztendlich auch der Umstand, daß dem Zentralmuseum bei seiner Gründung das Wappen des Deutschen Bundes verliehen wurde, das noch erhalten ist und das heute auch als Vignette des Instituts verwendet wird (Abb. 9).

Als zukunftsweisend sollte sich der bereits in den Statuten festgeschriebene Gedanke erweisen, nicht ein Museum im herkömmlichen Sinne aufzubauen, sondern eine in besonderer Weise der überregionalen Forschung verpflichtete Institution. D. h. ein *Centralmuseum* für ganz Deutschland, dessen eigene Bestände durch den planmäßigen Aufbau einer Abgußsammlung aus kolorierten Gipsen noch zu Lindenschmits d. Ä. Lebzeiten zu einer Studiensammlung europäischen Zuschnitts anwachsen sollte.

Vor diesem Hintergrund wird es verständlich, daß der Restaurierung der zu kopierenden Fundstücke große Bedeutung zukam. Durch diese, in großem Stile und viel Sachverstand betriebene Tätigkeit, aber auch durch die Ausführung von Modellen und Rekonstruktionen sowie die praktische Erprobung nachgebauter römischer Pila und Pfeilgeschütze, beschritt das Zentralmuseum in der Tat neue Wege, die ihm schon bald Verbindungen zu bedeutenden Museen des In- und Auslandes eröffnen sollten.

Die erste größere Abformungskampagne, die das Museum auswärts durch-

---

32 Vgl. Lindenschmit d. J. 1902, 24ff. u. 15 (Grundrißzeichnung mit Angabe der vom RGZM im Schloß benutzten Räumlichkeiten).

33 Vgl. Lindenschmit d. J. 1902, 26, 40.

34 Vgl. hierzu Lindenschmit d. J. 1902, 27 u. 31ff.

Abb. 7. Blick in den „Römischen Saal“ des RGZM im Kurfürstlichen Schloß mit der noch von Ludwig Lindenschmit d. Ä. entwickelten Ausstellungskonzeption. Man beachte das noch heute gebräuchliche Nebeneinander von Kopien, Nachbildungen und Originalfunden (nach Lindenschmit d. J. 1902, Taf. II).

Abb. 8. Blick in die Werkstätten des RGZM im Kurfürstlichen Schloß, in denen die Funde sowohl restauriert wie auch in Gips kopiert wurden. Die Aufnahme dürfte um 1900 entstanden sein (nach Lindenschmit d. J. 1902, Abb. S. 20).

führte, fand 1859 in Bonn statt, die zweite brachte Lindenschmit und seinen Abformer Roth auf Einladung Napoleons III. 1861 nach Paris und sollte zu einem großen Erfolg werden (s. u.; Abb. 10).

Dank ihrer Erfahrungen und dem bekannt hohen Standard auf dem Gebiet der Herstellung kolorierter Gipskopien waren die Mainzer auch schon bald in der Lage, Aufträge für andere Institutionen auf Honorarbasis auszufüh-

Abb. 9. Wappen des Deutschen Bundes, das dem RGZM bei seiner Gründung verliehen wurde und das heute noch als Titelvignette des Instituts verwendet wird (Vorlage: RGZM).

ren.[35] Hierdurch gelang es immer wieder, die zunächst schwierige finanzielle Lage des Museums zumindest soweit aufzubessern, daß wenigstens das eigene Überleben gewährleistet wurde.[36] Eine Änderung der Verhältnisse trat erst nach der Reichsgründung 1871 ein. Das Museum erhielt jetzt eine jährliche, staatliche Zuwendung von 3000 Talern und Lindenschmit d. Ä. bekam erstmals ein festes Gehalt, das ihm eine hauptamtliche Tätigkeit für das Museum gestattete.[37]

[35] Zu den ausländischen Auftraggebern gehörten außer Napoleon III. (ab 1861) und dem *Musée des Antiquités Nationales* in Saint-Germain-en-Laye (ab 1864) noch das *Musée royal d'antiquités et d'armures* in Brüssel, die kaiserliche Universität in Moskau, das königliche Museum in Kopenhagen, das Britische Museum in London und das South Kensington Museum, vgl. Lindenschmit 1902 d. J., 49ff. und 64f.

[36] In den ersten Jahren des Bestehens des Museums versuchte man nach Kräften, dem chronischen Geldmangel auch durch den Verkauf von Gipskopien, zwischen 1853 und 1862 waren es immerhin 738, etwas zu lindern, was aber nur teilweise gelang, vgl. hierzu die entsprechende Aufstellung bei Lindenschmit d. J. 1902, 49f.; vgl. auch Böhner 1978, 29f. sowie Böhner 1979, 198ff.

[37] Vgl. Lindenschmit d. J. 1902, 67. Eine wirkliche Besserung der Verhältnisse für das Museum, aber auch für Lindenschmit persönlich, trat erst 1871, also nach der Reichsgründung, ein. Zu den finanziellen und sonstigen Schwierigkeiten, die das junge Museum durchzustehen hatte, vgl. Lindenschmit d. J. 1902, 26; 29; 31ff.; 37ff.; 40ff.; 52ff.; 66f.; 68. Vgl. hierzu auch noch Lindenschmit d. J. 1927, 49f; 51, sowie Böhner 1978, 31 und Panke 1998, 716. Lindenschmit d. Ä., bereits 20 Jahre unermüdlich für sein Museum tätig, verfügte erst mit 63 Jahren über ein festes Gehalt. Er blieb dann noch weitere 22 Jahre bis zu seinem Tode am 14. Februar 1893 im Amt! Vgl. Lindenschmit d. J. 1927, 51 sowie Böhner 1978, 31.

Abb. 10. Kolorierte Gipskopien einiger noch erhaltener Beigaben aus dem 1653 durch Adrian Quinquin in Tournai in Belgien entdeckten, bereits 1655 durch Jean Jacques Chifflet erstmals publizierten Grab des Frankenkönigs Childerich (gest. 482). Auf unserem Foto abgebildet sind: Die Goldbeschläge einer mit Almandinen besetzten Spatha und eines Sax, zwei bienenförmige Pferdegeschirrbeschläge und ein Schnallenbügel. Angefertigt wurden die Kopien durch Ludwig Lindenschmit d. Ä. und seinen Restaurator Philipp Roth 1861 während ihres gemeinsamen Aufenthaltes in Paris. Erst später ergänzt durch Lindenschmit d. Ä. wurden allerdings auf Grund entsprechender Funde die Eisenklingen der Spatha und des Sax. Die Erlaubnis, diese zum Schatz der französischen Krone gehörenden Stücke abzuformen, sowie Abformungen weiterer, in Pariser Museen verwahrter Stücke vorzunehmen, wurde den Mainzern durch die Fürsprache von Kaiser Napoleon III. gewährt. Die hier abgebildeten kolorierten Gipskopien, die bereits die außerordentliche Qualität der frühen Mainzer Kopien belegen, werden noch immer im RGZM verwahrt (Foto: Sabine Hölper, RGZM).

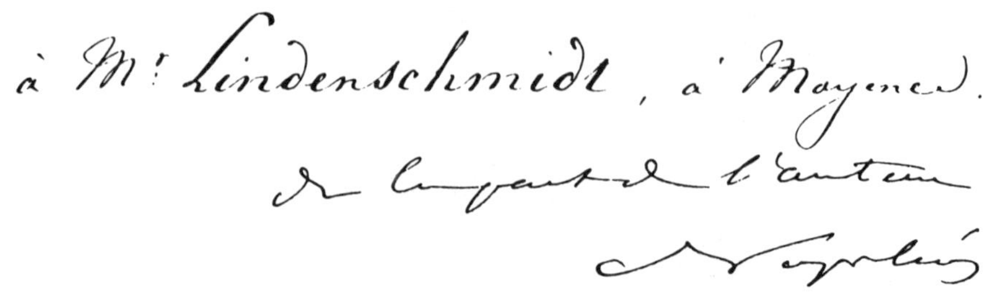

Abb. 11. Eigenhändige Widmung Napoleons III. an Ludwig Lindenschmit d. Ä., angebracht im ersten Band des vom französischen Kaiser herausgegebenen Prachtwerkes *Histoire de Jules César* (Paris 1865–1866). Wir lesen: „à Mr. Lindenschmidt, à Mayence, de la part de l'auteur Napoléon" (Fotoarchiv RGZM, Neg. L-1233/12).

Bereits im Jahre 1858 verfügte das Museum über 1202 kolorierte Abformungen. Die Zahl der nicht kolorierten Kopien und zwar von Grabsteinen, Statuetten und Reliefs belief sich im gleichen Jahr auf 130 Stücke.[38] Und dies sollte nur der Anfang einer nach systematischen Prinzipien aufgebauten Studiensammlung sein, die auf dem Gebiet der Vor- und Frühgeschichte und der provinzialrömischen Archäologie in Deutschland schon bald nicht ihresgleichen hatte.

Prominentester Auftraggeber des Museums war ab 1861 Kaiser Napoleon III., der große Förderer der nationalen Archäologie in Frankreich.[39] Eine mehrjährige, fruchtbare Zusammenarbeit zwischen höchst ungleichen Partnern nahm damit ihren Anfang und sollte von Seiten des französischen Monarchen durch wertvolle Geschenke für die Sammlungen des Museums honoriert werden.[40] Als Zeichen seiner besonderen Dankbarkeit und Wertschätzung übersandte der Kaiser Lindenschmit d. Ä. auch ein noch erhaltenes Exemplar seines mehrbändigen Prachtwerkes *Histoire de Jules César* (Paris 1865–66) mit folgender eigenhändiger Widmung „à Mr. Lindenschmit à

[38] Die Angaben nach L. Lindenschmit d. Ä. im *Jahresbericht des Römisch-Germanischen Centralmuseums zu Mainz* 1858.

[39] Zu Napoleon III. als Mäzen und Förderer der archäologischen Forschung in Frankreich vgl. Gran Aymerich 1998, 149ff.; von Hase 2000, 64ff.; Corrocher 2000, 25ff.

[40] Es handelte sich bei den Geschenken Napoleon III. an das Zentralmuseum um Gipskopien von dreizehn assyrischen Palastreliefs nach Originalen aus dem Louvre und dem Britischen Museum; Nachbildungen ausgewählter Funde aus den Grabungen in Alesia, Nachbildungen römischer Pila und eines römischen Pfeilgeschützes sowie um ein original etruskisches Thymaterion Vulcenter Herstellung von erster Qualität. Vgl. hierzu Lindenschmit d. J. 1902, 41 sowie ders. 1927, 40. Zur „Zusammenarbeit" von L. Lindenschmit d. Ä. mit Napoleon III. vgl. ausführlich von Hase 2000, 63ff.

Mayence de la part de l'auteur Napoléon" (Abb. 11). Die Gründe für diese Zusammenarbeit charakterisieren die Verhältnisse während der Frühzeit des Mainzer Museums, weswegen wir hier zumindest kurz noch einmal darauf eingehen möchten: Das RGZM war in den 60er Jahren des 19. Jahrhunderts noch eine bescheidene Einrichtung. Gleichwohl sah Napoleon III. in der nach wissenschaftlichen Kriterien im Aufbau befindlichen Institution überregionalen Charakters verwirklicht, was ihm selber zu schaffen vorschwebte: Ein dem nationalen Erbe Frankreichs besonders verpflichtetes archäologisches Museum. Ein Vorhaben, das nur ein Jahrzehnt nach Gründung des Zentralmuseums in Mainz, im *Musée des Antiquités Nationales* in Saint-Germain-en-Laye auch tatsächlich verwirklicht wurde,[41] wobei sowohl Lindenschmit d. Ä. als auch der ihm freundschaftlich verbundene Doyen der nordischen Altertumskunde, Christian Jürgensen Thomsen (1788–1865), das Projekt nachdrücklich unterstützten.[42]

Bekanntlich wurde Lindenschmit während seines Parisaufenthaltes (1861) in zwei Privataudienzen vom französischen Kaiser empfangen, wo es wohl in erster Linie um die kaiserlichen Museumspläne ging.[43] Besonders die Rolle Lindenschmits und die Bedeutung des Zentralmuseums bei der Verwirklichung des ehrgeizigen Vorhabens wurden in der Tat auch von französischer Seite stets anerkennend hervorgehoben und festigten bis zum heutigen Tage die traditionell engen Beziehungen der beiden Institutionen.[44]

Die Verwandtschaft der beiden Museen sollte sogar in der Namensgebung zum Ausdruck kommen: Wollte man doch ursprünglich dem programmati-

---

[41] Zur Gründung des *Musée des Antiquités Nationales in Saint-Germain-en-Laye* vgl. Lantier 1962, 940ff.; Moisset 1977, 92ff.; Delporte 2000, 55ff.

[42] Zur Unterstützung des kaiserlichen Projektes durch Lindenschmit und Thomsen vgl. von Hase 2000, 67ff. mit Lit., vgl. ferner Street-Jensen 1985, 112, 115–118.

[43] Zu den zwei Privataudienzen, die Lindenschmit d. Ä. bei Napoleon III. erhielt, vgl. Lindenschmit d. J. 1927, 39; hierzu auch von Hase 2000, 67.

[44] Vgl. Lantier 1962, 947. Zu den alten, engen Beziehungen beider Museen vgl. auch die Hinweise im Grußwort des damaligen Direktors des *Musée des Antiquités Nationales* in Saint-Germain-en-Laye R. Joffroy anläßlich der Feier zum 125. Jubiläum des RGZM am 21. Oktober 1977, abgedruckt in: Jahrb. RGZM Mainz 25, 1978, 264ff. Verwiesen sei in diesem Zusammenhang auch auf eine briefliche Äußerung vom 3. November 1863 von Mme. Hortense Cornu (1809–1875), einer Vertrauten Napoleons III., die im Auftrage des Kaisers die Verbindungen zu den Mainzern herstellte und pflegte. In dem genannten, an Ludwig Lindenschmit d. Ä. gerichteten Schreiben, das im Archiv des RGZM verwahrt wird, heißt es: „Ihr Brief war mir eine Freude, ich sehe, daß Sie und wir eine reiche Ernte in Österreich machten, es mag Ihr Vaterherz erfreut haben, da Sie Vater zweier Museen sind, in Mainz und in Saint Germain, denn Sie und Ihr Mainzer Museum haben letzteres ins Leben gerufen", zitiert nach von Hase 2000, 77f. Anm. 40.

schen „römisch-germanisch" der deutschen Seite, französischerseits ein „gallo-romain" gegenüberstellen. Ein Plan, der dann allerdings wieder aufgegeben wurde.[45]

Aber nicht nur auf den Arbeiten im Bereich der Restaurierung und Abformung sowie der Herstellung von Modellen beruhte schon bald der gute Ruf des Zentralmuseums. Vorbildliches geleistet wurde auch auf dem Gebiet der wissenschaftlichen Erschließung der vor- und frühgeschichtlichen sowie römischen Fundbestände. So trat Lindenschmit bereits 1858 mit einer Publikationsreihe neuer Art an die Öffentlichkeit: Es erschien der erste Band der Reihe *Die Alterthümer unserer heidnischen Vorzeit nach den in öffentlichen und Privatsammlungen befindlichen Originalen zusammengestellt und herausgegeben von dem Römisch-Germanischen Centralmuseum in Mainz*, dem bis 1911 fünf weitere Bände folgen sollten (Abb. 12).

Die Publikation dieser neuartigen Serie begründete Lindenschmit mit den Worten „... weil auch die Verbreitung dieser Abbildungen, wie wir hoffen, mit dazu beitragen wird, diejenige Beachtung und Theilnahme für unsere Bestrebungen in weiteren Kreisen anzuregen, ohne welche die so schwierige und umfassende Aufgabe, welche den Zweck des römisch-germanischen Centralmuseums bildet, unmöglich gelöst werden kann."[46]

Über die wissenschaftlichen Leistungen Lindenschmits, der der formenkundlich-typologischen Betrachtungsweise in Deutschland zum Durchbruch verhalf, soll hier nicht noch einmal gehandelt werden. Alles Wesentliche bis hin zu seiner unglücklichen Parteinahme im Streit um das sogen. „Dreiperiodensystem", findet man in zwei grundlegenden Artikeln von Kurt Böhner und Tanja Panke.[47]

Sicher nicht übertrieben ist die Feststellung, daß das RGZM in seiner uns hier beschäftigenden frühen Phase als das Werk Ludwig Lindenschmits d. Ä. angesehen werden darf. Es verfügte zu Beginn der 1890er Jahre bereits über mehr als 12.000 Abformungen von Funden ganz unterschiedlicher Zeitstellung und Herkunft und war somit im Laufe von nur vier Jahrzehnten zu jener zentralen Forschungseinrichtung geworden, die seinen Gründern zu schaffen vorgeschwebt hatte, wobei es allerdings erst nach der Reichsgrün-

[45] Von einem „Musée gallo-romain" ist noch im kaiserlichen Gründungserlaß vom 8. März 1862 die Rede. Gebräuchlich wird dagegen der moderne Name *Musée des Antiquités Nationales* erst ab 1868, vgl. hierzu Lantier 1962, 944; Moisset 1977, 94; von Hase 2000, 70, 80, Anm. 55.

[46] Zit. nach: L. Lindenschmit, Jahresbericht des Römisch-Germanischen Centralmuseums zu Mainz 1858.

[47] Vgl. Böhner 1978, 36ff.; Panke 1998, 717ff.

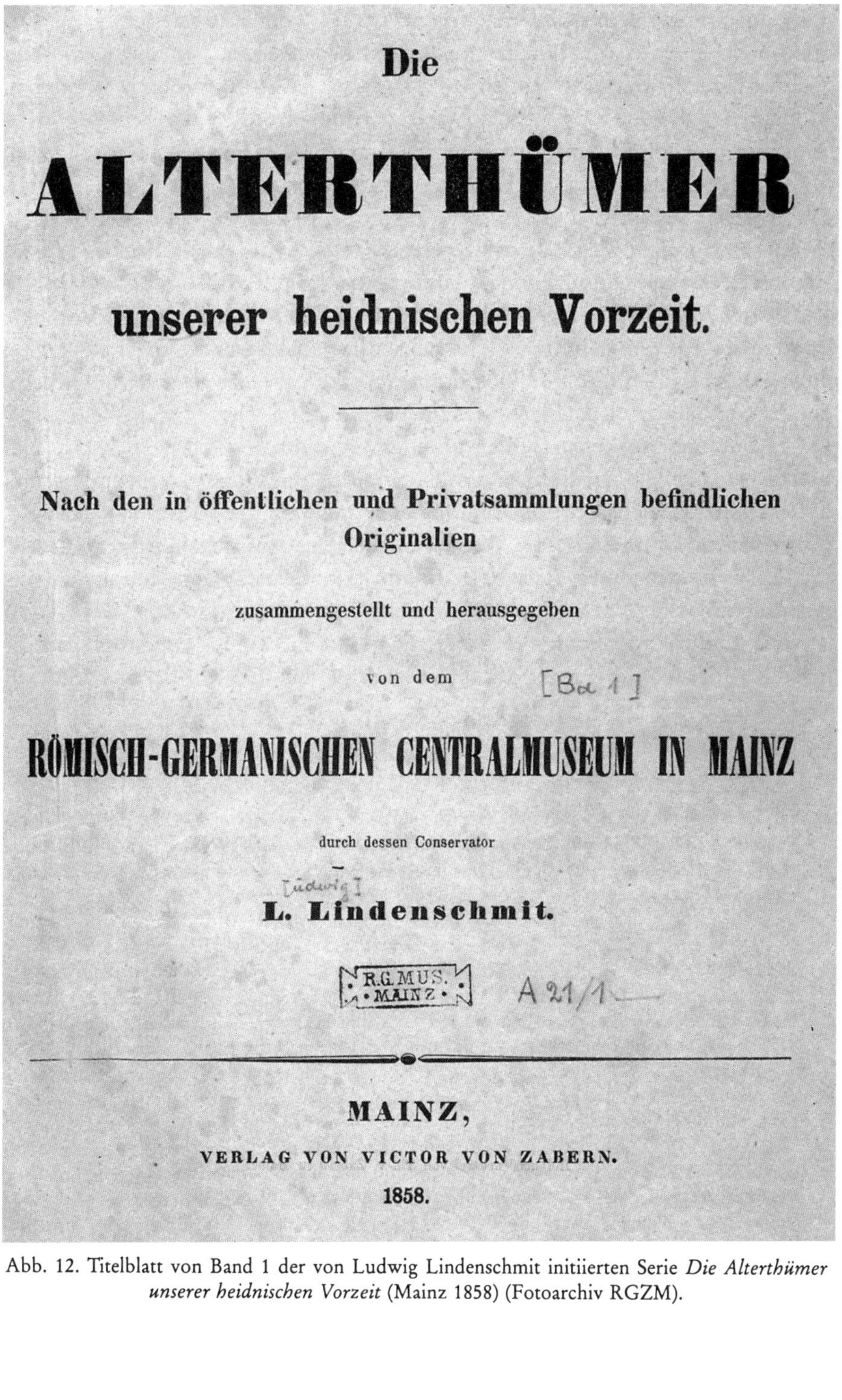

Die

ALTERTHÜMER

unserer heidnischen Vorzeit.

Nach den in öffentlichen und Privatsammlungen befindlichen Originalien

zusammengestellt und herausgegeben

von dem [Bd 1]

RÖMISCH-GERMANISCHEN CENTRALMUSEUM IN MAINZ

durch dessen Conservator

[Ludwig]
L. Lindenschmit.

MAINZ,

VERLAG VON VICTOR VON ZABERN.

1858.

Abb. 12. Titelblatt von Band 1 der von Ludwig Lindenschmit initiierten Serie *Die Alterthümer unserer heidnischen Vorzeit* (Mainz 1858) (Fotoarchiv RGZM).

dung so richtig zu prosperieren begann: 1893 standen außer dem Direktor und einem Konservator immerhin schon sieben Museumsarbeiter sowie ein Museumsdiener besoldet in seinen Diensten. Als Lindenschmit d. Ä. am 14. Februar 1893 im Alter von 84 Jahren für immer die Augen schloß, wurde seiner denn auch in zahlreichen Nachrufen in wissenschaftlichen Zeitschriften und in der Tagespresse, aber auch bei Gedächtnisveranstaltungen auf das Ehrenvollste gedacht.[48]

Zum Ausdruck brachte dies in einem 1883 erschienenen Nachruf der Doyen der deutschen Anthropologie und Prähistorie Rudolf Virchow (1821–1902), neben Theodor Mommsen prominentestes Mitglied des Gesamtvorstandes des RGZM (Abb. 13).[49] Er schrieb u. a.: „Er war es, der mit zielbewusster Arbeit die Verbindungen unseres Volkes in jener weit zurückliegenden Vorzeit, über welche die Geschichte wenig zu berichten hat, insbesondere die Verbindungen mit dem Süden und dem Westen, aufzuklären gewusst hat. Durch ihn sind die Etrusker und die Celten für uns aktive Elemente in dem Lebensbilde der germanischen Stämme geworden, und er selbst hat als ein internationaler Dolmetsch der Vergangenheit jene massgebende Stellung erreicht, die ihm auch in Italien, in Frankreich und England die allgemeine Achtung sicherte."[50]

Und ähnlich positiv ist die Bewertung Lindenschmits von französischer Seite. So gedachte der junge Salomon Reinach (1858–1932),[51] der seit 1886 als

[48] Vgl. H. Arnold in der *Beilage zur Allgemeinen Zeitung München* vom 17. Mai 1893; J. Ranke, Nachruf: Ludwig Lindenschmit, in: Archiv. Anthr. 22, 1894, I-V. R. Adamy, Ludwig Lindenschmit. Gedächtnisrede, gehalten in der ausserordentlichen Versammlung des historischen Vereins, Montag, den 6. März 1893, in: Quartalbl. Hist. Ver. Hessen N. F. 1, 1891–1895 (1899) 274–283. Vgl. ferner Schumacher 1906, 38ff. sowie ders. 1909, 268ff. Vgl. auch Friedrich von Duhn, Festrede gehalten bei der Feier des 75jährigen Bestehens des Römisch-Germanischen Central-Museums in Mainz am 2. September 1927, in: Mainzer Zeitschr. 22, 1927, 17–24. G. Borrmann, Ludwig Lindenschmit d. Ä. (1809–1893), in: Mainzer Zeitschr. 89, 1994 (1996) 181–185. H. Mathy, Rede zur Kranzniederlegung am Grab von Ludwig Lindenschmit d. Ä. (1809–1893) auf dem Mainzer Hauptfriedhof am Mittwoch, den 14. September 1994, 11 Uhr, in: Mainzer Zeitschr. 89, 1994 (1996) 212–215, s. auch Anm. 50, 52, und 56.

[49] Der Gesamtvorstand des RGZM findet sich mit Ausnahme des württembergischen Landeskonservators Dr. Eduard von Paulus auf einem historischen Gruppenfoto vom 21. September 1900 (Abb. 13). Dieses entstand anläßlich der Sitzung, auf der sieben Jahre nach dem Tode Ludwig Lindenschmits d. Ä. Prof. Dr. Karl Schumacher zum neuen ersten Direktor des RGZM gewählt wurde, vgl. Schumacher 1927, 52, Taf. 2,1, sowie besonders Krämer 1978, 50ff., 66ff., Taf. 7 u. Taf. 8–10.

[50] Vgl. Zeitschrift für Ethnologie 25, 1893, 86–87. Zu Virchows Bedeutung für die Vor- und Frühgeschichte vgl. Gummel 1938, 209ff.; Krämer 1978, 54; Kossack 1999, 25ff.; 31ff.; 36.

[51] Zu Reinach vgl. die biographischen Angaben bei Gran-Aymerich 2001, 568ff. mit Lit.

Abb. 13. Historisches Gruppenfoto des Gesamtvorstandes des RGZM vom 21. September 1900. Von links nach rechts, vorne: 1. Gymnasialprofessor Dr. Jakob Schlenger (Altphilologe, Hessischer Landtagsabgeordneter von 1899–1905, Mainz); 2. Univ. Prof. Dr. Johannes Ranke (Anthropologe, München); 3. Hon. Prof. Dr. Karl Zangemeister (Klass. Philologe, Direktor der Universitätsbibliothek Heidelberg); 4. Univ. Prof. Dr. Rudolf Virchow (Anatom und Prähistoriker, Berlin); 5. Dr. h. c. Adolf Lippold (Jurist, Vorsitzender des Gesamtvorstandes des RGZM); 6. Univ. Prof. Dr. Theodor Mommsen (Althistoriker, Berlin); 7. Dr. Heinrich Gaßner (Jurist, Oberbürgermeister der Stadt Mainz); 8. Franz Joseph Usinger (Bauunternehmer, Mitglied der Museums- und Schloßbaudeputation in Mainz); 9. Wilhelm Preetorius (Kommerzienrat und Konsul, Mainz). – hinten: 10. Prof. Dr. Ludwig Beck (Eisengießereidirektor); 11. Museumsdirektor Dr. Albert Voss (Anthropologe und Prähistoriker, Berlin); 12. Archivdirektor Dr. Gustav Freiherr Schenk zu Schweinsberg (Darmstadt); 13. Museumsdirektor Dr. Ernst Wagner (Karlsruhe); 14. Prof. Ludwig Lindenschmit d. J. (zweiter Direktor des RGZM); 15. Ministerialrat i. R. Dr. Wilhelm Soldan (Denkmalpfleger in Hessen); 16. Gymnasialprofessor Dr. Moritz Munier (Mainz); 17. Maximilian Freiherr von Gagern (Provinzialdirektor von Rheinhessen, Mainz); 18. Louis Jacobi (Geh. Baurat, Direktor des Saalburg-Museums); 19. Carl Hauß (Geh. Oberregierungsrat u. Vortragender Rat im Reichsamt des Inneren, Berlin); 20. Univ. Prof. Dr. Rudolf Henning (Germanist); 21. Museumsdirektor Prof. Dr. Felix Hettner (Althistoriker und Archäologe, Trier); 22. Gymnasialprofessor Dr. Wilhelm Reeb (Altphilologe, Mainz); 23. Univ. Prof. Dr. Sigmund von Riezler (Historiker); 24. Univ. Prof. Dr. Gotthold Gundermann (Altphilologe); 25. Gymnasialprofessor Dr. Karl Körber (Altphilologe, Mainz); 26. Univ. Prof. Dr. Georg Loeschcke (Klass. Archäologe, Bonn); 27. Univ. Prof. Dr. Adolf Furtwängler (Klass. Archäologe, München) (Fotoarchiv RGZM, Neg. L-1509–67).

„Conservateur adjoint“, später als Direktor am *Musée des Antiquités Nationales* in Saint-Germain-en-Laye tätig war, des Verstorbenen mit den Sätzen: „Sans faire tort cependant, aux beaux travaux de M. Lindenschmit, on peut dire que le meilleur de son activité, pendant quarante ans, profita au Musée de Mayence, dont il fit non seulement un admirable instrument d'étude, mais une officine de moulages où les musées plus jeunes, en particulier celui de Saint-Germain, ont puisé dans des conditions très avantageuses. Dès 1869, notre établissement national acquérait à Mayence un lot considerable de reproductions; plus tard, ce fut Mayence qui acheta des moulages à Saint Germain, et les relations des deux Musées, ainsi fondées sur une réciprocité de bons offices, ont continué presque sans interruption jusqu`a ce jour. M. Lindenschmit, il nous est permis de le rappeler, apporta toujours autant de courtoisie que de bienviellance dans les négociations auxquelles donna lieu cette longue succession d'échanges et d'achats; aussi le tribut d'hommages que nous payons aujourd'hui à sa mémoire ne s'adresse-t-il pas moins à l'homme qu'au savant.“[52]

Unter den zahlreichen Nachrufen auf Lindenschmit d. Ä. (vgl. Anm. 48) verdient allein aus forschungs- und ideologiegeschichtlichen Gründen die Laudatio des Gewerbeschuldirektors a. D. Friedrich Fischbach (1839–1908),[53] eines dilettierenden Altertumsforschers schlimmsten Schlages, hier noch einmal ins Gedächtnis gerufen zu werden. Am 8. März 1893 hielt dieser große Bewunderer des Mainzer Museumsdirektors in Wiesbaden vor dem angesehenen *Verein für Nassauische Altertumskunde und Geschichtsforschung* (gegründet 1812), dessen Ehrenmitglied der Verstorbene war und dessen Vorstand Fischbach angehörte, eine höchst ungewöhnliche Ansprache mit dem seltsam anmutenden Titel *Ludwig Lindenschmit als Förderer des Deutschtums* (Abb. 14).[54] Der Festredner, in seiner Zeit kein Unbekannter, war von Hause

---

[52] Vgl. Salomon Reinach, Necrologie (L. Lindenschmit), in: Revue Archéologique XXI, 1893, 136.

[53] Friedrich Fischbach besuchte zunächst die Musterzeichenschule in Berlin, war von 1862–70 als Dekorateur und Zeichner in Wien tätig, wurde 1870 Lehrer an der Akademie in Hanau und wurde 1883 als Direktor an die Kunstgewerbeschule nach St. Gallen berufen. Seit 1889 lebte er in Wiesbaden. Er war Mitglied des *Vereins für Nassauische Altertumskunde und Geschichtsforschung* und dort als einer der drei Rechnungsprüfer auch Mitglied des Vereinsvorstandes. Weitere Hinweise zu Fischbach s. Anm. 54–56.

[54] Vgl. hierzu: Annalen des Vereins für Nassauische Altertumskunde und Geschichtsforschung 25, 1893, 69. Ganz offenbar war Fischbach so von der Bedeutung seiner Ausführungen überzeugt, daß er diese noch im gleichen Jahr unter dem Titel: Ludwig Lindenschmit: der Förderer des Deutschtums über die Urheimat der Indogermanen. Nachruf (Wiesbaden 1893) veröffentlichte. Es handelt sich um eine Schrift von 16 Seiten, in der Lindenschmit auch als „Vorkämp-

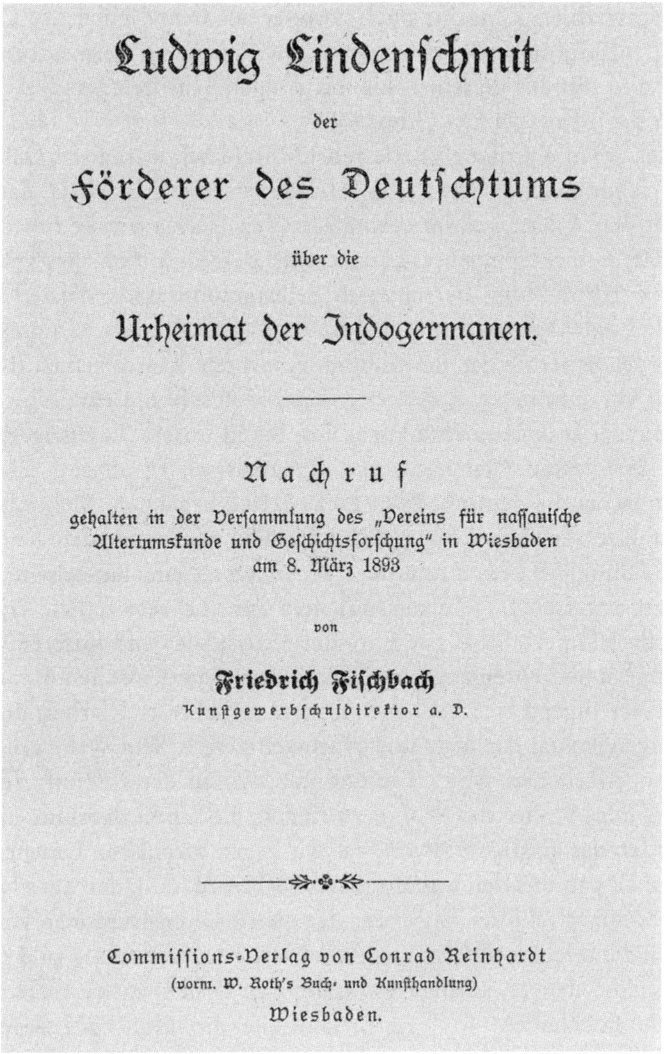

Ludwig Lindenschmit

der

Förderer des Deutschtums

über die

Urheimat der Indogermanen.

Nachruf

gehalten in der Versammlung des „Vereins für nassauische Altertumskunde und Geschichtsforschung" in Wiesbaden am 8. März 1893

von

Friedrich Fischbach

Kunstgewerbschuldirektor a. D.

Commissions-Verlag von Conrad Reinhardt
(vorm. W. Roth's Buch- und Kunsthandlung)
Wiesbaden.

Abb. 14 Titelseite des 1893 in Wiesbaden, im Commissions-Verlag von Conrad Reinhardt (vorm. W. Roth's Buch- und Kunsthandlung) im Druck erschienenen Festvortrages von Gewerbeschuldirektor Friedrich Fischbach zu Ehren des am 14. Februar 1893 verstorbenen Ludwig Lindenschmit d. Ä. Die Gedächtnisfeier zu Ehren des Direktors des Römisch-Germanischen Zentralmuseums und Ehrenmitglieds des Vereins für Nassauische Altertumskunde und Geschichtsforschung fand am 8. März 1893 im Vereinslokal im „Grünen Wald" statt. Die einleitenden Worte sprachen Sanitätsrat Dr. Florschütz und Oberst von Cohausen, wobei sie die Verdienste des Verstorbenen um den nassauischen Altertumsverein hervorhoben und zugleich die wichtigsten Daten seines Lebensweges in Erinnerung brachten. Den Höhepunkt der Veranstaltung bildeten die Ausführungen Fischbachs.

aus Kunstgewerbler. Zunächst publizierte er auf dem Gebiet der Ornamentforschung, wandte sich aber in späteren Jahren auch der germanischen Sagenkunde zu und trat auf diesem Felde mit einigen Schriften geradezu abstrusen Inhalts an die Öffentlichkeit (Abb. 15).[55]

In seiner „denkwürdigen“ Rede führte Fischbach u. a. aus: „Das Ergebnis seiner Forschungen, das Ziel seines Strebens war der Nachweis, daß die älteste Vorzeit den Ariern und im besonderen den Germanen die führende Rolle in der Weltgeschichte anweist. Es war eine Befreiung von geistiger Knechtschaft, eine Aufrichtung berechtigten Selbstgefühls und edelsten Nationalstolzes, als Lindenschmit den Makel rohen Barbarenthums von unserem Volke nahm, welcher trotz der Bewunderung, mit der Tacitus seinen Römern die Germanen vorgeführt hatte, spät erst von griechisch und römisch gebildeten, aber undeutsch gesinnten Philologen ihm bis in unsere Tage angehängt worden war. Wir waren lateinisiert und französisiert, als unsere erlauchtesten Geister zunächst die deutsche Sprache zu retten begannen. Mehr als ein Jahrhundert mußte verfließen, bis es den Lichtblicken aus der deutschen Vorzeit gelang, das dunkle Barbarentum unserer Ahnen als eine häßliche und boshafte Lüge zu erweisen [...] In meisterhafter Sprache verwerthete er, was sich seinem Scharfsinn erschloß, zur Ehre des Vaterlandes und unserer Vorfahren. [...] Wir feiern und ehren aber vor allem in ihm den deutschen Mann, der den Idealen seiner Jugend treu geblieben ist und in lichterer Klarheit unsere glorreiche Vergangenheit der Mit- und Nachwelt zeigte. Sein Wahlspruch war, in der Vergangenheit den Weg zu finden, den wir in der Zukunft zu wandeln haben, aus dem Woher das Wohin zu finden. Er schmiedete uns unter deutschen Linden das geistige Schwert, das wir gegen turanische Drachen schwingen sollen. Er gab uns den unbesiegbaren Balmung, d. h. den alles belebenden geistigen Sonnenstrahl der Wahrheit, der die finsteren Dämonen verscheucht; er gab uns die reichere Erkenntnis der altarischen Gesinnung und Gesittung. Sein Andenken dauere, solange Deutsche ihre besten Vorkämpfer ehren und ihre Ideale hochhalten! [...] Er prophezeite die Fluth des Segens, wenn

---

fer der Autodidakten, welche neue Pfade suchen und nicht wie die blutarme, meist gehirnschwache Mittelmäßigkeit, in verba magistri schwören“ gepriesen wird. Eine Apologie des eigenen Autodidaktentums ist hier unschwer erkennbar.

[55] Friedrich Fischbach, Mythologische Wanderungen durch Asgard und Mitgard: 1. In und um Bensberg; 2. In und um Bergisch-Gladbach (Bergisch-Gladbach, ca. 1900); ders., Edda Saemundar. Asgart und Mitgart, das goldene Hausbuch der Germanen, enthält die schönsten Lieder der Edda und den Nachweis, daß am Niederrhein zwischen Sieg und Wupper die ältesten Mythen der Arier (auch die der Griechen) entstanden sind (Köln 1902); ders. (Hrsg.), Snorri Sturluson. Die schönsten Lieder der Edda. Mit Erläuterungen als Volks und Schulbuch (Köln 1903).

ASGART UND MITTGART

DAS GOLDENE HAUSBUCH DER GERMANEN

ENTHÄLT

DIE SCHÖNSTEN LIEDER

DER

EDDA

UND DEN NACHWEIS, DASS AM NIEDERRHEIN

ZWISCHEN DER SIEG UND WUPPER

DIE ÄLTESTEN MYTHEN DER ARIER (AUCH DIE DER GRIECHEN) ENTSTANDEN SIND.

NEBST FLURKARTE

HERAUSGEGEBEN VON

FRIEDRICH FISCHBACH.

Verlag von **K. A. Stauff & Cie., Köln.**

Abb. 15. Titelblatt des 1902 von Friedrich Fischbach veröffentlichten Büchleins *Asgart und Mittgart*. Der politisch bei den Völkischen beheimatete Autor stellte bezeichnenderweise seine Ausführungen unter das Motto: „Das germanische Hemd ist uns näher, als der lateinische und griechische Rock." Man beachte die zu der feinen Titelvignette gehörenden fünf Scheibenanhänger, die an einer Art Thyrsosstab hängen und alte Sonnensymbole tragen, darunter die in verschiedenen Varianten wiedergegebene Svastika. Am Schlusse seines Buches schreibt Fischbach: „Die trivialen Verdächtigungen, dass ein Nichtphilologe nur Haltloses bieten könne, sollten nach Schliemanns Entdeckungen endlich aufhören. Nachdem man vielfach versuchte, dieses Buch vor dem Erscheinen zu discreditieren, ist nach Goethes Ausspruch allzugrosse Bescheidenheit nicht am Platz. Ich schliesse daher mit den Versen:

Vernehmet die Kunde, Ihr deutschen Genossen:
Fürwahr, ich fand das seltenste Glück!
Den Ariern allen, die Mannus entsprossen,
Gab ich die verlorene Heimat zurück!"

Deutschland sich selbst wieder gefunden und seine alte Thatkraft neu erprobe. Der Führer werde nicht fehlen, aber es müßten auch neben ihm geistige Helden erstehen, welche die Zauberkünste des Auslandes zu Schanden machen. Ein neues Reich werde errichtet, in welchem die Begeisterung für die höchsten Aufgaben der Menschheit stets neue Helden erziehe. Er verlangte den Faden, der die deutschen Stämme wie Perlen verbinde und hatte das Glück, die glorreiche Einigung zu erleben [...] Im Herzen Europas bleibt in unabsehbarer Zeit der Kampf des reinen Arierthums gegen halbe Arier uns beschieden. Er hindert die Stagnation. Lindenschmits Geist wird stets neu lebendig mitwirken, den Sieg zu erstreiten. Er ist nur körperlich zur Ruhe gegangen. Er war, ist und bleibt der geistige Vorkämpfer des Deutschthums. Ehre seinem Andenken!"[56]

Die für uns bizarr klingende Ansprache ist nur deshalb noch von Interesse, weil sie zeigt, welch wirres Gedankengut bereits gegen Ende des 19. Jahrhunderts bei den Anhängern der Völkischen Bewegung, denen Fischbach zuzurechnen ist, im Schwange war und sogar in der Öffentlichkeit vor einem Honoratiorenpublikum vorgetragen werden konnte, ohne daß dieses offenbar daran Anstoß nahm.[57] Lindenschmit erscheint bei Fischbach geradezu als

[56] Der hier wiedergegebene Redetext hat seine eigene Geschichte: Er erschien erstmals als Nachruf in der Morgenausgabe des Mainzer Tagblatt Nr. 77 vom 19. März 1893 und wurde dann viele Jahre später, d. h. in der NS Zeit (!), in der Mainzer Zeitschrift Bd. 31, 1936, 78f. noch einmal unter dem schwülstigen Titel *Den Manen Lindenschmits* abgedruckt, um schließlich Aufnahme in die 1938 erschienene Forschungsgeschichte Gummels zu finden, vgl. Gummel 1938, 439. Im übrigen vgl. auch unseren Hinweis auf die schwer erreichbare Publikation, in der Fischbach seine Rede veröffentlichte, bei uns nachgewiesen in Anm 54. Auffallend naiv, zumindest aus unserer Sicht der Dinge, beurteilte Herbert Kühn in seiner 1976 erschienenen Geschichte der Vorgeschichtsforschung die Dinge, wenn er in Bezug auf die Auslassungen Fischbachs lediglich bemerkt „Mit Schmunzeln mag man Stellen aus den Nachrufen lesen, wie sie Hans Gummel festgehalten hat." Vgl. Kühn 1976, 66.

[57] In dem Kurzresumée von Fischbachs Ausführungen, das unter der Rubrik „Vereins-Nachrichten" in den Annalen des Vereins für Nassauische Altertumskunde und Geschichtsforschung 25, 1893, 69 erschien, heißt es lediglich: „Im Anschluss daran" – gemeint ist hier der Nachruf des Vereinskurators Oberst a. D. von Cohausen auf das Ehrenmitglied Prof. Dr. Lindenschmit, – „spricht Herr Gerwerbeschuldirektor a. D. Fischbach über ‚Ludwig Lindenschmit als Förderer des Deutschtums.' Der Redner, welcher inzwischen seine Ausführungen als Broschüre im Kommissionsverlage W. Roths Buchhandlung (Conrad Reinhardt) in Wiesbaden hat erscheinen lassen, behandelte in erster Linie die unvergesslichen Verdienste, welche der Nestor der deutschen Altertumswissenschaft als unerschrockener Vorkämpfer gegenüber der Keltomanie seiner Zeit sich erworben hat." Zum Verständnis des geistigen Umfeldes von Fischbach ist von Interesse, daß er auch Mitglied der Guido-von-List-Gesellschaft war und als solcher Anhänger der esoterischen Ariosophie, die nicht nur einen wichtigen Komplex völkischer Weltanschauung darstellte, sondern damit auch eine der Wurzeln nationalsozialistischer Weltanschauung bildete. Zu Friedrich Fischbach vgl. Puschner 1996, 775–776, sowie jetzt Puschner 2001, 141.

wissenschaftlicher Gewährsmann und Vorkämpfer jener Völkischen Ideologie, die in den Jahren nach 1870 entstand und die bekanntlich schon vieles von dem enthielt, was dann in die NS-Weltanschauung eingehen sollte!

In dieses fatale Weltbild eingesponnen wurden von dem völkischen Apostel die Verdienste eines bedeutenden Gelehrten, der zwar von Jugend auf vaterländisch-patriotisch gesinnt war, für den die wissenschaftliche Forschung aber gleichwohl nicht an den deutschen Landesgrenzen endete und für den die Pflege guter internationaler Beziehungen, besonders mit Frankreich, ein großes Anliegen war.[58] Daß die Ausführungen Fischbachs in der NS-Zeit der Vergessenheit entrissen und zunächst in der angesehenen Mainzer Zeitschrift unter der Überschrift *Den Manen Lindenschmits* noch einmal abgedruckt wurden, um dann sogar Eingang in Gummels große Forschungsgeschichte zu finden, ist bei ihrem Inhalt nicht verwunderlich (Vgl. Anm. 56).

Die Römisch-Germanische Kommission

Unter ungleich günstigeren wissenschaftlichen Voraussetzungen sowie politischen und finanziellen Rahmenbedingungen als dies beim Zentralmuseum der Fall war, erfolgte die Gründung der *Römisch-Germanischen Kommission*.[59] Diese wurde am 20. Juli 1901 durch eine Immediatverfügung des Deutschen Kaisers Wilhelm II. bestätigt (Abb. 16).[60] So konnte zum 1. Oktober 1902 zumindest der erste Direktor Prof. Dr. Hans Dragendorff (1870–1941) seinen Dienst antreten (Abb. 17). Bis zum 4. Januar 1904 waren dann auch die 18 hochrangigen Kommissionsmitglieder ernannt und so erfolgte an diesem Tage die konstituierende Sitzung der Kommission (Abb. 18).[61]

---

58 Vgl. hierzu von Hase 2000, 67, mit Anm. 33, Abb. 5–6.

59 Vgl. hierzu die Lit. in unserer Anm. 2, besonders ergiebig Krämer 1979, 5ff. und jetzt Becker 2002, 106ff.

60 Vgl. Krämer 1979, 14, Taf. 10–11.

61 Vgl. Krämer 1979, 16, u. Taf. 16 (hier abgebildet ist die Wiedergabe des amtlichen Mitgliederverzeichnisses der Kommission im Handbuch für das Deutsche Reich des Jahres 1904). Der Kommission gehörten 1904 nach der Aufstellung im Handbuch für das Deutsche Reich (1904, 62) folgende Persönlichkeiten an: Dr. Adickes (Oberbürgermeister der Stadt Frankfurt a. M.); Univ. Prof. Dr. A. Conze (Klassischer Archäologe, Generalsekretär der Zentraldirektion des Kaiserl. Arch. Instituts, Berlin); Univ. Prof. Dr. A. v. Domaszewski (Althistoriker); Prof. Dr. H. Dragendorff (Klassischer Archäologe, Direktor der RGK); Univ. Prof. Dr. E. Fabricius (Althistoriker); Univ. Prof. Dr. R. Henning (Germanist); Univ. Prof. em. v. Herzog; Univ. Prof. Dr. O. Hirschfeld (Althistoriker); Geh. Baurat L. Jacobi (Direktor des Saalburg-Museums); Univ. Prof. Dr. G. Loeschcke (Klassischer Archäologe); Univ. Prof. Dr. E. Meyer (Alt-

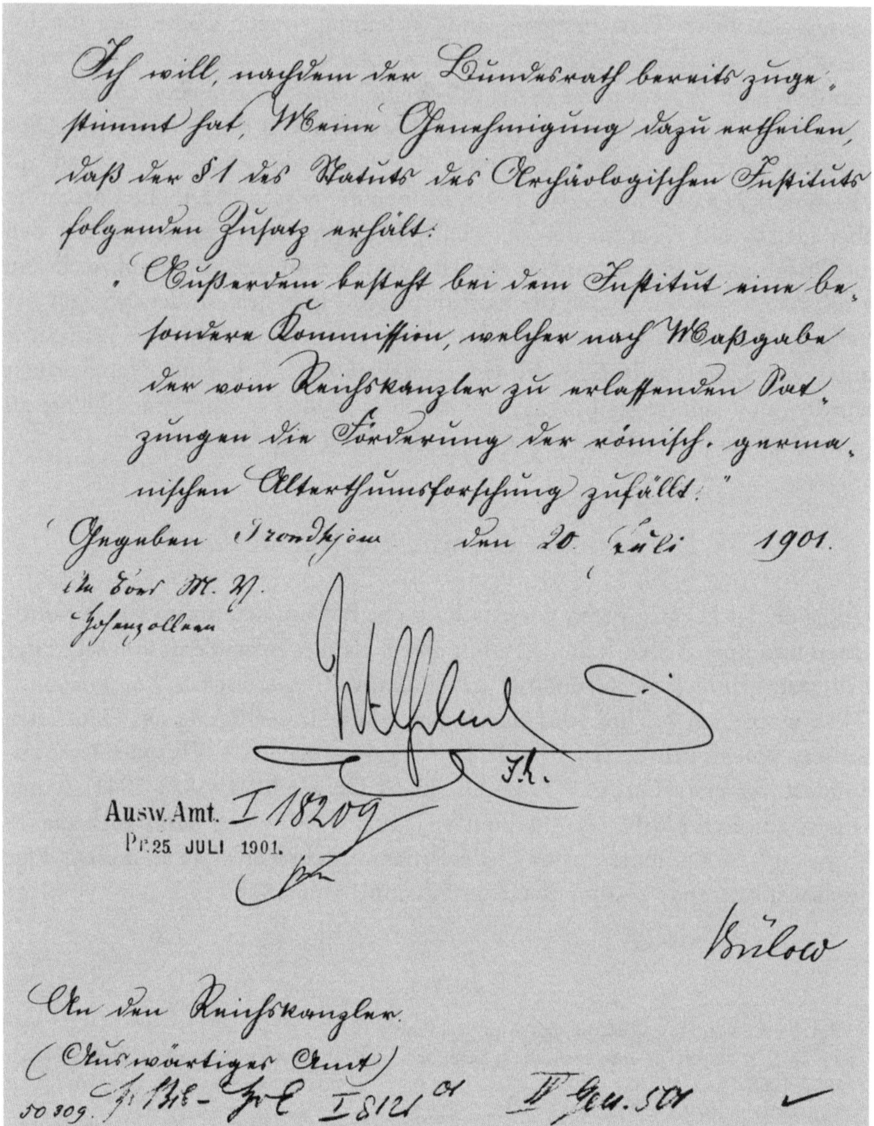

Ich will, nachdem der Bundesrath bereits zugestimmt hat, Meine Genehmigung dazu ertheilen, daß der §1 des Statuts des Archäologischen Instituts folgenden Zusatz erhält:

„Außerdem besteht bei dem Institut eine besondere Kommission, welcher nach Maßgabe der vom Reichskanzler zu erlassenden Satzungen die Förderung der römisch-germanischen Alterthumsforschung zufällt."

Gegeben Drontheim den 20. Juli 1901.
An Bord M. Y. Hohenzollern

Wilhelm I. R.

Ausw. Amt. I 18209
Pr. 25. JULI 1901.

Bülow

An den Reichskanzler
(Auswärtiges Amt)

Abb. 16. Immediatverfügung Kaiser Wilhelms II., die Gründung der RGK betreffend, ausgestellt an Bord der kaiserlichen Jacht Hohenzollern am 20. Juli 1901 (Fotoarchiv RGK).

Abb. 17. Hans Dragendorf (15.10.1870–29.1.1941). 1898 als Univ. Prof. der Klass. Archäologie nach Basel berufen, ab 1902 erster Direktor der neu gegründeten *Römisch-Germanischen Kommission* in Frankfurt am Main, ab 1911 Generalsekretär des *Kaiserlich deutschen Archäologischen Instituts* in Berlin, 1922 Berufung an den Lehrstuhl für Klassische Archäologie an der Univ. Freiburg i. Br. 1939, nach Ausbruch des Zweiten Weltkrieges, übernahm er noch einmal für kurze Zeit die Leitung der RGK in Frankfurt (Fotoarchiv RGK).

Die Aufgabenstellung der *Römisch-Germanischen Kommission des Kaiserlich Deutschen Archäologischen Instituts*, wie sich die neue Institution nannte, wurde bereits in der ersten Satzung aus dem Jahre 1901 in § 1 folgendermaßen umrissen: „Bei dem Archäologischen Institut wird eine besondere Kommission gebildet, welche die Aufgabe hat, die archäologische Erforschung derjenigen Theile des Deutschen Reichs, die dauernd unter römischer Herrschaft gestanden haben, mit Rath und That zu fördern. Innerhalb dieses Gebiets ist die Kultur von den ältesten Zeiten bis zum Ende der Römerherrschaft gleichmäßig zu untersuchen. Die außerhalb dieser Grenzen namentlich zwischen Elbe und Weser sich findenden römischen Reste sind, soweit die

historiker); Gymnasialdirektor Dr. F. Ohrenschlager; Univ. Prof. Dr. J. Ranke (Anthropologe, München); Prof. Dr. E. Ritterling (Direktor des Museums nassauischer Altertümer, Wiesbaden); Prof. Dr. C. Schuchhardt (Direktor des Kestner-Museums, Hannover); Prof. Dr. K. Schumacher (Klassischer Archäologe, Erster Direktor des RGZM, Mainz); Ministerialrat i. R. Dr. W. Soldan (Denkmalpfleger, Darmstadt); Gymnasialprofessor Dr. G. Wolff.

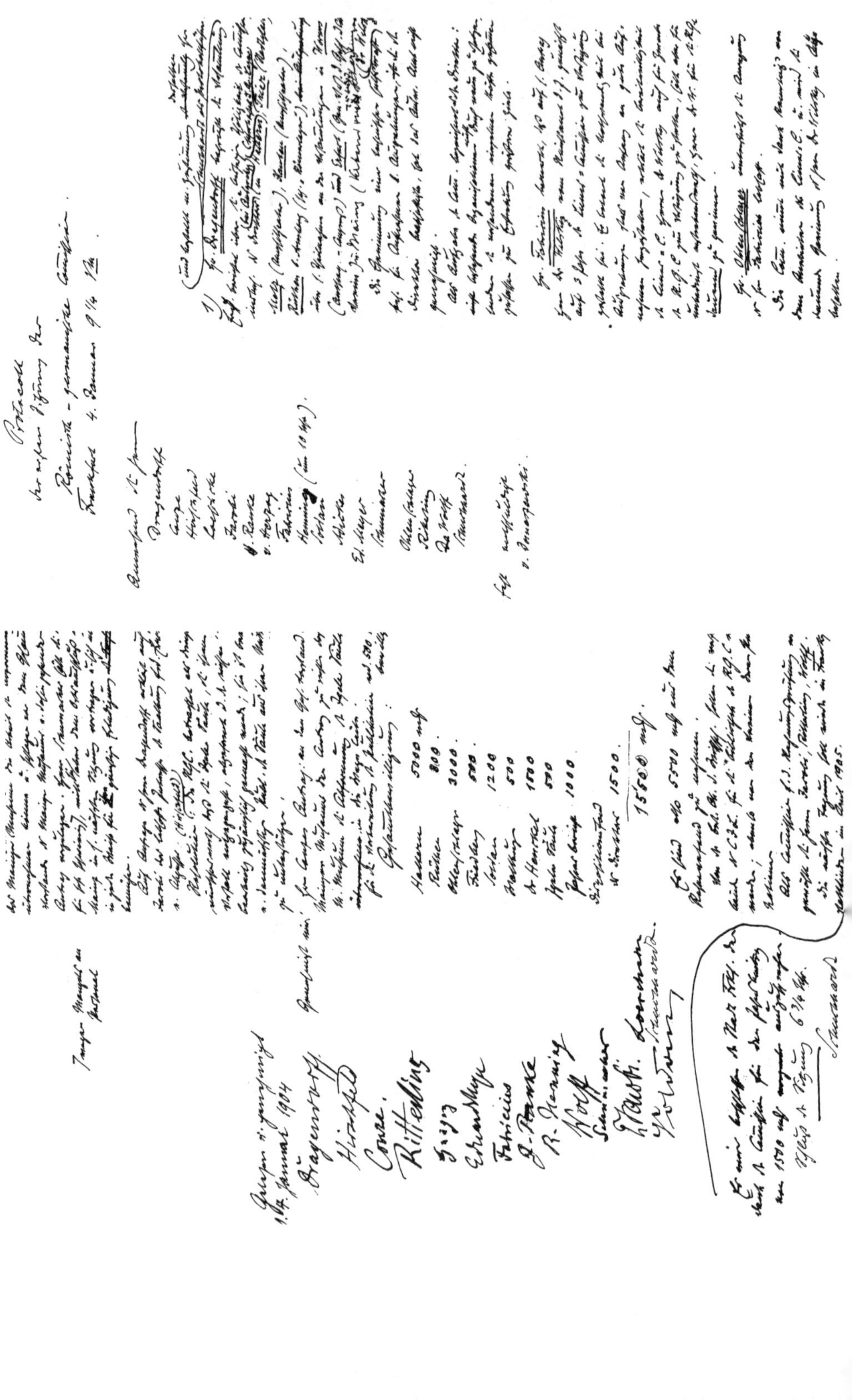

Abb. 18. Protokoll der ersten Sitzung der *Römisch-Germanischen Kommission* in Frankfurt am Main am 4. Januar 1904 mit den Unterschriften der Teilnehmer (Archiv der RGK).

Organisation der Kommissionsarbeiten es gestatten wird, in die Forschung einzubeziehen."[62]

Die von Beginn an rein auf die Forschung zielende Aufgabenstellung der neuen Institution unterschied sich damit von der des RGZM, bei dem neben aller wissenschaftlichen Tätigkeit die restauratorische Tätigkeit sowie der Aufbau einer großen Lehrsammlung von entscheidender Bedeutung waren.

Wie bereits Kurt Böhner vermutete, knüpfte man bei der Namensgebung der RGK offenbar bewußt an die Bezeichnung des ein halbes Jahrhundert älteren RGZM an.[63] Und in der Tat hatte diese Entscheidung bei einer wissenschaftlichen Einrichtung, die zunächst nur im Südwesten Deutschlands tätig sein sollte, ja auch durchaus etwas für sich.

Von unterschiedlichen Interessenslagen bestimmt und von mancherlei Kompetenzstreitigkeiten begleitet waren bereits die Auseinandersetzungen im Vorfeld der Kommissionsgründung. Ein heftiger Streit entbrannte, der schließlich sogar die Spitzen der kaiserlichen Ministerialbürokratie erreichen und sogar den Reichstag auf seiner 90. Sitzung am 29. Mai 1899 beschäftigen sollte.

Wir folgen in unserer Darstellung der Gründungsphase der RGK im wesentlichen den Ausführungen Werner Krämers, der anläßlich des 75jährigen Bestehens der Institution die Vorgänge in höchst anschaulicher Weise darzustellen wußte.[64]

Zur Vorgeschichte hier nur folgendes: Anläßlich des 50jährigen Stiftungsfestes der renommierten Archäologischen Gesellschaft in Berlin hielt Theodor Mommsen am 9. Dezember 1890 den Festvortrag, dessen Thema *Die einheitliche Limesforschung* lautete (Abb. 19).[65] Der große Gelehrte sprach hier u. a. von „nur zu leeren Blättern der römisch-germanischen Vorgeschichte." Ein Zustand, der ihm natürlich beim Abfassen des 5. Bandes seiner 1885 er-

---

62 Zitiert nach Krämer 1979, Taf. 12; die Satzung findet sich auch bei Rieche 1979, 169f.

63 Vgl. Böhner 1978, 23; vgl. hierzu auch Krämer 1979, 7. In diesem Zusammenhang sei auch auf einen Zusatz zur Satzung der Römisch-Germanischen Kommission vom 20. Juli 1901 verwiesen, in der es heißt: „Außerdem besteht bei dem Institut eine besondere Commission, welcher nach Maßgabe der vom Reichskanzler zu erlassenden Satzungen die Förderung der römisch-germanischen Alterthumsforschung zufällt." Vgl. Rieche 1979, 169 Nr. 52.

64 Vgl. Krämer 1979, 9ff.

65 Vgl. Th. Mommsen, Reden und Aufsätze (^{2}1905) 344–350. Vgl. Krämer 1979, 7.

Abb. 19. Theodor Mommsen (30.11.1817–1.11.1903). Ordentlicher Prof. an der Universität Berlin; Begründer des *Corpus Inscriptionum Latinarum* (CIL), Vorsitzender der Reichslimeskommission (1892), Mitglied der Zentraldirektion des *Archäologischen Instituts* (1859–1884); Mitglied des Gesamtvorstandes des RGZM; Ehrenbürger der Stadt Rom. Für seine *Römische Geschichte* wurde ihm 1902 als erstem Deutschen der Nobelpreis für Literatur verliehen (Fotoarchiv RGK).

schienenen *Römischen Geschichte*, in dem die Verhältnisse in den römischen Provinzen dargestellt wurden, schmerzlich bewußt geworden war. In seinem Vortrag verkündete Mommsen u. a. die Gründung einer sogen. *Reichslimeskommission.* Und diese wurde denn auch tatsächlich zwei Jahre später ins Leben gerufen und sollte während der Zeit ihres Bestehens (bis 1939) auch eine herausragende Rolle bei der Erforschung des gesamten Limes, dieses größten römischen Geländedenkmals auf deutschem Boden, spielen.[66]

Als zentrale Reichsinstitution gegründet und von wirklichen Fachleuten geleitet, war die *Reichslimeskommission* natürlich um vieles effizienter als die bereits 1852 durch die Geschichts- und Altertumsvereine ins Leben gerufene *Commission zur Erforschung des Limes Imperii Romani.* Georg Wolff (1845–1929) resümierte die Situation im nachhinein, indem er nüchtern feststellte: „Mitglieder westdeutscher Geschichtsvereine waren es auch, welche vor einem halben Jahrhundert die Organisation der römisch-germanischen Forschung durch Gründung einer Limeskommission in Angriff nahmen. [...] Es ist bekannt, daß die Kommission infolge der Misere der politischen Verhältnisse und der Gleichgültigkeit der Regierungen ihr Ziel nicht erreichte".[67]

Die auf dem genannten Festvortrag von Mommsen dargelegten Pläne gingen aber mit folgender Überlegung noch einen ganzen Schritt weiter. So fragte er: „Sollte es nicht möglich sein so gut wie wir ein archäologisches Reichsinstitut für Rom und Athen haben, etwas ähnliches auch in Deutschland für die römischen Altertümer ins Leben zu rufen?"[68]

In einem Brief an den ihm gut bekannten Trierer Museumsdirektor Felix Hettner (1851–1902) vom 2. März 1898, also fast 8 Jahre später, bemerkte Mommsen zu seinem ursprünglichen Plan dann noch folgendes: „Das archäologische Institut soll seinem idealen Ziel nach der Wissenschaft dienen, und hat keinen nationalen Stempel, ja als es recht auf der Höhe stand, gehörte es den vier Nationen insgemein und schloß die deutsche Sprache aus. Eine römisch-germanische Institution hat ein doppeltes ideales Ziel, ein wissenschaftliches und ein patriotisches. Der bei der Lokalforschung unentbehrliche Dilettantismus ist für Rom-Athen ebenso heillos wie für Rom-Germanien unentbehrlich."[69]

Ausgestattet werden sollte das neue Institut vor allem mit einer guten Fachbibliothek, wobei nach Mommsen die Hauptaufgabe dieses „vaterländisch-archäologischen Instituts" darin bestehen sollte, „eine periodische Publikation [...] ins Leben zu rufen, welche die novantiqua in stetiger Folge verzeichnet und die unabweislich ins Breite verlaufende Lokalforschung für die

---

66 Zur Geschichte der Reichslimeskommission vgl. Ernst Fabricius, Vorwort zu ORL A Strecken 1–2 (1936); vgl. auch Krämer 1979, 8ff. Das Archiv der Reichslimeskommission gelangte in die Obhut der RGK und wird jetzt in deren Forschungsstelle Ingolstadt verwahrt. Frdl. Hinweis von Dr. Karl-Friedrich Rittershofer.

67 Zit. nach Ament 2000, 15.

68 Zit. nach Krämer 1979, 7.

69 Zit. nach Krämer 1979, 10.

allgemeine Wissenschaft kondensiert."[70] In Umrissen war damit skizziert, was 1901, allerdings durch andere, auch tatsächlich ins Leben gerufen wurde. Die Idee Mommsens konnte ja auch nur überzeugen. Ein heftiger Streit brach unter den führenden Gelehrten allerdings über die organisatorische Struktur der neuen Institution aus.

Eine eigene Planung legte der in diesen Dingen erfahrene Klassische Archäologe Alexander Conze (1831–1914), seit 1887 Generalsekretär des *Kaiserlich Deutschen Archäologischen Instituts*, vor (Abb. 20).[71] Zusammen mit Georg Loeschcke (1852–1919)[72] und anderen prominenten Fachvertretern aus der Zentraldirektion, darunter Felix Hettner und Richard Schöne (1840–1922), war er nämlich der Auffassung, daß auch die römisch-germanischen Forschungen in Deutschland unter der Ägide Berlins durchgeführt werden sollten.

Aber nicht genug damit. Da das Zentralmuseum nach dem Tode Lindenschmits d. Ä. (1893) ohne adäquate Leitung war und damit ins Abseits zu gleiten drohte, entstand in Berlin bei Conze und Loeschke bereits 1899 der Plan, das RGZM mit der neu zu gründenden RGK zu einer einzigen Institution unter einem gemeinsamen Direktorat zusammenzufassen, wobei man willens war, im Kurfürstlichen Schloß in Mainz die Leitung des Ganzen anzusiedeln (vgl. Abb. 1).[73]

Gegen die ehrgeizigen Pläne Conzes und seiner Parteigänger machten sowohl Mommsen wie auch Virchow mobil, die zwei führenden Gelehrten im Gesamtvorstand des Zentralmuseums (vgl. Abb. 13).[74] Hätte doch eine Realisierung der Berliner Ideen bedeutet, daß dann das von der Klassischen Archäologie bestimmte *Kaiserlich Deutsche Archäologische Institut* in Berlin auch auf die gesamte Vor- und Frühgeschichtsforschung Deutschlands einen entscheidenden Einfluß hätte ausüben können. Und eben diese Zentralisierung der Forschung unter dem Berliner, d. h. preußischen Dach, wollten sowohl Mommsen als auch Virchow verhindern.

Hierbei ging man folgendermaßen vor: Zunächst schmiedete man einen juristischen Sperriegel. Wurde doch am 29. September 1899 durch den Großherzog von Hessen die bereits im Frühjahr genehmigte neue Satzung des

---

70 Zit. nach Ament 2000, 14.

71 Zu Alexander Conze vgl. A. H. Borbein, in: Archäologenbildnisse 1991, 59–60; Marchand 1996, 99ff.

72 Zu Georg Loeschke vgl. W. R. Megow, in: Archäologenbildnisse 1991, 106ff., mit Lit.

73 Zu dem Plan, die neugegründete RGK mit dem RGZM in Mainz zusammenzulegen vgl. Krämer 1979, 12.

74 Zur Besetzung des Gesamtvorstandes des RGZM vgl. Anm. 49.

Zentralmuseums bestätigt, welche diesem den Status einer „Öffentlichen Stiftung" bescheinigte.[75]

Und am 21. September 1900 wurde dann durch den Gesamtvorstand des Zentralmuseums (vgl. Abb. 13) der Klassische Archäologe Karl Schumacher (1860–1934), der vorher an den archäologischen Sammlungen in Karlsruhe erfolgreich tätig war, zum ersten Direktor des RGZM gewählt, wobei Ludwig Lindenschmit d. J., der Sohn des Museumsgründers, zum zweiten bestellt wurde.[76]

Die Frage stellt sich natürlich, warum Mommsen und Virchow den Berliner Plänen solch heftigen Widerstand leisteten. Bei Mommsen, der vor seinem freiwilligen Ausscheiden aus der Zentraldirektion diesem Leitungsgremium immerhin von 1859 bis 1884 angehört hatte, könnte der Umstand eine Rolle gespielt haben, daß er Berlin nicht noch weitere Machtbefugnisse zugestehen wollte. Auch scheint es so, als habe er die Zentrale für eine solche neue Aufgabe für überfordert gehalten. In diesem Sinne jedenfalls äußerte er sich in dem bereits zitierten Brief vom 2. März 1898 an Hettner, der bekanntlich den Plänen Conzes positiv gegenüberstand.[77]

Bei Virchow, der die Sache auch dank seiner politischen Verbindungen bis hinauf in den Reichstag mit Erfolg hintertrieb, spielte natürlich eine Rolle, daß er um den Einfluß der Anthropologen fürchtete, in deren Händen im nicht römischen Deutschland zu seiner Zeit noch die vorgeschichtliche Forschung lag.[78]

Als der Versuch der Institutsgegner fehlschlug, für die Errichtung einer unabhängigen Institution 20 000 Mark beim Ministerium des Inneren auszuweisen, während das Auswärtige Amt zusätzliche 10 000 Mark im Etat des

---

[75] Vgl. Schumacher 1927, 84. Vgl. auch Krämer 1978, 59.

[76] Vgl. Krämer 1978, 58ff.

[77] Vgl. hierzu nur die folgende Passage aus dem bereits erwähnten Brief Mommsens an Hettner vom 2. März 1898: „Das archäologische Institut ist ein altes Privathaus, umgebaut zur Staatsanstalt, gestellt auf einen Baugrund, der seit seiner Gründung sich gänzlich verschoben und die alte Anlage ins Schwanken und Wanken gebracht hat. Wir haben viele verkehrte Organismen, aber kaum eine so mangelhafte, weniger durch die Schuld der Menschen als durch die Zeiten. Einem solchen Gebäude einen neuen Flügel ansetzen ist ein radikaler Fehler. Von allem Personalen sehe ich dabei ab; wenn alle Beteiligten völlig ihren Platz ausfüllten, bliebe das Bedenken nicht minder bestehen." Zit. nach Krämer 1979, 10.

[78] Eine seine Befürchtungen klar zum Ausdruck bringende Rede hielt der einflußreiche Gelehrte auf der Gemeinsamen Versammlung der Deutschen und Wiener Anthropologischen Gesellschaft vom 4.–7.9.1899 in Lindau, die bezeichnenderweise unter dem Titel stand: Über die Centralisationsbestrebungen auf dem Gebiet der Anthropologie und Archäologie. Vgl. Korrbl. Dt. Ges. Anthr. Ethn. u. Urgesch. 30, 1899, 123–124. Vgl. hierzu auch Wahle 1934, 1ff.; Krämer 1978, 57ff.; Kossack 1999, 36, sowie noch einmal Krämer 2002, 21.

Kaiserlich Deutschen Archäologischen Instituts in Berlin bereitstellte, war damit der Weg zur Gründung einer neuen Reichsbehörde unter der Leitung des Berliner Instituts beschritten.[79]

Virchow und seiner einflußreichen Anthropologen-Fraktion kam man aber insofern entgegen, als die Zuständigkeit der neuen Kommission auf das römische Deutschland, d. h. den Südwesten des Reiches, beschränkt bleiben sollte, Nord- und Ostdeutschland, die *Germania libera*, nicht expressis verbis ihrer Kompetenz unterstellt wurden.

Virchow frohlockte ob seines und seiner Parteigänger zumindest halben Sieges. Conze, der seine ausgreifenden Pläne insofern vereitelt sah, als das RGZM nicht mit der RGK unter dem Berliner Dach vereinigt wurde, zog lakonisch die Bilanz: „Mainz blieb Mainz und der Direktor der römisch-germanischen Kommission des Instituts erhielt seinen Wohnsitz in Frankfurt a. Main".[80]

Eine „kleine Lösung" war durch die Kompetenzbegrenzung der RGK geschaffen, was bekanntlich in späterer Zeit, als Prähistoriker aus dem Umkreis Kossinnas in der *Germania libera* zu Einfluß gelangten, Anlaß zu weiteren Konflikten und gehässigen Angriffen auf die „Römlinge" geben sollte.[81]

Am 1. Oktober 1902 trat der erst 32jährige Hans Dragendorff, ein Schüler Loeschckes und zuvor Prof. der Archäologie in Basel (ab 1898), den Direktorenposten der RGK in Frankfurt am Main an (Abb. 17). Er erhielt damit eine für die Forschung in Südwestdeutschland höchst wichtige Position, die er nahezu für ein Jahrzehnt (bis 1911) bekleiden sollte.[82] Auf das neue Amt war er allerdings bestens vorbereitet. Hatte er sich doch bereits in seiner 1894 angefertigten Dissertation *De vasculis Romanorum rubris capita selecta* mit der Terra sigillata, also einer wichtigen Materialgruppe auf dem Felde provinzialrömischer Forschung, beschäftigt und darüber auch ein grundlegendes Werk verfaßt, das nur ein Jahr später im Druck erschien (Abb. 21).[83] Und der römischen Vergangenheit Deutschlands sollten denn auch noch in der Folgezeit weitere wichtige Arbeiten des in Dorpat geborenen Deutschbalten gewidmet sein.[84]

---

79 Vgl. Krämer 1978, 10ff.

80 Zit. nach Krämer 1979, 14.

81 Vgl. hierzu Kossack 1999, 36 sowie auch Marchand 1996, 178ff.

82 Vgl. Krämer 1979, 5f, Taf. 7,1; zu Dragendorff vgl. G. Grimm, in: Archäologenbildnisse 1991, 179–180 mit Lit.; Becker 2002, 118ff.

83 Vgl. H. Dragendorff, Terra sigillata. Ein Beitrag zur Geschichte der griechischen und römischen Keramik, in: BJb 96/97, 1895, 18–155 Taf. 1–6, auch als Separatband erschienen.

84 Vgl. H. Dragendorff, Verzeichnis der Stempel auf Terra-sigillata-Gefäßen, die sich in die Zeit von rund 70–250 n. Chr. datieren lassen, in: BJb 99,1896, 54–163; ders., Westdeutschland zur

Abb. 20. Alexander Conze (10.12.1831–19.7.1914). Univ. Prof. zunächst in Halle (1863), dann in Wien (1869). 1877 Direktor der Sammlung antiker Skulpturen in Berlin, 1881 Vorsitzender der Zentraldirektion des *Kaiserlich deutschen Archäologischen Instituts* in Berlin und ab 1887 dessen hauptamtlicher Generalsekretär, ab 1904 Mitglied der *Römisch-Germanischen Kommission* (Fotoarchiv RGK).

Römerzeit (Leipzig 1912; ^{2}1919); ders. mit E. Krüger, Das Grabmal von Igel. Römische Grabmäler des Mosellandes und der angrenzenden Gebiete I (Trier 1924); ders., Arretinische Reliefkeramik mit Beschreibung der Sammlung in Tübingen. Nach des Verfassers Tode ergänzt und herausgegeben von Carl Watzinger (Reutlingen 1948).

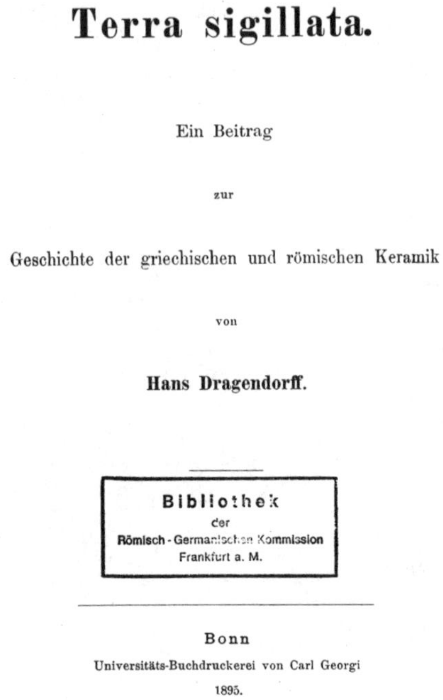

Terra sigillata.

Ein Beitrag

zur

Geschichte der griechischen und römischen Keramik

von

Hans Dragendorff.

Bonn

Universitäts-Buchdruckerei von Carl Georgi

1895.

Abb. 21. Titelseite der 1895 in den *Jahrbüchern des Vereins von Alterthumsfreunden im Rheinland*, Heft XCVI, veröffentlichten Dissertation Hans Dragendorffs.

Durch Dragendorffs Wirken wurde die provinzialrömische Forschung im Südwesten des Deutschen Reiches schon bald auf eine neue Grundlage gestellt. Mit Geschick führte sich der erste Direktor der RGK auch in die lokalen Verhältnisse ein, d. h., er arrangierte sich mit den Vertretern des am 19. April 1900 gegründeten *West- und Süddeutschen Verbandes für Altertumskunde*.[85] Nicht zuletzt kam es bekanntlich zu diesem Zusammenschluß, um dem neuen Reichsinstitut unter Umständen in angemessener Form Paroli bieten zu können.

Man beugte etwaigen Konflikten auch dadurch vor, daß in den jeweiligen Satzungen der beiden neuen Partner ausdrücklich betont wurde, daß die ge-

[85] Zur Gründungsgeschichte des *Verbandes west- und süddeutscher Vereine für römisch-germanische Altertumsforschung und der damit verbundenen prähistorischen und fränkisch-alemannischen Forschung*, heute bekannt als *West- und Süddeutscher Verband für Altertumsforschung*, vgl. Ament 2000, 13ff. mit Lit.

genseitige Zusammenarbeit zu fördern sei.[86] Zu Auseinandersetzungen sollte es denn auch nicht kommen.

Die archäologische Arbeit der RGK unter Dragendorffs Leitung sowie unter der seiner Nachfolger[87] sollte sich schon bald über den südwestdeutschen Raum hinaus erstrecken und auch eine Zeitspanne umfassen, die über die Spätantike bis ins frühe Mittelalter reichte.

Mit den *Berichten der Römisch-Germanischen Kommission* (Abb. 22) sowie den *Katalogen west- und süddeutscher Altertumssammlungen* begründete Dragendorff das Publikationswesen der unter seiner Leitung stehenden Institution. Der Inhalt der ersten Bände vermittelt uns einen Überblick, was bereits in den ersten Jahren der Kommission alles in Angriff genommen und erreicht wurde.[88]

In seiner Festansprache anläßlich des 75jährigen Bestehens der RGK im Jahre 1979 zog deren damaliger 1. Direktor Werner Krämer mit berechtigtem Stolz eine Bilanz mit folgenden Worten: „Seit 75 Jahren hat die Römisch-Germanische Kommission wie keine andere wissenschaftliche Institution die archäologische Forschung in den Ländern nördlich der Alpen gefördert, sie maßgeblich beeinflußt und ihr vielfach die Richtung gewiesen".[89] Und dieser

---

[86] In § 2 des neu gegründeten Verbandes heißt es ausdrücklich: „Der Verband wird [...] seine Aufgabe theils selbständig, theils im Anschluss an die zu dem gleichen Zweck von Reichs wegen eingesetzte Behörde zu erfüllen suchen." hier zitiert nach Ament 2000, 13. Vgl. hierzu auch die Ausführungen in § 6 der ersten Satzung der RGK: „Es ist Aufgabe der Kommission, und zwar zunächst des Direktors, sich mit den die römisch-germanische Forschung betreibenden Vereinen und leitenden Persönlichkeiten im Forschungsgebiet in stetiger Fühlung zu halten, ihre Unternehmungen, soweit dies gewünscht wird, beratend und eventuell leitend zu fördern. Die vom Reiche gewährten Mittel können zur Unterstützung und zur Weiterführung dieser Lokalforschungen verwendet werden." Zitiert nach Krämer 1979, mit dem auf Taf. 13 wiedergegebenen Text; derselbe Text auch bei Rieche 1979, 171. Vgl. hierzu auch Ament 2000, 13. Als eine der Hauptaufgaben der neu gegründeten RGK bezeichnete Dragendorff denn auch in seiner Einführung zum 1. Bericht der RGK die „Vereinheitlichung der lokalen Forschung" und die „Zusammenfassung der vorhandenen Kräfte zu gemeinsamem Vorgehen." Das neu gegründete Publikationsorgan sollte im Sinne einer zusammenfassenden Darstellung der bereits damals ausufernden Forschungsergebnisse und Fundnachrichten wirksam werden, vgl. Hans Dragendorff, 1. Bericht über die Fortschritte der Römisch-Germanischen Forschung im Jahre 1904 (Frankfurt /M. 1905) 1.

[87] Die ersten Nachfolger Dragendorffs im Amte des 1. Direktors der RGK waren: Emil Ritterling (von 1911–1914); Walther Barthel (von 1914–1915) und Friedrich Koepp (von 1916–1924), vgl. Krämer 1979, 22 mit Taf. 7, 1–3 sowie 8,1; von Schnurbein 2002, 139ff.

[88] Mit Stolz wies Krämer in seinem Festvortrag anläßlich des 75jährigen Bestehens der RGK am 13. April 1977 darauf hin, daß diese Institution bereits zu diesem Zeitpunkt nicht weniger als 270 Bände an Zeitschriften und Monographien herausgegeben habe.

[89] Vgl. Krämer 1979, 5.

RÖMISCH-GERMANISCHE KOMMISSION
DES
KAISERLICHEN ARCHÄOLOGISCHEN INSTITUTS

BERICHT
ÜBER DIE FORTSCHRITTE
DER
RÖMISCH-GERMANISCHEN FORSCHUNG
IM JAHRE
1904

FRANKFURT AM MAIN
JOSEPH BAER & CO.
1905.

Inhalts-Verzeichnis.

Abb. 22. Titelseite (links) und Inhaltsverzeichnis (rechts) des ersten Berichts der RGK, erschienen 1905 in Frankfurt am Main.

Weg stetigen Erfolges wurde auch in der Folgezeit bis in unsere Tage fortgesetzt.

Bei ihrer Gründung war die RGK neben den Instituten in Rom und Athen die dritte Säule des einst wie jetzt beim Auswärtigen Amt angesiedelten *Deutschen Archäologischen Instituts* (DAI). Die Verhältnisse haben sich allerdings inzwischen in kaum vorhersehbarer Weise verändert. Denn durch die Gründung zahlreicher neuer Institute und Kommissionen im In- und Ausland ist das DAI inzwischen weit über sein ursprüngliches Arbeitsfeld hinaus tätig.[90] Es betreibt Weltarchäologie.

Das RGZM, das seit 1978 durch eine Satzungsänderung zu seinem traditionellen Namen noch die Bezeichnung „Forschungsinstitut für Vor- und Frühgeschichte“ hinzufügte, ist bereits seit 1899 eine Stiftung des Öffentlichen Rechts. Getragen wird diese jetzt vom Land Rheinland-Pfalz und der Stadt Mainz. Die Finanzierung dieses gerade in den letzten Jahren noch einmal beträchtlich gewachsenen Instituts[91] erfolgt im Rahmen der Forschungsförderung durch Bund und Länder.

Sowohl das RGZM als auch die RGK, die beiden bedeutendsten außeruniversitären vor- und frühgeschichtlichen Forschungsinstitute Deutschlands, die im Jahre 2002 ihr 150- bzw. 100jähriges Jubiläum begehen, sind ihrem ursprünglichen Auftrag treu geblieben. Darüber hinaus haben sie aber durch selbstständig geführte Unternehmungen sowie internationale Kooperationen ihren Aktionsradius weit über Deutschland ins europäische Ausland ausweiten können.

Erstaunlich ist vor allem die Entwicklung des RGZM: Innerhalb seiner nunmehr 150 Jahre währenden Geschichte wurde aus einer, aus patriotischem Geist geborenen „Vaterländischen Institution“ ein Institut, das inzwischen ebenfalls „Weltarchäologie“ treibt.

---

[90] Das DAI umfaßt inzwischen außer der in Berlin angesiedelten Zentraldirektion die Abteilungen in Rom, Athen, Kairo, Istanbul, Madrid, die Orient-Abteilung, mit den Außenstellen in Bagdad (z. Zt. nicht besetzt), in Damaskus, Sanaa und die Eurasien-Abteilung in Berlin. Hinzu kommen die Römisch-Germanische Kommission in Frankfurt am Main mit einer Außenstelle in Ingolstadt, die Kommission für Alte Geschichte und Epigraphik in München, sowie die Kommission für Allgemeine und Vergleichende Archäologie in Bonn.

[91] Das RGZM umfaßt inzwischen: Die Abteilungen Vorgeschichte, Frühmittelalter und Römerzeit sowie das Museum für Antike Schiffahrt in Mainz, den Forschungsbereich Altsteinzeit in Schloß Monrepos bei Neuwied sowie die Expondituren in Kairo und in Xian (VR China).

Die Vor- und Frühgeschichte, und damit möchten wir unsere Ausführungen schließen, ist im Laufe der Jahre zu einer bedeutenden, auf der ganzen Welt betriebenen Wissenschaft geworden, der inzwischen auch die Klassische Archäologie sowohl im Forschungsansatz als auch der Grabungsmethodik viel verdankt. In Abwandlung des eingangs von Michelsen zitierten Satzes möchten wir deshalb sagen: Die „Altertumsforscher mit dem Grabscheit" sind heutzutage sehr wohl in der Lage, sich bei den Historikern und Urkundensammlern, aber auch den Klassischen Archäologen Respekt abzugewinnen.

Literatur

Ament 2000
Hermann Ament, 100 Jahre West- und Süddeutscher Verband für Altertumsforschung. Seine Gründung und seine frühen Jahre (1900–1914), in: Archäologisches Nachrichtenblatt 5, 1/2000, 13–32.

Archäologenbildnisse 1991
Reinhard Lullies/Wolfgang Schiering (Hrsg.), Archäologenbildnisse. Portraits und Kurzbiographien von Klassischen Archäologen deutscher Sprache (Mainz [2]1991).

Becker 2002
Katharina Becker, Die Gründung der Römisch-Germanischen Kommission und der Gründungsdirektor Hans Dragendorff, in: Ber. RGK82, 2001 (2002) 105–135.

Böhner 1978
Kurt Böhner, Das Römisch-Germanische Zentralmuseum. Eine vaterländische und gelehrte Gründung des 19. Jahrhunderts, in: JahrbRGZM 25, 1978 (1982) 1–48.

Böhner 1979
Kurt Böhner, Ludwig Lindenschmit, in: Personen und Wirkungen (Mainz 1979) 194–201.

Borbein/Hölscher/Zanker 2000
Adolf Heinrich Borbein/Tonio Hölscher/Paul Zanker, Klassische Archäologie. Eine Einführung (Berlin 2000) 7–382.

Borrmann 1996
Gottfried Borrmann, Der Gesamtverein – das turbulente Gründungsjahr 1852, in: Mainzer Zeitschr. 89, 1994 (1996) 15–18.

Corrocher 2000
Jacques Corrocher, Napoléon III. et les Antiquités Nationales, in Aspects de l'archéologie francaise au XIXème siècle. Actes du colloque international tenu à la Diana à Montbrison les 14 et 15 octobre 1995. Recueil de Memoires & Documents sur Le Forez publiés par la société de La Diana, Bd. 28 (Montbrison 2000) 25–40.

Delporte 2000
Henri Delporte, Le Musée des Antiquités Nationales au XIXe siècle, in Aspects de l'archéologie française au XIXème siècle. Actes du colloque international tenu à la Diana à Montbrison les 14 et 15 octobre 1995. Recueil de Memoires & Documents sur Le Forez, publiés par la société de La Diana, Bd. 28 (Montbrison 2000) 55–62.

Dragendorff 1904
Hans Dragendorff, Die römisch-germanische Kommission des Kaiserlichen archäologischen Instituts, in: Dt. Geschbl. 6, 1904, 12–24.

Glatz 1996
Joachim Glatz, „Rettet die Mainzer Baudenkmäler." – Der Mainzer Altertumsverein und sein Engagement für die Denkmalpflege, in: Mainzer Zeitschr. 89, 1994 (1996) 60–83.

Gollwitzer 1971
Heinz Gollwitzer, Zum politischen Germanismus des 19. Jahrhunderts, in: Festschrift für Hermann Heimpel, Bd. 1 (Göttingen 1971) 282–356.

Gran Aymerich 1998
Ève Gran-Aymerich, Naissance de l'Archéologie moderne 1798–1945 (Paris 1998).

Gran Aymerich 2001
Ève Gran-Aymerich, Dictionnaire biographique d'Archéologie 1798–1945 (Paris 2001).

Gredy 1845–1851
Friedrich M. Gredy, Ueber Entstehung, Zweck und Wirken des Vereins, in: Zeitschr. Ver. Erforsch. Rhein. Gesch. 1, 1845–1851, 1–5.

Gummel 1938
Hans Gummel, Forschungsgeschichte in Deutschland (Berlin 1938).

von Hase 2000
Friedrich-Wilhelm von Hase, Ludwig Lindenschmit et Napoléon III. un chapitre précoce de la coopération archéologique franco-allemande, in Aspects de l'archéologie française au XIXème siècle. Actes du colloque international tenu à la Diana à Montbrison les 14 et 15 octobre 1995. Recueil de Memoires & Documents sur Le Forez, publiés par la société de La Diana, Bd. 28 (Montbrison 2000) 63–88.

Heimpel 1972
Hermann Heimpel, Geschichtsvereine einst und jetzt, in: H. Boockmann u. a. (Hrsg.), Geschichtswissenschaft und Vereinswesen im 19. Jahrhundert. Beiträge zur Geschichte der historischen Forschung in Deutschland (Göttingen 1972) 45–73.

Hoppe 1952
Willy Hoppe, Einhundert Jahre Gesamtverein, in: Blätter Dt. Landesgesch. 89, 1952, 1–38.

Koepp 1929
Friedrich Koepp, Aufgaben der Römisch-Germanischen Kommission, in: Ber.RGK 12, 1920, IV–XX.

Kossack 1999
Georg Kossack, Prähistorische Archäologie in Deutschland im Wandel der geistigen und politischen Situation. Bayerische Akademie der Wissenschaften. Philosophisch-Historische Klasse, Sitzungsberichte Jahrgang 1999, Heft 4 (München 1999).

Kossinna 1912
Gustaf Kossinna, Die deutsche Vorgeschichte eine hervorragend nationale Wissenschaft (Würzburg 1912).

Krämer 1946–48
Josef Hans Krämer, Aus der Frühzeit des Mainzer Altertumsvereins, in: Mainzer Zeitschrift 41–43, 1946–48, 3–26.

Krämer 1978
Werner Krämer, Das Römisch-Germanische Zentralmuseum und die deutsche Vorgeschichtsforschung um die Jahrhundertwende, in: Jahrb. RGZM 25, 1978, 49–73.

Krämer 1979
Werner Krämer, Fünfundsiebzig Jahre Römisch-Germanische Kommission. Vortrag bei der Festsitzung der Römisch-Germanischen Kommission des Deutschen Archäologischen Instituts in Frankfurt am 13. April 1977. Beiheft zum Bericht der Römisch-Germanischen Kommission 58, 1977, 5–23.

Krämer 2002
Werner Krämer, Gerhard Bersu ein deutscher Prähistoriker. Vorabsonderdruck aus: Ber. RGK 82, 2002, 7–105.

Kühn 1976
Herbert Kühn, Geschichte der Vorgeschichtsforschung in Deutschland (Berlin/New York 1976).

Lantier 1962
Raymond Lantier, Aux origines du Musée des Antiquités Nationales, in Hommages à Albert Grenier. Collection Latomus 58, 1962, 940–947.

Lindenschmit 1851
Ludwig Lindenschmit d. Ä., Über eine besondere Gattung von Gewandnadeln aus deutschen Gräbern des V. und VI. Jahrh., in: Abbildungen von Mainzer Althertümern III. (Mainz 1851) 1–16.

Lindenschmit/Lindenschmit 1848
Ludwig Lindenschmit d. Ä./Wilhelm Lindenschmit d. Ä, Das germanische Todtenlager bei Selzen in der Provinz Rheinhessen (Mainz 1848).

Lindenschmit 1902
Ludwig Lindenschmit d. J., Beiträge zur Geschichte des Römisch-Germanischen Centralmuseums in Mainz, in: Festschrift zur Feier des fünfzigjährigen Bestehens des Römisch-Germanischen Centralmuseums zu Mainz (Mainz 1902) 1–72.

Lindenschmit 1927
Ludwig Lindenschmit d. J., Erinnerungen als Randverzierungen zum Charakterbild Ludwig Lindenschmits und zur Geschichte seines Lebenswerkes, in: Festschrift zur Feier des 75-jährigen Bestehens des RGZM (Mainz 1927) 9–51.

Marchand 1996
Suzanne L. Marchand, Down from Olympus. Archaeology and Philhellenism in Germany, 1750–1970 (Princeton 1996).

Meyer 1930
Eduard Meyer, 25 Jahre Römisch-Germanische Kommission, in: Fünfundzwanzig Jahre Römisch-Germanische Kommission. Zur Erinnerung an die Feier des 9.–11. Dezember 1927, herausgegeben von der Römisch-Germanischen Kommission des Archäologischen Instituts des Deutschen Reiches (Berlin/Leipzig 1930) 1–10.

Moisset 1977
Marie-Thérèse Moisset, Les origines du Musée des Antiquités Nationales, in: Antiquités Nationales 9, 1977, 92–99.

Müller 1837
Nikolaus Müller, Ueber Gelehrtenvereine, insbesondere über die Wichtigkeit der historischen und alterthumsforschenden Gesellschaften, in: Ann.Ver. Nassau. Altkd. 3, 1837, 2. Heft, 120–130.

Panke 1998
Tanja Panke, Altertumskunde zwischen Fortschritt und Beharrung: Ludwig Lindenschmit d. Ä. (1809–1893) in seiner Zeit, in: JahrbRGZM 45, 1998, 711–774.

Puschner 1996
Uwe Puschner, Deutsche Reformbühne und völkische Kultstätte. Ernst Wachler und das Harzer Bergtheater, in: Uwe Puschner/W. Schmitz/Justus H. Ulbricht (Hrsg.), Handbuch zur „Völkischen Bewegung" 1871–1918 (München u. a. 1996) 762–796.

Puschner 2001
Uwe Puschner, Die Völkische Bewegung im wilhelminischen Kaiserreich (Darmstadt 2001).

Rieche 1979
Anita Rieche (Hrsg.), Die Satzungen des Archäologischen Instituts 1828–1972, in: Das Deutsche Archäologische Institut. Geschichte und Dokumente, Bd. 1 (Mainz 1979) 1–235.

Rodenwaldt 1929
Gerhart Rodenwaldt, Archäologisches Institut des Deutschen Reiches 1829–1929 (Berlin 1929).

Schiering 1969
Wolfgang Schiering, Zur Geschichte der Archäologie, in: U. Hausmann, Allgemeine Grundlagen der Archäologie. Handbuch der Archäologie (München 1969) 11–161.

von Schnurbein 2002
Siegmar von Schnurbein, Abriß der Entwicklung der Römisch-Germanischen Kommission unter den einzelnen Direktoren von 1911 bis 2002, in: Ber. RGK 82, 2001 (2002) 137–289.

Schumacher 1906:
Karl Schumacher, Ludwig Lindenschmit, in: Mainzer Zeitschrift 1, 1906, 38–41.

Schumacher 1909
Karl Schumacher, Zur Erinnerung an den 100. Geburtstag Ludwig Lindenschmits, in: PZ 1, 1909, 268–270.

Schumacher 1927
Karl Schumacher, Das Römisch-Germanische Centralmuseum von 1901–1925, in: Festschrift zur Feier des fünfundsiebzigjährigen Bestehens des Römisch-Germanischen Central-Museum zu Mainz 1927 (Mainz 1927) 53–88.

Wahle 1934
Ernst Wahle, Deutsche Vorgeschichtsforschung und klassische Altertumswissenshaft. Deutsches Bildungswesen 19, 10, 1934, 1–11.

von Wilamowitz-Moellendorff 1928
Ulrich von Wilamowitz-Moellendorff, Erinnerungen 1848–1914 (Leipzig ^{2}1928).

Weber 1983
Wilhelm Weber, Die Lindenschmits – Eine Mainzer Künstlerfamilie. Vom Ahnherrn bis zu Ludwig Lindenschmit d. Ä., in: Mittelrheinisches Landesmuseum Mainz (Hrsg.), Die Künstlerfamilien Lindenschmit aus Mainz. Gemälde, Graphiken, Dokumente. Ausst. Kat. 14.5.–19.6.1983 (Mainz 1983) 5–27.

Germanisch-Deutsch – RGA-E Band 34 – Seiten 629-647

„Germanische Altertumskunde" – Annäherung an eine schwierige Disziplin

von Heinrich Beck

Als in den 1950er und 60er-Jahren der Plan reifte,[1] das von dem Heidelberger Anglisten Johannes Hoops 1911 bis 1919 in 4 Bänden herausgegebene *Reallexikon der Germanischen Altertumskunde* neu aufzulegen, waren zwei Entwicklungen nicht vorhersehbar:

- Die Neuauflage war zunächst auf 6 Bände veranschlagt. Bereits bei den ersten (von 1968 an erscheinenden) Lieferungen erwies sich diese Planung als unrealistisch. Wenn heute bei einem anvisierten Abschluß im Jahre 2005 mit 30 Bänden gerechnet wird, ist das eine Mehrung nicht um das 1,5fache, sondern um das 5fache des ursprünglichen Ansatzes. In der Rückschau läßt sich dieser Sprung dadurch erklären, daß sich das Vorhaben „Lexikon" (im Sinne einer alphabetischen Ordnung fachspezifischer Termini in ausgewählter Zahl) dem der „Enzyklopädie" (im Sinne einer abgerundeten und systematischen Darstellung einer Wissenschaft) annäherte.[2] Dabei erwies sich rasch, daß dazu vielfach erst Grundlagenstudien nötig waren, die auch einen angesetzten Abschluß der Neubearbeitung in die Ferne rückten.

- Die Übernahme eines Titels aus den Anfängen des Jahrhunderts erschien zunächst unproblematisch zu sein – ungeachtet der Tatsache, daß bereits in den frühen 1960er Jahren eine sehr grundsätzliche Germanendiskussion begonnen hatte.[3] Eine breitangelegte Debatte über die Rolle der völkischen

---

1 Vgl. dazu Hachmann 1996, 26ff.

2 *Enzyklopädie des Märchens* nannte sich ein ebenfalls redaktionell in Göttingen beheimatetes Unternehmen unter Leitung von Kurt Ranke, das mit seinem 1. Band 1977 (1. Lieferung 1975) an die Öffentlichkeit trat. Auch hier reichten die Vorbereitungen bis in die 50er Jahre zurück. Ranke war auch Mitherausgeber des Reallexikons, das von Herbert Jankuhn tatkräftig befördert wurde.

3 Vgl. etwa das „Dreimännerbuch": Rolf Hachmann/Georg Kossack/Hans Kuhn, Völker zwischen den Germanen und Kelten (Neumünster 1962). Dort schreibt etwa Hachmann: „Die

Ideologie gerade in den Altertumswissenschaften begann aber erst in den folgenden Jahren. Sie brachte (weit über eine Auseinandersetzung ausschließlich mit der NS-Zeit hinausgehend) Ergebnisse, die von allgemeiner hermeneutischer Bedeutung waren – so bedeutend, daß eine altertumswissenschaftliche Darstellung heute nicht mehr denkbar ist ohne eine Reflexion über Stand und Bedingtheit der eigenen Position. Das Lexikon sucht dieser Forderung u. a. dadurch nachzukommen, daß es einerseits mit methodologischen Beiträgen heutige altertumskundliche Verfahren beschreibt, andererseits mit Personenartikeln entscheidende meinungsbildende Einsätze aufgreift. Die Absicht ist dabei nicht, Wissenschaftsgeschichte zu integrieren (das wäre eine eigene Fragestellung), es soll vielmehr die hermeneutische Besinnung in den Vordergrund rücken. Unter solchen Gesichtspunkten wirft auch der Titel „Germanische Altertumskunde" heute Probleme auf, die in den 1960er Jahren so nicht gesehen wurden.

Die folgenden Ausführungen wollen dazu einige Gedanken in historisch-kritischer Sicht beisteuern. Es beinhaltet dies auch eine gewisse Rechenschaft darüber, wie ein heutiger Herausgeber des Reallexikons seine Arbeit versteht. Angesprochen werden die drei Begriffe, die in der Titelformulierung zum Ausdruck kommen.

I.

„Reallexikon" als Begriff hat die bisherige Debatte kaum oder gar nicht beschäftigt. Es scheint, als hätten Termini wie „Wörterbuch", „Lexikon", „Reallexikon", aber auch „Enzyklopädie" und „Realenzyklopädie" ihre unterscheidenden Qualitäten im Laufe der Zeit weitgehend eingebüßt. Am ehesten scheint noch die Differenz von Lexikon (= Wörterbuch) und Enzyklopädie gegenwärtig zu sein. Während das Wörterbuch eine meist alphabetisch geordnete Darstellung des Wortschatzes einer Sprache oder eines Sachgebietes darstellt (und dabei in unterschiedlichem Grade erläuternd verfährt), zielt die Enzyklopädie (alphabetisch oder systematisch geordnet) auf Vollständigkeit und Systematik.[4] Friedrich August Wolf und August Boeckh haben durch langjährige Lehrtätigkeit der neuzeitlichen Altertumswissenschaft und Philo-

Germanen der Jahrhunderte um Christi Geburt waren in der Gestalt, in der sie die Antike sah, gewiß keine Realität, sondern eine gelehrte Konstruktion".

4 Vgl. Schalk 1972, 575–577.

logie ein Fundament geschaffen, das auch dem Lexem „Enzyklopädie" einen begrifflichen Inhalt gab. Wolf hielt von 1786 an in Halle Vorlesungen unter dem Titel *Encyklopädie und Methodologie der Studien des Alterthums* – und war damit wohl auch der erste, der den Terminus in der Altertumswissenschaft einführte. Unter der *Encyclopaedia philologica* verstand er die Gesamtheit der altertumskundlichen Disziplinen. In systematischer Darstellung umfaßt dies – nach Wolf – die einzelnen Fächer in ihrem allgemeinen Begriff, ihrem Gehalt, Zusammenhang und Hauptzweck.[5] Im Anhang seiner Schrift von 1807 gab Wolf einen (in seiner Zeit bewunderten) *Ueberblick sämmtlicher Theile der Alterthums-Wissenschaft*. Boeckh, ein Schüler Wolfs und seit 1811 Ordinarius in Berlin, setzte die Tradition einer Vorlesung über Enzyklopädie und Methodologie der philologischen Wissenschaften fort, verhielt sich aber inhaltlich durchaus kritisch zu Wolfs Position. Er sah darin zwar den praktischen Kenner der Wissenschaft, den Virtuosen in der philologischen Kunst und den geistreichen Mann am Werk, hielt aber dagegen, daß eine Enzyklopädie von den allgemeinsten Begriffen ausgehend, den Aufbau einer Wissenschaft darzustellen und die Wolfschen aggregatartig zusammengestellten Disziplinen organisch zu einer Gesamtanschauung des Altertums zu einen habe.[6]

Auch die klassische Altertumswissenschaft hielt sich an den Begriff „Enzyklopädie". August Pauly begann 1837 eine *Real-Encyklopädie der klassischen Alterthumswissenschaft* zu publizieren, die auf 6 Bände anwuchs[7] – und in letzter Bearbeitung (1893–1978) zu einem vielbändigen Standardwerk gedieh. Die germanistische Altertumsforschung ging getrennte Wege. Hoops nannte sein Unternehmen von 1911 ein *Reallexikon* und folgte damit vermutlich auch einer Verlagsanregung. Der damalige Trübner-Verlag hatte bereits Schraders *Reallexikon der indogermanischen Altertumskunde* unter Vertrag.

Gemeinsam verwenden klassische Altertumswissenschaft und germanistische Altertumskunde das Kompositionsglied *Real-* in „Realenzyklopädie"

---

[5] Wolf drückte dies in der ersten Ankündigung seiner wiederholten Vorlesungen über *Encyklopädie und Methodologie der Studien des Althertums* so aus: „Encyclopaedia philologica, in qua, orbe universo earum rerum, quibus litterae antiquitatis continentur, peragrato, singularum doctrinarum ambitus, argumenta, coniunctiones, utilitates, subsidia, denique recte et cum fructu tractandae cuiusque rationes illustrabuntur" (Wolf 1807, 6).

[6] Boeckh 1886, 39ff., 305. Zur Aktualität des Begriffes „Enzyklopädie" haben sicher die großen Werke der französischen und englischen Enzyklopädisten des 18. Jahrhunderts beigetragen. In Deutschland stellte sich Johann Samuel Ersch und Johann G. Grubers *Allgemeine Encyclopädie der Wissenschaften und Künste* (Leipzig 1818ff.) in diese Tradition.

[7] Pauly (Hrsg.) 1837–1852, ^{2}1862–66.

bzw. „Reallexikon“. Der ursprünglich damit zum Ausdruck kommende Gegensatz „stofflich, dinglich, sachlich“ vs. „verbal, nominal, formal und personal“[8] läßt erkennen, daß hier mit Altertumskunde einmal die Gegenstandskultur gemeint war (Realia im Sinne der lat. *antiquitates*)[9] – und dies insbesondere für Zeiten, da auch (oder ausschließlich) die materielle Hinterlassenschaft zu interpretieren war. Da natürlich auch eine solche Begriffsbestimmung die Frage nach der Bestimmung der Gegenstände und der damit verbundenen geistigen Absicht ihrer Träger einschloß, erhob auch ein „Reallexikon“ als ein „Sachwörterbuch“ den Anspruch, zur „Kulturgeschichte“ beizutragen. Offen ist dabei freilich die Frage, welches Gewicht den Realia eingeräumt wurde. Prähistorische Epochen (d. h. nicht durch sprachliche Zeugnisse beleuchtbare Zeiten) unterliegen hier anderen Bedingungen als historische. Die rekonstruierenden Methoden der philologisch-sprachlichen Disziplinen und die Ergebnisse einer vergleichenden Ethnologie tragen zu einer Wissenschaft bei, die als Vorgeschichte doch den Gegenständen verpflichtet ist. Erst mit dem Aufkommen der schriftlichen Quellen wird die Altertumskunde zunehmend eine Wissenschaft des Geistes. Hier erhält die Gewichtung von Realia und Nomina entscheidende Bedeutung – sofern nicht überhaupt eine archäologische und philologische Altertumskunde auseinandertreten. Ein Reallexikon der germanischen Altertumskunde, das einen Zeitraum von den germanischen Anfängen bis zur Karolinger- und Wikingerzeit umfassen will, hat also mit den Epochen der Vorgeschichte (Zeit der alleinigen Bodenfunde), der Frühgeschichte (zu den Bodenfunden treten die „Zeugnisse“ der klassischen Autoren) und der eigentlichen Geschichte (mit archäologischen und sprachlich-literarischen „Quellen“) zu rechnen. Wenn in der Vorgeschichte die Archäologie dominiert, so die historisch-philologischen Fächer in der eigentlichen Geschichtsepoche. Insgesamt differieren daher (in der gegenwärtigen Konzeption des Lexikons) die Beiträge der Disziplinen

---

[8] Schulz/Basler 1977,180–183.

[9] Kellermann 1966, 7, formuliert die Aufgabe des Altertumskundlers in diesem Sinne: „Dankbar akzeptiert er geschichtliche Fakten; aber sie dienen ihm nur zur Ordnung und Abrundung eines eigenen Bildes der Vergangenheit, das dem ganzen Umkreis des Lebens jener Zeitspannen umfassen soll. Er sucht Auskunft über den Alltag in seiner Vielfalt, über das umfängliche Arsenal der Gebrauchsgüter in allen Daseinsbereichen. Ihm geht es um Ursprünge und Veränderungen im Bereich der ‚Sachen‘, um jene dingliche Hinterlassenschaft, die, meist nur bruchstückhaft erhalten, allein die Umstände der Existenz ihrer Erfinder und Benutzer schildern kann. Er wird versuchen, diese stummen Zeugen beredt zu machen, hinter den Dingen Glauben und Brauch zu erkennen, sei es im Hauswerk der Lebenden oder in der Fürsorge für die Toten“.

Archäologie, Geschichte und Philologie epochenspezifisch, rechnen insgesamt aber mit je gleichen Anteilen.

Die zunächst als selbstverständlich erscheinende Koppelung von Reallexikon und Altertumskunde erscheint aber noch in einem anderen Lichte als problematisch. Wenn mit *real* der Bezug auf das Bezeichnete zum Ausdruck kommt, kann die Sprachgeschichte (als integraler Teil der Altertumskunde) nicht direkt in diese „Beziehung" eingebunden werden. In einer Altertumskunde geht es dabei – sprachgeschichtlich gesehen – insbesondere um die lexikalische Struktur einer komparatistisch rekonstruierten Sprache, d. h., es steht das Verhältnis von Wort und Sache zur Diskussion. Dem 19. Jahrhundert bereitete der „Wörter und Sachen"-Bezug noch keine großen Probleme. Jacob Grimm meinte, unmittelbar von den Wörtern zu den Sachen gelangen zu können.[10] In der Zwischenzeit hat aber die Semantikforschung erkannt, daß zwischen sprachlichem Ausdruck und außersprachlicher Realität nur über eine sehr komplexe Relation zu vermitteln ist. Dies hat einerseits dazu geführt, daß über Bedeutung nur in operativen, handlungs- und gebrauchsbezogenen Zusammenhängen diskutiert wird, andererseits zur Vermittlung zwischen Denotats- und Sprachebene eine nach eigenen Gesetzen strukturierte Mentalebene postuliert wird. Etymologische und sprachgeschichtliche Erwägungen in einem Reallexikon bewegen sich daher nicht auf gleicher Ebene wie die *Realia*-Diskussion, denen sie zugeordnet sind. Darin liegt eine grundsätzliche Schwierigkeit von Lexika, die Sachgüterforschung und sprachhistorische Interpretation zu vereinen suchen.

II.

„Germanisch". Johannes Hoops fand zu Anfang des 20. Jahrhunderts einen Wissensstand vor, der ihm problemlos erlaubte, von einer „germanischen" Altertumskunde zu reden. Nachdem die (durchaus kontrovers diskutierte) terminologische Frage noch zu Lebzeiten von Jacob Grimm zugunsten von „germanisch" entschieden war, brachte die junggrammatische Schule die von ihr erarbeitete sprachgeschichtliche Sicht in eine die Wissenschaften beherrschende Position. Begriffe wie „indogermanisch", „germanisch", „ost-, nord- und westgermanisch" waren feste, auf „Lautgesetzen" aufgebaute Größen. Brisanz erhielten diese Konstrukte vor allem deswegen, weil seit Grimms Zei-

[10] Grimm 1848, XIII.

ten die Gleichung von Spracheinheit und Stammeseinheit bestand – oder wie Grimm formulierte: „In der frühen zeit gelten viele dialecte gleichansehnlich nebeneinander, ihre grenzen laufen mit denen der einzelnen stämme".[11] Friedrich Kauffmann setzte 1913 Sprachgenossenschaften mit Volks- und Kulturgenossenschaften gleich.[12] Das sprachliche Postulat „germanisch" zog in der Sicht der Zeit notwendigerweise eine ethnische Einheit „Germanen" nach sich. Auf dem Höhepunkt junggrammatischer Forschung schien die Germanenfrage so sicher gelöst zu sein wie die sprachgeschichtliche Rekonstruktion des Germanischen überhaupt.

Auf zwei Prägungen dieses sprachgeschichtlichen Germanenbegriffes sei besonders verwiesen:

1.) Für Jacob Grimm war die erste, die germanische Lautverschiebung, der konstituierende Akt, der zum Germanischen führte, ein unverwechselbares Kennzeichen dieser Sprache und Kultur. Dazu trat die Entdeckung einer zweiten Lautverschiebung, der hochdeutschen. Grimm sah in dieser 2. Lautverschiebung eine „Wiederholung" der ersten, einen Beweis dafür, daß die erste nicht nur ein „ohnmächtiger trieb" war, sondern die Erfüllung eines konsequenten Sprachtriebes, nach dem „der ganze kreis aller stummen konsonanten" durchlaufen werden mußte.[13] Allerdings war diese 2. Verschiebung auf das Strengalthochdeutsche (d. i. Schwäbisch, Bairisch) beschränkt.[14] Der Sprachtrieb, der also in einem ersten Akt das Germanische konstituierte, trug in seinem zweiten Akt zu einer Spaltung des Germanischen selbst bei. Konsequent konnte Jacob Grimm denn auch den Terminus „deutsch" steigern. Das „deutscheste" Deutsch ist in seinem Sinne das von der 2. Lautverschiebung erfaßte Strengalthochdeutsche (ebenfalls ein Terminus von Grimm). Wenn Grimm also von „Deutschheit" redet und damit etwas meint, was wir heute mit „Germanität" bezeichnen könnten,[15] so liegt es in der Logik seiner Anschauungen, darin einen auf einer Skala angesiedelten Begriff zu sehen – am oberen Ende der Skala stehen die „Deutschen" (im Sinne des aktuellen Sprachverständnisses seiner Zeit), am unteren Ende die nicht an der 2. Lautverschiebung partizipierenden „deutschen" und germanischen Völkerschaften. Nirgendwo gilt die Gleichung „germanisch-deutsch" also mehr als dort, wo der „Sprachtrieb", der einst das Germanische konstituierte, seine erneute Wirksamkeit bewies.

---

[11] Grimm 1870, XII.
[12] Kauffmann 1913, 401.
[13] Grimm 1848, II, 1018f.
[14] Grimm 1848, I, 424.
[15] Von der Deutschheit der Vangionen redet z. B. Grimm 1848, I, 497.

2.) Der besondere Gehalt dieser „Germanisch-deutsch-Identifikation" erhielt in der 2. Hälfte des 19. Jahrhunderts einen erneuten Schub durch die sog. Urheimat-Diskussion. Die alte Streitfrage, wo die Urheimat der Indogermanen/Germanen gewesen sei, wurde im 19. Jahrhundert unterschiedlich beantwortet. Große Verbreitung hatte die Asientheorie – Asien, der „ungeheure Weltteil, die *officina gentium*", wie Victor Hehn es in seinem einflußreichen Werk *Kulturpflanzen und Haustiere in ihrem Übergang aus Asien nach Griechenland und Italien sowie in das übrige Europa* (Berlin 1870) formulierte. Reichten solche Anschauungen auch noch teilweise zurück in den allgemeinen Glauben an Asien als der Geburtsstätte der Menschheit, so trat nun die komparatistische Sprachbetrachtung, neben Anthropologie und prähistorischer Archäologie, mit neuen Ideen auf den Plan. Noch spielte die Asientheorie eine Rolle, aber daneben rückte auch Europa ins Blickfeld. Zwei Fachvertreter werden aufgrund ihrer weitverbreiteten Arbeiten meinungsbildend: einerseits Otto Schrader, dessen *Reallexikon der indogermanischen Altertumskunde* zwei Auflagen erfuhr (^{1}1901, unter Fortführung von Alfons Nehring ^{2}1917–1929),[16] andererseits Johannes Hoops, dessen *Reallexikon der Germanischen Altertumskunde* (1911–1919) in 4 Bänden die umfänglichste Darstellung germanischer Kulturgeschichte bis dahin darstellte. Schrader sah die Ausgangsländer der Indogermanen aus historischen und linguistischen Gründen in den Gebieten im Norden und Westen des Schwarzen Meeres. Hier sei aus paläogeographischen, anthropologischen, prähistorischen glottogonischen Gesichtspunkten die eigentliche Urheimat dieser Völker zu suchen.[17] Die Frage nach der Germanenheimat ist für Schrader „eine der schwierigsten, wenn nicht die schwierigste Aufgabe der alteuropäischen Ethnographie".[18] Er macht ein „prägermanisches" Gebiet zwischen Elbe und Weichsel bis hinauf nach Schleswig-Holstein, Jütland, Dänemark und Schonen aus, in das in spätneolithischer Zeit bereits indogermanische Stämme eingerückt seien. Im 4. und 3. Jahrhundert v. Chr. seien dann in diesem Gebiet (das die indogermanische Ursprache im wesentlichen treu bewahrt habe) die spezifischen germanischen Spracherscheinungen aufgetreten (darunter die 1. Lautverschiebung).[19]

Hoops unterscheidet sich von Schrader darin, daß er bereits das „indogermanische Urvolk" in Mitteleuropa ansiedelt, genauer gesagt: in Deutschland,

---

16 Auch Schraders *Sprachvergleichung und Urgeschichte* erfuhr 3 Auflagen (^{1}1883, ^{2}1890, ^{3}1907).

17 Schrader 1907, 527.

18 Schrader 1907, 500.

19 Schrader 1907, 503.

besonders im nördlichen Deutschland, vielleicht mit Einschluß Dänemarks.[20] Seine Schlüsse beruhen auf der Analyse der gemeinsamen Bezeichnungen der Baumnamen in den indogermanischen Sprachen einerseits (die für Mitteleuropa westlich der Linie Königsberg-Odessa sprechen),[21] der Kulturpflanzen andererseits (Gerste als Hauptgetreide der Indogermanen).[22] Die späteren und weiteren Siedlungsgebiete der Germanen sind mit „Ausbreitung" und „Landnahme" zu erklären. In Übereinstimmung damit meint dann Rudolf Much im Reallexikon: „Das germanische Volkstum ist sicher erst im Umkreis des westlichen Ostseebeckens, d. i. in der Mitte des ältesten historischen Verbreitungsgebietes der Germanen ausgebildet worden und nicht etwa als ein schon vorhandenes dahin verpflanzt".[23] Die sprachlichen Argumente ziehen mit anderen Worten biologisch-ethnische unmittelbar nach sich. Wenn Johannes Hoops im Vorwort des Reallexikons von „Mittel- und Nordeuropa" als dem Erfassungsgebiet des Reallexikons spricht, meint er einen Raum, der den germanischen Urraum mit seinen Kontaktgebieten bzw. späteren Ausbreitungsgebieten umfaßt. Auch im Vorwort der 2. Auflage des Reallexikons wird der Begriff „Altertumskunde Mittel- und Nordeuropas" aufgenommen – allerdings auch als ein Verlegenheitsbegriff, der die umstrittene Urheimatsfrage der Germanen umgehen wollte. Mit anderen Worten: Die Semantik von „Altertumskunde Mittel- und Nordeuropas" hat sich von der ersten zur zweiten Auflage gründlich geändert! Die Dignität, die zu Hoopsens Zeiten den Germanen als den Verteidigern einer räumlichen und ethnischen, bis in indogermanische Zeiten reichenden ungebrochenen Kontinuität zuzukommen schien, hat sich in ein Problembündel aufgelöst, das kaum mehr eine einfache Antwort zuläßt.

III.

Zum Begriff Altertumskunde. Auch mit dem Begriff Altertumskunde hat die 2. Auflage des *Reallexikons der germanischen Altertumskunde* eine gewisse Hypothek übernommen. Sie könnte zunächst ganz generell an dem Begriff des „Kunde"-Faches selbst festgemacht werden. Es gibt ja neben der „Altertumskunde" auch die „Altertumswissenschaft" – im heutigen Sprachgebrauch

---

[20] Hoops 1905, 382.
[21] Hoops 1905, 130.
[22] Hoops 1905, 379.
[23] Hoops 1911–1919, Bd. 2, 176.

weitgehend so verteilt, daß im Blick auf die Antike von „Altertumswissenschaft“ gesprochen wird,[24] außerhalb davon von „Altertumskunde“ (germanische, indogermanische, slavische Altertumskunde etc.). Es waren die Sprachgesellschaften, die in ihrem allgemeinen kulturpatriotischen Bemühen um eine nationale Erneuerung auch „Kunde“ in der Bedeutung „wissenschaftliche Kenntnis“ besonders in Zusammensetzungen (wie Erd-, Heilkunde etc.) heimisch machten. Wenn Adelung 1793 *alterthumskunde* in engerer Bedeutung noch auf die Kunde oder Kenntnis der Griechen und Römer bezog, so stellte Friedrich August Wolf 1807 wohl die Weichen für die Zukunft mit seiner programmatischen Schrift *Darstellung der Alterthums-Wissenschaft,* d. h. der klassischen Altertumswissenschaft! An den „Kunde“-Fächern blieb dagegen etwas haften, das mit vaterländisch, heimisch, eigenwüchsig zu tun hatte. Eine „Heimatkunde“ läßt sich auch heute nicht durch eine „Heimatwissenschaft“ ersetzen.

Die Vorworte der 1. und 2. Auflage des Reallexikons stimmen in einer Frage völlig überein: Unter Altertumskunde wird (sinngemäß) eine Wissenschaft verstanden, die die Isolation der Einzelwissenschaft, die Spezialisierung und Entfremdung der Fachdisziplinen überwinden möchte. Insbesondere die Herstellung einer Verbindung zwischen Vorgeschichte und Geschichte einerseits, zwischen Archäologie und Sprachwissenschaft andererseits sei – nach Johannes Hoops – das Ziel des Reallexikons. Von einer engeren Fühlung zwischen den verschiedenen Zweigen der germanischen Kulturgeschichte, einer organischen Verknüpfung von Vorgeschichte und Geschichte, von Archäologie, Ethnographie und Sprachwissenschaft ist die Rede.[25] Die 2. Auflage folgt diesen Vorstellungen: „Das Ziel nicht nur, sondern auch die Schwierigkeiten sind nach zwei Generationen dieselben“ – nicht nur das Anwachsen des Quellenstoffs und die Verfeinerung der Methoden sei festzustellen, auch der Kanon der an der germanischen Altertumskunde beteiligten Fächer habe sich stark erweitert.[26]

Man muß aber den Begriff „Altertumskunde“ etwas schärfer fassen, um einer thematischen und geschichtlichen Positionsbestimmung näherzukommen. „Fühlungnahme“ ist ein sehr allgemeiner Terminus, der eine Fächerzuordnung ebenso umfassen kann wie eine Fächerunterordnung, die einen über-

---

[24] Vgl. Flashar (Hrsg.) 1995.
[25] Hoops 1911–1919, Bd. I, VIf.
[26] Reallexikon ²1973ff., Bd. I, VIIIff.

greifenden Begriff voraussetzt.[27] Im Folgenden wird in diesem Sinne von einer interdisziplinären bzw. einer integrativen Altertumskunde gesprochen.

Die integrative Altertumskunde kann auf eine lange Geschichte zurückblicken. Sie wurde in ihren Anfängen bereits von eingehenden methodologischen Überlegungen begleitet. So hielt der klassische Philologe August Boeckh von 1809 an über Jahrzehnte hinweg Vorlesungen zur *Enzyklopädie und Methodologie der philologischen Wissenschaften* (so der Titel, den Ernst Bratuscheck als Herausgeber nach dem Lektionskatalog der Berliner Universität gebrauchte). Boeckh ist von dem Gedanken bestimmt, der Philologie bzw. Altertumswissenschaft ein Fundament zu geben, das über einen Aggregat-Zustand hinausführt. Viele sind gewohnt, sagt er bereits zu Beginn seiner Ausführungen, die Philologie so zu verstehen, daß sie stückweise aufzählen, was in derselben enthalten sei – ein deutlicher Hinweis auf die berühmte Schrift seines Lehrers Friedrich August Wolf *Darstellung der Alterthums-Wissenschaft* von 1807. In 24 Punkten hatte Wolf da einen „Ueberblick sämmtlicher Theile der Alterthums-Wissenschaft" gegeben. Für den Philosophen Hegel war diese Wolfsche Schrift vermutlich der Anlaß, die Philologie für ein Aggregat zu erklären[28] – und einem Aggregat fehlt eben, daß es „das Gemeinsame der Begriffe aller Theile umfasst, die Theile alle in ihm als Begriff enthalten sind und jeder Theil den ganzen Begriff wieder in sich darstellt, nur mit einer bestimmten Modification, die aus der Eintheilung entsteht".[29] Auch Boeckh stimmt in die Kritik ein: Es zeige sich hier eine – bei den Philologen nicht ungewöhnliche – gänzliche Unfähigkeit, Begriffe zu bilden.[30] Die Schrift seines Lehrers zeige zwar den praktischen Kenner der Wissenschaft, den Virtuosen in der philologischen Kunst und den geistreichen Mann, für den Aufbau der Wissenschaft könne ihm jedoch keine Stimme gegönnt werden.[31] Das Integrationskonzept, das Boeckh vertritt, das alle Linien in einem Bündel zusammenfaßt und zu einem Mittelpunkt führt, ist die Idee des Volksgeistes.

Mit dieser idealistischen Abstraktion „Volksgeist" griff Boeckh einen Terminus auf, dem auch Jacob Grimm – wie sein Lehrer Carl von Savigny –

---

[27] Schwarz formuliert (1967, 7), es sei „eine stärkere Verbindung zwischen den Wissenschaften notwendig".

[28] Boeckh 1886, 40.

[29] Boeckh 1886, 3.

[30] Boeckh 1886, 41.

[31] Boeckh 1886, 44. „Die Philologie hatte die Alterthumskunde dadurch zu einer wirklichen Wissenschaft zu gestalten, dass sie die von Wolf noch aggregatartig zusammengestellten Disciplinen derselben organisch zur Gesammtanschauung des Alterthums einte" (ebda., 306).

Inhalt zu geben suchten. Grimm meinte, daß es dieser alles durchdringende Volksgeist sei, der sich in den Emanationen von Sprache, Recht, Dichtung und Mythologie äußere. Von daher erhalten seine großen Arbeiten eine begriffliche Mitte, die von einer integrativen Altertumskunde zu sprechen erlaubt. In heutiger Sicht würden wir allerdings sagen, es war eine integrative Altertumskunde philologischer Provenienz, die Grimm pflegte. Seine Unterscheidung von genauen und ungenauen Wissenschaften gipfelte in der Annahme, daß die genauen Wissenschaften (Mathematik, Physik, Chemie) „alle Sätze haarscharf beweisen",[32] die ungenauen aber (Geschichte, Sprachforschung etc.) „uns näher zu herzen" stehen.[33] In dieser Dichotomie steht für Grimm die Spatenwissenschaft eher auf der Seite der erstgenannten Disziplinen – Knochen, Waffen und Gräbern fehlt der lebendige Zeugnischarakter, der z. B. die Sprache auszeichnet.[34]

Ein integratives Konzept findet die Altertumskunde auch in der sog. linguistischen Paläontologie. Als ihr Begründer darf Adalbert Kuhn (1812–1884) gelten. Zu ihrer Verbreitung hat Otto Schrader wesentlich beigetragen. Ihr Ziel formuliert er so: „Wie der Archäologe mit Hacke und Spaten in die Tiefe der Erde hinabsteigt, um in Knochen, Splittern, Steinen die Spuren der Vergangenheit zu enthüllen, so hat der Sprachforscher den Versuch gemacht, aus den Trümmern der Wörter, welche aus ungemessener Zeiten Ferne an das Gestade der Überlieferung gerettet worden sind, das Bild der Urzeit wieder herzustellen. Es gibt mit einem Wort eine linguistische Paläontologie".[35]

In der Geschichte dieser Disziplin wurde aber rasch klar, daß sie mit zwei wesentlichen Einwänden zu rechnen habe – Einwände, die geeignet waren, ihren Absolutheitsanspruch in Frage zu stellen.

Der erste Einwand operierte mit den Mitteln der Sprachwissenschaft selbst. Victor Hehn trug ihn wohl am schärfsten vor. Er vertrat die Meinung, daß allein mit der Sprachvergleichung keine vorhistorischen Kulturepochen zu erschließen seien. Das liege einerseits daran, daß die Sprachvergleichung keine eindeutigen Aussagen zur Semantik eines – mit befriedigender Sicherheit – erschlossenen Wortkörpers machen könne. So sei aus dem idg. Wort für Pferd (sanskrit *áçva* und seine Sippe) keineswegs zu erschließen, ob das Pferd bereits in indogermanischen Zeiten domestiziert war.[36] Zusätzlich sei

32 Grimm, Kleinere Schriften, Bd. 7, 563
33 Grimm, Kleinere Schriften, Bd. 7, 566
34 Grimm 1848, I, 5.
35 Schrader 1907, III.
36 Vgl. dazu Zimmer 1990, 37ff.

nach Hehn die Reichweite des Lehnwortschatzes unterschätzt. Spätere Lehnwörter müßten methodisch vom Erbwortschatz getrennt werden. Wenn Urverwandtschaft und Entlehnung nicht befriedigend zu trennen seien, führten Schlüsse auf eine idg. Kultur in die Irre.

Der zweite Einwand betraf das Verhältnis zu Nachbardisziplinen, in Sonderheit der archäologischen Paläontologie. Auch hier ging Hehn mit der entschiedenen Forderung voran, zur sprachvergleichenden Disziplin müsse die naturwissenschaftliche und historische Quellenerörterung treten. Otto Schrader hat denn auch Hehn zum Begründer der idg. Altertumswissenschaft erklärt,[37] während Hoops ganz anders urteilt. Er sprach von einem Hehnschen Intermezzo, das überwunden sei – im konkreten Fall der Frage nach der Kenntnis des Ackerbaus bereits in idg. Zeit (die Hehn bezweifelt hatte). Doch ging Hoops' Kritik über diesen speziellen Fall hinaus. Sein Verständnis von der „Fühlungnahme der Fächer" darf durchaus so verstanden werden, daß es unter diesen Fächern ein Leitfach gab, das im Zweifelsfall auch das letzte Wort hatte – ganz im Sinne der linguistischen Paläontologie. Mit anderen Worten: einem Fächeraggregat spricht Hoops nicht das Wort, wohl aber einer hierarchischen Ordnung der altertumskundlichen Disziplinen. Seine gewichtigen Beiträge zum Reallexikon und seine Darlegungen in den Waldbäumen und Kulturpflanzen stehen unter den zwei Voraussetzungen:

1.) Ein übereinstimmendes Vorhandensein eines Wortes in sämtlichen Dialekten des Germanischen, einschließlich des Gotischen, läßt den unbedenklichen Schluß zu, daß Wort und Sache einen Kulturzustand des german. Urvolkes vor seiner Trennung belegen.

2.) Ist ein Wort nur in Teilbereichen des Germanischen bezeugt, dann müssen prähistorische Funde, literarische Zeugnisse oder sprachliche Erwägungen allgemeiner Natur zur Argumentation treten.[38]

Im Rückblick darf man wohl feststellen, daß nicht die weitgehend unreflektierte Paläontologie linguistischer Prägung (die Johannes Hoops vertrat) aktuell geblieben ist, sondern eher die kulturgeschichtliche Methode eines Victor Hehn. Die heutige Sicht der linguistischen Paläontologie beschreibt Stefan Zimmer so: „Der Schluß von der Existenz des Wortes auf die notwendige Anwesenheit des Dinges [...] ist aus mindestens zwei Gründen falsch: zum Wortschatz aller Menschen haben immer Begriffe für nur vorgestellte

[37] In Hehn 1911, XX.
[38] Hoops 1905, 457.

oder nur vom Hörensagen bekannte Wesen und Dinge gehört; und Bedeutungsentwicklungen und -veränderungen lassen sich, im Gegensatz zur Geschichte der Wortform, nicht mit hinreichender Sicherheit rekonstruieren. Alle Argumente der linguistischen Paläontologie sind also notwendig, aber nicht hinreichend. Sie können die ihnen aufgebürdete Beweislast nicht tragen".[39]

Im Blick auf eine integrative Konzeption verdiente Friedrich Kauffmanns *Deutsche Altertumskunde* von 1913–1923 eine Erwähnung. Wie hundert Jahre vor ihm Boeckh, so beklagt auch Kauffmann den Zustand der Altertumswissenschaft, in seinem Falle der germanistischen, die nicht zu einem System gelangte, in dem wie in der klassischen Philologie Volkskunde und Landeskunde, Sprache und Verskunst, Dichtung und Religion, Kunst und Handwerk, Wirtschaft und Geselligkeit einem höheren Ganzen als dienende Glieder untergeordnet und zueinander in lebendige Beziehung gesetzt werden.[40] Wenn er als Integrationsziel das „volkstümliche deutsche Wesen" nennt, auch vom „deutschen Geist" spricht, so ist das eine ebenso idealistische Setzung wie Boeckhs „Volksgeist". Doch gibt Kauffmann diesem Konzept eine überraschende Wendung: „Geist" ist „Form" und der wird faßbar in den Formen deutschen Lebens und Strebens. „Es kommt innerhalb der deutschen Philologie dem Stilbegriff der Vorrang vor allen Lehrsätzen zu [...] Die Ausdrucksformen, die Stilgesetze volkstümlichen Schaffens sind in der Sprache und in der Poesie nicht minder charakteristisch als in den gesellschaftlichen, wirtschaftlichen und gewerblichen Erzeugnissen, aber gerade in diesen treten sie anschaulicher heraus und sind darum nach ihren Wesensmerkmalen leichter zu erfassen. Es dürfte folglich, wenn wir Sprache und Literatur mit allen anderen naiven oder künstlerischen Formen des deutschen Lebens durch den Stilbegriff verketten und die wechselnden Stilarten nach dem allein möglichen Verfahren wissenschaftlicher Erkenntnis, auf dem Wege der Vergleichung beschreiben wollen, die Archäologie als Mittlerin an erster Stelle berufen sein".[41]

Abgesehen von gewissen zeitgenössischen Konnotationen und der Umsetzung dieses Konzeptes in die Praxis (die auch viel Kritik erfahren hat), wäre der Stilbegriff eine durchaus moderne und beachtenswerte Konzeption einer integrativen Altertumskunde – nicht zuletzt auch deswegen, weil mit dem Stilbegriff die Brücke zur Gegenstandskultur zu schlagen ist.

---

[39] Zimmer 1990, 14.
[40] Kauffmann 1913, VIII.
[41] Kauffmann 1913, IX.

Die interdisziplinäre Altertumskunde wahrt andererseits die Autonomie der Einzeldisziplinen. Es erhebt sich darüber kein übergeordneter Begriff. Die methodische Strenge und die ökonomische Beschränkung auf innewohnende Fragestellungen machen die Stärke des disziplinären Wissenschaftsbegriffes aus. Der Ruf nach Interdisziplinarität weist aber auch auf eine Schwäche hin: Den Disziplinen droht in der Praxis, daß sie die „Fühlungnahme“ verspielen; mit wachsender disziplinärer Spezialisierung wächst die Gefahr, den Überblick zu verlieren. Das Spektrum der heutigen Disziplinen ist das Ergebnis einer Entscheidung vornehmlich des 19. Jahrhunderts. Inzwischen wurde auch deutlich, daß es Forschungsbereiche gibt, die von den so gewordenen Disziplinen nicht adäquat erfaßt werden[42] – die ganzheitliche Erfassung der Kultur des „germanischen Altertums“ gehört dazu.

Eine interdisziplinäre Altertumskunde ist also schon im Ansatz auf ein „Aggregat“ hin angelegt (um den Terminus des 19. Jahrhunderts zu gebrauchen). Sie will (und kann) die Fächerautonomie nicht überwinden. Das heißt nicht, daß im interdisziplinären Zusammenwirken nicht doch Fortschritte und neue Perspektiven zu entwickeln wären. Die erhöhte disziplinäre Präzision bedeutet freilich noch nicht eine integrative Position.

Dem Anspruch einer integrativen Altertumskunde näherten sich bisher in der Praxis allenfalls „Ein-Mann-Unternehmungen“. Alle Gemeinschaftsarbeiten bewegen sich letzten Endes auf der interdisziplinären Stufe – ungeachtet der Tatsache, daß ein Herausgeber (meist in einem Vorwort) einen höheren integrativen Begriff propagiert. Das gilt auch für das von Johannes Hoops betreute Reallexikon in seiner ersten Auflage.

1938 erschien eine *Germanische Altertumskunde*, zu der Hermann Schneider führende Fachvertreter gewinnen konnte. Was Schneider im Vorwort und anderswo zum Konzept dieser Gemeinschaftsarbeit äußerte, weist durchaus in die Richtung einer integrativen Vorgabe. Zunächst erkauft er dies mit dem Ausschluß der Archäologie. Zweifellos erleichtert dies die Fächerintegration. Schneider unterscheidet die Epochen Vorgeschichte (vorzüglich eine Wissenschaft der Gegenstände), Frühgeschichte (gleichbedeutend mit Altertum) und Geschichte. Altertumskunde betrifft in dieser Sicht also die Frühgeschichte – als eine Wissenschaft des Geistes widmet sie sich „den hohen Offenbarungen“ auf dem Gebiet des Staatslebens, der Kriegskunst, der Gesittung, der Poesie, des Glaubens zu einer Zeit, da die staatliche Sonderung bereits einge-

[42] Es könnte auf die Diskussionen über die Rolle der Nationalphilologien im Rahmen der Mediävistik verwiesen werden.

treten war, die vorauszusetzende Einheit aber noch durch Brauch, Geist, Kunstübung, Bekenntnis faßbar war. „Es gab germanische Sittlichkeit, germanisches Recht, germanische Dichtung, germanischen Glauben, ehe es gotische und skandinavische, englische und deutsche Eigenart gab. Die Wirklichkeit zeigt nur Spaltung und Vereinzelung, unser Forschen und Ahnen soll uns zur alten Einheit zurückführen“.[43] Die Welt der Gegenstände, die natürlich auch der Frühgeschichte zuzuschreiben ist, wird ausgeschlossen, da „Geist und Seele jener Menschheit“ in den materiellen Äußerungen verhüllt blieben.

In den so (sehr eigenwillig) gesetzten Grenzen zeitlicher und disziplinärer Art soll nun „nicht das erste Kapitel des Germanentums, wohl aber des germanischen Geistes“ geschrieben werden.[44] Was in den folgenden 9 Kapiteln zum „germanischen Geist“ gesagt wird, sprengt aber einerseits die vom Herausgeber gesetzten Grenzen (etwa mit der Behandlung der isländischen Saga, der Bekehrungszeit etc.), fixiert andererseits in wissenschaftsgerechter, disziplinärer Form und Art den germanistischen Forschungsstand der 30er Jahre – ungeachtet aller großgermanischer Perspektiven des Vorwortes.[45] 1951 konnte ohne sachliche Eingriffe ein verbesserter Nachdruck erscheinen. Das Schneidersche Unternehmen ist insofern auch bemerkenswert, weil es Ende der 1930er Jahre durchaus den Versuch gab, die germanische Altertumskunde in den Dienst der völkischen Ideologie zu stellen.[46] Der Plan eines „Sachwörterbuches“ ist mit dem Namen des seit 1936 in München lehrenden Germanisten Erich Gierach verbunden, der unter einem Projektleiter Walter Wüst und in Zusammenarbeit mit Otto Höfler dieses *Ahnenerbe*-Vorhaben verwirklichen sollte.[47] Die als maßlos erscheinende Umfangsorientierung an Pauly-Wissowas *Realenzyklopädie des klassischen Altertum*s kam nicht von ungefähr: Das germanische Altertum sollte damit in den gleichen Rang erhoben werden, den das klassische Griechenland für die Nachwelt verkörperte. Selbst Schneider gebrauchte „klassisch“ für die germanische Altertumsepoche und meinte, das Germanentum habe damals eine eigenwüchsige Geisteskultur hervorgebracht, so groß, daß sie mit der griechischen den Vergleich aushält.[48]

---

[43] Schneider (Hrsg.) 1938, VIII.

[44] Schneider (Hrsg.) 1938, VII und 1939, 1–3.

[45] Gleiches könnte man von einer Arbeit sagen, die als altertumskundlicher Beitrag der 1920er Jahre gelten darf, das von Hermann Nollau herausgegebene Gemeinschaftswerk *Germanische Wiedererstehung*. Der Untertitel *Ein Werk über die germanischen Grundlagen unserer Gesittung* verrät bereits die Absicht des Herausgebers. Die Beiträge von A. Heusler, K. Helm, Fr. von der Leyen u. a. sind aber keineswegs im Sinne Nollaus zu instrumentalisieren.

[46] Vgl. dazu von See 1984; Simon 1998.

[47] Simon 1998.

[48] Schneider 1938, VIII.

Sehen wir von dieser Verirrung ab und kehren zum „Sachwörterbuch" zurück. Es wäre sicher verkehrt, diesem Großprojekt allzu große Bedeutung zuzumessen oder gar damit die damalige Altgermanistik in Gänze in Beziehung setzen zu wollen. Schneider, der ja einem Konkurrenzunternehmen vorstand und dazu führende Fachvertreter seiner Zeit gewinnen konnte, sprach von dem Gierach-Projekt als einem „nur von ferne" aufgetauchten Plan.[49] Realisiert wurde von diesem Plan nicht ein einziger Artikel. Es blieb offenbar nach Umfang und Idee ein unrealistisch-phantastisches Wunschgebilde einer Germanen-Ideologie, die an sich selbst scheitern mußte. Was die Weltanschauung forderte, konnte und wollte die Mehrzahl der Fachvertreter nicht liefern.

Seien die Perspektiven integrativer oder interdisziplinärer Art gewesen, kein Terminus wurde in der Geschichte der germanischen Altertumskunde öfter gebraucht als der der „Kultur". Beide Richtungen, die integrative und die interdisziplinäre, hätten sich wohl zu jeder Zeit darauf einigen können, daß es um die Beschreibung einer altertumskundlichen „Kultur" ging. Es verwundert nicht, daß auch die Gegenwart diesen Terminus aufgreift, etwa um der Germanistik eine neue Perspektive zu weisen oder die „Geisteswissenschaften" insgesamt aus ihrer Disziplinarität herauszuführen.[50] Oexle sieht in den 1980er Jahren die Zeit eines deutlich steigenden Interesses an der „Historischen Kulturwissenschaft", deren „Achsenzeit" er zwischen 1880 und 1932 ansetzt (mit den Arbeiten von Max Weber, Georg Simmel, Ernst Cassirer u. a.). Als Antwort auf die Krise des Historismus wird hier eine neue Theorie der historischen Erkenntnis formuliert: „sie ist eine empirisch begründete (nämlich auf Material gestützte) Hypothesenerkenntnis; sie befindet sich in einem prinzipiell unabschließbaren Prozeß des Fragens und Suchens, in einem Weiterschreiten ins Indefinite, weil jede wissenschaftliche Antwort sogleich neue wissenschaftliche Fragen erzeugt, über deren prinzipielle Gerichtetheit im Ganzen, über deren „Sinn" also, keine absolute Aussage möglich ist".[51] Zu dieser Formulierung einer „Kulturwissenschaft" kann sich auch eine heutige Wissenschaft bekennen, die mit den überkommenen Begriffen von „germanisch" und „Altertumskunde" besetzt ist.

---

49 Schneider 1939, 2. Von einer irgendwie gearteten „Gleichschaltung" konnte also nicht die Rede sein.

50 Vgl. Oexle 2000, 33; Goetz 2000, 3–12.

51 Oexle 2000, 23.

Ausblick

Die vorangehende Betrachtung führt zu dem Schluß, daß eine Altertumskunde heute einen „Gegenwartsbezug" einschließt: je größer die Distanz zum Objekt, desto notwendiger die Reflexion über die subjektiven Bedingungen einer gegenwärtigen Sicht. Im konkreten Fall waren es Begriffe wie „Reallexikon", „germanisch", „Altertumskunde", die zur Reflexion aufforderten. Ohne eine Besinnung über die historische Besetzung ihrer Semantik bliebe die lexikalische Darstellung richtungslos und mißverständlich. Erschwerend kommt hinzu, daß die germanische Altertumskunde auch in die Nähe der völkischen Ideologie geriet. Es sollte aber deutlich geworden sein, daß die germanische Altertumskunde als ein frühes Unternehmen des 19. Jahrhunderts nicht notwendigerweise in diese Verirrung des 20. Jahrhunderts führte. Als universitäre Disziplinen hatten die Fächer der Altertumskunde ihre eigene Logik und nahmen teil an einer generellen Wissenschaftsentwicklung. Wohl aber lieferte die Altertumskunde im Laufe ihrer Geschichte in unterschiedlichen Graden die Identifikationsmöglichkeiten für eine Entwicklung, die eine kritische Wissenschaft als nicht mehr verantwortbar betrachten muß.

Zur hermeneutischen Reflexion gehört auch die Feststellung, daß sie – wie schon August Boeckh formulierte[52] – nur „durch unendliche Approximation" gelöst werden kann. In der Verknüpfung und Deutung geschichtlicher Fakten (wie sie im Vorangehenden versucht wurde) offenbart sich auch ein subjektiver Zugriff, der selbst wieder zum „Mythos" gerät, der einer kritischen Diskussion bedarf.

---

[52] Boeckh 1886, 86.

Literatur

Boeckh 1886
August Boeckh, Encyclopädie und Methodologie der philologischen Wissenschaften. 2. Aufl. besorgt von Rudolf Klussmann (Leipzig ^{2}1886).

Flashar (Hrsg.) 1995
Hellmut Flashar (Hrsg.), Altertumswissenschaft in den 20er Jahren. Neue Fragen und Impulse (Stuttgart 1995).

Goetz 2000
Hans-Werner Goetz, Mediävistische Kulturwissenschaft als Herausforderung und Aufgabe, in: Das Mittelalter 5, 2000, 3–12.

Grimm 1848
Jacob Grimm, Geschichte der Deutschen Sprache (Leipzig 1848).

Grimm 1870
Jacob Grimm, Deutsche Grammatik. 2. Ausgabe durch Wilhelm Scherer, 1. Teil (Berlin ^{2}1870).

Grimm, Kleinere Schriften
Jacob Grimm, Kleinere Schriften, Bd. 7: Recensionen und vermischte Aufsätze, hrsg. von Eduard Ippel (Berlin 1884).

Hachmann 1996
Rolf Hachmann, Vom „Alten Hoops“ zum „Neuen“, in: Rolf Hachmann/Michael Richter/Pergiuseppe Scardigli, Vom „Alten Hoops“ zum „Neuen“, in: Jahrbuch für internationale Germanistik 28, 1996, 26–77.

Hehn 1911
Victor Hehn, Kulturpflanzen und Haustiere in ihrem Übergang aus Asien nach Griechenland und Italien sowie in das übrige Europa, hrsg. von Otto Schrader (Berlin ^{8}1911).

Hoops 1905
Johannes Hoops, Waldbäume und Kulturpflanzen im germanischen Altertum (Straßburg 1905).

Hoops 1911–1919
Johannes Hoops (Hrsg.), Reallexikon der germanischen Altertumskunde (Straßburg 1911–1919).

Kauffmann 1913/1923
Friedrich Kauffmann, Deutsche Altertumskunde, 2 Bde. (München 1913/1923).

Kellermann 1966
Volkmar Kellermann, Germanische Altertumskunde (Berlin 1966).

Nollau (Hrsg.) 1926
Hermann Nollau (Hrsg.), Germanische Wiedererstehung. Ein Werk über die Grundlagen unserer Gesittung. Heidelberg 1926.

Oexle 2000
Otto Gerhard Oexle, Kultur, Kulturwissenschaft, Historische Kulturwissenschaft. Überlegungen zur kulturwissenschaftlichen Wende, in: Das Mittelalter 5, 2000, 13–33.

Pauly (Hrsg.) 1839–1852
August Pauly (Hrsg.), Real-Encyklopädie der classischen Alterthumswissenschaft in alphabetischer Ordnung. Fortgesetzt von Christian Walz und Wilhelm S. Teuffel, 6 Bde. (Stuttgart 1839–1852).

Reallexikon 1973
Johannes Hoops (Hrsg.), Reallexikon der germanischen Altertumskunde. 2. Auflage hrsg. von Heinrich Beck et al. (Berlin ^{2}1973ff.).

Schalk 1972
F. Schalk, Enzyklopädismus, in: Joachim Ritter (Hrsg.), Historisches Wörterbuch der Philosophie, Bd. 2 (Darmstadt 1972) 575–577.

Schneider (Hrsg.) 1938
Hermann Schneider (Hrsg.), Germanische Altertumskunde (München 1938).

Schneider 1939
Hermann Schneider, Die germanische Altertumskunde zwischen 1933 und 1938, in: Forschungen und Fortschritte 15, 1939, 1–3.

Schulz/Basler 1977
Hans Schulz/Otto Basler, Deutsches Fremdwörterbuch, 3. Bd. (Berlin 1977).

Schrader 1907
Otto Schrader, Sprachvergleichung und Urgeschichte (Jena ^{3}1907).

Schwarz 1967
Ernst Schwarz, Germanische Stammeskunde zwischen den Wissenschaften (Konstanz 1967).

von See 1984
Klaus von See, Die Altnordistik im Dritten Reich, in: Bernd Henningsen/Rainer Pelka (Hrsg.), Die Skandinavistik zwischen gestern und morgen. Bestandsaufnahme und Zukunftsperspektiven eines „kleinen Faches“ (Sankelmark 1984) 39–63.

Simon 1998
Gerd Simon, Die hochfliegenden Pläne eines „nichtamtlichen Kulturministers“. Erich Gierachs „Sachwörterbuch der Germanenkunde“ (Tübingen 1998).

Wolf 1807
Friedrich August Wolf, Darstellung der Altertumswissenschaft nach Begriff, Umfang, Zweck und Wert, in: Museum der Alterthums-Wissenschaft 1, 1807, 1–145.

Zimmer 1990
Stefan Zimmer, Ursprache, Urvolk und Indogermanisierung (Innsbruck 1990).

Germanisch-Deutsch – RGA-E Band 34 – Seiten 649-694

Zur Benennung der Universitäts-Institute: „Germanistisches Seminar“ oder „Seminar für Deutsche Sprache und Literatur“

von Klaus Düwel

Auftakt

In einer Zeit, in der wissenschaftliche Publikationen in einem alexandrinischen Ausmaß produziert werden, sind die Quellen selbst von sekundärer bis quartärer Literatur oftmals längst überwuchert. Beispielsweise gibt es zu den 68 Zeilen des „Hildebrandliedes“ eine forschungsgeschichtliche Darstellung[1] und eine 800seitige Dissertation.[2] Schon 1854 bemerkte Karl Weinhold: „Größer als die akademische Wirksamkeit der germanistischen Philologen ist unleugbar ihre schriftstellerische.“ Deutlich gesagt: der Papierausstoß von Germanisten macht häufig den Eindruck einer – sit venia verbo – intellektuellen Inkontinenz. Sind wir auf dem Weg zu einer „egoquenten“ Wissenschaft, ist Germanistik überhaupt noch eine Wissenschaft? Zeigt sie mit ihrer terminologischen Äquilibristik und häufiger begegnenden Textbeugungen nicht Züge von Scharlatanerie? – so muß man gelegentlich fragen.

Ich spreche als Germanist von einem Fach, das zwar seit dem Anfang des 19. Jahrhunderts existiert, dessen Vertreter aber erst 1989 gemerkt haben,[3] daß nicht Jacob Grimm den Namen „Germanist“ im weiteren Sinn und die Fachbezeichnung „Deutsche Philologie“ geprägt hat. Es ist zudem ein Fach, das bis heute nicht seine Benennung „Germanistik“ mit dem ersten Beleg nachweisen kann. Und weiter ist es ein Fach mit zähen Kontinuitäten (Hoffmann von Fallersleben: „Die deutsche Philologie ist das Studium des geistigen Lebens des deutschen Volkes insofern es sich durch Sprache und Litteratur kundgiebt“[4] und Stammler: „Die Wissenschaft vom geistigen Leben des deut-

---

1 van der Kolk 1967.
2 Lühr 1982.
3 Meves 1989.
4 Hoffmann von Fallersleben 1836, V.

schen Volkes – so darf man füglich die Germanistik interpretieren – [...]")[5] und zugleich großen Brüchen, wenn man z. B. in Folge der Studentenbewegung etwa in Göttingen die Altgermanistik auf eine „Einführung in das Mittelhochdeutsche" gestutzt hat. Und schließlich ist Germanistik, vor allem die Altgermanistik, ein Fach mit einem zunehmend gestörten Selbstbewußtsein, das seine seit gut 30 Jahren befragte „Relevanz" in wachsenden und atemloseren methodischen Kapriolen hinter historisch-anthropologischen, mentalitätsgeschichtlichen u. a. Konzepten bis hin zur Kulturwissenschaft zu verstecken sucht. Doch schon Hermann Paul hat erkannt: „Keiner von den Versuchen, die Philologie als einen besonderen Zweig der Kulturwissenschaft zu definieren und gegen die übrigen Zweige abzugrenzen [,] ist gelungen und keiner wird gelingen."[6]

Auf weite Strecken ist Wissenschaftsgeschichte über und von Germanisten Hagiographie, vor allem im Blick auf den Mythos Jacob Grimm,[7] ein Mythos, der langsam wieder entmythologisiert wird.[8] Trotz zahlreicher Publikationen zur Wissenschaftsgeschichte der Germanistik gibt es nur wenige zur Geschichte ihrer Institutionalisierung in Seminaren bzw. Instituten. Diese ist also keineswegs „hinreichend erforscht", wie Klaus Weimar behauptet.[9]

Zur Fachterminologie in der Germanistik

Insgesamt gesehen läßt sich eine unscharfe, unklare bis fast beliebige Fachterminologie in der Germanistik beobachten. So überschreibt Weinhold einen Beitrag 1854 „Deutsche Philologie" und redet auch einmal davon. 1893 handelt derselbe Weinhold über „Germanische Philologie", im Text ist jedoch nur von „deutscher Philologie" die Rede. Ebenso wechseln die Titel von Handbüchern, Sammelwerken und Wissenschaftsgeschichten: August Heinrich Hoffmann von Fallersleben, *Die deutsche Philologie im Grundriß* (1836); Rudolf von Raumer, *Geschichte der germanischen Philologie* (1870); Hermann Paul, *Grundriß der germanischen Philologie* (1. Aufl. 1891–1893; 2. Aufl. 1901–1909; 3. Aufl. ab 1911 in Einzelbänden); Richard Newald, *Einführung in die deutsche Sprach- und Literaturwissenschaft* (1947); Ernst

5 Stammler 1962, V.
6 Paul 1891/^{2}1901, 3.
7 Zuletzt Stroh 1952, Nachdruck 1985.
8 Wyss 1979; von See 1997/^{3}2000.
9 Weimar 1997, 709.

Schwarz, *Deutsche und Germanische Philologie* (1951); Friedrich von der Leyen, *Deutsche Philologie* (1952); Fritz Stroh, *Handbuch der germanischen Philologie* (1952, Neudruck 1985); Wolfgang Stammler, *Deutsche Philologie im Aufriß* (1. Aufl. 1952–57; 2. Aufl. 1957–62), darin: Josef Dünninger, *Geschichte der deutschen Philologie*; Ludwig Erich Schmitt, *Kurzer Grundriß der germanischen Philologie bis 1500* [!] (nur Bd. 1 und 2, 1970); Friedrich Neumann, *Studien zur Geschichte der deutschen Philologie* (1971). Werner Bahner/Werner Neumann, *Sprachwissenschaftliche Germanistik. Ihre Herausbildung und Begründung* (1985); Jürgen Fohrmann/Wilhelm Voßkamp, *Wissenschaftsgeschichte der Germanistik im 19. Jahrhundert* (1994).

In ihrem Beitrag „Die germanische Philologie im heutigen Italien" zum Sammelband *Germanistik international* (1978) bemerkt Maria Arcamone zur Bezeichnungspraxis in Deutschland, „daß an vielen Universitäten *Deutsche Philologie* für *Germanistik* steht und daß dagegen der Begriff *Germanische Philologie*, vielleicht unter dem semantischen Druck von *Germanistik*, im Sinne von *Deutscher Philologie* mit Einschließung dialektologischer, onomastischer und antiquarischer Aspekte gebraucht wird." Ihr Fazit: „Insgesamt habe ich den Eindruck, daß es in Deutschland keine Einheitlichkeit der Bedeutung von *Germanischer Philologie*, *Germanistik*, *Deutscher Philologie* usw. gibt [...]";[10] – ein Eindruck, der vor Jahren von deutscher Seite noch einmal bestätigt worden ist: „Die Germanistik bietet das Bild einer Wissenschaft, die in ihrer Geschichte, was die Namensgebung anbelangt, keine Stringenz aufweist."[11] Weiter stellt Rompeltien fest: „Was mit ‚Germanistik' also *konkret* gemeint ist, kann sich deshalb durchaus unterschiedlich darstellen. Vor allem die Abgrenzung der Begriffe Germanistik oder deutsche Philologie gegenüber (deutscher) Literaturgeschichte, Sprachwissenschaft und später auch Literaturwissenschaft ist nicht per se deutlich, sondern muß immer wieder fachgeschichtlich lokalisiert und auf historisch sich verändernde Wissenschaftsprogramme bezogen werden."[12]

Bei genauerer Lektüre der einschlägigen Quellen irritiert die Varianz der Bezeichnungen. Zwei Beispiele:

---

10 Arcamone 1978, 48.

11 Rompeltien 1994, 11. Vgl. Meves 2001, 1287.

12 Rompeltien 1994, 12f. – S. 13 heißt es, „schon bei diesen Überlegungen zu einer begrifflichen Eingrenzung" werde deutlich, „daß eine präzise Gegenstandsbestimmung für eine Untersuchung der Herausbildung der Germanistik als akademische und wissenschaftliche Disziplin eigentlich einen expliziten theoretischen Rahmen voraussetzt, von dem aus sie begründet werden kann. Es läßt sich zeigen, daß die bisherige Fachgeschichtsschreibung der Germanistik in dieser Hinsicht deutlich Defizite aufweist."

1.) Ein *Promemoria. Betreffend das Germanische Seminar*... in Berlin von Wilhelm Scherer aus dem Jahre 1884 druckt Meves ab.[13] Darin heißt es: „Ein Germanistisches Seminar[14] bestand unter dem Namen einer Deutschen Gesellschaft“ unter Müllenhoff (gest. 1884). „Er veranstaltete mit den in die Deutsche Gesellschaft aufgenommenen Studenten regelmäßig alle Semester Übungen, die sich auf verschiedene Gegenstände der germanischen Philologie erstreckten. [...] Überhaupt die nötige wissenschaftliche Orientierung auf dem Gesammtgebiete für solche Studenten, welche ein Studium, wie das der deutschen Philologie, als Hauptfach betreiben [...], ist [...] mit [...] großen Schwierigkeiten verbunden [...]“. Es ist weiter von dem „Strassburger germanischen Seminar“ die Rede, das recte *Seminar für deutsche Philologie* hieß.[15] „Auch fanden die Straßburger Einrichtungen sofort an anderen Universitäten Nachahmung. Der Unterzeichnete ist nicht in der Lage, alle germanischen Seminarbibliotheken aufzuzählen [...] es läßt sich nicht absehen, warum sie [eine solche Seminarbibliothek] dem germanischen Seminare versagt werden sollte [...]“. Für die „Errichtung einer germanischen Seminarbibliothek in Berlin“ leiste die angebotene Müllenhoffsche Bibliothek „genau das [...], was das germanische Seminar braucht [...]“.

2.) „Julius Zacher und die Gründung des Seminars für deutsche Philologie an der Universität Halle“ überschreibt Manfred Lemmer seinen Festbeitrag, den laut Titelanmerkung der Verfasser anläßlich der Wiederkehr des 80. Gründungstages „des Germanistischen Instituts“ gehalten hat. Das „Deutsche Seminar an unserer Universität [kann] auf sein 80jähriges Bestehen zurückblicken“.[16]

Wie denn nun: „Germanistisches“ oder „Germanisches Seminar“, Studium der „germanischen“ oder „deutschen Philologie“, „Seminar für deutsche Philologie“ oder „Deutsches Seminar“? Offenbar macht das keinen Unterschied; denn – wie das Grimmsche Wörterbuch (IV, I, 2, 1897) erklärt: „GERMANISCH, adj. zu den Germanen gehörig, ihnen eigenthümlich, von ihnen stammend [...]; im engern sinne deutsch [...]“ und (ebd.) „GERMANE, m. lat. *Germanus*, eine bezeichnung der Deutschen und der ihnen stammver-

---

[13] Meves 1987, 118*–122*.

[14] So auch Gustav Roethe, Das germanistische Seminar, in: Max Lenz, Geschichte der königlichen Friedrich-Wilhelms-Universität zu Berlin, 3. Bd. (Halle a. d. S. 1910) 222–230. „Das Germanische Seminar der Universität Berlin“ gibt unter diesem Titel 1937 eine „Festschrift zu seinem 50jährigen Bestehen“ heraus. Der erste Beitrag von Edward Schröder heißt „Aus der Vorgeschichte und den Anfängen des Germanistischen Seminars“.

[15] Meves 1987, 72*.

[16] Lemmer 1956, 613.

wandten völker bei Kelten und Römern [...]". „Germanistisch" ist Adjektiv zu „GERMANIST, m. kenner und lehrer des deutschen rechts im gegensatz zu den *romanisten*, eine erst im 19. jahrh. aufgekommene bezeichnung [...]; dann übertragen, kenner und lehrer der deutschen sprache, geschichte und alterthümer [...]". „Germanisch" steht also (im engeren Sinne) für „deutsch", ebenso „germanistisch", bedeutet aber dennoch nicht konsequenterweise „deutsch", d. h. auf die Sprache bezogen: die nach der zweiten („hochdeutschen") Lautverschiebung später im Deutschen aufgehenden Dialekte. Vielmehr meint „deutsch" durchaus „germanisch" (im heutigen Sinne), wie aus den Titeln der großen Werke Jacob Grimms *Deutsche Grammatik* (1819), *Deutsche Rechtsalterthümer* (1828) und dem seines Bruders Wilhelm *Die deutsche Heldensage* (1829) hervorgeht, auf die diese Vermischung der Begriffe zurückgeführt wird.

Anderseits geben im Grimmschen Wörterbuch (Bd. II, 1860, also noch zu Lebzeiten Jacob Grimms) die Lemmata „DEUTSCH" („adj. und adv. germanus, teutonicus [...] 1. im eigentlichen sinn *deutsches recht*, *deutsche sitte, tracht* [...]"), (der), „DEUTSCHE" („das adj. als substantivum gebraucht, Germanus") und (das) „DEUTSCHE" („das neutrum des adj. substantivisch gebraucht bezeichnet das eigenthümliche deutsche wesen") keinen direkten Hinweis auf eine weitere Verwendung (im heutigen Sinne) von „germanisch". „Deutsch" („im eigentlichen Sinn") meinen die Titel *Deutsches Wörterbuch* (Bd. I, 1854) und *Deutsche Mythologie* (1835). Daß dieser – aus Einzelschriften noch intensiver belegbare Wirrwarr – auch Konsequenzen für die Denomination der Professuren und die Benennung germanistischer Seminare etc. hat, liegt auf der Hand. Eine Fachbezeichnung wie „germanische Sprachen" (mit dem Plural) ist eindeutig, „deutsche Sprache (und Literatur)" aber trotz dem Singular dagegen nicht. Und „germanische" kann sich ebenso wie „deutsche Philologie" auf die germanischen Sprachen (und Literaturen) wie auf die deutsche allein beziehen.

Zu den Seminargründungen und ihren Bezeichnungen

Über vieles gibt es bereits wissenschaftsgeschichtliche Detailarbeiten, auch eine über *Die Gründungen germanistischer Seminare an den preußischen Universitäten (1875–1895)*.[17] Darin handelt Uwe Meves, einer der für die

[17] Meves 1987. Vgl. Meves 2001, 1291.

Wissenschaftsgeschichte des Faches bestausgewiesenen Germanisten, auf der Grundlage von Archivmaterialien (soweit nicht von Kriegsverlusten betroffen) über die Prozeduren der Seminargründungen und gibt – auch in tabellarischer Form – ihre Bezeichnungen an.[18] Der Tabelle 1[19] füge ich zum Vergleich die Angaben von Weimar[20] und vom Brocke[21] bei.

Mehrfach läßt sich nicht mehr sagen, ob die Seminarbezeichnungen antragsgemäß oder von der Kultusbehörde festgelegt wurden (vgl. den Anhang). Allerdings gibt es – wie mir Uwe Meves bestätigt hat – keine Untersuchung darüber, aus welchen Gründen die Bezeichnungen gewählt worden sind. Die Einrichtung von „Germanistischen Seminaren“ bzw. „Seminaren für deutsche Philologie“ in der 2. Hälfte des 19. Jahrhunderts findet man also recht gut dokumentiert, hingegen „ist ihre Geschichte, von wenigen Ausnahmen abgesehen[22] nur unzureichend aufgearbeitet. Vergleichende und längsschnittartige Untersuchungen über die Entwicklung der einzelnen Seminare [...] fehlen weithin“, wie Meves feststellt.[23] So läßt sich zur Zeit – ohne umfangreiche Archivstudien treiben zu können – kaum einmal systematisch ein Wandel in der Benennung von Seminaren verfolgen. Die gegenwärtig geführten Namen können, wenn sie mit denen der Gründung übereinstimmen, Kontinuität aufweisen, müssen es aber nicht.

Für eine genaue Untersuchung sind sechs Bezugsgrößen zu berücksichtigen und miteinander in Verbindung zu bringen:

1.) Die Bezeichnung des Wissenschaftlers („deutscher Philologe“[24] oder „Germanist“ – „germanischer Philologe“ ist mir nicht begegnet, wohl aber „germanischer Germanist“[25] und kurioserweise auch „Germanologe“ bei Theodor Heinsius).[26]

2.) Die Fachbezeichnung – aus der Sicht der Lehrenden und Lernenden (z. B. heute: „ich studiere „‚Deutsch‘ auf Lehramt“) – „Deutsche Philologie“ („der früheste Beleg überhaupt für die Bezeichnung ‚Deutsche Philologie‘, mit dem bereits ein wissenschaftliches Programm verbunden ist“, bei Erduin

---

18 Vgl. auch Janota 1980, 51f.; Schmidt 1985, 230–35; Weimar 1989, 418–29; vom Brocke 1999, 362–65.
19 Meves 1987, 72*f.
20 Weimar 1989, 424f., ohne Anmerkungsnummern = Tabelle 2.
21 Vom Brocke 1999, 364 = Tabelle 3.
22 Z. B. München: Bonk 1995.
23 Meves 1987, 69*f.
24 Schon 1752, s. Meves 1986, 494, Anm. 71 und Cherubim 2001, 40.
25 Stroh 1952, 26.
26 Heinsius 1848, s. Meves 1994a, 42, Anm. 93.

Tabelle 1. Übersicht der germanistischen Seminargründungen (Jahreszahlen in Klammern geben das Jahr der provisorischen Einrichtung an; österreichische und Schweizer Universitäten sind kursiv gesetzt)

Gründungsjahr	Universität	Bezeichnung des Seminars	erster Direktor
1858	Rostock	Deutsch-philologisches Seminarium	Karl Bartsch
1872 (1867)	Tübingen	Seminar für neuere Sprachen (Deutsch, Englisch, Französisch)	Adelbert Keller
1872/73	Straßburg	Seminar für deutsche Philologie	Wilhelm Scherer
1873	Heidelberg	Seminar für neuere Sprachen; 1877: Germanisch-romanisches Seminar	Karl Bartsch
	Würzburg	Seminar für deutsche Philologie	Matthias Lexer
	Leipzig	Deutsches Seminar	Friedrich Zarncke
	Graz	*Seminar für deutsche Philologie*	*Anton Schönbach*
	Lemberg	*Deutsches Seminar*	*Eugen Janota*
1874	*Prag*	*Seminar für deutsche Philologie*	*Johann Kelle, Ernst Martin*
	Freiburg	Seminar für neuere Sprachen	Ernst Martin
1875	Kiel	Germanistisches Seminar	Karl Weinhold
	Halle	Seminar für deutsche Philologie	Julius Zacher
1876	*Innsbruck*	*Germanistisches Seminar*	*Ignaz Zingerle*
	Czernowitz	*Germanistisches Seminar*	*Josef Strobl*
	Marburg	Seminar für deutsche Philologie	Karl Lucae
	Greifswald	Germanistisches Seminar	Wilhelm Wilmanns
1877	Breslau	Germanistisches Seminar	Karl Weinhold
1881	Jena	Deutsches Seminar	Eduard Sievers
	Wien	Seminar für deutsche Philologie	Richard Heinzel, Erich Schmidt
1883	Erlangen	Deutsches Seminar	Elias Steinmeyer
1885	*Krakau*	*Germanistisches Seminar*	*Wilhelm Creizenach*
	Basel	*Germanisch-romanisches Seminar*	*Otto Behaghel, Gustav Soldan*
	Bern	*Deutsches Seminar*	*Ludwig Hirzel, Ferdinand Vetter*
1886	*Zürich*	*Deutsches Seminar*	
1887 (1884)	Berlin	Germanisches Seminar	Erich Schmidt (Wilhelm Scherer)
	Königsberg	Deutsches Seminar	Oskar Schade
1887	*Prag (Tschech. Univ.)*	*Germanistisches Seminar*	
1888 (1878)	Bonn	Germanistisches Seminar	Wilhelm Wilmanns, Johannes Franck, (1878: Wilmanns)
1889	Göttingen	Seminar für deutsche Philologie	Wilhelm Müller, Moriz Heyne; stellvertr. Dir. Gustav Roethe
1889 (1886)	Gießen	Germanisch-romanisches Seminar	Otto Behaghel, Adolf Birch-Hirschfeld (1886: Wilhelm Braune)
1892	München	Seminar für deutsche Philologie	Matthias Lexer
1895	Münster	Germanistisches Seminar	Wilhelm Storck

Tabelle 2

Jahr	Universität	
1858	Rostock	Deutsch-philologisches Seminar
1867	Tübingen	Seminar für neuere Sprachen
1873	Graz	Seminar für deutsche Philologie
1873	Heidelberg	Seminar für neuere Sprachen
1873	Leipzig	Deutsches Seminar
1873	Lemberg	Germanistisches Seminar
1873	Straßburg	Seminar für deutsche Philologie
1873	Würzburg	Seminar für deutsche Philologie
1874	Freiburg	Seminar für neuere Sprachen
1874	Prag	Seminar für deutsche Philologie
1875	Halle	Seminar für deutsche Philologie
1875	Kiel	Germanistisches Seminar
1876	Czernowitz	Germanistisches Seminar
1876	Greifswald	Germanistisches Seminar
1876	Innsbruck	Germanistisches Seminar
1876	Marburg	Germanistisches Seminar
1877	Breslau	Germanistisches Seminar
1878	Bonn	Germanistisches Seminar
1878	Jena	Deutsches Seminar
1881	Wien	Seminar für deutsche Philologie
1883	Erlangen	Deutsches Seminar
1885	Basel	Germanisch-Romanisches Seminar
1885	Bern	Deutsches Seminar
1885	Krakau	Germanistisches Seminar
1886	Gießen	Deutsches Seminar
1886	Königsberg	Germanistisches Seminar
1886	Zürich	Deutsches Seminar
1887	Berlin	Germanisches Seminar
1889	Göttingen	Seminar für deutsche Philologie
1892	München	Seminar für deutsche Philologie
1895	Münster	Germanistisches Seminar
1898	Fribourg	Seminar für germanische Philologie

Tabelle 3. Germanistische/Deutsche Seminargründungen 1858-1897 in Deutschland, Österreich und der Schweiz (österreichische und Schweizer Universitäten sind kursiv gesetzt. – Jahreszahl vor Schrägstrich: Jahr der provisorischen Einrichtung. – von: von der Gesamtdotation in Mark; uneinheitliche Kursive nicht angeglichen)

Jahr der Gründung	Universität	Bezeichnung des Seminars (Bei der Gründung)	erste(r) Direktor(en)	Dotation 1903
1858	Rostock	Deutsch-philologisches Seminarium	Karl Bartsch	370
1867	Tübingen	Seminar für neuere Philologie:	Adelbert Keller	ca. 966 von 2900
		Abt. für Deutsch, Englisch, Französisch		
1872/73	Straßburg	Seminar für deutsche Philologie	Wilhelm Scherer	1000
1873	Heidelberg	Seminar für neuere Sprachen; 1877: Germanisch-romanisches Seminar, Abt. für Deutsch, Englisch, Französisch	Karl Bartsch	450 von 1350
	Würzburg	Seminar für deutsche Philologie	Matthias Lexer	400
	Leipzig	Deutsches Seminar, 1892; und Proseminar (Germanistisches Institut)	Friedrich Zarncke	1750 (+1350 Eigeneinnahmen)
1874	Freiburg	Seminar für germanische Philologie: Abteilung für Deutsch und Englisch	Ernst Martin	ca. 300 von 850
	Graz	Seminar für deutsche Philologie	*Anton Schönbach*	
	Lemberg	*Seminar für deutsche Philologie*	*Eugen Janota*	
	Prag (Dt. Univ.)	*Seminar für deutsche Philologie*	*Johann Kelle, Ernst Martin*	
1875	Kiel	Germanistisches Seminar	Karl Weinhold	300
	Halle	Seminar für deutsche Philologie	Julius Zacher	300
1876	Marburg	Seminar für Deutsche Philologie	Karl Lucae	300
	Greifswald	Germanistisches Seminar	Wilhelm Wilmanns	180
	Jena	Deutsches Semmar	Eduard Sievers	300
	Innsbruck	Germanistisches Seminar	Ignaz Zingerle	
	Czernowitz	Germanistisches Seminar	Josef Strobl (?)	
1877	Breslau	Germanistisches Seminar	Karl Weinhold	300
1879/88	Bonn	Germanistisches Seminar	Wilhelm Wilmanns / Johannes Franck	300
	Wien	Seminar für deutsche Philologie	Richard Heinzel, Erich Schmidt	
1882/87	Göttingen	Seminar für neuere Sprachen; 1889: für deutsche Philologie	Wilhelm Müller, Moriz Heyne, stv. Dir. Gustav Roethe	300
1883	Erlangen	Deutsches Seminar	Elias Steinmeyer	500
1884/87	Berlin	Germanisches Seminar	Wilhelm Scherer, Erich Schmidt	600
1885	*Krakau*	Germanistisches Seminar	Wilhelm Creizenach	
	Basel	Germanisch-romanisches Seminar	Otto Behaghel, Gustav Soldan	
	Bern	Deutsches Seminar	Ludwig Hirzel, Ferdinand Vetter	
1886	Königsberg	Deutsches Seminar	Oskar Schade	300
	Zürich	Deutsches Seminar		
1886/89	Gießen	Germanisch-romanisches Seminar	Wilhelm Braune / Otto Behaghel, Adolf Birch-Hirschfeld (Romanist)	350 von 700
1887	*Prag (Tsch. Universität)*	Germanistisches Seminar		
1892	München	Seminar für deutsche Philologie	Matthias Lexer	500
1897	Münster	Germanistisches Seminar	Wilhelm Storck	300
		Summe der Staatszuschüsse in Deutschland ohne Eigeneinnahmen und Personalmittel:		10066

Tabelle 4. Gründungswellen geisteswissenschaftlicher Seminare an den 21 Universitäten des Deutschen Reiches im 19. Jahrhundert

Jahr der Gründung	(Klass.-) Philologische Seminare	Historische Seminare	Germanistische/ Deutsche Seminare	Seminare für romanische und englische Philo[lo]gie	Staatswissen-schaftliche Seminare
1737	Göttingen				
1766	Wittenberg				
1777	Erlangen, Kiel				
1779	Helmstedt				
1787	Halle				
1807	Heidelberg				
1809	Leipzig				
1811	Königsberg, Marburg				
1812	Berlin, Breslau, Gießen				
1817	Jena				
1819	Bonn				
1822	Greifswald				
1824	Mümter				
1826	München				
1829	Freiburg, Rostock				
1832		Königsberg			
1838	Tübingen				
1843		Breslau			
1847	Würzburg				
1849					Jena
1850	Wien				
1857		München, Würzburg			
1858			Rostock		
1861		Bonn			
1863		Greifswald			
1865		Marburg, Rostock			
1867			Tübingen	Tübingen	
1870		Freiburg			
1871					Heidelberg, Freiburg
1872	Straßburg	Straßburg, Halle, Kiel, Erlangen	Straßburg	Straßburg	Straßburg, Halle
1873		Gießen	Heidelberg, Würzburg, Leipzig	Heidelberg, Halle	
1874			Freiburg	Freiburg	

Jahr der Gründung	(Klass.-) Philologische Seminare	Historische Seminare	Germanistische/ Deutsche Seminare	Seminare für romanische und englische Philo[lo]gie	Staatswissen-schaftliche Seminare
1875		Tübingen	Kiel, Halle	Greifswald, Marburg	
1876		Göttingen	Greifswald, Marburg, Jena	Breslau, München	Tübingen, Gießen
1877		Leipzig	Breslau	Berlin, (Halle)	
1878		Münster			Würzburg
1879		Jena	Bonn	Königsberg	
1882		Göttingen	Göttingen	Göttingen, (Freiburg)	
1883			Erlangen		
1884			Berlin, 1887		
1885		Berlin		Kiel, Jena, Erlangen	
1886			Königsberg, Gießen	Münster	Berlin, Erlangen
1887					
1888				Bonn	Bonn
1889				Gießen	Leipzig
1890		Heidelberg			Breslau
1891				Leipzig	München
1892			München	Würzburg	
1893					Greifswald
1897			Münster	Rostock	
1898					Rostock
1899					Göttingen, Kiel
1900					Marburg, Königsberg
1902					Münster

Julius Koch 1792);[27] als Fachbezeichnung wieder bei Barthold Georg Niebuhr und im *Berliner Plan für Deutsche Geschichte* 1815/16,[28] jedenfalls nicht erst bei Jacob Grimm 1828,[29] „Deutsche Sprache und Literatur" oder „Germanistik" – der Erstbeleg steht noch aus).

3.) Die Denomination der germanistischen Dozenturen und Professuren („Docent der germanischen Philologie", „Professor der deutschen Sprache" [zuerst 1810 Berlin] bzw. „Professor der deutschen Sprache und Literatur" [zuerst 1811 Tübingen] oder „Professor der deutschen Sprache, Literatur und

27 Meves 1986, 480 mit Anm. 70, 71. „Der früheste Beleg" für „Deutsche Philologie", den Stackmann (1979, 240, Anm. 2) „anzubieten" hat, ist der oben (S. 650) angeführte Titel von Hoffmann von Fallersleben (1836).

28 Meves 1985b; dort S. 167 (Anm. 36) weist Meves „altdeutsche Philologie" für 1809 nach.

29 Beck 1998, 423.

Altertumskunde“ bzw. „und Altertümer“[30] – die Vielfalt kann hier nur angedeutet werden.

4.) Die Seminarbenennungen selbst, möglichst auch die Statuten o. ä.

5.) Die Titel der Vorlesungen und Seminare, sofern sie „deutsch“, „germanisch“ oder „germanistisch“ aufführen oder entsprechend rubriziert sind (zahlreiche Germanisten des 19. und noch der ersten Hälfte des 20. Jahrhunderts haben in ihren Lehrveranstaltungen das Nordische/Skandinavische oder Mythologie/Religionsgeschichte und Altertumskunde behandelt, unabhängig von ihrer *venia legendi* und Stellenbezeichnung).

6.) Die Buchtitel von Germanisten, ebenfalls im Blick auf die Verwendung von „deutsch“ und „germanisch“ (vgl. oben S. 650f.).

Von besonderen Gewicht sind die Punkte 3.) und 4.), da sie amtlichen Charakter tragen und damit verbindlich sind.

Die offiziellen germanistischen Seminargründungen erfolgen nach denen der (klassischen) philologischen Seminare und nur wenig zeitversetzt zu denen der „Historischen Seminare“ sowie denjenigen für „romanische und englische Philologie“.

Tabelle 4[31] zeigt deutlich, daß die Gründungen der germanistischen Seminare im wesentlichen in die beiden ersten Jahrzehnte des Kaiserreichs fallen. Drei verschiedene Benennungen bestimmen das Bild (s. Tabelle 1): „Seminar für deutsche Philologie“ (6+3) insgesamt 9mal; „Deutsches Seminar“ (4+3) insgesamt 7mal, „Germanistisches Seminar“ (5+4) insgesamt wiederum 9mal. Gegenüber diesen drei etwa gleichberechtigt auftretenden Bezeichnungen, die auch heute noch vorhanden sind, bleiben die anderen in der Minderzahl und haben bis auf „Germanisches Seminar“ (Berlin) keinen Bestand gehabt. Ob dieses, das Edward Schröder konsequent ein „germanistisches“ nennt, seinen Namen wegen des Beitritts des Nordisten Julius Hoffory erhalten hat, bleibt dunkel.

Erstaunlich sind die mehrfach abweichenden Angaben in vier verglichenen Arbeiten (Tabelle 5).

Diese Abweichungen können schon aus dem ministeriellen, kuratorialen und professoralen Schriftwechsel hervorgehen (s. den Anhang), z. B. Göttingen 1888–91: Errichtung eines „germanistischen“, eines „deutschphilologischen“ Seminars, bzw. eines (Kgl.) „Seminars für Deutsche/deutsche Philologie“ neben einem „deutschen Seminar“.[32] Im Briefwechsel Schröder-Roethe

[30] S. Meves 1994b, 197–203, Tabellen 2–4.
[31] Aus: vom Brocke 1999, 363.
[32] Meves, im Druck.

Tabelle 5. Konkordanz über Angaben zur Einrichtung germanistischer Seminare (M = Meves 1987, S = Schmidt 1985, W = Weimar 1989, B = vom Brocke 1999)

Gründungsjahr	Universität	Bezeichnung
(1867) 1872	Tübingen	Seminar für neuere Sprachen (M, S, W); Seminar für neuere Philologie (B) (Deutsch, Englisch, Französisch; M) (Abteilung für Deutsch, Englisch, Französisch; B)
1872/73	Straßburg	Seminar für deutsche Philologie (M, W, B); Germanistisches Seminar (S)
1873	Heidelberg	ab 1877: Germanisch-romanisches Seminar (M, B), ab 1923: Deutsches Seminar (S)
1873	Würzburg	Seminar für deutsche Philologie (M, W, B); Deutsches Seminar (S)
1873	Leipzig	Deutsches Seminar (M S, W); Deutsches Seminar, 1892 und: Proseminar (Germanistisches Institut; B)
1873 (1874 S, B)	Graz	Seminar für deutsche Philologie (M, W, B); Germanistisches Seminar (S)
1873	Lemberg	Deutsches Seminar (M); - (S). Germanistisches Seminar (W); Seminar für deutsche Philologie (B)
1874 (1872/74 S)	Freiburg	Seminar für neuere Sprachen (M, S, W); Seminar für germanische Philologie: ab 1894: Deutsches Seminar (S), Abteilung für Deutsch und Englisch (B)
1875	Kiel	Germanistisches Seminar (M, W, B); Seminar für germanische Philologie (S)
1876	Marburg	Seminar für deutsche Philologie (M, B); Germanistisches Seminar (S, W)
1876	Greifswald	Germanistisches Seminar (M, W, B, S: bzw. Deutsch-philologisches Seminar)
1881	Jena	Deutsches Seminar (M, W, B); Deutsch-philologisches Seminar (S)
1887 (1886 W)	Königsberg	Deutsches Seminar (M, B); Germanistisches Seminar (W); - (S)
1886/89 (1880 S)	Gießen	Germanisch-romanisches Seminar (M, B); Deutsches Seminar (S, W)
1892	München	Seminar für deutsche Philologie (M, W, B, S: vorher - seit 1876 - Seminar für neuere Sprachen)
1895	Münster	Germanistisches Seminar (M, W, B); Germanisches Seminar (S)

(1881–1926) heißt es durchweg „Germanisches Seminar Berlin“, aber das „Seminar“ bzw. „Deutsches Seminar Göttingen“, nur einmal „Germanistisches Seminar“, dies ist sonst eine Bezeichnung beider Gelehrter für Seminare an anderen Orten.[33] Der Göttinger Bibliotheksstempel lautete lange Zeit „Kgl. Deutsches Seminar“ – Lehrende wie Lernende nennen mündlich und schriftlich im Gegensatz zum offiziellen „Seminar für deutsche Philologie“ auch heute noch ihre Einrichtung „Deutsches Seminar“.

[33] Freundlicher Hinweis von Dorothea Ruprecht, vgl. Ruprecht/Stackmann 2000.

Germanistik zwischen „germanisch" und „deutsch"

„Das Wort ‚Seminar' bezeichnet ein Doppeltes: zum einen eine ‚Übung', also eine Lehrveranstaltung, zum andern die Pflanzstätte, das ‚Institut' zur Durchführung der seminaristischen Arbeitsweise. In diesem zweiten Sinn werden ‚Seminar' und ‚Institut' meist synonym verwendet. Definitorische Abgrenzungen haben sich für die Praxis bisher als wenig hilfreich erwiesen".[34] Alle Gründungen von Universitätseinrichtungen zur deutschen Philologie/Germanistik im 19. Jahrhundert führen „Seminar" im Titel.[35] Dieser ist zweifellos vom „seminarium philologicum" – der klassischen Philologie – abgeborgt.[36] Vereinzelt werden klassische und deutsche Philologie von einer Person vertreten (Lachmann, Haupt, Müllenhoff). Die Bezeichnung „Philologie" ist ebenfalls von der längst etablierten „klassischen Philologie", der Philologie kat'exochen, übernommen, während die nähere Kennzeichnung „deutsch" wohl das Attribut der Seminarvorläufer, der „deutschen" Gesellschaften, fortsetzt.[37] Die bei dem Terminus „deutsche Philologie" vorliegende Analogie zur (und Unterscheidung von) „klassischen/r Philologie" Ende des 18. und zu Beginn des 19. Jahrhunderts gilt der Sache nach (auch in der „Zentrierung der Germanistik auf die altdeutsche Überlieferung") unbestritten,[38] läßt sich aber im Blick auf die Begriffe selbst nicht aufrecht erhalten. Bereits Georg Philipp Harsdörffer gibt 1646 ein *Specimen Philologiae Germanicae* heraus, dessen Titel Elias Caspar Reichard in seinem *Versuch einer Historie der deutschen Sprachkunst* 1747 (S. 38) mit „Probe der deutschen Philologie" übersetzt.[39]

Das Adjektiv „germanistisch" ist nach der Benennung „Germanist" gebildet, die, wie meist zu lesen, Jacob Grimm im Zusammenhang der Frankfurter Germanistenversammlung im Jahre 1846 „als übergreifende und zusammenfassende Bezeichnung auf die Vertreter der ‚drei fächer' der ‚deutsche[n] philologie [...] des deutschen rechts und der deutschen geschichte' übertragen" habe.[40] Meves konnte jedoch nachweisen: Bereits der Pädagoge Karl Wilhelm

---

[34] Vom Brocke 1999, 362.

[35] Meves 1987, 72*, s. Tabelle 1.

[36] Vgl. z. B. Schröder 1937, 1; Lemmer 1956, 618 Anm. 8.

[37] Vgl. Müller 1974, 64f.; Meves 1987, 75*, 87*, 91*, 97*f, 118*, bes. 112*; so auch Weimar 1989, 49f., bes. 51. Zur Situation in Bonn in den 1870er Jahren (Lehrveranstaltungen unter „Germanistisches Seminar" dann als „germanistische Übungen" bzw. „Übungen der germanistischen Gesellschaft"; später „Übungen der deutschen Gesellschaft" und „Deutsche Übungen") vgl. Meves 1987, 93*.

[38] Z. B. Janota 1980, 36.

[39] Paul (1891, 3) und Stackmann (1979, 240, Anm. 2) verstehen den Titel im Sinne von „Germanische Philologie" (Meves 1994a, 26). Zu Reichard s. Cherubim 1993.

[40] Meves 1994a, 29.

Eduard Mager und Gustav Freytag haben 1840 „den Namen ‚Germanist' unabhängig voneinander in der neuen Bedeutung" („Fachvertreter der germanischen bzw. deutschen Philologie"[41]), Freytag auch in einem Brief an das preußische Kultusministerium verwendet, „so daß angenommen werden darf, daß dieser Gebrauch schon in den 30er Jahren des 19. Jahrhunderts. aufkam. Doch darüber wissen wir vorerst jedenfalls nichts Näheres".[42]

In den Schriften dieser Jahre taucht der ursprünglich für das Gebiet von Rechtsgelehrten verwandte Begriff „Germanistik" als Bezeichnung der neuen Disziplin noch nicht auf. Wann er eingeführt wurde, ist immer noch unklar. Karl Weinhold allerdings fragte noch 1888 sarkastisch: „Wann und wo ist das ungeheuerliche wort Germanistik aufgekommen? Bis 1860 war es meines wissens unerhört. Würden klassische philologen von Latinistik, Graecistik sprechen? Würden orientalisten ihre wissenschaft Orientalistik nennen?",[43] nachdem schon Rudolf Hildebrand 1873 im Vorwort zu Band V (Sp. I Anm.) des Grimmschen Wörterbuches befunden hatte: „*germanistik*, *germanist* ist und bleibt mir barbarisch". Zugleich gibt er damit – wie Meves richtig sieht – „einen frühen Beleg für das Aufkommen der später [!] aus ‚Germanist' abgeleiteten Fachbezeichnung ‚Germanistik', deren erstes Auftreten bisher noch im dunkeln liegt".[44] Während Stackmann noch meinte, daß „das Alter des Begriffs ‚Germanistik' in Anwendung auf eine philologische Disziplin durch den Grimmschen Bericht (in der Beilage vom 22. Oktober 1846 zur Augsburger „Allgemeinen Zeitung")[45] sozusagen auf den Tag genau zu datieren ist",[46] heißt es in Kenntnis der Dicta von Hildebrand und Weinhold bei Weimar: „Der Begriff ‚Germanistik' hat sich erst nach 1860 gebildet als Oberbegriff für zwei Disziplinen, die vorher getrennt waren und zu dieser Zeit institutionell vereinigt wurden: einerseits die (alt)deutsche Philologie mit den Schwerpunkten Altertumskunde, Edition mittelalterlicher Texte und Historische Grammatik und andererseits das jüngere Fach ‚(deutsche) Literaturgeschichte', das sich unter historischen und ästhetischen Gesichtspunkten vor allem der nachmittelalterlichen Literatur widmet. Seither dient der Begriff ‚Germanistik' als wirksame Klammer um die traditionellen und neu entstehenden Teildisziplinen, die sich relativ unabhängig voneinander entwickeln. ‚Germanistik' steht für die problematische Einheit des Faches, die mehr und mehr

---

[41] Meves 1994a, 34.
[42] Meves 1994a, 38.
[43] Weinhold 1888, 387 Anm. 1.
[44] Meves 1994a, 46.
[45] Wiederabdruck in Grimm 1884, 568f.
[46] Stackmann 1979, 240 Anm. 2.

den Charakter eines Postulats statt eines Sachverhalts angenommen hat. Der Umfang des Begriffs richtet sich nach den jeweils geltenden Universitäts- bzw. Studien- und Prüfungsordnungen."[47]

„Deutsch", „germanisch", „germanistisch", entsprechend die Fachbezeichnungen „Deutsche Philologie", „Germanische Philologie", „Germanistische Philologie"[48] und die Seminarbenennungen „Deutsches Seminar" (auch „Seminar für deutsche Philologie") „Germanisches Seminar", „Germanistisches Seminar" – meinen sie dasselbe oder ganz verschiedenes? Steht „deutsch" dabei im engeren Sinne (Hochdeutsch und die zugehörigen Dialekte[49] mit Einschluß des Niederdeutschen), während „germanisch" und entsprechend „germanistisch" sich auf alle Sprachen (und deren Literatur) bezieht, die den germanischen Sprachzweig bilden? Diese Auffassung legt die Bezeichnung „Germanisch-romanisches Seminar" mit der Abgrenzung zur Romania nahe. Und was bedeutet „germanistisch"?[50]

Wie jeweils die Unterschiede ausfallen, läßt sich grundsätzlich nicht beantworten, zumal nicht nur Jacob Grimm die Begriffe „deutsch" und „germanisch" oft synonym verwendet.[51] „Eine altertumswissenschaftlich ausgerichtete frühe Germanistik griff mangels genügender archäologischer und literarischer Quellen für Deutschland auf die reiche altnordische Überlieferung aus".[52] Janota meint: „Der Vorgang dokumentiert sich bis heute in zahlreichen Seminarbezeichnungen (Germanisches bzw. Germanistisches Seminar u. ä.); bei der Benennung ‚Deutsches Seminar' (u. ä.) wäre zu prüfen, ob damit eine Zentrierung von Forschung und Lehre [auf ‚deutsch' im engeren Sinne] intendiert war oder ob sich dahinter eine Forcierung der skizzierten Vorstellung zur Gleichung ‚germanisch = deutsch' verbirgt".[53] Was und wie wäre da zu prüfen? Neben den Titeln von Forschungsliteratur und Lehrveranstaltungen etwa die Fachbezeichnungen der Germanistikdozenten und -professoren im 19. Jahrhundert.

---

[47] Weimar 1997, 707.

[48] Meves 1994a, 39.

[49] Vgl. Moriz Haupt, Vorwort zum ersten Hefte der *Zeitschrift für deutsches Altertum* (1841): „Auf deutsches in der eigentlichen bedeutung des namens ist diese zeitschrift gerichtet; doch wird es unvermeidlich oder erlaubt sein zuweilen in das gebiet anderer germanischer stämme über zu streifen" (S. VII; Wiederabdruck bei Janota 1980, 215f.).

[50] „Im 20. Jh. hat sich Germanistik auch international etabliert als (Selbst-)Bezeichnung der Wissenschaft, die dem Namen nach die germanischen Sprachen und Literaturen, tatsächlich aber allein die deutsche Sprache und Literatur erforscht" (Weimar 1997, 707).

[51] Meves 1994a, 26.

[52] Janota 1980, 29; s. dazu besonders Jacob Grimm in der Einleitung zu seiner *Deutsche[n] Mythologie*, VIIf.

[53] Janota 1980, 30 Anm. 62.

Fachbezeichnung der Dozenten und Benennung der Seminare

Ein Vergleich der Denomination der jeweiligen Gründerprofessoren bzw. der Leiter mit den Seminarbenennungen (vgl. Tabelle 1) zeigt ein erstaunliches Bild: nur in ganz wenigen Fällen besteht Übereinstimmung, so bei der letzten deutschen Seminargründung im 19. Jahrhundert in München durch Matthias (von) Lexer. In zahlreichen Fällen lautet die Fachbezeichnung der Professur[54] „deutsche Sprache und Literatur" (7mal), einmal mit dem Zusatz „und Altertümer", doch die gegründeten Seminare heißen ganz anders („Deutsches", „Germanistisches Seminar" oder „Seminar für deutsche Philologie"). Allein diese Beispiele genügen schon für die Feststellung: die Denomination der Professuren der Gründer stimmt in fast keinem Fall mit der gewählten Seminarbezeichnung überein. Erst im 20. Jahrhundert und dort insbesondere bei den jüngeren Neugründungen wird die alte Fachbezeichnung der Gründerprofessoren auch als Seminar- bzw. Institutsbenennung gewählt: „für deutsche Sprache und Literatur" z. B. Köln, Dortmund, Hannover, Braunschweig, Lüneburg.[55] Diese Zahl würde entschieden anwachsen, wenn das in übergeordnete Einheiten für „Sprach- und Literaturwissenschaft" integrierte Fach(gebiet) „Germanistik" selbständig bezeichnet werden müßte.

Das aus der Tabelle der Fachbezeichnungen für ordentliche Professuren (Tabelle 8) hervorgehende Übergewicht bei „deutsche Sprache und Literatur" zeigt sich etwas weniger deutlich bei den außerordentlichen Professuren (Tabelle 7) und Dozenturen (Tabelle 6). Dort taucht auch mehrfach „deutsche Philologie" auf, „germanische Philologie" hingegen nur je einmal. Dieser diskrepante Befund scheint mir bemerkenswert, ohne daß ich ihn schon erklären kann. Es muß grundsätzlich auch bei den in den Denominationen vorkommenden Kennzeichnungen „deutsch" und vereinzelt „germanisch" vorausgesetzt werden, daß sie synonym gebraucht werden, wenn nicht besondere Hinweise aus der Lehr- und Forschungstätigkeit der Stelleninhaber eine Spezialisierung auf deutsche Sprache und Literatur im (engeren) heutigen Sinne vorliegen. Dafür jedoch gibt es noch wenige Einzelstudien. Im allgemeinen kann man aber sagen, daß bei vielen Germanisten des 19. Jahrhunderts und vereinzelt noch des 20. Jahrhunderts die Forschungs- und Lehrtätigkeit über das Deutsche im engeren Sinne hinausreichten.

---

[54] Vgl. auch Müller 1974, 35 und Meves 2001, 1287ff.

[55] DAAD Verzeichnis 1999.

Tabelle 6. Privatdozenten (nach Meves 1994b, 197f.)

Zeit	Universität	Person	Fachbezeichnung
1816	Berlin	Lachmann*	(im philologischen Fache und im Fache der altdeutschen Literatur)
1826-27, 1830-31, 1834-35	Königsberg	Lucas*	Geschichte und deutsche Literatur (?)
1827-28	München	Schmeller*	altdeutsche Sprache und Literatur
1828-29	München	Maßmann*	altdeutsche Sprache und Literatur
1832-36, 1832-52	Tübingen	Rapp*	neuere deutsche und ausländische Literatur, Grammatik und Aesthetik
1832-44	Königsberg	Gervais	(Geschichte und deutsche Litteraturgeschichte)
1833-34	Kiel	Wienbarg	deutsche Literatur
1835-37	Tübingen	Vischer*	Ästhetik und deutsche Literatur
1835-41	Tübingen	Keller*	neuere Sprachen und Literatur
1836-40	Breslau	Kahlert*	deutsche und allgemeine neuere Litteratur-Geschichte, so wie Aesthetik und Rechtsphilosophie
1838-40	Berlin	Hoefer*	Sanskrit. Sprachvergleichung und altdeutsche Philologie
1838-44	Marburg	Dietrich*	germanische und semitische Sprachen
1839-43	Breslau	Jacobi*	Geschichte, Litteratur-Geschichte und deutsche Sprache
1839-47	Breslau	Freytag	deutsche Sprache und Literatur
1839-40	Gießen	Zimmermann*	deutsche Literatur
1840-46	Erlangen	von Raumer*	ohne Fachbezeichnung
1840-47	Heidelberg	Hahn*	altdeutsche Sprache und Literatur
1841-45	Göttingen	W. Müller*	Fach der altdeutschen Literatur
1842-43	Breslau	Guhrauer*	Litteratur-Geschichte
1842-48	Berlin	Mundt*	neuere Literaturgeschichte und Aesthetik
1843-46	Kiel	Müllenhoff*	ohne Fachbezeichnung
1844-46	Halle	Sommer	deutsche Sprache und Litteratur
1845-48	Jena	Rückert*	ohne Fachangabe (im Gesuch: Geschichte)
1846-51	Tübingen	Frauer	germanische Alterthums- und Geschichtswissenschaften
1846-83	Göttingen	Tittmann	Fächer der deutschen Literatur und Aesthetik
1847-49	Halle	Weinhold*	deutsche Alterthumswissenschaft und Literatur
1847-53	Tübingen	Holland*	neuere Philologie
1848	Bonn	Liliencron*	Fächer der Litteratur, Sprache und Mythologie des germanisch-nordischen Völkerstammes
1848-50	Jena	Wegele*	politische Geschichte und Literaturgeschichte
1849-51	Gießen	Weigand*	deutsche Sprachwissenschaft und Literatur
1852-54	Leipzig	Zarncke*	deutsche Philologie
1853-56	Gießen	Rieger	griechische Altertümer und altdeutsche Literaturgeschichte
1854-56	Halle	Zacher*	alte deutsche Sprache und Litteratur
1854-74	Breslau	Rumpelt	deutsche Sprache und Litteratur
1855-67	Breslau	Pfeiffer*	deutsche Sprache und Litteratur

Zeit	Universität	Person	Fachbezeichnung
1855-67	Breslau	Pfeiffer*	deutsche Sprache und Litteratur
1858-62	Berlin	Mannhardt	altdeutsche Sprache und Mythologie
1858-66	Kiel	Groth	deutsche Sprache und Literatur
1860-63	Halle	Schade*	deutsche Sprache und Litteratur
1861-65	Marburg	Justi*	orientalische Sprachen, germanische und vergleichende Grammatik
1862-67	Heidelberg	Lemcke*	Ästhetik, Literatur- und Kunstgeschichte
1862-68	Halle	Lucae**	deutsche Philologie und Literatur im engeren Sinne
1862-64, 1870-73	Marburg	Grein*	wohl Germanische Sprachen und Literatur
1862-69	München	Hertz	germanische Altertumskunde
1864-70	Halle	Heyne*	deutsche Philologie
1866-68	Heidelberg	Martin*	altdeutsche Sprache und Literatur
1866-69	Jena	Bechstein*	deutsche Philologie
1869-72	Bonn	Birlinger*	deutsche Sprache und Litteratur
1869-72	Breslau	Zupitza*	germanische Philologie

* = wird ao. Professor; vgl. Tab. 7.
** = wird o. Professor; vgl. Tab. 8.

Tabelle 7. Außerordentliche Professuren (nach Meves 1994b, 199f.)

Zeit	Universität	Person	Fachbezeichnung
1805-13	Göttingen	Benecke**	ohne Fachangabe
1809-16	Königsberg	Delbrück**	Theorie. Kritik und Litteratur der schönen Künste
1810-11,	Berlin	von der Hagen**	deutsche Sprache
1811-17	Breslau	von der Hagen**	(deutsche Sprache und Literatur)
1818-22	Bonn	Radlof	deutsche Sprachforschung
1818-25	Königsberg	Lachmann**	Theorie, Kritik und Litteratur der schönen Künste und Wissenschaften
1825-27	Berlin	Lachmann**	(Vorlesungen über deutsche Sprache und Literatur, so wie über klassische Philologie)
(1823-30	Bonn	Diez**	ohne Fachangabe, Lector der südwestlich-europäischen Sprachen)
1824-27	Königsberg	Graff**	deutsche Sprache und Literatur
1828	München	Schmeller**	altdeutsche Literatur und Sprache
1829-33	Tübingen	Uhland	deutsche Sprache und Literatur
1829-35	München	Maßmann**	altdeutsche Sprache und Literatur
1830-35	Breslau	Hoffmann**	deutsche Sprache und Literatur
1831-35	Göttingen	W. Grimm**	ohne Fachangabe
1835-48	Königsberg	Lucas	deutsche Sprache und Literatur
1837-44	Tübingen	Vischer**	Ästhetik und deutsche Literatur
1838-43	Leipzig	Haupt**	Philosophie
1840-47	Greifswald	Hoefer**	orientalische Sprachen, vergleichende Sprachwissenschaft und altdeutsche Philologie
1840-55	Würzburg	Reuss	deutsche Philologie
1840-59	Breslau	Kahlert	ohne Fachangabe (Literaturgeschichte und Ästhetik)
1841-44	Tübingen	Keller**	neuere Sprachen und Literatur
1843-48	Breslau	Jacobi	deutsche Sprache und Literatur
1843-54	Breslau	Guhrauer	Literaturgeschichte
1844-48	Marburg	Dietrich**	orientalische und germanische Sprachen
1845-56	Göttingen	W. Müller**	ohne Fachangabe
1846-49	Bonn	Kinkel	neuere Kunst-, Literatur- und Kulturgeschichte
1846-52	Erlangen	von Raumer**	ohne Fachangabe
1846-54	Kiel	Müllenhoff**	deutsche Sprachkunde, Altertumswissenschaften und Literatur
1846-74	Berlin	Maßmann	Fach der Pädagogik und der deutschen Sprache und Literatur
1847-49	Heidelberg	Hahn**	ohne Fachangabe

Zeit	Universität	Person	Fachbezeichnung
1848-50	Breslau	Mundt	neuere Literatur und Literaturgeschichte
1848-52,	Jena	Rückert**	ohne Fachangabe
1852-67	Breslau	Rückert**	deutsche Philologie und Literaturgeschichte
1849-50	Breslau	Weinhold**	deutsche Philologie und Literaturgeschichte
1849-59	Halle	Prutz	Literaturgeschichte
1850-52	Bonn	Simrock**	Geschichte der deutschen Literatur
1850-52/57	Jena	von Wegele**	politische Geschichte und Literaturgeschichte
1851-55	Jena	Hettner	ohne Fachangabe
1851-68	Gießen	Weigand**	deutsche Sprachwissenschaft und Literatur
1852-55	Jena	von Liliencron	deutsche Philologie
1853-56	München	Hofmann**	ältere deutsche Sprache und Literatur
1853-91	Tübingen	Holland	Fach der romanischen und germanischen Philologie
1854-58	Leipzig	Zarncke**	Philosophie (deutsche Sprache und Literatur)
1856-59	Halle	Zacher**	deutsche Sprache und Literatur
1856-70	Berlin	Koepke	Geschichte und deutsche Literaturgeschichte
1857-68	Jena	Schleicher	o. Honorarprofessor für deutsche Philologie und vergleichende Sprachkunde
1858-63	Tübingen	Köstlin**	Ästhetik, Literatur- und Kunstgeschichte
1859-68	Münster	Storck**	deutsche Sprache und Literatur
1860-68	Halle	Haym**	Geschichte der Literatur, insbesondere der deutschen
1863-81	Gießen	Zimmermann	Literatur
1865-66	Freiburg	Lexer**	deutsche Sprache und Literatur
1865-69	Marburg	Justi**	vergleichende Grammatik und germanische Philologie
1867-72	Heidelberg	Lemcke	Ästhetik, Literatur- und Kunstgeschichte
1868-72	Freiburg	Martin**	deutsche Sprache und Literatur
1869-70	Halle	Heyne**	ohne Fachangabe
1869-71	Jena	Bechstein**	deutsche Philologie
1869-74	Leipzig	Hildebrand**	neuere deutsche Sprache und Literatur

** = wird o. Professor; vgl. Tab. 8.

Tabelle 8. Einrichtung ordentlicher Professuren (nach Meves 1994b, 201–203)

Erster o. Professor	Nachfolger (o. Prof.)	Universität	Person	Fachbezeichnung
1801-41		Münster	Schlüter	deutscher Stil
	1843-67		Deycks	Fach der römischen Litteratur und Alterthumswissenschaft und für die Geschichte der deutschen National-Litteratur mit besonderer Rücksicht auf Aesthetik, Stilistik und Rhetorik
	1868-1905		Storck	deutsche Sprache und Litteratur
1811-17		Tübingen	Michaelis	Lehrstuhl für die deutsche Sprache und Literatur und für die Übungen im mündlichen und schriftlichen Vortrag
	1844-93		Keller	germanische Sprache und Litteratur
	1844, 46-56, 1866-70		Vischer	(Philosophie)
	1863-94		Köstlin	Ästhetik, Literatur- und Kunstgeschichte
1813-44		Göttingen	Benecke	ohne Fachangabe
	1829-37		J. Grimm	ohne Fachangabe
	1835-37		W. Grimm	ohne Fachangabe
	1856-90		W. Müller	ohne Fachangabe
1817-23		Breslau	von der Hagen	deutsche Sprache und Litteratur
	1835-42		Hoffmann	deutsche Sprache und Litteratur
	1867-75		Rückert	deutsche Sprachkunde und Litteratur
(1818-22		Berlin	A. W. Schlegel	ohne Fachangabe)
1824-56			von der Hagen	deutsche Sprache und Litteratur
	1827-51		Lachmann	Fach der deutschen und der klassischen Philologie
	(1853-74		Haupt	Römische Litteratur)
	1858-84		Müllenhoff	deutsche Sprache und Litteratur
	1877-86		Scherer	neuere deutsche Literaturgeschichte
1818-48		Bonn	Delbrück	Fach der schönen Redekünste und der schönen Litteratur, sowohl im Allgemeinen als auch in besonderer Beziehung auf deutsche Sprache, für Aesthetik und die damit verwandte practische Philosophie
	(1818-45		A. W. Schlegel	ohne Fachbezeichnung)
	(1830-76		Diez	Geschichte der mittlern und neuern Litteratur)
	1852-76		Simrock	Fach der deutschen Sprache und Litteratur
1827-29		Königsberg	Graff	Fach der deutschen Sprache und Litteratur
	1859-63		Zacher	deutsche Sprache und Litteratur
	1863-1906		Schade	deutsche Sprache und Litteratur
1835-42		München	Maßmann	Ältere deutsche Sprache und Litteratur

Erster o. Professor	Nachfolger (o. Prof.)	Universität	Person	Fachbezeichnung
	1846-52		Schmeller	altdeutsche Sprache und Litteratur
	1856-90		Hofmann	altdeutsche Sprache und Litteratur
	1874-90		Bernays	neuere Sprachen und Literatur
1837-52		Rostock	Wilbrandt	Ästhetik und neuere Literatur
	1858-71		Bartsch	deutsche und neuere Literatur
	1871-95		Bechstein	deutsche Sprache und neuere Literatur
1843-50		Leipzig	Haupt	deutsche Sprache und Literatur
	1858-91		Zarncke	deutsche Sprache und Literatur
	1874-94		Hildebrand	neuere deutsche Literatur und Sprache
1847-80		Greifswald	Hoefer	Fach der orientalischen Sprachen und der vergleichenden Sprachwissenschaft
	1874-77		Wilmanns	deutsche Philologie
1848-59		Marburg	Dietrich	orientalische und altdeutsche Literatur
	1868-88		Lucae	deutsche Sprache und Literatur
	1869-93		Justi	vergleichende Grammatik und germanische Philologie
1852-70		Heidelberg	Holtzmann	altdeutsche Sprache und Literatur
	1871-88		Bartsch	germanische und altromanische, insbesondere alt-französische Sprache und Literatur
1852-76		Erlangen	Raumer	deutsche Sprache und Literatur
1854-58		Kiel	Müllenhoff	deutsche Sprache, Literatur und Altertumskunde
	1861-76		Weinhold	deutsche Sprache, Litteratur und Alterthümer
1856-186-3/68		Würzburg	Müller	deutsche Philologie
	1868-91		Lexer	deutsche Sprache und Literatur
1863-87		Halle	Zacher	deutsche Sprache und Litteratur
	1868-1901		Haym	Ordinarius für Philosophie mit der Verpflichtung, zugleich für Literaturwissenschaft thätig zu sein
1866-68		Freiburg	Lexer	deutsche Sprache und Literatur
	1872-74		Martin	deutsche Sprache und Literatur
1867-78		Gießen	Weigand	deutsche Sprachwissenschaft und Literatur
1872-77		Straßburg	Scherer	ohne Fachbezeichnung
1876-83		Jena	Sievers	deutsche Philologie

Initiativen und Motive bei der Errichtung von Seminaren

Die Initiativen zu den Seminargründungen (s. Anhang) gingen aus von

1.) staatlichen Stellen (z. B. Heidelberg, Tübingen,[56] München[57])
2.) Universitäten / Fakultäten (z. B. Rostock, Freiburg)[58]
3.) Professoren (durchweg an den preußischen Universitäten z. B. Kiel, Greifswald, Halle)[59]
4.) Studenten (Göttingen)[60] – und zwar „Studierende der deutschen Sprache und Altertumskunde".

Die Gründungsinitiativen haben vereinzelt Professoren verhindert: in Berlin Müllenhoff wegen der Trennung von der klassischen Philologie[61] und in München Hofmann wegen der zu berücksichtigenden praktischen Bedürfnisse in der Gymnasiallehrerausbildung – sog. „Stylprofessur".[62]

Damit sind auch schon zwei entscheidende Motive für die Seminargründungen genannt, die in den Zweckbestimmungen deutlich hervortreten: Einmal die „Philologisierung" der Germanistik seitens einiger vor allem Berliner Hochschullehrer mit Lachmann und seiner Nachfolge,[63] und zum andern ein vorwiegend ministerielles Interesse im Hinblick auf „die Ausbildung der Lehrer für Deutsch, Englisch und Französisch"[64] und die „gründliche[n] Durchbildung in der deutschen Sprache" für „Juristen und Aerzte".[65] Statuten(entwürfe), Reglements (s. Anhang) spiegeln das in der Zweckbestimmung der Seminare: „Studirende für die histor. Kenntniß der deutschen Sprache und Literatur durch practische Übungen auszubilden" (Kiel 1873). Weinholds Anschreiben betont die: „Wichtigkeit des Studiums der deutschen Sprache und Literatur für den künftigen Gymnasial- und Reallehrer [...]"; „strebsamen Studirenden anregende Gelegenheit und methodische Anleitung zu geben zur Erlernung und Uebung fruchtbarer eigener und selbständiger Arbeit auf dem Gebiete der deutschen Philologie, unter gebührender Berücksich-

---

56 S. Burkhardt 1976, 35, 21.
57 S. Müller 1980, 218; Bonk 1995, 42.
58 S. Burkhardt 1976, 50.
59 S. Meves 1987, 112*.
60 S. Meves 1987, 103* mit Anm. 106, 122*: Abdruck des Antrags.
61 Janota 1980, 52; Meves 1987, 98*, 114*.
62 Müller 1980, 214; Bonk 1995, 39f., 45, 50f.
63 Janota 1980, 32ff.
64 Burkhardt 1976, 35: Heidelberg.
65 Müller 1980, 216: München.

tigung des Bedürfnisses der Gymnasien und anderer höherer Lehranstalten" (Halle 1875); „Das Kgl. Seminar für deutsche Philologie ist bestimmt zur gründlichen wissenschaftlichen Ausbildung derjenigen Studirenden, die der deutschen Sprache und Literatur eindringendere und speziellere Studien zu widmen gedenken" (Göttingen 1890?). Es ist dies – vereinfacht gesagt – der die Geschichte der Germanistik durchziehende Gegensatz vom Anspruch philologischer Theorie und dem Bedürfnis nach pädagogischer Praxis,[66] ein letzten Endes unauflösbarer Gegensatz, der aber zur Herausbildung einer Reihe von „Seminaren bzw. Instituten für deutsche Sprache (und Literatur) und ihre Didaktik" (z. B. in Köln und Hannover) geführt hat.

In diesem Zusammenhang kann auf die politischen, patriotischen Implikationen bei der Errichtung der ersten germanistischen Professuren ab 1810 (Freiheitskriege) und bei der Gründungswelle von Seminaren in den 1870er Jahren (Reichsgründung) nur am Rande hingewiesen werden.[67]

Bestand und Wandel der Seminarbezeichnungen

Im Blick auf das Thema „ ‚Germanistisches Seminar' oder ‚Seminar für Deutsche Sprache und Literatur'„ gibt es keinen Fall, in dem man eine ursprüngliche Bezeichnung „Germanistisches Seminar" im Lauf der Zeit in ein „Seminar für Deutsche Sprache und Literatur" verändert hat. Im Vergleich der Benennung im Gründungsjahr mit der heutigen ergibt sich folgendes Bild (vgl. Tabelle 9):

1.) Bezeichnung bleibt bestehen (Kiel, Berlin, Bonn, Göttingen, Freiburg).
2.) Bezeichnung wechselt von Seminar zu Institut a) bei gleicher Kennzeichnung (Würzburg, München) b) überhaupt (Rostock, Leipzig, Halle, Marburg, Greifswald, Jena, Erlangen, Gießen, Münster).
3.) Bezeichnung wechselt von „deutsche Philologie" bzw. „deutsch" zu a) „Germanistik" (Rostock, Leipzig), b) „germanistisch" (Halle, Jena, Münster, Marburg nur bei Sprachwissenschaft).

---

66 „Vereinzelt wird auch die Berücksichtigung der Bedürfnisse der Gymnasien in die Zweckbestimmung der Seminare (Halle, Breslau), aufgenommen, was jedoch nicht bedeutet, daß in den Seminaren ‚die philologische mit einer pädagogischen-didaktischen Ausbildung für den künftigen Lehrberuf verbunden werden' sollte (Janota, 51)" (Meves 1987, 113* – die Aussage bei Janota ist positiv: „ [...] denn in den Seminaren sollte die philologische mit einer pädagogisch-didaktischen Ausbildung für den künftigen Lehrerberuf verbunden werden."

67 Vgl. z. B. Janota 1980, 17–20; Burkhardt 1976, 170–182.

4.) Bezeichnung wechselt von „germanistisch" zu „deutsche Philologie" (Greifswald, Münster).
5.) Aufteilung in a) Sprache und Literatur (Jena, Berlin HU), b) ältere und neuere Literatur (Freiburg, Kiel), c) Mediävistik, Sprache, neuere Literatur (Marburg).

Diese und andere Aufteilungen in Abteilungen, Bereiche o. ä., ohne daß sich das in der Gesamtbezeichnung niederschlägt, kommen ebenfalls vor (z. B. Bonn und Göttingen).

Auffällig ist der Bezeichnungswechsel bei den Universitäten in den neuen Bundesländern. Ein Fall: Das 1881 gegründete „Deutsche Seminar" in Jena hieß ab 1949 „Deutsches Institut" und erhielt bereits 1950 den Namen „Germanistisches Institut".[68] Im Zuge der Hochschulreform der DDR 1968/69 wurde es in die „Sektionen Sprachwissenschaft sowie Literatur- und Kunstwissenschaft" überführt. Die „Neubegründung der Institute für Germanistische Sprach- und Literaturwissenschaft [...], die hier in Jena umgehend auch als eine Wende erfolgte [...]", geschah im Oktober 1990.[69]

Bei den Neugründungen (Hamburg 1919, Wiedergründung Köln 1919) vor allem nach 1945 und bei den zu Universitäten umgewandelten Hochschulen (Berlin TU, Hannover, Braunschweig und viele andere) überwiegt die Bezeichnung „Institut" (14mal) gegenüber „Seminar" (5mal). Bei den Instituten lautet das Attribut „germanistisch" (2mal) bzw. die präpositionale Angabe „für Germanistik" (5mal) oder „für Sprach- und Literaturwissenschaft" (1mal) bzw. „für Deutsche Sprache und Literatur" (1mal). Bei den „Seminaren" begegnet je einmal „Germanisches", „Germanistisches", „für deutsche Literatur und Sprache" bzw. „für Deutsche Sprache und Literatur", „für Deutsche Philologie".

Sehr häufig ist die Angabe „Fachgebiet" (16mal), „Fach" (4mal) „Fachbereich" (1mal) „Germanistik" innerhalb größerer Einheiten wie „Fachbereich" (9mal) oder „Fakultät" (2mal) für „Sprach- und Literaturwissenschaft(en)".

Die Bezeichnungspraxis hat sich damit im Vergleich zur Phase der Seminargründungen im 19. Jahrhundert einschneidend verändert. Lediglich „Germanisches Seminar" (Berlin, vgl. Hamburg), „Seminar für deutsche Philologie" (Mannheim) und (wieder) aufgenommen ebenso „Germanistisches Seminar" (Düsseldorf) kommen noch oder wieder vor.

---

68 Germann 1954, 277–279.

69 Manger 1996, 12.

Tabelle 9. Seminarbezeichnungen im Gründungsjahr (vgl. Tabellen 1und 2) und im Jahr 1999 (DAAD Verzeichnis 1999)

Universität	Jahr		Jahr	
Rostock	1858	Deutsch-philologisches Seminar	1999	Institut für Germanistik
Tübingen	1867	Seminar für neuere Sprachen	1999	Deutsches Seminar (incl. Skandinavistik)
Heidelberg	1873	Seminar für neuere Sprachen	1999	Germanistisches Seminar
Leipzig	1873	Deutsches Seminar	1999	Institut für Germanistik
Würzburg	1873	Seminar für deutsche Philologie	1999	Institut für deutsche Philologie
Freiburg	1874	Seminar für neuere Sprachen	1999	Deutsches Seminar I: Institut für deutsche Sprache und ältere Literatur Deutsches Seminar II: Institut für neuere Deutsche Literatur Institut für Vergleichende Germanische Philologie und Skandinavistik
Halle	1875	Seminar für deutsche Philologie	1999	Germanistisches Institut
Kiel	1875	Germanistisches Seminar	1999	Germanistisches Seminar (Altgermanistik incl. Niederdeutsch) Institut für Neuere deutsche Literatur und Medien Nordisches Institut
Greifswald	1876	Germanistisches Seminar	1999	Institut für Deutsche Philologie Nordisches Institut
Marburg	1876	Germanistisches Seminar	1999	Institut für Germanistische Sprachwissenschaft Institut für Neuere deutsche Literatur und Medien Institut für Deutsche Philologie des Mittelalters
Bonn	1878	Germanistisches Seminar	1999	Germanistisches Seminar (Abt. für Skandinavistik)
Jena	1878	Deutsches Seminar	1999	Institut für Germanistische Literaturwissenschaft Institut für Germanistische Sprachwissenschaft
Erlangen	1883	Deutsches Seminar	1999	Institut für Germanistik
Basel	1885	Germanisch-Romanisches Seminar		
Berlin	1887	Germanisches Seminar	1999	FU Germanisches Seminar mit Institut für Linguistik TU Institut für Deutsche Philologie HU Institut für deutsche Literatur Institut für deutsche Sprache und Linguistik Nordeuropa-Institut
Göttingen	1889	Seminar für deutsche Philologie	1999	Seminar für Deutsche Philologie
München	1892	Seminar für deutsche Philologie	1999	Institut für Deutsche Philologie
Münster	1895	Germanistisches Seminar	1999	Institut für Deutsche Philologie I u. II Institut für Nordische Philologie Institut für Niederländische Philologie

Fazit

Der Freiheit von Forschung und Lehre entspricht – jedenfalls in der Germanistik – eine Freiheit und Beliebigkeit der Fach- und Seminar- bzw. Institutsbezeichnungen, und zwar schon in der Gründungsphase seit 1872. Ein Benennungsprinzip kann ich darin nicht erkennen, Begründungen für die Namengebung habe ich (noch) nicht gefunden. Es bleibt vorerst bei der Suche sowohl nach dem Erstbeleg für den Namen „Germanistik" als auch für die Bezeichnungsmotive, und es bleibt bei der Forderung zu erkunden, was denn jeweils unter divergierenden Namen zu verstehen ist. Oder gilt auch hier das Credo der „New Philology": es gibt keinen originalen Text, sondern nur Varianten und Versionen eigenen Rechtes?[70]

---

[70] Vgl. Schröder 1996, 35.

Anhang[71]

1. Universität Kiel

Nr. 376 Professor Weinhold an den Minister Falk

Kiel den 7.Mai 1873

Antrag des Prof Dr. Weinhold in Kiel auf Errichtung eines germanist. Seminar.

Ew. Excellenz
beehrt sich der gehorsamst Unterzeichnete den Antrag auf Errichtung eines germanist. Seminars an der K. Universität zu Kiel ehrerbietig vorzulegen.
Ich habe seit langer Zeit an hiesiger Universität mit meinen Zuhörern je nach Bedürfniß practische Übungen in deutscher Grammatik und im erklären altdeutscher Sprachdenkmäler abgehalten, und dieselben seit vorigem Sommersemester durch Hinzufügung literarhistor. Arbeiten erweitert. Es ist seitdem eine festere Gestalt dieser Übungen gewonnen worden, und die Theilnehmer sind als deutsche Gesellschaft vereinigt.
Nachdem die Gesellschaften der beiden hiesigen Ordinarien der Geschichte in ein historisches Seminar mit entschiedener Förderung der histor. Studien übergegangen sind, liegt der Wunsch für mich und die Mitglieder meiner deutschen Gesellschaft sehr nahe, daß auch die deutschphilol. Fächer eine gleiche Begünstigung erfahren.
Ich gestatte mir daher den Antrag zu stellen,
Ew. Excellenz wollen die Genehmigung und die Mittel zur Errichtung eines germanist. Seminars an hiesiger Universität hochgeneigtest gewähren.
In dem anliegenden Statutenentwurf habe ich mir die Grundzüge eines solchen Seminars vorzulegen erlaubt [...]
In Heidelberg, Tübingen und Rostock ist man denn auch bereits zur Gründung germanistischer Seminarien geschritten.
Ich gebe mich daher der Hoffnung auf Gewährung meines Antrages durch Ew. Excellenz vertrauensvoll hin.

E.E. g. gehors.
Dr. K. Weinhold
o. Prof. a.d. [Universität] zu Kiel

---

[71] Meves 1987, 70* Anm. 7: „Der folgende Beitrag stützt sich oft auf Archivmaterialien, die in dem Dokumenten-Anhang meiner Untersuchungen über den Institutionalisierungsprozeß der Altgermanistik an den höheren Schulen und Universitäten in Preußen publiziert werden." Dieser Dokumentenband wird voraussichtlich im Jahre 2004 erscheinen. Uwe Meves, Oldenburg, hat mir eine Reihe von Dokumenten zugänglich gemacht und entgegenkommender Weise gestattet, daß ich einige davon (Nr. 379, 390–397, 400, 401, 404, 406–408) hier im Anhang anführen darf. Dafür danke ich ihm gebührend, ebenso für die kritische Lektüre der diesem Beitrag zugrundeliegenden Vortragsfassung.

[*Anlage*:]

Entwurf eines Statuts
für das germanistische
Seminar zu Kiel.

§ 1. Das germanist. Seminar hat den Zweck, Studirende für die histor. Kenntniß der deutschen Sprache und Litteratur durch practische Übungen auszubilden.
§ 2. Die Leitung hat der ord. Prof. der deutschen Sprache, Litteratur u. Alterthümer an der Kieler Universität,
§ 3. Die Zahl der Mitglieder wird sich nach den Verhältnissen richten.
§ 4. Die Aufname ist dem Director überlaßen. Sie geschieht nach einer Prüfung.
§ 5. Die Übungen bestehn a) im interpretiren sprachlicher Denkmälern [!] aus den verschiedenen Dialecten und Perioden b) in Arbeiten über grammat. und lit.hist. Themata, welche der Director den Mitgliedern stellt. Sie werden in den Seminarstunden beurteilt.
§ 6. Die Übungen werden wöchentlich in zwei Stunden gehalten.
[...]
§ 10. Über den Fortgang des Seminars, die Mitglieder, ihre Arbeiten und Prämien hat der Director halbjährig an das K. Ministerium zu berichten und Abschrift des Briefes an das akademische Consistorium zu geben.

2. Universität Marburg

Nr. 379 Das Kuratorium an den Minister Falk

Marburg, den 1. April 1875

Betrifft die Errichtung eines Seminars für deutsche Philologie an der Universität Mbg.
In neuester Zeit, namentlich seit dem Wiedererstehen des deutschen Reiches in neuer Kraft und Herrlichkeit bricht an den deutschen Universitäten sich mehr und mehr die Überzeugung von der Nothwendigkeit Bahn, den Studirenden durch Errichtung von Seminarien für deutsche Philologie umfassendere Gelegenheit zur wissenschaftlichen Erlernung und Erforschung der deutschen Sprache und Literatur zu bieten und dadurch das dringende Bedürfnis nach Vorbereitungscursen zur deutsch-philologischen Ausbildung künftiger Gymnasial- und Universitätslehrer zu befriedigen.
[...]
Auch an der hiesigen Univ. wird der Ruf nach einem Seminar für deutsche Philologie laut und der mitunterzeichnete Rector, als Professor der deutschen Sprache und Literatur hat es aus diesem Grunde und aus eigner inniger Ueberzeugung, daß die Errichtung eines solchen Seminars dahier mehr als wünschenswerth ist, es für seine Pflicht erachtet, diese Angelegenheit im Curatorium zur Sprache zu bringen.
Das Curatorium erlaubt sich daher Ew. pp. ehrerbietigst zu bitten, hochgeneigtest dahin wirken zu wollen, daß
durch den Staatshaushalts-Etat pro 1876 die erforderlichen Mittel zur Errichtung eines Seminares für deutsche
Philologie an hiesiger Univ. geschaffen werden.

Das Univ. Curat.

4. Universität Greifswald

Nr. 390 Professor Wilmanns an den Minister Falk

Greifswald, den 19. Mai 1875

Gesuch des Prof. Wilmanns um die Errichtung eines Seminars für deutsche Philologie an der Universität Greifswald.

Ew. Excellenz
erlaubt sich der Unterzeichnete gehorsamst die Bitte vorzutragen, dass in Greifswald wie in Halle und Kiel ein Seminar für deutsche Philologie eingerichtet werde. Die Beilage enthält einen Entwurf zu den Statuten. In der Hoffnung, dass Ew. Excellenz die Einrichtung eines Seminars bestimmen werden, bitte ich um Genehmigung derselben. Sie schließen sich im allgemeinen dem Entwurf an, den Herr Prof. Zacher für die Hallische Universität ausgearbeitet hat. Die Zahl der Mitglieder ist nach Maßgabe der geringeren Frequenz hiesiger Universität niedriger angesetzt. Eine ausführliche Motivirung der einzelnen Punkte glaubte der Unterzeichnete nicht hinzufügen zu müssen, nur einige Bemerkungen über die Zweckmäßigkeit des ganzen Instituts mögen ihm gestattet sein.
Dass den Studierenden Gelegenheit und Anleitung zu selbständiger und fruchtbarer Arbeit auf dem Gebiete der deutschen Philologie gegeben werde, wird zwar jeder als eine nothwendige Aufgabe des Universitätsunterrichts anerkennen. Denn nur auf diesem Wege lässt [sich] hoffen, dass allmählich dem Mangel an tüchtigen, eifrigen und einsichtigen Lehrern für den deutschen Unterricht an den höhern Lehranstalten abgeholfen, und einem Unterrichtsgegenstand, der trotz der geringen Stundenzahl, die seiner Pflege verstattet werden kann, in dem Organismus unserer Schulen eine hervorragende Stellung einnimmt, eine gedeihliche Entwickelung und Ausbildung gesichert wird. Fraglich könnte nur sein, ob es, um dieses Ziel zu erreichen, nothwendig ist, dass deutsche Seminare eingerichet, mit einer eigenen Bibliothek und einem Praemienfond zur Unterstützung oder Belohnung ihrer Mitglieder ausgestattet werden.
Die Zweckmäßigkeit einer besonderen Seminarbibliothek dürfte nicht ernst Jemand bestreiten. Sie ist wünschenswerth einmal darum, dass die Studenten wissenschaftliche Werke, deren sie bei ihren Arbeiten nicht entrathen können, welche anzuschaffen viele von ihnen nicht in der Lage sind (z. B. Grimms Grammatik, das Mhd. Wörterbuch u.a.) jeder Zeit zu ihrer Benutzung bereit haben. Derartige Bücher sind zwar auch auf der hiesigen Universitäts-Bibliothek vorhanden, da diese aber nicht allein von den Studirenden benutzt wird, so kommt es vor, dass nothwendige Hilfsmittel anderweitig in Anspruch genommen sind, und die Studenten in ihren Studien oft auf Wochen unterbrochen werden. Sodann aber ist es auch wünschenswerth, dass eine Reihe von Büchern, damit sie unmittelbar in den Übungen gebraucht werden können (z. B. Müllenhoff Scherer Denkmäler) in einer größeren Anzahl von Exemplaren vorhanden sind, deren Beschaffung die Universitäts-Bibliothek, ohne andere Interessen zu vernachlässigen, nicht übernehmen kann.
Die Nothwendigkeit von Stipendien für die Mitglieder des Seminars könnte eher bestritten werden; doch dürfte sowohl die Erfahrung, als auch die Erwägung der obwaltenden Umstände ihre große Nützlichkeit darthun. Um die Nothwendigkeit eines Stipendienfonds für das deutsche Seminar zu erweisen, könnte man sich darauf berufen, dass bereits für andere Lehrfächer Seminare mit solchen Fonds existiren. Da sich nun nicht behaupten lässt, dass das Studium der deutschen Philologie an und für sich größere Anziehungskraft hat als das der klassischen Philologie oder der Geschichte, und dass es augenblicklich im Interesse des Staates liege, mehr Kräfte für das Studium dieser Disciplinen als für das der deutschen Philologie zu gewinnen, so würde billige Rücksicht erheischen, dass man auch das deutsche Seminar mit Stipendien ausstatte. Aber obschon diese Berufung auf die billige Gleichheit nicht ganz unbegründet sein dürfte, so scheint es doch angemessen, die Zweckmäßigkeit einer Dotirung des deutschen Seminars auf andere Weise darzuthun;

denn die Gleichheit ließe sich auch dadurch erreichen, dass man allen Seminarien ihre Praemienfonds entzöge; um diesen Preis aber wäre die Gleichheit wohl schlimmer als die Ungleichheit. [...]

Nr. 391 Das Kuratorium an den Minister Falk

Greifswald, d. 24. Mai 1875

Betrifft einen auf die Gründung eines Seminars für deutsche Philologie gerichteten Antrag des Prof. Dr. Wilmanns.

Ew. p. beehren wir uns in der Anlage einen Bericht des o. Prof Dr. Wilmanns ganz geh. zu überreichen, in welchem derselbe die Gründung eines Seminars für deutsche Philologie an der Königl. Univ. hiers. beantragt u. mit welchem er zugleich einen Entwurf zu den Statuten für ein solches Seminar überreicht.
Daß die Gründung eines derartigen Seminars vorzugsweise geeignet ist, das Studium der deutschen Philologie unter den Studirenden zu fördern kann nach unserer Ueberzeugung nicht in Zweifel gezogen werden, u. kann eine weitere Motivirung des Antrags auf Errichtung des Seminars und eine Befürwortung dieses Antrags von unserer Seite nicht bedürfen.
Nach der Ausführung des Dr. Wilmanns wird die Errichtung des Seminar's einen Lastenaufwand von jährlich
810 M. erfordern [...]

Ew. p. bitten wir deshalb geh.
Hochgeneigtest die Errichtung eines Seminar für Deutsche Philologie an der K. Unv. hies. zu genehmigen, dasselbe mit einem Fonds von 810 M. jährlich zu dotiren u. den von dem Prof Dr. Wilmanns vorgelegten Entwurf zu den Statuten eines solchen Seminars mit der Maßgabe zu bestätigen daß die in § 10 des Ent-wurfes enthaltene Bestimmung, nach welcher der zu Prämien für die ordentlichen Mitglieder ausgesetzte Fonds so weit derselbe in einem Semester nicht zur Verwendung gelangt ausnahmsweise zu kleinen Prä-mien für die außerordentlichen Mitglieder verwendet werden dürfe, fort fällt, u. nur gestattet bleibt über einen derartigen Ueberschuß zur Ergänzung der Seminar Bibliothek zu verfügen.

Nr. 392 Der Minister Falk an den Finanzminister Camphausen: Antrag auf Erhöhung der Seminar-Dotation

Berlin, den 7. Juni 1875

Der ordentliche Professor der deutschen Sprachwissenschaft an der Universität zu Greifswald, Dr. *Willmanns* hat an mich in dem nebst seiner Anlage s.v.r. ergebenst beigefügten Promemoria vom 19. v. M. das Ersuchen gerichtet, die Gründung eines Seminars für deutsche Philologie an der dortigen Universität durch den Staatshaushaltsetat pro 1876 herbeizuführen. Ich darf mich der Hoffnung hingeben, daß Ew. pp. mir Hochihre desfallsige Zustimmung nicht versagen werden, nachdem zwei solche Seminare bereits durch den laufenden Staatshaushaltsetat geschaffen sind und Ew. pp. durch Ihre Mitwirkung dabei Ihre Anerkennung der Nothwendigkeit solcher Einrichtungen für den germanistischen Unterricht bezeugt haben.
Was die Mittel betrifft, welche dem Seminar zu Gebote gestellt werden möchten, so übersteigt der Antrag des p. *Wilmanns* wesentlich den Betrag, welcher nach dem Wunsche Ew. pp. den Seminaren in *Halle* und *Kiel* bewil-ligt worden ist und auf welchen ich mich in Rücksicht auf diesen Vorgang auch in meinem Schreiben vom 24. v. M., betreffend die Gründung eines germanistischen Seminars in *Marburg* (U.1 1894) geglaubt habe, beschränken zu sollen. [...]

Ew. pp. erlaube ich mir hiernach ganz ergebenst um Hochihre geneigte Zustimmung zur Ausbringung einer auf 750 M. bemessenen Dotation für ein germanistisches Seminar an der Universität in *Greifswald* durch den Staatshaushaltsetat pro 76 zu ersuchen. Ich würde daran aber auch die weitere Bitte knüpfen, eine entsprechende Erhöhung der in meinem ganz ergebensten Schreiben vom 24. v. M. (U.I. 1894) erbetenen Seminardotation für *Marburg* genehmigen zu wollen, damit wenigstens in Betreff der im Etat pro 1876 zu begründenden Institute keine Ungleichheit hervortrete. Den Directoren der 1875 hergestellten Seminare glaube ich es überlassen zu sollen, daß sie selbst mit Anträgen auf Erhöhung sich an mich wenden.

Der Minister p.p.
gez. Falk.

Nr. 394 Das Ministerium an das Kuratorium: Einrichtung des Seminars

Berlin, den 24. Juni 1876

In Verfolg des Berichts vom 26.v.M. (No. 263) will ich nunmehr bestimmen, daß für das neue germanistische Seminar bei der dortigen Universität das für das gleiche Seminar bei der Universität *Kiel* unter dem 16. April v.J. erlassene und im Centralblatt für die Unterrichts-Verwaltung Jahrgang 1875 S. 393 abgedruckte Reglement mit der Maßgabe, daß an Stelle von Absatz 2 im §.5 die Vorschrift tritt:
„die Mitgliedschaft wird für die Dauer des Studiums an der Universität Greifswald erworben" im Uebrigen aber unverändert zur Anwendung kommt.
Indem ich ferner dem Professor Dr. *Willmanns* die Direction des fraglichen Seminars nunmehr übertrage, beauftrage ich das Königliche Universitäts-Curatorium das Weitere Behufs des Inslebentretens des Seminars, wenn es angänglich sein sollte noch im laufenden Semester, eventuell vom Beginn des nächsten Studienhalbjahrs ab zu veranlassen. [...]

Im Auftrage:

Greiff

5. Universität Bonn

Nr. 395 Professor Wilmanns an den Minister Falk

Bonn, den 21. Februar 1878

Eingabe des Prof. W. Wilmanns betreffend die Errichtung eines germanistischen Seminars an der Universität Bonn.

Ew. Excellenz bitte ich gehorsamst, in Bonn ein Seminar für deutsche Philologie errichten zu wollen.
Da Ew. Excellenz schon an mehreren Universitäten derartige Institute errichtet haben, so glaube ich die Zweckmäßigkeit derselben nicht weiter aus einander setzen zu sollen.
Was die Statuten betrifft, so bitte ich um die selben, welche Ew. Excellenz seiner Zeit für das germanistische Seminar in Greifswald festgesetzt haben, nur mit der Änderung, dass der größeren Frequenz hiesiger Universität entsprechend, die Zahl der ordentlichen Mitglieder auf neun normirt werde.
[...]

Endlich bitte ich, falls das Seminar eingerichtet wird, zur Begründung der Seminarbibliothek um die einmalige Bewilligung von 1000 M., wie Ew. Excellenz diese Summe auch bei der Begründung des Greifswalder Seminars zur Verfügung gestellt hatten.

Ew. Excellenz gehorsamster
Dr. W. Wilmanns
o.ö. Professors.

Nr. 396 Der Kurator Beseler an den Direktor des germanistischen Seminars Professor Wilmanns: Interimistische Regelungen

Bonn, den 22. Februar 1879

Ew. Hochwohlgeboren habe ich in Gemäßheit eines Erlasses des Herrn Unterrichts-Ministers vom 15. d. M. das
Folgende ergebenst mitzutheilen.
Seine Excellenz hat zur interimistischen Einrichtung eines germanistischen Seminars an hiesiger Universität zunächst für das Etatsjahr pro 1. April 1879–80 den Betrag von 1000 M zur Anlegung einer Seminar-Bibliothek und zu sonstigen sachlichen Ausgaben bewilligt, welche Summe zunächst vorschußweise aus dem Titel ‚Insgemein' des Universitäts-Etats zu bestreiten ist.
Indem ich Ew. Hochwohlgeboren die obige Summe für das nächste Etatsjahr zur Verfügung stelle, habe ich Ihnen zu eröffnen, daß der Herr Minister mit der provisorischen Einführung des für das Greifswalder germanistische Seminar bestehenden Reglements mit der Modification einverstanden ist, daß der Paragraph 2 also zu fassen ist:
‚Die Studirenden, welche an den Arbeiten des Seminars sich betheiligen wollen, haben bei dem Director unter Vorlegung der Matrikel und eines Zeugnisses der Reife von einem Gymnasium oder einer Realschule erster Ordnung um die Erlaubniß dafür nachzusuchen.'
Nachdem nämlich die Abiturienten der letztgedachten Schule zum Fachstudium der neueren Sprachen zugelassen sind, wird man, wie sehr man dies auch bedauern mag, dieselben nicht von der Theilnahme an den germanistischen Seminaren ausschließen können. [...]

Nr. 397 Der Kurator Gandtner an Professor Wilmanns: Genehmigung der dauernden Einrichtung

Bonn, den 12. April 1888

Ew. Hochwohlgeboren beehre ich mich die ergebene Mittheilung zu machen, daß der Herr Minister der geistlichen Unterrichts- und Medizinal-Angelegenheiten durch Erlaß vom 5. Januar d. Js. die dauernde Einrichtung des zunächst provisorisch errichteten germanistischen Seminars genehmigt hat. Indem ich voraussetzen darf, daß das bisher gültige Statut dadurch eine Aenderung nicht erfahren wird, wird es nur einer Festsetzung darüber bedürfen, ob die Direktionsgeschäfte von Ihnen und Herrn Professor Dr. *Franck* gemeinschaftlich oder von Jahr zu Jahr abwechselnd geführt werden sollen. Ich will hierüber einer gefälligen Aeußerung entgegen sehen.
Ferner mache ich darauf aufmerksam, daß am Ende jedes Halbjahres an den Herrn Minister ein Bericht über die Thätigkeit des Seminars zu erstatten ist. [...]

7. Universität Göttingen

Nr. 400 Die Germanistik-Studenten der Universität Göttingen an den Minister von Gossler

Göttingen, den 6. Dec. 1887

Bitte der Studierenden der deutschen Sprache zu Göttingen um Einrichtung eines Seminars.

Ew. Excellenz gestatten die Unterzeichneten sich nachstehende Bitte gehorsamst vorzutragen.
Seit langer Zeit vermissen die Studierenden der deutschen Sprache und Altertumskunde in Göttingen ein Seminar mit entsprechender Fachbibliothek, wodurch denselben Gelegenheit geboten sein würde, die einschlägige Literatur in ausgiebigerer Weise benutzen zu können, als solches mit Hülfe der Kgl. Universitätsbibliothek möglich ist.
Die Studierenden der alten wie der neueren Sprachen hieselbst geniessen seit längerer Zeit den Vorteil jener Einrichtungen. Auf den übrigen preussischen Universitäten sollen auch die Germanisten sich der bezüglichen Vorteile erfreuen.
Hiernach dürfte es wünschenswerth erscheinen, wenn möglichst bald Mittel zur Verfügung gestellt würden, durch welche die Universität in den Stand gesetzt wäre, gegenüber dem oben berichteten Mangel Abhülfe zu schaffen.
Wir unterlassen nicht hinzuzufügen, dass wir uns erlaubt haben, vorstehende Eingabe dem Kgl. Universitäts-Curatorium hieselbst mit der Bitte um Unterstützung zu überreichen.

[Es folgen 48 Unterschriften]

Nr. 401 Professor Heyne an den Kurator von Warnstedt

Göttingen, 15. Januar 1888

Die Petition hiesiger Studierender um Errichtung eines germanistischen Seminars betreffend.

Ew. Hochwolgeboren
haben in obberührter Angelegenheit die gutachtliche Äuszerung der hiesigen philosophischen Facultät erfordert. Die letztere hat eine solche ablehnen zu müssen geglaubt, aus dem formalen Grunde, weil die Studenten sich einer Ungehörigkeit schuldig gemacht hätten, insofern ihre Bitte nicht an des Herrn Ministers Excellenz und an Ew. Hochwolgeboren, sondern durch ihre Leiter zuerst an die Facultät zu richten gewesen wäre.
Diesem Standpunkte gegenüber halte ich es für meine Pflicht, Ew. Hochwolgeboren zu berichten, wie ich, zugleich im Namen meines Collegen Wilhelm Müller, in der betreffenden Facultätssitzung die Erklärung abgegeben habe, dasz wir das Begehren der Studenten für durchaus berechtigt und die Errichtung eines germanistischen Seminars an hiesiger Universität für wünschenswert, ja für geboten um so mehr erachten müssen, als Göttingen unseres Wissens die einzige preuszische Universität ist, wo eine solche Anstalt nicht besteht; während doch, wie Ew. Hochwolgeboren nicht entgangen ist, und wie schon die zahlreichen Unterschriften der Petition beweisen, die deutschphilologischen Studien hier gegenwärtig sehr intensiv betrieben werden. Die jungen Leute würden sicherlich durch die methodische Schulung in einem Seminar, als dessen Vorstufe wir unsere seit Langem gehaltenen Uebungen betrachten, in ihrer Ausbildung sehr gefördert werden, und die Zusammenfassung der Lehrkräfte für diesen Zweck würde weit kräftiger wirken können, als diesz gegenwärtig in ihrer Vereinzelung geschieht.
Dieser meiner Erklärung gegenüber hat die Facultät ihren formalen Standpunkt vorbetonen zu müssen geglaubt; einen Standpunkt, den ich nicht teilen kann. Denn die Berechtigung der Studen-

ten, welches doch alles selbständige, soldatischer Zucht nicht unterworfene Leute sind, mit Bitten direct an Ew. Hochwolgeboren, sowie an des Herrn Ministers Excellenz zu gelangen, dürfte nicht zu bezweifeln sein, und diesem Recht gegenüber erscheint wol die Aufwerfung einer Anstandsfrage müszig. Zudem ist die Facultät weder vorgesetzte, noch Aufsichtsbehörde der Studierenden, und die Errichtung eines Seminars ebensowenig Facultätssache; Seminare wie Institute haben nie der Competenz einer Facultät unterstanden.

Ew. Hochwolgeboren bitte ich im Interesse der Sache gehorsamst, an maszgebender Stelle die Einrichtung eines germanistischen Seminars befürworten zu wollen, für das, und hier darf ich im Sinne aller betreffenden Lehrer sprechen, wir unsere Kräfte sehr gern zur Verfügung stellen.

Mit ausgezeichneter Hochachtung
Ew. Hochwolgeboren
gehorsamster
M. Heyne.

Nr. 404 Professor Heyne an einen Fachreferenten im Ministerium: Einrichtung des Germanistischen Seminars

Göttingen 15. Novbr 1888

Hochgeehrter Herr Geheimrat

Bezüglich des hier einzurichtenden germanistischen Seminars und seine Nutzbarmachung für das Grimmsche Wörterbuch habe ich dem, was ich in meinem Schreiben an das hiesige Universitäts-Curatorium vom 15. Jan. und in dem Memoriale an Herrn Hirzel vom 21. März d. J. ausführte, wenig hinzuzufügen. Das letztere Memorial habe ich mir erlaubt Ihnen mit Schreiben vom 22. März abschriftlich zu überreichen. Ueber die Notwendigkeit der Errichtung eines germanistischen Seminars an hiesiger Universität scheint ein Zweifel an maßgebender Stelle nicht zu bestehen; in Bezug auf die Verbindung des Seminars mit dem Wörterbuche kann ich zu den schon gemachten weitere Vorschläge nicht beibringen. Ich habe die Ueberzeugung, daß unter meiner Leitung die Sache gehen und sich gut entwickeln wird.

Das Seminar selbst würde nach dem Muster der schon bestehenden für neuere Sprachen einzurichten sein, dessen Statuten mit den wenigen sich naturgemäß ergebenden Aenderungen auf das germanistische Seminar gewendet werden könnten. Die oberste Leitung des Instituts dürfte mir allein übertragen werden, das wäre schon für die Verbindung mit dem Wörterbuche notwendig: Herr Prof. W. Müller wird darin keine Zurücksetzung seiner selbst erblicken, da er sich thatsächlich zur Ruhe gesetzt hat und keine Vorlesungen mehr hält. Assistenten brauche ich nicht. An Räumlichkeiten bedarf das Seminar 3 bis 4 größere Zimmer, welche in einem der hiesigen der Universität gehörigen Gebäude leicht zu haben sein werden. Ein paar tausend Mark sind zur ersten Einrichtung und zur Anlegung einer Seminarbibliothek nöthig, zur Unterhaltung der letzteren würde eine Summe von 400 Mk jährlich genügen. Die räumliche Verbindung des germanistischen Seminars mit dem für neuere Sprachen würde sich vielleicht darum empfehlen, weil dann die germanistischen Seminaristen im Bedürfnißfalle leicht auch Bücher über Altenglisches benutzen könnten, die namentlich der deutsche Lexicograph öfters zu Rathe zu ziehen gezwungen ist. Einige Zimmer sollen in dem betreffenden Hause noch frei sein.

Ew. Hochwohlgeboren ergebenster
/gez:/ M. Heyne

Nr. 406 Professor Heyne an den Kurator von Meier: Vorschläge zur Errichtung eines Seminars für deutsche Philologie

Göttingen 11. December 1888

Ew. Hochwolgeboren
erlaube ich mir, auf das Schreiben vom 28. November d. J. in Betreff des neu zu gründenden Seminars für deutsche Philologie folgende Vorschläge zu unterbreiten.
1, Die Räumlichkeiten anlangend, so beziehe ich mich auf meine mündlichen Äuszerungen, indem ich nochmals hervorhebe, dasz bei der voraussichtlich nicht geringen Anzahl der zu schulenden Germanisten wol vier gröszere Zimmer nötig wären.
2, die Höhe eines einmaligen Gründungsfonds für die Bibliothek dürfte auf 6000 Mark bemessen werden. Ich habe in Bezug auf die für eine Seminarbibliothek notwendig anzuschaffenden Werke mit Prof. Roethe eingehend conferiert, und wir sind beide auf diese Summe gekommen, wobei wir erläuternd bemerken, dasz die deutsche Philologie das weite Gebiet von Island bis zu den Alpen und zeitlich vom 4. Jahrhundert bis auf jetzt beschlägt, und die zu beschaffenden Werke, namentlich was die unentbehrlichen Wörterbücher und die meisten Quellenwerke betrifft, hoch im Preise stehen. Das Inventar wäre mit weiteren 800 Mark zu beschaffen.
3, die fortlaufende Dotation für Bücher und Buchbinderlöhne dürfte jährlich 400 Mark, für Heizung, Beleuchtung und Reinigung 200 Mark betragen.
4, ich schlage vor, mich zum leitenden Director des Seminars, Herrn Prof. Roethe zum stellvertretenden Director zu emennen, und uns beide gemeinschaftlich mit der Ausarbeitung eines Statutenentwurfs zu betrauen. Die Tätigkeit am Seminar würden wir uns so teilen, dasz Herr Prof. Roethe die mehr elementaren, ich die Uebungen für Vorgeschrittene leite, wie wir das jetzt schon in unsern deutschen Gesellschaften, uns in die Hände arbeitend, tun.

Mit ausgezeichneter Hochachtung verharrend
Ew. Hochwolgeboren
ergebenster
M. Heyne.

Nr. 407 Der Kultusminister von Gossler an den Kurator von Meier: Genehmigung und Einrichtung eines Seminars für deutsche Philologie

Berlin, den 28. Februar 1889

Auf den gefälligen Bericht vom 13. Dezember v. Js./Nr 3154/ betreffend die Errichtung eines Seminars für Deutsche Philologie bei der dortigen Universität, erkläre ich mich damit ergebenst einverstanden, daß das Seminar mit dem Beginne des kommenden Sommer-Semesters ins Leben tritt, Daß demselben die erforderlichen Räumlichkeiten in dem oberen Stockwerke des in der äußersten Ostecke des Botanischen Gartens zwischen Wall und Oberer Karspüle belegenen Gebäudes überwiesen werden, dagegen ist meinerseits nichts zu erinnern, sofern Ew. Hochwohlgeboren es nicht für richtiger halten, was sie noch gefälligst in Erwägung ziehen wollen, das Institut des Professors Dr. Krause dorthin zu verlegen und dem Germanistischen Seminar von den dadurch frei werdenden Räumen des Instituts so viele zu überweisen wie für die Zwecke des Seminars erforderlich sind. Als erforderlich hierfür sind aber nicht, wie Professor *Heyne meint,* 3 bis 4 größere Zimmer anzusehen, indem vielmehr ein größerer Raum mit einem kleineren Nebenraume völlig genügt.
Der von dem p. Dr. *Heyne* beantragte Betrag von 6800 M. als einmaliger Gründungsfonds für Bibliothek und Inventar scheint mir das gegebene Maß bedeutend zu überschreiten. Die übermäßige Forderung hängt wohl damit zusammen, daß der p. Dr. *Heyne* das Seminar vorwiegend für

die Weiterführung des Grimm'schen Wörterbuches nutzbar zu machen beabsichtigt. In Rücksicht darauf theile ich Ew. Hochwohlgeboren Abschrift eine von mir bezüglich dieser Frage an den Herrn Reichskanzler unterm 22. November v. Js. gerichteten Schreibens zu Ihrer Information anbei vertraulich mit. Aus demselben wollen Ew. Hochwohlgeboren gefälligst ersehen, daß ich meine Zustimmung nicht dazu zu geben vermag, daß in dem Seminar, wie es der p. Dr. *Heyne* zu beabsichtigen scheint, vorwiegend lexikographische Studien betrieben werden, während ich gegen eine angemessene Mitberücksichtigung dieser Studien auch meinerseits nichts zu erinnern habe. Hiernach wird es der Anschaffung von vielen theuren Wörterbüchern etc. nicht bedürfen und daher ein erster Gründungsfonds für Bücher und Inventar von 1200 M. ausreichen. Die Ueberweisung dieses Betrages aus Centralfonds behalte ich mir bis zum Beginne des nächsten Etatsjahres vor.

Was die laufende Dotation für das Seminar betrifft, so wollen Ew. Hochwohlgeboren dem p. *Dr. Heyne* gefälligst bemerklich machen, daß dafür an den meisten preußischen Universitäten (: *Königsberg, Breslau, Kiel, Marburg,* und *Bonn:)* nur je 300 M. ausgeworfen sind und daß daher auch für *Göttingen* ein höherer Betrag nicht in Aussicht genommen werden kann. Ew. Hochwohlgeboren ersuche ich demgemäß ergebenst, für das Rechnungsjahr 1. April 1889/90 gefälligst diese Summe aus dem Titel ‚Insgemein' des dortigen Universitäts-Etats bereit zu stellen. Wegen dauernder Flüssigmachung einer Dotation bleibt weitere Verfügung vorbehalten.

Hinsichtlich der Direktion des Seminars sehe ich noch einer gefälligen Mittheilung darüber ergebenst entgegen, ob es unbedenklich ist, daß der Professor *Dr. W. Müller* gänzlich übergangen wird. Bejahenden Falls ist es meine Absicht, die Direktion nicht dem p. *Dr. Heyne* allein zu übertragen, sondern / entsprechend der Einrichtung in Bonn / den Professor Dr. *Roethe* zum Mitdirektor zu ernennen.

Daß von dem Erlasse des Seminar-Statuts einstweilen noch Abstand genommen wird, halte ich auch meinerseits für zweckmäßig. Ew. Hochwohlgeboren will ich deshalb überlassen, die Ihnen erforderlich erscheinenden provisorischen Anordnungen zu treffen. Der gefälligen Vorlage des Statuten-Entwurfs sehe ich nach Jahresfrist ergebenst entgegen.

Gossler

Nr. 408 M. Heyne und G. Roethe: Entwurf der Seminar-Statuten

Statuten des Königlichen Seminars für deutsche Philologie [1890?]

§ 1.
Das Kgl. Seminar für deutsche Philologie ist bestimmt zur gründlichen wissenschaftlichen Ausbildung derjenigen Studirenden, die der deutschen Sprache und Litteratur eindringendere und speziellere Studien zu widmen gedenken. Mitglieder des Seminars sollen demgemäß keine Anfänger werden, sondern nur solche Studirende, die an der hiesigen Universität oder anderswo bereits an Vorübungen Teil genommen oder sonst nachweislich über das Elementare hinausreichende Vorkenntnisse in der ältern und neuem deutschen Sprache und Litteratur sich erworben haben.

§ 2.
Den Bedürfnissen der Anfänger dient ein von den Directoren des Seminars geleitetes Proseminar, dessen Übungen öffentlich sind und in einem Hörsaal des Auditoriums gehalten werden. Es wird grundsätzlich erwartet, daß diejenigen Studirenden, die sich um Aufnahme in das Seminar bewerben, vorher sich an den Übungen des Proseminars beteiligt haben, insofern sie nicht von andern Universitäten kommen.

§ 3.
Die Übungen des Seminars werden in den Räumen desselben gehalten.

§ 4.
Bewerbungen um Aufnahme in das Seminar sind bis zu einem am Anfange jedes Semesters bekannt zu machenden Zeitpunct an den ältesten Director des Seminars einzureichen. Der Bewerber hat der Meldung eine Skizze seines bisherigen Studienganges beizufügen. Über die Aufnahme beschließen die Directoren gemeinsam. Die Aufgenommenen können beliebig lange im Seminar verbleiben, ohne sich neu bewerben zu müssen.

§ 5.
Die Zahl der Seminarmitglieder soll 20 nicht überschreiten. Jedem derselben wird eine verschließbare Schublade in den Arbeitstischen des Seminars angewiesen, und es stehen ihnen die Arbeitsräume und die in denselben aufgestellte Handbibliothek des Seminars zur Verfügung.

§ 6.
Jedes Mitglied des Seminars verpflichtet sich, an sämmtlichen Cursen desselben regelmäßig Teil zu nehmen. Wiederholte unentschuldigte Versäumnis kann zum Ausschluß aus dem Seminar führen. Entschuldigungen sind vorher an denjenigen Director zu richten, dessen Übungen zu versäumen der Seminarist sich etwa genötigt sieht.

§ 7.
Jedes Mitglied des Seminars hat in jedem Semester eine kleine, schriftliche Arbeit über ein gestelltes oder selbst gewähltes und von den Directoren gebilligtes Thema zu liefern, sowie nach Maßgabe der Mitgliederzahl und der Zeit sich an der Interpretation und den Referaten über die eingelaufenen Arbeiten zu beteiligen. Eine germanistische Staatsexamensarbeit kann für ein Semester als Ersatz der Seminararbeit angesehn werden.

§ 8.
Unter den ältern Seminarmitgliedem wird von den Directoren einer zum Senior, ein andrer zum Bibliothekar ernannt: doch können im Notfall beide Ämter in einer Hand liegen. Der Senior sorgt für regelmäßige Ablieferung der Arbeiten, bestellt die Referenten und unterstützt die Directoren sonst in den Seminargeschäften. Der Bibliothekar hilft ihnen in der Verwaltung und Beaufsichtigung der Bibliothek, sorgt für das Einbinden der Bücher und führt den Zettel- und Sachkatalog, während der Accessionskatalog von einem der Directoren geführt wird.

§ 9.
Die Bibliothek darf nur in den Räumen des Seminars benutzt und unter keinen Umständen ein Buch aus denselben entfernt werden. Beschädigungen der Bücher sind von dem Beschädiger zu ersetzen.

§ 10.
Stundenzahl, Zeit und Stoff der Seminarübungen bleibt der jedesmaligen gemeinsamen Verabredung der Directoren vorbehalten, ebenso die Verteilung der eingelieferten Seminararbeiten unter sie. Die Geschäfte des Seminars werden von ihnen gemeinsam geführt.

Antrag von Professor Sievers an den Curator auf „Errichtung eines deutsch-philologischen Seminars" an der „Grossherzoglichen und Herzoglich-Sächsischen Gesamtuniversität" Jena

Gesuch um Errichtung eines Deutschphilologischen Seminars an der Universität Jena

Von den deutschen Gymnasiallehrern wird seit geraumer Zeit eine ziemlich eingehende Kenntnis der deutschen Sprache und Literatur verlangt, wie die Anforderungen zeigen, welche in dieser Beziehung im Oberlehrerexamen gestellt werden. Um diesen nicht unbeträchtlichen Anforderungen zu genügen, soll ein Philologe nicht nur mehrere grössere Vorlesungen hören, sondern namentlich sich auch an Übungen aus dem genannten Gebiete, betheiligen. Auch an hiesiger Universität habe ich derartige Übungen seit nunmehr sieben Jahren veranstaltet und namentlich seit vier Semestern ein „Deutsches Seminar" eingerichtet, an welchem der Reihe nach 11, 9, 14 und wieder 9 Mitglieder theilgenommen haben. Im laufenden Semester zählt das Seminar 15 Mitglieder. Da die hiesige Bibliothek mit germanistischer Literatur nicht besonders versehen ist, so habe ich die Einrichtung getroffen, dass die theilnehmenden Studenten semesterlich einen Beitrag von 3 Mark zahlen, aus welchen Beträgen die nöthigen Hülfsbücher angeschafft werden.
Nachdem nun dieses Seminar zwei Jahre lang privatim gehandhabt worden ist, scheint mir die Zeit gekommen, dass dasselbe nunmehr eine offizielle Existenz erhalte. Die Mittel, die dazu erforderlich sein würden, würden sich auf 450 Mark jährlich belaufen. Davon wären 5 Stellen a 30 Mark und die Stelle des Seniors a 60 Mark per Semester zu dotieren, und 30 Mark jährlich für die Bibliothek des Seminars zu verwenden.
Durch diese 6 Stellen würde man fleissigen Studenten eine kleine Beihülfe und eine Aufmunterung im Studium gewähren und durch den Bibliotheksbeitrag würden denselben die jetzt ihnen auferlegte Beisteuer abgenommen werden, was beides umso wünschenswerther erscheinen muss als erfahrungsmässig die Philologen sich aus den ärmeren Klassen zu recrutieren pflegen.
Zum Schlusse erlaube ich mir, mich darauf zu beziehen, dass ich schon Excellenz Seebeck die Nützlichkeit einer solchen Einrichtung mündlich vorzutragen die Ehre gehabt habe und seine allgemeine Zustimmung zu diesem Plane gefunden hatte.

In tiefster Ehrerbietung verharrend

Jena, d. 16. Dez. 1878 Dr. E. Sievers
Professor der deutschen Philologie an der Universität Jena
Herrn Geh. Regierungsrat Frhr. von Türcke,
Curator der Universität
J e n a

Original: 3 halbseitig beschriebene Folioseiten, eigenhändig von E. Sievers. – UA. Akte Deutsches Seminar 1878/1922. Abteilung IX, Abschnitt II Nr. 9 Bl. 1 u. 2 (Germann 1954, 284, 287 und Beilage Nr. 12).

Antrag von Professor Lexer an den Senat der Universität München auf Einrichtung eines selbständigen Seminars für deutsche Philologie

„Der gehorsamst Unterzeichnete war vom Jahre 1873 bis zum Ende des vorigen Semesters Vorstand des Seminars für deutsche Philologie an der kgl. Universität Würzburg. Bei seiner Berufung an die hiesige Universität hat er als selbstverständlich erachtet, daß ihm mit der Übernahme der Seminarübungen auch die Eigenschaft eines Vorstandes des germanistischen, bis jetzt noch mit dem neuphilologischen verbundenen Seminars würde zuerkannt werden, was in dem amtlichen neuen Personalverzeichnisse nicht geschehen ist. Indem nun der gehorsamst Unterzeichnete um die förmliche Zuerkennung des Titels ‚Vorstand des Seminars für deutsche Philologie' und um

Aufnahme desselben ins Personalverzeichnis ersucht, knüpft er daran die weitere gehorsame Bitte, daß das germanistische Seminar vom neuphilologischen getrennt und als ‚Seminar für deutsche Philologie' der alleinigen Leitung des jeweiligen ordentlichen Professors der deutschen Philologie unterstellt werden möge. Sollten zu diesem Zwecke besondere Statuten erforderlich sein, so ist der gehorsamst Unterzeichnete bereit, einen Entwurf derselben vorzulegen."

(Bonk 1975, 49f; Müller 1980, 229)

Genehmigung des Antrags „am 26. Februar 1892 durch das königlich-bayerische Staatsministerium des Innern für Kirchen- und Schulangelegenheiten" [mit folgendem Wortlaut]

„Auf den Bericht vom 20. laufenden Monats wird genehmigt, daß das germanistische Seminar von dem Seminar für neuere Sprachen getrennt und mit der Bezeichnung ‚Seminar für deutsche Philologie' als selbständiges Seminar eingerichtet werde. Zugleich wird dem ordentlichen Professor Dr. Matthias v. Lexer die Funktion eines Vorstandes des Seminars für deutsche Philologie übertragen und diesem Seminar die bisher bei den germanistischen Übungen des außerordentlichen Professors Dr. Brenner benutzte Handbibliothek sowie die hierfür im Universitätsetat vorgesehene Realexigenz von 300 Mark überwiesen".

(Müller 1980, 230; Bonk 1995, 51)

Literatur

Arcamone 1978
Maria Giovanna Arcamone, Die Germanische Philologie im heutigen Italien, in: Richard Brinkmann et al. (Hrsg.), Germanistik international. Vorträge und Diskussionen auf dem internationalen Symposium „Germanistik im Ausland" vom 23. bis 25. Mai 1977 in Tübingen (Tübingen 1978) 47–63.

Beck 1998
Heinrich Beck, V. Germanische Altertumskunde, in: Reallexikon der Germanischen Altertumskunde, Bd. 11 (Berlin/New York [2]1998) 420–438.

Bonk 1995
Magdalena Bonk, Deutsche Philologie in München: Zur Geschichte des Faches und seiner Vertreter an der Ludwig-Maximilians-Universität vom Anfang des 19. Jahrhunderts bis zum Ende des Zweiten Weltkrieges. Ludovico Maximilianea: Forschungen, 16. Münchener Universitätsschriften: Universitätsarchiv (Berlin 1995).

vom Brocke 1999
Bernhard vom Brocke, Wege aus der Krise. Universitäts-Seminar, Akademie-Kommission oder Forschungsinstitut. Formen der Institutionalisierung in der Germanistik und Deutschen Literaturwissenschaft im Rahmen der Geistes- und Naturwissenschaften 1858–1896–1946–1996, in: Frank Fürbeth et al. (Hrsg.), Zur Geschichte und Problematik der Nationalphilologien in Europa. 150 Jahre Erste Germanistenversammlung in Frankfurt am Main (1846–1996), (Tübingen 1999) 359–378.

Burkhardt 1976
Ursula Burkhardt, Germanistik in Südwestdeutschland. Die Geschichte einer Wissenschaft des 19. Jahrhunderts an den Universitäten Tübingen, Heidelberg und Freiburg (Tübingen 1976).

Cherubim 1993
Dieter Cherubim, E. C. Reichard. Sprachwissenschaft und Sprachkritik im frühen 18. Jahrhundert, in: Klaus Dutz (Hrsg.), Sprachwissenschaft im 18. Jahrhundert. Fallstudien und Überblicke (Münster 1993) 23–46.

Cherubim 2001
Dieter Cherubim, Deutsche Philologie im 18. Jahrhundert: Sprachtheorie, Sprachkritik Sprachgeschichte. Am Beispiel der Universität Göttingen, in: Reinhard Lauer (Hrsg.), Philologie in Göttingen. Sprach- und Literaturwissenschaft an der Georgia Augusta im 18. und beginnenden 19. Jahrhundert (Göttingen 2001) 25–56.

DAAD Verzeichnis 1999
Deutscher Akademischer Austauschdienst, Germanistik an den Hochschulen in Deutschland. Verzeichnis der Hochschullehrerinnen und Hochschullehrer. Red. Werner Roggausch (München 1999).

Germann 1954
Dietrich Germann, Geschichte der Germanistik an der Friedrich-Schiller-Universität Jena. Diss. phil. (masch.) (Jena 1954).

Grimm 1884
Jacob Grimm, Über den Namen der Germanisten, in: Jacob Grimm, Kleinere Schriften 7: Recensionen und vermischte Aufsätze, 4 (Berlin 1884) 568–569.

Hoffmann von Fallersleben 1836
August Heinrich Hoffmann von Fallersleben, Die Deutsche Philologie im Grundriß (Breslau 1836).

Janota 1980
Johannes Janota (Hrsg.), Eine Wissenschaft etabliert sich: 1810–1870. Mit einer Einführung. Texte zur Wissenschaftsgeschichte der Germanistik, 3; Deutsche Texte, 53 (Tübingen 1980).

van der Kolk 1967
Helmich van der Kolk, Das Hildebrandlied. Eine forschungsgeschichtliche Darstellung (Amsterdam 1967).

Lemmer 1956
Manfred Lemmer, Julius Zacher und die Gründung des Seminars für deutsche Philologie an der Universität Halle, in: Wissenschaftliche Zeitschrift der Martin-Luther-Universität Halle-Wittenberg, Gesellschafts- und sprachwissenschaftliche Reihe, Jahrgang V, Heft 4, 1956, 613–622.

Lühr 1982
Rosemarie Lühr, Studien zur Sprache des Hildebrandliedes. Teil 1: Herkunft und Sprache. Teil 2: Kommentar. Regensburger Beiträge zur Sprach- und Literaturwissenschaft, Reihe B, Untersuchungen, 22 (Europäische Hochschulschriften, Reihe 1, Bd. 568) (Frankfurt/M. 1982).

Manger 1996
Klaus Manger, Grimmscher Geist – in Jena, in: Georg Machnik et al. (Hrsg.), Germanistik in Jena. Reden aus Anlaß des 70. Geburtstags von Heinz Mettke 10. Januar 1995. Jenaer Universitätsreden, 1 (Jena 1996) 9–13.

Meves 1985a
Uwe Meves, Zur Einrichtung der ersten Professur für Deutsche Sprache an der Berliner Universität (1810), in: Zeitschrift für deutsche Philologie 104, 1985, 161–184.

Meves 1985b
Uwe Meves, Barthold Georg Niebuhrs Vorschläge zur Begründung einer wissenschaftlichen Disziplin „Deutsche Philologie“ (1812–1816), in: Zeitschrift für deutsche Philologie 104, 1985, 321–356.

Meves 1986
Uwe Meves, Zur Rezeption der altdeutschen Literatur an den Gelehrtenschulen in Preußen am Ausgang des 18. Jahrhunderts, in: Peter Wapnewski (Hrsg.), Mittelalter-Rezeption. Ein Symposium (Stuttgart 1986) 473–498.

Meves 1987
Uwe Meves, Die Gründung germanistischer Seminare an den preußischen Universitäten (1875–1895), in: Deutsche Vierteljahresschrift für Literaturwissenschaft und Geistesgeschichte, 61. Jahrgang, Sonderheft, 1987, 69*-122*.

Meves 1989
Uwe Meves, Über den Namen der Germanisten. Oldenburger Universitätsreden, 30 (Oldenburg 1989).

Meves 1991a
Uwe Meves, Die Institutionalisierung der Germanistik als akademisches Fach an den Univer-

sitätsneugründungen in Preußen, in: Gert Schubring (Hrsg.), „Einsamkeit und Freiheit" neu besichtigt. Universitätsreformen und Disziplinenbildung in Preußen als Modell für Wissenschaftspolitik im Europa des 19. Jahrhunderts. Proceedings of the Symposium of the XVIIIth International Congress of History of Science at Hamburg-Munich, 1–9 August 1989 (Stuttgart 1991) 110–143.

Meves 1991b
Uwe Meves, „Wir armen Germanisten...". Das Fach *deutsche Sprache und Literatur* auf dem Weg zur Brotwissenschaft, in: Jürgen Fohrmann/Wilhelm Voßkamp (Hrsg.), Wissenschaft und Nation. Studien zur Entstehungsgeschichte der deutschen Literaturwissenschaft (München 1991) 165–193.

Meves 1994a
Uwe Meves, Zur Namensgebung ‚Germanist', in: Jürgen Fohrmann/Wilhelm Voßkamp (Hrsg.), Wissenschaftsgeschichte der Germanistik im 19. Jahrhundert (Stuttgart 1994) 25–47.

Meves 1994b
Uwe Meves, Zum Institutionalisierungsprozeß der Deutschen Philologie: Die Periode der Lehrstuhlerrichtung (von ca. 1810 bis zum Ende der 60er Jahre des 19. Jahrhunderts), in: Jürgen Fohrmann/Wilhelm Voßkamp (Hrsg.), Wissenschaftsgeschichte der Germanistik im 19. Jahrhundert (Stuttgart 1994) 115–203.

Meves 2001
Uwe Meves, Die Entstehung und frühe Entwicklung der Germanischen Philologie, in: Sylvain Auroux et al. (Hrsg.), Geschichte der Sprachwissenschaften, 2. Teilbd. (Berlin/New York 2001) 1286–1294.

Meves, im Druck
Uwe Meves (Hrsg.), Dokumentenband. Geschichte der Germanistik im 19. Jahrhundert [vorläufiger Titel] (voraussichtlich Berlin/New York 2004).

Müller 1974
Jörg Jochen Müller, Germanistik – eine Form bürgerlicher Opposition. Zur Bedeutungsgeschichte des Namens „Germanist", in: Jörg Jochen Müller (Hrsg.), Literaturwissenschaft und Sozialwissenschaften, 2. Germanistik und deutsche Nation 1806–1848. Zur Konstitution bürgerlichen Bewußtseins (Stuttgart 1974) 5–112.

Müller 1980
Rainer Albert Müller, Aspekte zur Geschichte der deutschen Philologie an der Universität Ingolstadt – Landshut – München (1799–1949), in: Laetitia Boehm/Johannes Spörl (Hrsg.), Die Ludwig-Maximilians-Universität in ihren Fakultäten, 2 (Berlin 1980) 185–255.

Paul 1891/^{2}1901
Hermann Paul, Grundriß der germanischen Philologie, 1 (Straßburg 1891/^{2}1901).

Rompeltien 1994
Bärbel Rompeltien, Germanistik als Wissenschaft. Zur Ausdifferenzierung und Integration einer Fachdisziplin (Opladen 1994).

Ruprecht/Stackmann 2000
Dorothea Ruprecht/Karl Stackmann (Hrsg.), Regesten zum Briefwechsel zwischen Gustav Roethe und Edward Schröder. Abhandlungen der Akademie der Wissenschaften in Göttingen: Philologisch-Historische Klasse, Folge 3, 237 (Göttingen 2000).

Schmidt 1985
Hartmut Schmidt, Aspekte der Institutionalisierung. Zur Durchsetzung der neuen Denkmuster, in: Werner Bahner/Werner Neumann (Hrsg.), Sprachwissenschaftliche Germanistik. Ihre Herausbildung und Begründung (Berlin 1985) 151–248.

Schröder 1937
Edward Schröder, Aus der Vorgeschichte und den Anfängen des Germanistischen Seminars, in: Das Germanische Seminar der Universität Berlin. Festschrift zu seinem 50jährigen Bestehen (Berlin/Leipzig 1937) 1–7.

Schröder 1996
Werner Schröder, Die „Neue Philologie" und das „Moderne Mittelalter", in: Georg Machnik et al. (Hrsg.), Germanistik in Jena. Reden aus Anlaß des 70. Geburtstags von Heinz Mettke 10. Januar 1995. Jenaer Universitätsreden, 1 (Jena 1996) 33–50.

von See 1997/^{3}2000
Klaus von See, Die Göttinger Sieben. Kritik einer Legende (Heidelberg 1997/^{3}2000).

Stackmann 1979
Karl Stackmann, Die Klassische Philologie und die Anfänge der Germanistik, in: Hellmut Flashar et al. (Hrsg.), Philologie und Hermeneutik im 19. Jahrhundert. Zur Geschichte und Methodologie der Geisteswissenschaften (Göttingen 1979) 240–259.

Stammler 1962
Wolfgang Stammler, Deutsche Philologie im Aufriß, 3 (Berlin ^{2}1962).

Stroh 1952
Fritz Stroh, Handbuch der germanischen Philologie (Berlin 1952, Neudruck 1985).

Weimar 1989
Klaus Weimar, Geschichte der deutschen Literaturwissenschaft bis zum Ende des 19. Jahrhunderts (München 1989).

Weimar 1997
Klaus Weimar, Germanistik, in: Reallexikon der deutschen Literaturwissenschaft, 1 (Berlin/ New York 1997) 706–710.

Weinhold 1854
Karl Weinhold, Deutsche Philologie, in: Deutsche Wochenschrift 1854, 239–247.

Weinhold 1888
Karl Weinhold, Julius Zacher. Beitrag zur Geschichte der deutschen Philologie, in: Zeitschrift für deutsche Philologie 20, 1888, 385–429.

Weinhold 1893
Karl Weinhold, Germanische Philologie, in: W. Lexis (Hrsg.), Die Deutschen Universitäten. Für die Universitätsausstellung in Chicago 1893, I (Berlin 1893) 475–481.

Wyss 1979
Ulrich Wyss, Die wilde Philologie. Jacob Grimm und der Historismus (München 1979).

Korrekturnachtrag:

Zu der Benennung der germanistischen Universitäts-Institute in Österreich vergleiche man jetzt auch: Helmut Birkhan, „Altgermanistik" und germanische Sprachwissenschaft, in: Karl Achem (Hrsg.), Geschichte der österreichischen Humanwissenschaften, Bd. 5: Sprache, Literatur und Kunst (Wien 2003) 115–192.

Nachwort

Das Jahr 2002 sah mehrere Jubiläen, die im Zusammenhang mit der Tagung *Zur Geschichte der Gleichung „germanisch-deutsch". (Sprache und Namen, Geschichte und Institutionen)* im Dezember 2000 erwähnt werden sollten; denn damit wird die Aktualität der Themenstellung bescheinigt.

Das *Germanische Nationalmuseum* in Nürnberg feierte sein 150jähriges Jubiläum mit einer Sonderausstellung, zu der ein instruktives Begleitheft erschien:

Irmtraud Freifrau von Andrian-Werburg, Das Germanische Nationalmuseum. Gründung und Frühzeit. Begleitheft zur Ausstellung im Germanischen Nationalmuseum (Nürnberg 2002).

Das 150jährige Bestehen des *Römisch-Germanische Zentralmuseums* wurde 2002 in Mainz gefeiert, das 100jährige Jubiläum der *Römisch-Germanischen Kommission* in Frankfurt jüngst in einem Sonderband der *Berichte* gewürdigt:

100 Jahre Römisch-Germanische Kommission. Bericht der Römisch-Germanischen Kommission 82, 2001 (Mainz 2002).

Weiterhin wurden das Museum und der Park Kalkriese auf dem Areal des nun anscheinend sicher nachgewiesenen Schlachtfeldes des Jahres 9 n. Chr. eingeweiht. Anläßlich der Eröffnung erschien im Rahmen der Zeitschrift *Varus-Kurier* ein Sonderheft mit mehreren Artikeln:

Sonderausgabe: Varusschlacht im Osnabrücker Land – Museum und Park Kalkriese. Varus-Kurier 8. Jg., Heft 1, April 2002.

Auch eine Rezension zur Freiburger Tagung „germanisch-deutsch" ist inzwischen erschienen:

Hubert Fehr, Zur Geschichte der Gleichung „germanisch-deutsch" (Sprache und Namen, Geschichte und Institutionen). Bericht über die Internationale Tagung des Sonderforschungsbereichs 541 sowie der Akademie der Wissenschaften in Göttingen vom 1. bis 3. Dezember 2000 in Freiburg, in: Archäologisches Nachrichtenblatt 6, Heft 3, 2001, 303–308.

Freiburg im Breisgau, Frühjahr 2003

Heiko Steuer

Register

SUOMI
ENGLANTI
SUOMI

Finnish English Finnish Dictionary

SUOMI ENGLANTI SUOMI

Finnish English Finnish Dictionary

Ilkka Rekiaro, Douglas Robinson
Gummeruksen suomi englanti suomi sanakirja

Gummerus Jyväskylä Helsinki

ÄÄNTÄMISOHJEISTA

Amerikanenglantia puhutaan eri tavalla eri puolilla Yhdysvaltoja. Neljästä päämurrealueesta – Uusi-Englanti, keskilänsi, etelä ja länsi – vain länsi, siis Kalliovuorten länsipuolinen alue – on ns. yleisen amerikanenglannin aluetta. Tässä kuten kaikissa vastaavissa amerikanenglannin sanakirjoissa ääntämisohjeet on annettu nimenomaan lännen puhetavan mukaan.

Ääntämisohjeissa on pysytty mahdollisimman lähellä amerikanenglannin tavallista puhetta. Brittienglannin ääntämisohjeisiin tottunut voi ensi näkemältä yllättyä ohjeista: *talk* lausutaan /tak/, *laboratory* /ˈlæbrəˌtɔri/ ja niin edelleen. Yhdysvalloissa käytetään myös švaa-äännettä /ə/ runsaammin kuin Isossa-Britanniassa. Esimerkiksi sanassa *associated* lopputavu *-ed* merkitään brittienglannin ääntämisohjeissa usein /ɪd/, amerikanenglannin ohjeissa taas /əd/. Amerikkalainen ääntämisohje on tässä tapauksessa hyödyllinen suomalaiselle lukijalle, joka kuulee usein lyhyessä /ɪ/-äänteessä pitkän suomalaisen i:n ja lausuu sanan *associated* /œˈsoussiˌeɪttid/.

Muutamiin kompromisseihin on kuitenkin päädytty. Amerikkalainen lausuu esimerkiksi sanan *train* /tʃreɪn/ ja sanan *drain* /dʒreɪn/, joskin luulee kirjoitusasun vuoksi sanovansa /treɪn/ ja /dreɪn/. Koska tällaiset todellisuutta kuvastavat ääntämisohjeet ovat kuitenkin amerikanenglannin sanakirjoissa harvinaisia ja sen vuoksi pistävät tavallisen käyttäjän silmään, on päätetty jättää mainituissa asemissa esiintyvät suhuäänteet ääntämisohjeista pois. Samoin vokaalien välissä esiintyvä /t/ muuttuu amerikanenglannissa usein /d/:ksi – itse asiassa aina paitsi painollisen tavun alussa. Edelleenkin tuntuu kuitenkin sovinnaisemmalta kirjoittaa esimerkiksi sana *atom* /ætəm/ kuin amerikkalaisittain oikein eli /ædəm/.

Amerikanenglannin ääntämisohjeet on laadittu tuttuja International Phonetic Associationin symboleja käyttäen ja muutamia poikkeuksia lukuun ottamatta *Oxford Student's Dictionary of American Englishin* mukaan. Esimerkiksi sanojen *learn* ja *urge* vokaali merkitään joissakin sanakirjoissa /ɜ/ – /lɜrn/ ja /ɜrdʒ/. Oxfordin käytännettä seuraten tässä sanakirjassa äänne merkitään /ə/ – /lərn/ ja /ərdʒ/. Samoin joissakin amerikanenglannin sanakirjoissa kirjoitetaan tumma taka-l ilman /ə/-äännettä esimerkiksi sanassa *sail* /seɪl/. Tässä kirjassa pysytään Oxfordin tavoin lähempänä amerikanenglannin todellista ääntämistä /seɪəl/, mikä on samalla myös muistuttamassa kirjan suomalaista käyttäjää siitä, että amerikanenglannin ääntämistapa poikkeaa suomalaisesta.

Toisaalta Oxfordissa on korvattu /ʌ/-äänne /ə/-äänteellä, vaikka kyseessä on Yhdysvalloissakin selvä ja merkitsevä ääntämisero. Tässä sanakirjassa on seurattu tuttua IPA:n perinnettä. /ɔ/-äännettä voidaan pitää lähinnä brittienglannin ominaisuutena (sitä käytetään Yhdysvalloissa ainoastaan Uudessa-Englannissa). Tässä kirjassa se esiintyy ainoastaan äänteen /r/ edellä. Esimerkiksi *horse* on siten merkitty Oxfordin tapaan /hɔrs/, Oxfordin *talk* /tɔk/ sen sijaan /tak/.

Lähes kaikki erot tämän sanakirjan ja Oxfordin ääntämisohjeiden välillä liittyvät vokaaleihin. Yleensäkin vokaaleissa brittienglannin ja amerikanenglannin erot ovat selvimmät. Tämän kirjan foneettisen tarkekirjoituksen ainoa järjestelmällinen konsonanttiero Oxfordin merkintätapaan on /j/-äänne, joka on Oxfordissa ja eräissä muissa amerikanenglannin ääntämisen esityksissä merkitty /y/.

Seuraavassa on lueteltu vain yleisimpiä brittienglannin ja amerikanenglannin ääntämiseroja. Brittienglannilla tarkoitetaan tässä RP (Received Pronunciation) -varianttia.

1 /ɑ/ – /æ/

	UK	US
after	/ɑftə/	/æftər/

2 Vokaalin jälkeinen **r** ääntyy amerikanenglannissa. Brittienglannissa vokaalin jälkeinen **r** ääntyy ainoastaan, jos seuraava sana alkaa vokaalilla.

	UK	US
car	/kɑ/	/kar/

the car is over there /kɑrɪz/

3 Vokaalien välinen **t/tt** äännetään amerikanenglannissa kuten **d**, ei tosin painollisen tavun alussa. Ero on systemaattinen, eikä sitä ole merkitty tämän kirjan ääntämisohjeisiin.

	UK	US
metal	/metəl/	/medəl/
medal	/medəl/	/medəl/
atom	/ætəm/	/ædəm/
Adam	/ædəm/	/ædəm/

4 /ju/ – /u/ painollisessa tavussa:

	UK	US
news	/njuz/	/nuz/
tune	/tjun/	/tun/
Tuesday	/tjuzdɪ/	/'tuzˌdeɪ, tuzdɪ/

5 Amerikanenglanissa **o** äännetään /a/ ja brittienglannissa /ɑ/.

	UK	US
dollar	/dɑlə/	/dalər/
pot	/pɑt/	/pat/

6 Amerikanenglannissa on sivupaino eräissä nelitavuisissa ja sitä pitemmissä sanoissa, joista se puuttuu brittienglannissa.

	UK	US
secretary	/'sekrətrɪ/	/'sekrəˌterɪ/
laboratory	/lə'borɪtrɪ/	/'læbrəˌtɔrɪ/

7 Lisäksi muun muassa seuraavien sanojen ääntämys eroaa:

	UK	US
ate	/et/	/eɪt/
address (substantiivi)	/ə'dres/	/'ædres, ə'dres/
tomato	/tə'mɑtəʊ/	/tə'meɪdoʊ/*
potato	/pə'tɑtəʊ/	/pə'teɪdoʊ/*
futile	/fjutaɪl/	/fjudəl/*

*/t/ – /d/: ks kohdan 3 huomautus

FONEETTISET MERKIT

/p/	pea
/b/	bee
/t/	tie
/d/	die
/k/	kangaroo, car
/g/	gun
/m/	mad
/n/	no
/ŋ/	sing
/θ/	thin
/ð/	then
/f/	fine
/v/	very
/s/	sun
/z/	zoo, rose
/ʃ/	she
/ʒ/	measure, usual, vision
/tʃ/	cheap, much
/dʒ/	justice, hedge
/l/	long
/r/	river
/w/	west
/j/	yes

/i/	beat
/ɪ/	bit
/e/	bet
/æ/	bat
/u/	boot
/ʊ/	put
/a/	cot, father, caught
/ʌ/	but
/ə/	girl, word
/ɪə/	fear, here
/eə/	fair, there
/ʊə/	cure, pool
/eɪ/	day
/aɪ/	die
/aʊ/	house
/oʊ/	go
/oɪ/	boy
/ɔr/	horse
/ˈ/	pääpaino (jos ei merkitty, se on ensimmäisellä tavulla)
/ˌ/	sivupaino

OIKEINKIRJOITUSEROJA

Amerikanenglannin ja brittienglannin (merkitty tässä kirjassa UK) välillä on muun muassa seuraavat oikeinkirjoituserot.

1 -our/-or abstrakteissa sanoissa. Tekijännimissä **-or** on käytössä sekä amerikan- että brittienglannissa (esim *author, sailor, warrior*).

UK	US
colour	color
harbour	harbor
humour	humor
rumour	rumor

2 -re/-er. Tekijännimissä **-er** on kuitenkin käytössä sekä amerikan- että brittienglannissa (esim *dancer, leader, member*).

UK	US
centre	center
litre	liter
kilometre	kilometer
theatre	theater

3 Loppukonsonantin kahdentuminen päätteiden **-ing, -or, -er** ja **-ed** edellä sekä eräissä muissa sanoissa.

UK	US
travelling	traveling
councillor	councilor
jeweller	jeweler
cancelled	canceled
marvellous	marvelous

4 -ence/-ense, joskaan ero ei ole järjestelmällinen.

UK	US
defence	defense
offence	offense
pretence	pretense

5 -ogue/-og

UK	US
dialogue	dialog
catalogue	catalog
travelogue	travelog

6 -ae- ☛ e, -oe- ☛ e

UK	US
anaemia	anemia
amoeba	ameba
anaesthesia	anesthesia
encyclopaedia	encyclopedia

7 muita eroja

UK	US
aluminium	aluminum
analyse	analyze
cheque	check
draught	draft
grey	gray
mould	mold
moustache	mustache
plough	plow
programme	program
sulphur	sulfur
tyre	tire

aerosoli (sumute) aerosol, (säiliö) aerosol bottle/can)
afaatikko (adj) aphasic, (s) aphasic, aphasiac *Hän on afaatikko* he is aphasic, he is an aphasic/aphasiac
afaattinen aphasic
afasia aphasia
affekti (psyk) affect, emotion, feeling
affektiivinen affective
affiksi affix
affrikaatta affricative (consonant)
afgaani 1 Afghan **2** (kieli) Afghan, Pashto
Afganistan Afghanistan
afganistanilainen Afghan, Afghani
aforismi aphorism
aforistikko aphorist, epigrammatist
aforistinen aphoristic, epigrammatic
afrikaans Afrikaans
afrikandi Afrikander
afrikanistiikka African studies
afrikannorsu African elephant
afro Afro
afroamerikkalainen African-American, black
after ski aprés-ski *Jordacen kaunis after ski -asu* a beautiful aprés-ski outfit by Jordache
afääri affair, (business) deal
agaave agave
agape agape
agentti 1 (pol) agent, spy **2** (kiel) agent **3** (tal) agent, representative, dealer
agentuuri agency
aggressiivinen aggressive
aggressiivisuus aggression, aggressiveness
aggressio aggression
agitaatio agitation
agitaattori agitator, (kielteisessä mielessä) rabble-rouser, fomentor, instigator, (myönteisessä mielessä) activist, organizer
agitatorinen agitatorial
agitoida agitate, foment, instigate
agitointi instigation, activism
agnostikko agnostic
agnostinen agnostic
agnostisismi agnosticism
agoraphobia agoraphobia
agraari- agrarian, rural
agraariyhteiskunta agrarian society
agrologi agrologist
agrologia agrology
agronomi county agent, agricultural agent
agronomia agronomics
ah ah, oh
ahaa aha
ahaa-elämys sudden understanding/ recognition
ahava 1 (tuuli) March wind
2 (rohtuma) dry/chapped skin
3 *kasvojen ahava* weather-beaten skin
ahavoittaa chap, dry
ahavoitua chap, get chapped, dry
ahdas narrow, tight, cramped, crowded
ahdaskatseinen narrow-minded, closed-minded, strait-laced, straight-laced
ahdasmielinen narrow-minded, closed-minded
ahdata (lasti) stow, load; (laiva) stevedore
ahdin supercharger
ahdinko 1 distress, trouble, hard times **2** (kärsimys) suffering, tribulation **3** (koettelemus) ordeal, trial **4** (vastoinkäyminen) adversity, disaster
ahdistaa 1 (kiusata) harass, pester, badger **2** (ärsyttää) irritate, vex, annoy **3** (ajaa takaa) chase, pursue **4** (painostaa) (op)press, push, pressure **5** (vaivata mieltä) worry, distress, bother **6** (herjata) bait, heckle, hector **7** (tehdä ahtaaksi) constrict, strangle, (kenkä) pinch *minua ahdistaa* I'm afraid, I'm nervous, I feel anxious *henkeäni ahdistaa* I can't breathe, I can't get my breath, I feel like I'm strangling, my throat is constricted
ahdistella 1 (kiusata) harass, pester, bother, annoy **2** (lähennellä) accost, make advances to, (ark) come on to; (kosketella) molest, assault
ahdistua get nervous/anxious about something, start feeling disturbed/ uneasy, give in to your fears, give your anxieties full rein

ahdistuneisuus anxiety, (the state of) feeling anxious, apprehension, agitation
ahdistunut 1 (tilapäisesti) upset, distressed, agitated **2** (jatkuvasti) anxious, anxiety-ridden
ahdistus 1 (pelko) anxiety, dread, angst **2** (huolestuneisuus) worry, apprehension, concern **3** (likistys) constriction, tightness
aherrus work, labor, effort; (ark) sweat, elbow grease *arkinen aherrus* the daily grind
ahertaa work hard, apply yourself (to a task), hustle
ahjo 1 (tulisija) forge, furnace **2** (tyyssija) seat, hub, core, center *opinahjo* place of learning *Wittenberg, uskonpuhdistuksen ahjo* Wittenberg, home of the Reformation
ahkera busy, hard-working, industrious *ahkerassa käytössä* in heavy use
ahkeraliisa busy Lizzie, impatiens
ahkeroida work hard, bustle about (doing something)
ahkeruus hard work, industry
ahkio Sami sledge, pulka
ahma wolverine
ahmaista wold/scarf down, gobble up
ahmatti glutton, pig, hog
ahmia gulp, gobble, stuff yourself with, hog
ahmia silmillään devour someone with your eyes, feast your eyes on
ahnas ravenous, voracious, greedy, hungry; (kuv) eager, avid, keen, raring, hungering
ahne 1 greedy, grasping **2** (kuv) eager, avid, keen
ahneesti greedily, eagerly, avidly, keenly
ahnehtia hoard, hog, snatch up, gobble up
ahneus greed, avarice, eagerness (ks ahne)
aho meadow, clearing
ahomansikka wild strawberry
ahrain fish spear/gig
ahtaa 1 stuff, fill, pack full, cram *ahtaa tietoja päähänsä* cram your head with facts, (tenttiin) cram for a test *ahtaa mahansa täyteen* stuff/gorge yourself *ahtaa sali täyteen väkeä* pack 'em, fill the house **2** *ahtaa purjeet tuuleen* close-haul
ahtaaja stevedore
ahtauma constriction, stricture
ahtaus 1 (kapeus) narrowness, (puvun) tightness, tight fit **2** (tilan) crowdedness, crowding, lack of space/room, (väkijoukon) press, crush, congetion **3** (laivan tms) loading, stowage, stevedoring
ahtaustyö loading, stowage, stevedoring
ahtauttaa 1 (paikkaa tms) narrow, tighten, crowd **2** (laivaa tms) have the ship loaded/stevedored, have the cargo stowed
ahtautua pack/crowd into
ahteri 1 (laivan) stern) **2** (ihmisen, leik) stern, hindquarters, rear end
ahti (usk) day in Easter week
ahtojää pack ice
ahven perch
Ahvenanmaa Åland Islands
ai oh, ow, ouch *aijaijai!* oh no!
AI Amnesty International, (ark) Amnesty
aidata 1 (rakentaa aita) fence (in), build a fence around, enclose with a fence **2** (tehdä aitaus) corral, hedge, pen
aids AIDS (acquired immune deficiency syndrome)
aie plan(s), intention(s), purpose
aiemmin before, earlier, previously
aiempi previous, earlier
aientaa move something up, bring something forward
aihe 1 (keskustelun tms) topic, subject matter *ajattelun aihetta* food for thought *poiketa aiheesta* digress, get off the subject, stray from the point *pysyä aiheessa* stick to the point **2** (taideteoksen) motif, theme **3** (seurauksen) motive, reason, cause, ground(s) *antaa aihetta* warrant, give (someone)

cause/grounds (to do something) *täysin aiheetta* utterly/totally/wholly without cause, for no reason at all **4** (kasvin) germ, embryo

aiheellinen justified, well-founded, well-grounded

aihetodiste circumstantial evidence

aiheeton unjustified, unfounded, groundless, false

aihekokonaisuus thematic whole, (thematically organized) group of ideas

aihepiiri subject matter, topic, theme

aiheuttaa 1 (saada aikaan) cause, bring about, bring to pass **2** (johtaa johonkin) lead to, result in **3** (tuottaa) produce, make, create **4** (herättää) give rise to, inspire, induce, call forth **5** (nostattaa) arouse, awaken, stir up

aiheuttaja prime mover, instigator, originator; (eloton) cause, source, factor

aiheutua 1 (johtua jostakin) be caused by, be brought about by, lead/follow/result from, be due to **2** (saada alkunsa jostakin) grow/arise/flow out of, originate in/from, derive from **3** (koitua) accrue (to *jollekulle*, from *jostakin)*

aihio preform, (avaimen) blank

aika *s* **1** time *koko ajan* all the time, constantly *siihen aikaan* back then *Se oli siihen aikaan!* That was then (this is now) *vanhaan hyvää aikaan* in the good old days *sopimattomaan aikaan* at a bad time *oikeaan aikaan* at the right time *oikeassa paikassa oikeaan aikaan* at the right place at the right time *mihin aikaan?* what time? *mihin aikaan vain* any time *paikallista aikaa* local time *sikäläistä aikaa* (teikä-) your time, (heikä-) their time *vähään aikaan* for a (little) while *yhteen aikaan* at one time *aivan viime aikoihin asti* until very/just recently *ennen aikojaan* too soon/early *kaikki ajallaan* all in good time *pysyä ajassa* (kello) keep good time *siirtyä ajasta ikuisuuteen* enter eternal life **2** (aikakausi) age, period, epoch *vanha aika* the ancient era, (antiikki) antiquity, (ark) the olden days *uusi aika* the modern era, modernity *ajat olivat silloin toiset* things/times were different (back) then, those were different times *kaikkien aikojen* all-time, world-class, world's greatest *kautta aikojen* through the ages/centuries *aikojen kuluessa* with/in time, with the passage of time, in the course of time *ajastaan edellä* ahead of his/her time *ajastaan jäljessä* behind the times *iät ja ajat* forever, for ages *Odotimme siellä iät ja ajat* We waited in there forever *ikuisiksi ajoiksi* forever (and ever) *pitkiksi ajoiksi* for a long, long time *ammoisista ajoista* from time immemorial
adj quite *Aika poika!* That's quite some boy! He's quite a boy!
adv quite, pretty, rather, fairly *Eikö se ole aika uskaliasta?* Isn't that pretty risky? *aika lailla* quite (a bit/lot)

aikaansaamaton 1 (tehoton) inefficient, unproductive **2** (saamaton) shiftless, worthless, no-count

aika ajoin from time to time, intermittently, (every) now and then, at odd intervals

aikaa myöten in (due) time, in the course of time

aikaansaada 1 (saavuttaa) achieve, accomplish, attain **2** (aiheuttaa) bring about, create, produce

aikaansaannos achievement, accomplishment, attainment

aikaansaapa productive, prolific; (tehokas) effective, efficient; (pätevä) competent

aikaansa edellä ahead of her/his time

aikaa sitten long ago, ages ago, eons ago

aikaero time difference

aikaerоväsymys jet lag *toipua aikaeroväsymyksestä* get over jet lag

aikaihminen adult, grownup

aikainen 1 early **2** of the time of, of the period of *lapsuuden aikainen trauma* a trauma suffered during childhood *Se oli Kekkosen aikainen käytäntö* That was common practice during Kekkonen's presidency, in Kekkonen's time/era, under Kekkonen

aikaisintaan at the earliest *aikaisintaan huomenna* tomorrow at the earliest

aikaisin *adj* earliest
adv early
aikaistaa move forward, move up, make earlier *Pitäisikö kokous aikaistaa?* Should we hold the meeting earlier?
aika ja paikka time and place, (kirjeessä tms) date and place
aikakausi period, era, epoch, age, eon
aikakausjulkaisu periodical
aikakauslehti periodical, magazine, journal
aikakirjat 1 chronicles *Vanhan testamentin aikakirjat* The Old Testament Chronicles **2** (historia) history, (run) annals
aikakone time machine
aikakytkin timer
aikalainen contemporary
aika lentää time flies
aikalisä time-out *pyytää aikalisä* call time(-out)
aikaluokka tense
aikamoinen quite a big, large, considerable *aikamoinen työ* a lot of work, a big job
aikamuoto (kielioppi) tense
aikanaan 1 (oikeaan aikaan) on time **2** (menneenä aikana) once *Taisit olla aikanasi melkoinen hurmuri* You must have been quite some charmer in your day **3** (tulevana aikana) some day
aikansa elänyt outdated, old-fashioned, outmoded, obsolete; (loppuunkulunut) worn out, it's seen better days
aikansa kutakin everything in its time
aika on rahaa time is money
aika parantaa haavat time heals all wounds
aikapommi time bomb (myös kuv)
aika päiviä sitten days/months/years/long ago
aikaraja time limit, deadline
aikasytytys time fuse
aikataulu schedule, timetable
aikatauluttaa schedule
aikatiedotus Time *soittaa aikatiedotukseen* call Time
aikavalotus time exposure
aikavyöhyke time zone
aikayksikkö unit of time, time measurement *alta aikayksikön* in a split second, in zero seconds flat
aikoa plan to, intend to, aim to *Aiotko mennä Liisan synttäreihin?* Were you thinking of going to Liisa's birthday party?
aikoinaan once
aikoja sitten long ago, long since, ages ago
aikomus intent(ion), plan, design, aim, resolve, determination
aikuinen adult, grownup
aikuisikä adulthood, maturity
aikuiskoulutus adult education
aikuisopetus adult education
aikuistua grow up, mature, reach maturity, become an adult, come of age
ailahdella 1 (fyysisesti) shift, move about, rise and fall, come and go, rock from side to side **2** (henkisesti) waver, vacillate, have mood shifts
ailahteleva 1 (muuttuva) shifting, changing, fluctuating **2** (mieltä muuttava) wavering, vacillating, irresolute **3** (levoton) inconstant, unsettled, restless
ailahtelu fluctuation, undulation, alternation, shifting, changing, wavering, vacillation, inconstancy (ks ailahdella)
aimo quite a good, good-sized
aina 1 always, inevitably, invariably; all the time, constantly, every time **2** still, yet *aina parempi* still better, better yet
ainainen 1 (alituinen) constant, continuous, incessant **2** (ikuinen) eternal, perennial *ainainen kysymys* the eternal/perennial question
ainakin at least, at the very least, anyhow, at any rate
aina roiskuu kun rapataan you can't make an omelet without breaking eggs; get out of the kitchen if you can't stand the heat
aine 1 (materia) matter **2** (materiaali) material, substance *raaka-aine* raw material(s) *vaikuttava aine* active ingredient *lisäaine* additive **3** (huume)

substance, (ark) junk, dope **4** (oppiaine) subject **5** (kirjoitelma) essay, composition
aineellinen material, physical, earthly
aineellistaa 1 (tehdä aineeksi) concretize, give substance to **2** (filosofiassa pitää aatetta totena) reify, hypostatize, objectify
aineellistua 1 materialize, take on substance, become embodied **2** (filosofiassa) be reified/hypostatized/objectified
aineenopettaja subject teacher
aineenvaihdunta metabolism
aineväärinkäyttö substance abuse, drug abuse
aineeton immaterial, incorporeal, insubstantial
aineisto material; (tiede) research material, data
aineriippuvainen *s* (drug) addict *adj* addicted
aineriippuvaisuus (drug) addiction
aines element, component, ingredient; material, stuff, substance
ainesosa ingredient, component
ainevalinta choice of (school) subjects
aineyhdistelmä 1 (kem) compound **2** (yliopistossa) major and minor
ainiaaksi forever, for all eternity
ainoa only, single, solitary, sole
ainoalaatuinen unique, one of a kind
ainoastaan only, merely, solely
ainut only, single, solitary, sole
ainutkertainen single, one-time-only *ainutkertainen tilaisuus* the chance of a lifetime
ainutlaatuinen unique, one of a kind, the only one of its kind
airo oar, paddle, scull
airut messenger, harbinger, omen
aisa shaft, pole *Pidähän mielikuvituksesi aisoissa* Try and keep your imagination in check/on a leash/under control
aisapari sidekick, partner
aisti sense, (kuv) taste
aistia 1 (havaita) sense, be aware of, feel **2** (erottaa) recognize, detect, discern
aistiharha hallucination
aistihavainto sense/sensory perception
aistikas stylish, elegant, tasteful *Siinä on aistikas mies* There's a man with style
aistillinen 1 (henkisesti nautittava) sensuous, gratifying, delightful **2** (seksuaalisesti nautittava) sensual, erotic, voluptuous
aistimus sensation
aistin sense/sensory organ
aistinsolu sense/sensory neuron
aistivammainen sense-impaired (person)
aita 1 (rail/picket/chainlink jne) fence, barrier, enclosure, paling, railing, (kuv) wall **2** (urh) hurdle *100 m:n aidat* the 100 meter hurdle race/hurdles
aitajuoksu hurdles
aitaus pen, yard, fenced-in area
aito real, authentic, genuine, original *aitoamerikkalainen* all-American *aito asia* the real thing
aitovieri the area alongside a fence *kävellä aitoviertä* walk (along next to) the fence
aitta shed, shack, storehouse, outbuilding, (vilja-) granary
aivan quite, right, just (so) *aivan alusta* right from the beginning *Aivan!* Exactly! Precisely! That's just it! That's the point! That's what I'm getting at!
aivastaa sneeze
aivastus sneeze
aivastusrefleksi sneeze reflex
aivastuttaa make you sneeze *Minua aivastuttaa* I've got to sneeze, I'm going to sneeze *Pöly aivastuttaa minua* Dust makes me sneeze
aivofilmi EEG, electroencephalogram
aivohalvaus stroke, (lääk) apoplexy, apoplectic seizure, cerebrovascular accident
aivoitus idea, thought, plan, intention
aivokalvo (cerebral) membrane, (lääk) meninx (mon meninges)

aivokalvontulehdus (cerebral) meningitis
aivokasvain brain tumor, (lääk) encephaloma
aivokirurgi brain surgeon
aivokoppa cranium, brain-pan *Onko aivokoppasi ihan tyhjä?* Do you have a brain in that head?
aivokudos brain tissue
aivokuollut (lääk) cerebrally dead, (leik) brain-dead *Se on ollut aivokuollut jo pitkään* He's been brain-dead for ages
aivokuori cortex *aivokuoren* cortical
aivokäyrä EEG, electroencephalogram
aivopestä brainwash
aivopesu brainwashing
aivopuolisko hemisphere/half of the brain *vasen aivopuolisko* left brain
aivoriihi brainstorm
aivosolu neuron in the brain, brain cell *aivosolujen* neural
aivosähkökäyrä electroencephalogram (EEG)
aivot brain
aivotoiminta cerebration
aivoton brainless, idiotic, senseless, stupid, moronic, harebrained
aivotyö 1 (ajattelu) thinking, thought; (psykologiassa) cognition, cerebration **2** (henkinen työ) intellectual work
aivotärähdys concussion
aivovamma brain damage
aivovammainen brain-damaged
aivovaurio brain damage
aivoverenvuoto cerebral hemorrhage
aivovienti brain drain
aivovoimistelu mental exercise/gymnastics
aivovuoto brain drain
ajaa 1 (autoa) drive, (polkupyörää) ride, (kuormaa) haul, (konetta/elokuvaa) run **2** (pakottaa) force (a point, a person to do something), compel, make (someone do something)
ajaa asiaa promote, work for, work to achieve, strive to gain recognition for, champion, espouse
ajaa hajalle scatter, disperse, smash up
ajaa karille run aground, run on the rocks
ajaa kilpaa race, compete
ajaa kuin viimeistä päivää drive like a maniac
ajaa maanpakoon banish, exile
ajaa nasta laudassa put the pedal to the metal
ajaa päälle crash (into), ram (into), smash (into)
ajaa sama asia come to the same thing (in the end)
ajaa sisään (uusi auto) break in
ajaa takaa chase, hunt, pursue, hound, (kuv) get at, mean, insinuate
ajaa tiehensä run out, drive off, send packing, expel
ajaa ulos henkiä exorcise/drive out evil spirits
ajaja driver, chauffeur, coachman, teamster; (jonkin asian) spokesperson, promoter, champion
ajallaan (oikeaan aikaan) on time
ajallinen temporal, earthly
ajan henki the spirit of the times, Zeitgeist
ajanhukka waste of time, lost cause, throwing good money after bad
ajanjakso period, era, epoch, eon, age
ajankohta time, point in time, moment, juncture
ajankohtainen timely, topical, current, contemporary *ajankohtaiset tapahtumat* current events
ajankohtaistaa up-date
ajankohtaistua become timely/ topical; (ark) become hot, become the going thing, be on everybody's lips
ajankohtaisuus timeliness, topicality, currency, contemporaneity
ajanlasku calendar, chronology *ennen ajanlaskumme alkua* B.C.
ajan mittaan in (due) time, in the course of time
ajanmukainen up-to-date, modern, contemporary
ajanmukaistaa modernize

ajantasajärjestelmä real-time system
ajan tasalla up-to-date
ajanvaraus appointment
ajanviete pastime, amusement, (light) entertainment, way of passing/killing time
ajanvietto entertainment
a ja o 1 *kaiken a ja o* the key, the crucial/main/indispensable thing/point **2** (raam) the Alpha and the Omega
ajastaa time, preset
ajastaan edellä ahead of his/her time
ajastaan jäljessä behind the times
ajastin (kameran) self-timer, (kuvanauhurin ym) timer
ajatella 1 think, cogitate **2** (pohtia) reflect/meditate (on), ponder, turn over in the mind, contemplate **3** (käyttää aivoja) use your mind/wits, apply the mind **4** (harkita) deliberate **5** (hautoa) dwell on, brood on/over **6** (ottaa huomioon) consider, take into consideration, take into account **7** (pitää mielessä) bear in mind **8** (muistella) call to mind, remember, reminisce about **9** (suunnitella) plan (on doing), conceive (of doing) *Mitä ajattelit tehdä huomenna?* What were you thinking of/planning on doing tomorrow? **10** (kuvitella) imagine *Ajatella!* Just think! Imagine! Gosh!
ajatelma aphorism, maxim, adage
ajateltava *s* food for thought, something that bears thinking about *adj* (jota on pakko ajatella) not to be forgotten/ ignored; (jota kannattaa ajatella) worth thinking about, worth considering; (jota voi ajatella) imaginable, conceivable, thinkable
ajatollah Ayatollah
ajaton (ajan ulkopuolella) timeless, eternal, immortal; (pitkäikäinen) enduring, durable, lasting, abiding; (loputon) never-ending, endless, unending, everlasting, ceaseless; (iätön) ageless, dateless
ajattelematon 1 (harkitsematon) thoughtless, heedless, rash, reckless **2** (kevytmielinen) imprudent, unwise **3** (epähuomaavainen) inconsiderate, unkind, mean, cruel
ajattelemattomasti 1 (harkitsemattomasti) thoughtlessly, heedlessly, rashly, recklessly, without thinking, without considering possible dangers, without stopping to think **2** (kevytmielisesti) imprudently, unwisely, without thinking, without a thought (for consequences) **3** (epähuomaavaisesti) inconsiderately, unkindly, cruelly, without thinking of others, without consideration, without a thought for others/others' feelings
ajattelemisen aihe food for thought, something to think about
ajattelija thinker, (wo)man of thought, intellect(ual)
ajattelu thought, thinking **1** (älyllinen toiminta) deliberation, cogitation, intellection, reflection **2** (mietiskely) meditation, contemplation, introspection
ajattelukyky mental capacity, intellectual ability
ajattelutapa way of thinking, approach, attitude
ajatteluttaa 1 (panna ajattelemaan) make someone (stop and) think **2** (arveluttaa) cause doubts/hesitation, give someone second thoughts *Lähtömme ajatteluttaa* I'm having second thoughts about us going there
ajatuksellinen 1 (ajatteluun liittyvä) mental, intellectual **2** (käsitteellinen) conceptual, abstract, ideal, theoretical
ajatuksensiirto telepathy
ajatuksenvaihto exchange of ideas/ opinions/thoughts
ajatuksissa lost in thought, deep in thought, daydreaming, woolgathering *Olin ihan ajatuksissani, en huomannut mitä tein* I did it without thinking
ajatus 1 thought, idea, notion **2** (mielipide) belief, opinion, view *Minkälaisia ajatuksia sinulla on liennytyksestä?* What do you think about, what are your views on detente? **3** (aikomus) plan, intention **4** (käsitys) conception **5** (merkitys) meaning, sense *Minusta tässä lauseessa ei ole mitään ajatusta* To me,

this sentence doesn't make any sense/ is meaningless/devoid of meaning
ajatusmaailma way of thinking, set of beliefs, philosophy, ideology
ajatustapa way of thinking, way of looking at things, approach, attitude
ajatustoiminta mental activity, thought process
ajatusviiva dash
ajautua drift, be driven, be borne along, be carried (by a current); (seikkailusta toiseen) wander, amble, ramble, rove
ajelehtia drift (myös kuv)
ajella drive around, ride around
ajettua swell (up), get swollen
ajo (kuorman) hauling, carting, transporting, carrying; (takaa-) chase, hunt, pursuit, tracking, trailing
ajoissa in time, in plenty of time, (aikaisin) early, (täsmälleen ajoissa) on time
ajoittaa time, (päivätä) date
ajoittain once in a while, from time to time, at times, occasionally, periodically
ajoittainen occasional, periodical, (occurring) at odd/irregular intervals
ajojahti 1 (metsästys) hunt, chase; (ihmisjahti) manhunt **2** (vaino) witchhung, smear campaign
ajojäää drift-ice
ajokaista lane
ajokilometri a kilometer driven on a trip; (mon) mileage
ajokki draft horse, draft animal
ajokortti driver's license, (UK) licence
ajometsästys hunt, chase
ajoneuvo (motor) vehicle, conveyance
ajonopeus driving speed *suurin sallittu ajonopeus* speed limit
ajo-ominaisuudet road-handling, maneuverability, ride
ajopiirturi tachograph
ajopuu driftwood
ajopuuteoria driftwood theory/ hypothesis
ajopäiväkirja driver's/travel log(book)
ajorata road(way)
ajos abscess, (paise) boil
ajosuunta direction, way *väärä ajosuunta* wrong way
ajotie roadway; back road, country road, wagon road
ajuri driver, teamster
akan käppänä little old lady
akateemikko Academy member
akateeminen academic *akateeminen maailma* the academy, academia, academe *akateeminen ihminen* academic, (UK) academician
akatemia academy, academia, academe *akatemian lehdot* the groves of academe *Suomen Akatemia* the Finnish Academy
akilleenkantapää Achilles' heel (myös kuv)
akillesjänne Achilles' tendon
akk. (akkusatiivi) acc. (accusative)
akka (old) woman, old lady, hag, witch
akkamainen womanish, old-lady-like. like an old lady
akkavalta petticoat government *akkavallan alla* (aviomies) henpecked
akkomodaatio accommodation
akkommodoitua accommodate (yourself to)
akku battery
akkumulaatio acccumulation
akkumulaattori (storage) battery, (tekn) accumulator
akkumuloida accumulate
akkusatiivi accusative
akne acne
akrobaatti acrobat
akrobaattinen acrobatic
akrobatia acrobatics
akroninen achronic
akronyymi acronym
akryyli- acrylic
akryylimuovi vinyl
akseli axle, shaft, spindle, (mat) axis
akselipaino axle weight
akselivallat (hist) the Axis Powers (Germany, Italy, Japan)
aksentti accent
akti 1 (teko) act **2** (testi) act, document **3** (juhlatoimitus) ceremony **4** (alastonmalli/kuva) nude

aktiivi *s* **1** active (voice) **2** (jäsen tms) active member *seurakunta-aktiivi* (active) church volunteer
adj active
aktiivinen active
aktiivinen sanavarasto active vocabulary
aktiivinen tase active balance *aktiivinen kauppatase* active/surplus balance of trade
aktiivisuus activity
aktiiviurheilija active athlete
aktivismi activism
aktivisti activist
aktiviteetti activity
aktivoida activate
aktivointi activation
aktivoitua be activated, become active
aktuaali 1 (fil) actual, real **2** (ajankohtainen) current, pressing, burning; (ark) hot
aktuaalinen ks aktuaali
aktuaalistaa 1 (fil) actualize, realize **2** (ajankohtaistaa) bring (an issue) to the fore, place (an issue) at the center of public debate, draw national attention to
aktuaalistua 1 (fil) be actualize **2** (ajankohtaistua) become pressing/hot
aktuaalius 1 (fil) actuality **2** (ajankohtaisuus) topicality, current interest; (päivänpolttavuus) urgency
akupunktio acupuncture
akupunktuuri acupuncture
akustiikka acoustics
akustikko acoustic engineer
akustinen acoustic
akustinen modeemi acoustic coupler
akuutti acute
akvaario aquarium
akvarelli water color
ala 1 (pinta-ala, alue) area, space, region *Koetahan lapsi pysyä aloillasi* Would you sit still! **2** (ammattiala) business, trade, profession
ala-arvoinen inferior, poor, substandard, low-quality, low-grade, second-rate, mediocre, cheap, shoddy, looked-down-upon
ala-aste 1 low(er) degree/grade/stage **2** (koulu) elementary school, primary school, grade school
aladobi (naudanlihasta ja kalasta) aspic; (vasikanlihasta tai kanasta) galantine
alahuone lower house; (US) House of Representatives, (UK) House of Commons
alaikäinen minor, underaged person, child
alaikäraja minimum age
alainen *s* subordinate, employee *minun alaiseni* the people who work for me, the people who report to me, the people under me
adj **1** (alisteinen) dependent on, under, subordinate(d) to **2** (kohde) target of, butt of *Hannu joutui aina naurun alaiseksi* Hannu was always being made fun of, was always being ridiculed, was always the butt of everybody's humor
alajuoksu lower course *alajuoksun* downriver, downstream
alakantti low *arvata jonkun ikä alakanttiin* guess someone's age on the low side *Hinta on ehkä hieman alakantissa* The price may be a bit low
alakerta downstairs, bottom/ground floor
alakierre bottom spin, (ark) backspin
alakuloinen depressed, despondent, dejected, downcast; (ark) blue, down in the mouth/dumps
alakuloisuus depression, despondency, dejection; (ark) the blues
alakulttuuri subculture
alakuntoinen 1 (huonossa kunnossa) in bad shape, out of shape **2** (sairas) sickly, under the weather
alakynnessä *olla alakynnessä* be getting the worst of it, be on the losing end *joutua alakynteen* lose, be defeated/overwhelmed
alalaji subspecies
ala laputtaa take a hike (Mike), push off, beat it, scram
alaleuka lower jaw
alamaailma underworld

alamainen *s* subject
adj subservient, submissive, obedient, deferential; (uskollinen) loyal
alamäki (downhill) slope *laskea pyörällä alamäkeä* coast downhill on your bike *luisua henkisesti alamäkeen* gradually fall apart emotionally, be trapped in an emotional downward spiral
alanko lowland(s), bottom (land)
alankomaalainen *s* Netherlander, Dutch(wo)man
adj Dutch
Alankomaat Netherlands, Holland
alaosa lower part, bottom part, lower section, base, (kirjan sivun) foot
ala painua push/buzz off, take a hike
alapesu genital hygiene
alapuoli (puolikas) bottom half, lower half; (sivu) underside, bottom side *alapuolella* below
alapää 1 (alapuoli) lower/bottom end **2** sukupuolielimet jne) privates, (vauvan) diaper region, (leik) naughty bits
alapään huumori dirty jokes, obscene/toilet humor
alapään vitsi dirty joke
alaraaja lower limb, leg
alareuna bottom edge; (kirjan sivun) foot
alaryhmä subgroup
alas down, downward(s)
alasaksa Low German
alasin anvil *vasaran ja alasimen välissä* between a rock and a hard place
alaspäin downward(s)
alassuin upside-down
alasti naked, nude, bare, unclothed, undressed, stripped (to the skin)
alastomuus 1 (ihmisen) nakedness, nudity, bareness **2** (maiseman) barrenness, austerity, desolation **3** (lausuman) plainness, baldness, bluntness
alastomuuskulttuuri naturalism, nudism
alaston 1 (ihminen) naked, nude, bare, unclothed, undressed, stripped (to the skin) **2** (maisema) barren, austere, waste, desolate **3** (esine: peittämätön) undraped, uncovered **4** (esine: koristamaton) unadorned, unembellished, undecorated **5** (lausuma) plain, bald, blunt
alasänky bottom bunk
alati always, constantly, continuously, continually, (for)ever, perpetually
alatiesynnytys vaginal delivery
alatyyli vulgar style
alava low, low-lying, depressed
alaviite footnote
alavuode bottom bunk
alaääni low tone
alba alb, robe
albaani Albanian
albania Albanian
Albania Albania
albanialainen Albanian
albatrossi albatross
Alberta Alberta
albiino albino
albumi albu
ale sale, discount
alekkain one on top of the other, one below the other
alemmuudentunne feeling of inferiority
alemmuuskompleksi inferiority complex
alemmuus inferiority
alempana lower (down), farther down; (kirjassa) below, in what follows
alempi lower, under, nether, inferior
alennus 1 (myynti) sale, discount **2** (vähennys) lowering, reduction, decrease **3** (henkinen tila) degradation, abasement, humiliation
alennushinta discount price, sale price, bargain (price), slashed price, cut rate
alennusmyynti (discount/bargain) sale
alentaa 1 (vähentää yleensä) lower, decrease, reduce, diminish **2** (vähentää hintoja) slash, mark down, bring down **3** (nöyryyttää) degrade, abase, humiliate
alentava 1 (nöyryyttävä) humiliating, degrading, disgraceful, shameful

2 (vähentävä) lowering, decreasing, diminishing
alentua 1 (nöyrtyä) stoop, condescend, lower yourself *Miten voit alentua hänen tasolleen!* How could you stoop to his level! **2** (aleta) descend, sink, come/go down, move downward
aleta 1 (laskeutua) sink, settle **2** (vähentyä) decrease
alfa ja omega the Alpha and the Omega
algebra algebra
algebrallinen algebraic
Algeria Algeria
algerialainen Algerian
algoritmi algorithm
alhaalla down below, below, down there, down here, at the bottom
alhainen low **1** (aateliton) common, humble, lowly **2** (halveksittu) base, mean, vile, contemptible
alhaisesti 1 humbly **2** basely, contemptibly
alhaisuus 1 (sääty) commonness, low/humble birth **2** (luonteenlaatu) baseness, meanness, contemptibility
aliarvioida underestimate, undervalue, underrate, rate too low; (ark) sell short
aliarviointi underestimation, undervaluation, underrating
aliarvostaa 1 underestimate, underrate **2** (tavaraa) undervalue
aliarvostus underestimation, undervaluation (ks aliarvostaa)
alibi 1 (rikostutkimuksessa) alibi **2** (veruke) excuse
alienaatio alienation
alihankkija supplier
alijäämä deficit, (verojen) short-fall
alikehittynyt underdeveloped
alikersantti (lowest ranking) sergeant (in the Finnish Army)
alikulkutunneli underpass
aliluutnantti ensign
alimentaatio alimentation
alimmainen (alempi) lower, (alin) lowest
alin lowest, minimum
alinomaa constantly, continuously, continually, always, ever
alinomainen constant, unceasing, incessant
aliohjautuva under-steering
aliohjautuvuus under-steering
alioikeus inferior court, lower court
alipaine negative pressure, vacuum
alipaino (kuorman) short weight, (ruumiin) underweight
alipalkattu underpaid
alipalkkainen underpaid
aliravitsemus malnutrition
aliravittu malnourished
alistaa dominate, subject, subjugate, subordinate
alistaminen domination, subjection, subjugation, subordination
alisteinen subordinate
alistua 1 (antautua) submit (to a person or situation), give in, yield, surrender **2** (nöyristellä) defer, truckle **3** (mukautua: mielellään) accommodate yourself, (vastahakoisesti) resign yourself
alistuneesti submissively, yieldingly, deferentially, resignedly, humbly, without a trace of pride
alistunut resigned, submissive
alistuvainen submissive, docile
alitajunta subconscious
alitse beneath, under(neath)
alittaa 1 pass underneath, go under something **2** (urh) beat (a record)
alituinen constant, continuous, continual, incessant
alituisesti constantly, continuously, continually, incessantly
aliupseeri noncommissioned officer (NCO)
aliurakoitsija subcontractor
alivalottaa underexpose
alivalotus underexposure
alivaltiosihteeri assistant secretary of state
alivuokralainen subtenant, sublessee, (US) roomer, boarder, (UK) lodger
alkaa *tr* **1** start, begin *alkaa sataa* start to rain, start raining *alkaa tulla kylmä*

(start to) get cold *alkaa tuulla* (start to) get windy *Sitten alkoi tuulla* Then the wind picked up *alkaa kuulua* start being audible *Hälytysääniä alkoi kuulua kaukaa* We started hearing sirens from a long ways off *Kun sinua ei alkanut kuulua, me lähdimme* When you didn't show, we took off **2** (panna liikkeelle) set in motion, start the wheels/ball rolling, commence, get going/started on, set about **3** (ottaa tehtäväksi) undertake, embark/venture on **4** (ryhtyä tekemään) take something up **5** (syöksyä tekemään) plunge into (doing something) **6** (avata) open *alkaa ampua* open fire **7** (puhjeta) burst out *alkaa nauraa/itkeä* burst out laughing/crying **8** (alkaa uudestaan) begin anew, recommence, resume
itr **1** (saada alkunsa) initiate, be initiated, originate, be originated, take its origin (from) **2** (tulla perustetuksi) be instituted, be founded

alkajaiset opening ceremony *alkajaisiksi* for starters, first of all, first off

alkalinen alkaline

alkamispäivä (kurssin tms) first day (of class), (metsätyskauden tms) opening day

alkeellinen primitive, elementary, rudimentary, undeveloped, unrefined, crude

alkeellisesti primitively, rudimentarily, crudely

alkeellisuus primitiveness, lack of civilization, rudimentariness

alkeet rudiments, first steps in learning a subject, the ABC's

alkeishiukkanen elementary particle

alkemia alchemy

alkemisti alchemist

alkemistinen alchemical

alkio embryo, (kasv) spore

alkionsiirto embryo transfer/transplant

alkkarit (alusvaatteet) underwear, (miesten alushousut) underpants, (alushame) petticoat

alkoholi alcohol

alkoholipitoinen alcoholic, containing alcohol

alkoholismi alcoholism

alkoholisoitua become an alcoholic

alkoholisti alcoholic

alkoholiton nonalcoholic, alcohol-free

alku 1 beginning, start, commencement *lasku lankeaa maksettavaksi ensi kuun alussa* the bill will fall due early next month *alussa* at/in the beginning, at first *80-luvun alussa* in the early eighties *vuoden alussa* early in the year **2** (lähtöpiste) starting point, onset *ensi alkuun* at first *olla alkuna jollekin* inaugurate something, mark the beginning of something, a new era *Hänen puheessan ei ole alkua eikä loppua* I can't make hide nor hair out of what she says *Herran pelko on viisauden alku* the fear of the Lord is the beginning of wisdom *ei alkua pitemmällä* hardly started *lopun alku* the beginning of the end *päättyä alkuunsa* grind to a halt/reach a dead end before you've/it's even gotten started *hyvällä alulla* off to a good start *aloittaa alusta* start over (from/at the beginning), start from scratch, make a new/fresh beginning *aikojen alusta* since the beginning of time **3** (lähde) origin, source, (well)spring **4** (syy) root, cause *Tuli sai alkunsa öljylampusta* The fire was caused/started by an oil lamp
5 *kirjailijan alku* future writer

alkuaan (alkuperältään) originally, (alussa) at first, initially

alkuaika first/early period/phase/stage(s) *alkuaikana* early on, in the beginning, when we were first getting started

alku aina hankala, lopussa kiitos seisoo if at first you don't succeed, try again

alkuaine element

alkuaste beginning phase/stage, first step

alkuasukas native, aborigine; (mon) indigenous people

alkueliö protist

alkueläin protozoan (mon protozoa)
alkuerä (urh) first/qualifying heat
alkuihminen prehuman; prehistoric man; (mon) Adam and Eve, the first people
alkujaan originally
alku ja juuri root *Raha on kaiken pahan alku ja juuri* Money is the root of all evil
alku ja loppu the beginning and the end
alkujuoma apéritif
alkukantainen primitive, native, indigenous
alkukesä early summer
alkukieli (käännöksen) source/ original language *alkukielellä* in the original language
alkukirjain initial, first letter
alkukirkko the early (Christian) church
alkulause preface, foreword
alkulima protoplasm, bioplasm
alkumuoto 1 (alkuperäinen) original (form) **2** (aikaisempi muoto) prototype
alkuopetus primary education
alkuosa first part/section; (kirjassa) part one; (kirjasarjassa) volume one, first volume; (musiikkikappaleessa) first movement
alkuopalat hors d'oeuvre(s), appetizers
alkupalkka starting salary/pay
alkuperä origin, birth, parentage, nationality, source
alkuperäinen original
alkuperäiskansa indigenous people/ population
alkuperämaa country of origin
alkupuoli first half/part/section, beginning *ensi vuoden alkupuolella* early next year
alkupuolisko first half
alkupää beginning, head, front (of the line)
alkuruoka first course
alkuräjähdys Big Band
alkusanat foreword, preface, introduction, opening remarks
alkusoitto (pitkän sävellyksen, myös kuv) overture; (itsenäinen sävellys, myös kuv) prelude
alkusysäys impulse, impetus, incentice; (ark) push, boost
alkutalvi early winter
alkutekijä (mat) prime factor; (mon) basics, fundamentals *hajota alkutekijöihinsä* go to pieces *Asia on vielä ihan alkutekijöissään* We're just getting started, we're hardly off the ground yet
alkuteksti (käännöksen) original (text), source-language text
alkuunkaan *ei alkuunkaan* not at all, not in the slightest/least *Se ei riitä alkuunkaan* That's nowhere near enough
alkuunpanija (toiminnan) instigator, prime mover; (idean) originator, author; (suunnitelman tms) initiator, promoter
alkuvaihe first/beginning/early stage/phase *alkuvaiheessa* early on, right at the start
alkuviikko early in the week, the beginning of the week
alkuvoima 1 (maailmankaikkeuden) primal/primordial force; elemental force **2** (ihmisen fyysinen) brute strength, (henkinen) life force
alkuvuosi early in the year, the first part (few months) of the year
alla below, beneath, under(neath)
allakka calendar
alla mainittu the below-mentioned, the person mentioned below/hereinafter *alla mainituista syistä* for the following reasons
allapäin depressed, despondent, dejected, downhearted, heavyhearted, downcast, sad, low, blue, down in the mouth/dumps, unhappy, with a hangdog look
allas 1 sink, basin, tub, pool, cistern **2** (geol) trough, basin
allaskaappi sink cabinet
allastelakka dry dock
allatiivi allative
alle below, beneath, under(neath) *Älä jää auton alle* Don't get run over by a car *Älä jätä sormeasi sen alle* Watch out your finger doesn't get caught under there

allegoria allegory
allegorinen allegorical
allekirjoittaa sign
allekirjoitus signature
allekirjoituttaa have/get something signed
allergia allergy
allergiahuone (hotellissa) nonsmoking room
allergikko allergetic
allerginen allergic
alleviivata underline, (myös kuv) underscore
allianssi alliance
alligaattori alligator, (ark) gator
allokaatio allocation
allokoida allocate
almanakka calendar
almu alms
aloillaan *pysy aloillasi* stay where you are *asettua aloilleen* settle down
aloite initiative
aloitekykyinen enterprising, venturesome, self-reliant, with initiative, (person) of great initiative
aloitekyvytön (person) without initiative, unenterprising, indolent, lazy
aloitella get started, take the first steps (in something)
aloittaa 1 start, begin, commence **2** (panna alulle) set in motion, set the wheels/ball rolling **3** (ryhtyä tekemään) get going/started on, set about *Eikö sinun kannattaisi aloittaa jo läksyjen teko?* Hadn't you better get started on your homework? **4** (syöksyä tekemään) fall to (doing something), plunge into (doing something) **5** (ottaa tehtäväksi) undertake, embark/venture on
aloittaa alusta start over (from/at the beginning)
aloittaa puhtain paperein start with a clean slate
aloitteellisuus initiative, enterprise
aloitteentekijä initiator, proposer
aloittelija beginner, novice; (ark) tenderfoot, greenhorn
aloitus start, beginning, commencement, onset, (alkusiirto) first move
alokas 1 beginner, novice; (ark) tenderfoot, greenhorn **2** (sot) recruit
alpinismi alpinism
alpinisti alpinist
Alpit the Alps
alppiaurinkolamppu ultraviolet/sun lamp
alppihiihto downhill/slalom skiing
alppimaisema Alpine scene/ landscape
alppiyhdistetty alpine combined
alta from under(neath), from beneath
alta aikayksikön in a split second, in no time, lickety-split
altavastaaja 1 (vastaaja) respondent **2** (heikompi) underdog
alternaatio alternation
alternatiivi alternative
alternoida alternate
alteroida alter
altistaa expose to, subject to
altistua be exposed to, be subjected to
altistus exposure
altruismi altruism
altruisti altruist
altruistinen altruistic
alttari altar
alttaritaulu altar painting
alttaritoimitus liturgy
alttarivaatteet altar cloths
altto alto
alue area, region, territory
alueellinen regional, territorial
aluehallinto regional government
aluejako regional/territorial division, dividing an area up into districts; (politiikassa oman edun mukaan) gerrymandering
aluepolitiikka regional policy
aluesairaala general/regional hospital
aluesuunnittelu regional planning
alueteatteri regional/local theater
aluevaltaus territorial conquest; (kuv) new area of expertise, new skill *Pianonsoitto on sinulle uusi aluevaltaus* You've broken new ground with that piano-playing of yours
aluevesi territorial waters

aluksi at first
alullaan under way, on the way, just getting started, in its incipiency, in its infancy
alumiini aluminum, (UK) aluminium
alun alkaen (right) from the start
alun perin originally
alus 1 boat, vessel, ship, craft **2** base, bottom; (tuki) support, (perusta) foundation; (jalusta) stand, pedestal; (alarakenne) underpinning, substructure, chassis
alusastia bedpan
alusasu underwear, undergarments
aluskasvillisuus undergrowth, underbrush
alustaa 1 (esitelmöidä) give a talk (as a basis for discussion), present an outline/brief **2** (valmistaa) mix, prime, prepare
alusta loppuun from beginning to end, straight through
alusta pitäen from the start
alustava preliminary, preparatory, tentative, provisional
alustavasti tentatively, provisionally
alusta *s* base, bottom; (tuki) support, (perusta) foundation; (jalusta) stand, pedestal; (alarakenne) underpinning, substructure, chassis
adv from the beginning/start
alustus 1 (esitelmä) talk, lecture, introductory remarks **2** (valmistus) preparation, preparatory stage in a process
alusvaate piece of underclothing, undergarment
alusvaatteet underwear, undergarments, underclothing; (naisten) lingerie
alusviikko *joulunalusviikko* the week before Christmas
alvariinsa constantly, continuously, continually, unceasingly, all the time, day in day out
amalgaami amalgam
amanuenssi amanuensis
amatsoni Amazon
amatööri amateur
amatöörimäinen amateurish
ambitio ambition
ambivalenssi ambivalence
ambibalentti ambivalent
ambulanssi ambulance
ambulanssinkuljettaja ambulance driver, paramedic
amerikanenglanti American English
amerikanismi Americanism
amerikanrauta big/fat American car, (iso ja vanha) dinosaur, (isoruokainen) gas-guzzler
Amerikan Samoa American Samoa
amerikansuomalainen Finnish-American
amerikansuomi American Finnish, (halv) Finglih
Amerikka America
amerikkalainen *s, adj* American
amerikkalainen jalkapallo football, (UK) American football
amerikkalaisittain (in) the American way, in the American spirit
amerikkalaismallinen American-style, American-type, of the/an American model
amerikkalaistaa Americanize
amerikkalaistua become Ameticanized
amfetamiini amphetamine
amfiteatteri amphitheater
aminohappo amino acid
amiraali admiral
amis voc-tech (school)
ammatillinen professional, vocational
ammatillinen koulutus vocational training
ammatillinen kuntoutus vocational rehabilitation
ammatillinen oppilaitos vocational(-technical, voc-tech) school
ammatillistaa professionalize
ammatillistua become professionalized
ammatinkuva 1 (käsitys) professional image) **2** (vastuualue) job description
ammatinvalinnan ohjaus career counseling

ammatti profession, vocation, trade, craft, business, occupation, calling, job, line of work
ammattiala profession, trade, craft, field, job, line of work
ammatti-ihminen professional
ammattijärjestö professional organization, labor union, (UK) trades union
ammattikasvatus vocational education
ammattikieli jargon
ammattikoulu vocational(-technical, voc-tech) school
ammattikoululainen vocational student
ammattikoulutus vocational training
ammattikunta profession, craft, trade; (keskiajalla) trade guild
ammattilainen professional
ammattilehti professional/trade journal
ammattiliitto labor union, (UK) trades union
ammattimainen professional
ammattimies skilled craftsman *Eikö sinun kannattaisi kutsua ammattimies korjaamaan tuota putkea?* Don't you think you ought to get somebody who knows what he's doing out to fix that pipe/plumbing? Don't you think you ought to have a plumber in?
ammattioppilaitos vocational (-technical, voc-tech) school
ammattiryhmä professional group, segment of the work force
ammattislangi jargon
ammattitaidoton unskilled
ammattitaito professional skills, craftmanship
ammattitaitoinen skilled, professional
ammattiyhdistys labor union, (UK) trades union
ammattiyhdistysliike labor union movement, (UK) trades union movement
amme (bath)tub, vat
ammentaa dip (out of), scoop, ladle (from); (kuv) draw on, access *Voit oppia vain ammentamalla omasta kokemuksestasi* You can only learn by drawing on your own experiences
ammoin long ago, once upon a time
ammoisina aikoina in ancient times, in the olden days
ammolla wide open, agape, gaping, yawning
ammoniakki ammonia
ammottaa gape, yawn, open wide
ammu moo-cow
ammua moo, low
ammunta 1 shooting, firing **2** mooing, lowing
ammus shell, charge, projectile; (mon) ammunition, ammo
ammuskella spray (bullets), let fly, pepper, pelt, riddle, open fire
ammuskelu shooting, shootout, fire fight
amnestia amnesty
Amor Cupid
amoraalinen amoral
amoralismi amoralism
amorfinen amorphous
ampaista shoot (out of, into), dash, fly out/in like a shot
ampeeri ampere, (ark) amp
ampiainen (honey)bee
ampiaispesä beehive
ampiaisvyötärö wasp-like waist
amplitudi amplitudi
amppari bee
ampu explosion *Ampu tulee!* It's gonna blow!
ampua 1 (aseella) shoot, fire, discharge **2** (eläin) shoot, kill, drop, fell **3** (ihminen) shoot, kill; (ark) waste, gun down; (teloittaa) execute (by firing squad)
ampua alas shoot (a plane) down
ampua harhaan miss
ampua itsensä shoot yourself
ampua kovilla (kuv) hit 'em hard, pull out your big guns
ampua kuoliaaksi shoot (someone) dead, gun (someone) down; (ark) ice, waste, blow (someone) away
ampua yli overshoot; (kuv) overdo it, get carried away

ampuja rifleman, marksman, sharpshooter
ampulli ampule, ampoule
ampuma-ase firearm, gun
ampumaetäisyys firing distance
ampumahaava bullet/gunshot wound
ampumahauta trench
amputaatio amputation
amputoida amputate
amuletti amulet
anaalinen anal
anaalivaihe anal stage/phase
anabolinen anabolic
anaboliset steroidit anabolic steroids
anabolismi anabolism
anaerobinen anaerobic
anafora anaphora
anaforinen anaphoric
anakoluutti anacoluthon
anakoluuttinen anacoluthic
analogia analogy
analoginen analogical, analogous
analysaattori analyzer
analysoida analyze
analysointi analysis
analytiikka analytics
analyysi analysis
analyytikko analyst
analyyttinen analytic(al)
ananas pineapple
anarkia anarchy
anarkismi anarchism
anarkisti anarchist
anarkistinen anarchistic
anastaa 1 seize, grab **2** (varastaa) steal **3** (vangita) capture **4** (valta) usurp **5** (naapurimaa) annex
anastaja usurper
anastus seizure, theft, capture, usurpation (ks anastaa)
anatomia anatomy
anatominen anatomical
Andorra Andorra
andorralainen Andorran
androfobia androphobia
androgynia androgyny
androgyyni androgyne
androgyyninen androgynous
androidi android, (ark) droid
androidinen adroid
ane indulgence
aneeminen an(a)emic
aneemisuus an(a)emia
anekauppa sale of indulgences
anekdootti anecdote
anella implore, entreat, beg, plead; (surkeasti) wheedle
anemia an(a)emia
anesteetti anesthetic
anesteettinen anesthetic
anestesia anesthesia
anestesialääkäri anesthesiologist
anestesiologi anesthesiologist
anestesiologia anesthesiology
aneurysma aneurysm
angiina angina; tonsilitis
angina pectoris angina pectoris; pressure in the chest
angiografi angiograph
angiografia angiography
angioplastia angioplasty
anglikaaninen Anglican; (US) Episcopal(ian)
anglismi Anglicism
anglisti student/scholar of English
anglistiikka English studies
anglit Angles
angloamerikkalainen Anglo-American
anglosaksi Anglo-Saxon
anglosaksinen Anglo-Saxon
Angola Angola
angolalainen Angolan
angorakaniini Angora rabitt
angorakissa Angora cat
angoravilla Angora wool
ani very, extremely *ani harvoin* hardly ever
animaatio animation *savianimaatio* Claymation
animismi animism
animisti animist
animistinen animistic
anis anise
anjovis anchovy
ankara 1 (tinkimätön) severe, harsh, strict, rigid **2** (vaativa) rigorous, taxing, demanding **3** (ilma) inclement (weather), (sade) driving/pounding,

(tuuli) strong/powerful/buffeting/ sharp/fierce, (kylmä) bitter **4** (talvi) severe, harsh, hard **5** (maisema) barren, waste, austere, desolate
ankaruus 1 (kovat otteet) severity, harshness, strictness, rigidity **2** (vaatimuus) rigor, vigor, intensity **3** (ilman) inclemency, intensity, bitterness, severity, harshness **4** (maiseman) barrenness, austerity, desolation
ankea 1 (ilma, aika) gloomy, dull, dismal, dreary **2** (mielentila) cheerless, glum, gloomy, morose
ankerias eel
ankeus 1 (ilman, ajan) gloom, dreariness **2** (mielentilan) depression, heaviness, anxiety
ankka duck
ankkuri anchor
ankkuripaikka anchorage
ankkuroida anchor, set anchor; (kuv) tie, link, lock, ground in *Romaanin tulkinta on ankkuroitava yhteiskunnalliseen todellisuuteen* The interpretation of novels must be tied to/grounded in social reality
anna pirulle pikkusormesi, se ottaa koko käden give him an inch and he'll take a mile
anniskella serve, dispense
anniskelu service, provision, distribution, sale, retailing, giving out
anniskeluoikeudet liquor license, tavern license
annoksittain by portions, (ravintolassa) à la carte
annos 1 (ruoka) portion, helping **2** (lääke) dose, dosage **3** (sot) ration
annostella portion out, serve, dole out, ration
annuiteetti annuity
annulaatio annulment
annuloida annul
anoa (asiaa) ask, request, plea, beg, implore, entreat, petition; (virkaa) apply for
anoja petitioner, supplicant
anomus request, petition, application
anonyymi anonymous
anoppi mother-in-law, "mother-in-love"
anorakki parka
anoreksia anorexia
anorektikko anorectic
ansa (myös kuv) snare, trap *virittää ansa* set a trap (for someone) *mennä ansaan* be trapped, (kuv) fall for a trick, fall for it hook, like, and sinker, (ark) be suckered, take a suker punch *mennä omaan ansaan* be hoist with your own petard
ansaita 1 (rahaa) earn, make, win, gain; (nettona) net/clear, (bruttona) gross **2** (kiitosta) deserve, merit, be entitled to, be worthy of
ansaita kannuksensa win your spurs
ansaittu (well-)earned, (well-)deserved, merited
ansio (earned) income, earnings; (just) deserts *Hän sai ansionsa mukaan* She got what was coming to her
ansioitua win merit/credit/honors; serve (your country/company) with distinction
ansiokas meritorious, distinguished, worthy, deserving
ansiokkaasti meritoriously, with distinction
ansioluettelo résumé; (yliopistossa) curriculum vitae, vita, CV; (nimikirjanote) dossier
ansiomahdollisuus job opportunity, money-making opportunity
ansiomerkki medal (of honor), decoration, medalion, ribbon, award (of honor)
ansionmenetys loss of income
ansiosta 1 (täydestä syystä) with good reason **2** (johdosta) because of, thanks to *Sinun ansiostasi sain työn* Thanks to you I got the job
ansiotaso level of income
ansioton undeserved, unmerited
ansiottomasti undeservedly, without deserving/meriting it
ansiotulo (earned) income
ansiotyö gainful employment; job

antaa *tr* **1** (lahjoittaa) give, present, donate **2** (jättää perinnöksi) leave, bequest **3** (jaella) distribute, hand/pass out **4** (myöntää) award, confer, grant **5** (tuottaa) produce, bear, yield *kantaa hedelmä* yield/bear fruit **6** (suoda) let, allow, give permission, suffer *Antaa mennä!* Let 'er rip! Go ahead **7** (teettää) have, get *antaa leikata tukka* have/get your hair cut
itr face, front *ikkunat antavat etelään* the windows face south, have a southern exposure *huone antaa kadulle päin* the room fronts the street
antaa anteeksi forgive, pardon, excuse
antaa armon käydä oikeudesta temper justice with mercy, give someone the benefit of the doubt
antaa heittää get a move on, take a hike
antaa huutia give someone a piece of your mind, chew someone out
antaa ilmi reveal, give away, inform on, turn in; (ark) squeal on
antaa kenkää fire, give someone the boot
antaa kuulla kunniansa give someone a piece of your mind, tell someone off
antaa kyytiä **1** (ajaa pois) give someone the bum's rush **2** (hakata) give someone a good drubbing **3** (sättiä) give someone a piece of your mind
antaa kättä shake (hands), shake on it
antaa lähtöpassit give someone his walking papers, tell someone to take a hike
antaa myöten give way, yield, accommodate yourself to, compromise
antaa neniin give someone a bloody nose, bloody someone's nose for him, hit someone upside (ark) the head
antaa nyrkistä give someone a knuckle sandwich
antaa palttua (not) give a damn/shit/ fuck (alat)
antaa periksi give up/in, yield, surrender, submit; (ark) cry uncle
antaa potkut fire, give someone the boot
antaa selkään beat up, (lapselle) spank, paddle
antaa takaisin samalla mitalla give as good as you get
antaa vetää buzz/push off
antaa ylen throw up, vomit; (ark) puke, barf, upchuck, toss your cookies
antagonismi antagonism
antagonisti antagonist
antaja person who has given something; giver, grantor, issuer, donor
Antarktis Antarctica
antaumuksellinen enthusiastic, devoted, dedicated
antaumus enthusiasm, devotion, dedication
antautua **1** (antaa periksi) give up/in, yield, surrender, submit **2** (ryhtyä) throw yourself into, take up/to, embark on, enter into, (kielteisessä mielessä) stoop to **3** (omistautua) devote yourself to, dedicate yourself to
antautuminen surrender, submission, capitulation
anteeksi sorry, excuse me, pardon me
anteeksiantamaton (ei anna) unforgiving, unyielding, merciless; (ei saa) unforgivable, unpardonable, inexcusable, unjustifiable, unwarrantable
anteeksiantamus forgiveness, pardon
anteeksianto forgiveness, pardon, (yleinen) amnesty, (velan) cancellation
anteeksipyyntö apology
anteeksi saaminen forgiveness, being forgiven
antenni antenna
antenniliitäntä antenna connection
antero (ark) homer, gomer, waldo, dweeb
anti gift, present; issue (myös osake-), yield, crop
antibiootti antibiotic(s)
antibioottikuuri **1** (lääkehoito) antibiotic treatment **2** (lääkemääräys) a prescription for antibiotics

antidepressive antidepressant
antielitismi antielitism
antifasismi antifascism
Antigua ja Barbuda Antigua and Barbuda
antihistamiini antihistamine
antihiukkanen antiparticle
antiikki **1** (esine) antique **2** (aika) Classical Antiquity, ancient Rome and Greece
antiikkiesine antique
antiikkihuutokauppa antique auction
antiikkikauppa antique store/shop
antiikkikauppias antique dealer, antiquarian
antiikkinen **1** antique, old, ancient **2** Classical, of Classical Antiquity
antikliimaksi anticlimax
antikommunismi anticommunism
antikristillinen anti-Christian
antikristus Antichrist
antikvaari **1** (kauppa) used bookstore, second-hand bookstore **2** (kauppias) antiquarian, used bookstore owner
antikvariaatti used-book store, second-hand bookstore, (UK) second-hand bookshop
antilooppi antelope
antimet bountiful gifts, bounty, yield *pöydän antimet* delicacies, (rukouksessa) what we are about to receive
antimilitarismi antimilitarism
antimilitaristi antimilitarist
antipaattinen antipathetic
antipatia antipathy
antiperspirantti antiperspirant
antisankari antihero
antiseerumi antiserum
antiseptiikka antiseptics
antiseptinen antiseptic
antiteesi antithesis
antivitamiini antivitamin
antoisa **1** (kokemus) rewarding, satisfying, gratifying **2** (maaperä) rich, fertile, productive
antokela supply reel
antologia anthology
antonymia antonymy
antonyymi antonym
antropofobia anthropophobia
antropologi anthropologist
antropologia anthropology, (ark) anthro
antropologinen anthropological
antropometrinen mittaus anthrophometric measurement
antropomorfismi anthropomorphism
antroposofi anthroposophist
antroposofia anthroposophy
antroposofinen anthroposophical
antura **1** (kengän, jalan) sole **2** (jarrun) shore, (reen) runner **3** (tien) footing
anturi sensor
ao. proper, appropriate
A-oikeudet Alcoholic Beverages Permit, AB-permit, (ark) liquor licence
aortta aorta
aorttaläppä aortic valve
apaattinen apathetic
apaja **1** (saalis, myös kuv) catch, haul **2** (voitto) haul, return **3** (nuotanvetopaikka) fishing ground
aparaatti apparatus, (ark) gadget, widget
apartheid apartheid
apassi Apache
apatia apathy
ape (horse) feed, mash
apea down(cast/-hearted), sad, depressed
aperitiivi apéritif
apeus sadness, depression, dejection
apeutua get depressed, get down in the mouth/dumps
APEX-lento APEX ticket
apila clover, (Irlannin tunnuksena) shamrock
apina monkey, ape
apinoida **1** (matkia) ape, mimic, parrot, imitate, copy **2** (pilkata) mock, parody, caricature, burlesque, travesty
apinoija mimic, parodist, impersonator
aplari orange
aplodeerata applaud, clap
aplodit applause

apokalypsi 1 (maailmanloppu) apocalypse **2** (ilmestys) apocalypse, revelation **3** (Raamatussa Johanneksen ilmestyksestä) Apocalypse of St. John, the Book of Revelation
apokalyptiikka apocalyptics
apokalyptinen apocalyptic
apokryfinen apocryphal
apologia apology, (usk) apologia
apostoli apostle
apostolinen apostolic
apostolinen uskontunnustus Apostolic Creed
apostolinkyyti shank's mare *mennä apostolinkyydillä* ride shank's mare, go afoot
apostrofi apostophe
apotti abbot
appelsiini orange
appelsiinimehu orange juice
appi father-in-law, "father-in-love"
appiukko father-in-law, Pops
appivanhemmat parents-in-law, in-laws
apposen alasti bare naked, buck naked, naked as a jaybird, stark staring naked, in the buff, in your birthday suit
appositio apposition
approbatur 1 (arvosana) approbatur, pass **2** (oppimäärä) undergraduate minor
approksimaatio approximation
approksimatiivinen approximate
aprikoida think over, mull over, turn over in your mind, ponder, meditate
aprikoosi apricot
aprillata pull an April Fool's joke (on someone)
aprilli 1 (jekku) April Fool's joke *Aprillia, syö silliä, juo kuravettä päälle!* April Fool's! **2** (päivä) April Fool's (Day)
aprillipäivä April Fool's Day
apro (undergraduate) minor *Mistä teet/ luet aproa?* What are you minoring in?
apropoo à propos
apteekkari pharmacist, druggist, (UK) chemist
apteekki pharmacy, drug store, (UK) chemist's
apteekkilääke prescription drug
apu help, assistance, aid, support, relief, remedy, rescue, service, helping hand *Ei siitä ole mitään apua* That's no use at all
apuhoitaja assistant nurse, nurse's aide
apukeittiö utility room
apukoulu remedial elementary school
apukoululainen remedial student (at the elementary level)
apulainen helper, assistant, aid; (koti-) domestic help, nanny
apulaisjohtaja assistant director, vice president
apulaislääkäri resident (physician), (UK) intern
apulaisprofessori (alemman palkkaluokan) assistant professor, (ylemmän palkkaluokan) associate professor
apulaisrehtori vice principal, (UK) deputy headmaster
apulanta fertilizer
apuneuvo aid, means, resource, remedy, (mon) resources
apuohjelma utility (program, software)
apuraha grant, stipend, scholarship
apuri helper, assistant, aid(e), (ark) right-hand man, helping hand, sidekick; (alamaailmassa) henchman, strong-arm man, hatchet man, hireling, minion, flunky, lackey
apusana particle
apuväline instrument, implement, tool, device, utensil, appliance, apparatus
arabeski arabesque
arabi Arab, Arabian
arabia Arabic
Arabia Arabia
arabialainen *s, adj* Arab, Arabian
arabian kieli Arabic
arabimaat Arab countries
aramea Aramaic
arastaa 1 (ihmistä) be shy (around/ with), be timid (of) **2** (jalkaa tms) favor *Jalkaa arastaa* My foot feels sore/tender

arastella (ihmistä) be shy (around/ with), be timid (of), (puheenaihetta) shy away (from)
arava 1 (laina) government-subsidized morgage **2** (talo) low-income house; (osake) low-income apartment, (UK) council flat
aravalaina government-financed mortgage or construction loan
aravatalo low-income house, urban homestead; (kerrostalo) (urban renewal) project
arbitraarinen arbitrary
arbitraasi arbitrage
arbuusi watermelon
areena arena, stadium
aresti arrest, custody, (myös koulussa) detention
Argentiina Argentina
argentiinalainen Argentinean, Argentine
argumentaatio argumentation
argumentatiivinen argumentative
argumentoida argue
argumentointi argumentation
argumentti argument
arina grate *arinat* (tekn) fire bars
aristaa favor *Jalkaa aristaa* My foot feels sore/tender
aristella 1 (ihmistä) be shy (around/ with), be timid (of) **2** (jalkaa tms) favor
aristokraatti aristocrat
aristokraattinen aristocratic
aristokratia aristocracy
aristua 1 (henkisesti) turn shy/timid **2** (jalka tms) turn/get sore/tender
aritmeettinen arithmetic
aritmeettinen keskiarvo arithmetic mean
aritmetiikka arithmetic
aritmeetikko arithmetician
arjalainen Aryan
ark. 1 (arkityyliä) coll., colloquial **2** (arkisin) weekdays
arka 1 (kipeä) sensitive (to the touch), sore, tender, painful **2** (särkyvä jne) easily broken/torn/soiled, delicate, fragile, vulnerable **3** (herkkä) sensitive, easily offended/hurt/affected, touchy, thin-skinned **4** (ujo) shy, bashful, timid
arkaainen archaic
arkailematon 1 (ujostelematon) forward, brash, brazen **2** (harkitsematon) rash, reckless, careless
arkailla draw/hang back, shy (away from), withdraw, retire
arkaismi archaism
arkaisoiva archaiszing
arkaistinen archaistic
arkajalka tenderfoot, greenhorn, babe in the woods
arkaluontoinen 1 (asia) delicate, touchy, ticklish, sensitive **2** (ihminen: herkkä) sensitive, easily offended/hurt/ affected, touchy, thin-skinned **3** (ihminen: ujo) shy, bashful, timid
arkanahkainen thin-skinned
arkeologi archeologist
arkeologia acheology
arkeologinen archeological
Arkhimedeen ruuvi Archimedes' screw
arki weekday, working day, workday, business day
arkiaskareet everyday chores, day-to-day routines, ordinary tasks, daily toil
arkielämä everyday life, ordinary life, day-to-day life
arkikieli ordinary language, colloquial speech, slang
arkinen everyday, common(place), ordinary, routine
arkipuhe colloquial speech, vernacular, the way ordinary people talk
arkipyhä national holiday celebrated on a weekday, immovable feast
arkipäivä weekday, working day, workday, business day
arkipäiväinen everyday, common(place), ordinary, routine
arkisin weekdays
arkisto archives
arkistoaineisto archival material
arkistoida store/place in the archives, file
arkistokaappi file cabinet, filing cabinet
arkistokansio (archive) file
arkistokappale archive copy
arkistonhoitaja archivist

arkistua go flat, become ordinary/ humdrum/everyday
arkivaatteet everyday/workaday clothes, street clothes
arkki 1 (usk) ark *Nooan arkki* Noah's ark *liitonarkki* the ark of the covenant **2** (paperiliuska) sheet, (yksi taitettu painoarkki) signature, (24 taitettua painoarkkia) quire, gathering
arkkiatri (hist) archiater, chief physician of the monarch; (lähin vastine) doctor of the year
arkkienkeli archangel
arkkipelagi archipelago
arkkipiispa archbishop
arkkiroisto archvillain
arkkitehti architect
arkkitehtitoimisto architectural firm
arkkitehtoninen architectonic
arkkitehtuuri architecture
arkkitehtuurikilpailu architectural competition
arkkityyppi archetype
arkkityyppinen archetypal
arkkivihollinen archenemy
arkku 1 trunk, chest, box, coffer, locker **2** (ruumis-) coffin, casket
arkkuhauta grave
arkkuhautaus earth burial
arktinen arctic
Arktis Arctic
arkuus 1 (kipu) sensitivity, soreness, tenderness **2** (särkyvyys) delicacy, fragility, vulnerability **3** (herkkyys) touchiness, thin skin, irritability **4** (ujous) shyness, bashfulness, timidity
armahdus pardon, reprieve, (yleinen) amnesty
armahtaa 1 (sääliä) have mercy/pity on **2** (vapauttaa) pardon, reprieve, grant amnesty
armas 1 (rakas) dear, beloved, cherished, darling **2** (rakastava) loving, affectionate, fond, caring, kind **3** (rakastettava) lovable, adorable, engaging, enchanting, charming
armeija army
armeliaisuus 1 (armollisuus) mercy, generosity, charity, compassion **2** (hyvä sydän) good nature, kind(li)ness, tenderness, tender/warm/big heart, affection **3** (huomaavaisuus) consideration (for others), thoughtfulness **4** (ystävällisyys) amiability, graciousness
armelias 1 (armollinen) merciful, generous, charitable, compassionate **2** (hyväsydäminen) good-hearted/-natured, kind(ly), tender(hearted), affectionate, warm-/bighearted **3** (huomaavainen) considerate, thoughtful **4** (ystävällinen) amiable, gracious
Armenia Armenia
armenia Armenian
armias merciful, gracious *Auta armias!* Good gracious!
armo 1 grace, mercy *Teidän Armonne* Your Grace **2** (lauhkeus) clemency **3** (armahdus) pardon
armoitettu 1 (siunattu) blessed **2** (lahjakas) gifted, inspired
armokuolema euthanasia, mercy killing
armomurha euthanasia, mercy killing
armolahja 1 (usk) gift of (God's) grace **2** (hyväntekeväisyyslahja) charity, alms, (charitable) gift, benefaction; (kielteisessä mielessä) handout
armollinen gracious, merciful, charitable, compassionate, full of compassion, kind, kindly, tender, considerate
armollisuus graciousness, compassion, kindliness
armonaika grace period *Hän antoi viikon armonaikaa* She gave me a week's grace, she gave me a one-week grace period, she let me have a week (to get the money tms)
armonisku coup de grace, merciful blow *antaa armonisku* finish someone off, put someone out of his/her misery
armon vuosi the Year of our Lord, Anno Domini, A.D.
armoton merciless, unmerciful, pitiless, unpitying, unrelenting, relentless, unsparing
armottomuus mercilessness, pitilessness, ruthlessness, relentlessness

aro (Aasiassa) steppe, (Alaskassa) tundra, (USA:n keskilännessä) prairie, plains, (USA:n etelävaltioissa) savannah
aromaattinen aromatic
aromi aroma
arpa lot, die (mon dice); raffle ticket *arpa on heitetty* the die is cast
arpajaiset lottery, raffle, drawing
arpakuutio die (mon dice)
arpa on heitetty the die is cast, (latinaksi) alea jacta est
arpeuttaa cicatrize
arpeutua cicatrize
arpeutuma scar tissue, cicatrix
arpi scar, (rokon) pit
arpikudos scar tissue
arpinen scarred, pitted
arpoa draw/cast lots, raffle something off
arri (mus) arrangement
arroganssi arrogance
arrogantti arrogant
arsenaali arsenal
arsenikki arsenic
arteria artery
arteriitti arteriosclerosis
artikkeli article
artikla article
artikulaatio articulation
artikulatorinen articulatory
artikuloida articulate
artikulointi articulation
artisokka artichoke
artisti artiste, performing artist
artistinen artistis, (halv) artsy-fartsy
arvaamaton 1 (yllättävä) unexpected, unanticipated, unlooked-for **2** (mahdoton arvioida) incalculable, inestimable, beyond counting/calculation
arvailla guess at, estimate, speculate, conjecture, surmise; (ark) make a stab at
arvailu guess(work), speculation, supposition, conjecture, prediction
arvata 1 (umpimähkään) guess (at), speculate, conjecture, hazard a guess about; (ark) make a stab at **2** (oikein) divine, figure out, answer/estimate/judge correctly **3** (etukäteen) anticipate, foresee **4** dare, venture, have the courage/nerve, feel up to
arvatenkin very likely, most likely, as like(ly) as not, probably
arvattavasti probably, presumably, supposedly, as like as not, in all probability
arvaus guess, estimate, (leik) guesstimate
arvella 1 (otaksua) presume, suppose, surmise *Arvelen, että olet jättänyt sen tekemättä* My guess is you forgot to do it, I bet you still haven't done it **2** (olettaa) assume, take for granted, believe, think likely, suspect *Mitä arvelet, tuleeko Hanna vai ei?* What do you think, is Hanna coming or not? **3** (empiä) hesitate, stop to think **4** (ei osata päättää) be undecided/uncertain/unsure/ irresolute, waver, vacillate
arveluttava 1 (kyseenalainen) dubious, questionable, suspicious, suspect, shady **2** (epäluotettava) unreliable, untrustworthy, undependable
arvio 1 (laskelma) estimate, estimation, assessment, appraisal **2** (mielipide) opinion, judgment, reckoning
arvioida estimate, appraise, assess; (laskea) calculate, figure
arviointi 1 estimation, evaluation, assessment, appraisal **2** (koul) grade, grading, (UK) mark, marking
arvioitu estimated
arvioitu saapumisaika estimated time of arrival, ETA
arviokaupalla 1 (arvaamalla) by guesswork, by eye(ing it), by ear, by feel, by taking a stab at it **2** (umpimähkään) at random, haphazardly, by accident, accidentally *Hän löysi oikean tien viimein arviokaupalla* He finally hit on the right road by accident
arviolta roughly, at a rough estimate, approximately, about, somewhere in the vicinity of
arvo 1 (arvovalta) prestige, prominence, (pre)eminence **2** (arvonanto) reputation, repute, esteem, regard **3** (kunnia) distinction, honor, merit, worth *Jätän tuon huomautuksen omaan arvoonsa* I'm going to ignore that

remark, it's not worth (it doesn't merit) a reply **4** (arvoasema) rank, social standing, position, class, standing, status, estate *arvon rouva* gracious lady **5** (arvoaste) rank, (professional) grade, classification **6** (käyttöarvo) use(fulness), benefit, advantage, utility **7** (raha-arvo) (face) value, (monetary) worth **8** (hinta) price, am¨ount, cost, charge **9** (luku) value, figure, (mittarilukema) reading **10** ks arvot

arvoesine prize possession, treasure(d article), (mon) valuables

arvohenkilö dignitary, notable, worthy; (ark) pillar of society, very important person (VIP)

arvohuoneisto luxury/expensive/ plush/ritzy apartment/ (UK) flat

arvoinen *Tuo ei ole minkään arvoinen* That isn't worth a cent, that's worthless *Hän on firmalle kullan arvoinen* He's worth his weight in gold to this company *Marketta teki huomattavan arvoisen keksinnön* Marketta made a discovery that is/will be worth a lot of money *Heidän talonsa on 600 000 markan arvoinen* Their house is valued at/worth 600,000 marks

arvoisa esteemed, honored *Arvoisat vieraamme!* Honored guests!

arvoituksellinen 1 (salaperäinen) mysterious, secretive **2** (vaikea ratkaista) puzzling, enigmatic, cryptic **3** (vaikea ottaa selvää) inscrutable, elusive, ambiguous

arvoitus enigma, puzzle, riddle, conundrum

arvojärjestys 1 order of precedence, ranking order **2** (etiikka) moral hierarchy

arvokas 1 (kallisarvoinen) (in)valuable, worthwhile, precious, priceless **2** (arvossa pidetty: esine) treasured, prized, valued, esteemed **3** (arvossa pidetty: ihminen) respected, esteemed, venerated, admired **4** (arvokkuutta osoittava) dignified, decorous, distinguished **5** (arvollinen) worthy, trustworthy, good (enough)

arvokkuus 1 (ihmisen) dignity **2** (esineen) value, worth

arvomaailma (set of) values *Hänen arvomaailmansa on ylösalaisin* His values are all backwards

arvonanto respect, regard, esteem, appreciation, admiration

arvonimi title

arvonlasku depreciation/decrease (in price/value)

arvonnousu appreciation/increase (in price/value)

arvonta drawing, lottery, raffle

arvoon arvaamattomaan *nousta arvoon arvaamattomaan* (raha-arvo) become priceless, skyrocket in value; (arvostus) become invaluable/ indispensable

arvopaperi valuable document, important paper, (mon) stocks and bonds

arvopaperipörssi stock exchange

arvopaperisalkku stock portfolio

arvopaperivälittäjä brokerage firm

arvosana grade, (UK) mark

arvossa pidetty esteemed, respected

arvostaa 1 (esinettä) value, prize; (ark) set store by **2** (ihmistä) revere, cherish, (hold in high) esteem, honor *Arvostan tekoasi* I appreciate what you did

arvostelija 1 (kriitikko) critic, reviewer, commentator **2** (tuomari) judge, evaluator, analyst, arbiter **3** (moitiskelija) carper, detractor, fault-finder

arvostella 1 (kirjoittaa lehtiarvostelu) review, criticize **2** (arvioida) evaluate, appraise, assess, judge **3** (moittia) attack, criticize, disparage, fault

arvostelu 1 (kritiikki) critique, review, analysis, critical essay **2** (arviointi) appraisal, (e)valuation, assessment; (koul) grading, (mon) report card **3** (moite) attack, censure, criticism

arvosteluperuste standard(s) of judgement/criticism, evaluatory criterion

arvostelutuomari referee, umpire, judge

arvostus respect, regard, esteem, appreciation, admiration

arvot 1 values **2** (tavat) customs, practices, conventions **3** (periaatteet) standards, principles, beliefs, ideals **4** (säännöstö) moral code, code of ethics
arvoton worthless
arvottomuus worthlessness
arvovalta 1 (arvonanto) prestige, prominence, (pre)eminence, **2** (kunnia) distinction, esteem, regard, honor **3** (valta) authority, influence
arvovaltainen 1 (arvostettu) prestigious, prominent, (pre)eminent **2** (kunnioitettu) distinguished, esteemed, highly regarded, honored *arvovaltainen nainen* woman of consequence **3** (valtaa käyttävä) authoritative, influential
arvuutella 1 make others guess at something, play guessing games **2** (puhua arvoituksellisesti) talk in riddles/enigmas, perplex, puzzle, stump, baffle **3** guess, speculate, conjecture, surmise; (ark) make a stab at
arytmia arrhythmia
arytminen arrhythmical
asbesti asbestos
asbestoosi asbestosis
ASCII ASCII, American Standard Code for Information Interchange
ase 1 gun, weapon, firearm, (mon) arms **2** (työkalu) tool, instrument, implement
aseenkantolupa gun permit
aseellinen armed
aseidenriisunta disarmament
aseidenvienti arms exports
aseistaa arm, supply/equip/furnish with weapons
aseistakieltäytyjä conscientious objector
aseistariisunta disarmament
aseistariisuva disarming, winning, charming, captivating
aseistautua arm yourself, supply/equip yourself with weapons
aseistus armament, weaponry
asekauppa 1 (toiminta) arms trade, (laiton) gun-running/-smuggling **2** (myymälä) gun shop
aseksuaalinen asexual
aselaji warfare area/specilty, branch of the service
aselepo cease-fire
asema 1 (paikka) position, place, situation, site, location *pysyä asemissaan* (sot) hold the line **2** (toimi) post, position **3** (tila) condition, state, status *Olet saattanut minut vaikeaan asemaan* You've put me in a difficult position *mahdottomassa asemassa* in an impossible situation, in dire straits **4** (arvo) (social) status, standing (in society) *Sinun asemassasi olevan naisen ei sovi käyttäytyä noin* It is not proper for a woman in your position/of your social standing to act like that **5** (rautatie-, linja-auto-) station, depot, (lento-) airport **6** (sija) stead *Etkö voisi mennä minun asemestani?* Couldn't you go in my stead?
asemahalli station building
asemakaava zoning map, city plan
asemarakennus station building
asemesta instead (of)
asemosana pronoun
asenne 1 (suhtautuminen) attitude, stance, stand, outlook **2** (teatraalinen) affectation, histrionic stance, false air
asennoitua take a stand/stance (on), assume a position/attitude (on)
asennoituminen attitude, way of looking at things, stance, (taking a) stand
asennus installation, mounting, fitting
asennustyö installation (job/work)
asentaa install, mount, fit, emplace
asentaja mounter, fitter; (kokoaja) assembler
asenteellinen 1 (ennakkoluuloinen) biased, prejudiced **2** (teatraalinen) affected, theatrical, histrionic, put on
asento position, posture, pose, stance *Asento!* (sot) Attention!
asepalvelus military service
aseriisuntaneuvottelut disarmament talks
asessori assessor, advisory associate, (lak) assistant judge
asete 1 (tratta) draft **2** (huuliote) lip(ping)

asetella 1 (järjestää) arrange, organize, coordinate **2** (pystyttää) set up **3** (laittaa riviin) align, line up, lay out **4** (sovittaa) adjust, shift
asetelma 1 setting, composition **2** (maalaus) still-life (painting) **3** (esitys) arrangement, tableau vivant **4** (taulukko) tabulation
asetoni acetone
asettaa 1 (panna) put, place, set, (move into) position, locate **2** (perustaa) set up, found, institute **3** (järjestää) arrange, compose, organize, coordinate **4** (saada asettumaan) pacify, appease, calm, quiet (down), soothe, placate
asettaa ehdokas put up/forward a candidate
asettaa ehdoksi stipulate, make it a condition (that)
asettaa ensi sijalle prefer, give preference to
asettaa esikuvaksi hold up as a role model/for emulation
asettaa kyseenalaiseksi question, place under question
asettaa päällekkäin superimpose, put on top of
asettaa rinnakkain juxtapose, put next to
asettaa sanansa choose/pick your words, express yourself, articulate your meaning, say what you're trying to say *Asetin sanani väärin* I expressed myself badly, I put it wrong
asettaa syytteeseen (laki) sue, file suit against, prosecute
asettaa vakuus (tal) offer security
asettaa virkaan install (in office), (presidentistä) inaugurate
asettaja drawer, (oman vekselin) maker
asettautua set(tle) yourself
asettelu 1 (asetelma) arrangement, adjustment, setting **2** (asetteleminen) arranging, organizing, putting things up, setting up, laying things out
asettua 1 (seisomaan) take up a position, take a stand/stance, go (stand before, beside, etc.), move (to, in front of); ks myös hakusanoja **2** (asumaan) settle down (to live somewhere) **3** (tyyntyä: ihmisestä) calm/quiet/simmer/settle down, compose/collect yourself, cool off **4** (tyyntyä: luonnonvoimasta) abate, subside, dwindle (down), weaken **5** (tyrehtyä: verenvuodosta) stop (bleeding), coagulate, clot, dry up
asettua aloilleen settle down (and get married)
asettua makuulle lie down (on)
asettua jonkun puolelle take sides
asettua riviin line up
asettua taloksi settle in (for a long stay), make yourself at home
asettua vastarintaan fight back
asetus law, statute, ordinance, bylaw, act, bill, regulation, rule; (erikois-) decree, edict, commandment
asetyleeni acetylene
asetyylisalisyylihappo acetylsalicylic acid, aspirin
asevarustelu (re)armament
aseveli companion in arms
aseveljeys brotherhood in arms
asevelvollinen 1 (kutsuntakelpoinen) conscriptable man, draftable man, man of draft age **2** (varusmies) conscript, draftee
asevelvollisuus compulsory military service, conscription
asevoima military force/strength, force of arms *asevoimat* armed forces
asfaltoida lay asphalt, surface (with asphalt), blacktop
asfaltti asphalt, blacktop
asfaltti-ihottuma asphalt burn
asia 1 it, this, that *Hän oli jo tietoinen asiasta* He already knew all about it *Voit ilmaista asian noinkin* That's one way of putting it *Sitä asiaa ei voida enää auttaa* There's nothing we can do about that now, no use crying over spilled milk *Asiassa on kaksi puolta* There are two sides to that *varma asiastaan* confident *asiaa harrastavat* everyone interested **2** (aihe) matter, theme, topic, subject *asiaan vaikuttava* having a bearing on the matter/case *Se on kokonaan toinen asia* That's a whole different matter,

that's a different story altogether *asia josta voidaan olla eri mieltä* a matter of opinion **3** (seikka) thing *Se ei muuta asiaa* That makes no difference, that doesn't change a thing *sama asia* same thing, same difference *Miten ovat asiasi?* How are things with you? *Niin on asian laita* That's the way things are, that's how things stand, that's the fact **4** (tosiasia) fact **5** (jollekin kuuluva) affair, concern, business, errand *Asia ei kuulu sinulle* It's none of your business/ concern/affair *Se ei ole minun asiani* That doesn't concern me, that's got nothing to do with me **6** (kysymys) question, issue, point *Koeta pysyä asiassa* Try to stick to the point *asiasta toiseen* by the way, incidentally, this is completely off the subject but *Millä asialla liikut?* What brings you here? **7** (juttu) case, cause, suit, action **8** *käydä asiaan* get to the point, cut to the chase **9** *naurun asia* laughing matter *Se ei ole naurun asia* It's nothing to laugh about, It's no laughing matter *asia on niin että* the fact of the matter is (that) *tehdä asiaa* go on some pretext, make up some excuse to go **10** *käydä asioilla* run (some) errands

asia-aine factual/expository essay

asiaankuulumaton irrelevant, inappropriate, beside the point

asiaankuuluva relevant, pertinent, (having a) bearing on, concerning, connected (with), tied in (with), applicable, suitable, to the point/purpose

asiakas customer, client, patron

asiakas on aina oikeassa the customer is always right

asiakaspalvelu customer service

asiakassuhteet customer relations

asiakirja document, instrument, deed

asiakirjasalkku briefcase, attaché case

asialinja matter-of-fact policy

asialinjalla businesslike, matter-of-fact, straightforward

asialla on kaksi puolta there's another side to the story

asiallinen 1 (asianmukainen) businesslike, matter-of-fact, objective **2** (järjellinen) rational, reasonable, calm, composed, collected, unemotional

asiallisesti 1 (asiaakuuluvasti) to the point/purpose, pertinently, relevantly **2** (asianmukaisesti) in a businesslike manner, in a matter-of-fact way, objectively **3** (järjellisesti) reasonably, rationally, calmly, unemotionally

asiallisuus 1 (asiaankuuluvuus) pertinence, relevance **2** (asianmukaisuus) a businesslike manner, matter-of-factness, sticking to the facts, not getting sidetracked, not digressing from the point **3** (maltillisuus) staying calm/ rational, being reasonable, not losing your temper, not getting emotional

asiamies agent, proxy, attorney, representative

asianajaja lawyer, attorney (at law), (oikeudessa) counsel(lor); (UK) solicitor, barrister

asianajotoimisto law firm/office, (UK) barrister's office

asianhaara factor, consideration *asianhaarat* circumstances

asianlaita the way things are, as things stand

asianmukainen proper, appropriate, right, correct, due, suitable, fitting

asianomainen *s* the party/person/ individual/thing/object concerned/in question
adj proper, appropriate, relevant

asianomistaja (kärsinyt) injured party; (haastanut) plaintiff

asianosainen (lak) party, the party/ person concerned

asiantila state of affairs, status, situation, the way things are *Asiantila on tämä: paperit puuttuvat* Here's the situation: the documents/papers are missing

asiantuntemus expertise, (special) skill, knowhow, savvy

asiantunteva 1 (tietävä) expert, authoritative, professional, skilled, knowledgeable, in the know **2** (kokenut) experienced, accomplished, practiced,

proficient **3** (pätevä) qualified, competent, capable, able, adept
asiantuntija expert, authority, specialist, professional
asiantuntijajärjestelmä expert system
asiasta toiseen by the way, incidentally, this is off the subject but
asiaton 1 (asiaankuulumaton) irrelevant, inappropriate, beside the point **2** (aiheeton) unjustified, unfounded, groundless, false, uncalled-for **3** *Asiaton oleskelu kielletty* No trespassing, Keep out *Asiattomilta pääsy kielletty* Authorized personnel only, Keep out
asiattomasti 1 (asian ohi) irrelevantly, with no relevance (to the matter at hand), without bearing (on the facts), beside the point **2** (aiheettomasti) without justification, without foundation, groundlessly, falsely, without due reason/cause
asiayhteys context
asidofiluspiimä acidophilus buttermilk
asioida 1 transact/do business **2** (toisen puolesta) act as an agent/on commission **3** (tavallisissa asioissa) take care of pressing matters, run errands, be busy *asioida pankissa* handle your business at the bank, do your banking
asioimisliike agency
askare chore, (household) task, job around the house, duty, errand
askarrella 1 (puuhailla) busy yourself, occupy yourself, bustle about (doing odd jobs), be active/busy **2** (miettiä) dwell/brood/work on, linger over, keep thinking about, obsess about, have your mind on
askarruttaa 1 (ajatteluttaa) occupy your thoughts/mind/imagination, engage, busy, engross, absorb **2** (huolestuttaa) concern, worry, trouble, bother *Minua askarruttaa ensi tiistai* I'm worried about next Tuesday
askartelu 1 activity, keeping busy, busying about, pottering about **2** (lasten johdettu) arts and crafts
askeesi ascesis *elää askeesissa* live ascetically
askeetti ascetic
askeettinen ascetic
askeettisuus asceticism
askel step, stride, footstep, pace *kymmenen askeleen päässä* ten paces away *seurata isänsä askelia* follow in one's father's footsteps *harppoa pitkin askelin* gallop along with giant strides *seurata jonkun askelia* follow in someone's footsteps
askel askeleelta step by step
askelma 1 (porras) step, stair **2** (puola, myös kuv) rung
askelpalautin backspace (key)
askeltaa pace off
askelvirhe (koripallossa) traveling
asketismi asceticism
aski box
askorbiinihappo ascorbic acid
aspartaami aspartame
asosiaalinen asocial
aspekti aspect
aspiraatio aspiration
aspirantti aspirant
aspiriini aspirin
assimilaatio assimilation
assimiloida assimilate
assimiloitua assimilate
assistentti assistant; (yliopistossa) TA, teaching assistant
assistentuuri (teaching) assistant-ship, TA-ship
assistoida assist
assosiaatio association
assosiatiivinen associative
assosioida associate
assosioitua become associated (with)
assyrialainen Assyrian
aste 1 degree *Helsinki sijaitsee noin 60. pohjoisella leveysasteella* Helsinki is at about sixty degrees north latitude (the sixtieth parallel) *Nousisipa ilma vaihteeksi 30 pakkasasteen yläpuolelle!* I wish it would rise above thirty (degrees)

below (zero) for a change! **2** (taso) grade, level, rank **3** (vaihe) phase, stage
aste-ero difference in degree
asteikko 1 (asteiden) (graduated) scale **2** (mus) scale **3** (tunteiden tms) range, gamut
asteittain gradually, by degrees, a little at a time, one step at a time
asteittainen gradual, progressive, successive, graduated; step-by-step, little-by-little, inch-by-inch
astella 1 step, stride, pace **2** (kävellä) walk, stroll, saunter
asteroidi asteroid
astevaihtelu consonantal gradation
asti 1 (aikaan tai paikkaan) (up/down) till/to, until *Tähän asti en ole tiennyt mitä teen täällä* Until now (up till/to now) I haven't had a clue what I was doing here *Vähennä lämpöä 150 asteeseen* Turn heat down (reduce heat) to 150 degrees *Vie perille asti* Take it all the way (there) **2** (määrään) as many as, as much as, as far as (to) *Sitä voi olla jopa kahteen tonniin asti* There could even be as much as two tons of it
astia 1 (yleinen nimitys) vessel, container, receptacle, (raam) *heikompi astia* weaker vessel **2** (ruoka-) dish, bowl, plate, cup, glass, pitcher, mug; (mon) dishes *pestä astiat* wash the dishes **3** (valmistus- ja säilytys-) pot, kettle, jug, crock, jar, (mixing) bowl, vase **4** (iso säilytys-) tub, vat, barrel, keg, cask, butt **5** (WC) toilet, (potta) potty seat, (ankka) bedpan
astiakaappi cupboard, kitchen cabinet
astianpesuaine dishwasher detergent
astianpesukone dishwasher
astiasto set of dishes, dinner set
astma asthma
astmaatikko asthmatic
astmaattinen asthmatic
astrofotografia astrophotography
astrologi astrologist
astrologia astrology
astrologinen astrological
astronautiikka astronautics
astronautti astronaut
astronomi astronomer
astronomia astronomy
astronominen astronomical
astua 1 step (out/on), tread, pace, stride *astuit varpailleni!* you stepped/trod/trampled on my toes! **2** (kävellä) walk, go, move
astua jalallaan set foot *Et astu jalallasikaan tänne* I forbid you to set foot here
astua jonkun jälkiä follow/walk in someone's footsteps
astua julkisuuteen enter public life
astua laivaan (go on) board a ship
astua maihin go ashore
astua pois (bussista/junasta) get off a bus/train, (pyörän selästä) dismount from a bike
astua remmiin take charge
astua sisään go in, enter
astua virkaan enter office, be installed in office, assume your duties
astua voimaan take effect, become valid
astua yli (urh) overstep the line, (tenniksessä) commit a footfault
astunta 1 (kävely) walk, stride, step, pace, tread **2** (ryhti) carriage, bearing, deportment **3** (kotieläimistä) covering, mounting, breeding; (hevosista) stud service
asu 1 (vaatetus) dress, outfit, clothes, clothing; (ark) get-up **2** (ulkonäkö) (outward) appearance, looks *Kirjan asu on äärimmäisen tärkeä* It's essential that the book look good *asultaan* in appearance **3** (ulkomuoto) form, figure, shape, build, structure **4** (mainonnassa) package/packaging **5** (sanamuoto) wording, phrasing, discursive form **6** (varustus) equipment, gear, outfit(ting); (ark) stuff, get-up
asua 1 live, reside, dwell, abide **2** (vuokralla) room, rent **3** (olla yötä) stay, stop, lodge **4** (talossa) occupy, inhabit
asua yhdessä live with (someone); (lak) cohabit; (halv) shack up with (someone)

asuinpaikka place of residence, dwelling (place), abode
asuinrakennus 1 dwelling, residence **2** (maatalon) farmhouse, main house **3** (kartanon) manor/main/big house
asuinsija (place of) residence, dwelling (place), abode, place to live
asukas 1 (kaupungin) resident, inhabitant; (mon) population *asukasta kohden* per capita **2** (vuokrahuoneiston) tenant, roomer, boarder, lodger **3** (omakotitalon) member of the household; (hoidokas) inmate; (metsän, ilman jne) denizen, dweller
asukasluku population
asukasmäärä number of people living in the building, occupancy
asukastiheys population density
asukki 1 (asukas) dweller, occupant, inhabitant **2** (alivuokralainen) subtenant, roomer **3** (täysihoitolainen) boarder **4** (laitoksen) inmate
asumaton 1 (talo) uninhabited, unoccupied, unlived-in, vacant **2** (alue) uninhabited, unpopulated, unsettled, deserted
asumislisä housing allowance (in financial aid)
asumismuoto form of dwelling
asumistiheys population density *Los Angelesin alueella asumistiheys ei ole kovin suuri* L.A. is pretty spread out
asumistuki housing allowance
asumus 1 dwelling, residence, abode **2** (tilapäinen) lodgings, quarters **3** (alkukantainen) hut, shack, tepee
asumusero (legal) separation *Olemme mieheni kanssa asumuserossa* My husband and I are separated
asunnonhaltija tenant, occupant
asunnonvaltaus (housing) takeover
asunnonvälittäjä real estate agent, realtor
asunnottomuus homelessness
asunto 1 dwelling, residence, abode **2** (tilapäinen) lodgings, quarters **3** (tyypit) house, apartment/flat, condo(minium)
asuntoalue residential area, neighborhood, (saman liikkeen rakentama) housing tract
asuntoauto mobile home
asuntoetu company house/apartment
asuntohallitus National Housing Board
asuntokysymys the housing question/issue
asuntola 1 (oppilas-, opiskelija-) dormitory **2** (opettaja-) faculty house/apartments **3** (sotilas-) barracks **4** (työntekijä-) workers' quarters **5** (sairaala-) nurses' housing
asuntomessut home fair
asunto-osakeyhtiö (apartment/condo(minium)) owner's organization, co-op(ertative), co-operative apartment
asuntopolitiikka housing policy
asuntosäästäjä person who is saving up to buy a house or condominium
asuntotuotanto house construction
asuntovaunu house trailer (mobile home = matkailuauto), (UK) caravan
asuntovähennys housing deduction
asustaa 1 vrt asua **2** dress, outfit, equip, clothe, costume, accoutre
asuste 1 (vaate) dress, outfit; (ark) get-up; (mon) clothing, clothes **2** (varuste) outfit, gear; (mon) equipment, gear; (ark) stuff
asuttaa 1 (kansoittaa) inhabit, people, populate, settle, colonize **2** (sijoittaa asumaan) (re)locate
asutus 1 settlement, community of settlers, colony **2** (asuttaminen) colonizing, colonization, settling
asutuskeskus center of population
asymmetria asymmetry
asynkroninen asynchronous
atavismi atavism
atavistinen atavistic
ateismi atheism
ateisti atheist
ateistinen atheistic
ateljee studio, atelier
ateria 1 meal, repast; (ark) eats, grub, chow *upean näköinen ateria!* What a spread! **2** (juhla-ateria) feast, banquet
ateriapalvelu 1 (yritys) caterer, catering firm **2** (palvelu) catering
aterimet silver(ware)

aterioida 1 eat (a meal), take a meal, take nourishment/sustenance; (ark) chow down *aterioidessa(an)* while eating, while at table, during the meal **2** (aamulla) breakfast **3** (lounasaikaan) lunch, dine **4** (illalla) dine, sup
ATK ADP, automated data processing
atk-rikollisuus computer crime
atk-rikos computer crime
Atlantti Atlantic (Ocean)
atlanttinen Atlantic
atleettinen athletic
atleetti 1 (urheilija) athlete **2** (urheileva) athletic
atmosfääri atmosphere
atomi atom
atomienergia atomic energy
atomikello atomic clock
atomipommi atom bomb
atomismi atomism
atomisti atomist
atomistiikka nuclear physics
atomifysiikka nuclea physics
atomistinen atomistic
atomivoimala nuclear power plant
atonaalinen atonal
atrappi (malli) model, dummy, mock-up; (houkutuslintu tms) decoy
atriumtalo house with a courtyard
atsalea azalea
atsteekki Aztec
attasea attaché
attaseasalkku attaché case
attentaatti assassination (attempt)
attentaattori assassin, (ark) hitman
attrahoida attract, be attractive (to)
attraktiivinen attractive
attraktio attraction
attribuutti attribute
atulat tweezers
atypia atypicality
atyyppinen atypical
au 1 (avioliiton ulkopuolinen) illegitimate **2** (aliupseeri) NCO (non-commissioned officer)
audienssi audience
audioajastin audio timer
audiofiili audiophile
audiovisuaalinen audiovisual
auditiivinen auditory
auditorio auditorium
aueta 1 (come) open **2** (puhjeta) unfold, burst open **3** (puhjeta kukkaan) open, bloom, blossom, flower **4** (levitä) spread, widen, expand **5** (siteestä) come undone/untied/unfastened **6** (paidasta) come unbuttoned **7** (vetoketjusta) come unzipped **8** (järvestä) melt *järvi aukeni* the ice broke up **9** (virasta) be vacated *Odotan kunnes historian professuuri aukeaa* I'll wait till a professorship in history opens up/is vacated/becomes available
aueta yleisölle open to the public, become available for use, permit access, afford entrance, receive customers, start business
aukaista 1 open, throw open *Voisiko joku aukaista ikkunaa?* Could somebody crack a window please? **2** (lukko, side jne) unlock, unbar, unseal, unfasten, untie, undo
aukea *s* **1** open place/space, opening **2** (metsässä) clearing, glade, meadow **3** (kaupungissa) plaza, square **4** (tasangossa) plain, plateau
adj **1** open **2** (laaja) wide, vast, unbounded, unfenced **3** (puuton) flat, treeless, clear
aukeama 1 open place/space, opening **2** (metsässä) clearing, glade, meadow **3** (kaupungissa) plaza, square **4** (rako) gap, hole, crack, fissure, slit, rift, cavity **5** (kirjassa, lehdessä) the place turned open, the pages you've opened to; (keskiaukeama) centerfold
auki 1 open, not shut/closed, ajar **2** (ammottava) agape, gaping, yawning **3** (peittämätön) not covered, uncovered, coverless, unenclosed **4** (lukitsematon jne) unlocked, unfastened, untied, unsealed **5** (TV, radio, vesihana) (turned) on **6** (rahaton) broke, strapped (for funds), wiped out, penniless
aukile fontanelle, (ark) soft spot
aukinainen open
aukio 1 (kaupungissa) plaza, square **2** (metsässä) clearing, glade, meadow
aukioloaika open hours, business hours, (pankissa) banking hours

aukko 1 (reikä) hole, gap, slit, crack, slot **2** (syvennys) depression, cavity, indentation **3** (tulivuoren) crater **4** (väli) hiatus, gap, discontinuity *aukkoja tarinassa* (unexplained) gaps in a story **5** (tyhjiö) void **6** (puute) flaw, defect, omission, lack, gap, shortcoming *aukkoja esityksessä* flaws in your presentation
aukko sivistyksessä a gap in your education
aukoa 1 open, throw open, set ajar **2** (lukko, side jne) unlock, unbar, unseal, unfasten, untie, undo **3** (ark) (päätä) blurt out something *Älä sä auo päätäs* You shut your face/trap
aukoton 1 (kokonainen) complete, entire, intact **2** (sileä) smooth, uncut, unbroken, seamless **3** (täysin onnistunut) perfect, without a hitch, flawless, faultless, errorless, impeccable *Hänen verukkeensa oli aukoton* His alibi was unshakable
auktoritatiivinen authoritative
auktoriteetti authority
auktoroida authorize
aula 1 (eteinen) hall(way), entrance hall, entry(way) **2** (lämpiö) lobby, foyer, waiting/reception room, anteroom **3** (sali) hall, (juhlasali) auditorium, (kokoussali) assembly room, (konserttisali) concert hall, (ruokasali) dining/ banquet hall
au-lapsi illegitimate child, (vanh) bastard
auliisti 1 (anteliaasti) generously, openhandedly, lavishly, liberally **2** (avuliaasti) helpfully, in a neighborly way, like a good neighbor **3** (halukkaasti) willingly, obligingly, readily, eagerly *Hän auttoi auliisti aina kun tarvittiin* Whenever we needed help he pitched right in
aulis 1 (antelias) generous, open-/ freehanded, lavish, liberal, **2** (avulias) helpful, neighborly, friendly **3** (halukas) willing, obliging, ready, eager
auma (vilja-auma) stack, (juurikasvauma) pit
aumakatto hipped roof
aunukselainen Olonetsian
Aunus Olonets
au pair au pair
aura 1 (kyntö-) plow, (UK) plough **2** (astraaliprojektio) aura
aurakäännös snowplow turn
aurata 1 (tietä, peltoa) plow **2** (suksilla) snowplow
auringonkukka sunflower
auringonpaiste sunshine
auringonpalvonta sun worship
auringonpimennys (full) eclipse of the sun
auringonpistos sunstroke
aurinko sun *auringon noustessa* at sunrise, at (the break of) dawn *auringon laskiessa* at sunset, at dusk
aurinkoaika solar time
aurinkoenergia solar energy
aurinkokello sundial
aurinkokenno solar cell
aurinkokeskinen heliocentric
aurinkokunta solar system
aurinkolasit sunglasses, (ark) shades
aurinkopaneeli solar panel
aurinkopeili solar reflector
aurinkotalo solar house, house heated by solar power
aurinkotuuli solar wind
aurinkovoimala solar power plant
auskultantti 1 (opetusharjoittelija) student teacher **2** (lakitupaharjoittelija) court trainee
auskultoida 1 (opettajaksi) do/complete your student teaching, be a student teacher **2** (laki) do your court training **3** (tutkia stetoskoopilla) auscultate
auskultointi 1 (opetusharjoittelu) student teaching **2** (lakitupaharjoittelu) court training **3** (stetoskooppitutkimus) auscultation
Australia Australia
australialainen Australian
auta armia heaven help us! oh no!
autenttinen authentic
autenttisuus authenticity
autioitua be(come) deserted/ desolate/abandoned, empty out

autiokylä ghost town, abandoned town/village
autiomaa wilderness, wasteland, desert
autiotupa wilderness cabin/hut
autio *adj* **1** (maa) barren, waste, desolate, uninhabited **2** (talo) abandoned, deserted, uninhabited, empty
autismi autism
autistinen autistic
autistinen nero idiot savant
auto car, automobile
autobahn autobahn
autobiografia autobiography
autobiografinen autobiographic(al)
autodynaaminen autodynamic
autoetu (right to use a) company car
autografi autograph
autoilija driver, motorist, truckdriver
autoilla drive, travel by car
autoistaa motorize
autoistua to become motorized
autokoulu driving school; (lukiossa) driver's training/education, (ark) driver's ed
autokraatti autocrat
autokraattinen autocratic
autokratia autocracy
autokritiikki self-criticism
autolautta auto/car ferry
autolehti car magazine
autoliikenne automobile/car traffic
automaatio automation
automaatti automaton
automaattinen automatic
automaattinen suunnanvaihto (kasettinauhurin) autoreverse
automaattinen tietojenkäsittely automated data processing, ADP
automaattisesti automatically
automaattitarkennus autofocus
automaattivaihteisto automatic transmission
automaattivalotus autoexposure
automatia automatism, (ark) tic
automatismi automatism, (ark) tic
automatisoida automate
automatisointi automation
automatka trip in a car, (ajelu) drive, ride
automerkki make (of car)
autonkuljettaja driver, chauffeur
autonomia autonomy
autonominen 1 (maa, ihminen) autonomous **2** (liike) autonomic (response)
autonominen hermosto autonomic nervous system
autopankki drive-in bank
autopankkipalvelu drive-in banking
autopsia autopsy
autopuhelin car phone
autoradio car radio
autoritaarinen authoritarian
autoritatiivinen authoritative
autostereot car stereo
autosuggestio autosuggestion, self-hypnosis
autotalli garage
autotehdas automobile factory
autourheilu automobile sports, car-racing
autovero automobile tax
autovuokraamo car rental (agency)
auttaa 1 help, (give) assist(ance to), aid, lend/give a helping hand **2** (olla mukana tekemässä) cooperate/ collaborate with, contribute to **3** (tukea rahallisesti) (give financial) support (to), back **4** (tukea henkisesti) befriend, advise, give moral support to **5** (kannattaa) endorse, take the part of; (ark) go to bat for, stick up for **6** (helpottaa) relieve, make easier for **7** (lievittää) relieve, alleviate, cure; (ark) do a world of good for **8** (edistää) further, advance, promote, help along **9** (parantaa) improve, make improvements on, make better, better, enhance **10** (pelastaa) save, rescue, aid, come to the aid/rescue of **11** (hyödyttää) benefit, be of use, be useful, do good for, profit *Mitä se auttaa?* What good will that do? *paljon se minua auttaa* A lot of good that will do me *Ei auta muu kuin alistua* There's nothing to do but resign ourselves **12** (vaikuttaa) conduce, be conducive to, contribute, influence *Ei se*

mitään auta That won't make any difference, that'll have no effect at all, that won't do any good
auttaa alkuun give someone a start, help someone get started, get someone up on his/her feet
auttaja helper, aid(e), assistant, supporter, right-hand man, helping hand
auttamattomasti irreversibly *auttamattomasti vanhentunut* hopelessly antiquated
auttava satisfactory, adequate
auttavasti adequately, well enough (to get by) *Puhun auttavasti espanjaa* I speak enough Spanish to get by, I can get by in Spanish
autuaaksitekevä saving *ihan kuin se olisi maailman ainoa autuaaksitekevä asia* as if that were the only good thing in the world
autuaallinen 1 (usk) blessed **2** (ylen onnellinen) blissful, joyful, happy, rapturous; (ark) in seventh heaven
autuaammat metsästysmaat the happy hunting ground
autuaampi on antaa kuin ottaa it's more blessed to give than to receive
autuas blessed
autuaita ovat rauhantekijät blessed are the peacemakers
autuus 1 (usk ja tav) bliss, blessedness, beatitude **2** (vain tav: onnellinen) happiness, rapture, joy
avaimenperä keychain
avaimenreikä keyhole
avain 1 key **2** (avaaja) (can) opener **3** (tekn) wrench **4** (mus) clef
avainasemassa in a key position, well-placed
avainlapsi latchkey child
avainromaani roman à cléf
avainsana keyword
avajaiset opening ceremony (myymälän) grand opening
avajaistilaisuus opening ceremony
avanne (lääk) fistula
avannepotilas fistula patient
avantgarde avant-garde
avanto hole in the ice
avantouimari person who swims in a hole in the ice
avantouinti swimming in a hole in the ice
avara 1 (laaja) wide(-open), broad, expansive, immense, vast **2** (tilava) spacious, large, ample, roomy
avarakatseinen broadminded, openminded, unprejudiced, liberal
avartaa open (up), widen, broaden, expand, extend *Yritin avartaa hänen maailmaansa* I tried to broaden his horizons, open him up a little, expand/raise his consciousness
avartava 1 broadening, enlarging, expanding, improving **2** (kehittävä) educational, instructive, edifying, informative
avartua open (up), be opened, widen, be widened, broaden, be broadened, expand, be expanded, extend, be extended *Hän alkoi viimein avartua elämän kirjolle* She finally began to open up to life's diversity
avaruuden valloitus the conquest of space
avaruus 1 (ulkoavaruus) (outer) space **2** (laajuus) wide open space, expanse, immensity, vastness **3** (tilavuus) spaciousness, amplitude, size, roominess
avaruusaika 1 (aikakausi) the space age **2** (fysiikassa) space-time continuum
avaruusalus spaceship
avaruusaseet space weaponry
avaruusasema space station
avaruuslento space flight
avaruusluotain space probe
avaruusmatka space voyage
avaruusohjelma space program
avaruussukkula space shuttle
avata 1 open, throw/break/crack/lay/rip/cut/dig jne open *avata ruumis* perform an autopsy **2** (raivata) clear, free, unblock **3** (saattaa nähtäville) expose, disclose **4** (lukko, side jne) unlock, unbar, unseal, unfasten, untie, undo, uncover **5** (tilaisuus) open, begin, commence, start, declare open

6 (kokous) call to order, declare open **7** (laitos) institute, found, create, declare open **8** (sateenvarjo) put up, open **9** (TV, radio, vesihana) turn on **10** (pullo) uncork **11** (oja, hauta) dig (up)
avata sydämensä bare your soul
avata tuli open fire, commence firing
avata ääni warm up (for singing)
avaus opening, beginning, commencement (ks avata) *pelin avaus* opening move, first move
avautua 1 (come) open, open out/up **2** (side) come undone/untied/unfastened **3** (nuppu) open, unfold **4** (liikkeen ovet) open to the public, become available for use, permit access, afford entrance, receive customers, start business **5** (maisema, näköala) spread out (before your eyes) **6** (ihminen) (puhua) open up, open your heart, pour out your innermost feelings, be forthcoming/frank/direct/candid/straightforward, speak your mind, bring others into your confidence
aversio aversion
avioehto prenuptial agreement
avioero divorce
avioerolapsi child of divorced parents, child from a broken home
avioitua marry, get married, exchange wedding vows; (ark) get spliced, tie the knot
avioliitto marriage, matrimony, wedlock, marital state
avioliittokuulutus (wedding) banns
avioliittoneuvoja marital/marriage counselor
aviollinen marital, conjugal, wedded, matrimonial, nuptial
aviomies husband
aviopari married couple
aviopuoliso spouse
aviorikos adultery, (ark) cheating (on your husband/wife)
aviovaimo wife, spouse
avoauto convertible
avohoito outpatient care
avohuolto noninstitutional social care
avoimien ovien päivä open house
avoin 1 open, not shut/closed, ajar *avoinna* open **2** (ammottava) agape, gaping, yawning **3** (peittämätön) not covered, uncovered, coverless **4** (lukitsematon jne) unlocked, unfastened, untied, unsealed **5** (esteetön) open, clear, unblocked, unobstructed **6** (suojaton) open to attack, vulnerable, exposed, unprotected **7** (täyttämätön) vacant *hakea avointa virkaa* apply for a vacant/an open position **8** (rajoittamaton) unlimited **9** (vilpitön) open(hearted), forthright, sincere, straightforward, candid, frank
avoin kaula low neckline
avoin kauppa purchase/sale on approval *avoimella kaupalla* on approcal
avoin kaupunki open city
avoin kirje open letter
avoin luotto unlimited credit
avoin puhevalta free(dom of) speech
avoin valtakirja carte blanche
avoin vihamielisyys overt hostility
avoin yliopisto open university
avoin yhtiö general partnership
avokelanauhuri reel-to-reel deck, open-reel deck
avokkaat pumps
avokätinen generous
avolava flatbed
avolavapakettiauto pick-up (truck)
avoliitto common-law (companionate) marriage *elää avoliitossa* live together, (laki) cohabit, shack up
avolouhos open pit/quarry
avomeri open sea, (run) the high seas, the (open) main
avomerilaivasto ocean-going fleet
avomerikalastus deep-sea fishing
avomerisatama open-water port
avomielinen (rehellinen) open, frank, honest; (suvaitseva) tolerant
avonainen 1 open, not shut, not closed, ajar **2** (peittämätön) open, not covered, uncovered, coverless *avonainen kaula-aukko* low neckline **3** (esteetön) open, clear, unblocked, unobstructed **4** (suojaton) open to attack, vulnerable, exposed,

unprotected **5** (täyttämätön) vacant **6** (vilpitön) open(hearted), forthright, sincere, straightforward, candid, frank

avosuinen 1 (avonainen) open **2** (suulas) garrulus, (ark) blabbermouthed, motormouthed

avosylin with open arms

avotakka fireplace

avovesi (sula) open water *ensi avovedellä* (liik) per first open water, (lyh) f.o.w.

avu 1 (ansio) merit, virtue; (hyvä puoli) good side/quality **2** (lahja) talent, gift, natural ability; (ark) knack

avulias helpful, obliging, willing/ready to help, neighborly

avulias aatu helpful Harry

avunanto (giving) help, (rendering) aid/assistance, (giving/offering) support, lending a helping hand, pitching in (and helping)

avustaa 1 help, (give) assist(ance to), aid, lend/give a helping hand **2** (olla mukana tekemässä) cooperate/ collaborate with, contribute to **3** (tukea) (give financial) support (to), back; (ark) go to bat for, stick up for **4** (helpottaa) relieve, make easier for **5** (edistää) further, advance, promote, help along; (hyödyttää) benefit, be of use, be useful, do good for **6** (vaikuttaa) contribute, influence

avustaja 1 (auttaja) helper, right-hand man, helping hand **2** (apulainen) assistant, associate, aid(e) **3** (tukija) backer, patron, benefactor (ks myös apuri)

avustus 1 help, aid, helping hand **2** (yhteistyö) cooperation, collaboration **3** (hyväntekeväisyys) charity, relief, financial support

avustusjärjestö charitable/relief organization

avustustyö charitable/relief work

avuton 1 (heikko) helpless, feeble, weak, unable (to do anything for yourself) **2** (vanhuuden heikko) infirm, frail, decrepit, **3** (voimaton) powerless, impotent, forceless **4** (kömpelö) hapless, hopeless, futile, sorry *Kylläpä sinä sitten olet avuton* What a loser! What a baby! *Hän huitoi avuttomana* He flailed about helplessly

avuttomasti helplessly, hopelessly, miserably, fruitlessly, in vain, futilely *Hän huitoi avuttomasti* He flailed about helplessly

avuttomuus 1 (heikkous) helplessness, feebleness, weakness, (vanhuuden heikkous) infirmity, fraility, decrepitude **2** (voimattomuus) powerlessness, impotence, forcelessness **3** (kömpelyys) haplessness, hopelessness, lucklessness

ay-liike labor movement

B, b

Baabelin torni Tower of Babel
baari (kapakka) bar, pub, tavern; (kahvila) cafe(teria)
baarikaappi liquor cabinet
baarimikko bartender
bahamalainen *s, adj* Bahamian
Bahamasaaret Bahamas
Bahrain Bahrain
bahrainilainen *s, adj* Bahraini
Baijeri Bavaria
baijerilainen Bavarian
bailata party
bajonettikiinnitys (kameran objektiivin) bayonet mount
bakteeri germ, microbe; (mon) bacteria
balalaikka balalaika
baletti ballet
Balkan the Balkans
balkanilainen Balkan
balladi ballad
Bangladesh Bangladesh
bangladeshiläinen *s, adj* Bangladeshi
Barbados Barbados
barbadoslainen *s, adj* Barbadian
barbituraatti barbiturate
barokki baroque
basilika basilica
basilli germ, microbe; bacillus; (ark) bug
bassokaiutin woofer
bassosäädin bass control
Belgia Belgium
belgialainen *s, adj* Belgian
Belize Belize
belizeläinen *s, adj* Belizean
Benin Benin
beniniläinen *s, adj* Beninese
bensa gas
bensiini gas(oline), (UK) petrol; benzine
bensiiniasema gas station, (UK) petrol station
bensiinimittari gas gauge, (UK) petrol gauge
bensiinitankki gas(oline)/fuel/petrol tank
bensiinivero gasoline/petrol tax
Berliini Berlin
bestseller best-seller
betoni concrete
betonielementti (rak) concrete element
betonitalo concrete building
Bhutan Bhutan
bhutanilainen *s, adj* Bhutanese
bikinit bikini; (alushousut) bikini panties, bikini briefs (miesten)
biokemia biochemistry
biokemiallinen biochemical
biokemisti biochemist
biologi biologist
biologia biology
biologinen biological
biologiset aseet biological weapons
biotekniikka biotechnology
BMX BMX, bicycle moto-cross
bofori Beaufort, unit on the Beaufort scale
Bolivia Bolivia
bolivialainen *s, adj* Bolivian
bonus bonus
Botswana Botswana
Brasilia Brazil
brasilialainen *s, adj* Brazilian
BRD FRG, Federal Republic of Germany
Britteinsaaret British Isles
Brittiläinen Columbia British Columbia
brittiläinen *s* Brit, Britisher, Briton *adj* British

Brunei Brunei
bruneilainen *s, adj* Bruneian
brutaali brutal
budjetti budget
budjettiesitys budget proposal, proposed budget
Bulgaria Bulgaria
bulgarialainen *s, adj* Bulgarian
bunkkeri bunker, pillbox
Burkina Faso Burkina Faso
Burma Burma
burmalainen *s, adj* Burmese
burnout burnout
Burundi Burundi
burundilainen *s, adj* Burundian
bussi bus, (UK pitkän matkan) coach
bussinkuljettaja bus driver
bussipysäkki bus stop
byrokraatti bureaucrat
byrokratia bureaucracy

C, c

calmetterokote BCG vaccine
calmetterokotus BCG vaccination
Caymansaaret Cayman Islands
CD-ROM CD-ROM, Compact Disc
CD-soitin CD player
celsiusaste degree Celsius/centigrade
Chile Chile
chileläinen *s, adj* Chilean
C-kasetti compact cassette
Cooperin testi Cooper test
Costa Rica Costa Rica
costaricalainen *s, adj* Costa Rican

D, d

daami (hieno nainen) lady, (seuralainen) date
datiivi dative
DAT-nauhuri DAT recorder, DAT deck
DDR GDR, German Democratic Republic
debentuurilaina debenture (loan)
deduktiivinen deductive
deduktio deduction
dedusoida deduce
deejii DJ, deejay, disc jockey
dekaani dean
demari Social Democrat
demokraatti (demokratian kannattaja) democrat; (USA:n demokraattisen puolueen kannattaja) Democrat
demokraattinen democratic, Democratic
demokratia democracy
demoni demon

dendriitti dendrite
depressiivinen depressive
depressio depression
desibeli decibel
desilitra deciliter, (UK) decilitre
desimaali decimal
desimaalijärjestelmä decimal system
desimaaliluku decimal (fraction)
desimaalipilkku decimal point
desinfektio disinfection
despootti despot, dictator
devalvaatio devaluation
devalvoida devaluate
devalvointi devaluation
dia slide, transparency *väridia* (ammattikielessä myös) chrome
diagnoosi diagnosis
diagnosoida diagnose
diagnostikko diagnostician
diagnostinen diagnostic
diakehys slide mount
diakoni church social worker
diakonia church social work
diakonissa (female) church social worker
dialektiikka dialectic
dialektinen dialectical
dialipas slide tray
dialogi dialogue
diaprojektori slide projector
diastole diastole
diatsepaami Valium
diesel diesel (engine, car)
dieselmoottori diesel engine
dieselpolttoaine diesel fuel
dieselvero diesel tax
dieselveturi diesel locomotive
diiva prima donna, diva
diivailla play the prima donna, put on airs
diplomaatti diplomat
diplomaattinen diplomatic, tactful
diplomaattisuhteet diplomatic relations
diplomatia diplomacy
diplomi diploma, certificate
diplomi-insinööri engineer *Arja on diplomi-insinööri* Anja is an engineer/has her M.S. in engineering *dipl.ins. Anja Rekonen* Anja Rekonen, M.S.
diskanttikaiutin tweeter
diskanttisäädin treble control
diskata disqualify
disketti diskette, disk, floppy disk, floppy
disko disco(theque)
divisioona division
Djibouti Djibouti, Jibuti
djiboutilainen *s, adj* Djiboutian, Jibutian
dogmaattinen dogmatic
dogmaattisuus dogmatism
dogmi dogma
dokumentaarinen documentary
dokumentoida document, verify, substantiate
dokumentti document
dokumenttiohjelma documentary (movie/film)
Dolby-kohinanvaimennus Dolby noise reduction
dollari dollar
dollarihymy big American car, (iso ja vanha) dinosaur, (isoruokainen) gas-guzzler
Dominikaaninen tasavalta Dominican Republic
donna (sl) broad
DOS DOS, disk operating system
draama drama, play
dramaattinen dramatic
dramaturgi dramaturge, dramaturgist
dramaturginen dramaturgic (to do with dramatic art)
duuri (mus) major (key) *cis-duuri* C sharp major
dvd-soitin DVD player
dynamiitti dynamite

E, e

Ecuador Ecuador
ecuadorilainen *s, adj* Ecuadorian
edelleen 1 (eteenpäin) on(ward(s)), ahead **2** (vielä) further(more), also
edellinen previous, preceding; (aikaisempi) former, previous, earlier *edellisellä kerralla* last time, the previous time *Kumman otat, edellisen vai jälkimmäisen?* Which will it be, the former or the latter?
edellisvuonna last year
edellisvuosi the previous/preceding year, last year
edellisvuotinen last year's, of the previous/preceding year *Edellisvuotinen tappio oli vielä suurempi* The previous year our losses were even greater
edellyttää 1 (vaatia hallinnollisesti) require, oblige, call for, demand, make imperative **2** (vaatia loogisesti) presuppose, necessitate, entail, imply *Rothin uusi romaani edellyttää lukijalta paljon* Roth's new novel places great demands on the reader *Pankki edellyttää, että opintolainan saanut opiskelija suorittaa 30 opintoviikkoa vuodessa* The bank requires recipients of student loans to complete 30 study weeks per year **3** (olettaa) presume, assume, suppose, take it (for granted) *Pääsette sisälle edellyttäen että teillä on vaadittavat paperit* Providing you have the proper papers, you will be allowed to enter
edellytys 1 (ehto) condition, provision, proviso, stipulation, (pre)requisite, necessity, must; (mon) the requisite abilities/aptitude, the right stuff, the needed skill(s)/talent, the necessary resources/knowhow *Hänellä ei ole edellytyksiä onnistua* He's got no chance of success **2** (oletus) assumption, presumption, (pre)supposition, postulation, premise
edellä before, ahead (of), in advance/front (of); (ensin) first; (yllä) above *Mene sinä vain edellä* You go on ahead/before *pää edellä* head first *kuten edellä todettiin* as we noted above
edelläkävijä pioneer
edellä mainittu abovementioned
edeltä ahead, in advance, beforehand
edeltäjä predecessor, precursor, forerunner
edeltäkäsin in advance, beforehand, (ark) up front
edeltäpäin in advance, beforehand, before the fact/event
edeltää precede, go before, go ahead of, come before, take place before, antedate, antecede
edempänä farther on/off, later (on); (kirjassa) below
edes (toiveikkaassa yhteydessä) at least, (lähes epätoivoisessa yhteydessä) even *Kunpa olisi koulussa edes yksi mielenkiintoinen tunti!* I wish we had even a single interesting class at school! *Opettajat voisivat edes yrittää olla inhimillisiä* The teachers could at least try to act human, the least they could do is try to act human
edesottamukset 1 (teot) doing, carryings-on **2** (möhläykset) screwups, foulups, fuckups
edessä in front of, ahead of, before; (tiellä) in the way
edessäpäin in the future, somewhere down the line/road, in times to come, somewhere farther on
edestakainen 1 (lippu) round-trip, (UK) return **2** (liike) back-and-forth,

backward-and-forward, to-and-fro, up-and-down, see-saw, (heiluri-) pendulum *Heilurin edestakainen liike alkoi hypnotisoida minua* The pendulum's swing started to hypnotize me
edestakaisin back and forth, backward and forward, to and fro, up and down, there and back
edestä 1 (-päin) from the front, (etuosasta) at/in the front, up front, (jonkin paikan edestä) from in front of, from before **2** (tieltä) out of the way **3** (puolesta) for, instead of, in place of, on behalf of
edesvastuu responsibility *vetää edesvastuuseen* hold someone responsible (for)
edesvastuuton irresponsible
edetä 1 (kulkea eteenpäin) advance, proceed, make headway, move/go ahead/forward, make strides, gain ground **2** (edistyä) progress, make progress, advance, get ahead, get on **3** (kehittyä) develop, improve, become/get better
edistyksellinen (edistykseen uskova ja pyrkivä) progressive, forward-looking, reformist, advanced, modern; (suvaitsevainen) liberal, open-minded, free-thinking
edistyksellisyys (edistysmieli) progressive thinking/thought, reformism, reform ideology, modernism; (suvaitsevaisuus) liberalism, open-mindedness, free thinking/thought
edistyminen (making) progress, headway, improvement, advance(s), making strides
edistys progress, advance(s), advancement, strides, development, reform *Edistys on tärkein tuotteemme* Progress is our most important product *Syöpätutkimuksessa on tapahtunut huomattavaa edistystä* Great strides/advances have been made in cancer research
edistysaskel advance(ment), step (forward), stride, breakthrough
edistysmielinen ks edistyksellinen
edistysmielisyys ks edistyksellisyys
edistyä 1 (edetä) advance, proceed, make headway, move/go ahead/forward, make strides, gain ground **2** (tehostua) progress, make progress, advance, get ahead, get on **3** (kehittyä) develop, improve, become/get better
edistäjä promoter, publicist, advertiser, advocate
edistää 1 advance, further, (help/urge) forward, help the progress of, work for/toward, expedite, improve (on), enhance, aid, assist **2** (puhua puolesta) promote, speak for, foster, encourage, support **3** (kello) run/be fast *Kelloni edistää viisi minuuttia* My watch is five minutes fast
editoida edit
editointi editing
editori editor
edullinen 1 (rahallista hyötyä tuottava) profitable, remunerative, lucrative **2** (otollinen) favorable, advantageous, beneficial **3** (halpa) economical, reasonable, cheap, inexpensive
edullisesti 1 (hyödyllisesti) profitably, at (great/some) profit **2** (otollisesti) favorably, advantageously, to (one's) (best/greater) advantage, to (one's) benefit **3** (halvalla) economically, reasonably, cheaply, inexpensively, at a discount/bargain, on sale, for a song, at this low low price
edullisuus 1 (hyödyllisyys) profit(ability), advantage(ousness), benefit **2** (halpa hinta) reasonable/low/sale/discount price/cost, inexpensiveness, economy
edunsaaja beneficiary
eduskunnan jäsen member of parliament
eduskunnan kanslia secretariat of parliament
eduskunnan puhemies speaker of parliament
eduskunnan sihteeri secretary of parliament
eduskunta (Suomi/UK) parliament, (US) congress/legislature, (muut) diet
eduskuntaryhmä party representation (in Parliament)

eduskuntatalo Parliament building
eduskuntavaalit parliamentary election
edusta front, the area in front of
edustaa 1 (toimia jonkun nimissä) represent, be (someone's) representative, act on behalf of (someone) *edustaa kannattajiaan neuvotteluissa* represent your backers in the negotiations *Muista että ulkomailla edustat maatasi* Remember that you'll be your country's ambassador when you go abroad *edustaa emoyhtiötä ulkomailla* be the parent company's agent abroad **2** (ilmentää) symbolize, represent, signify, stand for **3** (olla näyte jostakin) be, be a(n) example/sample/case of *Tämä mekko edustaa kevään kokoelmaamme* This dress is part of our spring collection **4** (kannattaa) advocate, support, be an advocate/supporter of **5** (järjestää juhlia tms) entertain
edustaja representative **1** (kansanedustaja) Member of Parliament (Suomi/UK), member of Congress (USA:n kongressin jäsen), Representative/Congressperson (USA:n edustajainhuoneen jäsen), Senator (USA:n senaatin jäsen) **2** (valtuutettu) deputy, delegate, proxy, substitute, surrogate, proctor; (lähettiläs) emissary, envoi, spokesman; (liik) agent, procurator, commissioner; (lak) attorney, counsel *toimia jonkun edustajana oikeudessa* represent someone in court; (kuv) proponent, exponent, advocate, upholder, believer
edustajainkokous meeting of delegates/representatives, representative assembly
edustajanpaikka a seat (in parliament)
edustava 1 (kokonaisuutta edustava) representative, representing the whole, typical/typifying, illustrative **2** (jonkun arvovaltaa edustava) elegant, stylish, sumptuous, tasteful, exquisite, handsome, well-proportioned, well-appointed, attractive, distinguished, impressive, imposing
edusteilla represented
edustus representation, agency; (edustaminen) (business/diplomatic jne) entertainment
edustusasu uniform, livery
edustusasunto company-bought/ -owned house/apartment
edustushuoneisto reception room(s)
edustuskelpoinen representative
edustuskelopoisuus representativeness
edustuslounas expense-account lunch; (kun edustaa virkaansa) official lunch, (valtiota) state luncheon, (firmaansa) company lunch, (ark) power lunch
edustustilaisuus (official/state/ social) reception
edustustili expense account
e-duuri E major
Edvard (kuninkaan nimenä) Edward
eebenholtsi ebony
eebenpuu ebony
eeden Eden
eepos epic
eeppinen epic
Eesti Estonia
eesti Estonian
eestiläinen Estonian
eetos ethos
eetteri ether
eettinen ethical
eettisyys ethicality
eevan puvussa in her birthday suit
efekti effect
efektiivinen effective
Efesolaiskirje (Paul's letter/epistle to the) Ephesians
egalitaari egalitarian(ist)
egalitaarinen egalitarian
egalitarismi egalitarianism
ego ego
egoismi egoism
egoisti egotist, egoist
Egypti Egypt
egyptiläinen *s, adj* Egyptian
ehdoin tahdoin deliberately, intentionally, on purpose
ehdokas candidate; (nimetty) nominee *olla eduskuntaehdokkaana* run/stand for

Parliament *asettua ehdokkaaksi* enter/ announce your candidacy
ehdokkuus candidacy
ehdollepano (yhden hakijan) nomination, (useamman) ranking
ehdollinen conditional, (ehdollistettu) conditioned
ehdollinen refleksi conditioned reflex
ehdollinen tuomio suspended/ conditional sentence *saada ehdollinen tuomio* be put on probation
ehdollisesti conditionally
ehdollistaa condition
ehdollistua become conditioned/ reflex, become second nature
ehdollistuminen conditioning, conditioned learning
ehdonalainen *s* parole *päästä ehdonalaiseen* get out on parole, be/get paroled
adj conditional
ehdot conditions, terms; (koulussa) (vanh) conditions *saada ehdot* get moved up to the next grade on condition that you improve your marks in summer school *suorittaa ehdot* go to summer school to improve your marks in order to get moved up to the next grade
ehdoton 1 unconditional, absolute, complete, supreme, pure, full *ehdottoman luottamuksellinen* strictly confidential, top-secret *ehdottoman tarpeellinen* absolutely necessary, an absolute must **2** (rajoittamaton) unrestricted, unlimited, unbounded, unqualified **3** (taipumaton) unbending, unyielding, inflexible **4** (varma) categorical, positive, definite **5** (kiistämätön) unquestioned, undisputed **6** (ark: erinomainen) the greatest, awesome, fantastic, super
ehdoton aikaraja deadline
ehdoton edellytys essential condition, sine qua non
ehdoton enemmistö absolute majority
ehdoton raittius total abstinence, teetotalism
ehdoton refleksi unconditioned reflex
ehdoton vankeusrangaistus prison sentence without chance of parole
ehdottaa 1 (esittää) suggest, submit, advance (the proposition that), move, make a suggestion, come forward with a proposal **2** (suosittaa) recommend, urge, advise, propose, counsel; (ark) vote *Ehdotan että syödään* I vote we eat **3** (panna ehdolle) put forward, nominate
ehdottomasti absolutely, positively, definitely, without question, unquestionably, beyond a shadow of a doubt, necessarily *Sinun on ehdottomasti mentävä!* You must go, it's imperative that you go!
ehdotus 1 (esitys) suggestion, proposal, proposition, (kokouksessa) motion **2** (suositus) recommendation, (piece of) advice, counsel **3** (luonnos) draft, outline **4** (suunnitelma) plan, project, scheme
eheyttävä unifying, unificatory, integrative, consolidative, harmonizing
eheyttää unify, integrate, consolidate, harmonize, bring (peace and) harmony to, bring unity to, (work to) make (more) harmonious
eheytys unification, integration, consolidation, harmonizing
eheä ks ehjä
ehjin nahoin in one piece
ehjä 1 whole, entire, complete, full, total, perfect, pure **2** (osittamaton) in one piece, undivided, uncut, unbroken, intact, undiminished **3** (vahingoittumaton: esine) undamaged, unbroken, in one piece **4** (vahingoittumaton: ihminen) healthy, well, unharmed, uninjured, unhurt, in one piece, safe and sound, unscathed **5** (yhtenäinen) unified, integrated, consolidated, one, coherent, cohesive
ehkä maybe, perhaps, possibly *Etkö sinä ehkä menekään?* Is it possible that you won't be going? Is there some likelihood that you won't be going? *Ehkä en menekään* I may/might not be going (after all)

ehkäistä **1** (estää) prevent, keep from occurring, avert, block, bar **2** (pidättää) stop, halt, check, keep/hold back, hold up, stave/ward off **3** (torjua) thwart, frustrate, foil, arrest, nip in the bud, forestall; intercept, defend against, counteract, fend off **4** (tyrehdyttää) suppress, repress, stanch, stop

ehkäisy prevention, contraception

ehkäisyväline contraceptive (device), (erityisesti kondomi) prophylactic

ehostaa (kasvoja) make-up; (paikkoja) spruce/fix things up

ehoste cosmetic

ehostus (kasvojen) make-up; (paikko-jen) improvement *talon ehostus* home improvement

ehta real, authentic *Tässä on ehtaa tavaraa, juo!* Drink up, this is the real stuff

ehtivä **1** (nopea) fast, quick (to act), prompt **2** (kätevä) skillful, able, dexterous, adroit, deft, adept **3** (teho-kas) efficient, effective, effectual **4** (ai-kaansaapa) productive, prolific, busy, vigorous, active, dynamic, accomplishing much, on the ball

ehtiä **1** (keritä) have/find time (to do something), make it (on time), get there (on time), reach (a place on time) *En ehdi nyt jutella* I don't have time to talk *En millään ehdi kuudeksi* I'll never make it/get there by six **2** (saavuttaa) reach; (edetä) advance *Ehtinet Helsinkiin aamuksi* You'll probably reach Helsinki by morning *Pappa on ehtinyt 80 vuoden ikään* Grandpa's (reached) 80 *Tauti on ehtinyt jo melko pitkälle* The disease has already advanced pretty far, is already quite far along

ehto condition; (lak) stipulation, provision, proviso, clause (mon ks eh-dot); (edellytys) condition, (pre)requisite, necessity, must *päästä/tulla ehdolle* to place/rank (in a competition), to make the final cut, to make the shortlist *panna/asettaa ehdolle* to place/rank (candidates in a race/competition/ recruitment process), to (draw up a) shortlist

ehtolause conditional clause

ehtoo evening, (run) eve(n)

ehtoollinen (Holy) Communion, Lord's Supper, the Eucharist, the Holy/Blessed Sacrament; (kans) dinner, evening meal

ehtoolliskirkko Communion service

ehtoollisleipä (consecrated/sacramental/eucharistic) bread/wafer, the Host, the Eucharist

ehtoollisviini (Communion/sacramental) wine

ehtymätön inexhaustible, unflagging, unfailing; (loputon) bottomless, endless, boundless

ehtyä **1** (loppua: nesteestä) run dry, dry up **2** (loppua: muusta aineesta) be depleted, be exhausted, be used up, run short **3** (heiketä) ebb, decline, fade away, abate, subside

ehyt ks ehjä

ehättää hasten, hurry, rush, make haste, lose no time *ehättää ennen* get there first, beat somebody to the punch *ehättää tehdä jotakin* hasten/hurry/rush to do something, lose no time in doing something *ehättää väliin* cut in, interrupt, interject

ei no, not, (ark) nope, (run, myös ei-ääni) nay

ei ajatella nenäänsä pitemmälle not (be able to) think past your own nose

ei alkuunkaan not at all, (ark) no way

ei asia puhumalla parane talking's not going to get us anywhere

ei auta itku markkinoilla no use crying over spilled milk

eideetikko (psyk) eidetic(ist), eidetic scientist

eideettinen eidetic

ei enempää eikä vähempää no more, no less

ei haukkuva koira pure his bark is worse than his bite

ei hosuen hyvää synny slow and steady wins the race

ei hullumpaa not bad

ei hätä ole tämän näköinen it's not as bad as it looks
ei kaikki kultaa, mikä kiiltää everything that glitters is not gold
ei kasvaa joka oksalla doesn't grow on trees
ei kenenkään maa No Man's Land
ei kestää päivinvaloa not (be able to) stand the light of day
ei kukaan ole profeetta omalla maallaan no man is a prophet in his own land
ei kukko käskien laula you can drag a horse to water but you can't make him drink
ei kuuna päivänä not in a million years
ei lahjahevosen suuhun katsota don't look a gift horse in the mouth
eilen yesterday
eilinen *s* yesterday
adj yesterday's
eilisen teeren poika born yesterday *En ole mikään eilisen teeren poika* I wasn't born yeasteday
eilisilta yesterday evening, (ark) last night
eilisiltainen yesterday evening's, last night's *Unohda se eilisiltainen kysymykseni* Forget what I asked you last night
ei Luojakaan laiskoja elätä the Lord helps those who help themselves
ei mitään muttia no buts
einekset deli(catessen) food
ei niin pahaa ettei jotain hyvääkin every cloud has a silver lining
ei nähdä metsää puilta not see the forest for the trees
ei olla millänsäkään not let something affect you, be cool
ei olla moksiskaan not care/worry, be cool
ei omena kauas puusta putoa the apple falls not far from the tree
ei onni potkaise kahdesti opportunity knocks only once
ei panna tikkua ristiin not lift a finger (to help)
ei pennin hyrrää not a red cent, not a plug nickel
ei Roomaa rakennettu yhdessä päivässä Rome wasn't built in a day
ei savua ilman tulta where there's smoke, there's fire
ei se pelaa joka pelkää get out of the kitchen if you can't stand the heat
ei-sepitteinen non-fictional
ei sitä ole kirkossa kuulutettu it ain't over till the fat lady sings
ei sääntöä ilman poikkeusta the exception proves the rule
ei tulla kuuloonkaan be out of the question
ei-tupakka nonsmoking *Tupakka vai ei-tupakka?* Will that be smoking or nonsmoking?
ei vanha koira istumaan opi you can't teach an old dog new tricks
ei vierivä kivi sammaloidu a rolling stone gathers no moss
ei yrittänyttä laiteta if at first you don't succeed, try again
ekonomi someone who majored in business, business graduate; B.A./B.S. in business (huom: economist = taloustieteilijä)
ekonomisti economist
ekotyyppi ecotype
ekshibitionisti exhibitionist
eksistenssi existence
eksistentiaalinen existential
eksistentialisti existentialist
ekspertti expert
ekspressionismi expressionism
ekspressionistinen expressionist(ic)
eksyttää 1 (karistaa kannoilta) lose, shake off, ditch **2** (johtaa harhaan) mislead, misguide, lead astray **3** (harhauttaa) deceive, delude, pull the wool over someone's eyes
eksyä 1 get lost, go astray, lose your way **2** (poiketa) stray, wander, deviate **3** (erehtyä) err
ekvalisaattori (äänentoistolaitteistossa) equalizer
elastinen elastic
elastisuus elasticity

elatus 1 (toimeentulo) living, livelihood, income, subsistence, means of support **2** (ylläpito) maintenance, support, (up)keep **3** (elanto) bread (and butter), food on the table *hankkia elatus* make a(n honest) living (by), put food on the table

elatusapu (aviopuolisolle) alimony, (avopuolisolle) palimony; (muu elatusmaksu) maintenance allowance

ele gesture (myös kuv); gesticulation, bodily/hand/arm movement *se oli kaunis ele, sovinnon ele* That was a nice/conciliatory gesture

elefantti elephant

eleganssi elegance

elegantti elegant

elekieli (viittomakieli) sign language; (ark) gestures, hand signs *viestiä elekielellä* (viittoa) sign, (elehtiä) communicate with gestures/hand signs, point to what you want

elektrodi electrode

elektroni electron

elektroniikka electronics

elektronimikroskooppi electron microscope

elektroninen electronic

elektroninen valokuvaus still video, electronic photography

elektronisalamalaite electronic flashlight, electronic flash

elektronisäde electron beam

elektronitykki electron gun

elellä live (from day to day), get by (somehow), get along

elementaarinen elementary

elementti element

elementtitalo prefab(ricated) house

eli or, in other words, that is (to say)

elimellinen organic

eliminoida eliminate

eliminointi elimination

elimistö system, body; (biol) organism *Maitorasvat ovat pahoja elimistölle* Milk fats are bad for the system/body *Sinun elimistösi ei kestä yhtään alkoholia* Your body can't take any alcohol at all, even a drop of alcohol would be disastrous for your system

elin 1 (ruumillinen) organ (mon) system (ks elimistö) *ruuansulatuselimet* the digestive system **2** (poliittinen) body, organ; agency, committee, commission, board

elinaika lifetime, lifespan, life; your time on earth, your three score and ten *kaiken elinaikani* as long as I live, all my life, while I'm here on earth *keskimääräinen elinaika* average life expectancy

elinehto 1 (olemisen edellytys) vital/absolute necessity, prerequisite, lifeblood **2** (toimeentulon edellytys, usein mon) (bare) necessities, exigency/exigencies, (minimal) living conditions

elinikä lifetime, lifespan

elinikäinen lifelong

elinkautinen *s* life (sentence) *Hän sai elinkautisen* He got life, he was sentenced to life imprisonment *adj* (tuomio) life (sentence); (elinikäinen) lifelong

elinkeino 1 (source/means of) livelihood, means of support, source of income **2** (työ) occupation, vocation, calling, (line of) business/work, trade, profession, career **3** (toimiala) industry

elinkeinoelämä business, the business world, commerce, commercial life, industry (and commerce), the economy, economic life, trade (and commerce), the private sector *elinkeinoelämän edustajat* representatives of the business world/the private sector, (-valtuuskunta) commercial delegation

elinkeinorakenne economic/commercial structure

elinkustannukset cost of living

elinkustannusindeksi cost-of-living index, consumer price index

elinsiirto organ transplant

elintarvikekauppa grocery store; (toimiala) grocery business

elintarvikelisäaine (food) additive

elintarviketeollisuus food (manufacturing/production) industry

elintarvikkeet food(stuffs), staples, groceries

elintaso standard of living

elintasokilpailu the rat race

elintärkeä vitally important, essential, absolutely necessary, indispensable *elintärkeä asia* a matter of life and death
elinvoima vitality, vigor, stamina, energy; (filos) life/vital force *pursuta elinvoimaa* to bubble over with energy, effervesce
elinvoimainen vital, vigorous, energetic, effervescent
elinympäristö environment, environs, setting, surroundings, locale; (eläimen) habitat
Elisabet (kuningattaren nimenä) Elizabeth
eliö (living) organism/creature/being
ellei 1 (jos ei, kielteinen ehto) if not *Olisimme ehtineet ellei Marja olisi viivyttänyt meitä* We would have made it if Marja hadn't slowed us down *Koulussa on 400 oppilasta, ellei enemmänkin* There are 400 students at this school, if not more **2** (paitsi jos, myönteinen ehto) unless *Minä lähden, ellet estä* I'm leaving unless you stop me
elohopea mercury, (vanh ja kuv) quicksilver *Sinä olet vilkas kuin elohopea!* You move like quicksilver!
elokuu August
elokuva (ark, US) movie, motion/moving picture, flick; (hieno, UK) film; (kokoillan) feature film, full-length feature; (lyhyt-) short *mennä elokuviin* (ark, US) go to the movies, go to/see a movie; (hieno, UK) go to the cinema *olla elokuvissa* (ark, US) be at the movies, at the picture show; (hieno, UK) be at the cinema *esiintyä elokuvissa* (ark, US) star in movies, be in (the) pictures, be a movie star/actor/actress; (hieno, UK) be in films, be a film star/actor/actress
elokuva-ala (ark, US) the movies; (hieno, UK) film, cinema
elokuva-arvostelu movie/film review
elokuvafilmi movie/cinema film
elokuvakamera movie/film camera
elokuvamusiikki movie/film music, theme music; (äänitteenä) sound track
elokuvasovitus screen adaptation, adaptation for motion pictures, cinematization
elokuvastudio movie/film studio
elokuvata make/shoot a movie/film
elokuvataide cinema(tic art)
elokuvateatteri (US) movie theater, (UK) cinema
elokuvateollisuus movie/film/motion-picture industry
elokuvaus filming, motion picture photography, cinematography
elokuvayhtiö motion-picture corporation, (ark) (movie) studio
elollinen living, organic
elonkorjuu harvest(ing), reaping, (crop) gathering
eloperäinen organic, of organic origin
elosalama sheet/heat/summer lightning
elostelija 1 (naistenmies) rake(hell), seducer, womanizer, Don Juan, Lothario, Casanova **2** (irstailija) roué, lecher, debauchee, immoralist, sensualist, voluptuary, libertine, profligate, loose liver, man of loose morals
elostella lead a loose/fast/dissolute/dissipate life, lead a life of debauchery/excess/lechery/immorality/profligacy/indecency, have no care for the morrow
eloton 1 lifeless, inanimate, dead, inert **2** (tylsä) dull, boring, colorless, spiritless, unspirited **3** (ilmeetön) unexpressive, expressionless, unanimated, flat, blank, vacant
elpyminen recovery; return to strength/health/good condition/prosperity, improvement, turn for the better, economic upturn, boom
elpyä 1 (toipua) recover, revive, recuperate, return to strength/health/good condition, get your strength back, take a turn for the better, get better, rally, come around **2** (vilkastua) pick up, look up, catch/take fire, (start to) take off, get livelier, improve **3** (vaurastua jälleen) (begin to) flourish/prosper/thrive (again) *Firma alkaa elpyä* Things are looking up again for the company, business is picking up again, the company is ready to take off (again)
El Salvador El Salvador

eltaantua spoil, go/turn bad/rancid/sour, putrefy
elukka animal, beast, creature, critter *Senkin elukka mä vihaan sua!* You beast, I hate you!
elvyttää 1 (virvoittaa) revive, resuscitate, bring back to life, restore to life **2** (virkistyttää) revive, resuscitate, infuse new life into, refresh, freshen, renew, enliven, improve, quicken
elvytys 1 (henkiinherättäminen) resuscitation **2** (vilkastuttaminen) renewal, revival, resuscitation, improvement, reanimation, stimulation
eläimellinen 1 (eläimeen liittyvä) animal **2** (eläimen kaltainen) bestial, beastly, brutal, brutish **3** (raaka) cruel, ruthless, barbaric, barbarous, savage, inhumane
eläimistö animal kingdom/world, (jonkin paikan kaikki eläimet) fauna
eläin animal, brute, beast, creature; (villi-) dumb/wild animal/beast; (koti-) domestic/farm animal, pet
eläinjalostus animal husbandry, livestock breeding
eläinkunta animal kingdom
eläinlaji animal species
eläinlääketiede veterinary medicine
eläinlääketieteellinen veterinary
eläinlääkäri vet(erinarian), (UK) veterinary (surgeon)
eläinmaantiede zoogeography
eläinmaantieteellinen zoogeographical
eläinrasva animal fat
eläinrääkkäys cruelty to animals
eläinsairaala veterinary hospital
eläinsuojelu prevention of cruelty to animals
eläinsuojelulaki Prevention of Cruelty to Animals Act
eläintarha zoo(logical gardens)
eläintiede zoology
eläintieteellinen zoological
eläjä creature, living being *metsän eläjät* denizens of the woods, forest creatures/animals *omillaan eläjä* self-supporter
eläke pension, retirement pay, annuity
eläkeikä retirement age
eläkeikäinen of retirement/pensionable age; superannuated, senior citizen
eläkeläinen pensioner, retired person, senior citizen
eläkemaksu contribution to the retirement/pension fund/plan
eläketurva retirement plan
eläkevakuutus retirement/pension insurance
eläkevuosi year of retirement
eläkkeensaaja pensioner
eläköön *s* (eläköön-huuto) cheer *interj* hooray! hurrah! *Eläköön päivänsankari!* Let's hear it for the birthday boy! Three cheers for the birthday girl! *Eläköön kuningatar!* Long live the queen!
elämyksellinen memorable, powerful, moving, stunning
elämys memorable/powerful/moving experience, emotional response
elämä 1 life (mon lives); (elinaika) life(time); (elämäntapa) living, way of life, lifestyle **2** (ark) noise, racket, din, clamor, uproar *Ulkona pidettiin kovaa elämää koko yö* There was a terrible racket outside our windows all night
elämäkerrallinen biographical
elämäkerta biography
elämänasenne philosophy, attitude (toward life), outlook (on life)
elämänfilosofia philosophy (of life), outlook on life
elämänilo joie de vivre, joy of life; zest (for living), zeal, gusto, enjoyment, enthusiasm, verve, passion (for life/living)
elämäniloinen exuberant, enthusiastic, passionate, lively, spirited, animated, eager, energetic, zestful
elämän ilta the evening of life, the autumnal years, the declining years
elämänjano thirst for life; ks myös elämänilo
elämänkaari (course of) life
elämänkatsomuksellinen philosophical, ideological, doctrinal

elämänkatsomus world view, view of life, philosophy, outlook (on life)
elämänkatsomustieto (koulussa) ethics
elämänkokemus (life) experience, experience of life
elämän koulu school of hard knocks
elämänlaatu quality of life
elämänlanka thread of life
elämänmeno life, pace/course of life *nopea elämänmeno* life in the fast lane
elämänohje maxim, rule of conduct, (guiding) principle; (mon) code (of ethics)
elämänsisältö *Perhe on elämäni sisältö* My family is my whole life, I live (only) for my family
elämäntahti pace/rhythm of life
elämäntaipale course of life
elämäntapa way of life, lifestyle
elämän taso standard of living
elämäntehtävä mission/aim in life, calling, life's work
elämäntoveri companion (for life), (life) partner, (life) mate
elämäntuska existential anguish/ suffering
elämäntyyli lifestyle
elämäntyö life's work, calling
elämänura career, calling, profession, vocation, occupation
elämänusko life-sustaining faith, belief in life
elämänvaihe stage/phase of life
elämän vesi (raam) water of life, (kuv) elixir of life, aqua vitae (alkoholi)
elämänväsymys ennui, apathy, weariness, indifference, jadedness, exhaustion
elätellä nurse (hopes/a grudge), nurture (great thoughts), harbor (bitterness/a grudge), cherish (a fond hope), keep (your hopes/anger) alive, cling to
elättäjä supporter, breadwinner, provider
elättää 1 (hankkia elatus) support, maintain, provide for, provide food for, put food on the table for, keep, pay for **2** (ruokkia) feed, nourish, nurture, sustain, keep alive **3** (ihminen elättää tunnetta) nurse (hopes/a grudge), nurture (great thoughts), harbor (bitterness/a grudge), cherish (a fond hope), keep (your hopes/anger) alive, cling to **4** (tunne elättää ihmistä) carry, support, sustain, prop up, give you a lift, lift up, hold up, feed, nourish, provide spiritual sustenance *Toivo köyhän elättää, pelko rikkaan kuolettaa* Hope feeds the poor, fear devours the rich
elävyys liveliness, life, spirit(edness), vivacity, animation
elävältä *nylkeä/keittää elävältä* skin/ boil alive
elävä *s* (eliö) living being, creature; (ihminen) living person, real person; (mon) the living, people on earth, people this side of the grave, (usk) the quick *tulee tuomitsemaan eläviä ja kuolleita* will come to judge the quick and the dead
adj **1** (elossa) living, alive, breathing, quick, animate *On ihmeellistä nähdä tv-sankari elävänä* It's incredible to meet one of your TV heroes in the flesh, in person, in real life **2** (eloisa) lively, spirited, vivacious, animated, full of life/ spirit
elävöittää 1 (tehdä eloisaksi) enliven, liven up, animate, cheer up, brighten (up), quicken, pep up, inspire, excite, quicken, vitalize; (uudelleen) renew, rejuvenate **2** (herättää henkiin) give life, breathe life into, bring (back) to life, resuscitate, revive **3** (taiteessa) make (a character/scene) come to life, feel alive, feel real, bring to life
elävöityä 1 (tulla eloisaksi) come alive, liven up, become animated, cheer up, brighten (up), become/get inspired/ excited, perk up, light up **2** (saada eloa) be(come) invigorated, get your strength/ energy back, shake off depression/ despair/the doldrums
elää *itr* **1** (olla elossa) live, be alive, have life, draw breath, breathe, have being, exist, be, be animate **2** (asua, elellä jossakin) live, reside, dwell, abide, make your abode/home (somewhere), pass your life (somewhere) **3** (saada

elatus) subsist, survive, get on/along/by, support yourself, make ends meet, keep body and soul together *Miten sinä pystyt elämään (kun rahaa on niin vähän)?* How do you get by, how do you survive? *Hän eli kituuttaen* She eked out a meager existence **4** (saada elantonsa jostakin) live on/off/by, subsist on, support yourself by, earn your living/ livelihood by **5** (saada hengenravintoa jostakin) live by/on/off, take nurture/ heart from, draw strength/power/ fortitude/sustenance from **6** (liikehtiä) move, stir, bustle, be active, come to life, be lively, be full of life *Satama alkaa elää jo ennen aamua* The waterfront begins to stir before sunup **7** (jäädä eloon) survive, last, live on, persist, endure, abide, prevail, stand (the tests of time), stay/remain alive
tr **1** (viettää) live, pass, spend, while away, use, fill, occupy *Hän eli mukavaa elämää* He lived a life of ease **2** (joutua kestämään) undergo, go/live through, endure, suffer, withstand **3** (kokea) experience, feel, respond to, be touched/stirred/moved by *elää yhteistä hetkeä* share an experience **4** (asua) live in, inhabit, reside in, dwell in, occupy, take up residence in

elää leveästi live high on the hog, live the life of Riley; (tuhlata) go through money like water, drink champagne on a beer budget

emali enamel

emansipaatio emancipation

emi (kasv) carpel, pistil

emissio emission

emmentaljuusto Emmenthal(er) cheese, (US) Swiss cheese

emo mother, dam

emokortti (tietokoneen) motherboard

emootio emotion

emotionaalinen emotional

emoyhtiö parent company, main office

empiirinen empirical

empiretyyli Empire style

empirismi empiricism

empiristi empiricist

empivä hesitant, uncertain, unsure, irresolute, wavering, vacillating, doubtful

empiä hesitate, be hesitant/uncertain/ unsure/irresolute, waver, vacillate, shilly-shally, dillydally, straddle the fence

emäjoki main river

emäkarhu she-bear

emäkirkko mother church

emäksinen alkaline, basic

emäksisyys alkalinity, basicity

emämunaus (ark) royal foulup/fuckup, fiasco

emännöidä **1** run/manage a house(hold), keep house **2** (toimia emäntänä) act as hostess, preside (over a party, at table)

emäntä **1** (vihitty) (house)wife, the lady of the house **2** (palkattu) housekeeper; (juhlan) hostess **3** (laitoksen) matron, mistress, manageress

emäpuolue main party

emäpurje mailsail

emäs base, alkali

emätin vagina

emävale (ark) big fat lie, dirty rotten lie

emäyhtiö parent company

enemmistö majority

enemmistödiktatuuri dictatorship of the majority

enemmistöhallitus majority government

enemmistöpuolue majority party

enemmistövaalit election by simple majority

enemmän **1** more, a greater number/ amount/quantity *pitää enemmän* prefer, favor *enemmän kuin vaikea tehtävä* extremely/ unbelievably difficult task *Siellä on enemmän kuin 100 ihmistä* There's upwards of 100 people in there **2** (pikemmin(kin)) rather, more *Minusta se on enemmän beesi kuin valkoinen* I'd say it's more beige than white, beige rather than white *Martta on enemmän laulaja kuin pianisti* Martta is more of a singer than a pianist

enempi ks enemmän

enentää increase, enlarge, expand, augment, add to, make greater/larger

energia 1 (sähkö- jne) energy, power, force **2** (tarmo) energy, vitality, vigor, zest, zeal, enterprise, drive, hustle
energialaji energy type, type of power
energian kulutus energy/power consumption
energiapolitiikka energy policy
energinen energetic, active, vigorous, enterprising, forceful, dynamic, go-getting, high-powered, hard-working, industrious
englannin kieli English, the English language
englanninkielinen English, in English, English-language
englantilainen *s* Englishman, Englishwoman *englantilaiset* the English *adj* English
enimmäishinta maximum/fixed/top/ceiling price
enimmäismäärä maximum (amount), highest amount; (lakisääteinen) legal maximum
enimmäkseen mostly, primarily, chiefly, for the most part, largely, mainly, principally; (useimmiten) in most cases, as a rule, most often, generally
enimmät most, almost all
enintään at (the) most, not more/higher/longer/bigger jne than *enintään kaksi viikkoa* at most two weeks, two weeks at (the) most, (ark) two weeks tops, not more than two weeks, no longer than two weeks
eniten (the) most (of all) *eniten tarjoava* the highest bidder *eniten myyty* bestselling, topselling
enkeli angel (myös kuv), (lapsesta myös) cherub
enkelimäinen angelic, cherubic
ennakko advance (payment), down payment, money down, prepayment
ennakkoaavistus premonition, foreboding, presentiment, apprehension
ennakkoarvio estimate, forecast, prognosis, prediction
ennakkohoito prophylaxis, preventive medicine
ennakkolaskelma estimate, forecast, prognosis
ennakkoluulo 1 (ennakkokäsitys) prejudice, preconception, prejudgment, predisposition **2** (puolueellinen käsitys) bias, slant
ennakkoluuloinen prejudiced, biased, bigoted, partial, narrow-minded, intolerant, discriminatory
ennakkoluuloisuus prejudice, bias, bigotry, partiality, narrow mindedness, intolerance, discrimination
ennakkoluuloton unprejudiced, unbiased, impartial, open-minded, broad minded, tolerant, non-discriminatory, liberal
ennakkoluulottomuus 1 (ennakkoluulon puute) impartiality, lack of prejudice, freedom from bigotry **2** (avarakatseisuus) open-mindedness, broad mindedness, tolerance, fairness, live-and-let-live attitude
ennakkomyynti advance sale(s)/booking, reservation
ennakko-oire symptom
ennakkosuosikki favorite, person/horse jne favored to win, front-runner
ennakkosuunnitelma plan, scheme, blueprint
ennakkotapaus precedent
ennakkotieto advance notice/information, foreknowledge
ennakkotilaaja subscriber
ennakkotilaus subscription
ennakkotoimenpide preventive measure, precaution
ennakkoäänestys absentee vote/ballot
ennakointi 1 anticipation, (advance) preparation, expectation **2** (ennustaminen) forecast, prediction, prognostication
ennakoida 1 (valmistautua ennakolta) anticipate, prepare (yourself) for, expect, look for(ward to), count on **2** (ennustaa) foretell, foresee, forecast, predict, prognosticate
ennakolta 1 in advance, beforehand, (maksaa, ark) up front **2** (filos) a priori
ennakonpidätys withholding

ennallaan as it was, as they/things were, like before *pysyä ennallaan* stay the same, stay as it is/they are, remain unchanged/unaltered, not change *kaikki on taas ennallaan* everything's the same again, as it was before, back to normal
ennalta in advance, beforehand *Hän oli minulle ennalta tuttu* I knew him from before
enne omen, sign, token, portent, auspice *Se on hyvä enne* It bodes well (for the future)
ennemmin 1 (aikaisemmin) earlier, before, sooner *ennemmin tai myöhemmin* sooner or later **2** (mieluummin) rather, sooner, preferably
ennenaikainen premature, untimely, precipitate, inopportune, abortive
ennenaikaisesti too soon, too early, prematurely, abortively
ennen *adv* before, earlier, previously, formerly, once, in the past, in the olden days *Tämä oli ennen hieno talo* This used to be a fancy house
prep before, prior to, previous to, in advance of, ahead of *ennen lounasta* before lunch *ennen sovittua päivää* prior to the agreed-upon date, in advance of the specified date
ennestään already *Tunsin hänet ennestään* I knew him from before, I already knew him, we'd (already) met
ennustaa 1 (profetoida) predict, prophesy, foretell, foresee, divine, tell the future, tell fortunes, read the signs **2** (sää) forecast the weather, draw up a weather forecast, read the weather report; (tauti) prognosticate **3** (otaksua) presume, assume, think likely, suspect **4** (olla enteenä) herald, augur/bode (well/ill), presage, portend
ennustaja 1 (profeetta) prophet, seer, soothsayer, oracle, sage, foreteller, prognosticator; (povaaja) fortune-teller, crystal-gazer, geomancer, palmist, palm-reader, astrologer **2** (meteorologi) weather forecaster
ennuste 1 (sää-) (weather) forecast **2** (lääk) prognosis
ennustettava predictable
ennustus (profetia) prediction, prophecy, prognostication, forecast
ennättää 1 (keritä) have/find time (to do something), make it (on time), get there (on time), take it (there on time, around to everybody), reach (a place on time) *Ennätätkö katsoa tätä?* Do you have time to take a look at this? **2** (saavuttaa) reach, get as far as, (sl) make *En millään ennätä kuudeksi* I'll never make it/get there by six **3** (kohdata) catch (up with/to), (take by) surprise
ennätyksellinen record, unprecedented, unheard-of, exceptional
ennätyksellisesti exceptionally, extraordinarily; (lyhyessä ajassa) in record time, (korkealle) to an all-time high
ennätys record
eno (maternal) uncle, mother's brother
ensi 1 (ensimmäinen) first **2** (seuraava) next
ensiapu first aid
ensiapukurssi first-aid course/class
ensiapulaatikko first-aid kit
ensiarvoinen of primary/greatest/vital importance
ensiesiintyminen debut
ensiesitys premiere, (elokuva) first run/showing
ensi-ilta premiere, first/opening night
ensikertalainen first-timer; (oik) first offender; (aloittelija) beginner, novice, neophyte, rookie
ensiksi 1 first **2** (aluksi) at first, to begin with, for a start, straight/right off, initially, at the outset **3** (ensinnäkin) firstly, first off/of all, in the first place, for one thing **4** (ennen kaikkea) first of all, first and foremost, above all
ensiluokkainen first-class, first-rate, topnotch, top-quality; (ruoka) prime, choice, select, best, finest
ensiluokkalainen first-grader
ensimmäinen first; (johtava) leading, principal, chief, foremost
ensimmäiseksi ks ensiksi
ensin ks ensiksi
ensinkään at all, in the least *Hän ei aikonut ensinkään tulla* She wasn't

planning to come at all, she hadn't the slightest intention of coming *Se ei vaivaa minua ensinkään* That doesn't bother me in the least
ensinnäkin ks ensiksi
ensipainos first edition, first run
ensisijainen primary, main, chief, principal, most important
ensisijaisesti primarily, mainly, chiefly, principally, most importantly, first and foremost, in the first place
ensivaikutelma first impression
ensyklopedia encyclopedia
enteillä herald, augur/bode (well/ill), presage, portend, forebode, foretoken
entinen 1 (aikaisempi) former, ex-, one-time; (edellinen) previous, earlier *entistä enemmän* more/greater than before *Hän on vain varjo entisestään* He's a mere shadow of his former self **2** (muinainen) ancient, past, olden, bygone *muistella entisiä* reminisce, recall past times, think about the good old days *sanoi entinen mies* (as) the man said
entisaika the olden days, the good old days, ancient times, times gone by, days of yore/old, bygone days/times
entisestään ks ennestään
entistää restore, renovate
entisöidä restore, renovate
entsyymi enzyme
entuudestaan ks ennestään
entä *Entä minä?* What about me? *Entä jos hän ei tulekaan?* What if he doesn't come? Supposing he doesn't come? What'll happen/we do if he doesn't come? *Entä sitten?* So what? Who cares? Big deal *Miten pyyhkii? Ihan hyvin, entä itselläsi?* How's it going? Fine, how about you(rself)? Fine, and you?
enää 1 (kielteisessä yhteydessä: enempää) (any) more; (kauemmin) any more, any longer *Ruokaa ei ole enää* There's no more food *En ole enää lapsi* I'm no longer a child, I'm not a child any more/longer **2** (myönteisessä yhteydessä) only *Enää on yksi nakki jäljellä* There's only one wiener left *Vain meidän Anna on enää koulussa* Anna's our only child still in school
epidemia epidemic
epideminen epidemic
epidemiologi epidemiologist
epidemiologia epidemiology
epilepsia epilepsy
epilogi epilogue
episodi episode
epistola epistle
epistolateksti epistolary scripture (reading)
epäasiallinen 1 (huomautuksesta: asiaankuulumaton) irrelevant, unrelated, unconnected, beside the point, neither here nor there, not germane **2** (huomautuksesta: perusteeton) groundless, ungrounded, unjustified, uncalled-for **3** (käytöksestä, pukeutumisesta jne: sopimaton) unbusinesslike, unsuitable, inappropriate, unbefitting, improper, unbecoming, unseemly, unacceptable, incongruous **4** (käytöksestä jne: järjetön) irrational, unreasonable, emotional
epäedullinen 1 (teosta: kannattamaton) unprofitable, disadvantageous **2** (teosta: vahingollinen) harmful, injurious, dangerous, detrimental **3** (tilanteesta: epäsuotuisa) disadvantageous, adverse, unfavorable, unpropitious, unfelicitous, unfriendly
epähieno 1 (liian suora) tactless, undiplomatic, unsubtle, indiscreet, indelicate **2** (liian karkea) indecorous, unrefined, rude, gauche
epähuomiossa by accident, accidentally, unintentionally, without thinking, inadvertently, by mistake, by/through an oversight
epähygieeninen unsanitary, unclean, dirty, filthy
epäilemättä doubtless(ly), undoubtedly, no doubt, without doubt, indubitably, unquestionably, unmistakably, certainly
epäilijä doubter, skeptic, disbeliever, doubting Thomas
epäillä 1 (uumoilla, luulla) think, suspect, guess, imagine, conjecture, surmise, hypothesize, believe, suppose *Epäilen, ettei hän puhu totta* I suspect he isn't telling the truth **2** (pitää epävar-

mana) doubt, question, wonder, be skeptical about/concerning, have doubts about, be doubtful; (olla epävarma) feel uncertain, lack conviction, be indecisive, waver; (olla epäluuloinen) suspect someone, mistrust, distrust, be distrustful (of), be suspicious (of), harbor suspicions (about), be apprehensive (about), believe guilty *En yhtään epäile, etteikö hän puhu totta* I have no doubt but that he's telling the truth

epäily (epäileminen) doubting, questioning, wavering; (epäilevyys) mistrust, suspiciousness, skepticism; (paha aavistus) misgiving(s), apprehension; (epäluulo) doubt, suspicion *Hänen puhetapansa herätti minussa epäilystä* The way he talked aroused my suspicions, raised a doubt in my mind *täynnä epäilyä* full of misgivings

epäilys (epäluulo) doubt, suspicion; (paha aavistus) misgiving(s), apprehension *Hänellä oli omat epäilyksensä* She had her doubts *kaiken epäilyksen ulkopuolella* beyond a shadow of a doubt, above suspicion

epäilyttävä 1 (asiasta: arveluttava) suspicious, questionable, shady, fishy, dubious, suspect, open to doubt **2** (asiasta: epätodennäköinen) doubtful, questionable, unlikely **3** (ihmisestä: arveluttava) suspicious, questionable, shady, suspect **4** (ihmisestä: epäluotettava) untrustworthy

epäilyttää *minua epäilyttää tämä asia* this business looks suspicious/shady/ fishy to me

epäinhimillinen 1 (ei-ihmismuotoinen) inhuman, unhuman, nonhuman, nonhumanoid, alien **2** (julma) inhuman, inhumane, cruel, merciless, pitiless, heartless, cold/hard-hearted

epäisänmaallinen unpatriotic

epäitsekkyys unselfishness, selflessness, self-sacrifice, altruism

epäitsekkäästi unselfishly, selflessly, self-sacrificingly, altruistically, without a thought for him/herself

epäitsekäs unselfish, selfless, self-sacrificing, altruistic

epäjumala idol, heathen/pagan god

epäjumalanpalvelija idolater

epäjärjestys disorder, chaos, disarray, disorderliness, confusion

epäkeskinen eccentric

epäkesko eccentric

epäkohta 1 (heikko kohta) flaw, fault, defect, blemish, imperfection, weakness, weak spot, shortcoming **2** (huono puoli) drawback, disadvantage, bad side, problem **3** (parannettava asia, valituksen aihe) grievance, injustice, wrong, hurt, iniquity, outrage, injury **4** (mon) ills, (social) evils, grievances, grievous/ unjust/inequitable/outrageous/injurious/ bad situation/conditions/ circumstances

epäkohtelias 1 impolite, discourteous, unmannerly, uncivil **2** (epäystävällinen) unfriendly, hasty, cold **3** (epäkunnioittava) disrespectful, impertinent, insolent **4** (töykeä) rude, boorish, ill-bred

epäkunnioittava (arvoa loukkaava) disrespectful, impertinent, insolent, impudent, presumptuous, brazen; (tunteita loukkaava) insulting, offensive, abusive, derogatory, defamatory; (hyviä tapoja loukkaava) impolite, discourteous, unmannerly, uncivil

epäkypsä 1 (raaka: hedelmä) raw, unripe, green; (leivonnainen) not done (yet), uncooked, still gooey (in the middle); (liha) not done (yet), uncooked, still red/tough **2** (lapsellinen) immature, childish, puerile, juvenile

epäkäs (geom) trapezoid

epäkäslihas (anat) trapezius

epäkäytännöllinen 1 impractical, unpractical **2** (ihmisestä: ei tajua käytäntöä) unrealistic, unwise, out of touch, dreamy, starry-eyed, romantic, intellectual **3** (ihmisestä: ei hallitse käytäntöä) disorganized, clumsy, butterfingered, inept, bungling, maladroit, no good with his/her hands **4** (asiasta tai esineestä) poorly built/

planned/designed, awkward/ impossible to use, unusable, inconvenient
epäkäytännöllisyys impracticality
epälojaali disloyal, untrue, unfaithful, faithless; (petturimainen) seditious, traitorous, treasonous, subversive
epälukuinen innumerable, numberless, numerous, countless, incalculable
epäluotettava 1 unreliable, untrustworthy, undependable, not to be trusted **2** (ihminen, myös: vastuuton) irresponsible, not conscientious; (petollinen) deceitful; (epävakaa) unstable, changeable, fickle, unpredictable, erratic **3** (väite, myös: kyseenalainen) questionable, dubious, uncertain, unlikely; (virheellinen) erroneous, mistaken, inaccurate, false
epäluottamus lack of confidence, distrust, mistrust, doubt, misgiving, apprehension, disbelief
epäluottamuslause vote of censure/ no-confidence
epäluulo suspicion, ks myös epäily(s)
epäluuloinen suspicious, ks myös epäilevä
epämetalli metalloid, nonmetal
epämiehekäs 1 unmanly, unmasculine, emasculated **2** (naismainen) effeminate, womanish, sissyish **3** (pelokas) cowardly, timid, fainthearted
epämiellyttävä 1 unpleasant, disagreeable, displeasing, distasteful **2** (epäsympaattinen) unlikable, unattractive **3** (epäkohtelias) ill-natured, churlish, ill-humored, ks myös epäkohtelias **4** (inhottava) nasty, offensive, repulsive, repugnant, obnoxious, objectionable
epämukava 1 (ruumiiseen sopimaton) uncomfortable; hard (chair, couch, bed), tight/pinching (shoes), tight/ binding (pants, shirt, coat) **2** (mielialaan sopimaton) uncomfortable, uneasy, awkward, embarrassing, unpleasant, trying, difficult, ticklish *Minulla on täällä erittäin epämukava olo* I am very ill at ease here, I feel out of place, I feel like I have two heads/left feet **3** (toiminnan sopimaton) inconvenient, awkward, inopportune, untimely, bothersome, troublesome *Hän tuli epämukavaan aikaan* He came at an inopportune/ inconvenient time, at a bad time, at the wrong time
epämukavuus 1 (tunne) discomfort, uneasiness, awkwardness, embarrassment **2** (esineen ominaisuus) hardness, tightness jne, ks epämukava **3** (tilanteen ominaisuus) unpleasantness, difficulty, ticklishness **4** (toiminnan ominaisuus) inconvenience, inopportuneness, untimeliness
epämuodollinen informal, casual, natural, offhand
epämuodostuma deformity, deformation, malformation, disfiguration
epämuodostunut deformed, malformed, misshapen, disfigured
epämusikaalinen unmusical *Riitta on täysin epämusikaalinen* Riitta has no ear for music
epämusikaalisuus lack of musical talent
epämääräinen 1 (määrittämätön) indefinite, undefined, unspecified, undetermined, indeterminate, inexact, imprecise, inexplicit, unclear, unstated **2** (mielivaltainen) arbitrary, unrestrained, unlimited, uncontrolled **3** (hämärä) vague, indistinct, dim, ill-defined, obscure, unclear *epämääräiset tiedot* vague/ambiguous information **4** (arvoituksellinen) ambiguous, enigmatic *epämääräinen hymy* enigmatic smile **5** (muodoton) amorphous, shapeless, chaotic, messy *epämääräinen röykkiö tavaroita* messy/chaotic pile of things/stuff *epämääräinen hahmo* a vague/amorphous figure/shape
epämääräisesti 1 (määrittämättä) indefinitely, inexactly, inexplicitly, without being clearly stated, without being spelled out **2** (mielivaltaisesti) arbitrarily, uncontrollably, without limits **3** (hämärästi) vaguely, indistinctly, dimly, obscurely **4** (arvoituksellisesti) ambiguously, enigmatically **5** (muodot-

tomana) without form/shape, chaotically, messily

epämääräisyys 1 (määrittämättömyys) indefiniteness, lack of definition, indeterminacy, inexactitude, inexplicitness, lack of clarity **2** (mielivaltaisuus) arbitrariness, lack of restraint, capriciousness **3** (hämärä asia/olotila) vagueness, obscurity, lack of clarity, ambiguity **4** (muodottomuus) shapelessness, formlessness, chaos, mess(iness)

epänaisellinen 1 unwomanly, unfeminine **2** (miesmäinen) mannish **3** (kova) hard, unfeeling, cold, unsympathetic, bitchy

epäoikeudenmukainen 1 unfair, unjust, inequitable **2** (puolueellinen) partial, biased, one-sided **3** (epärehellinen) dishonorable, dishonest, unprincipled, unethical **4** (häikäilemätön) unscrupulous, underhand(ed), corrupt, dirty, foul

epäoikeudenmukaisesti 1 unfairly, unjustly, inequitably **2** (puolueellisesti) partially, with bias, one-sidedly **3** (epärehellisesti) dishonorably, dishonestly, unethically **4** (häikäilemätön) unscrupulously, underhandedly, corruptly

epäoikeudenmukaisuus 1 unfairness, injustice, inequity **2** (puolueellisuus) partiality, bias, one-sidedness **3** (epärehellisyys) dishonesty, lack of principles, unethical behavior **4** (häikäilemättömyys) corruption, dirty play/pool, foul play

epäolennainen inessential, immaterial, irrelevant, incidental, secondary, minor, trivial, superfluous

epäonni 1 bad luck, ill luck, hard luck, misfortune, ill fortune **2** (vastoinkäyminen) calamity, mishap, catastrophe, disaster **3** (vaikeat ajat) adversity, hardship, tribulation

epäonnistua 1 fail, not succeed, be unsuccessful **2** (olla onnistumatta) come to nothing/naught, abort, fall through **3** (onnistua huonosti) miss the mark, turn out badly, founder **4** (kärsiä tappio) be defeated, meet your Waterloo, meet with disaster, come to grief **5** (mennä myttyyn) go up in smoke, bomb, flop, fizzle out

epäonnistuminen 1 failure, lack of success, ill success, vain attempt **2** (huono menestys) misfire, mishap, washout, botch, fizzle **3** (täydellinen fiasko) defeat, disaster, catastrophe, calamity, fiasco

epäonnistunut 1 failed, unsuccessful; (myttyyn mennyt) abortive, washed out, fizzled out, bombed, flopped *epäonnistunut ihminen* failure, loser, washout, flop

epäorgaaninen inorganic

epäorgaaninen kemia inorganic chemistry

epäpoliittinen apolitical, unpolitical, nonpolitical

epäpuhdas 1 unclean, impure; (saastunut) polluted, foul **2** (epäsiveä) impure, unchaste, filthy, dirty **3** (mus) discordant, off-key, out-of-tune

epäpuhtaus 1 unclean(li)ness, impurity **2** (mus) discordance

epäpyhä 1 unholy **2** (jumalaton) ungodly, profane, wicked, evil, diabolic(al) **3** (siunaamaton) unhallowed, unconsecrated

epäpätevä 1 (ihmisestä: kykenemätön) incompetent, inept, incapable; (kouluttamaton) untrained, inexpert; (virkaan) unqualified *julistaa epäpäteväksi* declare unqualified, disqualify **2** (väitteestä) groundless, ungrounded, false, erroneous, mistaken

epärehellinen dishonest; (petollinen) crooked, unscrupulous, deceitful, dishonorable, unprincipled, fraudulent, underhanded; (kaksinaamainen) disingenuous, insincere, twofaced, double-dealing

epärehellisyys dishonesty; (petollisuus) crookedness, deceit, lack of principles/honor, fraud(ulence), underhandedness; (kaksinaamaisuus) disingenuity, insincerity, twofacedness

epäröidä hesitate, doubt, be in doubt, be of two minds, be hesitant/doubtful/

uncertain/unsure/irresolute/undecided; (ark) shilly-shally, dillydally, straddle the fence

epäröimätön unhesitating, unwavering, certain, sure, resolute, decided, definite, confident

epäröinti hesitation, doubt(ing), uncertainty, wavering, vacillation, fence-straddling

epäselvyys 1 (hämäryys) lack of clarity, vagueness, obscurity, opacity, ambiguity *tekstin epäselvyys* the opacity/ambiguity/vagueness of a text, the obscure meaning of a text **2** (määrittämättömyys) indefiniteness, lack of (clear) definition, (glittering) generality, imprecision, inexplicitness **3** (epävarmuus) uncertainty, ambiguity *Firmassa vallitsi täydellinen epäselvyys siitä, miten pelastautua konkurssilta* Nobody in the company had any idea how to stave off bankruptcy **4** (kyseenalaisuus) dubiousness, suspiciousness, shadiness, fishiness

epäselvä 1 (hämärä) unclear, vague, indistinct, dim *epäselvä hahmo* indistinct/dim shape/form *epäselvä tehtävä* vague/ill-defined task *epäselvää puhetta* unclear/indistinct/slurred speech *jostain epäselvästä syystä* for some obscure reason *epäselvä viite* obscure reference *epäselvä runo* obscure/opaque/ambiguous poem *epäselviä muistoja* vague/dim/indistinct/obscure memories **2** (määrittämätön) unclear, indefinite, undefined, unspecified, unstated *Se jäi epäselväksi* That wasn't spelled out, that wasn't made clear/explicit *Minulla on vieläkin epäselvä kuva siitä mitä minun pitää tehdä* I'm still not clear on what I have to do, you still haven't given me any clear/definite/exact/precise picture of what I'm supposed to do **3** (epävarma) uncertain, unsure, ambiguous *on epäselvää milloin...* it's uncertain when..., I'm not sure when..., nobody knows when... **4** (kyseenalainen) dubious, suspicious, shady, fishy *Hän on sekaantunut epäselviin puuhiin* He's involved in some shady deals

epäselvästi vaguely, indistinctly, dimly, obscurely, imprecisely, ambiguously *puhua epäselvästi* mumble, mutter, talk into your beard *näkyä epäselvästi* be dimly/barely visible *muistaa epäselvästi* have a vague memory that *lausua sana epäselvästi* pronounce a word imprecisely

epäsiisti untidy, messy, disorderly; (ihminen) unkempt, slovenly, sloppy, disheveled, mussed (up), rumpled, tousled, bedraggled; (paikka) littered, cluttered, chaotic, helter-skelter

epäsikiö monster, monstrosity

epäsointu dissonance, discord(ance), disharmony

epäsointuinen dissonant, discordant, disharmonious

epäsuhde disproportion, disparity

epäsuhta disproportion, disparity

epäsuhtainen disproportionate, disparate

epäsuomalainen un-Finnish

epäsuora 1 (välillinen) indirect, mediated *epäsuora esitys* (kielessä) indirect/reported speech/discourse *epäsuora sanajärjestys* (runossa) inversion **2** (kiertävä) indirect, roundabout, circuitous, oblique *epäsuora tie* roundabout way, circuitous road/path **3** (välttelevä) evasive, not straightforward, hedging *epäsuora vastaus* evasive reply **4** (vihjaava) insinuating, hinting, suggestive

epäsuorasti 1 (välillisesti) indirectly **2** (kiertäen) indirectly, in a roundabout way/manner, circuitously, obliquely **3** (vältellen) evasively, not straightforwardly, without being straightforward/open/upfront *Poliitikko vastasi epäsuorasti* The politician hedged, evaded the question, replied evasively/indirectly, In his reply the politician was not entirely straightforward **4** (vihjaten) insinuatingly, suggestively *viitata epäsuorasti* imply, insinuate, hint at, get at, suggest

epäsuosio disfavor; (häpeällinen) disgrace, (lievä) disapproval *joutua jonkun epäsuosioon* incur someone's disfavor/disapproval, fall out of favor with someone, fall from someone's good graces *olla epäsuosiossa* be in disfavor/ disgrace, be unpopular, be in the doghouse

epäsuotuisa 1 (epäedullinen) unfavorable, ill-favored, unfortunate **2** (onneton) unhappy, infelicitous **3** (huonosti ajoitettu) inauspicious, untimely, inopportune **4** (ei lupaava) unpropitious, unpromising

epäsymmetria asymmetry

epäsymmetrinen asymmetrical

epäsäädyllinen 1 (säädylle sopimaton) indecent, unseemly, improper, unbecoming, indiscreet, vulgar, in bad taste, immodest **2** (irstas) immoral, obscene, unwholesome, dirty, filthy, smutty

epäsäännöllinen 1 (tavallisuudesta poikkeava) irregular, unusual, eccentric, abnormal, aberrant, anomalous *epäsäännöllinen verbi* irregular verb **2** (outo) peculiar, queer, odd, singular **3** (epäjärjestelmällinen) irregular, unsystematic, unmethodical, haphazard *epäsäännölliset työtavat* unmethodical/ unsystematic work habits *epäsäännölliset työajat* irregular/varying/odd working hours **4** (epäsuora) uneven, out of line, crooked, unaligned **5** (epätasainen) rough, broken, bumpy, not smooth **6** (epäsymmetrinen) asymmetrical, malformed

epäsäännöllisyys irregularity, eccentricity, singularity, haphazardness, unevenness, asymmetry, malformation (ks epäsäännöllinen)

epätaloudellinen 1 (epäedullinen) uneconomic(al), unprofitable, wasteful **2** (tuhlaileva) prodigal, spendthrift, wasteful, improvident

epätarkoituksenmukainen counterproductive

epätasainen 1 (ei sileä) uneven, unsmooth, bumpy, lumpy, jagged, rough, rugged, coarse **2** (epäsäännöllinen) uneven, irregular, out of line, out of sync, varying *Elokuva oli taiteellisesti epätasainen* The movie was artistically uneven, the movie didn't hold together artistically **3** (epäsuhtainen) unequal, one-sided, unbalanced, lopsided, ill-matched, unfair *Nyrkkeilyottelu oli epätasainen* The boxing match was one-sided, the boxers were ill-matched

epätavallinen 1 (tavallisuudesta poikkeava) unusual, out of the ordinary, rare, atypical, untypical, uncommon **2** (tavallista parempi) extraordinary, remarkable, noteworthy **3** (ainutlaatuinen) unique, one of a kind, singular **4** (outo) strange, curious, peculiar

epäterveellinen 1 unhealthy, unwholesome **2** (vahingollinen) harmful/ detrimental/deleterious/dangerous/ hazardous to your health, bad for your health, bad for you, not good for you **3** (epähygieeninen) unsanitary, unhygienic

epätieteellinen unscientific, unscholarly

epätietoinen 1 (tietämätön yleensä) unaware, unknowing, unknowledgeable, ignorant, uninformed **2** (tietämätön tulevasta uhasta) unsuspecting, unwarned, unmindful, off your guard, in the dark about, unalerted **3** (epävarma ihminen) uncertain, unsure, doubtful *Olen edelleenkin epätietoinen siitä, mitä tarkoitat* I still don't know what you mean, I'm still not sure/certain what you're driving at

epätietoisuus 1 (tietämättömyys) unawareness, ignorance **2** (ihmisen epävarmuus) uncertainty, doubt **3** (asian epävarmuus) uncertainty, indefiniteness

epätodellinen 1 unreal **2** (sepitteinen) not real, make-believe, fictitious, legendary **3** (kuviteltu) imagined, imaginary, fantastic, illusory, phantasmagorical, nonexistent, (olo) unreal, surreal, dreamlike, dreamy *Minulla on epätodellinen olo* Everything feels unreal, like a dream

epätodennäköinen improbable, unlikely

epätoivo despair, desperation, despondency, depression *joutua epätoivoon* (fall into) despair, become despondent/depressed *Joskus sinun vastuuttomuutesi saattaa minut epätoivoon* Sometimes your irresponsibility drives me crazy, drives me to despair, makes me want to climb the walls

epätoivoinen 1 (masentunut) despairing, despondent, depressed, wretched **2** (vimmattu) desperate, wild, frantic **3** (toivoton) hopeless, impossible, beyond help, lost, futile

epätosi untrue, untruthful, false, incorrect

epätyydyttävä unsatisfactory, unacceptable, inadequate, below par

epätäydellinen 1 (viallinen) imperfect, less than perfect, defective, faulty, flawed, blemished, impaired, impure **2** (vajavainen) incomplete, unfinished, partial, broken, fragmentary *epätäydellinen lause* incomplete sentence

epätäydellisyys imperfection; incompleteness, fragmentariness

epäusko 1 (uskonpuute) disbelief, (raam) unbelief, skepticism, incredulity, lack of credence **2** (epäily) doubt(fulness), dubiety, distrust, mistrust

epäuskoinen 1 (ei-uskova) disbelieving, skeptical, incredulous **2** (epäilevä) doubting, doubtful, dubious, distrustful, mistrustful

epäuskottava 1 (epäluotettava) unbelievable, not believable, untrustworthy, dubious **2** (epätodennäköinen) unlikely, improbable *epäuskottava juttu* cockamamie story, fairy tale

epävakaa 1 (horjuva) unstable, shaky, wobbly, tottering **2** (vaihteleva) fluctuating, not constant, variable, unsteady, changing, changeable, vacillating, shifting **3** (epävarma) fitful, unsettled **4** (henkisesti) erratic, volatile, mercurial, unpredictable

epävakaisuus instability, shakiness, inconstancy, variability, unsteadiness, changeability, volatility

epävarma 1 (tietämätön) uncertain, not certain, unsure, not sure, doubtful, dubious **2** (empivä) not confident, lacking confidence, hesitant, timid **3** (vahvistamaton) unconfirmed, undecided, undetermined, unsettled, up in the air, in question **4** (epämääräinen) indefinite, indeterminate, hazy, nebulous **5** (epävakaa) unsteady, changing, vacillating, unpredictable

epävarmuus 1 uncertainty **2** (empivyys) lack of confidence, hesitancy, timidity **3** (epämääräisyys) indefiniteness, indeterminateness, haziness, nebulousness **4** (epävakaisuus) unsteadiness, changeability, unpredictability

epävirallinen unofficial, informal

epävirallisesti unofficially, informally, off the cuff/record

epävirallisuus informality

epävireessä 1 out of tune, off key **2** (kuv) downcast, down in the dumps, off your feed

epävireinen 1 off-key, untuned **2** (kuv) discordant, jangly

epäystävällinen unfriendly, disagreeable, unkind, unsociable

erakko hermit, recluse, solitary

erehdys error, mistake, blunder; (epähuomiosta johtuva) oversight, slip(up); (ark) booboo *yritys ja erehdys* trial and error *Hän sanoi sen erehdyksessä* He let it slip, it was a slip of the lip/tongue, he blurted it out, he let it out accidentally

erehdyttää mislead, misguide, misdirect, lead astray, lead into error, deceive

erehtymätön infallible, unerring

erehtyväinen fallible, errant

erehtyä 1 (tehdä virhe) err, make a mistake, slip up, commit an error, be in error, be mistaken; (ark) mess up, screw up, blow it *erehtyä ovesta* mistake the door, get/open/ pick the wrong door **2** (langeta) lapse (from virtue), go astray, sin, transgress, misbehave **3** (haksahtaa) lapse, do mistakenly/ accidentally/ unintentionally/ inadvertently, do by mistake *Hän erehtyi hymyilemään vaikka yritti olla vihainen* She cracked a smile despite her attempts to stay angry

erhe (ylät) error, mistake

erheellinen erroneous, mistaken
eri 1 (erilainen) different, another *Se on ihan eri asia* That's completely different, that's another matter altogether *olla eri mieltä* disagree *Kenkäsi ovat eri paria* Your shoes don't match **2** (erillinen) separate, different *Meidät pantiin eri huoneisiin* We were put in separate rooms *eri tilauksesta* on special order **3** (moni) various, varying, different *eri syistä* for various reasons
eriarvoinen 1 (raha-arvo) of different value *eriarvoinen seteli* a bill of a different denomination **2** (sotilasarvo) of different rank **3** (tasa-arvo) inequal
eriarvoisuus inequality
eriasteinen of/at a different degree/level
eri-ikäinen not the same age, older/younger
erikoinen 1 (poikkeuksellinen) special, exceptional, out of the ordinary *erikoisen hyvä hiihtäjä* an exceptionally/especially good skier **2** (omituinen) peculiar, odd, strange *aika erikoinen tyyppi* what a weirdo, quite an odd fish, what a bizarre guy **3** (luonteenomainen) distinctive, characteristic, particular, typical *Kullakin on oma erikoinen kirjoitustapansa* Everyone has his/her own distinctive (style of) writing **4** (vartavastinen) specific, especial, certain, own
erikoisala special field/line/subject, (area of) specialization, specialty
erikoisasema special/unique position, (etuoikeutettu) privileged status
erikoisjoukot Special Forces
erikoisjärjestely special arrangement
erikoiskirjeenvaihtaja special correspondent
erikoiskoulutus special training
erikoiskäsittely special treatment/handling
erikoislaatuinen special, unique *erikoislaatuinen ongelma* a problem of a particular kind, a special sort of problem
erikoislaite special equipment/instrument
erikoisliike specialized/specialty store/shop
erikoisluonne unique character
erikoislääkäri specialist
erikoismääräys (käsky) special decree; (laki) special regulation
erikoisolot unique/characteristic conditions
erikoisominaisuus special feature/characteristic/quality, singularity; (mon) special strengths and weaknesses
erikoispiirre special/characteristic/distinctive feature
erikoistapaus exception, special case/situation
erikoistarjous special, sale price, bargain, discount *Jauheliha on erikoistarjouksessa* There's a special on hamburger at the supermarket
erikoistehtävä special task/assignment/mission/duty
erikoistilanne special situation
erikoistua specialize
erikoistuntomerkki distinguishing feature
erikoistutkija special investigator/researcher
erikoistutkimus special investigation/research
erikoisuus special(i)ty, special/unique/distinctive feature; (harvinaisuus) curiosity *Hannu tavoittelee kiihkeästi erikoisuutta* Hannu tries so hard to be different
erikoisvaatimus special requirement, (lak) special claim; (mon) special qualifications
erikoisvaliokunta select committee
erikseen 1 (erillään, yksi kerrallaan) individually, separately, one at a time **2** (erilleen) aside
erilainen (erikaltainen) different, unlike, dissimilar; (poikkeava) divergent *Heillä on erilaiset käsitykset siitä* They have divergent ideas/views on it, they disagree on it
erilaistaa make different, differentiate
erilaistua become different, differentiate

erilaisuus 1 (erikaltaisuus) difference, unlikeness, dissimilarity **2** (poikkeavuus) divergence, deviation **3** (ero) disparity, discrepancy
erilleen apart *muuttaa erilleen* split up, separate, move into different houses
erillinen 1 (erossa oleva) separate, not joined/connected, (talo) detached **2** (yksittäinen) single, individual **3** (eri) separate, different, distinct
erillisosasto task force; (sot) detachment
erillisrauha separate peace *solmia erillisrauha* make a separate peace
erillistää (sot) detach
erillään separate, apart, in isolation
erimielinen disagreeing, opposed
erimielisyys 1 disagreement, difference of opinion **2** (riita) dispute, argument, clash (of opinions) **3** (riitaantuneisuus) dissension
erimunainen dizygotic *erimunaiset kaksoset* dizygotic/fraternal twins
erinomainen excellent, outstanding, first-class, great; (ark) super, awesome
erinomaisuus excellence, distinction, (high) quality, brilliance
erinäiset 1 (tietyt) certain *erinäiset seikat* certain facts/details/points **2** (ark lukuisat) several, quite a few *Sain pulittaa siitä erinäisiä tonneja* I had to blow several thousand marks on it *erinäisiä kertoja* over and over again
erioikeus privilege
eripuraisuus dissension, disagreement, discord
eriskummallinen strange, peculiar, odd, eccentric, bizarre
erisnimi proper noun, name
eriste insulation, insulating material
eristekerros insulating layer
eristin insulator, nonconductor, insulating body, dielectric
eristyneisyys isolation, seclusion
eristys 1 (eristyneisyys) isolation, seclusion **2** (sähkö) insulation
eristysaine insulating/nonconducting material
eristysnauha insulation tape
eristäytyneisyys withdrawal, isolation
eristäytyä withdraw (into isolation/seclusion, isolate/seclude yourself, cut yourself off (from friends, from the world)
eristää 1 (erottaa) split up, separate, segregate **2** (pitää erossa muista) isolate, seclude, sequester; (pitää karanteenissa) quarantine **3** (sulkea alue) block/rope/wall/cut off **4** (sähkö, rak) insulate
erisuuntainen divergent, going in different directions *Minulla on hieman erisuuntaisia ajatuksia siitä kuin sinulla* I was thinking along slightly different lines than you
erisuuruinen different in size, larger/smaller
eritasoristeys cloverleaf (intersection)
erite secretion, (kuona-) excretion
eritellä 1 (ositella) analyze **2** (luokitella) classify, categorize **3** (luetella) specify, itemize
eritoten particularly, in particular, especially
erittely 1 (osittelu) analysis **2** (luokittelu) classification, categorization **3** (luettelo) specification, breakdown
erittelykyky analytic(al) ability
erittyä ooze (out), seep (out)
erittäin very, highly, most, extremely
erittää secrete, (kuona-aineita) excrete
erityinen special, especial, particular, (nimenomainen) specific
erityiselin (biol) special(ized) organ
erityisen especially, particularly
erityisjärjestö special-interest organization
erityiskoulu (erillinen laitos) school for handicapped children; (koulun sisäinen) special-education program
erityislainsäädäntö special legislation
erityisluokanopettaja special-education teacher
erityisluonne special character, uniqueness
erityisopettaja special-education teacher; (tukiopettaja) remedial teacher

erityisopetus special education; (tukiopetus) remedial instruction
eritystoiminta (biol) secretion
erityyppinen different, of a different type/sort
eriuskoinen of a different faith
erivapaus (lak, kirk) dispensation; (vapautus) exemption; (yl) special permission (not to do something, not to go somewhere)
eriyttää differentiate; (koulu) stream, divide into tracks
eriytyminen differentiation, specialization
eriytyä differentiate; (koulu) specialize
eriävä differing, divergent, dissenting
eriävä mielipide (lak) dissenting opinion
erkaantua 1 (erota) separate, go your separate ways, part, break/split up **2** (poiketa) split off, diverge *Tiestä erkaantui pieni polku* A narrow path broke/ veered off of the road
erkkeri bay window
ero 1 (erotus) difference, disparity, discrepancy, gap **2** (lähtö toisen luota) parting, departure, saying goodbye **3** (lähtö työpaikasta: eläkeiässä) retirement; (ennen eläkeikää) resignation, quitting **4** (avioero) divorce **5** (erillään-olo) separation, estrangement, split, break
eroamisikä retirement age
eroanomus resignation *jättää eroanomus* submit/tender your resignation, resign, quit
eroavaisuus difference, divergence, discrepancy
eroavuus difference, disparity, discrepancy, gap
erojaiset retirement party
erokirja 1 certificate of resignation; (ark) work certificate, letter of recommendation **2** bill/certificate of divorce
erokirje Dear John letter
eronhetki moment of parting, time to say goodbye/farewell
eroottinen erotic
erota 1 (olla erilainen) differ, be different from/than, deviate/diverge from *Heidän näkemyksensä eroavat liikaa toisistaan* They are too far apart in their thinking, there is too great a disparity in their views **2** (toisen luota) part, depart, say goodbye **3** (työpaikasta: eläkeiässä) retire; (ennen eläkeikää) resign, quit **4** (puolisosta: lopullisesti) divorce; (väliaikaisesti) separate, move out **5** (poika-/tyttöystävästä) break up, split up
erotella 1 (lajitella) sort out, separate **2** (valita joukosta) pick out, cull out, single out, isolate
erotiikka eroticism; (eroottiset kuvat, tavarat) erotica
erotodistus 1 (työpaikasta) certificate of resignation, work certificate **2** (avioliitosta) bill/certificate of divorce **3** (koulusta) diploma, (UK) leaving certificate
erottaa 1 (tehdä erilaisiksi) make different, distinguish *Miehen erottaa naisesta paitsi anatomia myös kasvatus* The differences between men and women are both biological and social, what makes men differ(ent) from women is not only nature but also nurture **2** (havaita erilaisiksi) differentiate, distinguish, tell apart *En osaa erottaa teitä toisistanne* I can't tell you two apart **3** (havaita) distinguish, discern, make out *Kuulin puhetta mutten erottanut sanoja* I heard someone talking but couldn't make out the words **4** (saattaa erilleen) split up, separate, divide *erottaa tappelupukarit* separate two scufflers, break up a fight *erottaa lampaat vuohista* separate the sheep from the goats **5** (eristää) isolate, segregate **6** (luokittaa) divide up (into groups) **7** (työpaikasta) dismiss, discharge, let go, (sanoa irti) give notice; (ark) fire, sack, can **8** (koulusta: lopullisesti) expel, (ark) boot out, send down; (määräajaksi) suspend **9** (kirkosta: katolisesta) excommunicate, (muusta) revoke your church membership
erottaja separator

erottamaton 1 (ystävistä) inseparable *He ovat erottamattomat* They are bosom buddies **2** (virkamiehestä) irremovable
erottelu 1 (rotuerottelu: henkinen) discrimination, (fyysinen) segregation **2** (muu) sorting
erottua 1 (olla erilainen) differ, be/act/ feel different *erottua edukseen* stand out (from the crowd) **2** (olla havaittavissa) be distinguishable/discernable, be distinguished/discerned *Tähdet erottuivat heikosti* You could just barely make out the stars
erotuomari referee, umpire
erotus 1 (ero) difference, discrepancy, gap; (mat) remainder **2** (erottaminen) separation **3** (eronteko) discrimination, distinction *tehdä erotus* make a distinction, discriminate, distinguish
erä 1 (määrä) amount, quantity; (osamäärä) portion, part *Lisää sokeri kolmessa erässä* Add sugar in three portions **2** (tavaraerä) lot, batch, consignment, quantity **3** (osamaksu) installment **4** (urheilu) game, (välierä) (qualifying) heat, (nyrkkeilyssä) round, (tenniksessä) set, (jääkiekossa) period, (koripallossa jne) quarter
erämaa 1 (takamaa) wilderness, the wild(s) *erämaan kutsu* the call of the wild **2** (autiomaa) wasteland, desert
erämaja wilderness hut/cabin
eränkävijä hunter, (turkismetsästäjä) trapper, backwoodsman
eräpallo (kun pelissä on yksi erä) game/match point; (tenniksessä) set point
eräpäivä due date
eräretkeilijä hunter, trapper, backwoodsman
eräretki hunt(ing trip)
eräs *s, adj* one, a certain person, someone, somebody *eräs tuttavani* a friend of mine *Tämä on eräs niistä joista olen puhunut* This is one of the ones I've been talking about *En näköjään tiedä yhtä paljon kuin eräät* I don't seem to know as much as some people (I could name)
erätalous (hist) hunting and fishing economy
eräänlainen a/one sort/kind/type of *eräänlaiset ihmiset* a certain type/kind/ sort of people, people of a certain kind
erääntymispäivä due date
erääntyä fall/be(come) due, be payable, mature
esanssi essence
esiaste preliminary stage/phase/level
esihistoriallinen prehistoric(al)
esiin 1 (piilosta) out (of hiding, in the open) *vetää ase esiin* pull out a gun, draw *tuoda esiin* (paljastaa) bring out in the open, disclose, reveal **2** (julkisuuteen) forward, forth *astua esiin* step forward/forth *kutsua esiin* call out/forth, (lak) call to the stand *tuoda esiin* (ottaa puheeksi) bring up, (ottaa esille) take out
esiintyjä performer; (näyttelijä) actor, (laulaja) singer, (tanssija) dancer *illan esiintyjä* tonight's guest (star/ performer)
esiintymiskyky gift/talent for singing/acting/dancing/performing; stage presence
esiintymispelko stage fright
esiintymisvuoro *Olet seuraavana esiintymisvuorossa* You're up/on next
esiintymä occurrence; (geol) deposit, accumulation
esiintyä 1 (näyttäytyä) appear, put in/ make an appearance, show up/yourself *esiintyä ilman paitaa* show/turn up with no shirt on, walk in/arrive/appear without a shirt **2** (käyttäytyä) behave, act, conduct yourself *esiintyä edukseen* make a good impression *esiintyä arvokkaasti* conduct yourself with dignity, act in a dignified manner **3** (esittää, olla esiintyjänä) perform; (näyttelijänä) act, play (the part of); (laulajana) sing *Martti Talvela esiintyi Sarastrona* Martti Talvela sang the part of Sarastro **4** (esittää, teeskennellä olevansa) pose as, play the part/role of *esiintyä miljonäärinä* pose as a millionaire, pretend to be a millionaire **5** (toimia jossakin kapasiteetissa) serve, act *esiintyä syyttäjänä* act

as prosecutor *esiintyä todistajana* appear as a witness **6** (ilmetä) occur, appear *sana esiintyy keskimäärin 10 kertaa jokaisella sivulla* the word occurs an average of 10 times on each page, there are 10 occurrences of the word per page **7** (olla löydettävissä) be found, (geol) be traces/deposits of *Kuhaa ei juuri esiinny Pyhäjärvessä* Virtually no pike perch is to be found in Lake Pyhäjärvi

esi-isä ancestor, forefather

esikartano (fore)court *helvetin esikartano* Limbo

esikaupungin asukas suburbanite

esikaupunki suburb

esikaupunkialue suburban area

esikoinen first-born, oldest/eldest (child)

esikoisromaani first novel

esikoisteos first work

esikoulu preschool, nursery school

esikoululainen preschooler

esikunta staff

esikuntapäällikkö chief of staff

esikuntaupseeri staff officer

esikuulustelu (lak) preliminary hearing

esikuva (role) model, exemplar, example; (prototyyppi) prototype *kauneuden esikuva* paragon of beauty

esikuvallinen exemplary, perfect *esikuvallinen aviomies* model husband

esilehti flyleaf

esileikki foreplay

esiliina 1 (vaate) apron **2** (ihminen) chaperone

esillepano (liik) display, exhibit(ion), show

esilletulo *Rahoituskysymyksen esilletulo voi aiheuttaa hankaluuksia* If the question of funding comes up, it may cause difficulty

esillä 1 (fyysisesti) out (in the open), visible, showing **2** (näytillä) on view/show/display *pitää itseään esillä* promote yourself, get your name in the papers, keep your face before the public **3** (saatavissa) ready, on/at hand, within easy reach **4** (käsiteltävänä) under discussion, up for discussion/consideration

esillä oleva asia the matter at hand/in question/under discussion

esilukija reader

esimaku foretaste

esimerkki 1 (näyte, todiste) example, illustration, sample *esimerkiksi* for example/instance, e.g. *Minä en esimerkiksi aio lähteä* I for one am planning to stay right here **2** (tapaus) instance **3** (esikuva) model, example, exemplar *näyttää hyvää esimerkkiä* set a good example

esimerkkiaineisto illustrative material/data

esimerkkilause sample sentence

esimies 1 superior, (ark) boss **2** (liik, hallinnossa) supervisor, chief **3** (työnjohtaja) foreman **4** (koul) principal, headmaster **5** (yliopiston laitoksen johtaja: määräaikainen nimitys) chair(person), (vakinainen nimitys) head **6** (museossa) curator

esinahka foreskin

esine object, article, thing

esineellinen concrete, material, factual *esineellinen todiste* material/concrete evidence *esineellinen kulttuuri* material culture

esineellistää objectify, concretize, reify

esineistö collection/set (of objects/articles)

esiopetus kindergarten/preschool instruction (given in public schools)

esipuhe foreword, preface, introduction

esirippu curtain *rautainen esirippu* Iron Curtain

esirukous prayer of intercession

esite brochure; (kirjanen) leaflet, booklet

esitellä 1 (tutustuttaa) introduce **2** (selostaa) present, explain, expound (upon) **3** (näyttää: paikkaa) show (around), give a tour of; (koneen toimintaa) demonstrate; (pitää näytteillä) display

esitelmä lecture, talk, discourse, presentation; (konferenssiesitelmä) paper *pitää esitelmä* give a lecture/talk on, (konferenssissa) read a paper on
esitelmäkiertue lecture tour
esitelmätilaisuus lecture *Oletko menossa esitelmätilaisuuteen?* Are you going to go to the lecture?
esitelmöidä lecture, speak (on), present (on), give a presentation/ lecture/talk, read a paper, be a speaker
esitelmöijä lecturer, speaker, presenter
esittelijä **1** introducer, presenter **2** (kokouskäytännössä) rapporteur **3** (hallinnossa) Assistant Junior Secretary
esittely **1** introduction, presentation **2** (ehdotus) suggestion, (esitys) proposal **3** (tasavallan presidentin) Cabinet meeting **4** (havaintoesitys) demonstration **5** (näyttely) show, display, exhibition
esittäjä **1** (lakiesityksen) introducer, proposer **2** (laskun) presenter, (sekin) bearer **3** (runon) (oral) interpreter **4** (näytelmäosan) actor, performer **5** (laulun, oopperaosan) singer, performer **6** (valeroolin) impostor
esittäytyä introduce/present yourself
esittää **1** (ilmaista) express, offer, set/ put forth, state *Älä esitä!* Would you shut up **2** (selostaen näyttää) show **3** (vetää näkyviin) present, produce, show *Esittäkää passinne olkaa hyvä* Please show (me) your passport *esittää lasku* present a bill **4** (ehdottaa) submit, suggest, propose; (tehdä esitys) move, make a motion; (nimitettäväksi) nominate, put forward; (ratkaistavaksi) refer **5** (näytellä tms) perform, do; (näyttelijänä) act, play (the part of); (laulajana) sing *esittää korttitemppuja* perform/ do card tricks **6** (teeskennellä olevansa) pose as, play the part/role of *esittää miljonääriä* pose as a millionaire, pretend to be a millionaire *Mitä sinä oikein esität?* What are you trying to pull? **7** (kuvastaa) portray, represent, render *Maalaus esitti taiteilijan äitiä* The painting portrayed the artist's mother
esitys **1** (näytös) performance **2** (esittäminen) presentation **3** (ehdotus) proposal
esitysehdotus (legislative) bill
esityskelpoinen presentable
esityslista agenda
esitystapa (taiteilijan) representational/ expressive mode/style; (puhujan) discursive/rhetorical mode/style
esityö preliminary/preparatory work
esivahvistin preamp(lifier)
esivalta the authorities, the powers-that-be
eskatologia eschatology
Espanja Spain
espanjalainen *s* Spaniard *adj* Spanish
espresso espresso
espressokeitin espresso-maker
essee essay
esseisti essayist
este **1** obstacle, barrier, obstruction **2** (kuv) hindrance, impediment; (ark) snag, catch *En voi tulla, minulle tuli este* Sorry, I won't be able to make it after all, something just came up **3** (urh) hurdle, (ratsastuksessa) obstacle
esteellisyys incapacity, disqualification
esteetikko (a)esthetician, (a)esthete
esteettinen (a)esthetic
esteettömyystodistus **1** (avioliittoa varten) certificate of nonimpediment **2** (passia varten) clearance certificate
esteetön **1** (vapaa) free, clear, unobstructed **2** (lak) competent, qualified, allowable; (avioliittoon) free (to marry), unimpeded; (jäävitön) unchallenged
esteratsastus steeplechase
estetiikka (a)esthetics
esto **1** (psyk) inhibition **2** (urh) interference
estoton uninhibited, unselfconscious, spontaneous, free
estrogeeni estrogen
estynyt **1** (estetty) incapacitated, unable, prevented, hindered **2** (estoinen) inhibited, selfconscious
estyä be unable to do something, be prevented/hindered from
estää **1** (ehkäistä) prevent, forestall, preclude, avert **2** (jotakuta tekemästä

jotakin) prevent/stop/keep someone from doing something, something from happening
etana (kuorellinen) snail, (kuoreton) slug, (syötynä) escargot *Liikettä kinttuihin senkin etana!* Would you get a move on? You're slow as a snail!
eteen *adv* (etupuolelle) forward, (up) (to the) front
postp **1** in front of, before *joutua kuoleman eteen* face death **2** (puolesta) for, on behalf of *Saan tehdä lujasti töitä sinun eteesi* I've got to work my butt off to keep you happy, to make enough money for you
eteenpäin forward, onwards, ahead, on *lue eteenpäin* read on *jatka eteenpäin* go ahead *tästä hetkestä eteenpäin* from now on, from this day forward, from this moment onwards
eteinen 1 (ulkoeteinen) outer hall(way), entry(way), vestibule **2** (pitkä eteinen) hall, corridor, aisle, passage(way) **3** (anat: sydämen) atrium, auricle; (kurkunpään) vestibule
etelä south, the South
Etelä-Afrikka South Africa
eteläafrikkalainen *s, adj* South African
Etelä-Carolina South Carolina
Etelä-Dakota South Dakota
eteläinen southern, southerly
Etelä-Jemen People's Democratic Republic of Yemen
Etelä-Korea South Korea
eteläkorealainen *s, adj* South Korean
etelänmatka vacation in the sun, in southern climes
eteläpuoli south(ern) end/side
etelärinne south(ern) slope
eteläsuomalainen Southern Finn
Etelä-Suomi Southern Finland
etelätuuli southerly (wind)
etelävaltalainen (US) Southerner
etelävaltiot (US) the southern states, the South
etenkin especially, particularly
etenkään especially/particularly (not)
etevyys 1 (taito) competence, ability, talent **2** (huomattava asema) (pre)eminence, prominence **3** (loisto) brilliance, excellence, genius **4** (lupaus) promise, precocity
etevä 1 (taitava) competent, able, talented, brilliant **2** (huomattava) (pre)eminent, prominent, distinguished **3** (loistava) brilliant, excellent **4** (lupaava) promising, up-and-coming, precocious
etiikka ethics
etiketti 1 (lappu) (product) label **2** (käyttäytymisnormisto) etiquette
etikettivirhe faux pas, (social) gaffe
etikka vinegar
Etiopia Ethiopia
etiopialainen *s, adj* Ethiopian
etoa *Minua etoo tuommoinen* That sort of thing makes me puke, makes me want to throw up, makes me sick to my stomach, turns my stomach
etova disgusting, nauseating; (ark) gross
etsijä 1 seeker, searcher, hunter **2** (etsin) viewfinder
etsin (kameran) viewfinder
etsintä search, hunt, pursuit, quest; (poliisietsintä) dragnet
etsivä detective; (ark) dick, shamus, gumshoe; (yksityinen) private investigator/eye, P.I.
etsiä 1 (jotakin) search/look for, go looking for, go in search of, hunt for, track (down), seek **2** (jokin, hakea) (look around until you) find *Voisitko etsiä minulle kynän?* Could you scrounge me up a pen? Could you find me a pen somewhere? **3** (jostakin jotakin) search (through), scour *etsiä koko kaupungista pähkinävoita* scour the city in search of peanut butter **4** (hakuteoksesta) look up *etsiä sanakirjasta* look up in the dictionary
että 1 that, so that *Hän sanoi että hän tulee* He said that he's coming **2** (interj) boy!, how... *Että mua sapettaa!* Boy does that burn me up! *Että sinä jaksat!* How do you do it? *Että se kehtaa!* How dare he!

etu 1 (hyöty) advantage, benefit, favor *Minulle olisi eduksi, jos voisit tehdä sen* It would be highly advantageous/ beneficial for me, it would be greatly to my advantage, if you could *Marjalle luettiin eduksi* It was counted in Marja's favor, to Marja's advantage *esiintyä edukseen* make a good impression *Mitä etua siitä on minulle?* What good will that do me, how will that benefit me? **2** (oma etu) interest *Se on sinun oman etusi mukaista* It's in your own best interests *oman edun tavoittelu* self-interest, looking after number one **3** (etuoikeus) perquisite, (ark) perk *autoetu* company car **4** (tenniksessä) ad(vantage)

etuajo-oikeus (auto) right of way, (UK) priority

etuala 1 foreground (myös kuv) *tulla etualalle* come to the fore **2** (näyttämön) stagefront *tulla etualalle* go (to) stage front, go downstage

etujalka 1 (eläimen) foreleg, forefoot **2** (tuolin tms) front leg

etujärjestö special-interest group

etukäteen in advance, beforehand, (ark) up front

etulokasuoja front fender

etumatka lead, (head)start

etunenässä in charge, at the head of

etunimi first/Christian name

etuoikeus 1 privilege **2** (etusija) preferential claim, priority, prior claim **3** (hallitsijan) prerogative

etuoikeutettu privileged, favored; (liik) preferential; (lak) preferred

etuosa front (part/section)

etupenkki (auton) front seat, (kirkon) front/first pew

etupiiri (pol) sphere of interest

etupuoli front; (talon) face, facade; (kolikon) obverse

etupäässä mainly, mostly, chiefly, primarily; for the most part, in the main

eturauhanen prostate

eturivi front row; (kuv) vanguard, forefront

eturyhmä 1 vanguard, forerunners **2** (special-)interest group, pressure group

etusija priority, precedence, preference *olla etusijalla muihin nähden* take precedence/priority over the others

etydi (mus) etude

ETYK *Euroopan turvallisuus- ja yhteistyökokous* CSCE, Conference for Security and Cooperation in Europe

etäinen 1 distant, far-off/-away, remote, (far-)removed **2** (kuv) distant, cool, aloof *Sinä olet niin pelottavan etäinen!* You're so far away, you're a million miles away, it frightens me!

etäisyys 1 distance, remoteness **2** (kuv) distance, coolness, aloofness

etäällä far (away/off), (off) in the distance, a long way(s) away

etääntyä 1 (siirtyä kauemmas) go/ draw away, withdraw, move farther away **2** (vieraantua) grow/drift away, lose touch, become estranged

EU European Union

eukko old lady/woman/girl; (noita) hag, witch, bag

eurodollari Eurodollar

euroviisu Eurovision entry; (mon) Eurovision song contest

eutanasia euthanasia

evakko evacuee

evankelinen evangelical

evankelis-luterilainen Lutheran *Suomen evankelis-luterilainen kirkko* the Evangelical Lutheran Church of Finland

evankelista evangelist

evankeliumi gospel *Matteuksen evankeliumi* The Gospel According to Matthew

evankeliumiteksti Gospel scripture/reading

eversti colonel

everstiluutnantti lieutenant colonel

evoluutio evolution

eväslaukku lunch box/pail

evästää 1 (ruoalla) provision **2** (tiedolla tms) brief, advise, counsel

eväät 1 bag/sack/box lunch; (ark) drinks, booze *omat eväät mukaan* bring your own bottle (BYOB) **2** (opastus) advice, guidance; (edellytykset) assets, resources

F, f

faarao pharaoh
fakiiri fakir
faksata fax
faksi fax
fakta fact
faktori factor
Falklandinsaaret Falkland Islands
fallinen vaihe phallic stage
fallos phallus
falsetti falsetto
falskata (mittaus tms) be off, (sauma) leak
falski 1 (virheellinen) false, erroneous, (ark) off **2** (teennäinen) fake, phony
fantasia fantasy; (psyk) phantasy
fantastinen fantastic
fariseus Pharisee
farkut jeans
farmari 1 (mies) farmer **2** (auto) station wagon **3** (mon) (blue) jeans, Levis
farmariauto station wagon, (UK) estate car
farmarihousut (blue) jeans, Levis
farssi farce
fasaani pheasant
fasismi fascism
fasisti fascist
fasistinen fascist(ic)
F-avain bass clef
fax fax, facsimile, telefax
F-duuri F major
feminiininen feminine
feminismi feminism
feministi feminist
feministinen feminist
fennisti student/scholar of Finland
fennistiikka Finnish studies
feodaalinen feudal
feodalismi feudalism
fes F flat
festivaalit festival
fetisisti fetishist, (UK) fetichist
fetissi fetish
fiasko fiasco
Fidži Fiji
fidziläinen *s, adj* Fijian
filatelia philately, stamp-collecting
filatelisti philatelist, stamp-collector
filippiiniläinen *s* Filipino *adj* Philippine
Filippiinit Philippines
filmata 1 (elokuvata) film, make/shoot a movie/film *filmata Sotaa ja rauhaa* make a movie of *War and Peace* **2** (teeskennellä) put on (an act, airs), be affected
filmi 1 (valokuvafilmi) film **2** (elokuva) movie, (UK, hieno) film
filmikasetti film pack
filminherkkyys film speed
filologi philologist
filologia philology
filosofi philosopher
filosofia philosophy
filosofinen philosophical
filosofoida philosophize
filtteri filter
finaali 1 (urh) finals, final heat **2** (mus) finale
finanssimies financier
finni pimple, (euf) blemish, (ark) zit; (mon) acne
firma firm, company
fis F sharp
flipperi pinball (machine)
foneemi phoneme
fonetiikka phonetics
fonologia phonology
fonologinen phonological
formuloida formulate
fosfori phosphorus

fossiili fossil (myös kuv: vanhus)
fraasi phrase
fregatti frigate
freudilainen Freudian
funkis functionalism
funktio function
funktionaalinen functional
funktionalismi functionalism
futurologi futurologist
futurologia futurology
fuuga fugue
fuusio fusion
fysiikka physics
fysikaalinen physical
fysiologia physiology
fysiologinen physiological
fysioterapia physical therapy, physiotherapy
fyysikko physicist
fyysinen physical
Färsaaret Faeroe Islands

G, g

gaelin kieli Gaelic
galleria gallery
gallona gallon
gallup (opinion) poll, Gallup poll
Gambia Gambia
gambialainen *s, adj* Gambian
gangsteri gangster
gaselli gazelle
G-avain treble clef
geeni gene
geenipankki gene pool
geenitekniikka genetic engineering
geisha geisha
genealogi genealogist
genealogia genealogy
geneerinen generic
geneetikko genetist
genetiikka genetics
geneettinen genetic
geologi geologist
geologinen geological
geometria geometry
geometrinen geometric(al)
geostationaarinen geostationary
gepardi cheetah
germaaninen Germanic
germaaniset kielet Germanic languages
germanisti student/scholar of German
gerundi gerund
Ghana Ghana
ghanalainen *s, adj* Ghanaian
Gibraltar Gibraltar
gigatavu gigabyte, GB
giljotiini guillotine
glasnost glasnost
Golfvirta Gulf Stream
graafikko graphic artist/designer
graafinen graphic
graafinen esitys graphic illustration/ presentation
graffiti graffiti
grafiikkaohjelma (tietokoneen) graphics program, graphics package
grafiikkatabletti graphics tablet
grafiitti graphite
gramma gram
grammaatikko grammarian
graniitti granite
Grenada Grenada
grenadalainen *s, adj* Grenadian
groteski *s* (kirjapainossa) sans serif *adj* grotesque
Gruusia Georgia
Grönlanti Greenland
grönlantilainen *s* Greenlander *adj* Greenlandic
Guam Guam
Guatemala Guatemala
guatemalalainen *s, adj* Guatemalan
Guinea Guinea
Guinea-Bissau Guinea-Bissau
guinealainen *s, adj* Guinean
Guyana Guyana
guyanalainen *s, adj* Guyanese

H, h

ha! ha(h)!
haahka eider duck
haaksirikko shipwreck; (kuv) disaster, calamity
haaksirikkoinen shipwrecked
haalarit overalls
haalea 1 (lämpö) lukewarm, tepid **2** (väri) pale, faded
haalia gather, assemble, bring together; (ark) scrape/rake/drum up
haalistaa fade
haalistua fade
haamilainen *s* Hamite *adj* Hamitic
haamu 1 (aave) ghost, phantom, specter, apparition; (ark) spook **2** (varjokuva) shadow, shade, ghost(ly image)
haamukirjoittaja ghostwriter
haamuraja (urh) magic barrier/limit
haamusärky phantom pain
haapa aspen
haara 1 (puun) branch, bough, limb **2** (joen) fork, leg, tributary, feeder **3** (ihmisen) leg, (mon) crotch **4** (asian) implication, ramification **5** (toimintapiirin) branch
haarakiila (sukkahousujen) gusset, (housujen) crotch
haarautua branch (off/out), fork, divide
haaremi harem
haarniska (suit/coat of) armor
haarukka 1 fork **2** (sot) bracket **3** (mer) gaff
haaska carcass (myös kuv), (mon) carrion *Missä haaska siinä korpit* Where there's shit there's bound to be flies
haaskaeläin carrion(-devouring) animal, scavenger, (eläintieteessä myös) necrophagous animal
haaskata 1 (tuhlata) waste, fritter/throw away **2** (turmella) waste, demolish, ruin; (ark) trash *Jos haluat haaskata oman elämäsi, siitä vaan* If you want to waste/ruin/throw away/trash your life, go right ahead
haaskaus waste *Se on hirveätä rahan haaskausta* That's a terrible waste of money
haastaa 1 (kutsua mukaan) invite (to compete), (issue a) challenge, call *Lukion toinen luokka haastaa ensimmäisen mukaan limsapullon hinnalla* The sophomore class challenges the freshman class to contribute the price of a bottle of soda pop **2** (todistajaksi) call as a witness, call to the stand **3** (kertoa, puhua) talk, chat, shoot the breeze
haastaa oikeuteen sue, file suit against, take to court, bring an action against
haastaa riitaa pick a fight, look/ask for a fight, be quarrelsome
haastatella interview
haastateltava interviewee
haastattelija interviewer
haastattelu interview
haastava 1 challenging **2** (vaikea) difficult, trying, taxing **3** (kiinnostava) stimulating, interesting, thought-provoking
haaste 1 (kutsu kilpailemaan) challenge, dare **2** (vaikea ja kiinnostava tehtävä) challenge, challenging job/task **3** (lak) subpoena, writ, summons
haastella talk, chat, shoot the breeze
haastemies writ-server
haava wound, cut, (palohaava) burn; (kuv) wound, trauma
haavanlehti *väristä kuin haavanlehti* tremble/quake like a(n aspen) leaf

haave (day)dream, wish, hope, fantasy
haaveellinen dreamy
haaveilija dreamer
haaveilla (day)dream, wish/hope for, fantasize
haavemaailma utopia, El Dorado, Shangri-la; (pilkkaava) Cloud-Cuckoo-Land, dream world
haaveri accident
haavi 1 (landing) net; (perhoshaavi) butterfly net **2** (kolehtihaavi) offertory bag
haavikko aspen grove/copse/stand
haavoittaa 1 (fyysisesti tai henkisesti) wound, injure, hurt **2** (vain henkisesti) offend, hurt someone's feelings
haavoittua 1 (fyysisesti tai henkisesti) be wounded/injured/hurt **2** (vain henkisesti) take offense, be offended, have your feelings hurt
haavoittunut *s* wounded person, (mon) the wounded
adj **1** (fyysisesti tai henkisesti) wounded, injured, hurt **2** (vain henkisesti) offended
haavoittuvainen vulnerable, easily hurt/wounded, thin-skinned
haeskella look around for
haettaa have someone get something *haetti luokseen lääkärin* sent for a doctor
hagiografia hagiography
hah! ha(h)!
hahmo 1 (hämärä olento) figure, shape, form, outline **2** (romaanihenkilö) character, figure **3** (psyk) gestalt, configuration, structure
hahmotella 1 (piirtää) sketch (in/out), outline, flesh out **2** (selostaa) set forth (briefly), outline, summarize **3** (luoda henkilöhahmo) characterize (with a few details), sketch/flesh out a character
hahmoteoria (psyk) Gestalt theory
hahmottaa 1 ks hahmotella **2** give form/shape/structure to, flesh out, embody
hahmottua take shape/form, take on definition
hai shark (myös kuv)
haihatella (day)dream, build castles in the air, be off on some other planet, have your head up in the clouds
haihatteleva impractical, utopian
haihattelija (day)dreamer
haihtua 1 (neste) evaporate, vaporize **2** (hävitä: olio) dissipate, disperse, disappear **3** (hävitä: tunne) fade, die out/away, evaporate, be dispelled, pass
haihtuva 1 (kem) volatile, ethereal **2** (kuv) fleeting, evanescent, momentary
haihtuva muisti (elektroniikassa) volatile memory
haikailla 1 (kaihota) long/yearn/hanker/sigh/pine for **2** (valitella) whine, sigh, complain, grumble
haikala shark
haikara stork *Hän uskoo vielä haikaraan* He still thinks babies are brought by the stork
haikea sad, bittersweet, wistful, nostalgic
haikeus (sweet) sadness, nostalgia
hailee *Se on yks hailee* It's all the same to me, I could care less
haima pancreas
hairahdus 1 (fyysinen) slip, fall, loss of balance, misstep, false step **2** (moraalinen) slip, indiscretion, imprudence, lapse
hairahtaa 1 (fyysisesti) slip, fall, lose your balance, take a wrong step **2** (moraalisesti) slip, stray (from the strait and narrow (path)), commit an indiscretion
haiseva smelly, stinky, reeking
haiskahtaa (myös kuv) smell, reek; (vain kuv) smack (of)
haista 1 (joltakin) smell (like), have a smell/scent/odor *Täällä haisee hyvältä/pahalta* This place smells good/bad **2** (kuv) smell, stink, reek *Täällä haisee raha* This town reeks of money, This place is full of the stink/smell of money
haistaa 1 (havaita hajuaistilla) smell, sniff, get a whiff of, be windward of **2** (vainuta) scent, smell/nose (out), get wind/scent of **3** (epäillä) smell, suspect, sense, feel
haistaa palaneen käryä smell a rat
haistatella tell someone where to go, where to get off, what to do with it

haistella tuulta see which way the wind is blowing
haisu smell, reek, stench
haisunäätä skunk
haitallinen harmful, injurious, hazardous (to your health) *haitallinen vaikutus lapseen* a bad/detrimental influence on a child
haitari 1 (soitin) accordion **2** (asteikko) scale
haitata 1 (estää) hinder, hamper, impede *haitata työntekoa* interfere with (your) work, make it hard to (get your) work (done) **2** (vaivata) bother, irritate, bug *Haittaako tämä sinua?* Does this bother/bug you? *Ei se haittaa* I don't mind, it doesn't bother me, it doesn't matter, it doesn't make any difference
Haiti Haiti
haitilainen *s, adj* Haitian
haitta 1 (huono puoli) drawback, disadvantage, negative side *markkinatalouden haitat* the drawbacks of a market economy **2** (vaiva) bother, inconvenience, nuisance, hindrance, impediment; (ark) headache, pain in the ass/neck *Sinusta ei ole muuta kuin haittaa!* What a pain in the ass you are! You're nothing but trouble! **3** (lak) prejudice *kenellekään haittaa tuottamatta* with prejudice to none
haittatekijä problem, bothersome/ troublesome consideration, inconvenience, impediment
haittavaikutus adverse effect, (lääkkeen) side effect
haiven 1 (karva) (thin/wispy) hair, (pojan partahaiventa) (peach)fuzz, (untuvaa) down **2** (savun tms) wisp, trace, speck
hajaannus 1 (hajallaan olo) dispersion, disintegration, scattering *juutalaisten hajaannus* the Diaspora *kielten hajaannus (Baabelissa)* the scattering of tongues (at Babel) **2** (eripuraisuus) disaffection, disunion, division; (jakautuminen) schism, split
hajaantua 1 (umpimähkään) disperse, scatter, break up, run in all directions **2** (virallisesti: sot) disband; (toimikunta) dissolve; (väliaikaisesti) recess; (kahtia) split/divide up **3** (kem) decompose
hajalla 1 (hujan hajan) (scattered/ strewn) here and there, all over (the place), (all) spread out **2** (palasina) broken/smashed (into pieces), in pieces, fallen apart **3** (henkisesti murtunut) all broken/smashed up
hajamielinen absent-minded
hajamielisyys absent-mindedness
hajanainen 1 (siellä täällä esiintyvä) dispersed, scattered *Siellä oli muutama hajanainen talo* There were only a few houses here and there **2** (yksittäinen) stray, random, odd, sporadic *hajanaisia laukauksia* random/stray shots *hajanaisia huomioita* stray remarks **3** (rikkinäinen: esine) broken, smashed; (perhe-elämä) broken, split; (psyyke) disintegrated **4** (epäyhtenäinen) disconnected, unconnected, incoherent, disjointed *hajanainen koulutus* desultory education
hajanaisuus 1 (esineiden tms) dispersion **2** (kokouksen tms) disunity, divisiveness, discord **3** (tarinan tms) incoherence, disjointedness, unintelligibility, confusion
hajareisin astride, astraddle, with legs spread *istua tuolissa/hevosen selässä hajareisin* straddle a chair/horse
hajasijoittaa decentralize
hajasijoitus decentralization
hajasoitto (CD-soittimessa tms) random play
hajataittoinen astigmatic
hajataittoisuus astigmatism
hajauttaa decentralize, deconcentrate
hajoamaisillaan falling down/apoart
hajoita ja hallitse divide and conquer
hajonta 1 (sot) dispersion **2** (tilastossa) distribution **3** (fys) scattering
hajota 1 ks hajaantua **2** (mennä rikki, myös kuv) break (up/open/into pieces), shatter, fall to pieces, fall/come apart (at the seams), crack up **3** (haihtua) dissolve, disperse, dissipate, (be) scatter(ed)

hajota kappaleiksi fall/go into pieces
hajota käsiin fall apart in your hands, at a touch
hajottaa 1 (hajaannuttaa) scatter, disperse, break up, dissipate, drive off (in all directions), send scurrying **2** (levittää) spread (out), scatter, strew (about/around) **3** (virallisesti) dissolve, dismiss, (sot) disband *hajottaa eduskunta* dissolve Parliament **4** (purkaa rakennus) tear/knock down, demolish **5** (purkaa kone osiinsa) take apart, dismantle **6** (rikkoa) break, smash *Jussi hajotti mun junan!* Jussi busted my train!
hajottaa ainesosiinsa resolve something into its constituent parts
hajottaa maan tasolle raze, level
hajottamo junk yard
haju smell **1** (hyvä) aroma, scent, fragrance, perfume **2** (paha) reek, stink, stench, fetor, odor (käsitys) idea, clue, conception *Minulla ei ole hajuakaan siitä, mistä puhut* I haven't the foggiest idea of what you're talking about *saada hajua jostakin* get wind/scent of something
hajuaisti sense of smell; (eläimen) scent
hajuhermo olfactory nerve, (ark) nose, sense of smell
hajuherne sweet pea
hajulukko (drain) trap
hajupommi stink bomb
hajustaa scent, perfume
hajusuola smelling-salts
hajuton odorless, odorfree; (hajustamaton) unscented
hajuvesi perfume
haka 1 (koukku, salpa) hook, catch, clasp **2** (aitaus) paddock, fenced pasture **3** (ark) whiz, wizard, shark, expert
hakanen 1 koukku (hook) *päästää hakasista* unhook **2** (hakasulje, [ ]) bracket
hakaneula safety pin
hakaristi swastika
hakasulkeet brackets
hakata 1 (lyödä vasaralla tms) rap, tap, bang, hammer *Lakkaa hakkaamasta siellä!* Will you stop that banging/hammering in there! *hakata lihaa* tenderize meat **2** (lyödä kirveellä tms) chop/cut (down), hew (up) *hakata metsää* chop down trees **3** (sade, sydän yms) beat, pound **4** (lyödä nyrkillä: ovea tms) beat/bang/pound on; (ihmistä) hit, strike, punch, smack *hakata pianoa* pound on the piano **5** (piestä) beat (up), thrash, batter, trounce; (sl) beat the shit out of **6** (voittaa) beat, lick, clobber *Hakkasin hänet kunnolla* I cleaned his clock, I took him to the cleaners
hake chip, shaving
hakea 1 (noutaa) get, fetch, bring, pick up *Voisitko hakea minut neljältä?* Could you pick me up at four? *Hae keppi, Musti!* Go get/fetch the stick, Blackie! *kaukaa haettu* far-fetched **2** (etsiä) look/search/hunt (around) for, seek (out); (ilmoituksella) advertise (for), put an ad in the paper *Haimme hänelle kenkiä kolmesta kaupasta* We had to go to three stores to find her some shoes
hakea korvausta sue for damages (divorce jne)
hakea muutosta appeal (a decision)
hakea tanssiin ask someone to dance
hakea virkaa apply for a job
hakemisto 1 (luettelo) index (mon indices), (tietok) directory **2** (hakuteos) reference book
hakemus (virkaa varten) (letter of) application, (anomus) petition
hakeutua 1 (mennä) seek/find your way, go, move *hakeutua talveksi kaupunkiin* move to town for the winter *hakeutua asianomaisen viranomaisen puheille* seek out the proper authority, find the right person (and make an appointment to see him/her) **2** (olla taipuvainen menemään) gravitate toward, be drawn to, turn to *ajatukseni hakeutuivat jatkuvasti siihen kesään* My thoughts constantly (re)turned/gravitated to that summer

hakija 1 (viranhakija) applicant, candidate **2** (esim. korvauksen) petitioner
hakkailla 1 ks *hakata* **2** (liehitellä) flirt with, hit on, come on to
hakkelus hash, minced/chopped meat *Teen sinusta hakkelusta!* I'll make mincemeat of you!
hakkeri (computer) hacker
hakkuu logging
hakoteillä on the wrong track, barking up the wrong tree
hakuaika period of application
hakuilmoitus job announcement/ advertisement
hakulaite beeper, pager
hakusana entry
hakuteos reference book
halaistu *ei sanoa halaistua sanaa* not utter a word, not make a peep/sound
halata 1 (syleillä) hug **2** (vanh: haluta) want, long for, pine for
halaus hug
haljeta 1 (revetä) rip, tear, split **2** (halkeilla) crack, (be) fracture(d) *haljennut pääkallo* fractured skull **3** (puhjeta) burst, break, pop *nauraa haljetakseen* split/burst your sides with laughter *Ei kiitos enempää, minä halkean!* Thanks, but if I eat another bite I'll burst/pop!
halju lousy, crummy
halkaisija 1 (mat) diameter **2** (šakissa) diagonal **3** (purje) jib
halkaista split, halve, cleave (in half/ twain), cut (in two) *Ei suuret sanat suuta halkaise* Put your money where your mouth is *halkaista hiuksia* split hairs
halkaisu split(ting), cleavage
halkeama 1 crack, fracture, (lääk) fissure **2** (syvä) crevice, crevasse, chasm, rift
halkeilla 1 crack, split, fracture **2** (lohkeilla) peel (off) **3** (rohtua) chap, blister
halki *adv* in two, (run) in twain *mennä halki* split, crack *puhua asiat halki* talk things out, get everything off your chest, clear the air
postp ja prep (läpi) through(out), (yli, poikki) across *halki maiden ja mantereiden* over hill and dale
halkileikkaus cross-section(al drawing)
halko log, piece/stick of firewood, (mon) firewood
halkoa 1 (puita) cut/split/chop (firewood) **2** (jakaa) cut/split/divide up, cut in two
halkoa hiuksia split hairs, chop logic
halkopino stack of firewood
halla 1 frost; (pers) Jack Frost **2** *tehdä hallaa* cause damage/harm, have an adverse effect
hallelujaa Alleluia, Hallelujah
halli 1 hall; (eteishalli) lobby, anteroom, waiting/reception room; (kauppahalli) market hall; (näyttelyhalli) gallery, exhibition hall **2** (hylje) grey seal **3** (run) dog
hallinnollinen administrative, bureaucratic
hallinta 1 (valtakunnan) rule, reign, control **2** (talon, liikkeen) control; (hallussapito) possession, occupancy, occupation **3** (lihasten) control, command **4** (tunteiden) control, possession *saada tunteet hallintaan* control your emotions, collect yourself, pull yourself together **5** (kielen) command/mastery (of), proficiency (in)
hallinto (valtion) administration, (liikkeen) management, (ryhmän) leadership
hallintoelin administrative/governing organ/agency/body
hallintoneuvosto (kunnan) supervisory/advisory board, board of commissioners/supervisors; (julkisen yliopiston) administrative council, (yksityisen yliopiston) board of trustees; (keskuspankin) board of governors
hallintorakennus administration building
hallita 1 (käyttää ylintä valtaa) rule (over), govern, reign (over) **2** (johtaa) manage, run, direct, supervise, administrate **3** (pitää hallussaan) possess, be in possession of, hold, occupy **4** (pitää kurissa) control, master, discipline, command **5** (osata) master, have a command of, be good at

hallitsija 1 (ylimmän valtiovallan haltija) ruler, sovereign, monarch; (valtionpäämies) head of state **2** (johtaja) manager, governor, head, boss
hallitus 1 (valtioneuvosto) the (Finnish/U.S.) Government, the (Clinton) Administration; the Cabinet; (ministeriöstö) the bureaucracy, (UK) the Ministry **2** (yrityksen) board
hallituskausi (kuninkaallinen) reign, rule; (demokraattinen) term of office
hallitusmuoto 1 (valtiomuoto) form of government **2** (perustuslaki) Constitution
hallituspuolue governing party, party in power
hallitussihteeri Senior/ministerial Secretary
hallusinaatio hallucination
hallusinatorinen hallucinatory
hallusinogeeni hallucinogen
hallussa 1 *henkilön hallussa* in a person's possession *henkilön käytössä* at a person's disposal **2** *vieraan vallan hallussa* occupied by a foreign power
hallussapito 1 (henkilön) possession, proprietorship, occupancy, control, tenancy *huumeen hallussapito* possession of a controlled substance **2** (vieraan vallan) occupation
halo halo
halogeeni halogen
haloilmiö halo effect
haloo *interj* (puhelimessa) hello? (rannalta toiselle tms) yoohoo!
s hubbub, fuss *Asiasta nousi suuri haloo* Then they made this big deal out of it, it caused a huge uproar
halpa 1 (huokea) cheap, inexpensive, low-priced *halvat hinnat* reasonable/moderate/affordable prices *saada halvalla* get a good deal on *ostaa/myydä halvalla* buy/sell low **2** (mitätön) worthless, insignificant, modest, simple, trivial *halpa huvi* cheap thrills **3** (alhaissyntyinen) low-bred, common **4** (halpamainen) contemptible, low, mean, base, sordid **5** *mennä halpaan* be taken in/fooled/duped, be taken for a ride, be snookered *Menitpä halpaan!* Gotcha! Fooled you! **6** *panna halvalla* ridicule, put someone down
halpahalli bargain/discount store
halpakorkoinen laina loan at a low interest rate, low-interest loan
halpamainen contemptible, low, mean, base, sordid
halpatuonti cheap imports
haltija 1 (omistaja) holder, owner, possessor, (sekin) bearer **2** (käyttäjä: talon) occupant, occupier, tenant; (auton) driver **3** (herra) lord *kaiken näkemänsä haltija* lord of all he beheld **4** (henki) spirit, sprite, genie; (hyvä) fairy, elf, brownie, pixie; (paha) troll, gnome, gremlin, (hob)goblin
haltijatar 1 (naispuolinen omistaja jne) mistress, matron, lady (of the house) **2** (naispuolinen henki) fairy, brownie, pixie, elf *hyvä haltijatar* fairy godmother
haltioissaan delighted, enraptured, enthralled, enchanted, ecstatic
haltioitua be overwhelmed (with joy), be carried away, be entranced
halu 1 (mieliteko) desire, craving, wish; (kaipaus) yearning, longing; (taipumus) inclination, penchant, liking; (pyrkimys) aspiration; (ark) itch, yen *hyvällä halulla* with pleasure, willingly *omasta halustani* of my own free will *palaa halusta tehdä jotakin* be dying to do something **2** (himo) lust, desire, passion; (into) ardor, fervor *vastustamaton halu* irresistable urge
halukas 1 (aulis) willing, ready, eager **2** (taipuvainen) inclined, (pre)disposed **3** (kiihkoinen) ardent, impassioned, passionate **4** (himokas) greedy, covetous; (seksin tarpeessa) lustful, horny
halukkaasti 1 (auliisti) willingly, eagerly, with pleasure **2** (kiihkoisesti) ardently, passionately **3** (himokkaasti) greedily, covetously; lustfully
halukkuus 1 (aulius) willingness, readiness, eagerness **2** (innokkuus) ardor, passion **3** (himokkuus) greed(iness), lust
haluta 1 (tahtoa) want, (toivoa) wish *Kumman haluaisit?* Which would you

like? *En halunnut loukata sinua* I didn't mean to hurt you *Haluaisitko karamellin?* Would you care for/like a piece of candy? *niin halutessasi* if you wish/like **2** (haluta kovasti) desire, want desperately, be dying to **3** (himoita) desire, covet, crave, want to have, want for your own

haluton 1 (vastahakoinen) unwilling, undisposed, disinclined, reluctant **2** (välinpitämätön) apathetic, listless, lethargic, indifferent

haluttaa *minua haluttaa jo lähteä* I want to go now, I feel like leaving already, I'm inclined/disposed to leave now

haluttomasti apathetically, listlessly, lethargically, without much enthusiasm

haluttomuus 1 (vastahakoisuus) unwillingness, disinclination, reluctance **2** (välinpitämättömyys) apathy, listlessness, lethargy, indifference

haluttu 1 (pyydetty) reequested, desired **2** (suosittu) desired, popular, in demand; (ark) hot *Tämä on haluttua tavaraa* This stuff's popular/hot

halvaannutta paralyze

halvaantua be(come) paralyzed

halvaantuminen paralysis

halvattu darn *Voihan halvattu!* Darn it! *Ota sitten, jos haluat sitä niin halvatun paljon* Take it then if you want it so darn much

halvaus 1 (halvaantuminen) paralysis **2** (kohtaus) stroke, apoplexy *saada halvaus* (ark) have a stroke/fit/cow, hit the roof, blow your top

halveerata run (something) down

halveksia despise, scorn, look down on, sneer at, disdain *halveksien* contemptfully, contemptuously, scornfully, disdainfully *Rahaa ei pidä halveksia* Money's nothing to sneeze at

halveksua ks halveksia

halveksunta scorn, contempt, disdain

halventaa 1 (tehdä huokeammaksi) lower/cut/slash costs/prices **2** (tehdä vähempiarvoiseksi) cheapen, lower your esteem (for someone), bring someone/thing down in your eyes (pistää halvalla) disparage, defame, belittle, ridicule

hamassa tulevaisuudessa in the distant/remote future

hame skirt; (kiltti) kilt; (leninki) dress

hameväki (halv) skirts *Pitäisi kai ilmoittaa hameväelle* Guess we'd better say something about it to the skirts

hameenhelma hem *olla äidin hameenhelmoissa* be tied to mommy's apron-strings

hammas 1 (anat) tooth (mon teeth) *pitkin hampain* reluctantly *kynsin hampain* tooth and nail **2** (tekn) (rattaan) cog, (sahan) tooth

hammasharja toothbrush

hammashoitaja dental hygienist/assistant

hammaskiille (dental) enamel

hammaskivi tartar

hammaslanka dental floss

hammaslääketiede dentistry, odontology

hammaslääkäri dentist

hammasmätä caries, tooth decay

hammasproteesi denture(s), dental plate

hammaspyörä cog/toothed/gear wheel

hammasrata cog railway

hammassärky toothache

hammastahna toothpaste

hammasteknikko dental technician

hammastus 1 (tekn) toothing, cogging; (sahan) serration; (hammastuminen) gearing, mesh; (hampaat) teeth, cogs **2** (postimerkin) perforation

hampaankolo *Jos sinulla on jotain hampaankolossa, kakista ulos* If you've got a problem, if something's bothering you, spit it out

hampaat irvessä 1 (vastoin tahtoaan) gritting your teeth, (sanomatta mitään) biting your tongue **2** (ponnistellen) with your jaw set

hampaaton toothless

hampaidenhoito dental care

hamppari bum

hampparoida bum around

Hampuri Hamburg
hampurilainen 1 (ihminen) Hamburger **2** (ruoka) (ham)burger (juustohampurilainen) cheese burger, (kerroshampurilainen) double burger
hamsteri hamster
hamstrata hoard
hamuilla grope/fumble for
hamuta 1 (hapuilla) grope/fumble for **2** (tavoitella) grasp at
hana 1 (vesijohdon) faucet, tap **2** (aseen) hammer, cock *virittää hana* cock
hanakka eager, enthusiastic *käydä hanakasti käsiksi johonkin* jump into something with both feet
hanakkuus enthusiasm, eagerness; (intohimo) passion; (sinnikkyys) perseverance
hangaari hangar
hangata 1 (hinkata) rub (out/off/up); (jynssätä) scour, scrub *hangata kiiltäväksi* polish, buff (up), (hopeaa) burnish **2** (hiertää) rub (on/against), chafe; (kuv: ärsyttää) irritate, exasperate, rankle *hangata vastaan* chafe against, resist, protest (against)
hangoitella vastaan chafe against, resist, protest (against)
hanhenmaksa (pâté de) foie gras
hanhi goose (mon geese) (myös kuv); (koirashanhi) gander
Hanhiemo Mother Goose
hankala 1 (vaikea tulla toimeen) difficult, troublesome, hard to manage/ please/satisfy **2** (vaikea käyttää) cumbersome, clumsy, inconvenient, unwieldy **3** (vaikea kestää) awkward, embarrassing, difficult *hankala tilanne* unpleasant/awkward situation
hankaloittaa make (something) (more) difficult; (olla esteenä) obstruct, impede, hamper
hankaluus difficulty, trouble, inconvenience, awkwardness; (ark) snag, hitch
hankaus rubbing, chafing
hankausjauhe cleanser
hankausneste liquid cleanser
hanke 1 (yritys) project, undertaking, enterprise *Hanke kaatui rahavaikeuksiin* The project had to be abandoned due to financial difficulties **2** (aie) plan, intent(ion), design
hanki snow; (kantohanki) crusted snow *hanki kantaa* the snow is hard enough to walk on
hankinnainen (sairaus, ominaisuus) acquired
hankinnaisominaisuus acquired characteristic
hankinnaissairaus acquired disease
hankinta 1 acquisition, procurement; (osto) purchase, buying **2** (toimitus) delivery, supply
hankintahinta purchase/original price *hankintahintaan* at cost
hankintakustannukset initial outlay, first/acquisition/prime costs
hankkia 1 (saada) get, obtain, acquire, find **2** (ostaa) buy, purchase, procure **3** (toimittaa) provide, furnish, supply **4** (ansaita) earn, make (money, a living) **5** (valmistella) prepare (for), look for *hankkia riitaa* look/ask for a fight *Jos haluat rauhaa, hanki sotaa* If you want peace, prepare for war
hankkia lapsia have children
hankkia rahaa (ansaita) earn money, (kerätä) raise money
hankkija 1 (hankkeesta sopinut) contractor **2** (tavaran toimittaja) supplier, deliverer **3** (muonan) caterer, purveyor, provisioner **4** (ilmoitusten tms) agent, canvasser
hankkiutua 1 (valmistautua) prepare for, get ready for, dress up for **2** (järjestää itsensä jonnekin) see your way clear to (going, doing, getting) *hankkiutua valtaan* connive/scheme your way into power *hankkiutua jonkun suosioon* angle your way into someone's favor *hankkiutua irti ikävästä tilanteesta* weasel your way out of a sticky situation *hankkiutua eroon ihailijoistaan* break free of your admirers
hanko (pitch)fork
hansa the Hansa, the Hanse, the Hanseatic League

hansakaupunki Hanseatic town, Hanse town
hansaliitto the Hanseatic League
hansikas glove *heittää jollekulle hansikas* throw down the gauntlet to
hansikaslokero glove compartment
hanska glove
hanttihomma menial job/chore; (sl) shitty job, (mon) scutwork, shitwork *Olen kyllästynyt siihen, että saan tehdä kaikki hanttihommat täällä* I'm sick of having to do all the shitwork around here
hanttiin *panna hanttiin* resist, fight back, get/put your back up, dig your heels in
hanttimies odd-job man
hanuri accordion; (pieni) concertina
hapan 1 (maku) sour, tart *Happamia, sanoi kettu pihlajanmarjoista* Sour grapes **2** (ilme) sour, sullen (murjottava), surly (vihainen) **3** (kem) acid(ic)
hapanimelä sweet-and-sour
hapankaali sauerkraut
hapankerma (lähin vastine) sour cream
hapankorppu finncrisp
hapanleipä black bread; (raam) leavened bread
hapannaama sourpuss, grouch
hapan sade acid rain
hapantua (turn/go) sour
haparoida grope, fumble, feel about
haparointi groping, fumbling
haparoiva groping, hesitant, uncertain, lacking confidence
hapate (maidon) souring agent, (leivän) leaven
hapatin (maidon) souring agent, (leivän) leaven
hapattaa (maitoa) sour, (leipää) leaven
hapattamaton unleavened
hapatus leaven (myös kuv) *vanha hapatus* the old leaven
hapenpuute oxygen deficiency, (lääk) anoxia, anoxemia *Te kärsitte täällä hapenpuutetta, ulos joka sorkka!* You guys need a little fresh air, everybody out
hapeton oxygen-free
hapettaa (kem) oxidize, oxydate, oxygenate
hapettomuus lack of oxygen, (lääk) aoxemia
hapettua (kem) (become) oxidize(d)
hapettuma oxide
hapetus oxidization, oxygenation
haponkestävä acid-proof
hapoton acid-free
hapottaa acidify, acidize
hapottua acifidy, acidize
hapotus acidization, acidulation
happamaton unleavened *happamattoman leivän juhla* the feast of the unleavened bread
happamuus sourness, acidity
happi oxygen
happihoito oxygen treatment
happihölkkä jog
happikaappi incubator
happikaasu oxygen
happinaamari oxygen mask, gas mask
happipitoisuus oxygen content
happipullo oxygen bottle/tank
happiteltta oxygen tent
happo acid
happoisuus acidity
happokoe acid test
happokylpy acid bath
happomarja barberry
happomyrkytys acid intoxication, (lääk) acidosis
happopitoinen acid(ic), acidiferous
happosade acid rain
happy end happy ending
hapuilla grope, fumble, feel (your way)
hapuillen gropingly, feeling your way
harakanvarvas 1 (käsiala) scrawl, (mon) chicken scratches **2** (käsityö) feather stitch
harakka magpie
harata 1 (karhita) harrow **2** (naarata) drag **3** (hangata) resist, fight back, struggle against
harava rake
haravoida 1 rake (up) **2** (etsiä) comb, scour

hard rock hard rock

harha 1 (kuvitelma) (optical) illusion, delusion, hallucination, chimera, mirage **2** (erehdys) misconception, mistake, false belief/idea, fallacy

harhaan *joutua harhaan* go astray *ajaa harhaan* lose your way, make a wrong turn *johtaa harhaan* mislead, deceive, lead astray *osua harhaan* miss (the target)

harhailla wander, roam, ramble, meander, rove (about aimlessly)

harhakäsitys misconception, false belief/idea/notion

harhaluulo misconception, (looginen) fallacy; (psyk) delusion

harhateillä on the wrong track, on the wide path that leads to Hell

harhauttaa 1 mislead, deceive, fool **2** (urh) fake, feint, bluff

harhautua 1 (eksyä) lose your way, get lost **2** (joutua harhateille) stray/ deviate (from the strait and narrow), be led/go astray **3** (harhailla) wander, drift, roam

harja 1 (siivousharja) brush, (lattia-harja) broom **2** (hevosen ym) mane, (kukon) crest, comb **3** (talon) rooftop, ridge **4** (muurin) cap, coping **5** (aallon) crest **6** (vuoren) peak, summit

harjaantua 1 (harjoitella tekemään) train for, get practice in **2** (kehittyä) get better at, improve

harjanne ridge

harjata brush (off); (lattiaa) sweep

harjoitella 1 practice, train **2** (sot) drill **3** (teatt) rehearse, practice **4** (oppia) learn

harjoittaa 1 (opettaa) practice, train, drill, rehearse **2** (käyttää) use, exercise, practice *harjoittaa väkivaltaa* indulge in violence, resort to violence, use violence *harjoittaa julmuutta* commit atrocities *harjoittaa haureutta* fornicate, commit fornication *harjoittaa sananvapautta* exercise freedom of speech **3** (ammattia) practice, ply, follow, pursue **4** (opintoja) engage in, carry on, perform **5** (liiketoimintaa) engage in, conduct, do (business), transact

harjoittaja 1 (valmentaja) trainer, instructor **2** practitioner *tieteen harjoittaja* student of science *taiteen harjoittaja* artist *haureuden harjoittaja* fornicator

harjoittelija trainee, learner; (oppipoika) apprentice

harjoittelu 1 (näytelmän tms) rehearsal, practice **2** (työharjoittelu) (practical) training

harjoittelukoulu teacher training school

harjoitus 1 (harjoittelu) practice, exercise, training; (harjoite) exercise *Harjoitus tekee mestarin* Practice makes perfect **2** (harjoituskerta, usein mon) practice, practice/training session, workout (session), (jazztanssin, judon yms) class, (näytelmän) rehearsal *Lähden jalkapalloharjoituksiin* I'm going to football practice **3** (harjoitustehtävä) exercise *Nyt teemme näitä kielioppiharjoituksia* I'm going to pass these grammar exercises out to you **4** (toiminnan harjoittaminen) practice, pursuit

harkinnanvarainen discretionary *harkinnanvarainen kysymys* judgment call, matter of discretion

harkinta 1 (punnitseminen) deliberation, consideration *tehdä päätös tarkan harkinnan jälkeen* base a decision on careful deliberation **2** (päättäminen) (good/sound) judgment, discretion *Jätän sen sinun harkintasi varaan* I'll leave it to your discretion, I'll let you judge for yourself, I'll leave it up to you(r better judgment)

harkintakyky (good/sound) judgment

harkita 1 (jotakin) deliberate, consider, reflect upon, ponder, think about/over *Harkitsen asiaa* I'll think it over, I'll think about it *Harkitsen juuri uudelleen sinun lähtöäsi sinne leirille* I'm reconsidering letting you go to that camp **2** (joksikin) think, consider, regard, find *Harkitsin parhaaksi vaieta* I thought it best to keep quiet *Olen asian niin harkinnut, että* The way I see it

harkitsematon reckless, heedless, imprudent, incautious, rash

harkitsemattomasti recklessly jne (ks harkitsematon); without thinking, without considering the consequences/ results
harkittu 1 (tahallinen) studied, deliberate, intentional **2** (punnittu) well thought out, considered *huonosti harkittu* ill-advised **3** (rikoksesta) premeditated *harkittu murha* premeditated murder/ homicide, murder in cold blood
harkitusti 1 (tahallaan) deliberately, intentionally, on purpose **2** (harkiten) with care, knowing exactly what you are doing (and why) **3** (harkinnan jälkeen) after careful consideration/deliberation
harmaa 1 gray, (UK) grey; (hiuksista) grizzled **2** (taivas) cloudy, overcast **3** (elämä) blah, drab
harmaa eminenssi gray/grey eminence
harmaahapsinen grayhaired, whitehaired
harmaantua (go/grow/turn) gray
harmahtava grayish, (hiuksista) grizzled
harmi trouble, irritation, annoyance, problem, bother *Sinusta ei ole muuta kuin harmia* You're nothing but trouble, you're a pest *Ei hänestä ole harmia* He won't bother/trouble us, he'll be no trouble/bother/problem *jatkuvaa harmia* constant irritation/vexation
harmillinen troublesome, irritating, annoying, bothersome, vexing *Onpas harmillinen juttu, sepäs harmillista* What a drag/nuisance/hassle
harmin paikka *Mikä harmin paikka!* What a shame/nuisance, Oh bother!
harmissaan irritated, annoyed, vexed
harmistua be/get irritated/annoyed/ vexed/upset, be/get worked up *Nyt sinä harmistuit ihan turhaan* You've gotten (yourself) (all) worked up for/about nothing
harmiton harmless, inoffensive, innocent *Hän on täysin harmiton ihminen* He wouldn't hurt a fly, he's harmless *harmiton pila* innocent/innocuous joke/gag
harmittaa irritate, annoy, vex *Epäjärjestys harmittaa* Disorder drives me crazy/around the bend/up the wall *Minua harmittaa tuollainen leväperäisyys* That kind of irresponsibility really gets my goat, gets my back up, makes me see red *Kaikki asiat harmittavat häntä* Everything makes him mad/ irritates him *Tyttöä harmitti, että hän oli purskahtanut itkuun* The girl was annoyed with herself, kicked herself, for bursting into tears
harmittava irritating, annoying, vexatious *harmittava takaisku* unfortunate setback
harmoni (mus) harmonium
harmonia harmony
harmoninen 1 (mus ja mat) harmonic **2** (sopusointuinen) harmonious
harppaus 1 (kävelyaskel) stride, long step *Hän ylitti ojan yhdellä harppauksella* He cleared the ditch in one great step **2** (kehitysaskel) stride, leap *Harri on edistynyt pitkin harppauksin* Harri is making/taking great strides forward *Keskiajasta oli iso harppaus porvarilliseen elämäntapaan* It was a great leap from the Middle Ages to a bourgeois lifestyle
harppi compass, (usein mon) a pair of compasses
harppoa stride (along/up and down/ back and forth)
harras 1 (usk) devout, pious, religious **2** (omistautunut) devoted, dedicated, committed **3** (uskollinen) faithful, loyal, steadfast **4** (innokas) ardent, passionate **5** (sydämellinen) heartfelt, sincere *hartaat kiitokset* heartfelt thanks
harrastaa 1 (olla kiinnostunut jostakin) be interested in, take an interest in, go in for, be into *Harrastan joogaa* I'm into yoga **2** (harjoittaa) study, pursue, practice, do *Harrastan kieliä* I enjoy studying languages, languages are a hobby of mine *Harrastan paljon ompelua* I do a lot of sewing, I like to sew *Hän taitaa harrastaa lähinnä huumeita* His main hobby seems to be drugs, all he ever seems to do is smoke dope
harrastaja devotee, aficionado
harrastajateatteri amateur theater

harraste hobby
harrastelija amateur, dabbler; (halveksiva) dilettante
harrastelijamainen amateurish
harrastus 1 (harraste) hobby **2** (kiinnostus) interest (in), liking (for), pursuit (of)
harsia 1 (käsityö) baste, tack together **2** (metsänhoito) cut/fell selectively
hartaus 1 (usk) devotion, piety, reverence **2** (hartaustilaisuus) devotion(al), devotions *aamuhartaus* morning devotions/prayer (omistautuneisuus) devotion, dedication, commitment *heittäytyä hartaudella johonkin* devote yourself to something, pour your whole soul into it, delve into it wholeheartedly **3** (into) ardor, passion **4** (sydämellisyys) sincerity
hartia shoulder
hartiahuivi shawl
hartiapankki (ark) sweat equity *rakentaa hartiapankilla* build up sweat equity
harva 1 *harva ihminen* (only a) few people, the odd person, (only) one in a hundred/thousand *ani harvat* very few *harva se päivä* almost every day, pretty much daily **2** (hajanainen) scattered, sparse *harva asutus* scattered (spread-out) houses **3** (ohut) thin *harvat hiukset* thin hair **4** (vähäinen) scanty **5** (karkea) coarse, loose *harva kudos* loose/coarse weave *harva verkko* coarse-meshed net **6** (isot välit) wide-spaced, gapped, gaping *Minnalla on harvat hampaat* Minna is gap-toothed **7** (hidas) slow, measured *kellon harva tikitys* slow/measured ticking of the clock
harvainvalta oligarchy
harvalukuinen few/small in number
harvapuheinen untalkative, taciturn, reticent, reserved *harvapuheinen mies* a man of few words
harventaa thin (out) *harventaa ruokinta-aikoja* feed less often, at wider intervals *harventaa tahtia* slow down
harventua thin (out)
harveta thin (out), become thinner
harvinainen 1 (jota on niukalti) rare, exceptional, unusual, unique *harvinainen lahja* exceptional talent *harvinainen kirja* rare book *harvinaisen paljon* an unusually large amount *Sellaiset ihmiset ovat harvinaisia* People like that are rare/unusual/few and far between **2** (joka sattuu harvoin) rare, infrequent *harvinainen vieras* infrequent visitor
harvinaisen very, extremely, exceptionally, unusually
harvinaisuus 1 (esine) rarity, curiosity **2** (ominaisuus) rareness *hänen käyntiensä harvinaisuus* the rareness of her visits **3** (tapahtuma) rare event/occurrence
harvoin rarely, seldom, infrequently, hardly ever, (ark) once in a blue moon
hassahtanut 1 (hassuksi tullut) touched (in the head), cracked **2** (pihkaantunut) infatuated
hassu 1 (höperö) silly, foolish, ridiculous; (ark) nuts, wacko, bananas *Älä ole hassu!* Don't be silly/ridiculous *hassuna (ilosta)* silly/giddy (with happiness) **2** (huvittava) funny, ludicrous, absurd, ridiculous *hassu nenä* funny nose **3** *Muutama hassu peruna* A few lousy potatoes **4** *ei hassumpi* not bad *Meille kävi hassusti* Things went badly (for us), we had a bit of bad luck, we had an unpleasant surprise
hatara 1 (heikko) flimsy (myös kuv), fragile, creaky; (kuv) tenuous, insubstantial **2** (aukkoinen) leaky, gaping *Hänen verukkeensa oli aika hatara* His excuse was full of holes **3** (ränsistynyt) dilapidated, ramshackle **4** (huono) bad, poor *hatara muisti* poor memory
hattu 1 hat, (lakki) cap *nostaa hattua* raise/tip your hat (to), take off your hat to (myös kuv) *syödä hattunsa* eat your hat **2** (pullon, sienen yms) cap; (tekn) hood, cowl
haudata bury *Tässä täytyy olla koira haudattuna* There must be a catch to this somewhere
haudonta 1 (haavan yms) bathing, soaking, (lääk) fomentation **2** (munien)

brooding, (esille) hatching, (koneessa) incubation
haukata bite (off) *haukata liian suuri pala* bite off more than you can chew, have eyes bigger than your stomach *haukata raitista ilmaa* have a breath/bite of fresh air *haukata välipalaa* have a bite to eat, have a snack
hauki pike
haukka hawk, falcon
haukkoa henkeään gasp/gulp (with surprise)
haukkua 1 bark (at); (pieni koira) yip, yap, yelp; (iso koira) bay **2** (moittia) criticize, attack, abuse; (huutaa) yell/ shout at; (nimitellä) call someone names *Hän haukkui minut maanrakoon* He told me off, he really hauled me over the coals, he gave me hell, he gave me a piece of his mind
haukkua väärää puuta bark up the wrong tree
haukotella yawn
haukotus yawn
haukotuttaa *minua haukotuttaa* I can't stop yawning
haulikko shotgun *kaksipiippuinen haulikko* double-barreled shotgun
hauras 1 (fyysisesti) fragile, (easily) breakable, brittle **2** (henkisesti) delicate, frail
haureus 1 unchastity, immorality **2** (haureuden harjoitus) fornication
hauska 1 (miellyttävä) enjoyable, pleasant, nice *Hauskaa joulua!* Merry/ Happy Christmas *Meillä oli hauskaa* We had fun, we had a good/nice time, we enjoyed ourselves *hauskan näköinen tyttö* good-/nice-/pleasant-looking girl *Hauska kuulla* I'm happy/pleased to hear that *pitää hauskaa* have fun, have a good time **2** (huvittava) funny, amusing *hauska veikko* funny guy/chap, laugh a minute, life of the party
hauskasti 1 (miellyttävästi) enjoyably, pleasantly, nicely **2** (huvittavasti) funnily, amusingly
hauskuttaa amuse, make people laugh, keep them in stitches, get a laugh
hauta 1 grave; (hautakammio) tomb, sepulchre *kääntyä haudassaan* turn/ spin in one's grave *Hänellä on jo toinen jalka haudassa* She's already got one foot in the grave **2** (kuoppa) pit, ditch; (taisteluhauta) trench **3** (urh: vesihauta) water jump
hautajaiset funeral, memorial service; (hautajaiskahvit) wake
hautakivi tombstone
hautaristi memorial cross
hautausmaa graveyard, cemetary
hautaustoimisto funeral parlor/ home
hautautua 1 be buried *hautautua elävältä* be buried alive *Auto hautautui lumeen* The snow completely buried/ covered the car **2** (kuv) bury yourself *hautautua työhön* bury yourself in your work
hautoa 1 (ruokaa: vedessä) simmer, braise, (höyryssä) steam, (uunissa) bake; (kuv) bake, toast, warm *hautoa jäseniään saunan lämmössä* bake yourself in the sauna *hautoa jalkapohjia nuotiolla* toast your feet by the fire **2** (haavaa tms: vedellä) bathe, soak, (lääk) foment; (jääpussilla) press with an ice pack; (lämpötyynyllä) heat with a heating pad **3** (munia) brood, (esille) hatch, (koneessa) incubate **4** (pohtia) brood (on), dwell on, contemplate *hautoa epäonnistumistaan* brood/dwell on your failure *hautoa itsemurhaa* contemplate suicide *hautoa kostoa* harbor thoughts of revenge
hautua 1 (kypsyä: vihannes vedessä) simmer, (liha vedessä) stew, (höyryssä) steam, (tee) steep **2** (kuv) get hot, roast, broil, boil *Jalkani hautuvat näissä kumppareissa* My feet are sweating to death in these rubber boots **3** (kypsyä: mielessä) incubate, take shape/form, be turned around in your mind *Suunnitelma hautui mielessäni* My plan started to take on definition, I started to have a clearer idea of what I wanted to do
havahtua awaken, wake up with a start/jolt *havahtua todellisuuteen* stop dreaming, come back down to earth, wake up to reality *havahtua näkemään*

ongelma suddenly become aware of a problem, suddenly realize there's a problem, all of a sudden stumble onto a problem
Hawaiji Hawaii
havainnollinen illustrative, graphic; (selkeä) clear, good *havainnollinen esimerkki* good example
havainnollisesti graphically, clearly
havainnollistaa illustrate, clarify, exemplify
havainnollistava illustrative, clarifying, exemplifying
havainnollistus illustration, demonstration
havainnollisuus illustrativeness, graphicness, perspicuity
havainto 1 (huomio) observation, (tieteessä mon) findings, data **2** (aistihavainto) (sense/sensory) perception **3** (ark: käsitys) sense *Onko sinulla havaintoa siitä, miten tämän pitäisi toimia?* Do you have any sense/idea/ notion of how this is supposed to work?
havaintoesitys demonstration
havaintoharha hallucination, delusion
havaintopaikka (sot) observation post
havaita 1 (nähdä) perceive, see; (huomata) notice, detect; (erottaa) make out, discern *havaita savua taivaanrannalla* see/notice/make out smoke on the horizon *tuskin havaittava* barely perceptible **2** (oivaltaa) understand, gather, realize **3** (joksikin) find *havaita hyväksi* find something good
havu branch of an evergreen tree *kuusen havuja* spruce/fir branches *männyn havuja* pine branches
havumetsä coniferous/evergreen forest/woods
havupuu coniferous/evergreen tree
HDTV HDTV, high-definition television
h-duuri (mus) B major
he they *heidät, heitä* them *heille, heiltä* to/from them *heidän* their(s)
heavy rock heavy rock
hedelmä fruit (myös kuv)
hedelmällinen 1 (hedelmää tuottava) fecund, fruitful, productive, rich **2** (jälkeläisiä tuottava) fertile **3** (tuloksia tuottava) fruitful, profitable, productive
hedelmällisyys 1 (kyky tuottaa hedelmää) fecundity, fruitfulness **2** (kyky tuottaa jälkeläisiä) fertility **3** (kyky tuottaa tuloksia) fruitfulness, usefulness, efficacity
hedelmättömyys 1 (kyvyttömyys tuottaa hedelmää) barrenness **2** (kyvyttömyys tuottaa jälkeläisiä) sterility, barrenness **3** (turhuus) fruitlessness, futility
hedelmättömästi without bearing fruit, without issue, with no effect, fruitlessly
hedelmätön 1 (hedelmää tuottamaton) unfruitful, unproductive, barren **2** (jälkeläisiä tuottamaton) sterile, barren **3** (tulokseton) unfruitful, fruitless, unprofitable, unproductive, futile
hedelmöittää 1 (lannoittaa) fertilize **2** (siittää) fertilize, impregnate, inseminate; (kasv) pollinate **3** (innoittaa) inspire, stimulate, enliven
hedelmöitys 1 (siittäminen) fertilization, impregnation, insemination *keinotekoinen hedelmöitys* artificial insemination **2** (sikiäminen) conception *hedelmöityksen ehkäisy* contraception
hehkeä bright, animated, lively, vivacious
hehku glow
hehkua glow, burn red
hehkulamppu incandescent/filament bulb
hehkulanka filament (wire)
hehtaari hectare
hei! 1 (saapuessa) hi! hello! **2** (lähtiessä) (good)bye! **3** (varoittaessa yms) hey!
heijastaa 1 reflect **2** (kuv) reflect, mirror, show, express *Hänen katseensa heijasti pelkoa* His look was full of fear *Kieli heijastaa yhteiskunnan arvoja* Language reflects/mirrors the society's values **3** (valkokankaalle) project
heijastamaton nonreflecting, antiglare

heijastin reflector
heijastua (be) reflect(ed)
heijastus reflection, mirror-image
heikentyminen weakening, worsening, deterioration, decreasing, diminishment (ks heikentyä)
heikentyä 1 weaken, grow/become weak(er) **2** (huonontua) get worse, deteriorate, (start to) fail **3** (vähetä) decrease, diminish, drop off
heikentäminen weakening, impairment, debilitation, enfeeblement, reduction, diminishment (ks heikentää)
heikentää weaken **1** (vähentää kestävyyttä) impair, undermine **2** (vähentää voimaa) debilitate, enfeeble **3** (vähentää laatua) water down **4** (vähentää määrää) reduce, diminish, lessen
heikko weak **1** (kestämätön, hento) weak, fragile, frail, delicate *heikko lasi* fragile/brittle glass *heikko jää* thin ice *heikko lapsi* frail/delicate child *Henki on altis mutta liha on heikko* The spirit is willing but the flesh is weak *heikoissa kantimissa* in bad shape, in trouble **2** (voimaton, veltto) weak, feeble, faint flabby, ineffectual, not strong *tehdä heikkoja vastaväitteitä* protest feebly, faintly, ineffectually *näkyä heikosti* be faintly visible *heikko kahvi* weak coffee *heikko lihas* flabby muscle *heikko päätöksentekijä* namby-pamby, wishy-washy **3** (kyvytön, kehno) bad, low-quality, poor, substandard *heikot arvosanat* bad/substandard grades/marks *heikko selitys* flimsy explanation, lame excuse *heikko kielissä* bad/no good at languages **4** (riittämätön, pieni) scanty, meager, low, insufficient *heikko sato* scanty/meager crop *heikot palkat* low/insufficient wages *heikko toivo* small/slight hope *heikot mahdollisuudet* slim/small chances, meager opportunities **5** *heikkona* fond of *olla heikkona lapsiin* have a soft spot for children, love children *olla heikkona viinaan* have a weakness for liquor *olla heikkona makeisiin* have a sweet tooth **6** (liik: valuutta) weak, unstable **7** (kiel: verbi) weak
heikkohermoinen high-strung; (psyk) neurotic, (lääk) neurasthenic
heikkokasvuinen stunted, slow-growing
heikkokuntoinen 1 in bad shape/condition **2** (ihminen) frail, infirm **3** (talo) dilapidated, ramshackle **4** (auto) (ark) clunky
heikkolahjainen slow, backward, of below-average intelligence; (kehitysvammainen) retarded, educationally handicapped
heikkomielinen feeble-minded, retarded, (euf) intellectually handicapped
heikkonäköinen weak-sighted, myopic
heikkorakenteinen frail, slight
heikkotasoinen poor, substandard, not up to par
heikkotehoinen underpowered
heikkous 1 weakness **2** (hentous) fragility, frailty **3** (velttous) feebleness, flabbiness, debility **4** (kehnous) low quality/level, lameness **5** (pienuus) smallness, insufficiency **6** (heikko kohta) weakness, weak/vulnerable spot/point **7** (mieltymys) fondness, penchant, soft spot (in your heart) *heikkous lapsiin* soft spot for children *heikkous makeisiin* sweet tooth
heikkouskoinen (raam) ...of little faith *Te heikkouskoiset* O ye of little faith
heikohko weakish, on the weak side
heikompi astia (raam) the weaker vessel
heikottaa *Minua heikottaa* I feel faint/woozy/light-headed
heilahdella 1 rock/roll (back and forth), swing/sway (to and fro), undulate **2** (liik) fluctuate **3** (fys) oscillate
heilahdus 1 rocking/rolling movement, swaying, swinging, undulation **2** (liik) fluctuation **3** (fys) oscillation
heilauttaa (kättä) wave, (häntää) wag, (kirvestä, säkkiä selkään) swing, (lattiaharjaa) whisk *Ei se minua paljon heilauta* It makes no difference to me, I don't give a damn

heilua 1 swing/sway/rock/roll (back and forth, to and fro) **2** (ahertaa) work hard, work like a mad(wo)man, (ark) work your butt/ass off, (practically) kill yourself working/with work **3** (tal) fluctuate **4** (fys) oscillate
heiluri pendulum
heilutella (kättä) wave, (häntää) wag, (kirvestä) swing, (lattiaharjaa) whisk, (nyrkkiä, miekkaa) brandish, (setelinippua) flourish, (lanteita) roll, (kehtoa) rock
heiluttaa ks heilutella
heimo 1 tribe, clan, kin **2** (biol ym) family
heinikko grass
heinä hay, (ruoho) grass *tehdä heinää* make hay *olla heinässä* be working in the hay fields, be hay-making *Se ei ole minun heiniäni* That's none of my affair/business, that's out of my jurisdiction/bailiwick, I've got nothing to do with that
heinäkuinen July *heinäkuinen ilta* a July evening, an evening in July
heinäkuu July
heinämies haymaker
heinänteko hay-making
heinänuha hay fever
heinäpaalu bale of hay, hay bale
heinäpelto hay field
heinäseiväs hay pole
heinäsirkka grasshopper
heinäsuova haystack
heipparallaa zippity-doodah
heitellä throw (around), fling, sling, let fly *heitellä jotakuta lumipalloilla* pelt/bombard someone with snowballs *Sillä voit nyt heittää vesilintua* You can chuck/pitch/heave that now
heittelehtiä 1 (sängyssä) toss and turn, toss about *Heittelehdin levottomana koko yön* I tossed and turned restlessly all night **2** (tuuli) gust, blow this way and that
heitto 1 throw, toss jne (ks heittää) **2** (ehdotus) suggestion, trial balloon; (huuli) joke, witticism, bon mot *Se oli vain heitto* It was just a thought
heittoistuin ejection seat
heittopussi pushover
heittäytyä 1 throw/hurl/cast/fling yourself *heittäytyä jonkun jalkoihin* throw yourself/fall at someone's feet *heittäytyä veteen* plunge into the water *heittäytyä pallon perään* leap/jump after the ball **2** (omistautua johonkin) throw yourself into something, get caught up in something, get swept/carried away by something *heittäytyä seuraelämän pyörteisiin* rush headlong into the hurlyburly of high society, get caught up in social life *heittäytyä epätoivoon* plunge into despair, give yourself over to despair **3** (antautua) surrender, yield, give up *heittäytyä turvallisuuden tunteeseen* be lulled into a false sense of security **4** (tekeytyä joksikin) pretend to be, play *heittäytyä tyhmäksi* play dumb, pretend to be stupid/not to understand anything
heittää 1 throw, hurl, toss *heittää palloa (edestakaisin)* play catch *heittää jollekulle hansikas (haastaa taisteluun)* throw down the gauntlet **2** (pois) throw out/away; (ark) chuck, pitch, heave *heittää lapsi pesuveden mukana* throw out the baby with the bathwater **3** (luoda) cast, throw (out) *Hän heitti minuun vihaisen katseen* She cast me an angry glance, gave me a dirty look *heittää syytöksiä* cast aspersions *heittää ajatus* throw out an idea, make a suggestion **4** (olla väärin) be off, be mistaken, vary *Tulokset voivat heittää enintään 3 mm* The results may be 3 mm off at most, there is a 3 mm margin of error *Mielipiteet heittivät jonkin verran* The(ir) views/opinions were slightly different
heittää henkensä die, pass away, give up the ghost
heittää hyvästit bid farewell, take leave of
heittää kruunua ja klaavaa toss a coin
heittää päästä *häntä heittää päästä* he's got a screw loose, he's missing a few marbles
heittää veivinsä kick the bucket
heittää vettä urinate, make/pass water, piss

heiveröinen 1 (ihminen) frail, slight, slender **2** (valo) faint, dim **3** (talo, perustus tms) shaky

hela 1 fitting, mounting, bushing; (mon) fittings, mountings; (erit oven/ikkunan) furniture (locks, hinges, and handles) **2** (puukon) ferrule

helahoito (puukko) sheath knife (with a ferruled handle)

hela hoito the whole kit and caboodle

heleä bright, cheerful, buoyant *heleä ääni* melodious voice *heleä nauru* bright/ cheerful/ringing laughter

heleästi brightly, cheerfully, gaily

helikopteri helicopter; (kans) chopper, whirlibird

hella stove, range

helle heat (myös kuv), hot weather

helleaalto heat wave

hellittämättä incessantly, constantly, without a break

hellittää *tr* **1** (löysätä) loosen, slack(en), relax *hellittää otettaan* loosen/ relax your grip *hellittää köyttä* loosen/ slacken a rope, let the rope go slack **2** (päästää irti) let go, let loose of, release, free *hellittää otteensa* let go, release your grip *hellittää köydestä* let go of the rope **3** (jättää kesken) stop/ quit (doing something) *En malttanut hellittää lukemistani* I couldn't put the book down *itr* **1** (laantua) slacken, abate, ease off *tuuli hellittää* the wind abates/subsides *pakkanen hellittää* the cold snap breaks, the weather warms up *kuume hellittää* the fever breaks/abates, the temperature comes down **2** (ottaa rennommin) loosen/lighten up, slack off, take it easy, slow down *Hellitä vähän!* Hey, lighten up! Take a break!

helluntai Pentecost

helluntaiseurakunta Pentecostal church

hellyydenkipeä starved for affection

hellyydenosoitus token of your affection

hellyys tenderness, loving kindness, affection

hellä 1 (kosketukselle arka) tender, sore, sensitive **2** (rakastava) tender, loving, kind, affectionate

hellästi tenderly, lovingly, kindly, affectionately

hellävarainen careful, gentle; (tahdikas) tactful, discreet

hellävaraisesti carefully, gently

hellävaroen carefully, gently

helma 1 (lieve) hem *pyöriä äidin helmoissa* be underfoot, rush around under/at mommy's feet *roikkua äidin helmoissa* be tied to your mother's apron-strings **2** (kuv) bosom *riistää lapsi äitinsä helmasta* tear a child from its mother's arms *päästä Aabrahamin helmaan* be taken into the bosom of Abraham

helmapelti (auton) rocker panel

helmeilevä sparkling, bubbly, effervescent

helmeillä sparkle, bubble, effervesce

helmi 1 pearl; (mon: helminauha) pearls, pearl necklace, (kaulanauha) necklace *heittää helmiä sioille* cast pearls before swine **2** (kuv) gem, jewel, treasure *Teidän kotiapulaisenne on todellinen helmi* Your nanny is a real gem/treasure *Itämeren helmi* Jewel of the Baltic

helmikuinen February *helmikuinen aurinko* the February sun, the sun in February

helmikuu February

helminauha pearls, pearl necklace

helposti easily, with ease, without difficulty

helpottaa 1 (tehdä helpommaksi) make something easier, facilitate *helpottaa läpikulkuliikennettä* facilitate through traffic **2** (keventää) lighten, take (some of) the burden off *helpottaa työtaakkaansa* lighten your work load **3** (lievittää) ease, relieve, assuage, alleviate *Tämä lääke helpottaa sinun kipuasi* This medicine will help ease your pain, will make it hurt less, make some of the pain go away *Joko helpotti?* Feel better? **4** (vähetä) ease (off), abate, slacken *Sade taisi vähän helpot-*

taa I think the rain has eased off a little, I don't think it's raining so hard any more
helpottua 1 (tulla helpommaksi) become easier, be facilitated **2** (kevetä) lighten, ease up **3** (lievittyä) get/feel better, ease off **4** (vähetä) ease (off), abate, slacken
helpotus 1 relief **2** *myöntää helpotuksia* make concessions/allowances, waive fees
helppo easy *mennä helppoon* be duped/fooled, be taken in *Menitpä helppoon!* Gotcha!
helppoheikki street/fair barker, "cheap Jack"
helppo nakki piece of cake, no sweat, duck soup
helsinkiläinen Helsinkian, Helsinki man/woman
heltyä be moved, soften, (antaa periksi) relent
helvetillinen hellish, infernal
helvetin kuusi *Missä helvetin kuusessa sä oot luuhannut koko illan?* Where the hell have you been all evening? *Se asuu jossain helvetin kuusessa* She lives way out in the sticks somewhere
helvetisti *juosta helvetisti* run like hell, run hellbent for leather *helvetisti ihmisiä* a hell of a lot of people
helvetti hell *Painu helvettiin!* Go to hell! *Painu helvettiin siitä!* Get the hell out of there! *Mitä helvettiä* What the hell
hemmetti heck *Mene hemmettiin siitä* Get the heck out of there *Mitä hemmettiä* What the heck
hemmotella 1 (kohdella hyvin) indulge, pamper, coddle *näky hemmottelee silmiä* the sight gratifies/pleases the eye **2** (hemmotella pilalle) spoil
hemmoteltu spoiled
hemmotteleva indulgent
hemmottelu 1 (hyvä kohtelu) indulgence, pampering, coddling **2** (pilalle) spoiling
hengellinen spiritual, devotional, religious *hengellinen musiikki* sacred music
hengenheimolainen kindred spirit
hengenvaara danger to life, peril
hengenvaarallinen extremely dangerous, perilous *hengenvaarallinen haava* fatal/mortal wound
hengittää breathe (myös kuv) *hengittää sisään* inhale, breathe in *hengittää ulos* exhale, breathe out
hengitys 1 (hengittäminen) breathing, (lääk) respiration **2** (henki) breath *Sinun hengityksesi haisee* You've got bad breath
hengityselimet respiratory organs
hengästys windedness, breathlessness
hengästyä get out of breath, get winded
henkevä spirited, full of spirit/life, lively, animated
henkevästi with spirit/animation
henki 1 (hengitys) breath *vetää henkeä* breathe in *haukkoa henkeä* gasp *Sinun henkesi haisee* You have bad breath *henkeä salpaava* breath-taking **2** (henkäys) breath, puff **3** (tuoksu tms) air *kesäyön viileä henki* the cool summer night air **4** (elämä) (the spirit/breath of) life *Rahat tai henki!* Your money or your life! *Sinulta voisi mennä henki* You could get killed, you could die *Niin kauan kuin henki minussa pihisee* As long as there's a breath of life in my body, as long as I'm still kicking *juosta henkensä edestä* run for dear life *henkeen ja vereen* through and through **5** (usk, filos) spirit, (sielu) soul, (ajattelu) mind, (tunne) feeling *Henki on altis mutta liha on heikko* The spirit is willing but the flesh is weak *hengen tuotteet* products of the human spirit *hengessä mukana* with you in spirit, there in spirit *täysissä ruumiin ja hengen voimissa* sound in mind and body *Hän on laitoksen henki* She's the soul of that department **6** (mieliala) spirit, mood, atmosphere *ajan henki* spirit of the times, Zeitgeist *kodin henki* atmosphere at home *kumouksellinen henki* revolutionary mood/spirit **7** (aave) spirit, ghost, sprite *metsän henki* forest spirit/sprite *isoisän henki* grandpa's spirit/ghost *manata ulos henkiä* cast out spirits, exorcise demons *Pyhä Henki* Holy Spirit/Ghost **8** (hen-

kilö) person *10 mk per henki* 10 marks per person, 10 marks each *kahden hengen huone* double (room)
henkilö 1 (ihminen) person, (huomattava) personage **2** (romaanihahmo) character
henkilöauto (passenger) car, sedan
henkilökohtainen personal, individual, (yksityinen) private
henkilökohtainen tietokone personal computer, PC
henkilökohtaisesti personally
henkilökohtaisuus *mennä henkilökohtaisuuksiin* get personal
henkilökunta staff, personnel
henkilökuva (patsas) figure, (maalaus) portrait, (romaanihahmo) character(ization), (imago) image
henkilökuvaus portrait, portrayal, characterization
henkilöllisyys identity
henkilöllisyystodistus identification card, I.D.
henkilöpalvonta personality cult
henkilöpuhelu person-to-person call
henkilörekisteri civil register
henkilöstö staff, personnel
henkilöstöpäällikkö personnel manager
henkilövahinko bodily injury, casualty
henkimaailma spirit world
henkimaailman asia *Se on henkimaailman asioita* That's too abstract/ theoretical for me
henkinen 1 emotional *henkinen kasvu/kypsyys/kärsimys/tasapaino* emotional growth/maturity/pain/ stability **2** (älyllinen) mental, intellectual *henkiset lahjat* intellectual/mental abilities **3** (psyykkinen) psychological, mental, emotional *henkinen sairaus* mental illness, psychological/emotional disorder
henkirikos capital crime/offense, homicide
henkisesti emotionally, psychologically, mentally, intellectually (ks henkinen) *henkisesti kuollut* emotionally dead *henkisesti sairas* mentally ill
henkitiede humanities, (liberal) arts
henkivakuutus life insurance, (UK) assurance
henkäistä breathe (out all your air at once) *henkäistä helpotuksesta* sigh with relief *Älä henkäise tästä kenellekään!* Don't breathe a word of this to anybody!
henkäys breath *Ei käynyt tuulen henkäystäkään* There wasn't even a breath of wind
Henrik (kuninkaan nimenä) Henry
hento frail, slight, slender; (kosketus) gentle
hepo horse, steed
heprea Hebrew *Se on minulle hepreaa* That's Greek to me
heprealainen *s, adj* Hebrew
hera 1 whey **2** (verihera) blood serum
heraldiikka heraldics
heraldinen heraldic
herja *heittää herjaa* joke around, hurl (affectionate) insults (at each other) *herjan heitto* banter, good-natured raillery
herjata 1 revile, rail against, abuse **2** (lak: puheessa) slander, (kirjoituksessa) libel **3** (usk) blaspheme
herjaus 1 invective, abuse, raillery **2** (lak: suullinen) slander, (kirjoitettu) libel, calumny, (yleinen) defamation of character
herjetä 1 (lakata) stop, quit, cease **2** (ryhtyä) start, fall to, go *herjetä villiksi* go wild
herkistyä 1 become more sensitive, be sensitized, be moved *herkistyä kyyneliin asti* be moved to tears **2** (lääk) become allergic *herkistyä antibiooteille* become allergic/sensitive to antibiotics
herkistää 1 (aisteja) strain, sensitize *herkistää korvansa* strain/cock your ears *herkistää joku luonnon kauneudelle* sensitize someone to nature's beauty **2** (tunnetta) move, warm *Sinfonia herkisti meidät täysin* The symphony filled us with a warm sensitivity, moved us **3** (mittaria) sensitize
herkku delicacy, (mon ark) goodies *Ei tämä ole mitään herkkua minullekaan* This is no fun/picnic for me either

herkkukauppa deli(catessen)
herkkusuu gourmet
herkkä 1 sensitive **2** (vastaanottavainen) susceptible, impressionable, responsive **3** (nopea reagoimaan) *herkkä suuttumaan* quick to take offense, easily offended *herkkä auttamaan* ready to help *herkkä vilustumaan* susceptible to cold **4** (tunteikas) tender, emotional, easily moved; (hempeä) sentimental, sweet **5** (arka seurassa) delicate, shy, private **6** (arka kosketukselle) tender, sore, sensitive (to the touch) **7** (tarkka) sensitive, keen, sharp **8** (tekn) sensitive *herkkä filmi/laite* sensitive film/ instrument
herkkähermoinen high-strung
herkkäpiirteinen finely chiseled
herkkätunteinen tender, emotional, easily moved
herkkäuninen *herkkäuninen ihminen* light sleeper
herkullinen delicious; (ark) yummy, scrumptious, finger-licking good
herkullisesti deliciously
herkutella enjoy (a meal), feast (on delicacies); (kuv) revel, take delight (in)
herkuttelija gourmet
hermeettinen hermetic
hermeettisesti hermetically
hermo nerve, (biol) neuron *ajan hermolla* with it, attuned to the times
hermoille käypä irritating *Tuo käy minun hermoilleni* You're getting on my nerves
hermoimpulssi nerve impulse
hermoja raastava nerve-wracking
hermona nervous
hermopeli game of nerves, psychological game
hermosolu nerve cell
hermosto nervous system
hermostollinen nervous
hermostua get mad/angry/irritated/ upset/excited/nervous, lose your temper; (ark) blow your top, blow a fuse, have a fit/cow
hermostuneesti nervously, (hevosesta) skittishly; (ärtyisästi) irritably
hermostuneisuus nervousness, (lääk) neurasthenia
hermostunut nervous, jumpy, jittery; (ärtyisä) irritable, peevish
hermostuttaa *minua hermostuttaa* I'm nervous/anxious/worried *Tuo hermostuttaa minua hirveästi* That makes me nervous, that irritates me, that drives me crazy
hermottaa innervate
herne pea; (kuv) lump
hernekeitto pea soup
heroiini heroine
herpaantua 1 (ote) relax, loosen, come loose **2** (ihminen) be unnerved/ enervated, come unglued, be unable to do anything/move (a muscle) **3** (mielenkiinto, voima) flag
herpaantumaton unflagging, persistent
herra 1 (mies) man *Eräs herra kyseli sinua* There was a man asking for you **2** (herrasmies) gentleman **3** (isäntä) master, lord **4** (usk) the Lord **5** (sortaja) oppressor *herrat* the ruling class, (tehtaan johto) management, the bosses **6** *Kyllä herra* Yes sir **7** *herra Puntila* Mr./Mister Puntila
herra ja hidalgo *kävellä kuin herra ja hidalgo* strut like a cock of the walk, like the king of creation
herranen aika! My goodness! Heavens!
herraskartano manor (house)
herrastella 1 (kävellä) strut, parade, walk pretty (ks herra ja hidalgo) **2** (elää) live like a lord
herrasväki 1 gentry, (kans) gentlefolks **2** *Mitäs herrasväki juo tänä iltana?* What can I get you folks to drink tonight?
herroitella 1 address formally, say "Mr." **2** ks herrastella
herruus dominion, domination, control, mastery, (ylivalta) supremacy
herttainen sweet
herttua duke
herua (tihkua) trickle, ooze *Häneltä ei heru penniäkään* You won't get a cent out of him *Tietoja herui vähitellen julkisuuteen* Information gradually leaked

out *Ei herunut juuri ollenkaan tietoa* No information was forthcoming
herukka currant
herännyt awake(ned), wide awake
herännäinen Pietist
herättää 1 (ihminen unesta) wake (up), awake(n) *Herätä veljesi* Go wake your brother up, go wake up your brother **2** (ihminen välinpitämättömyydestä) awaken, stir (up), rouse *herättää kansa toimimaan* stir/rouse the people into action *herättää seurakunta synnin yöstä* awaken the congregation from the sleep of sin *herättää seksuaalisesti* arouse/excite (sexually) **3** (tunne) (a)rouse, revive, bring (back) to life *Se herätti epäilykseni* That aroused my suspicions *herättää vanhoja muistoja* revive/reawaken old memories **4** (reaktio) arouse, provoke, call forth *herättää kohua* raise a furor *herättää närkästystä* arouse/provoke indignation *herättää tyytymättömyyttä* stir up discontent
herätys 1 awakening **2** (herätyssoitto) wake-up call *(hotellissa:) Saisinko herätyksen klo 6* Could you wake me at 6, please? **3** (sot) reveille **4** (usk) awakening, revival *tulla herätykseen* see the light, be born again
herätyskello alarm clock
herätyssoitto wake-up call
herätä 1 wake (up), awake(n) **2** (alkaa) begin, bud, burgeon *lapsen heräävä elämä* the child's budding/ burgeoning life *päivä herää* the day dawns/begins/breaks *heräävä rakkaus* new love **3** (viritä) arise, be aroused, (be) revive(d), come to life *Epäilykseni heräsivät* My suspicions were aroused *vanhat muistot heräävät* old memories revive, return, come back to life
herääminen awakening
heterogeeninen heterogeneous
heterogeenisyys heterogeneity
heti 1 (ajasta) immediately, at once, right away, promptly **2** (paikasta) just, right, immediately *heti oven ulkopuolella* right/just outside the door
hetimmiten immediately, this instant *Haluan sen hetimmiten* I want it *now*, (leikillisesti) I want it yesterday
heti paikalla right away, this instant *Se tulee heti paikalla* Coming right up
hetkellinen momentary, brief, fleeting
hetkellisesti briefly, fleetingly
hetki 1 (tuokio) moment, second, minute *Hetki pieni/vain* Just a moment/ second/minute, hold/hang on *Tulen hetken päästä* Be back in a flash/jiffy **2** (ajankohta) time, while *lyhyeksi hetkeksi, hetken aikaa* for a short time/ while **3** (raam) hour *yhdennellätoista hetkellä* at the eleventh hour
hetkinen moment, second, minute *Hetkinen!* Just a moment/second/minute
hetkittäin intermittently, occasionally, at times, now and then
hetkittäinen intermittent, occasional
hevillä easily *En hevillä luovu* I won't give up easily, without a fight
hevin easily *Sitä ei hevin unohda* It would be hard to forget that, I won't forget that easily
hevonen horse
hevosajoneuvo horse-drawn vehicle
hevosenkenkä horseshoe
hevosenliha horsemeat
hevosmies horseman
hevostalli horse stall
hevosurheilu horse racing, (mon) equestrian sports
hevosvoima horsepower
H-hetki H-hour, zero hour
hidas slow
hidasjärkinen slow-witted
hidaskasvuinen slow-growing
hidaskulkuinen slow-moving
hidasluonteinen phlegmatic
hidastaa slow (down/up), slacken/ reduce/cut speed, retard; (viivästyttää) delay, hold up
hidastua slow (down/up), slacken/ reduce/cut speed; (viivästyä) be delayed, be held up
hiekka sand; (hiekkamaa) sands
hiekkakasa sandpile
hiekkakuoppa sand pit
hiekkalaatikko sandbox

hiekkamaa sands
hiekkaranta sandy beach
hiekoittaa sand
hiekoitus sanding
hieman a little/bit, slightly
hienhaju body odor, B.O.
hieno 1 (parasta laatua) fine, excellent, exquisite, flawless; (ark) posh, spiffy *hieno viini* fine/choice wine *hieno timantti* flawless diamond *hieno maku* exquisite taste *hieno puku* elegant dress *hieno hotelli* posh hotel **2** (hienostunut) polished, refined, sophisticated *hienot tavat* polished/refined manners *hieno maku* sophisticated taste **3** (ylevä) noble *hieno teko* noble deed **4** (oivallinen) great, good, super *hieno päivä* beautiful day *hieno saavutus* great achievement *Hienoa että tulit* I'm so glad you came, it's good you came *hieno vartalo* great body, (ark) nifty figure *Se on hienoa!* That's great! (huom: *ei* fine) **5** (hienoinen) subtle, slight, vague *hieno ero* slight difference *hieno ironia/vivahde* fine/subtle irony/nuance *hieno aavistus* vague inkling/premonition **6** (ohut) thin *hieno lanka* thin thread **7** (hienorakeinen tms) fine *hieno sumu/pöly* fine mist/dust *hieno sokeri* granulated sugar **8** (hienorakenteinen) delicate *hieno hipiä/koneisto* delicate skin/machinery
hienoinen subtle (ks hieno 5)
hienoisesti subtly, slightly, vaguely
hienostua be(come) refined
hienostunut refined, polished, sophisticated
hienous 1 (ominaisuus) fineness, excellence, elegance jne (ks hieno) *värien hienous* the fineness/elegance/beauty of the colors **2** (erikoisuus) good/best/nice thing *asian hienous on* the good/best/nice thing about it is **3** (valiokappale) collector's item, exquisite piece, (mon) the cream of the crop *Emme halua hienouksia vaan hyvää tavaraa* We don't want anything fancy, just good quality, (vivahdus) subtlety, nicety, (mon) the finer points *šakin hienoudet* the finer points of chess
hierarkia hierarchy
hierarkkinen hierarchical
hierarkkisesti hierarchically
hieroa 1 (lihasta) rub, massage, knead *hieroa älynystyröitä* put on your thinking cap **2** (kuv) ks hakusanoja
hieroa kauppaa dicker (over prices), bargain
hieroa rauhaa negotiate for peace
hieroa sovintoa (try to) make up, work toward a reconciliation
hieroja (mies) masseur, (nainen) masseuse
hieromalaitos massage parlor
hieronta massage, rub(bing) *selkähieronta* backrub, back massage
hiertyä be rubbed, be chafed *hiertyä rikki* be rubbed raw *hiertyä sileäksi* be worn smooth
hiertää rub, chafe *Tämä kenkä hiertää* This shoe is rubbing me raw, is chafing my foot
hieta (geol) fine sand
hietamaa fine sand(y soil)
hiha sleeve *kääriä hihat* roll up your sleeves *pudistaa hihastaan* pull out of a hat
hihaton sleeveless
hihhuli (ark) holy roller
hiihto skiing
hiihtohissi skilift
hiihtokeli snow conditions
hiihtokeskus ski resort, ski area
hiihtokilpailu skiing competition
hiihtoloma skiing holiday/vacation
hiihtomaasto skiing terrain
hiihtoseura skiing club
hiihtäjä skier
hiihtää ski
hiili 1 (kivihiili) coal, (puuhiili) charcoal **2** (kem) carbon
hiilidioksidi carbon dioxide
hiilihappo carbonic acid *Onko tässä hiilihappoa?* Is this carbonated?
hiilihappopitoinen carbonated
hiilihydraatti carbohydrate
hiilikaivos coal mine
hiilimonoksidi carbon monoxide
hiillos coals, embers

hiiltyä 1 (palaa hiileksi) be charred, burn to a crisp **2** (ark) blow a fuse, blow your top, have a fit, get steamed
hiipivä creeping, sneaking *hiipivä epäluulo* sneaking suspicion *hiipivä sosialismi* creeping socialism
hiipiä creep, sneak, steal, walk silently *epäluulo hiipii mieleen* suspicion steals into your heart, creeps up on you
hiippakunta bishopric, diocese
hiipua die down
hiirenharmaa mouse-gray/-colored *hiirenharmaa tukka* mousy hair
hiirenhiljaa quiet/mum as a mouse
hiiri mouse (mon mice) (myös kuv) *leikkiä kissaa ja hiirtä* play cat and mouse
hiirulainen mouse *Arja on sellainen hiirulainen* You know Arja, the mousey one
hiiskahtaa 1 (äännähtää) make a sound, breathe a word *Kukaan ei uskaltanut hiiskahtaakaan* Nobody dared make a sound/breathe a word **2** (liikahtaa) move a muscle
hiiskua breathe a word *Älä hiisku tästä sanaakaan* Don't breathe a word of this
hiki 1 (erite) sweat, (euf) perspiration **2** (huuru) fog, steam, mist *ikkuna käy hikeen* the window is fogging/steaming/misting up
hiki hatussa *tehdä työtä hiki hatussa* (ark) work your butt/ass off, kill yourself with work, slave away
hikinen sweaty
hikoilla sweat, perspire
hikoilu sweating, perspiration
hiljaa 1 (pienellä äänellä) quietly, softly *puhua hiljaa* speak quietly/softly, talk in a low voice, speak sotto voce **2** (äänetі) silently *kävellä hiljaa* walk silently, without making a sound/noise **3** (hitaasti) slowly *ajaa hiljaa* drive slowly **4** (liikkumatta) still, without moving *istua hiljaa* sit still
hiljainen 1 (vähä-ääninen) quiet, soft(-spoken) *hiljainen mies* quiet/soft-spoken/untalkative man, man of few words **2** (äänetön) silent, soundless; (sanaton) unspoken, tacit *hiljainen kuin kala* mum as a mouse *hiljainen toivo* unspoken hope *hiljainen sopimus* tacit agreement **3** (hidas) slow, measured *hiljainen kävely* measured step *keittää hiljaisella tulella* boil over a low flame, at low temperature
hiljainen enemmistö silent majority
hiljaisesti 1 (vähällä äänellä) quietly, softly **2** (hitaasti) slowly
hiljaisuus quiet, silence, hush *siunattu hiljaisuus* blessed quiet/silence *pyhä hiljaisuus* holy hush
hiljakseen 1 (vähällä äänellä) quietly, softly *puhella hiljakseen* talk in a soft/low voice **2** (hitaasti) slowly, carefully *edetä hiljakseen* move ahead slowly, take it easy/slow, take your time
hiljalleen 1 (hitaasti) slowly, peacefully *Lunta satoi hiljalleen* The snow fell peacefully *hiihtää hiljalleen* ski along slowly **2** (vähitellen) gradually, a little bit at a time, a step at a time, bit by bit, little by little
hiljattain recently, not long ago
hiljentyminen silent prayer
hiljentyä 1 (usk) calm/compose yourself *Hiljentykäämme rukoukseen* Let us bow our heads in prayer **2** (laantua) calm/slow down, ease off
hiljentää 1 (ääntä) turn down (the volume), lower (your voice) *Voisitko hiljentää ääntäsi hieman?* Could you lower your voice please, could you speak more quietly? **2** (ääni) silence, shut up *Kyllä mä sut hiljennän* I'll shut you up, I'll shut that mouth for you **3** (mieli, usk) calm, compose *rukous hiljentää mielen* prayer brings peace of mind **4** (vauhtia) slow (down), slacken *Voisitko hiljentää vauhtiasi hieman?* Could you slow down a little, could you walk more slowly?
hiljetä 1 (äänestä) quiet/calm (down), (vaimeta) die down/away *Koko sali hiljeni* The whole hall went/fell quiet, a hush fell over the whole hall **2** (liikkeestä) slow (down), slack(en) off; (laantua) die down, abate, ease off
hilla cloudberry

hillitty 1 restrained jne (ks hillitä) **2** *hillitty väriyhdistelmä/tyyli/maku* understated color combination/style/ taste

hillittömästi uncontrollably, excessively, extravagantly, immoderately

hillitysti showing/with restraint, moderately *Olen oppinut syömään hillitysti* I've learned to eat less, to exercise more restraint when I eat, not to eat to excess, to eat moderately *Hän käyttäytyi hillitysti* He was composed/calm

hillitä control, restrain, check *hillitä itsensä* control/restrain yourself *hillitä vihansa* keep your anger in check, suppress/repress your anger *hillitä kielensä* curb your tongue *hillitä hintojen nousua* control/check rising prices

hillitön 1 uncontrolled, out of control, unrestrained, unchecked **2** (liiallinen) excessive, extravagant, immoderate

hillo jam, preserve(s)

hilpeys glee, hilarity, (good) cheer, gaiety

hilpeä lighthearted, gleeful, hilarious, cheery *Juhlissa oli hilpeä tunnelma* Everybody at the party was feeling good/happy, was full of good cheer, the party sparkled with gaiety

hilse (päänahassa) dandruff; (muualla) scurf

hilseillä peel/flake (off)

himmennin 1 (tekn) dimmer (switch) **2** (valok) diaphragm **3** (mus) mute

himmentää 1 (valoja) dim; (valotusta) stop down; (huonetta) darken; (värejä) fade; (kuvaa) blur **2** (ääntä) mute, muffle **3** (metallia, mainetta) tarnish

himmeä 1 (valo yms) dim *himmeä valaistus* dim/soft lighting *himmeät värit* soft/quiet/understated colors *himmeä kirjoitus* faint/faded/hard-to-read writing **2** (pinta: paperi) mat(te), nonglossy, antiglare; (lasi) frosted; (metalli) tarnished

himmeästi dimly, softly

himo lust, desire, passion, craving *alkoholin himo* craving for alcohol *lihan himot* carnal/sexual lust/desire *elämän himo* passion/lust for life

himoita desire, crave, lust after *himoita kuuluisuutta* have a hankering for fame *himoita jotakuta* lust after someone, (ark) have the hots for someone *himoita jäätelöä* crave, have a craving for ice cream *Älä himoitse* (raam) Thou shalt not covet

himokas 1 (seksistä) lustful, lecherous, (ark) horny **2** (intohimoinen) passionate, (aistillinen) sensuous, sensual **3** (ahne) greedy, (raam) covetous

himottaa *minua himottaa lähteä* I want to go *minua himottaa raha/valta/ tuo mies* I've got to have money/power/ that man

hinnoitella (set/fix the) price, set/fix prices

hinnoittelu pricing

hinta 1 price, cost *omaan hintaan* at cost *matkalipun hinta* fare *hintansa arvoinen* a good value/buy **2** (kurssi) rate *päivän hinta* daily rate

hintaero price difference

hintahaitari price spread

hintainen *minkä hintainen se on?* how much is it, how much does it cost? *kymmenen markan hintainen* costing ten marks

hintakilpailu price war

hintasäännöstely price control

hintataso price level

hintelä slight, spindly, frail

hioa grind **1** (teroittaa) sharpen, whet, hone **2** (silottaa) grind, polish, (hiekkapaperilla) sand, (himmeäksi) frost **3** (poraamalla) bore, (sorvaamalla) turn **4** (puumassaksi) pulp **5** (viimeistellä) polish, hone, refine *hioa käsikirjoitusta* polish a manuscript *hioa tyyliään* refine/ hone your style *hioa puhetta* work on/ practice a speech

hiomaton 1 (fyysisesti) unpolished, unground, uncut **2** (henkisesti) rough, crude, boorish

hionta grinding

hiostaa make someone sweat (myös kuv) *saappaat hiostavat* the boots don't breathe, don't let air through

hiostava *hiostava ilma* sweltering/ sultry/humid weather *hiostavat vaatteet/ saappaat* hot clothes/boots

hiottu polished, honed
hipaista touch on/lightly (myös kuv), skim, graze
hipiä skin, complexion
hipoa touch, graze, (kuv) approach *hipoa täydellisyyttä* approach perfection *hipoa naurettavuutta* border on the ludicrous
hippa 1 (leikki) (game of) tag *leikkiä hippaa* play tag **2** (ihminen) it *olla hippa* to be it
hippu nugget
hirmulisko dinosaur
hirmumyrsky hurricane; cyclone, typhoon
hirsi timber, log *vetää hirsiä* catch some Z's, saw logs
hirsimökki log cabin
hirsipuu gallows
hirsirakennus log house
hirsisauna log sauna
hirtehishuumori gallows/black humor
hirvenmetsästys moose/elk hunt(ing)/shoot
hirvenmetsästäjä moose/elk hunter
hirvensarvi antler
hirvetä dare, have the courage/nerve/guts to *En hirvennyt lähteä sinne yksin* I was too scared to go in there alone, I didn't dare go in there alone
hirveä (myös ark) horrible, terrible, awful
hirveästi horribly, terribly, awfully *Pidän hänestä hirveästi* I'm terribly fond of him
hirvi (pohjois-Amerikassa) moose, (Euroopassa) elk
hirvieläin deer, (mon) the deer family
hirvittävä horrifying, terrifying
hirvittävästi horribly, terribly
hirvittää frighten *Minua hirvittää mennä* I dread going, I'm scared/afraid to go
hirviö monster
hirviömäinen monstrous
hissi elevator, (UK) lift
hissikuilu elevator shaft
hissukseen 1 (hitaasti) slowly *Hiihtelin hissukseni* I just skied along slowly, taking my time, not pushing myself **2** (vähin äänin) quietly, softly *naureskella hissukseen* laugh quietly/softly, chuckle into your beard, to yourself
historia history *tehdä historiaa* make history *siirtyä historiaan* go down in history
historiallinen historical
historiallisesti historically
historiankirjoittaja historian
historiankirjoitus historiography
historian lehti *uusi historian lehti* new era
historiantutkija historian
historiantutkimus 1 (ala) historical research **2** (teos) historical treatise/monograph/study
historiikki chronicle, (short) history
historioitsija historian
historismi historicism
hitaahko slowish, on the slow side
hitaasti slowly; (mus) lento, largo, adagio *kiiruhda hitaasti* hasten slowly, (lat) festina lente
hitaus slowness, (fys) inertia
hitsaaja welder
hitsata weld
hitsi 1 weld(ing point) **2** (ark) heck, darn
hitti hit
hittilista hit parade, top ten/twenty/forty jne
hitto hell *hiton hyvä pelaaja* hell of a good player, damn good player *hitosti autoja* a hell of a lot of cars
hitu 1 potato peel **2** little bit, grain (ks hitunen)
hitunen little bit, grain *hitunen kultaa* a grain of gold *hitunen suolaa* pinch of salt *hitunen tervettä järkeä* a little common sense *viimeinen voiman hitunen* last ounce of strength *hitusen parempi* a little/bit better
hiukan a little, a bit *hiukan aikaa* a little while *hiukan toisin* a bit different *hiukan vettä* a little water, a drop of water
hiukka small amount: bit, particle, grain, iota jne *ei hiukkaakaan vettä* not a drop of water *ei hiukkaakaan myötätuntoa* not a bit of sympathy, not one iota of compassion

hiukkanen (fys) particle, grain; (kuv) bit *hiekkahiukkanen* grain of sand *hiukkasen hiekkaa* a little sand
hiukkaskiihdytin particle accelerator
hius hair; (mon: tukka) hair *halkoa hiuksia* split hairs
hiuskarvan varassa hanging by a hair/thread
hiuslisäke hairpiece; (naisten) wig; (miesten) toupee, (ark) rug
hiuspohja scalp
hiussuoni capillary
hiusten halkoja hairsplitter
hiusten halkominen splitting hairs
hiustenhoito hair care
hiustenleikkuu haircut
hiutale flake *lumihiutale* snowflake *maissihiutale* cornflake
hiven small amount: particle, grain; (kuv) little, bit *hivenen parempi* a bit better
hivenaine trace
hm hm
H-molli B minor
hohtaa (paistaa) glow, shine, glimmer, gleam *tähdet hohtavat* stars sparkle/ shine *hopea hohtaa* silver gleams, light glints off silver *lumi hohtaa* snow glistens
hohtava glowing, shining, glimmering, gleaming
hohto 1 (valo) glow, shine, glimmer, gleam **2** (loisto) glamor
hoidokki inmate, (holhokki) ward
hoikka thin, slender, slim
hoitaa 1 (huolehtia kunnosta) take care of, care for, minister to *hoitaa haavaa* tend to/dress a wound *hoitaa tautia* treat (someone for) a disease *hoitaa taloa* keep house, do the housekeeping *hoitaa lapsia* mind/watch over/babysit children *hoitaa potilasta* nurse a patient **2** (huolehtia suorittamisesta) take care of, see to, do, handle *hoitaa liikeasioita* do business, see to (your) business (affairs) *hoitaa virkaa* do a job, fill a post *Mitä/Kenen virkaa hoidat?* What/Whose post are you in/filling? What do you do? *hoitaa opettajan viransijaisuutta* be a substitute teacher, stand in/substitute for the regular teacher *Minä hoidan tämän* I'll deal with/handle this **3** (johtaa) manage, administer, run *hoitaa liikeyritystä* run/manage a business *hoitaa myymälää* tend a shop **4** (pitää) keep *hoitaa karjaa* keep cattle, be a cattlerancher *hoitaa mehiläisiä* keep bees, be a beekeeper
hoitaja 1 (sairaanhoitaja) nurse **2** (liikkeenhoitaja) manager
hoito 1 (huolehtiminen) care *hammashoito* dental care *terveydenhoito* health care *sairaiden hoito* patient care, nursing *sairauden hoito* medical care/ treatment *fysikaalinen hoito* physiotherapy *kuittien hoito* seeing/ attention to receipts **2** (parantaminen) cure, remedy **3** (johtaminen) management, administration *varojen hoito* administration of funds, money management
hoitopaikka 1 (päivähoito) daycare center, family daycare *Ensin täytyy hakea tyttö hoitopaikasta* First I have to pick up my daughter at (the) daycare (center), at the Smiths', at the babysitter's **2** (sairaanhoito) bed *Sairaalassa on 550 hoitopaikkaa* The hospital has 550 beds
hoiva care; (suoja) protection, shelter *äidin hoivissa* in mother's care *jäädä omiin hoiviin* be left to your own devices, be on your own
hoivata care for; (suojata) protect, shelter *hoivata loukkaantuneita* care for/ tend to/nurse the wounded
hokea repeat, reiterate, say/chant over and over again
holhoava 1 (suojeleva) protective **2** (tekee liian paljon päätöksiä ihmisten puolesta) paternalistic
holhooja guardian
holhous 1 (lapsen) guardianship, wardship **2** (kansakunnan) paternalism
holhousyhteiskunta paternalistic society
hollanti Dutch
Hollanti Holland

homma 1 (työ) job, work *Missä hommissa sinä olet?* What do you do (for a living), what line of work are you in? *Täytyy lähteä hommiin* I have to go to work **2** (puuha) activity, task, chore, thing to do *Minulla on kaikenlaista hommaa tänään* I've got all kinds of things to do today *Mikä on homman nimi?* What's up? What do we (have to) do? What's the deal?
homogeeninen homogeneous
homogeenisyys homogeneity
Honduras Honduras
hondurasilainen *s, adj* Honduran
hongankolistaja (leik) beanstalk, lamppost
Hongkong Hong Kong
honka 1 (kasvava puu) big/tall/old pine tree, (punahonka) redwood *mennä päin honkia* (ark) get all balled/screwed/ fucked up **2** (puuaines) pine, (punahonka) redwood
hoosianna Hosanna
hopea silver
hopeahäät silver wedding anniversary
hopeamitali silver medal
hopearaha silver coin
hopeaseppä silversmith
hopeinen silver
hopeoida silver(-plate)
hoppu hurry, rush
hoputtaa hurry, rush *Älä hoputa!* Don't rush me!
horjahdus fall, slip, lurch; (kuv) lapse
horjahtaa stagger, totter, lose your balance (for a second)
horjahteleva staggering, tottering, reeling
horjua 1 (heilahdella, myös kuv) stagger, totter, lurch **2** (järkkyä) totter, become shaky *diktaattorin valta horjuu* the dictator's power is increasingly shaky, the dictator is tottering **3** (häilyä) waver, falter *horjua kahden vaiheilla* waver/vacillate between two possibilities, be undecided, shilly-shally *horjua uskossaan* waver/falter in your faith
horjuttaa shake, undermine
horkka 1 (tauti) malaria, ague **2** *olla horkassa* be shivering, have the shivers
hotelli hotel
hotellihuone hotel room
hotelliketju chain of hotels
hotellipoika bellhop/-boy
hotellivaraus hotel reservation
houkutella 1 (viekoitella) tempt, entice, lure *houkutella mies naimisiin* lure a man into marriage *houkutella sänkyyn* seduce *houkutella jotakuta syntiin* lead/tempt someone into sin *Älä houkuttele minua!* Don't tempt me! **2** (suostutella) coax, persuade, talk into *houkutella lapsia sisälle syömään* coax the kids in for dinner *houkutella miestään ulos kävelylle* talk your husband into going out for a walk with you **3** (keplotella) cheat, con, trick
houkutin lure, bait; (kuv) enticement, inducement, attraction
houkutteleva tempting, enticing, seductive, attractive
houkuttelu temptation, enticement, seduction
houkutus temptation, enticement, attraction
houkutuslintu decoy
hourailla (olla hourailussa) be delirious, (puhua sekavia) rave
hourailu delirium
houre delirium; (mon) ravings, delirium
housuhame culottes
housupuku pantsuit, (UK) trouser suit
housusillaan in his/her pants, (UK) trousers
housut pants, (UK) trousers *Enpä haluaisi olla sinun housuissasi!* I wouldn't want to be in your shoes!
hovi court
hovimestari 1 (kotona) butler **2** (ravintolassa) mailtre d'hotel, headwaiter, (nainen) hostess
hovioikeus court of appeal
hst! Shh!
huhhei! Yippee!
huhkia work like a dog/horse, slave/ slog/grind away (at something)
huhkija (ark) eager beaver

huhmare mortar *huhmare ja petkele* mortar and pestle
huhtikuinen April *huhtikuinen hanki* the snow in April
huhtikuu April
huhu rumor *huhu kertoo* rumor has it, rumor says
huhuilla 1 (huutaa) shout, holler, call **2** *huhuillaan että* rumor has it that
huhupuhe rumor *Kuulla huhupuheena* hear something on the grapevine
huhuta *Heidän huhutaan menevän pian naimisiin* I hear/rumor has it they're going to be married soon
huh! *Huh miten kylmää* Brr, it's cold! *Huh miten kuumaa!* Boy is it hot! *Huh mikä urakka!* Whew, what a job! *Huh mikä paikka!* Yuck/Ick, what a disgusting place!
hui! Ooh! Ick! Whew!
huihai oh well, c'est la guerre/vie
huijari 1 (joka ammatikseen petkuttaa toisia) con(fidence)-man, swindler, cheat **2** (joka esittää jonkin ammatin jäsentä) impostor *Hän ei ollut oikea lääkäri vaan huijari* He was no real doctor, he was an impostor
huijata con, swindle, cheat, trick
huijaus con(fidence trick), swindle, cheat, trick, scam
huikaista dazzle
huikea huge, enormous, (dazzlingly/ astonishingly) large
huikeasti hugely, enormously
huilu flute
huilunsoittaja fl(a)utist
huima rash, reckless, daring, wild *huimaa vauhtia* at a dizzying/ breathtaking/breakneck speed, (kuv) at an incredible rate, unbelievably rapidly
huimaava 1 dizzy(ing), giddy, reeling **2** ks huima
huimata (make you feel) dizzy *minua/ päätäni huimaa* I feel dizzy, my head is swimming, (heikottaa) I feel faint/ lightheaded, I feel like I'm going to faint
huimaus (fit of) dizziness, dizzy spell
huipennus climax, culmination
huipentua climax, culminate, come to a head, (reach its) peak *Hänen uransa huipentui Nobelin palkintoon* Her career reached its peak/zenith, peaked in the awarding of the Nobel prize
huipentuma climax, culmination, peak, zenith
huippu 1 (mäen) top, crest; (vuoren) peak, summit, mountaintop **2** (kolmion tms) apex **3** (uran tms) peak, zenith, climax, height *Hinnat saavuttivat huippunsa huhtikuussa* Prices peaked (out) in April *uransa huipulla* at the height of your career *Tässä on tyhmyys huipussaan* This is the height of stupidity *Tämä on kaiken huippu* This beats/tops everything **4** (paras) star, major figure/ name *Hän on nykysäveltaiteen huippuja* He is one of the greatest contemporary composers
huippuarvo peak/maximum value
huippuhinta peak/top price
huippukokous summit (meeting)
huippukunto top (physical) condition
huippuluokka top grade/quality *huippuluokan pianisti* top-flight/-ranked pianist *Jännärinä romaani on huippuluokkaa* As a thriller the novel is first-rate/excellent
huippunopeus top/maximum speed
huippusaavutus crowning achievement/accomplishment
huippusuoritus top performance
huipputaso ks huippuluokka
huipputekniikka high tech(nology)
huippu-urheilija top athlete
huippu-urheilu world-class sports
huipulla tuulee it's windy at the top
huiputtaa cheat, swindle, con, trick
huiputtaja cheater, swindler, con-artist, trickster
huiske swish *huisketta ja hyörinää* hustle and bustle
huiskin haiskin topsy-turvy
huitoa flail **1** (heilutella) wave your arms (about), flail (about), gesticulate **2** (lyödä) flail, lay about
huivi (hartiahuivi) shawl, (kaulahuivi) scarf
hukata 1 (kadottaa) lose, misplace *Olen hukannut kelloni* I've lost/ misplaced my watch, I can't find my

watch **2** (haaskata) waste, squander *hukata aikaa* waste/kill time
hukka 1 (häviö) loss *veren hukka* loss of blood, blood loss **2** (haaskaus) waste *ajan hukka* waste of time **3** (kadotus) destruction, ruin *Nyt hukka minut perii!* Now I've had it! I'm a goner! I'm ruined!
hukka-aika dead/delay time, (tietok) down time
hukkaan lost, wasted *mennä/valua hukkaan* be wasted/lost, be in vain; (ark) go down the toilet, go out the window *joutua hukkaan* get lost/misplaced
hukkaan heitetty wasted, squandered, misspent
hukkaan mennyt wasted, lost, vain
hukkalämpö waste heat
hukkareissu *tehdä hukkareissu* go in vain, come back emptyhanded, go on a wild-goose chase
hukkateillä 1 (hukassa) lost, misplaced **2** (harhateillä) misguided *joutua hukkateille* go bad, pick up bad habits
hukkua 1 (kuolla veteen) (be) drown(ed) **2** (hautautua) be swamped *hukkua onnittelukortteihin* be swamped with birthday cards **3** (usk: joutua kadotukseen) perish *ettei yksikään, joka Häneen uskoo, hukkuisi* that no one who believed in Him would perish **4** (kadota) get/be lost *Minulta on hukkunut kynä* I've lost my pen
hukkuminen drowning
hukkunut *s* drowned person, (mon) the drowned
adj drowned
hukuttaa drown (myös kuv) *hukuttaa kissanpentu* drown a kitten *hukuttaa surunsa viinaan* drown your sorrows in booze
hukuttautua drown yourself
huligaani hooligan
huliganismi hooliganism
hulina riot, pandemonium, hubbub *mennä hulinaksi* collapse/descend into chaos *panna hulinaksi* kick up a row/riot
hulinoida kick up a row, (start a) riot
hulinointi rioting
hulinoitsija rioter
hullu *s* **1** (mielisairas ihminen) mad(wo)man, lunatic, psychopath; (ark) loony, nut, psycho *tehdä työtä kuin hullu* work like mad/crazy *hullun teko* the work of a madman *hulluna sinuun* crazy/mad about you **2** (ihminen joka on toiminut tyhmästi) fool, idiot, moron; (ark) ninny, bonehead *Minä hullu uskoin sinua* What a fool I was to believe you **3** (harrastaja) fan, devotee, buff *filmihullu* movie fan/buff
adj **1** (mielisairas) mad, insane, crazy; (ark) loony, nutty, out of your mind/head *tulla hulluksi* go mad/crazy/insane, go off your rocker, lose your marbles **2** (tyhmästi toiminut) foolish, idiotic, witless; (ark) silly, boneheaded *Hullu olin kun tämän ostin!* How stupid/foolish I was to buy this, it was crazy/silly of me to buy this!
hullujenhuone insane asylum, nuthouse
hullusti 1 (olla) (all) wrong, all screwed/messed/balled up **2** (tehdä) stupidly, foolishly, witlessly **3** (mennä, käydä) badly *Olisi voinut mennä hullumminkin* Things could have been worse **4** (sattua) coincidentally, (un)luckily, (un)fortunately *Sattuipas hullusti kun* What a stroke of (bad) luck/fortune that
hulluus madness, insanity, lunacy, craziness
hulmuta 1 (liehua) flutter, flap, wave **2** (leimuta) blaze, flame
humaani humane
humala 1 (kasvi) hop **2** (olotila) inebriation, intoxication, state of drunkenness
humalainen drunk(ard), (ark) wino
humalapäissä drunk, (ark) soused, stewed to the gills
humaltua get drunk, become intoxicated
humanismi humanism
humanisti humanist
humanistinen humanistic *humanistinen tiedekunta* College of the Humanities
humanitäärinen humanitarian
humoristi humorist

humoristinen humorous
hunaja honey
hunajakenno honeycomb
hunningolla badly, bad off, in a state of disrepair, in chaos *joutua hunningolle* go to wrack and ruin, fall apart, degenerate, fall into disrepair *jättää hunningolle* neglect *olla hunningolla* (ihminen) be down and out, be on the bum
hunnutettu veiled
hunnuttaa veil
hunnuttautua don the veil
huntu veil
huoata (heave a) sigh; (valittaa) moan, groan
huohottaa pant, huff and puff
huohotus panting, huffing and puffing
huojennus relief *tuntea huojennusta* feel relieved
huojentaa lighten, ease; (hintaa) lower, reduce
huojua 1 (heilua) sway, rock, shake **2** (hoiperrella) stagger, totter
huojunta (äänentoistossa) wow and flutter
huokailla sigh
huokaista (heave a) sigh
huokaus sigh
huokea cheap, inexpensive
huokeasti cheaply, inexpensively, at a low price
huokoinen porous
huokoisuus porosity
huokua radiate, give off
huolehtia 1 (pitää huolta kunnosta) care/provide for, take care of, look after *huolehtia vanhasta äidistään* care for, take care of your aging mother (= hoivata), provide for your aging mother (= elättää) *huolehtia pari päivää naapurin lapsesta* look after (babysit) the neighbor kid for a few days **2** (pitää huolta tekemisestä) see/attend to, be responsible for *huolehtia kirje postiin* see that a letter gets mailed *huolehtia kirjeenvaihdosta* see/attend to the correspondence **3** (olla huolissaan) worry about *huolehtia poikansa syömisestä* worry about your son's eating, worry that your son isn't getting enough to eat
huolehtivainen solicitous, attentive
huolellinen conscientious, thorough, painstaking
huolellisuus conscientiousness, thoroughness
huolenpito care *jonkun huolenpidon varassa* in someone's care/charge
huolestua get worried/concerned/ anxious
huolestuneesti anxiously, worriedly
huolestuneisuus anxiety, concern
huolestunut worried, concerned, anxious
huoleton 1 (ei ole huolia) carefree, happy-go-lucky, easygoing **2** (ei pidä huolta) careless, lax, offhand
huolettomasti without a care/worry in the world, as if you didn't have a care/ worry in the world
huolettomuus 1 (ei ole huolia) freedom from care **2** (ei pidä huolta) carelessness
huoli 1 (murhe toisen puolesta) concern, worry, anxiety *kantaa huolta, olla huolissaan jostakusta* be concerned/ worried/anxious about **2** (vaikeus) trouble, (ark) hassle *paljon huolia* plenty of trouble(s), (ark) lots of hassles *huolet painavat häntä* he's overburdened with cares
huolia 1 (haluta) want *En huoli sitä* I don't want it *En huoli sinulta penniäkään* I won't take a cent off (of) you **2** (viitsiä) want/care to (do), (ark) feel like (doing) *En huolinut kertoa sinulle* I didn't want/ care to tell you, I didn't feel like telling you *Hän ei edes huolinut kertoa minulle* He didn't even bother to tell me **3** *Tätä ei huoli kertoa isälle ja äidille* There's no need to tell Mom and Dad about this, please don't tell Mom and Dad about this **4** (piitata) care *Mitäs minä siitä huolin!* What do I care (about that)? What does that matter to me? What's that to me?
huolimaton careless, irresponsible, negligent; (ark) slapdash

huolimatta *ongelmistaan huolimatta hän* in spite of all his problems he, despite his problems he, his problems notwithstanding he *siitä huolimatta hän* even so, he *siitä huolimatta että hän* even though/although he *siitä huolimatta että* apart from/despite the fact that

huolimattomuus carelessness, irresponsibility, negligence

huolinta (freight) forwarding

huolintaliike (freight) forwarding agent, freight forwarder

huolitella tidy up, neaten (up)

huoltaa 1 (autoa) service **2** (lapsia: hoivata) take care of, care for; (elättää) provide for, support **3** (joukkoja) maintain

huoltaja 1 (hoitaja) caretaker *yksinhuoltaja* single parent *ensisijainen huoltaja* primary caretaker **2** (elättäjä) supporter, provider, (ark) breadwinner

huolto 1 (auto, tietokoneen yms) service, maintenance *viedä auto huoltoon* take your care in for service, into the shop *auto on huollossa* the car's in the shop **2** (teiden, joukkojen) maintenance **3** (lapsen tms) care *vanhempiensa huollossa* in the care/custody of their parents **4** (työttömien tms) welfare

huoltoasema service station; filling/gas station, (UK) petrol station, garage

huom N.B., note

huomaamaton 1 (joka ei huomaa) unobservant, oblivious, unaware **2** (jota ei huomaa) imperceptible, inconspicuous

huomaamatta 1 *tulla huoneeseen (muiden) huomaamatta* enter the room unnoticed, without the others' noticing **2** (vahingossa) inadvertently, accidentally

huomaamattomasti imperceptibly, inconspicuously

huomata 1 (panna merkille) notice, note, see *Huomasitko sen mustatakkisen miehen?* Did you notice/see the man in the black coat? **2** (oivaltaa) realize, become aware of *huomata virheensä* become aware of/realize/detect your mistake **3** (keksiä) find, discover *huomata että on tehnyt virheen* find/discover/realize that you've made a mistake **4** (kiinnittää huomiota) pay attention to *Mies oli harmissaan kun häntä ei huomattu tarpeeksi* The man was upset because people weren't paying enough attention to him

huomattava notable **1** (suuri) considerable, remarkable, notable *huomattava määrä ihmisiä* a remarkable number of people, quite a few people **2** (tärkeä) prominent, respected, notable *suuri määrä huomattavia ihmisiä* quite a few prominent/notable people, a remarkable number of notables

huomattavasti considerably, remarkably, notably

huomauttaa 1 (sanoa) remark/comment (on), observe, note, say *Hän huomautti että Julia oli myöhässä* He remarked/observed/noted that Julia was late **2** (tähdentää) point out, stress, emphasize *Hän huomautti että Henry James oli amerikkalainen, ei englantilainen* She pointed out that Henry James was an American, not an Englishman **3** (muistuttaa) remind *Hän huomautti, että heidän piti siirtää kelloa tuntia taaksepäin* He reminded them to set the clock back an hour **4** (valittaa) complain, object *Hän huomautti liikkeen omistajalle mädäntyneistä banaaneista* She complained to the shopkeeper about the rotten bananas

huomautus 1 (lausuma) remark, comment, observation *ohimennen esitetty huomautus* passing remark **2** (muistutus) reminder *huomautus maksamattomasta laskusta* reminder about an unpaid bill **3** (valitus) complaint, objection *huomautus kuljetusvaurioista* complaint about shipping damage **4** (ojennus) reprimand *huomautus huonosta käytöksestä* reprimand for bad behavior **5** (viite) note *suom huom* translator's note *reunahuomautuksia* marginalia

huomenna tomorrow

huominen *s* tomorrow, morrow, (kuv) the future
adj tomorrow's

huomio 1 (tarkkaavaisuus) attention *kiinnittää huomiota johonkin* pay attention to *kiinnittää jonkun huomio johonkin* draw someone's attention to *ottaa huomioon* pay attention to, take into consideration (ks myös huomioida) *herättää huomiota* attract/draw attention, make a scene *Huomio, huomio!* Your attention, please! (sot) Attention! *olla huomion keskipisteessä* be the center of attention **2** (havainto) observation *tehdä huomio* notice, observe

huomioida 1 (kiinnittää huomiota) pay attention to, take notice of, notice *huomioida välillä lapsiakin* pay a little attention to the children too **2** (ottaa huomioon) take into consideration, consider *kaikki hakemukset huomioidaan* all applications welcome, all applications will be considered *huomioida Juhan huono jalka* take Juha's bad leg into consideration, remember Juha's bad leg, bear/keep Juha's bad leg in mind **3** (ottaa lukuun) take into account *huomioida terveydelliset näkökohdat* take health-related points into account/ consideration *jättää huomioimatta* disregard, take no account of **4** (tehdä huomioita) observe, make observations

huomiokyky power(s) of observation

huomiokykyinen observant

huomion arvoinen noteworthy, worthy of note

huomionosoitus distinction, honor

huomioon otettava essential

huomiota herättävä 1 (massasta erottuva) conspicuous, (pröystäilevä) ostentatious **2** (sensaatiomainen) sensational, spectacular *huomiota herättävän kaunis* stunning, spectacularly/strikingly beautiful

huomisaamu tomorrow morning

huomisaamuinen *huomisaamuinen kokous* tomorrow morning's meeting, the meeting tomorrow morning

huomisilta tomorrow evening/night

huomisiltainen *huomisiltainen juhla* the party tomorrow evening/night

huomispäivä tomorrow, (kuv) the future *huomispäivän tekniikka* tomorrow's technology, the technology of the future

huomispäiväinen *huomispäiväinen vieras* tomorrow's guest, the guest who'll be arriving tomorrow

huone room *yhden/kahden hengen huone* single/double (room)

huoneenlämpö *säilytettävä huoneenlämmössä* keep at room temperature

huoneisto apartment, (UK) flat

huonejärjestys floor plan

huonekalu piece of furniture (mon furniture)

huonekalukauppa furniture store

huonekalukauppias furniture dealer

huonekalumyymälä furniture store

huonekalutehdas furniture factory

huonekasvi house plant

huono 1 bad (worse/worst) *huono tapa/onni/nainen* bad habit/luck/woman *mennä huonosti* go badly *huonolla tuulella* in a bad mood **2** (kehno) poor, inferior *huono oppilas/valikoima/sato* poor student/selection/harvest *huonoa tavaraa* inferior goods *huono palkka* low pay **3** (heikko) weak, bad *huonot silmät* weak eyes *huono jalka* bad leg *huono sydän* weak heart, bad ticker *huonona* poorly, in a bad way, bad off

huonohko not so/too good

huonokuntoinen 1 (ihminen: fyysisesti: sairas) poorly, not feeling too good, in poor/bad condition; (fyysisesti: veltto) in bad/terrible condition/shape, out of condition/shape; (henkisesti) in bad shape, in a bad way **2** (rakennus) dilapidated, ramshackle **3** (auto) beat-up

huonokuuloinen hard-of-hearing, hearing-impaired

huonolaatuinen inferior, second-rate *huonolaatuinen villapaita* a sweater of inferior quality

huonomaineinen notorious, disreputable, of ill-repute

huonommuus inferiority

huonommuuskompleksi inferiority complex

huononlainen on the bad/weak side
huonontaa 1 worsen, make something worse **2** (aisteja, terveyttä) impair
huonontua 1 worsen, get/grow worse, deteriorate **2** (muisti tms) (start to) fail/go *Hänen muistinsa alkaa huonontua* Her memory is failing, is starting to go, she's losing her memory
huononäköinen short-sighted, myopic *huononäköinen ihminen* a person with poor vision
huonopalkkainen poorly paid, (liian vähän) underpaid
huono puoli drawback, disadvantage
huonosti badly, poorly, ill- *käyttäytyä huonosti* behave badly, misbehave *huonosti ajoitettu* ill-timed
huonouninen insomniac *olla huonouninen* be a light/bad sleeper
huonovointinen unwell, ill, indisposed
huopa 1 (kangas) felt **2** (peitto) blanket
huopatossu felt shoe/boot
huora whore, hooker
huorahtava whorish
huorata whore; (raam) commit adultery, fornicate
huorintekijä adulterer, fornicator
huorinteko adultery, fornication
huoruus adultery, fornication
huostassa in the care/charge/custody of, in someone's care/charge/custody
huovata back water, back the oars *soutaa ja huovata* shilly-shally
hupaisa amusing, humorous
hupi fun, pleasure, amusement
hupsu *s* fool *vanha hupsu* silly old fool *adj* silly, foolish
hurja 1 (hillitön) wild, unrestrained **2** (raivokas) furious, violent **3** (ark: valtava) terrible, awful *hurjan jännittävä* awfully exciting, exciting as hell *hurjat hinnat* horrible prices *hurjan hyvännäköinen poika/tyttö* hunk/doll
hurjapäinen 1 (huimapäinen) daring, reckless **2** (hurja) violent
hurjastella 1 (elää) live wildly, live a wild/fast life **2** (ajaa) drive recklessly/wildly, drive like a madman
hurjasti 1 (villisti) wildly, furiously, violently **2** (paljon) a(n awful) lot, loads, piles
hurmaava charming, enchanting
hurmata charm, enchant
hurmio ecstasy, rapture
hurmuri charmer
hurskaasti piously
hurskas pious, devout, religious
hurskasteleva sanctimonious
hurskastelu sanctimony
huudahdus exclamation, shout, cry
huudahtaa exclaim, shout, cry (out)
huuhdella 1 rinse/wash (out) **2** (lääk: silmiä) wash out, (haavaa) irrigate, (vatsaa) pump, (emätintä) douche **3** (WC) flush
huuhkaja eagle owl
huuhtelu rinse, rinsing, wash, washing, irrigation, pumping, douching, flushing (ks huuhdella)
huuhteluaine rinse
huuhtoa rinse, wash
huulenheitto joking (around), (affectionate) banter
huuli 1 lip *hymyä huuleen!* smile! *puraista huultaan* bite your tongue **2** (vitsi) joke, gag, quip *heittää huulta* joke around
huumata 1 (iskulla) stun, daze **2** (huumeella) drug, dope
huumausaine drug, narcotic; (lak) controlled substance
huume 1 drug, narcotic; (lak) controlled substance **2** (houre) fever, daze
huumekauppa drug/narcotics traffic
huumekauppias drug dealer
huumori humor
huumorimies humorist
huumorintaju sense of humor
huumorintajuinen (person) with a sense of humor
huumorintajuton *täysin huumorintajuton ihminen* a person with absolutely no sense of humor
huutaa 1 (karjua) shout, yell, holler *huutaa täyttä kurkkua* shout at the top of your lungs *huutaa kuin syötävä* scream bloody murder **2** (kiljua) scream, shriek

3 (itkeä) cry, wail, bawl **4** (valittaa) moan, groan **5** (kutsua) call out *huutaa Herran nimeä* call on the name of the Lord **6** (vaatia) cry out *Rikos huutaa kostoa* The crime cries out for vengeance **7** (huutokaupassa: tarjota) bid, (ostaa) buy (at an auction) **8** (pilli) blow, shriek, (sireeni) sound, (summeri) buzz **9** (eläin: susi) howl, (leijona) roar (elefantti) trumpet

huutaa apua call for help

huutaa esiin *Näyttelijät huudettiin esiin kolmesti* The actors took three curtain-calls

huuto 1 (karjunta) shout, yell, holler **2** (itku) cry, wail **3** (valitus) moan, groan **4** (maine) reputation *olla huonossa huudossa* have a bad rep(utation) **5** (huutokaupassa) bid **6** (pilli) blow, shriek, (sireeni) sound, (summeri) buzz **7** (eläin: susi) howl, (leijona) roar, (elefantti) trumpet

huutoetäisyys shouting distance

huutokaupata auction (off)

huutokauppa auction

huutokauppias auctioneer

huutomatka shouting distance

huutomerkki exclamation point

huveta dwindle (away), shrink

huvi amusement, entertainment, fun

huvila summer house/cottage

huvinäytelmä comedy

huvipuisto amusement park

huviretki excursion, outing, (eväsretki) picnic

huvitella amuse yourself *käydä huvittelemassa* go out on the town

huvitilaisuus entertainment

huvittaa amuse, entertain, make someone laugh *Ota vain, jos sinua huvittaa* Go ahead and take one, if you want to, if you feel like it

huvittava amusing, entertaining, humorous

huvittelu having fun, amusing yourself

huvitukset amusements, delights

hyasintti hyacinth

hydrauliikka hydraulics

hydraulinen hydraulic

hydraulisesti hydraulically

hygieeninen hygienic

hygienia hygiene

hykerrellä rub your hands with pleasure/joy/anticipation/amusement

hykertely rubbing your hands with pleasure/joy/anticipation/amusement

hylje seal

hyljeksiä despise, scorn; (ark) turn up your nose at, look down your nose at

hylkeenmetsästys seal-hunting

hylkiä 1 (vettä tms) repel **2** (siirrännäistä) reject **3** (ihmistä) despise, scorn

hylky 1 (laiva) wreck, derelict (ihmisestä halventavasti) **2** (hylkyaine) refuse, waste

hylkäys rejection

hylly shelf, (hyllykkö) shelves, (kirjahylly) bookcase, (hattuhylly) hatrack *panna hyllylle* shelve *apteekin hyllyltä* (kuv) off the top of your head, off the cuff

hyllytila shelf space

hyllyä quake, shake

hylsy case, shell

hylätä 1 (suunnitelma tms) reject, turn down **2** (kosija tms) refuse, turn away **3** (puoliso/lapsi tms) abandon, desert, leave **4** (periaatteet tms) abandon, forsake **5** (ajatus tms) give up, dismiss **6** (kokeessa) fail, flunk **7** (syyte tms) dismiss, disallow, throw out, (vastalause) overrule **8** (lakiehdotus) defeat **9** (urheilusuoritus) disqualify

hymistä 1 (mumista) mumble **2** (hyräillä) hum

hymy smile, grin *Joko hymy hyytyi?* I bet you're laughing out of the other side of your mouth now!

hymyilevä smiling

hymyillä smile

hymyilyttää make you smile, bring a smile to your lips

hymykuoppa dimple

hymynhäive a (fleeting) trace/hint of a smile

hymynväre a (fleeting) trace/hint of a smile

hymähdellä smile condescendingly/patronizingly

hymähtää smile condescendingly/ patronizingly
hynttyyt stuff, junk *vetää hynttyyt päälleen* throw on some rags
hypistellä finger, fumble/fiddle (about/around) with
hypnoosi hypnosis
hypnoottinen hypnotic
hypnotismi hypnotism
hypnotisoida hypnotize
hypnotisoija hypnotist
hypoteesi hypothesis
hypoteettinen hypothetic(al)
hypotenuusa hypotenuse
hyppiä jump, hop, skip, leap
hyppy 1 jump, hop, leap, bound **2** (linnun) hop, (kissaeläimen) spring, (vuohen) skip, caper **3** (pää edellä veteen) dive **4** (seiväshypyssä, voimistelussa) vault
hyppylauta diving board, springboard
hyppynaru jumprope, skipping rope
hyppynen 1 fingertip *puristaa hyppyset tiukasti yhteen* pinch your fingertips together **2** (hyppysellinen) pinch *hyppynen suolaa* a pinch of salt
hyppyri ski jump, (vesihiihdossa) ramp
hyppyrimäki ski jump
hyppääjä jumper *korkeushyppääjä* high jumper *laskuvarjohyppääjä* skyjumper, parachutist
hypähtää jump, skip, bound, leap *Hänen sydämensä hypähti ilosta* Her heart leaped/bounded with joy
hypätä jump, skip, bound, leap, hop
hyrrä top, (tekn) gyroscope *ei pennin hyrrää* not a red cent, not a plug nickel
hyräillä hum
hys! shh!
hyssytellä (aikuisia) shush, (vauvaa) lull
hysteerikko hysteric
hysteerinen hysteric(al)
hysteerisesti hysterically
hysteria hysteria
hytti cabin, (lentokoneen) cockpit
hyttipaikka (peti) berth, (huone) cabin
hyttynen mosquito
hyttysenpurema mosquito bite
hyttysmyrkky mosquito repellent
hyttysparvi swarm of mosquitoes
hyttysverkko mosquito net(ting)
hyve virtue
hyveellinen virtuous
hyveellisesti virtuously
hyvillään pleased, happy, glad
hyvin 1 well *hyvin säilynyt* well preserved *nukkua hyvin* sleep soundly *Se sopii minulle hyvin* That suits me fine, that's fine with me *Se koskee yhtä hyvin sinua kuin minuakin* This applies to you as well as me, both you and me, you and me alike **2** (sangen) very, extremely, greatly *hyvin vihainen* very angry, furious
hyvinvointi 1 well-being, welfare **2** (terveys) health **3** (vauraus) affluence, prosperity
hyvinvointivaltio welfare state
hyvinvointiyhteiskunta affluent society
hyvinvoipa well, healthy, affluent, prosperous (ks hyvinvointi)
hyvittää 1 (maksaa takaisin) compensate, recompense, reimburse **2** (siirtää/laittaa tilille) credit **3** (sovittaa) make up for something, make amends *Miten voin hyvittää sen sinulle?* How can I make it up to you? How can I make amends?
hyvitys compensation, recompense, reimbursement, credit, amends (ks hyvittää) *vaatia hyvitystä* demand compensation/reimbursement, (sovitusta) demand satisfaction
hyvyys goodness, kindness, benevolence *Hän teki sen hyvää hyvyyttään* She did it out of the kindness of her heart
hyvä *s* good *ottaa vastaan sekä hyvää että pahaa* take the good with the bad *toivottaa kaikkea hyvää* wish someone well, all the best *tehdä hyvää* feel good, be good for you *ei tietää hyvää* be a bad sign *tarkoittaa hyvää* mean well *Kyllä siitä vielä hyvä tulee* It'll turn out all right (ks hyväksi)
adj **1** good *hyvää iltaa* good evening

hyvää joulua Merry Christmas *hyvää matkaa* have a nice trip *hyvää ruokahalua* bon appetit *hyvän sään aikana* while the going is good **2** (ystävällinen) kind *Ole hyvä ja mene pois* Please go away **3** (hyvänmakuinen) delicious, (ark) yummy, scrumptious **4** *pitää hyvänä* (helliä) fondle, caress, cuddle; (kohdella hyvin) treat well, pamper, coddle **5** *Pidä hyvänäsi!* Keep it! You're welcome to it! **6** *Mistä hyvästä?* What for? For what? **7** *tulla hyvällä* come peacefully/willingly/voluntarily
hyväillä caress, fondle, stroke
hyväily caress
hyväksi for (the good/benefit of), (lak, urh) in favor of *Tein sen sinun hyväksesi* I did it for you(r own good) *ratkaista asia jonkun hyväksi* decide in someone's favor *tilanne on 9-5 kotijoukkueen hyväksi* the score is 9-5 in favor of the home team *käyttää hyväkseen* use, take advantage of, exploit *nähdä/katsoa hyväksi* see fit *kääntyä jonkun hyväksi* turn to someone's advantage
hyväksikäyttö (paheksuttava) exploitation; (hyväksyttävä) use, employment; (luonnonvarojen) development of resources
hyväksyttävä acceptable
hyväksyä 1 accept *En voi hyväksyä tarjoustasi* I can't accept your offer **2** (pitää sopivana) approve of *En hyväksy elämäntapaasi* I don't approve of your lifestyle **3** (suostua johonkin) agree/consent to *En hyväksy ehtojasi* I can't agree to your terms **4** (äänestää jonkin puolesta) approve, pass, ratify *ehdotus hyväksyttiin* the motion was approved/passed *lakiehdotus hyväksyttiin* the bill was passed *perustuslain muutos hyväksyttiin* the Constitutional amendment was ratified **5** (päästää läpi kokeessa) pass **6** (päästää sisään/jäseneksi) admit
hyväkuntoinen in good shape/condition
hyvälaatuinen quality, of good quality
hyvämaineinen respected, reputable
hyvänkokoinen good-sized, sizable
hyvänlaatuinen (ark ja lääk) benign
hyvänmakuinen tasty, delicious
hyvännäköinen good-looking
hyvänsä any *mitä hyvänsä* anything *milloin hyvänsä* any time *keinolla millä hyvänsä* by hook or by crook, by any means fair or foul
hyväntahtoinen well-wishing, kind, benevolent
hyväntekeväisyys charity, philanthropy
hyväntekeväisyysjärjestö charitable organization
hyväntekeväisyyskonsertti charity concert
hyväntekijä philanthropist
hyväntuulinen good-humored, in a good mood
hyväntuulisesti cheerfully
hyvästellä say goodbye (to), (run) bid farewell/adieu
hyvästi farewell, adieu
hyväsydäminen kind-/warm-hearted
hyvätuloinen well-paid
hyväuskoinen credulous, gullible
hyydyttää 1 (verta) coagulate, clot, (kuv) curdle **2** (rasvaa tms) congeal
hyypiö creep
hyytelö jelly, Jell-O
hyytyä 1 (veri) coagulate, clot, (kuv) clot **2** (rasva tms) congeal **3** (hymy) freeze *Silloin häneltä hyytyi hymy* That wiped the smile off his face
hyödyke commodity
hyödyllinen useful, of use
hyödyttää benefit, profit, be of use *Mitä se minua hyödyttää?* What good is that to me? What's in it for me? *Mitä se hyödyttää?* What's the use/point?
hyödytön useless, of no use
hyökkäys 1 attack, assault, charge, invasion **2** dash, rush (ks hyökätä)
hyökkääjä 1 attacker; (ryöstössä tms) assailant, (sodassa) aggressor, invader **2** (urh) attacker, (jalkapallossa) forward
hyökkäämättömyyssopimus nonaggression pact

hyökyaalto breaker; (valtava) tidal wave, (maanjäristyksen aiheuttama) tsunami
hyökätä 1 (käydä kimppuun) attack; (jotakin) assault, charge; (maahan) invade **2** (rynnätä) dash, rush
hyönteinen insect
hyönteismyrkky insecticide
hyöriä swarm/hover/bustle around/ about
hyöty use, benefit, profit, advantage *Onko tästä sinulle mitään hyötyä?* Can you use this? Is this any use/good to you? Can you get any benefit/profit out of this? *Ei siitä ole mitään hyötyä* No use/point in that at all
hyötynäkökohta utilitarian consideration/viewpoint
hyötysuhde 1 (tekn) efficiency **2** (tilastossa) utility function
hyötyä benefit, profit, gain *Paljonko hyödyit kaupasta?* How much did you make on the deal?
hyötöreaktori breeder reactor
hä? Whuh?
hädänalainen distressed
häh? Whuh?
häijy mean, nasty, cruel, malicious
häikäilemättömästi unscrupulously, ruthlessly, remorselessly
häikäilemätön unscrupulous, ruthless, remorseless
häikäillä hesitate *ei häikäillä* to have no scruples (about doing something)
häikäisevä (hyvällä tavalla) dazzling, brilliant; (häiritsevästi) blinding
häikäistä dazzle, blind
häikäisy glare
häilyvä 1 (horjuva) wavering, vacillating, irresolute **2** (väreilevä) glimmering, shimmering, flickering
häilyä 1 (horjua) hover, waver *häilyä kahden vaiheilla* be irresolute, not be able to make up your mind, be torn *häilyä elämän ja kuoleman rajalla* hover between life and death, linger at death's door **2** (väreillä) glimmer, shimmer, flicker
häipyminen disappearance, disappearing, fading (ks häipyä)
häipyä 1 (hävitä: näkymättömiin) disappear, vanish; (kuulumattomiin, myös radiossa) fade out/away **2** (unohtua) be forgotten, fade **3** (jarrut) fade **4** (ark: lähteä) take off, clear out, take to your heels, make tracks, skedaddle
häiriintynyt disturbed
häiriintyä be disturbed
häirikkö troublemaker
häirintä 1 disturbance **2** (radio/TV) jamming
häiritä 1 disturb, interrupt, annoy, bother *Häiritsenkö?* Am I disturbing you? *En halua häiritä* I don't want to disturb/bother you, intrude (on you) *Ei se häiritse minua yhtään* It's no bother/ trouble at all, it doesn't bother/annoy me in the slightest *häiritä puhujaa* disrupt/ interrupt a speaker **2** (radio/TV) jam, interfere
häiriö 1 disturbance **2** (lääk) disorder **3** (mek) failure, malfunction, breakdown **4** (radio/TV) static, interference **5** (fys) perturbation
häiriötekijä disturbance
häiriötön undisturbed, smooth, trouble-free; (radio/TV) static/ interference-free
häive trace
häivyttää 1 (värejä, kuvia) fade, dissolve, (radio/TV/valok) fade out **2** (muistoa, eroa tms) banish, dispel
häivä trace, hint *ei hymyn häivääkään* not even a hint of a smile
häivähtää flicker, play *Heikko hymy häivähti hänen kasvoillaan* A thin smile played across his face
häkeltyneesti with embarrassment, in (a state of) confusion, confusedly
häkeltynyt embarrassed, confused, mixed up, muddled
häkeltyä get/be(come) embarrassed/ confused/mixed up/muddled
häkki 1 (säleseinäinen) cage, (kanahäkki) coop, (aitaus) pen **2** (ristikko) rack, grating **3** (urh: verkko) net
häkä carbon monoxide

häkämyrkytys carbon monoxide poisoning
hälinä 1 (melu) noise, clamor, hubbub **2** (kohu) stir, fuss, hullabaloo *nostaa hälinä* raise a hullabaloo, make a fuss
hälventää (pelkoja) dispel, banish; (sumua) disperse
häly 1 (melu) noise **2** (kohu) stir, fuss, hullabaloo *herättää hälyä* raise a hullabaloo, make a fuss
hälytin alarm (bell/buzzer jne)
hälytys alarm
hälytysvalmis on the alert, ready (for action)
hälytysvalmius alert, readiness
hämillään embarrassed
hämmennys 1 (sekaisin olo) confusion, bewilderment, perplexity **2** (hämillään olo) embarrassment
hämmentyä 1 (joutua sekaisin) get/ be(come) confused, bewildered, perplexed **2** (joutua hämilleen) get/ be(come) embarrassed
hämmentää 1 (saattaa sekaisin) confuse, bewilder, perplex **2** (saattaa hämilleen) embarrass **3** (sekoittaa ruokaa) stir
hämminki confusion, (lievä) distress, (valtava) pandemonium; (ark) mess, mixup
hämmästellä wonder/marvel at, express surprise/astonishment at
hämmästys surprise, astonishment, amazement
hämmästyttää surprise, astonish, amaze
hämmästyä be surprised/astonished/ amazed
hämy dusk, twilight
hämyisä dusky, twilit; (kuv) dim, shadowy, pale
hämähäkinseitti spider web, cobweb
hämähäkinverkko spider web, cobweb
hämähäkki spider
hämäläinen *s* person from Häme, resident of Häme
adj (of) Häme
hämärtyä 1 (ilta) get/grow dim/dusky/ dark **2** (näkö) dim, blur; (ajatus) get confused/diffused, lose your train of thought
hämärtää 1 (hämärtyä) get/grow dim/dusky/dark **2** (hämärryttää) dim, cloud, obscure
hämäräperäinen 1 (epäillyttävä) shady, fishy, suspicious **2** (hämärän peitossa) mysterious, unknown
hämäräsokeus day blindness, (lääk) hemeralopia
hämärä *s* dusk, twilight, (pimeys) dark
adj **1** (puolipimeä) dim, dusky, shadowy, dark **2** (sumea) dim, indistinct, obscure(d) *näkyä hämärästi* be dimly/ indistinctly visible, be partially obscured **3** (epäselvä) dim, vague, obscure mysterious, unknown *muistaa hämärästi* remember dimly/vaguely, have a dim/ vague/obscure memory **4** (epäillyttävä) shady, fishy, suspicious *hämärä tulonlähde* mysterious source of income *hämärä tyyppi* shady character
hämätä 1 (harhauttaa) bluff, fake, feint **2** (hämmentää) confuse
hämäys bluff; (urh) fake, feint
hämäännyttää perplex, confuse
hämääntyä get/be(come) perplexed/ confused
hän (poika/mies) he, (tyttö/nainen) she *hänen* his/her(s) *hänet, häntä* him/her
hännystakki frock coat, (ark) tails
hännystellä flatter, fawn, toady; (ark) suck up, kiss ass
hännänhuippu the last *olla hännänhuippuna* bring up the rear
häntä tail *Tässä ei ole päätä eikä häntää* I can't make heads or tails of this
häpeä shame
häpeämätön shameless
häpeäntunne (sense/feeling of) shame
häpeäpilkku blot, stain, stigma
häpy 1 (anat) vulva, (raam) shame **2** (häpeä) shame
häpyhuulet labia
häpykieli clitoris
häpäistä 1 (tuottaa häpeää omaisilleen tai itselleen) disgrace, dishonor **2** (herjata) defame, (pyhää esinettä) desecrate, (pyhää paikkaa) violate

I, i

iankaiken always, forever and ever, forever and a day
iankaikkinen eternal, everlasting *iankaikkisesta iankaikkiseen* from everlasting to everlasting
iankaikkisesti eternally, in eternity *nyt ja iankaikkisesti* now and forevermore
iankaikkisuus eternity
idea idea *Eihän siinä ole mitään ideaa* There's no point to that, that doesn't make sense
ideaali ideal
ideaalinen ideal
ideaaliside ace bandage
ideaalistaa idealize
ideaalisuus ideality
ideaatio ideation
idealismi idealism
idealisoida idealize
idealisti idealist
idealistinen idealistic
idemmäksi further/father east
idempänä further/farther east
identifikaatio identification
identifioida identify
identifioitua identify (with)
identiteetti identity
identiteettikriisi identity crisis
identtinen identical
identtisyys identity
ideografia ideography
ideoida think up/of, come up with (ideas), brainstorm; (filos) ideate
ideointi ideation, (ark) brainstorming
ideologi ideologue, ideologist
ideologia ideology
ideologinen ideological
ideologisesti ideologically
idiolekti idiolect
idiolektinen idiolectal
idiomaattinen idiomatic
idiomi idiom
idiootti idiot
idioottivarma foolproof
idiosynkrasia idiosyncracy
idis idea
idolatria idolatry
idoli idol
idylli idyll
idyllinen idyllic
idänkauppa trade with Russia
idänpolitiikka foreign policy on Russia
ien gum, (mon) gums *ikenet irvessä* grimacing
ientulehdus gingivitis
ies yoke *ikeen alla* under/beneath the yoke (of)
iestää yoke (up)
iglu igloo
ignoranssi ignorance
ignorantti ignorant
ignoroida ignore
iguaani iguana
ihailija admirer, (julkkiksen) fan
ihailijakerho fan club
ihailla (laimeammin) admire, (kiihkeämmin) adore
ihailtava admirable
ihailu admiration
ihan 1 (hyvin, juuri) quite, right, just *ihan tavallinen mies* just an ordinary man *ihan helposti* quite easily *ihan heti* right away *Ei se ihan niin ollut* That's not exactly the way it was *Olin ihan unohtanut sen* I'd completely/quite forgotten that **2** (kovin) so, very, all that *ei ihan kaukana* not so/very far away, not all that far away **3** *Ihan tuli vedet silmiin* It even brought tears to my eyes *Ihan täytyy nauraa* You really have to laugh

ihana 1 (luonne) wonderful, sweet *Kyllä sinä olet ihana!* You're wonderful! You're so sweet! I love you! You're such a dear! **2** (ulkonäkö) lovely, beautiful, gorgeous
ihanasti wonderfully, sweetly, beautifully
ihanne ideal
ihannepaino ideal weight
ihannoida idealize; (palvoa) adore, idolize
ihannointi idealization; (palvonta) adoration, idolization
ihanteellinen 1 (idealistinen) idealistic, high-/noble-minded **2** (ideaalinen) ideal, perfect
ihanteellisuus idealism; ideality
ihanuus 1 (luonteen) sweetness **2** (ulkonäön) loveliness, beauty
ihastella admire, wonder/marvel at
ihastua 1 (jostakin) be pleased/delighted/excited/thrilled about/with (something) **2** (johonkuhun) fall for, fall in love with, become infatuated with; (nuori) get a crush on
ihastua ikihyviksi fall head over heels in love with (myös esineistä)
ihastuksissaan delighted, excited, enthusiastic
ihastuneena with pleasure/delight, delightedly, excitedly
ihastus 1 (ilo) delight, excitement, high spirits **2** (rakkaus) infatuation; (nuoren) crush, puppy love **3** (ilon aihe) pride and joy, apple of your eye **4** (rakkauden kohde) love, sweetheart *ensi-ihastus* first love
ihastuttaa 1 (ilostuttaa) delight, please, make you happy **2** (lumota) charm, engage, fascinate
ihastuttava 1 (ilostuttava) delightful, pleasing, pleasurable **2** (lumoava) charming, engaging, fascinating
ihka *ihka uusi* brand new *ihka aito asia* the genuine article, the real McCoy
ihme *s* **1** (vaikeasti selitettävä asia) miracle *Hän parani ihmeen kautta* Her recovery was a miracle *Jeesus teki paljon ihmeitä* Jesus worked many miracles **2** (ihmetystä herättävä asia) wonder, marvel *maailman seitsemän ihmettä* the seven wonders of the world *luonnon/tieteen ihmeet* the marvels of nature/science *Ei ollut ihme ettet halunnut jatkaa* No wonder you didn't want to go on **3** (ihmetys) surprise, astonishment, amazement *suureksi ihmeeksemme* to our great surprise/astonishment/amazement **4** (pula) bafflement *Oltiin ihmeessä rikkaruohojen kanssa* We didn't know what to do with the weeds, the weeds had us completely baffled/bamboozled, we had run out of tricks with the weeds **5** *miten/mitä ihmeessä* how/what on earth/in the world **6** *Mene ihmeessä!* For heaven's sake, go! *adj* (ark: ihmeellinen) odd, strange, weird *joku ihme vempain* some oddball/incredible contraption
ihmeellinen 1 (yliluonnollinen) miraculous **2** (yllättävä) surprising, astonishing, amazing **3** (ilmiömäinen) phenomenal, prodigious **4** (ihana) wonderful, marvelous; (ark) great, super **5** (outo) odd, strange, weird; (ark) funny *ihmeelliset vaatteet* funny-looking clothes
ihmeellisesti miraculously; surprisingly, astonishingly, amazingly; phenomenally, prodigiously; wonderfully, marvelously; oddly, strangely, weirdly (ks ihmeellinen)
ihmeen surprisingly, astonishingly, amazingly *ihmeen vahva* remarkably/surprisingly strong
ihmeesti a lot
ihmeissään 1 (yllättynyt) surprised, astonished, in surprise/amazement **2** (kummissaan) baffled, puzzled, nonplused
ihmeitten aika ei ole ohi wonders never cease
ihme kyllä 1 (yllätys) surprisingly/astonishingly/amazingly enough **2** (kumma) strangely/oddly enough
ihmekös is it any wonder (that), no wonder
ihmelapsi child prodigy, wunderkind
ihmeparannus faith-healing, (parantuminen) miraculous recovery

ihmeparantaja miracle-/faith-healer
ihmesaavutus great achievements *tieteen ihmesaavutukset* the marvels of science
ihmetapaus wonder, prodigy, surprising/miraculous event
ihmeteko (ihme) miracle, (uskomaton suoritus) prodigious feat
ihmetellä wonder/marvel at, be surprised at
ihmetyttää make (someone) wonder *Pikkuisen ihmetyttää tuommoinen käytös* Kinda makse you wonder, a person acting like that *Minua ihmetytti siinä se että* What I wondered about in it was that
ihmetyö miracle
ihminen 1 human (being), (vanha seksistinen nimitys) man **2** (ihmiskunta) humanity, the human race, (vanha seksistinen nimitys) man(kind) **3** (henkilö) person (mon people) *ihmisten kuullen* within earshot, so people can hear *ihmisten nähden* before all the world, publicly *ihmisten ilmoilla* in public *Hyvä ihminen sentään!* You didn't! You're kidding! Good heavens! Man alive! *uusi ihminen* new man/woman **4** *olla ihmisiksi* behave yourself, act your age *käyttäytyä ihmisten lailla/tavalla* behave in a civilized manner, like a decent human being, like respectable people, respectably *ihmisten aikoihin* at a decent/respectable hour
ihminen on ihmiselle susi man is a wolf to man, (latinaksi) homo homini lupus
ihmisapina anthropoid (ape)
ihmisarvoinen elämä a life worth living, a life fit for a human being
Ihmisen Poika (raam) the Son of Man
ihmishenki 1 (elämä) (human) life *Eikö ihmishenki merkitse sinulle mitään?* Do you have no respect for human life? **2** (sielu) the human spirit *ihmishengen pimeät sopukat* the dark corners of the human spirit
ihmisjoukko crowd/mob (of people)
ihmisjärki (human) reason/intellect/mind
ihmiskeskeinen anthropocentric
ihmiskunta humanity, the human race; (vanha seksistinen nimitys) mankind
ihmislapsi 1 (lapsi) manchild **2** (ihminen) human being, mortal
ihmisluonto human nature/character
ihmisläheinen warm, personal
ihmismeri a mass of people
ihmismieli human spirit/imagination
ihmismäinen 1 (ihmiselle sopiva) decent, tolerable, humane **2** (ihmiselle tyypillinen) human, anthropoid
ihmismäistyä 1 (ihminen) become (more) humane/decent **2** (ei-ihminen) become (more) human, be humanized
ihmisoikeudet human rights
ihmisoikeuksien julistus Declaration of Human Rights
ihmisolento human being
ihmisparka poor soul/thing/creature jne
ihmisrakas 1 (ystävällinen ihminen) kind(ly), benevolent, humanitarian **2** (ystävällinen eläin) friendly, fond of people
ihmisrakkaus kindness, benevolence, humanitarianism; friendliness (ks ihmisrakas)
ihmisryöstö abduction, kidnapping
ihmissielu human soul/spirit
ihmissuhde (human) relation(ship)
ihmissuku the human race
ihmissydän human heart
ihmissyöjä cannibal
ihmissyönti cannibalism
ihmistuntemus knowledge/experience of people, of human nature
ihmistyö human labor
ihmisviha misanthropy
ihmisyhteisö human community
ihmisystävä philantrophist, humanitarian
ihmisystävällinen 1 (ihminen) philantrophic, humanitarian, charitable **2** (koira tms) friendly **3** (ympäristö) friendly, decent

ihmisystävällisyys philantrophy, humanitarianism, charity; friendlines (ks ihmisystävällinen)
ihmisyys humanity
ihmisäly human intelligence
iho skin, (hipiä) complexion
ihokarva hair
ihonalainen (lääk) subcutaneous, hypodermic
ihonalaiskudos subcutaneous tissue
ihonhoito skin care
ihosyöpä skin cancer
ihotautilääkäri dermatologist
ihotautioppi dermatology
ihottuma rash
ihra lard (myös kuv)
ihramaha paunch, beerbelly
iilimato leech
iiris iris
iki-ihana absolutely wonderful, divine
ikikiitollinen forever grateful/in your debt
ikiliikkuja perpetual motion machine, perpetuum mobile
ikimuistoinen 1 (ikuisesti muistettava) memorable, unforgettable *ikimuistoinen ilta/huhtikuu* memorable/ unforgettable evening/April **2** (ikivanha) immemorial *ikimuistoisista ajoista* from time immemorial
ikinuori ageless, unageing, eternally youthful
ikinä ever *ei ikinä* never, not ever *mitä ikinä haluat/teet* whatever you want/do
ikioma (your) very own
ikionnellinen overjoyed, blissfully happy
ikipäivinä ever *ei ikipäivinä* never in a million years, not on your life
ikkuna window *kolminkertainen ikkuna* triple-glazed window
ikkuna-aukko window opening
ikkunalasi window pane
ikkunalauta (sisäpuolella) window sill, (ulkopuolella) window ledge
ikkunanpesijä window washer
ikkunanpesu window washing
ikkunapaikka window seat
ikkunaton windowless *ikkunaton seinä* blind wall
ikkunaverho curtain; (mon) drapes, draperies
ikoni icon
ikoninsärkijä iconoclast
ikuinen eternal, everlasting, perpetual; (loputon) unending, unceasing *ikuiset totuudet* the eternal verities, the eternities
ikuisesti eternally, perpetually, in eternity; (loputtomasti) without end, endlessly, ceaselessly
ikuistaa immortalize
ikuisuus eternity, perpetuity
ikä 1 age **2** (elämä) life(time) *koko ikäni* all my life
ikäihminen elderly person
ikäinen *Minkä ikäinen hän on?* How old is he? *20 vuoden ikäinen* 20 years old, aged 20
ikäisekseen for your age *nuorekas/ kypsä ikäisekseen* youthful/mature for her age *ikäisekseen viisas* wise beyond her years
ikäjärjestyksessä (elinvuosittain) by age; (palvelusvuosittain) by seniority
ikäkausi age, stage/period of life
ikälisä (salary/pay) increment
ikäluokka age class/group *suuret ikäluokat* baby boom (generation)
ikämies mature man; (urh) senior
ikänä ever *ei ikänä* never, not ever
ikärakenne age(-class) distribution, age breakdown
ikäryhmä age group
ikätoveri peer
ikävuosi year of life *jo toisella ikävuodellaan* already one year old, in his second year, going on two
ikävystyttää bore, tire, weary, exhaust
ikävystyä get bored; (kyllästyä) get tired/sick of, get fed up with
ikävyys 1 (pitkäveteisyys) boredom, tedium **2** (apeus) sadness, depression, melancholy **3** (vaikeus) trouble *kaikenlaisia ikävyyksiä* all kinds of trouble
ikävä *s* **1** (ikävyys) boredom, tedium *kuolla ikävään* be bored to death **2** (kaihomieli) longing, yearning *Onko sinulla ikävä kotiin/Juhaa* Do you miss home/

Juha? *olla ikävissään* feel lonely, dispirited, down in the mouth/dumps *adj* **1** (ikävästyttävä) dull, boring, tedious *ikävä ihminen* bore **2** (apea) sad, downcast *Tuntuu ikävältä kun lähdet* It makes me sad that you're leaving, I feel bad about you leaving, I'm going to miss you when you've gone **3** (valitettava) unfortunate, regrettable, deplorable *Kuinka ikävää!* What a shame/pity! How unfortunate! *asian ikävin puoli on* the worst (part) of it is, the unfortunate thing is *ikävä välikohtaus* unfortunate/regrettable/deplorable incident **4** (hankala) difficult, irritating, annoying *ikävällä päällä* in a difficult/nasty/bitchy mood *ikävä tapaus* a bother, nothing but trouble, a mess *ikävä tilanne* an awkward situation

ikäväkseni I regret/am sorry (to inform you), to my regret

ikävä kyllä unfortunately, I'm afraid (that), I'm sorry (but)

ikävöidä miss, long/yearn for

ikävöinti longing, yearning

ikään kuin as if/though

ikääntyä age, get/grow older, get on in years

ilahduttaa make someone happy, give someone pleasure, gratify, delight *minua ilahduttaa että* I'm happy/pleased/glad/gratified/delighted that

ilahtua be happy/pleased/glad/gratified/delighted (at/with), take pleasure/delight (in)

ilakoida romp, frolic, caper, run and jump and play happily

iljettävä disgusting, repulsive, revolting, sickening, nauseating

iljettää 1 (inhottaa) disgust, repel, revolt, repulse **2** (oksettaa) sicken, nauseate, make you sick to your stomach

iljetä 1 (kehdata) have the nerve/impudence (to do something), dare (to do something) *Miten ilkeät tulla tänne kaiken sen jälkeen mitä olet tehnyt?* How dare you come here after all you've done, you've got some nerve showing up here after everything you did **2** (viitsiä) stand (to do something), stomach (something) *En iljennyt koskea siihen* I couldn't stand to touch it *En iljennyt edes ajatella sitä* I couldn't stomach even thinking about it, I couldn't even stand to think about it

ilkamoida 1 (kiusoitella) tease, taunt, make fun of, have fun at someone's expense **2** (kujeilla) trick, play tricks (on someone), pull a practical joke (on someone)

ilkamointi 1 (kiusoittelu) teasing, taunting, ridiculing **2** (kujeilu) trickery

ilkeys 1 (luonteenpiirre) nastiness, cruelty, malice *silkkaa ilkeyttään* out of sheer spite, just to be mean/nasty **2** (teko) dirty/nasty/mean trick, (moraalisesti närkästyttävä) outrage **3** (puhe, tms) sneer, jeer, taunt, gibe

ilkeä 1 (ihminen, temppu) nasty, mean, cruel, vicious **2** (olo tms) bad, unpleasant (ks myös iljettävä) *Minulla on ilkeä olo* I feel bad, I feel sick to my stomach *Minusta tuntuu ilkeältä, minun tekee ilkeää katsoa* I can't stand to watch

ilkeämielinen malicious, malevolent

ilkeästi nastily, cruelly, viciously, badly, unpleasantly *nauraa ilkeästi* laugh nastily *viiltää ilkeästi ihoa auki* give you a nasty/bad cut

ilkikurinen mischievous, impish, prankish, playful

ilkimys rogue, rascal, rotter, scoundrel; (ark) snake in the grass

ilkityö dirty/nasty/mean trick, evil deed, misdeed; (moraalisesti närkästyttävä) outrage

ilkivalta vandalism

ilkkua 1 (härnätä) taunt, tease, gibe **2** (pilkata) mock, ridicule, laugh at, make fun of

ilkosillaan buck/stark naked

illallinen dinner, supper, the evening meal

illalliskutsu dinner invitation

illallisvieras dinner guest

illan suussa late afternoon, getting on toward evening

illastaa eat dinner/supper, (hienommin) dine, (arkisemmin) sup

illempana closer to the evening, later on in the day
illusorinen illusory
illuusio illusion
ilma 1 air *puhdistaa ilmaa* clear the air *kohdella kuin ilmaa* look right through, give someone the cold shoulder **2** (sää) weather **3** (keuhkossa) wind *laskea ilmat jostakusta pihalle* (ark) bump somebody off, rub somebody out, put a hole in somebody; (vatsassa) gas *päästää ilmaa* break wind, (ark) fart, gas **4** (mieliala tai -pide) mood *oli kahdenlaista ilmaa* differing/contradictory opinions were aired
ilma-alus aircraft
ilmaantua 1 (ilmestyä paikalle) appear, make your/an appearance, show/turn up, (ark) show **2** (tulla näkyviin) become visible/manifest, show (up) **3** (ilmetä) arise
ilmailu aviation, (ark) flying
ilmainen free (of charge/cost)
ilmaiseksi free (of charge/cost), gratis, for nothing
ilmaisin indicator; (radiossa) detector
ilmaista 1 (ilmoittaa) express, state, declare, convey *ilmaista kiitollisuutensa* proffer your thanks, express/convey your gratitude *ilmaista osanottonsa* express your sympathies/condolences **2** (pukea sanoiksi) express, give expression/utterance/voice to, articulate, put (an idea/a feeling) into words **3** (pukea kuviksi) give visual form to, image, flesh/sketch out **4** (paljastaa) disclose, reveal, give away *ilmaista jonkun piilopaikka* give away/betray someone's hiding place **5** (ilmentää) indicate, signify, demonstrate *hintojen nousu ilmaistaan tuhansissa markoissa* increases in prices are given/indicated in thousands of marks *adjektiivi ilmaisee laatua* adjectives express/signify quality **6** (osoittaa) show, display, exhibit *Hänen katseensa ilmaisi myötätuntoa* His sympathy showed in his eyes, he showed his sympathy with his eyes
ilmaisu expression
ilmaisukyky (ihmisen) expressive talent, articulacy; (kielen) expressiveness
ilmaisukykyinen expressive, articulate
ilmaisuvoima expressive power
ilmaisuvoimainen powerfully expressive
ilmajarru pneumatic brake, (ark) air brake
ilmajäähdytteinen air-cooled
ilmajäähdytys air-cooling
ilmakehä atmosphere
ilmakivääri BB-gun
ilmalaiva airship
ilman *adv* without *tulla toimeen/olla ilman* get by/do without *Tulen toimeen ilmankin* I'll manage anyway *prep* **1** without *Menen ilman sinua* I'm going without you, I'll go without you, on my own *Menen ilman että sinä saat tietää* I'm going to go without you knowing, without letting you know *päästä sisään ilman maksua* be admitted free of charge, get in without paying **2** (lukuun ottamatta) not including/counting, excluding *hinta ilman paristoja 69 mk* priced at 69 marks excluding/not including batteries, 69 marks (batteries not included) *Ilman tämän päivän maksua olemme saaneet yhteensä 5000 mk* Not counting/including today's payment we have received a total of 5000 marks **3** (muuten kuin) except/but for, if it weren't for *Ilman sinua olisimme olleet pahassa pulassa* If it hadn't been for you, we would have been in big trouble
ilmanala climate
ilmankostutin humidifier
ilmanpaine (renkaissa tms) air pressure; (ilmatieteessä) barometric/atmospheric pressure
ilmanpitävä airtight
ilmanvastus air resistance, (aerodynamic) drag
ilmapallo balloon
ilmapiiri atmosphere, mood *poliittinen ilmapiiri* political climate
ilmapuolustus air defense
ilmarengas pneumatic tire

ilmasota the war in the air, air warfare
ilmassa in the air *roikkua ilmassa* be up in the air, be undecided *oli sähköä ilmassa* the atmosphere was tense, there was tension in the air
ilmasto climate *tottua ilmastoon* acclimate yourself, become acclimatized
ilmastollinen climatic
ilmastovyöhyke climatic zone
ilmateitse by air
ilmatiede climatology
ilmatieteellinen climatological
ilmatiivis airtight
ilmatila air space
ilmatorjunta anti-aircraft (defense)
ilmatorjuntaohjus surface-to-air/ anti-aircraft missile
ilmatyyny air cushion
ilmatyynyalus hovercraft
ilmaus 1 (ilmaisu) expression, (lausuma) utterance, (sanonta) idiom **2** (ilmentymä) sign, token, indication *arvostukseni ilmaus* token of my esteem
ilmava 1 (asunto) spacious, roomy, airy, open **2** (maaperä) loose, (pakkaslumi) light, (tyyny) fluffy
ilmavaiva gas pains, flatulence
ilmavalvonta aircraft warning service; (UK) air defence warning service
ilmavirtaus air current/stream/flow
ilme 1 (kasvojen) (facial) expression, face, look **2** (esitystavan tms) expression, style; (ilmeikkyys) expressiveness, liveliness **3** (ulkonäkö) look, appearance
ilmeetön expressionless, flat, blank
ilmehtiä make faces, communicate through facial expressions *ilmehtiä paheksuvasti/kivuliaasti* grimace
ilmeikäs 1 (puhutteleva) expressive, eloquent **2** (eloisa) lively, animated
ilmeinen 1 (menneestä tapahtumasta: selvä) obvious, apparent, evident *On aivan ilmeistä, että varas ei tullut ikkunasta* It's clear/obvious/apparent/evident that the burglar didn't enter through the window *ilmeisen hämmästynyt* visibly/ obviously surprised **2** (tulevasta tapahtumasta: todennäköinen) likely, probable *On erittäin ilmeistä, että Pekka saapuu myöhässä* In all probability Pekka is coming late, it looks pretty likely that Pekka is going to be late
ilmeisesti 1 (kaikesta päätellen) apparently, evidently *Pekka ei ilmeisesti tulekaan* Apparently Pekka isn't coming after all, it looks to me like Pekka isn't coming **2** (silmiinnähtävästi, ilmeisen) visibly, obviously *aivan ilmeisesti juovuksissa* clearly/visibly drunk
ilmeneminen manifestation
ilmentymä manifestation
ilmentyä 1 (näkyä) show, be revealed/manifested/displayed **2** (tulla esiin) appear, manifest itself
ilmentää 1 (osoittaa) show, display, exhibit *Hänen katseensa ilmensi osanottoa* His sympathy showed in his eyes **2** (pukea sanoiksi) express, give expression/utterance/ voice to, articulate, put (an idea/a feeling) into words *runo joka ilmentää ihmissydämen pohjatonta yksinäisyyttä* a poem that captures/ expresses the vast loneliness of the human heart **3** (pukea kuviksi) express, give visual form to, image, flesh/sketch out **4** (symboloida) symbolize, betoken *kaikki se mitä lippu ilmentää* everything the flag stands for/symbolizes
ilmestys 1 (usk: ilmoitus) revelation, (näky) vision, (henkiolento) apparition, manifestation *saada ilmestys* receive a revelation/vision *Marian ilmestys* the Annunciation *Johanneksen ilmestys* the Revelation/Apocalypse of St. John **2** (nähtävyys) phenomenon, spectacle, sight *Oletpa upea ilmestys!* You're a sight for sore eyes!
Ilmestyskirja the Book of Revelation, the Revelation/Apocalypse of St. John
ilmestyskirjallisuus apocalyptic books/literature
ilmestyä 1 (saapua paikalle) appear, make your/an appearance, show/turn up, (ark) show **2** (tulla näkyviin) become visible/manifest, show (up) **3** (ilmetä) arise, occur **4** (tulla julkaistuksi: kirja) be published/released, come out, appear; (sanomalehti) be printed, (ark) hit the newsstands *Romaanini ilmestyy ensi*

kuussa My novel will be coming out next month *Paikkakunnan lehti ilmestyy neljä kertaa viikossa* The local paper appears four times a week

ilmetty 1 *Sinä olet ilmetty äitisi!* You're the living/spitting image of your mother, you look just like your mother, you're the very picture of your mother **2** (ilmeinen) obvious *Sinun ilmetty ja ilkeä tarkoituksesi oli viivytellä minua* Your obvious and malicious intent was to delay me

ilmetä 1 (tulla esille) arise, appear, show (up) *jos tarvetta ilmenee* if the need arises *viime päivinä ilmenneet oireet* the symptoms that have been appearing over the last few days **2** (tulla ilmaistuksi) take the form of, find expression in/as, be expressed/manifested as, manifest itself *kiehuminen ilmenee poreiluna* boiling takes the form of bubbling, is manifested as bubbling *Hänen ironinen luonteensa ilmeni näytelmissä lempeänä huumorina* His irony found expression in his plays as a gentle humor **3** (tulla selville) turn out, be(come) clear/evident/obvious/apparent, transpire *Pian ilmeni, että flunssa olikin keuhkokuume* It soon became evident that the cold was pneumonia, the cold turned out/proved to be pneumonia

ilmi *adj* (ilmeinen) open, obvious, clear *ilmi kapina* open rebellion *ilmi loukkaus suvun kunniaa kohtaan* obvious/clear insult to the family's honor *ilmi liekeissä* blazing
adv **1** (julki) out, to light *käydä ilmi* turn out, be(come) clear/evident/obvious/apparent, transpire (ks ilmetä) **2** *saada ilmi* find out, discover, uncover *tulla ilmi* come to light, come out, be discovered/uncovered/revealed *tuoda ilmi* bring (new facts) to light, present (a new idea), offer (a new perspective) *antaa ilmi* reveal (a secret), inform on (a criminal), report (a crime, a criminal); (ark) rat, squeal (ks ilmiantaa) *joutua ilmi* be found out, be discovered, be caught **3** (erittäin) very, quite, perfectly *ilmi selvä* quite/perfectly clear

ilmiantaa report, inform on, denounce; (ark) rat, squeal, sing like a canary *ilmiantaa rikos poliisille* report a crime to the police *ilmiantaa joku poliisille* inform on/report someone to the police *ilmiantaa korkea virkamies virkarikoksesta* denounce a high official for malfeasance

ilmiantaja informer; (poliisin palkkaama) police informer, (ark) snitch; (vapautettava osasyyllinen) witness who turns state's evidence, (ark) rat, fink, squealer, blabber, doublecrosser, stool pigeon

ilmiselvä 1 (ilmeinen) quite/perfectly clear **2** (itsestään selvä) obvious, undeniable

ilmiö phenomenon (myös kuv)

ilmiömäinen phenomenal

ilmoilla *ihmisten ilmoilla* in public *päästää kiukkunsa ilmoille* give vent to your anger/rage

ilmoittaa 1 (kertoa) tell, inform, let someone know, make something known *Ilmoitan sinulle ajoissa tulostani* I'll tell you/let you know in plenty of time when I'll be arriving *ilmoittaa kuolonuhrin lähisukulaiselle* inform the next of kin of the death *minulle ilmoitettiin että* I was told/informed that, I received information (to the effect) that *ilmoittaa uutinen* break the (good/bad) news to someone **2** (tehdä ilmoitus) report, notify, give/serve notice *ilmoittaa näkemänsä poliisille* report what you saw to the police *ilmoittaa poliisille/lehdelle osoitteenmuutoksesta* notify the police/a magazine of a change of address *ilmoittaa työntekijälle erottamisesta* serve an employee notice (of dismissal) *ennalta ilmoittamatta* without prior notice *ilmoittaa kadonneeksi* report missing/lost **3** (tiedottaa) announce *ilmoittaa kihlauksensa* announce your engagement *Kenet saan ilmoittaa?* Who shall I say is calling? What was the name, please? **4** (julkistaa) publicize, make public *ilmoittaa päätöksestä julkiselle sanalle* inform the news media of the decision, make the decision public **5** (usk) reveal *Jeesus ilmoitti* *itsensä opetuslapsille* Jesus revealed himself to the disciples **6** (laittaa ilmoitustaululle) post *tenttitulokset ilmoitetaan ilmoitustaululla* the exam results will be posted on the bulletin/ notice board **7** (laittaa ilmoitus lehteen) advertise, put an ad in the paper *ilmoittaa talo myytäväksi* put an ad for your house in the paper, advertise your house in the paper **8** (tehdä selkoa) disclose, give declaration of *ilmoittaa myyntivoitto veroilmoituksessa* disclose/ declare your capital gains on the tax form **9** (tullissa) declare *ilmoittaa ylimääräiset viinat* declare your extra alcohol **10** (antaa hintatiedot) quote **11** (kouluun) register (someone), (näyttelyyn) enter (something), (tenttiin) sign (someone) up

ilmoittaja 1 (lehdessä) advertiser **2** (lak) informant

ilmoittautua 1 (kouluun, kurssille) enroll, register **2** (tenttiin) sign up (for) **3** (kilpailuun) enter **4** (palvelukseen) report (for duty)

ilmoittautua ehdokkaaksi run/ stand for office, announce your candidacy

ilmoittautua jäseneksi apply for membership

ilmoittautua vapaaehtoiseksi 1 (sotaväkeen) enlist **2** (tehtävään) volunteer

ilmoittautuminen enrollment, registration, entry, enlistment (ks ilmoittautua)

ilmoitus 1 (tieto) information **2** (tiedonanto) report, notice, notification **3** (julkinen tiedotus) announcement **4** (lausunto) statement **5** (lehti-ilmoitus) advertisement, (ark) ad, (UK) advert; (pikku-ilmoitus) want-ad, classified ad; (mon) want-ads, classifieds **6** (juliste) bill, notice, poster *Ilmoituksia ei saa kiinnittää* Keep this wall free, No bills/ posters **7** (usk) revelation, (divine) message **8** (tulli- tai veroilmoitus) declaration

ilmoitusluonteinen informative *ilmoitusluonteinen asia* announcement

ilo 1 joy, delight, happiness, pleasure *On ilo nähdä sinua* it's nice to see you, I'm happy to see you, it's a pleasure to see you *Minulla on ilo ilmoittaa* It gives me great pleasure to announce *ilossa ja surussa* in joy and in sorrow *avioliiton ilot* the joys of marriage *elämäni suurin ilo* my greatest joy/delight/pleasure, the joy of my life, (varsinkin lapsi tai rakastettu) the apple of my eye *tuottaa iloa* make someone happy, bring/give someone great happiness **2** (ilonpito) merriment, merrymaking, good fun/ times/spirits/cheer, gaiety, laughter; (mon) amusements, entertainments *yhtyä iloon* join in the fun/merriment **3** *Mitä iloa siitä sinulle on?* What good is that to you?

iloinen 1 (iloissaan) happy, joyful, delighted, gay, merry *Iloista Joulua* Merry/Happy Christmas **2** (mielissään) pleased, happy, glad **3** (ark: hiprakassa) (feeling) happy, tipsy, giddy

iloisesti 1 (iloissaan) happily, joyfully, delightedly, with delight, gaily, merrily **2** (mielellään) with pleasure, gladly, willingly

iloissaan ks iloinen

iloita 1 (olla iloinen) rejoice (over/at), be happy/glad/pleased (with/to) **2** (pitää iloa) make merry, revel, celebrate

iloksi *jonkun iloksi* for someone's pleasure, to please someone *olla iloksi jollekulle* be a source of pleasure/joy/ happiness/delight to someone *ilokseni* to my delight

ilomielin with pleasure, gladly *Tulen ilomielin* I'd be happy to come, I'd love to come

ilonaihe cause for rejoicing

ilonlähde source of joy

ilonpilaaja party-pooper, spoilsport, killjoy; (ark) wet blanket

ilosta for/with joy *itkeä/hyppiä ilosta* weep/jump for/with joy

ilotalo whorehouse, brothel, bordello

iloton joyless, cheerless **1** (ikävä) dull, boring, lifeless **2** (synkkä) bleak, gloomy

ilotulitus fireworks (display)

ilotyttö prostitute, whore, hooker; (katutyttö) streetwalker, (puhelintyttö) call-girl
ilta evening, (ark) night; (run) eve(ntide), (usk) vesper *Hyvää iltaa!* Good evening! *illalla* in the evening, at night *eilen illalla* yesterday evening, last night *iltaan mennessä* by evening, before nightfall *ensi-ilta* opening night, premiere *aamusta iltaan* from morning till night *myöhään iltaan* until late (at night, in the evening)
ilta-ateria dinner, supper, evening meal
iltahartaus vespers, evening prayers/ devotions
iltahämärä dusk, twilight
iltainen evening's *eilisiltainen juhla* the party yesterday evening
iltaisin in the evening, evenings
iltakoulu 1 night school, evening classes **2** (hallituksen) evening session
iltalehti evening paper
iltalukio night school, evening classes (at the high school level)
iltamat social evening, evening entertainment
iltamyöhä late at night, late in the evening
iltamyöhäinen late-night/-evening
iltanumero evening edition
iltapala evening snack, supper
iltapimeä dusk, twilight
iltapuku evening gown
iltapuolella in the late afternoon, towards evening
iltapäivisin in the afternoon, afternoons
iltapäivä afternoon
iltarukous evening/bedside prayer *lukea iltarukous* say your prayers
iltarusko sunset
iltasella in the evening
iltasoitto 1 (työpäivän päättyessä) evening bell/whistle, (maatilalla) dinner bell **2** (sot) taps
iltatyö evening work *olla iltatyössä* (be) work(ing) late
iltauutiset evening news
iltavuoro swing/evening shift
ilve joke, prank, trick, jest *ei millään ilveellä* no way, by no means *jollakin ilveellä* somehow or other, by hook or by crook
ilveilijä jokester, prankster, trickster; (narri) jester, clown, fool
ilveillä 1 (kujeilla) play/pull jokes/ pranks/tricks **2** (vitsailla) joke (around), jest **3** (pelleillä) clown/ fool/horse around **4** (pilkata) make fun (of someone), joke (at someone's expense), mock, ridicule
ilveily 1 (pelleily) joking/clowning/ fooling/horsing around **2** (näytelmä) farce, burlesque; (parodia) parody, spoof
ilves lynx
imaami imam
imago image, (psyk) imago
imarrella 1 (ylistää) flatter, compliment; (ark) butter up, soft-soap, suck up to **2** (mielistellä) coax, cajole, beguile **3** (hännystellä) toady/truckle to, curry favor with; (ark) brownnose, lick/ kiss someone's ass/boots
imartelija flatterer, toady, brownnoser, ass-/bootlicker/-kisser
imartelu flattery
imelä 1 (makea) sweet **2** (sentimentaalinen) sentimental, saccharine; (ark) mushy, slushy, corny **3** (lipevä) flattering, ingratiating, oily
imelästi sweetly, sentimentally, ingratiatingly
imemisaika nursing period
imeskellä suck (on)
imettämisaika breastfeeding/nursing period
imettää nurse, breastfeed; (eläin) suckle
imeväinen infant, (run) suckling, babe *lasten ja imeväisten suusta* from the mouths of babes
imeväisikä infancy
imeytyä be absorbed, soak (in)
imeä 1 (suulla) suck, (rintaa) nurse **2** (muulla) absorb *imeä ennakkoasenteita jo äidinmaidossa* learn/absorb prejudices at your mother's breast, drink in biases with your mother's milk *imeä itseensä maiseman kauneutta* drink in

the beauty of the landscape **3** (tekn ja lääk) aspirate
imitaatio imitation, copy; (ark) fake
immateriaalinen immaterial
immenkalvo hymen
immuniteetti immunity
immuuni immune
impedanssi impedance
imperatiivi imperative
imperfekti past tense
imperialismi imperialism
imperialisti imperialist
imperialistinen imperialistic
imperiumi empire
implisiittinen implicit
impotenssi impotence
impotentti impotent
impressionismi impressionism
impressionisti impressionist
improvisoida improvise
improvisoija improviser
imu suction
imuke mouthpiece, cigar(ette)-holder
imukärsä sucker
imupaperi blotting paper
imupilli straw
imuri 1 (pölynimuri) vacuum cleaner, (UK) Hoover **2** (musteenkuivain) blotter **3** (tekn) suction apparatus, (myös lääk) aspirator; (tuuletin) exhaust fan/ventilator
imusolmuke lymph nod(ul)e/gland
imusuoni lymph(atic) vessel/duct
inahtaa 1 (valitella) whimper **2** (liikahtaa) budge *ovi ei inahtanutkaan* the door wouldn't budge (an inch)
indefiniittinen indefinite
indefinittipronomini indefinite pronoun
indeksi index; (mon) indices, indexes
indeksikorotus cost-of-living raise
indigo indigo
indigonsininen indigo-blue
indikaatio indication
indikaattori indicator
individualismi individualism
individualisti individualist
indoeurooppalainen Indo-European
indogermaaninen Indo-Germanic
Indonesia Indonesia
indonesialainen *s, adj* Indonesian
induktiivinen inductive
induktio induction
infarkti infarct
infinitiivi infinitive
inflaatio inflation
inflaatiokierre inflation(ary) spiral
inflatorinen inflationary
influenssa influenza, (ark) flu
influenssaepidemia (in)flu(enza) epidemic
informaatio information
informaatioyhteiskunta information society
informoida inform, apprize
infrapunakauko-ohjain infrared remote (control)
infuusio infusion
inhalaatio inhalation
inhimillinen 1 (ihmiseen liittyvä) human **2** (ihmisystävällinen) humane, humanitarian **3** (siedettävä) reasonable, decent *soittaa inhimilliseen aikaan* call at a decent hour
inhimillisesti human(e)ly
inhimillisyys humanity, humaneness; reasonableness, decency
inho disgust, revulsion, loathing
inhota loathe, detest, abhor
inhoten with disgust/loathing/revulsion
inhottava disgusting, revolting, repulsive, loathesome, abhorrent
inistä whine
inka Inca
inkivääri ginger
inkognito incognito
inkvisitio Inquisition
innoitus inspiration
innokas 1 eager, keen, enthusiastic **2** (intohimoinen) passionate, fervent, ardent **3** (kiihkomielinen) zealous, fanatic
innokkaasti eagerly, keenly, enthusiastically, with enthusiasm, passionately, with passion, fervently, with fervor, ardently, with ardor, zealously, fanatically (ks innokas)
innostaa inspire, encourage, motivate

innostava inspiring, stirring, rousing
innostua get/feel/be(come) excited/ inspired/enthusiastic (about); (ark) enthuse (over); (liikaa) get carried away
innostus excitement, inspiration, enthusiasm
insinööri engineer
insinööriajo driving test
insinööritoimisto engineering firm
institutionaalinen institutional
instituutio institution
instituutti institute
instrumentaalinen instrumental
instrumentti instrument
insuliini insulin
integroida integrate
integrointi integration
integroitu piiri integrated circuit, IC
integroitu vahvistin integrated amplifier
intellektuaalinen intellectual
intellektualismi intellectualism
intellektuelli intellectual; (ark) brain, egghead
intendentti 1 (esimies) supervisor, superintendant **2** (museossa) curator **3** (laivassa) purser
intensiivinen intensive
intensiteetti intensity
interferoni interferon
internaatti boarding school; (asuntola) dormitory
internoida intern
intervalli interval
Intia India
intiaani (American) Indian, Amerindian, Native American
intiaaniheimo Indian tribe
intiaanikesä Indian summer
intiaanipäällikkö Indian chief
intiaanitanssi Indian (war) dance; (kuv) wild dancing
intiaaniteltta tepee
intialainen *s, adj* Indian
intiimi intimate; (läheinen) close, cozy
intiimisuhde intimate relations
intimiteetti intimacy
into 1 eagerness, enthusiasm *innoissaan* excited, enthusiastic, bursting with enthusiasm **2** (intohimo) passion, fervor, ardor **3** (kiihko) zeal, fanaticism
intohimo passion; (into) fervor, zeal; (äärimmäinen) mania
intoilija enthusiast, (harrastaja) devotee, (kiihkoilija) fanatic
intoilla enthuse (over), get excited/ enthusiastic (about), get carried away (by)
intoilu enthusiasm; (kiihkoilu) zealotry, fanaticism
intomielinen enthusiastic, eager, keen
intonaatio intonation
intransitiivinen intransitive
intressi interest *Yhdysvaltain intressit Lähi-idässä* US interests in the Middle East
intti (ark) army
inttää 1 insist, assert (dogmatically), refuse to back down/compromise **2** (väittää vastaan) argue/answer back; (ark) backtalk, give someone lip
invalidi invalid, disabled person
invaliditeetti disability
inventaario inventory
inventoida make/take inventory, take stock
investoida invest
investointi investment
ioni ion, (negatiivinen) anion
ipana kid, brat
Irak Iraq
irakilainen *s, adj* Iraqi
Iran Iran
iranilainen *s, adj* Iranian
Irlanti Ireland
irlantilainen *s* Irishman, Irishwoman *irlantilaiset* the Irish
ironia irony, (pilkka) sarcasm
ironinen ironic, (pilkkaava) sarcastic
irrallaan 1 (irti) loose, free *Hän pitää hiuksiaan irrallaan* She wears her hair loose, lets her hair hang loose/down, leaves her hair undone/unfastened **2** (muista erillään) separate(ly), apart, in isolation *käsitellä aihetta muista irrallaan* deal with a matter separately, apart from the others, in isolation

irrallinen 1 (irtonainen) loose, free, detached, unfastened **2** (irrotettava) detachable, (liikkuva) moving, movable *irrallinen pääoma* floating capital **3** (erillinen) separate, isolate(d), discrete **4** (hajanainen) scattered, fragmented, un-/disconnected **5** (vakiintumaton) loose, easy, unattached *irrallisia sukupuolisuhteita* promiscuous/loose sexual relations, casual sex *irrallisia ihmisiä* drifters, outsiders

irrationaalinen irrational

irrota come loose/free/off/open/out/undone/unfastened/unstuck jne. *Tuo tuoli irtoaa varmasti satasella* I bet you can get that chair for a C-note

irrotella 1 loosen, free, unfasten, undo **2** (kuv) let/cut loose, throw off your chains/yoke, live it up

irrottaa 1 loosen, free, detach, unfasten, undo *En voinut irrottaa katsettani sinusta* I couldn't take my eyes off you **2** (jarru) release, (kytkin) disengage, (puhelin seinästä) disconnect

irrottaa ote let go of, loosen/break your grip on

irrottautua break loose/free/away, free/release/liberate/disengage yourself

irrotus detachment

irstailu debauch(ery), lechery

irstas 1 (elosteleva) debauched, dissolute, dissipate **2** (hillitön) profligate, libertine, licentious **3** (himokas) lustful, lewd, wanton

irtaimisto movable(good)s, personal property

irtain loose *irtain omaisuus* movable/personal property

irtautua 1 (irrota) come/get/break loose, come off/out **2** withdraw, retreat (erota) break away/off, split off *irtautua hankalasta suhteesta* get out of a difficult relationship

irtautuminen loosening, detachment, withdrawal, retreat, separation, liberation

irti 1 (irronnut) off, unfastened/-done/-screwed jne *Tämä nappi lähti irti* This button came off *päästää irti* (hellittää) let go (of something) **2** (erillään, erilleen) off, out *Pidä sormesi irti tästä!* Keep your mitts off this, you stay out of this! *En saanut katsettani irti hänestä* I couldn't take my eyes off him **3** (irtoamaisillaan) loose *Minulla on yksi hammas irti* I've got a loose tooth **4** (valloillaan) on the loose, at large *Nyt on piru irti!* All hell has broken loose! Now the fat's on the fire! *päästää irti* (vapauttaa) (set) free, liberate, let (someone) go *päästä irti* break/get free/loose/away **5** (vapaana) free, clear, away *pysytellä irti jostakusta* stay/keep clear/away from someone *irti maasta* carefree **6** *ottaa ruuvi irti* take off, detach, unscrew *ottaa kaikki irti jostakin* get whatever you can (out of something), make the most/best of something **7** *saada naula irti* get a nail out *saada tekstistä/aiheesta jotain irti* get something out of a text/subject *Saatko tästä mitään irti?* Can you make anything of this? *saada itsestään niin paljon irti että* find the energy to do something, get around to doing something *ei saada miehestään mitään irti* not get your husband to tell you something, not get a word out of him **8** *sanoa irti* (työntekijä) dismiss, give notice to; (ark) fire, sack; (sopimus) cancel, discontinue; (ystävyys) break off relations (with someone) **9** *sanoutua irti* (työstä) resign, hand in your resignation; (ark) quit; (vastuusta) disclaim (all responsibility), dissociate yourself (from a bad situation) **10** *Irti tupakasta/viinasta!* Kick the (smoking/drinking) habit! *Irti ennakkoluuloista!* Away with prejudices!

irtisanoa 1 (työntekijä) dismiss, give notice to; (ark) fire, sack **2** (sopimus) cancel

irtisanominen 1 (työntekijän) dismissal, notice; (ark) the sack **2** (sopimuksen) cancellation

irtohiekka loose sand

irtokirjake (single) type

irtokivi loose/broken rock, pebble

irtolainen vagrant, drifter, tramp

irtolaisuus vagrancy

irtolaisväestö drifters

irtonainen loose *irtonainen nappi* loose button *irtonaiset lihakset* loose/ relaxed muscles *irtonaisia kolikoita* loose/small change *irtonaisia sukupuolisuhteita* loose/promiscuous sexual relations, casual sex
irtonumero newsstand copy
irtonumeromyynti newsstand sales
irvailla 1 (irvistellä) jeer, sneer **2** (ivailla) mock, scoff
irvailu jeering, sneering, mocking, scoffing
irvessä *hampaat irvessä* with/through clenched teeth, clenching your teeth, with set jaw, with your jaw set *suu irvessä* with a smirk/sneer
irvikuva (ihmisen) caricature, (aatteen tms) travesty
irvileuka *s* **1** (pilkkaaja) scoffer, mocker **2** (vitsiniekka) joker, jokester, comedian; (ark) wag, cutup *adj* **1** (pilkkaava) scoffing, mocking **2** (vitsaileva) joking, comic
irvistellä 1 (irvistää) grimace, make faces/a face **2** (irvailla) mock, scoff, sneer, jeer
irvistää 1 (ihminen) grimace, make faces/a face **2** (koira) bare its teeth **3** (kenkä tms) gape
irvokas grotesque
iskelmä hit (song), pop song/tune
iskelmälaulaja pop singer
iskelmämusiikki pop music
iskevä 1 (ytimekäs) pithy, trenchant, (lyhytsanainen) concise **2** (sattuva) apt, apposite, to the point **3** (tehokas) effective, powerful, striking **4** (sanavalmis) articulate
iskevästi pithily, trenchantly, concisely, aptly, appositely, effectively, powerfully, strikingly, articulately (ks iskevä)
iskeytyä hit/strike/smash (against/on), (törmätä) crash (into) *iskeytyä kiinni johonkin* grab (onto), seize, snatch (up)
iskeä hit, strike; (nyrkillä) punch, slug; (kämmenellä) slap; (veitsellä) stab; (vasaralla) hammer *Flunssaepidemia iski keväällä* The flu epidemic struck in spring *Häneen iski kauhea epäluulo* He was assailed by mind-numbing doubts *iskeä päänsä* hit/bump/bang your head (on something) *iskeä sääriluunsa* bark your shin *iskeä säpäleiksi* smash into (a million) pieces, into smithereens *iskeä tietoa päähän* drum something into your head *iskeä suoraan asiaan* get right to the point
iskeä hampaansa johonkin sink your teeth into something
iskeä kiinni johonkin snatch/grab at, (tilaisuuteen) jump at
iskeä kyntensä johonkin seize, snatch, grab, snap up; pounce on
iskeä naulan kantaan hit the nail on the head
iskeä silmänsä johonkin have your eyes on, set your heart on
iskeä silmää jollekulle wink at someone
iskeä tahtia beat time
iskeä tarinaa (ark) shoot the breeze/ bull
iskeä tulta strike a light
iskeä tyttö pick up a girl
iskeä yhteen 1 (suullisesti: huutaen) have a shouting match, scream at each other, (väitellen) clash **2** (fyysisesti) come to blows, have at each other **3** (kilpailla) have it out *Maailman kaksi huippujuoksijaa iskivät yhteen 1500 metrillä* The world's two greatest runners had it out in the 1500 meter race **4** (autoilla) crash, collide
iskostaa din/drum (something into your head) *iskostaa kansaan uusi oppi* indoctrinate the populace
iskostua (jäädä mieleen) be engraved/imprinted/stamped (on your mind/memory), impress itself (on you)
isku 1 blow, stroke; (nyrkillä) punch; (kämmenellä) slap; (veitsellä) stab; (viilto) cut *salaman/kohtalon isku* stroke of lightning/fate *Vaimon kuolema oli hirvittävä isku* His wife's death was a terrible blow *lyödä kaksi kärpästä yhdellä iskulla* kill two birds with one stone **2** (männän isku) stroke, (sähköisku) (electric) shock (myös kuv) **3** (sot) attack, strike **4** (lentopallossa) spike

5 (mus) accent, (run) stress **6** *silmän isku* wink
iskujoukko strike force, commando unit; (hist) storm troops; (mon) commandos, (hist) storm troopers
iskulause motto, slogan
iskunkestävä shock-resistant/-proof
iskunvaimennin shock absorber
iskuri (tekn) striking/firing pin
iskutilavuus displacement
isku vyön alle a blow below the belt
islam Islam
islamilainen *s* Islamite *adj* Islamic
islaminuskoinen *s* Islamite *adj* Islamic
Islanti Iceland
islantilainen *s* Icelander *adj* Icelandic
iso 1 big, large *iso nainen* (pitkä ja tukeva) big/big-boned/large woman *iso joukko miehiä* a lot of men, a whole bunch of men **2** (suuri, suurenmoinen) great, (suurellinen) grand *iso pamppu* (ark) big cheese *isot eleet* grand gestures **3** (pitkä) tall, long *iso nainen* (pitkä ja sopusuhtainen) tall woman *isoon aikaan* for a long time **4** (kirjain) capital *kirjallisuus isolla K:lla* Literature with a capital L
Iso-Britannia Great Britain, United Kingdom
isoisä grandfather; (ark) grandpa(pa), gramps
isokenkäinen (ark) big shot, bigwig, VIP; (sot, mon) the brass
iso kirjain capital letter
isokokoinen big, large(-sized), (pitkä) tall
isomahainen pot-/beer-bellied
Ison-Britannian ja Pohjois-Irlannin yhdistynyt kuningaskunta United Kingdom of Great Britain and Northern Ireland
isonlainen on the big/large size, biggish, largish, sizable
isonpuoleinen on the big/large size, biggish, largish, sizable
isontaa 1 enlarge, make bigger/larger **2** (paisuttamalla) expand, swell **3** (lisäämällä) augment, amplify **4** (pituussuunnassa) lengthen, elongate **5** (leveyssuunnassa) widen, broaden
isorokko smallpox
isorokkoepidemia smallpox epidemic
isosetä great-uncle
isosisko big/older sister
isotella talk big, boast; (ark) brag, crow
isotäti great-aunt
isovanhemmat grandparents
isovarvas big toe
isoveli big/older brother *Isoveli valvoo* Big Brother is watching you
isoäiti grandmother; (ark) grandma(ma), gran(ny)
Israel Israel
israelilainen *s, adj* Israeli, (hist/raam) Israelite
istahtaa sit down (for a moment/second), (ark) plop/plump down (suddenly)
istua 1 (olla istumassa) sit *istua suorassa* sit up (straight) **2** (istua alas) sit down *Istu!* (ihmiselle) Have a seat! Sit down! (koiralle) Sit! **3** (olla vankilassa) do time **4** (vaatteet) sit, fit **5** (lintu) perch **6** (eduskunta) be in session
istua iltaa spend the evening
istua kahdella tuolilla straddle the fence
istua kuin valettu fit like a glove
istualla (in a) sitting (position)
istua tulisilla hiilillä be on tenterhooks, be on pins and needles
istuin 1 seat *lapsen turvaistuin* child's car seat **2** (korkea virka) chair, (valtaistuin) throne, (paavin istuin) Papal/Holy See
istuja *yksin istuja* a person sitting alone *puussa istuja* a person sitting in a tree
istukka 1 (kohdussa) placenta **2** (porakoneessa) chuck, (ventiilissä) conduit, sleeve
istumajärjestys seating arrangement
istumalakko sit-down strike; sit-in
istumalihas (leik) sitting muscle

istunto 1 (eduskunnan tms) session **2** (spiritistinen) seance, sitting **3** (kokous) meeting, assembly
istuntokausi session, (US ja lak) term
istuntosali 1 (eduskunnan tms) chamber **2** (kokoussali) meeting/assembly hall/room
istuttaa 1 (kasvi) plant, (ruukkuun) pot *istuttaa epäluulo jonkun päähän* plant a suspicion in someone's mind **2** (lääk: elin) implant, (siirtää) transplant; (iho) graft; (tauti) inoculate **3** (timantti tms) set, fix **4** (panna istumaan) seat, set **5** (koul: jälki-istunnossa) detain, keep (a child) after school, give (a child) detention
istutus 1 planting, potting, sowing **2** *istutukset* plantation; (kukkaistutukset ruukussa) flower arrangements, (maassa) flower bed
istutuslapio planting spade
istuutua sit down, take a seat, be seated; (ark) take a load off (your feet)
isyys fatherhood, paternity
isyysloma paternity leave
isä 1 (lapsen) father; (isi) dad(dy), pa *mennä isiensä tykö* (raam) be gathered to one's fathers **2** (usk) Father *Taivaan Isä* our Father in Heaven *hyvä isä sentään!* good Lord! **3** (eläimen) sire **4** (aatteen, hankkeen tms) father, inventor, originator
isällinen fatherly, paternal
isämeidän rukous the Lord's Prayer, (vars katolinen) Paternoster
isänisä paternal grandfather
isänmaa fatherland, native land/country
isänmaallinen patriotic
isänmaallisesti patriotically
isänmaallisuus patriotism
isännöidä manage, run, govern
isännöitsijä manager, superintendent; (ark) super
isänpäivä Father's Day
isäntä 1 (talon, koiran) master, (perheen) head, (maatalon) farmer **2** (liikkeen) owner, proprietor, (hotellin) hotelier, (ravintolan) restauranteur, (majatalon) innkeeper **3** (kutsujen) host **4** (biol: isäntäelimistö) host (organism)
isäntäkasvi host
isänäiti paternal grandmother
isäpappa daddy, pa, pops
isätön fatherless
isäukko daddy, pa, pops
italia Italian
Italia Italy
italialainen *s, adj* Italian
itikka 1 (hyttynen) mosquito **2** (hyönteinen) insect, (ark) bug
itiö spore
itkeskellä cry, weep, be tearful/weepy
itkettää make you cry, move/drive you to tears *minua itkettää* I feel like crying
itkeä 1 cry, weep; (kyynelehtiä) shed tears; (ulvoa) wail, bawl; (nyyhkyttää) sob; (vetistellä) blubber *Ei asia itkemällä parane* No use crying over spilled milk **2** (surra) grieve/mourn (for) **3** (valitella) lament, bemoan, bewail **4** (laulaa itkuvirttä) wail, keen **5** (tihkua) ooze, drip, weep
itkijä weeper; (itkijänainen) wailer, wailing woman
itku 1 (itkeminen) crying, weeping, wailing, bawling, sobbing, blubbering (ks itkeä) **2** *Kunnon itku auttaa* A good cry will do you good *Itku ei tepsi minuun nyt* Your tears won't sway me this time *Ei auta itku markkinoilla* No use crying over spilled milk *purskahtaa itkuun* burst into tears *voi itku!* what a shame! **3** (itkuvirsi) lament, dirge
itkujen kevät *voi itkujen kevät!* oh no!
itkunpuuska fit of crying/weeping, crying jag
itkuvirsi lament(ation), dirge
itse asiassa as a matter of fact, in fact, actually
itsehallinto self-government
itsehedelmöitys self-fertilization
itsehillintä self-control
itseihailu self-admiration
itseinho self-hatred/-loathing/-disgust

itseisarvo 1 its own justification, its own raison d'etre, end in itself **2** (mat) absolute value
itseiva self-irony
itsekannattava self-supporting
itsekidutus self-torture
itsekkyys selfishness
itsekkäästi selfishly
itsekorostus self-assertion
itsekritiikki self-criticism
itsekseen to yourself
itse kukin each of us/them, each (and every) one
itsekunnioitus self-respect
itsekuri self-discipline
itsekustanne self-published book, vanity edition
itsekäs selfish
itseluottamus self-confidence
itsemurha suicide
itsemurhayritys suicide attempt
itsemääräämisoikeus autonomy
itsenäinen 1 (maa) independent, autonomous, sovereign **2** (ihminen taloudellisesti) financially independent, self-supporting **3** (tutkimus tms) original
itsenäistyä become independent; (lapsi) mature, grow up, (kerralla) break away (from your parents); (maa) gain independence, be liberated
itsenäisyys independence
itsenäisyysjuhla independence celebration
itsenäisyysliike independence movement
itsenäisyyspäivä (US) Fourth of July, Independence Day
itsenäisyystaistelu battle for/war of independence
itseoikeutettu (jäsen) ex officio, (vallan ottanut johtaja) self-appointed, (vallan saanut) natural
itseoppinut self-taught
itsepalvelu self-service
itsepalvelukahvila self-service cafeteria
itsepalvelumyymälä self-service store
itsepetos self-deception/-delusion
itsepintainen ks itsepäinen
itsepuolustus self-defense
itsepuolustusvaisto instinct to defend yourself
itsepäinen stubborn, obstinate; (moite) pig-/bull-headed, mulish; (ylistys) determined, uncompromising
itsepäisesti stubbornly, obstinately, pig-/bull-headedly, like a mule, full of determination, uncompromisingly
itsesensuuri self-censorship
itsessään in (and of) itself, as such
itsestään by itself, on its own, of its own accord
itsestäänselvyys matter of course, self-evident truth; (latteus) truism
itsestään selvä self-evident *Se on itsestään selvää* That goes without saying, that's obvious/self-evident
itsesuggestio autosuggestion
itsesuojeluvaisto instinct to protect yourself
itsesääli self-pity
itsetehostus self-assertion
itsetietoinen 1 (ylimielinen) self-important, conceited **2** (määrätietoinen) self-assertive, self-confident **3** (tietoinen) aware, conscious
itsetietoisuus self-importance, conceit, self-assertiveness, selfconfidence, awareness, consciousness (ks itsetietoinen)
itsetoimiva automatic
itsetuntemus self-knowledge
itsetutkistelu introspection, self-examination
itsetyydytys masturbation
itsetyytyväinen self-satisfied, smug
itsevaltainen autocratic, despotic, dictatorial
itsevaltias *s* despot, dictator, absolute ruler
adj autocratic
itsevaltius autocracy, despotism
itsevarma (hyvänä pidetty) self-confident; (pahana) cocky, cocksure
itsevarmasti (ylistää) self-confidently, (moittia) cockily
itse *s* self *sisäinen itse* inner self *näyttää omalta itseltään* look like your old/real/true self *mennä itseensä* take a

good/close look at yourself *ottaa itseensä* take offense, take it personally *täynnä itseään* full of himself, conceited, (ark) stuck up
pron **1** *minä/sinä/hän/se/me/te/he itse* myself, yourself, himself, herself, itself, ourselves, yourselves, themselves *Pidähän huolta itsestäsi!* Take care of yourself! *Olen tehnyt sen itse* I made it myself **2** *Hän on itse huomaavaisuus* He's the very soul of thoughtfulness, thoughtfulness personified **3** *juosta itsensä väsyksiin* run till you drop *riisua itsensä* undress (yourself) *nauraa itsensä kipeäksi* bust a gut, split your sides, laugh till it hurts, laugh yourself silly **4** *paikalla itse* there in person

itu 1 (kasv) shoot, (perunan) sprout **2** (lääk taudinaiheuttaja) germ **3** (kuv) germ, bud *ajatuksen itu* the germ of an idea *taiteilijan itu* a budding artist

itä 1 east *Helsingistä itään* east of Helsinki **2** (itäryhmä) the Eastern bloc **3** (Aasia) the East, the Orient *Kaukoitä* the Far East *Lähi-itä* the Middle East

itäauto car made in the Eastern bloc

Itä-Berliini East-Berlin

itäinen east(ern), (tuuli, ranta) easterly

itämaalainen Oriental

itämainen Oriental, Eastern

itäminen germination, sprouting

itämisaika 1 (kasv) germination period **2** (lääk) incubation period

itäosa eastern end/part/section *kaupungin itäosa* the East End

itärannikko East Coast

itäryhmä Eastern Bloc

itäsakalainen *s, adj* East German

Itä-Saksa East Germany

itäsuomalainen *s* Eastern Finn *adj* Eastern Finnish

itätuuli east(erly) wind

Itävalta Austria

itävaltalainen *s, adj* Austrian

itää 1 (siemen) germinate, (peruna) sprout **2** (kuv) develop, grow, take shape/form *Kauneimmat laulut ovat itäneet surusta* The most beautiful songs grow out of sorrow, are nourished by sadness

iva sarcasm, ridicule, mockery *joutua ivan kohteeksi* be made a laughing-stock *kohtalon iva* the irony of fate

ivallinen sarcastic, mocking

ivata ridicule, mock, jeer, satirize

iäinen eternal, everlasting

iäisyys eternity

iäisyyskysymys eternal/ultimate question

iäkäs aged, elderly

iänikuinen 1 (muinainen) ancient **2** (iäinen) eternal

iäti (for)ever, eternally

iätön ageless

J, j

ja and
jaa 1 hmm, let's see *Jaa, en tiedä* Hmm, I don't know about that **2** (jaa-ääni) yea, (UK) aye *äänestää jaata* cast a yea vote
Jaakko (kuninkaan nimenä) James
jaakobinpaini inner struggle
Jaakobin tikapuut Jacob's ladder
jaardi yard
jaaritella ramble/drone on (and on about nothing)
jaarittelija (puhuu paljon) big talker, (ei lopeta) motormouth, (tylsä) bore
jaarittelu yarn-spinning
jaarli earl
jaava Javanese
Jaava Java
jaavalainen Javanese
jae 1 (raam) verse **2** (mat) fraction
jaella distribute, dispense, pass/hand/dole out
jaha so, is that so, is that a fact
jahdata hunt, chase, pursue
jahka as soon as, (kun) when
jahkailla hesitate, waver, vacillate; (ark) shillyshally
jahti 1 (metsästys) hunt *lähteä sorsajahtiin* go duck hunting **2** (laiva) yacht
jakaa 1 (osiin, ryhmiin, luokkiin) divide (up), split *jakaa neljä kahdella* divide four by two *Jakakaa tämä kakku kristillisesti teidän kaikkien kesken* Divide this cake (up) evenly (so that each of you gets a fair share), share this cake evenly (ks seuraavaa) **2** (jonkun kanssa) share *jakaa ilot ja surut jonkun kanssa* share your joys and sorrows with someone *jakaa hytti jonkun kanssa* share a cabin with someone **3** (kaikille) distribute, dispense, pass/hand/dole out; (kortteja) deal; (postia) deliver *jakaa tietoa* dispense knowledge/wisdom *jakaa palkintoja* give/hand out awards *jakaa köyhille* distribute (money/goods) to the poor
jakaa arvalla allot
jakaa ehtoollinen give communion, administer the sacrament
jakaa kahtia divide/split/cut in half, halve
jakaa kortit deal
jakaa käskyjä give orders, hand out orders
jakaa neuvoja hand out (free) advice, advise
jakaa oikeutta dispense justice
jakaa osiin divide (something) up
jakaa osinkoa pay dividends
jakaa sana (rivin lopussa) hyphenate
jakaa tasan divide (up) equally/fairly, share and share alike
jakaja 1 (huoneen) divider, partition **2** (jakelija) distributor **3** (korttipelissä) dealer **4** (mat) divisor
jakamaton 1 (ei ole jaettu) undivided, undistributed *jakamatonta huomiota* undivided attention **2** (ei voi jakaa) indivisible
jakauma distribution
jakaus part, (UK) parting
jakautua 1 divide (up), be divided (up), separate, split (up) **2** (haarautua) branch (off), fork **3** (koostua) be composed of, comprise **4** (levitä eri puolille) be distributed *Kapitalistisessa yhteiskunnassa omaisuus ei jakaudu tasaisesti* In capitalist society property is not distributed evenly **5** (kem) decompose, (fys) disintegrate
jakelu distribution, (postin) delivery

jakelukustannukset distribution costs
jakeluporras distributor(ship)
jakkara (foot)stool
jakki 1 (eläin) yak **2** (liitin) jack
jakku jacket
jakkupuku (jacket) suit
jako division, distribution *roolien jako* (teatt) casting *pesän jako perillisille* apportionment of the estate to the heirs
jakoavain monkey wrench
jakojäännös remainder
jakolasku division
jakomielinen schizophrenic, (ark) schizo
jakomielisyys schizophrenia
jakomielitauti schizophrenia; (kun mieli on jakautunut useisiin persooniin) multiple personality disorder, MPD
jakorasia distributing box
jaksaa 1 (pystyä) have the strength/energy to, be able to; (syömisessä) have room for *jaksaa loppuun asti* stick it out to the end *Koeta jaksaa* Try to keep your end up, try to hang on, keep your chin up *En jaksa enää* I can't go on, I can't take it any longer *En jaksa syödä enempää* I can't eat another bite, I'm stuffed *Hän juoksi minkä jaksoi* He ran as fast/far as he could **2** (jaksella) feel *Miten jaksat?* How do you feel? how are you feeling? how are you getting along?
jaksella feel *Miten olet jaksellut?* How have you been feeling? how have you been getting along/doing?
jakso 1 (kausi) period, time, (ark) spell *tärkeä jakso elämässäni* an important period/time in my life *pitkä poutajakso* long sunny spell **2** (vaihe) phase, stage *tärkeä jakso lapsen kehityksessä* an important stage/phase in a child's development **3** (astr) cycle **4** (osa) part, episode *Tämä Star Trekin jakso on jo nähty* We've already seen this Star Trek episode **5** (tekstin tms paikka) passage, sequence *vaikuttava jakso romaanissa* a powerful passage in/from a novel *huvittava jakso elokuvassa* a funny sequence in a movie **6** (sarja) series, succession
jaksoittain periodically, in periods; (vaiheittain) in stages/phases; (sarjassa) serially; (syklisesti) cyclically
jaksoittainen periodic(al), serial, cyclical
jaksollinen periodic(al), serial, cyclical; (mat) recurring
jaksottaa divide (something) into periods/blocks/phases, periodize *jaksottaa aikansa* chart/map out your time
jaksottua fall into periods/phases
jalan on/by foot, afoot
jalankulkija pedestrian
jalankulkusilta pedestrian crossing
jalansija footing, foothold
jalka 1 (jalkaterä) foot *seistä omilla jaloillaan* stand on your own two feet *lähteä jostakin jalat edellä* be carried out (of a place) feet first *olla jalat maassa* have your feet on the ground *vapaalla jalalla* free *nousta väärällä jalalla* get out of bed on the wrong side *toinen jalka haudassa* one foot in the grave *paljain jaloin* barefoot(ed) *laittaa kengät jalkaan* put on your shoes **2** (reisi ja sääri) leg *jalat ristissä* cross-legged, with your legs crossed *ojentaa jalkansa* stretch out your legs *saada jalat alleen* take to your heels **3** (mitta) foot *Jalka on n. 30 cm* A foot is about 30 cm
jalkahiki foot sweat, (lääk) hyper(h)idrosis
jalkahoitaja podiatrist, (UK) chiropodist
jalkahoito (yleensä) foot crare, podiatry, (UK) chiropody; (tietty toimenpide) pedicure
jalkaisin on/by foot, afoot
jalkajakkara footstool
jalkakyykky (kuntoliikkeissä) deep knee-bend, (voimannostossa) squat
jalkakäytävä sidewalk
jalkalamppu floor lamp, (UK) standard lamp
jalkapallo 1 football *eurooppalainen jalkapallo* soccer, (UK) (association) football *amerikkalainen jalkapallo* football, (UK) American football **2** (pallo) football, soccer ball

jalkapalloilija football (soccer) player
jalkapallojoukkue (eurooppalainen) soccer team, (UK) football team, (amerikkalainen) football team
jalkapallo-ottelu football game, (UK) football match
jalkapallopeli football, soccer (ks jalkapallo)
jalkapatikka mennä jalkapatikassa *walk, go on foot*
jalkapohja sole
jalkaprässi leg press
jalkapuu stocks
jalkaterä foot
jalkavaimo mistress, (hist) concubine
jalkavirhe foot fault
jalkaväki infantry
jalkeilla up on your feet (again), up and about, up out of bed
jalkine shoe, (mon) footwear
jalkio pedal(s)
jalkopää foot (of the bed)
jallittaa 1 (petkuttaa) hoodwink, bamboozle, gull, con **2** (harhauttaa) fake
jallitus 1 (petkutus) sting, con, rip-off **2** (harhautus) fake
jalo 1 (uljas) noble, great, illustrious *jalo ritari* noble/glorious knight **2** (ylevä) lofty, elevated, sublime *jalo ajatus* sublime thought **3** (siveellisesti ihailtava) virtuous, upright, high-principled/-minded *jalo teko* virtuous/noble deed **4** (epäitsekäs) selfless, altruistic *jaloa työtä* unstinting/self-sacrificing/noble work **5** (laadultaan arvokas) precious *jalot metallit* precious metals
jaloissa underfoot, in the way
jaloitella stretch your legs, walk around; (hevosta tms) exercise
jalokaasu inert gas
jalokivi jewel, gem, precious stone
jalokiviseppä jeweler
jalometalli precious metal
jalontaa graft
jalopeura lion
jalorotuinen purebred, (hevonen) thoroughbred, (koira) pedigreed
jalostaa 1 (aineita) refine **2** (eläimiä) breed **3** (kasveja) cultivate, (puita oksastamalla) graft **4** (ihmisen henkistä olemusta) refine, cultivate
jalostamaton unrefined, raw
jalostamo refinery
jaloste finished/processed product
jalostua become (more) refined/cultured/cultivated
jalostus refinement, breeding, cultivation
jalosukuinen noble, high-born
jalus sheet
jalusta 1 (kanta: patsaan) pedestal, (lampun tms) base *nostaa jalustalle* put on a pedestal *laskeutua alas jalustalta* come down off your high horse **2** (kivijalka) (concrete/stone) basement/foundation **3** (jalka: lampun) holder, (kynttilän) candlestick **4** (teline: taulun) easel, (kameran kolmijalkainen) tripod
jalustin 1 (satulassa) stirrup **2** (korvassa) stirrup-bone
Jamaika Jamaica
jamaikalainen *s, adj* Jamaican
jamassa *hyvässä jamassa* looking good, shaping up well, in good shape *huonossa jamassa* looking bad, taking a turn for the worse, in bad shape
jambi iamb
jamit jam (session)
jammata jam
jana (line) segment
jang ja jin yin and yang
ja niin edelleen and so on (ei lyhennetä), et cetera (etc.)
ja niin poispäin and so on, and so forth
jankata harp on, go on about
jankuttaa harp on, go on about *Älä aina jankuta samaa asiaa!* Would you stop harping on that same subject, you're always going on and on about the same thing, would you lay off that subject for a change?
jankutus harping, nagging; (ark) yackety-yak, blah blah blah
jannu guy, fella

jano thirst (myös kuv) *Minä kuolen janoon!* I'm dying of thirst! *juoda janoonsa* (try to) quench your thirst
janoinen thirsty
janoissaan thirsty *Joi janoissaan suovettä* He was so thirsty he drank from the swamp
janota thirst/hunger after/for
janottaa make thirsty *helteellä aina janottaa* hot weather makes you thirsty *minua janottaa* I'm thirsty
jaollinen divisible
jaosto division, section, department
jaotella divide (up), (luokitella) classify, (ryhmitellä) group
jaoton indivisible *jaoton luku* prime (number)
jaottelu division, (luokittelu) classification, (ryhmittely) grouping
japani Japanese
Japani Japan
japanilainen *s, adj* Japanese
japsi (halv) Hap
jarmulke yarmulke
jarru brake, (kuv) drag, check *lyödä jarrut pohjaan* hit the brakes, slam on the brakes *painaa jarrua* put on the brakes
jarrukenkä brake shoe
jarrupala brake pad
jarrupoljin brake pedal
jarruttaa brake, put/slam on the brakes, hit the brakes
jarrutus 1 (auton) braking, (hidastus) deceleration **2** (hankkeen: viivytys) procrastination, stalling, (hidastuslakko) slowdown strike
jarrutusmatka braking/stopping distance
jarruvalo brake light
jassoo is that so, is that a fact, really?
ja sillä siisti and that's that, and that's all there is to it
jatkaa 1 (tehdä edelleen) continue (doing), keep/go on (doing, with your work) **2** (aloittaa uudelleen) resume, take/pick up (where you left off) *jatkaa keskeytynyttä keskustelua* pick up/ resume an interrupted conversation **3** (lisätä toisen puheeseen) add (to), finish (a sentence for someone), pick up (a topic/sentence where someone else left off) **4** (lisätä seokseen) stretch *jatkaa jauhelihaa* stretch hamburger with hamburger helper *jatkaa vedellä* dilute **5** (pidentää) length, extend *jatkaa ihmisikää 50 vuodella* extend human life by 50 years
jatkaa eteenpäin press/push on
jatkaa lukemista read on
jatkaa matkaa proceed on (your way)
jatkaa opintojaan continue your studies, go for a higher degree, stay in school
jatkaa perinnettä carry on a tradition
jatkaa sukua procreate, reproduce, continue the species
jatkaa vedellä dilute
jatkaja successor *Hänestä tuli isänsä työn jatkaja* He continued his father's work, he took over the business from his father (when his father retired), he became his father's successor
Jatkakaa! Go right ahead! Don't let me stop you! (sot) As you were
jatke (talon, tikapuiden) extension, (tien) continuation, (ruoan) stretcher, extender, (hameen) lengthening-piece *jauhelihajatke* hamburger helper
jatko 1 (jatko-osa) sequel, continuation *jatkossa* in the sequel *jatkoa sivulta 37* continued from page 37 **2** (pidennys) extension, prolongation **3** (jatke: hameen) lengthening-piece, (palkan) addition **4** (tuleva elämä) future *Hyvää jatkoa!* All the best! Keep up the good work! *jatkossa* in (the) future, next time **5** *pyrkiä jatkoon* (jatko-opiskelu) apply to continue your education (at the next level) *pyrkiä lukiosta jatkoon* apply for the university *pyrkiä yliopistossa jatkoon* apply for graduate school **6** *lähteä jatkoille* go out for another drink, go find another bar *Mennään meille jatkoille* Why don't we all go over to our place for (a few more) drinks?
jatko-opiskelija grad(uate) student *päästä jatko-opiskelijaksi* get (admitted) into grad(uate) school

jatko-opiskelu (post)graduate education/studies
jatkoaika (urh) (sudden-death) overtime
jatkokappale extension
jatkokertomus serial (story)
jatkokoulutus continuing education, (UK) university extension
jatkokurssi extension course
jatko-opintokelpoisuus graduate school qualifications
jatko-osa sequel
jatkosota Continuation War
jatkotutkimus follow-up research
jatkovarsi extension
jatkua 1 (kestää) continue, go on, last *Kuinka kauan tämä jatkuu vielä?* How much longer is this going to go on/last? *Näin ei voi jatkua!* We can't go on like this! *Jos tätä menoa jatkuu* If things keep on like this **2** (alkaa uudelleen) (be) continue(d), start again/over *jatkuu* (sarjakuvassa, TV:ssä) (to be) continued *MTV jatkuu hetken kuluttua* MTV will be right back (after these messages) **3** (ulottua) extend, stretch, continue, (joki, katu) run
jatkumo continuum, (jaksotettu) cline
jatkuva 1 (yhtäjaksoinen) continuous, continual, constant *Tuo jatkuva hakkaaminen häiritsee minua* That constant hammering bugs me *jatkuva tilaus* (liik) standing order **2** (pitkitetty) prolonged, extended **3** (ikuinen) perpetual
jatkuvalämmitteinen kiuas continuously heated (sauna) stove
jatkuvasti continuously, continually, constantly, perpetually
jatkuvuus continuity
jatsi jazz
jatsiorkesteri jazz orchestra/band
jauhaa 1 grind, (myllyssä) mill, (murskaamalla) pulverize **2** (syödä) chew *Sinä olet jauhanut tuota purukumia tuntikaupalla* You've been working on that gum for hours now **3** (puhua) harp on, go on about *Älä jauha paskaa* Don't give me that shit
jauhattaa have something ground
jauhatus 1 (jauhaminen) grinding, milling, pulverizing **2** (jauhattu aine) grind
jauhautua be ground (up), (kuv) be chewed up
jauhe powder, flour, (pöly) dust *leivinjauhe* baking powder *puujauhe* wood flour *hiilijauhe* coal dust
jauheliha ground meat/beef/pork/round, (ark) hamburger
jauhesammutin dry power extinguisher
jauho flour, (karkea) meal *Hänellä meni jauhot suuhun* He was speechless, he was struck dumb, he couldn't get a word out
jauhottaa (sprinkle with) flour
jazz jazz
jazzorkesteri jazz orchestra/band
jeeppi Jeep®
jeesata help (out), lend a hand
jeesmies yes-man
Jeesus Jesus
Jeesus-lapsi Baby Jesus, the Christ Child
jeeveli gee, jeez
Jehovan todistajat Jehovah's Witnesses
jekku trick, gag, practical joke
jekkuilla play tricks, pull a practical joke
jelpata help (out), lend a hand
jelppiä help (out), lend a hand
Jemen Yemen
jemeniläinen *s, adj* Yemeni
Jemenin arabitasavalta Yemen Arab Republic
Jemenin demokraattinen kansantasavalta People's Democratic Republic of Yemen
jemma stash
jemmata stash
jengi gang
jenginuoriso juvenile delinquents, gang-affiliated adolescents
jengitappelu gang war, rumble
jeni yen
jenka thread *Nyt meni jengat* That stripped the threads
jenkeissä in the States, Stateside

jenkki 1 Yank(ee) **2** American car
jenkkilä the States
jenkkirauta American car
jenkkitukka crew cut
jepari cop, fuzz, pig
jepulis yep, you betcha
jesuiitta Jesuit
jKr. A.D. (Anno Domini)
jne etc. (et cetera)
jo 1 already *Tein sen jo* I did that already *Kello on jo 3* It's already 3 o'clock **2** (jo silloin) even, as early as, as far back as *jo silloin* even then *jo eilen* as early as yesterday *jo 1400-luvulla* as far back as the 15th century **3** (jo siellä: jää kääntämättä) *Hän tuli minua vastaan jo pihalla* He met me out in the yard **4** (heti) very, right *jo seuraavana päivänä* the very next day *jo nyt* right now **5** (pelkkä) even, just, very *jo ajatuskin* even/just the thought of it, the very thought of it **6** (painotus: ilmaistaan äänensävyllä) *Jo on ihme ja kumma!* Well this is a fine kettle of fish! *Jo liippasi läheltä!* That was close!
jobinposti bad news
jodi iodine
jodlata yodel
joenhaara fork of a river
joenranta river bank
joenuoma river bed
Johanneksen evankeliumi the Gospel according to John
johdannainen *s* derivative *adj* derivative
johdanto 1 (kirjan) introduction, preface, foreword *johdannoksi* by way of introduction **2** (lakitekstin) preamble **3** (musiikkiteoksen) overture
johdatella lead, guide, show
johdattaa lead, guide, conduct *johdattaa keskustelu muihin aiheisiin* change the subject
johdatteleva kysymys leading question
johdatus 1 (johdanto) introduction **2** (sallimus) (divine) dispensation, Providence
johdin 1 (sähkö) conductor, (conducting) wire, cable **2** (anat) tube, duct **3** (kiel) affix, (etuliite) prefix, (johtopääte) suffix
johdonmukainen consistent, coherent, logical
johdonmukaisesti consistently, coherently, logically
johdonmukaistaa make consistent, (yhtenäistää) standardize
johdonmukaisuus consistency, coherence
johdosta *jonkin johdosta* **1** (koska) because of, on account of, due to *onnittelut syntymäpäivän johdosta* congratulations on your birthday *uusien tietojen johdosta* due/owing to new information **2** (viitaten) with reference to, in regard to *kirjeenne/ hakemuksenne johdosta* with reference to your letter/ application
johdoton cordless
johdoton puhelin cordless (tele)phone
johtaa *tr* **1** (viedä) lead, take, show someone the way *johtaa vieraat olohuoneeseen* take/show the guests into the living room **2** (opastaa, saattaa) guide, conduct, usher *johtaa turistiryhmä tuomiokirkkoon* guide/conduct the tour group to the cathedral **3** (saada tekemään) lead, make, get, induce *johtaa joku harkitsemaan uudelleen* get/ induce someone to reconsider **4** (ohjata toimintaa) lead, direct, supervise, superintend *johtaa keskustelua* direct the conversation *johtaa puhetta* chair (the session/meeting) *johtaa työntekoa* supervise the job **5** (sotajoukkoja) lead, command, be in command of **6** (orkesteria) conduct **7** (liik) manage, run, be in charge of *johtaa firmaa* manage/run the company/business **8** (sähkö) conduct **9** (jostakin: sana) trace, derive; (johtopäätös) deduce, conclude; (mat) prove *johtaa sana latinasta* derive a word from Latin, trace a word back to its Latin origins *johtaa päätelmä todistusaineistosta* draw/reach a conclusion based on the evidence, deduce from the evidence *itr* **1** (paikkaan) lead to *johtaa kellariin* lead to the cellar **2** (seuraukseen) lead

to, result/end in *johtaa onnettomuuteen* lead to an accident, result/end in an accident
johtaa alkunsa derive from
johtaa harhaan mislead, misguide, misdirect
johtaa puhetta chair (a session/ meeting)
johtaa toimenpiteisiin require (that appropriate) measures (be taken) *Tämä ei johda toimenpiteisiin* No measures/action will be taken on this
johtaja 1 (ryhmän tms) leader **2** (firman) manager, (managing) director, chief executive offiser (C.E.O.) (ark) boss **3** (osaston) head, chief, manager; (ark) boss **4** (työn) foreman, chief **5** (vankilan tms) warden **6** (sotajoukon) commanding officer (C.O.) **7** (yliopiston laitoksen) head, chair **8** (orkesterin) conductor, (kuoron) director **9** (sähkö: johdin) conductor
johtajanvaihdos change of management
johtajatar 1 (hist) manageress, (koulun) headmistress, (sairaalan tms) matron **2** (nykyään) leader, manager, director jne (ks johtaja)
johtajatyyppi manager(ial)/ director(ial) type; (luonnostaan) born leader
johtajisto 1 (yhtiön) management, directors, executives **2** (puolueen) leaders(hip)
johtava 1 (paras) leading *johtava nimi kemian alalla* the leading name in chemistry, a leader in the field of chemistry **2** (hallitseva) governing (myös kuv) *kirjan johtava ajatus* the books's governing/main/central theme
johto 1 (johtaminen) leadership, guidance, direction, supervision, management; (mus, sähkö) conducting (ks johtaa) *jonkun johdolla* under the leadership/ direction/management of **2** (johtajisto: liik) management, board of directors; (yliop) board of trustees; (pol) political leadership, administration; (sot) command **3** (urh) lead *olla johdossa* (be in the) lead, have the lead *päästä johtoon* take the lead **4** (sähkö) wire, cord, cable; (putki) pipe, (viemärijohto) drainpipe, conduit
johtoasema leading position, (urh) lead
johtokunta board (of directors/ managers/trustees/governors); (yhdistyksen) executive committee; (koulun) school board
johtolanka clue
johtopaikka 1 leading position, position of leadership/influence *pyrkiä johtopaikoille* shoot/aim for the top **2** (urh) lead
johtoporras (liik) management, (pol ym) leadership
johtopäätös conclusion *tehdä johtopäätös* conclude, arrive at/reach a conclusion, draw a conclusion (from) *tehdä hätiköityjä johtopäätöksiä* jump into conclusions
johtosääntö regulations
johtua 1 (aiheutua) be due to, be caused by, result/stem/follow from *mistä se johtuu?* why? how come? what's the reason? **2** (olla peräisin) derive/stem from, be traceable to, originate in **3** *johtua mieleen* occur to you, come to mind, (ark) pop into your head
joiku Lapp chant
joikua chant
joka *indef pron* each, every *joka ainoa/ ikinen* each and every one, every last/ blessed one *joka paikassa* everywhere *joka toinen päivä* every other day, every two days, on alternating days *rel pron* **1** (ihminen) who, that *jota, jonka* (akk) whom, that, (ark) who *jonka* (gen) whose *jolla on* who/that has *mies josta puhuin* the man (that) I was talking about **2** (esine) which, that, of which *jota, jonka* (akk) which, that *jonka* (gen) of which, (ark) whose *traktori josta sanottiin että* the tractor of which it was said that **3** (ken) whoever *Joka haluaa nähdä kauniin auringonlaskun, tulkoon tänne* Whoever wants to see a beautiful sunset should come over here

jokainen *s* everyone, everybody *adj* each, every, (joka ikinen) every single/last
jokakuukautinen monthly
jokamies (kirj ja filos) everyman; (ark) the man on the street, the average/ ordinary man
jokapäiväinen daily
jokapäiväinen leipämme our daily bread
joka tapauksessa in any case/ event, anyway, anyhow
jokaviikkoinen weekly
jokavuotinen yearly, annual
jokeltaa babble, gurgle
joki river, (pieni) stream, creek
jokiliikenne river traffic
jokin *s* something, (kysymyslauseessa) anything *syödä jotain* eat something, have a bite to eat *Oliko sinulla jotain lisättävää?* Did you have anything to add? *olla jotakin, tulla joksikin* be(come) somebody/something, make something of yourself *adj* **1** some, a, (kysymyslauseessa, mikä tahansa) any *joitakin ihmisiä* some people, a few people *Ota jokin näistä* Take (any) one of these *Taisin ottaa jonkin ryypyn* I might have had a drink or two **2** *Jokin niistä oli hävinnyt, jokin mennyt rikki* One of them was missing, another was broken **3** (noin) around, something like *jotain kaksi kuukautta sitten* something like two months ago
joko 1 yet *Joko posti on tullut?* Has the mail come yet? **2** (ihmetellen) already, so soon *Joko sinä tulit!* You're here already, so soon! **3** *joko – tai* either - or
jokseenkin pretty, quite, fairly, rather *Tunsin jokseenkin kaikki* I knew just about everybody there, pretty much everone *Tunnen hänet jokseenkin hyvin* I know her pretty/fairly well *jokseenkin outo mies* a somewhat/rather strange man
joku *s* someone, somebody, (kysymyslauseessa) anyone, anybody *Joku kysyi sinua* Someone was asking for/ after you *Onko joku kysynyt minua?* Has anybody been asking for me? *Hän luulee olevansa joku* He thinks he's somebody (special) *adj* **1** some, a(n), (kysymyslauseessa) any **2** (muutama) a few *joku hassu lantti* a couple lousy coins *jonkun markan arvoinen* worth a few marks **3** (noin) around, something like *joku kaksi kuukautta sitten* something like two months ago
jokunen some, a few *sanoa jokunen sana* say a few words
jolla 1 ks joka **2** (vene) jolly(boat), dinghy
jollainen *sade, jollaista ei ollut koskaan ennen nähty* (ylätyyli) a rainfall the likes of which had never been seen before, (ark) a rainfall like no one had ever seen
jollei if not, unless *En tule, jollet ensin kerro* I won't come unless you tell me first; if you don't tell me first, I'm not coming *Kukapa muu olisi voinut sen tehdä jollei Pekka?* Who else could have done it if not Pekka?
jolloin when, at which point/time; (kirj) whereupon *jolloin yhtäkkiä* when all of a sudden *ensi maanantaihin saakka, jolloin* until next Monday, at which time, on which day
joltinenkin 1 (kohtalainen) fair, reasonable *joltisellakin varmuudella* with a fair amount of certainty, pretty confidently **2** (jommoinenkin) some (kind/sort of) *On kai sillä vielä joltinenkin järki päässä* I guess he's got some small grain of sense left, I don't think he's entirely lost his marbles **3** (melkoinen) considerable, quite a *joltinenkin rahamäärä noin pienelle pojalle* quite a lot of money for so small a boy
jomottaa pound, throb *päätäni jomottaa* my head is pounding/ throbbing
jomottava pounding, throbbing *jomottava kipu* a pounding/throbbing ache
jompikumpi 1 either one (of us/ them), either, one or the other *Ota jompikumpi* Take either one, take whichever one you like **2** (toinen) one *jompikumpi heistä on syyllinen* one of them is guilty

jonglööri juggler
jonkinlainen some sort/kind of *Hän on jonkinlainen finanssimies* He's some sort of financier, he's something of a financier *Siellä oli jos jonkinlaista tavaraa* They had all sorts of things there
jonkinmoinen ks jonkinlainen
jonkin verran a little, somewhat *jonkin verran rahaa* a little money *jonkin verran yllättynyt* somewhat surprised
jonne where, (run) whither *paikka jonne olit menossa* the place where you were headed, (ark) the place you were going to
jonnekin somewhere, (minne tahansa) anywhere
jonninjoutava 1 (tarpeeton) trifling, useless *kaikenlaista jonninjoutavaa kamaa* all kinds of useless junk **2** (arvoton) sorry, paltry *jonninjoutava palkka* poor excuse for a salary, lousy pay **3** (tyhjäätoimittava) idling, lazy *jonninjoutava kerskuri* idling/lazy braggart, boasting idler
jono 1 (jonotusjono) line, (UK) queue *seisoa jonossa* (New Yorkissa) stand on line, (muu US) stand in line, (UK) stand in a queue *muodostaa jono* line up, (UK) queue up **2** (sot) file *marssia yhdessä jonossa* march single-file **3** (vuorijono) range, chain **4** (taksijono) (taxi) rank **5** (sarja) series, succession *pitkä jono ihania vuosia* a long succession of wonderful years **6** (atk: komentojen) string, (tulostettavien tiedostojen jono) print/job list
jonottaa 1 wait in line, line up, (UK) queue up **2** (olla jonotuslistalla) be on the waiting list
jonotus waiting in line, (UK) queuing
joo yeah
jopa 1 (peräti) even *Jopa pääministeri oli paikalla* Even the Prime Minister was there *Se voi kestää jopa viisi päivää* It may take as long as five days **2** (johan: ilmaistaan äänensävyllä) *Jopas piti sattua!* That's all we needed!
Jordania Jordan
jordanialainen *s, adj* Jordanian
jos *konj* **1** (mikäli) if *Tulen jos kerkiän* I'll come if I have time *jos ja kun* if and when *Täällä jos missään on kaunista* If any place is beautiful, this is **2** (vaikka) even if/though **3** (siltä varalta) in case **4** (entä jos) supposing, suppose, what if *Jos se menee mönkään, mitä sitten?* What if it doesn't work? Suppose/supposing it doesn't work? **5** (pitäisiköhän) I wonder whether, maybe I/you should *Jos soittaisin kotiin* Maybe I should call home, I wonder whether I should(n't) phone home **6** (tokko) whether, (ark) if *Kysyn jos saan lähteä* I'll see whether/if I can go **7** (jospa) I wish, if only *Jospa olisit täällä!* I wish you were here! If only you were here! **8** (jos kohta) but, and *Ruokaa on jos syöjiäkin* There's plenty of food, but plenty of eaters too *hieman tätä jos hieman tuotakin* a little of this and a little of that **9** (en tiedä) I don't know *Hän on soittanut jos kuinka monesti* I don't know how many times he's called, he's called over and over, time after time
joskin but, though *iso joskin kallis* big but expensive *Hän tuli, joskin vain hetkeksi* He came, though/but only for a moment
joskus 1 (silloin tällöin) sometimes, occasionally *Joskus käyn kuntosalilla* Sometimes I use the gym **2** (jonakin päivänä) sometime, someday *Joskus käyn vielä Havaijilla* Someday I'm going to visit Hawaii *joskus kun sinulle käy* whenever it suits you **3** (kerran) some time ago, once
jossitella dither, shillyshally, wonder what to do
jotakuinkin pretty, quite, fairly, rather *Tunsin jotakuinkin kaikki* I knew just about everybody there, pretty much everone *Tunnen hänet jotakuinkin hyvin* I know her pretty/fairly well *jotakuinkin outo mies* a somewhat/rather strange man
joten so (that); (ylätyyli) thus, therefore *Et tullut ajoissa, joten minäkin myöhästyin* You didn't come on time, so I was late too
jotenkin somehow

jotenkuten somehow *Kai me jotenkuten toimeen tulemme* I suppose we'll get by somehow, with difficulty
jotensakin more or less, pretty much *jotensakin sama kuin ennen* pretty much the same as before, more or less the same as before
jotta so (that), in order (to/that) *Olen koko ikäni raatanut, jotta teillä lapsilla olisi kaikki mitä tarvitsette* I've slaved my whole life so (that) you kids would have everything you need, (in order) to give you kids everything you need
jouduttaa facilitate, expedite, speed up
jouhi (horse)hair
joukkio bunch, crowd, mob, gang
joukko 1 (ryhmä) group, (väkijoukko) crowd *erottua joukosta* stand out from the crowd, be different *valiojoukko* elite, select group **2** (määrä) number, quantity, multitude; (ark) bunch, lot, mass *iso joukko leluja* a large number of toys, a great many toys, (ark) a lot of toys *koko joukon parempi* a whole lot better *lisätä joukkoon* add to, mix in(to) **3** (porukka) bunch, lot, crowd, set *outo joukko* a strange bunch/crowd *joukolla* in a body, in force *joukon paras* the best of the lot **4** (kansanjoukot) the masses, the multitude, the herd **5** (sotajoukko) troop, force **6** (mat) set
joukkoadressi collection *kerätä joukkoadressi* take up a collection, (ark) pass the hat
joukkohysteria mass hysteria
joukkoirtisanominen wholesale dismissals
joukkokuolema widespread mortality; (joukkotuho) mass destruction
joukko-osasto detachment, unit
joukkotiedotus mass communications
joukkotiedotusväline (mon) mass media
joukkotuhoase weapon of mass destruction
joukkotuhonta genocide
joukkovelkakirjalaina bond
joukkue 1 team, side *valita joukkueet* choose up sides **2** (sot) platoon, (UK) troop
joukkuekilpailu team competition; (soudussa) crew race
joukoittain 1 (joukolla) in flocks/ hordes/masses, in great numbers, en masse *Väkeä on tullut messuille joukoittain* People have been flocking to the fair **2** (paljon) lots, heaps, loads, galore *joukoittain leluja* toys galore, lots/ loads/heaps of toys
joule (vanh) joule
jouli joule
joulu Christmas *Hyvää joulua!* Merry Christmas! *joulun aika* the Christmas season, (vanh) Christmastide, (run) Yuletide
jouluaatto Christmas Eve
jouluevankeliumi the Christmas gospel
jouluinen Christmassy
joulujuhla Christmas celebration
joulukirkko Christmas morning church service
joulukortti Christmas card
joulukuusenjalka Christmas tree stand
joulukuusi Christmas tree
joululahja Christmas present
joululaulu Christmas carol
joululoma Christmas vacation; (ark) the holidays
jouluposti Christmas mail, (UK) post
joulupukki Santa Claus, (ark) Santa; (UK) Father Christmas; (run) St. Nick
joulupäivä Christmas day
joulupöytä Christmas dinner, (ark) Christmas spread
joulurauha "Christmas peace," the official Finnish injunction against disturbing the peace during Christmas, proclaimed at noon Christmas Eve
joulutunnelma Christmas spirit
joulutähti poinsettia
journalismi journalism
journalisti journalist
jousi 1 (ase) bow **2** (viulun) bow; (mon) string(instrument)s **3** (tekn) spring
jousiammunta archery

jousimies 1 (ihminen) archer **2** (astr) Sagittarius
jousiorkesteri string orchestra
jousisoitin string instrument
jousitus 1 (autossa) suspension **2** (mus) bowing
joustaa 1 (fyysisesti) bend, give; (olla joustava) be elastic/resilient **2** (henkisesti) bend, yield; (olla joustava) be flexible *Sinun täytyy oppia joustamaan vähän* You have to learn to bend a little, to be more flexible
joustamaton unbending; (fyysisesti) inelastic, rigid; (henkisesti) inflexible, set in your ways
joustava (fyysisesti) elastic, resilient; (henkisesti) flexible
joustavasti flexibly
joustin elastic spring
joustinpatja spring mattress
joutaa 1 (keritä) have time, make it *En jouda sinne nyt* I can't make it now **2** (kuulua jonnekin) be ready/fit (for) *Tuo paita joutaa roskikseen* You ought to throw that shirt away *Tuo mies joutaisi lukkojen taa* That man ought to be (put) behind bars
joutava 1 (toimeton) idle *viettää joutavaa aikaa* catch up on your doing nothing **2** (tarpeeton) unnecessary, useless *surra joutavia* worry unnecessarily *kaikenlaista joutavaa kamaa* all kinds of useless junk **3** (päätön) senseless *puhua joutavia* talk garbage/rubbish *Mitä joutavia!* What nonsense!
jouten idle *olla jouten* idle, do nothing
joutenolo leisure (time), free time
joutilas 1 (toimeton) idle, free *joutilasta aikaa* free time *joutilas hetki* idle moment **2** (liikenevä) spare *joutilasta rahaa/aikaa* spare money/time *Olisiko sinulla joutilasta aikaa?* Could you spare a moment?
joutsen swan
joutsenlaulu swan song
joutua 1 (tekemään) have to *joutua lähtemään aikaisin* have to leave early **2** (johonkin vastoin tahtoaan) get/go/fly into, get caught in, end/wind up in, land in *joutua vaikeuksiin* get into trouble, land in trouble *joutua köyhäintaloon* end/wind up in the poor house **3** (edistyä) progress, gain ground, get on *Työ ei ole sinulta yhtään joutunut* You haven't made any progress at all on that **4** (lähestyä) approach, get nearer *jo joulu joutuu* Christmas is almost here
joutuin quickly, fast, in a hurry/rush
joutuisa quick, fast
joviaalinen jovial
joystick joystick
judo judo
jugendtyyli Jugend (style), (ransk) Art Nouveau
Jugoslavia Yugoslavia
jugoslavialainen *s* Yugoslav *adj* Yugoslavian
juhannus Midsummer
juhannusaatto Midsummer Eve
juhannusjuhla Midsummer celebration
juhannuskokko Midsummer bonfire
juhannuspäivä Midsummer (Day)
juhla 1 (juhlinta) celebration, festivities, (suurellinen) gala, fete; (hipat) party; (juhlapäivän kunniaksi) festival, (espanjalainen) fiesta; (ruokailu) feast *viettää juhlaa* celebrate **2** (juhlapäivä) festival, (vuosipäivä) anniversary, (riemujuhla) jubilee, (muistojuhla) commemoration
juhla-ateria festive meal, feast, banquet
juhlaesitelmä keynote address
juhlaisa festive, festal, gala
juhlallinen 1 (harras) solemn, ceremonious, formal **2** (vaikuttava) imposing, impressive *Onpas tuolla miehellä juhlallinen nenä* Wow, look at the nose on that man!
juhlallisuus 1 (hartaus) solemnity, formality, dignity **2** (mon) festivities, pomp and circumstance
juhlamieli festive spirit/mood, conviviality
juhlapuhe keynote address
juhlapäivä 1 (virallinen) festival (day), (vars kirk) feast/festal day, (pyhäpäivä) holiday **2** (epävirallinen) red-letter day

juhlasali auditorium, assembly/ lecture/concert hall
juhlatilaisuus celebration, (mon) festivities
juhlatunnelma festive spirit
juhlava festive, festal, gala
juhlaviikko festival
juhlavuosi jubilee year
juhlia 1 (jotakuta) celebrate, honor, fete **2** (ark) celebrate, party, carouse
juhlinta celebration
juhlistaa solemnize
juhta beast of burden, (vetojuhta) draft animal
juju trick, catch *Tässä täytyy olla joku juju* There's got to be a catch here somewhere *Mikä tässä on jujuna?* What's the name of the game? What's this all about? What's the point to all this?
juksata fool, josh, kid, pull someone's leg *Mä vaan juksasin* I was just fooling/ joshing/kidding (you), I was just pulling your leg
jukuripäinen mulish, bullheaded, stubborn
jukuripää *s* mule, bullheaded/stubborn person *Senkin jukuripää!* You're stubborn as a mule! *adj* mulish, bullheaded, stubborn
julistaa proclaim, announce, declare, pronounce, (julkistaa) make public
julistaa epäpäteväksi declare someone unqualified, disqualify
julistaa evankeliumia preach the gospel
julistaa hälytystila declare a state of emergency
julistaa lakko call a strike
julistaa mieheksi ja vaimoksi proclaim you man and wife
julistaa mitättömäksi annul, nullify
julistaa pannaan (erottaa katolisesta kirkosta) excommunicate, (kieltää) ban
julistaa pyhimykseksi canonize, raise to sainthood
julistaa sota declare war (on a country)
julistaa syylliseksi find guilty
julistaa tuomio pass sentence
julistaa vaalin tulokset announce the election results
julistaa virka haettavaksi advertise a post
julistaa voittajaksi proclaim someone the winner
julistaja proclaimer, proponent; (evankeliumin) preacher
julistautua declare/proclaim yourself *julistautua itsenäiseksi* declare/proclaim your independence
juliste poster, (kannettava) placard, (kiinnitettävä) bill
julistetaide poster art
julistus 1 (kuulutus) proclamation, declaration, announcement; (käsky) edict, decree **2** (julistaminen) propagation, (evankeliumin) preaching, spreading
juljeta dare, have the nerve/cheek/ impudence (to do something) *Kuinka julkeat!* How dare you!
julkaisija publisher, (toimittaja) editor, (painaja) printer
julkaista publish, (toimittaa) edit, (painaa) print, (laskea julkisuuteen) release, issue
julkaisu publication; (mon) proceedings, transactions
julkaisukelpoinen publishable, (sanomalehdessä) printable
julkaisukelvoton unpublishable, (sanomalehdessä) unprintable
julkaisuohjelma (tietok) desktop-publishing (DTP) program
julkaisutoiminta publishing
julkea 1 (röyhkeä) impudent, insolent *Miten julkeaa!* The nerve of some people! **2** (hävytön) shameless, brazen, bold *julkea vale* barefaced lie
julkeasti impudently, insolently, shamelessly, brazenly, boldly
julki *tulla julki* become known, come out *tuoda julki* bring out, make public, disclose
julkinen public, (avoin) open
julkinen notaari notary public
julkinen sana the press
julkisesti publicly, openly

julkistaa make public, release (information), announce
julkistus release, announcement
julkisuus publicity *esiintyä julkisuudessa* appear in public *kylpeä julkisuudessa* bask in the limelight *päästä julkisuuteen* come out, be revealed, (vuotaa) leak out
julkisuusperiaate right-of-access principle, (US laki) freedom of information act
julkkis celeb(rity)
julma cruel, brutal, savage
julmettu fierce, terrific *julmettu meteli* godawful noise
jumala 1 god, deity **2** (Jumala) God *rukoilla Jumalaa* pray to God *Jumalan tähden* for God's sake(s) *Jumalan selän takana* way out in the sticks/boonies *olla Jumalan onni* to be a godsend
jumalaapelkäävä God-fearing
jumalaapelkääväinen God-fearing (person)
jumalainen divine (myös kuv)
jumalakäsite concept of God
jumalallinen divine, godlike
jumalankieltäjä atheist
jumalanpalvelus church/worship service, (ark) church; (UK) divine service
jumalanpelko the fear of God
jumalanpilkka blasphemy
jumalanpilkkaaja blasphemer
jumalasuhde relationship with God
jumalatar goddess
jumalaton 1 (ateistinen) godless **2** (tavaton) ungodly, terrible, horrible
jumalattomasti terribly, horribly
jumalauta goddammit
jumalinen godly, pious, devout
jumaliste goshdarnit
jumaloida worship, adore, idolize
jumaluus deity, divinity, godhead
jumaluusolento god, deity
jumaluusopillinen theological
jumaluusoppi theology, divinity
jumpata (do your) exercise(s), work out
jumppa exercise(s), workout *jazzjumppa* jazzercise
jumppasali gym(nasium)
juna train *mennä kuuden junalla* take the six o'clock train *mennä junaa vastaan* go meet someone at the station, go meet a train *Meitä on joka junaan* It takes all kinds
junailija 1 conductor **2** *Hän on melkoinen junailija* He's a mover and a shaker
junailla organize, arrange, fix things up
junalautta train ferry
junaliikenne railroad traffic (UK railway)
junamatka train trip
junanlähettäjä train dispatcher
junansuorittaja train dispatcher
junanvaunu (train/railroad) car, (osasto) compartment; (UK) railway carriage, (matkustajavaunu) coach
junaonnettomuus railroad accident, (ark) train crash
juntta 1 (pol) junta **2** (tekn) ram(mer), tamper, tamping bar
juoda drink, (vähän) sip; (run) imbibe; (ryypätä) booze, tipple *juoda malja jollekulle* drink to someone('s health), toast someone
juokseva 1 (juoksussa) running, (hevonen) galloping **2** (virtaava) running, flowing **3** (nestemäinen) liquid **4** *juoksevat menot* (liik) overhead **5** *juoksevat asiat* day-to-day business **6** *juoksevat numerot* consecutive numbers
juoksija 1 (ihminen) runner **2** (hevonen) racing horse, racer, trotter
juoksu 1 run(ning) *5000 metrin juoksu* 5000 meter run *asioilla juoksu* running errands **2** (virtaaminen) flow(ing), course *ajatusten juoksu* stream/chain of thought **3** (rak) runner
juoksujalkaa at a run
juoksumetri running/linear meter, (puutavarassa) board meter
juoksuttaa 1 (nestettä) (let) run, (olutta tynnyristä) draw *Täytyy juoksuttaa vettä vähän aikaa* You have to let it run for a while **2** (hevosta tms) run, exercise **3** (ihmistä) run (someone) all over, have (someone) run errands for you

juoma drink, beverage, (taikajuoma) potion
juomalasi drinking glass
juomavesi drinking water
juominen drinking *Saisinko jotain juomista?* Could I get something to drink?
juomingit booze bash, (oluttynnyrin kera) kegger, beer bash
juoni *s* **1** plot, intrigue, scheme; (mon) trickery, machinations *saada juonen päästä kiinni* catch on *yhdessä juonessa* in collusion **2** (romaanin) plot **3** (geol) vein
adj (juonikas) scheming, cunning, shrewd
juonia plot, intrigue, scheme
juonikas 1 scheming, cunning, shrewd **2** (oikukas: lapsi) difficult, (rakastaja) fickle; (ailahteleva) capricious, flighty
juonitella 1 (juonia) plot, intrigue, scheme **2** (be troublesome, find fault with)
juonittelu machination(s), plotting, scheming
juontaa 1 (olla juontajana) emcee (M.C. = master of ceremonies) *Kuka juontaa juhlia tänään?* Who's going to be emceeing the festivities tonight? **2** *juontaa alkunsa jostakin* originate in, derive from
juontaja master of ceremonies, emcee
juontua 1 (olla alkuisin) originate in, derive from, be traceable to *nimi juontuu kreikasta* the name is Greek in origin, derives from the Greek, can be traced back to a Greek root **2** (johtua) be due to, stem/derive from, be caused by *Siitä juontuu tämä ajattelemattomuus* Hence this thoughtlessness, that's the reason for/cause of my inconsiderate behavior **3** (johtaa, viedä) lead *Reitti juontuu pitkin Leppävettä* The way there leads down alongside Lake Leppävesi **4** (juolahtaa) come, occur *juontua mieleen* come to mind, occur to you **5** (kääntyä) turn *puhe juontuu toiseen aiheeseen* talk turns to another topic
juopa gap, gulf, chasm *sukupolvien välinen juopa* generation gap
juopottelu boozing, tippling, heavy drinking
juoppo drunk, wino, sot
juoppohulluus delirium tremens
juopua get drunk (on), become intoxicated/inebriated; (kuv) get carried away
juopumus intoxication, inebriation; (kuv) rapture
juoputella drink; (ark) booze, tipple
juoputtelija boozer, boozehound, heavy drinker
juoru 1 gossip **2** (kasv) wandering Jew
juoruilla gossip
juoruta gossip *Et saa juoruta kenellekään!* Not a word of this to anyone! Don't tell a soul about this!
juosta run; (virrata) run, flow *Kyyneleet juoksevat pitkin poskia* Tears roll/run down your cheeks *juosta vessassa* keep running to the toilet
juosta asioilla run errands
juosta henkensä edestä run for your life
juosta päänsä seinään (keep) run(ing)/bump(ing) your head into a brick wall
juosta uusi ennätys set a new record (in a running race)
juosta verta bleed
juoste (anat) tract
juotava drink *jotain juotavaa* something to drink
juote solder
juotin soldering iron
juotos (soldering) seam
juottaa 1 (antaa juoda: lasta) give (a child) something to drink; (eläintä) water **2** (kiinnittää juotteella) solder
juottokolvi soldering iron
juova (värijuova) stripe, (valojuova) streak, (savujuova) wisp, (marmorin/puun juova) vein
juovikas striped, streaked, streaky, wispy, veined, veiny
jupakka 1 (riita) dispute, controversy, quarrel; (ark) squabble, row **2** (skandaali) scandal, fiasco

juppi yuppie
juridinen judicial, juridical
juridisesti judicially, juridically
juristi lawyer
juro 1 (vähäpuheinen) quiet, silent, taciturn **2** (vetäytyvä) reserved, reticent, withdrawn **3** (jäykkä) stiff, awkward, uncomfortable
jury 1 (valamiehistö) jury **2** (raati) panel (of judges)
justiin exactly, precisely
jutella talk, chat, converse; (ark) shoot the breeze/bull
juttu 1 (juttelu) talk, chat, conversation *pitää juttua* make conversation **2** (tarina) story, (pötypuhe) nonsense, tall tale, fish story, shaggy dog story *etusivun juttu* front-page story **3** (asia) thing *kumma juttu* funny/strange thing *vielä yksi juttu* one more thing *ikävä juttu* a shame/pity **4** (lak: tapaus) case *Markkasen juttu* the Markkanen case **5** *tulla juttuun* get along
juttusilla chatting, talking, in the middle of a conversation *käydä jonkun juttusilla* go talk to someone
juttutuuli talkative mood *olla juttutuulella* be in a talkative mood, feel like talking
juu yes, yeah *Juu, nyt muistan* Oh yeah, now I remember *Hän ei sanonut juuta eikä jaata* He didn't say boo *juu juu* (ilmaisee epäilyä) sure
juuri *s* **1** root (myös kuv) *kaiken pahan juuri* the root of all evil *palata juurilleen* get back to your roots *suomalaista juurta* of Finnish origin/extraction *löytää jutun juurta* find something to talk about *juurta jaksain* thoroughly, root and branch **2** (pohja) bottom, base, foot *puun juuressa* at the base/foot of the tree, under the tree *jalkojen juuressa* at someone's feet
adv **1** just *juuri se mies jota etsin* just the man I was looking for *juuri tullut* just/newly arrived **2** (aivan) quite, exactly, precisely *Ei se nyt juuri noin ollut* That's not quite/exactly how it was *Juuri noin!* Exactly! Just like that! You've got it!
juurikas 1 (juurikasvi) root vegetable **2** (punajuuri) beet
juurikasvi root vegetable
juurruttaa 1 (panna juurtumaan) root **2** (painaa mieleen) imprint, implant *Yhteiskunnan normistot on juurrutettu meihin jo lapsina* Society's norms were imprinted on/implanted in us as children
juurtua take root (myös kuv), (asettua) settle down
juusto cheese
juutalainen *s* Jew
adj Jewish
juutalaisuus Jewishness
juutalaisvaino pogrom; persecution of Jews, Jew-baiting
juutalaisviha anti-Semitism
juutalaisvihainen anti-Semitic
juuttua get stuck/caught/jammed *juuttua karille* go around *juuttua omiin ajatuksiinsa* get lost in thought
jykevä 1 (painava) heavy, ponderous **2** (iso) massive **3** (vahva) strong, sturdy, robust
jylhä 1 (mahtavapiirteinen) rugged, craggy **2** (autio) desolate, barren **3** (kolkko) hollow, melancholy
jylinä rumble, rumbling, roll(ing), boom(ing) *Kaukaa kuului ukkosen jylinää* We could hear thunder rumbling/rolling in the distance
jylistä rumble, roll, boom
jyllätä 1 (temmeltää) romp, rollick, play/dance wildly **2** *antaa tunteidensa jyllätä* give your feelings free play/rein, let your feelings loose
jymyjuttu sensation, (sanomalehdessä) scoop
jymyuutinen scoop
jyrinä (ukkosen) rumble, roar, crash; (tykkien) thunder
jyristä rumble, roar, crash, thunder
jyrkentyä become/get steeper/sharper
jyrkentää 1 steepen, sharpen **2** (kannanottoa tms) intensify *jyrkentää kantaansa verouudistuksessa* take a more uncompromising stand, come down harder on tax reform *jyrkentää luokkaeroja* increase the differences

between the classes, drive the classes further apart
jyrkkä 1 (melkein pystysuorassa) steep, precipitous *jyrkät portaat* steep stairs **2** (voimakkaasti kaartuva) sharp **3** (selvä) sharp *jyrkkä väriero* sharp color demarcation **4** (äkillinen) sudden, abrupt, unexpected *jyrkkä elintapojen muutos* sudden change in lifestyle **5** (huima) sharp, striking, remarkable *jyrkkä hintojen nousu* sudden/sharp/ striking increase in prices **6** (ehdoton) uncompromising, rigid, rigorous **7** (ankara) strict, severe, stern *jyrkkä kasvatus* strict upbringing
jyrkästi steeply, precipitously, sharply, suddenly, abruptly, unexpectedly, remarkably, without compromise, rigidly, rigorously, strictly, severely, sternly (ks jyrkkä) *kaartua jyrkästi* curve sharply *vastustaa jyrkästi* take an uncompromising stand against (something)
jyrsijä 1 (eläin) rodent **2** (ihminen) milling-machine operator
jyrsin 1 (puutarhajyrsin) rototiller **2** (tekn) (milling) cutter
jyrsiä 1 gnaw, nibble **2** (tekn: puuta) shape, mold, (metallia) mill, cut **3** (maata) rototill
jyrä (field) roller, (ark) clod crusher *olla jyrän alla* be at someone's beck and call
jyrätä roll *jyrätä vastustajansa alleen* crush the opposition, take your opponents to the cleaners, walk all over them
jyske thump(ing), pound(ing), boom(ing); (meteli) noise, din
jyskyttää thump, pound, boom
jysähtää thump, thud *jysähtää lattialle* fall to the floor with a thud
jytä beat, swing *jytä päällä* in full swing
jytäjumppa aerobics, jazzercize
jyvä 1 (viljakasvin siemen) kernel, grain, seed **2** (hiekkajyvä) grain (of sand) **3** (aseessa) bead, sight *tähdätä jyvällä* draw a bead, take sight
jyväskyläläinen *s* person from Jyväskylä, thing made in (associated with) Jyväskylä
adj from (associated with) Jyväskylä
jähmettyminen hardening, solidification, setting, jelling, stiffening, congealing (ks jähmettyä)
jähmettyä 1 (rasva, liima) harden, solidify; (laasti) set; (hyytelö) jell; (lihas) stiffen; (öljy, veri) congeal **2** (henkisesti) freeze (up), stiffen *jähmettyä paikalleen* freeze, stop dead *Hänen hymynsä jähmettyi* Her smile froze on her face *Kosketin häntä, mutta hän jähmettyi ja kääntyi pois* I touched him, but he stiffened and turned away
jäiden lähtö breaking up of the ice
jäinen 1 icy, ice-covered/-glazed **2** (kylmä) freezing *Minä olen aivan jäinen* I'm freezing, I'm frozen solid **3** (jäätävä) chilly, frosty, glacial *jäinen hymy* icy/chilly/frosty smile
jäkälä lichen
jäljekkäin one after another/the other
jäljelle *jäädä jäljelle* be left (over) (ks jäljellä)
jäljellä left (over) *Onko jätskiä jäljellä?* Is there any ice cream left? Was there any ice cream left over? *Kuinka monta laskua sinulla on jäljellä?* How many problems do you have left (to do)? *Osa käsikirjoituksesta on vielä jäljellä* Part of the manuscript is still extant *Jäljellä on 1000 dollarin jäännös* $1000 are outstanding
jäljeltä after, because of, due to *Kaikki on vielä rempallaan edellisen johtajan jäljeltä* Everything is still a mess, thanks to the previous director *Tämä huone on kuin pyörremyrskyn jäljeltä!* This room looks like a hurricane hit it!
jäljemmäksi further behind/back *jäädä vielä jäljemmäksi* fall even further behind/back
jäljempänä 1 further behind/back *jäljempänä jonossa* further back in line **2** (myöhemmin) later (on), (alempana) below, (tästä lähtien) hereafter *Tähän ongelmakenttään palataan jäljempänä* I will return to this question below *jäljempänä "kustantaja"* hereafter "the publisher"
jäljennös copy, reproduction, (kaksoiskappale) duplicate, (näköispainos) facsimile *oikeaksi todistettu jäljennös* certified copy

jäljentyä be copied/traced
jäljentää (make a) copy, reproduce, duplicate
jäljessä behind, after *aikaansa jäljessä* behind the times *kävellä jonkun jäljessä* follow someone, walk behind someone *kehityksessään jäljessä* slow, backward, (falling) behind; (kehitysvammainen) (mentally) retarded *Toista minun jäljessäni* Repeat after me
jäljestä after *Ovi suljettiin minun jäljestäni* The door was closed after me
jäljestäpäin afterwards
jäljettömiin *kadota jäljettömiin* disappear without a trace
jäljettömissä untraceable
jäljitellä copy, mimic, imitate; (ark) ape
jäljittelemätön inimitable
jäljittely imitation
jäljittää 1 track (down), trace, trail **2** (tietok) trace, retrieve
jälkeen after *ensi maanantain jälkeen* after next Monday *viime maanantain jälkeen* since last Monday *juosta jonkun jälkeen* run after someone, (ajaa takaa) chase (after) someone *ennen ja jälkeen* before and after *jättää jälkeensä* leave behind *jäädä jälkeen* fall behind *sen jälkeen kun hän lähti* after he left *kerran toisensa jälkeen* time and again, time after time
jälkeenjääneisyys 1 (maan) underdevelopment, backwardness **2** (lapsen) retardation
jälkeenjäänyt 1 (maa) underdeveloped, backward **2** (lapsi) retarded
jälkeenpäin afterwards, after the fact, subsequently
jälkeinen after *juhannuksen jälkeiset kolme päivää* the three days after Midsummer
jälkeläinen 1 descendant, (perijä) heir, (vesa) scion **2** *jälkeläiset* (lapset) offspring, progeny; (tulevat sukupolvet) posterity
jälki 1 track, trace, (jalanjälki) footprint, (merkki) mark *ei jälkeäkään heistä* not a sign/trace of them *jättää jälkensä johonkin* leave your mark on something **2** *jäljet* track, trail *eksyttää joku jäljiltään* throw someone off the scent, lose/outdistance someone *oikeilla/väärillä jäljillä* on the right/wrong track *siivota omat jälkensä* clean up your own mess **3** *tehdä hyvää jälkeä* do good work
jälkihuomautus postscript, P.S.
jälki-istunto 1 (koulurangaistus) detention *jäädä jälki-istuntoon* (have to) stay after school *pitää jälki-istunnossa* keep after school **2** (näyttelijöiden juhla näytelmän jälkeen) cast party, (laulajien) choir dinner/party jne
jälkijuna *tulla jälkijunassa* be/lag way behind (the others), bring up the rear
jälkikäteen afterward(s)
jälkimmäinen the latter *Pidän edellisestä mutten jälkimmäisestä* I like the former but not the latter, the first but not the second
jälkinäytös epilogue; (kuv) aftermath
jälkiruoka dessert, (UK) sweet
jälkivaatimuksella C.O.D. (cash on delivery)
jälleen (once) again, once more *jälleen yhdessä* together again/once more
jälleenmyyjä dealer
jälleenrakennus reconstruction
jälleensyntyminen rebirth
jälleenvakuutus reinsurance
jämerä 1 (vahva) strong, sturdy, robust **2** (päättäväinen) decisive, resolute, determined
jänis hare, (ark) rabbit *Ei tässä jäniksen selässä olla* Hold your horses! Where's the fire?
jänishousu chicken, scaredy-cat
jänistää chicken out
jänne 1 (anat) tendon, sinew **2** (jousen tms) string **3** (kasv) strand, fiber **4** (mat) chord **5** (jänneväli) span
jänneväli span
jännite 1 (sähköinen tms) tension, voltage **2** (henkinen) tension, suspense
jännittyä 1 (köysi tms) be strained/stretched, tighten, tauten, (lihas) tense (up) **2** (tilanne) get/become tense/strained **3** (hermostua) tense up, get

nervous (about something), worry (about something)
jännittävä exciting, thrilling
jännittää 1 (tiukentaa) tense, stretch, tighten, tauten, pull tight/taut **2** (olla hermona jostakin) feel tense about, feel/be nervous about *Jännitän huomista kokousta* I feel so nervous about tomorrow's meeting *Älä jännitä, se menee ihan hyvin* Don't worry, never mind, rest your mind, relax, it'll go fine **3** (olla/odottaa innoissaan) be excited about, look forward to *Minua jännittää meidän matkamme* I can hardly wait for our trip, I'm so excited about our trip
jännitys 1 (köyden tms) tension, strain, tightness, tautness **2** (innostunut odotus) excitement, (eager) expectation **3** (hermoileva odotus) tension, nervousness **4** (pelkäävä odotus) suspense *Jännitys oli melkein kestämätöntä* The suspense was almost unbearable
jännityselokuva thriller, adventure movie
jännitysromaani thriller, adventure novel
jännäri thriller
jännätä 1 (olla epävarma) be in suspense (about the outcome), be on tenterhooks **2** (olla innoissaan) be excited (about something) **3** (olla hermona) be nervous (about something) **4** (pitää peukkuja) keep your fingers crossed
jänö 1 bunny (rabbit) **2** (jänishousu) chicken, scaredy-cat
järeä 1 (vahva) sturdy, strong, stout **2** (iso) large, massive **3** (raskas) heavy *järeä tykistö* heavy artillery **4** (miehekäs) virile, manly **5** (koruton) plain, bare, unvarnished, unadorned *järeä totuus* plain/bare/unvarnished truth
järin very *ei järin vahva* not very strong, not all that strong
järistys earthquake
järisyttävä (kuv) earthshaking, shocking
järisyttää 1 shake, rock **2** (pelottaa) make (you) quake in your boots
järjellinen rational
järjenjuoksu intelligence, wits *Jaanalla on terävä järjenjuoksu* Jaana is sharp/quick-witted, quick on the uptake
järjestellä 1 (kukkia tms) arrange **2** (asioita) take care of, see to, run errands **3** (tukkaansa) straighten, pat into shape, primp, do **4** (kirjoja, astioita, vaatteita tms) sort (out), put away, put in their proper places, arrange **5** (huonetta) pick/clean/straighten up
järjestelmä 1 system **2** (hallinnollinen) administration, organization, establishment, the System
järjestelmäkamera (yksisilmäinen peiliheijastuskamera) single-lens reflex camera, SLR, (yl) system camera
järjestelmällinen systematic
järjestelmällisesti systematically
järjestely 1 arrangement; (mon) measures **2** (sot) disposition (of troops)
järjestelykysymys *Se on vain järjestelykysymys* It's just a matter of arranging it
järjestys order *Kaikki on järjestyksessä* It's all set, everything's in order *panna asiat järjestykseen* put things in order, settle things *panna paikat järjestykseen* straighten/tidy up *aakkosjärjestyksessä* in alphabetical order *laki ja järjestys* law and order
järjestyssäännöt (rules and) regulations
järjestyä 1 (jonoon, riviin) form a line/row, line up **2** (ammattiliittoon) organize, unionize **3** (tulla järjestetyksi) be arranged *Pojalle järjestyi hoitopaikka naapurista* We were able to find/arrange family daycare for our son at the neighbor's **4** (kuntoon) work/turn out, be all right, (be) settle(d) *Kaikki järjestyy aikanaan* Everything will work/turn out in the end, it'll be all right *Jupakka järjestyi neuvotellen* The dispute was settled in negotiations
järjestäytymätön unorganized
järjestäytyä (get) organize(d), (ammattiliittoon) unionize
järjestää 1 (kokousta tms) organize **2** (avioliittoa, häitä, konserttia tms)

arrange, make arrangements for; (ark) fix (things up for) *järjestää niin että* arrange to (go somewhere, be free, do something), fix things so (you/someone can do something) **3** (asioita) take care of, see to **4** (ihmiset ulos) get/run/usher (people) out, clear the room *Voisitko järjestää nuo ihmiset pois?* Could you get rid of those people for me? **5** (ihmiset yhteen) fix (people) up (with each other) *järjestää kaverille seuralainen* fix a friend up with a date **6** (kirjoja, astioita, vaatteita tms) sort (out), put away, put in their proper places, arrange **7** (huonetta) pick/clean/ straighten up **8** (tukkaansa) straighten, pat into shape, primp

järjestää arkistoon file

järjestää asiansa settle your affairs

järjestää elämänsä put your life in order, (sl) get your shit together

järjestää jonoon form a line, get people to line up

järjestään 1 (jokainen vuoron perään) one at a time, systematically **2** (kaikki) all *Miehet ovat järjestään suomalaisia* Every last one of them is a Finn, they're Finns to a man *Heidän lähetyksensä ovat järjestään päivän myöhässä* Their shipments are always/consistently/ regularly a day late

järjestää riviin form rows, line people up in rows

järjestää ryhmiin group

järjestö organization

järjetön senseless, mindless, absurd, stupid, foolish *tehdä järjettömiä* act foolishly *puhua järjettömiä* talk nonsense

järkeenkäypä reasonable, plausible *Se on järkeenkäypä* That stands to reason

järkeillä (mietiskellä) speculate/ reflect/meditate on, ponder, philosophize about

järkeily (mietiskely) speculation, reflection, meditation

järkeisusko rationalism

järki 1 (ajattelukyky) reason, mind, (äly) intellect, (älykkyys) intelligence *Käytä järkeäsi!* Use your head/noodle/ noggin **2** (järkevyys) sense *terve järki, maalaisjärki* common sense *Tässä ei ole mitään järkeä* This doesn't make sense, this is senseless/stupid/ ridiculous/absurd *puhua järkeä jollekulle* try to talk some sense into someone, try to reason with someone *saada joku järkiinsä* bring someone to his/her senses *olla järjiltään* be out of your mind, off the deep end, around the bend

järkiavioliitto marriage of convenience

järki-ihminen 1 (järkevä) sensible/reasonable/realistic person **2** (järkeen uskova) rationalist

järkiperäinen 1 (järjellinen) rational **2** (järjestelmällinen) systematic, methodic(al)

järkiperäistää systematize, reduce (something) to a system/method

järkkymätön unflinching, unswerving; (pysyvä) steadfast, (joustamaton) inflexible

järkkyä 1 (maa tms) shake, quake, tremble **2** (talous tms) be shaken, receive a severe shock/blow, teeter **3** (mieli) be traumatized, suffer a severe shock/blow (to your sanity/peace of mind/mental stability)

järkyttyä be shocked/upset/ scandalized (by)

järkyttävä shocking, scandalous

järkyttää 1 (rakennusta tms) shake, rock **2** (mieltä) shock, upset **3** (seurapiiriä) scandalize

järkytys shock

järkähtämätön 1 (päättäväinen) firm, decisive, resolute **2** (joustamaton) inflexible, uncompromising, rigid **3** (horjumaton) unshakable, unwavering

järkähtää budge *Se ei järkähtänytkään* It wouldn't budge

järkäle boulder *miehen järkäle* a mountain of a man

järvenjää the ice on a lake

järvenpohja lake bottom

järvenranta lake shore

järvi lake

järvialue lake district

järvimaisema lake scene(ry)
järvinen *järvinen tasanko* a lake-filled plain, a prairie rich in lakes
järviseutu lake district
järvivesi lake water
jäsen 1 (ruumiin) (body) part, limb, member *tuntea eilinen työ jäsenissään* feel the effects of yesterday's work in your muscles **2** (järjestön) member **3** (lauseen) part
jäsenistö members(hip)
jäsenmaksu membership fee, dues (mon)
jäsenmäärä membership, number of members
jäsentymätön unclear, inarticulate, inchoate
jäsentyä break down (into), divide up (into), be divided (into)
jäsentää 1 (hahmotella) outline, sketch out; (luetella) list, tick off (on your fingers) **2** (eritellä) analyze, do a breakdown (analysis) of *jäsentää lause* (kiel) analyze a sentence, (vanh) parse a sentence
jäsenäänestys vote (among the membership) *alistaa jäsenäänestykseen* put to a vote (among the membership)
jäte (roska) trash, garbage, refuse, waste
jätemylly garbage disposal
jätepaperi scrap/waste paper
jätevesi sewage
jätevesipäästö effluent
jätkä 1 (jäbä) dude, man; (UK) bloke, chap **2** (tukkijätkä) lumberjack **3** (kortti) Jack
jättikoko giant size
jättiläinen giant
jättiläismäinen gigantic
jättimäinen gigantic
jättäytyä leave/submit/surrender/ resign yourself (to)
jättää 1 leave *Jätin auton kotiin* I left my car at home *Mari on jättänyt miehensä* Mari's left her husband *Jätän tämän kylän ja menen kaupunkiin* I'm leaving this burg and going to town *jättää lautaselle/ tähteeksi* leave food on your plate/ uneaten *jättää jollekulle perinnöksi* leave someone something (in your will) **2** (luovuttaa) take, drop off, deliver *jättää paketti postiin* drop a package off at the post office **3** (lähteä ilman) leave behind *Juna jätti* I missed the train **4** (mennä edelle) go/pull ahead of, leave behind *jättää kilpailijaansa sekunnilla* be a second ahead of your competitor **5** (antaa) leave (up) to *Jätä se minulle* Leave that (up) to me (ks hakusanoja) **6** (hylätä, luopua) leave, give up, quit *jättää opintonsa* quit school, have to leave school **7** *jättää sormensa oven väliin* get your fingers caught in the door
jättää asia sikseen drop the matter, leave it at that
jättää hakemus hand in/submit an application, apply
jättää huomiotta disregard, ignore
jättää hyvästi bid someone farewell, say goodbye, take your leave
jättää joku oman onnensa nojaan leave someone to his/her own devices
jättää joku siihen uskoon että give someone to believe that
jättää jonkun huoleksi leave something to *Jätä se minun huolekseni* Leave that to me
jättää jonkun huostaan deliver/ hand over (a child) into someone's custody/care
jättää jonkun päätettäväksi leave something up to *Jätä se minun päätettäväkseni* Leave that up to me
jättää jälkeensä leave someone/ -thing behind, outdistance, outstrip; (ark) leave someone in the dust
jättää kesken not finish/complete, leave unfinished/uncompleted
jättää menemättä not go, decline/ refuse to go, stay away
jättää pois laskusta leave (something/-one) out of your plans/ calculations, not take something/-one into account
jättää pulaan not go to someone's rescue, not extend a helping hand, abandon someone in need/distress, let someone down

jättää rauhaan leave someone alone, in peace
jättää sana leave word, leave (someone) a message
jättää sanomatta leave (something) unsaid, omit/fail to mention
jättää tekemättä leave undone, fail/neglect to do
jättää tieto leave word (of where you'll be, of what's happening)
jättää tulematta not come, stay away, fail to show up/arrive
jättää valitus lodge a complaint, file an appeal
jättää varjoonsa overshadow, leave someone in your shadow
jättää virka (eläkeiässä) retire, (ennen eläkeikää) resign
jättää väliin skip, pass (on/up)
jättö 1 leaving, delivery (ks jättää) **2** (tekn) lag, slip **3** (urh) miss
jäykiste stiffener, hardener
jäykistyä stiffen, (kovettua) harden; (penis) erect, tumesce
jäykistää stiffen, (kovettaa) harden, set
jäykkä 1 stiff, hard; (penis) erect, tumescent **2** (keskustelu tms) stiff, awkward, forced **3** (ihminen) inflexible, uncompromising, rigid
jäykähkö on the stiff side, rather stiff (ks myös jäykkä)
jäytää 1 gnaw/eat (away) at **2** (kuluttaa) tax, consume, wear away/down
jää ice *jäät* (juomassa) ice cubes, (järvessä) the ice (floes) *jäässä* (jäätynyt) frozen, (kylmä) freezing, (jään peitossa) iced over/up, (ikkuna) frosted over/up, (poissa käytöstä) on ice
jäädyttää freeze (myös kuv)
jäädä 1 (olla lähtemättä) stay, remain *jäädä kotiin* stay home *jäädä yöksi* spend/stay the night, (UK) stop for the night **2** (olla pääsemättä) miss, not make *jäädä junasta* miss the train *jäädä pois kokouksesta* skip the meeting **3** (olla pääsemättä pois) get caught/stuck/trapped *Sormeni jäivät oven väliin* I got my fingers caught in the door *jäädä auton alle* get run over by a car **4** (unohtua) get left behind/forgotten *Minulta jäi hanskat kotiin* I fotgot/left my gloves at home **5** (säilyä) be/get left (over) *Jäi vähän spagettia huomiseksi* There was enough spaghetti left over for tomorrow's dinner **6** (perinnöksi) be left (to someone in a will) *Kauppiaalta jäi iso perintö* The merchant left a large inheritance/estate **7** *Häneltä jäi vaimo ja kaksi lasta* He was/is survived by a wife and two children, he left a wife and two children **8** (jälki) be left (on) *Sormuksesta jäi naarmu lasiin* The ring scratched the glass **9** (lykkääntyä) be delayed/postponed/put off *Asia jäi ja jäi* There was one delay after another, somehow they/I never got around to doing it
jäädä arvattavaksi be (left) up in the air *Arvattavaksi jää, tuleeko hän ollenkaan* Who knows whether he'll come at all, it'll be interesting to see whether he comes at all
jäädä eloon live (through something), survive
jäädä henkiin survive
jäädä huomaamatta be unnoticed by someone
jäädä johonkin käsitykseen be left with an impression *Sellaiseen käsitykseen jäin* That was the impression I got, that was how I understood you/him jne
jäädä kesken remain unfinished/uncompleted/undone
jäädä kiitollisuudenvelkaan be obliged (to someone), be left in a debt of gratitude (to someone)
jäädä käytöstä fall into disuse, be taken out of use/circulation
jäädä luokalle fail/flunk a grade, be held back (one year), have to repeat a grade
jäädä muodista become unfashionable, go out of style
jäädä nähtäväksi *Se jää nähtäväksi* It remains to be seen
jäädä orvoksi be orphaned
jäädä pahoille mielin be left with a bad taste in your mouth, walk away hurt/angry/resentful jne

jäädä pimentoon be left/kept in the dark
jäädä pöydälle be tabled
jäädä sanomatta *Minulta jäi sanomatta* I forgot to say
jäädä sille tielle never be seen again, disappear for good
jäädä suustaan kiinni get caught up/lost talking/in conversation
jäädä taakse 1 (matkanteossa) fall behind, drop back/behind *Katsoin kun kylä jäi taakse* I watched the village dwindle into the distance **2** (ajassa) be left behind *Ne ajat ovat jo jääneet taakse!* That's old history!
jäädä tappiolle lose (out), be losing, be getting the worst of it; (ark) get a trouncing, get taken to the cleaners
jäädä toiseksi come in/place second; (muu) lose (out), get beaten out; (ark) play second fiddle *jäädä 100 metrillä toiseksi* come in/place second in the 100-meter dash *Kun Martti löysi sen kaunottaren, minä jäin toiseksi* When Martti found that bathing beauty, I had to play second fiddle
jäädä unhoon be forgotten
jäädä velkaa owe someone (money/ a favor), be (left) in debt to someone *Jäin sinulle kympin velkaa* I owe you a tenner
jäädä voimaan remain in effect
jäähdyttää cool (off/down) (myös kuv)
jäähtyä cool (off/down) (myös kuv)
jäähyväiset farewell, adieu, leave-taking *sanoa jäähyväiset* bid farewell
jääkaappi refrigerator
jääkaappipakastin refrigerator-freezer
jääkausi Ice Age
jääkiekko ice hockey
jääkiekkoilija (ice) hockey player
jääkiekkomaila (ice) hockey stick
jääkiekko-ottelu (ice) hockey match
jääkuutio ice cube
jääkäri 1 rifleman, light infantryman **2** (hist) Jäger
jäämistö estate, property, (earthly) remains
jäänmurtaja icebreaker
jäänne 1 (esine) relic, (tapa) survival **2** *jäänteet* remains
jäännös 1 (tähde: mat, ark) remainder, (kem) residue, (liik) balance **2** *jäännökset* remains, (ruoasta) leftovers
jäännöserä 1 (lähetyksestä) remainder *myydä kirjapainoksen jäännöserä* remainder a book **2** (maksusta) outstanding amount
jääpala ice cube
jääräpäinen bullheaded, mulish
jääräpää bullhead, mule
jäätelö ice cream
jäätelökone ice cream maker
jäätie ice road
jäätikkö 1 (geol) glacier **2** (liukas tie) sheer ice
jäätyminen freezing
jäätymispiste freezing point
jäätynyt frozen
jäätyä freeze/ice (up/over)
jäätävä icy, frozen, freezing; (kuv) icy, frosty, glacial
jäätää freeze/ice up/over
jäävesi ice water
jäävi *s* (lak) challenge
adj **1** (lak) challengeable, disqualified **2** (ark) unqualified *Minä olen jäävi sanomaan tuosta yhtään mitään* I'm the wrong person to ask about that
jäävuori iceberg
jöö *pitää jöötä* keep order, maintain discipline

K, k

kaaderi cadre
kaadin pitcher
kaahari speed demon
kaahata drive recklessly; (ark) blast along, drive like a maniac
kaakao cocoa; (ark: kuuma) hot chocolate, (kylmä) chocolate milk
kaakattaa cackle (myös kuv)
kaakeli ceramic tile
kaakeliuuni tiled/glazed stove
kaakki hack, nag
kaakko southeast
kaakkoinen southeast(ern)
kaakkoistuuli southeasterly wind
kaali 1 cabbage **2** (sl) head *Tää ei mahdu mun kaaliin* I can't figure this out, this doesn't make sense to me, this is over my head
kaalikeitto cabbage soup
kaalikääryle stuffed cabbage roll
kaalirapi kohlrabi
kaamea horrible, terrible, awful (myös kuv)
kaamos polar night
kaani Khan
kaanon 1 (Raamatun kirjat) canon **2** (sävellys) canon, (ark) round *laulaa kaanonissa* sing (something) in a round
kaaos chaos
kaaosmainen chaotic
kaaosteoria chaos theory
kaapata 1 (kulkuneuvo) hijack, (lentokone) skyjack **2** (valta) seize, usurp, take over, overthrow **3** (ihminen) kidnap **4** (käsilaukku tms) grab, snatch
kaapeli cable
kaapelitelevisio cable television
kaapia scrape, scratch, pare
kaappari 1 (kulkuneuvon) hijacker, (lentokoneen) skyjacker **2** (vallan) usuper, revolutionary **3** (ihmisen) kidnapper **4** (käsilaukun) purse-snatcher, (lompakon) pickpocket jne
kaappaus 1 (kulkuneuvon) hijacking **2** (vallan) coup (d'état) **3** (ihmisen) kidnapping **4** (tavaran) robbery, petty thievery
kaappausyritys attempted hijacking/coup
kaappi cabinet; (astiaaappi) cupboard, (kirjakaappi) bookcase, (vaatekaappi) wardrobe, closet *sanoa missä kaappi seisoo* wear the pants in the family
kaappijuoppo closet/afternoon drinker, secret lush
kaappikello grandfather clock
kaappipapakastin upright freezer
kaappisänky Murphy bed
kaapu robe; (tuomarin) gown, (munkin) cowl
kaara car, (ark) wheels
kaareutua 1 (tie) curve, bend **2** (holvi) vault, arch
kaareva 1 curved **2** (holvi) vaulted, arched **3** (kovera) concave, (kupera) convex **4** (heitetyn tai ammutun esineen liikkeestä) parabolic
kaarevuus curve, curvature
kaari 1 curve, (kaarevuus) curvature **2** (arkkit) arch, (holvi) vault, (sillan) span **3** (mat) arc **4** (auringon) arc **5** (liike) curve, sweep; (heitetyn tai ammutun esineen kaariliike) parabola, trajectory **6** *elämän kaari* the course of life
kaarihitsaus arc welding
kaari-ikkuna arched window
kaarikäytävä 1 (rakennuksessa) arcade **2** (korvassa) semicircular canal
kaarilamppu arc lamp
kaarisaha bucksaw, bow saw
kaarisilta arch(ed) bridge
kaarisulkeet parenthesis

Kaarle (kuninkaan nimenä) Charles, (Ruotsissa) Carl
Kaarlen aikainen Carolongian
Kaarle Suuri Charlemagne
kaarna bark
kaarre curve, bend, turn
kaarrella 1 (tie, joki tms) curve, bend, wind, meander **2** (ajatukset, keskustelu tms) meander, wander **3** (lintu tms) wheel, sweep, soar **4** *kierrellä ja kaarrella* hem and haw, evade/dodge the question, circle around a subject/ question, beat around the bush
kaarros 1 (tien tms) bend, curve, turn, (leveä) sweep **2** (putken) elbow
kaartaa 1 (tie, joki tms) curve, bend, turn **2** (ympäri) circle, go around, (kokonaan ympäri) encircle, surround *kaartaa kaukaa* give a wide berth to, keep your distance from **3** (tehdä kaarevaksi) arch **4** (lintu tms) wheel, sweep, soar **5** *kiertää ja kaartaa* hem and haw, evade/ dodge the question, circle around a subject/question, beat around the bush *kiertäen kaartaen* in a roundabout way, indirectly
kaarti guards *vanha kaarti* the old guard
kaartua 1 (tie tms) curve, bend **2** (holvi) vault, arch
kaasu gas *Anna kaasua, paina kaasu pohjaan!* Step on the gas, step on it! *lisätä kaasua* speed up *täydellä kaasulla* (at) full speed/throttle *vähentää kaasua* slow down
kaasujalka foot on the gas pedal *Sillä on raskas kaasujalka* He's got a lead foot
kaasujohto gas pipe, (kaupungin) gas main
kaasukammio gas chamber
kaasulamppu kerosene lantern, (hist) gaslight
kaasuliesi gas range/stove
kaasumyrkytys gas poisoning *saada kaasumyrkytys* be gassed
kaasupoljin gas pedal
kaasus case
kaasutin carburetor
kaasuttaa 1 (myrkyttää kaasulla: ihmisiä) gas, (torakoita tms) fumigate **2** (muuttaa kaasuksi) gasify **3** (painaa kaasua) step on the gas, give it some gas
kaasuuntua gasify, (höyry) vaporize
kaasuvuoto gas leak
kaasuöljy diesel fuel/oil
kaataa 1 (nestettä) pour (out), (vahingossa) spill *sataa kaatamalla* be raining cats and dogs, be pouring *kaataa kylmää vettä jonkun niskaan* pour cold water on someone's enthusiasm, on an idea rain on someone's party, be a wet blanket **2** (astiaa, huonekalua) knock/ tip/turn over, overturn *kaataa ylösalaisin* turn upside down **3** (vene) capsize **4** (kuorma: kipata) dump, tip **5** (puu) fell, cut/chop down, (heinää) cut, (koneella) mow **6** (riista) shoot, kill, down **7** (ihminen: tauti) knock your feet out from under you, lay you up in bed; (nyrkki tms) knock down, fell; (tappaa) kill, (esim konekiväärillä) mow down **8** (lakiesitys) kill **9** (hallitus) overthrow **10** (suunnitelma) upset, ruin **11** (ennätys) break
kaataa kylmää vettä jonkun niskaan pour cold water on someone's enthusiasm, rain on someone's parade
kaataa vettä hanhen selkään pour something down the drain/toilet
kaato 1 (kaataminen) pouring, spilling, felling jne (ks kaataa) **2** (painissa) takedown **3** (keilailussa) strike
kaatolupa hunting permit
kaatopaikka dump
kaatosade downpour, cloudburst
kaatua 1 (ihminen: vahingossa) fall (down/over); (kompastua) trip, stumble *kaatua väsymyksestä* drop with fatigue, (ark) crash **2** (ihminen: sot) be shot/ killed, be mortally wounded, fall in battle **3** (puu) fall, (maahan) crash to the ground *Puu kaatuu!* Timber! **4** (seinä tms) fall, crash, collapse **5** (hallitus) collapse, be overthrown **6** (lakiesitys) be killed **7** (suunnitelma) come to nothing *kaatua omaan mahdottomuuteensa* fail

of its own accord, fly like a lead balloon **8** (ennätys) be broken **9** (neste) spill
kaatua kuolleena maahan drop dead
kaatua pitkin pituuttaan fall flat on your face
kaatua sänkyyn crash (in bed)
kaatua väsymyksestä drop with exhaustion
kaatumatauti epilepsy
kaatumatautinen epileptic
kaatunut 1 (puu tms) fallen **2** (sodassa) killed in action (KIA) *sodassa kaatuneet* the war dead, (euf) military casualties
kaava 1 (ompelu- tms) pattern **2** (malli) model, (muotti) mold, form **3** (suunnitelma) design, scheme **4** (mat, kem) formula **5** (kaavio) diagram, chart **6** (asemakaava) zoning map **7** (mittakaava) scale *kaavaan 1:1000* on a scale of 1 to 1000 **8** (jumalanpalveluskaava) liturgy *vihkikaava* wedding liturgy **9** (tapa toimia) custom, habit, routine *kaavoihin kangistunut* (toiminta) routinized, ritualized, stereotyped; (ihminen) rigid, hidebound, set in your ways *toimia kaavan mukaan* follow precedent, obey the rules, do it by the book, go according to Hoyle
kaavailla sketch out, outline, plan
kaavake form
kaavamainen 1 (kaavan muodossa) schematic, formulaic, diagrammatic; (ark) sketchy **2** (jäykkä) routine, routinized, ritualized, stereotyped, formulaic
kaavamaisesti routinely, ritualistically, as a matter of course/ routine
kaavin scraper
kaavinta scraping, (kohdun) curettage
kaavio diagram, chart, figure
kaaviokuva diagram, chart, figure
kaavoittaa 1 (tehdä asemakaava) zone **2** (kaavailla) sketch out, outline, plan **3** (jäykistää) fix in a set pattern, routinize
kaavoittua fall into a rut, get set in your ways; (kirjoitustapa tms) become predictable
kabaree cabaret, floor/variety show; (strip-tease) strip tease
kabbala Kabbalah
kabbalistinen Kabbalistic
kabinetti 1 (ravintolan) private room, (hotellin) meeting room **2** (hallitus) cabinet
kabinettipolitiikka backroom politics
kade envy *Ei käy kateeksi* I don't envy you, I'm glad I'm not in your shoes *kateissaan* envious, green with envy, eating your heart out (with envy)
kadehdittava enviable
kadehtia envy, be envious (of), be green with envy, eat your heart out (with envy) *kadehtia jonkun omaisuutta* be envious of someone's money/wealth, envy someone his/her money/wealth, wish you had someone's money/wealth
kademieli envy, (ark) jealousy
kadenssi cadence
kadetti cadet; (laivastossa) navel cadet, midshipman
kadmium cadmium
kadoksissa lost, missing
kadota 1 (hävitä näkyvistä) disappear, vanish *kadota kuin tuhka tuuleen* vanish into thin air *kadota jäljettömiin* vanish/ disappear without a trace **2** (joutua kadoksiin) get/be lost, be missing *kadota muisista* slip your mind **3** (haalistua) fade *kauneus katoaa* beauty fades
kadonnut lammas lost lamb (myös kuv)
kadotettu (usk) damned *Kadotettu paratiisi* Paradise Lost
kadottaa lose
kadotus (usk) damnation, perdition; (kuv) doom
kadunkulma street corner *neljän kadunkulman päässä* four blocks from here
kadunmies the man on the street
kafeteria cafeteria
kafferi kaffir
kaftaani caftan

kahakka fight, scuffle, scrap; (sot) skirmish
kahakoida (get into a) fight/scuffle/ scrap, (sot) skirmish
kahdeksan eight *puoli kahdeksan* seven thirty
kahdeksankulmio octagon
kahdeksankymmenluku the eighties
kahdeksankymmentä eighty
kahdeksansataa eight-hundred
kahdeksansylinterinen eight-cylinder
kahdeksantoista eighteen
kahdeksanvuotias eight-year-old
kahdeksas eighth
kahdeksaskymmenes eightieth
kahdeksasosa (one-)eighth
kahdeksassadas eigth hundredth
kahdeksastoista eighteenth
kahdeksastuhannes eighth thousandth
kahdeksikko 1 number/figure eight **2** (soudussa) eight(-man crew)
kahden *olla kahden* be alone (with a lover)
kahden kesken in private, confidentially *vain meidän kahden kesken* just between the two of us
kahdenkeskinen private, confidential
kahden puolen on both sides (of)
kahden vaiheilla wavering, vacillating, undecided, wondering which way to go, which alternative to take
kahdeskymmenes twentieth
kahdessadas two hundredth
kahdestaan the two of us/you/them *Me haluamme olla kahdestaan* We want to be (left) alone
kahdesti twice
kahdestoista twelfth
kahdestuhannes two thousandth
kaheli *s* loony, crackpot, nut *adj* loony, cracked, nutty
kahina 1 (ääni) rustle, swish **2** (tappelu) fight, scuffle, scrap
kahinoida fight, scuffle, scrap
kahista rustle, swish
kahle 1 fetter; (mon) chains, shackles *vapauttaa kahleista* unchain, unshackle **2** (kuv) bond, (ark) ball and chain
kahlehtia 1 chain, shackle, (koiraa) leash **2** (kuv) constrain, restrict, confine; (ark) tie up, keep on a leash
kahlekuningas escape artist
kahlita chain, shackle (ks myös kahlehtia)
kahmaista grab, snatch (up), seize (upon)
kahmia grab, snatch (up), seize (upon)
kahnata 1 (hiertää) rub, chafe **2** (riidellä) bicker, squabble
kahnaus friction (myös kuv); (riita) bickering, squabbling
kahtaalla on two sides, in two directions
kahta innokkaammin with renewed/redoubled zeal
kahta mieltä of two opinions, divided, torn
kahtena kappaleena in duplicate
kahtia in half, in two parts; (run) in twain
kahva handle, grip; (oven) knob; (puukon) haft; (miekan) hilt *vallan kahvassa* in power
kahvi coffee
kahviaamiainen continental breakfast
kahviautomaatti coffee machine
kahvihammas *kahvihammasta pakottaa* gotta have some coffee, I'm about ready for a cuppa
kahviherne chick-pea
kahvijauhot ground coffee
kahvikalusto coffee service
kahvikerma (coffee) cream
kahvikupillinen a cup of coffee
kahvikuppi coffee cup
kahvila 1 (hotellin tm yhteydessä toimiva) coffee shop/room **2** (erillinen pikkuravintola) cafe, coffee house **3** (ruokala) cafeteria
kahvinkeitin coffee maker, (vanh) percolator
kahvinkeitto making coffee
kahvio ks kahvila

kahvipannu coffee pot
kahvipapu coffee bean
kahvipöytä coffee table
kahvitauko coffe break
kahvittaa 1 serve (someone) coffee **2** *minua kahvittaa* I feel like a cup of coffee
kai 1 (luulisi) I/you guess/think/suppose *Ei kai hän nyt tule?* You don't think/suppose he's coming now, do you? *Et kai menisi ilman minua?* You wouldn't go without me, would you? **2** (luultavasti) probably, presumably, very likely *Hän tulee kai huomenna* I think he's coming tomorrow, he's probably coming tomorrow **3** *totta kai* of course
kaide railing, handrail, (sillan) parapet
kaihdin shade, blind; (sälekaihdin) Venetian blind(s)
kaihi (harmaa) cataract, (viher) glaucoma
kaiho longing, yearning; (menneisyyteen) nostalgia
kaihoilla long/yearn (for)
kaihoisa longing, yearning, wistful
kaihoisasti longingly, yearningly, wistfully, filled with/full of longing/yearning
kaihomielinen wistful, pensive; (melankolinen) melancholic, doleful
kaihota miss, long/yearn (for)
kaihtaa avoid, shun *keinoja kaihtamatta* stopping at nothing
kaikeksi onneksi by good luck/fortune, as luck would have it
kaikeksi onnettomuudeksi unluckily, unfortunately, as ill luck would have it
kaiken aikaa constantly *Sitähän minä teen kaiken aikaa* Can't you see that's what I'm doing?
kaiken A ja O the core/heart/crux of the matter, the very sum and substance of the thing
kaikenikäiset of all ages *kaikenikäisille* for people of all ages
kaiken kaikkiaan (all) in all, in sum
kaikenkarvainen of all kinds/sorts, of all shapes and sizes *kaikenkarvaista väkeä* motley crew
kaiken kukkuraksi to boot, to top it off, if that weren't enough *Siellä tehtiin kaiken kukkuraksi poliisiratsia* And if that weren't enough, the place was raided by the cops, and to top it all off, the cops raided the place
kaikenlainen all kinds/sorts of, of all kinds/sorts, diverse, various *kaikenlaista ruokaa* (monenlaista) food of every description, of all kinds/sorts; (paljon) all kinds/sorts of food *jutella kaikenlaista* talk about everything under the sun
kaiken maailman all sorts of *Siellä oli kaiken maailman hiippareita* The place was crawling with bums and creeps
kaiken matkaa 1 (koko matkan) the whole way (there) **2** (koko ajan) the whole time, constantly
kaiken pahan alku ja juuri the root of all evil
kaiken päivää all day, the whole blessed day, the livelong day
kaiken todennäköisyyden mukaan in all probability
kaiken uhalla no matter what comes, braving everything, at all hazards
kaiken varalta (just) in case
kaikessa hiljaisuudessa in all secrecy, on the quiet/Q.T.
kaikessa kiireessä in a rush, frantically
kaiketi no doubt, surely; (luultavasti) probably, presumably, very likely
kaiket päivät day after day, for days on end
kaikin mokomin by all means, go right ahead, be my guest
kaikin puolin in every way/respect; (läpeensä) throughout; (täysin) completely, wholly, fully
kaikinpuolinen 1 (perusteellinen) thorough(going), exhaustive, comprehensive **2** (yleinen) general, universal **3** (täydellinen) complete, whole, full
kaikkea muuta kuin anything but
kaikkea sitä kuuleekin now I've heard everything! this takes the cake!

kaikkea vielä! what a load of nonsense/horseshit!
kaikkein of all *kaikkein paras* the best of all, the very best *kaikkein kaunein mekko* (by far) the most beautiful dress
kaikkein pyhin the holy of holies
kaikki *s* **1** (ihmiset) everybody/-one, all *Tulkaa kaikki!* Everybody come over here! Come on in, everyone! Come one come all! **2** (muut) everything, all *valmiina kaikkeen* ready for anything *ennen kaikkea* above all *kaikesta huolimatta* in spite of everything *kesken kaiken* right in the middle of everything, unexpectedly, suddenly *Siinä on stereot ja kaikki* It's got a tape deck and everything *yhtä kaikki* (silti) still, (samantekevää) all the same, all one, a matter of indifference *tehdä kaikkensa* do your best, do everything in your power *adj* **1** all, (jokainen) every *kaikki naiset* all the women, every woman **2** (koko) all (of) (the), the whole *kaikki toivo* all hope *kaikki omaisuus* the whole property/ estate, all (of) his/her wealth *Oppia ikä kaikki* Live and learn *kaikkea hyvää* all the best *kaikkea muuta kuin* anything but *kaikki muut* everyone else
kaikki aikanaan all in due time
kaikkialla everywhere, all over, throughout *kaikkialla Suomessa* all over/throughout Finland
kaikkien aikojen paras the best/ greatest ever, the world's best/ greatest
kaikki kaikessa everything, the whole world *Sinä olet minulle kaikki kaikessa* You're my whole world, you're the whole world to me, you're my everything, you're everything to me *Raha ei ole kaikki kaikessa* Money isn't everything
kaikki kynnelle kykenevät every able-bodied soul
kaikki muut everybody else, all the others/rest
kaikkinainen all kinds/sorts of, of all kinds/sorts
kaikkineen *Hän lähti kamppeineen kaikkineen* She took everything and left, she didn't leave a trace of her behind
kaikkiruokainen omnivorous *Minä olen kaikkiruokainen* I'll eat anything (that won't eat me), I'm not particular
kaikki tiet vievät Roomaan all roads lead to Rome
kaikkitietävä omniscient
kaikkitietäväinen know-it-all
kaikkivaltias *s* the Almighty *adj* almighty
kaikkiviisas all-wise, all-knowing
kaikkivoipa omnipotent, all-powerful
kaikota 1 leave, go away *Häneltä oli yleisö kaikonnut* He'd lost his audience, his audience had deserted him **2** (kadota) disappear, vanish **3** (paeta) flee, escape **4** (häipyä) fade (away)
kaiku 1 echo (myös kuv) **2** (äänen väri) sound, ring *outo kaiku äänessä* strange ring to a voice
kaikua 1 echo *Täällä kaikuu* There's an echo here **2** (raikua) resound, ring *naurun kaikuessa* amid(st) peals of laughter *kaikua korvissa* ring in your ears *kaikua kuuroille korville* fall on deaf ears
kaikukardiografia echocardiography
kaikukuvaus 1 (kuva) echogram, (ultra)sonogram **2** (kuvaaminen) echography, (ultra)sonography, ultrasound examination
kaikuluotain depth finder, echograph
kaikuluotaus echography, echo sounding
kaikupohja sounding board (myös kuv)
kaima namesake
kaimaani cayman, caiman
kainalo armpit *nukkua isän kainalossa* sleep in your father's arms *hattu kainalossa* with your hat under your arm *kulkea jonkun kainalossa* (käsikynkkää) walk on someone's arm, (käsi ympärillä) walk with someone's arm around you
kainalohiki body odor (B.O.), (leik) armpit juice
kainalokuoppa armpit
kainalosauvat crutches

kaino 1 (arka) shy, bashful, timid, demure **2** (kainosteleva, laskelmoivan kaino) coy **3** (häpeilevä) modest, prudish
kainostelematon 1 (punastelematon) unblushing, unashamed **2** (häpeämätön) brazen, bold **3** (arkailematon) unhesitating, decisive, quick-witted **4** (kursailematon) unceremonious, direct, straightforward
kainostelematta 1 (punastelematta) unblushingly, unashamedly, with a straight face **2** (häpeämättä) brazenly, boldly **3** (arkailematta) unhestitatingly, without hesitation **4** (kursailematta) without ceremony, plainly, directly *sanoa kainostelematta* say it right/ straight to his/her face
kainostella 1 (arastella) be shy/ bashful/timid **2** (laskelmoivasti) play coy, play the coquette **3** (häpeillä) be modest/prudish **4** (hävetä) be ashamed/ afraid to/of *Hän ei kainostele huonoa kielitaitoaan* She's not ashamed of her poor command of the language, she's not afraid of using her English, no matter how bad it is
kaipaus 1 (kaipaaminen) longing, yearning, pining *jättää kaipauksetta kotiseutunsa* leave your home town without a backward glance *kaipaus kotiin* homesickness **2** (halu) longing, wish, desire *paremman elämän kaipaus* wish for a better life **3** (suru) grief, sense of loss *Hän lähti suureksi kaipauksemme* We miss him terribly
kaipuu longing, yearning, pining
kaira 1 (pora) auger **2** (korpi) the backwoods/wilds of Lapland
kairata drill, bore
kaisla reed, bulrush
kaislamatto rush mat
kaislikko reeds, bulrushes
kaista 1 (maan, kankaan, paperin tms) strip **2** (vyöhyke) belt, (sot: lohko) sector **3** (taajuusalue) band **4** (ajokaista) lane **5** (kaistapäinen) off his/her rocker, out of his/her tree
kaistale strip, band, belt
kaistapäinen off your rocker, out of your tree
kaistapää nut case
kaita *v* tend, shepherd
adj narrow, (vanh: ahdas) strait *kaita tie* (raam) the strait and narrow (path)
kaitafilmi (filmi) movie film, (elokuva) home movies
kaitakasvoinen thin-/narrow-faced
kaitselmus providence
kaitsija 1 (hoitaja) caretaker, guardian **2** (lauman, seurakunnan) shepherd **3** (lapsen) babysitter
kaiutin (loud)speaker
kaiutinpuhelin speaker phone
kaivaa 1 dig *kaivaa esiin* dig up/out, excavate (ks myös hakusana) *kaivaa maahan* dig in(to) **2** (sika) root, grub, (myyrä tms) burrow **3** (lapiolla) shovel, spade, scoop (out) **4** (tunneli) cut, blast **5** (kaivo) drill, sink **6** (nenää, hampaita) pick **7** (puuhun) carve *kaivaa nimikirjaimensa puuhun* carve your initials in a tree **8** (tavaroitaan) dig/rummage/plow (through) **9** (mieltä) gnaw/nag at, bother
kaivaa esiin dig up/out, excavate; (ruumis) disinter, exhume; (salaisuus) dig/dredge up
kaivaa jonkun hautaa dig someone's grave (myös kuv)
kaivaa juurineen root up/out, uproot
kaivaa kuvettaan dig deep in your pocket
kaivaa maata jonkun jalkojen alta undermine someone
kaivaa muististaan dredge up out of (the depths of) your memory
kaivaa salat julki dig up dirt (on someone)
kaivaa sotakirveensä maahan bury the hatchet
kaivaa verta nenästään be spoiling for a fight, be asking for it/ trouble
kaivaja digger, excavator
kaivannainen mineral(s)
kaivannaisvarat mineral resources
kaivanto 1 excavation, pit *rakennuskaivanto* building pit **2** (vallihauta) moat, (vesihauta) trench, ditch **3** (kanaali) canal

kaivata 1 (ikävöidä) long/yearn/pine for, miss *Kaipaan häntä niin kovasti!* I yearn for him tragically, I pine for him inconsolably, I miss him sorely **2** (haluta) want, wish, desire *En kaipaa kuin hetken rauhaa* All I want is a little peace and quiet **3** (kysyä) ask/look for, ask after *Joku kaipasi sinua tänään* Someone was looking for you today, asking after you today **4** (tarvita) need, lack, miss, require *En kaipaa sinulta yhtään mitään* I don't need zip from you *Tämä paita kaipaa nappia* This shirt is missing a button, there's a button missing on this shirt *Asia ei kaipaa enempiä selityksiä* The matter requires no further explanations
kaivaus excavation, (ark) dig
kaivautua 1 (sisään) dig (yourself) in (myös sot); (ulos) dig your way out **2** (myyrä tms) burrow (in)
kaivella 1 dig **2** (nenää, hampaita) pick **3** (tavaroitaan) dig/rummage/ plow (through) **4** (mieltä) gnaw/nag at, bother
kaiverrin graver, chisel; (puikko) stylus
kaiverrus engraving
kaiverruttaa have (an inscription) engraved (on)
kaivertaa 1 (kirjoitusta: metalliin) engrave, (puuhun) carve **2** (reikää) dig, scoop, gouge
kaivinkone excavator, power shovel, back-hoe
kaivo well *kaivaa kaivo* dig/sink a well *porata kaivo* drill a well *heittää rahaa Kankkulan kaivoon* throw money down the drain, down a well, out the window
kaivos mine
kaivoskaasu methane/marsh (gas)
kaivoskuilu mine shaft
kaivoslamppu miner's/pit lamp
kaivosmies miner, pitman
kaivosoikeudet mineral rights
kaivosonnettomuus mine disaster
kaivossortuma cave-in
kaivostyöläinen miner, mine worker; (hiilikaivoksessa) coalminer, pitman, (UK) collier
kaivovesi well water
kaivuri excavator, power shovel, back-hoe
kajahtaa echo, ring, (re)sound; (kirkas kellon ääni) peal; (metallinen kellon ääni) clang; (laukaus) crack *kajahtaa tutulta* have a familiar ring (to it), sound familiar
kajakki kayak
kajari speaker
kajastaa 1 (aamu) break, dawn (myös kuv) **2** (valo) gleam, glimmer, show/ shine/glow dimly/faintly
kajastus 1 (auringonnousu) dawn, (run) dawn's early light; first rays of the morning sun **2** (kajaste) gleam, glimmer, glow, faint/dim shine
kajauttaa belt out
kaje 1 (valon) gleam, glimmer, glow **2** (ääni) resonance
kajo gleam, glimmer, glow, faint/dim shine
kajota 1 (koske(tta)a) touch, lay a hand/finger on *Tähän laatikkoon et saa kajota* This box is off limits, don't you dare lay a finger/hand on this box **2** (käsitellä: esinettä) handle, (aihetta) touch upon, deal with, broach *Enkö kieltänyt sinua kajoamasta siihen?* Didn't I ask you never to broach/raise/ mention that subject? *En halua kajota koko asiaan* I want to have nothing to do with that whole affair **3** (sekaantua) interfere (with), (tunkeutua) trespass (on), (lak) encroach (on)
kajottaa holler, bellow
kajuutta cabin
kakara kid, (tuhma) brat *kauhukakara* infant terrible
kakata poop, make poopoo/doodoo
kakattaa 1 *Minua kakattaa* I have to go poop **2** *Voitko kakattaa Jussia?* Could you take Jussi to go poop?
kakistaa *kakistaa kurkkuaan* clear your throat *Kakista ulos!* Spit it out!
kakistelematta straight out, without hemming and hawing, without beating around the bush
kakistella hawk; (kuv) hem and haw
kakka poop, poopoo, doodoo

kakkahätä *Minulla on kakkahätä* I have to go poop
kakkamainen poopy; (kuv) icky, yucky
kakkara (leivän) biscuit; (hevosen) turd
kakkia poop
kakkonen 1 number/figure two **2** (kakkosvaihde, toiselle sijalle kilpaillut) second *vaihtaa kakkoselle* put it/shift into second *olla kakkosena* come in (a good) second, be the runner-up **3** (korteissa) deuce
kakkosvaihde second
kakku 1 (täyte- tai kuivakakku) cake *Moni kakku päältä kaunis* All that glitters is not gold **2** (pikkukakku) cookie, (UK) biscuit **3** *istua kolmen vuoden kakku* do three years (in jail)
kakkulapio cake server
kakkuvuoka cake pan
kako gonzo, bananas, nutsoid
kakofonia cacophony
kakofoninen cacophonous
kaksi two *kahdet kengät* two pair(s) of shoes *me/te kaksi* the two of us/you *kaksi kertaa viikossa/kuussa/vuodessa (ilmestyvä/tapahtuva)* biweekly/ bimonthly/biannual(ly) *kaksi kertaa* twice, two times *Kaksi kertaa kaksi on neljä* Two times two is four *kaksi–kolme kertaa* two or three times, a couple-three times
kaksikamarinen bicameral
kaksikerroksinen (talo) two-story, (bussi) double-decker
kaksikielinen bilingual
kaksikielisyys bilingualism
kaksikymmentä twenty
kaksikymmenvuotias twenty-year-old
kaksikymmenvuotinen twenty-year-old *kaksikymmenvuotinen ongelma* a twenty-year-old problem, a problem we've had for twenty years
kaksikyttyräinen two-humped *kaksikyttyräinen kameli* Bactrian camel
kaksimielinen 1 (kaksiselitteinen) ambiguous **2** (rivo) suggestive, off-color, dirty
kaksimielisyys 1 (kaksiselitteisyyys) ambiguity **2** (kaksiselitteinen sana tai ilmaus) double entendre **3** (rivous) off-color/suggestive remark/story
kaksimoottorinen twin-/two-engined
kaksin by ourselves/yourselves/ themselves, just the two of us/you/ them
kaksinaamainen two-faced, hypocritical, duplicitous
kaksinainen (kaksinkertainen) twofold, double; (kahdenlainen) of two sorts/kinds
kaksinen *Ei se kovin kaksinen ollut* It wasn't too hot, it was nothing to write home about, it was no great shakes, it wasn't worth much
kaksinaismoraali double standard
kaksineuvoinen 1 (fyysisesti: eläin) hermaphroditic; (kasvi) androgynous **2** (henkisesti: bisexuaali) bisexual, (ark) AC/DC; (perinteisten sukupuoliroolien jälkeinen) androgynous
kaksin kerroin folded, twofold
kaksinkertainen twofold, double; (WC-paperi) two-ply; (ikkuna) double-glazed
kaksinkertaisesti doubly
kaksinkertaistaa double
kaksinkertaistua (be) double(d)
kaksinlaulu duet
kaksinnaiminen bigamy
kaksinpeli (tenniksessä) singles, (golfissa) twosome
kaksintaistelu duelist
kaksintaistelu duel
kaksinumeroinen two-digit
kaksin verroin doubly, twice as much/good jne
kaksio one-bedroom apartment, two-room aparment
kaksipesäinen dekki double-well (cassette) deck
kaksipiippuinen double-barreled *Se on kaksipiippuinen juttu* That sword cuts both ways
kaksipuolinen 1 two-sided **2** (taitettu) folio **3** (nurjaton) reversible **4** (lak ja pol) bilateral, bipartite
kaksipyöräinen two-wheeled

kaksisataa two hundred
kaksisataavuotisjuhla bicentennial
kaksiselitteinen ambiguous
kaksisoutuinen two-oared
kaksistaan (alone) together, just the two of them/us
kaksisylinterinen two-cylinder
kaksitahtinen two-stroke, (auto) two-cycle
kaksitaso biplane
kaksiteholasit bifocals
kaksitellen two by two
kaksiteräinen double-bladed, double-/two-edged *Se on kaksiteräinen miekka* That sword cuts both ways
kaksitoista twelve
kaksitoistasävelmusiikki dodecaphonic/twelve-tone music
kaksittain two by two, two at a time, in pairs
kaksituhatta two thousand
kaksivaiheinen two-phase
kaksivuotias *s* ja *adj* two-year-old
kaksivuotinen two-year
kaksoiskansalaisuus dual citizenship
kaksoiskappale duplicate, (ark valokuvista) dupe
kaksoisleuka double chin
kaksoislevyasema dual disk drive
kaksoisolento double, alter ego, doppelganger
kaksoispiste colon
kaksoissisar twin sister
kaksoisvalotus double exposure
kaksoisveli twin brother
kaksoisvirhe double fault
kaksonen twin
kaksoset twins *Kaksoset* Gemini
kaktus cactus
kala fish *kuin kala kuivalla maalla* like a fish out of water *Onko hän lintu vai kala?* Is he friend or foe? *mennä kalaan* go fishing *kalassa* (out) fishing *kala liikkuu* the fish are biting *pyytää kalaa* fish *tyynessä vedessä isot kalat kutevat* still waters run deep *kylmä kuin kala* cold as ice *mennä merta edemmäs kalaan* carry coals to Newcastle *mykkä kuin kala* mum as a mouse *olla kuin kala vedessä* feel right at home, feel like a pig in shit
kalaisa well-stocked, full of fish
kalajuttu fishing story, tall tale
kalakeitto fish soup
kalakukko Finnish fish pasty
kalalokki seagull
kalanhaju fish smell
kalanmaksaöljy codliver oil
kalanruoto fishbone
kalansilmä fish eye, (objektiivi) fish-eye lens
kalansilmäobjektiivi fisheye lens
kalanviljely fish farming/hatching/ breeding, pisciculture
kalanviljelylaitos fish hatchery
kalaonni fisherman's luck
kalaporras fish ladder
kalapuikko fishstick, (UK) fish finger
kalaretki fishing trip/expedition
kalaruoka fish; (ruokalaji) fish course
kalastaa 1 fish (for), go fishing **2** (kuv) fish/hunt (for), drum up
kalastaja fisherman
kalastella fish/hunt (for), drum up *kalastella kohteliaisuuksia* fish for compliments
kalastus fishing
kalastusaika fishing season
kalastuslupa fishing licence/permit
kalatalous fishing industry
kalauttaa smack, whack, thwack
kaleeri galley
kaleeriorja galley slave
kaleidoskooppi kaleidoscope
kalendaarinen calendrical
kalenteri calendar
kalenterikuukausi calendar month
kalenterivuosi calendar year
kalenterivuosittain by/each calendar year
Kalevala Kalevala
kalevalamitta Kalevala meter, trochaic tetrameter
kalibroida calibrate
kalibrointi calibration
Kalifornia California
kalifornialainen *s, adj* Californian
kaliiperi caliber (myös kuv)

kalista (hampaat) chatter; (kattilat tms) clatter, rattle; (soivasti) jangle
kalistaa (kattiloita tms) clatter, rattle; (ketjuja tms) clank *Lakkaa kalistamasta niitä kattiloita!* Would you stop making such a racket with those pots and pans in there?
kalistella clatter, rattle, clank (ks kalistaa)
kalja beer, (kotikalja) near/small beer *lähteä kaljalle* go out for a few beers
kalju *s* baldie
adj **1** (pää) bald(-headed) **2** (vuorenhuippu) bare, treeless
kaljupäinen bald(-headed)
kaljuuna 1 (laiva) galleon **2** (keulaparvi) cutwater
kaljuunakuva figurehead
kaljuuntua go bald, lose your hair
kaljuuntuminen balding
kalkioida take/make a carbon copy of
kalkiopaperi carbon paper
kalkita 1 (maalata) whitewash, limewash **2** (lannoittaa) lime
kalkkarokäärme rattlesnake
kalkkeutua 1 calcify **2** (ark) get old and set in your ways, go senile
kalkkeutunut 1 calcified **2** (ark) doddering, senile
kalkki 1 (lääk) calcium **2** (kem) lime **3** (malja) cup, chalice *tyhjentää kalkkinsa viimeiseen pisaraan* drain the bitter cup of sorrow to the last drop **4** (ark) old fart
kalkkikivi limestone, chalk
kalkkimaalaus fresco
kalkkis *s* old fart
kalkkiutua 1 calcify **2** (ark) get old and set in your ways, go senile
kalkkiviiva white/chalk line
kalkkuna turkey
kalkyyli calculus
kallellaan 1 tilted, tilting, leaning/listing (to one side), slanting, aslant *pää kallellaan* with your head tilted (to one side) *lakki kallellaan* with cocked hat **2** *olla kallellaan vasemmalle* have leftist leanings
kalleus 1 (kallis hinta) high price, expensiveness **2** (arvoesine) valuable, treasure; (koru) jewel; (mon) valuables *perhekalleudet* (tav ja leik) family jewels
kalligrafia calligraphy
kalligrafinen calligraphic
kalliinpaikanlisä local (cost-of-living) allowance
kallio rock, (jyrkänne) cliff
kallioinen *s* (kasv) fleabane
adj rocky
kalliojyrkänne cliff, precipice
kallioleikkaus rock cutting, excavation
kallioniemeke promontory
kallionlohkare boulder
kallioperä bedrock
kalliopiirros rock/cave painting, petroglyph
kallis 1 (hinta) expensive, costly, high-priced *kallis hinta* high price *Se käy sinulle kalliiksi* This is going to cost you (dearly) **2** (arvo) precious, (in)valuable, priceless *kuluttaa jonkun kallista aikaa* waste someone's valuable/precious time **3** (rakas) dear, precious, beloved *kallis synnyinmaa* beloved land of my birth
kallisarvoinen precious, (in)valuable, priceless, not to be had for love or money
kallistaa 1 (hintaa) raise/increase the price **2** (astiaa tms) tip, (kumoon) tip over **3** (pöytää tms) tilt **4** (askelmia tms) incline, cant **5** (laivaa: vähän, vahingossa) list, (kyljelleen korjausta varten) careen, heave down **6** (lentokonetta) bank **7** (päänsä: lepoon) lay down, (päätään) incline **8** *kallistaa vaakaa* (myös kuv) tip the scales, tilt the balance
kallistaa korvansa bend/lend an ear (to)
kallistella (lasia) hit the bottle, tipple; (venettä) rock (the boat)
kallistua 1 (hinta) rise/go up/increase in price **2** (taipua johonkin suuntaan) lean, tilt, incline, cant, list, careen, heave (ks kallistaa) **3** (olla taipuvainen jollekin kannalle) lean, tend, be inclined *Alan kallistua sille kannalle, että rahat pitää saada takaisin* I'm beginning to

think/feel that we ought to get the money back
kallistuma tilt, slant; (laivan) list, heel
kallistus lean, tilt, inclination, cant, list
kallistuskulma heeling/banking angle
kallo skull; (ark) noodle, bean, nut *Se ei mahdu mun kalloon* I can't make head or tail of it, I can't figure it out, it's over my head *kova kallo* thick skull
kallonkutistaja (head)shrink(er)
kalmankalpea deathly pale, white as a ghost/sheet
kalmetoida vaccinate for BCG
kalmisto graveyard, cemetery
kalmo corpse, (ark) stiff
kalori calorie
kalorimetri calorimeter
kalorimetria calorimetry
kalossi galosh (mon galoshes)
kalotti 1 (kappale) calotte **2** (päälaki) crown, (lööäk) calva(rium) **3** (lakki) skullcap, (katolinen) zucchetto **4** (kalottialue) the polar/arctic region, the Arctic
kalottialue the polar/arctic region, the Artic
kalpea 1 pale, white **2** (kuv) faint, dim, vague
kalsarit undies, shorts *pitkät kalsarit* long johns
kalsea 1 (ilma tms) cold *kalsea tuuli* a wind that goes right through you, that freezes you to the bone **2** (tunne tms) bleak, cheerless
kalsifikaatio calcification
kalsium calcium
kalskahtaa 1 (miekat) clash, (kaviot) clatter **2** (kuv) ring, sound *kalskahtaa tutulta* have a familiar ring to it, sound familiar *kalskahtaa epäilyttävältä* smell fishy
kalske clatter, clash
kaltainen like *sinun kaltaisesi ihmiset* people like you, (halv) the likes of you *Seura tekee kaltaisekseen* Like breeds like
kalterit bars *joutua kalterien taakse* wind up behind bars
kalteva inclined, leaning, slanting, sloping, (katto) pitched
kaltevalla pinnalla on the decline, on a downward slope, (ark) on the skids *joutua kaltevalle pinnalle* hit the skids
kaltevuus 1 inclination, cant, pitch **2** (tien) gradient, grade, incline, slope
kaltoin *kohdella jotakuta kaltoin* treat someone badly, mistreat/abuse someone
kalu 1 thing, object *Ei siitä enää kalua tule* It's had it, it's beyond repair/fixing, its days are over **2** (käyttökalu) tool, utensil, instrument **3** (siitin: lääk) penis, (euf) organ, (ark) tool
kalustaa furnish
kalustamaton unfurnished
kaluste 1 piece of furniture **2** *kalusteet* (huonekalut) furniture, (kaapit) cabinets, (tekn: varusteet, laitteet) fittings, mountings
kalustettu furnished
kalusto 1 (välineet) equipment, gear; (varusteet) fittings; (työkalut) tools **2** (irtaimisto) stock, inventory; (autot) fleet, (junat) rolling stock, (karja) deadstock **3** (huonekalut) *olohuoneen/ruokasalin kalusto* living/dining room suite **4** (astiasto) *kahvi/teekalusto* coffee/tea service **5** (leik: hammasproteesi) teeth **6** *Hän kuuluu kalustoon* She's part of the family
kalustus 1 (kalustaminen) furnishing **2** *kalustukset* furnishings, furniture; (tekn) fittings, fixtures
kaluta gnaw on
kalvaa 1 (nakertaa) gnaw (at) **2** (hiertää) chafe, rub **3** (vaivata) gnaw/nag at, bother, gall
kalvakka pale
kalveta 1 turn pale, go white **2** (haalistua) fade
kalvinilainen Calvinist
kalvinisti Calvinist
kalvo 1 (muovikalvo olanheittoprojektoria varten) transparency **2** (kelmu) film, foil, sheet; (tekn) diaphragm **3** (anat) membrane **4** (pinta) surface
kalvosin (shirt) cuff
kalvosinnappi cufflink
kama 1 (roju ja huumeet) stuff, junk, (sl) shit **2** (kamat) things

kamala horrible, terrible, awful (myös kuv ja ark)
kamalasti horribly, terribly, awfully (myös kuv ja ark)
kamara 1 (maankuori) (earth's) crust *päästä takaisin maan kamaralle* (lento- tai laivamatkan jälkeen) feel the earth beneath your feet again, get back to solid ground **2** (nahka) rind *paistettu (sian)kamara* cracklin's
kamari 1 (huone) (bed)room, chamber **2** (parlamentissa) chamber, house **3** (poliisiasema) (police) station, precinct
kamarimusiikki chamber music
kamariorkesteri chamber orchestra
Kambodža Cambodia
kambodžalainen Cambodian
kambrikausi Cambrian (period)
kamee cameo
kameleontti chameleon
kameli camel
kamelia camelia, japonica
kamera camera
kameraalinen cameral
kamerakulma camera angle
kameramies cameraman
kameranauhuri camcorder
kamerataide (valokuvataide) photographic art, (elokuvataide) cinematic art
Kamerun Cameroon
kamerunilainen *s, adj* Cameroonian
kamferi camphor
kamiina iron stove/heater
kamikazelentäjä Kamikaze pilot
kammata comb
kammeta 1 (vääntää kammella irti) pry, wrench **2** (kääntyä) turn, swerve
kammio 1 (huone) chamber; (munkin) cell; (tutkijan) carrel, cubicle **2** (hauta) tomb **3** (sydämen) chamber, ventricle **4** (tekn) chamber, casing
kammo dread, (psyk) phobia
kammoa 1 (pelätä) dread, fear, be afraid of **2** (inhota) abhor, loathe
kammoksua 1 (pelätä) dread, fear, be afraid of **2** (inhota) abhor, loathe
kammota 1 (pelätä) dread, fear, be afraid of **2** (inhota) abhor, loathe
kammottaa fill (someone) with dread, terrify, horrify *En voi mennä sinne, minua kammottaa* I can't go in there, I'm scared
kammottava dreadful, horrible, terrible, awful (myös kuv)
kampa comb *panna kampoihin* resist, take a stand against
kampaaja hairdresser
kampaamaton uncombed, unkempt
kampaamo hairdresser, hair salon
kampanja campaign
kampanjoida campaign *lähteä kampanjoimaan* hit the campaign trail
kampata trip (up)
kampaus 1 (prosessi) combing, hairdressing **2** (lopputulos) hairdo
kampela flounder
kampi (auto) crank; handle
kampiakseli crankshaft
kamppailla 1 (tapella) fight/struggle (wth), do battle with **2** (kilpailla) compete (with)
kamppailu 1 (tappelu) fight, struggle, battle **2** (kilpailu) contest, competition
kamppaus tripping
kamppeet 1 (vaatteet) clothes, threads, duds **2** (tavarat) stuff, junk, (sl) shit
kampsut stuff, shit *kimpsuineen ja kampsuineen* with the whole kit and kaboodle
Kamputsea Kampuchea, (nyk) Cambodia
kamputsealainen *s, adj* Kampuchean, Cambodian
kamreeri (liik) chief accountant; (yhdistys) treasurer; (yliop) bursar
kamu pal, buddy, mate
kana 1 (yl ja keitt) chicken; (emo) hen *kanan muisti* a memory like a sieve *katketa kuin kananlento* go over like a lead balloon *juoksennella kuin päätön kana* run around like a chicken with its head cut/chopped off **2** (kana-aivo) birdbrain, (silly) goose **3** *kuin Ellun kana* without a care in the world *täynnä kuin Ellun kana* stuffed to the gills *päissään kuin Ellun kana* drunk as a skunk
kanaali canal, (iso) channel

Kanaalisaaret Channel Islands
kanaalitunneli (Englannin kanaalin ali) Chunnel, Channel Tunnel, Eurotunnel
Kanada Canada
kanadalainen *s, adj* Canadian
kanaemo (mother) hen
kanahaukka chicken hawk
kana kynimättä *Minulla on kanssasi kana kynimättä* I've got a bone to pick with you
kana kynittävänä ks kana kynimättä
kanala (talo) poultry farm/ranch, (rakennus) henhouse
kanaliemi chicken broth
kanalintu fowl, (mon) poultry
kanalisaatio canalization
kanalisoida canalize
kananliha gooseflesh *olla kananlihalla* have gooseflesh, goose bumps
kananmuna (chicken) egg
kananpoika chick
kanapee canapé
kanarialintu canary (bird)
Kanarian saaret the Canary Islands
kanava 1 (maant ja anat) canal **2** (TV, tietok ja kuv) channel
kanavavalitsin channel selector, (ark) dial
kanavoida (lääk) canalize, (muu) channel
kandela candlepower, candle, candela
kandi M.A., M.S.; (sairaalassa) intern
kandidaatti 1 (hakija) candidate **2** (hum kand) B.A./B.S., college grad(uate); (fil kand) M.A./M.S.; (lääk kand) intern
kaneli cinnamon
kanerva heather
kanervikko heathland
kangas 1 (tekstiili) fabric, cloth **2** (maalattava tai maalattu) canvas **3** (metsämaa) a dry peaty forest with heavy moss and lichen cover
kangaskauppa fabric store
kangaskenkä cloth/canvas shoe
kangasmalli fabric sample
kangasmetsä a dry peaty forest with heavy moss and lichen cover
kangaspakka roll (of fabric/cloth)
kangaspala piece of fabric
kangaspuut loom
kangastaa shimmer (like a mirage), (siintää) loom *kangastaa saavuttamattomissa* hover just out of reach, loom just over the horizon, be waiting just around the corner
kangastus 1 (näköharha) mirage **2** (unelma) (pipe-/day)dream, fantasy
kangerrella stumble/trip/limp along *kangerrella puheessaan* stumble/trip over words
kangertaa 1 stumble/trip/limp along **2** (kalvaa) gnaw/nag at, bother, gall
kangeta 1 (nostaa kangella) pry/prize (up/loose) **2** (kangistua) stiffen (up)
kangistaa stiffen
kangistua stiffen (up) *kangistua kaavoihinsa* get set in your ways, fall into a routine/rut
kani 1 rabbit **2** pawnshop, (ark) hock *TV on kanissa* My TV's in hock, I pawned my TV
kaniini rabbit
kanisteri canister
kanjoni canyon
kankainen cloth, canvas *farkkukankainen* denim
kankea stiff (myös kuv) *kauhusta kankea* paralyzed/stiff/rigid with fear *kankea hymy* stiff/awkward/wooden smile
kankeakielinen slow of speech
kankealiikkeinen stiff
kankeasti stiffly
kanki 1 (rautakanki) pry bar **2** (harkko) bar, ingot
kankku buttock, cheek *levät kankut* fat ass, wide butt
kankkunen hangover
kannanotto stance, stand, position *virallinen kannanotto* (julkilausuma) resolution
kannas 1 (maant) isthmus **2** (reen) runner end *Hyppää kannaksille!* Jump on (the runners)!
kannatella support, hold up

kannatin 1 (yl ja kuv tuki) support, stay, prop, brace **2** (tukipilari) stud, (alusta) rest, (konsoli) bracket, (kelkka) saddle

kannattaa 1 (kantaa fyysisesti) support, bear/hold/prop (up), carry *Tuo pöytä ei kannata sinua* That table won't bear your weight **2** (kantaa henkisesti) support, uphold, sustain *Sotainen kansa ei voi kannattaa rakkauslyriikkaa* A warlike people cannot sustain a tradition of love poetry **3** (tukea taloudellisesti) support, patronize, maintain **4** (tukea henkisesti) support, back, champion, stand up for **5** (puoltaa: ehdotusta) second; (mielipidettä) espouse, go along with, agree with; (ryhmää) adhere to *A: Kannatetaanko? B: Kannatetaan* A: Do I hear a second? B: Second! *Kyllä minä periaatteessa kannatan tuota ajattelutapaa, en vain usko että se tepsii tähän* I agree with you in principle, but in this case I don't think it'll work **6** (hyödyttää) be worth(while) *Ei sinun kannata tulla* There's no need for you to come, don't bother coming, it's not worth your while to come *Kyllä sinne kannattaa mennä* Sure, it's worth going there, it's a worthwhile trip *Ei kannata kiittää* Don't mention it *Ei siitä kannata puhua* It's not worth talking about, no point talking about it **7** (olla tuottavaa) be profitable, pay *Rikos ei kannata* Crime doesn't pay *Isän ravintola ei enää kannata* Dad's restaurant isn't profitable any more, isn't bringing in a profit any more **8** (antaa kantaa) get someone to carry, have someone carry *kannattaa kuormansa aasilla* have the load hauled by donkey

kannattaja 1 (tukija) supporter, backer, benefactor **2** (seuraaja) adherent, follower, disciple **3** (liittolainen) ally, sympathizer, partisan **4** (puolestapuhuja) advocate, proponent

kannattamaton unprofitable *Liike alkaa olla kannattamaton* The business is hardly profitable any more, is bringing in smaller and smaller profits, is verging on unprofitability

kannattamattomuus unprofitability

kannattava 1 (rahallisesti) profitable, paying *Onko se kannattavaa puuhaa?* Does it pay? **2** (henkisesti) worthwhile *Olisiko se kannattava menettely?* Do you think the course would be worthwhile/helpful/useful, would help me, would be of some use to me? **3** (fyysisesti) supporting, bearing

kannattavuus profitability, worthwhileness

kannatus 1 (tuki) support, backing *Voinko luottaa sinun kannatukseesi?* Can I count on your support? **2** (suostumus) acceptance, approval, endorsement *Onko tämä saanut johtokunnan kannatuksen?* Has this been approved by the board? **3** (apu) assistance, aid *Ilman sukulaisten kannatusta emme olisi pärjänneet* Without help from relatives we never would have made it **4** (liittyminen) adherence *puolueen kannatus* adherence to a party

kanne (law)suit, (legal) action *nostaa kanne jotakuta vastaan* sue someone, file a (law)suit against someone, bring (legal) action against someone *ajaa kannetta jotakuta vastaan* prosecute someone

kannel kantele

kannella 1 (lapsi) tattle/rat on, squeal *Sä kantelit!* You tattled/ratted on me! You squealed! **2** (lak) file/lodge a (formal) complaint

kannellinen 1 (astia) covered, with a lid *kannellinen purkki* a jar with a lid **2** (laiva) decked

kannettava puhelin portable telephone; cellular phone

kannibaali cannibal

kannibalismi cannibalism

kannnike (kahva) handle, (hihna) strap

kannikka heel (of bread)

kannin handle, strap *heikoissa kantimissa* in bad shape, on shaky ground, skating on thin ice

kanniskella carry/lug/haul around/about *Olen kanniskellut näitä kasseja koko päivän* I've been lugging these bags around all day

kannu (maitokannu) pitcher, (tee/ kahvikannu) tea/coffee pot, (viinikannu) flagon, (kastelukannu) watering can
kannunvalanta pronouncing on politics
kannus spur *ansaita kannuksensa* win your spurs
kannustaa 1 (hevosta) spur (on) **2** (ihmistä) encourage, support, urge/ egg/spur (on)
kannuste incentive
kannustin spur, incentive
kanoninen canonical
kanonistaa canonize
kanootti canoe
kansa 1 (ryhmittymä: yl) the people, the public, the populace; (halventava) the masses, the rabble; (geopoliittinen) the nation; (henkinen) a culture **2** (ihmiset) people; (murt) folks; (kuluttajat) consumers, the consumer
Kansainliitto (hist) League of Nations
kansainvaellus (hist) migration, exodus *suuret kansainvaellukset* the Great Migrations, the Germanic Invasions *(raam) Israelin kansainvaellus* the Exodus
kansainvälinen *s* Internationale *adj* international
kansainvälisesti internationally
kansainvälistyä internationalize, go international
kansainvälisyys internationalism
kansainvälisyyskasvatus multicultural education
kansainyhteisö international community *brittiläinen kansainyhteisö* the British Commonwealth (of Nations)
kansakoulu elementary/grade school; (US/UK yl) primary school
kansakunta nation
kansalainen citizen
kansalaisoikeudet civil rights
kansalaisopisto folk college
kansalaissota civil war
kansalaistottelemattomuus civil disobedience
kansalaisuus citizenship, nationality
kansalaisvelvollisuus civil duty/ responsibility
kansallinen 1 national **2** ethnic
kansalliseepos national epic
kansalliseläin national animal
kansalliskaarti national guard
kansalliskiihko chauvinism, nationalism, patriotism
kansalliskiihkoilija nationalist
kansalliskiihkoilu nationalism
kansalliskokous (hist) the National Assembly
kansallislaulu national anthem
kansallismielisyys nationalism
kansallispuisto national park
kansallispuku national costume
kansallisromantiikka national romanticism
kansallisruoka national/ethnic food
kansallissosialismi (hist) National Socialism, Nazism
kansallissosialisti (hist) National Socialist, Nazi
kansallistaa nationalize, socialize
kansallisuus 1 (kansalaisuus) nationality **2** (kansakunta) nation
kansallisuusaate nationalism
kansandemokraatti People's Democrat
kansandemokratia People's Democracy
kansanedustaja (US) member of Congress; (UK/Suomi) member of Parliament
kansanedustuslaitos (US) Congress, (UK/Suomi) Parliament
kansaneläke national pension; (US) Social Security pension, (UK) National Insurance pension
kansaneläkelaitos (Suomi) National Pension Institute; (US) Social Security; (UK) National Insurance Fund
kansanlaulu folk song
kansanluonne national character
kansanmeno national expenditure
kansanmurha genocide
kansanomainen 1 popular, (ark) folksy **2** (kansankielinen) vernacular **3** (yleistajuinen) easily/generally accessible/ intelligible **4** (alentuva) democratic, liberal
kansanomaistaa popularize

kansanopisto folk high school
kansanravitsemus public nutrition
kansanrintama popular front
kansanrunous folk poetry, folklore
kansansatu folk tale
kansansoitin folk instrument
kansansävelmä folk tune
kansantajuinen (easily) assessible/ comprehensible, easy to read
kansantajuistaa popularize
kansantaloudellinen pertaining to the national economy *Onko meillä varaa moiseen kansantaloudelliseen tuhlaukseen?* Can the national economy, can the country afford such waste?
kansantalous national economy
kansantasavalta people's republic
kansantauti major disease
kansanterveys public health
kansantulo national income
kansantuote national product
kansanvalta democracy
kansanvaltainen democratic
kansanäänestys popular election
kansatiede ethnology
kansatieteellinen ehtonological
kansatieteilijä ethnologist
kansi 1 (astian tms) lid, (laatikon tms) cover, (taskun) flap, (kierrekorkki) cap, (tekn) hood, (kirjan) cover, (pöydän) top *lukea kirja kannesta kanteen* read a book from cover to cover **2** (laivan) deck *kannen alla* below decks *kannella* on deck *Kaikki miehet kannelle!* All hands on deck! **3** (taivaan) vault (of heaven)
kansikko folder
kansikuva cover photo/picture
kansikuvatyttö cover girl
kansio folder, notebook
kansipaikka deck chair *Minulla oli kansipaikka* I took deck passage, I slept on deck, in a deck chair
kansituoli deck chair
kansleri chancellor
kanslia 1 (toimisto) office, bureau **2** (hist UK) chancery, chancellery; (kansainvälisen yhdistyksen) secretariat
kanslisti 1 (toimistovirkailija) secretary **2** (pol, diplomatiassa) government/ chancery clerk
kansoittaa 1 (asuttaa) settle, colonize, populate **2** (tulla joukoittain) throng, crowd, fill; (ark) jam, pack *Turku on viime päivinä ollut ylioppilaiden kansoittama* For the last few days Turku has been jammed/packed/ crowded with high school graduates
kansoittua 1 be(come) colonized/ settled/populated **2** fill up, be crowded/ jammed/packed
kanssa 1 (yhdessä jonkun kanssa) with, and *tehdä työtä jonkun kanssa* work with someone *Minä menin Ritvan kanssa* Ritva and I went *Minä tulen hulluksi sinun kanssasi!* You're driving me crazy! *yhtä tyhjän kanssa* a waste of time, a pointless exercise *mennä ajan kanssa* take your time, leave yourself plenty of time **2** (suhteessa johonkuhun) to *naimisissa jonkun kanssa* married to someone *sukua jonkun kanssa* related to someone, someone's relative *minun kanssani samanikäinen* the same age as me **3** (jotakuta vastaan) against *joutua sotaan Libyan kanssa* go to war against Libya *joutua vastakkain jonkun kanssa* come up against someone, confront someone **4** (myös) too, also *Ei kun sinä tulet kanssa!* No, you're coming too! **5** (kyllä) sure, really *Se on kanssa outo tyyppi* He sure/really is a weirdo
kanssaihminen fellow human being
kanssakäyminen relations, intercourse *sosiaalinen kanssakäyminen* social relations/intercourse *seksuaalinen kanssakäyminen* sexual relations/intercourse
kanssamatkustaja fellow passenger
kanta 1 (tekn) support, saddle, stock; (lampun) base; (lasin) foot, stem; (jalokiven) setting; (reen kannas) runner end; (naulan) head *Osuit naulan kantaan* You hit the nail on the head **2** (jalan kantapää, kengän kanta) heel *ihan kannoilla* right on someone's heels **3** (geom, tietok) base *tietokanta* database *kolmion kanta* the base of a triangle **4** (kasv: lehden) stem, (mansikan) hull; (sienen) stipe *poistaa mansi-*

kan kanta hull a strawberry **5** (biol: bakteerikanta) strain; (eläinkanta) population, stock **6** (lipun) stub **7** (kiel: sanan) stem, root **8** (mielipide) opinion, position, stance *asettua jollekin kannalle* take a position (on an issue) *asettua kielteiselle kannalle* decide against something *asettua odottavalle kannalle* decide to wait (and see) *minun kannaltani* from my point of view, from where I stand, as I see it **9** (tila) state, condition *Sinun asiasi ovat nyt suhteellisen hyvällä kannalla* You're pretty well set, things are looking fairly good for you right now

kantaa *tr* **1** (kuljettaa) carry *kantaa säkkiä olalla* carry a sack on your shoulder *vene kantaa kahdeksan henkeä* the boat carries eight (people) **2** (kannattaa; kantaa hedelmää; kuv: kestää) bear *Hanki ei kanna* The snow won't bear your weight, you can't walk on the snow crust *kantava seinä* load-bearing wall *kantaa hedelmää* bear fruit (myös kuv) *kantaa ristinsä* bear your cross(es) **3** (kuljettaa jonnekin) take; (jostakin) bring, fetch *kantaa roskia ulos* take out the trash *kantaa puita sisään* bring/carry in some firewood **4** (olla raskaana: nainen) be pregnant, be with child; (emo) be with young, (lehmä) be with calf, (tamma) be with foal jne **5** (poikia) drop *kantaa sonnivasikka* drop a bull calf **6** (tuottaa) bear, yield, produce *kantaa runsas sato* yield/ produce an abundant crop **7** (posti) deliver **8** (vero) levy **9** (vastuu) carry, bear, shoulder
itr (sinkoutua, ulottua) carry, (paitsi silmä:) see, reach *Keihäs/ääni kantoi pitkälle* The javelin/voice carried a long way *niin pitkälle kuin silmä kantoi* as far as the eye could see

kantaa kaunaa hold/nurse a grudge

kantaa kortensa kekoon add your two bits (to something), do your part/ share, contribute

kantaa ottava polemical, argumentative

kantaa vastuu carry/bear/shoulder your responsibility

kantaa seuraukset suffer the consequences

kanta-asiakas regular (customer)

kantaatti cantata

kantaa posti deliver the mail

kantaesitys premiere

kantaisä p(rim)ogenitor

kantaja 1 (postin) carrier, (sanomalehtien) delivery boy/girl **2** (matkatavaroiden: hotellissa) bellhop, (lentokentällä) porter, skycap **3** (lipun) bearer **4** (ruumisarkun) pallbearer **5** (veron) collector **6** (syytteen nostaja) plaintiff **7** (valituksen tekijä) complainant

kantama range, -shot *kuulon kantaman päässä/ulkopuolella* within/out of earshot *silmän kantaman päässä/ ulkopuolella* within/out of sight *kiväärin kantaman päässä/ulkopuolella* within/ out of gunshot/firing range

kantamus load, burden

kantaohjelmisto basic repertoire

kantaosake common share, (UK) ordinary share; (mon) common stock, equities

kantapaikka (our) favorite place

kantapää heel *kiireestä kantapäähän* from top/head to toe *oppia kantapään kautta* learn the hard way

kantarelli chantarelle

kantasuomalainen *s* Proto-Finn *adj* Proto-Finnic

kantatila ancestral estate, (lohkottu maatila) original farm

kantautua 1 (kantaa) carry, be carried, reach *Kaukainen ukkosen jyrinä kantautui korviimme* We heard the faint rumbling of distant thunder *ääni kantautuu pitkälle* the sound carries far *Tietooni on kantautunut että* It's come to my knowledge that, word has reached me that **2** (ajautua) drift, wash (up) *rannalle kantautunut airo* an oar that washed up on the beach *Lika kantautuu jaloissa sisälle* Dirt is tracked in(to the house) on people's shoes

kantavanhemmat progenitors, (Aatami ja Eeva) first parents

kantavuus 1 (tien, sillan tms) maximum load **2** (palkkien tms) load-

bearing capacity **3** (jään tms) carrying capacity *Mikä on jään kantavuus?* How much (weight) will the ice carry? **4** *kokeilla siipiensä kantavuutta* test/try your wings **5** (äänen, tykin) range **6** (merkitys) significance, bearing
kantaväestö original/indigenous population
kantele kantele
kanteleensoittaja kantele player
kantelu 1 (lapsen) tattling, squealing **2** (lak) complaint
kantelupukki tattletale
kanto 1 (kaadetun puun alaosa) stump **2** (kantaminen) carrying, bearing **3** (veron) collection
kantoaalto carrier (wave)
kantokyky 1 (tien, sillan tms) maximum load **2** (palkkien tms) load-bearing capacity **3** (laivan) tonnage **4** (jään tms) carrying capacity *Mikä on jään kantokyky?* How much (weight) will the ice carry? **5** (maksukyky) solvency
kantomatka range
kantoni canton
kantosiipialus hydrofoil
kantotuoli litter, sedan (chair)
kantri country (and western) (music)
kantrilaulaja country singer
kantrimusiikki country (and western) (music)
kantti 1 (reunus) edge, border *katsoa asiaa joka kantilta* consider something from all sides **2** (rohkeus) the nerve *Ei kantti kestänyt* He lost his nerve, he chickened out *Minulla ei ole kanttia mennä sinne* I'm too chicken/scared to go in there *Miten sinulla voi olla kanttia sanoa noin?* How dare you say that? **3** (tila) *huonolla kantilla* bad off, on shaky ground
kanttiini canteen, PX
kanttori cantor, choir-director; (ark) organist
kanuuna 1 (sot) cannon **2** (urh) crack shot
kanyloida cannulate
kanylointi cannulation
kanyyli cannula, canule
kapakka bar, tavern; (UK) pub *kiertää kapakoita* go bar-hopping
kapaloida wrap in swaddling clothes
kapalot swaddling clothes
kapasitanssi capacitance
kapasiteetti capacity
kapea 1 (ahdas) narrow **2** (solakka) thin, slender **3** (niukka) meager, scanty
kapea-alainen narrow (in range/ scope)
kapeakasvoinen thin-faced
kapealierinen narrow-brimmed
kapearaiteinen pin-striped
kapeikko 1 (maalla) pass, defile, gap **2** (merellä) strait(s)
kapellimestari conductor
kapeus narrowness, thinness, slenderness, scantiness (ks kapea)
kapillaari capillary
kapillaari-ilmiö capillarity, capillary action
kapillaarinen capillary
kapillaariputki capillary (tube)
kapillaarisuus capillarity
kapina 1 (hallitusta vastaan) rebellion, revolt, insurgency *nousta kapinaan* rise up in rebellion/revolt (against), rebel/ revolt (against) **2** (laivan kapteenia tai sotilasjohtoa vastaan) mutiny **3** (tiettyä käytäntöä tms vastaan) rebellion, protest, resistance
kapinahanke planned uprising/ rebellion/revolt, (laivassa) mutiny
kapinahenki rebellious spirit, spirit of rebellion
kapinallinen *s* **1** (hallitusta vastaan) rebel, insurgent **2** (laivassa ja armeijassa) mutineer
adj **1** (hallitusta vastaan) rebellious, rebelling, insurgent **2** (laivassa ja armeijassa) mutinous
kapine 1 (esine) thing (myös kuv); (mon) things, stuff *Kylläpäs sinä olet outo kapine!* You sure are a strange thing **2** (väline) tool, instrument
kapinoida 1 rebel, revolt, rise (up in rebellion/revolt against) **2** (laivassa ja armeijassa) (rise up in) mutiny **3** (vastustaa) rebel against, protest (against), resist

kapinoitsija rebel, revolutionary, insurgent
kapinoiva rebellious
kapioarkku hope chest
kapiot trousseau
kapistus thing (myös kuv); (mon) things, stuff
kapitaali capital
kapitaalinen capital
kapitalismi capitalism
kapitalisoida capitalize
kapitalisointi capitalizartion
kapitalisti capitalist
kapitalistinen capitalist(ic)
kapitaloida capitalize
kapitalointi capitalization
kapiteeli 1 (pylvään pää) capital **2** (kirjain) small cap(ital)
kapitoli capitol (building)
kapituli capitular body, chapter; (tuomiokapituli) bishop's council
kappa 1 (kirjain) kappa **2** (tilavuusmitta, 4,58 l) halpf a peck, (lähin vastine) gallon **3** (takki) cloak, coat; (alba) robe, gown
kappalainen associate pastor, (UK) assistant vicar, curate
kappale 1 (pieni pala) piece, bit; (puun, kiven) piece, chunk; (kakun tms) piece, slice; (appelsiinin) piece, slice, section; (lihan) piece, slice, cut; (paperin) scrap; (rikotun astian tms) fragment, piece *kappale elämää* a slice of life *vaatekappale* a piece/ article of clothing *kiusankappale* nuisance, pain in the neck/ass **2** (taideteos tai essee: ark) piece *musiikkikappale* piece of music *Joko olet nähnyt Turkan uuden kappaleen?* Have you seen Turkka's new piece/ play yet? **3** (kirjan tms osa: sisennetty) paragraph, (epämääräinen jakso) passage **4** (myytävä kappale) item, unit, (kirja/lehti) copy *9,-/kpl* 9 marks each/apiece *Otan 20 kappaletta kananmunia* I'll take 20 eggs **5** (jäljennös) copy *kahtena/kolmena kappaleena* in duplicate/triplicate *Saanko oman kappaleeni?* Do I get my own copy? *alkuperäinen kappale* original **6** (taivaankappale) (heavenly) body
kappaleen matkaa a ways away, (murt) a far piece
kappalehinta item price
kappaleiksi *leikata kappaleiksi* cut up in(to) pieces/sections/segments, segment *hajottaa kappaleiksi* smash into (a million) pieces, into smithereens
kappaleittain piecemeal, one (unit/item) at a time
kappalejako division into paragraphs
kappale kappaleelta one by one
kappaletavara 1 (kaupan hyllyssä) single-item merchandise, commodities sold by the item/unit **2** (rahtina: junassa) less-than-carload lot (LCL), partload traffic; (UK) parcelled freight; (laivassa) general cargo
kappas vain well what do you know, what do we have here, lokee here
kappeli chapel
kapseli 1 (pilleri, avaruuskapseli) capsule **2** (kierrekorkki) (bottle)cap **3** (tekn: vaippa) jacket, casing, guard
kapsäkki suitcase *pakata kapsäkkinsä ja lähteä* pack your bags and go
kapsaa click, clack, clatter
kapsahdus (kavioiden) clatter (of hooves)
kapsahtaa jonkun kaulaan throw yourself into someone's arms
kapsahtaa pystyyn jump up
kapse clatter
kapteeni captain
kapula 1 stick *heitellä kapuloita rattaisiin* throw a wrench in the works **2** (suukapula) gag **3** (viestijuoksussa) baton
kapulakieli bureaucratese *kapulakielinen sana* buzzword
Kap Verde Cape Verde
kara 1 (tekn) spindle, shaft, pin, tongue; (pultin) shank, (kellon) arbor **2** (hedelmän) stem
karaatti carat
karabiini carbine
karabinieeri 1 (vanh: sotilas) carbineer **2** (italialainen poliisi) carabinieri
karahtaa (rasahtaa) crunch, grate
karahtaa kimppuun attack someone (suddenly)

karahtaa korvaan grate on your ear
karahtaa punaiseksi flush bright red
karahtaa pystyyn jump up
karahvi carafe
karaista 1 (terästä) temper **2** (itseään) toughen, strengthen, steel **3** (kurkkuaan) clear your throat
karaistua be(come) inured (to)
karakterisoida characterize
karakteristiikka 1 (piirteet) characteristics **2** (kuvaus) charazterization
karakteristika charazteristics, (fys) characteristic (curve/line)
karakteristinen characteristic
karakterologia characterology
karamelli 1 (makeinen) candy, (UK) sweet; (mon) sweets **2** (poltettu sokeri) caramel
karamellipussi bag of candy
karanteeni quarantine *karanteenissa* quarantined
karata 1 escape, run away, flee, fly **2** (rakastettunsa kanssa naimisiin) elope **3** (sotaväestä) desert, go AWOL (absent without leave) **4** (varastettujen varojen tms kanssa) abscond, run/make off (with the goods/ proceeds/money)
karate karate
karavaani caravan
karavaaniseraiji caracansary, caravanserai
karbidi carbide
karbiini carbine
karbonaatti carbonate
karboni carbon
karbonointi carbonation
karbunkkeli carbuncle
kardaaniakseli universal shaft
kardaaninivel universal joint, U-joint
kardemumma cardemom, cardemum, cardemon
kardinaali cardinal
kardinaaliluku cardinal number
kardiogrammi cardiogram
kardiologi cardiologist
kardiologia cardiology
kardiologinen cardiological
kardiovaskulaarinen cardiovascular
kare (veden) ripple, (tuulen) breath *hymyn kare* a faint trace of a smile
karehtia (vesi) ripple; (hymy) flicker, play
karenssiaika waiting period
karhea 1 rough, coarse (myös kuv) **2** (ääni) husky, gruff **3** (kurkku: käheä) hoarse, (kuiva) dry, parched
karheikko rough
karhentaa coarsen, roughen
karhi harrow
karhu 1 (eläin) bear *Älä herätä nukkuvaa karhua* Let sleeping dogs lie *väkevä kuin karhu* strong as an ox **2** (muistutus) reminder
karhukirje reminder
karhunajo bear hunt(ing)
karhunpalvelus backhanded favor, disservice
karhunpeijaiset bearhunt feast
karhunpoikanen bear cub
karhuta (asiakasta laskusta) send a reminder, (velkojaa velasta) dun
kari 1 rock **2** (vedenalainen: riutta) reef, (särkkä) shoal *ajaa karille* run aground **3** (vaara) danger, hazard, pitfall *ajautua karille* founder, miscarry *Avioliittomme on karilla* Our marriage is on the rocks
karies caries, tooth decay
karikatyristi caricaturist
karikatyyri caricazture
karikko rocks, reef, shoal (ks kari)
karilleajo running aground
karisma charisma
karismaattinen charismatic
karista fall/drop (off); (kuv) fall/drop away
karistaa 1 (puu lehtiään) drop, lose **2** (saada karisemaan) shake down/off, knock off **3** (kannoiltaan) shake off, lose, outdistance *karistaa vastuu harteiltaan* shrug off responsibility, shirk your resposibility **4** (siemenet kävyistä) extract
karitsa lamb *Jumalan Karitsa* Lamb of God
kariuttaa sabotage, torpedo

kariutua go on the rocks (myös kuv), founder
karja 1 (eläimet) (live)stock, (nautakarja) cattle **2** (ihmiset) the masses, the rabble, the common run of mankind
karjahtaa bellow, roar
karjaista bellow, roar
karjakko dairymaid
Karjala Karelia
karjala Karelian
karjalainen Karelian
karjalanpiirakka Karelian pie
karjanhoito animal husbandry, cattle-raising/-breeding/-tending
karjanomistaja cattle rancher, cattleman
karjanäyttely livestock exhibition, cattle show
karjapaimen cowboy
karjatalous animal husbandry
karjatila cattle ranch
karju boar
karjua bellow, shout, holler
karkaisematon untempered
karkaista 1 (terästä) temper **2** (karaista) bellow
karkaistu tempered
karkaisu tempering
karkauspäivä leap(-year) day
karkausvuosi leap-year
karkea 1 (karhea) coarse, rough **2** (töykeä) coarse, rude, gross **3** (summittainen) rough, ballpark **4** (iso, paha) big, serious, grave *karkea virhe* serious mistake
karkea arvio guesstimate, rough estimate, ballpark figure
karkeasti roughly
karkeloida dance, frolic, cavort
karkelot wild happy party
karkki candy
karkota vanish, go away *ei saada ajatusta karkkoamaan mielestä* not be able to get a thought out of your head *Ystävätkin karkkosivat hänen luotaan* Even his friends left him, drifted away
karkottaa 1 banish, drive/send out/away **2** (maasta) deport, (maanpakoon) exile, (rangaistussiirtolaan) (sentence to) transport(ation) **3** (pelkoja tms) dispel
karkotus 1 banishment **2** (maasta) deportation **3** (rangaistussiirtolaan) transportation
karkumatka flight *karkumatkalla* on the run
karkuri 1 escapee, (vars lapsi) runaway *vankikarkuri* escaped convict **2** (sot) deserter
karkuteillä on the run *olla karkuteillä* be a fugitive (from justice)
karkuun away *päästä karkuun* get away, escape
karma karma
karmea gruesome, grotesque; (myös kuv) horrible, terrible, awful
karmeasti grotesquely, horribly, terribly, awfully
karmi (door/window) framc
karmia *Selkäpiitäni karmii kun ajattelenkin sitä* The very thought gives me the chills/creeps, sends chills up and down my spine
karmiva (spine-)chilling, creepy
karnevaali carnival
karonkka Ph.D. party, celebration after a concert
karpalo 1 (marja) cranberry **2** (pisara) bead, drop
karri curry
karrieeri career
karrieerinainen career woman
karrieristi careerist
karsastaa squint
karsia 1 (puuta tms) prune, trim **2** (tekstiä) cut, delete, excise **3** (hakijoita) screen, narrow down (the field), winnow out **4** (urh) eliminate
karsina pen, (pilttuu) stall, crib
karsinogeeni carcinogen
karsinta 1 (puun) pruning, trimming **2** (tekstin) cutting, deletion, excision **3** (hakijoiden) screening **4** (urh) elimination
karsintakilpailu (qualifying/elimination) trials
karsintaottelu playoff(s)
karsiutua 1 (oksa tms) drop/fall off **2** (hakija, urheilija) be eliminated

karsta 1 (karsi) (en)crust(ation); (kuona) slag; (noki) soot; (sytytystulpan) carbon deposit **2** (kehruussa) card
karstata 1 (get) clog(ged) with slag/ soot *tulpat ovat karstoittuneet* the plugs are clogged **2** card
kartanlukija (ralliautossa) co-driver
kartano 1 (tila) manor, estate **2** (talo) manor house, (kaupungissa) mansion
kartanonherra lord (of the manor)
kartanonomistaja country gentleman, estate owner
kartanonrouva lady of the manor/ house
kartanpiirtäjä cartographer
kartasto atlas
kartelli cartel
kartio cone
kartoittaa 1 map, (merialuetta) chart, (mitata) survey **2** (kuv) map/plan/chart (out)
kartoitus mapping, charting, planning, surveying
kartonki 1 (kova paperi) paperboard, pasteboard **2** (pakkaus) carton
kartta map, (merialueen) chart
karttaa avoid, stay away from, shun
karttakeppi pointer
karttapallo globe
karttua 1 grow, increase *Hänelle karttuu ikää* He's growing up **2** (korko) accrue **3** (omaisuutta) accumulate, (ark) pile up
kartuttaa 1 (suurentaa) add to, augment, increase, enlarge *kartuttaa tietojaan* expand/broaden your knowledge **2** (nostaa, parantaa) enhance **3** (kasata) accumulate, amass
karu 1 (maasto: autio) barren, desolate; (vaikeakulkuinen) rough, rugged **2** (maaperä: hedelmätön) barren, infertile; (niukka) poor, meager; (kuiva) arid **3** (elämäntapa: askeettinen) austere, ascetic; (säästäväinen) frugal, penny-pinching; (yksinkertainen) simple, plain **4** (ihminen: jäyhä) brusque, gruff
karuselli carousel, merry-go-round
karva 1 hair; (mon) hair, (eläimen) fur *Se vasta nosti minun karvat pystyyn* That really raised my hackles *silittää vastakarvaan* rub/go against the grain **2** (luonne) character, colors *näyttää todelliset karvansa* show your true colors
karvainen hairy, furry
karvan varassa hanging by a thread
karvan verran *mennä karvan verran ohi* miss something by a hair('s breadth)
karvas bitter
karvas kalkki bitter cup, cup of bitterness
karvas pala bitter pill to swallow
karvas totuus the bitter/painful truth
karvaton hairless
karvat pystyssä horrified, aghast
karvaturri shaggy dog
karviainen gooseberry
karviaismarja gooseberry
kas so, (I/you) see *Kas juttu on näin* See, here's the deal
kasa pile, heap *heittää kasaan* throw (things) in a pile *lysähtää kasaan* collapse (in a heap) *yhdessä kasassa* all scrambled/mixed/jumbled up together (in one pile)
kasaantua pile/build up, accumulate; (lumi) (pile up in) drift(s)
kasaantuma 1 (geol ym) buildup, conglomeration, accumulation **2** (töiden tms) backlog
kasakka Cossack
kasapäin piles, heaps *Hänellä on kasapäin rahaa* He has piles/loads of money, he's loaded
kasarmi barracks
kasarmialue barrack area
kasassa (pinossa) in a pile/heap; (valmiina) laid out, ready; (koossa: jää kääntämättä) *Minulla on rahat kasassa* I've got the dough
kasata 1 (tehdä läjä) pile, heap; (pinota siististi) stack **2** (kerätä) accumulate, amass, pile up **3** (ark koota) assemble, put together *kasata polkupyörä* assemble a bike
kasauma 1 (geol ym) buildup, conglomeration, accumulation **2** (töiden tms) backlog
kasetti (äänikasetti) cassette, (filmikasetti) cartridge

kasettidekki tape deck
kasettinauhuri cassette/tape recorder
kasettipesä cassette well
kasettisoitin cassette player
kasino casino
kasinotalous casino economy
kas kas! well well!
kaskas cicada
kasketa burn-clear
kaski 1 (kaskenpoltto) burn-clearing **2** (hist) casque
kasku anecdote, story
kas noin! there!
kasoittain piles, heaps, loads *Hänellä on kasoittain rahaa* He/she has piles/loads of money, she's loaded
kassa 1 (maksupaikka: kaupassa) cashier, check-out counter; (teatterissa) box office; (pankissa) teller('s desk); (yhtiön) pay/cashier's office **2** (käteisvarat) cash (on hand) *päivän kassa* the day's receipts
kassakone cash register
kassakuitti cash receipt
kassamenestys box-office hit
kassanhoitaja cashier, (ark ruokakaupassa) check-out person
kassapääte teller terminal
kastaa 1 (upottaa nesteeseen) dip/dunk/immerse (in) *kastaa munkkinsa kahviin* dunk your doughnut in coffee **2** (kirk) baptize, (ristiä) christen **3** (ark kastella) water
kastaa kaulaansa wet your whistle
kastaa laiva christen a ship
kastanja chestnut
kastanjetit castanets
kaste 1 (aamukaste) dew **2** (kirk) baptism *upotuskaste* full-immersion baptism
kastehelmi dewdrop
kastella (kukkia) water, (rätti tms) wet, (viljapeltoa) irrigate
kastella vuoteensa wet your bed
kastelu (kukkien) watering, (peltojen) irrigation, (vuoteen) bedwetting
kastemalja baptismal font
kastetilaisuus baptism(al ceremony), christening
kastetoimitus baptism(al ceremony), christening
kastevesi (kirk) baptismal water
kasti 1 (Intiassa) caste **2** (kirjapainossa) case
kastike sauce: (lihakastike) gravy, (salaatinkastike) dressing
kastraatio castration
kastroida castrate
kastua 1 get wet, (läpimäräksi) get drenched/soaked (to the skin) **2** (painissa) touch the mat
kas tässä here you are/go
kasvaa *tr* **1** (tuottaa) produce, yield, bear, bring forth *kasvaa heinää* produce hay **2** (korkoa) accrue **3** (pituutta) grow taller
itr **1** (joksikin) grow (up/into) *kasvaa isoksi* grow up *kasvaa kauniiksi naiseksi* grow up to be a beautiful woman, grow into beautiful womanhood **2** (lisääntyä) grow, increase *jännitys kasvaa* the suspense builds **3** (laajeta) expand; (kuu) wax
kasvaa korkoa accrue interest
kas vain! imagine! think of that! well I never!
kasvain 1 (lääk) tumor **2** (biol) shoot
kasvattaa 1 (partaa, tukkaa) (let) grow *kasvattaa parta* grow a beard *kasvattaa pitkä tukka* let your hair grow long **2** (eläimiä, viljaa tms) grow, raise; (hevosia) breed **3** (lapsia) rear, bring up, raise **4** (kouluttaa) educate, school, (tiettyyn tehtävään) train **5** (lisätä) increase *kasvattaa etumatkaa* increase your lead, pull out further in front
kasvattaja 1 (viljan tms) grower, (karjan) breeder **2** (kouluttaja) educator, pedagogue
kasvatti 1 foster child; (holhokki) ward **2** (opetuslapsi) disciple, pupil
kasvatti-isä foster father
kasvattilapsi foster child
kasvattivanhemmat foster parents
kasvattiäiti foster mother
kasvatuksellinen educational, pedagogical
kasvatus 1 (viljan tms) cultivation, growing; (karjan) breeding **2** (lasten)

childrearing, parenting, upbringing; (hyviin tapoihin) breeding **3** (koulutus) education, schooling; (tiettyyn tehtävään) training
kasvatusneuvola parental guidance clinic
kasvatusopillinen pedagogic(al)
kasvatusopillisesti pedagogically
kasvatusoppi pedagogy
kasvatuspsykologia educational psychology
kasvatustavoitteet educational objectives
kasvatustiede education(al science)
kasvatustieteellinen pertaining to (the science of) education
kasvi plant
kasvihuone greenhouse
kasvihuoneilmiö greenhouse effect
kasvillisuus vegetation, flora; (aluskasvillisuus) underbrush
kasvinjalostus horticulture
kasvinsyöjä vegetarian
kasvioppi botany
kasvis vegetable
kasvisruoka vegetarian food/diet
kasvisto 1 (kasvit) flora **2** (kokoelma) herbarium
kasvitarha vegetable garden
kasvitiede botany
kasvitieteellinen botanical
kasvot face *menettää kasvonsa* lose face *lyödä vasten kasvoja* hit a person in the face *sanoa vasten kasvoja* tell a person (something) to his/her face *valehdella jollekulle vasten kasvoja* tell a barefaced lie
kasvotusten face to face
kasvu 1 growth, growing **2** (kuv) increase, expansion
kasvukausi (ihmisen) growth period, (kasvin) growing season
kasvukipu growing pain
kasvun vara room to grow (into)
kasvupaikka habitat
kasvusto 1 (kasv) population **2** (lääk) organisms
kasvuvauhti growth rate
kataja juniper
katala treacherous, devious, deceitful
katalysaattori catalyst
katamaraani catamaran
katastrofaalinen catastrophic
katastrofi catastrophe
kate 1 (peite) covering, roofing **2** (sekin) funds, (setelin) backing, coverage *Sekki palautettiin, kun tilillä ei ollut katetta* The check was returned due to insufficient funds, (ark) the check bounced *huolehtia sekkiensä katteesta* cover your checks **3** (kuv) reliability, trustworthiness *Sinun lupauksillasi ei ole enää minkäänlaista katetta* Your promises are worthless, I wouldn't trust you as far as I could throw you **4** (kattamus) place setting
katedraali cathedral
kateellinen envious, eating your heart out with envy; (ark) jealous
kateellisesti enviously
kategoria category
kateissa lost, missing
katekismus catechism
kateus envy *vihreänä kateudesta* green with envy
katinkulta fool's gold; (kuv) sham
katiska (fish) trap
katkaisin (valon) switch, (pääkatkaisin) (circuit-)breaker, (automaattinen) cut-out
katkaista 1 cut (off), sever, split **2** (keskeyttää) interrupt, cut short, break off *Puhelumme katkaistiin* We got/were cut off **3** (poikkaista) break (off) *katkaista jalkansa* break your leg **4** (karsia) prune/trim/lop off **5** (amputoida) amputate **6** (matkata) do, make *katkaista taival kahdessa tunnissa* make the trip in two hours, do it in two hours
katkaista diplomaattisuhteet break off/sever diplomatic relations
katkaista hävyltä häntä cut up, let loose
katkaista ivalta kärki take the edge off the sarcasm
katkaista liikenne cut off/stop/ block traffic, (pystyttää tiesulku) throw up a roadblock
katkaista neuvottelut break off negotiations

katkaista sopimussuhde terminate a contract
katkaista välit break up (with someone)
katkaisu 1 cutting/breaking (off) **2** (keskeytys) interruption
katkaisuhoito detox(ification)
katkarapu prawn, shrimp
katkeamaton unbroken, uninterrupted
katkelma 1 (epämääräinen osa) fragment; (mon) snatches, bits and pieces *En kuullut kuin katkelmia heidän keskustelustaan* I only heard snatches of their conversation **2** (esitetty osa) excerpt, extract
katkera 1 (maku) bitter **2** (tunne) bitter, acrimonious, resentful
katkeraan loppuun saakka to the bitter end
katkera pala nieltäväksi a bitter pill to swallow
katkero 1 (juoma) bitters **2** (kasv) gentian
katkeroitunut embittered
katketa 1 break/snap/split off/in two *nauraa katketakseen* split your sides with laughter, bust a gut laughing *Minulta katkesi verisuoni* I burst/ ruptured a blood vessel *Minun käteni katkesi* I broke an arm **2** (loppua lyhyeen) be cut/broken off, be interrupted, break down *neuvottelut katkesivat* the negotiations broke down *puhelu katkesi* the call was cut off *Hänen äänensä katkesi* His voice broke **3** (romahtaa henkisesti) crack (up), break down, fall apart/to pieces **4** (mennä) go, pass *Matka katkesi nopeasti* The trip went fast, passed quickly *Matka katkesi tunnissa* We were there in an hour, we did it in an hour, we made it there in an hour
katko 1 (katkaistu paikka/aika) break, cut, interruption **2** (aukko) gap, discontinuity, aporia **3** (kasv) hemlock
katkonainen broken, discontinuous
katkoviiva broken line
katku (bensan tms) fumes, (savun) smell
kato 1 (sadon) crop failure **2** (kuv) disappearance, absence **3** (kiel) elision *alku-h:n kato cockney-murteessa* elision of initial h in the Cockney dialect
katoamaton (ikuinen) everlasting, eternal; (häviämätön) imperishable, unfading; (kuolematon) undying, immortal
katoavainen (kuolevainen) perishable, impermanent, mortal; (ohikiitävä) evanescent, fleeting, transient
katodisädeputki cathode ray tube, CRT
katolilainen Catholic
katolinen Catholic
katolisuus Catholicism
katos 1 (kyhätty) shelter, lean-to **2** (vuoteen) canopy **3** (autokatos) carport
katovuosi famine year
katsahtaa (vilkaista) glance/look (around) (at)
katsastaa 1 (tarkastaa) inspect, examine, (varastojaan) inventory *katsastaa auto* inspect a car, conduct a car inspection **2** (sot) inspect, review **3** (katsella) take a look around (at things), check things out
katsastus (yl) inspection; (auton) motor vehicle inspection
katsatusasema inspection station
katsaus 1 look, glance *jo ensi katsauksella* even at first sight **2** (yleisesitys) survey, overview, review
katse look, glance *irrottaa katseensa jostakin* take your eyes off something *luoda katse johonkin* cast a glance at, take a look at, fix your eyes on *Jos katse voisi tappaa* If looks could kill *luoda katse tulevaisuuteen* look to the future
katselija (urh) spectator; (tarkkailija) observer; (satunnainen); onlooker, beholder
katsella 1 (katsoa) look (at), (seurata) watch, (nähdä) see, (tuijottaa) stare (at) *katsella jotakuta pitkin nenänvarttaan* look down your nose at someone *katsella kaupunkia* see the (sights in) town, go sightseeing in town, do the

town **2** (etsiä) look/hunt for, try to find, (tarkistaa) check (around) *katsella itselleen asuntoa* look/hunt for an apartment **3** (miettiä) wait and see, consider *Täytyy katsella, tuleeko siitä mitään* We'll have to wait and see whether anything comes of it

katselu viewing

katseluaika *paras katseluaika* prime time

katsoa 1 look (at), (seurata) watch, (nähdä) see, (tuijottaa) stare (at) *Katso nyt kun selitän* Look, I'll explain *Katsohan, asia on näin* See, this is the deal *Katso minua ja tee sitten perässä* Watch me and do what I do **2** (tarkistaa) check, look up *katsoa sana sanakirjasta* look a word up in the dictionary *katsoa aika kellosta* check the time **3** (tarkastella) check (around), see whether/if *katsoa, onko ovi lukossa* check/see whether the door's locked *katsoa, onko mitään jäänyt* check around to see if you're leaving anything behind **4** (huolehtia) look after, take care of, mind *katsoa lapsia* look after/take care of/mind children *Katso että hän ei unohda* See that he doesn't forget, make sure that he doesn't forget *Katso ettet rasita itseäsi liikaa* Be careful/mind you don't tire yourself overmuch **5** (miettiä) (wait and) see, think about it, consider *Katsotaan* We'll (have to (wait and)) see **6** (pitää jonakin) consider, think, regard, look upon *katsoa päteväksi* consider someone qualified *katsoa tarpeelliseksi* think it necessary *katsoa asiakseen tehdä jotakin* take it upon yourself to do something, look upon it as your business to step in (and do something) **7** (korttipelissä) call *Minä katson* I call

katsoa eteensä look out for number one

katsoa hyväksi see fit (to)

katsoa kieroon squint (at); (kuv) frown on

katsoa kuolemaa/totuutta silmästä silmään stare death/the truth in the face, look death/the truth in the eye

katsoa läpi sormien wink at something, look the other way

katsoa peiliin look (at yourself) in the mirror

katsoa toisella silmällä keep one eye on

katsoa ylen look down on, scorn

katsoen in view/consideration of, in regard to, regarding, considering *inhimillisesti katsoen* in human terms, from a human point of view, humanly speaking *käytännöllisesti katsoen* practically speaking *olosuhteisiin katsoen* considering/in the circumstances *asiaa tarkemmin katsoen* upon closer scrutiny *päältä katsoen* on the surface, viewed superficially *opettajasta katsoen seuraava vasemmalla* the one to the left of the teacher

katsoja (urh) spectator; (TV:n) viewer; (katselija) onlooker, beholder

katsojamäärä (urheilutapahtuman) attendance; (TV:n) number of viewers

katsomatta johonkin without regard to, regardless of, irrespective of *sukupuoleen katsomatta* without regard to sex

katsomo 1 (istumapaikat) seats, stands, (urheilukentän) bleachers **2** (katsojat: esityksen) audience, (urheilutapahtuman) spectators

katsomus (point of) view, opinion, standpoint

katsos poikaa! attaboy! (*tyttöä* attagirl)

kattaa 1 (talo) roof **2** (pää tms) cover **3** (pöytä) set **4** (kulut tms) cover, defray

kattava comprehensive

kattavasti comprehensively

katteeton 1 (shekki tms) uncovered *katteeton sekki* bad check, a check that's going to bounce **2** (lupaus tms) empty

kattila 1 (keittiössä) kettle, pot, saucepan *panna kattila tulelle* put the kettle on *pata kattilaa soimaa* the pot calling the kettle black **2** (tehtaassa) boiler

katto 1 (ulkopinta) roof *katolla* on the roof **2** (sisäpinta) ceiling *katossa* on the ceiling *syljeskellä kattoon* put your feet up, take it easy, get caught up on your doing nothing *hypätä raivosta kattoon* hit the ceiling/roof **3** (suoja) shelter, (peite) cover *päästä myrskyä pakoon katon alle* take shelter from the storm, get under cover out of the storm

kattoikkuna skylight, (vinokaton pystyikkuna) dormer (window)

katu street, road, avenue *heittää kadulle* throw someone out (on his/her ear/ass)

katua 1 (toivoa että olisi tehnyt toisin) regret, (ark) feel/be sorry, (run) rue *Tätä saat vielä katua* You'll live to regret this *Et ikinä kadu tätä* You'll never regret this *katua sitä päivää jolloin* rue the day on which **2** (usk) repent

katulähetys inner-city mission

katumapäällä *olla katumapäällä* regret doing something, kick yourself for doing something *tulla katumapäälle* (tulla toisiin aatoksiin) have second thoughts; (muuttaa mielensä) change your mind

katumus repentance, contrition; (katumusharjoitus) penitence, penance *tehdä katumusta* do penance, perform an act of contrition

katve 1 (varjopaikka) shade *vanhan tammen katveessa* in the shade of an old oak tree **2** (sot) dead zone

kauaksi far

kauaksi aikaa for a long time

kauan (for a) long (time) *Voitko istua tässä niin kauan kun (=kunnes) minä tulen takaisin?* Could you sit here until I come back? *Voitko istua tässä niin kauan (=samaan aikaan) kuin minä näitä paitoja silitän?* Could you sit here as long as I'm ironing these shirts, while I iron these shirts? *Älä viivy kauan!* Don't be long! *Missä olet näin kauan viipynyt?* Where have you been all this time? *aika kauan* quite a while

kauan aikaa for a long time

kauas far (away/off), a long way *niin kauas kuin silmä kantaa* as far as the eye can see *näkyä/kuulua kauas* be visible/audible from a long way away/off

kauaskantoinen far-reaching

kauemmaksi further, father (away/off)

kauemmas further, father (away/off)

kauemmin longer

kauempaa from further/farther away/off

kauempana further, father (away/off), at a greater distance

kauha 1 (ruokapöydässä) ladle, scoop, dipper **2** (kaivinkoneessa) scoop

kauhea horrible, terrible, awful (myös kuv)

kauheasti horribly, terribly, awfully (myös kuv)

kauhistella shudder at, be horrified at, be terrified by

kauhistus 1 horror, terror, fear **2** (usk) abomination *huorinteko on Herralle kauhistus* fornication is an abomination unto the Lord

kauhistuttaa horrify, terrify, frighten

kauhistuttava horrific, horrifying, terrifying, frightening

kauhoa 1 (ruokapöydässä) ladle **2** (kaivinkoneella) scoop **3** (uida) do the crawl

kauhu horror, terror, dread

kauhuelokuva horror movie

kauhujuttu horror story

kauhukakara (ransk) infant terrible

kauhun tasapaino balance of terror

kauhuromaani horror novel

kauimmainen the furthest/farthest (away), the remotest, the most distant

kauimmas the furthest/farthest

kauimpana the furthest/farthest (away), the remotest, the most distant

kaukaa from far away/off, from a long way away, (run) from afar

kaukaa haettu far-fetched

kaukainen distant, remote, far-off

kaukaisuus distance, remoteness

kaukalo 1 (syöttökaukalo) trough **2** (jääkiekkokaukalo) rink

kaukana far away, a long ways/distance away

kaukohakulaite pager

kaukokaipuu longing for faraway places, wanderlust

kaukokirjoitin telex, (laite) teleprinter

kaukolämmitys district heating
kaukonäköinen 1 (näkee hyvin) far-sighted **2** (ajattelee tulevaisuutta) foresighted, prudent
kauko-objektiivi telephoto lens
kauko-ohjain remote control, remote
kaukopuhelu long-distance (phone) call
kaukoputki telescope
kaukosäädin remote control, remote
kaukovalot high beam(s)
kaula 1 (ihmisen, pullon ym) neck *heittäytyä jonkun kaulaan* throw your arms around someone's neck *joltakulta menee sisu kaulaan* chicken out **2** (urh) gap, lead *juosta kaula kiinni* close the gap, narrow the lead
kaula-aukko neckline, decolletage
kaulakoru necklace, pendant
kaulatusten embracing/hugging (each other), in each other's arms
kaulia roll (dough)
kaulin rolling pin
kaulus 1 (paidan) collar **2** (housujen) waist(band)
kauna grudge *kantaa kaunaa* bear someone a grudge, carry a grudge against someone, resent someone (for doing something), something someone did
kauneudenhoito beauty care
kauneus beauty
kauneushoitola beauty salon
kaunis 1 (ihminen) beautiful, lovely; (sievä) pretty, (komea) handsome, (söpö) cute, (hyvännäköinen) good-looking **2** (päivä) beautiful, lovely, gorgeous *eräänä kauniina päivänä löydät* one fine day you'll find **3** (lupaus: ironiaa) fine-sounding, pretty, fancy *Kylläpäs osasit järjestää meidät taas kauniiseen soppaan, Stanley!* This is another fine mess you've gotten us into, Stanley! *luvata yhdeksän hyvää ja kymmenen kaunista* promise the moon
kaunis kiitos high praise
kaunis kuin kesäpäivä lovely as a day in June
kaunistaa beautify, increase/enhance/improve/embellish your beauty *Vaatimattomuus kaunistaa* Modesty becomes one
kaunistelematon unadorned, unvarnished, unembellished
kaunistella 1 (itseään) beautify, (ark) do up **2** (totuutta) embellish, paint (something) in rosy colors, color (ark) doll up
kaunistus 1 beautification **2** adornment, decoration
kaunokirjailija writer, belletrist
kaunokirjallisuus literature, belles lettres
kaunokirjoitus cursive (writing)
kaunotar beauty
kaupalla 1 by *ihmeen kaupalla* by a miracle, miraculously *sattuman kaupalla* by chance, fortuitously *taistella henkensä kaupalla* fight for your life *juosta henkensä kaupalla* run for your/dear life *pelastaa toveri henkensä kaupalla* risk your life to save your buddy's *kilokaupalla* by the kilo *tunti-/päivä-/viikko-/kuukausikaupalla* for hours/days/weeks/months on end **2** *käydä torilla marjan/marjoja kaupalla* sell berries at the marketplace **3** *vain sillä kaupalla että* only on the condition that
kaupallinen commercial
kaupallistua become commercial(ized)
kaupallisuus commercialism
kaupan for sale, on the market
kaupankäyntiajat (tal) trading hours
kaupanpäällisiksi 1 (myös kuv) into the bargain, to boot *Jos toimit heti, saat kaupanpäällisiksi tämän upean veitsisarjan!* Plus, if you act now, we'll send you this elegant knife set, absolutely free! **2** (kuv) to crown it all, on top of everything else *Hän oli kaupanpäällisiksi vielä tyhmä* To crown it all, he was stupid
kaupantekiäiset ks kaupanpäällisiksi
kaupanteko 1 (kauppa) business, commerce, trade **2** (kaupankäynti) buying and selling, trading, dealing **3** (tietyn kaupan teko) closing (a deal),

transaction, sale **4** (kaupanhieronta) haggling, dickering, bargaining
kaupata (try to) sell, offer for sale, put on the market *kaupata taloaan* put your house up for sale
kaupitella peddle, hawk
kauppa 1 business, commerce, trade, (vars laiton) traffic *kauppa-alalla* in business/commerce/trade *kangaskauppa* the fabric business, trade in fabrics *Miten kaupat sujuvat?* How's business? *kauppa käy* business is good *käydä kauppaa* do business *käydä kauppaa jonkun kanssa* deal/trade with *käydä kauppaa jollakin* deal in, (loukkaavaa) traffic in *ulkomaankauppa* foreign trade *huumekauppa* drug traffic **2** (kaupankäynti) buying and selling, trading, dealing *olla/laskea kaupan* ks kaupan **3** (kaupanteko) deal, transaction, sale *edullinen kauppa* a good deal/bargain/buy *hieroa kauppaa* haggle, dicker, bargain, negotiate *lyödä kaupat lukkoon* close/cinch a deal *purkaa kauppa* cancel a deal *saada tuttavan kauppaa* get a good deal through a friend **4** (myymälä) store, shop *käydä kaupassa* go shopping *pitää kauppaa* own/keep/run a store **5** *mennä/käydä kaupaksi, tehdä kauppansa* sell (well), be a hot item, go like hotcakes **6** *kaupalla* by (ks hakusana)
kauppakamari chamber of commerce
kauppakorkeakoulu School of Economics, business/commercial college
kauppala township
kauppaoikeus 1 (oikeusala) commercial law **2** (tuomioistuin) commercial court
kauppaopisto commercial/business institute
kauppapolitiikka trade/commercial policy
kaupparatsu traveling salesman
kauppasaarto (trade) embargo
kauppatavara commodity, (mon) merchandise
kauppatiede commercial science
kauppias 1 (kaupan pitäjä) store-/shopkeeper, merchant **2** (kaupan tekijä) trader, trades(wo)man, dealer *tukkukauppias* wholesaler *vähittäiskauppias* retailer *arvopaperikauppias* bond dealer **3** (kaupittelija) vendor, peddler *katukauppias* street vendor
kaupungilla out on the town
kaupunginjohtaja city manager
kaupunginkamreeri city treasurer
kaupunginkirkko city church
kaupunginorkesteri city orchestra
kaupunginteatteri city theater
kaupunginvaltuusto city council
kaupunginvaltuutettu city council(wo)man
kaupungistua (alue) become urbanized, (ihminen) become urbane, (halv) become citified
kaupunki city, (pikkukaupunki) town, (suurkaupunkialue) (greater) metropolitan area, (kaupunkikunta) municipality
kaupunkialue metropolitan area
kaupunkilainen *s* urbanite, city dweller
adj urban, citified, municipal
kaupunkiseurakunta city parish
kaupustelija peddler, hawker
kaupustelu peddling, hawking
kaura oat(s)
kaurakeksi oatmeal cookie, (UK) biscuit
kaurapuuro oatmeal (porridge)
kauris 1 mountain goat **2** (astr) Capricorn
kausaalinen causal
kausi 1 age, era, epoch, period *pronssikausi* the Bronze Age *barokkikausi* the Baroque Era *lepokausi* rest period **2** (vaihe) stage, phase, period *Meidän viisivuotiaalla on vaikea kausi menossa* Our 5-year-old is going through a difficult time/stage/period **3** (sesonki) season *sienikausi* mushroom season *hiljainen kausi* the off season **4** (virkakausi) term of office *Kekkosen kaudella* during Kekkonen's presidency, during Kekkonen's term of office, while Kekkonen was president **5** *tuntikausia* for hours on end

kausijuoppo dipsomaniac
kausittain periodically, seasonally
kausittainen periodical, seasonal
kausityöttömyys seasonal unemployment
kautio security, collateral
kautta *s* way *tätä kautta* this way *Mitä kautta mennään?* Which way do we go? *toista kautta* another way, by another route
postp **1** (läpi) through, via, by (way of) *Tie miehen sydämeen käy vatsan kautta* The way to a man's heart is through his stomach *Juna kulkee Jämsän ja Jyväskylän kautta Pieksämäelle* The train goes via Jämsä and Jyväskylä to Pieksämäki *Tulen kaupan kautta* I'll be coming by way of the store *suun kautta annettava lääke* orally administered medicine **2** (kuv) by (means of), through *Hän on minulle sukua äitini kautta* I'm related to him through my mother *yrityksen ja erehdyksen kautta* by trial and error *kuolla oman käden kautta* die at your own hands, commit suicide *vannoa kaiken pyhän kautta* swear by all that's holy *vannoa Luojan kautta* swear to God *vannoa äidin haudan kautta* swear on your mother's grave
prep through(out) *kautta maan* throughout the country, all over the country *kautta aikojen* all (down) through the centuries, throughout history
kauttaaltaan throughout, through and through
kauttakulku transit, passage *Kauttakulku kielletty* No through traffic, No trespassing
kautta linjan throughout, all down the line
kautta rantain in a roundabout way, indirectly *puhua kautta rantain* beat around the bush
kavahtaa 1 (säikähtää) start, jump *kavahtaen* with a start *kavahtaa pystyyn* jump to your feet, spring up with a start *kavahtaa istualleen* sit bolt upright **2** (varoa) beware (of) *He eivät kavahda mitään keinoja* They will stop at nothing
kavala 1 (vilpillinen) deceitful, two-faced, double-dealing, treacherous **2** (luihu) wily, sly, cunning, crafty
kavallus embezzlement
kavaltaa 1 (ihminen, maa tms) betray, sell (your country, vital secrets) out (to the enemy) **2** (rahaa tms) embezzle
kavaltaja 1 (ihmisen, maan tms) traitor **2** (rahan tms) embezzler
kavaluus deceit(fulness), double-dealing, treachery; wiliness, cunning, craftiness (ks kavala)
kaventaa 1 narrow, (suipentaa) taper *kaventaa maalieroa* narrow the lead **2** (ompelussa) take in (the seam) *kaventaa housuja takaa* take in a pair of pants in the back **3** (rajoittaa) restrict, curtail *kaventaa kansalaisoikeuksia* place restrictions on civil rights
kaventua 1 narrow, (suipentua) taper *kärkeä kohden kaventuva lehti* a leaf that tapers toward the tip **2** (tulla rajoitetuksi) be restricted/curtailed *Kansalaisoikeutemme ovat nykyisen hallituksen aikana jatkuvasti kaventuneet* Under the current administration our civil rights have been systematically curtailed
kaveri 1 (ystävä) pal, buddy, friend *paras kaveri* best friend, (musta sl) main man *hyvä kaveri* good buddy/friend *tosi kaveri* real pal **2** (mies) guy, fellow *yksi kaveri* this guy I know *joku kaveri* some guy *Hei kaveri, annas markka!* Hey buddy, you gotta a mark?
kaverukset (ark) pals, buddies *erottamattomat kaverukset* inseparable pals, bosom buddies
kaveta narrow (down), taper (off)
kavio hoof
kavuta climb *kavuta ylös virkahierarkiaa* climb up the ladder of promotion
kehdata 1 (kun kyse on kohteliaisuudesta ja röhkeydestä) *En kehtaa ottaa enempää* I wouldn't think of having any more, I've had enough already, I don't want to make a pig of myself, I've already had my share *En kehtaa mennä sinne sisälle* They don't want me in there, I don't belong in there, I'll just be

in the way in there *Ettäs kehtaat puhua minulle noin!* How dare you talk to me that way! *Hän kehtaa mitä vain* He'll do anything, he's brassy/brazen enough to do anything **2** (kun kyse on ylpeydestä ja häveliäisyydestä) *Talo, jota kehtaa näyttää* A house you're proud to show off, a house you don't have to be ashamed of *En kehtaa mennä saunaan miesten kanssa!* I'm too embarrassed/shy to take a sauna with men *Mitä, etkö kehtaa näyttää vartaloasi?* What, are you too modest to let people see you naked? **3** (kun kyse on omantunnon vaivoista) *Miten kehtaat heittää hyvää ruokaa pois kun maailmassa nähdään nälkää?* Don't you feel (at all) guilty/bad throwing good food away when people are starving in the world? Doesn't it bother you? How does your conscience let you do it? *Ettäs kehtasitkin pettää minua!* How could you cheat on me! How could you bring yourself to do it? **4** (murt) (kun kyse on viitseliäisyydestä ja laiskuudesta) *En minä kehtaa sinne lähteä* I don't feel like going, I'm too tired to go

kehdosta hautaan from cradle to grave

kehikko frame

kehite (valok) developer, developing bath (liuos)/agent (aine)

kehitellä 1 develop **2** (ajatusrakennelmaa: mielessään) evolve, work out/up; (muille) expound/elaborate (on), explicate

kehitteillä being developed, in the research/prototype stage

kehittely development

kehittymätön undeveloped **1** (maa) underdeveloped, backward, primitive **2** (ihminen: henkisesti) immature, childish; (fyysisesti) underdeveloped **3** (teoria tms) rudimentary, sketchy

kehittynyt 1 developed, advanced *pitkälle/korkealle kehittynyt* highly developed **2** (kypsä) mature *täysin kehittynyt* fully developed, full-grown

kehittyvä maa developing country

kehittyä 1 (kehiytyä: alkup merkitys) unravel, unwind **2** (tulla joksikin) develop/evolve/be transformed/mature/turn (into), become, grow up to become *Hänestä on kehittynyt hyvä laulaja* She's become a good singer, her voice lessons have transformed her into a good singer **3** (kypsyä, kasvaa) mature, grow, develop *kehittyä fyysisesti* mature/develop physically **4** (tulla paremmaksi) (make) progress, improve, get better *Soittotaitosi kehittyy päivä päivältä* You play better and better every day **5** (kehkeytyä) arise, ensue, come *Mitä siitä kehittyykään?* Whatever will come of it? *Siitä kehittyi riita* It provoked a quarrel, turned into an argument

kehittää 1 (kehiä, purkaa: alkup merkitys) unravel, unwind **2** (parantaa) develop, improve, advance **3** (kouluttaa) train, educate, cultivate *kehittävä tv-ohjelma* educational program on TV **4** (valok) develop **5** (fys: tuottaa) develop, generate *kehittää lämpöä* generate heat **6** (kuv: synnyttää) engender, breed *kehittää vika* develop a problem

kehityksellinen developmental

kehitys 1 (edistys) development, advancement, progress *jäädä kehityksessä jälkeen* lag behind in technological development **2** (kasvu) development, growth, maturation **3** (valok) developing *Valokuvien kehitys tunnissa!* One-hour photo service!

kehitysapu developmental aid

kehitysmaa developing country

kehitystankki (valokuvauksessa) developing tank

kehitysvammainen *s* (mentally/educationally/emotionally/developmentally) handicapped person; (ark halv) retard
adj (mentally/educationally/emotionally/developmentally) handicapped; (ark halv) retarded

kehkeytyä 1 develop (into/out of), come (out) of, turn into **2** (alkaa) arise, ensue *Kadulla kehkeytyi tappelu* A fight broke out on the street

kehno bad, poor, inferior; (ark) lousy, crummy
kehnosti badly, poorly
keho body, physical frame
kehonrakennus body-building
kehottaa 1 (pyytää) request/invite (someone to do something) **2** (ehdottaa) suggest/recommend (that someone do something) **3** (suostutella) prompt/urge/exhort (someone to do something) **4** (neuvoa) advise/counsel (someone to do something) **5** (käskeä) order/command (someone to do something)
kehotus 1 (pyyntö) request, invitation **2** (ehdotus) suggestion, recommendation **3** (suostuttelu: keskeisintä merkitysaluetta) prompting, urging, exhortation **4** (neuvo) advice, counsel **5** (käsky) order, command
kehruu spinning
kehrätä 1 (kehruukone, toukka) spin **2** (kissa) purr **3** (kirjailija) weave, put/pull together *kehrätä romaanin juoni* weave a plot for your novel
kehrääjä 1 spinner **2** (lintu) goatsucker **3** (perhonen) spinner moth
kehto 1 cradle (myös kuv) **2** (kasv) calycle, involucre
kehu *Oma kehu haisee* Stop blowing your own horn *kehuja ja moitteita* praise and blame
kehua 1 (toista) praise **2** (itseään) boast/brag (of/about) *A: Miten menee? B: Ei ole kehumista* A: How's it going? B: Not so hot, could be better, I've felt better *Ei kannata kehua* It's nothing to brag about, nothing to write home about *kehua jotakuta maasta taivaaseen* praise a person to the skies
kehuskella boast, brag, (isotella) swagger
kehuttava *Eipä ole kehuttava* It's not too good
kehys frame *muodostaa jollekin kehykset* provide a setting for (something)
kehyskertomus frame tale
kehystys framing
kehystämö picture-frame shop
kehystää frame *kehystää tarinaa* provide a setting for a story, frame a story
kehä 1 circle, ring *kiertää kehää* run in a circle, (kuv) go around in circles **2** (geom: ympärys) periphery, circumference **3** (geom ja rak: ulkoraja, aitaus) perimeter **4** (kehikko) frame, casing **5** (leikkikehä) playpen **6** (nyrkkeilykehä) ring **7** (heittokehä) circle **8** (päätä tai taivaankappaletta ympäröivä valoilmiö) halo **9** (ilmakehä) atmosphere **10** (isoa kaupunkia kiertävä tie) beltway **11** (kela) coil, spool
kehäpäätelmä circular reasoning
keidas oasis (mon oases)
keihäs 1 (hist) spear, (pistokeihäs) lance **2** (urh) javelin
keihästää spear, lance, stab/pierce (with a spear/lance)
keihäänheitto (lajina) javelin, (tekona) javelin throw
keihäänheittäjä javelin-thrower
keijukainen fairy, elf, pixie, sprite
keikahdella tip, tilt, rock (this way and that)
keikahtaa fall/tumble (down), tip/tilt/topple (over); (vene) capsize *Firma keikahti nurin* The business went belly-up
keikailla strut, swank, play the dandy/fop
keikari dandy, fop
keikaroida strut, swank, play the dandy/fop
keikauttaa 1 (nurin) tip/tilt/topple/knock over, knock down **2** (edes takaisin) tip, tilt, rock, swing
keikka 1 (bändin tms) gig **2** (varkaan tms) job **3** (taksikuskin) fare
keikkua 1 (kävellä keikkuen) swing your hips/butt/ass **2** (keinua vedessä: hiljaa) rock, sway; (kovaa) toss, pitch and yaw **3** (heilua) rock, tilt, wobble *keikkuva pöytä* wobbly table *keikkua tuolillaan* tip/lean back in your chair **4** (tasapainotella) balance **5** (tanssia tms) dance, kick up your heels
keikuttaa (pyllyä) swing, (päätä) toss, (venettä) rock, (tuolia) tip, (pöytää) tilt, (pyrstöä) wag

keila 1 (keilailussa) (bowling) pin **2** (tekn) cone, taper **3** (kala) torsk
keilaaja bowler
keilahalli bowling alley
keilailu bowling
keilapallo bowling ball
keimailija flirt, coquette
keimailla flirt, coquet
keino 1 (menettelytapa) means, method, measure *Tarkoitus pyhittää keinot* The end justifies the means *varma keino* surefire method, tried and true expedient *äärimmäiset keinot* extreme measures *viimeinen keino* last resort *yrittää kaikkia keinoja* leave no stone unturned *Hän ei kaihda mitään keinoja* He'll stop at nothing *Hätä keinon keksii* Necessity is the mother of invention, where there's a will there's a way **2** (tapa) way *Millä keinolla* how, in what way *jollakin keinolla* somehow, in some way *sillä keinoin* thus, in this/that way
keinohedelmöitys artificial insemination
keinolla millä hyvänsä by hook or by crook
keinomunuainen kidney machine
keinosiemennys artificial insemination
keinotekoinen artificial
keinotella 1 (pörssissä) speculate (on the stock market), play the (stock) market **2** (keplotella) wheel and deal, connive, scheme
keinot ovat monet there's more than one way to skin a cat
keinottelija speculator, operator; (ark) wheeler and dealer
keinottelu (stock market) speculation
keinovalo artificial light
keinu (riippukeinu) swing, (keinutuoli) rocking chair, (keinulauta) seesaw, (ark) teetertotter
keinua 1 (riippukeinussa) swing, (keinutuolissa) rock, (keinulaudalla) seesaw, teetertotter **2** (tuulessa) sway, wave; (aalloilla) rock, sway, toss, pitch and yaw; (juopuneena) sway, totter, stagger; (maanjäristyksessä) shake, quake
keinutuoli rocking chair
keisari emperor *Rooman keisari* Caesar *Venäjän keisari* Czar *Saksan keisari* Kaiser *pikkukeisari* little Caesar
keisarikunta empire
keisarileikkaus cesarean section
keisarillinen imperial
keisarinna empress *Venäjän keisarinna* Czarina
keisarin uudet vaatteet the Emperor's new clothes
keittiö 1 (huone) kitchen **2** (ruoanlaittotapa) cuisine *ranskalainen keittiö* French cuisine
keittiöremontti remodeling your kitchen
keitto 1 (soppa) soup, (lihakeitto) stew, (liemi) broth **2** (keittäminen) cooking, making, boiling *ruveta teen keittoon* brew up some tea
keittokirja cookbook, (UK) cookery book
keittokomero kitchenette
keittola (school) kitchen
keittotaito cooking, cookery
keittäjä cook, (kone) cooker *pontikan keittäjä* moonshiner
keittää 1 (vettä tai vedessä) boil, (teetä) brew **2** (pontikkaa) brew **3** (ruokaa) cook *keittää hiljaisella tulella* simmer **4** (kuv: soppaa, suunnitelmaa) cook up *Minkä sopan sä nyt olet keittänyt?* What mess have you gotten yourself into this time? What trouble have you cooked up now? *Mitä sinä olet nyt keittänyt kokoon?* What plans have you cooked up this time? **5** (kuv: räjähtää) seethe, stew *Mulla kohta keittää sun kanssas* You're driving my crazy *Hänellä keitti koko ajan* He was seething **6** (jäähdytin) boil over
kekata 1 (keksiä) think up, hit (up)on *Nyt mä kekkasin!* Now I've got it! **2** (huomata) see, spot *Kekkasin sut!* I see you!
kekkerit party *kahvikekkerit* coffee klatch
keko *muurahaiskeko* anthill *heinäkeko* haystack *kantaa kortensa kekoon* add your two bits

kekseliäisyys inventiveness, ingenuity, resourcefulness
kekseliäs inventive, ingenious, resourceful
keksi 1 cracker, (piparkakku) cookie, (UK) biscuit **2** (koukku) boathook, gaff
keksijä inventor
keksintö 1 (uusi esine) invention **2** (löytö) discovery, finding **3** idea *Tämä oli sinun keksintösi* This was your idea
keksiä 1 (sepittää) think/make up, invent, fabricate, (ark) cook up *Oletko itse keksinyt tuon?* Did you make/think that up yourself? *Se on keksitty juttu* It's a made-up story, a fabrication *Täytyisi keksiä joku juju* We ought to think/cook up some gag, come up with some practical joke **2** (tehdä keksintö) invent *Höyrykattila keksittiin vasta 1680* The steam boiler wasn't invented until 1680 **3** (havaita) see, spot, espy *Nyt hän keksi meidät* Now she's spotted us **4** (ymmärtää) realize, figure out, (come to) understand, get it *Nyt minä keksin sen (= tajusin vitsin)* Now I get it! **5** (löytää) find, discover *keksiä uusi kyky* discover a new talent
kekäle (fire)brand, (mon) embers
kela 1 (nauhurin tai heittouistimen) reel, (filmin) spool, (ompelukoneen) bobbin **2** (käämi) coil, (valssi) drum, cylinder, roll(er) **3** (vintturi) winch, winder; (mer) capstan, windlass
kelanauhuri reel-to-reel tape recorder
kelata reel (in/out), spool, coil, winch, wind (in) (ks kela)
keli 1 (ajokeli) road conditions *liukas keli* slippery road **2** (hiihtokeli) snow conditions *hyvä hiihtokeli* good snow for skiing
kelivaroitus traffic advisory (report)
kelju *s* beast, swine *adj* beastly, nasty, mean, rotten
keljuilla be beastly/nasty/mean/rotten (to someone), pull nasty/mean/rotten/ dirty tricks (on someone)
keljuttaa *Minua keljuttaa tuollainen* That really annoys me, that really gets my goat, really gets my dander up
kelkka 1 sled; (ohjaskelkka) bobsled, toboggan; (potkukelkka) kicksled *kääntää kelkkansa* do a complete aboutface/ turnabout, change your colors, take another tack *pudota kelkasta* lose track, fall behind, get lost *pysyä kelkassa* keep up (the pace) **2** (tekn) carriage
kelkkailija sledder; (urh) bobsledder, tobogganer
kelkkailu sledding, bobsledding, tobogganing
kellari cellar, (kellarikerros) basement
kellastua (turn/become) yellow
kellertävä yellowish
kello 1 (ajastin) clock, (tasku- /rannekello) watch *Kelloni edistää/ jätättää* My watch runs/is fast/slow *Kello on kaksitoista* It's twelve (o'clock), (yöllä) it's midnight, (päivällä) it's noon *Mitä kello on?* What time is it? Do you have the time? *Kello on jo paljon* It's getting late **2** (soitin) bell *Nyt on toinen ääni kellossa* Now he has changed his tune, now he's laughing out of the other side of his mouth **3** (rakkula) blister
kellokortti time card *leimata kellokortti* punch a time card
kello käy time's ticking away, you're wasting precious time/seconds *kello käy neljää* it's past three, going on four *Kelloni käy perunoita* My watch is way off
kellonaika time
kellonlyönti stroke of the clock
kelloseppä clocksmith/-maker, watchmaker
kellotaajuus (tietokoneen suorittimen) clock speed
kellua float (myös kuv)
kelluke (laiturin tms) pontoon, (lapsen) float
kelluva floating
kelmeä pallid, pale, wan
kelmi villain, scoundrel, knave; (run) varlet, blackguard; (ark) snake in the grass
kelo snag
kelpo 1 (kunnollinen) good, fine, decent *kelpo mies* good man, good lad, (US etelässä) good old boy **2** (kunnon)

good(ly), considerable *kelpo summa rahaa* a good/hefty/considerable amount of money *kelpo löylytys* a good/sound thrashing
kelpoinen 1 (sopiva) good, fit, suited, suitable **2** (pätevä) competent, qualified
kelpoisuus 1 (sopivuus) fitness, suitability **2** (pätevyys) competence, qualifications **3** (voimassaolo) validity
kelpoisuusehto condition of competence
kelpoisuustodistus certificate of competence
kelpuuttaa 1 (ark) accept, allow *Kyllä sinut meidän joukkueeseen kelpuutetaan* Sure, we'll take you on our team, we'll let you play on our side **2** (julistaa kelpaavaksi) declare (someone) qualified/competent; (tunnustaa kelpaavaksi) acknowledge *kelpuuttaa joku seuraajakseen* acknowledge someone as your successor **3** (vahvistaa) legitimate, (saattaa voimaan) validate **4** (valtuuttaa) empower, authorize
keltainen yellow
kelteisillään undressed, in the altogether/buff
keltuainen yolk
kelvata 1 (sopia) do, be fit/suitable/ good enough/acceptable (for someone) *Tämä ei kelpaa* This simply will not do, is not acceptable *Ainakin se minulle kelpaa* It's good enough for me, anyhow *Kelpaako se syötäväksi?* Is it fit to eat, is it edible? **2** (tuntua hyvältä) *Nyt tätä taloa kelpaa katsella* Now the house is something to look at *Kyllä meille nauru kelpasi* We all had a good laugh *Kyllä sinun kelpaa!* Lucky you! You've got it so easy! **3** (olla voimassa) be valid *Alennuskortti ei kelpaa tällä viikolla* The discount card isn't valid this week
kelvollinen 1 (sopiva) fit (for), suitable (for), proper **2** (käyttökelpoinen) good enough (for), serviceable **3** (arvollinen) worthy (of doing something), fit (to do something) **4** (pystyvä) capable (of doing something), able (to do something)
kelvoton 1 (sopimaton) unfit, unsuited, unsuitable **2** (ala-arvoinen) unworthy, base, mean **3** (kykenemätön) incapable, unable; (tehoton) ineffective **4** (hyödytön) useless, good-for-nothing **5** (kehno) bad, poor, inferior, lousy
kemia chemistry
kemiallinen chemical
kemialliset aseet chemical weaponry
kemikaali chemical
kemisti chemist
kemoterapia chemotherapy
ken ks kuka
kengittää shoe
kenguru kangaroo
kengänkärki toe/tip of a shoe
kengännauha shoelace
kengännumero shoe size
Kenia Kenya
kenialainen *s, adj* Kenyan
kenkku 1 (kelju) (ark) beastly, nasty, mean, rotten **2** (ikävä) troublesome, bothersome, difficult, awkward
kenkkumainen ks kenkku
kenkuttaa (ark) *Minua kenkuttaa tuollainen* That really annoys me, that really gets my goat, really gets my dander up
kenkä shoe, (varrellinen) boot, (hevosen) (horse)shoe, (jarrukenkä) brake shoe *Sano mistä kenkä puristaa* Tell me where the shoe pinches, what the problem is, what's eating you *kahdet kengät* two pair(s) of shoes
kenkäharja shoebrush
kenkäpari pair of shoes
kenkäraja beat-up/worn-out/ broken-down shoe
kenkään ks kukaan
kenno 1 (mehiläiskenno) honeycomb **2** (tekn) element, cell *aurinkokenno* solar cell
kenossa tilted backwards *niska kenossa* (kuv) stiff-necked
kenraali general
kenraaliharjoitus dress rehearsal
kenties maybe, perhaps *Kenties et pannutkaan ovea lukkoon* Maybe you didn't lock the door after all, you may not have locked the door after all

kenttä 1 field **2** (eur jalkapallokenttä) ground, (US jalkapallokenttä) field, (baseballkenttä) diamond, (tenniskenttä) court **3** (taistelukenttä) battlefield **4** (tietok) array
kepeä light
keplotella wheel and deal, connive, scheme *keplotella itselleen palkankorotus* scheme/connive your way to a raise
keppi stick; (kävelykeppi) cane; (kurituskeppi) stick, cane, rod *antaa jollekulle keppiä* paddle someone with a stick, (UK koulu) give someone a caning, (euf) apply the rod to someone *kokeilla kepillä jäätä* test the water
keppihevonen hobby horse
kepponen prank, practical joke, gag, trick; (mon) mischief
kepulikonstilla by hook or by crook
kera with *teetä keksien kera* tea with/ and cookies
keraaminen ceramic
keraamit high-tech ceramics
keramiikka ceramics, pottery
kerettiläinen *s* heretic *adj* heretical
kerettiläisyys heresy
kerho club
keritä 1 (ehtiä tehdä) have/find (the) time (to), (ehtiä perille) make it/get somewhere on time, (kiirehtiä) hurry, make haste *Tulen kun kerkiän* I'll come when I can *Miten tuo lapsi kerkiää joka paikkaan!* How does that child manage to keep getting into everything at once? **2** (lammasta) shear
keriä 1 (kerälle) wind, (auki) unwind **2** (uimahypyssä) tuck (your legs in) *kerien* with a tuck **3** *keriä peukaloitaan* twiddle your thumbs
kerjuu begging
kerjäläinen beggar
kerjätä 1 beg *kerjätä leipää* beg for bread *kerjätä armoa* beg for mercy **2** *kerjätä turpiinsa* ask for a knuckle sandwich *kerjätä hankaluuksia* look/ask for trouble, ask for it *Sinä kerjäät selkääsi!* You're cruising for a bruising!
kerma cream (myös kuv) *kuoria kerma* skim off the cream
kermakko creamer
kernaasti gladly *Saat kernaasti tulla* We'd love to have you come, I'd be happy to have you come *A: Ulos! B: Kernaasti!* A: Out! B: Gladly!
kerrakseen 1 (tarpeeksi) plenty, (more than) enough *Siinäpä ihmettelemistä kerrakseen* That's plenty to wonder at **2** (täksi kerraksi) for now, for the time being, for the present *Se riittääkin kerrakseen* That'll do for now, for the time being
kerrallaan at a time *vähän kerrallaan* a little at a time, little by little *yksi kerrallaan* one at a time, one by one
kerran once *kerran vuodessa* once a year, annually *Hän kävi kerran, ei sen jälkeen* He came once, never again *jos kerran haluat* if you insist, if you really want (to) *kun kerran* since *sen kerran* just that once, only then *toisen kerran* again *vain tämän kerran* just this once
kerrankin for once *Sano kerrankin suoraan, mitä tarkoitat* For once tell me exactly what you want to say
kerrankos is it rare? *Kerrankos sellaista sattuu* It happens
kerrassaan absolutely, positively, simply *kerrassaan mainio* absolutely wonderful *kerrassaan mahdotonta* utterly impossible
kerrasto set of underwear
kerrata 1 (lankaa) twine, twist **2** (eilistä läksyä) review, (UK) revise, (päivän tapahtumia) go over/through **3** (kysymystä) repeat
kerroin 1 (mat) coefficient, (fys) factor, (ark) rate **2** *kaksin kerroin* twice (as much)
kerroksittain layered, in layers; (geol) stratified, in strata
kerronta narration *suora/epäsuora kerronta* (kiel) direct/indirect speech
kerros 1 layer, (taso) level **2** (talossa) floor, story *toisessa kerroksessa* on the second floor (UK first floor) **3** (geol ja sos) stratum *eri yhteiskuntakerroksissa* in various social strata
kerrosala square footage per floor

kerroskuvaus (lääk) tomography, CAT scan
kerrostua stratify, be(come) stratified
kerrostuma layer, stratum
kerrotaan että it's said that
kerro terveisiä send my regards/ greetings (to), say hello (to)
kersantti sergeant
kerskailija boaster, braggart
kerskailla boast, brag, (isotella) swagger
kerskailu boasting, bragging, braggadocio
kerskata boast, brag
kerta time *kaksi kertaa parempi* twice as good, two times better *kaksi kertaa kaksi on neljä* two times two is four, (UK) twice two is four *Älä enää kertaakaan sano noin* Never say that again *Kerta se on ensimmäinenkin* There's always a first time *Kolmas kerta toden sanoo* The third time's the charm *panna kerrasta poikki* make a clean break
kertaalleen once *soittaa kappale kertaalleen läpi* play the piece through once
kertaheitolla in one (shot/try) *Osuin kertaheitolla* I made it in one (shot/try)
kerta kaikkiaan 1 (kerrassaan) absolutely, positively, simply **2** (lopullisesti) once and for all
kertakaikkinen 1 (täydellinen) absolute, complete, total *Hän on kertakaikkinen tomppeli* He's a total idiot **2** (yhden kerran tapahtuva) once-off, once-for-all
kerta kerralta each/every time *Hinta nousee kerta kerralta* Each time the price goes up
kerta kerran perään each time, every time, time after time, time and time again
kertakäyttöinen disposable
kertakäyttötavara disposable item/ goods/merchandise
kerta toisensa jälkeen time and again, time after time, over and over, one time after another
kertaus repetition; (koululäksyjen) review, (UK) revision; (mus) repeat
kertausharjoitus (sot) (military) refresher course
kertaus on opintojen äiti repetition is the mother of learning
kertautua recur, be repeated
kertoa 1 (asia) tell/inform (someone) *Kerro!* Tell me! *Huhu kertoo että* Rumor has it that, the word on the street is that *Älä kerro kenellekään* Don't tell a soul (about this), don't breathe a word (of it) to anyone **2** (tarina) tell, narrate, relate **3** (mat) multiply *Kerro seitsemän viidellä* Multiply seven by five
kertoa juttuja spin yarns, tell tall tales
kertoja 1 narrator, storyteller **2** (mat) multiplier
kertomakirjallisuus narrative literature
kertomus 1 narration, tale, story **2** (selonteko) report
kertosäe chorus, refrain
kertynyt korko accrued interest
kertyä (työtä) pile up, (rahaa) accumulate, (korkoa) accrue
kerubi cherub
kerä ball *purkaa kerältä* unwind *käpertyä keräksi* roll up in a ball
keräilijä collector
keräkaali (head) cabbage
keräsalaatti head lettuce
kerätä gather, collect *kerätä postimerkkejä/ajatuksiaan* collect stamps/ your thoughts kerätä pölyä/palasia gather dust/the pieces
keräys collection, (fund-raising) drive *panna pystyyn keräys* start a collection (for), start raising funds (for); (ark) pass the hat (for)
kerääntyä 1 (ihmiset) get/come/ gather together, meet, assemble **2** (sotku tms) pile/build up, accumulate
kesanto fallow *jättää kesannolle* (pelto) leave lying fallow, (kuv) neglect
kesiä peel
keskeinen central
keskekytyksettä uninterrupted(ly)
keskellä *adv* in the middle, (keskipisteessä tai keskustassa) in the center *Tule sinä keskelle* You come sit in the

middle/center, we want you to sit between us *postp ja prep* in the middle of, (keskipisteessä tai keskustassa) in the center of, (keskuudessa) in their/our midst, (kahden keskellä) between them *joutua keskelle mellakkaa* find yourself right in the midst of the riot(ing) *keskellä vuoristoa* in the mountains *keskellä talvea* in mid-winter *keskellä merta* in mid-ocean

keskellä kirkasta päivää in broad daylight

keskellä kirkon mäkeä in front of God and everybody

keskemmällä closer to the middle/ center

keskempänä closer to the middle/ center

kesken *adv* **1** *Työ on vielä kesken* The job isn't finished/done yet, we've still got more to do **2** *He lähtivät kesken pois* They left in the middle, before the end, before they finished *loppua kesken* run out (of) **3** *Sari meni kolmannella kuulla kesken* Sari miscarried in the third month, lost her baby in the third month *postp ja prep* **1** (välillä, keskuudessa: kahden) between, (useamman) among *Jääköön tämä meidän kahden kesken* Let's let this be our secret, this is just between you and me, between you, me, and the lamppost *ystävien kesken* among friends **2** (ennen loppua) in the middle (of) *kesken iloisinta leikkiä* right when we were having the most fun

kesken aikojaan before your time, too early/young, prematurely *kuolla kesken aikojaan* die young, die before your time

keskeneräinen (loppuunsuorittamaton) unfinished, uncompleted; half-finished, half-done *Tämä työ jäi sinulta keskeneräiseksi!* You didn't finish this (up)!

kesken kaiken 1 right in the middle (of everything) **2** (yllättäen) suddenly, abruptly, without warning, out of the clear blue sky **3** (asiasta toiseen) by the way, while I remember

keskenkasvuinen half-grown

keskenmeno miscarriage

keskenään *jakaa keskenään* divide (something up) between the two of us/them, among the three/four/jne of us/them *vaihtaa keskenään* trade with each other, interchange (something)

keskeyttää 1 interrupt *keskeyttää keskustelu* interrupt a conversation, cut/break in on a conversation, cut the conversation short **2** (urh: juoksu) drop out, quit **3** (matka) break *keskeyttää matkansa Denverissä* stop over in Denver **4** (raskaus) abort **5** (oma toiminta) discontinue *keskeyttää ydinkokeet* discontinue nuclear testing **6** (oikeudenkäynti) stay **7** (opintonsa) drop out (of school)

keskeyttää työt 1 (tehdäkseen jotain muuta) stop/quit working, leave off working, take a break (from work) **2** (lakolla) go on strike, walk out

keskeytyksissä stopped, at a halt/ standstill

keskeytymätön uninterrupted, continuous, continual

keskeytys 1 interruption **2** (tauko) break **3** (pysähtyminen) stoppage, standstill, cessation *sotatoimien keskeytys* cessation of hostilities *työn keskeytys* work stoppage **4** (raskauden) abortion **5** (matkan) stopover

keskeytyä 1 be interrupted/ discontinued, stop, cease, break off **2** (jäädä kesken) be left undone/ unfinished/incomplete

Keski-Afrikan tasavalta Central African Republic

keskiaika the Middle Ages

keskiaikainen medieval

keskiamerikkalainen *s* ja *adj* Central American

keskiansio average income

keskiaste secondary level

keskiasteen koulutus secondary education

keskieurooppalainen *s* ja *adj* Central European

keski-ikä middle age

keski-ikäinen middle-aged

keskijohto (yrityksessä) middle management
keskikokoinen midsize(d), medium-sized
keskikulutus (auton) average mileage
keskiluokka 1 (yhteiskuntaluokka) middle class, bourgeoisie **2** (laatuluokka) medium-level/-grade
keskiluokkainen middle-class, bourgeois
keskimmäinen middle, the one in the middle *keskimmäinen lapsi* middle child *keskimmäinen talo* the house in the middle
keskimäärin on average *maksaa keskimäärin 1000,-* cost an average of 1000 marks *ampua keskimäärin 20 maalia vuodessa* average 20 goals a year
keskimääräinen average, mean
keskinkertainen 1 (halv) mediocre, second-rate **2** (tavallinen) average, ordinary
keskinopeus average speed
keskinäinen mutual; (sopimus) reciprocal, bilateral *keskinäinen ihailu* mutual admiration *keskinäinen riippuvuus* mutual dependence, interdependence, codependency
keskipakovoima centrifugal force
keskipiste center (point), focus *olla huomion keskipisteenä* be the center of attention, be in the limelight
keskipäivä midday, noon
keskisarja middleweight
keskisormi middle finger *näyttää keskisormea* give someone the finger, flip someone the bird
keskisuomalainen *s* Central Finn *adj* Central Finnish
keskitaso medium-level/-grade, average *keskitason oppilas* average student *keskitasoa parempi/huonompi oppilas* above/below-average student
keskitasoinen medium-level/-grade, average
keskitetty 1 (pol) centralized **2** (sot ym) concentrated
keskitetty tuloratkaisu centralized incomes policy agreemet
keskitetysti (yhteen kohteeseen) focally, (yhdessä) concertedly, (keskittyneesti) with concentration
keskitie middle of the road (myös kuv) *kultainen keskitie* happy medium *keskitien kulkija* the (very) soul of moderation
keskittyminen concentration, centralization
keskittymiskyky (power of) concentration *Sinulla on hyvä keskittymiskyky* You've got good concentration
keskittyä 1 (syventyä) concentrate **2** (kohdistua) (be) concentrate(d), center, focus **3** (pol) centralize
keskittää 1 (huomio tms) concentrate, focus, direct **2** (pol) centralize *keskittää terveydenhoito* centralize health care *keskittää valta omiin käsiinsä* hold the reins of power in your own hands **3** (sot: tulitusta) concentrate, (joukkoja) mass **4** *keskittää peli tietyn pelaajan ympärille* center/build a play around a particular player
keskitys 1 (sot ym) concentration **2** (pol) centralization
keskitysleiri concentration camp
keskiviikko Wednesday
keskiviikkoinen Wednesday('s)
keskiviikkoisin Wednesdays, on Wednesday
keskiviiva center/median line
keskiyö midnight
keskiäänikaiutin midrange driver
keskiö center, core
keskonen premature baby, (ark) preemie
keskoskaappi incubator
keskus 1 (keskiosa) center, (maali) bull's eye **2** (sisus) heart, kernel, core **3** (keskusta) (city/town) center, downtown, (slummiutunut) inner city **4** (keskuspaikka) (cultural/industrial/ financial jne) center **5** *(puhelinkeskus)* switchboard **6** (ark: keskuksenhoitaja) (switchboard) operator
keskusantenni communal antenna (system)

keskushermosto central nervous system
keskushyökkääjä center (forward)
keskusjärjestö central organization
keskuslämmitteinen centrally heated
keskuslämmitys central heating
keskusrikospoliisi Central Criminal Police
keskussairaala central/general hospital
keskusta 1 (kaupungin) (city/town) center, downtown, (slummiutunut) inner city **2** (sisus) heart, kernel, core **3** (puolue) Center Party
keskustapuolue Center Party
keskustella 1 talk (about/over), converse (on), discuss, have a conversation/discussion *Siitä asiasta emme keskustele* That subject is off-limits/taboo, that subject is not open to discussion *keskustella jostakin discuss something, talk something over* **2** (neuvotella) confer, consult, negotiate, (pohtia) deliberate **3** (väitellä) debate, argue
keskustelu 1 talk, conversation, discussion **2** (neuvottelu) conference, consultation, negotiation, deliberation **3** (väittely) debate, argument
keskustietokone mainframe, mainframe computer
keskusyksikkö (tietokoneen) central processing unit, CPU
keskuudessa among, amid, with, in (someone's) midst *suosittu eläkeläisten keskuudessa* popular with the geriatric set
kestikievari inn, hostel
kestit party; (juhla-ateria) banquet, feast
kestittää ks kestitä
kestitä 1 (viihdyttää) entertain **2** (huolehtia) take (good) care of, see to **3** (olla vieraanvarainen) extend your hospitality to, be a good host to
kesto 1 (aika) duration, length of time **2** (mus) quantity **3** ks kestävyys
kestomuovi thermoplastic
kestävyys 1 (lujuus) endurance, durability, strength *rakkauden kestävyys* the strength/durability of love, the staying power of love **2** (peräänantamattomuus) persistence, pertinacity, tenacity, stamina *Vuorikiipeily vaatii kestävyyttä* Mountain-climbing requires persistence/stamina, takes patience
kestävä 1 (järkkymätön) lasting, steadfast, abiding *kestävä luottamus* steadfast trust *kestävä rauha* lasting peace *kestävä rakkaus* abiding love **2** (kestää tietyn ajan) long *viikon kestävä seminaari* week-long seminar *kaksi päivää kestävä inventaari* two-day inventory **3** (vahva) strong, durable, long-lasting, hardy *kestävät housut* strong/durable pants **4** (kestää jotakin) *kylmää/lämpöä kestävä* cold-/heat-resistant *toimia arvostelua kestävällä tavalla* act in a way that will withstand criticism, not leave yourself open to criticism *pesunkestävä liberaali* died-in-the-wool liberal
kestää 1 (kannattaa) carry, bear *Se ei kestä sinua* That won't hold you, won't bear your weight **2** (olla murtumatta) bear, (with)stand, stand up under *Se ei kestä vertailua (tämän kanssa)* It doesn't compare (with this), it can't beat this, can't match up to this *Se ei kestä lähempää tarkastelua* It won't stand up to closer scrutiny/inspection **3** (sietää) bear, stand, stomach *En kestä (nähdä) tuota miestä* I can't stand/bear/ stomach (the sight of) that man **4** (pysyä lujana) bear up, put up with, take *kestää kiusaus(ta)* resist temptation *Miten olet kaiken kestänyt?* How did you put up with all of that? *En kestä enää* I can't take it any more, I can't go on *kestää kuin mies* take it like a man *Mies kyllä kestää* A man can take it **5** (kärsiä) suffer, go through *Hän on saanut kestää paljon* He's had to go through a lot, he's suffered a lot, it's been a tough time for him **6** (selviytyä: ihminen) survive, endure, manage, last (out), (linnake tms) hold out *Kestänköhän näitä juhlia iltaan saakka?* How am I going to survive this party till evening? How will I ever make it through this party till evening? *Täytyy kestää loppuun saakka*

We've got to endure it till the end, stick it out till the end, see it through to the end *Kestävätkö uudisasukkaat siihen asti kunnes ratsuväki saapuu?* Can the settlers hold out until the cavalry arrives? **7** (jatkua) last, continue, (viedä) take *Kuinka kauan tämä vielä kestää?* How much longer is this going to last/go on/continue/take? *ohjelman kestäessä* during the program *Sadetta kesti koko viikon* The rain came down all week, didn't let up all week **8** (pysyä käyttökelpoisena) (out)last *Se kestää minun aikani* It will outlast me
kestää kiittää *Ei kestä kiittää!* Don't mention it! Not at all! You're welcome! It was nothing!
kestää kritiikkiä 1 *Hän ei kestä kritiikkiä* (ei salli) He won't put up with criticism, (masentuu siitä) he can't bear to be criticized **2** *Se ei kestä kritiikkiä* It won't stand up under criticism, withstand criticism
kestää tulikoe withstand/survive an ordeal
kestää vertailua compare (with), (with)stand comparison (with)
kesy tame, domestic(ated)
kesyttää tame, domesticate; (kuv) tame, subdue, break (someone's spirit)
kesyyntyä become tame
kesä summer
kesäaika daylight saving time *siirtyä kesäaikaan* go on daylight saving time
kesäapulainen summer hire
kesäasunto summer place/house/ cottage
kesähuvila summer cottage
kesäinen summer(y)
kesälaidun (kuv) summer stamping grounds
kesäloma summer vacation, (UK) holidays; (parlamentin) summer recess
kesälukukausi summer term: (kun se on vuoden kolmas) summer semester, (kun se on vuoden neljäs) summer quarter
kesämökki summer cottage
kesänvietto spending the summer
kesänviettopaikka summer place
kesäpäivä summer('s) day
kesärengas summer tire
kesäsiirtola country summer camp
kesäteatteri summer theater
kesät talvet all year round
kesäyliopisto summer university
kesäyö summer('s) night
ketarat legs *maata ketarat pystyssä* lie flat on your back
ketju 1 chain (myös kuv) *muodostaa ketju* form a chain, (käsistä pitämällä) join/link hands **2** (tapahtumien) series, (järvien) string, (vuorten) range **3** (kaulaketju) necklace **4** (tietok) chain(ed list)
ketjukolari multi-car collision, (ark) pile-up
ketjulaulu round
ketjumakro (tietok) chained macro
ketjupolttaja chain smoker
ketjureaktio chain reaction
ketjuveto chain tow
ketsuppi ketchup, catsup
ketterä 1 nimble, quick **2** (notkea) agile, limber **3** (kätevä) handy
kettinki chain
kettiökone kitchen appliance
kettu fox (myös kuv)
keuhko lung *huutaa keuhkojen täydeltä* shout at the top of your lungs
keuhkokuume pneumonia
keuhkopussi pleura(l membrane)
keuhkorakkula air-cell
keuhkosyöpä lung cancer, cancer of the lung(s)
keuhkotauti tuberculosis
keula 1 (veneen) bow **2** (kuv: jonon tms) head, front
kevennys (kuorman) lightening, (mielen) relief
keventyä 1 (kuorma) become lighter **2** (mieli) (be put at) ease, be relieved/ reassured **3** (ilmapiiri) lighten/liven up
keventää 1 (kuormaa) lighten **2** (mieltä) relieve, ease, soothe **3** (ilmapiiriä) lighten up, enliven
keveä light *keveällä mielin* light-hearted(ly), in buoyant spirits, feeling happy/light-hearted
kevyt 1 light *kevyt ruokavalio/ateria* light diet/meal *kevyt tykistö/joukko* light

artillery/brigade *kevyt takki* lightweight jacket **2** (hento) frail **3** (hellä) gentle **4** (ketterä) nimble, agile **5** (helppo) light, easy **6** (vähäkalorinen) light *kevyt jogurtti/margariini* light yogurt/ margarine *kevytmaito* two-percent milk
kevytkenkäinen loose, fast, wanton, promiscuous
kevyt kuin höyhen light as a feather
kevytmetalli light alloy
kevytmielinen 1 (huikenteleva) frivolous, (kevytkenkäinen) loose, fast **2** (leväperäinen) irresponsible, careless, thoughtless
keväinen spring
kevät spring
kevätaurinko spring sun(shine)
kevätilma spring air
kevätjuhla end-of-the-school-year celebration
kevätkylvö spring sowing/planting
kevätkyntö spring plowing
kevätlukukausi spring term: (kun se on toinen kahdesta) spring semester, (kun se on kolmas kolmesta) spring quarter
kevättalvi late winter
kevättalvinen late-winter
kevättulva spring flood(ing)
kevätvilja spring grain
kevätväsymys spring fever
kevväämmällä closer to spring, later in the winter
kg kilogram, kg
kide crystal
kidesokeri granulated sugar
kidukset gills
kiduttaa torture, (piinata) torment
kidutus torture, (piina) torment
kiehahtaa (vesi) come to a boil, (veri) boil
kiehauttaa bring to a boil
kiehkura 1 (kutri) curl, lock **2** (savun) wisp, wreath **3** (seppele) wreath, (vanh) garland
kiehtoa 1 (kiinnostaa) fascinate, captivate *Kieli kiehtoo minua* I'm fascinated by language, language fascinates me **2** (lumota) charm, bewitch, enchant
kiehtova 1 (kiinnostava) fascinating, captivating **2** (lumoava) charming, enchanting *kiehtova nainen* charming/ enchanting woman
kiehua omassa liemessään stew in your own juice
kiehumispiste boiling point
kiekko 1 (yl ja tekn) disk, disc *soittaa 60-luvun kiekkoja* (ark) play some of those golden discs/platters/oldies from the 60s **2** (urh) discus, (jääkiekko) puck, (savikiekko) clay pigeon *pitkä kiekko* icing **3** (kirjoittimen tai kirjoituskoneen) daisy wheel
kiekkokirjoitin daisy-wheel printer
kiekonheitto (laji) discus, (teko) throwing the discus
kiekonheittäjä discus thrower
kiekua crow, (kuv) screech, holler
kieleke 1 (vaatteen repeytynyt) flap **2** (maan) jut, (kallion) promontory **3** (kasv) ligule
kielellinen linguistic
kielellinen vähemmistö linguistic minority
kielellisesti linguistically; (sanallisesti) verbally, in words
kielenhuolto language hygiene, concern for the purity of the (a) language
kielen kostuketta something to wet your whistle
kielenkääntäjä translator *valantehnyt kielenkääntäjä* sworn/certified translator
kielenopetus language teaching
kieli 1 language, tongue *puhuttu/ kirjoitettu kieli* spoken/written language *äidinkieli* native language/tongue, mother tongue *ammattikieli, erikoiskieli* jargon *puhua kielillä* speak in tongues *opiskella vieraita kieliä* study foreign languages *tietokonekieli* computer language, programming language **2** (puhetapa) (manner of) speech, style, accent; (kuv) tongue *liukas kieli* glib tongue *terävä kieli* sharp tongue **3** (anat) tongue *Vesi herahtaa jo kielelleni* My mouth is watering already *purra kieltä* bite your tongue *hillitä kielensä*

hold your tongue *sulaa kielellä* melt in your mouth *piestä kieltään* wag your tongue, beat your gums *olla/pyöriä kielen päällä* be on the tip of your tongue *näyttää jollekulle kieltään* stick out your tongue at someone *olla kieli pitkällä jonkun perään* pant after someone *naudan kieli* beef tongue **4** (ääni) voice *kuulla sorakieliä* hear grumbling, hear mutters/ voices of disagreement *Pahat kielet kertovat* Rumor has it **5** (viulun tms) string *koskettaa ihmissielun herkimpiä kieliä* pluck at your heartstrings **6** (kellon) striker, clapper **7** (vaa'an) needle, pointer *olla vaa'ankielenä* tip the balance **8** (lukon) bolt **9** (kengän) flap **10** (tulen) tongue, flame *olla kuoleman kielissä* be at death's door

kielialue speech region

kielikello (kantelija) tattletale, (juoruilija) gossip

kielikorva ear for languages

kielikuva 1 (metafora) figure of speech, trope, metaphor **2** (kuvallinen ilmaisu) (verbal) image

kielilläpuhuja speaker in tongues, glossolalist

kieliopillinen grammatical, syntactic

kielioppi grammar, syntax

kielipää *Hänellä on hyvä kielipää* He learns foreign languages quickly/ easily, he's got a good head for languages

kieliryhmä language family

kielitaidoton ignorant of a language *Hän on täysin kielitaidoton* He can't speak a word of the language

kielitaito language ability/proficiency, command of a language

kielitaitoinen proficient/good at a language

kielitiede linguistics

kielitieteilijä linguist

kielivoimistelu verbal gymnastics

kieli vyön alla puffing and blowing *juosta kieli vyön alla* run like the devil

kieliä 1 (kannella) tattle, snitch, squeal **2** (ilmaista) show, reveal *Yrität esittää huoletonta, mutta kasvosi kielivät jotain muuta* You're trying to make us think you haven't a care in the world, but your face tells a different story

kielteinen negative

kielteisesti negatively

kielteisyys negativity; (nurja asenne) bad attitude

kieltenopettaja language teacher

kieltenopetus language teaching

kielto 1 (kieltäminen) refusal, denial **2** (kieltomääräys) prohibition, ban **3** (kiel ja filos) negation

kieltolaki Prohibition

kieltomuoto negative form

kieltämättä undoubtedly, unquestionably, no/without doubt/ question

kieltäymys self-denial, renunciation; asceticism

kieltäytyä 1 (torjua) refuse, reject, decline *kieltäytyä avusta* refuse someone's (offer of) help *kieltäytyä auttamasta* refuse to help (someone) *kieltäytyä tarjouksesta* reject/decline an offer *kieltäytyä ehdokkuudesta* decline a nomination **2** (luopua) do without, renounce, abstain (from)

kieltää 1 (olla sallimatta) forbid *Kiellän sinua lähtemästä tästä talosta!* I forbid you to leave this house! **2** (sensuroida) ban **3** (olla antamatta) refuse, deny *kieltää joltakulta apunsa* refuse/deny someone your help, refuse to help someone *Enhän pysty kieltämään sinulta mitään!* I can't deny you anything, I can't hold anything back from you, I can't say no to you, (run) I cannot say you nay **4** (olla tunnustamatta) deny *Et voi kieltää, etteikö se olisi käynyt mielessä* You can't deny that it occurred to you, don't tell me it never even crossed your mind **5** (usko) renounce **6** (velka) repudiate, (velvoite) decline **7** (kiistää: väite) dispute, controvert; (testamentti) contest

kieltää syyllisyytensä plead not guilty

kiemura 1 (tukan) curl, lock **2** (savun) wisp, wreath **3** (tien, joen tms) bend, curve **4** *politiikan kiemurat* the ins and outs of politics

kiemurrella 1 (koukerrella) meander, twist and turn, wind, weave *Joki virtaa kiemurrellen tasangon läpi* The river meanders (its way) across the plain **2** (kiipeillä) wind, twine, climb *Köynnökset kiemurtelivat kuistikon pylväissä* The vines wound around the columns on the veranda **3** (luikerrella) wind, wriggle *Käärme kiemurtelee heinikossa* The snake winds its way through the tall grass **4** (rimpuilla) wriggle, writhe, squirm *kiemurrella tuskissaan* writhe in agony *kiemurrella häpeissään* squirm with embarrassment **5** (pyrkiä kierrellen johonkin) wriggle/worm your way/ yourself (into/out of something) *Turha kiemurrella velvollisuuksistasi!* It's no use trying to wriggle/worm your way out of your responsibilities! *kiemurrella jonkun suosioon* worm your way into someone's heart/favor *Älä kiemurtele vaan sano totuus!* Don't hem and haw, just tell me the truth! Don't try to wriggle out of it, tell me the truth!

kiero 1 (vääntynyt) deformed, warped, twisted, crooked *katsoa kieroon* look crosseyed, cross your eyes; (pysyvästi) be cockeyed **2** (epärehellinen) crooked, corrupt, fraudulent *umpikiero* crooked as a three-dollar bill *kieroa peliä* foul play, dirty pool **3** (ovela) cunning, sly, foxy **4** (vääristynyt) false, distorted *katsoa kieroon lasten temppuja* frown on the kids' pranks **5** (epäoikeudenmukainen) unfair, unequitable *kierot maanomistussuhteet* unfair ownership of land

kieroontunut 1 (fyysisesti) deformed, warped, twisted, crooked **2** (henkisesti) twisted, perverted, warped

kierosilmäinen crosseyed, cockeyed

kieroutua 1 (fyysisesti) be twisted/ warped/crooked **2** (henkisesti) get/ become twisted/perverted/warped

kierre 1 (ruuvin tms) thread(s) *Tästä ruuvista on mennyt kierre* This screw's got stripped threads **2** (langan tms) tist, twine **3** (syöksykierre) nosedive, (down)spin, vicious circle, catch-22 *joutua velkakierteeseen* get trapped in the vicious circle of debt *joutua viinakierteeseen* shuttle back and forth between drunkenness and the sober shakes, plunge into the nosedive of alcoholism **4** (urh) spin *sivukierre* sidespin *takakierre* backspin *kierresyöttö* (baseballissa) curveball **5** (tal) spiral *inflaatiokierre* inflationary spiral

kierrellä 1 (kulkea ympyrää) circle (around), (lintu) wheel **2** (kulkea sinne tänne) wind, meander **3** (kulkea paikasta toiseen) roam, wander *kierrellä maita ja mantereita* roam far and wide, follow your footsteps **4** (kulkea ympäri) circle, go/step around, avoid *kierrellä saarta* circle/go around the island *kierrellä lätäköitä* go around/avoid puddles **5** (karttaa) avoid, tay out of (someone's) way *kierrellä kaukaa* give a wide berth to, keep your distance from **6** (vältellä) evade, dodge *kierrellä ja kaarrella* hem and haw, beat around the bush *vastata kiertelemättä* give a straight answer *vastata kierrellen* answer evasively, give an evasive answer, evade the question **7** (olla liikkeellä) circulate, make the rounds *Kierteli sellainen huhu että* There was a rumor making the rounds to the effect that, Rumor had it that

kierros 1 (ajelu) spin *Lähdetkö pienelle kierrokselle?* Do you want to go out for a little spin, take a little spin? **2** (kävely) walk, turn, stroll *tehdä kierros puistossa* take a turn/stroll in the park **3** (ratakierros) lap *ohittaa joku kierroksella* lap someone **4** (poliisin) beat **5** (lääkärin/postinkantajan tms) round *Tohtori on kierroksella* The doctor is making his rounds **6** (tarjoilu-/ neuvottelukierros, kierros golfia/ kortteja) round *Minä tarjoan seuraavan kierroksen* The next round is on me *Miltä tuntuisi kierros golfia?* Are you up to a round of golf? **7** (ympyrä) circle, cycle *tehdä täysi kierros* come full circle *viiden vuoden kierros* five-year cycle **8** (kiertotie) circuit(ous route), roundabout way, detour *tehdä kierroksia epätasaisen maaston vuoksi* make detours due to the uneven terrain **9** (kierto: radalla) orbit, (ympäri) rotation **10** (moottorin) revolution, (ark) rev *Kyllä tästä moottorista kierroksia löytyy* This engine's got power to burn *lisätä kierroksia* rev it up *kierrosta minuutissa* revolutions per minute, rpm's

kierrosaika (urh) lap time

kierrosluku number of revolutions; (ark) revs

kierroslukumittari (autossa) tachometer, (ark) tach

kierrättää 1 (vierasta) take (someone) all over, show him/her the sights **2** (estettä) send/direct (someone) around (an obstacle, the long way) **3** (turhaan) send someone on a wild goose chase **4** (vaatteita/ sanomalehtiä/ lasia jne) recycle

kierrätys (jätteiden) recycling

kierteinen 1 (ruuvi) threaded **2** (kierukkamainen) spiral, helical, helicoid, voluted **3** (kiertynyt: lanka tms) twisted, (sarvi) whorled

kierto 1 (pyöritys) turn(ing), twist(ing), screw(ing) *vartalon kierto* twisting the body **2** (fys: vääntö) torsion, (vääntömomentti) torque **3** (pyörintä ympäri) rotation, gyration, spin(ing), whirl(ing) *maapallon kierto* the earth's rotation **4** (kulku radalla) orbit **5** (veren, veden, rahan, kirjeen tms) circulation **6** (kaarros, kiertotie) detour *Meille tuli nyt kilometrin kierto* We're going to have to go a kilometer out of our way, make a detour of about a kilometer **7** (samoilu) roaming/roving/rambling (around) *kierto Lapissa* backpacking/ hiking across Lapland **8** round *Lääkäri on kierrolla* The doctor is making his/her rounds **9** (välttely) evasion, avoidance *kysymyksen kierto* evading the question, evasive answer, evasion

kiertoilmaus 1 (lievempi ilmaus) euphemism **2** (laajempi ilmaus) periphrase, circumlocution

kiertokirje circular (letter)

kiertokulku 1 circuit, circle, circular motion **2** (rahan tms) circulation **3** (vuodenaikojen) cycle **4** (elämän) course

kiertorata orbit

kiertoteitse circuitously, in a roundabout way/manner, indirectly

kiertotie detour

kiertue 1 (matka) tour **2** (seurue) touring company

kiertyä turn, twist, wind *kiertyä vasemmalle* turn/veer to the left *kiertyä liian tiukalle* wind/twist too tight

kiertäen kaartaen indirectly, in a roundabout way, beating around the bush, with a lot of hemming and hawing

kiertää *tr* **1** (pyörittää) turn, twist, screw *kiertää avainta lukossa* turn a key in a lock *kiertää kansi auki* unscrew a lid *kiertää veitsi lapsen kädestä* wrest a knife out of a child's hands **2** (kierittää, kääriä) roll (up) *kiertää tukkansa nutturaan* do your hair up in a bun *kiertää lumipalloja* roll snowballs *kiertää kaihdin kokoon* roll up a blind **3** (kietoa ympärille) wind, wrap *kiertää kätensä jonkun kaulaan* wrap your arms around someone's neck *köynnös kiertää vartensa pylvään ympäri* the vine winds around the column **4** (kulkea ympäri: ihminen pysyvää objektia) circle, go around, circumvent *kiertää taloa* circle the house, go around the house **5** (kulkea ympäriinsä: ihminen maailmaa) roam, rove, wander *Taidan lähteä vuodeksi kiertämään maailmaa* I think I'll take a year and see the world, (maapallon ympäri) and travel around the world **6** (kulkea ympäri: satelliitti tms) orbit **7** (kulkea ympäri: seinä tms) encircle, be surrounded by *Taloa kiertää tiheä metsikkö* A dense thicket encircles the house, the house is surrounded (on all sides) by a dense thicket **8** (kulkea ympäritse) round *kiertää Hyväntoivonniemi* round the Cape of Good Hope **9** *Ajatukseni kiertävät alituisesti sinua* I can't get you out of my mind, I can't take my mind off of you **10** (vältellä) circumvent, evade, dodge, avoid *kiertää todelliset ongelmat* circumvent/ignore the real problems *kiertää todelliset kysymykset* evade the real questions *kiertää toimittajan kysymys* duck out of/dodge a reporter's question **11** (ohittaa) circumvent, get around/past *kiertää*

suunnitteluvirhe get around a planning mistake, circumvent an error that was made in the planning stages *kiertää verotusta* find a tax loophole
itr **1** (pyöriä) spin, turn, revolve *Pyörä kiertää vastapäivään* The wheel spins/ turns counterclockwise *Maa kiertää akselinsa ympäri* The earth spins/ revolves around its axis **2** (veri suonissa **3** (ihmiseltä toiselle) go around *panna pullo/hattu kiertämään* pass the bottle/ hat
kiertää auki (purkkia) unscrew the lid, (hanaa) turn on, (karttaa) unfold, unroll
kiertää hihansa ylös roll up your sleeves
kiertää hiuksia curl your hair, (laittaa papiljotit) put your hair up in rollers
kiertää irti unscrew
kiertää joku (pikku)sormensa ympäri wrap someone around your (little) finger
kiertää kaukaa give a wide berth to, keep your distance from, steer clear of, stay away from
kiertää kehää go around and around, go around in circles *Me olemme liian kauan kiertäneet kehää tässä asiassa, mentäisiinkö eteenpäin?* We've been going around and around on this too long, shall we move on?
kiertää kuin kissa kuumaa puuroa beat around the bush
kiertää lakia get around the law, dodge the law
kierukka 1 (ehkäisyväline) coil, IUD (intrauterine device) **2** (geom) spiral, helix
kietoa 1 (kääriä) wrap, throw *kietoa huivi jonkun olkapäille* wrap a shawl around someone's shoulders *kietoa kätensä jonkun kaulaan/vyötärölle* throw your arms around someone's neck/waist *kietoa vaatetta ympärilleen* throw something on **2** (kiertää) wind *kietoa nuora jonkin/jonkun ympärille* wind a rope around something/someone, tie something/someone up tight **3** (punoa) twist *kietoa kukista seppele* wind flowers into a wreath **4** (sotkea) entangle, tie up *kietoa joku valheisiin* entangle someone in a skein of lies
kietoa pauloihinsa get someone in your clutches
kietoa vaippaansa *Sumu kietoi kukkulat pehmeään vaippaansa* The fog wrapped the hills in its soft blanket, blanketed the hills gently
kietoa yhteen intertwine, interlace
kievari inn, hostel(ry)
kihara *s* curl, (kutri) lock, (tiukka kihara) frizz
adj curly, (tiukka) frizzy
kiharapäinen curly-headed
kiharatukkainen curly-haired
kiharrin curler
kihelmöidä 1 (kirvellä) sting **2** (raavittaa) itch (jännittää) tingle
kihjalaiset engagement party
kihlakumppani (mies) fiancé, (nainen) fiancée
kihlakunnanoikeus (Suomi) Rural District Court, (US) Circuit Court, (UK) Crown Court
kihlakunta jurisdictional district
kihlata get engaged to
kihlaus engagement
kihloissa engaged (to be married)
kiidättää speed (something/ someone) on (its/their way), rush *Lähetti kiidätti sanan kaupunkiin* The messenger rushed word into town
kiihdyttää 1 (mieltä: yleensä) upset, get (someone/yourself) all worked up; (jännitystä) excite, fill (someone) with suspense; (vihaa) anger, provoke, infuriate; (ahdistusta) fill (someone) with anxiety; (pelkoa) frighten, fill (someone) with fear **2** (prosessia tms) accelerate, speed up *kiihdyttää vauhtia* pick up speed, step up your pace, walk/drive/jne faster *kiihdyttää hiukkasta* accelerate a particle
kiihdytys acceleration
kiihkeä 1 (innokas) eager, enthusiastic **2** (intohimoinen) ardent, fervent, passionate, hot-blooded/-headed *kiihkeä pyyntö* fervent/urgent request **3** (intensiivinen) fierce, furious, hot, intense *kiihkeä mieliala* inflamed/

excited state of mind **4** (kiihkomielinen) fanatic(al), zealous
kiihko 1 (into) eagerness, enthusiasm **2** (intohimo) ardor, fervor, passion **3** (intensiivisyys) fury, heat, intensity **4** (vimma) frenzy, mania **5** (kiihkomieli) fanaticism, zeal
kiihkoilija fanatic, zealot, bigot
kiihkoilla be fanatic about, (ajaa kiihkeästi) pursue fanatically/ zealously/ passionately, (puhua kiihkeästi) fulminate (about)
kiihkoisänmaallinen fanatic patriot/ chauvinist
kiihkoisänmaallisuus patriotic fervor, (national) chauvinism
kiihkomielinen fanatic(al)
kiihkouskonnollinen fanatically religious
kiihoke 1 (kimmoke) stimulus, spur, motivation *olla kiihokkeena johonkin* be the motivating factor behind something, motivate/push/drive people in a certain direction, to take a certain course **2** (houkutin) incitement, incentive, enticement **3** (ärsyke) irritant **4** (piriste) stimulant
kiihottaa 1 (vaikuttaa aisteihin, hermostoon tms) stimulate, (ruokahalua) whet, sharpen **2** (vaikuttaa tunteisiin, mielikuvitukseen tms) excite, stir, arouse (ks myös kiihdyttää) *kiihottaa mielenkiintoa* excite/arouse/ spark someone's interest *kiihottaa joku raivoon* stir up someone's anger/rage, provoke/inflame/goad a person to anger *kiihottaa jotakuta seksuaalisesti* arouse someone, turn someone on (sexually) **3** (kannustaa) spur, motivate, (houkutella) entice *Katsojat kiihottivat juoksijoita huudoillaan* The spectators cheered the runners on **4** (yllyttää) spur/urge/egg (someone) on, agitate for *kiihottaa kapinaan* incite/instigate/stir up/foment (a) rebellion
kiihottua get excited/upset, get worked/tensed up
kiihottuneisuus excited state of mind, mental/emotional upset, nervous tension
kiihotus 1 (yl ja pol) incitement, agitation **2** (lääk) stimulation
kiihtyvyys acceleration
kiihtyä 1 (henkisesti: yleensä) get upset, get all worked up, have a fit; (jännittyä) get excited, be in suspense; (vihastua) get angry/furious, fly off the handle; (ahdistua) get/feel anxious; (pelästyä) get scared, panic **2** (fyysisesti: yleensä) speed up, quicken, increase; (fys) accelerate *vauhti kiihtyy* the pace picks up, the speed/velocity increases/accelerates
kiikari binoculars *olla kiikarissa* have your eye on (something), be aiming for (something)
kiikastaa *Mistä se kiikastaa?* What's the hitch/problem? Where's the hang-up?
kiikkerä unstable, unsteady *kiikkerä tuoli* rickety chair *kiikkerä vene* tipsy/ rocky boat
kiikki gambrel *olla kiikissä* (kiinni) be caught/trapped, (pulassa) in a spot/ pinch/fix *joutua kiikkiin* (kiinni) get caught (red-handed), (pulaan) get into a fix
kiikku swing
kiikkua 1 (roikkuen) swing *kiikkua kuistilla* (sit and) swing on the porch *kiikkua hirressä* swing from the gallows, from a tree (jne) **2** (keinutuolissa) rock **3** (heilahdellen) tip, teeter; (keinulaudalla) seesaw
kiikkulauta seesaw, teetertotter
kiikuttaa 1 (keinua) swing, (kehtoa, vauvaa) rock, (pöytää tms) tilt, tip **2** (ark: kantaa) carry, haul, lug
kiila 1 (yl) wedge **2** (pyörän alle) block, chock **3** (sot) spearhead
kiilata 1 wedge in/apart, cleave **2** (etuilla) cut in (front/line)
kiilautua 1 (juuttua) be(come)/get wedged/jammed in **2** (tunkeutua) wedge/elbow/push your way into
kiille 1 (kivi) mica **2** (kiilto) shine, luster **3** (kiillotus) polish, gloss **4** (lasitus) enamel, glaze
kiillottaa 1 shine, polish (up) *kiillottaa kenkiä* shine shoes **2** (lattiaa: vahata)

wax, (hangata) buff; (puuta: lakata) lacquer, varnish; (metallia: hioa) grind, (hangata) burnish, polish
kiillottaa kilpensä polish (up) your halo, clear your reputation
kiillotus 1 shine, shining, polish(ing) *kengän kiillotus* shoeshine **2** wax(ing), buffing, lacquering, varnish(ing), grinding, burnish(ing) (ks kiillottaa)
kiilto 1 (kiiltävyys) shine, luster **2** (kiil-letty pinta) polish, finish, gloss **3** (välke) gleam, glitter, glint, glow, shimmer (ks kiiltää)
kiiltokuva glossy picture
kiiltävä shiny, gleaming, glittering, glinting, glowing, glimmering, glistening, shimmering (ks kiiltää); (valokuvan tms pinta) glossy
kiiltää shine; (pehmeän kirkkaasti) gleam, (kylmän kirkkaasti) glitter, glint, (lämpimän himmeästi) glow, (himmeäs-ti) glimmer, (märkänä) glisten, (häilyen) shimmer *Ei kaikki ole kultaa mikä kiiltää* All that glitters is not gold
Kiina China
Kiina-ilmiö the China Syndrome
kiinalainen *s, adj* Chinese
kiinni 1 (suljettuna) shut, closed; (lukittuna) locked **2** (TV, radio, hana) off, (jarrut) on **3** (sidottuna) tied up, fastened **4** (juuttunut) jammed, stuck (fast) **5** (kiintynyt) close/attached (to some-one) *toisiinsa kiinni liimautuneina* entwined together *kylki kyljessä kiinni* side by side, shoulder to shoulder, flank to shank **6** (kiikissä) caught, trapped **7** (järvi, meri) frozen **8** *olla kiinni josta-kin* depend on *Se on sinusta kiinni* It's up to you *Se on rahasta kiinni* It's a question/matter of money **9** *olla kiinni jossakin* have your hands on *olla kiinni voitossa* have practically won, virtually have the prize in your hands *päästä kiinni omaan kotiin* land a house of your own, get your hands on a house of your own
kiinnitin fastener, clip, clasp
kiinnittyä (be) fastene(d), attach, adhere *Huomioni kiinnittyi erityisesti kolmanteen pykälään* I was particularly interested in/concerned about/troubled by/pleased with the third paragraph
kiinnittää 1 tie (myös kuv), fasten, attach; (naulalla) nail, (liimalla) glue, stick, (puristimella) clamp, (hakasilla) hook *En halua kiinnittää sinua itseeni* I don't want to tie you down **2** (palkata) engage, hire, employ **3** (sijoittaa) invest **4** (talo lainan vakuudeksi) mortgage **5** (kuv) fix, pin, fasten
kiinnittää jonkun huomio johonkin call/direct someone's attention to something, call something to someone's attention
kiinnittää katseensa johonkin fasten/fix your eyes on
kiinnittää suuria toiveita johonkuhun set/place high hopes on someone, have great expectations for someone
kiinnittää toiveensa johonkin pin your hopes on something
kiinnitys 1 (kiinnittäminen) fastening, attachment, adhesion **2** (nappien) buttoning, (jalokivien) mounting, (laivan) mooring **3** (kiinnelaina) mortgage **4** (palkkaus) appointment
kiinnostaa interest *Kiinnostaako tämä sinua ollenkaan?* Are you at all interested in this, does this interest you at all? *Ketä se muka kiinnostaa?* Who cares? Who gives a damn/rip?
kiinteistö real estate
kiinteistönvälittäjä real estate agent, realtor
kiinteä 1 (kiinni oleva) stationary, fixed, immobile *kiinteä omaisuus* real estate **2** (jähmeä: voi tms) solid, (hyy-telö tms) firm **3** (tiivis: maa) compact, (peite) hard, (tomaatti tms) firm **4** (kireä) tight *vetää side kiinteäksi* pull a bandage tight *kiinteä ote* firm grip **5** (läheinen) close *kiinteät perhesuhteet* close(-knit) family relations **6** (yhtenäi-nen) coherent, cohesive *romaanin kiinteä rakenne* the novel's coherent/tight structure **7** (muuttumaton: hinta) fixed, firm
kiinteäkorkoinen (liik) fixed-rate

kiintiö quota *Onko meillä kiintiö?* Do we have a quorum?
kiintoisa interesting
kiintojää solid ice
kiintymys affection, attachment, devotion
kiintyä 1 (kiinnittyä) stick to *Huomioni kiintyi häneen* She caught/attracted my attention, I couldn't take my eyes off her **2** (mieltyä) become attached to (myös kuv)
kiipeillä 1 (ihminen tai eläin) climb **2** (kasvi) creep up
kiipijä 1 (ihminen) (social) climber, (halv) upstart **2** (kasvi) (tree)creeper
kiirastorstai Maundy Thursday
kiire *s* **1** hurry, rush *työskennellä kovassa kiireessä* work under immense pressure/stress *asialla on kiire* it's urgent/pressing *Miksi sellainen kiire?* Where's the fire? What's the rush? *Pidä kiirettä!* Hurry up! **2** (päälaki) crown (of the head) *kiireestä kantapäähän* from head/top to toe
adj **1** (kiireinen) busy, rushed, hectic *kiire päivä* hectic day, one of those days **2** (nopea) quick, hasty *Hänelle tuli kiire lähtö* He took off in a hurry, he made tracks *kiireimmän kaupalla* in record time, lickety-split
kiireellinen 1 (asia) urgent, rush *kiireellinen kirje/asia* urgent/pressing letter/matter *kiireellinen tulostustyö* rush (print) job **2** (tarve) instant, (apu) prompt
kiireellisyys urgency
kiireen kaupalla hurriedly, in record time
kiireen vilkkaa lickety-split, before you can say Jack Robinson
kiireesti quickly, hurriedly, in a rush/hurry
kiirehtiä 1 (kiiruhtaa) hurry (up), rush (around); (ark) get hopping/cracking, go like the wind, go like a shot, go like sixty **2** (hoputtaa: ihmistä) rush, push/press (someone) to hurry up *kiirehtiä jotakuta ulos* (ark) give someone the bum's rush **3** (jouduttaa: asiaa) rush, expedite, speed up *kiirehtiä kirjettä postiin* rush a letter to the post office
kiireimmiten as soon as possible (ASAP), posthaste
kiireinen 1 (ihminen) hurried, rushed, busy, pressed (for time) **2** (päätös, vastaus tms: liian nopea) hasty, precipitate, rash; (sopivan nopea) quick, prompt *kiireinen vastaus* prompt reply *kiireinen päätös* rash/precipitate decision **3** (asia) urgent, rush *kiireinen kirje/asia* urgent letter/matter *kiireinen tulostustyö* rush (print) job
kiireisyys 1 (kiire) hurry, haste **2** (kiireellisyys) urgency **3** (hätiköinti) rashness
kiiruhtaa hurry (up), rush; (ark) make tracks *Kiiruhda hitaasti* Haste makes waste, easy does it; (lat) festina lente
kiisseli fruit soup
kiista 1 (sanaharkka) dispute, argument; (ark) shouting match **2** (julkinen väittely) debate **3** (polemiikki) polemic, controversy
kiistakapula bone of contention
kiistanaihe controversial subject
kiistaton undisputable, unquestionable
kiistatta indisputably, unquestionably
kiistellä 1 (väitellä) argue, debate, dispute *Makuasioista ei kannata kiistellä* There's no accounting for tastes, (lat) de gustibus non est disputandum **2** (olla eri mieltä) disagree (on/over)
kiistämättä undoubtedly, undisputably, unquestionably
kiistää 1 (kieltää) deny, contradict *kiistää vastuunsa* disclaim responsibility *Ei voida kiistää, etteikö* It can't be denied that **2** (asettaa kyseenalaiseksi) contest, controvert, dispute, challenge *kiistää testamentti* contest a will
kiitellä 1 (kiittää) thank **2** (ylistellä) praise, commend
kiitettävä excellent
kiitettävästi excellently
kiitoksen kipeä begging for thanks
kiitoksia paljon thank you very much; (ark) thanks a lot
kiitollinen 1 (ihminen) thankful, grateful, appreciative *Olisin erittäin kiitollinen jos* I'd be much obliged if, I'd

really appreciate it if *Olisin kiitollinen jos et sekaantuisi minun asioihini* (ironisesti) I'll thank you to mind your own business **2** (tehtävä tms) rewarding, profitable, fruitful **3** (aine: kestävä) durable, (sopiva) suitable

kiitollisesti thankfully, gratefully (ks myös kiitollinen)

kiitollisuudenosoitus token of (my/ our) gratitude

kiitollisuus 1 (ihmisen) gratitude, appreciation **2** (tehtävän tms) profitability, fruitfulness

kiitos 1 thanks *A: Mitä kuuluu? B: Kiitos hyvää* A: How's it going? B: Fine thanks *tuhannet kiitokset* thanks a million *Kiitos itsellesi!* Thank you! *kiitokseksi jostakin* by way of thanks (for) *Sen sain kiitokseksi* That's the thanks I get *A: Otatko lisää? B: Kyllä kiitos* Yes please *A: Oletko saanut perunoita? B: Kyllä kiitos* Yes thanks *sydämelliset kiitokset* heartfelt thanks **2** (ylistys) praise, commendation *saada kiitosta* be praised/commended, receive praise/positive feedback/acknowledgement for your work *Hänen kiitoksekseen on sanottava että* To his credit it must be said that

kiitospuhe speech of thanks

kiitos riittää please stop; that'll do nicely, thank you

kiitos ruoasta it was delicious

kiitos sinun thanks to you

kiitosta ansaitseva praiseworthy, laudable

kiitos viimeisestä thanks again, we really had a good time, that was fun last/ the other night/day

kiitosvirsi hymn of thanksgiving

kiittämätön ungrateful

kiittää 1 thank, express your gratitude to *En voi kiittää sinua kylliksi* I can't thank you enough, I don't know how to express my gratitude *kiittää onneaan* thank your lucky stars *Saamme kiittää sinua tästä* If it hadn't been for you, we'd; (hyvästä asiasta) thanks to you, we now have...; (katastrofista) this is all your doing *Hän saa kiittää sinua hengestään* He owes you his life **2** (ylistää) praise, commend *kiittää Herraa* praise the Lord *kiittää itseään* blow your own horn, pat yourself on the back

kiitää speed, race, fly, dash, run/fly/go like the wind *kiitää ohi* shoot/dash past *ohi kiitävä hetki* fleeting/evanescent moment *kiitävät pilvet* racing/scudding clouds

kiivaasti 1 (vihaisesti) fiercely, violently **2** (intohimoisesti) intensely, passionately

kiivas 1 (tuittupäinen) hot-headed/-tempered/-blooded, quick-tempered, quick to lose your temper *Tuo mies on hirvittävän kiivas* That guy's got a terrible temper **2** (intohimoinen) intense, passionate, ardent, zealous **3** (kuumentunut: keskustelu tms) fierce, violent, vehement, heated **4** (mus: nopea) fast, allegro

kiivasluontoinen hot-headed/ -tempered/-blooded, quick-tempered, quick to lose your temper

kiivastua lose your temper, fly into a (purple) rage/passion; (ark) fly off the handle, have a fit

kiivetä 1 climb; (vaikeasti) clamber, scramble; (pitkin seinää, vuoren huipulle) scale *Kiinteistöjen arvot kiipeävät koko ajan ylöspäin* Real estate values keep on climbing/rising **2** (hevosen selkään) mount

kiivi kiwi

kikattaa giggle

kikatus giggling

kikkeli peepee, weewee, willie

kilipukki billy goat

kilistä 1 (kulkuset) jingle, tinkle; (lasit, pullot) clink **2** (ovikello) ring

kiljahtaa 1 shout, cry out **2** (kimeällä äänellä) scream, squeal, shriek; (liitu taululla) screech **3** (syvällä äänellä) howl, holler, whoop

kilo (ark: ruoka tms) kilo, (kilotavu) K, (huumeet) key

kilogramma kilogram

kilohinta kilo price

kiloittain by the kilo

kilokalori kilocalorie

kilokirja book sold by the kilo

kilometri kilometer
kilotavu kilobyte (KB); (ark) K *360 kilotavun levykeasema* 360 K(B) (floppy) disk drive
kilowatti kilowatt
kilpaa *juosta/ajaa kilpaa* race *Juostaan kilpaa tästä kouluun* Race you to the school!
kilpa-ajaja race driver
kilpa-auto race car
kilpailija competitor, rival; (kilpailun osallistuja) contestant
kilpailla 1 compete, take part in (a) competition/race/event/jne **2** (jonkun suosiosta) contend, vie (for someone's favor) **3** (vetää vertoja jollekin) rival, stand up to, stand comparison with
kilpailu 1 (urh) competition, contest, meet, tournament **2** (liik) competition **3** (kilpa: kahden hakijan/kosijan välillä) rivalry
kilpailuhenki rivalry, contention
kilpailukelpoinen competitive
kilpailukielto (urh) suspension
kilpajuoksija runner; (hevonen) racehorse
kilpajuoksu race (myös kuv)
kilpakosija rival (suitor)
kilpakumppani rival (competitor)
kilpapyöräilijä racing cyclist
kilpaurheilija competing athlete
kilpi 1 (sot) shield *käyttää jotakuta kilpenään* hide behind someone, use someone as your cover/shield **2** (kilpikonnan) shell **3** (nimikilpi: rintapielessä) name tag, (ulko-ovessa) nameplate, (liikkeen edessä) shingle **4** (rekisterikilpi) license plate
kilpikonna turtle, tortoise *hidas kuin kilpikonna* slow as the seven-day itch
kilpistyä 1 ricochet/bounce (off), rebound (from) **2** (kuv) fail (to touch, to have an effect) *Pilkka kilpistyi aina hänestä* Ridicule could never touch her
kilta (hist) guild
kiltisti nicely *Syö kiltisti nyt!* Now be a good boy/girl and eat *Se oli kiltisti tehty* That was nice/kind/thoughtful of you
kiltteys niceness, good behavior
kiltti *s* kilt
adj **1** (tottelevainen) good, well-behaved *Koeta nyt olla kiltti* Try to behave yourself, be on your best behavior, be a good boy/girl *Hanna kiltti, sulkisitko ikkunan?* Hanna (dear), could you please close the window? **2** (ystävällinen) nice, kind, thoughtful *Ole kiltti ja sido minun kengännauhani* Could you tie my shoes, please? Could you please tie my shoes?
kilvan in competition with *kiittää kilvan* fall over yourself to thank someone
kilvoitella 1 (pyrkiä) strive (for/after), struggle (to attain) **2** (kilpailla) contend, vie
kimakka 1 (kimeä) shrill, high-pitched **2** (vihlova) sharp, picrcing
kimalainen bumblebee
kimallella glitter
kimallus glitter(ing)
kimaltaa glitter
kimeä 1 (kimakka) shrill, high-pitched **2** (vihlova) sharp, piercing
kimittää shrill
kimmahtaa bounce *kimmahtaa takaisin* rebound off, bounce back off; (luoti) ricochet *kimmahtaa pystyyn* spring/bound to your feet
kimmoinen elastic, springy
kimmoisa elastic, springy, resilient
kimmoke 1 (sot) ricochet **2** (mieliteko) (sudden) impulse/notion/whim/urge (to do something) **3** (kiihoke) incitement, provocation, enticement
kimmota 1 (olla kimmoisa) be elastic/springy/resilient *kimmoava nahka* resilient leather **2** (palautua entiseen muotoon) snap/spring back **3** (ponnahtaa) bounce back/off, rebound; (luoti) ricochet **4** (hypähtää, ampaista tms) spring, shoot, fly, hurl yourself *Pojat kimposivat ovesta* The boys burst/rushed/flew out the door, were out the door like a shot *kimmota jonkun kaulaan* hurl yourself around someone's neck
kimpaantua lose your temper (at), lose your patience (with), flare up (at); (ark) get fed up (with), get sick (of)

kimpale 1 (leivän tms) piece, hunk, chunk **2** (kultakimpale) nugget

kimppu 1 bunch, bundle, package *kokonainen kimppu ongelmia* a whole bunch/bundle of problems **2** (kukkia) bouquet **3** (nuolia) sheaf **4** (heinää) truss

kimppuun *käydä jonkun kimppuun* attack/assault someone *käydä työn kimppuun* get to work on, get down to business, get cracking on *käydä ongelman kimppuun* tackle a problem, face a problem head-on *käydä ruoan kimppuun* pitch in and start eating

kimpsuineen kampsuineen with the whole kit and kaboodle *lähteä kimpsuineen kampsuineen* (myös) clean your closets and go

kimpussa *olla jonkun kimpussa* be all over someone, be working someone over *olla työn kimpussa* be hard at work, hard at it *olla ongelman kimpussa* have your thinking cap on *olla ruoan kimpussa* be eating like it was going out of style

-kin 1 too, also, as well *Minäkin olen käyttänyt tuota sanakirjaa* I've used that dictionary too *Kävin kotonakin* I went home too/as well, I also stopped by home **2** (jopa) even *Hullukin sen ymmärtää* Even a fool would understand that *Niinkin iso kuin 5 metriä?* As big as that, 5 meters? *Yksikin sana niin lähden* Just one word and I'm out of here, a single word out of you and I'm leaving **3** (joka tapauksessa) anyway, anyhow, at any rate *Se olikin vitsi* I was just joking anyway *Hän pääsi kuin pääsikin perille* He made it after all, he actually got there **4** (todellakin) yes, that's right *Niin sanoinkin* Yes, that's (just) what I said **5** *olisikin kesä* I wish it were summer **6** (tahansa) ever *Mitä teetkin* Whatever you do *Kuka lieneekin* Whoever she may be *Hän tekee mitä milloinkin* She does whatever she feels like

kina 1 (kiista) argument, dispute, quarrel; (ark) wrangle, squabble, bickering **2** (lima) mucus; (ark) slime

kinastella argue, quarrel; (ark) wrangle, squabble, bicker

kinata argue, quarrel; (ark) wrangle, squabble, bicker

kineettinen kinetic

kinkku ham (myös kuv)

kinnas mitten *lyödä kintaat pöytään* throw in the towel, hang up your gloves *viitata kintaalle jollekin* not give a damn about something, shrug your shoulders at something

kinopää (kamerajalustan) panoramic head

kinos (lunta) (snow)drift, (hiekkaa) (sand) dune

kinttu leg *niin kovaa kuin kintuistaan pääsi* as fast as his legs would carry him *housut kintuissaan* with your pants down around your ankles

kinuski butterscotch

kioski kiosk, newsstand

kioskikirjallisuus 1 (hist) penny dreadfuls, dimestore/two-bit novels/ literature **2** (nykyään) drugstore/grocery store/airport novels/literature; mass-market paperbacks/literature

kipaista dash (off) *Kipaisepas kauppaan!* Could you run to the store?

kiperä 1 (kiverä) crooked, bent, twisting, twisted **2** (täpärä) narrow, (tiukka) tight, (tukala) awkward, (vaikea) difficult *kiperät paikat* (oli) close call, (on) tight spot

kipeytyä start hurting, get sore/painful

kipeä 1 (särkevä) painful, sore, hurting, aching, tender *tehdä kipeää* hurt, (kirvellä) sting, (särkeä) ache, (aristaa) be tender/sore *maksaa itsensä kipeäksi* pay through the nose, pay till it hurts **2** (sairas) sick *kipeä lapsi* sick child *Mulla on lapsi kipeänä* My kid's home sick *lemmenkipeä* lovesick **3** (kuv: arka) sore, (arkaluonteinen) delicate, (tuskallinen) painful *kipeä aihe* sore/ delicate subject *kipeä muisto* painful memory **4** (kiireellinen) pressing, urgent *kipeä tarve* pressing/urgent need *Lääkkeitä tarvitaan kipeästi* We're badly/ sorely in need of medicine *tulla kipeään tarpeeseen* (esim lääkkeet) fill a pressing need, (ihminen) arrive just in the nick of time

kipin kapin lickety-split, hippityhop
kipinä spark (myös kuv) *Ei ole toivon kipinää* We don't have a ray of hope
kipinöidä spark *Hänen silmänsä kipinöivät vihaa* Her eyes flashed with anger
kipittää scamper, scoot
kippari skipper, captain
kippo scoop, ladle, dipper
kipristellä (varpaita) curl *Vatsaani kipristelee* I've got a pain in my gut
kipsi plaster (of Paris)
kipsissä 1 (fyysisesti) in a cast *Hänellä on jalka kipsissä* He has his leg in a cast, a cast on his leg **2** (henkisesti: pelokas) scared of your own shadow, timid; (ujo) shy, withdrawn (into your shell)
kipu pain, ache
kipuaisti sense of pain
kipukohtaus attack of pain
kirahtaa 1 (portti, ovi tms) creak, squeak **2** (vauva) whimper
kirahvi giraffe
kireä tight (myös kuv); (naru tms) taut; (hermot tms) strained *kireä pusero/hymy/aikataulu* tight blouse/smile/schedule *kireä ääni* strained voice *kireä kilpailu* tough competition *kireä poliittinen tilanne* explosive political situation, political crisis
kireällä tight, strained *Raha on kireällä* Money's tight *kireät välit* strained relations *hermot kireällä* under a lot of strain, on edge, frazzled
kiri sprint, spurt
Kiribati Kiribati
kiristin clamp, tightener
kiristyä 1 (köysi tms) tighten, pull/draw tight/taut **2** (ilmapiiri tms) become strained/awkward **3** (rahatilanne) get tight/worse/critical **4** (kilpailu, vauhti) pick/step up, increase **5** *Pakkanen kiristyy* The temperature/mercury is dropping **6** (arvostelu) intensify
kiristää 1 (köyttä, kontrollia tms) tighten *kiristää köyttä* tighten/tauten a rope, pull a rope tight *kiristää hampaitaan* clench your teeth *kiristää (nälkä)vyötä* tighten/cinch up your belt **2** (olla kireä: kaulus tms) be too tight **3** (hankkia uhkauksella) blackmail, extort; (ark) (put the) squeeze (on)
kiriä sprint, pour on the speed
kirja book (ks myös kirjat) *lukea jotakuta kuin avointa kirjaa* read someone like an open book *Hän on hyvin kirjansa lukenut* He knows his stuff
kirjaamo registrar's office
kirja-arvostelu book review
kirjahylly bookshelf, (hyllykkö) bookcase
kirjailija writer, author; (romaanien) novelist
kirjailla 1 (kirjoa) embroider **2** (harrastaa kirjallista toimintaa) scribble
kirjaimellinen literal *kirjaimellinen ihminen* literalist
kirjaimellisesti literally
kirjain letter (myös kuv) *isot kirjaimet* capital letters *pienet kirjaimet* small letters *toimia lain kirjaimen mukaan* follow the letter of the law
kirjakauppa bookstore
kirjakieli standard language *suomen kirjakieli* standard Finnish
kirjakielinen standard
kirjallinen 1 (kirjoitettu) written *kirjallisena* in writing **2** (kaunokirjallinen) literary *kirjallinen maailma* the literary world, the world/republic of letters
kirjallisesti in writing
kirjallisuus literature, letters
kirjallisuuspalkinto literary prize/award
kirjanen booklet, leaflet, brochure, pamphlet
kirjanpito 1 (teko) bookkeeping, accounting *kahdenkertainen kirjanpito* double-entry bookkeeping **2** (kirjat) the books
kirjanpitoarvo (liik) book value
kirjanpitäjä accountant, bookkeeper
kirjapaino printer, printing house
kirjasin font, type
kirjasinlaji font, typeface
kirjasto (julkinen tai oma) library
kirjat 1 (asiakirjat) papers, documents, records, (tilit) accounts; (ark) the books *Jo on maailman kirjat sekaisin!*

Everything's all topsy-turvy **2** (henkikirjat) (civil) register *olla kirjoilla Jyväskylässä* be registered in Jyväskylä **3** (maine) rep(utation) *Minulla on siellä vähän huonot kirjat* I've got a bad name there *olla elävien kirjoissa* be in the land of the living **4** (poliisin) (police) records *olla poliisin kirjoissa* have a police record, (ark) have a rap-sheet (a mile long)

kirjatoukka bookworm

kirjauutuus newly released book, book hot off the presses

kirjava 1 (monivärinen: yl) many-/multi-colored; (hevonen) dappled, piebald; (kivi tms) mottled, spotted, speckled **2** *kirjavat* (kirjopyykki) colored wash, (ark) coloreds **3** (korea) bright(-ly colored), (räikeä) gaudy **4** (sekalainen) mixed, varied, miscellaneous *kirjava menneisyys* spotty past *iso kasa kirjavia tavaroita* a big pile of miscellaneous stuff *arkkitehtonisesti kirjava kaupunki* architecturally eclectic city

kirje 1 letter; (ark) note, a few lines *kirjoittaa jollekulle kirje* write someone a letter; (ark) drop someone a note/line **2** (raam) epistle

kirjeenvaihtaja correspondent

kirjeenvaihto correspondence

kirjekuori envelope

kirjepaperi letter/note/writing paper, stationery

kirjo 1 (fys) spectrum **2** (värikylläisyys) splash of colors *kukkaniitty koko kirjossaan* a meadow full of brightly colored wildflowers, wildflowers in all their colors **3** (kirjavuus) variety *hyväksyä asian koko kirjo* embrace a thing in all its complexity

kirjoa embroider *lukemattomien tähtien kirjoma taivas* the night-time sky speckled/spotted/dotted by countless stars

kirjoitin printer

kirjoittaa 1 write *kirjoittaa romaani* write/author/pen a novel *kirjoittaa lappu* write a note, scribble/jot down a note *Miten kirjoitat sen?* How do you spell that? **2** (ylioppilaaksi) take/pass the matriculation exam *Kirjoitatko tänä vuonna?* Do you graduate this year?

kirjoittaa koneella type

kirjoittaa muistiin write down

kirjoittaa toisilleen correspond (with each other)

kirjoittaa uudelleen rewrite

kirjoittaa ylös write down

kirjoittamaton sääntö unwritten rule/law

kirjoittautua 1 (kouluun, kurssille) register, enroll, sign up **2** (hotelliin) check in

kirjoitus 1 writing *opetella kirjoitusta* learn to write/spell **2** (artikkeli) article, essay; (ark) piece **3** (kouluaine) composition, essay **4** (ylioppilaskirjoitus) exam *lähteä pois kesken kirjoituksen* leave in the middle of the exam **5** (raam) scripture *pyhät kirjoitukset* Holy Scripture/Writ

kirjoituskone typewriter *kirjoittaa kirjoituskoneella* type

kirjoituspöytä desk

kirjopyykki colored wash, (ark) coloreds

kirjuri 1 (hist) scribe, scrivener **2** (vanh: pöytäkirjanpitäjä) scretary, minute-keeper

kirkaista scream, shriek, cry out

kirkas 1 (valoa säteilevä) bright, brilliant *kirkkaat silmät* bright eyes *keskellä kirkasta päivää* (right out) in broad daylight **2** (valoa läpipäästävä) clear *kirkas vesi/lasi* clear water/glass *kirkas ääni* clear/pure sound/voice *pullo kirkasta* a bottle of the hard stuff *kuin salama kirkkaalta taivaalta* out of the blue, like a bolt out of the clear blue sky **3** (valoa heijasteleva) shiny, sparkling *kirkas kuin peili* smooth as glass **4** (kuv: terävä) lucid, (selvä) obvious *kirkas voitto* an obvious victory, a hands-down win *kirkas ajatuksenjuoksu* lucid intellect *kirkas äly* sharp/quick wit

kirkastaa 1 (vettä) clear, clarify **2** (hopeaesineitä tms) polish, burnish, shine **3** (ajatuksia) clarify, elucidate, (mainettaan) polish (your reputation/halo) **4** (kasvoja) brighten, transfigure

ilon kirkastamat kasvot a countenance transfigured by joy **5** (raam) glorify *kirkastettu Kristus* Christ in all his glory
kirkastua 1 (sää, vesi tms) clear (up), clarify **2** (hopeaesine tms) get shiny; (ark) polish/buff up *Nuo lusikat kirkastuivat ihan kivasti* Those spoons polished up just fine **3** (ajatus) get/become clear *Minulle alkoi kirkastua juonen tarkoitus* The point of the whole scheme began to be clear to me, began to dawn on me, I began to see what was afoot/up, the scales began to drop from my eyes **4** (kasvot, elämä tms) brighten, light up *Hänen kasvonsa kirkastuivat* Her face lit up, her eyes brightened **5** (raam) be glorified
kirkkaus 1 (valon säteily) brightness, brilliance, lightness, radiance *TV:n kirkkauden säätö* brightness adjustment on the TV **2** (valon läpipäästävyys) clarity **3** (valon heijastelu) shininess, sparkle **4** (kuv: terävyys) lucidity **5** (raam) glory
kirkko 1 church; (instituutiona) the Church *kirkon ero valtiosta* the disestablishment of the Church **2** (kirkonkylä) village *kirkolla* in the village (center)
kirkkohautajaiset church funeral
kirkkoherra vicar; (US lähin vastine: protestantti) head pastor, (katolinen) (parish) priest
kirkkoherranvirasto parish office
kirkkohistoria church history
kirkkohistoriallinen church-historical, pertaining to church history
kirkkohäät church wedding
kirkkokuoro church choir
kirkkorakennus church (building)
kirkkovaltuusto (Suomi, UK) parish council; (US protestanttinen) board of deacons
kirkollinen church, ecclesiastical *kirkolliset ilmoitukset* church announcements
kirkolliskokous synod, church assembly
kirkonkello church bell
kirkonkylä village
kirkonmenot church/worship service
kirkossakävijä church-goer
kirkossakäynti church attendance
kirkua scream, shriek, cry out
kirmaista dash, dart, fly, scoot, shoot
kirnu churn
kirnuta churn
kiroilla swear, use bad language, use profanity; (ylät) curse, (murt) cuss *kiroilla kuin turkkilainen* swear like a Turk
kiroilu swearing, bad language, profanity; (ylät) cursing, (murt) cussing
kirosana swear word, (ylät) expletive, (murt) cussword
kirot curse, evils *viinan kirot* the evils of liquor, the curse of demon gin
kirota 1 (usk) curse, damn, (virallisesti) anathematize **2** (kiroilla) swear, use bad language, use profanity; (ylät) curse, (murt) cuss
kirottu 1 (usk) cursed, damned *ikuisesti kirotut* eternally damned **2** (ark) (god)damn(ed), (gol)durn(ed)
kirous 1 (usk) curse, malediction **2** (vitsaus) curse, bane, scourge
kirpaista 1 (aiheuttaa kipua) smart, sting (myös kuv) **2** (tuntua kylmältä) bite *kirpaiseva kylmyys* biting cold **3** (maistua väkevältä) burn, be hot *kirpaisevaa ruokaa* hot/spicy food
kirpeä 1 (terävä) sharp, tart *kirpeä huomautus/maku* sharp/tart remark/flavor **2** (repivä) cutting, biting **3** (väkevä) pungent, caustic *kirpeä arvostelu/lemu* pungent criticism/stench
kirppu flea
kirsikka cherry
kirskua 1 (lumi) crunch **2** (ovi) creak, squeak **3** (jarrut) squeal, screech **4** (pyörä, ratas) grate
kirstu 1 (säilytyslaatikko) chest, trunk **2** (rahakirstu) coffer *istua rahakirstun päällä* hold tight to the pursestrings **3** (ruumisarkku) coffin, casket
kirurgi surgeon
kirurgia surgery
kirurginen surgical
kirvelevä burning, smarting, stinging
kirvellä burn, smart, sting *Kurkkuani kirvelee* My throat is burning *Tämä*

voide kirvelee hiukan This lotion will sting a little *Nuhteet kirvelivät hänen mieltään* He was smarting under the scolding
kirvely burning, smarting, stinging
kirves ax(e), (lyhytvartinen) hatchet *En lähde kirveelläkään sinne* You couldn't pay me enough to go there, wild horses couldn't drag me there
kirvesvarsi ax(e) handle *Hyvää päivää kirvesvartta* Hello!
kirvoittaa (ote) relax, release; (kieli) loosen *kirvoittaa kielet* set the tongues wagging *kirvoittaa nauru* get a laugh
kirvota get/come loose *kirvota kädestä* slip/drop out of your hands
kisailla play (rough-and-tumble games), wrestle
kisat games
kiskaista jerk, yank, pull, wrench, tug *kiskaista itsensä irti jostakin* tear yourself away from something
kiskaisu jerk, yank, pull, wrench, tug
kisko 1 (rautatie) rail, track *suistua kiskoilta* be derailed, jump the track **2** (sähkökisko) conductor
kiskoa 1 (kiskaista) pull, wrench, tug, tear *kiskoa totuus irti jostakusta* beat the truth out of someone **2** (vetää perässään) drag, lug, haul **3** (ottaa ylihintaa) overcharge, (ark) stiff, fleece *kiskoa korkoa* loanshark
kiskonta overcharging, (koron) loansharking
kiskuri 1 (koron) loanshark **2** (hylsyn) ejector
kismittää irk, annoy; (ark) piss off *Minua kismittää* It really pisses me off, gets my goat, gets my back/dander up
kissa cat *Kukas kissan hännän nostaa, jos ei kissa itse?* Who's going to blow your horn if you don't do it yourself? *Kissalla on seitsemän henkeä* A cat has nine lives *kissan päivät* easy street *leikkiä kissaa ja hiirtä* play cat and mouse (with) *sanoa kissaa kissaksi* call a spade a spade
kissaeläin feline, cat *isot kissaeläimet* the big cats
kissanhännänveto tug-of-war
kissanpentu kitten
kissanristiäiset *kulkea kaiken maailman kissanristiäisissä* go to every minor function in the county
kisu kitty
kita 1 (anat) throat **2** (tekn) jaw, chap, cheek **3** (kuv: suu) mouth, (nielu) maw, (leuat) jaws *helvetin kita* the maw/abyss of hell *kuoleman kita* the jaws of death
Kita kiinni! Shut your yap!
kitalaki palate, (ark) the roof of your mouth
kitara guitar
kitarisa adenoid
kitata 1 (saumaa) putty **2** (kaljaa) guzzle
kiteyttää crystallize (myös kuv)
kiteytyä crystallize (myös kuv) *Suunnitelmani alkoi kiteytyä* My plans started to crystallize/take shape
kitinä 1 (saranan) creaking, squeaking **2** (vauvan) whining, whimpering
kitistä 1 (sarana) creak, squeak **2** (vauva) whine, whimper
kitka friction (myös kuv)
kitkerä 1 (maku) bitter, (euf) tart **2** (haju) acrid **3** (puhe) tart, sharp **4** (mielenlaatu) (em)bitter(ed), acrimonious
kitkeä (kukkapenkkiä) weed, (rikkaruohoa) pull up, (yhteiskunnan ongelmia) root out
kitsas 1 (rahan suhteen) stingy, tight(fisted), miserly, penny-pinching, cheap **2** (sanojen suhteen) sparing (of words/praise) **3** (kasvillisuuden suhteen) spare, barren
kitsastella 1 (säästellä) stint, scrimp, be frugal/sparing **2** (säästellä liikaa) pinch pennies
kitti 1 putty **2** *Kittiä kanssa!* Don't give me that!
kitua 1 (riutua) linger (on), languish, pine (away) **2** (elää puutteessa) eke out a meager existence **3** (jäädä lyhyeksi) be stunted
kitukasvuinen stunted
kitupiikki miser; (ark) skinflint, tightwad, cheapskate

kituuttaa *elää kituuttaa* eke out a meager living/existence, barely get/ scrape by, barely hold body and soul together
kiuas sauna heater
kiukku anger, fury, rage *olla kiukuissaan* be angry/furious, be wild with rage, be pissed/browned off, be fuming *purkaa kiukkuaan johonkuhun* vent your anger/rage on someone
kiukkuinen angry, furious, wild with rage, pissed/browned off, fuming
kiukkuisesti angrily, furiously
kiukunpurkaus fit/burst of anger/ rage
kiukutella 1 (lapsi: saada raivokohtaus) throw a temper tantrum **2** (aikuinen: purnata, olla hankala) bitch and moan
kiukuttaa irk, annoy; (ark) piss off *Minua kiukuttaa* It really pisses me off, gets my goat, gets my back/dander up
kiukuttelu (temper) tantrum
kiulu bucket, pail
kiuru (sky)lark
kiusa (riesa) bother, nuisance; (ark) hassle, pain in the neck/ass *tehdä kiusaa* bother, bug, drive (someone) up the wall, around the bend, to distraction *tehdä jotain ihan kiusallaan* do something out of spite, to spite someone, do something out of sheer orneriness *Siitä on ollut minulle pelkkää kiusaa* It's been nothing but trouble to me, it's been more of a hindrance than a help
kiusaantua get irritated/annoyed (with), reach the end of your rope (with), get ticked/pissed/browned off (at)
kiusaantunut irritated, annoyed, at the end of your rope, /pissed/ browned off
kiusallinen 1 (ärsyttävä) irritating, annoying, aggravating, exasperating **2** (hankala) awkward, embarrassing, difficult *herättää kiusallista huomiota* attract unwanted attention *kiusallinen hiljaisuus* embarrassed/awkward silence
kiusanhalu (ilkeä) spite, (leikkisä) mischievousness
kiusanhaluinen (ilkeän) spiteful, (leikkisän) mischievous
kiusankappale pest, nuisance, pain in the neck/ass
kiusantekijä trouble-/mischief-maker
kiusanteko trouble, mischief *ruveta tosissaan kiusantekoon* do your best to make trouble/mischief, put your heart into jamming up the works
kiusata 1 (ahdistella: leikillä) tease, (vaivaksi) pester, (vaatimuksilla) badger, (pienempiä) bully, pick on **2** (harmittaa) irritate, bother, trouble, nag at, bug *Minua kiusaa huominen* Tomorrow bothers me **3** (usk) tempt
kiusaus temptation *johdattaa kiusaukseen* lead (someone) into temptation, tempt (someone) *joutua kiusaukseen* be tempted (to do something, by something) *Kestän mitä tahansa paitsi kiusausta* I can stand anything but temptation
kiusoitella tease
kiva 1 (mukava) nice *kiva poika* nice boy **2** (hyvä) good, great, fine *Se olisi ihan kivaa* That would be just fine **3** (hauska) fun *kiva peli* fun game *Meillä oli kivaa* We had fun
kivenheitto stone's throw *kivenheiton päässä* a stone's throw away
kivenjärkäle boulder
kivenkovaan *väittää kivenkovaan (että)* swear up and down (that)
kivennäisaine mineral
kiven takana almost impossible to get ahold of, get your hands on
kives testicle; (sl) ball, nut
kivettyä be petrified (myös kuv), petrify, fossilize
kiwi kiwi
kivi 1 rock, (iso) boulder, (pieni) pebble; (kuv ja ylät) stone *heittää jotakuta kivellä* throw a rock at someone *Kivi putosi sydämeltäni* That took a load off my chest *painua pohjaan kuin kivi* sink like a rock *kuollut kuin kivi* stone dead *viisasten kivi* the philosophers' stone **2** (piikivi) flint **3** (siemen) pit, stone, seed *poistaa luumujen kivet* pit the plums **4** (lääk) stone **5** (hautakivi)

gravestone **6** (jalokivi) gem, jewel, stone, (ark) rock *kalliit kivet* precious stones **7** (kellon kivi) ruby
kivihiili coal
kivijalka 1 (perusta) stone foundation **2** (kellarikerros) basement
kivikausi Stone Age
kivikautinen Stone-Age (myös kuv)
kivikko 1 (maaperä) rocky soil/ground **2** (rykelmä) rockery
kivinen rocky (myös kuv)
kivipaino 1 (kivipainanta) lithography **2** (kivipainaja) lithographer
kiviseinä brick wall
kivistys ache, pain
kivistää ache *Sydäntäni kivistää* I've got a pain in my chest
kivitalo brick house
kivulias painful (myös kuv)
kivuta climb (up) (myös kuv)
kivuton painless
kivääri rifle, gun
kk 1 (kirkonkylä) village **2** (konekivääri) machine gun **3** (kuukausi) month
klaava *kruunu ja klaava* heads and tails
klarinetti clarinet
klassikko classic
klassinen classical
klassinen musiikki classical music
kliininen clinical
klinikka clinic
klisee cliché
klo o'clock
klovni clown
klubi club
km km
ko the (thing) in question
-ko, -kö 1 *Onko jo aika lähteä?* Is it time to go already? **2** (painollisena) was it *Tämänkö halusit?* Was this the one you wanted? *Sinunko autosi se sittenkin oli?* Was it your car after all? **3** (sivulauseessa) whether *Kysy äidiltä, onko pukeutumisella väliä* Ask Mom whether it matters what we wear **4** (kuinka) how *Monesko kerta tämä nyt on?* How many times/takes is this now? *Kauanko aiot viipyä siellä?* How long do you think you'll be there? **5** (kohteliaissa lauseissa) please, I wonder whether, do you think *Voisitko auttaa minua?* Could you please give me a hand? I wonder if you could help me? Do you think you could help me out?
koaksiaalikaapeli coaxial cable
kodikas homey
kodinhoitaja housekeeper
kodinhoito housekeeping
kodinonni (kasv) baby's tears
koditon homeless
koe 1 (laboratoriossa) test, experiment *suorittaa koe* carry out an experiment *suorittaa kokeita* do/run tests **2** (koulussa) test, exam(ination) *lukea kokeeseen* study for a test, an exam
koeaika test/probationary period
koe-eläin laboratory animal; (ark) guinea pig
koekappale sample, specimen
koekäyttö trial run
koelähetys 1 (tavaran) consignment on approval, sample packet **2** (ohjelman) test broadcast
koeputki testtube
koeputkilapsi testtube baby
koetella 1 (tunnustella) feel, touch **2** (kokeilla) try, test *koetella onneaan* try your luck *koetella housuja päälleen* try on a pair of pants **3** (panna koetukselle) try, tax, strain *koetella kärsivällisyyttä* try your patience *koetella voimia* tax your strength
koetinkivi touchstone, acid test
koettaa 1 (tunnustella) feel, touch *koettaa kuumetta* (mittarilla) take someone's temperature, (kädellä) check someone for fever **2** (kokeilla) try, test, check *Koeta olla ihmisiksi!* Try to/and behave! *koettaa housuja päälleen* try on a pair of pants **3** (yrittää) try, attempt *koettaa kaikkensa* do your best, give it your best effort/shot **4** (tutkia) test, sample *koettaa uutta tuotetta* try out a new product *koettaa kepillä jäätä* test the water, see how the land lies, put out a feeler
koettelemus trial, tribulation, ordeal *Elämä on täynnä koettelemuksia* Life is full of trials and tribulations *Olipas se koettelemus!* What an ordeal!

koetulos test result
kofeiini caffein
kofeiiniton decaf(feinated)
kohahdus 1 (veden) rush, flood **2** (tuulen) puff, gust **3** (hämmästyksen, kuiskinan tms) stir, buzz, murmur *Innostuksen kohahdus kävi läpi katsomon* A buzz of excitement swept the stands
kohahtaa 1 (vesi, veri tms) rush *Veri kohahti päähän* The blood rushed to my head **2** *Huoneessa kohahti* The room was astir/abuzz (with excitement, with the news)
kohauttaa (kulmakarvojaan) raise, (olkapäitään) shrug
kohautus shrug
kohdakkain *asettaa kohdakkain* juxtapose, line/match up
kohdakkoin soon, in the near future
kohdalla 1 (vieressä) by, next to *Jää Finnoilin kohdalla pois* Get off at the Finnoil station *kaupan kohdalla* by the store, in front of the store, near the store **2** (urh) mark *10 km kohdalla* at the 10 km mark **3** *kohdallaan* all right, in order *Kaikki ei ole nyt aivan kohdallaan* Something's fishy about this, something's not right
kohdalle *tulla kohdalle kun onnettomuus sattuu* happen to be right there when an accident happens/occurs *osua kohdalleen* hit the mark, strike home *kirjoittaa nimensä loppusumman kohdalle* sign (your name) against the sums
kohdalta *hänen kohdaltaan* as far as he's concerned *omalta kohdaltani* as far as I'm concerned, as I see it, from my point of view
kohdata 1 (ihminen) meet (with), encounter *kohdata ohimennen* run/ bump into someone *kohdata syvällisesti* connect up with someone *kohdata kuolema* meet with death, die *kohdata kuolema rohkeasti* face/confront death bravely *kohdata koettelemuksia* undergo trials/ tribulations, an ordeal *Tiemme kohtasivat* Our paths crossed *kohdata jonkun katse* meet someone's eye, look someone in the eye **2** (tapahtuma) befall, happen, occur *Häntä kohtasi hirvittävä onnettomuus* The most horrible thing happened to him, a terrible accident befell him, he met with a ghastly accident
kohdatusten ks kohdakkain
kohde 1 (maali) target **2** (tavoite) objective, (matkan) destination **3** (tunteen) object *pilkan kohde* laughingstock, the butt of everyone's jokes *huomion kohde* the center of attention **4** (tutkimuksen) subject
kohde-etuus (liik) underlying (instrument)
kohdella treat, deal with *kohdella hyvin/halveksien* treat someone well/ with contempt *kohdella oikeudenmukaisesti* deal with/treat someone fairly
kohden *adv: tässä kohden* right here *postp ja prep* **1** (kohti) towards *kääntyä jotakuta kohden* turn towards someone, turn to face someone, turn in someone's direction **2** (kultakin) per *puoli kiloa henkeä ja kuukautta kohden* half a kilo per person per month
kohdentaa direct, point *kohdentaa varoja maantienrakentamiseen* earmark funds for highway construction
kohdistaa direct, aim *Hoito on kohdistettava tautiin, ei sen oireisiin* Treatment must be aimed at the disease itself, not its symptoms
kohdistaa huomionsa johonkin concentrate on, direct your attention towards
kohdistaa katseensa johonkuhun fix your eyes on someone, (palavasti) bore/burn your eyes into someone
kohdistaa sanansa jollekulle address (your remarks to) someone
kohdistin (tietokoneen) cursor
kohdistua be directed/aimed at/ towards, be concentrated/focused on *kohdistua kaikkiin työntekijöihin* apply to all employees *Kaikkien katse kohdistui minuun* Everybody turned to (look at) me
kohennus improvement, betterment *kaivata kohennusta* need a little fixing/ touching up

kohentaa 1 (korjata asentoa tai järjestystä) straighten (up); (housuja) hike up, (hiuksia) pat into place, (tyynyä) fluff up, (takkatulta) poke up **2** (korjata kuntoa) repair, fix up *kohentaa taloa* fix up a house **3** (korjata olotilaa, taitoa tms) improve, brush up, polish *kohentaa englannin taitoaan* brush up (on) your English

kohentua improve, rise (to a higher level/standard) *Elämä alkaa kohentua* Life is looking up

kohina 1 (veden) rush(ing), (aaltojen) crash(ing) **2** (tuulen) rushing, roar(ing) **3** (sateen) pounding **4** (liikenteen) noise **5** (radion) static

kohinanvaimennus (nauhurin) noise reduction

kohista rush, crash, roar, pound (ks kohina)

kohme numbness, stiffness *kohmeessa* numb/stiff with cold

kohmeissaan numb/stiff with cold

kohmettua go/get numb/stiff with cold, freeze stiff

koho float, bobber

kohokohta highlight, high point

koholla raised *käsi koholla* with your arm raised, up in the air *pitää koholla* hold up (in the air)

kohopaino embossing, die stamping

kohopistekirjoitus Braille

kohota 1 (nousta) rise *Leija kohosi korkealle* The kite rose/flew/climbed high in the sky *Pekan suuttuessa hänen äänensä kohosi aina vain korkeammalle* The madder Pekka got, the higher his voice rose *Elintaso on huomattavasti kohonnut sen jälkeen* The standard of living has noticeably risen since then, has gone/shot up **2** (seistä korkealla) stand, tower over *Iso kuusi kohosi talon yläpuolelle* A tall spruce towered over the house

kohottaa lift, raise, elevate *kohottaa kätensä* lift/raise your arm (up) *kohottaa lasiaan/päätään/kulmakarvojaan/mielialaansa* raise your glass/head/ eyebrows/spirits *kohottaa hattuaan jollekulle* take your hat off to someone *kohottaa joku jalustalle* put someone up on a pedestal *kohottaa sivistystä/ moraalia* raise the level of culture/ morality *kohottaa aatelistoon* raise/ elevate a person to the nobility

kohottautua 1 (seisomaan) stand up straight, straighten up **2** (istumaan) sit up straight, sit bolt upright

kohouma bump

kohta *s* **1** (paikka) spot, place, point *tässä kohdassa* right here *arka kohta* sore/tender spot *heikko kohta* weakness, weak point/link *tekstin kohta* (yleensä) passage, place; (lakitekstin) paragraph, clause, article **2** (luettelon) item, entry
adv **1** (pian) soon, shortly, in a minute/ second/jiffy *heti kohta* directly, in a flash *Siitä on kohta vuosi* It's (been) almost a year (since then) **2** (juuri) just *kohta kulman takana* just around the corner *kohta ruoan jälkeen* just after dinner

kohtaaminen meeting, encounter, confrontation

kohtaan to(wards), for *rakkaus/viha jotakuta kohtaan* love/hatred for someone *hyvä tahto ihmisiä kohtaan* good will towards men

kohta kohdalta point by point, item by item

kohtalainen 1 (keskitasoa) moderate, medium, middling, mediocre **2** (ei hassumpi) passable, tolerable; (ark) pretty good, not bad, not too shabby

kohtalaisesti moderately, passably, tolerably

kohtalo fate, lot, destiny *kova kohtalo* hard fate/lot *kohtaloonsa tyytymätön* dissatisfied/discontented with your lot *Kohtalo on ollut minulle suopea* Fortune has smiled on me, I've had it good

kohtalokas fateful, (kuolemaan johtava) fatal

kohtalon iva irony of fate

kohtalon oikku quirk of fate

kohtapuoliin in a minute, before too long

kohtaus 1 (tapaaminen) meeting; (run) tryst, rendezvous **2** (äkillinen sairastuminen) fit, attack *pyörtymiskoh-*

taus fit/spell of fainting **3** (metakka) fit, scene *panna pystyyn kohtaus* have a fit, make a scene **4** (näytelmässä) scene, (romaanissa) episode

kohteliaasti politely, courteously

kohteliaisuudenosoitus courtesy, compliment

kohteliaisuus 1 (kohtelias käyttäytyminen) politeness, courtesy **2** (kohtelias sana) compliment *Se ei ole kohteliaisuus, vaan se on totta* It's not a compliment, it's the truth

kohteliaisuuskäynti courtesy visit/ call

kohtelias polite, courteous *Tiedän että hän on mahdoton, mutta koeta olla kohtelias* I know she's impossible, but please try to be nice (ystävällinen), polite (hyväkäytöksinen), civil (ei aivan töykeä)

kohtelu treatment; (esineiden) handling; (eläinten, alaisten) management

kohti *adv* right/straight at someone *katsoa kohti* stare (right/straight) at someone

postp ja prep **1** (suuntaan) to(wards), at *loppua kohti* towards the end *katsoa jotakuta kohti* look towards/at someone, in someone's direction *etelää kohti* southwards, towards the south *matkata kohti menestystä* set a course for success **2** (kultakin) per *elintaso henkeä kohti* per capita standard of living

kohtisuora *s* (geom) perpendicular

adj **1** (geom) perpendicular, (pystysuora) vertical **2** (jyrkkä) sheer

kohtisuorasti perpendicularly, vertically

kohtu (lääk) uterus, (vanh ja kuv) womb *kohdun poisto* hysterectomy

kohtuuhinta reasonable price

kohtuullinen reasonable, moderate, medium *kohtuulliset hinnat/ehdot* reasonable prices/terms *kohtuullinen alkoholin käyttö* moderate consumption of alcohol *paistaa kohtuullisessa lämmössä* bake at medium heat *kohtuullinen korvaus* reasonable/ adequate compensation *kohtuullisissa rajoissa* within reason

kohtuullisesti reasonably, moderately *juoda kohtuullisesti alkoholia* drink alcohol in moderation, never drink to excess

kohtuus 1 (kohtuullisuus) moderation *Kohtuus kaikessa!* Nothing to excess! Let's not get carried away! **2** (oikeudenmukaisuus) fairness, rightness, justice *Ei voi kohtuudella vaatia että* In all fairness, you can't demand; you can't reasonably expect

kohtuuton unreasonable, immoderate, excessive *kohtuuton vaatimus* unreasonable/excessive/ exorbitant demand *kohtuuton juominen* immoderate/excessive drinking

kohtuuttomasti immoderately, excessively, to excess

kohu 1 (humu) fuss, bustle, to-do *kaupungin kohu* the (hustle and) bustle of the city *paljon kohua tyhjästä* much ado about nothing **2** (sensaatio) sensation **3** (erimielisyys) controversy *kohua herättävä, herättänyt* controversial

koi 1 (perhonen) moth *koin syömä* moth-eaten **2** (koitto) dawn

koillinen *s* northeast

adj northeast(ern), (tuuli) northeasterly

koillistuuli northeasterly (wind)

koillisväylä northeast passage

koipi leg *kanan koipi* (elävänä) chicken leg, (syötävänä) drumstick *lampaan koipi* (elävänä) sheep's leg, (syötävänä) leg of mutton *häntä koipien välissä* with your tail between your legs *juosta minkä koivistansa pääsee* run as fast as your legs will carry you

koira dog (myös kuv) *Tässä täytyy olla koira haudattuna* There's got to be a catch to this *Vanha koira ei opi istumaan* You can't teach an old dog new tricks *Senkin koira!* You dirty dog! You pig! You louse!

koirankoppi doghouse

koiranpentu puppy

koiranruoka dog food

koiranäyttely dog show

koiras male (animal)

koiratarha kennel

koiravero dog tax
koiruus prank, trick, practical joke *tehdä koiruus jollekulle* pull a prank on someone, play a trick/practical joke on someone
koittaa 1 (aamu) break, dawn **2** (aika) begin, come
koitua 1 *Se koitui hänen kohtalokseen* That was his undoing, that ruined/undid him, that brought him down *Siitä koitui hänelle onnettomuutta, se koitui hänen onnettomuudekseen* That brought him (much) unhappiness, that stole/spoiled his joy, that blighted his life *Siitä koituu hänelle pelkkää etua* It will be all to his advantage *Se koituu vielä parhaaksesi* It will all turn out for the best **2** *Sinulle koituu tästä valtavasti ylimääräisiä kustannuksia* You're going to incur huge amounts of additional expense over this, this is going to cost you plenty extra
koivikko birch wood/grove/stand/ copse
koivu birch (tree/wood)
koivuhalko birch log
koivuinen birch
koivulattia birch floor(ing)
koivumetsä birch forest
koje instrument; (mon) equipment, apparatus; (ark) contraption, gadget
kojelauta (autossa) dash(board)
koju 1 (suojus) shed, shelter **2** (myyntikoju) booth, stall
kokaiini cocaine, (ark) coke, (sl) nose candy
kokea experience, undergo, (kärsiä) suffer *Miten koet tämän tilanteen?* How do you feel about all this? How does this situation make you feel? *kokea monta kovaa* undergo/ experience much hardship, suffer many hard/cruel blows (of fate)
kokeeksi tentatively, provisionally *Panin kokeeksi Maijan ja Minnan istumaan vierekkäin* Just to see what would happen I put Maija and Minna next to each other, I tried having Maija and Minna sit side by side
kokeellinen experimental
kokeellisesti experimentally
kokeilija experimentalist
kokeilla 1 (koettaa) try (out/on) *kokeilla onneaan* try your luck *kokeilla vaatteita* try on clothes **2** (tehdä kokeita) experiment with *kokeilla huumeita* experiment with drugs **3** (tutkia) test, sample *kokeilla viiniä* take a sip/taste of wine, taste the wine
kokeilu trial, experiment(ation), test, sampling (ks kokeilla)
kokeilumielessä tentatively, to try it out, to see what it's like
kokeilunhalu inquisitiveness, desire to experiment
kokelas 1 (pyrkijä) aspirant, candidate **2** (harjoittelija) trainee **3** (kadetti) cadet
kokematon 1 (jolla ei ole kokemusta) inexperienced, unexperienced **2** (jota ei ole koettu) never (before) experienced *Se oli minulle ennen kokematon nautinto* It was a pleasure (such as) I'd never before experienced
kokemattomuus inexperience, lack of experience
kokemus experience *Mikä kokemus!* (jännittävä) What a thrill! (koetteleva) What an ordeal! *Siitä minulla on huonoja kokemuksia* My experience with that isn't all that promising, I wouldn't recommend that one *oppia/ tietää kokemuksesta* learn/know from experience
kokemusperäinen experiential, (tiet) empirical
kokenut experienced, veteran *kokenut opettaja* experienced/veteran teacher *kovia kokenut mies* a man who's been through a lot, who seen a lot of hard times
kokkare (maan) clod, (jauhon tms) lump *Tässä perunamuhennoksessa on kokkareita* These mashed potatoes are lumpy
kokki cook, (ravintolassa) chef
kokko bonfire
koko *s* size *useampia eri kokoja* various sizes *kooltaan vähäinen* small in size/stature *luonnollista kokoa* life-size *kirjan koko* (book) format *yhden koon* one size fits all

adj **1** (kokonainen) all (of), (the/a) whole *koko ajan* all the time, the whole time, constantly, continuously *työntää koko voimallaan* push with all your strength, with everything you've got *koko päivän* all day *koko perhe/kaupunki* the whole family/ town **2** (täydellinen) full, complete, total *koko summa* the full/total amount, the total *koko sarja* the complete set **3** (ollenkaan) at all *En tunne koko miestä* I don't know him at all, I've never set eyes on him

kokoelma collection

kokoillan elokuva full-length feature (movie)

kokoinen sized *isokokoinen* big, large; (vaatekappale) outsize *pienikokoinen* small, (nainen) petite

kokojyväleipä whole wheat bread

koko lailla/joukon quite a *koko lailla/joukon väkeä* quite a few people *koko lailla vaikea tehtävä* pretty difficult task, quite a difficult task

kokolattiamatto wall-to-wall carpet(ing)

kokomaito whole milk

kokonaan 1 (täysin) completely, totally, entirely, all *Nyt se meni kokonaan sekaisin* Now it's totally/entirely/all fouled up *Se on kokonaan eri asia* That's a completely different matter/ story/ thing **2** (kokonaisuudessaan) wholly, in full *maksaa kokonaan* pay in full

kokonainen *s* (mat) integer, whole number

adj **1** whole, entire, complete, full *viisi kokonaista päivää* five whole days *kokonainen liuta ihmisiä* a whole string of people **2** (mat) integral

kokonaiskustannukset total/ overall costs

kokonaiskäsitys overall impression

kokonaislevikki total circulation

kokonaisluku (mat) integer, whole number

kokonaismäärä total amount

kokonaisratkaisu (ongelmaan) comprehensive solution; (kanteeseen/ vaateeseen) general settlement

kokonaistilavuus total volume

kokonaisuudessaan 1 (lyhentämättä) in its entirety/totality, in full *julkaista kirja kokonaisuudessaan* publish a book in full, in its entirety, unabridged **2** (kokonaan) in the aggregate, all of (something), the whole (thing) *ostaa tavaralähetys kokonaisuudessaan* buy up a whole shipment, buy the shipment lock stock and barrel

kokonaisuus 1 (yksikkö) whole, unity, entity *Kokonaisuus on enemmän kuin osiensa summa* A whole is more than the sum of its parts **2** (eheys) wholeness, completeness, entirety

kokonaisvaikutus overall impression

kokonaisvaltainen comprehensive, integrated, holistic

kokonaisvaltaisesti comprehensively, holistically

kokoomateos anthology, compilation

kokoomus 1 (koostumus) composition, (ark) make-up **2** (pol) coalition *Kansallinen Kokoomus* the National Coalition Party

kokoomuslainen member of the Coalition Party

kokoon 1 (yhteen) together *tulla kokoon* meet, come together kutsua kokoon convene, convoke *haalia kokoon* dredge up **2** (vähäisempään tilaan) up, down *kuivua kokoon* dry up (myös kuv) *taittaa kokoon* fold up *keittää kokoon* cook up (myös kuv) *kiehua kokoon* boil down

kokoonkutsuja convener

kokoonpano 1 (kokoaminen) assembly **2** (rakenne) structure, composition, make-up *koripallojoukkueen kokoonpano* line-up of a basketball team

kokoontua 1 (ryhmittyä) gather (together) **2** (tavata) get together,meet *Milloin kokoonnumme seuraavan kerran?* When shall we get together again? **3** (pitää kokous) assemble, convene

kokopäivätyö full-time job

kokous 1 meeting *henkilökunnan kokous* staff meeting *avata kokous* bring a meeting to order *päättää kokous* adjourn a meeting **2** (epävirallinen) get-together **3** (valtuuston tms) session **4** (konferenssi) conference, convention, congress

kokouskutsu invitation/summons to a meeting

kokousmenettely parliamentary procedure

kokouspöytäkirja minutes

kokovuosikerta (tilaus) full-year's subscription; (lehdet) annual volume

koksi coke

kola snow pusher

kolahdus noise; (oven) slam, (putoavan esineen) thud, bump, crash

kolahtaa 1 (ääni) slam, bang, thud, bump *Ovi kolahti kiinni* The door slammed shut **2** (isku) hit, strike, knock *Pää kolahti kaapin oveen* I hit/banged my head on the cupboard door **3** (kuv) *Se kolahti pahasti* It really got me

kolari (car) crash, accident, collision *ajaa kolari* hit somebody (with your car), have an accident *joutua kolariin* get in an accident

kolaroida crash; (lommolle) ding, dent; (käyttökelvottomaksi) total

kolaus 1 (ääni) noise; (oven) slam, (putoavan esineen) thud, bump, crash, thump **2** (isku) bang, crack; (kuv) blow *Petrin lähtö oli aikamoinen kolaus* Petri quitting was quite a blow

kolauttaa hit, whack, thwack, smack

kolea 1 (ilma) cold and damp **2** (nauru tms) hollow

kolehti collection, offering

kolera cholera

kolhia 1 (kovaa: seinää, autoa) dent, scrape, ding, (lautasta) chip **2** (pehmeää: hedelmiä, itseään) bruise **3** (runnella) mangle, batter

kolhiintua get dented/scraped/dinged/chipped/bruised (ks kolhia)

kolhoosi commune; (NL:ssa) kolkhoz

kolibri hummingbird

kolista rattle, bang, clatter, clank

kolistella rattle, bang, clatter, clank

kolkata 1 (iskeä) knock, crack, smack, thwack *kolkata kuoliaaksi* knock/bump someone off **2** (kolista) bang, clank, knock

kolkka corner, part *maailman joka kolkalta* from every corner/part of the world, from all over the world

kolkko 1 (synkkä) dreary, dismal, cheerless, bleak **2** (kolea) raw, chilly **3** (autio) desolate **4** (karmiva) gruesome, ghastly, hair-raising

kolkuttaa 1 (ovelle) knock, (lujaa) pound **2** (kolista) (be) bang(ing), rattle, be rattling **3** (omatunto) prick *Omatuntoni kolkuttaa* I know this isn't right, I know I shouldn't be doing this

kollega colleague

kollektiivinen collective

kollektiivisesti collectively

kolli 1 (paketti) package, parcel *Kuinka monta kollia matkatavaraa?* How many pieces of luggage? **2** (kissa) tomcat

kollikissa tomcat

kolmannes one-third

kolmas third

kolmas kerta toden sanoo third time's the charm

kolmaskymmenes thirtieth

kolmas maailma Third World

kolmasosa third

kolmas pyörä (kuv) fifth wheel

kolmassadas three-hundredth

kolmastoista thirteenth

kolme three

kolmekymmentä thirty

kolmena kappaleena in triplicate

kolmenkeskinen tripartite

kolmenlainen three kinds of, of three kinds

kolmesataa three hundred

kolmestaan just the three of us

kolmesti three times; (vanh) thrice

kolmetoista thirteen

kolmetuhatta three thousand

kolmijako 1 (ark) division into three parts **2** (rak ym) tripartition **3** (filos) trichotomy

kolmijalka tripod

kolmikerroksinen three-story

kolmiloikka triple jump

kolminainen triple, threefold; (usk) triune
kolminaisuus (usk) trinity
kolminkertainen triple, (ikkuna) triple-glazed, (paperi) three-ply
kolminkertaistaa triple
kolminkertaistua triple
kolmio 1 triangle **2** (liikennemerkki) yield sign
kolmiosainen three-part, tripartite
kolmiottelija triathloner
kolmiottelu triathlon
kolmipaikkainen three-seater
kolmipyöräinen *s* tricycle *adj* three-wheeled
kolmisointu triad
kolmivaihteinen three-speed
kolmonen (the number) three
kolmoset triplets
kolo hole
kolonialismi colonialism
kolossaalinen colossal
kolpakko (beer) stein/mug, tankard
Kolumbia Colombia
kolumbialainen *s, adj* Colombian
koluta 1 (kolistella) clump, stomp *koluta portaissa* clump/stomp up/down the stairs **2** (etsiä) rummage (through), ransack *koluta laatikoita* rummage through the (chest of) drawers, ransack the drawers **3** (vaellella) roam, ramble *Olen kolunnut kaikki maailman rannat* I've roamed the seven seas
komea 1 (hyvännäköinen) handsome, good-looking, beautiful *komea pari* handsome/good-looking couple *komea talo* handsome/lovely house *komeat maisemat* beautiful scenery **2** (iso, muhkea) impressive, striking *komea rakennus* striking/imposing/ impressive building *Onpas pojalla komea kroppa!* Look at that guy's build! **3** (suurellinen) fancy, showy, ostentatious
komeasti handsomely, impressively, strikingly, showily, ostentatiously (ks komea) *elää komeasti* live in style
komedia comedy
komeetta comet
komeilija 1 (keikari) dandy, fop, dude **2** (kerskuri) boaster, strutter, showoff
komennus 1 (määräys) order, command *saada komennus tehdä jotakin* be ordered to do something *tehdä jonkun komennuksesta jotakin* do something at someone's command **2** (palvelustehtävä) mission, detail *olla komennuksella* be on a mission, on detail
komennuskunta (sot) detachment, (pieni) detail, (iso) task force
komentaa order, command *komentaa joukkuetta* command a team *komentaa joku erikoistehtävään* detail someone (to do something), put someone on a detail, assign someone to a special mission *Älä minua komenna!* Don't order/boss me around! *Äiti on kova komentamaan* Mom's pretty bossy, Mom's always yelling at everyone *komentaa asento* call "Attention!"
komento order, command *Ryhmä kuuluu minun komentooni* The group's under my command *Voitko pitää täällä komentoa?* (ark) Could you try to keep order here? Could you run herd over these kids?
komero closet
komeus 1 (hyvä näkö) good looks **2** (upeus) magnificence, grandeur *vuoristo koko komeudessaan* the mountain range in all its grandeur **3** (hienous) finery *kenraali kaikessa komeudessaan* the General in full dress attire
komiikka comedy
komisario lieutenant (of police)
komistaa adorn; (ark) deck out
komitea committee
kommari Commie
kommellus mishap, misadventure; (ark) screw-up, foul-up *kommelluksitta* without a hitch, smoothly
kommentoida comment (on), provide a commentary on *En halua kommentoida* No comment
kommentti comment
kommunismi Communism
kommunisti Communist
kommunistinen communist(ic)
kommunistipuolue Communist Party
Komorien saaret Comoros

Komorit Comoros
kompa witticism, bon mot, epigram
kompaktikamera point-and-shoot camera
kompakysymys riddle
komparatiivi comparative
kompassi compass
kompastella stumble/stagger (along)
kompastuskivi stumbling block
kompensaatio compensation
kompensoida compensate (for)
kompensoitua compensate
kompleksi complex
komplikaatio complication
komponentti component
komposti compost
komppania company *koko komppania* (ark) the whole bunch/crowd
kompressori compressor
kompuroida stumble/stagger (along)
kondensaattori capacitor, condenser
kondensoitua condense
kondensori condenser
konditionaali conditional
konditoria bakery/coffeeshop
kondomi condom
konduktööri conductor
kone machine *Myöhästyt vielä koneesta* You're going to miss your plane *Osaatko kirjoittaa koneella?* Do you know how to type? *Vian täytyy olla koneessa* (auto) It's got to be something in the engine
koneellinen mechanical, machine
koneenrakennus mechanical engineering
konehuone engine room
koneistaa 1 (koneellistaa) mechanize **2** (työstää koneellisesti) machine
koneisto machinery, apparatus *kellon koneisto* clockwork *valtion koneisto* bureaucracy
konekaappaus hijacking, skyjacking
konekirjoitus typing
konekirjoituspaperi typing paper
konekirjoitustaito ability to type
konekivääri machine gun
konferenssi conference *konferenssissa* (tieteellisessä) at a conference; (kokouksessa) in conference, in a meeting
konflikti conflict
Kongo Congo
kongolainen *s, adj* Congolese
kongressi congress
kongressivaalit congressional election
koni nag, hack
konjunktio conjunction
konkari *vanha konkari* old hand
konkreettinen concrete
konkretisoida concretize
konkurssi bankruptcy *joutua konkurssiin* go bankrupt, declare bankruptcy; (ark) go belly-up
konkurssikypsä insolvent
konkurssipesä bankrupt's estate
konna crook, thug
konnankoukku dirty trick; (mon) dirty pool
konsanaan 1 (koskaan) ever *Sitä en voi konsanaan unhoittaa* I can't get rid of the memory **2** (ihan) *kuin kenraali konsanaan* like a veritable general
konsertoija concert performer, performing artist
konsertti concert
konserttikiertue concert tour
konserttisali concert hall
konservatorio conservatory, music school/academy
konsistori 1 (yliopistossa: suuri) senate, (pieni) council **2** (kirkossa) consistory
konsonantti consonant
konstaapeli police officer
konstailla 1 (kujeilla) play/pull tricks **2** (vikuroida) be difficult, cause problems, make trouble
konstailu 1 (kujeilu) trickery **2** (vikurointi) refractoriness
konsti trick *Opin tämän konstin Pekalta* I learned this trick from Pekka *Konstit on monet* There's more than one way to skin a cat *Yritin avata sitä jos jollakin konstilla* I tried everything, but it wouldn't open
konstikas tricky (myös kuv)
konstruoida construe, construct
konsulaatti consulate
konsuli consul

konsultaatio consultation
konsultoida 1 (neuvotella) consult (with) **2** (käyttää konsulttina) use (someone) as a consultant **3** (toimia konsulttina) be a consultant for (someone)
konsultti consultant
kontakti contact *solmia hyödyllisiä kontakteja* make useful contacts
konteksti context
kontrasti contrast
kontrolli control; (valvontapiste) checkpoint *menettää kontrolli* lose control
kontrolloida control
kontti 1 (reppu) (birchbark) backpack *pukin kontti* Santa's sack *katsoa jotakuta kuin lehmä uutta konttia* look at someone like he had two heads **2** (tavarasäiliö) container **3** leg *juosta minkä kontistansa pääsee* run as fast as your legs will carry you *Katin kontit!* In a cat's whiskers!
konttori office
konttorikoneet office/business machines
konttoritarvikkeet office/business supplies
konvehti candy; (mon) assorted chocolates
konvehtirasia box of chocolates
konventionaalinen conventional
koodi code
kookas big, large, hefty; (ark) sizy
kookospähkinä coconut
koollekutsuminen convocation, convening
koomikko comedian
koominen comic(al), amusing, funny
koommin *Häntä ei ole sen koommin näkynyt* That's the last anybody ever saw of him, he hasn't been heard of since
koordinaatti coordinate
koordinoida coordinate
koordinointi coordination
koossa together *pitää koossa* hold together, shore up *pysyä koossa* hang together
koossapitävä binding, cohesive *Marja on meidän porukkamme koossapitävä voima* Marja is the soul of our group, the binding force, the one who holds us all together
koostaa compile
koostua consist of, be composed of
koostumus consistency, composition
koota 1 (kerätä) collect, gather/store (up) *koota ajatuksensa* collect your thoughts *koota rahaa johonkin* scrape up money for something, (keräyksellä) raise money for something **2** (kutsua koolle) convene, assemble *koota armeija* raise an army **3** (panna kokoon) assemble, put together **4** (yhdistää) unite, unify
kopata (ottaa koppi) catch, (ottaa syliin) snatch up
kopauttaa rap, tap, knock
kopea haughty, imperious, superior
kopeilla act/be haughty/imperious, look down on others, lord it over others
kopeloida 1 (hapuilla) fumble/grope (around for something) **2** (kähmiä: ark) cop a feel
kopio 1 copy, duplicate *ottaa kopioita jostakin* take copies of something, run something off on the copier **2** (taideteoksesta) print, reproduction
kopioida copy, duplicate
kopiokone copying/duplicating machine
kopistaa knock, rap, tap
kopistella rattle *kopistella lunta kengistään* stamp the snow off your boots
kop kop! knock knock!
kopla gang *neljän kopla* the gang of four
koppa 1 (kori) basket, (vauvan) bassinet **2** (tekn) shell, cover, cage **3** (hatun) crown *Kylläpäs ottaa koppaan!* That really burns me up! **4** (piipun) bowl
koppakuoriainen beetle
koppava haughty, arrogant, snobbish; (ark) stuck-up, snooty
koppi 1 (vartio-/puhelinkoppi tms) booth **2** (koirankoppi) doghouse **3** *Ota koppi!* Catch!

koputtaa knock
koputtaa puuta knock on wood
koputtaminen *sinulla ei ole siinä asiassa nokan koputtamista* It's none of your business/concern
koputus knock
koraali chorale
koraani Koran
koralli coral
koralliriutta coral reef
korea 1 (värikäs) bright(ly colored), gaudy **2** (kaunis) gorgeous, lovely *Oletpas korea!* Look at you! You're all dressed up! **3** (koreankieli) Korean
Korea Korea
korealainen *s, adj* Korean
koreasti brightly, gaudily
koreilla show off, strut, parade *koreilla uusilla vaatteilla* show off your new clothes, overdress *Pöydällä koreili upea kukkakimppu* A stunning flower arrangement adorned the table
koreilu showiness, ostentation, showing off
koreografi choreographer
koreografia choreography
koreus beauty, color, brightness, show(iness)
kori 1 basket *eväskori* picnic basket *pyykkikori* hamper *tehdä kori* (urh) make a basket/hoop **2** (juomakori) case, crate **3** (auton kori) body
korihuonekalu piece of wicker furniture; (mon) wicker furniture
korista wheeze
koristaa 1 (tehdä koreaksi) decorate; (ruokaa) garnish **2** (olla kaunis) adorn, beautify *Hymy koristi hänen kasvojaan* A smile lit up her face
koriste ornament, decoration *joulukuusen koristeet* Christmas tree decorations
koristeellinen decorative, ornamental
koriste-esine ornament; (halv) trinket, knickknack
koristella decorate *koristella joulukuusta* decorate a/the Christmas tree
koristelu decoration, ornamentation
korituoli wicker chair
korjaaja repairman, repairperson
korjaamo (repair) shop *Se on korjaamossa* It's in the shop
korjailla 1 (valokuvaa) retouch **2** (kirjoitusta) polish, touch up **3** (taloa) fix up **4** (astioita pöydästä) clear
korjata 1 fix **2** (konetta tai rakennusta) repair **3** (vaatetta tms) mend, (sukkaa) darn, (tehdä muutoksia) alter **4** (julkaisua) revise *korjattu laitos* revised edition **5** (koepapereita) grade, correct **6** (epäkohtia) rectify, remedy *korjaamisen varaa* room for improvement **7** (jonkin asentoa) adjust, straighten **8** (astiat pöydältä) clear *Voisitko korjata astiat?* Could you clear the table? Could you clear off the (dinner) plates? **9** (sato) reap (myös kuv)
korjata entiselleen renovate, restore
korjata luunsa jostakin get your carcass out of (somewhere) *Korjaa luusi!* Beat it! Scram! Skedaddle!
korjaus 1 (virheiden, koepapereiden) correction **2** (parannus) improvement **3** *korjaukset* repairs *Talo on korjauksen tarpeessa* The house needs fixing up
korjausehdotus suggested revision
korjauskustannukset cost of repair *Mitä luokkaa korjauskustannukset ovat?* Can you give me a ballpark figure for the repairs? What are the repairs going to come to?
korjauttaa have/get (something) fixed/repaired
korjautua improve *Sillä se asia korjautuu* That'll take care of it, that'll fix it
korjuu harvest(ing)
korkata uncork
korkea high *korkeat ihanteet* high/lofty ideals *korkea vuori* high/tall mountain *On korkea aika* It's high time *korkea ikä* old/advanced age
korkea-arvoinen high-ranking
korkeakorkoinen 1 (laina) at a high interest rate **2** (kenkä) high-heeled
korkeakoulu institute of higher education; college, university
korkeakoulu-uudistus university reform

korkealentoinen high-flown
korkealla high (up/above) *korkealla meidän yläpuolellamme* way/far above us
korkealuokkainen high-class
korkeaotsainen highbrow
korkeapaine high pressure
korkeasuhdanne boom
korkeatasoinen high-quality
korkeimmillaan at its highest/peak (level)
korkeintaan at most, maximum; (ark) max *Siitä voi sanoa korkeintaan sen, että* The most you can say about that is
korkeus 1 height, (vuoren) elevation, (lentokoneen) altitude *merenpinnan korkeus* sea level **2** (korkeusaste) latitude *Helsingin korkeudella* at the same latitude as Helsinki **3** (sävelkorkeus) pitch **4** *Teidän Korkeutenne* Your Highness
korkeusennätys record height
korkeushyppy high jump
korkeushyppääjä high-jumper
korkittaa cork
korkkaus uncorking
korkki (aine, ja siitä aineesta tehty pullon korkki) cork; (muu pullon sulkija) stopper, top
korkkiruuvi corkscrew
korko 1 (lainan) interest *korkoa korolle* compound interest **2** (kengän) heel
korkokanta interest rate
korkotaso interest level
korkuinen *jonkun korkuinen* at the height of, as tall/high as *polven korkuinen* knee high, up to my knees
kornetti cornet
koroillaaneläjä rentier; independently wealthy person
koroke stage, (raised) platform, stand *nostaa korokkeelle* (kuv) put (someone) up on a pedestal
koronkiskonta loansharking
koronkiskuri loanshark
korostaa 1 (tehostaa) highlight, spotlight, accentuate *Sininen solmio korosti puvun valkoisuutta* The blue tie highlighted the whiteness of the suit **2** (tähdentää) emphasize, stress, place/lay emphasis/stress on *Haluan tässä erityisesti korostaa että* I want to place particular stress on the fact that, I particularly want to emphasize that **3** *puhua englantia vierasperäisesti korostaen* speak English with an foreign accent
korostetusti emphatically
korostua be stressed/emphasized *korostunut itsetunto* increasingly obvious self-esteem
korostus 1 (paino) stress, emphasis **2** (puhetapa) accent *vieras korostus* foreign accent
koroton 1 (laina) interest-free **2** (tavu) unstressed, unaccented
korottaa 1 raise *korottaa aitaa* raise/heighten the fence, build thc fcncc higher *korottaa päätään* raise/lift your head *korottaa ääntään* raise your voice *korottaa joku valtaistuimelle* raise/elevate someone to the throne *korottaa hintoja/veroja* raise/increase prices/taxes **2** *korottaa säveltä* raise a note a half-step, sharp a note *korotettu F* F sharp
korotus 1 (palkan) raise; (verojen tms) increase **2** (sävelen) sharp
korpi woods, wilds, wilderness *Hän asuu korvessa* She lives somewhere out in the sticks/out in the wilds
korpilakko wildcat strike
korpiroju moonshine
korppi raven
korppu 1 rusk **2** (ark tietokoneen levyke) three-and-a-half-inch disk
korpraali corporal
korrekti correct, proper
korrelaatio correlation
korrelaatti correlate
korreloida correlate
korruptio corruption
korsetti corset
korsi straw *kantaa kortensa kekoon* add your two bits *tarttua oljenkorsiin* grasp at straws *vetää lyhyempi korsi* get the short end of the stick
korsu dugout
kortilla rationed
kortinlävistin card punch

kortisto 1 (laatikko) card file **2** (arkisto) file, record *pitää kortistoa jostakin* keep a record of *laittaa kortistoon (*ark: *heittää pois)* put in the circular file
kortistoida file
kortteli 1 (neljän kadun rajoittama) block **2** (kaupunginosa) quarter *ranskalaiskortteli* the French Quarter
kortteliralli cruising the loop *ajaa korttelirallia* cruise the loop
kortti 1 card *jakaa kortit* deal *panna kortit pöydälle* lay your cards on the table **2** (merikortti) chart
korttipakka deck of cards
korttipeli card game
korttipeluri card-player; (uhkapeluri) gambler; (ark) cardsharp, cardshark
koru (piece of) jewel(ry)
koruesine ornament, decoration
koruommel embroidery
korusähke greetings telegram
koruton plain, simple *korutonta puhetta* plain/straight talk *koruton ihminen* unpretentious/unaffected/ natural person
koruttomasti plainly, without adornment, unpretentiously
korva ear *Onko sinulla vikaa korvien välissä* You got something wrong between your ears, upstairs? *musiikkia korvilleni* music to my ears *ei ottaa kuuleviin korviinsa* turn a deaf ear to something *Korviini on kulkeutunut tieto että* A little bird told me that
korvaamaton irreplaceable, indispensable
korvakoru earring
korvakuulokeliitäntä headphone jack
korvakuulokkeet headphones, earphones
korvakuulolta by ear
korvakäytävä auditory canal
korvalappustereot Walkman
korvalehti ear (flap)
korvapuusti (leivonnainen) cinnamon roll
korvarengas earring
korvata 1 (olla käytössä jonkin sijasta) replace, take someone's/something's place *Kukaan ei voisi korvata sinua sydämessäni* No one could ever take your place in my heart **2** (olla vastapainona) compensate/reimburse for; (ark) make up for *Korvaako tämä kustannuksesi?* Will this cover your expenses? Will this be enough reimbursement?
korvatulehdus ear infection
korvaus compensation, reimbursement *vahingonkorvaus* damages
korvausperuste grounds for compensation
korvausvaatimus claim (for damages)
korvautua be compensated (for) *Minuutin häviö korvautui loppukirillä* He made up the minute he was behind in the last spurt
korventaa singe, scorch; (ark) broil, grill *Se sitten korventaa minua* That really burns me up
korviaan myöten up to your ears *korviaan myöten velassa* up to your ears in debt *korviaan myöten rakastunut* head over heels in love
korviahuumaava deafening
korvike surrogate, substitute
kosia propose (marriage), ask someone to marry you; (ark) pop the question
kosinta proposal (of marriage)
kosiskella court, woo
koska *adv* when *Koska se tapahtui?* When did it happen? *Voit tulla koska tahansa* You can come whenever you like, come any time (you like)
konj because, since, as *En voinut tulla, koska auto ei lähtenyt käyntiin* I couldn't come because my car wouldn't start *Ota vain, koska kerran haluat* Go ahead and take it, since you want it (so badly)
koskaan ever *ei koskaan* never
koskea 1 touch *En ole koskenut siihen sormellanikaan* I never touched it! I never laid a finger/hand on it! **2** (satuttaa) hurt *Tämä voi koskea hiukan* This may hurt/sting a little **3** (vaikuttaa) affect, have an effect (on) *Asia ei koske sinua* It's got nothing to do with you, it's

none of your business **4** (tarkoittaa) apply (to) *Tämä koskee teitä kaikkia* This applies to all of you, I mean everybody
koskematon untouched, unspoiled *koskematon korpi* virgin wilderness
koskemattomuus inviolability *alueellinen koskemattomuus* territorial inviolability/integrity *diplomaattinen koskemattomuus* diplomatic immunity
koskenlaskija rapids shooter
koskenlasku shooting (the) rapids
kosketin 1 (sähkö) contact **2** (mus) key, (mon) keyboard
kosketinsoitin keyboard instrument
koskettaa touch; (kuv) touch upon, deal with, discuss
koskettimisto keyboard
kosketus touch, contact *kevyt kosketus* light touch *säilyttää kosketus* (johonkuhun) stay in touch/contact with, (johonkin) keep your hand in
kosketusaisti sense of touch
koski rapids
koskiensuojelu rapids conservation
kosmeettinen cosmetic
kosmetologi beautician
kosmos cosmos, universe
kosolti lots, tons, scads, piles
kostaa avenge, take revenge on
kostaja avenger
kostautua take/be its own revenge *Tuo kostautuu ennen pitkää* You're going to have to pay for that sooner or later, those chickens are going to come home to roost sooner or later
kostea 1 damp *kylmän kostea* dank **2** (ilma) humid
kosteikko oasis
kosteus 1 dampness, dankness **2** (ilman) humidity
kosteusmittari hygrometer
kosto revenge, vengeance
kostonhalu vindictiveness, desire/lust for vengeance/revenge
kostonhaluinen vindictive, vengeful
kostonhimo vindictiveness, thirst/lust for vengeance/revenge
kostonhimoinen vindictive, vengeful
kostua 1 (kastua) get damp/wet **2** (voittaa) gain, get (something) out of *Mitä sinä siitä kostut?* What will that get you, what good will that do you?
kostuttaa dampen, moisten, wet
kota 1 (lappalaiskota) hut, teepee **2** (siemenkota) capsule
kotelo 1 cover, casing, case, box **2** (perhosen: vaihe) pupa, chrysalis; (suojus) cocoon
koteloida cover, encase
koti home *olla hyvästä kodista* come from a good family (background) *Oma koti kullan kallis* Home sweet home
kotiapulainen domestic (help)
kotiaresti 1 (sot) house arrest *määrätä kotiarestiin* place under house arrest **2** (perhe) grounding *laittaa kotiarestiin* ground *kotiarestissa* grounded
kotiaskareet household chores
kotieläin farm animal; (sisällä pidettävä) domestic animal, pet
kotietsintä house search
koti-ikävä homesickness
kotiinkanto (home) delivery
kotiinkuljetus (home) delivery *Onko teillä kotiinkuljetus?* Do you deliver?
kotijoukot 1 (kotiväki) family *Mitä kotijoukoille kuuluu?* How's your family? **2** (sot) home guard/troops
kotikasvatus childrearing, upbringing
kotikenttäetu home-court advantage
kotikissa homebody
kotikunta home county
kotikutoinen homespun
kotilaina house mortgage
kotileipuri local baker
kotiliesi hearth
kotiläksyt homework
kotilääkäri family doctor
kotimaa homeland, native country *kotimaan* domestic
kotimainen domestic
kotimatka the drive/trip/walk/way home
kotimikro home computer
kotiolot things at home *Kyllä tämä kotiolot voittaa* Sure beats being at home

kotiopettaja (private) tutor
kotiopettajatar governess
kotiopetus private tutoring
kotiosoite home address
kotipaikka hometown
kotipaikkakunta hometown
kotipuhelin(numero) home phone (number)
kotirouva housewife
kotiseutu native region
kotitalouden opettaja home ec(onomics) teacher
kotitalous home economics; (ark) home ec
kotitehtävä school/homework assignment; (mon) homework
kotiteollisuus 1 (käsityö) handicrafts **2** (teollisuus) cottage industry
kotitila family farm
kotiuttaa 1 (armeijasta) demobilize, (ark) demob **2** (uuteen ympäristöön) naturalize, acculturate, accustom, domesticate
kotiutua 1 (tulla kotiin) come home **2** (alkaa tuntea olevansa kotona) become/get acclimated, begin to feel at home, settle in *Joko te olette kotiutuneet?* Have you settled in yet? **3** (uuteen ympäristöön) become naturalized/acculturated/domesticated
kotiutus (armeijasta) demobilization, (ark) demobbing
kotka eagle
kotkannenä (hieno) aquiline nose; (halv) beak
kotkottaa cluck, cackle
kotkotus clucking, cackling; (ark) gab(bing), gab fest
kotoa from home *kaukana kotoa* far from home
kotoinen 1 (kotoisa) homey, cozy, familiar **2** (kotimainen) domestic
kotoisa homey, cozy, familiar
kotoisesti cozily, familiarly, in a homey/familiar way
kotoisin *Mistä olet kotoisin?* Where are you from? *ei mistään kotoisin* (ihminen) good-for-nothing, no-account (asia) wrong, unfair (esine) worthless, a piece of junk
kotona at home *Ole kuin kotonasi!* Make yourself at home!
kotosalla at home
kottarainen starling
kottikärryt wheelbarrow
kotva *kotvan aikaa* (for) a spell *kotvan hiljaisuus* a moment's silence
koukata 1 (urh ja yl) hook *Voisitko koukata meidän kautta?* Could you swing by our place? **2** (sot) outflank
koukero 1 (kiemura) curlicue, (nimikirjoituksessa) flourish *Eihän sinun koukeroistasi saa mitään selvää* I can't make out these chicken scratchings of yours **2** (mutka) bend, curve **3** (kuv) ins and outs *politiikan koukerot* the ins and outs of politics
koukeroinen 1 (kirjoitus) fancy, swirly, twirly **2** (tie) winding, curving **3** (asia) tricky, complex, convoluted
koukistaa bend, flex
koukistua bend; (selkä) stoop, crook
koukistus bending
koukkia bend down *koukkia ylös* bend down and pick something up
koukku 1 hook, (puinen) peg **2** (metku) trick, prank, gag
koukussa 1 (kiinni) hooked, snagged *Seijalla on mies koukussa* Seija's hooked/snagged a man **2** (taipunut) bent, crooked *polvet koukussa* (with your) knees bent
koulia train, drill, school
koulu school *käydä kova koulu* go to/study at the school of hard knocks *kouluja käynyt* educated *pinnata koulusta* cut/skip school, play hooky *olla poissa koulusta* be absent *päättää koulunsa* graduate (from high school)
kouluateria school lunch
kouluauto driver's training car
kouluhallinto school administration
kouluhallitus National Board of Education
kouluhammashoito school dental care
kouluikä school age
kouluikäinen of school age, school-aged
koulujenvälinen interscholastic

koulujuhla school celebration
koulukasvatus education, schooling
koulukeittola school kitchen
koulukirja schoolbook
koulukirjasto school library
koulukokeilu educational experiment
koulukoti reform school
koulukypsä ready for school
koululainen schoolchild
koululaiskuljetus (school) bus transportation
koululaitos educational system
koululaukku school bag/pack
koululautakunta school board
koululuokka classroom
koulumainen like (at) school *koulumainen nimenhuuto* rollcall just like at school
koulumatka the way/walk/drive/ride to school
koulumenestys scholastic achievement
koulun ja kodin yhteistyö parent-teacher cooperation
koulun johtaja principal
koulunkäynti school attendance
koulunkäyntioikeus the right to attend school
koulun ulkopuolinen toiminta extracurricular activities
koulupiiri school district
koulupoika schoolboy
koulurakennus school (building)
kouluruokailu school meals
koulusuunnittelu educational planning
koulutarvikkeet school supplies
koulutehtävä assignment
koulutehtävät homework
kouluteIevisio educational television
kouluterveydenhuolto school health care
koulutoimenjohtaja superintendent (of schools)
koulutoimentarkastaja school inspector
koulutoveri classmate, schoolmate, friend from school
kouluttaa 1 educate, put (someone) through school **2** (opettaa) train, instruct, teach
kouluttaja educator; (opettaja) trainer, instructor, teacher
koulutuksellinen educational
koulutunti class
koulutus education, training, instruction
koulutusjärjestelmä educational system
koulutussuunnitelma educational program
koulutyttö schoolgirl
koulutyö schoolwork
kouluvelvollisuus mandatory education
kouluyhteistyö scholastic cooperation
koura palm (of your hand) *kohdella kovin kourin* deal harshly with, be rough on *jonkin kourissa* in the grip/clutches of
kouraantuntuva tangible, concrete
kouraista grab, snatch
kourallinen handful (myös kuv)
kouriintuntuva tangible, concrete
kouristuksenomainen convulsive, spasmodic
kouristus convulsion, spasm, cramp
kouru 1 channel **2** (laskukouru) spout, chute **3** (kattokouru) rain gutter
kova 1 (kiinteä) hard *kova kuin kivi* hard as a rock, rock-hard **2** (ankara) hard, harsh, severe, strict *kohdella kovin kourin* treat harshly, be rough on *kova sydän* hard heart *kovaa puhetta* hard/ harsh words *kovat ajat* hard times *panna kova kovaa vastaan* fight fire with fire *kova valaistus* harsh lighting *kova homma* tough job *kovan paikan tullen* when the going gets tough *kova kunto* excellent condition **3** (intensiivinen) intense, strong *kova kilpailu* tough competition *kova työnteko* hard work *olla kovassa käytössä* get lots of hard wear *kova ääni* loud noise/sound/ voice *olla kova tekemään jotakin* be crazy about (doing) something, love to do something *silmä kovana* with your eyes peeled

kovaa 1 (kuuluvasti) loud(ly) *Puhu kovempaa!* Speak up! **2** (tuntuvasti) hard *lyödä kovaa* hit hard **3** (nopeasti) fast *ajaa kovaa* drive fast
kovakorvainen deaf
kovakuoriainen beetle
kovalevy 1 (tietok) hard disk **2** (rak) hardboard
kovalevyasema hard disk drive, hard disk, hard drive
kovalevykortti (tietokoneen) hard card
kovanaama tough guy, hardnose
kovan paikan tullen if/when the going gets tough
kova onni tough/hard/bad luck *kovan onnen* unfortunate
kovaonninen 1 (aina) unlucky **2** (väliaikaisesti) down on your luck
kovaotteinen rough, harsh
kova pähkinä purtavaksi tough pill to swallow
kovapäinen thick-headed
kovassa stuck tight
kovasti 1 (lujasti) hard *sataa kovasti* pour, come down in buckets **2** (paljon) a lot *Teki kovasti mieli maistaa* I really felt like tasting one
kovasydäminen hardhearted
kovaääninen (loud)speaker
kovemmin 1 (lujemmin) harder **2** (enemmän) more
koventaa 1 (kovettaa) harden, stiffen **2** (tiukentaa) tighten *koventaa kuria* tighten discipline **3** (lisätä) increase *koventaa vauhtia* speed up, pick up speed *koventaa ääntä* shout louder
kovera concave
koverrus concavity
kovertaa scoop/hollow (out)
kovettaa harden *kovettaa vatsaa* constipate
kovettua harden, set
kovilla (rahallisesti) (ark) strapped *joutua koville* fall on hard times, (kokeeseen) be put to the test *Olin hetken aika kovilla* I was hard put for a second
kovimmillaan at its hardest/worst
kovin very *Se oli kovin ystävällistä teiltä* That was very nice, most neighborly of you *ei kovinkaan* not very/particularly/especially
kovistaa 1 (panna koville) be rough/tough on, come down hard on **2** (nuhdella) yell/holler at, chew/bawl out **3** (vaatia) force, press(ure), put pressure on (someone to do something) *Kovistin häneltä koko totuuden* I beat/shook the truth out of him
kovistella yell/holler at, chew/bawl out
kovuus (aineen) hardness, (ihmisen) harshness, (äänen) loudness
kpl ea(ch), pc (piece)
kraatteri crater
kranaatinheitin grenade-launcher
kranaatti grenade
krapula hangover
krapulainen *s* person suffering from a hangover
adj hungover
kreikan kieli Greek
Kreikka Greece
kreikka Greek
kreikkalainen *s, adj* Greek
kreikkalaiskatolinen Greek Orthodox
kreivi count
kreivikunta (UK) county
kreppi crepe
kriisi crisis
kriisitilanne crisis (situation)
kriitikko critic, reviewer
kriittinen critical
kriittinen massa critical mass
kristalli crystal
kristallikruunu (crystal) chandelier
kristikunta Christendom
kristillinen Christian
kristillisesti fairly, evenly; like a good Christian
kristillisyys Christianity
kristinoppi Christianity
kristinusko Christianity
kristitty Christian
Kristus Christ
kriteeri criterion
kritiikki criticism

kritisoida criticize
Kroisos Croesus
krokotiili crocodile; (ark) crock
krokotiilinkyyneleet crocodile tears
kromaattinen chromatic
kromata chrome-plate
kromi chrome
kronikka chronicle
kronografi chronograph
kronologia chronology
kronologinen järjestys chronological order
krooninen chronic
krouvi inn
krs floor
kruunaamaton uncrowned
kruunajaiset coronation
kruunata crown (myös kuv)
kruunaus crowning, coronation
kruunu 1 crown, the Crown *kaiken kruunuksi* to crown everything *olla kruunun leivissä* work for Uncle Sam **2** (kattokruunu) chandelier
kruunu ja klaava heads or tails
kruununprinssi crown prince
ks see, (lat) vide
kude 1 woof **2** *kuteet* (ark) threads
kudonta weaving
kudos 1 fabric, texture, weave **2** (anat) tissue
kuha pike perch
kuherrella bill and coo
kuherruskuukausi honeymoon
kuhertaa coo
kuhilas shock, stook
kuhista swarm, seethe *Siellä kuhisi ihmisiä* The place was swarming/crawling with people
kuihtua wither/fade/pine away
kuilu 1 (luonnossa) chasm, gorge **2** (kaivoksessa tms) shaft **3** (ihmissuhteissa) gap, gulf, chasm *sukupolvien välinen kuilu* generation gap
kuin 1 *sama kuin* the same as *yhtä vanha kuin* (just) as old as **2** *samanlainen kuin* like *kuin salama kirkaalta taivaalta* like a bolt out of the blue **3** *erilainen kuin* different than *nuorempi kuin minä* younger than me
kuinka 1 (miten) how *Kuinka jakselet?* How are you doing/feeling? *Kuinka saatoit tehdä tämän minulle?* How could you do this to me? *kävi kuinka kävi* no matter what, come what may **2** (miksi) why, how so *Kuinka nyt jo tulit?* What are you doing here already?
kuinkaan *Ei siinä käynyt kuinkaan* Nothing (bad) happened
kuinka hyvänsä however (you like)
kuinka kulloinkin all different ways, now this way now that
kuinka niin how so? what do you mean?
kuinka ollakaan what do you know, guess what
kuinkas muuten of course, (so) what else (is new)
kuinka tahansa however (you like)
kuinka vain however (you like)
kuiskaaja prompter
kuiskailla whisper
kuiskata 1 whisper **2** (teatterissa) prompt
kuiskaus whisper(ing)
kuiske whisper
kuisti porch, veranda
kuitata 1 (ostos) (give a) receipt (for); (lähetys) sign for **2** (ark) dismiss, shrug off
kuitenkaan ks kuitenkin
kuitenkin 1 (kaikesta huolimatta) however **2** (mutta, silti) but, yet, still *onneton ja kuitenkin onnellinen* miserable yet somehow happy too **3** (sittenkin) anyway, anyhow, after all *Jos tulisit kuitenkin* Why don't you come anyway? *Päätin tulla kuitenkin* I decided to come after all *Ei hän kuitenkaan tule* You know he isn't coming anyway **4** (joka tapauksessa) in any case *Kun tämä on kuitenkin laillinen maksuväline* Since this is legal tender in any case, since no matter how you look at it this is legal tender
kuitenkin kaikitenkin in any case
kuittaus receipt, signature
kuitti *s* receipt *olla kuitit (jonkun kanssa)* be quits (with someone) *adj* (ark) dead beat *Olen aivan kuitti!* I'm dead beat!

kuitu fiber
kuitupitoinen high in fiber
kuiva 1 (ei märkä) dy, dried up, (maaperä) arid **2** (tylsä) dry, dull, boring *kuiva huumorintaju* dry sense of humor
kuivaaja drier
kuivapesu dry-cleaning
kuivasti dryly
kuivata dry (off/out) *kuivata astioita* dry the dishes *Kurkkuani kuivaa* My throat feels dry/parched
kuivatella dry (yourself)
kuivattaa 1 (kuivata) dry **2** (suomaata) drain
kuivaus 1 drying **2** (veden poisto) dehydration
kuiviin *kiehua kuiviin* boil dry *vuotaa kuiviin* (astia) run out, (ihminen) bled to death *haihduttaa kuiviin* evaporate
kuivilla (kuivalla maalla) on dry land; (ei ole juonut) on the wagon; (selvinnyt pahimmasta) out of the woods; (vapautettu syytöksistä) in the clear
kuiviltaan without water
kuivua dry (out/off/up) *kuivua kokoon* dry up (myös kuv)
kuivuri drier
kuivuus 1 dryness **2** (maaperän) aridity **3** (kuivakausi) drought
kuja alley, lane
kujanjuoksu running the gauntlet
kuje trick, prank, gag, practical joke
kujeilla (play) trick(s), pull pranks, joke around
kuka who *kenen, keiden* whose *kuka heistä* which of them *Kuka tykkää, kuka ei* Some like it, some don't
kukaan anyone, anybody *ei kukaan* no one, nobody *ei kukaan muu* no one else, nobody else, no other person
kuka hyvänsä anyone, anybody *Tekipä sen kuka hyvänsä* Whoever did/does it *kuka hyvänsä joka* anyone who
kuka kulloinkin different people at different times
kukallinen flowery
kuka milloinkin different people at different times
kuka tahansa anyone, anybody *Tekipä sen kuka tahansa* Whoever did/does it *kuka tahansa joka* anyone who
kukaties maybe
kukikas flowery
kukin each, every one, everyone, everybody *kukin meistä* each of us, every one of us *Kukin menköön kotiinsa!* Everybody go home! *Se oli hyvä opetus itse kullekin meistä* It was a good lesson for all of us
kukinta blooming, flowering
kukinto inflorescence
kukistaa 1 (kaataa) topple, overthrow **2** (taltuttaa) quell, subdue, suppress
kukistua fall, topple, be overthrown
kukittaa give (someone) flowers, present flowers (to someone)
kukka flower, (puussa) blossom
kukkakaali cauliflower
kukkakauppa florist's, florist's shop
kukkakauppias florist
kukkakimppu bouquet
kukkalaatikko flower box
kukkamajakko (flower) vase
kukkanen flower
kukkaro coinpurse, pocketbook *sopia joka kukkarolle* suit every pocketbook *elää kuin Herran kukarossa* have it good, be in clover
kukkia blossom, bloom, be in flower/bloom
kukko rooster *olla kukko tunkiolla* rule the roost *Hänelle ei kunnian kukko laula* He may get into trouble, he'll come to grief/no good
kukkoilla boast, brag, strut
kukkokiekuu! cock-a-doodle-doo!
kukkua 1 (käki) call "cuckoo" **2** (ihminen: valvoa) stay up (late)
kukkula hill *kukkulan kuningas* king of the hill *onnensa kukkuloilla* on top of the world, in seventh heaven *maineensa kukkuloilla* in your glory, at the height of your fame
kukkulainen hilly
kukkura heaping *kaiken kukkuraksi* to crown/top it all, to boot *kukkura lusikallinen* heaping spoonful

kukkurakaupalla by the armload, loads, tons, heaps
kukkuramitalla heaping
kukkurallaan heaping, piled high
kukoistaa 1 (kukka) blossom, bloom **2** (ihminen) flourish, thrive, prosper
kukoistava 1 (kukka) blooming **2** (ihminen: hyvin toimeentuleva) flourishing, thriving, prosperous; (terve) ruddy with health
kukoistus bloom, flush *nuoruuden kukoistus* the prime of your life
kukoistuskausi golden age
kulaus swallow, swig, gulp
kulauttaa guzzle, (ark) chug(-a-lug)
kulho bowl
kulissien takainen behind-the-scenes
kulissit wings *kulissien takana* behind the scenes, backstage
kuljeksia 1 (ajelehtia) drift **2** (vaellella) roam, ramble, wander **3** (maleksia) idle, loaf, laze around
kuljettaa 1 (tavaroita) transport, ship, convey **2** (ihmisiä: autolla) drive; (kädestä pitäen) usher, lead, see, guide **3** (autoa, konetta) drive, run, operate **4** (kiekkoa) dribble
kuljettaja 1 (auton) driver, chauffeur **2** (koneen) operator
kuljetus transportation
kulkea 1 (käydä) go, walk, travel, run *kulkea junalla* take the train, go/ travel by train *kulkea huoneesta toiseen* walk from room to room *kulkea lyijyttömällä bensiinillä* run on unleaded gas, take unleaded gas **2** (kuljeksia) roam, ramble, wander **3** (ajelehtia) drift *Henki ei kulje* He can't breathe *Suksi ei kulje* My ski keeps sticking, won't slide
kulkea kohti approach something
kulkea ohi pass by
kulkea perintönä be handed/ passed down
kulkea yli cross
kulkeutua drift *kulkeutua tuulen mukana* drift with the wind, let the wind carry you *Sisälle kulkeutunut hiekka* Sand that had been tracked into the house *tarinoiden kulkeutuminen suusta suuhun* passing stories on from one person to another
kulkija 1 (kulkuri) vagabond, tramp, man of the road **2** (vaeltaja) wanderer, rover
kulku 1 (liike) motion; (eteenpäin) (forward) progress; (koneen) running, operation *hätistää hevosta kulkuun* start the horse walking, prod the horse into motion *Juna on kulussa vain lauantaisin* The train only runs on Saturday *poistaa kulusta* take (something) out of service *ajatusten kulku* train/chain of thoughts **2** (pääsy) access *vaivalloinen kulku huvilalle* difficult access to the summer house, a summer house that's hard to get to **3** (kehitys) course, development, progress *historian/ajan/elämän kulku* the course of history/time/life *taudin kulku* the progress/course of the disease *tapahtumien kulku* the chain/ course of events *kehityksen kulku* progress
kulkue parade, processional
kulkukelvoton impassable
kulkukissa stray cat
kulkulaitos communication system
kulkulupa pass
kulkunen (sleigh/jingle) bell
kulkuneuvo vehicle *yleiset kulkuneuvot* public transportation
kulkuri tramp, hobo, vagabond, drifter
kulkusuunta direction, (laivan) course *istua kulkusuuntaan* sit facing forward
kulkutauti infectious/contagious disease; epidemic
kulkuväline vehicle
kulkuyhteys connection *Onko täältä kulkuyhteys Tampereelle?* Is there any way for me to get to Tampere from here?
kullankaivaja gold-digger, prospector
kullata gild (myös kuv)
kulloinenkin relevant, respective, in question *sanan kulloinenkin merkitys* the contextually relevant meaning of the word

kulloinkin at any given time *kuka kulloinkin on kotona* whoever's home (at a given time)
kulma 1 (nurkka) corner *kääntyä toisesta kulmasta vasemmalle* take the second left *meidän kulmilla* in our neighborhood **2** (mat) angle *suorassa kulmassa johonkin* at right angles to, perpendicular to **3** (kulmakarva) eyebrow
kulmahammas eyetooth
kulmakarvat eyebrows
kulmikas 1 (muoto) angular **2** (käytös) awkward, clumsy **3** (ihminen) difficult
kulmittain diagonally; (ark) kittycorner, cattycorner
kulottaa burn off/over
kulovalkea brushfire *levitä kuin kulovalkea* spread like wildfire
kulta 1 gold *Ei kaikki ole kultaa mikä kiiltää* All that glitters is not gold *olla kullan arvoinen* be worth your weight in gold **2** (rakas) dear, honey, sweetie; (rakastettu) darling, sweetheart *Tulisitko kulta tänne?* Could you come here please honey?
kultaharkko gold ingots; (mon) (gold) bullion
kultahääpari couple celebrating their golden wedding anniversary
kultahäät golden wedding anniversary
kultainen 1 gold(en), (kullattu) gilded **2** (onnellinen) wonderful, wondrous *kultaiset ajat* halcyon days **3** (suloinen) sweet, charming
kultainen keskitie happy medium
kultainen laskuvarjo golden parachute
kultainen leikkaus golden section
kultainen sääntö golden rule
kultakaivos goldmine (myös kuv)
kultakuume gold fever
kultalevy gold record
kultaseppä goldsmith; (liikkeen pitäjä) jeweler
kultasepänliike jeweler('s store)
kultasormus gold ring
kultaus (kultaaminen) gilding, (kultasilaus) gilt
kultivoitunut cultivated
kulttuuri culture
kulttuurielämä cultural life, culture
kulttuurihistoria cultural history
kulttuuri-imperialismi cultural imperialism
kulttuuriperinne cultural tradition
kulttuuriperintö cultural heritage
kulttuuripolitiikka cultural (and educational) policy
kulttuurirahasto cultural fund
kulttuuritoiminta cultural endeavor
kulttuurivaikutus cultural influence
kulttuurivallankumous cultural revolution
kulua 1 (vaat tms) wear (out/thin/down jne) **2** (raha) get spent, go; (ruoka) get eaten/consumed *Meiltä kului sillä viikolla valtavasti rahaa/ruokaa* We went through an enormous amount of money/food that week **3** (aika) pass/go (by) *Minulta kului koko päivä siihen* I worked on it the whole day, it took me the whole day to do it *En saa aikaa kulumaan* I'm bored *kuluva viikko/vuosi* this week/year
kulua hukkaan be wasted/squandered
kulua umpeen expire, be up *Aikasi on kulunut umpeen* Your time's up, it's time
kulua vähiin (be) run(ning) out
kuluessa during, (with)in *muutaman päivän kuluessa* (with)in a few days, in the next few days *vuosien kuluessa* over the years
kulumaton 1 (ei kulu) long-wearing, tough **2** (käyttämätön) unworn
kulunut 1 (vaate tms) (well-)worn, (loppuun) worn-out, threadbare **2** (fraasi tms) clichéd, trite, hackneyed **3** (vuosi tms) last, the past *kuluneena vuonna* last year, during the past year
kulut expense(s), cost(s) *kulujen peittämiseksi* to cover (your own) costs/expenses
kuluttaa 1 (vaatetta) wear out **2** (rahaa) spend, (ark) blow **3** (aikaa) spend *kuluttaa hankkeeseen kokonainen viikko*

spend a whole week doing a project, take a whole week to do a project **4** (voimia) tax, tire; (hermoja) strain, wear on **5** (ruokaa) eat, consume **6** (kulutustavaroita, sähköä tms) consume *Paljonko se kuluttaa (bensiiniä)?* What kind of mileage does it get? *Se kuluttaa 10 litraa sadalla kilometrillä* It gets 25 miles to the gallon
kuluttaa loppuun use up, (luonnonvaroja) deplete
kuluttaa pois wear off/away
kuluttaja consumer
kuluttaja-asiamies consumer ombudsman
kuluttajahintaindeksi consumer price index
kuluttajansuoja consumer protection
kuluttajansuojalaki consumer projection act/law
kulutus 1 (vaatteen tms) wear (and tear) **2** (tavaroiden tms) consumption *bensiinin kulutus* mileage
kulutushysteria (wild/unrestrained) consumerism
kulutustavarat consumer goods
kumahtaa boom, resound, echo; (iso kello) toll *saada kumahtava isku päähän* get your bell(s) rung
kumara bent/hunched (over), stooped
kumarrus bow (myös kuv)
kumartaa (take a) bow, bow (down) (myös kuv) *kumartaa jollekulle* bow down to/before someone, pay your respects to someone *kumartaa kuvia* worship appearances
kumartelija yes-man, toady, flatterer; (sl) asslicker
kumartua (nostamaan tms) bend down, (lukemaan tms) bend over
kumaus crack, bang *saada kunnon kumaus takaraivoon* get smacked good in the back of the head
kumea dull, hollow
kumi 1 rubber (myös kondomi) **2** (koulukumi) eraser **3** (sisäkumi) inner tube *Meillä on kumi puhki* We've got a flat (tire)
kumina 1 (ääni) boom(ing) **2** (kasvi) caraway (seed)
kuminauha elastic (band); (kumilenkki) rubber band
kuminen rubber; (kumimainen) rubbery
kumisaapas rubber boot
kumista boom, resound, echo
kumma 1 (omituinen) strange, odd, weird *joku kumma tyyppi* some weirdo/oddball **2** (hämmästyttävä) surprising *katsoa kummissaan* watch in astonishment **3** (ihme) wonder *Kuka kumma tuo mies on?* I wonder who that guy is? Who on earth could that be? *Mitä kummaa sinä teet?* What on earth are you doing? *Ihme ja kumma!* What do you know! Will wonders never cease! Surprise surprise! **4** *ei mitään sen kummempaa* nothing much *Ei se kummia maksa* It doesn't cost an arm and a leg *Ei siinä käynyt sen kummemmin* That's all that happened, nothing more than that happened
kummakseni kuulin much to my surprise they told me, I heard
kumma kyllä surprisingly/strangely enough
kummallinen strange, odd, weird
kummastella wonder/marvel (at), find (something) strange/odd
kummasti surprisingly, amazingly, astonishingly *Saatiin kummasti aikaan lyhyessä ajassa* We got an amazing amount done in a short time
kummastus surprise, amazement, astonishment
kummastuttaa surprise, amaze, astonish
kummi godparent
kummilapsi godchild
kumminkin ks kuitenkin
kummipoika godson
kummisetä godfather
kummitella (be) haunt(ed) *Talossa kummittelee* The house is haunted *Se kummitteli vielä pitkään hänen mielessään* It bothered/troubled him for a long time afterwards, he couldn't get his mind off it, get it out of his mind

kummitus ghost, (ark) spook *pelotella ihmisiä sodan kummituksella* scare people with the bogeyman of war
kummitusjuttu ghost story
kummitustalo haunted house
kummityttö goddaughter
kummitäti godmother
kummivanhemmat godparents
kumollaan overturned, upside-down; (vene vedessä) capsized
kumoon (lasi tms) over, (ihminen tms) down *kaataa pöytä kumoon* tip the table over *mennä kumoon* (kuv) fall through/ short, collapse; (ark) flop
kumossa upside-down, bottomside-up, turned over
kumota 1 (lasi tms) tip/turn/tilt over; (vene vedessä) capsize **2** (laki) repeal, (vaalit) invalidate, (avioliitto) annul, (tuomio) reverse, (määräys) overrule, (teoria) disprove, (huhu) deny **3** (hallitsija) overthrow **4** (toisensa) cancel (each other) out
kumouksellinen *s* revolutionary, rebel
adj revolutionary, subversive
kumouksellisuus subversiveness, revolutionary spirit
kumous (vallankaappaus) coup (d'etat); (vallankumous) revolution; (kapina) revolt, rebellion; (kansannousu) popular uprising
kumoushanke revolutionary/ subversive plot, plot to overthrow the government
kumpare mound
kumpi which (one (of us/you/them))
kumpikaan either (one (of us/you/ them)) *ei kumpikaan* neither (one (of us/you/them))
kumpikin (molemmille) both (of us/ you/them), (erikseen) each (of us/you/ them) *Siitä riitti meille kummallekin* There was enough for both of us *Riitti yksi meille kummallekin* There were enough so that each of us got one
kumpi tahansa whichever *Ota kumpi tahansa* Take whichever (one) you want/like
kumppani (elämän) companion, (liikekumppani) partner
kumpu mound
kumpuilla 1 (kummuta) well/spring up/forth **2** (olla kumpuinen) be rolling/ hilly
kumulatiivinen cumulative
kun 1 (silloin kun) when *Tööttää kun tulet* Honk when you come **2** (samalla kun) as, while *Seija lähti, kun sinä olit puhelimessa* While you were on the phone, Seija left *Kun selitit sitä, muistin että* As/while you were explaining all that, I remembered that **3** (kun taas) while, where(as) *Vaimoni syö mielellään ruisleipää, kun minä taas vehnäleipää* My wife likes rye bread, while I prefer wheat **4** (siksi kun) because, as, since *No kun kerran kysyt* Well, since you ask *Tulin jo nyt, kun ajattelin että* I came early because I thought that **5** (jos) if *Kun ei niin ei* If that's the way you want it, fine **6** (kun vain) if only *Kun Mikko olisi täällä* If only Mikko were here **7** *ei kun* no *A: Sinäkö tämän teit? B: Ei kun Hannu* A: Did you do this? B: No, Hannu did
kuningas king, monarch *kukkulan kuningas* king of the hill *elää kuin kuningas* live like a king *kuningas alkoholi* demon gin
kuningaskunta kingdom, monarchy
kuningatar queen *juhlien kuningatar* belle of the ball
kuninkaallinen 1 royal, regal, kingly **2** (ylenpalttinen) princely *kuninkaalliset pidot* a feast fit for a king
kuninkuus kingship, royalty
kunnallinen (hallinto) local; (kaupunki-) municipal, (maalais-) county
kunnallishallinto local government
kunnallisoikeus municipal/county law
kunnallispolitiikka local/municipal/ county politics
kunnallistaa bring (something) under municipal/county ownership
kunnallistalous municipal/county finances
kunnallistekniikka (municipal/ county) utilities

kunnallisvaalit local elections
kunnallisvero city/country tax
kunnallisverotus local taxation
kunnanhallitus local government
kunnanjohtaja city/county manager
kunnanvaltuusto city/county council
kunnanvaltuutettu city/county council member
kunnes until, til
kunnia honor, glory *kunnian kentällä* on the field of honor/glory *Jumalan kunniaksi* to the (greater) glory of God *ottaa jostakin kaikki kunnia* take full credit for something *Minulla on kunnia esitellä* I have the honor/ privilege to introduce *kuulla kunniansa* get chewed out, told off *käydä kunnialle* wound your pride *Sen kunniaksi!* Let's/I'll drink to that! *tehdä kunniaa* (sot) salute *olla kunniaksi jollekulle* be a credit to someone
kunniakas 1 (kunnioitettava) honorable, creditable **2** (loistava) glorious, illustrious
kunniakirja certificate of honor
kunniallinen honorable, respectable, honest, fair *kunniallinen mies* honorable/ respectable/honest man *kunniallinen hinta* honest/fair price
kunniallisesti honorably, honestly, fairly
kunniamaininta honorary mention
kunniamerkki medal (of honor), decoration
kunnianimi honorary title
kunnianloukkaus defamation (of character); (kirjallinen) libel, (suullinen) slander
kunnianosoitus honor, homage, tribute; (aplodit) ovation
kunniapaikka place of honor
kunniapalkinto special prize
kunniasanalla on my word of honor
kunniatohtori honorary doctor
kunniaton disreputable, dishonorable
kunnioitettava 1 (kunnioitettu) respected, esteemed, honored **2** (kunnioituksen arvoinen) respectable, estimable **3** (huomattava) respectable, considerable, good-sized
kunnioittaa (have) respect (for), (hold in) esteem, honor *kunnioittaa vainajaa* honor the deceased, pay your respects to the deceased, pay homage/ tribute to the deceased *kunnioittaa ylenpalttisesti* venerate, revere
kunnioittaen sincerely, respectfully
kunnioitus respect, esteem, veneration, reverence *kaikella kunnioituksella* with all due respect *kunnioitusta herättävä* awe-inspiring, imposing
kunnittain by city/county
kunnolla right, properly *tehdä jokin kunnolla* do something right/properly/ well, (loppuun) finish the job *olla kunnolla* behave (yourself)
kunnollinen 1 (kunniallinen) respectable, decent, good *kunnollinen tyttö* good/respectable girl *päättää ruveta viettämään kunnollista elämää* decide to go straight **2** (pätevä) capable, competent, good; (todellinen, oikea) real, proper *Kutsuisit kunnollisen putkimiehen* I wish you'd call a real/proper plumber, somebody who knew what he was doing **3** (perusteellinen) thorough, proper, sound *kunnollinen pesu* thorough scrubbing
kunnollisesti properly, well *Juhlat eivät olleet edes kunnollisesti alkaneet* The party had hardly even properly gotten started
kunnon good, decent, proper *kunnon kaveri* good old boy, real pal *vanhat kunnon ajat* good old days *kunnon tyttö* good/decent girl *kunnon ateria* decent/ proper meal
kunnon kansalainen good citizen
kunnossapito maintenance, upkeep
kunnostaa 1 (taloa) fix up, repair, renovate **2** (maantietä) resurface **3** (konetta, autoa) overhaul **4** (laivaa) refit
kunnostautua earn distinction, distinguish yourself, make your mark; (ark) win your spurs
kunnostus repair(s), renovation, resurfacing, overhaul(ing), refitting (ks kunnostaa)
kunnoton good-for-nothing, no-account

kunta 1 (kaupunkikunta) municipality, city **2** (maalaiskunta) county **3** (kunnallishallinto) local government
kuntainliitos merger of counties/ municipalities, (kaupunki- ja maalaiskunnan myös) city-county merger
kuntainliitto federation of municipalities
kuntasuunnitelma municipal/county plan/program
kuntasuunnittelu municipal/county planning
kuntauudistus local government reform
kunto condition, shape *hyvässä kunnossa* in good shape/condition *huonossa kunnossa* in bad/terrible shape/ condition, (urh) out of shape *Kaikki on kunnossa* Everything's in order, all set, arranged *panna kuntoon* (lelu tms) fix, (talo) fix up, (koti) straighten up, (asiat) (put things in) order *kunnolla, kunnon* ks hakusanat
kuntopyörä exercise bike
kuntourheilija exerciser
kuntourheilu exercise, conditioning
kuntouttaa rehabilitate
kuntoutua get into shape
kuntoutus rehabilitation
kuohahtaa 1 (kahvi tms) boil over **2** (tunteet) boil, seethe
kuohita castrate; (hevonen) geld; (koira tms) spay
kuohkea (maaperä) loose, (munakas tms) light, (kakku) springy, spongy
kuohu 1 (vaahto) froth, foam, (saippuan) lather **2** (kuohunta) surge
kuohua (vaahdota) froth, foam; (hyrskytä) surge, boil; (kuplia) bubble *kuohua vihaa* fume, rage *Lähi-idässä kuohuu* There is unrest in the Middle East, the Middle East is in a state of unrest
kuohukerma whipping cream
kuokka hoe
kuokkavieras gate-crasher
kuokkia 1 hoe **2** gate-crash
kuola drool, slobber
kuolaimet bit
kuolata drool, slobber
kuolema death (myös kuv); (euf) decease, demise *En kuolemaksenikaan muista* For the life of me I can't remember *tuomita kuolemaan* sentence/ condemn (a person) to death, pronounce the death sentence
kuolemaantuomittu condemned
kuolemaisillaan at death's door, dying, near death
kuolemanhiljainen deathly quiet, quiet as the grave
kuoleman kielissä at death's door
kuoleman oma *Olet kuoleman oma!* You're dead meat! You die! You're a dead man!
kuolemanpelko fear of death/dying
kuolemansairas deathly/fatally/ terminally ill, at death's door
kuolemantuomio death sentence
kuolemanväsynyt dead tired/beat
kuolematon immortal
kuolemattomuus immortality
kuolettaa 1 (tappaa) kill *kuolettaa nälkään* starve (someone) to death **2** (tukahduttaa) suppress, repress, kill; (usk: lihaa) mortify *kuolettaa elämänilo* repress your joie de vivre *Sillä kirjain kuolettaa, mutta henki tekee eläväksi* For the letter killeth, but the spirit bringeth life *kuolettaa liha* mortify the flesh **3** (lääk) deaden, numb **4** (lainaa) amortize, (velkaa) liquidate; (ark) pay off
kuolettava 1 (tappava) lethal, mortal, fatal, deadly **2** (tylsä) deadly (boring/ dull)
kuoletus 1 (tukahduttaminen) suppression, repression, mortification **2** (lääk) deadening, (vanh) anesthesia **3** (lainan) amortization, (lyhennys) mortgage/loan payment, (osamaksu) instalment
kuoleutua 1 (kasvi) die *kuoleutunut puu* dead tree **2** (lihas: surkastua) atrophy, waste (away) *kuoleutunut käsi* wasted hand **3** (lihas: puutua) go numb, (ark) fall asleep *Jalkani on kuoleutunut* My leg fell asleep **4** (laina) be amortized, be paid off
kuolevainen *s ja adj* mortal
kuolevaisuus mortality

kuoliaaksi to death *hakata kuoliaaksi* beat (someone) to death *ampua kuoliaaksi* shoot (someone) dead
kuoliaana dead *maata kuoliaana* lie (there) dead
kuolinilmoitus obituary, (ark) obit
kuolio 1 (käden tms) gangrene **2** (lentokoneen) stall *joutua kuolioon* (go into a) stall
kuolla 1 die (myös kuv); (euf) pass away; (leik) kick the bucket *kuolla nälkään* die of starvation, starve to death; (olla kuolemassa, myös leik) be starving **2** (urh) be out
kuollakseen *nauraa kuollakseen* split your sides laughing, bust a gut with laughter *pelätä kuollakseen* be scared to death
kuolla kupsahtaa kick the bucket
kuolleisuus mortality(/death rate)
kuollut *s* dead person; (euf) the deceased, the departed; (mon) the dead *adj* dead (myös urh) *kuollut pallo* dead ball
kuollut ja kuopattu dead and buried/gone
kuomu (konepelti) hood, (kokoonpantava katto) (convertible) top
kuona dross, (kivihiilen) cinder, (metallin) slag *yhteiskunnan kuona* the dregs of society
kuona-aine waste product; (mon) waste matter
kuono 1 (eläimen) snout, (koiran) muzzle **2** (ark) nose *saada kuonoon* get punched in the nose/mouth/face, get a knuckle sandwich *antaa jollekulle kuonoon* knock someone's block off, help someone swallow their lunch *Kuono kiinni!* Shut your face/ trap!
kuonokoppa muzzle
kuopata bury
kuopia paw (at)
kuopiolainen person from Kuopio
kuoppa 1 pit, hole; (tien pinnassa) pothole, bump; (pommin tekemä) crater **2** (silmän) socket, pit; (hymykuoppa) dimple **3** (urh: lähtökuoppa) block **4** (ilmakuoppa) (air) pocket **5** (usk: synnin tms) pit **6** (palkkakuoppa) salary lag
kuoppainen potholed, bumpy, pitted
kuoppakorotus catch-up raise
kuopus youngest, (ark) baby (of the family)
kuori 1 (sipulin, perunan, makkaran, keitetyn maidon ym) skin **2** (banaanin, appelsiinin, omenan yms) peel **3** (munan, etanan, pähkinän ym) shell **4** (siemenen, maissin ym) husk **5** (puun) bark **6** (maapallon, leivän) crust **7** (kirjekuori) envelope **8** (lukon tms) case, casing, cover **9** (kirkon) chancel **10** (henkinen) shell *tulla ulos kuorestaan* come out of your shell
kuoria 1 (hedelmää, perunaa tms) peel **2** (sipulia tms) skin **3** (maitoa) skim **4** (munaa, pähkinää tms) shell **5** (siementä, maissintähkää) husk **6** (puuta) strip, peel
kuoriutua 1 (iho, maali tms) peel/ flake (off) **2** (munasta) hatch **3** (vaatteistaan) peel, strip
kuorma load (myös kuv), (vain kuv) burden
kuorma-auto truck
kuormata 1 (lastata) load **2** (ottaa kuormaa) hold, carry
kuormittaa 1 (kuormata) load **2** (rasittaa) load down, burden, strain *kuormittaa keuhkoja* put a strain on your lungs
kuormitus load, stress, strain *suurin sallittu kuormitus* maximum load
kuoro choir, chorus *huutaa kuorossa* shout with one voice
kuorolaulaja singer in a choir
kuorolaulu choir/choral singing
kuoromusiikki choir/choral music
kuorruttaa (kakkua) ice, frost; (munkkia sokeriliemellä) glaze
kuorrutus icing, frosting, glaze
kuorsata snore
kuorsaus (yksi) snore, (kuorsaaminen) snoring
kuosi 1 (kankaan) pattern **2** (muoto) shape, style **3** (koristekuvio) design, pattern
kuovi curlew
kupari copper
kuparikaivos copper mine
kuparikausi Copper Age

kuparinen copper
kupera convex
kuperkeikka somersault *heittää kuperkeikkaa* turn a somersault; (ihminen vahingossa) fly/fall head over heels; (auto) flip/turn over (and over); (hanke) fall to pieces, get all screwed/fouled up
kupillinen cup(ful) *kupillinen kahvia* a cup of coffee
kupla 1 bubble **2** (leik: folkkari) beetle, bug
kuplamuisti bubble memory
kuplia bubble; (shampanja tms) effervesce, sparkle; (maali) blister
kupoli cupola, dome
kuponki coupon
kuponkitarjous coupon discount
kuppa syphilis, (ark) syph
kuppi cup *kahvikuppi* coffee cup/mug *teekuppi* teacup *C-kupin rintaliivit* C(-cupsize) bra
kuppila cafe(teria), coffee house/shop
kupru blister
kupsahtaa topple, tumble *kuolla kupsahtaa* kick the bucket
kupu 1 (kupoli) dome, cupola **2** (liesikupu) hood **3** (juustokupu) cover **4** (lampun) bulb **5** (hatun) crown **6** (kumpare) mound **7** (tunturin laki) crest, top **8** (kaalin kerä) head **9** (linnun ruokatorven laajentuma) craw **10** (ihmisen vatsa) belly, gut *pistää kupuunsa* stuff your face (with something)
kura mud *olla vatsa kuralla* have diarrhea, (ark) have the trots/runs
kuraantua get muddy
kuraattori 1 (valvova opettaja) faculty adviser **2** (museon) curator **3** (kuolinpesän toimitsija) executor
kurainen muddy
kuralätäkkö mud puddle
kurata (get something) muddy
kuri discipline *pitää kurissa* (lapsia) keep (kids) in line; (hintakehitystä tms) keep under control, curb, keep a tight rein on
kuriiri courier, messenger
kurimus whirlpool, vortex, maelstrom
kurinpidollinen disciplinary *ryhtyä kurinpidollisiin toimenpiteisiin* take disciplinary measures/action
kurinpito discipline
kurinpitoasia disciplinary matter
kuriositeetti curiosity
kuristaa strangle, choke, throttle
kuristaja strangler
kuristin choke
kuriton undisciplined, unruly
kurittaa discipline; (rangaista) punish, penalize; (torua) chastise, correct; (antaa selkään) spank *kurittaa ruumistaan* mortify the flesh
kurittomasti in a disorderly/ undisciplined/unruly way
kuritus punishment, penance, chastisement, correction, spanking, mortification (ks kurittaa)
kuritushuone penitentiary, (ark) the pen *viisi vuotta kuritushuonetta* five years of hard labor
kurja 1 (huono) squalid, sordid; (ark) lousy, crummy, godawful **2** (raukkamainen) cowardly, (sl) chickenshit **3** (katala) lousy, no-good, dirty, double-dealing **4** (run: poloinen) wretched, miserable *maan kurjat* the wretched of the earth
kurjistaa make (someone) wretched/ miserable, force/drive (someone) into poverty, impoverish
kurjistua sink into misery/ wretchedness/poverty
kurjuus misery, wretchedness, poverty
kurki 1 (lintu tai nosturi) crane **2** (auran) handle, plowtail
kurkiaura V of cranes
kurkistaa peek/peep (in/out)
kurkistelija Peeping Tom
kurkistella peek/peep (in/out)
kurkistelu peeking, peeping
kurkkia peek/peep (in/out)
kurkku 1 (ruoka) cucumber **2** (ihmisen) throat *olla kurkku kipeä* have a sore throat *kostuttaa kurkkuaan* wet your whistle *olla kurkkua myöten täynnä jotakuta* have had it up to here with someone, be fed up with someone

huutaa täyttä kurkkua shout at the top of your lungs
kurkkutauti throat disease
kurkkuun *käydä jonkun kurkkuun* hurl yourself/jump at someone's throat *työntää jollekulle luu kurkkuun* shut someone up *Minulle meni luu kurkkuun* I couldn't think of a thing to say (to that) *mennä väärään kurkkuun* go down the wrong way/hatch
kurkotella stretch/reach (out for)
kurkottaa stretch/reach (out for)
kurkottautua stretch/reach (out for)
kurkussa *olla itku kurkussa* choke back the tears, choke down the sobs *olla pala kurkussa* have a lump in your throat *olla sydän kurkussa* have your heart in your mouth *juosta henki kurkussa* run for your life
kurlata gargle
kurlausvesi mouthwash
kurnuttaa croak
kuroa close (up), pull (at) *Nälkä kuroo suolia* My stomach's rumbling with hunger, hunger's pulling at my stomach
kuroa kiinni tighten, pull/draw tight (with a drawstring)
kuroa umpeen 1 (reikä) stitch/sew up, darn **2** (johto) cut, reduce (the lead), catch up (to)
kurottaa stretch/reach (out for) *Puut kurottavat runkojaan veden ylitse* The trees were leaning out over the water
kurpitsa (laji) cucurbit; (iso) pumpkin, (pieni) squash
kursailematon unhesitating, unceremonious, informal, casual, offhand
kursailematta without hesitation, without standing on ceremony, casually, offhand
kursailla hesitate, hang back *Älkääs nyt kursailko!* Don't be shy, don't stand on ceremony, make yourselves at home
kursiivi (kirjassa) italics, (kauno) cursive
kursivoida italicize
kursori (tietok) cursor
kursorinen cursory
kurssi 1 (laivan tms suunta) course, tack *ottaa kurssi suoraan pohjoiseen* set a course due north, set a northerly course *kurssissaan* on course *muuttaa kurssiaan* change course, (vars kuv) take a new tack **2** (oppimäärä, opintojakso) course (of study), class *suorittaa neljän vuoden taloustieteen kurssi* complete a four-year course of studies in economics, earn a four-year degree in economics *käydä englannin kurssilla* take a course/class in English, an English course/class **3** (vuosikurssi) class *vuoden 1992 kurssi* the class of 1992 **4** (vaihtokurssi tms) rate *huonossa/hyvässä kurssissa* at a discount/premium
kurssilainen participant (in a course)
kurttu wrinkle *kurtussa* wrinkled, wrinkly *laittaa kulmat kurttuun* knit your brows
kurttuinen wrinkled, wrinkly
kurvata curve, swerve, (take a) corner
kurvi curve
kusettaa 1 *minua kusettaa* I gotta take a leak **2** (huiputtaa) cheat, con, take someone for a ride
kusi urine, (sl) piss
kusipää (sl) shithead, asshole
kuskata (ihminen) drive, take; (tavaraa) haul, take
kuski driver
kusta (sl) piss
kustannus 1 (maksaminen) paying, funding **2** (kulu) cost, expense, expenditure *tehdä jotain jonkun kustannuksella* do something at someone's expense *pitää hauskaa jonkun kustannuksella* make fun of someone, poke fun at someone, laugh at someone **3** (julkaiseminen) publishing, publication
kustannusarvio cost estimate
kustannusliike publishing house/firm, publisher
kustannussopimus publishing contract
kustannustaso level of expenditure
kustantaa 1 (maksaa) pay (for), cover the cost/expense (of) **2** (julkaista) publish
kustantaja publisher
kustos (kokoelman tms) custodian; (väitöstilaisuuden) presiding official

kuta...sitä the...the *kuta enemmän, sitä parempi* the more the better
kutakuinkin 1 (verrattain) fairly, reasonably, pretty **2** (likimain) almost, just about **3** (jotenkuten) more or less
kutea 1 spawn **2** (sl: rakastella) fuck
kuteet (ark) threads
kuten 1 (niin kuin) as *Kuten me kaikki tiedämme* As we all know *Kuten sanottu* As I was saying **2** (jonkin/jonkun tavoin) like *kuten hullu* like a madman **3** (kuten myös) as well as *tytöt kuten pojatkin* the girls as well as the boys **4** (kuten esimerkiksi) such as, for example, e.g. *nilviäiset, kuten etanat* molluscs, such as/for example/e.g. snails/slugs
kuti 1 (interj) *Kuti kuti!* Coochie coochie coo! **2** *pitää kutinsa* (aikataulu) be accurate, not be off; (väite) hold water, be true
kutiaa 1 (on herkkä kutitukselle) tickles, is ticklish **2** (kutisee) itches, is itchy/scratchy
kutina tickle, itch
kutista itch, be itchy/scratchy
kutistaa shrink, (lääk ja tekn) contract
kutistua shrink, (lääk ja tekn) contract
kutistumaton unshrinkable, shrinkproof, non-shrink
kutistuminen shrinkage, contraction
kutittaa 1 (panna nauramaan) tickle **2** (raavittaa) itch
kutkuttaa tickle, titillate
kutkutus titillation
kutoa 1 (kangaspuilla) weave **2** (puikoilla) knit **3** (verkkoa, myös kuv) spin *kutoa unelmia tulevaisuudesta* spin out fantasies about the future *kutoa juonen säikeet yhteen* tie up the loose ends of the plot
kutoja weaver, knitter, spinner
kutomo textile mill
kutrit curls, locks
kutsu 1 invitation, call, subpoena *kutsu juhliin* an invitation to a party *kaukomaiden kutsu* the call of faraway places *saada kutsu isiensä tykö* (raam) be gathered up to your fathers *noudattaa Jumalan kutsua* heed God's call *kutsu saapua oikeuteen todistajaksi* subpoena to appear as a witness **2** *kutsut* party
kutsua invite, call *kutsua juhliin/luennoimaan* invite to a party, to give a lecture *kutsua kissaa syömään* call a cat to dinner *Liikeasiat kutsuivat hänet Tampereelle* He was called to Tampere on business *Tulit kuin kutsuttuna* Speak of the devil *kutsua lääkäri* call (for) a doctor, send for a doctor *kutsua palolaitos* call the fire department
kutsua aseisiin/palvelukseen draft
kutsua järjestykseen call for order
kutsua koolle/kokoon convene
kutsua kotiin (dipl) recall
kutsua oikeuteen todistajaksi subpoena
kutsua seuraavaksi todistajaksi call as your next witness
kutsua tekijä esiin (teatterissa) call for the author
kutsua virkaan hire (someone) by invitation, offer (someone) a job
kutsumaton uninvited
kutsumattomasti without an invitation, without being invited
kutsumus calling, vocation
kutsunnat draft
kutsut party
kutsuvieras (invited) guest, guest of honor
kutu spawn
kutupaikka spawning ground(s)
kuu 1 moon *tavoitella kuuta taivaalta* reach for the stars *kävellä kuussa* walk on the moon, moonwalk **2** (kuukausi) month *viime kuussa* last month
Kuuba Cuba
kuubalainen *s, adj* Cuban
kuudes sixth
kuudeskymmenes sixtieth
kuudesosa sixth
kuudessadas six-hundredth
kuudesti six times
kuudestoista sixteenth
kuukahtaa tumble/topple/fall down/over; (uneen) drop off, (ark) crash

kuukausi month *Hän on seitsemännellä kuukaudella* She in her seventh month, she's six months pregnant
kuukausipalkka monthly salary *olla kuukausipalkalla* be salaried, be paid by the month
kuukausittain monthly, by the month
kuukautiset menstrual period, menstruation; (ark) period *saada ensimmäiset kuukautiset* begin to menstruate, get your first period, enter menarch
kuula 1 ball **2** (luoti) bullet; (hist) ball, (kanuunan kuula) cannonball *ampua kuula kalloon* put a bullet in your/ someone's head **3** (urh) shot *työntää kuulaa* put the shot
kuulakynä ballpoint pen
kuulakärkikynä ballpoint pen
kuulantyöntö shotput
kuulas 1 (ilma) bright, clear **2** (vesi) clear, transparent, limpid **3** (tyyli) lucid
Kuule(han)! Listen! Look (here)! Hey! *Kuules nyt* Oh come now, come on
kuulemiin (good)bye
kuulemma (so) I hear *Nyt on kuulemma minun vuoroni* They tell me it's my turn *Niin, kuulemma* Yes, so I hear, so they say, so they tell me
kuulento moonflight
kuulevinaan *ei olla kuulevinaan* pretend not to hear *olla kuulevinaan* think you hear
kuuliainen obedient, dutiful
kuuliaisesti obediently, dutifully
kuulija listener, hearer; (mon) audience *Arvoiset kuulijat!* Ladies and gentlemen!
kuulijakunta audience
kuulla hear *Kuulin, että olet lähdössä* I hear you're leaving (us), somebody told me you're leaving *kuulla todistajaa* hear/question a witness *Kaikkea sitä kuuleekin!* (pötyä) What a load of garbage/nonsense! (ihmeellistä) That's incredible/ unbelievable! You've got to be kidding/joking! I can't believe it! *Onkos moista kuultu!* Have you ever heard the likes of it? Can you believe it? *Siinäs kuulit!* I guess (s)he told you! There, you see?
kuullen *jonkun kuullen* within earshot of someone, in someone's hearing *lasten kuullen* in front of the children *kaikkien kuullen* publicly, (leik) in front of God and everybody
kuulo hearing *Se ei tule kuuloonkaan* No way, under no circumstances, it's out of the question *olla kuulolla* keep your ears to the ground *teroittaa kuuloaan* prick up your ears
kuuloaisti sense of hearing
kuuloke 1 (puhelimen) handset, receiver *pistää kuuloke kiinni* hang up **2** (stereoiden tms, yl mon) earphone(s), headphone(s)
kuulopuhe hearsay
kuulostaa sound (like) *Tuo kuulostaa hauskalta* That sounds nice, that sounds like fun
kuulostella 1 (kuunnella) listen (for) **2** (tiedustella) ask (for/around about), try to find
kuulovamma hearing impairment
kuulovammainen *s* hearing-impaired person
adj hearing-impaired
kuultaa show, gleam, shine, be dimly visible
kuulu famous, famed, celebrated, well-known
kuulua 1 (kantautua korviin) carry, be heard/audible *Huuto kuului kauas* The shout carried a long way, could be heard a long ways off *Kuuluu askelia* I hear footsteps *Ei kuulu!* I can't hear you! *Annahan kuulua!* Out with it! Spit it out! Cough it up! **2** *Mitä kuuluu?* How are you doing? What's new? *Kerro mitä kaupunkiin kuuluu* What's new in town? **3** *Poikaa ei näy, ei kuulu* We've had no word from him *Tyttöä ei kuulunut ulos saunasta* There was no sign of her from the sauna, she was still in the sauna *Annahan kuulua itsestäsi* Let us hear from you, don't be a stranger **4** *Kuinka kuuluu genetiivi sanasta hevonen?* What's the genitive for "hevonen"? *Vastaus kuuluu näin* Here's the reply, the reply goes (something like) this **5** (kuulostaa) sound *Tuo alkaa joltain kuulua!* That's more like it! *Äänestä*

kuului, että You could tell from his voice that **6** (olla jonkun oma) belong *kuulua toisilleen* belong to each other *kuulua puolueeseen* belong to the party, be a party member *Kenelle nuo viljelykset kuuluvat?* Whose fields are those? *Mitä se sulle kuuluu?* It's none of your business! *Kunnia sille jolle kunnia kuuluu* (Let's give) credit where credit is due **7** (olla oikea paikka) belong, go *Mihin juomalasit kuuluvat?* Where do the glasses go/belong? Where do you keep your glasses? **8** (sisältyä) be included *Tarjoilupalkkio kuuluu hintaan* Price includes tip/gratuity *Pakettimatkaan kuuluu neljä hotelliyötä* The package deal includes four nights in a hotel **9** (olla yksi joukosta) be one of, be among *Kirjakokoelma kuuluu maailman hienoimpiin* It's one of the world's finest collections (of books), this collection is one of the finest in the world *Se kuuluu tehtäviini* That's what I'm paid for, that's one of my jobs, one of the things this job entails **10** (täytyä) be supposed/expected/oblig(at)ed to, have to *Se kuuluu laittaa näin* It's supposed to go like this *Sinun kuuluisi kyllä olla vieraiden kanssa* You should be out with your guests, you really ought to be with your guests *Sehän kuuluu asiaan* It's only right (that you do it), that's part of the deal *asiaan kuuluva* appropriate, proper, relevant

kuuluisa 1 (hyvistä asioista) famous, famed, celebrated, renowned **2** (pahoista asioista) infamous, notorious

kuuluisuus 1 fame, celebrity, renown **2** (ihminen) celebrity

kuulumaton inaudible *ennen kuulumaton* unheard-of

kuulumattomiin *häipyä kuulumattomiin* (ääni) fade (out, into the distance), die out; (ihminen) disappear without a trace, take off without leaving word (of where he can be reached), without even a card *kuulumattomissa* out of earshot

kuulustelija 1 (kokeen pitäjä) examiner **2** (poliisi tms) interrogator

kuulustella 1 (antaa koe) examine **2** (kysellä) interrogate, question, (todistajaa oikeudessa) cross-examine

kuulustelu 1 (koe) examination **2** (poliisien tms) interrogation, questioning, (todistajan, oikeudessa) cross-examination

kuuluttaa announce *Heidät kuulutettiin sunnuntaina* (hist) Their wedding banns were published Sunday; (nyk) their wedding was announced in church Sunday *kuuluttaa jalkapallo-ottelu* sportscast/announce a football game, be the sportscaster/announcer at a football game

kuuluttaja announcer, (urh) sportscaster

kuulutus announcement; (hist: avioliittokuulutus) wedding banns

kuuluvasti audibly, (kovaa) loudly, (selvästi) clearly

kuuluvilla within hearing/earshot

kuuluvuus (äänen) audibility, (radiosignaalin) reception

kuuma hot *kuuma keskustelu* heated discussion *juoda kuumaa* drink hot liquids *käydä kuumana* rage/storm around, fume, be furious, be hot under the collar *Hänelle tuli kuumat paikat* He was on the hot seat

kuuma linja hotline

kuuma peruna hot potato (myös kuv)

kuumasti hotly, with heat

kuuma vesi hot water

kuumavesihana hot water faucet

kuume fever, temperature *mitata kuume* take someone's temperature *40 asteen kuume* a 104-degree temperature *olla kuumeessa* run a fever/temperature

kuumeilu (running a) fever

kuumeinen feverish

kuumeisesti feverishly

kuumemittari thermometer

kuumennus heating

kuumentaa heat (up) *liikaa kuumennettu* overheated

kuumentua heat up *kuumentunut tilanne* inflamed/explosive situation

kuumetauti fever
kuumiltaan (while you're/it's/we're/they're) hot *tarjoilla piirasta kuumiltaan* serve the pie (piping) hot *kirjoittaa sana muistiin kuumiltaan* write a word down while it's fresh in your memory
kuumissaan (lämmöstä) hot, sweltering, dying with/of/in the heat; (innosta) burning/feverish/glowing with excitement
kuumottaa glimmer, gleam, shimmer
kuumuudenkestävä heat-resistant
kuumuus heat
kuuna päivänä *ei kuuna päivänä* never in a blue moon
kuunari schooner
kuunnella listen, pay attention to *kuunnella toisella korvalla* listen with half an ear *kuunnella mielellään omaa ääntään* like the sound of your own voice *Kuuntelen!* I'm listening! (radiossa) Over!
kuunnella keuhkoja (lääk) auscultate/stethoscope the lungs
kuunnella luentoja attend lectures
kuunnella salaa (kuuntelulaitteella) tap (someone's phone), bug (someone's apartment); (korvalla) eavesdrop
kuunnelma radio play
kuuntelija listener
kuunteluoppilas auditor
kuuraketti moon rocket
kuuro *s* **1** (kuulovammainen) deaf person **2** (sadekuuro) shower
adj deaf *kaikua kuuroille korville* fall on deaf ears
kuuroittain in showers
kuuromykkä deafmute
kuusi 1 six **2** spruce, fir *Sitä kuusta kuuleminen jonka juurella asunto* Don't bite the hand that feeds you
kuusikulmio hexagon
kuusikymmenluku the sixties
kuusikymmentä sixty
kuusikymmenvuotias *s* sixty-year-old, sexagenarian
adj sixty (years old)
kuusimetsä fir/spruce forest
kuusinkertainen sixfold
kuusinumeroinen six-digit
kuusiosainen six-part
kuusipeura fallow deer
kuusisataa six hundred
kuusisylinterinen six-cylinder
kuusitoista sixteen
kuusitoistavuotias *s* sixteen-year-old
adj sixteen (years old)
kuusituhatta six thousand
kuusivuotias *s* six-year-old
adj six (years old)
kuutamo moonlight, moonshine
kuutio 1 cube *leikata kuutioiksi* dice **2** (ark) cubic meter
kuutiometri cubic meter
kuutiotilavuus cubic volume
kuutonen (the number) six
kuutoset sextuplets
kuva 1 picture *Tässä on kuva minusta 10-vuotiaana* Here's a picture of me when I was ten *TV-kuva* TV picture *Yksi kuva puhuu enemmän kuin tuhat sanaa* A picture's worth a thousand words *olla kuvassa mukana* be in the picture **2** (havainnollistava) illustration **3** (kuvio) figure, (kaavio) diagram **4** (valokuva) photograph, (ark) photo, snapshot *Käydäänpäs kuvassa!* Let's get our picture taken! **5** (ark: elokuva) picture, flick *Käydäänpäs kuvissa!* Let's go to the pictures! **6** (peilissä) reflection, image *katsoa omaa kuvaansa peilistä* look at your reflection in the mirror **7** (mieli-/kieli-/muistikuva) image *parantaa Suomi-kuvaa* improve the world's image of Finland *Jumala loi miehen ja naisen omaksi kuvakseen* God created man and woman in his own image *onnellisia tulevaisuuden kuvia* happy images/thoughts of the future *käyttää runoissaan runsaasti raamatullisia kuvia* use lots of Biblical imagery in your poems **8** (ilmetty kuva) spittin' image *Hän on äitinsä kuva* She's the spittin' image of her mother **9** (epäjumala) image, idol *kumarrella kuvia* worship appearances **10** (näkymä) scene *Tulijoita kohtasi kotoinen kuva* The newcomers stepped into a homey scene **11** (käsitys) impression, conception,

idea, picture *saada väärä kuva* get the wrong impression/idea *Minulla ei ole minkäänlaista kuvaa Australiasta* I have no conception of Australia, no idea what Australia is like *Minusta Krokotiilimies antoi hyvän kuvan Australiasta* I thought *Crocodile Dundee* gave a pretty good picture of Australia **12** *ontuva hevosen kuva* lame excuse for a horse *vanha äijän kuva* (sl) old fart

kuvaaja 1 (valokuvaaja) photographer **2** (elokuvaaja) cinematographer, camera operator **3** (kuvailija) describer, depictor

kuvaamataide the visual/pictorial arts

kuvaamataito art (class)

kuvaannollinen figurative *kuvaannollinen ilmaisu* figure of speech

kuvaannollisesti figuratively

kuvaava 1 (kirjoitustyyppi) descriptive, expository **2** (tyypillinen) typical, characteristic

kuvailla describe, depict, portray

kuvailu description, depiction, portrayal

kuvalevy videodisc

kuvalevysoitin videodisc player, video disc player

kuvallinen 1 (kuvitettu) illustrated **2** (kuvaannollinen) figurative

kuvanauha videotape

kuvanauhuri (kasetti) videocassette recorder, VCR, (kelanauha) videotape recorder, VTR

kuvanlukija scanner

kuvanveistotaide sculpture

kuvanveistäjä sculptor

kuvapuhelin videophone

kuvaputki picture tube

kuvastaa reflect, mirror *Järvi kuvastaa pilviä* You can see the reflections of the clouds on the lake *Se vain kuvastaa heidän halukkuuttaan* It just reflects/ shows their willingness

kuvastin mirror, (run) looking glass *Kerro, kerro, kuvastin, ken on maassa kaunehin* Mirror, mirror, on the wall, who's the fairest of them all?

kuvasto picture book, illustrated work; (postimyyntiluettelo) (illustrated) catalog

kuvastua 1 be reflected *Patsas kuvastui lammen pintaan* The statue was reflected on the pond's surface *Silmistä kuvastui viha* You could see the anger in his eyes, his eyes blazed with anger **2** (näkyä, häämöttää) show, be visible *Kasvot kuvastuivat heikosti takan valossa* Her face was dimly visible in the firelight, glowed dimly in the firelight *Talo kuvastui iltataivasta vastaan* The house was silhouetted against the evening sky

kuvata 1 (esittää) picture, portray, represent *Romaani kuvaa viime vuosisadan oloja* The novel shows how things were last century, is about life in the last century, is a portrait/ representation of life in the last century **2** (kuvailla) describe, depict, portray *Kuvaapa äidille mitä näit* Describe what you saw to Mom **3** (valokuvata) photograph **4** (elokuvata) film, shoot *Punaiset kuvattiin Suomessa Reds* was shot/filmed in Finland

kuvataide the pictorial/visual arts

kuvataiteellinen pictorial, artistic, pertaining to the pictorial/visual arts

kuvateos picture book, illustrated work

kuvatus scarecrow *Minäkö naisin hänet, tuon kuvatuksen!* Me marry him, that scarecrow? *mökin kuvatus* dilapidated shack *miehen kuvatus* poor excuse for a man

kuvaus 1 depiction, description, portrayal, portrait **2** (elokuvaus) filming, shooting **3** (valokuvaus) photographing; (istunto) sitting

kuve 1 loin, flank *vyöttää kupeensa* (vanh) gird your loins **2** (kylki) side *jonkin kupeella* beside, alongside, near/ close (to/by)

kuvernööri governor

kuvio 1 (piirros) figure, diagram **2** (koristeellinen) design, pattern **3** (ark) practice, routine *tavalliset kuviot* the way things usually go, standard operating procedure *olla kuvioissa mukana* be in the picture

kuviointi pattern(ing)

kuvitella imagine *Et voi kuvitellakaan, miten raskasta minulla on ollut* You can't (even begin to) imagine how tough things have been for me *Kuvittele!* (Just) imagine/think! *kuvitella mielessään* imagine, picture (to yourself) *kuvitella liikoja/suuria itsestään* have an inflated opinion of yourself
kuvittaa illustrate
kuvittaja illustrator
kuvitteellinen imaginary, imagined, fictional, fictitious
kuvittelu imagination, fiction, fantasy
kuvitus illustration
kuvottaa disgust, make (someone) sick (to their stomach), turn (someone's) stomach *Sinä kuvotat minua* You make me sick, you make me want to throw up
kW kW (kilowatts)
kvalitatiivinen qualitative
kvalitatiivisesti qualitatively
kvantitatiivinen quantitative
kvantitatiivisesti quantitatively
kvantti quantum, (mon) quanta
kvanttifysiikka quantum physics
kvanttiteoria quantum theory
kvartetti quartet
kvartsi quartz
kvartsikello quartz watch
kvartsikide quartz crystal
kveekari Quaker
kWh kWh (kilowatt hours)
kyetä be able to (do something), be capable of (doing something), be competent/skilled at (something); (seksuaalisesti) get it up *Näytä mihin kykenet!* Show them your stuff!
kyhmy (näkyvä) bump, (tuntuva) lump *kyhmy rinnassa* a lump in your breast
kyhätä kokoon 1 (kirjoitelma) dash off **2** (rakennelma) knock/put together **3** (ateria) throw together
kykenemätön incapable, unable, incompetent
kykenevä capable, able, competent
kykkiä crouch, squat
kyklooppi Cyclops
kyky 1 (edellytys) (cap)ability, capacity *henkiset kyvyt* mental abilities/ faculties *kyky ajatella johdonmukaisesti* capacity for logical reasoning *kyky iloita muiden kanssa* the ability to share other people's joy **2** (lahja) gift, talent *osoittaa selvää taiteellista/hallinnollista kykyä* show a real talent/gift for art/ administration, have clear/obvious artistic/administrative talents/gifts **3** (lahjakas ihminen) talent *katsella uusia kykyjä* have a look at the new talent
kyljellään on its side
kyljys chop
kylki 1 rib (myös ruokana) **2** side *kääntyä kyljelleen* turn (over) on your side
kylkiluu rib
kylliksi enough *kylliksi iso* big enough *kylliksi rahaa* enough money
kyllin enough *kyllin iso poika* a big enough boy
kyllä 1 yes, (ark) yeah *A: Ajahan varovasti B: Kyllä kyllä* A: Drive carefully B: Yeah yeah **2** (tosin) true *Hän on kyllä ahkera, mutta tyhmä* He's industrious all right, but stupid; he works hard enough, he's just plain dumb; true, he's a hard worker, but that doesn't make him any smarter *En kylläkään tiedä, mutta oletan niin* I don't really know, but I assume so; true, you're right, I don't know, I just think so **3** enough *kumma kyllä* strangely/surprisingly enough **4** (kyllähän) do too *Kyllä sinä tiedät* You do too know *Osaat kyllä, jos vain haluat* You can too do it, if you want to *Saattaa kyllä olla* Could be *Kyllähän siitä oli puhetta* We did talk about it *Minä en kyllä mene!* Well I'm not going! *Kyllä sinun kelpaa!* You're so lucky! *Kyllä meidän poika osaa!* That's our boy! *Kylläpä täällä on kaunista!* It's so beautiful here! *Kyllä minä vielä näytän* I'll show you yet *syystä kyllä* rightly so, with good reason
kylläinen (täynnä) full; (ark) stuffed; (ylät) sated, replete *Ovatko kaikki kylläisiä?* Did everyone get enough? *purkaa kylläistä sydäntään* unburden your overflowing heart
kyllä kai (vastauksena) I guess/ suppose (so) *Kyllä kai sinä tulet?* You're coming, aren't you?

kyllä kiitos 1 (otatko?) yes please **2** (oletko saanut?) yes thanks
kyllästynyt tired/sick (of), fed up/bored (with) *elämään kyllästynyt* tired of life, jaded, world-weary
kyllästys 1 tiredness, weariness, boredom *kyllästyksiin saakka* till you're sick of it, till you hate the very sight/sound of it, ad nauseum **2** (fys) saturation, (puun ja paperin) impregnation
kyllästyttää bore, tire, weary
kyllästyä 1 (johonkin) get tired/sick of, get fed up/bored with *Olen kyllästynyt tähän peliin* I'm tired/sick of (playing) this game, this game bores me **2** (jollakin) be saturated (with)
kyllästää (kem, sähk ja kuv) saturate; (puu, pap ja kuv) impregnate *ahdistuksen kyllästämä elokuva* a movie permeated by existential anxiety, fraught with dread, shot through and through with angst, saturated with the director's fears
kyllä vain sure, why not, of course
kylmentää cool (off), chill, make (something) colder/cooler
kylmettyminen catching a cold, getting chilled
kylmettyä catch cold, get chilled
kylmetys cold, chill
kylmetä cool (off/down)
kylmiltään cold *soittaa Chopinin etydi kylmiltään* play Chopin's etude (straight through) cold, without practicing *pitää puhe kylmiltään* give an extempore/impromptu speech, speak ex tempore *syödä ruokansa kylmiltään* eat your dinner cold
kylmiö cooler, (iso) cold-storage room
kylmä *s* cold(ness) *Kylmä menee luihin ja ytimiin* This cold (weather) chills me to the bone *Ikkunasta tulee kylmää* Cold air is coming in through that window *hohkaa kylmää* give off coldness *säilyttää kylmässä* refrigerate, store in a cold place
adj cold, chilly, frigid *pitää päänsä kylmänä* keep a cool head *jättää kylmäksi* leave (someone) cold *kohdella kylmästi* give (someone) the cold shoulder
kylmäfysiikka cryogenics
kylmähoito cryotherapy
kylmäkiskoinen cool, indifferent
kylmäkiskoisesti coolly, indifferently
kylmänarka sensitive to cold
kylmänpuoleinen on the cold side
kylmä rintama cold front
kylmä sota Cold War
kylmäsydäminen coldhearted
kylmäverinen coldblooded
kylmä vesi cold water
kylmävesihana cold-water faucet
kylpeä 1 (pestä) bathe, take a bath, wash yourself *kylpeä saunassa* take a sauna **2** (nauttia) bask *kylpeä auringossa/ihailussa* bask in the sunshine, in people's admiration
kylpijä bather
kylpy bath
kylpyamme bathtub
kylpylä baths
kyltymätön unquenchable, insatiable
kylvettää 1 bathe, give (someone) a bath **2** (ark voittaa) take (someone) to the cleaner's, clean (someone's) clock
kylvää 1 (siementä) sow *Mitä ihminen kylvää, sitä hän myös niittää* As ye sow, so shall ye reap **2** (hiekkaa, vihaa) strew, spread *kylvää tuhoa* spread destruction
kylvö sowing, sown area
kylä village *käydä kylässä* visit someone
kyläilijä visitor, guest
kyläillä visit
kyläily visiting
kyläläinen 1 (kylässä asuva) villager **2** (vieras) visitor, (house)guest
kylässä käynti (going) visiting
kymmen decade *vuosisadan ensimmäisillä kymmenillä* in the first decades of the century *muutamia kymmeniä* twenty or thirty *Hän on nelissäkymmenissä* She's in her forties
kymmenen ten
kymmenen käskyä the Ten Commandments
kymmenentuhatta ten thousand *kymmeniä tuhansia* tens of thousands (of)

kymmenes tenth
kymmenesosa tenth
kymmenisen around ten
kymmenittäin tens of, ... by/in the tens
kymmenjärjestelmä decimal system
kymmenkertainen tenfold
kymmenluku decade
kymmenottelija decathoner, decathlete
kymmenottelu decathlon
kymmenvuotias *s* ten-year-old *adj* ten years old
kymmenvuotisjuhla decennary, (lapsen) tenth birthday, (avioparin) tenth anniversary
kymmenykset tithes
kymppi (the number) ten; (seteli) tenspot, tenner
kymrin kieli Welsh
kymrinkielinen Welsh
kyniä 1 (hanhi tms) pluck *kana kynimättä jonkun kanssa* a bone to pick with someone **2** (ihminen) fleece
kynnys threshold *Et enää koskaan saa astua tämän kynnyksen yli* You are never to set foot in this house again *sodan kynnyksellä* on the eve/verge of war *uuden ajan kynnyksellä* at the threshold of a new era
kynsi (finger-/toe)nail
kynsiä claw, scratch *kynsiä silmät päästä* claw (someone's) eyes out
kynttilä candle *polttaa kynttiläänsä molemmista päistä* burn your candle at both ends
kynttilänjalka candlestick
kynttilänvalo candlelight *kynttilänvalossa* by candlelight
kyntäjä plowman
kyntämätön unplowed
kyntää plow *Laiva kyntää merta* The ship cuts through the waves, plows the deep
kyntö plowing
kynä (kuulakärkikynä) (ballpoint) pen; (lyijykynä) pencil
kynäillä pen, scribble
Kypros Cyprus
kyproslainen *s, adj* Cypriot, Cyprian
kypsentää cook, bake, roast
kypsyys 1 (hedelmän) ripeness **2** (ihmisen) maturity
kypsyä 1 (liha) cook **2** (hedelmä) ripen **3** (ihminen: valmistua) get ready, mature, grow up; (väsyä) get sick/ tired (of) *Pekka on kypsynyt aika paljon tänä vuonna* Pekka's matured a lot this past year, done a lot of growing up this year *Alan kypsyä sinun vitseihisi* I've had about enough of your jokes, I've had it up to here with your jokes
kypsä 1 (liha) done, cooked, ready **2** (hedelmä) ripe **3** (ihminen: valmis) ripe, mature, ready; (väsynyt) tired, sick *kypsä muutokselle* ripe/ready for a change *kypsä avioliittoon* ready to get married, mature enough for marriage *Minä olen aivan kypsä* I'm dead beat
kypärä helmet
kyrillinen Cyrillic
kyrilliset aakkoset Cyrillic alphabet
kyräillä glare
kyse question *Mistä on kyse?* What's this all about? What's up? *Kyse ei ole siitä, haluatko mennä, vaan siitä, menetkö* What I want to know isn't whether you want to go but whether you will go *Juuri siitä on kyse* That is precisely the question/point
kyseenalainen dubious, questionable *kyseenalainen kauppa* shady deal *asettaa jokin kyseenalaiseksi* open something to question
kyseeseen *tulla kyseeseen* be possible, be considered *Silloin Matti voisi tulla kyseeseen* In that case Matti might be a possible/serious candidate, might be worth considering *Ei tule kyseeseenkään* No way, that's completely out of the question, not a chance *panna kyseeseen onko* question whether
kyseessä in question *Nyt on henki kyseessä* This is a matter of life and death *Nyt on tosi kyseessä* This is the real thing, this is serious business, we're not kidding/joking around
kyseessä oleva (the thing) we're talking about/concerned with, (the matter) under consideration/in question

kyseinen (the thing) we're talking about/concerned with, (the matter) under consideration/in question
kysellä 1 ask (questions), inquire (of/about) *Mitä sinä aina kyselet!* Stop asking so many questions! **2** (etsiä) ask/look around (for) *kysellä työtä* look for a job
kysely 1 questioning, inquiry **2** (tutkimus) questionaire *tutkia asenteita kyselyillä ja haastatteluilla* study attitudes through questionaires and interviews
kysyjä inquirer
kysymys 1 question *tehdä/asettaa kysymys jollekulle* ask someone a question, ask a question of someone *Ei tule kysymykseenkään että sinä lähdet nyt* No way can you leave now, your leaving now is completely out of the question **2** (asia) question, issue *keskustella päivänpolttavista kysymyksistä* discuss the pressing/hot issues of the day *Kysymys on nyt siitä, onko* The question/point/issue here is whether, what we're trying to decide here is whether
kysynnän ja tarjonnan laki the law of supply and demand
kysyntä demand *Kysyntä ylittää tarjonnan* The demand exceeds the supply
kysyä 1 ask (about/for), inquire (of/about) *Kysyisin sitä teidän myytävänä olevaa taloa* I'd like to ask/inquire about the house you have for sale *Kaikkea sinä kysytkin!* What a thing to ask! *Tätä kirjaa kysytään paljon* We get a lot of requests for this book, there's a huge demand for this book **2** (vaatia) take, require, call for *Se kysyy luonnetta* You've got to have (a strong) character (to do this), this takes character
kysäistä ask (in passing) *käydä kysäisemässä junien aikataulua* go ask about the train schedule
kyteä smolder (myös kuv)
kytkentä connection, coupling, linkage
kytkentäkaavio circuit diagram
kytkeytyä connect/link (up with), be tied to, tie in with *Tämä kytkeytyy jollakin lailla sinuun* This has something to do with you, somehow this traces back to you
kytkeä 1 connect, make a connection, link (up), (junan vaunu) couple *kytkeä kondensaattorit sarjaan/rinnan* connect the capacitors in series/ parallel *kytkeä tieteenkehitys ideologisesti keskiaikaiseen teologiaan* make/draw an ideological connection between scientific development and medieval theology, link the two ideologically *kytkeä irti* (johto tms) disconnect, (vaunu) uncouple **2** (panna päälle) switch/turn on *kytkeä irti* (panna pois päältä) switch/turn off **3** (sitoa) tie (up), fasten
kytkin 1 (katkaisija) switch **2** (auton) clutch
kyttyrä hump *tykätä kyttyrää* be displeased/upset (with), be unhappy (about)
kyttä cop, fuzz, pig
kytätä 1 (väijyä) lie in wait/ambush (for) **2** (tuijottaa) stare *Mitä nuo pojat kyttäävät?* What are those boys staring at? **3** (vakoilla, tarkkailla) spy on, keep an eye on *Aina sä mua kyttäät, anna mä teen mitä haluan!* You've always got your eye on me, you're always spying on me, let me do what I want!
kyvykkyys skill, ability
kyvykäs able, capable, skillful; (ark: nopea) quick, (hyvä) good, (terävä) sharp
kyvyttömyys inability, incapacity, incompetence, impotence (ks kyvytön)
kyvytön 1 (tekemään) unable (to do), incapable (of doing); incompetent *kyvytön lakimies* incompetent lawyer **2** (seksuaalisesti) impotent
kyy adder, viper
kyyditys 1 transportation, (linja-autolla) bussing **2** (karkotus) expulsion
kyyditä 1 drive (someone somewhere), give (someone) a lift/ride (somewhere) **2** (karkottaa) drive/run out (of town (on a rail), of the country)

kyyhkynen dove, (puistossa) pigeon
kyykistyä crouch/squat (down)
kyykky (voimistelussa) kneebend *mennä kyykkyyn* crouch/squat down *olla kyykyssä* crouch, squat
kyykkyasento crouch
kyykyssä crouching
kyykäärme viper
kyynel tear *liikuttua kyyneliin* be moved to tears *vuodattaa katkeria kyyneliä* shed bitter tears
kyynelehtiä shed tears
kyynelkaasu tear gas
kyynelsilmin with tears in your eyes, through teary eyes, teary-eyed
kyynikko cynic
kyyninen cynical
kyynisyys cynicism
kyynärpää elbow
kyynärpäätaktiikka using your elbows
kyyryssä (hartiat) hunched, (selkä) stooped
kyyti ride, lift *antaa kyyti, ottaa kyytiin* give (someone) a ride/lift *antaa jollekulle kyytiä* (nuhdella) tear into someone, chew someone out, give someone a piece of your mind *aikamoista kyytiä* at a pretty good clip *yhtä kyytiä* without a break, straight through *En ole ensi kertaa pappia kyydissä* I wasn't born yesterday
käden käänteessä in a jiffy, in the twinkling of an eye
kädestä käteen from hand to hand
kädestä pitäen *kiittää kädestä pitäen* shake (someone's) hand in thanks *näyttää kädestä pitäen* walk (someone) through (something), show it step by step, lead (someone) through (something) by the hand
kädestä suuhun from hand to mouth
kädet ylös! hands up! stick 'em up!
käheä hoarse
käheästi hoarsely
käki cuckoo *olla äimän käkenä* be dumbfounded
käkikello cuckoo clock
kämmen palm
kämppä pad
kämppäkaveri roommate
kännykkä (ark) portable phone, portable telephone
känsä callus
käpertyä curl/shrivel up *käpertyä jonkun kainaloon* cuddle up under someone's arm
käpristyä curl/shrivel up *käpristyä kokoon* curl up in a little ball
käpy cone
käpälä paw
käpälämäki *lähteä käpälämäkeen* hotfoot it out of there
käristä sizzle
käristää fry, brown
kärjistyä come to a head, reach a critical point, peak, culminate
kärjistää 1 (johtaa kriittiseen vaiheeseen) bring (something) to a head, crystalize, catalyze **2** (karrikoida) exaggerate, overstate, state pointedly/ironically
kärkevä 1 (suora) pointed **2** (terävä) sharp, cutting
kärkevästi pointedly, sharply
kärki 1 point **2** (kolmion) apex **3** (kulman/kartion) vertex **4** (nuolen) head **5** (kielen, kengän, siiven) tip **6** (kengän, sukan) toe **7** (niemen) end **8** (listan) top **9** (joukon) front, head, lead *kulkea kulkueen kärjessä* head up/lead the parade *juosta porukan kärjessä* lead the pack **10** (huomautuksen) point, edge, sting (vitsin) punchline *taittaa arvostelulta kärki* take the edge off the criticism
kärkipäässä (jonon) at the front/head; (luokan) one of the best
kärkiryhmä leading group
kärkitulos top time/score/distance jne
kärkkyä lie/hover (around) in wait (for), be ready to take something (if it's offered/available), have your eye on (something)
kärkäs quick, eager *kärkäs syyttelemään* quick to assign blame
kärmeissään browned off
kärpänen fly *tehdä kärpäsestä härkänen* make a mountain out of a molehill

kärpäslätkä flyswatter
kärpässarja flyweight
kärry 1 cart *ostoskärry* shopping cart **2** (auto) car *kärryt* cart
kärrätä haul, cart
kärsimys suffering(s) *lopettaa eläimen kärsimykset* put an animal out of its misery
kärsimättömästi impatiently
kärsimätön impatient
kärsivällinen patient, long-suffering
kärsivällisesti patiently
kärsivällisyys patience
kärsiä *tr* **1** suffer, be (ks esim) *kärsiä tappio* suffer defeat, sustain a loss, be defeated *kärsiä vääryyttä* be wronged *kärsiä nälkää* be hungry/starving **2** (kestää) take, bear, endure *Hän ei kärsi arvostelua* He can't take criticism *En kärsi nähdä sinun itkevän* I can't bear to see you cry, I can't take/handle/endure your tears **3** (rangaistus) serve *kärsiä vankeustuomio* serve a prison sentence *itr* suffer, be the worse (for) *Kansa on jo kärsinyt tarpeeksi* The people have already suffered enough *Housuni eivät juuri kärsineet kaatumisestani* My pants were hardly the worse for the fall I took *kärsiä puutetta* be needy *Tästä saat vielä kärsiä!* I'll make you pay for this!
kärsä snout, (norsun) trunk
kärttyisä irritable, grumpy, grouchy
käry the smell of smoke, of something burning *haistaa palaneen käryä* (kuv) smell a rat *haistella skandaalin käryä* sniff out a scandal
käryttää 1 (polttaa sikaria tms) puff away (on a noxious/smelly cigar/pipe) **2** (hävittää tuholaisia) fumigate **3** (kärytä) (smell of) smoke **4** (kannella) inform on; (ark) rat on
kärähtää 1 (palaa) burn, be singed/scorched **2** (ark) get caught (redhanded, with the goods)
käräjät district court session
käräjöidä litigate
käräjöinti litigation
käsi hand, (käsivarsi) arm *ottaa järki käteen* use your head *jakaa oman käden oikeutta* take the law into your own hands *suoralta kädeltä* right off (the top of your head) *saada käsiinsä* (löytää) get ahold of, reach; (käydä käsiksi) get your hands on
käsiala handwriting
käsialantutkimus graphology, handwriting analysis
käsikauppalääke nonprescription drug
käsikirja handbook, manual
käsikirjoitus manuscript
käsikkäin hand in hand
käsiksi *käydä käsiksi* (ihmiseen) attack someone, get physical/violent (with someone); (työhön) get busy doing it, get down to business
käsi käden pesee you scratch my back and I'll scratch yours
käsi kädessä hand in hand
käsikähmä brawl, fight, rumble *joutua käsikähmään jonkun kanssa* duke it out with someone
käsikäyttöinen manual
käsilaukku purse, (hand)bag
käsillä (ajallisesti/fyysisesti lähellä) at hand; (odottamassa) on hand; (esillä) in hand
käsimatkatavara carry-on/hand luggage; (ark) carry-on(s)
käsin by hand, manually
käsine glove, (lapanen) mitten
käsi sydämellä *luvata käsi sydämellä* promise, cross your heart (and hope to die)
käsite concept
käsitellä handle, deal with; (kohdella ja tekn) treat; (keskustella) discuss *käsiteltävänä oleva asia* the matter under consideration
käsitellä juttua try/hear a case
käsitellä loppuun settle
käsiteltävä varoen! handle with care!
käsitteellinen conceptual
käsitteellisyys conceptuality
käsitteenmuodostus conceptualization
käsittely 1 handling, treatment **2** (oikeusjutun) hearing **3** (lakiesityksen) debate, discussion **4** (tietok) processing *tekstinkäsittely* wordprocessing

käsittämätön inconceivable, incomprehensible, unimaginable
käsittää 1 (sisältää) comprise, consist of, comprehend *Talo käsitti 8 huonetta* The house had/comprised 8 rooms **2** (koskea) cover, embrace, deal with *Tutkimus käsitti vuosien 1955-1985 välisen ajan* The research dealt with/covered the period from 1955 to 1985 **3** (tajuta) understand, figure out, comprehend, get *Hän ei käsittänyt, missä oli* He couldn't figure out/tell where he was *Hän ei käsittänyt sanaakaan kuulemastaan* He didn't understand/couldn't comprehend a word of what they said *Älä käsitä minua väärin!* Don't misunderstand me, don't get me wrong *Kyllä, käsitän* Yes, I got you, I get it **4** (pitää jonakin, ymmärtää joksikin) take (something to be), conceive/imagine (something as) *Miten käsität sielunvaelluksen?* How do you conceive/imagine reincarnation? What's your conception/image/idea of reincarnation? **5** (tarkoittaa) mean, take (to be) *Valistusajalla käsitän lähinnä 1700-lukua* By the Enlightenment I mean roughly the eighteenth century, I take the Enlightenment to cover roughly the eighteenth century
käsitys 1 (kuva) image, picture *Minulla ei ole minkäänlaista käsitystä siitä, miltä tämä tulee näyttämään* I can't picture it **2** (mielipide) opinion, idea, impression *Minkälainen käsitys sinulla on minusta* What do you think of me? What kind of impression/idea do you have of me? *muodostaa käsitys jostakin* form an opinion of/about something *Käsitykseni mukaan* As I see it, as far as I can tell, in my opinion/view *Minulla on sellainen käsitys että* My sense is that, I'm under the impression that *Sain sellaisen käsityksen että* I got the idea that, I understood you/him/them to be saying that, I thought that
käsityskyky comprehension *Se ylittää minun käsityskykyni* It's beyond me, beyond my comprehension, (ark) it's over my head
käsitysten hand in hand, arm in arm
käsityö handicrafts, handiwork; (ommeltu) needlecraft, needlework
käsityöaineet handicrafts
käsityöläinen craftsman, artisan
käsivarsi arm
käskeä 1 (antaa käsky) order, command, tell *käskeä jonkun tehdä jotakin* order/command/tell someone to do something *Älä viitsi käskeä koko aikaa!* Stop ordering/bossing me around! *Mitä käskette, herra kapteeni?* What are your orders, sir? *Käske hänen mennä* Tell him to go away, send him away *tehdä työtä käskettyä* get down to business *Kapteeni käskee* (leikki) Simon says **2** (olla johdossa) rule, run *käskeä talossa* rule the roost, run the household **3** (kutsua) invite *käskeä häihin/juhliin* invite someone to a wedding/party *Tulet kuin käskettynä* Perfect timing, we were just wishing you were here, we were just talking/thinking about you
käsky order, command(ment), bidding *kymmenen käskyä* the Ten Commandments *Käskystä herra vääpeli!* Yes sir! *tehdä käskystä* do someone's bidding *Keisari Augustukselta kävi käsky* A decree went out from Caesar Augustus
käskyläinen hireling
käteinen cash *muuttaa/vaihtaa sekki käteiseksi* cash a check
käteisalennus cash discount
käteisellä asiakirjoja vastaan cash against documents, CAD
käteisellä tilattaessa cash with order, CWO
käteiskauppa cash sale
käteisosto cash purchase
kätellä shake hands (with)
kätevyys handiness, deftness, convenience
kätevä handy *Hän on hirveän kätevä* She's awfully good with her hands, she's extremely deft/handy *Juna on erittäin kätevä tapa matkustaa* The train's such a convenient way to travel, it's so handy
kätilö midwife
kätinen handed *vasenkätinen* left-handed

kätisyys handedness
kätketty hidden, concealed *kätketty merkitys* hidden/subtle/un(der)stated/ implied meaning
kätkeytyä hide, hide/conceal yourself, be hidden/concealed *kätkeytyä takaa-ajajilta* hide from your pursuers *Seinään kätkeytyy salalokero* There's a hidden compartment in this wall
kätkeä 1 (piilottaa) hide, conceal; (tavaraa) stash/tuck (away) *kätkeä tunteensa* hide/conceal your feelings **2** (pitää sisällään) hold, contain *Kirja kätkee sisäänsä valtavat määrät hyödyllistä tietoa* The book is a treasure trove of useful information *Nykyhetki kätkee itseensä tulevaisuuden* The present contains (within itself) the future **3** (säilyttää) store (up), put away *Leipä kätkettiin hyvään talteen hiiriltä* We put the bread up where the mice couldn't get to it
kätkö cache, hiding place; (ark) stash
kättely handshake, shaking hands
kättä pitempi *tarttua kättä pitempään* snatch up any weapon that's handy
kätyri henchman, minion
kävelijä walker, (jalankulkija) pedestrian
kävellä walk *lähteä kävelemään* take off, hit the road
kävely walk *lähteä kävelylle* go for a walk
kävelyetäisyys walking distance *Yliopisto on kävelyetäisyydellä* The university is a short walk away, you can walk to the university
kävelymatka walk *puolen tunnin kävelymatkan päässä* a half-hour's walk away
käväistä drop/stop in (on), call (on) *käväistä mielessä* occur (to you), strike (you)
käydä 1 go, come, be *Käytkö siellä usein?* Do you go there often? *Käytkö täällä usein?* Do you come here often? *Kävitkö siellä/täällä eilen?* Were you (t)here yesterday? *Kävin jo lääkärillä* I went to the doctor already **2** (sattua) happen, go *Miten kävi?* How did it go? *Miten sinun housuillesi on käynyt?* What happened to your pants? *Kävi miten kävi* No matter what (happens), come what may, come hell or high water **3** (sopia, soveltua) go, suit, fit, be fine/okay/all right with *Nuo housut eivät käy tuon paidan kanssa* Those pants don't go with that shirt, your pants and shirt clash *Avain ei käy lukkoon* This key doesn't fit the lock *Käykö että haen teidät neljältä?* Is it okay if I pick you up at four? *Se käy minulle mainiosti* That's fine with me, that suits me fine *Ei käy!* No way! Not a chance! **4** (jostakin) pass for *Hullu käy viisaasta, jos vaiti on* Better to keep your mouth shut and let the world think you a fool, than open it and remove all doubt **5** (toimia) run, operate, work *Millä bensalla ruohonleikkuri käy?* What gas does a lawnmower run on? **6** (tulla joksikin) get, grow, become *käydä vanhaksi* get/grow old **7** (kem) ferment *Tämä mehu on käynyttä* This juice is fermented, has gone bad
käydä hermoille get on (someone's) nerves, drive (someone) crazy
käydä jonkun luona go see/visit someone, pay someone a visit
käydä jostakin pass for something *Hän käy oppineesta miehestä* He can pass for a learned man
käydä kalassa go fishing
käydä kaljalla go out for a beer, stop in for a few beers, go (out) drinking
käydä kateeksi envy, be envious of *Minun käy sinua kateeksi* I envy you, I'm eating my heart out with envy
käydä kiinni grab/latch onto, clutch at, seize on; (käsiksi) grab ahold of, take (someone) by the (throat/ hand/jne)
käydä kunnialle hurt/wound someone's pride/ego
käydä kuumana rage/storm (about), wax hot with rage, be hot under the collar
käydä käsiksi jump on, attack, lay a hand on
käydä laatuun do *Se ei käy laatuun* That won't do, I can't accept that, that's out of the question

käydä läpi go through *käydä uudelleen läpi* relive, reenact
käydä makuulle go lie down, (ark) take a load off
käydä päinsä do *Se ei käy päinsä* That won't do, I can't accept that, that's out of the question
käydä sydämeen strike home, touch (you deep down)
käydä sääliksi have pity on, feel sorry for *Mun käy sua sääliksi* I feel sorry for you
käydä tasan be evenly distributed *Äänet kävivät tasan* It was a tie *Onnen lahjat ei käy tasan* Some people are just lucky, I guess; looks like you're plumb out of luck
käydä vieraissa cheat on your spouse
käydä voimille tire you out, wear you down, exhaust
käydä yksiin jibe, match (up)
käyminen fermentation
käymälä toilet, lavatory; (ulkohuone) outhouse; (leirillä) latrine
käynnissä (kone) be running/working, be in operation; (kokous tms) be under way, be in session/progress *Työ on täydessä käynnissä* The work is in full swing
käynnistys start(ing)
käynnistyä start (up), get started *Auto ei käynnisty* The car won't start *Minä käynnistyn aamulla hitaasti* I'm a slow starter in the morning, I wake up slowly
käynnistää start *käynnistää keskustelu* start/strike up a conversation, (julkinen) open/initiate a dialogue *käynnistää kampanja* start/launch a campaign
käynti 1 (kylässä, ulkomailla tms) visit, trip *Meillä on tässä ensin käynti kaupassa* We have to go to the store first *tehdä käynti Ruotsiin* make/take a trip to Sweden, go to Sweden **2** (kävelytyyli) walk, gait, bearing *käynti kiihtyy juoksuksi* a walk breaks into a run *arvokas käynti* dignified bearing *Käyntiin - mars!* Forward - march! **3** (koneen) running, working, operation; (tyhjäkäynti) idling *olla käynnissä* be running, be in operation *panna käyntiin* start (up) **4** (sisäänkäynti) entrance *Käynti pihan puolelta* Entrance in back
käyntinopeus operating speed
käypä 1 (yleinen) current, going *käypään hintaan* at the going/current rate/price **2** (voimassa oleva) valid *käypä postimerkki* valid stamp *käypää rahaa* good money, legal tender **3** (kaupaksi menevä) hot, popular *Emmental on aina käypä juusto* Swiss is always a popular cheese *Tähän aikaan vuodesta sadetakit ovat käypää tavaraa* Raincoats are a hot item this time of year **4** (sopiva) suitable, fitting, right *Hän on sinulle käypä mies* He's the right (sort of) man for you
käyrä *s* **1** curve *kellokäyrä* Bell curve *käyrä korkealla* (ark kuv) tensed up, stressed out, about to blow your top **2** (viulun) bow *adj* curved
käyttäjä user, (koneen) operator
käyttäjäliityntä (tietokoneen ym) user interface
käyttäjäystävällinen user-friendly
käyttäytyminen behavior, conduct
käyttäytyä behave/conduct (yourself), act *Yritä nyt käyttäytyä ihmisiksi* Can you please try to behave (yourself)? *käyttäytyä arvokkaasti* conduct/comport yourself with dignity *käyttäytyä lapsellisesti* act childish, like a child/kid *Auto käyttäytyy hyvin kurvissa* The car handles nicely on curves
käyttää 1 (viedä) take *käyttää kylvyssä/saunassa* give (someone) a bath, take (someone) to the sauna *käyttää vieras kaikissa turistikohteissa* show a visitor the sights, take a guest around to see the sights **2** (kem) ferment **3** (moottoria) run, (konetta) operate, work *Osaatko käyttää tätä trukkia?* Do you know how to operate/run this forklift? **4** (tehdä jollakin jotakin) use, put (something) to use *käyttää työkalua* use/wield/ employ a tool *Mihin käytät vapaa-aikasi?* What do you do with your free time? How do you put your free time to use? *käyttää tietojaan* put your

knowledge to use *käyttää junaa* take the train **5** (kuluttaa) use (up), spend, expend, consume *käyttää liikaa vettä* waste water, use too much water *En käytä ollenkaan alkoholia* I don't drink **6** (pitää päällään) wear *Miksi käytät aina niin nuhruisia vaatteita?* Why do you always wear such grubby clothes?

käyttää hyväkseen 1 (hyväksyttävästi) make use of, use, utilize, put to good use, take advantage of *käyttää tilaisuutta hyväkseen* seize the opportunity, make good use of the opportunity *käyttää tietojaan hyväkseen* put your knowledge to good use, draw on your information **2** (paheksuttavasti) exploit, use, take (unfair/undue) advantage of *Hän käytti minua hyväkseen!* He used/exploited me! He took advantage of me!

käyttää loppuun use/finish up, exhaust; (luonnonvarat) deplete

käyttää oikeutta deal out/dispense justice *käyttää oikeuttaan* exercise your right (to do something)

käyttää väärin abuse, misuse

käyttö 1 use *Tällä on monta käyttöä* This can be used in many ways, this is a versatile instrument *ottaa käyttöön* put (something) to use, bring (something) into circulation; (auto) register **2** (kulutus) use, consumption *veden käyttö* water use/consumption **3** (moottorin) running, (koneen) operation **4** (vaatteiden) wear(ing) *tehty kestämään jatkuvaa käyttöä* made to withstand constant wear, (made) for continous use **5** (sanan, fraasin) use, usage *Tiedän mitä se merkitsee, mutta anna esimerkki sen käytöstä* I know what it means, but give me an example of how it's used, of its usage **6** (sovellutus) application *tietokoneiden käyttö opetustarkoituksiin* educational applications/use of computers

käyttöjärjestelmä (tietokoneen) operating system

käyttökelpoinen usable, feasible, viable

käyttökelvoton unusable, useless, worthless

käyttökustannukset operating/running costs

käyttöohje instruction/user's manual

käyttötarkoitus use

käyttövoima operating/driving power; (kuv) driving force

käyttöönotto (menetelmän tms) introduction; (auton) registration

käytännöllinen practical

käytäntö practice, procedure *normaali käytäntö* normal/usual/standard practice, standard operating procedure (SOP) *käytännön sovellutus* practical application

käytävä 1 (eteinen) hall, corridor **2** (lentokoneessa, kirkossa tms) aisle **3** (puistossa tms) walk(way), path **4** (anat) canal, duct

käytös behavior, manners, conduct

käytöstavat manners *hyvät/huonot käytöstavat* good/bad manners

käänne 1 (vaatteen) cuff **2** (tien) bend, curve, turn *joka käänteessä* at every turn **3** (tilanteen) turn, change *käänne parempaan* a turn for the better **4** (sanan) (turn of) phrase *puhujan hienot käänteet* the speaker's fancy phrases

käännynnäinen convert

käännyttää 1 (uskoon: onnistuneesti) convert, (yrittää) proselytize **2** (pois) turn (back/away) *Minut käännytettiin ovelta takaisin* They turned me away at the door, they wouldn't let me in

käännättää have (something) translated

käännös 1 turn *käännös vasempaan* left turn; (sot) left face **2** (kielen) translation, version *uusi raamatunkäännös* a new translation of the Bible

käännöskieli translatorese

käännöskirjallisuus translated literature

käännösvirhe translation error

käänteentekevä epochal

käänteinen inverse, reverse *käänteinen sanajärjestys* inverse/inverted word order *käänteinen reaktio* the reverse reaction

kääntyä 1 turn (over/out) *kääntyä katsomaan jotakin* turn to look at something *olla kääntyneenä johonkin* be facing something, be looking at something *Kaikki kääntyy vielä parhaaksesi* Everything will turn out for the best *Tuuli kääntyy* The wind is shifting (direction) *Beethoven kääntyisi haudassaan jos tietäisi* Beethoven would roll over in his grave if he knew *Paperi kääntyi hieman kulmasta* The paper got folded over a little at the corner **2** (uskoon) convert *kääntyä juutalaiseksi* convert to Judaism

kääntyä haudassaan roll over in his/her grave

kääntyä jonkun puoleen turn/appeal to someone, go ask someone for help

kääntäen conversely, on the converse/contrary *kääntäen verrannollinen* inverse(ly proportional), in inverse proportion/relation (to)

kääntää 1 (autoa, maata jne) turn *kääntää historian kulku* change/redirect/reverse the course of history *kääntää jonkun pää* turn someone's head *kääntää huomio pois jostakin* distract (someone's) attention away from something **2** (kielestä toiseen) translate **3** (sananjärjestys, mat: suhde) invert **4** (tietok) assemble

kääntää jonkun taskut pick someone's pocket

kääntää kelkkansa do an aboutface

kääntötakki reversible jacket/coat

kääpiö dwarf, midget, (euf) little person

käärinliina winding sheet, shroud *Kristuksen käärinliina* the Shroud of Turin

kääriytyä (peittoon) wrap/roll yourself (up in), (jonkin ympärille) wind yourself (around), (salaperäisyyteen) shroud yourself (in)

kääriä (paperiin) wrap, (kelalle) wind, (tupakka) roll *kääriä joululahjat* wrap Christmas presents *kääriä hihansa ylös* roll up your sleeves *kääriä isot rahat* rake in big bucks

käärme snake, serpent

käärö 1 roll, scroll **2** (paketti) bundle *kehdossa jokelteleva käärö* little bundle (of joy) babbling in the cradle

köhiä cough, hack

köli keel

Köln Cologne

kömmähdys mishap, screw-/foul-/fuck-up; (sanallinen) howler

kömpelyys awkwardness, clumsiness

kömpelö awkward, clumsy

kömpelösti awkwardly, clumsily

kömpiä climb, clamber, crawl

könttäsumma lump sum

köntys oaf

körötellä bounce/bump along

köydenveto tug-of-war (myös kuv)

köyhdyttää impoverish, reduce to poverty

köyhtyä get poorer, sink into poverty

köyhyys poverty

köyhä *s* poor person/man/woman/child, (hist) pauper; (mon) the poor *adj* poor, poverty-stricken, indigent

köyhälistö the poor, the underclass

köykäinen 1 (kevyt) light *köykäinen kuorma* light load *köykäinen olo* light heart, feeling of relief **2** (kehno) scanty, flimsy, slight *köykäinen lohdutus* small consolation *tehdä työ köykäisesti* do superficial/inadequate work

köynnös 1 vine, climber **2** (koriste) garland, festoon

köysi rope *antaa jollekulle köyttä* give someone plenty of rope/slack *vetää köyttä* have a tug-of-war

köyttää rope, tie up (with a rope)

Kööpenhamina Copenhagen

L, l

laadinta preparation, composition
laadukas (high) quality
laadullinen qualitative
laadunvalvonta quality control, QC
laahata drag, trail (something behind you) *laahata jalkojaan* drag your feet, scuff your heels, shuffle
laahus train
laahusankkuri drag anchor
laaja 1 (avara) wide, broad, expansive, large, ample **2** (kattava) comprehensive, exhaustive
laaja-alainen broad *laaja-alainen talous* diversified economy
laajakangaselokuva wide-screen movie, wide-screen motion picture, Cinemascope movie
laajakantoinen far-reaching
laajakulmaobjektiivi wide-angle lens
laajalti widely, broadly, extensively *laajalti levinnyt* wide-spread
laajamittainen broad/large-scale, extensive
laajapohjainen broad-base(d)
laajaulotteinen wide-ranging, far-reaching
laajennos expansion, addition, new wing
laajennus expansion; (tien) widening; (talon) extension, wing
laajentaa 1 expand, broaden, widen; (pidentää) extend, (suurentaa) enlarge, (lisätä) increase *laajentaa näköpiiriään* expand/broaden your horizons **2** (lääk: verisuonia) distend, (pupillia) dilate
laajentua 1 expand/broaden/widen (out(wards)); (pidentyä) extend, (suurentua) enlarge, (lisääntyä) increase **2** (lääk: verisuoni) (become) distend(ed), (pupilli) dilate
laajeta ks laajentua
laajuinen wide *maailmanlaajuinen* world-wide *200 sivun laajuinen* 200 pages long
laajuus 1 breadth, broadness, width, wideness; (pituus) extent, (suuruus) size *koko laajuudessaan* to its full extent **2** (iso alue) expanse, immensity, vastness **3** (rajat) scope, range *toimivallan laajuus* the scope of (someone's) authority *äänialan laajuus* vocal range **4** (kattavuus) comprehensiveness **5** (fys, fon) amplitude
laaka line drive
laakea flat, level *laakea lautanen* plate
laakeri 1 (kasvi) laurel *levätä laakereillaan* rest on your laurels **2** (tekn) bearing
laakeriseppele laurel wreath
laakso valley *Vaikka minä vaeltaisin pimeässä laaksossa* Though I walk through the valley of the shadow of death
laama llama
laannuttaa pacify, placate, calm
laantua 1 (ihminen) calm/quiet down **2** (myrsky tms) subside, abate
laari bin
laastari bandaid
laastaroida bandage, put a bandaid on (a cut); (vanh) dress (a wound)
laasti mortar, (kipsilaasti) plaster, (saumauslaasti) grout
laatia 1 (kirjoittaa) write/draw up, write/make out *laatia viesti jäätävään sävyyn* couch a note in an icy tone **2** (koota) put together, compile **3** (keksiä) make up, compose **4** (valmistella) prepare **5** (kehitellä) work out, formulate **6** (luonnostella) draft
laatikko box

laatikoittain boxes and boxes of, by the boxload
laatikollinen boxful
laatta 1 (betoni-) slab, (kivi-) flagstone, (metalli-) plate, (kaakeli-) tile **2** (muistolaatta) plaque
laattatektoniikka plate tectonics
laatu 1 quality, grade *korkeaa laatua* high quality *Minkä laadun seosta meidän pitäisi tehdä?* What grade mixture do they/you want? **2** (luonne) character, nature *Novelli on laadultaan draamallisempi kuin romaani* The short story is more dramatic in character than the novel **3** (tyyppi) sort, kind, brand, type *Palkka vaihtelee työn laadun mukaan* Pay will vary with the sort/type of work done **4** (mat) denomination
laatuinen kind (of) *sen laatuinen työ* work like that *kaiken laatuista tavaraa* all kinds/sorts of goods, goods of every shape and size *Pekka on aina laatuisensa* Pekka is always Pekka, always himself
laatusana adjective
laatutavara quality product/goods
laatuvaatimus quality specifications
laava lava
labiaali labial
labiaalinen labial
labiili labile, unstable
labiilius lability, instability
laboraatti lab(oratory) supervisor
laborantti lab(oratory) technician
laboratorio laboratory, (ark) lab
Labrador Labrador
labradorinnoutaja Labrador retriever, (ark) Lab
ladata 1 (ase, tietokoneohjelma) load **2** (akku) (re)charge *ladata itsensä täyteen vihaa* work yourself up to a fury *ladata akkujaan* (kuv) recharge your batteries
ladonta 1 (halkojen tms) stacking (up) **2** (kirjan) composition, type-setting
lafka outfit *Se on vähän hämärä lafka* It's some fly-by-night outfit
laguuni lagoon
lahdata (eläimiä, ihmisiä) butcher, slaughter
lahja 1 gift, present; (lahjoitus) donation, endowment; (testamentissa) bequest *saada lahjaksi* get (something) as a gift/present *antaa lahjaksi* give (someone) something **2** (kyky) gift, talent *puhumisen lahja* the gift of gab
lahjahevonen *Ei lahjahevosen suuhun katsota* Never look a gift horse in the mouth
lahjakas gifted, talented
lahjakkuus talent *katsella uusia lahjakkuuksia* look over the new talent
lahjakortti gift certificate
lahjapaperi wrapping paper
lahjatavara gifts, presents
lahje pantleg
lahjoa bribe
lahjoittaa 1 (antaa) present (someone) with (something), give (someone something, something to someone) **2** (tehdä lahjoitus) donate, contribute *lahjoittaa yliopistolle* endow a university
lahjoitus gift, donation, contribution; (testamentissa) bequest; (koululle tms) endowment
lahjoma bribe *ottaa vastaan lahjoma* accept a bribe
lahjomaton unbribable, incorruptible, honest
lahjonta bribery
lahjus bribe
lahko sect, denomination
lahkolainen sectarian, member of a religious sect
lahna bream
laho *s* rot, decay
adj **1** rotten, rotting, decayed, decaying **2** (kuv) decadent
lahota rot, decay
lahtelainen person/thing from Lahti
laide 1 (sivu) side, (reuna) edge; (veneen tms) gunwale **2** *kaupungin laiteilla* on the outskirts of town
laidun pasture *ajaa karjaa laitumelle* drive the stock/cattle out to pasture *laitumella* grazing (in the pasture)
laidunmaa pasture/grazing land(s)
laiduntaa pasture *laiduntaa karjaa* put stock/cattle out to pasture

laiha 1 (ihminen) thin, slim, skinny *laiha kuin luuranko* nothing but skin and bones **2** (keitto) thin, watery; (kahvi) weak; (seos) watery, diluted **3** (varasto tms) spare, sparse, scanty, meager **4** *laiha lohtu* slim/small consolation, cold comfort *laihat vuodet* lean years *laiha leipä* (kuv) meager living *nakertaa laihaa leipää Ijust get/squeak by, eke out a meager existence* **5** (maaperä) barren, poor

laihduttaa 1 (ihminen) diet, lose weight **2** (maaperää) deplete, impoverish

laihdutuskuuri diet

laiheliini beanpole, toothpick

laiho (field of standing) grain *laiho laaksossa* valley of waving grain

laihtua lose weight, slim (down) *Oletko laihtunut?* Have you lost weight?

laikallinen splotchy

laikka 1 (täplä) splotch, blotch **2** (kiekko) wheel, disk

laikku splotch, blob

laikukas splotchy

lailla *millä lailla* how, in what way *millään lailla* in some/any way *sillä lailla* like that, so that; (interj) way to go! attaboy/-girl! that's the ticket/stuff! *Voit auttaa sillä lailla, että pysyt poissa tieltä* You can help by staying out of the way *aika lailla* pretty, quite (a lot/bit/few) *Se on aika lailla täynnä* It's pretty full *Siellä on aika lailla väkeä* It's pretty crowded, there are quite a few people there

laillinen legal, lawful *laillista tietä* by legal means, by recourse to the courts *laillinen avioliitto* valid marriage *tulla lailliseen ikään* come of age, reach (the age of) legal majority

laillisesti legally, lawfully

laillistaa legalize, make (something) legal *marihuanan laillistaminen* the legalization of marijuana

laillistus legalization

laillisuus legality, lawfulness

laimea 1 (kahvi) weak, (keitto) thin, (viini) bland, (mehu) watery, diluted **2** (väri) pale, dull **3** (haju) faint **4** (kaupankäynti) slow, slack, sluggish **5** (osanotto) unenthusiastic **6** (tunne) lukewarm, halfhearted **7** (yritys) feeble, lackluster, listless **8** (keskustelu) dull, flat, boring **9** (kokemus) tame, unexciting

laimenne diluent, (maalin) thinner

laimentaa 1 (nestettä) thin, dilute, water down **2** (värin voimakkuutta) dull **3** (huumetta) cut **4** (innostusta) calm/cool (down), (ark) throw a wet blanket on (something)

laiminlyödä 1 neglect, be neglectful/negligent *laiminlyödä velvollisuutensa* shirk your responsibility **2** (jättää tekemättä: velvollisuus) fail (to do something), (tilaisuus) miss out (on a chance to do something) **3** (lak ja liik) default (on) *laiminlyödä lainanlyhennys* default on a loan (payment)

laiminlyönti neglect, negligence; failure; default, non-payment (ks laiminlyödä)

laina loan *antaa lainaksi* loan/lend (someone something) *saada lainaksi* borrow (something from someone) *olla lainassa* (kirja) be checked out, (muu) be out on loan

laina-aika loan period

lainahöyhen *koreilla lainahöyhenillä* parade someone else's ideas as your own

lainakirjasto lending library

lainanantaja lender

lainanottaja borrower

lainasana loan word

lainata 1 (jollekulle) loan, lend **2** (joltakulta, myös mat) borrow **3** (jotakuta) quote (from), cite *lainata väärin* misquote

lainaus 1 (lainaksiotto) borrowing (lainaksi anto) lending **2** (sitaatti) quote, quotation

lainausmerkki quotation mark, (UK: ') inverted comma *lainausmerkeissä* in quotation marks, (ark) in quotes

laine (yl) wave; (pieni: vedessä) ripple, (hiuksissa) curl

lainehtia wave, ripple, curl

lainelauta surfboard

lainelautailu surfing

lainen 1 (asukas) native/inhabitant of, (person) from, someone living in *amerikkalainen* American **2** (kaltainen) like *tällainen vekotin* a gadget like this *Hän on entisenlainen* He's himself again **3** (tyyppinen) kind, sort *monenlaisia leivonnaisia* many kinds of bakery goods **4** (puoleinen) on the ...side, -ish *laihanlainen* thinnish, on the thin side
lainhuudatus title registration
lainhuudatustodistus certificate of title registration, (ark) title
lainhuuto title
lainkaan at all *Sitä en tarkoittanut lainkaan* That's not what I meant at all
lain kirjain the letter of the law
lain koura the (long) arm of the law
lainkuuliainen law-abiding
lainoittaa 1 (pantata) mortgage *Talo on lainoitettu puolesta miljoonasta markasta* The house is mortgaged for half a million marks **2** (rahoittaa) finance *Jouduttiin lainoittamaan talo pankin kautta* We had to finance our house through the bank
lainopillinen legal, juridical
lainoppi jurisprudence, (ark) law
lainrikkoja offender, (rikkeentekijä) perpetrator, (ark) perp
lainsäädäntö legislation
lain taulut the table of the law
lainvastainen illegal
lainvoima legal force, force of law, validity *saada lainvoima* come into effect, become valid
laipio (sisäkatto) ceiling, (laivassa) bulkhead
laiska *s* detention *jäädä laiskaan* have to stay after school
adj **1** lazy **2** (tyhjäätoimittava) idle, indolent **3** (hidas) slow, slack, sluggish
laiskamato (ihminen) lazy-bones Jones *Minua on purrut laiskamato* I don't feel like doing anything, I just want to laze around
laiskankipeä *olla laiskankipeä* (työssä) loaf, slack (off), goldbrick; (jäädä pois työstä) have the intentional flu
laiskanlinna easy chair
laiskanpäivät the life of Riley
laiskasti lazily, idly, indolently, slowly, slackly, sluggishly (ks laiska)
laiskiainen 1 (eläin) sloth **2** (ihminen) sloth, slacker
laiskimus lazy-bones Jones, slacker
laiskistua get (fat and) lazy, slack off
laiskotella (viettää vapaa-aikaa) laze around, take it easy; (työssä) loaf, slack (off), goldbrick
laiskuri slacker, idler, dawdler, loafer, lazy-bones (Jones)
laiskuus laziness, idleness, indolence, slackness (ks laiska)
laita *s* **1** (astian tms) rim, brim **2** (uima-altaan, tien, laivan) side *kävellä tien vasenta laitaa* walk (along) the left side of the road *mennä laivan oikeaan laitaan* go to the starboard rail **3** (jääkiekkokaukalon) boards **4** (veneen) gunwale **5** (painetun sivun) margin, (tyhjän sivun) edge **6** (alueen) edge, border, boundary, periphery **7** (kaupungin) outskirts, edge **8** (puolueen) wing *oikea laita* right wing **9** *laidasta laitaan* (kaikenlaista) of all kinds, of every shape and size; (poliittisesti) of every political stripe, from left to right, across the whole political spectrum **10** (tila) state, situation *Asian laita on tämä* This is the situation, here's what we're dealing with *Näin on asian laita* That's the way it is, things stand *Olipa asian laita mikä tahansa* No matter what (the situation), regardless of how things are/stand *Nythän asian laita on niin että* The fact of the matter is that **11** *Tuo ei ole laitaa* That's not fair
laitahyökkääjä (wing) forward, wing
laitakaupunki (the) outskirts (of town)
laitamilla at/on the edge/border/periphery; (kaupungin) in the outskirts
laitapuolustaja right/left back
laite device, instrument; (ark) gadget *laitteet* apparatus, equipment, instruments; (kiinnikkeet) fittings, mountings *sotalaitteet* (hist) engines of war
laitehullu gadget freak

laitimmainen (the one) on the (far) edge *laitimmainen kerta* the last time
laiton illegal, unlawful, against the law
laitos 1 (teollisuuslaitos) plant, factory, mill **2** (liike) establishment, business, company **3** (koululaitos) institution *korkeakoululaitos* institution of higher learning **4** (tutkimus/ opetuslaitos: yliopiston yhteydessä) department, (erillinen) institute **5** (yhteiskuntalaitos) institution **6** (painos) edition, printing
laitoshoito institutional care
laitostua become institutionalized
laittaa 1 (ruokaa) make, cook, prepare, fix **2** (häitä tms) (make) arrange(ments for), get ready for **3** (taloa: rakentaa) build, construct; (korjata) fix (up), mend, repair **4** (lapsi jollekulle) get (a child on someone, someone pregnant) **5** (kuntoon) get (something) ready; (siivota) tidy (up), clean
laittaa kärryt hevosen eteen (kuv) put the cart before the horse
laittaa lappu luukulle close up shop, go out of business, (tehdä konkurssi) go belly-up
laittautua get ready, (hienoksi) get dressed/fancied/gussied up
laitteisto apparatus, equipment, instruments
laittomasti illegally, unlawfully, against the law
laittomuus illegality
laituri 1 (vedessä) dock, pier **2** (rautatieasemalla) platform
laiva ship, (valtameriristeilijä) ocean liner *laivassa* on board/aboard ship *mennä laivaan* go on board/aboard *poistua laivasta* go ashore
laivaliikenne shipping, maritime/ marine trade/traffic
laivanrakennus shipbuilding
laivanrakennusteollisuus shipbuilding industry
laivanvarustaja shipper, ship owner
laivanvarustamo shipping company
laivasto 1 (sot) navy **2** (laivue) fleet, flotilla
laivastotukikohta naval base/ station
laivata 1 (kujettaa) ship **2** (lastata) load, stevedore
laivaus 1 (kuljetus) shipping; (lasti) shipment, consignment **2** (lastaaminen) loading
laivue flotilla, squadron
laji 1 kind, sort, type *ainoa lajiaan* the only one of its kind **2** (eläinlaji) species **3** (urheilun) sport, (uinti/yleisurheilukisojen tms) event **4** (kirjallisuuden) genre
lajinkehitys phylogeny
lajitella sort (out), classify, (valokopiosivuja) collate
lajittamo sorting room/department/ plant
lajittelu sorting, classification, (valokopiosivujen) collation
lakaista sweep *lakaista maton alle* sweep under the rug/mat (myös kuv)
lakana sheet *vaihtaa lakanat* change the sheets/(bed)linen
lakastua wither, fade
lakata 1 (loppua, lopettaa) stop, cease *lakata satamasta* stop raining *Sade lakkasi* The rain stopped **2** (maalata lakalla) varnish, lacquer
lakeija lackey
laki 1 law *noudattaa lakia* obey the law *laki ja järjestys* law and order *saada lain voima* take (legal) effect *tupakkalaki* the Tobacco Act *rikoslaki* criminal law/code *Suomen laki* Finnish legal code *lain kirjain/ käsi* the letter/arm of the law *lain mukaan* by law, according to law *lukea lakia* study law, be in law school *lukea lakia jollekulle* read the riot act, chew someone out, dress someone down **2** (mäen) top, summit, peak; (pään, holvin) crown
lakialoite bill
lakiasäätävä legislative
lakimies lawyer, at torney (-at-law)
lakipiste peak *vuoren/mäen lakipiste* highest point of a mountain/hill *uran lakipiste* culmination/high point/ climax of a career *taivaan lakipiste* zenith
lakitiede jurisprudence, (ark) law
lakitieteellinen jurisprudential *lakitieteellinen tiedekunta* law school

lakitieteen tohtori Doctor of Jurisprudence, J.D.
lakka 1 (marja) cloudberry **2** (liuos) varnish, lacquer
lakkaamaton continuous, continual, incessant
lakkaamatta continuously, continually, incessantly
lakkauttaa close (down), abolish, discontinue, do away with; (laki) repeal
lakkautus shutdown, abolition, discontinuance, repeal
lakkautuspalkka severance pay
lakki cap
lakkiaiset high school graduation
lakko strike *mennä lakkoon, olla lakossa* go/be on strike *tehdä lakko* (auto tms) stop dead, die, quit (running)
lakkoilla 1 (työläiset) (go/be on) strike **2** (auto) keep stopping/quitting, (TV) be on the blink, (sydän) fibrillate, (muisti) be patchy, let you down
lakkolainen striker
lakkovahti picket
lakkovartio picket line
lako *mennä lakoon, olla laossa* be flattened, beaten down (by the rain)
lakoninen laconic
lakonmurtaja stikebreaker, (ark) scab
lakonrikkoja strikebreaker, (ark) scab
lakritsi licorice
lakritsipatukka licorice stick
laksatiivi laxative
laktaasi lactase
laktoosi lactose
laktoosi-intoleranssi lactose intolerance
laktaatio lactation
lama depression (myös kuv) *taloudellinen lama* economic depression; (väliaikainen) economic recession/slump/ downswing *olla lamassa* be depressed, be out of it, be down in the dumps/ mouth
lamaannus 1 (masennus) depression, dejection **2** (pysähdys: taloudellinen) stagnation, (fyysinen) paralysis, (henkinen) torpor
lamaannuttaa 1 (masentaa) depress, deject, discourage **2** (pysäyttää) paralyze, cripple *Tieto vallankaappauksesta lamaannutti pörssin* News of the coup paralyzed/crippled (trading on) the stock exchange *Tieto äidin kuolemasta lamaannutti hänet* The news of his mother's death paralyzed/stunned him
lamaantua 1 (masentua) become depressed/dejected/discouraged **2** (pysähtyä) be paralyzed/crippled, stagnate
lamakausi depression
lamalainen *s* Lamaist *adj* Lamaistic
lamalaisuus Lamaism
laminoida laminate
laminaatti laminate
laminointi lamination
lammas (elävä) sheep, (syötävä) mutton *suvun musta lammas* the black sheep of the family *erottaa lampaat vuohista* separate the sheep from the goats *lauhkea kuin lammas* gentle as a lamb
lammikko (pieni järvi) pond, (läiskä) pool, (lätäkkö) puddle
lampaanliha mutton
lampaanpaisti roast mutton
lampi pond
lamppu 1 (valaisin) light (fixture), lamp **2** (hehkulamppu) (light) bulb
lampsia trudge, clump, shamble
lande (maaseutu) the sticks, the boondocks, the boonies
landelainen (maalainen) hick, hayseed, (country) bumpkin
langaton kauko-ohjain wireless remote
langaton puhelin cordless (tele)phone
langeta fall *langeta maahan* fall to the ground, hurl yourself to the ground, prostrate yourself *Vastuu siitä lankeaa nyt sinulle* It's your responsibility/duty/ job now, responsibility for it falls to you
langeta loveen fall/go into a trance
langeta luonnostaan be a matter of course, go without saying

langeta maksettavaksi fall due, mature
langeta syntiin fall/lapse/sink into sin
langettaa tuomio pronounce/pass judgment/a verdict
lanka 1 thread, (naru) string *punainen lanka* scarlet thread *saada langan päästä kiinni* catch the drift (of speech), figure out what's going on **2** (sytytyslanka) fuse, (hehkulanka) filament, (pyydyslanka) wire **3** *saada langan päähän* (puhelimeen) get someone on the line *hakea joku langan päähän* call someone to the phone
lankalaukaisin cable release
lankata polish
lankeemus fall *Ylpeys käy lankeemuksen edelle* Pride goes before a fall
lankku board, plank
lanko brother-in-law
lannistaa 1 (vastustaja) put down, subdue, suppress **2** (mieltä) depress, dishearten, discourage, knock the legs/props out from under (a person)
lannistua 1 (tappelussa) give up (the fight), give in/way, yield **2** (henkisesti) lose heart, get depressed/disheartened/discouraged
lannistumaton persevering, resolute, unflagging
lannoite fertilizer
lannoittaa fertilize
lannoitus fertilization
lanseerata introduce
lanta manure, dung; (apulanta) fertilizer
lantio pelvis
lantti coin
lanttu rutabaga, swede
lanttulaatikko rutabarga casserole
lapa shoulder
lapaluu shoulder blade
lapanen mitten
lape (miekan) flat, (mäen/katon) slope *tulla alas lappeelleen* (keihäänheitossa) land flat
lapin kieli Sami
lapinkielinen Sami
lapio shovel, (pieni) spade
lappaa (köyttä ulos) pull, (köyttä sisään) feed, (vettä veneestä) bail, (tavaroita taskusta) haul out, (ruokaa lautaselleen) pile (up), (ruokaa suuhun) stuff, (väkeä ulos/sisään) pour, stream
lappalainen *s* Lapp
adj Lappish
Lappi Lapland, (par) Samiland
lappu 1 (silmälappu: ihmisen) (eye)patch, (hevosen) blinker *kulkea laput silmillään* look at the world with blinkers on **2** (paperinpala) piece/scrap of paper **3** (hintalappu) (price) tag **4** (viesti) note *panna lappu luukulle* close (up shop)
lappuliisa meter maid
lapsellinen childish, puerile
lapsellisuus childishness, puerility
lapsenkengissä in its infancy
lapsenlapsi grandchild
lapsenomainen childlike
lapsenvahti babysitter
lapseton childless
lapsettaa *Henryä lapsettaa* Henry wants to be a baby
lapsettomuus childlessness
lapsi child, (ark) kid, (kakara) brat, (vauva) baby, (alaikäinen) minor *heittää lapsi pesuveden mukana* throw the baby out with the bathwater *lapsilta kielletty elokuva* adult movie, R-/X-rated movie *lapsille sallittu elokuva* children's movie, P(G)-rated movie *kuin lasten suusta* out of the mouths of babes *odottaa lasta* be pregnant, be expecting (a baby) *aikansa lapsi* a product/child of your times *lapsesta saakka* since you were a child, since childhood
lapsihalvaus polio(myelithis)
lapsikaste infant baptism
lapsikatras the kids
lapsikuolleisuus infant mortality
lapsilisä child benefit
lapsilukko child lock
lapsiperhe family with children at home
lapsityövoima child labor
lapsivesi amniotic fluid, (ark) water *Sitten lapsivesi tuli* Then my/her water broke

lapsivesitutkimus amniocentesis
lapsivuode *olla lapsivuoteessa* (vanh) be confined *kuolla lapsivuoteeseen* die in childbirth
lapsivähennys child/dependent deduction
lapsiystävällinen *lapsiystävällinen perhe* a family that likes children, where children feel welcome, at home *lapsiystävällinen ympäristö* (turvallinen) a child-safe environment, (ystävällinen) a place where children are welcome
lapsukainen child, baby
lapsus slip, lapsus, (ark) goof, boo-boo
lapsuus childhood
laputtaa traipse, tramp *Alahan laputtaa!* Get a move on! *laputtaa tiehensä* beat a hasty retreat, (ark) beat it
laser laser
laserkirjoitin laser printer
laserlevy CD, Compact Disc; (kuvalevy) LaserDisc®, laserdisc
lasersoitin CD player, compact disc player, (kuvalevysoitin) laserdisc player
lasi **1** (juomalasi) glass (myös aine) *lasista tehty hevonen* glass horse *kilistää lasia* clink glasses *lasin liikaa ottanut* who's had one too many *kilistää lasia jonkun kanssa* (juoda malja) clink glasses (with someone) **2** (ikkunalasi) (window) pane **3** *(silmä)lasit* glasses
lasikaappi glass cabinet
lasikuitu fiberglass
lasileuka (nyrkkeilyssä) glass jaw
lasillinen glassful *Otetaanko pari lasillista?* Shall we have a drink/round or two?
lasimaalaus stained-glass painting/window
lasinpuhallus glass-blowing
lasinpuhaltaja glass-blower
lasinsiru piece of glass, (pieni) sliver of glass, shard of glass
lasiovi French door
lasipullo glass bottle
lasitavara glassware
lasitehdas glassworks
lasittaa glaze
lasittua glaze *lasittuneet silmät* glazed/glassy eyes
lasivilla glass wool
laskea *tr* **1** (alemmas) lower, drop *laskea kätensä oven kahvalle* put your hand on the doorknob **2** (kädestään tms) put/set/lay down **3** (perusta tms) lay **4** (päästää) let *laskea sisään/ulos/karkuun/menemään/irti* let someone in/out/escape/go/loose **5** (saattaa) *laskea seteleitä liikkeeseen* put bills into circulation, issue currency *laskea kirja julkisuuteen* release a book **6** (vuodattaa, virrata) (let) run/flow *laskea vettä* (hanasta) run water (virtsata) urinate *laskea olutta tynnyristä* draw beer from a keg *laskea verta haavasta* let a wound bleed *Älä laske housuihisi!* Don't go in your pants! **7** *laskea leikkiä* joke around (ks hakusana) **8** (lukumäärä) count *Ne voi sormin laskea* You could count them on one hand *kolmas vasemmalta laskien* the third from the left **9** (laskelmoida) calculate, figure *laskea mahdollisuuksiaan* figure/calculate your chances **10** (luottaa) count on *Pojat laskivat niin, ettei äiti huomaa* The boys counted on their mother not noticing *laskea jonkin varaan* count on it *Älä laske sen varaan, että minä olen siellä* Don't count on my being there **11** (pitää jonakin, sisällyttää johonkin) consider, count *minut mukaan laskettuna* counting/including me *Itse laskisin sen eduksi* Me, I'd consider it an advantage
itr **1** (alas) fall, drop *nousta ja laskea* rise and fall *Kuume/lämpö laskee* The fever/temperature is dropping *Painoni on laskenut* I've lost weight **2** (viettää: tie) slope down, descend, (jyrkänne) drop off **3** (liukua) *laskea kelkalla/suksilla* sled/ski down (the hill) **4** (virrata) flow *Mississippijoki laskee Meksikonlahteen The Mississippi River flows into the Gulf of Mexico* **5** (aurinko) set *Aurinko laskee* The sun is setting
laskea alleen wet your bed
laskea housuihinsa do it in your pants
laskea kuin lehmän häntä drop like a shot

laskea lampaita count sheep (myös kuv)
laskea leikkiä joke (around), be witty/funny, make/crack jokes/a joke
laskea mukaan include *mukaan laskettuna* including, counting
laskea mäkeä go sledding
laskea päässä count/calculate in your head, do mental arithmetic
laskea silmistään let someone out of your sight
laskea tahtia count/beat time
laskea takaperin 1 (lukuja) count down/backwards **2** (mäkeä) go down backwards
laskea vesille launch (a ship)
laskelma calculation, computation, (arvio) estimate
laskelmointi calculation
laskelmoiva calculating
laskennallinen computational
laskenta 1 (vars tietok) computation **2** (mat) calculus *differentiaalilaskenta* differential calculus **3** (lähtölaskenta) countdown
laskento arithmetic
laskettelu downhill/slalom skiing
laskeutua 1 (mennä alas) go down (into), descend *laskeutua vuoteelle* lie down *laskeutua polvilleen* kneel down **2** (laskea, pudota) fall, drop *Yö laskeutuu* Night is falling *Pöly laskeutuu* The dust is settling **3** (viettää) slope/go down **4** (roikkua) hang (down) **5** (lentokone) land
laskeutuminen descent, landing
laskiainen Shrovetide
laskiaispulla Shrove bun
laskiaistiistai Shrove Tuesday
laskien *15. päivästä laskien* starting the 15th *sinut mukaan laskien* counting/including you
laskin calculator
laskos pleat, fold
lasku 1 (laskutehtävä) (math) problem, sum **2** (laskelma) calculation, (kuv) account *minun laskujeni mukaan* according to my calculations, as I figure it *ottaa laskuun* take into account/consideration **3** (tili) account *Tuleeko tämä käteisellä vai laskuun?* Will that be cash or charge? *Tämä tulee laskuun* I'll put this on my account; charge, please *talon laskuun* on the house **4** (laskutus: sähköstä tms) bill, (tavaralähetyksestä) invoice, (ravintolassa) check *Saisimmeko laskun?* Could we have the check please? *erääntynyt lasku* overdue bill **5** (laskeutuminen) fall, drop, (tien) downgrade *auton arvon lasku* depreciation in a car's value **6** (laskettelukerta) (ski) run
laskutoimitus mathematical/arithmetic operation, calculation
laskuttaa bill, (lähetyksestä) invoice
laskutus billing, (lähetyksestä) invoicing
laskuvarjo parachute
lasso lassoo, lariat
lasta 1 (keittiölasta) spatula; (kumilasta: ikkunoita varten) squeegee, (liimausta varten) (rubber) applicator; (muurauslasta) trowel; (kittilasta) putty knife **2** (lääk) splint
lastenhoitaja (päiväkodissa) (preschool) aide; (kotona) nanny
lastenhoito child care
lastenleikki children's game(s), child's play (myös kuv) *Se on lastenleikkiä* (helppoa) That's a piece of cake, no sweat
lastentarha preschool; (ennen kouluikää) day care center; (viimeisenä vuonna ennen ensimmäistä luokkaa, kuuluu USA:ssa koulujärjestelmään) kindergarten
lastenvahti babysitter
lastenvaunut baby carriage
lasti load, (laivan) cargo, (lentokoneen/junan) freight
lastoittaa (lääk) (put someone's arm/leg/jne in a) split
lastu 1 (puun, metallin) chip; (saippuan, perunan) flake; (höylän) (wood) shaving **2** (mikrolastu) (micro)chip **3** (tarina) story, anecdote
lastulevy chipboard
lataaminen charging
lataus (lataaminen) charging, (ladattu) charge

latautua 1 (akku) charge (up), get charged **2** (ihminen) get charged/ psyched up for, get ready for
latina Latin
latinankielinen Latin
latistaa banalize, trivialize, make/ render prosaic/bathetic
latistua fall off (in excitement), flag, turn boring/tedious/banal/trivial
lato barn, shed
latoa 1 (vierekkäin) line up; (päällekkäin) pile up, stack **2** (puhetta) let fly, (tunnetta) repress **3** (kirjapainossa) compose
latoja compositor
latomo composing room
lattea 1 (litteä) flat **2** (proosallinen) boring, banal, trivial, trite
lattia floor *mittailla lattiaa* pace the floor, pace up and down, to and fro
lattialämmitys underfloor heating
latu (ski) track *Latua!* Track! *antaa latua* give way *avata uusia latuja* blaze new trails, break new ground *kulkea vanhaa latua* stay in the old rut, keep to the beaten path
latva 1 (puun) top **2** (joen) upper course
Latvia Latvia
latvia Latvian, Lettish, Lett
latvialainen *s* Latvian, Lett *adj* Latvian, Lettish
lauantai Saturday
lauantai-ilta Saturday night/evening
lauantaimakkara bologna, (ark) baloney
lauantainen (something) on Saturday, Saturday('s) *joka lauantainen kauppareissu* our Saturday shopping spree, the shopping we do every Saturday
lauantaisin (on) Saturdays
laudatur honors *saada laudatur englannin ylioppilaskirjoituksesta* graduate (from high school) with honors in English
laudoittaa (paneloida) panel, (tehdä ponttilautalattia) put in tongue-and-groove flooring, (peittää laudoilla) board up/over
laueta 1 go off, (pyssy) fire, (räjähde) explode **2** ease off, (jännistys) relax, break *Sitten hän nauroi ja jännitys laukesi* Then she laughed and they relaxed, her sudden laughter broke the tension **3** (saada orgasmi) come, go off
lauha (ilma) warm, balmy, mild; (ilmasto) mild, temperate
lauhdutin condenser
lauhduttaa 1 (ilmastoa) warm up *Meri lauhduttaa Helsingin talvea* The winter in Helsinki is warmer/milder than further inland thanks to the Gulf of Finland **2** (mielialaa) calm, soothe, pacify **3** (tekn) condense
lauhkea 1 (ilma) warm, balmy, mild; (ilmasto) mild, temperate **2** (mielenlaatu) mild, meek, gentle *lauhkea kuin lammas* gentle as a lamb
lauhtua 1 (ilma) grow milder *Pakkanen on lauhtunut* The cold snap has broken **2** (mieliala) calm (down), cool off, relax **3** (tekn) condense
laukaista 1 (pyssy) fire, discharge, shoot off **2** (jousi) loose, release **3** (ansa) spring **4** (kamera) shoot/snap (a picture) **5** (ohjus tms) launch **6** (kiekko, pallo tms) shoot, fire, let fly **7** (kysymys tms) fire off, let fly **8** (orgasmi) bring (someone) to climax, make (someone) come, get (someone) off; (suulla: miestä) suck (someone) off, (naista) lick (someone) off
laukata gallop, (hitaasti) canter, lope
laukaus (gun)shot *650 laukausta minuutissa* 650 rounds per minute
laukka gallop, (lyhyt) canter, lope *täyttä laukkaa* at a full gallop; (kuv) hellbent for leather, like a bat out of hell
laukku bag, (käsilaukku) purse, (koululaukku = reppu) pack
laulaa sing *Mikä laulaen tulee se viheltäen menee* Easy come, easy go
laulaa nuoteista sight-read
laulaa poliisille sing (to the cops) like a bird
laulaja singer
laulella sing (a little ditty/to yourself)
laulu 1 song, tune, melody; (joululaulu) (Christmas) carol; (gregoriaaninen tms)

chant **2** (laulaminen) singing, song *panna lauluksi* burst into song, burst out singing **3** (linnun) (bird)song, singing, chirping, warbling
lauma 1 herd (myös kuv), crowd *kulkea lauman mukana* go with the herd (myös ihmisistä), be a sheep **2** (lampaita, lintuja) flock **3** (koiraeläimiä) pack **4** (hanhia) gaggle **5** (hyönteisiä, lapsia) swarm
laumaeläin gregarious animal; (ihmisestä) sheep
laupeus compassion, kindness, mercy, caring
laupias compassionate, kind, merciful, caring *laupias samarialainen* good Samaritan
lause 1 sentence, (sivulause) clause **2** (mat) theorem **3** (tietok) statement
lauseke 1 (mus) period **2** (mat) expression **3** (tietok) statement **4** (lak ym) clause **5** (kieliopissa) phrase
lausua 1 (sana) say, speak, utter; (ääntää) pronounce *Miten lausutaan Lech Walesa?* How do you say/ pronounce Lech Walesa? **2** (mielipide) state, express *lausua lämpimät kiitokset* express your gratitude, thank (someone) warmly **3** (ajatus) articulate, put into words **4** (runo) recite, interpret (orally), do/give a reading of **5** (tervetulleeksi) wish/bid (someone a warm welcome)
lausuma utterance
lausunta (poetry) reading, (oral) interpretation
lausunto 1 statement **2** (todistajan: kirjattu) deposition, (oikeudessa) testimony **3** (asiantuntijan) (expert) opinion; (professorin, käsikirjoituksesta) (reader's) report **4** (ilmoitus) pronouncement, announcement
lauta board *panna nasta lautaan* (ark) floor it
lautakunta 1 (päättävä) board **2** (tutkiva) commission **3** (oikeudessa) jury
lautamies juror, jury member
lautanen 1 (matala) plate, (syvä) bowl, (kupin alla) saucer *lentävä lautanen* flying saucer **2** (mus) cymbal
lautasellinen plateful, bowlful
lautasliina napkin
lautatavara lumber
lautta 1 (tukkilautta) raft **2** (autolautta tms) ferry
lava 1 (koroke) stand, platform, (näyttämö) stage *tanssilava* dance floor **2** (kuorma-auton) bed
lavastaa 1 (näytelmä tms) stage, build the set for (a play/movie/jne) **2** (tapahtuma) stage, fake; (viaton ihminen syylliseksi) frame, set up
lavastus 1 (näytelmän tms: lavastaminen) staging, set-building; (rekvisiitta) set **2** (tapahtuman) staging; (viattoman) frame(-up), set-up
lavea wide, broad *lavea tie joka johtaa kadotukseen* the broad path that leads to hell *lain lavea tulkinta* loose/broad interpretation of a law *lavea vokaali* broad vowel
laveasti at great length, in great detail
LED LED, light-emitting diode
legenda legend *legenda jo eläessään* a legend in his/her own time
legioona legion
lehdenjakaja (nuori) paperboy/-girl, (aikuinen) (newspaper) deliverer
lehdistö press *lehtistön vapaus* freedom of the press
lehdistösihteeri press secretary
lehdistötiedote press release
lehdistötilaisuus press conference
lehmus linden
lehmä cow *oma lehmä ojassa* an axe to grind
lehmäkauppa (pol) horse-trade *hieroa lehmäkauppoja* do a little horse-trading, make a few deals
lehti 1 (puun) leaf *jäädä lehdellä soittelemaan* be left with nothing, empty-handed **2** (paperin) sheet, (kirjan tms) page, (vanh) leaf *kääntää uusi lehti* turn over a new leaf *Lehti on kääntynyt* The tide has turned **3** (sanomalehti) (news)paper; (aikakauslehti) magazine, periodical, journal

lehtikioski newsstand
lehtikirjoitus (newspaper) article
lehtikuva press/news(paper) photo(graph)
lehtimetsä leafy/deciduous forest
lehtimies journalist, reporter
lehtipuu deciduous tree
lehtitilaus (news)paper/magazine subscription
lehtiö (muistiinpanoja varten) notebook/-pad, (piirtämistä varten) sketchbook/-pad
lehto grove
lehtori lecturer
leija kite
leijailla float; (eteenpäin) glide, soar; (ylösalaisin) bob (up and down)
leijona lion, (horoskoopissa) Leo
leijonankesyttäjä liontamer
leijonanosa the lion's share
leijua float, glide, soar; (haju, uhka) hang (in the air)
leikata 1 cut; (viilto) slash; (siistiksi) trim; (leike, kynsi) clip; (viipale) slice; (kinkkua tms) carve; (kuutioiksi) dice, chop; (puuta: sahalla) saw, cut, (puukolla) whittle, carve; (nurmikkoa) mow, cut **2** (lääk: tehdä leikkaus) operate (on); (rikkoa iho) make an incision; (poistaa) remove; (mies, uros) castrate, (naaras tms) spay *Minulta leikattiin umpisuoli* I had my appendix (taken) out, I had an operation on my appendix, I had an appendectomy **3** (hintoja, veroja, sosiaalipalveluja) cut, slash, reduce, decrease **4** (alkoholijuomaa) cut, dilute **5** (elokuvaa) cut, edit **6** (järki) *Sinullapa leikkaa hyvin* You're sharp/quick, you catch on fast **7** (moottori) *Moottori taisi leikata kiinni* I think the engine threw a rod
leike 1 (lehtileike) clipping **2** (lihaleike) cutlet **3** (geom) segment
leikikäs playful
leikillään in play/fun/sport *Sanoin sen leikilläni* I was just kidding/ joking/being funny
leikin asia *Tämä ei ole leikin asia* This is no joke, no joking matter, nothing to kid/joke/laugh about
leikinlasku joking/kidding (around), affectionate banter/ribbing
leikitellä play/trifle/toy (with someone) *Olet koko ajan leikitellyt tunteillani!* This whole time you've been toying/ playing with my feelings!
leikkaus 1 (lääk) operation *joutua leikkaukseen* go in for/have to have surgery/an operation **2** (puuleikkaus) carving **3** (kallion tms) excavation, blasting **4** (takin tms) cut **5** (elokuvan) cut(ting), editing **6** (leikkauskuva) (cross-)section **7** (geom) (inter)section
leikkaussali operating room, OR
leikkeleet cold cuts
leikki 1 play, (peli) game *lastenleikki* ks hakusana **2** (vitsi) joke *leikillään, leikin asia, leikinlasku* ks hakusanat
leikkiauto toy car/truck/bus
leikkikalu toy, (vars kuv) plaything
leikkikenttä playground
leikkisä playful; (vitsikäs) jocular
leikkiä 1 play *Lapsi on terve kun se leikkii* Children will be children, boys will be boys *leikkiä leikkiä* play a game *leikkiä tulella* play with fire *Et saa leikkiä hänen sydämellään!* Don't toy with her, don't play games with her, don't use her **2** (olla leikisti) pretend, make believe *Leikitään, että sinä olet isä ja minä olen äiti* Let's pretend that you're daddy and I'm mommy **3** (laskea leikkiä) joke/play around
leikkokukka cut flower
leikkuu 1 cut(ting) *hiusten leikkuu* haircut **2** (elonkorjuu) harvest(ing)
leikkuuttaa have (something) cut
leili skin, bottle *uutta viiniä vanhoissa leileissä* new wine in old skins
leima stamp, mark, brand *postileima* postmark *saada leima passiinsa* get your passport stamped *Jyväskylällä oli silloin vielä pikkukaupungin leima* Jyväskylä was still thought of as a small town then
leimaa-antava characteristic, typical, distinguishing
leimaantua be(come)/get branded/ labeled/categorized/typecast (as/for something), get a reputation (for

being/doing something), get lumped together (with a certain crowd)
leimahtaa flash, flare (up)
leimasin stamp
leimata 1 (passi tms) stamp; (postimerkki) postmark, cancel **2** (ihminen) label, brand
leimavero stamp tax
leipoa 1 (leipä tms) bake, make *kotona leivottu* homemade/baked **2** (taikinaa) knead **3** (ihmistä) pummel, clobber, maul **4** (jokin jostakusta) train (someone to be), make (something of someone) *leipoa maailmanmestari* train someone to be a world champion
leipoja baker
leipomo bakery
leipä 1 (yleensä) bread *jokapäiväinen leipämme* our daily bread *Ihminen ei elä yksin leivästä* Man cannot live by bread alone *murtaa leipää* break bread **2** (kokonainen limppu) loaf *ostaa kolme ruisleipää* buy three loaves of rye bread **3** (voileipä) sandwich *ostaa kolme kinkkuleipää* buy three ham sandwiches **4** (toimeentulo) pay *ansaita leipänsä kääntäjänä* put food on the table by translating, translate for a living *olla jonkun leivissä* work for someone *ei lyö leiville* it doesn't pay **5** *heittää leipiä* skip rocks
leipätyö (ark) bread-and-butter (job)
leipäveitsi bread knife
leipää ja sirkushuveja bread and circuses
leiri camp (myös kuv) *pystyttää leiri* pitch camp, set up an encampment, bivouac *jakautua leireihin* splinter into separate camps
leiriläinen camper
leirintäalue campground
leirinuotio campfire
leiriytyä (en)camp, bivouac
leivinjauhe baking powder
leivinuuni wood-burning oven
leivonnainen bakery product, pastry; (mon) bakery goods
leivos pastry
leivänkannikka heel
leivänmuru (bread)crumb
leivänpaahdin toaster
lekotella lie/laze around, sprawl (out somewhere)
lekottelu lying/lazing around, taking it easy
lekuri (saw)bones
lelu toy
lelukauppa toy store
lemmikki favorite, pet
lemmikkieläin pet
lempeys meekness, mildness, fondness, affectionateness, gentleness, tenderness, sweetness, leniency (ks lempeä)
lempeä 1 (ei aggressiivinen) meek, mild **2** (ei vihamielinen) fond, affectionate, loving **3** (ei väkivaltainen) gentle, tender, sweet **4** (ei ankara) lenient
lempeästi meekly, mildly, fondly, affectionately, lovingly, gently, tenderly, sweetly, leniently (ks lempeä)
lempikirjailija (your) favorite writer
lempimusiikki (your) favorite music
lempinimi nickname
lempiruoka (your) favorite food/dish
lempiyhtye (your) favorite group/band
lemu smell, stench, reek, stink
lemuta smell, stench, reek, stink
leninki dress, (hieno) gown
lenkkeillä (go) jog(ging)/run(ning)
lenkki 1 link, loop *Ketju on yhtä vahva kuin sen heikoin lenkki* A chain is only as strong as its weakest link **2** (juoksu) run, (kävely) walk *lähteä lenkille* go jogging/running *Hän on lenkillä* She's out running/jogging **3** (makkara) bologna
lenkkimakkara bologna, (ark) baloney
lennellä fly/blow (all over, everywhere, every which way)
lennokas 1 (juoksu tms) fluid, supple, sinuous *juosta lennokkaasti* run like the wind **2** (keskustelu: innokas) lively, spirited; (korkealentoinen) lofty, high-flown
lennokki toy/model (air)plane; (paperista tehty) paper airplane

lennonjohto air-traffic/flight/ground control
lennähtää fly *Hattu lennähti päästä* My hat flew off my head
lennätin telegraph (office)
lennättää 1 (lennokkia, leijaa) fly **2** (tuuli lehtiä tms) blow (around) **3** (räjäyttää) blow up **4** (ihminen palloa tms) throw, hurl, sling **5** (kiidättää) rush, speed
lento flight *suora lento* direct/nonstop flight *lähteä lentoon* take /wing off: take flight off *saada taksi lennosta* flag down a taxi *loppua lyhyeen kuin kanan lento* go over like a lead balloon, flop
lentoaika flight/flying time
lentoasema airport, (pieni) airfield
lentoemäntä (nyk) flight attendant, (vanh) stewardess
lentokenttä airport, (pieni) airfield
lentokone airplane, aircraft
lentokonekaappaus skyjacking, hijacking
lentokorkeus flight/flying altitude
lentoliikenne air traffic
lento-onnettomuus plane crash, aviation accident
lentopallo volleyball
lentoperämies copilot
lentoposti airmail
lentäjä flier; (lentokoneen ohjaaja) pilot; (ark) flyboy
lentävä lautanen flying saucer
lentää fly (myös kuv) *Aika lentää* Time flies *tehdä työtä niin että hiki lentää* work till the sweat runs off you
lentää hajalle blow up, blow sky high, explode
lentää jonkun kaulaan hurl/throw yourself in someone's arms, around someone's neck
lentää selälleen fall over, (ark) fall on your can/ass
lepakko bat
lepattaa flap, flutter, (liekki) flicker
lepo rest *Lepo!* (sot) At ease! *seisoa levossa* stand at ease *saattaa haudan lepoon* lay (someone) to rest *mennä levolle* go to bed
lepoasento *olla lepoasennossa* (sot) be at ease, (yl) be resting/relaxing, lie/sit comfortably
lepohetki (a moment's) rest/break, breather; (päiväuni) nap, (euf: aikuinen lapselle) rest time
lepopäivä 1 (yl) day off, day of rest **2** (usk) sabbath *Muista pyhittää lepopäivä* Remember the sabbath day and keep it holy
leppoisa gentle, peaceful, restful
leppyä calm down, relent, be placated/mollified/appeased
leppä alder
leppäkerttu ladybug
lepuuttaa rest
lepyttää placate, mollify, appease, conciliate
lerppu (tietok) floppy(disk)
lesbo lesbian
lesbolainen lesbian
leseet bran
leskeneläke widow's pension
leski widow, (mies) widower *jäädä leskeksi* be widowed
leskirouva widow; (aateli) dowager
leskiäiti widowed mother
Lesotho Lesotho
lestadiolainen Lestadian
lestadiolaisuus Lestadianism
letku hose, tube
letti braid
lettu pancake
leuhka conceited, vain, boastful, (ark) stuck-up
leuhkasti arrogantly, superciliously
leuhkia boast, brag
leuka 1 (leuanpää) chin, (leukapieli) jaw *vetää leukaa* do chin-ups *vetää leukaan* bust someone on the chin/ chops **2** (tekn) jaw
leukemia leukemia
leuto mild, temperate
leveillä brag, boast, shoot off your mouth
leveys width, breadth
leveysaste (degree of) latitude *50. leveysasteella* at 50 degrees north latitude

leveä wide, broad *Se nyt on yhtä pitkää kuin leveääkin* That's not going to get us anywhere, that's hopeless/ useless/worthless/pointless, I can't make heads or tails of that *pitää leveää suuta* brag, boast, shoot off your mouth
leveä elämä 1 (helppo) life of ease, easy living **2** (tuhlaileva, irstas) fast/ dissolute life(style)
leveä leipä good money/pay/income, chance to make a lot of money *muuttaa Amerikkaan leveämmän leivän toivossa* move to America in hopes of a better life, to make big bucks
leveästi broadly *hymyillä leveästi* smile broadly, give someone a big smile, smile from ear to ear *ääntää leveästi* speak in a broad drawl
leveästi ja laveasti *jaaritella leveästi ja laveasti* drone on and on, tell an endless story *kertoa leveästi ja laveasti heidän tekemisensä* give you a blow-by-blow account of their doings, tell you what they've been doing down to the last detail
leveä suu *pitää leveää suuta* brag, boast, shoot off your mouth *suu leveänä* smiling broadly
levikki (tavaran) distribution, (lehden tms) circulation
levinneisyys distribution
levitellä spread (out) *levitellä käsiään* throw up your hands
levittäytyä spread/fan out
levittää spread *levittää voita leivälle* spread butter on (a slice of) bread *levittää paperit keittiön pöydälle* spread your papers (out) on the kitchen table *levittää vallankumousaatetta* spread/ propagate/disseminate revolutionary ideas
levitys spreading
levitä 1 spread (myös kuv) *Huhu levisi kuin kulovalkea* The rumor spread like wildfire *helposti leviävä margariini* easy-to-spread margarine **2** (ark: moottori) die, break down
levoton 1 (rauhaton) restless, unsettled **2** (ahdistunut) uneasy, nervous, anxious **3** (huolissaan) worried, anxious **4** *puhua levottomia* run off at the mouth, talk nonsense, say the first thing that comes into your head, talk wildly, rave
levottomasti restlessly, uneasily, nervously, anxiously (ks levoton)
levottomuus 1 (rauhattomuus) unrest, restlessness, disquiet **2** (ahdistuneisuus) uneasiness, nervousness, anxiety **3** (huolestuneisuus) worry, anxiety
levottomuutta herättävä unsettling, alarming, disquieting
levy 1 (laatta tms) slab, sheet, plate; (pyöreä) disk **2** (puinen) board, sheet *lastulevy* chipboard *vanerilevy* sheet of plywood **3** (äänilevy) record **4** (keittolevy: irrallinen) (hot) plate, (liedessä) burner **5** (tietok) disk *kovalevy* hard disk **6** (valok) plate
levyasema (tietokoneen) disk drive
levyinen *talon levyinen* as wide/broad as a house *metrin levyinen* a meter wide, meter-wide *saman levyinen* as wide as, of the same width
levykauppa record store, music store
levyke 1 (tietok) floppy disk, floppy, diskette, disk **2** (plaketti) placque
levykeasema disk drive
levysoitin turntable
levyttää 1 (äänilevy) record, cut a record **2** (seinä) surface (a wall with chipboard, with paneling sheets)
levytys 1 (äänilevyn) recording (session) **2** (seinän) surfacing
levytyssopimus recording contract
levy-yhtiö record company
levähdys (a moment's) rest/break/ breather
levähtää rest (for a moment), take a (short) break/breather
levätköön rauhassa! (may he/she) rest in peace, (lat) requiescat in pace, R.I.P.
levätä 1 rest, take a break/breather *tuntea itsensä levänneeksi* feel rested **2** (maata) lie (down), sleep **3** (olla haudassa) rest, repose, lie, be buried **4** (olla käyttämättömänä) lie (unused), not be used, be out of use; (pelto) lie

fallow *panna lakiesitys lepäämään yli vaalien* table/shelf a bill until after the election
levätä laakereillaan rest on your laurels
liata dirty, soil, begrime; (kuv) tarnish, sully *liata itsensä* get (all) dirty *liata maineensa* ruin/soil/tarnish your reputation
liberaali liberal
liberaalinen liberal
Liberia Liberia
liberialainen *s, adj* Liberian
Libya Libya
libyalainen *s, adj* Libyan
lie *mikä lie* I wonder what (kind of), some (sort of)
Liechtenstein Liechtenstein
liechtensteinilainen *s* Liechtensteiner
liehua 1 (lippu tms) wave, fly, flutter **2** (jonkun ympärillä) flutter/flit/ swarm (around)
liekehtiä blaze, flare (up)
liekinheitin flamethrower
liekki flame *hulmahtaa liekkeihin* burst into flames
liemi 1 (lihaliemi: keitossa) broth, bouillon, consommé; (lihan tms päälle) gravy **2** (hedelmäliemi) juice *kiehua omassa liemessään* stew in your own juice **3** (ark) trouble *joutua liemeen* get into trouble *olla kurkkua myöten liemessä* be in it up to your neck
liemikulho soup bowl/tureen
lienee *Lieneekö se totta* Could it be true? I wonder if that's true *missä se lienee ollutkin* wherever it's been *Lienet oikeassa* I guess you're right, you're probably right
liennytys détente
lientyä ease (off), abate
liepeillä around, near, close to/by, on the borders/fringes/outskirts of
lieri brim
lieriö cylinder
liesi stove
liete silt, sludge
lietsoa 1 (tulta) blow on **2** (kapinaa tms) stir up, foment
liettua Lithuanian
Liettua Lithuania
liettualainen *s, adj* Lithuanian
lieve border, edge, (hameen) hem *liepeillä* around, near, close to/by, on the borders/fringes/outskirts of
lieveilmiö side effect
lieventää 1 (kipua tms) ease, relieve, alleviate, soothe **2** (määräyksiä tms) lighten, soften, ease **3** (tuomiota tms) commutate, mitigate *lieventää kuolemanrangaistus elinkautiseksi* commutate the death sentence to life *lieventävät asianhaarat* mitigating/ extenuating circumstances **4** (kritiikkiä tms) tone down
lievittää ease, relieve, alleviate, soothe *lievittää päänsärkyä nopeasti* bring fast relief to headache pain(s)
lievitys relief
lievä mild, light, slight *lievä rangaistus* light/lenient punishment *lievä voimasana* mild swearword
lievästi mildly, slightly *lievästi sanottuna* to put it mildly
liha 1 (syötävä) meat **2** (elävä) flesh *omaa lihaa ja verta* your own flesh and blood (myös kuv) *lihan himot* the lusts of the flesh *tulla yhdeksi lihaksi* become one flesh
lihaksikas muscular
lihaliemi broth, bouillon
lihaliemikuutio bouillon cube
lihallinen 1 (ruumiillinen) physical, bodily, corporeal **2** (syntinen) fleshly, carnal, sensual **3** (todellista sukua oleva) natural(born), by birth *Jukka on lihallinen veljeni, Antti adoptoitiin* Jukka's my brother by birth, Antti was adopted
lihansyöjä carnivore, meat-/flesh-eater
lihapiirakka meat pie
lihapulla meatball
lihapyörykkä meatball
liharuoka (yleensä) meat; (yksi laitettu) meat dish; (aterian ruokalaji) meat course
lihas muscle
lihasvoima muscle, (ark) elbow grease

lihava 1 fat (myös kuv), overweight, heavy, plump, (erittäin) obese **2** (kirjasinlaji) bold
lihoa put on/gain weight/pounds, get fat(ter) *lihoa kaksi kiloa* put on/gain five pounds
lihottaa (eläintä) fatten, (ruoka ihmistä) be fattening
liiaksi 1 overly/too much, excessively, to too great a degree *Hän on liiaksi riippuvainen äidistään* He is overly/ excessively/too dependent on his mother, his attachment to his mother is too great, too much of a strain for him **2** ks liian, liikaa
liiallinen 1 (liian suuri) excessive, immoderate *liiallinen alkoholinkäyttö* excessive/immoderate drinking **2** (liika) excess, extra(neous) *karsia kaikki liiallinen lavertelu pois* cut all excess verbiage **3** (kohtuuton) extreme, inordinate *liialliset vaatimukset* extreme/ inordinate demands **4** (liioiteltu) exaggerated *liiallinen kohteliaisuus* exaggerated politeness, excessive flattery
liian (all/far/much) too, overly, excessively
liian kanssa excessively, to excess *Sitten kun tulee, tulee liian kanssa* It never rains but it pours
liiankin even too *Se voi olla liiankin suuri* It may even be too big
liidellä glide, soar
liidokki glider
liiemmälti *ei liiemmälti* not overmuch, not excessively, not too much
liietä *Liikenisikö sinulta pari minuuttia/ markkaa?* Could you spare a few minutes/marks, could I trouble you for a few minutes (of your time)/marks?
liiga 1 (urh, hist) league **2** (kopla) gang
liika *s* excess, surplus, surfeit, the rest *kuoria liika pois* skim the excess *liikoja* ks hakusana
adj excess(ive), too much, surplus, extra(neous), unnecessary *riisua liiat vaatteet pois* take off your outer layers (of clothing), strip down (to what feels comfortable)
liikaa (liian paljon jotain ainetta tai muuta yksilöimätöntä) too much, (liian monta yksilöä/yksikköä) too many
liikahdella stir, shift (your weight)
liikaherkkä oversensitive
liikahtaa stir, move (slightly) *Älä liikahdakaan!* Don't move a muscle!
liikalihava overweight, obese
liikalihavuus obesity
liikanainen ks liiallinen
liika on aina liikaa enough is enough (and too much is too much)
liikasanaisuus verbosity, prolixity, wordiness
liikatarjonta oversupply, glut
liike 1 (liikkuminen) move(ment), motion (ks myös liikkeellä, liikkeessä) *naisliike* the women's movement *Yksikin liike ja olette kaikki kuoleman omat!* One move and I'll drill you *presidentin liikkeet* the President's movements *sotajoukkojen liikkeet* troop movements, army maneuvers *pyörivä liike* circular motion *saada liikettä niveliin* get someone/ yourself going *Liikettä!* Get going! Look alive! Wake up! **2** (yritys) business, firm, company, (kauppa) store *perustaa oma liike* start your own company, go into business for yourself
liike-elämä business
liikehtiä 1 move, stir, shift (your weight) **2** (sot) maneuver
liikekannallepano mobilization
liikemies businessman
liikenainen businesswoman
liikenevä available, spare; (money/ time) at hand/to spare
liikenne traffic
liikennejuoppous drinking and driving, intoxication at the wheel
liikennemerkki traffic sign
liikenneonnettomuus car crash, traffic accident
liikenneruuhka traffic jam
liikennesäännöt traffic laws/rules/ regulations
liikenneturvallisuus traffic/driving safety
liikennevakuutus automobile insurance

liikennevalot traffic lights
liikennevalvonta traffic warden
liikenneympyrä traffic circle
liikennöidä run, operate *liikennöidä Tampereen ja Jyväskylän välillä* run/operate/maintain a regular line/service between Tampere and Jyväskylä
liikepankki commercial bank
liiketaloudellinen commercial, financial, economical *liiketaloudellisesti kannattamaton* commercially/financially/economically unfeasible/unprofitable
liiketalous business
liiketoiminta business, trade
liikevaihto sales, turnover
liikevaihtovero sales tax
liikeyritys business, firm, company
liikkeelle paneva voima prime mover
liikkeellä 1 (ihminen) up and about, out and around, on your feet, on the go **2** (auto tms) going, running, working *saada liikkeelle* get (a car) started, start **3** (huhu) going around, making the rounds, circulating *Huhu lähti liikkeelle siitä, että* What started the rumor was
liikkeessä 1 (liikkuva) in motion *panna liikkeeseen* set in motion **2** (seteli) in circulation *panna liikkeeseen* put into circulation, float *poistaa liikkeestä* withdraw from circulation, take out of circulation **3** (kaupassa) in the store *tulla liikkeeseen* enter the/a store, step into the/a store
liikkua 1 move, stir **2** (kulkea) travel, go *Millä liikut?* How did you get here? Did you drive? *Millä asialla liikut?* (kohteliaasti) What can I do for you? (töykeästi) What do you want? (tuttavallisesti) What's up? **3** (saada liikuntaa) exercise, be physically active **4** (raha) circulate, flow *Raveissa liikkuu paljon rahaa* There's big money in the races **5** *Mitä sinun päässäsi oikein liikkuu?* What goes through your head? Whatever can you be thinking of?
liikkumatila room/space (to move), elbowroom *antaa mielikuvitukselle liikkumatilaa* give your imagination free play/rein
liikkumaton immobile, motionless
liikkuva (liikkumiskykyinen) mobile, (liikkeessä oleva) moving
liikoja *kuvitella liikoja itsestään* have an inflated opinion of yourself *En luota häneen liikoja* I trust him about as far as I could throw him
liikunta 1 (liikkuminen) (physical) exercise **2** (koulussa) physical education, phys. ed., P.E.
liikuntakasvatus physical education
liikuntamuoto form of (physical) education/movement
liikuskella move around
liikutella 1 move *Osaatko liikutella korviasi?* Can you wiggle your ears? **2** (hämmentää) stir **3** (käsitellä) handle *liikutella suuria rahasummia* handle/deal with/move large sums of money *liikutella kirvestä* handle/ swing an ax
liikuttaa 1 (fyysisesti) move **2** (emotionaalisesti) move, touch *Minua liikutti syvästi kun hän lauloi* I was deeply moved by her singing **3** (ark) concern *Mitä se teitä liikuttaa?* What do you care? What concern/ business is it of yours? What does that have to do with you?
liikuttava moving, touching, poignant
liikuttua be moved/touched
liikuttunut moved, touched
liikutus emotion, feeling
liima glue, adhesive
liimata glue, stick, paste
liimautua 1 stick/adhere (to) *olla (katse) liimautuneena televisioon* be glued to the television set **2** (tarrautua ihmiseen) cling/clutch/cleave (close to)
liina 1 (pöytäliina) tablecloth, (kaulaliina) scarf **2** (mer = nuora) line
liinavaatteet linen(s)
liioin 1 (hevin) exactly *Ei se liioin lyö leiville* It doesn't exactly pay, it's not exactly what you'd call a money-maker **2** (-kään) neither, nor *ei hyvä eikä liioin huono* neither good nor bad *En minäkään liioin* Neither/nor do I
liioitella 1 (asiaa) exaggerate, (ark) blow (things) (way) out of proportion **2** (liikettä) overdo, overact **3** (jonkun tyyliä) parody, caricature

liioittelematta without exaggerating *Se oli liioittelematta kolmekiloinen!* I kid you not, it weighed three kilos!
liioittelu exaggeration
liipaisin trigger
liisteri 1 paste **2** (ark) trouble *joutua liisteriin* get into trouble
liite 1 ((asia)kirjan) appendix **2** (lehden viikonloppu/kuukausiliite) supplement **3** (kirjeen) enclosure
liitin 1 (klemmari) paperclip **2** (tekn) coupler
liitos 1 joint *natista liitoksissaan* have creaky joints, be creaky in the joints *hajota liitoksistaan* burst at the seams **2** (kuntain tms) annexation, incorporation
liitto 1 (kahdenkeskinen sopimus) pact, agreement **2** (raam) covenant **3** (avioliitto) marriage, union, (marital) bond **4** (salaliitto) conspiracy *olla liitossa johdon kanssa* be in cohorts/ league with management, conspire with management **5** (ammattiliitto) union *liittyä liittoon* join the union **6** (kattojärjestö) federation, organization **7** (liittoutuma) alliance, league, union, confederation
liittokansleri Federal Chancellor
liittolainen confederate, ally
liittotasavalta federal republic
liittovaltio federal government
liittovaltuusto central council
liittymä 1 (liitos) joint **2** (tieliittymä) junction, intersection **3** (puhelinliittymä) extension, hookup **4** (kartelli) combine, consortium, cartel **5** (liitto) organization, association, union; (pol) coalition
liittymäkohta 1 junction, juncture **2** (kuv) connection *Kivellä on oikeastaan hyvin vähän liittymäkohtia oman aikansa suomenkieliseen kirjallisuuteen* Kivi really had very little in common with the Finnish literature of his time
liittyä 1 (sulautua) unite, combine/join (together) **2** (kiinnittyä) be joined/ connected/fastened/attached **3** (jäseneksi) join, become a member (of) **4** (kytkeytyä) be connected/linked/ associated with, be related/ linked to, connect up, tie in *siihen liittyen* apropos of that, in connection with that, while we're on that, that reminds me, incidentally, by the way **5** (kuulua johonkin) accompany, go (hand in hand/glove) with, follow *Tautiin liittyy väsymystä ja unettomuutta* The disease usually brings on tiredness and insomnia, is usually accompanied by tiredness and insomnia *Onnettomuuteen ei liittynyt henkilövahinkoja* No one was hurt in the accident
liittää 1 join, connect, attach, fasten *liittää liimalla* glue (together) *liittää nauloilla* nail (together) **2** (oheistaa) attach, append, enclose *Oheen liitän nimikirjanotteeni* Enclosed please find a copy of my placement file **3** (alue toiseen) annex, incorporate **4** (kuv) associate, link, connect *En olisi osannut liittää sinua Henrikiin* I never would have made the connection between you and Henrik
liitu (piece of) chalk *väriliitu* crayon
liituraitapuku pinstriped suit
liitutaulu black/chalkboard
liityntä interface
liitäntä connection, interface
liitää glide
liivit 1 (takkipuvun) vest, (hihaton villapaita) sweatervest **2** (kureliivit) girdle, corset; (rintaliivit) bra(ssiere)
lika dirt, filth
likainen dirty, filthy, (ark) grubby
likainen mielikuvitus dirty mind
likaista peliä dirty pool
likapyykki dirty wash
likavesi sewage
likaviemäri (talon) drainpipe, (kaupungin) sewerpipe
likellä close to, near
likeltä liippasi that was a close call/ one
likempänä closer to, nearer
liki nearly, almost, close to
likiarvo approximation, rough/ballpark figure/estimate
likimain nearly, almost, close to
likimääräinen approximate, rough, (ark) ballpark

likinäköinen nearsighted, myopic
likipitäen nearly, almost, close to
likka lass
liko *panna likoon* (kattila tms veteen) put a kettle in water to soak, fill a kettle with water to soak; (rahaa tms yritykseen) sink (all your money) in a venture, stake (your money/ reputation) on something *olla liossa* (kattila tms) be soaking; (rahaa tms) tied up, invested (in a project)
likööri liqueur
lilja 1 (kukka) lily **2** (heraldiikassa) fleur-de-lis
lima 1 (ihmisen erittämä) phlegm, mucus; (ihmisen sylkemä) expectorant, (ark) loogie **2** (eläimen/kasvin erittämä) slime, mucus, mucilage
limakalvo mucous membrane
limaneritys mucus/phlegm secretion
limonadi (soda) pop, soft drink
limsa (soda) pop, soft drink
lineaarinen linear
lingota 1 (kivi tms) hurl, sling, fling **2** (pyykki) spin-dry **3** (tekn) (spin in a) centrifuge
linja 1 line *kautta linjan* right down the line **2** (liikennelinja) route **3** (politiikka) policy *Paasikiven-Kekkosen linja* the Paasikivi-Kekkonen policy *ulkopoliittinen linja* foreign policy **4** (tyyli, imago tms) style, image, look
linja-auto bus
linja-autoasema bus station, bus depot
linja-autoliikenne bus traffic
linkku latch *mennä linkkuun* fold up, bend in two, (perävaunu) jacknife
linkkuveitsi (yksiteräinen) pocket knife; (moniteräinen) jacknife; (automaattinen) switchblade
linko 1 (tekn) centrifuge **2** (lapsen) slingshot **3** (pyykkilinko) spinner
linna 1 castle *presidentinlinna* Presidential residence/palace **2** (ark) jail, the slammer, the clink *joutua viideksi vuodeksi linnaan* get (put away for) five years
linnake fort(ress), (kuv) bastion
linnatuomio prison sentence
linnoittaa fortify
linnoittautua (kuv) entrench yourself, build up your defenses
linnoitus 1 fortress **2** (šakissa) castling
linnunpelätin scarecrow
linnunpesä bird's nest (myös kampauksesta)
linnunpoikanen chick, (vielä pesässä) nestling, (lentämään oppinut) fledgling
linnunrata 1 galaxy **2** *Linnunrata* the Milky Way
linnusto bird population, avifauna
linssi lens *sahata linssiin* trip someone up, (ark) fuck someone over, give someone the shaft
lintassa down at the heels *astua kenkänsä linttaan* scuff your heels
lintata smack, crack, whack
lintu 1 bird **2** (syötävä tai riista) fowl
lintu vai kala fish or fowl
liota soak
liottaa soak
liotus soaking
lipas 1 box, case, (iso) chest **2** (aseen) magazine, clip
lipasto chest of drawers
lipevä smooth, slick, oily, unctuous
lipeväkielinen glib
lipeäkala lutefisk
lipoa lick *lipoa huuliaan/kieltään* lick your lips/chops *lipoa maitoa* (esim kissa) lap (up) milk
lippa 1 vizor *panna jotakuta alta lipan* (ark) poke fun at someone **2** (uistin) spinner
lippalakki cap
lippu 1 (matkalippu tms) ticket *liput rockkonserttiin* tickets to/for the/a rock concert **2** (maan tms lippu) flag, (kuv) banner *tervehtiä lippua* salute the flag/ colors *pitää lippu korkealla* fly your flag high *nostaa lippu (tankoon)* raise/hoist a flag
lippulaiva flagship
lippuluukku ticket window
lipputanko flagpole
lipsahdus slip
lipsahtaa slip

lipsu slip (of the tongue)
lipsua slide backwards
lipua glide, float
lipuke label, tag
lipunkantaja flagbearer
lipunmyynti ticket sales
liputtaa 1 (liputuspäivänä) fly a flag **2** (urh) throw down a flag **3** (viestiä lipuilla) flag, semaphore
lirinä ripple
liristä ripple
lisensiaatin tutkinto Licentiate degree
lisensiaatti Licentiate
lisenssi license
lisko lizard
lista 1 list **2** (rak) molding
lisukkeet trimmings, side dishes
lisä 1 extra, addition **2** bonus, allowance, benefit *lapsilisä* child benefit **3** *lisä-* extra, additional, supplementary
lisäaika 1 extra/additional/more time, extension **2** (urh) timeout
lisäaine additive
lisäarvovero value-added tax, VAT
lisäbudjetti supplementary budget
lisäillä add *lisäillä kertomukseen omiaan* embellish the story as you go along
lisäke 1 (lisämuodoste) appendage **2** (lisäaine) additive **3** (lak: lisäpykälä tms) rider **4** (hiuslisäke) hairpiece, toupee
lisäkortti (tietokoneen) add-on board
lisäksi *adv* **1** (sitä paitsi) besides (that), in addition, into the bargain *Lisäksi siitä maksetaan hyvin* Besides that, they pay well; and the pay is good into the bargain **2** (myös) also, too, as well *fiksu ja lisäksi kaunis* bright and beautiful too/as well **3** (vielä) further(more), what's more *Lisäksi vaadin* Furthermore/what's more/in addition I demand
postp in addition to, besides, apart from *Kuka tulee teidän lisäksi?* Who else is coming besides/in addition to/apart from you? *kaiken lisäksi* on top of everything else, to crown/top it all
lisäkustannus additional/extra expense/cost
lisämaksu additional fee/charge, surcharge, extra *50 mk lisämaksusta* for an additional/extra 50 marks
lisäopetus additional/further education/schooling
lisäselvitys supplementary report/ explanation
lisätä 1 (jotakin johonkin) add (something) to *lisätä tekstiä kirjeeseen* add/attach/append a message to the letter *lisätä puita pesään* put more wood on the fire, stoke up the fire **2** (jotakin) add to (something) *lisätä hintaa* raise/ increase the price *lisätä talon arvoa* enhance the house's value
lisävaatimus additional demand
lisävalaistus additional lighting
lisäys 1 addition **2** (hinnan, tuotannon tms) increase **3** (kirjan) addendum (mon addenda) **4** (perustuslain) amendment
lisää more *Saisiko olla lisää kahvia?* Would you like some more coffee?
lisääntyä 1 (tulla lisää) increase, grow **2** (biol) reproduce, multiply, breed
litania litany (myös kuv)
litistyä flatten (out), get flattened
litistää flatten
litra liter
litrakaupalla by the liter, liters and liters (of)
litroittain by the liter, liters and liters (of)
litteä flat
liturgia liturgy
liturginen liturgical
liueta dissolve *liueta paikalta* (ark) slip away
liukas 1 (tie) slippery **2** (kieli) smooth, glib **3** (juoksu tms) quick, agile
liukastella 1 slip (and slide) (all over the place) **2** (mielistellä) fawn (all over someone)
liukastua slip
liukua 1 slide, glide **2** (keskustelu tms) shift, range
liukumäki slide
liukuobjektiivi zoom lens
liuos solution

liuottaa dissolve
liuska 1 (kirjoitettua paperia) sheet, (printti) printout **2** (kaistale) strip **3** (kasv) lobe, (anat) lobule
liuske slate, shale
liuta swarm, crowd, bunch
liu'uttaa slide
livahtaa slip, slide, sidle; (salaa) steal, slink
liverrellä (bill and) coo
livertää warble, trill
livetä slip
livohka *lähteä livohkaan* take off, beat it, scram
logaritmi logarithm
logiikka logic
lohduton 1 (ihminen) unconsolable, disconsolate, desperate, despairing **2** (tilanne) hopeless, bleak, impossible, desperate
lohduttaa comfort, console
lohdutus comfort, consolation
lohdutuspalkinto consolation prize
lohenpyrstö dovetail
lohi salmon; (ark=kirjolohi) (rainbow) trout
lohikäärme dragon
lohjeta split/break/chip (off)
lohkaista split, chop, lop, break *lohkaista pari sekuntia 100 m ajastaan* knock a couple of seconds off your time for the 100 meters
lohkare boulder, (esim jäätä) block, chunk
lohkeama split, crack
lohkeilla peel (off)
lohko 1 segment, section, sector *appelsiinin lohko* slice/segment of an orange **2** (tietok) block **3** (maapalsta) parcel **4** (anat) lobe **5** (urh) division
lohtu comfort, consolation *laiha lohtu* slim/small consolation
loihtia conjure (up) (myös kuv); (kuv) invoke *loihtia prinssi sammakoksi* turn a prince into a frog
loikata 1 (hypätä) leap, jump, hop **2** (toiseen maahan/puolueeseen) defect
loikkari defector
loimi 1 (kankaan) warp **2** (hevosen) blanket *antaa loimeen* spank, thrash, whip
loimuta blaze, flare
loinen parasite
loiseläin parasite
loiskahdus splash
loiskahtaa splash
loiskasvi parasite
loiskia splash
loiskua splash
loistaa shine, (pehmeästi) glow, (häikäisevästi) glare, (terävästi) sparkle *loistaa poissaolollaan* be conspicuously absent
loistava 1 (valo) shining, bright, brilliant **2** (asia tms) brilliant, excellent, splendid, magnificent, glorious
loistavasti *selviytyä loistavasti* come up smelling like roses, pull (something) off brilliantly
loiste 1 (kiilto) shine, luster **2** (valo) light, shining
loisto *s* **1** (kiilto) shine, luster, brilliance **2** (hienous) brilliance, excellence, splendor, magnificence, glory *adj* great, super, fantastic
loistoasunto luxury/deluxe/posh apartment
loistoauto luxury car
loistohotelli plush/ritzy/fancy hotel
loistokausi golden age, (time of) glory, heyday
loitolla at a distance *pitää loitolla* keep (someone/something) at bay, at arm's length, keep/maintain your distance from *pysyä loitolla* stay away (from), stand aloof (from)
loitontaa 1 (fyysisesti) remove, move (something further) away, put distance between yourself and (something) **2** (henkisesti) distance, push (someone) away
loitontua 1 (fyysisesti) move away (from), move apart **2** (henkisesti) grow apart, grow away from each other, become estranged
loitota ks loitontua
loitsu spell, charm
loittorengas (valok) extension tube
loiva gentle
loivasti gently
lojaali loyal

lojua lie around; (laiskasta ihmisestä) laze/lounge around; (vankilassa) languish
loka mud *heittää lokaa jonkun silmille* (kuv) sling mud at someone, smear someone *vetää jonkun nimi lokaan* drag someone's (good) name through the mire/mud
lokakaivo septic tank
lokakuinen October
lokakuu October
lokasuoja fender
lokero 1 (postilokero tms) box **2** (laatikon osa) compartment **3** (lukittava) locker **4** (anat) cell
lokeroida pigeonhole
loki log
lokikirja logbook
lokki (sea)gull
loksahdus bang
loksahtaa bang, snap, click
loma 1 vacation, holiday(s) **2** (sot ja työ) leave *äitiysloma* maternity leave **3** (eduskunta tms) recess **4** (väli) gap *lomassa* between *muiden töiden lomassa* in between everything else you have to do *pilvien lomasta* from between the clouds
lomahotelli resort hotel
lomailija vacationer, tourist
lomailla (go on) vacation
lomakeskus vacation resort
lomakylä vacation village
lomamatka vacation trip
lomauttaa lay off
lomautus layoff
lomittaa 1 (asioita) intersperse **2** (työntekijää) replace during the holidays
lomittain interlocked
lommo dent
lompakko wallet
lompsa wallet
lonkero 1 (eläimen) tentacle (myös kuv), arm **2** (kasvin) tendril, runner, vine
lonkka hip *ampua lonkalta* shoot from the hip *vastata lonkalta* answer off the cuff
lonksua rattle, clatter
Lontoo London
lontoolainen (ihminen) Londoner, (asia) (from) London
loogikko logician
looginen logical
loogisesti logically
lopen very, completely, utterly *lopen väsynyt* dead tired/beat
lopetella wrap/finish up
lopettaa 1 (tehdä loppuun) finish, complete, conclude, wrap up, (put an) end (to) **2** (lakata tekemästä) stop, quit, give up, leave off *Lopeta jo!* Stop/quit it! Gimme a break! *Tehdas lopettaa ensi kuussa* The factory will be closing down next month **3** (tappaa) finish off, (vesikauhuinen tms) destroy, (kotieläin) put down, (lemmikkieläin) put to sleep
lopetus finishing *koulun lopetus* finishing school
loppiainen Epiphany
loppiaisaatto Twelfth Night
loppu 1 end(ing) *onnellinen loppu* happy ending *alusta loppuun* from beginning to end, through and through *(katkeraan) loppuun saakka* right to the (bitter) end, to the last *lopuillaan* drawing to its/a close *ajaa/raataa itsensä loppuun* wear yourself out *ajatella asia loppuun* think a thing through *loppuunmyyty* sold out **2** (jäljelle jäävä osa) the rest *Saat pitää loput* You can keep the rest *lopuksi iäkseen* for the rest of your life
loppua 1 end, finish, get over **2** (lakata) stop *Sade loppui jo* It already stopped/quit raining **3** (huveta) run out *Minulta loppui raha* I ran out of money *Sokeri on loppunut* We're out of sugar
loppua lyhyeen kuin kanan lento go over like a lead balloon, flop
loppuhuomautus afterword
loppu hyvin kaikki hyvin all's well that ends well
loppujen lopuksi all in all, in the final analysis, in the end, finally, ultimately
loppukesä late summer
loppukilpailu the finals
loppumaton endless, unending, ceaseless

loppumattomiin endlessly, ceaselessly
loppuosa 1 (loppupää) end, latter part **2** (loput) the rest, the remainder
loppuottelu the finals
loppupuoli the last/latter part *ensi kuun loppupuolella* late next month
loppupuolisko the latter half
loppupää the (tail) end
loppuratkaisu (näytelmän tms) denouement
loppurynnistys lastditch effort
loppuselvitys 1 (lak) final report/ account(ing) **2** (näytelmän) denouement
loppusointu rhyme
loppusumma 1 (lopullinen) (sum) total **2** (loput) the balance
loppusuora home stretch (myös kuv)
lopputili *antaa jollekulle lopputili* give someone notice, fire/sack/can someone *saada lopputili* get fired/sacked/canned
lopputulos end result
loppututkinto university/college degree
loppuunmyynti clearance sale
loppuunmyyty sold out
loppuunpalaminen burnout
loppuunväsynyt dead tired
loppuvaihe final/concluding stage/ phase
lopuksi finally, in conclusion, to sum up *loppujen lopuksi* ks hakusana
lopullinen final, ultimate
lopullisesti conclusively, definitively, once and for all
lopulta 1 (lopuksi) in the end, eventually *Lopulta päätettiin myöntää apuraha* We eventually decided to grant the stipend **2** (vihdoinkin) finally, at last *Tulithan sinä lopulta!* At last, you came! **3** (pohjimmiltaan) fundamentally, basically, ultimately *En lopultakaan saanut selville, mitä hän halusi* I never did figure out what he wanted
lopussa finished, out *Aika on lopussa* Time's up! Time! *Riisi on lopussa* We're (almost) out of rice *Olen aivan lopussa* I'm beat/dead/exhausted, I've had it *kuun lopussa* at the end of the month
loputon endless, unending, ceaseless, interminable
loputtomasti endlessly, ceaselessly, interminably
lorina gurgle, burble
lorista gurgle, burble
lorottaa run (water, your mouth)
loru 1 (lasten runo) nursery rhyme **2** (pötypuhe) nonsense, rubbish *Se oli sen lorun loppu* That was the end of that
lorvailla (seisoskella) hang around, (maata) laze around
lorvia (seisoskella) hang around, (maata) laze around
loska slush
loskakeli slushy road/sidewalk/day
lotota buy a lottery ticket, enter the lottery
lotta member of the women's auxiliary services
lotto lottery
louhia (kiviä) quarry, (tunnelia) dig; (räjäyttämällä) blast
louhos quarry
loukata 1 (ihmistä: fyysisesti tai henkisesti) hurt, wound, injure; (vain henkisesti) offend, insult **2** (oikeuksia, ilmatilaa tms) violate, infringe/ encroach (upon)
loukkaantua (fyysisesti tai henkisesti) get/be hurt; (vain fyysisesti) hurt/ injure yourself; (vain henkisesti) take offense
loukkaantunut (myös henkisesti) hurt; (vain henkisesti) offended
loukkaava hurtful, offensive, insulting
loukkaus 1 (ihmiselle) insult, affront **2** (oikeuksien, ilmatilan tms) violation, infringement
loukko nook, cranny
lounaissuomalainen *s* a Finn from the southwest *adj* Southwest-Finnish
Lounais-Suomi Southwestern Finland
lounas 1 (ateria) lunch; (virallinen, hienompi) luncheon **2** (ilmansuunta) southwest
lounasseteli meal ticket

lovi nick, notch, dent *langeta loveen* fall into a trance
luennoida lecture
luennoija lecturer
luento lecture
luentosali lecture hall
lueskella read cursorily, glance/flip/ browse through
luetella list, itemize, enumerate; (ark) tick off *luetella Yhdysvaltain presidentit* name the American presidents
luettelo list, directory, catalogue
luetteloida list, catalogue
luetuttaa have someone read something, have something read by someone
luhistua collapse, be crushed/ shattered
luhti loft
luihu sly, sneaky, crafty, devious
luikerrella wriggle, twist, slip *luikerrella pois kiperästä tilanteesta* wriggle out of a difficult situation *luikerrella jonkun suosioon* worm your way into someone's favor
luikkia scurry *luikkia tiehensä* (ihmisestä) slink/slouch off
luinen 1 (tehty luusta) bone **2** (luiseva) bony
luiseva bony
luiska ramp
luistaa 1 (fyysisesti) slide, slip, glide **2** (henkisesti) progress *Miten luistaa?* How's it going?
luistelija skater
luistella (ice-/roller-)skate
luistelu skating
luistin (ice-/roller-)skate
luisua slip, slide *antaa luisua* let something slide/ride *luisua käsistä* slip through your fingers
luja 1 (vahva) strong, sturdy, tough, resistant, firm **2** (vakaa) stable, solid
lujaa 1 (nopeasti) fast **2** (kovasti) hard **3** (kuuluvasti) loudly
lujassa (stuck) tight/fast *Raha on lujassa* Money is tight *Työ on lujassa* Jobs are scarce, work is hard to come by
lujasti 1 (lujassa) tight/fast *lujasti kiinni* stuck tight **2** (kovasti) hard *paiskia lujasti töitä* (ark) work your ass off, bust your buns
lujilla hard put/pressed *Se otti lujille* It hit me hard, it was tough *panna joku lujille* (työteolla) push/drive someone hard; (kysymyksillä tms) press someone hard, put someone on the spot
lujittaa firm up, reinforce, strengthen; (kuv) consolidate *lujittaa ystävyyttään* cement your friendship
lujittua firm up, strengthen, consolidate
lujuus strength, sturdiness, toughness, firmness, stability, solidity (ks luja)
lukaista skim/scan (quickly), breeze/ browse/glance through
lukea 1 (kirjaa tms) read **2** (olla kirjoitettuna) say *Mitä siinä lukee?* What does it say? **3** (opiskella) study **4** (katsoa johonkin kuuluvaksi) consider, regard (as) *lukea parhaiksi oppilaikseen* consider (someone) one of your best students **5** (laskea) count *Päiväsi ovat luetut* Your days are numbered *lukien* ks hakusana
lukea ajatukset read someone's mind
lukea huulilta read lips
lukea lakia lay down the law *Hätä ei lue lakia* Beggars can't be choosers
lukea nuotteja read music
lukea rivien välistä read between the lines
lukea tenttiin study/cram for an exam
lukea ulkoa recite from memory
lukema reading *mittarilukema* meter reading *ensi lukemalta* on a first reading
lukematon 1 (suuri määrä) innumerable, numberless, countless **2** (ei ole luettu) unread *Hyllyssäni on lukemattomia kirjoja* I have countless (merkitys 1)/unread(merkitys 2) books on my shelf
lukeminen 1 reading **2** (opiskelu) study(ing)
lukemisto reader, anthology
lukenut well-read, learned, erudite

lukeutua be one of, be among; (muiden mielestä) be classed/counted one of/among
lukien 1 (jostakin) from, starting, beginning *ensi vuoden alusta lukien* beginning/starting the first of next year **2** *mukaan lukien* including, counting *Meitä on kymmenen minut mukaan lukien* There are ten of us including/ counting me
lukija reader, (dokumenttielokuvan) narrator
lukijakunta readership
lukio high school
lukiolainen high school student
lukioluokka high school class
lukita lock
lukittua (be) lock(ed)
lukitus (tietok) interlock
lukkari 1 (seurakunnassa: hist) bellringer/organist/clerk **2** (pesäpallossa) pitcher-catcher
lukkarinrakkaus itch, hankering
lukko lock; (munalukko) padlock *lukkoon, lukossa* ks hakusanat
lukkoon *panna/mennä lukkoon* lock (up) *lyödä lukkoon* clinch (a deal)
lukkoseppä locksmith
lukossa locked; (korvat) plugged/ stopped (up)
luku 1 (mat) number, figure **2** (kirjan) chapter **3** (vuosisata) *1700-luvulla* in the 18th century
lukuisa numerous
lukujärjestys class schedule
lukukausi (school) term; (kun niitä on kaksi + kesälukukausi) semester, (kun niitä on kolme + kesälukukausi) quarter
lukukausimaksu semester/quarter tuition
lukumuisti read-only memory, ROM
lukumäärä number, quantity, amount
lukumääräinen numerical
lukusana numeral
lukutaidoton illiterate
lukutaidottomuus illiteracy
lukutaito literacy
lukutaitoinen literate
lukuvuosi school/academic year
lume *Se on pelkkää silmänlumetta* It's all (for) show
lumenajo snow removal
lumenluonti snow shoveling
lumen saartama snowbound
lumi snow
lumiaura snowplow
lumihanki snowdrift
lumihiutale snowflake
lumikenkä snowshoe
lumilapio snow shovel
lumimies abominable snowman, bigfoot
lumimyrsky snow storm
lumipallo snowball
lumipeite covering of snow
lumipyry snow flurry
lumisade snowfall
lumisohjo slush
lumisota snowball fight
lumityöt snow shoveling
lumiukko snowman
lumivalkoinen snow white
lumme water lily
lumoava enchanting, charming, bewitching
lumota enchant, charm, bewitch
lumous enchantment, charm, bewitchment, spell
lunastaa 1 (maksaa: pantti) redeem, (sekki) cash, (asete) honor, (vekseli) meet **2** (hakea: paketti) claim, (liput) pick up **3** (täyttää: lupaus, vars usk) redeem, (toive) fulfill
lunastus honoring, (vars usk) redemption, claiming (ks lunastaa)
lunnaat ransom
luo to *Mennään Hannu luo* Let's go to Hannu's (place), let's go see Hannu *mennä jonkun luo vierailulle* go visit someone *istuutua oven luo* sit down by the door *jäädä veräjän luo* stay at the gate
luoda 1 create, make *Hän on kuin luotu mäkihyppääjäksi* He's a born skijumper *olla luodut toisilleen* be made for each other **2** (lunta) shovel **3** (nahkansa) shed, slough (off) **4** (valoa) cast, give off **5** (katse) cast, hurl *luoda vihainen katse johonkuhun* glance angrily at someone

luoda pohja lay the foundation (for)
luoda puitteet provide a setting for, create an atmosphere for
luodata sound, (kuv) plumb, probe
luode 1 (ilmansuunta) northwest **2** (pakovesi) ebb (tide) *vuoksi ja luode* ebb and flow
luodikko rifle
luodinkestävä bullet-proof
luodinkestävät liivit bullet-proof vest
luoja creator *Luoja* Creator *Luojan kiitos!* Thank God/the Lord/heaven! *Luojan lykky* sheer luck *Luoja ties* God knows
luokalle jääminen flunking/failing a grade, being held back a year, retention
luokanopettaja classroom teacher
luokanvalvoja homeroom teacher
luokaton yhteiskunta classless society
luokitella classify, categorize; (ihmisiä) pigeonhole, stereotype, typecast; (myyntitavaroita) grade
luokittelu classification, categorization
luokitus classification, grading
luokka 1 (tasoryhmä) class *ensimmäisen luokan hytti* first-class cabin *olla omaa luokkaansa* be in a class by yourself, stand alone, be unique *suuren luokan projekti* big/major project *toisen luokan kansalainen* second-class citizen *ylä-/keski-/työväenluokka* upper/middle/working class **2** (luokkahuone) class(room) **3** (kouluvuosi) grade *toisella luokalla* in the second grade **4** (likiarvo) *Hinta oli tonnin luokkaa* It cost around a grand
luokkahuone classroom
luokkajako class division
luokkalainen grader *neljäsluokkalainen* fourth-grader
luokkaraja class boundary
luokkaretki field trip
luokkataistelu class struggle
luokkatietoisuus class consciousness
luokkatoveri classmate
luokkayhteiskunta class society
luokse to *Mennään Hannun luokse* Let's go to Hannu's (place), let's go see Hannu *mennä jonkun luokse vierailulle* go visit someone *istuutua oven luokse* sit down by the door *jäädä veräjän luokse* stay at the gate
luoksepääsemätön 1 (paikka) inaccessible **2** (ihminen) unapproachable
luola 1 cave(rn) **2** (ketun) den (myös kuv), (karhun) lair
luolamaalaus cave painting
luomakunta creation
luomi 1 (silmäluomi) (eye)lid **2** (ihotäplä) mole
luominen creation
luomus creation
luona 1 at *Hannun luona oli hauskaa* We had a good time at Hannu's (place/party) *Asun Hannun luona* I live with Hannu **2** (vieressä) by, near, close to *Tavattiin aseman luona* We bumped into each other by/in front of/outside the station
luonne character, nature, disposition *Se kysyy luonnetta* It takes character *Hankkeen luonteeseen kuuluu että* It's of the nature of this project that *iloinen luonne* cheerful disposition *olla luonteeltaan iloinen* be happy by nature *näyttää todellinen luonteensa* show your true colors/character
luonnehtia characterize, describe
luonnevikainen *s* psychopath *adj* psychopathic
luonnistua succeed, turn out, work *Se näyttää jo luonnistuvan sinulta* You've got the hang of it already
luonnollinen natural *Ole ihan luonnollinen* Just act natural, just be yourself *luonnollista tietä* by natural means *luonnollista kokoa* life-size
luonnollinen henkilö (lak) natural person
luonnollinen valinta natural selection
luonnollisesti naturally
luonnollista kokoa life-size
luonnollista tietä by natural means
luonnollisuus naturalness

luonnonihme natural wonder
luonnonkauneus natural beauty
luonnonkaunis naturally beautiful, of great natural beauty
luonnonlahjat natural/innate/inborn talent/gift
luonnonlaki natural law, law of nature
luonnonlääkintä natural healing, naturopathy
luonnonsuojelija conservationist
luonnonsuojelu conservation of nature, environmental protection
luonnonsäätiö natural preserve
luonnontiede natural science
luonnontieteellinen scientific
luonnontieteilijä natural scientist
luonnontila state of nature
luonnontutkija naturalist
luonnonvarainen virgin, primeval, wild
luonnonvarat natural resources
luonnonvoimat the elements, the forces of nature
luonnos **1** (piirros) sketch, outline **2** (kirjoitus) draft
luonnostaan by nature, naturally, inherently, innately *luonnostaan musikaalinen* musically gifted
luonnostella sketch (out), outline, draft
luonnoton unnatural, abnormal
luontainen natural, innate, inborn
luonteenlaatu character, disposition, temperament
luonteenomainen characteristic, typical, distinctive
luonteenpiirre characteristic, (character) trait/feature
luonteinen *vahvaluonteinen ihminen* a strong person, a person strong in character *arkaluonteinen asia* a delicate matter, a matter of some delicacy *tilapäisluonteinen järjestely* a temporary arrangement *Asia on sen luonteinen että meidän täytyy* The nature of the matter requires that we (do something)
luonteva natural, uncontrived, unaffected *Koeta olla luonteva* Try to act natural, act as if nothing were wrong *luonteva selitys* plausible explanation
luontevasti naturally, plausibly
luonto nature *takaisin luontoon* back to nature *Suomen luonto* the Finnish landscape/countryside/wilderness *Kävi luonnolle kuunnella* It tore me up just to listen to it *maksaa luonnossa* pay in kind
luontoinen ks luonteinen
luontoisetu perquisite, (ark) perk
luontua **1** (luonnistua) succeed, turn out, work **2** (sopia) fit, suit
luopio (usk) apostate, (pol) defector, (lainsuojaton) renegade *Julianus Luopio* Julian the Apostate
luopua give up, renounce, forsake, relinquish, abdicate (ks hakusanat) *Luopuisit jo siitä* Why don't you give up on that/him already, why don't you just declare that a lost cause
luopua aikeesta decide against a course, decide not to, drop/abandon a plan
luopua asemastaan resign your position
luopua kilpailusta withdraw from the competition
luopua kruunusta abdicate the throne
luopua leikistä give up the game
luopua maailmasta renounce/forsake the world
luopua oikeudesta waive a right
luopua suvustaan renounce/forsake your family
luopua toivosta give up hope
luopua vallasta relinquish control
luostari abbey; (munkeille) monastery, (nunnille) convent
luostarilaitos monasticism
luota from *Tule pois sen koneen luota!* Get away from that machine! *lähteä jonkun luota* leave someone's house
luotaantyöntävä offputting, repellent, repulsive
luotain (kaikuluotain) (echo) sounder; (avaruusluotain) (space) probe
luotaus sounding
luoteinen *s* northwest *adj* northwest(ern/-erly)
Luoteisterritoriot (Kanadan) Northwest Territories

luoteistuuli northwesterly (wind)
luoteisväylä Northwest Passage
luotettava trustworthy, reliable, dependable
luotettavasti reliably, dependably
luoti 1 (ammuttava) bullet **2** (luotaimen lyijy) lead **3** (rak) plumb(bob) **4** (seinäkellon) weight
luoto (small rocky) island
luotonanto credit, granting of loans
luotsi pilot
luottaa (place your) trust (in), rely/depend on, have confidence in *Voit luottaa siihen, että teen sen ajoissa* You can count/depend on me finishing it on time
luottamuksellinen confidential
luottamuksellisesti confidentially
luottamus confidence *herättää luottamusta* inspire confidence *luottamuksella* confidentially
luottamushenkilö elected official
luottamuslause vote of confidence
luottamusmies shop steward
luottamusoppilas student elected to a position of trust
luottamuspula crisis of confidence
luottamustehtävä responsible position
luottavainen trusting
luotto credit
luottokortti credit card
luovia 1 (karien välistä) navigate (myös kuv), steer; (vastatuuleen) tack, beat against the wind **2** (kuivalla maalla) weave (your way), zigzag
luovuttaa 1 hand over, surrender, give up, deliver (up) (ks hakusanat) *luovuttaa paikkansa vanhukselle* stand up and let an elderly person have your seat, give up your seat to an elderly passenger **2** (jakaa) present, hand out *luovuttaa palkinto tämän vuoden voittajalle* present this year's winner with the award/prize **3** (rikollinen) extradite **4** (elin) donate **5** (peli) give up, forfeit *Älä luovuta!* Don't give up! **6** (kem = päästää) emit, give off, release
luovuttaa elin donate an organ
luovuttaa hotellihuoneensa check out of your room/the hotel
luovuttaa maata (toiselle valtiolle) cede, (luonnolliselle henkilölle) convey
luovuttaa omaisuutensa jollekulle relinquish/assign/deed your property to someone
luovuttaa omistusoikeus transfer (your right of) ownership
luovuttaa rikollinen extradite a criminal
luovuttaja (elimen) donor
luovuttamaton (oikeus) inalienable
luovutus surrender, delivery, extradition, donation, forfeit, emission, cession, conveyal, assignation, transfer (ks luovuttaa)
lupa 1 (suostumus) permission *omin luvin* without permission *Saanko luvan?* May I have this dance? *Saanko luvan esittäytyä?* Let me introduce myself **2** (lupakirja) permit, license **3** (ennuste) prediction *Huomenna on luvassa sadetta* It's supposed to rain tomorrow **4** (koulusta) day off *Meillä on tänään koulusta lupaa* We don't have any school today
lupaava promising
lupaavasti promisingly, with (great) promise
lupakirja permit, license
lupamaksu license fee
lupaus 1 promise (myös kuv) **2** (vala) vow **3** (lupaava ihminen) (likely) prospect
lupsakka funny, droll, genial, jovial
luritella warble, trill
lurjus scoundrel, rascal, rogue
lusikallinen spoonful
lusikka spoon *pistää lusikkansa soppaan* add your two bits, put your oar in *syöttää lusikalla* spoonfeed *ottaa lusikka kauniiseen käteen* swallow your pride (and do as you're told)
lusikoida spoon (up/out)
luterilainen Lutheran
luterilaisuus Lutheranism
luu 1 bone *pelkkää luuta ja nahkaa* all skin and bones *Häneltä meni luu kurkkuun* He couldn't get a word out, he was speechless/struck dumb **2** (kivi) pit, stone

luukku door, hatch; (lattialuukku) trapdoor, (ikkunaluukku) shutter, (lippuluukku) ticket window
luulla 1 (uskoa) think, believe *Luulen niin* I think so *Etköhän luule nyt liikoja itsestäsi* Don't you think you might have an inflated opinion of yourself? **2** (arvella) suppose, guess *Mitä luulisit hänen sanovan?* What do you suppose she'll say? **3** (kuvitella) imagine **4** (pitää) take, think *Miksi minua oikein luulet?* What do you take me for?
luulo belief, supposition, imagination; (harhaluulo) delusion, illusion *Luulitko että pelastaisin sinut pinteestä? Turha luulo* Did you think I'd save your sorry neck? Think again *ottaa joltakulta turhat luulot pois* pop someone's balloon, deflate someone's ego, cut someone down to size *olla siinä luulossa että* be under the (false, mistaken) impression that *suuret luulot itsestään* an inflated opinion of yourself
luulo ei ole tiedon väärti thinking isn't knowing
luulotella 1 (itselleen) imagine, delude yourself (into thinking/believing) **2** (toiselle) get someone to believe something, string someone along
luultava probable, (highly) likely
luultavasti probably
luunmurtuma fracture
luuranko skeleton (myös kuv) *luuranko kaapissa* a skeleton in the closet
luuri (puhelimen) handset *lyödä luuri korvaan* hang up on someone
luusto bones, skeleton, skeletal structure
luuta broom
luutnantti lieutenant
luuton boneless
luuydin (bone) marrow
luvallinen permitted, permissible, allowable, admissible
luvanvarainen subject to license
luvata 1 promise *Huomiseksi luvattiin lämmintä* It's supposed to be warm tomorrow **2** (vannoa) vow **3** (enteillä) bode *Tämä ei lupaa hyvää* This bodes ill, this is not a good sign/ omen
luvaton 1 (kielletty) forbidden **2** (laiton) illegal, unlawful, illicit **3** (ilman lupakirjaa tai virallista lupaa) unlicensed, unauthorized **4** (anteeksiantamaton) inexcusable, unconscionable
luvaton poissaolo palveluksesta absence without leave, AWOL
luvattomasti illegally, unlawfully, illicitly, without permission/a license/ authorization, inexcusably, unconscionably (ks luvaton)
luvattu maa the Promised Land
Luxemburg Luxembourg
luxemburgilainen *s* Luxembourger *adj* Luxembourgian
lyhde sheaf
lyhenne abbreviation
lyhennelmä 1 (hiukan lyhennetty) abridgement, abridged version **2** (paljon lyhennetty = tiivistelmä) abstract, summary
lyhennys 1 (housujen tms) shortening, taking up **2** (lainan) amortization, payment (on principal); (osamaksusopimuksen) installment **3** (lyhenne) abbreviation
lyhentyä shorten, be reduced
lyhentää 1 (housuja tms) shorten, take up **2** (lomaa tms) cut short, break off **3** (työaikaa) cut, reduce **4** (lainaa) amortize, make a payment on (the principal) **5** (sanaa) abbreviate **6** (kirjaa) abridge
lyhetä shorten, be reduced
lyhty 1 lantern **2** (auton) (head)light
lyhyeen short *lopettaa/päättää lyhyeen* cut short *loppua lyhyeen kuin kananlento* go over like a lead balloon
lyhyesti briefly *puhua lyhyesti* be brief *lyhyesti sanottuna* in brief/short, in a word/nutshell
lyhyestä virsi kaunis short and sweet
lyh(y)käinen short (ks lyhyt)
lyhyt short, brief *lyhyeen, lyhyesti* ks hakusanat *jäädä lyhyeksi* fall short
lyhytaalto- shortwave
lyhytaikainen short, brief, short-term/-range/-lived
lyhytelokuva short (film)

lyhytnäköinen 1 (likinäköinen) near-sighted **2** (lyhyen tähtäimen) short-sighted
lyhytnäköisyys near-/ short-sightedness
lyhytsanainen curt, taciturn
lyijy lead
lyijykynä pencil
lyijymyrkytys lead poisoning
lyijytön bensiini unleaded gas(oline), lead-free gas(oline)
lykky luck *hyvässä lykyssä* with any luck, if I'm/we're lucky
lykkyä tykö good luck
lykkäys postponement, deferral, delay
lykkääntyä be postponed/deferred/ delayed
lykätä 1 (työntää) push, shove *lykätä rahaa jonkun käteen* stuff some money in someone's hand **2** (tuottaa) dash off, churn out *lykätä kirje kolmessa minuutissa* dash off a letter in three minutes **3** (vierittää) pass *lykätä syy toisen niskoille* pass the buck **4** (siirtää myöhemmäksi) postpone, defer, delay, put off *Älä tee tänään minkä voit lykätä huomiseen* Never do today what you can put off until tomorrow
lykätä kokous adjourn a meeting (until a later date)
lyly 1 compression wood **2** (vanh) the longer ski
lylyn lykky (leik) skiing
lymytä hide (out), lurk (about)
lynkata lynch
lynkkaus lynching, necktie party
lypsy milking
lypsykarja milk cattle/cows
lypsykone milking machine
lypsylehmä milk cow; (kuv) money-maker, meal ticket
lypsää milk (myös kuv)
lyriikka (lyric) poetry/poem
lyseo lyseum, lycée
lysti 1 fun *pitää lystiä jonkun kustannuksella* poke fun at someone, have fun at someone's expense *Se oli kallista lystiä* That cost a pretty penny **2** *koko lysti* (ark) the whole shebang, the whole kit and caboodle **3** *yksi lysti* matter of indifference *Se on minulle yksi lysti* (ark) I don't give a damn/shit/hoot one way or the other, it's all the same to me
lystikäs funny, droll, humorous, amusing
lystätä like, want *Tee niin kuin lystäät* Do whatever you like/want
lysähtää collapse, sink, slump, drop
lyyhistyä collapse, sink, slump, drop
Lyypekki Lübeck
lyyra lyre
lyyrikko (lyric) poet, lyricist
lyyrinen lyric(al)
lyödä 1 hit, strike, knock; (ark) biff, smack, crack, poke *lyödä varpaansa* stub your toe **2** (hakata, myös kuv) beat *lyödä rumpua/vastustaja* beat a drum/an opponent *löylyn lyömä* silly, dizzy, goofy **3** (heittää lujaa) hurl, chuck, pitch, heave *lyödä puita takkaan* pitch logs into the fireplace **4** (itr: aallot) crash; (purjeet) flap; (polvet) knock; (hampaat) chatter; (sydän, sade) pound, beat; (valtimo) beat; (salama) strike *kello lyö* (aikaa) strike, (ääntä) ring
lyödä ennätys break a record
lyödä hajalle scatter
lyödä hätärumpua hit the panic button
lyödä itsensä läpi make a breakthrough, get your big break
lyödä kasaan throw together
lyödä kintaat pöytään hang up your gloves, throw in the towel
lyödä korttia play cards
lyödä kättä shake (hands), (ark) put 'er there
lyödä laimin neglect
lyödä laudalta (ark) beat the pants off (someone), take (someone) to the cleaners
lyödä leikkiä joke around, crack a joke
lyödä leiville pay (off)
lyödä lyötyä hit a man when he's down
lyödä löylyä throw water on th
lyödä puulla päähän flabb
dumbfound
lyödä rahaa mint/coin r

lyödä rikki break, smash
lyödä tahtia beat time
lyödä vetoa (make a) bet/wager
lyödä yksiin match (up), jibe
lyödä ällikällä flabbergast, dumbfound
lyömäsoitin percussion instrument
lyömätön unbeaten, unbeatable
lyönti 1 hit, knock, blow; (ark) biff, smack, crack, poke **2** (sydämen) (heart)beat, (kellon) stroke
lyöty beaten
lähde 1 (veden) spring, source **2** (ideoiden tms) source
lähdeaineisto sources, secondary literature
lähdeluettelo bibliography, works cited
lähdeteksti (kääntämisessä) source (-language) text, original (text)
lähdevesi springwater
lähdössä leaving, going, (de)parting, setting out, coming out/off, falling out, shedding (ks lähteä) *Olen juuri lähdössä* I'm just leaving
läheinen (fyysisesti ja henkisesti) close, near(by) *läheinen kylä* neighboring/nearby village *läheiset suhteet* intimate/close relations
läheisesti closely
läheisyys 1 (fyysinen) nearness, neighborhood, vicinity *kirkon läheisyydessä* near/close to the church, in the neighborhood/vicinity of the church **2** (henkinen) closeness, intimacy
lähekkäin close together, near/close to each other
lähellä *adv* close (by), near(by); (uhkaavan lähellä) imminent *kuolema on lähellä* death is imminent *Minulla oli itku lähellä* I was on the verge of tears, I was just about to burst into tears *läheltä* ks hakusanat
postp, prep close/near (to) *Marja on kipeä, et saa mennä liian lähelle häntä* Marja's sick, don't get too close to her *kirkon lähellä* near the church
heltä from up close, from nearby
vuta läheltä touch closely upon
seurata läheltä watch (something) from close up *läheltä piti* ks hakusana
läheltä piti that was a close call/one/ shave
lähemmin more closely
lähemmäs closer
lähempi closer
lähempiä tietoja further details
lähempänä *adv* closer (up), nearer (in), more closely
postp, prep closer/nearer to
lähempää from closer up/in, from nearer in
lähennellä 1 (ihmistä) make advances (to), make a pass at **2** (totuutta tms) come close to, (absurdiutta tms) verge/border on *Hän lähentelee 80:tä* He's pushing 80
lähentely advances
lähentyminen rapprochement
lähentyä come closer
lähentää bring (something/someone) closer
lähes almost, nearly, close to
läheskään nowhere near
lähestulkoonkaan *ei lähestulkoonkaan oikein* not even close (to being right)
lähestymistapa approach, method
lähestymisyritys attempted approach
lähestyä approach, come near(er)/ close(r)
lähete 1 (saatekirje) cover-letter **2** (lääkärin antama) referral **3** (liik) remissal **4** (lähettimen) signal
lähetin transmitter
lähetti 1 messenger (boy/girl), envoy **2** (lähetyssaarnaaja) missionary **3** (šakissa) bishop
lähettiläs envoy, (suurlähettiläs) ambassador (myös kuv)
lähettyvillä *adv* in the vicinity/ neighborhood, close at hand, nearby
postp, prep near/close to *Pysy vain minun lähettyvilläni niin sinun ei käy kuinkaan* Just stick close to me and nothing will happen
lähettäjä 1 (postin) sender *palauttaa lähettäjälle* return to sender **2** (kauppa-

tavaran) consigner, forwarder **3** (junan tms) dispatcher
lähettämö dispatch department
lähettää 1 send (off), (edelleen) send on, forward **2** (kauppatavaraa tms) forward, ship **3** (radio-/TV-ohjelma) broadcast **4** (signaali) transmit **5** (junaa, paloautoa tms) dispatch
lähetys 1 (tavaran) shipment, consignment **2** (ohjelman) broadcast, transmission
lähetysaika broadcast time
lähetyskenttä mission field
lähetyssaarnaaja missionary
lähetystyö mission work
lähetystyöntekijä mission worker
lähetystö 1 (valtuuskunta) delegation, deputation **2** (dipl) legation, (suurlähetystö) embassy
lähetä approach, draw near(er)/ close(r)
lähi the next few, the near
lähiaikoina in the near future
lähialue vicinity, neighborhood
lähietäisyys close range
Lähi-itä Mideast, Middle East
lähikaupunki nearby city
lähikuvauslinssi close-up lens
lähimailla ks lähettyvillä, lähes(kään)
lähimain almost, nearly, close to
lähimainkaan *ei lähimainkaan* not even close
lähimmäinen neighbor *Rakasta lähimmäistäsi niin kuin itseäsi* Love your neighbor as yourself
lähimmäisenrakkaus brotherly love; charity
lähimpänä closest, nearest
lähin *adj* closest, nearest
adv: tästä lähin from now on *siitä lähin* from then on, from that time on
lähinnä 1 (suurin piirtein) roughly **2** (enimmäkseen) mainly, largely, chiefly **3** (ensisijaisesti) primarily, first (and foremost) **4** (lähimpänä) the closest/ nearest *lähinnä seuraavaa* the next
lähiseutu vicinity, neighborhood
lähistö vicinity, neighborhood
lähistöllä in the vicinity/ neighborhood/area
lähisukuinen closely related
lähisukulainen close relative
lähitse close by
lähitulevaisuus near future
lähitunnit the next few hours
lähivalot lowbeams
lähiverkko (tietokoneiden) local area network, LAN
lähiviikot the next few weeks
lähivuodet the next few years
lähiympäristö vicinity, neighborhood
lähiö suburb, housing development, subdivision
lähtemätön indelible
lähteä 1 (jostakin) leave; (ark) split *Lähdetään jo pois* Let's get out of here, I want to go/leave *Lähdemme tässä koko hankkeessa siitä että* Our fundamental assumption in this project is that **2** (matkaan) start (out), start/set/take off; (mennä) go; (juna) depart, (lentokone) take off, (laiva) sail *lähteä ostoksille* go shopping **3** (erkaantua) separate from, split/turn/veer/Y/branch off (of) *Meiltä lähtee tie sinnepäin* There's a road from here to there **4** (olla lähtöisin) come/ stem from *Ajatus lähti meistä* We thought of it, it was our idea (originally) **5** (irrota: tahra) come out, (nappi) come off, (karvat) shed, (tukka) fall out *Siitä lähtee outo lemu* It gives off a strange smell *juosta minkä jaloista lähtee* run for dear life, run as fast as you can *huutaa minkä kurkusta lähtee* shout at the top of your lungs
lähtö leaving, parting, departure; (urh) start *antaa jollekulle liukas lähtö* give someone the bum's rush *saada työstä äkillinen lähtö* get booted/kicked out of your job *lähdössä* ks hakusana
lähtöaika departure time
lähtöasema station/point of departure
lähtökohta point of departure
lähtölaukaus parting shot (myös kuv)
lähtöpassit *antaa/saada lähtöpassit* give someone his/get your walking papers
läikkyä 1 (holkkua: sangossa) slosh/ slop (around); (yli) spill; (järvessä) ripple **2** (häilähdellä: veri) churn, boil; (nauru)

cascade; (silmät) flash **3** (välkkyä) flash, glint, glisten
läikyttää 1 (vettä) spill, slop **2** (ovea) slam
läimäyttää slam, slap, smack
läimäytys slam, slap, smack
läiske (ruoskan) crack, (vastan) swish, (korttien) snap, (siipien) beating
läiskä splash, blotch
läjä pile, heap
läksiäiset going-away/farewell party
läksiäisjuhla going-away/farewell party
läksy lesson; (koululäksyt) homework *Enköhän ole läksyni oppinut* I guess I've learned my lesson
läksyttää (vanhempi lasta) lecture; (pomo työntekijää) dress down; give someone a piece of your mind, chew out
läkähdyksissä out of breath, gasping for air
läkähtyä not be able to breathe, not get any air, suffocate *läkähtyä nauruun* split your sides with laughter
lämmetä warm (up)
lämmin 1 warm *pysytellä sisällä lämpimässä* stay indoors where it's warm **2** (ei pakkasta) above zero *2 astetta lämmintä* 2 degrees above zero
lämminhenkinen warm
lämminsydäminen warmhearted
lämminverihevonen thoroughbred (horse)
lämminverinen warmblooded
lämmin vesi warm/hot water
lämminvesihana hot-water faucet
lämmitellä warm (yourself) (up) *lämmitellä takan ääressä* warm yourself by the fire *lämmitellä ennen juoksua* warm up before a race
lämmitin heater
lämmittää warm/heat (up) *lämmittää sydäntä/mieltä* make someone feel good
lämmitys heating
lämmityskustannukset heating costs
lämmityslaite heater
lämmitä warm up
lämpimikseen to keep warm, to warm yourself up *Luuletko että minä puhun lämpimikseni?* You think I'm talking for my health?
lämpimyys 1 (lämpö) heat, warmth **2** (lämpötila) temperature
lämpimältään while it's hot
lämpiö lobby, foyer
lämpö 1 warmth, heat **2** (lämpötila) temperature **3** (kuume) temperature, fever *Sinulla on pikkuisen lämpöä* You feel a little hot/feverish, do you have a fever/temperature? *mitata lämpöä* take someone's temperature
lämpöinen warm
lämpökirjoitin thermal printer
lämpömittari thermometer
lämpösiirtokirjoitin thermal transfer printer
lämpötila temperature
lämpötilaero difference in temperature; (ajallisesti katsottuna) change/drop/rise in temperature
länsi 1 west **2** (läntinen maailma) the West(ern world)
Länsi-Berliini West Berlin
Länsi-Eurooppa Western Europe
länsimaalainen Westerner
länsimaat the West(ern world)
länsimainen Western
länsiosa (maan) western part/area/region, (kaupungin) west side
länsirannikko west coast; (USA:n) the (West) Coast
länsiranta west bank
Länsi-Saksa West Germany, FRG
länsisaksalainen *s, adj* West German
länsisuomalainen *s* Western Finn *adj* West Finnish
Länsi-Suomi Western Finland
länsituuli westerly (wind)
länsivallat the Western nations/countries/powers
Länsi-Virginia West Virginia
läntinen western
läpeensä through and through *läpeensä mätä* rotten to the core
läpi *s* hole *Pidä läpesi pienempänä!* (ark) Shut your hole/face! *puhua läpiä*

päähänsä talk through your hat, make it up as you go along *jäädä maailman läpeen* not make it, fall by the wayside *adv* through *mennä läpi* (ahtaasta paikasta) make it/get through, (ehdotus) pass, be approved *päästä/ä läpi* (ahtaasta paikasta) make it/let someone through, (tentistä) pass (someone in) an exam *lukaista läpi* skim/browse/breeze through *viedä läpi* carry out *prep* through *läpi yön* (all) through the night, all night *läpi talven* all winter *läpi vuoden* year-round

läpihuutojuttu 1 (lak) postponement **2** (ark) open-and-shut case

läpikotaisin thoroughly, through and through, to the core

läpikuultava translucent

läpileikkaus cross-section

läpimitta diameter

läpimurto breakthrough

läpimärkä soaking/dripping wet, drenched

läpinäkyvä transparent; (pusero tms) sheer

läpitunkema *jonkin läpitunkema* permeated/shot through and through with

läpitunkeva strong, piercing, penetrating

läppä 1 (kirjekuoren, taskun tms) flap **2** (kellon) clapper **3** (sydämen, koneen, trumpetin) valve

läpäistä 1 (fyysisesti) penetrate, pierce **2** (koe) pass

läpäisy penetration

läpättää flutter

läski 1 (ruoassa ja ihmisessä) fat **2** (lihava ihminen) (ark) fatso

läsnä present *jonkun läsnä ollessa* while someone is present, in someone's presence

läsnäoleva present

läsnäolija (some)one (who is) present, (mon) those/people present

läsnäolo presence

läsnäolo-oikeus right to be present

lässyttää 1 (puhua veltosti) slur (your speech/words), speak mushily **2** (puhua joutavia) shoot off your mouth *Älä lässytä* Aw shut up

lässytys 1 (veltto puhe) slurred/mushy/mushmouthed talk/speech **2** (pötypuhe) garbage, rubbish *Älä huoli, se on pelkkää lässytystä* Never mind him, he's just running his mouth

lätkä 1 (jääkiekko) ice hockey **2** (80:n) 80-km-an-hour sticker **3** *olla lätkässä johonkuhun* have a crush on someone

lätsä cap

lävistäjä (mat) diagonal

lävistää 1 pierce, penetrate, (rengas) puncture, (lippu) punch **2** (ulottua jonkin läpi) cross

lävitse ks läpi (*adv/prep*)

lääke 1 medicine, drug; (mon) medication *antaa jonkun maistaa omaa lääkettään* give someone a taste of his own medicine **2** (kuv) cure, remedy

lääkeaine drug

lääkeaineriippuvuus medicinal drug addiction

lääkehoito medical care

lääkekaappi medicine chest

lääkekasvi medicinal plant

lääkemääräys prescription

lääketehdas pharmaceutical company

lääketiede medicine, medical science

lääketieteellinen medical *lääketieteellinen tiedekunta* medical school, (ark) med school

lääketieteen lisensiaatti Licentiate of Medicine

lääketieteen tohtori Doctor of Medicine, M.D.

lääkintä medication, medical treatment/care

lääkintäupseeri medical officer

lääkintävoimistelija physical therapist

lääkintöhallitus National Board of Health

lääkitys medication

lääkitä medicate

lääkäri doctor, physician

lääkärikoulutus medical training/school

lääkärintarkastus doctor's checkup, physical (examination) *mennä lääkärintarkastukseen* go in for a full physical/checkup

lääkärintodistus doctor's certificate
lääkäripula shortage of doctors
lääni 1 province **2** (hist) fief(dom) **3** (ark) elbow room, space *Onpas teillä lääniä!* What a spacious/roomy place you've got!
lääninhallinto provincial government, administration
lääninhallitus provincial government, administrative board
lääninoikeus provincial court/law
lääninsairaala provincial hospital
läänintaiteilija provincial artist laureate
lääninvaakuna provincial coat of arms
lääninvankila provincial prison
lääninverovirasto provincial tax office
läänitys (hist) fief(dom)
läänityslaitos feudalism
lääppiä paw *Älä lääpi minua!* Get your hands off me! Keep your mitts to yourself!
löyhkä stench, reek, stink
löyhkätä stench, reek, stink
löyhä loose, slack, lax
löyly steam (in the sauna) *heittää löylyä* throw water on the rocks *hyvät/ kovat löylyt* a good hot sauna *lisätä löylyä* (kuv) pour oil on the flames
löylynlyömä silly, dizzy, nutty *Hän on vähän löylynlyömä* He's not all there, he's missing a few marbles
löylyttää (antaa selkään) give someone a good spanking; (antaa kuulla kunniansa) give someone a piece of your mind
löystyä come loose, loosen, slacken
löysä 1 (höllä) loose, slack **2** (juokseva) runny *Minulla on vatsa löysällä* I've got the trots/runs
löytyä turn up, be found *Mistä se löytyi?* Where did you find it?
löytää find, (keksiä) discover *löytää viitonen* find a five-mark coin *löytää kultaa* discover gold
löytää itsensä find yourself, (ark) get your shit together
löytää jonnekin find your way somewhere, get where you're going (okay), not get lost *Ei tänne kukaan löydä* Nobody will ever find us here
löytää tiensä find your way
löytö find, discovery *Tämä leipomo on todellinen löytö* This bakery is a real find *tehdä tieteellinen löytö* make a scientific discovery
löytöretkeilijä explorer
löytöretki (voyage of) exploration
löytötavara lost/found article
löytötavaratoimisto lost and found office/counter/desk
lööperi nonsense, rubbish, lies *puhua lööperiä* shoot off your mouth *Älä puhu lööperiä* Blow it out your ear

M, m

maa 1 (maapallo) earth *Alussa Jumala loi taivaan ja maan* In the beginning God created heaven and earth *ylistää maasta taivaaseen* praise a person to the skies **2** (maanpinta) earth, ground *maan alla* underground *jalat (tukevasti) maan pinnalla* with your feet firmly (planted) on the ground, down to earth *korkealla maan yläpuolella* high above the earth, off the ground *luoda katseensa maahan* look down (at the ground, at your feet) **3** (sähkö) ground **4** (maaperä) soil, dirt *hedelmällistä maata* fertile soil *maalattia* dirt floor *vaivainen maan matonen* a lowly worm *kaivaa maata jonkun jalkojen alta* undermine/subvert someone **5** (kuiva maa, us mon) land, shore *ajautua maihin* drift up on(to) the bank/shore, run aground *Miehistö oli jo maissa* The crew was already ashore **6** (maa-alue) land *ostaa lisää maata* buy more land *viljellä maata* till the soil, cultivate the land **7** (valtakunta) land, country, state *kuolla maansa puolesta* die for your country *ei kenenkään maa* no man's land *tuoda maahan* import *Maassa maan tavalla (tai maasta pois)* When in Rome, do as the Romans do; America – love it or leave it *luvattu maa* promised land *pyhä maa* Holy Land **8** (maaseutu) country(side) *maalla* in the country *mennä kesäksi maalle* go to your summer/country home/cottage for the summer **9** (tienoo) vicinity, neighborhood *ei mailla eikä mantereilla* nowhere to be found *näillä main* around here *kahdeksan maissa* around eight **10** (korteissa) suit

maa-ala area

maa alkaa polttaa jalkojen alla get itchy feet

maa-alue area, territory, region

maadoittaa (run a wire to) ground

maadoitus grounding

maagikko magician

maaginen magic(al)

maahanmuuttaja immigrant

maahanmuutto immigration

maahantuoja importer

maahantuonti import(s)

maaherra provincial governer

maahinen gnome

maailma world *Ei se nyt maailmaa kaada* It's not the end of the world *Sellainen on maailman meno* That's life, That's the way the cookie crumbles *muissa maailmoissa* in a world of your own *Kyllä maailma on pieni!* Small world! *suuressa maailmassa* out in the big wide world

maailmaa nähnyt worldly(wise) *Olen kyllä maailmaa nähnyt* I've been around

maailmanennätys world record

maailmanhistoria world history

maailmankaikkeus universe

maailmankansalainen citizen of the world, cosmopolitan

maailmankatsomuksellinen philosophical, ideological

maailmankatsomus world view

maailmankieli lingua franca

maailmankiertäjä globe-trotter

maailmankirjallisuus world literature

maailmankolkka (every) corner of the world

maailmankuulu world-famous

maailmankuva world view

maailmanlaajuinen worldwide

maailmanloppu the end of the world

maailmanmarkkinahinta world-market price
maailmanmarkkinat the world market
maailmanmestari world champion
maailmanmestaruus world championship
maailmannäyttely world fair
maailmanparantaja reformer, utopian
maailman paras the best (whatever) in the world
maailmanrauha world peace
maailman sivu *kautta maailman sivun* always, inevitably
maailmansota World War (I/II)
maailmantaloudellinen world-economic
maailmantalous world/international economy
maailmanvalta world power
maailmanympärimatka trip around the world
maajoukkue national team
maajussi farmer
maakrapu landlubber
maakunta province
maalaamo (yritys) paintshop, (osasto) painting deparment
maalailla paint
maalainen 1 person from the country; (ark halv) hick, hayseed **2** *Minkä maalainen hän on?* What country is she from?
maalaiskunta county
maalaistalo farmhouse
maalaji soil (type)
maalari painter
maalarinteippi masking tape
maalata 1 paint (myös sanoilla) *Maalattu!* Wet paint! **2** (meikata) make up
maalata piruja seinille predict doom and destruction, expect the worst
maalaus painting
maalaustaide (the art of) painting
maalauttaa have (something) painted
maali 1 (maalausaine) paint **2** (urh: jääkiekossa, jalkapallossa) goal, (am jalkapallossa) end zone, (juoksussa, hiihdossa) finish line **3** (kohde) target *ampua yli maalin* overshoot (myös kuv), overdo it
maaliikenne overland traffic
maalikamera photo-finish camera
maalinauha tape
maaliruisku paint sprayer
maaliskuinen March *maaliskuinen viima* a March wind
maaliskuu March
maalisuora home stretch
maalitaulu target
maalivahti goalkeeper, (ark) goalie
maalla in the country *mennä kesäksi maalle* go to your summer/country home/cottage for the summer
maallemuutto move/migration to the country(side)/rural areas
maallikko lay person/member/speaker/jne; (mies) layman, (nainen) laywoman); (mon) the laity
maallikkosaarnaaja lay preacher
maallinen 1 earthly, worldly *maallinen omaisuus* earthly/worldly possessions **2** (maanpäällinen) temporal *maallinen valta* temporal power **3** (ei hengellinen) secular, worldly, profane
maallistua become secularized
maaltamuutto rural depopulation
maaltapako rural depopulation
maamies 1 (maanviljelijä) farmer **2** (saman maan kansalainen) (fellow) countryman, compatriot
maamieskoulu farm/agricultural school
maamiesseura farmers' association
Maamme-laulu the Finnish national anthem
maan *maan mainio* just great, absolutely wonderful, positively splendid *maan kamala* godawful
maanalainen *s* subway, (UK) underground, (UK ark) tube *adj* underground
maan alla underground *mennä maan alle* go underground
maanantai Monday
maanantainen Monday
maanantaipäivä Monday
maanantaisin Mondays

maanikko maniac (myös kuv)
maaninen manic (myös kuv)
maanis-depressiivinen manic-depressive
maan isä beloved leader, the father of your country
maanitella coax, wheedle
maanjäristys earthquake
maankiertäjä tramp
maankäyttö land use
maan matonen lowly worm
maanmittaus surveying
maanomistus land ownership
maanosa continent
maanpako exile *maanpaossa* in exile, exiled
maanparannus soil improvement
maanpetos (high) treason
maanpetturi traitor
maan povi the bosom of the earth *kätkeä maan poveen* put someone in the soil, bury someone
maanpuolustus national defense
maanpäällinen worldly, temporal
maansuru national mourning *Ei se mikään maansuru ole* Come on, it's not the end of the world, it's not that big a deal
maantie highway *maantien värinen tukka* dishwater blonde (hair)
maantiede (yliopistossa) geography
maantieliikenne highway traffic
maantieteellinen geographical
maantieto (koulussa) geography
maanvaiva pest
maanvieremä landslide
maanviljelijä farmer
maanviljely farming, soil cultivation
maanvuokra ground/land rent
maan ääret the ends of the earth
maaorava chipmunk
maaorja serf
maaorjuus serfdom
maaottelu international match
maapallo globe
maaperä soil, dirt
maapähkinä peanut, (Kaakkois-Yhdysvalloissa myös) groundnut
maaseutu country(side), rural area
maaseutuväestö rural population, (ark) country folks
maassa 1 (maapallossa) on earth **2** (maanpinnalla) on the ground, (henkisesti) down to earth **3** (masentunut) down(cast/-hearted), depressed
maassa maan tavalla When in Rome, do as the Romans do, America – love it or leave it
maastamuuttaja emigrant
maastamuutto emigration
maasto terrain
maastoauto all-terrain vehicle, ATV
maastohiihto cross-country skiing
maastojuoksu cross-country running
maastopolkupyörä mountain bike
maastosuksi cross-country ski
maastoutua take cover
maasturi all-terrain vehicle, ATV
maata 1 (olla makuuasennossa) lie (down) **2** (nukkua) sleep *mennä maata* go to sleep, go lie down, go have a rest **3** (naida) sleep with; (lak) have (sexual) intercourse with; (ark) get laid *maata väkisin* rape **4** (sairaana) be laid up (with a fever)
maataide earth art
maatalo farmhouse
maatalous agriculture
maatalouskone agricultural/farm machine
maatalouslautakunta agricultural board
maatalouslomittaja farmer's locum
maatalousministeri Minister of Agriculture, (US) Secretary of Agriculture
maatalousministeriö Ministry of Agriculture, (US) Department of Agriculture
maatalousoppilaitos agricultural college
maataloustuotanto agricultural production
maataloustuottaja agricultural producer
maatila farm
maatilatalous farm/agricultural economy

maat ja mantereet *kulkea maita ja mantereita* roam the woods, hike up hill and down dale *kiertää maat ja mantereet* bum around the world, see the world, sail the seven seas
maattaa (sähkölaite) ground
maatua 1 (kompostissa) decompose **2** (joki tms) silt up
maaöljy petroleum, (mineral) oil
macho macho
machoilla act (real) macho/tough
machoilu a macho act, playing the tough guy
Madagaskar Madagascar
madagaskarilainen *s, adj* Madagascan
madaltaa lower (myös ääntä)
madaltua lower, drop
made burbot
madeira Madeira
madella (myös kuv) crawl, creep
madjaari Magyar, Hungarian
madonna Madonna
madonsyömä worm-eaten
madrigaali madrigal
mafia mafia, the Mob
mafioso mafioso, mobster
magia magic
magma magma
magmaattinen magmatic
magnaatti magnate
magneetti magnet
magneettikortti magnetic card
magneettinauha magnetic tape
magneettinen magnetic
magneettinen pohjoinen magnetic north
magnetismi magnetism
magnetofoni tape recorder
magnetoida magnetize
magnetointi Magnetization
magnetosfääri magnetosphere
magnitudi magnitude
maha stomach; (ark ja kuv: sisäinen tila) belly, (tunne) gut; (lasten kielellä) tummy *syödä mahansa täyteen* stuff yourself *Maha murisee* My stomach is rumbling
mahahaava (gastric) ulcer
mahakipu stomach ache/pains
mahalasku (myös kuv) belly-landing
mahalaukku stomach
mahatauti intestinal/stomach flu
mahdollinen possible *erittäin mahdollista* very likely, probable *Olisiko sinun mahdollista mennä minun sijastani?* Could you possibly go in my stead? *mahdollinen asiakas* prospective customer *Meillä on mahdollisesti yksi ongelma* We may have a problem, we have a potential problem *Minä hoidan mahdolliset ongelmat* I'll handle any problems that arise *mahdollisten vaikeuksien varalta* in case of difficulties
mahdollisimman as... as possible *mahdollisimman korkealle* as high as possible
mahdollistaa make (something) possible, facilitate
mahdollisuus 1 possibility *On pieni mahdollisuus etten pääse tulemaan* There's a slight possibility that I might not make it *Meillä on huomisen ohjelmaksi kaksi mahdollisuutta* We've got two alternatives/possibilities for tomorrow **2** (tilaisuus, edellytykset) chance, opportunity *Ei ollut mahdollisuutta soittaa* I didn't get a chance to call, I couldn't call *elämäni mahdollisuus* the chance of a lifetime *Älä päästä käsistäsi tätä mahdollisuutta!* Don't miss this opportunity!
mahdoton impossible *Sinä olet mahdoton!* You're impossible! *vaatia mahdottomia* demand the impossible
mahdottoman impossibly, terribly *mahdottoman iso* enormous
mahdottomuus impossibility *mennä mahdottomuuksiin* go too far, go overboard, get out of hand, get carried away
mahduttaa squeeze/fit/work in
mahis chance *hyvät mahikset saada työpaikka* a good chance at a job
mahla sap
maho barren, sterile
mahonki mahogany
mahtaa 1 (taitaa) must *Mahdat olla aika nälkäinen* I bet you're hungry, you must be pretty hungry **2** (voida) be done

Minkä sille mahtaa? What's there to be done about it now? Nothing you can do about it now

mahtailla talk big, act tough, throw your weight around, play the big shot

mahtava 1 (jolla on mahtia) mighty, powerful, potent **2** (mahtaileva) domineering, bossy, tyrannical, high and mighty **3** (mahtipontinen) pompous, grand, supercilious **4** (vaikuttava) impressive, imposing **5** (iso) enormous, tremendous, huge, mighty **6** (ark) fantastic, awesome, outrageous

mahtavuus 1 (valta) might(iness), power **2** (mahtipontisuus) pomposity, grandeur, superciliousness

mahti might, power

mahtiasema position of power

mahtihenkilö powerful/influential person; (ark) a mover and a shaker

mahtipontinen 1 (tylsä) pompous, stuffy, stodgy **2** (ylimielinen) arrogant, supercilious **3** (hienosteleva) grand(iloquent), pretentious

mahtua 1 fit **2** *Kuinka paljon siihen mahtuu?* How much/many will it take: (astiaan tms) hold; (autoon, pöytään tms) seat; (hotelliin tms) accommodate; (vene: istumaan) seat, (nukkumaan) sleep

maidontuotanto milk production

maidontuottaja milk producer

maihinnousu invasion (myös kuv), landing

maija *mustamaija* Black Maria

maikka teacher

maila (tennis tms) racket, (jääkiekko) stick, (pesäpallo) bat, (golf) club

maili mile

mailienkeruuohjelma frequent flyer program

main *niillä main* around there *lähimain* almost, nearly, close to

mainari miner

maine reputation, name, (ark) rep; (kuuluisuus) fame *olla hiihtohullun maineessa* be known as a fanatic skier *niittää mainetta* make a name for yourself, carve out a reputation for yourself

maineikas famous, illustrious, renowned

mainen earthly

mainingit 1 swell, wave, surge (myös kuv) **2** (jälkimainingit) repercussions, aftermath

maininta mention

mainio excellent, splendid *Mainiota!* Great!

mainita mention *Et maininnut minua sanallakaan* You didn't say anything about me, you forgot to mention me *Voisitko mainita muutamia esimerkkejä?* Could you give me/list/cite some examples? *Hän mainitsi erityisesti kolme nimeä* He listed/gave three names in particular, he expressly mentioned three names *mainittakoon* let it be noted *kuten edellä mainittiin* as was noted/indicated earlier/above

mainitsematon unmentioned, unstated *nimeltä mainitsematon* unnamed

mainitsematta *muita mainitsematta* to say nothing about the others, not to mention the others *jättää mainitsematta* ignore, omit, skip/pass (something) over in silence *nimeltä mainitsematta* without naming names

mainittava appreciable, perceptible *ei mitään mainittavaa* nothing worth mentioning, nothing to write home about

mainittu the said *mainittu henkilö* the said party *nimeltä mainittu* (the) named/ specified (person) *edellä mainittu* the above-/afore-/ before-mentioned

mainonta advertising, publicity

mainos advertisement, (ark) ad; (TV:ssä) commercial *hyvää mainosta* good advertising/publicity

mainosgraafikko commercial artist

mainosgrafiikka commercial graphics

mainoskampanja ad(vertising) campaign

mainoskatko commercial break

mainosmielessä (merkityksessä) in a commercial sense, (tarkoitukseen) for commercial/advertising purposes

mainostaa 1 (kaupallisesti) advertise, publicize **2** (kehua) vaunt, tout, (kirjaa) puff
mainostaja advertiser
mainostoimisto ad(vertising) agency
mainostoimittaja (advertising) copywriter
mainosvalo neon sign
mairea gushing, sugary, affected
mairitella flatter; (ark) suck up (to someone), butter (someone) up
maisema (maa sinänsä, myös maalattuna) landscape, (maa nähtynä) scenery, (näköala) view
maisemakonttori open-plan office
maisemamaalari landscape artist
maisemamaalaus landscape
maisemointi landscaping
maiskahtaa taste (a little like)
maiskauttaa smack (your lips)
maiskis smack
maissa 1 *kahden maissa* around two **2** (ei laivassa) ashore
maissi corn
maissihiutale corn flake
maissiöljy corn oil
maistaa taste; (kokeilumielessä) try, sample
maistajaiset *viinin maistajaiset* wine-tasting party
maistella taste; (kauan) savor *maistella sanaa* roll a word around on your tongue
maisteri *filosofian maisteri* Master of Arts, M.A. *kasvatustieteen maisteri* Master of Education, M.Ed. *luonnontieteen maisteri* Master of Science, M.S. *maisteri Koikkalainen* Mr. Koikkalainen
maisterin paperit 1 (tutkinto) Master's degree **2** (todistus) M.A./M.Ed./M.S./jne diploma
maisterin tutkinto Master's degree
maistiaiset (kaupassa) sample *Anna maistiaiset!* (anna kun maistan) give me a bite/taste
maistraatti magistrate
maistua taste *Miltä se maistuu?* (kelpaako) How does it taste? (mikä on maku) What does it taste like? *Se alkaa maistua puulta* I'm getting sick/tired of it
maito milk
maitohammas baby tooth, milk tooth, (lääk) deciduous tooth
maitohappo lactic acid
maitohorsma fireweed
maitojauhe powdered milk
maitokaakao chocolate milk
maitokahvi coffee with milk, (ransk) café au lait
maitokauppa (meijerin myymälä) dairy, (ruokakauppa) grocery store
maitoparta milquetoast
maitopullo milk bottle
maitopurkki milk carton
maitorahka (lähin vastine) sour cream
maitorasva milk fat
maitosokeri lactose
maitosuklaa milk chocolate
maitotalous dairy farming
maitotiiviste condensed milk
maitovalmiste dairy product
maitse by land, overland
maittaa *Minulle ei ruoka maita* I don't feel like eating, I have no appetite, I'm feeling a little off my feed
maittain by country
maittava delicious, tasty
maja hut, cabin, lodge; (suoja) shelter; (lasten tilapäinen leikkipaikka) fort, clubhouse
majailla room/board/stay (at/with)
majakka lighthouse
majapaikka a place to stay/sleep
majatalo boarding house, (hist) inn
majava beaver
majavannahka beaver pelt
majavapato beaver dam
majesteetillinen majestic
majesteetti majesty
majoittaa 1 accommodate, board, (ark) put up **2** (sot) quarter, billet
majoittua take a room (at a hotel), move in (somewhere, with someone)
majoitus accommodation(s)
majoneesi mayonnaise
majuri major
makaaberi macabre
makaroni macaroni, pasta, noodle(s)

makaronilaatikko macaroni casserole
makasiini 1 (varasto) storehouse **2** (aseen) magazine
makea 1 (maku) sweet **2** (puhe) sugary(sweet), saccharine, cloying **3** (elämä, uni tms) good *viettää makeaa elämää* lead a life of ease **4** (vesi) fresh **5** (ark) cool, hot
makeasti sweetly *nukkua makeasti* sleep soundly, get a good night's sleep *nauraa makeasti* laugh heartily, have a good laugh
makeilla flatter, toady (to); (ark) suck up (to)
makeiset candy
makeute sweetener
makeutusaine sweetener
makkara sausage *katsoa kuin halpaa makkaraa* look down your nose at (someone/something), not want to touch something with a ten-foot pole
makkarakeitto sausage soup
makrilli mackerel
makro macro
makrobioottinen macrobiotic
makrobiotiikka macrobiotics
makrokosmos macrocosmos
makroskooppinen macroscopic
makrotaloustiede macroeconomics
maksa liver
maksaa 1 (antaa rahaa) pay (for/off) *Maksaisitko minutkin?* Could you pay for me too? Could you pay my way too? *maksaa lasku* pay a bill, settle an account *maksaa varomattomuutensa hengellään* pay for your carelessness with your life *Tästä saat maksaa!* You'll pay for this! (myös kuv), I'll get you for this! **2** (kostaa) pay (someone) back (ks hakusanat) **3** (olla jonkin arvoinen) cost *Paljonko tämä maksaa?* How much is this?
maksaa hyvä pahalla repay kindness with evil
maksaa itsensä kipeäksi pay through the nose
maksaa pitkä penni cost a pretty penny
maksaa potut pottuina give someone as good as you got, repay someone in kind
maksaa samalla mitalla give someone as good as you got, repay someone in kind
maksaa vaivaa be worth it *Ei maksa vaivaa kääntyä nyt takaisin* It's not worth turning back now
maksaa vanhoja kalavelkoja get your own back
maksaa viulut pay the piper
maksakirroosi cirrhosis of the liver
maksalaatikko liver casserole
maksamakkara liverwurst
maksamaton unpaid, (lasku) outstanding
maksattaa have (someone) pay (something for you), get someone else to pick up the tab
maksimaalinen maximum, maximal, optimal
maksi maxi
maksiimi maxim
maksimi maximum
maksimoida maximize
maksimointi maximization
maksoi mitä maksoi come what may, no matter what it takes, damn the consequences
maksu 1 (maksaminen) payment, settlement **2** (hinta tms) payment, price, fee, charge
maksuaika repayment/amortization period *Saisimmeko vähän maksuaikaa?* Could we pay you (back) gradually, over time?
maksua vastaan for a fee/charge
maksuehdot terms (of payment)
maksuksi in payment for
maksukyky solvency
maksukykyinen solvent
maksukyvytön insolvent
maksullinen pay, paid
maksumääräys payment order
maksunlykkäys extension
maksuosoitus payment order
maksupalvelu automatic withdrawal
maksusta for a fee/charge, for pay
maksutase balance of payments

maksutelevisio pay(-per-view) TV
maksuton free (of charge)
maksutta free (of charge), gratis
maku taste (myös kuv) *Siitä jäi paha maku suuhun* It left a bad taste in my mouth *päästä jonkin makuun* acquire/develop a taste for something *kukin makunsa mukaan* every man to his taste
makuaisti (sense of) taste
makuasia a matter of taste
makuasioista ei pidä kiistellä there's no accounting for tastes
makuinen flavored
makuja on monenlaisia different strokes for differemt folks
makuuhuone bedroom
makuupaikka berth
makuupussi sleeping bag
makuuvaunu Pullman (car)
malaria malaria
Malawi Malawi
malawilainen *s, adj* Malawian
Malediivit Maldives
Malesia Malaysia
malesialainen *s, adj* Malaysian
Mali Mali
malilainen *s, adj* Malian
malja **1** (boolimalja tms) bowl **2** (jollekulle) toast *juoda malja jonkun kunniaksi* drink to someone('s health) *ehdottaa malja jollekulle* propose a toast to **3** (raam ja kuv) cup *Minun maljani on ylitsevuotavainen* My cup runneth over
maljakko vase
malka (raam) beam
mallas malt
mallata try on, (mannekiinina) model
malli **1** model, pattern *istua mallina* (maalarille) sit for a painter, (maalauskurssilaisille) model/pose for an art class **2** (tyyppi) model, type, design *auton merkki ja malli* a car's make and model *Minkä mallisen halusit?* What kind did you want? **3** (esimerkki) example *näyttää muille mallia* set a good example for others **4** (kunto, asianlaita) state *hyvällä/huonolla mallilla* in good/bad shape, looking good/in a bad way *entiseen malliin* as before/usual *amerikkalaiseen malliin* American-style
malliesimerkki perfect/textbook example, epitome
mallikappale model, display piece, (näytekappale) sample
mallikas model, exemplary
mallikelpoinen model, exemplary
mallinen *saman mallinen auto* same (make/kind of) car *Minkä mallista etsit?* What kind/style/shape/jne are you looking for?
mallioppilas model student
malmi ore
malminetsijä prospector
malminetsintä prospecting
malmipitoinen ore-bearing
Malta Malta
maltaat malt
maltalainen *s, adj* Maltese
maltillinen **1** (pol) moderate, middle-of-the-road **2** (tyyni) calm, composed, reasonable
maltillisuus moderation, calm(ness), composure
malto pulp
malttaa **1** (hillitä) control *malttaa mielensä* control yourself, keep your temper, keep a lid on (your temper), hold (yourself) back, rein in your feelings *En malttanut olla sanomatta että* I couldn't help saying that, I blurted out that **2** (odottaa) wait *Malta hetki!* Wait a second! Hold on/up! **3** (olla kärsivällinen) be patient, have the patience to *En malttanut jäädä odottamaan häntä* I was too impatient to wait for her **4** (jaksaa) stand, bear *Tuskin maltan odottaa* I can hardly wait
malttamaton impatient
malttamattomasti impatiently
maltti patience, (self-)control, self-possession, presence of mind, composure *menettää malttinsa* lose your temper, (ark) lose your cool *mielenmaltti* patience
mamma momma, mama
mammanpoika mama's boy
mammona (raam ja kuv) Mammon; (tav) lucre

mammutti mammoth
mammuttimainen mammoth
manaaja exorcist
manageri manager
manata 1 (usk) exorcise, drive out (evil spirits/demons) **2** (kirota) damn, curse, (lausua kirosana) swear *manata pahaa onneaan* curse your bad luck **3** (loihtia esiin) invoke, call/dredge up **4** (kehottaa) urge, (ark) egg on
mania mania
manifesti *s* manifesto *adj* (lääk) manifest
manipuloida manipulate
manipulointi manipulation
Manitoba Manitoba
mankeli mangle
mankeloida mangle
manna manna (myös kuv)
mannapuuro cream of wheat
mannaryyni farina
manner 1 (maanosa) continent **2** (saarelta katsottuna) mainland
mannerjalusta continental shelf
mannerlaatta continental plate
mannermaa 1 (maanosa) continent **2** (saarelta katsottuna) mainland
mannermainen continental
mannertenvälinen intercontinental
Mansaari Isle of Man
mansikanpoimija strawberry picker
mansikka strawberry *Oma maa mansikka, muu maa mustikka* East, west, home is best
mansikka-aika strawberry season
mansikkahillo strawberry jam
mansikkajäätelö strawberry ice cream
manteli almond
mantereinen continental
manttelinperijä successor
marginaali margin
marginaaliverotus marginal taxation
Maria (Jeesuksen äidin, kuningattaren nimenä) Mary, (muuten) Maria *Neitsyt Maria* the Virgin Mary *Maria Magdaleena* Mary Magdalene
Mariaanit Mariana Islands
marista whine/complain/grumble (about)
marja berry *mennä marjaan* go berry(pick)ing
marjapensas berry bush
marjastaa pick berries
markiisi 1 marquis **2** (ulkokaihdin) awning
markka mark
markkamäärä amount (in marks)
markkamääräinen (amount) in marks
markkina-alue market
markkinat market *turhuuden markkinat* vanity fair *Johan on markkinat!* Goddamn! Doesn't that beat all!
markkinatalous market economy
markkinatunnelma carnival atmosphere
markkinatutkimus market study
markkinoida market
markkinointi marketing
marksilainen Marxist, Marxian
marksilaisuus Marxism
marksismi Marxism
marmeladi marmalade
marmori marble
marmorinen marble
Marokko Morocco
marokkolainen *s, adj* Moroccan
marraskesi scarfskin
marraskuinen November
marraskuu November
mars! march!
marsalkka (field) marshal
Marshallinsaaret Marshall Islands
marssi march
marssia march
marssittaa march
marsu guinea pig
marttyyri martyr (myös kuv)
marxilainen Marxist, Marxian
marxilaisuus Marxism
marxismi Marxism
masennus depression
masentaa depress, discourage, dishearten *Minua masentaa tuollainen* That's so depressing
masentua be/get depressed/discouraged/disheartened
masentunut depressed, discouraged, disheartened
masiina machine

maskotti mascot
maskuliini (kiel) masculine
maskuliininen masculine
masokisti masochist
masokistinen masochistic
massa 1 (fys tm) mass **2** (mon = ihmisjoukot) the masses **3** (paper) pulp, substance, paste
massiivinen (iso) massive, (tukeva) solid
massoittain tons/heaps/piles of
masto mast
masturbaatio masturbation
masturboida masturbate
masu tummy
matala *s* **1** (lammikon) shallows **2** (matalapainealue) low (pressure area) *adj* **1** (ei korkea) low, squat, short *mennä yli siitä, missä aita on matalin* take the path of least resistance **2** (surullinen) low, down(cast) *mieli matalana* down in the mouth **3** (vähäarvoinen) lowly, base, humble *matala maja* humble abode **4** (ei syvä) shallow *matala lautanen* plate
matalalla low
matalikko shallows
mataluus lowness, (veden) shallowness
matelija 1 (eläin) reptile **2** (kuv) toady
matelu 1 crawling, creeping (myös kuv) **2** (hännystely) fawning
matemaatikko mathematician
matemaattinen mathematical
matematiikka mathematics, (ark) math
materia matter
materiaali material
materialisti materialist
materialistinen materialistic
matikka math
matka 1 trip, journey, voyage; (autolla) drive, (lentäen) flight *lähteä matkaan* set out (on a journey/trip) *matkalla, matkassa, matkoilla* ks hakusanat *Mene matkoihisi!* Beat it! Scram! Get out of my face! *Tuli vähän mutkia matkaan* We got hung up, we had some problems *kulkea samaa matkaa* walk along together *parin tunnin matka* a couple of hours' journey/drive/flight *Minne matka?* Where are you going? **2** (etäisyys) distance *Kevääseen on vielä matkaa* Spring is still a ways off
matka-apuraha travel grant/stipend
matkailija traveler, tourist
matkailla travel (around), tour
matkailu (matkustaminen) travel(ing), (turismi) tourism
matkailukeskus tourist center/ agency/office
matkailutase balance of tourist payments
matkalaukku suitcase; (mon) luggage
matkalippu (plane/train) ticket *edestakainen matkalippu* round-trip ticket
matkalla on the/your way, on the road, en route, (liik) in transit
matkan päässä 1 (perillä) at your destination **2** *pienen/pitkän matkan päässä* a short/long way(s) off/away *pysytellä matkan päässä* keep your distance (from) *pitää matkan päässä* keep (someone) at arm's length
matkanteko travel(ing)
matkaopas tour guide
matkapahoinvointi motion sickness, (laivassa) seasickness, (lentokoneessa) airsickness, (autossa) carsickness
matkasekki traveler's check
matkassa along, with you *Onko sinulla nyt varmasti liput matkassa?* Are you sure you've got the tickets (with you)?
matkatavarat (matkalaukut) luggage, (kaikki) baggage
matkatavaravakuutus luggage insurance
matkatoimisto travel agency
matkatoveri fellow traveler
matkavakuutus travel insurance
matkavaluutta foreign currency
matkoilla (kotimaassa) out of town, (ulkomailla) abroad
matkustaa travel *matkustaa lentäen* fly, take the plane, travel/go by air *matkustaa Aasiaan* take a trip to Asia, visit Asia, fly to Asia

matkustaja (kulkuneuvon) passenger, (matkalla oleva) traveler
matkustajakoti boarding house
matkustajalaiva passenger ship/ liner
matkustajaliikenne passenger traffic
matkustamo cabin
mato 1 worm **2** (haka) whiz
matonkude rug rag
matriisi matrix
matriisikirjoitin dot matrix printer
matruusi 1 (arvo) able-bodied seaman **2** (ark) sailor, seaman
matsi match, game
matti checkmate
matti kukkarossa (flat) broke
matto (irtomatto) rug, (kokolattiamatto) (wall-to-wall) carpet(ing), (pieni matto jalkojen pyyhkimistä varten: kynnyksellä tai kylvyn vieressä) mat, (porrasmatto) (stair)runner
maukas tasty, savory, delicious
Mauritania Mauritania
mauritanialainen *s, adj* Mauritanian
Mauritius Mauritius
mauritiuslainen *s, adj* Mauritian
maustaa season, spice (myös kuv)
maustamaton unseasoned, unspiced
mauste spice, seasoning; (makuaine) (artificial) flavoring
mauton flavorless, tasteless (myös kuv) *mauton vitsi* a joke in bad taste, a tasteless joke
mauttomuus tastelessness
maya Maya
me we *me kaksi* the two of us *meidän* our(s) *meidät, meitä* us *Mennään meille* Let's go over to our place *meillä on* we have *meillä Suomessa* here in Finland
media media
meduusa 1 jellyfish **2** *Meduusa* (myt) Medusa
meedio medium
megatavu megabyte, MB *40 megatavun kovalevy* 40-megabyte hard disk
mehevä juicy (myös kuv) *mehevä juttu* juicy/spicy/racy story
mehiläinen (honey-)bee
mehiläisen pisto bee sting
mehiläishoitaja beekeeper
mehiläiskuningatar queen bee
mehiläispesä beehive
mehu juice (myös kuv) *puristaa kaikki mehut jostakusta* squeeze all the juices out of someone, take the fight/sass out of someone
mehukas juicy, succulent
mehustaa render into juice
meijeri dairy
meikäläinen *s* **1** (yksi meistä) one of us, someone like us *Matti Meikäläinen* John Doe **2** (minä) yours truly, this (here) boy/girl
meikäläisittäin our way, local style
meinata 1 (aikoa) plan, intend, mean; (murt) be fixin' to *Meinaan tästä kohta lähteä* I'll be leaving soon, I mean to leave soon, I'm fixin' to be off in a jiffy **2** (tarkoittaa) mean, be about *Mitä tämä meinaa?* What's going on here? What is this all about? What is the meaning of this? *Se on meinaan pitkä matka* I mean, (like,) that's a long way **3** *Meinasin mennä hukkaan* I almost/nearly lost my way
meininki 1 (aikomus) plan, intention **2** (meno) goings-on **3** (fiilinki) atmosphere, spirit
mekaanikko mechanic
mekaaninen mechanical
mekaniikka mechanics
mekanismi mechanism
mekastaa kick up a racket, be loud, make (lots of) noise
mekastus racket, noise, din
mekko dress, frock, shift
meklari 1 (pörssimeklari) (stock)broker **2** (huutokauppameklari) auctioneer
Meksiko Mexico
meksikolainen *s, adj* Mexican
mela paddle
melankolia melancholy
melankolinen melancholic
melkein almost, nearly, practically; (ark) pretty near/well/much
melko pretty, fairly, reasonably, quite
melkoinen quite a, considerable, substantial

melkoisesti quite a lot of, considerably, substantially
mellakka riot
mellakoida riot
mellakointi rioting
mellastaa kick up a racket/ruckus
meloa paddle
melodia melody, tune
melodraama melodrama
meloja canoeist
meloni melon
melske (meteli) noise, racket; (levottomuus) tumult,
melskeinen tumultuous, tempestuous
melu noise, racket, hubbub
meluisa noisy, tumultuous
meluntorjunta noise control/ abatement
meluta make (lots of) noise, be noisy
menehtyä succumb (to), perish/die (of)
meneillä going on, in progress
mene ja tiedä who knows
menekki sale(s), consumption; (valmistajan näkökulmasta) market *Sillä on varmasti hyvä menekki Itä-Euroopassa* It's sure to sell well in Eastern Europe
menekkivaikeus *Heillä on menekkivaikeuksia* They're having some difficulties in moving their stock, their products aren't selling well
menemään out, away *heittää menemään* throw out/away
menestyksekäs successful, prosperous, flourishing, thriving
menestymätön unsuccessful
menestys success
menestysteos a success, a hit
menestyä succeed, be successful, be a success; prosper, flourish, thrive
menetellä 1 (tehdä) do, (toimia) act, (edetä) proceed *Miten tässä menetellään?* What should we do? How should we act/proceed? *menetellä ohjeiden mukaisesti* follow the instructions **2** (välttää) do *Kyllä se menettelee* It'll do
menetelmä method
menetetty lost *menetetty terveys* ruined health
menettely proceeding, procedure
menettelytapa procedure, course of action *Kaikkihan kävi lopuksi hyvin, mutta emme voi hyväksyä menettelytapaasi* Everything turned out all right in the end, but we cannot condone the way you proceeded/acted
menettää lose, (tilaisuus) miss *Ethän sinä siinä mitään menetä!* What have you got to lose?
menettää kasvonsa lose face
menettää malttinsa lose your temper, fly into a rage
menettää merkityksensä lose (all) importance/significance, become pointless/meaningless/insignificant/ unimportant
menettää mielenkiintonsa johonkin lose interest in something
menettää oikeutensa forfeit your rights
menettää otteensa lose your grip on, let go of, let (something) slip through your fingers
menettää rohkeutensa lose your nerve
menettää tasapainonsa lose your balance
menettää uskonsa johonkin lose faith in something
menetys loss
menevä 1 (energinen) energetic, enterprising *menevä ihminen* a (wo)man on the go, a comer, a mover and a shaker **2** *viinaan/naisiin menevä mies* boozer/womanizer **3** *etelään menevä juna* the southbound train
menneeksi *olkoon menneeksi* sure, why not, what the hell
menneisyys past
mennen tullen coming and going
mennessä by *Mihin mennessä tarvitset sen?* When do you need it at the latest? *Tarvitsen sen viiteen mennessä* I need it by five *siihen mennessä* by then
menninkäinen sprite, gnome
mennyt gone, past; (kuollut) deceased, departed, the late *menneellä viikolla* last week
mennä 1 go *Minne menet?* Where are you going? *Miten menee?* How's it

going? How are you doing? **2** (lähteä) leave, depart; (ark) take off, beat it, scram *Meneekö tämä kirje 3 markalla?* Can I send this letter for 3 marks? **3** (kulkea: bussi) go, run; (jonkin yli) cross *Miten usein viitonen menee?* How often does bus number 5 run? *Meneekö tämä kirkkopuiston ohi?* Do you go by the church park? *Arpi meni suupielestä korvaan* The scar ran from the corner of his mouth all the way to his cheek **4** (sopia johonkin) fit, (sopia jonakin) do *Ei mene ovesta* It won't fit through the door *Kyllä hän muuten miehenä menisi mutta* He'd do as a husband, I suppose, except that **5** (hävitä) be lost, get thrown away *Minulta meni sodassa terveys* The war ruined my health *Rahaa tuli, virka meni* I made big bucks but lost my job **6** (kulua) pass, be spent *Koko päivä meni tähän* I spent the whole day doing this *Korjaustöihin menee puoli vuotta* It'll take half a year to repair it **7** (olla esitettävänä: elokuva) be showing, (näytelmä) be playing, (TV-ohjelma) be on **8** *Mitäs menit valehtelemaan!* Why did you have to go and lie about it?

mennä asiaan get to the point, get down to business

mennä eteenpäin proceed, progress, move right along

mennä halpaan get fooled/taken (for a ride)/played for a patsy/duped, fall for (something) (hook, line, and sinker)

mennä halvalla get sold cheap, sell for a song

mennä itseensä stop and take a (good) look at yourself, pause to examine your own motives

mennä kalaan go fishing

mennä kalpeaksi turn pale, blanch, go white (in the face)

mennä kaupaksi sell

mennä kihloihin get engaged

mennä liiallisuuksiin go to extremes, go overboard, get carried away

mennä läpi (ehdotus) pass, be accepted; (hyökkäys tms) drive/burst/break/go through

mennä läskiksi not work, fail, get all fouled/fucked up

mennä maata go lie down, go take a nap/rest, go to bed/sleep

mennä marjaan go berrying

mennä menojaan go on your merry way, be on your way *antaa asioiden mennä menojaan* let things take/run their course

mennä naimisiin get married

mennä ohi pass, miss *antaa tilaisuuden mennä ohi* let an opportunity slip away, pass up/miss an opportunity

mennä perille (paketti tms) reach its destination, arrive; (saarna tms) strike home

mennä pieleen not work, fail, get all fouled/fucked up *Sehän menee kuitenkin pieleen* You know it's not going to work

mennä pitkälle go far *mennä liian pitkälle* go too far, overstep your limits, exceed your authority, go to extremes

mennä päähän (viina, kehu) go to your head

mennä sanomaan say *Vaikea mennä yks kaks sanomaan* Hard to say right off the bat

mennä sisu kaulaan lose your nerve, chicken out, your heart drops into your boots

mennä takuuseen guarantee (something) (myös kuv) *En mene takuuseen siitä* I can't promise/guarantee (you) anything, I can't be sure of it, I can't say for sure

mennä tiehensä leave, be on your way, (ark) take off, beat it

mennä täydestä fool everybody, work, not get caught

mennä väärään kurkkuun go down the wrong way/tube

meno 1 going, doing *Kaikki menee tavallista menoaan* Business as usual *aina menossa* always on the go/run, always out doing something, active *Se on sitten menoa!* This is it! There's no turning back now! **2** (vauhti) speed, pace **3** (kulku) course *elämän meno* the course of life *maailman meno* the way of the world **4** (meininki) goings-on, activity *täysi meno päällä* in full swing, going strong **5** (häviö) downfall *suunnitella jotakin jonkun pään menoksi* plot/scheme to bring someone down, (leik) plan something behind someone's back **6** (menolippu) one-way ticket **7** *menot* (rahamenot) expenditures, costs **8** *menot* (juhlamenot) festivities, ceremonies

menoarvio cost estimate; (tulo- ja menoarvio) budget

menolippu one-way ticket

menomatka the way/trip/journey there

menoon *yhteen menoon* straight through, without stopping

menopaluulippu round-trip ticket

menopäällä in the mood to go out (on the town, for a beer/dance/movie/jne)

menossa 1 (lähdössä) (just) leaving, on your way out **2** (tien päällä) on the run/go **3** (kulussa) underway *Vuosi 1776 oli menossa* It was (the year) 1776

menosuunta direction of travel *istua selkä menosuuntaan* sit facing backwards *Laituri on menosuuntaan nähden vasemmalla* The platform will be on your left

mentoli menthol

mentävä *s* errand (to run), thing to do *v Minun on mentävä* I've got to go

merenkulkija mariner, sailor, (vanh) seafarer

merenkulku navigation, shipping, (vanh) seafaring

meri sea, (valtameri) ocean *Siellä oli miestä kuin meren mutaa* The place was swarming with people

meriitti merit, credit

merikapteeni sea-captain

merikarhu 1 (merimies) old salt, sea dog **2** (hylje) fur seal

merikartta (navigational/nautical) chart

merimies sailor

merinäköala seascape

meripelastus lifesaving (at sea), sea rescue

meripeninkulma nautical mile

merirosvo pirate

merirosvous piracy

meritse by sea/water

merivartiosto coast guard

merivesi seawater

merivirta ocean/underwater current

merkantilismi mercantalism

merkeissä 1 (olosuhteissa) *Toivottavasti tapaamme onnellisemmissa/ paremmissa merkeissä* I hope we meet again in happier/better circumstances **2** (yhteydessä) *Kokoonnuttiin Pekan syntymäpäivän merkeissä* We got together for Pekka's birthday **3** (hengessä) *yhteistyön merkeissä* in a spirit of cooperation

merkille pantava noteworthy, remarkable

merkillinen strange, odd, peculiar

merkinantolaite signaling device

merkintä 1 (merkitseminen) marking, labeling, (leimalla) stamping, (kuumalla raudalla) branding **2** (osakkeen) subscription **3** (kirjoitus) note, record *tehdä merkintöjä* (muistiinpanoja) take/ make notes, (kirjanpidossa) enter sums (in the books)

merkitsevä 1 (tärkeä) significant, meaning(ful) **2** (merkittävä) remarkable, notable

merkittävä remarkable, notable, noteworthy, prominent, (pre)eminent

merkityksetön insignificant, unimportant

merkitys 1 (sanan tms) meaning, sense, denotation *sanan varsinaisessa merkityksessä* in the strict/literal sense of the word **2** (asian) importance, significance *Ei sillä enää ole mitään merkitystä* It doesn't matter any more, it's a moot point now, it's all academic now, that's neither here nor there any more **3** (merkitseminen) signification, semiosis

merkitä 1 mark, label, indicate, (rastilla) check/tick off, (leimalla) stamp, (kuumalla raudalla) brand **2** (osake) subscribe (for) **3** (muistiin) write/mark/ note down, make a note/record (of) **4** (kirjanpitoon) enter (a record), list,

book **5** (tarkoittaa) mean, denote **6** (olla merkkinä) indicate, mark, be a sign of, signify, symbolize
merkitä kirjoihin record, enter in the books/record
merkitä luetteloon list
merkitä muistiin write/note/jot down, make a note (of)
merkitä pöytäkirjaan record in the minutes
merkki 1 mark, sign(al), trace *Heistä ei jäänyt merkkiäkään* There wasn't a sign/trace of them (left behind) *Jos vanhat merkit paikkansa pitävät* If I'm not mistaken, if things go the way they usually do *jonkun puumerkki* someone's mark (myös kuv) *plusmerkki* the plus sign *merkeissä* ks hakusana **2** (kirjoitusmerkki) character **3** (tavaramerkki) brand, make *auton merkki ja malli* the make and model of a car **4** (merkkilappu) label **5** (postimerkki) stamp **6** (rintamerkki) badge **7** *näyttää jollekulle taivaan merkit* give someone a piece of your mind *olla kuin myrskyn merkki* be fit to be tied, be raging/hopping mad
merkkihenkilö notable (personage), person of note, very important person, VIP
merkkipäivä red-letter day
merkkiteos landmark work
merkkivalo 1 (kaasulieden) pilot light **2** (majakan tms) beacon, signal light **3** (ravintolan) dimming the lights to indicate that the restaurant is about to close
merta trap *Nyt on piru merrassa* Now the fat's on the fire, now the shit's hit the fan
mesi nectar, honey
mesikämmen bear
messi mess(room)
messingillä *suu messingillä* with a big contented smile
messinki brass
messu 1 (kirkonmeno) Mass **2** (kuoroteos) mass, missa **3** *messut* exhibition, fair
messuhalli exhibition hall
messut exhibition, fair
messuta 1 (luterilaisessa kirkossa = laulaa liturgia) sing/chant (the liturgy) **2** (katolisessa kirkossa) say Mass
mesta (paikka) place *se on hyvä mesta* it's a nice joint
mestari 1 master *Harjoitus tekee mestarin* Practice makes perfect **2** (mus) maestro, virtuoso **3** (urh) champion
mestarillinen masterful, masterly
mestaroida 1 (toisten asioita) interfere with, stick your nose into, butt into, meddle in **2** (konetta tms) fiddle/tamper with
mestaruus 1 mastery **2** (urh) championship
mestata execute, behead, decapitate, guillotine
mestaus execution, beheading
metafora metaphor
metafysiikka metaphysics
metafyysinen metaphysical
metalli 1 metal **2** (ark) the Metalworkers' Union
metallilevy metal plate
metallinen metal(lic)
metallinilmaisin metal-finder/-detector
metallioppi metallurgy
metalliteollisuus the metal industry
metallurgia metallurgy
meteli noise, racket, hubbub
metelöidä make (lots of) noise, kick up a racket/ruckus, raise hell
meteori meteor
meteoriitti meteorite
meteorologi meteorologist
meteorologia meteorology
metka 1 (hauska) funny, amusing **2** (mukava) nice, friendly
metku prank, trick, (practical) joke, gag
metodi method
metodiikka methodology
metodisti Methodist
metodologia methodology
metri meter
metrijärjestelmä metric system

metrikaupalla by the meter, (ark) yards and yards of (something)
metrimitta metric measure
metronomi metronome
metsikkö wood(s), grove
metsistyä revert to type
metso wood grouse
metsä forest, woods *ei nähdä metsää puilta* not see the forest for the trees *mennä pahasti metsään* be way off, be wide of the mark *lähteä metsälle* go hunting
metsäala 1 (alue) wooded/forested area **2** (oppiala) forestry
metsäalue wooded/forested area
metsähallitus National Board of Forestry
metsäinen wooded, forested; (ark) woodsy
metsäkasvillisuus underbrush
metsäkoulu forestry school
metsäläinen forest-dweller, (run) denizen of the woods; (alkukantainen) primitive
metsämaa woodland, forest land
metsämaasto wooded terrain
metsänhaaskaus deforestation
metsänhakkaaja woodcutter
metsänhakkuu cutting/felling (of trees/forest)
metsänhoidollinen silvicultural
metsänhoito forestry, silviculture
metsänistutus forest (re)planting, afforestation
metsänkävijä woodsman, hunter
metsänkäyttö forest use
metsänomistaja forest/woodland owner
metsänparannus forest improvement
metsänriista game
metsänsuojelu forest protection/conservation
metsänvartija forest ranger
metsänviljely forest cultivation, seeding and planting
metsäopisto forest ranger school
metsäpalo forest fire
metsäpolitiikka forest (use) policy
metsästys hunting
metsästysaika hunting season
metsästyskausi hunting season
metsästyskivääri hunting rifle
metsästyskoira hunting dog
metsästysoikeus hunting right(s)/privilege
metsästysseura gun club
metsästäjä hunter
metsästää hunt
metsätaloudellinen pertaining to forestry (economy/management)
metsätalous forestry (economy/ management)
metsäteknikko forest ranger
metsäteollisuus lumber industry
metsätieteet forestry (sciences)
metsävahinko forest damage
metsävero forest tax
miau meow
Midwaysaaret Midway Islands
miedontaa dilute
miedosti mildly
mieheen 1 *kolme mieheen* three each **2** *viimeiseen mieheen* to the last man
miehekäs manly, masculine, virile
miehelä *mennä miehelään* get married
miehenalku little man
miehenkipeä sex-starved, man-hungry
miehennielijä man-eater
miehiin menevä loose
miehinen 1 (ihminen) masculine, manly **2** (eläin) male **3** *-miehinen* -man
miehissä all together, in force/ concert/unison
miehistö crew
miehitetty 1 (avaruuslento tms) manned **2** (maa) occupied
miehittämätön unmanned
miehittää 1 (pelastusvene tms) man **2** (maa) occupy, take possession of
miehitys 1 (miehittäminen) manning, occupation **2** (miehistö) crew, (ark) the men
miehuus 1 (miehen aikuisuus) manhood **2** (miesmäinen käyttäytyminen) manliness
miehuusikä manhood

miekka sword *kaksiteräinen miekka* double-edged sword
miekkailija swordsman, fencer
miekkailla fence
miekkailu fencing
miekkonen little man
mieleen *olla mieleen* please you, be to your liking *juolahtaa mieleen* occur to you, strike you *painua mieleen* impress you, be memorable/ unforgettable *palauttaa mieleen* (itselleen) recall, (toiselle) remind someone of *tuoda mieleen* bring to mind, recall
mieleenpainuva memorable, unforgettable, impressive
mielekkyys meaning, sense
mielekäs meaningful, sensible
mielellään 1 gladly, willingly, with pleasure *Teen sen mielelläni* I'd be happy to **2** (mieluummin) preferably, rather *Se saisi olla mielellään pikkuisen pienempi* Maybe it ought to be a little smaller
mieleltään at heart
mielenkiinto interest
mielenkiintoinen interesting
mielenlaatu disposition, nature, temperament
mielenliikutus emotion
mielenosoittaja demonstrator, protestor
mielenosoituksellinen protest
mielenosoituksellisesti in protest
mielenosoitus demonstration
mielenrauha peace of mind
mielenterveydellinen pertaining to mental health
mielenterveydellinen ongelma mental (health) problem
mielenterveyden häiriö mental disturbance
mielenterveys mental health
mielenterveysasema psychiatric clinic
mielessä 1 (ajattelussa) in mind *Hänellä on pahat mielessä* She's up to no good *ajatella mielessään* think to yourself **2** (merkityksessä) in a sense *jossain mielessä* in some sense *monessa mielessä* in many senses/ ways
mielestä 1 (ajatuksista) out of (your) mind *sulkea pois mielestä* dismiss something, put something out of your mind **2** (mukaan) according to (someone), in (someone's) opinion *Onko se sinun mielestäsi nyt hyvä* Do you like it now? Are you satisfied now? Do you think it's good now?
mieletön mindless, senseless, pointless, absurd
mieli 1 mind *muuttaa mielensä* change your mind *pitää mielessä* bear in mind *malttaa mielensä* be patient *olla samaa mieltä (jonkun kanssa)* agree (with someone) *mielessä, mieleen, mielestä, mielellään, mieleltään, mieliksi* ks hakusanat **2** (sydän, tunteet) heart, feelings *pahoittaa mielensä* get hurt, take offense, be offended *Siitä tuli paha mieli* I was really hurt by that **3** (mieliala) mood *Millä mielellä lähdet?* How do you feel about going? *hyvällä mielellä* in a good mood, in high spirits **4** (merkitys) meaning, sense *Koko tässä hommassa ei ole mitään mieltä* This whole thing is pointless *Missä mielessä?* In what sense?
mielihyvin gladly, willingly, with pleasure
mielihyvä pleasure
mielijohde whim, impulse *hetken mielijohteesta* on the spur of the moment
mielikirjailija favorite writer
mieliksi *yrittää olla jollekulle mieliksi* try to please someone *tehdä jotakin jonkun mieliksi* humor someone
mielikuva (mental) image
mielikuvituksellinen imaginative
mielikuvitukseton unimaginative
mielikuvitus imagination
mielinen -minded *ahdasmielinen* narrow-minded *kansallismielinen* nationalistic, chauvinistic
mielipaha 1 (ärsytys) displeasure, annoyance **2** (paha mieli) hurt, offense **3** (suru) sorrow, grief
mielipide opinion
mielipide-ero difference of opinion

mielipidekysymys a matter of opinion
mielipidetiedustelu opinion poll
mielipuoli madman, lunatic
mielipuolinen insane, mad, out of his/her mind, (ark) loony
mieliruoka favorite food
mielisairaala mental institution/hospital, insane asylum
mielisairaanhoito psychiatric treatment
mielisairaanhoitaja psychiatric nurse
mielistellä flatter, fawn (on), toady (to), ingratiate yourself (with); (ark) butter (someone) up; (sl) kiss/lick (someone's) boots/ass
mielistely flattery, fawning, ass-kissing/licking
mielistyä take a liking (to), be pleased (with)
mielitietty sweetheart, (ark) sweetie
mieliä want, wish, desire
mielle mental image
miellyttävä pleasing, pleasant, appealing, attractive, agreeable
miellyttää please, appeal (to) *Bach ei miellytä minua enää* I don't enjoy Bach any more, Bach doesn't do anything for me any more
mieltymys liking, fancy, attraction
mieltyä take a liking (to), be pleased (with)
mieltä kohottava uplifting, stirring, elevating
mieltä kuohuttava stirring, rousing, provocative
mieltä liikuttava moving, touching
mieltä ylentävä uplifting, heartening
mieltää perceive/conceive (as)
mieluinen pleasant, agreeable
mieluisa pleasant, agreeable
mieluiten preferably *Mieluiten menisin nukkumaan* My first choice would be to go to bed, what I'd most like to do is sleep
mieluummin preferably, rather *Mene mieluummin hiukan myöhässä* It would be better for you to be a little late
mies 1 man, (herrasmies) gentleman, (kaveri) guy *puhua kuin mies miehelle* have a man-to-man talk *Mikä hän on miehiään?* What sort of man is he? *Ei nimi miestä pahenna* Sticks and stones will break my bones but names will never hurt me *mieheen, miehissä* ks hakusanat **2** (aviomies) husband **3** *muina miehinä* casually, nonchalantly, (huomaamattomasti) inconspicuously
mies ja ääni -periaate (the principle of) one man, one vote
miesjoukko a group/crowd/bunch of men
mieskuoro men's choir
miesmuisti living memory *Tuollaista ei ole ollut miesmuistiin* There's been nothing like that in ages, in a coon's age
miesmäinen mannish
miesopettaja male teacher
mies paikallaan the right man for the job
miespääosa male lead
miessukupuoli (biologinen) male sex, (sosiaalinen) masculine gender
miestyöpäivä man-day
miestyötunti man-hour
miestyövuosi man-year
miesvaltainen male-dominated
miesvoittoinen male-dominated
miesväki the men(folk(s))
mies yli laidan! man overboard!
miete idea, thought; (mon) reflections, meditations *olla mietteissään* be lost in thought/reverie, be daydreaming
mietelause aphorism
mietelmä aphorism; (mon) reflections, meditations
mietintäaika time for consideration
mietintö report
mietiskellä meditate, ponder, reflect (on)
mietityttää make you (pause to) think, get you thinking, give you something to think about, give you food for thought
mieto mild, weak
mietteliäs thoughtful, meditative, contemplative, lost in thought

miettimisaika time to think things/it over
miettiä think (about), ponder, meditate, contemplate, consider, reflect (on)
miettiä päänsä puhki wrack your brains
migreeni migraine (headache)
mihin where (to) *Mihin menet?* Where are you going? *En mihinkään* Nowhere *Sinusta ei ole mihinkään* You're good for nothing, you'll never amount to anything
miina mine
miinoittaa mine
miinus minus *laskea jollekulle miinukseksi* hold (something) against someone, count (something) (as a strike) against someone *mennä miinuksen puolelle* (lämpötila) fall below zero, (pankkitili) be overdrawn, (yrityksen talous) go into the red
miinusaste degree below zero
miinusmerkki minus sign
mikin each/every (one)
mikro 1 (tietokone) PC **2** (mikroaaltouuni) micro(wave) **3** *mikro-* micro-
mikroaaltouuni microwave oven
mikrofoni microphone, (ark) mike
Mikronesia Micronesia
mikroprosessori microprocessor
mikroskooppi microscope
mikroskooppinen microscopic
mikrosuoritin microprocessor
mikrotietokone microcomputer; personal computer, PC
miksi 1 (mitä varten) why, what for **2** *Miksi minua luulet?* What do you take me for?
mikä what, which *Mitä otat?* What'll you have? *Minkä otat?* Which do you want? *Jäin viimeiseksi, mikä koituikin onnekseni* I was the last to leave, which was lucky for me *se mitä/mikä* what *Tiedätkö mitä?* You know what? *Vielä mitä!* Are you kidding! Don't make me laugh!
mikä ettei why not
mikä hyvänsä (niistä) any (one), (kahdesta) whichever, whatever
mikäkin some kind of *niin kuin mikäkin herra* like some kind of swell
mikäli 1 (jos) if, providing (that) **2** (siinä tapauksessa että) in the event that, in case **3** (sikäli kuin) as far as, insofar as
mikä pahinta what's worst, worst of all
mikäpäs siinä sure, why not, thanks
mikä sinun on? what's the matter? what's bothering you?
mikä tahansa (niistä) any (one), (kahdesta) whichever, whatever
mikään *s* anything *ei mikään* nothing, not anything *Hän ei pitänyt sitä minään* She thought it was worthless, she held it in contempt; she thought nothing of it *Ei siitä tule mitään* It's no good, it's hopeless, it'll never work *Sille ei nyt voi mitään* It can't be helped now, there's nothing we can do about it now
adj any *ei mikään* no *ei millään muotoa* no way
miliisi 1 (armeija) militia **2** (sotilas, poliisimies) militiaman
militarismi militarism
militaristi militarist, (ark) hawk
miljardi billion
miljonääri millionaire
miljoona million
miljoonakaupalla by the million, millions of
miljoonas millionth
miljoonavahinko million-mark/ -dollar damage(s)
miljoonittain by the million, millions of
miljöö milieu, (romaanissa) setting
millainen what kind/sort of *Millainen isäntä, sellainen renki* Like father, like son
milli million
millimetri millimeter
milloin when, at what time *(aina) milloin sinä teet noin* whenever you do that
milloinkaan ever *ei milloinkaan* never, not ever
milloinkin *mitä milloinkin* sometimes this sometimes that, if it's not one thing

it's another *missä milloinkin* now here now there
milloin missäkin now here now there
milloin mitäkin if it's not one thing it's another
milloin tahansa any time, whenever
millänsäkään *Hän ei ollut millänsäkään* It didn't bother her in the least, it never fazed her, she pretended nothing had happened
millään possibly *Voisitko millään tulla auttamaan?* Any chance of you helping me? Is there any way I could get you to come give me a hand? *ei millään* no way
miltei almost, nearly, close to
mimiikka facial expressions and gestures, body language
mimmoinen ks millainen
mineraali mineral
minimaalinen minimal
minimi minimum
ministeri minister, (US) Secretary
ministerin salkku ministerial portfolio
ministeriö ministry, (US) Department
minitietokone minicomputer
miniä daughter-in-law
minkki mink
minkälainen ks millainen
minkäänlainen any (kind of) *ei minkäänlaista kunnioitusta* no respect at all/whatever
minne where (to), in what direction *Minne menet?* Where are you going? (minnepäin) Which way are you headed/going?
minnekin *milloin minnekin* now here, now there
minnekään *ei minnekään* nowhere
minttu mint
minuutti minute *kymmenen minuutin kävelymatka* a ten-minute walk *millä minuutilla tahansa* any minute (now)
minä *s* the self, the ego
pron I, (ark) me *Se olin minä* It was me *minun* mine *minun omani* my own *minun kanssani* with me *minut, minua* me *minun/minulla on kylmä* I'm cold *Pidätkö minusta?* Do you like me? *Taidat pitää minusta* I think you do like me, I'm the one you like *Mitä minuun tulee* As far as I'm concerned, for my part *Mitä tekisit minuna?* What you do if you were in my shoes, if you were me?
mirri pussy (cat)
missi Miss Finland
missä where *Talo missä nyt asumme* The house we live in now *Siellä missä nyt asumme* Where we live now
missä ihmeessä where on earth, where in the world
missä milloinkin now here, now there
missäpäin where(abouts)
missä tahansa *Missä tahansa oletkin* Wherever you are *Voisin asua missä tahansa* I could live anywhere
missään anywhere *ei missään* nowhere
mitali medal *mitalin toinen puoli* the other side of the coin
mitata measure (off/out), gauge *mitata kuume* take someone's temperature
mitellä 1 (mitata) measure **2** (otella) fight, contend
mitellä voimiaan pit yourself (against someone), fight/contend (with)
miten how *Miten saatoit!* How could you!
mitenkäs muuten what else (can you expect)?
mitenkään possibly *Etkö voisi mitenkään tulla?* Couldn't you find some way to come? couldn't you see your way clear to coming? *ei mitenkään* no way
miten milloinkin in different ways at different times
miten missäkin in different ways in different contexts
miten niin what do you mean? how so?
miten ollakaan guess what, you'll never guess, surprise surprise
miten tahansa *Tee se miten tahansa, kunhan teet* Do it any way you like, just do it *Miten tahansa teetkin, tee se kunnolla* No matter how you do it, however you do it, do it well

miten vain however, (ark) whatever *mieluummin miten vain* I don't care how you do it
mitoittaa dimension
mitta 1 measure(ment) *leveysmitta* measure of width *talon ulkomitat* the exterior measurements of the house *vaikka millä mitalla* tons/piles/scads of *maksaa samalla mitalla* give as good as you got, pay someone back in his/her own coin **2** (pituus) height *kasvaa täyteen mittaansa* grow to your full height *Onpas tytöllä mittaa!* This girl's shooting up like a beanstalk **3** *vuosien/ päivän mittaan* in the course of the years/day, as the years/day went on *yhtä mittaa* constantly **4** (runomitta) meter *kalevalamitta* trochaic tetrameter
mittaamaton immeasurable *mittaamattoman suuri* enormous
mittaetsin rangefinder
mittaetsinkamera rangefinder (camera)
mittajärjestelmä system of measurement
mittakaava scale
mittanauha tape measure
mittani on täysi that does it, now I've had it/enough
mittapuu yardstick, (kuv) standard(s)
mittari 1 meter, gauge **2** (empiirisessä tutkimuksessa) measuring instrument
mittarilento instrument flying/flight
mittaus measuring, measurement
mittava great, outstanding, excellent
mittojen mukaan tehty custom-/tailor-made
mitä 1 what (ks mikä) **2** *mitä jännittävin* a most exciting **3** *mitä pikemmin sitä parempi* the sooner the better *mitä kuuluu?* how are you doing? how's it going?
mitähän I wonder what
mitä ihmettä! what in the world!
mitäpä siitä never mind
mitäpä turhia forget it
mitätöidä invalidate, cancel, (declare null and) void
mitätön 1 (mitäänsanomaton) insignificant, worthless, pointless **2** (mitätöity) invalid(ated), canceled, void
mitäänsanomaton trite, trivial, pointless, meaningless, insignificant
mm among other things, (lat) inter alia
modeemi modem, (akustinen) acoustic coupler
moderni modern
modulaatio modulation
moduuli module
moinen (something) like that *Mistähän moinen käsitys on tullut?* I wonder where that idea came from *En ole moista ikinä nähnyt* I've never seen the likes of that before
moite criticism, reproach, rebuke, complaint
moitteeton irreproachable, impeccable, flawless
moitteettomasti irreproachably, impeccably, flawlessly
moittia criticize, reproach, rebuke, complain about/of, find fault with
mojova (juttu) hot, juicy; (isku) walloping; (valhe) big fat
mokoma anything like that, the likes of that *Onko mokomaa kuultu!* Did you ever hear the likes of that? *Suuttua nyt mokomasta!* What a thing to get mad about! *kaikin mokomin* go right ahead, be my guest, help yourself, by all means *mokomakin pentu* the little brat
moksiskaan *Ei ollut moksiskaan* It didn't bother/faze her in the slightest, she pretended nothing had happened
molekyyli molecule
molemmat both (of them/us) *molempi parempi* (ark) same difference
molemminpuolinen bilateral, mutual, reciprocal
molli minor (key)
Molotovin cocktail Molotov cocktail
molskahdus splash
molskahtaa splash
molskis splash
momentti 1 (vaihe, seikka) moment, phase, point, element **2** (fys) moment **3** (lak) paragraph, clause, subsection
Monaco Monaco

monacolainen *s, adj* Monegasque, Monacan
monarkia monarchy
monarkki monarch
monenlainen many kinds of, (things) of all kinds
monenmoinen many kinds of, (things) of all kinds
mones *Monesko päivä tänään on?* What's the date today? *Monesko kerta tämä on kun pyydän sinua siivoamaan huoneesi?* How many times do I have to tell you to clean your room? *Monennek-siko hän sijoittui?* How did he place?
monesti many times, frequently, often
mongoli Mongol
Mongolia Mongolia
mongolialainen *s, adj* Mongolian
mongolismi Down's syndrome, mongolism
mongoloidi Mongoloid
moni many *monet ystäväni* many of my friends *monta kertaa* many times *moni nainen* many a woman
moniarvoinen pluralistic
monijäseninen 1 (toimikunta) consisting of many members **2** (mat = lauseke) multinomial
monikansallinen multinational
monikko plural
monikollinen plural
monikymmeninen (yleisö) large, many-headed
monikäyttöinen multipurpose
monilapsinen large
monilukuinen numerous
monimutkainen complex, complicated
monimutkaisuus complexity, complication
moninainen various, multiple, multifarious
monin kerroin many times more, far more
moninkertainen multiple, manifold *moninkertainen voittaja* a winner many times over
moniosainen (kirjasarja) multivolume, (muu) divided into many parts
monipuolinen multifaceted, many-sided, diverse; (monitaitoinen) versatile
monipuolistaa diversify
monipuolistua diversify, be(come) diversified
monisanainen wordy, verbose, prolix
moniselitteinen ambiguous, polysemous
monisivuinen running to many pages, long
monistaa 1 (koneella) (photo)copy, duplicate, (ark) run off; (hist) mimeograph **2** (kasveja) propagate
moniste handout
monistus 1 (koneella) (photo)copying, duplication **2** (kasvien) propagation
monistuskone copier, copying machine; (hist) mimeograph machine
monitahoinen complex
monitahokas polyhedron
monitoimitalo multipurpose building
monitori monitor
monituhantinen running to the thousands, in the thousands
monituista kertaa many times over, over and over again
monityydyttymätön (rasvahappo) polyunsaturated
moniulotteinen multidimensional
monivaiheinen multiphase, polyphasic *monivaiheinen elämä* rich/ full/eventful life
monivuotinen (kukka) perennial *monivuotinen ystävyys* long-standing friendship *monivuotinen vakuutus* long-term insurance
mono ski boot
monopoli monopoly
monopolisoida monopolize (myös kuv)
monumentaalinen monumental
monumentti monument
moottori motor, engine
moottoriajoneuvo motor vehicle
moottorikelkka snowmobile
moottoriliikenne motor traffic
moottoripolkupyörä motorbike, moped
moottoripyörä motorcycle
moottoritie freeway

moottorivene motorboat
mopo moped
moppi mop
moraali 1 (yleiset siveellisyyskäsitykset) morals **2** (opetus) moral **3** (kyky säilyttää rohkeus) morale
moraalinen moral
moraalinen krapula moral hangover
moraaliton (moraalin vastainen) immoral, (ilman tietoa moraalista) amoral
moralisti moralist
morfiini morphine
morkata find fault with, criticize, complain about
morseaakkoset Morse code
morsian 1 (kihloissa oleva) fiancée **2** (häissä) bride
morsiusneito bridesmaid
morsiuspuku wedding dress
morsiusvihko wedding bouquet
mosaiikki mosaic
Mosambik Mozambique
moska trash, garbage, (sl) shit
Moskova Moscow
motata whack, crack, smack, punch
motiivi 1 (syy) motive **2** (taiteessa) motif
motivaatio motivation
motivoida motivate
motivoitunut motivated
motti 1 encirclement *motissa* surrounded **2** (halkomotti) a cubic meter of firewood **3** (patti) bump, lump, (ark) goose-egg
motto motto, slogan
moukari (sledge)hammer *heittää moukaria* throw the hammer
moukarinheitto hammer-throw
moukka boor, cad, lout *moukan tuuri* beginner's luck
muhamettilainen Mohammedan
muhamettilaisuus Mohammedanism, Islam
muhennos stew
muhentaa stew, (nuijalla) mash
muheva light, porous *muheva juttu*
muhia 1 (kastike) simmer **2** (rakastavaiset) roll in the hay
muhinoida flirt/play around
muhkea massive, stately, grand(iose)
muhkura bump, lump, (ark päässä) goose-egg
muhvi muff
muija old lady *Mitä sinun muijasi siitä sanoo?* What's your old lady going to say about that?
muikku (järvessä) vendace, (paistinpannussa) whitefish
muilla mailla abroad
muinainen ancient
muinaisesine ancient relic
muinaisjäännös ancient relic
muinaislöytö archeological find
muina miehinä casually, nonchalantly, offhand; (huomaamattomasti) inconspicuously
muinoin long ago, back in the olden days
muissa maailmoissa off in a world of his/her own
muistaa remember, recall, (murt) recollect *Mikäli muistan* As far as I can recall *Siitä muistankin että* That reminds me *En ikinä muista nimiä* I have a bad memory for names
muistavinaan *olla muistavinaan* pretend to remember (someone/ something) *Olen muistavinani että* I seem to recall that
muistella remember, recall, reminisce about *Eipäs muistella menneitä!* Let bygones be bygones, what's done is done
muistelmat memoirs
muistelmateos memoir
muisti memory *merkitä muistiin* write/ jot/note (something) down, make a note of *vielä tuoreessa muistissa* still fresh in your memory *muistin virkistämiseksi* to refresh your memory *viisi muistiin* (mat) carry five *RAM-muisti* RAM (memory)
muistiinpano note
muistiinpanovihko notebook/pad
muistijälki memory trace
muistikortti smart card
muistilehtiö notebook/pad
muistinmenetys amnesia
muistio memo(randum)

muistisiru memory chip
muisto 1 (muistikuva) memory, remembrance, reminiscence **2** (muisto-esine) memento, keepsake, souvenir
muistokirjoitus obit(uary)
muistomerkki monument
muistotilaisuus memorial service
muistua be remembered *muistua mieleen* come to mind *Siitä muistuikin mieleeni* That reminds me
muistuttaa 1 (palauttaa muistiin) remind (someone of) **2** (tuoda mieleen, näyttää joltain) remind (someone of), resemble **3** (huomauttaa) point out, note, comment on **4** (moittia) complain (about/of)
muistutus 1 reminder (myös laskusta) **2** (huomautus) note, comment **3** (moite) rebuke, reproof, reproach, reprimand
muitta mutkitta without further ado
muka 1 they say, it's said, rumor has it, supposedly *Vuorella asuu muka peikko* They say there's a goblin living in the mountain *Enkö muka pärjää yksinkin?* You think I can't make it on my own? *Etkö muka tule!* What do you mean, you're not coming? *Hän käveli katua muka ikkunoita katsellen* She walked along the street pretending to look in the windows **2** *sitä mukaa* as (fast/soon) as, along with it *Romaanit ostan yhden kerrallaan sitä mukaa kun ne ilmestyvät* I buy the novels one at a time as soon as they appear
mukaan *adv* along *Tulehan mukaan!* Come on, come with us, come along! *postp* **1** along with *Tule meidän mukaamme!* Come with us! *lukea mukaan* include *temmata mukaansa* catch/sweep (someone) up (in your enthusiasm) **2** according to, in (some-one's) opinion *Hänen mukaansa* According to him, in his opinion, as he sees it, to his mind *tehdä ohjeiden mukaan* do something as instructed/directed, follow the instructions *toivon mukaan* I hope, hopefully *tapansa mukaan* as (per) usual *sen mukaan kuin* as far as *sopimuksen mukaan* by agreement *kaiken todennäköisyyden mukaan* in all probability/likelihood *tarpeen mukaan* as needed *lain mukaan* by law
mukaan luettuna including
mukaansatempaava stirring, compelling, gripping
mukaelma adaptation, variation
mukailla adapt
mukailu adaptation
mukainen *jonkin mukainen* in conformance/accordance with *olla jonkin mukainen* conform to, correspond/agree/jibe with, match *jonkun mielen mukainen* to someone's liking
mukamas ks muka
mukana with (me/you/jne) *olla mukana jossakin* participate/take part in something, be present at something, be a member of something *olla monessa mukana* be involved in a range of things, have many irons in the fire *iän mukana* with the years, as you grow older, with maturity *pysyä (kehityk-sessä) mukana* keep up with (developments/changes)
mukauttaa adjust, accommodate, adapt
mukautua 1 adjust, accommodate, adapt **2** (kiel) agree (with), be congruent (with)
mukava 1 comfortable *löytää mukava asento* find a comfortable position *elää mukavissa oloissa* live comfortably *mu-kava rahasumma* a tidy sum of money **2** (sopiva) convenient *mukavat kulkuyh-teydet* convenient connections **3** (ystä-vällinen) nice, friendly, easy-going
mukavasti 1 comfortably *istua muka-vasti* sit comfortably **2** (sopivasti) conveniently *saapua mukavasti ennen viittä* arrive conveniently just before five
mukavuudenhaluinen comfort-loving; (kielteisesti) indolent, lazy
mukavuus comfort, convenience, niceness (ks mukava)
mukavuuslippulaiva ship sailing under a flag of convenience
muki mug, cup

mukiinmenevä not (half) bad, pretty good/nice, quite tolerable
mukillinen mugful, cupful
mukiloida mug, beat (up) *Hannu mukiloitiin kaupungilla eilen illalla* Hannu got mugged downtown last night
mukisematta without a complaint/grumble, willingly
mukista grumble, grouse, gripe
mukkelis makkelis head over heels, ass over teakettle
muksu kid
mukula 1 (perunan) tuber **2** (muksu) kid
mulkku (sl) cock, prick (myös kuv), dick
mulkoilla glower, glare, roll your eyes
mulkosilmä bugeyed, goggle-eyed
mullin mallin topsy-turvy, helter-skelter, upside-down
mullistaa 1 (kaupunkia tms) wreck, destroy, devastate **2** (tieteen alaa tms) revolutionize
mullistus 1 (fyysinen) destruction, devastation **2** (poliittinen, tieteellinen) upheaval, breakthrough, revolution
multa (top)soil, earth
multippeli skleroosi multiple sclerosis, MS
mummo 1 grandma, granny, gran **2** (täti) old lady
mummu grandma, granny, gran
muna 1 (kananmuna) egg, (munasolu) ovum **2** (kives) ball, nut
munakas omelet(te), soufflé
munakokkeli scrambled eggs
munanjohdin Fallopian tube
munasarja ovary
munata blow it, foul/screw/fuck (something) up
munaus blunder, boner, foul-up, fuck-up, snafu
munia 1 lay (an egg) **2** (munata) blow it, foul/screw/fuck (something) up
munkki 1 (luostarissa) monk **2** (kahvin kanssa: rinkelimunkki) doughnut, (hillomunkki) jelly doughnut, (possumunkki) bear's claw
munuainen kidney
muodikas fashionable, trendy, stylish
muodikkaasti fashionably
muodin mukainen in style/fashion
muodollinen formal
muodollisesti formally
muodollisuus formality
muodoltaan in shape/form
muodonmuutos metamorphosis, transformation
muodonvaihdos metamorphosis
muodostaa 1 form(ulate) **2** (muotoilla) shape **3** (perustaa) establish, found **4** (koostua) make up, constitute, consist of, be *Rakennuksen pääosan muodosti iso torni* The building was almost entirely made up of a large tower, consisted almost entirely of a large tower
muodostelma formation
muodostua be (trans)formed (into), become *Se muodostui ongelmaksi hänelle, siitä muodostui hänelle ongelma* It became a problem for her
muodostuma formation
muodostus formation
muodoton formless, shapeless
muokata 1 (maata) till, plow, cultivate, turn **2** (taikinaa) knead, (kermaa voiksi) churn, (villaa) card, (nahkaa) dress, (puuta) sand, (metallia) treat **3** (alokkaita tms) shape (up), beat/push/kick (someone) into shape **4** (tekstiä) edit, revise, polish, rewrite
muokkaamaton untilled, unplowed, uncultivated, unedited, unpolished (ks muokata)
muokkaus tilling, plowing, cultivation, kneading, churning, carding, dressing, sanding, treatment, editing, revision, polishing, rewriting (ks muokata)
muokkautua develop (into)
muona food, (ark) grub; (mon) provisions, victuals, (ark) vittles
muonitus provisioning
muori grandma (myös kuv)
muoti fashion, style, vogue
muotilehti fashion magazine
muotinukke 1 (nukke) mannikin, (department-store) dummy **2** (ihminen) fashion plate
muotisuunnittelija fashion designer

muotitietoinen fashion-conscious
muotivirtaus (fashion) trend
muoto form, shape *niin muodoin* thus, therefore *ei millään muotoa* no way *muodon vuoksi* for form's sake, as a pure formality, (lat) pro forma
muotoilija designer
muotoilla **1** (muovata) shape, form **2** (tehdä) make, fashion **3** (suunnitella) design **4** (laatia) formulate **5** (formatoida) format
muotoilu design *teollisuusmuotoilu* industrial design
muotoinen -shaped *V:n muotoinen* V-shaped
muotokuva portrait
muotoseikka formality, a matter of form
muotoutua take shape
muotti mold
muovailla mold, model, shape, fashion; (oppimateriaalia tms) adapt
muovailu modeling
muovailusavi modeling clay
muovailuvaha Play-Doh
muovata mold, model, shape
muovautua take shape
muovi plastic
muoviesine plastic article/item
muovinen plastic
murahdus growl, snarl
murahtaa growl, snarl
muratti ivy
murea (kakku) crumby, (liha) tender
murehtia **1** worry, be anxious (about) **2** (surra) grieve (for)
mureke (lihamureke) meatloaf, (vehnämureke) wheat biscuit
murentaa **1** crumble **2** (toiveita) crush, (luottamusta) undermine
murentua crumble (myös kuv)
murha murder, homicide, slaying; (salamurha) assassination
murhaaja murderer
murha-ase the murder weapon
murhaava murderous (myös katseesta)
murhanhimo bloodthirstiness
murhanhimoinen bloodthirsty
murhata murder, slay, kill, assassination
murhatutkimus murder/homicide investigation
murhayritys attempted murder/homicide
murhe **1** (huoli) trouble, care, distress; (raam) cross (to bear) **2** (suru) sorrow, grief
murheellinen troubled, careworn, distressed; sorrowful, griefstricken
murheenkryyni nuisance, bother
murikka piece of rock
murina growl(ing), snarl(ing)
murista growl, snarl *murista partaansa* mutter under your breath, grumble/mumble to yourself *Vatsani murisee* My stomach is rumbling
murjoa pound to a pulp, manhandle, beat someone till he's black and blue
murjottaa pout, sulk, mope (about)
murjotus pout, sulk
murju dump, hole (in the wall)
murkina grub, chow
murkinoida chow down, dig in
murot (breakfast) cereal
murotaikina short crust dough
Murphyn laki Murphy's Law
murre dialect
murros **1** (geol) rupture **2** breakthrough, crisis, revolution, upheaval
murrosikä puberty, adolescence, teenage
murrosikäinen *s* pubescent, adolescent, teenager *adj* pubescent, adolescent, teenaged
murrostila transitional/critical stage, crisis
murrosvaihe transitional/critical phase, crisis
murska (kivi/tomaattimurska) crushed rocks/tomatoes/jne *lyödä murskaksi* smash to smithereens/pieces, crush *mennä murskaksi* go/fall to pieces
murskaavasti (arvostella) scathingly, (voittaa) overwhelmingly
murskata crush, shatter, smash, pulverize; (sydämiä) break

murskautua be crushed/shattered/smashed/dashed to pieces
mursu walrus
murtaa 1 break *surun murtama* grief-stricken **2** (vierasta kieltä) speak with an accent *puhua englantia suomeksi murtaen* speak English with a Finnish accent
murtautua break in/out *murtautua taloon* burgle a house
murteellinen dialectal
murto burglary, breaking and entering (B and E)
murtoluku fraction
murtomaahiihto cross-country skiing
murto-osa fraction, small part
murtovaras (cat) burglar
murtovarkaus burglary
murtua 1 (fyysisesti) break, crack, collapse *Minulta murtui jalka* I broke my leg **2** (henkisesti) break (down), crack (up)
murtuma break, fracture
muru 1 (ruoan) morsel, (leivän) crumb **2** (kulta) dear, darling, sweetheart, honey, love
murunen (ruoan) morsel, (leivän) crumb
musa music
museo museum
museotavara museum piece, exhibit *Syökää pois, ei se mitään museotavaraa ole* Eat up, I didn't make it for the museum
musertaa crush, smash
musiikillinen musical
musiikinopettaja music teacher
musiikki music
musiikkielokuva musical
musiikkikasvatus music education
musikaali musical
musikaalinen musical
musikaalisuus musical talent
musisoida make music
musketti musket
muskettisotilas musketeer
musta *s* black (person/man/woman/child)
adj black *Maailma meni mustaksi* Everything went black
musta aukko black hole
mustaa valkoisella in black and white
musta hevonen black horse
musta huumori black humor
musta laatikko black box
mustalainen Gypsy
mustalaismusiikki gypsy music
musta lammas black sheep
musta lista black list *laittaa joku mustalle listalle* blacklist someone *joutua mustalle listalle* be blacklisted
mustamaalata defame, denigrate, slander, calumniate
mustamaija Black Maria
mustanaan black/swarming (with people)
mustanpuhuva black, dark
musta pörssi black market
mustasukkainen jealous
mustasukkaisuus jealousy
musta surma the Black Plague/Death
mustata smear, defame, denigrate
mustavalkoinen black-and-white
muste ink
mustekynä pen
mustelma bruise *mustelmilla* (all) black and blue
mustepullo inkbottle/-well
mustesuihkukirjoitin ink jet printer
mustetahra ink spot/stain
mustikassa *käydä mustikassa* go blueberrying
mustikka blueberry *Oma maa mansikka, muu maa mustikka* East, west, home is best
mustikkapiirakka blueberry pie
mustuainen pupil
muta mud
mutaatio mutation
mutantti mutant, (ark) sport, freak
mutina muttering, mumbling, grumbling
mutista mutter, mumble, grumble
mutka 1 curve, bend, turn **2** (ongelma) hitch, snag *Tuli mutka matkaan* We've got a problem *muitta mutkitta* without further ado, without beating around the bush

mutkainen curving, bending, winding
mutkaton 1 (ihminen) straightforward, direct, frank, candid **2** (asia) simple, unproblematic
mutkattomasti 1 (puhua) straightforwardly, directly, without beating around the bush **2** (sujua) smoothly
mutkikas 1 (mutkainen) curving, bending, winding **2** (monimutkainen) complicated, complex, intricate
mutkikkaasti complexly, intricately
mutkistaa complicate
mutkistua get/be(come) complicated/tangled up
mutkitella meander, wind (around)
mutrussa puckered (up)
mutsi ma, mom
mutta *s* but *Ei mitään muttia* No (ifs, ands, or) buts (about it)
konj but, yet, still, however *En halua mennä, mutta kai minun täytyy* I don't want to go, but I suppose I have to; however, I suppose I have to
mutteri nut
mutustella munch (on)
muu *s* else *Ei muuta (tällä kertaa)* That's all/it (for now) *ennen muuta* above all *ilman muuta* of course, naturally *ynnä muuta* etc., and the like *Älä muuta sano!* You can say that again!
adj other *muut ihmiset* the others *muut tavarat* the rest (of the things) *muissa maailmoissa* in a world of his/her own
muualla elsewhere, somewhere else
muuan a (certain) *muuan Virtanen* a man named Virtanen, a certain Virtanen
muukalainen *s* **1** (outo) stranger **2** (ulkomaalainen) alien, foreigner
adj strange, alien, foreign
muukalaislegioona (French) Foreign Legion
muuli mule
muumio mummy
muunkielinen (in a) foreign (language)
muunlainen another kind of, different
muun muassa among other things, (lat) inter alia
muunnelma variation, version
muunnin *D/A-muunnin* D/A converter
muunnos 1 (muunnelma) variant, version, modification **2** (biol) variety **3** (mat, tekn) transformation
muuntaa 1 (muuttaa) convert, transform, change **2** (sähkö, tekn) transform **3** (lak) commute
muuntaja transformer
muurahainen ant
muurahaiskarhu anteater
muurahaiskeko anthill
muurahaispesä anthill
muurain cloudberry
muurari mason, bricklayer
muurata brick in/up, lay brickwork, lay bricks, do masonry
muuraus brickwork, masonry
muurauslaasti mortar
muuri wall (myös henkinen)
muusa Muse
muussa tapauksessa otherwise
muutama some, a few *muutamissa tapauksissa* in some cases *muutama markka* a few marks *tässä päivänä muutamana* the other day, a few days ago
muutattaa have (something) changed
muutella change, alter
muuten 1 (ohimennen) by the way, incidentally *Muistitko muuten hakea kuvat?* By the way/incidentally, did you remember to pick up the pictures? **2** (muutoin) otherwise *Muistin, muuten en olisi uskaltanut tulla kotiin* Of course, otherwise I wouldn't have dared come home *Tee se äkkiä, muuten minä suutun* Do it now before I get mad, or else I'm going to lose my temper
muutenkin already, as it is, in any case *Ikään kuin minulla ei olisi muutenkin tarpeeksi töitä!* As if I weren't already swamped with work, as if I didn't have too much work as it is!
muuten vain just because, because I feel like it, for no particular reason
muutoin otherwise (ks muuten)
muutoksenhakija appellant
muutoksenhaku appeal

muutoksenhakutuomioistuin appellate court
muutos change, alteration, modification *esittää lain muutosta* propose an amendment (to a law) *hakea muutosta päätökseen* appeal a decision
muutosesitys proposed amendment
muuttaa 1 change, alter, modify, convert *muuttaa autotalli makuuhuoneeksi* convert the garage into a bedroom *Se muuttaa asian* That's different, that's a horse of a different color **2** (lakia tms) amend, revise **3** (tuomiota: alentaa) commute, (kaataa) reverse **4** (asuinsijaa) move, (ulkomaille) emigrate, (linnut) migrate
muuttaa kantaansa change your position, take (up) a different stance
muuttaa mielensä change your mind
muuttaa muotoaan transform yourself, be transformed, shift shape(s), change shape, undergo metamorphosis
muuttaa suuntaa change course, take a different tack
muutto moving, migration
muuttokustannukset moving costs/expenditures
muuttoliike 1 (väestön) migration **2** (firma) moving company
muuttotappio net emigration
muuttua 1 (toisenlaiseksi) change, alter **2** (tulla joksikin) become, turn, grow **3** (vaihdella) vary
muuttuja variable *riippuva/ riippumaton muuttuja* dependent/ independent variable
muuttumaton constant, unchanging, invariable, immutable
myhäillä smile contentedly/ benevolently
mykerökukkainen composite
mykistyä be dumbfounded, fall silent/ speechless
mykistää silence, strike dumb, dumbfound
mykiö lens
mykkä dumb, mute; (puhelin) dead; (elokuva) silent
mykkäfilmi silent movie
mykkäkoulu *leikkiä mykkäkoulua* give someone the silent treatment
myllerrys tumult, turmoil
myllertää (kuohuttaa) churn/stir (up), (etsiä) poke/rummage around (in), (kääntää ylösalaisin) turn upside-down
mylly mill
myllynkivi millstone
mylläkkä upheaval, rumble, riot, confusion, tumult
mylläri miller
mylviä howl, bellow
München Munich
myntti coin *lyödä mynttiä jollakin* put something to good use, take advantage of something, make hay out of something
myriadi myriad
myrkky poison; (käärmeen) venom, (bakteerimyrkky) toxin
myrkkyhammas poison fang
myrkkysieni poisonous mushroom
myrkyllinen poisonous
myrkynvihreä bright green
myrkyttää poison
myrkytys poisoning
myrsky storm, tempest *tyyntä myrskyn edellä* calm before the storm *myrsky vesilasissa* a tempest in a teacup
myrskyinen stormy, tempestuous (myös kuv)
myrskyisä stormy, tempestuous (myös kuv)
myrskylyhty hurricane lamp/lantern
myrskypilvi storm cloud
myrskytuuli storm/gale wind
myrskytä storm, rage
myrskyvahinko storm damage
myrskyvaroitus gale warning
myrtyä get depressed, feel dejected/ downcast/dispirited
myssy cap, (nauhalla kiinnittyvä) bonnet
mystiikka mysticism
mystikko mystic
mystinen mystical
mytologi mythologist
mytologia mythology
mytologinen mythological

myydä sell
myydä loppuun have a clearance sale, sell everything
myyjä 1 (kaupassa) sales(wo)man, sales clerk **2** (kaupanteossa) seller
myyjäiset rummage sale
myymälä store, shop
myymäläetsivä store detective
myymäläketju chain of stores
myymälävarkaus shoplifting
myymätön unsold
myynti 1 sale(s) **2** (liikevaihto) turnover
myyntiedustaja sales representative
myyntihinta price
myyntikielto sales ban
myyntipiste outlet
myyntipäällikkö sales manager
myyrä mole *tehdä myyrän työtä* undermine someone
myyskennellä peddle
myytti myth
myyttinen mythic
myyty mies a goner
myytävänä for sale
myöhemmin later
myöhä late
myöhäinen belated, late
myöhäiskeskiaika the late Middle Ages
myöhässä late
myöhästyskorko overdue interest
myöhästyä be/come/arrive late
myöhäsyntyinen belated
myöhään late *myöhään illalla* late at night/in the evening
myönnytys concession, admission
myönteinen (asenne tms) positive, (vastaus) affirmative
myönteisesti *suhtautua myönteisesti* take a positive attitude toward, be sympathetic toward
myöntymätön intractable, unyielding, inflexible
myöntyä agree/consent (to), go along (with)
myöntämispäivä date of issue
myöntävä affirmative *vastata myöntävästi* answer/reply in the affirmative, say yes
myöntää 1 admit, acknowledge, confess, agree; (murt) own up (to) *Kyllä sinun täytyy myöntää, että suutuit ihan turhasta* You've got to admit that you lost your temper over nothing **2** (tappio) concede **3** (suoda, antaa) grant, award, give *myöntää tohtorin arvo/matka-apuraha* grant (someone) a doctorate/travel stipend
myös too, also, as well *Minä tulen myös* I'll be coming too/as well, I'll also be coming *ei ainoastaan vaan myös* not only but also
myöskään *ei myöskään* not either *Et sinä saa sitä eikä myöskään hän* Neither you nor she will get it
myöten *adv: antaa myöten* **1** (antautua) give up/in, surrender, yield **2** (taipua) bend, give way **3** (hellittää) abate, ease off **4** (sallia) allow *Jos aikatauluni antaa myöten* If my schedule allows *postp* **1** (pitkin) along *kävellä jokea myöten* walk along the river **2** (jossakin asti) as far as *Hän on matkustellut Aasiaa myöten* He's traveled all over, all the way to Asia **3** (jostakin asti) all the way from *Siellä oli vieraita Ruotsia ja Tanskaa myöten* Some of the guests had come all the way from Sweden and Denmark **4** (johonkin asti) (all the way) to *korvia myöten velassa* up to your ears in debt *äriään myöten täynnä* full to the brim *pienintä yksityiskohtaa myöten* (right) down to the tiniest detail *koko Suomi Lappia myöten* all of Finland, including Lapland *palaa perustuksia myöten* burn to the ground
myötä *ajan myötä* as time passes/goes by, in the course of time *myötä tai vastaan* for or against
myötäillä 1 (tie maisemia) follow, run along **2** (vaate linjoja) cling tightly to, fit tightly/snugly **3** (jonkun mielipiteitä) adopt (someone's position), accommodate yourself to (someone's opinions)
myötäinen 1 (tuuli tms) favorable *purjehtia myötäiseen* sail before the wind *Onni oli myötäinen* Luck was with us **2** (vaate) tight-/close-fitting, snug

myötäjäiset dowry
myötäkarvaan with the fur/grain
myötämielinen sympathetic (to), favorably disposed (to)
myötämielisesti sympathetically
myötäpäivään clockwise
myötäsyntyinen inborn
myötätunto sympathy, compassion
myötätuntoinen sympathetic, compassionate
myötätuntolakko sympathy strike
myötätuuli fair/leading wind
myötävaikuttaa play a part (in doing something), assist (in), (tekijä) be conducive to
mä I *Mäkö se olin* Was it me?
mädäntyä rot, decay
mäenlaskija ski jumper
mäenlasku ski jumping
mähihyppy ski jumping
mäki 1 hill, slope *laskea mäkeä* (go) sled(ding) *kiivetä mäkeä ylös* climb a hill **2** (urh) ski jump
mäkihyppääjä ski jumper
mäkinen hilly
mäkitupa cabin
mälli 1 (tupakka) gob **2** (tälli) blow
mämmi Finnish Easter pudding
mämmikoura butterfingers *Sinä olet oikea mämmikoura* You're all thumbs
männikkö pine wood(s)/grove
männynhavu pine needle
männynkäpy pine cone
männyntaimi pine sapling
mänty pine
mäntymetsä pine wood(s)/forest
mäntysuopa pine soap
mäntä piston
märehtijä ruminant
märehtiä 1 ruminate, (ark) chew the/its cud **2** (miettiä) ruminate, ponder, chew/hash over
märkiä fester, suppurate; (ark) ooze pus
märkä *s* pus
adj wet *läpimärkä* soaking/dripping wet, drenched
märkäpaise boil
mässäillä (ark) chow down, pig/pork out, stuff yourself, eat yourself into a stupor
mässäily overeating
mäsä *mäsänä* broken, busted *lyödä mäsäksi* smash (up), break, bust
mätkäyttää slap *Minua mätkäytettiin 10 000 mk:n lisäverolla* I got slapped with 10,000 marks in back taxes
mätkäytys slap, thump; (vero) additional/back tax
mätä *s* rot, decay, (lääk) pus
adj **1** (ruoka tms) rotten, decayed **2** (yhteiskunta tms) rotten, corrupt, sick, decadent *läpeensä mätä* rotten to the core
mätäkuu dog days
mätäneminen rotting, decay(ing)
mätäs hummock
määkiä baa, maa
määrin *jossain määrin* to some extent
määrite qualifier, modifier
määritellä define
määritelmä definition *määritelmän mukaisesti* by definition
määrittelemätön undefined, indeterminate
määrittely definition
määrittää 1 specify, determine, define, set *määrittää tauti* diagnose a disease **2** (kiel) qualify, modify
määritys determination
määrä 1 (paljous) amount, quantity *suuret määrät lunta* great/vast quantities of snow, lots of snow **2** (lukumäärä) number *suuret määrät ihmisiä* great numbers/crowds of people, lots of people
määräaika deadline, time limit; (umpeen menevä ajanjakso) term
määräaikainen regular, periodic, (something done/held) at regular intervals
määräasema terminus, (ark) last stop
määräenemmistö (yl) two-thirds majority
määräilevä domineering, bossy
määräillä give orders, boss (people) around

määräinen 1 (kiel) definite *määräinen artikkeli* the definite article (*the*) **2** *jonkin määräinen (sekki)* (a check) in the amount of
määrältään in number(s), numerically
määrämatka a certain distance *pysytellä määrämatkan päässä jostakin* stay arm's length away from something
määrämitta *sahata määrämittaan* cut to size
määränpää destination
määräpäivä the specified/agreed upon/appointed day
määräraha allocation, appropriation, funds
määrätä 1 specify, determine, set, fix *määrätä jonkin arvo* appraise *määrätä pidettäväksi* schedule **2** (lak: vero) levy, assess; (sakko) impose, inflict **3** (virkaan tms) appoint, assign **4** (käskeä) order, command, instruct *kunnes toisin määrätään* until further notice **5** (säätää) (fore)ordain, decree, decide **6** (lääkkeitä) prescribe
määrävähemmistö proportionate minority
määräys 1 specification **2** (virkaan) appointment **3** order, command, instruction **4** (säädökset) ordinance, decree, regulation **5** (lääkemääräys) prescription
määräytyä (jonkin mukaan, jostakin) be determined by
määrääjä little tyrant, bossy person
määräämätön unspecified
määrääväinen domineering, bossy
möhkäle piece of rock
möhlätä blunder (ark), goof/screw/foul/fuck up
mökki cottage, cabin
mökkihöperö claustrophobic *tulla mökkihöperöksi* be climbing the walls
mökkiläinen cottager
mökä racket, ruckus
mököttää pout, sulk
möly bellow(ing), roar(ing), howl(ing)
mölytä bellow, roar, howl
möläyttää blurt (something) out, put your foot in your mouth
mönjä goo
mörinä growl(ing)
möristä growl
mörkö boogeyman
mörskä dump
mörökölli grouch
mössö glop, (gooey) mess
möyhentää loosen
möyheä loose, light, porous
möyhiä (maata) loosen, (tyynyä) plump up
möykky lump *möykky kurkussa* a lump in your throat
möyriä 1 (myyrä maata) burrow **2** (vaatekomeroa) rummage about (in) **3** (mylviä) bellow, roar

N, n

naakka jackdaw
naama face *hapan naama* sour face/ puss *päin naamaa* (sanoa) to his/her face, (sylkäistä) in his/her face, (ampua) point-blank *vetää naamaansa* stuff your face (with) *(pitää) naama peruslukemissa* (keep a) straight face
naamari mask
naamataulu face, (ark) mug
naamiaisasu costume
naamiaiset costume party, masquerade
naamio 1 (naamari) mask (myös kuv:) disguise **2** (pesukarhun) face mask **3** (meikkinaamio) face pack/mask
naamioida 1 mask (myös kuv:) disguise **2** (sot) camouflage **3** (meikata) make (someone) up
naamiointi masking, camouflage, makeup
naamioitua mask/disguise/camouflage yourself, masquerade (as), make yourself up
naapuri neighbor *naapurin tyttö* the girl next door
naapurikaupunki neighboring city/ town
naapurimaa neighboring country *itäinen naapurimaamme* our eastern neighbor
naapurukset neighbors
naapurusto neighborhood
naapuruus neighborhood
naara grappling iron, drag
naaras female
naarata drag, dredge *naarata ruumista joesta* drag the river for the body
naaraus dragging, dredging
naarmu scratch
naarmuttaa scratch
naarmuuntua get scratched
naatti 1 (nauriin) tops **2** (ark) bushed
naava beard lichen
nahina squabble
nahista squabble (about)
nahistella squabble (about)
nahistua wilt
nahjus loafer, do-nothing, good-for-nothing
nahjustella loaf/laze around
nahka 1 (elävänä) skin, hide, (karvainen) pelt *Käärme luo nahkansa* The snake sheds its slough *polttaa nahkansa auringossa* get a sunburn, get burned **2** *selvitä ehjin nahoin* escape in one piece *Pysy nahoissasi!* Keep your shirt on, hold your horses! *saada tuntea nahoissaan* bear the brunt of it, suffer the consequences *pelastaa nahkansa* save your skin/hide/ass *pelkkää luuta ja nahkaa* all but skin and bones **3** (kuolleena) leather
nahkainen leather
nahkakantinen leather-bound
nahkasohva leather couch/sofa
nahkatakki leather coat/jacket
nahkea 1 (lehti) leathery **2** (maali) tacky
nahkiainen river lamprey
nahkoa skin
nahkuri tanner
naida 1 (joku) marry, wed *parempi naida kuin palaa* better to marry than to burn **2** (jotakuta) fuck
naiivi naive
naiivisti naively
naiivius naiveté, naivety
naikkonen broad, skirt, (mustien kesken) bitch
nailon nylon
naimakauppa arranged marriage, match

naimaton single, unmarried *naimaton mies* bachelor *naimaton nainen* (nuori) bachelorette, (vanha(piika), lak) spinster, unmarried woman
naimattomuus being single/ unmarried
naiminen 1 getting married, (ark) tying the knot **2** (sl) fucking
naimisiinmeno getting married
naimisissa married *mennä uusiin naimisiin* remarry, get married again *mennä rikkaisiin naimisiin* marry money
nainen woman, female *Hyvät naiset ja herrat* Ladies and gentlemen
nainen vaietkoon seurakunnassa let your women keep silence in the churches
nainut *s* married person *adj* married
naisasialiike the women's movement
naisellinen womanly, feminine
naisellisuus womanliness, femininity
naishenkilö woman
naisihminen woman
naisiin menevä mies ladykiller, lady's man, lover boy, Casanova, Don Juan
naisistua 1 (ryhmä)(become feminized **2** (mies) become effeminate
naiskuoro women's choir
naisliike the women's mowement, women's lib
naislääkäri woman doctor
naismainen womanish, effeminate
naismaisuus effeminacy
naisopettaja woman teacher
naispalkkaratkaisu equity raise for women
naispappeus ordination of women
naispappi female minister/pastor
naispuolinen female
naissankari lady-killer, lady's/ladies' man
naisseura 1 (seuralainen) date **2** (seura) the company of women *olla naisseurassa* be in the company of women, be with women
naisten mies ladies' man
naistenpäivä Women's Day
naistentanssit ladie's choice
naistentaudit gynecological diseases, (ark: oppiala) gynecology
naistenvihaaja misogynist
naistyövoima female labor
naisvaltainen female-dominated
naisviha misogyny
naisvoittoinen female-dominated
naittaa 1 (tyttärensä) marry (off) **2** (ark) staple
naivismi naivism, primitivism
naivistinen naivist, primitivist
nakata toss, throw
nakata niskojaan toss your head (defiantly)
nakella toss, throw
nakertaa gnaw (on/at)
nakki 1 wiener, frankfurter, hot dog; (ark) weenie **2** *helppo nakki* a piece of cake, no sweat
nakkimakkara wiener, frankfurter; (ark) weenie, frank
nakkisämpylä hot dog
naksahtaa click
naksua crack
naku naked
nakukuva dirty picture; (mon) porn, cheescake, T and A (tits and ass)
nakutettu *sopia kuin nakutettu* (osa, vaate) fit perfectly, (sopia mainiosti) be fine (and dandy)
nakuttaa (moottori) ping, knock; (muu) tap, rap, click, clack
nakutus pinging, knocking, tapping, rapping, clicking, clacking (ks nakuttaa)
naljailla 1 (ystävällisesti) kid, rib, rag **2** (pilkallisesti) taunt, mock, tease, needle
naljailu kidding, ribbing, ragging; taunting, mocking, teasing (ks naljailla)
nalkki *jäädä nalkkiin* get caught red-handed
nalkuttaa nag
nalkuttaja nag
nalkutus nagging
nalle teddy-bear *Nalle Puh* Winnie the Pooh
nalli 1 (räjähdyspanoksen tms) blasting cap **2** (leikkipyssyn) cap **3** *jäädä kuin nalli kalliolle* be left high and dry, be left hanging in the wind, get left out in the cold

nallipyssy cap gun
nami *s* goody, candy *adj* yummy *nami nami* nummy nummy, yum yum
Namibia Namibia
namibialainen Namibian
namu 1 (makeinen) goody, candy **2** (aikuisen lelu) toy **3** (nainen) babe
napa 1 (anat) navel, (ark) belly-button *tuijottaa omaan napaansa* be all wrapped up in yourself **2** (keskus) hub, center *maailman napa* hub of the universe **3** (pyörän tms) hub **4** (magneetin, maapallon, akun tms) pole
napaisuus polarity
napakka (ihminen) brisk, efficient; (tuuli) brisk, stiff
napanuora umbilical cord
napapiiri polar circle
naparetkeilijä polar explorer
naparetki polar exploration/ expedition
napaseutu polar region
napata grab, snatch
napata kultamitali land a gold medal
napatanssi belly dance
napata onkeen bite (myös ihmisestä)
napata valokuva snap a photo/ picture, take a snapshot
napata varas catch a thief
napaus 1 (isku) snap **2** (läksy) slap on the wrist
napauttaa snap
napero baby
napinreikä buttonhole
napista grumble, grouse, gripe
napittaa 1 button **2** (tuijottaa) stare, goggle
napostella munch
nappi 1 button *avata nappi* undo a button *avata paidan napit* unbutton a shirt *panna napit kiinni* button (up) a button *panna paidan napit kiinni* button (up) a shirt *Se ei onnistu nappia painamalla* You can't just push a button (and everything will be perfect) *Ei me napeilla pelata* We're not playing for peanuts **2** (kuv) *osua nappiin* hit the bull's eye, hit the nail on the head **3** *töllöttää silmät napilla* stare (at something) goggle-eyed, goggle (at something)
nappikauppa (kuv) small-time store, mom-and-pop business
nappikauppias small-time business(wo)man
nappisilmäinen beady-eyed
nappula 1 (painike) button, (katkaisija) switch **2** (tappi) peg, pin **3** (pelinappula) piece, player; (kuv) pawn **4** (raha) dough, bread **5** (lapsi) kid
nappulaliiga junior league; (baseballissa) Little League, (jalkapallossa) Pop Warner football
naprapaatti naprapath
naprapathia naprapathy
napsahtaa snap
napsauttaa snap
naputella tap *naputella kirje koneella* pound/bang out a letter on the typewriter
naputtaa tap
naputus tapping
narahdus creak
narahtaa creak
narina 1 (portaan tms) creaking **2** (ihmisen) grumbling, griping
narista 1 (porras tms) creak **2** (ihminen) grumble, gripe
narkkari drug addict, dope fiend, junkie
narkolepsia narcolepsy
narkoleptikko narcoleptic
narkomaani drug addict, (ark) junkie
narkomania drug addiction
narkoosi narcosis
narkoottinen narcotic
narrata 1 (vitsailla) kid, pull someone's leg *Älä narraa!* Don't kid a kidder, don't try that stuff on me, you can't fool me! **2** (petkuttaa) fool, con, dupe, trick *narrata joltakulta rahat* con someone out of his/her money
narrattava dupe, mark
narri 1 (hist) (court) jester, fool **2** (ark) fool *pitää narrinaan* make a fool of someone
narsismi narcissism

narsissi narcissus, (keltanarsissi) daffodil
narsisti narcissist
narsistinen narcissistic
narske crunching (noise)
narskua crunch
narskuttaa (hampaitaan) grit/grind (your teeth)
narttu bitch (myös naisesta)
naru 1 string, twine, cord *vetää oikeasta narusta* pull the right strings **2** (pyykkinaru) clothesline **3** (hyppynaru) jumprope *hypätä narua* jump rope
naruttaa string (someone) along
nasaali nasal
nasaalinen nasal
nasaalistua nasalize
nasalisaatio nazalization
nasaretilainen Nazarene *Jeesus Nasaretilainen* Jesus of Nazareth
naseva 1 (sopiva) apt, apposite, apropos **2** (sukkela) witty, aphoristic
naskali awl
nasta *s* **1** (painonasta) thumbtack **2** (talvirenkaan) stud **3** (ark kaasupoljin) pedal *Nasta lautaan!* Put the pedal to the metal! Floor it! Step on it! **4** (tekn) pin, peg
adj (ark) great, cool, rad(ical), awes(ome)
nastarengas studded snow tire
nastoittaa stud
natiivi *s* **1** (alkuperäisasukas) native **2** (äidinkieltään puhuva) native speaker
adj native
nationalismi nationalism
nationalisti nationalist
natista creak
nativismi nativism
nativisti nativist
nativiteetti nativity
nato sister-in-law, husband's sister
Nato NATO
natrium sodium
natriumglutamaatti monosodium glutamate, MSG
natriumkloridi sodium chloride, salt
natsa 1 (tupakan) stub, (sikarin) butt **2** (sotilaan) stripe
natsi Nazi
natsismi nazism
naturalismi naturalism
nauha 1 (koriste/kirjoitusnauha) ribbon **2** (kengännauha) (shoe)lace **3** (ääni/eristysnauha) tape *ottaa nauhalle* tape (-record) **4** (fys) string
nauhalaskuri tape counter
nauhamainen ribbonlike
nauhateoria (fys) string theory
nauhoite (tape) recording
nauhoittaa tape, (tape-)record
nauhoitus 1 (nauhoittaminen) recording (session) **2** (nauhoite) (tape)recording
nauhuri tape recorder
naukua 1 (kissa) meow **2** (ihminen) whine
naula 1 nail **2** (naulakon) peg **3** (pauna) pound
naulakko coat-/hatrack
naulan kanta *osua naulan kantaan* hit the nail on the head
naulata (drive a) nail
naulita nail *naulita katseensa johonkin* rivet your eyes on *seisoa kuin naulittuna paikallaan* stand riveted to the spot
nauraa laugh *yrittää olla nauramatta* try to keep a straight face *nauraa katketakseen* split/bust your sides with laughter, die laughing, laugh your head off *nauraa partaansa* laugh up your sleeve *valmiiksi naurettu* (a show) with a laugh track, with canned laughter
naurahtaa bark with laughter
naurattaa make (someone) laugh *Minua ei nyt naurata* I'm not in the mood for jokes, I don't feel much like laughing *Älä naurata* Don't make me laugh
naurattaja *naisten naurattaja* charmer
naureskella laugh and laugh
naurettava ridiculous, laughable, absurd
nauris turnip
Nauru Nauru
nauru laugh(ter) *Minulla oli naurussa pitelemistä* I could hardly keep from laughing, keep a straight face, I had to bite my tongue to keep from laughing *Se ei ole mikään naurun asia* It's no

laughing matter *kuitata naurulla* laugh (something) off *purskahtaa nauruun* burst out laughing
naurulainen *s, adj* Nauruan
naurunaihe laughingstock
naurunpuuska burst of laughter
nauta 1 (eläinlaji) bovine **2** (karja) cattle, (ark) beef *500 nautaa* 500 head of cattle/beef **3** (liha) beef **4** (ihminen) dunderhead
nautinnollinen pleasureable, enjoyable
nautinnonhalu (myönteinen) love of pleasure, (kielteinen) self-indulgence
nautinnonhaluinen pleasure-loving, self-indulgent
nautinto pleasure, enjoyment
nautintoaine stimulant
nautiskelija pleasure-lover, hedonist, epicurean
nautiskella enjoy, bask (in), luxuriate (in)
nautittava enjoyable, pleasureable
nauttia 1 (jostakin) enjoy, take pleasure in, delight in **2** (jotakin: panna suusta alas) take, have, consume; (syödä) eat, (juoda) drink **3** (jotakin: saada osakseen) receive, enjoy
navakka brisk, fresh, sharp
navetta cowbarn/shed
navigoida navigate
navigointi navigation
ne they, (nuo) those, (nämä) these, (akkusatiivissa) them *niitä* them *Oletko niitä ihmisiä?* Are you one of them, that kind of person? *niiden* of them *ne (ihmiset) jotka* those who, the people who *niitä näitä* this and that
neekeri Negro
negatiivi negative
negatiivinen negative
neilikka 1 (kukka) carnation **2** (mauste) clove(s)
neiti miss
Neiti Aika Time *soittaa Neiti Ajalle* call Time
neiti-ihminen young lady
neito maid(en)
neitseellinen virginal, (vanh) maidenly *neitseellinen lisääntyminen* parthenogenesis
neitsyt 1 virgin *Neitsyt Maria* the Virgin Mary **2** (horoskoopissa) Virgo
Neitsytsaaret Virgin Islands
neitsyys virginity, (vanh) maidenhead
neliapila four-leaf clover
nelikulmainen four-cornered, quadrangular
nelikulmio quadrangle
nelikätinen four-handed
nelikätisesti four-handedly
nelin kontin on all fours
nelinpeli (tennis ym) doubles
nelinumeroinen four-digit
nelipyöräohjaus four-wheel steering
nelipyöräveto four-wheel drive
nelisenkymmentä around forty
neliskulmainen square, (suorakulmainen) rectangular
nelisylinterinen four-cylinder
nelitahtimoottori four-stroke engine
nelitahtinen four-stroke
neliö 1 square **2** (neliömetri) square meter *200 neliön talo* 2000-square-foot house **3** (neliöjuuri) *2 korotettuna neliöön on 4* 2 squared is 4
neliöjuuri square (root) *4:n neliöjuuri on 2* the square root of 4 is 2
neliökilometri square kilometer
neliömetri square meter
neliösenttimetri square centimeter
neljä four
neljäkymmentä forty
neljännes fourth, quarter
neljänneskilo quarter (of a) kilo, (noin) half a pound
neljännesvuosisata quarter (of a) century
neljän tuulen lakki fourcornered hat
neljäs fourth
neljäsataa four hundred
neljäskymmenes fortieth
neljäsluokkalainen fourth-grader
neljässadas four-hundredth
neljästi four times
neljästoista fourteenth
neljätoista fourteen

neljätuhatta four thousand
nelonen (the number) four
neloset quadruplets
nelostie Highway 4
neniin *saada neniin* get the stuffing/shit beat out of you
nenä 1 nose *nenä kiinni kirjassa* with your nose in a book *nenä tukossa* stuffed-up nose *nenä vuotaa* have a runny nose *nenä vuotaa verta* have a bloody nose, have a nosebleed *kaivaa nenäänsä* pick your nose *nyrpistää nenäänsä* turn up your nose at *niistää nenänsä* blow your nose *pidellä nenäänsä* hold your nose *pistää nenänsä johonkin* stick your nose into something, butt into something *antaa jotakuta nenälle* show someone what's what, teach someone a lesson *saada nenälleen* get your nose put out of joint *näyttää pitkää nenää* thumb your nose (at someone) *saada pitkä nenä* laugh out of the other side of your face *vetää jotakuta nenästä* pull someone's leg *per nenä* per head, each **2** (kepin tms) tip, end
nenäkäs impertinent; (ark) smart-alecky
nenäliina (kankaasta) handkerchief, (paperista) kleenex
nenäontelo nasal cavity
nenä pystyssä with your nose in the air
nenät vastakkain face to face
nenäänsä pitemmälle *ei nähdä nenäänsä pitemmälle* not be able to see further than your nose
neonvalo neon light
Nepal Nepal
nepalilainen *s, adj* Nepalese
nero 1 genius **2** *Nero* Nero
nerokas ingenious, brilliant
nerokkaasti ingeniously, brilliantly
neronleimaus flash of genius
nerous genius
neste liquid, fluid
nestehukka dehydration
nestejäähdytys water-cooling
nestekaasu liquefied petroleum (LP) gas, bottled gas
nestekaasuliesi gas stove
nestekidenäyttö liquid crystal display, LCD
nestemäinen liquid
netota net
netto net
nettopalkka take-home pay
neula needle *kuin etsisi neulaa heinäsuovasta* like looking for a needle in a haystack *istua kuin neuloilla* be on pins and needles
neulanen (pine/fir/spruce) needle
neulatyyny pincushion
neule 1 (kangas) knit **2** *neuleet* knitwear **3** (kudin) knitting
neuloa 1 (kutoa) knit **2** (ommella) sew
neulonta knitting
neuroosi neurosis
neurootikko neurotic
neutraali neutral
neutralisoida neutralize
neutri neuter
neutriino neutrino
neutronipommi neutron bomb
neuvo 1 piece of advice, (mon) advice *Annan sinulle ilmaisen neuvon* Let me give you some free advice **2** (konsti) plan, device, solution *Mikä nyt neuvoksi?* What are we going to do now?
neuvoa 1 (antaa neuvoja) advise, counsel **2** (näyttää) show *Voisitko neuvoa, miten tätä käytetään?* Could you show me how to work this? **3** (kertoa) tell, direct *Voisitteko neuvoa, miten pääsen yliopistolle?* Could you please direct me to the university?
neuvoa antava advisory
neuvoja advisor, counselor
neuvokas resourceful
neuvola clinic
neuvonantaja advisor
neuvonpito consultation, deliberation
neuvonta 1 (tiski/toimisto) information (desk/office) **2** (terapia) guidance, counseling
neuvos counsel(or)
neuvosto 1 council **2** (NL:ssä) soviet

Neuvostoliitto Soviet Union *Sosialististen neuvostotasavaltojen liitto, SNTL* Union of Soviet Socialist Republics, USSR
neuvostoliittolainen *s, adj* Soviet
neuvostoupseeri Soviet officer
neuvostovalta the Soviet state
neuvostovastainen anti-Soviet
neuvotella negotiate, confer, consult, discuss
neuvottelija negotiator
neuvottelu negotiation, conference, consultation, discussion
neuvotteluteitse at the negotiating table
neuvottelutilaisuus negotiation
neuvot vähissä nonplused, baffled, stumped
neva open bog
New Brunswick New Brunswick
Newfoundland Newfoundland
Nicaragua Nicaragua
nicaragualainen *s, adj* Nicaraguan
nide volume
nidos 1 (sidos) binding **2** (kirja) volume
niekka artist
nielaista swallow (myös kuv) *Älä nielaise ennen kuin tipahtaa* Don't count your chickens before they're hatched
niellä swallow (myös kuv)
nielu 1 (anat) throat **2** (tulivuoren) crater **3** (kuv) chasm, abyss, maw
nielurisa tonsil
niemeke spit
niemenkärki the tip of a cape
niemi cape, (iso) peninsula, (pieni) spit
niemimaa peninsula
Niger Niger
Nigeria Nigeria
nigerialainen *s, adj* Nigerian
nigeriläinen *s, adj* Nigerian
nihilismi nihilism
nihilisti nihilist
nihilistinen nihilistic
niiata curtsey
niiaus curtsey
niin *adv* **1** so *Niin sinä sanot* So you say *niin iso* so big **2** such (a) *niin hyvät ystävät* such good friends *niin hyvä ystävä* such a good friend, (vanh) so good a friend **3** *niin... kuin* as... as *niin paljon kuin mahdollista* as much as possible **4** (sillä tavalla) like that *Niin ei saa puhua* You're not supposed to talk like that *Niin ei saa sanoa* You're not supposed to say that
konj **1** then (tai jää kääntämättä) *Jos hän ei tule, niin olemme lirissä* If she doesn't come, (then) we're in trouble **2** and *Tule tänne niin annan sinulle haukun suklaastani* Come here and I'll give you a bite of my chocolate
interj yes, that's right, exactly, precisely *Niinpä niin!* You're so right! I couldn't have said it better myself *niin niin* yes yes, right right, sure sure
niin... kuin... -kin both... and, as well as *niin miehet kuin naisetkin* both (the) men and (the) women *miehet niin kuin naisetkin* the men as well as the women
niin että so that *ei niin että* not that
niini bast
niin ikään similarly, likewise
niin ja niin *adj* so, this *niin ja niin iso* about this big
adv so (and so) *Se piti tehdä just niin ja niin* They wanted me to do it just so
niin ja näin up in the air, up to question, doubtful, so-so
niin kai I suppose (so)
niin kauan kuin as long as, while *Istun tässä niin kauan kuin sinä olet poissa* I'll sit here as long as you're gone
niinku (ark) like *Se oli niinku hirveen iso tieksä* It was like humongous ya know?
niin kuin (ennen substantiivia) like, (ennen verbiä) as
niin kuin ei mitään just like that, like nothing (at all), no sweat/problem
niinkään *Ei ihan niinkään* That's not it either *Ei niinkään iso* Not even that big
niinkö? is that so/right/true?
niin muodoin similarly, in like fashion
niin no 1 (empien) hmm, let's see, I don't know **2** (suostuen) okay, all right, sure
niin ollen thus, therefore

niin pian kuin as soon as *niin pian kuin mahdollista* as soon as possible, A.S.A.P.
niin sanoakseni so to speak
niin sanottu so-called
niin sitä pitää attaboy, attagirl, that's the ticket/stuff
niin tai näin one way or the other
niin vain just like that
niisi heddle
niistää 1 (nenää) blow **2** (kynttilä) snuff
niitata rivet, (ark nitoa) staple
niittaus riveting, (ark) stapling
niitti rivit, (ark) staple
niitto mowing, cutting, (raam) reaping
niittokone mower
niitty meadow
niittää 1 (viljaa) mow, cut, (raam) reap *Mitä ihminen kylvää, sitä hän myös niittää* As ye sow, so shall ye reap **2** (mainetta) win, achieve
nikama vertebra
nikkari 1 joiner **2** (ark) handyman
nikkaroida 1 do joinery **2** (ark) fix things up (around the house)
nikkeli nickel
nikotella 1 hiccup **2** (takellella) stammer, stutter *Sano äläkä nikottele!* Spit it out!
nikotiini nicotine
nikotiinimyrkytys nicotine poisoning
nikottaa *Minua nikottaa* I've got the hiccups
nikotus the hiccups
niksi trick, (helpful) hint *Siinä on omat niksinsä* (työ) You've got to know the tricks of the trade, (kone) It's got its little quirks *Siinä se niksi onkin* That's the whole point
nila bast, inner bark, sieve tissue
niljakas (inhottavan) slimy, (liukas) slipper
nilkka ankle *housut nilkoissa* with your pants (down) around your ankles
nilkkaimet spats
nilkkuri anklet
nilkuttaa limp
nilviäinen mollusk
nimeen *vannoa jonkun/jonkin nimeen* swear by someone/something
nimeksi 1 *antaa nimeksi* name **2** scarcely/hardly (any) *Täällä on ruokaa vain nimeksi* There's hardly enough food to feed a mouse here
nimekäs well-known, renowned, famous, noted
nimellinen nominal
nimellisarvo face value
nimellisesti in name, nominally
nimellä under/in a/the name (of) *kirjoittaa taiteilijanimellä* write under a pseudonym, use a pen/assumed name *Ainakin se kulkee sillä nimellä* That's what it's called anyway *Meillä oli pöytä varattuna Virtasen nimellä* We have a reservation for Virtanen
nimeltä mainitsematon henkilö a person who shall be/remain nameless
nimenomaan 1 (erityisesti) explicitly, expressly **2** (tarkalleen) precisely, exactly **3** (varsinkin) particularly, in particular, especially
nimenomainen 1 (erityinen) explicit, express **2** (juuri se) the precise/exact **3** (nimetty) particular
nimessä in the name of *lain nimessä* in the name of the law *Jumalan nimessä on tehty paljon hirveitä asioita* Many atrocities have been committed in God's name *ei missään nimessä* under no circumstances, on no condition
nimetä 1 (sanoa nimeltä) name **2** (ehdottaa) nominate **3** (määrätä) appoint, name
nimetön *s* **1** (sormi) ring finger **2** *nimettömät* (vaatteet) unmentionables *adj* nameless, unnamed, anonymous
nimi 1 (ihmisen, eläimen tms) name **2** (kirjan tms) title, heading, name **3** (maine) reputation, name *Ei nimi miestä pahenna, jos ei mies nimeä* A reputation never hurt anyone, as long as it's a good one *hankkia nimi itselleen* make a name for yourself
nimike 1 (kustantajan) title **2** (tullinimike) tariff heading/ number/item
nimikirja 1 (toimiston tms) register **2** (yliopiston) placement file, dossier

nimikirjain initial *allekirjoittaa nimikirjaimin* initial
nimikirjanote dossier
nimikirjoitus signature
nimimuisti memory for names
niminen *Ei täällä asu sen nimistä henkilöä* No one by that name lives here *Hanna-niminen tyttö* a girl named/called Hanna
nimi on enne (lat) nomen est omen
nimipäivä name day
nimismies sheriff
nimistö nomenclature
nimitellä call (someone) names
nimittäin 1 (ennen luetteloa) : *Kaikki kolme havupuulajiamme, nimittäin kuusi, mänty ja kataja* All three of our evergreen species: spruce, pine, and juniper **2** (toisin sanoen) that is (to say), namely, i.e., (vanh) viz. *Hän, nimittäin Henry, oli tullut myöhässä* He - that is, Henry - had arrived late **3** (tarkalleen ottaen) to be specific **4** (sillä) because, you see *En voi tulla, olen nimittäin sairaana* I can't come, you see I'm sick (in bed)
nimittäjä denominator
nimittäminen naming, nomination, designation, appointment (ks nimittää)
nimittää 1 (kutsua) call **2** (antaa nimeksi) name **3** (virkaan tms: ehdottaa) nominate; (nimetä) name, designate; (määrätä) appoint
nimitys 1 (nimi) name, appellation; (lempinimi) nickname **2** (virkaan) appointment
nimiö 1 (kirjan) title (page) **2** (tietok) label
nipistys pinch
nipistää pinch
nippu (seteleitä) wad; (nuolia, vehnää, kirjeitä) sheaf; (risuja, kirjeitä, vuotia) bundle; (kukkia, avaimia) bunch
nipukka tip
niputtaa bundle/bunch (up)
nirri *ottaa joltakulta nirri pois* let the air out of someone, wring someone's neck
nirso particular; (ylät) fastidious; (ark) picky, choosy
nirsoilla be particular/picky, pick and choose, turn your nose up at the things you don't like
nirvana nirvana
niska nape of the neck *hengittää jonkun niskaan* breathe down someone's neck *silmät niskassa(kin)* eyes in the back of your head *saada jonkun niska taipumaan* bring someone to his/her knees *tarttua itseään niskasta* pull yourself together
niska limassa *tehdä töitä niska limassa* work your butt/ass off, work like a dog, keep your nose to the grindstone
niskan päällä *olla niskan päällä* have the upper hand
niskasärky neckache, neck pain
niskat nurin *Häneltä meni niskat nurin* She broke her neck *vääntää joltakulta niskat nurin* wring someone's neck
niskoille *ottaa syy niskoilleen* take full blame/responsibility (for something) *lykätä syy jonkun niskoille* blame someone else (for something), put the blame on someone else's shoulders
niskoitella be recalcitrant/refractory/insubordinate/impertinent; (ark) talk back, sass
niskuri rebel, nonconformist, dissenter, malcontent
nisu wheat
nisä (anat) mammary (gland), (ark) teat, tit; (naisen) breast; (lehmän) udder
nisäkäs mammal
nitistää 1 (tappaa) snuff out, bump off **2** (voittaa) clean (someone's) clock, wipe (someone) out
nitoa 1 (kirjan sidos) sew, stitch **2** (sitoa) bind **3** (nitojalla) staple
nitro heart medicine, nitro (tablet)
nitroglyseriini nitroglycerin, (ark) nitro
nitroglyseroli nitroglycerin, (ark) nitro
niukalti little, few *Ruokaa on niukalti* We're running low on food, the cupboard is (almost) bare *Aikaa on niukalti* We're pressed for time, we're running late

niukin naukin nip and tuck, just barely, by the skin of your teeth
niukka 1 (vähäinen) meager, scanty, bare **2** (askeettinen) ascetic, frugal **3** (täpärä) narrow, close
niukkaeleinen economical, spare
nivaska bundle, bunch
nivel joint
nivelauto articulated bus
nivelreuma rheumatoid arthritis
nivelside ligament
niveltyä 1 (luu tms) be articulated, be connected by joints **2** (asiat) fit/go together, be interrelated/-locked/ -linked
niveltää 1 (akseli tms) articulate, connect with joints **2** (asiat) connect up, link together
nivoutua fit/go together, be interrelated/-locked/-linked
nivuset groin
no well *niin no* okay, all right
Nobelin palkinto Nobel prize (for literature/chemistry/jne) *Nobelin rauhanpalkinto* Nobel peace prize
noidannuoli lumbago
noin 1 (tuolla tavalla) like that *Ei noin saa puhua!* You're not supposed to talk like that! *Ei noin saa tehdä/ sanoa!* You're not supposed to do/say that! **2** *noin iso* that/so big *noin iso talo* such a big house, so big a house, as big a house as that **3** *tuolla noin* over there **4** (suunnilleen) around, about; (jotain) something like, some *Tule noin klo 8* Come around 8 *noin v. 1850* in around 1850, circa/ca 1850 *noin 60 vuotta sitten* some(thing like) 60 years ago
noin niin kuin sort/kind of (like) *Me noin niin kuin koputettiin ovelle* We just sort of knocked on the door
noin vain just like that
noita witch; (mies) warlock, sorcerer
noita-akka witch
noitua 1 (taikoa) cast a spell on (someone), bewitch (someone), turn (someone) into (something) **2** (kiroilla) swear (up a storm), curse (a blue streak)
noja rest, support
no jaa yeah well, aw hell
nojaan *jäädä oman onnensa nojaan* be left to your own devices, be left to fend for yourself *En halua jättää tätä yhden neuvon nojaan* I want a second opinion on this
nojalla *jonkin nojalla* (perusteella) on the basis/grounds of, by virtue of
nojallaan leaning (against) *panna jokin nojalleen jotakin vasten* lean something against something
nojapuut parallel bars
nojassa *jonkin nojassa* **1** (fyysisesti) resting on *istua pää käden nojassa* with with your head (propped up) on your hand **2** (rahallisesti tms) dependent on *Koko perhe elää minun pienen palkkani nojassa* The whole family depends on my tiny take-home pay
nojata 1 (fyysisesti: jonkin päälle) rest (on), (jotakin vasten) lean (against) **2** (nojautua: ihminen) base (your actions) on, (asia) be based on **3** (riippua jostakin) (be) depend(ent) on, revolve around
nojautua (ihminen) base (your actions) on, (asia) be based on
nokare (savea) chunk, (voita) pat
noki 1 soot **2** (kasv) blight
nokikolari (chimney)sweep
nokittaa raise *Nokitan viidellä* I'll raise you five
nokka 1 beak (myös kuv:) nose *Kenelläkään ei pitäisi olla nokan koputtamista* This shouldn't concern anybody (but me), this is nobody's business (but my own) *omin nokkineen* on your own (authority), all by yourself *ottaa nokkiinsa* take offense (at), get hurt **2** (auton) nose, (laivan, veneen) bow **3** (teekannun) spout, (maitokannun) lip **4** (tekn) cam **5** (kärki, nenä) tip
nokkakolari head-on collision/crash
nokkava impertinent; (ark) smart-alecky
nokkela 1 (suunnitelma tms) clever, ingenious, imaginative **2** (repliikki) clever, witty, deft
nokkelasti cleverly, ingeniously, imaginatively, wittily, deftly (ks nokkela)
nokkia peck

nokkimisjärjestys pecking order
nokkonen nettle
nokoset nap, snooze *ottaa nokoset* grab forty winks
no kun but, 'cause
nolata embarrass, humiliate, mortify *Nolattuna luikin tieheni* Red with embarrassment I beat a hasty retreat
nolla zero; (ark) zilch, zip; (puhelinnumerossa) 0 /ou/ *X johtaa 15-0* (tenniksessä) X is leading fifteen to love; (muissa lajeissa) X is leading fifteen to nothing/zero *Sami on täysi nolla* Sami's a total nothing/nobody *Äiti, reikiä nolla!* Look mommy, no cavities! *aloittaa nollasta* start from scratch *viisi astetta nollan alapuolella* five degrees below zero
nollakasvu zero growth
nollata 1 (mittari) (reset to) zero **2** (sähköpiiri) zero-ground
nollaus zero(-ground)ing (ks nollata)
nollauspainike reset button
nolo 1 (asia) embarrassing, humiliating, mortifying **2** (olo) embarrassed, humiliated, mortified *Tunsin itseni niin noloksi* I was so embarrassed/ashamed
nolostua get embarrassed
nolottaa *Minua nolottaa* I'm embarrassed/ashamed
nomadi nomad
nominatiivi nominative
no niin 1 (alistuen tosiasioihin) oh well, okay, sure **2** (aloittaen innolla uutta) okay, all right, great, let's get started **3** (teinpäs sen!) there (we/you go)! got it!
no no! 1 (lopeta mekastus tms) come come! now now! stop it! snap out of it! **2** (lopeta itkeminen tms) there there! so so! it'll be all right! everything will turn out all right in the end!
nootti note
noottikriisi (the Finnish) note crisis (of 1961)
nopanheitto dice-rolling
nopea fast, quick, rapid, speedy; (run) swift
nopeakasvuinen fast-growing
nopeasti fast, quickly, rapidly, speedily, swiftly
nopeatempoinen upbeat
nopeus speed, velocity
nopeusmittari speedometer
nopeusrajoitus speed limit
nopeuttaa speed up, pick up the pace
nopeutua speed up, (vauhti=pace) pick up
noppa die, (mon) dice
nopsa fast, quick (on your feet), nimble
Norja Norway
norja 1 (taipuisa) flexible, pliable **2** (notkea) supple, lithe **3** (norjan kieli) Norwegian
norjalainen *s, adj* Norwegian
norjankielinen Norwegian (-language)
norjistaa loosen up
norjistua loosen up
norkko catkin
norkoilla 1 (oleskella) hang around **2** (kärkkyä) lie/hang (around) in wait for, have your eye on
normaali *s* **1** (kohtisuora) perpendicular **2** (tangentin) normal *adj* normal, standard
normaalikoulu (hist) normal school; teachers' training school
normaaliobjektiivi standard lens
normaalisti normally
normaalitapaus normal/standard case
normalisoida normalize
normalisointi normalization
normatiivinen normative
normi norm, (vaatimus) standard
normittaa standardize
normitus standardization
noro trickle *Kyyneleet valuivat noroina hänen poskillaan* The tears were running/trickling down his cheeks
norssi 1 (kala) smelt **2** (ark koulu) Normal High
norsu elephant
norsunluinen ivory
norsunluu ivory
Norsunluurannikko Ivory Coast

nostaa 1 lift (something) up, raise, elevate, (maasta) pick (something) up *nostaa kirja alas hyllyltä* lift a book down off a shelf **2** (rahaa pankista) withdraw, take/draw out
nostaa ankkuri weigh anchor
nostaa eläkettä receive a pension
nostaa jalustalle put someone up on a pedestal
nostaa katseensa look up (from/at)
nostaa kysymys esiin raise a question
nostaa laatua improve something's quality, the quality of something
nostaa meteli raise hell (about), make a stink (about)
nostaa perunoita dig up potatoes
nostaa syyte file suit (against), sue (someone)
nostaa vettä kaivosta draw water from a well
nostattaa 1 (pölyt tms) raise **2** (protestit tms) provoke, stir up, call forth **3** (taikinaa) let (the dough) rise
nostin hoist, lift(er)
nosto 1 lifting, raising, elevation **2** (pankista) withdrawal **3** (lak) retrial, review
nostokurki crane
nosturi crane
notaari notary *julkinen notaari* notary public *notaarin vahvistama* notarized
notariaatti 1 (notaarin virka) notaryship **2** (pankin osasto) credit department
notariaattiosasto credit department
noteerata 1 (osakkeita) quote **2** (ark arvostaa) pay attention to, notice, rate *Sitä ei noteerattu miksikään* It was completely ignored
notkahtaa buckle
notkea 1 (ihminen) supple, lithe, limber **2** (tanko tms) pliable, flexible **3** (taikina) soft, easy to knead **4** (voi) soft, easy to spread **5** (neste) viscous, (ark) runny
notkelma hollow, depression
notkeus suppleness, litheness, limberness, pliability, flexibility, softness, viscosity (ks notkea)
notkistaa 1 (taivuttaa) bend **2** (tehdä notkeammaksi) loosen up **3** (voita) cream
notkistua loosen up
notko hollow, glen; (maassa) depression; (katossa) sag *notkollaan* sagging *painua notkolle* sag
notkoselkäinen swaybacked
notkua 1 (taipua) bend **2** (keinua) sway
noudatella follow
noudattaa 1 obey, observe, comply with, follow *noudattaa lakia* obey/comply with/observe the law **2** (pitää kiinni jostakin) adhere/conform/keep to *Elokuva noudattaa melko uskollisesti romaanin juonta* The movie is pretty faithful to the novel's plot **3** (kiel) agree with, be congruent with *Verbin täytyy noudattaa subjektin lukua* The verb must be numerically congruent with the subject
noudattaa hetken mielijohdetta act on a whim, do something on the spur of the moment
noudattaa kohtuutta be moderate, show moderation
noudattaa kutsua accept an invitation
noudattaa puolueettomuuspolitiikkaa pursue a policy of neutrality
noudattaa varovaisuutta exercise caution
nougat nougat
noukkia pick up
nousta 1 rise, climb, ascend, go up **2** (kulkuneuvoon) get/climb on (ks myös hakusanat) **3** (pois kulkuneuvosta) get/climb off/out **4** (kasvit maasta) sprout, spring/come up **5** (kysymys esille) come up, be raised **6** (vuoteesta) get up, (ylät) rise **7** (olla yhteensä) total, reach, amount/come to, add up to
nousta hevosen selkään mount a horse *nousta hevosen selästä* dismount (off the horse)
nousta jaloilleen stand up, (ylät) rise to your feet

nousta jotakuta vastaan rise (up) against
nousta kapinaan rise up in revolt/ arms
nousta kuolleista rise from the dead
nousta laivaan go on board ship
nousta lentokoneeseen board an airplane/the aircraft
nousta maineeseen become famous
nousta pintaan rise/float up to the surface, (kuv) become famous
nousta pöydästä (get up and) leave the table, excuse yourself from the table
nousta rakkuloille blister
nousta seisomaan stand up
nousta takajaloilleen (fyysisesti) rear up on its hind legs, (suuttua) get your hackles up
nousta tilanteen tasalle rise to the occasion
nousta urallaan get ahead in your career
nousta valtaan rise/ascend to power
nousta valtaistuimelle ascend to the throne
nousta väärällä jalalla get up on the wrong side of the bed
nousu 1 (fyysinen ja kuv) rise, climb, ascent **2** (määrällinen) increase **3** (sängystä) getting up (out of bed) *Minulla on aikainen nousu huomenna* I've got an early morning (ahead of me) tomorrow **4** (lentokoneen) take-off, (raketin) lift-off **5** (kierteen) pitch **6** (askelman) riser
nousukas upstart
nousukausi boom, upswing
noususuhdanne boom, upswing
noutaa 1 (tavarat, lapset) pick up **2** (koira keppiä) fetch, (ammuttu riistaa) retrieve
noutaja 1 (koira) retriever **2** (kuolema) the (Grim) Reaper
nouto pickup
noutopiha pickup yard
noutoposti general delivery
Nova Scotia Nova Scotia
novelli short story
nudismi nudism
nudisti nudist
nuha (head/chest/throat) cold
nuhainen sniffly
nuhakuume influenza, (ark) flu
nuhde 1 (perheessä tms) scolding **2** (virallinen) reprimand
nuhdella 1 (perheessä) scold, upbraid, take to task, rake over the coals **2** (virallisesti) reprimand
nuhraantua wear out, get (vaatteet) shabby, (kengät) scuffed
nuhteeton impeccable, irreproachable, blameless
nuija 1 club **2** (puheenjohtajan) gavel *heilutella nuijaa* chair (the meeting/ session) **3** (tuntosarven pää) club **4** (ark) dolt, fartface, turkey
nuijia 1 (lyödä) club **2** (lihaa) pound **3** (kokouksessa, huutokaupassa) bring the hammer/gavel down on
nuiva 1 dry **2** (ilme) sour **3** (asenne) sullen, dour
nuivasti dryly, sourly, sullenly, dourly
nujertaa 1 (tuhota) crush, smash **2** (tukahduttaa) suppress **3** (lannistaa) beat down, discourage, dishearten
nujertua 1 (jäädä häviölle) be beaten **2** (tuntea jäävänsä häviölle) feel crushed/discouraged/beaten, lose heart
nukahtaa fall asleep
nukka 1 (nöyhtä) lint **2** (lehden, posken) down, (ark) fuzz **3** (maton) nap, (ryijyn) tuft
nukke 1 doll **2** (nukketeatterissa) puppet (myös kuv), (sätkynukke) marionette
nukkekoti dollhouse
nukketeatteri puppet show
nukkua sleep, (olla unessa) be asleep/sleeping *mennä nukkumaan* go to sleep/bed
nukkua hyvin/huonosti get a good/bad night's sleep
nukkua kuin tukki sleep like a log
nukkua myöhään sleep in/late
nukkua pommiin oversleep
nukkua päänsä selväksi sleep it off
nukkua taivasalla sleep outside, out of doors, out under the stars

nukkua vanhurskasten unta sleep the sleep of the just
nukkumaanmeno going to bed
nukkumaanmenoaika bedtime
nukkuma-asento sleeping position, the position you sleep in
nukkumapaikka place to sleep *Voisitko näyttää minun nukkumapaikkani?* Could you show me where I'm going to sleep?
nukkumatti sandman
nukkuvien puolue non-voters, Silent Majority
nukkuvinaan *olla nukkuvinaan* pretend to be asleep
nukuksissa asleep
nukute anesthetic
nukutella rock/lull/sing somconc to sleep
nukuttaa 1 (nukutella) rock/lull/sing someone to sleep **2** (lääk) anesthetize, (ark) knock (someone) out, put (someone) under **3** *Minua nukuttaa* I'm sleepy
nukutus anesthesia
nukutusaine anesthetic
nukutuslääkäri anesthesiologist
nulikka scamp, imp, rapscalion, scallawag
nuljahdus slip
nuljahtaa slip
numeerinen numerical
numero 1 number, numeral, figure; (luvun yksittäinen numero) digit *Luvussa 100 000 on kuusi numeroa* 100,000 is a six-digit number *soittaa väärään numeroon* dial/call/punch the wrong number *arabialaiset/ roomalaiset numerot* Arabian/ Roman numerals **2** (koko) size *Mitä numeroa etsitte?* What size did you want that in? **3** (ohjelmanumero) number, piece, act *Seuraava numeroni on* For my next number I'd like to do **4** (lehden) issue, number *vanhat numerot* back issues **5** (koulunumero) grade *Minun numeroissani on kuulemma toivomisen varaa* My parents say I have to bring my grades up **6** (vouhotus) deal *tehdä iso numero jostakin* make a big deal about something
numeroida number, (sivut) paginate
numeroinen -digit/-figure
numerointi numbering, (sivujen) pagination
numeroittain numerically, by the numbers
numeroitu numbered
numerojärjestys numerical order
numerolukko combination lock
numeronäppäimistö (tietokoneen) numeric keypad
numismaatikko numismat(olog)ist
nummi heath, moor
nunna nun
nunnaluostari convent, nunnery
nuohota 1 sweep (the chimneys) **2** (siivota) sweep, scour, scrub **3** (etsiä) comb
nuokkua (ihminen) nod (off), (kukka) droop
nuolaista lick *Älä nuolaise ennen kuin tipahtaa* Don't count your chickens before they're hatched
nuoleksia lick
nuolenheitto darts
nuoleskella lick
nuoli 1 arrow **2** (tikka) dart **3** (tähtikuvio) the Arrow
nuolla lick
nuoltu (kuv) slick, sleek
nuora 1 string, twine, cord **2** (pyykkinuora) clothesline **3** (sirkuksessa) tightrope *tanssia nuoralla* walk the tightrope
nuorallatanssija tightrope-walker
nuorehko youngish
nuorekas youthful
nuoremmakseen *Mene sinä nuoremmaksesi* You're so young and spry, you go
nuoremmiten when (you're) young
nuoremmuuttaan *tarjoutua nuoremmuuttaan lähtemään* offer to go because you're younger
nuorempi 1 younger **2** (samannimisen isän poika) junior, (ranskalaisista) fils, (muinaisroomalaisista) the Younger *Kurt Vonnegut, Jr.; Alexandre Dumas fils; Pliny the Younger* **3** (virkamies, lehtori tms) junior

nuorennusleikkaus rejuvenation operation
nuorenpuoleinen on the young side
nuorentaa 1 (ihmistä) rejuvenate, make you (look/feel) younger **2** (metsää) restock, regenerate
nuorentua grow younger *On kuin olisin nuorentunut 20 vuotta!* I feel 20 years younger!
nuori *s* adolescent, teenager *adj* **1** young *näyttää nuorelta ikäisekseen* look young for your age **2** (murrosikäinen) adolescent, teenaged
nuorimies young man
nuorimmainen the youngest
nuoriso youth, the young, young people
nuorisojärjestö youth organization
nuorisokirjallisuus juvenile literature
nuoriso-ohjaaja youth leader
nuorisorikollinen juvenile delinquent, (ark) juvie
nuorisorikollisuus juvenile delinquency
nuorisotyö youth work
nuori sukupolvi the younger generation
nuortua grow/become younger, be rejuvenated; (johtokunta tms) get a transfusion of younger blood
nuorukainen youth, young man, lad
nuoruudenaikainen from your youth *nuoruudenaikainen valokuvakansio* a photo album from your youth
nuoruus youth(fulness) *Järjestön nuoruutta ei voida laskea haitaksi* The fact that the organization is so young can't be held against it
nuoruusikä youth
nuoruusvuodet early years
nuoska *s* warm spring weather just below zero
nuoskalumi wet (and sticky, but not melting) snow, good snowball/ snowman snow
nuotinlukija (ralliautoilussa) co-driver
nuotio campfire
nuotiotuli campfire
nuotta seine, net
nuotti 1 (mus) note, (mon) music **2** (puheessa) intonation, lilt, (ruotsalaisten) singsong; (äänensävy) tone (of voice)
nuottikirjoitus (musical) notation
nuottivihko music book
nuottiviiva (staff) line
nuppi knob
nuppineula pin
nuppu (flower) bud *nupussa* budding, in bud
nurin 1 (ylösalaisin) upside-down **2** (nurja puoli ulospäin) inside-out
nurinajo (autossa) roll, (pyörällä) spill
nurin kurin ass-backwards, all mixed up, helter skelter, topsy-turvy
nurinkurinen backwards, inside-out
nurin narin topsy-turvy
nurin niskoin head over heels, ass over teakettle
nurin päin 1 (ylösalaisin) upside-down **2** (nurja puoli ulospäin) inside-out **3** (takapuoli eteenpäin) backwards
nurista grumble, grouse, gripe
nurja 1 (piilopuoli) reverse, back *neuloa nurjaa* purl **2** (varjopuoli) adverse, unpleasant **3** (mieliala) surly, morose, glum
nurjamielinen prejudiced/jaundiced/ predisposed against (something)
nurkka corner *nurkan takana* around the corner (myös kuv) *nuuskia joka nurkkaa* search every nook and cranny *viiden nurkilla* around five
nurkkakapakka corner bar
nurkkakunta clique, faction
nurkkakuntainen cliquish, factional
nurkkaus corner, nook
nurmi grass, (nurmikko) lawn
nurmikko lawn
nussia (sl) fuck, pork, screw
nussija fucker
nussiminen fucking, fuck, screwing *Tämä menee pulun nussimiseksi* It's like fucking a pigeon
nuttu jacket
nuttura bun

nuuka 1 (saita) stingy, miserly, tight **2** (niukka) small, skimpy, meager **3** (nirso) finicky, picky
nuukailla be stingy/tight, skimp
nuukuus stinginess, skimpiness
nuuska snuff, (murt) snoose *lyödä tuusan nuuskaksi* smash (something) to pieces/smithereens
nuuskia 1 (haistella) sniff (at/around) **2** (etsiä) search, (ark) snoop (around)
nuuskija snoop(er)
nyanssi nuance
nyhtää pull/pluck/weed (out) (myös kuv) *nyhtää isot rahat* make big bucks
nykiä jerk, tug, pull, yank; (suupielestä) twitch
nykyaika modern times
nykyaikainen modern, up-to-date
nykyaikaistaa modernize
nykyhetki the present moment, right now
nykyinen current, present
nykyisin nowadays, currently, at present
nykyisyys contemporaneity
nykykirjailija contemporary/living author/writer
nykykirjallisuus contemporary literature
nykymaailma the present-day/ contemporary world
nykymusiikki contemporary music
nykynuoriso present-day adolescents; (halv) kids these days
nykypäivä the present, today
nykypäiväinen present-day
nykysuomalainen *s* present-day Finn(ish)
nykysuomi contemporary Finnish
nykytaide contemporary art
nykytila the current state of affairs
nykytilanne the current situation
nykytodellisuus present(-day)/ contemporary reality
nykyvaihe current/present stage/ phase
nykyään nowadays, currently, at present, these days
nykäistä 1 jerk/tug/pull/yank (at) **2** (urh) spurt
nykäisy jerk, tug, pull, yank, spurt
nykäyksittäin in jerks, jerkily
nykäys jerk, tug, pull, yank
nylkeä 1 (eläintä) skin, flay **2** (puuta) strip, debark **3** (kuv ihminen) fleece, con, rob (someone blind)
nylkyhinta scalper's price
nymfi nymph
nymfomaani nymphomaniac
nynny wimp, nerd, dork
nyplätä 1 fumble/fiddle with, twiddle **2** (pitsiä) make lace
nyppiä (ihokarvoja) pluck (out), (nukkaa vaatteista) pick (off)
nyreys moodiness, sullenness
nyreä morose, moody, glum, sullen
nyreästi morosely, moodily, glumly, sullenly
nyrjähdys sprain(ed/twisted/pulled muscle)
nyrjähtää get sprained/twisted
nyrjäyttää sprain, (lievästi) twist
nyrjäytys sprain, twist
nyrkkeilijä boxer
nyrkkeily boxing
nyrkkeilykäsine boxing glove
nyrkki fist *kädet nyrkissä* with your fists clenched *Se sopii kuin nyrkki silmään* That suits me perfectly
nyrkkisääntö rule of thumb
nyrpeä ks nyreä
nyrpistää nenäänsä jollekin turn up your nose at something
nysty papilla
nystyrä bump, lump, knot, protruberance
nysä 1 short-stemmed/cutty pipe **2** (tekn) stub pipe **3** (kynän) stub
nyt now *vasta nyt* only now *juuri nyt* right now, this instant
nythän on niin että the fact is that
nyt jo? already? this instant?
nytkiä jerk, jolt
nytkähdellä jerk, shake, quiver
nyt tai ei koskaan now or never
nyttemmin more recently, nowadays
nyyhkiä sob, blubber
nyyhkyelokuva tearjerker
nyyhkyttää sob, sniffle, blubber
nyyhkäys sob

nyytti bundle
nyyttikestit potluck (dinner/party)
nyökkiä nod
nyökkäys nod
nyökytellä bob (your head)
nyökyttää nod
nyökätä nod
nyöri string, twine, cord; (kengännyö-rit) (shoe)laces *pitää kukkaron nyörit tiukalla* hold tight to the purse strings
nyörittää tie (up) with a string/cord
näemmä it seems *Se on näemmä valmis* I see it's finished, it looks finished to me
näennäinen apparent, ostensible, seeming
näennäisesti apparently, ostensibly, seemingly
näes you see
näet you see
nähden *siihen nähden* in that sense/ context/connection, in those terms *kaikkien nähden* in front of (God and) everyone, in public
nähdä 1 see *mahdoton nähdä* invisible *Mitä sinä näet hänessä?* What do you see in him? **2** (erottaa) spot, make out, discern
nähdä hyväksi see fit
nähdäkseni as I see it, as far as I can see
nähdä maailmaa see the world, see a little of life
nähdä omin silmin see (something) with your own eyes
nähdä punaista see red
nähdä tarpeelliseksi find it necessary (to)
nähdään sitten! see you (around/ later)!
nähkääs you see
nähtävillä on display *panna nähtäville* display, exhibit
nähtävyys sight, tourist attraction *katsella kaupungin nähtävyyksiä* go sightseeing in town
nähtävä sight *paljon nähtävää* lots to see *Näin se on nähtävä* That's the way it is
nähtäväksi jää it remains to be seen
nähtävästi apparently, it seems/ appears
näin 1 (tällä tavalla) like this *Tee näin* Do this, go like this, do it this way **2** *näin paljon* this/so much **3** *näin iso talo* such a big house (as this), this big a house **4** *tämä näin* this one (here), (murt) this here one *täällä/tänne näin* over here
näin ikään like this
näin meidän kesken just between you and me (and the doorknob/ lamppost)
näin muodoin similarly, in like fashion
näin ollen therefore, thus, this being the case
näivettynyt withered, wilted, faded, shriveled, wrinkly, crackly, atrophied, wasted, dead (ks näivettyä)
näivettyä 1 (kukka tms) wither, wilt, fade **2** (hedelmä) shrivel (up) **3** (iho) grow wrinkly/crackly **4** (lihas) atrophy **5** (ihminen: fyysisesti) waste away, (henkisesti) die inside
näivetys atrophy
näkemiin goodbye; (ylät) farewell, adieu
näkeminen seeing, sight *pelkkä sen näkeminen* just seeing it, the mere sight of it *jälleennäkeminen* reunion
näkemyksellinen ideological, philosophical, doctrinal
näkemys 1 (käsitys) view, opinion, conception *Sinulla on täysi oikeus omiin näkemyksiisi* You have a right to your own opinions **2** (maailmankatsomus) worldview, outlook, philosophy **3** (visio) vision *näkemyksellä ohjattu näytelmä* a play directed with vision
näkemä 1 sight distance, the distance you can see **2** *viime näkemästä* since the last time I saw you/him/her/them *ensi näkemältä* at first sight
näkevinäänkään *ei olla näkevinään-kään* pretend not to see, turn a blind eye on
näkijä seer
näkinkenkä mussel (shell)
näky 1 sight, spectacle **2** (näkymä) prospect **3** (ilmestys) vision

näkymä 1 (näköala) view **2** (tulevaisuuden) prospect *näillä näkymin* as things look now
näkymättömyys invisibility
näkymätön invisible
näkyvyys visibility
näkyvä 1 visible, perceptible, obvious; (korostetun) conspicuous **2** (huomattava) prominent
näkyvästi visibly, perceptibly, obviously, conspicuously, prominently (ks näkyvä)
näkyä 1 be visible/seen, show *Ikkunasta näkyy järvelle* There's a view of the lake out the window, you can see the lake from the window *En tykkää kun rintsikat näkyy läpi* I don't like my bra to show through (my blouse) **2** (olla paikalla/ maisemissa) be around *Onko Viljoa näkynyt?* Seen Viljo around? *Mekin odotimme häntä muttei häntä ole näkynyt* We were waiting for him too but he never showed (up) **3** (näyttää) appear, seem *Hän näkyy olevan* He seems/appears to be
näkö 1 (eye)sight, vision *Näköni on heikentynyt* My vision has deteriorated *niin nälkä että näköä haittaa* so hungry I can hardly see **2** (ulkonäkö) appearance, looks *Sinussa on vähän äitisi näköä* You look a little like your mother, You resemble your mother a little *näön vuoksi* for appearances' sake, to look good *Sinussa on sekä kokoa että näköä* You've got both size and looks
näköaisti (sense of) sight
näköala 1 view **2** (tulevaisuuteen tms) prospect(s)
näköalapaikka 1 (tiellä) lookout spot **2** (kuv) prominent position
näköharha optical illusion, hallucination
näköhavainto visual perception
näköhermo optic nerve
näköinen 1 (näkee) -sighted *likinäköinen* near-sighted **2** (näyttää) -looking *epäilyttävän näköinen* shady-looking
näköjään apparently, it seems/ appears
näkökanta position, stance, point of view
näkökenttä field of vision
näkökeskus visual center
näkökohta point, factor, consideration
näkökulma 1 (näkökanta) perspective, viewpoint, standpoint **2** (kulma) visual angle
näkömuisti visual memory
näköpiiri range of vision, (kuv) horizon *näköpiirissä* on the horizon, within view, in sight
näkösällä in view, visible
näkötorni view tower
näkövinkkeli point, factor, consideration
nälissään starving, famished
nälkiintyä starve, become emaciated
nälkä hunger *Onko sinulla nälkä?* Are you hungry? *nähdä nälkää* starve *syödä jotain pahimpaan nälkäänsä* eat something to tide you over till dinner, to take the edge off your hunger
nälkäinen 1 hungry, starving, famished **2** (kuv) hungry, greedy
nälkäisesti hungrily, greedily
nälkäkuolema (death by) starvation
nälkälakko hunger strike
nälkä on paras kokki hunger is the best sauce
nälvintä needling, gibing, carping
nälviä needle, gibe, carp
nälänhätä famine
nänni nipple
näpelöidä finger, fiddle with, twiddle
näperrellä fiddle/tinker with
näpertää fiddle/tinker with
näpistelijä petty thief, shoplifter
näpistellä steal, swipe, filch
näpistää steal, swipe, filch, get a five-finger discount
näppi finger(tip) *Näpit irti!* Get your mitts off (that)! Don't touch it! *jäädä nuolemaan näppejään* come up empty-handed
näppylä pimple, (ark) zit; (mon) acne
näppäimistö keyboard
näppäin 1 key **2** (TV:n tms) (push)button
näppäinpuhelin push-button (tele)phone

näppäryys dexterity, handiness, wit
näppärä 1 (käsistään) clever/good with your hands, deft, dexterous **2** (puheessaan) quick-witted, witty
näppärästi deftly, handily, wittily
näpäys 1 rap, flick **2** (pesäpallossa) bunt **3** *Se oli hänelle terveellinen näpäys* She had it coming, she deserved it
näpäyttää rap, flick
näre young spruce *Näin on näreet* That's the way it is
närhi jay
närkästys irritation
närkästyä get irritated (at), (ark) get pissed off
närä grudge, bitterness, rancor
närästys heartburn
närästää *Minua närästää* I have heartburn
nätisti nicely *Mene nyt nätisti sänkyyn* Be a good girl and go to bed, toddle off to bed like a good boy now
nätti pretty
näykkiä 1 (nyppiä) nip, nibble, bite **2** (nälviä) needle, gibe, carp
näyte 1 (tavara-/virtsanäyte tms) sample, specimen **2** (taidonnäyte tms) demonstration **3** (opinnäyte) scholarly thesis
näyteikkuna display window
näytellä 1 (näytelmässä) act, (tiettyä hahmoa) play **2** (esittää) pretend (to be), play (at), put on a show (of being), feign *Älä viitsi näytellä viatonta* Stop trying to feign innocence **3** (näyttää) show (off), display
näytelmä play, (ark) spectacle
näytteenotto sampling, taking (of) samples
näytteilleasettaja exhibitor
näytteillä on display
näyttelijä actor
näytteitys sampling
näyttely exhibition
näyttelytilat exhibition space
näyttelyvieras visitor to an exhibition
näyttämö stage
näyttämöllepano staging
näyttäytyä show yourself/up, put in an appearance
näyttää 1 (jotakin) show *Näytä!* Show me! *Aika näyttää* Time will tell *näyttää valoa* shine a light *Vielä näytän!* I'll show you yet! **2** (osoittaa) point to, indicate *näyttää sormella* point a finger at **3** (joltakin) look, appear, seem *Hän näyttää minusta epäillyttävältä* He looks suspicious to me *Näyttää tulevan kaunis päivä* It looks like it's going to be a nice day *näyttää vihreää valoa* give somebody the green light
näyttää vihreää valoa give somebody the green light
näyttö 1 (lak) evidence, (ark) proof *Onko sinulla mitään näyttöä siitä?* Do you have any evidence/proof of that? Can you back that up with evidence/ proof? **2** (tietok) monitor, video display unit (VDU)
näyttölaite monitor, (tietokoneen myös) computer monitor
näyttöpääte terminal, video display terminal, VDT, computer terminal
näytäntö (elokuvan) showing, (näytelmän) performance
näytös 1 (näytelmän) act **2** (esitys) performance, demonstration, act
näännyksissä exhausted, at the end of your rope/tether
nääntyä be exhausted, exhaust yourself, wear/tire yourself out
näärännäppy sty
nääs you see
näätä weasel
näön vuoksi for appearances' sake, to look good
nöyhtä fluff
nöyristellä cringe, cower (before), truckle (to)
nöyristely cringing, cowering, truckling
nöyrtyä humble/submit yourself
nöyryytys humiliation
nöyrä humble; (alistuvainen) submissive, docile
nöyrästi humbly, submissively, docilely

O, o

obduktio autopsy, postmortem
obdusoida perform an autopsy on
obeesi obese
obeliski obelisk
obesiteetti obesity
obituaari obituary
objekti object
objektiivi lens
objektiivin aukko aperture
objektiivinen objective
objektiivin suojus lens cap
objektiivisuus objectivity
objektivismi objectivism
obligaatio 1 (liik) bond **2** (lak) obligation
obligaatiolaina bond loan
oboe oboe
observatorio observatory
observoida observe
observointi observation
obsessiivinen obsessive
obsessio obsession
obsidiaani obsidian
obstetriikka obstetrics
obstetrikko obstetrician
Occamin partaveitsi Occam's razor
odontologi odontologist
odontologia odontology
odontologinen odontological
odotella wait around (for)
odotettavissa to be expected *Odotettavissa huomisaamuun mennessä; sadekuuroja ja kovaa lounaistuulta* By tomorrow morning we should see some showers accompanied by a stiff wind from the southwest
odotettu expected
odotetusti as might be expected, predictably
odottaa 1 (varrota) wait (for) *Saimme odottaa kauan* We had a long wait *Linja on varattu - odotatteko?* That line is busy - will you hold? *antaa odottaa* keep (someone) waiting (for you) *odottaa turhaan* wait in vain *odottaa vuoroaan* wait your turn **2** (otaksua) expect (someone to do something, something to happen) *Odotan sinulta suuria* I expect great things from you **3** (toivoa, odottaa innolla) anticipate, look forward to (expectantly, with anticipation) *Tuskin maltan odottaa lauantaita* I can hardly wait till Saturday **4** (vauvaa) be expecting (a baby), be pregnant *odottaa toista lasta* expect your second (child)
odottamaton unexpected
odottamatta unexpectedly
odottamattomasti unexpectedly
odottavan aika on pitkä a watched pot never boils
odotuksenmukainen (as) expected/anticipated *odotustenmukainen tulos* the expected result, the result we expected/anticipated
odotuksenvastainen (yllättävä) unexpected, (huonompi) disappointing
odotus 1 wait(ing) **2** expectation, expectancy, anticipation, hope *asettaa suuria odotuksia johonkin* have great hopes for something, have high expectations about something *vastata odotuksia* meet (all) expectations *yli odotusten* beyond your wildest dreams/ hopes, beyond all expectations *odotuksen vallassa* expectantly, with great anticipation, in great suspense **3** (raskaus) pregnancy
odotusaika 1 waiting period **2** (raskaus) term of pregnancy
odotushuone waiting room
odotusten mukaisesti as expected

odotusten vastaisesti contrary to (all) expectations
odotuttaa make (someone) wait, keep (someone) waiting
odysseia (matka) odyssey, (eepos) Odyssey
offensiivi offensive
offensiivinen offensive
offline off-line
offset offset
offsetpaino offset printing/copying
oftalminen ophthalmic
oftalmologi ophthalmologist
oftalmologia ophthalmology
oftalmoskooppi ophthalmoscope
oh oh
ohdake thistle
ohdakkeinen thistly, (kuv) thorny
oheinen enclosed, attached
oheislukemisto (supplementary) reading (list)
oheistaa enclose, attach
ohella in addition to, on top of, along with *Tähän ohelle voisin ottaa jotain juotavaa* I could drink something with this *toimia päivätyönsä ohella yövartijana* moonlight as a night watchman
ohenne 1 (maalin) thinner **2** (kem) diluent
ohennus (tukan, maalin) thinning, (nesteen) dilution
ohentaa (tukkaa, maalia) thin (out/ down), (nestettä) dilute
ohentamaton undiluted
ohentua thin (out) *Harrin tukka on alkanut ohentua edestä* Harri's hair is getting thin in front
ohessa enclosed, attached
oheta ks ohentua
ohhoh (mukava yllätys) my my, (nyt meni överiksi) what the hell, (taasko) oh no
ohi 1 (loppunut) over, past *Meidän välillämme kaikki on ohi* It's all over between us *Vaara/se aika on ohi* The danger/that time is past **2** (ohitse) by, past *Kuka tuo oli, joka juuri käveli ohi?* Who was that who just walked by/past? **3** *mennä ohi* (kulua loppuun) pass *olla mennyt ohi* be over/past **4** (ajaa edelle) pass up, outstrip, beat *olla mennyt ohi* be (way) ahead (of the others), be in the lead, be head and shoulders above the others **5** (ei osua) miss, go wide *olla mennyt ohi* be a miss
ohiajo drive-by
ohi kiitävä (juna tms) passing, (hetki) fleeting
ohi kulkeva *adj* passing
ohikulkeva *s* passerby (mon passersby)
ohikulkija passerby (mon passersby)
ohikulku (kaupungin, autolla) bypass, (tähden) transit
ohikulkuliikenne bypass traffic
ohikulkumatka *ohikulkumatkalla* on the way (there) *Se oli ohikulkumatkallani, poikkesin sinne vain hetkeksi* It was on my way, I just stopped in for a second
ohikulkutie bypass
ohilaukaus miss
ohilyönti miss
ohimarssi match-past
ohi menevä passing *katsella ohi meneviä autoja* wantch the cars go by, watch the passing cars
ohimenevä passing, fleeting, transient *Älä huoli, se on ohimenevä vaihe* Don't worry, it's just a phase (he's going through), it's a passing thing, it'll pass
ohimennen in passing *Ohimennen sanoen* incidentally, by the way
ohimo temple
ohi on 330 I've done my gig (in the army)
ohitse ks ohi
ohittaa pass *Tässä osavaltiossa ei saa ohittaa oikealta* In this state you're not allowed to pass on the right
ohitus passing
ohituskaista passing lane
ohituskielto (merkki) no passing sign
ohitusleikkaus bypass operation/ surgery
ohivalintanumero direct number
ohjaaja 1 (auton) driver **2** (lentokoneen) pilot **3** (moottoripyörän) rider **4** (laivan) helmsman **5** (työmaakoneen)

operator **6** (näytelmän, elokuvan) director **7** (opinto-ohjaaja) (guidance) counselor
ohjaajantuoli director's chair
ohjaamo 1 (lentokoneen: pienen) cockpit (myös ison ark), (ison) flight deck **2** (laivan) bridge **3** (rekan, työmaakoneen) cab
ohjailla 1 guide, direct, instruct, counsel **2** (kielteisenä) manipulate, control **3** (laivaa) maneuver, steer
ohjain 1 (kovalevyn) controller **2** (poran) jig, (hihnan) guide **3** *ohjaimet* (lentokoneen) controls **4** (ahdin) brace
ohjas 1 (linnun) lore, mastax **2** *ohjakset* reins *antaa hevoselle vapaat ohjakset* give a horse its head *ottaa ohjakset käsiinsä* take the reins/helm *olla ohjaksissa* be at the helm
ohjata 1 (neuvoa) guide, instruct, counsel **2** (opastaa) lead, show, conduct, direct **3** (suunnata) direct, channel, steer **4** (elokuvaa, näytelmää) direct **5** (autoa) steer, (lentokonetta) pilot **6** (tietok) control
ohjaus 1 (neuvonta) guidance, instruction, counsel(ing) **2** (opastus) guiding, directing **3** (suuntaus) directing, channeling, steering **4** (elokuvan, näytelmän) direction **5** (auton) steering, (lentokoneen: ohjaajan) piloting, (koneen) control *automaattinen ohjaus* automatic pilot
ohjauslaitteet controls, (auton) steering, (ohjuksen tms) guidance system
ohjauslukko steering lock
ohjauspyörä steering wheel
ohjaussauva control stick, (ark) joystick
ohjaustanko handlebar(s)
ohjautua be directed/guided (toward/away from) *Askeleeni ohjautuivat kirkkoon* My feet instinctively took me to the church
ohjautuvuus steerability
ohje 1 (ohjenuora) guiding principle, rule, motto, precept **2** *ohjeet* instructions, directions *Jos et saa konetta muuten toimimaan, lue käyttöohjeet* If all else fails, read the instructions/directions
ohjeellinen normative
ohjehinta list price
ohjeisto technical documentation, user's manual
ohjekirja instruction/user's manual, (tekn) documentation
ohjelma 1 (TV:n, tietokoneen, konsertin/urheilutapahtuman painettu) program *Onko teidän juhlissanne mitään ohjelmaa?* Are there going to be any speeches or skits at your party? Is anyone going to be performing anything, putting on anything, at your party? (ohjelma merkityksessä "järjestetty esittäminen" ei käänny englanniksi) **2** (poliittinen) platform **3** (tekemisen suunnitelma) schedule *Miltä ensi viikon ohjelma näyttää?* What does the schedule for next week look like?
ohjelmajaosto programming section
ohjelmajulistus platform, manifesto
ohjelmallinen programmatic
ohjelmanumero number
ohjelmasarja (TV:ssä) (mini)series, (luentosarja muussa kuin oppilaitoksessa) series of lectures
ohjelmisto 1 (teatterin) repertoire **2** (tietokoneen) software
ohjelmoida program
ohjelmoija programmer
ohjelmointi programming
ohjelmointikieli (tietokoneen) programming language, computer language
ohjesääntö regulation
ohjevähittäishinta suggested retail price, list price
ohjus missile
ohjussiilo missile silo
ohjustukikohta missile base
ohkainen thin, (takista) light
ohmi ohm
oho oho, (vai niin) aha, (hupsista) (wh)oops, (anteeksi) excuse me
ohra barley
ohrainen barley, (kuv) difficult, awkward *käydä ohraisesti* go badly, get fouled/fucked up

ohrajauhot barley flour
ohraleipä barley bread *Nyt otti ohraleipä* Now we've done it, we're up shit creek without a paddle
ohranjyvä barleycorn
ohranjyvä silmässä drunk as a skunk
ohrapelto barley field
ohrapuuro barley porridge
ohuehko thinnish
ohuelti thinly *ohuelti lunta* a thin covering of snow
ohuenlainen on the thin side
ohukainen 1 (lettu) pancake **2** *Ohukainen* Stan Laurel *Ohukainen ja Paksukainen* Laurel and Hardy
ohut thin, (tukka) fine, (vyötärö) slender
ohutsuoli small intestine
oi oh, O
oidipaalinen Oedipal
oidipuskompleksi Oedipus complex
oieta straighten (up/out) *oieta vuoteeseen* stretch out in bed
oijoi oh no, (juutalaiset) oy vey
oikaista 1 (oi'istaa) straighten **2** (mennä oikotietä) cut (through/ across), take a shortcut **3** (ojentaa: jalkoja) stretch (out) **4** (ojentaa: lasta) scold **5** (korjata) correct **6** (lentokonetta) level off
oikaista koipensa (kuolla) kick the bucket
oikaisu 1 (korjaus) correction **2** (lentokoneen) pullout **3** (mat) rectification
oikaisuluku proofreading
oikaisuvedos galley proof, (ark) galley; (sivuvedos) page proof
oikea *s* **1** (nyrkkeilyssä) right *aloittaa oikealla leukaan* lead with a right to the jaw **2** (suunnasta) right *Mene toisesta kulmasta oikealle* Take the second right *osua oikeaan* hit the nail on the head *adj* **1** (ei vasen) right **2** (ei väärä) right, correct *oikea nainen oikeaan aikaan* the right woman at the right time *oikea omistaja* rightful owner *se oikea* (mies) Mr. Right, (nainen) the right woman **3** (sopiva) appropriate, proper, fitting **4** (todellinen) real, true *Sinä olet oikea kiusankappale* You're a real pain in the ass, you know that? **5** (oikeudenmukainen) just, fair *oikealla asialla* on/for a just/good cause **6** (silmukka) knit *neuloa oikeaa* knit
oikeakielisyys linguistic/grammatical correctness
oikeakätinen right-handed
oikeakätisyys right-handedness
oikeamielinen right-minded/-thinking
oikeamielisyys right-mindedness
oikeanpuolinen right(-hand)
oikeaoppinen orthodox
oikeaoppisesti in the prescribed/ orthodox manner/fashion
oikeaoppisuus orthodoxy
oikeastaan 1 (itse asiassa) actually, really, in fact, as a matter of fact **2** (loppujen lopuksi) in the end, ultimately
oikeasti really, truly *Sano nyt ihan oikeasti* Come on, stop joking around, tell me really
oikea tola *saattaa asiat oikealle tolalle* put/set things right
oikeellinen 1 (asiakirja) legally valid, authentic **2** (ihminen) competent
oikeellisuus validity, authenticity, competence
oikein 1 (ei väärin) right, correctly *Oikein!* Right! *kirjoittaa oikein* write/ spell (something) correctly **2** (sopivasti) properly, suitably, appropriately *Olenko sinun mielestäsi pukeutunut oikein?* Do you think I'm appropriately dressed? **3** (oikeudenmukaisesti) fairly *Heille pitää nyt tehdä oikein* We have to do the right thing by them **4** (täsmälleen) exactly, precisely *Mitä sinä oikein ajat takaa?* What exactly are you getting at/trying to say? **5** (erittäin) very, really, (ark) real *Se on oikein hyvä paikka It's a real(ly) good spot* **6** (täysin) quite *En oikein ymmärrä mitä tarkoitat* I don't quite catch your meaning **7** (oikeastaan) anyway, anyhow *Mitä siellä oikein tapahtui?* What happened in there, anyway? **8** (kovasti) hard *Jos oikein yrität, saat varmasti sen tehtyksi* I know you can do it, if you try really hard, if

you put your mind to it **9** *kaksi oikein kaksi nurin* knit two purl two
oikeinkirjoitus spelling
oikeinkirjoitussääntö spelling rule
oikeinkirjoitusvirhe spelling mistake
oikein päin the right way, right-side up/out/forward/jne
oikeisto the Right, the right wing
oikeistoenemmistö right-wing majority, majority on the right
oikeistohallitus right-wing government/administration/Cabinet
oikeistolainen *s* rightist, right-winger *adj* rightist, right-wing
oikeudellinen judicial, juridical, legal
oikeudenkäynti trial, court case; (mon) legal proceedings, litigation
oikeudenmukainen just, fair
oikeudenmukaisesti justly, fairly
oikeudenmukaisuus justice, fairness
oikeus 1 (oikeellisuus) rightness, fairness, (asiakirjan) authenticity **2** (oikeutus) right *pitää kiinni oikeuksistaan* stand up for your rights, insist on/ demand your rights *Millä oikeudella sinä noin teet?* What gives you the right to do that? **3** (virallinen lupa, tav mon) license *A-oikeudet* liquor license **4** (oikeusjärjestys) law *jakaa oman käden oikeutta* take the law into your own hands **5** (oikeudenmukaisuus) justice *oikeuden nimessä* in the name of the law, of justice *Oikeus tapahtui tänään* Justice was served today **6** (tuomioistuin) court (of law) *käydä oikeutta* litigate
oikeusasia legal matter
oikeuskansleri Attorney General
oikeuskäsitys concept of justice
oikeuskäytäntö legal praxis, case law
oikeuslaitos judicial/legal system, judiciary
oikeuslääketiede forensic medicine
oikeusministeri (Suomi) Ministry of Justice, (US) Attorney General
oikeusministeriö (Suomi) Ministry of Justice, (US) Department of Justice
oikeusneuvos Justice of the Supreme Court
oikeustaistelija civil rights defender
oikeustaistelu civil rights struggle
oikeustapaus legal case
oikeustoimi legal/judicial act/ transaction
oikeusturva protection under the law
oikeutettu 1 (oikea) well-founded, reasonable, legitimate, rightful **2** (oikeuden hyväksymä poikkeama laista) justified, justifiable *oikeutettu kuoleman tuottaminen* justifiable homicide **3** (johonkin) entitled *oikeutettu asumaan talossa niin kauan kuin haluaa* entitled to dwell in the house so long as (s)he desires
oikeutetusti with good reason, on good grounds, rightfully, legitimately, justifiably
oikeuttaa 1 (jälkikäteen) justify **2** (etukäteen: sallia) entitle; (valtuuttaa) authorize, empower
oikeutus justification, entitlement, authorization, empowerment (ks oikeuttaa)
oikku whim, caprice
oikkuilla 1 (ihminen) be capricious/ flighty/unpredictable/ difficult **2** (kone tms) act up
oikoa 1 straighten (up), put (things) straight/right *oikoa jalkansa* stretch your legs *oikoa laskokset* smooth out the folds **2** (mennä oikotietä) cut (across/ through) **3** (korjata) correct, put (things) right
oikoilla ks oikoa
oikolukea proofread
oikoluku proofreading
oikopäätä straightaway, right away, immediately, this instant
oikosulku short circuit
oikoteitse by a shortcut
oikotie shortcut
oikovedos (galley-/page-)proof
oikukas capricious
oikullinen capricious
oikutella 1 (ihminen) be capricious/ flighty/unpredictable/difficult **2** (kone tms) act up

oikuttelu capriciousness
oinas 1 (eläin) wether **2** (tähtikuvio) the Ram **3** (horoskoopissa) Aries
oire symptom
oireellinen symptomatic
oireeton symptomless
oireilla show symptoms
oitis immediately, pronto, at once, as soon as possible (ASAP)
oiva excellent, splendid
oivallinen excellent, splendid
oivallisesti excellently, splendidly
oivallus insight, understanding, realization; (oivalluskyky) acumen
oivaltaa understand, realize, become aware of
oja ditch *salaoja* irrigation/drain ditch
ojaanajo driving off the road (into the ditch)
ojanvarsi the edge of a ditch
ojasta allikkoon out of the frying pan and into the fire
ojennella stretch
ojennus 1 (jalan tms) straightening, stretching **2** (järjestys) order *pitää taloa hyvässä ojennuksessa* keep the house in good order **3** (lapsen) scolding *panna lapset ojennukseen* get the kids to behave, calm/quiet the children down *saada joltakulta ojennusta* get chewed out/yelled at by someone
ojentaa 1 (jalkaa tms) straighten/stretch/reach (out) **2** (palkintoa tms) hand/give/present (someone something, something to someone) *Ojentaisitko minulle ketsupin?* Could you reach/pass/hand me the catsup? **3** (asetta) point (at) **4** (lasta) scold, (ark) chew out, yell at **5** (sotajoukkoja) dress
ojentautua (makuulle) stretch out, (pystyyn) straighten up
ojentua straighten out
ojitus (drainage) ditching
ojossa extended, out *kädet ojossa* with outstretched arms *käsi ojossa* with his/her hand out
oka thorn, prickle
okainen thorny (myös kuv)
okkultismi occultism
oksa 1 branch, bough, limb, (pieni) twig *Sellaisia naisia ei kasva joka oksalla* You're not going to find women like that growing on every tree **2** (oksakohta laudassa) knot
oksainen knotty
oksaisuus knottiness
oksanhaara crotch
oksastaa graft (onto)
oksastus grafting
oksat pois *Nyt on oksat poissa* It's not funny, it's no laughing matter
oksennella be vomiting (all day)
oksennus vomit; (ark) throw-up, barf, puke
oksentaa vomit; (ark) throw up, barf, puke, ralph, flash the hash, toss your cookies, blow lunch
oksettaa *Minua oksettaa* I feel sick (to my stomach), I feel nauseous
oksia prune, (ark) lop off
oksidi oxide
oksisto branches
oktaani octane
oktaaniluku octane rating
oktaavi octave
olalle vie! shoulder arms!
olankohautus shrug (of the shoulders)
olan takaa with everything you've got, with all your might
oleilla be, spend your time, (asua) stay *vain oleilla* hang/laze around, veg(etate), kill time
ole kiltti please
olemassaolo existence
olemassaolon taistelu struggle for survival/existence
olemassaolon tarkoitus raison d'eItre
olematon 1 (kokonaan) nonexistent *hävitä olemattomiin* disappear into thin air **2** (melkein) infinitesimal, miniscule
oleminen being
olemus 1 (luonne) being, (inner/essential) nature, essence **2** (käytös) manner, bearing, behavior **3** (ulkonäkö) appearance, looks
olennainen essential, fundamental

olennaisesti essentially, fundamentally
olennaisuus essentiality
olento being, creature
oleskella be, stay, live; (loikoilla) hang around *Tiedätkö, missä hän nykyään oleskelee?* Do you know where I could find her, where she hangs out nowadays, do you have any idea as to her whereabouts?
oleskelu stay, (ylät) sojourn *Asiaton oleskelu kielletty* Unauthorized persons keep out
oleskeluhuone lounge
oleskelulupa residence visa/permit
oletettavasti presumably
olettaa 1 suppose, assume; (ark) take it; (ylät) presume *Oletan että lukitset paikat lähtiessäsi* I assume you'll lock up when you leave **2** (logiikassa) premise, postulate *Oletetaan että A on x* Let A be x **3** (empiirisessä tutkimuksessa) hypothesize
olettamus 1 supposition, assumption, presumption **2** (logiikassa) premise, postulate **3** (empiirisessä tutkimuksessa) hypothesis
oletus 1 ks olettamus **2** (mat) lemma
oletusarvo default
oleutua adjust/adapt/conform (to), get used to, fall into the habit of
oleva existent
olevainen being, entity
olevaisuus being(ness)
olevinaan *Mitä tämä on olevinaan?* What's this supposed to be/mean? *olla olevinaan* pretend to be, put on airs (of being), affect
oliivi olive
oliiviöljy olive oil
olija *paikalla-/läsnäolija* someone (who is/was) present
oli miten oli be that as it may
olinpaikka 1 whereabouts **2** (asuinpaikka: ihmisen) residence, domicile; (eläimen) habitat
olio being, creature
olipa kerran once upon a time there was
olipa se whoever/whatever it was, no matter who/what it was
olisipa I wish, if only *Olisinpa vielä nuori* If only I were still young, I wish I was young still *Olisipa jo huominen* I wish it was tomorrow already
oljenkorsi *viimeinen oljenkorsi* the last straw, the straw that broke the camel's back
olka shoulder *katsoa jotakuta olkansa yli* look down on someone, look down your nose at someone
olkain shoulder strap, (univormussa) epaulette
olkapää shoulder
olki straw
olkihattu straw hat
olkoon 1 (sallittakoon) let it be *Olkoon ensin sinun vuorosi* Let's have it be your turn first *olkoon menneeksi* (let him/her/them) go ahead **2** (olipa) whoever/whatever it was, no matter who/what it was *Olkoon puoliso miten komea tahansa, avioliittoa ei voi rakentaa ulkonäön varaan* I don't care how handsome (s)he is, you can't build a marriage on looks
olkoonkin never mind that
olkoon menneeksi sure, go ahead, why not, what the hell
olla *pääv* ks myös olla-alkuisia hakusanoja **1** be (there/it is) *Milloin teidän konserttinne on?* When will your concert be (held)/take place? *Missä te olette pääsiäislomalla?* Where are you going to be (staying) during/over Easter vacation? *On liian myöhäistä* It's too late *Tuossa on lisää* There's more (right) there **2** (sijaita) be (located/situated), stand, sit, lie *Se iso kaappi on nyt toisessa nurkassa* That old cabinet is (standing)/stands in the other corner now *Missä teidän mökkinne on?* Where is your summer cottage (located/ situated)? **3** (olla jollakulla) *minulla on* I have/own/possess **4** (ruumiillisesta tai henkisestä tilasta) *Mikä sinulla on?* What's the matter? What's bothering you? *Onko teillä nälkä?* Are you hungry? *Minun on kylmä* I'm cold **5** (pakosta yms) *minun on* I have to/

must *Onko sinun tosiaankin lähdettävä?* Do you really have to go? Must you go so soon? **6** *Ei minusta taida olla siihen* I don't think I'm cut out for that, I don't think I'm the right person for that *Ei hänestä ole mihinkään* He's no use, he's no good for anything **7** (tulla, olla peräisin) come from, (leik) hail from *Mistäpäin sinä olet?* Where do you come/hail from? **8** (lukea) say *Mitä siinä kirjeessä oli?* What did the letter say? *apuv* have *Hän on tullut* She has come, she's here

olla (vielä) aikaa johonkin be a while until something, something is still a while off *Syntymäpäivääsi on vielä kuukausi* It's still a month till your birthday

olla (jo) aikaa jostakin be a while since something, something happened a while ago *Leikkauksestani on jo kuukausi* It's already been a month since my operation

olla ihmisiksi behave yourself

ollako vai eikö olla to be or not to be

ollakseen for a *Ollakseen suomalainen hän on oikea suupaltti* For a Finn he's a regular blabbermouth

olla olemassa exist, be *On olemassa pieni mahdollisuus että* There's a slight chance that *Anteeksi että olen olemassa* Pardon me for living

olla omiaan 1 (sopiva) be perfect/ ideal(ly) suited/suitable for *Meidän talomme on omiaan kesäjuhliin* Our house lends itself perfectly to summer parties **2** (taipuvainen) be likely/liable/ inclined to, tend to *Se on omiaan lisäämään ihmisten riippuvaisuutta valtiovallasta* That's likely to have the effect of increasing people's dependence on government

olla otsaa have the nerve (to) *Onpas hänellä otsaa!* (He's got) some nerve!

olla saatavilla ks olla tarjolla

olla sanomattakin selvää *on sanomattakin selvää että* it goes without saying that

olla tarjolla be available, come *Tätä paitaa on vain valkoisena* This shirt only comes in white, is only available in white

olla tekemäisillään be about to *Olin koko ajan purskahtamaisillani nauruun* The whole time I was just about to burst out laughing

olla tekemättä stop *Oletkos kiljumatta!* Would you please stop screaming! *En voinut olla nauramatta* I couldn't help laughing

olla tekevinään 1 (leikkiä) pretend to do something *olla kuuntelevinaan/ katselevinaan* pretend to be listening/ watching **2** (luulla) think you did something *olla kuulevinaan/ näkevinään* think you heard/saw something

olla tekevä (am/are/is/was) to do something (in the future) *Hän ei ollut koskaan enää näkevä vaimoaan elävänä* He was never again to see his wife alive

olla (vähällä) tehdä almost/nearly do something *Olin (vähällä) kaatua* I almost/nearly fell/slipped

olla yhtä kuin (be) equal (to), be, make *2 + 2 = 4* Two plus two is/equals/ makes four

ollenkaan at all *ei ollenkaan* not at all

olo 1 (oleminen) being *Mitä minun siellä oloni vaikuttaa neuvotteluihin?* What effect will my being there have on the negotiations? **2** (tunne, tuntu) feeling *Minulla on hyvä/huono olo* I feel good/bad, happy/sad *Onko sinulla paha olo?* Aren't you feeling very well/good? Are you sick? *Tee olosi kotoiseksi* Make yourself at home **3** *olot* conditions, circumstances *ahtaat olot* straitened circumstances *olla oikeissa oloissaan* be in your element *pysytellä omissa oloissaan* keep to yourself, keep your own company *jättää joku omiin oloihinsa* leave someone alone

olohuone living room

olosuhteet circumstances, conditions *Olen pärjäillyt olosuhteisiin nähden ihan hyvin* I've been doing all right, considering, under the circumstances

olotila 1 (asianlaita) state of affairs **2** (olomuoto: aineen) state, (ihmisen) condition
oltavat condition, state *Ei teilläkään ole helpot oltavat* It's tough for you too *Pojille tuli kuumat oltavat* The boys got into hot water *Meillä on tässä ihan hyvät oltavat* We like it here just fine
oltermanni alderman
oluenpanija brewer
olut beer
olutkori case of beer
olutpanimo brewery
olutpullo (täysi) bottle of beer, (tyhjä) beer bottle
oluttölkki (täysi) can of beer, (tyhjä) beer can
olvi (vanh, leik) brew
olympiaennätys Olympic record
olympiajoukkue Olympic team
olympiakaupunki host city for the Olympics
olympiakisat Olympic games
olympiakomitea International Olympic Committee, IOC
olympiakulta gold medal in the Olympics
olympiakylä Olympic village
olympialaiset the Olympics
olympiapalkinto Olympic medal
olympiaurheilija Olympic athlete
oma *adj* **1** ((of) your) own *omistaa oma talo* own your own house, own a house of your own *ajaa omaa etuaan* look out for number one, protect your (own best) interests **2** (henkilökohtainen) private, (erillinen) separate *oma sisäänkäynti* private/separate entrance *pron* **1** mine, yours, his, hers, its, ours, theirs *Tämä on minun kirjani, missä sinun omasi?* This is my book, where's yours? **2** *vuoteenoma* bed-ridden
oma-aloitteinen spontaneous, unprompted, (something) done on your own initiative
oma-aloitteisesti on your own initiative
oma-aloitteisuus initiative, enterprising spirit
omaa sukua née *Virve Antikainen o.s. Ripatti* Virve Antikainen née Ripatti
omaehtoinen 1 independent **2** (kasv) autonomic
omaehtoisesti independently
omaelämäkerta autobiography
omahyväinen smug, complacent; (itserakas) conceited, (ark) stuck up
omahyväisesti smugly, complacently, conceitedly
omahyväisyys smugness, complacency, conceit
omainen (close) relative/relation *omaiset* the (immediate) family *lähin omainen* next of kin, closest relation/ relative
omaisuus 1 property, possessions, assets; (testamentissa) estate *kiinteä omaisuus* real estate *irtain omaisuus* personal property *yhteinen omaisuus* joint property **2** (rikkaus) fortune, wealth *koota itselleen valtava omaisuus* make/amass a huge fortune
omaisuusrikos crime involving property
omaisuusvero property tax
oma itsensä *olla oma itsensä* be yourself
oma kehu haisee stop blowing your own horn
omakohtainen personal, (henkilökohtainen) private, (subjektiivinen) subjective
omakotitalo house, (ark) home
omakotitaloalue residential neighborhood
omakseen *ottaa asia omakseen* take a matter to heart, make a matter your personal crusade
omaksua 1 (oppia) take in, learn *omaksua nopeasti vieras kieli* learn a foreign language quickly **2** (ottaa omakseen) adopt, embrace
omakustanne vanity press edition, author's edition
omakustannushintaan at cost
omakuva self-portrait
omalaatuinen peculiar, eccentric
omalaatuisuus peculiarity, eccentricity

omaleimainen distinctive, characteristic, individual
omalla vastuulla at your own risk
omalta osaltani for my part
omalääkäri family doctor
oma maa mansikka, muu maa mustikka East, west, home is best
Oman Oman
omanarvontunto self-esteem
omanilainen *s, adj* Omani
omankädenoikeus vigilante law
omanlaisensa one of a kind
omantunnonasia matter of conscience
omantunnonkysymys matter of conscience
omantunnonvapaus freedom of conscience
omaperäinen 1 (omaleimainen) distinctive, characteristic, individual **2** (alkuperäinen) native, indigenous
omaperäisyys 1 (omaleimaisuus) distinctiveness, individuality **2** (alkuperäisyys) native/indigenous origin
omasta takaa of your own *Meillä on perunaa omasta takaa* We grow our own potatoes
omata have, possess
omatekoinen home-/hand-made
omatoiminen self-motivated/-driven
omatoimisesti on your own
omatoimisuus self-motivation
omatunto conscience *Minulla on huono omatunto siitä* I feel guilty about that *Hyvä omatunto on paras päänalunen* A quiet conscience sleeps through thunder *Omatuntoni soimaa* My conscience won't leave me alone
omavalintainen optional *omavalintainen aine* elective
omavaltainen arbitrary
omavaltaisesti arbitrarily
omavaltaisuus arbitrariness
omavarainen 1 (maa, perhe) self-sufficient **2** (kasvi) autophytic
omavaraisuus 1 (maan, perheen) self-sufficiency **2** (kasvin) autophysis
omena apple *Ei omena kauas puusta putoa* Like father like son, he's a chip off the old block, the acorn doesn't fall far from the oak tree
omenamehu apple cider
omenapiirakka apple pie
omenapuu apple tree
omenavarkaissa stealing apples
omia take, (ark) help yourself to
omiaan 1 (sopiva) perfect/ideal(ly suited/suitable) for *Meidän talomme on omiaan kesäjuhliin* Our house lends itself perfectly to summer parties **2** (taipuvainen) likely/liable/ inclined to *Se on omiaan lisäämään ihmisten riippuvaisuutta valtiovallasta* That's likely to have the effect of increasing people's dependence on government **3** *puhua omiaan* talk through your hat
omilleen *päästä omilleen* break even
ominainen distinctive, characteristic
ominaisesti distinctively, characteristically
ominaishaju distinctive smell
ominaisluonne characteristic
ominaispiirre characteristic (feature/ trait)
ominaisuus 1 characteristic, feature, trait, quality **2** (peritty) character
omin päin on your own
omin sanoin in your own words *sanoa omin sanoin* paraphrase
omintakeinen 1 (itsenäinen) independent **2** (omaperäinen) individual, idiosyncratic
omintakeisesti independently, idiosyncratically
omintakeisuus independence, idiosyncracy
omissa maailmoissaan off in a world of his/her own
omistaa 1 (omaisuutta) own, possess, have **2** (kirja) dedicate, inscribe; (elämä) devote
omistaja owner, (liikkeen) proprietor
omistautua dedicate/devote yourself/ your life (to)
omistus 1 (omaisuuden) ownership, possession, (liikkeen) proprietorship **2** (kirjan) dedication, inscription

omistuskirjoitus dedication, inscription
omituinen peculiar, odd, strange, eccentric
omituisesti peculiarly, oddly, strangely, eccentrically
omituisuus peculiarity, oddity, strangeness, eccentricity
ommel (käsityössä, lääk ark) stitch; (lääk) suture
ommella sew (up) *ommella omat vaatteet* make/sew your own clothes
ompelija seamstress, (pukujen) dressmaker
ompelu sewing
ompelukone sewing machine
onania onanism, masturbation
ongelma problem
ongelmalapsi problem child
ongelmallinen problematic
ongelmallisuus difficulty
ongelmanuori problem teenager/ adolescent
ongelmatapaus problem/difficult case
ongenkoho float, bobber
ongenkoukku fishhook
ongensiima fishline
ongenvapa fishing pole/rod
onginta fishing
onkalo cave, cavity, hollow
onki rod/hook and line *lähteä ongelle* go fishing *Kala käy onkeen* The fish are biting *ottaa onkeensa* keep/bear (something) in mind *tarttua onkeen* (kuv) fall for (something) hook, line, and sinker
onkia fish, (kuv) fish/dig out *onkia tietoonsa* scrounge/dig up (information about)
onkija fisher(wo)man, (vanh) angler
onkimato fishworm
online on-line
onnahtaa limp
onnekas 1 (hyvää onnea tuottava/ saava) lucky, fortunate **2** (onnellinen) happy, felicitous
onnekkaasti luckily, fortunately, happily, felicitously
onnekkuus luck, fortune, happiness, felicity
onnela paradise, utopia, El Dorado, Happy Isles, Shangri-La
onnellinen 1 (iloinen) happy, glad, joyful; (valinta) felicitous *onnellinen loppu* happy ending *elää onnellisina elämänsä loppuun asti* live happily ever after **2** (onnekas) lucky, fortunate
onnellisesti happily, felicitously, luckily, fortunately; (hyvin) well, for the best
onnellisuus happiness, felicity, good luck/fortune
onnenetsijä seeker after happiness
onnenkauppa stroke of good fortune, piece of (good) luck *onnenkaupalla* by sheer luck, by a fluke, by a freak accident
onnenlahjat *Tasan ei käy onnenlahjat* Luck is blind
onnenonkija (rikkaisiin naimisiin haluava) fortune-hunter, adventurer; (tilaisuuden käyttäjä) opportunist
onnenpekka lucky devil
onnenpoika lucky devil
onnenpotku stroke of (good) fortune, piece of (good) luck
onnenpyörä wheel of fortune
onnentoivotus best wishes, congratulations
onnetar Lady Luck, (Dame) Fortune, (lat) Fortuna
onneton 1 (kurja) miserable, unhappy, wretched **2** (huono-onninen) unlucky, unfortunate **3** (epäonnistunut) ill-fated/-omened/-starred, luckless, blighted
onnettomasti miserably, unhappily, unluckily, unfortunately, lucklessly (ks onneton) *Siinä käy vielä onnettomasti, sano minun sanoneen* It's going to flop, it's going to turn out badly, mark my words
onnettomuus accident, disaster, catastrophe *Onnettomuus ei tule yksin* It never rains but it pours, misery loves company *onnettomuudeksi* unfortunately, as (ill) luck would have it
onnettomuuspaikka the scene of the accident

onni 1 (onnellisuus) happiness, joy, bliss, delight *onnensa kukkuloilla* at the height of your happiness **2** (onnekkuus) luck, fortune; (personoituna) Lady Luck, (Dame) Fortune *hyvä/huono onni* good/bad luck/fortune *Silloin onneni kääntyi* That was when my luck/fortunes changed/turned *jättää joku oman onnensa nojaan* leave someone to his/her own devices *Onnea matkaan!* Have a good trip! Good luck on your trip! **3** *Onnea!* (yleisonnittelut) Congratulations! (synttärisankarille) Happy birthday! (hääpäivänä) Happy anniversary!

onni onnettomuudessa every cloud has a silver lining, look on the bright side

onnistaa *Minua onnisti* I did/made it, my (whatever) was a success *Häntä aina onnistaa* He has all the luck

onnistua succeed (in doing something), be successful/a success (in/at); (ark) work, come out (all right)

onnistuneesti successfully

onnistunut successful

onnitella congratulate

onnittelu congratulations

onomatopoeettinen onomatopoeic

onpa what a *Onpa valtava työ!* What a (huge) job! *Onpas* Is too/so *Eipäs* Is not

Ontario Ontario

ontelo cavity

ontto hollow (myös kuv)

ontua limp *Vertaus hieman ontuu* The conceit doesn't quite work, the analogy falls a bit short

oodi ode

oopiumi opium *Uskonto on kansan oopiumi* Religion is the opiate of the people

ooppera opera

oopperalaulaja opera singer

oopperamusiikki opera(tic) music

oopperatalo opera hall

opas (ihminen) guide, (kirja) guide(book)

opastaa guide, lead, conduct

opaste (tieviitta) roadsign, (rautatiellä) signal

opastin signal

opastus 1 guidance *kartan opastuksella* with the help/aid of a map, following a map **2** (neuvonta) information

operaatio operation

operaattori operator

operetti operetta

operoida operate

opetella learn

opettaa 1 teach, instruct **2** (kouluttaa) train, (harjoituttaa) drill

opettaja teacher, instructor, trainer, drill-master; (mon) faculty, teaching staff

opettajainhuone teachers' room

opettajakunta faculty, teaching staff

opettajankoulutus teacher training

opettajan virka teacher's position

opettajapula shortage of teachers

opettajatoveri colleague, fellow teacher

opettajisto faculty, teaching staff

opettavainen educational, instructive, didactic

opettavaisesti pedantically

opettavaisuus pedantry

opettelija learner, beginner

opettelu learning

opetuksellinen educational, instructional

opetus 1 (opettaminen) teaching, instruction **2** (opetettu/opittu asia) lesson, (tarinan) moral *antaa jollekulle pieni opetus* teach someone a lesson

opetuselokuva educational movie

opetusharjoittelija student teacher

opetusharjoittelu student teaching

opetuskieli language of instruction

opetuslaitos educational system

opetuslapsi disciple

opetusmenetelmä teaching method

opetusministeri (SF) Minister of Education, (US) Secretary of Health, Education, and Welfare (HEW)

opetusministeriö (SF) Ministry of Education, (US) Department of Health, Education, and Welfare (HEW)

opetusnäyte demonstration lesson

opetusoppi pedagogics

opetussairaala teaching hospital

opetussuunnitelma curriculum
opetustoiminta teaching
opetustyö teaching
opillinen doctrinal
opinahjo seat of learning
opinkappale tenet (of your faith), doctrine
opinnot studies
opinnäyte scholarly thesis
opinnäytetyö scholarly thesis
opintie *lähteä opintielle* begin school
opintoasiaintoimisto student advisor's office
opintolaina student loan
opintoneuvonta student guidance
opinto-ohjaaja (koulussa) guidance counselor, (yliopistossa) student advisor
opinto-ohjelma curriculum
opintopäivät seminar, conference
opintoretki field trip
opintosuunnitelma curriculum
opintovaatimukset course requirements
opintovapaa study leave
opintovelka student loan
opiskelija (college/university/ undergraduate) student *jatko-opiskelija* grad(uate) student
opiskelijalevottomuudet student unrest
opiskella study
opiskelu study(ing)
opiskelutoveri friend from college
opisto institute, college
oppi 1 (oppineisuus) learning, erudition *ottaa oppia* (jostakin) learn from, (jostakusta) follow (someone's) example *Ei oppi ojaan kaada* A little learning never hurt anybody **2** (opinnot) education *olla jonkun opissa* be apprenticed to **3** (opinkappale) doctrine, dogma **4** (opetus) lesson, teaching *Olkoon tämä sinulle opiksi* I hope you've learned your lesson
oppia learn, (ark) pick up
oppia ikä kaikki live and learn, you learn something new every day
oppiaine subject
oppiarvo degree
oppia tuntemaan get to know (someone)
oppi-isä master, (spiritual) father, teacher; (ark) guru
oppikirja textbook
oppikoulu secondary school
oppilaanohjaus student guidance/ counseling
oppilaitos school
oppilas 1 (koulun, yliopiston) student **2** (ammattioppilas) trainee **3** (opetuslapsi) disciple, follower
oppilasarvostelu student evaluation
oppilashuolto student welfare
oppilaskerho student club
oppilaskunta student body
oppilasluettelo student register
oppilasmäärä enrollment
oppiminen learning
oppimäärä course (of study)
oppineisuus learning, erudition
oppinut *s* learned person, (ark halv) egghead
adj learned, erudite
oppipoika 1 apprentice **2** (aloittelija) beginner
oppirahat *maksaa oppirahat* pay your dues
oppisopimus indenture
oppisuunta school (of thought)
oppitunti class, lesson
oppivainen quick to learn, apt
oppivelvollinen (someone) of school age
oppivelvollisuus compulsory education
oppivelvollisuusikä school age
opponentti opponent
opportunismi opportunism
opportunisti opportunist
opportunistinen opportunistic
oppositio opposition
optiikka optics
optikko optician
optimaalinen optimal
optimi optimum
optimismi optimism
optimisti optimist
optimistinen optimistic
optinen optical

optio (pörssissä) option
optiolaina option loan
optisesti optically
opus opus
oraakkeli oracle
oranssi orange
oranssinvärinen orange
orapihlaja hawthorn
oras new crop
orastaa 1 (vilja tms) sprout, spring up, germinate **2** (kuv) take shape, develop
orastava budding, nascent, beginning
orastus dawn(ing)
oratorio oratorio
orava squirrel
oravannahka squirrel skin
ordinaaliluku ordinal number
orgaaninen organic
organisaatio organization
organisatorinen organizational
organismi organism
organisoija organizer
organisointi organization
orgasmi orgasm
orgiat orgy
ori stallion, stud
orientaatio orientation
orientoitua get oriented, orient yourself
orientoituminen orientation
originaali original
originelli original
orja slave, (maaorja) serf *tapojensa orja* creature of habit
orjallinen slavish
orjallisesti slavishly
orjamainen slavish
orjamaisesti slavishly
orjamarkkinat slave market
orjantappura thorn, thistle
orjatalous slave economy
orjuus slavery
orjuuttaa enslave
orjuutus enslavement
orkesteri orchestra
orkesterimusiikki orchestra(l) music
orkesterinjohtaja conductor
orkesterisyvennys orchestra pit
orkesterisävellys orchestral composition
orkestroida orchestrate
orkidea orchid
ornamentaalinen ornamental
ornamentiikka ornamental/ decorative art
ornamentti ornament
ornitologi ornithologist
ornitologia ornithology
ornitologinen ornithological
orpo orphan *jäädä orvoksi* be orphaned *orpo olo* forlorn/desolate feeling
orpokoti orphanage
orpolapsi orphan(ed child)
orpous orphanhood
orsi 1 (talon) beam, rafter **2** (linnun) perch, roost *kuin kanat orrella* cheek by jowl, shank to flank
ortodoksi orthodox
ortodoksinen orthodox
ortodoksisuus orthodoxy
orvaskesi epidermis
orvokki violet
osa 1 part *jakaa samansuuruisiin osiin* divide up into equal parts: (kangasta) cut up into equal lengths, (kakkua) cut into equal-sized pieces/slices, (rahaa) divide up into equal shares *esittää Hamletin osaa* play the part/role of Hamlet *ostaa osia stereoihinsa* buy parts/components for your stereo *teoksen ensimmäinen osa* (kirjan) first part/book, (kirjasarjan) first volume, (sinfonian) first movement, (lyhyemmän musiikkiteoksen) first part *kolmasosa* third *neljäsosa* fourth, quarter **2** (jotkut) some *Osa on miehille, osa naisille* Some are for men, some for women **3** (kohtalo) fate, lot *alistua osaansa* resign yourself to your fate/lot
osaa eikä arpaa *Minulla ei ole siihen osaa eikä arpaa* I had/have nothing to do with it
osa-aikainen part-time
osa-aikatyö part-time job
osaamaton unskilled, incompetent
osaava skilled, competent

osainen *neliosainen* (artikkeli, saarna tms) four-part (article), (sermon) in four parts; (kirjasarja) four-volume (series), (series) in four volumes; (sinfonia) in four movements
osajako (näytelmän) casting
osakas (yhtiökumppani) partner, (osa-keyhtiön) shareholder
osake 1 (paperi) share, (mon) stock **2** (huoneisto) condo(minium)
osakeanti (stock) issue
osake-enemmistö controlling interest (in a company)
osakemarkkinat stock market
osakesalkku stock portfolio
osakeyhtiö corporation, incorporated company (Inc.)
osakkuus partnership
osakseen 1 (itselleen) jää kääntämättä *saada osakseen* receive *saada osakseen runsaasti kiitosta* be thanked profusely, have praise lavished upon you *saada osakseen pilkkaa* be met with scorn/ridicule, be made a laughingstock **2** (kohtalokseen) to your lot *Minun osakseni tuli* It fell to my lot (to), it became my responsibility (to), it devolved upon me (to)
osaksi part(ly) *osaksi puuvillaa, osaksi polyesteriä* part cotton, part polyester *suureksi osaksi* mostly, in large part, for the most part
osakunta (regional) students' club
osallinen part of, party to *päästä osalliseksi/olla osallisena jostakin* get involved in something, be included in something, take part/participate in something
osallistua 1 take part (in), participate (in), be involved/included (in) **2** (kurssiin tms) attend **3** (kustannuksiin) share
osallisuus 1 part, share, involvement **2** (lak rikokseen) complicity
osaltaan for your part *Omalta osaltani voin sanoa että* For my part, let me say that; personally I'd like to say that *olla osaltaan vaikuttamassa siihen että* play a part in (getting someone to do something), contribute to
osamäärä quotient *älykkyysosamäärä* intelligence quotient, IQ
osanottaja 1 participant **2** (urh) contestant, competitor, entrant
osanotto 1 (kurssiin tms) participation, attendance **2** (suruun) (expression of) sympathy, condolences
osapuilleen approximately, roughly
osapuoli party
osasto 1 (liikkeen) department, division **2** (junavaunun, kaapin) compartment **3** (sanomalehden) section, page(s) **4** (sairaalan, vankilan) ward **5** (sot) detachment
osastonhoitaja 1 (liikkeen) department head **2** (sairaalan) head nurse
osastopäällikkö department(al) head
osata *pääv* **1** (jo(ta)kin) know (how to do), have a command of *Osaatko italiaa?* Do you speak Italian? **2** (jonne-kin) know how to get somewhere, be able to find your way somewhere *Osaatko meille?* Do you know where we live? Can you get here all right (or do you need directions)?
apuv can, be able to, know how to *Osaatko viheltää?* Can you whistle? Do you know how to whistle? *Että osaakin olla lujassa* How can it be stuck so tight?
osatavoite part objective
osaton *jäädä osattomaksi* be left high and dry, be left out, be left without a share *yhteiskunnan osattomat* the have-nots
osavaltio state
osin part(ly) (ks osaksi) *joiltakin/ kaikilta osin* in some/all respects
osinko dividend
osittaa divide; (perintöä) partition; (maapalstaa) parcel (out)
osittain part(ial)ly, in part
osittainen partial
ositus division, partition, parceling (ks osittaa)
osituskäyttö time sharing
oskillaatio oscillation
oskillaattori oscillator

oskilloskooppi oscilloscope
Oslo Oslo
osmankäämi cattail
osmoosi osmosis
osoite address
osoitella point (a finger) (at); (kuv) point fingers (at)
osoitetarra address/mail label
osoitin pointer, indicator; (kellon) hand; (kuv) index
osoittaa 1 (sormella) point (at/to/out) **2** (näyttää) show, display, indicate, demonstrate **3** (todistaa) demonstrate, prove **4** (suunnata) direct, address **5** (varata) allocate, assign, allot
osoittautua prove (yourself) (to be) *osoittautua erinomaiseksi ruoanlaittajaksi* prove (to be) an excellent cook *Osoittautui että hän olikin oikeassa* He turned out/proved to be right after all
osoitteenmuutos change of address
osoitus 1 (merkki) sign, indication, token, symbol **2** (maksumääräys) assignment
ostaa buy, purchase *ostaa sika säkissä* buy a pig in a poke
ostaja buyer, purchaser
osteri oyster
osto purchase
osto- ja myyntiliike second-hand shop
ostopakko obligation to buy
ostopäällikkö head buyer
ostos purchase *mennä ostoksille* go shopping
ostoskeskus shopping mall/center
ostosmatka shopping trip
ostosopimus contract of purchase
ostovoima buying/purchasing power
osua hit, strike *Osuin häntä selkään* I got him in the back
osua ohi miss
osua oikeaan hit the nail on the head, hit the bull's eye
osua vastakkain bump/run into each other
osuma hit *saada osuma käteen* get hit in/on the hand, (ark) get/take it in/on the hand
osumatarkkuus accuracy
osuus 1 share, part *suhteellinen osuus* proportion **2** (yhtiöstä) interest **3** (tieosuus) section, segment **4** (viestijuoksun) stage
osuuskauppa cooperative store, (ark) co-op
osuuskunta cooperative, (ark) co-op
osuuspankki cooperative bank, savings and loan association
osuustoiminta cooperation, (liik) cooperative
osuva apt, appropriate *osuva kommentti* telling remark
osuvasti aptly *sanoa osuvasti* (hyvin) hit the nail on the head, capture the situation perfectly; (loukkaavasti) hurt someone to the quick, hit a sore spot
osuvuus aptness
osviitta clue, hint
ota (raam) sting *Kuolema, missä on sinun otasi?* Death, where is thy sting?
otaksua suppose, assume, (ylät) presume
otaksuma supposition, assumption, presumption
otaksuttavasti presumably
otanta sampling *satunnaisotanta* random sampling
otattaa have (something) taken *otattaa perheestään kuva* have someone take a picture of your family
otava Ursa Major, the Big Dipper
ote 1 (kädellä) grip, grasp, hold (myös kuv) *Inflaatio kiristää otettaan* Inflation is tightening its grip/stranglehold **2** *kovat otteet* severe/drastic/harsh measures *käyttää kovia otteita* come down hard (on people), play hardball **3** (tekstin ote) extract, passage **4** (tiliote) (bank) statement, (nimikirjanote) dossier **5** (kerta) time, occasion *pariin otteeseen* several times, on several occasions
otelauta fingerboard
otella contend, compete, fight
otettu pleased, touched, moved *Olin hyvin otettu teidän huomaavaisuudestanne* Your thoughtfulness really pleased me, really made me happy
otollinen opportune, favorable, (erittäin hyvä) perfect

otos 1 (valokuva) (snap)shot **2** (elokuvassa) take **3** (empiirisessä tutkimuksessa) sample
otsa 1 forehead *otsa rypyssä* knitbrowed, with a frown *kirkkain otsin* with a straight face/innocent look **2** nerve *Onpa sinulla otsaa!* You've got some nerve!
otsatukka bangs
otsikko 1 (kirjassa tms) title, heading **2** (sanomalehdessä) headline
otsikoida (en)title, head
otsikointi titling, heading
ottaa 1 take (ks myös hakusanat) *Ota tai jätä!* Take it or leave it! *Otahan lisää!* Take/have some more! **2** (juoda) drink *Oletko ottanut?* Have you been drinking? **3** (koskettaa) touch, reach down to *Hame ottaa lattiaan* The skirt hangs down to the floor
ottaa aika time, clock
ottaa asiakseen make it your business (to)
ottaa esille bring up, mention
ottaa haltuunsa seize, confiscate
ottaa hampaisiinsa chew (someone) out
ottaa huomioon take (something) into consideration/account
ottaa irti remove, dismantle *ottaa elämästä kaikki ilo irti* let loose, paint the town red *ottaa työläisistä kaikki irti* work your employees to the bone, till they drop
ottaa ja up and *Hän otti ja lähti* He up and left
ottaa jalat alleen take to your heels, beat a hasty retreat
ottaa kantaa take a stance (on)
ottaa kiinni 1 catch (a ball, a criminal) **2** (etumatkaa) catch up with **3** (tarttua) take hold of, grab *ottaa jotakuta kädestä* take someone by the hand, take someone's hand
ottaa koville hit (you) hard, be hard/tough to take
ottaa kunnia jostakin take credit for something
ottaa käsiteltäväksi 1 take under consideration, raise for discussion, bring up **2** (hakata) work (someone) over
ottaa käyttöön introduce, (auto) register
ottaa lainaa take out a loan, borrow money
ottaa lujille hit (you) hard, be hard/tough to take
ottaa mukaansa 1 (matkalle tms) take (something/someone) along (with you) **2** (laskuihin tms) include
ottaa nokkiinsa take offense, take (something) personally, get hurt (by)
ottaa onkeensa heed, pay attention to, take (something) seriously, tuck (something) away for later reference
ottaa opiksi learn (your/a lesson)
ottaa oppia learn (your/a lesson), follow someone's example
ottaa osaa 1 (osallistua) take part (in), participate (in), (seminaariin, konferenssiin tms) attend **2** (tuntea samaa) share, sympathize with *Otan osaa (suruunne)* My condolences/sympathies
ottaa pois 1 (joltakulta) take away **2** (päältä) take off, remove **3** (sisältä) take out **4** (lapsi koulusta tms) pull out, withdraw
ottaa puheeksi bring up, mention
ottaa päähän irritate, make (you) mad, (sl) piss/brown (you) off
ottaa selvää find out (about)
ottaa sisään admit
ottaa sydämelleen take (something) to heart
ottaa syyt niskoilleen take the blame (for something)
ottaa tavakseen make a habit (of doing)
ottaa tehtäväkseen undertake (to)
ottaa todesta take (someone/something) seriously
ottaa (täysi) vastuu take (full) responsibility (for)
ottaa töihin employ, hire, take on
ottaa vaarin heed, pay attention to, take (something) seriously, tuck (something) away for later reference

ottaa vapaus take the liberty (of doing something)
ottaa vastaan receive, meet, (kutsu) accept *Meinasin kaatua, mutta kaide otti vastaan* I almost fell, but (fortunately) the railing caught me
ottaa vastuu accept responsibility for (doing something)
ottaa vauhtia get a run at it
ottaa voimille be tiring, wear you out/down
ottaa yhteen clash
ottaa yhteys contact, get in touch (with)
ottelu match, game, (nyrkkeilyssä) fight
otto 1 (pankissa) withdrawal **2** (elokuvauksessa) take
ottokela take-up reel
ottolainaus deposits
ottolapsi adopted child
otus creature
oudokseltaan because of its unfamiliarity
oudoksua find it strange/odd/peculiar
oudoksuttaa find it strange/odd/peculiar
oululainen *s* person from Oulu *adj* from Oulu, pertaining to Oulu
ounastella have a hunch/suspicion/feeling (that), suspect
outo strange, odd, peculiar
ovaali oval
ovela clever, crafty, cunning
ovelasti cleverly, craftily, cunningly
ovella 1 (oven edessä) at the door **2** (lähellä) near, just around the corner
ovellinen (hut) with a door
ovelta ovelle (from) door to door
oveluus cleverness, craftiness, cunning
ovenavaaja door-opener
ovenkarmi door frame
ovenpieli doorjamb *seisoa ovenpielessä* stand in the doorway
ovensuu *seisoa ovensuussa* stand in the doorway
oveton doorless
ovh list price, suggested retail (price)
ovi door; (kuv) door/gateway *Ovi auki!* Open up! *osoittaa jollekulle ovea* show someone the door *Avain on ovessa* The key is in the lock *Jätin sormeni oven väliin* I pinched my finger in the door, my finger got caught in the door *olla oven ja saranan välissä* be between a rock and a hard place, between the devil and the deep blue sea
oviaukko door opening
ovikello doorbell
ovimies doorman
oy. Inc.

P, p

paaduttaa harden
paaduttaa sydämensä harden your heart
paahde heat *lämmitellä nuotion paahteessa* warm up by the fire *auringon paahteessa* in the (scorching) heat of the sun
paahdin *leivänpaahdin* toaster *kahvinpaahdin* coffee roaster
paahtaa 1 (aurinko) scorch, burn **2** (leipää) toast **3** (kahvia) roast **4** (tehdä työtä) grind (away)
paahtimo roasting house/plant
paahtoleipä 1 (paahdettuna) toast **2** (paahtamattomana) sliced bread
paahtopaisti roast (beef/pork)
paahtua (leipä, iho) toast, (kahvi, iho) roast
paakku (maan) clod, (veren) clot, (lumen) cake
paakkuinen (kastike tms) lumpy, (maa) cloddy
paakkuuntua clod, clot, cake (up)
paalata bale
paali bale
paalittaa bale
paalu 1 post, pole, stake, (kroketissa) peg, (perustuspaalu) pile
paalupaikka pole position
paalusolmu bowline (hitch)
paalutus (merkitseminen) staking, (tukipilareiden laitto) pile-driving, (pilarit) pilework
paanu shingle
paanukatto shingle roof
paapuuri port
paaria pariah
paarit 1 (sairaspaarit) stretcher **2** (ruumispaarit) bier
paarma horsefly
paasata trumpet, spout, rant (and rave)
paasi rock bench, flagstone
Paasikiven-Kekkosen linja the Paasikivi-Kekkonen foreign policy line
paasto fast
paastonaika Lent
paastonaikainen Lenten
paastota fast
paatoksellinen pompous
paatos pathos, (äänessä) pomposity
paatti boat
paatua become hardened
paatumus obduracy, unrepentance
paatunut hardened, obdurate, unrepentant
Paavali Paul
paavi pope *paavin* papal
paavinistuin Apostolic/Holy See
paavinkirje (papal) bull/brief
paavius Papacy
padota 1 (jokea) dam (up) **2** (tunteet) suppress, contain, hold back/in
paella paella
paeta 1 (juosta pakoon) flee (from), run away (from) *paeta johonkin (paikkaan)* flee to; (työhön tm,s) take/seek refuge in; (pulloon tms) escape into *paeta onnettomuuspaikalta* leave the scene of an accident, hit and run *paeta maasta* flee/skip the country **2** (päästä pakoon) escape, get away **3** (kadota) vanish, disappear
pagodi pagoda
pah bah, pshaw
paha *s* **1** evil *välttämätön paha* necessary evil *pienempi paha* the lesser of two evils *pahat mielessä* up to some mischief **2** (paholainen) the Devil *Siinä paha missä mainitaan* Speak of the devil

adj **1** (usk) bad, evil, wicked, malicious *puhua pahaa jostakusta* malign someone, say malicious things about something *pahassa tarkoituksessa* maliciously, with malicious intent **2** (pahannäköinen/-makuinen) bad, nasty, ugly, severe, serious *paha haava* a bad/nasty/serious cut/wound *Jäi paha maku suuhun* It left me with a bad taste in my mouth *Ei niin pahaa ettei jotain hyvääkin* Every cloud has a silver lining **3** (tuhma) bad, naughty *olla paha suustaan* have a sharp tongue **4** (vahingollinen) bad, harmful, insidious, pernicious *pahaksi onneksi* unfortunately *tehdä jollekulle pahaa* hurt/harm someone **5** *paha mieli* hurt, insulted, offended, feeling bad *ei millään pahalla* no offense *Älä pane pahaksesi* Don't take this wrong, don't get me wrong *Älä muistele pahalla* No hard feelings *tykätä pahaa* be upset/angry/hurt **6** (vaikea) hard, difficult *Mäki on paha nousta* It's a hard hill to climb, it's not much fun walking up that hill

pahaa aavistamaton unsuspecting, unaware

pahaa aavistamatta unsuspectingly, unawares

pahaenteinen foreboding, ominous, ill-omened

paha haltija evely fairy/spirit

paha henki evil spirit

paha hyvällä *maksaa paha hyvällä* return good for evil, turn the other cheek

pahamaineinen infamous, notorious

pahanen *mökkipahanen* miserable shack/hovel, ramshackle old cabin

pahanhajuinen smelly, foul

pahanilmanlintu pessimist

pahan kerran *erehtyä pahan kerran* be dead wrong

pahankurinen unruly, wild, misbehaved

pahanlainen pretty bad

pahanmakuinen bad-tasting, acrid

pahannäköinen bad-/nasty-looking, (haava) ugly

pahanolontunne sick feeling

pahanpäiväinen 1 (kurja) shabby, sordid, sorry **2** (paha) serious, disastrous, dreadful

pahanpäiväisesti badly *pelästyttää pahanpäiväisesti* scare/frighten the daylights out of (someone) *haukkua pahanpäiväisesti* chew (someone) out, rake (someone) over the coals

pahansisuinen vicious, ill-tempered, mean

pahansuopa malicious, malign, spiteful

pahantapainen 1 (huonot tavat) misbehaving, ill-mannered, unmanageable **2** (paheet) corrupt, immoral, dissolute

pahantekijä malefactor; (rikollinen) wrongdoer, transgressor, lawbreaker; (lapsi) troublemaker, mischief-maker, (little) devil

pahanteko mischief, (ilkivalta) vandalism *olla pahanteossa* be up to no good *pitää poissa pahanteosta* keep (someone) out of mischief

pahantuulinen 1 (aina) ill-humored, sullen, crabby **2** (nyt) crabby, out of sorts, snappish

pahassa pinteessä in a jam, in trouble, in it up to your neck, up shit creek without a paddle

pahastella take offense (at), be upset (about)

pahasti 1 (pahalla tavalla) badly, terribly *pahasti sanottu* a nasty/ terrible thing to say **2** (paljon) much, greatly, to a large extent, far *pahasti jäljessä* far/ way behind

pahastua 1 (loukkaantua) take offense (at), be upset (about) **2** (vihastua) be angry (about), resent

pahastus resentment, indignation

pahastuttaa *pahastuttaa jonkun mieli* make (someone) feel bad, hur (someone's) feelings

pahat kielet kertovat wicked rumor has it (that)

pahaääninen loud, earsplitting

pahe vice, (lievempi) bad habit

paheellinen vicious, depraved, wicked, dissolute

paheksua 1 (pitää pahana) disapprove (of), reprehend **2** (torua) censure, find fault with, reproach
paheksunta disapproval, reprehension, censure, fault-finding, reproach
pahemmanpuoleinen pretty bad *Heräsi aamulla pahemmanpuoleisessa kankkusessa* (s)he woke up in the morning with a pretty serious/bad hang-over
pahempi worse *Ei ollut Pekkaa pahempi* He was not to be bested, he had to go one better *Sitä pahempi!* So much the worse! Worse luck! *ei pahemmasta väliä* bad enough
pahennus 1 offense *pahennusta herättävä* offensive, objectionable, scandalous **2** (raam) stumbling block *Älköön puheenne olko kenellekään pahennukseksi* Let not your words be a stumbling block to any
pahentaa 1 make (things) worse, worsen, aggravate **2** (loukata) hurt *Ei nimi miestä pahenna, jos ei mies nimeä* A reputation never hurt anyone, so long as it's a good one
pahentua 1 get worse, go from bad to worse, worsen, be aggravated **2** (mennä pilalle) spoil, rot, mold, go bad
paheta get worse, worsen, be aggravated
pahimmillaan at worst
pahimmoiksi (pahalla hetkellä) at the worst possible time; (tunne on luontevinta ilmaista lyhyellä pessimistisellä tokaisulla kuten:) of course, it figures, I/it *would* have to
pahimmoillaan at the worst possible time (ks pahimmoiksi) *Pahimmoilleen tuli vielä rankkasade* Of course, on top of everything else it started to pour
pahiten worst *pahiten loukkaantuneet* the worst injured, the most seriously injured, those with the worst injuries
pahitteeksi *ei olisi pahitteeksi jos* I wouldn't mind if, it wouldn't hurt you/me/ them to (do something) *Kalja ei olisi pahitteeksi* I wouldn't mind a beer, I wouldn't protest if you brought me a beer

pahka burl
pahna 1 (sikala tms) pigsty, crib **2** *pahnat* straw; (leik putka) jail, the slammer
pahoillaan sorry, upset, (surullinen) sad *Olen pahoillani* I'm sorry
pahoin 1 (pahasti) badly *kohdella pahoin* mistreat, treat badly **2** *pelkään pahoin* I'm afraid **3** *voida pahoin* feel sick (to your stomach), feel nauseous
pahoinpidellä 1 (ihmistä) maul, manhandle, beat (up); (vaimoa) batter, be physically abusive; (lasta) abuse **2** (eläintä, konetta, huonekalua tms) abuse, mistreat, maltreat
pahoinpitelijä assaulter
pahoinpitely 1 (physical) abuse, rough handling **2** (lak) assault (and battery)
pahoinvointi 1 (vatsassa) nausea **2** (huonovointisuus) sickness, indisposition
pahoinvointinen nauseous, sick to your stomach
pahoinvoiva nauseous, sick to your stomach
pahoitella be sorry (about/for), regret, bemoan, bewail
pahoittaa *pahoittaa jonkun mieli* offend/hurt someone, make someone sad *pahoittaa mielensä* take offense (at), get hurt/sad, get/feel distressed/ upset
pahoittelu regret, sorrow, grief, remorse
pahoittua get hurt, take offense
paholainen devil, demon
pahuksenmoinen heck of a, hell of a
pahus (euf) heck, darn, gosh *Voi pahus!* Oh darn/gosh!
pahuus 1 (usk) evil **2** (ilkeys) malice, malevolence, spite
pahvi 1 cardboard **2** (ark todistus) paper, diploma, sheepskin
pahvilaatikko cardboard box
paidanhelma shirttail
paidanhiha shirt sleeve
paidankaulus shirt collar
paidannappi shirt button
paidaton shirtless, bare-chested

paijata love, stroke, pet
paikalla 1 there, present, on the spot, where the action is *Onko lääkäriä paikalla?* Is there a doctor here/in the house/present? **2** (tilalla) in place of, in (something's/someone's) stead *Sinun paikallasi minä* If I were you I **3** *heti paikalla* at once, immediately, right away
paikallaan 1 in order, appropriate *Muutama sana voisi olla paikallaan* A few words might be in order **2** in place *mies/nainen paikallaan* the right (wo)man in the right place *pitää paikallaan* hold in place *poissa paikaltaan* out of place
paikallaan olo standing still, immobility
paikallaan polkeva stagnant, in a rut
paikallajuoksu running in place
paikallakäynti marching in place
paikallinen local
paikallisesti locally
paikallishallinto local government
paikallishistoria local history
paikallisjuna local train
paikallisjärjestö local organization
paikallislehti local paper
paikallisliikenne local traffic/ transportation
paikallisluonteinen local
paikallislähetys local broadcast
paikallismurre local dialect
paikallisosasto local branch
paikallispuudutus local anesthesia
paikallisradio local radio (station)
paikallistaa 1 (rajoittaa yhteen paikkaan) localize **2** (paikantaa) locate, pinpoint
paikallistelevisio local television
paikallisuus local orientation
paikallisvaalit local election
paikallisverkko (tietokoneiden) local area network, LAN
paikallisväestö local population, (ark) the locals
paikallisväri local color
paikanhakija applicant (for a job)
paikanhaku application for a job
paikannimi place name
paikannimistö place names
paikan päällä on the spot, there, present
paikantaa 1 (paikantaa) locate, pinpoint **2** (rajoittaa yhteen paikkaan) localize
paikantua be pinpointed/located
paikantuntemus knowledge of the area
paikanvaihdos (työpaikan) change of jobs, job change; (asuinpaikan) move to another city, change of domicile; (olinpaikan) change of scenery
paikanvaraus (seat) reservation *tehdä paikanvaraus* (asiakas) reserve a seat, make a reservation, (virkailija) book a seat
paikata 1 (paitaa) patch, mend, sew (up) **2** (kenkiä) fix, repair **3** (hammasta) put in a filling **4** (aukkoja tiedoissa) fill (the gaps) **5** (ihmissuhdetta) patch up **6** (teatterissa) be someone's understudy, take someone's place **7** (keilailussa) roll a spare
paikata taskujaan (kuv: varastaa) fill your pockets
paikka 1 place, location, spot, site *vaihtaa paikkaa* change places *Tämä olisi mukava paikka talolle* This would be a nice spot/site for a house *osoittaa jollekulle paikkansa* put someone in his/her place *osua arkaan paikkaan* hit a sore spot *määrätä kaapin paikka* wear the pants in the family *kuolla siihen paikkaan* die on the spot **2** (alue) area, region, locality, neighborhood **3** (tilaa) space, room *Ei taida olla paikkaa sille* I don't think there's room for it *paikat sekaisin* (in) a mess **4** (tapahtumapaikka) scene *paeta onnettomuuspaikalta* leave the scene of an accident **5** (istumapaikka) seat (myös eduskuntapaikka) *vaihtaa paikkaa* change places (with someone) **6** (makuupaikka) berth **7** (työpaikka) job, post, position *Mitä paikkaa hait?* Which job did you apply for? **8** (korjauspaikka) patch **9** (hammaspaikka) filling **10** *pitää paikkansa* be/ hold true *puolustaa paikkaansa*

serve a purpose, be useful/valuable **11** (ark tilanne) situation *kovan paikan tullen* when the going gets tough *tiukan paikan tullen* when it comes right down to it, when push comes to shove *Tulee kuumat paikat* The heat's gonna be on **12** (ark jäsenet) parts, bones *Minulla on paikat kipeät* I'm sore all over

paikka auringossa a place in the sun

paikkailla fill (the gaps in your knowledge)

paikkainen *4-paikkainen* 4-seater

paikkakunnallinen local

paikkakunnittain by region/locality/town

paikkakunta (kunta) town, (asuma-alue) neighborhood, (alue) region, locality

paikkakuntalainen local (resident)

paikkalippu reserved seat

paikkansapitämätön 1 (väärä) untrue, false, erroneous **2** (harhaanjohtava) misleading, unreliable **3** (pohjaton) unfounded, ungrounded, unsound, invalid

paikkansapitävä true, calid, sound

paikka paikoin here and there

paikkapuolustus zone defense

paikkaus 1 (vaatteiden tms) patching, mending, sewing up **2** (hampaan) filling

paikkauttaa have (something) fixed; (vaate) have (a shirt tms) mended/sewn/patched, (hammas) get a filling

paikkavaraus (seat) reservation, (paikka) reserved seat

paikkeilla around, about, approximately *Tule kolmen paikkeilla* Come around three *jossain näillä paikkeilla* around here somewhere

paikko spare

paikoillaan 1 (oikeassa paikassa) in place *Lapset keräsivät lelut paikoilleen* The children put their toys away *Paikoillenne, valmiina, nyt!* On your mark, set, go! **2** (sopiva) appropriate, fitting

paikoin here and there

paikoitellen here and there

paikoittaa park

paikoittain here and there

paikoittainen (something that occurs) here and there

paikoitusalue parking lot

paikoitusruutu parking place/slot

paikoitustalo parking garage

paimen shepherd, (pappi) pastor

paimenhuilu pan pipe

paimenkirje pastoral (letter)

paimenkoira German shepherd

paimentaa herd, tend; (ihmisiä) (shep)herd

paimentolainen nomad

paimentolaisheimo nomadic tribe

paimentolaiskansa nomadic people

painaa *tr* **1** (alas tms) push, press *painaa nappia* push a/the button **2** impress, imprint *painaa suukko jonkun otsaan* kiss someone on the forehead, imprint a kiss on someone's forehead **3** (paperiin) print *Montako kappaletta painettiin?* How large was the print run? **4** (laskea) *painaa katseensa alas* lower your eyes, cast your eyes down (to the ground) *painaa päänsä alas* bow your head
itr **1** (kiloja) weigh, be heavy *Paljonko painat?* How much do you weigh? *painaa enemmän vaakakupissa* outweigh (something in your estimation), have more/greater significance, take precedence over **2** (vaivata) weigh upon, bother, trouble *Mikä mieltäsi painaa?* What's on your mind? What's bothering/ troubling you? **3** (painella) go, walk, run *painaa vihaisesti sisälle* storm/stomp inside *painaa karkuun* make good your escape, take off

painaa litteäksi flatten, squash, (ark) squish

painaa lokaan drag (someone) (down) in(to) the gutter/mud

painaa lusikka pohjaan put the pedal to the metal

painaa mieleen impress (something) on someone, insist on something *Paina se mieleesi!* Don't forget it!

painaa mieltä trouble/bother you, be on your mind

painaa nasta lautaan push/put the pedal to the metal, step on it

painaa puuta sit down, have a seat
painaa päähänsä memorize, drum into your head
painaa päälle not give up, not relent *kytät painaa päälle* (sl) the heat is on
painaa päänsä pensaaseen hide your head in the sand
painaa töitä (lujasti) work hard, work your ass off
painaa villaisella downplay, soft-pedal
painajainen nightmare, bad dream
painajaismainen nightmarish
painajaisuni nightmare
painallus 1 push *napin painallus* the push of a button **2** print *jalan painallus* footprint
painama 1 (painallus) push **2** (jälki) (im)print, impression
painamaton (lähde tms) unprinted, unpublished; (liuska) blank
painamo (liike) print(ing) shop, printer('s); (osasto) print(ing) room/ department/division
painanta printing, (käsin) screening
painate publication *painatteet* printed matter
painattaa (have something) print(ed)
painatus 1 (painattaminen) printing **2** (painos) print run, edition **3** (jälki) print, impression
painatuskelpoinen printable, fit to print, (kirja) publishable
painauma depression, impression, (lommo) dent
painautua press (against/close (to)) *painautua toisiinsa kiinni* huddle together
painatuskulut printing/pubication costs
painava 1 (esine, ihminen) heavy *painava kirja* heavy/thick/fat book **2** (sana, asia) weighty *sanoa muutama painava sana* say a few well-chosen words *painava teos* important/ significant work
paine (fys ja kuv) pressure *työskennellä kovan paineen alla* work under immense pressure/stress
paineaalto blast, pressure wave
paine-ero pressure difference
paineilma compressed air
paineinen 1 (ilma) -pressure *korkea/ matalapaineinen* high-/low-pressure **2** (ihminen) stressed-out, under a lot of pressure/stress
paineistaa pressurize
painekattila pressure cooker
painekeitin pressure cooker
painekyllästää weatherproof, weatherize
painella 1 push **2** (puristella) squeeze **3** (ark) go, run *painella tiehensä* make off, beat a hasty retreat, take to your heels
painepakkaus pressure-sealed package
painesäiliö pressure tank
paini wrestling
painia 1 (urh) wrestle (myös kuv) **2** (kuv) struggle/grapple (with)
painija wrestler
painike handle
painimatto (wrestling) mat
painiskella 1 (fyysisesti) wrestle, wrassle, tussle, (piehtaroida) roll around on the floor **2** (henkisesti) struggle/ grapple (with)
paino 1 (fys ja kuv) weight, (taakka) load *nostaa painoja* lift weights *nojata koko painollaan* lean with your whole weight *Oletko pudottanut painoa?* Have you lost (some) weight? *painon mukaan* by weight **2** (merkitsevyys) weight, importance, significance, stress *panna suurta painoa jonkun neuvoille* lay great store by someone's advice *omalla painollaan* on its own, by/of itself *panna painoa jollekin* stress/emphasize something, place (a good deal of) emphasis/ stress on something **3** (kiel) stress, accent **4** (kirjapaino) (printing) press *olla painossa* be in press *mennä painoon* go to press *valmis painoon* ready to go into press/production *juuri painosta tullut* hot off the presses
painoala 1 (kirjapainoala) the printing business **2** (painopiste) specialty, (area of) specialization, focus area

painoasu (kirjainten) typeface; (kirjan) appearance, how the book looks in print
painoinen *10 kg:n painoinen* weighing (in at) 10 kg, (noin) 20-pounder
painokas emphatic, insistent
painokelpoinen printable, fit to print, pubilishable
painokelpoisuus printability
painokkaasti emphatically, insistence
painokone printing press
painolasti 1 (laivan) ballast **2** (rasite) burden, strain, onus
painollinen 1 (olomuoto) weighted **2** (tavu) stressed, accented **3** (kehotus) pointed, weighty
painoluokka weight class
painomitta unit of weight
painonappi 1 (neppari) snap **2** (painonappi) pushbutton
painonnostaja weight-lifter
painonnosto weight-lifting
painopaikka place of publication
painopiiri printed circuit
painopiirikortti printed circuit board
painopiirilevy printed circuit board
painopiste 1 (fys) center of gravity **2** (hankkeen) emphasis, focus
painoprosentti percent(age) by weight
painorajoitus weight limit
painos 1 (laitos) edition *uusi painos* reprint, second edition **2** (painatus) print run *10 000 kappaleen painos* a print run of 10,000 (copies)
painosmäärä (print) run
painostaa 1 (jotakuta) press(ure), put pressure on, bring pressure to bear on; (ark) breathe down (someone's) neck *Älä painosta minua!* Don't rush me! Stop breathing down my neck! **2** (eteenpäin) push/press on
painostava oppressive
painostus pressure
painostuskeino strong-arm tactics *Tiedän painostuskeinon joka tepsii häneen* I know a way to squeeze him, I know an angle that'll work on her
painosuhde weight ratio
painotarkastus 1 (julkaisusensuuri) censorship of the press **2** (rekkojen) weight inspection
painotekniikka print(ing) technology
painoton 1 (esine) weightless **2** (tav) unstressed
painottaa 1 (tavua) accent, stress **2** (asiaa) stress, emphasize, insist on, place/put (special) emphasis/stress on
painotuore hot off the presses
painotuote printed matter
painotus 1 (tavun) accent, stress **2** (asian) stress, emphasis
painotyö 1 (painamistyö) print job **2** (kirja) publication
painovapaus freedom of the press
painovirhe printer's error, misprint, typographical error, (ark) typo
painovirhepaholainen printer's devil
painovoima 1 (maan) gravity, gravitation **2** (laitteen) pressure
painovuosi year of publication
painua 1 sink, sag, dro(o)p, fall, descend *painua veden alle* submerge, go underwater **2** (antaa myöten) give way, yield *painua kumaraan* bend, bow, stoop, (pää) droop *painua kokoon* collapse, (kutistua) shrink, be compressed **3** (kulkeutua) drift, be driven **4** (ääni: olla painoksissa) be hoarse **5** (painella) go, walk, run *painua tiehensä* beat it, get the hell out of somewhere *painua maata* go to bed, hit the sack/ hay *Painu helvettiin!* Go to hell! *Painu vittuun!* Go fuck yourself! *Painu kuuseen/suolle!* Get lost! Get out of here! Go jump in a lake!
painua mieleen be imprinted on your memory *painua helposti mieleen* be easy to remember
painua pehkuihin hit the sack
painua pohjaan fall/drop to your knees
painua tiehensä take to your heels, take off, beat it
painua upoksiin sink, (be) submerge(d)
painuksissa 1 (pää tms) lowered, bowed **2** (ääni) hoarse

painuma depression
paise 1 boil, ulcer **2** (yhteiskunnan) festering sore
paiskata toss, hurl, fling, sling, pitch; (ark) chuck *paiskata menemään* throw away, chuck, pitch, heave *paiskata rikki* smash *paiskata seinään* smash (something) against the wall *paiskata totuus vasten kasvoja* hurl the truth in (someone's) face
paiskata kättä pump (someone's) hand
paiskautua 1 (heittäytyä) throw/hurl yourself (down/on the ground) **2** (viskautua) fly, sail, (jotakin vasten) be dashed/thrown/hurled against
paiskella toss, hurl, fling, sling *paiskella ovia* slam/bang doors
paiskia toss, hurl, fling, sling *paiskia töitä* put/keep your nose to the grindstone, work your ass off
paistaa *tr* **1** (paistinpannussa) fry **2** (avotulella) grill, barbecue **3** (padassa) braise **4** (uunissa) bake, roast *itr* **1** (aurinko tms) shine *Satoi tai paistoi* Rain or shine **2** (tuli) blaze **3** (kasvot) beam **4** (näkyä) show *Se paistoi hänestä* You could tell just by looking at her
paistaa silmään 1 (valo) shine in your eye, be glary, be too bright **2** (asia) stare you in the face, be right under your nose, be as plain as day
paistaa särkeä 1 fry (up some) fish **2** (tuijottaa) have a staredown, try to stare each other down
paistatella bask (in)
paistattaa bask (in)
paiste 1 (auringon) shine **2** (tulen) light, heat, flickering
paisti roast
paistinkastike brown gravy
paistinpannu frying pan
paistinperuna baked potato
paistinrasva frying grease
paistokelmu oven wrap
paistopussi roasting bag
paistos 1 (paistannainen) baked dish, (mon) bakery goods **2** (laatikko) casserole **3** (piiras) (deep-dish) pie
paistovarras spit
paistua 1 (paistinpannussa) fry **2** (uunissa) bake **3** (auringossa) bake, roast
paisua 1 swell (up), expand (myös abstraktisti), inflate, (muodottomaksi) bulge **2** (kohota) rise, increase *antaa taikinan paisua* let the dough rise
paisuntasäiliö expansion/overflow tank
paisutella magnify, exaggerate, blow (something) up out of all proportion *paisutella pikkuasiaa* make a mountain out of a molehill
paisutin 1 (tekn) expander, (muovin) inflating agent **2** (mus) swell
paisuttaa 1 swell, expand, inflate **2** (asiaa) magnify, exaggerate, blow (something) up out of all proportion
paita shirt, (naisen) blouse
paitahihasillaan in your shirt sleeves
paita ja peppu two peas in a pod
paitapusero shirtwaist
paitsi 1 except (that/for) *Se on totta, paitsi että* Yes, that's true, except that **2** (muttei) but *Kaikki muut paitsi minä* Everyone but me **3** (sen lisäksi) in addition to, besides, not only... but also *Paitsi nopea hän on tarkka* She's not only fast, she's accurate
paitsio offside *paitsiossa* (urh) offside; (kuv) in the doghouse
paja 1 workshop **2** (sepän) smithy, forge
pajatso 1 (hist ilveilijä) clown, buffoon, jester **2** (raha-automaatti) slot machine
paju willow (tree)
pajunkissa pussy willow
pajunköysi *syöttää jollekulle pajunköyttä* feed someone a line
pajupilli willow whistle
pakaasi baggage, luggage
pakahduttaa burst *Sydäntä pakahduttaa riemu* My heart is bursting with joy
pakahtua burst (with) *Sydämeni oli pakahtua* (surusta) I thought my heart would break, (ilosta) I thought my heart would burst *nauraa pakahtuakseen* split your sides laughing

pakana 1 pagan, heathen **2** (ark) damn *pakanan kallis* damn expensive
pakanallinen 1 pagan, heathen **2** (säädytön) indecent, unchristian, godless, shocking **3** (hillitön) boundless, wild, extravagant, bacchanalian
pakanuus paganism
pakara buttock
pakastaa 1 (ulkona) freeze, drop down to freezing, get cold, feel like winter **2** (pakastimessa) (deep-)freeze, put in the freezer
pakaste frozen food
pakastearkku freezer chest
pakastekaappi (upright) freezer
pakastelokero freezer compartment
pakastin freezer
pakastua freeze, drop down to freezing, get cold, feel like winter
pakastus freezing
pakata *tr* pack *Joko olet pakannut matkaan?* Are you packed for your trip yet? *pakata väkeä pikku huoneeseen* pack/cram/stuff/jam the little room full of people *pakata laukkunsa ja lähteä* pack up and walk out, take your stuff and go *itr* **1** (tupata) crowd (into), flock (to) *Kaupunkeihin pakkaa aina vaan lisää väkeä* People keep crowding into/ flocking to the cities **2** (ark) be in the habit of *Se pakkaa aina myöhästymään* He's always late *Minua pakkasi naurattamaan* I could hardly keep from laughing
paketoida 1 pack(age), wrap up; (lahjapaperiin) giftwrap **2** (pelto) let (a field) lie fallow
paketointi 1 pack(ag)ing, (gift)wrapping **2** (pellon) letting lie fallow
paketti package, parcel *jalka paketissa* your leg in a cast
pakettiauto van *avolavapakettiauto* pick-up (truck)
pakettihinta package price
pakettikortti (contents declaration) tag
pakettimatka package tour
pakettiratkaisu package deal
pakina (humorous) column, causerie
pakinatyyli conversational style
pakinoida 1 write a (humorous) column **2** (rupatella) tell humorous stories/anecdotes, chat lightly
pakinoitsija (humorous) columnist
pakista chat (lightly), shoot the breeze/bull, gab
Pakistan Pakistan
pakistanilainen *s, adj* Pakistani
pakka 1 pack(age), bundle, (kangaspakka) roll, (korttipakka) deck **2** (paperia) 10 reams **3** (laivan) fo'c'sle
pakkaaja 1 (tehtaassa) packer, packaging worker **2** (ruokakaupassa) bagger, bagboy/-girl **3** (tavaratalossa) (gift)wrapper
pakkaamo 1 (tehtaan) pack(ag)ing department/line **2** (tavaratalon) (gift)wrapping department/desk
pakkanen 1 subzero/freezing weather, weather below zero *35 astetta pakkasta* 35 (degrees) below zero **2** (halla) frost, freeze, (personoituna) Jack Frost *Pakkanen puree* Jack Frost's nipping at my nose *pakkasen purema* frost-bitten **3** (kylmä) cold *Onpa siellä kova pakkanen!* Man is it cold out there! It's colder than the brass balls on a monkey out there! **4** (ark) freezer *panna pakkaseen* put (something) in the freezer
pakkasaamu frosty morning
pakkasenkestävä frost-proof
pakkasilma subzero weather/ temperatures
pakkasneste antifreeze
pakkastalvi (unusually) cold winter
pakkasvahinko frost-damage
pakkasvoide (suksien) cold-weather wax
pakkaus 1 package, wrapping **2** (sot) pack *täysi pakkaus selässä* in full marching kit **3** (ark tyyppi) character
pakkausaine packing material
pakkauskulut packing costs
pakkausluettelo packing list
pakkaustarvikeet pack(ag)ing materials/supplies/equipment
pakkausteippi packign/strapping tape

pakkautua 1 (maa, lumi tms) pack **2** (ihmiset) pack/crowd/jam in, throng
pakkeli spackle
pakki 1 (peruutusvaihde) reverse *ottaa pakkia* (autossa) throw it into reverse, back up; (kuv) back-pedal, retreat **2** (työkalupakki) toolkit **3** (kenttäpakki) mess kit **4** (urh) back **5** *saada pakit* get turned down *antaa pakit* turn (someone) down
pakko 1 (välttämättömyys) necessity, must *Onko mun ihan pakko?* Do I have to? *Ei ole mitään pakkoa mennä sinne* Nobody's holding a gun to your head, you don't have to go if you don't want to *Meidän on pakko ostaa jätskit nyt heti* We insist that you buy us some ice cream right this instant *Pakko ei ole muuta kuin kuolla* You don't have to do anything except die (and pay taxes) **2** (pakkokeino) force, coercion, compulsion *suosiolla tai pakolla* willingly or by force
pakkoajatus obsession
pakkoavioliitto shotgun marriage
pakkohoito committal (to institutional care)
pakkohuutokaupata (talo) foreclose (on), put up for execution sale, auction off by the sheriff
pakkohuutokauppa foreclosure, sheriff's/execution sale
pakkokeino force, compulsion, coercion; (mon) coercive means
pakkolaitos maximum security prison/wing
pakkolasku emergency landing
pakkoliike tic
pakkoloma lay-off
pakkolomauttaa lay off
pakkolunastaa expropriate, seize/ condemn (a house) by eminent domain
pakkolunastus expropriation, eminent-domain condemnation
pakkomielle obsession
pakkonukahtelu narcolepsy
pakkopaita straitjacket
pakkopeli power play
pakkopulla 1 (vehnäleipä) dry bread **2** (tylsä tehtävä) chore *Näytelmä alkoi maistua pakkopullalta* (näyttelijöille tai kirjailijalle) The play began to feel forced/contrived, (yleisölle) Just sitting through the play became something of a chore
pakkosiirtolainen displaced person, DP, deportee
pakkosyöttää force-feed
pakkosyöttö 1 (vauvan ja kuv) force-feeding **2** (tekn) forced feed
pakkosäännöstely rationing
pakkotilanne *Tämä on pakkotilanne* We've got no choice in the matter, our hands are tied, this is out of our hands
pakkotoimenpide coercive/emergency measure *ryhtyä pakkotoimenpiteisiin* resort to force
pakkotoiminta compulsion
pakkotyö hard labor, (ark) chain gang
pakkotyölaitos workhouse, penitentiary, (ark) pen
pakkovaatimus ultimatum
pakkovalta dictatorship, tyranny
paklata spackle
pako 1 escape, flight *pötkiä/lähteä pakoon* take to your heels *ajaa pakoon* put (someone) to flight, (sot) rout *maanpako* exile **2** (sekasortoinen: sot) rout, (karjalauman) stampede **3** (silmukkapako) run (in your stocking)
pakokaasu exhaust fumes
pakokauhu panic *joutua pakokauhuun* panic
pakolainen refugee
pakolaishallitus government in exile
pakolaislaiva refugee ship
pakolaisleiri refugee camp
pakolaistulva influx/flood of refugees
pakolaisvirta flow/flood of refugees
pakollinen 1 compulsory, mandatory, required **2** (pakko-) (en)forced, involuntary **3** (välttämätön) necessary, unavoidable
pakolliset kuviot 1 (urh) obligatory routine **2** (ark) the usual routine
pakomatka escape, flight; (vankilasta) jailbreak
pakonalainen forced *pakonalaisena* (lak) under duress

pakon edessä when there's no choice/alternative/out *joutua myöntymään pakon edessä* have no choice but to give in
pakonopeus escape velocity
pakon sanelema necessary, unavoidable
pakopaikka refuge, hiding place
pakoputki exhaust pipe
pakoputkisto exhaust (system)
pakosalla on the run
pakosarja exhaust manifold
pakosta *jonkin pakosta* under the pressure of, by force of *välttämättömyyden pakosta* by necessity
pakostakin unavoidably, unescapably, inexorably, by necessity
pakote sanction *käyttää pakotteita jotakuta vastaan* impose sanctions on someone
pakotie escape (route)
pakoton 1 (luonnollinen) natural, spontaneous; (käytös) unaffected, (juoni) uncontrived **2** (vapaa) free, unconstrained; (vapaaehtoinen) voluntary
pakottaa 1 force, make, compel, coerce, oblige *pakottaa joku tunnustamaan* extort a confession out of someone, get a forced confession **2** (jomottaa) ache, pound, throb *Päätäni pakottaa* My head is pounding/throbbing
pakotus 1 force, compulsion, coercion, obligation **2** (jomotus) ache
pakoventtiili escape valve (myös kuv)
paksu 1 thick, (syvä) deep **2** (lihava) fat, stout, plump **3** *paksuna* pregnant, in a family way **4** *paksulla painettu* (in) bold(face) **5** *paksuna savusta* thick with smoke
paksuinen *metrin paksuinen* meter-thick, (lumipeite) meter-deep
paksulti thickly
paksuna pregnant, knocked-up, in a family way
paksunahkainen thick-skinned
paksunema buldge, swelling
paksunnos thickening, bulge, swelling
paksuntaa thicken, swell
paksuntua thicken, swell
paksupäinen thick-headed, thick-witted
paksupää bonehead
paksusti *Voihan paksusti* Keep your end up, hang in there
paksuus 1 thickness, (läpimitta) diameter, (numero) gage **2** (lihavuus) fatness
pala 1 piece, scrap, fragment **2** (sokeripala) (sugar) cube **3** (leivän, kakun) slice **4** (suupala) bite, mouthful **5** (kuv) *Minulla nousi katkera pala kurkkuun* I had a bitter lump in my throat *karvas pala* a bitter bill to swallow *Se on sinulle liian iso pala purtavaksi* You've bitten off more than you can chew
palaa 1 burn (up/down/out/away), combust *panna tupakka palamaan* light up (a cigarette) **2** (liekehtiä) blaze, flame, flare (up), glow *Hänen silmänsä paloivat vihasta* Her eyes blazed with anger **3** (kärventyä) be scorched/singed/charred **4** *palaa halusta* long, burn with longing/desire *palaa innosta* shine/be flushed with enthusiasm **5** (valaista) be on *Vieläkö kuistin valo palaa?* Is the porch light still on? **6** *olla palanut* (lamppu) burn out, (sulake) blow (out) *Sulake on palanut* We blew a fuse **7** (komposti) decompose **8** (jäädä kiinni) get/be caught **9** (pesäpallossa) be out **10** *istu ja pala!* I'll be damned (if it isn't...)
palaa karrelle burn to a crisp
palaa loppuun burn out
palaa pohjaan burn on the bottom
palaa poroksi burn to the ground
palaa päreet lose your temper, fly off the handle
pala kakkua a piece of cake (myös kuv)
palamaton 1 (ei ole palanut) unburned **2** (ei voi palaa) nonflammable, noncombustible
palanen piece, bit, shard, fragment *palanen elämää/historiaa* a slice of life/history *hajottaa palasiksi* smash into pieces/smithereens

pala nieltäväksi *karvas pala nieltäväksi* a bitter pill to swallow
palan pain(ikk)eeksi (a sip of water) to wash it down with
palanut burnt(-out) *haistaa palaneen käryä* (kirjaimellisesti) smell something burning, (kuv) smell a rat
palapaisti beef stroganoff
pala palalta piece by piece, piecemeal, bit by bit
pala purtavaksi *Hän otti liian ison palan purtavaksi* She bit off more than she could chew
palasittain in bits and pieces
palasokeri cube sugar
palata return, come/turn/get back *aika palata töihin* time to get back to work *palata aiheeseen* return/revert to a topic, get back to a subject *palata ajassa taaksepäin* (matkustaa ajassa) go back in time, (katsoa taaksepäin) cast a backward glance (at) *palata kotiin* go/come/return home *palata lähtökohtaansa* come full circle
palataali palatal
palataalinen palatal
palataalistaa palatalize
palata asiaan get back to the matter at hand
palata ennalleen return to normal, revert to the status quo
palata mieleen come to mind, (vaivaamaan) come back to haunt you
palata päiväjärjestykseen get pack to normalcy, return to business as usual
palata tajuihinsa regain/recover consciousness
palatessaan (up)on your return
palatsi palace
palatsivallankumous palace coup
palattuaan when you come back, (up)on your return
palaute feedback
palautella (muistikuvia tms) recover/ remember gradually, (kirjoja tms) return over a period of time
palautin reset/return mechanism *rivinpalautin* carriage return
palauttaa 1 return, restore, bring/ take/send/give back *Joko palautit kirjaston kirjan?* Did you return that library book? *palautetut tavarat* returns **2** (raha) repay, reimburse, refund **3** (syytetty) remand (into custody) **4** (mat) reduce **5** (tekn, tietok) reset
palauttaa entiselleen restore (something) to its previous/earlier/ former state/conditon, to normal, to the status quo
palauttaa juttu alempaan oikeusasteeseen remand a case
palauttaa järjestys restore law and order
palauttaa kotimaahan repatriate/ deport (a foreign national)
palauttaa lähettäjälle return to sender
palauttaa maanpinnalle bring (someone) back down to earth
palauttaa mieleen(sä) recall, dredge up from (your) memory
palauttaa todellisuuteen bring (someone) back to reality
palautua 1 (be) return(ed), be restored, revert, resume **2** (tointua) recover **3** (sana, olla jostakin peräisin) derive (from)
palautusnäppäin backspace key
palautuspullo returnable bottle
palava 1 (tulessa) burning (myös kuv), on fire; (tulinen) passionate, fervent *palavan kuuma* burning hot *palava katse* (intohimoinen) hot/steamy/ burning/ gaze/look, (vihainen) fiery/ fierce look *palava kiire* terrible hurry *Mihin sinulla on niin palava kiire?* Where's the fire? **2** (tulenarka) combustible, inflammable
palavahenkinen ardent, fervent, (halv) fanatical
palavasieluinen passionate, ardent, (halv) fanatical
palaveri meeting, discussion, talk *pitää palaveri* hold/have a meeting
palella be freezing, shiver with cold *Minua palelee* I'm cold/freezing
palelluksissa freezing (cold)

palelluttaa get frostbite (in), get (your fingers) frostbitten
paleltaa *Minua paleltaa* I'm cold/ freezing *Sormiani paleltaa* My fingers are cold/freezing
paleltua get frostbite, freeze *paleltua kuoliaaksi* freeze to death *Minähän palellun tänne!* I'm freezing to death out here! *Toinen omenapuu paleltui viime talvena* Frost killed the other apple tree last winter
paleltuma frostbite
paleogeografia paleogeography
paleografia paleography
paleoliittinen paleolithic
paleontologi paleontologist
paleontologia paleontology
paleotsooinen palcozoic
Palestiina Palestine
palestiinalainen *s, adj* Palestinian
paletti palette
palikka 1 (rumpupalikka) (drum)stick **2** (rakennuspalikka) (building) block
palindromi palindrome
paliskunta reindeer owners' association
paljaaltaan (viina) straight, (leipä tms) with nothing on it
paljakka bare/treeless area, (vuoren huipulla) above the treeline
paljas 1 bare, naked *paljain päin* hatless *paljain jaloin* bare-footed *paljain säärin* bare-legged *paljain käsin* with your bare hands, bare-handed(ly) *paljain varpain* bare-foot(ed) *yläruumis paljaana* stripped to the waist *paljaan taivaan alla* under the stars, in the out-of-doors **2** (kasv) hairless **3** (höyhenetön) callow, unfledged **4** (pelkkä) mere, sheer, pure, plain *paljasta hulluutta* sheer madness
paljasihoinen bare-skinned
paljasjalkainen 1 bare-footed **2** (paikkakuntalainen) native-born
paljastaa 1 (fyysisesti) reveal, expose, uncover **2** (tuoda julki) reveal, expose, unveil, bring to light **3** (antaa ilmi) betray, give (something/ someone) away, turn (someone) in; (ark) rat on **4** (keksiä, löytää) discover, detect, find out, learn
paljastaa itsensä 1 (ekshibitionisti) expose yourself, flash **2** (kuv) reveal yourself/your intentions/motives
paljastaa korttinsa show your hand *pakottaa joku paljastamaan korttinsa* call someone's bluff
paljastaa kyntensä show your claws
paljastin detector *tutkanpaljastin* fuzz-buster *valheenpaljastin* lie-detector, polygraph
paljastua 1 (fyysisesti) be revealed/ exposed, appear **2** (tulla julki) be revealed/exposed/unveiled, come to light, come out **3** (joutua kiinni) be betrayed/caught, get turned in **4** (löytyä) be discovered/detected, show up
paljastustilaisuus unveiling ceremony
palje 1 (palkeet, tulen puhallin, myös kameran tai haitarin) bellows *painaa/ polkea paljetta* work the bellows **2** (keuhkot) lungs *huutaa täysin palkein* shout/bellow at the top of your lungs
paljeovi folding door
paljetti sequin
paljo a lot *Saan kiittää sinua paljosta* I have a lot to thank you for *Me olemme paljossa samanlaisia* We're a lot alike *Emme saaneet hänestä irti paljoakaan* We didn't get much out of him
paljoksua think (of something) as high/expensive/large
paljolti largely, mainly, basically, fundamentally *Kyse on paljolti siitä että* The main thing is that
paljon 1 (runsaasti eriytymätöntä) a lot of, lots of, large/great quantities/ amounts of, plenty of; (partisiipin kanssa) much *paljon parjattu* much abused/criticized *paljon väkeä/rahaa* lots of people/money *paljon näkemistä* a lot to see, many things to see *aika paljon* quite a lot **2** (suuri lukumäärä) many, a (large) number of, a lot of, lots of, large/great quantities/amounts of, plenty of *Miten sinulla voi olla näin paljon kirjoja?* How can you possibly have so many books? *aika paljon* quite a few **3** *paljon suurempi* much/far

bigger/greater *paljon enemmän* (rahaa) much more, (ihmisiä) many more *paljon ennen* long before *paljon lukenut* well-read
paljon kiitoksia thanks a lot
paljonko kello on? what time is it?
paljon mahdollista quite possible
paljon melua tyhjästä much ado about nothing
paljonpuhuva eloquent, significant, pregnant with meaning
paljon puuttunut *Ei paljon puuttunut etten itkenyt* I was on the verge of tears, I could hardly hold/choke back the tears
paljous (large) quantity/amount, plenitude; (lukumäärä) number *väen paljous* press/crowd/throng of people
paljousalennus bulk discount
PAL-järjestelmä PAL system
palkallinen paid
palkanalennus cut in pay, pay cut
palkankorotus raise
palkankorotusvaatimus demand for higher pay
palkanlisä bonus
palkannousu raise
palkansaaja wage-earner
palkata hire, employ, sign/take on
palkaton unpaid
palkattu 1 (työ) paid, salaried; (ihminen) hired **2** (hyväpalkkainen) *hyvin palkattu* well-paid
palkeenkieli (torn/ripped) flap
palkeet bellows (ks myös palje)
palkinto 1 prize, award **2** (palkkio) reward
palkintoehdokas candidate for an award/a prize
palkintojenjako award ceremony
palkintojenjakotilaisuus award ceremony
palkintokoroke victor's stand
palkintosija one of the top three *päästä palkintosijoille* place
palkintosumma prize money
palkita reward, repay
palkka 1 pay, (tuntipalkka) (hourly) wages, (kuukausipalkka) (monthly) salary **2** (palkkio: kertasuoritus) fee, (luentopalkka) honorarium, (tekijänpalkkio) royalty, (palveluksesta) reward, (vaivannäöstä) recompense *saada palkkansa* get your just desserts, receive your just reward **3** (kiitos) thanks *Se on minun palkkani 30 vuoden raatamisesta!* That's the thanks I get for 30 years of working my fingers to the bone
palkka-armeija wage army
palkka-asteikko pay/salary scale
palkkaedut salary
palkkahaitari salary spread *liian pieni palkkahaitari* salary compression
palkkahaitari wage/salary spread
palkkakehitys wage/slaary trend
palkkakuoppa salary lag
palkkalainen hired man/hand
palkkalista payroll *olla Fazerin palkkalistoilla* be on the payroll at Fazer, work for Fazer
palkkaluokka pay/salary bracket, (valtion työssä) GS-level (GS, Government Service)
palkkamenot labor costs, wages and salaries
palkkamurhaaja contract killer, (ark) hitman
palkkaorja wage-slave
palkkapolitiikka wage policy
palkkasotilas mercenary (soldier)
palkkasoturi mercenary (soldier)
palkkasulku wage freeze
palkkasäännöstely wage controls
palkkataistelu wage dispute
palkkataso wage/salary level
palkkatulo earned income
palkkatyö paid labor
palkkatyöläinen paid laborer, wage-earner
palkkaus 1 (palkkaaminen) hiring, employment **2** (palkkaedut) salary
palkkavaatimus desired salary
palkki beam, (lattiapalkki) joist, (kattopalkki) rafter, (teräspalkki) girder
palkkikamera view camera
palkkio 1 (kertasuoritus) fee **2** (luentopalkka) honorarium **3** (tekijänpalkkio) royalty **4** (välityspalkkio) commission **5** (palveluksesta) reward **6** (vaivannäöstä) recompense

palkkiotalletus premium deposit
palko pod, legume
palkollinen hired hand, (palvelija) servant, (halv) menial
pallas halibut
pallea diaphragm
pallero 1 (lapsi) tot, toddler **2** (pallo) ball
palleroinen *s* tot, toddler
adj round, ball-shaped
palli 1 (jalkatuoli) hassock, (foot)stool **2** (koroke: urh) winner's stand, (liik) executive chair **3** (kives) ball
palliatiivinen palliative
pallinaama moonface *ihan tavallinen pallinaama* ordinary Joe
pallo 1 ball *Pallo on nyt teillä* The ball's in your court, it's your turn/move, the floor is yours **2** (geom) sphere
pallo hallussa on top of the eight-ball
pallo hukassa clueless *Hänellä on pallo hukassa* He's lost it, he's out of it, he's got a screw loose, he doesn't have a clue (of what's going on)
palloilla 1 (pelata palloa) play ball/ catch, throw a ball around **2** (hengailla) hang/laze/bum around
palloilu playing ball, hanging/lazing/ bumming around
palloiluhalli gymnasium
pallo jalassa wearing a ball and chain (englanniksi viittaa myös naimisissaoloon; mies voi käyttää vaimosta nimitystä *my ball and chain*)
pallojuusto (baby) Edam
pallokas *s* (purje) spinnaker
adj round, spherical
pallokenttä ball court
pallomeri ball sea
pallonivel ball(-and-socket)/swivel joint
pallonkäsittely ball-handling
pallonmuotoinen round, spherical
pallonpuolisko hemisphere
pallopeli ball game
pallopoika ball boy
pallopullo roll-on (bottle/dispenser)
pallosalama ball/globe lightning
pallosilla *olla pallosilla* play catch
pallotykki (baseballissaa) pitching machine, (tenniksessä) automatic server
pallotyttö ball girl
palloventtiili globe valve
palmikko 1 (hiuspalmikko) braid **2** (muu) twist, plait
palmikoida braid, twist, plait
palmu palm (tree)
palmusunnuntai Palm Sunday
palo 1 fire, burning **2** (huuhta) burned (-over) clearing **3** (pesäpallossa) out
paloasema fire station
paloauto fire truck
palohälytys fire alarm
paloilmoitus fire report
paloitella 1 cut/chop/slice up **2** (osittaa) divide up, (maata) parcel out
palokirjoitus inflammatory article/ piece
palokunta fire department
palolaitos fire department
paloletku fire hose
palomies fireman
palomuuri fire wall
palonkestävä fireproof, (melkein) flame-resistant/-retardant
palontorjunta fire protection
palo-ovi fire door
palopaikka scene of the fire
palopesäke seat of fire, (kuv) trouble spot
palopommi fire bomb
paloposti fire hydrant
palopuhe inflammatory speech
palopäällikkö fire chief
palorakko (burn) blister
palosireeni fire alarm, (paloautossa) siren
palotarkastus fire (safety) inspection
palotorvi klaxon (horn) *huusi lapsilleen kuin palotorvi* screeched at her children like a banshee
paloturvallisuus fire safety
palovaara fire hazard
palovahinko fire damage
palovakuuttaa insure (a house tms) for fire, buy fire insurance
palovakuutus fire insurance
palovamma burn

paloviina hard liquor, (pontikka) moonshine
palsami balsam, (kuv) balm
palsta 1 (maapalsta) lot, plot **2** (vihannesmaa) patch **3** (sanomalehdessä) column
palstatila 1 (maatila) small farm **2** (sanomalehden) column space/ inches
palstoittaa parcel (out)
palttina 1 (kangas) thin linen **2** (sidos) plain weave
palttu blood pudding *antaa palttua jollekin* not give a damn/hoot/fart about something
palturi *puhua palturia* blow it out your ear, tell fairy-tales, make up stories
paluu 1 (paluumatka) return, homecoming **2** (palautuminen) reversion (to) *Ei ole paluuta entiseen* There's no turning back now, you can't go home, you can't turn the clock back
paluumatka home journey, return trip *paluumatkalla* on your way home
palveleva puhelin crisis (intervention) hotline
palvelija 1 servant, domestic; (halv) menial; (mon) the help **2** (palvoja) worshipper
palvella 1 serve, give/render (a) service to *valmis palvelemaan* at your service *palvella aikansa loppuun* serve/do your time *palvella Pattonin joukoissa* serve under Patton *palvella uskollisesti* serve faithfully, render/give loyal/faithful service to **2** (kaupassa) help, wait on, attend to *Voinko palvella teitä?* Can I help you? **3** (olla palvelijana) work for, be in service with **4** (tarkoitusta) serve, meet, satisfy **5** (palvoa) worship
palvelu 1 service **2** *palvelut* (kaupat yms) conveniences, (rakennukset) facilities **3** (palvonta) worship
palvelualtis helpful, friendly, willing to serve
palveluammatti service occupation
palveluelinkeino service industry
palveluksessa 1 (päivystämässä) on duty **2** (armeijassa) in the service **3** (jonkun) working for someone, in someone's employ *Palveluksessanne* At your service
palvelupiste service center, outlet
palvelus 1 service *kutsua palvelukseen* draft, call up *ilmoittautua palvelukseen* report for duty *tarjota palveluksiaan* offer your services (to someone) **2** (ystävälle) favor *Voisitko tehdä minulle palveluksen?* Could you do me a favor?
palvelusaika term of service, tour of duty
palvoa 1 worship **2** (ihannoida) worship the ground (s)he walks on, adore, idolize, idealize
palvoja worshipper
palvonta worship
pamahdus bang, slam, (iso) crash, (pieni) pop
pamahtaa bang, slam, crash, pop; (räjähtää) explode, go bang/pow
pamaus bang, slam, crash, pop; (pyssyn) report, (räjähdys) explosion, detonation *suuri pamaus -teoria* the big bang theory
pamauttaa bang, slam, crack, whack, pop *pamauttaa päähän* crack/whack (somebody) over/upside the head *pamauttaa leukaan* pop/poke (somebody) in the jaw
pamfletti pamphlet
pamppu 1 (nuija) billy club, nightstick **2** (iso kiho) bigshot, bigwig, (mon) the brass
Panama Panama
panamalainen *s, adj* Panaman
Panaman kanavavyöhyke Panama Canal Zone
panamerikkalainen pan-American
panda panda
paneeli panel
paneelikeskustelu panel discussion
paneerata bread
paneloida panel
panetella slander, vilify, smear, defame
panettaa have (somebody) put (something somewhere/in order/jne)
panettelija slanderer, backbiter

panettelu slander, backbiting
paneutua (johonkin) delve into something, take up something *paneutua asiaan* delve/go into something (closely), familiarize yourself with something (in detail) *paneutua jonkun asemaan* put yourself in another person's place *paneutua juhlakuntoon* get all dressed/spiffed/gussied/dolled up, get all decked out *paneutua pitkälleen* lie down, stretch out (on the bed/couch) *paneutua polvilleen* drop to your knees, kneel down
paniikki panic *joutua paniikkiin* panic
paniikkitunnelma (feeling of) panic
panimo brewery
pankinjohtaja bank manager
pankki bank
pankkiautomaatti cash machine, automated teller machine, ATM
pankkiholvi vault
pankkikirja bank book
pankkikortti bank card
pankkilaitos banking (system)
pankkiryöstö bank robbery
pankkisiirto bank transfer
pankkitili bank account
pankkitoiminta banking
pankkivirkailija bank teller
panna *s* ban, interdict; (pannaanjulistus) excommunication, anathema *julistaa pannaan* (ihminen) excommunicate, anathematize; (asia) ban *päästä pannasta* be(come) allowed/legal again
v **1** put, place, set, lay, stick *hän pani kirjan hyllyyn* he put the book in the shelf *hän pani kirjan pöydälle* he put/lay the book on the table *panna kello oikeaan aikaan* set the clock
2 (kiinnittää) fasten, fix, attach **3** (saada tekemään) get (you to do), set (you to doing), make (you do) **4** (naida) fuck, poke, pork
panna ajattelemaan make you/someone think
panna ehdolle rank (a candidate for a job)
panna hanttiin resist, fight back, get/put your back up, dig your heels in
panna hihat heilumaan put your nose to the grindstone
panna jalkaan put on
panna kahtia split in half, halve, divide into two parts
panna kampoihin resist, fight back, get/put your back up, dig your heels in
panna kiinni 1 (kiinnittää) fasten, fix, attach **2** (sulkea) shut, close; (TV, radio, hana) turn off; (napeilla) button; (vetoketjulla) zip up **3** (sijoittaa) invest in, sink into
panna kokoon assemble, put together
panna koville give (someone) a hard time, breathe down their necks, ride them, make life tough for them
panna kumoon turn over, overturn
panna kädet ristiin cross/fold your hands
panna leikiksi (hyvänä asiana) have some fun, play some games; (pahana asiana) make a mockery out of (something)
panna liikkeelle start, initiate, get (someone/something) going
panna likoon stake (all your money)
panna lujille give (someone) a hard time, breathe down their necks, ride them, make life tough for them
panna matalaksi criticize, find fault with
panna merkille notice, remark, pay attention to
panna muistiin write/note/jot down
panna mustaa valkoiselle put in black and white
panna nimensä alle sign
panna näkyville 1 put/set (something) out (where everybody can see it)
2 (julkistaa) post
panna näytille (put on) display
panna olutta brew beer
panna omiaan tell fairy-tales, make/cook up stories
panna pahakseen take offense (at), get hurt/offended/upset (at)
panna paikoilleen put (something) away, where it goes
panna parastaan do your best

panna piipuksi light up (a pipe)
panna pilalle ruin, spoil
panna pitkäkseen lie down
panna pois put (something) away, lay (something) down
panna pois päiviltä knock/bump off, put away
panna pois päiväjärjestyksestä get (something) out of the way, get it over with
panna pystyyn organize, arrange
panna päälleen/päähän put on
panna pää pyörälle make (someone's) head spin
panna rahaa menemään blow money, throw money away
panna ranttaliksi disrupt/disturb (something), interfere in (something), make a mockery out of (something)
panna sekaisin mix/screw up, confuse, scramble
panna sivuun set/put aside
panna syrjään set/put aside
panna toimeen initiate, execute, carry out
panna toisen syyksi blame (something) on someone else, (ark) pass the buck
panna tuleen light a fire, set fire to
panna tupakaksi light up (a cigarette)
panna vastaan resist, fight back, get/ put your back up, dig your heels in
panna vauhtiin get (something) going, build up some momentum, give (something/someone) a push/shove
panna viralta fire, suspend (someone from the performance of his/her duties)
pannu 1 pan, pot, kettle **2** (höyrykattila) boiler **3** *Tuo ottaa minua pannuun* That really browns me off
pannukakku 1 (lettu) pancake, (uunipannukakku) Yorkshire pudding **2** (kuv) flop, fiasco
pannulappu hotpad
pannupihvi panfried steak
pano 1 putting, setting **2** (tilille) deposit **3** (nainti) fuck *pikapano* quickie
panos 1 (lataus) charge **2** (patruuna) cartridge, round **3** (korteissa) stake, bet *pelata korkein panoksin* play for high stakes **4** (sijoitus) investment **5** (kuv) contribution *antaa merkittävä panos johonkin* contribute significantly to, make a significant contribution to
panostaa 1 (ladata) load **2** (sijoittaa) invest in, sink your money into **3** (korteissa) place your bets, stake your money on
panostus 1 (lataus) charge **2** (korteissa) bet
panssari 1 (vaunun tms) armor, (hist) (suit of) armor **2** (panssarivaunu) tank **3** (luodin tms) metal jacket **4** (kilpikonnan) carapace, (krokotiilin) cuirass **5** (ihmisen henkinen) wall, defense(s), (protective) armor
panssarintorjunta antitank defense
panssarivaunu tank
panssaroida armor(-plate)
panta 1 (nauha) band, ribbon **2** (hiuspanta) hairband **3** (kaulapanta) choker
pantata 1 (panttilainaamoon) pawn, hock **2** (vakuutena: osakkeet) pledge, (talo) mortgage **3** (ark pidättää) hold back, withhold
panteismi pantheism
pantteri panther
pantti 1 (vakuus) collateral, security; (osakkeet) pledge; (talo) mortgage, lien *lunastaa pantti* redeem a pledge, pay off a mortgage *ottaa pantiksi* accept as collateral/security *Panen maineeni pantiksi* I'll stake my reputation on it *tyhjän panttina* useless **2** (pullosta) deposit **3** (rakkauden) token, sign, symbol **4** (pelissä) forfeit
panttilainaamo pawnshop
panttivanki hostage
paperi 1 paper **2** (asiakirja) paper, document; (henkilöllisyystodistus) ID *Kysyttiinkö sinulta papereita?* (kapakassa, Alkossa) Were you carded? *puhtaat paperit* clean record/slate: (poliisista) no police record; (sairaalasta) completely cured, no disease *panna paperinsa vetämään* apply, send in your application **3** (kirjoitettu puhe) written

speech *puhua ilman paperia* speak freely, without reading/notes *maistua paperilta* sound/talk like a book
paperikone paper machine
paperikori waste(paper) basket, (leik) the circular file
paperinen paper
paperinenäliina kleenex
paperinjalostus paper manufacture
paperinjalostusteollisuus paper industry
paperiraha paper money, (mon) bills
paperisota red tape
paperitehdas paper factory/mill
paperiteollisuus paper industry
paperiveitsi paper/letter knife
paperoida (seinä) (wall)paper, (laatikko) line (with paper)
papinkaapu (clergyman's) robe/gown
papinkaulus (clerical) collar
papinvirka (protestanttinen) ministry, (katolinen) priesthood
papisto clergy
papitar priestess
pappa **1** (isä) papa, pops **2** (isoisä) gramps
pappeus ministry, priesthood
pappi pastor, clergyman; (protestanttinen) minister; (anglikaani, katolinen) priest, father
pappila vicarage, manse
pappismies clergyman
pappisseminaari seminary, divinity school
pappisvaltainen clergy-dominated
paprika (mauste) paprika, (vihannes) red pepper
papu bean
papualainen *s, adj* Papuan
Papua-Uusi-Guinea Papua New Guinea
papukaija parrot
papupata (suupaltti) blabbermouth, chatterbox, motormouth
papyrus papyrus
-pa, -pä **1** sure, certainly *Olipa/ kylläpä oli kiva että tulit* It sure/ certainly was nice that you came **2** what a *Onpa hieno talo* What a nice house **3** what a thing to do *Mennäpä nyt sanomaan tuollaista* What a thing to do, saying something like that **4** it was *Anttipa se olikin* It was Antti all along/after all **5** I think I'll *Minäpä lähdenkin tästä kaupunkiin* I think I'll head into town **6** precisely, exactly *Siksipä menenkin* That's exactly why I'm going **7** I wish, if only *Olisinpa rikas* I wish I were rich, if only I were rich *Kunpa tietäisin!* If only I knew, I wish I knew **8** no matter what/who, whoever/ whatever *Olipa se mikä/ kuka/miten tahansa* No matter what/ who/how it is/was, whatever/ whoever/however it is/was **9** too, (painollinen) not *Saapas* Can too/so *Eipäs* Can not **10** just *Olipahan vain joku tuttavani* It was just somebody I met somewhere **11** jää kääntämättä *Sinäpä sen sanoit* You said it *Kukapa ei muistaisi* Who wouldn't remember
paraati parade, procession
paraboliantenni parabolic antenna
parabolinen parabolic
paraboloidi paraboloid
paradoksaalinen paradoxical
paradoksi paradox
parafiini parafin
parafraasi paraphrase
Paraguay Paraguay
paraguaylainen *s, adj* Paraguayan
parahiksi just right/enough, perfectly *tulla parahiksi syömään* be just in time for dinner
parahin dear
parahtaa cry out
paraikaa right now, at this moment
parallaksi parallax
paranematon incurable, (krooninen) chronic
parannus **1** improvement, betterment, reform **2** (usk) repentance *Tehkää parannus!* Repent! **3** (lääk) cure
parannusehdotus reform proposal, suggested improvement
parannussuunitelma plan for reform/improvement/betterment
parantaa **1** improve, (make something) better, reform *parantamisen varaa* room for improvement **2** (lääk) heal, cure *Aika parantaa haavat* Time heals all wounds

parantaa tapansa mend your ways, see the error of your ways
parantaja healer
parantola sanatorium
parantua 1 improve, get better **2** (lääk) heal, mend, get well/better, (toipua) recover **3** *Ei sitä parane syödä* You'd better not eat that
parantumaton 1 (tauti) incurable, (krooninen) chronic **2** (romantikko tms) incorrigible, hopeless, inveterate
parapsykologia parapsychology
parapsykologinen parapsychological
paras the best *tehdä parhaansa* do your best *panna parastaan* put your best foot forward *On parasta olla hiljaa* It's better not to say anything
paraskin *kuin paraskin asiantuntija* like some kind of expert
paras mahdollinen the best possible
parastaikaa right now/then, at this/ that (very) moment
parasta tarkoittaen *tehdä jotakin parasta tarkoittaen* mean well, have good intentions
parata ks parantua
paratiisi paradise
paratiisillinen paradis(iac)al
paratkoon *Herra paratkoon!* God forbid!
pareittain by/in pairs, by couple, two by two
paremman puutteessa for lack/ want of anything better
paremmin 1 better *Meni paremmin kuin osattiin odottaa* We did better than we dared hope **2** (pikemminkin) rather, more *Se on paremmin(kin) poikkeus kuin sääntö* It's (almost) more/rather the exception than the rule *tai paremmin sanottuna* or rather
paremmuus superiority, better quality/performance/jne
parempi better, superior *Sitä sattuu paremmissakin piireissä* It happens even in the best families/homes *ei paremmasta väliä* good enough for government work *pitää parempana* prefer (something to)
parempi katsoa kuin katua look before you leap
parempi myöhään kuin ei milloinkaan better late than never
parempiosainen *s* fortunate one, wealthy person, a "have"; (mon) the well-to-do/well-off *adj* better/well off, well to do
parfyymi perfume
parhaaksi *jonkun parhaaksi* for his/ her good, in his/her own best interests
parhaalla tahdollakaan with the best will in the world (I can't...)
parhaassa iässään in his/her prime
parhaillaan currently, at present, right now, at this (very) moment
parhaimmillaan at its/your best
parhaimmisto the best/elite, the cream of the crop, the pick of the litter
parhain best
parhain päin *kääntyä parhain päin* turn out for the best *selittää asiat parhain päin* put a good face on it
parhaiten best
pari *s* **1** pair **2** (pariskunta) couple **3** (kumppani) partner, (aviosiippa) mate, spouse *hansikkaan pari* the other/missing glove *adj* a pair/couple (of), a few *pari kolme* two or three, a couple three
pariisilainen Parisian, (nainen) Parisienne
parikymmentä (around) twenty
parikymmenvuotias twenty-year-old
parila gridiron, grill
parillinen even
pariloida grill, broil
pariluistelu pair skating
parisataa a couple hundred
parisen two or three, a couple, a few
pariskunta couple
parissa with, among, in the midst of *viettää aikaa lasten parissa* spend time with (the) children
paristo battery
parisänky double bed
pariteetti parity
paritella copulate
pariton odd

parittaa 1 (eläimiä) mate **2** pimp/procure (for), pander (to)
parittain by couple(s), in pairs, two by two
parittaja pimp, panderer
parittelu copulation
parituhantinen *joukko* a crowd a couple of thousand strong
parituhatta couple of thousand
parivaljakko carriage and pair, team (of horses)
parjata slander, malign, defame, smear
parka poor *miesparka* poor man
parkaista cry out
parkaisu cry
parketin partaveitsi highstepper
parketti 1 parquet(ry) **2** (tanssilattia) dance floor
parkettilattia parquet floor
parkita 1 (nahkaa) tan **2** (luonnetta) toughen, harden
parkita jonkun selkänahka tan someone's hide
parkitus tanning
parkkeerata park
parkkeeraus parking
parkkiintunut hardened, toughened, weathered
parkkipaikka 1 (yhden auton) parking place/spot **2** (parkkialue) parking lot
parkua bawl, blubber
parlamentaarinen parliamentary
parlamentarismi parliamentarism
parlamentti parliament
parodia parody
parodinen parodic
parodioida parody
paroni baron
paronitar baroness
parrakas bearded, hirsute
parranajo shaving
parranajokone razor, shaver
parranalku peachfuzz
parrankasvu growth of beard
parras 1 (reuna) edge, brink (myös kuv:) verge **2** (teatterin) apron, (mon) footlights **3** (laivan) gunwale
parrasvalot footlights
parraton beardless, cleanshaven
parru beam, (kattoparru) rafter, (laivassa) spar
parsa asparagus
parsi 1 beam, pole, spar **2** (karsina) stall, pen **3** (tapa) manner *puheenparsi* manner of speaking
parsia (sukkaa) darn, (muuta) mend, patch; (kuv) fill in the gaps (in)
parsinneula darning needle
parta beard
partakarva bristle
partakone razor, shaver
partavaahto shaving cream
partavesi aftershave
partikkeli particle
partio 1 (sot) patrol **2** (partioliike) scouting, the Boy Scout movement *lähteä partioon* go to a scout meeting
partioida patrol, (go out) scout(ing), reconnoitre
partiojohtaja scoutmaster
partiojärjestö the Boy Scout organization
partiolainen scout
partio-osasto scout troop
partiopoika Boy Scout
partiotoiminta scout activities
partiotyttö Girl Scout
partisiippi participle
partitiivi partitive
partituuri (musical) score
partneri partner, (ark) sidekick, pard
parturi barber
parturi-kampaamo barber/hairdresser
parturoida barber, shave
parveilla (hyönteiset) swarm, (linnut) flock, (kalat) shoal
parveke 1 balcony **2** (lehteri) gallery
parvekekasvi balcony flower/plant
parvi 1 (hyönteisiä, ihmisiä) swarm, (lintuja) flock, (kaloja) school; (ihmisiä) crowd, horde, group, troop **2** (parveke: ylinen) loft, (lehteri) loft, gallery, balcony
pasifismi pacifism
pasifisti pacifist
paska shit, crap *Ja paskat!* Bullshit! *Haista paska!* Fuck you! Eat my shit!

Et tiedä siitä paskaakaan You don't know shit about it
paska jäykkänä *olla paska jäykkänä* to be scared shitless
paskamainen shitty, crappy *paskamainen temppu* a shitty thing to do
paskantaa take a shit/dump
paskantärkeä self-important, full of shit
passata 1 wait on (someone hand and foot) **2** (sopia) suit, be perfect (for) **3** (urh) pass
passi 1 passport **2** (vahti) guard, duty *passissa* on guard/duty **3** (urh) pass
passiivi passive
passiivinen passive
passiivisuus passivity
passikuva passport photo
passintarkastus passport control
passittaa send *passittaa kotiin* (sotilas) demob(ilize), (sairaalasta) release *passittaa sairaalaan* hospitalize *passittaa takaisin kotimaahansa* deport, repatriate *passittaa tutkintavankeuteen* remand (someone) into custody *passittaa rikollinen vankilaan* commit/ send (a criminal) to prison
passitus demobilization, release, hospitalization, deportation, repatriation, remandment, imprisonment (ks hakusanat)
passivoida passivize
pasta pasta
pasteija 1 (lihapiirakka) meat pie/ past(r)y **2** (tahna) pâté
pastilli lozenge
pastori (protestanttinen) pastor, minister; (anglikaani) curate, vicar *pastori Jones* Rev. Jones
pastöroida pasteurize
pastörointi pasteurization
pasuuna 1 (orkesterin) trombone **2** (Ilmestyskirjan) trump
pata kettle *hyvää pataa* bosom buddies, close, intimate
pata kattilaa soimaa The pot calling the kettle black
pataljoona battalion
pataluhaksi *haukkua joku pataluhaksi* chew someone out, give someone a piece of your mind, really tear into someone
patapaisti pot roast
patarumpu tympani, kettle drum
patavanhoillinen ultraconservative
patentoida patent
patentti patent
patenttiasiamies patent attorney
patenttihakemus patent application
patentti- ja rekisterihallitus National Board of Patents and Registration of Trademarks
patenttilainsäädäntö patent legislation
patenttilääke patent medicine/drug
patikoida hike, backpack
patikointi hike, hiking, backpack(ing) (trip)
patistaa push, prod, hustle, urge
patistella push, prod, hustle, urge
patja 1 mattress **2** (tien patja) blanket **3** (geol) bed, stratum
pato 1 dam **2** (rantapato) dyke, embankment
patologi pathologist
patologia pathology
patologinen pathological
patoutua 1 (vesi) be dammed/backed up; (jäät) be blocked, piled up **2** (tunteet) be bottled/dammed/pent up
patoutuma repression
patriarkka patriarch
patruuna 1 (aseen) cartridge **2** (hist) squire *ruukin patruuna* iron foundry owner
patsas 1 (kuvapatsas) statue **2** (pylväs) column, pillar *savupatsas* a pillar of smoke
patteri 1 battery (myös ark paristo) **2** (lämpöpatteri: sähkö) register, (öljy) radiator
patteristo artillery battalion
patti 1 (kuhmu) bump, lump, knot **2** (pahka) burl **3** (šakissa) stalemate
patukka 1 billy club, nightstick **2** (suklaapatukka) (chocolate/candy) bar
pauhata 1 rumble, roar **2** (ihminen) rant (and rave), bluster
pauhu rumble, roar, thunder

paukahdella bang, slam, crash, crack
paukahdus bang, slam, crash, crack
paukahtaa bang, slam, crash, crack
paukama lump, swelling
pauke banging, slamming, crashing, cracking
paukku 1 (räjähdys) blast, explosion **2** (räjähde) charge **3** (isku) blow, setback, trauma **4** (ryyppy) (stiff) shot, bracer **5** (pieru) fart
paukkua bang, slam, crash, crack *paukkuva pakkanen* bitter/crackling cold *Se tuli takaisin niin että paukkui* They returned it so fast I hardly noticed it was gone
paukkupatruuna blank cartridge
paukkurauta firearm
paula 1 string, cord, twine; (koristenauha) ribbon; (kengännauha) (shoe)lace **2** (ansa, myös kuv) snare, trap, net *saada pauloihinsa* get (someone) in your clutches
paviaani baboon
paviljonki pavilion
PC PC, personal computer
pedaali pedal
pedagogi pedagogue
pedagoginen pedagogical
pedagogisesti pedagogically
pedantti pedant
peeveli *Voi peeveli!* Goddamn it!
pehkut *painua pehkuihin* hit the hay/sack
pehmennys 1 softening **2** (permanentti) perm(anent)
pehmentyä soften, mellow out
pehmentää soften, (luonnetta) mellow
pehmetä soften
pehmeys softness, silkiness, smoothness, tenderness, gentleness, mellowness (ks pehmeä)
pehmeä soft; (hiukset) silky, (iho) smooth, (liha) tender, (luonne) gentle, mellow
pehmeäkantinen paperback
pehmeä lasku soft landing
pehmeästi softly
pehmike pad(ding), cushion
pehmittää 1 soften (up), (sydäntä) melt **2** (piestä) tenderize
pehmitä soften
pehmoinen soft
pehmoisesti softly
pehmustaa pad, cushion
pehmuste pad(ding), cushion; (mon) upholstery
pehmustus padding, cushioning
pehmyt soft
pehmytjäätelö soft ice cream
pehtori (farm/ranch) foreman
peijaiset funeral feast
peijakas the dickens
peikko 1 goblin, troll, ogre **2** (kuv: turhaan pelätty) bugbear, (aavemainen) spectre
peilailla 1 (itseään peilistä) gaze at yourself in the mirror **2** (kuvastua) be reflected
peilata 1 (itseään peilistä) look at yourself in the mirror **2** (heijastaa) reflect (myös kuv) *Romaani peilaa oman aikansa yhteiskuntaa* The novel holds a mirror up to contemporary society, reflects the social reality of its time **3** (mer suuntia) take your bearings, get a fix on your position **4** (luodata) sound (out) the depth of the water
peili mirror *katsoa peiliin* look in the mirror
peiliheijastuskamera (mirror) reflex camera
peililamppu parabolic spot (light/lamp)
peiliovi panel door
peilityyni smooth as glass, glassy
peippo (chaf)finch
peipponen (chaf)finch *iloinen kuin peipponen* happy as a lark
peite 1 covering *ohut lumipeite* light covering of snow **2** (peitto) blanket **3** (pressu) tarp(aulin)
peitellä 1 (sänkyyn) tuck (a child) in, kiss (a child) goodnight **2** cover (something) up (myös kuv:) conceal, hide, mask, disguise *Mitä sinä peittelet?* What are you keeping from me?

peitetysti 1 (kiertäen) indirectly, evasively **2** (salamyhkäisesti) secretively, under wraps/cover
peitota beat the pants off
peitsi lance *taittaa peistä* (jonkun kanssa) tilt against, take up arms against; (jonkun puolesta) go to bat for
peitteinen (maasto) wooded, (kieli) furred *lumipeitteinen* covered with snow
peitto 1 (huopa) blanket, (vuodevaatteet) covers *panna pää peiton alle* hide your head under the covers **2** covering *jonkin peitossa* covered with something, have something all over *pölyn peitossa* all dusty *punaisten täplien peitossa* all spotty, covered with red spots
peittyä be covered (up by, in) *Aurinko peittyi pilveen* The sun went behind a cloud
peittää 1 cover *peittää lapset* tuck the kids into bed *peittää kustannukset lainalla* take out a loan to cover costs **2** cover up, hide, conceal *peittää pöytäliinan tahra maljakolla* cover up/ hide the stain on the tablecloth with a vase
peittää jälkensä cover your tracks
pekka *Ei ollut pekkaa pahempi* He was not to be bested, he had to go one better
pekoni bacon
pelargoni geranium
pelastaa 1 save (myös usk), rescue, salvage, redeem (myös usk) *Ole kiltti ja pelasta Keith Abbyn kynsistä* Be a good boy and go save/rescue Keith from Abby *Royn tulo pelasti illan* Roy showing up when he did salvaged/ saved the evening, the evening was redeemed by Roy's arrival *tulla pelastamaan joku* come to someone's rescue **2** (varjella) protect, preserve, keep (something from harm)
pelastaja savior, (ihmisen) rescuer, (kansan) deliverer *Pelastaja* (usk) the Savior
pelastautua save yourself, be rescued/delivered, (selvitä hengissä) survive/escape (a disaster)
pelastua 1 be saved/rescued/ delivered, make it (out of somewhere, to safety) **2** (usk) be saved/ delivered/ redeemed, find salvation
pelastus 1 salvation, saving, rescue *Nopsat jalkasi koituvat vielä sinun pelastukseksesi* Those quick feet will be the saving of you yet **2** (usk) salvation, deliverance, redemption, saving grace **3** (pelastuskeino) escape, way out *Ainoa pelastus oli nopea perääntyminen* The only way to save their skins was to retreat quickly **4** (tavaran) salvage
pelastusarmeija Salvation Army
pelastustoimi 1 (ihmisten) rescue operation **2** (tavaran) salvage operation
pelastusyritys rescue/salvage attempt
pelata 1 (peliä) play *Osaatko pelata bridgeä?* Do you know how to play bridge? **2** (toimia) work *Eihän tämä pelaa* This doesn't work
pelata aikaa play for time
pelata häitä (vanh) play a wedding
pelata joku pussiin get someone right where you want him/her
pelata korkein panoksin play for high stakes
pelata uhkapeliä gamble
pelehtiä 1 (hyppelehtiä) frolic, gambol, caper **2** (leikitellä) play/fool around, play games *pelehtiä tyttöjen kanssa* fool around (with girls) **3** (pelleillä) play the fool, clown around
peli 1 game, play(ing) *Mitä peliä tämä on olevinaan?* What (game) are you playing at? *likaista peliä* foul play, dirty pool *reilu peli* fair play **2** (keino) way, means *Millä pelillä aiot maksaa laskusi?* How are you planning to pay your bills? **3** (vempain) gadget, contraption, (auto) machine
pelit ja vehkeet *Hänellä on kaikki pelit ja vehkeet* He's got a house full of gadgets and gizmos
peliaika playing time
pelialue playing field
pelihimo passion for gambling
pelikaani pelican
pelikortti (playing) card

pelimerkki chip
pelinavaus opening move/gambit (myös kuv)
peliohjain (tietokoneen ym.) joystick
pelkistetty 1 reduced, simplified **2** (sisustustyyli) bare, ascetic, uncluttered *pelkistetty taide* minimalist art
pelkistää reduce, simplify
pelkkä just/only a, pure, mere, sheer, nothing but *pelkkä muodollisuus* a mere/ sheer formality *Hän kuittasi sen pelkällä kiitoksella* He just passed it off with a thank you
pelko 1 fear, dread, terror, fright *Ei ole pelkoa, että epäonnistumme* We have no fear of failing, there's no chance of not succeeding **2** (ahdistus) worry, anxiety, apprehension *Martta tunsi pelkoa poikansa puolesta* Martta wracked herself with worry for her son
pelkuri coward, (ark) chicken, scaredy-cat
pelkurimainen cowardly, (ark) chicken
pelkuruus cowardice
pelkästään just, only, purely, merely, solely *Tämä ei voi olla pelkästään hänen syytään* This can't just be her fault
pelkäänpä pahoin I'm afraid (that)
pellava 1 (kasvi) flax **2** (kangas) linen
pelle clown, fool *minusta hän on täysi pelle* I think he is a complete fool
pelleillä play/fool/mess/clown around
pelleily tomfoolery, horseplay
peloissaan 1 afraid, terrified, frightened **2** (ahdistus) worried, anxious, apprehensive *Martta oli peloissaan poikansa puolesta, kun tämä joutui ajamaan yötä myöten* Martta worried about her son driving all night
pelokas 1 (yleensä) timid, fearful, timorous **2** (vaaran läheisyydessä) frightened, scared, afraid, terrified; (ark) spooked
pelokkaasti timidly, fearfully, timorously
pelote deterrent *ydinpelote* nuclear deterrent
pelotella frighten, scare, intimidate; (ark) spook
peloton fearless, bold, daring
pelottaa 1 *Minua pelottaa* I'm afraid/ scared/frightened *Tuo pelottaa minua* That scares/frightens me, it makes me afraid **2** (pelotella) scare, frighten *pelottaa tiehensä* scare (someone) off
pelottava scary, frightening, terrifying
pelottavasti alarmingly
pelotus intimidation
pelti 1 (metallilevy) sheet metal *aaltopelti* corrugated iron **2** (savupelti) damper *pellit kiinni* dead drunk *pellit auki* full tilt **3** (konepelti) hood **4** (leivin-pelti) cookie sheet
peltiseppä 1 (hist) tinsmith, tinker **2** (nyk) sheet iron worker
pelto field, (viljelysmaa) arable land *ajaa pellolle* throw (someone) out on his/her ear, show (someone) the door
peltoala acreage under cultivation, arable area
peltotyö farm work, work in the fields
peluu playing
pelästys sudden fright
pelästyttää startle, (ark) spook
pelästyä start, be startled/frightened
pelätin scarecrow, (kuv) fright
pelätä 1 fear, be afraid/frightened/ scared of *pelätä henkeään* fear for your life *pelätä lentämistä* be afraid/scared of flying **2** (kantaa huolta) worry, be anxious/ apprehensive about
pelätä kuollakseen be scared to death
penger 1 (parras) edge, brink *ojan penkereellä* on the edge of the ditch **2** (joen) embankment, dike **3** (tasanne) terrace
pengermä embankment, terrace
pengertää embank, bank up; terrace
penikka 1 pup(py) **2** (kuv halv) whelp, spawn **3** (muksu) brat
peninkulma league
penisilliini penicillin
penkka (em)bank(ment), (reuna) edge
penkki 1 (istuin: pitkä) bench, (auton) seat, (kirkon) pew *koulun penkillä* at school *istua syytetyn penkillä* be (the)

accused *mennä penkin alle* flop **2** (työ-penkki) workbench **3** (kukkapenkki tms) bed

penkkiurheilija armchair quarterback, sports fan

penkkiurheilu armchair/spectator sports

penkoa rummage through, (kuv) dredge up

penni penny *ei penninkään arvoinen* not worth a plug nickel/red cent *Minulla ei ole penniäkään* I haven't got a red cent *venyttää joka penniä* pinch pennies *pitkä penni* pretty penny

pensaikko bushes, (omakotipihassa) shrubbery, (tiheikkö) thicket

pensas bush, shrub

pensasaita hedge

pensassakset garden shears

penseys halfheartedness, lukewarmth, indifference

penseä halfhearted, lukewarm; (välin-pitämätön) indifferent, cool

penseästi halfheartedly, indifferently, coolly

penska kid

pensseli (paint) brush

pentaprisma pentaprism

pentele the dickens

pentu 1 (koiran) pup(py), (kissan) kitten, (suden, ketun, karhun tms) cub; (mon) young **2** (lapsi) kid

pentue litter

penätä 1 (vaatia) demand, lay claim to, insist on **2** (inttää) insist, be stubborn/obstinate/pigheaded (about), refuse to budge

peppu bottom, rear end, fanny *kuin paita ja peppu* inseparable, like two peas in a pod

per 1 (per nuppi) per (person) **2** (per tietty päivämäärä) as per

perata 1 (kaloja) clean **2** (marjoja) pick the leaves and branches out **3** (vihan-nesmaata) weed **4** (metsää) clear

perehdyttää familiarize (someone with something), teach/show (someone) the ropes, break (someone) in, give (someone) training/ orientation (in)

perehdytys familiarization, training, orientation

perehtyä familiarize (yourself with something), learn the ropes, get oriented (in), find out/learn (all about)

peremmällä further/farther in/back *Käykää peremmälle!* Come on in!

perestroika perestroika

perfekti (kiel) present perfect (tense) *pluskvamperfekti* past perfect (tense)

performanssitaide performing art(s)

pergamentti parchment

perhana damn *perhanan* damn(ed)

perhe family *viisihenkinen perhe* a family of five

perheauto family car

perhe-eläke dependent's pension

perhe-elämä family life

perheenemäntä housewife, homemaker

perheenisä father

perheenjäsen family member

perheenlisäys *odottaa perheen-lisäystä* be in a/the family way

perheenäiti mother

perheittäin by family

perhekalleudet the family jewels (myös ark, kuv)

perhekasvatus family education

perhekohtainen family-specific

perhepiiri family circle

perhesalaisuus family secret

perhesuhteet family relations

perhetuttava friend of the family('s)

perheväki the family *Sano perheväel-lesikin terveisiä* Say hello to the family

perho 1 butterfly, (yöperho) moth **2** (kalastusperho) fly

perhokalastus fly-fishing

perhonen butterly, (yöperhonen) moth

perhostutkija lepidopterist

periaate principle *pitää periaatteenaan* make a point of (doing something)

periaatteellinen (ihminen) principled, (person) of principle; (kes-kustelu) hypothetical

periaatteellisesti 1 (pohjimmiltaan) fundamentally, basically **2** (hypoteet-tisesti) hypothetically, in theory

periaatteen mies/nainen a man/ woman of principle
periaatteessa 1 (teoriassa) in principle/theory, theoretically **2** (pääpiirteissään) essentially, in essence **3** *pysyä periaatteessaan* stick to your principles, refuse to deviate/swerve/ budge (an inch) from your principles
periaatteesta on principle
periaatteeton unprincipled, unscrupulous
perijä (mies) heir, (nainen) heiress
periksi *antaa periksi* **1** (antautua) give in/up, surrender, throw up your hands, throw in the towel **2** (joustaa) give way, yield, settle for less
perikunta 1 (perilliset) the heirs **2** (kuolinpesä) estate
perikuva 1 (asian) the epitome, a model *nöyryyden perikuva* the epitome of humility, a model of humility **2** (ihmisen) the very image *hyvän aviomiehen perikuva* the very image of a good husband
perillemeno getting through (to someone), being heard/understood *Kyllä minä sen hänelle sanoin, mutta perillemenosta en tiedä* I told him, but I don't know if he heard me
perillepääsy getting there, reaching your destination
perilletulo getting there, reaching your destination
perillinen heir, scion
perillä 1 (matkanpäässä) at your destination, there *Milloin olemme perillä?* When are we going to be/get there? **2** (selvillä) aware of, familiar with, well-informed on *asiasta hyvin perillä olevien lähteiden mukaan* according to well-informed sources, those in the know
perimmäinen 1 (kauimmainen) farthest, furthest, remotest; (reunimmainen) outermost; (takimmainen) back **2** (viimeinen) ultimate *elämän perimmäinen merkitys* the (ultimate) meaning of life *perimmäiset kysymykset* the big/ ultimate questions **3** (pohjimmainen) fundamental, basic **4** (sisimmäinen) innermost, deepest *perimmäinen minä* the innermost/ real me
perimmältään 1 (ihmisen luonteesta) basically, fundamentally, at heart, deep down **2** (tapahtumasta) finally, ultimately, in the last analysis, when all's said and done
perimys succession
perimysjärjestys order of succession
perimä genotype
perimätieto (oral) tradition
perin 1 (takimmainen) back **2** (erittäin) very, extremely, exceedingly; (täysin) utterly
perin juurin thoroughly, utterly, completely, root and branch
perinne tradition
perinnäinen traditional, customary
perinnäisesti traditionally, customarily
perinnäiskäsitys traditional conception
perinnäistapa custom
perinnäisyys traditionality, traditionalism
perinnöllinen (lak ja biol) hereditary *Se on perinnöllistä* It runs in the family
perinnöllisesti by heredity
perinnöllisyys heredity
perinnöllisyystiede genetics
perinnöllisyystutkija geneticist
perinnönjako distribution of an estate
perinnöttömyys disinheritance
perinnötön disinherited *jättää perinnöttömäksi* disinherit
perinpohjainen thorough(going), complete, exhaustive, full
perinpohjaisesti thoroughly, completely, exhaustively, fully
perinpohjaisuus thoroughness
perinteinen traditional
perinteisesti traditionally
perintä collection
perintö 1 (omaisuus) inheritance, estate, legacy *jättää jollekulle perinnöksi* leave (something) to someone *kulkea perintönä* be handed down (from generation to generation) *Olen saanut*

sen perintönä isoisältäni My grandfather left/bequeathed it to me **2** (perinne) heritage, legacy *kulttuuriperintö* cultural heritage
perintöesine heirloom
perintöhopeat the family silver
perintöprinsessa crown princess; (missikisoissa) runner-up
perintöprinssi crown prince
perintötekijä gene, hereditary factor
perintötila family estate
perintövero estate/inheritance tax
perintöverotus estate/inheritance taxation
periodi period, (opetuksessa) block
periodiopetus block teaching
periskooppi periscope
perisuomalainen typically Finnish
perisynti original sin
perivihollinen bitter enemy, archenemy
periytymätön uninheritable
periytyvä inheritable, hereditary
periä 1 (saada perintönä, myös biol) inherit *periä vanhempansa* be your parents' heir, receive an inheritance from your parents, inherit money/ property from your parents *periä iso omaisuus* inherit a fortune, come into a fortune **2** (saada maksuna) collect, (ottaa maksuna) charge **3** (tapahtua, käydä) become of, happen to *Mikä meidät nyt perii?* What will become of us now? *Hukka sinut vielä perii* You're heading for a fall *Paha minut perii jos minä* I'll be damned if I'm going to
periä voitto win out, be victorious/ triumphant, come out on top
perjantai Friday
perjantaiaamu Friday morning
perjantai-ilta Friday night/evening
perjantainen Friday('s)
perjantaipäivä Friday (during the day)
perjantaisin Fridays
perkaus 1 (kalojen) cleaning **2** (marjojen) picking the leaves and branches out **3** (vihannesmaan) weeding **4** (metsää) clearing
perkele devil, demon *perkeleen* (god)damn(ed), fucking *Perkele!* (God)dammit
perkeleenmoinen helluva
perkeleesti a helluva lot (of) *Miksi kiroilet niin perkeleesti?* Why do you swear so goddamn much?
perkuu ks perkaus
permanentti permanent, (ark) perm
permanto 1 (lattia) floor **2** (teatterissa) parquet circle **3** *Voi permanto!* Gosh darn it! Oh shoot/heck!
permantopaikka a seat in the parquet circle
perna spleen
perse ass *lentää perseelleen* fall flat on your ass (myös kuv) *nuolla jonkun persettä* lick/kiss someone's ass *olla perse auki* to be flat broke
perseennuolija asskisser, asslicker
persikka peach
persikkaiho peaches-and-cream complexion
persilja parsley
perso crazy/nuts (about) *olla perso makealle* have a sweet tooth
persoona 1 (henkilö) person, individual; (persoonallisuus) personality *olla läsnä/saapua omassa persoonassaan* show up in person, put in a personal appearance, be there/come personally **2** (psyk) persona **3** (kiel) person *puhua itsestään kolmannessa persoonassa* refer to yourself in the third person
persoonallinen 1 (henkilökohtainen) personal **2** (ystävällinen) personable, warm, friendly, intimate **3** (omaleimainen) distinctive, different *persoonallinen talo* a house with personality/character
persoonallisuus 1 personality, (psyk) persona **2** (ystävällisyys) personability, warmth, friendliness, intimacy **3** (omaleimaisuus) distinctiveness, character
perspektiivi perspective
perspektiivipiirustus perspective drawing
persreikä asshole (myös kuv)
Peru Peru

peru *olla jotakin perua* come/stem/derive from *olla vanhaa perua* be very old
perua 1 (sanat) withdraw, renege on, retract; (ark) take back, go back on, bum out on **2** (ark peruuttaa) cancel
perukirja estate inventory deed
perukka out-of-the-way corner *Pohjan perukoilla* in the far north
perulainen *s, adj* Peruvian
peruna potato *ranskalaiset perunat* (French) fries *kuuma peruna* (kuv) hot potato
perunajauho potato flour
perunakeitto potato soup
perunalaatikko potato casserole
perunamaa potato patch
perunanenä potato-nose
perunanistutus potato planting
perunankuori potato peel/jacket
perunannosto potato harvest
perunasalaatti potato salad
perunasose mashed potatoes
perunasäkki sack of potatoes, (tyhjänä) gunny sack
perunkirjoitus estate inventory
perus- basic, fundamental
perusajatus main/leading idea
perusasento 1 (sot) attention *perusasennossa* at attention **2** (koneen tms) off position
perusero basic/fundamental difference
perusjoukko 1 (empiirisessä tutkimuksessa) population **2** (mat) fundamental set
peruskallio bedrock
peruskoulu comprehensive school
peruskoululainen student in the comprehensive school
peruskoulun ala-aste elementary school
peruskoulun johtaja comprehensive school superintendant
peruskoulun johtokunta comprehensive school board
peruskoulun opettaja comprehensive school teacher
peruskoulun yläaste junior high (school)
peruskouluopetus comprehensive school instruction
peruskoulutaso comprehensive school level
peruskoulutus comprehensive education
peruskysymys main question/point, central issue
peruslinjat outline(s)
perusluku cardinal/base number
perusluonne fundamental character
perusluonteinen fundamental
perusmerkitys base/dictionary meaning, denotation
perusmuoto basic form; (verbin) infinitive
perusmuuri foundation wall
perusnopeus basic speed
perusolettamus fundamental assumption/presupposition/premise
perusominaisuus essential quality
perusopetusryhmä basic training group, elementary instruction group
peruspalkka base pay/salary
perusparannus 1 (maalla) land improvement **2** (talossa) fundamental improvement
perusperiaate basic/fundamental principles
peruspiirre basic/essential feature
peruspyrkimys main intent
perusta 1 (pohja) ground, base, (foundation) bed **2** (kuv) foundation, basis, fundament
perustaa 1 (rakennus) lay the foundation for **2** (liike tms) found, establish, form, institute; (ark) start, set up, open **3** (väite tms) base (something on) **4** (ark välittää) care *En perusta kaiken maailman kursseista* I don't believe in all these courses they give, I wouldn't give you a plug nickel for all the courses in the world
perustaja founder
perustajajäsen founding member
perustaminen foundation-laying, founding, establishment, formation, institution (ks perustaa)
perustarkoitus basic purpose/intent

peruste 1 ground(s), cause, justification *Millä perusteella teit sen?* On what grounds did you do it, what cause/justification did you have for doing it, how do you justify doing/ having done it? **2** (perustelu) argument **3** (syy) reason, motive *millä perusteella* why **4** (pohja) basis, foundation *millä perusteella* on what basis
perusteellinen 1 (perinpohjainen) thorough(going), complete, exhaustive, full **2** (perustavaa laatua) fundamental, radical
perusteellisesti thoroughly, completely, exhaustively, fully; fundamentally, radically (ks perusteellinen)
perusteellisuus thoroughness
perusteeton unfounded, ungrounded, groundless, false, erroneous
perusteettomasti groundlessly, falsely, erroneously, without foundation
perustekijä major factor
perustella defend, justify, give/state reasons (for), argue (on behalf of), provide arguments (for)
perustellusti justifiably, with good reason; (ark) quite right(ly)
perustelu defense, justification, reason, argument
perusteos major work
perustiedot basic/fundamental/ elementary knowledge, the rudiments
perustosiasia basic fact
perustua be based/founded (on), be grounded (in), rest (on)
perustus foundation *palaa perustuksia myöten* burn to the ground *laskea perustus jollekin* lay the foundation/ groundwork for something
perustuslaillinen constitutional
perustuslaillisesti constitutionally
perustuslaillisuus constitutionality
perustuslaki constitution
perusvaatimus basic demand
peruukki wig
peruukkipäinen bewigged
peruuttaa 1 (auto tms) back, (tietok) backspace **2** (palauttaa) return **3** (ottaa takaisin) withdraw, retract, rescind, recant, renege; (ark) take back, go back on **4** (mitätöidä) revoke, cancel, invalidate
peruuttaa avioliitto annul a marriage
peruuttaa kokous cancel a meeting; (toistaiseksi) postpone a meeting
peruuttaa käsky countermand an order
peruuttaa sopimus nullify a contract
peruuttamaton irreversible, irrevocable
peruuttamattomasti 1 irreversibly, irrevocably **2** (varmasti) absolutely, positively
peruuttaminen backing (up), returning, withdrawal, retraction, rescindment, recanting, reneging, revocation, cancellation, invalidation (ks peruuttaa)
peruutus 1 (auton) backing (up) **2** cancellation (ks myös peruuttaminen)
peruutuspaikka cancellation
peruutuspeili rear-view mirror
peruutusvaihde reverse
peruutusvalo backing light
perverssi perverse
perä 1 (takapää) rear/back/tail/butt (end) *pitää perää* bring up the rear *mennä pihan perälle* go to the outhouse *huoneen perä* the rear/far end of the room **2** (laivan) stern *pitää perää* steer, take/hold the tiller/helm *keulasta perään* from stem to stern **3** *perät* (kellonvitjat) chain **4** (pohja) foundation, grounds *perää vailla* unfounded, ungrounded, without foundation *Hänen puheessaan ei ollut mitään perää* There was nothing to his claims, what he said was totally without foundation **5** (alkuperä) origin, extraction *amerikkalaista perää* of American extraction/origins
peräaukko anus, rectum, (sl) asshole
peräisin *olla peräisin* **1** come/stem from, originate in *Mistä olet peräisin?* Where are you from? **2** (kiel) (be) derive(d) from *Sana "kioski" on peräisin persian kielestä* The word "kioski" is derived from the Persian

peräkkäin 1 (tapahtumia tms) consecutively, in succession, one after another/the other *neljä kertaa peräkkäin* four times in a row **2** (ihmisiä) one behind the other, in a line, single-file
peräkkäinen consecutive, successive
perälämpö rectal temperature
perämies 1 (laivan) mate **2** (soutuveneen) cox(swain) **3** (purjeveneen) helmsman, steersman **4** (lentokoneen) copilot
perämoottori outboard motor
perämoottorivene outboard motorboat
peränpitäjä 1 (laivan) helmsman **2** (kuv) straggler, slowpoke *olla peränpitäjänä* bring/wipe up the rear, be engaged in a rearguard action
Peräpohjola southern Lapland; (mytologiassa) deep north
peräpuikko suppository
peräpukama hemorrhoid
peräpää 1 (laivan, veneen) stern **2** (jonon, käytävän) end
peräruiske enema
peräsin rudder, (peräsimen varsi) tiller, (kuv ruori) helm *hoitaa peräsintä* steer
perässä 1 (jäljempänä) behind *kävellä pari askelta perässä* walk a few steps behind someone *juosta jonkun perässä* chase/pursue someone (myös rakkausasioissa), (pysytellä kannoilla) dog someone's heels *sulkea ovi perässä* close the door behind you *Pysytkö perässä?* Are you keeping up (with me)? (myös kuv:) Are you with me? **2** (perällä) at/in the rear/back; (laivassa) aft, astern, abaft (the beam) **3** (maksuissa) behind, in arrears
perästä 1 (takaa) from behind, (takaosasta) from the rear, (peräpäästä) from astern **2** (kuluttua) after, in *muutaman päivän perästä* in/after a few days *jonka perästä* after which
perästä kuuluu (sanoi torventekijä) you'll find out, you'll see
perästä päin afterwards, after the fact, subsequently
peräsuoli rectum
peräti 1 (jopa) even, as much as, actually *Olisiko hän matkoilla, peräti ulkomailla?* Could she be traveling, even abroad? *Kas kun ei sano itseään peräti tilanomistajaksi* I'm just astonished he didn't go right ahead and call himself a landowner **2** (erittäin) very, extremely, (ark) pretty *He asuvat peräti niukoissa oloissa* They're pretty strapped
perätila breech position *syntyä perätilassa* be born/delivered in the breech position
perättäin ks peräkkäin
perättäinen ks peräkkäinen
perättömyys falsity
perättömästi falsely, erroneously, without grounds
perätysten ks peräkkäin
perätä 1 (asiaa) ask/inquire about, try to find out about **2** (saataviaan) dun, try to get your money, demand what's coming to you **3** (oikeuksiaan) demand your rights
perätön unfounded, ungrounded, groundless, false, erroneous *perättömiä väitteitä* lies
perävaunu trailer
perään 1 (laivan) aft, astern **2** (jälkeen) after *antaa perään* give in/up/way, yield *juosta perään* run after (someone), follow *heti perään* immediately after/following *toinen toisensa perään* one after another
peräänantamaton 1 unyielding, persistent, tenacious **2** (tinkimätön) uncompromising, implacable **3** (jäykkä) inflexible, unbending
peräänantamattomasti persistently, tenaciously, uncompromisingly, implacably, inflexibly, unbendingly (ks peräänantamaton)
perääntyä 1 (sot) retreat **2** (pakittaa) move back(wards), take a few steps back **3** (antaa periksi) give in/up/way, yield, withdraw, back out of

pesemätön unwashed
peseytyä wash up
pesijä washer(woman)
pesiytyä take hold, find a foothold, become established/entrenched (in)
pesiä 1 (lintu) nest **2** (tauti tms) breed
pessaari diaphragm, (vanh) pessary
pessimismi pessimism
pessimisti pessimist
pessimistinen pessimistic
pessimistisesti pessimistically
pestata 1 (sot) recruit, (väkisin, hist) impress **2** (palkata) hire, engage
pestautua enlist, sign up/on, join up
pesti *ottaa pesti* (armeijaan) enlist, sign up/on, join up, (työpaikkaan) hire on, join the firm *saada pesti* get a job
pestä 1 wash (up/off/down/out), scrub; (hangata) scour *pestä hiukset* wash/shampoo your hair *pestä kemiallisesti* dry-clean **2** (ark voittaa) clean (someone's) clock, take (someone) to the cleaners
pestä astiat do/wash the dishes
pestä kätensä jostakin wash your hands of something
pestä pyykkiä wash clothes, do the laundry
pesu wash(ing); (hiusten) shampoo; (pyykki) laundry *Väri lähtee pesussa* That (color) will run in the wash
pesuaine detergent *pyykinpesuaine* laundry detergent *astianpesuaine* dishwasher detergent
pesue litter *koko pesue* (kuv perhe) the whole gang/bunch/tribe/clan
pesuhuone (kylpyhuone) bathroom, (suihkuhuone) shower room, (pyykkihuone) laundry room
pesukone washing machine
pesula laundry, (dry-)cleaner's
pesunkestävä 1 washable **2** (aito) dyed-in-the-wool *pesunkestävä konservatiivi* dyed-in-the-wool conservative
pesuvesi (ammeessa) bathwater, (altaassa, vadissa) dishwater *heittää lapsi pois pesuveden mukana* throw the baby out with the bathwater
pesä 1 (linnun) nest *liata oma pesänsä* foul your own nest *lähteä pesästä* leave the nest (myös lapsista) **2** (mehiläisen) hive **3** (muurahaisen) anthill **4** (villieläimen) lair; (ketun) den; (jäniksen) burrow, hole *ajaa pesäänsä* run (an animal) to ground *paheiden pesä* den of iniquity **5** (leikeissä) home, safety; (pesäpallossa) base **6** (tulipesä) hearth, fire pot; (uuni) stove, (takka) fireplace, (liesi) grate *lisätä puita pesään* put more wood on the fire *lisätä pökköä pesään* (kuv) pour oil on the fire **7** (tekn) case, casing, housing **8** (lusikan, piipun) bowl **9** (kuolinpesä) estate
pesäero separation *tehdä selvä pesäero* make a clean break
pesäke 1 (sot konekivääripesäke) nest **2** (lääk) seat, focus **3** (kuv) hotbed, center *vallankumousaatteen pesäke* a hotbed of revolution
pesäkekovettumatauti (keskushermoston) multiple sclerosis
petkel spudder, chopper, stamper
petkuttaa deceive, cheat, con, swindle; (ark) take (someone for a ride)
petkuttaja 1 (rahoja tms vievä) deceiver, cheat, con-artist/-man, swindler **2** (muuna esiintyvä) impostor
petkutus 1 deceit, con, swindle, sting **2** imposture
peto 1 (wild) beast, wild animal, predator **2** (ihmisestä) beast, brute, animal **3** (mato) whiz, demon, animal *Juha on oikea peto jalkapallossa* Juha is a real animal in football
petoeläin predator, beast of prey
petollinen 1 (ihminen) treacherous, deceitful, cheating, untrustworthy, fraudulent **2** (tilanne tms) deceptive, misleading, illusory, delusory
petollisesti treacherously, deceitfully; deceptively
petomainen bestial, beastly
petos 1 treachery, treason, deceit, deception, fraud **2** (petkutus) swindle, con, sting **3** (muuna esiintyminen) imposture, impersonation
petrata fix/touch up, improve
petroli petroleum oil, kerosene
petsata stain
petturi traitor

petturuus treason, betrayal
pettymys disappointment
pettyä be disappointed (in)
pettäjä deceiver, cheat, (aviopuolison) unfaithful/cheating husband/wife
pettämättömästi reliably, trustworthily, solidly
pettämätön reliable, trustworthy, solid, (ark) trusty
pettää 1 (petkuttaa) cheat, con, swindle, defraud **2** (johtaa harhaan) deceive, delude, mislead *Elleivät silmäni petä* If my eyes don't deceive me, if I can believe my eyes **3** (kavaltaa) betray **4** (olla uskoton) cheat on (your spouse), be unfaithful to **5** (sortua) give way, break (down), fall/tumble down **6** (jättää pulaan) let (someone) down, disappoint, desert, fail *Jos muistini ei petä* If my memory serves me correctly, if memory serves, if I remember (a)right
pettää jonkun toiveet let someone down, disappoint someone('s hopes), puncture someone's dreams
pettää lupauksensa break your promise, go back/renege on your promise
petäjä (Scots) pine
peuhata roughhouse, be wild/noisy/ rambunctious
peuhtoa thrash (around wildly)
peukalo thumb
peukaloida 1 (sormeilla) finger, feel **2** (korjailla) fiddle/meddle/tamper/ monkey with, doctor
peukalo keskellä kämmentä all thumbs
peukku *pitää peukkua* keep your fingers crossed (for someone) *Peukut pystyyn!* Knock on wood!
peura caribou
piakkoin soon, shortly
pian soon, shortly
pianisti pianist, piano-player
piano piano
pianomusiikki piano music
pianonvirittäjä piano tuner
pidellä 1 (pitää) hold; (sormeilla) finger, feel **2** (pidätellä) hold (someone/ something) back, restrain, hinder, curb **3** (hoidella) care for, take care of
pidennys 1 (hameen tms) lengthening, extension **2** (lainan tms) extension, (lykkäys) postponement, (uusiminen) renewal
pidentyä lengthen, get longer
pidentää 1 (hametta tms) lengthen, extend **2** (lainaa tms) extend, postpone, renew
pidetä lengthen, get/grow longer
pidike retainer, holder, clamp
pidin retainer, holder, clamp *tehdä työtä vain henkensä pitimiksi* only work to keep body and soul together
pidäke 1 restrainer, restraint, check, drag, hold **2** (mus) hold, fermata
pidätellä 1 hold (someone/something) back, restrain, hinder, curb; (naurua tms) suppress *yrittää pidätellä itkua* try to hold back the tears **2** (viivytellä) delay, detain, slow (someone) down, hold (someone) up
pidättyneisyys reserve, reticence, inhibition
pidättynyt reserved, reticent, inhibited
pidättyvä(inen) 1 (pidättynyt) reserved, reticent, inhibited **2** (vetäytyvä) retiring, withdrawn, aloof, standoffish, distant **3** (alkoholin suhteen) abstemious, temperate, moderate **4** (sukupuoliyhteyden suhteen) continent, celibate
pidättyv(äis)yys reserve, reticence, inhibition, withdrawal, aloofness, standoffishness, distance, abstention, temperance, moderation, continence, celibacy (ks pidättyvä(inen))
pidättyä 1 (tekemästä) refrain (from) **2** (alkoholista) abstain (from) **3** (fys) be absorbed
pidättäminen restraining, hindrance, suppression, delaying, detention, withholding, deduction, arresting, reservation, absorption (ks pidättää hakusanat)
pidättää 1 hold (someone/something) back, restrain, hinder, curb; (naurua tms) suppress **2** (viivytellä) delay, detain, slow (someone) down, hold (someone) up **3** (ennakkoveroa)

withhold, deduct **4** (rikoksentekijä) arrest, book, lock (someone) up **5** (fys) absorb
pidättää ennakkovero withhold taxes
pidättää oikeus reserve the right (to) *Kaikki oikeudet pidätetään* All rights reserved
pidättää virantoimituksesta suspend (someone from office)
pidätys 1 (rikoksentekijän) arrest, (vankeudessa pitäminen) detention **2** (veron) withholding **3** (palkan) garnishing
pidätysmääräys warrant for (someone's) arrest
piehtaroida roll around, roll/tumble over and over *piehtaroida itsesäälissä* wallow in self-pity
pieleen *mennä pieleen* go wrong/ badly, get all fouled up, bomb, flop *laulaa pieleen* sing off key, out of tune
pielessä 1 (pilalla) ruined *Tänään kaikki on pielessä* This is just one of those days **2** (vieressä) next to *oven pielessä* by the door **3** *Suun pielessä alkoi näkyä hymyn häivä* The corners of her mouth began to twitch into a smile
pieli 1 (paalu) post **2** (kuv) *pieleen, pielessä* ks hakusanat **3** (reuna) edge, corner *jonkin pielessä* next to/by something *oven pielessä* by the door *suun pielet* the corners of your mouth
pielus 1 (tyyny) pillow **2** ks pieli
piena 1 (lista) molding, batten, cleat **2** (puola) rung
pienaakkonen lower-case letter, (ark) small letter
pienehkö smallish
pieneliö microbe, micro-organism
pienennys reduction
pienen pieni miniscule, infinitesimal, minute, diminutive, tiny; (ark) tee-niney
pienenpuoleinen on the small side
pienentyä 1 shrink, become smaller, be reduced **2** decrease, diminish, lessen
pienentäminen reduction, dicing, mincing, decreasing, diminishing, lessening, lowering (ks pienentää)
pienentää 1 reduce, shrink, make (something) smaller **2** (pieniä) chop/cut (something) up, dice, mince **3** (vähentää) decrease, diminish, lessen, cut/turn down, lower
pieni 1 (pienikokoinen) little, small; (pienen pieni) diminutive, tiny, minute; (poika) runty, stubby; (tyttö) petite, dainty; (ark) pint-sized *häviävän pieni* infinitesimal **2** (lyhyt) short, squat, (ark) stubby **3** (vähäinen) slight *pienessä humalassa* slightly drunk **4** (vähäpätöinen) petty, minor *pieni asia* petty thing, minor matter *Mitä pienistä!* Never mind!
pienikokoinen little, small; (pienen pieni) diminutive, tiny, minute; (poika) runty, stubby; (tyttö) petite, dainty; (ark) pint-sized
pienilukuinen few in number(s)
pienimuotoinen small-scale
pienipalkkainen poorly paid, underpaid
pienitehoinen underpowered
piennar edge, (tien) shoulder
pienois- miniature, model, toy, baby
pienoiskivääri small-bore rifle
pienoismalli model
pienoisrautatie electric train set
pienokainen baby, little one
pienryhmä small group
pienteollisuus small industry
pienuus smallness, small size, littleness
pienviljelijä small farmer
pieraista fart
pieru fart
piestä beat, thrash, whip, lash
pietismi Pietism
piha yard; (koulun) schoolyard, (maatalon) farmyard, (sisäpiha) courtyard (ajopiha) driveway *mennä pihan perälle* go to the outhouse
pihahtaa 1 hiss **2** (puhua) make a sound
pihamaa courtyard
piharakennus outbuilding
pihdit 1 pliers, (ottimet) tongs **2** (lääk) forceps **3** (kuv) clutches *pitää jotakuta pihdeissään* have someone in your clutches

pihi stingy, tight(-fisted)
pihinä fizzing, hissing
pihistä fizz, hiss *niin kauan kuin henki vielä pihisee* as long as I have a breath left in my body
pihistää 1 (puristaa) tighten **2** (näpistää) swipe, pinch **3** (kitsastella) pinch pennies, skimp **4** (välttää velvollisuutta) shirk
pihka sap, resin
pihkainen sappy, resinous
pihkassa *olla pihkassa johonkuhun* have a crush on someone
pihlaja rowan (tree)
pihti forked stick, crotch *joutua pihteihin* get into a bind
pihvi steak *Asia on pihvi* It's a deal
pii 1 (piikivi) flint **2** (aine) silicon **3** (geom) pi **4** (piikki) tooth, (haarukan) tine **5** (linnun ääni) peep
piika maid, hired girl
piikikäs 1 (piikkinen) stickery, prickly **2** (ivallinen) sarcastic, stinging, caustic
piikitellä jeer at, mock, tease, rag
piikittely jeering, mocking, teasing, ragging
piikivi flint
piikkarit (urh) spikes
piikki 1 (ruusun) thorn, prickle **2** (piikkisian) quill, (siilin) spine, (ampiaisen) stinger **3** (kamman) tooth, (haarukan) tine, (piikkarin) spike **4** (rakennustyökalu) spike, (sot hist) pike, (mer) peak **5** (pistos) shot, injection; (huumepiikki) fix **6** (pistosana) taunt, gibe, jeer, jab
piikkilanka barbwire
piikkilanka-aita barbwire fence
piikkisika porcupine
piileskellä hide out
piileskely hiding
piilevä hidden, concealed; (psyk) latent, dormant
piillä 1 be/lie hidden **2** (olla) be, lie *Missä vika piilee?* Where does the problem/fault lie? What's the problem?
piilo hiding place
piilokamera candid camera
piilolasit contact lenses, (ark) contacts
piilopaikka hiding place; (kätkö) cache, (ark) stash
piilopirtti safehouse
piilosilla *olla piilosilla* play hide and seek
piilossa hidden, concealed *mennä piiloon* hide
piilotajuinen unconscious
piilotajunta unconscious
piilotella hide (out)
piilottaa hide, conceal
piilottautua hide (yourself away)
piiloutua hide (yourself)
piimä buttermilk
piina suffering, pain, anguish, agony, torture
piinallinen 1 (kivulias) painful, agonizing, torturous **2** (kiusallinen) painful, embarrassing, difficult, awkward
piinapenkki (hist) rack *joutua piinapenkkiin* (kuv) be put on the spot, be raked over the coals
piinata pain, torture, torment
piintyä 1 (lika tms) get encrusted/ embedded **2** (ihminen) get stuck in your ways, fall into a rut
piipahtaa stop/drop by (for a brief visit)
piipittää peep
piipitys peeping
piippo wood rush
piippu 1 pipe **2** (pyssyn) barrel **3** (savupiippu: talon) chimney, (tehtaan) smokestack (ks myös piipussa)
piipussa 1 (uuvuksissa) exhausted, worn out, dead tired **2** (jumissa) stuck, jammed, (lauluääni) blocked **3** (pielessä) all balled up
piiputtaa act up, cause problems; (auto) stall, kill
piirakka pie
piiras pie
piiri 1 circle, ring *tanssia piirissä* dance in a ring/round **2** (ympyrän kehä) circumference, (aitauksen tms) perimeter **3** (ihmisryhmä) circle *asiasta hyvin perillä olevat piirit* well-informed circles **4** (toimiala) sphere, field *Se ei oikein kuulu tutkimukseni piiriin* I think that's a bit outside the compass of my

research **5** (hallinnollinen) district, (kaupungin) ward, (poliisin) precinct, (tuomiopiiri) circuit **6** (sähköpiiri) circuit
piirihallinto distinct government
piirijako division into districts, (omaan pussiin) gerrymandering
piirikonttori district office
piirikunta (administrative) district
piirileikki round game
piiripäällikkö district manager
piirittää 1 circle, surround **2** (saartaa) besiege, lay siege to, blockade
piiritys siege
piironki chest of drawers, bureau, dresser
piirre characteristic, feature, trait, aspect
piirrellä draw, doodle
piirros 1 drawing, sketch, design **2** (luonnos) outline, draft **3** (kuvio) diagram, figure
piirrättää have your picture drawn/sketched
piirto stroke *viimeistä piirtoa myöten* right down to the last/tiniest detail
piirtoheitin overhead projector
piirturi plotter, recorder
piirtyä be drawn *piirtyä muistiin* be inscribed/engraved/etched on your memory
piirtää 1 draw, sketch, make (pictures) *piirtää viiva* draw/trace a line *piirtää läpi* trace **2** (arkkitehti taloa tms) design **3** (luonnostella) outline, draft *piirtää vapaalla kädellä* draw freehand **4** (mat) describe **5** *piirtää nimensä* (alle) your name/signature scrawl
piiru 1 (piirto) mark, scratch, score **2** (mer) point *Suunta muutettiin neljä piirua oikealle* They changed course four points to starboard *ei piiruakaan* not one iota **3** (sot) mil **4** (sahalla) flitch
piirustaa draw, sketch, make (pictures)
piirustus drawing, sketch, outline, draft (ks myös piirros)
piirustuslehtiö sketchpad
piisami muskrat
piisata be enough *Se piisaa kyllä* That will be quite enough thank you
piiska whip, lash, switch, rod *saada piiskaa* get whipped
piiskata 1 whip, lash, flog *piiskata mattoja* beat rugs **2** (antaa selkään) spank **3** (hoputtaa) drive/urge (on)
piiskuri 1 (pol) whip **2** (ark) slavedriver
piispa bishop *piispan* episcopal
piitata care *En piittaa heidän mielipiteistään* I couldn't care less about what they think *kustannuksista piittaamatta* regardless of expense
piittaamaton 1 unconcerned, indifferent, unmoved **2** (ajattelematon) heedless, careless, thoughtless
piittamattomuus unconcern, indifference, heedlessness, carelessness, thoughtlessness (ks piittaamaton)
pikaa *tuota pikaa* quickly, in short order, in no time (at all)
pikainen 1 (nopea) quick, speedy *luoda pikainen silmäys* glance quickly (at) **2** (yhtäkkinen) sudden, abrupt *saada pikainen loppu* come to a sudden end **3** (viivyttelemätön) prompt *toimittaa tavarat pikaisesti* make prompt delivery
pikajuna express (train)
pikakelaus fast forward *kelata eteenpäin pikakelauksella* fast-forward
pikakirjoitus shorthand
pikakuva instant/Polaroid photo
pikakuvakamera instant camera, Polaroid camera
pikalinja express bus (line)
pikaluistelija speed skater
pikaluistelu speed skating
pikaluistin speed skate
pikamatka sprint *pikamatkojen juoksija* sprinter
pikapuoliin quickly, shortly, in a jiffy
pikari (wine) glass, cup, goblet
pikaruoka fast food
pikemmin 1 (nopeammin) sooner *Mitä pikemmin sitä parempi* The sooner the better **2** *pikemmin(kin)* rather, better *pikemmin(kin) liian paljon kuin liian vähän* better too much than too little
piki pitch

pikimmiten as soon as possible, ASAP
pikimusta pitch-black
pikkasen a little
pikkelsi pickle relish
pikku 1 little, small, slight *pikku hiprakassa* a little happy **2** (vähäpätöinen) minor, insignificant, trivial, petty *pikkuasia* a trifling matter
pikku-ukko little man, (mon) the little people *nähdä pikku-ukkoja* see pink elephants
pikkuaivot cerebellum
pikkuauto car
pikkuhousut underpants, (naisen) panties
pikkuinen little one
pikkuisen a little
pikkujoulu Christmas party
pikkujoulujuhla Christmas party
pikkukaupunki small town
pikkukaupunkilainen person from a small town, provincial
pikkukirjain lower-case/small letter
pikkulapsi (vauva) baby, (leikki-ikäinen) toddler, small child
pikkumainen 1 (pikkusieluinen) petty **2** (turhantarkka) pedantic
pikkumaisesti pettily, pedantically
pikkupaketti small packet
pikkurihkama knickknacks, bric-a-brac
pikkuriikkinen eensy-weensy, teeniney
pikkurilli pinkie, baby finger
pikkurumpu side drum
pikkuseikka minor detail
pikkusielu petty person
pikkusieluinen petty
pikkusormi pinkie, baby finger
pikkutakki jacket
pikkuvaltio small country
pila (practical) joke, prank, gag *tehdä pilaa* make fun (of) *Sehän oli vain pilaa* I was only joking
pilaantua 1 (mädäntyä) spoil, rot **2** (tärveltyä) be ruined
pilaantumaton good
pilailla joke (around)
pilailu 1 joking, tomfoolery, fun **2** (näytelmä) farce, burlesque
pilanpäiten in jest/fun/sport
pilanteko 1 (pilailu) joking, tomfoolery, fun **2** (pilkka) mockery, ridicule
pilapiirros 1 (ihmisen päästä) caricature **2** (sanomalehdessä) (political) cartoon
pilapiirtäjä caricaturist, cartoonist
pilari pillar (myös kuv), column
pilata 1 (tärvellä) ruin, spoil, damage **2** (saastuttaa) pollute, contaminate
pilkahdus flicker, trace, glimmer
pilkahtaa peep/peek out
pilkallinen sarcastic, mocking, derisive
pilkallisesti sarcastically, mockingly, derisively
pilkata mock, deride, ridicule, jeer at, make fun of *pilkata Jumalaa* blaspheme
pilke 1 (silmässä) gleam, glint, twinkle **2** *pilkkeet* (chopped) firewood
pilkistää peep/peek out *Aurinko pilkisti hetken pilvistä* The sun peeked out from behind the clouds for just a second
pilkka 1 mockery, derision, ridicule *pitää pilkkanaan* hold (someone) up to ridicule, make fun/sport of (someone) **2** *Jumalan pilkka* blasphemy **3** (maalitaulu) target
pilkkaaja mocker, scoffer, (Jumalan) blasphemer
pilkkahinta absurdly low price *ostaa pilkkahintaan* get a great bargain, buy (something) for a song
pilkka sattui omaan nilkkaan the joke backfired, he/she was hoist with his/her own petard
pilkki jig *pilkillä* ice-fishing
pilkkiä ice-fish
pilkkoa chop, split
pilkkopimeä pitch-dark
pilkku 1 (läiskä) speck, spot, stain; (kuv) blot **2** (välimerkki) comma (,), (desimaalipilkku) point (.) *nolla pilkku viisi* point five
pilkkusääntö punctuation rule
pilkulleen to a T

pilkunnussija hairsplitter, pedant
pilleri pill, (e-pilleri) the Pill
pillerihumalassa (ark) high, stoned, on drugs/something
pilli 1 pipe (myös urkupilli), tube *pistää pillit pussiin* take your ball and go home **2** (mehupilli) straw **3** (vihellyspilli) whistle (myös tehtaan); (ark sireeni) siren **4** (soitin: pikkuhuilu) fife, (ruokopilli) reed pipe *tanssia jonkun pillin mukaan* dance to someone's tune, march to someone's drum
pillittää bawl, blubber
pillu (sl) pussy
pilotti pilot
pilttuu stall, crib
pilvessä 1 (taivas) cloudy, clouded over **2** (ark ihminen) high, stoned
pilvetön cloudless
pilvi 1 cloud *Aurinko meni pilveen* The sun went behind a cloud *ylistää jotakuta pilviin asti* praise someone to the skies **2** *polttaa pilveä* smoke dope
pilvilinna castle in the air
pilvinen cloudy
pilvisyys cloudiness
pimahtaa (suuttua) blow up, blow a gasket, hit the roof *Kieli pimahti poikki* The string snapped
pimennys 1 (valojen) blackout **2** (auringon/kuun) eclipse
pimento darkness *pitää pimennossa* keep (someone) in the dark
pimentyä 1 get/dark dark, darken, (grow) dim *Taivas pimeni* The sky grew dark *Silmissäni pimeni* Everything went black, I blacked out **2** (aurinko/kuu) be eclipsed
pimentää 1 darken, obscure **2** (valot) black out **3** (järki) cloud (someone's mind)
pimetä ks pimentyä
pimeys darkness *Pimeyden Ruhtinas* the Prince of Darkness
pimeä *s* dark *pimeän tullen* at/come nightfall
adj **1** (myös kuv) dark, black **2** (laiton: puuha) shady, (kauppa) illicit, (palkka) under-the-table, (tulot) unreported
pimittää 1 (piilottaa) hide, conceal; (tietoja) withhold, hold back **2** (pimentää) darken, obscure
pimitys concealment, obfuscation
pimiö (valok) darkroom
pimiövalo (valok) safelight
pinaatti spinach
pingotin temple
pingottaa 1 (kiristää) tighten, tauten, stretch, (lihaksia) tense *Ihoani pingottaa* My skin feels (too) tight **2** (jännittää) tense up, be high-strung/uptight (rehkiä) push yourself, overdo (things) *pingottaa tenttiin* cram for a test
pingottua 1 tighten, tauten, stretch, (lihas) tense up **2** (hermot) be on edge, be keyed up
pingottunut 1 (stretched) tight, taut, tense **2** (hermot) on edge, keyed up
pingotus 1 tightness, tautness, tension **2** (tenttiin) cramming
pingviini penguin
pinkka pile, stack
pinko teacher's pet
pinna 1 (puola) spoke, bar **2** (piste) point **3** (hermot) nerves *pinna kireällä* uptight *Minulta katkesi pinna* I blew up, I hit the roof
pinnakkaislaite (valok) contact printer
pinnakkaisvedos contact print
pinnallinen superficial, shallow
pinnallisesti superficially
pinnallisuus superficiality, shallowness
pinnanmuodot contours, topography
pinnari 1 (velvollisuuksista) shirker, slacker **2** (koulusta) truant
pinnata 1 (velvollisuuksista) shirk, slack off **2** (koulusta) play truant; (ark) play hooky, skip, cut **3** (pinnoittaa) retread
pinne clip *olla pinteessä* be in a jam/ tight spot/fix
pinnistellä strain/exert yourself, do your best, huff and puff
pinnistely (self-)exertion
pinnistää strain/exert yourself, do your best, huff and puff

pinnoite (paperin tms) coating, (renkaan) retread
pinnoitettu rengas retread
pinnoittaa (paperia tms) coat, (rengasta) retread
pinnoitus coating, retreading
pino pile, (siisti) stack, (sekava) heap
pinota stack/pile (up)
pinotavara firewood sold by the cord
pinsetit tweezers
pinta 1 surface *pinnalta katsoen* superficially, to outward appearances *pysytellä pinnalla* keep your head above water **2** (taso) level *300 m meren pinnan yläpuolella* 300 meters above sea level **3** (maalikerros) coat, (lakka-pinta) finish **4** (iho) skin *paljas pinta* bare skin **5** *pinnassa* near, close to *rajan pinnassa* near the border *juosta maili neljän minuutin pintaan* do the mile in right around four minutes **6** *pitää pintansa* hold your own, stick to your guns, not give in, not fold up **7** *pinnalla* (julkisuudessa) in the public eye *pysytellä pinnalla* stay in the public eye, stay on top *päästä pinnalle* make it, make a name for yourself, become famous/known, become a celebrity
pinta-ala (geom) surface area, (tontin) acreage
pintakiilto veneer
pintapuolinen superficial, shallow
pintapuolisesti superficially
pinttyä 1 (lika tms) get encrusted/embedded **2** (ihminen) get stuck in your ways, fall into a rut *pinttynyt käsitys* (ransk) idée fixe, fixed idea, fixation
pioneeri pioneer
pioni peony
pipari cookie
piparjuuri horseradish
piparkakku (gingerbread) cookie
piparminttu peppermint
pipetti dropper
pipi *s* hurtie, owie
adj sick, feeling bad
pipo skicap
pippuri pepper *Painu sinne missä pippuri kasvaa!* Go jump in a lake!
pippurinen 1 (ruoka) peppery, spicy, hot **2** (luonne) fiery, passionate, spunky
pirahtaa 1 (pisara) squeeze out *Silmästä pirahti kyynel* A tear squeezed out of her eye **2** (kello) ring
pirauttaa 1 (itkeä) shed a few tears **2** (kelloa) ring; (puhelimella) ring (someone up), give (someone) a ring
pirinä ring(ing)
piripintaan *tulla/täyttää piripintaan* fill to the brim
piriste (aine) stimulant *kutsua päivän piristeeksi vieraita* have some people over to brighten up the day
piristysaine stimulant, (ark) pick-me-up
piristyä pick/cheer up, feel better/refeshed
piristä ring
piristää 1 (virkistää) refresh, enliven, stimulate **2** (ilahduttaa) cheer (someone) up, bring some cheer into (someone's) day
pirskahdus spurt
pirskahtaa spurt, spray
pirskeet party, (ark) shindig
pirssi car, (ark) wheels
pirstale piece, fragment, splinter *lyödä pirstaleiksi* smash to pieces/smithereens *mennä pirstaleiksi* go/fall to pieces (myös kuv)
pirstoa 1 smash (something) to pieces, bust/break/smash up **2** (puolue tms) split/break up, splinter
pirstoutua fall to pieces, shatter, splinter
pirtelö (milk)shake
pirteys liveliness, perkiness, peppiness, buoyancy, sprightliness, youthfulness (ks pirteä)
pirteä 1 (virkeä) lively, perky, peppy, buoyant; (vanhus) sprightly, youthful **2** (virkku) awake
pirtti 1 (talo) (log) cabin **2** (huone) greatroom
pirtu moonshine
piru devil *piru tappelemaan* a scrapper *pirun hyvä* damn(ed) good *maalata piruja seinille* be a prophet of doom, be an alarmist/pessimist/doomsayer

piruetti pirouette
piruilla have a little fun (with someone, at someone's expense)
pirullinen 1 (tilanne) diabolical **2** (ihminen) nasty, mean; (ivallinen) sardonic, sarcastic *pirullinen hymy* sardonic/sarcastic smile **3** (temppu) rotten, dirty
pirunmoinen helluva, (one) hell of a *hän on pirunmoinen mies* he's one hell of a guy/man
pisama freckle
pisara drop *pisara meressä* a drop in the bucket/ocean
pisaratartunta airborne/droplet infection
pisaroida 1 (muodostaa pisaroita, vars hiki) bead (up) **2** (juoksennella pisaroina) trickle/run (down) **3** (vuodattaa pisaroita) drip, (sade) sprinkle
piski mutt, pooch
piskuinen a slip of a *piskuinen tyttö* a slip of a girl
pissa pee; (lasten) potty, peepee, weewee; (vahvempi) piss *käydä pissalla* (lapsi) go pee/potty/weewee, (vahv) take a piss, (euf) go to the bathroom
pissahätä *Mulla on pissahätä* I gotta go pee/number one
pissata (lapsi) go pee/potty/weewee, (vahv) take a piss, (euf) go to the bathroom
pissattaa *Mua pissattaa* I gotta go pee/number one
piste 1 (kohta) point *kriittinen piste* critical point *kuollut piste* dead center *Olemme siis vieläkin samassa pisteessä* So we're back at square one, so we haven't made any progress at all **2** (arvoasteikon) point *saada hyvät pisteet kokeista* get a high score on the test **3** (i:n päällä, myös sähkötyksessä) dot **4** (lauseen lopussa) period *panna jollekin piste* put a stop to something **5** (täplä) spot, dot **6** (myyntipiste) outlet, branch
piste-ero point spread
piste i:n päällä (kuv) icing on the cake
pistekirjoitus Braille
pisteliäs sarcastic, cutting
pisteliäästi sarcastically, cuttingly
pistellä 1 (reikiä) poke, prick, puncture **2** (kirvellä) sting, burn, smart **3** (piikitellä) needle, ridicule, mock, jeer at **4** (kävellä, juosta) pump your legs, hump it
pistellä poskeensa stuff/feed your face
pistely 1 (kirvely) stinging, burning, smarting **2** (piikittely) needling, ridicule, mocking, jeering, sarcasm
pistemittari (valok) spot meter
pistemittaus (valok) spot metering
pistesaalis total points, final score
pistesija ranking (in points)
pistetilanne score
pisteviiva dotted line
pistevoitto win (in points)
pistin bayonet
pisto 1 (mehiläisen) (bee)sting **2** (puukon) stab, (neulan) prick, (renkaassa) puncture **3** (harhakuvitelmiin) puncture, (sydämeen) pang, (omantunnon) prick **4** (miekkailussa) hit
pistooli pistol, handgun, (pieni) derringer
pistos 1 sting, stab, prick, puncture (ks pisto) **2** (lääk) shot, injection **3** (vihlova kipu) stab(bing pain), stitch, twinge
pistosaha keyhole/compass/stab saw
pistäytyä stop/drop in (for a brief visit)
pistää 1 (terävä) stab, poke, prick, jab; (ampiainen) sting *Minua pistää rinnasta* I have a stabbing pain in my chest **2** (sana, muisto tms) sting, rankle, burn *pistävä haju* sharp smell **3** (työntää) put, push, insert, stick **4** (antaa) give, hand, slip (something into someone's hand) **5** (työntyä esiin) stick/jut/hang/peep out, protrude **6** (jää kääntämättä, ks hakusanat) *pistää kone käyntiin* start the engine
pistää esiin stick/jut/hang/peep out, protrude
pistää korvaan sound funny/odd
pistää kuntoon put (things) in order
pistää lauluksi strike up a song
pistää leikiksi laugh it off

pistää lusikkansa soppaan meddle with something, stick your (big fat) nose into something
pistää mieleen occur (to someone)
pistää nenänsä johonkin stick/poke your nose into something (that's no concern of yours), into someone else's business
pistää nimensä alle sign your name
pistää palamaan (tupakaksi) light up
pistää pillit pussiin take your ball and go home
pistää poskeensa stuff/feed your face (with)
pistää pystyyn organize, arrange
pistää päähän occur (to someone)
pistää rahoiksi rake in the dough, make big bucks
pistää reikä johonkin poke a hole in something, pierce/puncture something
pistää silmään be obvious/conspicuous, stick out like a sore thumb
pistää sisulle make you mad, get your goat
pistää toimeksi get busy, get right down to it, get to work
pistää tupakaksi light up
pistää tuulemaan let 'er rip, let loose
pistää vastaan resist, fight back, get your back up, dig your heels in
pistää vihaksi make you mad, get your goat
pistää väliin put in, interject
pitimiksi *tehdä työtä vain henkensä pitimiksi* only work to keep body and soul together
pitipäs sattua that's just what we needed, great
pitkin 1 (viertä) along **2** (kautta) by (way of), via **3** (lävitse) through *putkea pitkin* through a pipe **4** (päältä) on, across *maata pitkin* along/on/across the ground **5** (ympäriinsä) all over *juoksennella pitkin huonetta* charge all over the room **6** (ylös) up *kiivetä kallion seinämää pitkin* climb up the face of a cliff **7** (koko) all (the) *pitkin vuotta* all (through the) year
pitkin ja poikin far and wide, here and there, this way and that, every which way *matkata pitkin ja poikin Suomea* crisscross Finland
pitkin matkaa the whole way, all along, all the time (we were driving)
pitkin pituuttaan full length *kaatua pitkin pituuttaan* fall flat (on your face)
pitkistyä be prolonged/protracted, drag on
pitkittyä be prolonged/protracted, drag on
pitkittäin lengthwise
pitkittäinen longitudinal
pitkittää 1 (venyttää) prolong, protract, extend **2** (viivyttää) delay
pitko coffee-bread loaf; (palmikoitu) twist, (pieni) cruller
pitkospuut causeway
pitkulainen oblong, (soikea) oval
pitkä long, (ihminen) tall *Aika käy pitkäksi kun ei ole mitään tekemistä* Time drags when there's nothing to do *päivät pitkät* day after day, days on end
pitkäaikainen 1 long(-standing) **2** (laina) long-term **3** (pitkällä tähtäyksellä) long-run **4** (pitkittynyt) protracted
pitkä aikaväli long time *pitkällä aikavälillä* over the long haul
pitkällinen prolonged, protracted
pitkällä 1 (ulkona) sticking out, protruding *Hän ei ajattele nenäänsä pitemmälle* He thinks no farther than the end of his nose **2** (kaukana) far *kulkea pitkällä muiden edellä* walk way ahead of the others *Tuolla asenteella et kyllä kovin pitkälle pääse* You won't get far with an attitude like that **3** (etenemisestä) well along *Hanke on jo pitkällä* The project is already well under way, well along **4** (ajasta) well into *Oltiin silloin pitkällä heinäkuussa* We were already well into July by then *jutella pitkälle yöhön* talk well into the night
pitkällään lying down, (vatsallaan) supine, (selällään) prone
pitkälti (aikaa) a long time, (matkaa) a long way *pitkälti yli 1000 mk* well over a thousand marks

pitkämatkainen (guests) from far away
pitkä nenä *näyttää jollekulle pitkää nenää* thumb your nose at someone
pitkän matkan long-range
pitkänomainen oblong
pitkän tähtäyksen long-range
pitkänä stretched out *kieli pitkänä* with your tongue hanging out *juosta kieli pitkänä* run hell-bent for leather
pitkä penni a pretty penny
pitkäperjantai Good Friday
pitkäpiimäinen boring, tedious
pitkäsiima longline, trawl line
pitkästi ks pitkälti
pitkästyminen boredom, getting bored
pitkästyttävä boring, tedious, dull
pitkästyttää bore, put (someone) to sleep
pitkästyä get bored (with)
pitkästä aikaa! long time no see!
pitkät aallot long waves
pitkätukkainen long-haired
pitkävartinen long-handled
pito 1 (mehiläisten tms) keeping **2** (kutsujen tms) holding, having **3** (renkaiden) traction **4** *pidot* party
pitoisuus content *sokeripitoisuus* sugar content
pitopalvelu catering service, caterer
pitsi lace
pituinen long, (korkuinen) high, tall *kahden metrin pituinen* (lauta tms) two meters long, (ihminen) two meters tall, (pystypaalu) two meters high
pituus 1 length *kaatua pitkin pituuttaan* fall flat (on your face) **2** (korkeus) height *kasvaa pituutta* shoot up **3** (pituusaste) longitude *26 astetta läntistä pituutta* 26 degrees east longitude **4** (urh pituushyppy) long jump *hypätä pituutta* do the long jump
pituusakseli longitudinal axis
pituusaste degree (of) longitude
pituushyppy long jump
pituushyppääjä long jumper
pituusmitta length, linear measure
pituussuuntainen longitudinal
pitäisi should, ought to *Pitäisihän sinun se tietää* You should know
pitäjä parish, county
pitävä vene watertight boat
pitäytyä stick/cling to, not budge from
pitää 1 (kädessä, paikallaan) hold *Pitääkö tämä köysi?* Will the rope hold? *Pidätkö tätä hetken?* Could you hold this for a second? (ks myös hakusanat) **2** (itsellään, lupaus) keep *Saanko pitää tämän?* Can I keep this? *Luuletko, että hän pitää lupauksensa?* Do you think he'll keep his promise? (ks myös hakusanat) **3** (yllä) maintain *Osaatko pitää nämä herhiläiset kurissa?* Can you maintain discipline with these wild animals? *pitää liian suurta hintaa* ask an exorbitant price, overcharge **4** (ääntä tms) make *Voisitteko pitää hiukan vähemmän ääntä?* Could you keep it down in there, could you try to make a little less noise? (ks myös hakusanat) **5** (lomaa tms) take *Pidä välillä tauko* Why don't you take a break for a change? **6** (jonakin) find, consider, take (someone/something) for *Pidin sinua ystävänäni* I thought you were my friend **7** (joinakin) treat *Hän pitää meitä vauvoina* He treats us like babies **8** (jostakin) like *Mitä pidät uudesta mekostani?* How do you like my new dress? **9** *Minun pitää* I must, I have to *Sinun pitää mennä jo* Now you really must be going *Mitä minun pitikään sanoa?* What was I going to say? *Minun piti juuri lähteä* I was just leaving *Ei sinun pidä pelätä* Don't be afraid *Kyllä sinulla pitää olla huono näkö jos et sitä näe* You really must be nearsighted if you can't see that
pitää asianaan take it upon yourself (to do something)
pitää elossa keep (someone) alive
pitää enemmän kuin *pitää jostakusta/jostakin enemmän kuin* prefer something to (something else)
pitää esitelmä give a lecture/speech
pitää hauskaa have fun
pitää hengissä keep (someone) alive

pitää hereillä keep (someone) awake
pitää huolta 1 (jostakusta) take care (of someone) **2** (että jotain tapahtuu) make sure (that)
pitää hyvänä 1 (hoitaa) take (good) care of, care for, nurse **2** (hyväillä) caress, stroke, show love/tenderness/ affection for
pitää hyvänään keep (something) *Pidä hyvänäsi!* Keep it (and good riddance)!
pitää isoa suuta talk big, be all talk
pitää jonkun puolta stick up for someone, go to bat for someone
pitää jostakusta/jostakin enemmän kuin prefer something to (something else)
pitää jotakuta kädestä hold someone's hand, hold someone by the hand
pitää jännityksessä keep (someone) in suspense
pitää järjestystä maintain (law and) order
pitää kiinni hold onto (something)
pitää kirjaa (kirjanpitäjä) keep the books; (ark) count, keep track (of)
pitää kokous hold a meeting
pitää koossa hold (something/ someone) together
pitää kuin piispaa pappilassa treat (someone) like royalty
pitää kuria maintain discipline
pitää kutinsa be on the mark, hold water
pitää kutsut throw a party
pitää kuulustelu 1 (poliisi) hold an interrogation **2** (opettaja) give an exam
pitää kädestä *pitää jotakuta kädestä* hold someone's hand, hold someone by the hand
pitää lomaa take a vacation, go on vacation, take time off
pitää luento give a lecture
pitää lujilla press (someone), keep (someone) hard pressed
pitää lupauksensa keep your promise
pitää melua 1 make noise, be noisy **2** (jostakusta) make a fuss (over), make a big deal (about)
pitää mielessä bear in mind
pitää muita jumalia *Älä pidä muita jumalia minun rinnallani* Thou shalt have no other gods before me
pitää mukanaan carry (something) with you
pitää neuvoa consult (with someone)
pitää oikeutenaan consider it your right (to do something)
pitää omana tietonaan keep (something) to yourself
pitää paikkaa jollekulle save a seat/spot for someone
pitää paikkansa be/hold true, hold water
pitää pankkia (peleissä) be the banker
pitää peukkua cross your fingers
pitää pienempää suuta quiet/pipe down
pitää pilkkanaan make a fool of (someone), ridicule, mock, make fun of
pitää pintansa hold your own, stick to your guns, not give in, not fold up
pitää puhe give a speech
pitää puolensa stick to your guns, stick up for your rights
pitää puolta *pitää jonkun puolta* stick up for someone, go to bat for someone
pitää päänsä stick to your guns, efuse to budge/negotiate/ compromise, have your way
pitää ravintolaa own/run/manage a restaurant
pitää ruokalepo take a siesta
pitää sadetta be rainproof
pitää sanansa keep your word
pitää sanomansa *Mitä minun pitikään sanomani?* What was I going to say?
pitää seuraa jollekulle keep someone company
pitää silmällä keep an eye on
pitää silmäpeliä jonkun kanssa make eyes at someone
pitää silmät auki keep your eyes peeled

pitää sisällään include
pitää suotavana find/consider it wise (to do something)
pitää suukopua make a fuss (over)
pitää suunsa kiinni keep your mouth shut
pitää suuta *pitää pienempää suuta* quiet/pipe down *pitää vähempää suuta* make less noise, keep it down to a dull roar *pitää isoa suuta* talk big, be all talk
pitää taloutta keep house, run the household
pitää tauko take a break
pitää tilanteen tasalla keep (someone) informed/up-to-date
pitää vallassaan have/hold (someone) in your power
pitää vapaata take time off
pitää velvollisuutenaan consider it your duty (to do something), feel dutybound (to do something)
pitää vihaa carry a grudge
pitää vähempää suuta make less noise, keep it down to a dull roar
pitää vähältä be close, be a close one/call
pitää väliä 1 (levätä) take it easy, take a break **2** (välittää) care (about someone)
pitää yhteyttä stay/keep in touch (with)
pitää yhtä band/stick together, speak with one voice
pitää yllä maintain
pitää ääntä make (a) noise
piukat paikat tight spot *joutua piukkaan paikkaan* get in a tight spot, get in a jam
piukka tight *piukat farkut* tight jeans
piupaut *antaa jollekulle piupaut* not give a damn about someone
pivo palm *parempi pyy pivossa kuin kymmenen oksalla* better a bird in the hand than two in the bush
pizza pizza
pizzeria pizzeria, pizza house/ restaurant
plagioida plagiarize
planeetta planet
planetaario planetarium
plasma plasma
plasmanäyttö plasma display
plastiikkakirurgi plastic surgeon
plastiikkakirurgia plastic surgery
platina platinum
platoninen platonic
plus 1 plus *2 + 2 = 4* two plus two is/equals four *Siinä on liukuva työaika plus siitä maksetaan hyvin* They're on flextime, plus they pay well **2** (plusasteita) above zero *plus kaksi* two degrees above zero
pluskvamperfekti past perfect
plussa plus *Se on iso plussa* That's a real plus
plutonium plutonium
plyysi plush
pneumaattinen pneumatic
pohatta tycoon, magnate; (ark) bigshot, bigwig
pohdinta 1 (harkinta) thought, consideration **2** (keskustelu) debate, discussion
pohja 1 bottom, base, basis, foundation, ground *hyvällä pohjalla* (rakennelma) securely/well founded; (asia) well founded/grounded, on a solid footing *meren pohjassa* at the bottom of the ocean/sea *mennä pohjaan* sink (to the bottom), go aground *sydämeni pohjasta* from the bottom of my heart *jonkin pohjalta* on the basis of something *yhteinen pohja* common ground **2** (pohjola) north *pohjan perillä* in the far north
pohjainen -bottomed
pohjalainen *s, adj* Ostrobothnian
pohjallinen insole
Pohjanlahti Gulf of Bothnia
Pohjanmaa Ostrobothnia
pohjanoteeraus bottom price/figure/ quotation; (kuv) the dregs *Se oli todellinen pohjanoteeraus* That was really an all-time low
pohjapiirros floor plan, layout
pohjasakka sediment; (kuv) the dregs
pohjata 1 (kenkä) resole **2** (ulottua pohjaan) reach/touch the bottom **3** (pohjautua) be based/founded/ grounded on, rely on

pohjaton bottomless (myös kuv:) abysmal
pohjautua be based/founded/ grounded on, rely on
pohjavesi groundwater
pohje calf
pohjia myöten thoroughly, in depth/ detail
pohjimmainen 1 (alimmainen) bottom(most), lowest, lowermost **2** (kuv) fundamental, basic, ultimate
pohjimmiltaan fundamentally, basically, ultimately, at bottom
pohjoinen *s* (the) north *pohjoiseen* (to the) north of *Jyväskylästä pohjoiseen* north of Jyväskylä *pohjoisessa* up north *adj* north(ern/-erly) *pohjoista leveysastetta* degrees (of) northern latitude *pohjoisin* northernmost
Pohjois-Carolina North Carolina
Pohjois-Dakota North Dakota
pohjois-eteläsuunta (a) north-south direction *kulkea pohjois- eteläsuunnassa* run north and south
Pohjois-Irlanti Northern Ireland
Pohjois-Jemen Yemen Arab Republic
Pohjois-Korea North Korea
pohjoiskorealainen *s, adj* North Korean
Pohjoismaat the Nordic countries
pohjoisnapa the North Pole
pohjoispuoli northern side *jonkin pohjoispuolella* (to the) north of something
pohjoispuolinen northern
pohjoispuolitse (to the) north of
pohjoispää northern end
pohjoissuomalainen *s* Northern Finn
adj northern Finnish
Pohjois-Suomi Northern Finland
pohjoistuuli northerly (wind)
Pohjola Northern Europe, the Nordic countries; (mytologiassa) *pohjola* ('pohjoinen seutu') the North
pohjukka bottom
pohjus base
pohjustaa 1 (maalipinta) prime **2** (asia) lay the groundwork for, pave the way for
pohtia 1 (mielessään) consider, ponder, reflect on, think about **2** (muiden kanssa) discuss, debate; (ark) hash over
poiju buoy
poika 1 boy, (oma) son *Katsos poikaa!* Attaboy! *aika poika* quite a guy, a helluva guy *isänsä poika* a chip off the old block, like father like son *Hyvät pojat sentään!* Oh boy! **2** (hyvä) good *Kahvi tekisi nyt poikaa* A cup of coffee would hit the spot right about now
poikajoukko crowd/gang/bunch of boys
poikakoulu boys' school
poikamainen boyish
poikamies bachelor, single man
poikanen 1 (poika) (a mere) boy, lad **2** (nuori eläin: kissan) kitten, (kanan) chick, (linnun) fledgling **3** (häivä) hint, trace *hymyn poikanen* the faintest hint/trace of a smile
poikarukka poor boy
poiketa 1 (tieltä, myös kuv) turn off, diverge, deviate, stray, (asiasta) digress *tavallisesta käytännöstä poiketen* contrary to standard procedure **2** (pistäytyä) stop off, drop/stop in **3** (olla erilainen) (be) differ(ent) *poiketa edukseen muista* stand (head and shoulders) above the others, stand out from the crowd
poikia 1 (eläin) bring forth young, have (kittens/puppies/jne); (hevonen) foal, (lehmä) calve *Kun kovalle ottaa niin koiraskin poikii* In a pinch even a rooster will lay eggs **2** (asia) spawn, generate *poikia halpoja jäljitelmiä* spawn (a flood of) cheap imitations *panna raha poikimaan* put your money to work
poikin *pitkin ja poikin* far and wide, here and there, this way and that, every which way *matkata pitkin ja poikin Suomea* crisscross Finland
poikittain crosswise, diagonally, obliquely
poikittainen transverse
poikkeama 1 divergence, variation, deviation *sallittu poikkeama* tolerance **2** (fys) deflection **3** (tavanomaisesta) deviation, departure

poikkeava *s* deviant
adj deviant, different, divergent, abnormal
poikkeuksellinen exceptional, (erinomainen) extraordinary *poikkeuksellisen* exceptionally
poikkeuksellisesti exceptionally
poikkeus exception *Ei sääntöä ilman poikkeusta* There's an exception to every rule *sillä poikkeuksella että* except, with the (single) exception that
poikkeuslaki emergency law
poikkeustapaus exception(al case)
poikkeustila state of emergency; (sot) martial law
poikkeustoimi special/exceptional/emergency measure
poikkeus vahvistaa säännön the exception proves the rule
poikki *adj* **1** (murtunut) broken, fractured; (irti) broken off, severed **2** (kuitti) exhausted, beat, dead tired *Olen aivan poikki* I'm pooped!
adv (kahtia) in two/half, (irti) off *Minulta meni jalka poikki* I broke my leg *panna poikki* cut, chop/lop off;
postp (yli) across, (läpi) through *juosta pihan poikki* run/cut across/through the yard
poikkikatu cross street
poikkileikkaus cross-section
poikkinainen 1 (rikkinäinen) broken **2** (vastustava) *Ei sille uskalla sanoa poikkinaista sanaa* I'm afraid to cross him *poikkinaista puhetta* backtalk, sass
poikkisuuntainen cross-directional
poikkitie crossroad
poikkiviiva cross line/rule; (mer) beam; (mat) transversal
poikue (nisäkäs) litter, (lintu) brood
poikuus boyhood
poimia 1 (irrottaa varresta) pick **2** (kerätä) gather, (tietoja) glean **3** (noukkia maasta) pick up **4** (valita) pick out
poimu 1 (ihossa) wrinkle, line, (otsassa) furrow; (vauvalla) fold **2** (vaatteessa) fold, (laskos) tuck **3** (Star Trekissä) warp
poimuilla wrinkle, fold
poimuttaa 1 (kangasta: laskostaa) fold, pleat; (poimutella) drape; (röyheltää) ruffle, crimp(le) **2** (tekn) corrugate
poimutus folding, pleating, draping, ruffling, crimp(l)ing, corrugation (ks poimuttaa)
pointillismi pointillism
pointillisti pointillist
pois 1 (veck) away, (päältä) off, (sisältä) out *Mene pois!* Go away! Get out of here! Get out of my face! Beat it! *jättää pois* omit, neglect to mention *jäädä pois* stay away; (kokouksesta tms) fail to appear; (moottoritieltä) exit, get off **2** (vain) ahead *Sano pois!* Go ahead and say it! Spit it out! Cough it up! *Usko pois!* You'd better believe it!
poismennyt the deceased, the departed *poismennyt mieheni* my late husband
poismeno death
poisnukkunut the deceased, the departed
poispääsy escape, way out *Tästä ongelmasta ei ole mitään poispääsyä* There's nothing to do about this, we're stuck with this one
poissa 1 (poissaoleva) absent, gone, somewhere else, not here, off (doing something), away **2** (jostakin) away from, out of *Poissa silmistä, poissa mielestä* Out of sight, out of mind
poissaoleva absent
poissaolo absence
poissaololupa permission to be absent; (sot) leave
pois se minusta! perish the thought
poistaa 1 remove, take off/out/away *poistaa kaikki epäilykset* remove all doubt *poistaa epäkohta* remedy a flaw/defect *poistaa hammas* pull/extract a tooth *poistaa juurineen* uproot, eradicate, extirpate *poistaa maasta* deport (someone) *poistaa mielestään* put (something/someone) out of your mind, (pelot) banish, (ajatus) suppress *poistaa tapetit* strip (off) wallpaper **2** (pyyhkiä pois) erase, obliterate, delete *poistaa käytön jäljet* remove/obliterate/

rub off/erase all traces/signs of use **3** (jättää pois) omit, leave out *poistaa sana tekstistä* delete a word in the text **4** (liikenteestä: rahaa) withdraw (from circulation), take (a bus) out of service *poistaa käytöstä* (linja-auto tms) take (a bus) out of service; (kengät tms) discard **5** (peruuttaa) repeal, cancel, revoke, do away with; (orjuus) abolish **6** (mitätöidä) annul, nullify, invalidate **7** (kirjanpidossa: kokonaan) write off, (osa) depreciate, mark down **8** (oikeusjuttu) vacate, dismiss

poisto 1 removal **2** (liik) write-off, mark-down, depreciation (ks poistaa 7)

poistua 1 leave, depart, go/walk away *poistua hyvästelemättä* leave/go without saying goodbye *poistua junasta* get off the train **2** (näytelmässä) exit *Lear poistuu* exit Lear *kaikki poistuvat* exeunt all **3** (tahra tms) come out

poistua keskuudestamme depart (this world)

poistua näkyvistä vanish, disappear from sight

poistua näyttämöltä (teatterissa) exit; (kuv) quit the scene

poju boyo, sonny-boy

pokaali trophy

pokkuroida bow (and scrape) (before), fawn on

poks pop, pow

poksahdus pop

poksahtaa (go) pop, burst

polarisaatio polarization

polarisaatiosuodin (valok) polarizer, polarizing filter

poleeminen polemic(al)

polemiikki polemic

poli 1 (polikliniikka) the ER (emergency room) **2** (polytekninen oppilaitos) the poly *Kalifornian polytekninen korkeakoulu* Cal Poly

poliisi 1 (laitos) the police; (ark) the fuzz/cops **2** (ihminen) police(wo)man, police officer; (ark halv) cop, fuzz, pig; (leik) Smokey (the Bear) *liikkuva poliisi* highway patrol(man) *siviilipukuinen poliisi* plain-clothes(wo)man

poliisiauto police car; (ark) cop car, cherry-top

poliisikomisario police lieutenant

poliisikonstaapeli police officer

poliisilaitos 1 (hallinnollinen) police department **2** (fyysinen) police station, (ark) the precinct, the station

poliisimestari chief of police

poliisipäällikkö police commissioner

poliitikko politician

poliittinen political

poliittisesti politically

poliittisuus political nature/aspect

poliklinikka emergency room, ER

polio polio

politiikka 1 (poliittinen toiminta) politics **2** (periaatteellinen toimintamalli) policy

politikoida politic (for)

politisoida politicize

politisoitua be politicized

poljento beat, rhythm

poljin pedal *kaasupoljin* gas pedal *kytkinpoljin* clutch pedal *jarrupoljin* brake pedal

polkaista step/stamp on *polkaista kaasua* step on it *polkaista käyntiin* (moottoripyörä) kickstart

polkea 1 (tallata) trample, walk/tread on; (tömistellä) stamp (your foot/feet) **2** (poljinta: polkupyörän) pedal, (jalkakäyttöisen ompelukoneen) treadle, (sähköisen ompelukoneen) work **3** (oikeuksia tms) trample on, walk all over

polkea hintoja (taloudellinen tekijä) drive/force prices down; (myydä alihintaan) dump

polkea jalkoihin trample underfoot

polkea varpaille *polkea jonkun varpaille* step on someone's toes (myös kuv)

polkea maahan walk on, trample underfoot, trample in the mud

polkea paikallaan get nowhere, mark time

polkea tahtia beat time (with your foot), tap your foot to the beat

polkka polka

polku (foot)path, trail, track; (kuv) path
polkupyörä bicycle, (ark) bike
polkupyöräilijä bicyclist, (ark) biker, bike-rider
polkupyöräily bicycling, bike-riding
polkupyörän lukko bicycle lock
polkupyörän rengas bicycle/bike tire
polkupyörätie bicycle/bike path
polkupyörävaras bicycle/bike thief
polkupyörävarkaus bicycle theft
polkusin treadle, pedal
pollari 1 (mer) bollard, bitt **2** cop, fuzz, pig, Smokey (the Bear)
poloinen poor, miserable, wretched
polskutella splash around
polskuttaa splash
polte burning, sting(ing), ache, fire *polte veressä* fire in your veins *rakkauden polte* the fire of love
poltella (kirjeitä tms) burn, (tiiliä) fire, (piippua) smoke
poltin burner
polttaa 1 burn, (kuumalla vedellä) scald, (savitavaraa) fire, (polttouunissa) incinerate **2** (polttohaudata) cremate **3** (lääk) cauterize **4** (tupakoida) smoke *Ethän polta kiitos* Thank you for not smoking **5** (kirvellä) burn, sting, smart **6** *Raha poltti hänen taskussaan* He had money burning a hole in his pocket *Maa alkoi polttaa hänen jalkojensa alla* It was getting too hot for comfort **7** (pesäpallossa) put (someone) out, make an out **8** (saada kiinni) catch (someone) red-handed/in the act
polttaa kaikki sillat takanaan burn your bridges behind you
polttaa kynttilää molemmista päistä burn your candle at both ends
polttaa näppinsä get your fingers burnt (myös kuv)
polttaa päreensä blow your top, hit the roof
polttaa roviolla burn (someone) at the stake
polttaa viinaa make moonshine
polttaja smoker
polttimo 1 (viinan) distillery **2** (tiilen) brickworks **3** (poltin) burner **4** (lamppu) bulb
poltto 1 burning, combustion **2** (savitavaran) firing **3** (kipu) burning/stinging (pain), (supistus) contraction *(synnytys)poltot* labor (pains) *Miten kauan poltot kestivät?* How long were you in labor?
polttoaine fuel
polttoaineenkulutus fuel consumption; (litraa satasella) miles per gallon, mpg
polttoainesäiliö fuel tank
polttohautaus cremation
polttopiste focus
polttopuu piece of firewood; (mon) firewood
polttorovio pyre *polttaa roviolla* burn at the stake
polttouhri burnt offering
polveilla wind, twist, zigzag, meander (myös kuv)
polveke 1 (tien, joen) bend, curve, turn **2** (tekn) bend, knee, angle
polveutua 1 (jostakusta) be descended (from), be a descendent of **2** (biol, kiel ym) descend/derive from
polvi 1 knee *mennä polvilleen* kneel (down), drop to your knees; (katolisessa kirkossa) genuflect *istua jonkun polvella* sit on someone's knee *istua jonkun polvilla* sit on/in someone's lap **2** (joen) bend **3** (tekn: putken) elbow, (muu) bend, knee, joint **4** (sukupolvi) generation *polvesta polveen* from generation to generation *alenevassa polvessa* in direct (lineal) descent
polvihousut knickers
polvillaan (down) on your knees
polvinivel knee joint; (tekn) toggle/elbow joint
polvistua kneel (down), (katolisessa kirkossa) genuflect
polvisukka kneesock; knee-high sock
polvisuojus kneepad
polyteismi polytheism
polyyppi polyp

pommi 1 bomb **2** (jymyuutinen) bombshell **3** *mennä pommiin* bomb *nukkua pommiin* oversleep
pommikone bomber
pommiräjähdys explosion
pommittaa bomb(ard) *pommittaa kysymyksillä* bombard someone with questions
pommittaja bombadier
pommitus bombing, bombardment, shelling; air raid
pommiuhka bomb threat
pommivaroitus bomb warning
pomo boss
pompottaa 1 (palloa) bounce **2** (ihmistä) jerk around, haze
pompotus 1 (pallon) bouncing **2** (ihmisen) hazing
pomppia 1 (pallo) bounce **2** (ihminen: ylösalas) bounce/bound/hop/pop up and down, (sängyssä) jump (up and down)
poni pony
ponnahdus spring, bounce, (re)bound
ponnahtaa spring/bound/(re)bound (back/off)
ponnekaasu propellant (gas)
ponnekas emphatic, strong, urgent, energetic
ponnekkaasti emphatically, strong, urgently, energetically
ponnekkuus emphasis, urgency, energy, drive; (ark) go-get-'em, get-up-and-go
ponneton slack, weak, feeble
ponnistaa 1 (työntää) push *Ponnista!* Push! (synnytyksessä) Bear down! **2** (loikkia) push off, leap, jump **3** (yrittää kovasti) try hard, make a massive/great/ supreme effort, put your back into it; (kilvoitella) struggle, strive
ponnistaa kaikkensa give it your all, muster all your strength
ponnistaa liikaa overdo it, overexert/strain yourself
ponnistella push, try hard, keep your nose to the grindstone, struggle, strive
ponnistus 1 (työntö) push **2** (yritys) effort, exertion, struggle
ponsi 1 (eduskunnassa) resolution **2** (ponnin) incentive, spur **3** (ponnekkuus) energy, drive
ponteva emphatic, strong, forceful, energetic
pontevasti emphatically, strongly, forcefully, energetically
pontikka moonshine
ponttilauta tongue-and-groove board
ponttoni pontoon
poolo polo
poolopaita turtleneck
pop *s* pop music
adj (suosittu) pop(ular), in
popkulttuuri pop culture
popmusiikki pop music
poppakonsti trick, gimmick, easy solution *Tähän ei ole mitään poppakonstia* There's no easy answer here
poppamies witch-doctor, medicine man, shaman
poppeli poplar
popsia (pillereitä, karkkia) pop; (muuta ruokaa) wolf down, gobble up
populaarikulttuuri popular culture
populaatio population
pora drill
porakone (power) drill
poranterä drill bit
porari blaster, dynamiter
porata 1 drill (a hole in), (esim moottoria) bore (out) **2** (katseellaan) look straight through you **3** (itkeä) bawl
poraus drilling, boring
porauslautta offshore drilling rig
poraustasanne drilling platform
pore bubble
poreallas jacuzzi, hot tub
poreilla 1 bubble, effervesce, sparkle, fizz **2** (keitto) simmer
poreilu bubbling, fizzing, simmering
porho tycoon, magnate; (ark) fat cat
porilainen 1 (ruoka) meatpie with wiener **2** (marssi: lähin vastine) Hail to the Chief
porina hum(ming), murmur(ing)
porista hum, murmur
porkkana carrot
porkkanalaatikko carrot casserole

porkkanaraaste (grated) carrot salad
pormestari mayor
porno porn(o)
pornofilmi porn/stag/dirty movie, skin flick, (euf) adult/X-rated movie
pornografia pornography; (ark) nudie/girlie pictures/magazines/jne, cheesecake; (euf) entertainment for men; (sl) tits-and-ass, T&A
pornografinen pornographic
pornolehti porn magazine; (sl) stroke mag; (euf) men's magazine
poro 1 (eläin) reindeer **2** (sakka) dregs, (kahvin) grounds *palaa poroksi* burn to the ground, to ashes
poroerotus (reindeer) roundup
poronliha reindeer (meat)
poropeukalo butterfinger(s)
poroporvari petty bourgeois
porottaa scorch, parch, burn
porras 1 (rappu: ulko) step, (sisä) stair(step), (rakenteellisesti) riser *portaat* steps, stairs, (portaikko) stairway/-case/-well **2** (kerrostalossa: ulko-ovi) door *Mikä porras se on?* Which door is it? **3** (virkahierarkiassa) step, rung (on the ladder), level, echelon *johtoporras* management, higher echelon *portaat* ladder
porraskäytävä stairway/-case/-well
porrastaa 1 (kaltevaa pintaa) (stair)step, (pengertää) terrace **2** (lomia, kouluuntuloa tms) stagger, (palkkoja tms) scale, grad(at)e
porrastettu terraced, staggered, scaled, gradated (ks porrastaa)
porrastus terracing, staggering, scaling, gradation (ks porrastaa)
porsaankyljys pork chop
porsas 1 (elävä) pig, (ark) porker, (lasten kielellä) piggy **2** (syötävä) pork **3** (kuv ihminen) pig, hog
porsastella 1 (syödä paljon) make a pig/hog of yourself, pig out **2** (käyttäytyä sikamaisesti) act like a pig
porsastelu 1 (syöminen) pigging out **2** (sikamaisuus) gross behavior
porskua splash
porskuttaa splash
portaikko stairway/-case/-well
portieeri doorman
portti gate(way), (ylät) portal *portti ikuisuuteen* the gateway to eternity
portto whore, (ylät) harlot
porttola whorehouse, brothel, bordello
portugali Portuguese
Portugali Portugal
portugalilainen *s, adj* Portugese
portviini port (wine)
poru 1 (itku) bawling, blubbering **2** (suukopu) fuss, deal, hullabaloo; (ylät) ado *paljon porua tyhjästä* much ado about nothing
porukalla all together, in unison/concert
porukka crowd, bunch, set, gang *paljon porukkaa* lots of people
porvari 1 (hist) burgher **2** bourgeois, middle-class person *porvarit* the bourgeoisie, the middle class **3** (Suomi politiikka) conservative, right-winger *porvarit* the Right
porvarienemmistö conservative/right-wing majority
porvarillinen 1 (keskiluokkainen) bourgeois, middle-class **2** (oikeistolainen) conservative, right-wing
porvarillistua 1 (keskiluokkaistua) become bourgeois, be bourgeoisified **2** (oikeistolaistua) move right
porvaripuolue conservative/right-wing party
porvaristo the bourgeoisie
poseerata pose (before/in front of the camera, for a picture)
posetiivi organ grinder
positiivi (kiel, mus, valok ym) positive
positiivinen 1 positive **2** (myönteinen) affirmative **3** (rakentava) constructive
positiivisesti positively, affirmatively, constructively
positiivisuus positivity, affirmation, constructiveness
positivismi positivism
posketon 1 (häpeämätön) blatant, brazen, shameless **2** (uskomaton) incredible, unbelievable, fantastic

3 (naurettava) ridiculous, laughable, absurd
poskettomasti blatantly, brazenly, shamelessly, incredibly, unbelievably, fantastically, ridiculously, laughably, absurdly (ks posketon)
poski 1 cheek *pistää poskeensa* feed/stuff your face *poski poskessa* cheek by jowl **2** (vieri) edge, side *tien poskessa* by the road, on the shoulder
poskihammas molar
poskiontelo nasal passage, sinus
poskisolisti motormouth
posliini porcelain, pottery
posti 1 (kirjeet) mail *ensimmäisen/toisen luokan posti* first/second class mail *lentopostissa* by airmail *pintapostissa* by surface mail *vastata paluupostissa* reply post haste **2** (postinkanto) delivery *Tänään ei tule postia* There's no mail/delivery today **3** (toimisto) post office *Voisitko viedä nämä kirjeet postiin?* Could you take these letters to the post office, could you mail these letters for me please?
postiauto mailtruck
postiennakko cash on delivery, C.O.D. *lähettää postiennakolla* send (something) C.O.D.
postikortti postcard
postilaatikko mailbox
postileima postmark
postilokero (post office) box
postimaksu postage
postimerkki stamp
postinkantaja mailcarrier, (vanh seksistinen) mailman
postinkanto mail delivery
postinumero zip code
postiosoitus money order
postipaketti postal package/parcel
postipalvelut postal service(s)
postisiirto bank transfer
postisiirtotili bank transfer account
postitoimipaikka post office
postitoimisto post office
postitse by mail
postittaa mail
postitus mailing
postpositio postposition
potea be sick with, have, suffer from *potea flunssaa/alemmuskompleksia* have the flu/an inferiority complex
potenssi 1 (mat) power *korottaa kolmanteen potenssiin* raise (a number) to the third power *korottaa toiseen potenssiin* square *ylellisyyden korkein potenssi* (kuv) luxury to the nth degree **2** (seksuaalinen) potency
potentiaalinen potential
potilas patient
potilaspaikka (vuodepaikka) bed
potkaista kick *Sinua on onni potkaissut* You got a lucky break, that was a stroke of luck
potkaista tyhjää (kuolla) kick the bucket
potkia kick
potku 1 kick *potku persuksiin* kick in the ass/pants **2** *potkut* dismissal *antaa potkut* fire/sack (someone) *saada potkut* get the boot/sack, get fired
potkuhousut jumpsuit
potkukelkka kicksled
potkulauta scooter
potkupallo soccer ball
potkuri 1 propeller, (laivan) screw **2** (hevonen) kicker **3** (potkukelkka) kicksled
potkurikone prop plane
potti 1 (rahasumma) pot, (pokerissa) kitty; (iso) jackpot **2** (pissapotti) potty seat
pottu potato, spud
pottuilla give (someone) a hard time, wise/mouth off
potut pottuina *maksaa potut pottuina* give (someone) a taste of his/her own medicine, give (someone) as good as you got
potuttaa *Kyllä sellainen potuttaa* That sort of thing really pisses me off, gets my goat
poukama cove
poukkoilla bounce (back and forth, here and there, up and down)
pouta dry weather *pilvistä mutta enimmäkseen poutaa* cloudy with little rain
poutainen dry

povaaja fortuneteller, soothsayer
povari fortuneteller, soothsayer
povata 1 (povari) tell fortunes **2** (meteorologi) predict, forecast; (poliittinen kommentaattori) forecast, prognosticate, speculate on
povi bust, bosom *pehmeä kuin naisen povi* soft as a baby's bottom *painaa povelleen* press (someone) to your breast
povitasku breast pocket
pragmaattinen pragmatic
pragmatismi pragmatism
Praha Prague
praktiikka practice
pramea showy, gaudy, loud
prameasti showily, gaudily, loudly
predestinaatio predestination
predikaatti predicate
predikatiivi predicate complement
preeria prairie
preesens present
premissi premise
preparaatti preparation, (mikroskooppia varten) slide
preparoida 1 prepare, mount, fix **2** (tenttiä varten) prep, tutor
prepositio preposition
presidentinvaalit presidential election
presidentti president
presidenttiehdokas presidential candidate
presidenttikausi presidency, presidential term
prestiisi prestige
priima prime(-quality), first-rate, choice, select
priimus head of the class; (koko lukion ajalta) valedictorian
prikaati brigade
priki brig
primaari- primary
primaarinen primary
primadonna prima donna (myös kuv), leading lady
primitiivinen primitive
prinkkala *mennä päin prinkkalaa* go to pot
prinsessa princess
prinssi prince
Prinssi Edwardin saari Prince Edward Island
prioriteetti priority
prisma prism
prismaetsin (valok) prism finder
problemaattinen problematic
problemaattisuus difficulty
profeetallinen prophetic
profeetta prophet
professori professor
professorin virka professorship
professuuri professorship
profetia prophesy
profetoida prophecy
profiili profile *pitää matalaa profiilia* maintain a low profile
prognoosi prognosis
progressiivinen progressive
progressio progression
projektori projector
projektoritelevisio television projector
projisoida project (myös psyk)
prokuristi signer, signing clerk
proletaari proletarian, (ark) prole
proletariaatti proletariate
prologi prologue
promille per mil
promootio commencement/ graduation (exercises)
promovoida confer an academic degree (on someone)
pronomini pronoun
pronssi bronze
pronssikausi the Bronze Age
pronssimitali bronze medal
proomu barge
proosa prose
proosakirjallisuus prose literature
proosallinen prosaic
propaganda propaganda
propositio proposition
proppu *Häneltä paloivat proput* He blew a fuse, blew his top
prosentti percent
prosentuaalinen percentual
prosentuaalisesti percentually; by percent
prosessi process

prostituoitu prostitute
prostituutio prostitution
proteesi prosthesis; (hammasproteesi) dentures, false teeth; (jalkaproteesi tms) artificial limb (leg/arm/jne)
proteiini protein
protestantti Protestant
protestanttinen Protestant
protesti protest *mennä protestiin* (vekseli tms) be protested (for nonpayment)
protestoida protest
provinssi province
provisio (myyjän) commission; (meklarin) brokerage (fee)
provisiopalkka *provisiopalkalla* on commission
provosoida provoke
präntti print *pikkupräntti* the small print
prässi 1 press *housun prässit* the crease in your pants **2** (koripallossa) full-court press
prässätä press (myös kuv:) pressure, push *prässätä housuja* iron your pants
prätkä motorcycle, (ark) bike
psalmi psalm
pst! psst
psykiatri psychiatrist
psykiatria psychiatry
psykiatrinen psychiatric(al)
psykoanalysoida psychoanalyze
psykoanalyysi psychoanalysis
psykoanalyytikko (psycho)analyst, (ark) shrink
psykologi psychologist
psykologia psychology
psykologinen psychological
psykologinen tutkimus psychological test(ing)
psykopaatti psychopath
psykoterapia psychotherapy
psyyke psyche
psyykkinen psychic, psychological
ptruu whoa
puberteetti puberty
pudistaa shake *pudistaa hihastaan* produce out of nowhere
pudistella shake
pudistus shake
pudokas windfall
pudota fall/drop (off/down) *pudota käsistä* drop/slip out of your hand, through your fingers *pudota (raskaasti) tuoliin* collapse/slump in a chair *pudota hyllyltä* fall/drop/come (tumbling down) off a shelf *puusta pudonnut* dumbfounded, flabbergasted
pudota jaloilleen land on your feet
pudota kärryiltä lose track (of what's going on/being said) *Nyt minä putosin kärryiltä* Now you lost me
pudotella 1 (omenia puusta) shake (down), (murusia pöydästä) drop **2** (sadella) snow, rain *Lunta oli pudotellut koko yön* The snow had been coming down all night **3** (päästellä: vasaralla tms) go at it, let 'er fly; (suksilla) shoot (down the hill)
pudottaa drop *Vaahtera on pudottanut melkein kaikki lehtensä* The maple has almost lost/dropped all its leaves *Voisitko pudottaa minut asemalle?* Could you drop me off at the station? *Hevonen pudotti ratsastajansa* The horse threw its rider
pudotus drop(ping) *pommien pudotus* bombing, dropping bombs *Se on aikamoinen pudotus* That's quite a drop
Puerto Rico Puerto Rico
puertoricolainen *s, adj* Puerto Rican
puhallin 1 (tekn) blower, fan **2** (mus) wind instrument
puhallus 1 (tekn) blast **2** (mus) blowing **3** (petkutus) sting, con
puhaltaa 1 blow *katsoa mistä tuuli puhaltaa* see how the land lies *puhaltaa täyteen ilmaa* blow up, inflate **2** (puhallinsoitinta) blow on, play, sound
puhaltaja 1 (lasin tms) blower **2** (mus) wind player, (mon) the wind section
puhdas 1 clean, clear, pure *puhtaat kädet/linjat* clean hands/lines *puhdas iho/omatunto/voitto* clear complexion/conscience/profit *puhtaat ajatukset* pure thoughts *puhua suunsa puhtaaksi* get something off your chest, spill your guts *kirjoittaa puhtaaksi* type up *sanoa puhdas totuus* speak the plain truth

2 (pelkkä) pure, sheer *puhdas sattuma* pure/sheer chance/coincidence
puhdasoppinen orthodox
puhdasvetinen clear, clean
puhdistaa 1 clean/clear/wash (up); (hangata) cleanse (myös usk), scour *puhdistaa itsensä syytöksistä* clear yourself of all charges *puhdistaa kaikista synneistä* cleanse (someone) of all (his/her) sin(s) *puhdistaa maineensa* clear your reputation/name **2** (pogromissa) purge **3** (jalostaa) refine, purify **4** (saastunut vesi/ilma) purify **5** (ryöstää) clean someone out
puhdistaminen cleaning, washing, cleansing, scouring, purging, refining, purification (ks puhdistaa)
puhdistamo refinery; (jäteveden) sewage treatment plant
puhdistua get clean(ed), clear up; (tekn) be refined/purified
puhdistus 1 cleaning, cleansing, washing **2** (pogromi) purge, pogrom **3** (tekn) refinement, purification
puhe 1 (puhuminen) speech, talk *Älä välitä ihmisten puheista* Never mind what people say *kangerrella puheessaan* stumble over your words *Ei puhettakaan!* Not a chance! No way! *tulla puheeksi* come up **2** (keskustelu) conversation, discussion *johtaa puhetta* moderate/chair the session/discussion/meeting *Puhe kääntyi naisliikkeeseen* Talk turned to the women's movement **3** (esitelmä) speech, lecture, address, talk *pitää puhe* give a speech *pitemmittä puheitta* without further ado
puheenaihe topic, subject of conversation
puheenjohtaja chair(person), (vanh) chairman
puheen ollen *Siitä puheen ollen* Speaking of that, apropos
puheensorina hum/murmur of talk
puheenvuoro floor *jakaa puheenvuoroja* moderate/chair a discussion/meeting *antaa puheenvuoro jollekulle* recognize someone, give someone the floor *Valtosella on nyt puheenvuoro* Valtonen has the floor *pyytää puheenvuoroa* ask/motion to be recognized, signal for the floor *käyttää puheenvuoroa* take the floor, address the meeting
puhehäiriö speech defect
puhehäiriöinen (someone) with a speech defect
puheilla *pyrkiä jonkun puheille* try to talk to someone *päästä jonkun puheille* (korkea-arvoisen henkilön kanssa) be granted an audience; (muun kanssa) get to talk to someone
puhekyky power of speech, ability to talk
puhelahjat eloquence, (ark) gift of gab *hänellä on hyvät puhelahjat* she has the gift of gab
puheliaasti garrulously, talkatively
puhelias garrulous, talkative
puhelimitse by (tele)phone, over the (tele)phone
puhelin telephone, (ark) phone *Puhelimeen!* Telephone! *sulkea puhelin* hang up *palveleva puhelin* crisis (intervention) hotline
puhelinherätys wake-up call
puhelinjohto telephone line
puhelinjäljitys telephone trace, (putting) a trace on a telephone call
puhelinkeskus switchboard
puhelinkioski (tele)phone booth
puhelinkone (tele)phone
puhelinkoppi (tele)phone booth
puhelinlaitos (tele)phone company
puhelinluettelo (tele)phone book/directory
puhelinnumero (tele)phone number
puhelinpäivystys answering service
puhelinsoitto (tele)phone call
puhelintilaaja telephone subscriber
puhelintyttö call girl
puhelinvaihde switchboard
puhelinvastaaja (telephone) answering machine
puhelinverkko telephone network
puhelinvälittäjä operator
puhelinyhteys telephone communication

puhelu 1 (juttelu) talk(ing), chat(ting), conversation **2** (puhelinsoitto) (tele)phone call
puhelumaksu call charge
puhemies 1 (eduskunnan) speaker *puhemies Mao* Chairman Mao **2** (naimakaupan) matchmaker, go-between, marriage broker **3** (puolestapuhuja) spokesperson, (vanh) spokesman
puheopetus speech/logopedic instruction
puhetaito (the art of) rhetoric/oratory
puheripuli diarrhea of the mouth
puhevalta 1 (lak) right of action **2** (puheoikeus) right to speech
puhevika speech defect
puhevälit *He eivät ole puheväleissä* They aren't on speaking terms, they aren't speaking to each other
puhista (huff and) puff, pant, (kiukusta) snort
puhjeta 1 (ilmapallo tms) pop, burst *Heiltä puhkesi rengas* They had a flat tire **2** (kukka) open, blossom **3** (tauti, sota, myrsky ym) break out **4** (nauruun, itkuun ym) burst out (laughing, crying), burst into (laughter, tears)
puhkeaminen bursting, opening, blossoming, outbreak
puhki *kulu(tta)a puhki* wear out *mennä puhki* (rengas) blow out, go flat; (ilmapallo) pop *puhua asiat puhki* talk/work things out/through *miettiä päänsä puhki* wrack your brains
puhkua (huff and) puff *puhkua intoa* be bursting with enthusiasm *puhkua vihasta* snort indignantly/angrily
puhtaaksikirjoitus typing (up)
puhtaana käteen after taxes, net *saada palkkaa 10 000 puhtaana käteen* take home 10,000 marks a month, make 10,000 a month in take-home pay
puhtaanapito public sanitation; (jätehuolto) garbage collection
puhtaasti 1 (palaa tms) cleanly **2** (puhua tms) correctly; (laulaa) in tune, on pitch/key **3** (pelkästään) purely, merely, solely
puhtaat paperit clean record/slate: (poliisista) no police record; (sairaalasta) completely cured, no disease
puhtaus 1 clean(li)ness, tidiness **2** (ilman, ajatusten tms) purity, (siveys) chastity
puhtaus on puoli ruokaa cleanliness is next to godliness
puhti energy, vim, vigor, zest; (ark) pep, (get-up-and-)go
puhua 1 speak, (puhella) talk, (mainita) mention, (sanoa) say *puhua englantia* speak English *puhua ilmoista* talk about the weather *Heistä ei voi puhua samana päivänä* They shouldn't be mentioned on the same day *Minulla on sinulle puhuttavaa* I've got something to say to you **2** (huhuta) say, tell, rumor *Mitä minä siitä, mitä ihmiset puhuvat?* What do I care what people say? *Kylällä puhutaan, että sinä olet lähdössä* The word/rumor around town is that you're leaving us, a little birdie told me you were leaving **3** (sopia) work out, agree *kuten puhuttiin* as we agreed **4** (pitää puhe) speak, give a speech/lecture/talk; (saarna) preach **5** (viestiä) speak, communicate *puhua käsillään* talk/speak/communicate with your hands *paljon puhuva ele* eloquent gesture
puhua asia selväksi talk something over (with someone), work things out
puhua halaistua sanaa *Hän ei puhunut halaistua sanaa* He didn't utter a sound/word
puhua itsensä pussiin contradict yourself, lead yourself into a trap, give yourself away
puhua ja pukahtaa *Ei se puhunut eikä pukahtanut* She didn't make a peep, didn't utter a sound/word
puhua joutavia talk nonsense, run off at the mouth, say the first thing that comes into your head
puhua järkeä jollekulle talk sense to someone, try to make someone see reason
puhua keskenään talk/chat together, have a talk *He eivät enää puhu keskenään* They aren't on speaking terms, they aren't speaking to each other

puhua kielillä speak in tongues
puhua loppuun finish your sentence, say your piece, say what you have to say (without being interrupted)
puhua läpiä päähänsä not know what you're talking about
puhua lööperiä talk nonsense, run off at the mouth, bullshit
puhua mitä sylki suuhun tuo say whatever pops into your head, run off at the mouth
puhua omaa kieltään speak for itself
puhua omiaan tell fairy-tales, make up stories
puhua pelkkää hyvää jostakusta have nothing but good to say about someone
puhua puolelleen persuade someone to take your side
puhua pökerryksiin talk someone's ear off
puhua reikiä päähänsä not know what you're talking about
puhua selvää kieltä make yourself perfectly clear, leave no room for (mis-) interpretation
puhua suulla suuremmalla 1 (olla suuremman suukappale: Jumalan) be the mouthpiece/messenger of the Lord; (suurten ajattelijoiden) invoke the great sages/philosophers **2** (isotella) talk big
puhua suunsa puhtaaksi get something off your chest, spill your guts
puhua ympäri convince/persuade (someone), bring (someone) around
puhuen *Totta puhuen* To tell the truth, frankly *yleisesti puhuen* generally speaking
puhuja speaker, orator
puhujakoroke podium, rostrum
puhujalava speaker's platform, stage
puhumattakaan to say nothing of, not to mention
puhumatta paras the less said the better, mum's the word
puhuminen speaking, talking, saying, telling (ks puhua-hakusanat)
puhu pukille! tell it to the Marines
puhutella 1 (jotakuta) speak to, address; (ventovierasta) accost; (liikuttaa) move, hit/strike home *puhutteleva näytelmä* moving play **2** (joksikin) call *Miksi häntä pitää puhutella?* What do I call her?
puhuttaa *Minua puhuttaa* I feel like talking (to someone) *jäädä puhuttamaan ystävää* stop to chat with a friend *puhuttaa tuppisuuta* try to draw someone out (who doesn't want to talk) *puhuttaa koko kaupunkia* make tongues wag
puhuttelu 1 (form/manner of) address, title **2** (puheen ensimmäiset sanat) salutation, greeting **3** (nuhtelu) lecture, reprimand; (ark) talking-to *joutua esimiehen puhutteluun* get chewed out/hauled over the coals/ lectured by your boss, get a proper talking-to from your superior
puhuttelusana term of address
puhuva eloquent, expressive, pregnant, meaningful
puhveli buffalo
puida 1 (viljaa) thresh **2** (ongelmaa) thrash/hash out **3** (nyrkkiä) shake
puijata swindle, cheat, con, trick
puijaus swindle, cheat, con, trick
puikkelehtia weave, zigzag
puikko 1 stick **2** (hitsauspuikko) (welding) rod **3** (syömäpuikko) chopstick **4** (tahtipuikko) baton **5** (sukkapuikko) knitting needle **6** (jäätelöpuikko) ice cream bar **7** (kalapuikko) fishstick
puilla paljailla (flat) broke, owning only the clothes you've got on *joutua puille paljaille* go broke
puimakone thresher
puimuri thresher
puinen wooden
puinti threshing, working out, shaking (ks puida)
puiseva dull, boring, dry
puistattaa (kauhu) make you shudder, (kylmä) make you shiver
puistatus shudder, shiver
puisto park
puitesopimus skeletal agreement
puitteet 1 (karmit) frame **2** (miljöö) setting, (ilmapiiri) atmosphere, (tausta)

backdrop **3** *jonkin puitteissa* within a given framework *sääntöjen puitteissa* within the scope/framework of the law
pujahdus dash
pujahtaa 1 (nopeasti) dash, slip *Aurinko pujahti pilvien välistä* The sun peeked from behind the clouds **2** (salaa) slink (away), sneak (off)
pujoa splice
pujotella 1 (mattoja) weave **2** (väkijoukon läpi) weave (your way through a crowd) **3** (hiihtää) downhill ski, slalom **4** (palloa) dribble
pujottelija (downhill/slalom) skier
pujottelu (downhill/slalom) skiing
pujottelumäki ski slope
pujottelusuksi downhill/slalom ski
pukahtaa *Hän ei puhu eikä pukahda* We can't get a word out of him
pukea 1 (päälle) dress, put on; (perhettään) clothe *pukea hienoksi* dress (someone) up *pukea joksikin* disguise (someone) as *pukea päälle* put (something) on *pukea päälleen* get dressed **2** (sopia) become *Tuo väri pukee sinua* That color becomes you, is becoming on you, looks good on you **3** (ajatuksensa) clothe, express, articulate, couch *pukea ajatuksiaan sovinnaiseen muotoon* express/ articulate/couch your thoughts in conventional form, give your ideas a traditional expression **4** (sinua) become *Tuo pusero pukee sinua* That blouse is very becoming/attractive, it svits/becomes you
pukeminen dressing
pukeutua get dressed, put on your clothes
pukeutuminen getting dressed
pukine piece of clothing, garment; (mon) clothing
pukki 1 buck, billy-goat *panna pukki kaalimaan vartijaksi* set a goat to guard the cabbage patch **2** (teline) stand, support, block *panna auto pukille* put a car up on blocks **3** (sahapukki) sawhorse **4** (hyppyteline) buck **5** *hypätä pukkia* (play) leapfrog **6** (joulupukki) Santa Claus **7** (huoripukki) (old) goat, lecher, dirty old man
puksuttaa chuff, chug
puksutus chuffing, chugging (along)
puku 1 (asu) outfit, clothes, what you're wearing **2** (naisten) dress, (iltapuku) (evening) gown, (housupuku) pantsuit **3** (miesten) suit
pukuinen (dressed) in *tuo vihreäpukuinen punatukkainen nainen* that woman in green with the red hair *siviilipukuinen etsivä* plainclothes detective
pula 1 (niukkuus) shortage, lack **2** (hätä: taloudellinen) financial difficulties/trouble; (muu) trouble, (ark) scrape, fix, pinch *joutua pulaan* get into trouble **3** (pula-aika) bad times, depression, recession
pulahdus jump/dive/plop (into the water)
pulahtaa jump/dive/plop (into the water)
pulikoida splash/play (around in the water)
pulina 1 (veden) bubbling, burbling **2** (puheen) whisper, hum, murmur **3** (vastarinnan) (angry) whispering/ murmuring *Pulinat pois!* Put a lid on it! Shut up!
pulisongit sideburns
pulista 1 (vesi) bubble, burble **2** (puhe) whisper, hum, murmur **3** (vastaan) whisper/murmur against, gripe/ complain about
pulittaa 1 (pälpättää) yak **2** (maksaa) shell out
puliukko wino, derelict
pulkka 1 (puupulikka) pointed stick **2** (lasten) sled, (poron) pulka
pulla (sweet) bun *pulla uunissa* (raskaana) a bun in the oven *Sinulla tuntuu olevan pullat hyvin uunissa* You seem to be in good shape, you've got it made
pullakahvit coffee and buns
pullataikina bun dough
pullea plump, chubby
pulleus plumpness, chubbiness
pulliainen *tavallinen pulliainen* regular/average/run-of-the-mill guy, ordinary Joe, no Einstein

pullikoida *pullikoida vastaan* kick up a fuss, kick against the traces, dig in your heels
pullikointi resistance, protest(s), complaint(s)
pullistaa distend, puff/swell/fill out
pullistua (become) distend(ed), puff/swell/fill out; (maha) protrude, stick/hang out; (silmät, lihakset) bulge, (silmät ark) bug out
pullistuma distension, swelling
pullo bottle, (taskumatti) flask
pullokori case, crate
pullollaan (posket) stuffed, bulging; (silmät) bulging/bugging (out of your head); (taskut) stuffed/crammed/jammed (full); (laatikko) (stuffed/crammed/jammed) full (to bursting)
pullollinen bottleful
pullonavaaja bottle-opener
pullonkaula bottleneck (myös kuv)
pullonpalautus bottle-return
pullonpohja the bottom of the/a bottle *katsoa pullonpohjan läpi* drink (straight) from the bottle
pullopantti bottle deposit
pulloposti message in a bottle
pullottaa 1 (viiniä tms) bottle **2** (pullistaa) bulge (out)
pullukka plump, chubby, roly-poly
pulma problem, difficulty; (ark) hang-up, hassle; (mon) trouble *Pulma on katsos siinä että* The problem is, see, that *Minulla on muuan pulma* I've got this problem
pulmatilanne difficult situation, (knotty) problem; (ark) spot, fix
pulmunen snow bunting *puhdas kuin pulmunen* pure as the driving snow *En minä mikään pulmunen ole* I'm not exactly Snow White either *Oma pulmuseni!* My little dove!
pulpahtaa bubble/well up; (veri) spurt (out); (kuv) pop up *pulpahtaa pintaan* rise to the surface (myös kuv:) appear out of nowhere
pulpetti (school) desk
pulputa bubble/well/gush out/up/over *pulputa ideoita/intoa* be bubbling over with ideas/enthusiasm
pulputtaa 1 (kahvi) perc(olate) **2** (ihmiset ark) yak
pulska 1 (pullea) plump, chubby, fat **2** (terveennäköinen) big, strong, healthy-looking
pulssi pulse *tunnustella jonkun pulssia* feel someone's pulse
pulssimittari pulsimeter
pultti bolt, (pieni) pin, (kannaton) stud *kiinnittää pultilla* bolt (on/together) *Älä ota siitä pulttia* Don't let it get to you
pulveri powder
pummata 1 (pyytää) bum (something off someone) **2** (repata) fail, flunk
pummi 1 (ihminen) bum **2** (reputus) failure
pumpata pump *Hän yritti pumpata minulta tietoja* She tried to pump me for information *pumpata täyteen* pump up, inflate
pumppu 1 (tekn) pump **2** (ark sydän) pump, ticker
pumpuli cotton *pitää jotakuta pumpulissa* overprotect someone
pumputa (tekn) pump
puna 1 red(ness), (meikki) rouge **2** (ihonväri) ruddiness, (punastus) blush
puna-armeija the Red Army
punainen red (myös kuv) *nähdä punaista* see red *Se oli kuin punainen vaate* It was like waving a red flag (to a bull) *yksi punainen minuutti* just a sec(ond) *mennä punaiseksi kuin kalkkuna* (häpeästä) go red as a beet *olla punainen kuin rapu* (auringosta) be red as a lobster *ajaa päin punaista* run a red light
punainen lanka scarlet thread
punaisuus redness, ruddiness
punajuuri beet
punakaarti the Red Guard
punakka red, ruddy, florid
punamultahallitus coalition government/Cabinet between the Left and the (Agrarian) Center
punaruskea reddish brown; (hevonen) sorrel, bay
punastella blush/flush (at) *punastella toisten puheita* blush at the things people say, be embarrassed/mortified at what others say

punastua blush, flush
punavihersokeus red-green colorblindness
punertaa be reddish; (pol) lean to the left
punertava reddish; (pol) left-leaning
punertua turn red
punerva reddish
punikki (halv) pinko
punkka 1 (soikko) tub **2** (sänky) bunk *painua punkkaan* hit the sack
punkkari punk(-rock)er
punkki mite, tick
punnerrus 1 (käsipunnerrus) pushup **2** (painonnosto) press
punnertaa 1 do a pushup **2** (nostaa) press
punniskella (käsin) hcft, (mielessään) weigh, ponder
punnita weigh (myös kuv:) ponder, consider *punnita asiaa tarkoin* weight the pros and cons
punnus weight
punoa 1 twist, twine, twirl; (köyttä) braid, (koria) weave **2** *punoa juonia* scheme, plot, cook up schemes
punoittaa be/flush/glow red, be flushed/rosy
punos rope, twine, cord; (koristepunos) braid, lace
punssi punch
punta pound (sterling)
puntari scale(s), (vanh) balance *Se ei paina paljon puntarissa* (kuv) That doesn't weigh much in the balance, that doesn't carry much weight *olla puntarissa* be hanging in the balance
puntaroida weigh (myös kuv:) ponder, consider
puntarointi weighing (myös kuv:) pondering, consideration
puntti 1 (kimppu) bunch, bundle **2** (punnus) weight
Puola Poland
puola 1 (pinna: pyörän) spoke, (sängyn) bar, (tikapuiden) rung **2** (käämi, rulla) bobbin, (sähkö) coil **3** (puolan kieli) Polish
puolalainen *s* Pole
adj Polish
puoleen 1 (pudottaa, leikata) in half *pienentää puoleen* halve, reduce to a half of its present level **2** (kohdalle) to *kääntyä jonkun puoleen* turn to someone *vetää puoleensa* attract **3** *Ei sen puoleen, en minä varma ole* Not that I know for sure *No joo, sen puoleen kyllä* Okay, in that sense yes
puoleensavetävä attractive
puoleinen 1 (melko) on the (adjective) side *tummanpuoleinen* on the dark side, darkish, fairly dark **2** (puolella) *pohjoispuoleinen* on the north side, (huoneesta) facing north, (a room) with a northern exposure *vasemmanpuoleinen* lefthand
puoleksi half, (adjektiivin kanssa) semi-; (osittain) in part, partly
puolesta 1 (jonkun kannalla) for, in favor of, in (someone's) favor *äänestää puolesta* vote in favor, vote yes **2** (jonkun nimissä/vuoksi) on behalf of, in the name of, for *Järjestelytoimikunnan puolesta haluan toivottaa teidät kaikki tervetulleiksi* On behalf of the organizing committee I'd like to welcome you all *kuolla maansa puolesta* die for your country *viran puolesta* ex officio **3** (johonkin nähden) as far as (something) is concerned, as to, with regard/respect to *Kyllä tämä on muodon puolesta kunnossa* This is formally correct/in order **4** (jonkun mielestä) as far as (someone) is concerned *Kyllä tämä on minun puolestani kunnossa* I think it's fine (but that's just my opinion), as far as I'm concerned this is in order **5** (kotoisin) from *Oletko Turun puolesta kotoisin?* Are you from Turku?
puolestaan 1 (osaltaan) for your part/sake, as far as you're concerned *Haluaisin omasta puolestani lisätä että* Let me add that personally I **2** (vuorostaan, taas) in turn *Kerroin sen Pekalle, joka puolestaan kertoi Marjalle* I told Pekka, who in turn told Marja
puolesta ja vastaan for and against *perustelut puolesta ja vastaan* the pros and cons
puolestapuhuja advocate, proponent, supporter

puolet 1 half *puolta enemmän* (ennen substantiivia) twice as much, double the *puolet enemmän* half again as much, fifty percent more *puolet heistä* half of them **2** *pitää puoliaan/ puolensa* stick up for yourself, stick to your guns

puoli *s* **1** (sivu) side (myös kuv) *kuunnella molempia puolia* listen to both sides *olla samaa puolta* be on the same side *asettua jonkun puolelle* take someone's side/part *jonkun puolella* on someone's side, in favor of someone *kahden puolen* on both sides of *tuolla puolen* on the other side of, beyond (the) **2** (piirre) side, aspect, characteristic, feature, quality *Hänessä on hyviäkin puolia* There are good sides to him too *Asialla on puolensa* It has its points/advantages *(asian) hyvä/heikko puoli* advantage/ disadvantage *tarkastella asiaa kaikilta puolilta* consider the matter from all angles **3** (urh) side, end **4** (osa) part *meidän puolessamme, kotipuolessa* where I come from, in my part of the country, back home **5** (mat) member **6** *puolet* half *puolet heistä* half of them (ks myös hakusana)
lukus half *kolme ja puoli kertaa* three and a half times
adj half *puoleen hintaan* (at) half-price, half off, marked down fifty percent *puolella palkalla* on half pay *puoli tuntia* half an hour, a half-hour *kello puoli seitsemän* (at) six-thirty *kuunnella puolella korvalla* listen with one ear *Puhtaus on puoli ruokaa* Cleanliness is next to godliness

puoliaika (urh) halftime, (muu) intermission

puoliautomaattinen semiautomatic

puoliautomaattisesti semiautomatically

puolihuolimaton casual, unconcerned, offhand

puolihuolimattomasti casually, offhand

puoliintua decay, have a half-life (of)

puoliintumisaika halflife

puolijohde semiconductor

puolijumala demigod

puolikas half

puolikenkä (dress/street) shoe

puolikolmatta two and a half

puoliksi 1 half *puoliksi intiaani* half-Indian **2** (leikata tms) in half *panna puoliksi* split/share evenly (between the two of you)

puolikuiva medium dry, demisec

puolikuoliaana half-dead

puolikuollut half-dead

puolikuu 1 half moon, crescent (moon) (myös muodosta) **2** (kuukauden puoliväli) the middle of the month *heti puolenkuun jälkeen* just after the middle of the month

puolikuuro half deaf

puolilainausmerkki single quotation mark

puolilihava (teksti) semibold

puolillaan half-full

puolimatka halfway (there)

puolin *kaikin puolin* (tavoin) in every way/respect, in all respects/senses; (mokomin) by all means, go right ahead *molemmin puolin* on both sides of *puolin ja toisin* on both sides (of the fence), mutually *päällisin puolin* superficially

puolinainen 1 (puolittainen) half **2** (epätäydellinen) incomplete, unfinished, imperfect **3** (riittämätön) insufficient, inadequate, not (nearly) good enough *puolinaiset toimenpiteet* halfway measures

puolinaisesti by halves

puolinen -sided *pohjoispuolinen* northern; (huone) (a room) on the northern side (of the house), north-facing *toispuolinen* (fyysisesti) only (written/finished/buttered/jne) on one side; (epätasapainoinen) lopsided; (puolueellinen) biased, prejudiced

puolin ja toisin on both sides (of the fence) *Me kyllä sanoimme puolin ja toisin aika pahasti* Both of us said terrible things

puolinuotti half-note

puoliperävaunu semi-trailer, (ark) semi

puolipäivä noon, midday *puolenpäivän aikaan* around noon/ midday, in the middle of the day

puolisentoista about one and a half
puolisko half
puoliso spouse, mate; (mies) husband, (vaimo) wife; (kuninkaallinen) (royal) consort
puolisokea half-blind
puolisotilaallinen paramilitary
puolitangossa at halfmast
puolitie *tulla jotakuta puolitiehen vastaan* meet someone halfway *puolitiessä* halfway *jättää työ puolitiehen* leave a job unfinished
puolitoista one and a half *puolitoista viikkoa/kuukautta/vuotta* a week/month/ year and a half
puolitse on the (something) side *hän kiersi joen puolitse kaupungin* she circled the town on the river side
puolittaa 1 halve, cut/split in half/two **2** (geom) bisect
puolittain half(way), partly
puolittainen halfway (ks myös puolinainen)
puolituhantinen half a thousand strong
puolivahingossa (leik) accidentally on purpose
puolivalmis half-/semifinished
puolivalmiste semifinished product; (mon) semifinished goods
puoliverinen half-breed
puolivirallinen semiofficial
puolivuosi 1 (6 kk) half a year, (liik) semester **2** (vuoden puoliväli) the middle of the year *puolenvuoden tienoilla* around the middle of the year, in summer
puolivuosikerta half-year/six-month subscription
puoliväkisin *Vedin hänet puoliväkisin mukaan* I practically had to drag him with me *Sain hänet puoliväkisin lähtemään* I practically had to push him out the door
puoliväli middle *puolivälissä* in the middle, halfway (through)
puoliympyrä semicircle
puoltaa 1 (auto) pull (to the left/right, to one side) **2** (tukea) support, approve, recommend
puoltaminen approval, recommendation
puolto approval, recommendation
puolue party; (kuv) faction, camp
puolueellinen partisan, partial, biased, prejudiced
puolueellisesti partially, with bias
puolueellisuus partiality, bias, prejudice
puolue-erimielisyys partisan divisiveness
puolueeton 1 impartial, neutral, unbiased, unprejudiced **2** (pol) independent
puolueettomasti neutrally, without bias/prejudice, without taking sides
puolueettomuus neutrality
puolueettomuuspolitiikka policy of neutrality
puoluejohto party leadership
puoluekokous party caucus/ convention
puoluepolitiikka party politics
puolueraja party line
puoluesihteeri party secretary
puoluetuki public funding for political parties
puolukassa *käydä puolukassa* be/go out picking lingonberries
puolukka lingonberry
puolustaa 1 (suojella) defend, protect, safeguard **2** (puhua/toimia jonkun puolesta) speak/stand/stick up for, plead for, (oikeudessa) defend; (asian puolesta) advocate, propound, uphold **3** (oikeuttaa) vindicate, justify, make (something) right *Se ei puolusta hänen tekoaan* That doesn't justify his actions, that doesn't make what he did right
puolustaja 1 defender, protector, advocate, proponent **2** (oikeudessa) defense attorney/counsel, counsel for the defense **3** (urheilussa) back, defender, defense player; (mon) defense
puolustaminen defending, protecting, safeguarding, pleading, advocacy, propounding, upholding, vindication, justification (ks puolustaa)

puolustautua 1 defend yourself, speak/stand/stick up for yourself, stick to your guns **2** (puolustella) make excuses (for your behavior), rationalize (your behavior), try to get yourself off the hook
puolustella (toista) make excuses (for what they did), apologize (for them); (itseään) make excuses (for your behavior), rationalize (your behavior), try to get yourself off the hook
puolustuksellinen defensive
puolustus defense
puolustusasianajaja defense lawyer/attorney; (oikeudessa) defense counsel, cousel for the defense
puolustuskannalla *olla/pysyä puolustuskannalla* be/stay on the defensive
puolustuslaitos the armed forces/ services, (ark) the service/military
puomi 1 (mer, tekn) boom **2** (nostopuomi tms) bar(rier) **3** (voimistelupuomi) balance beam
puoskari quack
puoskaroida doctor; (kuv) botch
puoti shop, (muodikas) boutique
pupilli pupil
puppu nonsense; (ark) twaddle, hogwash, rot, baloney
puraista bite, nip/snap (at), take a bite/nip of
pureksia chew
purema bite
purenta bite
pureskella 1 (suussa) chew *valmiiksi pureskeltu* predigested **2** (jyrsiä: kynsiä) bite, (kynää tms) chew/gnaw on
pureskelu chewing, biting, gnawing
pureutua 1 bite into, seize/grab something with your teeth **2** (tarttua) grab onto, seize, (tarrautua) cling to **3** (upota) sink into, take hold in *Saha pureutui puuhun* The saw bit/cut into the wood
pureva biting, sharp *pureva pakkanen* bitter cold *pureva huomautus* biting/ cutting/sarcastic/nasty/hurtful remark
purevasti sharply
purevuus sharpness
puristaa 1 press, push; (kädessä) clasp, grasp, squeeze; (kättä) squeeze, shake; (kättä nyrkkiin, hampaat yhteen) clench; (litteäksi) flatten, squash *puristaa yhteen* press together, (liimausta varten) clamp together **2** (pakottaa: fyysisesti) force, squeeze; (ark) jam, cram, stuff; (henkisesti) force, compel *Suomen kieli puristettiin latinan kielioppisääntöihin* Finnish was forced into (the straitjacket of) Latin grammar **3** (saada väkisin ulos) squeeze, force *puristaa kymmenen sivua opettajalleen perjantaiksi* squeeze/churn out ten pages for your teacher by Friday *Puristapas pannusta vielä kupponen!* Can you squeeze another cup of coffee out of that pot? **4** (hangata: kenkä) rub, pinch, be too tight; (kaulus) constrict *Mistä kenkä puristaa?* What's the problem? **5** (ahdistaa) constrict, strangle, choke *Huoli puristaa rintaa/ kurkkua* My chest/throat is all constricted with worry, I feel like I'm strangling/choking with anxiety
puristaa kättä shake/squeeze (someone's) hand
puristaminen pressing, pushing, clasping, grasping, squeezing, clenching, flattening, squashing, forcing, jamming, cramming, stuffing compelling, rubbing, pinching, constricting, strangling, choking (ks puristaa)
puristella press, squeeze
puristi purist
puristin press, (ruuvipuristin) clamp, vise
puristua *ve* pressed/squeezed/ flattened/squashed *puristua kokoon* be compressed
puristus 1 (käden) squeeze; (sormien) pinch; (väkijoukon) jam, press; (raskaan esineen) press(ure) *jäädä puristuksiin* (väkijoukoun) get/be caught in the press of the crowd, (oven) get caught in the door **2** (tekn) pressure, compression
puritaani Puritan (myös kuv)
purje sail *saada uutta tuulta purjeisiin* get a fresh wind
purjehdus sailing; (matka) sail(ing trip), cruise

purjehtia sail
purjehtija sailer, yacht-owner/ -operator, (vanh) yachtsman
purjelaiva sailing ship/vessel
purjelauta windsurfboard
purjelautailija windsurfer
purjelento sailplane/glider flying
purjelentokone sailplane, glider
purjelentäjä glider/sailplane pilot
purjevene sailboat
purjo leek
purkaa 1 (osiinsa) dismantle, disassemble, take apart **2** (sotku) disentangle, undo, clear (up) *purkaa auto varaosiksi* cannibalize a car **3** (neuletta) unravel, (ommelta) unstitch **4** (solmu) untie, (side) unwind, (köysi) untwist, (paketti: narut/paperit) unwrap, (sisältö) unpack **5** (matkalaukku) unpack **6** (lasti) unload **7** (rakennus) demolish, wreck, tear/pull/take down **8** (näytelmän kulissit) strike (a set) **9** (yhtiö) dissolve, liquidate **10** (sopimus) cancel, annul, revoke; (ark) call off **11** (avioliitto) annul **12** (kihlaus) break off **13** (lak päätös) rescind, reverse **14** (pommi) defuse **15** (akkua) discharge **16** (tunteita) discharge, release, vent, take out *Älä pura pettymystäsi minuun* Don't take your frustration out on me **17** (sydäntä) unburden, lighten, let off steam
purkaa huoliaan jollekulle pour your heart out to someone, share your troubles/cares with someone
purkaa laavaa (tulivuori) spew lava, (purkautua) erupt
purkaa savua (savupiippu) spew smoke
purkaa tuomio overrule/reverse a ruling/judgment/decision
purkaa vetensä (järvi jokeen) empty into; (putki säiliöön) release, (ark) dump; (pilvet) burst
purkaa yhdistys disband an organization
purkaa ääninauha transcribe a tape
purkaminen dismantling, disassembly, disentanglement, unraveling, untying, unpacking, unloading, demolition, dissolution, liquidation, cancelation, annulment, revocation, rescindment, reversal, discharge, release, venting, transcription, overruling, disbanding, cannibalization, eruption (ks purkaa-hakusanat)
purkaus 1 (tulivuoren) eruption **2** (akun) discharge **3** (tunteen) fit, blowup, explosion, eruption
purkautua 1 (osiinsa) be dismantled, come apart **2** (neule) unravel, come undone **3** (solmu tms) come untied/ unwound **4** (yhtiö) be dissolved/ liquidated **5** (sopimus) be canceled/ annuled/revoked; (ark) fall through **6** (avioliitto) break up **7** (kihlaus) get broken off **8** (lak päätös) be rescinded/ reversed **9** (akku) lose its charge, run down **10** (tunteet) be released/vented, burst out **11** (tulivuori) erupt
purkka (chewing/bubble) gum
purkki 1 can, (maitopurkki) carton, (muu) container **2** (aluksesta leik) tincan
purku 1 (hajotus) demolition, destruction **2** (osiin) dismantling, disassembly
purnata gripe, grouse, grumble
puro stream, brook
purppura purple
purppurainen purple
purppuranpunainen crimson, scarlet
purppuranvärinen purple, crimson, scarlet
purra 1 bite (myös kuv:) take effect *Häneen ei pure mikään* Nothing works on him **2** (pureksia) chew *Pure ruokasi kunnolla ennen kuin nielaiset* Chew your food properly before you swallow it
pursi boat, (huvipursi) yacht
pursimies (kauppalaivaston) chief petty officer; (laivaston) boatswain
pursiseura yacht club
purskahtaa 1 (veri haavasta) gush, spurt **2** (nauruun tms) burst into (laughter/tears), burst out (laughing/ crying)
purskua gush/spurt (out)
purso tube

pursotin 1 (leipomiseen käytetty) pastry bag/tube, cornet **2** (ketsuppipullo tms) squeeze-bottle **3** (suutin) nozzle
pursua ks pursuta
pursuava 1 (neste) oozing, dripping, flowing, spurting, squirting, gushing, bubbling (ks pursuta) **2** (into tms) bubbling, effervescent, overflowing
pursuilla ks pursuta
pursuta 1 (neste: työntyä) squeeze out, (tihkua) ooze/drip (out), (virrata) flow (out), (purskahtaa) spurt/squirt (out), (tulvia) gush (out), (kuohua) bubble (out) **2** (intoa tms) gush with, bubble/run over with
purtilo trough
purukumi (chewing) gum
pusakka shirt, blouse
pusero (naisten) blouse, (miesten) shirt, (villapusero) sweater
puserrus squeeze, press
pusertaa 1 squeeze, press; (rikki) crush, (litteäksi) squash, (palloksi) ball (up), (tiiviiksi) compress **2** (sydäntä tms) clutch at **3** (työssä) push/drive yourself, make a last-ditch effort
pusertua be squeezed/crushed/ squashed/compressed
puskea butt, ram *puskea päänsä seinään* keep butting your head against a brick wall *puskea töitä* bust your buns/ass working
pus kii! sic 'em!
puskuri (auton) bumper, (kuv) buffer
puskurimuisti (tietokoneen, oheislaitteen) buffer (memory)
pussata kiss, (ark) smooch
pussi 1 bag (myös silmien alla) **2** (kengurun) pouch **3** (rahapussi) purse *maksaa omasta pussista* pay (for something) out of your own pocket *puhua omaan pussiin* have an axe to grind **4** (saarros) trap *puhua itsensä pussiin* contradict yourself, lead yourself into a trap, give yourself away *joutua pussiin* be surrounded/ trapped
pussillinen bagful
pussittaa bag
pusu kiss, (kuuluva) smack
putiikki store, shop; (muotialan) boutique
putipuhdas clean as a bell/whistle
putkahtaa appear, emerge, (näkyviin) come into sight, (keskustelussa) come/pop up *Koskaan ei tiedä, missä hän seuraavaksi putkahtaa esiin* You never know where he's going to show up next
putki 1 (vesijohto) pipe, (pieni muovinen) tube/tubing *vesiputket* plumbing **2** (sähköputki) cable **3** (kaukoputki) telescope **4** (radio, TV) (vacuum) tube *kuvaputki* picture tube **5** (anat) tube, duct, canal **6** (virkaputki) the professional ladder; (tutkintoputki) the academic assembly-line **7** *mennä putkeen* work perfectly, turn out just right
putkiasentaja plumber
putkimies plumber
putkisto plumbing
putkivahvistin tube amplifier
putkiyhdistin connector
putous 1 fall, drop **2** (vesiputous) waterfall, cataract
putsata 1 clean(se), scrub, scour, wash **2** (ryöstää) clean out
puu 1 (metsässä) tree *Puu kaatuu!* Timber! *elämän/hyvän ja pahan tiedon puu* the tree of life/knowledge (of good and evil) *olla kuin puusta pudonnut* be dumbfounded/ flabbergasted **2** (laudassa) wood, (puutavara) lumber *Paina puuta!* Take a load off *koskettaa puuta* knock on wood *Tämä alkaa maistua puulta* This is beginning to lose its novelty, this isn't fun any more, the enjoyment is starting to go out of this **3** (polttopuu) piece of firewood, (mon) firewood; (tukki) log *olla puilla paljailla* be flat broke, wiped out **4** (puola) rung, bar, spoke *poikkipuu* cross-bar **5** (hierarkia: kiel, tietok ym) tree
puuduttaa anesthetize, numb *Voisitteko puuduttaa?* (hammaslääkärille) Could you give me some Novocaine?
puudutus anesthesia *paikallispuudutus* local anesthesia

puuha 1 (askare) chore, task, job, activity; (mon) things to do *kotipuuhissa* puttering around the house **2** (hanke) project, plan, scheme
puuhailla putter around (doing this and that), keep busy (with various projects) *Mitä sinä nykyään puuhailet?* What are you up to these days? What are you working on nowadays?
puuhata 1 ks puuhailla **2** (yrittää järjestää) work on (arranging), try to arrange, make arrangements for, be organizing/planning *Me puuhaamme USA:n matkaa ensi jouluksi* We're trying to get to the States next Christmas
puuhevonen wooden horse *olla kankea kuin puuhevonen pakkasessa* act like you had an ironing board up your ass
puuhka 1 (turkiskaulus) fur collar, (lakin turkisreunus) fur lining **2** (muhvi) muff
puukenkä wooden shoe, clog
puukko knife
puukkojunkkari knife-toting rowdy
puukottaa knife, stab (someone with a knife)
puukotus knifing, knife-stabbing
puuma puma, cougar, mountain lion
puumerkki personal mark *panna puumerkkinsä johonkin* make one's mark on something
puunilaissodat Punic Wars
puunjalostus wood processing/working
puunjalostusteollisuus wood-processing industry
puunjuuri (tree) root
puunkuori (tree) bark
puunoksa 1 (kasvavassa puussa) (tree) branch/limb **2** (laudassa) knot
puupiirros woodcut
puupää blockhead
puurakennus wooden building
puuro 1 hot cereal, porridge *riisipuuro* rice porridge *kaurapuuro* (hot) oatmeal (porridge) *maissipuuro* (cornmeal) mush *kiertää kuin kissa kuumaa puuroa* beat around the bush **2** (tekn massa) mash, mush, pulp **3** (sotku) mess **4** (sotkuinen äänite tms) mishmash *Ei siitä saanut mitään selvää, se oli pelkkää puuroa* We couldn't make anything out, the whole thing was a mishmash
puurokattila kettle (full of hot cereal)
puurokauha ladle (for serving hot cereal)
puuroutua thicken (up)
puurtaa plod (along with), toil (on)
puuseppä carpenter
puusepänteollisuus joinery/woodworking industry
puuska 1 (tuulen) gust **2** (innon) burst, fit
puuskittainen 1 (tuuli) gusty **2** (into) off-and-on, hot-and-cold
puuskittaisesti off and on, hot and cold, by fits and starts
puuskuttaa puff (and pant/blow), chuff
puuskutus puffing (and panting/blowing), chuffing
puusto trees, tree stand; (puuteollisuudessa) growing timber
puutalo wooden house
puutarha (vihannesmaa) garden, (hedelmätarha) orchard
puutarha-ala gardening
puutarhakasvi garden plant
puutarhanhoito gardening, horticulture
puutarhanviljely horticulture
puutarhuri gardener
puutavara lumber
puutavarakauppa lumber store/yard
puute 1 (puuttuu) lack, want, absence *Siitä puhe mistä puute* You talk the most about what you have the least *paremman puutteessa* for lack of a better (one) *ajan puute* shortness/lack of time **2** (ei ole tarpeeksi) shortage, dearth, paucity; (vitamiineja) deficiency, (unta) deprivation **3** (hätä) poverty, need, want, destitution *elää puutteessa* live in want **4** (puutteellisuus) failing, shortcoming, limitation, weakness; (haitta) drawback
puuteri powder
puuteroida powder

puutos 1 (vitamiinin) deficiency **2** (vajavuus) failing, shortcoming, limitation, weakness
puutostauti deficiency disease
puutteellinen 1 (vajavainen) inadequate, insufficient, deficient **2** (viallinen) defective, faulty, imperfect **3** (rajallinen) limited, meager, scanty
puutteellisesti inadequately, insufficiently, deficiently, defectively, faultily, imperfectly, meagerly, scantily (ks puutteellinen)
puuttua 1 (ei olla) *Minulta puuttuu* I lack, I don't have (any) *Meidän huoneestamme puuttuu liitu* We don't have any chalk in our room *No puuttukoon, ei meillä ole enempää* You'll have to do without, we don't have any more *Sinulta puuttuu pitkäjännitteisyyttä* You lack perseverence, you give up too easily *Kaksi markkaa puuttuu* (olet maksanut liian vähän) This is/you're two marks short; (joku on vienyt ne) Two marks are missing *Kuka puuttuu?* Who's not here? Who's absent? **2** (sekaantua) interfere/ intrude/meddle (in); (ark) butt/horn in, stick in your oar; (sotilaallisesti) intervene *Älä puutu minun asioihini* Stay/(ark)butt out of my business *puuttua toisen maan sisäisiin asioihin* interfere in another country's internal affairs *puuttua yksityiskohtiin* go into detail(s)
puuttua puheeseen 1 (keskeyttää) interrupt, cut in **2** (käsitellä) take issue with a speech, talk about it, discuss/ analyze it
puuttumattomuuspolitiikka policy of non-interference/-intervention
puuttuminen 1 (jostakin) lack(ing of), want (of), absence (of) **2** (johonkin) interference (in), intervention (in)
puutua fall asleep, go numb
puutunut numb, asleep
puuvilla cotton
puvusto wardrobe
pyh! pshaw!
pyhiinvaellus pilgrimage
pyhiinvaeltaja pilgrim
pyhimys saint
pyhisin Sundays and holidays
pyhittäytyä 1 sanctify yourself **2** (omistautua) devote yourself
pyhittää 1 (tehdä pyhäksi) sanctify, consecrate, hallow **2** (kunnioittaa) venerate, revere **3** (viettää) celebrate, observe *Pyhitä lepopäivä* Remember the Sabbath and keep it holy **4** (omistaa) devote, dedicate, give
pyhyys holiness, sacredness, sanctity
pyhä *s* **1** (sapatti) Sabbath **2** (juhlapäivä) holiday *joulun pyhät* the Christmas holidays/season, (ark) the holidays **3** (sunnuntai) Sunday **4** (pyhimys) saint *Myöhempien Aikojen Pyhät* Latter-Day Saints
adj **1** holy, sacred **2** (hurskas) pious, devout, reverent, saintly **3** (pyhitetty) sanctified, consecrated, hallowed (myös kuv) **4** (loukkaamaton) sacrosanct, inviolable
pyhäinhäväistys sacrilege
pyhäinpäivä All Saints' Day
pyhäisin Sundays and holidays
Pyhä Istuin (Vatikaani) Holy See
pyhäkkö temple, shrine
pyhäkoulu Sunday school
pyhäkoululainen child who goes to Sunday school
pyhä lehmä sacred cow
pyhäpukeissaan all dressed/duded/ gussied up, in your Sunday finest
pyhäpäivä 1 (raam) Sabbath, (ark) Sunday **2** (vapaapäivä) holiday
pyhätamineet your Sunday finest
pyhättö temple, shrine
pyhävaatteet church/dress clothes
pykälä 1 (lak) section, paragraph, clause **2** (lovi) notch, nick, cut (myös kuv) *pykälää parempi* a cut/notch above
pyllistää bend over (and stick out your rear end) *pyllistää jollekulle* moon someone, give someone a big red eye
pylly bottom, rear end, behind, fanny
pyllähtää (lapsi) plump down on your bottom, (aikuinen) fall on your ass/butt/ can
pylväikkö colonade; (käytävä) arcade
pylväs pillar, column, pole, support, (sillan) pier

pylväspyhimys pillar saint, stylite
pynttäytyä get all dressed/duded/gussied up
pyntätä get all dressed/duded/gussied up
pyramidi pyramid
pyrintö pursuit, striving, aspiration
pyristellä 1 (lintu) fluff (out its feathers) **2** (rimpuilla) fight, struggle, wriggle, kick *On ihan turhaa pyristellä vastaan* It will do you no good to fight
pyristely fight(ing), struggle/struggling, wriggling, kicking
pyrkijä applicant
pyrkiminen trying, aiming, striving, aspiring, seeking, pursuing, applying (ks pyrkiä)
pyrkimys 1 (yritys) attempt, ambition, endeavor, effort **2** (päämäärä) aim, aspiration, intention, purpose
pyrkiä 1 (fyysisesti) try to get/go (somewhere), try to do/achieve (something) *pyrkiä lentoon* try to fly **2** (henkisesti) aim/strive (for/toward), aspire (to), seek, pursue *pyrkiä päämäärään* strive toward a goal **3** (hakea) apply (for) *Mihin sinä aiot pyrkiä* What college are you going to apply for? **4** (olla taipuvainen) tend to, be inclined/apt to *Vanhat astiat pyrkivät helposti menemään rikki* Old dishes break easily, have a tendency to break easily
pyrkiä puheille try to talk to someone, seek an audience with someone
pyrkiä täydellisyyteen be a perfectionist
pyrkiä yliopistoon apply for admission into college/university
pyrkijä applicant
pyrkyri climber, upstart
pyromaani pyromaniac
pyrstö tail
pyrstöevä tail fin
pyry (kevyt) (snow) flurry, (kova) snowstorm; (kuv) whirlwind, tempest
pyryttää 1 (sataa lunta) snow **2** (puhaltaa lunta) blow/drive snow; (kieppua) whirl, swirl
pyrähdys 1 (linnun) flutter, a few flaps of its wings **2** (ihmisen pikamatka: juoksu) dash, (turistimatka) quick trip
pyrähtää flutter, flap, dash, make a quick trip (ks pyrähdys)
pyssy gun, (kivääri) rifle, (haulikko) shotgun, (pistooli) handgun
pysty (standing) upright, perpendicular, erect
pystyasento upright/standing position *pystyasennossa* upright, standing, perpendicular
pystykorva (koira) Spitz
pystymätön 1 (kykenemätön) unable, incapable **2** (pätemätön) incompetent
pystyssä up; (jaloillaan) on your feet, (eläin) on its legs; (pystyasennossa) upright, standing, perpendicular *nousta pystyyn* (jaloilleen) stand/get up; (karvat) bristle *Minulta nousi karvat pystyyn* It raised my hackles, I bristled *nostaa pystyyn* raise, lift (something up) *pää pystyssä* with your head held upright *kulkea nenä pystyssä* walk with your nose in the air *pysyä pystyssä* stay upright/on your feet/up, not fall over *panna pystyyn* set up, organize, arrange *haukkua pystyyn* (ihminen) tell (someone) off/where to shove it/where to go, give (someone) a piece of your mind; (asia) tear/rip apart, consign to the dungheap
pystysuora perpendicular
pystysuunta vertical direction
pystysuuntainen vertical
pystyttää set up, put together, organize, arrange; (talo) build, (teltta) pitch; (muistomerkki) raise
pystyvä able, capable, competent
pystyä 1 be able to, be capable of, feel up/equal to, (voida) can *Pystyisitkö auttamaan minua?* Could you give me a hand? **2** (tehota) work (on), have an effect (on) *Häneen eivät mitkään mairittelut pysty* Flattery won't work on him
pysytellä stay, keep, remain *Lämpötila on pysytellyt nollan tienoilla* The temperature has been hovering right around freezing

pysyttää maintain, retain
pysyvyys permanence, constancy, stability
pysyvä 1 (vakituinen) permanent, lasting, (vakiintunut) established **2** (vakaa) constant, stable **3** (pitävä) firm, fast
pysyvä armeija standing army
pysyvä käytäntö standard operating procedure, SOP
pysyvä osoite permanent address
pysyvä sopimus continuing contract
pysyvästi permanently, constantly, stably, firmly, fast (ks pysyvä)
pysyvä vamma permanent disability
pysyä 1 (ei lähteä) stay, remain, not leave, not go away **2** (ei irrota) hold (tight/fast), not come/fall off/out **3** (ei poiketa) keep/stick to (an agreement/ a course of action/a decision/ schedule), keep (a promise); not renege (on an agreement), not deviate (from a course of action), not change your mind (on a decision), not change (a schedule), not be late, not break (a promise)
pysyä asemissaan stay in position
pysyä elossa stay alive, survive, make it
pysyä ennallaan stay the way it is/was
pysyä entisissä uomissaan stay in the old rut(s)
pysyä hengissä stay alive, survive, make it
pysyä hereillä stay awake
pysyä hiljaa stay quiet, keep your mouth shut
pysyä housuissaan keep your pants on *Koeta nyt pysyä housuissas* Keep your pants/shirt on, hold your horses, don't get too excited
pysyä järjestyksessä stay in order, stay neat/tidy/organized
pysyä kannallaan hold your ground, stick to your guns
pysyä kiinni 1 (ihminen kannassaan tms) cling/hold (on)to **2** (ruuvi, liima tms) hold (tight/fast) **3** (liimattu esine) stick, not come off
pysyä koossa hold together, not come apart
pysyä lestissään stick to your last
pysyä liikkeessä keep moving
pysyä lujana remain firm, (ark) hang tough
pysyä lupauksessaan keep your promise
pysyä maassa stay on the ground *Koeta nyt pysyä maassa* Try to keep both/your feet on the ground, try to restrain your enthusiasm
pysyä mukana 1 (matkassa) keep up, stay with the others, not straggle, not fall behind **2** (kärryillä) keep up, follow (what someone is saying)
pysyä muuttumattomana remain unchanged, stay the way you are/it was
pysyä nahoissaan keep your shirt on
pysyä paikallaan 1 (ihminen) stay where you are, not move/stir **2** (esine) stay in place **3** (helikopteri) hover
pysyä perässä keep up (with)
pysyä pinnalla 1 (veden) stay up, keep your head above water (myös kuv:) not go under **2** (julkisuuden) keep your name on everybody's lips, keep your face in the public eye
pysyä poissa stay away
pysyä pystyssä stay up(right), not fall over; (erikseen ihminen) stay on your feet, keep your feet
pysyä salassa remain/stay a secret, not come out, not be revealed
pysyä sanassaan keep your word, be as good as your word
pysyä sovinnossa live in peace (with)
pysyä tajuissaan stay conscious, (hereillä) stay awake
pysyä tasoissa stay even (with)
pysyä totuudessa stick to the truth
pysyä uskollisena 1 (jollekulle) remain loyal/faithful to **2** (jollekin) cling/ stick to
pysyä voimassa remain in effect/ force, remain valid
pysyä voimissaan keep up your strength
pysyä yhdessä stick together
pysyä äänessä keep talking

pysähdys 1 stop, halt; (hetkeksi) pause *joutua pysähdyksiin* come to a stop/standstill **2** (pysähdystila) stagnation

pysähtyä (come to a) stop/halt *Hän pysähtyi keskelle lausetta* He stopped in midsentence, he broke off in the middle of a sentence *pysähtyä yhtäkkiä* come to a sudden stop, stop short

pysähtyä ajattelemaan stop to think

pysähtyä paikalleen 1 (ihminen) stop dead, halt in your tracks **2** (kehitys tms) stagnate, mark time

pysähtyä puolitiehen stop halfway, break/leave off in the middle

pysähtyä yöksi stop (off/over) for the night, spend the night

pysäkki stop, (junan) station

pysäköidä park

pysäköinti parking

pysäköintialue parking lot

pysäyttää (bring to a) stop/halt

pysäyttää kone kill the engine

pysäyttää pallo stop/trap the ball

pysäyttää verenvuoto stop/ staunch the bleeding

pyy hazelhen *pienenee kuin pyy maailmanlopun edellä* melt away like last winter's snow *parempi pyy pivossa kuin kymmenen oksalla* better a bird in the hand than two in the bush

pyydellä ask, beg *pyydellä anteeksi* say you're sorry

pyydettäessä on request

pyydys trap, snare

pyydystää 1 (pyydyksillä) trap, snare **2** (pyytää: riistaa) hunt, (kaloja) fish (for) **3** (napata: aviosiippa) snare, catch, net

pyydän *Pyydän saada kiittää* May I express my gratitude (to) *Ei enempää, pyydän!* No more, please! I beg you!

pyyhe towel, (rätti) rag

pyyheliina towel

pyyhkiä 1 wipe (off/up); (lattiaharjalla) sweep (up/off); (sinipiialla) mop (up); (pölyt) dust; (kumilla) erase, rub out; (kädellä) brush (off) **2** (sivellä jotakin johonkin) rub, stroke, apply

pyyhkäistä 1 (pyyhkiä) wipe, dab (at) *pyyhkäistä hikeä otsalta* wipe the sweat off your forehead **2** (porhaltaa) zoom (by)

pyykki 1 (vaatteet) (dirty) wash, laundry; (peseminen) washing, laundry *kirjopyykki* coloreds **2** (rajapyykki) boundary stone/marker

pyykkikone washing machine

pyykkikori (clothes) hamper

pyykkinaru clothesline

pyykkipoika clothespin

pyykkipäivä wash/laundry day

pyykkäri laundress, washerwoman

pyylevä plump, chubby, tubby

pyynti (riistan: ampumalla) hunting, shooting, (pyydyksillä) trapping; (kalojen) fishing

pyyntiaika hunting/fishing season

pyyntö 1 request *pyynnöstä* as requested; (jonkun) at someone's request **2** (vaatimus) demand, insistence **3** (vetoomus) appeal, entreaty **4** (anomus) petition, application **5** (oikeudessa) motion

pyyteettömyys unselfishness, selflessness, altruism

pyyteettömästi unselfishly, selflessly, altruistically, unstintingly, with no selfish/ulterior motives

pyyteetön unselfish, selfless, altruistic, unstinting

pyytäminen asking, requesting, demanding, insisting, appealing, beseeching, entreating, petitioning, applying/application, moving/motion, inviting/invitation (ks pyytää)

pyytää 1 ask, request *Paljonko aiot pyytää palkkaa?* How much money are you going to hold out for? What kind of salary are you going to ask for? **2** (vaatia) demand, insist on **3** (vedota) appeal (to someone), beseech/entreat (someone) **4** (anoa) petition, apply (for) **5** (oikeudessa) move **6** (kutsua) invite, have over *Pyydetäänkö Virtaset?* Shall we have/invite the Virtanens over? *pyytää ammattimies* asialle/töihin call (in) an expert (plumber, electrician jne) **7** (haluta) desire, wish, want *Emme*

pyydä paljon, vain myötätuntoanne We don't want much, only your compassion; we're not asking for much **8** (metsästää) hunt (for), (kalastaa) fish (for)
pyytää anteeksi ask for forgiveness, (ark) say you're sorry
pyytää apua ask/call for help
pyytää eroa resign, hand in/submit your resignation; (ark) quit
pyytää kauniisti ask nicely
pyytää kättä ask for (someone's) hand in marriage
pyytää lainaksi ask to borrow (something)
pyytää neuvoa ask for advice
pyytää nätisti ask nicely
pyytää omaa voittoa be in it for the money, look out for number one
pyytää puheenvuoroa motion/ signal to be recognized (by the chair/ moderator), ask to (be able to) speak
pyytää vaimokseen ask (someone) to marry you, to be your wife
pyältää notch
pyökki beech
pyöreys 1 roundness **2** (pulleus) plumpness, chubbiness, fatness
pyöreä 1 round (myös kuv) *pyöreä luku* round number **2** (pallomainen) spherical, globular **3** (liereä) cylindrical **4** (ympyrämuotoinen) circular **5** (pullea) plump, chubby, fat **6** (ympäripyöreä) noncommittal, evasive, vague
pyöreä hinta approximate/ball-park price
pyöreähkö roundish
pyöreäkärkinen round-tipped
pyöreän pöydän neuvottelut round-table negotiations
pyöreä päivä *tehdä pyöreitä päiviä* work around the clock
pyöreästi roughly, approximately, about
pyöreä vuosi *täyttää pyöreitä vuosia* celebrate a major birthday
pyöriminen spinning, rotation, revolving, turning, circling, rolling (ks pyöriä)
pyöriskellä roll/spin around
pyöristys rounding off
pyöristyä 1 (vartalo) round/fill out, grow plump **2** (silmät) widen, grow wide
pyöristää 1 round (off), (huulensa) pucker up **2** (luku) round off/up
pyöritellä roll *pyöritellä asiaa mielessään* turn a matter over (and over) in your mind, look at it from every angle
pyöritellä peukaloitaan twiddle your thumbs
pyöritellä päätään try to figure out something; (olla ymmällään) be at a loss
pyöritellä silmiään roll your eyes
pyörittäminen spinning, turning, rotating, swiveling, cranking, whirling, winding, twirling, managing (ks pyörittää)
pyörittää 1 (akselinsa ympäri) spin, turn, rotate, (tuoliaan) swivel **2** (veivata) turn, crank **3** (tanssittaa) spin, whirl **4** (kiertää) wind, twirl **5** (ark hoitaa) run, manage
pyöriä 1 (akselinsa ympäri) spin, rotate, revolve, turn, go around **2** (ympyrässä) circle, go around in circles **3** (kieriä) roll **4** (ark luistaa) roll, spin, run *Homma on lähtenyt taas pyörimään* We've got the ball rolling again **5** (ark elokuva) be showing/running/playing **6** (tanssija) spin, whirl **7** (ajatukset) spin, whirl *Pääni pyörii* My head is spinning, my thoughts are all in a whirl **8** (parveilla jonkun ympärillä) swarm/ circle around (someone) **9** (ark liikuskella) hang/run around (with) *Kenen kanssa sinä nykyisin pyörit?* Who do you run/hang around with these days?
pyöriä kielellä *Sana pyörii kielelläni* It's on the tip of my tongue
pyörre 1 (veden) whirl(pool), maelstrom, vortex, eddy **2** (tuulen) whirlwind (myös kuv) **3** (elämän) whirl(wind) **4** (hiusten) whorl
pyörremyrsky 1 (pieni) tornado, (ark) twister **2** (iso) typhoon, hurricane
pyörryttää *Minua pyörryttää* I feel dizzy/faint, I feel like I'm going to faint
pyörrytys dizziness, dizzy spell, faintheadedness
pyörrytyskohtaus dizzy spell
pyörtymiskohtaus fainting spell

pyörtyä faint, (ark) black out, (ylät) swoon
pyöryksissä (pyörtynyt) fainted (dead away), in a faint; (pää pyörii) dizzy, your head in a spin
pyörylä circle *Et saa minulta pennin pyörylää* You won't get a red cent out of me
pyörä **1** wheel, (huonekalun) castor **2** (polkupyörä) bike, (moottoripyörä) motorbike
pyörähdys (tanssissa) swing, spin; (autolla) spin, ride
pyörähtää **1** (tanssija) swing/spin around **2** (planeetta tms) spin, rotate
pyöräilijä bicyclist, (ark) bike-rider
pyöräillä bicycle, ride (a/your) bicycle/bike
pyöräily bicycling, bike-riding
pyöräkorjaamo bike shop
pyörätie bike path
pyöräyttää **1** (joku ympäri) swing (someone) around **2** (kietoa) wind (something) around (someone/something) **3** (kyhätä kokoon: ateria tms) whip up, (lapsi) produce
pyöveli **1** executioner, (hirttäjä) hangman **2** (kuv) butcher
pähkinä nut
pähkinänkuoressa in a nutshell
pähkinäsakset nutcracker
pähkähullu (ark) nuts, out of his/her tree
päihde controlled substance
päihderiippuvuus substance addiction
päihdyksissä (viinalla) intoxicated, inebriated; (ark) drunk, boozed; (lak) under the influence (of alcohol); (huumeilla) high, stoned
päihdyttävä (alkoholi) intoxicating; (huume: näkyjä aiheuttava) hallucinogenic; (kokemus) exhilarating, heady
päihdyttää **1** (alkoholi) intoxicate; (huume) give you a buzz, turn you on; (kokemus) exhilarate **2** (ihminen toista) get (someone) drunk/high
päihtynyt (viinalla) intoxicated, inebriated; (ark) drunk, boozed; (lak) under the influence (of alcohol); (huumeilla) high, stoned
päihtyä become intoxicated/ inebriated; (ark: alkoholista) get drunk; (huumeista) get stoned
päin **1** (jonnekin) towards, -wards, to, in the direction of *Minne päin olet menossa?* Which way are you headed? *Helsinkiin päin* (sinne asti) To Helsinki, (siihen suuntaan mutta ei perille asti) Towards Helsinki *Ikkuna on kadulle päin* The window faces the street *paranemaan päin* on the road to recovery *Tänne päin* (Over) this way! Over here! **2** (jostakin) from *Mistä päin olet tulossa?* Where are you coming from? *Mistä päin tulet?* Where've you been? **3** (jossakin) somewhere *Missä päin hän nykyään oleskelee?* Where(abouts) does she live nowadays? *Jossain Amerikassa päin* Somewhere (over) in America *Meillä päin sanotaan* Where I come from we say **4** (johonkin) into *ajaa toista autoa päin* crash into another car **5** (läpi) through *ajaa päin punaista* run a red light **6** (tavalla) way *Miten päin tämä kuuluu/menee?* Which way does this go? How does this go? *Kummin päin tahansa* Whichever way you like, either way *Näin päin* Like this, this way *väärin päin* the wrong way
päin helvettiä to hell (myös kuv)
päin kasvoja (straight/right) to his/her face
päin mäntyä all wrong
päinsä *käydä päinsä* be fine
päinvastainen opposite, reverse
päinvastoin on the contrary *tehdä päinvastoin* do the opposite *ja päinvastoin* and vice versa
pälssään drunk (as a skunk/on your butt)
päistikkaa head over heels, (sl) ass over teakettle
päitset halter
päivemmällä (yöllä) closer to morning; (aamulla) later in the morning, closer to noon
päivettyminen tanning, getting tanned/sunburned

päivettynyt tan, (palanut) sunburned, (tummaksi) bronzed
päivettyä tan, (palaa) get sunburned
päivineen and everything/all; lock, stock, and barrel *Meni talo päivineen kaikkineen* We lost the house lock, stock, and barrel
päivin ja öin day and night
päivitellä 1 (voivotella) moan/groan (over), complain (about) **2** (ihmetellä) wonder (at)
päivittäin daily
päivittäinen daily
päivyri calendar
päivystys on-call
päivystäjä person/doctor on call
päivystää be on call
päivä 1 (vuorokausi, päivänvalon aika) day *Mikä päivä tänään on?* What day (of the week) is it today? *joulupäivä* Christmas Day *Tämä on taas niitä päiviä* This is another one of those days *kaiken päivää* all day *keskellä kirkasta päivää* in broad daylight *ei kuuna päivänä* never (in a million years) *näinä päivinä* one of these days *puoliltä päivin* around noon *tähän päivään mennessä* till now *kuin viimeistä päivää* like it was going out of style **2** (päivämäärä) date *Monesko päivä tänään on?* What date is it today? What's the date today? **3** (vuosipäivä) anniversary **4** *päivät* (seminaari) seminar, conference **5** (aurinko) sun *Päivä paistaa kirkkaasti* The sun is shining brightly
päivähoito day care
päiväjärjestys 1 (päivän ohjelma) daily routine *saada jokin pois päiväjärjestyksestä* get something over with *Sehän kuuluu päiväjärjestykseen* That's nothing special/out of the ordinary, that's all part of a day's work **2** (esityslista: kokouksen) agenda; (sot) order of the day, O.D.; (eduskunnassa) calendar, (ark) the day's business *siirtyä päiväjärjestykseen* get down to (the day's) business
päivä kerrallaan one day at a time
päiväkirja 1 (yksityinen) diary, journal **2** (opettajan) class register **3** (ajopäiväkirja) logbook
päivälaina overnight/day-to-day money/loan
päivälento day flight
päivälleen to the day
päivällinen *s* dinner
adj (something) of the day
päivälliskutsu dinner invitation
päivällisvieras dinner guest
päivällä by day, in the daytime
päivältä per day/diem
päivälämpötila daytime temperature
päivämatka day trip
päivämäärä date
päivän annos the daily special
päivänavaus morning devotion
päivän hintaan at the going rate/price
päivänkohtainen current, topical
päivänpaiste sunshine
päiväntasaaja equator
Päiväntasaajan Guinea Equatorial Guinea
päivänvalo daylight *nähdä päivänvalo* (kuv) see the light of day *tulla päivänvaloon* come out, be revealed
päivänäytäntö matinee
päiväpalkka day rate, daily wages/pay
päivä päivältä day by day, increasingly
päiväraha per diem
päiväseltään for the day
päivästä päivään from day to day
päivät pitkät day after day, day in day out, for days on end
päivät päästään day after day, day in day out, for days on end
päivätyö daytime job
päivätä date
päiväuni 1 (nukkuminen) nap **2** (unennäkö) daydream
päiväys date
päiväämätön undated
pälkähtää päähän strike you, occur to you, enter your head *Sitten hänen päähänsä pälkähti myydä talonsa ja muuttaa Kiinaan* Then he took it into his

head to sell his house and move to China
pälyillä ympärilleen keep looking over your shoulder, glance around furtively
pälyily furtive glancing/peeking
päntätä cram (for a test)
päre shake, (kattopäre) shingle *polttaa päreensä* blow a fuse, blow your top
pärinä (summerin) buzzing, (mopon) blatting, (rummun) roll
päristellä (moottoria) rev, (rumpua) play a roll on, (sieraimiaan) snort, (pitkin tietä) clatter along
pärjätä get along, make it, do, succeed *Miten sinä olet pärjännyt uudessa työpaikassasi?* How've you been doing in that new job of yours?
pärske (veden) splash, (aivastuksen) splatter, (paistinpannun) spatter
pärskiä (vettä) splash, (aivastaa) sneeze, (roiskia esim rasvaa) spatter, (hevonen) snort
pärstä face, (ark) mug
pärstäkerroin good-looks factor, surface appeal
pässi ram *tyhmä kuin pässi* dumb as an ox
pässinpää bonehead
päteminen competence, being (seen as) competent/able/capable
pätemätön 1 (ei voimassa) invalid, void **2** (huono) incompetent, (muodollisesti) unqualified
pätevöityä qualify
pätevyys 1 (muodollinen) qualifications **2** (osaaminen) competence
pätevyys 1 (muodollinen) qualification(s) **2** (kykenevyys) competence, ability **3** (voimassaolo) validity
pätevyysvaatimus required qualifications
pätevä 1 (muodollisesti) qualified *julistaa päteväksi* declare (someone) qualified **2** (kykenevä) competent, able, capable **3** (voimassa) valid
pätevästi competently
päteä 1 (pitää paikkansa) hold true, (ark) hold water **2** (olla voimassa) be valid, be in effect **3** (pärjätä) be competent/able/capable, be good at what you do *yrittää päteä* try to prove your worth, how good you are
pätkittäin bit by bit, little by little
pätkittäinen intermittent
pätkä 1 (pala, osuus: puun) piece, (köyden) end, (kynän) stub, (laulun) snatch, (tien) stretch, (tekstin) passage **2** (ihminen) shorty, stubby, shrimp
pätsi furnace *kuuma kuin pätsi* hot as hell
pää 1 head *Käytä päätäsi!* Use your head/brains! *hattu päässä* with a/your hat on *nostaa päätään* raise your/its head (myös kuv) *laskea päässään* count (something)/add (something) up/work (something) out in your head *keksiä omasta päästään* think up something on your own *Minua ottaa päähän tuollainen* That sort of thing really gravels me, really gets my goat *pitää päänsä* keep your head **2** (yläpää) head, top *istua pöydän päässä* sit at the head of the table **3** (osa, puoli: narun) end; (sormen, kielen) tip; (kynän tms) tip, point *saada pää auki* get/set the ball rolling, put things in motion *parhaasta päästä* one of the best/finest *yhtä päätä* constantly, uninterruptedly, without a break **4** (mieliala) mood *hyvällä/pahalla päällä* in a good/bad mood *Millä päällä sinä lähdet sinne?* How do you feel about going there?
pääasia the main thing/point *pääasiassa* on the whole, in the main
pääasiallinen main, chief, primary
pääasiallisesti mainly, chiefly, primarily
pää edellä head first
pääelinkeino major source of income, primary industry
päähine hat, (mon) headgear
päähänpinttymä obsession, idée fixe
päähänpisto whim, sudden impulse
pääilmansuunta cardinal point, main compass point

pääjohtaja managing director, chief executive officer (CEO), president
pääkallo skull; (lääk) cranium
pääkallokeli treacherous driving conditions, very slippery/icy roads
pääkallonmetsästäjä headhunter
pääkallopaikka 1 Calvary, the Place of the Skull **2** (leik) where it's happening, where it's at, the hub of activity
pääkatsomo grandstand
pääkaupunki (maan, osavaltion) capital (city); (maakunnan) seat
pää kiinni shut your face
pääkirjoitus editorial
pääkohdittain *selostaa pääkohdittain* review the main points of (something)
pääkohta main point, salient feature
pää kolmantena jalkana (juosta) hellbent for leather
pääkonttori headquarter(s), main office
pääkoppa noggin
pääksytysten *päivät pääksytysten* day after day, day in day out, for days on end
päälaki crown, top of your head
päälause main clause
pääliike primary movement
päälle 1 on(to), over *ajaa jonkun päälle* (yli) run over someone, (töytäistä) hit someone with your car *käydä jonkun päälle* attack someone, jump on top of someone *panna päälleen* put (something) on *Pane päällesi!* (yöpukuiselle) Get dressed! (alastomalle) Get some clothes on! **2** (yläpuolelle) above *Saanko laittaa sen tänne sinun päällesi?* Can I put it up here above your head?
päällekkäin one on top of the other
päällekkäinen overlapping
päällekäypä aggressive, insistent
päällepäin ks päälle
päällepäsmäri bully
päälle päätteeksi over and above (everything else), to top it all, to add insult to injury, to rub salt in my wounds
päällikkyys leadership, command, captaincy
päällikkö 1 (liikkeen, osaston) head, director, manager, chief; (ark) boss **2** (armeijan, sotajoukon) commander, commanding officer (CO) **3** (lentokoneen, laivan) captain, (ark) skipper **4** (intiaaniheimon) chief
päällimmäinen 1 (ylimmäinen) top(most), uppermost **2** (tärkein) uppermost, main, primary
päällinen *s* **1** (pysyvä) outer surface, coat(ing), top; (huonekalun) cover, upholstery **2** (irtonainen: huonekalun) slipcover, throw; (tyynyn) (pillow) case; (sängyn) bedspread
adj: jonkin päällinen (something) on top of (something) *maanpäällinen* above ground
päällisin puolin superficially
päällys 1 (päällyste) cover(ing), coat(ing), wrap(ping)/wrapper, package/packaging, case/casing **2** (päällystä) top, surface
päällyste 1 cover(ing), coat(ing), wrap(ping)/wrapper, package/packaging, case/casing **2** (tien) surface, top, pavement *asfalttipäällyste* asphalt surface, (ark) blacktop **3** *voileivän päällyste* something to put on/in your sandwich, sandwich filler
päällystys covering, coating, upholstering, lining, overlaying, gilding, (re)surfacing, paving (ks päällystää)
päällystäminen covering, coating, upholstering, lining, overlaying, gilding, (re)surfacing, paving (ks päällystää)
päällystää 1 (verhoilla) cover, coat, upholster; (vuorata) line; (kullalla) overlay (with gold), gold-plate, gild **2** (tie) (re)surface, pave
päällystö officers
päällysvaate outer garment, (mon) outer clothing
päällä 1 on *Onko telkkari vielä päällä?* Is the TV still on? *Onko sinulla mitään päällä?* Do you have anything on? Are you decent? *Se on tuolla hyllyn päällä* It's (up/over) on (top of) that shelf **2** (yläpuolella) above *Se on tuolla sinun päälläsi* It's up there over your head, (right) above you

päältä 1 (yläpuolelta) on (the) top (of) *päältä vihreä* green on top **2** (ulkopuolelta) (on the) outside, outwardly, externally *Moni kakku päältä kaunis* All that glitters is not gold **3** (yltä) off *riisua vaatteet päältään* take off your clothes **4** (jonkin päältä) off/from (the top of), from above *kuoria kerma päältä* skim off the cream *ottaa kulut päältä* recover/ skim off/recoup your expenses *Katso jääkaapin päältä* Look on top of the refrigerator
päältäpäin ks päältä
päämaja headquarters, HQ
päämies 1 (valtion) head (of state), (perheen) head (of the family) **2** (lak) client, (liik) principal
pääministeri Prime Minister
päänahka scalp
pään päällä over your head *Meillä ei ole kattoa pään päällä* We don't have a roof over our heads
päänsärky headache
päänsärkylääke headache medicine, aspirin
päänvaiva pain in the neck, nuisance
päänähtävyys main attraction
pääoma capital; (velan) principal *omapääoma* equity
pääomakustannukset capital outlay
pääomavaltainen capital-intensive
pääosa 1 (suurin osa) majority, major part/share, lion's share, bulk *pääosaltaan* principally, primarily **2** (tähtiosa) lead(ing) role *miespääosa* male lead, leading actor/man *naispääosa* female lead, leading actress/lady
pääosakas major stockholder
pääperiaate main principle
pääpiirre main/major/salient characteristic/feature/aspect
pääpiirteissään generally, on the whole, overall
pääpiirteittäin generally, on the whole, overall
päärakennus main building
pääri peer
päärme hem
pääryhmä main group
päärynä pear
pääsisäänkäynti main entrance
pääsiäinen Easter
pääsiäisloma Easter vacation
pääsiäismuna Easter egg
pääskynen swallow
päässä 1 (mielessä) in your head *laskea päässään* count something in your head **2** (pään päällä) on (your head) *hattu päässä* with a hat on (your head) **3** (matkan) away *3 km:n päässä* three kilometers away *Muista pitää poikia haravanvarren päässä* Remember to keep boys at arm's length, to keep your distance from boys *Se on vielä vuosien päässä* That's still years away/ahead, that's years from now
päässälasku mental arithmetic
päästellä 1 (autolla) let 'er rip, race; (hevosella) give the horse its head **2** (suustaan) rattle on, reel off, (vitsejä) crack
päästä *v* **1** (saapua) get to, reach, arrive (at/in) **2** (saada mennä) get to go, be allowed/permitted to go, (tulla päästetyksi) be let/allowed (in/out) *Pääseekö Sanna mukaan?* Can Sanna come too? *Pääsen töistä kuudelta* I get off work at six *päästä nukkumaan* get to bed **3** (yliopistoon tms) get in, be admitted (to) **4** (johonkin) make it to, get to (a place/level), reach, attain, achieve **5** (tapahtua vahingossa) manage to *Vesi pääsi kuivumaan* The water dried up, somehow the water managed to dry up **6** (eroon) get rid of, (surusta tms) get over *päästä ahdistuksesta* get over your anxiety **7** (välttyä) avoid, escape, get out of (doing something), not have/need to (do something), be spared (the necessity of doing something) **8** (pakoon) evade, elude, escape, (ark) shake *Pääsinpä niistä* I shook them after all! **9** (selviytyä) escape, get off/by *päästä vähällä* (rangaistuksesta) get off lightly, (työstä) get by easily **10** (sairaalasta, vankilasta) be released/ discharged *adv* **1** (ajan) in, after *kahden tunnin päästä* in two hours, two hours from

now, after a couple of hours **2** (matkan) at/from (a distance of) *ampua 100 m:n päästä* shoot from a hundred meters (away)
päästä alkuun get started, make a start
päästä auki come undone, (nappi) come unbuttoned
päästä hengestään get yourself killed
päästä huokaus *Häneltä pääsi syvä huokaus* She heaved a deep sigh
päästä irti get loose
päästä itku *Häneltä pääsi itku* (tippa) He shed a tear, (raju) he burst into tears
päästä jaloilleen get (back up) on your feet (myös kuv)
päästä jäljille (jäljittää) pick up (someone's) trail; (saada tietoa pahantekemisestä) get onto (someone)
päästä kintuista *juosta minkä kintuistaan pääsee* run as fast as your legs will carry you
päästä kuin koira veräjästä get off scotfree
päästä käsiksi johonkin get your hands on (myös kuv)
päästä liikkeelle get started/going
päästä mihinkään *Ei siitä pääse mihinkään* (ei voi kieltää) There's no denying it; (ei voi auttaa) Nothing can be done about it
päästä mukaan come along, get to go too
päästä oikeuksiinsa come into your own
päästä omilleen break even
päästä pakoon get away, escape
päästä palkinnoille place
päästä perille arrive (at your destination), get where you're going
päästä pinteestä get out of a scrape/fix
päästä pitkälle go far
päästä puheille get (in) to talk to (someone), obtain an audience with (someone)
päästä puhumasta finish talking *puhua puhumasta päästyäänkin* keep chattering/jabbering on forever
päästä pälkähästä get out of a scrape/fix
päästä päähän from end to end, from stem to stern
päästä rahoistaan (ark) blow all your money
päästä selville vesille make it to smooth waters/sailing
päästä selvyyteen find out (about something)
päästä synneistään be absolved of your sins, be forgiven for your sins
päästä tilanteen tasalle be brought up to date, get the latest information/ news
päästä unohtumaan be forgotten, slip your mind *Se on jotenkin päässyt minulta unohtumaan* I somehow managed to forget all about it, it completely slipped my mind
päästä vapaaksi be freed/ liberated/ released/discharged
päästä voitolle get the upper hand, come out on top
päästä vähällä (rangaistuksesta) get off lightly, (työstä) get by easily
päästä yhteen get together
päästä yksimielisyyteen come to a unanimous agreement, reach an accord
päästää 1 (sisään/ulos) let (someone/ something in/out) **2** (sallia) let, allow, permit **3** (menemään) let (someone/ something) go, release **4** (suustaan: sana) utter, (vitsi) crack, (huokaus) heave, (nauru) emit **5** (päästellä) let 'er rip *päästää mäessä suksensa täyteen vauhtiin* ski/schuss down the hill (at) full speed/tilt
päästää helpolla let (someone) off easily
päästää hukkaan waste, let (something) go to waste
päästää irti let (someone/something) go/loose, release
päästää julkisuuteen (virallisesti) publicize something, release it to the press/public; (salaa) leak something to the press

päästää liian pitkälle let (something) go too far/get out of hand
päästää mielikuvituksensa valloilleen give free rein to your imagination
päästää ohitseen let (someone) pass you
päästää osalliseksi let (someone) in on (something), include (someone) in (something)
päästää päiviltä knock (someone) off
päästää rappiolle let (something) go to wrack and ruin, (vihannesmaa) let it go to seed (myös kuv)
päästää sisään admit, let (someone) enter/come in
päästää tentistä pass (someone) in an exam
päästää vähällä let (someone) off easily
päästö 1 (kaasun) discharge, emission; (nesteen) effluent **2** (metallin) tempering **3** (synnin) absolution
päästötodistus diploma
pääsy 1 (ulos) exit, way out **2** (johonkin: jotakin käyttämään) access (to); (oppilaitokseen) admission, entrance; (teatteriin tms) entrance, admittance
pääsy kielletty no admittance/trespassing, keep out
pääsylippu ticket
pääsymaksu entrance/admission fee
pääsytutkinto entrance exam(ination)
pääsääntöisesti as a rule, on the whole, in general
pääte 1 (loppu) end(ing) *päätteeksi* in conclusion, as a finishing touch **2** (kiel) affix; (alkupääte) prefix; (loppupääte) suffix, ending **3** (tietok) terminal
pääteasema terminal, (ark) the end of the line
päätekijä 1 (ihminen) major figure, (ark) shaker and mover **2** (asia) major factor
päätellä 1 (käsityössä) fasten/tie off the loose ends/threads **2** (ajattelussa) conclude, draw/reach a conclusion, decide, infer; (ark) figure, reckon
päätelmä conclusion, inference; (logiikassa) deduction, syllogism
pääteos major work, magnum opus
päätevahvistin power amplifier
päätie main road, major arterial
päätoimi full-time job, (veroilmoituksessa) primary source of income
päätoimisesti (work) full-time
päätoimittaja editor in chief
päättely reasoning, argumentation, deduction
päättelykyky reasoning power, power of deduction
päättymätön 1 unending, endless, ceaseless, continuous **2** (mat) infinite
päättyä 1 (loppua) (come to an) end, finish, stop, cease, (be) conclude(d) **2** (määräaika) be up, (voimassaoloaika) expire **3** (valmistua) be finished/completed
päättäjäiset graduation (ceremony)
päättäväinen 1 (luonne) decisive, strong-minded **2** (lujasti päättänyt) resolute, determined
päättäväisesti decisively, resolutely, with determination (ks päättäväinen)
päättäväisyys decisiveness, resolution, strong-mindedness, determination
päättää 1 (tehdä päätös) decide, make up your mind, resolve, determine **2** (lak) find, hold **3** (päätellä) judge, infer, conclude *jostakin päättäen* judging from *kaikesta päättäen* apparently, evidently **4** (lopettaa) end, conclude, terminate, bring to a close; (ark) wrap/wind up *päättää työt tältä päivältä* call it a day **5** (sopimus) conclude, close, settle *Se on siis päätetty* It's settled, then; it's a deal **6** (lanka) tie off, fasten
päättää päivänsä depart this life; (itse) commit suicide
päättää tilit balance the books
päättömästi mindlessly, foolishly; (hurjasti) recklessly
päätuntomerkki distinguishing characteristic
päät vastakkain head to head, face to face

pääty 1 (tekn) end **2** (talon) gable
päätyä end/wind up (as), finish (as), land (somewhere) *päätyä sovintoon* reach an agreement, be reconciled, achieve a reconciliation
päätä pitempi a head taller (than)
päätöksenteko decision-making
päätös 1 (loppu) end(ing), conclusion, (esityksen suurenmoinen) finale *saattaa päätökseen* conclude, bring (something) to a close, (ark) wrap it up *päätökseksi* (lopuksi) in conclusion; (esityksen) for a grand finale **2** (päätöksenteon tulos) decision *Olen tehnyt päätökseni* I've made my decision, I've made up my mind *yhteisellä päätöksellä* by common consent **3** (päättäväisyys) resolve, resolution, determination *Luja päätökseni on* It is my firm intent/resolve/ resolution to **4** (lak) decision, order, judgment, (valamiehistön) verdict
päätösvalta authority *Kenellä on tässä jutussa päätösvalta?* Who has the authority (to make a decision) in this case?
päätösvaltainen having jurisdiction (in a matter), (kokous) having a quorum
päätösvaltaisuus (kokouksen) quorum
päävaihe main phase
päävarasto central warehouse
päävärit primary colors
pöhöttyä swell/puff up, become swollen/puffy
pökertyä (pyörtyä) faint, (joutua pokerryksiin) be stunned/dazed
pökkö *lisätä pökköä pesään* put more wood on the fire; (kuv) pour oil on the fire
pöksyt pants, (pikkuhousut: miesten) underpants, (naisten) panties
pölinä 1 dust(iness) **2** (puhe) chatter, chitchat, yackety-yak
pölistä 1 be dusty, give off dust **2** (puhua) chatter, chitchat, (yackety-) yak
pölkky block (of wood), (tukki) log *laskea kaulansa/päänsä pölkylle* (kuv) lose your head, be beheaded, put your head on the chopping-block
pölkkypää blockhead
pöllytä (pöly) swirl/whirl around; (savu) spew/belch (forth)
pöllähdys cloud
pöllähtää 1 (savua tms) spew/belch (forth) **2** (saapua) show up without warning, appear suddenly *Mistä sinä pöllähdit?* What hole did you crawl out of?
pöllämystynyt dumbfounded, flabbergasted, struck speechless
pöllö owl
pölpöttää *puhua pölpöttää* chatter (on), yak, gab
pöly dust *pyyhkiä pölyt* dust (the room/ furniture/jne)
pölykapseli hubcap
pölynimuri vacuum cleaner
pölysokeri powdered sugar
pölyttyä 1 get dusty **2** (kasvi) be pollinated
pölyttää 1 raise a cloud of dust **2** (kasvi) pollinate
pölytys 1 making the dust fly **2** (kasvin) pollination
pönkittää prop up, support, buttress *pönkittää jonkun itsetuntoa* bolster someone's self-esteem/self-confidence/ego
pönttö 1 (astia) barrel, cask, tin, can **2** (vessanpönttö) (toilet) bowl *istua pöntöllä* sit on the john **3** (linnunpönttö) birdhouse **4** (puhujanpönttö: kirkossa) pulpit, (juhlasalissa) rostrum, (muualla) podium
pöperö 1 (tekn) mash, pulp **2** (ruoka) shit
pöpi goofy
pöpö 1 (täi) louse **2** (basilli) germ, (ark) bug *Minä olen kai saanut jonkun pöpön* I must have caught a bug somewhere **3** (mörkö) boogey(man), bugbear
pörheä bushy
pörhistellä (eläin) ruffle (its feathers), (ihminen) get your feathers ruffled
pörröinen 1 (karvainen) fuzzy, bushy, fluffy, fleecy **2** (sekaisin) rumpled, messed up
pörssi stock exchange
pörssikeinottelija speculator

pörssikeinottelu speculation on the stock market
pörssikurssi stock/exchange price
pörssimeklari stockbroker
pörssiromahdus collapse of the stock exchange
pötkiä (pakoon/tiehensä) take to your heels, (make a) run for it, bolt
pötkö bar *yhteen pötköön* without a break, straight through
pötsi rumen
pöty nonsense
pöydänjalka table leg
pöydänpää the head of the table
pöyhiä (vuodevaatteita) air/shake out; (tyynyjä) fluff/plump up; (asioita) stir up, hash over
pöyhkeillä swagger, strut, boast/brag (about), preen yourself
pöyhkeily swaggering, strutting, boasting, braggadocio, preening
pöyhkeys conceit
pöyhkeä conceited, stuck-up
pöyristyttää appal, horrify, shock
pöytä table, (kirjoituspöytä) desk, (keittiönpöytä) counter *pöydälle* on the table/desk/counter *pöydässä* at the table *Käykää pöytään!* Sit down! Come eat! *kattaa/tyhjentää pöytä* set/clear the table *jättää esitys pöydälle (kokouksessa)* table a motion
pöytäkirja minutes
pöytälaatikko desk drawer
pöytäliina tablecloth
pöytäpäivyri desktop calendar
pöytätavat table manners
pöytätennis pingpong, table tennis
pöytävuori mesa, (pieni) butte

Q, q

Qatar Qatar
quatarilainen *s, adj* Quatari
Quebec Quebec

R, r

raadanta drudgery
raadella 1 (repiä) tear (something up, myös kuv), maul, claw *Syyllisyys raateli sisintäni* Th eguilt was tearing me up inside **2** (hävittää) devastate, ravage, lay waste
raadollinen sinful, wretched
raadollisuus sinfulness, wretchedness
raadonsyöjä carrion eater, (tiet) necrophagous animal
raahata drag, haul, lug
raahautua 1 (olla raahattavana) be dragged (along) **2** (raahata itsensä) drag yourself, trudge (along)
raaistaa brutalize
raaistava brutalizing
raaistua be brutalized
raaja limb
raajarikko *s* cripple (myös kuv); (euf) handicapped/disabled person *adj* crippled, handicapped, disabled, physically challenged
raajarikkoinen crippled; (euf) handicapped, disabled, physically challenged
raaka 1 (liha, hedelmä, vihannes) raw; (liha myös) underdone, rare; (hedelmä/vihannes myös) green, unripe, not ripe **2** (viina) straight, neat **3** (materiaali) raw; (öljy, sokeri ym) crude; (vuota) undressed, untreated, untanned; (jalokivi) rough **4** (ihminen) cruel, brutal, barbarous **5** (epämiellyttävä) harsh, crude *raaka tuuli* harsh wind *raaka peli* foul play **6** *raaka työ* hard/rough/backbreaking work *raaka voima* brute strength **7** (likimääräinen) rough *raaka arvio* rough estimate
raaka-aine raw material
raaka-ainevarat supply of raw materials
raakahiili raw coal
raakakaasu crude gas
raakakopio (tekstin) rough copy, (valokuvan) rough print
raakakuitu crude fiber
raakakumi raw/crude/India rubber
raakakäännös rough translation
raakalainen barbarian, savage, brute; (epäkohtelias) boor, cad
raakalaismainen barbaric, savage, brutish; boorish
raakalaisuus barbarism, savagery, brutishness
raakalasite raw glaze
raakaleikata rough-cut
raakamalmi crude ore
raakanahka undressed leather
raakapurje square sail
raakapuu rough wood
raakarauta cast/pig iron
raakasokeri raw sugar
raakata scratch, strike, cut
raakaterva crude tar
raakatuotanto raw-material production
raakatuote raw product
raakaturve raw peat
raakavedos rough proof
raaka voima brute/sheer strength
raakile green fruit/berry
raakimus animal, beast, brute
raakki (myös kuv) wreck, hulk
raakkua croak
Raamattu Bible, the Holy Scriptures, Holy Writ
raamattupiiri Bible study circle/group
raamatullinen biblical
raamatunkäännös Bible translation
raamatunkäännöskomitea Bible translation committee

raamatunlause Bible phrase/quote, quotation from Scripture
raamatunselitys exegesis
raamatunvastainen unbiblical, unscriptural
raamit (ikkunan) frame, (elämän) framework
raanu Finnish (woven, woolen) wall hanging
raapaista scratch, scrape
raapaista pintaa (kuv) (merely) scratch the surface
raapaista tulitikku strike a match
raapaisu scrape, scratch
raapia scratch, scrape
raappa scraper
raapustaa scratch out, scribble, scrawl
raapustus chicken scratching, scribble, scrawl
raaputtaa scrape, scratch, rub
raaskia bear, stand, have the heart to *Miten raaskit lähteä pois täältä?* How can you bear/stand to leave?
raastaa (juustoa tms) grate, (hermoja) grate on; (hiuksia ja kuv) tear (at); (vaatteita ja kuv) rend *Se raastaa sydäntäni* It really tears me apart, it tears at my heart
raaste grated cheese/carrot/jne
raastin (cheese) grater
raastupa 1 (hist raatihuone) city hall **2** (nyk) court(room) *haastaa raastupaan* sue (someone), take (someone) to court
raastuvanoikeus city/municipal court
raasu poor guy/girl/woman/kid
raataa toil, drudge, slave/grind/plug away *raataa otsa hiessä* work your fingers to the one, slave away
raataja drudge, grind, (leik) workaholic
raati 1 (hist) (city) council **2** (nyk) jury, panel
raatihuone (hist) city hall
raato carcass, corpse, (raatoa) carrion
raavaanliha beef
raavas *s* beef
adj big, strong, beefy, burly
rabbi rabbi
radeerata etch
radeeraus etching
radiaalinen radial
radiaani radian
radiaatio radiation
radikaali *s, adj* radical
radikaalisti radically
radikaalistua be(come) radicalized
radikalismi radicalism
radikalisoida radicalize
radikalisoitua be(come) radicalized
radio radio
radioaallot radio waves
radioaktiivinen radioactive
radioaktiivinen iänmääritys radioactive dating
radioaktiivinen jäte radioactive waste(s)
radioaktiivinen laskeuma radioactive fallout
radioaktiivisuuden puoliintumisaika half-life
radioaktiivisuus radioactivity
radioamatööri (kotona) ham/shortwave radio enthusiast; (autossa) CB-er
radioantenni radio antenna
radioasema radio station
radioastronomia radio astronomy
radiohiiliajoitus (radio)carbon dating
radioida broadcast on radio, transmit a radio broadcast
radiojumalanpalvelus radio church service
radiokasettinauhuri radiocassette player
radiokemia radio chemistry
radiokuuntelija radio listener, (mon) radio audience, listeners at home
radiologia radiology
radiolähetin radio transmitter
radiolähetys radio broadcast/transmission
radiomajakka radio beacon
radiomasto radio tower
radionauhuri radiocassette player, (iso myös) ghetto blaster
radio-ohjattu radio-controlled
radio-ohjaus radio control
radio-ohjelma radio program

radiopuhelin radiotelephone
radioselostaja radio announcer/ commentator
radiosähköttäjä radio operator
radiosähkötys radiotelegraphy
radioteleskooppi radio telescope
radioterapia radiotherapy, radium treatment
radiouutiset radio news
radiovastaanotin radio receiver
radisti radio operator
rae 1 hailstone *Sataa rakeita!* It's hailing! **2** (sokerin) granule, (hiekan) grain
raejuusto cottage cheese
raesade hailstorm
raetarkennin focus magnifier
raha 1 (rahaa) money, (käteinen) cash; (ark) dough, bread *Ei se ole rahasta kiinni* Money's no object *Aika on rahaa* Time is money *panna rahoiksi* cash in, make big bucks, make money hand over fist *muuttaa rahaksi* (sekki) cash; (omaisuus) convert into ready money, realize *nyhtäistä/kääriä isot rahat* haul in big bucks **2** (kolikko) coin **3** (seteli) bill, (mon) currency; (ark USD:stä) greenback
rahaa kuin roskaa money to burn
raha-asiat money/financial matters, finances
raha-automaatti cash machine
rahahuolet worries about money
rahakas rich, wealthy, affluent; (mon) the well-to-do
rahake token
rahakukkaro coin purse
rahallinen monetary, financial, pecuniary
rahallinen arvo mone(tar)y value
rahamaailma financial world, the world of finance; (ark) high finance, big business
rahamarkkinat money market
rahanahne money-grubbing
rahanhimo lust for money
rahanielu (rahapuhelimen, peliautomaatin) coin slot
rahan tarpeessa strapped for money/funds
rahantarve need for money
raha polttaa taskussa money's burning a hole in your pocket
rahapuhelin coinbox telephone
rahapula shortage of money
raha ratkaisee money talks
rahastaa collect fares
rahastaja conductor
rahasto fund, (säätiö) foundation
rahastus fare-collection
rahasumma sum of money
rahataloudellinen financial
rahatalous money economy
rahaton penniless, destitute; (ark) broke
raha tulee rahan luo money makes money
rahatulo income
rahavarat funds, money, financial resources
rahdata 1 (tavara) ship, freight-forward **2** (alus) charter
rahi stool
rahina rasp(ing noise)
rahka baker's cheese, sour cream
rahoissaan in the money, flush
rahoittaa pay for, finance, fund, support financially, provide financial/ monetary support/backing (for); (ark) bankroll; (sponsoroida) sponsor
rahoittaja (financial) backer, underwriter, (mesenaatti) patron, (sponsori) sponsor
rahoitus financing, funding, (financial) support/backing
rahtaus 1 (tavaran) shipping, freight-forwarding **2** (aluksen) chartering
rahti freight
rahtikulut freight charges
rahtilaiva freighter
rahtitavara freight, (laivan) cargo, (lentokoneen) air freight
rahvaanomainen common, vulgar
rahvas the peasantry, common/ ordinary people/folk(s)
raide track, (mon) rails *saapua raiteelle 2* arrive at track 2 *suistua raiteilta* be derailed *mennä pois raiteiltaan* (ihminen) get off track *pysyä raiteillaan* (ihminen) stay on track

raideleveys 1 (rautatien) (track) gauge **2** (auton) track
raihnainen decrepit, feeble, frail
raikas fresh, refreshing
railakas 1 (rempseä) rollicking, lively, vivacious **2** (roima) daring, adventuresome
railakkaasti boisterously, rambunctiously
railo crack in the (melting) ice
raiskaaja rapist
raiskata rape
raiskaus rape
raisu rambunctious, boisterous, rollicking
raisusti rambunctiously, boisterously
raitiovaunu tram, streetcar
raitis 1 fresh *mennä haukkaamaan raitista ilmaa* go out for a breath of fresh air **2** (selvä) sober **3** (absolutistinen) teetotaling; (juoppo) on the wagon *Hän on täysin raitis* He never touches a drop, he doesn't drink
raitti main street
raittius 1 (ei ole juonut) sobriety **2** (ei koskaan juo) teetotaling, abstinence; (hist) temperance
raittiusliike the Temperance Movement
raivata clear
raivata joku tieltään get/push someone out of your way, do away with someone
raivata pöytä clear the table
raivata tie 1 (metsikön läpi) blaze a trail (through a forest) **2** (väkijoukon läpi) make/push/elbow your way (through a crowd) **3** (huipulle) climb the ladder (to success)
raivaus clearing
raivo *s* **1** (suuttumus) rage, fury **2** (takaraivo) back of the head *adj* raging, furious
raivoisa raging, furious
raivoisasti furiously
raivokas frantic, frenetic, fierce
raivokkaasti frantically, frenetically, fiercely
raivokohtaus (aikuisen) fit of rage; (lapsen) temper tantrum *saada raivokohtaus* (aikuinen) fly into a rage/fury; (lapsi) throw a (temper) tantrum
raivonpuuska fit of rage/anger
raivopäinen raging
raivoraitis *s* fanatic teetotaler, antirum crusader *adj* teetotaling
raivostua get furious, get mad as hell, lose your temper, fly off the handle, blow your top, blow a fuse, hit the roof
raivostuttaa make you furious/mad, infuriate
raivostuttava infuriating
raivostuttavasti infuriatingly
raivota rage, storm/stomp around furiously, rant and rave
raivotauti rabies
raja 1 (maantieteellinen) boundary (line), border(line), (raja-alue) frontier, (kaupungin) (city) limit, (maalaiskunnan) (county) line *sulkea raja* close the border *kaupungin rajojen sisällä* within the city limits **2** (yhteiskunnallinen, henkinen) limit, bound, confine *Hänen ilollaan ei ollut mitään rajoja* Her joy knew no bounds, was unbounded *ylittää sopivaisuuden rajat* transgress/exceed the bounds of decorum *vetää raja* draw the line **3** (urh) line
rajakauppa border trade
rajaliikenne border traffic
rajallinen limited, restricted
rajallisuus limitation, restriction
rajankäynti 1 (pol) demarcation **2** (muu) defining the boundaries
rajansa kaikella you've got to draw the line somewhere
rajapyykki boundary marker
rajaselkkaus border incident
rajaseutu border district, (sivilisaation ja erämaan välillä) frontier
rajassa *katon rajassa* up by the ceiling, just under the ceiling, at the top of the wall
rajata 1 (vetää rajat) mark (the boundaries), demarcate **2** (rajoittaa) limit, restrict, confine **3** (hiuksia) trim (the edges)
rajatapaus borderline case

rajatilapsykoosi borderline pyschosis
rajaton limitless, unlimited, unrestricted, boundless, unbounded, infinite; (valta) absolute
rajattomasti limitlessly, without restriction, boundlessly, infinitely
rajaus marking, demarcation, limiting, restricting, confining, trimming (ks rajata)
rajautua border (on), be bounded by
rajavartiolaitos border guard
rajavartiosto border guard post
rajoilla *toimeentulon rajoilla* at the lower limits/level of subsistence *Se oli niillä rajoilla, ettei ollut rivoa* It was right on the dirty edge of being obscene, it bordered on the obscene
rajoissa *jonkin rajoissa* within the limits/bounds/confines of *juuri ja juuri säädyllisyyden rajoissa* marginally decent/acceptable, just barely within the bounds/confines of decency
rajoittaa 1 limit, restrict, confine, check **2** (olla rajana) border
rajoittamaton unlimited, unrestricted, unconfined, unchecked
rajoittamattomasti without limitation/restriction, freely
rajoittautua limit/restrict/confine yourself
rajoittua 1 (olla jonkin rajalla) border (on), be bounded by **2** (olla rajoitettuna) be limited/restricted/ confined (to) **3** (rajoittautua) limit/restrict/confine yourself
rajoitus limit(ation), restriction, check *nopeusrajoitus* speed limit
raju fierce, violent *rajut bileet* a wild party
rajuilma storm
rajumyrsky hurricane
rajusti fiercely, violently; (paljon) tons, scads, piles
rakas *s* love, sweetheart, darling; (ark) honey, sweetie, baby
adj loving, beloved, sweet, darling, dear; (ark) lovey
rakastaa love
rakastaja lover
rakastajatar lover, mistress
rakastavainen lover, (ark) lovebird
rakastella make love
rakastelu lovemaking
rakastettu beloved
rakastua fall in love with
rakeinen granular, (filmi) grainy
rakeisuus granularity, graininess
rakenne 1 structure, construction *rakenteilla* under construction **2** (koostumus) composition, (ark) makeup
rakennella build
rakennemuutos structural change/ shift *hallittu rakennemuutos* controlled structural transition
rakennetekijä structural factor
rakennus 1 (talo) building **2** (rakentaminen) building, construction
rakennusaine building material
rakennusala construction
rakennushanke building/ construction project
rakennuskaava building plan
rakennuskustannukset construction costs
rakennuslupa building permit
rakennusmestari building contractor
rakennusoikeus permitted building volume
rakennuspaikka building/ construction site
rakennussuunnittelu building/ construction planning
rakennustaide architecture
rakennustarvike building/ construction supply
rakennustekniikka structural engineering
rakennustyö construction (work)
rakennustyöläinen construction worker
rakennustyömaa building site
rakennusurakoitsija (building) contractor
rakennusvaihe phase of construction
rakennuttaa have built, (ark) build
rakennuttaja developer
rakentaa build, construct, (ark) put up

rakentaa jonkin varaan (kuv) count/rely/go on something
rakentaa rauhaa work for peace
rakentaa sovintoa take steps toward reconciliation, make conciliatory gestures
rakentaa uudelleen rebuild, reconstruct
rakentaja builder
rakentava constructive
rakenteellinen structural
rakenteellisesti structurally
rakenteinen (talo) of (a certain type) of construction; (vartalo) of (a certain type) of build
rakentua 1 (koostua jostakin) be made/composed of **2** (perustua jollekin) be based on
raketti rocket
rakkaus love *tehdä jotakin rakkaudesta* do something for love
rakkauselokuva romantic movie
rakkausromaani romance
rakkaussuhde love affair
rakki mutt
rakkine (auto) beater, piece of junk
rakko 1 (virtsarakko) bladder *tyhjentää rakkonsa* relieve yourself, urinate; (ark) take a piss **2** (rakkula) blister
rakkula blister; (lääk myös) cyst
rako 1 hole, gap, chink *tirkistää oven raosta* peek from behind the door *paistaa pilvien raosta* peek from behind the clouds **2** (välimatka) gap, distance *juosta rako umpeen* close the gap
rakoilla 1 split, crack, break up *Iltapäivällä pilvipeite rakoilee* (We'll see) decreasing cloudiness in the afternoon **2** (avioliitto tms) be on the rocks
raksahdus click(ing)
raksahtaa click
ralli rally *ajaa rallia korttelin ympäri* cruise the loop
ralliajaja rally driver
ralliauto rally car
ralliautoilu rally driving
ramaista *Minua ramaisee* I'm dead beat, I'm exhausted
rampa cripple, (työkyvytön) disabled, (ontuva) lame
ramppi 1 (teatterissa) stage front, footlights **2** (auton) ramp
ramppikuume stage fright
rangaista punish, penalize, mete out a penalty/punishment
rangaistus punishment, penalty *saada rangaistus* be punished (for) *määrätä rangaistus* penalize (someone for), inflict/impose a punishment/penalty (on someone for)
ranka 1 (puun) (disbranched/ long-length) log **2** (kasvin) stem
rankaiseminen punishing, penalization
rankaisu punishment
rankka heavy, hard *rankka päivä* tough/hard day
rankkasade downpour, cloudburst
ranne wrist
ranneke 1 (hihansuu) cuff **2** (rannekellon hihna) wristband
rannekello wristwatch
rannerengas bracelet
rannikko coast, (merenranta) shore
rannikkoalue coastal region/area
rannikkokalastus offshore fishing
rannikkokaupunki coast city
rannikkovartiosto coast guard
Ranska France
ranska French
ranskalainen *s* Frenchman, Frenchwoman *adj* French
ranskalaiset (ihmiset) the French, (perunat) (French) fries
ranskanleipä French bread
ranskannos French translation
ranskanperunat (French) fries
ranta beach, (sea-/lake-)shore, (joen) bank *Länsiranta* the West Bank *kautta rantain* indirectly, circuitously *vastata kautta rantain* beat around the bush
rantakaistale strip of beach(front property)
rantakallio cliff, palisade
rantalaituri dock
rantasauna lakefront/-side sauna
rantautua go/come ashore, (sot) hit the beach
rantavesi shallow water

raottaa open (something) a crack/ little, crack *raottaa ikkunaa* crack a window *raottaa masennuksensa syytä* hint at what's wrong
rapa mud, slush, mire
rapakko puddle; (Atlantti) the Pond *rapakon takana* across the Pond
rapakunto lousy shape
raparperi rhubarb
rapata plaster
rapautua (muuraus) crumble (away), (kallio) weather
rapea crisp(y), crunchy
rapina (kynän) scratching; (hiiren) scritching; (paperin) rustling
rapista 1 (ääni) scratch, scritch, rustle **2** (maali tms) peel, flake, come/drop off **3** (tiedot) get rusty
rapistella rustle
rapistelu rustling
rapistua 1 (talo tms) decay, deteriorate, become dilapidated, fall into disrepair, become ramshackle **2** (tiedot) get rusty **3** (kauneus) fade
rapistuminen decaying, deterioration, fading (ks rapistua)
raportoida report (on)
raportti report
rappaus plaster(ing)
rappeutua 1 (fyysisesti) decay, deteriorate, disintegrate, fall into disrepair/decay, become dilapidated **2** (henkisesti) (fall into) decay, become decadent, decline, go to (wrack and) ruin; (ark) go to pot/hell
rappio decay, decadence, decline, degeneration *mennä rappiolle* (kulttuuri) decline, degenerate, become decadent; (rakennus) fall into disrepair, become dilapidated/ ramshackle; (ihminen) decline, degenerate, go to seed/pot/the dogs, fall on evil days
rappiotila 1 (rappio) decay, decadence, decline, degeneration **2** (rappiolla oleva maatila) dilapidated/neglected farm
rappu step, (sisällä) stair
rappunen step, (sisällä) stair
rapsi rape
rapsuttaa scratch, rub
rapu 1 crab; (jokirapu) crayfish, (murt) crawdad **2** (horoskoopissa) Cancer
rasahdus (katkeavan oksan) snap, (paperin, puiden) rustle
rasahtaa snap, rustle
rasia box, container; (margariinia) tub; (savukkeita) pack
rasiallinen boxful
rasite 1 (taloudellinen) encumbrance **2** (henkinen) burden
rasittaa 1 (kiinnityksellä) encumber *Taloa rasittaa kiinnelaina* The house is mortgaged **2** (henkisesti) burden, weigh on, trouble, bother, strain *Häntä rasittaa kaikki mitä minä teen* Everything I do is a burden to him *En halua rasittaa sinua näillä minun typerillä huolillani* I don't want to burden/trouble/bother you with these petty cares of mine **3** (väsyttää) tire, weary, exhaust *Kylläpä minua rasittaa tuommoinen* I get so (sick and) tired of that **4** (silmiä tms) strain *Et saisi rasittaa silmiäsi tuossa huonossa valaistuksessa* You shouldn't strain your eyes reading in that poor light
rasittava burdensome, troublesome, bothersome, tiring, wearying, exhausting (ks rasittaa)
rasitus 1 (kiinnitys) encumbrance *rasituksista vapaa* free of all (liens and) encumbrances **2** (henkinen) burden, strain **3** (fyysinen) strain, stress, tiredness, weariness
raskaanpuoleinen heavyish, on the heavy side
raskaasti heavily *ottaa raskaasti* take something hard *erehtyä raskaasti* make a grievous/grave error/mistake *Jos luulet että minä tulen sinne, erehdyt raskaasti* If you think I'm coming with you, think again
raskas 1 heavy; (vakava) serious, greivous, grave; (kova) hard, tough **2** *raskaana* pregnant; (ark) PG, have a bun in the oven; (ylät) great/big with child *tulla raskaaksi* get pregnant
raskaslukuinen heavy, hard-to-read *Se on kyllä aika raskaslukuinen* It's pretty tough sledding

raskasmielinen melancholic, heavy-hearted
raskas sarja heavyweight
raskassoutuinen 1 (järjestö tms) slow to act, unwieldy, ponderous **2** (tyyli) ponderous, heavy, hard to read
raskas uni sound sleep
raskaus 1 (paino) heaviness, weight **2** (vakavuus) seriousness, gravity **3** (raskaustila) pregnancy
raskausaika gestation period (ark ei naisista), duration of pregnancy
raskausarvet striae, (ark) stretch marks
raskauskuukausi month of pregnancy
raskauttaa 1 (mieltä) burden, weigh on **2** (rikosta) aggravate *raskautettu pahoinpitely* aggravated assault
raskauttava aggravating
rassata 1 (putsata) clean **2** (korjailla) work on, fix up **3** (vaivata) bother, nag at *Mua koko ajan rassaa tuo eilinen* I can't get my mind off what happened yesterday
rassu poor (man/woman/boy/girl/dog/jne)
rasteri screen
rasti (merkki) check, (risti) cross, X *merkitä rasti ruutuun jossa* check the box which
rasva 1 (eläimen) fat, (juokseva) grease **2** (tekn) grease, lubricating oil, lubricant **3** (ihovoide) skin oil/cream/lotion **4** (huulirasva) chapstick, lip balm
rasvaantua get greasy
rasvaimu liposuction
rasvainen 1 (liha) fatty **2** (moottori, iho, tukka) greasy, (tukka myös) oily **3** (tekn: lihava) fat **4** (rivo) filthy, dirty, disgusting, gross
rasvakudos fat tissue
rasvankäry smell of burnt grease
rasvata 1 (moottoria tms) grease, oil, lubricate; (ark) lube **2** (ihoa: öljyllä) rub (someone/yourself) down with oil; (ihovoiteella) apply skin cream/lotion **3** (huulia) put chapstick on
rasvatahra grease spot
rasvaus lubrication, (ark) lube
rata 1 (rautatie) railroad (line), (ark) the tracks *radan väärällä puolella* on the wrong side of the tracks **2** (juoksurata: koko kenttä) track, (kaista) lane; (hevos-/autorata) racetrack, (autorata myös) speedway; (moottoripyörille) course **3** (planeetan, kuun) orbit, (komeetan) track **4** (luodin, keihään) trajectory **5** (elämän) course; (ajatusten) train, chain
ratapiha trainyard
ratapölkky cross-tie
ratas (cog)wheel *juuttua byrokratian rattaisiin* get caught/tangled/meshed up in the wheels/machinery of bureaucracy *ratas mammuttiyhtiön koneistossa* a cog in the wheel of the mammoth company
ratifioida ratify
ratifiointi ratification
rationaalinen rational
rationalisoida improve (something's) efficiency, make (something) more efficient
rationalisointi efficiency-improvement
ratkaisematon unsolved, undecided, unsettled; (peli) tied; (kysymys) open; (päätös) pending; (mat = funktio) implicit
ratkaiseva decisive, deciding, determining, critical, crucial, conclusive
ratkaista 1 (ongelma; myös mat = yhtälö) solve *mahdoton ratkaista* insoluble, impossible to solve **2** (erimielisyys: oikeussalin ulkopuolella) settle (out of court), (oikeudessa) adjudicate **3** (oikeusjuttu) judge, pronounce judgment on, decide *ratkaista jonkun kohtalo* decide someone's fate *ratkaista kantajan/vastaajan hyväksi* find for the plaintiff/defendant **4** (äänestys) decide, be the deciding vote, be decisive/critical/crucial **5** (sauma) rip, tear
ratkaisu solution, settlement, judgment, decision (ks ratkaista)
ratkaisuvaihe the decisive/critical/crucial phase/stage/moment
ratketa 1 (revetä) split/burst (at the seams), come/pull/tear apart *Taivas ratkesi ja vesi valui virtanaan* The clouds/sky burst (open) and the rain poured down **2** (selvitä) be solved/

decided/settled/determined **3** (ruveta) start, burst out *ratketa nauruun* burst out laughing (ks myös hakusanat)
ratketa itkuun burst out crying, burst into tears, break down and cry/ bawl (like a baby)
ratketa laulamaan burst into song
ratketa ryyppäämään hit the bottle, go off on a drunken binge, break down and start (doing a little "controlled") drinking
ratki *adj* (ratkennut) open, split, burst *adv* (ylen) utterly, completely *ratki mahdoton* out of the question
ratki riemukas uproariously/ hilariously funny
ratkoa 1 (sauma tms) unpick, unstitch, undo **2** (ongelma) solve
ratsain on horseback
ratsastaa ride *ratsastaa ilman satulaa* ride bareback
ratsastaa aallon harjalla ride the crest of the wave
ratsastaa aatteella crusade on a single issue, make a (political) crusade out of a cause
ratsastaa jonkun menestyksellä ride (along) on someone's coattails, cash in on someone else's success
ratsastaja rider, horse(wo)man, equestrian; (kilparatsastaja) jockey *Yksinäinen Ratsastaja* the Lone Ranger
ratsastus (horseback) riding, equestrianism
ratsia 1 (taloon tms) (police) raid *tehdä ratsia juhliin* raid a party **2** (tien pos-kessa) stop check
ratsu 1 (hevonen) horse, mount, (run) steed **2** (shakissa) knight
ratsuhevonen horse, mount, (run) steed
ratsupoliisi mounted police
ratsuväki cavalry
rattaat 1 (kärry) cart *panna rattaat hevosen eteen* put the cart before the horse **2** (lasten) stroller
ratti (steering) wheel *ratissa* at the wheel
rattijuoppo drunken driver
rattijuoppous drunken driving, drinking and driving; (lak) driving while/under the inthence, DWI/DUI
rattoisa enjoyable, convivial *Meillä oli rattoisaa* We had a great time, we had fun
rattoisasti enjoyably, convivially
raudanluja (as hard as) iron, steely
raudoittaa reinforce (with iron) *raudoitettu betoni* reinforced concrete
raudoitus reinforcement
raueta 1 (lak: sopimus) expire, (vakuutus) lapse **2** (talo) tumble down, collapse **3** (neuvottelut) break down; (hanke) come to nothing, fall through, fail, miscarry
rauha peace *Mitä sinun rauhaasi kuuluu?* How are you doing? What's new with you? What's up? *Hän ei ole antanut minulle hetkenkään rauhaa* She hasn't given me a moment's rest/peace
rauhaisa peaceful, quiet, serene, tranquil
rauhallinen 1 (ilta tms) peaceful, quiet, restful, serene, tranquil **2** (ihminen) calm, quiet **3** (olo) blissful, serene, untroubled **4** (vauhti) slow, unhurried, unrushed
rauhallisesti peacefully, quietly, restfully, serenely, tranquilly, calmly, blissfully, slowly (ks rauhallinen)
rauhallisuus peace(fulness), quiet, serenity, tranquility, calmness, bliss(fulness), slow/unhurried pace (ks rauhallinen)
rauhanaate pacifism
rauhanaloite peace initiative
rauhanen gland
rauhanhalu desire for peace
rauhanliike peace movement
rauhanneuvottelut peace negotiation
rauhanomainen rinnakkaiselo peaceful coexistence
rauhansopimus peace treaty
rauhanteko signing a peace treaty
rauhantila state of peace, (rauhanaika) peacetime
rauhanturvajoukot (U.N.) peace-keeping forces

rauhantyö work for peace
rauhassa in peace *jättää joku rauhaan* leave someone alone/in peace *Ole ihan rauhassa!* Don't worry about it, don't trouble yourself over it, forget it; (kyllä minä hoidan sen) rest assured that I'll handle it *Tee se kaikessa rauhassa* Take your time
rauhaton 1 (fyysisesti: yksilö) restless; (kaupunki tms) troubled *heittelehtiä rauhattomana koko yön* toss and turn restlessly all night *Beirutissa on taas rauhatonta* There is unrest in the streets of Beirut once again **2** (henkisesti) troubled, uneasy, worried, anxious
rauhattomuus 1 (fyysinen) restlessness, unrest **2** (henkinen) unease, worry, anxiety
rauhoittaa 1 (tyynnyttää) pacify, appease, reassure, calm/quiet (someone) (down) **2** (lääkitä: hermoja) calm; (vatsaa) settle **3** (suojella) protect, preserve
rauhoittava lääke tranquilizer, (ark) trank
rauhoittua calm/quiet/settle down
rauhoitusaika closed (game) season
raukaista *Minua raukaisee* **1** (väsyttää) I'm bushed/tired, I can hardly move a muscle, I feel like I've been through a wringer **2** (rentouttaa, esim sauna) I feel relaxed/calm
raukea 1 (hervoton) limp, listless, languid **2** (rento) relaxed, calm, drowsy
raukka 1 (ressukka) poor thing **2** (pelkuri) coward, (ark) chicken, scaredy-cat
raukkamainen 1 (pelkurimainen) cowardly, (ark) chicken **2** (alhainen) despicable, contemptible, mean
raukkamaisesti 1 (pelkurimaisesti) like a coward, in a cowardly fashion **2** (alhaisesti) despicably, contemptibly
raukkamaisuus 1 (pelkuruus) cowardice **2** (alhaisuus) meanness, baseness
raunio 1 (rakennuksen) ruin, (lentokoneen tms) wreck(age) **2** (ihminen) wreck *hermoraunio* nervous wreck
raunioitua fall into ruin
rauniokaupunki ruined city
rausku ray
rauta 1 iron *liian monta rautaa tulessa* too many irons in the fire *takoa kun rauta on kuumaa* strike while the iron is hot **2** *raudat* (kahleet) chains, (käsiraudat) (hand)cuffs, (jalkaraudat) leg-irons **3** *raudat* (hampaissa) braces **4** (auto) wheels *Amerikan rauta* American car, (iso) dinosaur, (isoruokainen) gas-guzzler
rautaesirippu Iron Curtain
rautainen 1 (of) iron, steely *rautaiset hermot* nerves of iron, steely nerves **2** (sl) hot, dynamite
rautaisannos concentrated dos(ag)e
rautakaivos iron mine
rautakauppa hardward store
rautakausi Iron Age
rautalanka wire
rautamalmi iron ore
rautaromu scrap iron
rautaruukki iron works
rautateitse by rail
rautatie railroad
rautatieasema railroad/train station
rautatieliikenne rail traffic
rautatieläinen railroad worker
rautatievaunu railroad/train car
rautatieyhteys train connection
ravata 1 (hevonen) trot **2** (ihminen ympäri kaupunkia) run (all over town)
ravi trot, (mon) the (horse) races
ravihevonen trotter
ravinne nutrient
ravinnonhaku foraging
ravinnonsaanti nourishment
ravinnontarve nutrient/food requirements
ravinto nourishment, nutrition; (ruoka) food; (ravintoaine) nutrient
ravintoaine nutrient
ravintoarvo nutritional value
ravintola restaurant
ravirata race track
ravistella shake
ravistelu shake, shaking
ravita nourish, feed *huonosti ravittu* undernourished, malnourished
ravitsemus nutrition

reaaliaineet arts and sciences
reaalipääoma real capital
reagoida react/respond (to)
reagointi reaction, response
reaktio reaction, response
reaktioaika reaction/response time
reaktionopeus reaction rate/speed/ velocity
reaktori reactor
realismi realism
realisti realist
realistinen realistic
realistisesti realistically
realiteetti reality, fact *elämän realiteetit* the (hard) facts of life
referoida summarize
refleksi reflex
refleksiivinen reflexive
reformi reform
regressiivinen regressive
rehdisti honestly, with integrity, up front
rehellinen 1 (vilpitön) honest, straightforward, frank **2** (kunniallinen) respectable, reputable **3** (todellinen) real, true
rehellisesti honestly, straightforwardly, frankly
rehellisyys 1 honesty, straightforwardness, frankness **2** (kunniallisuus) respectability, reputability, (luonteen lujuus) integrity
rehennellä boast, brag, talk big, swagger
rehentely boasting, bragging, big talk, swaggering
rehevyys 1 (metsä) lushness, luxuriance, luxuriant/thick/dense growth **2** (tyyli) exuberance, expansiveness, earthiness
rehevä 1 (vehmas, myös kuv) lush, rich, luxuriant **2** (tiheä, esim kasvillisuus) dense, thick **3** (elämäniloinen, esim tyyli) exuberant, expansive, earthy **4** (uhkea, esim emäntä) ample, buxom **5** (rehvakka) big-/swell- headed, cocky
rehevästi lushly, richly, luxuriantly, densely, thickly, exuberantly, expansively, earthily (ks rehevä)
rehevöittää 1 (järvi) make/render (a lake) eutrophic, grow algae **2** (tyyliä tms) spice/liven up, enliven
rehevöityminen entrophication
rehevöityä (järvi) become entrophic
rehkiminen hard work, drudgery
rehkintä drudgery
rehkiä work hard/like a dog/your ass off, slave away
rehottaa 1 (kasvi: kukat tms) flourish, be lush/thick/green; (rikkaruohot) grow/ be rank **2** (synti tms) be rife/rampant
rehti honest, upfront, straightforward
rehtori (Suomi) rector; (US: koulun) principal, (yliopiston) president
rehu feed
rehvakas self-important, swaggering; (ark) big-/swell-headed, cocky
rehvakkaasti self-importantly, boastfully, swaggeringly, cockily
rehvastella boast, brag, swagger, talk big
rehvastelu boasting, bragging, swaggering, big talk
rei'itin hole-punch, (tekn) perforator
rei'ittää (esim mappia varten) punch holes (in); (tekn) perforate
rei'itys hole-punching, (tekn) perforation
reikä hole *laitattaa reiät korviinsa* have your ears pierced
reikäinen 1 (predikaattina) holey, full of holes; (tekn) perforated **2** (yhdyssanoissa) -hole *9-reikäinen golfrata* nine-hole golf course
reikäkortti punch card
reikälevy (television) shadow mask
reilassa (kunnossa) okay, all right; (järjestyksessä) all set up
reilu 1 (rehti) honest, upfront, straightforward *reilu kaveri* a good/great guy **2** (oikeudenmukainen) fair *Se ei ole reilua!* It's not fair! **3** (runsas: antelias) generous, (enemmän kuin) a good *reilu annos* a generous helping *reilut 10 m* a good ten meters **4** (kunnollinen) good, real, proper *Reilu riita on parempi kuin puolinainen sovinto* A good (honest) fight is better than half-hearted harmony
reilu peli fair play, good sportsmanship

reimari spar-buoy
reinkarnaatio reincarnation
reipas 1 (pirteä) lively, perky, peppy **2** (rivakka) peppy, brisk, snappy, **3** (innokas) eager, enthusiastic, willing **4** (kiltti) good *Oletpas sinä reipas poika kun autat!* You're such a good helper/boy
reisi thigh
reisiluu thighbone, femur
reissu trip
reistailla act up, give you trouble, have something wrong with it
reitti route *Reitti on selvä* The coast is clear
reiällinen (something) with holes/a hole (punched) in it, perforated
reiätön (something) with no hole(s) (in it), unperforated
reki sleigh
rekisteri register
rekisterikilpi license plate
rekisteriote registration, (certificate of) title
rekisteröidä register
rekisteröinti registration
rekka 1 (puoliperävaunu) semi-trailer, (ark) semi **2** (rekka-auto) truck and trailer, (ark) truck, semi
rekkakuski truck driver
rekonstruoida reconstruct
reksi (Suomi) rector, (US) principal
rekyyli recoil, (ark) kick
rekyylitön recoilless, non-recoiling
relatiivilause relative clause
relatiivinen relative
relatiivipronomini relative pronoun
relativismi relativism
rele relay
reliefi relief
rellestys binge
rellestää kick over your traces, go wild, let loose
remmi (hihna), strap, (talutushihna) leash, (nahkanuora) thong *joutua remmiin* get put to work *astua remmiin* take charge
remontoida remodel, fix (something) up; (sisustaa uudelleen) redecorate; (entisöidä) renovate
remontti remodeling, redecoration, renovation
rempallaan in a shambles/jumble/ muddle, slipshod
rempseä happy-go-lucky, easy-going
remu noise, din, racket
remuta live it up, party (noisily), kick up your heels
renessanssi Renaissance
rengas 1 (ympyrä) ring, circle **2** (auton) tire
rengasrikko flat tire, blowout
rengastaa 1 (lintu) band **2** (oikea vastaus) circle
renki hired hand
rennosti (puhua) casually, offhandly, freely and easily *ottaa rennosti* take it easy
rento 1 (veltto) limp, relaxed **2** (rempseä) relaxed, casual, offhand, free and easy *rento asu* casual outfit/dress
rentous 1 (velttous) limpness **2** (rempseys) casualness, casual/offhand manner
rentouttaa relax
rentoutua relax
rentoutuminen relaxation
rentoutus relaxation, (esim lomalla) recreation
renttu bum, derelict
repaleet rags, tatters
repaleinen tattered, ripped, torn
repeentyä rip, tear, split
repeytyä rip, tear, split
repeäminen ripping, tearing, splitting
repeämä rip, tear, split; (lääk) rupture
repiä rip/tear (up/apart) (myös kuv) *Tämä asia repii minua* I feel torn (in two) over this
repliikki 1 (vastaus) reply, retort **2** (näytelmässä) line
reportaasi coverage, (pitempi raportti) reportage
reportteri reporter
repostella pull/tear (something) apart, air (something) in public
repostelu public airing
reppana poor thing
reppu (back)pack
republikaani Republican

republikaaninen Republican
reputtaa fail, (ark) flunk
repäisevä 1 exciting, rousing; (uutisjuttu) sensational *Mitäs repäisevää tehtäis?* Let's think of something exciting to do **2** (ihminen) inspiring, dashing, charismatic
repäistä rip, tear
repäisy rip, tear
resepti 1 (ruoka) recipe **2** (lääke) prescription
reservaatio reservation
reservaatti 1 (intiaani) reservation **2** (eläin) (wildlife) preserve
reservi reserve *olla reservissä* (sot) be in the Reserves; (varalla) be in reserve
reserviläinen reserve
reserviupseerikoulu Reserve Officers Training Corps, ROTC
resiina handcar
reskontra ledger
resonoida resonate
ressu poor thing
restauroida restore, renovate
restaurointi restoration, renovation
retale 1 (rääsy) rag **2** (renttu) bum, derelict, dirt-bag
retiisi radish
retkahtaa 1 (tuoliin) fall/drop/plop (down in) **2** (johonkuhun) fall for (someone) **3** (juomaan) break down and start, go/fall off the wagon
retkallaan hanging/drooping (down)
retkeilijä 1 (rinkkaretkeilijä) hiker, backpacker **2** (retkikunnan jäsen) member of an expedition **3** (löytöretkeilijä) explorer
retkeillä hike, backpack, go hiking/ backpacking/camping
retkeily hiking, backpacking, camping
retkeilymaja youth hostel
retki 1 trip, outing, excursion; (luokkaretki) field trip; (eväskorin kanssa) picnic; (päivämatka) day-trip **2** (tutkimusretki) expedition
retkikunta expedition
retku 1 (rääsy) rag **2** (retale) bum, derelict
retoriikka rhetoric
retorinen rhetorical
rettelö brawl, rumble
rettelöidä brawl, rumble, make trouble, pick/start a fight
retuperällä in a shambles/jumble/ muddle, slipshod
retuuttaa 1 (kantaa) drag/haul/lug (something around) **2** (johdatella) pull/ yank (someone by the arm)
reuhka *vanha lakin reuhka* a tattered/ beatup old hat
reuma rheumatism
reumatismi rheumatism
reuna 1 edge, side, border *tien reunalla* by the edge/side of the road, on the shoulder **2** (paperin) margin, border **3** (parras) edge, brink **4** (kupin) brim *vuotaa yli reunojen* overflow **5** (uima-altaan) coping
reunahuomautus 1 (paperiin) marginal note, (mon) marginalia **2** (kuv) aside
reunempana closer to the edge/ side/brink
reunimmainen (the one) closest to the edge, outermost
reunus border, trimming, edging
reunustaa 1 (laittaa reunus) edge, trim **2** (muodostaa reunus) line *puiden reunustamat kadut* tree-lined streets
revalvaatio revaluation
revetä 1 rip, tear **2** (lääk) rupture
revolveri revolver, pistol
revolverisankari gunslinger
revontuli northern lights, aurora borealis
revyy revue, show/chorus line
revähdys 1 (venähdys) sprain; (lievä) strain, pull **2** (repeämä) rupture
revähdyttää sprain, strain, pull; rupture
revähtää get sprained/strained/ pulled/ruptured
Rh-tekijä Rh factor
rieha happening, shindig
riehaantua get excited, get worked/ jazzed up
riehakas rowdy, rambunctious, boisterous
riehakkaasti rowdily, rambunctiously, boisterously

riehakkuus rowdiness, rambunctiousness, boisterousness
riehua rage, storm, go on (at full blast/tilt)
riehunta raging, storming
riekale rag, tatter *Minulla on hermot ihan riekaleina* I'm just about at the end of my tether/rope, I'm at my wits' end, my nerves are shattered, I'm teetering on the brink of a nervous breakdown
riekko willow ptarmigan
riemastua be delighted/overjoyed
riemu delight, joy
riemuita delight/rejoice (in), be delighted/overjoyed
riemukaari (Roomassa tms) triumphal arch; (Pariisissa) l'Arc de Triomphe, the Arch of Triumph
riemunkirjava gaudy, garish, showy
riemusaatto triumphal procession
riena **1** (rienaus) blasphemy **2** (kirous) curse **3** (riesa) nuisance, bother
rienaaja blasphemer
rienata blaspheme
rienaus blasphemy
riento **1** (ajan) passage, rushing past; (virran) flowing; (pilvien) scudding (across the sky) **2** (kiirehtiminen) rushing, hurrying **3** (puuhailu) activity, busyness *poliittiset riennot* political activities
rientää rush, hurry *rientää apuun* rush to (someone's) aid, hurry to the rescue *Aika rientää* Time flies
riepotella **1** (fyysisesti) mangle, maul, manhandle **2** (sanallisesti) criticize (in detail), tear (something) to shreds, chew (something) up and spit it out
riepottaa drag/haul/lug (something) along behind you
riepottelu manhandling, criticism
riepu rag
riesa nuisance, bother
rieska unleavened bread
rietas indecent, obscene, lewd
rietastella debauch, be licentious/dissipate/depraved, live a life of debauchery
riettaasti indecently, obscenely, lewdly
riettaus indecency, obscenity, lewdness
rihkama trinkets, gewgaws, knickknacks, junk
rihla **1** (aseen, myös tekn) rifle, groove **2** (tekn myös) flute, furrow
rihlaamaton (ase) unrifled, smoothbore
rihlata **1** (aseen, myös tekn) rifle, groove **2** (tekn myös) flute, furrow
rihlattu rifled
rihma **1** (siima) line **2** (ansa) spring-trap/-snare **3** (lanka) thread *Hänellä ei ole rihman kiertämääkään päällä* He doesn't have a stitch (of clothing) on
rihman kiertämä a stitch of clothing
rihmasto mycelium
riidanaihe bone of contention
riidanhaastaja quarrelmonger, someone who's looking for a fight
riidanhaluinen quarrelsome, ornery
riidaton **1** (ei voi kiistää) indisputable, unquestionable **2** (ei ole kiistetty) undisputed, unquestioned
riidellä fight, argue, bicker, quarrel *En viitsi riidellä sinun kanssasi* I don't want to fight with you
riihi drying barn
riikinkukko peacock
riikinruotsi High/Standard Swedish, Swedish Swedish
riimi rhyme
riimittää rhyme
riimu **1** (päitset) halter **2** (kirjoitus) rune
riimukirjoitus rune, runic script
riippua **1** (fyysisesti) hang/dangle (from), be suspended (from) **2** (kuv) depend (on) *Sehän riippuu kokonaan sinusta* That's entirely up to you *riippuen siitä onko* depending on whether
riippumaton independent, (valtio myös) autonomous *taloudellisesti riippumaton* financially independent/self-supporting, on your own
riippumatta **1** (siitä että) despite the fact that, in spite of the fact that **2** (siitä onko) whether or not, irrespective/regardless of whether **3** (toisistaan) independently

riippumatto hammock
riippumattomuus independence, autonomy
riippuvainen dependent (on)
riippuvaisuus dependency
riipus pendant *olla riipuksissa* be hanging/dangling/drooping down
riiputtaa hang, dangle
riisi 1 (paperia) ream **2** (ruokaa) rice
riista game
riistanhoitaja game warden
riistanhoito preservation/protection of game
riisto oppression, exploitation
riistäjä oppressor, exploiter
riistäytyä 1 (käsistä fyysisesti) tear (yourself) away, break/twist/wriggle away, wriggle/slip out of your/someone's grip **2** (käsistä kuv) get out of hand
riistää 1 (viedä käsistä) take, rip, wrench, snatch **2** (viedä kuv) deny (someone something), deprive (someone of something), take (something away) **3** (sortaa) oppress, exploit
riisua undress, strip; (ark = riisuuntua) get undressed; (kengät tms) take off
riisua joku aseista disarm someone (myös kuv)
riisua joltakulta harhakuvitelmat strip someone of his/her illusions, burst someone's bubble, puncture someone's pomposity
riisua joulukuusi take down a Christmas tree
riisua sielunsa paljaaksi bare your soul
riisua vaatteet take off your/someone's clothes, undress/strip (yourself)
riisua yläruumis alastomaksi strip/undress to the waist
riisuuntua (get) undress(ed), take off your clothes
riita fight, argument, quarrel, (knock-down) battle; (julkinen) controversy *haastaa riitaa* pick a fight, look for a fight *sopia riita* make up *panna riita puoliksi* reach a compromise
riitaantua fall out (with someone), have a falling-out (with someone)
riita-asia (lak) civil dispute/case/suit
riitainen 1 (riitaisa) quarrelsome, ornery **2** (kiistelty) disputed, contested
riitaisa quarrelsome, argumentative, ornery
riitaisuus argumentativeness, orneriness
riitakysymys controversial subject, bone of contention
riitapukari quarrelmonger, someone who's looking for a fight
riitapuoli party to a dispute, disputant
riiteleminen fighting, arguing, bickering, quarreling
riitely fighting, arguing, bickering, quarreling
riitti rite
riittoisa economical, long-lasting
riittämättömyys insufficiency, inadequacy
riittämättömästi insufficiently, inadequately, not enough
riittämätön insufficient, inadequate
riittävyys sufficient/adequate amount
riittävä sufficient, adequate *riittävän usein* often/frequently enough *riittävä määrä lautasia* enough plates
riittävästi enough, plenty
riittää be enough/plenty/sufficient, do *Se riittää hyvinkin* That'll be plenty, that'll do fine *Jo riittää!* That's enough! *Rahani eivät riitä siihen* I don't have enough money for that, I can't afford it *Kyllä täällä töitä riittää* There's plenty to do around here
riivaaja demon, evil spirit
riivata possess *Mikä sinua riivaa?* What's gotten into you? What's the matter with you? (miten saatoit tehdä noin:) What possessed you?
riivattu possessed; (ark = kirottu) damned
riivinrauta grater
riiviö rascal
rikas rich (myös kuv), wealthy, affluent, well-to-do
rikastaa (tekn) enrich, concentrate
rikastin (aut) choke

rikastua 1 (rahassa) get rich (off of), make your fortune (from) **2** (kokemuksissa) be enriched (by)
rikastuttaa (tehdä rikkaaksi) make (someone) rich; (parantaa) enrich
rike minor offense, misdemeanor
rikesakko traffic fine
Rikhard (kuninkaan nimenä) Richard
rikka 1 piece of trash/garbage/litter; (mon) trash, garbage, litter; (raam) mote **2** (aluslaatta) washer
rikkalapio dust pan
rikkaruoho weed
rikkaus wealth (myös kuv), affluence, riches
rikki *s* sulphur
adj, adv **1** broken, smashed, (ark) busted *mennä rikki* break, shatter, smash, get broken/busted **2** (revennyt) ripped, torn *mennä rikki* rip, tear **3** (kulunut läpi) worn out/through, (takki kyynärpäistä) out at elbows **4** (epäkunnossa) out of order *mennä rikki* go out of order, go on the fritz/blink, (auto) die
rikkihappo sulfuric acid
rikkinäinen 1 broken (myös kuv), smashed, (ark) busted *rikkinäinen koti/ääni* broken home/voice **2** (revennyt) ripped, torn, (kulunut) worn out
rikkinäisyys division, disunion, dissension
rikkiviisas 1 (viisasteleva) smart-/wise-ass **2** (turhan oppinut) abstract, academic
rikkoa break *rikkoa ikkuna* break/smash/shatter a window
rikkoa ennätys break a record
rikkoa hyviä tapoja vastaan commit a breach of decorum, transgress against common decency
rikkoa lakia break/disobey the law, commit a crime
rikkoa lupaus break a promise
rikkoa rauhaa disturb the peace
rikkoa sanansa go back on your word
rikkoa seteli break a bill *Voitko rikkoa kympin?* Can you break a ten? Do you have change for a ten?
rikkoa sopimus renege on a contract/agreement
rikkoa välinsä jonkun kanssa break off relations/your friendship with someone
rikkomus 1 offense, transgression (myös usk), crime, (lak) misdemeanor **2** (urh) foul
rikkonainen ks rikkinäinen
rikkoutua break (off/down), get broken
rikkuri scab
rikoksentekijä the perpetrator of a crime, (ark) perp
rikollinen criminal
rikollisesti criminally
rikollisjärjestö criminal organization
rikollisuus crime
rikos crime, criminal offense *tehdä rikos* commit/perpetrate a crime *törkeä rikos* felony
rikoselokuva crime movie, cop show
rikoslainsäädäntö criminal code
rikoslaki criminal law
rikospoliisi police
rikosrekisteri police record
rima 1 (puurima) lath, batten **2** (urh) (cross)bar *ylittää rima* clear the bar *asettaa rima korkealle* aim high, shoot for the stars *riman reilusti alittava esitys* third-rate performance
rimakauhu the jitters, butterflies in your stomach *saada rimakauhu* back/chicken out at the last moment
rimpsu 1 ruffle, flounce **2** (runo) jingle, ditty
rimpuilla struggle/wriggle/fight to get away
rinkeli bagel, (munkkirinkeli) doughnut
rinkka backpack
rinnakkain side by side; (kävellä) shoulder to shoulder, abreast; (istua leik) shank to flank *asettaa rinnakkain* juxtapose, set side by side
rinnakkainen 1 (muodoltaan, käytöltään) parallel, corresponding, interchangeable **2** (ajallisesti) simultaneous, contemporaneous
rinnakkaiselo *rauhanomainen rinnakkaiselo* peaceful coexistence

rinnakkaiskäsittely (tietokoneessa) parallel processing
rinnakkaisliitäntä parallel interface
rinnakkaismuoto parallel construction, variant (form)
rinnakkaisohjelma 1 (rinnakkaistaajuus) second/parallel radio station **2** (rinnakkaisohjelmointi) parallel radio programming
rinnakkaissuoritin parallel processor
rinnalla 1 (vierellä) next to, beside, at (someone's) side, alongside *seisoa jonkun rinnalla* (fyysisesti) stand next to someone; (kuv) be at someone's side, be there for someone *päästä jonkun rinnalle* come up alongside someone **2** (ohella) in addition to, alongside *käyttää englantilais- englantilaista sanakirjaa suomalais-englantilaisen rinnalla* use an English dictionary alongside the Finnish-English one **3** (verrattuna) compared to/with, next to, beside *Sinun rinnallasi minä olen ruma ankanpoikanen* Compared to you I'm an ugly duckling
rinnan alongside, (ajallisesti) simultaneously with *rinta rinnan* ks rinnakkain
rinnastaa 1 (samastaa) equate **2** (yhdistää) link, associate **3** (vertailla) compare **4** (kiel) coordinate
rinnasteinen coordinate
rinnastus 1 (vertaus) comparison, analogy **2** (kiel) coordination
rinnastuskonjunktio coordinating/ correlative conjunction
rinne 1 slope, (laskettelurinne) ski slope **2** (maantiellä) gradient, grade **3** (mäenrinne) hillside, (vuorenrinne) mountainside
rinnus the front of a shirt *tarttua jotakuta rinnuksista* grab someone by the lapels
rinta 1 (rintakehä) chest **2** (naisen) breast; (ark) boob; (sl) tit, knocker; (mon) bust, bosom *antaa lapselle rintaa* breast-feed a baby, (vanh) give a baby suck **3** (linnun, elävänä ja syötävänä) breast **4** (tunne, sydän) heart (ks myös rinnalla, rinnan)
rintakehä chest
rintakipu chest pain
rintalapsi suckling, nursing infant
rintaliivit brassiere, (ark) bra
rintama (sot ja ilmatieteessä) front
rintamaa heartland
rintamamies veteran
rintamamieseläke veteran pension
rintaruokinta breast-feeding, nursing
rintasyöpä breast cancer
rintauinti breast stroke
ripa (kahva) handle
ripaska trepak, gopak
ripeys rapidity, promptitude
ripeä quick, rapid, prompt
ripeästi quickly, rapidly, promptly
ripittäytyä confess your sins, go to confession
ripittää 1 (usk) hear (someone's) confession **2** (ark) tell (someone) off
ripitys 1 (usk) confession **2** (ark) scolding
ripotella 1 (sokeria tms) sprinkle **2** (vaatteita tms) scatter, strew
ripottelu sprinkling, scattering, strewing (ks ripotella)
ripotus pinch
rippeet remnants, remains, scraps *itseluottamuksen rippeet* what's left/the remnants of your self-confidence
rippi 1 (ripitys) confession **2** (konfirmaatio) confirmation *päästä ripille* be confirmed
rippi-isä (father) confessor
rippikoulu confirmation class
rippikoululainen member of a confirmation class
rippikoululeiri confirmation camp
ripsi (eye)lash
ripsiväri mascara
ripsiä (vedellä) sprinkle
ripsu fringe
ripuli diarrhea
ripustaa hang (up/out), suspend
ripustin hanger
ripustus hanging, suspension
risa *s* **1** (nielurisa) tonsil **2** (riekale) rag, tatter, shred **3** *ja risat* (ark) -odd, -something *30 ja risat* thirty-something/-

odd *kuukausi ja risat* a little over a month, a month plus, a month and a few odd days
adj (risainen) ripped, torn, tattered, in shreds
riskeerata (take a) risk
riski *s* risk
adj strong, hefty
riskipääoma venture capital
risoa *Minua risoo tuommoinen* That really grates on me
risotto risotto
risteilijä cruiser
risteillä 1 (laivalla) cruise **2** (mennä ristiin rastiin) crisscross
risteily cruise
risteilyohjus cruise missile
risteys intersection, crossing, crossroad(s), junction
risteyttää (eläimiä) cross(-breed), (kasveja) cross(-fertilize)
risteytys 1 (risteyttäminen) cross(breed-/fertiliz)ing **2** (risteymä) cross, hybrid
risteytyä cross (with)
risti 1 cross *ristissä* ks hakusana **2** (mus) sharp *G-duurissa on yksi risti* The key of G major has one sharp **3** (korteissa) club *ristiässä* the ace of clubs **4** (taakka) cross, burden *Katso ristejäni, Herra!* Look at the crosses I have to bear, Lord! *olla ristinä jollekulle* be a burden to someone
ristiaallokko cross-swell, chop(py sea)
ristiin *panna kädet ristiin* fold your hands *mennä ristiin* (kävellen, autolla) miss each other, (postissa) cross in the mail; (tarinat, väitteet) clash, not jibe, be discrepant *puhua ristiin* (yksi ihminen) contradict yourself; (useat) give contradictory/different accounts *Sinä et ole pannut tikkua ristiin* You haven't lifted a finger to help me
ristiinnaulita crucify
ristiin rastiin this way and that, every which way, here and there (and everywhere) *mennä ristiin rastiin* crisscross
ristikko crossword puzzle
ristikkäin 1 (ristissä) crossed, (kädet rinnalla) folded **2** (poikittain) crosswise, across
ristiminen christening, baptizing
ristinkuolema death on the cross, crucifixion
ristin sielu *Siellä ei ollut ristin sielua* There wasn't a soul there
ristiretkeläinen crusader (myös kuv)
ristiretki Crusade
ristiriita 1 (ihmisten välillä) conflict, clash, disagreement **2** (raporttien tms välillä) disagreement, discrepancy, inconsistency
ristiriitainen conflicting, clashing, discrepant, inconsistent (ks ristiriita)
ristiriitaisesti inconsistently
ristisanatehtävä crossword puzzle
ristissä *jalat ristissä* with your legs crossed, cross-legged *kädet ristissä* with your arms folded *seisoa kädet ristissä kun joku muu tekee kaikki työt* stand there twiddling your thumbs, with your hands in your pocket, with your thumb up your ass while someone else does all the work
ristituli crossfire
ristiä 1 christen, (nimetä) name, (kastaa) baptize **2** (kätensä) fold, clasp
ristiäiset christening, baptism
risu branch, (pieni) twig; (mon) brushwood
risuparta scraggly beard
ritari knight
ritistä crackle
ritsa slingshot
rituaali ritual
ritva (hanging) branch
riuhtaista yank, jerk, snatch, tug, pull
riuhtaisu yank, jerk, snatch, tug, pull
riuhtoa 1 ks riuhtaista **2** (rimpuilla) struggle, wriggle, fight
riuku pole, spar
riuska hard-working, industrious
riuskasti industriously
riutta reef
riutua (fyysisesti) waste away, (henkisesti) pine away
riveittäin by row

rivi row, line; (sot) rank (myös kuv) *asettua riviin* line up, (sot) fall in(to rank) *koota rivinsä* (kuv) close up/tighten your ranks *lukea rivien välistä* read between the lines *kansan syvät rivit* the people, the grassroots, (tavalliset ihmiset) the rank and file
Riviera the Riviera
rivikirjoitin line printer
rivinvaihto return, (tietok) enter
rivinväli spacing *ykkös-/kakkosrivinvälillä kirjoitettu* single/double-spaced *puolentoista rivinvälillä kirjoitettu* typed space and a half
rivistö 1 double file **2** (rivit) rows
rivitalo rowhouse, (kaksikerroksinen) townhouse
rivo obscene, (ark) dirty
rivosti obscenely
rivous obscenity, dirty word/joke
robotti robot
rockmusiikki rock music
rocktähti rock star
rodeo rodeo
rodullinen racial
rodullisesti racially
rohkaiseva encouraging
rohkaista encourage *rohkaista mielensä* screw up your courage
rohkaisu encouragement
rohkaisuryyppy bracer
rohkea 1 courageous, brave, bold, fearless, unafraid; (ylät) valiant **2** (uskalias) daring, suggestive, risqué
rohkea rokan syö nothing ventured nothing gained, fortune favors the brave
rohkeasti courageously, bravely, boldly, fearlessly, valiantly
rohkeus courage, bravery, boldness, fearlessness *kerätä rohkeutensa* screw up your courage *menettää rohkeutensa* lose heart, chicken out, have your heart in your boots
rohmuta hog, (hamstrata) hoard
rohto drug, medicine
rohtua (get) chap(ped)
rohtuma chap, (lääk) eczema
roihu blaze, blazing fire
roihuta blaze
roikka 1 (sakki) gang, crowd **2** (jatkoroikka) extension cord **3** (valoroikka) trouble light
roikkua 1 hang (down) *Sitä ei päätetty, se jäi roikkumaan* We didn't make a decision on it, we just left it hanging **2** (kiinni jossakin) hang on, cling to *Älä koko ajan roiku minussa!* Don't keep hanging on me! Stop clinging to me! **3** (hengailla) hang around
roikottaa drag/haul/lug (something) behind you
roima hefty, good-sized
roimasti *nousta roimasti* rise sharply
roiskahtaa splash
roiskauttaa splash (something on something)
roiske splash
roiskesuoja mudflap
roiskia splash
roiskis! splash! sploosh!
roiskua splash, spray; (kuuma rasva) spatter
roisto hood, thug, bad guy *Senkin roisto!* You bastard!
rojahtaa crash/flop down
roju junk, (sl) shit
rokka pea soup
rokokoo rococo
rokote vaccine
rokottaa 1 vaccinate **2** (ark: ottaa maksuksi) charge, (kostaa) get your own back
rokotus vaccination
rokuli *nukkua rokuliin* oversleep
romaani 1 (kirja) novel **2** (ihminen) gypsy, Romany
romaanihenkilö character in a novel
romaanikirjailija novelist
romaanikirjallisuus the novel, (prose) fiction
romaaninen 1 (kieli) Romance **2** (arkkitehtuuri) Romanesque
romahdus crash (myös tal), collapse *henkinen romahdus* nervous breakdown, mental collapse, (ark) crackup
romahduttaa 1 (talo) devastate, destroy **2** (talous) send (the economy,

the dollar jne) into a tailspin, spiraling downwards **3** (hallitus) overthrow, topple
romahtaa 1 (rakennelma) collapse, crash/come/tumble/topple down, cave in **2** (talous) crash, collapse; (lamaantua) slump, go into a recession; (hinnat, noteeraukset tms) go into a tailspin, spiral downwards, plummet (hermot) collapse, break down, crack up
Romania Romania, Rumania
romania Romanian, Rumanian
romanialainen *s, adj* Rumanian, Romanian
romanssi romance
romantiikka 1 romance **2** (aikakausi) Romanticism
romantikko romantic
romantisoida romanticize
romanttinen romantic
rommi rum
romppu CD-ROM
romu 1 (romutavara) scrap *myydä romuksi* sell as scrap *ajaa auto romuksi* total a car **2** (roju) (piece of) junk, (mon) junk
romuauto junk car
romukoppa *heittää romukoppaan* scrap, junk, throw (something) away *joutaa romukoppaan* be ready for the scrap-/junkheap
romutavara scrap
romuttaa 1 (tehdä romuksi) scrap, smash, crush, break up **2** (ajaa romuksi) total **3** (tehdä tyhjäksi) scrap, junk, ruin
romuttua 1 (auto kolarissa) be totaled **2** (hanke) come to nothing, fall flat, flop
ronkkia dig in/at, pick/poke at, finger; (kuv) meddle with
rooli role, part
roomalainen Roman
roomalaiskatolinen Roman Catholic
roottori rotor
ropina patter
ropista patter
roppakaupalla lots/tons/piles/heaps of
roska trash, garbage (myös kuv) *Roskaa!* Nonsense! *koko roska* the whole schmear/kit-n-kaboodle
roskaantua get littered
roskainen littered, messy
roskakori waste(paper) basket
roskakulttuuri trashy/low(brow) culture
roskalaatikko trash can
roskaromaani trashy novel
roskasakki trash(y folks)
roskata litter
rosoinen rough-surfaced
rosvo bandit
rosvota rob, thieve, plunder
rotanloukku rat hole (myös kuv)
rotary Rotarian
rotary-järjestö the Rotary organization
rotary-klubi Rotary club
roteva burly, sturdy, robust
rotko ravine, gorge
rotta rat (myös kuv)
rottinki wicker
rottinkihuonekalu (piece of) wicker furniture
rotu 1 (ihmisrotu) race **2** (eläinrotu) breed
rotuennakkoluulo racial prejudice
rotuerottelu racial discrimination
rotuinen breed *Minkä rotuinen koira tuo on?* What breed of dog is that?
rotukoira purebred dog
rotulevottomuudet racial unrest
rotusyrjintä racial discrimination
rotuviha racial hostility
rouhe (vilja) coarsely ground grain, (pähkinät) finely chopped nuts
rouhia grind (something) coarse, chop (something) finely
rousku milk cap
routa frost
routainen frozen
routia buckle in the spring freeze
rouva married woman, matron *Rouva!* Ma'am! *rouva Halttunen* (vanh) Mrs. Halttunen, (nyk) Ms. Halttunen
rouvashenkilö married woman, matron
rovaniemeläinen *s* person from Rovaniemi
adj pertaining to Rovaniemi
rovasti (lähin vastine) head pastor

rovio pyre *polttaa roviolla* burn at the stake
Ruanda Rwanda
ruandalainen *s, adj* Rwandan
ruhje bruise, contusion
ruhjevamma bruise, contusion
ruhjoa bruise, mangle, maul
ruhjoutua be bruised/mangled/ mauled (by/in)
ruho (dead) body, carcass *Siirräs ruhos* Move your carcass
ruhtinaallinen princely (myös kuv:) sumptuous *ruhtinaallinen ateria* a meal fit for a king
ruhtinaallisesti (elää) like a prince/ king; (kestitä) lavishly
ruhtinas prince *Rauhan/Pimeyden Ruhtinas* the Prince of Peace/ Darkness
ruikuttaa moan, groan, gripe, grouse, complain
ruinata beg (for)
ruipelo beanstalk
ruis rye
ruiskaunokki cornflower
ruiskauttaa spray, squirt
ruiske injection, (ark) shot *piristävä ruiske* (kuv) shot in the arm
ruisku 1 (letku) hose, (paloruisku) fire hose **2** (suutin) spray nozzle **3** (injektioruisku) (hypodermic) syringe
ruiskuttaa 1 (letkulla tms) spray, squirt, hose (down) **2** (lääk) inject
ruiskutusmoottori fuel-injection engine
ruisleipä rye bread
rujo (rampa) crippled, (muotopuoli) misshapen, deformed
rukka poor thing
rukkanen mitten *lyödä rukkaset pöytään* throw in the towel *saada rukkaset* get rejected, get turned down
rukki spinning-wheel
rukoilevainen Beseecher
rukoilla 1 (usk) pray *Rukoilkaamme* Let us pray **2** (anella) pray, beg, implore, beseech
rukoilu 1 praying, prayer **2** praying, begging, imploring, beseeching
rukous prayer *Hiljentykäämme rukoukseen* Let us bow our heads in prayer
rukoushuone chapel
ruletti roulette
rulla roll; (papiljotti) roller, curler
rullafilmi roll film
rullata 1 roll *saada asiat rullaamaan* get the ball rolling *rullata tukkansa* roll/curl/set your hair, put your hair up in rollers/curlers *rullata juoppo* roll a drunk **2** (lentokone) taxi
ruma 1 (naama) ugly, homely **2** (haava) bad(-looking), nasty **3** (sana) nasty, naughty, dirty **4** (käytös) naughty, bad, not nice
ruma ankanpoikanen ugly duckling
rumanlainen uglyish, on the ugly/homely side
rumasti *tehdä rumasti* play a mean/ nasty/dirty trick (on someone), do a terrible/awful thing (to someone) *sanoa rumasti* (epäkohteliaasti) be rude/ impolite (to someone), insult/offend/hurt (someone); (rivosti) swear (at someone), say a bad word/thing (to someone)
rumentaa disfigure, blemish
rumilus ugly thing; (talon tms) eyesore; (miehen) hulk (of a man); (naisen) hag, witch
rummunkalvo drumhead
rummuttaa drum (myös kuv)
rummutus drumming, (sateen) pounding
rumpali drummer
rumpu drum *lyödä rumpua jostakin asiasta* thump the pulpit about something
rumpujarru drum brake
rumpupalikka drumstick
rumuus ugliness, homeliness
runkata beat/jerk/jack off, do a hand job (on); (ylät) masturbate
runko 1 (puun) trunk, (kaadettu) log **2** (ihmisen) frame **3** (polkupyörän, auton) frame, (laivan) hull, (lentokoneen) fuselage, (rakennuksen) skeleton **4** (puheen tms) skeleton, (skeletal) outline; (ark) bare bones
runnella mangle, maul
runnoa crush, smash *runnoa läpi* (kuv) railroad (through)

runo poem
runoilija poet
runoilla write poetry
runoilu poetry-writing
runosuoni poetic inspiration
runous poetry
runsaalla kädellä generously, liberally
runsaasti 1 (ennen substantiivia) plenty/lots of *runsaasti ihmisiä* lots of people **2** (ennen adjektiivia tai predikaattina) abundantly, copiously, heavily *runsaasti kuvitettu* copiously illustrated *kastella runsaasti* water heavily
runsain mitoin abundantly
runsain määrin amply
runsas 1 (määrältään suuri) abundant, copious, plentiful, bounteous; (ark) large *runsas tukka* thick head of hair *runsas sato* large/bumper crop *runsas liikenne* heavy traffic *80-luvun runsaat vuodet* the good/fat years of the 80s **2** (reilu) a good, well over *runsaat puolet* a good half, well over half *runsas vuosi sitten* more than a year ago
runsaslukuinen numerous, (yleisö tms) large
runsaudenpula embarrassment of riches
runsaudensarvi cornucopia
runsaus abundance, bounty, plenty, wealth (myös kuv)
runtelu mangling, mauling
ruoaksi kelpaava edible
ruoan- ks ruuan-
ruodoton filleted
ruohikko grass, lawn; (ylät) sward
ruohonjuuritaso grassroots level
ruohonleikkuri lawnmower
ruohonleikkuukone lawnmower
ruohonvihreä grass-green
ruoka 1 food *laittaa ruokaa* (yleensä) cook **2** (ateria) meal; (aamiainen) breakfast, (lounas) lunch, (päivällinen) dinner *laittaa ruokaa* (tiettyä ateriaa) fix breakfast/lunch, fix/cook dinner *Ruoka on valmista* Breakfast/lunch/dinner is ready **3** (ruokalaji) dish, food *Mikä on sinun lempiruokasi?* What's your favorite dish/food?
ruoka-aika meal time
ruokahalu appetite *Hyvää ruokahalua!* Enjoy your meal, bon appetit *kiihottaa ruokahalua* whet your appetite *viedä ruokahalu* ruin your appetite *Minulla ei oikein ole ruokahalua* I'm not really very hungry, I don't have much of an appetite, I'm a bit off my feed
ruokahalu kasvaa syödessä the more you eat the hungrier you get
ruokahaluton not hungry; (lääk) inappetent, anorectic
ruokailla eat, dine, sup
ruokaisa filling
ruokajono cafeteria line
ruokakauppa grocery store
ruokala cafeteria
ruokalaji 1 (yhdessä astiassa tarjoiltava) dish **2** (aterian vaihe) course
ruokalasku grocery bill
ruokalista menu
ruokamulta topsoil, humus
ruokaostokset groceries
ruokapaikka restaurant, place to eat *Meidän vakinainen ruokapaikkamme* Our favorite place to eat
ruokapöytä dinner/dining-room table
ruokasali dining room
ruokasieni edible mushroom
ruoka sisältyy hintaan price includes meals
ruokatavara groceries
ruokatorvi esophagus
ruokatunti lunch hour
ruokavalio diet
ruokaöljy cooking oil
ruokinta feeding
ruokinta-aika feeding time
ruokkia feed (myös kuv)
ruoko reed, (sokeriruoko) cane
ruokoton 1 (siivoton) unkempt, uncared-for, sloppy, slovenly, scruffy **2** (rivo) dirty, filthy, smutty *puhua ruokottomia* talk dirty, have a filthy mouth **3** (tavaton) an incredible amount of *sataa ruokottomasti* come down in buckets
ruopata dredge
ruoppari dredger
ruoppaus dredging

ruori (peräsin) rudder, (ruoritanko) tiller, (ruoriratas) helm *Ruori vasempaan!* Helm to lee! *mennä ruoriin* take the helm *olla ruorissa* be at the helm
ruoriratas helm
ruoska whip, (kuv) lash
ruoskia whip, (kielellä) (give someone a tongue-)lash(ing)
ruoskinta whipping, (tongue-)lashing
ruoste rust
ruosteenesto antirust/-corrosion treatment
ruosteensuojaus rust-sealant
ruosteessa rusty
ruostesuojata rust-seal
ruostua (get) rust(y)
ruostumaton rustproof, (teräs) stainless
ruostuttaa corrode
ruotia 1 (kalaa) fillet **2** (asiaa) mull over, pick apart, look into closely
ruoto (fish)bone
ruotoinen bony
ruotsalainen *s* Swede *adj* Swedish
ruotsalaisuus Swedishness
Ruotsi Sweden
ruotsi Swedish
ruotsinaikainen from the Swedish period
ruotsinkielinen Swedish(-language)
ruotsinnos Swedish translation
ruotsinsuomalainen *s* Finnish-Swede *adj* Finnish-Swedish
ruotu 1 (sot) platoon (in the old Swedish army) **2** (hist) land unit (the amount required to maintain one soldier)
rupatella chat, gab, yak, shoot the breeze/bull
rupeama 1 (työrupeama) work period **2** (tovi) spell *yhteen rupeamaan* at a single stretch
rupi scab
rupinen scabby
rupisammakko toad
rupla rouble
rusakko European hare; (ark) jackrabbit
rusetti bow; (solmio) bowtie
rusikoida beat (someone) black and blue; (kuv) pan
rusina raisin
rusinaleipä raisin bread
ruskea brown; (ruskettunut) tan(ned)
ruskea kirjekuori manila envelope
ruskettaa tan
ruskettua (get) tan(ned)
rusketus tan(ning)
ruskistaa brown
ruskistua brown
ruskistus browning
rusko brown horse
russakka German cockroach
rusto 1 (elävänä) cartilage **2** (syötävänä) gristle
rutiini routine; (taito) skill *Se rullaa häneltä jo rutiinilla* He can do it without thinking now
rutikuiva dry as dust
rutinoitua become (a) routine, fall into a routine/rut
rutistaa squeeze, (halata) hug, (paperi) crumple (up)
rutkasti lots/piles/heaps of
rutosti lots/piles/heaps of
rutto the plague *karttaa jotakuta kuin ruttoa* avoid someone like the plague
rutussa crumpled (up)
ruuanlaitto cooking
ruuansulatus digestion
ruuansulatuselimistö digestive tract
ruuansulatushäiriö indigestion
ruudinkeksijä *ei mikään ruudinkeksijä* no Einstein
ruudinkäry gun(powder) smoke
ruudullinen (vaate) plaid, checkered *ruudullinen paperi* graph paper
ruuhi punt
ruuhka 1 (ruuhka-aika) rush-hour; (liikenneruuhka) traffic jam, rush-hour traffic **2** (työruuhka) backlog
ruuhkaliikenne rush-hour traffic
ruuhkautua (liikenne) jam up; (työ) back/pile up
ruukku pot
ruukkukasvi potted plant
ruuma hold

ruumenet chaff
ruumiillinen bodily, corpor(e)al, physical *ruumiillinen rangaistus* corporal punishment *ruumiillinen työ* manual labor
ruumiillisesti physically
ruumiillistua be incarnated (as)
ruumiillistuma incarnation, embodiment
ruumiinavaus autopsy
ruumiinlämpö body temperature
ruumis (elävä tai kuollut) body, (kuollut) corpse, carcass, cadaver *Vain minun kuolleen ruumiini yli* Over my dead body
ruumisarkku coffin, casket
ruumishuone morgue
ruusu rose *saada ruusuja ja risuja* get feathers in your cap and black eyes *Elämä ei ole ruusuilla tanssimista* Life isn't a bed of roses
ruusuinen rosy *nähdä tulevaisuutta ruusuisena* look at the future through rose-colored glasses
ruusuke rosette, (rusetti) bow
ruusukimppu bouquet of roses
ruusunhohteinen rosy
ruusunmarja rosemary
ruusunpunainen rose-red, red as roses
ruuti gunpowder
ruutu 1 (neliö) square, (lomakkeessa) box *Pane rasti ruutuun jossa* Check the box that **2** (TV:n) screen **3** (korteissa) diamond **4** (vaatteen) check
ruutupaperi graph paper
ruuvata screw
ruuvi screw *Hänellä taitaa olla ruuvi löysällä* I think he's got a screw loose
ruuviavain wrench
ruuvikierre thread
ruuvimeisseli screwdriver
ruuvipenkki vice
ruuvitaltta screwdriver
ruveta 1 start (doing), begin (to do) *ruveta harrastamaan uintia* take up swimming **2** (joksikin) become *ruveta opettajaksi* become a teacher
ryhdikkyys uprightness, erectness, dignity
ryhdikkäästi with dignity
ryhdikäs upright (myös kuv), erect
ryhdistäytyä pull yourself together, get ahold of yourself
ryhmitellä group, classify, categorize, organize by group
ryhmittely grouping, classification, categorization
ryhmittyminen grouping, lane-changing
ryhmittymä group; (pol) coalition, (valtiotasolla) bloc; (liike-elämässä) syndicate, consortium, cartel
ryhmittyä 1 (form a) group, form groups, gather (together) **2** (liikenteessä) change lanes *ryhmittyä vasemmalle* get in the left lane
ryhmittäin by group
ryhmittää group, classify, categorize, organize by group
ryhmitys group(ing)
ryhmä 1 group; (ark) bunch **2** (poliisin) division, department **3** (sot) squad
ryhmäjako classification
ryhmäkeskustelu group discussion
ryhmäristiside occupant mail
ryhmäseksi group sex
ryhmätyö group work
ryhmätyöskentely group work
ryhti posture, bearing, carriage; (kuv) backbone
ryhtivika posture defect, bad posture
ryhtyminen starting, becoming *asiaan ryhtyminen* getting down to business, digging in
ryhtyä 1 start (doing), begin (to do) *ryhtyä harrastamaan uintia* take up swimming **2** (joksikin) become *ryhtyä opettajaksi* become a teacher
ryijy rya (rug)
rykelmä group, cluster
rykiä clear your throat
rykmentti regiment
rykäistä clear your throat
rymäkkä commotion, uproar, pandemonium
rynkyttää pound (on), rattle
rynnistys (urh) sprint; (sot) charge, attack
rynnistää rush, dash; (urh) sprint

rynnäkkö charge, attack
rynnäs 1 (mer) bow **2** *ryntäät* chest, breast
rynnätä 1 rush, dash, charge (in/out) **2** (sot) charge, attack
ryntäys rush, charge; (pankkiin) run (on)
rypeä wallow (in)
rypistyä get wrinkled/crumpled (up)
rypistää wrinkle, (rutata) crumple *rypistää otsansa* wrinkle your forehead, knit your brow(s)
ryppy wrinkle; (otsassa) furrow; (ihossa) line, (silmien ympärillä) crows' feet *olla rypyssä* be wrinkled *otsa rypyssä* knit-browed
ryppyillä make trouble, be a nuisance; (sanoa vastaan) talk back, give (someone) lip
ryppyily trouble-making, hassle; backtalk, lip
ryppyinen wrinkled
rypsi (turnip) rape
rypäle 1 (terttu) bunch **2** (viinirypäle) grape
rypälemehu grape juice
ryske crash, clatter, banging *pitää ryskettä* make a commotion
ryskis! crash!
ryskyttää pound/bang (on), rattle
ryskyä crash
ryssä (halv) Russkie
rystylyönti backhand *harjoitella rystylyöntiään* work on your backhand
rystyset knuckles
rysä 1 fyke (net) **2** (ark = poliisin) speed trap **3** *tavata rysän päältä* catch (someone) red-handed, in the act
rysähdys crash *yhdessä rysähdyksessä* in one fell swoop
rysähtää crash, bang
ryteikkö thicket, brake
rytinä crash, clatter
rytmi rhythm
rytmihäiriö (sydämen) arrhythmia, fibrillation
rytmikäs rhythmic
rytmitaju sense of rhythm
rytäkkä scuffle, tussle, scrap
ryynit grits
ryypiskellä booze, tipple
ryyppiä booze, tipple
ryyppy 1 (alkoholia) drink, shot, swig, pull **2** (auton) choke
ryyppylasi shot glass
ryyppyretki drunken spree/binge
ryyppytuuli *Taidan olla ryyppytuulella* I feel like a drink
ryypätä drink, booze *ratketa ryyppäämään* hit the bottle, go on a drinking spree, go off on a drunken binge *ryypätä rahat* blow your money on booze
ryystää slurp
ryysy rag, tatter
ryysyinen ragged, tattered
ryökäle *Senkin ryökäle!* You son of a bitch!
ryömintäkaista creeper lane
ryömiä crawl, creep (along)
ryöppy flood, torrent, storm
ryöstäytyä (irti) get/break away *ryöstäytyä käsistä* get out of hand
ryöstää 1 rob, (ark) knock over (a bank); (talo) burglarize; (ja mukiloida) mug, (ark) roll; (kääntää taskut) pick (someone's) pocket; (tavaraa) steal **2** (kidnapata) kidnap, abduct **3** (ja hävittää) plunder, loot
ryöstö robbery, burglary, mugging, theft, kidnapping, abduction, plunder, looting; (ark) caper, job (ks ryöstää)
ryöstömurha robbery with murder
ryöstösaalis loot, booty
ryöväri robber, thief, highwayman, bandit
ryövätä rob, thieve
rähinä 1 (melu) racket, commotion **2** (tappelu) scuffle, tussle, scrap **3** (huutelu) yelling, shouting, (verbal) abuse
rähinöidä fight, brawl, scrap, bust up the place
rähinöinti fighting, brawling, scrapping; (lak) being drunk and disorderly, D and D
rähinöitsijä scrapper
rähistä 1 (huutaa) yell/shout (at), abuse, tell (someone) off, give (someone) a piece of your mind **2** (meluta)

make a racket/commotion **3** (tapella) fight, brawl, scrap
rähjä wreck *vanha auton rähjä* old beatup car, beater, piece of junk
rähjäinen beatup, dirty, scruffy, grungy
rähjätä 1 (kituuttaa) plug along, (nyhjätä) (sl) muck/fart/fuck around **2** (liata) beat/scruff up, get (something) all dirty/grungy **3** (huudella) yell/shout (at), abuse, tell (someone) off, give (someone) a piece of your mind
rähjääntyä get beat up, fall apart, fall into disrepair, get dirty and scruffy
rähkiä slave/drudge away, work like a dog
rähmällään flat on your face, propped up on your elbows, on your hands and knees *kaatua rähmälleen* fall flat on your face
rähäkkä 1 (melu) racket, commotion **2** (tappelu) scuffle, tussle, scrap
räikeys garishness, flagrancy, obviousness
räikeä 1 (silmäänpistävä väri) garish, glaring **2** (silmäänpistävä rikos) glaring, blatant, flagrant **3** (silmäänpistävä muu) obvious, clear, patent *räikeä ero* patent difference **4** (vihlova ääni) grating, rasping, jangling, jarring, harsh
räikeästi garishly, glaringly, blatantly, flagrantly, obviously, clearly, patently, gratingly, raspingly, jarringly, harshly (ks räikeä) *räikeästi toisistaan eroavat värit* two completely different colors, clashing colors
räiske 1 (äänen) crackle/crackling, crash(ing), thundering **2** (valon) twinkle/twinkling, sparkle/sparkling, flash(ing)
räiskiä splash, spatter
räiskyä 1 (ääni) crackle, thunder, crash, boom **2** (tuli) spark, pop, snap **3** (valo) flash, twinkle, sparkle **4** (into) sparkle, flash, bubble (over with) **5** (vesi) splash, (kuuma rasva) spatter
räiskähtää 1 (mennä rikki) crack, splinter, crash, shatter **2** (räjähtää) explode, blow up **3** (välähtää) flash **4** (roiskahtaa) splash
räiskäle pancake, (ark) flapjack
räjähde explosive
räjähdellä go off
räjähdys explosion, blast; (pommin räjäyttäminen) detonation
räjähdysaine explosive
räjähdyspiste bursting point
räjähtää (myös suuttumisesta) explode, (ark) blow (up)
räjäyttää explode, (ark) blow up; (pommi) detonate; (kallio) dynamite, blast
räjäytys explosion, detonation, blasting
räkyttää yip, yap (at)
räkytys yipping, yapping
räkä snot
räkäkännissä stewed to the gills
räkänokka snotnose, snotty brat
räkätauti (eläimen) glanders, farcy; (ark) runny nose
räkättirastas fieldfare
rälssi (hist) waiving of land tax
räme (pine) bog
rämpiä (rämeessä) muck (about/around in); (lumessa) trudge/plod (through)
rämpyttää (guitar) strum, (pianoa) pound
rämäkkä jangling *rämäkkä nauru* loud boisterous laugh, guffaw
rämäpäinen hotheaded
rämäpää hothead, daredevil, speed demon
ränni 1 (syöksytorvi: vedelle) gutter spout/pipe, (viljalle tms) chute **2** (myllyn) millcourse
ränsistyneisyys dilapidation
ränsistynyt dilapidated, ramshackle, rundown
ränsistyä dilapidate, fall into disrepair, run down
räntä sleet *sataa räntää* sleet
räntäsade sleetstorm
räpiköidä flounder (about)
räpiköinti floundering
räppänä vent, flap
räpylä 1 (ankan) web **2** (uimaräpylä) flipper **3** (pesäpalloräpylä) mitt **4** (leik = käsi) mitt, paw
räpyläjalka webbed foot

räpytellä (silmiä) blink; (ripsiä) batt; (siipiä) flap, flutter
räpyttää ks räpytellä
räpäyttää blink *silmää räpäyttämättä* without blinking an eye, without batting an eye(lash)
rästi 1 (maksu) arrears *rästiin jääneet maksut* payments in arrears **2** (työ) backlog *rästiin jääneet työt* backed-up work, a backlog of work/chores **3** (tentti) make-up (exam/test)
räsy rag
räsähtää crack(le), snap
rätistä sizzle, crackle
rätti rag
rävähtää burst *rävähtää nauramaan* burst out laughing
räväyttää 1 (up and) do something suddenly/quickly/abruptly *myydä räväyttää talo* up and sell the house **2** (sanoa totuus) hurl the truth in someone's face
räväyttää kasvonsa *kasvojaan räväyttämättä* without flinching, without blinking an eye
räväyttää kätensä yhteen clap your hands together
räväyttää ovi auki throw open the door
räystäs eaves *räystään alla* under the eaves
rääkkyä croak, (varis) caw
rääkkäys mistreatment, torment, cruelty, torture
rääkyä squall, squeal, howl; (lintu) screech
rääkätä 1 (eläintä) mistreat, torment, be cruel to **2** (ihmistä: kiduttaa) torture, (henkisesti) torment; (huolestuttaa) worry **3** (kieltä) mangle, fracture, murder
rääpiä botch, bungle, blow, screw/fuck up
rääppiäiset day-after party, a party/dinner/coffee where you eat leftovers from the big party/dinner the day before
rääpäle puny little thing
rääsy rag *olla rääsyissä* be dressed in rags, wear rags
räätäli tailor
räätälintyö *räätälintyönä tehty* tailor/custom-made
rääväsuinen foul-mouthed, coarse
rääväsuu sewermouth
röhinä wheeze, wheezing
röhistä wheeze
röhönauru guffaw
rökittää 1 (piestä) beat (someone) up, tan (someone's) hide, (sl) beat the shit out of (someone) **2** (antaa selkään) spank, lay into (someone), warm (someone's) backside, thrash/whip (someone)
rökitys beating, tanning, spanking, thrashing, whipping
rönsy 1 (köynnös) runner **2** (liikasanaisuus) unnecessary word(iness), digression
rönsyillä 1 (kasvi) produce runners **2** (romaani) wander, meander; (artikkeli tms) digress
rönsyily wandering, meandering, digressing
röntgen X-ray
röntgenkuvaus X-ray
röntgensäteet X rays
rötös offense, infraction, irregularity; (mon) corruption
rötösherra corrupt official
rötöstellä give/take bribes/kickbacks/payoffs/payola
rötöstely bribery; (government) graft/corruption
röyhelö frill, ruffle
röyhelöinen frilly, ruffled
röyhelökaulus frilly collar, ruff
röyhkeillä be insolent/insulting/impudent, insult (someone), presume (on someone), brazen it out
röyhkeily insolence, impudence, cheekiness
röyhkeys insolence, impudence, cheekiness
röyhkeä insolent, insulting, impudent, brazen; (ark) cheeky
röyhkeästi insolently, insultingly, impudently, brazenly; (ark) cheekily
röyhtäistä burp, belch
röyhtäisy burp, belch
röykkiö pile, heap

S, s

saada *pääv* **1** get, receive, obtain, attain, acquire *Saanko tämän omakseni* Can I have/keep this? (ks myös hakusanat) **2** (joltakulta seksiä) (sl) get laid, get a piece of ass, get something **3** (suostuttaa, pakottaa) get, make, force, bring **4** (pystyä) be able to, manage to *Sain sen tehdyksi* I got it done, I did it, I managed to complete/finish it
apuv **1** (saada lupa) may, can, be allowed to *Saanko lähteä?* May/can I go (now)? **2** (saada tehdä) have to, be made to *Sain kysyä sitä häneltä lähes päivittäin* I practically had to ask him daily **3** (pitäisi) should, ought to *Saisit hävetä!* You should be ashamed of yourself! *Se saisi olla hiukan isompi* It probably ought to be a little bigger
saada aikaan achieve, attain, bring about
saada alkunsa start, originate
saada anteeksi be forgiven
saada apuraha be granted a grant/stipend/scholarship/fellowship, receive a grant/jne
saada arvostelua be criticized/attacked
saada asiansa kuntoon get things straightened out, taken care of
saada ehdot have to go to summer school to make up a subject you failed
saada elantonsa make a living (at something, by doing something), earn your livelihood (at something, by doing something)
saada elinkautinen get life
saada esiin uncover, reveal
saada halveksuntaa meet with scorn/contempt, be scorned
saada harmaita hiuksia get gray hairs *Saan sinulta harmaita hiuksia!* You're giving me gray hairs!
saada harmia find yourself (knee-/neck-deep) in trouble
saada hepulit 1 (vihastua) have a cow **2** (nauraa) throw a fit
saada hyvä vastaanotto be well received
saada häkkiä get put away
saada ihmeitä aikaan perform miracles
saada jalansijaa take hold, get a good foothold
saada jalka oven rakoon get your foot in the door
saada kasteessa nimi be christened/named
saada kaupaksi (manage to) sell, unload, dump, get rid of
saada kenkää get the boot
saada keppiä get the stick, get caned
saada kiinni catch (up to)
saada kiinnitys johonkin get hired (on) somewhere
saada kiitosta get praised
saada kosketus johonkin get a feel for something
saada kunnia receive an honor; *(tehdä jotakin)* have the honor of (doing something)
saada kuulla hear
saada kuulla kunniansa get chewed out
saada kyllikseen have enough (of), get sick (of)
saada kylmää vettä niskaansa have your parade rained on
saada kynsiinsä get your hands on, get (someone) in your clutches

saada kärsiä jostakin have to pay/ suffer for something
saada käsiinsä get your hands on
saada käsitys get/be under/have the sense/impression *Sain hänestä aika hyvän käsityksen* (hän teki minuun hyvän vaikutelman) He seemed all right to me, he made a good impression on me; (sain hyvät tiedot hänestä) I got a pretty good sense of him, I found out a lot about him
saada lapsi have a baby
saada linnareissu get slammed in jail, get sent to the slammer, get thrown in the clink, get put inside/away
saada luottoa get credit, be granted a loan
saada lupa receive/be granted permission *Saat luvan totella* You do what I say *Saanko luvan?* (tanssia) May have this dance?
saada lähtöpassit get/be sent packing, be given your walking papers
saada lääkettä (reseptinä) get a prescription for medicine; (suuhun tms) receive/be given your medicine
saada maksaa jostakin have to pay for something (myös kuv)
saada maksu jostakin get paid for something
saada mieleensä remember, recall
saada myötätuntoa meet with sympathy/compassion, have people's sympathies
saada neniinsä get beat up
saada nenälleen fall flat on your face
saada nuhteita get scolded/yelled at/chewed out
saada nukutuksi manage to sleep
saada näkyviinsä see, lay (your) eyes on; (erottaa) make out, discern
saada näpeilleen take it in the shorts
saada odottaa have to wait, be kept waiting
saada olla rauhassa get left alone, get to be in peace, find some peace and quiet
saada opetus learn a/your lesson
saada osakseen get, receive
saada perintö inherit money, receive an inheritance
saada piiskaa get a thrashing/ whipping
saada pois päiviltä bump/knock (someone) off
saada potkut get fired/canned, get the boot
saada päähänpisto get the/an impulse (to do something), take it in your head/mind (to do something)
saada päähänsä occur
saada päänsä täyteen get stewed to the gills, get drunk on your butt
saada päätökseen finish/wrap up, complete
saada raivoihinsa make you mad, drive you up the wall/around the bend, make you see red, infuriate
saada rauha sielulleen get peace of mind
saada rikki manage to break
saada rintaa be nursed/breast-fed
saada rohkeutta find the courage (to do something), screw up your courage
saada rukkaset get rejected, get turned down (flat)
saada sakkoa get fined
saada sanotuksi manage to say, get/spit it out, cough it up
saada selville find out, learn, unearth, uncover
saada selvää find out (about), clarify, clear (something) up
saada surmansa be killed/slain, (leik) meet your maker
saada syyte jostakin be charged with something, be accused of something
saada sätky 1 (säikähtää) start, be starled/scared **2** (vihastua) have a fit
saada tahtonsa läpi get/have your way
saada takaisin get (something) back, recover
saada takkiin(sa) get taken to the cleaner's, get your clock cleaned, take it in the shorts

saada tarpeekseen have enough (of something), get your fill (of something)
saada tartunta catch a disease
saada tehtäväkseen get assigned (to do something, a task)
saada tietoonsa find out
saada tolkkua make sense (of)
saada tuntea omissa nahoissaan (have to) taste a little of your own medicine
saada turpiinsa get a poke in the jaw, get smacked in the face
saada tuulta purjeisiin get a fresh wind, find new strength
saada täysosuma hit the bull's eye
saada unen päästä kiinni fall asleep
saada unta fall asleep
saada uskonnollinen herätys convert, undergo religious conversion
saada valmiiksi finish, complete
saada valta take over (myös kuv)
saada valtaansa get (someone) in your power
saada vankeutta get sentenced to jail
saada vastarakkautta be loved (in return)
saada vatsansa täyteen fill your stomach/belly, eat your fill
saada vauhtia pick up speed
saada vettä myllyynsä feel encouraged, take heart
saada vihamiehiä make enemies
saada vihiä hear a rumor (that); (poliisi) get a tip, an anonymous phone call, (that)
saada virkavapautta be granted leave of absence
saada volmaa find the strength (to do something)
saada yhteys get through (to), make contact (with)
saada ylenkatsetta meet with scorn/contempt, be scorned
saada ympäri korviaan get boxed on the ears, (kuv) get trounced
saada ystäviä make friends
saada äänensä kuuluville be heard
saaga saga
saaja recipient; (kirjeen) addressee, (vakuutuksen) beneficiary, (palkinnon) winner, (lähetyksen) consignee
saakeli damn (it)
saakelinmoinen a hell of a
saakka 1 (paikkaan) (all the way) to, through *kotiin saakka* all the way home **2** (aikaan) until, till, through *tähän saakka* thus far, until now *viime aikoihin saakka* until recently **3** (paikasta) (all the way) from *tulla Japanista saakka* come all the way from Japan **4** (ajasta) since *alusta saakka* since the start/beginning
saali shawl
saalis 1 (eläimen) prey (myös kuv) *joutua petkuttajan saaliiksi* fall prey to a con-man **2** (kalasaalis) catch, haul **3** (ryöstösaalis) haul, loot, booty
saalistaa prey upon (myös kuv), stalk
saalistaja predator, stalker
saalistus rapacity, (highway) robbery
saamari damn (it)
saamaton lazy, slothful, indolent, unproductive
saamattomasti lazily, slothfully, indolently
saamattomuus laziness, sloth, indolence
saame Sami
saamenkielinen Sami
saaminen (liik) claim; (mon) debts, money owed
saanen (if) I might, may I
saanti 1 (saaminen, tarjonta) supply **2** (tietok) access **3** (liik) receipt
saantioikeus right to (something) *kesäloman saantioikeus* right to a summer vacation
saanto 1 (omistusoikeuden) title **2** (tuotemäärän) yield
saa nähdä we'll see
saapas boot *tyhmä kuin saapas* dumb as an ox
saapastella tramp, trudge, mosey
saapikas ankle boot

saapua arrive, come, appear, reach (your/its) destination; (ark) show (up), make it
saapua asemalle pull into the station
saapua maahan enter a country
saapua paikalle appear, show/turn up
saapuminen arrival, appearance
saapuvilla present
saareke island
saarelainen islander
saarelma island
saari island
saarinen (place) with many islands
saaristo archipelago, islands
saaristolainen islander
saarna sermon; (vanhemman lapselle) lecture, scolding
saarnaaja preacher
saarnastuoli pulpit
saarnata 1 preach **2** (vanhempi lapselle) lecture, scold
saarni ash
saarrostaa encircle, surround
saartaa surround, encircle, hem in; (satamaa) blockade, (kaupunkia) besiege
saarto 1 (sataman) blockade **2** (kaupungin) siege **3** (yhtiön, tuotteen) boycott
saasta filth, dirt *Senkin saasta!* You piece of shit!
saastainen filthy, dirty; (raam) unclean *Senkin saastainen juoppo!* You filthy drunk!
saaste pollution, (aine) pollutant
saasteeton unpolluted
saasteinen polluted
saastua be(come) polluted
saastuminen pollution
saastuttaa pollute
saatana *s* Satan, the devil *interj* goddammit
saatanallinen satanic
saatananmoinen goddamned, helluva
saatava claim, balance due, amount owed; (mon) receivables
saatavilla available, accessible
saatavuus availability, access (to)
saate (lähete) cover letter, accompanying note *muutama sana kirjan saatteeksi* a few words by way of introduction, foreword
saatekirje cover letter
saatesanat foreword, introductory remarks
saati (sitten) 1 (puhumattakaan) not to mention, to say nothing of, let alone **2** (vielä vähemmän) much less
saattaa *pääv* **1** (saatella) see, usher, accompany, escort *Tulisitko saattamaan minua?* Could you come see me off? *saattaa junalle* take/see (someone) to the train **2** (viedä) bring, drive *saattaa kaksi ihmistä yhteen* bring two people together
apuv can, may *Saatan lähteäkin* I may well go at that *Kuinka saatoit!* How could you!
saattaa alkuun get (something) started, start up, set (something) in motion
saattaa asiansa kuntoon put things in order, return things to normalcy
saattaa epätoivoon drive (someone) to despair
saattaa huonoon huutoon make (someone) look bad
saattaa hämmästyksiin amaze, astound, astonish
saattaa häpeään put (someone) to shame
saattaa jonkun pää pyörälle set (someone's) head spinning
saattaa julkisuuteen (julkaista) publish, (julkistaa) publicize, (vuotaa) leak (to the press)
saattaa järjiltään drive (someone) crazy (myös suututtamisesta)
saattaa järkiinsä make (someone) see reason
saattaa kiusaukseen tempt *Äläkä saata meitä kiusaukseen* And lead us not into temptation
saattaa käyntiin get (something) started, start up, set (something) in motion
saattaa matkaan cause, bring about, set in motion, start, instigate

saattaa noloon asemaan place/put (someone) in a difficult/awkward/ embarrassing situation/position
saattaa oikealle tolalle put things in order, return things to normalcy
saattaa pulaan get (someone) in trouble, put (someone) in a difficult spot
saattaa päiviltä bump/knock (someone) off
saattaa päivänvaloon bring (something) into the light of day, reveal
saattaa päätökseen finish/wrap up, complete,
saattaa raivoon drive (someone) around the bend, make (someone) furious
saattaa sekaisin confuse, mix/stir/ screw up, scramble
saattaa suunniltaan drive (someone) wild
saattaa syytteeseen press charges against (someone), bring (someone) up on charges
saattaa tiedoksi inform (someone of something), bring (something) to (someone's) notice
saattaa turmioon corrupt (someone), lead (someone) astray
saattaa vaaraan endanger, jeopardize, place (someone) in danger/ jeopardy
saattaa vararikkoon bankrupt, ruin
saattaa ymmälle puzzle, baffle, bewilder, dumbfound
saattaja escort; (seuralainen) companion, date
saatto procession *vuosien saatossa* over the years, as the years go by, in the course of years
saattojoukko escort, (vainajan) cortège
saattoväki mourners
saattue (mer) convoy, (poliisin) escort
saavi tub, (lähin vastine) plastic trash can *sataa kuin saavista kaataen* (be) coming down in buckets
saavuttaa 1 (saapua jonnekin) reach, arrive at, come to **2** (saada kiinni) catch (up to), overtake, pass (someone up) **3** (saada aikaan) achieve, attain, reach, gain, accomplish *Et saavuta sillä yhtään mitään* That's not going to do you one bit of good *Se saavutti suuren suosion* It was a smash hit, it was very big, it made a big splash
saavuttaa huippunsa (reach its/ your) peak
saavuttaa hyviä tuloksia get/ obtain good results
saavuttaa jonkun kunnioitus win/gain (someone's) respect
saavuttaa jonkun luottamus win/ gain (someone's) confidence
saavuttaa jonkun rakkaus win (someone's) love
saavuttaa kuuluisuutta achieve fame, become famous
saavuttaa mainetta make a reputation/name for yourself
saavuttaa myötätuntoa win/gain (people's) sympathy
saavuttaa sukupuolikypsyys reach sexual maturity, enter puberty
saavuttaa tarkoituksensa achieve your purpose/end/objective, reach your goal, do what you set out to do
saavuttaa täydellisyys reach/attain perfection
saavuttaa valtaa rise to power, assume power
saavutta kuuluisuutta achieve fame, become famous
saavuttamaton unattainable, unachievable
saavutus attainment, achievement, accomplishment
sabloni template, stencil
sabotaasi sabotage
sabotoida sabotage
sabotööri saboteur
sadannes one-hundredth
sadanpäällikkö centurion
sadas hundredth
sadasosa one-hundredth
sadasti a/one hundred times
sadastuhannes hundred-thousandth
sadatella curse
sade rain; (sadanta) rainfall, precipitation *hapan sade* acid rain

sateella in the rain *liukas sateella* slippery when wet
sadeaika rainy season
sadealue rain(fall) area
sadehattu rain hat, sou'wester
sadekartta rain map
sadekuuro (rain) shower
sademetsä rain forest
sadepilvi rain cloud
sadesää rainy weather
sadetakki raincoat, slicker
sadetin sprinkler
sadettaa water (with a sprinkler), run a sprinkler, (letkulla) water
sadevesi rain water
sadeviitta poncho
sadin trap *satimessa* trapped, caught
sadismi sadism
sadisti sadist
sadistinen sadistic
sadistisesti sadistically
sadoittain in/by the hundreds
sadomasokismi sadomasochism, S and M
sadonkorjuu harvest
sadunhohteinen fabulous
sadunomainen fabulous
saeta thicken
safari safari
safaripuisto wild animal park
safiiri sapphire
saha 1 (työkalu) saw **2** (tehdas) sawmill, lumber yard
sahaaja sawyer
sahaamo sawmill, lumber mill
sahajauho sawdust
sahalaitainen sawtoothed
sahanpuru sawdust
sahanterä saw blade
sahapukki sawhorse
sahata saw (up/at)
sahata linssiin pull a fast one (on someone)
sahata omaa oksaansa saw off the branch you're sitting on
sahata silmään pull the wool over (someone's) eyes
sahatavara lumber
sahateollisuus lumber industry
sahaus sawing
sahrami 1 (kukka) crocus **2** (mauste) saffron
sahti home-brew(ed ale)
sahuri sawyer
saippua (yl) soap; (saippuapala) bar of soap
saippuakotelo soapdish
saippuakupla soap bubble
saippuaooppera soap opera
saippuoida soap, lather (yourself/ someone) up
sairaala hospital *joutua sairaalaan* be taken to the hospital *olla sairaalassa* be in the hospital
sairaalahoito hospital care
sairaalapaikka bed
sairaalloinen sick(ly), pathological *sairaalloinen mielikuvitus* sick/warped mind
sairaanhoidollinen medical
sairaanhoitaja nurse
sairaanhoito nursing
sairas *s* patient, sick person *adj* **1** sick (myös henkisesti ja kuv), ill, (elin) diseased *sairaana* sick (in bed) *ilmoittautua sairaaksi* (työhön) call in sick, (sot) report to sick bay *Oletko sairas?* Are you feeling all right? (oletko mielipuoli) Are you out of your mind? *Olet vähän sairaan näköinen* You're not looking very good, you're looking a little peaked/pale *Taidan olla tulossa sairaaksi* I think I'm coming down with something **2** (epäterveellinen) unhealthy
sairasauto ambulance
sairasmielinen mentally ill, psychotic; (ark) sick (in the head)
sairastaa (tautia) have (a disease), be sick (in bed with)
sairastaminen being sick
sairastua get sick; (johonkin) come down (with something), catch (something)
sairastuminen getting sick
sairasvoimistelija physiotherapist
sairasvoimistelu physiotherapy
sairasvuode sickbed
sairaus sickness, illness, ailment, disease; (lääk) disorder
sairauseläke disability pension

sairauskertomus case history, (ark) chart
sairauskohtaus attack/fit/bout of illness
sairausloma sick leave
sairausvakuutus health insurance
sairausvakuutuskortti health insurance card
saita stingy, miserly, tight
saituri miser
saituus stinginess, miserliness
saivar nit
saivarrella split hairs
saivarteleva nitpicking
saivartelu hair-splitting, nitpicking
sakaali jackal
sakara (piikki) spike, prong, tine; (tähden) point, (ristin) arm, (tornin) tooth; (mon esim vasaran) claw
sakariini saccharine
sakaristo sachristy
sakasti sachristy
sakata (lentokone) stall, (laiva) drop/fall astern
šakata check
sake sake
sakea thick *Veri on vettä sakeampaa* Blood is thicker than water
sakeasti thickly
saketti morning coat
sakeus thickness, (kem) consistency
sakeute thickening agent, (ark) thickener
sakeutin thickener, concentrator
sakeuttaa thicken
sakeutua thicken
sakinhivutus hazing
sakka sediment, (kahvin) grounds; (mon) dregs
sakkainen thick, feculent
sakkariini saccharine
sakkaroosi saccharose
sakkauma sediment, deposit
sakkaus stall(ing)
sakkauttaa sediment (something) out
sakkautua sediment out
sakkautuma sediment, deposit
sakki gang, crowd, bunch *koko sakki* the whole gang
šakki chess
šakkilauta chessboard
šakkinappula chesspiece
sakko fine
sakkokorko penalty interest
sakkolappu ticket
sakottaa fine, (poliisi) give (someone) a ticket; (opettaja virheistä) take points off (for)
sakraali sacral
sakraalinen sacral
sakramentaalinen sacramental
sakramentillinen sacramental
sakramentti sacrament
saksa German
Saksa Germany
saksalainen *s, adj* German
saksalaistaa Germanize
saksalaistua become Germanized
Saksan demokraattinen tasavalta German Democratic Republic, GDR
saksan kieli German
saksankielinen German(-language), (something) in German
Saksan liittotasavalta Federal Republic of Germany, FRG
Saksan markka German mark, D-mark, Deutsche mark
saksannos German translation
saksanpaimenkoira German shepherd
saksanpolkka schottische
saksanpähkinä walnut
saksantaa translate (something) into German
saksata corss, scissor
sakset 1 scissors, (puutarhasakset) (garden) shears **2** (painissa) scissor grip
saksia 1 cut, clip, snip, trim **2** (hiihdossa) herringbone
saksilainen Saxon
saksimainen scissor-like
saksofoni saxophone, (ark) sax
saksofonisti saxophonist, (ark) sax player
sala secret *Nyt tuli salat julki* Now your secrets are out!
salaa 1 (salassa) in secret, on the sly, clandestinely *juoda salaa* be a closet drinker **2** (salailevasti) covertly, furtively,

surreptitiously *katsoa jotakuta salaa* sneak a covert/furtive/surreptitious look/ peek/glance at someone
sala-ampuja sniper
salaatinkastike salad dressing
salaatti 1 (kasvi) lettuce **2** (ruoka) salad
salaattikastike salad dressing
salailla hide, conceal, keep (something a) secret
salainen secret, clandestine, concealed; (erittäin) classified, top secret, confidential *salainen puhelinnumero* unlisted number
salainen ase secret weapon
salaisuus secret *paljastaa jollekulle salaisuus* let someone in on the secret
salajuoni plot, conspiracy
salajuoppo closet drinker/lush
salakaato poaching
salakapakka (hist) speakeasy
salakari sunken rock, (kuv) pitfall
salakauppa 1 (kaupankäynti) illegal trade, (huumeiden) drug trade, (alkoholin) bootlegging **2** (yksittäinen) illegal transaction, (huumeiden) drug deal
salakauppias (huumeiden) drug/ dope dealer, pusher, (alkoholin) bootlegger, (aseiden) arms merchant, (varastettujen tavaroiden) fence
salakavala 1 (ihminen) treacherous, deceitful, devious; (juonitteleva) sly **2** (häkä, musta jää tms) treacherous, dangerous, hazardous
salakavaluus treachert, deceit, deviousness; (hidden) danger (ks salakavala)
salakieli code *kääntää salakielelle* encode, encrypt *selvätä salakieli* decode/decipher (a text), break a code
salakirjoitus (kirjoitus) code, cipher; (kirjoittaminen) encryption, enciphering; (menetelmä) cryptography
salakka bleak
salakuljettaa smuggle
salakuljettaja smuggler
salakuljetus smuggling
salakuunnella eavesdrop; (mikrofonilla) bug, wiretap
salakuuntelija eavesdropper; (mikrofonilla) bugger, (puhelimen) wiretapper
salakuuntelu eavesdropping; (mikrofonilla) bugging, (puhelimen) tapping (someone's) phone
salakähmäinen underhand(ed), furtive; (vakoilu) covert, clandestine, huggermugger
salakätkö (ihmisen) secret hiding place, (tavaran) secret stash
salakäytävä secret passage(way)
salaliitto conspiracy
salaliittolainen conspirator
salama lightning *kuin salama kirkkaalta taivaalta* (like a (thunder)bolt) out of the blue *kuin salaman lyömänä* (as if) thunderstruck *kuin rasvattu salama* like greased lightning
salamanisku a bolt/stroke of lightning
salamannopea quick as a flash
salamanteri salamander
salamapallo Finnish rugby
salamasota blitzkrieg
salamatkustaja stowaway
salamatäsmäys flash synchronization, flash sync
salamatäsmäyskenkä (valokuvauskoneen) hot shoe
salamavalo flash
salamavalolaite flash
salamavalomittari flash meter
salamenot secret/arcane/mystical rites
salametsästys poaching
salametsästäjä poacher
salami salami
salamoida lighten, flash *Ukkosti ja salamoi koko iltapäivän* It thundered and lightened all afternoon *Hänen silmänsä salamoivat* Her eyes were blazing, flashed fire
salamurha assassination, (ark) hit
salamurhaaja assassin, hired killer, (ark) hit(wo)man
salamyhkäinen secretive, enigmatic, cryptic; (salaperäinen) mysterious
salamyhkäisyys secretiveness; mysteriousness
salamyhkää secretively, furtively, mysteriously, on the sly

salanimi assumed name; (kirjailijan) pen name, pseudonym; (näyttelijän) stage name
salaoja subsurface drain
salaohjaputki drain pipe
salaojittaa (under)drain
salaperäinen mysterious, secretive
salaperäisyys (ihmisen) mysteriousness, secretiveness; (asian) mystery, secrecy
salapoliisi detective
salapoliisiromaani detective novel, mystery (novel)
salarippi auricular confession
salaseura secret society
salassa in secret *pitää salassa* keep (something) secret, conceal *pitää joltakulta salassa* keep someone in the dark (about something), keep (something) from someone *pidettävä salassa* (strictly) confidential
salassapito secrecy
salassapitovelvollisuus vow of secrecy/silence/confidentiality
salata hide, conceal, keep (something) secret, cover (something) up *Hän ei salannut sitä että hän on lähdössä* He made no secret of the fact that he was leaving, he made no bones about his upcoming departure
saldo balance
sali hall; (olohuone) living room
saliininen saline
salkku briefcase, (attach) case; (ministerin) portfolio
salko pole *vetää lippu salkoon* raise the flag/colors
salkunhoitaja stock broker
salkunhoito stock brokerage
salkuton ministeri minister without portfolio
sallia allow, let, permit, give (someone) permission (to do something) *Sallikaa minun kantaa matkalaukkuanne* Please, allow me to carry your suitcase; (ark) here, let me get that for you *jos sää sallii* weather permitting
sallimus providence, (kohtalo) fate, destiny
salmi sound, strait
salmiakki salmiac
salmiakkipastilli salmiac lozenge
salmonella salmonella
salmonelloosi salmonellosis
salo backwoods, woodland, wilderness
salomaisema wooded lanscape
Salomonsaaret Solomon Islands
salonki salon
salonkikelpoinen presentable
salonkikomedia comedy of manners, drawing-room comedy
salonkikommunisti parlor communist
salonkivaunu saloon car
salottisipuli shallot
salpa bolt, bar, (lukon) latch
salpautua 1 (tekn) freeze, stick, jam **2** (liikenne) jam, (hengitys) be blocked
salpietari saltpeter, potassium nitrate
salskea good-looking, well-built
saluuna saloon
salvadorilainen *s, adj* Salvadorean
salvaa 1 (talo) frame **2** (koiraseläin) castrate, geld, (euf) fix
salvata bolt, bar, latch
salvetti (table) napkin
salvoa frame
salvos frame(work)
salvukukko capon
sama same *tuo on sama mies* that's the same one/man *samana vuonna* the same year *sama koskee sinuakin* the same goes for you, this includes you *Sitä samaa sinullekin!* The same to you! *samaan menoon* all at once, without stopping *samaa päätä* immediately, straight off *mennä samaa kyytiä* (ride/drive/walk) together *samalla kun* while *Toisitko minulle juotavaa samalla kun haet kirjan?* While you're getting your book, could you bring me something to drink?
samaan aikaan at the same time, simultaneously, concurrently, meanwhile *sattua samaan aikaan kun* coincide with
samaan hengenvetoon in the same breath
samaan hintaan 1 for the same price **2** (kaupan päälle) into the bargain

šamaani shaman
samaan muottiin valetut cast in the same mold (myös kuv)
samainen the (very) same
sama kuin heittäisi rahaa kaivoon it's like throwing money down a hole, like flushing money down the toilet
samalla kertaa 1 (matkalla) at a/one time, on the same trip **2** (samalla) at the same time, meanwhile
samalla tavalla similarly, in the same way, alike
samalta istumalta in one sitting *Voin tarkistaa asian tältä samalta istumalta* I can check it for you right now
sama missä no matter where, wherever
samanaikainen simultaneous, concurrent
samanaikaisesti 1 (saman ajan) contemporary, contemporaneous **2** simultaneously, concurrently *sattua samanaikaisesti (kuin)* coincide (with)
samanaikaistaa synchronize *samanaikaistaa kellot* synchronize your watches
samanaikaisuus 1 (saman ajan) contemporaneity **2** (samaan aikaan) simultaneity, concurrence
samanarvoinen (of) equal (value), equivalent (to)
samanhenkinen kindred, like-minded *Onneksi naapurimme ovat samanhenkistä väkeä* Fortunately our neighbors are people like us, are kindred spirits
samanhetkinen simultaneous (with)
sama niin tain näin it's all the same (to me), it doesn't matter which way you do it
samanikäinen *s* peer *adj* the same age (as)
šamanismi shamanism
šamanisti shamanist
samankaltainen 1 (kun) similar to, like, the same kind (as) **2** (predikaattina) similar, alike *He ovat hyvin samankaltaiset* They're very similar, very much alike
samankaltaisuus similarity, likeness
samankokoinen same-size, the same size
samanlainen 1 (kun) similar to, like, the same kind (as) *Se on samanlainen kuin muut* It's just like the rest **2** (predikaattina) similar, alike *He ovat hyvin samanlaiset* They're very similar, very much alike
samanlaistaa standardize
samanlaisuus similarity, likeness
samanmerkkinen the same brand/kind/make (as)
samanniminen of the same name
samannäköinen similar-looking *Et näytä enää ollenkaan samannäköiseltä* You don't look at all the same
samanpäiväinen (something) made/done oin that day, on the same day *samanpäiväistä leipää* fresh(-baked) bread
samansuuntainen in the same direction
samansuuruinen same-size, of/in the same amount
samantapainen similar, of the same sort
samantapaisesti similarly
samantekevä all the same *Se on minulle täysin samantekevää* It's all the same to me, it's a matter of total indifference to me
saman tien 1 (samassa yhteydessä) while we're at it **2** (heti) right/straight away, immediately **3** (mukana) along with it *Kun poltin roskat meni kuitti saman tien* I managed to burn the receipt along with the trash
samanveroinen equal, equivalent
saman verran the same amount, as much *saman verran lisää* as much more
samapa se oh well, what the hell, what difference does it make, same difference
samasanainen verbatim, word-for-word
samastaa associate, link, (sekoittaa) confuse
samasta puusta veistetyt made of the same mettle

samasta työstä samaa palkkaa equal pay for equal work
samastua identify (with)
samaten ks samoin
samat sanat! same to you! (sama täällä) same here!
samat sävellykset I've got the same problem
Sambia Zambia
sambialainen *s, adj* Zambian
samea 1 (vesi) cloudy, muddy, brown *kalastaa sameassa vedessä* fish in troubled waters, put troubled times to work **2** (katse) blurry, (silmät) bleary **3** (ajatukset) dim, dull
sameasti muddily, blurrily, blearily, dimly, dully (ks samea)
samentaa cloud, muddy (up), blur, dim, dull (ks samea)
samentua cloud up, become muddy, blur, dim, become dull (ks samea)
sametti velvet *vakosametti* corduroy
sameus cloudiness, muddiness, blurriness, bleariness, dimness, dullness (ks samea)
sammakko 1 (eläin) frog *uida sammakkoa* do the breaststroke **2** (virhe) blooper
sammakkomies frogman
sammakonkutu frog spawn
sammal moss
sammaleinen mossy
sammaloitua become mossy *Vierivä kivi ei sammaloidu* A rolling stone gathers no moss
sammaltaa 1 (puhua epäselvästi) slur your speech/words, speak thickly **2** (lespata) lisp **3** (tilkitä) stuff (the cracks of a log house) with moss
sammio tub, vat
sammua 1 (valo) go out/off **2** (tuli) go out, die (down) **3** (jano) be quenched **4** (tunne) die, fade/melt away, diminish **5** (ark = nukahtaa) crash, conk out; (känniin) pass out
sammuksissa 1 (tuli) out, extinguished *puhaltaa kynttilä sammuksiin* blow out a candle **2** (ihminen) crashed, conked/passed out
sammumaton inextinguishable, insatiable, unquenchable
sammutin fire extinguisher
sammuttaa 1 (tuli) extinguish, put/ stamp out **2** (valo, TV tms) turn/switch off
sammutus extinguishing, fire-fighting
sammutustyö fire-fighting
samoin similarly, in the same way; (samaten) likewise, (ark) ditto *tehdä samoin* do the same thing, do likewise *Kiitos samoin* Thanks, (the) same to you
samoin kuin 1 (kuten) like, as *tehdä samoin kuin kaikki muut* do what everybody else does **2** (sekä) as well as *yliopiston väki samoin kuin kaupunkilaiset* the university people as well as the locals
samojedinpystykorva Samoyed
samota rove, roam
samovaari samovar
sampi sturgeon
sampo the Sampo, (kuv) money- maker
sampoo shampoo
samppanja champagne
sana word *laulun sanat* the lyrics of a song *jättää sana* leave word, leave a message *julistaa Jumalan sanaa* preach the Word of God *Eikö sana kuulu?* Didn't you hear me? *Hän ei sanonut siitä halaistua sanaa* I couldn't get a word out of him about that, he wouldn't say a thing *sanaakaan sanomatta* without a word *panna sanoja jonkun suuhun* put words in someone's mouth *viedä sanat suusta* take the words right out of someone's mouth *syödä sanansa* go back on your word, break a promise *Sanasta miestä, sarvesta härkää* A man is as good as his word *sanalla sanoen* in a word *ryhtyä sanoista tekoihin* stop talking about it and do it
sanaharkka argument *joutua sanaharkkaan jonkun kanssa* have words with someone
sanakirja dictionary
sanallinen verbal
sanaluokka part of speech
sananlasku saying, proverb

sananparsi saying, proverb, manner of speaking
sananvaihto conversation
sanastaa record, transcribe
sanasta sanaan word for word; (sanatarkasti: toistaa) verbatim, (kääntää) literally
sanasto 1 vocabulary, lexicon, glossary **2** (terminologia) terminology, nomenclature
sanastus recording, transcription
sanaton speechless
saneerata 1 (rakennus) renovate, remodel, restore **2** (yhtiö) reorganize, (ark) shake down
saneeraus 1 (rakennuksen) renovation, remodeling, restoration **2** (yhtiön) reorganization, (ark) shakedown
sanella dictate (to)
sanelu dictation
sanelukone dictaphone
sangattomat lasit pincenez
sangen very, extremely, most
sangviinikko sanguine person
saniainen fern
sanka (kattilan, sangon) handle; (silmälasien) earpiece, temple
sankari hero *syntymäpäiväsankari* the birthday boy/girl
sankarihauta soldier's grave
sankarillinen heroic
sankaripalvonta hero worship
sankaritar heroine
sankaritarina heroic story
sankka thick *sankoin joukoin* in droves
sanko bucket, pail
sanktio sanction
San Marino San Marino
sanmarinolainen *s, adj* San Marinese
sanoa 1 say *Sinäpä sen sanoit!* You said it! You can say that again! *Sano minun perässäni* Repeat after me **2** (lausua) state, express *sanoa mielipiteensä* state/express/give your opinion **3** (kertoa) tell *Sano, oliko se vihreä vai sininen?* Tell me, was it supposed to be green or blue *Älä sano kenellekään!* Don't tell anyone **4** (kutsua) call *Sano vain Nipa* Just call me Nipa **5** (ääntää) pronounce *En osaa sanoa suomalaista r:ää* I can't roll my r's like a Finn
sanoa irti dismiss, let go; (ark) fire, sack *sanoa itsensä irti* resign, (ark) quit
sanoakseni *niin sanoakseni* so to speak *toden sanoakseni* to tell you the truth, as a matter of fact, frankly, honestly
sanoa uudelleen repeat, reiterate
sanoa vastaan (neutraalisti) answer, reply; (uhmaten) talk back
sanoen *toisin sanoen* in other words *suoraan sanoen* frankly, honestly, not to put too fine a point on it *lyhyesti sanoen* in short, to make a long story short, in a nutshell *tarkemmin sanoen* to be precise, more accurately, actually; (toisaalta) on the other hand, come to think of it
sanojenkäsittely word processing
sanoma message
sanomalehdistö the press
sanomalehti newspaper
sanomalehtiala journalism
sanomalehtiarvostelu newspaper review
sanomalehtikirjoitus newspaper article
sanomalehtipaperi newsprint
sanomattakin selvää it goes without saying (that)
sano minun sanoneen mark my words
sano mitä sanot say what you like, I don't care what you say
sano muuta you can say that it again, you said it
sanonta phrase, saying
sano se suomeksi say it in plain English
sano suoraan give it to me straight, don't beat around the bush, don't hem and haw
sanottava 1 (sanominen) something to say *sanoa sanottavansa* say what you have to say, say what's on your mind, say your piece *Eikö sinulla ole mitään sanottavaa?* Don't you have anything to say (for yourself)? **2** (mer-

kitsevä) appreciable, perceptible, significant *ei sanottavaa merkitystä* no appreciable significance
sanottu *tarkemmin sanottuna* more accurately, actually; (toisaalta) on the other hand, come to think of it *suoraan sanottuna* frankly, honestly, not to put too fine a point on it *kuten sanottu* as I said, as I was saying *niin sanottu* so-called *Hyvin sanottu!* Well said/put! *Se on liikaa sanottu* That's going too far, saying too much *helpommin sanottu kuin tehty* easier said than done *sanottu ja tehty* no sooner said than done
sanoutua irti resign, (ark) quit
santa sand
saota thicken
saparo (possun) tail, (ihmisen) pigtail
sapatti Sabbath
sapekas bilious (myös kuv:) vitriolic, acid, nasty
sapeli saber
sapettaa gall *Että tuo sapettaa* Boy that galls me
sapiska scolding *saada sapiskaa* get told (where to get) off
sappi 1 (sappirakko) gall bladder **2** (sappineste) bile, (eläimen) gall **3** (kuv) gall *Se saa sappeni kiehumaan* That really galls me, that makes my blood boil
sappikivi gallstone
sappineste bile, (eläimen) gall
sappirakko gall bladder
sara sedge
sarake column
sarana hinge
sarastaa dawn (myös kuv)
sarastus dawn(ing), sunrise, the break of day
sardiini sardine
sarja 1 (yl, mat, liik, kem, sähkö) series **2** (tapahtumien) chain, sequence, succession **3** (kirjojen, kattiloiden, veisten, työkalujen tms täydellinen) set **4** (sarjakuvasarja) strip **5** (urh) division
sarjakuva comic strip
sarjakuvalehti comic book
sarjakuvasankari comic-strip/-book hero
sarjakuvasivut the comics, the funny pages, the funnies
sarjaliitäntä serial interface
sarjallinen musiikki serial music
sarjatuli sustained fire
sarjatuotanto serial production
sarka 1 (pelto) patch, strip **2** (ala) field, area, branch
sarkain tab(ulator)
sarveiskalvo cornea
sarvi 1 horn *ottaa härkää sarvesta* take the bull by the horns **2** (ark = kuhmu) goose egg
sarvikuono rhinoceros
sarvisankainen (silmälasit) horn-rimmed
Saskatchewan Saskatchewan
sassiin on the double
sata hundred *ajaa tuhatta ja sataa* go careening down the road
sataa rain; (lunta) snow; (rakeita) hail; (räntää) sleet *Sataa* It's raining (/snowing/hailing/sleeting) *Sataa kaatamalla* It's coming down in buckets, it's pouring, it's raining cats and dogs *satoi tai paistoi* rain or shine
satakertainen hundredfold
satakiloinen two-hundred-pounder
satama port, harbor; (kuv) haven *poiketa satamaan* put in at a port
satamarkkanen hundred-mark bill/note
satanen C-note
sataprosenttinen hundred-percent
sataprosenttisesti a hundred percent
satavuotias hundred-year-old, (ihminen) centenarian
satavuotinen hundred-year-old
satavuotisjuhlat centennial (celebration)
sateenkaari rainbow
sateensuoja 1 shelter (from the rain) **2** (ark) umbrella
sateenvarjo umbrella
sateenvarjoheijastin (valokuvauksessa) umbrella diffuser
satelliitti satellite
satelliittiantenni satellite dish
satelliittitelevisio satellite television

satiini satin
satiiri satire
satiirikko satirist
sato harvest, crop
satsi batch, lot
sattua 1 (tapahtua) happen, occur *Missä se sattui?* Where did it happen? *kaikki mitä eteen sattuu* whatever comes along/up *jos hyvin sattuu* if all goes well *miten sattuu* any old (which) way, haphazardly, hit or miss *Satuin näkemään Harrin eilen* I happened/ chanced to run into Harri yesterday **2** (osua) hit, strike *Mihin se sattui?* Where did it hit/land? **3** (tehdä kipeää) hurt *Mihin sattuu?* Where does it hurt? *Minuun sattui kun sanoit noin* What you said hurt me
sattua arkaan paikkaan hit a sore spot
sattua erehdys *Minulle sattui pieni erehdys* I made a little mistake
sattua hyvään/huonoon saumaan come/happen at a good time
sattua kohdalleen fall into place; (osua) strike home, hit the nail on the head
sattua vastakkain bump/run into each other
sattua yhteen (asiat) coincide; (katseet) meet; (ihmiset) bump/run into each other
sattuma 1 chance, coincidence, happenstance *pelkkä sattuma* pure/ sheer coincidence *jättää sattuman varaan* leave (something up) to chance **2** (tapahtuma) (fortuitous) event, incident
sattumalta by chance/accident/ coincidence, accidentally, coincidentally *Se on minulla sattumalta mukana* I just happen to have it with/on me, by sheer luck I've got it here
sattuman kaupalla by sheer (good) luck/fortune, as (good) luck would have it
sattumanvarainen random, haphazard
sattumoisin ks sattumalta
sattuneesta syystä for obvious reasons
sattuva apt, fitting, telling, (sana) well-chosen
sattuvasti aptly, fittingly, tellingly
satu fairy tale (myös kuv)
satukirja story-book
satula saddle
satumaa story-book/fairy-tale land, wonderland
satumainen fabulous, wonderful
satunnainen random
satunnaisesti randomly
satunäytelmä fairy play
satuprinsessa fairy-tale princess
satuprinssi fairy-tale prince
satusetä story-teller
satuttaa hurt
saudi Saudi
Saudi-Arabia Saudi Arabia
saudiarabialainen *s, adj* Saudi Arabian
sauhu smoke
saukko otter
sauma 1 seam *sattua hyvään/huonoon saumaan* come/happen at a good/bad time **2** (tekn) seam, joint
saumaton seamless (myös kuv)
saumattomasti seamlessly
sauna sauna
saunailta sauna evening
saunoa take a sauna
saunottaa 1 (pestä) wash (someone) in the sauna **2** (lämmittää) heat up the sauna (for someone)
sauva 1 rod, staff, stick **2** (hiihtosauva) (ski) pole **3** (kainalosauva) crutch **4** (taikasauva) (magic) wand **5** (piispan) crozier
sauvoa pole (myös hiihtämisestä)
savanni savannah
savi clay *Menköön syteen tai saveen* Come hell or high water
saviastia clay pot; (mon) pottery, earthenware
savinen clay, earthen
savitavara earthenware
savolainen *s* person from Savo *adj* pertaining to Savo

savotta logging *mennä savottaan* go logging
savu smoke *Ei savua ilman tulta* Where there's smoke there's fire *haihtua savuna ilmaan* go up in smoke
savuke cigarette
savupommi smoke bomb
savusauna smoke sauna
savusilakka smoked herring
savustaa smoke *savustaa joku ulos (talosta/virastaan)* smoke someone out (of a house/job)
savuta smoke
savuton (ruuti) smokeless; (työpaikka) smoke-free
savuttaa smoke
se *pron* **1** it, (tuo) that *Se on liian iso* (painottomana) It's too big, (painollisena) That's too big **2** (ark) he, she *Se on mun systeri* She's my sister *art* the, that *Se on katso se mies* See that's the man I mean *se jokin* the little something
seassa among, in amongst *mennä (muiden) sekaan* mingle (with the others) *roskien seassa* in (amongst) the trash
seepra zebra
seerumi serum
seesam aukene open sesame
seesteinen 1 (pilvetön) clear, unclouded (myös kuv) **2** (rauhallinen) peaceful, serene, tranquil
seestyä 1 (taivas, tilanne) clear up **2** (ajatus) crystallize, take shape **3** (mieliala) relax, calm (down)
segmentti segment
seikka matter, fact(or), detail, thing *se seikka että* (the fact) that
seikkailija adventurer
seikkailla have adventures, wander, explore
seikkailu adventure
seikkailunhalu adventurous spirit
seikkailunhaluinen adventurous, adventuresome
seikkaperäinen detailed
seikkaperäisesti in detail
seilata sail
seimi 1 (raam) manger *seimessä syntynyt* born in a manger **2** (lasten) nursery school
seinusta wall *pankin seinustalla* by the bank
seinä wall *iskeä päätään seinään* bang your head on a brick wall *kuin olisi puhunut seinille* like talking to a brick wall *loppua kuin seinään* dead-end *hyppiä seinille* be climbing the walls
seinähullu out of his/her tree, bonkers, gonzo
seinämä wall
seipäänheitto javelin throw
seipäänheittäjä javelin-thrower
seireeni siren
seis! stop! halt!
seisaallaan standing *nousta seisaalleen* stand up *seisaaltaan* from a standing position
seisahtua 1 stop, pause **2** (henkisesti) stagnate
seisake flag/whistle stop
seisaus 1 stop, halt, standstill **2** (työn) stoppage
seisauttaa stop, halt, bring to a standstill
seisminen seismic
seisoa 1 stand *nousta seisomaan* stand up *niin kauan kuin maailma seisoo* as long as the world exists **2** (olla pysähdyksissä) be at a standstill, be stopped *Kelloni seisoo* My watch has stopped *Järki seisoo* I can't think *panna koneet seisomaan* stop the machines **3** (penis) be erect *Minulla seisoi* I had an erection, (ark) I had a hard-on
seisoallaan ks seisaallaan
seisonta standing (position)
seisontajarru parking/emergency/ hand brake
seisoskella stand/hang around
seisottaa 1 (antaa seisoa) let (someone/something) stand (up, in place); (panna seisomaan) make (someone) stand (up, in place), stand (someone) up **2** (pysäyttää) stop, halt
seisova standing, (vesi) stagnant, (ilma) stuffy

seisova pöytä buffet table; (tav syö niin paljon kuin haluat -ravintola) smorgasbord
seistä stand (ks seisoa)
seitsemisen around seven
seitsemäinen (the number) seven
seitsemän seven
seitsemänkymmentä seventy
seitsemänsataa seven hundred
seitsemäntoista seventeen
seitsemäntuhatta seven thousand
seitsemänvuotias seven-year-old
seitsemäs seventh
seitsemäskymmenes seventieth
seitsemäsluokkalainen seventh grader
seitsemässadas seven-hundredth
seitsemäs taivas *seitsemännessä taivaassa* in eleventh heaven
seitsemästoista seventeenth
seitsenkerroksinen seven-floor/ -story
seitsenvuotias seven-year-old
seitti (spider-/cob)web
seiväs 1 (urh = heitettävä) javelin, (hypättävä) pole *heittää seivästä* throw the javelin *hypätä seivästä* pole-vault **2** (sot hist) lance, spear
seivästää pierce/stab (with a spear/ lance)
se ja se so-and-so *rouva Se ja Se* Mrs. So-and-So *sinä ja sinä päivänä* on such-and-such a day
seka- mixed
sekaannus confusion, mix-up, (sl) balls-up *On sattunut jonkinlainen sekaannus* There's been some sort of mistake/mix-up
sekaantua 1 (mennä sekaisin jonkin kanssa) get mixed up with *Salkkumme olivat sekaantuneet* Our briefcases had gotten switched **2** (sotkeentua) get tangled up *Vyyhti sekaantui täysin* The skein got all tangled up **3** (joutua osalliseksi johonkin pahaan) get involved in, get mixed up with **4** (eri rotua olevat eläimet) cross-breed **5** (olla luvattomassa yhdynnässä johonkuhun/johonkin) have illicit intercourse (with), sodomize **6** (puuttua johonkin) interfere/meddle (in), (sotilaallisesti) intervene (in) *sekaantua keskusteluun* butt in, put your two bits/cents in, kibitz *En halua sekaantua siihen* I don't want to get involved in that
sekainen 1 (sotkuinen) untidy, cluttered, messy **2** *-sekainen* mixed with *pelonsekainen kunnioitus* fearful respect, awe
sekaisin 1 (sotkussa) (all) cluttered/ messed/tangled up, in a mess/tangle, helter skelter *mennä sekaisin* (huone) get messed up **2** (huonosti) (all) screwed/balled up *mennä sekaisin* (hanke) get screwed/balled up *Minulla on vatsa ihan sekaisin* My stomach's upset **3** (keskenään) mixed up (together) **4** (päästään) confused, rattled, muddled, befuddled *päästään sekaisin* not running on all cylinders
sekakuoro mixed choir
sekalainen miscellaneous
sekaleipä mixed-grain bread
sekametsä mixed forest
sekarotuinen mixed-/cross-breed
sekasikiö hybrid; (halv) mongrel
sekasorto chaos, confusion, disorder, unrest
sekasortoinen chaotic, confused, disordered, turbulent
sekava confused, disordered, chaotic; (puhe) incoherent *sekavin tuntein* with mixed feelings
sekavasti incoherently
sekavuus confusion, disorder, chaos, incoherence
sekki check
sekkivihko checkbook
sekoitin blender, mixer
sekoittaa 1 (aineet: yhteen) mix, blend; (toinen toiseen) add (one to the other); (hämmentää) stir **2** (laittaa sekoittamalla) fix, make, cook (up) **3** (sotkea joku mukaan johonkin) get (someone) mixed up (in something), involve/entangle (someone in something) **4** (sotkea keskenään) mix (two people) up, confuse (one for the other) **5** (sotkea) mess/clutter/jumble (something) up **6** (kortit) shuffle **7** (suun-

nitelmat tms) upset, ruin, screw/foul up **8** (jonkun pää) confuse
sekoittua mix, blend; (toisiinsa) intermix/-mingle
sekoitus 1 mix(ture), blend **2** (kem) compound **3** (metallisekoitus) alloy
seksi sex
seksikkyys sexiness
seksikkäästi sexily
seksikäs sexy
sekstetti sextet
seksuaalinen sexual
seksuaalisesti sexually
seksuaalisuus sexuality
sektori sector
sekunda second
sekunti second
sekuntikello stopwatch
sekvensseri (mus) sequencer
sekä 1 (ja) and *isä sekä äiti* mother and father **2** (ja myös) in addition, and also *isät ja äidit sekä heidän lapsensa* mothers and fathers and also their children
sekä että both *sekä... että* both... and *sekä isät että äidit* both mothers and fathers
selata flip/browse through
seleeni selenium
selektiivinen selective
selin with your back to(wards something) *kääntyä selin johonkuhun* turn your back on someone
selinmakuu lying on your back, supine position
selitellä make excuses (for), (try to) explain (something) away
selitettävissä explicable, explainable
selittely (making) excuses
selittyä be explained (by) *Sehän selittyy sillä että* The explanation for that is that
selittämätön inexplicable, unfathomable, unaccountable
selittää 1 explain, give a reason/an explanation for, account for **2** (teosta) interpret, analyze, comment (on), write a commentary (on)
selittää jokin olemattomaksi explain something away
selittää parhain päin put the best possible face on (something)
selittää unia interpret dreams
selittää väärin misread, misinterpret
selitys 1 explanation **2** (teoksen) commentary, interpretation; (Raamatun myös) exegesis **3** (veruke) excuse **4** (kuvan alla) caption
selitysteos commentary
seljetä 1 (taivas) clear up **2** (asia) dawn on (someone), become clear
selkeys clarity
selkeytyä clear up, be clarified
selkeä clear *antaa selkeät ohjeet* give clear/explicit/unambiguous instructions
selkeästi clearly, distinctly
selkkaus conflict, clash
selko *ottaa/saada selkoa jostakin* find out about something, clear something up *antaa tarkka selko jostakin* make a full/detailed report on something *tehdä selkoa jostakin* account for something
selkokieli simplified language
selkokielinen simplified
selkä 1 back *Jumalan selän takana* out in the middle of nowhere, out in the sticks/boonies **2** (takapuoli) backside, rear end *saada selkään* get spanked *antaa jollekulle selkään* give someone a spanking, tan someone's hide, warm someone's backside (for them) **3** (järven/meren) open water/sea **4** (vuoren) ridge
selkäkipu backache
selkäpuoli back, (takapuoli) rear
selkärangaton 1 (eläin) invertebrate **2** (ihminen) spineless
selkäranka spine, backbone (myös kuv)
selkärankainen vertebrate
selkäreppu backpack
selkäsauna spanking
selkäsärky backache
selkäuinti backstroke
selkäydin spinal cord (marrow)
sellainen *pron s* **1** that sort of thing *Sellaista ei saa sanoa* You shouldn't say things like that *A: Aiotko jäädä? B: Sellainen on tarkoitus* A: Are you going to stay? B: That's the idea *Miehet ovat*

sellaisia Men are like that, that's what men are like **2** one *Sellainen kuuluu joka kotiin* Every household should have one (of these)
pron adj like that/those, such (a) *Minä en aio kuunnella sellaista puhetta* I refuse to listen to talk like that *Hän on sellainen nipottaja että* He's such a stickler that *ei mitään sellaista* nothing like that *Minulla on sellainen mielikuva että* The way I remember it
sellainen ja sellainen such-and-such
sellainen ja tällainen so-so
sellainen kuin 1 *sellainen kuin tämä/sinä* like this/you *Sellainen renki kuin isäntä* Like father like son *Sellaiset näytelmät kuin Kuningas Lear ja Macbeth* Such plays as King Lear and Macbeth, plays like KL and M **2** *Tule sellaisena kuin olet* Come as you are
sellaisenaan as it is/was *hyväksyä sellaisenaan* approve (something) as it is, pass (something) without change
sellaista ei tehdä that is simply not done
sellaista on elämä that's life, such is life, c'est la vie
sellaista sattuu these things happen, that's life, c'est la vie
selleri celery
selli cell
sello cello
selluliitti cellulite
selluloidi celluloid
selluloosa cellulose
sellutehdas pulp mill
selonteko report
selostaa 1 (selittää) explain *Voitko selostaa miten tätä käytetään?* Could you explain how to operate this? **2** (antaa selonteko) report (on), give an account (of) *selostaa lyhyesti sellu-teollisuuden nykynäkymiä* give a brief account of the pulp industry's prospects **3** (peliä) announce, do a (running/play-by-play) commentary (on)
selostaja reporter; (TV, radio) announcer, commentator
selostus report; (TV, radio) commentary
selusta 1 (tuolin) back **2** (armeijan tms) rear
selvennys clarification
selventää clarify
selvetä clear up
selvillä 1 (ihminen) in the know, aware (of) *En ole aivan selvillä siitä itsekään* I'm not sure of that myself **2** (asia) known *saada selville* find out *Se on jo saatu selville* We already know all about that
selvitellä 1 (kurkkua) clear **2** (aja-tuksia) clear, clarify, work out **3** (ongel-maa) clear up, settle, work/straighten out **4** (sotkuista vyyhteä tms) straighten out, untangle **5** (humalaista) sober up
selvittely 1 (erimielisyyden) settling, settlement **2** (liik) clearing
selvittää 1 (kurkkua, aita hyppäämällä) clear *Hevonen selvitti aidan kirkkaasti* The horse cleared the fence easily **2** (ajatuksia, asiaa toiselle) clear, clarify, work out, (asiaa myös) explain *Minun täytyy selvittää itselleni motiivejani* I've got to think through my motives on this **3** (ongelmaa) clear up, solve, settle, work/straighten out *Saitteko sen selvitettyä?* Did you get it worked/ straightened out, did you settle your differences, did you solve your problem? **4** (sotkua) straighten out/up, (vyyhteä tms) untangle *Selvitäpäs tuo sotkusi* Straighten/pick up that mess you made **5** (humalaista) sober up **6** (liike) liquidate; (kuolinpesä) execute, wind up
selvitys 1 (raportti) report, account *antaa täydellinen selvitys matkasta* give a full report of the trip **2** (lähtöselvitys: lentokentällä) check-in (counter), (mer) outwards clearance; (mer tuloselvitys) inwards clearance **3** (saldoselvitys) clearance (of the balance) **4** (riidan) settlement **5** (konkurssipesän) liquidation **6** (kuolinpesän) execution, administration **7** (rikoksen) investigation
selvitä 1 become clear *Asia selvisi melko nopeasti* I straightened that out quickly enough *Tästä selviää että* This

indicates/makes it clear/shows that *Sitten minulle selvisi että* Then it dawned on me that, then I realized that **2** (toipua) recover, get over *Etköhän selviä siitä* You'll get over it **3** (jäädä henkiin) survive, live, escape *Etköhän selviä siitä* I think you'll live/survive **4** (pärjätä) manage, get along/by, make it *Etköhän selviä yksinkin* I think you can make it on your own *Selviätkö lentokentälle itse?* Can you make it to the airport yourself? **5** (humalasta) sober up

selvitä pelkällä säikähdyksellä get off with a scare

selviytyä 1 (ongelmasta) make it, work it out, cope with it **2** (taudista, traumasta) get over it, pull through **3** (tentistä) get through, do all right (in) **4** (vaaratilanteesta) survive, escape, make it **5** (elämässä) manage, get by, do all right **6** (loppukilpailuun) qualify (for), make it (to) **7** (aidan yli) clear

selviytyä veloista pay off your debts

selviö axiom *pitää selviönä* consider it axiomatic (that); (ark) take it for granted (that)

selvyys clarity, (kirjoituksen) legibility *päästä selvyyteen asiasta* get a matter cleared up, come to understand it, finally realize what it's all about

selvä 1 clear *selvät faktat* the plain/obvious facts *Mutta onhan ihan selvää että* But it's perfectly clear/obvious/evident/plain that *Asia on selvä* It's a deal, it's settled *selvällä suomen kielellä* in plain Finnish *ottaa/saada selvää* find out (about) *tehdä selväksi* make it clear (to) *Onko se sillä selvä?* Will that do it? *selvä käsiala* clear/distinct/legible/intelligible handwriting *Selvä!* All right! Fine! **2** (ei juovuksissa) sober

selvänäköinen clear-sighted, clairvoyant

selvänäköisyys clairvoyance

selväpiirteinen clear(-cut)

selväpiirteisesti clearly

selväpiirteisyys clarity

selvärajainen clearly defined

selväsanainen 1 clear(ly worded), unambiguous **2** (suora) frank, straight(forward)

seläkkäin back to back

selällään on your/its back

selänne 1 (harju) ridge **2** (ilmatieteessä) front

selättää pin

semantiikka semantics

semanttinen semantic

sementti cement

seminaari seminar

semmoinen ks sellainen

sen 1 its, that's **2** (ark) his, her(s)

senaatti senate

senaattori senator

sen ajan murhe *Se on sen ajan murhe* We'll cross that bridge when we come to it

Senegal Senegal

senegalilainen *s, adj* Senegalese

senhetkinen (silloinen) the then/current *Mikä senhetkinen tilanne onkaan* Whatever the situation at the time (happens to be)

seniili senile

sen johdosta due to that, owing to that, on account of that *sen johdosta että* due to the fact that, given that, since

senkaltainen (sellainen) of that/a kind/sort, the kind/sort of (ks sen tyylinen)

senkka blood sedimentation, ESR

sen koommin *Ei häntä ole sen koommin näkynyt* We haven't seen hide nor hair of him, he hasn't shown his face around here

senluonteinen (sellainen) of that/a kind/sort, the kind/sort of (ks sen tyylinen)

senmukainen (something) done/calculated/jne along the same lines as, in accordance with, according to *Viime vuonna päätettiin pysyä 4,5 pennin tasolla ja tämä on senmukainen ehdotus* Last year we decided to stay at 4.5 cents, and this proposal is in line with that decision

sen mukaisesti (do something) along those lines, in accordance with, according to *Sehän menee sen mukaisesti, mitä päätettiin viime vuonna* It follows the lines we settled on last year
sen pituinen se That's the end of it, of the story; that's all there is to it
sensaatio sensation
sen seitsemän kertaa repeatedly, over and over, time and again
sensitiivinen sensitive
sensuroida censor
sensuuri censorship
sen takia (siksi) therefore, hence, thus; (siksi juuri) that's why *Sen takia pyysinkin sinua tänne* That's why I asked you here
sentapainen (sellainen) of that/a kind/sort, the kind/sort of (ks sentyylinen)
sentimentaalinen sentimental
sentrifugi centrifuge
sentti centimeter
senttimetri centimeter
sentyylinen 1 *sentyylinen talo* a house in that style **2** (sellainen) of that type/order/magnitude, the type of *Sentyylinen ongelma on vaikea ykskaks ratkaista* A problem of that order is difficult to solve overnight *Se on sentyylinen ongelma että* It's the kind of problem that
sentään 1 (kuitenkin) yet, still **2** (ainakin) at least, anyway *Summa ei ole suuri, mutta sentään jotain* It's not much, but at least it's something, but it's something anyway **3** (tosiaan) really, truly, sure *On tuo Hanna sentään vahva tyttö!* That Hanna sure is a strong girl! **4** *Voi voi sentään!* Oh me oh my! Oh dear!
se on that is, i.e.
seos mixture; (kem) compound; (metalliseos) alloy
seota 1 (sotkeutua) get mixed up (with), get messed up **2** (tulla hulluksi) get/be really messed/fucked up
sepalus fly
separaattori separator
sepeli gravel
sepite writing, composition, (ark) piece
sepitteinen fictional
seppele wreath
seppelöidä wreathe, (ihmistä) crown (someone) with a wreath/garland
sepposen selällään wide open, gaping
seppä smith *oman onnensa seppä* master of your own fate
sepustaa write, scribble, jot down; (sepittää) cook/make up
sepustus piece *Tässä on yksi minun sepustukseni* Here's a piece I did, a thing I wrote
seremonia ceremony
seremoniamestari master of ceremonies, emcee
serenadi serenade
seriffi sheriff
serkku cousin
serkukset cousins
serpentiini streamer
sesaminsiemen sesame seed
se siitä that's that
seteli bill, (bank)note; (mon) currency, paper money
setelipaino currency printing press
seteliraha (yksi) bill, (bank)note; (rahaa) currency, paper money
setelistö the currency in circulation
setelitukku a wad of bills
setri cedar (tree/wood)
setä uncle; (ark) man
seula sieve; (hiekkaseula tms) screen; (kuv = karsinta) screening *vuotaa kuin seula* leak like a sieve *ampua seulaksi* riddle with bullets
seuloa sift (out); (kiviä, hakijoita) screen
seura 1 (toiset ihmiset) company *pitää jollekulle seuraa* keep someone company *etsiä seuraa* go out looking for companionship **2** (yhdistys) society, organization, club **3** *seurat* prayer meeting, (herätyshenkinen) revival meeting
seuraaja 1 (virassa tms) successor **2** (opetuslapsi tms) follower
seuraa karttava asocial, unsociable
seuraamus consequence

seuraa rakastava social, sociable, friendly, gregarious, companionable
seuraava 1 (järjestyksessä) next, subsequent, following **2** (seuraavanlainen) the following *seuraavassa* in the following, in what follows, below *Juttu oli seuraava* It was as follows, this is the way it was
seuraavan kerran next time
seuraavanlainen the following, as follows (ks myös seuraava)
seuraeläin social animal/creature
seuraihminen sociable/friendly/ outgoing person
seurailla 1 (myötäillä) follow **2** (katsella) watch
seurakunta (Suomi evlut, US katol) parish; (US prot) congregation
seurakuntalainen parishioner, church member
seuralainen 1 companion, (treffeillä) date, (mies hienoissa juhlissa) escort **2** (seurueen jäsen) member of a (tour) group
seurallinen sociable, social, outgoing, friendly
seurallisesti sociably
seurallisuus sociability
seuramatka package tour
seuranaan with you, for company, as your companion
seuranneina vuosina in subsequent years
seuranta follow-up
seurantasäädin (kuvanauhurin) tracking control
seuran vuoksi just to have someone to talk to, be with *Taidan sittenkin ottaa kupposen, ihan seuran vuoksi* I guess I'll have a cuppa after all, just to join you
seurapiiri 1 (high) society, the monde **2** (ystäväpiiri) your circle (of friends)
seurata 1 follow *Oletko seurannut Kiinan tapahtumia?* Have you been following what's going on in China? *Siitä seuraa, etten voi tulla* What follows from that is that I can't come, the result/ consequence of that *Seuraatko isääsi firman johdossa?* Are you going to follow/succeed your father as the head of the company? **2** (katsella) watch, follow (something) with your eyes *Olen seurannut tuota sorsaperhettä koko aamun* I've been watching that family of ducks all morning **3** (mukana) follow, accompany; (ark) go with; (kuninkaallisia) attend **4** (luentoja) attend **5** (ohessa) accompany, be enclosed *Asiakirjat seuraavat eri lähetyksessä* Documents follow under separate cover
seurata aikaansa keep up with the times, keep abreast of world/current events
seurata hetken mielijohdetta act on a whim, act on impulse
seurata jonkun esimerkkiä follow someone's example/lead
seurata jonkun jalanjälkiä (kuv) follow in someone's footsteps
seurata jonkun kintereillä dog someone's heels
seurata jonkun neuvoja take/ follow someone's advice
seurata toinen toistaan follow one after the other, in (quick/rapid) succession
seura tekee kaltaiseksi like breeds like
seuratkaa johtajaa follow-the-leader
seurauksena *Sinun huolimattomuutesi seurauksena tuli 100 000:n tappio* Your carelessless cost the company a hundred grand, as a result/consequence of your carelessness we lost a hundred thousand
seuraus consequence, result *syy ja seuraus* cause and effect *syy-seuraussuhde* causal relation *vastata seurauksista* take the consequences
seurue 1 party, group *neljän hengen seurue* party of four **2** (kuninkaallisen tms, myös julkkiksen leik) entourage, retinue
seurustella 1 (ystävien kanssa) associate (with); (ark) hang/run around (with); (keskustella) talk, chat **2** (rakkaussuhteessa) go together, date; (koulussa) go steady (with)

seurustelu 1 (seuraelämä) social life/ intercourse **2** (rakkauselämä) dating, going together/steady
seutu region, area, district, neighborhood *näillä seuduilla* around here, in these parts
seutukaava regional plan
seutuvilla 1 (paikan) in the neighborhood/vicinity of, near, close to *kirkon seutuvilla* near the church **2** (määrän) in the neighborhood of, roughly, somewhere around *Siinä tonnin seutuvilla* Somewhere around a grand, in the neighborhood of a thousand marks **3** (ajan) sometime/ somewhere around, about *Tule klo 7:n seutuvilla* Come around seven, about seven o'clock, at sevenish
seychelliläinen *s, adj* Seychellois
Seychellit Seychelles
sfinksi sphinx
sherry sherry
siamilainen Siamese
sianliha pork
siansaksa pig-Latin
siansorkka pig's foot
side 1 (haavan) bandage, dressing, (kannatinside) sling **2** (kahle) bond **3** (ystävyyden) bond, (perheen, veren) tie **4** (suksiside) binding **5** (kirjan) binding, (nide) volume **6** (sideaine) binder *Jutussa oli totta vain siteeksi* There was just enough truth in the story to make it plausible, to make it look good **7** (terveysside) sanitary napkin, (ark) pad **8** (anat) ligament
sideaine binder
sideharso gauze
sidekudos connective tissue
sidonta 1 (haavan) bandaging, dressing **2** (kirjan) binding **3** (kukkien) (flower) arrangement **4** (seppeleen) (wreath-)making **5** (mus) ligature **6** (kiel) liaison
sidos 1 (haavan) bandage, dressing **2** (kem) bond(ing) **3** (kirjan) binding, (nidos) volume **4** (kankaan) weave **5** *olla sidoksissa* be tied/bound to
sidottu 1 (ihminen: köysillä tms) tied up, (työhönsä tms) tied, (vuoteeseen) bedridden, (perheeseensä tms) bound **2** (energia, morfeemi ym) bound **3** (kirja) (hard)bound, (ark) hardback **4** (pääoma) tied up, (osake) restricted
siedettävä tolerable, bearable
siekailematon 1 (empimätön) unhesitating, (vastaus) quick, immediate **2** (suora: ihminen) outspoken, blunt; (tai vastaus) frank, straightforward **3** (häikäilemätön) unscrupulous, unprincipled
siekailemattomasti unhesitatingly, quickly, immediately, bluntly, frankly, straightforwardly, unscrupulously (ks siekailematon)
siekailla *Hän ei siekaillut käyttää minun nimeäni* He didn't hesitate/ scruple to use my name
siellä there *jossain sielläpäin* somewhere over there *siellä missä* where *Ei siellä ollut mitään* There was nothing there
siellä täällä here and there
sielu soul *ei ristin sielua* not a (single/ living) soul *Hän on laitoksen sielu* She's the (life and) soul of the department
sielukas soulful
sielullinen 1 (henkinen) mental; (psyykkinen) psychic, psychological; (hengellinen) spiritual **2** (ei sieluton) animate
sielunelämä (henkinen) mental/ intellectual life; (emotionaalinen) emotional life; (hengellinen) spiritual life
sielunhoitaja counselor, (ark) someone to talk to
sielunhoito counseling, (papin) pastoral care; (ark) therapy
sielunvaellus transmigration of souls
sieluton 1 (ei sielullinen) inanimate **2** (hengetön) soulless, lifeless, dead
siemaista take a gulp of, (alkoholia) take a pull/swig of
siemaus gulp; (alkoholia) pull, swig
siemen 1 seed; (kirsikan tms) pit, stone *epäilyksen siemenet* the seeds of doubt **2** (siemenneste) semen, sperm; (raam) seed
siemenneste semen, sperm; (lääk) seminal fluid; (ark) come, jizz

siemensyöksy ejaculation, (male) orgasm; (ark) coming
sienestys mushrooming
sienestäjä mushroomer, mushroom-picker
sienestää go mushrooming
sieni 1 (syötävä) mushroom, (myrkyllinen) toadstool **2** (itiö) fungus, (jalkasieni) athlete's foot **3** (pesusieni) sponge
sienimyrkytys mushroom poisoning
siepata 1 (ottaa kiinni) catch, grab, seize, snatch; (am jalkapallossa toisen joukkueen heitto) intercept **2** (kaapata) snatch, kidnap, abduct; (radiosanoma tms) intercept **3** (ark löytää) find, round up *Mistä ihmeestä minä nyt sellaisen summan sieppaan?* Where on earth am I going to find that kind of money? **4** (ark suututtaa) rankle *Että minua sieppaa tuommoinen* That really rankles me
sieppaaja 1 (käsilaukun) purse-snatcher **2** (ihmisen) kidnapper, abductor
sieppari (pesäpallossa) catcher
sieppaus 1 (pallon tms) catch(ing) **2** (kaappaus) kidnapping, abduction, snatching
sierain nostril
Sierra Leone Sierra Leone
sierraleonelainen *s, adj* Sierra Leonean
siesta siesta
sietokyky tolerance
sietämätön intolerable, unbearable
sietää *pääv* stand, bear, take, tolerate; (ylät) endure; (ark) put up with *En siedä (nähdäkään) häntä* I can't stand (the sight of) him *En siedä tätä enää* I can't stand/take this any more *En aio sietää tätä* I will not tolerate this, I won't stand for it, I refuse to put up with this *Souda minkä selkäsi sietää!* Row as hard as you can *Hän ei siedä leikkiä* He can't take a joke, he's got no sense of humor *apuv* be worth (doing), should, ought to *Sietäisit hävetä!* You should be ashamed of yourself! *Sitä sietää miettiä* It's worth considering
sieventää 1 prettify, beautify **2** (mat) reduce, simplify
sievistelevä affected, pretentious
sievistellä *tr* (tarinaa) embellish *itr* act affected, put on airs, be pretentious
sievistely affectation, pretension(s)
sievistää prettify, beautify *Pöytää sievistää kukkanen* A flower adorns the table
sievoinen pretty, tidy *sievoinen summa* pretty/tidy sum
sievä pretty
sievästi prettily
signaali signal
sihahdus hiss
sihahtaa hiss
sihinä hiss
sihistä hiss
sihteeri secretary
sihteeristö secretariat, (konekirjoittajat) typing pool
sihti (seula) sieve, (siivilä) strainer
siideri cider
siihen *Siihen meillä ei ole aikaa/rahaa* We don't have time/money for that *Menet vain siihen pöytään asti* Just go as far as that table *Pane takaisin siihen, mistä sen otit* Put it back where you found it
siihenastinen previous, earlier *siihenastinen käytäntö* standard procedure up till then
siika whitefish
siili hedgehog
siima 1 (ongen) line *Kauppa käy kuin siimaa* We're doing business hand over fist **2** (jono) line, string *Miestä lappoi sisään siimanaan* There was a steady stream of men coming in
siimes shade *puun siimeksessä* in the shade of the tree
siintää glint of water/light in the distance, be dimly visible; (kuv) loom
siinä there *On siinäkin ystävä!* Some friend you are! *siinä missä* where *siinä viiden aikoihin* right around five
siinä ja siinä close *Se oli siinä ja siinä, selviäisikö hän siitä* It was touch and go whether he'd make it *Se oli siinä*

ja siinä, kumpi voitti It was a close call, a photo finish

siinä paha missä mainitaan speak of the devil

siinäpä se! that's just it, that's the problem/point

siipi 1 wing (myös rakennuksen, puolueen) *kokeilla siipiään* try your wings *siipi maassa* downcast/ -hearted, depressed **2** (tekn) wing, blade, arm, vane **3** (suojelus) *elää jonkun siivellä* live/sponge/mooch off someone, be kept/supported by someone

siipikarja poultry

siippa spouse, (leik) your better half

siirappi molasses *vaahterasiirappi* maple syrup

siirappinen (myös kuv) syrupy, sicky sweet; (kuv) sentimental

siirrellä move/shift (things) around

siirrettävä 1 portable, movable **2** (liik) transferable

siirrännäinen (elin) transplant, (ihon) graft

siirto 1 (pelin) move (myös kuv) **2** (työpaikan, rahan, lainan, bussin) transfer **3** (sekin) endorsement **4** (kirjapidollisen luvun) forward **5** (kokouksen) postponement, adjournment; (maksun) deferral **6** (elimen) transplant, (ihon tms) graft, (veren) transfusion **7** (sävellajin) transposition **8** (psyk) transference

siirtola colony, settlement *rangaistus-siirtola* penal colony

siirtolainen (maahan) immigrant, (maasta) emigrant

siirtolaisasutus immigrant settlement

siirtolaisuus immigration

siirtolaisviisumi immigrant visa

siirtolaisvirta wave of immigrants/ immigration

siirtomaa colony

siirtyillä shift (here and there, back and forth)

siirtymä transition

siirtymävaihe transitional phase/ stage

siirtyä 1 (mennä, liikkua) move, go, shift *En saa tätä kiveä siirtymään* I can't move this rock, I can't get this rock to move/budge *siirtyä pois tieltä* get out of the way **2** (työssään) be transferred **3** (vaihtaa) change, go/shift (over), move/go on, proceed, pass *Talo siirtyy isännän kuollessa hänen tyttärelleen* Upon the owner's death the house will go/pass to his daughter **4** (lykkääntyä) be postponed/delayed/deferred/ adjourned *Matka on nyt siirtynyt viikon* The trip has been postponed/ delayed a week **5** (uuteen) enter/ embark (upon), start, begin

siirtyä ajassa taaksepäin go back in time, (ajatuksissa) cast your thoughts back in time

siirtyä ajasta ikuisuuteen pass away

siirtyä ammattilaiseksi turn professional, (ark) go pro

siirtyä asiasta toiseen change the subject

siirtyä eläkkeelle retire

siirtyä historiaan go down in history

siirtyä käsittelemään jotakin move on to (deal with) something

siirtyä perintönä be handed/passed down

siirtyä pois maasta leave the country, (pysyvästi) emigrate

siirtyä seuraavalle luokalle be promoted to the next grade

siirtyä syrjään step down/aside

siirtyä uuteen aikakauteen enter a new era

siirtyä uuteen puolueeseen change parties

siirtää 1 move, shift, transfer *siirtää huonekaluja* rearrange the furniture, (muutossa) move/carry (the) furniture *Minut on siirretty (toiseen konttoriin)* I've been moved/transferred (to another office) **2** (tehtäviä) delegate, transfer **3** (liik) transfer, convey, assign; (sekki siirtomerkinnällä) endorse **4** (kirjanpidossa) carry/bring (a figure) forward **5** (myöhemmäksi) postpone, delay, defer; (kokousta) adjourn; (ark) move (something) back, put (something) off **6** (aikaisemmaksi) advance, (ark) move (something) up **7** (elin) transplant, (ihoa tms) graft, (verta) transfuse **8** (transponoida) transpose

siis 1 so, then *Sinä olet siis menossa pois* So you're leaving us; you're leaving us, then? **2** (siksi) thus, therefore *Ajattelen, siis olen olemassa* I think, therefore I am

siisteys cleanliness, tidiness; hygiene

siisteyskasvatus training in hygiene; (pottakasvatus) toilet training; (koiran tms) house-breaking

siisti 1 neat, tidy, clean **2** (koira tms) housebroken

siististi neatly, tidily, cleanly

siistiytyä get cleaned/spruced/ washed up

siistiä straighten/tidy (a place) up

siitepöly pollen

siitepölyallergia pollen allergy

siitin penis

siitos breeding, (hedelmöitys) fertilization

siittiö spermatozoon (mon -zoa), (ark) sperm cell

siittää conceive, (vanh) get, (raam) beget

siitä *v* be conceived *sikisi Pyhästä Hengestä* was conceived of the Holy Spirit

adv there *Näpit pois siitä* Get your fingers out/off of there! *jatkaa siitä, mihin lopetti* pick up where you left off

siiveke aileron

siivekäs winges (myös kuv)

siivelläeläjä sponge, moocher, parasite

siivetön wingless *Ihminen on siivetön höyhenetön kaksijalkainen eläin* Man is a wingless, featherless biped

siivilä strainer

siivilöidä strain

siivittää give/lend wings to

siivo *s* order *kamalassa siivossa* in a godawful mess

adj decent, courteous, gracious

siivooja (nainen) cleaning lady, charwoman; (mies) janitor

siivosti *olla siivosti* behave yourself

siivota clean (up), pick/tidy/straighten up

siivoton 1 (epäsiisti) messy, disordered, cluttered; (ihminen) disheveled, unkempt, frowsy **2** (epäsiivo) indecent, smutty, vulgar **3** (törkeä) gross, disgusting

siivottomasti messily, indecently

siivottomuus messiness, indecency

siivous (house)cleaning

siivu slice

sija 1 place *ensi sijassa* in the first place *päästä/jäädä toiselle sijalle* place second, come in second, make second place *saada sijaa* take hold (in), catch on *jonkin sijaan/sijasta* in place/stead of something *täynnä viimeistä sijaa myöten* standing room only, SRO **2** (tila) room *Heille ei ollut sijaa majatalossa* There was no room for them at the inn *tehdä sija* make a bed **3** (sijamuoto) case

sijainen substitute, replacement; (ark) stand-in *vs (viransijainen) professori* acting professor

sijainti location

sijaiskärsijä surrogate victim

sijaisuus temporary position/job/post

sijaita be situated/located (in/by/at) *Missä Koli sijaitsee?* Where is Koli?

sijaluku rank

sijata make (your bed)

sijoiltaanmeno dislocation

sijoittaa 1 (esine tms) put, position, place, set *Näytelmä on sijoitettu 1400-luvun Ranskaan* The play is set in fifteenth century France **2** (ihminen) place, plant; (istumaan) seat, (seisomaan) stand **3** (urh) place, rank **4** (rahaa) invest (in), (ark) sink (money into)

sijoittaja investor

sijoittua 1 take up a/your position/ place (in/by/at), place/position yourself, (istumaan/seisomaan) (go) sit/stand (somewhere) **2** (urh) place, come in *sijoittua kolmanneksi* place third, come in third

sijoitus 1 placement, (re)location **2** (urh) place, placing **3** (rahallinen) investment

sijoitustoiminta investment program
sika **1** (elävä) pig, (uros) hog, (naaras) sow, (villi) boar *ostaa sika säkissä* buy a pig in a poke **2** (syötävä) pork **3** (ihminen) pig *sovinistisika* chauvinist pig
sikala (tila) pig farm, (talo) hog house
sikamainen dirty, nasty, gross *sikamainen temppu* dirty trick
sikari cigar
sikarinkatkaisin cigar cutter
sikarinpolttaja cigar smoker
sikariporras the brass
sikermä group, cluster; (mus) medley
sikeästi soundly
sikeä uni sound sleep
sikin sokin helter skelter, higgledy piggledy, all in a jumble
sikiö **1** fetus, (alkio) embryo **2** (kuv) spawn *Te kyykäärmeitten sikiöt!* You generation of vipers!
sikiöasento fetal position
sikiönkehitys prenatal/embryonic development
sikolätti pigsty
sikseen *jättää sikseen* drop/abandon/bag/leave (something), give (something) up, forget (something) *Leikki sikseen* Joking aside *Se on ihan hyvä sikseen* It's all right, considering
siksi **1** (sen vuoksi) therefore, thus; (siksi juuri) that's why; (niinpä) so; (siksi että) because, since *Siksi annoinkin sen sinulle* That's why I gave it to you **2** (siihen mennessä) by then; (siksi kun) by when; (siksi kunnes) until, till *Pystytkö tulemaan siksi kun minä pääsen töistä?* Can you come by the time I get off work? *Jätän sen sinulle siksi kun(nes) palaan kaupungilta* I'll leave it with you until I get back from town **3** (ark = niin) so *Asia on siksi tärkeä ettei se voi odottaa Timoa* This is so important that we can't leave it till Timo gets here
sikäli *Olet sikäli oikeassa että* You're right in the sense that *Sikäli kuin minä tiedän* As far as I know
sikäläinen local *sikäläiset tavat* the local customs, the way they do things around there
silakka Baltic herring
silaus plating *antaa lopullinen silaus* touch/polish something up, put the finishing touches on (something)
silava lard; (paistettuna) cracklin's, (pekoni) bacon
sileys smoothness, sleekness
sileä smooth; (tukka, turkki) sleek *panna rahaa sileäksi* go through money like water
sileästi smoothly, sleekly
silikageeli silicagel
silinterihattu top hat
silitellä stroke, (eläintä) pet, (hieroa) rub *Siitä ei sinun päätäsi silitellä* Don't expect a pat on the back for that
silittely stroking, petting, rubbing
silittää **1** smooth (out/down) **2** (voita leivälle) spread **3** (silityslaudalla) iron **4** (silitellä) stroke, (eläintä) pet, (hieroa) rub
silitys ironing
silityslauta ironing board
silitysrauta iron
silitä smooth/straighten (out)
siliävä *itsesiliävä* permapress
silkka pure, sheer, plain *silkka vale* a barefaced/shameless lie *puhua silkkaa roskaa* talk sheer/unmitigated nonsense/bullshit
silkki silk
silkkipaperi tissue paper
silkkiperhonen mulberry silkworm
silkkiäistoukka silkworm
sillanpääasema bridgehead
silli herring *kuin sillit suolassa* packed in like sardines
sillisalaatti **1** mixed herring salad **2** (kuv) hodgepodge, mishmash, jumble
silloin then, at the/that time *silloin kun* when *jo silloin* even then *vasta silloin* only then
silloinen the then, the (something) of that time *silloinen mieheni Aulis* my ex (-husband) Aulis; Aulis, who I was still married to at the time *silloinen presidentti Ryti* (the then) president Ryti
silloin tällöin now and then/again, on occasion
silloittaa bridge

sillä for, since *Oli liian myöhäistä, sillä Marja oli jo lähtenyt* It was too late, for Marja had already gone *Ei sillä että se nyt minua liikuttaisi* Not that I care
sillä selvä taken care of, okay, done *Se on sitten sillä selvä* That takes care of it
sillään as it is, unchanged, untouched *jättää silleen* leave (something) as it is, not change it
silmikko visor
silmittömästi blindly *olla silmittömästi rakastunut* be madly in love, be head over heels in love
silmitön blind *silmitön viha* blind rage *silmitön pelko* irrational/panicky fear
silmu bud
silmukka loop (myös urh, tietok); (verkon) eyelet; (oikea/nurja) stitch
silmä 1 eye (myös kuv) *pistää silmään* be noticeable/obvious/conspicuous *etsiä jotakin silmä kourassa* keep your eyes peeled for something *Pois silmistäni!* Get out of my sight! *Olin pudottaa silmäni* I couldn't believe my eyes *iskeä silmää jollekulle* wink at someone *katsoa jotakuta hyvällä/huonolla silmällä* look on someone with (dis)favor *silmät selässäkin* eyes in the back of your head *sielunsa silmillä* in the mind's eye *ummistaa silmänsä jollekin* look the other way, turn a blind eye to **2** (silmukka: oikea/nurja) stitch, (verkon) eyelet
silmäillä (tarkkailla) eye; (lukaista läpi) glance at/through, browse through
silmälappu eye patch
silmälasikotelo glasses case
silmälasit glasses
silmälläpito supervision; (ark) watching, keeping an eye on *lasten silmälläpito* keeping an eye on the kids, watching/sitting the kids
silmälääkäri opthalmologist, (optikko) optician; (ark) eye doctor
silmämuna eyeball
silmämääräinen (ark) rough, eyeball *mitata silmämääräisesti* eyeball it
silmänkantamattomiin as far as the eye can reach
silmänkääntötemppu sleight-of-hand trick
silmänlume show *Se on pelkkää silmänlumetta* It's all for show
silmänpalvelija hypocrite
silmänruoka something to feast your eyes on, a sight for sore eyes
silmänräpäys a blink of the eye
silmä silmästä an eye for an eye
silmäterä 1 pupil **2** (kuv) the apple of your eye
silmätikku a thorn in your flesh, a constant irritation *pitää jotakuta silmätikkunaan* pick on someone, single someone out for special harassment
silmätipat eyedrops
silmäys glance *rakkautta ensi silmäyksellä* love at first sight
silmäänpistävä noticeable, obvious, conspicuous
siloinen smooth
siloisesti smoothly
siloisuus smoothness
silosäe blank verse
silottaa smooth (out/over/down); (hiekkapaperilla) sand (down)
silpoa 1 (ruumis) mutilate, dismember **2** (ruokaa, paperia) shred
silppu shredded paper/wood/mushrooms/wheat/jne *leikata silpuksi* shred
silta bridge *polttaa sillat takanaan* burn your bridges behind you
silti 1 (kuitenkin) (but) still/yet, though, however, anyway *Silti sait hyvät muonat* Still/anyway, you got good grub *Surullista mutta silti totta* Sad but/yet true **2** (siitä huolimatta) nevertheless, still *Hän on silti minun äitini* Nevertheless/still, she's my mother; she's still my mother *Silti pidän sinusta* Even so, I like you
siluetti silhouette
sima mead
simahtaa 1 (ihminen) nod off, conk out, (kännissä) pass out **2** (moottori) die
simpanssi chimpanzee, (ark) chimp
simppeli simple(-minded)
simpukka 1 (laji) bivalve **2** (sinisimpukka) mussel, (kampasimpukka)

scallop **3** (sisäkorvan) cochlea **4** (auton) steering housing
simputtaa haze
simputus hazing
simulaattori simulator
simuloida simulate
simulointi simulation
simultaanitulkkaus simultaneous interpretation
sinappi mustard
sinertävä bluish
sinertää be bluish
sinetti seal
sinetöidä seal *sinetöidä kohtalonsa* seal your fate
sinfonia symphony
sinfoniaorkesteri symphony orchestra
sinfoninen symphonic
Singapore Singapore
singaporelainen *s, adj* Singaporean
singota *tr* throw, hurl, fling, sling *itr* fly (off), hurtle
siniaalto (tekn) sine wave
siniharmaa bluish gray
sinikaulustyöntekijä blue-collar worker
sininen blue (myös kuv)
sinisilmäinen (naively) optimistic, Pollyannaish
sinisilmäisyys (blue-eyed) optimism, Pollyannaism
sinivalkoinen blue-and-white
sinkilä staple; (puristin) clamp; (auton) U-bolt
sinkki zinc
sinko rocket launcher, (kevyt) bazooka
sinkoutua be hurled/flung/thrown/dashed (somewhere)
sinne there, (vanh) thither *sinne missä* where *sinne asti* that far *lähettää joku sinne missä pippuri kasvaa* send someone to the farthest corner of the globe
sinnepäin in that direction, that way *sinnepäin vielä* further *jotakin sinnepäin* something like that *ei sinnepäinkään* not even close, nothing like that
sinne tänne here and there (and everywhere) *milloin sinne milloin tänne* now here now there *Yksi päivä sinne tai tänne ei merkitse mitään* One day here or there isn't going to make a difference
sinnikkyys persistence, stubbornness, doggedness; (ark) gutsiness, stick-with-itness
sinnikäs persistent, stubborn, dogged; (ark) gutsy
sinunkaupat *tehdä sinunkaupat* go on a first-name basis
sinunlaisesi like you
sinutella call someone by his/her first name
sinuttelu informal speech, calling someone by his/her first name
sinä you *sinua* you *sinun* your (hat), (this hat is) yours *sinulle* to/for you *Toin sinulle kukkia* I brought you some flowers *sinuna* if I were you *tulla sinuiksi* (jonkun kanssa) get to know each other, (jonkin kanssa) familiarize yourself with (something) *olla sinut jonkun kanssa* be on a first-name basis with someone
sinänsä 1 (itsessään) in (and of) itself, in its own right, per se *Kyky käyttää tietoa on valtaa, ei tieto sinänsä* The ability to apply knowledge is power, not knowledge in (and of) itself **2** (teoriassa) in principle/theory *Se on sinänsä ihan hyvä idea, mutta* It's a good idea in theory, but
sionismi Zionism
sipaista brush, touch (someone/something) lightly; (sivellä) stroke; (hipaista) graze
sipaisu brush, (light) touch, stroke
Siperia Siberia
siperialainen Siberian
sipsuttaa tiptoe, pitpat, pad
sipuli 1 onion **2** (kasvisipuli) bulb **3** (sipulikupoli) onion-shaped dome
sir sir
sireeni siren
siristää silmiään squint
sirittää chirp
sirkka cricket
sirkkeli circular saw, (ark) skillsaw
sirkus circus

sirkusareena circus arena
sirkuspelle circus clown
siro dainty, petite, slender
sirotella sprinkle
sirotin shaker
sirottaa 1 sprinkle, scatter, strew **2** (fys) scatter
sirpale shard, splinter, fragment, chip, (broken) piece *lyödä sirpaleiksi* shatter, (puuta) splinter
sirppi sickle
sirppi ja vasara the hammer and sickle
siru chip (myös tietok)
sisar sister
sisarus sibling
sisempi inner, interior
sisempänä farther/further in
sisennys indentation
sisentää indent
sisilisko lizard
sisin in(ner)most
sisko sister
sissi guerilla
sissiliike guerilla movement
sissisota guerilla warfare
sisu stick-with-it-ness, guts, (sl) balls *käydä sisulle* stick in your craw, bug you *Minun sisu ei antanut periksi* I couldn't bring myself to do it, to give up
sisukas gutsy, ballsy
sisukkaasti gutsily
sisukkuus gutsiness, balls
sisus 1 (sisäpuoli) inside, interior **2** (sisältö) core, filling, (hedelmän) flesh **3** (sisälmykset: eläimen) entrails, innards (myös kuv); (ihmisen) innards, insides, guts; (suolet) bowels, intestines
sisusta inside(s), interior
sisustaa furnish, decorate, (ark) fix/do up; (vuorata) line
sisuste 1 (vuori) lining **2** *sisusteet* (interior) fittings
sisustus (huonekalut) furniture, furnishings; (tyyli) decor
sisustusarkkitehti interior decorator
sisustustaide interior decoration
sisuuntua get pissed off
sisä- inner, internal, interior, inward; (talossa) indoor; (maassa) inland
sisäasiainministeri (Suomi) Minister for Internal Affairs, (US) Secretary of the Interior
sisäasiainministeriö (Suomi) Ministry for Internal Affairs, (US) Department of the Interior
sisäelin internal organ
sisäinen internal, inward, inner, interior *sisäinen posti* interdepartmental mail *sisäinen tiedote* company/ departmental/ office/jne newsletter/ memo
sisäisesti internally, inwardly *nauttia sisäisesti* take internally
sisäistää internalize
sisäkautta (talossa) from inside; (juoksuradalla) on the inside
sisäkkäin one inside the other, inside each other; (geom: ympyrät) concentrically
sisäkkäinen (geom) concentric *sisäkkäiset laatikot* (kuv) Chinese boxes
sisäkuva indoor picture/photo/scene; (taiteessa, elokuvassa) interior
sisällissota civil war
sisällyksetön empty, vapid, vacuous
sisällys contents (myös luettelona)
sisällysluettelo (table of) contents
sisällyttää include
sisällä *adv* **1** in(side), (talon myös) indoors *pitää sisällään* include, (fyysisesti) contain *pyytää jotakuta sisälle* ask someone in **2** (jossain asiassa) familiar with, trained in *Joko olet sisällä siinä?* Do you have it down yet? Do you have the hang of it yet? *postp* in(side), within *kiven sisällä* (sl) inside *viikon sisällä* within a week, this week
sisällöllinen *kirjan muodolliset ja sisällölliset ansiot* the book's excellence in both form and content
sisällöllisesti content(s)-wise, in terms of (something's) contents
sisälmykset entrails, (ark) guts
sisältyä be included (in)
sisältä from inside, out of *lukea sisältä* read
sisältäpäin from within
sisältää include

sisältö contents
sisälähetys domestic mission
sisämaa inland
sisämaa-alue inland area(s)
sisäministeri (Suomi) Minister of the Interior, (US) Secretary of the Interior
sisäministeriö (Suomi) Ministry of the Interior, (US) Department of the Interior
sisäoppilaitos boarding school
sisäpiha courtyard
sisäpiiriläinen insider
sisäpoliittinen domestic, pertaining to domestic policy
sisäpoliittisesti domestically, in terms of domestic policy
sisäpolitiikka domestic policy
sisäpuoli inside *jonkin sisäpuolella* inside something
sisärengas inner tube
sisärenkaaton tubeless
sisässä in(side) *kiven sisässä* (vankilassa) inside
sisästä from inside/within
Sisä-Suomi inland Finland
sisätauti internal disorder
sisätautien erikoislääkäri internist
sisävedet inland waters
sisään in(side) *Käykää sisään!* Come in!
sisäänajo breaking in (myös kuv)
sisäänhengitys inhalation, breathing in
sisäänpääsykoe entrance exam(ination)
siten 1 (sillä tavoin) like that *siten kuin* as **2** (sitä kautta) that way, by that means **3** (siksi) thus, therefore
sitkeä tough *sitkeää lihaa* tough/leathery/gristly meat *sitkeä vastarinta* tenacious/persistent/dogged resistance
sitkeästi tenaciously, persistently, doggedly
sitoa tie/bind (up) *sitoa haava* bind up/bandage/dress a wound *sitoa murtovaras köydellä* tie/truss a burglar up with a rope, bind a burglar hand and foot *Tämä ei sido sinua mitenkään* This isn't binding, it doesn't tie you down, there is no obligation here for you
sitomo bindery
sitoumus commitment, (velvoite) obligation, (velkasitoumus) liability
sitoutua 1 (luvata) pledge/promise (to do something) **2** (tehdä sopimus) contract (to do something) **3** (toiselle ihmiselle) commit yourself (to), make a commitment (to)
sitoutumaton 1 uncommitted **2** (pol: yksilö) independent; (maa) neutral, nonaligned **3** (kem) unbound
sitoutumattomat maat neutral/nonaligned countries
sitruuna lemon
sittemmin later, subsequently, afterwards
sitten *adv* then, next, after that *Se on sitten tehty* That's it then *Ensin sinä, sitten minä* First you, then me *Mitä sitten tapahtui?* What happened next/after that/then?
postp ago *kolme vuotta sitten* three years ago
prep since *sitten viime joulun* since last Christmas
sittenkin after all, all the same, nonetheless, nevertheless, still *Kaikesta huolimatta sinä olet sittenkin hyvä ystävä* In spite of everything you're still a good friend *Otan sittenkin sen sinisen* I think I'll take the blue one after all
sitä *mitä pikemmin sitä parempi* the sooner the better *sitä parempi* all the better
sitä mukaa kuin *in proportion as*
sitä myöten *sitä myöten kuin* in proportion as *Se on sitten sitä myöten selvä* That's it then, it's all straight/clear/set
sitä paitsi besides
sitä sun tätä this and that (and the other thing)
sitä vastoin on the other hand, whereas, while
siunailla wonder at, shake your head at
siunata bless, (ylät) consecrate *siunata ruoka* say the blessing, say grace *Sussiunatkoon!* (God) bless me! Bless my soul!

siunauksellinen blessed
siunaus blessing *ruumiin siunaus* funeral service
siunauskappeli funeral chapel
siunaustilaisuus funeral service
siunautua *Heille on siunautunut paljon lapsia* They've been blessed with many children
sivallus (miekan) slash, stroke; (ruoskan) lash; (käden) slap
sivaltaa (miekalla) slash; (ruoskalla) lash, whip; (kädellä) slap
sivari conscientious objector
siveellinen 1 (eettinen) ethical, (moraalinen) moral **2** (säädyllinen) moral, virtuous, decent
siveellisesti morally
siveellisyys morality
siveetön immoral
sivellin brush
sivellä 1 (levittää: maalia) paint, (voita) spread, (ihovoidetta) apply, (munaa) brush *sivellä voita leivälle* butter a slice of bread **2** (silittää) stroke
sively painting, spreading, application, brushing, stroking (ks sivellä)
siveys virtue, (seksuaalinen) chastity
siveysoppi ethics
siveä virtuous, decent; (seksuaalisesti) chaste
siveästi virtuously, decently, chastely
siviili 1 civilian *siviilissä* in civilian life **2** *siviilit* civvies
siviili- civil
siviiliavioliitto civil marriage
siviilipalvelu civil alternative service
siviilipalvelusmies conscientious objector
siviilirekisteri civil register
siviilisääty marital status
sivilisaatio civilization, culture
sivistyksellinen educational
sivistymättömyys lack of culture/ education, boorishness
sivistymätön 1 (primitiivinen) uncivilized, boorish, coarse, loutish **2** (oppimaton) uneducated, (ark) illiterate
sivistyneesti in a civilized/cultured/ cultivated/refined/polite way, politely, courteously
sivistyneistö 1 (älymystö) the intelligentsia **2** (yläluokka) the upper crust, high society
sivistynyt 1 (ei primitiivinen) civilized **2** (ei karkea) cultured, cultivated, refined **3** (ei oppimaton) educated, learned
sivistys civilization, culture, refinement, education (ks sivistynyt)
sivistysmaa bastion of culture
sivistyssana 1 (vierasperäinen sana) loan word **2** (ark = vaikea sana) polysyllabic word, (ark) jawbreaker
sivistyä 1 become civilized **2** (saada kasvatusta) become educated/ cultivated/refined
sivistää 1 civilize **2** (kasvattaa) educate, cultivate, refine
sivu *s* **1** (kylki) side *sivulta katsottuna* see from the side, in a side view *sivusta katsottuna* seen from the outside, from an outsider's point of view **2** (kirjan) page
adv, postp past, by *kulkea jonkin sivu* pass (by) something *maailman sivu* (aina) always, invariably; (kautta aikojen) from time immemorial
sivuammatti second job, sideline; (ark) moonlight job
sivuansio extra/additional/secondary income
sivuhuomautus aside
sivuitse past, by (ks sivu)
sivuittain 1 (sivu sivulta) page by page, one page at a time **2** (sivuttain) sideways
sivulla *adv* (kirjan) on page
postp near, by, beside
sivulle *adv* **1** (kirjan) to page **2** (vinottain) sideways, sidelong *katsoa sivulle* look to the side, cast a sidelong glance (at)
postp to one side of
sivullinen (sivulta katsoja) bystander, onlooker; (ulkopuolinen) outsider *Sivullisilta pääsy kielletty* Unauthorized personnel keep out; No trespassing/ admittance
sivulta käsin from the side
sivumennen in passing; (sanoen) incidentally, by the way

sivunkuvauskieli (tietokoneen) page description language
sivupersoona alter ego
sivuraide side track (myös kuv) *mennä sivuraiteelle* get sidetracked (myös kuv)
sivuseikka minor detail/point
sivussa aside *vetäytyä sivuun* step aside *pysytellä sivussa* stay out of (something), stay on the sidelines *jättää sivuun* ignore, omit, neglect, fail to deal with *jäädä sivuun* be ignored/omitted/ neglected/forgotten/ dropped/tabled/ shelved *heittää huomautus sivusta* kibitz *siinä sivussa* on the side
sivustakatsoja bystander, onlooker, outsider
sivu suun *puhua sivu suun* blurt something out, let the cat out of the bag *antaa tilaisuuden mennä sivu suun* miss (out on) an opportunity *Se meni minulta sivu suun* I missed it
sivusuunta *liikkua sivusuunnassa* move sideways
sivusuuntainen sideways
sivuta 1 (mat) touch, be tangent to **2** (asiaa) touch on (tangentially)
sivuttaa paginate
sivuttain sideways
sivutus pagination
sivuuttaa ignore, omit, neglect, fail to deal with
skandaali scandal
skandinaavi Scandinavian
Skandinavia Scandinavia
skandinavialainen Scandinavian
skanneri (kuvanlukija) scanner
skisma schism
skitsofreeninen schizophrenic
skitsofrenia schizophrenia
skorpioni scorpion
skotlanninpaimenkoira collie
Skotlanti Scotland
skotlantilainen *s* Scot, Scotchman, Scotchwoman *skotlantilaiset* the Scots, the Scotch
adj Scottish, (sanayhdistelmissä:) Scotch
skotti 1 (asukas) Scot, Scotchman, Scotchwoman **2** (kieli) Gaelic
slaavi Slavic
slaavilainen Slavic
slangi slang
slummi slum, ghetto
slummiutua become ghettoized
smaragdi emerald
smaragdinvihreä emerald-green
smokki tuxedo
SNTL USSR
sodanjulistus declaration of war
sodanlietsoja war-monger
sodanuhka threat of war
sodanvastainen antiwar, pacifist, (US pol) dove
sodanvastaisuus antiwar sentiments, pacifism
sodomia sodomy
sohia poke/prod at
sohjo slush
sohva couch, sofa
soida 1 (kello) ring; (ylät) peal, chime, toll; (pieni) jingle *Soiko ovikello?* Did (I hear) the doorbell ring? **2** (muu ääni) (re)sound *panna levy soimaan* put on a record *panna herätyskello soimaan* set the alarm (clock)
soidin courtship, mating
soidinmenot courtship/mating rites
soihdunkantaja torchbearer (myös kuv)
soihtu torch
soihtukulkue torchlight parade
soija soy
soikea oval
soikio oval
soikko tub
soimata reproach, reprimand; (syyttää) blame, accuse *Omatuntoni soimaa siitä eilisestä* I feel guilty about (what I did) yesterday, my conscience bothers me about yesterday
soimaus reproach
soinnillinen voiced
soinniton (äänne) unvoiced, (ääni) toneless
soinnukas sonorous, euphonius, melodious
soinnutus harmonization
sointi tone, sound

sointu 1 chord *H-duuri sointu* B major chord *kolmisointu* triad **2** (sointi) tone, ring, sound
sointua yhteen harmonize, go (well) together
soitella 1 (soitinta) play *jäädä lehdelle soittelemaan* be left high and dry **2** (puhelimella) phone, call *Soitellaan!* Let's keep in touch
soitin (musical) instrument
soitonopettaja music teacher
soittaa 1 (soitinta, levyä) play; (puhallinsoitinta myös) blow **2** (kelloa) ring **3** (puhelimella) (tele)phone, call (someone up) *Saanko soittaa?* Can I use your phone?
soittaja 1 (soittimen) player, musician; (eri soittimien: viulun) violinist, (pelimanni) fiddler, (kitaran) guitarist, jne **2** (kellon) bellringer **3** (puhelimella) caller
soitto 1 (musiikin) music **2** (kellon) ringing **3** (puhelinsoitto) ((tele)phone) call
soittokello bell
soittokunta band
soittotunti music lesson
sojottaa stick out, protrude
sokaiseva blinding, glaring; (kuv) dazzling
sokaista blind, glare; (kuv) dazzle
sokea blind *tulla sokeaksi* go blind, be blinded
sokeainkirjoitus Braille
sokeasti blindly
sokeri sugar
sokerijuurikas sugar beet
sokerikko sugar bowl
sokerina pohjalla last but not least *jättää sokerina pohjalle* leave the best for last
sokeriruoko sugar cane
sokeriton sugar-free, unsweetened
sokeroida sweeten, add sugar to; (päälle) sprinkle sugar over
sokeus blindness
sokkelo labyrinth, maze
sokkeloinen labyrinthine
sokki shock
sokko 1 (sokea) blind (person) **2** (sokkoleikki) blind man's buff **3** (sokkoleikissä) it
sokkoleikki blind man's buff
sola pass, (kapea) defile
solakka slender, slimness
solakkuus slenderness, slimness
solarium solarium
solidaarinen loyal
solidaarisuus solidarity
solisluu collarbone, clavicle
solista burble, ripple, murmur
solisti soloist
solkata suomea speak broken Finnish
solki (kengän) buckle, (hakasolki) clasp, (hiussolki) clip, (rintasolki) brooch
solmia 1 (naru tms) tie, knot, lash, fasten **2** (suhteet) establish, set up
solmia avioliitto enter the marriage contract; (ark) get married/hitched, tie the knot,
solmio (neck)tie
solmu knot (myös mer) *mennä solmuun* get tied/tangled/knotted up; (kieli) get tongue-tied
solmuke bowtie
solu 1 cell (myös pol) **2** (raamattupiiri) Bible-study group/circle
solua flow, glide, slip
solukko (cell) tissue
solunjakautuminen cell division
soluttaa infiltrate, insinuate
soluttautua infiltrate, insinuate yourself
soluttautuminen infiltration, insinuation
solvata insult, abuse, deride
solvaus insult, abuse, derision
soma pretty
somaattinen somatic
Somalia Somalia
somalilainen *s, adj* Somalian
somasti prettily
somistaa prettify, beautify, decorate, adorn; (näyteikkunaa) dress, trim *Pöytää somistaa kukkanen* A flower adorns the table

somistautua get prettied/dressed/dolled/gussied up, make yourself beautiful

somiste decoration, ornament(ation); (mon) window dressing (myös kuv)

sommitella (muotoilla) design, (suunnitella) plan, (laatia) compose

sommitelma design, plan, composition

sommittelu designing, planning, composition

sompa ring

sonaatti sonata

sonetti sonnet

sonni bull

sonnustautua **1** (matkalle) get ready/packed (for) **2** (juhliin) get prettied/dressed/dolled/gussied up

sonta manure

sontiainen dungbeetle, (ark ihminen) shithead

sooda sodium carbonate, (baking) soda

soolo solo

sooloilla solo, go it alone; (näyttävästi) grandstand

soopa hogwash

sopeuttaa adapt, adjust

sopeutua adapt/adjust (yourself to); (alistua) resign/reconcile yourself (to)

sopeutumaton unadaptable *sopeutumaton ihminen* misfit

sopeutuminen adaptation, adjustment; (alistuminen) resignation

sopeutumiskyky adaptability

sopeutumiskykyinen adaptable

sopeutumisvaikeus difficulty in adapting (to something)

sopia **1** (mahtua) fit **2** (yhteen) be compatible, go (together) with, (väriltään) match (ks myös sopia-hakusanat) **3** (olla sovelias) suit, be suitable, become, befit *Tuommoinen ei sovi minulle* (vaate) That sort of thing wouldn't/doesn't look good on me; (toiminta: soveliaisuuden vuoksi) It wouldn't be suitable for me to do that, (muun estelyn vuoksi) I'm just not cut out for that sort of thing *Ei sinun sovi mennä* It wouldn't be right for you to go **4** (tehdä sopimus) agree (on), reach/come to/make an agreement, make a deal; (tapaaminen tms) agree/arrange (to meet) *Se on sitten sovittu* It's a deal *Sovitaanko, että tavataan tässä klo 6?* Let's meet right here at six, okay? **5** (tehdä sovinto: laillinen) settle, reach a settlement; (epämuodollinen) be reconciled, (ark) make up *suudella ja sopia* kiss and make up (ks myös sovittu)

sopia erimielisyydet resolve your differences (with someone)

sopia keskenään be reconciled, make up *He eivät sovi keskenään* They don't get along together, they can't spend two minutes in the same room together, they're like cat and dog

sopia kuin nyrkki silmään be right as rain

sopia riita settle an argument, work out your differences, be reconciled (with each other), reach a reconciliation

sopia yhteen **1** (värit) match, go together, blend in, be color- coordinated *ei sopia yhteen* clash **2** (tarinat) jibe, match up, tally *ei sopia yhteen* diverge, be discrepant **3** (ihmiset) go (well) together, be compatible (myös tietok) *ei sopia yhteen* be incompatible

sopii kysyä one may well ask, the question is

sopii toivoa one only hopes, hopefully

sopimaton **1** (soveltumaton) unfit, unsuitable **2** (huono) inconvenient **3** (epäasiallinen) irrelevant, ill-timed, untimely, inappropriate **4** (epäsovelias) inappropriate, improper, unbecoming, ill-bred **5** (säädytön) indecent, immoral, immodest, obscene

sopimus **1** agreement, arrangement *päästä sopimukseen* reach an agreement/arrangement *sanaton sopimus* tacit agreement/ understanding **2** (laillinen) contract **3** (valtiollinen) pact, treaty, convention, accord

sopiva **1** (soveltuva) fit, suited, suitable **2** (hyvä) convenient **3** (asiallinen) well-timed, timely, appropriate

tulla sopivaan aikaan come at a good time, time your arrival well **4** (sovelias) appropriate, proper, becoming, well-bred **5** (säädyllinen) decent, moral, good
sopivan kokoinen right-/good-sized, of a good size
sopivan tuntuinen that feels right *sopivan tuntuinen maila* a racket that feels right
sopivasti at the right time
sopivuus suitability, convenience, timeliness, appropriateness, propriety, decency, morality (ks sopiva)
soppa soup; (kuv) mess, a fine kettle of fish *Mitä useampi kokki sen huonompi soppa* Too many cooks spoil the broth *Älä pane lusikkaasi tähän soppaan* You keep out of this, don't you butt in here, we don't need your advice
soppi 1 (geom) polyhedral angle **2** (ark) place, corner, nook *etsiä joka sopesta* look in every nook and cranny
sopraano soprano
sopu harmony, peace *elää sulassa sovussa* live in sweet peace and harmony *keskustella sovussa jostakin* talk things out in a calm, rational manner
sopuisa harmonious, peaceful
sopuisasti harmoniously, peacefully
sopukka nook, corner
sopuli lemming; (kuv) journalist
sopu sijaa antaa where there's a will there's a way
sopusointu harmony *olla sopusoinnussa jonkin kanssa* harmonize with something
sopusointuinen harmonious
sora gravel
sorahtaa grate, jar
soraääni voice of protest
sorja (solakka) slender, dainty, petite; (kaunis) pretty, lovely
sorkka 1 (eläimen) cloven hoof **2** (vasaran) claw **3** (ihmisen) foot *joka sorkka* every last one of you
sorkkia poke/prod/pick at; (kuv) interfere/meddle with
sormeilla finger
sormenjälki fingerprint
sormi finger *katsoa läpi sormien* look the other way, turn a blind eye on *polttaa sormensa* get (your fingers) burnt *sormensa joka pelissä* a finger in every pie *osata jokin kuin viisi sormeaan* know something like the back of your hand
sormikas glove
sorminäppäryys dexterity
sormituntuma feel *saada sormituntumaa jostakin* get a feel for something
sormus ring
sormustin thimble
sorsa wild duck, mallard
sorsastaa hunt ducks, go duck-hunting
sorsastus duck-hunting
sortaa 1 (kansaa tms) oppress, persecute, tyrannize **2** (koulussa tms) bully, (ark) push (someone) around
sortaja oppressor, persecutor, bully
sorto oppression, persecution, tyranny, bullying
sortsit shorts
sortti sort, kind
sorttinen of every sort/kind
sortua 1 (talo tms) collapse, crash/fall/tumble down, cave in **2** (ihminen: houkutukseen) cave/give in, yield, break down, succumb; (kuolla) succumb, perish, die
sortua huonoille teille fall into evil ways, hit the skids
sortua viinaan hit the bottle, give in/break down and start drinking
sorvaaja turner, lathe operator
sorvata 1 turn (on a lathe) **2** (kuv) crank out
sorvi lathe
sose 1 purée **2** (perunasose) mashed potatoes
soseuttaa purée
sosiaalidemokraatti Social Democrat
sosiaalidemokraattinen social democratic
sosiaalidemokraattinen puolue Social Democratic Party

sosiaali- ja terveysministeri (Suomi) Ministry of Health and Social Affairs, (US) Department of Health and Welfare
sosiaalilainsäädäntö social security legislation
sosiaalilautakunta social security board
sosiaalinen pertaining to social security
sosiaalipoliittinen sociopolitical; (byrokratiassa) pertaining to social security policy
sosiaalipolitiikka social politics; (byrokratiassa) social security policy
sosiaalisesti socially
sosiaalitoimisto social security office
sosiaaliturvamaksu social security tax
sosiaaliturvatunnus social security number
sosialismi socialism
sosialisoida socialize
sosialisointi socialization
sosialisti socialist
sosialistimaa socialist country
sosialistinen socialistic
Sosialististen neuvostotasavaltojen liitto Union of Soviet Socialist Republics
sosiologi sociologist
sosiologia sociology
sosiologinen sociological
sosiologisesti sociologically
sota war; (sodankäynti) warfare; (taistelu) battle, fight *sota-* war, military
sota-aika war-time
sotahullu militarist
sotahuuto war cry
sotainen warlike, bellicose, belligerent
sotaisa warlike, martial
sotaisuus warlike disposition, bellicosity, martial spirit
sotajalalla on the warpath
sotajoukko army, (mon) troops
sotakorkeakoulu military academy
sotakorvaukset war reparations
sotakoulu military academy
sotalelu war toy
sotamaalaus warpaint
sotamarsalkka Field Marshal
sotamies 1 soldier, (soturi) warrior; (mon) the rank and file **2** (korteissa) jack **3** (šakissa) pawn
sotaministeri Minister/Secretary of War
sotamorsian war bride
sotanäyttämö theater of war/ operations
sotaoikeus courtmartial *asettaa sotaoikeuden eteen* courtmartial
sotapoliisi military police, MP
sotapäällikkö military commander, (presidentti) commander-in-chief
sotatila state of war
sotavammainen disabled veteran
sotaveteraani war veteran, (ark) vet
sotaväki the Army *joutua sotaväkeen* get drafted
sotia 1 make war (with/against), be at war (with) **2** (järkeä vastaan) not stand to reason, not make sense; (periaatteita vastaan) be against your principles; (vakaumusta vastaan) be against your religion
sotilaallinen 1 (armeijan) military **2** (sotilaan) soldierly
sotilaallisesti militarily
sotilas soldier *sotilas-* military
sotilasarvo military rank
sotilasdiktatuuri military dictatorship
sotilasjuntta military junta
sotilaskoti canteen, PX
sotilaspiiri military district
sotilassoittokunta army band
sotilasvalta military rule, (valtio) military power
sotkea 1 (aineet yhteen) mix, blend **2** (aineita, tavaroita, asioita keskenään) mix/mess up **3** (pää) confuse, bewilder, baffle *Älä nyt sotke asioita* Don't confuse things, don't make things any more complicated than they already are **4** (joku mukaan johonkin) entangle (someone in something), get (someone) involved (in something)
sotkea elämänsä trash your life

sotkea jalkoihinsa trample (something/someone) underfoot
sotkea taikinaa knead the dough
sotkeutua 1 (fyysisesti) get tangled/ messed (up) **2** (ajatuksissaan) get confused, get mixed up, get turned around **3** (mukaan johonkin) get involved/entangled in, get mixed up in
sotku mess, clutter; (sekaannus) mix-up, confusion
sottapytty little piggy
sotu (sosiaaliturvatunnus) soc. sec. no.
soturi warrior
soudella row
soutaa row
soutaja rower
soutu rowing
soutukilpailu rowing competition
soutulaite rowing machine
soutuvene rowboat
soveliaasti appropriately, properly, suitably, decently
soveliaisuus propriety, suitability, decency
sovelias appropriate, proper, suitable, decent
sovellus application
sovellusohjelma (tietokoneen) application program
soveltaa apply, (sovittaa) adapt
soveltava applied
soveltua 1 (ihminen) be suitable/fit (for), be suited (to), have a knack/ aptitude (for) **2** (asia: olla sovelias) be suited (to), lend itself (to) **3** (asia: päteä) apply (to), be applicable (to)
soveltuvuus applicability, aptitude
soveltuvuuskoe aptitude test
sovinismi chauvinism
sovinisti chauvinist
sovinistisika (male) chauvinist pig
sovinnainen conventional
sovinnaisesti conventionally
sovinnaisuus conventionality
sovinnolla willingly, voluntarily, of your own free will
sovinnollinen conciliatory, yielding, compliant
sovinnollisesti conciliatorily
sovinnollisuus conciliatory spirit
sovinnonhalu desire for reconciliation
sovinto 1 (riidan jälkeen) reconciliation; (liik) amicable settlement *tehdä sovinto* be reconciled, make up; (liik) settle, reach a settlement **2** (sopu) peace, harmony *elää sovinnossa* live in (peace and) harmony *sovinnolla* ks hakusana
sovitella 1 ks sovittaa **2** (toimia sovittelijana) arbitrate, mediate
sovittaa 1 (johonkin) fit (something in(to)), **2** (jollekin, joksikin) suit/adapt/ adjust (something to), (mus) arrange (something for) **3** (vaatetta päälle) try (something) on **4** (riitaa) arbitrate, settle, reconcile (differences), mediate (between two parties) **5** (usk) atone (for sins), mediate (between God and humans), reconcile (God and humans)
sovittelija arbitrator, mediator
sovittelu arbitration, mediation
sovittu *Sovittu!* It's a deal! *etukäteen sovittu* prearranged, preset *Ellei toisin ole sovittu* Unless otherwise agreed *sovittuun aikaan/hintaan* at the time/ price we agreed on
sovitus 1 (johonkin) fitting (myös vaatteen) **2** (jollekin, joksikin) adaptation, adjustment, arrangement **3** (riidan) arbitration, settlement, reconciliation, mediation **4** (usk) atonement, mediation, reconciliation
sovituskoppi dressing room, fitting booth
sovituskuolema expiatory death, the atonement
sovitusuhri expiatory sacrifice
sovitusyritys attempted arbitration
spagetti spaghetti
spektri spectrum
spekulaatio speculation
spekuloida speculate
sperma sperm
spesialisti specialist
spiraali spiral
spiritismi spiritualism
spiritisti spiritualist
spiritistinen spiritualistic
spitaali leprosy

spitaalinen *s* leper
adj leprous
spontaani spontaneous
spontaanisti spontaneously
sprii spirit(s)
sprinkleri sprinkler
Sri Lanka Sri Lanka
srilankalainen *s, adj* Sri Lankan
staattinen static
staattori stator
stabliili stable
stadion stadium
stalagmiitti stalagmite
stalaktiitti stalactite
standardisoida standardize
standardisointi standardization
startata (autoa) turn the ignition, (käynnistää) start; (kaapeleilla) jump-start
startti start
starttimoottori starter (motor)
statisti statistic
status status
statussymboli status symbol
steariini wax, paraffin
Steiner-koulu Steiner school
stepata tap-dance
stereolaitteet stereo (system)
stereolähetys stereo broadcast
stereot stereo
stereotelevisio stereo television
steriili sterile
sterilisoida sterilize
sterilisointi sterilization
steriloida sterilize
sterilointi sterilization
stigma stigma
stimuloida stimulate
stradivarius Stradivarius, (ark) Strad
strategia strategy
strateginen strategic
stratosfääri stratosphere
stressaantunut stressed-out, under a lot of stress
stressata stress
stressi stress
stroboskooppi stroboscope
strutsi ostrich
stuertti (male) flight attendant, (vanh) steward
subjekti subject
subjektiivinen subjective
subjektiivisesti subjectively
subjektiivisuus subjectivity
subtrooppinen subtropic
subventio subvention, subsidy
subventoida subvent, subsidize
sudenkuoppa pitfall
suggeroida influence (someone) by suggestion
suggestio suggestion
suhdanne economic trend
suhdannevaihtelu economic fluctuation
suhde 1 relation(ship); (rakkaussuhde) affair; (hyödyllinen henkilösuhde) connection, contact *ylläpitää hyviä suhteita itänaapuriin* maintain good relations with your eastern neighbor **2** (suhtautuminen) attitude **3** *yhdessä suhteessa* in one sense/respect **4** (mittasuhde) proportion *samassa suhteessa* in the same proportion **5** (mat) ratio
suhina 1 (tuulen) rustling, whistling, sighing **2** (äänityksessä) noise, (radiossa) static
suhista rustle, whistle, sigh
suhtautua (tuntea) feel (about); (asennoitua) take an attitude/stance (toward) *Miten sinä suhtaudut feminismiin?* How do you feel about feminism? What's your position on feminism? *suhtautua johonkuhun kuin lapseen* treat someone like a child, patronize someone, condescend to someone *suhtautua vakavasti johonkin* take something seriously
suhtautuminen attitude, stance, position
suhteellinen relative, comparative, proportionate *suhteellisen* relatively, comparatively
suhteellisesti relatively, comparatively
suhteellisuus relativity
suhteellisuusteoria theory of relativity

suhteen *jonkin suhteen* in respect to something, in connection with something, concerning something
suhteeton 1 (epäsuhta) disproportionate, a-/unsymmetrical **2** (liian korkea) excessive, extreme, unreasonable
suhteettoman disproportionately, excessively, extremely, unreasonably
suhteettomasti disproportionately, excessively, extremely, unreasonably
suhteuttaa proportion, put (something) in proportion (to something)
suhuäänne sibilant
suihke spray
suihkia spray
suihku 1 (kylpy) shower **2** (muu) spray, jet
suihkukaappi shower stall
suihkukaivo fountain
suihkukone jet (plane)
suihkulähde fountain
suihkumoottori jet engine
suihkuttaa spray, squirt, shower
suikale strip
suinkaan *ei suinkaan* not at all; (ei missään nimessä) no way, not a chance
suinkin at all *jos suinkin mahdollista* if at all possible *niin pian kuin suinkin* as soon as possible
suin päin headlong, headfirst, head over heels, (sl) ass over teakettle
suipentua taper off
suippo point(ed/tapered end)
suippopäinen tapered, pointed
suistaa throw off/down
suistaa raiteiltaan (juna) derail; (ihminen) get (someone) off track, sidetrack
suistaa vallasta overthrow, depose
suisto delta, estuary
suistua be thrown (off/down)
suistua perikatoon be ruined
suistua raiteiltaan (juna) (be) derail(ed); (ihminen) get off track, get sidetracked
suistua tieltä skid off the road
suistua vallasta be overthrown/deposed
suitset bridle
suitsuke incense
sujahdus flash
sujahtaa flash/whiz/zoom/slip (by)
sujauttaa slip
sujua 1 (vene) float (downstream), (liikenne) flow **2** (asiat) go *Miten sujuu?* How's it going? *Miten se sujui?* How did it go?
sujuva fluent
sujuvasti fluently *puhua sujuvasti englantia* speak fluent English, speak English fluently
sujuvuus fluency
sukellus dive, plunge; (sukellusveneen) submersion
sukellusvene submarine
sukeltaa dive
sukeltaja diver
sukia (hiuksia) brush, comb; (partaansa) stroke; (hevosta) curry; (lintu höyheniään) preen
sukka sock, stocking
sukkahousut pantyhose; (ark) hose, stockings
sukkasillaan in your stocking feet
sukkela clever, witty
sukkelasti cleverly, wittily
sukkeluus witticism, bon mot
sukkula shuttle (myös avaruus-)
suklaa chocolate
suklaakastike chocolate topping
suklaalevy chocolate bar
suklaapatukka chocolate bar
suksi ski
suksia ski *Suksi suolle/kuuseen* Go jump in a lake *Suksi vittuun* Go take a flying fuck at the moon
suksivoide ski wax
suku 1 family, relatives/relations; (ark) clan *Oletteko sukua toisillenne?* Are you two related (to each other)? *Virve Virtanen o.s. Vehviläinen* Virve Vehviläinen Virtanen **2** (sukujuuri) stock, ancestry, line *olla hyvää sukua* come of good stock, have an illustrious line of ancestors **3** (kiel) gender **4** (biol) genus
sukuhauta family tomb
sukuinen related to *feminiinisukuinen* feminine (in gender) *hyväsukuinen* of good stock

sukujuuri stock, ancestry, line
sukulainen relative, relation, kins(wo)man
sukulaisuus kinship
sukupolvi generation
sukupuoli (biologinen) sex, (sosiologinen) gender
sukupuolielin sex organ, genital (mon genitalia, ark genitals)
sukupuolielämä sex life
sukupuolinen sexual
sukupuolisuhde sexual relation
sukupuolitauti venereal disease
sukupuoliyhteys sexual intercourse
sukupuu family tree, genealogy
sukurutsaus incest
sukutila family/ancestral farm/estate
sukututkimus genealogy
sula 1 (maa) unfrozen, (voi) melted, (metalli) molten, (vesi) open **2** (pelkkä) pure, sheer *sulaa hyvyyttään* out of the sheer goodness of her heart
sulaa 1 (jää, lumi) melt (myös kuv) *Se sulaa suussa* It melts in your mouth **2** (maa) thaw **3** (ruoka) digest **4** (metalli) fuse
sulake fuse
sulamaton 1 (metalli) in-/nonfusible **2** (ruoka: ei ole sulanut) undigested, (ei sula) indigestible
sulattaa 1 (jäätä, lunta) melt (myös kuv), (pakastinta tms) defrost *Sääli sulatti hänen sydämensä* Pity melted his heart **2** (malmia) smelt, (metallia) fuse **3** (maata) thaw **4** (ruokaa) digest **5** (asiaa: ymmärtää) digest, fathom, comprehend; (sietää) stomach
sulatto smeltery, foundry
sulatus smelting, fusion
sulautua 1 blend/fuse/merge into **2** (yhtiöt) merge
sulava 1 (ruoka) digestible, easy to digest **2** (käytös) suave, polished, smooth
sulavakäytöksinen suave, polished, smooth
sulavaliikkeinen graceful, lithe
sulavasti suavely, smoothly, gracefully
sulhanen (kihloissa) fiancé; (häissä) (bride)groom
suljettu closed, shut
suljetun paikan kammo claustrophobia
suljin shutter
sulka feather
sulkakynä quill
sulkapallo (peli) badminton, (pallo) shuttlecock
sulkasato molting
sulkasatoinen molting
sulkea 1 close/shut (up/down/off), (lukita) lock (up) **2** (sululla katu) block, (ovi) bar **3** (ihminen pois) bar, exclude; (urh) disqualify
sulkeet parentheses *panna sulkeisiin* put in parentheses, parenthesize
sulkeiset (sot) marching drill
sulkemisaika closing time
sulkeutua close/shut (yourself in/up), (kuoreensa) withdraw/retire (into your shell)
sulku 1 (tiesulku) road block, barrier, barricade **2** (sulkuportti) sluice, floodgate; (mon) lock **3** (työnsulku) lockout **4** (kauppasulku) embargo **5** (sot) barrage **6** *sulut* (sulkeet) parentheses **7** (toppi) stop, end *panna sulku jollekin* put a stop to something
sulloa stuff, jam, cram
sulloutua stuff/jam/cram (yourself into)
sulo charm *naiselliset sulot* feminine charms
suloinen sweet
suloisesti sweetly
sulttaani sultan
suma (tukkisuma) log jam; (ark) jam, bottleneck
sumea blurry, misty, foggy, hazy
sumentaa blur over, mist/fog up
sumentua blur over, mist/fog up
sumerilainen Sumerian
summa sum *summassa* at random
summamutikassa at random
summeri buzzer
summittain 1 sum by sum, figure by figure **2** (suurin piirtein) roughly **3** (suurin määrin) lots of

summittainen rough, approximate
sumplia widger (something) around, doctor
sumu 1 fog, mist, haze **2** (tähtisumu) nebula
sumutin atomizer
sumuttaa 1 spray **2** (kuv) pull the wool over (someone's) eyes, throw dust in (someone's) eyes
sunnuntai Sunday
sunnuntaiaamu Sunday morning
sunnuntainen Sunday
sunnuntaipäivä Sunday
sunnuntaisin Sundays
suntio (lähin vastine) church custodian
suo 1 swamp, marsh, bog *Painu suolle!* Go jump in a lake! *Painu helvettiin!* Go to hell! **2** (kuv) quagmire
suoda give, allow, permit, grant *jos Jumala suo* God willing *suokaa anteeksi* forgive me!
suodatin filter
suodatinkahvi fine-ground coffee
suodatinpaperi filter paper
suodatinsavuke filter-tip cigarette
suodattaa filter, percolate; (ark) perc
suodatus filtration, percolation
suoda vastahakoisesti grudge (someone something)
suodin filter
suoja 1 (katos) shelter, cover; (vaja) shed **2** (turva) protection, haven, refuge *lain suoja* legal protection, the protection of the law *ottaa suojiinsa* take (someone) under your protection/wing *pimeän suojissa* under cover of darkness **3** (suojasää) thaw
suojailma thaw
suojakatos shelter; (kankainen) awning, canopy
suojalasit safety glasses/goggles
suojalumi spring snow
suojapuku coveralls; (lasten) snowsuit
suojasää thaw (myös pol)
suojata shelter, cover, protect, shield, guard
suojatie crosswalk
suojaton unprotected, vulnerable
suojatti (mies) protégé, (nainen) protégée
suojautua shelter/protect/shield/guard yourself (against)
suojelija patron, protector
suojelupoliisi Security Police
suojelus protection, patronage *opetusministeriön suojeluksessa* under the auspices of the Ministry of Education
suojelushenki guardian spirit/angel
suojeluskunta civil guard
suojeluspyhimys patron saint
suojus guard, shield, cover, case; (kirjan) dust jacket
suola salt *maan suola* the salt of the earth
suolainen salty
suolata salt
suolaus salting
suoli intestine, (vanh) bowel
suolisto intestinal tract, (vanh) bowels
suoltaa (puhetta) run on (at the mouth); (tekstiä) churn/crank out
suomalainen *s* Finn
adj Finnish
suomalaisittain Finnish-style
suomalaiskansallinen *s* Finnish national
adj Finnish
suomalaistaa Finnicize
suomalais-ugrilainen Finno-Ugric
suomalaisuus Finnishness, Finnicism; Finnish culture/spirit
suomen kieli Finnish
suomenkielinen Finnish, Finnish-language, in Finnish
suomennos Finnish translation
suomenopettaja Finnish teacher
suomenopetus Finnish teaching
suomenpystykorva Finnish Spitz
suomentaa translate into Finnish
suomentaja Finnish translator
suomentunti Finnish class
Suomen-vierailu visit to Finland
suomettua be Finlandized
suomettuminen Finlandization
Suomi Finland
suomi Finnish *suomeksi sanoen* in (plain) Finnish

suomia whip, lash; (suullisesti) give (someone) a tongue-lashing
Suomi-neito the Finnish Maid
suomu scale *Suomut putosivat silmiltäni* The scales dropped off my eyes
suomupeite (coating of) scales
suomustaa scale
suomuurain cloudberry
suonenisku bloodletting
suonensisäinen intravenous, IV
suonenveto cramp, charley horse
suoni (veren) blood vessel, (laskimo) vein; (kasvin, malmin, marmorin) vein
suonikohju varicose vein
suopea favorable, approving, friendly, kind, benign
suopeasti favorably, approvingly, kindly, benignly
suopeus favor(able attitude), approval, kind(li)ness
suopursu marsh tea
suora *s* **1** (maantien, urh) straightaway, (loppusuora) home stretch **2** (korteissa) straight **3** (mat) straight
adj **1** (tie, viiva tms) straight **2** (rehellinen) straightforward, upfront, frank, direct **3** (välitön) direct *suora lento* direct/nonstop flight *suora vastakohta* direct/ diametric opposite *suorassa suhteessa johonkin* in direct proportion to something *suora käännös* literal translation
suoraan 1 straight, right, direct(ly) *mennä suoraan asiaan* get right to the point **2** (salailematta) directly, frankly, openly, up front *sanoa suoraan* be blunt, tell (someone something) straight to his/her face
suoraan sanoen to be frank/honest, frankly, to tell (you) the truth
suoraa päätä straight away/off
suora kulma right angle
suorakulmainen right-angle
suoranainen obvious, actual, real, patent
suoranaisesti obviously, actually, really, patently
suorasaantimuisti random-access memory, RAM
suorasanainen 1 (ei runomuotoinen) prose **2** (suorasukainen) blunt, frank, outspoken
suorasatelliitti direct broadcast satellite, DBS
suoraselkäinen erect, upright (myös kuv)
suorassa straight; (pystyssä) erect, upright
suorastaan (kerrassaan) downright, out-and-out, utterly, plainly; (oikeastaan) actually, really, in fact; (yksinkertaisesti) simply; (jopa) even *Hän suorastaan säteili* She was practically glowing *Hän oli aika kylmäkiskoinen, ellei suorastaan töykeä* He was pretty cold, if not downright/out-and-out rude
suorasukainen blunt, frank, outspoken
suorasukaisesti bluntly, frankly, outspokenly
suorasukaisuus bluntness, frankness
suoraviivainen 1 (mat) rectilinear **2** (ihminen: suora) straightforward; (yksioikoinen) single-minded *Hän on aika suoraviivainen poika* He's a bit single-minded, he's got a one-track mind, he's a bit of a Boy Scout
suoraviivaisesti rectilinearly, straightforwardly, single-mindedly
suoristaa 1 straighten (out/up), (kangasta) smooth (out) **2** (mat) rectify
suoristua straighten; (tukka) go straight, lose its curl
suorittaa 1 (toiminta) perform, do, make, undertake; (tutkimusta) carry out **2** (tutkinto) take, earn, pass; (ark) get *suorittaa maisterin tutkinto* earn/get a Master's degree *suorittaa ensiapukurssi* take/pass a first-aid class **3** (maksu) pay (off/up), remit, defray
suorittaa loppuun finish, complete, (ark) wrap up
suorittaja 1 person doing something **2** (ohjelmannumeron tms) performer **3** (rikoksen) perpetrator, (ark) perp **4** (maksun) payer **5** (junan) dispatcher
suoritus 1 performance **2** (saavutus) accomplishment, achievement

3 (suoritettu kurssi) completed course, (loppumerkintä) signature (in your book), (arvosana) grade **4** (maksun) payment, remittance, settlement
suorituskyky 1 competence, capacity, ability; (auton) performance **2** (maksukyky) solvency, ability to pay
suoriutua get over/by/through (something), get (something over and) done (with); (selviytyä) make it *suoriutua hyvin jostakin* do fine on something
suosia 1 favor, (opettaja) make (someone) your pet/favorite **2** (tukea) support, patronize *Suosi suomalaista!* Buy Finnish!
suo siellä vetelä täällä between the devil and the deep blue sea, between a rock and a hard place
suosija patron
suosikki favorite
suosio 1 (suuren yleisön) popularity *saavuttaa suosiota* become popular, win a following **2** (jonkun) esteem, high opinion/regard, (vanh) favor *olla jonkun suosiossa* be thought highly of by someone, (opettajan) be the teacher's pet *osoittaa suosiotaan* applaud, clap your hands
suosiolla willingly, gladly, without being asked
suosiollinen friendly, amicable, kind, benevolent *jonkun suosiollisella avustuksella* (ystävän) with someone's kind assistance; (yhdistyksen tms) with the generous support of someone
suosiollisesti amicably, kindly, benevolently *suhtautua suosiollisesti johonkuhun* take a beneficent/ benevolent interest in someone
suosionosoitus 1 (teko) favor, dispensation, courtesy **2** *suosionosoitukset* applause
suositella recommend
suosittaa recommend
suosittelu (re)commendation
suosittu popular
suositus recommendation
suosituskirje letter of recommendation
suostua 1 agree/consent (to), be willing (to), comply (with) *Hän ei suostunut (tekemään niin)* She refused (to do it that way) **2** (hyväksyä) accept, approve *Hän ei suostunut kosintaani* She rejected my proposal, she turned me down
suostuminen agreement, consent, willingness, compliance, acceptance, approval (ks suostua)
suostumus agreement, consent, willingness, compliance, acceptance, approval (ks suostua)
suostutella (try to) talk (someone) into (doing something), (try to) persuade (someone to do something); (maanitella) coax, wheedle
suotava desirable, advisable
suotta for nothing, for no reason/ purpose; (tarpeettomasti) unnecessarily *Älä suotta vaivaudu* Don't bother
suotuisa favorable, advantageous, propitious; (ark) good
suotuisasti favorably, advantageously, propitiously
suoturve peat
superlaajakulmaobjektiivi superwideangle lens
superlatiivi superlative
supernova supernova
supertietokone supercomputer
supista whisper
supistaa 1 (vähentää) cut back, decrease, reduce **2** (pienentää) reduce, cut down **3** (rajoittaa) restrict, limit **4** (lyhentää) shorten, cut short **5** (tiivistää) abridge, condense **6** (mat) reduce **7** (lääk) contract, constrict
supistua 1 (fyysisesti) contract, shrink **2** (vähentyä tms) be cut back/down/ short, be decreased/reduced/restricted/ limited/shortened/ abridged/condensed (ks supistaa)
supistus 1 (synnytyssupistus) contraction, (mon) labor *Supistukset tulevat jo 10 minuutin välein* The contractions are coming ten minutes apart *Kuinka kauan supistukset kestivät?* How long were you in labor? **2** (vähentäminen tms) reduction,

restriction, limitation, abridgement, condensation (ks supistaa)
supisuomalainen Finnish to the core
supliikki *Sinullapa on hyvä supliikki* You've really got the gift of gab
suppea 1 (pieni) small *suppeissa puitteissa* on a small scale **2** (rajoittunut) restricted, limited, narrow *sanan suppeassa merkityksessä* in the (re)strict(ed)/narrow sense of the word **3** (lyhyt) short, brief, concise *suppea sanakirja* a concise dictionary **4** (tiivis) compact, abridged, condensed **5** (perus) basic *matematiikan suppea kurssi* the basic course in mathematics
suppilo funnel
suprajohde superconductor
suprajohdin superconductor
suprajohtavuus superconductivity
sureva (surua tunteva) grieving, (poismenneen omainen) bereaved
surina hum, whir, drone
surista hum, whir, drone
surkastua 1 (kasvu) be stunted, (lihas) atrophy **2** (kuihtua) wither/waste away (myös ihminen)
surkastuma 1 (lihaksen) atrophy **2** (turha elin) rudiment, vestige
surkastuminen stunting, atrophying; withering, wasting
surkea 1 (kehno) terrible, (ark) lousy *surkeassa kunnossa* in terrible/lousy shape **2** (viheliäinen) wretched; (ark) nasty, mean *surkea temppu* a dirty/mean trick **3** (valitettava) unfortunate *surkea onnettomuus* an unfortunate accident **4** (murheellinen) miserable, unhappy, downcast *katsoa surkeana muiden ilonpitoa* watch miserably while others have fun **5** (surkuteltava) pathetic, pitiful, pitiable *surkea ilmestys* a pathetic sight **6** (sydäntä särkevä) heart-wrenching *surkea itku* a heart-wrenching cry
surkeus misery
surku *Minun käy häntä surku* I feel sorry for her
surkuhupaisa (säälittävä) pathetic; (näytelmän/romaanin juoni) tragicomic
surkutella feel sorry for; (yhdessä) commiserate (with)
surma death *saada surmansa* die, be killed/slain; (leik) meet your maker
surmata kill, slay
surra 1 (kuollutta) mourn/grieve (over) **2** (huolehtia) worry (about), be worried **3** (olla pahoillaan) be sorry
surrealismi surrealism
surrealisti surrealist
surrealistinen surrealistic
suru sorrow, grief/grieving, mourning *Otan osaa suruunne* My condolences/sympathies (in your sorrow)
suruharso mourning veil
surullinen sad; (ihminen myös) sorrowful, mournful, melancholy; (tapahtuma myös) tragic *Äiti tulee hyvin surulliseksi kun teet noin* It makes Mommy very sad when you do that *surullista kyllä* unfortunately
surullisesti sadly, sorrowfully, mournfully, tragically
surullisuus sadness, sorrow
surun murtama grief-stricken
surunvalittelu condolence(s)
suruton 1 blithe, casual **2** (maallinen) worldly
surutta without a second thought, blithely
survoa 1 crush, mash; (soseeksi) purée; (jauhaa) grind **2** (ihmisiä jonnekin) stuff, jam, cram
susi 1 (eläin) wolf *yksinäinen susi* lone wolf (myös kuv) **2** (ark) dud, botch(ed job), hash, (auto) lemon
susi lammasten vaatteissa a wolf in lamb's clothing
sutkaus (karkea) (wise)crack; (hienompi) witticism, bon mot
suttaantua 1 (likaantua) get dirty/messy **2** (mennä hyvin) work/turn out (fine)
suttura chippie, floozy
suu 1 mouth *Suu kiinni!* Shut up! Be quiet! *piestä suutaan* run off at the mouth, beat your gums *soittaa suutaan* shoot off your mouth *olla suuna päänä* talk big, strut *pitää pienempää suuta* quiet/pipe down *pitää suurta suuta* talk

big, be all talk *puhua suulla suuremmalla* ks hakusana **2** (aukko: luolan tms) entrance, (aseen) muzzle, (letkun tms) nozzle *oven suussa* at the door, in the doorway
suudella kiss
suudelma kiss
suuhunpantava something to eat, eats, grub; (mutusteltava) munchies
suukappale 1 mouthpiece (myös kuv) **2** (letkun) nozzle
suukapula gag
suukko kiss
suukopu *pitää suukopua* kick up a fuss
suulaki the roof of the/your mouth
suulas talkative
suullinen oral
suullisesti orally
suun kautta orally
suunnanmuutos change of course/ direction
suunnanvaihdos change of course/ direction
suunnata 1 direct *suunnata jonkun huomio johonkin* direct someone's attention to something *suunnata kysymys jollekulle* ask someone a question, address a question to someone **2** (tähdätä) aim, point, train
suunnaton immense, enormous
suunnattomasti immensely, enormously
suunnikas parallelogram
suunnilleen approximately, roughly, about
suunnistaa take your bearings, get oriented; (urh) do/practice orienteering
suunnistaja orienteerer
suunnistus orienteering
suunnitella plan, design *suunnitella matkaa* plan a trip, map out your itinerary, figure out what you want to do on your trip *suunnitella taloa* design a house, draw up designs for a house
suunnitelma plan, scheme *Se ei sovi minun suunnitelmiini* That doesn't fit in to/with my plans, that's not what I had in mind
suunnitelmallinen systematic, methodical
suunnitelmallisesti systematically, methodically
suunnitelmallisuus systematic/ methodical planning
suunnittelematon unplanned, poorly planned, unthought-out
suunnittelu planning, design
suunsoittaja bigmouth, motormouth
suunsoitto big talk, all talk, hot air
suunta 1 direction, way; (laivan, lentokoneen ja kuv) course *katsoa molempiin suuntiin* look both ways *jotakin siihen suuntaan* something along those lines *suuntaan tai toiseen* one way or the other *jossakin Mikkelin suunnalla* somewhere near/around Mikkeli **2** (kehityssuunta) trend, tendency; (taiteen) school, movement
suuntainen *jonkin suuntainen* parallel with something
suuntaneula compass needle
suuntanumero area code
suuntaus 1 (suuntaaminen) orientation **2** (taiteen tms) trend, tendency
suuntautua 1 (ihminen) turn, tend, be oriented toward, direct your activities/ efforts (toward) *ulospäin suuntautunut ihminen* extrovert, outgoing person *oikeistoon suuntautunut ihminen* right-winger, right-leaning person, a person with right-wing/conservative tendencies **2** (esine, tapahtuma) be directed/ aimed (toward/at) *Matkamme suuntautui etelään* We headed south
suuntaviivat 1 (ohjeelliset) guidelines, outlines **2** (kuvailevat) trend, tendency
suuntia take a bearing
suuntima bearing
suuntäysi mouthful *kirota suuntäydeltä* curse up a blue streak
suunvuoro a chance to speak *En saanut koko iltana suunvuoroa* I couldn't get a word in edgewise all evening
suupala a bite (to eat)
suupaltti blabbermouth, chatterbox

suur- great, grand; (kaupunkialue) greater
suuraakkonen capital/upper-case letter, (ark) cap
suure quantity, (fys) magnitude
suurehko largish
suurenmoinen great, wonderful, stupendous, magnificent
suurennella 1 magnify, exaggerate, (ark) blow (something) up (out of all proportion) **2** (kerskailla) brag, boast, talk big
suurennos enlargement
suurennus magnification, enlargement
suurennuskone enlarger
suurennuslasi magnifying glass
suurentaa magnify, enlarge
suuresti greatly, immensely, highly
suuret ikäluokat baby boom (generation)
suuri 1 big, large, great *kaksi kertaa niin suuri kuin* twice as big as, double the size of *olla suureksi avuksi* be a lot of help, be a big help *luulla suuria itsestään* have an inflated opinion of yourself, be stuck-up, have a big/ swelled head **2** (suurialainen) wide, extensive *silmät suurina* wide-eyed **3** (korkea) high **4** *suurella äänellä* loudly, in a loud voice
suurilukuinen numerous
suurimittainen large-scale; (taiteellisesti ansiokas) magnificent
suurimmillaan at its greatest/peak/ height
suurimot grits
suurin biggest, greatest, largest *suurin sallittu nopeus* maximum speed
suurin osa the majority (of), most (of), the lion's share (of)
suuri osa a/the majority (of), a large part (of) *suureksi osaksi* largely
suuriruhtinas grand duke
suuriruhtinaskunta grand duchy
suurisuinen bigmouthed; (kerskaileva) boastful; (uhoava) blustering
suuritehoinen powerful
suurituloinen high-income
suuritöinen laborious; (ark) hard, tough
suurkaupunki metropolis
suurkaupunkilainen metropolitan
suurkuvatelevisio big-screen television
suurlähettiläs ambassador
suurlähetystö embassy
suurmies great man
suurpiirteinen 1 (suvaitsevainen) broad-/open-minded, tolerant, permissive **2** (löyhä) lax, negligent, lackadaisical
suurpiirteisesti tolerantly, benevolently; lackadaisically
suurpiirteisyys broad-/open-mindedness, an open mind, tolerance; laxity, negligence
suurpujottelu giant slalom
suursiivous thorough (house)cleaning, spring cleaning
suurtietokone mainframe, mainframe computer
suuruinen *Minkä suuruisen sekin kirjoitit?* How big a check did you write? How much did you write the check for?
suurustaa thicken
suuruudenhullu megalomaniac
suuruudenhulluus megalomania
suuruus 1 size, magnitude, dimensions **2** (laajuus) extent **3** (määrä) amount **4** (henkinen) greatness; (kuuluisuus) fame, celebrity; (sydämen) largeness/capacity of heart
suuruusluokka (tähden) magnitude, (purjeveneen) class *Mitä suuruusluokkaa sinun palkkasi on?* What are they paying you, roughly?
suurvalta superpower
suurvaltapoliittinen pertaining to superpower politics
suurvaltapolitiikka superpower politics
suurvaltataso the superpower level
suuryritys 1 (yhtiö) large/major company **2** (toiminta) large-scale operation/undertaking, major/ massive effort
suusanallinen oral, verbal
suusta ladattava muzzle-loading

suusta suuhun *kulkea suusta suuhun* spread by word of mouth *suusta suuhun -tekohengitys* mouth-to-mouth resuscitation
suutahtaa lose your temper, flare up
suutari 1 cobbler *Jerusalemin suutari* the Wandering Jew **2** (pommi) dud
suutelu kissing; (ark) making out
suutin nozzle
suuttua 1 (vihastua) get mad (at), lose your temper (at), fly into a rage (at); (ark) blow your top, blow a fuse, have a cow **2** (loukkaantua) get offended, take offense, get hurt; (ark) go into a snit/huff
suuttumus anger, rage, fury
suuttuneesti angrily, furiously
suutuksissa angry, (ark) pissed off
suutuspäissään in a fit/burst of anger/rage
suvaita 1 tolerate, stand *En suvaitse häntä tähän taloon* I refuse to let him enter this house, I will not have him in this house **2** (alentuvasti) condescend, deign *Hän ei suvainnut vastata kirjeeseeni* He didn't deign to answer my humble missive
suvaitsematon intolerant
suvaitsemattomuus intolerance
suvaitsevainen tolerant
suvaitsevaisuus tolerance
suvanto smooth waters
suvereeni sovereign *hallita jotakin suvereenisti* have a perfect command of something, have total mastery over something
suvi summer
suvullinen sexual
suvunjatkaminen procreation, reproduction
suvunjatkamisvietti procreative drive
suvunkehitys phylogeny
suvuton asexual
SV SV, Still Video
Sveitsi Switzerland
sveitsiläinen *s, adj* Swiss
svetisismi a Swedish-influenced word or phrase in Finnish, Sveticism
sydämellinen warm(-hearted), friendly *sydämellinen vastaanotto* a warm reception
sydämellisesti warmly *Haluan toivottaa teidät sydämellisesti tervetulleiksi* Let me welcome you all warmly
sydämellisyys warm-heartedness, warmth
sydämensiirto heart transplant
sydämen tahdistin pacemaker
sydämen vajaatoiminta cardiac insufficiency
sydämetön heartless
sydän 1 heart (myös kuv) *sydämensä halusta* to your heart's content *koko sydämestä* from the bottom of your heart *vihlaista jonkun sydäntä* cut someone to the quick *Sydämeni sykkii sinulle* My heart aches for you *totella sydämensä ääntä* follow your heart **2** (kynttilän) wick, (maapallon) core, (suklaakonvehdin) filling, (puun) pith
sydänala the pit of the stomach
sydänfilmi electrocardiogram, EKG
sydäninfarkti myocardial/cardiac infarct
sydän- ja verisuonisairaudet cardiovascular diseases/disorders
sydänkohtaus heart attack
sydän kurkussa with your heart in your mouth
sydänkäyrä electrocardiogram, EKG
sydänlääke heart medication
sydänsairaus heart disease
sydänsuru heartache
sydäntalvi the depth of winter
sydäntä lämmittävä heart-warming
sydäntä särkevä heart-breaking
sydänvika heart problem, weak heart
sydänystävä bosom buddy/friend
sydänääni (the sound of a baby's) heartbeat
syfilis syphilis
syke pulse (myös kuv) *kaupungin syke* the pulse/heartbeat of the city
sykintä beat(ing), pulsation; (sähkön) ripple
sykkiä beat, throb, pound
sykkyrä (letkun tms) kink, (sotku) tangle

syklamaatti cyclamate
sykli cycle
syksy fall, (ylät) autumn
syksyinen autumnal *Tänään on syksyinen ilma* Fall is in the air today
syksymmällä closer to (the) fall
sykähdys throb, beat
sykähdyttää stir you
sykähtää throb, beat, pound; (hypähtää) leap
sykäys (puhelun) billing unit
syleillä hug, embrace
syleily hug, embrace
syli 1 (istuvan) lap, (seisovan) arms **2** (pituusmitta) fathom **3** (halkomitta) cord
sylillinen armful
sylinteri cylinder
sylitietokone laptop (computer)
syljeksiä spit
syljeneritys salivation
sylkeä spit
sylki saliva, (ark) spit *puhua mitä sylki suuhun tuo* say the first thing that pops into your head
sylkäistä spit
syltty headcheese
symbioosi symbiosis
symboli symbol
symboliikka symbolism
symbolinen symbolic
symboloida symbolize
symmetria symmetry
symmetrinen symmetrical
symmetrisesti symmetrically
symmetrisyys symmetricality
sympaattinen sympathetic *Hän on oikein sympaattinen* He's very friendly, he's a really nice guy
sympatia sympathy
synagoga synagogue
synapsi synapse
synkata *Eiks meillä synkkaa aika hyvin?* We get along pretty well, don't we? We're pretty well in tune/sync with each other, don't you think?
synketä ks synkistyä
synkistyä 1 (taivas) darken, get dark and threatening **2** (ihminen) get sad/depressed/disheartened/downcast *Hänen ilmeensä synkistyi* Her face fell
synkkyys gloominess
synkkä gloomy, dismal, dreary, bleak, depressing
synkkäilmeinen glum, doleful
synkronoida synchronize
synkästi gloomily, dismally, drearily, bleakly
synnillinen sinful
synninpäästö absolution/forgiveness of sins
synnintunto contrition, repentance
synnitön sinless, without sin
synnyinkoti the house you were born in
synnyinseutu the region you were born in
synnynnäinen innate, inborn
synnyttäjä woman in labor, parturient
synnyttää 1 (vauva) deliver, give birth to **2** (pentu) drop; (eri eläimistä: lehmä) calve, (tamma) foal, (vuohi) kid, jne **3** (keskustelua tms) give birth/rise to, spark, breed, produce, generate **4** (sähköä) generate, produce
synnytys delivery, birth; (supistukset) labor
synnytysoppi obstetrics
synonyymi synonym
syntaksi syntax
synteesi synthesis
synteettinen synthetic
syntetisoida synthesize
synti sin *Anna meille meidän syntimme anteeksi* Forgive us our trespasses/debts/sins
syntiinlankeemus the Fall (of Man)
syntiinlankeemuskertomus the Biblical story/myth about the Fall of Man
syntinen *s* sinner
adj sinful
syntipukki scapegoat
syntisesti sinfully
syntisyys sinfulness
synty birth, (ja kehitys) genesis *pohtia syntyjä syviä* ponder profound matters, talk philosophy, solve the world's problems
syntyessään at birth
syntyisin born (in)
syntyjään originally, by birth

syntymä birth
syntymäaika birthdate
syntymämerkki birthmark
syntymäpäivä birthday
syntymäpäiväjuhlat birthday party
syntymäpäiväonnittelu birthday greeting/card
syntymätodistus birth certificate
syntyperäinen native
syntyvyyden säännöstely birth control
syntyvyys birth rate, natality
syntyä 1 be born *Meille on syntynyt kolmas lapsemme* We've just had our third child *Hän on syntynyt muusikoksi* She's a born musician *Milloin sinä olet syntynyt?* When were you born? What's your birthday? **2** (saada alkunsa) originate, spring up, break out, arise, come into being/existence; (jostakin) come/derive from *Syntyi kiusallinen hiljaisuus* There was an embarrassed silence *Mitähän tästä vielä syntyy?* Whatever will come of this?
syntyä keskosena be born prematurely, (ark) be a preemie
syntyä kuolleena be stillborn
syntyä uudesti be reborn (in Christ)
syntyään ks syntyjään
syrjä edge, side, border *mäen syrjässä* on the hillside, at the foot of the hill (ks myös syrjässä)
syrjähyppy affair *tehdä syrjähyppy* cheat on your husband/wife
syrjäinen remote, distant
syrjäseutu remote/outlying area
syrjäseutulisä salary bonus for work in a remote area
syrjäsilmin with a sidelong glance
syrjässä aside *jättää/panna syrjään* set/put (something aside), ignore, neglect; (kokouksessa) table, shelve *vetäytyä syrjään* step aside, withdraw *pysytellä syrjässä* stand/keep aloof, stay out of the fracas/fray, keep your distance
syrjäyttää 1 (menetelmä tms) replace, supplant **2** (ihminen: työntää sivuun) supplant, oust, edge out, (valtias) depose, (kuningas) dethrone; (jättää sivuun) pass over **3** (huomautus) pass over, ignore, disregard **4** (fys) displace
sysimusta pitch black
systeemi system
systeemisuunnittelija system planner
systemaattinen systematic
systemaattisesti systematically
systematiikka systematics
systole systole
sysätä push, shove; (ajatuksia syrjään) dismiss *sysätä syy jonkun niskoille* blame someone else for something; (ark) pass the buck
sysäys push, shove
syttyminen ignition, combustion; (sodan tms) outbreak
syttyä 1 (tuleen) ignite, catch fire, burst into flames, light (on fire) **2** (valo) light up, be lit, go on *Hänen silmiinsä syttyi ilo* Her eyes lit up with happiness **3** (tähti) come out **4** (sota tms) break out **5** (kuv) spark, kindle *Hän syttyy helposti* (asiaan) She gets excited/ enthusiastic about things quickly; (seksuaalisesti) She's easily aroused
sytytin 1 (räjähteen) detonator, (detonating) fuse **2** (savukkeen) lighter
sytyttää 1 (tuli) light (a fire, something on fire), start a fire; (tuleen) set (something) on fire, set fire to (something) *sytyttää tulitikku* light/strike a match **2** (räjähde) detonate; (ark) fire, blow **3** (mielenkiinto) (en)kindle, stir, arouse, excite **4** (kapina tms) incite, inflame **5** (ark = leikata) understand, get it *Nytkö sulla vasta sytytti?* Did you just get it? *Hänellä sytyttää nopeasti* He's sharp, he's quick on the uptake
sytytys 1 (tulen, auton) ignition **2** (räjähteen) detonation **3** (hoksaaminen) understanding, grasp *Hänellä on hidas sytytys* He's slow on the uptake
syvennys depression, indentation, hollow; (seinässä) recess, niche, alcove
syventynyt johonkin engrossed/ wrapped up/absorbed in something
syventyä 1 deepen, grow deeper **2** (aiheeseen) go into (something) more

deeply, deal with (something) in greater detail
syventävät opinnot advanced studies; (lähin vastine) Master's-level major studies, 500-level coursework
syventää 1 deepen, make/dig (a hole) deeper **2** (aihetta) amplify, go into (something) more deeply, deal with (something) in greater detail
syvetä deepen, grow deeper
syvyinen -deep, in depth
syvyys depth (myös kuv), deepness *meren syvyyksissä* in the depths of the ocean *pohjaton syvyys* the bottomless pit, the abyss
syvä deep, (kuv) profound *syvä epätoivo* utter/total despair *syvässä unessa* fast/sound asleep
syvällinen deep, profound
syvällisesti deeply, profoundly
syvällisyys depth, profundity
syvällä deep *syvällä sisämaassa* deep in the heart of the country *Onko hän niin syvälle vajonnut?* Has he stooped/fallen so low?
syvänne deep
syväpaino rotogravure
syvässä deep *kolme metriä syvässä vedessä* in water nine feet deep
syvästi deeply, profoundly *rakastaa syvästi* love dearly
syväterävyys (valokuvauksessa ym) depth of field
syy 1 (aihe(uttaja)) cause *ilman laillista syytä* without legal cause *syy ja seuraus* cause and effect **2** (motiivi) reason, motive; (perustelu) ground(s); (veruke) excuse *Minulla oli hyvät syyt toimia niin kuin toimin* I had good reasons/grounds for acting as I did, my motives were good for doing what I did *sitä suuremmalla syyllä* all the more reason (to do something), all the more so **3** (vika) fault; (syyte) blame *sysätä syy jonkun niskoille* blame someone else for something, put the blame on someone else; (ark) pass the buck *Syy on sinun* It's your fault
syy-seuraus-suhde causal relation
syyllinen *s* guilty party, offender, culprit
adj guilty
syyllistyä be guilty of; (rikokseen) commit
syyllisyydentunne (feeling of) guilt, guilty conscience
syyllisyys guilt *kiistää syyllisyytensä* protest your innocence, (oikeudessa) plead not guilty
syylä wart
syyni inspection
syyntakeeton irresponsible; (laillisesti) non compos mentis
syynätä inspect, (ark) snoop (into)
Syyria Syria
syyrialainen *s, adj* Syrian
syys- fall
syyskuu September
syyskylvö fall planting
syyslukukausi (kahdesta) fall semester, (kolmesta) fall quarter
syyspäiväntasaus autumnal equinox
syystä (kyllä) with (good) reason *sattuneesta syystä* for obvious reasons *jostakin syystä* for some reason (or other) *meistä riippumattomista syistä* for reasons beyond our control, due to circumstances beyond our control
syysvilja winter grain
syyte accusation, charge, indictment *asettaa syytteeseen* accuse, charge, indict; (oikeudessa) bring (someone) to trial, prosecute *joutua syytteeseen jostakin* be accused/charged/indicted/prosecuted for something *luopua syytteestä* drop charges *vapauttaa syytteestä* acquit
syytetty the accused
syyttäjä 1 accuser **2** (lak) prosecutor, district attorney, DA
syyttä suotta for no particular reason
syyttää 1 blame (something on someone, someone for something), accuse (someone of something) *Syytä itseäsi!* It's your own fault, you have only yourself to blame **2** (laillisesti) accuse, charge, indict
syyttää tietämättömyyttään plead ignorance

syytää 1 (sylkeä) spew, spit **2** (iskuja) rain (down), (rahaa) blow, (moitteita) heap
syytön innocent, (oikeuden päätöksellä) not guilty
syytös accusation, charge
syy-yhteys causal relation
syödä 1 eat *syödä pilleri* take a pill *syödä lounas* eat/have lunch **2** (kala) bite **3** (syövyttää) eat (away at); (vesi maata) erode, wash away; (happo metallia) corrode **4** (auto bensiiniä) consume, use; (leik) guzzle *Kuinka paljon se syö satasella?* What kind of mileage do you get? **5** (šakissa) take, capture
syödä sanansa go back on your word, renege on a promise
syöjä eater, devourer (myös kuv) *kuusi syöjää pöydässä* six mouths at the table
syöksy rush, dash; (sukellus) dive, plunge; (putoaminen) plunge, fall
syöksykierre (lentokoneen) spin, (ihmisen) downward spiral
syöksylaskija schusser; (kilpailija) downhill racer
syöksylasku schuss; (kilpailu) downhill racing
syöksyä 1 (juosta tms) rush, dash, charge **2** (sukeltaa) dive, plunge **3** (pudota) plunge, fall (headlong), plummet **4** (törmätä) crash
syöksähtää rush, burst; (kyyneleet) gush
syöminen eating
syömingit feast; (ark) food bash, tongue orgy, blowout
syömä- eating
syömäkelpoinen edible
syömälakko hunger strike
syömäpuikot chopsticks
syömäri glutton, pig, big eater
syömätön 1 (ihminen) someone who hasn't eaten *olla päiväkausia syömättömänä* go for days without eating **2** (ruoka) uneaten
syönti eating *syönnin jälkeen* after a meal, after eating
syöpyä 1 eat into; (maaperä) erode, (metalli) corrode **2** *syöpyä mieleen* be (indelibly) engraved/inscribed on your mind/memory *syvään syöpynyt* deep-seated, deeply ingrained
syöpä cancer, (perunan ja kuv) canker
syöpäläinen vermin (myös mon)
syöpäsairaus cancer (disease), carcinosis
syöpää aiheuttava carcinogenic
syöstä 1 (suistaa) push, shove; (viskata) fling, hurl **2** (sylkeä: tulta) spit, (savua) spew (out)
syötti bait (myös kuv), (sorsan) decoy (myös kuv)
syöttää 1 feed *syötetty vasikka* the fatted calf *syöttää jollekulle pajunköyttä* feed someone a line *Älä syötä minulle tuota paskaa!* Don't give me that (bull)shit **2** (tenniksessä, lentopallossa tms) serve, (pesäpallossa) pitch, (jalkapallossa) pass
syöttö 1 feeding **2** (tekn) feed, supply; (tietok) input **3** (tenniksessä, lentopallossa tms) serve, (pesäpallossa) pitch, (jalkapallossa) pass
syövyttää 1 eat into; (maata) erode, (metallia) corrode **2** (jonkun muistiin) engrave, inscribe, etch
syövytys erosion, corrosion
sä you, ya
säde 1 (fys ja kuv) ray, (kuun) (moon)beam; (vain kuv) glimmer **2** (geom) radius
sädehoito radiation treatment
sädekehä halo
säe 1 (runon) line, verse **2** (laulun) phrase
säestys accompaniment
säestäjä accompanist
säestää accompany
sähke telegram, cable; (ark) wire
sähkö electricity (myös kuv)
sähköasentaja electrician
sähköenergia electrical energy
sähköinen 1 electrical (myös kuv:) electifying *Sinun tukkasi on ihan sähköinen* Your hair is standing on end (with static electricity) **2** (elektroninen) electronic *sähköinen posti* electronic mail *sähköiset viestimet* the electronic media

sähköisku (electric) shock
sähköistys electrification
sähköistää electrify
sähköjohto wire, cord
sähköjuna electric train
sähkölaitos electric company
sähkölamppu light bulb
sähkölasku electricity bill
sähkölämmitys electric heating
sähkömoottori electric motor
sähkösanoma telegram, cable(gram), (ark) wire
sähköttää telegraph, cable, wire
sähkövalo electric light
sähkövoima electric power
säie strand, fiber
säihkyä sparkle, glitter, glint
säikky jumpy, nervous, easily spooked
säikkyä startle, jump, spook
säikähdys scare, fright
säikähtää be scared/frightened/ startled
säikäyttää frighten, startle, spook
säiliö tank, (iso) reservoir, (kaivomainen) cistern
säiliöauto tanker, tank truck
säilykkeet canned foods/goods
säilyttää 1 keep (up), retain, maintain, preserve *säilyttää tasapainonsa/ arvokkuutensa* maintain your balance/ dignity **2** (varastoida) store (up), stow/put/salt away, lay up/by/aside, keep *Mitä varten säilytät näitä vanhoja lehtiä* Why do you keep all these old magazines?
säilytys 1 storage, safekeeping; (vaatteiden) cloakroom **2** (säilyttäminen) preservation, conservation
säilyä 1 last, endure, keep, remain; (olla ylläpidettynä) be kept up/ preserved *Eihän tämä maito säily viikonlopun yli* This milk won't keep over the weekend, will it? **2** (hengissä) escape, survive, be spared
säilä sword, saber; (terä) blade
säilö storage, (turva) safekeeping *panna säilöön* (matkalaukku) leave in storage; (juoppo) lock up (for the night), put (a drunk) in the tank
säilöä preserve, (ark) can; (etikkaliemeen) pickle
säkeistö (runon) stanza, (laulun) verse
säkenöidä sparkle, flash
säkki sack, bag
säkkipilli bagpipes
säkkipimeä pitch(black) dark
säle slat, (aidan) picket
säleaita picket fence
säleikkö trellis, lattice
sälekaihdin Venetian blind
sälli guy, fella
sälyttää load/burden/saddle (someone with something) *sälyttää syy jonkun niskoille* pass the buck
sämpylä bun
sängynpeite bedspread
sänki stubble
sänky bed
säntillinen punctual, meticulous, precise
säpinä action
säppi latch, hook, hasp, clasp
säpäle splinter *mennä säpäleiksi* splinter *lyödä säpäleiksi* smash/ break/bust into pieces/smithereens
särkeä 1 (rikkoa) break, crush, smash; (ark) bust **2** (sattua) ache, hurt *Minun päätäni särkee* My head aches, I've got a headache
särki roach
särkkä sandbank/-bar
särky ache, pain
särkylääke analgesic, (ark) painkiller
särkyä 1 break (up/down), burst; (säpäleiksi) shatter **2** (ääni) break, crack
särmikäs rough, unpolished, abrasive
särmä edge *hioa jostakusta särmät pois* rub the rough edges off of someone
särvin garnish for bread or potatoes *Leipänä ruisleipää ja särpimenä piimä* A little rye bread and buttermilk to go with it
särähtää crack *särähtää korvaan* grate on your ear, sound wrong, hit you wrong
särö 1 crack *säröllä* cracked **2** (äänentoistossa) distortion, (radiossa) static

säröillä crack *Heidän avioliittonsa alkoi silloin jo säröillä* Their marriage was already on the rocks back then
säteilevä 1 (fys) radiative **2** (ilosta) radiant, beaming
säteillä radiate (myös kuv)
säteily radiation
säteilyvaara radiation danger
säteittäin radially
säteittäinen radial
sätky *saada sätkyt* fly off the handle
sätkynukke marionette, puppet
sätkytellä flap, wiggle, jerk; (vastaan) wriggle/struggle (to get free)
sätkähtää chug, putt-putt
sättiä scold, nag/carp at
sävel 1 (nuotti) note **2** *sävelet* strains, sounds **3** (sävelmä) melody, air, tune **4** (sävy) tone, note
sävellaji key
sävellys composition, song
sävelmä melody, air, tune
säveltäjä composer
säveltää compose, write
sävy 1 (värin) shade, tint, tone **2** (äänen) tone, tinge, nuance
sävyisyys compliance, docility, peaceability
sävyisä compliant, docile, peaceable
sävyisästi compliantly, docilely, peaceably
sävyttää 1 (värillä) dye, tint **2** (tunteella) tinge, color, infuse
sävytys (valokuvan) toning
sävähtää flinch, start(le) *sävähtää punaiseksi* blush/flush suddenly
säväys flair, finesse, soupcon
säväyttää startle
säyseys meekness, mildness, gentleness
säyseä meek, mild, gentle
säyseästi meekly, mildly, gently
sää weather
säädellä adjust
säädin controller, regulator, adjustor
säädyllinen 1 (kunnollinen) decent, presentable, respectable **2** (kohtuullinen) reasonable
säädyllisesti decently, presentably
säädyllisyys decency, presentability
säädyttömyys indecency, impropriety
säädyttömästi indecently, immodestly
säädytön 1 indecent, immodest, improper, unseemly **2** (kohtuuton) unreasonable, exorbitant
säädös statute, regulation, ordinance *säännöt ja säädökset* the rules and regulations
sääennuste weather forecast
sääli pity *Minun käy sinua sääliksi* I feel sorry for you *Sääli hyvää juustoa, joutua nyt tämmöiseen käyttöön* It's a shame to waste a good cheese like this
säälimättömästi mercilessly
säälimätön unpitying, merciless
säälittävä pathetic, pitiable, pitiful
säälittää arouse pity in *Hän säälittää minua* I feel sorry for him *Minua säälittää ajatella että* It makes me sad to think that
sääliä (take) pity (on), feel sorry/pity for
säämiskä chamois, shammy
säännöllinen regular
säännöllisesti regularly, as a rule
säännöllisyys regularity
säännönmukainen regular *säännönmukaisessa järjestyksessä* in due order
säännöstellä 1 (palkkoja, hintoja) regulate, control **2** (ruokaa, bensaa tms) ration (out)
säännöstely 1 (palkkojen, hintojen) regulation, control **2** (ruoan) rationing
säännöstö code
säännötön irregular
sääntö rule, regulation, law *Poikkeus vahvistaa säännön* The exception proves the rule
sääri shin, (koko jalka) leg *upeat sääret* great legs
säärystin legging, legwarmer
säästeliäs economical
säästeliäästi economically
säästyä 1 (jäädä säästöön) be left (over), be saved **2** (joltakin) be spared, escape

säästäväinen prudent, frugal, economical, parsimonious
säästää 1 (rahaa) save (up), put/sock/ salt away, lay/put aside **2** (muuta) keep, save, store, put away/aside **3** (ihmistä) spare *Säästä minut selityksiltäsi!* Spare me your explanations! **4** (olla säästäväinen) economize/scrimp/stint (on), be prudent/frugal/economical/ parsimonious
säästö saving(s) *On minulla muutama pennonen säästössä* I've got a dollar or two put/stashed away
säästöpankki savings bank
säästöporsas piggy bank
säätiedotus weather report
säätila weather (conditions)
säätiö foundation
sääty 1 (hist) estate *viides sääty* the fifth estate **2** (luokka) (social) class
säätyläinen member of the upper crust (upper class or haute bourgeoisie)
sääty-yhteiskunta class society
säätää 1 (tekn) adjust, regulate, (TV:tä tms) tune **2** (lak) prescribe, ordain, decree
säätö adjustment, control, tuning
söpö cute
sössö mush
sössöttäjä mushmouth
sössöttää 1 (s-vika) lisp **2** (känni) talk thickly
sössötys 1 (s-vika) lisp(ing) **2** (kännipuhe) mushmouthed talk

T, t

taa behind *mennä nurkan taa* go around behind the corner
taaempana ks taempana
taaimmainen ks takimmainen
taaja 1 (paikallisesti) dense, thick **2** (ajallisesti) rapid, quick
taajama populated/built-up area, population center
taajeta become denser
taajuus 1 (metsän tms) density **2** (radioaallon) frequency
taajuuskorjain (äänentoisto-laitteissa) equalizer
taajuusmodulointi frequency modulation
taakka load, burden (myös kuv)
taakse *adv* in the back *Jukka nukahti sinne taakse* Jukka fell asleep back there, in the back
postp behind *saada tukijoita taakseen* get backers, get people to support you *katsoa taakseen* look back(wards) (myös kuv), look behind you
taaksepäin backwards, (laiva) astern *siirtää kello tunnin verran taaksepäin* move the clock back an hour *katsoa ajassa taaksepäin* take a retrospective look (at past events, back in time), look back(wards) in time
taaksetaivutus retroflexion
taala dollar, (ark9 buck *tuhannen taalan paikka* million-dollar spot
taalailainen Dalecarlian
Taalainmaa Dalecarlia
taalari (hist) taler
taaleri (hist) thaler
taampana further back
taannehtia move/look back(wards) in time, retrospectively
taannehtivasti retroactively
taannoin recently, not long ago, the other day
taannoinen recent
taannuttaa retard, set (something) back
taantua (lääk) decline, degenerate; (psyk) regress; (biol) revert
taantumuksellinen *s, adj* reactionary
taantumuksellisuus reaction
taantumus reaction
taapertaa (lapsi) toddle, (ankka, ihminen) waddle
taara tare
taas 1 again *Miten se taas menikään* How did it go again? *Joko taas!* What, again? Not again! **2** (kun taas) while, where(as) *Seija oli nukkumassa, minä taas siivoamassa* While Seija was sleeping, I was cleaning; Seija was sleeping, whereas I (on the other hand) was cleaning
taasen ks taas
taata guarantee, ensure, warrant; (luvata) promise, (vakuutella) assure, (mennä takuuseen) vouch (for) *En voi taata sitä, mutta* I can't promise (you) anything, but; no guarantees, but
taateli date
taatelipalmu date (palm)
taatto grandpa, gramps
taattu guaranteed, certain, assured
tabletti 1 (pilleri) tablet **2** (pöytään) placemat
tabloidi tabloid
tabu taboo
tabulaattori (kirjoituskoneen) tabulator, (ark) tab
tabuoida taboo
tae guarantee *Onko takeita siitä että* Is there any way we can be sure that

taekwondo tae kwon do
taempana further back
taempi (something) further back *tuo taempi kuppi* that cup further back
taeta 1 (ajallisesti) go back (in time), (psyk) regress *Takenen jälleen lapsuusvuosiin* This takes me back to my childhood days again **2** (paikallisesti) go backwards, retrace your steps
taffeli 1 (piano) square piano **2** (pöytä) buffet table **3** (vuori) mesa
taffelivuori mesa
tafti taffeta
tahallaan on purpose, intentionally
tahallinen intentional
tahansa ever *kuka tahansa* whoever *mikä tahansa* whatever *miten tahansa* however *milloin tahansa* whenever *missä/mihin/minne tahansa* wherever *Mistä tahansa tuletkin* Wherever you come from
tahaton unintentional, accidental
tahattomasti unintentionally, accidentally
tahdas paste
tahdikas tactful, diplomatic, discreet
tahdikkaasti tactfully, diplomatically, discreetly
tahdikkuus tact, diplomacy, discretion
tahdistaa synchronize
tahdistin pacemaker
tahdistus synchronization
tahditon 1 (epätahtinen) out of rhythm, arrhythmic **2** (epähieno) tactless
tahdittaa bar, divide (music) into measures
tahdittomasti tactlessly, indiscreetly
tahdittomuus tactlessness, indiscretion
tahdoit tai et whether you want to or not, willy-nilly
tahdonalainen voluntary
tahdonvoima willpower
tahdoton involuntary
tahko 1 (geom) face **2** (juustotahko) (cheese) wheel **3** (tahkokivi) grindstone, (tekn) grinder
tahkota grind, whet/sharpen (something on a grindstone)
tahma sticky/gooey substance, (ark) goo; (kielessä) fur
tahmainen sticky, gooey; (kieli) furred, coated
tahmea (pinta) sticky; (neste) thick, viscous
tahmeasti stickily
tahmeta get/become sticky, (maalista myös) get tacky
tahna (hammastahna) toothpaste, (voileipätahna) spread
taho quarter, level *Siltä taholta ei voi odottaa mitään* Nothing can be expected from that quarter *Ylemmät tahot ovat päättäneet* The higher-ups have decided; the decision was made higher up, at higher levels; the decision came from above
tahra (myös kuv) spot, stain, blemish
tahraantua spot, stain, soil
tahraantumaton 1 (ei tahraannu) stain-resistant, stain-proof **2** (ei ole tahrattu) unstained (myös kuv)
tahrainen stained (myös kuv)
tahraton (myös kuv) unsoiled, clean; (vain kuv) impeccable
tahria spot, stain, soil, dirty *tahria sormensa liimaan* get glue on your fingers
tahriintua spot, stain, soil
tahti 1 (mus: viivojen välissä) bar; (tahtilaji) time (signature); (poljento) time, beat, rhythm, tempo *8-tahtinen johdanto* eight-bar intro *3/4-tahti* three-four time *lyödä jalalla tahtia* beat time with your foot, tap your foot to the beat *kävellä samassa tahdissa* walk in step *marssia rumpujen tahdissa* march to a drum cadence *pysyä tahdissa* (musiikissa) stay on the beat, (marssissa) stay in step, (soudussa) stay in stroke, (jonkun kanssa) keep up (with someone) *eksyä tahdista* (musiikissa) get off (the) beat, (marssissa) get out of step *Tahdissa, mars!* Double-time, march! **2** (elämän) tempo, rhythm; (vauhti) pace **3** (moottorin) stroke *4-tahtinen moottori* four-stroke engine
tahtilaji time

tahtilajimerkintä time signature
tahtilepo (runoudessa) caesura
tahtimerkintä time signature
tahtimittari metronome
tahtipuikko baton *toimia jonkun tahtipuikon mukaan* follow someone's lead, march to someone's drum
tahtiviiva bar (line)
tahto will, volition; (toivomus) wish(es), request *viimeinen tahto* (testamentti) last will (and testament); (toivomus) last/final request/wish *vapaa/hyvä/paha tahto* free/good/ill will *Tapahtukoon sinun tahtosi myös maan päällä niin kuin taivaassa* Thy will be done on earth as it is in heaven *ehdoin tahdoin* deliberately, intentionally, on purpose
tahtoa 1 (saada aikaan tahdonvoimalla) will, resolve **2** (haluta) want, wish, desire *Tahdotko lisää kahvia?* Would you like some more coffee? *Tahdon kotiin!* I want to go home! *Se tahtoo sanoa että* (ihminen) What he's getting at is, what she's trying to say is; (sana, fraasi) it means, the implication is *Tahdon* (vihkiäiskaavassa) I do **3** (taipua) tend to, have a tendency to, be inclined to *Niin siinä tahtoo käydä* That's the way these things (usually/often) go **4** *Mitä tämä tahtoo sanoa?* What does this mean? What is this trying to say?
tahtomattaan 1 (vastoin tahtoaan) against your will **2** (tahattomasti) unintentionally, accidentally
tai or *tai muuten* or else *tai paremmin* or rather
taianomainen magical
taide art
taideaine art
taideakatemia art school/college, academy of the arts
taidearvostelu art review
taide-esine work of art, objet d'art
taidegalleria art gallery
taidegrafiikka graphic art
taidehistoria art history
taidekasvatus art education
taidekokoelma art collection
taidekäsityö arts and crafts
taidekäsityöläinen artisan
taidelukio high school for the visual arts
taidemuoto art form *taidemuodot* the various arts
taidemuseo art museum
taidenautinto aesthetic enjoyment
taidenäyttely art exhibition
taideproosa literary prose
taiderunous poetry
taideteollinen pertaining to industrial art
taideteollisuus industrial art
taideteos work of art
taidokas 1 (ihminen) skillful **2** (teos) well/skillfully made/done/executed
taidokkaasti skillfully
taidollinen 1 skillful **2** (taitoon liittyvä) skill-related *taidolliset puutteet* deficiencies in skill
taidonnäyte demonstration of skill
taidoton unskilled, unskillful
taifuuni typhoon
taika magic (myös kuv)
taikaisku *kuin taikaiskusta* as if by magic, as if at the wave of a magic wand
taikakeino magic *käyttää taikakeinoja* use magic, wave your magic wand *taikakeinoin* by magic
taikalamppu magic lamp
taikasauva magic wand
taikatemppu magic trick
taikausko superstition
taikauskoinen superstitious
taikavoima magic(al power)
taikina (vaivattava) dough, (nestemäinen) batter, (tahna) paste
taikka or (ks tai)
taikoa conjure; (taikuri) do magic tricks, (noita) cast spells *taikoa joku sammakoksi* turn (someone) into a frog *taikoa jänis hatusta* pull a rabbit out of a hat *Mistä nyt senkin rahan taion!* Where am I going to find that (kind of) money?
taikuri magician, wizard; (ark) whiz
taikuruus wizardry (myös kuv)
taimen trout
taimi (puun) sapling; (kasvin) seedling
taimitarha nursery

taimpana furtherst back, all the way at the back
tai muuta sellaista and so on, et cetera
tainnoksissa unconscious, insensible; (ark) out cold
tainnuttaa knock (someone) unconscious, stun
taintua faint, lose consciousness, (ark) pass out)
taipale (matka) trip, journey; (vaihe) leg (of the trip)
taipua **1** (fyysisesti) bend, give **2** (henkisesti) give in, yield; (alistua) submit; (suostua) consent, agree **3** (kielellisesti) (be) inflect(ed); (substantiivi, adjektiivi) (be) decline(d); (verbi) (be) conjugate(d) **4** (fys) diffract
taipuilla sway, wave
taipuisa flexible, (com)pliant, pliable
taipumaton inflexible (myös fyysisesti), uncompromising, unyielding, unbending
taipumattomuus inflexibility
taipumus tendency, inclination, propensity, (pre)disposition *Sinulla on taipumus myöntyä kun haluat kieltäytyä* You tend to say yes when you mean no
taipuvainen **1** (taipuisa) flexible, (com)pliant, pliable **2** (tekemään jotakin) inclined, (pre)disposed *olla taipuvainen tekemään jotakin* tend to do something, have a tendency to do something, be apt/inclined/disposed to do something
taistelija fighter, warrior
taistella fight, (do) battle (with/against), combat, struggle (with/against)
taistella tuulimyllyjä vastaan tilt against windmills
taistelu fight, battle, combat, struggle
taistelukelpoinen battle-ready, fit for battle/combat
taistelukenttä battleground, battlefield
taistelukykyinen battle-ready, fit for battle/combat
taistelukärki warhead
taistelulaiva battleship
taistelulaulu battle song
taistelulento combat mission
taistelulentokone combat (air)plane
taistelulentäjä combat pilot
taistelunhalu feistiness, pugnacity, bellicosity, belligerence
taistelunhaluinen feisty, pugnacious, bellicose, belligerent
taistelusukeltaja frogman
taistelutahto fighting spirit, morale
taistelutoveri comrade-in-arms
taisteluvahvuus battle strength
taisteluvalmis battle-/combat-ready
taisteluvarustus combat gear
taisteluväsymys combat fatigue
taisto battle, combat, fray
taitaa *pääv* know, master, command, have a command/mastery of, have a proficiency in *Hän taitaa englantinsa* She knows her English
apuv **1** (voida) can *Taidatko sanoa sitä sen paremmin?* Could you say it any better? **2** *Ei hän taida tulla* He's probably not coming, I don't think she's going to show up
taitamaton inexpert, inexperienced, unskilled, unskillful, incompetent, incapable, unable
taitava expert, experienced, skilled, skillful, competent, (cap)able
taitavasti expertly, skillfully, competently, (cap)ably
taitavuus expertise, skill, competence, (cap)ability
taite **1** (paperin) fold, (kankaan) crease **2** (putken tms) bend, curve **3** (vuosisadan tms) turn *vuosisadan taitteessa* at the turn of the century
taiteellinen artistic
taiteentutkimus art scholarship/research
taiteikas artful
taiteilija artist
taiteilijakortteli artists' quarter
taiteilijanapuraha artist fellowship/grant
taitelijaneläke artist pension
taiteilijanero artistic genius
taiteilijanimi professional name; (kirjailijan) pen name, nom du plume; (näyttelijän) stage name

taiteilijaprofessori (vapaa) honorary arts professor, (yliopistossa) artist-in-residence
taiteilijasielu artistic type
taiteilla 1 (tasapainoilla) balance **2** (tehdä taitavasti) do (something) skillfully/artfully/brilliantly *Maalivahti taiteili pallon hyppysiinsä* The goalie made a brilliant save **3** (saada aikaan taitavasti) finagle *Puoluejohtajat taiteilivat kansanedustajille 5 000 markan palkankorotuksen* The party bosses finagled a five-thousand-mark-a-month raise for members of parliament
taitella (ruumista, oksia tms) bend; (lautasliinoja) fold
taiten skillfully
taito skill; (ruoanlaiton tms) art, knack; (kielen tms) proficiency, command, mastery *Minulla on taidot vähän ruosteessa* I'm a little rusty (at this)
taitoinen able, skilled in *lukutaitoinen* literate, able to read
taitolento aerobatics, stunt flying
taitoluistelu figure skating
taitoniekka expert, virtuoso; (ark) whiz
taitos fold, crease
taitotieto know-how
taitouinti water ballet
taitovoimistelu gymnastics
taittaa 1 (paperi tms) fold *taittaa sivun kulma* dogear a page(/book) *taittaa haulikko* break a shotgun *taittaa kokoon* fold (something) up, (veitsi9 close, snap shut **2** (niska tms) break **3** (fys = valo) refract **4** (sivu toimituksessa) lay out **5** (matka) do, cover a (certain) distance *taittaa 500 km:n matka neljässä tunnissa* go 500 km in four hours
taittaa peistä break lances with someone
taittaen (voimistelussa) with pike
taitto 1 (sivun) layout **2** (urh) pike
taittohyppy (voimistelussa9 pike jump; (uimahyppy) jackknife, (vanh) pike
taittokyky refractive power
taitto-ovi folding door
taittovirhe astigmatism
taittua 1 (paperi tms) fold (up) **2** (niska tms) break **3** (fys = valo) be refracted **4** (matka) pass *Matka taittui nopeasti* The miles flew by, the trip was over quickly
taituri wizard, (ark) whiz; virtuoso
taiturillinen masterly, virtuoso
taituroida do something with grace *Hän taituroi riman yli* He somehow managed to clear the bar
taituruus wizardry, virtuosity
taivaallinen heavenly (myös kuv)
taivaanisä (our) heavenly father
taivaankansi the vault/dome of heaven
taivaan lintu *vapaa kuin taivaan lintu* free as a bird
taivaabmerkki 1 (enne) heavenly portent **2** (horoskoopissa) sign (of the zodiac) **3** *Kyllä minä hänelle taivaanmerkit näytän!* I'll get him for this, he'll pay dearly for this
taivaanranta horizon
taivaanvaltakunta the kingdom of heaven
taivaaseen astuminen ascension (to heaven) *Kristuksen taivaaseenastumisen päivä* Ascension Day
taivainen heavenly
taival (matka) trip, journey; (vaihe) leg (of the trip)
taivallus journey
taivaltaa travel, journey, tramp
Taiwan Taiwan
taiwanilainen *s, adj* Taiwanese
taivas 1 (fyysinen) sky, (run) the heavens *Voi taivas!* Heavens! *kaikkea taivaan ja maan välillä* everything under the sun *tie on auki taivasta myöten* the sky's the limit *olla seitsemännessä taivaassa* to be in seventh heaven *taivasta kohti* skyward(s), up to the skies *vanha kuin taivas* as old as Methusaleh, as old as the hills *räjähtää taivaan tuuliin* be blown to kingdom come *kadota taivaan tuuliin* vanish into thin air **2** (usk) heaven *päästä taivaaseen* go to heaven *taivas suokoon että* heaven grant that *taivas tietää* heaven knows *taivasta kohti* heavenward *taivaan tähden* for

heaven's sake *taivas varjelkoon* heaven help us
taivasalla out(-of-)doors, under the stars
taivasosa birthright
taivastella 1 (katsella) gaze/stare (wistfully/longingly) **2** (vetkutella) dawdle, dillydally
taive bend
taivutella coax, wheedle, (try to) persuade (someone to do something)
taivuttaa 1 (fyysisesti) bend, (raajaa) flex **2** (henkisesti) coax, persuade, get (someone) to do something **3** (kielellisesti) inflect; (substantiivia, adjektiivia) decline; (verbiä) conjugate
taivutus 1 (fyysinen) bending, flexion **2** (henkinen) coaxing, persuasion **3** (kielellinen) inflection, declination, conjugation
taivutuskaava paradigm
taivutusluokka (substantiivien) declension, (verbien) conjugation
taivutusmuoto inflection
taivutuspääte inflectional ending
taivutusvartalo inflectional stem
taju 1 (aisti) sense; (käsitys) conception, idea, notion *Sulla ei ole mitään tajua siitä mitä me ollaan täällä tehty sun hyväkses* You have no conception of what we've been doing for you here **2** (tajunta) consciousness, awareness *menettää taju* lose consciousness, (ark) go out cold *tulla tajuihinsa* regain consciousness, (ark) come to
tajuamaton 1 (joka ei tajua) unaware, ignorant, oblivious **2** (jota ei tajua) incomprehensible, unfathomable, unimaginable *tajuamattoman nopea* unimaginably fast
tajuinen 1 (tajuissaan oleva) conscious *puoliksi tajuinen* half-/semi-conscious *alitajuinen* subconscious **2** (tietoinen) conscious, aware *tulla tajuiseksi jostakin* become conscious/ aware of something **3** (ymmärrettävä) accessible *helppotajuinen* easily accessible *kansantajuinen* popular, accessible
tajuissaan conscious
tajunnanvirta stream of consciousness
tajunnanvirtaromaani stream-of-consciousness novel
tajunta consciousness, the conscious mind, awareness
tajuta understand, realize, grasp, be(come) aware/conscious of; (ark) see, get *Tajuutsä?* Ya get it?
tajuton 1 unconsciousness, senseless, (ark) out cold **2** (ark = muissa maailmoissa) out of it
tajuttomuus unconsciousnessness, coma
taka- back, (auton) rear, (anat) posterior, (eläimen) dorsal
takaa from behind; (toiselta puolelta) from the other side of, from across *haudan takaa* from beyond the grave *Takki on takaa revennyt* This coat is torn in the back *Tunnemme toisemme vuosien takaa* We go way back (years and years)
takaa-ajaja pursuer
takaa-ajo chase, pursuit
takaaja guarantor *olla lainan takaajana* guarantee a loan, stand surety for a loan
taka-ajatus ulterior motive, an axe to grind
taka-ala background *jäädä taka-alalle* be ignored/neglected/forgotten
takaapäin from behind, from the back *puukottaa jotakuta takaapäin* stab someone in the back (myös kuv)
takaikkuna rear window
takainen 1 (vokaali) back **2** *jonkin takainen* behind something, in back of something
takaisin back, re- *sinne ja takaisin* there and back *maksaa takaisin* repay, pay (someone/something) back *Haluan takaisin* I want to go back
takaisinkelaus rewind
takaisinkelauspainike rewind button, rewind
takaisinkytkentä feedback
takaisinmaksu refund, reimbursement, (velan) repayment

takaisinosto repurchase
takaisinostosopimus repurchase agreement
takaisinponnahdus rebound
takaisku setback
takajalka hind leg *nousta takajaloilleen* (fyysisesti) rear up on your hind legs; (kuv) get your back up, raise your hackles
takakansi 1 (kirjan) back cover **2** (laivan) aft(er) deck
takakautta (ihmisen tms) from behind; (talon tms) the back way, through the back door/entrance, around back
takakenossa leaning back(wards)
takakenttä 1 (kenttä tenniksess tms) backcourt, (pesäpallossa) outfield **2** (pelaajat) the outfield(ers)
takakenttäpelaaja (pesäpallossa) outfielder, (muu) back
takakierre backspin
takakäteen 1 (myöhemmin) later, afterwards, subsequently **2** (taaksepäin) backwards
takalinja (sodassa) rear
takalisto 1 (takaosa) back, rear, (maatilan) back forty, (pihan) far end *etsiä onkimatoja tallin takalistolta* dig for worms behind the barn; (näyttämön) stage rear **2** (pään takaosa) *raapia takalistoaan* scratch the back of your head **3** (syrjäseutu) backwoods, (run) hinterlands; (ark) boondocks, boonies, sticks **4** (takamus) backside, rear end *housujen takalisto* the seat of the/your pants
takallinen 1 (jossa on takka) (something) with a fireplace *takallinen leivinuuni* a woodstove with a fireplace **2** (takan täysi) armload, armful *Poltettiin kolme takallista puita* We burned three armloads of firewood
takalukossa double-locked, (kuv) deadlocked
takamaa hinterland, backwoods
takamies (koripallossa) guard
takamus 1 (ihmisen) rear (end), backside, bottom, behind **2** (eläimen) rump, hindquarters **3** (housujen) seat
takana behind
takanapäin behind (someone), (kuv) behind (someone's) back *Se aika on nyt takanapäin* That's all behind us/you now, that's old history, that's water under the bridge
takanojassa leaning back(wards)
takanurkka back/rear/far corner
takanäyttämö stage rear
takaosa back, rear
takaovi 1 back/rear door, (julkisen rakennuksen) back/rear entrance **2** *takaoven kautta* (salaa) under the counter
takapajuinen backward
takapajula (kylä) hick town, one-horse town, wide place in the road
takapakki *ottaa takapakkia* (alkaa peräytyä) back-pedal, (kokonaan) back out *Sitten tuli takapakkia* Then we/he hit a snag, then they discovered a problem/hitch
takaperin backwards
takaperoinen 1 (takaperin tapahtuva) backward **2** (taantuva) backward, retrograde **3** (nurinkurinen) topsy-turvy, ass-backward
takapiha back yard
takapiru 1 (vallankäyttäjä) puppet-master *Tässä on joku takapiru* Someone's pulling our strings here **2** (korttipelissä) kibitzer
takaportti 1 (pihan) back/rear gate **2** (sopimuksen) escape clause
takapuoli 1 back(side), rear *jonkin takapuolella* in the back of something, behind something **2** (takamus) rear (end), backside, bottom, behind
takapuskuri back/rear bumper
takapyörä rear wheel, (rengas) rear tire
takapyörävetoinen rear-wheel drive
takapää rear (end)
takaraivo occiput, (ark) back of the head
takaraja 1 (urh) back line, (tenniksessä) baseline **2** (määräaika) deadline
takarivi back row
takaruumis (hyönteisen) abdomen

takasuora back stretch
takatalvi spring/summer frost
takatasku back/hip pocket *Hänellä on jotakin takataskussaan* She's got something up her sleeve
takauma flashback
takaus guarantee, surety
takautua return (to), go back (to)
takautuva retroactive
takautuvasti retroactively
takavalo taillight
takavarikko confiscation
takavarikoida confiscate, seize, (ark) take away; (poliisi-/sotilas-tarkoituksiin) commandeer
takaveto rear-wheel drive
takavetoinen rear-wheel-drive
takaviistossa leaning backwards, at a backwards slant
takavokaali back vowel
takavuosina in the/years past, in past years
takellella **1** (puheessa) stammer, stutter **2** (kehityksessä) stop and start, be spasmodic/halting/erratic
takeltaa stammer, stutter
takeltelu stammering, stuttering, erratic progress
takeneva **1** (psyk) regressive **2** (sukututkimuksessa) ascending *takenevassa polvessa* in an ascending line
takerrella stumble, fumble, flounder *takerrella sanoissaan* stumble over your words
takertua cling (to), seize (on)
takertuminen clinging
takia **1** (syystä) *Sinun takiasi myöhästyin* (sinun vikasi oli) I was late because of you, on account of you, due/owing to you *minkä takia* what for, why **2** (hyväksi) for (the sake of) *Sinun takiasi menin* (sinun eduksesi) I went there for you
takiainen burr (myös kuv) *takertua johonkuhun kuin takiainen* cling/stick to someone like a burr
takila rig(ging), tackle
takimmainen (farthest/furthest) back, rear
takka fireplace *takan ääressä* by the fire/hearth
takkahuone fireplace room
takkatuli fire in the fireplace
takki jacket, coat *saada takkiinsa* (fyysisesti) get the stuffing beat out of you; (rahallisesti) lose your shirt, take it in the shorts
takku tangle, (ihmisen tukassa) snarl
takkuinen tangled
taklata tackle
taklaus tackle
takoa (tehdä takomalla) forge; (lyödä, myös kuv) beat, pound, hammer *takoa kun rauta on kuumaa* strike while the iron is hot
takomo forge
takorauta wrought iron
taksa rate, price, fare
taksi taxi, cab
taksiasema taxi stand
taksikuski taxi/cab driver, cabbie
taksoittaa assess, appraise *taksoittaa työnsä* set an hourly rate for your work
taksonomi taxonomist
taksonomia taxonomy
taksonominen taxonomical
taksvärkki (hist) workday, (koululaisten) work-a-thon
taktiikka tactics
taktikko tactician
taktikoida (suunnitella) plan (your) tactics; (toimia) do something strategically
taktinen tactical
takuu **1** (koneen tms) guarantee, warranty *mennä takuuseen* (jostakin) guarantee, (jostakusta) vouch for **2** (lainan tms) surety, security **3** (vangin) bail *vapauttaa takuita vastaan* release on bail
takuuaika warranty period
takuuhinta guaranteed price
takuuhuolto warranty service
takuukorjaus warranty repair
takuulla absolutely, definitely, certainly; (ark) for sure, (interj) you bet(cha)
takuupalkka guaranteed salary

takuutodistus warranty
takykardia tachucardia
talas boathouse
talassofobia thalassophobia
talassokratia thalassocracy
talassologi thalassologist
talassologia thalassology
talentti talent
tali tallow
talidomidi thalidomide
talidomidilapsi thalidomide child
talikko pitchfork
talja 1 (eläimen) skin, hide, fur **2** (väkipyörästö) pulley, tackle
talkki talcum, (ark) talc
talkoohenki neighborly/ community/pitch-in-and-help spirit
talkoot community effort; (hist) bee *sadonkorjuutalkoot* harvest bee *ompelutalkoot* sewing bee
tallata trample/tread (on)
tallella (jäljellä) left, (olemassa) extant *Onko sinulla vielä tallella* Do you still have
tallelokero safe-deposit box
tallenne record(ing)
tallentaa record
tallessa (turvassa) in safekeeping *ottaa talteen* (panna turvaan) put (something) in a safe place, set (something) aside (where it won't get broken/lost); (tallentaa) record
tallettaa deposit
tallettaja depositor
talletus deposit
talletustodistus 1 (pankin) certificate of deposit, CD **2** (varaston) warehouse receipt
talli 1 (hevosen) stall, stable **2** (autourheilun) stable, team **3** (autotalli) garage
tallustaa trudge/shamble/plod (along/off)
tallustella trudge/shamble/plod (along)
talo 1 (rakennus) building *kerrostalo* apartment building *parkkitalo* parking garage **2** (omakotitalo) house **3** (ark = firma) house *talon lehti* house organ *Talo tarjoaa* It's on the house **4** (maatila) farm
talonmies janitor, custodian
talonpoika peasant
talonpoikainen peasant
talonpoikaisjärki common sense
talonvaltaus the occupation of a building
talonväki (members of the) household
taloudellinen 1 (liiketaloudellinen tms) economic, financial **2** (säästäväinen) economical, thrifty
taloudellisesti economically
taloudellisuus economicality, economy
taloudenhoitaja housekeeper
taloudenhoito housekeeping
talous 1 (yhden talon väki) household, (rahat) finances **2** (koko maan rahat) economy
talousalue economic region
talousarvio budget
talouselämä economy, economic/ commercial/financial life
taloushistoria economic history
talousihme economic miracle
talouspakote economic sanction
talouspolitiikka economic policy
taloussuunnittelu economic planning
taloustavara household goods
taloustiede economics, (ark) econ
taloustieteellinen economic
talousuudistus economic renewal/ reform
talousuudistusohjelma economic renewal/reform program
talsia trudge, shamble, plod
taltioida (arkistoon) file, (nauhalle) record
taltiointi recording *konserttitaltiointi* recorded/televised concert, (elokuva) concert movie/video
taltta chisel
talttua calm/settle down, subside
taltuttaa (tyynnyttää) calm/settle down, pacify; (eläintä) curb; (intoa tms) restrain
taluttaa lead *sokea sokeaa taluttamassa* the blind leading the blind
talutusnuora leash

talvehtia (spend/pass the) winter; (olla talviunesssa) hibernate
talvenkestävä (kasvi) hardy, (talo) winter-proof(ed)
talvi winter
talviaamu winter morning
talvikausi the winter season
talvikäyttö winter use
talvimaisema winter landscape/ scene
talvinen winter, wintry
talviolympialaiset the Winter Olympics
talvipäivänseisaus winter solstice
talvisaika winter *talvisaikaan* in the winter
talvisin in the winter, winters
talvisota the Winter War
talviteloilla in dry dock for the winter
talviurheilu winter sport(s)
talvivaatteet winter clothes/clothing
talvivarustus winter equipment
tamineet gear, duds, togs
tamma mare
tammi 1 (puu) oak **2** (peli) checkers
tammikuinen January
tammikuu January
tammipakkanen January cold/ freeze
tammiparketti oak parquet (floor)
tammukka brown trout
tampata 1 (maata) trample/tread/tamp (down/flat) **2** (mattoa) beat
tamperelainen *s* person from Tampere *adj* (pertaining to) Tampere
tamponi tampon
tamponoida (plug something with a) tampon
tanakka sturdy, solid, husky
tandempyörä tandem bicycle
tangentti tangent
tango tango
tanhu (Finnish) folk/square dance
tanhuta (folk/square) dance
tankata 1 (auto) fill the tank, get some gas, gas/tank up; (lentokone) refuel **2** (takellella) stammer, stutter; (jankuttaa) harp on
tankkaus (auton) filling, (lentokoneen) refueling
tankki tank *Tankki täyteen ysiseiskaa/ lyijytöntä* Fill 'er up with premium/ unleaded
tanko bar *ohjaustanko* handlebars
tanner ground, field *taistelutanner* battleground/-field
Tansania Tanzania
tansanialainen *s, adj* Tanzanian
tanska Danish
Tanska Denmark
tanskalainen *s* Dane *adj* Danish
tanskan kieli Danish
tanssi dance
tanssia dance; (eri tansseja: valssia) waltz (myös kuv), (tangoa) tango, jne *tanssia jonkun pillin mukaan* dance to someone's tune, march to someone's drum
tanssiaiset dance, (hieno) ball
tanssielokuva dance movie
tanssija dancer
tanssit dance *mennä tansseihin* go to a dance, go out dancing
tanssittaa dance (with someone), spin (someone around the floor)
taolainen Taoist
taolaisuus Taoism
tapa 1 (tapa tehdä) way, manner, (keino) means *Et tietäis parempaa tapaa tehdä tätä?* You wouldn't happen to know (of) a better way of doing this, would you? *millä tavalla* how, in what way *tavallaan, tavalla tai toisella* ks hakusanat **2** (pinttynyt tapa) habit, custom, way *päästä tavasta* break a/the habit *parantaa tapansa* mend your ways *tapana, tapansa mukaisesti, tavan takaa* ks hakusanat **3** (yhteisön normatiivinen tapa) custom, tradition, convention, norm *Maassa maan tavalla* When in Rome, do as the Romans do **4** *tavat* (käytöstavat) manners *noudattaa hyviä tapoja* mind your manners, be on your best behavior
tapaamisoikeus visitation/visiting rights

tapahtua happen, occur, take place *Mitä helvettiä täällä tapahtuu?* What the hell is going on here?
tapahtuma 1 event, incident, occurence, occasion, happening *tapahtumien kulku* the course of events **2** (tilitapahtuma tms) transaction
tapahtumaköyhä uneventful
tapailla 1 (ihmistä) see, go out with, date **2** (sanoja tms) grope/fumble for
tapailla hymyä try to smile, give a halfhearted/feeble smile
tapailla sävelmää pianosta pick out a song on the piano
tapailu going out (together), dating
tapainen 1 -like, -mannered *miekantapainen* sword-like *pahatapainen* ill-mannered *juuri hänen tapaistaan* just like him **2** (jonkinlainen) some sort of *olla juoksupojan tapaisena kaupassa* work in a store as some sort of errand boy *hymyntapainen huulillaan* with a half-smile on her lips
tapakristitty nominal Christian
tapana *olla tapana* be in the habit of, have a habit of doing *Minulla oli tapana kulkea tuntikausia metsässä* I used to roam through the woods for hours, I would wander through the woods for hours on end *kuten on tapana sanoa* as the saying goes *pitää tapanaan* make a habit of doing
tapani Boxing Day
tapaninpäivä Boxing Day
tapansa mukaisesti as usual/always *Opettaja meni tapansa mukaisesti ensimmäiseksi taululle* As always the teacher went straight to the board
tapaoikeus case law
tapattaa 1 (eläin) have (it) put to sleep **2** (ihminen laillisesti) have (someone) executed; (laittomasti) have (someone) killed/hit, put a contract out on (someone), put a hit on (someone) *tapattaa itsensä* get yourself killed
tapaturma accident
tapaturmaisesti accidentally
tapaturmavakuutus accident insurance
tapauksessa *parhaassa/pahimmassa tapauksessa* at best/worst *joka tapauksessa* in any case/event, at any rate, anyway/how *ei missään tapauksessa* in no case, under no circumstances *yhdeksässä tapauksessa kymmenestä* nine times out of ten, in nine cases out of ten
tapauksittain case by case
tapaus 1 (tapahtuma) event, incident, occurrence, occasion *iloinen tapaus* a happy occasion/occurrence **2** (yksittäinen) case, instance *joka tapauksessa* ks tapauksessa
tapauskohtainen case-by-case
tapella fight (myös sanoilla)
tapetoida (put up) wallpaper *tapetoida seinät* paper the walls
tapetti wallpaper *olla tapetilla* (julkisuudessa) be in the public eye, be getting a lot of attention; (kehitteillä) be on the drawing board
tappaa kill, murder, slay; (salaa) assassinate; (sl) hit, knock/bump off, rub out
tappaja killer, murderer, assassin, hitman
tappava lethal, deadly, killing *tappava vauhti* killing/numbing pace
tappavasti lethally
tappelu fight (myös sanallinen)
tappelupukari scrapper, brawler
tappi 1 peg, plug, bung, tap **2** (ark) *iso tappi* big shot *lyhyt tappi* shrimp
tappio 1 (sot, urh) defeat (myös kuv) *kärsiä tappio* suffer a defeat *olla tappiolla* be losing/behind **2** (liik) loss (myös kuv) *käydä/myydä tappiolla* run/sell at a loss
tappiomieliala defeatism
tappo 1 kill(ing), slaying **2** (lak: kuolemantuottaminen) homicide, (huolimattomuudesta aiheutuva) manslaughter
tapuli 1 (kellotapuli) belltower **2** (karkko) stack
taputella pat, tap *taputella olkapäälle* pat (someone) on the back
taputtaa 1 (selkään tms) pat, tap; (lujasti) slap, clap *taputtaa jotakuta päähän* pat someone on the head; (kuv)

condescend to someone, patronize someone **2** (käsiään) clap, applaud

taputus 1 (selkään tms) pat, tap; (luja) slap, clap **2** (suosionosoitus) clap(ping), applause

tarha 1 (karjatarha) pen, enclosure; (hevostarha) corral, paddock; (lammastarha) sheepfold **2** (puutarha) garden; (hedelmätarha) orchard **3** (minkkitarha) mink farm/ranch **4** (lastentarha) kindergarten

tariffi (tuontitariffi tms) tariff; (taksa) rate, price, charge, fee

tarina story, tale, anecdote

tarinoida 1 (kertoa tarinoita) tell stories, spin yarns **2** (jutella) chat, talk, rap, pass the time of day, shoot the breeze

tarinointi 1 story-telling **2** (juttelu) chatting, talking, rapping

tarjeta be warm enough, withstand the cold *Tarkenetko?* Are you warm enough?

tarjoilija (mies) waiter, (nainen) waitress

tarjoilla wait (on tables), be a waiter/waitress, serve *Teille ei tarjoilla enää* You've had enough, we can't serve you any more

tarjolla available *Tarjolla on useita vaihtoehtoja* There are several options

tarjonta 1 (tavaroiden) supply **2** (TV-ohjelmien) offerings, (ark) what's on **3** (lääk) presentation *perätarjonta* breech presentation

tarjota 1 (tarjoutua antamaan) offer (myös huutokaupassa:) bid *tarjota apuaan* offer your help/assistance, offer to lend a hand *tarjota enemmän* outbid (someone) **2** (suoda) offer, present, provide, afford *tarjota hyvä esimerkki jostakin* be a good example of, exemplify perfectly *Tehdas tarjoaa työpaikkoja 500:lle* The factory will employ 500 people, will provide jobs for 500, will create 500 jobs **3** (maksaa toisen puolesta, kustantaa) treat *Minä tarjoan tänään* This is my treat, tonight's on me *Talo tarjoaa* It's on the house **4** (tarjoilla) serve, (ojentaa) pass

tarjotin tray

tarjous 1 (ehdotus) offer, bid **2** (alennusmyyynti) sale *tarjouksessa* on sale, reduced price

tarjoutua 1 offer/volunteer (to do something, your services) **2** (lääk) present

tarkalleen exactly, precisely

tarkastaa 1 (suorittaa tarkastus) inspect, (sot myös) review **2** (tutkia) examine, test, check; (tilit) audit; (etsiä) (conduct a thorough) search

tarkastaja inspector

tarkastamo testing station/plant

tarkastelija observer

tarkastella study, examine, consider, look at; (tarkkailla) observe

tarkastelu study, examination, consideration, observation

tarkastus inspection

tarkata 1 monitor, watch/study closely/carefully/alertly **2** (herkistää) strain (your eyes/ears)

tarke diacritic(al mark)

tarkennin focus

tarkennus focus(ing)

tarkentaa 1 (kameraa, projektoria) focus **2** (asiaa) define, delineate, specify, particularize, itemize

tarkentua sharpen

tarkistaa 1 (varmistaa) check, verify **2** (muuttaa) revise, correct *tarkistaa ylöspäin* revise upwards, (ark) up

tarkistus 1 (varmistus) check(ing), verification **2** (muutos) revision, correction

tarkka 1 (mittaus tms) accurate, exact, precise **2** (ihminen: säntillinen) precise, punctual, meticulous; (nirso) particular, picky **3** (aisti, kuva) sharp **4** (selvitys) close, full, exhaustive; (yksityiskohtainen) detailed **5** (tarkkaavainen) attentive, alert

tarkka-ampuja sharpshooter; (sala-ampuja) sniper

tarkkaan accurately, exactly, precisely, punctually, closely, fully, in detail, attentively, alertly (ks tarkka)

tarkkaavainen attentive, alert

tarkkaavaisesti attentively, alertly

tarkkailija observer
tarkkailla observe, watch; (virallisesti: esim lääk) monitor
tarkkailu observation, monitoring
tarkkailuluokka special-education class
tarkkapiirtoinen (TV tms) fine-resolution, high definition (TV) *tarkkapiirtotelevisio* HDTV
tarkkarajainen clearly defined
tarkkasilmäinen sharp-eyed; (kuv) observant, discerning
tarkkuus accuracy, exactitude, precision
tarkoin closely
tarkoittaa 1 mean; (sanakirjan mukaan) denote, signify; (viitata johonkin/ johonkuhun) refer to **2** (joksikin, jollekulle) mean, intend, aim, design *Tarkoitin sen sinulle* I meant/intended it for you, it was supposed to be for you *Hän tarkoittaa hyvää* She means well
tarkoittaa totta mean it/business
tarkoituksellinen 1 (tahallinen) intentional **2** (jolla on jokin tarkoitus) purposeful
tarkoituksellisesti intentionally, purposefully (ks tarkoituksellinen)
tarkoituksenmukainen (asiallinen) appropriate, suitable; (toimiva) functional; (tuottava) productive; (edullinen) expedient
tarkoituksenmukaisesti suitably, appropriately, functionally, productively, expediently (ks tarkoituksenmukainen)
tarkoituksenmukaisuus appropriateness, suitability, expedience
tarkoitukseton purposeless, useless, pointless
tarkoitus 1 purpose, function *elämän tarkoitus* the meaning of life *täyttää tarkoituksensa* serve its purpose, fulfill its function *Mikä tämän vekottimen tarkoitus on?* What's this thing for? **2** (aikomus) intent(ion) *Tarkoitus oli että sinä tulet ensin* The idea was to have you arrive first, the way it was supposed to go was you were to enter first *Tarkoitukseni oli hyvä* I meant well, I had good intentions
tarkoitusperä purpose, intention, end, aim
tarkoitus pyhittää keinot the end justifies the means
tarmo energy, vigor; (ark) pep, hustle
tarmokas energetic, vigorous; (ark) peppy, go-getting
tarmokkaasti energetically, vigorously
tarmokkuus energy, vigor, zeal, drive
tarmoton enervated, sluggish, listless
tarpeeksi enough, sufficient/adequate (amounts of), sufficiently, adequately *Onko meillä tarpeeksi viinaa?* Do we have enough booze?
tarpeellinen necessary, essential
tarpeellisuus necessity
tarpeen necessary, essential *Onko tuo tarpeen?* Is that necessary?
tarpeen mukaan according to (someone's) need, as the need arises
tarpeen vaatiessa if need be, if necessary
tarpeen varalta just in case
tarpeessa *needy;* (seksuaalisesti, sl) horny *jonkin tarpeessa* in need of something *Auto olisi pesun tarpeessa* The car could stand washing, could do with a wash(ing)
tarpeeton unnecessary, inessential, useless, extraneous, superfluous
tarpeettomuus uselessness, superfluity
tarpeisto 1 (lak) appurtenances (myös kuv) **2** (teatterin) props (myös kuv)
tarpoa trudge, shamble, stalk, plod
tarra sticker
tarrautua grab/cling onto, (tarttua) stick to
tarttua 1 (takertua) stick (on/to/in), adhere (to), cling (to), catch (on), get caught (on) *Miksei tämä postimerkki tartu?* Why won't this stamp stick on? **2** (tauti, haukotus, hilpeys ym) catch, be catching/infectious/contagious **3** (tarrata) grab (onto), seize, take (ks hakusanat)
tarttua aseisiin take up arms

tarttua asiaan take something up, make something your concern
tarttua härkää sarvista take the bull by the horns (myös kuv)
tarttua syöttiin take the bait (myös kuv)
tarttua tilaisuuteen seize the day
tarttua työhön get down to work/ business, get cracking
tarttuva catching, infectious, contagious; (ark) catchy
tarttuvuus infectiousness, contagiousness
tartunta infection, contagion
tartuntatauti infectious/contagious disease
tartuttaa infect (someone with something) (myös kuv)
taru 1 myth, legend, fable **2** (kuvitelma) fairy-/tall-tale, fantasy *Todellisuus on usein tarua ihmeellisempi* Truth is often stranger than fiction
tarunhohtoinen fabled, fabulous
tarunomainen fabled, fabulous
tarusto mythology
tarve need(s), want(s); (vaatimus) demand, requirement(s) *jos tarve vaatii* if need be, if necessary *Kahvi olisi nyt hyvään tarpeeseen* A cup of coffee would hit the spot right now *rakennustarpeet* building supplies *tehdä tarpeensa* relieve yourself
tarveharkinta discretionary power as to need(iness)
tarvikkeet materials, supplies, equipment, gear, accessories
tarvis need (ks tarve)
tarvita *pääv* need, require *Me tarvitsemme lisää paperia* We need more paper
apuv have/need to *Ei sinun tarvitse mennä* You don't have/need to go
tasaantua even out; (rauhoittua) steady, calm/settle down, normalize
tasa-arvo equality
tasa-arvoinen equal
tasa-arvoisuus equality, egalitarianism
tasa-arvolaki Equality Act
tasa-arvovaltuutettu ombudsman for equality
tasainen 1 even, (tie) level, (litteä) flat **2** (sileä) smooth **3** (muuttumaton) steady; (vakio) constant, uniform **4** (säännöllinen) regular **5** (tyyni) placid, calm
tasaisesti evenly, levelly, flatly, smoothly, steadily, constantly, uniformly, regularly, placidly, calmly (ks tasainen)
tasajako even distribution/sharing/ division
tasajalkaa 1 (hypätä) with both feet *hypätä tasajalkaa* (kuv) be impatient, jump up and down on one foot **2** (marssia) in step
tasalla *jonkin tasalla* level with something *tehtäviensä tasalla* up/equal to your task *tilanteen tasalla* equal to the occasion *nousta tilanteen tasalle* rise to the occasion *ajan tasalla* up to date, current *palaa maan tasalle* burn to the ground
tasaluku 1 (parillinen) even number **2** (pyöreä) round number/figure
tasalämpöinen warm-blooded
tasamaa flatland
tasan 1 (tarkalleen) exactly, precisely *Se tekee tasan 300 mk* That comes to exactly 300 marks *tasan klo 20* at 8 p.m. sharp **2** (tasaisesti) evenly *jakaa tasan* divide up evenly *pelata tasan* tie *tasan 30* 30 all
tasanko plain
tasanne 1 plateau, (penger) terrace **2** (portaikon) landing
tasapaino balance (myös kuv), equilibrium
tasapainoaisti sense of balance
tasapainoilla balance; (kuv) walk a fine line (between this and that)
tasapainoinen (well-)balanced
tasapainotaiteilija equilibrist
tasapainottaa balance, equilibrate
tasapaksu 1 (tukki) same-diameter **2** (kuv) monotonous
tasaparinen abruptly pinnate
tasapeli tie, draw; (tenniksessä) deuce; (šakissa) stalemate
tasapohjainen flat-bottomed

tasapuolinen fair, equitable; (puolueeton) impartial
tasapuolisesti fairly, equitably, impartially
tasapuolisuus fairness, equitability, impartiality
tasaraha exact change
tasasivuinen equilateral
tasasuhtainen 1 (tasamukainen) symmetrical **2** (sopusuhtainen) (well-)proportioned **3** (tasapainoinen) (well-)balanced **4** (tasapuolinen) equitable
tasata 1 (tasoittaa) even out, level; (tukkaa, pensasaitaa tms) trim **2** (sivun oikeaa marginaalia) justify **3** (jakaa tasaisesti) split/divide up/share (evenly)
tasaus leveling, trimming, justification, division
tasavalta republic
tasavaltalainen *s, adj* republican
tasavertainen equal, equally matched, on an equal footing with
tasavirta direct current, DC
tasaväkinen even, well/equally matched
tasaväkisesti evenly, equally
tasavälein at even intervals
tase balance sheet *kauppatase* balance of trade
tasku pocket *maksaa omasta taskustaan* pay (for something) out of your own pocket *tuntea jokin kuin omat taskunsa* know something like the back of your hand
taskukamera pocket camera
taskukello pocket watch
taskukirja pocket book
taskulamppu flashlight
taso 1 level, grade, standard; (geom) plane *samalla tasolla* at the same level as *samassa tasossa kuin* level with *korkean tason virkamies* a high-level/-ranking official **2** (lentokone) plane, (siipi) wing *vesitaso* seaplane **3** (työtaso) work table, desk top; (laskutaso) horizontal surface **4** (mus) pitch
tasoinen -level, -ranking, -grade
tasoissa 1 even (-up/-steven), (pelissä) tied **2** (sujut) quits, even
tasoittaa 1 level/smooth (off/out) **2** (urh) even up (the score), tie (the score)
tasoittua even out
tasoitus 1 leveling, smoothing **2** (urh, esim golfissa) handicap; (tasoitusmaali) tying point/goal/ basket/jne
tasoituskilpailu handicap
tasoitusmaali tying point/goal/ basket/jne
tasoristeys grade crossing
tassu paw (myös leik ihmisen kädestä)
tatti boletus
tatuoida tattoo
tatuointi tattoo(ing)
taudinaiheuttaja pathogen
taudinmääritys diagnosis
tauko 1 pause, break, interval **2** (esityksen) intermission **3** (mus) rest
taukoamaton incessant, unceasing, ceaseless
taukoamatta incessantly, without a break
taulapää numbskull, blockhead, shit-for-brains
taulu 1 (kirjoitustaulu tms) board *ilmoitustaulu* notice board *liitutaulu* (black)board **2** (kytkintaulu tms) (switch)board, (instrument) panel **3** (maalaus) painting **4** (maalitaulu) target **5** (taulukko) table
taulukko table
taulukkolaskentaohjelma spreadsheet
taulukko-ohjelma spreadsheet (program)
taulukoida tabulate
taulunäyttely art exhibit
tauota stop, cease, pause
tausta 1 background **2** (yhtye) backing, back-up group **3** (takaosa) back
taustamusiikki background music
tauti disease, illness
tautinen diseased, sick(ly); (ark) cool
tavallaan in a way *omalla tavallaan* in his/her own way
tavalla tai toisella one way or another, by hook or by crook

tavallinen ordinary, everyday, usual, common
tavallisesti ordinarily, usually
tavallisuus ordinariness
tavanmukainen ks tavanomainen
tavanomainen 1 (tavallinen) habitual, customary, usual **2** (sovinnainen) conventional **3** (mitäänsanomaton) boring, blasé)
tavanomaisesti habitually, customarily, usually, conventionally (ks tavanomainen)
tavanomaisuus habituality, conventionality
tavan takaa habitually, constantly, repeatedly, over and over again
tavantakainen repeated
tavarajuna freight train
tavaraliikenne freight traffic, commercial transportation
tavaramerkki trademark
tavaraseloste specification
tavara(t) 1 (omistettavat) belongings, effects; (ark) things, stuff **2** (myytävät) goods, items, articles, merchandise **3** (kuljetettavat) freight *matkatavarat* (kaikki) baggage, (matkalaukut) luggage
tavata *pääv* **1** (kohdata: vieras) meet; (tuttu) see, run/bump into *Hauska tavata!* (vieraalle) Nice to meet you! (tutulle) Nice to see you! *Tapasin Janitan tänään kadulla* I bumped into Janita in the street today **2** (löytää) find *Tapasimme hänet lukemasta* We found her reading **3** (yllättää) catch *tavata joku verekseltään* catch someone red-handed **4** (lukea) spell
apuv be in the habit of *Hän tapasi istua joka iltapäivä elokuvissa* She used to go to the movies every afternoon
tavaton 1 (outo) unusual, extraordinary *tavattoman iso* unusually/extraordinarily large **2** (iso) immense, enormous
tavattomasti terribly, awfully *Häntä harmittaa niin tavattomasti* He's really/terribly upset
tavoite goal, objective, aim
tavoitehakuinen goal-oriented
tavoitella 1 (jotakin käsiinsä) reach for, (ihmistä, eläintä tms) try to catch **2** (tavoitetta) seek, pursue, reach for, aspire to *tavoitella tähtiä taivaalta* shoot/reach for the stars
tavoittaa (saada kiinni: fyysisesti) catch (up with), (puhelimella tms) reach *Olen yrittänyt tavoittaa sinua koko eilisen päivän* I tried to get ahold of you all day yesterday
tavoittelu pursuit, aspiration *oman edun tavoittelu* looking out for number one *voiton tavoittelu* profit seeking, the quest for the almighty dollar
tavu 1 (sanan) syllable **2** (tietok) byte *kilotavu* kilobyte, KB; (ark) K *megatavu* megabyte, MB; (ark) meg
tavujako hyphenation
tavuttaa hyphenate
te you, (etelän murt) y'all
teatraalinen theatrical, histrionic
teatteri theater (myös kuv)
teatteriesitys theater performance
teatteritalo theater
teddy-karhu Teddy bear
tee tea
tee itse do-it-yourself
tee itse -opas do-it-yourself manual/guide
teekkari engineering student
teekuppi tea cup
teelusikallinen teaspoonful
teelusikka teaspoon
teenjuoja tea-drinker
teennäinen artificial; (ihminen) affected; (ark) put-on, phony, fakey
teennäisesti artificially; in an affected/artificial way, phonily
teennäisyys artificiality, affectation, phoniness, fakiness
teepussi tea-bag
teerenpilkku freckle
teeri black grouse *En ole mikään eilisen teeren poika* I wasn't born yesterday
tee se itse do-it-yourself
teesi thesis
teeskennellä pretend, feign; (ark) put on

teeskentelemätön 1 (ihminen) unpretentious, unaffected, natural, plain, simple; (naiivi) ingenuous **2** (asenne tms) unpretended, unfeigned
teeskentelevä pretentious, affected; (ark) hoity-toity, stuck-up, put-on
teeskentely pretension, pretense, pretensiousness, affectation
teettää 1 (avain tms) have (something) made; (puku tms) have (something) sewn/tailored; (muotokuva tms) have (something) painted **2** (lisää työtä) make, generate *En aio ottaa apulaista, se teettää vain lisää töitä* I'm going to do without an assistant, it just makes more work
teflonpannu Teflon pan
tehdas factory, mill, plant
tehdasmainen industrial
tehdastuotanto industrial production
tehdastyöläinen factory worker
tehdasvalmisteinen factory-made
tehdä *tr* make *Oletko tehnyt tämän itse?* Did you make/build/sew/draw/jne this (all by) yourself? (ark) Did you do this yourself? *Mistä se on tehty?* What is it made of? *Teet itsesi vain naurunalaiseksi* You'll just make a fool of yourself
itr do *Mitä teet?* What are you doing? *Tehtyä ei saa tekemättömäksi* What's done is done (and can't be undone), no use crying over spilled milk *Helpommin sanottu kuin tehty* Easier said than done
tehdä ehdotus make a suggestion
tehdä ero draw a distinction
tehdä haavaa wound, cut, hurt *Ei haukku haavaa tee* Sticks and stones will break my bones but words will never hurt me
tehdä halkoja chop wood
tehdä hallaa harm, be harmful to, have a harmful effect on
tehdä heinää make hay
tehdä historiaa make history
tehdä housuihinsa go in your pants, do it in your pants
tehdä huonoa feel bad
tehdä huorin fornicate, commit adultery
tehdä hyvä vaikutus make a good impression
tehdä hyvää feel good
tehdä iso numero jostakin make a big deal (out) of something
tehdä itse do it yourself
tehdä itsensä ymmärretyksi make yourself understood
tehdä jollekulle mieliksi try to please someone
tehdä jonkun tahto obey (someone)
tehdä juoksu (pesäpallossa) hit a home run
tehdä kaikkensa do everything possible, everything in your power
tehdä kanne file a (law)suit, bring charges (against), sue (someone)
tehdä kantelu file/lodge a complaint
tehdä kaupat make a deal, (talon) close
tehdä kauppakirja draw up a deed
tehdä kauppansa do the trick
tehdä keksintö make a discovery
tehdä kipeää hurt, sting, ache
tehdä kiusaa tease, pester, bother
tehdä kuje play a trick/prank (on someone)
tehdä kunniaa salute
tehdä kuolemaa be dying
tehdä kuperkeikka turn a somersault; (kuv) flipflop
tehdä kärpäsestä härkänen make a mountain out of a molehill
tehdä käsin make by hand *käsin tehty* home-/hand-made
tehdä lapsi have a child, make a baby *Hannu teki lapsen naapurin tytölle* Hannu got the girl next door pregnant
tehdä leipää bake bread
tehdä loppu jostakin put a stop/an end to something
tehdä lähtöä be leaving
tehdä löytö make a discovery
tehdä muistiinpanoja take/jot down/make notes
tehdä myönnytyksiä make concessions
tehdä nimi itselleen make a name for yourself

tehdä oikeutta jollekin do justice to something
tehdä palvelus do (someone) a favor
tehdä parannus (katua) repent, (muuttaa tapojaan) mend your ways
tehdä parhaansa do your best
tehdä pentuja have/drop young
tehdä pilaa jostakin make fun of something, ridicule something
tehdä poikkeus make an exception
tehdä päätelmiä draw inferences, infer
tehdä päätös make a decision
tehdä rahaa make money
tehdä ristinmerkki cross yourself
tehdä ruokaa fix food/breakfast/ lunch/dinner, cook
tehdä selkoa jostakin report on something
tehdä selväksi make (something) clear
tehdä sovinto make up
tehdä suunnitelmia make plans
tehdä syntiä commit (a) sin
tehdä taikatemppuja do magic tricks
tehdä tarjous make an offer
tehdä tarpeensa relieve yourself, heed the call of nature
tehdä tehtävänsä do the trick
tehdä tekemällä crank something out *tekemällä tehty* contrived, artificial
tehdä tiedettä do science
tehdä tikusta asiaa do something on a flimsy pretext
tehdä tilaa make room
tehdä tiliä make reckoning
tehdä tuhojaan wreak havoc (on)
tehdä tuloaan be in the wings, be announcing its arrival, be coming up in a big way
tehdä tyhjäksi undo
tehdä työtä work
tehdä työtä käskettyä follow instructions
tehdä täyskäännös do an aboutface
tehdä valinta choose, make a choice
tehdä vastarintaa resist
tehdä velvollisuutensa do your duty
tehdä virhe make a mistake
tehdä voitavansa do what you can
tehdä vääryyttä jollekin do an injustice to something, be unfair to something
tehdä ylitöitä work overtime
tehkää hyvin please (help yourself)
teho 1 (tehtaan) capacity (myös kuv), (moottorin) power *tehdä työtä täydellä teholla* work at your full capacity **2** (vaikutus) effect, impact
tehokas 1 effective, efficient *Hän on erittäin tehokas opettaja, kaikki oppilaat ovat oppineet paljon* He is an extremely effective teacher, all his students have learned a lot *Hän on erittäin tehokas työntekijä, hän ei haaskaa hetkeäkään* She is an extremely efficient worker, she puts every second of her time to good use **2** (moottori) powerful **3** (aine) active
tehokeino effect
tehokkaasti effectively, efficiently
tehokkuus effectiveness, efficiency
tehosekoitin food processor
tehostaa 1 make (something) more effective/efficient, improve (something's) effectiveness/efficiency *tehostettu ohjaus* power(-assist) steering **2** (valvontaa) tighten **3** (omaa kauneuttaan) heighten, enhance, touch up **4** (asiaa) stress, emphasize
tehoste 1 effect **2** (lak) sanction
tehostua become more effective/ efficient, intensify
tehota affect/impact (someone), have an effect/impact (on someone)
tehoton 1 ineffective, ineffectual **2** (moottori) powerless, (ark) gutless **3** (aine) inactive
tehovahvistin power amplifier
tehtaanmyymälä factory shop
tehtaanpiippu factory smokestack
tehtävä 1 task, duty *ottaa tehtäväkseen* take it upon yourself to *tehdä tehtävänsä* do the trick *Minulla on mieluinen tehtävä esitellä* It gives me great pleasure to introduce **2** (kouluteh-

tävä) assignment, (mon) homework; (harjoitustehtävä) exercise, (yksittäinen) problem **3** (sot ja kuv) mission *elämän tehtävä* your mission in life **4** (funktio) function, (rooli) role **5** *ei mitään tehtävää* nothing to do

teidänlaisenne *s* people/men/guys/ women/jne like you, your sort/kind/ilk, the likes of you
adj like you

teikäläinen *s* one of your people
adj your *teikäläiset tavat* your customs

teilata 1 (hist) break (someone) on the wheel **2** (ehdotus) reject, (taideteos/ -esitys) pan

teilaus bad/scathing review

teini high school student

teini-ikä teenage

teini-ikäinen teenager, (ark) teen

teipata tape

teippi tape

teititellä address (someone) by his/ her last name

teitittely formal address

tekaista make up, fake

tekaistu made-up, fake

tekeillä under construction/way, in progress/preparation

tekele (neutraalisti) piece; (halv) piece of junk/shit

tekeminen *Minulla ei ole mitään tekemistä* I don't have anything to do *tekemiset* doings, comings and goings *Sinulla on täysi tekeminen tuon kanssa* You're going to have your hands full with that *tekemisissä* ks hakusana

tekemisissä *En aio olla missään tekemisissä hänen kanssaan* I will have nothing to do with him, I'm through with him *joutua jonkun kanssa tekemisiin* have to deal with someone, have someone to deal with

tekemätön undone *Tehtyä ei saa tekemättömäksi* What's done can't be undone

tekeytyä pretend to be, try to pass yourself off as, pose as *tekeytyä kuuroksi* pretend/feign/affect/sham deafness

tekijä 1 (kirjan) writer, author; (näytelmän) playwright; (runon) poet; (laulun) composer, (erikseen sanojen) lyricist; jne **2** (aiheuttaja) factor (myös mat) *Sinä olit tärkeä tekijä hänen päätöksessään* You were an important factor influencing his decision **3** (taitaja) hand *Sinä olet vanha tekijä näissä asioissa* You're an old hand at these things

tekijänoikeus copyright

tekijänpalkkio royalty

tekniikka 1 (koneet tms) technology **2** (menettelytapa) technique

teknikko technician

teknillinen technical

teknillinen korkeakoulu institute of technology

tekninen technical

tekniset (työntekijät, mon) technical staff

teknologia technology

teko- artificial, synthetic, false

teko act(ion), deed *En kadu tekoani* I don't regret (doing) what I did *tavata itse teosta* catch (someone) in the act *amerikkalaista tekoa* made in America, American-made

tekohammas false tooth; (mon) dentures, false teeth

tekohengitys artificial respiration

tekokukka fake/plastic/silk flower

tekosyy excuse, alibi

tekoäly artifical intelligence, AI

Teksas Texas

tekstata print

tekstaus printing

teksti 1 text, (präntti) print *Katsotaan tekstiä tarkemmin* Let's take a closer look at the text **2** (valokuvan alla) caption **3** (TV-/elokuva-käännös) subtitle **4** (liturginen teksti) Scripture reading, lesson, text **5** (oopperan) libretto **6** (ark = puhetta) talk *Kaisa puhui suoraa tekstiä* Kaisa didn't mince her words

tekstiili textile

tekstiilitaide textile art

tekstinkäsittely word-processing

tekstinkäsittelylaite word processor
tekstinkäsittelyohjelma word-processing program, word processor
tela 1 roller, cylinder, (kirjoituskoneen) platen **2** *telat* (veneen) stocks *laskea teloiltaan* launch *vetää teloilleen* dock
telaketju caterpillar tread/track
telakka drydock
telefax telefax *lähettää telefaxilla* (tele)fax
telejatke teleconverter
telekopiointi telefax, facsimile
telekopiointilaite telefax machine, facsimile machine, fax (machine)
teleliikenne telegraph communications
teleneuvottelu videoconference
teleobjektiivi telephoto lens
telepalvelu telegraph service
teleskooppi telescope
teleskooppiantenni telescopic antenna
teletex teletex
televisio television, TV
televisioantenni television/TV antenna
televisioida televise
televisiointi televising, airing, television broadcast(ing)
televisiokuuluttaja television/TV announcer
televisio-ohjelma television/TV program
televisioprojektori TV projector, television projector
televisiovastaanotin television/TV set
telex telex *lähettää telexillä* telex, wire
teli spindle, truck
teline 1 stand, rack, easel **2** (rakennustelineet) scaffolding **3** (starttitelineet) (starting) blocks **4** (voimistelun) apparatus
telinevoimistelu apparatus gymnastics
teljetä bar, (salvata) bolt
telki bar, (salpa) bolt *telkien takana* behind bars
telkkä goldeneye
telmiä frolic
teloittaa execute
teloittaja executioner
teloitus execution
teltta tent
telttailla go camping
temmata snatch, grab, jerk, pull, tear
temmellys frolicking, romping
temmellyskenttä battlefield
temmeltää 1 (telmiä) frolic, romp **2** (myrsky) rage, blow **3** (ajatukset) storm, whirl
tempaista 1 snatch, grab, pull, tear, jerk **2** (painnonnostossa) jerk
tempaus 1 snatch, grab, pull, tear, jerk **2** (painnonnostossa) jerk **3** (hyväntekeväisyystempaus) campaign, benefit, telethon **4** (yllättävä teko) coup
tempautua be carried away (by) (myös kuv)
temperamentti temperament
tempo tempo
tempoa tug/pull/strain at
tempoilla tug/pull/strain at
temppeli temple
temppu trick, stunt, gag, prank
temppuilla 1 play/pull tricks/stunts/pranks **2** (konstailla) be difficult/refractory, act up (myös auto)
temppuilu 1 tricks, stunts, pranks **2** (konstailu) acting up
tenava kid
tendenssi tendency
tenho charm, enchantment, magic glow
tennis tennis
tenniskenttä tennis court
tenniskilpailu tennis tournament
tennismaila tennis racket
tennismestaruus tennis championship
tennisottelu tennis match
tennisverkko tennis net
tenori tenor
tentaattori examiner
tentti exam(ination)
tenttiä take an examination (in/on)
tenä *tehdä tenä* refuse to budge, go on strike, stop dead, dig in your heels, kick up a fuss

teollinen industrial
teollisesti industrially
teollistuminen industrialization
teollisuus industry
teollisuuslaitos industrial plant
teologi theologian; (pappi) minister, clergy(wo)man; (teol kand) M.Div.
teologia theology
teologinen theological
teoreetikko theoretician, theorist
teoreettinen theoretical
teoretisoida theorize
teoria theory
teos work, (kirja) book, (nide) volume
tepastella step, strut, sashay
tepponen trick *tehdä tepposia* play tricks on you *Sinun mielikuvituksesi taitaa tehdä tepposia* I think you're letting your imagination run away with you
tepsiä work, take effect, have an effect; (purra) bite
terapeutti therapist
terapeuttinen therapeutic
terapia therapy
terassi terrace
terhakka animated, lively, buoyant; (koiranpentu) frisky; (kissanpentu) playful; (vuohenpoika tms) frolicsome
terhi madwort
termi term
termiini futures
termiitti termite
terminaalipotilas terminal patient
terminologi terminologist
terminologia terminology
termipankki term bank
termistö terminology
termostaatti thermostat
teroitin (pencil) sharpener
teroittaa 1 (terää) sharpen, (hiomakoneella) grind, (hiomakivellä) whet **2** (katsettaan tms) strain **3** (tähdentää) stress, impress on (someone the importance of something), insist on (something)
teroittua sharpen, get sharp(er)
terrieri terrier
terrori terror(ism)
terrorismi terrorism
terrorisoida terrorize
terroristi terrorist
terssi (mus) third
terttu bunch, cluster
terva tar *liikkua kuin täi tervassa* move like a bug in molasses
tervahauta tar-burning pit
tervaskanto resinous stump
tervata tar
tervaus tarring
terve *adj* (hyvässä kunnossa) well, healthy; (henkisesti) sane *interj* **1** (tavatessa) hi! howdy! *Tervetuloa!* Welcome! **2** (erotessa) bye! see ya! *Tervemenoa vaan!* Good riddance!
terveellinen healthy, wholesome; (ark) good for you
terveellisesti healthily, wholesomely
terveellisyys healthiness
terveesti healthily
tervehdys greeting; (ylät) salutation; (sot) salute
tervehdyttävä curative, restorative, beneficial
tervehenkinen wholesome
tervehtiä greet, (sot) salute
terveiset greetings *Vie terveiset perheellesi!* Say hi to the family
terve järki common sense
terve sielu terveessä ruumiissa a sound mind in a sound body
terve talonpoikaisjärki good common sense
tervetuliaiset welcome party
tervetuliaisjuhla welcome party
tervetullut welcome
tervetuloa welcome
terveydeksi! (malja) to your health! (aivastavalle) bless you! Gesundheit!
terveydellinen health-related *terveydellisistä syistä* for reasons of health
terveydenhoito health care
terveydentila (the state of your) health
terveys health *terveydelle vaarallinen* hazardous to your health *hyväksi terveydelle* good for (what ails) you

terveyssisar public-health/clinic nurse
terä 1 (sahan) blade, (poran) bit; (leikkaava) edge **2** (mustekynän) nib; (kuulakärkikynän) point; (tussin) tip; (lyijykynän) lead, point **3** (hampaan) crown **4** (viljan) ear **5** (jalan, sukan) foot **6** (kuv = teho) bite, sting **7** *tehdä terää* do you good
teräksinen steel
teräs steel
teräsbetoni reinforced concrete
terästää 1 (kirvestä tms) steel **2** (katsettaan tms) strain **3** (punssia tms) spike **4** (kuv = terävöittää) sharpen
terävyys sharpness; (älykkyys myös) intelligence
terävyysalue depth of field
terävä 1 (kärki tai kieli tms) sharp, pointed, keen **2** (ihminen) sharp, smart, quick
teräväpiirteinen (ihminen) sharp-featured; (kuva) clear, finely resolved
teräväpiirtotelevisio high-definition television, HDTV
teräväsilmäinen sharp-eyed
terävästi sharply
terävä-älyinen sharp-/quick-witted
testaaja tester
testamentata will, bequeath
testamentti 1 (lak) (last) will (and testament) **2** (raam) Testament
testata test
testi test
testikuva test pattern
teuraseläin animal to be slaughtered
teurastaa slaughter (myös kuv:) butcher
teurastaja slaughterer, (lihakauppias) butcher (myös kuv)
teurastamo slaughterhouse
teurastus (myös kuv) slaughter, butchery
Thaimaa Thailand
thaimaalainen *s, adj* Thai
thriller thriller
tiainen titmouse
tie road, (polku) path, (reitti) route, way *Tie nousi pystyyn* We reached a deadend *saman tien* immediately; (voisitko...) while you're at it *Hän oli jo tiessään* She was already on her way, she'd vanished already *tiehensä, tiellä, tietä* ks hakusanat
tiede science; (humanistisilla aloilla) scholarship
tiedeakatemia Finnish Academy for the Sciences (and Letters)
tiedekeskus science center
tiedemies scientist, (humanistisilla aloilla) scholar
tiedenainen scientist, (humanistisilla aloilla) scholar
tiedollinen intellectual, mental, pertaining to knowledge
tiedonala branch of knowledge
tiedonanto communiqué, notification, notice, bulletin
tiedonjulkistamispalkinto prize for the popularization of science
tiedossa 1 (tietämä) *Sinulla oli kuulemma tiedossa hyvä lääkäri* Somebody said you knew of a good doctor **2** (luvassa) *Hänellä on tiedossa iso yllätys* She has a big surprise in store for her, is she ever going to be surprised
tiedostaa be(come) aware/conscious of, realize
tiedostamaton subconscious
tiedostaminen realization
tiedosto (tietok) file
tiedostonhallintaohjelma database management program
tiedoton unconscious, subconscious
tiedottaa inform, notify, announce; (julkistaa) publicize
tiedottaja publicist, publicity/press secretary
tiedotus 1 (tiedottaminen) publicity **2** (tiedote) notice, announcement, report, warning (ks myös tiedonanto)
tiedotustilaisuus briefing, (lehdistötilaisuus) press conference
tiedotustoiminta publicity
tiedotusvälineet the media
tiedustella 1 (kysyä) ask, inquire **2** (sot) scout, reconnoiter
tiedustelu 1 (kysely) inquiry **2** (sot) reconnaisance **3** (vakoilu) intelligence

tiedustelupalvelu intelligence service
tiedustelusatelliitti intelligence satellite
tiedä häntä who knows?
tiehensä *ajaa/juosta tiehensä* drive/run off *lähteä tiehensä* be on your way, take off *Mene tiehesi siitä!* Get out of here!
tiehye duct
tiehyt duct
tiellä in the way *Mene pois tieltä!* Get out of the/my way! *väistyä tieltä* make way/room for, get out of (someone's) way *Hän lähti ja jäi sille tielle* He left and never came back *Hän on sillä tiellään vieläkin* He hasn't been heard of since
tienata earn/make (money) *Paljonko tienaat siinä uudessa työpaikassasi?* How much do you make in that new job of yours?
tienesti pay, income, earnings *lähteä tienestiin* get a job
tienhaara fork in the road; (kuv) parting of the ways, crossroad(s)
tienoo region, area *näillä tienoilla* around here somewhere *keskiyön tienoilla* around midnight
ties who knows *Ja hän on ties missä* And who knows where she is *seksiä ja väkivaltaa ja ties mitä muuta* sex and violence and I don't know what all else
tieteellinen scientific, (humanistisilla aloilla) scholarly
tieteellisyys science, (humanistisilla aloilla) scholarship
tietenkin of course
tietenkään of course not
tieten tahtoen knowingly, with full knowledge/awareness (of what he/she was doing)
tieto 1 (yksittäinen tieto) fact, piece of information, (tieteessä) datum; (mon) facts, information, data **2** (tietämä, tietäminen) knowledge *Minulla ei ole tarpeeksi tietoa siitä* I don't know enough about it *pitää omana tietonaan* keep (something) to yourself, keep quiet about (something) *tällä tietoa* as things look/stand now *saattaa jonkun tietoon* inform/tell someone about (something) *saada tietoonsa* find out (that, about something), hear, learn *tiedossa, tietoakaan* ks hakusanat **3** (vakoilutieto) intelligence
tietoakaan *Ei ole tietoakaan* (keväästä) There's no sign (of spring); (lumesta) there's no trace (of snow); (sateesta) there's no rain in sight, no chance (of rain); (ruoasta: kaapissa) the cupboards are bare, there isn't a crumb of food in the house; (ateriasta) there's no indication that we're ever going to eat
tietoinen *s* the conscious (mind), consciousness
adj knowledgeable, aware, conscious
tietoisesti consciously; (tahallaan) deliberately, intentionally
tietoisuus consciousness, awareness
tietojensaanti (tietok) information-retrieval
tietokannan hallintaohjelma database management program
tietokanta database
tietokantaohjelma database, database management program
tietokirja nonfiction book
tietokirjallisuus nonfiction
tietokone computer *mikrotietokone* microcomputer *sylitietokone* laptop (computer) *pöytätietokone* desktop computer *minitietokone* minicomputer *suurtietokone* mainframe *supertietokone supercomputer*
tietokoneanimaatio computer animation
tietokoneavusteinen opetus computer-assisted instruction, CAI
tietokoneavusteinen suunnittelu computer-aided design, CAD
tietokoneavusteinen valmistus computer-aided manufacture, CAM
tietokonegrafiikka computer graphics
tietokoneintegroitu valmistus computer-integrated manufacture, CIM
tietokonekieli computer language
tietokonemonitori computer monitor

tietokoneohjelma (computer) software
tietokonepeli computer game
tietokonepääte computer terminal
tietokonerikollisuus computer crime
tietokoneslangi computerese
tietokonetomografia computerized axial tomography, CAT
tietokonevirus computer virus
tietoliikenne (data) communications
tietopankki data bank
tietoperäinen theoretical
tietopuolinen theoretical
tietosanakirja encyclopedia
tietosuoja data protection/security
tietotekniikka information/data technology, teleinformatics
tietotoimisto news agency, wire service
tietoyhteiskunta information society
tietty 1 (eräs) a certain/given *Se pitää tehdä tietyllä tavalla* It has to be done in a certain (specific/specified) way **2** (ark = tietysti) of course, (ark) natch
tietue (tietok) record
tietymätön *olla teillä tietymättömillä* to have vanished without a trace, be nowhere to be found
tietysti of course, naturally; (ark) natch
tietyö road construction
tietyömaa road construction area
tietyömies road construction worker
tietä *näyttää tietä* show the way *tietä pitkin* along/down the road *rauhanomaista tietä* by peaceful means *virallista tietä* through official channels
tietäjä seer, wise(wo)man, soothsayer *kolme itämaan tietäjää* the Three Wise Men
tietämys knowledge, (tietotaito) knowhow
tietämyskanta knowledge bank, data bank
tietämä 1 *kaikki tietämäni* everything I know/knew **2** *klo 6:n tietämissä* around six (o'clock)
tietämätön ignorant, uninformed
tietävinään *Hän ei ollut tietävinään mitään* She played dumb, she pretended not to know anything, not to know what I was talking about *Ei olla tietävinämmekään* Let's just play dumb/innocent *Hän on tietävinään kaikki asiat maan päällä* He thinks he knows everything
tietäväinen (tietävä) knowledgeable; (kärkevän tietävä) knowing
tietää 1 know (of/about), be aware/conscious/knowledgeable about *Jokainenhan tietää että* It's common knowledge that *saada tietää* find out, hear *Ei sitä koskaan tiedä* You never know (about these things) *tietää rajansa* know your limits *ettäs (sen) tiedät* for your information *mene ja tiedä, tiedä häntä* who knows *tietävinään, tietääkseen* ks hakusanat **2** (tarkoittaa) mean, (enteillä) bode *Tämä tietää monen päivän lisätyötä* This is going to mean many more days of work *tietää hyvää/huonoa* bode well/ill
tietääkseen 1 *Hän ei ollut tietääkseen minusta* She ignored me, she pretended not to notice me **2** *minun tietääkseni* as far as I know, to the best of my knowledge
tihentyä 1 (paikallisesti) grow denser, thicken, tighten **2** (ajallisesti) quicken, pick/speed up, become more frequent, increase in frequency
tihentää 1 (paikallisesti) make denser, thicken, tighten **2** (ajallisesti) quicken, pick/speed up, increase (the frequency of) *tihentää tahtia* speed up, pick up the pace, quicken your steps
tihetä *Tunnelma tiheni* The crowd tensed, a wave of tension/excitement swept over the audience (ks myös tihentyä)
tiheys density, thickness, tightness; pace, frequency (ks tiheä)
tiheä 1 (paikallisesti) dense, thick; (tiukka) tight, (lähekkäinen) close(-knit) **2** (ajallisesti) quick, rapid, fast; (usein toistuva) frequent *tiheään* frequently, often, at short intervals; (jatkuvasti) constantly, incessantly, all the time

tihkua (verta, märkää) ooze, seep; (vesitippoja) drip, trickle; (sadetta) drizzle; (tietoja) leak/trickle (out)
tihkukytkin (tuulilasinpyyhinten) intermittent/pulse wipers
tihkusade drizzle
tihutyö act of vandalism/sabotage
Tiibet Tibet
tiibetiläinen *s, adj* Tibetan
tiikeri tiger
tiili brick
tiiliskivi brick (myös kuv)
tiilitalo brick house
tiimalasi hourglass
tiine pregnant, gravid; (eri eläimistä: tamma) with foal, (lehmä) with calf, jne
tiira tern
tiirikka lockpick, picklock
tiistai Tuesday
tiistaiaamu Tuesday morning
tiistainen Tuesday
tiistaipäivä Tuesday
tiistaisin Tuesdays
tiiviisti 1 (suljettu) tightly, hermetically **2** (pakattu, tampattu tms) densely, compactly **3** (tehdä työtä) closely, intimately; (olla yhdessä) a lot **4** (opiskella) intens(iv)ely **5** (selostaa, kertoa tms) concisely
tiivis 1 (kansi tms) tight(ly closed/sealed) *vesitiivis* waterproof *ilmatiivis* airtight **2** (tiheä) dense, compact **3** (kosketus, yhteistyö tms) close, intimate **4** (kurssi) intensive **5** (kertomus tms) concise, condensed
tiiviste 1 (mehutiiviste) concentrate, (maitotiiviste) condensed milk **2** (tiivisterengas) washer, (tiivistenauha) insulating tape, (tiivistemassa) caulking, (autoon, putkityöhön tms) gasket
tiivistelmä summary, abstract, précis; (oopperan tms) synopsis
tiivistyä 1 become tighter, (tunnelma) become tense(r)/excited **2** (fys) condense
tiivistää 1 (ikkunaa tms) seal/calk (up) **2** (ihmisjoukkoa) pack/squeeze (in more tightly/closely), tighten/close up (the ranks) **3** (kertomusta tms) tighten up, condense; (referoida) summarize, sum up (in a few words) **4** (nestettä) condense, concentrate
tiiviys tightness, density, compactness, closeness, intimacy, intensity, concision, condensation (ks tiivis)
tikahtua be bursting/choking/convulsed (with laughter/tears)
tikanheitto darts
tikapuut ladder
tikari dagger
tikasauto ladder truck
tikata stitch, (täkkiä) quilt
tikittää tick *Aikapommi tikittää* (kuv) Time is ticking/slipping away
tikitys ticking
tikka 1 (lintu) woodpecker **2** (heitettävä) dart
tikkaat ladder
tikkataulu dartboard
tikkaus quilting
tikki 1 stitch (myös lääk) *vikatikki* dropped stitch; (kuv) mistake, error, (ark) booboo **2** (bridgessä) trick
tikku 1 stick, (sormessa) splinter *seistä kuin tikku paskassa* stand around with your thumb up your ass *tehdä tikusta asiaa* do something on a flimsy pretext **2** (tulitikku) match, (hammastikku) toothpick
tikkukaramelli lollipop, sucker
tila 1 (tilat) premises, grounds, property; (yksi tila) room **2** (tilaa) room, space *Vieläkö on tilaa?* Do you have any more room/space? **3** (olotila) condition, status, state *Mikä hänen tilansa on?* (lääk) What's her condition/status? (ark) How is she? **4** (maatila: hieno) estate, (tavallinen) farm **5** (paikka ja urh) place *Joku on minun tilallani* Someone has taken my place *laittaa joku muu sinun tilallesi* replace you; (urh) substitute (in) for you, pull/yank you out (of the game) *kolmas tila* third place **6** (lääk) position *perätilassa* in the breech position
tilaaja 1 (tavaran) orderer, buyer, purchaser **2** (lehden) subscriber
tilaisuus 1 (mahdollisuus) chance, opportunity *elämäsi tilaisuus* the chance

of a lifetime *heti tilaisuuden tullen* at the first opportunity, the first chance you/I get *päästää tilaisuus käsistään* miss your chance/opportunity *käyttää tilaisuutta hyväkseen* take the opportunity (to do something) **2** (tapahtuma) event, occasion, function, ceremony

tilallinen farmer

tilanahtaus cramped quarters, lack of space

tilanne 1 situation *tällaisessa tilanteessa* in a situation like this *pitää joku tilanteen tasalla* keep someone informed/up-to-date (about what's going on) *Tilanne on tämä* Here's the situation, this is where we stand **2** (asema) status, station, position **3** (urh) score *Mikä on tilanne?* What's the score? Who's winning/ahead?

tilannekatsaus overview/review of the situation

tilanpuute lack of space, cramped quarters

tilapäinen temporary

tilapäisesti temporarily

tilapäisjärjestely temporary arrangement

tilapäisratkaisu temporary solution

tilapäistyö temporary employment

tilapäisyys temporariness

tilasto statistic(s) *En halua olla pelkkä tilasto* I don't want to be just a mere statistic/number

tilastoida compile statistics on

tilastointi the compilation of statistics

tilastollinen statistical

tilastollisesti statistically

tilastotiede statistics

tilastotieto statistic(s)

tilata 1 (tavara, ateria, puhelu tms) order **2** (lentolippu, hotellihuone, ravintolapöytä tms) reserve **3** (lääkäri) make an appointment for **4** (taksi) call **5** (lehti) subscribe to **6** (muotokuva, juhlasävellys tms) commission

tilaus order, reservation, subscription, commission (ks tilata) *Tulit kuin tilauksesta* You're just the person/ man/ woman I wanted to see

tilaushinta subscription price

tilava roomy, spacious, big; (ylät) capacious, commodious, voluminous

tilavasti spaciously

tilavuus (cubic) volume, (veto) capacity

tilavuusmitta cubic measure

tilhi waxwing

tili 1 account *sulkea/avata tili* close out/open an account *ylittää tilinsä* overdraw your account, (ark = shekillä) bounce a check *Onko teillä tili Saks Fifth Avenuessa?* Do you have an account at Saks? *ostaa tilille* (luottokortilla) charge; (allekirjoittamalla) buy on credit, put it on your account/tab **2** (kuv) account, reckoning *Tästäkin sinun täytyy tehdä tiliä* You're going to have to account for this too, I'm going to want a full explanation for this too *panna kokemattomuuden tiliin* put it down to inexperience, chalk it up to inexperience *panna jonkun tiliin* blame someone (for something) **3** (ark=palkka) pay(check)

tilikausi accounting period

tilintarkastaja auditor; certified public accountant, CPA

tilintarkastus audit

tilinteko account *tilinteon päivä* (usk ja kuv) day of reckoning

tilinumero account number

tiliote bank statement

tilipussi paycheck

tilipäivä payday

tilisiirto bank transfer

tilitapahtuma transaction

tilittää 1 account (for something), report on **2** (kuv) examine, explore, analyze; (menneitä) reminisce about

tilitys 1 account, report **2** (kuv) examination, exploration, analysis; (menneiden) reminiscence

tilkitä seal/stuff/stop up, caulk

tilkka drop *Tilkka viiniä ei tekisi pahaa* I wouldn't mind a drop of wine

tilkku patch, scrap *maatilkku* a patch of land

tilli dill

tilpehööri necessities, essentials

tilukset estate, grounds

timantti diamond

timanttihäät diamond wedding anniversary
timanttikaivos diamond mine
timanttilevy diamond record
timanttisormus diamond ring
timotei timothy (grass)
tina tin; (-astia) pewter; (tinajuote) solder *hävitä kuin tina tuhkaan* vanish into thin air *tinassa* tipsy
tinata 1 tin-plate **2** (juottaa) solder
tingassa *lähteä viime tingassa* leave at the last minute *tulla viime tingassa* arrive just in (the nick of) time *ettei jäisi viime tinkaan* so as not to leave it to the last thing
tingata demand, press/badger for
tinkiminen 1 (ostajan) haggling, dickering **2** (myyjän) coming down, (price-)reduction **3** (kuv) compromise, flexibility
tinkimätön 1 (kuri tms) strict, rigid, inflexible **2** (rehellisyys) unbribable, unflinching, upright **3** (tieteellisyys) rigorous
tinkiä 1 (ostaja) haggle, dicker **2** (myyjä) come down (on the price), knock off (the price) **3** (kuv) compromise, settle for less, bend, be flexible
tipahdella drip
tipahtaa drop, fall off
tipotiessään vanished (into thin air), gone
tippa 1 drop *Sinä et välitä tippaakaan tästä koko hommasta* You don't give a damn/hoot (in hell)/shit about this whole thing *En ole maistanut tippaakaan* I haven't had a drop **2** (kyynel) tear *Tuli tippa silmään* It brought tears to my eyes **3** (IV-tippa) (IV-)drip **4** *tipalla* nip and tuck, close *On tipalla, ehditäänkö* It's going to be nip and tuck whether we'll make it *Oli tipalla, ettei käynyt huonommin* That was a close call/shave/one
tippaleipä May-Day fritter
tippua 1 drip **2** (ark = tipahtaa) drop, fall off *tippua joukosta* drop/fall/lag behind the others **3** (ark = hellitä) *Ei tipu* No way, not a chance, not a cent from me
tippukivi dripstone
tippukiviluola stalactite cave
tippuri gonorrhea, (ark) the clap/drip
tipu chick (myös tytöstä)
tiputella drop
tiputtaa 1 (laittaa tippoja) apply/squeeze/drip a few drops (into) **2** (ark = pudottaa) drop, let fall
tiputus intravenous (IV) drip, dripfeed; (ark) drip *olla tiputuksessa* be fed intravenously, be on the drip
tiristä sizzle
tirkistelijä voyeur, Peeping Tom
tirkistellä peek, steal a peek/look/glimpse, look surreptitiously
tirkistely voyeurism
tirskua titter, snicker
tiskaaja dishwasher
tiskata wash (the) dishes, do the dishes
tiski 1 (pöytä) counter, desk *myydä tiskin alta* sell (something) under the counter *lyödä hanskat tiskiin* quit **2** (tiskattava) (dirty) dishes
tiskikone dishwasher
tislaamo (laitos) distillery, (kone) still
tislata distill
tislaus distillation
tisle distillate
tismalleen exactly, precisely *Tismalleen!* Exactly! That's just it! That's right!
tissi tit, boob; (leik) titty
titteli title
tiuha tight, dense, close (ks myös tiivis)
tiukalla 1 (kovilla) *panna joku tiukalle* press someone, come down hard on someone *joutua tiukalle* have a tough time of it, be hard pressed/put **2** (vähän) *Aika on tiukalla* We're pretty hard pressed/put for time, we're running short on time *Raha on tiukalla* Money is tight
tiukassa tight *Se on liian tiukassa* It's too tight; (kun yrittää irrottaa) it's stuck
tiukasti tight(ly) *pitää tiukasti kiinni* hold on tight *seurata tiukasti jonkun kannoilla* follow close on someone's heels, close behind someone; dog someone's heels *pysyä tiukasti asiassa* stick close/strictly to the subject

tiukata demand (an answer), press (someone for a response)
tiukentaa tighten (myös kuv), restrict
tiukentaminen tightening, restriction
tiukentua tighten (up)
tiukka 1 tight *tiukka ote* tight/firm grip *tiukka aikataulu* tight/busy/ hectic/full schedule *tiukalla, tiukassa, tiukasti* ks hakusanat **2** (kova) strict, stern, tough *olla tiukkana* (jollekulle) be rough/tough (on); (tinkimättä) stand/hang tough *tehdä tiukkaa, tiukan paikan tullen* when the going gets tough *olla tiukkana* to be tough/rough *tiukka kuri* strict/rigid discipline **3** (ottelu) close
tiukkailmeinen tight-lipped, stern-faced
tiukkapipo martinet, old biddy *Se on aikamoinen tiukkapipo* She's really got a bug up her ass
tiukkuus tightness, strictness, sternness, toughness (ks tiukka)
tiuku bell *Mitä tiuku repii?* You got the time?
tiuskaista snap, (ark) bite (someone's) head off
tiuskia snap, (ark) bite (someone's) head off
tivata 1 (vastausta) demand, press (someone for) **2** (maksua) dun
tms. or some such, or the like; etc.
todella really, truly, actually *En todellakaan ymmärrä sinua* I really/ truly/just don't understand you
todellinen real, true, actual, genuine *Hän näyttää todellista pitemmältä* She looks taller than she really is
todellinen arvo (liik) intrinsic value
todellisuudenmukainen realistic, true to life
todellisuudentaju sense of reality, grip on reality
todellisuus reality, actuality, real life *palauttaa joku todellisuuteen* bring someone back down to earth, back to reality *menettää kosketuksensa todellisuuteen* lose (all) touch with reality
todellisuus on tarua ihmeellisempi truth is stranger than fiction
todellisuuspohjainen based on/in reality
todenmukainen 1 (kuva tms) realistic, lifelike **2** (kuvaus tms) true-to-life, veracious
todenmukaisesti realistically
todennäköinen probable
todennäköisesti probably
todennäköisyys probability
todennäköisyyslaskenta probability calculation
todenperäinen authentic, genuine
todenperäisyys authenticity
todentaa verify, authenticate
toden teolla really *Minua pelotti toden teolla* I was really frightened, I was scared half out of my mind *ryhtyä toden teolla töihin* get right down to work/business, really pitch in and work
toden tullen if push comes to shove, if things really get tough
toden tuntuinen 1 (nukke tms) lifelike *Se on ihan toden tuntuinen* It feels like the real thing **2** (tarjous tms) legitimate-sounding *Minusta se on toden tuntuinen tarjous* I think the offer's legit
todesta *ottaa todesta* take (someone) seriously
todeta 1 (huomauttaa) state, note **2** (huomata) notice, discover, find (out) *todeta oikeaksi* authenticate
todistaa 1 (todisteilla) prove (myös mat), demonstrate, substantiate *todistettava* ks hakusana **2** (todistajana) (give/bear) witness (to), testify/attest (to); (lak) depose; (usk) give a testimonial (of/to) *oikeaksi todistettu kopio* certified copy
todistaja witness *kutsua todistajaksi* (oikeuteen) subpoena a witness; (oikeudessa) call a witness (to the stand) *todistajien läsnäollessa* in the presence of witnesses
todistajanlausunto (kirjallinen) deposition, (oikeussalissa) testimony
todistajanpalkkio witness's fee
todistamaton 1 unproved, unproven **2** (todistajan allekirjoitus puuttuu) unwitnessed, unattested

todiste piece of evidence; (mon) evidence
todisteeton unsubstantiated
todistella try to prove (something) *todistella syyttömyyttään* protest your innocence
todistelu argumentation; protests
todistettava *todistettavissa oleva* provable *todistettavasti* as can be proved *mikä oli todistettava, MOT* quod erat demonstrandum, QED
todistus 1 (mat) proof, demonstration **2** (lak: todisteet) evidence; (todistevahvistus) proof; (todistajan lausunto) testimony; (todistajan allekirjoitus) attestation, certification **3** (asiakirja) certificate **4** (usk) testimonial *Älä sano väärää todistusta lähimmäisestäsi* Thou shalt not bear false witness against thy neighbor
todistusaineisto evidence
todistusvoima probative force
todistusvoimainen probative, probatory, conclusive
toffee toffee, taffy
tohelo butterfingers, bungler, screwup
toheloida bungle (things), screw (things) up
tohista fuss/stir/bustle/flutter about
tohjona smashed/busted up
tohkeissaan enthusiastic/excited about, (ark) jazzed up about
tohtia dare, venture, have the nerve *En tohtinut kysyä* I couldn't bring myself to ask
tohtori doctor
tohtorinarvo doctorate, doctoral degree
tohtorinhattu doctoral tophat
tohtorin väitöskirja doctoral dissertation
tohveli slipper
tohvelisankari henpecked husband
toi that, (murt) that-there
toilaus blunder, stupid thing to do
toimeenpaneva executive
toimeenpano execution *Jätämme tämän suunnitelman toimeenpanon teille* We'll leave it up to you how you carry out the plan, put the plan into practice
toimeentulo income, livelihood, living; (niukka) subsistence *juuri toimeentulon rajoilla* at the subsistence level
toimeentulomahdollisuudet chance to make a living, means of subsistence
toimeksi *panna toimeksi* get busy, get to work *antaa toimeksi* hire/commission/ ask (someone) to do (something) *ottaa toimeksi* undertake (to do) something), take it upon yourself to do (something) *saada toimeksi* be asked/charged to do (something)
toimelias hard-working, industrious
toimenpide 1 measure, step; (mon) measures, action *ryhtyä toimenpiteisiin* take measures/ steps/action **2** (homma) operation, (ark) thing *Koko toimenpide ei vienyt kuin puoli tuntia* The whole thing couldn't have taken more than half an hour
toimeton idle, inactive
toimettomuus idleness, inactivity
toimi 1 (askare) chore, task, job, duty; (mon) activities, business, affairs, action *tyhjin toimin* doing nothing, killing time *toimeksi* ks hakusana **2** (toimenpide) action, measure (ks myös toimenpide) **3** (työpaikka) job, post, position *puhelin toimeen* work/office (phone) number **4** *tulla toimeen* (jonkun kanssa) get along (with someone); (jollakin) get by (on something), manage, make do, make both ends meet, keep body and soul together *tulla toimeen ilman* do without *jonkun toimesta* (done/ ordered) by someone
toimia 1 (ihminen: ryhtyä toimiin) act, take action/steps/measures; (jonakin) act/serve (as), be *toimia lakimiehenä/ lääkärinä* practice law/medicine *toimia illan isäntänä* host the party, (juontajana) emcee the ceremony *Nyt on aika toimia* Now is the time for action **2** (kone tms) work, function, operate *Miten tämä toimii?* How does this work? *Kone ei toimi* The machine is broken, isn't working, is out of order, is not in working order

toimiala line (of business/activities), field (of operations)
toimielin organ
toimihenkilö clerical worker/ employee
toimikas twill
toimikausi term (of office)
toimikunta committee, commission
toimilupa (operating) license; (myymäläketjun myöntämä) franchise
toiminimi company/business name
toiminnallinen functional
toiminnanjohtaja chief executive officer (CEO), president, managing director
toiminta action, activity/activities, operation(s), functioning (yhdyssanoissa jää usein kääntämättä) *ryhtyä toimintaan* take action *aloittaa liiketoiminta Kaakkois-Aasiassa* begin business operations in South-East Asia *ottaa selvää koneen toiminnasta* figure out how the machine works *kasvatustoiminta* education *tiedotustoiminta* publicity
toimintaedellytys foundation for operations
toimintahäiriö (koneen) malfunction, (ihmisen) functional disorder
toimintakertomus annual report
toimintakykyinen functional, operative, in working order
toimintakyvytön dysfunctional, inoperative, out of order
toimintamalli operational/functional model
toimintamuoto operational/functional mode
toimintaperiaate principle
toimintasuunnitelma plan of action
toiminto function, operation
toimintonäppäin (tietokoneen) function key, (ark) F-key
toimipaikka 1 (työpaikka) job, post, position **2** (toimipiste) office, branch, agency
toimisto office, bureau, agency
toimistopäällikkö department head
toimistotekniikka office technology
toimistotyö clerical/secretarial work
toimitsija 1 (agentti) agent, (yhtiön) trustee **2** (urh) official
toimittaa 1 (lähettää) send, (liik) deliver; (viedä) take; (hakea) get, fetch; (antaa) give, supply/provide (someone) with **2** (suorittaa) hold, conduct, perform, preside at **3** (kirjaa, sanomalehteä tms) edit
toimittaja 1 (kirjan, sanomalehden vastaava) editor; (sanomalehden tutkiva) reporter, journalist **2** (liik) supplier
toimituksellinen editorial
toimitus 1 (liik: lähetys) delivery; (toiminta) operation; (tapahtuma) transaction **2** (kirjan) editing; (sanomalehden: toimituskunta) editorial board/ staff; (toimitushuone) editorial office(s) **3** (toimittaminen) performance, execution **4** (usk) ceremony, service
toimitusaika delivery time
toimitusehdot terms of delivery
toimitusjohtaja Chief Executive Officer (CEO), managing director (uk)
toimituskulut handling/service fee
toimituspäällikkö (sanomalehden) editor-in-chief
toimitussihteeri (sanomalehden) editorial assistant
toimiupseeri warrant officer
toimiva working, active, functional
toimivalta authority, powers, jurisdiction
toinen *s* the other, another; (ensinmainittu kahdesta) one (mon) the others, the rest *joku toinen* someone/-body else *Anna toinen vain* Just give me one for the other
adj **1** (järjestyksessä) the second *Aleksanteri II* Alexander II (lue: the second) *Eikö toinen sanominen vielä riitä?* Wasn't it enough to tell you a second time? **2** (ensimmäinen kahdesta) one *Hän näkee vain toisella silmällä* She can only see out of one eye *Anna toinen käsi* Give me one of your hands **3** (toinen kahdesta, muu) the other, another, other *joku toinen kerta* some other time *puolelta toiselle* from one side to the other *toinen... toinen, toiseksi, toisiaan* ks hakusana

toinen... toinen one... the other *Tässä on vasta toinen kenkä, missä toinen on?* This is only one shoe, where's the other? *toiset... toiset* some... some/the others/rest *Toiset tykkäsivät, toiset inhosivat* (kaikki muut inhosivat) Some liked it, but the others hated it; (jotkut muut inhosivat) some liked it, some/others hated it
toipilas convalescent
toipua recover (from something), convalesce, get over (sth), get well
toisaalla elsewhere, somewhere else, in another place/direction/area
toisaalta on the one/other hand, on second thought *Toisaalta haluan lähteä, mutta toisaalta en viitsisi jättää sinua yksin* On the one hand I want to go, but on the other hand I don't feel like leaving you alone *Niin, mutta toisaalta silloin en näkisi Petriä* Yes, but on second thought, then I would miss Petri
toisarvoinen (of) secondary/minor (importance)
toiseksi second(ly) *jäädä toiseksi* come in second, place second *toiseksi nuorin* the second youngest, the next to youngest *toiseksi viimeinen* the next to last, the penultimate *Ensiksikin... toiseksi(kin)/toisekseen* First(ly)... second(ly); in the first place...in the second place
toisen asteen koulutus secondary education
toisenlainen different (from), unlike
toisiaan each other, one another *He rakastavat toisiaan kovasti* They love each other deeply, they're very much in love (with each other)
toisin otherwise, differently, in another/a different way *Minä ajattelen toisin* I think otherwise/ differently *olla toisin* be different *toisin kuin* (ennen substantiivia) unlike (something), (ennen verbiä) contrary to what (you say, people believe) *Toisin kuin yleisesti luullaan* Contrary to popular belief
toisinajattelija dissident
toisinto variant, version, redaction
toiskesäinen summer before last
toisluokkalainen second-grader
toispaikkakuntalainen out-of-towner
toispuolinen one-sided, uneven, unequal, unilateral
toispuolisuus one-sidedness, uneven/ unequal distribution, unilaterality
toissailtainen (something that happened) the night before last
toissakesäinen (something that happened) the summer before last
toissapäiväinen (something that happened) the day before yesterday
toissavuotinen (something that happened) the year before last
toissijainen secondary
toissijaisesti secondarily
toissijaisuus secondariness
toistaa 1 repeat *toistaa omaa puhettaan* repeat/reiterate your own words *toistaa toisen puhetta* repeat/ spit back/echo what someone else said **2** (levysoitin tms) reproduce
toistaiseksi 1 for the time being, until further notice, for an indefinite period *A: Miten kauan olette siellä? B: Toistaiseksi* A: How long will you be there? B: Indefinitely **2** (tähän mennessä) so far, until now, up till now *Ei ole saatu toistaiseksi mitään* So far we've gotten nothing
toistakymmentä more than ten
toistamiseen (once) again, once more, (for) a second time
toistasataa more than a hundred
toiste *s* redundancy *adv joskus toiste* some other time
toistella repeat over and over, reiterate
toisto 1 repetition, repetitiveness, reiteration **2** (äänen) reproduction, sound-quality
toistua (be) repeat(ed), happen again *Tämä ei saa toistua!* Just don't let it happen again!
toistuvaisavustus periodical support
toitottaa 1 (torvea) honk, toot **2** (asiaa) proclaim, announce, trumpet
toive wish, hope *herättää toiveita* raise (someone's) hopes, give (someone)

hope *romuttaa toiveet* dash (someone's) hopes *Toiveeni romuttuivat täysin* My hopes were wiped out/dashed *Toiveeni toteutui* I got my wish *onnistua yli toiveiden* succeed beyond all expectation, do better than you dared hope

toiveajattelu wishful thinking

toiveikas hopeful, optimistic

toiveikkaasti hopefully, optimistically

toiveikkuus hope, optimism

toivo hope *muuttaa Amerikkaan paremman elämän toivossa* move to America in hopes/the hope of a better life *viimeinen toivomme* our last hope *maajoukkueen nuoret toivot* the national team's young hopefuls *Siitä ei ole toivoakaan* There's not a chance of that

toivoa 1 hope *Toivon pääseväni ensi vuodeksi opiskelemaan USA:han* I hope to be able to study in the States next year **2** (haluta) desire, want, wish *Toivon tulevani rikkaaksi ja kuuluisaksi* I want to be rich and famous *Toivon etten olisi ikinä nähnyt häntä* I wish I'd never laid eyes on her **3** (olettaa) trust *Toivomme saavamme suorituksenne pikimmiten* We trust we will receive your remittance ASAP

toivomus wish, (pyyntö) request *jonkun toivomuksesta* at someone's request *saada kolme toivomusta* be granted three wishes

toivonkipinä a spark/glimmer of hope

toivon mukaan I hope, hopefully

toivotella wish (someone something) *toivotella onnea* wish (someone) good luck *toivotella hyvää joulua* wish (someone a) Merry Christmas

toivoton hopeless, desperate *toivoton tapaus* hopeless case

toivottaa wish (someone something) *toivottaa kaikkea hyvää* wish (someone) all the best *toivottaa joku hiiden kattilaan* tell someone to go to hell

toivottavasti hopefully, I hope

toivottomasti hopelessly, desperately

toivottomuus hopelessness, desperation

toivotus greeting, wish *onnen toivotukset* good luck wishes

tokaista say, utter, remark

toki 1 (tottahan toki) sure, of course *A: Tunnethan Riston? B: Toki!* A: You know Risto, don't you? B: (I) sure do, of course (I do) **2** (kehotuksissa) *Tule toki sisään* Come on in *Mene toki* Go ahead (and go) **3** (sentään) still, at least *Rahat olivat toki tallella, vaikka reppu olikin kadonnut* The money was still there, though the pack was gone *Muistit toki ottaa turkin mukaan* At least you remembered your fur

Tokio Tokyo

tokko 1 (tuskin) hardly *Tokkopa hän sinne haluaa* I doubt he'll want to go, I hardly think he'll be going **2** (onko) whether *En tiedä, tokko hän tietää koko asiasta* I have no idea whether he even knows about it

tokkurassa (unesta) sleepy, drowsy, half-asleep; (alkoholista) smashed

tola shape *hyvällä/huonolla tolalla* in good/bad shape *poissa tolaltaan (huolestuneisuudesta/surusta)* beside yourself (with worry/grief) *saattaa asia oikealle tolalle* put something right

tolkku 1 (järki) sense *En saa mitään tolkkua tästä* I can't make heads or tails of this *Ei siinä ole mitään tolkkua että* It's pointless/senseless to **2** *kuukausitolkulla* for months on end

tolkuton senseless, (tarkoitukseton) pointless, (kohtuuton) unreasonable

tolkuttomasti senselessly, pointlessly, unreasonably

tollo moron, dunderhead, dummy

tolppa post, pole; (jalkapallossa) goalpost

tolvana lunkhead, numbskull, dunce

tomaatti tomato

tomppeli bonehead, dolt, oaf

tomu dust (myös kuv)

tomuinen dusty

tomuta be dusty, throw up/off a lot of dust

tongit pliers

tonkia 1 (eläin) root/grub ((around) in) **2** (ihminen tavaroita) dig/root/ rummage around in, ransack; (papereita) rifle (through) **3** (ihminen asioita) stick your nose in (someone's business), poke around in

tonkiminen rooting, grubbing, digging, rummaging, ransacking, rifling, poking (ks tonkia)

tonni 1 ton (myös kuv) *Tämä matkalaukku painaa ainakin tonnin!* This suitcase must weigh a ton! **2** (ark = 1 000) a grand *Voitin kymppitonnin lotossa* I won ten grand in the lottery

tonnikala tuna

tonnikaupalla by the ton, tons of

tonnikeiju beefy beauty

tontti lot, (rakennustontti) building site

tonttu 1 elf **2** (tyttö) Brownie

tonttuilla fool/monkey around

topakka brisk, bustling

topata pad; (sohvaa tms) upholster; (eläintä) stuff

topografia topography

tora wrangle, squabble; (ark) spat, tiff

toraisa quarrelsome, argumentative

torakka cockroach, (ark) roach

tori marketplace; (aukio) square, plaza

torjua 1 (kieltäytyä) reject, refuse, rebuff; (kieltää) deny **2** (psyk) repress **3** (ehkäistä) prevent, fight, control, avert **4** (pysäyttää: urh) stop, block, catch, (make a) save; (sot: hyökkäys) repel, (ohjus) intercept

torjunta 1 (kieltäytyminen) rejection, refusal, rebuff; (kielto) denial **2** (psyk) repression **3** (ehkäisy) prevention, control **4** (urh) stop, block, catch, save **5** (sot = puolustus) defense

torjuva negative, repressive, defensive

torjuvasti negatively, repressively, defensively

torkahtaa doze/nod off

torkku sleepyhead *Illan virkku, aamun torkku* Early to bed, early to rise makes a man healthy, wealthy, and wise *ottaa torkut* take a nap, snooze

torkkua take a nap, snooze, doze

torni 1 tower, (kirkon) steeple **2** (sot) turret **3** (šakissa) rook, castle

torpedo torpedo

torpedoida torpedo (myös kuv)

torppa (tila) croft, (mökki) crofter's cottage

torppari crofter

torso torso (myös kuv) *jäädä torsoksi* be left incomplete/unfinished/ half-done, remain a torso

torstai Thursday

torttu tart

torttutaikina pastry dough

torua scold, berate, haul (someone) over the coals

torveilla 1 (mahtailla) talk big, shoot off your mouth **2** (kuljeksia) wander, roam, amble aimlessly

torvi 1 horn; (sot) bugle *soittaa torvea* honk your horn **2** (rulla) roll, (putki) pipe **3** (ark) jerk, asshole, fool

torvisoittokunta brass band

tosi *s* the truth, reality, the real thing *Nyt on tosi kyseessä* This is the real thing *todella, todesta, tosiaan, tosissaan* ks hakusanat
adj **1** (totuudenmukainen) true *Puhu totta* Tell me the truth (ks myös hakusana) **2** (todellinen) real, serious *tosi tilanteessa* in a real(-life) situation *tosi paikan tullen* if push comes to shove, if it gets right down to it *ryhtyä tosi toimiin* take serious action
adv (todella) really, (ark) real *Se oli tosi kivasti tehty* That was real(ly) nice of you *tosi iso talo* a real(ly) big house

tosiaan really *Oletko tosiaan sitä mieltä?* Is that what you really think?

tosiasia fact

tosiasiallinen factual, true, real, actual *tosiasiallinen syy* the real/true reason

tosi kuin vesi as true as the day is long, as right as rain

tosin (it's) true *Hän on tosin vanhempi, mutta minä olen fiksumpi* True, he's older, but I'm smarter; he's older, it's true, but I'm smarter

tosiolevainen (the) real

tosioloissa in real life, in real-life situations

tosiseikka fact

tosissaan serious, in earnest *Oletko tosissasi?* Are you serious? *Olen ihan tosissani* I mean it/business, I'm not fooling around
tositapahtuma real event *Elokuva perustuu tositapahtumiin* The movie is based on a true story
tosite receipt
tossu 1 (baletti/aamutossu) slipper **2** (lenkkitossu tms) tennis/jogging shoe, sneaker **3** *olla tossun alla* be henpecked, be tied to someone's apron strings, be under someone's thumb
totalisaattori parimutuel *pelata totalisaattoria* bet on the horses
totalitaarinen totalitarian
totalitarismi totalitarianism
toteamus statement, utterance, remark
toteemi totem
toteen *käydä toteen* come true *näyttää toteen* prove, verify
totella 1 obey **2** (kuv) respond to, be responsive
toteuttaa carry (something) out/ through, put (something) into effect/ practice *toteuttaa itseään* fulfill yourself; (ark) do your own thing
toteutua come true
toteutus implementation, achievement, fulfillment
totinen serious, grave, earnest, sober; (yksitotinen) staid, humorless *Tämä on totista työtä* This is serious business *Hän on aika totinen poika* He's a bit of a Boy Scout
totisesti seriously, gravely, earnestly, soberly
totisuus seriousness, gravity, earnestness, sobriety
toto parimutuel *pelata totoa* bet on the horses
totta true *Ei oo totta!* I don't believe it! You gotta be kidding! *Tämä on sinun, eikö totta?* This is yours, isn't it? *Ihanko totta?* Really? You don't say *hitunen totta* a grain of truth *Se on ihan totta* That's so true *Tottahan sinä minut muistat?* You remember me, don't you? Surely you remember me? *Tarua vai totta?* Fact or fiction?
totta ihmeessä (you're) damn right/ tootin'
totta kai of course, naturally; (ark) natch, sure
totta puhuen to tell the truth, frankly
totta tosiaan 1 (tosiaankin) true, for sure, certainly **2** (aivan niin) you're/ that's right
tottelematon disobedient; (auto tms) unresponsive
tottelemattomasti disobediently
tottelemattomuus disobedience
tottelevainen obedient
tottelevaisuus obedience
tottua get used/accustomed (to something) *Kaikkeen tottuu kun se tarpeeksi usein sattuu* You can get used to anything
tottumaton inexperienced
tottumattomasti clumsily, fumblingly
tottumus 1 habit *vanhasta tottumuksesta* out of habit **2** (kokemus) experience
totunnainen conventional, customary, habitual
totutella get used to (doing something), (tutustua) familiarize yourself (with something)
totuttautua ks totutella
totutusajo breaking in
totuudellinen truthful
totuus truth *Karvaskin totuus on parempi kuin kiduttava epätietoisuus* The least pleasant truth is better than the most pleasant uncertainty
totuusarvo truth value
touhu activity, bustle, (ark) to-do *koko touhu* the whole shebang
touhukas active, bustling, busy
touhuta bustle/hustle/dash/putter about, do this and that
toukka larva, caterpillar
touko spring crop
toukokuinen May
toukokuu May
toveri friend, pal, buddy; (kommunistitoveri) comrade
toverihenki camaraderie

toverillinen friendly, comradely; (leik) palsy-walsy, buddy-buddy
toverillisuus comradeship
toveripiiri circle of friends
toveriseura companionship, company
toverukset friends, pals, buddies
toveruus companionship, comradeship
tovi while, (murt) spell *istua tovi* sit for a while/spell
t-paita T-shirt
traaginen tragic
traagisesti tragically
traditio tradition
traditionaalinen traditional
tragedia tragedy
tragikoominen tragicomic
traktori tractor
trampoliini trampoline
transistori transistor
transitiivinen transitive
transkriboida transcribe
transkriptio transcript(ion)
translitteraatio transliteration
translitteroida transliterate
transsendentaalinen transcendental
transsi trance
trauma trauma
traumaattinen traumatic
treffit date *käydä treffeillä jonkun kanssa* date someone *pyytää jotakuta treffeille* ask someone out (on a date) *sokkotreffit* blind date
tremolo tremolo
trikki trick
trikkikuvaus trick photography, special effect
trikoo tricot
trilleri thriller
trilogia trilogy
trimaraani trimaran
trio trio
triviaali trivial
trokari bootlegger
trokata bootleg
trooppinen tropical
tropiikki tropic
trubaduuri troubadour, minstrel
trukki forklift
trumpetisti trumpet player
trumpetti trumpet
trusti trust
tryffeli truffle
tsaari czar, tsar
tsaaritar czarina, tsarina
tsaarivalta czarism, tsarism
Tšad Chad
tšadilainen *s, adj* Chadian
tšekki (asukas ja kieli) Czech
Tšekki Czech Republic
tšekkiläinen *s, adj* Czechoslovakian
Tšekkoslovakia Czechoslovakia
tšekkoslovakialainen *s, adj* Czechoslovakian
tuberkuloosi tuberculosis
tuhannes thousandth
tuhannesosa one-thousandth
tuhannesti *tuhannesti anteeksi* a thousand apologies
tuhansittain thousands of, by the thousands
tuhat *ajaa tuhatta ja sataa* drive hellbent for leather
tuhat thousand *tuhatneljäsataa* fourteen hundred
tuhatjalkainen centipede, millipede
tuhatkertainen thousandfold
tuhatpäinen *tuhatpäinen joukko* a crowd a thousand strong
tuhattaituri Jack-of-all-trades
tuhdisti (ruokaa) lots/plenty of
tuhertaa 1 (töhertää) fumble at/with **2** (piirtää, kirjoittaa) scribble, scrawl, doodle
tuhista (nuhaisena) sniffle; (vihaisena) snort *Nenä tuhisee* My nose is all stuffed up
tuhka ash(es) *kadota kuin tuhka tuuleen* vanish into thin air
tuhkanharmaa ash-gray
tuhkarokko measles
Tuhkimo Cinderella
tuhkimotarina Cinderella story
tuhlaaja prodigal
tuhlaajapoika prodigal son
tuhlaavainen extravagant, wasteful, prodigal

tuhlaavaisuus prodigality, wastefulness, extravagance
tuhlari spendthrift
tuhlata waste, throw away; (ylät) squander; (ark) blow
tuhlautua be wasted
tuhma naughty, bad
tuhmasti naughtily
tuhmuus naughtiness
tuho 1 damage, devastation, annihilation, destruction **2** (perikato) destruction, fall, ruin, undoing **3** (usk ja kuv) doom
tuhoaminen 1 ks tuho **2** (tuholaisten) extermination
tuhoeläin vermin, pest
tuhoisa damaging, devastating, destructive, ruinous
tuhoisasti destructively
tuholainen 1 (eläin) vermin, pest **2** (ihminen) saboteur
tuhopolttaja arsonist
tuhopoltto arson
tuhota 1 devastate, annihilate, destroy, ruin, exterminate *tuhota jonkun onni* wreck someone's happiness **2** (tuholaisia) exterminate
tuhottomasti tons of
tuhoutua be devastated/destroyed
tuhoutuminen devastation, destruction
tuhrata dirty, soil, blacken, smudge, smear
tuhrautua be spent/wasted
tuhria dirty, soil, blacken, smudge, smear
tuhruinen dirty, soiled, smudged, smeared; (ark) black
tuhrusilmäinen bleary-eyed
tuhti 1 (ihminen) strapping big, lusty, husky **2** (ateria) hefty, man-sized
tuhto thwart
tuijottaa stare; (lumoutuneena) gaze; (ihmetellen) gape; (vihaisena) glower, glare *tuijottaa omaan napaansa* contemplate your own navel
tuijottaminen staring, gazing, gaping, glowering, glaring (ks tuijottaa)
tuijotus staring, gazing, gaping, glowering, glaring (ks tuijottaa)
tuikahdella twinkle
tuikata 1 (sujauttaa) slip, stick *tuikata seteli kantajan käteen* slip a bill into the bellhop's hand *tuikata toista puukolla selkään* slip/stick a knife into someone's back *tuikata toiselle kättä* stick out your hand **2** (tuleen) light/set (something) on fire
tuike twinkle
tuikea 1 (katse) stern, fierce, angry **2** (maku) hot, fiery
tuiki very, highly, extremely *tuiki tärkeä asia* a matter of the greatest significance
tuikkia 1 twinkle **2** (ks tuikata)
tuikku 1 (valo) light, lamp **2** (ark = naukku) swig
tuima 1 (ihminen) stern, fierce, angry **2** (tuuli tms) sharp, biting **3** (ruoka: tuikea) hot, fiery; (suolainen) salty
tuiskia snap (at)
tuisku gust/flurry of snow, snow flurry/storm
tuiskuta blow/gust/flurry/whirl about
tuiskuttaa blow/gust/flurry/whirl (snow) about
tuittupäinen hotheaded
tuittupää hothead
tukahduttaa 1 (haukotus, sisäinen ääni tms) stifle, smother, suppress **2** (kapina tms) suppress, quell, put down
tukahduttava 1 (kuumuus) stifling **2** (vallankäyttö) repressive, oppressive
tukahduttavasti stiflingly, repressively, oppressively
tukala embarrassing, awkward, ticklish
tukea 1 (fyysisesti tai henkisesti) support, shore/prop/back up **2** (rahallisesti) back financially, give financial support to, subsidize **3** (tukeutua) lean/rest/rely on
tukehduttaa suffocate, choke
tukehtua suffocate, choke
tukehtuminen suffocation, choking
tukeutua lean/rest/rely on
tukeva 1 (rakennelma) firm, steady, solid(ly built), sturdy **2** (ihminen) sturdy, strong; (lihava) stocky, beefy, chunky **3** (ateria) hefty, man-size, substantial

tukevasti firmly, solidly, sturdily
tukevuus 1 (rakennelman) solidity, sturdiness **2** (ihmisen) stockiness, beefiness, chunkiness
Tukholma Stockholm
tuki support (myös kuv:) backing *antaa tukea jollekulle/jollekin* support, lend your support to *ottaa tukea jostakin* lean on/against, brace/balance yourself (on/against)
tukiaiset subsidy *maatalouden tukiaiset* farm subsidies
tukija supporter, backer; (taiteen) patron
tuki- ja liikuntaelimistö locomotor system
tuki- ja liikuntaelinsairaus locomotor disease
tukikohta (sot) base
tukilisä supplementary benefit
tukimaksu contribution
tukimies (urh) half(back)
tukiopetus remedial instruction
tukiosa supplementary benefit
tukipiste 1 (fys) point of support, (vivun) fulcrum **2** (tukikohta) base
tukistaa pull (someone's) hair; (kuv) chew (someone) out, criticize, rap (someone) on the knuckles
tukka hair *leikkauttaa tukkansa* have/get your hair cut *Ihan nousee tukka pystyyn* That really raises my hackles *olla koko ajan toistensa tukassa* be constantly at each others' throats
tukkanuottasilla *olla tukkanuottasilla* be at each others' throats
tukkeuma clog, block(age), obstruction; (liikenteen) jam
tukkeutua clog/block/back up
tukki log; (aseen tms) stock, (mankelin) roller *nukkua kuin tukki* sleep like a log
tukkia clog/block/stop/plug (up), obstruct
tukkia suunsa shut up *tukkia jonkun suu* shut someone up, quiet/muzzle/ silence someone
tukko 1 (hiustukko tms) tuft, (pumpuli-/ rahatukko) wad **2** (veritukko) clot **3** (side) bandage **4** (tukkeuma) clog, plug, stopper *nenä tukossa* stuffed-up nose *Auto jäi tukoksi tielle* The car was blocking the road
tukku 1 ks tukko **2** *myydä tukkuna* sell wholesale
tukkualennus wholesale discount
tukkukauppa (kaupanteko) wholesale trade; (liike) wholesaler, wholesale store *tukkukaupalla hyviä neuvoja* a whole lot of free advice
tukkukauppias wholesaler
tukuittain wholesale
tuleentua ripen
tulehdus infection, inflammation
tulehtua get infected/inflamed
tuleminen coming
tulemus coming *Kristuksen toinen tulemus* the Second Coming of Christ
tuleva upcoming, forthcoming, future
tulevaisuudenkuva outlook, prospect
tulevaisuuden suunnitelma plan for the future
tulevaisuudentutkija futurologist
tulevaisuudentutkimus futurology
tulevaisuudenusko belief in the future, optimism
tulevaisuus future *lähitulevaisuudessa* in the near future
tuli 1 (myös sot ja kuv) fire *tulessa* on fire *syttyä tuleen* catch fire *sytyttää tuleen* light (something) on fire *hiljaisella tulella* over a low flame *kahden tulen välissä* between a rock and a hard place **2** *Onks sulla tulta?* Gotta light?
tuliainen present *Toitko tuliaisia?* Did you bring us anything?
tuliase firearm
tulikoe trial by fire
tulikuuma redhot
tuliliemi firewater
tulimeri sea of fire
tuli mitä tuli come what may, come hell or high water
tulimmainen *Tuhat tulimmaista!* Blast it!
tulinen fiery, burning, passionate, ardent
tulin näin voitin I came, I saw, I conquered

tulipalo fire
tulipaloale fire sale
tulipalopakkanen biting cold
tuliperäinen volcanic
tulirokko scarlet fever
tulisesti passionately, ardently
tulistua flare up (at someone)
tulisuus passion, ardor
tuliterä brand new
tulitikku match
tulitikkulaatikko matchbox
tulittaa fire (on), shell
tulitus fire, shelling
tulivuorenpurkaus volcanic eruption
tulivuori volcano
tulkata interpret
tulkinnallinen interpretive
tulkinnallisesti interpretively
tulkinta interpretation
tulkita interpret *tulkita väärin* misinterpret, misconstrue, misunderstand
tulkkaus interpretation
tulkki interpreter *simultaani-/konsekutiivitulkki* simultaneous/consecutive interpreter
tulkoon valkeus let there be light
tulla *pääv* **1** come, arrive *Milloin tulit?* When did you get here? What time did you arrive? *Tule 8:n maissa* Come around eight *mennen tullen* coming and going **2** (joksikin, jostakin jotakin) be(come), get, grow, turn *tulla sairaaksi* get sick *Ei siitä tule mitään* It's not going to work *Kuka tuli valituksi?* Who was elected? *Tulin siitä surulliseksi* It made me sad
apuv **1** (tulla tekemään) will, be going to *Sinä tulet yllättymään* You're going to be surprised, you'll be surprised **2** (tulla tehdä) must be, should be, is to be *Työn tulee olla huomenna valmis* The job is to be finished tomorrow
tulla ajatelleeksi come/happen to think of (something)
tullaan tullaan! coming!
tulla esiin come out (myös kuv), appear
tulla eteen come along/up, appear *Kohta pitäisi tulla talo eteen* We should be coming to the house pretty soon *Neuvottelussa tuli seinä eteen* The negotiations ran up against a brick wall
tulla halvemmaksi be cheaper
tulla hulluksi go crazy; (ark) flip your wig, lose your marbles
tulla hyvälle/pahalle päälle get in a good/bad mood
tulla hyvästä perheestä come of a good family
tulla hyvään tarkoitukseen go to a good cause
tulla hätä käteen panic
tulla ikävä miss (someone) *Minun tulee kotia ikävä* I'm going to miss home, I'm going to be homesick
tulla ilmi be revealed/uncovered, be found out
tulla johonkin ikään reach the age of
tulla johtopäätökseen draw the conclusion that
tulla jollekulle *Mikä sinulle tuli?* What came over you?
tulla jonkun korviin *Minun korviini on tullut huhuja siitä että* A little bird told me that, rumor has it that
tulla jonkun silmille/nenille hyppimään jump all over someone
tulla julki come out, be revealed *Salat tulevat julki* Secrets will out
tulla julkisuuteen become public, come out
tulla järkiinsä come to your senses
tulla jäädäkseen come to stay
tulla kipeäksi get sick
tulla kuuloon *Ei tule kuuloonkaan* I won't hear of it, not another word about that, it's out of the question
tulla kyseeseen *Minkälainen tulisi kyseeseen?* (kaupassa tms) What kind would you be interested in? *Sellainen ei tule kyseeseenkään* That is out of the question
tulla lähelle jotakuta become very dear/important to someone, touch someone in an important way

tulla maaliin toisena come in second, cross the finish-line second
tulla mieleen occur, come to mind *Tuli tässä mieleen että* It occurred to me that, it struck me that, one thing that came to mind was that *Ei tulisi mieleenkään* I would never dream of it
tulla nälkä get hungry
tulla puheeksi come up *Tuli puheeksi uskonto ja* We started talking about religion and
tulla päivänvaloon be brought out into the light of day, see the light of day
tulla selville become clear/obvious
tulla sinuiksi (ihmisen kanssa) get on friendly terms with (someone); (koneen kanssa) learn how to use (something)
tulla sokeaksi go blind
tullata clear (something) through customs; (tutkia) check, examine *ei mitään tullattavaa* nothing to declare
tulla tajuihinsa come to
tulla tavaksi become a habit
tulla tehneeksi do/make accidentally *Tulin paljastaneeksi salaisuuden* I accidentally let the secret slip
tulla tehtäväksi have to be done *Talo tulee myytäväksi huutokaupassa* The house is going to have to be auctioned off
tulla toimeen 1 (jonkun kanssa) get along with **2** (jollakin) get by on
tulla tulokseen reach a result, draw a conclusion
tulla täyteen fill up
tullaus (customs) clearance
tullauttaa clear (your luggage) through customs
tulla vastaan 1 (asemalle) go/come meet (someone at the station) *Tuletko minua vastaan?* Will you be there to meet me? **2** (autoja tiellä) pass you (going the other way) **3** (tulla eteen) appear *Seuraavaksi tuli karhu vastaan* Next we came upon a bear **4** (kuv = tehdä kompromissi) meet (someone) halfway *Kyllä minä olen tullut enemmän kuin vastaan* I've met you more than halfway
tulla voimaan go into effect
tulla vähästä tyytyväiseksi be easily satisfied
tulla yleisesti tunnetuksi become commonly known
tulla yllättäen be sudden
tulla äitiinsä take after your mother
tullen *tarpeen tullen* if need be *toden tullen* if push comes to shove (ks myös hakusanat)
tulli 1 (laitos ja maksu) customs, (maksu) duty **2** (moottoritiellä, sillalla) toll
tullihallitus (SF) National Board of Customs; (US) Bureau of Customs
tulliton duty-exempt
tullivapaa duty-free
tullivapaus freedom/exemption from duties
tulo 1 coming, arrival, approach **2** *tulot* (yksilön) income, earnings; (liikkeen) receipts, sales and revenues; (hallinnon) revenue; (hyväntekeväisyystilaisuuden tms) proceeds
tuloaika arrival time, time of arrival
tulo- ja menoarvio budget
tulokas newcomer
tuloksellinen productive, successful, fruitful
tulokseton unproductive, unsuccessful, fruitless
tulonjako distribution of income
tulonsiirto transfer of income
tulos 1 result, product, fruit; (lopputulos) outcome *odottaa testituloksia* wait for test results *tuottaa tulosta* bear fruit *sillä tuloksella että* with the result that *vaalin tulokset* the results of the election *pelin tulos* the outcome/final score of the game *urheilutulokset* sports results/ scores **2** (liikkeen tuotto) return(s)
tulospalvelu result service
tulostaa (tietok) print (something out)
tulostase profit and loss statement
tuloste printout
tulosvastuu accountability
tulotaso 1 income level **2** (fys) plane of incidence
tulovero income tax
tuloverotus income taxation

tulppa 1 stopper, plug **2** (sytytystulppa) spark plug, (ark) plug **3** (lääk) embolus, (tulpan tukkeuma) embolism
tulppaani tulip
tulva flood *tulvillaan jotakin* flooded with something (myös kuv)
tulvia flood (myös kuv:) pour; (ihmisiä) flock
tuma nucleus
tumma dark
tummaihoinen dark-skinned, dusky
tummanpuhuva dark, ominous, foreboding
tummentaa darken
tummua darken, turn dark(er)
tummuus darkness
tumppi 1 (tupakan) butt **2** (miehen) shorty, short stuff, shrimp
tunari bungler, butcher, screwup
tunaroida bungle, butcher, screw up
tundra tundra
tungeksia crowd, push, shove (in)
tungetella 1 (tungeksia) crowd, push, shove (in) **2** (tunkeutua) intrude (on), invade (someone's privacy), trespass (on someone's property), barge in; (juhliin) (gate-)crash
tungetteleva intrusive
tungettelevasti intrusively
tungettelu crowding, pushing, shoving, intrusion, invasion (of privacy), trespassing, gate-crashing (ks tungetella)
tungos crowd, push, press
tunika tunic
Tunisia Tunisia
tunisialainen *s, adj* Tunisian
tunkea *tr* **1** (tavaraa sisään) jam, cram, stuff **2** (pois tieltä) shove, push, elbow *itr* (tunkeutua) shove/push/elbow (your way into/onto), crowd (into/onto)
tunkeilija intruder, trespasser; (juhlissa) gate-crasher; (asiassa) interloper
tunkeilla 1 (tungeksia) crowd, push, shove (in) **2** (tunkeutua) intrude (on), invade (someone's privacy), trespass (on someone's property), barge in; (juhliin) (gate-)crash
tunkeutua intrude (on), invade (someone's privacy), trespass (on someone's property), barge in; (juhliin) (gate-)crash
tunkeutuminen intrusion, invasion, trespassing
tunkio dungheap, (komposti) compost (pile)
tunkkainen stuffy, musty, fusty, stale
tunkkaisuus stuffiness, mustiness, fustiness, staleness
tunkki (auton) jack
tunne 1 feeling, emotion, sentiment *soittaa tunteella* play with feeling *vedota tunteisiin* appeal to (someone's) feelings/emotions *Tässä ei ole tunteille sijaa* We can't let ourselves be guided by emotion/ sentiment on this **2** (tuntu) feeling, sense, sensation, inkling *Minulla on sellainen tunne että hän ei tule* I've got a hunch that he isn't coming, my guess is that he won't show, I suspect he won't be coming
tunne-elämä emotional life
tunneittain hourly, every hour, once an hour
tunnekuohu surge of emotion/feeling
tunneli tunnel
tunnelma mood, atmosphere, ambience *luoda tunnelmaa* create a romantic atmosphere *Tunnelma oli jo korkealla* The party was already in full swing
tunnelmamusiikki mood music
tunnepuoli emotional side
tunneseikka emotional factor
tunneside emotional tie, sentimental attachment
tunnettu (well-)known, renowned, famous; (ark) (big-)name *kuten tunnettua* as is well known, as everyone knows/is aware, as is common knowledge *tehdä tunnetuksi* (ilmoittaa) let (someone) know about (something); (tehdä kuuluisaksi) make (someone/ something) famous/ (well)known, make a name for (someone)
tunnetusti as is well known *Suomi on tunnetusti interferon-tutkimuksen uranuurtajamaa* As I'm sure you're

aware, Finland is a world leader in interferon research
tunnevaltainen emotional
tunnistaa recognize, identify; (ark) know
tunnollinen conscientious
tunnollisuus conscientiousness
tunnoton 1 (fyysisesti) numb, without feeling; (puutunut) asleep; (kivulle tms) insensible **2** (henkisesti) unfeeling, uncaring, insensitive; (häikäilemätön) unscrupulous, ruthless, remorseless
tunnus 1 sign, badge, mark; (kuva) symbol, emblem **2** (laivan) colors, (lentokoneen) markings **3** (sot) insignia **4** (tietok) access code
tunnuslaulu theme song
tunnuslause slogan, catchphrase, motto
tunnusmerkki distinctive/ characteristic/distinguishing mark/ feature
tunnussana password
tunnustaa confess, admit, acknowledge, recognize; (leik) 'fess up *tunnustaa syntinsä* confess your sins *tunnustaa tehneensä väärin* confess/ admit/acknowledge/recognize that you did the wrong thing, acted wrongly *tunnustaa lapsensa* acknowledge a child (as your own) *tunnustaa hallitus* recognize a government
tunnustautua profess *tunnustautua kristityksi* profess Christianity *tunnustautua homoseksuelliksi* come out of the closet
tunnusteko miracle *tehdä tunnustekoja* perform miracles
tunnusteleva tentative, exploratory
tunnustelija 1 (sot) scout **2** (esineuvottelija) (initial) negotiator
tunnustella 1 feel/grope (your way, around in the dark) *tunnustella jonkun pulssia* take someone's pulse **2** (sot) scout (out), reconnoiter **3** (kuv) put out feelers (to see whether), explore; (jonkun mielipidettä) sound/feel (someone) out
tunnustelu feeling, groping, scouting, reconnaissance, exploratory inquiries (ks tunnustella)
tunnustuksellinen 1 (uskonto, runo) confessional **2** (opetus tms) denominational
tunnustukseton nondenominational
tunnustus 1 (rikoksen, synnin tms) confession **2** (uskon) creed **3** (hyvien tekojen tms) acknowledgement, recognition, token of esteem/gratitude
tuntea 1 know *Tunsin hänet heti* I knew/recognized her immediately *Tunnetko miten hyvin italialaista kirjallisuutta?* How well do you know Italian literature, how familiar/ conversant are you with Italian literature? *Alexis Stenvall tunnetaan paremmin nimellä Aleksis Kivi* Alexis Stenvall is better known as Aleksis Kivi **2** (aistia, kokea) feel; (hajua) smell *Tunnetko kun teen näin?* Can/do you feel this? *Tunnen suurta myötätuntoa häntä kohtaan* I feel great sympathy for him, I have great compassion/fellow-feeling for him *tuntea itsensä/olonsa* ks hakusanat **3** (vaistota) sense *Tunsin että hän ei ollutkaan kovin halukas yhteistyöhön* I sensed that he wasn't all that enthusiastic about working with us after all
tuntea itsensä feel; (nälkäiseksi) feel hungry, (kylmäksi) feel cold, jne
tuntea olonsa feel; (epämukavaksi) feel uncomfortable, (paremmaksi) feel better, (turvattomaksi) feel insecure
tunteellinen emotional, sentimental, mawkish; (ark) mushy, sappy, corny
tunteellisesti emotionally, sentimentally, mawkishly
tunteellisuus emotionalism, sentimentality, mawkishness
tunteeton unfeeling, uncaring, unemotional; rational, cold
tunteettomasti unfeelingly, uncaringly, unemotionally; rationally, coldly
tunteettomuus lack of feeling/ emotion, rationalism, coldness
tunteikas emotional
tunteilla get emotional/sentimental/ maudlin/mawkish, gush over

tunteilu indulging/wallowing in emotion(alism)/sentiment(ality)
tuntematon *s* **1** (an) unknown (myös mat) *suuri tuntematon* the great unknown **2** (vieras) stranger, unfamiliar face
adj **1** unknown, unfamiliar, obscure *matkustaa tuntemattomana* travel incognito **2** (nimeltä) anonymous
tuntematon sotilas the Unknown Soldier
tuntemus 1 (tunne, tuntu) sense, sensation, hunch **2** (perehtyneisyys) knowledge, expertise, familiarity, acquaintance, proficiency
tunti 1 hour *100 km tunnissa* 100 kilometers per hour, 60 miles per/an hour *tunnin matkan päässä* an hour('s drive) away/from here *veloittaa 300 mk tunnilta* charge 300 marks an hour **2** (oppitunti) class, period *Mikä tunti meillä on seuraavaksi* What do we have next? *soittotunti* piano/trumpet/clarinet/ jne lesson *laulutunti* voice lesson
tuntija expert (in), master (of), authority (on); (viinin) connoiseur; (ihmistuntija) judge (of people); (ark) ace, whiz, shark
tuntikaupalla (for) hours on end, for hours (and hours)
tuntinopeus speed per hour *ajaa 100 km:n tuntinopeudella* drive at a hundred kilometers per/an hour, do 100 kph
tuntiopettaja hourly instructor
tuntipalkka hourly pay *olla tuntipalkalla* be/get paid by the hour
tunto 1 sense, feeling *Minulla ei ole mitään tuntoa vasemmassa pikkusormessa* I don't have any feeling in my left little finger, (ark) in my left pinkie *Tunto on usein laiminlyöty aisti* (Our sense of) touch is an often neglected sense *velvollisuuden/vastuun tunto* sense of duty/responsibility **2** (tietoisuus) awareness, consciousness **3** (omatunto) conscience *kauheuksia tunnollaan* horrible crimes/atrocities on your conscience
tuntoaisti sense of touch
tuntoaistimus sensation of touch, tactile sensation
tuntomerkki distinguishing/ identifying feature/mark
tuntu 1 touch (myös kuv), feel *Ilmassa on jo kevään tuntua* There's a feel/touch of spring in the air **2** (tunne) feeling *Minulla on sellainen tuntu että* I've got a feeling that
tuntua feel, seem *Tuntuuko tämä?* Can you feel this? *Miltä tuntuu?* How do you feel? *Minusta tuntuu että* I think/feel that, it seems to me that *Ei tunnu missään* (ei satu) I feel no pain, I don't hurt; (ei näy sen vaikutusta) It's had no effect, it's changed nothing, nothing's different/changed
tuntuinen -feeling, -seeming *Tämä on avaran tuntuinen huone* This room feels big/spacious
tuntuma contact, touch, connection *jonkin tuntumassa* near something, in the neighborhood/vicinity of something *saada tuntuma johonkin* get a feel for something *sormituntuma* a feel (for) *menettää tuntuma johonkin* lose your feel/ touch for something
tunturi fell
tuntuva marked, noticeable, perceptible; (iso) considerable, heavy, substantial
tuntuvasti markedly, noticeably, perceptibly, considerably, heavily, substantially
tuo that (one) *Tuo on äitini* That's my mother *tuolla tavalla* like that *tuo tuossa* that, (murt) that-there *tuo tuolla* that one over there (ks myös tuolla, tuon ja tuossa)
tuoda bring, (hakea) get *Toisitko minulle lasin vettä?* Could you bring/get me a glass of water? *puhua mitä sylki suuhun tuo* talk off the top of your head, ramble on mindlessly, say the first thing that comes to mind
tuoda esiin bring forward/up, raise, draw (people's) attention to
tuoda ilmi bring out, show, reveal
tuoda kotiin bring home (myös kuv)
tuoda maahan import, (aate, muoti

tms) introduce *Kristinuskon toivat maahamme ruotsalaiset* Christianity was introduced into Finland by the Swedes
tuoda posti deliver the mail
tuoda terveisiä bring (someone's) greetings
tuoda tullessaan bring (with it), bring about
tuohi birch bark
tuohikulttuuri (halv) hokey folk culture
tuohivirsu birch-bark shoe
tuohtua get irritated/worked up/pissed off (at/about something, at someone)
tuoja 1 (onnen) bringer; (sanoman) bearer, messenger **2** (maahan) importer
tuokio moment, while, time *tuossa tuokiossa* in a second/moment/jiffy
tuoksahtaa smell *Äsken tuoksahtivat tuoreet pullat* I just caught a whiff of fresh-baked buns
tuoksina uproar, commotion, turmoil
tuoksu smell, scent, aroma, odor; (ylät) fragrance, perfume, cachet; (ark) whiff
tuoksua smell (of)
tuoli chair, (ilman selkänojaa) stool
tuolinjalka chair/stool leg
tuolinselkä chair back
tuolirivi row of chairs
tuolla (over) there *Tuolla on kolme lasta* There are three children over there (ark = hänellä) She has three children *tuolla alhaalla/ylhäällä/ ulkona* down/up/ out there
tuollainen that kind of, a (something) like that *Ja minä en ota tuollaista miestä* I wouldn't take/marry a man like that (if he was the last man on earth)
tuolla lailla like that
tuolla puolen beyond
tuollapäin over there
tuolloin then, at that time
tuomari 1 (päättävä) judge (myös Jumalasta), magistrate, justice; (asian-ajaja) lawyer; (sovintotuomari) arbitrator **2** (erotuomari: voimistelun tms) judge, (ottelun) referee, (baseballissa) umpire
tuomaristo jury
tuomas Thomas *epäilevä tuomas* Doubting Thomas
tuomi black cherry
tuomio 1 (tuomarin) sentence, decision (myös erotuomarin) *joutua tuomiolle jostakin* be tried for something *langettaa tuomio* sentence (someone for something) **2** (lautamiehistön) verdict (myös kuv) **3** (Jumalan) judgment *viimeinen tuomio* the Last Judgment
tuomioistuin court (of law)
tuomiokapituli chapter
tuomiokirkko cathedral
tuomiokunta judicial district
tuomiopäivä the Day of Judgment
tuomiovalta jurisdiction *Se ei ole minun tuomiovaltani alainen* That's out of my jurisdiction
tuomiset present *Meillä pitäisi olla lapsille tuomiset* We need to get something to bring the kids
tuomita 1 (lak: jostakin) convict; (johonkin) sentence, condemn; (juttua) try, hear, sit, adjudicate *tuomita vankilaan* sentence (someone) to jail, give (someone) a jail sentence **2** (usk) judge *Älkää tuomitko, ettei teitä tuomittaisi* Judge not, lest ye be judged **3** (kuv) judge, condemn *tuomittu epäonnistumaan* doomed (to failure) **4** (urh) referee, (baseballia) umpire
tuommoinen ks tuollainen
tuonela Hades, the Underworld
tuon ikäinen (someone) of that age, (someone) that old
tuon kaltainen (something) like that
tuon laatuinen 1 (tuota laatua oleva) (something) of that quality **2** (tuon kaltainen) (something) like that, (something) of that order
tuon muotoinen (something) shaped like that, (something) of that shape
tuonne (over) there *Se kuuluu tuonne* It goes over there
tuonnepäin that way, in that direction; (vanh) thither, (leik) thataway *He menivät tuonnepäin* They went that(a) way

tuonpuoleinen *s* **1** the beyond **2** (usk) the hereafter *adj* transcendental, otherworldly *tuonpuoleinen elämä* the afterlife, life after death
tuonti import(s)
tuontitavara imports, import(ed) goods
tuon tuostakin (every) now and then/again, from time to time, off and on
tuoppi beer mug/stein, tankard
tuore (hedelmä, tapahtuma) fresh; (tapahtuma myös) recent *tuoreessa muistissa* fresh in your memory
tuoreeltaan 1 (heti) right away **2** (tuoreena) fresh *Osa syötiin tuoreeltaan, loput pantiin pakkaseen* Some we ate (fresh), the rest we froze
tuoremehu (unsweetened fruit) juice; (appelsiinimehu) orange juice
tuossa there *Ota tuosta* Help yourself *Mikäpä tuossa* Sure, why not *Tuossa nyt näet* See? I told you so *tuossa kuuden paikkeilla* around six
tuossa tuokiossa in a jif(fy)/ flash/ sec(ond) *Tulen takaisin tuossa tuokiossa* I'll be back in a flash
tuotanto 1 (tal) production, (tehtaan) output **2** (kirjailijan) oeuvre, works
tuotantoelämä industrial life
tuotantokustannus production cost
tuotantotulos output
tuota pikaa lickety-split, in a jif(fy)/ flash/sec(ond)
tuote product (myös kuv)
tuotekehittely research and development, R and D
tuottaa 1 (tuotteita, elokuvaa) produce **2** (satoa tms) yield, bear **3** (rahaa) bring in, generate **4** (ongelmia) generate, cause, make, bring
tuottaja producer (myös elokuvan); (tehdastuotteen myös) manufacturer, (maataloustuotteen myös) grower
tuottava productive, profitable
tuottavuus productivity
tuotteliaisuus productivity
tuottelias productive
tuotto proceeds, returns, yield, intake; (voitto) profit
tuottoisa profitable, lucrative
tupa 1 (talo) cottage, house *Oma tupa oma lupa* My home is my castle **2** (huone) greatroom
tupakanhimo craving for a cigarette
tupakanpoltto (cigarette-)smoking
tupakeittiö combined kitchen-living room
tupakka tobacco; (savuke) cigarette *panna tupakaksi* light up *mennä ulos tupakalle* step outside for a smoke
tupakkalakko *tehdä tupakkalakko* quit smoking, give up smoking
tupakoida smoke *Ethän tupakoi kiitos* Thank you for not smoking
tupakoimaton *s* nonsmoker *adj* nonsmoking
tupakointi smoking
tupakointikielto ban/prohibition on smoking; (kyltti) No Smoking sign
tupata *tr* **1** (ahtaa) stuff, jam, cram **2** (pistää) stick **3** (tyrkyttää) force (something/yourself on someone) *itr* **1** (tuppautua: jonnekin sisälle) push/ force your way in, (jonkun seuraan) impose (yourself on someone) **2** (olla taipuvainen) tend, be in the habit of (doing)
tupaten täynnä stuffed, jammed/ crammed (full), packed (to overflowing)
tupenrapinat *Nyt tuli tupenrapinat* Now we've/I've done/had it
tupla- double
tuplata 1 double **2** (kouluaine) retake
tuplautua be doubled
tuppautua (jonnekin sisälle) push/ force your way in; (jonkun seuraan) impose (yourself on someone)
tuppi (puukon) sheath, (miekan) scabbard
tuppisuinen 1 (ei suostu puhumaan) close-mouthed/-lipped, taciturn, uncommunicative **2** (ei pysty puhumaan) speechless, tongue-tied
tuppisuu *s* the silent type, not a big talker *adj* silent, quiet, taciturn, reticent, uncommunicative

tuppisuuna *adv* silently, quietly, reticently, without making a sound, without saying a word
tuppo tuft, wad
tuprahtaa 1 (savu, pöly) billow, roil **2** (tuleen) go up with a whoosh **3** (ihminen) burst in
tupruta 1 (savu) billow, roil **2** (lumi tms) whirl, swirl
tupruttaa 1 (savuketta) puff (away on) **2** (lunta) blow
tupsahdus thump
tupsahtaa 1 (pudota tms) drop/fall with a thump, thump down **2** (savu) billow, roil **3** (ihminen paikalle) burst/ drop in, (talo täyteen väkeä) fill up
tupsu 1 (hiustupsu) tuft **2** (vaatteen) tassel
tupsulakki hat with a tassel
turbaani turban
turbo turbo(charged engine/car)
turbomoottori turbo(charged) engine
turha *s* **1** (turhuus) nothing *Mitä turhia!* (ei kestä) Forget it, never mind, it was nothing; (ei hyödytä) What's the point? What good will it do? *suuttua turhasta* get all worked up over nothing *suuttua turhaan* get all worked up for nothing *mennä turhaan* make a wasted trip, go on a wild-goose chase *kiistellä turhista* argue about nothing **2** (tarpeettomuus) *Älä turhaan vaivaudu* Don't bother *Älä turhaan pelkää* There's no need to be afraid
adj **1** (hyödytön) useless, pointless, futile *Sitä on nyt turha toivoa* Don't hold your breath **2** (tarpeeton) unnecessary, superfluous, gratuitous *turha huomautus* unnecessary/ gratuitous remark
turhamainen conceited, (vanh) vain, (ark) stuck-up
turhamaisuus vanity, conceit
turhan unnecessarily *Se on turhan iso* (liian iso) It's too big; (sitä voisi pienentää) it doesn't have to be that big
turhanpäiten for nothing (ks myös turha)
turhanpäiväinen trivial, trite (ks myös turha)
turhauma frustration
turhauttaa frustrate *Minua turhauttaa tämä* I'm frustrated with this, this is frustrating me
turhautua get frustrated (with something)
turhautuma frustration
turhautunut frustrated
turhuus vanity; (mon) trifles, fripperies *törsätä turhuuksiin* blow your money on useless things *turhuuden markkinat* vanity fair
turismi tourism
turisti tourist
turkanen *Voi turkanen sentään!* Goshdarn it! *turkasen kallis* darned expensive
turkis fur
turkiseläin fur(-bearing) animal
Turkki Turkey
turkki 1 (eläimen) fur **2** (kieli) Turkish
turkkilainen *s* Turk *kiroilla kuin turkkilainen* swear up a blue streak
adj Turkish
turkkilainen sauna Turkish bath
turkkuri furrier
turkoosi turquoise
turkulainen *s* person from Turku
adj pertaining to Turku
turma 1 accident, crash **2** (tuho) destruction, perdition
turmella 1 (fyysisesti) damage, ruin, spoil **2** (moraalisesti) corrupt
turmeltua 1 (fyysisesti) be damaged/ ruined/spoiled **2** (moraalisesti) be corrupted
turmelus corruption, depravity
turmio destruction, ruin, perdition *viedä turmioon* lead (you) to your ruin, lead you to (doom and) destruction
turnajaiset (hist) tourney, tilt, joust; (myös urh) tournament
turnaus (hist) tourney, tilt, joust; (myös urh) tournament
turpa 1 (eläimen) muzzle **2** (ihmisen) mouth, face *Turpa kiinni!* Shut your mouth/face! *antaa turpiin* bust (some-one) in the chops
turska cod
tursuta ooze

turta numb (myös kuv)
turtua (fyysisesti ja henkisesti) go numb, be numbed; (vain henkisesti) stop caring (about), become hardened (to)
turtumus torpidity
turva 1 (turvallisuus) safety, security *olla turvassa* be safe *tuntea olevansa turvassa* feel safe/secure **2** (suoja) safeguard, protection, shelter, defense *ottaa joku turviinsa* take someone under your wing/protection *lain turvin* under the protection of the law *pimeyden turvin* under cover of darkness **3** (apu) *apurahan turvin* supported by a grant, with financial assistance from (someone) *kainalosauvojen turvin* on crutches
turvaamistoimenpide precautionary measure
turvaistuin (child's) car seat
turvajoukot security forces; (YK:n rauhanturvaajat) (UN) Peacekeeping Forces
turvakoti shelter
turvalaite safety device
turvallinen safe, secure
turvallisesti safely
turvallisuus safety, security
turvallisuusneuvosto (YK:n) Security Council; (USA:n) National Security Council
turvata *tr* (suojella, varmistaa) protect, safeguard, secure
itr (turvautua) trust (in), rely (on)
turvatarkastus security inspection/ check
turvatoimenpiteet security measures
turvaton 1 (ihminen: suojaton) defenseless, vulnerable; (epävarma) insecure **2** (paikka) unsheltered, unprotected, open, vulnerable
turvattomuus insecurity
turvautua 1 (luottaa) trust (in), rely (on), put/place your faith/trust in **2** (ryhtyä käyttämään) resort/turn to
turvavyö seat/safety belt
turve 1 (mätäs) turf, sod *turpeen alla* (haudattu) six feet under **2** (polttoturve) peat
turvevoimala peat-burning power plant
turvota swell up
turvotus swelling
tusina dozen *kaksi tusinaa kananmunia* two dozen eggs
tusinakaupalla dozens of (something), (something) by the dozen
tusinatavara *Se on tusinatavaraa* It's a dime a dozen
tusinoittain dozens of (something), (something) by the dozen *tusinoittain halvempaa* cheaper by the dozen
tuska pain, distress, agony, suffering *Se oli tuskan takana* It was a real bear, a real pain (in the ass/neck) *saada työllä ja tuskalla aikaan* do something with great effort
tuskaa lievittävä analgesic, pain-killing
tuskaantua get/grow impatient/ irritated/bored with, get/grow sick/tired of
tuskailla 1 (olla huolissaan) worry/ agonize about, be in a blue funk about, sweat *Älä tuskaile turhaan* Don't sweat the small stuff **2** (tehdä kovalla vaivalla) sweat/ agonize over
tuskainen (tuskissaan) in pain; (kivulias) painful; (kipua ilmentävä) pained, agonized, anguished
tuskallinen painful, distressing, grievous, trying
tuskanhiki cold sweat
tuskanhuuto agonized/anguished cry, cry of pain
tuskastua get/grow impatient/ irritated/bored with, get/grow sick/tired of
tuskin 1 hardly, barely; (ylät) scarcely *Tuskin tunnen häntä* I hardly/barely know her **2** *Tuskinpa vain!* (en usko) I doubt it; (en taida) don't count on it, don't hold your breath *Tuskin menen!* Count me out
tussi 1 (muste) drawing ink **2** (kynä) felt-tipped pen
tussu (sl) pussy
tuta *saada tuta* (ylät) be made to feel (something)

tutina trembling
tutiseva trembling; (vanhuuttaan) doddering
tutista tremble, shiver, shake, quiver
tutka radar
tutkailla 1 (tarkkailla) watch, observe, keep an eye out (for something), keep your eye on (someone/something) **2** (tutkia) explore **3** (tunnustella) sound/ feel (someone) out, put out feelers
tutkain 1 (avaruus-/syvyystutkain) (space/depth) probe; (miinanpaikallistamistutkain) prod **2** (tietok) scanner **3** (raam) goad, prick *potkia tutkaimia vastaan* kick against the pricks
tutkia 1 study, examine, investigate, inspect; (ark) look over/into *Tutkia kaikki paikat* Look/search everywhere **2** (tieteellisesti) study, research; (tuntematonta seutua tms) explore **3** (kuulustella: tenttijää) examine, test; (epäiltyä) interrogate, question
tutkielma (scholarly) thesis; (väitöskirja) dissertation; (lyhyt) essay, paper
tutkija (humanistinen) scholar, (empiirinen) researcher
tutkijakoulutus graduate studies
tutkijalautakunta 1 (onnettomuuden) board of inquiry, investigative committee/commission **2** (sot) court of inquiry **3** (poliisin) Internal Affairs Divison, IAD **4** (verojen) tax appeals board
tutkimaton 1 (alue) unexplored **2** (ilme) inscrutable *Tutkimattomat ovat Herran tiet* Mysterious are the ways of the Lord
tutkimus 1 (tutkiminen) examination, investigation, inquiry, scrutiny; (tieteellinen) study, research, scholarship **2** (tutkielma) study, scholarly book
tutkintavankeus pretrial detention *ottaa tutkintavankeuteen* take (someone) into custody
tutkintavanki prisoner awaiting trial
tutkinto 1 (tentti) exam(imation) **2** (loppututkinto) degree
tutkintovaatimukset course/ degree requirements, syllabus
tutkiskella 1 (tutkia) study, explore, look closely at **2** (miettiä) ponder, contemplate, reflect on
tutkiskelu study, exploration; contemplation, reflection (ks tutkiskella)
tutkistella ks tutkiskella
tuttava friend, acquaintance, someone you know
tuttavallinen 1 (ihminen) friendly, familiar **2** (puhe-/kirjoitustapa) casual, chatty, conversational
tuttavallisesti familiarly, casually, conversationally (ks tuttavallinen)
tuttavaperhe family friends, a family you know
tuttavapiiri your circle of friends
tuttavuus acquaintance, friendship; (vars asian kanssa) familiarity
tutti 1 (hupitutti) pacifier **2** (pullon) nipple
tuttipullo baby bottle
tuttu *s* friend, acquaintance *Mun yksi tuttu* A friend/buddy of mine *adj* **1** (ihminen) (someone) you know *Onko tuo sinulle tuttu mies?* Do you know that guy? **2** (asia, naama tms) familiar
tutun näköinen familiar-looking *Onko tämä tutun näköinen?* Does this look familiar?
tutun tuntuinen familiar-feeling *Onko tämä tutun tuntuinen?* Does this feel familiar?
tutustua 1 (ihmiseen) get to know (someone), make friends with (someone), make (someone's) acquaintance **2** (asiaan) acquaint/ familiarize yourself with (something) *tutustua paikkakunnan nähtävyyksiin* go sightseeing
tuuba tuba
tuubi tube
tuudittaa cradle, rock; (lullata) lull
tuudittautua lull yourself (into something)
tuuhea thick, bushy
tuulahdus breath (of air/wind) *raikas tuulahdus* a breath of fresh air
tuulenhenki breath of wind, breeze
tuulenpuuska gust of wind
tuulensuoja shelter from the wind

tuulen suunta wind direction
tuulesta temmattu made-up (out of the whole cloth), fabricated, fictitious
tuuletin fan
tuuleton windless, still, dead
tuulettaa 1 air (out) (myös kuv:) refresh *tuulettaa itseään* refresh yourself, go out for some rest and relaxation *tuulettaa kaupungin tunkkaista kulttuurielämää* let some fresh air into the city's stuffy cultural life
tuuletus ventilation, airing
tuuli 1 (ilma) wind (myös kuv) *tuulen alapuolella* downwind (from) *tuulta vasten* against/into the wind *tietää mistä tuuli puhaltaa* know which way the wind is blowing *haistella tuulia* see which way the wind is blowing *räjäyttää taivaan tuuliin* blow up, blow to smithereens **2** (mieliala) mood *hyvällä/huonolla tuulella* in a good/bad mood, in high/low spirits
tuuliajolla adrift
tuulihattu 1 (savupiipun) cowl **2** (leivonnainen) cream puff **3** (ihminen) weathercock, (tyttö) flibbertigibbet
tuulilasi windshield
tuulimylly windmill
tuulinen windy
tuulispää gust of wind *mennä tuulispäänä* go like the wind
tuuliviiri weathervane
tuulla *Tuulee* It's windy *Sitten alkoi tuulla* Then the wind started to blow *panna tuulemaan* (ryhtyä työhön) (roll up your sleeves and) get down to work, pitch in (and work); (tuulettaa tunkkaista tilannetta) stir things up, let in some fresh air
tuuma 1 (mitta) inch *olla antamatta tuumaakaan periksi* not budge/give an inch **2** (ajatus) thought, idea; (suunnitelma) plan, scheme
tuumailla think (about), consider, ponder, reflect (on)
tuumasta toimeen no sooner said than done *ryhtyä tuumasta toimeen* stop talking about it and start doing it, put your money where your mouth is
tuumata think (about), consider, ponder, reflect (on)
tuumia think (about), consider, ponder, reflect (on)
tuupata push, shove
tuupertua keel over
tuuraaja substitute, stand-in
tuurata 1 (olla sijaisena) stand in (for someone), relieve (someone), take over (for someone) **2** (onnistaa) *Minua tuurasi* I hit it lucky, I got lucky **3** (lyödä tuuralla) pick, chip, hack
tuuri 1 (onni) luck *Sinulla kävi tuuri* You got lucky **2** (vuoro) turn, (työvuoro) shift
tuusa *mennä tuusan nuuskaksi* get smashed to pieces
tuutin täydeltä at full blast, cranked all the way up
tuutti 1 (paperi-/jäätelötuutti) cone **2** (suppilo) hopper
tuutulaulu lullaby
tv TV
tyhjennys emptying; (suoliston) evacuation, (mahalaukun) pumping, (postilaatikon) collection, pick-up
tyhjentyä empty (out); (akku) run down, discharge
tyhjentää empty; (tankki tms vedestä) drain; (rengas tms ilmasta) deflate; (varastot tms tarvikkeista) deplete, exhaust
tyhjentää huone(isto) vacate a room/an apartment
tyhjentää kaupunki evacuate a city
tyhjentää lautasensa clean your plate
tyhjentää mahalaukku pump (someone's) stomach
tyhjentää oikeussali clear the courtroom
tyhjentää pöytä clear the table
tyhjentää suolensa move/evacuate your bowels, have a bowel movement (BM)
tyhjiin *vuotaa tyhjiin* (tankki tms) leak out; (ihminen) bleed to death *käyttää tyhjiin* use up, exhaust *raataa itsensä tyhjiin* run yourself down, burn yourself out, exhaust yourself

tyhjillään empty; (talo) deserted, abandoned, uninhabited; (huone) vacant *jättää tyhjilleen* (talo) desert, abandon; (huone) move out of, vacate
tyhjiö vacuum
tyhjyys emptiness; (kuv) the void, nothingness, empty space *tuijottaa tyhjyyteen* stare off into space
tyhjä *s* **1** (tyhjää tilaa) (empty) space/ room *Täällä on vielä tyhjää* There's more space/room over here **2** (tyhjä kohta/aukko) blank *jättää tyhjäksi kun ei tiedä sanaa* leave a blank when you don't know a word *Minulla löi tyhjää* My mind went blank, I blocked on it *äänestää tyhjää* abstain **3** (ei mitään) nothing *Tyhjästä on paha nyhjäistä* You can't get blood out of a turnip, you can't get something from/for nothing *katsoa jotakuta kuin tyhjää* look right/straight through someone, pretend someone isn't there, treat someone like air *aloittaa tyhjästä* start from scratch *Se on yhtä tyhjän kanssa* It's pointless
adj (myös kuv) empty, vacant, blank *tyhjä katse* vacant/blank stare *tehdä tyhjäksi* undo, baffle, foil *tyhjin käsin* empty-handed *tyhjiin, tyhjillään* ks hakusanat
tyhjä akku dead/run-down battery
tyhjä kumi flat tire
tyhjäkäynti idling *Tyhjäkäynti kielletty* Turn off your engine
tyhjän panttina idle, serving no useful purpose *istua tyhjän panttina* sit around doing nothing
tyhjänpäiten for nothing (ks myös turhanpäiten)
tyhjänpäiväinen trivial, trite, pointless (ks myös turhanpäiväinen)
tyhjäntoimittaja idler, loafer, good-for-nothing
tyhjäpaino dead weight
tyhjä panos blank
tyhjä pullo empty
tyhjä seinä blank wall
tyhjästä temmattu made-up (out of the whole cloth), fabricated, fictitious
tyhmeliini dummy
tyhmyri dolt
tyhmyys stupidity
tyhmä dumb, stupid *tyhmä kuin pässi* dumb as an ox *tyhmä kuin kana* silly as a goose *Olinpas minä tyhmä!* How stupid of me! What an idiot I was!
tyhmästi stupidly *Se oli tyhmästi tehty* That was a dumb/stupid thing to do
tykinlaukaus gunshot, cannon shot/ blast *tervehtiä 12 tykinlaukauksella* give a 12-gun salute
tykistö artillery
tykki gun, artillery piece; (vanh) cannon
tykkänään completely, totally, utterly, altogether *Top tykkänään!* Whoa there! Hold your horses!
tykyttää beat, pound, throb; (ylät) palpitate
tykytys beating, pounding, throbbing; (ylät) palpitation
tykätä **1** (pitää) like *Mitäs tykkäät uudesta hameestani?* How do you like my new dress? **2** (olla mieltä) think *Tykkään että se on liian iso* I'd say it's too big, I think it's too big
tykö (un)to *Sallikaa lasten tulla minun tyköni* Suffer the little children to come unto me
tykötarpeet necessities, essentials
tylppä blunt
tylppäkärkinen blunt
tylsistyttää dull
tylsistyä grow/get dull
tylsistää dull
tylsä **1** (terä) dull, blunt **2** (tilaisuus tms) dull, boring
tylsäkärkinen blunt
tylsämielinen *s* moron, idiot
adj moronic, idiotic
tylsänpuoleinen on the dull/boring side
tyly **1** (ihminen: ynseä) cold; (lyhytsanainen) curt, short, brusque; (julma) cruel, mean, nasty **2** (luonto tms) hostile, indifferent
tylysti coldly, curtly, shortly, brusquely, cruelly, meanly, nastily, hostilely, indifferently (ks tyly)

tylyys coldness, curtness, shortness, brusqueness, cruelty, meanness, nastiness, hostility, indifference (ks tyly)
tympeys disgust, repulsion, revulsion
tympeä 1 (asia) disgusting, repulsive, revolting, sickening, nauseating **2** (mieli) disgusted, repulsed, revolted, sickened, nauseated
tympäistä 1 (kyllästyttää) bore, tire, weary **2** (etoa) disgust, repulse, revolt
tympääntyä get (sick and) tired of, get bored with
tynkä *s* stub, stump
adj (fore)short(ened), incomplete, unfinished
tynnyri barrel; (oluttynnyri) keg, (viinitynnyri) cask *tynnyristä laskettu olut* draft beer
tynnyrillinen barrelful
typeryys stupidity, silliness, foolishness, folly
typerä stupid, dumb, silly, foolish
typerästi stupidly, foolishly
typistää 1 (korvia) crop, (häntää) dock **2** (pensasta) trim, clip, cut back; (puuta) prune **3** (tekstiä) prune, cut, shorten
typografia typography
typpi nitrogen
typykkä 1 (tyttö) chick *tytön typykkä* sweet little thing **2** *hännän typykkä* stubby tail
tyranni tyrant
tyrannia tyranny
tyrannisoida tyrannize
tyrehdyttää 1 (vuoto: veden) stop, check; (veren) stanch **2** (kuv) check, arrest, halt, bring (something) to a standstill
tyrehtyä 1 (vuoto) stop, dry up (myös inspiraatiosta) **2** (kuv) stop, come to a halt
tyrkkiä push, shove, jostle
tyrkyttää (ruokaa tms) force (something on someone), insist (that someone do/take something); (itseään) impose (on someone)
tyrkätä 1 (työntää) push, shove **2** (antaa) thrust, stick **3** (tökätä) jab, poke
tyrmistynyt dumbfounded, stunned, bewildered, shocked
tyrmistys bewilderment, shock
tyrmistyttää dumbfound, stun, bewilder, shock
tyrmistyä be dumbfounded/stunned/bewildered/shocked
tyrmä (hist) dungeon; (vankila) jail, (selli) cell
tyrmätä 1 (nyrkkeilyssä) knock out (myös kuv), KO **2** (torjua) reject (something out of hand) **3** (haukkua) criticize, (arvostelussa) pan
tyrmäys knock-out, KO
tyrsky (aalto) breaker; (mon) breakers, (aallokko) surf
tyssätä 1 (lysmistää) upset **2** (ponnahtaa takaisin: pallo) bounce back, rebound; (luoti) ricochet **3** (pysähtyä) come to a halt, get deadlocked, get bogged down; (epäonnistua) flop, fail
tyttärenpoika grandson
tyttärentytär granddaughter
tyttö girl
tyttölapsi girl
tyttönimi maiden name
tyttöystävä girlfriend
tytär daughter
tytäryhtiö subsidiary, affiliate
tyven *s* still, calm, serenity *yön tyvenessä* in the still of the night *tyveneen joutunut* becalmed
adj still, calm, serene
tyvi base
tyydyttymätön unsaturated
tyydyttyä be saturated
tyydyttävä 1 (tyydytystä antava) satisfying, gratifying **2** (riittävä) satisfactory, fair
tyydyttää satisfy, gratify; (tarvetta) meet, supply
tyydytys satisfaction, gratification
tyyli style *Tuossa kaverissa on tyyliä* There goes a guy with style, that fellow certainly has style
tyylihuonekalu period piece (of furniture)
tyylikkyys stylishness, style
tyylikkäästi stylishly, fashionably
tyylikäs stylish, fashionable, chic, trendy
tyylillinen stylistic

tyylinen -style, in the (something) style
tyylitellä stylize
tyylittely stylizing, stylization
tyylivirhe stylistic error/fault
tyynesti calmly, serenely
tyyneys calmness, serenity
tyyni *s* still, calm, serenity *tyyntä myrskyn edellä* the/a calm before the storm *joutua tyyneen* be becalmed *adj* still, calm, serene *Tyynessä vedessä suuret kalat kytevät* Still waters run deep
Tyynimeri the Pacific (Ocean)
tyynni *kaikki tyynni* all of it/them, (ark) the whole bunch/lot (of them), the whole kit 'n caboodle
tyynnyttää calm (someone down), pacify, placate, appease; pour oil on troubled waters
tyyntyä calm down, (myrsky) abate
tyyny pillow
tyynyliina pillow case
tyynynpäällinen pillow case
tyypillinen typical
tyypillisesti typically
tyypittää type(cast), classify, categorize
tyyppi type *Sä et ole mun tyyppiäni* You're not my type
tyyppinen -type *minkä tyyppinen* what type/kind of
tyyris pricy
tyyssija 1 (hyvän asian) seat, center, stronghold, bastion **2** (pahan asian) seedbed, den, nest
tyystin completely, entirely, totally
tyytymättömyys dissatisfaction, discontent
tyytymätön unsatisfied, dissatisfied, discontented
tyytyväinen satisfied, content(ed), gratified, pleased; (itseensä) smug, self-satisfied, complacent
tyytyä 1 be satisfied/content (with), content yourself (with) **2** (saada tyytyä) accept, settle (for), resign (yourself to)
työ 1 (työnteko, teos, fys) work *työn alla oleva työ* work in progress *tehdä työtä* work, be working *käydä työssä* work, be employed *mennä töihin* go to work *olla töissä* be at work *Se käy työstä kun kaksosia paimentaa* It's a full-time job looking after twins *Sinulla on tuossa täysi työ* You've got your work cut out for you *lisensiaatin työ* licentiate thesis **2** (työpaikka, myös tietok) job *etsiä työtä* look for a job, go job-hunting *hakea työtä* apply for a job, submit a job application *olla jollakulla töissä* be working for someone, have a job somewhere **3** (työssäolo) employment *ottaa joku työhön* employ/hire someone *Minulla ei ole työtä* (ei työpaikkaa) I'm unemployed, I'm out of work; (ei tekemistä) I've got nothing to do **4** (tehtävä) task, chore; (teko) deed, act *laupeuden työ* an act of kindness **5** (toimiala) line, business *Mitä työtä teet, mitä teet työksesi?* What do you do (for a living)? What line/business are you in? **6** (työvoima) labor
työaika 1 (työssäoloaika) (working) hours *Minkälainen työaika sinulla on?* What are your hours? **2** (työntekoaika) working time *Yö on minulle tehokkainta työaikaa* I work best at night
työaine working material
työansiot earnings
työasento working position
työehtosopimus collective (labor) contract/agreement
työehtosopimusneuvottelut collective bargaining
työeläke employee pension
työelämä working life *mennä työelämään* go (out) to work, get a job
työhalu *Minulla ei ole oikein työhalua* I don't feel much like working *pursuta työhalua* be brimming over with enthusiasm for a job
työhullu workaholic
työhuone 1 (henkisen työn: kotona) study, den; (työpaikalla) office **2** (fyysisen työn) (work)shop
työinto enthusiasm for your work
työjuhta beast of burden; (ihminen) workhorse

työjärjestys order of business, (esityslista) agenda, (eduskunnassa) order of the day
työkalu tool, implement, utensil, instrument
työkalulaatikko toolbox
työkaveri fellow worker, a friend at work, someone you work with; (kollega) colleague
työkokemus job experience
työkyky ability to work
työkykyinen able to work, fit for work
työkyvyttömyys disability
työkyvyttömyyseläke disability pension
työkyvytön disabled
työllistäminen employment
työllistää employ
työllisyys employment
työllisyysmääräraha employment appropriation
työllisyystilanne employment/job situation
työläinen worker, working (wo)man; (työväen jäsen) working-class (wo)man
työläs 1 (vaikea, raskas) difficult, hard, heavy; (ylät) laborious; (ark) tough **2** (tylsä) boring, tedious
työläästi with much effort/difficulty; (hengittää) heavily
työmaa 1 (building/construction) site **2** (kuv) job *kivinen työmaa* a rocky field to plow, a tough job
työmaaruokala canteen
työmahdollisuudet employment/job opportunities
työmarkkinajärjestö labor organization
työmehiläinen worker bee
työmuurahainen worker ant
työmyyrä eager beaver
työmäärä workload
työnantaja employer
työnantajajärjestö employers' organization
työnantajapuoli management
työnarkomaani workaholic
työnhakija (job) applicant
työnimi working title
työnjako division of labor
työnjohtaja fore(wo)man, supervisor
työnjohto management
työnsaanti employment
työnsaantimahdollisuus employment opportunity
työntekijä employee, worker
työntekijäjärjestö labor organization/union, employees' organization
työntekijäpuoli labor
työnteko work(ing)
työntyä 1 (mennä) push/shove (your way) **2** (sojottaa) protrude, project, stick out
työntää 1 push, shove; (sulloa) stuff, cram, jam; (tyrkätä) stick **2** (polkupyörää) walk, (sairaalavuodetta) wheel **3** (versoa) put out, (lehtiä) sprout
työntää esiin stick out
työntää kieli suustaan stick out your tongue (at someone)
työntää kuulaa put the shot
työntää syrjään dismiss, set/put (something) aside, put (something) out of your mind, (kokouksessa) table
työntää syy jonkun niskoille blame someone else (for something), shift the blame to someone else, pass the buck
työntö 1 push, shove, thrust **2** (fys) thrust, propulsion **3** (urh: painonnostossa) jerk, (kuulan) put
työnvälitystoimisto employment agency
työnäyte sample
työpaikka 1 (ansiotyö) job, post, position **2** (paikka) workplace, place of work
työpaikkailmoitus job ad(vertisement)/notice
työpaikkakoulutus on-the-job training, OJT
työpaja workshop
työpäivä work(ing) day
työpöytä desk
työrauha *Annetaan hänelle työrauha* Let's let her work in peace
työrytmi work(ing) place
työskennellä work
työskentely work(ing)

työssäkäyvä working
työstää work (on) (myös kuv); (koneella) machine
työstökone machine tool
työsuhde employment
työsuhdeasunto (yhtiön) employee housing, (oppilaitoksen) faculty/staff housing
työsuhdeauto company car
työsuojelu occupational health and safety
työsuojelulainsäädäntö occupational health and safety legislation
työsuunnitelma working schedule, (koulun) curriculum
työtaakka workload
työtahti work(ing) pace, pace of work
työtaistelu industrial action, labor battle
työtapa approach, method
työtapaturma industrial/occupational accident
työteho 1 (ihmisen) working efficiency, output **2** (koneen) output, (teho) power
työteliäs hard-working, industrious
työterveyshuolto occupational health service
työtodistus work certificate; (lähin vastine) reference, letter of recommdendation
työtoveri fellow worker, colleague (ks myös työkaveri)
työttömyys unemployment
työttömyyseläke unemployment pension
työttömyyskorvaus unemployment benefit
työttömyystyö public/relief work(s)
työttömyysvakuutus unemployment insurance
työtulo earned income
työtunti (working) hour, (miestyötunti) man-hour
työtuomioistuin labor (arbitration) court
työturvallisuus industrial/ occupational safety
työturvallisuuslaki industrial/ occupational safety legislation
työtä pelkäämätön unafraid of work
työtä tekevä working
työtön unemployed
työvaatteet work clothes
työvaltainen labor-intensive
työviikko work week
työvoima (työläiset) work force, (voima) labor
työvoimaministeri (Suomi) Minister of Labor, (US) Secretary of Labor
työvoimaministeriö (Suomi) Ministry of Labor, (US) Department of Labor
työvoimapula labor/manpower shortage
työvoimareservi labor/manpower reserves/pool
työvoimatoimisto employment agency
työväenaate working-class ideology, workers' movement
työväenluokka working class, proletariat
työväenopisto workers' institute; (lähin vastine) night school
työväentalo community hall
työväenteatteri workers' theater; (draama) socialist drama/theater
työväenyhdistys workers' association
työväestö workers; (työväenluokka) working class
työympäristö working environment
tädillinen auntly, aunt-like
tähden 1 (syystä) because of, on account of, due to, for *minkä tähden* what for *Tulin sen tähden kun* I came because I **2** (hyväksi) for (someone's) sake *Herran tähden* for God's sake
tähdentää (place/put great) stress (on), emphasize, insist on
tähdistö constellation
tähdittää (elokuvaa) star in
tähdätä aim *tähdätä aseella jotakuta* aim/point a gun at someone, train a gun on someone *tähdätä ivansa johonkuhun* aim/direct your sarcasm at/towards

someone *Mihin sinä sillä tähtäät?* What are you getting/ driving/hinting at?
tähkä (viljan) spike, (maissin) ear
tähteet remains, remnants; (seuraavan päivän ruoassa) leftovers, (eläimelle annettuna) scraps
tähti 1 star (myös kuv) *nouseva/ laskeva tähti* rising/setting star (myös kuv) *Minusta tulee vielä tähti* Some day I'm going to be a star *tähtien valossa* by starlight *tähtien valaisema* starlit **2** (kirjoituskoneen, tekstin) asterisk *merkitä tähdellä* mark (something) with an asterisk
tähtien sota Star Wars
tähtihetki high point/light
tähtilippu the Stars and Stripes
tähtitaivas starry/star-studded sky
tähtitiede astronomy
tähtitieteellinen astronomical (myös kuv)
tähtitorni (astronomical) observatory
tähtiurheilija star athlete
tähtäin sight(s) *pitkän/lyhyen tähtäimen* long-/short-term/-range *Marjalla on valtuustopaikka tähtäimessään* Marja has her sights/heart set on a council seat, Marja's aiming/shooting for a council seat
tähtäys aim(ing), sight *ottaa tarkka tähtäys johonkin* take aim/sight at something, draw a bead on something
tähyillä watch, observe, scan
tähystin (kiväärin, lääk) scope
tähystys 1 lookout, observation **2** (lääk) -scopy *rakon tähystys* cystoscopy *peräaukon tähystys* proctoscopy
tähystäjä lookout
tähystää 1 watch, observe, look out (for), keep a lookout (for) **2** (lääk) scope, perform a cystoscopy/ proctoscopy/jne
tähän here *Tähän sattuu* It hurts right here *En jätä asiaa tähän* You'll hear from me again, I'll be back, I won't leave it at that *Nukahdan kohta tähän paikkaan* Pretty soon I'm going to fall asleep right here
tähän asti this/thus far, until now
tähänastinen heretofore, previous, the (something) till now
tähän mennessä so/thus far
täi louse (mon lice)
täkki quilt
täky bait
täkänä double weave
tällainen (something) like this *Se on tällainen vekotin* It's a gizmo like this *Tällaisenko halusit?* Is this the kind you wanted? *Haluatko tällaisen?* Do you want one of these?
tälli blow
tällä hetkellä at present, at the present time/moment, currently, just/ right now; (näinä päivinä) nowadays, these days
tällä kerralla this time
tällä lailla like this
tällä tavoin like this, in the way/ fashion *Tee tällä tavoin* Do (it like) this
tällä välin in the meantime/-while, meanwhile, since then
tällöin 1 (tähän aikaan) at this/that time, (silloin) then **2** (tässä tapauksessa) in this/that case
tämmöinen ks tällainen
tämä 1 this (one/thing) *tänä päivänä* today, nowadays *tähän päivään/ hetkeen asti* until today/the present (moment) *tänä aamuna* this morning *tänä iltana* this evening, tonight *tämä minun takkini* this coat of mine *Asian laita on tämä* Here's the situation **2** (viimeksi mainittu) he, she, it; (jälkimmäinen) the latter *Pyysin Pekkaakin tulemaan, mutta tämä kieltäytyi* I asked Pekka to come too, but he refused
tämänaamuinen this morning's, (the something) this morning *tämänaamuinen kokous* the meeting (we had) this morning, this morning's meeting
tämän ajan ihmiset people today
tämänhetkinen the current/present
tämänkaltainen (someone/ something) like this, such a(n) *Olen varautunut tämänkaltaisiin tilanteisiin* I'm prepared for situations like this

tämänkertainen (something) this time *tämänkertainen voittaja* this year's winner
tämänkesäinen this summer's, (something) this summer
tämänluonteinen (something of) this sort/type/nature, (something) like this
tämänpituinen (something) this long *Sen pitää olla suunnilleen tämän pituinen* I need one about this long
tämänpuoleinen (something) on this side *Otan tämänpuoleisen* I'll take the one closest to me
tämänpäiväinen today's
tämäntapainen (something of) this sort/type/nature, (something) like this
tämän tästäkin (every) now and then
tämän vuoksi because of this, on account of this, due to this, for this
tämä puoli this side *tällä puolella katua, kadun tätä puolta* on this side of the street
tämä puoli ylöspäin this side up
tänne here *Anna tänne!* Give it to me! (ark) Gimme! Give it here!
tännempänä more this way, over this way more/closer
tännepäin this way, towards us/me
tänään today
täplikäs spotty, spotted, speckled, blotchy
täplittää spot, speckle, blotch
täplä spot, speck, blotch
täpärä close, narrow
täpärällä *Se oli täpärällä* That was a close one/call/shave, a tight squeeze *Oli täpärällä ettei ehditty* We almost didn't make it, we barely made it, we nearly missed it *Aika on täpärällä* Time is (running) short
täpärästi narrowly, just barely *pelastua täpärästi* just barely make it (out of there) alive, escape narrowly, have a close call/shave
täpötäynnä filled to the brim, full to overflowing, stuffed/jammed full
tärinä trembling, shaking, quivering, vibration; (ark) vibe
täristä tremble, shake, quiver, vibrate
tärisyttää shake, rattle
tärkeillä swagger, strut, throw your weight around, boss people around
tärkeily swagger(ing), strut(ting), bossiness
tärkeä 1 important, significant **2** (tärkein, pää-) main, major, chief **3** (tärkeilevä) self-important
tärkkelys starch
tärkki starch
tärkätä starch
tärpätti turpentine
tärpätä 1 (kala) bite **2** (onni) strike it lucky, get lucky *Nyt tärppäsi* Now I did/made/hit/got it
tärsky 1 crash **2** *tärskyt* (ark) date *tehdä tärskyt* make a date, arrange to meet someone
tärskähtää crash, smash
tärvellä ruin, spoil, destroy; (ark) trash
tärveltyä be ruined/spoiled/destroyed
tärvätä waste, squander; (ark) blow
tärvääntyä be wasted/squandered on; (ark) get blown on
tärykalvo eardrum
tärähdys shock, bump, jolt *aivotärähdys* concussion
tärähtänyt cracked
tärähtää 1 (täristä) tremble, shake, quake **2** (iskeytyä) crash, bash, smash, crack **3** (henkisesti) crack up
täräyttää 1 (iskeä) hit, crack, bash, smash, strike **2** (ampua) hit, shoot **3** (räväyttää) blast, hurl, blurt out **4** (tehdä yhtäkkiä) up and *Sitten hän ostaa täräytti suurimman kilpailijansa* Then she up and bought out her biggest competitor
täsmennys clarification, specification
täsmentää clarify, make (something) clear, specify, be specific (about something)
täsmälleen exactly, precisely; (ark) on the dot
täsmällinen 1 exact, precise, accurate **2** (ajan suhteen) prompt, punctual **3** (ihminen) punctilious, meticulous, fastidious

täsmätä 1 match (up), tally; (tilit) balance; (ark) jibe **2** (täsmäyttää) synchronize
tässä here *A: Miten olet jaksellut? B: Mikäpäs tässä* A: How've you been feeling? B: Not too bad/shabby, okay, all right *On tässä muutakin tekemistä kuin* I've got better things to do than
tässä ja nyt here and now
tässä yhtenä päivänä (menneisyydessä) a few days ago, (tulevaisuudessa) one of these days
tästedes from now on, from here on in
täten 1 (näillä sanoilla) hereby **2** (näin ollen) thus **3** (tällä tavalla) like this
täti 1 (sukulainen) aunt, (ark) auntie *Maija-täti* Aunt Maija **2** (nainen) lady, woman
täti-ihminen woman
tätimäinen old-womanish/-ladyish, prim
tätä nykyä nowadays, these days
täydellinen 1 (ei virheitä) perfect **2** (kokonainen) complete, full
täydellisesti perfectly, completely, fully
täydellisyys perfection
täydennys 1 supplement, addition, fresh supply **2** (sot) reinforcements
täydennysosa supplement
täydentää 1 supplement, add to, fill *täydentää toisiaan* complement each other **2** (sot) (provide/send) reinforce(ments)
täynnä full, filled *Olen ihan täynnä* I'm stuffed *täynnä kuin Turusen pyssy* so full you're about to pop *olla syli täynnä polttopuita* have an armload of firewood *olla täynnä itseään* be full of yourself, be stuck up
täysautomaattinen fully automatic
täysi 1 full *Siellä oli jo täysi meno päällä* Things were already in full swing *täysin tunnein* every hour on the hour *täyttä, täysillä* ks hakusanat **2** (täydellinen) full, whole, complete, entire, total, utter, perfect **3** (puhdas) solid, pure *Tämä on täyttä ainetta* This is the real thing/stuff **4** *ottaa täydestä* fall for (something) hook, line, and sinker; swallow (something) whole *mennä täydestä* pass undetected, (onnistua) come off without a hitch
täysi-ikäisyys majority, adulthood
täysiaikainen full-term
täysihoito (hotellissa) full board; (asuntolassa) room and board
täysihoitola boarding house
täysi-ikäinen adult, of age *olla täysi-ikäinen* be of age *tulla täysi-ikäiseksi* come of age
täysikasvuinen full-grown
täysikokoinen full-size
täysillä at full tilt/speed/blast, flat out
täysilukuinen complete *saapua täysilukuisena paikalle* arrive in full strength/numbers
täysimittainen full-scale/-blown/ -size/-length
täysin fully, completely, entirely, totally, utterly, perfectly
täysinäinen full
täysipainoinen 1 (fyysisesti) (something) of full weight **2** (henkisesti) full, balanced, full-bodied
täysistunto plenary session
täysivaltainen 1 (jäsen) full(y authorized) **2** (kansalainen) legally competent **3** (diplomaatti) plenipotentiary **4** (valtio) sovereign
täysiverinen full-blooded, thoroughbred, pedigreed
täysjyväleipä whole-grain bread
täysosuma bull's eye
täystyöllisyys full employment
täyte 1 (ruoan) filling, stuffing, center **2** (tekstin tms) filler
täyteen full *Tankki täyteen lyijytöntä* Fill it up with unleaded, please *juoda päänsä täyteen* get stewed to the gills *Huomenna tulee kymmenen vuotta täyteen siitä kun* Tomorrow it will be ten years since
täyteinen 1 (umpinainen) solid **2** (yhdyssanassa) full of, filled with *ilon- ja suruntäyteinen kesä* a summer filled with joy and sorrow
täytekakku cake
täytekynä fountain pen

täyteläinen 1 (vartalo tms) full, rounded, plump **2** (ääni, maku tms) full, rich, full-bodied
täytetty 1 filled **2** (topattu) stuffed **3** (raam) finished
täyttymys fulfillment
täyttyä 1 (tila) fill (up) **2** (aika) run out **3** (toive) come true, be fulfilled/ realized
täyttä 1 full **2** *täyttä päätä/häkää/vauhtia* at full blast/tilt/speed *täyttä kurkkua* at the top of your lungs
täyttävä filling, substantial
täyttää 1 fill (up), stuff *täyttää auton tankki* fill your tank, tank/gas up *täyttää taskunsa/joulukalkkuna/haukka* stuff your pockets/a Christmas turkey/a hawk **2** (lomake) fill in/out, complete **3** (lupaus) fulfill; (toive, tarve, vaatimustaso) meet; (tehtävänsä) serve
täyttää (astian)pesukone load a dishwasher/washing machine
täyttää ilmalla inflate
täyttää käsky obey a command/an order, do what you're told (to do)
täyttää lupauksensa keep your promise
täyttää miehen mitta do a man's job
täyttää mitat meet (certain) standards
täyttää pyyntö comply with a request, do what someone asks you to do
täyttää tahto do (someone's) bidding
täyttää tarve meet/supply a need
täyttää tehtävänsä serve its purpose
täyttää toiveet meet/fulfill (someone's) expectations, come up to (someone's) expectations
täyttää uudestaan refill
täyttää vaatimukset meet/reach/ attain (someone's) standards, (ark) come up to snuff/scratch
täyttää vatsansa fill your belly (with), stuff yourself (with)
täyttää velvollisuutensa do your duty
täyttää virka 1 (määrätä joku siihen) fill a post/position, appoint someone to a post/position **2** (toimia siinä) perform your duties, do a job
täyttää vuosia have a birthday *täyttää pyöreitä vuosia* celebrate a major birthday *30 täyttäneet* those thirty and older
täytyä must, have (got) to *Sinun täytyy mennä* You've got to go, you have to go, you must go *Sinun on täytynyt olla hyvin nuori* You must have been very young
täytäntöönpano execution
tää this, (murt) this-here
täällä here *Hei, Jorma täällä* Hi, this is Jorma
täältä from here *50 km täältä pohjoiseen* fifty kilometers north of here
töherrys scribble, scribbling, scrawl
töhertää scribble, scribbling, scrawl
töhriä smear, smudge, soil
tökerö 1 (ihminen) clumsy, awkward, blundering, bungling **2** (esine: huonosti tehty) crude, rough, inept; (hankala käsitellä) cumbersome, bulky, unwieldy
tökerösti clumsily, awkwardly, crudely, roughly, ineptly (ks tökerö)
tökkiä poke, jab, dig
töksähtelevä jerky, (kuv) clumsy
töksähtää jerk (to a halt)
tökätä poke, jab, dig
tölkki (lasinen) jar, (metallinen) can, (pahvinen) carton
töllötin (televisio) boob tube, idiot box
töllöttää gape/gawk/rubberneck at; (TV:tä) be glued to the TV
tömistellä stamp, stomp
tömistä rumble, thunder
tömistää stamp/stomp (your feet)
töniä push, shove, jostle
tönäistä push, shove, nudge
töpeksiä (tyriä) foul (something) up
töpinä *panna töpinäksi* set to (something) with a will
töppäys screw-up
töpätä (tyriä) screw up
törkeä 1 (karkea) coarse, boorish, base **2** (rivo) indecent, obscene, disgusting; (ark) gross **3** (lak) gross, grand,

felonious *törkeä rikos* felony *törkeä huolimattomuus* gross negligence *törkeä varkaus* grand larceny *törkeä pahoinpitely* felonious/ aggravated assault
törkeästi coarsely, boorishly, basely, obscenely, disgustingly, grossly (ks törkeä)
törkimys lout, boor, churl; (ark) scumbag
törkkiä 1 (tökätä) poke, jab, dig **2** (toikkaroida) stagger
törky filth, garbage, trash, junk
törmä (joen) bank, (rinne) slope, (jyrkänne) bluff
törmäilijä stumblebum
törmäillä stumble (around wildly), bump/crash into things
törmätä 1 (osua) collide (with), hit, crash/bump (into) **2** (tavata) bump/run into *Törmäsin tänään Eevaan kaupungilla* I ran/bumped into Eeva in town today **3** (rynnätä) dash (out) **4** (käsitykset tms) clash, conflict
törröttää stick/jut out, protrude, project
törsätä waste, squander; (ark) blow
tötterö cone
töyhtö tuft, plume; (linnun) crest
töykeä rude, surly
töykeästi rudely
töykätä push, shove; (tuikata) stick
töyssy bump
töyssyttää bump, jolt
töytäistä push, shove; (tökätä) poke
töytäisy push, shove, poke
töötätä toot (your horn)

U, u

udella pry, snoop, poke your nose into (someone's affairs) *En halua udella mutta* I don't want to pry but *Älä utele!* Butt out! Mind your own business!
ufo UFO, unidentified flying object
Uganda Uganda
ugandalainen *s, adj* Ugandan
ugristi Ugric philologist
ugristiikka Ugric philology
uhalla upon pain of *kieltää sakon uhalla* threaten to fine someone if they don't stop something *kieltää kuoleman uhalla* forbid upon pain of death *henkensä uhalla* risking your life, at risk to your life *kaiken uhalla* at all costs, no matter what the cost, come what may *Kerron uhallakin* I don't care what you do/say, I'm going to tell you anyway *En uhallakaan lähde sinne* You couldn't pay me enough to go there, I wouldn't go there for a million dollars
uhanalainen endangered *uhanalainen laji* endangered species
uhata 1 threaten *uhata aseella* threaten someone with a gun, point a gun at someone, hold someone at gunpoint *uhata nyrkillä* threaten to hit someone, shake your fist at someone *sodan/sateen uhatessa* at the threat of war/rain **2** (olla vaarana) be imminent, be in danger (of) *Sota uhkaa* War is imminent *Koko hanke uhkasi kaatua* The whole enterprise threatened to come to nothing, the whole enterprise was in danger of foundering
UHF UHF, ultrahigh frequency
uhitella 1 (uhmailla) defy (someone) **2** (uhkailla) threaten (someone)
uhka threat, danger, risk *uhka Suomen turvallisuudelle* a threat to Finland's national security
uhkaava 1 threatening, menacing, dangerous *uhkaava taivas/koira* menacing sky/dog **2** (pian tapahtuva) imminent, impending *uhkaava kriisi/myrsky* impending/imminent crisis/storm
uhkaavasti threateningly, dangerously *lähestyä uhkaavasti* (uhaten) approach uttering threats, come closer looking threatening/menacing; (uhkaavan lähelle) get dangerously close
uhkapeli game of chance, (sen pelaaminen) gambling; (kuv) gamble *pelata uhkapeliä* gamble *Tämä hanke on aikamoista uhkapeliä* This is a big gamble
uhkapeluri gambler
uhkarohkea 1 (rohkea) daring, bold, audacious **2** (tyhmä) foolhardy, rash, reckless
uhkaus threat
uhkavaatimus ultimatum
uhkea 1 (talo) stately, grand, sumptuous **2** (kasvillisuus) lush, luxuriant **3** (povi) ample, (nainen) buxom, busty, big-breasted
uhkua 1 (fyysisesti) radiate, emit, give off **2** (henkisesti) radiate, exude, be bubbling/sparkling/overflowing with
uhma defiance
uhmaikä negative age, defiant stage; (kaksivuotiaassa) the terrible twos
uhmakas defiant
uhmamieli defiance
uhmamielinen defiant
uhmapäinen 1 (omapäinen) stubborn, obstinate, pigheaded **2** (uhkarohkea) daring, reckless, (tyhmänrohkea) foolhardy
uhmata defy (myös kuv) *uhmata luonnon lakeja* defy the laws of nature

kuolemaa uhmaava temppu death-defying stunt *uhmata isäänsä* defy your father, stand up to your father, talk back to your father *uhmata perinteitä* fly in the face of tradition
uho 1 (ilmavirta) exhalation, emanation **2** (ilmapiiri, henki) spirit **3** (touhu) hustle, bustle, commotion **4** (into) excitement, animation, passion **5** (uhmamieli) bluster, swagger, machismo
uhota 1 (hehkua) radiate, emit, give off **2** (kerskailla) boast, brag, talk big **3** (uhmailla) act defiant, bluster, talk big
uhotella 1 (kerskailla) boast, brag, talk big **2** (uhmailla) act defiant, bluster, talk big
uhottelu boasting, bragging, defiance, bluster(ing), big talk
uhrata 1 sacrifice *uhrata uransa hoitaakseen vanhaa äitiään* sacrifice your career to take care of your aging mother **2** (omistaa) devote, spend, give, waste *uhrata aikaansa lukemiseen* (viettää) spend your time reading, devote (a lot of) your time to reading; (haaskata) waste your time reading *En uhrannut hänelle enää ajatustakaan* I didn't waste another thought on him *uhrata henkensä maansa puolesta* give your life for your country, die for your country **3** (antaa uhri) offer (up), make an offering
uhraus sacrifice *taloudellinen uhraus* financial sacrifice
uhrautua sacrifice yourself, your life (for)
uhrautuvainen 1 (self-)sacrificing, giving (of yourself) **2** (itseään kieltävä) self-denying/-effacing
uhri 1 (uhrilammas tms) offering, sacrifice **2** (väkivallan tms kohde) victim *raiskausuhri* rape victim *sodan uhrit* the casualties of war
uhrilahja offering, (kirkossa myös) collection
uhrilammas sacirificial lamb (myös kuv), (vain kuv) scapegoat
uida 1 swim *mennä uimaan* go swimming, go for a swim **2** (kellua: laiva, tukkilautta tms) float
uiguuri Uig(h)ur
uija swimmer
uikku grebe
uikuttaa whimper, whine
uima-allas swimming pool
uimahalli (public/indoor) swimming pool
uimahousut swim(ming) trunks
uimahyppy dive *uimahypyt* (lajina) diving
uimakoulu swim(ming) lessons
uimalasit (swim) goggles
uimaopettaja swimming teacher
uimaopetus swimming lesson(s)
uimapaikka swimming hole
uimapuku swimsuit, bathing suit
uimaranta swimming area/beach
uimari swimmer
uimataito ability to swim
uimuri float
uinahtaa drift/float off to sleep, doze/drop off
uinailla doze, snooze, sleep lightly
uinti swimming
uintikilpailu swimmeet
uinua doze, sleep (lightly), (run) slumber
uiskennella swim/paddle around
uistella troll
uistin lure
uitella 1 (veneitä tms) float **2** (jalkoja tms) splash
uittaa 1 (lapsia tms) take (someone) for a swim *märkä kuin uitettu koira/rotta* wet as a drowned rat **2** (kastaa) dip, (liota) soak, drench **3** (päihittää) trounce, clean (someone's) clock **4** (tukkeja) raft, (karjaa) drive, (hevosia) swim
uitto (tukkien) log-rafting, (karjan) driving a herd across a river
uiva swimming, floating *uiva ooppera* floating opera *uiva panssarivaunu* amphibious tank
uivelo smew
ujellus whistle, wail, whine
ujeltaa whistle, wail, whine; (ohi) whiz
ujo shy, timid, bashful
ujostella 1 be (too) shy (to do something) **2** (olla kehtaamatta) be (too)

embarrassed/ashamed (to do something) **3** (pelätä) be afraid (to) *ujostella puhua vierasta kieltä* be afraid/ embarrassed to speak a foreign language
ujostelu shyness, embarrassment, shame; acting shy/embarrassed/ ashamed
ujosti shyly, timidly, bashful
ujostuttaa *Minua ujostuttaa* I'm embarrassed/afraid *Häntä ujostuttaa* He's just (feeling) shy
ujous shyness, timidity, bashfulness
ujuttaa squeeze/edge/inch your way into (a small place) *ujuttaa puheeseen* (manage to) work (something) into conversation
ukaasi 1 (hist) ukase **2** (ark) order, command, edict
ukkeli old man/geezer
ukki grandpa, gramps
ukko old man *Jos minun ukkoni kuulee tästä, hän panee aivan ranttaliksi* (isä, aviomies) If my old man hears about this, he'll hit the roof
ukkomies married man
ukkonen (jylinä) thunder; (myrsky) thunderstorm, electrical storm; (salama) lightning *Ukkonen iski taloon* The house was struck by lightning
ukkosenilma thunderstorm
ukkoskuuro thundershower
ukkosmyrsky thunderstorm
ukkospilvi thundercloud
ukkostaa thunder (myös kuv)
ukonilma thunderstorm
ukon käppänä shriveled-up old man
ukonputki hogweed
ukonsieni parasol mushroom
ukraina Ukranian
Ukraine Ukraine
ukrainalainen Ukranian
U-käännös U-turn
ula VHF (very high frequency) *olla ihan ulalla* be out of it, be completely lost, have no idea what people are talking about
ulappa the open sea, the middle of the lake
ulataksi radio taxi
ulina whine/whining, wail(ing), howl(ing)
ulista whine, wail, howl
uljaasti 1 (urheasti) bravely, boldly, courageously **2** *astella uljaasti* step pretty
uljas 1 (urhea) brave, bold, courageous; (run) gallant, valiant **2** (uhkea) grand, stately, handsome
ulkoa 1 (sisään) from (the) outside *tulla ulkoa lämmittelemään* come inside to warm up **2** (ulkomuistista) by heart *Osaan sen ulkoa* I know it by heart *opetella ulkoa* learn something by heart, (vanhan ajan kouluissa) learn something by rote
ulkoapäin 1 (liike) from the outside *Ellei teillä ole omassa porukassa asiantuntijoita, täytyy pyytää apua ulkoapäin* If none of your group is an expert, you'll have to get outside help **2** (paikka) on/from the outside *teljetä ovi ulkoapäin* bolt the door on/from the outside **3** (ulkonäkö) outwardly, on the outside *Ulkoapäin se on ihan hyvännäköinen talo* Outwardly the house looks fine, It's a nice enough looking house on the outside
ulkoasiainministeri (Suomi) Foreign Minister; (US) Secretary of State; (UK) Foreign Secretary
ulkoasiainministeriö (Suomi) Foreign Minisry; (US) Department of State, State Department, (ark) State; (UK) the Foreign Office
ulkoasiainvaliokunta foreign affairs committee
ulkoasu 1 (vaatteet) outfit, outdoorwear, (pakkas-/sadevaatteet) snow/rain gear **2** (ulkonäkö) (outward) appearance(s), the way something looks *esitelmän ulkoasu* (ulkonäkö) how a paper looks, (välimerkit ym) a paper's mechanics
ulkoavaruus outer space
ulkohuone outhouse, (sl) shithouse
ulkoilla take a walk, play/exercise out-of-doors
ulkoilma fresh air *ulkoilmassa* out in the open, outdoors, in the great out-of-

doors *nukkua ulkoilmassa* sleep under the stars
ulkoilu walking/playing/exercising out-of-doors
ulkoilualue outdoor recreation area
ulkoiluttaa (koiraa) walk, (lasta) take (a child) out(side) to play
ulkoinen outer, outward, external *ulkoinen kauneus/tyyneys* outward beauty/calm *ulkoiset syyt* external causes *hänen ulkoinen olemuksensa* her outward appearance, her/his outer self
ulkoisesti outwardly, externally, in appearance *muistuttaa ulkoisesti* bear a certain superficial resemblance to, (ark) look like
ulkoistaa externalize
ulkoistaminen externalization
ulkokautta *kiertää ulkokautta* go around by/on the outside
ulkokohtainen 1 (kylmän tieteellinen) detached, dispassionate, disinterested, objective **2** (pintapuolinen) superficial, shallow
ulkokohtaus (elokuvassa) exterior (scene)
ulkokultainen hypocritical
ulkokuntalainen *s* out-of-towner, non-resident
adj out-of-town, non-resident
ulkokuori 1 covering, casing, case, shell, (puun) bark, (maapallon) crust **2** (ihmisen) exterior, front *Tuon karkean ulkokuoren alla sykkii lämmin sydän* Under that rough exterior beats a warm/good heart *Hänen ystävällisyytensä on pelkkää ulkokuorta* His kindness is all front/show, is a sham
ulkokuvaus exterior(s), exterior/location shots
ulkolainen *s* foreigner
adj foreign
ulkolaitamoottori outboard motor
ulkolinjapuhelu long-distance (phone) call, (UK) trunk call
ulkoluku rote learning
ulkomaa foreign country *ulkomailla, ulkomaille* abroad *ulkomailta* from abroad
ulkomaailma the outside world, the big wide world out there
ulkomaalainen foreigner; (lak) alien
ulkomaalaistoimisto office for alien affairs
ulkomaankauppa foreign trade
ulkomaanmatka trip abroad
ulkomainen foreign
ulkomeri the open sea
ulkoministeri (Suomi) Foreign Minister; (US) Secretary of State; (UK) Foreign Secretary
ulkoministeriö (Suomi) Foreign Ministry; (US) Department of State, State Department, (ark) State; (UK) the Foreign Office
ulkomitat outer measurements
ulkomuisti rote memory *lukea runo ulkomuistista* recite a poem from memory, by heart
ulkomuoto (outer) appearance(s)
ulkona 1 outside, (ulkoilmassa) outdoors, out-of-doors **2** (kodin/ kentän ulkopuolella) out *syödä ulkona* eat out *Ulkona!* (urh) Out! *roikkua ulkona* hang out **3** *ulkona kuin lumiukko* out of it
ulkonainen outward, external
ulkonaisesti outwardly, externally
ulkonaliikkumiskielto curfew
ulkonema protuberance, protrusion, projection; (jalkojen alla) ledge, (pään päällä) overhang
ulkonäkö (outer) appearance(s), looks *hyvällä ulkonäöllä siunattu* blessed with good looks
ulkopoliittinen foreign-policy, pertaining to foreign policy
ulkopoliittisesti in terms of foreign policy
ulkopolitiikka foreign policy
ulkopuolella outside *maalata ovi vain ulkopuolelta* paint a door only on the outside, paint only the outside surface of the door *kuulustelussa ulkopuolelle jääneet* those left out of the interrogation *rakennuksen ulkopuolella* outside the building
ulkopuoli the outside, exterior
ulkopuolinen *s* outsider *tuntea itsensä ulkopuoliseksi* feel left out, feel

out of it
adj outside, outward, external *hakea ulkopuolista apua* get outside help *Skandinavian ulkopuoliset maat* countries outside Scandinavia
ulkorata outer/outside lane
ulkosalla outdoors, out-of-doors, in the open (air) *nukkua ulkosalla* sleep under the stars
ulkoseinä outer wall
ulkosuomalainen Finnish expatriate/emigrant
ulkotyö outdoor work
ulkovalaisin outdoor lamp/light
ulkovalaistus outdoor lighting
ulkovuorossa in the field
ullakko attic
uloimpana farthest out
uloin outermost
uloke projection; (jalkojen alla) ledge, (pään päällä) overhang
ulompana farther/further out
ulompi outer
ulos out(side/-doors) *mennä ulos* go out, go outside, go outdoors *kävellä ovesta ulos* walk out the door *katsoa ikkunasta ulos* look out the window *ajaa ulos* drive/skid off the road ULOS (kyltti) EXIT *Ulos!* Out! Get out!
ulosanti delivery, (self-)presentation *Hänellä on hyvää sanottavaa mutta huono ulosanti* He's got something to say but doesn't know how to say it, he's got a good theme but poor delivery, he's got a good message but presents it badly
uloshengitys exhalation, (ark) breathing out
ulosmitata repossess
ulosmittaus repossession
ulosotto recovery (proceedings), (laskun) collection
ulosottomies repossessor, (laskun) collector
ulosottoviranomainen collection agency
ulospäin outwardly *Hän ei näyttänyt mitään ulospäin* He gave no sign (of what he was thinking/feeling) outwardly
ulospääsy exit
ulostaa defecate, move your bowels, make a bowel movement (BM)
uloste feces, excrement
ulostus defecation, bowel movement
ulostuslääke laxative
ulottaa extend (something) to *ulottaa määräykset koskemaan lapsiakin* extend the regulations to cover children too *ulottaa matkansa johonkin* continue/push on to
ulottaa juurensa johonkin (kasvi) send roots down to, (suku) have roots that go back to, that are traceable to
ulotteinen dimensional *kolmiulotteinen* three-dimensional, (ark) three-D
ulottua 1 (olla tilana levinneenä) extend, stretch, reach *ulottua silmänkantamattomiin* extend/stretch/ reach as far as the eye can see **2** (ylettyä) reach *ulottua sormenpäillään puukkoon* be able to reach the knife with your fingertips **3** (olla jollakin tasolla) come/be up/down to *ulottua poikaa vyötäröön* come up to the boy's waist
ulottumattomissa out of reach, beyond reach; (pyssyn tms) out of range
ulottuvilla within reach, (käsien) at hand, (pyssyn tms) within range
ulottuvuus 1 (geom) dimension *Aika on neljäs ulottuvuus* Time is the fourth dimension **2** (sot, mus) range *tykistön ulottuvuus* artillery range *Käyrätorvi on ulottuvuudeltaan melko laaja* The French horn has a fairly wide range **3** (liik, lak) scope, extent *sopimuksen ulottuvuus* the scope of the contract/ agreement *lain ulottuvuus* the extent/ coverage of the law **4** (urh) reach *Sinulla on nyrkkeilijäksi liian pieni ulottuvuus* You've got too short a reach to be a boxer *hevosen ulottuvuus* (šakki) the knight's reach
ultraviolettisäteily ultraviolet radiation
ulvoa 1 (susi) howl, (tuuli) shriek **2** (ark: itkeä) bawl *ulvoa naurusta* howl with laughter
ummehtua 1 (aine) get musty/moldy, mold, mildew **2** (ilma) get stuffy, go stale

ummehtunut 1 (aine) musty, moldy, mildewed **2** (ilma) stuffy, stale

ummessa 1 (kiinni) closed, shut *Osaan mennä sinne vaikka silmät ummessa* I could get there blindfolded, with my eyes shut **2** (tukossa: oja, polku) blocked (off), (tunne) all locked up *Nyt on sekin tie ummessa* Now that door is closed too **3** (lehmä) dried up **4** (ohi) up, over, expired *Aikasi on ummessa* Your time is up *Haku-/voimassaoloaika on ummessa* The application deadline/ expiration date is past

ummetus constipation

ummikko monolingual person, someone who can only speak his/her native language

ummistaa close *ummistaa silmänsä jollekin* close your eyes to something, blind yourself to something, ignore something, let someone do something behind your back

umpeen 1 (kiinni) closed, shut *panna silmät umpeen* close/shut your eyes **2** (tukkoon: oja, polku) (get) blocked (off), (tunne) (get) locked up *Tuuli on tuiskuttanut polun umpeen* The path is blocked by snowdrifts *Nyt Pekka meni täydellisesti umpeen* Now Pekka has withdrawn (into his shell) entirely, completely shut out the outside world **3** (lehmä) (go) dry **4** (ohi) up, over, expired *mennä umpeen* expire

umpeutua 1 (aika) expire **2** (haava) heal **3** close, shut, get blocked (off), withdraw (ks umpeen)

umpi *s* **1** deep, unbroken snowdrift(s) **2** *kysyä ummet ja lammet* (juoruilija) pry into all the (gory) details, wheedle all the juicy tidbits out; (poliiisi tms) interrogate a suspect thoroughly, take a witness's full statement *puhua ummet ja lammet* (ikävän perusteellisesti) give you a blow-by-blow narration, tell the whole story down to the last tedious detail; (kierrellen) beat around the bush **3** (eläimen ummetus) obstipation
adv completely *umpikuuro* stone deaf

umpihumalassa dead drunk

umpikuja dead end, blind alley

umpilevy (tietokoneen) hard disk

umpilisäke appendix

umpilisäkkeen tulehdus appendicitis

umpimielinen withdrawn, reserved, uncommunicative; (juro) morose, sullen

umpimähkäinen random, haphazard

umpimähkään at random, haphazardly

umpinainen 1 (suljettu) (en)closed, (tiivis) sealed (off) **2** (kauttaaltaan samaa ainetta) solid *umpinainen suklaamuna* solid chocolate egg

umpisolmu knot that won't slip: overhand/square knot

umpisuolentulehdus appendicitis

umpisuoli appendix

uneksia (day)dream (of/about) *Enemmän rahaa kuin mistä olisin voinut uneksiakaan* More money than I could have dreamed of

uneksija dreamer

uneliaasti sleepily, drowsily

unelias sleepy, drowsy

unelma dream *pyrkiä toteuttamaan unelmaansa* work to make your dream come true

unelmoida (day)dream *Mitä sinä täällä istut ja unelmoit, töihin siitä!* What are you doing sitting around daydreaming, get back to work!

unelmointi (day)dreaming

unenlahjat the ability to sleep well *Ykällä on hyvät unenlahjat* Ykä's a sound sleeper

unenomainen dreamlike

unenpöpperöinen (still) half-asleep, drowsy

unenpöpperössä (still) half-asleep, drowsy

unentarve need for sleep *Mulla on 8 tunnin unentarve* I need 8 hours of sleep every night

uneton sleepless, insomniac

unettaa put you to sleep, make you feel sleepy *Minua unettaa* I'm (feeling) sleepy/drowsy, I feel like going to sleep

unhola *joutua unholaan* be forever forgotten

uni 1 (yöuni) sleep *herätä syvästä unesta* awake from a deep sleep *unten mailla* in the land of Nod, in sleepland *Uni painaa silmiäni* My eyes are heavy with sleep *En saa unta, unen päästä kiinni* I can't (get to) sleep **2** (unennäkö) dream *Kauniita unia!* Sweet dreams!
unikeko 1 sleepyhead **2** (hiiri) dormouse
unikko poppy
uninen sleepy, drowsy
unissaan asleep *kävellä unissaan* sleepwalk, walk in your sleep
unissakävelijä sleepwalker
unityö (psykoanalyysissä) dreamwork
univormu uniform
unkari Hungarian
Unkari Hungary
unkarilainen *s, adj* Hungarian
unohdus forgetfulness, lapse of memory *joutua unohduksiin* be forgotten *kauan unohduksissa ollut* long-forgotten
unohtaa 1 forget *Unohda koko asia* Forget the whole thing, forget it *En ole unohtanut sinua* I haven't forgotten you *Unohdin sulkea oven* I forgot to close the door *Unohdin pankin kokonaan!* I forgot all about the bank! *Sinä unohdat aina kaiken!* You're so forgetful! **2** (jättää) leave, (jättää tekemättä) neglect *unohtaa takkinsa kotiin* (accidentally) leave your jacket at home *unohtaa kiittää* neglect/forget to say thank you
unohtaminen forgetting
unohtua 1 be forgotten *Sinulta taisi unohtua* You must have forgotten *esittämättä jäänyt, täysin unohtunut näytelmä* an unperformed, completely neglected/forgotten play **2** (jäädä) get/be left (behind) *Unohtuiko tämä sateenvarjo sinulta?* Is this your umbrella? Did you leave this umbrella (behind) (at our place)?
unohtumaton unforgettable
unssi ounce
untuva feather, (mon) down
untuvatakki down jacket
untuvatäkki down quilt
uoma 1 (joen tms) (river)bed **2** (vako) furrow
upea 1 magnificent, splendid **2** (talo) stately, grand **3** (puku tms) gorgeous, stunning **4** (ark) great *Se olisi upeaa* That would be great
upota 1 (veteen laiva tms, hankkeeseen rahaa) sink *Tähän tiehen on uponnut jo 3 milliä* We've already sunk 3 mil into this road **2** (kuraan) get stuck (in), (get) bog(ged) down (in) **3** (puuhun saha) bite **4** (kuulijaan) go over, strike home *Vitsit upposivat hyvin yleisöön* His jokes went over well *Valmentajan palopuhe upposi pelaajiin* The coach's pep talk struck home, hit the players where they lived, did its work on the players
upottaa 1 (laiva, rahaa) sink **2** (peittää vedellä) flood **3** (laittaa veden alle) immerse, submerge, (ark) dip (in water) **4** (kastaa upottamalla) baptize (by total immersion) **5** (puukko, keihäs) plunge **6** (katseensa) drill, (surunsa) drown *upottaa katseensa johonkuhun* drill/burn your eyes into someone *upottaa surunsa viinaan* drown your sorrows (in the bottle) **7** (kaappi seinään) build in/flush, (naula) countersink, (pistorasia) install flush, (kone betoniin) embed **8** (lauseenvastike lauseeseen) embed **9** (tietok) insert **10** (kivi sormukseen) set, mount
upotus 1 sinking, immersion, submersion **2** (kaste) total immersion **3** (koristeupotus) inlay **4** (lukkoa varten) mortise
upouusi brand-new, brand spanking new
uppiniskainen insolent, impudent, defiant, disobedient
uppoamaton unsinkable
uppopuu sunken log, (laivalta nähtynä) snag
upporikas filthy rich, rolling in money/it
uppoutua 1 (pehmeään sänkyyn) sink (back/down) into **2** (velkoihin) drown in (debt) **3** (työhön tms) get wrapped up in, get absorbed in
upseeri officer

ura 1 (tekn) groove, slot, slit **2** (maan pinnassa: polku, myös kuv) path, trail, track; (pyörän jälki) rut *ajautua väärälle uralle* get off on the wrong track, go off on a tangent *luoda/ uurtaa uusia uria* break new paths/ ground, blaze new trails *jäädä polkemaan samaa uraa* fall into a rut **3** (tietok) track **4** (karrieeri) career *uransa huipulla* at the peak of your career **5** (mat) locus
uraani uranium
uraauurtava ground-/path-breaking, trailblazing, pioneering
urakka 1 (liik) contract, (ark) job **2** (kuv) job *Huh mikä urakka!* Whew, what a job!
urakkapalkka *tehdä urakkapalkalla töitä* (rakennus- yms töissä) get paid by the piece, on a piecework basis, get paid by the job; (ark) get paid a lump sum
urakointi contracting
urakoitsija contractor
uranuurtaja pioneer, trailblazer
uraputki the career ratrace
urautua fall into a rut
urea urea
urhea brave, bold, courageous; (run) gallant, valiant
urheilija athlete
urheilu sports
urheiluauto sports car
urheiluhullu sports nut/fan
urheilukalastus sport fishing
urheilukenttä sports field: baseball/ football/soccer/jne field
urheilukilpailu sports/athletic competition
urheilulaji sports event
urheiluloma skiing holiday
urheiluseura athletic club
urhoollinen brave, bold, courageous; (run) gallant, valiant
urhoollisesti bravely, boldly, courageously; (run) gallantly, valiantly
urkkia pry, probe, snoop (around/ about); (vakoilla) spy *urkkia tietoja* ferret out information
urkuparvi organ loft
urkuri organist
urologi urologist
uros male
uroteko heroic deed, feat of valor
urotyö heroic deed, feat of valor
urputtaa (ark) gripe, grouse, moan and groan
Uruguay Uruguay
uruguaylainen *s, adj* Uruguayan
urut organ
USA USA, US, United States of America
usea 1 many, (ark) a lot (of) *useassa kohdin* in many places *useita ihmisiä* a lot of people, quite a few people **2** (eri) various *Siihen on useita syitä* There are various reasons (for that)
useampi more, (mon) most *Useampi päivä olisi liikaa* More days would be too many *Useammat ihmiset valitsevat juuri noin* Most people make the same choice (as you)
useasti often, frequently
useimmiten most often/commonly/ usually, in most cases; (ark) more often than not
usein often, frequently
uskalias 1 (rohkea) daring, bold **2** (riskille altis) risky
uskallus courage, boldness, daring
uskaltaa dare, venture, have the courage to, be bold/brave enough to *Etpäs uskalla hypätä jänishousu!* You're too scared to jump, chicken/ scaredy-cat! *parempi hinta kuin uskallettiin toivoakaan* a better price than we dared hope for, than we expected *Joka ei mitään uskalla, ei mitään voitakaan* Nothing ventured, nothing gained
uskaltautua venture
usko belief, faith *usko siihen että* the belief that *siinä uskossa että* in the belief that *usko Jumalaan/sinuun* faith in God/you *Usko tekee teidät vapaiksi* Faith will set you free *tulla uskoon* be born again, accept Jesus Christ as your personal savior
uskoa 1 (olla jossakin uskossa, luulla) believe, think *uskoa tietävänsä kaikki* think you know everything *uskoa kirjan menestyvän hyvin* believe/think that a

book will be a success **2** (pitää jotakin totena) believe, (ark) buy *En usko hetkeäkään tuota* I don't believe/buy that for a second *Uskokaa tai älkää* Believe it or not *En olisi hänestä uskonut* I never would have believed it of him, I never thought he had it in him **3** (ottaa vakavasti) believe, obey, listen (to), take (someone) seriously *Äitiä pojat eivät uskoneet, vain isää* The boys would never listen to their mother, only their father; would only obey their father, take him seriously, never their mother **4** (luottaa johonkin) believe (in), trust, have faith (in) *uskoa joulupukkiin/ihmelääkkeeseen* believe in Santa Claus/a wonder drug **5** (antaa jollekulle: huoleksi) entrust, (tehtäväksi) charge *Uskon sinulle nämä kassakaapin avaimet* I'm going to entrust the keys to the safe to you **6** (kertoa luottamuksellisesti) confide, trust (someone) with a secret *uskoa intiimi asia ystävälle* confide an intimate matter to a friend, trust a friend with an intimate secret

uskolla parantaja faith-healer *uskolla parantaminen* faith-healing

uskollinen 1 faithful, loyal, true *uskollinen aviomies/-vaimo* faithful husband/wife *uskollinen työntekijä* loyal employee *uskollinen ystävä* true friend **2** (horjumaton) staunch, devoted *uskollinen kannattaja* staunch/devoted follower

uskollisesti faithfully, loyally, truly, staunchly, devotedly

uskollisuus faithfulness, fidelity, devotion *aviouskollisuus* marital fidelity *palvelijan uskollisuus* a servant's devotion

uskomaton incredible, unbelievable, beyond belief

uskomus belief

uskonasia matter of faith

uskonnollinen religious *Hän on syvästi uskonnollinen* She's very religious

uskonnonopettaja religion teacher

uskonnon opetus religious education/instruction; (kouluaineena) religion (class)

uskonnonvapaus freedom of religion

uskonpuhdistaja Reformer

uskonpuhdistus Reformation

uskonpuute lack of faith

uskonto religion

uskontunnustus creed *apostolinen uskontunnustus* the Apostolic Creed *Nikean uskontunnustus* the Nicean Creed

uskotella 1 (itselleen) pretend (that, to be), fool/deceive yourself (into thinking), try to convince yourself (that) **2** (toiselle: itsekin uskoen) try to convince someone (that, of something), try to make someone believe something; (kyynisesti) fool/deceive/ dupe (someone) *Turha minulle tuommoista on uskotella* (ark) Don't try that line on me, don't feed me that bullshit, don't give me that garbage

uskoton *s* unbeliever, infidel
adj **1** (pettävä: aviopuolisolle) unfaithful, faithless, cheating; (maalle tms) disloyal *olla uskoton puolisolleen* cheat on your spouse **2** (usk) unbelieving

uskottava credible, believable, plausible

uskottomuus (aviollinen) infidelity; (muu) disloyalty, unfaithfulness

uskottu *s* (läheinen ystävä) intimate; (jolle kertoo kaiken: mies) confidant, (nainen) confidante
adj trusted, intimate

uskoutua confide (in), take (someone) into your confidence

uskovainen *s* devout Christian; (ark) born-again Christian
adj religious, devout

usuttaa 1 (ihmisiä) provoke, incite, urge; (ark) egg on **2** (koiraa tms) sic *Usuta koirasi hänen kimppuunsa* Sic your dog on him

usva mist, fog

usvainen misty, foggy

utare udder

uteliaasti curiously, inquisitively

uteliaisuus curiosity, inquisitiveness; (ark) nosiness

utelias *s* (ark) snoop, nosy Parker *adj* curious, inquisitive; (ark) nosy, snooping
utopia Utopia, (ark halv) pipe-dream
utopisti Utopian, (ark) optimist, (halv) dreamer
utopistinen Utopian, (ark) optimistic
utu mist
utuinen misty
uudehko newish
uudelleen again, once more/again, newly, (eri verbien liitteenä) re- *arvioida uudelleen* reappraise, reevaluate *miettiä uudelleen* reconsider, rethink *yhä uudelleen* again/time and again, over and over (again) *Me järjestimme olohuoneen huonekalut uudelleen* We rearranged the furniture in our living room
uudenaikainen modern, up-to-date; (murt halv) newfangled
uuden veroinen good as new, like new
uudenvuodenaatto New Year's Eve
uudenvuodenjuhla New Year's Eve party
uudenvuodentervehdys New Year's card
uudestaan ks *uudelleen*
uudestisyntyminen rebirth; (usk) regeneration, (ark) being born again
uudestisyntynyt reborn; (usk) born again
uudisasukas settler, colonist
uudisasutus settlement, colony
uudisraivaaja pioneer settler/farmer, homesteader
uudistaa 1 (uusia: lehtitilaus, kirjalaina, lääkeresepti, ystävyyttä jne) renew **2** (korjata: yl) redo; (taloa tms) renovate, remodel; (kirjaa) revise; (suunnitelmaa) revamp **3** (korjata: lainsäädäntöä tms) reform **4** (korvata uudella) replace **5** (uudenaikaistaa) modernize, bring up to date
uudistua be transformed/renewed *Minulla on ihan uudistunut olo!* I feel like a new (wo)man!
uudistumaton nonrenewable *uudistumattomat luonnonvarat* nonrenewable natural resources
uudistus 1 (uusiminen) renewal **2** (talon tms korjaaminen/korjaus) renovation, remodeling **3** (kirjan tms korjaaminen/korjaus) revision **4** (lainsäädännön tms korjaaminen/ korjaus) reform **5** (uudella korvaaminen) replacement **6** (uudenaikaistus/-istaminen) modernization
uumenissa *maan/laivan uumenissa* deep in the bowels of the earth/ship *metsän uumenissa* in the middle/ depths of the forest *sielun uumenissa* in the nether regions of the soul
uumoilla have a feeling/hunch (about, that) *uumoilla petosta* (ark) smell a rat
uuni 1 oven, stove **2** (tekn: sulatus-/ polttouuni) furnace, (kalkkiuuni) limekiln, (tiiliuuni) (brick)kiln *polttaa savimaljaa uunissa* fire pottery in a kiln
uupua 1 (rasittua) get exhausted/tired; (ark) get (all) pooped out *olla uupunut kuuntelemaan* be tired/sick of listening **2** (puuttua) (be) lack(ing), be missing/ absent *kirja joka ei saisi uupua mistään kirjastosta* a book that no library can do without, should lack
uupumaton inexhaustible, untiring
uupumus exhaustion, fatigue
uurastaa work (at something), slave away; (ark) bust your buns, work your ass off
uurastus hard work
uurna 1 (tuhkauurna tms) urn **2** (vaaliuurna) ballot box
uurre 1 (ponttilaudan tms) groove **2** (otsaryppy) furrow, line **3** (pylvään) flute, (mon) fluting
uurtaa 1 (puuta tms) groove, carve **2** (otsaa) furrow, line *huolten uurtama otsa* a brow lined/furrowed by care
uurteinen grooved, furrowed, fluted (ks *uurre*)
uusi new, novel, fresh *Tarvitaan uusia ideoita* We need new/novel ideas, we need a fresh approach *Huomenna on uusi päivä* Tomorrow's another day

uudemman kerran once again *Mitä uutta?* What's new? *Kuuluuko mitään uutta?* Any news?
uusia 1 (lehtitilaus, kirjalaina, sopimus, lääkeresepti jne) renew **2** (korjata: yl) redo; (taloa tms) renovate, remodel; (sisustus) redecorate; (kirjaa) revise; (suunnitelmaa) revamp; (järjestys) rearrange **3** (tentti) retake, (rikos) repeat, (ottelu) replay, (TV-ohjelma) rerun, (radio-ohjelma) rebroadcast **4** (korvata uudella) replace, renew **5** (uudenaikaistaa) modernize, bring up to date renew
uusi aalto new wave
uusi aika (hist) the modern period
Uusi-Englanti New England *Uuden-Englannin asukas* New Englander
uusiksi *Se meni uusiksi* Now we have to start over (again), start from scratch *ottaa uusiksi* try something/it again
uusi maailma (Amerikka) the New World
uusinta 1 (uudelleen esitetty: TV-ohjelma) rerun, (radio-ohjelma) repeat (broadcast) **2** (pelikohdan hidastus) (instant) replay **3** (uusintaottelu) rematch, make-up game, (nyrkkeilyssä) return bout/fight **4** (taudin) relapse
Uusi-Seelanti New Zealand
uusiseelantilainen *s* New Zealander
uusi tulokas newcomer
uusiutua 1 (biol) (be) regenerate(d) **2** (tauti) recur *Hänen tautinsa on uusiutunut* He's suffered a relapse
uusi vasemmisto the New Left
uusivuosi New Year('s)
uusköyhyys the new poverty
uuslukutaidottomuus the new illiteracy
uusmoralismi the new moralism
uute extract
uutinen (piece of) news *Minulla on sinulle uutinen* I've got news for you
uutiset the news
uutiskuvaaja press photographer
uutislähetys newscast, (ark) the news
uutistoimisto press agency
uutistoimittaja news editor
uuttaa extract
uuttera hard-working, diligent, industrious
uutterasti diligently, industriously
uutukainen *uuden uutukainen* brand-new
uutuudenviehätys novelty
uutuus 1 (esineen) newness, novelty *uutuuttaan jäykät kengät* shoes that haven't been broken in yet **2** (esine) novelty, (uusi tuote) new model *Uutuus!* (pakkauksen kyljessä) New (and improved)!
uutuusarvo novelty value
uuvuksissa exhausted; (ark) bushed, (all) pooped (out)
uuvuttaa exhaust, tire *Simo uuvutti minua puoli tuntia matkakertomuksillaan* Simo wore me down for half an hour with stories of his travels, with his travelogues
uuvutussota war of attrition

V, v

vaa'ankieli pointer, indicator *olla vaa'ankielenä* tip the scales
vaade claim
vaadin reindeer doe
vaadittaessa on demand/request
vaadittava required, requisite
vaahdota foam, (saippua) lather, (olut) froth
vaahtera maple
vaahterasiirappi maple syrup
vaahterasokeri maple sugar
vaahto foam, (saippuan) lather, (oluen) froth
vaahtokumi foam rubber
vaahtokupla soap bubble
vaahtokylpy bubble bath
vaahtomuovi foam(ed) plastic
vaahtopesu shampoo
vaahtopäinen whitecapped, (meren rannalla) breaking
vaahtopää whitecap, (meren rannalla) breaker
vaahtosammutin foam extinguisher
vaaita level
vaaitus leveling
vaaja 1 (paalu) pile **2** (kiila) wedge
vaaka 1 scale, balance *kallistaa vaaka jonkun eduksi* tip the scales/balance in someone's favor **2** (voimistelussa) horizontal stand, (taitoluistelussa) arabesque **3** (horoskoopissa) Libra
vaaka-asento horizontal position
vaakakuppi pan *Tämä ei vaakakupissa paljon paina* This doesn't count for much (in the grand sceme of things)
vaakalauta *Minun koko tulevaisuuteni on tässä vaakalaudalla* My whole future is at stake here, my future hangs in the balance here *panna henkensä vaakalaudalle* (jonkun puolesta) risk your life for someone, (jonkin edestä) stake your life on something
vaakasuora horizontal *vaakasuoraan* horizontally
vaakataso horizontal plane
vaakaviiva horizontal line
vaaksa hand, span *Parempi virsta väärää kuin vaaksa vaaraa* Better safe than sorry
vaakuna (coat of) arms, seal
vaalea 1 (iho) white, light(-colored), fair(-complexioned) **2** (tukka) fair (-haired), blond, (nainen) blonde
vaaleahko blondish
vaaleaihoinen white, light(-colored), fair(-complexioned)
vaaleanpunainen pink
vaaleatukkainen fair(-haired), blond, (nainen) blonde
vaaleaverikkö blonde
vaaleaverinen blond(e)
vaalentaa lighten, (hiukset) bleach
vaaleta lighten
vaali election (ks myös vaalit)
vaalia cherish, (hoivata) tend, take (tender) care of, care for (tenderly)
vaaliehdokas candidate (for elective office)
vaaliheimolainen like-minded person
vaalihuoneisto polling place
vaalijärjestelmä election process
vaalikampanja (election) campaign
vaalikausi term
vaalikelpoinen eligible
vaalikelpoisuus eligibility (for office)
vaalikelvoton ineligible
vaalilautakunta election committee/ board
vaaliliitto (electoral) coalition
vaalilippu ballot

vaaliluettelo list of voters, electoral register
vaalilupaus election promise
vaalimainonta campaign advertising
vaalimainos campaign ad(vertisement), (TV:ssä) spot
vaaliohjelma platform
vaalioikeus right to vote, suffrage *naisten vaalioikeus* women's suffrage
vaalipaikka polling place
vaalipetos election fraud, rigged election
vaalipiiri electoral district
vaalipuhe election speech
vaalipäivä election day
vaaliruhtinas (hist) Elector
vaalisalaisuus secret ballot
vaalit election; (vaaliuurnat, äänestäminen) polls *yleiset vaalit* general election *menestyä vaaleissa* be successful at the polls
vaalitaistelu campaign battle
vaalitentti campaign debate
vaalitulos election return(s)
vaalitulospalvelu election coverage
vaaliuurna voting/ballot box, poll *käydä vaaliuurnilla* go to the polls
vaalivalvojaiset election coverage
vaalivoittaja the winner of the elections
vaalivoitto electoral victory
vaan 1 but, (but) rather, (but) on the contrary *Ei hän vaan minä* Not him, me; not him but me; (ylät) not he but rather I *ei ainoastaan...vaan myös* not only...but also *En ole vastahakoinen vaan innostunut* I'm not at all reluctant, on the contrary, I'm excited **2** (ark = vain) just, only; on, ahead *Se oon vaan mä* It's just me *Tuu vaan* Come on *Mee vaan* Go ahead
vaania lurk/skulk/sneak/slink (about), lie in ambush
vaappu plug
vaappua 1 (ankka, ihminen) waddle; (hoiperrella) stagger **2** (polkupyörä, tuoli tms) wobble **3** (juna, auto tms) jostle, bounce **4** (vene) rock **5** (kuv) waver, hover *vaappua kahden vaiheilla* waver between two possibilities, be torn *Voitto vaappui hiuskarvan varassa* Victory hung by a thread
vaara 1 (mäki) hill **2** danger, risk; (ylät) peril, hazard, jeopardy *saattaa joku vaaraan* endanger/imperil/ jeopardize someone('s life) *antautua siihen vaaraan että* run the risk of (doing something)
vaarallinen dangerous, risky; (ylät) perilous, hazardous
vaarallisesti dangerously, perilously, hazardously
vaarallisuus danger(ousness), peril, hazard
vaarantaa endanger, risk, imperil, jeopardize, hazard, place/put (someone/ something) in danger/peril, at hazard/ risk
vaarantua be endangered/imperiled/ jeopardized, be placed/put in danger/ peril, at hazard/risk
vaaraton safe, innocuous, not dangerous
vaaravyöhyke danger zone
vaari 1 (isoisä) grandpa, gramps **2** *ottaa vaari(n)* (take) heed, take (someone) seriously, pay attention to (someone's warning)
vaarua list
vaasi vase
vaate garment, piece/article of clothing; (mon) clothes, clothing *Vaatteet tekevät miehen* Clothes make the man
vaate-esittely fashion show
vaateharja clothes brush
vaatehuone walk-in closet
vaatekaappi wardrobe, closet
vaatekappale garment, piece/article of clothing
vaatekauppa clothing store
vaatekerta outfit, (matkalla) change of clothes
vaatekomero wardrobe, closet
vaateliaisuus demanding nature, exactingness, discrimination, sophistication, fastidiousness, meticulousness (ks vaatelias)
vaatelias 1 demanding, exacting **2** (sofistikoitunut) sophisticated,

discriminating **3** (turhantarkka) fastidious, meticulous, nitpicking; (ark) picky
vaatettaa clothe, (pukea) dress
vaatetus clothing
vaatetusala the clothing business, the garment industry *vaatetusalan liike* clothing store
vaatetusliike clothing store
vaatia 1 (tekemään) demand, insist, require, call for, ask *En voi vaatia sitä sinulta* I can't insist that you do it, (pakottaa) I can't require/force you to do it, (pyytää) I couldn't possibly ask you to do that *Tämä tehtävä vaatii kärsivällisyyttä* This job requires/calls for patience **2** (itselleen) claim, demand *vaatia korvauksia* file a claim for damages *vaatia rahansa takaisin* demand your money back **3** (tarvita) need, take *Tuo kukka vaatii liikaa tilaa* That plant takes up too much room *Lapset vaativat paljon rakkautta* Children need plenty of love **4** *vaatia antautumaan* demand (that someone) surrender *vaatia tekijä esiin* call for the aurhor/composer (tms) *vaatia eroamaan* ask for (someone's) resignation *vaatia kaksintaisteluun* challenge (someone) to a duel **5** *vaatia ihmishenkiä* (onnettomuus tms) claim (human) lives
vaatia kuuliaisuutta demand obedience of, insist on obedience from, exact obedience from
vaatia liikaa demand too much, make exorbitant demands (on)
vaatia uhreja cause casualties, claim lives
vaatimalla vaatia (put your foot down and) insist
vaatimaton modest, humble *vaatimaton ihminen* modest/ unassuming/ unpretentious/humble person *vaatimaton talo* humble/ lowly/shabby/ ordinary house *vaatimaton maku* simple taste(s) *vaatimaton rooli* minor/bit part *Et saa olla turhan vaatimaton!* You shouldn't be so modest!
vaatimattomasti modestly, unassumingly, unpretentiously, humbly, simply (ks vaatimaton)
vaatimattomuus modesty, humility, simplicity
vaatimus 1 demand *täyttää jonkun vaatimukset* meet someone's demands, do what someone expects of you **2** (pääsy/tutkintovaatimus) requirement *täyttää vaatimukset* meet the requirements **3** (vaatimustaso) standard *täyttää vaatimukset* be up to standard, meet the standards **4** (vaade) claim *esittää vaatimus* file a claim, lay claim to
vaatimustaso standard(s)
vaativa demanding, exacting
vaatteet clothes
vaatturi tailor, haberdasher
vadelma raspberry
vaellus 1 travel, trek, wandering(s) **2** (eläinten, kansojen) migration **3** (pyhiinvaellus) pilgrimage (myös kuv)
vaellusromaani picaresque novel
vaeltaa 1 travel, trek, wander, roam, ramble *Hänen katseensa aina vaeltaa kun hänelle puhuu* His eyes always wander all over the place when you talk to him **2** (eläimet, kansat) migrate
vaeltaja wanderer, rambler; (partiossa) Explorer (Scout)
vagina vagina
vaha wax *olla kuin vahaa jonkun käsissä* be like wax/putty in someone's hands
vahakabinetti wax museum
vahakangas oilcloth
vahakenno honeycomb
vahakuva wax figure
vahakynä wax applicator
vahamaalaus wax painting
vahamainen waxy, (tieteessä) ceraceous
vahamuseo wax museum
vahanukke wax figure
vahas stencil
vahata wax
vahatulppa wax (ear)plug
vahdata watch, keep an eye on; (vartioida myös) guard *Mitä sinä minua vahtaat, hoida omat asiasi* What're you spying on me for, mind your own business
vahdinvaihto changing of the guard

vahingoittaa damage, injure, hurt, harm, wreck
vahingoittua be damaged/injured/hurt/harmed, suffer damage(s)/injury, come to harm
vahingoittumaton intact, unhurt, unharmed, unscathed; (ark) all in one piece
vahingollinen injurious, harmful, bad (for you)
vahingonilo pleasure in someone else's misfortune, malicious pleasure/delight
vahingonkorvaus damages, indemnity
vahingonkorvausvaatimus claim for damages
vahingonkorvausvelvollisuus liability for damages, indemnity liability
vahinko 1 (onnettomuus) accident, mishap, piece of misfortune *vahingossa* by accident, accidentally; (erehdyksessä) by mistake *Minulle tuli vahinko housuun* I had an accident in my pants **2** (vaurio) damage, harm, injury, impairment *Kyllä minä korvaan kaikki vahingot* I'll pay for all damages *Vahingosta viisastuu* Those who don't learn from their mistakes are condemned to repeat them; live and learn **3** (sääli) pity, shame *Vahinko ettet voi tulla* A pity/shame you can't come *Sepä vahinko!* That's too bad! What a (crying) shame!
vahinko ei tule kello kaulassa disaster strikes when you least expect it
vahti watch, guard *olla vahdissa* stand watch/guard, be on guard (duty)
vahtia watch, guard, protect, keep an eye on; (varrota) keep an eye out for
vahtikoira watch/guard dog
vahtimestari 1 (siivooja/korjaaja) janitor, custodian **2** (portieeri) doorman, porter
vahva strong (myös kiel), powerful, robust; (ark) tough *Kärsivällisyys ei ole vahvempia puoliani* Patience is not one of my strengths, my strong suits
vahvasti strongly *Epäilen vahvasti, ettei hän tule* I strongly suspect he isn't coming
vahvennus 1 (vahventuminen) strengthening *odottaa jään vahvennusta* wait till the ice is stronger/thicker **2** (vahventava lisäys) reinforcement *seinärakenteiden vahvennus* wall reinforcement *saada vahvennukseksi uusia pelaajia* get reinforcements **3** (lihavointi) bold(ing)
vahventaa strengthen, harden, fortify; (tukea) reinforce
vahventua get stronger(/better/thicker jne) *Joukkue on vahventunut viime kaudesta* The team's improved since last season
vahvero chantarelle
vahvike 1 reinforcement **2** (ark: paukku) fortifier, pick-me-up *kaataa kahviin vahvikkeeksi konjakkia* spike the coffee with brandy
vahvistaa 1 (vahventaa) strengthen, harden, fortify; (tukea) reinforce, build/shore/prop up **2** (tekn = ääntä) amplify **3** (todentaa, varmentaa) confirm, verify, corroborate, substantiate, validate; (laki) ratify
vahvistaa huhu confirm a rumor
vahvistaa kauppa close a deal
vahvistaa muistiaan refresh your memory
vahvistaa taitoaan impove your skill
vahvistamaton 1 (tieto) unconfirmed, unsubstantiated, unverified **2** (laki) unratified
vahvistin amplifier
vahvistua 1 (dollari) strengthen **2** (lihakset) get stronger, gain strength
vahvistus 1 fortification, reinforcement *jenkkivahvistus* American basketball player, Yankee reinforcement **2** (tiedon) confirmation, verification, corroboration, substantiation; (periaatteen) validation; (lain) ratification
vahvuinen 1 (ihmismäärä) -man, -person, strong *60:n vahvuinen kuoro* a 60-person choir, a choir 60 strong **2** (paksuus) -thick *metrin vahvuinen jää* meter-thick ice

vahvuus 1 (voimakkuus, ihmismäärä) strength **2** (paksuus) thickness **3** (linssin) power
vai or *En oikein tiedä, olenko tulossa vai menossa* I'm not quite sure whether I'm coming or going *Vai niin* Is that so, is that a fact, really *Vai sinäkin tulit* So you came too *Olin oikeassa vai mitä?* I was right, wasn't I?
vaientaa silence, gag, muzzle; (ark) shut someone up
vaientaminen silencing
vaieta 1 (lakata puhumasta) fall silent **2** (olla puhumatta) keep silent, say nothing, hold your tongue
vaihdanta exchange *mielipiteiden vaihdanta* exchange of opinions *tavaroiden vaihdanta* exchange of commodities
vaihdantatalous barter economy
vaihde 1 (muutos) change, (vaihdos) turn *vuosisadan vaihteessa* at the turn of the century *vaihteeksi, vaihteen vuoksi* for a change, (ark) for a switch **2** (rautatien, tietok) switch **3** (puhelinvaihde) switchboard **4** (auton, pyörän: laite) gear, (nopeus) speed *vaihtaa ykkösvaihde päälle* shift into low/first (gear) *Pyörässä on kymmenen vaihdetta* It's a tenspeed
vaihdekeppi (ark) stick
vaihdelaatikko transmission, (ark) tranny
vaihdella *tr* **1** (vaihtaa) change, keep changing **2** (muunnella) vary, (vuorotella) alternate
itr **1** (muuttua) vary, fluctuate, shift *A: Miten lämmintä täällä on kesällä? B: Sehän vaihtelee* A: How warm is it here in the summer? B: It varies **2** (vuorotella) alternate, switch
vaihdepyörä 1 (polkupyörä) gearshift bicycle **2** (tekn) gearwheel
vaihdetanko gearshift, (ark) stick
vaihdevuodet menopause
vaihdin (CD-vaihdin) CD changer, (ilman) ventilator, (lämmön) heat exchanger
vaihdokas changeling
vaihdokki trade-in
vaihdos change
vaihduksissa interchanged *joutua vaihduksiin* be interchanged
vaihdunta (ilman) ventilation, replenishment; (työntekijöiden) turnover
vaihe 1 phase, period, stage; (mon) development, progress, history *seurata Don Quijoten värikkäitä vaiheita* follow the colorful adventures of Don Quixote *Wittgensteinin myöhempi vaihe* the later Wittgenstein, Wittgenstein's late(r) period **2** *olla kahden vaiheilla* be caught between two choices/ alternatives, be torn
vaiheikas rich, eventful, checkered
vaiheittain in stages/phases *ottaa vaiheittain käyttöön* phase in
vaiheittainen gradual
vaihejännite phase voltage
vaihemittari phasemeter
vaihetyö production-line work *olla vaihetyössä* work on the (production) line
vaihetyöntekijä production-line worker
vaihtaa 1 change, switch, shift; (päinvastaiseksi) reverse *vaihtaa junaa* change trains *vaihtaa autoon akku* replace your car battery *Missä täällä voi vaihtaa rahaa?* Where can I change some money around here? *Voitko vaihtaa tämän kympin pienemmäksi?* Do you have change for a ten? *vaihtaa kantaansa* change your stance/opinion/ position *vaihtaa vaatteita* change (your) clothes *vaihtaa vartio* change the guard (on duty) *vaihtaa öljyt* change the oil **2** (keskenään) exchange, switch, trade, swap *Vaihdetaanko leipiä?* You wanna trade/swap sandwiches? *vaihtaa vanha autonsa uuteen* trade your old car in on a new one *Pitäisi vaihtaa nämä markat dollareiksi* I need to exchange these marks for dollars
vaihtaa jalkaa change feet; (painoa) shift your weight from one foot to the other
vaihtaa karvaa shed its winter fur/ coat

vaihtaa kylkeä turn over (onto the other side)
vaihtaa miekka auraan beat your swords into plowshares
vaihtaa maisemaa get a change in scenery, move on to greener pastures
vaihtaa nahkansa shed its skin
vaihtaa nimensä change your name
vaihtaa omistajaa change owners(hip)
vaihtaa paikka change places
vaihtaa pari sanaa exchange a few words
vaihtaa pienemmälle vaihteelle downshift
vaihtaa pois barter away
vaihtaa puolta change sides
vaihtaa rahaksi (sekki) cash a check; (omaisuus) realize your property
vaihtaa salkkuja switch briefcases
vaihtaa sormuksia exchange rings
vaihtaa vaihdetta change gears, shift
vaihtaa vauva kuiviin change the baby('s diaper)
vaihtaa viestiä (urh) pass the baton, make the change
vaihteisto transmission, (ark) tranny
vaihteleva varying, variable, changeable; (tal) fluctuating *vaihteleva pilvisyys* variable cloudiness *vaihtelevalla menestyksellä* with varyingg success
vaihtelevuus variety, variability
vaihtelu 1 (vaihteleminen) variation, (tal) fluctuation **2** (erilaisuus) variety, change
vaihtelu virkistää variety is the spice of life
vaihteluväli range
vaihto 1 change, ex/interchange *mielipiteiden vaihto* exchange/interchange of ideas **2** (junan tms) change, (bussin) transfer **3** (tavaran) barter, trade **4** (liikevaihto) trade, sales, volume, turnover **5** (pelaajan) substitution
vaihtoarvo exchange value, (käytetyn) trade-in value
vaihtoauto used car
vaihtoehto alternative
vaihtoehtoinen alternative
vaihtoehtoliike alternative movement
vaihtojännite alternating/A.C. voltage
vaihtokauppa trade, barter, (ark) swap *Tehdäänkö vaihtokaupat?* You wanna trade/swap?
vaihtokelpoinen interchangeable, compatible
vaihtokurssi exchange rate
vaihtolyönti (lähin vastine) sacrifice
vaihtolämpöinen cold-blooded
vaihtomies (urh) substitute
vaihtonäppäimen lukitsin shift lock
vaihtonäppäin shift key
vaihto-objektiivi interchangeable lens
vaihto-oikeus right of exchange
vaihto-omaisuus floating assets, inventory
vaihto-oppilas exchange student
vaihtopelaaja substitute
vaihtoraha change
vaihtotalous barter economy
vaihtotase balance of (current) payments
vaihtotavara barter(able) good(s)
vaihtovaatteet a change of clothes/clothing
vaihtovelkakirja convertible debenture
vaihtovelkakirjalaina convertible debenture loan
vaihtovirta alternating current, A.C.
vaihtovirtavastus impedance
vaihtoväline medium of exchange
vaihtua change, turn; (päinvastaiseksi) reverse *Nyt meidän osamme ovat vaihtuneet* Now the shoe's on the other foot, the tables are turned *Ei aikaakaan ennen kuin vuosituhat vaihtuu* It won't be long before we're into a new millennium *Salkkumme vaihtuivat vahingossa* We got our briefcases mixed up by accident, our briefcases accidentally got switched

vaihtuva korko variable interest (rate)
vaihtuvakorkoinen laina variable-interest loan/mortgage
vaihtuvuus (työntekijöiden tms) turnover
vaikea 1 difficult, hard; (ark) tough *vaikea tilanne* a difficult/awkward/ embarrassing situation *vaikea valinta* a difficult/tough choice/decision *Minun on aika vaikea mennä sanomaan hänelle että* It's pretty difficult/hard/tough for me to go and tell her to *Älä viitsi olla vaikea* Stop being difficult *Sinua on niin vaikea miellyttää* You're so hard to please **2** (vakava) serious *vaikea sairaus/ vamma* a serious illness/injury
vaikeakulkuinen rough, difficult
vaikealukuinen hard to read
vaikeaselkoinen difficult/hard to understand *Se on aika vaikeaselkoinen kirja* It's a hard/ difficult read, it's pretty tough sledding
vaikeasti 1 *vaikeasti luettava* difficult/ hard to read, (huonon käsialan vuoksi) almost illegible **2** *vaikeasti sairas* seriously ill
vaikeatajuinen difficult/hard to read (ks myös vaikeaselkoinen)
vaikeatöinen hard to use
vaikeavammainen *s* seriously disabled person *adj* seriously disabled
vaikeneminen silence
vaikeneminen on kultaa silence is golden
vaikeneminen on myöntymisen merkki silence means consent
vaikeroida 1 (voihkia) groan, moan **2** (voivotella) bemoan, bewail
vaikerointi groaning, (be)moaning, bewailing
vaikerrella moan and groan, bewail, lament
vaikertaa moan, groan
vaikeus difficulty, (mon) trouble *olla vaikeuksissa* be in (big) trouble *Siinä se vaikeus onkin* That's the problem *Pukeutuminen tuotti suuria vaikeuksia* Dressing herself was almost too much for her
vaikeusaste degree of difficulty
vaikeusjärjestys order of difficulty
vaikeuttaa make (something more) difficult, impede, hinder, hamper; (pahentaa) aggravate; (mutkistaa) complicate
vaikeutua become (more) difficult; (pahentua) be aggravated; (mutkistua) get complicated
vaikka 1 (vaikka on) (al)though, even though *Kyllä sinun täytyy mennä vaikka oletkin sairaana* You've got to go, even though you're sick; I don't care how sick you are, you still have to go **2** (vaikka olisi) even if *Kyllä sinun täytyisi mennä vaikka olisit itse Ukko Jumala* You'd have to go even if you were God in Heaven **3** (joskin) (even) though/if *Hän näytti paremmalta vaikka vieläkin vähän kalpealta* She looked better, though still a little pale **4** (jos) if *En ihmettelisi vaikka et tulisi ollenkaan* I wouldn't be a bit surprised if you decided not to come at all **5** (esimerkiksi) say *Mennään vaikka elokuviin* Why don't we go, say, to the movies **6** (jos haluat) if you like *Saat vaikka koko satsin* You can have the whole lot if you want *Lähdetään vaikka heti* I'm ready to go right now (if you're in such a hurry) **7** (tahansa) any *vaikka kuka* anybody/-one, no matter who *Älä sano että minä olen täällä, vaikka kuka soittaisi* No matter who calls, say I'm not here (ks myös hakusanat)
vaikka kuinka no matter how *Vaikka kuinka yritin en voinut* I couldn't do it, no matter how I tried *Hän vääntelehti vaikka kuinka* She contorted herself every which way, I couldn't believe how she twisted her body *Olen sanonut sulle vaikka kuinka monta kertaa* If I've told you once I've told you a million times; how many times do I have to tell you? *Siellä oli vaikka kuinka paljon väkeä* There were crowds of people, the place was crawling with people
vaikka millä mitalla loads, tons *väkeä vaikka millä mitalla* thousands/ tons of people

vaikka missä anywhere, no matter where *Olen hakenut sitä vaikka mistä* I've been looking for it everywhere
vaikka mitä anything *Hän tekisi vaikka mitä päästäkseen eteenpäin* He would do anything to get ahead *Hän huusi ja kiroili ja teki vaikka mitä* She screamed and swore and did I don't know what all else
vaikka muille jakaa way too much/ many *Minulla on paperia vaikka muille jakaa* I've got more paper than I know what to do with
vaikku (ear)wax
vaikute influence *saada vaikutteita jostakusta* be influenced by someone
vaikutelma impression, feeling, sense *saada se vaikutelma että* get the impression that, be under the impression that, have a feeling/sense/ hunch that, gather that
vaikutin motive
vaikuttaa 1 (johonkuhun, johonkin) influence, affect, have an effect on *Se vaikutti minuun voimakkaasti* It affected/ moved/influenced me powerfully, it had a powerful effect/influence on me *Älä anna sen vaikuttaa sinuun* Don't let it influence/sway/persuade you, don't let it have an effect on your decision **2** (joltakin) seem, look, appear *Se vaikuttaa minusta hyvältä* It looks good to me *Siltä vaikuttaa* So it seems **3** (toimia) work *Missä hän vaikuttaa nykyään?* Where's he working nowadays?
vaikuttaja 1 (ihminen) influential person, trend-setter, opinion leader; (ark) mover and shaker *Siellä olivat kaikki kaupungin vaikuttajat* All the political movers and shakers in town were there **2** (geol) agent, (fysiol) effector
vaikuttava 1 impressive **2** (kem) active
vaikutteinen 1 (vaikutteita saanut) showing the influence of *slaavilaisvaikutteinen* showing a Slavic influence **2** (kem) -acting
vaikutus 1 influence, effect, impact *TV:n vaikutus nuoriin* the influence/ effect/impact of TV on adolescents **2** (vaikutelma) impression *vaikutuksille altis* impressionable *Hän teki vähän kylmän vaikutuksen* He struck me as being a little cold *Se teki minuun suuren vaikutuksen* I was really impressed by it **3** (kem) action
vaikutusaika duration of action
vaikutuspiiri sphere of influence
vaikutusvalta influence, authority, clout
vaikutusvaltainen influential, powerful
vaikutusvoima 1 (ihmisen) influence **2** (myrskyn tms) power, (myrkyn tms) potency
vailla 1 (ilman) without, un-, -less *suojaa vailla* defenseless, without protection, unprotected *olla jotakin vailla* lack/want (for something), need (something) *Olin viittä vaille rakastunut häneen kun hän lähti* I was on the verge of falling in love with him when he took off **2** (ennen) till, to *viittä vaille (kymmenen)* five to/till (ten)
vaillinki deficit
vaillinnainen 1 (epätäydellinen) imperfect, incomplete, deficient, defective **2** (osittainen) partial
vaimea 1 (ääni) faint, soft, subdued **2** (tunnelma) subdued, lukewarm; (vastaanotto) indifferent
vaimennin 1 (trumpetin tms) mute, (rummun) muffler, (pianon) damper **2** (äänenvaimennin: auton) muffler, (pistoolin) silencer **3** (iskunvaimennin: auton) shock absorber, (ark) shock; (tekn) shock compressor/reducer
vaimennus damping, attenuation
vaimennuspainike (nauhurissa) record mute
vaimentaa 1 (liikettä) damp(en) (myös kuv), lessen, reduce; (pehmentää) cushion, soften, deaden, absorb *vaimentaa jonkun intoa* put a damper/ curb/check on someone's enthusiasm **2** (ääntä) muffle, mute, absorb
vaimeta 1 (ääni) fade/die out/away, grow faint(er) **2** (myrsky, into) subside, die down **3** (värähtely) damp out

vaimo 1 wife, (sl) the old lady **2** (raam: nainen) woman

vain 1 just, only; (ylät) merely, solely, purely *Haluan vain tietää* I just/only/ merely want to know *Vain me kaksi tiedetään tästä* We're the only two who know about this, just you and I know about this, nobody but you and me know about this *Älä vain pudota sitä* Just don't drop it, whatever you do don't drop it *Tule niin pian kuin vain voit* Come just as soon as you can **2** (kunpa vain) if only *Tietäisit vain mitä kaikkea täällä tapahtuu* If only you knew what all goes on around here *Kunhan vain pidät mielessäsi että* Just as/so long as you bear in mind that **3** *Eihän se vain ole tulossa tänne?* He's not coming here, is he? Please let him not be coming here! *Ettei sille ole vain sattunut mitään?* I hope she's all right, I wonder if something's happened to her **4** *Tulkoon vain!* Let her come! I don't give a damn if she does come *Menköön vain* Let him go (for all I care); goodbye to him and good riddance **5** (tahansa) any *Mitä vain haluat* Anything you like *Sanoit mitä vain* No matter what you say, whatever you say

vainaa dead *Sä oot kuule vainaa* You're dead meat

vainaja dead person; (euf) the departed; (yhdyssanassa) the late; (lak) the deceased/decedent *miesvainajani* my late husband

vainajainpalvonta worship of the dead

vainio field

vain minun kuolleen ruumiini yli over my dead body

vaino persecution, harassment, oppression

vainoharha paranoia, persecution complex

vainoharhainen *s* paranoiac *adj* paranoid

vainooja persecutor, oppressor, tormentor

vainota 1 persecute, harass, oppress, torment **2** (kuv) haunt, dog, pursue

vainu 1 (haju) scent **2** (hajuaisti) nose *Vainuni sanoo että tulee myrsky* A storm is coming, I can feel/smell it; my bunion says we're in for bad weather

vainukoira bloodhound

vainuta scent, nose out

vaippa 1 (vauvan) diaper *vaihtaa kuivat vaipat* change a baby **2** (viitta) cloak, cape, mantle **3** (geol, nilviäisen) mantle **4** (putken, tankin, luodin) jacket; (konekiväärin) casing; (kaapelin) sheath(ing) **5** (lieriön) surface **6** (liekin) inner cone, middle/ reducing zone **7** (lumivaippa) blanket, (usvavaippa) shroud *verhoutua salaperäisyyden vaippaan* be shrouded in mystery

vaipua 1 (fyysisesti) drop, fall, sink *vaipua polvilleen* drop/fall/sink to your knees **2** (moraalisesti) fall, stoop *vaipua niin alas että* stoop so low as to **3** (henkisesti) get engrossed/ absorbed (in something); (ark) get wrapped up (in something)

vaipua epätoivoon fall into despair

vaipua hypnoosiin fall into a hypnotic trance

vaipua jonkun jalkoihin prostrate yourself before someone, fall at someone's feet

vaipua uneen fall asleep, drift off to sleep

vaipua unelmiinsa daydream, let your attention wander

vaipua unhoon be forgotten, sink into the waters of Lethe

vaisto 1 (psyk, biol) instinct **2** (taju) sense, intuition, hunch *Mitä sinun vaistosi sanoo?* How does it feel to you?

vaistomainen instinctive

vaistomaisesti instinctively

vaistonomainen instinctive, instinctual

vaistonvarainen instinctive, instinctual

vaistota sense, know instinctively/ intuitively; (vainuta) scent

vaisu 1 (ääni) faint, soft, quiet **2** (valo) dim, faint **3** (muisto) faint, faded **4** (olo) faint, weak, limp, listless, lifeless **5** (ilme) lifeless, blank **6** (toiminta) lifeless, spiritless, half-hearted

vaisusti faintly, lifelessly

vaitelias 1 (ei puhelias) quiet, reticent, taciturn, close-lipped, silent **2** (vaiti) silent, mum

vaiti silent, quiet, mum *Ole vaiti!* Be still/quiet! Silence! Shut up!

vaitiolo silence

vaitiololupaus vow of silence

vaitiolovelvollisuus professional confidentiality

vaiva 1 (hankaluus) trouble, bother, inconvenience, annoyance, irritation *En halua olla vaivaksi* I don't want to bother/inconvenience/disturb you *nähdä vaivaa* go to a lot of trouble, take great pains, put yourself out, go out of your way (to do something) *Se ei maksa vaivaa* It's not worth it, not worth the trouble/effort *etsiä jotakin vaivojaan säästelemättä* leave no stone unturned in your search for something *Se on kuule turha vaiva* It's no use/good, there's no point, it's useless/pointless **2** (tauti tms) trouble, ailment, complaint; (särky) ache, pain *Hänellä on kaikenlaisia vaivoja* She has all sorts of things wrong with her, all kinds of aches and pains

vaivaantua 1 (rasittua) get strained **2** (nolostua) get embarrassed **3** (kiusaantua) get (sic and) tired (of something)

vaivaantunut ill at ease, uneasy, feeling awkward/embarrassed

vaivainen *s* pauper, indigent, down-and-outer, charity case
adj **1** (sairas) sick, infirm, ailing; (murt) poorly **2** (köyhä) poor, poverty-stricken; (ark) down and out **3** (raajarikko) crippled, disabled **4** (mitätön) measly, paltry, ridiculous; (ark) lousy *vaivaiset viisi markkaa* a lousy five marks

vaivaisesti poorly

vaivaishiiri harvest mouse

vaivaiskoivu dwarf birch

vaivaispalmu dwarf fan palm

vaivaispaju dwarf willow

vaivaispäästäinen pygmy shrew

vaivalla hankittu hard-earned

vaivalloinen difficult, trying, troublesome, toilsome

vaivalloisesti with (great) difficulty

vaivannäkö pains, efforts, trouble

vaivata 1 (ihmistä) trouble, bother, inconvenience, annoy, irritate, disturb, pester *Mikä sinua vaivaa?* (mieltä) What's troubling/bothering/disturbing/ eating you? (ruumista) What's wrong with you? What's the matter with you? (käytöstä) What's wrong with you? What's gotten into you? *vaivata kysymyksillä* bother/annoy/irritate/pester someone with questions **2** (taikinaa) knead

vaivaton easy, effortless, painless

vaivattomasti easily, effortlessly, painlessly

vaivautua bother, take the time (to do something), go to the trouble (to do something) *Älä suotta vaivaudu* Don't bother, don't go to all that trouble

vaivihkaa secretly, in secret, covertly, furtively, stealthily, on the sly

vaivihkainen covert, furtive, stealthy

vaivoin barely, hardly

vaivuttaa 1 (uneen) luull (someone) to sleep **2** (maahan) knowck (someone) down, deck (someone)

vaja shed

vajaa 1 (mitta) short, (ark) shy; (mon) less than *Se on pikkuisen vajaa* It's a little short/shy *vajaat kymmenen kiloa* just under ten kilos **2** (miehitys tms) shorthanded

vajaakehittynyt underdeveloped

vajaamielinen *s* mentally retarded/ handicapped person
adj mentally retarded/handicapped

vajaamittainen undersized

vajaatoiminta insufficiency

vajaatyöllistetty underemployed

vajanainen 1 ks vajaa **2** (epätäydellinen) deficient, insufficient

vajaus 1 (vaje) deficit **2** (puute: vitamiinin tms) deficiency, (ruoan tms) shortage

vajavainen 1 (epätäydellinen) incomplete, imperfect **2** (puutteellinen)

deficient, defective **3** (riittämätön) insufficient, inadequate
vajavaisesti incompletely, imperfectly, defectively, insufficiently, inadequately (ks vajavainen)
vajavaisuus incompleteness, imperfection, deficiency, defect, insufficiency, inadequacy (ks vajavainen
vaje deficit
vajentaa lower *vajentaa kolikkoa* clip a coin *vajentaa kuormaa* lighten a load
vajeta (pino) dwindle, (taso) drop
vajoama depression, hollow
vajota 1 (fyysisesti) sink (in); (rakennelma) settle, subside **2** (moraalisesti) sink, stoop, lower yourself; (ylät) descend; (ark) go to the dogs, go to pot, go from bad to worse *Olisiko hän voinut vajota niin alas?* Could he have stooped so low? **3** (henkisesti) sink, give in to *vajota epätoivoon* give in to despair, give up all hope
vajottaa 1 (ihminen) sink, lower, bury, put down **2** (lumi, kura tms) not hold you up, be boggy; (ark) be squishy/gooshy/ mushy *Tämä lumihan vajottaa* I'm sinking into this snow
vakaa 1 (esine) steady, solid, firm, sturdy, stable **2** (ihminen: luotettava) stable, steady, reliable; (vakava) serious, earnest, stolid
vakaannuttaa 1 stabilize, steady, firm up **2** (vakiinnuttaa) set/fix up, put on a solid/firm footing, put on a regular basis, regularize, settle
vakaantua stabilize, settle down
vakaantumaton unstable, unsettled, up in the air
vakaasti steadily, solidly, firmly, sturdily, stably, reliably, seriously, earnestly, stolidly (ks vakaa)
vakain stabilizer
vakanssi 1 (avoin toimi) vacant post/ position, vacancy **2** (toimi) post, position
vakaumuksellinen devoted, dedicated
vakaumus conviction, strong/firm belief *olla uskollinen vakaumukselleen* have the courage of your convictions, practice what you preach
vakaus 1 (se että jokin on vakaa) stability **2** (mittausvälineen) inspection (of weights and measures)
vakaustoimisto Bureau of Standards, (UK) Office of Weights and Measures
vakauttaa 1 (taloutta, auton/ lentokoneen kulkua tms) stabilize **2** (velka) consolidate
vakava serious *vakava tilanne* serious/grave/critical situation *vakava ihminen* serious/earnest/stolid person *pysyä vakavana* keep a straight face *vakavissaan* ks hakusana
vakavamielinen serious, sober-minded, stolid
vakavanlaatuinen serious, critical
vakavarainen solid, (financially) sound, stable, well-established, respectable
vakavaraisuus respectability, financial soundness, solvency
vakavasanainen serious(ly worded)
vakavasti seriously, earnestly; (sairas) critically, gravely
vakavissaan serious, in earnest *Puhutko vakavissasi?* Are you serious? Do you mean that? *vain puolittain vakavissaan* only half-serious *En sanonut sitä vakavissani* I didn't really mean it, I was only joking/ kidding
vakavoitua sober, get/turn serious
vakavuus 1 seriousness, gravity **2** (vakaus) stability
vakiinnuttaa 1 set/fix up, put on a solid/firm footing, put on a regular basis, regularize, settle **2** (vakaannuttaa) stabilize, steady, firm up
vakiintua 1 (käytäntö tms) be settled/ established, (vakaantua) stabilize **2** (ihminen) settle down
vakiintumaton unsettled, unstable
vakiintunut established
vakinainen permanent *vakinainen virka* permanent position, (yliopistossa) tenured post *vakinainen armeija* standing army
vakinaisesti permanently
vakinaistaa make (something) permanent *vakinaistaa virka* establish a

permanent post/position; (lähin vastine) decide to hire at the tenure-track level
vakinaistua 1 (virka) be made permanent **2** (viranhaltija) receive a permanent appointment, (opettaja) get tenure(d)
vakio constant *pysyä vakiona* remain stable/constant, not change/vary
vakioida standardize
vakioitua be standardized
vakituinen regular, steady *kulkea vakituisesti jonkun kanssa* go steady with someone
vakka (kori) basket, (hist ja mitta) bushel *Vakka kantensa valitsee* Like attracts like
vako (auralla tehty) furrow, (tien pinnassa) rut, (tekn) groove
vakoilija spy, (intelligence) agent
vakoilla spy (on), do intelligence/ espionage work
vakoilu spying, espionage, intelligence
vakoiluskandaali spy/espionage scandal
vakosametti corduroy
vakuumi vacuum package
vakuus collateral, security; (pantti) pledge; (vahvistus) witness *varmemman vakuudeksi* just in case, to be on the safe side
vakuutettu *s* the insured
adj insured, covered/protected by insurance
vakuuttaa 1 (vakuutella) insist, declare, affirm, assert, assure (someone of something); (vastalauseeksi) protest *Vakuutan että puhun totta* I assure/tell/ promise you that I'm telling the truth **2** (saada vakuuttuneeksi) convince, persuade, satisfy, win (someone) over **3** (ostaa vakuutus) insure, take out (an) insurance (policy)
vakuuttamaton uninsured
vakuuttautua make sure (of something)
vakuuttua be convinced/persuaded/ satisfied, convince/satisfy/assure yourself (of something) *Hän ei saanut minua vakuuttuneeksi* I didn't find his assurances convincing, I wasn't convinced by his protests
vakuutus 1 (vakuuttelu) insistence, declaration, affirmation, assertion, assurance, protest **2** (talon, auton tms) insurance (policy)
vakuutusasiamies insurance agent
vakuutusliike insurance company, insurer
vakuutusmaksu (insurance) premium
vakuutusyhtiö insurance company
vala oath *vannoa vala* take/swear an oath, (ark) swear *ottaa joltakulta vala* administer an oath to someone, swear someone in; (oikeussalissa) put someone under oath *väärä vala* perjury *vannoa väärä vala* perjure yourself, commit perjury
valaa 1 cast, (muottiin) mold *valaa betonia* lay concrete *valaa kynttilöitä* dip candles *sopia kuin valettu* fit like a glove *samaan muottiin valettu* cut out of the same cloth **2** (kuv) instill/infuse (some life into something), imbue (something with life), inspire (some life in someone), impart (some life to something)
valaa kannuja (kuv) put your foot in your mouth
valaanpyynti whaling
valaa öljyä tuleen throw/cast oil on the fire
valahtaa 1 (läiskähtää) spill **2** (pudota) drop, fall, slip **3** *valahtaa kalpeaksi* go white (as a sheet/ghost)
valaiseva illuminating (myös kuv:) instructive, illustrative
valaisin lamp, light
valaista 1 light (up), illuminate **2** (selventää) illuminate, elucidate, illustrate, shed (some) light on (something); (valistaa) enlighten
valaistus light(ing), illumination
valaliitto confederacy, confederation; (raam) covenant
valallinen sworn, (something) said/ made under oath
valamiehistö jury
valamies juror
valamiesoikeus jury court

valantehnyt kielenkääntäjä sworn translator
valas whale
valehdella lie *valehdella vasten kasvoja* tell a barefaced lie *valehdella niin että korvat heiluvat* tell a whopper, lie through your teeth *Valehtelet!* You're a dirty liar! You're lying! That's a lie!
valehtelija liar
valehtelu lying
valehurskaus false/sham piety, hypocrisy
valeisku feint, fake
valekuva virtual image
valelaite dummy
valelause dummy statement
valella pour (something on something) *valella paistia* baste a roast
valenimi false name
valeoikeudenkäynti mock trial
valeovi false/blind door
valepohja false/fake bottom
valepuku disguise *pukeutua valepukuun* disguise yourself (as someone) *valepuvussa Iin disguise*
valepukuinen disguised, in disguise, dressed up (as something)
valeraaja phantom limb
valeraskaus false pregnancy
valeriaana valerian
valeruumis phantom body
valesopimus sham contract
Wales Wales
walesilainen *s, adj* Welsh
valetaistelu mock battle/fight
valetodistus sophistry
valhe lie, falsehood, untruth *emävalhe* whopper, a big fat (dirty) lie *pelkkää valhetta* a pack of lies *valkoinen valhe* white lie
valheellinen false, untrue, untruthful; (harhaanjohtava) misleading
valheellisesti falsely, untruthfully
valheellisuus falsehood, falsity
validi valid
validiteetti validity
validius validity
valikko (tietok) menu
valikkopohjainen (tietok) menu-driven
valikoida select, (pick and) choose; (karsia) screen
valikoima 1 (valinnanvara) choice, range, selection **2** (valitut palat) selection, collection; (antologia) anthology
valikoitu select, exclusive
valikoiva discriminating; (liian tarkka) picky
valimo foundry
valinkauha (casting) ladle *joutua valinkauhaan* (kuv) be thrown into the crucible
valinnainen optional, elective
valinnainen aine elective, option
valinnaisvaruste (optional) accessory, option
valinnan vapaus freedom of choice
valinnan vara choice, range, selection
valinta 1 choice, choosing, selection *luonnollinen valinta* natural selection *presidentin valinta* presidential election **2** (urh) trial (heat)
valintamyymälä store; (pieni) convenience store; (iso) supermarket
valiojoukko the elite, the select few, the cream (of the crop)
valiokunta committee
valistaa enlighten, inform; (sivistää) educate, edify
valistunut enlightened, (well-) educated/informed; (suvaitsevainen) tolerant, liberal
valistus enlightenment, education *sukupuolivalistus* sex education *valistuksen aika* the Enlightenment
valistusaate 1 (valistamisen) the cause of education, educational ideal **2** (valistusajan) Enlightenment ideal; (mon) Enlightenment ideology/ thought
valistusaika the Enlightenment
valita 1 choose, pick, select **2** (vaaleissa) elect **3** (puhelinnumero: pyörittää) dial, (näppäillä) punch **4** (radioasema) tune in (to)
valitella 1 (voihkia) moan, groan **2** (valittaa) complain (about) **3** (pyydellä anteeksi) apologize (for)

valitettava unfortunate, deplorable, regrettable
valitettavasti unfortunately
valitsija selector; (äänestäjä) voter
valitsijamies elector, member of the Electoral College
valitsijamiesvaalit Electoral College vote
valitsin selector, (pyöreä) dial
valittaa 1 (voihkia) moan, groan **2** (purnata) complain/grouse/gripe (about); (inistä) whine (about) **3** (vedota korkeampaan instanssiin) appeal **4** (pyytää anteeksi) apologize (for), make your apologies, be sorry, say you're sorry; (ylät) deplore, regret
valittaja complainer, whiner, moaner and groaner; (lak) appellant
valittelu 1 (vaivojen) complaining, whinig; (ark) bitching and moaning **2** (surun) commiseration, expression of sympathy
valittu select, elect *valitut kohdat maailmankirjallisuudesta* selections from world literature *Valitut Palat* Reader's Digest *valittu joukko* select group *valittu kansa* the chosen people *Jumalan valitut* the Elect *vastavalittu presidentti* the President-elect
valitus 1 (voihkinta) moan, groan **2** (purnaus) complaint, gripe; (ininä) whine **3** (vetoomus korkeampaan instanssiin) appeal *tehdä päätöksestä valitus* appeal a decision **4** (anteeksipyyntö) apology; (ylät) regret
valitusaika appeal period
valitusmenettely appeal procedure
valitusoikeus right to appeal
valitusperuste grounds for an appeal
valitusvirsi lament(ation)
valjaat harness *valjaissa* (hevonen) harnessed; (kuv) in harness
valjastaa harness (myös kuv), (ikeeseen) yoke (myös kuv)
valjeta 1 (muuttua valkoisemmaksi) whiten, bleach **2** (muuttua kirkkaammaksi: pilvinen taivas, asia) clear up; (öinen taivas, asia) dawn *Nyt minulle alkaa viimeinkin valjeta* Now things are starting to clear up, I'm finally starting to see my way clear, now it finally dawned on me (what's going on)
valju 1 (kasvot) wan, pallid, pale **2** (muisto tms) dim, faded
valkaista 1 (kangasta) bleach **2** (salaattia tms) blanch **3** (seinä tms) whitewash (myös kuv)
valkaisu bleaching, blanching, whitewashing
valkaisuaine bleach
valkama 1 boatdock **2** (run: satama) haven
valkata choose, pick
valkea *s* **1** fire **2** (šakissa) white *adj* white
valkea kääpiö (tähti) white dwarf
valkeus white(ness); (usk) light *Tulkoon valkeus* Let there be light
valkohai great white shark
valkohehku white heat
valkohehkuinen white-hot, incandescent
valkohäntäpeura white-tailed deer
valkoihoinen *s, adj* white
valkoinen *s, adj* white *valkoisille vaarallinen kaupunginosa* a dangerous part of town for whites *Valkoinen talo* the White House
valkoisenaan white (with snow/petals tms)
valkokaali white cabbage
valkokaarti the White Guard
valkokaartilainen member of the White Guard
valkokangas projection screen, screen
valkokastike white sauce, (maitokastike) béchamel sauce
valkokaulusrikollinen white-collar criminal
valkokaulusrikollisuus white-collar crime
valkokaulustyöntekijä white-collar worker
valkokulta platinum
valkolainen whitey, honky
valkolakki student's (white) cap
valkonaama paleface

valkopesu hot-water cycle *kestää valkopesun* can be washed in hot water
valkopippuri white pepper
valkopyykki whites
valkosipuli garlic *valkosipulin kynsi* clove of garlic
valkosipulisuola garlic salt
valkosolu white (blood) cell/corpuscle
valkotasapaino (videokuvauksessa) white balance
valkotukkainen white-haired
Valko-Venäjä Byelorussia
valkovenäläinen Byelorussian
valkoviini white wine
valkovuokko wood anemone
valkovuoto leukorrhea, (ark) white discharge
valkuainen (egg)white, albumen
valkuaisaine protein
vallan quite; (ark) pretty darn *vallan hyvä tähän tarkoitukseen* pretty darn good for this
vallanhimo power-hunger, lust for power
vallanhimoinen power-hungry
vallankaappaus coup (d'état), (mon) coups (d'état), putsch
vallankaappausyritys attempted coup (d'état)
vallankahva the reins of power *pitää kiinni vallankahvasta* hold the reins of power, snatch the reins of power
vallankin especially, particularly
vallankumouksellinen revolutionary
vallankumous revolution
vallankäyttö exercise of power
vallanperijä heir (to the throne), successor
vallanperimyssota war of succession
vallanpitäjä ruler, (mon) the powers that be
vallantavoittelija aspirant to power
vallantavoittelu aspiration(s) to power
vallassa in power *olla vallassa* be in power, hold sway/dominion *pitää vallassaan* hold (someone) in your power *Ei ole minun vallassani myöntää sitä* It is not in my power to grant you that *himojensa vallassa* (hyvä) in the throes of passion, (paha) overpowered by lust *levottomuuden vallassa* unable to sit still, consumed by anxiety/restlessness *rikkaruohojen vallassa* overgrown with weeds
Vallat (USA) the States *Valloissa* in the States
vallata 1 seize, capture, occupy, take (over) *vallata alaa* gain ground, advance *vallata hallintorakennus* occupy the administration building **2** (asuttamaton maa-alue tms) claim, stake a claim for; (suoalue, meri) reclaim **3** *Minut valtasi silmitön pelko* I panicked, I was suddenly filled with irrational fear *Minut valtasi lohduton suru* I was wracked/ overcome with inconsolable grief
vallaton wild, unruly
vallattomuus wildness, unruliness
vallesmanni sheriff, marshall
valli 1 (maavalli) (em)bank(ment); (sot) bulwark, rampart **2** (biljardipöydän) cushion
vallihauta moat
vallita 1 (olla vallalla) prevail, predominate *vallitsevissa olosuhteissa* under prevailing circumstances **2** (hallita) dominate, administer
vallittaa (fortify with a) rampart
valloillaan loose, free *päästää mielikuvituksensa valloilleen* give free rein to your imagination, let your imagination run wild
valloittaa 1 (maa) conquer, take **2** (yleisö tms) captivate, mesmerize, enrapture, win over
valloittaja conqueror *Vilhelm Valloittaja* William the Conqueror
valloittamaton impregnable
valloitus conquest (myös kuv)
valloitusretki expedition of conquest
valmennus training, coaching, preparation
valmennuskurssi prep(aratory) course
valmennusleiri training camp
valmennusohjelma training program
valmentaa train, coach, prepare

valmentaja trainer, coach
valmiiksi finished, (tehty) pre- *tehdä valmiiksi* finish, (ark) wrap up *valmiiksi pakattu* prepack(ag)ed *valmiiksi äänitetty* prerecorded *valmiiksi naurettu* (jos nauru tulee ääninauhalta) with canned laughter, with a laugh track, (studioyleisön naurua sisältävä) recorded live before a studio audience *valmiiksi pureskeltu* predigested
valmis 1 (ihminen: johonkin) ready, prepared; (halukas) willing *Täytyy olla valmis mihin tahansa* You have to be ready/prepared for anything *Oletko valmis?* Are you ready? Are you all set? *Valmiina, paikoillenne, nyt!* Take/on your marks, get set, go! (ark) ready, set, go! **2** (ihminen: koulusta) graduated, finished *Milloin sinä olet valmis?* When are you going to graduate? When are you getting out of here? **3** (toiminta tms) finished, completed, done *Eikö se sanakirja ole ikinä valmis?* Aren't you ever going to get that dictionary finished?
valmismatka package tour
valmispuku off-the-rack suit
valmistaa make, prepare *valmistaa ruoka* make/fix/cook/prepare dinner *valmistaa puhe* write/prepare a speech *valmistamaton puhe* extempore/ impromptu/off-the-cuff speech *valmistaa pumppuja* make/ manufacture/produce pumps *Häntä täytyy valmistaa siihen* You've got to build/lead up to it, prepare her for it
valmistaja manufacturer, maker
valmistalo prefab(ricated) house
valmistautua get ready (for something), prepare (yourself for something) *valmistautua tenttiin* study/cram for an exam *valmistautua henkisesti johonkin* get yourself psyched up for something
valmistautumaton unprepared
valmistautuminen preparation
valmiste 1 (teollisuusvalmiste) product; (mon) (manufactured) goods **2** (kem, anat) preparation
valmisteinen -made, of (a certain) make *suomalaisvalmisteinen* Finnish-made, made in Finland, of Finnish make
valmistelematon unprepared
valmistella prepare; (järjestellä) arrange, set up; (luonnostella) draft
valmisteltu prepared, arranged
valmistelu preparation(s), arrangement(s)
valmistua 1 (talo tms) be finished/ completed/done **2** (opiskelija) graduate, finish/get your degree *valmistua filkandiksi 5 vuodessa* get an MA in five years
valmistuminen 1 (talon tms) completion **2** (opiskelijan) graduation
valmistus making, preparation, manufacture (ks valmistaa)
valmisvaatteet ready-made clothes; (ark) off-the-rack clothes
valmius 1 (valmistuneisuus) completion **2** (valmistautuneisuus) readiness, preparedness; (sot) standby, alert **3** (halukkuus) readiness, willingness **4** (kyky) ability, facility, faculty
valmiusasemat standby *olla valmiusasemissa* be on standby, be on the alert; (kuv) be ready and willing, be ready to go/march
valo light; (lamppu) lamp; (valaistus) lighting *tulla julkisuuden valoon* come to light *kynttilän valossa* by candlelight *näiden tapahtumien valossa* in the light of what happened today *saattaa huonoon valoon* put (someone) in a bad light *näyttää vihreää valoa* give (someone) the green light, the go-ahead *Mene pois valon edestä!* Get out of my light!
valoanturi light sensor
valodiodi light-emitting diode, LED
valoisa *s* daylight *ennen valoisaa* before daybreak, while it's still dark *adj* **1** light; (huone) well-lighted/-lit; (aurinkoinen) sunny **2** (luonne) sunny, bright, cheerful
valoisuus sunniness, brightness, cheerfulness
valokopio photocopy
valokopioida (photo)copy
valokopiokone photocopier, photocopying machine

valokuva photograph; (ark) photo, snap(shot)
valokuvaaja photographer
valokuvaamo photography studio
valokuvanäyttely photography exhibition
valokuvata photograph
valokuvataide photographic art
valokuvauksellinen photogenic
valokuvaus photography
valokuvauskilpailu photography competition
valokuvauskone camera, photographic equipment/apparatus
valokynä light pen
valoladonta photocomposition
valonarka 1 (silmä) photophobic **2** (valokuvauksessa) photo-/light-sensitive
valon nopeus the speed of light
valopilkku bright spot; (kuv) bright side, ray of light/hope
valottaa 1 (filmi) expose **2** (asiaa) shed (some) light on
valotus exposure
valotusaika exposure
valotusarvo exposure value
valotusmittari light meter, exposure meter
valovoima 1 (tähden) luminosity **2** (fys) luminous intensity **3** (kameran) F-stop **4** (kuv) brilliance
valovoimainen brilliant
valovuosi light year
valssata roll
valssi 1 (tanssi) waltz **2** (tekn) roller
valta 1 power (myös valtio) *päästä valtaan* rise to power, assume/take control *Mikäli se on vallassani* If it's in my power (to do) *antaa valtaa jollekin* surrender/yield to something, give way to something *valtansa kukkuloilla* at the height of your power **2** (hallitusvalta) dominion, domination, rule, authority, sway **3** (vaikutusvalta) sway, influence **4** *Valloissa* (ark) in the States **5** *vallalla* prevailing, common
valta-asema position of power, influential/powerful position
valtaelinkeino principal industry
valtaistuin throne
valtakirja power of attorney
valtakunnallinen national
valtakunnallisesti nationally
valtakunta country, nation, realm; (kuningaskunta, myös usk) kingdom; (kuv) realm, domain *Kolmas Valtakunta* the Third Reich *tulkoon sinun valtakuntasi* thy kingdom come
valtameri ocean
valtataistelu power struggle
valtatie highway
valtaus 1 conquest, seizure, capture, occupation, takeover **2** (asumattoman maa-alueen tms) claim, (suoalueen, meren) reclamation
valtava immense, enormous, huge
valtavasti immensely, enormously, hugely
valtavuus immensity, enormity
valtias ruler, sovereign
valtiatar ruler, mistress
valtikka scepter
valtimo 1 artery **2** (pulssi) pulse *tunnustella valtimoa* take (someone's) pulse
valtio 1 (hallitus) state, government; (US) the Federal Government **2** (maa) country, nation
valtiojohtoinen state-run/-owned
valtiokirkko state church
valtiollinen state, government(al), (US) Federal; (julkinen) public; (valtakunnallinen) national
valtiollistaa socialize, nationalize
valtiomahti governmental power/authority
valtiomies statesman
valtioneuvos Councillor of State
valtioneuvosto Cabinet
valtion obligaatio government bond
valtionpäämies head of state
valtiontalous national economy
valtiopäivät parliament
valtiosääntö constitution
valtiosääntöuudistus constitutional reform
valtiotiede political science, (ark) poly sci

valtiovarainministeri (Suomi) Minister of Finance, (US) Secretary of the Treasury
valtiovarainministeriö (Suomi) Ministry of Finance, (US) Department of the Treasury
valtiovierailu official/state visit
valtiovieras official/state visitor
valtoimenaan loose, free(ly), unrestrained(ly) *Mielikuvitukseni mellasti valtoimenaan* My imagination ran wild
valtti trump (myös kuv:) asset
valtuus power, authority, authorization *täydet valtuudet* full authority, (ark) a free hand *ylittää valtuutensa* exceed/ overstep your authority
valtuuskunta delegation
valtuusto (kunnan) (municipal/county) council
valtuutettu 1 (valtuuston jäsen) council(wo)man/-person, council member **2** (valtuuskunnan jäsen) delegate **3** (lak) agent, representative, proxy
valtuuttaa authorize, empower; (diplomaatti) accredit
valtuutus authorization; (valtakirja) power of attorney
valu casting
valua run, flow, stream, pour *Hiki valui hänestä* The sweat was running/ pouring/dripping off her *antaa pestyn astian/puseron valua kuivaksi* let a washed dish/blouse drip dry *Kaikki se työ valui hukkaan* All that work went down the drain/toilet *Peitot valuivat yöllä lattialle* The blankets slid off onto the floor during the night
valumuotti (betonin) form, (metallin) mold
valurauta cast iron
valuttaa (vettä hanasta) run, (vettä riisistä tms) strain, (hiekkaa sormista) let (the sand) flow (through your fingers)
valuutanvaihto money/currency exchange
valuutta currency
valuuttakurssi exchange rate
valveilla awake
valveutunut aware, conscious
valvoa 1 (olla valveilla) be/stay awake/ up *valvoa myöhään* stay up/awake late *Vieläkö valvot?* Are you still awake? **2** (tarkkailla) oversee, supervise; (katsoa) watch, keep an eye on; (lakia) enforce; (tenttiä) supervise, proctor, monitor
valvoja 1 (työn) overseer, supervisor, superintendent **2** (lain) enforcer **3** (tentin) supervisor, proctor, monitor
valvojaiset 1 (vainajan) wake **2** (pääsiäisyön) vigil **3** (uudenvuodenaaton) party
valvonta 1 (työn) supervision, control, direction **2** (toiminnan) surveillance **3** (lain) enforcement
valvottaa keep (someone) up/awake
vamma 1 (parannettava) injury, wound; (psyykkinen) trauma **2** (pysyvä) handicap, disability, impairment
vammainen *s* handicapped/disabled person; (mon) the handicapped, the disabled
adj handicapped, disabled *näkö-/ kuulovammainen* sight-/hearing-impaired *kehitysvammainen* mentally/ developmentally/ emotionally handicapped/retarded
vammaishuolto social work with the handicapped/disabled
vamppi vamp
vampyyri vampire
vana wake (myös kuv)
vanavesi wake (myös kuv)
vandalismi vandalism
vaneri 1 (levy) plywood **2** (viilu) veneer
vanginvartija prison guard
vangita 1 (panna vankilaan) imprison, incarcerate, jail **2** (pidättää) arrest, place (someone) under arrest, take (someone) into custody, put (someone) in detention **3** (jonkun huomio) captivate, enthrall, enrapture
vanha *s* old/elderly person; (mon) the elderly, the aged, senior citizens
adj **1** old, aged *vanha polvi* the older generation *elää vanhaksi* live to a ripe old age *vanhalla iällä* when you're old *vanha kunnon Martti* good old Martti *vanha vitsi* old joke *vanhempi, vanhin* ks

hakusanat **2** (pitkäaikainen) old, long-standing, well-established **3** (vanhentunut) obsolete, obsolescent, old-fashioned, out-of-date **4** (entinen) old, former *ennen vanhaan* back in the olden days **5** (käytetty) used, second-hand *vanhain tavarain kauppa* second-hand store

vanhahko oldish

vanhahtava oldish, old-feeling, slightly archaic/out-of-date

vanha kaarti the Old Guard

vanha konsti on parempi kuin pussillinen uusia old dogs can't learn new tricks

vanha kuin taivas (as) old as the hills

vanhanaikainen old-fashioned

vanhanaikaisuus old-fashionedness

vanhapiika old maid

vanhapoika bachelor

vanhastaan *Se on vanhastaan tuttu* (ihminen) He's an old friend (of mine), we're old friends, we go way back; (asia) I know all about that, I knew how to work/do that when you were still a gleam in your daddy's eye

vanha suola janottaa old love never dies

vanhatestamentillinen Old-Testament

Vanha testamentti Old Testament

vanha virsi the same old story

vanhemmiten the older I/you get, later in life

vanhempainilta open house

vanhempainkokous parents' meeting; (opettajien kanssa) parent-teacher association (PTA) meeting

vanhempainneuvosto parents' council

vanhempi *s* **1** (perheen) parent **2** (kirkon) elder
adj **1** older, (vanh vars perheessä) elder *vanhempi veli/sisko* older/big brother/ sister *Hän on kolme vuotta minua vanhempi* She's three years older than me **2** (eläkeläisestä) elderly *vanhempi mieshenkilö* an elderly gentleman **3** (samannimisen pojan isästä) Senior (Sr.); (ransk) päre; (lat) the Elder *Henry James vanhempi* Henry James, Senior (Sr.) *Alexandre Dumas vanhempi* Alexandre Dumas päre *Marcus Porcius Cato vanhempi* Marcus Porcius Cato the Elder/ Censor

vanheneminen **1** aging **2** (umpeutuminen) expiration, (tentin) getting out-of-date, (rikoksen) limitation

vanhentua **1** age, get old(er) **2** (vanhanaikaistua) get old-fashioned, fall out of fashion, become out-of-date/obsolete

vanhentunut **1** aged, old **2** (umpeutunut) expired, (tentti) out-of-date, (rikos) statute-outlawed/ -barred **3** (vaate, aate tms) old-fashioned, out-of-date/-fashion, no longer fashionable/in/trendy, obsolete

vanheta **1** get old, age **2** (umpeutua) expire, (tentti) get out-of-date, (rikos) fall under the statute of limitations

vanhin *s* **1** (ammattikunnan) senior member, grey eminence, grand old man **2** (kylän, seurakunnan tms) elder
adj **1** oldest, (vanh vars perheessä) eldest **2** the (most) senior; (sot) ranking

vanhoillinen conservative

vanhoillisesti conservatively

vanhoillisuus conservatism

vanhurskaasti righteously; (hurskastellen) self-righteously

vanhurskas righteous; (hurskasteleva) self-righteous

vanhurskaus righteousness; (hurskastelu) self-righteousness

vanhus old/elderly person, senior citizen; (leik vanhemmista) the old folks

vanhuudenhöperö senile

vanhuus (old) age

vanhuuseläke retirement(/old-age pension)

vanhuusvuodet the declining/golden years, the years of your old age, the autumn/evening of your life

vanilja vanilla

vankasti steadfastly *pysyä vankasti kannassaan* hold fast to your position, remain firm in your conviction, stick to your guns

vankeinhoito correctional treatment (of prisoners)
vankeus imprisonment, detention; (eläimen) captivity *saada viisi vuotta vankeutta* get five years in prison, get sentenced to five years' imprisonment *kärsiä vankeutta* serve a prison sentence; (ark) do time
vankeusaika prison term
vanki prisoner (myös kuv), convict, inmate; (ark) con *ottaa vangiksi* capture, take (someone) prisoner *pitää vankina* keep (someone) prisoner/in jail, confine
vankila prison, jail; (sl) the slammer, the clink *joutua vankilaan* be sent to prison/jail, go to jail, be jailed; (sl) be thrown in the slammer/clink, be put inside *olla vankilassa* be in prison/ jail; (sl) be in the slammer/clink, be inside, be doing time
vankilakapina prison riot
vankileiri prison camp
vankityrmä dungeon
vankka 1 (tuoli tms) sturdy, solid, strong **2** (käsitys tms) strong, firm, steady, steadfast; (jääräpäinen) stubborn
vankkarakenteinen sturdy, strong, solid, sturdily/strongly/solidly built
vankkumaton unshakeable, unyielding, unflinching, unfailing, steady, steadfast
vankkurit wagon
vannas 1 (auran) (plow) share **2** (keulan) stem, (perän) sternpost
vanne 1 (tynnyrin tms) hoop **2** (pyörän) rim; (ark = auton pyörä) wheel *talvirenkaat Saabin vanteilla* snow tires on Saab wheels
vannoa swear, take an oath, vow *Enpä mene vannomaan* I don't know for sure, I can't say for sure, I can't guarantee it *Olisin voinut vaikka vannoa että* I could have sworn that
vannoa kostoa vow (to get) revenge
vannoa luopuvansa jostakin swear off something
vannoa uskollisuutta jollekulle swear/pledge allegiance to someone
vannoa väärin commit perjury, perjure yourself
vannomatta paras you never know, you can never be sure (about these things)
vannottaa make (someone) swear (to something) *vannottaa joku olemaan vaiti* swear someone to secrecy
vannoutua swear, vow
vannoutunut sworn, confirmed, dedicated, devoted
vantaalainen *s* person from Vantaa *adj* pertaining to Vantaa
vanu (absorbent) cotton
vanua mat/felt (up)
vanukas pudding
vanupuikko Q-tip
vanuttaa full, mill
vapa (fishing) rod/pole
vapaa free, (tyhjä) vacant *pitää iltapäivällä vapaata* take the afternoon off, have a free afternoon *Onko tämä huone vapaa?* Is this room free/vacant/ unoccupied, can we use this room? *täyttää vapaata paikkaa* fill a vacant post *päästää vapaaksi* let (someone/an animal) go (free), let (someone/ something) loose, release, free *vapaalla jalalla* (ei naimisissa) free, unhooked, footloose and fancy-free; (karannut) on the loose *Hän on aika vapaa seksiasioissa* She's pretty free/easy/loose/ uninhibited/liberal about sex *ajaa vapaalla* coast *vaihtaa vapaalle* (auto) put (the car) in neutral; (itsensä) cast off the workaday world, get ready to boogie/party, let loose
vapaa-ajattelija free thinker
vapaa-aika free/leisure/spare time
vapaa ajattelu free(dom of) thought
vapaaehtoinen *s* volunteer *adj* voluntary
vapaakappale free copy; (tekijän) author's copy, (arvostelijan) review copy
vapaakappaleoikeus (kirjaston) free copy right
vapaa kasvatus permissive childrearing/upbringing

vapaa kauppa free trade *Euroopan vapaakaupan järjestö* European Free Trade Association, EFTA
vapaa lehdistö free(dom of the) press
vapaalippu (free) pass, free/ complimentary ticket
vapaa maailma the free world
vapaamielinen free-thinking, broad-/ open-minded, liberal, tolerant
vapaapalokunta volunteer fire department
vapaapäivä day off, (pyhä) holiday
vapaa pääsy free admission, no charge, no entrance fee
vapaa sana free(dom of) speech *sana on vapaa* the floor is open
vapaaseurakunta independent/ nonstate congregation; (vapaakirkko) Free Church
vapaasti freely *saada tehdä vapaasti mitä haluaa* be free to do whatever you want *Kysyhän vapaasti* (Feel free to) ask whatever you like *puhua vapaasti* speak freely/openly; (pitää valmistamaton puhe) speak ex tempore, make an impromptu speech
vapaasti seisova free-standing
vapaa tahto free will
vapaat kädet *antaa jollekulle vapaat kädet* give someone free hands, a free rein
vapaat sukupuolisuhteet free sex, casual sexual relations
vapaa työpaikka help wanted
vapaauinti freestyle
vapaavalintainen optional
vapahtaa (usk) redeem
Vapahtaja (usk) the Redeemer
Vapaudenpatsas the Statue of Liberty
vapaus 1 freedom, liberty *ottaa tiettyjä vapauksia* take certain liberties (with) *runoilijan vapaus* poetic license **2** (toiminnan) freedom, latitude, scope **3** (erivapaus) exemption
vapausrangaistus loss of liberty, prison sentence
vapaussota war of independence
vapaustaistelija freedom fighter
vapauttaa 1 (set) free/loose, let loose/go, liberate, emancipate **2** (lak: syytteistä) acquit (someone of), (vankilasta) release (someone from), (velvoitteesta) exempt (someone from), (tehtävistään = erottaa) relieve (someone of her duties) **3** (myynti, jakelu tms) lift the restrictions on, decontrol, deregulate
vapauttaminen liberation, emancipation, acquittal, release, exemption, relief, decontrol(ling), deregulation (ks vapauttaa)
vapautua 1 (tulla vapautetuksi) be freed/set free/let go/released/liberated/ emancipated/relieved/ deregulated *Minulla on niin vapautunut olo* I feel so relieved *vapautua jännityksestä* loosen up **2** (vapauttaa itsensä) free yourself of, (päästä eroon) get rid of (someone/ something) **3** (huone) be vacated, (virka) become vacant, (puhelin) become free
vapautuminen release, liberation, emancipation
vapautus 1 release, liberation, emancipation **2** (erivapaus) exemption
vapautusarmeija liberation army
vapautusliike liberation/emancipation movement
vapina the shivers/shakes
vapista shiver, shake
vappu May Day
vappuhuiska May Day pompom
vappujuhla May Day celebration
vappukulkue May Day parade
vapunvietto May Day celebration/ party
vara 1 room, margin; (tahallaan jätetty) allowance *parantamisen varaa* room for improvement *toivomisen varaa* a lot to be desired *valinnan varaa* a choice/ selection, something/ plenty to choose from *tulkinnan varaa* interpretive play **2** *olla johonkin varaa* be able to afford something **3** *pitää varansa* watch out, watch your step, be on your guard, keep your eyes open **4** *varalla, varassa* ks hakusanat

vara- **1** (ihminen) vice; (apulais-) deputy, lieutenant, assistant; (pelaaja) substitute, second-string **2** (esine) extra, spare; (hätä-) emergency
varaaja **1** (kuuman veden) hot-water heater **2** (sähkön) condenser
varainhoitaja treasurer
varakas wealthy, rich, affluent, prosperous, well-to-do, well-off
varalla **1** (varattuna) in reserve/store; (saatavilla) on/at hand, (readily) available **2** (varten) for *pahan päivän varalle* for a rainy day *säästää vanhojen päivien varalle* save up for retirement *siltä varalta että (jotain sattuu)* in case (something happens) *kaiken varalta* just in case, just to make sure, to be on the safe side
varallisuus wealth, assets; (omaisuus) property, (pääoma) capital
varallisuusvero capital tax
varaosa spare part
varapresidentti vice president
varapuheenjohtaja vice chairperson
vararikko bankruptcy
varas thief *Tilaisuus tekee varkaan* Opportunity makes the thief *varkain, varkaissa* (ks hakusanat)
varaslähtö false start
varassa on *olla jonkin varassa* (fyysisesti) rest on, (kuv) rely/depend on *heittäytyä jonkun/jonkin varaan* depend/count/bank on (someone/ something) *rakentua jonkin varaan* be based/founded on, be grounded in
varastaa **1** steal (myös kuv); (ark) snitch, swipe **2** (plagioida) plagiarize, steal from, copy; (ark) crib **3** (ottaa varaslähtö) jump the gun (myös kuv)
varasto **1** supply, supplies, stock, store(s) *varastossa* (liik) in stock; (varastoituna) in storage, stored/stocked/ put away; (varalla) in store *pitää varastossa* (liik) stock *loppua varastosta* (liik) be out of stock **2** (rakennus) store(house/-room), warehouse
varastopäällikkö stock manager
varastotila storage space
varat **1** (luonnon) resources, reserves **2** (varasto) stores, stocks **3** (rahat) funds, (maksukyky) means, (varallisuus) assets *elää yli varojen* live beyond your means *olla varoissaan* be wealthy/well-to-do, (ark) be flush *Se maksetaan valtion varoista* It's being funded by the government
varata **1** (varastoida) store (up), stock (up with); (akkua tms) charge **2** (pitää varalla) set/put (something) aside (for something); (myöntää varoja johonkin) appropriate/allocate/ earmark (funds for something) **3** (pitää varattuna, tilata) reserve *varata aika* make an appointment (with a doctor) *varata pöytä* make a reservation (at a restaurant) *varattu* reserved; (WC) occupied; (ihminen, puhelin) busy
varaton penniless, indigent
varattomuus indigence
varatuomari Master of Jurisprudence; (ark) lawyer, attorney-at-law
varaukseton unreserved, unqualified; (fys) uncharged
varauksettomasti unreservedly, without reservation/qualification
varauloskäynti exit
varaus **1** (tilaus) reservation **2** (pidättyvyys) reservation, qualification; (ehto) condition, proviso, provision, stipulation *tietyin varauksin* with certain reservations/ qualifications; (ehdoin) on certain conditions, with certain provisos/ stipulations **3** (akun tms) charge
varautua **1** be prepared (for something), prepare yourself (for something), be/get ready (for something) **2** (tukeutua: fyysisesti) lean on, (kuv) rely/draw on **3** (tekn) be charged
varaventtiili safety valve (kuv)
varhain early *Jo varhain hän tiesi* Even at a tender age she knew
varhainen early *liian varhainen* premature
varhaisaamu early (in the) morning
varhaiskeskiaika the early Middle Ages
varhaiskypsä precocious

variaatio variation
varietee variety show, vaudeville
varikko 1 (sot, rautatie) depot **2** (autourheilussa) the pit(s)
variksenpelätin scarecrow
varioida vary, introduce variations on
varis crow
varista fall/drop (off) *puista varisee lehtiä* the trees are losing/shedding/dropping their leaves
varistaa 1 (kasvi) shed, lose, drop **2** (ravistaa) shake
varistella ks varistaa
varjella protect/guard (against), keep (something) safe from/against *Herra varjelkoon!* Good God/Lord! (katol) The saints preserve us!
varjelu protection
varjo 1 (jonkun/jonkin) shadow *joutua jonkun varjoon* be overshadowed by someone *Hän oli vain varjo entisestään* He was a mere shadow of his former self **2** (katve, myös myt = haamu) shade *30 astetta varjossa* ninety (degrees) in the shade **3** (suoja: auringon) shade, (sateen) umbrella **4** (suoja: kuv) cover, (dis)guise, pretext, pretense *ystävyyden varjolla* under the pretense/pretext of friendship *uskonnon varjolla harjoitettu julmuus* cruelty practiced under (the) cover/guise of religion
varjoaine contrast medium, opaque matter
varjoisa shady, shaded; (pimeä) shadowy
varjokuva 1 (varjo kuviona) shadow (figure) **2** (siluetti) silhouette
varjonyrkkeily shadow-boxing
varjopuoli 1 (haittapuoli) drawback, disadvantage **2** (paha puoli) dark/sordid/seamy side, less pleasant aspect(s)
varjostaa 1 (varjota, peittää) shade, (over)shadow; (kuv) overshadow, cast a shadow on **2** (seurata) shadow, tail
varjostaja shadow, tail
varjostin shade
varjostus shading
varkain secretly, in secret, furtively, covertly, stealthily
varkaissa *omenavarkaissa* stealing apples *yllättää joku autovarkaista* catch someone stealing a car
varkaus theft; (lak) larceny
varkausvakuutus theft insurance
varma 1 (ihminen) sure, certain, confident, self-assured *olla varma itsestään* be/feel sure of yourself, be self-confident/-assured *olla varma asiastaan* know what you're talking about **2** (asia: luotettava) sure, certain, dependable, definite, reliable *Yksi asia on varmaa* One thing's (for) sure/certain **3** (asia: turvallinen) secure, safe *pelata varman päälle* play it safe **4** (toiminta: vankka) sure, steady, firm **5** (yhdyssanoissa) -proof *idioottivarma* foolproof, failsafe
varmaan probably, most likely, almost certainly *Sinä varmaankin haluat lainata rahaa* I bet you want to borrow money off me *Ei hän varmaankaan tule* I bet she isn't coming, she's probably not going to show
varmahko fairly sure/certain
varmasti certainly, definitely, absolutely, positively; (luotettavasti) reliably *Kyllä minä varmasti tulen* I'll definitely be there, you can count on my being there
varmennus 1 (varmistus) assurance **2** (allekirjoitus) countersignature, (sekin) endorsement
varmentaa 1 (varmistaa) ensure, assure, make sure of, warrant; (ark) clinch **2** (todentaa) verify, validate, substantiate **3** (tosittaa) certify **4** (sekki tms) countersign, endorse
varmentua become sure/certain, be confirmed
varmistaa 1 (asia) ensure, assure, make sure of, warrant **2** (vahvistaa: asiaa) confirm, establish, prove; (ark) clinch **3** (vahvistaa: esinettä) strenghten, tighten, cinch (down) **4** (sot: turvata) secure, (lujittaa) fortify, (vakauttaa) stabilize; (ase) put/flip the safety on
varmistautua check (on), make sure (of)

varmistin safety
varmistua 1 (ihminen: ottaa selvää) find out (for certain), make sure/certain (of something); (tulla vakuutetuksi) be(come) (more and more) convinced (of something) **2** (asia) be confirmed
varmistus 1 (varmistaminen) check(ing) **2** (vahvistus) confirmation **3** (varmistin) safety
varmuudella with certainty/ confidence, confidently
varmuuden vuoksi just to make/be sure, to be on the safe side, to play it safe, just in case
varmuus 1 (asiasta) certainty, confidence; (itsevarmuus) self-confidence *saada varmuutta jostakin, päästä varmuuteen jostakin* find out (for sure) about something **2** (asian: turvallisuus) safety, security; (luotettavuus) reliability **3** (toiminnan) sureness, steadiness, firmness
varmuusaste degree of certainty
varmuuskerroin safety factor
varmuuskopio (tietovälineestä) back-up copy, back-up *ottaa varmuuskopio tiedostosta* to back up a file
varmuustulitikku safety match
varoa 1 (käsitellä varoen) be careful (with/of), handle carefully *Varo ettet pudota sitä* Be careful not to drop it, don't drop it *Käsiteltävä varoen* Fragile, handle with care **2** (olla varuillaan) watch/look (out for something), be on your guard *Varo putoavia kiviä* Watch out for falling rocks *varoa sanojaan* watch what you say, guard your tongue *Varo!* Look out! Careful! Watch it! *Varo autoja!* Look/watch out for cars *Varokaa koiraa* Beware of dog
varoiksi ks varmuuden vuoksi
varoitella 1 (varoittaa) (fore)warn, admonish **2** (varotella) be careful, tread carefully
varoittaa (fore)warn, caution, alert (someone to danger), admonish
varoittelu (fore)warning, caution(ing), admonition
varoitus (fore)warning, caution(ing), admonition
varoitusaika notice *puolen tunnin varoitusajalla* at a half-hour's notice
varoitushuuto warning shout
varoke fuse
varokeino precautionary/security measure
varomaton 1 (harkitsematon) imprudent, indiscreet, rash, incautious **2** (huolimaton) incautious, careless
varomattomasti imprudence, indiscretion, rashness, lack of caution, carelessness (ks varomaton)
varotoimi precautionary/security measure
varovainen 1 (huolellinen) careful, cautious **2** (harkitsevainen) cautious, prudent, guarded, wary **3** (konservatiivinen) conservative, moderate *varovainen arvio* conservative estimate
varovaisuus carefulness, cautiousness, caution, prudence, guardedness, wariness (ks varovainen)
varovasti 1 carefully, with care, cautiously **2** (harkiten) cautiously, prudently, guardedly, warily
varoventtiili safety valve (myös kuv)
varpaankynsi toenail
varpaillaan on your toes (myös kuv)
varpaisillaan on your tiptoes (myös kuv)
varpu 1 (oksa) twig, (koristeeksi) sprig **2** (vitsa) stick, wand
varpunen sparrow
varras 1 spit, (uunissa) rotisserie; (tikku) skewer **2** (ruoka) shishkebab, shashlik **3** (leipävarras) (bread) pole
varrastaa skewer, spit
varrella 1 (paikallisesti) along(side), by the side of, on *joen varrella* along(side) the river **2** (ajallisesti) during/in (the course of) *elämänsä varrella* in your lifetime, during your life, in the course of your life
varrellinen 1 (työkalu) (a tool) with a handle **2** (kasvi) stemmed, stalked
varsa foal; (orivarsa) colt, (tammavarsa) filly
varsi 1 (kahva) handle; (kirveen) haft, helve; (viikatteen) snath(e) **2** (tekn) rod, arm, shaft **3** (rak: pylvään) shaft,

(portaan) flight **4** (anat: luun) shaft, (kasvaimen) pedicel, peduncle **5** (siitepölyhiukkasen) pedicel **6** (kasvin) stem, stalk; (köynnös) vine; (naatti) top **7** (piipun) stem **8** (saappaan, sukan) leg **9** (vierus) side (ks myös varrella) **10** (vartalo) figure, frame

varsin quite, fairly; (ark) pretty

varsinainen 1 (todellinen) true, proper, real, actual; (ensisijainen) primary *sanan varsinaisessa merkityksessä* in the strict/literal/true sense of the word **2** (säännönmukainen) regular, ordinary; (pysyvä) permanent *varsinaiset jäsenet* permanent members **3** (ark = aikamoinen) real *varsinainen törppö* a real jackass

varsinaisesti 1 (oikeastaan) actually, really, as a matter of fact, in fact/ actuality **2** (tarkalleen ottaen) strictly speaking **3** (ensi sijassa) primarily, chiefly, principally, in the first place

Varsinais-Suomi Finland Proper, Southwestern Finland

vartalo 1 (ihmisen) figure, frame, form, body; (keskiosa) trunk, torso *kaunis vartalo* beautiful figure **2** (sanan) stem

vartalonmyötäinen tight(-fitting), close-fitting, snug

varta vasten especially, expressly; (ark) just *Tein sen varta vasten sinulle* I did it just for you

varteenotettava 1 (huomattava) notable, noteworthy, substantial *varteenotettava summa* a substantial/ tidy sum, quite a bit of money **2** (vakavasti otettava) serious *Minusta hän on varteenotettava hakija* I find her a serious contender, I think we should take her candidacy seriously, I think she has a good chance of winning

varten for *Onko tämä minua varten?* Is this for me? *Mitä varten?* What for? Why? *Sitäkö varten teit sen?* Is that why you did it?

vartija 1 (security) guard, watchman; (sot myös) sentry, sentinel **2** (valvoja) attendant, keeper **3** (kuv) guardian, watchdog

vartinen 1 (työkalu) -handled **2** (kasvi) -stemmed

vartio 1 guard *pitää vartiota* stand guard *vartion vaihto* the changing of the guard **2** (ajanjakso) watch, (laivalla) bell

vartioida 1 (keep) guard/watch (over), patrol **2** (urh) cover, guard

vartiointi 1 security **2** (urh) covering, guarding

vartiointiliike security firm

vartiopaikka (guard/watch/sentry) post

vartti quarter *varttia vaille viisi* a quarter to five *akateeminen vartti* the academic practice of starting lectures at a quarter after the hour

varttitunti a quarter (of an) hour, fifteen minutes

varttua grow (up (to be)), mature/ develop (into)

varttuneen tieteenharjoittajan apuraha senior research fellowship

varuillaan on your guard/toes, on the lookout (for) *Jos et ole varuillasi sinun käy kalpaten* You're going to be in trouble if you don't watch out

varuskunta garrison

varusohjelma (tietok) (system) program

varustaa 1 equip, fit (up/out), outfit, supply; (ruoalla) provision, (aseilla) arm; (linnoittaa) fortify **2** (valmistaa) prepare, get (someone) ready (for something); (tehdä valmisteluja) make arrangements/preparations

varustamo shipfitter, shipowning company

varustautua 1 (hankkia varusteet) equip/outfit yourself; (ark) rig/trick yourself out; (aseella ja kuv) arm yourself *varustautua sotaan* arm yourself for war, gear up for war **2** (valmistautua) get ready (to do something), make arrangements/ preparations (for something)

varusteet 1 equipment, outfit, gear; (ark) stuff **2** (lisävarusteet) accessories

varustelu (re)armament

varustus 1 (varusteet) equipment, outfit, gear; (ark) stuff **2** (sot) fortification(s)
varvas toe *astua jonkun varpaille* step/tread on someone's toes
varvastossut 1 (balettitossut) ballet slippers **2** (kumiset) thongs, zorries, flipflaps, japflaps
vasa 1 (hirven tms) fawn, (poron) calf **2** (rak) joist
vasalli vassal
vasara hammer (eri merkityksiä); (puheenjohtajan) gavel
vasaroida hammer (out)
vasemmanpuoleinen lefthand
vasemmisto the Left
vasemmistoenemmistö left majority
vasemmistolainen *s* leftist, leftwinger
adj leftist, leftwing
vasemmistolaisuus leftism
vasemmistosiipi the left wing
vasen left *kääntyä seuraavasta vasemmalle* take the next left, turn left at the next corner/street/ intersection
vasenkätinen *s* lefthander, (ark) southpaw
adj lefthanded
vasenkätisyys lefthandedness
vasensuora left-justified
vasikka 1 (elävä) calf, (syötävä) veal **2** (ilmiantaja) informer; (ark) snitch
vasikoida 1 (synnyttää) calve **2** (ilmiantaa) inform; (ark) snitch
vaski (messinki) brass, (kupari) copper, (pronssi) bronze
vaskisoitin brass instrument; (mon) the brass (section)
vasomotorinen vasomotor
vasta *s* birch switch
adv **1** (ei ennen kuin) not until/till, only *Hän tulee vasta huomenna* She isn't coming until tomorrow *Hän tulee vasta kun kaikki on valmiina* She'll only come when everything's ready, she won't come until **2** (vain) only *Hän on vasta pieni poika* He's only a little boy **3** (vastikään) just *Vastahan syötiin!* We just ate! **4** (tulevaisuudessa) in the future *Tervetuloa vastakin!* Welcome back! Come back again! **5** *Siinä vasta auto!* Now there's a (real) car!
vasta- 1 (jotakin vastaan) counter- **2** (vastikään) new/fresh(ly)(-) *vastasyntynyt* newborn *vastanainut* just married, newly wed *vastaleivottu* fresh-baked
vasta-aine 1 (lääke) antidote **2** (anat) antibody **3** (fys) antimatter
vastaaja 1 (lak) defendant, (avioerojutussa) respondent **2** (tenniksessä) receiver
vastaan 1 (vastakkainasettelusta) against, versus (vs.) *pelata/taistella jotakuta vastaan* play/fight somebody *Onko sinulla jotain häntä vastaan?* Do you have something against him? *Suomi vastaan Ruotsi* Finland vs. (lue: versus) Sweden *Kymmenen yhtä vastaan että hän voittaa* Ten to one he wins, (ark) ten'll getcha one he wins *olla jotakin vastaan* be against something, be opposed to something, object to something *panna vastaan* resist (ks myös hakusana) *sanoa vastaan* talk back **2** (vasten) against **3** (kaupasta) (in exchange/return/ payment) for *kohtuullista maksua vastaan* for a reasonable fee *kuittia vastaan* against a receipt *ottaa vastaan* receive (ks myös hakusana) **4** (kulkemisesta: kohti) towards you, (vastakkaiseen suuntaan) the other way *Voitko tulla minua vastaan junalle?* Can you pick me up at the train station? *Hän ajoi meitä vastaan tiellä* We passed her/she passed us on the road ks myös vastassa **5** (takaisin) back *hymyillä vastaan* smile back
vastaanotto 1 (ihmisen, asian, lähetyksen) reception **2** (hotellin) reception (desk); (lääkärin) doctor's office; (professorin tms) office hours *tilata (lääkäriltä) vastaanotto* make an appointment (to see someone)
vastaanottoaika office hours
vastaanottoapulainen receptionist
vastaanpano resistance, opposition
vastaansanomaton 1 (ihminen) meek, compliant, submissive, passive,

willing to be led (around by the nose) **2** (asia) incontrovertible, incontestable, uncontested, indisputable, undisputed

vastaansanomatta without a protest/murmur

vastaantulija 1 (ihminen) passerby, (auto) oncoming car **2** (urh) pushover

vastaava *s* (mon) assets *adj* **1** (samanlainen) equivalent, corresponding, similar, parallel, comparable **2** (johtava) managing, responsible, (person) in charge

vastaavanlainen comparable, similar, analogous

vastaava päätoimittaja editor-in-chief

vastaavasti correspondingly, similarly, comparably; (samassa suhteessa) proportionately, in proportion (to)

vastaavuus equivalence, correspondence, similarity

vastaehdotus counterproposal

vastahakoinen 1 (ihminen) reluctant, unwilling, disinclined **2** (aine) intractable

vastahakoisesti reluctantly, unwillingly

vastahankaan *asettua vastahankaan* get your back up, dig your heels in, refuse to budge

vastahyökkäys counterattack

vastainen 1 (vastapäinen) opposing, opposite (to) *pääalttarin vastainen seinä* the wall opposite (to) the altar **2** (välinen) *sunnuntain vastaisena yönä* Saturday night *Neuvostoliiton vastaisella rajalla* at the Soviet border **3** (jotakin päin oleva) facing **4** (jotakin vastaan oleva) against you *Tuuli oli vastainen* The wind was against us, we were heading into the wind **5** (jotakin vastoin oleva) contrary (to) *Se olisi omien etujesi vastaista* That wouldn't be in your own best interests, that would be contrary to your own interests **6** (yhdyssanoissa) anti- *kommunismin vastainen* anticommunist **7** (tuleva) future *vastaisen varalle* (huonon ajan varalle) for a rainy day, (myöhemmän käytön varalle) for future reference/ use

vastaisku counterblow, counterstrike, (miekkailussa) counter(thrust); (ydinsodassa) second strike *antaa vastaisku* strike back, counter

vastaisuus 1 (tulevaisuus) the future *vastaisuuden varalta* in the future, for future reference, if this ever happens again **2** (vastustaminen) opposition *sodanvastaisuus* pacifism

vastakaiku sympathy, a sympathetic response *saada vastakaikua* be well received, gain/win favor

vastakarvaan the wrong way (myös kuv:) against the grain

vastakeino countermeasure

vastakkain 1 (toisiaan vastapäätä) opposite/facing each other, face to face *asettaa vastakkain* (kaksi ihmistä) bring (two people) face to face (with each other), confront (someone with someone); (kaksi ideaa tms) juxtapose **2** (toisiaan vastaan) against each other, in opposition *Ottelussa olivat kaksoset vastakkain* The fight was between two twins **3** (yhteen) together *painaa kätensä lujasti vastakkain* press your hands tightly together *törmätä vastakkain* crash into (someone/something), collide with (someone/something)

vastakkainasettelu juxtaposition

vastakkainen opposite, opposed, contrary, contradictory, reverse

vastakohta 1 opposite, contrary **2** (vastakohtaisuus) contrast, opposition; (vihamielisyys) antagonism, conflict

vastakohtainen opposite, contrary

vastakysymys counterquestion

vastalahja return present

vastalause protest

vastaleivottu fresh-baked; (kuv) brand-new

vastamyrkky antidote

vastanäyttelijä costar

vastapaino counterweight/-balance *olla vastapainona jollekin* counterbalance something

vastapuhelu collect call *soittaa vastapuhelu jollekulle* place a collect call to someone, call someone collect

vastapuoli 1 (kääntöpuoli) reverse, flip/counter side **2** (vastaan oleva puoli) the opposition, the opposing team/side; (vastaava puoli) counterpart
vastapäin against, opposite to, in opposite directions
vastapäinen opposite, facing
vastapäivään counterclockwise
vastapäätä opposite to, across from
vastarakkaus mutual love *saada vastarakkautta* be loved in return, have your love requited/returned
vastaranta the opposite bank/shore
vastarinta resistance, opposition
vastarintajärjestö resistance organization
vastarintaliike resistance movement; (ranskalainen natseja vastaan) the (French) Resistance
vastassa 1 (edessä) in front of **2** (esteenä) blocking the way, in the/your way *Rajalla oli poliisi vastassa* We were stopped at the border by the police **3** (vastapäätä) opposite **4** *He ovat meitä vastassa asemalla* They'll meet us at the station, they'll pick us up at the station *junaa/lentokonetta vastassa* meeting a train/plane
vastata 1 (johonkin: kysymykseen) reply/respond (to), answer; (tunteeseen, tuleen tms) return **2** (jostakin) be responsible/ answerable/accountable (for), take responsibility (for); (seurauksista) bear/shoulder the consequences (for) *Kuka vastaa ruoasta?* Who'll bring the food? **3** (jotakin) correspond to, be equivalent/analogous/proportionate/ equal to; (toiveita) meet, satisfy, come up to; (tarinat keskenään) match (up), tally, jibe, coincide
vastata jonkun velasta be liable for someone's debt
vastata kustannuksista shoulder the expense, cover the cost
vastata oikeudessa jostakin stand trial for something
vastata puhelimeen answer the phone; (ark) get the phone *Minä vastaan!* I'll get it!
vastata samalla mitalla answer in kind, give as good as you got, pay (someone) back in the same coin, fight fire with fire
vastata seurauksista take full responsibility
vastatusten ks vastakkain
vastatuuli headwind, (kuv) contrary/ adverse wind *vastatuuleen* against/into the wind, upwind, windward
vastaus 1 (kysymykseen) reply, response, answer **2** (ongelmaan) answer, solution
vastauskonpuhdistus Counter-Reformation
vastausta pyydetään R.S.V.P.
vastavaikutus reaction, counteraction
vastavallankumous counterrevolution
vastavalosuoja lens hood
vastaveto countermove
vastavierailu return visit
vastavirta countercurrent *vastavirtaan* upstream, against the current
vastavoima counterforce, opposite force
vastavuoroinen reciprocal, mutual
vastavuoroisesti reciprocally, mutually
vastaväite counterargument, rebuttal, refutation, objection
vastaväittäjä 1 objector, questioner, opponent **2** (väitöstilaisuudessa) ex officio opponent; (lähin vastine) member of the doctoral reading committee
vastedes in the future, from now on, from here on out; (ylät) henceforth/ -forward
vasten against, next to; (törmätä) into *ajaa aurinkoa vasten* drive into the sun
vastenmielinen repulsive, repellent, disgusting, repugnant *Tuntui vastenmieliseltä sanoa että* I hated to say that, it really rubbed me the wrong way to say that
vastenmielisyys repulsiveness, disgust, repugnance, antipathy
vastentahtoinen unwilling (ks myös vastahakoinen)

vastike 1 (vastine) equivalent, counterpart, analogue **2** (korvike) substitute, surrogate **3** (maksu) payment, compensation; (yhtiövastike) maintenance charge *vastikkeetta* free of charge

vastine 1 (vastike) equivalent, counterpart, analogue **2** (lak) plea **3** *saada vastinetta rahoilleen* get your money's worth, get something for your money

vastoin against, contrary/counter to *sitä vastoin* whereas, while (on the other hand)

vastoinkäyminen setback, reverse, hardship, misfortune

vastus resistance *Sinä olet ikuisena vastuksena minulle* You're nothing but trouble for me *ilman vastus* drag *magneettinen vastus* reluctance

vastustaa resist; (olla jotakin vastaan) (be) oppose(d to), object to *Voin vastustaa mitä vain, paitsi kiusausta* I can resist anything but temptation

vastustamaton irresistable

vastustella resist, protest

vastustus resistance, opposition

vastuu responsibility, (vastuuvelvollisuus) liability, (tilivelvollisuus) accountability *joutua vastuuseen jostakin* have to answer for something *olla jonkun vastuulla* be somebody's responsibility *olla vastuussa jostakin* be responsible/answerable/accountable/liable for something *sysätä vastuu jonkun niskoille* shift the blame/responsibility to someone else, (ark) pass the buck (to someone else) *vältellä vastuuta* shirk (your) responsibility

vastuualue area/scope/sphere of responsibility

vastuullinen responsible

vastuunalainen responsible, answerable, accountable

vastuuntunnoton irresponsible

vastuuntuntoinen responsible

vastuuvakuutus liability insurance

vastuuvapaus discharge from liability

vasuri 1 (ihminen) lefthander, lefty, southpaw **2** (käsi) left (hand)

vati (pesuvati) basin; (tarjoiluvati) platter, (serving) plate *vaatia jonkun päätä vadille* demand someone's head on a platter

Vatikaani Vatican

Vatikaanivaltio Vatican City

vatkain beater, mixer; (vispilä) whisk

vatkata (munia) beat, (kermaa) whip, (voita) cream

vatsa stomach, abdomen; (ark) belly, gut *täydellä/tyhjällä vatsalla* on a full/an empty stomach *Tie miehen sydämeen käy vatsan kautta* The way to a man's heart is through his stomach *maata vatsallaan* lie on your stomach, (ylät) lie prone

vatsahaava ulcer

vatsakipu stomachache

vatsalihas stomach muscle

vatsastapuhuja ventriloquist

vatsastapuhuminen ventriloquism

vatsatauti stomach/intestinal flu

watti watt

vattu raspberry

vatupassi level

vatvoa 1 (villaa tms) mill, full **2** (lihasta tms) rub, knead **3** (asiaa) hash over, turn over and over

vauhdikas 1 (ihminen) speedy, fast, quick **2** (elokuva tms) action-packed, fast-paced

vauhdittaa 1 speed up, facilitate, expedite **2** (urh) set the pace

vauhko 1 (pelokas) skittish **2** (pelästynyt) spooked, startled **3** (ark = poissa tolaltaan) (all) worked up, upset; (hurja) wild

vauhti speed, pace, rate; (fys) velocity; (ark) clip *ottaa vauhtia* get a (good) run (at something) *antaa vauhtia* give (someone) a push *päästä vauhtiin* get going (good), hit your stride *täydessä vauhdissa* in full swing, at top speed

vauhtihurjastelija speed-demon

vaunu 1 (hevosvaunut: yksinkertaiset) cart, (hienot) carriage, (postivaunut) stagecoach, (sotavaunut) chariot **2** (lastenvaunut) baby carriage/buggy **3** (työntövaunut) cart, trolley **4** (raitio-

vaunu) trolley, streetcar **5** (junavaunu) car **6** (kirjoituskoneen) carriage
vauras wealthy, affluent, well-to-do, prosperous, rich
vaurastua prosper, flourish, get rich/ wealthy/affluent
vauraus wealth, affluence, prosperity
vaurio damage
vaurioittaa damage
vaurioitua be damaged
vauva baby, infant
vauvaikä infancy
vavahduttaa shake (myös kuv:) stir
vavahtaa shake *vavahtaa hereille* wake up with a start, jerk awake
vavista tremble
vavistus trembling
WC toilet; (huone) half-bath
vedenalainen *s* submarine, (ark) sub *adj* underwater, submarine, subaquatic; (uponnut) sunken, submerged, submersed
vedenpaisumus flood, deluge *vedenpaisumuksen aikainen* (leik) antediluvian
vedenpinta 1 (kupissa tms) (water) surface **2** (altaassa) water level, (maassa) water table
vedenpitävä watertight
vedenrajassa (reunassa) by the water, at the water's edge; (pinnassa) on the surface (of the water)
vedin 1 (kahva) handle, (nuppi) knob **2** (tekn) extractor, puller
vedonlyönti betting
vedos (kirjapainossa, taidegrafiikassa) proof, (valokuvauksessa) print, (tietok) dump
vedota 1 (kääntyä jonkun puoleen, viehättää) appeal *vedota jonkun tunteisiin* appeal to someone's emotions **2** (esittää jotakin selitykseksi) plead *vedota tietämättömyyteen* plead ignorance
vedättää 1 (hammas) have (a tooth) pulled/extracted **2** (auto liian isolla vaihteella) lug
vegetarismi vegetarianism
vegetaristi vegetarian
vehje thing; (vekotin) gadget, gizmo, thingamajig; (mon) stuff, (sl) shit
vehkeilijä schemer, plotter, conniver, conspirator
vehkeillä scheme, plot, connive, conspire
vehkeily scheming, plotting, conspiring
vehmas lush, luxuriant, green; (viljava) fertile
vehnä wheat
vehnäjauho wheat flour
vehnäleipä wheat/white bread
vehreä green, verdant
veikata 1 (arvata) guess, (lyödä vetoa) bet *Veikkaan, että hän ei tule* I bet he isn't coming **2** (täyttää veikkauskuponki) bet on soccer
veikeillä play pranks/games/tricks, be mischievous/impish
veikeä (veitikkamainen) mischievous, impish, prankish; (hauska) playful, sportive
veikkaus 1 (arvaus) guess, (vedonlyönti) bet **2** (veikkauskupongin täyttö) betting on soccer, (toiminta) the soccer pools
veikkauskuponki soccer betting form
veikko guy, fellow
veikkonen 1 brother, buddy; (nuoremmalle miehelle) son(ny), kid *Odota veikkonen minuakin* Hey, wait for me **2** *Voi veikkoset* Oh brother, my my, Jeez *En veikkosella!* Not on your life! No way! *Älä veikkosella sinne mene!* Don't even think of going there!
veisata sing (hymns) *viis veisata jostakin* not give a damn/hoot/shit about something
veistellä 1 (puuta) whittle **2** (vitsejä) crack
veisto carpentry, woodworking
veistos sculpture, statue
veistämö (puun) carpentry/ woodworking shop; (kiven) carver's shop
veistää 1 (puuta) whittle, carve; (kiveä) carve, sculpt **2** (vitsejä) crack (jokes), (juttua) spin (yarns)

veitikka imp, prankster
veitikkamainen impish, prankish, mischievous
veitsenteroitin knife-sharpener/ -grinder
veitsenterävä razor-sharp
veitsi knife
veivata crank, turn, grind
veivi crank (handle) *heittää veivinsä* kick the bucket
vekara kid
vekkihame pleated skirt
vekkuli *s* **1** (ihminen) imp, rascal, scamp **2** (kuje) prank, gag, stunt, joke *adj* funny, droll
vekseli bill (of exchange), (promissory) note
vektori vector
velaksi on credit/time, on the installment plan
velallinen debtor *niin kuin mekin annamme anteeksi meidän velallisillemme* as we forgive our debtors
velaton debt-free, (omaisuus) unencumbered
velho wizard, sorcerer; (nainen) witch, sorceress
veli brother *Hyvä Veli* (kirjeessä) Dear... (saajan nimi)
velikulta sport, good old boy
velimies brother
velipuoli (saman isän, eri äidin poika, tai päinvastoin) half-brother; (isä- tai äitipuolen poika) step-brother
veljeillä fraternize
veljeily fraternization
veljekset brothers
veljellinen fraternal
veljenrakkaus brotherly love
veljenvaimo sister-in-law
velka debt *varat ja velat* (kirjanpidossa) assets and liabilities *joutua velkaan* get/go into debt *olla jollekulle jotakin velkaa* owe someone something *Sinä olet minulle anteeksipyynnön velkaa* You owe me an apology *velaksi, veloissa* ks hakusanat
velkaantua go/get into debt
velkainen debt-ridden, (talo) (heavily) mortgaged
velkakirja promissory note, (ark) IOU
velkoja creditor
velli gruel
velloa swell, surge, heave, churn
velmu *s* sport, good old boy *adj* funny, amusing
veloissa in debt *olla korviaan myöten veloissa* be up to your ears in debt
veltosti sluggishly, indolently, lethargically, listlessly, lazily
veltostua go slack/limp, get fat and lazy
veltto 1 (lihas tms) slack, limp, flabby, flaccid **2** (ihminen, olo) sluggish, indolent, lethargic, listless, lazy
velttoilla laze around, slack off
velttoilu lazing around, taking it easy
velttous 1 (lihaksen tms) slackness, limpness, flabbiness, flaccidity **2** (ihmisen) sluggishness, indolence, lethargy, listlessness, laziness
velvoite obligation, commitment; (lak) court order, injunction
velvoittaa oblige, bind; (vaatia) require, insist *Aateluus velvoittaa* (ransk) Noblesse oblige
velvoitus obligation, commitment
velvollinen obliged, (duty-)bound, under an obligation (to do something)
velvollisuudentuntoinen dutiful, responsible
velvollisuus duty, obligation; (mon) duties, responsibilities *tehdä velvollisuutensa* do your duty
vene boat *olla samassa veneessä* be in the same boat
veneenrakentaja boatbuilder
venelaituri boat dock
venematka boat trip
venepakolaiset the boat people
Venetsia Venice
venetsialainen *s, adj* Venetian
venevaja boathouse
Venezuela Venezuela
venezuelalainen *s, adj* Venezuelan
ventovieras total stranger
ventti *s* (korttipeli) Blackjack, Twenty-one *adj* beat, bushed, dead

venttiili 1 (trumpetin, auton, pyörän) valve **2** (tuuletusventtiili) vent(ilator)
venytellä stretch (yourself); (voimistella) do stretching exercises, warm up
venyttely stretching exercises
venyttää 1 stretch *venyttää markkaa soikeaksi* pinch pennies **2** (kokousta) prolong, protract, draw/drag out
venytys stretch
venytysharjoitus stretching exercise
venytysliike stretching exercise
venyvyys stretchiness, elasticity
venyvä stretchy, elastic
venyä 1 stretch; (urh) stretch/push yourself **2** (kokous tms) be prolonged/ protracted, go on and on **3** (olla kärsivällinen) be patient, have patience
venähdys strain
venähtää strain
Venäjä Russia
venäjä Russian
venäjänkielinen Russian
venäläinen *s, adj* Russian
venäläisyys Russianness
venäyttää strain
veranta veranda(h), porch
verbaalinen verbal
verbi verb
verekseltään 1 (heti) immediately, right away, without delay **2** (rysän päältä) red-handed, in the act, (lat) in flagrante delicto **3** (tuoreeltaan) fresh
verenhimoinen bloodthirsty
verenimijä bloodsucker
verenkierto circulation
verenluovuttaja blood donor
verenluovutus giving blood
verenpaine blood pressure
verenperintö *kulkeutua verenperintönä* run in the family
verensiirto blood transfusion
verenvuodatus bloodshed
verenvuoto bleeding, hemorrhaging *kuolla verenvuotoon* bleed to death
verestää 1 (silmä) be bloodshot **2** (muistoaan tms) refresh, revive, renew; (kielitaitoaan) brush up
veretön bloodless
verevä 1 (iho) ruddy, florid, rubicund **2** (ihminen) full-blooded, lusty
verho 1 (ikkunaverho) curtain; (mon) drape(rie)s **2** (kuv) cloak, veil, shroud, blanket
verhoilla upholster
verhoilu upholstery
verhokangas curtain material/fabric
verhosuljin (valok) focal-plane/ curtain shutter
verhota 1 (peittää) cover, wrap, drape **2** (päällystää) cover, (sur)face; (paneeleilla) panel, (tiileillä) brick
verhotanko curtain rod
verhous covering; (lautaverhous) wood siding, paneling; (tiiliverhous) brick face
verhoutua wrap/clothe/drape yourself (in something) *verhoutua salaperäisyyteen* be shrouded in mystery
veri blood *vuotaa verta* bleed *Veri on vettä sakeampaa* Blood is thicker than water *kaivata verta nenästään* be looking for a punch in the nose *veressä* bloody, bleeding
verikoe blood test
verikoira bloodhound
verilöyly bloodbath, massacre
verimakkara blood sausage
verinen bloody
veripalttu blood sausage
verirahat blood money
veriryhmä blood type
verisesti *loukkaantua verisesti johonkuhun* take mortal offense at someone
veriside blood bond
verisolu blood cell/corpuscle
verisukulainen blood relative/ relation
verisukulaisuus blood kinship, consanguinity
verisuoni blood vessel
verisyys bloodiness
verisyöpä cancer of the blood, leukemia
verivelka blood guilt
verka (broad)cloth
verkakangas (broad)cloth
verkkainen slow, deliberate; (rauhallinen) unhurried, leisurely

verkkaisesti slowly, deliberately, unhurriedly
verkkaisuus slowness
verkkarit warmup/sweat/jogging suit
verkko 1 net(ting) *syöksyä verkolle* (tenniksessä) rush the net *saada/ kietoa verkkoihinsa* (kuv) catch, (en)snare **2** (verkosto) network **3** (hämähäkin ja kuv) web *salajuonten/valheiden verkko* web of intrigue/lies
verkkojohto power cord
verkkokalastus net-fishing
verkkokalvo retina
verkkoryhmä directory area
vermutti vermouth
vernissa linseed oil
vero tax, (tuontivero tms) duty
veroasteikko tax(ation) scale/ schedule
verohelpotus tax break
veroilmoitus tax return
veroinen *olla jonkun veroinen* be someone's equal, be as good as someone, equal/rival someone, be comparable with someone, be on a par with someone *uuden veroinen* as good as new
verokarhu the taxman
verokavallus tax fraud
verollinen 1 (ihminen) tax-paying **2** (tulo) taxable
veroluokka tax bracket
veronalainen 1 (verollinen) taxable **2** (Veronasta) Veronan
veronmaksaja taxpayer
veronpalautus tax return
verotoimisto tax office; (US) Internal Revenue Service (IRS) office
veroton (tax-)exempt
verottaa tax, levy a tax on; (kuv) tax, take a heavy toll on
verottaja the taxman
verotuksellinen fiscal
verotulot tax revenue(s)
verotus taxation
verouudistus tax/fiscal reform
verovelvollinen *s* taxpayer *adj* taxable
veroviranomaiset tax authorities
verovähennys tax deduction
verovähennyskelpoinen deductible
veroäyri tax rate/percentage
verrannollinen 1 (vertauskelpoinen) comparable, (vars filos) commensurate **2** (mat) proportional, proportionate
verrata compare, make/draw a comparison (between) *vertaa (vrt)* compare (cf) *verrattuna johonkin* compared to/with something *olla verrattavissa johonkin* be comparable with something
verraten comparatively, relatively, fairly; (ark) pretty
verraton 1 wonderful, excellent, splendid; (ark) great, super *verrattoman* extremely, exceedingly, highly, very **2** (lyömätön) unbeaten, unrivaled, unmatched, matchless, peerless, unparalleled
verrattain comparatively, relatively, fairly; (ark) pretty
verrattomasti incomparably, by far, far and away
verryttely warm(ing) up
verryttelypuku warmup/sweat/ jogging suit
versio version
verso sprout, shoot
versoa 1 sprout, (put out) shoot(s) **2** (kuv) spring up, take shape/form, germinate
verstas (work)shop
verta *vetää vertoja jollekulle* rival/ equal someone, be someone's equal/ match/peer *Kukaan ei vedä vertoja hänelle* She is beyond compare, she is second to none, no one can match her *vertaansa vailla* beyond compare, second to none, unparalleled, unmatched, matchless, peerless *jonkin verran* a little/bit, (jossain määrin) to some extent *metrin verran* about a meter *minkä verran* how much, (missä määrin) to what extent *En välitä siitä penninkään vertaa* I wouldn't give a plug nickel for it *Ei tässä ole senkään vertaa, että sinä saat* There isn't even enough for you *kaksin verroin parempi* twice as good
verta hyytävä bloodcurdling

vertailla compare, make/draw a comparison (between)
vertailu comparison
vertailukelpoinen comparable, commensurate
vertailukohde (samanlainen asia) parallel; (malli) model
vertailutesti comparative test
vertainen equal *kohdella jotakuta vertaisenaan* treat someone as your equal *seurustella vertaistensa kanssa* fraternize with your peers *tavata vertaisensa* meet your match *ensimmäinen vertaistensa joukossa* first among equals, (lat) primus inter pares *Se hakee vertaistaan* It is beyond compare, it is unparalleled/ unmatched/matchless/ peerless
vertaisryhmä peer group
vertauksellinen figurative, symbolic, allegorical
vertaus 1 (vertailu) comparison **2** (kuvailmaus) figure (of speech), trope, metaphor; (kuin-vertaus) simile **3** (symbolinen tarina) parable; (allegoria) allegory *puhua vertauksin* speak in parables
vertauskuva 1 (symboli) symbol, emblem, type **2** ks vertaus
vertauskuvallinen figurative, symbolical, metaphorical, allegorical
vertauskuvallisesti figuratively, symbolically, metaphorically, allegorically
veruke excuse, pretext, subterfuge *keksiä verukkeita* make excuses
veräjä gate
vesa 1 (puun tms) shoot, sprout, sucker; (vanh) scion **2** (perheen) scion; (mon) offspring
vesakko coppice (forest)
vesi water *Se toi veden kielelle* It made my mouth water *vedet silmissään* with tears in your eyes *sataa vettä* rain *Kasvimaa kaipaa vettä* The garden needs rain/watering *heittää vettä* make water, urinate; (leik) water your lizard
vesihana water faucet
vesihiihto waterskiing
vesihiihtäjä waterskier
vesihöyry steam
vesijohto water pipe, (pää-) water main
vesijohtovesi water from the tap, tap water
vesijäähdytteinen water-cooled
vesijäähdytys water-cooling
vesikatto roof
vesikauhu rabies
vesikauhuinen rabid
vesikouru (räystäskouru) rain gutter; (tukkikouru) flume
vesilasi water glass
vesiliikenne water traffic
vesilintu waterfowl *heittää jollakin vesilintua* pitch/chuck/heave something (out the window)
vesiliukoinen water-soluble
vesillelasku launch(ing)
vesimaksu water charge
vesipallo (peli) water polo; (pallo) water-polo ball
vesiperä (kalastuksessa) water haul *vetää vesiperää* (kuv) draw a blank
vesiposti (pihassa) water faucet; (kadulla) fire hydrant
vesiraja 1 (veden korkeus) water level, (laivan) water line **2** (rannan) water's edge, waterside, waterfront **3** (valtion) sea boundary
vesirokko chickenpox
vesiskootteri jet ski
vesistö lake system, (natural) waterway
vesisuksi waterski
vesisuoni water vein
vesisänky waterbed
vesitiivis watertight
vesitse by water
vesittyä be watered down, be diluted
vesittää 1 (laimentaa, myös kuv) water down, dilute **2** (kastella) water, irrigate
vesivahinko water damage
vesivoima hydroelectric power
vesivoimala hydroelectric plant
vesiväri watercolor
vesivärityö watercolor

vesoa 1 (kasvaa vesaa) sprout, put out shoots **2** (leikata vesat) trim/prune (off the new growth)
vesseli kid, tyke
vesuri bill(hook)
vetelehtiä laze/loaf around, slack off
vetelys loafer, slacker, do-nothing, good-for-nothing, no-count
vetelä 1 loose, runny, watery *olla vatsa vetelänä* have diarrhea, (ark) have the runs/trots **2** (veltto) slack, sluggish, lethargic
velästi loosely, runnily, slackly, sluggishly, lethargically (ks vetelä)
veteraani veteran, (ark) vet
vetinen watery, waterlogged, soggy, wet
vetistellä blubber, (leik) turn on the waterworks
vetisyys wateriness, sogginess, wetness
vetkutella 1 (pyrstöä) wag **2** (kuv) dawdle
veto 1 pull(ing), haul(ing), tow(ing); (vetäisy) yank(ing), jerk(ing), tug(ging) **2** (vetovoima) pull, attraction **3** (lääk) traction *jalka vedossa* your leg in traction **4** (ilmavirta) draft **5** (auton) drive *neliveto* four-wheel drive *etuveto* front-wheel drive **6** (ihmisen) strength, energy *Minulla on veto lopussa* I'm dead(-tired/-beat) *hyvässä vedossa* in fine form **7** (siveltimen tms) stroke **8** (pelissä) move *rohkea veto* a bold move **9** (lak) (notice of) appeal **10** (pol) veto *kaataa lakiesitys vetollaan* veto a bill
vetoinen 1 (huone) drafty **2** (laiva, astia) ...in capacity *litran vetoinen kannu* a liter pitcher, a pitcher that holds a liter **3** (auto) -drive *etuvetoinen auto* a car with front-wheel drive
vetojuhta draft animal
vetonaula drawing card
vetonumero drawing card
veto-oikeus (right/power of) veto
vetoomus appeal
vetovoima 1 (tekn) pulling/tractive/traction force/power **2** (fys) gravitation, gravity, pull, attraction **3** (henkinen) attraction, appeal
vetreä lithe, limber, supple
veturi locomotive, engine
veturinkuljettaja engineer
veturitalli locomotive shed/depot
vety hydrogen
vetypommi hydrogen bomb
vetäistä yank, jerk, tug (at), give (something) a quick yank/jerk/tug
vetäjä 1 (vetojuhta) draft animal **2** (urh) frontrunner, pacesetter **3** (juontaja) Master of Ceremonies, emcee **4** (johtaja) leader
vetävyys attraction, appeal, effectiveness, spaciousness (ks vetävä)
vetävä 1 (viehättävä) attractive, appealing, fetching **2** (iskevä) impressive, striking, effective **3** (tilava) spacious, roomy
vetäytyä 1 (fyysisesti) move/back away (from); (tulvavesi tms) recede **2** (sosiaalisesti, myös sot) withdraw, retire, retreat; (vastuusta) shirk
vetää 1 pull, haul, tow; (vetäistä) yank, jerk, tug (on) **2** (sot) withdraw **3** (kello tms) wind **4** (johtaa) lead, run, manage, conduct; (juontaa) emcee **5** (kaapelia) lay, run **6** (vettä: pullo) hold, take; (laiva) draw **7** (ilmaa) *Takka vetää hyvin* The fireplace draws well *Täällä vetää!* There's a draft in here! **8** *panna paperit vetämään* apply, send in your application
vetää hammas pull/extract a tooth
vetää henkeä inhale, breathe in; (kuv = hiiskua) breathe a word
vetää hirsiä catch some Z's, get some shuteye
vetää hirteen string (someone) up
vetää jonkun huomio johonkin draw someone's attention to something
vetää jonkun maine lokaan drag someone's name in the dirt
vetää kiinni pull (something) shut *Kiinni veti!* Done! It's a deal!
vetää käteen (alat) jack/jerk off
vetää köyttä have a tug-of-war
vetää leukaa do chin-ups

vetää leukaan crack/smack (someone) in the jaw
vetää lonkkaa stretch out your legs
vetää lyhyempi korsi draw the short(er) straw
vetää miekkansa draw your sword
vetää nenästä pull (someone's) leg
vetää oikeuteen sue (someone)
vetää puoleensa attract (myös kuv)
vetää pyssynsä draw (on someone)
vetää rajaa draw a line; (tehdä eroa) make a distinction (between)
vetää rakoa (urh) pull out in front
vetää sanansa takaisin take (something) back, take back (what you said)
vetää sisään retract, pull in
vetää suonta cramp (up)
vetää vastuuseen bring (someone) to justice
vetää vatsa sisään suck up your gut
vetää vertoja jollekulle equal/rival someone, be someone's equal/match/ peer *Kukaan ei vedä vertoja hänelle* She is beyond compare, she is second to none, no one can match her
vetää vessa flush the toilet *vetää alas vessasta* flush (something) down the toilet
vetää viimeisiään breathe your last
VHF VHF, very high frequency
viallinen defective, faulty
viaton innocent, (harmiton) harmless
viattomasti innocently, harmlessly
viattomuus innocence
video video *Minulla on se elokuva videolla* I have the movie on video
videokamera video camera
videokasetti videocassette
videokasettinauhuri videocassette recorder, VCR
videonauha videotape
videonauhuri (kasetti) videocassette recorder, VCR, (kelanauha) videotape recorder, VTR
videoneuvottelu videoconference
videopuhelin videophone
videovuokraamo video rental (store/ department)
viedä 1 (kuljettaa) take, carry, convey, transport, deliver; (ark) tote, lug, haul **2** (johdattaa) take, lead (myös tanssissa), conduct, guide; (johtaa) result in *Kaikki tiet vievät Roomaan* All roads lead to Rome **3** (kähveltää) take, steal, rob; (ark) swipe **4** (tavaraa maasta) export **5** *Piru vie(köön)!* Damn it!
viedä aikaa take time
viedä eteenpäin advance, further
viedä harhaan mislead, lead (someone) astray
viedä huippuunsa perfect (something)
viedä joltakulta henki take someone's life
viedä loppuun finish (something up), complete, bring (something) to a conclusion
viedä mennessään take with you; (tulva tms) sweep/carry away
viedä pitkälle go a long ways with (something) *viedä liian pitkälle* take (something) too far
viedä päätökseen finish (something up), complete, bring (something) to a conclusion
viedä tahtonsa läpi have/get your way
viedä tilaa take (up) space
viedä voittoon lead (someone) to victory
viedä yöunet keep you awake
viedä äärimmäisyyksiin take (something) to extremes
viehe lure
viehkeä alluring, charming, entrancing
viehkeästi alluringly, charmingly, entrancingly
viehtymys interest (in), fascination (with)
viehättävä attractive, charming, appealing
viehättävästi attractively, charmingly, appealingly
viehättää attract, charm, appeal (to)
viehätys attraction, charm, appeal
viehätysvoima attraction, charm, appeal
viejä exporter

viekas clever, crafty, cunning
viekkaasti cleverly, craftily, cunningly
viekkaus cleverness, craft(iness), cunning
viekoitella lure, tempt, entice, (seksuaalisesti) seduce *viekoitella joltakulta jotakin* con someone out of something
vielä 1 still, yet, even *Hän ei ole tullut vielä* She hasn't come yet, she still hasn't come *Vielä viime kuussa se oli kunnossa* It was still working last month, it was working fine as late/recently as last month *ei vielä* not yet *vielä parempi* still/even better *yhä vieläkin* even now/today **2** (lisäksi) further(more), more(over) *Otatko vielä yhden?* Would you like one more, will you take another (one)? *On vielä todettava että* It is further to be noted that *Mitä vielä haluat?* What else do you want?
vieläpä even *Asia on vaikea, vieläpä mahdoton ratkaista* It's a difficult, even impossible problem to solve
viemiset presents, gifts *Onko meillä mitään viemisiä?* Do we have anything to take them?
viemäri drain; (viemärioja) gutter; (viemäristö) sewer (system)
viemäristö sewer system
Wien Vienna
wienerleipä Danish pastry
wieniläinen *s, adj* Viennese
vieno soft, gentle, muted, hushed
vienosti softly, gently, in hushed tones
vienti export
vientikauppa export trade
vientikiintiö export quota
vientiluotto export credit
vientimaksu export duty
vientitavara export goods
vientituote product for export
vieraannuttaa alienate, estrange; (tehdä vieraantuntuiseksi) defamiliarize
vieraantua become alienated/ estranged (from someone)
vieraantuminen alienation, estrangement
vieraanvara food kept on hand in case someone drops by
vieraanvarainen hospitable
vierailija visitor, guest; (TV-ohjelmassa) special guest, guest star
vierailla 1 visit, pay (someone) a visit **2** (TV-ohjelmassa tms) guest(-star on), make a special appearance (on)
vierailu visit
vierailuaika visiting hour(s)
vieraisilla visiting *mennä vieraisille* go visiting, go see someone
vieraissa *käydä vieraissa* cheat on your spouse
vieras *s* **1** (tuntematon ihminen) stranger *Älä puhu vieraille!* Never talk to strangers! **2** (vierailija) guest, visitor; (kuv ja ylät) visitant
adj **1** (tuntematon) strange, unknown, unfamiliar, alien *Ei ajatus ole täysin vieras minulle* The idea has occurred to me **2** (johonkin kuulumaton) alien, foreign *vieras aine* alien/foreign substance **3** (ulkomainen) foreign *vieras työvoima/korostus/kieli* foreign labor/ accent/language
vierasmaalainen *s* foreigner, (lak) alien
adj foreign
vieraspaikkakuntalainen out-of-towner, stranger, nonlocal
vierasperäinen foreign
vierastaa 1 (arkailla) be shy **2** (kaihtaa) shy away from, shun, steer clear of **3** (oudoksua) find (something) strange
vierastyöläinen foreign/guest worker
viereinen next, adjacent *Menkää viereisestä ovesta* Use the next door *kirkon viereinen kauppa* the store next to the church
vierekkäin side by side, next to each other
vierekkäinen adjacent, adjoining; (ylät) contiguous *Meillä on vierekkäiset huoneet* We have adjacent/adjoining rooms, we have rooms next to each other
vierellä *jonkun vierellä* at someone's side, beside someone, next to someone *Kuljetko kotvan vierelläni?* Will you walk with me a while?

vieressä beside, next to, alongside, by; (lähellä) close to, near by *Menehän istumaan mummin viereen* Go sit by grandma, pull up a chair next to grandma
vieri side *kulkea aidan viertä* walk along the fence
vierittää 1 (kiveä tms) roll **2** (tietok) scroll **3** *vierittää syy jonkun niskoille* blame someone else for it, (ark) pass the buck
vieri vieressä right next to each other, close together
vieriä 1 (kivi tms) roll *Vierivä kivi ei sammallu* A rolling stone gathers no moss **2** (aika) roll by/on, pass *vuosien vieriessä ohi* as the years roll by
vieroittaa 1 (vauva) wean **2** (aineriippuvainen tms) break (someone) of a habit, cure (someone's) addiction, help (someone) kick the habit **3** (vieraannuttaa) alienate, estrange
vieroitus 1 (vauvan) weaning **2** (aineriippuvaisen) withdrawal
vieroitusoire withdrawal symptom
vieroksua 1 (kaihtaa) shy away from, shun, steer clear of **2** (oudoksua) find (something) strange
vieroksunta repulsion
vierusta side
vierustoveri the person next to you
vierähtää 1 (vieriä) roll *Kivi vierähti sydämeltäni* That took a load off my mind **2** (pudota) fall, drop **3** (aika) pass, slip by/away; (ark) zip by
viesti 1 (sana) message, news, word; (ylät) tidings **2** (sot, tietok) communication **3** (urh) relay (race)
viestikapula baton
viestimet the media
viestinjuoksu relay race
viestintä communication
viestintäsatelliitti telecommunication satellite
viestittää communicate; (sot) signal
viestitys communication; (sot) signaling
vietellä lure, tempt, entice; (seksuaalisesti) seduce
vieteri spring *Onpa sinulla lyhyt vieteri* You certainly are on a short fuse
vie terveisiä! send my love/ greetings, say hello
Vietnam Vietnam
vietnamilainen *s, adj* Vietnamese
viettelijä seducer, lady-killer, lady's man, Don Juan, Casanova
viettelijätär seductress, charmer, sweet-talker, temptress, siren
viettely seduction
viettelys (al)lure(ment), enticement, temptation; (seksuaalinen) seduction
vietti drive
vietto 1 (mäen) slope, gradient **2** (juhlien) celebration
viettää 1 (olla kalteva) slope **2** (aikaa) spend, pass; (ark) kill *viettää talvi etelässä* spend the winter in the south **3** (juhlia) celebrate *viettää synttäreitä* celebrate a birthday
vietävä *Hän huusi kuin vietävä* He screamed like a stuck pig *vietävän nälkä* damned hungry
vietävästi *Väsyttää niin vietävästi* I'm so damned sleepy
viha 1 (suuttumus) anger, fury, rage; (ylät) wrath *pitää vihaa jonkun kanssa, olla vihoissa jonkun kanssa* feud with someone *pistää vihaksi* make you mad **2** (inho) hatred, hate, hostility; (vihollisuus) enmity *unohtaa vanhat vihat* bury the hatchet *joutua jonkun vihoihin* make an enemy, fall into someone's disfavor
vihaaja hater *miesten vihaaja* man-hater, misanthropist; (ark) ball-breaker *naisten vihaaja* woman-hater, misogynist; (ark) chauvinist pig
vihainen angry, furious; (ark) mad; (ylät) wrathful, irate
vihaisesti angrily, furiously, wrathfully
vihamielinen hostile
vihannes vegetable
vihanneskeitto vegetable soup
vihastua get angry/mad, lose your temper; (ark) fly off the handle, blow your top, hit the roof
vihastus anger, indignation, exasperation

vihastuttaa anger, enrage; (ark) make (someone) mad (at you)
vihata hate, loathe, abhor, detest *Joka vitsaa säästää se lastaan vihaa* Spare the rod and spoil the child
vihdoin finally, at last
vihdoin viimein at long last, finally, eventually
viheliäinen 1 (huono) terrible, miserable, execrable; (ark) lousy **2** (alhainen) base, mean, vile; (ylät) contemptible, despicable, dastardly; (ark) dirty
vihellellä whistle (away)
vihellys 1 whistle **2** *vihellykset* (yleisön epäsuosion ilmaukset) boos, catcalls, hisses, jeers
viheltää whistle
viheralue park
viheriö (golf) green
viherkaihi glaucoma
vihertävä green
vihertää be green
vihi *saada vihiä jostakin* get wind of something
vihillä *mennä vihille* get married; (ark) get hitched, tie the knot
vihjailla hint, insinuate
vihjailu hinting, insinuation
vihjata hint, insinuate
vihjaus hint
vihje hint, (ark) tip
vihkiminen 1 (avioparin) wedding **2** (papin) ordination, (piispan) consecration **3** (kirkon) consecration, dedication; (rakennuksen, tien tms) opening, inauguration
vihkiytyä 1 (tutustua) familiarize yourself (with); (saloihin) penetrate (the mysteries); (salaseuraan) be initiated (into) *asiaan vihkiytyneet* initiates, those in the know **2** (omistautua) dedicate/ devote yourself (to)
vihkiä 1 (aviopari) marry, wed, join (a couple) in holy matrimony **2** (papiksi) ordain, (piispaksi) consecrate **3** (kirkko) consecrate, dedicate; (käyttöön) open, inaugurate **4** (elämänsä) devote/ dedicate/consecrate (your life to)
vihkiäiset 1 (avioparin) wedding **2** (papin) ordination, (piispan) consecration **3** (kirkon) consecration, dedication; (rakennuksen, tien tms) opening, inauguration
vihkiäistilaisuus wedding/ ordination/consecration/dedication/ opening/inaugural ceremony (ks vihkiäiset)
vihko notebook/-pad
vihlaista cut, pierce, rend *vihlaista sydäntä* cut you to the quick, tear at your heart-strings *vihlaiseva kipu* stabbing/shooting pain
vihloa *vihloa korvia* grate on your ears *vihloa hermoja* jar on your nerves *vihloa hampaita* have a stabbing pain in your teeth
vihmoa drizzle
vihne awn
vihoitella 1 (pitää vihaa) be angry/ mad (at someone), nurse/hold a grudge (against someone); (huutaa) rant and rave **2** (haava = tulehtua) get inflamed/ infected
vihoittaa anger, enrage, make (someone) angry/mad
vihollinen enemy, (ylät) foe
vihollisalue enemy territory
vihollisjoukot enemy troops
vihollisuudet hostilities
vihoviimeinen the very last *Tämä on vihoviimeistä työtä* This is a lousy/ shitty job
vihreä *s* (pol) Green *adj* green (myös kuv = kokematon) *vihreä nuorukainen* green/callow youth, greenhorn
vihreä aalto synchronized traffic lights
vihreänä kateudesta green with envy
vihreä peukalo green thumb
vihreä valo *näyttää vihreää valoa* give (someone) the green light, the go-ahead
vihta birch-switch
vihtoa slap yourself/someone with a birch-switch
vihuri gust (of wind)

vihurirokko German measles, (lääk) rubella
viidakko jungle
viidenkymmenen villitys midlife fling
viidennes (one-)fifth
viides fifth
viideskymmenes fiftieth
viidessadas five-hundredth
viidesti five times
viidestoista fifteenth
viidestuhannes five-thousandth
viihde entertainment
viihdekirjailija popular novelist
viihdekirjallisuus popular literature, light reading
viihdemusiikki pop music
viihdeohjelma entertainment program
viihdyke pastime, diversion
viihdyttää 1 (hauskuuttaa) entertain, divert, amuse **2** (hyssytellä) soothe, calm, pacify
viihtyisä pleasant, comfortable, cozy; (ark) comfy, homey
viihtyisästi pleasantly, comfortably, cozily
viihtyä 1 (ihminen: nauttia) enjoy yourself, like (something, it somewhere); (olla kuin kotonaan) feel at home; (tulla viihdytetyksi) be amused/entertained *Viihdytkö täällä?* Do you like it here? **2** (kasvi) thrive, flourish
viikata fold
viikate scythe *Väinämöisen viikate* (tähtikuvio) Orion's Belt
viikatemies (myt = kuolema) the Grim Reaper
viikinki Viking
viikko week *viikon päästä* a week from now, in a week *ensi/viime viikolla* next/last week *ensi viikon torstaina* a week from Thursday *ensi viikon loppupuolella* late next week *kaksi viikkoa sitten* two weeks ago *viikosta toiseen* week after week
viikkokaupalla week after week, for weeks on end
viikkolehti weekly (magazine)
viikkosiivous weekly cleaning
viikkotunti (koulussa) period per week
viikkotuntimäärä number of periods/class-hours per week
viikonloppu weekend
viikonloppualennus weekend discount
viikonloppuisin weekends, on the weekend
viikonloppuisä weekend daddy
viikottain weekly
viikottainen weekly
viikset 1 (miehen) mustache **2** (kissan) whiskers
viikuna fig
viikunanlehti figleaf
viila file, (karhea) rasp
viilata file *viilata linssiin* fool, dupe, trick; pull the wool over (someone's) eyes
viilentyä cool off/down
viilettää *mennä viilettää* burn up the road, go hell-bent for leather, hightail it
viiletä cool off/down
viileys coolness
viileä cool *viileä kuin viilipytty* cool as a cucumber
viileäkaappi cooler
viileästi coolly
viili natural yoghurt
viillos cut, slash; (lääk) incision
viilto cut, slash; (lääk) incision
viiltohaava cut, slash
viiltää cut, slash, slit *viiltää kurkkunsa/ranteensa auki* slit your throat/wrists
viilu veneer
viima cutting/icy wind
viime last, past *viime viikolla/vuonna* last week/year *viime vuosina* over the past few years
viimeinen 1 last, final *viimeinen pisara/oljenkorsi* the last straw *sanoa viimeinen sana* have the last word **2** (viimeisin) latest, most recent; (ark) last *viimeistä huutoa* the latest thing, all the rage, in *Viimeinen tieto jonka sain oli että* Last I heard *Kiitos viimeisestä* We had a great time at your house the other night, thanks for having us over the other day

viimein(kin) at last, finally
viimeiseksi last of all, lastly, finally
viimeisillään (kuolemaisillaan) on your last leg; (raskaana) nine months pregnant
viimeistelemätön unpolished, unfinished
viimeistellä polish, finish, touch up, put the finishing touches on
viimeistely polishing, finishing, touching up
viimeistään at the latest, no later than
viimekertainen *pyytää anteeksi viimekertaista käytöstään* apologize for acting the way you did
viimekesäinen last summer's, (something that happened) last summer
viimeksi last; (lopuksi) lastly, finally, in conclusion *Milloin hänet on viimeksi nähty?* When was she last seen?
viimeksi mainittu the last-mentioned
viimekuinen last month's, (something that happened) last month
viimetalvinen last winter's, (something that happened) last winter
viimeviikkoinen last week's, (something that happened) last week
viimevuotinen last year's, (something that happened) last year
viina hard liquor, (ark) booze, sauce
viinaan menevä boozing
viinakauppa liquor store
viinamäen mies boozer, drinker, lush
viinanjuonti boozing, drinking
viinapäissään (when) drunk
viineri Danish (pastry)
viini wine
viini, laulu ja naiset wine, women, and song
viinimarja currant
viinimarjapensas currant bush
viinirypäle grape
viipale slice
viipaloida slice
viipaloitu sliced
viipottaa *tr* **1** (heiluttaa) wave, wag **2** (kiikuttaa) carry (something) along **3** *Minua viipottaa* I feel faint *itr* **1** (heilua) wave, wag **2** *mennä viipottaa* go/fly like the wind **3** (sojottaa) stick/jut out
viipurinrinkeli pretzel
viipymättä without delay, promptly
viipyä 1 (jäädä, pysyä) stay, remain; (asiassa) dwell (on); (ylät) linger, (ark) hang around *Kauanko voit viipyä?* How long can you stay? **2** (viivytellä) take your time (doing something), do (something) slowly, dawdle *Missä hän nyt viipyy?* What's keeping her? Where is she? What's taking her so long? **3** (viivästyä) be delayed/late
viiru stripe, streak
viisaasti wisely
viisas *s* wise (wo)man, sage *adj* **1** (ihminen) wise, intelligent; (ylät) sagacious; (ark) smart *kaukaa viisas* far-sighted **2** (toimenpide tms) wise, sensible, sound
viisastelija smart-aleck/-ass, wise-acre/-ass, wise guy
viisastella wise off, be a smart-aleck/-ass
viisastelu sophistry, casuistry
viisasten kivi the philosophers' stone
viisastua become wise; (ark) wise up
viisaus wisdom
viisi five *tuntea jokin kuin viisi sormeaan* know something like the back of your hand *viittä vaille* (kellonajasta) five till; (kuv) almost, practically
viisihenkinen (perhe/seurue) (family/party) of five
viisikko pentad
viisikymmenkertainen fiftyfold
viisikymmenluku the fifties
viisikymmentä fifty
viisikymppinen in your fifties
viisimiehinen five-man
viisinkertainen fivefold, five-time, quintuple
viisinumeroinen five-digit
viisiottelu pentathlon
viisipaikkainen five-seater
viisisataa five hundred
viisitoista fifteen

viisituhatta five thousand
viisivuotinen five-year
viisivuotissuunnitelma five-year plan
viisto oblique; (taso) sloping, slanting; (reuna) beveled, mitered
viistossa at a slant, aslant *taka-/ etuviistossa* leaning backward/ forward *taulut viistossa seinällä* the paintings hanging crookedly on the wall *laskea viistoon hiihtorinnettä* traverse the ski slope *mennä viistoon kadun poikki* cut obliquely/ diagonally/cattycorner across the street
viistää **1** (laahata) drag **2** (viistota) bevel, miter
viisu song, broadsheet
viisumi visa
viisumipakko required visa
viis veisata jostakin not give a damn/hoot/shit about something
viitata **1** (kädellä: kohti) point (at/to); (tännemmäs) beckon/wave (to); (koulussa) raise your hand **2** (enteillä) point (to), indicate, suggest **3** (puheessa) refer/allude (to), make a reference/ allusion (to) *viitaten kirjeeseenne* with reference to your letter
viite reference; (kirjeessä) re; (kirjassa) (foot-/end-)note
viitisen around five
viitoittaa mark *hyvin viitoitettu tie* well-marked road
viitoittamaton unmarked
viitonen (the number) five; (seteli) fiver, five-spot
viitoset quintuplets
viitostie highway 5
viitsiä **1** (olla kiltti) *Viitsisitkö tulla vähän tänne?* Could you come here for a minute? Would you mind stepping over here? *Älä viitsi* Stop it, please; do you mind? **2** (haluta) feel like (doing something), be bothered (to do something) *En viitsi lähteä* I don't feel like going, I couldn't be bothered to go
viitta **1** (vaate) cape, cloak, robe **2** (tien) sign
viittaus **1** (ele) motion, sign(al), gesture **2** (viite) reference, allusion **3** (vihjaus) hint, insinuation
viitteellinen allusive, evocative, suggestive; (epäsuora) indirect, veiled
viitteellisesti allusively, evocatively, suggestively, indirectly
viittoa **1** motion, gesture, beckon, signal **2** (viittomakielellä) sign
viittoilla **1** ks viittoa **2** (lipuilla) semaphore
viittomakieli sign language
viiva line *vetää viiva jonkin yli* cross/ strike something out *mennä viivana* fly/dash off
viivain ruler
viivakoodi bar code
viivata rule, line *viivattu paperi* ruled/ lined paper
viive lag
viivoitin ruler
viivoitus ruling, lineation
viivytellä delay, dawdle, dillydally, drag your feet
viivyttää delay, put off, defer, postpone
viivytys delay
viivähtää stay (on), linger, tarry; (asiassa) dwell (on)
viivästyminen delay
viivästys delay
viivästyä be delayed/late
vika **1** fault, flaw, weakness, shortcoming, defect *Ei se minun vikani ollut* It wasn't my fault *mennä vikaan* go wrong **2** (ruumiillinen) defect, disability, disorder, disease, trouble *Ei minussa mitään vikaa ollut* There was nothing wrong with me
vikailmoitus false alarm
vikapaikka the wrong place
vikapisto dropped stitch; (kuv) blunder, screwup
vikatikki wrong stitch; (kuv) blunder, screwup
vikinä **1** (hiiren) squeaking **2** (lapsen) whining
vikistä **1** (hiiri) squeak **2** (lapsi) whine
vikitellä lure, tempt, entice; (seksuaalisesti) seduce
vikkelyys quickness, nimbleness
vikkelä quick, nimble

vikkelästi quickly, nimbly
Viktoria (kuningatar) Victoria
viktoriaaninen Victorian
vikuroida balk
vilahtaa flash
vilaus flash *nähdä vilaukselta* catch a glimpse of
vilauttaa flash
Vilhelm (kuninkaan nimenä) William
Vilhelm Valloittaja William the Conqueror
vilinä (hustle) and bustle, commotion, stir
vilistä swarm, surge, throng, teem
vilistää dash/dart (off)
vilja grain; (kasvava) crops
viljatuote grain product
viljava fertile, fruitful
viljavuori surplus grain, grain glut
viljelemätön untilled
viljelijä farmer
viljellä 1 (maata) cultivate, farm, till **2** (kasveja) raise, grow **3** (biologisia näytteitä) culture **4** (henkisiä hyveitä) use, cultivate
viljelmä 1 (maatila) farm **2** (vihannesmaa) garden **3** (iso) plantation **4** (biol) culture
viljely 1 (maan) cultivation, agriculture, agronomy, farming **2** (hengen) cultivation, culture
viljelykelpoinen arable
viljelys cultivated/arable land, field(s), plantation *olla viljelyksessä* be tilled/ cultivated, be under cultivation
vilkaista (take a quick) glance (at), glance/look through/over (quickly)
vilkas 1 (elävä) lively, animated, vivacious; (ark) perky, peppy **2** (voimakas) vivid *vilkas mielikuvitus* vivid imagination **3** (vikkelä) quick, fast, rapid *livahtaa vilkkaasti tiehensä* dash/dart off, beat a hasty retreat **4** (liik) brisk, (ark) hot *Kaupankäynti on vilkasta* They're selling like hotcakes **5** (kiireinen) busy, bustling, hectic *vilkas liikenne* heavy traffic
vilkasliikenteinen busy
vilkastua 1 (ihminen) liven/perk up, become (more) lively/animated **2** (kaupankäynti) pick up
vilkkaasti animatedly, with animation, vivaciously, perkily, peppily, vividly, quickly, fast, rapidly, briskly, busily, hectically (ks vilkas)
vilkku 1 (auton) turn indicator, blinker **2** (vilkkuva valo) flashing light
vilkkuvalo flashing light
vilkuilla glance (around), sneak/steal a glance/look/peek *vilkuilla sivuille* (fyysisesti) cast sidelong glances; (seksuaalisesti) look at other (wo)men
vilkutella 1 (vilkkua) flash, (tuikkia) twinkle **2** (heilutella) wave **3** (juosta) dash
vilkuttaa 1 (vilkkua) flash, (tuikkia) twinkle **2** (heilutella) wave **3** (iskeä silmää) wink
vilkutus flash(ing), twinkle, twinkling, wave, waving, wink(ing) (ks vilkuttaa)
villa 1 (lampaan) wool, (mon) fleece **2** (talo) villa
villainen woolen
villakoira 1 (koira) poodle **2** (pölykerä) dust-bunny
villakoiran ydin the main thing, the essence of the thing
villapaita sweater
villasukat woolen socks/stockings
villatakki sweater jacket
villi *s* **1** (alkukantainen) savage **2** (johonkin kuulumaton: liittoon) nonunion worker; (puolueeseen) independent; (urheiluseuraan, lähin vastine) free agent
adj **1** (alkukantainen) wild, uncivilized, primitive, savage; (kesyttämätön) untamed, unruly **2** (johonkin kuulumaton: liittoon) nonunion; (puolueeseen) independent; (urheiluseuraan) unaffiliated *villi lakko* wildcat strike
villieläin wild animal/beast, (mon) wildlife
villi-ihminen savage
villiintyä 1 (lapsi) get wild, get out of hand/control **2** (väkijoukko) run riot **3** (kasvit) run wild
villi länsi the Wild West

villinlännenelokuva Western
villisti wildly
villitys craze, fad *viidenkympin villitys* midlife fling
villitä drive (someone) wild; (agitoida) agitate, incite, stir up, foment
vilpillinen deceitful, fraudulent
vilpillisyys deceit(fulness), fraudulence
vilpittömyys sincerity, honesty
vilpitön sincere, honest, guileless
vilpoisa cool, breezy
vilppi deceit, fraud, guile
vilske bustle, stir, commotion
viltti blanket
vilu cold *Eikö sinun tule vilu?* (yleensä) Don't you get cold? (nyt) Aren't you getting cold? *olla viluissaan* be freezing
viluinen cold, (ark) freezing
vilustua catch (a) cold *olla vilustunut* have a cold
vilustuttaa itsensä catch (a) cold
viluttaa *Minua viluttaa* I'm cold
vilvoitella cool off
vimma 1 fury, furor, frenzy, rage **2** (ark = halu) itch, yen, mania
vimmaantua 1 (suuttua) fly into a fury/rage/passion **2** (joutua himon valtaan) be possessed by a passion
vimmastua fly into a fury/rage/ passion
vimmattu s mad(wo)man *adj* furious, frantic, frenzied, possessed
vimmatusti like hell/mad/crazy
vinguttaa make (something) squeal *vinguttaa viulua* scrape the violin/fiddle
vinha 1 (nopea) fast, furious, breakneck, headlong *vinhaa vauhtia* at a breakneck pace **2** (erikoinen) odd, peculiar, weird *vinhan näköinen mies* a weird-looking man
vinhasti fast and furious, hell-bent for leather, headlong
vinkkeli 1 (suora kulma) (right) angle *vinkkelissä* on the square **2** (ark = näkökanta) point of view *käsitellä asiaa toisesta vinkkelistä* come at it from another angle, get another viewpoint on it
vinkki hint, tip
vinksahtaa (osua harhaan) miss, slip *vinksahtanut* (tärähtänyt) cracked, touched (in the head), off your rocker, gonzo
vinkua 1 (luoti) whiz, whistle; (hengitys) wheeze **2** (ovi) squeak, (lapsi, koira) whine
vino 1 (taso) sloping, slanting, inclined *vinot silmät* slanty eyes **2** (viiva) diagonal, oblique **3** *vino hymy* wry smile *vino suu* twisted mouth *vinossa* ks hakusana
vinoilla taunt, gibe (at), twit
vinoneliö diamond, (geom) rhomb(us) *vinoneliön muotoinen* rhomboid
vinossa 1 (fyysisesti) crooked, aslant, askew **2** (vialla) wrong *Tässä on jotain vinossa* Someone's wrong/fishy here, everything isn't right here
vinosti diagonally, obliquely
vinoutua get distorted/warped/twisted
vinoutuma distortion
vinoviiva (/) slash
vintilä brace (and bit), crank brace
vintiö scamp
vintti 1 (kaivon) sweep **2** (ullakko) attic, loft, garret
vinttikoira greyhound
vintturi winch
vinyyli vinyl
vioittua be damaged/impaired/injured; (ark) get busted, go on the blink/fritz
violetti violet
vipata 1 (pyytää, saada vippiä) bum, scrounge *vipata kaverilta tupakkia* bum a smoke off a friend **2** (antaa vippi) loan, lend *Vippaaks vitosen?* Can you spare me a five-spot?
vipeltää cut loose, go like the wind
vippaskonstilla by hook or by crook
vipu 1 (fys, tekn) lever **2** (ansa) trap, snare
virallinen 1 official **2** (sävy tms) formal
virallinen kielenkääntäjä official translator
virallisesti officially, (muodollisesti) formally
virallisuus official nature, (muodollisuus) formality

viraltapano dismissal, suspension
viranhakija job applicant, candidate for a post/position
viranhaku job application
viranhaltija office-holder, incumbent, appointee
viranhoitaja substitute, deputy
viranomainen authority
viransijainen substitute, deputy
viransijaisuus substitute job, deputyship, locum post
virantoimitus the performance/ discharge of your official duties *virantoimituksessa* on duty *virantoimituksen ulkopuolella* off duty *pidättää virantoimituksesta* suspend
virasto office, agency, bureau
virastoaika office/business hours
virastotalo office building
virastotyö office/clerical/secretarial work
vire 1 (ilman) breeze, (veden, naurun) ripple **2** (äänen) note, tone
vireessä 1 (soitin) in tune, (laulu) on key **2** (pyssy) cocked **3** (ihminen) in the mood, ready (and willing), raring to go
vireillepano (oikeusjutun) institution of proceedings
vireillä (oikeusjuttu) pending; (kysymys) under discussion; (asia) active *panna vireille* institute, start, take (something) up
vireilläolo (oikeusjutun) pendency, lis pendens
vireys activity, vigor
vireä 1 (ihminen) alert, aware, active **2** (toiminta) active, lively, vigorous
virhe 1 error, mistake; (laiminlyönti) oversight **2** (vika) flaw, defect; (luonteen) fault, shortcoming **3** (urh) foul
virheellinen 1 erroneous, mistaken, inaccurate, incorrect, false *virheellinen ääntäminen* mispronunciation **2** (viallinen) flawed, defective, faulty
virheellisesti erroneously, mistakenly, inaccurately, incorrectly, falsely
virheellisyys inaccuracy, incorrectness, falsity
virheettömyys flawlessness, faultlessness, correctness, accuracy
virheettömästi flawlessly, faultlessly, impeccably, correctly, accurately
virheetön flawless, faultless, impeccable, correct, accurate
virhemahdollisuus chance of error
virheprosentti percent of error
virike stimulus, impulse, impetus; (ark) shot in the arm *saada virikettä jostakin* be stimulated/inspired/ influenced by something, take impetus from something
virikkeettömyys lack of stimulation/ inspiration
virikkeetön unstimulating, uninspiring
virikkeinen stimulating, inspiring
virikkeisyys stimulation, inspiration
viritin tuner
viritinvahvistin receiver
virittäytyä work/psyche yourself up (for something)
virittää 1 (soitin) tune **2** (pyssy) cock **3** (ansa) lay, set **4** (puhe tms) pitch, couch *korkealle viritetty idealismi* high-pitched idealism *koomiseen sävyyn viritetty ylistyspuhe* comically couched eulogy
virittää juonia plot, scheme, connive
virittää kameran laukaisin set the delayed timer
virittää kello set a clock
virittää laulu strike up a tune/song
virittää mielenkiintoa spark (someone's) interest
virittää moottori tune up an engine; (lisätä tehoa) hop up an engine
virittää riitaa pick a fight
virittää vastaanotin jollekin aaltopituudelle tune in to a radio station
viritys tuning
viritä break out, crop up, burst forth, be kindled *Hänen kysymyksestään virisi vilkas keskustelu* Her question sparked a lively discussion
virka office; (toimi) post, position, job *olla virassa, hoitaa virkaa* hold an office

astua virkaan assume your office/post/ responsibilities/duties, be inaugurated/ installed/inducted into office *asettaa virkaan* inaugurate/ install/induct (someone) into office *julistaa virka haettavaksi* advertise a post *viran täyttäminen* filling a post, appointing someone to a post *viran täyttämättä jättäminen* stopping a job search, leaving a post vacant
virka-aika 1 (päivittäinen: viraston) office hours, (työntekijän) working hours **2** (virkakausi) term (of office)
virkaanastujaisesitelmä inaugural address
virkaanastujaiset inauguration
virka-apu executive assistance
virka-asema official rank/position
virkaatekevä acting
virkaehtosopimus collective bargaining contract
virkaehtosopimusneuvottelut collective negotiations/bargaining
virkaheitto dismissal, discharge, suspension
virkailija official, bureaucrat; (pankkivirkailija) teller, clerk
virkaintoinen officious
virkakausi term of office
virkakelpoisuus qualifications
virkakirje official/franked letter
virkamatka business trip
virkamies official, bureaucrat, civil servant
virkanainen professional/career woman
virkanimike (official/job) title
virkapuhelu official/business (tele)phone call
virkapuku uniform
virkarikos malfeasance
virkasuhde post, position
virkasääntö official regulations
virkata crochet
virkatehtävä official duty
virkateitse through official channels
virkatodistus extract from the civil register
virkatoimi post, position
virkatoveri colleague
virkavalta 1 (viranomaiset) the authorities, government **2** (poliisi) the (police) force, (ark) the cops **3** (virkavaltaisuus) bureaucracy, (ark) red tape
virkavapaa *virkavapaalla, -na* on leave
virkavapaus leave of absence
virkaveli colleague
virkavirhe misconduct (in office)
virke sentence
virkeä active, alert, lively
virkeästi actively
virkistys recreation, relaxation, refreshment
virkistysmatka recreational trip, vacation
virkistyä pick/perk up, be refreshed
virkistää (fyysisesti) freshen (you) up; (fyysisesti ja henkisesti) refresh; (henkisesti) cheer/buoy/perk (you) up *virkistää muistiaan* refresh your memory
virkkaa say, utter
virkkaus crocheting, crochet-work
virkkuu crocheting, crochet-work
virkkuukoukku crocheting needle
virne grin
virnistellä ks virnuilla
virnistys grin; (kivusta) grimace
virnistää grin; (kivusta) grimace
virnuilla 1 smirk, grin *Älä virnuile siinä!* Wipe that smirk/grin off your face! **2** (ivallisesti) sneer, jeer
Viro Estonia
viro Estonian
virolainen *s, adj* Estonian
virota revive, recover; (ark) come to
virpoa go trick-or-treating (on Palm Sunday) *Virvon varvon, tuoreeks terveeks, vitsa sulle palkka mulle* Trick or treat!
virrata flow, run, pour, stream
virsi hymn *Lyhyestä virsi kaunis* Short and sweet
virsikirja hymnal, hymn book
virsta verst *Parempi virsta väärää kuin vaaksa vaaraa* Better safe than sorry
virstanpylväs milestone
virta 1 (veden) current; (joki) river, stream **2** (sähkön) current **3** (autojen, ihmisten) stream, flow, flood *kulkea*

virran mukana go with the flow, drift with the tide
virtahepo hippopotamus
virtakytkin power switch
virtalähde power source
virtaus 1 (veden) current, flow **2** (muodin tms) tendency, trend
virtaviivainen streamlined
virtsa urine
virtsaneritys excretion of urine
virtsanäyte urine specimen
virtsata urinate
virtuoosi virtuoso
virua lie hurt/sick/unconscious; (ylät) languish
virus virus
virveli rod and reel
virvoitusjuoma soft drink
virvokkeet refreshments
visa 1 (koivu) curly birch, (puutavara) curly-grained wood **2** (tietovisa) quiz (show)
visainen knotty
visaisuus knottiness
viserrys chirp(ing), twitter(ing)
visertää chirp, twitter *Älä muuta viserrä!* You can say that again!
visio vision
viskaali 1 prosecutor, (assistant) district attorney, (A.)D.A. **2** (leik = iso kiho) bigwig
viskata 1 (viljaa) winnow **2** (heittää) pitch, chuck, heave, throw, toss
viskellä pitch, chuck, heave, throw, toss
viski whiskey, scotch, bourbon
viskoa throw, cast, hurl
vispata whip
vispikerma (vispattu) whipped cream, (vispattava) whipping cream
vispilä (wire) whisk
vissi certain *Se onkin vissin varmaa että* It's a sure thing that *vissiksi ajaksi myönnetty laina* a loan granted for a certain period
vissiin 1 (varmasti) certainly, definitely, absolutely, positively **2** (varmaankin) probably, likely
visuaalinen visual
visusti carefully, closely, painstakingly
vitamiini vitamin
vitamiininpuute vitamin deficiency
vitamiinipilleri vitamin pill
vitaminoida vitamin-enrich *vitaminoitu* vitamin-enriched
vitivalkoinen snow-white, white as snow, pure white
vitkalaukaisin (kameran) self-timer
vitkastella delay, dawdle, dillydally
vitkastelu delay(ing), dawdling
vitonen five-spot/note, fiver
vitsa twig *saada vitsaa* get a whipping/birching/thrashing *antaa vitsaa* give (someone) a whipping/birching/thrashing
vitsailla joke around, make/crack jokes
vitsaus plague, scourge
vitsi joke *Hänellä on nyt vitsit vähissä* She's laughing out of the other side of her mouth now *Siinä se koko vitsi onkin* That's the whole point
vitsikkyys wittiness
vitsikkäästi wittily
vitsikäs funny, witty,
vitsiniekka wit
vittu cunt, pussy, twat *Voi vittu!* Fuck! *Haista vittu!* Fuck you! *Ja vitut!* The fuck you say! Bullshit!
vittuilla be a prick, fuck someone over
vittumainen shitty, a real bastard of a
vittunaama fuckface, clitlips
vitunmoinen a fuck of a
vituttaa *Minua vituttaa tuommoinen* That really pisses me off
viuhahtaa 1 whiz, whistle **2** (juosta alasti) streak
viuhahtaja streaker
viuhka fan
viuhkamainen fan-shaped
viulisti violinist, (pelimanni) fiddler
viulu violin, fiddle *maksaa viulut* pay the piper
viulunsoittaja fiddler, violinist
vivahde nuance, shade
vivahdus nuance, shade
vivahdusero nuance

vivahtaa be tinged with *harmaalta vivahtavat hiukset* hair tinged with gray *violettiin vivahtava sininen* purplish blue
vivuta pry
vohkia swipe, lift, snatch
vohveli waffle, (keksi) wafer cookie
vohvelirauta waffle iron
voi *s* butter
interj oh *Voi sinua!* Poor you! *Voi kun tietäisin!* I wish I knew!
voida *pääv* be, feel, do *Kuinka voitte?* How are you feeling/doing? *Voi paksusti* Keep your end up
apuv can, be able to; (saada, saattaa) may *Voisitko auttaa minua?* Could you please give me a hand? *En voinut kuin nauraa* I couldn't help but laugh *Olen voinut erehtyä* I may be wrong *Toivoisin voivani* I wish I could *Teen kaiken minkä voin* I'll do everything I can, everything in my power *Kunpa voisin!* I wish I could!
voide lotion, cream
voidella 1 (tekn: rasvata) grease; (öljytä) oil, lubricate, (ark) lube; (vahata) wax **2** (ihoa) rub lotion/ cream/oil into/ on(to) **3** (raam) anoint
voihkia moan, groan
voijuusto butter/cream cheese
voileipä sandwich
voileipäpöytä buffet table
voima (myös henkinen) power, force, strength *käydä voimille* tire you out, tax your strength *voimalla* by brute strength, by main force *hänen sanansa voimalla* on the strength of his word *voimassa, voimin, voimissa* ks hakusanat
voimailu athletics
voimainkoetus trial of strength
voimakas 1 strong, forceful, powerful, potent **2** (raju) violent, heavy, drastic
voimakkaasti strongly, forcefully, powerfully, potently, violently, heavily, drastically (ks voimakas)
voimakkuus strength, force, power, potency, violence (ks voimakas) *äänen voimakkuus* volume, intensity
voimala power plant
voimalaitos power plant
voimallinen mighty, powerful, potent
voimanlähde (tekn) power source; (kuv) source of strength
voimaperäinen strong, powerful, intensive
voimaperäisesti strongly, powerfully, intensively
voimariini butter-margarine mix, spreadable butter
voimasana swearword, curse word
voimassa in force/effect, valid *tulla voimaan* take effect, become valid *voimassa oleva* valid *lakata olemasta voimassa* expire
voimassaoloaika (period of) validity
voimaton 1 (veltto) limp, slack, weak, feeble **2** (toimintakyvytön) powerless, helpless, incapacitated
voimattomuus limpness, slackness, weakness, feebleness, powerlessness, helplessness, incapacity (ks voimaton)
voimavarat resources
voimin *kaikin voimin* with all your strength, with everything you've got *omin voimin* by your own efforts *uusin voimin* with renewed strength/ vigor *yhdistetyin voimin* by a combined effort, in concert
voimissa *hyvissä voimissa* in good shape/condition *täysissä voimissaan* in full possession of your faculties *parhaissa voimissa* in your prime *voimissaan* feeling your strength/oats
voimistaa strengthen, build up strength
voimistelija gymnast
voimistelu gymnastics
voimistelusali gymnasium
voimistua get stronger, gain strength, be strengthened
voinokare pat of butter
voitava *tehdä voitavansa* do what you can, do your best
voitelu 1 (tekn: rasvalla) greasing, (ark) grease job; (öljyllä) lubrication, oiling, (ark) lube; (vahalla) waxing **2** (raam) anointing *viimeinen voitelu* Extreme Unction
voiteluaine lubricant
voitokas triumphant, victorious
voitollinen triumphant, victorious

voitonhaluinen profit-seeking
voitonhetki your moment of triumph/glory
voitonjuhla triumphal/victory celebration
voitonmaku the taste of victory
voitonmerkki V for Victory
voitonriemu triumph
voitonriemuinen triumphant, triumphal
voitonvarma confident of victory
voittaa 1 (joku, myös kuv) beat, conquer, overcome *Rakkaus voittaa kaikki* Love conquers all **2** (kilpailussa, sodassa tms) win *voittaa aikaa/alaa* gain time/ground *voittaa rahaa hevoskilpailuissa* win money on the horses **3** (saada voittoa) (make a) profit (on), make *Paljonko voitit kaupassa?* How much (profit) did you make on the deal?
voittaja winner, (ylät) victor
voittajajoukkue the winning team
voittamaton 1 (este tms) insuperable, unsurmountable **2** (joukkue tms) invincible, unbeatable
voitto 1 (sodassa tms) victory, triumph **2** (pelissä) win, (ylät) victory **3** (kaupoissa) profit
voittoinen predominantly, mainly *havupuuvoittoinen metsä* a predominantly evergreen forest
voittoisa victorious
voittopuolisesti predominantly, mainly
voiveitsi butter knife
voivotella 1 (voihkia) moan and groan **2** (sadatella) bitch and moan, complain; (ylät) bemoan, bewail
voivuori surplus butter
vokaali vowel
vollottaa bawl
voltti volt
volyymi volume
vonkua howl, shriek
voro thief, bandit
vossikka horse-drawn cab
votka vodka
votkaturisti vodka tourist, tourist who goes to Russia/Estonia for the cheap alcohol
vouhottaa fuss/fret (over); (ark) make a big deal over/about
vouti bailiff, overseer
vulgaari vulgar
vuodattaa (vettä tms) pour out, (verta, kyyneleitä) shed
vuodattaa koko sielunsa johonkin put your whole soul in something, pour yourself into something
vuodattaa sydäntään pour out your heart/troubles (to someone)
vuodattaa ylistystä sing (someone's) praises
vuodatus 1 (veren, kyynelten) shedding *veren vuodatus* bloodshed **2** (sanojen, tunteiten tms) pouring out, flood, outburst; (ylät) effusion
vuode bed *olla vuoteen oma* be laid up in bed (with something)
vuodenaika season *tähän vuodenaikaan* (at) this time of (the) year
vuodenvaihde *viime vuodenvaihteessa* around the end of last year, early this year *Se tulee vuodenvaihteessa* It'll be coming around the end of the year
vuodepaikka bed *200 vuodepaikkaa* (sairaalassa) 200 beds, (hotellissa) accommodations for 200
vuodevaatteet bedclothes
vuohi goat
vuoka 1 (astia) pan **2** (ruoka) casserole
vuokko (kasvi) anemone
vuokra rent, (pitkäaikainen) lease
vuokra-aika lease (period) *Vuokra-aika päättyy vuodenvaihteessa* The lease will expire at the end of the year
vuokraaja renter, (talon) tenant; (liisaaja) lessee, leaseholder
vuokraamo rental agency/store/outlet
vuokraemäntä landlady
vuokrahuoneisto rental apartment
vuokraisäntä landlord
vuokralainen tenant
vuokranantaja lessor, landlord/-lady
vuokrasäännöstely rent control
vuokrata rent, (pitkäksi aikaa) lease; (laivaa, lentokonetta) charter
vuokraus rental, lease, charter

vuoksi *s* high/flood tide
postp **1** (johdosta) because of, owing/due to, on account of, as a result of *tilan puutteen vuoksi* due to lack of space **2** (tähden) for (someone's sake), in the interest(s) of *Tein sen perheeni vuoksi* I did it for my family
vuoksi ja luode ebb and flow
vuolas 1 (virta) rapid, swift, fast-flowing, torrential **2** *vuolas puhe/selittely* a torrent/flood/outburst of words /explanations
vuolla whittle/carve (out/at/up)
vuolle current, flow, torrent (myös kuv)
vuolukivi soapstone
vuono (Norjassa) fjord, (Skotlannissa) firth
vuorata 1 (vaatetta) line **2** (taloa: laudoilla) (clap)board, (tiilillä) brick
vuoraus (ulkovuoraus) siding, (sisävuoraus) paneling
vuorenhuippu (mountain) peak, summit
vuorenrinne (mountain) slope
vuori 1 (takissa) lining **2** (luonnossa) mountain *Kamerunvuori* Mount/Mt. Cameroon
vuorineuvos Honorary Mining Councilor
vuorisaarna the Sermon on the Mount
vuoristo mountain range
vuoristorata roller coaster
vuoriton unlined
vuoro 1 turn *mennä vuoron perään* take turns going *vuoroin, vuorostaan* ks hakusanat *Nyt on teidän saunavuoronne* (omakotitalossa) It's your turn to take a sauna; (kerrostalossa) the sauna is all yours **2** (urh = lyöntivuoro) at-bat, half-inning **3** (työvuoro) shift **4** (kulkuneuvon) departure; (linja-auto) bus, (juna) train, (laiva) sailing, (lento) flight *Finnairin vuoro AY 145 Los Angelesiin, portti A4* Finnair flight AY 145 to Los Angeles, gate A4 *pikavuoro Ouluun* the Oulu express, the express bus to Oulu
vuoroin (vuorotellen) alternately, taking turns, one at a time
vuoroin... vuoroin now... now, sometimes... sometimes *vuoroin täällä vuoroin siellä* sometimes here, sometimes there; here and there in turn
vuoroittain in turn, by turns, alternately
vuorokaudenaika time of (the) day (or night)
vuorokausi 24-hour period; (ark) day *avoinna vuorokauden ympäri* open round the clock, open 24 hours
vuorokausittain daily
vuorolento scheduled/regular/commercial flight
vuoroliikenne scheduled/regular bus traffic
vuoropuhelu dialogue
vuoropäivinä on alternate days, every other day
vuorostaan in turn, for your part; (toisaalta) on the other hand
vuorotella take turns, alternate *Voin vuorotella sinun kanssasi* Let's take turns, I'll spell you
vuorotellen alternately, by turns, in turn *Ajetaan vuorotellen* Let's take turns driving, let's spell each other at the wheel
vuorottaa 1 (vuorotella) alternate **2** (lomittaa) relieve **3** (mat) invert
vuorottaja relief
vuorottelu alternation, turn-taking; (työssä) rotation
vuorotyö shift work
vuorotyöläinen (rotafing-) shift worker
vuorovaikutus interaction, reciprocity
vuorovaikutussuhde interrelation, reciprocal relation
vuorovesi tide
vuoroviljely crop rotation
vuorovuosina in alternate years, every other year
vuosi year *vuonna 1992* in 1992 *ensi/viime vuonna* next/last year *viime vuosina* the last few years *jo vuosia* for years *täyttää vuosia* have a birthday *joka vuosi* every year, yearly, annually

vuosikerta 1 (lehden) (annual) volume **2** (viinin) vintage
vuosikertomus annual report
vuosikirja annual, yearbook
vuosikurssi class
vuosikymmen decade
vuosiloma annual vacation
vuosimaksu annual fee
vuosineljännes quarter
vuosisata century
vuosisatainen 1 (ikivanha) centuries-/age-old **2** (satavuotis-) centennial
vuosittain annually, yearly
vuosittainen annual, yearly
vuosituhantinen millennial
vuosituhat millennium
vuositulot annual income
vuota hide, (turkis) pelt
vuotaa 1 leak **2** (valua) run, trickle, flow; (tihkua) ooze, seep; (tippua) drip, drop *Minulla vuotaa nenä* I've got a runny nose *vuotaa verta* bleed
vuotaa kuiviin run/drain dry/out; (ihminen) bleed to death
vuotaa tietoja lehdistölle leak information to the press
vuotaa yli overflow
vuoteenkastelu bedwetting
vuoto 1 leak(ing), leakage **2** (veren) bleeding, flow; (eritteen) discharge
vuotuinen yearly, annual
vyyhti (villanlangan) skein, (köyden) hank
vyö belt *isku vyön alle* a blow below the belt
vyöhyke belt, zone
vyöry 1 (veden) wave, flood **2** (maan) landslide (myös pol), (lumen) avalanche (myös kuv)
vyöryttää roll (up/out) *vyöryttää syy jonkun niskoille* blame someone else, pass the buck to someone else
vyöryä (allokko) run, roll, crest; (maa tms) slide/tumble down
vyöttää belt *vyöttää kupeensa* (raam) gird your loins
vyötärö waist(line)
väentiheys population density
väentungos crush, press, jam, crowd
väen väkisin by (main) force
väestö population
väestökeskus population center
väestönkasvu population growth
väestönlaskenta census
väestönsuoja airraid shelter
väestönsuojelu civil defense
väestörekisteri civil register
väestöryhmä segment of the population
väheksyntä dismissal, downplaying, belittling, ridicule, disparagement (ks väheksyä)
väheksyvä dismissive, belittling, disparaging, derogatory
väheksyvästi dismissively, disparagingly, derogatorily
väheksyä 1 (aliarvioida) underrate, underestimate **2** (korostaa jonkin pienuutta) dismiss, downplay, play down **3** (halveksia) belittle, ridicule, disparage; (ark) run down
vähemmistö minority
vähemmän less, (harvempia) fewer *enemmän tai vähemmän* more or less *Mitä vähemmän väkeä sitä vähemmän vaivaa* The smaller the group the smaller the bother
vähennettävä (mat) minuend
vähennys 1 (vähentyminen) decline, decrease, fall, drop, reduction **2** (veroissa) deduction **3** (vähennyslasku) subtraction
vähennyskelpoinen deductible
vähentyä 1 decline, decrease, fall/ drop (off), diminish, be reduced **2** (kuu) wane
vähentää 1 (alentaa) decrease, reduce, diminish **2** (veroissa) deduct **3** (mat) subtract
vähimmäis- minimum
vähimmäisnopeus minimum speed
vähimmäispalkka minimum wage
vähimmäisvaatimus minimum demand
vähin the least *Vähin mitä voin tehdä* The least I can do
vähin erin little by little, bit by bit
vähintään at least
vähin äänin quietly, secretly, on the sly/quiet

vähissä *olla vähissä* be (running) short *Aika on vähissä* We're running out/ short of time, we're almost out of time, time's almost up *vähissä varoissa* short of funds/money, hard up (for money) *vähissä vaatteissa* scantily clad, almost naked
vähitellen gradually, little by little, bit by bit; (ennen pitkää) eventually, by and by
vähiten (the) least; (pienin lukumäärä) (the) fewest
vähittäishinta retail price
vähittäiskauppa retail (trade)
vähittäismyynti retail sales
vähä little *vähät rahani* the little money I have *Vähät siitä!* What do I care (about that)? *vähin, vähän, vähällä, vähässä* ks hakusanat
vähäeleinen spare, plain, unpretentious, unaffected
vähäinen small, slight, insignificant, minor *vähäisen* ks vähän
vähällä *olla vähällä tehdä jotakin* be about to do something, come close to doing something, narrowly escape doing something, have a close call *Olin vähällä pudota, vähältä piti etten pudonnut* I almost fell *päästä vähällä* get off easily *tulla toimeen vähällä* get along on little *jäädä vähälle huomiolle* be (almost entirely) neglected/ignored
vähälukuinen few in number
vähäluminen talvi a winter with (unusually) light snowfall
vähän 1 (pikkuisen) a little/bit, some; (vain pikkuisen) (only a) little, very little, not much **2** (muutamia) a few, some; (vain muutamia) (only a) few, very few, not many **3** *Minä vähän ajattelin että* I sort of thought that
vähän väliä every now and then/ again, periodically, occasionally; (usein) frequently, every little while
vähäpätöinen insignificant, trivial, unimportant
vähäsanainen laconic, taciturn *vähäsanainen nainen* a woman of few words
vähässä *vähässä suolassa* lightly pickled *supistaa mahdollisimman vähään* reduce to the bare minimum *vähään tyytyväinen* easily satisfied, content with little *Hän ei vähästä säikähdä* She doesn't scare easily *Älä noin vähästä suutu!* Don't get all worked up over nothing
vähätellä 1 (aliarvioida) underrate, underestimate **2** (korostaa jonkin pienuutta) minimize, downplay, play down **3** (halveksia) belittle, ridicule, disparage; (ark) run down
vähättely minimizing, downplaying, belittling, ridicule, disparagement (ks vähätellä)
vähä vähältä little by little
väijyksissä in wait/hiding, (sot) in ambush
väijytys ambush
väijyä lurk, (sot) lie in ambush
väistyä 1 (antaa tietä) make/give way (to), yield (to), retreat **2** (vetäytyä) withdraw, recede, fall back, go away
väistämätön unavoidable, inescapable, inevitable, unavertable
väistää avoid, evade, dodge; (paeta) escape, get/duck out of
väistää jonkun katsetta avoid someone's eye
väistää kiperää kysymystä evade/sidestep a difficult question
väistää oikealle (liikenteessä) swerve to the right, move to the right (lane)
väite 1 claim, contention, assertion, argument **2** (lak) plea **3** (logiikassa) proposition, predication
väitellä 1 (kinastella) argue, debate, discuss **2** (tohtoriksi) defend your (doctoral) dissertation; (tulla tohtoriksi) get your doctorate *Mistä sinä väittelit?* What did you do your dissertation on? *Milloin sinä väittelit?* When did you get your doctorate?
väittelijä 1 debator, polemicist, controversialist **2** (väitöstilaisuudessa) doctoral candidate
väittely argument, debate, discussion, polemic, controversy
väittämä claim; (logiikassa) proposition; (mat) theorem

väittää 1 claim, contend, assert, argue **2** (lak) plead **3** (logiikassa) predicate **väittää kivenkovaan** insist **väittää vastaan** argue (back), contradict
väitös 1 (väitöstilaisuus) dissertation defense **2** (geom) proposition **3** ks väite
väitöskirja (doctoral) dissertation
väkevyys strength
väkevä (ruumis, ruoka) strong, powerful
väkevästi strongly, powerfully
väki people, (ark) folks; (porukka) crowd, bunch, group *mies-/naisväki* the men-/womenfolks
väkijoukko crowd, (väkivaltainen) mob
väkijuoma alcoholic beverage, liquor; (ark) booze
väkilannoite (artificial) fertilizer
väkiluku population
väkinäinen 1 (vaikea) forced, strained, awkward **2** (teeskentelevä) pretentious, affected, artificial
väkinäisesti forcedly, with strain, awkwardly, pretentiously, affectedly, with affectation, artificially (ks väkinäinen)
väkinäisyys strain, pretension, affectation, artificiality (ks väkinäinen)
väkipakolla by force
väkipyörä pulley
väkirehu concentrated feed
väkisin 1 (väkipakolla) by force, forcibly *maata väkisin* rape, violate, molest **2** (vastoin tahtoaan) involuntarily, against your will *Ajattelen väkisin Sannaa* I can't help thinking about Sanna
väkivalta 1 violence, (hyökkäys) assault *tehdä väkivaltaa (jollekulle)* commit an act of violence (on someone), assault, beat (someone) up; *(jollekin)* do violence (to something) **2** (voimakeinot) force *väkivalloin* by (sheer) force
väkivaltainen violent
väkivaltaisuus violence
väkä barb, (koukku) hook
väli 1 (ajallinen) time, interval; (tauko) break *kolmen tunnin välein* at three-hour intervals, every three hours *sillä/tällä välin* in the meantime/-while *Lasten välillä on kolme vuotta* The children are three years apart *Jossain välissä minun pitää käydä kaupassakin* At some point I need to go to the store **2** (paikallinen) space, gap, distance; (mus, mat) interval *kulkea Helsingin ja Jyväskylän väliä* run between Helsinki and Jyväskylä **3** (erotus) difference *Paljonko tästä pitäisi maksaa väliä?* What would the difference be between this car's price and ours? **4** *Mitä sillä on väliä?* What difference does it make? *Väliäpä sillä onko* I don't care whether, it's all the same to me whether *Hällä väliä* Who cares? **5** *välit* (suhteet) relations *olla hyvissä/huonoissa väleissä jonkun kanssa* be on good/bad terms with someone *joutua huonoihin väleihin jonkun kanssa* have a falling-out with someone *katkaista välinsä jonkun kanssa* cut someone off, break (off relations) with someone, have nothing more to do with someone
väliaika 1 interval *lyhyin väliajoin* at short intervals **2** (näytelmän tms) intermission **3** (ottelun tms) halftime
väliaikainen 1 temporary **2** (virkaatekevä: hallitus tms) provisional, interim; (virkamies) acting **3** (ohimenevä) passing, ephemeral, transient
väliaikatieto interim report
välienselvittely scene, battle; (ark) showdown
väli-ilmansuunta half-cardinal point
väliin 1 between *nukahtaa isin ja äitin väliin* fall asleep between mommy and daddy *tulla väliin* intervene, interfere **2** (toisinaan) every now and then/again, occasionally, sometimes
väliinputoaja someone who falls between two chairs
väliintulo intervention, interference
välikohtaus incident, scene *rajavälikohtaus* border incident
välikysymys interpellation

välikäsi intermediary, middleman; (ark) go-between *joutua ikävään välikäteen* get caught in the middle of a bad situation, get caught between a rock and a hard place
välilasku stopover
välilevy 1 (anat) disk *Minulta luiskahti välilevy paikoiltaan* I slipped a disk **2** (tekn) spacer (plate)
välillinen indirect
välillisesti indirectly
välillä 1 between *Mutta meidän välillämme ei ole yhtään mitään!* But there's nothing between us! **2** (toisinaan) every now and then/ again, occasionally, sometimes
välilyönti space
välilyöntinäppäin space bar
välimatka distance
Välimeri the Meditteranean Sea
välimerkki punctuation mark; (mon) punctuation
välimiesmenettely mediation, arbitration (proceedings)
välimuoto transitional/intermediate form
väline tool, instrument, implement, utensil; (keino) means
välineellinen instrumental
välinen 1 (kahden) between; (kolmen) among, (ark) between *Se on heidän välinen asia* That's their business/ concern *Jos tämä voisi olla ihan meidän kahden välinen asia* I'd appreciate it if we could keep this between us, if we could let this be our secret, if this could remain between you, me, and the lamppost **2** *Helsingin ja Jyväskylän väliset junayhteydet* train connections between Helsinki and Jyväskylä, from Helsinki to Jyväskylä/Jyväskylä to Helsinki *Olen täällä tiistain ja keskiviikon välisen yön* I'll be here Tuesday night
väline on viesti the medium is the message
välinpitämättömyys indifference
välinpitämättömästi indifferently
välinpitämätön indifferent
välinäytös interlude
välipala snack
väliraha cash payment *maksaa 10 000:n väliraha* pay a difference of ten thousand marks
välirauha truce
välirikko break
väliseinä 1 (talossa) partition **2** (anat) diaphragm
välissä between *kahden pahan välissä* between a rock and a hard place, between the devil and the deep blue sea *kirjan välissä* between the leaves of a book
välistä 1 from between *Aurinko pilkisti pilvien välistä* The sun peeked out from between/behind the clouds **2** (toisinaan) every now and then/again, occasionally, sometimes
välittyä be transmitted/conveyed/ passed on/forwarded
välittäjä 1 (ihminen) mediator, intermediary, middleman, go-between, intercessor; (kaupan) broker, agent; (kiinteistön) real estate agent, realtor **2** (väline) medium, (taudin) carrier
välittää 1 (tavaraa tms eteenpäin) transmit, convey, forward, pass on *Pekka välitti sinun kirjeesi minulle* Pekka brought/sent/forwarded me your letter **2** (toimia välikätenä: hankkia) supply, provide, procure, act as an agent; (neuvotella) (inter)mediate, arbitrate; (tulla väliin) intercede **3** (huolehtia) take care of, handle, deal with; (olla huolissaan) worry (about), bother/trouble (yourself about) *Älä välitä* (vaivaudu) Don't bother, (suutu) never mind (him/her) *Hän ei edes välittänyt kertoa* She didn't even bother to tell me **4** (tykätä) care for/about, like, be fond of *Välitätkö yhtään minusta?* Do you like me at all? Do you care for me at all?
välittömyys directness, frankness, openness, spontaneity
välittömästi 1 (heti) immediately, right away; (vanh) directly **2** (suoraan) directly, frankly, openly, spontaneously
välitunti recess
välitys 1 (neuvottelu) mediation, arbitration, negotiation **2** (väliintulo) intercession, intervention **3** (liik: vaihto)

exchange, (asianhoito) agency, (meklaruus) brokerage **4** (tekn) transmission **5** *välityksellä* through, by, via
välityspalkkio broker's fee, commission
välitön 1 immediate, direct **2** (luonne) direct, frank, open, spontaneous
väljentää loosen; (vaatetta) let out; (reikää tms) enlarge, ream, bore; (sääntöjä) relax
väljyys looseness, slack, play; (kaliiperi) calibre
väljä loose, wide, broad *Ulkona on väljempää* There's more room outside, it's less crowded outside
väljä asutus sparsely populated area
väljä hame full skirt
väljähtynyt flat, stale
väljähtyä go flat/stale
väljä kasvatus (pahana pidetty) loose/lax/permissive education/ upbringing, (hyvänä pidetty) free/ tolerant/indulgent education/ upbringing
väljä moraali loose morals
väljä omatunto stretchy/elastic conscience
väljä sanamuoto loose phrasing, a phrasing that leaves plenty of leeway, plenty of room for interpretation
väljät housut loose(-fitting) pants
väljät tilat plenty of room
väljä tulkinta loose/broad interpretation
väljät vedet open waters
välke (kimallus) sparkle; (kimmellys) glitter; (tuike) twinkle, glint; (hohto) shine, gloss
välkehtiä sparkle, glitter, twinkle, glint, shine (ks välke)
välkky 1 ks välke **2** (ark) brain
välkkyä ks välkehtiä
välkähdys flash
vältellä 1 (kysymystä) evade, dodge, sidestep, avoid **2** (ihmistä) avoid, shun
välttyä avoid, escape, get out of *Ei voi välttyä ajatukselta että* I can't help thinking that
välttämättä necessarily *Minun on välttämättä päästävä aamukoneella* I must make the morning plane
välttämättömyys necessity, (väistämättömyys) inevitability *alistua välttämättömyyteen* bow before necessity, give in to the inevitable
välttämättömyystavarat necessities, essentials
välttämätön 1 (tuiki tarpeellinen) essential, necessary, indispensable **2** (väistämätön) inevitable, unavoidable, inescapable *välttämätön paha* necessary evil
välttävä passable, tolerable, (barely) adequate/satisfactory, (only) fair; (arvosanana) pass, satisfactory
välttävästi passably, tolerably, adequately *puhua välttävästi englantia* get by in English
välttää 1 (väistää) avoid, evade, escape, dodge; (katastrofia tms) avert *heti kun silmä välttää* as soon as I turn my back *väärinkäsitysten välttämiseksi* to prevent misunderstanding(s), lest there be any misunderstanding *välttää tekemästä* refrain from doing, make a point of not doing **2** (menetellä) do, be good enough *Vanha hökkeli saa välttää vielä pari vuotta* We'll have to make do with that old shack for another couple of years, that shack will have to do for a few more years
välähdys flash, (vilahdus) glimpse *nähdä välähdykseltä* catch a glimpse of
välähtää flash
välähtää mieleen cross/enter your mind, occur to you
väläys flash
väläytellä flash *väläytellä mahdollisuutta että* raise/hint at/flash the possibility that
väläyttää ks väläytellä
vängätä insist (doggedly/stubbornly) *vängätä vastaan* be difficult, dig in your heels
vänrikki (sot) second lieutenant, (mer) ensign
väpättää 1 (lippu tms) flap; (leuka) quiver, tremble **2** (sättiä) yell/jabber at, chew (someone) out
väre 1 (veden) ripple **2** (vapina) shiver *nostatti kylmiä väreitä selkäpiihin* It sent (cold) shivers down my spine

värehtiä 1 (vesi) ripple **2** (valo) shimmer **3** (ilme) flicker, flit *Hänen kasvoillaan värehti epävarma ilme* A sudden doubt flickered across her face
väreillä ks värehtiä
väri 1 color; (sävy) tint, shade, hue **2** (maali) paint, pigment; (värjäysaine) dye **3** (korteissa) suit
väriaisti color sense
värierottelu (kirjap) color separation
värifilmi color film
värikartta color card/chart
värikkyys colorfulness
värikäs colorful
värillinen colored
värinen -colored *Minkä värinen se on?* What color is it? *Tuo vihreänvärisessä puserossa oleva nainen* That woman in the green blouse
värinä 1 quivering, shivering, trembling; (lääk) fibrillation **2** (tekn) vibration, (tietok) flicker
värisokea color-blind
värisokeus color-blindness
väristä quiver, shiver, shake, tremble
värisuodin color filter
värisuora straight flush
väritelevisio color television
värittyä 1 be colored **2** (ideologisesti) have a slant, be slanted *oikeistolaisesti värittynyt* with a right-wing slant
värittää color; (tarinaa) embroider, embellish
värittömyys colornessness
väritys color(ing/-ation)
väritön colorless, wan
värivalokuva color photo(graph)
värjätä dye, (sävyttää) tint, (petsata) stain; (kuv) tinge
värjäytyä dye; (kuv) turn, be tinged (with)
värjötellä shiver
värkki contraption, thing(umajig), gizmo *On sulla värkeissä varaa* Don't give up yet, you haven't used up all your options yet
värkätä make, build, knock/hammer together
värttinä spindle
värvätä recruit (myös kuv); (hist = väkisin) impress, pressgang
värväys recruitment
värväytyä enlist, sign up
värvääjä recruiter
värähdellä 1 (tekn) vibrate, pulsate, oscillate, quiver **2** (ääni tms) quiver, tremble, shake
värähdys vibration, pulse, oscillation, quiver, tremble, shake (ks värähdellä)
värähtely vibration, oscillation
värähtää quiver, tremble, shake; (liikahtaa) stir
västäräkki wagtail
väsyksissä tired (out), exhausted; (ark) beat, dead
väsymys tiredness, weariness, exhaustion; (kuv ja tekn) fatigue
väsymättömästi tirelessly
väsymätön tireless, untiring
väsyneesti tiredly, wearily
väsynyt tired, weary
väsyttää make (you) tired, tire (you) out, exhaust, weary *Minua väsyttää* I'm tired
väsyä 1 (ihminen) tire, get/grow/ become tired (of) **2** (metalli) fatigue
väsähtää tire out, run down, flag; (ark) (get) poop(ed) out
vätys loafer, idler, good-for-nothing, do-nothing
vävy son-in-law
väylä channel
vääjäämätön 1 inescapable, unavoidable; (väistämätön) inevitable; **2** (kiistaton) undeniable, indisputable **3** (peruuttamaton) irrevocable
väännellä twist *väännellä jonkun sanoja* twist someone's words *väännellä käsiään* wring your hands *käännellä ja väännellä* twist and turn
väännös distortion, distorted version
vääntelehtiminen tossing and turning
vääntelehtiä toss and turn
vääntyä turn, twist, warp
vääntää 1 twist, turn, wind, crank **2** (taivuttaa) bend; (kangeta) pry, prise **3** (vääristää) distort *Kääntäminen on*

vääntämistä The translator is a traducer, (ital) traduttore traditore
vääntää auki turn on
vääntää esiin wring (something) out (of someone)
vääntää irti twist off
vääntää itkua fake-cry, work up tears
vääntää itsensä sängystä drag yourself out of bed
vääntää kovemmalle turn up
vääntää käyntiin crank up, start
vääntää niskat nurin wring (someone's) neck
vääntää pienemmälle turn down
vääntää pyykkiä wring out wet clothes
vääntää sanoja twist (someone's) words
vääntää sijoiltaan dislocate
vääntää väkisin wrest, wrench
väänähtää twist, get twisted *väännähtää pystyyn* drag yourself out of bed
vääpeli sergeant first class
väärennys forgery, falsification; (rahan) counterfeiting
väärennös forgery, (jäljitelmä) imitation; (ark) fake; (raha) counterfeit
väärentäjä forger, (rahan) counterfeiter
väärentämätön authentic, genuine; (tunne) unadulterated, unalloyed
väärentää forge, falsify; (rahaa) counterfeit
väärin wrong(ly), incorrectly; (vilpillisesti) falsely *Se on väärin* That's wrong, that's not right *Oikein vai väärin?* True or false? *Ellen väärin muista* If I remember correctly *kirjoittaa väärin* misspell *ääntää väärin* mispronounce *käsittää/ ymmärtää väärin* misunderstand *käyttää väärin* misuse, abuse
väärinkäsitys misunderstanding, misconception
väärinkäyttö misuse, abuse *päihteiden väärinkäyttö* substance abuse
väärinkäytös malfeasance, misconduct, abuse; (lääkärin) malpractice
vääristellä twist, distort, pervert, misrepresent; (tulkita väärin) misinterpret, misread
vääristymä distortion
vääristyä twist, warp, be twisted/ warped/contorted
vääristää 1 ks vääristellä **2** (vääntää) bend, warp, twist
väärti worth *nimensä väärti* well-named *Se mies oli ruokansa väärti* That man was worth his weight in gold *Luulo ei ole tiedon väärti* Believing isn't knowing, better safe than sorry
vääryys wrong, injustice, iniquity, villainy *kärsiä vääryyttä* be wronged *tehdä jollekulle vääryyttä* do someone an injustice, wrong someone *vääryydellä* wrongfully, unjustly, unfairly *vääryydellä hankittu raha* ill-gotten gain
väärä 1 wrong, false, incorrect, erroneous *myöntää olleensa väärässä* admit your mistake, admit that you were wrong **2** (epäoikeudenmukainen) unjust, unfair; (kiero) crooked **3** (fyysisesti) crooked, bent, curved; (vääntynyt) warped *väärät sääret* bowlegs *selkä vääränä* bent over *Talo oli väärällään väkeä* The place was bursting at the seams with people
väärä kuva wrong idea *saada väärä kuva jostakin* get the wrong idea/ impression of something *antaa jollekulle väärä kuva* mislead someone, give someone the wrong idea
väärä pää the wrong end *aloittaa väärästä päästä* start at the wrong end, do something backwards
väärä raha counterfeit money
väärä tieto misinformation *saada vääriä tietoja* be misinformed
väärä todistus false witness *Älä sano väärää todistusta lähimmäisestäsi* Thou shalt not bear false witness against thy neighbor
väärä vala perjury *vannoa väärä vala* commit perjury, perjure/forswear yourself

Y, y

ydin 1 (kasvin) pith, (siemenen) kernel **2** (luun) marrow, (hampaan) pulp **3** (atomin) nucleus **4** (asian) heart, core, essence, substance
ydinase nuclear weapon
ydinaseeton vyöhyke nuclear-free zone
ydinasekielto nuclear weapons ban
ydinenergia atomic energy
ydinfysiikka nuclear physics
ydinfyysikko nuclear physicist
ydinhermo the gist, the essence, (ark) the drift
ydinhiukkanen nucleon
ydinjäte nuclear waste(s)
ydinjätehuolto nuclear waste disposal
ydinkemia nuclear chemistry
ydinkoe nuclear test(ing)
ydinkoekielto nuclear test ban
ydinkohta main/essential point, essence, substance; (mon) the gist
ydinkysymys central/main question
ydinkärki nuclear warhead
ydinperhe nuclear family
ydinreaktio nuclear reaction
ydinreaktori nuclear reactor
ydinräjähde nuclear explosive
ydinräjähdys nuclear explosion
ydinsaaste pollutant(s)/pollution emitted by a nuclear power plant
ydinsota nuclear war
ydinsukellusvene nuclear submarine
ydinsuojelu civil defense for nuclear fallout
ydinsäteily nuclear radiation
ydintalvi nuclear winter
ydintekniikka nuclear technology
ydintutkimus (sub)atomic research, nuclear physics research
ydinvoima nuclear power
ydinvoimala nuclear power plant
yhdeksikkö (number) nine, niner
yhdeksisen around nine
yhdeksäinen (number) nine, niner
yhdeksän nine
yhdeksänkertainen nine-fold
yhdeksänkymmentä ninety
yhdeksänkymmentäluku the (nineteen-)ninteties
yhdeksänsataa nine hundred
yhdeksäntoista nineteen *kello yhdeksäntoista* at seven (pm/in the evening)
yhdeksäntuhatta nine thousand
yhdeksänvuotias nine-year-old
yhdeksäs the ninth
yhdeksäskymmenes ninetieth
yhdeksäskymmenesosa one-ninetieth
yhdeksäsluokkainen ninth-grader
yhdeksäsosa one-ninth
yhdeksästoista nineteenth
yhden istuttava one-seater
yhden maattava single, twin
yhdenmukainen uniform, standard, conforming *yhdenmukainen jonkin kanssa* consistent with, analogous to
yhdenmukaisesti uniformly
yhdenmukaistaa unify, standardize, conform
yhdenmukaisuus uniformity, conformity, consistency
yhdenmuotoinen similar (in shape), isomorphic
yhdenmuotoisuus similarity, isomorphism
yhdennäköinen similar-looking, similar in appearance
yhdennäköisyys resemblance

yhdensuuntainen unidirectional, (samansuuntainen) parallel
yhdentekevä irrelevant, insignificant, indifferent *Se on minulle ihan yhdentekevää* It's all the same to me, I don't care one way or the other, it's a matter of utter indifference to me
yhdentyminen unification *Euroopan yhdentyminen* the unification of Europe
yhdentyä merge, fuse, coalesce; (ark) become one
yhdentää integrate, unite
yhdenvertainen equal
yhdessä together *toimia yhdessä* collaborate, cooperate, act in concert
yhdessä hujauksessa in a jiffy
yhdessä humauksessa in a flash
yhdessä hurauksessa in two shakes
yhdessäolo being together, togetherness
yhdestoista eleventh *yhdennellätoista hetkellä* at the eleventh hour
yhdiste (kem) compound
yhdistellä combine, blend, mix; (löytää yhdistelmäkohtia) connect
yhdistelmä 1 (sekoitus) combination, blend, mix **2** (yhteenveto) sum(mary) **3** (paitahousut) outfit, pantsuit
yhdistely combination
yhdistetty (kilpailu) combined competition
yhdistymisvapaus freedom of association/assembly
Yhdistyneet arabiemiirikunnat United Arab Emirates
Yhdistyneet Kansakunnat United Nations
yhdistys organization, association, society
yhdistyä 1 be joined (together), combine **2** (pol) (be) unite(d)
yhdistävä unifying
yhdistää 1 (konkr ja kuv) join, connect, unite, bring together, combine *yhdistää kaksi ihmistä pyhässä avioliitossa* join/unite two people in holy matrimony *yhdistää kaksi perhettä avioliiton kautta* connect two families through marriage *En yhdistänyt sinua Maijaan!* I never connected you up with Maija! *Yhdistän teidät vientisihteerille* I'll connect you with an export secretary **2** (pol: viereinen maa) annex, (viereinen kunta) annex, (pieniä valtioita) unite, (Eurooppa) unify
yhdyntä copulation, (sexual) intercourse
yhdyselämä 1 (pariskunnan) cohabitation, (ark) living together, (halv) shacking up **2** (kylän) communal life
yhdyskunta community
yhdyskuntasuunnittelu community planning
yhdyslause compound/complex/ periodic sentence
yhdysmerkki (-) hyphen
yhdysmies contact, intermediary, liaison
yhdyssana compound noun
Yhdysvallat United States, (ark) the States *Amerikan yhdysvallat* United States of America
yhdysvaltalainen American
yhtaikaa simultaneously, (all) at the same time *kaikki yhtaikaa* all together
yhtaikainen simultaneous, concurrent
yhteen together
yhteenajo collision
yhteenkuuluvuudentunne feeling of togetherness, feeling that you belong (together), community spirit
yhteenkuuluvuus togetherness, affinity
yhteen kyytiin all at once, without a break
yhteenlasku addition
yhteen menoon all at once, without a break
yhteen otteeseen once, at one time
yhteenotto clash, confrontation, encounter; (ark) run-in
yhteensattuma coincidence *olla pelkkä yhteensattuma* be sheer coincidence
yhteensopimaton incompatible
yhteensopiva compatible *IBM-yhteensopiva* IBM compatible *alaspäin yhteensopiva* downward compatible

ylöspäin yhteensopiva upward compatible
yhteensopivuus compatibility
yhteensä *Se tekee yhteensä 575 mk* That comes to 575 marks, that'll be 575 marks altogether/in all *Yhteensä* (laskun lopussa) Total
yhteentörmäys collision
yhteenveto summary *tehdä yhteenveto jostakin* summarize something
yhteinen common, shared, mutual *yhteiset aineet* (koulussa) general subjects *yhteisin ponnistuksin* in a united/concerted effort *yhtyä yhteiseen iloon* join in the general rejoicing *Heillä ei ole mitään yhteistä* They don't have anything in common
yhteinen pankkitili joint bank account
yhteinen ystävä mutual friend
yhteisantenni communal antenna
yhteisen edun mukainen in the common/public interest *yhteisen etumme mukainen* in our mutual interest
yhteiseurooppalainen pan-European
yhteishenki communal/neighborly spirit, spirit of togetherness/belonging
yhteiskunnallinen (yhteinen) social, (yhteiskuntaan liittyvä) societal
yhteiskunta society
yhteiskuntaelämä social life, life in society
yhteiskuntajärjestelmä social system
yhteiskuntalaitokset social institutions
yhteiskuntaluokka social class
yhteiskuntaoppi social studies
yhteiskuntapoliittinen social-political
yhteiskuntapolitiikka social policy
yhteiskuntaryhmä social group
yhteiskäyttö communal/joint use
yhteismitallinen commensurable
yhteisneuvottelu joint negotiations
yhteisomaisuus (yhteisön) community property, (aviopuolisoiden) joint property
yhteisomistus (yhteisön) community ownership, (aviopuolisoiden) joint ownership
yhteispeli cooperation, teamwork
yhteispohjoismainen Nordic
yhteistoiminta cooperation, collaboration
yhteistyö *ruveta yhteistyöhön* work together, cooperate, collaborate
yhteisvaikutus 1 combined effect **2** (lääk) synergism **3** (äänityksessä) superimposing
yhteisvastuu joint/shared responsibility
yhteisvastuukeräys charitable collection
yhteisvoima joint strength
yhteisvoimin with combined/ concerted/joint efforts, by pooling your strength
yhteisymmärrys (mutual) understanding, agreement *päästä yhteisymmärrykseen* come to an agreement, reach an understanding
yhteisyys community *yhteisyyden tunne* feeling of community/solidarity
yhteisö community
yhteneväinen convergent
yhtenäinen 1 (yhtä kappaletta oleva) whole, solid, one-piece, of a piece **2** (yhtäjaksoinen) unbroken, uninterrupted *kolmen viikon yhteinäinen poutakausi* three straight weeks of no rain *yhtenäinen vieraiden kuhina* constant stream of visitors/ guests **3** (tasalaatuinen) homogenous, smooth, even **4** (yhdenmukainen) uniform, standard(ized), consistent *todistusten yhtenäinen sanamuoto* standard formula for certificates **5** (yhdistynyt) united *yhtenäinen rintama* united front **6** (eheä) unified, harmonious *yhtenäinen kokonaisuus* unified/harmonious whole **7** (järjestelmällinen) orderly, organized
yhtenäisesti uniformly
yhtenäiskoulu comprehensive school
yhtenäistämispyrkimys standardization efforts

yhtenäistää standardize, unify
yhtenäisyys homogeneity, uniformity, consistency, unity, harmony
yhtenään constantly, continuously, all the time, always *yhtenään epäkunnossa* always on the blink/fritz
yhteys **1** connection *tässä yhteydessä* in this connection *suora yhteys eilisiin tapahtumiin* a direct connection with what happened yesterday *Firmallamme on hyviä yhteyksiä koko maan johtoihmisiin* Our company is well-connected with the ruling class of the country **2** (liikenneyhteydet) service *Täältä on hyvät linja-autoyhteydet kaupunkiin* We have good bus service into town **3** (viestiyhteydet) communications **4** (kosketus, vaikutussuhde) connection, contact *Edetäkseen uralla täytyy luoda hyviä henkilökohtaisia yhteyksiä* To get ahead you need to make good personal contacts/ connections *olla yhteydessä johonkuhun* be in contact with someone *panna yhteydet poikki jonkun kanssa* break off all contact with someone *ottaa yhteyttä johonkuhun* contact someone **5** (yhteenkuuluvuussuhde) relation(ship) *ei mitään yhteyttä todelliseen elämään* no relation to/with the real world **6** (jäsenyys) *ottaa seurakunnan yhteyteen* bring into the church *erottaa kirkon yhteydestä* (katolinen) excommunicate **7** (ykseys) oneness, unity *tajunnan yhteys* the oneness/unity/holism of consciousness **8** (asiayhtys) context *Sanan merkitys ilmenee yleensä siitä yhteydestä, jossa sitä käytetään* The meaning of a word is usually clear from the context in which it is used
yhteyttäminen assimilation
yhteyttää assimilate
yhteytys assimilation
yhtikäs mitään *ei yhtikäs mitään* (ark) not one goldurned dadblasted thing
yhtiö corporation, (ark) company
yhtiöjärjestys articles of incorporation
yhtiökokous general/stockholders' meeting
yhtiömuoto corporate form
yhtiöpääoma share capital, joint stock
yhtiötoveri partner
yhtiövastike maintenance fee
yhtye band, ensemble
yhtymä **1** combination **2** (tal) concern, consortium, syndicate
yhtyä **1** (fyysisesti) combine, join, meet *Huulemme yhtyivät silloin intohimoiseen suudelmaan* Then our lips met/joined in a passionate kiss **2** (seksuaalisesti) copulate, (raam) know *Ja mies Aatami yhtyi vaimoonsa Eevaan* And the man Adam knew his wife Eve **3** (poliittisesti) join/band together, unite *yhtyä vieraiden joukkoon* join the guests *yhtyä yhdeksi valtioksi* unite to form a single state **4** (toimintaan) join in *yhtyä lauluun/ ilonpitoon* join in the singing/merry-making **5** (mielipiteeseen) agree/concur (with), endorse; (ark) go along with *Yhdytkö Y:hyn?* Do you agree with Y?
yhtä aikaa simultaneously
yhtäjaksoinen uninterrupted, constant, continuous
yhtäjaksoisesti without interruption, constantly, continuously
yhtäkkinen sudden, unexpected
yhtäkkiä suddenly, without warning, unexpectedly, out of the blue
yhtä kuin *olla yhtä kuin* equal, add up to *Se on yhtä kuin nolla* That adds up to a big zero, that comes to nothing
yhtä lailla by the same token, still
yhtäläinen similar, (yhdenvertainen) equal, (identtinen) identical
yhtäläisyysmerkki (=) equal sign
yhtälö equation
yhtä mittaa in a steady stream, constantly, continuously
yhtämittainen constant, continuous, continual
yhtämittaisesti constantly, continuously, continually
yhtä perää one after the other, constantly, continuously
yhtäpitämättömyys discrepancy
yhtäpitämätön discrepant
yhtäpitävyys agreement

yhtäpitävä (mutually) consistent *Tarinat olivat yhtäpitävät* The stories tallied/matched up/jibed, were in agreement
yhtäpitävästi in agreement
yhtäsuuruusmerkki (=) equal sign
yhtäällä...toisaalla (over) here... (over) there, in one place...another
yhtään any, at all *A: Eikö jäänyt yhtään rahaa? B: Ei yhtään* A: Don't you have any money left? B: None, not a penny/cent *A: Eikö se yhtään lohduta? B: Ei yhtään* A: Doesn't that make you feel at all better? B: Not at all
yhyy! boohoo!
yhä still, ever *yhä enemmän* more and more *yhä isompi* bigger and bigger
yhä edelleen still
yhä kasvava ever-increasing, still growing
yhä uudelleen over and over, time and again, time after time
YK UN, the United Nations
ykkönen number one, (leik) numero uno
ykseys oneness, unity
yksi one *olla yhtä jonkin kanssa* be one and the same as something *pitää yhtä* (pitää toistensa puolta) stick together, (olla yhtäpitävä) tally, jibe *yhtä sun toista* this and that, this that and the other
yksiavioinen monogamous
yksiavioisuus monogamy
yksiin *käydä yksiin* tally, match (up), (ark) jibe
yksi ja sama all the same, all one *Se on minulle yksi ja sama* It's all the same to me, all one to me, (sl) it's no sweat off my balls/ass
yksikantaan 1 (itsepintaisesti) doggedly **2** (lyhyesti) curtly
yksikerroksinen (talo) single-/ one-story, (kakku tms) single-layered, (WC-paperi) single-ply
yksikielinen monolingual
yksisilmäinen peiliheijastuskamera single-lens reflex
yksikkö unit
yksikköhinta unit price, price per unit
yksikseen all by yourself, on your own, (all) alone
yksi lysti *Se nyt on yksi lysti* What difference does it make? Who cares? Who gives a damn/shit?
yksilö individual
yksilöidä individualize
yksilöityä be individualized
yksilöllinen individual
yksilöllisesti individually
yksilöllisyys individuality
yksilönkehitys ontogeny
yksimielinen unanimous
yksimielisesti unanimously
yksin 1 (ilman muita) (all) alone, (all) by yourself *Tein sen ihan yksin* I did it all by myself *Oletko yksin?* Are you alone? **2** (vain) only, alone *Kunnia kuuluu yksin minulle* The glory belongs to me alone, only to me, the glory is all mine
yksinhuoltaja single parent
yksinkertainen 1 simple *yksinkertainen ruokavalio* simple/ plain diet *yksinkertainen tehtävä* simple/easy/ elementary task *yksinkertainen puhetapa* plain/ simple/straightforward address *yksinkertaista väkeä* simple/ uneducated/unsophisticated/plain folks *yksinkertainen poika* simpleminded boy **2** (yksikerroksinen)›single; (ikkuna) single-glazed, (WC- paperi) single-ply; (yksisuuntainen) one-way
yksinkertaisesti simply
yksinkertaistaa simplify
yksinkertaistua be simplified
yksinkertaistus simplification
yksinkertaisuus simplicity *Voi pyhä yksinkertaisuus!* O blessed ignorance!
yksinlaulu solo *saksalainen yksinlaulu* lied
yksinlento solo (flight)
yksinmyynti exclusive/sole sales rights
yksinoikeus exclusive/sole rights, monopoly
yksinomaan exclusively, only, solely, entirely
yksinpuhelu monologue

yksinumeroinen single-digit
yksinvalta monarchy, autocracy
yksinvaltainen autocratic
yksinvaltias autocrat
yksinvaltius autocracy
yksinäinen 1 (itsekseen oleva) alone, lone, solitary, single *yksinäinen ratsastaja* the Lone Ranger *yksinäinen ihminen* loner *yksinäinen lintu pyörähti lentoon* a single/ solitary/lone bird burst into flight **2** (haikea yksinolostaan) lonely, lonesome *tuntea olonsa yksinäiseksi* feel lonely/lonesome **3** (erillinen) solitary *yksinäinen huone/kammio* solitary room/cell **4** (naimaton) single, unmarried
yksinäinen susi lone wolf, loner
yksinäistyä get lonely/lonesome
yksinäisyys solitude, loneliness, lonesomeness
yksinään 1 (ilman muita) (all) alone, (all) by yourself *Tein sen ihan yksinäni* I did it all by myself **2** (vain) only, alone *Yksinään sinä voit auttaa minua* Only you can help me, you alone can help me
yksioikoinen simple *yksioikoinen järjenjuoksu* one-track mind
yksipuolinen 1 one-sided *yksipuolinen sopimus* unilateral agreement/ contract *yksipuolinen ruokavalio* unbalanced diet **2** (puolueellinen) biased, partial, prejudiced, narrow-minded *yksipuolinen päätös* biased/ prejudiced decision
yksipuolisesti unilaterally, partially, prejudicially (ks yksipuolinen)
yksipuolisuus one-sidedness, unilateralism, bias, partiality, (ks yksipuolinen) prejudice, narrow-mindedness
yksiselitteinen unambiguous, straightforward, clear
yksissä together (with someone), in unison/concert
yksissä tuumin *miettiä jotain yksissä tuumin* put your heads together (to figure something out) *päättää jotain yksissä tuumin* decide something unanimously
yksistään 1 (yksinomaan) only, purely, solely *On yksistään hyvä asia että* It's all to the good that *yksistään tieteelle omistautunut* devoted solely/ entirely/purely to science **2** (jo) just, alone *Yksistään oopiumissa on yli 20 erilaista alkaloidia* Opium alone has more than 20 different alkaloids
yksisuuntainen (tie) one-way, (sähkövirta) unidirectional
yksitellen one by one, one at a time
yksitoikkoinen monotonous
yksitoikkoisuus monotony
yksitoista eleven
yksitotinen 1 (tosikkomainen) earnest, staid, stolid **2** (yksitoikkoinen) monotonous
yksitotisesti earnestly, stolidly; monotonously, in a monotone
yksitotisuus earnestness, stolidity; monotony
yksittäin one at a time, one by one
yksittäinen single, individual, separate *Muutamia yksittäisiä sanoja lukuun ottamatta hän ei virkannut koko iltana mitään* Apart from a few stray/ sporadic words he didn't utter a sound all evening
yksityinen 1 private, (salassa pidettävä) confidential *yksityinen juhla/tie* private party/road **2** (yksittäinen) single, individual, separate
yksityinen koulu private school
yksityisasia private/confidential matter
yksityiselämä private life
yksityisesti privately, confidentially
yksityisetsivä private detective/ investigator, private eye, P.I.; (ark) gumshoe
yksityishenkilö private person
yksityiskohta detail
yksityiskohtainen detailed
yksityiskohtaisesti in detail
yksityiskokoelma private collection
yksityiskäyttö private/personal use
yksityisluonteinen confidential
yksityisomaisuus private property
yksityisopettaja private teacher/ tutor

yksityisopetus private tuition
yksityisoppilas private pupil
yksityistapaus individual case
yksityisyrittäjä entrepreneur
yksiö studio apartment
ykskaks all at once, all of a sudden, before you could blink an eye
yl (lyh) gen. (generally)
yleensä 1 generally, usually, on the whole, in general **2** (ylipäätään) at all *jos se on nyt yleensä mahdollista* if it's at all possible
yleinen 1 (kaikkien) general *yleinen kielitiede* general linguistics *yleinen tyytymättömyys* widespread dissatisfaction **2** (laajalle levinnyt) common, usual, prevalent *yleinen käsitys on että* it is commonly believed that **3** *taudin yleinen kulku* the usual course of a/the disease **4** (julkinen) public *yleiset kulkuneuvot* public transportation
yleinen asevelvollisuus universal conscription
yleinen mielipide public opinion
yleisesti generally, commonly, usually *yleisesti luullaan että* it's commonly/frequently/widely believed that
yleiskaava formula
yleiskatsaus overview, survey
yleiskieli standard language
yleiskokous general meeting/assembly
yleiskäsite general concept
yleislakko general strike
yleismaailmallinen global, universal, worldwide
yleispiirre general feature
yleispiirteittäin in general, overall
yleispätevyys universality, universal applicability
yleispätevä universal(ly applicable)
yleisradio (broadcasting) network *Suomen yleisradio* Finnish Broadcasting Network
yleisradiosatelliitti direct broadcast satellite, DBS
yleissairaala general hospital
yleissanakirja general dictionary
yleissilmäys overview, survey
yleissivistys liberal education
yleissivistävä liberal-arts
yleisteos introduction (to a field), general survey (of a field)
yleistys generalization *rohkea yleistys* sweeping generalization
yleistyä become (more) common/frequent
yleistää generalize
yleisurheilija track-and-field athlete
yleisurheilu track and field
yleisyys generality, commonality, universality, frequency
yleisö audience, public; (katsojat) spectators, (lukijat) readers *kosiskella yleisöä* (teatterissa) play to the gallery, (kirjallisuudessa) pander to your readers *paljon/vähän yleisöä* largc/small attendance, big/small crowd *yleisöltä pääsy kielletty* No Admittance/Entrance
yleisöennätys attendance record
yleisömenestys (teatteri, elokuva) box-office success, (konsertti) sell-out crowd, (romaani) bestseller
yleisömäärä attendance
yleisönosasto letters to the editor *Luin tänään yleisönosastosta jännän jutun* I read an interesting letter to the editor today
yleisöpuhelin public (tele)phone, coin-operated phone
ylellinen luxurious, (ateria) sumptuous, (elämäntapa) extravagant *viettää ylellistä elämää* live a life of ease/luxury, live in the lap of luxury
ylellisesti luxuriously, sumptuously, extravagantly
ylellisyys luxury *Vierashuone on todellinen ylellisyys* A guest room is a real luxury
ylemmyydentunne feeling of superiority
ylemmyydentunto feeling of superiority
ylemmyys superiority
ylempi *s* superior, better; (ark) high mucky-muck *kunnioittaa ylempiään* respect your superiors/betters *adj* upper, higher-up; (sosiaalisesti) superior, better

ylempänä higher/further up
ylen very, extremely, exceedingly, terribly *ylen onnellinen* blissfully/terribly happy
ylen antaa 1 (oksentaa) throw up **2** (hylätä) throw over
ylen määrin a lot, too much *ylen määrin humalassa* dead drunk, drunk as a skunk *sataa ylen määrin* pour down rain (for weeks)
ylennys 1 (työssä) promotion *saada ylennys* get promoted, get a promotion *hyvät ylennysmahdollisuudet* good career prospects **2** (mielen) uplift
ylenpalttinen 1 (runsas) overflowing, profuse, lavish *ylenpalttinen onni* overflowing bliss *ylenpalttiset kiitokset* profuse thanks *ylenpalttinen ateria* lavish meal *ylenpalttisen ystävällinen/ kiitollinen/ylistävä* effusive **2** (liiallinen) excessive, to excess *ylenpalttinen juominen* excessive drinking, drinking to excess *ylenpalttinen syöminen* overeating
ylenpalttisesti profusely, lavishly *kiitellä ylenpalttisesti* gush
ylenpalttisuus profusion, excess(iveness)
ylensyödä overeat, eat too much
ylensyönti overeating
ylentää 1 (fyysisesti) raise, lift, elevate **2** (korkeampaan virkaan) promote, give (someone) a promotion **3** (korkeampaan arvoasemaan) raise *ylentää aatelissäätyyn* raise to the peerage **4** (mieltä) uplift, elevate *mieltä ylentävä elokuva* uplifting movie
ylettyvillä within reach, at hand
ylettyä 1 reach *Yletytkö tuonne ylähyllylle siihen maljakkoon?* Can you reach (me) that vase on the top shelf? **2** (olla jollakin tasolla) be/come up/down to *Vesi ylettyi minua vyötäröön* The water was up to my waist
ylettää reach, be/come up/down to
yletä 1 (nousta) rise **2** (kasvaa) grow (up) **3** (edetä urallaan) move up, advance, be/get promoted
yletön excessive *yletön vaatimus* impossible/unreasonable/exorbitant demand *yletöntä juomista* excessive/ immoderate drinking
ylevyys uplift, sublimity, loftiness
ylevä uplifting, sublime, lofty
ylevästi sublimely, loftily
ylhäinen 1 (jalosukuinen) noble, high-born **2** (korkeassa asemassa) high *ylhäinen virkamies* high official **3** (herraskainen) aristocratic, lordly *ylhäinen käytös* lordly/regal bearing
ylhäisyys excellency *Teidän Ylhäisyytenne* Your Excellency
ylhäisö 1 (aatelisto) the nobility, the aristocracy **2** (yläluokka) the upper class/crust, the ruling class(es)
ylhäällä high (up), up *Se on tuolla ihan ylhäällä* It's (way) up there, it's right there, way up high *Minä olin ylhäällä koko yön lasten kanssa* I was up all night with the kids
ylhäältä päin from above *ylhäältä päin tullut käsky* an order from higher up *katsoa jotakin ylhäältä päin* (fyysisesti) get a bird's eye view of something, look at something from above; (halveksien) look down on something
yli 1 over *hypätä aidan yli* jump over the fence *vuotaa yli* overflow *ampua yli* (fyysisesti) shoot high, (kuv) overdo it *hypätä yli* (fyysisesti) jump over, (kuv) skip (over) *ajaa yli* run over (someone), run (someone) down **2** (enemmän kuin) more than *maksaa yli 1 000 mk* cost more than 1000 marks, in excess of 1000 marks **3** (jälkeen) after, past *5 yli 5* 5 after/ past 5 **4** (poikki) across *tien yli* across the street **5** (tuolla puolen) beyond *voimiensa yli* beyond your strength *elää yli varojensa* live beyond your means *mennä yli ymmärryksen* be over your head, beyond your comprehension
yliampuva overdone, exaggerated
yliarvioida overestimate
yliarviointi overestimation
yliassistentti (pre-/postdoctoral) instructor
ylihintaan *myydä ylihintaan* overcharge (for)
ylihintainen overpriced

ylihuomenna the day after tomorrow
yli-ihminen superman
yli-insinööri senior engineer
ylijäämä surplus; (tavaramäärästä) remainder, (aineesta) residue; (ark) what's left over
ylikansallinen supranational
ylikuormittaa overload
ylikuormitus overload
ylikäytävä crossing
yli laidan overboard (myös kuv)
yliluonnollinen supernatural
ylilyönti excessive action; (mon) excess of zeal
ylilääkäri (osaston) senior physician/ surgeon; (sairaalan) medical director; (vakuutusyhtiön) chief medical officer; (armeijan) surgeon general
ylimalkaan generally, as a general rule, on the whole
ylimalkainen 1 (summittainen) rough, approximate **2** (pintapuolinen) cursory, superficial
ylimalkaisesti roughly, approximately, superficially
ylimenokausi transitional period
ylimerkintä oversubscription
ylimielinen arrogant, haughty, disdainful
ylimielisesti arrogantly, haughtily, disdainfully
ylimielisyys arrogance, haughtiness, disdain
yliminä superego
ylimitoitettu oversized
ylimittainen oversize
ylimmillään at its highest/peak *nousta ylimmilleen* (reach its) peak/climax
ylimmäinen 1 (fyysisesti) highest, uppermost, top *ylimmäinen hylly/ laatikko/rappu* top shelf/drawer/step *Hannelen ääni kuului ylimmäisenä* Hannele's voice rose above the others **2** (sosiaalisesti) supreme, highest *ylimmäinen johto* supreme command *ylimmäinen pappi* high priest
ylimys aristocrat
ylimääräinen extra, additional
ylin 1 (fyysisesti) highest, uppermost, top *ylin hylly/laatikko/rappu* top shelf/ drawer/step *Hannelen ääni kuului ylimpänä* Hannele's voice rose above the others **2** (sosiaalisesti) supreme, highest *ylin johto* supreme command **3** (suurin) maximum, ceiling, top *ylin hinta* maximum/ ceiling/top price
ylinnä highest, (at the) top *ylinnä virkahierarkiassa* at the top of the bureaucratic hierarchy
yliolkainen 1 (välinpitämätön) casual, nonchalant, off-the-cuff **2** (ylimielinen) arrogant, haughty, scornful
yliolkaisesti casually, nonchalantly, off-the-cuff; arrogantly, haughtily, scornfully (ks yliolkainen)
yliolkaisuus casual behavior, nonchalance; arrogance, haughtiness, contemptuousness (ks yliolkainen)
yliopisto university
yliopistokaupunki university city, (pienempi) college town
yliopistolaitos institute of higher education/learning
yliopistollinen academic *yliopistollinen sairaala* university hospital
yliopisto-opetus university instruction
ylioppilas high school graduate, (opiskelijana) undergrad(uate) *ikuinen ylioppilas* eternal student
ylioppilasjuhla graduation party
ylioppilaskoe matriculation exam; (USA:ssa lähin vastine) college boards
ylioppilaslakki student cap
ylioppilastodistus high school diploma
ylipappi high priest
ylipuhua convince, persuade, talk (someone) into (something) *Puhuit minut yli* You talked me into it, you twisted my arm
ylipäällikkö supreme commander; (armeijan) commander-in-chief
ylipäänsä in general, on the whole, at all *Onko se nyt ylipäänsä mahdollista?* Is it at all possible, is it even within the realm of possibility? *Täällä päin asuu ylipäänsä äveriästä väkeä* This neighborhood is pretty much owned by wealthy people

ylirasittua get overtired/overworked; (ark) get stressed out, burn out

ylirasittunut overtired, overworked; (ark) stressed out, burned out

ylistys praise

ylistää praise; (luetella hyveet) extol; (ylistyspuheessa) eulogize; (isänmaallisessa tms runossa) celebrate; (ylempi alaistaan) commend

ylitarjonta oversupply, surplus, glut

ylitse over (ks yli)

ylitsepääsemätön insurmountable, insuperable

ylitsevuotava overflowing, overabundant, effusive; (ark) gushing

ylittämätön 1 (ylitsepääsemätön) insurmountable, insuperable **2** (lyömätön) unbeatable, invincible; (ark) the greatest

ylittää 1 cross *ylittää Atlantti* cross the Atlantic *Atlantin ylittävä* transatlantic **2** exceed, surpass, go over *ylittää kaikki odotukset* exceed all expectations *ylittää itsensä* surpass yourself *Se ei saa ylittää 100 mk:aa* It can't go over 100 marks, it can't cost more than 100 marks

ylitunti (opettajan) extra hour, (työntekijän) hour of overtime

ylitys 1 (Atlantin, vuoriston) crossing **2** (kiintiön tms) exceeding, surpassing **3** *tilin ylitys* overdraft, (ark) going in the hole **4** (urh: riman) clearance

ylityö overtime

ylityökorvaus overtime (pay) *Minkälaisen ylityökorvauksen täällä saisin?* What kind of overtime do you pay?

ylivalottaa overexpose

ylivalotus overexposure

ylivalta supremacy *saada ylivalta jostakusta* get the upper hand of someone, get the better of someone

yliveto (ark) the greatest, the best, number one *Kyllä sä oot yliveto!* (vitsin kertojalle, nauraen) You're too much!

ylivoima superior force/numbers *taipua ylivoiman edessä* yield to superior force

ylivoimainen 1 (lyömätön) invincible, unbeatable; (ark) too strong **2** (ylitsepääsemätön) insurmountable, insuperable *ylivoimaiset mittasuhteet* insurmountable odds *ylivoimainen este* force majeure **3** (valtava) overwhelming *ylivoimainen enemmistö* overwhelming majority

ylivoimaisuus invincibility, insurmountability, insuperability

ylkä (ylät) bridegroom

ylle 1 (yläpuolelle) over, above *nousta pilvien ylle* rise/fly (up) above/over the clouds **2** (päälle) on *Mitä minä panen ylle?* What shall I put on? What shall I wear?

yllyke incitement (to do something), (lapset) dare *saada yllykettä jostakin* take impetus from *tehdä yllykkeestä jotain* do something on a dare

yllyttäjä instigator

yllyttää (hurjiin tekoihin) dare; (pelottavaan tai vastenmieliseen tehtävään) encourage, urge, egg on; (suuttumaan) provoke; (kapinaan) incite, instigate *A: Miksi sinun piti hypätä katolta! B: No kun Janne yllytti!* A: Why did you have to go jump off the roof? B: Janne dared me to!

yllytyshullu dupe, butt, toy

yllä 1 (yläpuolella) over, above *kaupungin yllä* (up) above the city, over the city **2** (päällä) on *Mitä hänellä oli yllään?* What did she have on? What was she wearing? **3** (kirjassa ennen) above *yllä mainittu* above-mentioned **4** (kunnossa) up *pitää yllä* keep up, maintain

ylläpito upkeep, maintenance

ylläpitää keep up, maintain

yllättyä be surprised/astonished/astounded, be taken unawares/aback/by surprise *olla yllättyneen näköinen* look surprised

yllättää surprise, astonish, take (someone) unawares/by surprise; (itse teosta) catch (someone) in the act *yllättää iloisesti* give someone a pleasant surprise *Eniten minua yllätti se että* I was most surprised by the fact that, what surprised me most was that

yllätyksellinen surprising, sudden, abrupt, unexpected

yllätys surprise *Yllätyksekseni totesin että* Much to my surprise I found that, I was surprised to note that
ylpeillä 1 be proud of, feel/take pride (in), be filled with pride (at) **2** (kerskailla) boast, brag
ylpeily boasting, bragging
ylpeydenaihe pride and joy, something to be proud of
ylpeys 1 pride *niellä ylpeytensä* swallow your pride *Ylpeys käy lankeemuksen edellä* (raam) Pride goeth before a fall **2** (ylpeydenaihe) pride and joy **3** (ylimielisyys) haughtiness, arrogance, conceit
ylpeä proud; (ylimielinen) haughty, conceited, (ark) stuck-up *ylpeä isä* proud father *ylpeä ihminen* conceited/ stuck-up person
ylpistyä become conceited; (ark) get stuck-up, get a swelled head, let something go to your head
yltiöisänmaallinen superpatriotic, chauvinistic
yltiöpäinen 1 (omapäinen) headstrong **2** (hurja) reckless, daring **3** (kiihkomielinen) fanatic(al) **4** (asiaansa sokeasti uskova) quixotic
yltympäri all over (the place), everywhere
yltyä 1 (tuuli) rise **2** (vauhti) increase **3** (kipu) get worse, intensify
yltä 1 (yläpuolelta) from (up) above/ over *kaupungin yltä* from up above the city **2** (päältä) off *riisua vaatteet yltään* take off your clothes, undress
yltäkylläinen plentiful, (over)abundant, profuse
yltäkylläisesti plentifully, (over)abundantly, profusely *elää yltäkylläisesti* live off the fat of the land
yltäkylläisyys plenty, abundance, profusion
yltä päältä from head to toe, from top to bottom, all over
yltää 1 reach *Yllätkö tuonne ylähyllylle siihen maljakkoon?* Can you reach (me) that vase on the top shelf? *yltää johonkin saavutukseen* achieve something **2** (olla jollakin tasolla) be/come up/down to *Vesi ylsi minua vyötäröön* The water was up to my waist
ylväs grand, stately, noble, proud
ylvästelijä boaster, braggart; (ark) big talker
ylvästellä boast, brag; (ark) talk big
yläaste 1 upper level/degree **2** (koulu) junior high (school)
yläikäraja maximum age
yläkerta upstairs *Yläkerta on vielä laittamatta* We still have to remodel the upstairs
yläluokka upper class
ylänkö highlands, uplands
yläosa upper part; (vaateasun) top
yläosaton topless
yläpuoli upper/top part/half
yläpää uppcr/top end
yläraaja upper limb
yläraja upper limit, maximum
yläreuna upper edge, (sivun) top
yläsänky top bunk
ylävartalo upper body
ylävuode top bunk
ylös up *ylös alas* up and down *Kädet ylös!* Hands up! *nousta ylös* get up, (sängystä) get out of bed, (maasta) stand up
ylösalaisin upside-down
ylösnousemus resurrection
ylöspäin upward(s)
ym etc.
ymmällään puzzled, baffled, bewildered, confused
ymmärrettävä understandable, comprehensible *Minusta on toki täysin ymmärrettävää, mitä teit* I do find your action entirely understandable
ymmärrys 1 understanding, comprehension *Se käy yli minun ymmärrykseni* It's over my head, it's beyond me, beyond my comprehension **2** (järki) sense *Pitäisi sinulla olla nyt sen verran ymmärrystä että* You should have sense enough to, you should be smart enough to
ymmärtäväinen understanding, sympathetic
ymmärtäväisesti understandingly, sympathetically

ymmärtäväisyys understanding, sympathy
ymmärtää 1 understand, comprehend, grasp; (ark) get, see *En ymmärrä sinun vitsejäsi* I don't get your jokes **2** (saada selville) figure out, (äkätä) realize; (ark) get, see *Nyt ymmärrän* Now I get it, now I see **3** (tietää) know *Etkö ymmärtänyt jäädä pois niistä juhlista* Didn't you know better than to go to that party?
ymmärtää väärin misunderstand
ymmärtää yskä take a hint
ympyrä circle (myös kuv) *kiertää ympyrää* go around and around, go around in circles *liikkua tietyissä ympäröissä* move in certain circles *Hänellä on aika pienet ympyrät* (rajoittunut) He's pretty limited, (pieni maailma) his world is pretty small
ympäri *adv* **1** around *pyörittää ympäri* spin (something around/in circles) **2** *puhua ympäri* talk (someone) into (something), convince, persuade *Puhuit minut ympäri* You talked me into it *postp* around *kellon ympäri* around the clock *maailman ympäri* around the world *juosta pari kertaa radan ympäri* run a few laps around the track *prep* all over/around *ympäri maailmaa* all over the world *heitellä tavaroita ympäri huonetta* throw things all over the room *juosta ympäri kaupunkia kenkien perässä* run all over/around town looking for shoes
ympäriinsä all over (the place)
ympärileikata circumcise
ympärileikkaus circumcision
ympärillä *adv* (all) around *paljon ihmisiä ympärillä* lots of people around (you) *postp* around *Heidän ympärillään oli satoja uteliaita* They were surrounded by hundreds of curious people, rubberneckers swarmed around them in the hundreds
ympäripyöreä 1 (epämääräinen) vague, evasive, noncommittal **2** (kellonympärinen) around-the-clock *tehdä ympäripyöreitä päiviä* work around the clock
ympäristö 1 (lähialue) surroundings, surrounding area, neighborhood, vicinity *yliopiston ympäristössä* in the neighborhood/vicinity of the university **2** (luonto) environment *ympäristön saastutus/raiskaus* pollution/rape of the environment
ympäristöhaitta environmental hazard
ympäristöministeri Secretary for the Environment
ympäristöministeriö Department of the Environment
ympäristömyrkky environmental poison
ympäristönsuojelu environmental protection/conservation
ympäristötaide earth art
ympäristötekijät environmental factors/considerations
ympäristövahinko environmental disaster
ympärysvallat (hist) the Allies, Allied forces
ympäröidä surround, encircle, ring
ympätä 1 (puuhun) graft (onto) **2** (kirjaan, puheeseen tms) stuff/cram/fit/force (something) into
yms etc., and the like
ynnä and
ynnätä add (up)
ynseys coldness, indifference, unfriendliness
ynseä cold, indifferent, unfriendly
ynseästi coldly, indifferently *kohdella ynseästi ystäväänsä* give a friend the cold shoulder
ypöyksin all alone
yritteliäisyys enterprise, enterprising spirit; (ark) go-get-em spirit, get-up-and-go
yritteliäs enterprising, ambitious; (ark) go-get-em
yrittäjä entrepreneur
yrittää try, attempt, endeavor; (ark) take a shot (at), have a go (at) *yrittää parhaansa* try/do your best *Älä yritä!* Don't pull that (shit) on me, don't give me that *Ei yrittänyttä laiteta* There's no

harm in trying; nothing ventured, nothing gained
yritys 1 (hanke) attempt, endeavor, effort *epäonnistunut yritys* failure, failed attempt; (ark) flop *kaikista yrityksistä huolimatta* despite all efforts **2** (yritteliäisyys, liikeyritys yleensä) enterprise, venture *yhteinen yritys* joint venture *yksityinen yritys* private enterprise/ venture **3** (firma) business, company, firm, corporation
yritysdemokratia industrial democracy
yritys ja erehdys trial and error
yritysgrafiikka (tietokoneella tuotettu) business graphics
yrityslehti company (news)paper/ magazine/newsletter; (halv) house organ
yritysosto acquisition
yrityspolitiikka company policy
yritystalous company finances
yritystoiminta entrepreneurial activity
Yrjö (kuninkaan nimenä) George
yrjö barf, puke, ralph
yrjötä be sick, throw up, barf, puke
yrtti herb
yrttitee herbal tea
yskittää *Minua yskittää* I have a cough
yskiä cough
yskä cough *ymmärtää yskä* take the hint, get the message
yskänpastilli cough drop
yskös sputum, expectoration
ystävykset buddies, companions, pals
ystävyys friendship
ystävä friend *Hän on hyvä ystäväni* He's a good friend of mine *Hädässä ystävä tutaan* A friend in need is a friend indeed
ystävällinen friendly, kind(ly), amicable
ystävällisesti kindly, amicably *Voisitko ystävällisesti kertoa minulle* Could you please tell me
ystävällisyys friendliness, kindness
ystävänpalvelus favor, friendly turn
ystävänpäivä Valentine's day
ystävätär girlfriend, woman friend
ytimekkyys conciseness, pithiness
ytimekkäästi concisely, pithily
ytimekäs concise, pithy, to the point
Yukonin territorio (Kanadan) Yukon Territory
yö night *ensi yönä* tonight *viime yönä* last night *jäädä yöksi* spend/stay the night, stay overnight *yötä päivää* night and day, day and night *tiistain vastaisena yönä, tiistaita vasten yöllä* Monday night
yöjumalanpalvelus latenight worship service *pääsiäisen yöjumalanpalvelus* Easter vigil
yök yuck, ick
yökerho night club
yökkiä throw up, barf, puke
yökyöpeli night owl (myös kuv)
yököttää *Minua yököttää* I feel sick (to my stomach), I'm nauseous *Sä yökötät mua* You make me sick/puke
yölento night flight (leik) redeye flight
yöliikenne night traffic
yöllinen nocturnal, nightly
yömyöhään late at night
yöpaikka place to spend the night, a room/bed for the night
yöpakkanen night frost
yöpakkaset (pol) disturbances in Finland's relations with the Soviet Union
yöpimeä the dark of the night
yöpommitus nighttime bombing
yöpyä spend the night
yötyö (työpaikka) night job, (yövuoro) graveyard shift *hankkia lisärahoja yötyöllä* moonlight, go moonlighting *saada (tällä viikolla) yötyötä* pull graveyard (this week)
yöuni (night's) sleep *saada hyvä yöuni* get a good night's sleep
yövartija night watchman
yövartio night watch; (raam) vigil, watch
yövuoro night shift, (ark) graveyard shift

Z, z

Zaire Zaire
zairelainen *s, adj* Zairean
zeniitti zenith
zeppeliini blimp, (hist) Zeppelin

Ä, ä

äes harrow
äestys harrowing
äestää harrow
äh! pshaw! bull(shit)!
äheltää 1 (ähkiä) huff, puff **2** (ahertaa) sweat
ähkäistä grunt, groan
ähkäisy grunt, groan
ähä! 1 (vahingoniloa) nyahahah! nah nah! **2** (oivallus) ahah! so! **3** (mielihyvä) ahhh
äidillinen motherly, maternal
äidillisesti maternally
äidinkielenopettaja (äidinkielen mukaan: suomen) Finnish teacher, (ruotsin) Swedish teacher, (englannin) English teacher jne
äidinkielenopetus Finnish/Swedish/ English (jne) teaching
äidinkieli native language/tongue, mother tongue
äidinmaidonkorvike (baby) formula
äidinmaito mother's milk
äidinrakkaus maternal love
äidinvaisto maternal instinct
äijä old man/geezer/fart *Mun äijä räyhää kotona* (isä/aviomies) My old man's on the rampage at home
äitelä 1 sickly sweet **2** (sentimentaalinen) saccharine, sugary, sentimental; (ark) corny, schmaltzy, mushy **3** (typerä) mawkish, insipid, vapid
äiti mother; (ark) Mom, Mommy *odottava äiti* expectant mother, mother-to-be
äitienpäivä Mother's Day
äitikortti (tietokoneen) motherboard
äitiysloma maternity leave
äityä 1 (ryhtyä) take/fall to *äityä ryyppäämään* hit the bottle *äityä kiroamaan* let loose a string of curses, start swearing a blue streak **2** (kiihtyä) get excited/worked up/upset
äkeys anger
äkeä angry; (kuv) ticked/pissed/ browned off
äkeästi angrily
äkikseltään suddenly, unexpectedly, at short notice, without warning *En ollut äkikseltään tuntea sinua* At first I didn't recognize you
äkillinen sudden, abrupt *äkillinen sairaus* acute illness
äkisti quickly
äkkiarvaamatta without warning, unexpectedly, out of the blue
äkkijyrkkä 1 (pudotus) sheer, precipitous **2** (mielipide) extremist, fanatical
äkkikäännös 1 (fyysinen) sudden turn **2** (henkinen) sudden aboutface/ turnabout
äkkilähtö *Hänelle tuli äkkilähtö* She had to hightail it out of there, she had to make tracks, she had to beat it
äkkinäinen *s* (aloittelija) greenhorn, tenderfoot, tyro
adj **1** (äkillinen) sudden, abrupt **2** (hätäinen) hasty, rushed **3** (harjaantumaton) unpracticed
äkkinäisesti suddenly, abruptly, hastily, in a rush
äkkinäisyys suddenness, abruptness, hastiness
äkkipikainen 1 (liian nopeasti toimiva) rash, reckless **2** (nopeasti suuttuva) quick-tempered, hot-headed
äkkipikaisesti rashly, recklessly
äkkisyvä precipitous, steep *Varo, edessäsi on äkkisyvää!* Watch out, there's a sudden dropoff right in front of you

äkkiä 1 (yhtäkkiä) suddenly, abruptly, all of a sudden **2** (äkisti) quickly *Sano äkkiä!* Tell me quickly!
äksy mean, nasty, ill-/bad-tempered
äkäinen 1 (ärtynyt) hopping mad, burned up, furious **2** (ärtyisä) irascible, irritable, testy, snappish, crusty
äkäisesti furiously, irascibly, irritably, testily (ks äkäinen)
äkäisyys irascibility, irritability
äkämä (paise) boil, (kasvannainen) gall
äkäpussi shrew, harridan
älli smarts, brains *Eiks sulla oo älliä päässä?* Ain't you got no smarts?
ällikällä lyöty dumbfounded
ällistynyt taken aback, dumbfounded
ällistys surprise, amazement, astonishment
ällistyttää amaze, astonish, astound
ällistyä be taken aback, be taken by surprise, be dumbfounded
äly 1 (älykkyys) intelligence, intellect *älyn kirkas valo* the clear/shining light of intellect **2** (järkevyys) brains, sense, wit(s); (ark) smarts *Eikös äly sano mitään?* Don't you have any common sense? Can't you figure it out on your own? *vaivata älyään jollakin* rack your brains over something
älykkyys intelligence, intellect
älykkyysikä mental age
älykkyysosamäärä intelligence quotient (IQ)
älykkyystesti IQ test
älykkäästi intelligently
älykäs intelligent, smart; (ark) brainy
älyllinen intellectual, rational, logical
älyllisesti intellectually, rationally, logically
älymystö intelligentsia, the intellectuals
älynlahjat intelligence, brains
älyttömyys 1 (älyn puute) idiocy, senselessness, folly, stupidity **2** (älytön teko) absurdity *viedä älyttömyyksiin* reduce something to absurdity, take something to absurd extremes
älyttömästi 1 (tyhmästi) senselessly, idiotically, foolishly, stupidly **2** (valtavasti) an awful lot *Siellä oli älyttömästi ihmisiä* The place was crawling with people
älytä realize, become aware of, figure out *Nyt minä älysin!* Now I got it! Now I see!
älytön 1 (ei-älyllinen) irrational, mindless, brutish **2** (tyhmä) senseless, idiotic, foolish, stupid
älä don't *älkäämme* let's not *Älköön tulko esiin* He/she shouldn't step forward *Älköön kukaan tulko esiin* Nobody step forward!
älähtää cry out, shriek, yelp
äläkkä to-do, fuss, stink *Siitä nousi valtava äläkkä* They made a big fuss/stink about it
ämmä old lady/woman/cow/sow *ämmien juttuja* (old) wives' tales
ämpäri bucket, pail
ängetä (fyysisesti) push/shove/elbow your way (in), (sanallisesti) cut/break in
änkyttäjä stutterer, stammerer
änkyttää stutter, stammer
änkytys stutter, stammer
äpärä bastard, illegitimate child
äreys irascibility, irritability
äreä irascible, irritable, testy, snappish, crusty
äreästi irascibly, irritably, testily
ärhäkkä 1 (äkäinen) snappish **2** (terhakka) peppy, zippy, full of get-up-and-go **3** (haukkuva) yapping
ärjyä bellow, holler, roar (at the top of your lungs)
ärsyke 1 (ärsyttävä aine) irritant **2** (psyk) stimulus **3** (kiihotin) impulse, incentive, enticement, motivation
ärsyttää 1 (fyysisesti ja henkisesti) irritate, (henkisesti) bother, exasperate; (ark) bug, drive you crazy **2** (kiusata) tease, harass, hector **3** (psyk) stimulate
ärsytys irritation, exasperation, harassment, stimulation (ks ärsyttää)
ärsyyntyä get irritated (at someone/something, about something), lose your temper (at/about), fly off the handle
ärtyisä irritable, touchy, peevish

ärtyisästi irritably, peevishly, irascibly
ärtymys irritability, peevishness, irascibility
ärtyä 1 (lääk) get inflamed **2** (henkisesti) lose your temper, fly off the handle
äsh! pshaw! hah! huh! oh come now! get off it!
äskeinen last, past, recent *äskeinen asiakas* the customer that just left, that was just here *äskeiset sanasi* the last thing you said, your last words *äskeinen matkasi* that trip you just got back from
äsken 1 (juuri) just (now), just a moment/minute/second ago *Tulin äsken* I just got here, I just now arrived, I only stepped in a moment ago **2** *äsken tullut* newly arrived *äsken syntynyt* newborn *äsken mainittu* just mentioned, (the a)fore-mentioned
äskettäin (hiljattain) recently; (taannoin) a little while ago, some time ago
äskettäinen recent *Tuo sinun äskettäinen huomautuksesi* What you just said
ässä 1 (kirjain) (the letter) S **2** (korttipelissä, tenniksessä jne) ace
ässävika (ark) lisp
äveriäs wealthy, well-to-do, well-off
äyri 1 (raha) öre **2** (veroäyri) tax unit
äyriäinen (elävä) crustacean, (syötävä) shellfish
äyskäri bailer
äyskäröidä bail (out)
ääliö dope, dolt, ninny, asshole, damn fool, jerk
äänekkäästi loudly, noisily, vocally, in a loud voice
äänekäs loud, noisy, (erikseen ihmisestä) vocal
äänenkannattaja (yhtiön) house organ, (puolueen) party organ
äänenmurros *Hänellä on äänenmurros* His voice is changing/ breaking
äänen nopeus the speed of sound
äänenpaino stress, emphasis
äänensävy tone (of voice)
äänentoisto sound reproduction
äänentoistolaitteisto audio equipment, sound-reproducing equipment
äänestys vote, ballot; (äänestäminen) voting, (vaalit) election
äänestyslippu ballot
äänestäjä voter
äänestää vote
ääneti silently, in silence, quietly, without making a sound
äänettömästi silently, in silence, quietly, without making a sound
äänetön silent, quiet, soundless
ääni 1 (mikä tahansa ääni) sound, noise *ääntä nopeampi* supersonic **2** (äänensävy) tone *puhua vihaisella äänellä* speak angrily, in an angry tone **3** (ihmisääni) voice (myös kuv) *olla koko ajan äänessä* run your mouth the whole time, always have your yap going *kansan ääni* the voice of the people *yhteen ääneen* with one throat, (yksimielisesti) unanimously **4** (lauluääni) key, pitch *pysyä äänessä* stay on pitch/key *avata ääni* warm up (for singing) **5** (äänestysääni) vote *1 000 äänen enemmistöllä* by a 1000-vote margin, by a majority of 1000
äänielokuva (hist) sound movie, (ark) talkie
ääniharava vote-puller
äänihuuli vocal cord
äänikirje talking letter
äänilevy record
äänimerkki honk *antaa äänimerkki* honk/sound your horn
äänimuuri sound barrier
äänimäärä number of votes
ääninen (yleensä) -sounding, (ihmisäänestä) -voiced
äänioikeus right to vote, suffrage
äänite recording
äänitorvi 1 (auton) horn **2** (kuv) mouthpiece
äänittää record
äänitys recording
äänivalli sound barrier
äänne phoneme
äänneasu phonetic form
ääntämisohje pronunciation guide
ääntää 1 pronounce, enunciate, articulate **2** (äännähdellä) grunt
äärellinen finite

äärellisyys finitude
äärellä by, near, close to
ääressä by, at *tietokoneen ääressä* at the computer
äärettömyys infinity
äärettömästi infinitely
ääretön infinite
ääri 1 (reuna: maailman) edge, end, (kupin) brim *Seuraan sinua maailman ääriin asti* I'll follow you to the ends of the earth *täyttää kuppi ääriään myöten* fill a cup to the brim **2** (raja) limit, bound(ary) *Katsomo oli ääriään myöten täynnä* The bleachers were jammed/packed full
ääriaines extremist element
äärimmillään at its peak/zenith *Nälänhätä oli äärimmillään* Starvation was at its worst
äärimmäinen 1 extreme, utmost, supreme *äärimmäisin ponnistuksin* by a supreme effort **2** (kauimmainen) farthest, furthest, remotest **3** (viimeisin) final, last, ultimate
äärimmäisessä tapauksessa as a last resort
äärimmäisyys extremity
äärioikeisto the far right
ääriryhmä extremist group
ääriviiva outline

Ö, ö

öh! argh, ugh, ow
öinen nocturnal, nightly
öisin at night, nights
öljy oil
öljyinen oily, (ääni) unctuous
öljykriisi oil crisis
öljylamppu kerosene lamp/lantern
öljylämmitys oil heating
öljymaalaus oil painting
öljymaali oil paint
öljypoltin oil burner
öljytä oil; (rasvata) grease, lubricate; (ark) lube
öljyvahinko oil spill
öljyväri oil color
öljyvärimaalaus oil painting
öljy-yhtiö oil company
öristä growl, snarl
öykkäri bully, rowdy, roughneck, tough guy
öykkäröidä 1 (käytöksellä) act tough, push people around, rough people up **2** (puheella) shoot off your mouth, wise off

ENGLANTI
SUOMI

A, a

A, a /eɪ/ A, a
AA *Alcoholics Anonymous; American Airlines*
AAA *American Automobile Association*
AAM *air-to-air missile* ilmasta ilmaan ammuttava ohjus
a, an /ə eɪ æn/ epämääräinen artikkeli, *an* esiintyy vokaalin edellä *a bottle, an arm, a house, a/an hotel; he bought a car* hän osti auton *that's a way to do it* (painokkaana) voihan sen noinkin tehdä
aardvark /'ardˌvark/ *s* maasika
ab. *about*
ABA *American Basketball Association; American Bar Association; American Booksellers Association*
abaci /ə'bækeɪ 'æbəkaɪ/ ks abacus
aback /ə'bæk/ *adv: to be taken aback* järkyttyä, hämmästyä, ällistyä
abacus /ə'bækəs 'æbəkəs/ *s* (mon abaci, abacuses) helmitaulu
abandon /ə'bændən/ *s: with wild abandon* hillittömästi, antaumuksellisesti, innostuneesti
v hylätä, luopua jostakin, lopettaa *they abandoned ship*
abandoned *adj* hylätty, autio (rakennus)
abandonment *s* jättäminen, hylkääminen, luopuminen, lopettaminen
abandon yourself to *v* heittäytyä, antautua (jonkin tunteen valtaan)
abase /ə'beɪs/ *v* alentaa (arvoa ym), häpäistä, olla häpeäksi jollekulle
abase yourself *v* alentua tekemään jotakin
abashed /ə'bæʃt/ *adj* nolo, nolostunut, häpeissään, hämillään
abatement /ə'beɪtmənt/ *s* tyyntyminen, väheneminen, lasku
abattoir /ˌæbə'twar/ *s* teurastamo
abbess /æbəs/ *s* abbedissa, nunnaluostarin johtajatar
abbey /æbi/ *s* **1** luostari **2** luostarikirkko
abbot /æbət/ *s* apotti, (munkki)luostarin johtaja
abbr. *abbreviation* lyhenne
abbreviate /ə'brivieɪt/ *v* lyhentää
abbreviated *adj* lyhennetty, lyhyt
abbreviation /əˌbrivi'eɪʃən/ *s* lyhennys, lyhenne
ABC /'ei'bi'si/ *s* **1** aakkoset *it's as easy as ABC* se on lastenleikkiä, se on helppoa kuin mikä **2** *American Broadcasting Company*, yksi Yhdysvaltain neljästä suuresta televisioverkosta
abdicate /'æbdɪˌkeɪt/ *v* erota, luopua (virasta, vallasta, kruunusta)
abdication /æbdɪ'keɪʃən/ *s* ero, eroaminen, (vallasta, kruunusta) luopuminen
abdomen /æb'dəmən/ *s* **1** vatsa **2** (hyönteisen) takaruumis
abdominal /ˌæb'damɪnəl/ *adj* vatsa- *abdominal muscles* vatsalihakset
abduct /æb'dʌkt/ *v* siepata, ryöstää, kidnapata
abduction /æb'dʌkʃən/ *s* sieppaus, ryöstö, kidnappaus
abductor /æb'dʌktər/ *s* sieppaaja, (lapsen- yms) ryöstäjä, kidnappaaja
abeam /ə'bim/ *adv* poikittain
aberrant /ə'berənt/ *adj* poikkeava, epänormaali
aberration /ˌæbə'reɪʃən/ *s* **1** poikkeavuus **2** erehdys, hetken mielijohde *I must have had an aberration* minä en ollut täysin järjissäni
abet /ə'bet/ *v* kannustaa (rikokseen, paheeseen tms) *to aid and abet someone* auttaa jotakuta rikoksessa

abeyance /ə'beɪəns/ *s: to be in abeyance* olla (toistaiseksi) kesken, ei olla enää voimassa/käytössä *to fall into abeyance* jäädä pois käytöstä, unohtua, jäädä unholaan
abhor /əb'hɔr/ *v* kammoksua, inhota
abhorrence *s* kammo *to hold something in abhorrence* kammoksua jotakin
abhorrent *adv* kammottava, kauhistuttava
abide /ə'baɪd/ *v* abode/abided, abode/abided: sietää *he couldn't abide her company* hän ei voinut sietää hänen seuraansa
abide by *v* pitää (sanansa, lupauksensa), pitää kiinni (sanasta, lupauksesta, päätöksestä)
abiding *adj* kestävä, pysyvä, pitävä, iankaikkinen
ability /ə'bɪləti/ *s* **1** kyky (tehdä jotakin) *ability to pay* maksukyky *I'll do it to the best of my ability* teen sen parhaani mukaan **2** taito, lahja, lahjakkuus, kyky *a man of many abilities* monipuolinen mies *she has great ability* hän on pystyvä/lahjakas/taitava
abject /ˌæb'dʒekt/ *adj* **1** (olot) kurja, huono, surkea **2** (ihminen, käytös) nöyristelevä; kurja (valehtelija)
abjection /ˌæb'dʒekʃən/ *s* **1** kurjuus **2** nöyristely
abjectly *adv* **1** kurjasti **2** nöyristelevästi
abjure /ˌæb'dʒʊər/ *v* **1** kieltää (jonkin paikkansapitävyys), kiistää, perua (puheensa) **2** lakata, sanoa irti, perua
ablaze /ə'bleɪz/ *adj, adv* **1** tulessa, ilmiliekeissä *the arsonist set the building ablaze* pyromaani sytytti rakennuksen tuleen **2** *ablaze with* hehkua, loistaa, punoittaa *her cheeks were ablaze with color* hänen poskensa hehkuivat punaisina
able /eɪbəl/ *adj* **1** *to be able to do something* kyetä, osata, voida, pystyä tekemään jotakin **2** pätevä, pystyvä, osaava, taitava, kyvykäs
able-bodied *adj* vahva, voimakas, roteva
abloom /ə'blum/ *adj, adv* kukassa, kukkiva, täydessä kukassa
ablution /ə'bluʃən/ *s* (uskonnollinen ym) peseytyminen, käsienpesu
ably /eɪbli/ *adv* taitavasti, osaavasti, pätevästi, kyvykkäästi
abnormal /ˌæb'nɔrməl/ *adj* poikkeava, epänormaali
abnormality /ˌæbnɔr'mæləti/ *s* poikkeavuus
abnormally *adv* poikkeavan, poikkeavasti, epänormaalisti, epätavallisen
abnormity /ˌæb'nɔrmɪti/ *s* poikkeus, poikkeavuus
abo /æboʊ/ *s* (halv) Australian alkuasukas, aboriginaali, ks *Aborigine*
aboard /ə'bɔrd/ *adv, prep* kyydissä, kyytiin, laivassa, laivaan, junassa, junaan, lentokoneessa, lentokoneeseen, linja-autossa, linja-autoon; (kuv) mukana, mukaan
abode /ə'boʊd/ *s* koti, asunto *welcome to my humble abode* tervetuloa matalaan majaani *he is of no fixed abode* hänellä ei ole vakinaista asuinpaikkaa
abolish /ə'balɪʃ/ *v* lakkauttaa (esim orjuus), kumota (esim laki)
abolition /ˌæbə'lɪʃən/ *s* lopettaminen, lakkauttaminen, lopetus, lakkautus
abolitionist *s* (hist) mustien orjuuden tai muun yhteiskunnallisen ilmiön vastustaja
A-bomb /'eɪˌbam/ *Atomic bomb* ydinpommi
abominable /ə'bamɪnəbəl/*adj* kammottava, inhottava, vastenmielinen, kurja, huono
Abominable Snowman (Himalajan) lumimies
abominably *adv* kammottavasti, kammottavan, inhottavasti, inhottavan, vastenmielisesti *he failed abominably* hän epäonnistui pahanpäiväisesti
abominate /ə'bamɪneɪt/ *v* kammoksua, kammoa, inhota
abomination *s* **1** kammo, inho **2** kammottava/inhottava asia

aboriginal /ˌæbəˈrɪdʒənəl/ *s* alkuasukas *adj* alkuperäinen, syntyperäinen

Aborigine /ˌæbəˈrɪdʒəni/ *s* Australian alkuasukas

abort /əˈbɔrt/ *v* peruuttaa, keskeyttää (hanke, raskaus)

abortion /əˈbɔrʃən/ *s* raskaudenkeskeytys, abortti

abortionist *s* **1** (laiton) abortin tekijä, puoskari **2** aborttivapauden kannattaja

abortive /əˈbɔrtɪv/ *adj* epäonnistunut, myttyyn mennyt

abortively *adv* epäonnistuneesti, onnistumatta

abound in/with /əˈbaʊnd/ *v* jossakin vilisee/kuhisee jotakin, jossakin on jotakin vaikka millä mitalla *these woods abound with rabbits* jäniksiä (kaniineita) vilisee tässä metsässä

about /əˈboʊt/ *adv, prep* **1** suunnilleen, kutakuinkin, noin *about three p.m.* (kello) kolmen (15) maissa *it's about time* no jo oli aikakin! *that's about the size of it* sen pituinen se, siinä koko juttu, se siitä *yes, that's about right* suunnilleen niin se oli *to be up and about* olla jalkeilla *to bring something about* saada jotakin aikaan, johtaa johonkin *to come about* tapahtua, seurata **2** jostakin, jotakin koskien, -sta/stä *tell me all about it* kerro kaikki *I know about it* tiedän siitä, olen kuullut siitä *how about a sandwich?* maistuisiko sinulle voileipä? *and what about me?* entä miten minun käy? **3** ympärillä, ympärille *she had a scarf about her neck* hänellä oli huivi kaulassa *he looked about him* hän katseli ympärilleen **4** lähistöllä, ympärillä, siellä täällä *the trees about the house* taloa ympäröivät puut *all about the room* (siellä täällä/hujan hajan) pitkin huonetta **5** jossakin *I have no money about me* minulla ei ole rahaa mukana *there is something about him that makes me curious* jokin hänessä saa uteliaisuuteni heräämään *be quick about it* pidä kiirettä äläkä jahkaile **6** *to be about to do something* aikoa juuri tehdä jotakin, olla tekemäisillään jotakin *she was about to leave when Tom came* hän aikoi juuri lähteä kun Tom tuli *the movie is about to end* elokuva on loppumaisillaan, loppuu kohta

about-face *s* täyskäännös (myös kuv) *to do an about-face* tehdä täyskäännös, kääntää kelkkansa, muuttaa jyrkästi mielipidettään

above /əˈbʌv/ *adv, prep* **1** yläpuolella, ylähäällä **2** (tekstissä) edellä *as stated above* kuten edellä todettiin **3** (lämpötilasta) nollan (0 fahrenheitasteen, –17,8 °C) yläpuolella *it's almost five above* **4** yllä, ylle, yläpuolella *to fly above the clouds* lentää pilvien yläpuolella **5** yli, enemmän kuin *above average* keskimääräistä suurempi, korkeampi, enemmän tms *above all* ennen kaikkea **6** jonkin ulkopuolella, yläpuolella *to be above suspicion* olla kaiken epäilyksen ulkopuolella *he is not above lying* hän on valmis vaikka valehtelemaan, hän alentuu jopa valehtelemaan **7** *to live above your means* elää yli varojensa *the above persons* edellä mainitut (henkilöt)

aboveboard /əˌbʌvˈbɔrd/ *adj* rehellinen *adv* rehellisesti, avoimesti

aboveground /əˌbʌvˈgraʊnd/ *adj* **1** maanpäällinen, maanpinnan yläpuolinen **2** avoin, salaamaton

abovementioned /əˈbʌvˌmenʃənd/ *adj* edellä mainittu

above water *some of us have trouble keeping their heads above water* toisilla meistä on vaikeuksia saada rahat riittämään/tulla toimeen

abr. *abridged* lyhennetty

abracadabra /ˌæbrəkəˈdæbrə/ *s* **1** abrakadabra **2** loitsu **3** hölynpöly; siansaksa

abrasion /əˈbreɪʒən/ *s* **1** hiertyminen, hankautuminen, kuluminen **2** (ihon) hiertymä

abrasive /əˈbreɪsɪv/ *s* hankausaine; hiomapaperi *adj* **1** hankaava, hiova, hiertävä **2** raastava (ääni), hyökkäävä, hankala (ihminen)

abreast /ə'brest/ *adv* rinnakkain, rinta rinnan *to keep abreast of the news/times* pysytellä ajan tasalla, seurata uutisia/aikaansa
abridge /ə'brɪdʒ/ *v* lyhentää (kirjaa tms)
abdridged edition *s* lyhennetty painos/laitos, lyhennelmä
abridgement *s* **1** lyhentäminen **2** lyhennelmä, lyhennetty painos/laitos
abroad /ə'brad/ *adv* ulkomailla, ulkomaille *to go abroad* lähteä ulkomaille
abrupt /ə'brʌpt/ *adj* **1** äkkinäinen, jyrkkä (mutka, muutos) **2** töykeä, tyly, epäystävällinen **3** jyrkkä (rinne, mäki)
abruptly *adv* **1** yhtäkkiä **2** töykeästi **3** (nousta) jyrkästi
abruptness *s* **1** äkkinäisyys, yllättävyys **2** töykeys, epäystävällisyys **3** (mäen) jyrkkyys
abscess /æbses/ *s* paise
abscond /əb'skand/ *v* paeta, karata, lähteä karkuun
absence /æbsəns/ *s* **1** poissaolo *in the absence of the director* johtajan poissaollessa *the boy had many absences from school* pojalla oli paljon poissaoloja **2** puute *absence of courage* rohkeuden puute **3** *leave of absence* virkavapaa, loma, poissaololupa
absent *v* olla poissa (koulusta, työstä)
absent *adj* ajatuksiinsa uppoutunut, poissaolevan näköinen
absentee /ˌæbsən'ti/ *s* poissaolija
absentee ballot *s* postiäänestys
absentee landlord *s* vuokratalon omistaja joka ei asu samassa talossa vuokralaistensa kanssa
absent from *adj* ei läsnä, poissaoleva
absently *adv* hajamielisesti
absent-minded *adj* hajamielinen, ajatuksiinsa uppoutunut
absent-mindedly *adv* hajamielisesti
absent-mindedness *s* hajamielisyys
absent without leave *fr* (sot) luvattomasti poissaoleva, puntiksella (sot ark)
absolute /ˌæbsəlut/ *adj* **1** ehdoton, koko, aukoton **2** rajaton (valta), yksinvaltainen (hallitsija) **3** kiistaton, ehdottoman varma
absolutely *adv* täysin, ehdottomasti, jyrkästi, ilman muuta
absolute majority /mə'dʒɔrɪti/ *s* ehdoton enemmistö
absolute pitch /pɪtʃ/ *s* absoluuttinen sävelkorva
absolute zero *s* absoluuttinen nollapiste (–273,15 °C)
absolution /ˌæbsə'luʃən/ *s* synninpäästö
absolutism /'æbsəlʊˌtɪzm/ *s* yksinvaltius, absolutismi
absolve /əb'zalv/ *v* vapauttaa (syytöksistä, lupauksesta), päästää (synnistä, velvollisuuksistaan)
absorb /əb'zɔrb/ *v* **1** imeä itseensä (nestettä, lämpöä,valoa) **2** omaksua, imeä itseensä (tietoa) **3** viedä jonkun kaikki voimat/huomio
absorbed in *adj* uppoutunut, syventynyt (esim työhönsä)
absorbent *s* imukykyinen aine *adj* imukykyinen
absorbent cotton *s* vanu
absorption /əb'zɔrpʃən/ *s* **1** imeytyminen **2** uppoutuminen, syventyminen
abstain /əb'steɪn/ *v* ei tehdä jotakin, pidättäytyä jostakin *to abstain from alcohol/voting/comment* ei juoda (alkoholia), ei äänestää/käydä äänestämässä, ei sanoa mielipidettään ääneen
abstainer *s* **1** raitis ihminen *total abstainer* täysin raitis, raivoraitis **2** joku joka jättää äänestämättä
abstemious /əb'stimiəs/*adj* **1** pidättyväinen **2** joka syö/juo vähän, pieniruokainen
abstemiously *adv* pidättyvästi, vähän
abstemiousness *s* pidättyväisyys, pieniruokaisuus
abstention /ˌæb'stenʃən/ *s* **1** raittius **2** äänestämättä jättäminen **3** tyhjä (ääni, äänestyslippu)

abstinence /æbstənəns/ *s* raittius, pieniruokaisuus *total abstinence* täydellinen raittius, raivoraittius
abstract /'æbstrækt/ *s* lyhennelmä, tiivistelmä
abstract /ˌæb'strækt/ *v* **1** erottaa (metallia) **2** saada irti (tietoa)
adj **1** abstrakti, käsitteellinen *in the abstract* teoriassa **2** vaikeatajuinen
abstracted *adj* hajamielinen, omissa ajatuksissaan oleva
abstractedly *adv* hajamielisesti
abstraction /ˌæb'strækʃən/ *s* **1** hajamielisyys **2** teoria, haihattelu *to lose yourself in abstractions* unohtaa käytäntö/todellisuus
abstruse /ˌæb'strus/ *adj* vaikeatajuinen, vaikeaselkoinen
abstrusely *adv* vaikeatajuisesti
abstruseness *s* vaikeatajuisuus, syvällisyys
absurd /əbsərd/ *adj* järjetön, älytön
absurdity *s* **1** järjettömyys **2** järjetön/älytön teko/puhe, järjettömyys
abundance /ə'bʌndəns/ *s* yltäkylläisyys, paljous, runsaus *to have something in abundance* olla jotakin yllin kyllin, vaikka millä mitalla
abundant *adj* runsas, riittävä (todiste)
abuse /ə'bjuz/ *v* **1** rikkoa/pettää (jonkun luottamus), käyttää hyväkseen jotakin **2** haukkua, syyttää (julmasti/perusteetta) **3** pahoinpidellä
abuse /ə'bjus/ *s* **1** väärinkäyttö **2** väärinkäytös, rikkomus **3** haukkumiset, kiroilu **4** pahoinpitely
abusive /ə'bjusɪv/ *adj* **1** ruma (kieli, puhe) *abusive language* haukkuminen, kiroilu **2** joka pahoinpitelee jotakuta *she has an abusive husband* hänen miehensä pahoinpitelee häntä
abusively *adv:* ks abusive
abuse yourself *v* masturboida, tehdä itsetyydytystä
abv. *above*
abysmal /ə'bɪzməl/ *adj* pohjaton, rajaton, loputon
abysmally *adv* hirvittävän huonosti
abyss /ə'bɪs/ *s* **1** pohjaton kuilu **2** horna
A/C *air-conditioning* ilmastointi
AC *alternating current* vaihtovirta
academe /ˌækə'dem/ *s* akateeminen maailma, yliopistomaailma
academic /ˌækə'demɪk/ *s* akateemikko, akateemisesesti koulutettu (henkilö), korkeakoulun opettaja tai tutkija
adj **1** akateeminen, yliopisto- **2** epäkäytännöllinen, liian teoreettinen **3** sovinnainen, kankea
academically *adv:* ks academic
academic freedom *s* akateeminen vapaus
academician /ˌækədə'mɪʃən/ *s* **1** akateemikko, akatemian jäsen **2** akateemikko, akateemisesti koulutettu (henkilö)
academy /ə'kædəmi/ *s* oppilaitos, opisto; yliopistomaailma *military academy* eräänlainen sisäoppilaitos; sotakorkeakoulu
Academy Award *s* (elokuva-alan) Oscar®(-palkinto)
Acadia /ə'keɪdɪə/ kansallispuisto Mainessa
accede /æk'sid/ *v* **1** suostua, myöntyä (pyyntöön) **2** nousta (valtaistuimelle), astua (virkaan)
accelerate /ək'seləreɪt/ *v* kiihdyttää (vauhtia), kiihtyä, nopeuttaa, nopeutua
acceleration *s* kiihtyminen, nopeutuminen, vilkastuminen, (auton) kiihtyvyys
accelerator *s* (auton) kaasupoljin
accent /æksent æk'sent/ *v* **1** murtaa, puhua vierasperäisesti korostaen **2** painottaa (sanaa, tavua, asiaa), korostaa
accent /æksent/ *s* **1** sanapaino, paino *the accent is on the first syllable* paino on ensimmäisellä tavulla **2** aksentti, korkomerkki **3** (vierasperäinen/murteellinen) korostus *she speaks English with an accent* hän puhuu englantia murtaen **4** paino, korostus *the accent is on computers* tietokoneet ovat muodissa/korostuneesti esillä
accentuate /ˌæk'sentʃʊeɪt/ *v* korostaa, tähdentää
accentuation /ækˌsentʃʊ'eɪʃən/ *s* (asian) korostus, (sanojen) painotus

accept /ək'sept/ *v* **1** ottaa vastaan (lähetys, lahja, kutsu), ottaa (vastuu), suostua **2** hyväksyä, myöntää, ymmärtää, tunnustaa *we must accept the fact that* meidän on hyväksyttävä/myönnettävä (se tosiasia) että

acceptable *adj* **1** riittävä, tyydyttävä, hyväksyttävä **2** mieluisa, tervetullut

acceptance /ək'setəns/ *s* **1** tunnustus *to meet with general acceptance* saada osakseen yleistä tunnustusta **2** vastaanotto, hyväksyntä

accepted *adj* (yleisesti) hyväksytty/tunnustettu *it's the accepted interpretation* se on yleinen/yleisesti hyväksytty tulkinta

access /ækses/ *s* **1** tie, väylä, reitti, ovi, luukku **2** oikeus/mahdollisuus käyttää jotakin/käydä jonkun puheilla *v* **1** päästä käsiksi johonkin, voida käyttää jotakin **2** (tietok) etsiä, hakea, avata (tiedosto)

accessibility /əkˌsesə'bɪləti/ *s* saatavuus, käyttömahdollisuus, mahdollisuus päästä jonnekin, pääsy

accessible /ək'sesəbəl/ *adj* ulottuvissa/käytettävissä oleva, yleisölle avoin, altis (imartelulle)

accession /ək'seʃən/ *s* lisäys, kartutus

accession to *s* yleneminen, kohoaminen, nousu (virkaan, valtaistuimelle)

accessory /ək'sesəri/ *s* **1** rikostoveri **2** lisävaruste **3** lisäasuste

access road *s* (tontille johtava) kauttakulkutie; (moottoritien) liittymätie

access time *s* (tietok) hakuaika, saantiaika

accident /æksɪdənt/ *s* **1** onnettomuus, tapaturma, kolari, vahinko, haaveri **2** sattuma *by accident* sattumalta *it was pure accident that I met her* tapasin hänet aivan sattumalta *it's no accident that you failed* ei ollut ihme että epäonnistuit

accidental /ˌæksə'dentəl/ *adj* odottamaton, yllätyksellinen, sattuman sanelema

accidentally /ˌæksə'dentli/ *adv* sattumalta, yllättäen

accidentally on purpose *fr* muka vahingossa, tahallaan

accident-prone *adj* tapaturma-altis

acclaim /ə'kleɪm/ *s* suosionosoitukset *critical acclaim* myönteiset arvostelut, arvostelijoiden antama tunnustus *v* **1** osoittaa suosiotaan jollekulle, taputtaa käsiään jollekulle **2** valita huutoäänestyksellä

acclamation /ˌæklə'meɪʃən/ *s* **1** suosionosoitukset **2** huutoäänestys *to elect someone by acclamation* valita joku huutoäänestyksellä

acclimate /'ækləˌmeɪt/ *v* mukauttaa, mukautua, totuttaa, tottua (uuteen ilmastoon, uusiin oloihin)

acclimatization /əˌklaɪmətə'zeɪʃən/ *s* totuttaminen, totuttautuminen, tottuminen, mukauttaminen, mukautuminen

acclimatize /ə'klaɪməˌtaɪz/ *v* mukauttaa, mukautua, totuttaa, tottua *to become acclimatized* mukautua, totuttautua (uuteen ilmastoon, uusiin oloihin)

accolade /'ækəˌleɪd/ *s* ylistys, tunnustus

accommodate /ə'kamədeɪt/ *v* **1** tehdä tilaa jollekulle/jollekin **2** majoittaa jonnekin, mahtua jonnekin *the car can accommodate four adults* autoon mahtuu neljä aikuista **3** mukauttaa, sovittaa johonkin, muuttaa johonkin sopivaksi

accommodating *adj* avulias, valmis myönnytyksiin

accommodation *s* majoituspaikka, hotellihuone

accompaniment /ə'kʌmpənɪmənt/ *s* **1** (mus) säestys **2** johonkin liittyvä asia; sivuseikka

accompanist /ə'kʌmpənəst/ *s* (mus) säestäjä

accompany /ə'kʌmpəni/ *v* **1** (mus) säestää **2** olla/mennä/tulla jonkun mukana, saattaa **3** esiintyä samanaikaisesti jonkun kanssa, liittyä johonkin

accomplice /ə'kampləs/ *s* rikostoveri

accomplish /ə'kamplɪʃ/ *v* saada aikaan/valmiiksi/tehdyksi *that didn't* *accomplish anything* siitä ei ollut mitään hyötyä, se oli ihan turha teko/huomautus

accomplished *adj* **1** pätevä, taitava, osaava **2** valmis, tehty

accomplishment *s* **1** (tavoitteiden) saavuttaminen, (työn) valmistuminen **2** saavutus, aikaansaannos **3** taito, kyky

accord /ə'kɔrd/ *s* **1** yhteisymmärrys, yksimielisyys; sopimus *Gerry is in accord with his boss* Gerry on pomonsa kanssa samaa mieltä *of its own accord* itsestään *of your own accord* omin päin, vapaaehtoisesti *with one accord* yksimieliset/kuin yhdestä suusta/yhteen ääneen **2** suoda, antaa jollekulle jotakin

accordance /ə'kɔrdəns/ *s: in accordance with* jonkin mukaisesti

accordingly *adv* siksi, sen vuoksi, siis

according to *prep* jonkin/jonkun mukaan *according to the rules* sääntöjen mukaan *according to size* koon mukaan *according to height* pituusjärjestyksessä, pituusjärjestykseen

accordion /ə'kɔrdɪən/ *s* harmonikka

accord with *v* sopia yhteen jonkin kanssa, olla ristiriidassa jonkin kanssa

accost /ə'kast/ *v* lähestyä, puhutella jotakuta

account /ə'kaʊnt/ *s* **1** tili *to open a bank account* avata pankkitili *to settle your account with someone* maksaa velkansa jollekulle, (kuv) selvittää välinsä jonkun kanssa **2** selonteko, lehtikirjoitus *by his own account* oman selityksensä mukaan *by all accounts* ilmeisesti; näyttää siltä että **3** (mainostoimiston) asiakas **4** *of no/little account* mitätön, merkityksetön *to take account of someone/something* ottaa joku/jokin huomioon *on no account* ei missään nimessä/tapauksessa *on this/that account* sen vuoksi, sen tähden *v* pitää jonakin, katsoa joksikin *to account someone guilty* pitää jotakuta syyllisenä

accountable *adj* vastuussa jostakin, tilivelvollinen jollekulle

accountant *s* **1** tilintarkastaja **2** veroneuvoja

account for *v* **1** selittää *how do you account for it?* miten sinä sen selität? **2** muodostaa, olla *this area accounts for two thirds of world production* tällä alueella valmistetaan kaksi kolmannesta maailman kokonaistuotannosta

accredit /ə'kredɪt/ *v* **1** nimittää/määrätä suurlähettilääksi, akkreditoida **2** (koulusta) antaa/saada oikeus valmistaa oppilaita korkeakouluopetukseen

accrue /ə'kru/ *v* kasvaa (korkoa), poikia, koitua jonkun osaksi

accrued interest *s* (tal) kertynyt korko

accumulate /ə'kjumjə,leɪt/ *v* kerätä, kertyä, kasata, kasautua, kasvaa (korkoa)

accumulation /ə,kjumjə'leɪʃən/ *s* kerääminen, kasaaminen, kasautuminen, (koron) kasvu

accumulative /ə'kjumjələtɪv/ *adj* kasaantuva, kasaava, kumulatiivinen

accumulator /ə'kjumjə,leɪtər/ *s* akku (myös tietok)

accuracy /ækjərəsi/ *s* tarkkuus

accurate /ækjərət/ *adj* tarkka (kello, sanoissaan), huolellinen (työssään)

accurately *adv* tarkasti, huolellisesti

accursed /ə'kərst/ *adj* kirottu, viheliäinen

accusation /,ækjə'zeɪʃən/ *s* syytös, syyte

accuse /ə'kjuz/ *v* **1** syyttää *he stands accused for murder* häntä syytetään murhasta **2** moittia

accused *the accused* syytetty (osapuoli)

accuser *s* syyttäjä

accusingly *adv* syyttävästi, tuomitsevasti

accustom /ə'kʌstəm/ *v* totuttaa *to accustom yourself to something* totuttautua/tottua johonkin *to become accustomed to something* tottua johonkin

accustomed *adj* lempi-, tavanomainen *my accustomed seat* lempipaikkani, lempituolini

ace /eɪs/ *s* **1** ässä, valtti *to have an ace up your sleeve* olla jotakin takataskussaan/yllätyksenä **2** mestari, loistourheilija yms **3** *he came within an ace of succeeding* hän oli vähällä onnistua
ace in the hole *fr* valtti
acerbic /ə'serbɪk/ *adj* kitkerä, hapan (myös kuv), katkera
acerbity /ə'serbəti/ *s* (maun) kitkeryys, happamuus (myös kuv), katkeruus, piikikkyys, ilkeys, pahantuulisuus
ache /eɪk/ *s* kipu, särky, jomotus *v* särkeä, jomottaa, olla kipeä
ache for *v* kaivata kipeästi/kovasti jotakin
achievable *adj* mahdollinen; joka on mahdollisuuksien rajoissa
achieve /ə'tʃiv/ *v* **1** saada aikaan **2** saavuttaa (mainetta, menestystä, kunniaa)
achievement *s* saavutus, aikaansaannos
Achilles heel /ə'kɪliz hiəl/ *s* Akilleen kantapää, heikko kohta
Achilles tendon /tendən/ *s* akillesjänne
aching /eɪkiŋ/ *adj* kipeä (myös kuv), särkevä
acid /æsɪd/ *s* **1** happo **2** LSD *adj* hapan (maku, puhe, käytös)
acid-head *s* (sl) LSD-narkomaani
acidity /ə'sɪdəti/ *s* happamuus
acid rain *s* happosade
acid test *s* koetinkivi, tulikoe
acknowledge /ək'nalədʒ/ *v* **1** tunnustaa, myöntää **2** ilmoittaa (että lähetys on saapunut) **3** kiittää jostakin, tunnustaa (ansiot) **4** tervehtiä, vastata tervehdykseen
acknowledgement *s* tunnustus, kiitos, vastaus (kirjeeseen), vahvistus (lähetyksen saapumisesta) *in acknowledgement of something* jonkin merkiksi, osoitukseksi jostakin
acme /ækmi/ *s* huippu, huipentuma *he is at the acme of his career* hän on uransa huipulla
acne /ækni/ *s* akne, finnit, finnitauti
acorn /eɪkɔrn/ *s* tammenterho
acoustic /ə'kustɪk/ *adj* akustinen, ääntä, kuulumista tai kaikusuhteita koskeva
acoustics /ə'kustɪks/ *s* **1** (tiede) akustiikka **2** huoneakustiikka, akustiikka
acquaint /ə'kweɪnt/ *v* tutustuttaa johonkin *to be acquainted with someone/something* tuntea joku, hallita/osata jokin asia *to become acquainted with someone/something* tutustua johonkuhun/johonkin, saada kuulla jostakin, perehtyä johonkin *to acquaint yourself with someone/something* tutustua johonkuhun/johonkin
acquaintance /ə'kweɪntəns/ *s* **1** tuttu, tuttava **2** tuttavuus, asiantuntemus, tuntemus, hallinta *to make the acquaintance of someone* tutustua johonkuhun, oppia tuntemaan joku *his acquaintance with the subject is limited* hän tuntee alaa vain huonosti
acquiesce /ˌækwɪ'es/ *v* myöntyä, alistua, suostua, nöyrtyä johonkin
acquiescence /ˌækwɪ'esəns/ *s* myöntyminen, nöyrtyminen, alistuminen; nöyryys
acquiescent *adj* nöyrä, alistuvainen, alistunut; joka on samaa mieltä
acquire /ə'kwaɪər/ *v* hankkia, oppia *to acquire a taste for something* oppia pitämään jostakin, päästä jonkin makuun
acquired immune deficiency syndrome /ə'kwaɪərd ɪ'mjun də'fɪʃənsi 'sɪndroʊm/ *s* immuunikato, aids
acquisition /ˌækwə'zɪʃən/ *s* **1** kerääminen, keruu **2** ostos, hankinta; yritysosto **3** arvokas lisä, uusi jäsen/työntekijä
acquisitive /ə'kwɪsətɪv/ *adj* omistushaluinen, ahne
acquit /ə'kwɪt/ *v* **1** vapauttaa syytteestä, julistaa syyttömäksi **2** selviytyä, käyttäytyä tietyllä tapaa *she acquitted herself well* hän hoiti asiansa hienosti
acquittal /ə'kwɪtəl/ *s* syytöksestä vapauttaminen, vapauttava tuomio
acre /eɪkər/ *s* eekkeri (0,4 hehtaaria)
acreage /eɪkərɪdʒ/ *s* maa-ala, pinta-ala

acrid /ækrəd/ *adj* kitkerä, karvas (haju, maku)
acrimonious /ˌækrə'moniəs/ *adj* pisteliäs, piikikäs, kiivas, kärkevä (puhe, kiista)
acrimony /'ækrəˌmoni/ *s* piikikkyys, kiivaus, kärkevyys
acrobat /'ækrəˌbæt/ *s* akrobaatti, sirkusvoimistelija
acrobatic /ˌækrə'bætɪk/ *adj* akrobaattinen
acrobatics *s* akrobatia, sirkusvoimistelu
acromion /ə'kroʊmiən/ *s* olkalisäke
acronym /'ækrəˌnɪm/ *s* kirjainsana, useiden sanojen alkukirjaimista muodostettu sana (esim *NASA* sanoista *National Aeronautics and Space Administration*)
acrophobia /ˌækrə'fobiə/ *s* korkean paikan kammo, akrofobia
acropolis /ə'krapəlɪs/ *s* akropolis, linna vanhoissa Kreikan kaupungeissa
across /ə'kras/ *prep* **1** yli, poikki *to run across the road* juosta tien yli/poikki **2** toisella puolella, toiselle puolelle *across the river* joen vastarannalla **3** ristissä, ristikkäin, poikittain *he was sprawled across the bed* hän makasi vuoteella poikittain
across-the-board /ə'krasðəˌbɔrd/ *adj* yleinen, kaikkia koskeva, kautta linjan
across the board *fr* kautta linjan, yleisesti
act /ækt/ *s* **1** teko *an act of madness* hullu teko/temppu *he was caught in the act* hänet saatiin kiinni itse teosta/verekseltään **2** laki, asetus **3** (näytelmän) näytös **4** (ohjelman osan muodostava) esitys, numero **5** teeskentely *it's all an act* se on pelkkää teeskentelyä/teatteria *v* **1** toimia **2** (esim lääkkeestä) vaikuttaa **3** näytellä, esittää jotakin osaa **4** teeskennellä, esittää jotakin *don't act stupid!* älä esitä/leiki/teeskentele tyhmää!
act as *v* toimia jonakin, toimia jossakin ominaisuudessa, hoitaa jonkun tehtäviä
acting *s* näytteleminen *adj* sijais-, virkaatekevä
action /ækʃən/ *s* **1** toiminta *now is the time for action* on aika toimia/ryhtyä toimiin *to take action* ryhtyä toimiin *course of action* menettely **2** (näytelmän, romaanin, elokuvan) tapahtumat **3** teko **4** oikeudenkäynti *to bring action against someone* haastaa joku oikeuteen, nostaa kanne jotakuta vastaan **5** vaikutus **6** (sot) taistelu *he was killed in action* hän kaatui sodassa
activate /'æktəˌveɪt/ *v* käynnistää (laite), kytkeä päälle (hälytin), sytyttää (pommi), aktivoida
active /æktɪv/ *adj* aktiivinen, toimiva, vilkas, reipas *to be active in politics* olla aktiivisesti mukana politiikassa *to be under active consideration* olla vakavasti harkittavana
actively *adv* aktiivisesti, vilkkaasti, reippaasti
active voice *s* (kieliopissa) aktiivi
activist /'æktəvəst/ *s* aktivisti, aktiivinen osallistuja/kannattaja
activity /ˌæk'tɪvɪti/ *s* **1** puuha, harrastus, työ, toiminta **2** vireys, energia
act of God *s* luonnonmullistus, luonnonihme
act of war *s* sotatoimi
act on *v* **1** noudattaa, seurata (neuvoja, ohjeita, hetken mielijohdetta), ryhtyä toimenpiteisiin **2** (lääkkeestä tms) vaikuttaa
actor /æktər/ *s* näyttelijä
act out *v* esittää, näytellä
actress /æktrəs/ *s* näyttelijätär, näyttelijä
actual /ækʃʊəl/ *adj* todellinen, varsinainen *in actual fact* oikeastaan, itse asiassa
actuality /ˌækʃʊ'æləti/ *s* todellisuus, tosiasiat, (mon myös) realiteetit
actually *adv* **1** todellisesti, varsinaisesti **2** ihme kyllä, itse asiassa
actuate /ækʃʊeɪt/ *v* **1** kannustaa **2** käynnistää
actuator *s* servojärjestelmä, servo
act up *v* reistailla, vaivata jotakuta, aiheuttaa harmia, mutkitella
act your age *fr* olla ihmisiksi, käyttäytyä ikänsä edellyttämällä tavalla
acumen /ækjʊmən/ *s* taju, vainu

acupuncture /'ækjʊˌpʌŋkʃər/ *s* akupistely
acute /ə'kjut/ *adj* **1** (aisti) terävä, tarkka **2** (sairaus) äkillinen, akuutti **3** (ongelma) vakava, kova, pakottava, (pula) huutava
acute accent *s* akuutti aksentti (´)
acute angle *s* terävä kulma
acutely *adv:* ks acute
acuteness *s:* ks acute
ad /æd/ *s* lehtimainos, mainos, ilmoitus *to run an ad in the paper* panna ilmoitus lehteen
A.D. *anno domini* jKr.
A/D *analog to digital* analogia/digitaali-
adage /ædədʒ/ *s* sananparsi, vanha viisaus
Adam /ædəm/ Aatami *not know somebody from Adam* ei tuntea jotakuta
adamant /ædəmənt/ *adj* tiukka, järkkymätön; joka ei anna periksi
Adam's apple *s* aataminomena
adapt /ə'dæpt/ *v* sovittaa, mukauttaa, sopeutua, mukautua (uusiin oloihin tms)
adaptable /ə'dæptəbəl/ *adj* sopeutuvainen, sopeutuva, sopeutumiskykyinen, mukautuvainen, mukautuva
adaptation /ˌædæp'teɪʃən/ *s* (televisio/näyttämö)sovitus
adapter /ə'dæptər/ *s* sovitin; putkiyhde
add /æd/ *v* **1** laskea yhteen **2** lisätä
add. *additional; addition; address*
addax /'ædæks/ *s* mendesinantilooppi
addenda /ə'dendə/ ks addendum
addendum /ə'dendəm/ *s* (mon addenda) lisäys, liite
adder /ædər/ *s* kyykäärme, kyy
addict /ædɪkt/ *s* narkomaani *a drug addict* narkomaani *cocaine addict* kokainisti *heroin addict* heroinisti
addicted to *adj* riippuvainen jostakin, -narkomaani *he is addicted to movies* hän on elokuvahullu
addiction /ə'dɪkʃən/ *s* riippuvuus
addictive /ə'dɪktɪv/ *adj* riippuvuutta aiheuttava
adding machine *s* laskukone
Addis Ababa /ˌædəs'æbəbə adɪs'abeba/ Addis Abeba (Etiopiassa)
addition /ə'dɪʃən/ *s* **1** yhteenlasku **2** lisä; uusi työntekijä **3** *in addition to* lisäksi
additional *adj* ylimääräinen, lisä *the batteries are additional* paristot eivät kuulu hintaan, paristoista veloitetaan erikseen
additionally *adv* lisäksi
additive /ædətɪv/ *s* lisäaine *food additive* elintarvikelisäaine
add onto *v the neighbors are adding onto their house* naapurit laajentavat taloaan
address /ə'dres/ *v* **1** puhua jollekulle, pitää puhe **2** puhutella jotakuta jollakin tittelillä **3** osoittaa, kohdistaa, suunnata jotakin jollekulle **4** kirjoittaa osoite kuoreen/kirjeeseen
address /ædres ə'dres/ *s* **1** osoite **2** puhe **3** (golf) aloitusasento jossa pallo on mailan takana
addressee /əˌdre'si/ *s* (kirjeen) vastaanottaja
add to *v* lisätä, vaikuttaa osaltaan johonkin
adduce /ə'dus/ *v* tuoda esiin, esittää
add up *v* **1** laskea yhteen *could you add this column of figures up for me?* voisitko laskea nämä luvut yhteen? **2** merkitä, tarkoittaa, seurata, täsmätä, olla merkitsevä/järkevä **3** *this offer just doesn't add up* en parhaallakaan tahdolla saa tolkkua tästä tarjouksesta, se on aivan päätön
add up to *v* tehdä yhteensä *it adds up to a pretty penny* siitä tulee sievoinen summa
Adelaide /'ædəˌleɪd/ Adelaide
adenoids /'ædə'nɔɪdz/ *s* (mon) kitarisat
adept /ə'dept/ *adj* taitava
adequacy /ædəkwəsi/ *s* riittävyys *he doubts his adequacy for the job* hän epäilee onko hänestä siihen työhön
adequate /ædəkwət/ *adj* riittävä, tarpeeksi hyvä
adequately *adv* riittävästi, tarpeeksi, tarpeeksi hyvin
adherence /əd'hɪərəns/ *s* **1** pito, kiinnipysyminen **2** uskollisuus

adherent *s* kannattaja
adhere to /əd'hɪər/ *v* **1** kiinnittyä **2** pysyä uskollisena jollekin, pitää kiinni mielipiteestään tms
adhesion /əd'hiʒən/ *s* **1** kiinnittyminen, pito, kiinnipysyminen **2** (kudosten) yhteenkasvaminen, kiinnikasvaminen
adhesive /əd'hisɪv/ *s* **1** liima, sideaine **2** nuoltava postimerkki *adv* tarttuva, itsestään kiinnittyvä
ad hoc /æd hak/ *adj, adv* tilapäinen, tiettyä tarkoitusta varten perustettu
adieu /æ'du/ *s* jäähyväiset *interj* näkemiin!
adipose tissue /ædɪpoʊs tɪʃu/ *s* rasvakudos
Adirondacks /ˌædə'randæks/ Adirondackvuoret (New Yorkin osavaltiossa)
adjacent /ə'dʒeɪsənt/ *adj* viereinen, vierekkäinen, rinnakkainen, naapuri-
adjectival /ˌædʒək'taɪvəl/ *adj* adjektiivi-
adjective /ædʒəktɪv/ *s* adjektiivi
adjoin /ə'dʒoɪn/ *v* olla vierekkäin, olla jonkin vieressä
adjourn /ə'dʒərn/ *v* **1** siirtää myöhemmäksi, lykätä **2** lopettaa (kokous) **3** siirtyä toiseen paikkaan, mennä *shall we adjourn to the parlor?* siirrymmekö olohuoneeseen?
adjournment *s* siirto (myöhemmäksi), lykkääminen
adjudge /ə'dʒʌdʒ/ *v* (tuomioistuimesta) päättää, määrätä *the court adjudged him guilty* oikeus totesi hänet syylliseksi
adjudicate /ə'dʒudɪkeɪt/ *v* **1** (tuomari) päättää, määrätä **2** olla tuomarina, toimia välittäjänä
adjudication *s* tuomitseminen, ratkaiseminen; tuomio, ratkaisu
adjudicator *s* tuomari; sovittelija
adjunct /ædʒʌnkt/ *s* **1** lisävaruste **2** (kieliopissa) määrite, attribuutti
adjuration /ˌædʒə'reɪʃən/ *s* harras pyyntö
adjure /ə'dʒʊər/ *v* vannottaa joku tekemään jotakin, vaatia hartaasti
adjust /ə'dʒʌst/ *v* **1** sopeutua, mukautua **2** säätää
adjustable *adj* säädettävä
adjustment *s* **1** sopeutuminen **2** säätö **3** säädin
adjutant /ædʒətənt/ *s* adjutantti, avustaja
ad lib /ˌæd'lɪb/ *adv* vapaasti
ad-lib *v* keksiä/lisätä omiaan, improvisoida
Adm. *admiral*
adman /'ædˌmæn/ *s* mainosihminen, mainosten tekijä, mainostilan myyjä (sanoista *advertising man*)
admeasure /æd'meʒər/ *v* mitata, annostella
admin. *administrator*
administer /əd'mɪnəstər/ *v* **1** johtaa, hallita, hoitaa hallintoa/hallintoasioita **2** antaa (apua, lääkettä, rangaistus)
administer an oath to someone *fr* ottaa joltakulta vala
administration /ədˌmɪnəs'treɪʃən/ *s* **1** valtionhallinto, hallinto **2** myös *The Administration* Yhdysvaltain hallitus (valtionhallinnon toimeenpaneva haara: presidentti ja hallitus) *during the Bush administration* Bushin hallituskaudella
administrative /əd'mɪnəˌstrətɪv/ *adj* hallinnollinen, hallinto-
administrator /əd'mɪnəˌstreɪtər/ *s* **1** hallintovirkailija **2** (kuolin)pesänselvittäjä
administratrix /əd'mɪnəˌstreɪtrɪks/ *s* **1** (naispuolinen) hallintovirkailija **2** (naispuolinen) (kuolin) pesänselvittäjä
admirable /ædmərəbəl/ *adj* ihailtava, erinomainen
admirably *adv* ihailtavasti, erinomaisesti
admiral /ædmərəl/ *s* amiraali
admiration /ˌædmə'reɪʃən/ *s* ihailu, ihastus
admire /əd'maɪər/ *v* **1** ihailla, ihmetellä **2** ihastella, kehua
admirer /əd'maɪərər/ *s* ihailija
admiring *adj* ihaileva
admiringly *adv* ihaillen, ihailevasti
admissible /əd'mɪsəbəl/ *adj* sallittu, luvallinen, hyväksyttävä

admission /əd'mɪʃən/ *s* **1** sisäänpääsy, pääsy *no admission* pääsy kielletty **2** pääsymaksu **3** tunnustus *by/on his own admission* kuten hän itse myönsi *that meant an admission of failure* se merkitsi tappion tunnustamista
admit /əd'mɪt/ *v* **1** päästää sisään **2** olla tilaa tietylle ihmismäärälle **3** myöntää, tunnustaa *she admitted stealing the money* hän myönsi varastaneensa rahat
admit of *v* sallia
admittance /əd'mɪtəns/ *s* sisäänpääsy, pääsy *no admittance* pääsy kielletty
admittedly /əd'mɪtədli/ *adv* kieltämättä; täytyy myöntää että
admit to *v* tunnustaa *he admitted to a feeling of envy* hän myönsi olevansa kateellinen
admixture /æd'mɪkstʃər/ *s* sekoitus
admonish /æd'manɪʃ/ *v* nuhdella, ojentaa, varoittaen moittia
admonition /ˌædmə'nɪʃən/ *s* nuhtelu, ojennus
ad nauseam /æd 'naʊzɪəm/ *adv* liikaa, kyllästyttävässä määrin, pitkästymiseen saakka
ado /ə'du/ *without further ado* sen pitemmittä puheitta *much ado about nothing* paljon touhua tyhjästä
adobe /ə'doʊbi/ *s* auringossa kuivattu savi- ja olkitiili
adj savi- ja olkitiilistä tehty *adobe house* savitiilitalo
adolescence /ˌædə'lesəns/ *s* nuoruus
adolescent *s, adj* nuori
adopt /ə'dapt/ *v* **1** adoptoida, ottaa ottolapseksi **2** omaksua (ajatus, tapa) **3** hyväksyä (esim lakiehdotus)
adoption /ə'dapʃən/ *s* adoptio, ottolapseksi ottaminen *his country of adoption* hänen uusi kotimaansa
adoptive /ə'daptɪv/ *adj* adoptio- *adoptive parents* adoptiovanhemmat
adorable /ə'dɔrəbəl/ *adj* ihastuttava, hurmaava
adorably *adv* ihastuttavasti, hurmaavasti
adoration /ˌædə'reɪʃən/ *s* ihailu, palvonta, (rajaton) rakkaus jotakuta kohtaan
adoring *adj* ihaileva, rakastava
adoringly *adv* ihaillen, täynnä ihastusta
adorn /ə'dɔrn/ *v* koristella
adornment *s* koristeet, somisteet, korut
adrenal gland /ə'drinəl glænd/ *s* lisämunuainen
adrenalin /ə'drenələn/ *s* adrenaliini
adrift /ə'drɪft/ *adj, adv* **1** (laiva, vene) tuuliajolla **2** *to come adrift* irrota, (kuv) mennä myttyyn *to cast/turn someone adrift* jättää joku oman onnensa nojaan
adroit /ə'drɔɪt/ *adj* taitava, nokkela, terävä
adroitly *adv* taitavasti, nokkelasti, terävästi
adroitness *s* taitavuus, nokkeluus, terävyys
adulation /ˌædʒə'leɪʃən/ *s* **1** ihannointi **2** imartelu
adult /ə'dʌlt/ *s, adj* aikuinen, täysi-ikäinen, täysikasvuinen
adulterate /ə'dʌltəreɪt/ *v* jatkaa (ruokaa, juomaa) huonoilla aineilla, laimentaa, huonontaa sekoittamalla
adulterer *s* avionrikkoja (mies)
adulteress /ə'dʌltərəs/ *s* avionrikkoja (nainen)
adulterous /ə'dʌltərəs/ *adj* aviorikos-, uskoton
adultery /ə'dʌltəri/ *s* aviorikos, uskottomuus *to commit adultery* tehdä aviorikos
adulthood *s* aikuisikä
advance /əd'væns/ *s* **1** edistys(askel), kehitys **2** lisäys, kasvu **3** lähentely-yritys *that Johnson boy is always making advances at me* tuo Johnsonin poika aina vaan lähentelee minua **4** *in advance* etukäteen, ennakolta, ennen jotakuta *thanking you in advance* (kirjeessä) kiitän teitä jo etukäteen *to be well in advance of your time* olla paljon aikaansa edellä
v **1** edetä, kulkea eteenpäin **2** edistyä, kehittyä, edetä (uralla) **3** (hinnoista)

nousta, nostaa, kallistua **4** aikaistaa, siirtää aikaisemmaksi **5** auttaa, olla avuksi, edistää **6** maksaa ennakkoa/ etukäteen *Could you advance me $100 out of next month's paycheck?* Voisitko antaa ensi kuun palkastani 100 dollaria ennakkoa? *to advance towards someone/something* lähestyä jotakuta/jotakin

advancement *s* **1** ylennys **2** edistäminen, parantaminen

advance sales *s* (esim lippujen) ennakkomyynti

advantage /əd'væntədʒ/ *s* **1** etu, etumatka **2** hyöty **3** *to take advantage of* käyttää hyväkseen *to have an advantage over* olla etulyöntiasemassa johonkuhun nähden, olla edellä jostakusta *to have the advantage of numbers* olla miesylivoima, olla lukumääräinen ylivoima, olla enemmän kuin vastustajia

advantageous /ˌædvən'teɪdʒəs/ *adj* edullinen, hyödyllinen

advantageously *adv* edullisesti, jonkun eduksi

advent /ædvent/ *s* **1** alku, keksiminen **2** *Advent* adventti

Adventist /ædventəst/ *s* adventisti

adventitious /ˌædven'tɪʃəs/ *adj* satunnainen

adventure /əd'ventʃər/ *s* seikkailu, seikkailuretki, jännitys *she is fond of adventure* hän on seikkailunhaluinen

adventurer *s* **1** seikkailija **2** uhkarohkea/epärehellinen onnenonkija, seikkailija

adventuresome /əd'ventʃərsəm/ *adj* jännittävä, vaarallinen, seikkailukas

adventuress *s* (naispuolinen) seikkailija (ks adventurer)

adventurous *s* **1** seikkailunhaluinen **2** jännittävä, vaarallinen

adverb /ædvərb/ *s* adverbi

adverbial /əd'vərbɪəl/ *s* adverbiaali *adj* adverbiaali-

adverbially *adv* adverbiaalisesti, adverbiaalina

adversary /'ædvərˌseri/ *s* vastustaja, vihollinen

adverse /əd'vərs 'ædvərs/ *adj* epäedullinen, epäsuotuisa, huono, ankara (arvostelu)

adversely *adv* epäedullisesti, huonosti, ankarasti *if they decide adversely for our interest* jos he tekevät meidän etumme vastaisen päätöksen

adversity /əd'vərsəti/ *s* hätä, vastoinkäyminen, vaikeus

advertise /'ædvərˌtaɪz/ *v* mainostaa

advertisement /ˌædvər'taɪzmənt əd'vərtɪzmənt/ *s* **1** mainonta **2** mainos *the company put an advertisement in the paper for their new product* yritys pani lehteen ilmoituksen/mainoksen uudesta tuotteestaan

advertising agency *s* mainostoimisto

advert to /əd'vərt/ *v* **1** viitata johonkin, huomauttaa jostakin **2** poiketa asiasta, siirtyä toiseen asiaan

advice /əd'vaɪs/ *s* neuvo, neuvot *let me give you a piece of advice* haluan antaa sinulle hyvän neuvon *I didn't ask for your advice* en kysynyt sinulta neuvoa *to act on someone's advice* noudattaa jonkun neuvoa

advisable /əd'vaɪzəbəl/ *adj* suositeltava, viisas

advise /əd'vaɪz/ *v* **1** neuvoa, suositella **2** ilmoittaa *she keeps me advised of the latest news* hän kertoo minulle uusimmat uutiset

advisement /əd'vaɪzmənt/ *s* pohdinta, harkinta, käsittely *to take something under advisement* ottaa jotakin pohdittavaksi, harkita jotakin

adviser /əd'vaɪzər/ *s* neuvonantaja

advisor /əd'vaɪzər/ *s* neuvonantaja

advisory *s* varoitus, tiedotus *travelers' advisory* kelivaroitus *adj* neuvoa-antava

advocacy /ædvəkəsi/ *s* (jonkun tai jonkin) puolustus, kannatus

advocate /ædvəkeɪt/ *v* kannattaa, puoltaa

advocate /ædvəkət/ *s* **1** (jonkun tai jonkin) puolustaja, kannattaja, puolestapuhuja **2** asianajaja

AEC *Atomic Energy Commission*

Aegean Sea /eɪ'dʒiən/ Aigeianmeri, Egeanmeri
aegis /idʒəs/ *under the aegis of* jonkun/jonkin turvin/suojeluksessa
aerate /ereɪt/ *v* ilmastaa, sekoittaa ilmaa johonkin
aeration /er'eɪʃən/ *s* ilmastus, ilman sekoittaminen johonkin
aerial /eriəl/ *s* antenni
adj ilma-, lento- *aerial reconnaissance* lentotiedustelu
aerobatics /ˌerə'bætɪks/ *s* taitolento
aerobics /e'roʊbɪks/ *s* aerobinen harjoittelu/liikunta
aerodynamics /ˌerədaɪ'næmɪks/ *s* aerodynamiikka
aeronautics /ˌerə'naʊtɪks/ *s* ilmailu
aeroplane /erəpleɪn/ *s* lentokone
aerosol /erəsal/ *s* suihke, aerosoli; suihkepullo
aerospace /erəspeɪs/ *s* Maan ilmakehä ja avaruus
adj avaruus-
aerospace plane *s* avaruuslentokone (joka lentää avaruudessa mutta nousee lentokentältä)
aesthete /esθit/ *s* esteetikko
aestheticism /əs'θetɪˌsɪzəm/ *s* estetismi
aesthetics /əs'θetɪks/ *s* estetiikka
afar /ə'far/ *adv* kaukana, kauas *from afar* kaukaa
AFB *air force base* lentotukikohta
affability /ˌæfə'bɪləti/ *s* ystävällisyys, seurallisuus
affable /æfəbəl/ *adj* ystävällinen, seurallinen
affably *adv* ystävällisesti, seurallisesti
affair /ə'feər/ *s* **1** asia, juttu *in the current state of affairs* nykytilanteessa *a man of affairs* liikemies *that's my affair* se on minun oma asiani, se ei kuulu sinulle/muille **2** rakkaussuhde, suhde *the boss had an affair with his secretary* pomolla oli suhde sihteerinsä kanssa
affect /ə'fekt/ *v* **1** vaikuttaa johonkin **2** liikuttaa jotakuta, vaikuttaa voimakkaasti jonkun tunteisiin **3** (sairaus) iskeä johonkuhun*his heart is affected* hänellä on vikaa sydämessä **4** teeskennellä *she affected ignorance* hän teeskenteli tietämätöntä **5** pitää yllään, pitää kovasti jostakin, olla kovasti mieleen *he affected traditional clothes* hän pukeutui (mielellään) perinteisiin vaatteisiin
affect /æfekt/ *s* (psykologiassa) tunne, affekti
affectation /ˌæfek'teɪʃən/ *s* teeskentely, teennäinen käytös, esiintyminen, puhetapa tms
affected /ə'fektəd/ *adj* teennäinen, epäaito (käytös, esiintyminen tms)
affection /ə'fekʃən/ *s* rakkaus *to feel affection for* pitää kovasti, rakastaa
affectionate /əˌfekʃənət/ *adj* rakastava, hellä
affectionately *Yours affectionately* (kirjeen lopputervehdyksenä) sinun
affective /æ'fektɪv/ *adj* tunteellinen, tunne-, affektiivinen
affidavit /ˌæfə'deɪvət/ *s* kirjallinen vakuutus (jota käytetään oikeudessa todisteena)
affiliate /ə'fɪlieɪt/ *v* liittyä, liittää (järjestön tms jäseneksi)
affiliation /əˌfɪlɪ'eɪʃən/ *s* liittyminen, liittäminen, yhteys *political affiliation* poliittinen kanta, puoluejäsenyys
affinity /ə'fɪnəti/ *s* **1** samankaltaisuus, lähisukuisuus **2** sukulaisuus **3** veto: *to feel affinity for/to* tuntea vetoa johonkuhun/johonkin
affirm /ə'fərm/ *v* vahvistaa, todistaa, vakuuttaa oikeaksi tms
affirmation /ˌæfər'meɪʃən/ *s* vakuutus, varmistus, todistus
affirmative /ə'fərmətɪv/ *s* (vastaus) kyllä
adj myönteinen (vastaus)
affirmative action *s* naisten ja vähemmistöjen työnsaanti- ja osallistumismahdollisuuksien parantaminen, tätä valvova ryhmä tai verkosto
affirmatively *adv* (vastata) myönteisesti, kyllä
affix /æfɪks/ *s* (sanan) etuliite tai jälkiliite, affiksi
affix /ə'fɪks/ *v* kiinnittää

afflict /ə'flɪkt/ *v* vaivata, kiusata *to be afflicted with a disease* sairastaa, kärsiä jostakin sairaudesta
affluence /æflʊəns/ *s* vauraus, hyvinvointi, yltäkylläisyys
affluent /æflʊənt/ *adj* vauras, hyvinvoipa
affluent society *s* elintasovaltio
afford /ə'fɔrd/ *v* **1** olla varaa johonkin *I can't afford to make another mistake* minulla ei ole varaa enää yhteenkään virheeseen **2** tarjota, antaa *that affords me an excellent opportunity to move out of this house* siitä saan hyvän syyn muuttaa pois tästä talosta
affordable /ə'fɔrdəbəl/ *adj* edullinen, halpa, johon jollakulla on varaa *the price is very affordable* hinta on hyvin edullinen
afforest /ə'fɔrəst/ *v* metsittää, istuttaa metsää jonnekin
afforestation /əˌfɔrəs'teɪʃən/ *s* metsitys, metsän istutus
affray /ə'freɪ/ *s* kahakka, tappelu, yhteenotto
affront /ə'frʌnt/ *s* loukkaus *v* loukata
Afghan /'æfˌgæn/ *s, adj* afganistanilainen
Afghani /æf'gæni/ ks edellistä
Afghanistan /æf'gænɪsˌtæn/ Afganistan
aficionado /əˌfɪʃə'nadoʊ/ *s* asianharrastaja, harrastaja
afield /ə'fiəld/ *adv* kaukana *far afield* kaukana
afire /ə'faɪər/ *adj* **1** tulessa *the arsonist set the house afire* tuhopolttaja sytytti talon palamaan **2** (tunteista) palava, hehkuva *to be afire with anger* kiehua vihaa
AFL *American Federation of Labor; American Football League*
aflame /ə'fleɪm/ *adj* **1** liekeissä, tulessa **2** (tunteesta) palava, hehkuva *she was aflame with desire* hän paloi intohimosta
AFL-CIO /ˌeɪef'el ˌsiaɪ'oʊ/ *American Federation of Labor and Congress of Industrial Organizations* Yhdysvaltain suurin ammattiliittojen kattojärjestö
afloat /ə'floʊt/ *adj, adv* **1** (veden) pinnalla *to stay afloat* kellua, ei upota **2** velaton, pystyssä (ei vararikossa) **3** (huhu) liikkeellä
afoot /ə'fʊt/ *adv* käynnissä, tekeillä
aforementioned /ə'fɔrˌmenʃənd/ *adj* edellä mainittu
aforesaid /ə'fɔrsed/ *adj* edellä mainittu
afoul /ə'faʊl/ *to come/fall/run afoul of the law* rikkoa lakia
afraid /ə'freɪd/ *adj* **1** *to be afraid of* pelätä *he was afraid to leave her alone* hän pelkäsi jättää hänet yksin **2** *I'm afraid that* pelkäänpä että, olen pahoillani mutta, ikävä kyllä, valitettavasti
afresh /əfreʃ/ *adv* uudelleen alusta, uudestaan
Africa /æfrɪkə/ Afrikka
African /æfrɪkən/ *s, adj* afrikkalainen
African-American *s,* amerikanafrikkalainen, afroamerikkalainen, musta (yhdysvaltalainen) *adj* mustien, musta
African ass *s* afrikanvilliaasi
African buffalo /bʌfəlou/ *s* kafferipuhveli
African elephant /eləfənt/ *s* afrikannorsu
Afrikaans /ˌæfrɪ'kans/ *s* afrikaansin kieli, afrikaans
Afrikaner /ˌæfrɪ'kanər/ *s* afrikandi, Etelä-Afrikan tasavallassa asuva valkoihoinen afrikaansin puhuja
Afro /æfroʊ/ *s* afrokampaus
Afro-American /ˌæfroʊə'merɪkən/ *s, adj* afroamerikkalainen, Amerikan musta/mustien
aft /æft/ *adv* (laivan, lentokoneen) perässä
after /æftər/ *prep* **1** jälkeen *after breakfast* aamiaisen jälkeen *the day after tomorrow* ylihuomenna *the week after next* kahden viikon päästä **2** jäljessä, perässä *the man closed the door after him* mies sulki oven perässään **3** huolimatta, sittenkin *I went there after all* menin sinne sittenkin **4** *day after day* päivästä toiseen **5** jonkun tyylinen, jotakuta mukaileva *a painting after*

Brueghel Brueghelin tyyliä jäljittelevä maalaus **6** *to be after someone* yrittää saada joku käsiinsä/kiinni, ajaa takaa jotakuta *they asked after you* he kysyivät mitä sinulle kuuluu
adj: in after years myöhempinä vuosina
adv myöhemmin, jonkin jälkeen *the year after* seuraavana vuonna *what comes after?* mitä sen jälkeen/seuraavaksi tapahtuu?
konj sen jälkeen kun *we started to talk after he had left* aloimme jutella kun hän oli lähtenyt

aft. *afternoon*

AFT *automatic fine tuning* itsetoimiva hienoviritys

aftercare /'æftər͵keər/ *s* jälkihoito

after-effect /'æftərə͵fekt/ *s* jälkivaikutus, sivuvaikutus

afterglow /'æftər͵gloʊ/ *s* **1** iltarusko **2** (kuv) jälkimainingit, mukava muisto

afterlife /'æftər͵laɪf/ *s* **1** kuoleman jälkeinen elämä **2** jonkin tapahtuman jälkeinen elämä, jonkun myöhempi elämä

aftermarket *s* (tal) jälkimarkkinat, toissijaismarkkinat

aftermath /'æftər͵mæθ/ *s* seuraus, jälkimainingit *in the aftermath of something* jonkin jälkeen

afternoon /͵æftər'nun/ *s* iltapäivä

aftershave /'æftər͵ʃeɪv/ *s* partavesi

aftertaste /'æftər͵teɪst/ *s* jälkimaku (myös kuv)

aftertax /'æftər͵tæks/ *adj* käteen jäävä, verojen jälkeinen, netto-

afterthought /'æftərθat/ *s* jälkikäteen saatu ajatus, jälkiviisaus *if you have any afterthoughts about it, do tell me* kerro ihmeessä jos mieleesi tulee asiasta vielä jotakin muuta *I just said it as an afterthought* tulipahan vain mieleeni, kunhan sanoin, en minä sillä mitään tarkoittanut

afterward /'æftər͵wərd/ *adv* jälkeenpäin, myöhemmin

afterwards /'æftər͵wərdz/ ks afterward

afterworld /'æftər͵wərəld/ *s* tuonpuoleinen (elämä)

again /ə'gen/ *adv* **1** taas, uudestaan, jälleen *I'll see you again in three days* tavataan jälleen kolmen päivän päästä *time and time again* jatkuvasti, yhä uudestaan *what was your name again?* mikä sinun nimesi olikaan? **2** *as many/much again* kaksi kertaa niin monta/paljon *but then again* mutta toisaalta

again and again *adv* jatkuvasti, yhä uudestaan

against /ə'genst/ *prep* **1** vastaan *do you have something against it?* onko sinulla jotakin sitä vastaan? *they were against higher taxes* he vastustivat verojen kiristämistä **2** vasten *I stood with my back against the wall* seisoin selkä seinää vasten *against the light* valoa vasten **3** verrattuna *we were ten against their twenty* meitä oli kymmenen ja heitä kaksikymmentä

agape /ə'geɪp/ *adv* auki, ammolla *he stood there with his mouth agape* hän seisoi suu (hämmästyksestä) auki

agate /ægət/ *s* **1** akaatti **2** marmorikuula

age /eɪdʒ/ *s* **1** ikä *what age are you?* kuinka vanha sinä olet? *they are of an age* he ovat samanikäiset, yhtä vanhat *act your age!* ole ihmisiksi *to be over/under age* olla liian vanha, olla alaikäinen **2** vanhuus, ikä *youth and age* nuoruus ja vanhuus **3** aikakausi, kausi *the Stone Age* kivikausi **4** pitkä aika *I had to wait there for ages* jouduin odottamaan siellä iät ja ajat
v vanheta, ikääntyä

aged /eɪdʒəd/ *s the aged* vanhukset
adj vanha, ikääntynyt

aged /eɪdʒd/ *adj* jonkin ikäinen *a boy aged three* kolmivuotias poika

age group *s* ikäryhmä

ageism /eɪdʒɪzəm/ *s* ikäsorto, iän perusteella tapahtuva syrjintä, vanhusten syrjintä

ageless *adj* iätön, ajaton, ikuisesti nuori

agelong *adj* iänikuinen, loputon

agency /eɪdʒənsi/ *s* **1** toimisto, yritys, laitos, virasto **2** *through the agency of*

jonkun avulla/toimesta *through the agency of water* vedellä
agenda /ə'dʒendə/ *s* **1** (kokouksen) esityslista **2** tarkoitus(perä) *he's got an agenda and I wish I knew what it was* tietäsinpä mitä hän ajaa takaa, mitä hänellä on mielessä, mihin hän pyrkii
agent /eɪdʒənt/ *s* **1** (yrityksen, tuotteen) edustaja **2** (esiintyvän taiteilijan tai salainen) agentti **3** (tiede) vaikuttava aine/tekijä
age-old *adj* ikivanha
agglomerate /ə'glamərət/ *v* kasata, kasautua
agglomeration /əˌglamə'reɪʃən/ *s* kasauma, kasa
aggrandize /ə'grændaɪz/ *v* kasvattaa, suurentaa, laajentaa
aggrandizement /ə'grændaɪzmənt/ *s* kasvattaminen, suurentaminen, laajentaminen
aggravate /'ægrəˌveɪt/ *v* **1** pahentaa, huonontaa **2** ärsyttää
aggravating *adj* ärsyttävä, kiusallinen, harmillinen
aggravation /ˌægrə'veɪʃən/ *s* **1** pahentuminen, huonontuminen **2** harmi, ärsytys, ärtymys
aggregate /ægrəgət/ *s* kokonaisuus, summa *considered in the aggregate* kokonaisuutena ottaen/ajatellen/ tarkastellen
aggression /ə'greʃən/ *s* hyökkäys, hyökkäävyys, aggressio
aggressive /ə'gresɪv/ *adj* **1** hyökkäävä, riidanhaluinen, aggressiivinen **2** tarmokas, yritteliäs, aggressiivinen
aggressively *adv* ks aggressive
aggressiveness *s* hyökkäävyys, riidanhalu, aggressiivisuus; yritteliäisyys
aggressor *s* hyökkääjä (henkilö tai valtio)
aggrieved /ə'grivd/ *adj* loukkaantunut, surullinen
aghast /ə'gæst/ *adj* tyrmistynyt, kauhistunut
agile /ædʒəl/ *adj* (ruumiillisesti) ketterä, notkea; (henkisesti) nokkela, terävä
agilely /ædʒəli/ *adv:* ks agile
agility /ə'dʒɪləti/ *s* (ruumiillinen) ketteryys, notkeus; (henkinen) nokkeluus, terävyys
aging /eɪdʒiŋ/ *s* vanheneminen, ikääntyminen
adj vanheneva, ikääntyvä
agitate /ædʒəteɪt/ *v* **1** sekoittaa, ravistaa (nestettä) **2** järkyttää, saattaa pois tolaltaan **3** yllyttää (ihmisiä kannattamaan/vastustamaan jotakuta/ jotakin)
agitated *adj* järkyttynyt, poissa tolaltaan
agitation /ˌædʒə'teɪʃən/ *s* **1** (nesteen) sekoittaminen, ravistelu **2** järkytys **3** väittely, kiistely **4** (poliittinen ym) yllytys
agitator /'ædʒəˌteɪtər/ *s* (poliittinen) yllyttäjä, agitaattori
aglow /ə'gloʊ/ *adj* hehkuva, loistava *to be aglow with health* uhkua terveyttä
agnostic /æg'nastɪk/ *s* agnostikko
adj agnostinen
agnosticism /æg'nastɪˌsɪzəm/ *s* agnostisismi
ago /ə'goʊ/ *adv* sitten *two years/a week/a few hours ago* kaksi vuotta/viikko/muutama tunti sitten *as long ago as the 15th century* jo 1400-luvulla
agog /ə'gag/ *adj* jännittynyt, malttamaton, innokas *to be agog for curiosity* olla täynnä uteliaisuutta *to be agog for news* odottaa malttamattomana uutisia
agonized /'ægəˌnaɪzd/ *adj* tuskainen, tuskan- *she had an agonized look* hänellä oli tuskanilme kasvoillaan
agonizing /'ægəˌnaɪziŋ/ *adj* tuskallinen
agonizingly *adv* tuskallisen, tuskallisesti
agony /ægəni/ *s* tuska, kärsimys
agoraphobia /ˌægɔrə'fobɪə/ *s* avoimen paikan kammo, agorafobia
agr. *agricultural; agriculture*
agrarian /ə'grerɪən/ *adj* maatalous-
agree /ə'gri/ *v* **1** suostua johonkin **2** päättää, sopia, olla samaa mieltä jostakin *we agreed to wait* päätimme

odottaa *he and she cannot agree on anything* he eivät ole samaa mieltä mistään

agreeable /ə'griəbəl/ *adj* **1** viehättävä, miellyttävä **2** samaa mieltä jostakin *are you agreeable to that?* suostutko sinä siihen? sopiiko se sinulle?

agreeably *adv* viehättävästi, kauniisti, myönteisesti

agreement *s* **1** sopimus *to come to an agreement* päästä sopimukseen, solmia sopimus **2** yksimielisyys *to be in agreement with someone* olla jonkun kanssa samaa mieltä

agree on *v* sopia, päästä yksimielisyyteen jostakin *a new price was agreed on yesterday* eilen sovittiin uudesta hinnasta

agree to *v* suostua johonkin, hyväksyä jotakin *the father did not agree to his daughter's marriage* isä ei hyväksynyt tyttärensä avioliittoa

agree with *v* **1** sopia yhteen *the green sofa does not agree with the rest of the furniture* vihreä sohva ei sovi yhteen muiden huonekalujen kanssa **2** täsmätä, olla yhdenpitävä *these two sets of figures do not agree* nämä numerot eivät täsmää

agric. *agricultural; agriculture*

agricultural /ˌægrɪ'kʌltʃərəl/ *adj* maatalous-

agriculture /'ægrɪˌkʌltʃər/ *s* maatalous, maanviljely

aground /ə'graʊnd/ *adj, adv* (laivasta) karilla, karille *to go/run aground* ajaa karille

ahead /ə'hed/ *adv* edessä, edellä, ennen *I was two hours ahead of them* minulla oli kahden tunnin etumatka heihin *he was ahead of his time* hän oli aikaansa edellä *go ahead* ole hyvä vain, sano pois vain *in the years ahead* seuraavina/tulevina vuosina

ahead of time we finished the job ahead of time saimme työn valmiiksi etuajassa/ennenaikaisesti/ennen määräaikaa

AHL *American Hockey League*

AHRA *American Hot Rod Association*

AHST *Alaska Hawaii standard time*

AI *Amnesty International; artificial intelligence* tekoäly

aid /eɪd/ *s* **1** apu **2** apuväline *v* auttaa

aid and abet *fr* auttaa rikoksessa

aide /eɪd/ *s* avustaja

aide-de-camp /ˌeɪddə'kæmp/ *s* adjutantti, avustaja

AIDS *acquired immunodeficiency syndrome* aids, immuunikato

ail /eɪl/ *v* **1** vaivata jotakuta *I don't know what's ailing me* en tiedä mikä minua vaivaa **2** sairastaa, olla sairaana

aileron /'eɪləˌran/ *s* (lentokoneen) siiveke

ailment /eɪlmənt/ *s* sairaus

aim /eɪm/ *s* **1** tähtäys *to take careful aim at something* ottaa (aseella) tarkka tähtäys johonkin, tähdätä tarkasti johonkin **2** tavoite, päämäärä *we did not achieve our aim* tavoitteemme ei toteutunut
v **1** tähdätä (ase) **2** suunnitella, aikoa, tähdätä johonkin **3** heittää, suunnata (isku) **4** kohdistaa, tarkoittaa *the movie is aimed at an adult audience* elokuva on tarkoitettu aikuisille

aimless *adj* päämäärätön, tarkoitukseton

aimlessly *adv* (puhua, toimia) päämäärättä, mitä/miten sattuu

ain't /eɪnt/ *v* slangi- ja murremuoto sanoista *am/is/are not, have/has not*

air /eər/ *s* **1** ilma *by air* lentokoneella, lentopostissa *on/off the air* (radio- tai televisioasemasta) lähettää/ei lähettää ohjelmaa *in the air* olla liikkeellä; olla epävarmaa **2** vaikutelma, käytös, tunnelma, ilmapiiri *there was an air of mystery in the affair* asiassa oli jotakin salamyhkäistä *to put on airs* teeskennellä hienoa/tärkeää, olla olevinaan
v **1** tuulettaa (huone) **2** viedä (vaatteita) ulos tuulettumaan **3** tuoda julki/esiin (mielipiteensä)

airbag /'eərˌbæg/ *s* (henkilöauton) turvatyyny

air base /eər beɪs/ *s* lentotukikohta

airborne /eərbɔrn/ *adj* **1** laskuvarjo-, ilmakuljetus- *airborne troops* laskuvarjojoukot, ilmakuljetusjoukot **2** *to be airborne* olla ilmassa/lennossa
air brake /eər breɪk/ *s* **1** ilmajarru **2** (lentokoneen) lentojarru
Airbus /eər bʌs/ *s* **1** eräs matkustajakonemerkki **2** *(airbus)* lentokenttäbussi
air-condition /ˌeərkən'dɪʃən/ *v* **1** ilmastoida **2** asentaa ilmastointilaite/ilmastointilaitteet jonnekin
air-conditioned /ˌeərkən'dɪʃənd/ *adj* ilmastoitu
air conditioner /'eərkənˌdɪʃənər/ *s* ilmastointilaite
air conditioning /ˌeərkən'dɪʃəniŋ/ *s* **1** ilmastointi **2** ilmastointilaite *a car with air-conditioning*
air-cooled /'eər'kuld/ *adj* ilmajäähdytteinen
aircraft /eərkræft/ *s* (mon aircraft) lentokone
aircraft carrier /'eərkræftˌkeərɪər/ *s* lentotukialus
air dam /'eərˌdæm/ *s* (auton) etuspoileri
air-dry /ˌeər'draɪ/ *v* tuulettaa kuivaksi, ripustaa kuivumaan
airfare /eərfeər/ *s* lentolipun hinta
airfield /eərfiəld/ *s* kiitorata; (pieni) lentokenttä
air force /eərfɔrs/ *s* ilmavoimat
Air Force One /'eərˌfɔrs'wʌn/ *s* Yhdysvaltain presidentin lentokone
air freight /ˌeər'freɪt/ *s* lentorahti
airfreight /ˌeər'freɪt/ *v* lähettää/kuljettaa lentorahtina
airhead /'eərˌhed/ *s* (alat) onttoaivo
airless /eərləs/ *adj* ilmaton; (huoneen ilma) ummehtunut; (sää) tuuleton, tyyni
air letter /'eər 'letər/ *s* lentopostikirje
airlift /'eərˌlɪft/ *s* ilmasilta
airline /eərlaɪn/ *s* lentoyhtiö
airliner /eərlaɪnər/ *s* matkustajalentokone
airmail /eərmeɪəl/ *s* lentoposti *v* lähettää lentopostissa
airman /eərmən/ *s* (mon airmen) lentosotamies
airplane /eərpleɪn/ *s* lentokone
airplay /'eərˌpleɪ/ *s* äänitteen soittaminen radiossa *their new record did not get much airplay* heidän uutta levyään ei juuri soitettu radiossa
airport /eərpɔrt/ *s* lentokenttä, lentoasema
air pressure /'eərˌpreʃər/ *s* ilmanpaine
air raid /'eərˌreɪd/ *s* ilmahyökkäys
airscrew /eərskru/ *s* (lentokoneen) potkuri
airship /eərʃɪp/ *s* ilmalaiva
airsick /'eərˌsɪk/ *adj* pahoinvoiva (lentokoneessa)
airsickness *s* matkapahoinvointi (lentokoneessa)
air space /'eərˌspeɪs/ *s* ilmatila
airspeed /'eərˌspid/ *s* lentonopeus
airstrip /'eərˌstrɪp/ *s* (pieni tai väliaikainen) kiitorata, lentokenttä
airtight /'eərˌtaɪt/ *adj* **1** ilmatiivis **2** aukoton (todistelu, puolustuslinja)
airway /eərweɪ/ *s* lentoreitti
airworthy /eərwərθi/ *adj* lentokelpoinen
airy /eəri/ *adj* **1** ilmava, tilava, avara (huone) **2** pinnallinen, huoleton, epämääräinen, tuulesta temmattu
aisle /aɪəl/ *s* (kirkon, teatterin, lentokoneen istuinrivien välinen) käytävä
aisle seat *s* (lentokoneessa ym) käytäväpaikka
ajar /ə'dʒar/ *adj, adv* (ovi) raollaan, auki
AK *Alaska*
a.k.a. *also known as* alias
akimbo /ə'kɪmboʊ/ *with arms akimbo* kädet lanteilla
akin to /ə'kɪn/ *adj* sukua jollekin, joka muistuttaa jotakin, jonkin kaltainen
AL *Alabama*
Alabama /ˌælə'bæmə/
alabaster /'æləˌbæstər/ *s* alabasteri(kipsi)
à la carte /ˌalə'kart/ *adv* à la carte, ruokalistan mukaan
alacrity /ə'lækrɪti/ *s* **1** innokkuus, aulius, halukkuus **2** eloisuus, vilkkaus, pirteys *with alacrity* nopeasti

à la mode /ˌalə'moʊd/ *adv* **1** muodin mukaisesti, muodikkaasti **2** (ruoka) jäätelön kanssa tarjoiltu

alarm /ə'larm/ *s* **1** hälytys *to raise/give/sound alarm* antaa hälytys **2** hälytin *burglar alarm* varashälytin, murtohälytin **3** pelko, säikähdys, pelästys *to cause somone alarm* pelästyttää joku
v **1** varoittaa, hälyttää **2** pelästyttää, säikäyttää

alarm clock *s* herätyskello

alarming *adj* hälyttävä, pelottava

alarmist *s* tuhon profeetta, pelon lietsoja
adj tuhoa ennustava, pelkoa lietsova

alas /ə'læs/ *interj* ikävä kyllä, valitettavasti

Alas. *Alaska*

Alaska /ə'læskə/ Alaska

Alaskan /ə'læskən/ *s, adj* alaskalainen

alb /ælb/ *s* alba, messupaita

Alba. *Alberta*

Albania /æl'beɪnɪə/ Albania

Albanian *s, adj* albanialainen

albatross /'ælbəˌtras/ *s* albatrossi

albeit /al'biɪt/ *konj* joskin, vaikkakin

Alberta /æl'bərtə/ Alberta

albino /æl'baɪnoʊ/ *s* albiino

album /ælbəm/ *s* **1** valokuvakansio, leikekansio, kansio **2** LP, äänilevy, albumi

albumen /ˌæl'bjumən/ *s* munanvalkuainen

Albuquerque /ælbəkərki/ kaupunki New Mexicossa

alchemist /ælkəməst/ *s* alkemisti

alchemy /ælkəmi/ *s* alkemia

alcohol /'ælkəˌhal/ *s* alkoholi

alcoholic /ˌælkə'halɪk/ *s* alkoholisti
adj alkoholipitoinen, alkoholi-

alcoholism /'ælkəhaˌlɪzm/ *s* alcoholism

alcove /ælkoʊv/ *s* alkovi, huoneen syvennys

ald. *alderman*

alderman /aldərmən/ *s* (mon aldermen) (kaupungin)valtuuston jäsen

ale /eɪəl/ *s* (vaalea) olut

alert /ə'lərt/ *s* hälytys *to give the alert* antaa (esim palo)hälytys *to be on the alert* olla taistelu/toimintavalmiina, olla varuillaan
v varoittaa jotakuta; määrätä taistelu/toimintavalmiuteen
adj valpas, terävä, tarkkaavainen

Aleutians /ə'luʃənz/ Aleutit (Alaskassa)

Alexandria /ˌælək'sændrɪə/ Aleksandria (Egyptissä)

alfresco /æl'freskoʊ/ *adj* ulkoilma-, ulko-
adv ulkona, ulkoilmassa

alga /ældʒə/ *s* (mon algae /ældʒi/) levä

algebra /ældʒəbrə/ *s* algebra

algebraic /ˌældʒə'breɪək/ *adj* algebrallinen

algebraical /ˌældʒə'breɪəkəl/ *adj* algebrallinen

Algeria /æl'dʒɪrɪə/

Algerian *s, adj* algerialainen

Algiers /ˌæəl'dʒɪərz/ Alger (Algeriassa)

algorithm /'ælgəˌrɪðəm/ *s* algoritmi

alias /eɪliəs/ *s* salanimi
adv alias *Mr. Pruitt alias Mr. Jones* (myös:) Mr. Pruitt joka esiintyy/on esiintynyt nimellä Mr. Jones

alibi /æləbaɪ/ *s* **1** alibi **2** veruke, selitys
v esittää/hankkia jollekulle alibi *he alibied her*

alien /eɪliən/ *s, adj* ulkomaalainen, vierasmaalainen
s avaruusolento
adj vieras *human sacrifice is alien to that culture* ihmisuhrit eivät kuulu siihen kulttuuriin

alienate /'eɪliəˌneɪt/ *v* karkottaa, loitontaa, vieraannuttaa, etääntyä, loitontua *to alienate yourself from someone* loitontua jostakusta

alienation /ˌeɪliə'neɪʃən/ *s* loitontuminen, loitontaminen, etääntyminen, vieraantuminen

alight /ə'laɪt/ *v* laskeutua (esim satulasta), (lintu:) laskeutua (esim oksalle)
adj **1** tulessa, palava **2** tunteiden täyttämä *to be alight with happiness* pursua onnea

align /ə'laɪn/ *v* **1** ojentaa, oikaista, panna ojennukseen, suoristaa **2** yhtyä (jonkun näkemykseen/kantaan)

alignment /ə'laɪnmənt/ *s* **1** ojennus, suora rivi tms **2** ryhmittyminen, yhdistyminen
alike /ə'laɪk/ *adj, adv* sama, samanlainen, samannäköinen, samalla tavalla, samoin, sekä että *they look very alike* he ovat hyvin samannäköiset *she says it's all alike to her* hän sanoi että se on hänelle yhdentekevää *day and night alike* yötä päivää
alimentary /ˌælə'mentəri/ *adj* ruuansulatus-
alimentary canal *s* ruusansulatuskanava
alimony /'ælɪˌmoʊni/ *s* elatusapu
alive /ə'laɪv/ *adj* **1** elossa, hengissä **2** esillä, käynnissä *this question should be kept alive* tämä kysymys tulisi pitää esillä/vireillä
alive to *to be alive to something* tietää jotakin, olla selvillä jostakin
alive with *to be alive with people* vilistä/kuhista ihmisiä/väkeä
alk. *alkaline*
alkali /'ælkəˌlaɪ/ *s* emäs
alkaline /'ælkəˌlaɪn 'ælkələn/ *adj* emäksinen
alkaline battery *s* alkaliparisto
all /al/ *s* kaikkensa *he gave his all* hän antoi/teki kaikkensa, hän yritti parhaansa
adj kaikki, koko *all the students/staff* kaikki oppilaat/koko henkilökunta
adv **1** kokonaan *dressed all in white* pukeutunut täysin valkoisiin **2** paljon, entistä (parempi, enemmän tms) *all the prettier* entistä nätimpi
pron kaikki *all in all* kaiken kaikkiaan *all of two dollars* kokonaiset kaksi dollaria *not at all* (vastauksena kiitokseen:) ei kestä (kiittää), ole hyvä *once and for all* lopullisesti, kerta kaikkiaan
all alone *adv* ypöyksin; omin avuin
all along *adv* pitkin matkaa, koko matkan; kaiken aikaa, alusta pitäen
all-American /ˌalə'merɪkən/ *adj* **1** koko Yhdysvaltain, kansallinen, maanlaajuinen, valtakunnallinen **2** kokonaan amerikkalainen **3** aitoamerikkalainen **4** (urh) tähti-
all and sundry *fr* kaikki, joka iikka (ark)
all-around /ˌalə'raʊnd/ *adj* monipuolinen, yleis-
all thumbs *my brother is all thumbs* veljelläni on peukalo keskellä kämmentä, veljeni on toivottoman kömpelö
allegation /ˌælə'geɪʃən/ *s* väite, syytös, syyte
allege /ə'ledʒ/ *v* väittää
alleged /ə'ledʒd/ *adj* niin sanottu, luuloteltu, väitetty
allegedly /ə'ledʒədli/ *adv* muka *allegedly he was there that night* hänen väitetään olleen paikalla sinä iltana
Alleghenies /ə'leɪgəniz/ Alleghenyvuoret
allegiance /ə'lidʒəns/ *s* uskollisuus, kannatus
allegiant /ə'lidʒənt/ *adj* uskollinen
allegoric /ˌælə'gɔrɪk/ *adj* vertauksellinen, kuvaannollinen
allegorical *adj* vertauksellinen, kuvaannollinen
allegorically *adv* vertauksellisesti, kuvaannollisesti
allegory /'æləˌgɔri/ *s* allegoria, vertauskuva
allergic to /ə'lərdʒɪk/ *adj* allerginen jollekin, (myös kuv) herkkä jollekin
allergy /ælərdʒi/ *s* allergia
alleviate /ə'livɪeɪt/ *v* lievittää, helpottaa (kipua, kärsimystä)
alleviation /əˌlivɪ'eɪʃən/ *s* lievitys, helpotus
alley /æli/ *s* kapea katu, kuja *that's right up my alley* se on minun heiniäni, minun makuuni *blind alley* umpikuja (myös kuv)
alley cat /'ælikæt/ *s* kulkukissa
All Fools Day /al'fʊəlzˌdeɪ/ *s* aprillipäivä
all for *to be all for something* kannattaa jotakin innokkaasti, haluta kovasti
all fours *on all fours* nelinkontin
alliance /ə'laɪəns/ *s* **1** (esim valtio)liitto, allianssi **2** yhteys, yhteenkuuluvuus

allied /ælaɪd/ *v:* ks ally
adj **1** liittolais-, liittoutunut **2** lähisukuinen, sukulais-
Allies /ælaɪz/ *s* (hist) liittoutuneet
alligator /'ælə,geɪtər/ *s* alligaattori
all-important /,alɪm'pɔrtənt/ *adj* ensiarvoisen tärkeä, erittäin tärkeä (varsinkin jonkun muun mielestä) *all right, where's this all-important paper you keep harping on?* no niin, näytäpäs nyt se niin hirveän tärkeä paperisi
all in *adj* väsynyt, uupunut
all-inclusive /,aliŋ'klusɪv/ *adj* kaiken kattava, kokonais-
alliteration /ə,lɪtə'reɪʃən/ *s* alkusointu, alliteraatio
allocate /'ælə,keɪt/ *v* myöntää (varoja johonkin tarkoitukseen)
allocation /,ælə'keɪʃən/ *s* määräraha(n myöntäminen)
all of a sudden *fr* yhtäkkiä, yllättäen
allot /ə'lat/ *v* myöntää, antaa, jakaa, varata
allotment *s* osuus, kiintiö
all out *to go all out* tehdä kaikkensa/parhaansa
all-out *adj* voimia säästelemätön *he made an all-out effort to finish the job in time* hän teki kaikkensa saadakseen työn ajoissa valmiiksi
all over *adv* **1** kaikkialla *I have been looking for you all over* olen etsinyt sinua kaikkialta, joka paikasta **2** ohi, lopussa, mennyttä *it's all over between us* välimme ovat poikki
allow /ə'laʊ/ *v* **1** sallia, luvata, antaa lupa *I am not allowed to go there alone* en saa mennä sinne yksin **2** antaa, myöntää, varata *he allowed me one month to finish the job* hän antoi minulle kuukauden aikaa työn tekemiseen
allowable /ə'laʊəbəl/ *adj* sallittu, luvallinen, ei kielletty
allowance /ə'laʊəns/ *s* **1** rahasumma, avustus, määräraha, viikkoraha **2** *make allowances for* ottaa jotakin huomioon
allow for *v* varautua johonkin, ottaa jotakin etukäteen huomioon *we have to allow for small delays* meidän on varauduttava pieniin viivästymisiin
allow of *v* hyväksyä, sallia
alloy /ælɔɪ/ *s* metalliseos
all right *adj, adv, interj* **1** selvä! hyvä on *that's all right* ei se mitään, ei se haittaa **2** kunnossa *I'm all right* minulla ei ole mitään hätää; nyt olen terve **3** riittävä, ihan hyvä *they did all right* he pärjäsivät aika hyvin
all roads lead to Rome *fr* kaikki tiet vievät Roomaan
all-round /,al'raʊnd/ ks all-around
All Saints Day /,al'seɪnts,deɪ/ *s* pyhäinpäivä
allspice /alspaɪs/ *s* maustepippuri
all-star /alstar/ *adj* tähti-, tähtipelaajista koottu, all-star-
all-state /,al'steɪt/ *adj* osavaltion paras, osavaltiota edustava
all that *not all that expensive* ei erityisen/järin kallis *not as expensive as all that* ei erityisen/järin kallis
all the rage *hi-top sneakers are all the rage* korkeavartiset lenkkarit ovat viimeistä huutoa/uusin villitys
all there *not all there* ei aivan järjissään, tärähtänyt
all the same silti, siitä huolimatta, kuitenkin
all the same to yhdentekevää, yksi ja sama
all thumbs *my brother is all thumbs* veljelläni on peukalo keskellä kämmentä, veljeni on toivottoman kömpelö
all-time /'al,taɪm/ *adj* kaikkien aikojen
all-time high *s* kaikkien aikojen korkein/suurin yms *last year, inflation reached an all-time high* viime vuonna inflaatio oli suurempi kuin koskaan
all told (kaiken) kaikkiaan, yhteensä
allude to /ə'lud/ *v* viitata johonkin, mainita ohimennen jostakin
alluring /ə'lʊriŋ/ *adj* puoleensavetävä, houkutteleva
allusion /ə'luʒən/ *s* vihjaus, piiloviittaus
allusive /ə'lusɪv/ *adj* joka on täynnä vihjauksia/piiloviittauksia, vihjaileva
alluvial /ə'luviəl/ *adj* tulvamaa-, jokipenger-

all wet läpimärkä, (kuv) väärässä *you're all wet* olet aivan väärässä
all wool and a yard wide *fr* aito, oikea, tosi, rehti
ally /ə'laɪ/ *v* (ally, allied, allied) **1** liittoutua jonkun kanssa, solmia liitto: *to ally yourself with/to* **2** yhdistää, sitoa: *they are allied by interests* heitä sitoo toisiinsa yhteinen etu
ally /ælaɪ/ *s* (mon allies) liittolainen; auttaja
almanac / almə,næk/ *s* **1** almanakka, kalenteri **2** tilasto-, taulukko- ym tietoa sisältävä vuosikirja/hakuteos
Almighty /,al'maɪti/ *s* Kaikkivaltias, Jumala
adj: almighty kaikkivaltias *okay, if you're so almighty smart, you tell me* jos sinä olet niin helkkarin viisas niin sano sinä
almond /almənd/ *s* manteli
almost /al'moʊst/ *adv* lähes, melkein *she almost fell* hän oli vähällä kaatua
alms /almz/ *s* (mon alms) almu, köyhäinavustus
aloft /ə'laft/ *adv* **1** korkealla, korkealle, ilmassa, ilmaan **2** (mer) korkealla mastossa, takilassa
aloha /ə'loʊha/ *interj* havaijilainen tervehdys jota käytetään kohdattaessa ja erottaessa
alone /ə'loʊn/ *adj, adv* **1** yksin *he lives alone* hän asuu yksin *you are not alone in thinking that* sinä et ole ainoa joka ajattelee noin *leave me alone* jätä minut rauhaan, anna minun olla **2** ainoastaan, yksin *you alone can decide* vain sinä voit päättää asiasta *let alone* jostakin puhumattakaan
along /ə'laŋ/ *adv* **1** eteenpäin *to move along* kulkea, jatkaa matkaa **2** paikalla, paikalle *I'll be along pretty soon* minä tulen piakkoin perässä **3** mukana, mukaan *why don't you come along* lähde ihmeessä mukaan
prep pitkin, suuntaisesti *along the road/river(bank)* tietä pitkin, jokea/joen rantaa pitkin
alongside /ə,laŋ'saɪd/ *adv, prep* rinnalla, rinnalle, vierellä, vierelle
alongside of *prep* (ark) johonkuhun/johonkin verrattuna
along with *adv* jonkun/jonkin lisäksi/kanssa
aloof /ə'luf/ *adj* kylmäkiskoinen
adv erillään, omissa oloissaan, syrjässä
aloofness *s* kylmäkiskoisuus
aloud /ə'laʊd/ *adv* **1** ääneen, normaalilla äänellä *to read something aloud* **2** kovalla äänellä
alp /ælp/ *s* alppi
alpaca /æl'pækə/ *s* alpakka (eräs laamalaji ja sen villa)
alpha /ælfə/ *s* alfa, kreikan kielen ensimmäinen kirjain
alpha and omega /oʊ'meɪgə/ *fr* alku ja loppu, a ja o
alphabet /'ælfə,bet/ *s* aakkoset
alphabetically *adv* aakkosjärjestyksessä
alphabetical order /,ælfə'betɪkəl/ *s* aakkosjärjestys
alphabetize /'ælfəbə,taɪz/ *v* aakkostaa, panna aakkosjärjestykseen, järjestää aakkosittain
alphabet soup *s* aakkosmakaronikeitto
alpine /ælpaɪn/ *adj* alppi-, Alppien
alpine skiing *s* laskettelu, slalomhiihto
alpinism /'ælpə,nɪzəm/ *s* vuorikiipeily, alppikiipeily
alpinist /ælpənəst/ *s* **1** vuorikiipeilijä, alppikiipeilijä **2** alppihiihtäjä
Alps /ælps/ *s* (mon) Alpit
already /,al'redi/ *adv* jo *we have been there already, we have already been there* olemme jo käyneet siellä
Alsace /æl'seɪs/ Elsass
Alsatian /æl'seɪʃən/ *s* saksanpaimenkoira (UK)
also /alsoʊ/ *adv* myös, lisäksi, sitä paitsi *his new house is not only large but also expensive* hänen uusi talonsa on sekä iso että kallis
also-ran *s* häviäjä, huonosti sijoittunut kilpailija/ehdokas
alt. *alteration* muutos *altitude* korkeus
Alta. *Alberta*
altar /altər/ *s* alttari

Altar /altər/ (tähdistö) Alttari
alter /altər/ *v* muuttaa
alterable /altərəbəl/ *adj* jota voi muuttaa, muuttuva
alteration /ˌaltə'reɪʃən/ *s* muutos, muunnos
alternate /altərnət/ *adj* vuorottainen, vuoro- *we buy groceries on alternate days* käymme ruokaostoksilla joka toinen päivä *they work on alternate days* he tekevät työtä vuoropäivin
alternate /altərneɪt/ *v* vuorotella, vaihdella *to alternate one thing with another* käyttää vuorotellen
alternate between *v* vuorotella; olla/tehdä vuoroin sitä, vuoroin tätä
alternating current *s* vaihtovirta
alternative /al'tərnətɪv/ *s* vaihtoehto *you have no alternative but to go* sinulla ei ole muuta vaihtoehtoa/mahdollisuutta kuin lähteä *adj* vaihtoehtoinen
alternatively *adv* vaihtoehtoisesti, tai
although /al'ðoʊ/ *konj* (= though) vaikka
altitude /'æltəˌtud/ *s* korkeus (merenpinnasta)
altitude sickness *s* vuoristotauti
alto /æltoʊ/ *s* (mus) altto *alto saxophone* alttosaksofoni
altogether /ˌaltə'geðər/ *s: in the altogether* apposen alasti, ilkosillaan *adv* **1** kokonaisuutena, kaiken kaikkiaan *taken altogether, it was a pretty nice trip* kaiken kaikkiaan matka oli ihan hauska **2** täysin, aivan *dad did not altogether agree with me* isä ei ollut kanssani täysin samaa mieltä
altricial (biol) pesäviipyinen
altruism /'æltrʊˌɪzəm/ *s* epäitsekkyys, altruismi
altruist /æltrʊɪst/ *s* epäitsekäs ihminen, altruisti
altruistic /ˌæltrʊ'ɪstɪk/ *adj* epäitsekäs, altruistinen
altruistically *adv* epäitsekkäästi, altruistisesti
ALU *arithmetic logic unit* aritmeettis-looginen yksikkö
aluminum /ə'lumɪnəm/ *s* alumiini
always /alwiz alweɪz/ *adv* aina, jatkuvasti, alinomaa *you're always complaining* sinä se jaksat aina valittaa
a.m. *ante meridiem* ennen puoltapäivää, aamupäivällä *11 a.m.* klo 11 *11 p.m.* klo 23
Am. *American*
AMA *American Medical Association*
amalgamate /ə'mælgəmeɪt/ *v* sekoittaa, yhdistää
amalgamation /əˌmælgə'meɪʃən/ *s* yhdistelmä, sekoitus
amass /ə'mæs/ *v* kerätä, kasata (omaisuutta, rahaa), kääriä (rahaa)
amateur /æmətʃər æmətər æmətjʊər/ *s* **1** harrastelija, amatööri (ammattilaisen vastakohtana) **2** (väheksyen:) (osaamaton) aloittelija, harrastelija, amatööri
amateurish /æmətʃərɪʃ æmətərɪʃ æmətjʊərɪʃ/ *adj* osaamaton, taitamaton, harrastelijamainen, aloittelijan
amateurism /æmətʃərɪzəm æmətərɪzəm æmətjʊərɪzəm/ *s* osaamattomuus, taitamattomuus
amaze /ə'meɪz/ *v* ällistyä, hämmästyä *he was amazed at the result* hän hämmästyi tulosta
amazement *s* ällistys, hämmästys
amazing *adj* ällistyttävä, hämmästyttävä, ihmeellinen
amazingly *adv* ällistyttävän, hämmästyttävän, ihmeellisen, ihmeen
Amazon /'æməˌzan/ *s* **1** amatsoni (kreikkalaisen mytologian sotaisan naiskansan jäsen) **2** miesmäinen nainen, amatsoni **3** Amazon
Amazonian manatee /æməˌzouniən'mænəti/ *s* kynnetönmanaatti
ambassador /æm'bæsədər/ *s* **1** suurlähettiläs **2** edustaja, lähettiläs
ambassadorial /æmˌbæsə'dɔrɪəl/ *adj* (suur)lähettilään
ambassadress /æm'bæsəˌdrəs/ *s* **1** (naispuolinen) suurlähettiläs **2** (naispuolinen) edustaja, lähettiläs
amber /æmbər/ *s* **1** meripihka **2** keltainen/kellertävä väri
adj keltainen, kellertävä

ambidextrous /ˌæmbə'dekstrəs/ *adj* molempikätinen, sekä vasen- että oikeakätinen
ambidextrously *adv* molempikätisesti
ambience /æmbɪəns ˌambɪ'ans/ *s* tunnelma, ilmapiiri
ambiguity /ˌæmbə'gjʊəti/ *s* **1** kaksiselitteisyys, kaksimielisyys **2** kaksiselitteinen/kaksimielinen asia/ilmaus ym
ambiguous /æm'bɪgjʊəs/ *adj* kaksiselitteinen, kaksimielinen, kaksimerkityksinen, epäselvä
ambiguously *adv:* ks ambiguous
ambition /æm'bɪʃən/ *s* **1** kunnianhimo **2** tavoite, päämäärä
ambitious /æm'bɪʃəs/ *adj* kunnianhimoinen (ihminen, tavoite), rohkea, uskalias (yritys)
ambitiously *adv* kunnianhimoisesti
ambitiousness *s* kunnianhimo
ambivalence /æm'bɪvələns/ *s* **1** tunteiden ristiriitaisuus, ambivalenssi **2** epävarmuus, epäröinti, vitkastelu, jahkailu
ambivalent *adj* epävarma, epäröivä; jolla on ristiriitaisia tunteita
amble /æmbəl/ *s* hidas käynti/kävely, matelu, (hevosen) tasakäynti *v* kävellä hitaasti, madella, (hevosesta:) kulkea tasakäyntiä
ambrosia /æm'broʊʒə/ *s* **1** ambrosia, (kreikkalaisen mytologian) jumalten ruoka **2** jokin joka maistuu tai tuoksuu hyvältä, herkku, ambrosia
ambulance /æmbjələns/ *s* sairasauto, ambulanssi
ambulance chaser *s* asianajaja joka kalastaa asiakkaita kehottamalla näitä hakemaan vahingonkorvausta esim lääkärin tekemästä hoitovirheestä
ambush /æmbʌʃ/ *s* väijytys *v* väijyä, olla väijyksissä
ambusher *s* väijyjä
AmE *American English*
ameba /ə'mibə/ *s* ameba
ameliorate /ə'miliəreɪt/ *v* parantaa, parantua, kohentaa, kohentua
amen /eɪmen amen/ *s, interj* aamen *I'll say amen to that* minä kannatan sitä
amenable /ə'menəbəl/ *adj* **1** joka on valmis kuuntelemaan/ottamaan vastaan jotakin *he is amenable to good advice* hän on valmis kuuntelemaan hyviä neuvoja **2** velvollinen noudattamaan (lakia), edesvastuullinen
amend /ə'mend/ *v* parantaa, korjata, muuttaa
amendable /ə'mendəbəl/ *adj* jota voi parantaa, korjata, muuttaa
amendment /ə'mendmənt/ *s* **1** parannus, korjaus, muutos **2** (Yhdysvaltain perustuslain) lisäys
amends /ə'mendz/ *make amends for something/to someone* korvata, hyvittää, pyytää anteeksi
amenity /ə'menəti/ *s* **1** miellyttävyys *the amenity of the climate* miellyttävä ilmasto **2** (mon) mukavuudet, palvelut, julkiset tilat *we live close to all the amenities* asumme alueella jossa on hyvät liikenneyhteydet ja runsaasti kauppoja
Amerasian /ˌæmər'eɪʒən/ *s, adj* amerikanaasialainen
America /ə'merɪkə/ *s* Amerikka *the Americas* Pohjois- ja Etelä-Amerikka
American *s, adj* amerikkalainen
Americana /əˌmerɪ'kænə/ *s* amerikkalainen kulttuuri ja sen tuotteet
American bison /baɪsən/ *s* biisoni
American Dream *s* amerikkalainen unelma
American English *s* amerikanenglanti
American Indian *s* (Amerikan) intiaani
Americanism /ə'merɪkəˌnɪzəm/ *s* **1** amerikanenglannin sana, ilmaus tms **2** amerikkalaisuus, amerikkalainen tapa tms
American option *s* (tal) amerikkalainen optio
American plan *s* (hotellissa) huoneen ja aterioiden yhteishinta
American Plate /æˌmerɪkən'pleɪt/ (geologiassa) Amerikan laatta
American Samoa /sə'moʊə/ Amerikan Samoa

America's Cup *s* Amerikan cup, eräs kansainvälinen purjehduskilpailu
AmerInd *American Indian*
Amerindian /ˌæmər'ındıən/ *s* Amerikan intiaani
Ameslan *American Sign Language* amerikkalainen viittomakieli
amethyst /æməθəst/ *s* ametisti
Amex /æmeks, eımeks/ *American Express; American Stock Exchange*
amiability /ˌeımiə'bıləti/ *s* ystävällisyys, sydämellisyys
amiable /eımiəbəl/ *adj* ystävällinen, sydämellinen
amiably *adv* ystävällisesti, sydämellisesti
amicable /æmıkəbəl/ *adj* sopuisa, säyseä, ystävällinen
amicably *adv* sopuisasti, säyseästi, ystävällisesti *they got on amicably* he tulivat keskenään hyvin toimeen
amid /ə'mıd/ *prep* joukossa, keskellä, aikana
amidships /ə'mıdʃıps/ *adv* (mer) laivan keskellä, keskilaivassa
amidst /ə'mıdst/ *prep* joukossa, keskellä, aikana
Amish /æmıʃ amıʃ eımıʃ/ *adj* (Pohjois-Amerikan) mennoniittain *the Amish* mennoniitat, eräs kristillinen lahko
amiss /ə'mıs/ *adj, adv* huono, paha, vialla, vinossa *there is something amiss* kaikki ei ole kohdallaan, jokin on vialla/vinossa *to take something amiss* loukkaantua jostakin, panna jotakin pahakseen *they spoke amiss of you* he puhuivat sinusta nurjasti
amity /æməti/ *s* ystävyys
ammeter /'æmˌmitər/ *s* ampeerimittari
ammo /æmoʊ/ *s* (ark lyh sanasta ammunition) ammukset, ampumatarvikkeet
ammonia /ə'moʊnjə/ *s* ammoniakki
ammunition /ˌæmjʊ'nıʃən/ *s* **1** ammukset, ampumatarvikkeet **2** (kuv) (väittelyssä ym) ammus, ase
amnesia /ˌæm'niʒə/ *s* muistinmenetys
amnesiac /ˌæm'niziæk/ *s, adj* muistinsa menettänyt, muistinmenetyksestä kärsivä
amnesty /æmnəsti/ *s* (yleinen) armahdus
amniotic fluid /ˌæmni'atık flʊıd/ *s* (lääk) lapsivesi
amoeba /ə'mibə/ *s* ameba
amok /ə'mʌk/ *to run amok* raivota, saada raivonpuuska; lähteä amokjuoksulle, olla amokjuoksulla
among /ə'mʌŋ/ *prep* joukossa, seassa, keskellä *they were hiding among the bushes* he piileksivät pensaikossa/pensaiden seassa *among other things* muun muassa *among the inhabitants of this country* tämän maan väestössä *New York City is among the largest cities in the world* New York on yksi maailman suurimmista kaupungeista *you will have to share the money among yourselves* teidän on jaettava rahat keskenänne
amongst /ə'mʌŋst/ ks among
amoral /ˌeı'mɔrəl/ *adj* amoraalinen, moraalikäsityksistä riippumaton
amorality /ˌeımə'ræləti/ *s* amoraalisuus
amorous /æmərəs/ *adj* lemmenkipeä, rakastunut, ihastunut, rakkaus-
amorously *adv* rakastuneesti, ihastellen
amorphous /ˌeı'mɔrfəs/ *adj* amorfinen, ei-kiteinen; epämääräinen
amortization /əˌmɔrtə'zeıʃən/ *s* (lainan) kuoletus
amortize /'æmərˌtaız ə'mɔrtaız/ *v* kuolettaa (laina)
amount /ə'maʊnt/ *s* määrä, (raha)summa *a huge amount of junk* valtavasti roinaa *a small amount of money* pieni rahasumma
amount to *v* olla/tehdä (yhteensä); olla, merkitä *it amounts to the same thing* se on aivan sama asia, se merkitsee aivan samaa
amour /ə'moər, ə'mʊər/ *s* (salainen) rakkaussuhde
ampere / æmˌpıər/ *s* ampeeri
ampersand /'æmpərˌsænd/ *s* &-merkki
amphibian /ˌæm'fıbiən/ *s* **1** amfibinen eläin, maassa ja vedessä liikkuva eläin **2** amfibiolentokone **3** amfibioajoneuvo

amphibious /ˌæm'fɪbiəs/ *adj* amfibinen, maassa ja vedessä liikkuva
amphitheater /'æmfəˌθiətər/ *s* amfiteatteri
amphora /æmfərə/ *s* amfora, eräs antiikin ajan maljakkotyyppi
ample /æmpəl/ *adj* runsas, täysin riittävä, suuri, tilava
amplification /ˌæmpləfə'keɪʃən/ *s* **1** (äänen) vahvistaminen **2** täsmennys, tarkemmat tiedot
amplifier /'æmpləˌfaɪər/ *s* vahvistin
amplify /'æmpləˌfaɪ/ *v* **1** vahvistaa (ääntä) **2** täsmentää, selittää tarkemmin
amplitude /'æmpləˌtud/ *s* **1** laajuus, runsaus, iso koko/määrä **2** (fys) amplitudi, värähdyslaajuus
amply /æmpli/ *adv* runsaasti, riittävästi, avokätisesti
amputate /'æmpjəˌteɪt/ *v* amputoida, poistaa esim raaja leikkaamalla
amputation /ˌæmpjə'teɪʃən/ *s* amputaatio, esim raajan poisto leikkaamalla
amputee /ˌæmpjə'ti/ *s* amputoitu henkilö, joku jolta on poistettu esim raaja leikkaamalla
amt. *amount*
Amtrak /'æmˌtræk/ *s* Yhdysvaltain (pelkästään matkustajaliikennettä harjoittavat) valtionrautatiet
amuck /ə'mʌk/ *to run amuck* raivota, saada raivonpuuska
amulet /æmjələt/ *s* amuletti, maskotti
Amundsen Gulf /'æmənsənˌgʌlf/ Amundseninlahti (Kanadassa)
amuse /ə'mjuz/ *v* huvittaa, hauskuttaa, naurattaa, olla hauskaa
amusement /ə'mjuzmənt/ *s* huvitus; huvittelu, hauskuttelu, hauskanpito
amusement park *s* huvipuisto
amusement tax *s* huvivero
amusing /ə'mjuziŋ/ *adj* huvittava, hauska
an /æn ən/ epämääräinen artikkeli (vokaalin edellä) *an angel* enkeli
anachronism /ə'nækrəˌnɪzəm/ *s* **1** anakronismi, aikavirhe, väärä ajoitus **2** vanhanaikainen, vanhentunut, aikansa elänyt tapa/ihminen ym
anaconda /ˌænə'kandə/ *s* anakonda
anaemia /ə'nimiə/ ks anemia
anaemic /ə'nimɪk/ *adj* **1** aneeminen, vähäverinen **2** heikko, voimaton, aneeminen
anaesthesia /ˌænəs'θiʒə/ *s* anestesia, narkoosi, nukutus, puudutus
anaesthetic /ˌænəs'θetɪk/ **1** anestesia, narkoosi, nukutus, puudutus **2** nukutusaine, puudutusaine
anaesthetist /ə'nesθəˌtɪst/ *s* nukutuslääkäri
anaesthetize /ə'nesθəˌtaɪz/ *v* nukuttaa, puuduttaa
anagram /'ænəˌgræm/ *s* anagrammi, yhden sanan kirjainten järjestystä muuttamalla tehty toinen sana
anal /eɪnəl/ *adj* anaali-, anaalinen, peräaukko-
analgesia /ˌænəl'dʒizɪə/ *s* analgesia, kivuntunnottomuus
analgesic /ˌænəl'dʒizɪk/ *s* kipulääke, särkylääke
analog /ænəlag/ *s* vastine
analogous /ə'næləgəs/ *adj* analoginen, vastaava, yhdenmukainen, samankaltainen
analogously *adv* vastaavasti
analogue /ænəlag/ *s* vastine
analogy /ə'nælədʒi/ *s* **1** analogia, yhtäläisyys, yhdenmukaisuus, vastaavuus **2** vertaus *to draw an analogy between two things* verrata kahta asiaa
analphabet /æn'ælfəˌbet/ *s* lukutaidoton ihminen
analphabetic /ænˌælfə'betɪk/ *adj* lukutaidoton
analysis /ə'næləˌsɪs/ *s* **1** erittely, tutkimus, analyysi **2** psykoanalyysi
analyst /ænələst/ *s* **1** tutkija, erittelijä, analyytikko **2** psykoanalyytikko
analytic /ˌænə'lɪtɪk/ *adj* erittelevä, analyyttinen; kylmän asiallinen
analytical /ˌænə'lɪtɪkəl/ *adj* erittelevä, analyyttinen; kylmän asiallinen
analytically *adv* erittelevästi, analyyttisesti; kylmän asiallisesti

analyze /'ænə,laɪz/ *v* **1** analysoida, tutkia, eritellä **2** tehdä jollekulle psykoanalyysi
anarchic /,æn'arkɪk/ *adj* anarkinen, sekasortoinen, mielivaltainen
anarchically *adv* anarkisesti, sekasortoisesti, mielivaltaisesti
anarchism /'ænər,kɪzəm/ *s* anarkismi
anarchist /'ænər,kɪst/ *s* anarkisti
anarchy /ænarki/ *s* anarkia, laittomuus, sekasorto
anathema /ə'næθəmə/ *s* **1** pannaan julistus, kirkonkirous **2** vastenmielinen ajatus/asia *something is anathema to someone* joku ei voi sietää jotakin, jokin on jollekulle äärimmäisen vastenmielistä
anatomical /,ænə'tamɪkəl/ *adj* anatominen
anatomist /ə'nætəməst/ *s* anatomian tutkija/opettaja, anatomi
anatomy /ə'nætə,mi/ *s* anatomia, (ruumiin)rakenne, oppi (ruumiin)rakenteesta
ancestor /ænsestər/ *s* esi-isä, kantaisä, (myös mon) esivanhemmat
ancestral /æn'sestrəl/ *adj* esi-isien *ancestral home* alkukoti, kotipaikka
ancestress /ænsestrəs/ *s* kantaäiti, esiäiti
ancestry /ænsestri/ *s* syntyperä, suku
anchor /æŋkər/ *s* ankkuri
v **1** ankkuroida, ankkuroitua **2** kiinnittää, kiinnittyä
anchorage /'æŋkə,rɪdʒ/ *s* ankkuripaikka
anchorman /'æŋkər,mən/ *s* (radiossa ja televisiossa miespuolinen) uutisten päälukija, uutisankkuri
anchorperson /'æŋkər,pərsən/ *s* (radiossa ja televisiossa) uutisten päälukija, uutisankkuri
anchorwoman /'æŋkər,wʊmən/ *s* (radiossa ja televisiossa naispuolinen) uutisten päälukija, uutisankkuri
anchovy /'æn,tʃoʊvi/ *s* anjovis
ancient /eɪnʃənt/ *adj* **1** muinainen, antiikin **2** ikivanha
and /ænd/ *konj* ja *more and more* yhä enemmän *he tried and tried* hän yritti yrittämistään, hän yritti yhä uudestaan
Andes /ændiz/ (mon) Andit
andiron /'ænd,aɪərn/ *s* (takan) rautatuki, paistotuki
Andorra /æn'dɔrə/
Andorran *s, adj* andorralainen
Andromeda /æn'draməda/ (tähdistö) Andromeda
anecdote /'ænək,doʊt/ *s* anekdootti, kasku
anemia /ə'nimɪə/ *s* anemia, vähäverisyys, verenvähyys
anemic /ə'nimɪk/ *adj* **1** aneeminen, vähäverinen **2** heikko, voimaton, aneeminen
anemometer /,ænə'mamətər/ *s* tuulimittari
anemone /ə'nemәni/ *s* vuokko *sea anemone* merivuokko
anesthesia /,ænəs'θiʒə/ *s* anestesia, narkoosi, nukutus, puudutus
anesthetic /,ænəs'θetɪk/ *s* nukutusaine, puudutusaine
anesthetist /ə'nesθə,tɪst/ *s* nukutuslääkäri
anesthetize /ə'nesθə,taɪz/ *v* nukuttaa, puuduttaa
anew /ə'nu/ *adv* **1** uudestaan **2** eri tavalla, uudella tavalla
angel /eɪndʒəl/ *s* enkeli (myös kuv)
angelic /,æn'dʒelɪk/ *adj* enkelimäinen, taivaallinen, ihastuttava
angelically *adv:* ks angelic
anger /æŋgər/ *s* suuttumus, kiukku, viha
v suututtaa, vihastuttaa, saada suuttumaan/kiukustumaan/ vihastumaan
angle /æŋgəl/ *s* **1** kulma *an acute angle* terävä kulma **2** näkökulma, ote
v **1** onkia **2** (kuv) kalastaa, yrittää saada **3** kallistaa, kääntää tiettyyn kulmaan **4** kertoa/kirjoittaa jotakin tietystä näkökulmasta, pyrkiä sanoillaan/ kirjoituksellaan/kysymyksillään johonkin, ajaa takaa jotakin
angler /æŋglər/ *s* onkija
Anglican /æŋglɪkən/ *s* anglikaani (Englannin anglikaanisen kirkon jäsen)
adj anglikaaninen
Anglicism /'æŋglɪ,sɪzəm/ *s* englantilaisuus, englantilainen tapa ym,

brittienglannin sana, ilmaus ym, anglismi
Anglicist /'æŋglɪˌsɪst/ *s* anglisti, englannin kielen/kirjallisuuden tutkija
Anglicize /æŋglɪˌsaɪz/ *v* englantilaistaa, sovittaa englannin kieleen
Anglistics /ˌæŋ'glɪstɪks/ *s* anglistiikka, englannin kielen/kirjallisuuden tutkimus
Anglo /æŋgloʊ/ *s* angloamerikkalainen, valkoihoinen
Anglo-American *s, adj* angloamerikkalainen
Anglo-Saxon /ˌæŋgloʊ'sæksən/ *s* **1** anglosaksi; englantilainen **2** anglosaksi, anglosaksin kieli, muinaisenglanti *adj* anglosaksinen; englantilainen; englantilaisperäinen
Angola /æŋ'goʊlə/
Angolan *s, adj* angolalainen
angora /æŋ'gɔrə/ *s* angoravilla
angrily *adv* vihaisesti, kiukkuisesti, äkäisesti
angry /æŋgri/ *adj* **1** vihainen, kiukkuinen, äkäinen **2** tulehtunut (haava) **3** uhkaava, synkkä (taivas, pilvi, meri)
anguish /æŋgwɪʃ/ *s* ahdistus, tuska, kärsimys
anguished *adj* ahdistunut, hätääntynyt, kärsivä
angular /æŋgjələr/ *adj* **1** kulmikas **2** hintelä, luiseva, laiha **3** (käytös) kankea, kömpelö, jäykkä
angularity /ˌæŋgjə'lerəti/ *s* **1** kulmikkuus **2** laihuus **3** (käytöksen) kankeus, jäykkyys
animal /ænəməl/ *s* eläin *adj* eläimellinen
animal kingdom *s* eläinkunta
animate /ænəmət/ *adj* elävä, eloisa, vilkas
animate /ænəmeɪt/ *v* vilkastuttaa, tuoda eloa johonkuhun/johonkin, innostaa
animation /ˌænə'meɪʃən/ *s* animaatioelokuvien/piirroselokuvien valmistus
animosity /ˌænə'masəti/ *s* vihamielisyys, riita
anise /ænɪs/ *s* anis
aniseed /'ænəˌsid/ *s* aniksen siemen
ankle /æŋkəl/ *s* nilkka
ankylosing spondylitis /ˌæŋkəlousiŋˌspandə'laɪtəs/ *s* selkärankareuma
annals /ænəlz/ *s* (mon) annaalit, vuosikirjat
annex /æneks/ *s* lisärakennus, siipirakennus
v **1** ottaa (alue luvattomasti) haltuunsa **2** lisätä, laajentaa, liittää johonkin
annexation /ˌænek'seɪʃən/ *s* **1** anneksio, luvaton alueliitos, aluevaltaus **2** laajennus
annihilate /ə'naɪəˌleɪt/ *v* tuhota, hävittää (maan tasalle)
annihilation /əˌnaɪə'leɪʃən/ *s* tuho, hävitys
anniversary /ˌænə'vərsəri/ *s* vuosipäivä, esim hääpäivä, syntymäpäivä
annotate /'ænəˌteɪt/ *v* tehdä merkintöjä johonkin, lisätä huomautuksia johonkin *an annotated text* selityksin varustettu teos
annotation /ˌænə'teɪʃən/ *s* huomautus, selitys
announce /ə'naʊns/ *v* **1** ilmoittaa, tuoda julki **2** kuuluttaa, esitellä lyhyesti
announcement /ə'naʊnsmənt/ *s* ilmoitus, tiedotus, tiedonanto, kuulutus *I have an announcement to make* haluan kertoa/ilmoittaa jotakin
announcer *s* (radio- tai televisio)kuuluttaja
annoy /ə'nɔɪ/ *v* harmittaa, kiusata, ärsyttää *he was very annoyed with the woman/about the problem* hän oli vihainen naiselle/ongelma harmitti häntä kovasti
annoyance /ə'nɔɪəns/ *s* **1** ärtymys, kiukku, suuttumus **2** vaiva, riesa, harmi
annoying *adj* ikävä, harmillinen, kiusallinen, ärsyttävä
annual /ænjʊəl/ *s* **1** vuosikirja **2** yksivuotinen kasvi
adj **1** vuosittainen, kerran vuodessa tapahtuva **2** vuotuinen, vuosi- *annual salary* vuosipalkka

annually *adv* vuosittain, kerran vuodessa
annual ring *s* (puun) vuosirengas
annul /ə'nʌl/ *v* kumota (laki), perua, purkaa (sopimus), mitätöidä, julistaa (avioliitto) mitättömäksi
annulment *s* kumoaminen, purkaminen, peruminen, mitätöinti
anode /ænoʊd/ *s* anodi
anoint /ə'noɪnt/ *v* voidella *he was anointed king* hänet voideltiin kuninkaaksi
anointment *s* (esim kuninkaaksi) voitelu
anomalous /ə'naməlәs/ *adj* **1** epäsäännöllinen, poikkeava *"give" is an anomalous verb* give on epäsäännöllinen verbi **2** epämuodostunut
anomalously *adv:* ks anomalous
anon. *anonymous* anonyymi, nimetön
anon /ə'nan/ *adv* (vanh) pian, heti
anonymity /ˌænə'nɪməti/ *s* nimettömyys, tuntemattomuus, anonymiteetti
anonymous /ə'nanəməs/ *adj* nimetön, tuntematon, anonyymi
anonymously *adv* nimettömästi, nimettä
anorectic /ˌænə'rektɪk/ *s* anorektikko, anoreksiaa sairastava henkilö
anorexia /ˌænə'reksɪə/ *s* anoreksia, anorexia nervosa, sairaalloinen ruokahaluttomuus (eräs syömishäiriö)
another /ə'nʌðər/ *adj, pron* toinen, (vielä) yksi, uusi *can you make another (one)?* voitko sinä tehdä vielä yhden? *perhaps another time* ehkä joskus toiste *that's another of the many problems we are having* se on yksi meidän monista ongelmistamme *she thinks she is another Grace Kelly* hän luulee olevansa uusi Grace Kelly
ANSI *American National Standards Institute*
answer /ænsər/ *s* **1** vastaus **2** ratkaisu *v* vastata (kysymykseen, kirjeeseen, puhelimeen) **2** vastata (tarkoitusta), sopia, kelvata
answerable /ænsərəbəl/ *adj* **1** johon voi vastata; jonka voi kumota **2** tilivelvollinen, vastuussa jollekulle
answer back *v* sanoa/mutista vastaan
answer for *v* vastata/olla vastuussa jostakin, taata, mennä takuuseen jostakin
answering machine *s* puhelinvastaaja
answering service *s* puhelinpäivystys
answer to *v* **1** olla vastuussa/tilivelvollinen jollekulle **2** vastata (kuvausta), olla (kuvauksen) mukainen **3** totella nimeä, olla nimeltään *he answers to the name of Robert* hänen nimensä on Robert
ant /ænt/ *s* muurahainen *sit still for a second, you look like you have ants in your pants* pysy hetki aloillasi, sinullahan on kuin tuli hännän alla
antagonism /æn'tægəˌnɪzəm/ *s* vihamielisyys, vastustus
antagonist /æn'tægəˌnɪst/ *s* **1** vastustaja, vihamies **2** (lääkeaine) vastavaikuttaja, antagonisti
antagonistic /ænˌtægə'nɪstɪk/ *adj* vihamielinen, vastustava, vastakkainen
antagonistically *adv* vihamielisesti, vastahakoisesti
antagonize /æn'tægənaɪz/ *v* vihoittaa, suututtaa
antarctic /ænt'artɪk ænt'arktɪk/ *adj* antarktinen, etelänapa-
Antarctica /ænt'artɪkə/ Antarktis, Etelämanner
Antarctic Circle /ænt'artɪk/ *s* eteläinen napapiiri
Antarctic Ocean Eteläinen jäämeri
anteater /'æntˌitər/ *s* muurahaiskarhu
antebellum /ˌæntə'beləm/ *adj* (Yhdysvaltain sisällis)sotaa edeltävä
antecedence /ˌæntə'sidəns/ *s* etusija
antecedent *s* **1** aiempi/edeltävä tapahtuma tms **2** (mon) esi-isät **3** (mon) menneisyys **4** (kieliopissa) korrelaatti (sana johon pronomini viittaa)
antechamber /'æntəˌtʃeɪmbər/ *s* odotushuone, eteinen

antedate /'æntəˌdeɪt/ *v* **1** aikaistaa, päivätä aikaisemmaksi **2** edeltää, tapahtua aikaisemmin kuin
antediluvian /ˌæntədɪ'luviən/ *adj* **1** vedenpaisumusta edeltävä **2** vanhanaikainen, aikansa elänyt
antelope /æntəloʊp/ *s* antilooppi
ante meridiem /ˌantɪmə'rɪdiəm/ ks a.m.
antenatal /ˌæntə'neɪtəl/ *adj* syntymää edeltävä
antenna /æn'tenə/ *s* (mon antennae /æn'teni/) **1** tuntosarvi **2** antenni (mon antennas)
anterior /æn'tɪərɪər/ *adj* edeltävä, aikaisempi; edempänä oleva, etu-
anthem /ænθəm/ *s* hymni *national anthem* kansallislaulu
anther /ænθər/ *s* (kasvin) ponsi
anthill /'æntˌhɪl/ *s* muurahaiskeko
anthology /æn'θalədʒi/ *s* antologia, runokokoelma, proosakokoelma
anthracite /'ænθrəˌsaɪt/ *s* antrasiitti
anthropoid /'ænθrəˌpoɪd/ *s* ihmisapina
adj ihmistä muistuttava
anthropological /ˌænθrəpə'ladʒɪkəl/ *adj* antropologinen
anthropologist /ˌænθrə'palədʒəst/ *s* antropologi
anthropology /ˌænθrə'palədʒi/ *s* antropologia
antiaircraft /ˌæntɪ'eərkræft/ *adj* ilmatorjunta-
antibiotic /ˌæntɪbaɪ'atɪk/ *s* antibiootti
adj antibioottinen
antibody /'æntɪˌbadi/ *s* vasta-aine
anticipate /æn'tɪsəˌpeɪt/ *v* **1** odottaa *I anticipate a lot of criticism* odotan/uskon saavani osakseni paljon arvostelua **2** ennakoida, arvata **3** edeltää, tehdä/tapahtua aikaisemmin kuin
anticipation /ænˌtɪsə'peɪʃən/ *s* **1** odotus, toive **2** ennakointi
anticlimactic /ˌæntɪklaɪ'mæktɪk/ *adj* joka aiheuttaa pettymyksen
anticlimax /ˌæntɪ'klaɪmæks/ *s* **1** pettymys **2** antikliimaksi
antics /æntɪks/ *s* (mon) temput, metkut, oikut
anticyclone /ˌæntɪ'saɪkloʊn/ *s* korkeapaine, korkeapaineen alue, antisykloni
antidote /'æntɪˌdoʊt/ *s* vastamyrkky (myös kuv)
antifreeze /'æntɪˌfriz/ *s* pakkasneste
Antigua and Barbuda /æn'tigwəənbar'budə/ Antigua ja Barbuda
anti-hero /'æntɪˌhɪəroʊ/ *s* antisankari
Antilles /ˌæn'tɪliz/ (mon) Antillit
antipathy /æn'tɪpəthi/ *s* vastenmielisyys, antipatia
antipodes /æn'tɪpəˌdiʒ/ *s* (mon) maapallon vastakkaisella puolella oleva paikka/olevat paikat
antiquated /'æntɪˌkweɪtəd/ *adj* vanhanaikainen, vanhentunut
antique /æn'tik/ *s* antiikkiesine
adj **1** antiikkinen, antiikin ajan **2** antiikkinen, vanhanaikainen
antiquity /æn'tɪkwəti/ *s* **1** antiikki **2** (mon) muinaisesineet
anti-Semite /ˌæntɪ'semaɪt/ *s* juutalaisvihaaja, antisemiitti
adj juutalaisvastainen, antisemiittinen
anti-Semitic /ˌæntɪsə'mɪtɪk/ *adj* juutalaisvastainen, antisemiittinen
anti-Semitism /ˌæntɪ'semətɪzəm/ *s* juutalaisviha, antisemitismi
antiseptic /ˌæntɪ'septɪk/ *s* antisepti, antiseptinen aine
adj antiseptinen
antisocial /ˌæntɪ'soʊʃəl/ *adj* yhteiskunnan vastainen, antisosiaalinen; epäsosiaalinen, eristäytyvä, epäseurallinen
antithesis /æn'tɪθəsɪs/ *s* (mon antitheses /æn'tiθəsiz/) **1** vastakohta, vastakkaisuus **2** antiteesi
antithetic /ˌæntɪ'θetɪk/ *adj* vastakkainen; antiteettinen
antithetical *adj* vastakkainen; antiteettinen
antitoxin /ˌæntɪ'taksɪn/ *s* vastamyrkky
antler /æntlər/ *s* (hirven)sarvi, sarven haara
antonym /'æntəˌnɪm/ *s* vastakohta, merkitykseltään vastakkainen sana, antonyymi

antsy /æntsi/ *adj* hermostunut *to get antsy* hermostua, hätääntyä
anus /eɪnəs/ *s* peräaukko, anus
anvil /ænvəl/ *s* alasin (myös kuuloluista puhuttaessa)
anxiety /æŋ'zaɪəti/ *s* **1** ahdistuneisuus, ahdistus, pelko **2** innokkuus, kiihko, halu
anxious /æŋʃəs, æŋkʃəs/ *adj* **1** ahdistunut, pelokas, huolestunut **2** ahdistava, pelottava
anxious for/to *adj* innokas, halukas *I am anxious for any help you can give* kaikki mahdollinen apu on minulle kovasti tarpeen
anxiously *adv* **1** pelokkaasti, ahdistuneesti **2** innokkaasti, halukkaasti
anxiousness *s* **1** ahdistuneisuus, pelokkuus **2** innokkuus, halukkuus
any /eni/ *adj, pron* **1** kukaan, mitään, yhtään, mitään *not any* ei kukaan, mitään, yhtään, mitään *he does not have any money/friends* hänellä ei ole lainkaan rahaa/yhtään ystävää *do you have any money/friends?* onko sinulla (yhtään) rahaa/(yhtään)ystävää/ ystäviä? **2** kuka/mikä tahansa *any pen will do* mikä/millainen tahansa kynä kelpaa
adv komparatiivin jäljessä *I can't wait any longer* en voi odottaa enää *if you hit it any harder it will break* se särkyy jos lyöt sitä (yhtään) kovemmin *is it any good?* onko siitä mihinkään?, tekeekö sillä mitään? *it won't help you any* siitä ei ole sinulle mitään apua *at any rate* joka tapauksessa, kuitenkin *in any case* joka tapauksessa, kuitenkin
anybody /'eni,bʌdi/ *s, pron* **1** kukaan, joku *not anybody* ei kukaan *they did not want anybody to leave* he eivät halunneet kenenkään lähtevän **2** kuka tahansa *anybody who can read* kuka tahansa joka osaa lukea, kuka tahansa lukutaitoinen **3** tärkeä ihminen *everybody who is anybody was there* kaikki merkkihenkilöt olivat paikalla
anyhow /'eni,haʊ/ *adv* mitenkään, millään, joka tapauksessa, kuitenkin *I said not to, but the boy took it anyhow* poika otti sen vaikka minä kielsin
anymore /'eni,mɔr/ *adv* enää *she doesn't live here anymore* hän ei enää asu täällä
anyone /'eni,wʌn/ *adv* ks anybody
anyplace /'eni,pleɪs/ *adv* ks anywhere
anything /'eni,θiŋ/ *pron* **1** mitään *not anything* ei mitään *do you have anything to say?* onko sinulla mitään sanottavaa? **2** mikä/mitä tahansa *not just anything* ei aivan mitä tahansa *give the guests something to drink; anything will do* anna vieraille (jotakin) juotavaa, ihan mitä vain
adv yhtään, vähääkään, lainkaan, ollenkaan *not anything* ei yhtään, ei vähääkään, ei lainkaan, ei ollenkaan *is the new typewriter anything like the old one?* muistuttaako uusi kirjoituskone yhtään vanhaa?
anything but kaikkea muuta kuin *the plan is anything but definite* suunnitelma ei ole vielä ollenkaan lukkoon lyöty
anytime /'eni,taɪm/ *adv* milloin tahansa *you may go anytime you want* saat lähteä milloin haluat *I can do better than that anytime* pystyn parempaan milloin tahansa
anyway /eniweɪ/ *adv* joka tapauksessa, kuitenkin *I said no but the boy took it anyway* poika otti sen vaikka kielsin
anyways /eniweɪz/ *adv* (ark muoto sanasta anyway) joka tapauksessa, kuitenkin
anywhere /eniweər/ *adv* **1** missään, mistään, mihinkään *not anywhere* ei missään, mistään, mihinkään *he never goes anywhere* hän ei koskaan käy missään, hän on aina kotona **2** missä tahansa, mistä tahansa, minne tahansa *you can sit anywhere* voit istua missä tahansa **3** paikasta *do you have anywhere to live?* onko sinulla asuntoa?
anywheres *adv* ark muoto sanasta anywhere
ANZUS *Australia, New Zealand, Unites States*
A-one /'eɪ,wʌn/ *adj* erinomainen, ensiluokkainen
aorta /eɪ'ɔrtə/ *s* aortta

apart /ə'part/ *adv* **1** etäisyydestä *the buildings are about a mile apart* rakennukset ovat noin mailin päässä toisistaan *I can't tell them apart* minä en erota niitä/heitä toisistaan **2** syrjässä, syrjään, sivussa, sivuun *they were standing apart from the others* he seisoivat muista erillään **3** lukuun ottamatta *shyness apart, he is okay* ujoutta lukuun ottamatta hän on ihan mukiinmenevä ihminen

apart from *adv* lukuun ottamatta *apart from the climate, this is a nice country* tämä on ilmastoa lukuun ottamatta mukava maa

apartheid /ə'part,haɪt/ *s* apartheid, rotuerottelu (Etelä-Afrikassa)

apartment /ə'partmənt/ *s* vuokrahuoneisto, vuokra-asunto

apartment house *s* kerrostalo, vuokratalo

apathetic /,æpə'θetɪk/ *adj* apaattinen, välinpitämätön, haluton, tylsä

apathetically *adv* apaattisesti, välinpitämättömästi, tylsästi

apathy /æpəθi/ *s* apatia, välinpitämättömyys, tylsyys

APB *all points bulletin* etsintäkuulutus

ape /eɪp/ *s* **1** apina **2** matkija *v* matkia, apinoida

Apennines /'æpə,naɪnz/ (mon) Apenniinit

aperitif /ə,perə'tif/ *s* aperitiivi

aperture /'æpər,tʃər/ *s* (kameran) aukko

aperture priority *s* (valok) aukon esivalinta

APEX /eɪpeks æpeks/ *Advance Purchase Excursion* eräs lentolippujen alennusluokka, APEX

apex /eɪpeks/ *s* (mon apexes, apices /æpəsiz/) kärki, huippu, (kuv) huipentuma

apiece /ə'pis/ *adv* kappale, kukin, kultakin, kullekin *we have two dollars apiece* meillä on kummallakin kaksi dollaria

apish /eɪpɪʃ/ *adj* **1** apinamainen **2** joka apinoi

APL *A Programming Language* eräs tietokoneiden ohjelmointikieli

aplomb /ə'plʌm/ *s* itsevarmuus (puheessa, käytöksessä)

APO *Army Post Office*

apocalypse /ə'pakə,lɪps/ *s* **1** ilmestys, apokalypsi *the Apocalypse* Johanneksen ilmestys(kirja) **2** maailmanloppu

Apocrypha /ə'pakrəfə/ *s* (mon) (Vanhan testamentin) apokryfikirjat

apocryphal /ə'pakrəfəl/ *adj* anonyymi, nimetön, alkuperältään tuntematon, hämäräperäinen

apologetic /ə,palə'dʒetɪk/ *adj* anteeksipyytelevä, pahoitteleva *they were very apologetic* he pyysivät kovasti anteeksi, he olivat kovasti pahoillaan

apologetically *adv* anteeksipyydellen, pahoitellen

apologize /ə'palə,dʒaɪz/ *v* pyytää joltakulta anteeksi jotakin *she apologized to him for being late* hän pyysi anteeksi myöhästymistään

apology /ə'palədʒi/ *s* **1** anteeksipyyntö, pahoittelu **2** jokin huono, surkea, viheliäinen *that's a poor apology for a car* onpas melkoinen autonromu

apoplectic /,æpə'plektɪk/ *adj* **1** halvauksenomainen, halvaus-, apoplektinen **2** raivostunut (ihminen), silmitön (raivo)

apoplexy /'æpə,pleksi/ *s* (aivo)halvaus

a posteriori /a,pastɪrɪ'ɔri/ *adv* seurauksesta syyhyn edeten, kokemuksen perusteella, jälkeen päin

apostle /ə'pasəl/ *s* apostoli (myös kuv)

Apostles' Creed *s* apostolinen uskontunnustus

apostolic /,æpəs'talɪk/ *adj* apostolinen

apostrophe /ə'pastrə,fi/ *s* heittomerkki (')

apothecary /ə'paθe,keri/ *s* apteekkari

app. *appendix* liite

Appalachians /,æpə'leɪtʃənz, ,æpə'lætʃənz/ (mon) Appalakit

appall /ə'pal/ *v* kauhistuttaa, tyrmistyttää, järkyttää

appalling *adj* kauhistuttava, tyrmistyttävä, järkyttävä

approve /ə'pruv/ *v* hyväksyä, suostua, myöntyä *the proposal was approved* ehdotus hyväksyttiin *I don't approve of your methods* minä en hyväksy menetelmiäsi
approving *adj* tyytyväinen, hyväksyvä
approvingly *adv* tyytyväisesti, hyväksyvästi
approx. *approximately* noin
approximate /ə'praksəmət/ *adj* summittainen, likimääräinen; noin, suunnilleen *his estimates were approximate only* hänen arvionsa olivat vain likimääräisiä *the approximate flying time is two hours* lentoaika on noin kaksi tuntia
approximate /ə'praksəˌmeɪt/ *v* vastata suunnilleen/kutakuinkin jotakin, olla lähellä jotakin
approximately /ə'praksəmətˌli/ *adv* suunnilleen, noin, kutakuinkin
approximation /əˌpraksə'meɪʃən/ *s* arvio, kutakuinkin/suunnilleen tarkka/oikea arvo tms *that is an approximation only* se on pelkkä arvio
appurtenances /ə'pərtənənsəz/ *s* (mon) varusteet, lisävarusteet, tarvikkeet
Apr. *April*
APR *annual percentage rate* vuosikorko
apricot /'eɪprəˌkat/ *s* aprikoosi
April /eɪprəl/ *s* huhtikuu
April fool *s* (henkilö) aprillipilan kohde
April Fools' Day /ˌeɪprəl'fʊəlzˌdeɪ/ *s* aprillipäivä
a priori /ˌaprɪ'ɔri/ *adv* syystä seuraukseen edeten, edeltäkäsin
apron /eɪprən/ *s* **1** esiliina **2** (lentokentän) asemataso
apropos /ˌæprə'poʊ/ *adj* osuva, sattuva (huomautus)
apropos of *prep* jotakin koskien; mitä johonkin tulee; -sta/stä *apropos of nothing* sivumennen sanoen, muuten
apse /æps/ *s* (arkkitehtuurissa) apsis
apt /æpt/ *adj* **1** sopiva, osuva **2** kyvykäs, nokkela, teräväpäinen
aptitude /'æptɪˌtud/ *s* lahjakkuus, kyvyt, soveltuvuus, taito *I have no aptitude whatever for mathematics* minulla ei ole lainkaan matemaatikon lahjoja/laskupäätä
aptly *adv* sopivasti, osuvasti, hyvin
aptness *s* **1** sopivuus, osuvuus **2** lahjakkuus, soveltuvuus, taito, kyvyt
apt to do something *adj* taipuvainen johonkin, tekemään usein/helposti jotakin *they're apt to disbelieve you* he todennäköisesti eivät usko sinua
aquamarine /ˌakwəmə'rin/ *s* akvamariini, eräs puolijalokivi *adj* akvamariinin värinen, sinivihreä
aquaria ks aquarium
aquarium /ə'kwerɪəm/ *s* (mon aquariums, aquaria) akvaario
Aquarius /ə'kweərɪəs/ *horoskoopissa* Vesimies
aquatic /ə'kwatɪk/ *adj* (kasveista, urheilusta) vesi-
aqua vitae /ˌakwə'viteɪ/ *s* viina
aqueduct /'akwəˌdʌkt/ *s* akvedukti, vesijohto
aquifer /akwəfər/ *s* akviferi, pohjavettä kuljettava maanalainen kerrostuma
aquiline nose /'akwəˌlən/ *s* kotkannenä
ar. *arrival* tuloaika
AR *Arkansas*
Arabian *s, adj* arabialainen
Arabian camel /kæməl/ *s* dromedaari, yksikyttyräinen kameli
Arabian oryx /ɔrəks/ *s* valkobeisa
Arabic *s* arabian kieli *adj* arabialainen, arabiankielinen
Arabic numerals *s* arabialaiset numerot (0, 1, 2...)
Arabist /'erəˌbɪst/ *s* arabian kielen, kulttuurin tms tutkija
arable /erəbəl/ *adj* viljelyskelpoinen
Aral Sea /ˌerəl'si/ Araljärvi
arbiter /'arˌbaɪtər/ *s* välittäjä, sovittelija, välitysmies
arbitrage *s* (tal) arbitraasi
arbitrary /'arbəˌtreəri/ *adj* mielivaltainen
arbitrate /'arbəˌtreɪt/ *v* sovitella, välittää, toimia välittäjänä (riidassa)

arbitration *s* (riidan) välitys, välitystuomio, välimiesoikeus
arbitrator *s* välittäjä, sovittelija, välitysmies
arbor /arbər/ *s* lehtimaja, puutarhamaja
Arbor Day *s* (Yhdysvalloissa keväällä järjestettävä) puunistutuspäivä
ARC *American Red Cross*
arc /ark/ *s* **1** (ympyrän) kaari **2** valokaari
arcade /ar'keɪd/ *s* katettu (kauppa)käytävä *video arcade* videopelisali
arcana ks arcanum
arcane /ar'keɪn/ *adj* hämäräperäinen, salamyhkäinen, harvinainen, tuntematon
arcanum /ar'keɪnəm/ *s* (mon arcana) salaisuus, salaperäinen asia, arvoitus, mysteeri(o)
Arc de Triomphe /ˌarkdətri'oʊmf/ *s* (Pariisin) riemukaari
arch /artʃ/ *s* **1** holvi, holvikaari **2** (anat) jalkaholvi **3** *Golden Arches* McDonald'sin pikaruokaravintoloiden keltainen M-tunnus
v **1** köyristää, taivuttaa kaarelle **2** kaartua *the foliage arches over the path* lehvät kaartuvat polun yli
adj ilkikurinen; veitikkamainen
archaeological /ˌarkiə'ladʒɪkəl/ *adj* arkeologinen
archaeologist /ˌarki'alədʒɪst/ *s* arkeologi
archaeology /ˌarki'alədʒi/ *s* arkeologia, muinaistiede
archaic /ar'keɪɪk/ *adj* **1** vanhentunut, käytöstä pois jäänyt **2** ikäloppu, kypsä tunkiolle vietäväksi
archaism /ar'keɪɪzəm/ *s* **1** vanhentunut, käytöstä jäänyt sana tms **2** vanhanaikaisuus, vanhanaikaisten sanojen tms käyttö
archangel /'arkˌeɪndʒəl/ *s* arkkienkeli
archbishop /ˌartʃ'bɪʃəp/ *s* arkkipiispa
archeological /ˌarkiə'ladʒɪkəl/ *adj* arkeologinen
archeologist /ˌarki'alədʒɪst/ *s* arkeologi
archeology /ˌarki'alədʒi/ *s* arkeologia, muinaistiede
Archer (tähdistö) Jousimies
archer /artʃər/ *s* jousiampuja
archery /artʃəri/ *s* jousiammunta
architect /'arkəˌtekt/ *s* arkkitehti
architectural /ˌarkə'tektʃərəl/ *adj* rakennustaiteellinen, arkkitehtoninen
architecture /'arkəˌtektʃər/ *s* arkkitehtuuri, rakennustaide, rakennustaito
archival /arkaɪvəl/ *adj* arkisto-
archives /arkaɪvz/ *s* (mon) arkisto
archivist /'arkəˌvɪst/ *s* arkistonhoitaja
archly /artʃli/ *adv* ilkikurisesti, veitikkamaisesti
archt. *architect*
archway /artʃweɪ/ *s* holvikäytävä
Arctic Arktis
arctic /artɪk arktɪk/ *adj* arktinen, pohjoisten (napa)seutujen
Arctic Circle *s* pohjoinen napapiiri
Arctic Ocean /ˌarktɪk'oʊʃən/ *s* Pohjoinen jäämeri
ardent /ardənt/ *adj* innokas
ardently *adv* innokkaasti
ardor /ardər/ *s* into, innostus, innokkuus
arduous /ardʒʊəs/ *adj* raskas, vaikea
arduously *adv* ponnistellen, vaivalloisesti
area /erɪə/ *s* **1** pinta-ala **2** alue *in this area* tällä alueella **3** ala, alue *his area of expertise is computers* hän on tietokonealan asiantuntija
area code *s* (puhelinliikenteessä) suuntanumero
arena /ə'rinə/ *s* areena, taistelukenttä, kilpakenttä, ala, alue *in the political arena* politiikassa, politiikan kilpakentällä *arena of war* sotanäyttämö
Argentina /ˌardʒən'tinə/ Argentiina
Argentine /'ardʒənˌtin/ *s, adj* argentiinalainen
Argentinean /ˌardʒən'tɪniən/ *s, adj* argentiinalainen
argon /'argan/ *s* argon, eräs jalokaasu
arguable /argjʊəbəl/ *adj* **1** jota voidaan perustella *it is arguable that he should be released* on perusteltua

väittää että hänet tulisi vapauttaa **2** josta voidaan keskustella/väitellä, (kysymys:) avoin *I find the question arguable* minusta kysymyksestä voi olla kahta mieltä

arguably *adv* kai, ilmeisesti, lienee

argue /argju/ *v* **1** kiistellä, riidellä, väitellä *why are you guys always arguing?* miksi te aina riitelette? **2** väittää, esittää *he argued that taxes should be lowered* hän oli sitä mieltä että verotusta olisi kevennettävä **3** keskustella, väitellä, pohtia jostakin **4** suostutella joku johonkin/luopumaan jostakin *I tried to argue her into going with me* yritin taivutella hänet lähtemään mukaani *he tried to argue me out of it* hän yritti suostutella minut muuttamaan mieleni

argue away *v* **1** keskustella, väitellä (pitkään) **2** kieltää (tosiasia), todistaa olemattomaksi

argue out *v* keskustella jostakin perusteellisesti

argument *s* **1** kiista, riita **2** keskustelu, väittely **3** syy, peruste, argumentti

argumentation /ˌargjəmən'teɪʃən/ *s* **1** keskustelu **2** todistelu, argumentaatio

argumentative /ˌargj'mentətɪv/ *adj* riidanhaluinen

aria /arɪə/ *s* aaria

arid /ærɪd/ *adj* kuiva (maa, ilmasto)

Aries /eəriz/ *horoskoopissa* Oinas

arise /ə'raɪz/ *v* arose, arisen **1** ilmetä, tulla esin **2** nousta ylös, nousta seisomaan

arise from *v* seurata jostakin, johtua jostakin

aristocracy /ˌerəs'takrəsi/ *s* **1** aristokratia, ylimystö, aatelisto, yläluokka; (älyllinen, ammatillinen) eliitti **2** aristokratia, ylimysvalta

aristocrat /ə'rɪstəˌkræt/ *s* aristokraatti, yläluokan jäsen

aristocratic *adj* aristokraattinen, yläluokan, ylhäinen

aristocratically *adj* aristokraattisesti

arithmetic /ə'rɪθməˌtɪk/ *s* aritmetiikka, laskuoppi

arithmetical /ˌerɪθ'metəkəl/ *adj* aritmeettinen, laskuopillinen, lasku-

Ariz. *Arizona*

Arizona /ˌerə'zoʊnə/

Ark. *Arkansas*

ark /ark/ *s* (Raamatussa) **1** (Nooan) arkki **2** *ks* ark of the covenant

Arkansas /'arkənˌsa/

ark of the covenant *s* (Raamatussa) liiton arkku (vanhassa raamatunsuomennoksessa arkki)

arm /arm/ *s* **1** käsivarsi *to keep someone at arm's length* kohdella jotakuta kylmästi *to receive someone with open arms* ottaa joku avosylin vastaan **2** (vaatteen) hiha **3** (käsivartta jossain määrin muistuttavista esineistä ym) (joen) haara, (tuolin) käsinoja, (levysoittimen) äänivarsi

armada /ar'madə/ *s* armada, iso sotalaivasto *the Spanish Armada* (hist) Espanjan armada, (kuv) voittamaton armada

armadillo /ˌarmə'dɪloʊ/ *s* vyötiäinen

Armageddon /ˌarmə'gedən/ *s* **1** (Raamatussa) Harmagedon **2** ydinsota, maailmanloppu

armament /arməmənt/ *s* **1** (mon) aseet **2** (mon) sotavoimat, asevoimat **3** asevarustelu *nuclear armament* ydinvarustelu

armaments race *s* kilpavarustelu

armchair philosopher *s* nojatuolifilosofi

armd. *armored* panssaroitu

armed forces /ˌarmd'fɔrsəz/ *s* (mon) sotavoimat, asevoimat, armeija

armed robbery /ˌarmd'rabəri/ *s* aseellinen/törkeä ryöstö

armed services /'armd'sərvəsəz/ *s* (mon) sotavoimat, asevoimat, armeija

Armenia /ar'miniə/ Armenia

armful /armfəl/ *s* sylillinen; iso kasa, koko joukko

armhole /armhoʊl/ *s* (vaatteen) kädentie

arm in arm *adv* käsi kädessä

armistice /arməstəs/ *s* aselepo

armor /armər/ *s* **1** haarniska *a suit of armor* haarniska(puku) **2** panssari **3** panssarivaunut yms

armored *adj* panssaroitu, panssari- *the president has an armored limousine* presidentillä on panssaroitu auto
armored car /ˌarmərd'kar/ *s* (esim rahan kuljetukseen käytettävä) panssariauto
armory /armǝri/ *s* asevarasto, asevarikko
armpit /armpɪt/ *s* **1** kainalokuoppa **2** surkea, kurja paikka, pohjanoteeraus *he thinks our little city is the armpit of the universe* hänen mielestään meidän pikku kaupunkimme on varsinainen kyläpahanen
armrest *s* (tuolin ym.) käsinoja
arms /armz/ *s* (mon) aseet *small arms* käsiaseet *to lay down your arms* laskea aseensa, lakata taistelemasta *to take up arms against someone* tarttua aseisiin, hyökätä jotakuta vastaan *to be up in arms about something* olla raivoissaan jostakin
arms control *s* aseriisunta
arms race *s* kilpavarustelu
arm-twisting *s* suostuttelu, taivuttelu
army /armi/ *s* armeija, (myös kuv:) suuri joukko
Arnheim Land /'arnǝmˌlænd/ Arnheiminmaa (Australiassa)
aroma /ǝ'roʊmǝ/ *s* hyvä tuoksu
aromatic /ˌerǝ'mætɪk/ *adj* hyvänhajuinen
arose /ǝ'roʊz/ ks arise
around /ǝ'raʊnd/ *adv, prep* **1** ympärillä, ympärille *I looked all around* katselin joka suuntaan **2** lähellä, lähistössä; noin, suunnilleen *we traveled around the Rockies* matkustelimme Kalliovuorilla *it's around 7:00* kello on seitsemän paikkeilla
around-the-clock /ǝˌraʊndðǝ'klak/ *adj* jatkuva, koko ajan tapahtuva *adv* jatkuvasti, kellon ympäri
arouse /ǝ'raʊz/ *v* **1** herättää joku **2** innostaa, herättää jonkun kiinnostus **3** kiihdyttää (voimakkaita tunteita: seksuaalisia haluja, vihaa) *she was clearly aroused* hän oli selvästi kiihtynyt/kiihdyksissään/halukas
arr. *arrangement; arrival*
arraign /ǝ'reɪn/ *v* syyttää (oikeudessa), asettaa syytteeseen jostakin
arrange /ǝ'reɪndʒ/ *v* **1** järjestää, panna (tavaroita) järjestykseen **2** sopia, järjestää, varata, hankkia *can you arrange an appointment for me at 2:00?* pystytkö järjestämään minulle ajan kahdelta? *the travel agent arranged a vacation in the Bahamas for them* matkatoimiston virkailija järjesti heille lomamatkan Bahamasaarille *that can be easily arranged* se järjestyy/onnistuu helposti **3** (mus) sovittaa
array /ǝ'reɪ/ *s* **1** järjestys, asettelu *in battle array* taistelujärjestyksessä **2** vaatteet *in military array* sotilasvaatteissa **3** suuri joukko/määrä *v* järjestää, asetella, ryhmittää (sotajoukot) taisteluun
arrears /ǝ'rɪǝrz/ *to be in arrears* (maksu) olla myöhässä
arrest /ǝ'rest/ *s* **1** pidätys, vangitseminen *to make an arrest* pidättää, vangita **2** pysähtyminen, pysäyttäminen, pysähdys *cardiac arrest* sydämen pysähdys *v* **1** pidättää, vangita *the window displays arrested their attention* heidän huomionsa kiinnittyi näyteikkunoihin **2** ehkäistä, estää, pysäyttää
arresting *adj* huomiotaherättävä, kiintoisa, kiehtova
arrival /ǝ'raɪvǝl/ *s* **1** saapuminen, tulo **2** (uusi) tulokas **3** saapuva lento, juna yms **4** (aikataulussa tms) tuloaika, saapumisaika
arrive /ǝ'raɪv/ *v* **1** saapua, tulla *to arrive at a town/in a city* saapua pieneen/isoon kaupunkiin *they finally arrived at a decision* he päättivät viimein asiasta **2** menestyä *until you own a Rolls-Royce, you really haven't arrived* vasta Rolls-Royce on todellisen menestyksen merkki
arrogance /erǝgǝns/ *s* ylimielisyys
arrogant /erǝgǝnt/ *adj* ylimielinen
arrogantly *adv* ylimielisesti
arrow /eroʊ/ *s* (jousen) nuoli; nuoli(merkki)

arrowhead /'eroʊˌhed/ *s* nuolenpää
arrowroot /'eroʊˌrut/ *s* (kasv) nuolijuuri, arrowjuuri
arroyo /ə'rɔɪˌoʊ/ *s* (erämään kuiva) joenuoma
arsenal /arsənəl/ *s* asevarasto, asevarikko, arsenaali (myös kuv)
arsenic /arsənɪk/ *s* arseeni, arsenikki
arson /arsən/ *s* tuhopoltto
arsonist *s* tuhopolttaja, pyromaani
art /art/ *s* **1** taide *arts and sciences* taide ja tiede **2** taito *the fine art of diplomacy* diplomatian vaativa taito **3** (mon) humanistiset tieteet *Arts Faculty* humanistinen tiedekunta *v* (vanhentunut muoto verbistä *be*, käytetään vielä esim Jumalasta) *thou art* sinä olet
art deco /ˌart'dekoʊ/ *s* art deco, eräs 1920-luvun taidesuuntaus
artefact /'artəˌfækt/ *s* keinotekoinen, ihmisen valmistama esine
arteriosclerosis /arˌtɪərɪoʊsklə'roʊsɪs/ *s* (lääk) arterioskleroosi, valtimonkovetustauti
artery /artəri/ *s* **1** valtimo *coronary artery* sepelvaltimo **2** (liikenteen) valtaväylä, (joen) valtasuoni
artesian well /ar'tiʒən wel/ *s* arteesinen kaivo
artful /artfəl/ *adj* ovela, juonikas, kavala, taitava
artfully *adv* ovelasti, juonikkaasti, kavalasti, taitavasti
arthritic /ar'θrɪtɪk/ *adj* niveltulehdus-
arthritis /ar'θraɪtəs/ *s* niveltulehdus *rheumatoid arthritis* nivelreuma
artichoke /'artɪˌtʃoʊk/ *s* (latva-)artisokka
article /artɪkəl/ *s* **1** esine, kauppatavara, artikkeli *an article of furniture/ clothing* huonekalu, vaate, vaatekappale **2** lehtikirjoitus, artikkeli **3** (sopimuksen) kohta, osa, artikla **4** (kieliopissa) artikkeli
article of faith *s* uskonkappale, (kuv) (perus)periaate
articulate /ar'tɪkjələt/ *adj* selvä (puhuja/puhe), selvästi ilmaistu/lausuttu, sujuva *the speaker was not very articulate* puhuja ei ilmaissut itseään järin selvästi
articulate /ar'tɪkjəˌleɪt/ *v* **1** ääntää *to articulate clearly* **2** esittää, tuoda esiin (näkemyksensä, perusteet), pukea sanoiksi (ajatukset), artikuloida
articulated bus *s* nivelbussi
articulately *adv* (ääntää, puhua, ilmaista ajatuksensa) selvästi, sujuvasti
articulateness *s* ilmaisukyky
articulation /arˌtɪkjə'leɪʃən/ *s* **1** ääntäminen, artikulaatio **2** nivel; niveltyminen
artifact /'artəˌfækt/ *s* keinotekoinen, ihmisen valmistama esine
artifice /'artəfəs/ *s* **1** oveluus, juonikkuus, kekseliäisyys **2** temppu, metku **3** taiteellisuus, fiktiivisuus
artificial /ˌartə'fɪʃəl/ *adj* **1** keinotekoinen, teko- **2** teennäinen
artificial insemination /ɪnˌsemə'neɪʃən/ *s* (ihmisen) keinohedelmöitys; (eläimen) keinosiemennys
artificial intelligence /ɪn'telədʒəns/ *s* tekoäly
artificiality /artəˌfɪʃi'æləti/ *s* keinotekoisuus; teennäisyys; teennäinen piirre
artificial language /læŋgwədʒ/ *s* keinotekoinen kieli
artificially *adv* **1** keinotekoisesti **2** teennäisesti
artificial satellite *s* tekokuu
artillery /ar'tɪləri/ *s* tykistö
artisan /artəsən/ *s* käsityöläinen
artist /artəst/ *s* taiteilija (myös kuv)
artiste /ar'tist/ *s* esiintyvä taiteilija
artistic /ar'tɪstɪk/ *adj* **1** taiteellinen **2** taiteilijan *she has an artistic temperament* hänellä on taiteilijan luonteenlaatu **3** taidokas, taitava, hyvällä maulla tehty
artistically *adv* **1** taiteellisesti **2** taitavasti, taidokkaasti, hyvällä maulla
artistry /artəstri/ *s* **1** taiteellisuus **2** taito
artless /artləs/ *adj* viaton, teeskentelemätön
artlessly *adv* viattomasti, teeskentelemättä

artsy-craftsy /ˌartsɪˈkræftsi/ *adj* (muka/teennäisen) hieno, (muka/teennäisen) taiteellinen, imelä
arty /arti/ *adj* (muka) hieno
ARVN *Army of the Republic of Vietnam*
AS *American Samoa*
as /æz/ *konj* **1** (silloin) kun, sillä aikaa kun, sitä mukaa kun, -na/-nä, -essa/-essä *as a child* lapsena *it got warmer as we approached the coast* ilma lämpeni lähestyessämme rannikkoa **2** kun, koska *as I don't have any money, I can't go to the movies* en voi mennä elokuviin koska minulla ei ole rahaa **3** vaikka *much as I like you, I don't want to marry you* en halua mennä kanssasi naimisiin vaikka pidänkin sinusta kovasti **4** siten, miten *you can do as you please* voit tehdä mitä itse haluat **5** *so as to* jotakin tehdäkseen: *I rose so as to go* nousin lähteäkseni *would you be so kind as to help me carry this?* voisitko ystävällisesti auttaa minua tämän kantamisessa? **6** *such as* kuten, esimerkiksi *many writers, such as Bellow and Singer* monet kirjailijat, kuten Bellow ja Singer *adv* kuin *just as expensive as* aivan yhtä kallis kuin *please take as many as you want* ota niin monta kuin haluat
ASA *American Standards Association*
ASAP *as soon as possible* mahdollisimman pian
as a whole *fr* kokonaisuutena
asbestos /ˌæzˈbestəs/ *s* asbesti
asbestosis /ˌæzbesˈtoʊsɪs/ *s* (lääk) asbestoosi
ASCAP *American Society of Composers, Authors, and Publishers*
ascend /əˈsend/ *v* nousta, kohota
ascendancy /əˈsendənˌsi/ *s* johtoasema, ylivalta *His star is in the ascendancy* Hän on matkalla huipulle, hänen tähtensä on nousussa
ascending colon /koʊlən/ *s* (anat) nouseva paksusuoli
ascension /əˈsenʃən/ *s* **1** nousu **2** *the Ascension* (Kristuksen) taivaaseenastuminen *ascension to the throne* kruununperimys
ascent /əˈsent/ *s* nousu, kiipeäminen
ascertain /ˌæsərˈteɪn/ *v* varmistaa, ottaa selvää
ascetic /əˈsetɪk/ *s* askeetti *adj* askeettinen, karu, koruton
asceticism /əˈsetəˌsɪzəm/ *s* askeesi
ASCII *American Standard Code for Information Interchange*
ascorbic acid /əsˈkɔrbɪk ˈæsəd/ *s* askorbiinihappo, C-vitamiini
ascribe to /əsˈkraɪb/ *v* **1** katsoa jonkin johtuvan jostakin, katsoa jonkin syyksi *she ascribes her success to hard work* hän katsoo menestyksensä johtuvan kovasta yrittämisestä **2** pitää tärkeänä *they ascribed no importance to the demonstrations* he eivät pitäneet mielenosoituksia merkittävinä
ASEAN *Association of Southeast Asian Nations*
aseptic /eɪˈseptɪk/ *adj* aseptinen, puhdas, tartunta-aineista vapaa
asexual /eɪˈsekʃʊəl/ *adj* sukupuoleton, suvuton
asexuality /ˌeɪsekʃʊˈælɪti/ *s* sukupuolettomuus, suvuttomuus
asexual reproduction /ˌriprəˈdʌkʃən/ *s* (biologiassa) suvuton lisääntyminen
as for someone *fr* mitä johonkuhun tulee *I will come. As for him, I don't know* minä tulen, mutta hänestä en tiedä
ash /æʃ/ *s* **1** saarni **2** tuhka *she kept dropping cigarette ash on my new carpet* hän tiputteli jatkuvasti tupakan tuhkaa uudelle matolleni **3** (mon kuolleen poltetusta ruumiista) tuhka, tomu
ashamed /əˈʃeɪmd/ *adj* häpeissään *he was ashamed of his behavior* hän häpesi käytöstään
ashen /æʃən/ *adj* **1** tuhkanharmaa **2** kalmankalpea
ashen-faced *adj* kalmankalpea
ashes to ashes *fr* maasta sinä olet tullut ja maaksi pitää sinun jälleen tuleman

ashore /ə'ʃɔr/ *adv* maissa, maihin; rannalla, rannalle *to run ashore* rantautua *to go/put ashore* nousta maihin
ashtray /æʃtreɪ/ *s* tuhkakuppi
ashy /æʃi/ *adj* **1** tuhkanharmaa **2** kalmankalpea **3** tuhkan peittämä
Asia /eɪʒə/ Aasia
Asian /eɪʒən/ *s, adj* aasialainen
Asian elephant /ˌeɪʒən'eləfənt/ *s* aasiannorsu
Asiatic /ˌeɪʒɪ'ætɪk/ *s, adj* aasialainen
Asiatic ass /ˌeɪʒɪætɪk'æs/ *s* aasianvilliaasi
aside /ə'saɪd/ *s* **1** sivuhuomautus **2** (teatterissa) näyttelijän itsekseen lausumat sanat
adv sivussa, sivuun, syrjässä, syrjään *he pushed me aside to tell me the news* hän työnsi minut syrjään kertoakseen uutisen
aside from *adv* paitsi, lisäksi *aside from being ridiculous, your plan is too expensive* suunnitelmasi on paitsi naurettava myös liian kallis
as if *fr* ikään kuin
asinine /æsənaɪn/ *adj* typerä, älytön
ask /æsk/ *s* (tal) myyntikurssi, myyntinoteeraus
v **1** kysyä, tiedustella *he asked me the time* hän kysyi minulta kelloa **2** pyytää, kutsua *he finally asked her to dinner* lopulta hän pyysi naista ulos syömään **3** pyytää, vaatia *I am asking for help, I am asking you to help me* pyydän (sinulta) apua **4** (hinnasta) pyytää, vaatia *how much are you asking for the car?* paljonko pyydät autosta?
ask after *v* tiedustella jonkun vointia, kysyä mitä jollekulle kuuluu
askance /əs'kæns/ *to look askance at someone/something* katsoa jotakuta/jotakin alta kulmien, suhtautua johonkuhun/johonkin epäluuloisesti, nyrpistää nenäänsä jollekulle/jollekin
askew /əs'kju/ *adv* vinossa
ask for it *fr* kerjätä hankaluuksia/selkäänsä
ask in *v* pyytää jotakuta tulemaan sisään, kutsua sisään
asking *it's yours for the asking* sinun ei tarvitse kuin pyytää niin saat sen
ask out *v* kutsua joku ulos (esim syömään, treffeille)
ASL *American Sign Language* amerikkalainen viittomakieli
a.s.l. *above sea level* merenpinnan yläpuolella
aslant /ə'slænt/ *adv, prep* vinossa
asleep /ə'slip/ *adj* **1** unessa *he is fast asleep* hän nukkuu sikeästi **2** (raajoista) puutunut, tunnoton
as of *fr* jostakin lähtien/lukien *as of today/March 1* tästä päivästä lähtien, maaliskuun 1. päivästä lähtien
asparagus /əs'pærəgəs/ *s* parsa
aspartame /əs'parteɪm 'æspərˌteɪm/ *s* aspartaami, eräs makeutusaine
aspect /æspekt/ *s* **1** ulkonäkö **2** puoli, näkökulma *from the technical aspect* teknisesti, tekniseltä kannalta **3** (rakennuksesta:) *the house has a southerly aspect* talo on etelään päin **4** (kieliopissa) aspekti
aspect ratio *s* /reɪʃoʊ/ (televisiokuvan ym) sivusuhde, (kuvan) leveyden ja korkeuden suhde
aspen /æspən/ *s* haapa
asperity /əs'perəti/ *s* tylyys, tuimuus
aspersion /əs'pərʒən/ *to cast aspersions on someone/something* puhua nurjasti jostakusta
asphalt /æsfalt/ *s* asfaltti
asphalt jungle *s* asfalttiviidakko
asphyxia /əs'fɪksiə/ *s* tukehtuminen
asphyxiate /əs'fɪksieɪt/ *v* tukehtua
asphyxiation /əsˌfɪksi'eɪʃən/ *s* tukehtuminen
aspic /æspɪk/ *s* (ruuanlaitossa) hyytelö
aspirant /æspərənt/ *s* (viran, työpaikan) tavoittelija, ehdokas, hakija
aspirate /æspərət/ *s* **1** aspiraatta **2** h-äänne
aspirate /æspəreɪt/ *v* aspiroida, ääntää h-äänne
aspiration /ˌæspə'reɪʃən/ *s* tavoite, päämäärä, haave
aspire /əs'paɪər/ *v* pyrkiä johonkin, tavoitella jotakin, janota jotakin

aspirin /æsprən/ *s* aspiriini; aspiriinitabletti
as regards *fr* jotakin koskien, mitä johonkin tulee
ass. *assistant; association*
ass /æs/ *s* **1** aasi **2** typerys, aasi **3** (alat) perse
assail /ə'seɪəl/ *v* hyökätä, pommittaa (kysymyksillä) *he is assailed with doubts* epäilykset kalvavat häntä
assailant /ə'seɪlənt/ *s* hyökkääjä
assassin /ə'sæsən/ *s* salamurhaaja
assassinate /ə'sæsəneɪt/ *v* murhata (poliittisista syistä)
assassination /əˌsæsə'neɪʃən/ *s* salamurha
assault /ə'salt/ *s* rynnäkkö, hyökkäys *v* hyökätä (rynnäköllä), käydä kimppuun
assault and battery *s* pahoinpitely
assemble /ə'sembəl/ *v* koota, kokoontua *cars are assembled on the assembly line* autot kootaan/ valmistetaan liukuhihnalla *the guests assembled in the living room* vieraat kokoontuivat olohuoneeseen
assembler *s* **1** kokoonpanija, kokoaja, asentaja **2** (tietok) (symbolisen konekielen) kääntäjä
assembly /ə'sembli/ *s* **1** kokous **2** väenkokous, väkijoukko **3** kokoaminen, asennus, valmistus
assembly language *s* (tietok) symbolinen konekieli
assembly line *s* liukuhihna, kokoonpanolinja
assemblyman /ə'sembliman/ *s* (eräiden Yhdysvaltain osavaltioiden parlamentin alemman kamarin miespuolinen) valtuutettu, valtuuston jäsen
assemblyperson /ə'sembliˌpərsən/ *s* (eräiden Yhdysvaltain osavaltioiden parlamentin alemman kamarin) valtuutettu, valtuuston jäsen
assemblywoman /ə'sembliˌwʊmən/ *s* (eräiden Yhdysvaltain osavaltioiden parlamentin alemman kamarin naispuolinen) valtuutettu, valtuuston jäsen
assent /ə'sent/ *s* suostumus *he gave his assent to the plan* hän suostui suunnitelmaan, hän hyväksyi suunnitelman *by common assent* yksimielisesti *v* suostua johonkin, hyväksyä jotakin
assert /ə'sərt/ *v* **1** väittää, vakuuttaa (syyttömyyttään) **2** pitää kiinni jostakin, puolustaa (oikeuksiaan) *to assert yourself* puolustautua, pitää puolensa
assertion /ə'sərʃən/ *s* väite
assertive /ə'sərtɪv/ *adj* (itse)varma
assertively *adv* (itse)varmasti
assess /ə'ses/ *v* arvioida, punnita (jonkun tai jonkin arvo, merkitys, mahdollisuudet tms)
assessment /ə'sesmənt/ *s* arvio *in my assessment* minun mielestäni
asset /æset/ *s* (yl mon) **1** varat, omaisuus **2** etu, arvokas lisä *he is an invaluable asset to this company* hän on korvaamattoman arvokas työntekijä
asset value *s* (tal) substanssiarvo
asshole /æshoʊl/ *s* (alat) **1** persreikä, perse **2** kusipää
assiduous /ə'sɪdʒʊəs/ *adj* **1** jatkuva, hellittämätön **2** tunnollinen, ahkera
assiduously *adv* **1** jatkuvasti, lakkaamatta **2** tunnollisesti, ahkerasti
assign /ə'saɪn/ *v* antaa, määrätä, nimittää *the smallest room was assigned to me* minulle annettiin kaikkein pienin huone *I wouldn't assign too much importance to what she said* en panisi hänen sanoilleen paljoakaan painoa *he was assigned to a new post* hänet määrättiin/nimitettiin uuteen tehtävään/virkaan
assignable to *adj* jostakin johtuva, jonkun/jonkin aiheuttama/tekemä, jonkun/jonkin tiliin laskettava
assignment /ə'saɪnmənt/ *s* tehtävä
assimilate /ə'sɪməleɪt/ *v* sulattaa (ruokaa, tietoa), sulautua (alkuperäisväestöön), omaksua (tietoa)
assimilation /əˌsɪmə'leɪʃən/ *s* **1** sulautuminen **2** omaksuminen
assist /ə'sɪst/ *v* auttaa, avustaa *to assist someone in doing/with something* auttaa jotakuta tekemään jotakin, auttaa jotakuta jossakin
assistance /ə'sɪstəns/ *s* apu

assistant /ə'sɪstənt/ *s* apulainen, avustaja
assistant professor *s* (alemman palkkaluokan) apulaisprofessori (vrt *associate professor*)
assistant professorship *s* (alempi) apulaisprofessuuri
assn. *association*
associate /ə'soʊsiət ə'soʊʃət/ *s* liiketoveri, työtoveri, kollega *adj* apulais-
associate professor *s* (ylemmän palkkaluokan) apulaisprofessori (vrt *assistant professor*)
associate professorship *s* (ylempi) apulaisprofessuuri
associate with /ə'soʊsieɪt ə'soʊʃieɪt/ *v* **1** yhdistää, liittää, yhdistää mielessään, assosioida **2** pitää seuraa jonkun kanssa, seurustella
association /əˌsoʊsɪ'eɪʃən/ *s* **1** yhteistyö, suhteet johonkuhun/johonkin **2** yhdistys, seura, järjestö **3** assosiaatio, mielleyhtymä
association football *s* (UK) jalkapallo
associative /ə'soʊsɪətɪv/ *adj* assosiatiivinen, mielleyhtymä-
assorted /ə'sɔrtəd/ *adj* sekalainen; erinäinen
assortment *s* sekoitus, valikoima, lajitelma *a whole assortment of something* koko joukko jotakin
assuage /ə'swadʒ/ *v* lievittää (kiukkua, pelkoa), tyydyttää, sammuttaa (nälkä, jano, halu)
assume /ə'sum/ *v* **1** olettaa *assuming that you are telling the truth* olettaen että sinä puhut totta **2** edellyttää *a basic understanding of computers is assumed before you can sign up for the course* kurssille ilmoittautuvilta edellytetään perustiedot tietokoneen käytöstä **3** anastaa, ottaa käsiinsä (valta, ohjakset) **4** ottaa (uusi nimi); levittää kasvoilleen (tietty ilme); muuttua (ulkonäöltään, merkitykseltään), saada (uusi merkitys) *old values have recently assumed new importance* vanhojen arvojen merkitys on viime aikoina jälleen kasvanut
assumed *adj* **1** väärä, tekaistu, peite-(nimi ym) **2** teennäinen, epäaito
assumption /ə'sʌmpʃən/ *s* **1** oletus **2** edellytys **3** valtaannousu, vallan anastus; virkaan astuminen **4** teennäinen ilme *she looked at the teacher with an assumption of innocence* hän katsoi opettajaa viatonta teeskennellen/kasvoillaan viaton ilme
assurance /ə'ʃərəns/ *s* **1** vakuutus, lupaus, varmistus **2** itseluottamus **3** luottamus *in the assurance that he would come* siinä uskossa että hän tulisi
assure /ə'ʃʊər/ *v* **1** vakuuttaa, luvata, taata (tekevänsä jotakin) **2** varmistaa, taata
assured *adj* varma, taattu *you can rest assured that everything will be all right* voit luottaa siihen että kaikki järjestyy
assuredly *adv* varmasti, taatusti
AST *Atlantic standard time* Yhdysvaltain Atlantin-saarten (Puerto Rico ja Yhdysvaltain Neitsytsaaret) talviaika
aster /æstər/ *s* (kasvi) esteri
asterisk /æstərɪsk/ *s* asteriski, tähti(merkki) (*)
astern /ə'stərn/ *adv* (laivan) perässä, perään
asteroid /'æstəˌrɔɪd/ *s* asteroidi
asthma /æzmə/ *s* astma
asthmatic /ˌæz'mætɪk/ *adj* astmaattinen
astir /ə'stər/ *adj, adv* touhua täynnä, innoissaan
astonish /əs'tanɪʃ/ *v* hämmästyttää, ällistyttää
astonishing *adj* hämmästyttävä, yllättävä
astonishingly *adv* ihmeellisesti, yllättävästi, kuin ihmeen kautta, ihmeellistä kyllä
astonishment *s* hämmästys, ihmetys, yllätys
astound /əs'taʊnd/ *v* hämmästyttää, tyrmistyttää, yllättää
astral /æstrəl/ *adj* **1** tähti- **2** astraali- *astral body* astraaliruumis
astray /ə'streɪ/ *adj, adv* eksyksissä *to go astray* eksyä, (kuv) joutua

hakoteille/harhateille *to lead someone astray* johdattaa joku tahallaan harhaan
astride /əs'traɪd/ *adj, adv, prep* hajareisin (jonkin päällä)
astringency *s* (sanojen, puheen) piikikkyys, pisteliäisyys
astringent /əs'trɪndʒənt/ *adj* (sana, puhe) piikikäs, kärkevä
astrologer /əs'tralədʒər/ *s* astrologi, tähdistä ennustaja
astrological /ˌæstrə'ladʒɪkəl/ *adj* astrologinen
astrology /əs'tralədʒi/ *s* astrologia, tähdistä ennustaminen
astronaut /'æstrəˌnat/ *s* astronautti
astronautics /ˌæstrə'natɪks/ *s* avaruusmatkailu, avaruustekniikka
astronomer /əs'tranəmər/ *s* astronomi, tähtitieteilijä
astronomical /ˌæstrəˌnamɪkəl/ *adj* tähtitieteellinen, (myös kuv:) suunnaton
astronomy /əs'tranəmi/ *s* astronomia, tähtitiede
astute /əs'tut/ *adj* viisas, valpas, terävä
astutely *adv* viisaasti, terävästi
astuteness *s* viisaus, terävyys, valppaus
asunder /ə'sʌndər/ *adv* rikki, hajalla, hajalle, erillään, erilleen *what God hath joined, let no man put asunder* minkä Jumala on yhdistänyt, sitä älköön ihminen erottako
as well *fr* lisäksi, myös, sekä
as well as *it is good as well as expensive* se on sekä hyvä että kallis
asylum /ə'saɪləm/ *s* **1** turvapaikka *the refugees asked for political asylum* pakolaiset anoivat poliittista turvapaikkaa **2** mielisairaala
asymmetria /ˌeɪsə'metrɪə/ *s* asymmetria
asymmetric /ˌeɪsə'metrɪk/ *adj* asymmetrinen, epäsymmetrinen
at /æt/ *prep* **1** paikasta: *at the door* ovella, oven luona *to arrive at a town/the airport* tulla kaupunkiin/lentokentälle **2** suunnasta: *to look at someone* katsoa jotakuta/johonkuhun päin **3** ajasta: *at five a.m.* kello viisi/viideltä aamulla *one at a time* yksitellen, yksi kerrallaan *at the age of five* viisivuotiaana *at his death* (hänen) kuollessaan **4** toiminnasta: *he is at work* hän on työssä/töissä/työpaikalla *I am not very good at this* minä en oikein hallitse/osaa tätä **5** nopeudesta, määrästä: *to drive at 55 m.p.h.* ajaa 55 mailia tunnissa (88 km/h)
at any rate *fr* joka tapauksessa; ainakin, sentään
atavism /'ætəˌvɪzəm/ *s* atavismi
atavistic /ˌætə'vɪstɪk/ *adj* atavistinen
ATB *all-terrain bicycle* maastopolkupyörä
ATC *all-terrain cycle* maastomoottoripyörä
ate /eɪt/ ks eat
at every turn *fr* joka käänteessä/vaiheessa, jatkuvasti
at first sight *fr* ensi näkemältä, päälle päin
at full speed *fr* täyttä vauhtia (myös kuv)
at full throttle *fr* (kuv) nasta laudassa, täyttä häkää/vauhtia
atheism /eɪθiɪzəm/ *s* ateismi
atheist /eɪθiɪst/ *s* ateisti
atheistic *adj* ateistinen
Athens /æθənz/ Ateena
atherosclerosis /ˌæθəroʊsklə'roʊsɪs/ *s* (lääk) ateroskleroosi, valtimon haurauskovetustauti
athlete /æθlit/ *s* urheilija, yleisurheilija
athlete's foot *s* (lääk) jalkasieni
athletic /æθ'letɪk/ *adj* **1** urheilu- **2** atleettinen, lihaksikas; joka pärjää hyvin lajissa kuin lajissa, urheilullinen
athletics *s* **1** urheilu **2** (UK) yleisurheilu
Atlanta /ət'læntə/ kaupunki Georgiassa
Atlantic /ət'læntɪk/ Atlantin valtameri, Atlantti
Atlantic Ocean Atlantin valtameri, Atlantti
atlas /ætləs/ *s* kartasto
ATM *automated teller machine* pankkiautomaatti

atmosphere /'ætməsˌfɪər/ *s* **1** ilmakehä; kaasukehä **2** ilmapiiri, tunnelma
atmospheric /ˌætməs'fɪrɪk/ *adj* **1** ilmakehän, ilman- *atmospheric pressure* ilmanpaine **2** tunnelmallinen
atoll /ə'tal/ *s* atolli, kehäriutta
atom /ætəm/ *s* **1** atomi **2** hitunen *they smashed the building to atoms* he hajoittivat rakennuksen maan tasalle
atom bomb /'ætəmˌbam/ *s* ydinpommi, atomipommi
atomic /ə'tamɪk/ *adj* ydin-, atomi-
atomic bomb /əˌtamɪk'bam/ *s* ydinpommi, atomipommi
atomic energy /əˌtamɪk'enərdʒi/ *s* ydinenergia, atomienergia
atomizer /'ætəˌmaɪzər/ *s* sumutin
atonal /ˌeɪ'toʊnəl/ *adj* (mus) atonaalinen
atonality /ˌeɪtə'næləti/ *s* atonaalisuus; atonaalinen musiikki
at one *to be at one with someone* olla samaa mieltä jonkun kanssa; olla sovussa jonkun kanssa
atone for /ə'toʊn/ *v* sovittaa (synti, teko)
atonement /ə'toʊnmənt/ *s* sovitus; (Kristuksen) sovintouhri
at one time *fr* **1** kerran **2** samanaikaisesti, yhtä aikaa
at par *fr* (tal) arvopaperin sanotaan olevan *at par* kun sen hinta on 100 prosenttia nimellisarvosta
at present *adv* tällä hetkellä, nyt
at risk *to be at risk* olla vaarassa
atrocious /ə'troʊʃəs/ *adj* **1** julma, raaka **2** hirvittävä(n huono), kamala
atrociously *adv:* ks atrocious
atrocity /ə'trasəti/ *s* julmuus, raakuus, julma/raaka teko
atrophy /ætrəfi/ *s* surkastuma
at sword's points *they are always at sword's points* he ovat aina napit vastakkain, he ovat aina riidoissa
at someone's service *to be at someone's service* olla jonkun käytettävissä/palveluksessa
attach /ə'tætʃ/ *v* **1** kiinnittää, kiinnittyä, liittää, liittyä, oheistaa (kirjeeseen) *no blame attaches to him* häneen ei kohdistu syytöksiä, häntä pidetään syyttömänä **2** pitää jonakin *they attach very little importance to the new developments in the area* he eivät pidä alueen viimeaikaisia tapahtumia lainkaan tärkeinä
attaché /ˌætæ'ʃeɪ/ *s* (diplomatiassa) attasea, avustaja
attaché case *s* asiakirjasalkku
attached to *adj* pitää jostakusta/jostakin kovasti, roikkua jossakussa, olla kiintynyt johonkuhun
attachment *s* **1** kiinnittäminen, liittäminen **2** lisälaite **3** (kirjeen) liite **4** kiintymys
attack /ə'tæk/ *s* **1** hyökkäys (myös kuv) **2** (sairaus)kohtaus
v **1** hyökätä (kimppuun) **2** (sairaus) iskeä, (sairauskohtaus) alkaa
attack dog *s* poliisikoira
attacker /ə'tækər/ *s* hyökkääjä
attain /ə'teɪn/ *v* saavuttaa, saada *I have not yet attained my goals* en ole vielä päässyt tavoitteisiini
attainable *adj* mahdollinen; joka on mahdollista saavuttaa/saada, saavutettavissa
attainment *s* **1** saavuttaminen, saaminen **2** (yl mon) saavutus, aikaansaannos
attempt /ə'temt/ *s* yritys *at the first attempt* ensi yrityksellä *an attempt was made on the president's life* presidentti yritettiin murhata *an attempt at something/doing something* epäonnistunut yritys
v yrittää
attend /ə'tend/ *v* **1** käydä (kirkossa, koulua), mennä jonnekin, olla läsnä/paikalla **2** hoitaa, palvella *which doctor is attending you?* kuka lääkäreistä hoitaa sinua?
attendance /ə'tendəns/ *s* **1** *in attendance* läsnä, paikalla, luona, mukana **2** läsnäolo **3** osanottajamäärä, yleisö
attendant /ə'tendənt/ *s* palvelija, valvoja, hoitaja
adj johonkin liittyvä *depression and its attendant problems* masennus ja siihen liittyvät ongelmat

attendee /əˌten'di/ *s* (konferenssin ym) osanottaja
attend to *v* **1** huolehtia/pitää huoli jostakusta/jostakin **2** kuunnella, tarkata
attention /ə'tenʃən/ *s* **1** huomio *she called our attention to a recent rumor* hän otti esiin/puheeksi erään uuden huhun *to pay attention to something* keskittyä johonkin **2** (yl mon) huomaavaisuuden osoitus, huomio **3** (sot) asento *to stand at attention* seisoa asennossa *Attention!* Huomio! Asento!
attention-getting /ə'tenʃənˌgetiŋ/ *adj* huomiota herättävä
attentive /ə'tentɪv/ *adj* tarkkaavainen
attentively *adv* tarkkaavaisesti
attentiveness *s* tarkkaavaisuus
attenuate /ə'tenjʊˌeɪt/ *v* lieventää, heikentää, hiljentää, vähentää
attenuating circumstances *s* lieventävät asianhaarat
attenuator /ə'tenjʊˌeɪtər/ *s* (elektroniikassa) vaimennin
attest /ə'test/ *v* vakuuttaa, vannoa, todistaa, vahvistaa (oikeaksi, todeksi)
attestation /ˌætes'teɪʃən/ *s* todistus, vakuutus, vahvistus
attest to *v* kertoa, todistaa, olla osoitus jostakin *that if anything attests to his courage* se jos mikä on merkki hänen rohkeudestaan
att. gen. *attorney general* yleinen syyttäjä
at the end of your tether *he is at the end of his tether* häneltä on voimat/kärsivällisyys lopussa
at-the-money-option *s* (tal) tasaoptio
at the point of *to be at the point of something* olla jonkin partaalla
at the same time *fr* **1** samaan aikaan **2** kuitenkin, silti, siitä huolimatta
at the worst *fr* pahimmassa tapauksessa, myös at worst
at this point in time *fr* nyt, tällä hetkellä, tässä vaiheessa
attic /ætɪk/ *s* ullakko
at times *fr* toisinaan, ajoittain, aika ajoin
attire /ə'taɪər/ *s* vaatteet *in formal attire* juhlavaatteissa
v pukeutua
attitude /'ætɪˌtud/ *s* **1** asenne, suhtautuminen *he said that you have an attitude problem* hän sanoi että sinä suhtaudut asiaan väärin, sinä olet kuulemma uppiniskainen **2** (ruumiin) asento, ryhti
attn. *attention* huom.
at top speed *fr* täyttä vauhtia (myös kuv)
attorney /ə'tərni/ *s* asianajaja, lakimies *power of attorney* valtakirja
attorney-at-law /əˌtərnɪət'la/ *s* asianajaja
attorney general *s* **1** Yhdysvaltain osavaltioiden ylin oikeusviranomainen **2** Yhdysvaltain (liittovaltion) oikeusministeri
attract /ə'trækt/ *v* **1** vetää puoleensa, houkutella *a magnet attracts metal* magneetti vetää puoleensa rautaa *the new company is attracting many investors* uusi yritys on saamassa paljon sijoittajia *I am not attracted to the proposition* ehdotus ei houkuttele minua *the revelation attracted a good deal of publicity* paljastus sai osakseen paljon julkisuutta **2** *attract interest* kasvaa korkoa
attraction /ə'trækʃən/ *s* **1** vetovoima, veto, houkutus **2** houkutus, huvi
attractive /ə'træktɪv/ *adj* puoleensavetävä, viehättävä, miellyttävä, houkutteleva, hyvä, kaunis
attractively *adv* houkuttelevasti, hyvin, kauniisti *this new TV set is attractively priced* tämä uusi televisio(vastaanotin) on edullinen
attractiveness *s* viehätys, viehätysvoima, kauneus
attributable to /ə'trɪbjətəbəl/ *adj* johdettavissa jostakin, laskettavissa jonkun/jonkin tiliin
attribute /'ætrəˌbjut/ *s* **1** ominaisuus, piirre **2** (kieliopissa) attribuutti
attribute to /ə'trɪbjut/ *v* katsoa jonkin johtuvan jostakin, katsoa jotakin jonkin syyksi, laskea jonkun/jonkin tiliin

he attributes his success to hard work hän katsoo menestyksensä perustuvan ahkeruuteen/yrittämiseen
attune to /ə'tun/ *v* sopeutua, mukautua, totuttautua johonkin, päästä samoille aaltopituuksille *I am not attuned to the group yet* en ole vielä päässyt ryhmän henkeen
atty. gen. *attorney general* yleinen syyttäjä
ATV *all-terrain vehicle* maastomoottoripyörä
at variance *fr* **1** *what you did is at variance with your orders* sinä et noudattanut ohjeitasi, sinä teit toisin kuin sinua käskettiin **2** *we are at variance with each other* olemme (asiasta) eri mieltä
at work *to be at work* olla työpaikalla/työssä; olla toiminnassa
at worst *fr* pahimmassa tapauksessa, myös at the worst
at your wit's end *to be at your wit's end* olla ymmällään; olla helisemässä
atypical /eɪ'tɪpɪkəl/ *adj* ei tyypillinen/ominainen, poikkeava
auburn /abərn/ *adj* punaruskea
Auckland /aklənd/
auction /akʃən/ *s* huutokauppa *v* huutokaupata
auctioneer /ˌakʃən'ɪər/ *s* huutokauppameklari
audacious /a'deɪʃəs/ *adj* **1** hävytön, röyhkeä **2** rohkea, uhkarohkea, uskalias
audaciously *adv* **1** hävyttömästi **2** uskaliaasti
audacity /a'dæsəti/ *s* **1** hävyttömyys, röyhkeys **2** rohkeus, uhkarohkeus, uskaliaisuus
audible /adəbəl/ *adj* (korvin) kuultava, selvästi kuuluva
audibly *adv* (korvin) kuultavasti, selvästi
audience /adɪəns/ *s* **1** yleisö, (televisio)katsojat, (radio)kuuntelijat, (kirjan) lukijat **2** audienssi
audio /adɪoʊ/ *s* **1** audiolaite, audiolaitteet, äänentoistolaite, äänentoistolaitteet **2** ääni *turn the audio off* sulkea/vaimentaa (esim television) ääni *turn the audio up* pistää (esim televisiota) kovemmalle *adj* audio-, kuulo, äänentoisto- *audio equipment* stereolaitteet
audiophile /'adɪəˌfaɪəl/ *s* hifiharrastaja
adj hifi- *an audiophile magazine* hifi-lehti
audiotape /ˌadɪo'teɪp/ *s* ääninauha
audiovisual /ˌadɪə'vɪʒʊəl/ *adj* audiovisuaalinen
audit /adɪt/ *s* tilintarkastus; (USA:ssa pistokokeena suoritettava) verontarkastus
v **1** tarkastaa tilit, tehdä tilintarkastus; tarkastaa verot *I got audited this year* minulta tarkastettiin tänä vuonna verot **2** olla kuunteluoppilaana
audition /a'dɪʃən/ *s* (teatterissa, mus) esiintymiskoe
v käydä esiintymiskokeessa; olla arvostelijana esiintymiskokeessa
auditor /adɪtər/ *s* **1** tilintarkastaja **2** kuunteluoppilas
auditorium /ˌadɪ'tɔrɪəm/ *s* katsomo, konserttisali, luentosali, juhlasali, auditorio
auditory /'adɪˌtɔri/ *adj* kuulo-
Aug. *August* elokuu
auger /agər/ *s* käsipora; kaira
augment /agˌment/ *v* lisätä, lisääntyä, kasvattaa, kasvaa
augur /agər/ *s* (hist) auguuri, ennustaja
augur ill *fr* enteillä pahaa
augur well *fr* enteillä hyvää
augury /agəri/ *s* **1** ennustaminen **2** enne, merkki
August /agəst/ *s* elokuu
august /a'gʌst/ *adj* arvokas, juhlallinen, ylevä
auk /ak/ *s* ruokki
auld lang syne /ald læŋ saɪn/ *fr* (skotlannin murretta) vanhat hyvät ajat
aunt /ænt ant/ *s* täti
auntie /ænti, anti/ *s* (ark) täti
au pair /ˌoʊ'peər/ *s* au pair -tyttö/-poika
aura /ɔrə/ *s* aura; sädekehä, tuulahdus *the girl has an aura of peacefulness about her* tytön olemus on hyvin tyyni, tyttö suorastaan säteilee tyyneyttä

aural /ɔrəl/ *adj* kuulo-, korva-
aureole /ɔrɪoəl/ *s* **1** sädekehä **2** (esim auringon) korona **3** sumuvarjo, glooria
au revoir /a'vwa/ *interj* (ranskasta) näkemiin
auricle /ɔrɪkəl/ *s* korvalehti
aurora australis /əˌrɔrəas'trælɪs/ *s* eteläntulet, eteläisen pallonpuoliskon revontulet
aurora borealis /əˌrɔrəbɔri'ælɪs/ *s* revontulet, pohjantulet
AUS *Army of the United States*
auscultate /'askəlˌteɪt/ *v* (lääk) auskultoida, kuunnella
auscultation /ˌaskəl'teɪʃən/ *s* (lääk) auskultaatio, kuuntelu(tutkimus)
auspices /aspɪsəz/ *under the auspices of* jonkun/jonkin suojeluksessa/tuella
auspicious /as'pɪʃəs/ *adj* lupaava (alku), suotuisa
auspiciously *adv* lupaavasti, suotuisasti
Aussie /asi/ *s, adj* (ark) australialainen
austere /as'tɪər/ *adj* ankara, karu, koruton
austerity /as'terəti/ *s* ankaruus, karuus, koruttomuus
austerity program *s* säästöohjelma, säästötoimenpiteet
Austin /astən/ kaupunki Texasissa
Australia /as'treɪljə/ Australia
Australian /as'treɪlɪən/ *s, adj* australialainen
Austrian /astriən/ *s, adj* itävaltalainen
authentic /a'θentɪk/ *adj* aito, oikea, luotettava
authentically *adv* aidosti, oikeasti, luotettavasti
authenticate /a'θentəˌkeɪt/ *v* todistaa aidoksi/oikeaksi
authenticity /ˌaθen'tɪsəti/ *s* aitous, luotettavuus
author /aθər/ *s* **1** kirjoittaja, tekijä, kirjailija **2** alullepanija, isä
authoress /aθərəs/ *s* **1** (naispuolinen) kirjoittaja, tekijä, kirjailija(tar), naiskirjailija **2** alullepanija
authoritarian /aˌθɔrə'terɪən/ *adj* autoritaarinen, alistava
authoritative /ə'θɔrəˌteɪtɪv/ *adj* **1** määräävä, komenteleva; kunnioitusta herättävä **2** luotettava, arvovaltainen
authoritatively *adv* **1** määräävästi, komentelevasti **2** luotettavasti, arvovaltaisesti
authority /ə'θɔrəti/ *s* **1** valta, valtuudet, määräysvalta *you have no authority here* sinä et voi määräillä täällä **2** (myös mon) viranomainen **3** asiantuntija **4** yleisesti tunnustettu/arvovaltainen teos/(tiedon)lähde *I have it on best authority* kuulin/tarkistin sen parhaasta mahdollisesta lähteestä, (myös:) puhun suulla suuremmalla
authority figure *s* käskijä
authorization /ˌaθərə'zeɪʃən/ *s* lupa, valtuudet
authorize /aθəraɪz/ *v* **1** valtuuttaa *he was not authorized to open the safe* hänellä ei ollut lupaa/valtuuksia avata kassakaappia **2** hyväksyä, antaa (lupa/määräraha)
authorized biography /baɪ'agrəfi/ *s* aiheena olevan henkilön luvalla kirjoitettu elämäkerta
authorized translator /'trænsˌleɪtər/ *s* virallinen kielenkääntäjä, valantehnyt kielenkääntäjä
Authorized Version /vərʒən/ *s* englanninkielinen raamatunkäännös vuodelta 1611, Kuningas Jaakon Raamattu
auto /atoʊ/ *s* auto
autobiographic /ˌatəbaɪə'græfɪk/ *adj* omaelämäkerrallinen
autobiographical /ˌatəbaɪə'græfɪkəl/ *adj* omaelämäkerrallinen
autobiography /ˌatəbaɪ'agrəfi/ *s* omaelämäkerta
autocracy /a'takrəsi/ *s* itsevaltius, autokratia
autocrat /atəcræt/ *s* itsevaltias, autokraatti
autocratic /ˌatəkrætɪk/ *adj* **1** itsevaltainen, autokraattinen **2** omapäinen, itsepäinen
auto-dialer /ˌatoʊ'daɪələr/ *s* (puhelimen) pikavalitsin

autodidact /ˌatəˈdaɪdækt/ *s* itseoppinut
autograph /ˈatəˌgræf/ *s* nimikirjoitus
v kirjoittaa nimensä (kirjoittamaansa kirjaan), omistaa *an autographed copy* tekijän nimirkijoituksella varustettu kirja
automate /ˈatəˌmeɪt/ *v* automatisoida
automatic /ˌatəˈmætɪk/ *s* automaattiase
adj itsetoimiva, automaattinen
automatically *adv* itsetoimivasti, automaattisesti
automation /ˌatəˈmeɪʃən/ *s* automatisointi, automaatio
automobile /ˈatəməˌbiəl/ *s* auto
automotive /ˌatəˈmoʊtɪv/ *adj* auto- *an automotive magazine* autolehti
autonomous /aˈtanəməs/ *adj* itsenäinen, riippumaton, autonominen
autonomy /aˈtanəmi/ *s* itsenäisyys, itsehallinto, riippumattomuus, autonomia
autopsy /ˈaˌtapsi/ *s* ruumiinavaus
autosuggestion /ˌatəsəgˈdʒestʃən/ *s* (psyk) itsesuggestio
autoworker /ˈatoʊˌwərkər/ *s* autotehtaan/autoteollisuuden työntekijä, autotyöläinen
autumn /atəm/ *s* syksy
autumnal /əˈtʌmnəl/ *adj* syksyinen, syys-
autumnal equinox /əˌtʌmnəlˈikwəˌnaks/ *s* syyspäiväntasaus
aux. *auxiliary* lisä-, vara-, apu-
auxiliary /agˈzɪljəri/ *s* (kieliopissa) apuverbi
adj apu-, lisä-, vara-
auxiliary verb *s* apuverbi
av. *average* keskimäärin, keskimääräinen
AV *audiovisual* audiovisuaalinen
avail /əˈveɪəl/ *to be of little/no avail* jostakin on vain vähän apua/jostakin ei ole mitään apua *all his attempts were to no avail* hän yritti turhaan, hänen ponnisteluistaan ei ollut mitään apua
availability /əˌveɪləˈbɪləti/ *s* (esim kauppatavaran) saatavuus, tarjonta
available /əˈveɪləbəl/ *adj* saatavana, tarjolla, kaupan
avail yourself of *v* käyttää hyväkseen jotakin, tarttua tilaisuuteen
avalanche /ˈævəˌlæntʃ/ *s* lumivyöry, maavyöry, (myös kuv:) vyöry, tulva
avarice /ævərəs/ *s* ahneus
avaricious /ˌævəˈrɪʃəs/ *adj* ahne
avariciously *adv* ahneesti
avdp. *avoirdupois*
avenge /əˈvendʒ/ *v* kostaa
avenger /əˈvendʒər/ *s* kostaja
avenida /ˌævəˈnidə/ *s* (espanjasta) puistokatu, katu
avenue /ævənu/ *s* puistokatu, katu
average /ævrədʒ/ *s* keskitaso, keskiarvo
v he averaged 60 miles an hour hänen keskinopeutensa oli 60 mailia tunnissa *she averages $3,000 a month* hän ansaitsee keskimäärin 3000 dollaria kuukaudessa
adj keskinkertainen, keskimääräinen, tavallinen *the average citizen* keskivertokansalainen, tavallinen ihminen *Joe Average* keskivertokansalainen, tavallinen ihminen, Matti Meikäläinen
averse to /əˈvərs/ *adj* haluton, vastahakoinen tekemään jotakin, jonka ei tee mieli jotakin
aversion /əˈverʒən/ *s* vastahakoisuus, inho, valituksen aihe *I have a stong aversion to formal dinners* minä en pidä alkuunkaan juhla-aterioista
avert /əˈvərt/ *v* **1** kääntää katseensa/ajatuksensa pois jostakin **2** estää, ehkäistä **3** karistaa (epäilykset)
aviary /ˈeɪvɪˌeri/ *s* lintuhäkki, (eläintarhan) lintutalo
aviation /ˌeɪviˈeɪʃən/ *s* ilmailu
aviator /ˈeɪviˌeɪtər/ *s* lentäjä
avid /ævəd/ *adj* innokas, halukas *she is an avid fan of yours* hän on suuri ihailijasi *he is avid for success* hän haluaa kovasti menestyä, hän janoaa menestystä, hänellä on kova menestyksen nälkä
avidity /əˈvɪdəti/ *s* innokkuus, kova halu, jano (kuv), nälkä (kuv)
avidly *adv* innokkaasti, halukkaasti
avocado /ˌavəˈkadoʊ ˌævəˈkadoʊ/ *s* avokado

avoid /ə'vɔɪd/ *v* välttää, välttyä, karttaa, estää, ehkäistä
avoidable *adj* joka voidaan välttää tai estää
avoidance /ə'vɔɪdəns/ *s* välttäminen, välttely
avoirdupois /ˌævərdə'pɔɪz/ *s* **1** (US, UK) punnitusjärjestelmä jossa 1 naula on 16 unssia **2** lihavuus, läski
avoirdupois weight *s* (US, UK) punnitusjärjestelmä jossa 1 naula on 16 unssia
Avon /eɪvan/ Englannin kreivikuntia
avow /ə'vaʊ/ *v* myöntää, tunnustaa, vakuuttaa
avowal /ə'vaʊəl/ *s* tunnustus, vakuutus
avowed /ə'vaʊd/ *adj* vannoutunut
A/V receiver /ˌeɪvirə'sivər/ *s* AV-viritinvahvistin (sisältää videoliitännät)
AWACS /eɪwæks/ *airborne warning and control system*
await /ə'weɪt/ *v* odottaa *he is awaiting further instruction* hän odottaa uusia ohjeita *big problems awaited him* hänellä oli edessään isoja ongelmia
awake /ə'weɪk/ *v* awoke, awoken/ awoked **1** herätä (unesta) **2** herätä tajuamaan
adj hereillä, valveilla
awaken ks awake
awake to *to be awake to something* ymmärtää, tiedostaa, olla selvillä jostakin
award /ə'wɔrd/ *s* palkinto
v palkita, antaa (palkinto) *she was awarded the degree of Master of Arts* hänelle myönnettiin filosofian kandidaatin pätevyys
awareness *s* tietoisuus, tieto, käsitys, ymmärrys
aware of /ə'weər/ *adj* tietoinen, selvillä, perillä jostakin *he was not aware of the new law* hän ei tiennyt uudesta laista
awash /ə'waʃ/ *adj* veden peitossa
away /ə'weɪ/ *adv* **1** päässä, etäisyydellä *one mile away* mailin päässä **2** jatkuvasti, lakkaamatta *to work away* ahertaa, huhkia **3** pois, poissa *to look away* kääntää katseensa pois *I was away on business* olin poissa työasioilla
awe /a/ *s* kunnioitus, pelko *they are in awe of his accomplishments* he suhtautuvat kunnioittavasti hänen saavutuksiinsa
awe-inspiring /'aɪnˌspaɪrɪŋ/ *adj* kunnioitusta herättävä, upea, mahtava
awesome /asəm/ *adj* **1** kunnioitusta herättävä **2** (nuorten kielessä) loistava, upea
awe-struck /'aˌstrʌk/ *adj* kunnioittava, kunnioituksen täyttämä/tyrmistämä
awful /afəl/ *adj* hirvittävä, kamala, toivoton
awfully *adv* hirvittävän, kamalan
awhile /ə'waɪəl/ *adv* hetken aikaa, hetkeksi
awkward /akwərd/ *adj* **1** vaikea, hankala **2** kiusallinen, nolo **3** kiusaantunut, nolostunut **4** kömpelö, avuton
awkward age *s* vaikea ikä, varhaisnuoruus, murrosikä
awkward customer hankala/vaikea asiakas, (ark kuv) hankala/vaikea tapaus
awkwardly *adv:* ks awkward
awkwardness *s* **1** hankaluus, vaikeus **2** kiusallisuus **3** nolostuminen **4** kömpelyys, avuttomuus
awl /aəl/ *s* naskali
awning /anɪŋ/ *s* ulkokaihdin, markiisi
awoke /ə'woʊk/ ks awake
awoken ks awake
AWOL /eɪwaəl/ *absent without leave* luvatta poistunut, puntiksella (sot ark)
awry /ə'raɪ/ *to go awry* mennä pieleen/myttyyn
ax /æks/ *s* kirves *to get the ax* saada potkut *to give someone the ax* antaa jollekulle potkut, erottaa *to have an ax to grind with someone* olla kana kynimättä jonkun kanssa, olla vanhoja kalavelkoja
axe /æks/ ks ax
axiom /æksiəm/ *s* aksiooma, selviö
axiomatic /ˌæksiə'mætɪk/ *adj* itsestään selvä, aksiomaattinen

axis /æksɪs/ *s* (mon axes) akseli (vrt *axle*) *the Earth rotates on its axis* Maa pyörii akselinsa ympäri *the Axis powers* (hist) akselivallat (Saksa, Italia, Japani)
axle /æksəl/ *s* (tekniikassa) akseli *the rear axle of a car* auton taka-akseli
aye /aɪ/ *s* (äänestyksessä) jaa-ääni *interj* kyllä
AZ *Arizona*
azalea /ə'zeɪljə/ *s* atsalea
Azerbaijan /ˌazər'baɪʒan/ Azerbaidžan
Azores /ə'zɔrz 'eɪˌzɔrz/ (mon) Azorit
Aztec /æztek/ *s* atsteekki *adj* atsteekkien
azure /ə'ʒər/ *adj* taivaansininen

B, b

B, b /bi/ B, b
B & B *bed and breakfast*
B & W *black and white* mustavalkoinen (elokuva)
B.A. *Bachelor of Arts*
baa /bæ/ *s* määintä
v määkiä
interj (lampaan äänestä) mää!
babble /bæbəl/ *s* **1** (lapsen) jokeltelu, (turha) lörpötys **2** (veden) solina
v **1** (lapsi) jokeltaa, (aikuinen) pölistä, lörpötellä **2** (vesi) solista
babe /beɪb/ *s* **1** lapsi, lapsonen **2** (nainen) beibi, (mies) kaveri, heppu
babel /bæbəl/ *s* **1** sekasorto, myllerrys **2** *the Tower of Babel* Baabelin torni
babirusa /ˌbabə'rusə/ *s* hirvisika *(Babyrousa babyrussa)*
Babs Bunny /ˌbæbz'bʌni/ Viivi Vemmelsääri
baby /beɪbi/ *s* mon babies **1** lapsi, pikkulapsi, vauva (myös kuv) **2** (tyttö, nainen) beibi
baby boom /'beɪbɪˌbum/ *s* (toisen maailmansodan jälkeinen) suuri ikäluokka
baby boomer *s* (toisen maailmansodan jälkeisen) suuren ikäluokan jäsen
baby bust *s* pieni ikäluokka
baby carriage /kerɪdʒ/ *s* lastenvaunut
baby face *s* joku jolla on (lempeät/ nuorekkaat) lapsenkasvot
baby grand /ˌbeɪbi'grænd/ *s* pieni flyygeli
babyish /'beɪbiˌɪʃ/ *adj* lapsellinen
Babylon /'bæbəˌlan/ Babylon
baby on board *fr* (auton ikkunaan imukupilla kiinnitetyssä kilvessä) lapsi autossa, kyydissä
baby-sit /'beɪbiˌsɪt/ *v* olla lapsenvahtina
babysitter /'beɪbiˌsɪtər/ *s* lapsenvahti
bac. *bachelor*
bachelor /bætʃələr/ *s* **1** poikamies, naimaton mies **2** alimman korkeakoulututkinnon suorittanut henkilö, ks Bachelor of Arts, Bachelor of Science
Bachelor of Arts *s* alin korkeakoulututkinto; sen suorittanut henkilö, humanististen tieteiden kandidaatti
Bachelor of Science *s* alin korkeakoulututkinto; sen suorittanut henkilö, luonnontieteiden kandidaatti
bacillus /bə'sɪləs/ *s* (mon bacilli) basilli
back /bæk/ *s* **1** (ihmisen, eläimen, tuolin, kirjan ym) selkä **2** (talon) takaosa, (huoneen) perä
v **1** peruuttaa (auto) **2** tukea, kannattaa *I'm backing your campaign 100 percent* minä tuen (vaali)kampanjaasi sataprosenttisesti **3** lyödä vetoa jonkin puolesta **4** panna taustaksi, päällystää kääntöpuolelta jollakin
adv **1** (tilasta) takana, taakse, takaisin *let's go back* lähdetään takaisin **2** *I hit him back* minä iskin vuorostani häntä **3** (ajasta) sitten *several decades back* useita kymmeniä vuosia sitten
backache /'bækˌeɪk/ *s* selkäsärky, selkäkipu
back and forth *adv* edestakaisin
back away *v* perua (sanansa), purkaa (sopimus)
backbite /'bækˌbaɪt/ *v* panetella
backbiting /'bækˌbaɪtiŋ/ *s* panettelu
backbone /'bækˌboun/ *s* selkäranka (myös kuv)
back-breaking /'bækˌbreɪkiŋ/ *adj* raskas, uuvuttava

back copy /ˌbæk'kapi/ *s* (lehden) vanha numero
back country /'bækˌkʌntri/ *s* syrjäseutu, asumaton seutu
back-country permit *s* leirintälupa
backdate /'bækˌdeɪt/ *v* aikaistaa, merkitä johonkin aikaisempi päivämäärä
back down *v* antaa periksi, myöntyä
backer /bækər/ *s* **1** vedonlyöjä **2** tukija, kannattaja
backfire /'bækˌfaɪər/ *s* (polttomoottorin) pamahdus
v **1** (polttomoottori) pamahtaa **2** epäonnistua, johtaa takaiskuun, kostautua
backgammon /'bækˌgæmən ˌbæk'gæmən/ *s* backgammon(-peli)
background /bækgraʊnd/ *s* tausta
backgrounder *s* tiivistelmä, taustatiedot
backhanded /'bækˌhændəd/ *adj* **1** ironinen (kohteliaisuus) **2** vasemmalle kalteva (käsiala)
back judge /'bækˌjʌdʒ/ *s* (amerikkalaisessa jalkapallossa) takatuomari
backlash /'bækˌlæʃ/ *s* takaisku, vastaisku
backlog /'bækˌlag/ *s* keskeneräiset/rästissä olevat työt
back month *s* (tal) johdannaisinstrumenttikaupassa myöhäisempi erääntymiskuukausi
back off *v* peruuttaa (auto)
back office *s* (tal) kaupankäyntiä palveleva ja tukeva taustatoimintoja suorittava organisaation osa
back on to *v* olla jonkun takana *our house backs on to a park* talomme takana on puisto
back out *v* **1** peruuttaa (auto) **2** perua (sanansa), purkaa (sopimus)
backpack /'bækˌpæk/ *s* rinkka, reppu
v vaeltaa, patikoida (rinkka/reppu) selässä
backpacker *s* vaeltaja, patikoija
backpacking *s* (jalkaisin) retkeily, vaeltaminen, patikointi
backseat /ˌbæk'sit/ *s* (auton) takaistuin *to take a back seat to someone* (kuv) astua syrjään jonkun tieltä, tehdä tilaa jollekulle
backseat driver *s* **1** joku joka antaa takaistuimelta ohjeita auton kuljettajalle, takapenkkikuski **2** (kuv) toisten asioihin puuttuja
backside /'bækˌsaɪd/ *s* takapuoli
backstage /'bækˌsteɪdʒ/ *adv* (teatterin) takanäyttämössä, kulissien takana, näyttämön takana
backstroke /'bækˌstroʊk/ *s* selkäuinti
v uida selkäuintia/selällään
backswing /'bækˌswiŋ/ (golf) mailan taaksevienti
backtrack /'bækˌtræk/ *v* palata jonnekin omia jälkiään seuraten
Bactrian camel /ˌbæktrɪən'kæməl/ *s* kaksikyttyräinen kameli
backward /'bækˌwərd/ *adj* **1** takapajuinen, kehittymätön **2** arka, ujo, vastahakoinen **3** (henkisesti) jälkeenjäänyt **4** taaksepäin suuntautuva *a backward glance* vilkaisu taaksepäin
adv ks backwards
backwardness *s* (henkinen) jälkeenjääneisyys, (alueen) takapajuisuus
backwards *adv* taaksepäin, takaperin, väärinpäin *to look backwards* katsoa taakseen/taaksepäin/menneisyyteen *you have that shirt on backwards* paitasi on väärinpäin *to bend over backwards to do something* tehdä kaikkensa jonkin eteen, olla erittäin avulias, nähdä paljon vaivaa
backwoods /'bækˌwʊdz/ *s* syrjäseutu
backwoodsman /ˌbæk'wʊdzmən/ *s* metsäläinen, syrjäseudun asukas
backyard /ˌbæk'yard/ *s* takapiha *in your own backyard* omassa perheessä, kotipiirissä, lähipiirissä
bacon /beɪkən/ *s* pekoni
bacteria ks bacterium
bacterial /ˌbæk'tɪərɪəl/ *adj* bakteeri-
bacterium /ˌbæk'tɪərɪəm/ *s* (mon bacteria) bakteeri
bad /bæd/ *s* paha *to be in bad with someone* olla huonoissa väleissä jonkun kanssa
adj (worse, worst) **1** huono, ikävä (uutinen, sää), paha (tapa) *she speaks very bad English* hän puhuu englantia

erittäin huonosti *smoking is bad for you* tupakointi on epäterveellistä **2** vakava (virhe, onnettomuus) **3** pilaantunut *the eggs have gone bad* munat ovat pilaantuneet **4** paha (mieli) *don't feel bad about it* älä siitä välitä, älä pane sitä pahaksesi

bade /beɪd/ ks bid

badge /bædʒ/ *s* **1** virkamerkki, jäsenmerkki **2** tunnus, merkki

badger /bædʒər/ *s* mäyrä
v vaivata, häiritä, kiusata

badlands /'bæd,lænz/ *s* (mon) eräs karu ja kuiva maastotyyppi mm Etelä-Dakotassa

Badlands /'bæd,lænz/ kansallispuisto Etelä-Dakotassa

bad language *s* kiroilu, rumat puheet

badly *adv* (worse, worst) **1** huonosti (tehty) **2** pahasti, vakavasti (haavoittunut) **3** kovasti *she wants it badly* hän haluaa sitä kovasti

bad-mannered /,bæd'mænərd/ *adj* pahatapainen, huonotapainen, epäkohtelias

badminton /bædmɪntən/ *s* sulkapallo

badness *s:* ks bad

bad-tempered /,bæd'tempərd/ *adj* pahansisuinen, pahantuulinen

bad word *s* kirosana

B.A.Ed. *Bachelor of Arts in Education*

Baffin Island /,bæfən'aɪlənd/ Baffininsaari (Kanadassa)

baffle /bæfəl/ *v* tyrmistyttää, ällistyttää, saada tyrmistymään/ällistymään

bag /bæg/ *s* **1** pussi, laukku, kassi, (golf) bägi, mailareppu, mailalaukku **2** (sl) ruma/vanha akka **3** *to let the cat out of the bag* paljastaa salaisuus *I was left holding the bag* minä sain kaikki syyt niskaani (vaikka olin syytön tai vain osasyyllinen)
v **1** pussittaa, panna pusseihin/laukkuihin **2** saada (metsästyksessä) saaliiksi **3** ottaa kiinni jostakin, tarttua johonkin

bagel /beɪgəl/ *s* (makeuttamaton) rinkeli

baggage /bægədʒ/ *s* matkatavarat

baggy /bægi/ *adj* (baggier, baggiest) (vaatteesta:) liian iso

bagpipes /'bæg,paɪps/ *s* (mon) säkkipilli

Bahama Islands /bə,hamə'aɪlənz/ Bahamasaaret

Bahamas /bə'haməz/ **1** Bahama **2** Bahamasaaret

Bahamian /bə'heɪmiən/ *s, adj* bahamalainen

Bahrain /ba'reɪn/ Bahrain

Bahraini *s, adj* bahrainilainen

bail /beɪəl/ *s* takaus(maksu) (jota vastaan syytetty päästetään vapaaksi oikeudenkäynnin alkuun saakka) *to be/let someone out on bail* olla/päästää joku vapaaksi takausta vastaan *to jump bail* jäädä saapumatta oikeuteen (ja menettää takausmaksu)

Bailey bridge *s* baileysilta

bailiff /beɪlɪf/ *s* oikeudenpalvelija

bailiwick /'beɪlə,wɪk/ *s* jonkun ala *it's not my bailiwick* se ei ole minun heiniäni

bail out *v* **1** maksaa syytetyn takaus (jotta tämä pääsee vapaaksi oikeudenkäyntiin saakka) **2** pelastaa joku pinteestä, auttaa joku pulasta **3** hypätä ulos (uppoavasta veneestä, putoavasta lentokoneesta), irrottautua vaikeasta tilanteesta **4** äyskäröidä (vettä veneestä)

bait /beɪt/ *s* syötti (myös kuv)
v **1** panna syötiksi, houkutella **2** kiduttaa, kiusata, härnätä

Baja California /,baha,kælə'fɔrnjə/ Kalifornian niemimaa (Meksikossa)

bake /beɪk/ *v* **1** leipoa **2** paahtaa, paahtua kovaksi (auringossa)

baker *s* leipuri

baker's dozen /,beɪkərz'dʌzən/ *s* kolmetoista

bakery *s* leipomo

bakeshop *s* leipomo

baking powder /paʊdər/ *s* leivinjauhe

baking soda *s* ruokasooda

balalaika /,balə'laɪkə/ *s* balalaikka

balance /bæləns/ *s* **1** vaaka *to hang in the balance* (kuv) olla vaakalaudalla **2** tasapaino *to keep/lose your balance* pysyä tasapainossa/menettää tasapainonsa **3** (tal) tase, saldo *on balance*

kaiken kaikkiaan, kokonaisuutena ottaen **4** jäljellä oleva määrä, loput, jäännös *for the balance of the year* lopun vuotta
v **1** pitää tasapainossa **2** tehdä tilinpäätös, laskea menot ja tulot **3** (tuloista ja menoista) mennä tasan, (tilit) täsmätä **4** verrata (toisiinsa), punnita hyviä ja huonoja puolia, tasapainotella
Balance (tähdistö) Vaaka
balanced *adj* tasapainoinen
balanced diet *s* monipuolinen ruokavalio
balance of payments *s* maksutase
balance of power *s* (sotilaallinen) voimatasapaino
balance of terror *s* kauhun tasapaino (suurvaltojen välillä)
balance of trade *s* kauppatase
balance out *v* tasapainottaa, tasapainottua, kumota toisensa, täydentää toisiaan
balcony /bælkəni/ *s* parveke, (teatterin) parvi/parveke
bald /bald/ *adj* balder, baldest **1** kalju(päinen) **2** koruton (totuus), ytimekäs, suora (puhe)
bald eagle /ˌbald'igəl/ *s* valkopäämerikotka, Yhdysvaltain kansallislintu
balderdash /'baldərˌdæʃ/ *s* roskapuhe, hölynpöly
baldie /baldi/ *s* (ark) kaljupää
baldly *adv* (puhua) suoraan
baldness *s* **1** kaljuus **2** koruttomuus, ytimekkyys
baldy *s* (ark) kaljupää
bale /beɪəl/ *s* paali; nippu
v paalata, paalittaa, niputtaa
Balearic Islands /ˌbælɪerɪk'aɪlənz/ (mon) Baleaarit
baleful /beɪəlfəl/ *adj* paha, pahansuopa, uhkaava, vaarallinen
balk /bak/ *v* **1** estää (suunnitelma) **2** (hevonen) pysähtyä **3** (ihminen) säpsähtää jotakin, järkyttyä jostakin, ei suostua johonkin
Balkan Peninsula /ˌbɔlkənpə'nɪnsələ/ Balkanin niemimaa
Balkans /bɔlkənz/ *s* (mon) Balkanin niemimaa, Balkan
balky /baki/ *adj* vikuroiva, jukuripäinen, omapäinen
ball /bal/ *s* **1** pallo, kerä *to be on the ball* olla ajan tasalla, seurata aikaansa, olla valpas *to play ball* pelata palloa, (kuv) suostua yhteistyöhön **2** tanssit *to have a ball* olla hauskaa **3** (sl) kives, muna (ks balls)
v (sl) naida, nussia
ballad /bæləd/ *s* balladi
ballast /bæləst/ *s* (mer) painolasti
ball bearing /ˌbal'beəriŋ/ *s* kuulalaakeri
ballerina /ˌbælə'rinə/ *s* ballerina, balettitanssijatar
ballet /bæ'leɪ/ *s* baletti
ballet dancer *s* balettitanssija
ball game *s* **1** baseball **2** *it's a whole new ball game* se on kokonaan eri juttu
ballistic /bə'lɪstɪk/ *adj* ballistinen (ohjus)
ballistics *s* ballistiikka
ball of the foot *s* päkiä
balloon /bə'lun/ *s* **1** ilmapallo **2** (kuuma)ilmapallo
v paisua kuin ilmapallo, pullistua, täyttyä
balloonist *s* (kuuma)ilmapallolentäjä, ilmapurjehtija
ballot /bælət/ *s* **1** äänestyslippu **2** (salainen) äänestys, vaalit **3** äänimäärä
v äänestää
ballot box *s* vaaliuurna
ballpoint /'balˌpɔɪnt/ *s* kuulakärkikynä
ballpoint pen *s* kuulakärkikynä
ballroom /'balˌrum/ *s* tanssisali
balls /balz/ *s* (mon sl) kivekset, munat, pallit; (kuv) rohkeus, sisu, häikäilemättömyys *he's got balls, going in there unarmed* hänellä on munaa, kun meni sinne ilman asetta
ballsy /balzi/ *adj* (sl) rohkea, sisukas, häikäilemätön
ballyhoo /'bæliˌhu ˌbæli'hu/ *s* ylenpalttinen mainonta, mainoshömpötys
v mainostaa ylenpalttisesti
balm /bam/ *s* palsami, (myös kuv:) lohtu
balmy /bami balmi/ *adj* **1** samettinen (ilma) **2** hyväntuoksuinen, hyvää tekevä

baloney /bə'loʊni/ *s* **1** mortadella(makkara) **2** roska, pöty *don't give me that baloney* älä syötä pajunköyttä, älä puhu roskaa
balsa /balsə/ *s* balsapuu
balsam /balsəm/ *s* **1** palsami **2** palsamipuu
Balt. *Baltimore*
Baltic /ˌbaltɪk/ *adj* **1** Itämeren, Itämerta koskeva **2** Baltian (maiden), Baltiaa koskeva
Baltic Sea /ˌbaltɪk'si/ *s* Itämeri
Baltic States *s* Baltian maat (Viro, Latvia, Liettua
Baltimore /'baltəˌmɔr/ kaupunki Marylandissa
baluster /bæləstər/ *s* **1** (kaiteen) välipuola, välitanko **2** (mon) kaide
balustrade /'bæləsˌtreɪd/ *s* (parvekkeen tms) kaide
bamboo /bæmbu/ *s* bambu
bamboozle /ˌbæm'buzəl/ *v* hämätä, hämmentää, huijata, huiputtaa *they bamboozled him into giving them some money* he narrasivat häneltä rahaa
ban /bæn/ *s* kielto, (kirkon) panna
v kieltää; antaa porttikielto
banal /bə'næəl beɪnəl/ *adj* lattea, kulunut, arkinen
banality /bə'næləti/ *s* latteus, kulunut huomautus tms
banana /bə'nænə/ *s* banaani *to go bananas* seota
banana republic *s* banaanitasavalta
banana split *s* eräs jäätelöannos jonka pohjalla on halkaistu banaani
band /bænd/ *s* **1** nauha, hihna **2** sormus *wedding band* vihkisormus **3** juova, viiru **4** (rosvo)joukko **5** orkesteri, bändi **6** (radion) aaltoalue
v rengastaa (lintu)
bandage /bændədʒ/ *s* (haava)side
v sitoa (haava)
Band-Aid /'bænˌdeɪd/ *s* **1** haavalaastari (tavaramerkki) **2** hätäapu, väliaikaisratkaisu
bandanna /ˌbæn'dænə/ *s* (kaulassa pidettävä) iso liina, (ohueksi kierretty) kaulaliina
bandicoot /'bændəˌkut/ *s* pussimäyristä ja pussikaniineista *(Peramelidae, Thylacmyidae)*
bandit /bændɪt/ *s* (maantie)rosvo
bandstand /'bænˌstænd/ *s* orkesterilava
band together *v* liittyä yhteen
bandwagon /'bændˌwægən/ *to climb/get/jump on the bandwagon* liittyä joukkoon, ruveta jonkin (muotiasian) kannattajaksi
bandy /bændi/ *to bandy blows/words with someone* tapella/riidellä jonkun kanssa
adj (sääristä:) väärä(t)
bang /bæŋ/ *s* **1** isku, tälli **2** pamahdus **3** (mon) otsatukka
v **1** lyödä, iskeä, läimäyttää, paiskata (kiinni), läimähtää, paiskautua (kiinni) **2** paukkua, paukahtaa, pamahtaa
bang into *v* törmätä johonkin
Bangkok /'bæŋˌkak ˌbæŋ'kak/ Bangkok
Bangladesh /ˌbæŋglə'deʃ/
Bangladeshi *s, adj* bangladeshiläinen
bangle /bæŋgəl/ *s* rannerengas; nilkkarengas
bang up *v* kolhia, kolhaista, rutata (ark)
banish /bænɪʃ/ *v* **1** karkottaa maasta **2** heittää mielestään
banishment *s* (maasta)karkotus
banister /bænɪstər/ *s* kaide
banjo /bændʒoʊ/ *s* banjo
bank /bæŋk/ *s* **1** (ranta/rata)penger, rinne, (kilparadan tms mutkan) kallistus **2** (järven, joen) ranta **3** (joen, meren hiekka)särkkä **4** (pilvi)muuri, (lumi)kinos **5** pankki, pelipankki, elinpankki, tietopankki
v **1** kallistaa (tietä, lentokonetta) **2** pengertää **3** panna (rahaa) pankkiin, pitää pankissa
bank account /'bæŋkəˌkaʊnt/ *s* pankkitili
banker *s* pankkimies/nainen, pankinjohtaja, pankkiiri
banking *s* **1** (tien, lentokoneen) kallistuma, kallistus **2** pankkiala, pankissa asiointi

banknote /'bæŋk,nout/ *s* seteli
bank on *v* luottaa johonkin, olla varma jostakin
bankroll /'bæŋk,roul/ *s* käteinen raha *v* rahoittaa
bankrupt /bæŋkrʌpt/ *adj* vararikon tehnyt *to go bankrupt* tehdä vararikko, mennä konkurssiin *morally bankrupt* moraalisen vararikon tehnyt
bankruptcy /bæŋkrʌpsi/ *s* vararikko, konkurssi
bank up *v* **1** kasata/kasaantua kinoksiksi **2** (lentokone, moottoripyörä) kallistua käänteessä
banner /bænər/ *s* **1** lippu **2** (esim kahden tangon väliin pingotettu kankainen) juliste, banderolli
banner headline *s* (sanomalehden) otsikko joka on painettu isoilla/ kissankokoisilla/kissankorkuisilla (ark) kirjaimilla
banns /bænz/ *s* (mon) (kirkossa annettu avioliitto)kuulutus *publish wedding banns* kuuluttaa avioliittoon
banquet /bæŋkwət/ *s* juhla-ateria, pidot, banketti *v* järjestää juhla-ateria (jollekulle); osallistua juhla-ateriaan
bantam /bæntəm/ *s* bantamkana, bantamkukko
bantamweight /'bæntəm,weɪt/ *s* kääpiösarjan nyrkkeilijä
banteng /bænteŋ/ *s* (eläin) bantengi
Bantu /bæntu/ *s* **1** bantu **2** bantukieli
baobab /'beɪou,bæb/ *s* apinanleipäpuu, baobab
baptism /'bæp,tɪzəm/ *s* kaste, kastetoimitus
baptismal /,bæp'tɪzməl/ *adj* kaste-
baptism of fire *s* tulikaste
Baptist /bæptəst/ *s, adj* baptisti(-)
baptize /bæptaɪz/ *v* kastaa, ristiä, antaa nimeksi
bar /bar/ *s* **1** tanko *bar of soap* saippua *bar of chocolate* suklaapatukka **2** baari, kapakka; baarikaappi **3** kalteri, telki *to be behind bars* olla telkien takana, olla vankilassa **4** este *that is no bar to my success* se ei estä minua menestymästä **5** (mus) tahti, tahtiviiva **6** hiekkasärkkä **7** asianajajan ammatti/pätevyys *v* **1** teljetä (ovi) **2** sulkea, tukkia (tie), olla jonkun/jonkin tiellä **3** sulkea pois kilpailusta, antaa porttikielto, ei päästää jonnekin *adj* jotakin lukuun ottamatta *bar none* poikkeuksetta
barb /barb/ *s* (ongen, nuolen) koukku, (piikkilangan) piikki (myös kuv)
Barbadian *s, adj* barbadosilainen
Barbados /bar'beɪdous/
barbarian /,bar'berɪən/ *s* barbaari, raakalainen, sivistymätön ihminen *adj* raakamainen, sivistymätön, alkeellinen
barbaric /,bar'berɪk/ *adj* raakamainen, sivistymätön, alkeellinen
barbarism /'barbə,rɪzəm/ *s* raakamaisuus, sivistymättömyys, alkeellisuus; paha kielivirhe, barbarismi
barbarity /,bar'berəti/ *s* raakamaisuus, julmuus, raakuus, julma teko
barbarize /'barbə,raɪz/ *v* raaistaa, raaistua
barbarous /'barbə,rəs/ *adj* raakamainen, sivistymätön, alkeellinen
barbarously *adv* raakamaisesti, raakamaisen
barbary sheep /barbəri'ʃip/ *s* harjalammas
barbecue /'barbɪ,kju/ *s* **1** (piha)grilli **2** grillijuhlat **3** grillissä valmistettu liha *v* grillata
barbed wire /,barb'waɪər/ *s* piikkilanka
barber /barbər/ *s* parturi
barbiturate /,bar'bɪtʃərət/ *s* baribituraatti, unilääke, nukutusaine
bar code /'bar,koud/ *s* (tuotteen nimen ja hinnan ilmoittava) viivakoodi
bard /bard/ *s* bardi, runoilija, runolaulaja
bardic *adj* bardi-
bare /beər/ *v* paljastaa *the angry dog bared his teeth* vihainen koira näytti hampaitaan *the President bared his midriff and showed the nation his appendectomy scar* presidentti paljasti vatsansa ja näytti kansakunnalle

umpilisäkearpensa
adj **1** paljas, alaston, tyhjä *to lay something bare* paljastaa jotakin **2** pelkkä *a bare majority* niukka enemmistö *the bare idea makes me sick* pelkkä ajatuskin on minusta kuvottava

bare-assed /ˈberˌæst/ *adj, adv* alaston, alasti

bareback /ˈberˌbæk/ *adj, adv* (hevonen) satuloimaton, ilman satulaa

bare bones /ˈberˈboʊnz/ *s* (mon kuv) luuranko, asian ydin

barefaced /ˈberˌfeɪst/ *adj* häpeämätön (valhe)

barefisted /ˌberˈfɪstəd/ *adj* (tappelu) paljain nyrkein käytävä

barefoot /ˈberˌfʊt/ *adj,adv* paljasjalkainen, paljain jaloin

barefooted ks barefoot

bareheaded /ˈberˌfʊtəd/ *adj, adv* (jolla on) pää paljaana, (joka on) ilman hattua, (joka on) paljain päin

barelegged /ˈberˌlegd, ˈbeərˌlegəd/ *adj, adv* (jolla on) sääret paljaana, jolla ei ole sukkia/pitkiä housuja, ilman sukkia/pitkiä housuja

barely *adv* hädin tuskin, juuri ja juuri, nipin napin

barf /barf/ *v* (ark) yrjö, oksennus
v (ark) yrjötä, oksentaa

barf bag *s* (ark) (lentokoneen) oksennuspussi, yrjöpussi

bargain /bargən/ *s* **1** kauppa, sopimus, tarjous *to drive a hard bargain* olla kova tinkimään, asettaa kovat ehdot **2** erikoistarjous, edullinen/halpa tarjous
v neuvotella, tinkiä hinnasta

bargain away *v* luopua (tyhmästi) jostakin, menettää

bargain basement *s* tavaratalon tms alakerta jossa on alennustavaraa

bargain for *v* osata odottaa, arvata *we got more than we had bargained for* haukkasimme liian ison palan

bargain-hunter *s* erikoistarjouksien perässä/alennusmyynneissä juoksija

bargain on *v* luottaa johonkin

barge /bardʒ/ *s* proomu

barge in *v* marssia (ilmoittamatta) sisään, keskeyttää, häiritä

barge into *v* **1** tavata sattumalta, törmätä johonkuhun **2** ks barge in

baritone /ˈberəˌtoʊn/ *s* baritoni

bark /bark/ *s* **1** (puun) kuori **2** (koiran) haukahdus *his bark is worse than his bite* ei haukkuva koira pure, hän ei ole niin vaarallinen kuin miltä hän näyttää/kuulostaa **3** (alus) parkki
v **1** kuoria (puu) **2** iskeä, lyödä (vahingossa itsensä johonkin, varsinkin sääriluunsa), raapia (vahingossa) ihonsa auki **3** (koira, hylje) haukkua *you're barking up the wrong tree* sinä haukut väärää puuta, sinä olet väärässä **4** (ase) paukkua

bark at *v* haukkua jotakuta, huutaa jollekulle

bark out *v* kajottaa, huutaa (käskyjä)

barley /barli/ *s* ohra

bar mitzvah /ˌbarˈmɪtsvə/ *s* **1** bar mitsva **2** (13-vuotias juutalais)poika joka juhlii bar mitsvaa

barn /barn/ *s* **1** navetta, talli **2** lato

barn dance /ˈbarnˌdæns/ *s* latotanssit

Barnie Rubble /ˌbarniˈrʌbəl/ Tahvo Soranen (sarjakuvassa Kiviset ja Soraset)

bar none *fr* poikkeuksetta

barnstorm /ˈbarnˌstɔrm/ *v* olla teatteri/vaalikiertueella maaseudulla

barnstormer *s* näyttelijä/poliitikko joka on teatteri/vaalikiertueella maaseudulla, kiertävä näyttelijä

barnyard /barnyərd, ˈbarnˌyard/ *s* navetan piha, tallipiha

barograph /ˈberəˌgræf/ *s* piirtävä ilmapuntari

barometer /bəˈramətər/ *s* barometri, ilmapuntari (myös kuv)

barometric /ˌberəˈmetrɪk/ *adj* barometrinen *barometic pressure* ilmanpaine

baron /berən/ *s* paroni *he is a Texas oil/cattle baron* hän on teksasilainen öljypohatta/karjanomistaja

baroness /berənəs/ *s* paronitar

baronet /berənət/ *s* baronetti (englantilainen aatelisarvo)

baronial /bəˈroʊnɪəl/ *adj* paronin; aatelisille sopiva

baroque /bə'roʊk/ *s, adj* barokki(-)
barrack /berək/ *s* (yl mon) (sotilas)kasarmi
barracuda /ˌberə'kudə/ *s* barrakuda
barrage /bə'raʒ/ *s* **1** (sot) sulkutuli **2** (kysymysten, sana-, kirje)tulva
barrel /berəl/ *s* **1** tynnyri, myös tilavuusmittana (163,656 l) **2** (aseen) piippu
barrel along *v* viilettää, ajaa kovaa vauhtia
barrel organ *s* posetiivi
barren /berən/ *adj* (naisesta) hedelmätön, (seudusta) karu, (henkisesti) köyhä
barrenness *s* hedelmättömyys, karuus, mielikuvituksettomuus
barrette /bə'ret ˌbar'et/ *s* hiussolki
barricade /'berəˌkeɪd/ *s* katusulku, barrikadi
v sulkea katu, rakentaa katusulku, linnoittautua
barrier /berɪər/ *s* este, (kuv) muuri, aita *language barrier* kielimuuri *the sound barrier* äänivalli
barring *prep* ellei, jos ei *barring an accident, we'll get there in time* me ehdimme sinne ajoissa jos meille ei satu haaveria
barrio /'barɪˌoʊ/ *s* (espanjasta) etupäässä latinojen asuttama kaupunginosa/slummi/getto
barrister *s* **1** (UK) asianajaja jolla on oikeus esiintyä tuomioistuimessa (vrt *solicitor*) **2** (ark) asianajaja
barrow /beroʊ/ *s* kärryt
bartender /bartendər/ *s* baarimestari, baarimikko
barter /bartər/ *s* vaihtokauppa
v käydä vaihtokauppaa, vaihtaa *to barter furs for salt* vaihtaa turkiksia suolaan *to barter for peace* neuvotella rauhasta, hieroa rauhaa
barter away *v* luopua jostakin, menettää jotakin (arvokasta)
B.A.S. *Bachelor of Applied Science; Bachelor of Arts and Sciences*
basal metabolism /ˌbeɪsəlmə'tæbəlɪzəm/ *s* perusaineenvaihdunta
base /beɪs/ *s* **1** pohja, perusta, perustus, tyvi, kanta **2** tukikohta, leiri **3** (geometriassa, matematiikassa, kieliopissa) kanta **4** (baseballissa) pesä *to be off base* (kuv) olla väärässä
adj alhainen, halpamainen
baseball /beɪsbal/ *s* **1** baseball(-peli) **2** baseball-pallo
baseball bat *s* baseball-maila
baseball glove *s* baseballräpylä
baseboard /beɪsbɔrd/ *s* jalkalista
basement /beɪsmənt/ *s* kellarikerros
base on/upon *v* perustaa/perustua johonkin
bases **1** /beɪsəs/ ks base **2** /beɪsiz/ ks basis
bash /bæʃ/ *s* **1** isku, tälli **2** juhlat, kemut
v iskeä, lyödä, pamauttaa
bashful /bæʃfəl/ *adj* ujo, arka
bashfully *adv* ujosti, arasti
basic /beɪsɪk/ *adj* perus
BASIC *Beginner's All-purpose Symbolic Instruction Code* eräs tietokonekieli
basically /beɪsɪkli/ *adv* pohjimmaltaan, periaatteessa, suurimmaksi osaksi
basics *s* (mon) perusteet, alkeet *the basics of English grammar*
basil /bæzəl beɪzəl/ *s* basilika (eräs mauste)
basilica /bə'sɪlɪkə/ *s* (arkkitehtuurissa) basilika
basin /beɪsən/ *s* **1** kulho, astia, vati *washbasin* pesuallas **2** (geologiassa) allas *the Great Basin* Suuri allas (Lounais-Yhdysvalloissa) *tidal basin* vuorovesiallas
basis /beɪsəs/ *s* (mon bases) perusta, pohja *that claim has no basis in reality* se väite on täysin perusteeton
basis point *s* (tal) prosentin sadasosa
bask /bæsk/ *to bask in the sun* paistatella päivää *to bask in someone's favor* paistatella jonkun suosiossa
basket /bæskət/ *s* kori
basketball /'bæskətˌbal/ *s* **1** koripallo(peli) **2** koripallo
basket case *s* (ark) toivoton tapaus

bas mitzvah /ˌbas'mɪtsvə/ *s* **1** bas mitsva **2** (13-vuotias juutalais)tyttö joka juhlii bas mitsvaa
bas-relief /ˌbarɪ'lif ˌbasrɪ'lif/ *s* matala reliefi
bass /bæs/ *s* (mon bass) meriahven
bass /beɪs/ *s* (mus, mon basses) basso(ääni, -kitara tms)
adj basso-
bassoon /bə'sun/ *s* (mus) fagotti
basswood /bæswʊd/ *s* lehmus
bastard /bæstərd/ *s* **1** avioton lapsi **2** (alat) paskiainen, kusipää **3** (alat) hankala/vaikea homma/juttu
bastardize /'bæstərˌdaɪz/ *v* väärentää
bastardized *adj* **1** väärennetty **2** huono, murrettu, barbaarinen (kieli)
baste /beɪst/ *v* **1** harsia, paikata väliaikaisesti **2** (ruuanlaitossa) kostuttaa lihaa sen omalla liemellä
baster *s* (ruuanlaitossa) liemiruisku
bastion /bæstʃən/ *s* **1** (linnoituksen) bastioni, vallinsarvi **2** (kuv) tukipilari, turva, suoja
bat /bæt/ *s* **1** lepakko *as blind as a bat* umpisokea **2** (baseball-, pöytätennis- ym) maila *right off the bat* heti
v lyödä (mailalla) *to go to bat for someone* auttaa/tukea jotakuta *without batting an eye* silmääkään räpäyttämättä
B.A.T. *Bachelor of Arts in Teaching*
batch /bætʃ/ *s* joukko, kasa, nippu, erä
bateau /bæ'toʊ/ *s* (mon bateaux) (soutu)vene
bath /bæθ/ *s* (mon baths /bæðz/) kylpy, kylpyamme *to have/take a bath* kylpeä, käydä kylvyssä
bathe /beɪð/ *v* kylpeä, kylvettää, käydä uimassa, huuhdella, pestä
bathed /beɪðd/ *to be bathed in something* olla yltä päältä jossakin, kylpeä (esim hiessä, kyynelissä)
bather /beɪðər/ *s* kylpijä, (UK) uimari
bathing suit /'beɪðiŋˌsut/ *s* uimapuku
bathing trunks /'beiðiŋˌtrʌŋks/ *s* uimahousut
bathos /beɪθas bæθas/ *s* (puheessa, kirjoituksessa) antikliimaksi, äkillinen siirtyminen esim ylevästä arkiseen
bathroom /'bæθˌrum/ *s* **1** kylpyhuone **2** (US) wc *to go to the bathroom* mennä vessaan
bathroom tissue *s* wc-paperi
bathtub /'bæθˌtʌb/ *s* kylpyamme
baton /bə'tan/ *s* **1** (mus) tahtipuikko **2** (poliisin) pamppu, patukka **3** komentosauva **4** viestikapula **5** rumpalin sauva
Baton Rouge /ˌbætən'ruʒ/ kaupunki Louisianassa
battalion /bə'tæljən/ *s* **1** pataljoona **2** (kuv) kokonainen pataljoona, iso joukko
batten /bætən/ *s* **1** (puu)lista **2** (purjeen) latta
batten down *v* sulkea tiukasti
batter /bætər/ *s* **1** (esim ohukais) taikina **2** (baseballissa) lyöjä
v hakata, lyödä, piestä, pahoinpidellä, kolhia (auto) *battered wife* pahoinpidelty vaimo
battery /bætəri/ *s* **1** akku; paristo **2** (tykistö)patteri **3** koko joukko, rivi, ryhmä *a battery of computers stood in the room* huoneessa oli pitkä rivi tietokoneita **4** pahoinpitely *assault and battery* pahoinpitely
battle /bætəl/ *s* taistelu (myös kuv), kamppailu
v taistella, kamppailla *I am trying to battle my way through this book* yritän kahlata tämän kirjan läpi *they are battling for freedom* he taistelevat vapautensa puolesta *he is still battling with his tax form* hän on vieläkin veroilmoituksensa kimpussa
battle-ax /'bætəlˌæks/ *s* **1** sotakirves **2** (naisesta) äkäpussi, noita-akka, (pirtti)hirmu
battlefield /'bætəlˌfiəld/ *s* taistelutanner, taistelukenttä
battleground /'bætəlˌgraʊnd/ *s* taistelutanner, taistelukenttä
battle line *s* rintamalinja
battleship /'bætəlˌʃɪp/ *s* sotalaiva
batty /bæti/ *adj* (sl) (harmittoman) hullu, tärähtänyt
bauble /babəl/ *s* rihkama, hely
bauxite /baksaɪt/ *s* bauksiitti

be at stake *fr* olla vaakalaudalla/ pelissä *what's your stake in this?* paljonko sinä olet pannut peliin?; (kuv) mikä osuus sinulla on tässä?

be at the end of your rope *fr* olla vetänyt itsensä piippuun; olla puilla paljailla

beat the rap *fr* selvitä rangaistuksetta; päästä pälkähästä, ei joutua kiinni/nalkkiin (ark)

beat the tar out of someone *fr* (ark) antaa jollekulle perusteellinen selkäsauna

beat up *v* **1** hakata, antaa selkään jollekulle **2** vatkata

be at your wit's end *fr* olla ymmällään

beau /boʊ/ *s* (mon beaux) miesystävä, poikaystävä, ihailija

beautician /ˌbjuˈtɪʃən/ *s* kosmetologi

beautiful /bjutɪfəl/ *adj* kaunis, hieno, loistava

beautifully *adv* kauniisti, hienosti, loistavasti

beautify /ˈbjutəˌfaɪ/ *v* kaunistaa, somistaa, koristaa

beauty /bjuti/ *s* **1** kauneus, erinomaisuus *beauty contest* missikilpailut *the beauty of it is that I don't pay any tax* parasta siinä on etten maksa siitä veroa **2** kaunotar *your new convertible is a real beauty* uusi avoautosi on todella upea

beauty parlor *s* kauneushoitola

beauty spot *s* kauneuspilkku

beaver /bivər/ *s* **1** majava **2** (sl) naisen sukupuolielimet, mirri

bebop /bibap/ *s* bebop, eräs jazztyyli

became /bɪˈkeɪm/ ks become

because /bɪˈkʌz/ *konj* koska *A: Why did you do it? B: Because!* A: Miksi teit sen? B: Kunhan tein!

because of *prep* vuoksi, takia

béchamel sauce /ˈbeɪʃəˌməl ˌbeɪʃəˈmel/ *s* maitokastike

beck /bek/ *to be at someone's beck and call* totella kiltisti jotakuta, olla jonkun käskyläinen

beckon /bekən/ *v* viittoa (jotakuta tulemaan lähemmäksi)

become /bɪˈkʌm/ *v* became, become **1** tulla joksikin *he became a writer* hänestä tuli kirjailija **2** sopia jollekulle, pukea *that new tie does not become you* tuo uusi solmio ei pue sinua

becoming *s* joksikin tuleminen (to become)
adj viehättävä, jollekulle sopiva, pukeva

bed /bed/ *s* **1** sänky, vuode **2** alusta, jalusta **3** (meren, järven) pohja **4** kukkapenkki
v **1** (ark) viedä sänkyyn, naida *to wed and bed* viedä avioon ja vuoteeseen **2** istuttaa (kasveja)

B.Ed. *Bachelor of Education*

bed-and-breakfast /ˌbedənˈbrekfəst/ *s* **1** aamiaismajoitus, huone ja aamiainen **2** aamiaismajoituspaikka, majatalo, pieni hotelli (jossa huoneen hintaan kuuluu aamiainen)

bedazzle /bɪˈdæzəl/ *v* ällistyttää, hämmästyttää *the audience was bedazzled at the conjurer's skill* yleisö haukkoi hämmästyksestä henkeään nähdessään miten hyvä taikuri oli

bedclothes /ˈbedˌkloʊðz/ *s* (mon) vuodevaatteet

bedding *s* **1** vuodevaatteet **2** (eläinten) pahnat

bed down *v* **1** yöpyä jossakin, asettua yöksi jonnekin **2** panna (lapsi) nukkumaan **3** majoittaa joku jonnekin

be dead in the water *fr* olla poissa kuvioista, olla unohdettu

bedevil /bɪˈdevəl/ *v* sotkea (suunnitelmat), mutkistaa (asioita), vaivata, kiusata

bedfellow /ˈbedˌfeloʊ/ *s* petikaveri, (kuv) aisapari *those two make strange bedfellows* he ovat outo parivaljakko

Bedforshire /bedfərʃər/ Englannin kreivikuntia

bedlam /bedləm/ *s* metakka, äläkkä, meteli, rähinä

bedpan /ˈbedˌpæn/ *s* (potilaan) alusastia

bedraggled /bɪˈdrægəld/ *adj* **1** läpimärkä **2** yltä päältä kurassa **3** siivoton, sottainen

bedridden /ˈbedˌrɪdən/ *adj* vuoteenoma, joka on vuodepotilaana *because of his illness, he was bedridden for two weeks* hän joutui olemaan sairautensa vuoksi kaksi viikkoa vuoteessa
bedroom /ˈbedˌrum/ *s* makuuhuone
Beds. *Bedfordshire*
bedside manner *s* (lääkärin) ote potilaisiin, hoitotyyli
bedspread /ˈbedˌspred/ *s* (vuoteen) päiväpeite
bee /bi/ *s* mehiläinen
beech /bitʃ/ *s* pyökki
beef /bif/ *s* naudanliha, häränliha *v* valittaa
beefsteak /ˈbifˌsteɪk/ *s* pihvi
beefy *adj* lihaksikas, vahva
beehive /ˈbiˌhaɪv/ *s* mehiläispesä
beeline /bilaɪn/ *to make a beeline for* mennä/suunnistaa suoraa päätä/oikopäätä jonnekin
been /bɪn/ ks be
beeper /bipər/ *s* kaukohakulaite, piippari (ark)
beer /bɪər/ *s* olut, kalja (ark)
beery *adj* **1** (haju, maku jne) olut-, oluen **2** (ihminen) oluenhajuinen, kaljan vilkastama
beeswax /ˈbizˌwæks/ *s* mehiläisvaha *none of your beeswax* (ark) (se) ei kuulu sinulle
beet /bit/ *s* punajuuri
beetle /bitəl/ *s* kovakuoriainen
beetroot /ˈbitˌrʊt/ *s* (UK) punajuuri
bef. *before*
befall /bɪˈfal/ *v* befell, befallen: sattua, tapahtua, käydä
befit /bɪˈfɪt/ *v* sopia (jollekulle, johonkin)
befitting *adj* asianmukainen, jollekulle sopivaa, jonkun arvon mukainen
before /bɪˈfoʊr/ *prep* (ajasta, järjestyksestä, sijainnista) ennen *the day before yesterday* toissapäivänä *A comes before B* A on (aakkosissa) ennen B:tä *adv* aikaisemmin, ennen *he hadn't driven a car before* hän ei ollut vielä koskaan ajanut autoa *konj* ennen kuin *eat your dinner before it gets cold* syö ruokasi ennen kuin se jäähtyy
before guy /bɪˈfoʊrˌgʌɪ/ *s* (mainoksen vertailussa) mies ennen mainostettavan tuotteen käyttöä (vastakohta: *after guy*)
beforehand /bɪˈfoʊrˌhænd/ *adv* etukäteen, edeltäkäsin
befriend /bɪˈfrend/ *v* ystävystyä jonkun kanssa, tutustua johonkuhun
befuddle /bɪˈfʌdəl/ *v* hämätä, sekoittaa, johtaa harhaan
beg /beg/ *v* **1** kerjätä **2** pyytää, anoa *I beg you to reconsider* pyydän tosissani sinua harkitsemaan asiaa uudelleen *I beg your pardon?* anteeksi (kuinka)? *I beg to differ* olen asiasta eri mieltä
beg. *beginning*
began /bɪˈgæn/ ks begin
beggar /begər/ *s* kerjäläinen
beggarly *adj* viheliäinen, mitätön
begin /bɪˈgɪn/ *v* began, begun: aloittaa, alkaa *to begin with* ensimmäiseksi, alkajaisiksi
beginner /bɪˈgɪnər/ *s* aloittelija
beginner's luck *s* aloittelijan onni
beginning *s* alku *let's begin at the beginning* aloitetaan alusta
begrudge /bɪˈgrʌdʒ/ *v* kadehtia *do you begrudge me my good fortune?* etkö soisi minulle tätä onnenpotkua?
beguile /bɪˈgaɪəl/ *v* **1** huiputtaa, johtaa harhaan **2** houkutella **3** viettää aikaa mukavissa merkeissä, nauttia ajasta
begun /bɪˈgʌn/ ks begin
behalf /bɪˈhæf/ *in/on behalf of someone/something* jonkun/jonkin nimissä, puolesta
behave /bɪˈheɪv/ *v* **1** käyttäytyä *to behave well/badly* käyttäytyä kiltisti/huonosti *please make your child behave* käske lapsesi olla ihmisiksi/kunnolla **2** *behave yourself* käyttäytyä kunnolla, olla ihmisiksi/kiltisti
behavior /bɪˈheɪvjər/ *s* käytös, käyttäytyminen
behavioral /bɪˈheɪvjərəl/ *adj* käyttäytymis-; behavioristinen
behaviorism /bɪˈheɪvjəˌrɪzəm/ *s* behaviorismi

behaviorist /bɪ'heɪvjərɪst/ *s* behavioristi
behead /bɪ'hed/ *v* katkaista pää, teloittaa (katkaisemalla pää)
behemoth /'biəˌmaθ, bə'himəθ/ *s* (kuv) hirviö, jättiläinen, mammutti
behest /bɪ'hest/ *s* käsky, määräys
behind /bɪ'haɪnd/ *s* takapuoli *adv, prep* (tilasta:) takana, taakse, jäljessä, jälkeen *behind the wall* seinän takana *don't leave me behind* älä jätä minua *he is behind all others in his work* hän on työssään jäljessä kaikista *we are weeks behind schedule* olemme useita viikkoja aikataulusta jäljessä *to be behind the times* olla ajastaan jäljessä
behindhand *adj, adv* myöhästynyt, myöhässä, jäljessä
behind-the-scenes *adj* kulissien takainen, salainen
behind the times *to be behind the times* olla ajastaan jäljessä
be in tune *the piano is in tune* piano on (oikeassa) vireessä
behold /bɪ'hoəld/ *interj* katso!
beholden to *adj* kiitollisuuden velassa jollekulle
behoove /bɪ'huv/ *v* sopia jollekulle, olla jonkun arvon mukaista *it does not behoove the president to travel by taxi* presidentin arvolle ei sovi ajaa taksilla
beige /beɪʒ/ *adj* beige, beesi
Beijing /ˌbeɪ'dʒiŋ/ Beijing, Peking
be in a (bad) spot *fr* olla pinteessä, olla tukalassa tilanteessa
be in full swing *fr* olla täydessä vauhdissa
being /biiŋ/ *s* **1** olemassaolo *to come into being* syntyä, saada alkunsa **2** olemus, luonne *deep in my being I know I'm right* sisimmässäni tiedän olevani oikeassa **3** oleminen, olemassaoleva, luonto, luomakunta *all being is infinitely valuable* kaikki oleva on mittaamattoman arvokasta **4** (elävä) olento *human being* ihminen
be in someone's shoes *fr* olla jonkun toisen asemassa/housuissa
be in someone's way *fr* olla jonkun tiellä/esteenä, estää jotakuta tekemästä jotakin
be in style *fr* olla muodissa
be in the swim *fr* olla menossa mukana
be in the wind *big changes are in the wind* (kuv) luvassa on suuria muutoksia
be in the works *fr* olla tekeillä/valmisteilla
Beirut /ˌbeɪ'rut/ Beirut
bel. *below*
belated /bɪ'leɪtəd/ *adj* myöhästynyt, myöhäinen
belch /beltʃ/ *s* **1** röyhtäisy **2** (kaasun, savun) purkaus
v **1** röyhtäistä **2** (tulivuori) purkautua, (savupiippu) turpruttaa savua ilmaan
Belcher Islands /ˌbeltʃər'aɪləndz/ (mon) Belchersaaret (Kanadassa)
Belfast /bel'fæst, 'belfæst/
belfry /belfri/ *s* (kirkon) kellotapuli, kellotorni *to have bats in the belfry* olla löylyn lyömä, ei olla täysijärkinen
Belgian *s, adj* belgialainen
Belgium /beldʒəm/ Belgia
Belgrade /'belˌgrad, ˌbel'grad, 'belˌgreɪd/ Belgrad
belief /bɪ'lif/ *s* usko, uskomus, uskonkappale
believable /bɪ'livəbəl/ *adj* uskottava
believe in *v* **1** uskoa johonkuhun/johokin *I believe in God* minä uskon Jumalaan **2** uskoa, luottaa johonkuhun/johonkin *she doesn't believe in doctors* hän ei usko/luota lääkäreihin **3** kannattaa, hyväksyä, pitää jostakin *they do not believe in violence* he eivät hyväksy väkivaltaa
believer *s* **1** uskovainen **2** *I am a firm believer in discipline* minä kannatan kuria, minä uskon kuriin *that made a believer of her* se sai hänet uskomaan/vakuuttumaan
belittle /bɪ'lɪtəl/ *v* vähätellä, pilkata
Belize /bə'liz/
Belizean *s, adj* belizeläinen

bell /bel/ *s* (soitto)kello *the name doesn't ring a bell* nimi ei kuulosta tutulta, en muista nimeä
Belle /beəl/ (sadussa Kaunotar ja Hirviö) Belle
belligerent /bəˈlɪdʒərənt/ *adj* sotaa lietsova, sodanhaluinen, sotaisa, riidanhaluinen, hyökkäävä
bellow /beloʊ/ *v* mylviä, karjua
bellows /beloʊz/ *s* (mon) palkeet
bellpush /ˈbelˌpʊʃ/ *s* (ovi)kellon painike
belly /beli/ *s* maha *to go belly up* kuolla, (kuv) tehdä konkurssi
bellyache /ˈbeliˌeɪk/ *s* mahakipu, vatsakipu
v purnata, valitella *quit your bellyaching and get back to work* lakkaa valittamasta ja painu takaisin töihin
bellybutton /ˈbeliˌbʌtən/ *s* (ark) napa
bellyful /belifəl/ *s* kylliksi, tarpeeksi *I've had a bellyful of her* olen kurkkuani myöten täynnä häntä
bellyland /ˈbeliˌlænd/ *v* tehdä (lentokoneella) mahalasku
belly-landing /ˈbeliˌlændiŋ/ *s* mahalasku
belong /bɪˈlaŋ/ *v* kuulua jollekulle, jonnekin *that motorcycle belongs to Mr. Pruitt* tuo on Mr. Pruittin moottoripyörä *she feels that she doesn't belong* hänestä tuntuu että hän on väärässä paikassa *do you belong to a book club?* kuulutko kirjakerhoon?
belongings /bɪˈlaŋiŋz/ *s* (mon) omaisuus, tavarat
beloved /bɪˈlʌvəd/ *s, adj* rakas(tettu)
below /bɪˈloʊ/ *adv, prep* alhaalla, alhaalle, alapuolella, alapuolelle, alla, alle *he could see it below the surface of the water* hän näki sen vedenpinnan alapuolella *the temperature is below zero* lämpötila on pakkasen puolella *it was below him to do that* oli hänen arvolleen sopimatonta tehdä niin *as will be explained below* (kirjassa:) kuten alempana/edempänä selitetään *two miles below the rapids* kahden mailin päässä kosken alapuolella *to hit someone below the belt* iskeä jotakuta vyön alapuolelle/alle (myös kuv)
belt /belt/ *s* **1** vyö **2** hihna *fan belt* (auton) tuulettimen hihna **3** vyö(hyke) *the Sun Belt* Yhdysvaltain eteläiset (aurinkoiset) osavaltiot
v **1** kiinnittää vyöllä **2** piiskata, sivaltaa (vyöllä) **3** (sl) lyödä, hakata **4** viilettää, kiitää kovaa vauhtia
belting *s* selkäsauna
belt out *v* päästää ilmoille, kajottaa
bemoan /bɪˈmoʊn/ *v* valittaa, surkutella (kohtaloa)
bench /bentʃ/ *s* **1** penkki **2** (työ)penkki, työpöytä **3** tuomarin istuin; tuomarit
benchmark /ˈbentʃˌmark/ *s* **1** kiintopiste, (myös kuv:) mittapuu **2** (tietok) koetin (jolla verrataan laitteiden tai ohjelmien suorituskykyä)
bend /bend/ *s* **1** (tien)mutka **2** (mon) sukeltajantauti
v bent, bent: taivuttaa, taipua, kumartua *to bend over backwards to do something* tehdä kaikkensa jonkin eteen, olla erittäin avulias, nähdä kovasti vaivaa
bend down *v* (ihminen) kumartua, kyyristyä, (oksa) taipua alaspäin, taivuttaa (oksaa) alaspäin
bend over *v* kumartua, kyyristyä
beneath /bɪˈniθ/ *adv, prep* alapuolella, alapuolelle, alhaalla, alhaalle, alla, alle *our tent is beneath the hills* telttamme on kukkuloiden alapuolella/juurella *such behavior is beneath you* tuollainen käytös on sinun arvosi alapuolella/ei ole sinun arvoistasi
benediction /ˌbenəˈdɪkʃən/ *s* (papin antama) siunaus, varsinkin luterilaisessa liturgiassa se joka alkaa "Herra siunatkoon sinua..."
benefaction /ˌbenəˈfækʃən/ *s* hyväntekeväisyys, hyvä(t) työ(t)
benefactor /ˈbenəˌfæktər/ *s* hyväntekijä, suosija, suojelija, tukija
benefactress /ˈbenəˌfæktrəs/ *s* (naispuolinen) hyväntekijä, suosija, suojelija, tukija

beneficial /ˌbenəˈfɪʃəl/ *adj* hyödyllinen, hyödyksi, hyväksi *to be beneficial to someone/something* tehdä hyvää jollekulle/jollekin
beneficiary /ˌbenəˈfɪʃərɪ ˌbenəˈfɪʃɪeri/ *s* edunsaaja
benefit /benəfɪt/ *s* **1** etu, hyöty *there is no benefit in doing it more carefully* sitä ei kannata tehdä tämän huolellisemmin *to give someone the benefit of the doubt* antaa armon käydä oikeudesta **2** avustus, raha *unemployment benefit* työttömyysavustus
v hyödyttää jotakuta, hyötyä jostakin
benevolence /bəˈnevələns/ *s* hyväntahtoisuus, hyvyys
benevolent /bəˈnevələnt/ *adj* hyväntahtoinen, lempeä, ystävällinen
benign /bəˈnaɪn/ *adj* **1** hyväntahtoinen, hyvä **2** (kasvain) hyvänlaatuinen
Benin /bəˈnin/
Beninese *s, adj* benininläinen
bent /bent/ *s* taipumus, lahjakkuus; mielenlaatu, luonteenlaatu *he has a musical bent/he has a bent for music* hän on musikaalinen
v: ks bend
be of service *may I be of service?* voinko auttaa (teitä)?, voinko olla avuksi?
be on the road *fr* **1** olla tien päällä, olla matkalla **2** olla kiertueella
be on the spot *fr* olla pinteessä/kiusallisessa tilanteessa
be on the track of *to be on the track of someone/something* olla jonkun/jonkin jäljillä
be on the wing *fr* **1** olla lennossa/ilmassa **2** olla liikkeellä/vauhdissa/menossa
be on your toes *fr* olla varpaillaan/varpaisillaan/varovainen
be out of tune *the piano is out of tune* piano on epävireessä
bequeath /bɪˈkwiθ/ *v* testamentata, jättää perinnöksi (myös kuv)
bequest /bɪˈkwest/ *s* perintö
berate /bɪˈreɪt/ *v* nuhdella, ojentaa, moittia
bereave /bɪˈriv/ *v* bereft/bereaved, bereft/bereaved *to be bereft of something* olla menettänyt jotakin *to be bereaved of* olla menettänyt jonkun (kuolemalle)
bereaved *s, adj* sureva, surun murtama, kuolleen omainen/omaiset
bereavement *s* **1** kuolemantapaus, poismeno **2** suuri suru, menetys
bereft /bɪˈreft/ ks bereave
Berenice's Hair /ˌberəˌnisəzˈheər/ (tähdistö) Bereniken hiukset
beret /bəˈreɪ/ *s* baskeri, baretti
Bering Sea /ˌberiŋˈsi/ Beringinmeri
Bering Strait /ˌberiŋˈstreɪt/ Beringinsalmi
Berks. *Berkshire*
Berkshire /bərkʃər/ Englannin kreivikuntia
Berlin /bərˈlɪn/ Berliini
Berlin Wall /bərˌlɪnˈwal/ Berliinin muuri
berry /beri/ *s* marja
berserk /bəˈzərk/ *to go berserk* menettää malttinsa, raivostua
berth /bərθ/ *s* **1** (junassa, laivassa tms) vuode, nukkumapaikka **2** laituripaikka **3** *to give someone a wide berth* (kuv) kiertää joku kaukaa
v kiinnittää laiva/vene laituriin
beset /bɪˈset/ *v* beset, beset: piirittää, saartaa *to be beset with difficulties* olla täynnä vaikeuksia, olla suurissa vaikeuksissa
beside /bɪˈsaɪd/ *prep* rinnalla, rinnalle, vieressä, viereen *there were trees beside the road* tien vierellä kasvoi puita *to be beside yourself with rage* olla suunniltaan (raivosta) *that's beside the point* se ei kuulu asiaan
besides *adv, prep* sitä paitsi, lisäksi *nobody came besides me* minun lisäkseni sinne ei tullut muita
besiege /bɪˈsidʒ/ *v* piirittää, saartaa
besiege with *v* ahdistella jotakuta jollakin, hukuttaa joku johonkin
be soft on someone *fr* olla pihkassa/ihastunut/heikkona johonkuhun

be spoiling for something *fr* (ark) odottaa malttamattomana jotakin
best /best/ *s* paras *you're the best* sinä olet paras *he went there in his Sunday best* hän meni sinne pyhätamineissaan/ parhaimmissaan/ykkösvaatteissaan *I will do my best to help you out* teen parhaani auttaakseni sinua *to the best of my knowlege* minun tietääkseni *he was at his best in the competition* hän oli kilpailussa parhaimmillaan/edukseen *let's try to make the best of this mess* yritetään selvitä tästä sotkusta mahdollisimman hyvin, yritetään kääntää se jotenkin eduksemme *adj, adv* paras, parhaiten
bestial /bestʃəl/ *adj* julma, raaka, eläimellinen
bestiality /ˌbestʃɪ'æləti/ *s* julmuus, raakuus, eläimellisyys
best man *s* best man, sulhasen ystävä joka avustaa häntä vihkimistilaisuudessa
bestow /bɪ'stoʊ/ *v* antaa/myöntää/suoda jollekulle jotakin *they bestowed a great honor on him by coming for a visit* he soivat hänelle suuren kunnian käymällä hänen luonaan
bestseller /ˌbest'selər/ *s* bestseller, menekkiteos
bet /bet/ *s* veto, vedonlyönti *v* bet, bet: lyödä vetoa (myös kuv) *he bets on horses* hän harrastaa raviveikkausta *you bet* aivan varmasti!
bet. *between*
beta blocker /'beɪtəˌblakər/ *s* (lääk) betasalpaaja
Bethlehem /'beθləˌhem/ Betlehem (Israelissa)
betoken /bɪ'toʊkən/ *v* **1** ilmaista, ilmentää, todistaa **2** enteillä, ennakoida
betray /bɪ'treɪ/ *v* **1** pettää, kavaltaa *you betrayed me* sinä petit minut *his face betrayed him* hänen kasvonsa paljastivat/kavalsivat hänet **2** paljastaa (salaisuus) **3** olla uskoton, pettää *he betrayed his wife*
betrayal /bɪ'treɪəl/ *s* (ystävän/puolison, luottamuksen) pettäminen, (salaisuuden) paljastaminen, (periaatteesta) luopuminen
betrayer *s* petturi, kavaltaja, (salaisuuden) paljastaja
betrothal /bɪ'troʊðəl bɪ'traθəl/ *s* kihlaus
betrothed /bɪ'troʊðd bɪ'traθt/ *s, adj* kihlattu
better /betər/ *s* **1** vedonlyöjä **2** parempi *all the better* sitä parempi, hyvä niin *watch how you talk to your betters* varo mitä puhut sivistyneiden/parempien ihmisten kanssa
v parantaa, ylittää (aiempi tulos)
adj **1** parempi (kuin) *this book is better than that* **2** terve, terveempi *John's feeling better* John voi jo paremmin, on paranemaan päin *I'm sure he'll get better soon* hän paranee varmasti pian, tulee pian terveeksi
adv paremmin, enemmän *I like this ice cream better* minusta tämä jäätelö on parempaa *you'd better leave right now* sinun on parasta/syytä lähteä nyt heti
better half *s* parempi puolisko, (kuv) aviopuoliso, (yl) vaimo
betterment *s* **1** parantaminen **2** parannus
bettor /betər/ *s* vedonlyöjä
between /bɪ'twin/ *adv* välissä, väliin *good restaurants are few and far between* hyviä ravintoloita on harvassa *prep* **1** välissä, välillä, väliin *our town is located between two big lakes* kaupunkimme on kahden ison järven välissä *between two and four people can go there at a time* sinne mahtuu/voi mennä kahdesta neljään ihmistä kerrallaan **2** kesken *the crooks divided the money between them* konnat jakoivat rahat keskenään *between ourselves; between you and me* meidän kesken sanoen
between a rock and a hard place *fr* tiukoilla, kahden tulen välissä; puun ja kuoren välissä
between-the-lens shutter *s* (valok) keskussuljin

betwixt and between /bɪ'twɪkst/ *fr* keskellä, välimailla, kahden vaiheilla
be up a tree *to be up a tree* olla pulassa/pinteessä
be up to snuff *fr* (ark) kelvata, täyttää vaatimukset
bevel /bevəl/ *s* vino/viisto/kalteva pinta tai kappale, särmä, viiste
v kallistaa, tehdä kaltevaksi/vinoksi/viistoksi
beverage /bevrədʒ/ *s* juoma
bevy /bevi/ *s* **1** (lintu)parvi **2** (ihmis)-joukko
beware /bɪ'weɪər/ *v* varoa *beware of the dog* (kyltissä) varo koiraa!
bewilder /bə'wɪldər/ *v* tyrmistyttää, hämmentää, sekoittaa *I was bewildered by his anger* hänen kiukkunsa sai minut hämilleni
be wise to something *fr* (sl) tajuta, olla jyvällä/selvillä jostakin, tietää
bewitch /bɪ'wɪtʃ/ *v* noitua, lumota, hurmata
bewitching *adj* lumoava, hurmaava
beyond /bɪ'and/ *adv, prep* **1** (tilasta) takana, toisella puolen *they live beyond the mountains* he asuvat vuorten toisella puolella **2** (ajasta) yli *I can't make plans beyond next year* en osaa suunnitella ensi vuotta pitemmälle **3** kuvaannollisesta ylittymisestä: *it's beyond me* se menee yli minun ymmärrykseni *the company's success is beyond all expectations* yrityksen menestys on ylittänyt kaikki odotukset *beyond that, he revealed nothing* sen lisäksi hän ei paljastanut mitään
beyond price *fr* suunnattoman/sanoinkuvaamattoman/korvaamattoman arvokas/kallis
b.f. *boldface* (ladotaan puoli)lihavalla
BFO *Beat Frequency Oscillator*
BHP *brake horsepower*
Bhutan /bʊ'tan/
Bhutanese *s, adj* bhutanilainen
bias /baɪəs/ *s* vastustus, ennakkoluulo, puolueellisuus *the customer had a strong bias against our product* asiakas suhtautui tuotteeseemme nurjasti jo etukäteen
v värittää asiaa tiettyyn suuntaan, kallistaa/kallistua tiettyyn suuntaan *he was trying to bias her against/towards accepting the offer* hän yritti taivuttaa hänet hylkäämään/hyväksymään tarjouksen
biased /baɪəst/ *adj* ennakkoluuloinen, puolueellinen
bias-ply tire /'baɪəsˌplaɪ/ *s* ristikudosrengas
bib /bɪb/ *s* **1** (lapsen) ruokalappu **2** (vaatteen) rintalappu
Bib. *Bible*
bibl. *bibliography*
Bible /baɪbəl/ *s* Raamattu
Bible Belt *s* Yhdysvaltain eteläosa ja keskilänsi fundamentalistien asuinalueena
Bible paper *s* raamattupaperi
Bible-thumper /'baɪbəlˌθʌmpər/ *s* (ark) uskonkiihkoilija
Biblical /bɪbləkəl/ *adj* Raamatun, raamattu-
bibliographer /ˌbɪblɪ'agrəfər/ *s* bibliografi
bibliography /ˌbɪblɪ'agrəfi/ *s* bibliografia, kirjaluettelo, (kirjan lopussa) lähdeluettelo
bicarbonate of soda /ˌbaɪ'karbənət/ *s* ruokasooda, natriumbikarbonaatti
bicentenary /baɪ'sentəˌneri/ *s* kaksisataavuotisjuhla
bicentennial /ˌbaɪsen'tenɪəl/ *s* kaksisataavuotisjuhla
adj kaksisataavuotis-
biceps /baɪseps/ *s* (mon biceps) hauis(lihas)
bicker /bɪkər/ *v* kinata, riidellä (pikkuasioista)
bicycle /baɪsəkəl/ *s* polkupyörä
v polkupyöräillä
bicycle path *s* pyörätie
bid /bɪd/ *s* **1** (osto)tarjous; (tal) ostokurssi, ostonoteeraus **2** yritys *his bid for fame led nowhere* hänen yrityksensä tulla kuuluisaksi ei kantanut hedelmää
v bid, bid: tarjota, tehdä tarjous
v bade, bid/bidden (vanh) **1** sanoa *to bid someone goodbye* sanoa jollekulle näkemiin **2** käskeä, määrätä

biennial /baɪ'enɪəl/ *adj* **1** kaksivuotinen **2** joka toinen vuosi tapahtuva
bier /bɪər/ *s* (ruumis)paarit
bifocal /baɪ'foʊkəl/ *adj* (silmälaseista:) kaksiteho-
bifocals /baɪ'foʊkəlz/ *s* (mon) kaksitehosilmälasit
big /bɪg/ *adj, adv* iso, suuri, pitkä, tärkeä, paksu (valhe) *my big sister* isosiskoni *when you're big* kun kasvat isoksi *to be big with child* olla raskaana *he is too big for his britches* hänellä on noussut päähän *to talk big* mahtailla, rehennellä *to have a big mouth* olla suuri suustaan
bigamist /bɪgəməst/ *s* bigamisti
bigamous /bɪgəməs/ *adj* bigaminen, kaksiavioinen
bigamy /bɪgəmi/ *s* kaksiavioisuus, bigamia
big bang theory /ˌbɪg'bæŋˌθɪəri/ *s* suuri pamaus -teoria (maailmankaikkeuden laajenemisesta)
Big Bend /ˌbɪg'bend/ kansallispuisto Texasissa
big brother /ˌbɪg'brʌðər/ *s* **1** isoveli **2** (kuv) isoveli, kansalaisia tarkasti valvova esivalta
big business /ˌbɪg'bɪznəs/ *s* rahamaailma
Big Dog (tähdistö) Iso koira
big enchilada /ˌentʃə'ladə/ *fr* pomo *the big enchilada is on a business trip* pomo on liikematkalla
bighead /'bɪgˌhed/ *s* omahyväinen, itserakas ihminen
bighorn sheep /ˌbighɔrn'ʃip/ *s* paksusarvilammas *(Ovis canadensis)*
bigmouth /'bɪgˌmaʊθ/ *s* hölösuu, lavertelija
bigot /bɪgət/ *s* hurskastelija, kiihkoilija
bigoted /bɪgətəd/ *adj* suvaitsematon, ahdasmielinen
bigotry /bɪgətri/ *s* suvaitsemattomuus, ahdasmielisyys
big-screen tv /ˌbigskrinti'vi/ *s* suurkuvatelevisio
big shot /'bɪgˌʃat/ *s* iso kiho, pomo
bigwig /'bɪgˌwɪg/ *s* iso kiho, pomo
bike /baɪk/ *s* **1** polkupyörä **2** moottoripyörä
v **1** polkupyöräillä **2** moottoripyöräillä
bikini /bə'kini/ *s* bikinit
bilateral /ˌbaɪ'lætərəl/ *adj* bilateraalinen, kahdenkeskinen
bile /baɪəl/ *s* **1** sappi(neste) **2** kiukku, ärtyisyys
bilge /bɪldʒ/ *s* **1** (aluksen pohjalla oleva) vuotovesi, pohjavesi **2** roskapuhe, pötypuhe
bilingual /ˌbaɪ'liŋgwəl/ *adj* kaksikielinen
bilious /bɪliəs/ *adj* **1** kiukkuinen, ärtyisä **2** huonovointisen/sairaan näköinen
bill /bɪl/ *s* **1** linnun nokka **2** lasku **3** juliste *post no bills* ilmoitusten/mainosten kiinnittäminen kielletty **4** lakiesitys **5** seteli
v **1** laskuttaa *he did not bill me for that* hän ei veloittanut siitä mitään **2** mainostaa (näyttelijää, näytelmää)
billboard /'bɪlˌbɔrd/ *s* mainostaulu
billiards /bɪljərdz/ *s* (mon, *v* yksikössä) biljardi(peli)
billion /bɪljən/ *s* miljardi, (UK) biljoona
Bill of Rights *s* Yhdysvaltain perustuslain kymmenen ensimmäistä lisäystä
billow /bɪloʊ/ *s* aalto, pilvi *a billow of smoke*
v aaltoilla, (purje) pullistua, (savu) tupruta
billowy /bɪloʊi/ *adj* aaltoileva, pullistunut (purje), tupruileva (savu)
billy-goat /'bɪlɪˌgoʊt/ *s* (kili)pukki
bin /bɪn/ *s* astia, lokero, säiliö
binary /'baɪˌneri/ *adj* binaarinen, binäärinen, binaari-, binääri-
bind /baɪnd/ *to be in a bind* olla pulassa/pinteessä
v bound, bound: sitoa (kiinni, haava, hiukset, kirja), velvoittaa/sitoa joku tekemään jotakin *I'm legally bound to record another album* sopimus velvoittaa minut levyttämään uuden levyn
binder *s* kirjansitoja
bindery *s* kirjansitomo

binding *s* (kirjan) kannet; sidonta
adj (sopimus yms) sitova
bind up *v* sitoa (haava, hiukset)
bingo /biŋgoʊ/ *s* bingo
binoculars /bə'nakjələrz/ *s* (mon) kiikari *a pair of binoculars* kiikari
bio. *biography* elämäkerta
biochemical *adj* biokemiallinen, biokemian
biochemist /ˌbaɪoʊ'kemɪst/ *s* biokemisti
biochemistry /ˌbaɪoʊ'kemə stri/ *s* biokemia
biodegradable /ˌbaɪoʊdɪ'greɪdəbəl/ *adj* luonnossa hajoava
biographer /baɪ'agrəfər/ *s* elämäkerran kirjoittaja
biographic /ˌbaɪə'græfɪk/ *adj* elämäkerrallinen
biographical /ˌbaɪə'græfɪkəl/ *adj* elämäkerrallinen
biography /baɪ'agrəfi/ *s* elämäkerta, biografia
biological /ˌbaɪə'ladʒɪkəl/ *s* biologinen, biologian
biologist /baɪ'alədʒɪst/ *s* biologi
biology /baɪ'alədʒi/ *s* biologia
BIOS *Basic Input/Output System*
biotin /baɪətin/ *s* biotiini (eräs B-vitamiini)
bipartisan /ˌbaɪ'partəzən/ *adj* kaksipuolue-, kahden puolueen
biplane /baɪpleɪn/ *s* kaksitaso(inen lentokone)
birch /bərtʃ/ *s* koivu
bird /bərd/ *s* lintu *to kill two birds with one stone* tappaa kaksi kärpästä yhdellä iskulla *a little bird told me* kuulinpahan vain, tiedänpähän vain *a bird in the hand is worth two in the bush* parempi pyy pivossa kuin kymmenen oksalla *to flip someone the bird* (sl) näyttää jollekulle keskisormea
birdie /bərdi/ (golf) birdie, lyöntitulos, jossa pallo saadaan reikään yhdellä lyönnillä alle par-luvun
Bird of Paradise /ˌbərdəv'perəˌdaɪs/ (tähdistö) Paratiisilintu
Birmingham /bəmiŋəm/ kaupunki Englannissa
Birmingham /'bərmiŋˌhæm/ kaupunki Alabamassa Yhdysvalloissa
birth /bərθ/ *s* **1** synnytys, syntymä, synty *she gave birth to a baby boy* hän synnytti poikalapsen **2** syntyperä *he is Canadian by birth* hän on syntynyt Kanadassa/syntyjään kanadalainen
birth control *s* ehkäisy, syntyvyyden säännöstely
birthday /bərθdeɪ/ *s* syntymäpäivä
birthday suit *in your birthday suit* apposen alasti, ilkosillaan
birthrate /'bərθˌreɪt/ *s* syntyvyys, syntyneisyys
biscuit /bɪskət/ *s* (US) sämpylä, (UK) keksi
bisect /ˌbaɪ'sekt/ *v* leikata/jakaa/jakautua kahtia, puolittaa
bishop /bɪʃəp/ *s* **1** piispa **2** (šakissa) lähetti
bishopric /bɪʃəprɪk/ *s* hiippakunta
bison /baɪsən/ *s* (mon bison) biisoni
bit /bɪt/ *s* **1** pala, muru *not a bit* ei tippaakaan, ei lainkaan *to do your bit* esittää numeronsa/osansa, tehdä/hoitaa osuutensa **2** (binäärijärjestelmässä) bitti **3** (hevosen) kuolaimet **4** poranterä
bit by bit *fr* vähitellen, vähä vähältä
bitch /bɪtʃ/ *s* **1** (koira) narttu **2** (sl) häijy akka, muija
v (sl) valittaa, narista
bite /baɪt/ *s* **1** puraisu, purema, pureminen *his bark is worse than his bite* ei haukkuva koira pure, ei häntä kannata pelätä **2** suupala **3** (kalan) nappaus (ongessa)
v bit, bitten **1** purra, puraista, haukata *he bit off more than he can chew* hän haukkasi liian ison palan (myös kuv) *to bite your tongue* purra kieltään, katua sanojaan **2** (hyönteinen) pistää
bite into *v* iskeä hampaansa johonkin, puraista, pureutua, porautua, syöpyä johonkin
bite off *v* purra poikki/irti *don't bite my head off!* älä hypi silmille!
bit part *s* pieni sivuosa (elokuvassa, näytelmässä)
bitten /bɪtən/ ks bite

bitter /bɪtər/ *adj* **1** karvas, kitkerä, katkera (maku, pettymys, riita, viha) **2** kova (talvi), pureva, kylmä (pakkanen, tuuli)
bitter end *to do something to the bitter end* tehdä jotakin hampaat irvessä/katkeraan loppuun asti
bitterly *adv* **1** katkerasti (pettynyt) **2** erittäin (kylmä)
bitterness *s* **1** kitkeryys, katkeruus (myös kuv) **2** (pakkasen, tuulen) kovuus, purevuus
bitumen /bə'tumən ˌbaɪ'tumən/ *s* bitumi
bivouac /'bɪvʊˌæk/ *v* bivouacked, bivouacked (sot) leiriytyä
biweekly /ˌbaɪ'wikli/ *adj* **1** kahden viikon välein tapahtuva/ilmestyvä **2** kahdesti viikossa tapahtuva/ilmestyvä
bizarre /bə'zaər/ *adj* outo, kummallinen, eriskumallinen, epätavallinen
bkgd. *background* tausta(lla)
bkry *bakery* leipomo
B.L. *Bachelor of Law; Bachelor of Letters*
B/L *bill of lading* konossementti
blab /blæb/ *v* (sl) **1** pölistä, puhua kuin papupata **2** paljastaa salaisuus, kieliä, vasikoida
black /blæk/ *s* **1** musta (väri) **2** musta (ihminen)
v mustata, mustua
adj **1** musta **2** mustien, mustia koskeva **3** synkkä, toivoton **4** vihainen **5** pilkkopimeä
Blackamoor /blækəmuər/ (Peter Panissa) Mustanaama
black belt /'blækˌbelt/ *s* (judossa) musta vyö
blackberry /'blækˌberi/ *s* karhunvatukka
blackbird /'blækˌbərd/ *s* mustarastas
blackboard /'blækˌbɔrd/ *s* liitutaulu
black current /ˌblæk'kərənt/ *s* mustaherukka
blacken /blækən/ *v* mustata, maalata/liata mustaksi *they tried to blacken his reputation* he yrittivät mustata/tahrata hänen maineensa
black eye /ˌblæk'aɪ/ *s* **1** mustelma silmässä *to have a black eye* olla silmä mustana **2** (kuv) häpeä(pilkku), häpeän aihe, miinuspiste
blackhead /'blækˌhed/ *s* mustapää
black ice /ˌblækˌaɪs/ *s* musta jää (maantiellä)
blacklist /'blækˌlɪst/ *s* musta lista
v merkitä/panna mustalle listalle
black magic /ˌblæk'mædʒɪk/ *s* musta magia
blackmail /'blækˌmeɪəl/ *s* kiristys
v kiristää
blackmailer *s* kiristäjä
black market /ˌblæk'markət/ *s* musta pörssi
v myydä mustassa pörssissä/pimeästi, ostaa mustasta pörssistä/pimeästi
black out *v* **1** pyörtyä, menettää tajuntansa **2** pimentää, sammuttaa valot **3** unohtaa jotakin (hetkeksi), ei muistaa
blackout /blækaʊt/ *s* **1** sähkökatkos **2** muistikatkos **3** pyörtyminen, tajunnan menetys **4** (sodan aikana ikkunoiden ym) pimennys
Black rhinoceros /raɪ'nasərəs/ *s* suippohuulisarvikuono
Black Sea /ˌblæk'si/ Mustameri
black sheep /ˌblæk'ʃip/ *s* musta lammas
blacksmith /blæksmɪθ/ *s* seppä
black-tailed deer /ˌblækteəld'dɪər/ *s* muulipeura
black work /'blækˌwərk/ *s* pimeä(t) työ(t)
bladder /blædər/ *s* virtsarakko
blade /bleɪd/ *s* **1** (veitsen, partakoneen) terä; (sl) puukko **2** (airon, potkurin) lapa **3** (ruohon) korsi
blame /bleɪm/ *s* **1** syy, vika **2** syytös, moite
v syyttää, moittia *to blame someone for something* syyttää jotakuta jostakin *to blame something on someone* panna/laskea jokin jonkun syyksi *you have only yourself to blame for that* siitä saat syyttää vain itseäsi *they put the blame for the failure on us* he syyttivät meitä epäonnistumisesta

blameless *adj* syytön, viaton, tahraton
blamelessly *adv* syyttömästi, viattomasti
blameworthy /ˈbleɪmˌwərði/ *adj* syyllinen, syypää, nuhtelun ansaitseva
bland /blænd/ *adj* **1** ystävällinen, hyväntahtoinen, avulias **2** leuto (ilma), mieto (maku) **3** mitäänsanomaton, väritön, tylsä
blandly *adv:* ks bland
blandness *s* **1** ystävällisyys, hyväntahtoisuus, kohteliaisuus **2** (ilman) leutous, (maun) mietous **3** värittömyys, mitäänsanomattomuus, tylsyys
blank /blæŋk/ *s* **1** tyhjä tila/kohta (kaavakkeessa) **2** paukkupatruuna **3** *to draw a blank* jäädä tyhjin käsin, epäonnistua; ei muistaa
adj **1** tyhjä (paperi), täyttämätön (lomake) *I tried to recall the number but my mind went blank* yritin muistaa numeron mutta muistini ei pelannut **2** ilmeetön, tyrmistynyt (katse)
blank check /ˌblæŋkˈtʃek/ *s* avoin sekki *they gave him a blank check* (kuv) he antoivat hänelle vapaat kädet
blanket /blæŋkət/ *s* peitto, peite (myös kuv) *a blanket of snow* lumipeite
v peittää *everything was blanketed with snow* kaikki peittyi lumen alle
adj (kaiken) kattava, yleis-, yleistävä (väite)
blankly *adj* (katsoa/tuijottaa) ilmeettömänä, tyrmistyneenä
blankness *s* **1** tyhjyys **2** ilmeettömyys
blank verse /ˌblæŋkˈvərs/ *s* silosäe
blare /bleər/ *s* (torven) törähdys
v töräyttää (torvea), (torvi) törähtää, (radio) pauhata
blaspheme /ˈblæsˌfim/ *v* pilkata Jumalaa
blasphemer /blæsfəmər/ *s* (jumalan)pilkkaaja, herjaaja
blasphemous /blæsfəməs/ *adj* (Jumalaa) pilkkaava, herjaava
blasphemy /blæsfəmi/ *s* (jumalan)pilkka, herjaus
blast /blæst/ *s* **1** tuulenpuuska **2** räjähdys, pamahdus; räjähdysaalto, paineaalto **3** (torven) törähdys
v **1** räjäyttää **2** laukaista (raketti) **3** mennä myttyyn, kaatua kasaan, romahtaa
blast furnace /ˈblæstˌfərnəs/ *s* masuuni
blastoff /ˈblæsˌtaf/ *s* (raketin) laukaisu
blast off /ˌblæsˈtaf/ *v* (raketista) nousta ilmaan, (astronautista) nousta raketilla ilmaan
blatant /bleɪtənt/ *adj* räikeä, häpeämätön, törkeä
blatantly *adj* ilmiselvästi, häpeämättömästi, törkeästi
blaze /bleɪz/ *s* **1** tuli, roihu **2** (tulen, värien) hehku, loiste **3** (vihan) purkaus, puuska
v **1** palaa, liekehtiä **2** (aurinko) polttaa, (silmät) palaa, hehkua **3** (aseista) tulittaa, sylkeä tulta **4** pursuta (vihaa), palaa (vihasta)
blaze away *v* **1** tulittaa, ammuskella, ampua jatkuvasti **2** (tuli) leimuta, roihuta
blazer *s* bleiseri, irtotakki
blaze up *v* (tuli) leimahtaa, ruveta roihuamaan
blazing *adj* **1** palava, tulessa, ilmiliekeissä **2** paahtava, polttava (aurinko) **3** (silmistä) palava, hehkuva
bldg. *building* rakennus
bldr. *builder* rakentaja, urakoitsija
bleach /blitʃ/ *s* valkaisuaine, kloori
v **1** valkaista **2** muuttua valkoiseksi (esim auringossa)
bleak /blik/ *adj* kurja (ilma), viheliäinen, ankea, lohduton, iloton, synkkä (tulevaisuus)
bleakly *adv:* ks bleak
bleary /blɪəri/ *adj* samea, sumea, (silmistä) tihruinen, (näkö) hämärä
bleary-eyed /ˈblɪərɪˌaɪd/ *adj* (unen, paljon lukemisen jälkeen) tihrusilmäinen
bleat /blit/ *s* (lampaan) määkiminen
v määkiä
bleed /blid/ *v* bled, bled: vuotaa verta (myös kuv)
bleeding heart *s* (ivallisesti) laupias samarialainen
bleeding-heart *he is a bleeding-heart liberal* hän kannattaa kaikenlaisia sosiaaliavustuksia, hän on olevinaan/varsinainen laupias samarialainen

blemish /blemɪʃ/ *s* tahra (myös kuv), puute, vika
v vahingoittaa, pilata, mustata (maine)

blend /blend/ *s* sekoitus, sekoite
v sekoittaa

bless /bles/ *v* blessed/blest, blessed/blest: siunata *she is blessed with good looks* häntä on siunattu hyvällä ulkonäöllä

blessed /blesəd/ *adj* **1** pyhä, siunattu, autuas **2** vahvistavana sanana: *every blessed book* joka ainoa kirja

blessing *s* siunaus (myös kuv) *it was a blessing in disguise* se oli onni onnettomuudessa *you can count your blessings* saat kiittää onneasi

blew /blu/ ks blow

blight /blaɪt/ *s* **1** (puun) home- tai nokisieni **2** (kuv) häpeäpilkku, piina, riesa, tahra *sexual discrimination against women is a blight on the business world* naisten syrjintä tahraa liike-elämän maineen
v tahrata (maine), pilata (mahdollisuudet, elämä), tehdä tyhjäksi (toiveet)

blind /blaɪnd/ *s* **1** (ikkunan) rullakaihdin; sälekaihdin **2** (hevosen) silmälappu
v sokaista (myös kuv) *he is blinded by love* rakkaus on sokaissut hänet, tehnyt hänet sokeaksi
adj sokea, (myös kuv:) päämäärätön, umpimähkäinen, silmitön (viha, ihailu) *she is blind from birth* hän on ollut syntymästään saakka sokea *blind rage* sokea raivo *to turn a blind eye to something* ei olla huomaavinaan jotakin

blind alley /ˌblaɪnd'æli/ *s* umpikuja (myös kuv)

blind date /ˌblaɪn'deɪt/ *s* **1** sokkotreffit **2** sokkotreffiseuralainen *who was your blind date, anybody I know?* kenen kanssa sinulla oli sokkotreffit, tunnenko minä hänet?

blind drunk /ˌblaɪnd'drʌŋk/ *adj* umpihumalassa

blindfold /'blaɪndˌfoʊld/ *s* (silmille pantu) side
v sitoa/peittää jonkun silmät *to be able to do something blindfolded* osata jotakin vaikka silmät ummessa
adj jonka silmät on sidottu

blindly *adv* sokeasti, umpimähkäisesti, umpimähkään, silmittömästi

blindness *s* sokeus (myös kuv)

blind spot /'blaɪndˌspat/ *s* **1** (silmän) sokea täplä **2** (näkökentän) kuollut kulma **3** heikkous, Akilleen kantapää *it's his blind spot* (myös:) hän ei suostu myöntämään sitä

blink /bliŋk/ *s* silmänräpäys *on the blink* epäkunnossa
v (silmä) räpähtää, (valo) välähtää

blinkers *s* (mon) (hevosen) silmälaput *with blinkers on* (myös kuv) laput silmillä

bliss /blɪs/ *s* onni, autuus

blissful *adj* autuas, ihana, onnellinen

blissfully *adv* autuaasti, ihanasti, onnellisesti *he was blissfully unaware of the events* hän oli autuaan tietämätön tapahtumista

blister /blɪstər/ *s* (maalipinnan, iho)rakkula
v nousta/nostaa rakkuloille

B.Lit. *Bachelor of Letters*

B. Litt. *Bachelor of Letters; Bachelor of Literature*

blitz /blɪts/ *s* **1** salamasota, ilmahyökkäys *the Blitz* Saksan ilmasota Isossa-Britanniassa 1940-1941 **2** mainoshyökkäys
v **1** hyökätä jonnekin **2** (kuv) pommittaa jotakuta jollakin

blizzard /blɪzərd/ *s* lumimyrsky

blk. *black*

bloated /bloʊtəd/ *adj* **1** turvonnut, paisunut **2** (kuv) täynnä itseään, liiallinen

blob /blab/ *s* pisara, tippa, tahra, läiskä

bloc /blak/ *s* ryhmä, ryhmittymä, joukko *the Eastern bloc* itäryhmä, itäryhmän maat

block /blak/ *s* **1** (puu)pölkky, (kivi)lohkare, möhkäle **2** rakennus, ryhmä rakennuksia **3** kortteli; korttelinmitta **4** tukkeutuma, este, sulku *road block* tiesulku **5** joukko, erä *a block of IBM stock* erä IBM:n osakkeita

v **1** sulkea, tukkia *the police have blocked the road* **2** estää, asettua poikkiteloin jonkun eteen *we blocked their takeover attempt* estimme heidän valtausyrityksensä
blockade /bla'keɪd/ *s* saarto
v saartaa
blockage /blakɪdʒ/ *s* **1** tukkiminen **2** tukkeutuma, tukos
blockhead /'blak,hed/ *s* pölkkypää, puupää
blond /bland/ *s* vaalea(ihoinen/tukkainen) ihminen
adj (tukka, iho) vaalea
blonde /bland/ *s* vaalea(ihoinen/tukkainen) nainen/tyttö, vaaleaverikkö
adj (tukka, iho) vaalea
blood /blʌd/ *s* veri (myös kuv) *it makes my blood boil* se saa vereni kiehumaan *there is no bad blood between us* me olemme keskenämme hyvissä väleissä *boasting is in his blood* mahtailu on hänellä veressä
blood bank /'blʌd,bæŋk/ *s* veripankki
bloodbath /'blʌd,bæθ/ *s* verilöyly
blood brother /'blʌd,brʌðər/ *s* veriveli
bloodcurdling /'blʌd,kərdəliŋ/ *adj* vertahyytävä
blood donor /'blʌd,doʊnər/ *s* verenluovuttaja
blood group /'blʌd,grup/ *s* veriryhmä
bloodhound /'blʌd,haʊnd/ *s* **1** verikoira **2** etsivä, nuuskija
bloodless /blʌdləs/ *adj* **1** veretön *bloodless coup* veretön vallankaappaus **2** väritön, vaisu, innoton, laimea
bloodlessly /blʌdləsli/ *adv* **1** verettömästi **2** innottomasti, vaisusti, laimeasti
blood orange /,blʌd'ɔrəndʒ/ *s* veriappelsiini
blood pressure /'blʌd,preʃər/ *s* verenpaine
bloodshed /'blʌd,ʃed/ *s* verenvuodatus
bloodshot /'blʌd,ʃat/ *adj* (silmistä) verestävä, punainen, punoittava
bloodsport /'blʌd,spɔrt/ *s* metsästys, kukkotappelut yms
bloodstream /'blʌd,strim/ *s* verenkierto
bloodsucker /'blʌd,sʌkər/ *s* verenimijä (myös kuv); (erityisesti) (veri)juotikas, iilimato
blood sugar /'blʌd,ʃʊgər/ *s* verensokeri
blood test /'blʌd,test/ *s* verikoe
bloodthirsty /'blʌd,θərsti/ *adj* verenhimoinen
blood transfusion /,blʌdtræns'fjuʒən/ *s* verensiirto
blood type /'blʌd,taɪp/ *s* veriryhmä
blood vessel /'blʌd,vesəl/ *s* verisuoni
bloody /blʌdi/ *adj* **1** verinen, verta vuotava **2** (erityisesti UK, voimistavana sanana) kirottu, viheliäinen *you're a bloody genius* sinä olet helvetinmoinen nero!
bloody-minded /,blʌdɪ'maɪndəd/ *adj* **1** verenhimoinen, väkivaltainen **2** (UK) jääräpäinen, härkäpäinen
bloom /blum/ *s* kukka, kukinta, kukoistus *to be in full bloom* olla täydessä kukassaan
v kukkia, kukoistaa (myös kuv)
blossom /blasəm/ *s* kukka, kukoistus
v kukkia, kukoistaa (myös kuv) *his business is blossoming* hänen liikeyrityksensä kukoistaa
blossom out *v* puhjeta kukkaan (myös kuv), kukoistaa, kehittyä/pyöristyä naiseksi
blot /blat/ *s* **1** mustetahra **2** (kuv) tahra *the incident is a blot on his reputation* tapaus mustaa hänen maineensa
v **1** tahrata, tahria **2** kuivata (muste imupaperilla)
blotch /blatʃ/ *s* (iho)läiskä, tahra
blot out *v* peittää (näkyvistä), pyyhkiä (pois/mielestään), unohtaa
blouse /blaʊs/ *s* (naisten, tyttöjen) pusero
blow /bloʊ/ *s* **1** (nyrkin)isku **2** (kuv) isku, järkytys
v blew, blown **1** (tuuli, ihminen) puhaltaa *to blow your nose* niistää nenänsä **2** puhaltaa, soittaa (puhallinsoitinta) **3** (sulake) palaa **4** (sl) tuhlata (rahaa), panna menemään *he blew all his money on*

cars hän tuhlasi kaikki rahansa autoihin **5** *he blew his brains out* hän ampui itsensä

blower *s* **1** puhallin **2** (lasin)puhaltaja

blown ks blow

blow out *v* **1** sammutta, puhaltaa sammuksiin **2** (ilmarengas) puhjeta

blowout *s* **1** renkaan puhkeaminen **2** sulakkeen palaminen **3** isot rämäpäiset juhlat

blow over *v* **1** kaatua tuulessa; (tuuli) kaataa **2** (myrsky, suuttumus) asettua, laantua, tyyntyä

blow up *v* **1** räjähtää (myös kuv), räjäyttää **2** suurentaa (valokuva) **3** pumpata ilmaa (renkaaseen)

blowup *s* **1** räjähdys, riita **2** (valokuva)suurennos

blow your stack *fr* (sl) polttaa päreensä, pillastua

blow your top *fr* **1** menettää malttinsa, raivostua, polttaa päreensä **2** menettää järkensä, seota

BLT *bacon, lettuce, and tomato* pekonisalaattitomaattivoileipä

blubber /blʌbər/ *s* **1** valaanrasva **2** itku, vollotus
v pillittää, vääntää lohduttomana itkua

bludgeon /blʌdʒən/ *s* sauva, patukka, pamppu
v **1** iskeä/lyödä patukalla **2** pakottaa *my boss bludgeoned me into working on weekends* pomoni pakotti minut tekemään työtä viikonloppuisin

blue /blu/ *s* **1** sininen (väri) **2** *out of the blue* yllättäen, varoituksetta, kuin salama kirkkaalta taivaalta
adj **1** sininen *he is a little blue around the gills* hän näyttää hieman sairaalta/huonovointiselta *once in a blue moon* joskus harvoin **2** alakuloinen, masentunut

blue-blooded /ˈbluˌblʌdəd/ *adj* siniverinen, jalosukuinen

blue cheese /ˌbluˈtʃiz/ *s* sinihomejuusto

blue-chip /ˈbluˌtʃɪp/ *adj* ensiluokkainen, paras mahdollinen

bluecoat /ˈbluˌkoʊt/ *s* (virkapukuinen) poliisi

blue-collar /ˌbluˈkalər/ *s* tehdastyöläinen, työläinen
adj tehdastyöläisten, työläis- *blue-collar workers* (tehdas)työläiset

blue duiker /daɪkər/ *s* sinisukeltaja-antilooppi

blue moon *once in a blue moon* joskus harvoin

blueprint /ˈbluˌprɪnt/ *s* **1** rakennuspiirustus **2** suunnitelma

blues /bluz/ **1** (mon) alakuloisuus, masennus *to have the blues* olla maassa **2** blues(musiikki)

bluestocking /ˈbluˌstakiŋ/ *s* sinisukka, älykkönainen

blue whale /ˈbluˌweiəl/ *s* sinivalas

bluff /blʌf/ *s* **1** jyrkänne, jyrkkä niemeke, kallionkieleke **2** hämäys, harhautus, bluffi *to call someone's bluff* selvittää onko joku tosissaan
v hämätä, harhauttaa, vetää nenästä, bluffata
adj vilpitön, hyvää tarkoittava

bluish /bluɪʃ/ *adj* sinertävä

blunder /blʌndər/ *s* kömmähdys, virhe, erehdys, munaus
v **1** törmätä johonkin/johonkuhun, kompuroida **2** kömmähtää, munata, tunaroida

blunt /blʌnt/ *v* **1** tylpistää **2** tehdä tyhjäksi, vesittää
adj **1** (esine) tylsä, tylppä **2** (ihminen) tyly, suora(sukainen)

bluntly *adv* tylysti, kaunistelematta, suoraan

bluntness *s* tylyys, suorasukaisuus

blur /blər/ *s* sumeus, epäselvyys *it all became a blur* kaikki sumeni silmissäni/mielessäni
v (katse, silmät, ajatukset) sumentua *after that everything blurred in my eyes* sen jälkeen kaikki sumeni silmissäni

blurb /blərb/ *s* kirjan kannen mainosteksti

blurt out /blərt/ *v* paljastaa (vahingossa) *she blurted out the secret* salaisuus pääsi vahingossa hänen suustaan

bone-dry /ˌboʊn'draɪ/ *adj* rutikuiva
bone marrow /'boʊnˌmeroʊ/ *s* luuydin
bone of contention *s* (kuv) kiistakapula
bone up on *v* päntätä päähänsä
bonfire /'banˌfaɪər/ *s* kokko, rovio, nuotio
bonnet /banət/ *s* **1** (naisten, lasten) myssy **2** (UK) (auton) konepelti
bonus /boʊnəs/ *s* bonus, lisä(palkkio tms)
bony /boʊni/ *adj* **1** luiseva **2** (kala) ruotoinen
boo /bu/ *v* buuata (esiintyjälle tms)
booby /bubi/ *s* idiootti
booby hatch /'bubɪˌhætʃ/ *s* (sl) hullujenhuone, pöpilä
booby prize /'bubɪˌpraɪz/ *s* (viimeiseksi sijoittuvan) lohdustuspalkinto
booby trap /'bubɪˌtræp/ *s* **1** ansa **2** piilopommi (jonka uhri pahaa aavistamatta laukaisee)
boodie /budi/ *s* lesurinkaniinikenguru *(Bettongia lesueur)*
boogeyman /'bʊgɪˌmæn/ *s* kummitus, mörkö
boogieman /'bʊgɪˌmæn/ *s* kummitus, mörkö
book /bʊk/ *s* **1** kirja (myös kirjan osasta) **2** (lippu-, postimerkki)vihko, kansikko *book of matches* tulitikkukansikko **3** (mon) (liikeyrityksen) kirjanpito, kirjat
v **1** kirjata, merkitä kirjoihin **2** (poliisi) pidättää, vangita **3** varata (paikka, lippu), buukata
bookable /bʊkəbəl/ *adj* (lippu) ennakkomyynnissä oleva, (paikka) numeroitu
bookcase /'bʊkˌkeɪs/ *s* kirjahylly(kkö)
bookie /bʊki/ *s* vedonvälittäjä
bookkeeper /'bʊkˌkipər/ *s* kirjanpitäjä
bookkeeping *s* kirjanpito
book learning /'bʊkˌlərniŋ/ *s* kirjaoppi, teoria
booklet /bʊklət/ *s* kirjanen, esite
book loss *s* (tal) realisoimaton tappio
bookmaker /'bʊkˌmeɪkər/ *s* vedonvälittäjä
bookmark /'bʊkˌmark/ *s* kirjanmerkki
bookmobile /'bʊkmoʊˌbɪəl/ *s* kirjastoauto
bookrack /'bʊkˌræk/ *s* **1** kirjatuki, kirjateline **2** kirjahylly
bookshelf /'bʊkˌʃelf/ *s* kirjahylly
bookstore /'bʊkˌstɔr/ *s* kirjakauppa
book value *s* (tal) kirjanpitoarvo
bookworm /'bʊkˌwərm/ *s* lukutoukka
boom /bum/ *s* **1** (purjeen) puomi **2** jylinä, jyrähdys **3** (taloudellinen) korkeasuhdanne, noususuhdanne, (kaupan) vilkastuminen, (hintojen) nousu
v **1** jylistä, jyristä **2** (talouselämä, kauppa) vilkastua, olla korkeasuhdanne/noususuhdanne
boomerang /'buməˌræŋ/ *s* bumerangi
v (sanat, teot) kostautua, kääntyä tekijäänsä tms vastaan
boom out *v* mylviä, kajottaa, karjua
boor /bʊər/ *s* moukka
boorish /bʊrɪʃ/ *adj* moukkamainen
boost /bust/ *s* lisäys, kasvu, parannus
v lisätä, kasvattaa, suurentaa
booster *s* **1** lisävahvistin *booster rocket* kantoraketti **2** tukija, kannattaja
boot /but/ *s* **1** saapas, kenkä *to get the boot* saada kenkää, saada potkut *to give someone the boot* antaa jollekulle kenkää/potkut, erottaa **2** (UK) (auton) tavaratila
v **1** potkaista **2** käynnistää (tietokoneohjelma)
booth /buθ/ *s* (myynti)koju, puhelinkoppi, äänestyskoppi, (elokuvateatterin, ravintolan) aitio
booze /buz/ *s* (ark) viina
v (ark) ryypätä
boozy /buzi/ *adj* (ark) **1** kännissä **2** viinaanmenevä
border /bɔrdər/ *s* **1** reuna **2** (maiden välinen) raja **3** (kapea) kukkapenkki
v reunustaa *the road is bordered by elms* tien vierellä kasvaa jalavia
borderline /'bɔrdərˌlaɪn/ *s* rajaviiva
adj rajatila- *he is a borderline case* (myös:) hän on rajatapaus
border on *v* olla jonkun rajalla/rajanaapurina, rajoittua johonkin; lähennellä jotakin, olla lähes *your hand-*

writing borders on the illegible käsialastasi on lähes mahdotonta saada selvää
bore /bɔr/ *s* **1** (poraus)reikä **2** (putken, sylinterin sisä)halkaisija, (aseen) kaliiperi **3** kiusa, harmi, ikävä/pitkäveteinen ihminen/asia *he is a real bore* hän on tylsä ihminen
v **1** porata **2** pitkästyttää, ikävystyttää *I was bored stiff by his lectures* ikävystyin kuollakseni hänen luennoillaan **3** ks bear
boredom /bɔrdəm/ *s* ikävyys, pitkästyminen, tylsyys
boring *adj* pitkäveteinen, ikävystyttävä, tylsä
born *to be born* syntyä, (myös kuv:) saada alkunsa *when were you born?* milloin olet syntynyt?
borne /bɔrn/ ks bear
borough /bərou bərə/ *s* **1** (New Jerseyn ja Minnesotan osavaltioissa) hallinnollisesti itsenäinen (pikku)kaupunki **2** yksi New York Cityn viidestä hallintoalueesta **3** (Alaskassa) piirikunta
borrow /barou/ *v* lainata (joltakulta jotakin, myös ajatuksia) *may I borrow your car for an hour?* saanko lainata autoasi tunniksi?
borrower *s* lainaaja (lainaksi ottaja)
Bosnia and Herzegovina /bazniə ən ˌhərtsə'gouvənə/ Bosnia ja Hertsegovina
bosom /buzəm/ *s* **1** (vanh) rinta, rintakehä; (naisen) rinta **2** (kuv) rinta, sydän *a bosom friend* sydänystävä *deep in her bosom* syvällä sisimmässään, sydämessään
Bosporus /baspərəs/ Bospori
boss /bas/ *s* pomo
v määräillä, komentaa, komennella
bossy /basi/ *adj* komenteleva, määräilevä
Boston /bastən/ kaupunki Massachusettsissa
botanical /bə'tænɪkəl/ *adj* kasvitieteellinen
botanist /batənɪst/ *s* kasvitieteilijä
botany /batəni/ *s* kasvitiede
botch /batʃ/ *s* hutiloiden tehty työ/korjaus
v hutiloida, korjata/tehdä huonosti, pilata, tunaroida
both /bouθ/ *adj, pron* molemmat, kumpikin *both houses* kumpikin talo, (usein:) *both of them are coming; they are both coming* he tulevat kumpikin *both Finland and Sweden* sekä Suomi että Ruotsi
bother /baðər/ *s* vaiva, riesa, harmi
v **1** häiritä, vaivata, kiusata **2** vaivautua
bothersome /'baðərˌsəm/ *adj* harmittava, hankala, kiusallinen
Botswana /bots'wanə/
bottle /batəl/ *s* pullo
v pullottaa
bottle green *s* tummanvihreä (väri)
bottle-green /ˌbatəl'grin/ *adj* tummanvihreä
bottleneck /'batəlˌnek/ *s* pullonkaula (myös kuv)
bottle up *v* (tunteista) padota, patoutua, niellä, pitää sisällään
bottom /batəm/ *s* **1** pohja, tyvi, alapää, alareuna **2** (housun) lahje **3** (pöydän) pää **4** (pihan) perä **5** takapuoli, pylly (ark)
bottomless *adj* pohjaton, loputon, ehtymätön, ääretön
bottom line /ˌbatəm'laɪn/ *s* **1** tase, voitto tai tappio **2** lopputulos **3** ratkaiseva tekijä, keskeinen seikka (kuv) (kaunistelematon) totuus *the bottom line is, we have no choice* totuus on ettei meillä ole vaihtoehtoja
bottom out *v* laskea alimmilleen/pohjalukemiin
bough /bau/ *s* (puun) oksa
bought /bat/ ks buy
boulder /bouldər/ *s* kivenjärkäle, kalliolohkare
bounce /bauns/ *s* (pallon) ponnahdus
v **1** (pallo) ponnahtaa, kimmota **2** hyppiä ylösalas **3** rynnätä **4** (sekki) olla katteeton
bounce back *v* toipua (iskusta, myös kuv)
bouncing *adj* terhakka

bound /baʊnd/ *s* **1** hyppy, ponnahdus **2** (mon) rajat, kohtuus *out of/within bounds* (pelissä) ulkona/sisällä, (kuv) kohtuuton/kohtuullinen
v **1** hypätä, pomppia, ponnahtaa **2** ks bind *the new regulations are bound to cause a lot of problems* uudet määräykset aiheuttavat varmasti paljon ongelmia
boundary /baʊndəri baʊndri/ *s* raja(viiva)
bound for *adj* matkalla, menossa jonnekin *he is bound for Chicago*
boundless /baʊndləs/ *adj* rajaton, loputon, ehtymätön
boundlessly *adv* rajattomasti, loputtomasti
bound to *you are bound to become famous* sinusta tulee varmasti kuuluisa
bound up in *she is bound up in her studies* hän on uppoutunut kirjoihinsa
bountiful /baʊntəfəl/ *adj* **1** antelias, avokätinen **2** runsas, ylenpalttinen
bounty hunter *s* palkkionmetsästäjä
bouquet /ˌboʊ'keɪ/ *s* **1** kukkakimppu **2** (viinin) tuoksu
bourgeois /ˌbuʒ'wa/ *s* porvari
adj porvarillinen, keskiluokkainen
bourgeoisie /ˌbuʒwaˑ'zi/ *s* porvaristo, keskiluokka
bout /baʊt/ *s* **1** (taudin, vihan, innostuksen, tarmon) puuska **2** (nyrkkeily)-ottelu
boutique /bu'tik/ *s* (muodikas vaate)myymälä, kauppa, putiikki
bow /boʊ/ *s* **1** (ase, viulun) jousi **2** rusetti
v **1** soittaa (viulua) jousella **2** (oksa) taipua
bow /baʊ/ **1** kumarrus **2** (myös mon) (laivan, veneen) keula, kokka
v **1** kumartaa (jollekulle/päätään) **2** alistua, antaa periksi *he bowed to fate* hän alistui kohtaloonsa
bowel /baʊəl/ *s* (yl mon) **1** suoli *to move your bowels* ulostaa **2** (maan) uumenet
bowel movement *s* **1** ulostaminen **2** uloste
bowhead whale /ˌbouhed'weiəl/ *s* grönlanninvalas
bowl /boʊəl/ *s* **1** kulho **2** keilapallo **3** (mon) keilapeli
v keilata, pelata keilapeliä
bowler /boʊlər/ *s* keilaaja
bowler hat *s* knallihattu
bowl over *v* kaataa kumoon, (kuv) tyrmistyttää
bow out *v* (kuv) luopua leikistä
box /baks/ *s* **1** (tulitikku-, posti- ym) laatikko, rasia **2** (teatteri- ym) aitio
v **1** panna laatikkoon, paketoida **2** nyrkkeillä
boxer *s* **1** nyrkkeilijä **2** (koira) bokseri
boxing *s* nyrkkeily
boxing glove *s* nyrkkeilykäsine
boxing match *s* nyrkkeilyottelu
boxing ring *s* nyrkkeilykehä
box office /'bakˌsafəs/ *s* (teatterin) kassa, lipunmyynti
boy /bɔɪ/ *s* poika
boycott /'bɔɪˌkat/ *s* boikotti
v boikotoida
boyfriend /'bɔɪˌfrend/ *s* poikaystävä, miesystävä
boyhood /'bɔɪˌhʊd/ *s* poikavuodet, nuoruus
boyish *adj* poikamainen
bps *bits per second*
Br. *British*
BR *bedroom; British Railways*
bra /bra/ *s* rintaliivit (sanasta *brassiere*)
brace /breɪs/ *s* **1** tuki **2** poranvarsi **3** (UK, mon) olkaimet, henkselit **4** (mon) hammasraudat
v **1** tukea (jokin johonkin) **2** (refl) valmistautua, varautua (iskuun, huonoon uutiseen)
bracelet /breɪslət/ *s* rannerengas, ranneketju
bracing /breɪsiŋ/ *adj* (ilma) virkistävä, piristävä
bracken /brækən/ *s* sananjalka
bracket /brækət/ *s* **1** tuki, seinäkiinnike **2** sulkumerkki, (mon) sulkeet **3** (luokittelussa) ryhmä, luokka
v **1** merkitä sulkeisiin **2** yhdistää, lukea/laskea samaan joukkoon/ryhmään/luokkaan

breathe in *v* hengittää sisään, vetää henkeä
breathe out *v* hengittää ulos
breather *s* hengähdystauko
breathless *adj* hengästynyt
breathlessly *adv* hengästyneesti
breathtaking /'breθteɪkiŋ/ *adj* henkeäsalpaava
breath test *s* (alkoholimittaus) puhalluskoe
bred /bred/ ks breed
breech /britʃ/ *s* (aseen) perä
breed /brid/ *s* **1** (eläin)rotu **2** laji, tyyppi
v bred, bred **1** kasvattaa (karjaa, kukkia) **2** kasvattaa (lasta), opettaa (käyttäytymään), kouluttaa *well bred* hyvin kasvatettu (lapsi) **3** (eläin) synnyttää, lisääntyä **4** aiheuttaa, johtaa johonkin
breeder *s* karjankasvattaja, kasvien kasvattaja, viljelijä
breeder reactor /'bridəri,æktər/ *s* (ydinvoimalan) hyötyreaktori
breeding *s* **1** (karjan, kasvien) kasvatus **2** (eläinten) lisääntyminen **3** (ihmisen) kasvatus, hyvät tavat, (myös) hyvä suku *breeding shows* kasvatus näkyy
breeze /briz/ *s* **1** leuto tuuli, tuulenhenkäys, tuulahdus **2** (ark) helppo juttu, lastenleikki **3** *to shoot the breeze* rupatella, jutella; puhua palturia/omiaan
breeze in *v* porhaltaa/pyyhältää sisään
breeze out *v* porhaltaa/pyyhältää ulos/pois
breezy *adj* **1** (mukavan) tuulinen, vilpoisa **2** hilpeä, hyväntuulinen
brethren /breðrən/ *s* (mon) jäsentoverit, (uskon- tms) veljet
brevity /brevəti/ *s* lyhyys, ytimekkyys, tiiviys
brew /bru/ *s* **1** olut **2** (yrtti)tee
v **1** panna (olutta); käydä **2** hauduttaa (teetä), hautua **3** (kuv) hautoa, hautua, olla alulla *trouble's brewing* pinnan alla kiehuu/kuohuu
brewer /bruər/ *s* oluenpanija
brewery /bruəri/ *s* olutpanimo
bribe /braɪb/ *s* lahjus
v lahjoa
bribery /braɪbəri/ *s* lahjonta
bric-a-brac /'brɪkə,bræk/ *s* (pikku)rihkama
brick /brɪk/ *s* tiili, tiiliskivi
brick in *v* muurata umpeen
bricklayer /'brɪk,leɪər/ *s* muurari
brick up *v* muurata umpeen
brick wall *to run into a stone wall* jollakulla tulee seinä vastaan, joku ei suostu johonkin
brickwork /'brɪk,wərk/ *s* tiiliseinä, tiilimuuri, tiilirakennelma
bridal /braɪdəl/ *adj* morsius-
bride /braɪd/ *s* morsian
bridegroom /'braɪd,grum/ *s* sulhanen
bridesmaid /'braɪdz,meɪd/ *s* morsiusneito
bridge /brɪdʒ/ *s* **1** silta **2** (laivan komento)silta **3** nenänselkä **4** (viulun yms) talla, kielisilta **5** bridge(peli)
v rakentaa silta jonkin ylitse, silloittaa (myös kuv), (kuv) olla/toimia siltana kahden asian välillä
bridgehead /'brɪdʒ,hed/ *s* (sot) sillanpääasema (myös kuv)
bridle /braɪdəl/ *s* (hevosen) suitset
v panna hevoselle/(kuv) jollekulle suitset suuhun, (kuv) hillitä, panna kuriin
brief /brif/ *s* **1** selvitys, selonteko (esim oikeusjutusta) **2** (mon) lyhyet alushousut **3** *in brief* lyhyesti, parilla sanalla
v perehdyttää joku johonkin, antaa jollekulle jostakin perustiedot/alustavat tiedot, saattaa joku ajan tasalle
adj lyhyt
briefly *adj* lyhyesti, ohimennen
brigade /brɪ'geɪd/ *s* **1** (sot) prikaati **2** *fire brigade* palokunta
brigadier general /'brɪgə,dɪər 'dʒenrəl/ *s* prikaatinkenraali
bright /braɪt/ *adj* **1** kirkas, valoisa **2** iloinen, hilpeä, hyväntuulinen **3** älykäs, terävä, nokkela
brighten *v* kirkastaa, kirkastua, vaalentaa, vaalentua, piristää, piristyä
brighten up *v* piristää (huonetta esim värikkäillä verhoilla tai seinämaaleilla), piristyä (hyvästä uutisesta), ilostuttaa, ilostua

bright-eyed /'braɪt,aɪd/ *adj* kirkassilmäinen
brightly *adv* **1** kirkkaasti **2** iloisesti **3** terävästi, nokkelasti, älykkäästi
brightness *s* **1** kirkkaus **2** iloisuus **3** nokkeluus
brilliance /brɪljəns/ *s* **1** kirkkaus, loisto **2** erinomaisuus **3** nerokkuus, älykkyys
brilliant /brɪljənt/ *adj* **1** loistava (myös kuv), häikäisevä (myös kuv), kirkas **2** nerokas, älykäs, lahjakas
brilliantly *adv* loistavasti (myös kuv), kirkkaasti
brim /brɪm/ *s* (hatun) lieri, (astian) reuna
brim over *v* olla ääriään/reunojaan myöten täynnä
brindled bandicoot /ˌbrindəld'bændəkut/ *s* täpläpussimäyrä
brine /braɪn/ *s* (säilöntään käytettävä) suolavesi
bring /brɪŋ/ *v* brought, brought **1** tuoda, ottaa mukaansa *please bring something to eat* ota mukaan syötävää **2** johtaa johonkin, aiheuttaa, tuoda *the news brought tears to her cheeks* uutinen sai kyyneleet nousemaan hänen silmiinsä **3** (refl) saada itsensä (tekemään), saada itsestään irti, pystyä, iljetä, kehdata *he couldn't bring himself to fire the woman* hän ei hellinyt antaa naiselle potkuja **4** tuottaa, ansaita, tuoda *the sale of the company brought them a nice bundle* he käärivät sievoisen summan myymällä yrityksen
bring about *v* saada aikaan, johtaa johonkin
bring along *v* **1** ottaa mukaan, tuoda mukanaan **2** aiheuttaa jotakin, johtaa johonkin
bring back *v* **1** palauttaa, tuoda takaisin **2** palauttaa/tuoda mieleen **3** herättää henkiin, ottaa uudelleen käyttöön
bring down *v* **1** ampua alas (lintu, lentokone), vetää alas (leija) **2** kaataa (eläin, vastustaja, hallitus) **3** laskea, alentaa (hintoja)
bring forward *v* **1** ottaa esille/puheeksi **2** aikaistaa, siirtää aikaisemmaksi
bring in *v* **1** korjata (sato) **2** tuottaa (voittoa), kasvaa (korkoa, osinkoa) **3** esittää (lakiehdotus) **4** sekoittaa joku johonkin, ottaa joku mukaan johonkin *let's not bring the principal into this* ei sotketa rehtoria tähän **5** (lak) langettaa *the jury brought in a verdict of guilty* oikeus totesi syytetyn syylliseksi **6** ottaa käyttöön (tapa), saattaa muotiin
bring into the world *fr* synnyttää; avustaa synnytyksessä
bring off *v* onnistua jossakin, saada aikaan jotakin
bring on *v* **1** aiheuttaa jotakin, johtaa johonkin **2** kehittää, valmentaa jotakuta
bring out *v* **1** tuoda selvästi esiin, korostaa **2** houkutella joku ulos kuorestaan, saada joku vapautumaan **3** julkaista (kirja)
bring someone to reason *fr* saada joku järkiinsä, saada joku muuttamaan mieltään
bring to pass *fr* aiheuttaa jotakin, johtaa johonkin
bring to terms *fr* pakottaa suostumaan/alistumaan
bring up *v* **1** kasvattaa joku (isoksi) **2** oksentaa **3** ottaa esille/puheeksi
brink /briŋk/ *s* reuna (myös kuv) *on the brink of disaster* katastrofin partaalla
Brisbane /brɪzbən/
brisk /brɪsk/ *adj* **1** reipas, ripeä (ihminen, kävely) **2** raikas, virkistävä (ilma, tuuli)
briskly *adv* reippaasti, ripeästi *these days, CDs are selling briskly* nykyisin cd-levyt menevät hyvin kaupaksi
bristle /brɪsəl/ *s* (sian, harjan, siveltimen) harjas, (parran) sänki *v* nousee karvat pystyyn (myös kuv), suuttua
bristle with *v* olla tupaten täynnä jotakin, jossakin vilisee/kuhisee jotakin
Bristol /brɪstəl/
Brit. *Britain; British*
British *adj* brittiläinen
British Columbia /ˌbrɪtɪʃkə'lʌmbiə/ Brittiläinen Columbia
British Isles /ˌbrɪtɪʃ'aɪəlz/ Britteinsaaret

brittle /brɪtəl/ *adj* hauras
broad /brad/ *s* **1** jonkin leveä osa *the broad of the back* hartiaseutu **2** (sl) muija, donna
adj **1** leveä **2** laaja, kattava, yleinen **3** (puheessa) selvä/voimakas (korostus) **4** epämääräinen, ylimalkainen, karkea **5** *in broad daylight* keskellä kirkasta päivää
broadcast /'brad,kæst/ *s* radiolähetys, televisiolähetys
v broadcast, broadcast **1** lähettää radiossa/televisiossa **2** (kuv) levittää (uutista), mainostaa (näkemystään), julistaa
broad jump *s* (urh) pituushyppy
broadly *adv* **1** yleisesti **2** suuresti, hyvin (erilainen) **3** (hymyillä) leveästi
broad-minded /,brad'maɪndəd/ *adj* suvaitseva, avarakatseinen
broadside /'brad,saɪd/ *s* (kuv) voimakas hyökkäys jotakuta/jotakin vastaan *to fire a broadside* ampua täydeltä laidalta
broccoli /brakəli/ *s* (mon broccoli) parsakaali
brochure /,broʊ'ʃʊər/ *s* esite, mainos
brogue /broʊg/ *s* **1** raskas kenkä **2** irlantilainen korostus
broil /broɪl/ *v* grillata, pariloida
broke /broʊk/ ks break
adj (sl) auki, peeaa, rahaton
broken /broʊkən/ ks break
broken-hearted /,broʊkən'hartəd/ *adj* surullinen, surusta murtunut *Mary's broken-hearted over Gary* Gary on särkenyt Maryn sydämen
broker /broʊkər/ *s* meklari, (kaupan)välittäjä
bronchi /braŋkaɪ/ ks bronchus
bronchial /braŋkɪəl/ *adj* keuhkoputki-, bronkiaali-
bronchitis /,braŋ'kaɪtəs/ *s* keuhkoputkentulehdus, bronkiitti
bronchus /braŋkəs/ *s* (mon bronchi) keuhkoputki
bronze /branz/ *s* **1** pronssi **2** punaruskea, kuparin väri **3** pronssiveistos yms
v **1** ruskettua, ruskettaa **2** pronssata (vauvan kengät)
brooch /broʊtʃ/ *s* rintakoru
brood /brud/ *s* (linnun) pesue, poikue (myös kuv)
v (lintu) hautoa (myös kuv)
brood on *v* hautoa mielessään, pohtia
brood over *v* hautoa mielessään, pohtia
broody *adj* alakuloinen, apea
brook /brʊk/ *s* puro
Brooks Range /,brʊks'reɪndʒ/ Brooksvuoristo (Alaskassa)
broom /brum/ *s* luuta
bros. *brothers*
broth /braθ/ *s* lihaliemi
brothel /braθəl/ *s* bordelli
brother /brʌðər/ *s* (mon brothers, merkityksessä 'uskonveli, jäsentoveri' brethren) veli
brotherhood /'brʌðər,hʊd/ *s* **1** veljeys **2** veljeskunta
brother-in-law /'brʌðərɪn,la/ *s* (mon brothers-in-law) lanko
brotherly *adj* veljellinen, veljen, veljes-
brought /brat/ ks bring
brow /braʊ/ *s* **1** kulmakarva **2** otsa **3** (rinteen, mäen) harja, laki
browbeat /'braʊ,bit/ *v* browbeat, browbeaten: pelotella, ahdistella, tyrannisoida *they browbeat him into accepting the deal* he pakottivat hänet hyväksymään kaupan
brown /braʊn/ *s* ruskea (väri)
v ruskettua, ruskettaa, ruskistua, ruskistaa
adj ruskea
browse /braʊz/ *v* **1** (karja) laiduntaa, olla laitumella **2** selailla (kirjaa, lehteä), tutkiskella (esim kirjakaupan tai kirjaston hyllyjä)
bruise /bruz/ *s* mustelma
v lyödä mustelmille, saada mustelma
Brunei /brʊ'neɪ/
Bruneian *s, adj* bruneilainen
brunette /brʊ'net/ *s* ruskeatukkainen (vaaleaihoinen) nainen, tummaverikkö
brunch /'brʌntʃ/ *s* lounasaamiainen, brunssi, aamupäiväateria

brunt /brʌnt/ *to bear the brunt of something* joutua kärsimään eniten jostakin
brush /brʌʃ/ *s* **1** harja, sivellin *toothbrush* hammasharja **2** (matala) pensaikko **3** hipaisu, kevyt kosketus **4** lyhyt yhteenotto, kahakka
v **1** harjata **2** koskettaa, hipaista
brush aside *v* heittää mielestään, ei piitata jostakin, jättää (kommentti) omaan arvoonsa
brush away ks brush aside
brush up *v* verestää, elvyttää, palauttaa mieleensä *he is trying to brush up his French* hän yrittää verestää ranskan taitoaan
brusque /brʌsk/ *adj* töykeä, epäkohtelias
brusquely *adv* töykeästi, epäkohteliaasti
brusqueness *s* töykeys, epäkohteliaisuus
Brussels /brʌsəlz/ Bryssel
Brussels sprout /'brʌsəlz,spraʊt/ *s* ruusukaali
brutal /brutəl/ *adj* julma, raaka
brutality /brʊ'tæləti/ *s* julmuus, raakuus, julma/raaka teko
brutally *adv* julmasti, raa'asti
brute /brut/ *s* eläin (myös kuv)
adj eläimellinen, raaka
brutish /brutɪʃ/ *adj* eläimellinen
Bryce Canyon /,braɪs'kænjən/ kansallispuisto Utahissa
BS *Bachelor of Science; bullshit*
B/S *bill of sale*
btry. *battery*
Btu *British thermal unit*
btwn. *between*
bubble /bʌbəl/ *s* kupla
v kuplia
bubblegum /'bʌbəl,gʌm/ *s* purukumi
bubbly /bʌbli/ *s* samppanja
adj kupliva
buck /bʌk/ *s* **1** urosjänis, uroskaniini, urospeura ym **2** (sl) dollari, taala
v **1** (hevonen) hypätä ilmaan, heittää (ratsastaja) selästään **2** piristää, innostaa jotakuta
bucket /bʌkət/ *s* sanko
bucketful *s* sangollinen
Buckinghamshire /bʌkiŋəmʃər/ Englannin kreivikuntia
buckle /bʌkəl/ *s* (vyön) solki
v **1** sitoa vyö, sitoa kiinni **2** (pyörä, metalli) taipua
buckle up *v* käyttää turvavyötä, kiinnittää turvavyö
Bucks. *Buckinghamshire*
bud /bʌd/ *s* (kukan) nuppu, (sipulin, lehden) silmu
v puhjeta nuppuun
Buddhism /'bʊd,ɪzəm/ *s* buddhalaisuus
Buddhist /bʊdɪst/ *s, adj* buddhalainen
budding *adj* nupullaan oleva (myös kuv), aloitteleva *budding career* lupaavasti alkanut ura
budge /bʌdʒ/ *v* **1** liikahtaa, saada liikahtamaan **2** (kuv) antaa periksi, taipua
budget /bʌdʒət/ *s* budjetti, tulo- ja menoarvio
budget for *v* varautua johonkin menoerään, varata rahaa johonkin tarkoitukseen, budjetoida
buff /bʌf/ *s* **1** (paksu, pehmeä) nahka *in the buff* apposen alasti, ilkosillaan **2** kellanruskea **3** harrastaja *she is a movie buff* hän on elokuvahullu
v kiillottaa (metallia)
Buffalo /bʌfəloʊ/ kaupunki New Yorkin osavaltiossa
buffalo /bʌfəloʊ/ *s* puhveli; biisoni
buffer /bʌfər/ *s* (junan) puskuri; päätepuskuri
buffer memory *s* (tietok) puskurimuisti
buffet /bə'feɪ/ *s* **1** seisova pöytä **2** juhla jossa on seisova pöytä
buffet /bʌfət/ *s* (nyrkin)isku
v iskeä, lyödä, paiskata
buffoon /bə'fun/ *s* pelle (myös kuv)
bug /bʌg/ *s* **1** lude **2** (ark) ötökkä, hyönteinen **3** salakuuntelumikrofoni **4** (ark) pöpö, virus **5** (sl) (laite)vika *I still don't have all the bugs ironed out* en ole vieläkään saanut sitä kunnolla toimimaan

v **1** asentaa salakuuntelumikrofoni jonnekin *their house is bugged* heidän talossaan on salakuuntelulaitteet **2** kuunnella salaa **3** (ark) vaivata, risoa, ärsyttää, kiusata
bugbear /'bʌgbeər/ *s* (kuv) kummitus, peikko *the bugbear of higher taxes* (myös:) korkeampien verojen pelko
bugle /bjugəl/ *s* (sot) merkkitorvi
bugler /bjuglər/ *s* (sot) merkkitorven soittaja
Bugs Bunny /ˌbʌgz'bʌni/ Väiski Vemmelsääri
Buick /bjʊɪk/ amerikkalainen automerkki
build /bɪld/ *s* ruumiinrakenne
v built, built: rakentaa, koota, luoda
builder *s* rakentaja, rakennustyöläinen, rakennusurakoitsija
building *s* **1** rakennus, talo **2** toimistorakennus, pilvenpiirtäjä *the Chrysler Building*
build on *v* rakentaa jonkin varaan, luottaa johonkin
build-up *s* **1** lisäys, kasvu **2** mainostus
build up *v* **1** syntyä, muodostua, muodostaa **2** kasvaa, kasvattaa, lisääntyä, lisätä **3** mainostaa jotakuta, tuoda jotakuta kovasti esiin
bulb /bʌlb/ *s* **1** (kasvi)sipuli **2** hehkulamppu **3** (valokuvauskoneessa) B-asento (jossa suljin on auki niin kauan kuin laukaisinta painetaan)
bulbous /bʌlbəs/ *adj* sipulimainen, sipuli *bulbous nose* sipulinenä
bulb vegetables *s* (mon) (syötävät) sipulit
Bulgaria /bəl'gerɪə/ Bulgaria
Bulgarian *s* bulgarian kieli
s, adj bulgarialainen
bulge /bʌldʒ/ *s* pullistuma, kyhmy
v pullistua, pullistaa
bulimia /bə'limiə/ *s* (lääk) bulimia (eräs syömishäiriö)
bulimic /bə'limik/ *s* bulimikko, bulimiaa sairastava henkilö
bulk /bʌlk/ *s* (suuri) määrä, joukko, suurin osa *in bulk* tukuttain
bulky *adj* suuri, iso, kömpelön kokoinen, tilaa vievä
Bull (tähdistö) Härkä
bull /bʊl/ *s* **1** härkä, sonni **2** uroshirvi, urosnorsu, urosvalas ym **3** (sl) roskapuhe; rehentely
bulldog /'bʌlˌdag/ *s* bulldoggi
bulldoze /'bʌlˌdoʊz/ *v* **1** raivata/tasoittaa puskutraktorilla **2** pelotella, pakottaa
bulldozer *s* puskutraktori
bullet /bələt/ *s* luoti
bulletin /bələtən/ *s* tiedotus, ilmoitus
bullet loan *s* (tal) luotto joka maksetaan takaisin kertasuorituksena luottoajan päätyttyä
bulletproof /'bələtˌpruf/ *adj* luodinkestävä
bulletproof vest *s* luodinkestävät liivit
bullet train /'bʌlətˌtreɪn/ *s* nuolijuna, luotijuna
bullion /bəljən/ *s* harkkokulta, harkkohopea
bullish /bʌlɪʃ/ *adj* (sijoittajista ym) optimistinen
bull market /ˌbʌl'markət/ *s* (tal) markkinatilanne jota kuvaa trendimäinen hintojen nousu
bullock /bələk/ *s* kuohittu sonni, härkä
bull's eye /'bəlˌzaɪ/ *s* maalitaulun keskusta *you really hit the bull's eye that time* osuit aivan naulan kantaan
bullshit /bəlʃɪt/ *interj, s* soopa, roskapuhe *what a load of bullshit that is!* paskapuhetta!
bull spread /ˌbʌl'spred/ *s* (tal) nouseva hintaspread/hintaporras
bully /bəli/ *s* uhottelija, tyranni
v uhotella, uhkailla, pelotella
bulrush /bəlrʌʃ/ *s* osmankäämi
bulwark /bəlwərk/ *s* valli, suojamuuri (myös kuv)
bum /bʌm/ *s* **1** pummi **2** takapuoli, pylly (ark)
v kerjätä, saada kerjäämällä
adj kelvoton, mitätön *bum leg* huono jalka
bum around *v* pummailla, lorvia, maleksia
bumblebee /'bʌmbəlˌbi/ *s* kimalainen
bump /bʌmp/ *s* **1** isku **2** törmäys **3** (tien) kuoppa; muhkura

v **1** iskeä, iskeytyä, tömähtää **2** pomppia, hyppiä, heittelehtiä
bumper *s* (auton) puskuri
bumper crop /ˈbʌmpərˌkrap/ *s* ennätyssato
bumper sticker /ˈbʌmpərˌstɪkər/ *s* purskuritarra, autotarra
bumper-to-bumper /ˌbʌmpərtəˈbʌmpər/ *adj* (liikenne) ruuhkainen
bump into *v* törmätä johonkuhun, tavata sattumalta
bumpkin /bʌmpkən/ *s* (maalais)juntti
bump off *v* (sl) tappaa, ottaa päiviltä
bumpy *adj* **1** (tie) kuoppainen; muhkurainen **2** (kyyti) epätasainen
bum's rush /ˌbʌmzˈrʌʃ/ *to give someone the bum's rush* heittää joku ulos jostakin, antaa jollekulle kenkää
bun /bʌn/ *s* **1** pulla, sämpylä **2** (hius)nuttura
bunch /bʌntʃ/ *s* terttu, ryväs, nippu, rykelmä, joukko *there's a whole bunch of cars outside* ulkona on valtavasti autoja
bunch up *v* koota/kokoontua yhteen/ryhmäksi/nipuksi
bundle /bʌndəl/ *s* nippu, nivaska *he made a bundle on that deal* hän pisti siinä kaupassa rahoiksi
bundle up *v* **1** niputtaa, koota yhteen/nipuksi **2** pukeutua lämpimästi, pukea lämpimät ulkovaatteet päälle; kääriytyä lämpimään peittoon
bung /bʌŋ/ *s* tappi, tulppa
v sulkea tapilla
bungalow /ˈbʌŋgəˌloʊ/ *s* (pieni yksi- tai puolitoistakerroksinen) omakotitalo, (loma)mökki
bungee jumping /bʌdʒi/ *s* benjihypyt
bungle /bʌŋgəl/ *v* hutiloida, tehdä hutiloiden, tunaroida
bung up *v* **1** (putki, nenä) tukkeutua, mennä tukkoon **2** kolhia (ks bang up)
bunk /bʌŋk/ *s* punkka, (laiva)vuode
bunker *s* **1** (sot) bunkkeri **2** (golf) hiekkaeste
bunny /bʌni/ *s* jänöjussi, pupujussi, pupu; (Playboyn) puputyttö
buoy /bui/ *s* **1** poiju **2** pelastusrengas
v merkitä poijulla
buoyancy /bɔɪənsi/ *s* **1** kelluvuus **2** iloisuus, hyväntuulisuus **3** (hintojen, markkinoiden) vakavuus, (kaupankäynnin) vilkkaus
buoyant /bɔɪənt/ *adj* **1** kelluva **2** iloinen, hyväntuulinen **3** (hinnat, markkinat) vakaat, (kaupankäynti) vilkas
buoyantly *adv:* ks buoyant
buoy up *v* **1** pitää jotakin/jotakuta pinnalla, kelluttaa **2** (kuv) pitää (haaveet, toivo) elossa/yllä
burden /bərdən/ *s* taakka, (myös kuv:) rasite, vaiva *white man's burden* valkoisen miehen (moraalinen) taakka
v olla taakka/taakkana/taakaksi jollekulle
burdensome /ˈbərdənˌsəm/ *adj* rasittava, raskas, vaivalloinen
bureau /bjəroʊ/ *s* (mon bureaus, bureaux) **1** lipasto **2** (valtion) virasto
bureaucracy /bjəˈrakrəsi/ *s* byrokratia, virkavalta
bureaucrat /ˈbjərəˌkræt/ *s* byrokraatti
bureaucratic /bjərəˈkrætɪk/ *adj* byrokraattinen, virkavaltainen
burger /bərgər/ *s (*ham)purilainen
burglar /bərglər/ *s* murtovaras
burglar alarm /ˈbərglərəˌlarm/ *s* murtohälytin, varashälytin
burglarize /bərglərаɪz/ *v* tehdä murtovarkaus
burglarproof /ˈbərglərˌpruf/ *adj* murronkestävä
burglary /bərgləri/ *s* murtovarkaus
burgle /bərgəl/ *v* tehdä murtovarkaus
burial /berɪəl/ *s* hautaus, hautajaiset
Burkina Faso /bərˌkinəˈfasoʊ/
burlap /bərlæp/ *s* säkkikangas
burly /bərli/ *adj* (ihminen) vankkarakenteinen, isoluinen, (pelottavan/ uhkaavan) iso, lihaksikas *the loanshark sent over two burly henchmen to talk sense into me* koronkiskuri lähetti kaksi pahannäköistä kätyriä puhumaan minulle järkeä
Burma /bərmə/ (ent) Burma, (nyk) Myanmar
Burmese /bərˈmiz/ *s, adj* (ent) burmalainen, (nyk) myanmarilainen

burn /bərn/ *s* palohaava, palovamma
v burnt, burnt: polttaa, palaa (myös kuv) *he is burning with anger* hän palaa kiukusta
burn away *v* palaa palamistaan, palaa edelleen
burn down *v* palaa/polttaa poroksi/maan tasalle/loppuun
burnish /bərnɪʃ/ *v* kiillottaa, hioa/hangata kiiltäväksi
burn out *v* **1** (tuli) sammua, palaa loppuun **2** (kuv) palaa loppuun, väsyttää itsensä loppuun **3** savustaa (vihollinen) ulos jostakin
burnout /bərnaʊt/ *s* **1** työuupumus, loppuunpalaminen **2** loppuunpalanut ihminen
burn up *v* **1** polttaa (roskia, polttoainetta, liikakiloja) **2** suututtaa, saada raivostumaan **3** (raketti) palaa ilmakehään osuessaan
burn up the road *fr* (sl) ajaa nasta laudassa
burp /bərp/ *s* röyhtäisy
v röyhtäistä
burrow /bəroʊ/ *s* (kaniinin ym) pesä, kolo
v kaivaa pesä/kolo
bursar /bərsər/ *s* (yliopiston) kamreeri
burst /bərst/ *s* **1** räjähdys **2** repeämä, halkeama **3** (innostuksen, voiman)puuska
v burst, burst: **1** räjähtää, räjäyttää **2** revetä, haljeta, (kuplasta) puhjeta, (nupusta) aueta **3** rynnätä jonnekin/jostakin **4** olla haljeta innostuksesta/halusta, ei malttaa odottaa *she is bursting to open her present* hän palaa halusta avata lahjansa
burst in *v* keskeyttää joku/jokin, tuppautua seuraan/keskusteluun
burst into *v* ruveta/alkaa yhtäkkiä tehdä jotakin, puhjeta johonkin *she burst into tears* hän puhkesi kyyneliin
burst out *v* **1** (tunteista) nousta pintaan, puhjeta *She burst out laughing/crying* Hän puhkesi nauruun/itkuun **2** rynnätä jostakin
burst with *v* olla vähällä haljeta jostakin, olla täynnä jotakin *he is bursting with anger* hän on pakahtua kiukkuunsa
Burundi /bʊ'rundi/
Burundian *s, adj* burundilainen
bury /beri/ *v* buried, buried **1** haudata (ruumis) **2** piilottaa, kätkeä, haudata (aarre) *she buried her face in her hands* hän peitti kasvonsa käsillään **3** *bury yourself in* uppotua/syventyä johonkin, haudata itsensä työhön ym
bus /bʌs/ *s* (mon buses, busses) linja-auto, bussi
v (bused/bussed, bused/bussed) mennä/viedä linja-autolla (ks busing)
bush /bʊʃ/ *s* **1** pensas **2** (Afrikan, Australian viljelemätön, harvaan asuttu) pensasmaa, salomaa
bushpig /'bʊʃˌpig/ *s* pensselisika
bushy *adj* (bushier, bushiest) **1** pensaita kasvava, pensaiden peittämä **2** tuuhea
busily /bɪzəli/ *adv* kiireisesti, innokkaasti
business /bɪznəs/ *s* **1** kaupankäynti, liikeala **2** liikeyritys, kauppa **3** asia, tehtävä *it's none of your business* se ei kuulu sinulle *get down to business* ruveta töihin, panna hihat heilumaan, panna toimeksi *mind your own business* pidä huoli omista asioistasi
businesslike /'bɪznəsˌlaɪk/ *adj* asiallinen
businessman /bɪznəsmən/ *s* liikemies
businesswoman *s* liikenainen
busing /bʌsiŋ/ *s* koululaisten kuljettaminen linja-autoilla lähintä koulua kauempaan kouluun jotta samassa koulussa on riittävästi erirotuisia lapsia
bus stop /'bʌsˌstap/ *s* linja-autopysäkki
bust /bʌst/ *s* **1** (veistos) rintakuva **2** povi, naisen rinnat
v särkeä, iskeä mäsäksi/säpäleiksi *go bust* tehdä vararikko, mennä konkurssiin
Buster Bunny /ˌbʌstər'bʌni/ Veli Vemmelsääri
bustle /bʌsəl/ *s* touhu, hyörinä
v touhuta, hyöriä, hääriä, puuhata; hoputtaa, kiirehtiä

busy /bɪzi/ *adj* **1** (busier, busiest) kiireinen (ihminen, työpäivä) *I can't come, I'm busy* en ehdi, minulla on kiireitä **2** (puhelimesta) varattu
v puuhata jotakin, häärätä, touhuta

but /bʌt/ *konj* mutta *not this but that* ei tämä vaan tuo
adv pelkkä, ei...kuin, (sanan *cannot* kanssa) vain *you're (nothing) but an amateur* sinä olet pelkkä harrastelija/aloittelija *I cannot but regret my decision* voin vain katua päätöstäni
prep paitsi *it was anything but fun* se oli kaikkea muuta kuin hauskaa

butcher /bʊtʃər/ *s* teurastaja (myös kuv)
v teurastaa (myös kuv)

butchery *s* (kuv) teurastus

but for *prep* lukuun ottamatta, ilman *but for your help, we'd be lost* ilman sinun apuasi me olisimme pulassa

butler /bʌtlər/ *s* hovimestari

butt /bʌt/ *s* **1** tynnyri **2** aseen perä **3** (sl) persukset, takapuoli **4** (tupakan) tumppi, natsa **5** maalitaulu, kohde (myös kuv esim vitsin, pilkan kohteesta)
v tönäistä, tuupata päällään

butte /bjut/ *s* pieni pöytävuori

butter /bʌtər/ *s* voi
v voidella voilla, levittää voita johonkin

buttercup /'bʌtər,kʌp/ *s* leinikki

butterfly /'bʌtər,flaɪ/ *s* (mon butterflies) perhonen

butterscotch /'bʌtər,skatʃ/ *s* kinuski, kermakaramelli, kermatoffee

butter up *v* imarrella, mielistellä, hännystellä

but then *konj* mutta toisaalta

butt in *v* keskeyttää keskustelu, tuppautua seuraan

buttock /bʌtək/ *s* pakara

button /bʌtən/ *s* **1** nappi **2** painonappi, painike
v napittaa, kiinittää/kiinnittyä napilla

button-down /'bʌtən,daʊn/ *adj* napein kiinnitettävä (kaulus)

buttonhole /'bʌtən,hoʊl/ *s* napinläpi
v saada/ottaa joku kiinni ja jutella tämän kanssa, (ottaa hihasta kiinni ja) jututtaa (pitkään)

button up *v* **1** napittaa kiinni **2** (kuv kaupasta, sopimuksesta) solmia

buttress /bʌtrəs/ *s* tukipilari (myös kuv) *v* vahvistaa, tukea

buxom /bʌksəm/ *adj* **1** (naisen kehosta) rintava, isorintainen **2** (naisen luonteesta) lupsakka

buy /baɪ/ *s* ostos *a good buy* edullinen ostos
v bought, bought **1** ostaa **2** uskoa *I don't buy that* sitä en usko

buyer /baɪər/ *s* (tavaratalon ym) sisäänostaja

buying power *s* ostovoima

buzz /bʌz/ *s* (hyönteisen) surina, (puheen) sorina
v **1** (hyönteisestä, korvista) surista **2** kutsua joku paikalle summerilla **3** lentää vaarallisen läheltä toista lentokonetta

buzzard /bʌzərd/ *s* hiirihaukka

buzzer *s* summeri

buzz off *v, interj* (sl) häipyä, häivy!, lähteä nostelemaan, lähde siitä!

buzzword /'bʌz,wərd/ *s* (kapulakielinen) muotisana

by /baɪ/ *prep* **1** luona, luokse, lähellä, läheltä, lähelle, vieressä, vierestä, viereen *he is sitting by the window* hän istuu ikkunan ääressä *the house is located by the road/river/school* talo sijaitsee tien/joen/koulun vieressä/lähellä **2** kautta *I came by the main road* tulin päätietä **3** ohi, ohitse *he rushed by me* hän kiiruhti ohitseni **4** tekijästä, aiheuttajasta *he was killed by a bomb* hän sai surmansa pomminiskusta *I did it by myself* minä tein sen yksin, omin päin **5** menetelmästä, keinosta, tavasta *we came by car/land* me tulimme autolla/maitse *the door to the vault is opened by turning this handle* holvin ovi avataan kääntämällä tätä kahvaa **6** jonkun/jonkin mukaan, jostakin päätellen *it's fine by me* se sopii minulle, minulla ei ole mitään sitä vastaan **7** erosta, välimatkasta *the truck missed the car by a few inches* rekka-auto meni vain muutaman tuuman päästä henkilöautosta **8** mennessä *by five, he was really nervous* kello viiden aikaan hän

oli jo erittäin hermostunut
by all manner of means *fr* varmasti, ilman muuta, tottakai
by a whisker *fr* täpärästi, nipin napin
by easy stages *fr* vähitellen, rauhallisesti, kaikessa rauhassa, kiireettömästi
Byelorussia /ˌbjeləˈrʌʃə/ Valko-Venäjä
bygone /ˈbaɪˌgan/ *s to let bygones be bygones* unohtaa menneet
adj mennyt *in bygone days* ennen vanhaan
by-law /ˈbaɪˌla/ *s* (paikallinen, yrityksen tai oppilaitoksen sisäinen) sääntö, määräys, säädös
by no manner of means *fr* ei missään nimessä, ei millään muotoa, ei suinkaan
BYOB *bring your own beer/bottle*
bypass /ˈbaɪˌpæs/ *s* ohitustie (joka kiertää taajaman)
v **1** ohittaa ohitustietä ajamalla **2** välttää jotakin, välttyä joltakin
bypass surgery *s* ohitusleikkaus
byproduct /ˈbaɪˌpradəkt/ *s* sivutuote
bystander /ˈbaɪˌstændər/ *s* sivustakatsoja, syrjästäkatsoja
byte /baɪt/ *s* (tietok) tavu
by the same token *fr* lisäksi, sitä paitsi
by the skin of your teeth *fr* nipin napin, juuri ja juuri, (jokin on) hiuskarvan varassa
by the way *fr* muuten *by the way, how is your dad?* mitä muuten isällesi kuuluu?
by turns *to do something by turns* vuorotella, tehdä jotakin vuorotellen
by water *to travel by water* matkustaa vesitse/laivalla
by way of *fr* **1** kautta *we drove to Tucson by way of Phoenix* ajoimme Tucsoniin Phoenixin kautta kautta **2** jotta *he told the story to us by way of example* hän kertoi tarinan meille esimerkiksi/varoitukseksi

C, c

C, c /si/ C, c
C & I *cost and insurance*
ca. *circa* noin
CA *California*
cab /kæb/ *s* **1** taksi **2** (veturin, maansiirtokoneen, trukin) ohjaamo, hytti
cabaret /ˌkæbə'reɪ/ *s* kabaree, varietee
cabbage /kæbədʒ/ *s* kaali *green cabbage* keräkaali *white cabbage* valkokaali
cabin /kæbən/ *s* **1** (lentokoneen) matkustamo, (laivan, köysiradan) hytti **2** mökki
cabin cruiser /kruzər/ *s* kajuuttavene, iso umpimoottorivene
cabinet /kæbnət/ *s* **1** kaappi, vitriini **2** hallitus
cable /keɪbəl/ *s* **1** kaapeli, touvi **2** (sähkö)kaapeli **3** (tal) GBP/USD-kurssi *v* sähköttää, lähettää sähke
cable car *s* köysirata (vuoristossa); köysivetoinen raitiovaunu
cackle /kækəl/ *s* **1** (kanan) kotkotus **2** (naurun)hekotus **3** hölötys, lörpöttely *v* **1** (kanasta) kotkottaa **2** nauraa hekottaen/hekottaa **3** hölöttää, lörpötellä
cactus /kæktəs/ *s* (mon cacti, cactuses) kaktus
CAD *computer-assisted/aided design* tietokoneavusteinen suunnittelu
caddie /kædi/ (golf) caddie, mailojen kantaja, mailapoika
cadet /kə'det/ *s* **1** kadetti **2** poliisikokelas
cadge /kædʒ/ *v* kerjätä, lainata, vipata joltakulta jotakin
Cadillac /'kædəˌlæk/ amerikkalainen automerkki
Caesarea /ˌsizə'rɪə/ Kesarea
café /kæ'feɪ/ *s* kahvila
CAFE *corporate average fuel economy* viittaa saman valmistajan autojen keskikulutukseen joka ei saa ylittää tiettyä valtion määräämää tasoa
cafeteria /ˌkæfə'tɪəriə/ *s* (itsepalvelu)kahvila, ruokala
caffeine /kæ'fin/ *s* kofeiini
cage /keɪdʒ/ *s* (eläin-, lintu)häkki *v* sulkea häkkiin, pitää häkissä
cagey /keɪdʒɪ/ *adj* salamyhkäinen, varovainen, ovela
CAI *computer-aided instruction* tietokoneavusteinen opetus
cairn /keərn/ *s* (esim maamerkiksi koottu) kivipyramidi
Cairo /kaɪroʊ/ Kairo
cajole /kə'dʒoʊl/ *v* suostutella, houkutella (imartelemalla) *he cajoled her into doing the job* hän houkutteli hänet (imartelemalla) tekemään työn
cake /keɪk/ *s* **1** (täyte)kakku **2** pala: *a cake of soap* saippua *a fish cake* kalapihvi **3** *a piece of cake* helppo homma, lastenleikkiä *v* **1** peittää/peittyä kuraan **2** (kurasta, meikistä) kuivua kiinni johonkin
cal. *calorie*
calamity /kə'læmətɪ/ *s* katastrofi
calcium /kælsiəm/ *s* kalsium
calculable /kælkjələbəl/ *adj* joka on laskettavissa/arvioitavissa
calculate /'kælkjəˌleɪt/ *v* **1** laskea; arvioida **2** suunnitella, tarkoittaa, tähdätä johonkin *the announcement was calculated to divert attention from the main issue* ilmoituksen tarkoituksena oli viedä huomio pois pääasiasta **3** olettaa, uskoa (tapahtuvaksi)
calculate on *v* varautua johonkin, olettaa jotakin

calculating *adj* laskelmoiva, juonitteleva
calculation /ˌkælkjəˈleɪʃən/ *s* **1** laskelma, arvio **2** laskelmointi, juonittelu
calculator *s* laskin
Calcutta /kæəlˈkʌtə/ Kalkutta
caldron /kaldrən/ *s* **1** pata **2** noidankattila (myös kuv)
calendar /kæləndər/ *s* **1** kalenteri, ajanlasku **2** kalenteri, päivyri, almanakka
calf /kæf/ *s* (mon calves) **1** vasikka, norsun/hylkeen/valaanpoikanen **2** pohje
Calgary /kælgəri/
caliber /kæləbər/ *s* **1** (aseen) kaliiperi **2** laatu, laji, luokka, kaliiperi
California /ˌkæləˈfɔrnjə/ Kalifornia
Californian *s, adj* kalifornialainen
calipers /kæləpərz/ *s* (mon) mittaharppi
call /kal/ *s* **1** huuto, (linnun) kutsu, (torven) törähdys **2** puhelu, puhelinsoitto **3** (lennon lähtö)kuulutus **4** kutsu, käsky *this doctor is on call today* tämä lääkäri päivystää tänään **5** käynti, vierailu *they made/paid a call on her* he kävivät hänen luonaan **6** tarve, syy, aihe *you had no call telling him he is an idiot* sinulla ei ollut mitään perustetta haukkua häntä idiootiksi *the call of nature* virtsahätä
v **1** huutaa, kutsua, (torvesta) törähtää, soida **2** olla nimenä, kutsua/sanoa joksikin *I am called Phoebe* nimeni on Phoebe **3** kutsua paikalle/sisään/todistajaksi/koolle *to call a strike* julistaa/aloittaa lakko
call a spade a spade *fr* puhua suoraan, sanoa asiat niin kuin ne ovat *to call a spade a spade, he is hopeless* hän on suoraan sanoen toivoton (tapaus)
call down *v* moittia, haukkua, sättiä
caller *s* **1** vieras, kävijä **2** (puhelin)soittaja
call for *v* **1** olla tarpeen, (tilanteesta:) vaatia **2** noutaa, tulla hakemaan joku
calligraphy /kəˈlɪgrəfɪ/ *s* kalligrafia, kaunokirjoitus
call in *v* vaatia (laina takaisin)maksettavaksi/palautettavaksi
calling *s* kutsumus, ammatti
call in sick *fr* ilmoittautua sairaaksi, ei mennä työhön (sairauden vuoksi)
callipers ks calipers
Callisto /kəˈlɪstoʊ/ Kallisto, eräs Jupiterin kuu
call it quits *fr* lopettaa, luopua (yrityksestä)
call off *v* **1** peruuttaa, perua, lopettaa **2** käskeä/kutsua pois
call on *v* **1** piipahtaa jossakin, käydä jonkun luona *I called on her on my way back* piipahdin paluumatkalla hänen luonaan **2** vedota johonkuhun, anoa/pyytää/kutsua/vaatia jotakuta tekemään jotakin
call your shots *fr* ilmoittaa aikeensa
call option /ˈkalˌapʃən/ *s* (tal) osto-optio
callous /kæləs/ *adj* **1** (ihosta) kovettunut, parkkiintunut (myös kuv) **2** kovasyväminen, kylmäkiskoinen
call out *v* **1** huutaa (apua), huudahtaa, parahtaa **2** hälyttää, kutsua palvelukseen
callover /ˈkalˌoʊvər/ *s* (tal) julkihuuto
callow /kæloʊ/ *adj* kypsymätön, nuori, kokematon
call the shots *fr* määrätä (missä kaappi seisoo), pitää jöötä (ark)
call the tune *fr* määrä, olla määräävässä asemassa
call to order *to call a meeting to order* aloittaa kokous
call-up *s* kutsunta (sotilaspalvelukseen)
call up *v* **1** soittaa jollekulle (puhelimella) **2** palauttaa mieleen, muistella **3** kutsua (sotilas)palvelukseen
callus /kæləs/ *s* känsä
calm /kalm/ *v* rauhoittaa, tyynnyttää
adj tyyni (ilma, mieliala), rauhallinen, tuuleton
calm down *v* rauhoittaa, rauhoittua, (mieliasta, tuulesta) tyynnyttää, tyyntyä
calmly *adv* rauhallisesti, tyynesti
calmness *s* rauhallisuus, tyyneys, tuulettomuus

calorie /ˈkæləˌri/ *s* kalori
calumet /ˈkæljəˌmet/ *s* rauhanpiippu
calve /kæv/ *v* vasikoida, poikia
calves ks calf
calypso /kəˈlɪpˌsoʊ/ *s* calypso, kalypso
CAM *computer-aided manufacturing* tietokoneavusteinen valmistus
camber /kæmbər/ *s* **1** kuperuus **2** (auton) pyörän kallistuma, camber
Cambodia /kæmˈdoʊdɪə/ Kambodža
Cambodian *s, adj* kambodžalainen
Cambridgeshire /keɪmbrɪdʒʃər/ Englannin kreivikuntia
camcorder /ˈkæmˌkɔrdər/ *s* kameranauhuri, videokamera(n ja nauhurin yhdistelmä)
came /keɪm/ ks come
camel /kæməl/ *s* kameli
cameo /kæmɪoʊ/ *s* (mon cameos) **1** kamee(koru) **2** ks cameo part
cameo part (role) *s* (kuuluisan näyttelijän yhden kohtauksen mittainen) sivuosa (elokuvassa)
camera /kæmrə/ *s* valokuvauskone, (valokuva/elokuva/video)kamera
Cameroon /ˌkæməˈrun/ Kamerun
Cameroonian *s, adj* kamerunilainen
camouflage /ˈkæməˌflaʒ/ *s* naamio(inti) (myös kuva)
v naamioida (myös kuv), salata, peittää
camp /kæmp/ *s* leiri (myös kuv) *he joined the conservative camp* hän siirtyi vanhoillisten leiriin
v leiriytyä; retkeillä, telttailla
campaign /ˌkæmˈpeɪn/ *s* **1** sotaretki **2** vaalikiertue, vaalikampanja, mainoskampanja
v olla sotaretkellä/vaalikiertueella
campaigner *s* **1** soturi **2** vaaliavustaja, kannattaja, puolestapuhuja (*for*), vastustaja (*against*)
camper *s* retkeilijä, telttailija; leiriläinen
campfire /ˈkæmpˌfaɪər/ *s* (leiri)nuotio
campground /ˈkæmpˌgraʊnd/ s leirintäalue
campus /kæmpəs/ *s* kampus, yliopiston alue
can /kæn/ *s* **1** (säilyke- tai muu) tölkki, purkki, kannu, (roska)tynnyri **2** (sl) vankila **3** (sl) vessa
v purkittaa, säilöä, panna/pakata tölkkiin/purkkiin *can it* (sl) turpa kiinni!
apuv (could, kielt lyh can't, cannot, couldn't) **1** voida, kyetä, pystyä, osata *can you do it alone?* selviätkö siitä yksin, osaatko tehdä sen yksin? *I can't hear you* en kuule mitä sanot **2** saada, voida *you can go now* voit jo lähteä **3** voida, saattaa *life can be hard* elämä voi olla joskus vaikeaa **4** tehdä mieli, voida *I could die* minä häpesin kuollakseni, olisin voinut kuolla häpeään
Can. *Canada; Canadian*
Canada /kænədə/ Kanada
Canadian /kəˈnəɪdiən/ *s, adj* kanadalainen
canal /kəˈnæəl/ *s* kanava *the alimentary canal* ruuansulatuskanava
canary /kəˈnerɪ/ *s* kanarialintu
Canary Islands /kəˌneriˈaɪlənz/ (mon) Kanariansaaret
Canberra /kænˈberə/
cancel /kænsəl/ *v* **1** mitätöidä (leimamerkki, postimerkki) **2** peruuttaa (tilaus, tilaisuus, paikkavaraus, lehtitilaus)
cancellation /ˌkænsəˈleɪʃən/ *s* **1** (leimamerkin, postimerkin) mitätöinti **2** (tilauksen, tilaisuuden, paikkavarauksen, lehtitilauksen) peruutus **3** peruutuspaikka (hotellissa, lentokoneessa ym)
cancel out *v* kumota toisensa
cancer /kænsər/ *s* syöpä
Cancer *horoskoopissa* Rapu
cancerous /kænsərəs/ *adj* syöpä-
candid /kændɪd/ *adj* rehellinen, avoin, vilpitön, aito
candidate /kændədət/ *s* **1** ehdokas **2** kokelas
candid camera *s* piilokamera
candidly *adv* rehellisesti, avoimesti, vilpittömästi, aidosti
candle /kændəl/ *s* kynttilä
candlestick /ˈkændəlˌstɪk/ *s* kynttilänjalka
candor /kændər/ *s* rehellisyys, avoimuus, vilpittömyys
candy /kændɪ/ *s* makeiset, karamelli(t)
cane /keɪn/ *s* **1** ruoko *sugar cane* sokeriruoko **2** keppi, raippa
v antaa jollekulle keppiä, piiskata,

antaa raipparangaistus
canine /keɪnaɪn/ *adj* koira-
caning /keɪniŋ/ *s* raipparangaistus
canister /kænəstər/ *s* kanisteri, metalliastia, metallisäiliö
cannabis /kænəbəs/ *s* kannabis
cannery /kænərɪ/ *s* säilyketehdas
cannibal /kænəbəl/ *s* ihmissyöjä
cannibalism /'kænəbəˌlɪzəm/ *s* kannibalismi, ihmissyönti
cannibalistic /ˌkænəbə'lɪstɪk/ *adj* kannibalistinen, ihmissyöjä-
cannibalize /'kænəbəˌlaɪz/ *v* purkaa osiksi (vanha auto, lentokone ym)
cannon /kænən/ *s* (mon cannon, cannons) kanuuna, tykki
cannot /kə'nat kæ'nat/ ks can
canoe /kə'nu/ *s* kanootti
v meloa (kanootilla)
canoeist /kə'nuəst/ *s* (kanootilla) meloja
canon /kænən/ *s* **1** (kirkollinen) kaanon **2** yleinen periaate/ohje, kaanon **3** (mus) kaanon **4** (katolinen, anglikaaninen) kaniikki
canonical /kə'nanɪkəl/ *adj* kanoninen, (katolisen) kirkkolain mukainen
canonize /'kænəˌnaɪz/ *v* kanonisoida, julistaa pyhimykseksi, (kuv) nostaa suureen arvoon
canopy /kænəpɪ/ *s* **1** markiisi **2** baldakiini, kateverho, kunniakatos **3** (lentokoneen ohjaamon) kuomu
cant /kænt/ *s* **1** hurskastelu **2** varkaiden kieli **3** ammattikieli, jargon **4** kallistuma
can't /kænt/ ks can
cantankerous /ˌkæn'tæŋkərəs/ *adj* riidanhaluinen, pahantuulinen, nyrpeä, äreä
canteen /ˌkæn'tin/ *s* **1** kanttiini, ruokala, kahvila, myymälä **2** leili, kenttäpullo
canter /kæntər/ *s* (ratsastuksessa) hiljainen/lyhyt laukka
v ratsastaa hiljaista/lyhyttä laukkaa, laukata hiljaa
cantilever /'kæntəˌlevər, 'kæntəˌlivər/ *s* uloke, tuki, kannatin
cantilever bridge *s* ulokesilta
Canton /kæntan kæn'tan/ Kanton, Guangzhou
canvas /kænvəs/ *s* (mon canvasses) **1** purjekangas; öljykangas **2** öljymaalaus
canvass /kænvəs/ *v* **1** kerätä/kalastaa ääniä **2** kaupitella, mainostaa (tuotetta, ehdokasta) **3** luodata/tunnustella mielipiteitä
canyon /kænjən/ *s* kanjoni
Canyonlands /'kænjənˌlænz/ kansallispuisto Utahissa
cap /kæp/ *s* **1** lippalakki **2** myssy, pipo **3** (pullon, purson) korkki, suljin
v **1** korkittaa, sulkea (korkilla) **2** kertoa parempi juttu/vitsi kuin, parantaa jonkun tulosta/ennätystä, pistää paremmaksi
capability /ˌkeɪpə'bɪlətɪ/ *s* **1** lahjakkuus, pätevyys, kyvyt, taidot **2** sotilaallinen voima, iskuvoima
capable /keɪpəbəl/ *adj* pätevä, osaava, lahjakas, taitava
capable of *adj* **1** (ihmisestä) joka pystyy/kykenee johonkin *I am not capable of doing it* en pysty siihen/en selviä siitä **2** (esineestä, tilanteesta) joka voi tehdä jotakin, jolle voidaan tehdä jotakin *the machine is capable of breaking down any minute* laite saattaa hajota minä hetkenä hyvänsä
capably *adj* pätevästi, taitavasti, osaavasti
capacity /kə'pæsətɪ/ *s* **1** (astian) tilavuus **2** kyky, taito **3** ominaisuus: *in my capacity as director* johtajan ominaisuudessa
cape /keɪp/ *s* **1** viitta **2** niemi
Cape Horn /ˌkeɪp'hɔrn/ Kap Horn
Cape of Good Hope /ˌkeɪpəvˌgʊd'hoʊp/ Hyväntoivonniemi
Cape Town /'keɪpˌtaʊn/ Kapkaupunki
Cape Verde /ˌkeɪp'verdi/ Kap Verde
capillary /'kæpəˌlerɪ/ *s* hiussuoni
capital /kæpətəl/ *s* **1** pääkaupunki **2** iso kirjain **3** pääoma
adj kuolemalla rangaistava
capitalism /'kæpɪtəˌlɪzəm/ *s* kapitalismi
capitalist /'kæpɪtəˌləst/ *s* kapitalisti
capitalist realism *s* (taiteessa) kapitalistinen realismi

capitalize /'kæpɪtə,laɪz/ *v* **1** kapitalisoida **2** rahoittaa **3** kirjoittaa isolla kirjaimella
capitalize on *v* käyttää hyväkseen jotakin, hyötyä jostakin
capital letter *s* iso kirjain
capital punishment *s* kuolemanrangaistus
capitulate /kə'pɪtʃə,leɪt/ *v* antautua
capitulation /kə,pɪtʃə'leɪʃən/ *s* antautuminen
Capricorn /kæprəkɔrn/ *horoskoopissa* Kauris
caps. *capitals* suuraakkoset
capsize /'kæp,saɪz/ *v* (veneestä, laivasta) kaatua
capstan /'kæp,stæn/ *s* (ankkuri) vintturi; (nauhurin) vetoakseli
capsule /kæpsəl/ *s* **1** (kasvin) kota **2** (lääke)kapseli **3** avaruuskapseli
Capt. *captain*
captain /kæptən/ *s* (armeijan, laivan, urheilujoukkueen) kapteeni, urheilujoukkueen johtaja
v johtaa jotakin, toimia kapteenina
Captain Hook /,kæptən'hʊk/ (Peter Panissa ym) Kapteeni Koukku
caption /kæpʃən/ *s* (sanomalehden, kirjan) kuvateksti *closed-captioned* (kuulovammaisille) tekstitetty (televisiolähetys)
captivate /'kæptə,veɪt/ *v* kiehtoa jotakuta, saada lumoihinsa
captive /kæptɪv/ *s* vanki, vangittu eläin/ihminen
adj vangittu
captivity /,kæp'tɪvətɪ/ *s* (eläimen, ihmisen) vankeus
captor /kæptər/ *s* vangitsija, pyydystäjä
capture /kæptʃər/ *s* **1** vangitseminen, valtaus, valloitus **2** saalis, vanki
v **1** vangita, ottaa kiinni **2** vallata
car /kar/ *s* **1** auto **2** junanvaunu, raitiovaunu **3** hissin kori
caramel /karməl/ *s* karamelli(seos)
carat /kerət/ *s* (kullasta, jalokivistä) karaatti
caravan /'kerə,væn/ *s* **1** karavaani **2** (mustalais)vaunut
carbohydrate /,karbə'haɪdreɪt/ *s* **1** hiilihydraatti **2** hiilihydraattipitoiset ruuat, tärkkelys
carbon /karbən/ *s* **1** hiili **2** hiilipaperi **3** (hiilipaperi)kopio, jäljennös
carbuncle /karbʌnkəl/ *s* (lääk) karbunkkeli, ajospahka
carburetor /'karbə,reɪtər/ *s* (polttomoottorin) kaasutin
carcass /karkəs/ *s* (eläimen) ruho, raato
card /kard/ *s* kortti *playing card* pelikortti, *postcard* postikortti *birthday card* onnittelukortti *credit card* luottokortti
cardboard /'kard,bɔrd/ *s* pahvi
cardiac /'kardɪ,æk/ *adj* sydän- *cardiac insufficiency* sydämen vajaatoiminta
Cardiff /kardɪf/
cardigan /kardəgən/ *s* villatakki
cardinal /kardnəl kardənəl/ *s* **1** (roomalaiskatolisessa kirkossa) kardinaali(kollegion jäsen) **2** (lintu) kardinaali **3** *cardinal red* kirkkaanpunainen väri
adj tärkein, pää, kardinaali-
cardinal number *s* kardinaaliluku, perusluku
cardinal virtue *s* **1** kardinaalihyve **2** (suuri) hyve
cardioid /kardɪɔɪd/ *s* (mat) kardioidi
cardioid microphone /,kardɪɔɪd 'maikrə,foun/ *s* herttamikrofoni
care /keər/ *s* **1** huoli, huolenpito *take care of* huolehtia, pitää huolta jostakusta/jostakin **2** huosta, hoiva *we left the kids in my mother's care* jätimme lapset äitini hoivaan **3** (yl mon) huolet, murheet
v **1** välittää, piitata *I don't care what they think* minulle on sama mitä mieltä he ovat **2** haluta, tehdä mieli, välittää, pitää *would you care to follow me, please?* voisitteko ystävällisesti seurata minua?
care a tinker's damn *to not care a tinker's damn* viis veisata, ei välittää tuon taivaallista/tippaakaan
career /kə'rɪər/ *s* ura, ammatti
v viilettää, kiitää
careerist /kə'riərəst/ *s* uraihminen

care for *v* **1** huolehtia, pitää huoli jostakusta/jostakin **2** haluta, tehdä mieli, pitää *would you care for another?* saako olla/haluatko lisää?
carefree /ˈkerˌfri/ *adj* huoleton
careful /kerfəl/ *adj* **1** varovainen **2** huolellinen
carefully *adv* **1** varovasti **2** huolellisesti
carefulness *s* **1** varovaisuus **2** huolellisuus
careless *adj* **1** huolimaton *a careless mistake* huolimattomuusvirhe **2** välinpitämätön, huoleton, piittaamaton
carelessly *adv* **1** huolimattomasti **2** välinpitämättömästi, huolettomasti, piittaamattomasti
carelessness *s* **1** huolimattomuus **2** välinpitämättömyys, huolettomuus, piittaamattomuus
caress /kəˈres/ *s* hyväily
v hyväillä
caretaker /ˈkerˌteɪkər/ *s* kiinteistönhoitaja, talonmies, huoltaja, (esim lapsen tai kokoelman) hoitaja
cargo /kargoʊ/ *s* (mon cargoes) rahti(tavara)
carhop /ˈkarˌhap/ *s* drive-in-ravintolan tarjoilija
Caribbean /ˌkerəˈbiən kəˈrɪbiən/ **1** Karibianmeri **2** Karibia, Karibianmeren maat/alue
Caribbean Sea Karibianmeri
caribou /ˈkærɪbu/ *s* (mon caribou) karibu
caricature /ˈkerəkəˌtʃər/ *s* pilakuva, pilapiirros, karikatyyri
v piirtää pilakuva jostakusta, karrikoida
Carlsbad Caverns /ˈkarəlzˌbædˈkævərnz/ Carlsbadin luolat ja kansallispuisto New Mexicossa
carnage /karnədʒ/ *s* verilöyly
carnal /karnəl/ *adj* lihallinen, aistillinen
carnation /ˌkarˈneɪʃən/ *s* neilikka
carnival /karnəvəl/ *s* **1** tivoli **2** laskiaisaika, karnevaali
carnivore /ˈkarnəˌvɔr/ *s* lihansyöjä(eläin)
carnivorous /karˈnɪvərəs/ *adj* lihansyöjä-
carol /kerəl/ *s* laulu *Christmas carol* joululaulu
v laulaa (iloisesti)
carp /karp/ *s* (mon carp) karppi
v **1** valittaa, kitistä, narista **2** moitiskella
Carpathians /karˈpeɪʃɪənz/ mon Karpaatit
carpenter /karpəntər/ *s* puuseppä, kirvesmies
carpentry /karpəntrɪ/ *s* puu(sepän)työt, kirvesmiehen työt
carpet /karpət/ *s* matto *wall-to-wall carpeting* kokolattiamatto
v peittää matolla
carpool /ˈkarˌpul/ *s* kimppakyyti
v ajaa/viedä kimppakyydillä
carriage /keərɪdʒ/ *s* **1** vaunu(t) *baby carriage* lastenvaunut **2** ryhti
carrier /kerɪər/ *s* **1** kuljetusliike, huolintaliike, lentoyhtiö, linja-autoyhtiö **3** alus *an aircraft carrier* lentotukialus **2** taudinkantaja
carrion /kerɪən/ *s* haaska, raato
carrot /kerət/ *s* porkkana
carry /kerɪ/ *v* (carried, carried) **1** kantaa **2** kuljettaa, viedä **3** olla/pitää mukanaan, kantaa (asetta) *he never carries any cash on him* hänellä ei ole koskaan käteistä mukanaan **4** kannattaa, tukea **5** (äänestä) kuulua, kantautua **6** (sanomalehdistä, televisiosta) julkaista/kertoa (uutinen) **7** olla tietynlainen ryhti *he carries himself very erect* hänellä on hyvin suora ryhti **8** *fr: to carry a child* olla raskaana, odottaa *the loan carries a five per cent interest* lainan korko on viisi prosenttia *his promise carries a lot of weight* hänen lupauksensa painaa paljon, hänen lupauksellaan on suuri merkitys
carry a torch for someone *fr* (sl) rakastaa jotakuta (saamatta vastarakkautta)
carry away *v to get carried away* innostua liikaa
carry back *v* palauttaa/tuoda mieleen, muistuttaa jostakin
carry forward *v* siirtää (uuteen sarakkeeseen)
carry off *v* voittaa

carry on *v* **1** johtaa (liikeyritystä) **2** pitää melua, käyttäytyä sopimattomasti **3** jatkaa jotakin
carry-on *s* (lentokoneessa) käsimatkatavara
adj: carry-on luggage käsimatkatavara
carry out *v* toteuttaa, panna toimeen
carry-out *s* **1** ravintola jossa valmistetaan ruokaa mukaan otettavaksi **2** ravintolaruoka joka otetaan mukaan muualla syötäväksi
carry over *v* siirtää, lykätä
carry-over *s* **1** (kirjanpidossa) siirto **2** jäänne (menneeltä ajalta), vanha tapa, perinne
carry through *v* **1** auttaa jotakuta selviytymään jostakin **2** pitää sanansa/lupauksensa, toteuttaa
cart /kart/ *s* kärry(t)
v **1** kuljettaa kärry(i)llä, kärrätä (myös kuv) **2** kuljettaa *to put the cart before the horse* panna kärryt hevosen eteen, aloittaa väärästä päästä
CART *Championship Auto Racing Teams*
cartilage /'kartə,lɪdʒ/ *s* rusto
carton /kartən/ *s* pahvilaatikko *carton of cigarettes* tupakkakartonki
cartoon /,kar'tun/ *s* **1** pilapiirros **2** piirroselokuva
cartoonist /,kar'tunɪst/ *s* pilapiirtäjä
cartridge /'kart,rɪdʒ/ *s* **1** patruuna **2** (levysoittimen) äänirasia **3** filmikasetti, nauhakasetti
carve /karv/ *v* **1** veistää, kaivertaa **2** leikata (liharuokaa), paloitella
carver *s* paistiveitsi
carving *s* veistos, (puu)kaiverrus
cascade /kæs'keɪd/ *s* **1** vesiputous **2** ryöppy
v ryöpytä (myös kuv)
Cascades /,kæs'keɪdz/ mon Kaskadivuoristo
case /keɪs/ *s* **1** tapaus *in his case* hänen tapauksessaan/kohdallaan *in any case* joka tapauksessa **2** potilas, tapaus **3** oikeudenkäynti, oikeusjuttu **4** (kieliopissa) sija **5** laatikko, kotelo
v panna laatikkoon, koteloon
case history *s* tapauskertomus; sairaushistoria
cash /kæʃ/ *s* **1** käteinen (raha) **2** raha
v lunastaa (sekki)
cash crop /'kæʃ,krap/ *s* myyntiin tarkoitettu sato
cashew /,kæʃ'u kə'ʃu/ *s* cashewpähkinä, cashewpuu
cashier /,kæ'ʃɪər/ *s* kassa(nhoitaja)
cash in on *v* pistää rahoiksi jollakin, rikastua jollakin
cashmere /'kæʒ,mɪər/ *s* kasmir(villa)
cash register /,kæʃ'redʒɪstər/ *s* kassakone
casino /kə'sinoʊ/ *s* (mon casinos) (peli)kasino
cask /kæsk/ *s* tynnyri
casket /kæskət/ *s* **1** rasia **2** ruumisarkku
Caspian Sea /,kæspɪən'si/ Kaspianmeri
cassava /kə'savə/ *s* maniokki
casserole /'kæsə,roəl/ *s* (astiasta ja ruuasta) vuoka, laatikko
cassette /kə'set/ *s* kasetti *audio/video cassette* ääninauhakasetti, videokasetti
Cassiopeia /,kæsiə'piə/ (tähdistö) Kassiopeia
cassock /kæsək/ *s* (papin) kasukka
cast /kæst/ *s* **1** heitto **2** (valu)muotti, valettu esine, valos **3** kipsiside **4** (näytelmän, elokuvan) näyttelijät, esiintyjät **5** (silmien) karsastus
v cast, cast **1** heittää **2** valaa **3** luoda nahkansa/varjo johonkin *she cast a quick glance at him* vilkaisi häntä **4** valita (näytelmän, elokuvan) näyttelijät, jakaa osat **5** *to cast doubt on someone/something* herättää epäilyksiä jostakusta/jostakin *to cast a vote* äänestää
castanets /,kæstə'nets/ *s* (mon) kastanjetit
cast aside *v* hylätä, heittää menemään, luopua
castaway /'kæstə,weɪ/ *s* haaksirikkoinen, haaksirikkoutunut
caste /kæst/ *s* kasti

caster /kæstər/ *s* **1** (huonekalun yms) pyörä **2** (auton pyörän) olkatapin takakallistuma, caster **3** (suola- ym) sirotin
castigate /'kæstə,geɪt/ *v* nuhdella, ojentaa, kurittaa, rangaista
castigation /,kæstə'geɪʃən/ *s* nuhtelu, ojennus, kuritus, rangaistus
Castile /kæs'tiəl/ Kastilia
casting /kæstiŋ/ *s* **1** valos, valettu esine **2** (näytelmän, elokuvan) osajako, näyttelijöiden valinta
casting vote *s* ratkaiseva ääni
cast in someone's teeth *fr* syyttää, panna jokin jonkun syyksi
cast iron /,kæs'taɪərn/ *s* valurauta
cast-iron *adj* **1** valurauta- **2** (kuv) raudankova
castle /kæsəl/ *s* **1** linna **2** (šakissa) torni
cast off *v* **1** irrottaa laiturista **2** luopua, hylätä, heittää menemään
castor /kæstər/ *s* **1** (huonekalun) pyörä **2** (suola- ym) sirotin
castor oil *s* risiiniöljy
cast someone in the shade *fr* (kuv) jättää varjoonsa, kalveta jonkun/jonkin rinnalla
castrate /'kæs,treɪt/ *v* kuohita
castration /,kæs'treɪʃən/ *s* kuohinta, kastraatio
cast the first stone *fr* (kuv) heittää ensimmäinen kivi
casual /kæʒwəl kæʒjʊəl/ *adj* **1** satunnainen, sattumalta/hetken mielijohteesta tapahtuva **2** välinpitämätön, (puoli)huolimaton *it was just a casual remark* en sanonut sitä tosissani **3** rento, vapaa, arkinen *she was dressed very casually* hän oli pukeutunut hyvin arkisesti **4** tilapäinen, väliaikainen *casual worker* tilapäistyöntekijä
casually *adv* sivumennen, satunnaisesti
casualty /'kæʒjʊəl,tɪ/ *s* (sodassa) kaatunut, (sodan, onnettomuuden) uhri, kuollut, loukkaantunut
cat /kæt/ *s* **1** kissa **2** kissaeläin **3** katamaraani
CAT *computerized axial tomography* (lääk) kerroskuvaus
catacombs /'kætə,koʊmz/ *s* (mon) katakombit
catalog /'kætə,lag/ *s* luettelo *v* luetteloida
catalyst /'kætə,lɪst/ *s* (kem) katalysaattori *act as a catalyst* katalysoida, (kuv) panna alulle, käynnistää
catapult /kætəpəlt/ *s* **1** ritsa **2** (hist, lentotukialuksen) katapultti *v* ampua/laukaista katapultilla
catapult seat *s* heittoistuin
cataract /'kætə,rækt/ *s* **1** vesiputous **2** harmaakaihi
catarrh /kə'taər/ *s* katarri, hengitysteiden ja ruuansulatuskanavan limakalvojen tulehdus
catastrophe /kə'tæstrə,fi/ *s* katastrofi, luonnonmullitus
catastrophic /,kætəs'trafɪk/ *adj* katastrofaalinen, romahdusmainen, mullistava, tuhoisa
catbird seat /'kæt,bərd,sit/ *to be in the catbird seat* jollakulla on kissan päivät
catch /kætʃ/ *s* **1** (kalastus/metsästys) saalis (myös kuv) **2** (pallon sieppaaminen) koppi **3** ansa *there must be a catch in it* siihen on varmasti koira haudattuna **4** salpa, koukku *v* caught, caught **1** saada (metsästys/kalastus)saaliiksi, saada kiinni (pallo, karannut), saada koppi **2** yllättää, saada kiinni tekemästä jotakin *I caught him red-handed* sain hänet kiinni verekseltään/itse teosta **3** tarttua, jäädä kiinni johonkin **4** ehtiä (junaan, lentokoneeseen) **5** ymmärtää, käsittää *if you catch my drift* jos ymmärrät yskän/mitä ajan takaa **6** sairastua johonkin, saada tauti **7** *to catch your breath* saada hengityksensä tasaantumaan, (kuv) hengähtää *to catch someone's eye* osua jonkun silmään, saada joku huomaamaan joku
catch at a straw *fr* (yrittää) tarttua (vaikka) oljenkorteen, myös *to catch at straws*
catcher *s* (baseball) sieppari
catch fire *v* syttyä tuleen (myös kuv) syttyä, innostua
catching *adj* (taudista) tarttuva (myös kuv)

catch on *v* **1** tulla muotiin/suosioon **2** ymmärtää, käsittää
catch sight of *fr* saada näkyviin, nähdä, huomata; iskeä silmänsä johonkin
catchup /kætʃəp/ *s* ketsuppi
catch up with *v* ottaa/saada joku kiinni (myös kuv), kuroa välimatka umpeen (myös kuv)
catchword /'kætʃ,wərd/ *s* iskusana, avainsana
catchy *adj* (catchier, catchiest) (melodiasta) mieleenpainuva
categorical /,kætə'gɔrəkəl/ *adj* ehdoton, jyrkkä
categorically *adj* ehdottomasti, jyrkästi
categorize /'kætəgə,raɪz/ *v* luokitella
category /'kætə,gɔrɪ/ *s* luokka, kategoria
cater /keɪtər/ *v* **1** huolehtia (juhlien) pitopalvelusta **2** olla suunnattu jollekulle/jollekin, sopia jollekulle/jollekin *to cater for/to all tastes* olla kaikkien makuun, tarjota jokaiselle jotakin
catercorner /'kætə,kɔrnər/ *adj* diagonaalinen, lävistäjän suuntainen, vino
adv diagonaalisesti, vinosti
caterer /keɪtərər/ *s* pitopalvelu, pitopalvelun järjestäjä
caterpillar /'kætə,pɪlər/ *s* toukka
caterpillar tread *s* telaketju
cathedral /kə'θidrəl/ *s* tuomiokirkko, katedraali
cathode /'kæ,θoʊd/ *s* katodi
catholic /kæθlɪk/ *s* (roomalais)katolilainen
adj **1** yleinen, laaja-alainen, moninainen **2** (roomalais)katolinen
Catholicism /kə'θalə,sɪzəm/ *s* (roomalais)katolilaisuus
catnap /'kæt,næp/ *s* nokoset, torkut
Catskills /'kæt,skɪlz/ (mon) Catskillvuoret (New Yorkin osavaltiossa)
catsup /kætsəp/ *s* ketsuppi
cattle /kætəl/ *s* (mon) karja
catty /kætɪ/ *adj* ilkeä, katala, kavala
CATV /,sieɪti'vi/ *Community Antenna Television*, kaapelitelevisio
Caucasus /kakəsəs/ Kaukasus
caught /kat/ ks catch
cauldron /kaldrən/ *s* **1** pata **2** noidankattila (myös kuv)
cauliflower /'kalə,flaʊər/ *s* kukkakaali
cause /kaz/ *s* **1** syy, peruste *cause and effect* syy ja seuraus **2** asia *he is working for/in the human rights cause* hän toimii ihmisoikeuksien asialla
v aiheuttaa, tuottaa, johtaa, olla syynä johonkin
konj ('cause) koska
causeway *s* **1** pengertie **2** (päällystetty) maantie
caustic /kastɪk/ *adj* **1** syövyttävä **2** pureva, piikikäs, ivallinen
caustically *adv* purevasti, piikikkäästi, ivallisesti
caution /kaʃən/ *s* **1** varovaisuus **2** varoitus
v varoittaa
cautionary /'kaʃə,nerɪ/ *adj* opettavainen, varoittava
cautious /kaʃəs/ *adj* varovainen
cautiously *adj* varovasti
cautiousness *s* varovaisuus
CAV *constant angular velocity* eräs laserkuvalevytyyppi
cavalcade /'kævəl,keɪd/ *s* kavalkadi, juhlallinen (ratsu)kulkue
cavalry /kævəlrɪ/ *s* ratsuväki
cave /keɪv/ *s* luola
cave in *v* **1** luhistua, sortua (kasaan) **2** antaa periksi, antautua
cavern /kævərn/ *s* luola
cavernous /kævərnəs/ *adj* **1** (huoneesta) valtava(n suuri) **2** (ääni) matala, syvä **3** (silmät) syvät
caviar /'kævɪ,ar/ *s* kaviaari
cavity /kævətɪ/ *s* (hampaan) reikä
cayenne /kaɪ'en keɪ'en/ *s* cayennenpippuri
cayenne pepper *s* cayennenpippuri
Cayman Islands /keɪmən/ (mon) Caymansaaret
CB *citizens band* LA-radiopuhelin
CBC *Canadian Broadcasting Corporation*

CBS *Columbia Broadcasting System*, yksi Yhdysvaltain neljästä suuresta televisioverkosta
cc *carbon copy; copies*
CD *corps diplomatique; certificate of deposit* (tal) talletustodistus; *Compact Disc*
CDC *Centers for Disease Control*
CD player *s* cd-soitin
cease /sis/ *v* lopettaa, lakata
ceasefire /ˌsis'faɪər/ *s* tulitauko, aselepo
ceaseless /sisləs/ *adj* loputon, jatkuva
ceaselessly *adj* loputtomasti, jatkuvasti
Cecco /tʃekou/ (Peter Panissa) Italiaano
cedar /sidər/ *s* setri
ceiling /siliŋ/ *s* laipio, katto (myös kuv)
Cel. *Celcius*
celebrate /'seləˌbreɪt/ *v* **1** juhlia (syntymäpäivää) **2** ylistää (jonkun saavutuksia)
celebrated *adj* kuuluisa, maineikas
celebration /ˌselə'breɪʃən/ *s* **1** juhla(t) **2** ylistys
celebrity /sə'lebrətɪ/ *s* **1** maine, kuuluisuus **2** kuuluisa henkilö, kuuluisuus, julkkis
celery /selərɪ/ *s* selleri
celestial /sə'lestʃəl/ *adj* **1** taivaan, taivaalla oleva **2** (kuv) taivaallinen
celibacy /seləbəsɪ/ *s* naimattomuus, selibaatti
celibate /seləbət/ *s* naimaton ihminen *adj* naimaton
cell /sel/ *s* **1** (vanki)selli **2** (pieni) huone (luostarissa) **3** solu (myös kuv ihmisryhmästä)
cellar /selər/ *s* kellari
cellist /tʃelɪst/ *s* sellisti
cello /tʃeloʊ/ *s* (mon cellos) sello
cellular /seljələr/ *adj* solu-
cellular phone *s* matkapuhelin
Celsius /selsɪəs/ *s* celsiusaste
cement /səment/ *s* **1** sementti **2** liima *v* **1** sementoida **2** liimata **3** (kuv) lujittaa, vahvistaa *this deal will cement our relationship* tämä sopimus lujittaa välejämme
cemetery /'seməˌteərɪ/ *s* hautausmaa
censor /sensər/ *s* sensori *v* sensuroida
censorship /'sensərˌʃɪp/ *s* sensuuri, (lehtien, kirjojen, elokuvien) ennakkotarkastus
censure /senʃər/ *s* nuhtelu, arvostelu, moite *v* nuhdella, arvostella, moittia
census /sensəs/ *s* väestönlaskenta
cent /sent/ *s* cent (dollarin sadasosa) *per cent* prosentti
centaur /'senˌtaər/ *s* kentauri
Centaur /sentar/ (tähdistö) Kentauri
centenarian /ˌsentə'nerɪən/ *s, adj* satavuotias
centenary /'sentəˌnerɪ/ *s* satavuotispäivä, satavuotisjuhla *adj* satavuotis-
centennial /ˌsen'teniəl/ *s* satavuotispäivä, satavuotisjuhla *adj* satavuotis-
center /sentər/ *s* **1** keskipiste (myös kuv) **2** keskus, keskusta **3** (amerikkalaisessa jalkapallossa) sentteri *v* keskittää, keskittyä
center on *v* keskittää/keskittyä johonkin *their interest centers on the upcoming election* heidän huomionsa kohdistuu/keskittyy tuleviin vaaleihin
centigrade /'sentəˌgreɪd/ *adj* celsiusastetta *the temperature was 28 degrees centigrade* lämpötila oli 28 celsiusastetta
centimeter /'sentəˌmitər/ *s* senttimetri
centipede /'sentəˌpid/ *s* satajalkainen, tuhatjalkainen
CENTO *Central Treaty Organization*
central /sentrəl/ *adj* **1** keskeinen (sijainti), keski-, keskusta- **2** keskeinen (kuv), tärkeä, pää-
Central African Republic Keski-Afrikan tasavalta
Central America *s* Keski-Amerikka
Central American *adj* keskiamerikkalainen, Keski-Amerikan
Central Europe *s* Keski-Eurooppa
Central European *adj* keskieurooppalainen, Keski-Euroopan
central heating *s* keskuslämmitys

centralization /ˌsentrələ'zeɪʃən/ *s* keskitys
centralize /'sentrəˌlaɪz/ *v* keskittää
centrally *adv* ks central
centrifugal /sen'trɪfjəgəl/ *adj* keskipakoinen *centrifugal force* keskipakovoima
century /sentʃərɪ/ *s* vuosisata
CEO *chief executive officer* pääjohtaja
Cepheus /sifiəs/ (tähdistö) Kefeus
ceramic /sə'ræmɪk/ *adj* keraaminen, savi-
ceramics *s* **1** savenvalu **2** keramiikka, saviesineet **3** keraamit *high-tech ceramics* uudet keraamit
cereal /səriəl/ *s* (viljatuote) muro *breakfast cereals* aamiaismurot
cerebellum /ˌserə'beləm/ *s* (mon cerebellums, cerebella) pikkuaivot
cerebrum /sə'ribrəm/ *s* (mon cerebrums, cerebra) isoaivot
ceremonial /ˌserə'moʊniəl/ *s* seremonia, juhlamenot, juhlatilaisuus *adj* juhlallinen, juhla-, virallinen
ceremonially *adv* juhlallisesti
ceremonious /ˌserə'moʊniəs/ *adj* juhlallinen, juhla-, virallinen
ceremony /'serəˌmoʊnɪ/ *s* **1** seremonia, juhlamenot, juhlatilaisuus **2** muodollisuus, muodollisuudet
certain /sertən/ *adj* **1** varma, väistämätön *he is certain to become famous* hän tulee varmasti kuuluisaksi **2** eräs, tietty *a certain Mr. Jones wants to speak to you* muuan/joku Mr. Jones haluaa päästä puheillenne
certainly *adv* varmasti, varmaankin
certainty /sertəntɪ/ *s* varmuus, väistämättömyys
certificate /sər'tɪfɪkət/ *s* todistus
certificate of deposit *s* (tal) talletustodistus
certify /sərtəfaɪ/ *v* todistaa (virallisesti), vahvistaa
cesspool /sespʊəl/ *s* lokakaivo (myös kuv) likakaivo
cf. *compare* vertaa
CFI *cost, freight, and insurance*
CFL *Canadian Football League*
Chacoan peccary /tʃəˌkouən'pekəri/ *s* chaconpekari
Chad /tʃæd/ Tšad
Chadian *s, adj* tšadilainen
chafe /tʃeɪf/ *s* hiertymä *v* **1** hiertää **2** ärsyttää, hermostuttaa
chaff /tʃæf/ *s* akanat
chagrin /ʃə'grɪn/ *s* harmi, nolostus *to my chagrin I noticed that* harmikseni huomasin että
chain /tʃeɪn/ *s* ketju (myös kuv), kahle (myös kuv) *a chain of events* tapahtumien ketju *v* kahlehtia (myös kuv), sitoa ketjulla
chain reaction /ˌtʃeɪnrɪ'ækʃən/ *s* ketjureaktio
chainsmoker /'tʃeɪnˌsmoʊkər/ *s* ketjupolttaja
chainstore /'tʃeɪnˌstɔr/ *s* (myymäläketjun) myymälä
chair /tʃeər/ *s* **1** tuoli *electric chair* sähkötuoli **2** puheenjohtajuus **3** puheenjohtaja **4** oppituoli, professuuri *v* toimia kokouksen puheenjohtajana
chairman (mon) chairmen) *s* puheenjohtaja (mies)
chairperson *s* puheenjohtaja
chairwoman (mon chairwomen) *s* puheenjohtaja (nainen)
chalet /ʃə'leɪ/ *s* sveitsiläismökki
chalk /tʃak/ *s* liitu *v* kirjoittaa/merkitä liidulla
chalk up *to chalk something up to something* lukea jonkin syyksi, katsoa johtuvan jostakin
challenge /tʃæləndʒ/ *s* haaste *v* haastaa
challenger *s* (kaksintaisteluun, kilpailuun) haastaja
challenging *adj* haastava, vaativa
chamber /tʃeɪmbər/ *s* **1** (vanh) kamari, huone **2** (aseen) patruunapesä **3** (sydämen) kammio **4** (mon) tuomarin huone
chambermaid /'tʃeɪmbərˌmeɪd/ *s* sisäkkö
chamber music /'tʃeɪmbərˌmjuzɪk/ *s* kamarimusiikki
Chamber of Commerce /ˌtʃeɪmbərəv'kamərs/ *s* kauppakamari
chameleon /ʃə'milɪən, kə'miljən/ *s* kameleontti (myös kuv)

chamois /ʃæmɪ/ *s* säämiskä
chamois /ˌʃæm'wa/ *s* gemssi, vuorivuohi
champ /tʃæmp/ *s* (ark) mestari, voittaja
v **1** (hevosesta) pureksia **2** olla kärsimätön *to champ at the bit* olla kärsimätön, ei malttaa odottaa
champagne /ˌʃæm'peɪn/ *s* samppanja
champion /tʃæmpiən/ *s* **1** kannattaja, puolustaja, puolestapuhuja **2** mestari, voittaja
v kannattaa, puolustaa, puhua jonkin asian puolesta
championship /'tʃæmpiənˌʃɪp/ *s* **1** mestaruus **2** mestaruusottelu, mestaruuskilpailu **3** (asian) kannatus, puolustus
chan. *channel* kanava
chance /tʃæns/ *s* **1** sattuma, onni *by chance* sattumalta **2** mahdollisuus *your chances are slim* sinulla on huonot mahdollisuudet **3** tilaisuus *please give me another chance* anna minun yrittää uudestaan **4** riski *I don't want to take chances* minä en halua ottaa riskejä
v **1** sattua *he chanced to meet her* hän tapasi naisen sattumalta **2** yrittää, kokeilla (onneaan)
chancel /tʃænsəl/ *s* (kirkon) kuori
chancellor /tʃænsələr/ *s* kansleri
chance on *v* tavata sattumalta, törmätä johonkuhun
chancy *adj* uskalias, rohkea
chandelier /ˌʃændə'lɪər/ *s* kattokruunu
change /tʃeɪndʒ/ *s* **1** muutos *I have to make some changes to the manuscript* minun on korjailtava käsikirjoitusta **2** vaihtelu *he needs a change of pace* hän tarvitsee vaihtelua elämäänsä **3** vaihtoraha
v **1** vaihtaa, vaihtua *to change the oil/gear/one's name/hands* vaihtaa öljyt/vaihdetta/nimeä/omistajaa *I'll change quickly* minä vaihdan nopeasti vaatteita **2** muuttaa, muuttua *you have changed a lot since we last met* olet muuttunut paljon viime näkemästä *he changed his mind* hän muutti mielensä
changeable *adj* ailahteleva (luonne, mieliala), epävakainen (luonne, sää)
changeless *adj* muuttumaton, vakaa, samanlainen
change your tune *fr* tulla toisiin aatoksiin, muuttaa mielensä
Chang Jiang /ˌtʃaŋ'dʒjaŋ/ Jangtse, Chang Jiang
channel /tʃænəl/ *s* **1** kanaali *the English Channel* Englannin kanaali **2** (television) kanava **3** (kuv) kanava, tie, väline, keino *to go through channels* tehdä jotakin virkateitse, oikeita kanavia pitkin
v kanavoida, kanavoitua (myös kuv)
Channel Islands /ˌtʃænəl'aɪlənz/ (Ison-Britannian) Kanaalisaaret
chant /tʃænt/ *s* laulu
v **1** laulaa **2** hokea
chaos /keɪas/ *s* kaaos, sekasorto
chaotic /keɪ'atɪk/ *adj* kaoottinen, sekasortoinen
chaotically *adv* kaoottisesti, sekasortoisesti
chap /tʃæp/ *s* ihon hilseily, huulten rohtuminen
v (ihosta) hilseillä, (huulista) rohtua
chap. *chapter* luku
chapel /tʃæpəl/ *s* kappeli
chaplain /tʃæplən/ *s* kappalainen, sotilaspappi
chapter /tʃæptər/ *s* **1** (kirjan) luku **2** (järjestön yms) paikallisosasto
Chapter 13 *s* (tal) selvitystila
char /tʃar/ *v* polttaa mustaksi/karrelle, kärventää
character /kerəktər/ *s* **1** luonne, olemus **2** luonteenlujuus *he is a man of character* hänellä on luja luonne **3** (romaani)henkilö **4** heppu, tyyppi, persoonallisuus *he is quite a character* **5** kirjain, merkki, lyönti *the printer's output is 200 characters per second* kirjoitin tulostaa 200 merkkiä sekunnissa
characteristic /ˌkerəktə'rɪstɪk/ *s* (luonteen)piirre, ominaisuus
characteristically *adj* luonteenomaisesti, tyypillisesti, tapansa mukaan
characteristic of *adj* luonteenomainen, tyypillinen jollekulle/jollekin

characterize /'kerəktə,raɪz/ *v* **1** luonnehtia, kuvailla **2** olla luonteenomaista/ ominaista jollekulle/jollekin
characterless *adj* mitäänsanomaton, laimea
charade /ʃə'reɪd/ *s* **1** arvausleikki jossa pyritän arvaamaan vastapuolen pantomiimina esittämät sanat **2** (kuv) täydellinen farssi
charcoal /'tʃar,kouəl/ *s* puuhiili
charge /tʃardʒ/ *s* **1** syyte, syytös **2** hyökkäys **3** maksu, veloitus **4** luotto *will that be cash or charge?* maksatteko käteisellä vai luottokortilla? **5** johtoasema, vastuu *who's in charge here?* kuka täällä määrää/kuka on täällä johtajana? **6** taakka, rasite **7** räjähde, panos **8** (sähkö)varaus, lataus
v **1** syyttää *he was charged with murder* häntä syytettiin murhasta **2** hyökätä **3** rynnätä, törmätä johonkin **4** veloittaa, laskuttaa, ottaa maksuksi *he charged it to his Visa card* hän maksoi sen Visa-kortillaan **5** antaa tehtäväksi, määrätä johonkin tehtävään *they charged him to lead the ad campaign* hänet pantiin mainoskampanjan johtajaksi **6** ladata (ase, akku), varata (akku)
chargé d'affaires /,ʃarʒ'eɪdə'feərz/ *s* (diplomatiassa) asiainhoitaja
charge with *v* **1** syyttää jotakuta jostakin **2** antaa jollekulle tehtäväksi, määrätä joku tekemään jotakin
chariot /tʃerɪət/ *s* (hist) (sota)vaunut
charioteer /,tʃerɪə'tɪər/ *s* (hist) sotavaunujen ajaja
Charioteer /,tʃerɪə'tɪər/ (tähdistö) Ajomies
charisma /kə'rɪzmə/ *s* **1** karisma **2** vetovoima, karisma
charitable /tʃerətəbəl/ *adj* **1** ihmisrakas, hyväntahtoinen, antelias **2** hyväntekeväisyys-
charitably *adv* anteliaasti, hyväntahtoisesti
charity /tʃerətɪ/ *s* **1** lähimmäisenrakkaus **2** suvaitsevaisuus, hyväntahtoisuus **3** almu, avustus **4** hyväntekeväisyys **5** hyväntekeväisyysjärjestö
charlatan /ʃarlətən/ *s* huijari, petturi
Charlemagne /ʃarləmeɪn/ Kaarle Suuri
Charles Turley /,tʃarlz'tərli/ (Peter Panissa) Tolvana-Charles
Charlotte /ʃarlət/ kaupunki Pohjois-Carolinassa
charm /tʃarm/ *s* **1** viehätysvoima **2** taika, lumous **3** amuletti, maskotti
v **1** viehättää, olla mieleen **2** lumota, taikoa
charming *adj* ihastuttava, hurmaava
chart /tʃart/ *s* **1** taulukko, diagrammi **2** (mon) (äänilevyjen myynti)lista
v kartoittaa, seurata, merkitä muistiin
charter /tʃartər/ *s* **1** peruskirja, (yhdistyksen) säännöt **2** (lentokoneen, linja-auton) tilaus, charter *on charter* tilausajossa, tilauslennolla, charter-lennolla
v tilata (lentokone, linja-auto)
charwoman /'tʃar,wumən/ *s* (nais)siivooja
chase /tʃeɪs/ *s* takaa-ajo, jahti, riistan ajo
v ajaa takaa, jahdata (myös kuv)
chase after *v* juosta jonkun/jonkin perässä
chase away *v* ajaa/karkottaa tiehensä
chasm /kæzəm/ *s* railo, kuilu (myös kuv)
chassis /ʃæsɪ/ *s* (auton) alusta, (lentokoneen pää)laskuteline, (television, radion, vahvistimen) runko
chaste /tʃeɪst/ *adj* **1** siveä, puhdas, neitseellinen **2** koruton, yksinkertainen
chasten /tʃeɪsən/ *v* nuhdella, ojentaa; pysähtyä miettimään
chastise /'tʃæs,taɪz/ *v* rangaista, kurittaa
chastisement /,tʃæs'taɪzmənt/ *s* rangaistus, kuritus
chastity /tʃæstətɪ/ *s* siveys, koskemattomuus, neitsyys
chat /tʃæt/ *s* rupattelu, jutustelu
v rupatella, jutella *to chat with someone about something*
chateau /,ʃæ'tou/ *s* (mon chateaux, chateaus) linna (Ranskassa)
chatter /tʃætər/ *s* **1** hölynpöly, tyhjät puheet **2** puheensorina, (kirjoituskoneen) naputus, (linnun) sirkutus
v **1** pölistä, hölöttää, puhua pälpättää; (lintu) sirkuttaa **2** (hampaista) kalista

chime in *v* keskeyttää joku, sanoa väliin jotakin
chimney /tʃɪmni/ *s* savupiippu
chimney sweep *s* nuohooja, nokikolari (ark)
chimpanzee /ˌtʃɪmpæn'zi/ *s* simpanssi
chin /tʃɪn/ *s* leuka
china /tʃaɪnə/ *s* posliini, posiiliniesineet
China /tʃaɪnə/ Kiina
China Sea Kiinanmeri
Chinese /tʃaɪ'niz/ *s* kiinan kieli *s, adj* kiinalainen
chink /tʃiŋk/ *s* **1** halkeama, lohkeama, repeämä **2** kilinä **3** (halv) kiinalainen *v* **1** tukkia, tilkitä **2** kilistä
chip /tʃɪp/ *s* **1** lastu, sirpale, siru **2** pelimerkki **3** (mikro)siru **4** (golfissa) chippi, matala lyönti jolla lähestytään viheriötä *v* **1** lohkaista, lohkeilla, lohjeta, (maali) hilseillä **2** (golfissa) lyödä chippi, chipata
chip away *v* hakata/nokkia irti pitkään
chipboard /'tʃɪpˌbɔrd/ *s* lastulevy
chip in *v* **1** keskeyttää **2** pulittaa, antaa (rahaa keräykseen) *he chipped in a couple of bucks* häneltä liikeni pari taalaa
chip off *v* irrottaa (maali), irrota, hilseillä
chirp /tʃərp/ *s* (linnun) viserrys, liverrys, (heinäsirkan) siritys *v* (linnusta) visertää, livertää, (heinäsirkasta) sirittää
chirpy *adj* iloinen, hyväntyylinen, pirteä
chisel /tʃɪzəl/ *s* taltta *v* työstää taltalla, taltata
chiseled *adj* **1** taltalla työstetty **2** (kasvonpiirteistä) hieno, kaunis, komea
chit /tʃɪt/ *s* **1** lapsi, nuori ihminen, nuori nainen **2** ravintolalasku (jota ei makseta heti), piikki (ark)
chital /tʃitəl/ *s* aksisihirvi
chivalrous /ʃɪvəlrəs/ *adj* ritarillinen
chivalrously *adv* ritarillisesti
chivalry /ʃɪvəlrɪ/ *s* **1** ritarilaitos **2** ritarillisuus
chloroform /'klɔrəˌfɔrm/ *s* kloroformi *v* nukuttaa/puuduttaa kloroformilla
chlorophyll /'klɔrəˌfɪəl/ *s* lehtivihreä, klorofylli
chocolate /tʃaklət/ *s* **1** suklaa **2** kaakaojuoma *adj* suklaanruskea
choice /tʃoɪs/ *s* **1** valinta, vaihtoehto *they gave me no choice* minulle ei annettu valinnan varaa *you have three choices* sinulla on kolme vaihtoehtoa **2** valikoima *adj* **1** ensiluokkainen, laatu-, valikoitu (tavara) **2** huoliteltu (puhe)
choir /kwaɪər/ *s* **1** kuoro **2** (arkkitehtuurissa) kuori
choke /tʃoʊk/ *s* (polttomoottorin) rikastin, (ark) ryyppy *v* **1** tukehtua, tukahduttaa (myös kuv) **2** kuristaa **3** tukkia
choke back *v* niellä, tukahduttaa (kyyneleet, tunteet)
choke down *v* niellä, tukahduttaa (kyyneleet, tunteet)
choker /tʃoʊkər/ *s* kaulanauha, kaulapanta, helminauha
cholera /kalərə/ *s* kolera
choose /tʃuz/ *v* chose, chosen **1** valita **2** päättää *he chose not to go* hän päätti olla menemättä
choosy *adj* nirso, valikoiva
chop /tʃap/ *s* **1** isku, lyönti **2** kyljys *v* **1** iskeä, lyödä **2** pilkkoa, paloitella
chopper *s* **1** kyljyskirves, lihakirves **2** (ark) helikopteri **3** chopper(-moottoripyörä)
choppy *adj* **1** (tuulesta) puuskainen **2** (aallokosta) säännötön, hakkaava
chopsticks /'tʃapˌstɪks/ *s* (mon) syömäpuikot
choral /kɔrəl/ *adj* kuoro-
chord /kɔrd/ *s* **1** (geometriassa) jänne **2** (musiikissa) sointu
chore /tʃɔr/ *s* **1** (arki)askare, puuha **2** riesa, vaiva
choreographer /'kɔrɪəˌgræfər, kɔri'agrəfər/ *s* koreografi
choreography /ˌkɔri'agrəfɪ/ *s* koreografia
chorister /kɔrɪstər/ *s* kuorolaulaja, kuoropoika
chortle /tʃɔrtəl/ *v* hihittää, hykerrellä

chorus /kɔrəs/ *s* **1** kuoro *in chorus* yhteen ääneen **2** kertosäe
v laulaa/lausua/esittää/hokea kuorossa
chose /tʃoʊz/ ks choose
chosen ks choose
Christ /kraɪst/ Kristus
christen /krɪsən/ *v* ristiä, kastaa, antaa nimeksi
christening *s* ristiäiset, kaste(tilaisuus)
Christian /krɪstʃən/ *s* kristitty
adj kristitty, kristillinen
Christianity /ˌkrɪstʃi'ænɪti/ *s* **1** kristinusko, kristillisyys **2** kristillisyys, hurskaus
Christianize /'krɪstʃəˌnaɪz/ *v* käännyttää kristinuskoon
Christian name *s* etunimi
Christmas /krɪsməs/ *s* joulu
Christmas card *s* joulukortti
Christmas gift *s* joululahja
Christmas present *s* joululahja
Christmas stocking *s* sukka johon joululahjat pannaan
Christmastime /'krɪsməsˌtaɪm/ *s* joulunaika
Christmas tree *s* **1** joulukuusi **2** (öljynporauksessa) tuotantoventtiilistö
chrome /kroʊm/ *s* **1** kromi **2** (väri)dia
chromium /kroʊmɪəm/ *s* kromi
chromosome /'kroʊməˌsoʊm/ *s* kromosomi
chromosphere /'kroʊməsˌfɪər/ *s* kromosfääri
chronic /kranɪk/ *adj* krooninen, pitkäaikainen, jatkuva
chronically *adv* kroonisesti, pitkäaikaisesti (sairas)
chronicle /kranɪkəl/ *s* kronikka, aikakirja
v kronikoida
chronicler *s* kronikoitsija
chronological /ˌkranə'ladʒɪkəl/ *adj* kronologinen, aikajärjestyksessä oleva
chronology /krə'nalədʒɪ/ *s* kronologia, ajanlasku, aikajärjestys
chronometer /krə'namətər/ *s* kronometri, tarkkuuskello
chrysalis /krɪsələs/ *s* (hyönteisen) kotelo
chrysanthemum /krə'sænθəməm/ *s* krysanteemi
Chrysler /kraɪslər/ amerikkalainen automerkki
chubby /tʃʌbɪ/ *s* (sl) erektio
adj pyylevä, pyöreä
chuck /tʃʌk/ *s* **1** (poranterää pitelevä) istukka **2** (sl) sapuska
v **1** heittää, viskata **2** lopettaa, panna välit poikki
chuckle /tʃʌkəl/ *s* hihitys, hykertely
v hihittää, hykerrellä, nauraa itsekseen
chum /tʃʌm/ *s* kaveri, ystävä
chummy *adj* tuttavallinen, (liian) ystävällinen
chump /tʃʌmp/ *s* **1** typerys, ääliö **2** puupölkky, puunpala
chunk /tʃʌŋk/ *s* pala(nen), kimpale, möhkäle
chunky *adj* **1** tanakka, paksu **2** jossa on isoja (maapähkinän) paloja *chunky peanut butter*
Chunnel /tʃʌnəl/ Kanaalitunneli (EnglannIn kanaalin alittava rautatietunneli)
church /tʃərtʃ/ *s* kirkko (laitos ja rakennus)
churchgoer /'tʃərtʃˌgoʊər/ *s* kirkossakävijä
churchman /tʃərtʃmən/ *s* kirkonmies
church mouse *as poor as a church mouse* köyhä kuin kirkon rotta
church register *s* kirkonkirjat
churn /tʃərn/ *s* kirnu
v **1** kirnuta **2** (vedestä) hyökyä, (pyörä, potkuri) pyöriä vimmatusti, (tunteet, vesi) kuohua
churn out *v* suoltaa (tekstiä)
chute /ʃut/ *s* **1** liukumäki, kuilu **2** koski, putous **3** (ark) laskuvarjo
chutney /tʃʌtnɪ/ *s* chutney(-mausteseos)
C & I *cost and insurance*
CIA *Central Intelligence Agency* Yhdysvaltain keskustiedustelupalvelu
CIC *commander-in-chief* ylipäällikkö
cider /saɪdər/ *s* siideri
c.i.f. *cost, insurance, and freight* hinta vakuutuksineen ja rahteineen
cigar /sə'gar/ *s* sikari

cigarette /ˌsɪgə'ret/ *s* savuke, tupakka
cigarette lighter *s* tupakansytytin
CIM *computer-integrated manufacturing* tietokoneintegroitu valmistus
cinch /sɪntʃ/ *s* **1** satulavyö **2** helppo homma, lastenleikki **3** helppo juttu/nakki *it's a cinch* se on helppoa
v sopia asiasta, varmistaa sopimus
Cincinnati /ˌsɪnsə'næti/ kaupunki Ohiossa
cinder /sɪndər/ *s* **1** kekäle **2** (mon) tuhka
Cinderella /ˌsɪndə'relə/ Tuhkimo
cinema /sɪnəmə/ *s* **1** elokuvat(aide) **2** (UK) elokuvateatteri
CinemaScope™ /'sɪnəməˌskoʊp/ (elokuvissa) eräs laajakangasmenetelmä
cinematographer /ˌsɪnəmə'tagrəfər/ *s* (elokuvan) kuvaaja
cinematography /ˌsɪnəmə'tagrəfɪ/ *s* (elokuvan) kuvaus *director of cinematography* kuvauksen ohjaaja
Cinerama™ /ˌsɪnə'ræmə/ (elokuvissa) eräs laajakangasmenetelmä
Cinn. *Cincinnati*
cinnamon /sɪnəmən/ *s* kaneli
adj **1** kaneli- **2** kanelinvärinen
cinnamon roll /'sinəmənˌroəl/ *s* eräänlaisesta korvapuustista
CIO *Congress of Industial Organizations*
cipher /saɪfər/ *s* **1** nolla **2** numero **3** (ihmisestä) täysi nolla **4** salakirjoitus, salakieli
v **1** kirjoittaa salakielellä, koodata **2** (vanh) laskea, tehdä laskutehtäviä
cir. *circa* noin
circa /sərkə/ *prep* noin
circle /sərkəl/ *s* **1** ympyrä **2** rengas **3** (esim ystävä/perhe)piiri
v **1** ympyröidä (kynällä), ympäröidä **2** piirittää, saartaa **3** lentää ympyrässä/ympärillä
circle around *v* kulkea ympäriinsä/ sinne tänne, kiertää kehää
circle the wagons *fr* **1** (villissä lännessä) järjestää vaunut suojaksi ympyrään **2** (sl) käydä puolustusasemiin
circuit /sərkət/ *s* **1** kierto, kulku, mutka, lenkki **2** virtapiiri **3** kilparata **4** urheiluliiga, -sarja
circuit board *s* piirikytkentälevy
circuit breaker *s* (virran)katkaisin, pääkatkaisin
circuitous /sər'kjuətəs/ *adj* mutkikas, vaivalloinen, kierto-
circuitry /sərkətrɪ/ *s* virtapiirit
circular /sərkjələr/ *s* **1** kiertokirje **2** ristiside
adj pyöreä, pyörivä
circular saw /'sərkjələrˌsa/ *s* pyörösaha, sirkkeli
circulate /'sərkjəˌleɪt/ *v* **1** kiertää, kierrellä (ympäriinsä, paikasta toiseen) **2** kierrätää, panna kiertämään **3** levittää (huhua, tietoa)
circulation /ˌsərkjə'leɪʃən/ *s* **1** (veren, rahan) kierto **2** (lehden) levikki
circumcise /'sərkəmˌsaɪz/ *v* ympärileikata
circumcision /ˌsərkəm'sɪʒən/ *s* ympärileikkaus
circumference /sər'kʌmfrəns/ *s* ympärysmitta
circumflex /'sərkəmˌfleks/ *s* sirkumfleksi
circumlocution /ˌsərkəmloʊ'kjuʃən/ *s* kiertoilmaus, kaunisteleva ilmaus
circumnavigate /ˌsərkəm'nævəgeɪt/ *v* purjehtia (maailman, saaren, niemen) ympäri, kiertää
circumnavigation /ˌsərkəmnævə'geɪʃən/ *s* (maailman)-ympäripurjehdus
circumscribe /'sərkəmˌskraɪb/ *v* **1** ympyröidä, merkitä ympyrällä **2** rajoittaa
circumscription /ˌsərkəm'skrɪpʃən/ *s* **1** rajoitus **2** (kolikon) reunakirjoitus
circumspect /'sərkəmˌspekt/ *adj* varovainen, harkitseva
circumspection /ˌsərkəm'spekʃən/ *s* varovaisuus, harkinta
circumstance /'sərkəmˌstæns/ *s* **1** seikka, näkökohta, (mon) olot, olosuhteet **2** (mon) taloudelliset olot, varallisuus

circumstantial /ˌsərkəm'stænʃəl/ *adj* **1** yksityiskohtainen, perusteellinen **2** epäolennainen, sivu-
circumstantial evidence *s* (lak) aihetodiste
circumvent /'sərkəmˌvent ˌsərkəm'vent/ *v* kiertää, välttää, välttyä joltakin
circus /sərkəs/ *s* **1** sirkus **2** aukio
cirrus /sirəs/ *s* cirrus, untuvapilvi
cistern /sɪstərn/ *s* (wc:n) huuhtelusäiliö
citation /saɪ'teɪʃən/ *s* **1** sitaatti, lainaus **2** kunniamaininta **3** haaste (saapua oikeuteen) **4** sakko(lappu)
cite /saɪt/ *v* **1** siteerata, lainata **2** mainita (myös ohimennen) **3** (laki) syyttää
citizen /sɪtəzən/ *s* **1** kansalainen **2** (kaupungin) asukas
citizenship /'sɪtəzənˌʃɪp/ *s* kansalaisuus, kansalaisoikeus
citric acid /ˌsɪtrɪk'æsəd/ *s* sitruunahappo
citrus /sɪtrəs/ *s* sitrushedelmä
adj sitrus-
city /sɪtɪ/ *s* **1** kaupunki **2** *the city* (puhujaa lähin suuri) kaupunki **3** *the City* Lontoon City
city desk *s* (sanomalehden) paikallistoimitus
city hall *s* kaupungintalo
civic /sɪvɪk/ *adj* **1** kaupungin, kaupunki- **2** kansalais-
civic center *s* **1** (kaupungin) kulttuurikeskus, kulttuurirakennus **2** (kaupungin) hallintokeskus, hallintorakennus **3** monitoimitalo
civics /sɪvɪks/ *s* (mon, verbi joko yksikössä tai mon) kansalaistaito
civil /sɪvəl/ *adj* **1** kansalais- **2** siviili- **3** kohtelias, huomaavainen
civil disobedience /ˌsɪvəlˌdɪsə'bidɪəns/ *s* kansalaistottelemattomuus
civil engineer /ˌsɪvəlˌendʒə'nɪər/ *s* rakennusinsinööri; tie- ja vesirakennusinsinööri
civil engineering *s* tie- ja vesirakennustyöt
civilian /sə'vɪljən/ *s* siviili
adj siviili-
civility /sə'vɪlətɪ/ *s* kohteliaisuus
civilization /ˌsɪvəlɪ'zeɪʃən/ *s* **1** sivilisaatio, kulttuuri **2** sivistäminen
civilize /'sɪvəˌlaɪz/ *v* sivilisoida, sivistää
civil liberty *s* kansalaisvapaus
civilly *adv* kohteliaasti, ystävällisesti
civil rights *s* (mon) kansalaisoikeudet
civil rights movement *s* kansalaisoikeusliike
civil servant /ˌsɪvəl'sərvənt/ *s* valtion virkamies
civil service /ˌsɪvəl'sərvəs/ *s* valtionhallinto
claim /kleɪm/ *s* **1** vaatimus **2** väite **3** osuus **4** (kultakentän yms) valtausoikeus
v **1** vaatia (itselleen), väittää omakseen *the Isarelis claim this area* israelilaiset vaativat tätä aluetta omakseen **2** väittää *he claims to be American* hän väittää olevansa amerikkalainen
claim back *v* vaatia takaisin/maksettavaksi/palautettavaksi
claim to fame *s* nähtävyys, suursaavutus, erikoisuus
clairvoyance /ˌkleɪr'voɪəns/ *s* selvänäköisyys
clairvoyant /ˌkleɪr'voɪənt/ *s* selvänäkijä
clam /klæm/ *s* (venus)simpukka
clamber /klæmbər/ *s* kompurointi
v kompuroida, nousta/kulkea kömpelösti
clammy /klæmi/ *adj* kostea, nihkeä
clamor /klæmər/ *s* **1** meteli, äläkkä **2** äänekäs vaatimus
clamor against *v* vastustaa äänekkästi jotakin
clamor for *v* vaatia äänekkäästi jotakin
clamp /klæmp/ *s* kiinnitin, puristin
v kiinnittää, puristaa
clamp down on *v* panna (joku, menot, rikollisuus) kuriin, koventaa otteita
clan /klæn/ *s* klaani; suku; heimo
clandestine /ˌklæn'destən/ *adj* salainen
clang /klæŋ/ *v* kilahtaa

clap /klæp/ *s* **1** kättentaputus **2** (sl) tippuri
v **1** taputtaa käsiään **2** peittää nopeasti kädellään
claret /klerət/ *s* punaviini, bordeauxviini
adj viininpunainen
clarification /ˌklerəfɪ'keɪʃən/ *s* selvitys, selvennys
clarify /'klerəˌfaɪ/ *v* **1** selvittää, selventää **2** kirkastaa, kirkastua, seljetä, puhdistaa, puhdistua
clarinet /ˌklerə'net/ *s* klarinetti
clarinetist /ˌklerə'netɪst/ *s* klarinetisti
clarity /klerətɪ/ *s* **1** kirkkaus **2** selkeys, helppotajuisuus
clash /klæʃ/ *s* yhteentörmäys (myös kuv), yhteenotto (myös kuv), (ihmisten, värien) yhteensopimattomuus, (etujen) ristiriitaisuus
v törmätä/ottaa yhteen (myös kuv), ei sopia yhteen, olla ristiriidassa keskenään
clasp /klæsp/ *s* **1** suljin, haka(neula) **2** ote
v **1** tarttua johonkin **2** ristiä (kätensä) **3** sulkea, napsauttaa kiinni, kiinnittää hakaneulalla
class /klæs/ *s* **1** koululuokka **2** oppitunti **3** luokkahuone **4** yhteiskuntaluokka **5** luokka, ryhmä **6** (ark) tyyli, hyvä maku *she's got class* hänessä on tyyliä
v luokitella itsensä/joku/jotakin johonkin ryhmään
class act *s* (ark) hieno temppu, erinomainen asia
class book *s* (opettajan luokasta pitämä) päiväkirja
class conflict *s* luokkataistelu
class consciousness *s* luokkatietoisuus
classic /klæsɪk/ *s* klassikko
adj klassinen (myös kuv)
classical *adj* klassinen
classical music *s* klassinen musiikki
classification /ˌklæsəfɪ'keɪʃən/ *s* luokittelu, jaottelu
classified /'klæsəˌfaɪd/ *adj* **1** luokiteltu **2** salainen
classified ads *s* (mon) (sanomalehden) luokitellut ilmoitukset, pikkuilmoitukset
classify /'klæsɪˌfaɪ/ *v* luokitella, lukea/laskea johonkin kuuluvaksi
classless /klæsləs/ *adj* luokaton (yhteiskunta)
classmate /'klæsˌmeɪt/ *s* luokkatoveri
classroom /'klæsˌrum/ *s* luokkahuone
class struggle *s* luokkataistelu
class war *s* luokkataistelu
clatter /klætər/ *s* (särkyvien astioiden) kilinä, räminä, (kavioiden) kopse
v kilistä, rämistä, kopista
clause /klaz/ *s* **1** (kieliopissa) lause; lauseke **2** (lak) klausuuli
claustrophobia /ˌklastrə'foʊbiə/ *s* ahtaanpaikan kammo, klaustrofobia
claustrophobic /ˌklastrə'foʊbɪk/ *adj* klaustrofobinen, ahtaanpaikan kammoa kokeva/aiheuttava
clavicle /klævɪkəl/ *s* solisluu
claw /kla/ *s* **1** (eläimen) kynsi **2** (ravun yms) sakset **3** (vasaran) sorkka
v **1** raapia, kynsiä, raadella **2** hapuilla jotakin, yrittää saada ote jostakin
clay /kleɪ/ *s* savi
clean /klin/ *v* puhdistaa, siivota, pestä, pyyhkiä, korjata pois
adj **1** puhdas, siisti (myös kuv) **2** kiltti (vitsi), viaton (viihde) **3** tahraton (menneisyys) **4** (sl) aseeton
adv (voimistavana sanana:) kokonaan, täysin *it'll blow your head clean off* se tekee päästäsi selvää jälkeä
clean-cut /ˌklin'kʌt/ *adj* puhdas(linjainen)
cleaner *s* **1** siivooja **2** puhdistusaine **3** (mon) *cleaners* pesula *to take someone to the cleaners* tehdä jostakusta selvää jälkeä, antaa jollekulle selkään; voittaa selvästi, kyniä puhtaaksi
cleanliness /klenlinəs/ *s* puhtaus, siisteys *cleanliness is next to godliness* puhtaus on puoli ruokaa
cleanly *adj* /klenli/ (ihmisestä) siisti
adv /klinli/ siististi
cleanness /klinnəs/ *s* **1** siisteys, puhtaus **2** kiltteys, viattomuus

clean off *v* pestä, peseytyä, pyyhkiä, siivota, huuhdella
clean out *v* **1** pestä, siivota, puhdistaa (myös kuv) **2** kyniä joku puhtaaksi
cleanse /klenz/ *v* puhdistaa (myös kuv: synnistä)
cleanser /klenzər/ *s* pesuaine, (ihon)puhdistusaine
clean-shaven /ˌklin'ʃeɪvən/ *adj* sileäleukainen
clean slate *s* (kuv) puhtaat paperit
clean up *v* **1** pestä, peseytyä, puhdistaa **2** korjata (irtolaisia ym) talteen, puhdistaa **3** pistää rahoiksi
cleanup /klinʌp/ *s* **1** pesu, siistiytyminen **2** (irtolaisten ym) talteen korjaaminen, puhdistus **3** suuri rahallinen voitto
clear /klɪər/ *s: he is in the clear* hän on selvillä vesillä/kuivilla
v **1** (säästä) kirkastua, (pilvistä) hajaantua, (sumusta) hälvetä **2** avata (tukos), siivota, puhdistaa **3** korjata (astiat pöydästä) **4** tehdä tilaa, väistyä syrjään **5** tyhjentää (kirjelaatikko) **6** todeta syyttömäksi, puhdistaa jonkun maine **7** ylittää (aita/rima), ohittaa **8** varmistaa että sekillä on katetta
adj **1** kirkas, puhdas (myös kuv) **2** selvä (käsitys, käsky, pää) **3** vapaa, avoin, esteetön *the road is clear*
adv loitolla, kaukana *steer clear of someone/something* pysytellä kaukana jostakusta/jostakin
clearance /klɪrəns/ *s* **1** esim *ground clearance* (auton) maavara *overhead clearance* (ajoneuvon) suurin sallittu korkeus (alikulkuväylässä) **2** (metsän)-aukeama **3** tyhjennysmyynti **4** lupa (päästä käsiksi salaiseen aineistoon/päästä valvottuun paikkaan)
clear away *v* **1** korjata/viedä pois/pöydästä **2** (säästä) kirkastua, (pilvistä) hajaantua
clear-cut *adj* selvä, selväpiirteinen (tapaus, kasvot)
clearing *s* (metsän)aukeama
clearing corporation *s* (tal) selvitysyhtiö
clearly *adv* selvästi
clear off *v* **1** siivota, korjata asiat pöydästä **2** häipyä, alkaa nostella
clear out *v* **1** tyhjentää **2** häipyä, livistää
clear up *v* **1** (säästä) kirkastua, (pilvistä) hajaantua **2** siivota, korjata (sotku) **3** ratkaista (arvoitus), selvittää (väärinkäsitys) **4** maksaa (velka)
cleave /kliv/ *v* cleft/cleaved, cleft/cleaved **1** halkaista (kahtia kirveellä tms) **2** pitää lujasti kiinni jostakin/jostakusta, tarrautua
clef /klef/ *s* nuottiavain
cleft /kleft/ *s* halkio, halkeama, kuilu (myös kuv)
v ks cleave
clemency /klemənsi/ *s* **1** lempeys, armeliaisuus, armo **2** (sään) lauhkeus
clement /klemənt/ *adj* (sää) lauhkea
clench /klentʃ/ *v* puristaa (esim käsi nyrkkiin)
clergy /klərdʒi/ *s* papisto
clergyman /klərdʒɪmən/ *s* miespappi
clergywoman *s* naispappi
clerical /klerɪkəl/ *adj* **1** papillinen, papin- **2** toimisto-, konttori-
clerk /klərk/ *s* **1** toimistotyöntekijä **2** myymäläapulainen, myyjä
Clev. *Cleveland*
Cleveland /klivlənd/ **1** Englannin kreivikuntia **2** kaupunki Ohiossa Yhdysvalloissa
clever /klevər/ *adj* nokkela (ihminen, teko), terävä(päinen), taitava, nerokas (ihminen, ajatus, laite)
cleverly *adv* nokkelasti, terävästi, nerokkaasti
cleverness *s* nokkeluus, terävyys, nerokkuus
CLI *cost of living index* elinkustannusindeksi
cliché /ˌkli'ʃeɪ/ *s* klisee, kulunut sanonta
click /klɪk/ *s* naksahdus, loksahdus
v naksahtaa, loksahtaa
client /klaɪənt/ *s* (lakimiehen, liikkeen) asiakas
clientele /ˌklaɪən'tel/ *s* asiakkaat, asiakaskunta

cliff /klɪf/ *s* kallionjyrkänne, (rannikolla myös) kliffi

cliff dweller *s* Lounais-Yhdysvalloissa luolissa ja kallionrinteiden rakennuksissa asuneista esihistoriallisista intiaaniheimoista

cliff dwelling *s* Lounais-Yhdysvaltojen esihistoriallisten intiaanien kallionrinteeseen rakentama asumus

climactic /ˌklaɪ'mæktɪk/ *adj: a climactic event* huipentuma, huipputapaus

climate /klaɪmət/ *s* **1** ilmasto **2** (kuv) ilmapiiri

climatic /ˌklaɪ'mætɪk/ *adj* ilmastollinen, ilmaston

climax /klaɪmæks/ *s* **1** huipentuma **2** orgasmi
v **1** huipentua **2** saada orgasmi

climb /klaɪm/ *s* kiipeäminen
v kiivetä (myös kuv), nousta (myös kyytiin)

climb down *v* laskeutua, nousta/kiivetä alas jostakin

climber *s* **1** vuorikiipeilijä **2** kiipijä, pyrkyri **3** köynnöskasvi

climb in *v* nousta kyytiin/sisään/jonnekin

climb the walls *fr* (sl) kiivetä seinille, raivostua, pillastua

clinch /klɪntʃ/ *v* sattaa päätökseen, ratkaista, solmia (sopimus)

clincher *s* ratkaiseva seikka

cling /kliŋ/ *v* clung, clung: tarttua, takertua, pitää lujasti kiinni jostakin (myös kuv) *he clung stubbornly to his old-fashioned views* hän piti jääräpäisesti kiinni vanhanaikaisista käsityksistään

clinic /klɪnɪk/ *s* klinikka, sairaala *the Mayo Clinic* Mayon sairaala

clinical *adj* **1** kliininen **2** (kuv) viileä, asiallinen, koruton

clink /kliŋk/ *s* kilahdus
v kilahtaa

clip /klɪp/ *s* **1** puristin, nipistin, (korun) klipsi *paper clip* paperiliitin, klemmari (ark) **2** (aseen patruuna)lipas **3** arkistofilmi(n katkelma) **4** isku, lyönti **5** leikkaaminen, saksiminen, keriminen
v **1** leikata, saksia, lyhentää, keritä **2** kiinnittää (puristimella), kiinnittyä **3** niellä sanojensa loput **4** lyödä, iskeä **5** hipaista, raapaista

clipboard /'klɪpˌbɔrd/ *s* (lomakkeiden yms) keräilyalusta

clipping *s* lehtileike

clique /klɪk klik/ *s* klikki, nurkkakunta

clitoris /klɪtərəs/ *s* klitoris, häpykieli

cloak /kloʊk/ *s* **1** viitta **2** (kuv) verho, salamyhkäisyys, turva
v (kuv) verhota, salata

cloak-and-dagger /ˌkloʊkən'dægər/ *adj* salamyhkäinen, rikos-

cloakroom /'kloʊkˌrum/ *s* vaatesäilö

clock /klak/ *s* kello
v mitata/saada ajaksi *I clocked the race car at 51 seconds* mittasin kilpa-auton ajaksi 51 sekuntia

clock in *v* aloittaa työ johonkin aikaan, tulla työhön, leimata kellokortti

clockmaker /'klakˌmeɪkər/ *s* kelloseppä

clock out *v* lopettaa työ johonkin aikaan, lähteä kotiin, leimata kellokortti

clock radio *s* kelloradio

clock watcher *s* **1** kelloon tuijottaja joka malttamattomana odottaa työpäivän päättymistä **2** joku joka odottaa hermostuneesti/innokkaasti jotakin

clockwise /'klakˌwaɪz/ *adv* myötäpäivään

clod /klad/ *s* **1** (multa- ym) möykky **2** typerys; maatiainen

clog /klag/ *s* puukenkä
v tukkia, tukkeutua

cloister /kloɪstər/ *s* **1** ristikäytävä **2** luostari
v sulkea luostariin, (kuv) siirtää (pois tieltä) eläkkeelle

cloistered *adj* **1** jossa on ristikäytävä **2** eristynyt, eristetty, suojaisa *he lives a very cloistered life* hän elää maailmalta syrjässä

clone /kloʊn/ *s* klooni
v kloonata

close /kloʊs/ *adj* **1** (ajasta, tilasta) lähellä, lähi- **2** läheinen *they were very close friends* he olivat hyvin läheiset

ystävät **3** tiheä, tiivis (käsiala, rivi) **4** tarkka (tutkimus, keskittyminen, käännös); tarkkaavainen **5** täpärä (tulos), lähes tasaväkinen (kilpailu)
adv (ajasta, tilasta) lähellä, partaalla

close /klouz/ *s* loppu *to bring/come to a close* lopettaa, loppua, päättää, päättyä
v **1** sulkea, sulkeutua, panna/mennä kiinni *please close the door* sulje ovi **2** lopettaa, loppua, päättää, päättyä *he closed his bank account/the meeting/the factory* hän lopetti pankkitilinsä, päätti/lopetti kokouksen, sulki tehtaan *the play closed Monday* näytelmä poistettiin ohjelmistosta maanantaina **3** lähestyä, tulla lähemmäksi **4** pörssipäivän loppunoteerauksesta *Exxon stock closed at $195* **5** solmia, viimeistellä *we closed the deal at daybreak* saimme kaupan solmituksi aamunkoitteessa

close call *that was a close call* se oli täpärällä

close-cropped /ˌklous'krapt/ *adj* (hiuksista) lyhyet

close-captioned /ˌklouz'kæpʃənd/ *adj* (kuulovammaisille) tekstitetty (televisiolähetys)

close-down /'klouzˌdaun/ *s* (yrityksen) sulkeminen, lopettaminen, lakkautus

close down *v* (yrityksestä) sulkea ovensa, lopettaa (toimintansa)

closed shop *s* (tehdas jossa on) ammattiyhdistyspakko

closed stance /'klouzdˌstæns/ *s* (golf) suljettu stanssi, asento jossa oikeakätinen pelaaja tähtää kohteesta oikealle

close in on *v* lähestyä jotakuta, olla jonkun jäljillä, käydä johonkuhun kiinni

close-lipped /ˌklous'lɪpt/ *adj* vähäpuheinen

closely /klousli/ *adv* **1** läheisesti, tiiviisti, lähi- *they are closely related* he ovat läheistä sukua toisilleen/he ovat lähisuku(la)isia **2** (kuunnella, seurata, tutkia) tarkasti, huolellisesti

close-mouthed /ˌklous'mauðd/ *adj* salamyhkäinen, hiljainen, tuppisuu (ark)

closeout /'klouzˌaut/ *s* **1** (myymälän, tietyn tavaran) loppuunmyynti **2** loppuunmyytävä tavara

closet /klazət/ *s* (vaate) komero
adj salainen *he is a closet homosexual* hän ei tunnusta avoimesti olevansa homoseksualisti

close up /klouzʌp/ *v* sulkea, sulkeutua, umpeutua, panna lukkoon

close-up /klousʌp/ *s* **1** (valokuva)-suurennos **2** lähikuva
adj lähi-, yksityiskohtainen

close with /'klousˌwɪð/*v* solmia sopimus jonkun kanssa, hyväksyä tarjous

closing price *s* (tal) päivän viimeinen hinta

closure /klouʒər/ *s* (tehtaan, tien, liikkeen) sulkeminen, (haavan) umpeutuminen

clot /klat/ *s* **1** tukko, hyytymä **2** typerys
v (verestä) hyytyä, hyydyttää, ahtauttaa (verisuonet), ahtautua

cloth /klaθ/ *s* **1** kangas *it's made of cloth* **2** liina *a table cloth* pöytäliina

clothe /klouð/ *v* vaatettaa, pukea, pukeutua (myös kuv)

clothes /klouðz klouz/ *s* (mon) vaatteet

clothespin /'klouzˌpɪn/ *s* pyykkipoika

clothing /klouðiŋ/ *s* **1** vaatteet **2** peite, päällys

cloud /klaud/ *s* **1** pilvi (myös savupilvi yms) **2** pilvi, sankka parvi
v **1** sumentaa, samentaa, peittää (näkyvistä) **2** synkistää, synkistyä (ilmeestä), saada näyttämään/tuntumaan synkältä

cloudiness *s* **1** (taivaan) pilvisyys **2** (nesteen) sameus

cloudless *adj* pilvetön

cloud over *v* (taivaasta) mennä pilveen, (kasvoista) synkistyä

cloud up *v* sumentua, sumentaa, samentaa, höyrystyä

cloudy *adj* **1** (taivaasta) pilvinen **2** (nesteestä) samea

clout /klaut/ *s* **1** isku, lyönti **2** (vaikutus)valta

clover /klouvər/ *s* apila

cloverleaf /'klouvər,lif/ *s* nelisuuntainen moottoritieristeys, neliapilaliittymä
clown /klaun/ *s* klovni, (sirkus)pelle (myös kuv)
v pelleillä
club /klʌb/ *s* **1** nuija, maila **2** (pelikortissa) pata **3** kerho, klubi
v nuijia, hakata, lyödä
club sandwich *s* kolmikerrosvoileipä
cluck /klʌk/ *s* (kanan) kotkotus
v kotkottaa
clue /klu/ *s* vihje, johtolanka, aavistus
clue in *v* kertoa jollekulle jotakin, paljastaa, perehdyttää joku johonkin
clump /klʌmp/ *s* joukko, rykelmä (puita, kukkia), möykky
v **1** tarpoa, tallustaa **2** koota yhteen/rykelmäksi
clumsily *adv* kömpelösti (myös kuv:) epähienosti, moukkamaisesti
clumsiness *s* kömpelyys
clumsy /klʌmzi/ *adj* **1** (ihminen, esine, kirjoitus, yritys) kömpelö **2** (teko, huomautus) epähieno, sopimaton, moukkamainen
clung /klʌŋ/ ks cling
cluster /klʌstər/ *s* ryhmä, joukko, rykelmä, terttu, nippu,
v kokoontua, kasaantua, kertyä, ruuhkautua
clutch /klʌtʃ/ *s* **1** ote (myös kuv), puristus **2** (auton ym) kytkin
v puristaa, tarttua, pitää lujasti kiinni
clutch at *v* yrittää saada kiinni/ote jostakin, hapuilla jotakin
clutch at a straw *fr* (yrittää) tarttua (vaikka) oljenkorteen
clutter /klʌtər/ *s* (seka)sotku, epäjärjestys
v lojua sikinsokin jossakin
CLV *constant linear velocity* eräs laserkuvalevytyyppi
CMOS *complementary metal oxide semiconductor*
c/o *care of* jonkun luona
CO *Colorado*
coach /koutʃ/ *s* **1** (umpinaiset) hevosvaunut **2** linja-auto, (UK) pitkänmatkan linja-auto **3** (lentokoneen) turistiluokka **4** (urheilu)valmentaja **5** yksityisopettaja
v valmentaa, opettaa
coagulate /kou'ægjə,leɪt/ *v* koaguloitua, hyytelöityä
coagulation /kou,ægjə'leɪʃən/ *s* koagulaatio, hyytelöityminen
coal /koəl/ *s* hiili
coalesce /,koə'les/ *v* yhdistää, yhdistyä
coalescence /,koə'lesəns/ *s* yhdistäminen, yhdistyminen
coalfield /'koəl,fɪəld/ *s* hiilikenttä
coalgas /'koəl,gæs/ *s* hiilikaasu
coalition /,koəə'lɪʃən/ *s* koalitio, liitto
coalition government *s* kokoomushallitus
coalmine /'kol,maɪn/ *s* hiilikaivos
coalminer /'kol,maɪnər/ *s* hiilikaivosmies
coarse /kɔrs/ *adj* karkea (pinta, esine, piirteet, puhe), hiomaton, kömpelö
coarsely *adv* karkeasti, kömpelösti
coarsen *v* karhentaa, karhentua, karkeuttaa, tehdä/tulla karkeaksi (myös kuv)
coast /koust/ *s* rannikko
v **1** laskea pulkalla/kelkalla/polkupyörällä mäkeä **2** ajaa (autoa) vapaalla **3** selvitä vähällä vaivalla, (kuv) matkustaa jonkun siivellä
coastal *adj* rannikko-
coast guard *s* rannikkovartiosto
coastline *s* rannikko
Coast Range /'koust,reɪndʒ/ Rannikkovuoret (Kaliforniasta Alaskaan ulottuva vuoristo)
coast-to-coast *adj* koko Yhdysvallat käsittävä, maanlaajuinen
coat /kout/ *s* **1** (päällys)takki **2** (eläimen) turkki **3** (maali- tai muu) kerros
v maalata, sivellä, päällystää, kuorruttaa *to be coated with something* olla päällystetty jollakin/yltä päältä jossakin
coat hanger *s* vaateripustin
coating *s* päällyste, pinta, kerros
coat of arms *s* vaakuna
coat of mail *s* panssaripaita
coax /kouks/ *v* (yrittää) suostutella, taivutella, houkutella *they coaxed me into signing the agreement* he saivat minut allekirjoittamaan sopimuksen

coaxing *s* suostettelu, taivuttelu *adj* imarteleva, mielistelevä
cob /kab/ *s* **1** pieni hevonen **2** urosjoutsen **3** maissintähkä
cobalt blue /'koʊbalt,blu/ *s, adj* koboltinsininen
cobble /kabəl/ *s* mukulakivi *v* päällystää mukulakivillä
cobblestone /'kabəl,stoʊn/ *s* mukulakivi
COBOL *Common Business Oriented Language* eräs tietokonekieli
cobra /koʊbrə/ *s* kobra
cobweb /'kab,web/ *s* hämähäkinverkko
cocaine /koʊ,keɪn/ *s* kokaiini
cock /kak/ *s* **1** kukko **2** koiras(lintu) **3** (vesi)hana **4** (aseen) hana **5** (sl) penis *v* **1** virittää (ase, kameran suljin) **2** höristää (korviaan), kallistaa (päätään, hattua)
cockatoo /'kakə,tu/ *s* kakadu
cockerel /kakərəl/ *s* nuori kukko
cock-eyed /'kak,aɪd/ *adj* **1** kierosilmäinen **2** (sl) älytön, mieletön **3** (sl) juopunut
cockle /kakəl/ *s* (sydän)simpukka
cockney /kakni/ *s* **1** Lontoon (työläis)murre **2** syntyperäinen (työväenluokkaan kuuluva) lontoolainen
cockpit /'kak,pɪt/ *s* (lentokoneen) ohjaamo
cockroach /'kak,roʊtʃ/ *s* torakka
cockscomb /kakskəm/ *s* kukonheltta
cocktail /'kak,teɪəl/ *s* (alkoholi-, hedelmä)cocktail
cock up *v* munata, tyriä, mokata (ark)
cocoa /koʊkoʊ/ *s* **1** kaakao **2** kaakaojuoma
coconut /koʊkənət koʊkənʌt/ *s* kookospähkinä
cocoon /kə'kun/ *s* (silkkiperhosen) kotelo
C.O.D /,sioʊ'di/ *Cash On Delivery* jälkivaatimuksella, postiennakolla
cod /kad/ *s* turska
coddle /kadəl/ *v* hemmotella, hellitellä (lasta, sairasta)
code /koʊd/ *s* **1** säännöt, määräykset, ohjeet **2** salakieli, koodi **3** (tietokonekielissä) koodi *v* koodata, kääntää salakielelle
codeine /koʊdin/ *s* kodeiini
co-ed /,koʊ'ed/ *s* naisopiskelija *adj* **1** (oppilaitoksesta jossa on naisia ja miehiä) yhteis- **2** naisopiskelijoiden
coeducation /koʊ,edʒə'keɪʃən/ *s* (miesten ja naisten) yhteiskoulutus
coeducational *adj* yhteiskoulu(tus)-
coefficient /,koə'fɪʃənt/ *s* (mat) kerroin
coerce /koʊ'ərs/ *v* pakottaa
coercion /koʊ'ərʃən/ *s* pakkokeinot, pakottaminen
coercive /koʊ'ərsɪv/ *adj* pakko-
coexist /,koəg'zɪst/ *v* elää/olla olemassa rinnakkain
coexistence /,koəg'zɪstəns/ *s* rinnakkaiselo
coexistent *adj* rinnakkainen, samanaikainen
coextensive /,koək'stensɪv/ *adj* samanaikainen, yhtä suuri/laaja/pitkä, samansisältöinen
coffee /kafɪ/ *s* kahvi
coffee break *s* kahvitauko
coffee maker *s* kahviautomaatti
coffee table book *s* kuvateos
coffin /kafən/ *s* ruumisarkku
cog /kag/ *s* (hammaspyörän) hammas
cogitate /'kadʒə,teɪt/ *v* miettiä, pohtia, harkita
cogitation /,kadʒə'teɪʃən/ *s* pohdinta, harkinta, (mon) mietteet, ajatukset
cognac /koʊnjak/ *s* konjakki
cognition /,kag'nɪʃən/ *s* kognitio
cognitive /kagnətɪv/ *adj* kognitiivinen
cognizance /kagnəzəns/ *s* tietoisuus, tieto
cognizant *adj* tietoinen jostakin *she is not cognizant of the ramifications* hän ei ymmärrä asian seurauksia
cohabit /koʊ'hæbɪt/ *v* olla avoliitossa, asua yhdessä
cohabitation /koʊ,hæbə'teɪʃən/ *s* avoliitto
cohere /ko'hɪər/ *v* olla yhtenäinen kokonaisuus, pysyä yhdessä/koossa (myös kuv)

coherence /koʊ'hɪərəns/ *s* yhtenäisyys, tiiviys, yhdessä/koossapysyminen
coherent *adj* **1** ymmärrettävä, järkevä **2** yhtenäinen, tiivis, aukoton
cohesion /koʊ'hiʒən/ *s* **1** (tieteessä) koheesio **2** yhtenäisyys, yhteenkuuluvuus, lujuus
cohesive /koʊ'hisɪv/ *adj* **1** (tieteessä) kohesiivinen **2** yhtenäinen, sulkeutunut (ryhmä), luja
cohort /koʊhɔrt/ *s* kohortti (myös kuv), sotajoukko, joukko, ryhmä
coiffure /kwa'fjʊər/ *s* kampaus *v* kammata jonkun hiukset
coil /kɔɪəl/ *s* **1** vyyhti, kela **2** (sähkö)kela **3** (ehkäisyväline) kierukka *v* vyyhdetä, kelata, kiertää/kiertyä kerälle
coin /kɔɪn/ *s* kolikko *v* **1** lyödä rahaa **2** keksiä uusi sana/sanonta
coinage /kɔɪnədʒ/ *s* **1** rahan lyöminen **2** uusi sana/sanonta
coincide /ˌkoʊən'saɪd/ *v* olla samassa paikassa, samaan aikaan, samanlaiset, käydä yksiin
coincidence /koʊ'ɪndədəns/ *s* **1** (yhteen)sattuma **2** samanaikaisuus, samanlaisuus
coincident /koʊ'ɪnsədənt/ *adj* samanaikainen, samassa paikassa tapahtuva, samansisältöinen, yhtäläinen
coincidental /koʊˌɪnsə'dentəl/ *adj* satunnainen
coincidentally *adj* sattumalta
coition /coʊ'ɪʃən/ *s* yhdyntä
coitus /koətəs/ *s* yhdyntä
coke /koʊk/ *s* **1** koksi **2** (sl) kokaiini **3** *Coke*® Coca-Cola®
colander /kaləndər/ *s* siivilä, vihanneskehikko
cold /koəld/ *s* **1** kylmyys, pakkanen **2** vilustuminen, kylmettyminen, nuha *to catch a cold* vilustua *adj* **1** kylmä (myös kuv: epäystävällinen) *I am cold* minun on kylmä, minua paleltaa *in cold blood* kylmäverisesti **2** tajuton, pyörtynyt **3** (arvuuttelussa) ei lähelläkään oikeaa vastausta *adv* **1** ulkoa *she learned the notes cold* hän opetteli muistiinpanot ulkoa **2** kylmiltään, valmistelematta **3** (voimistavana sanana) siltä istumalta, sen pitemmittä puheitta
cold blood /koəld'blʌd/ *to kill someone in cold blood* tappaa joku kylmäverisesti
cold-blooded *adj* **1** (eläin) tasalämpöinen **2** (kuv) kylmäverinen
cold comfort /ˌkoəld'kʌmfərt/ *s* laiha lohtu
cold cuts *s* (mon) (liha)leikkeleet
cold feet *to get cold feet* alkaa jänistää, mennä sisu kaulaan
coldness *s* kylmyys (myös kuv)
cold shoulder *to get/give the cold shoulder* saada tyly kohtelu, kohdella tylysti
cold turkey *s* (huumeiden käytön) yhtäkkinen täydellinen lopetus
cold war *s* kylmä sota
coliseum /ˌkalə'siəm/ *s* stadion, amfiteatteri tms
collaborate /kə'læbəˌreɪt/ *v* **1** olla/toimia yhteistyössä **2** veljeillä vihollisen kanssa, olla kätyri
collaboration /kəˌlæbə'reɪʃən/ *s* **1** yhteistyö **2** veljeily vihollisen kanssa
collaborator /kə'læbəˌreɪtər/ *s* **1** kumppani, työtoveri **2** kätyri
collage /kə'laʒ/ *s* kollaasi
collapse /kə'læps/ *s* **1** romahdus, luhistuminen, sortuminen **2** (lääk) kollapsi; hermoromahdus **3** (kuv) epäonnistuminen, tuho, luhistuminen *v* **1** romahtaa, luhistua, sortua (kasaan) **2** (lääk) luhistua, saada kollapsi; saada hermoromahdus **3** (kuv) epäonnistua, tuhoutua, luhistua, mennä myttyyn
collapsible *adj* (kokoon)taittuva
collar /kalər/ *s* **1** kaulus **2** (koiran) kaulapanta **3** (sl) pidätys, vangitseminen *v* ottaa/saada kiinni, vangita, pidättää
collared peccary /ˌkalərd'pekəri/ *s* kauluspekari
colleague /kalig/ *s* kollega, työtoveri
collect /kə'lekt/ *v* **1** kerätä, kerääntyä, koota, kokoontua, kasata, kasautua **2** noutaa, hakea **3** kerätä, periä, kantaa (vero, maksu, velka)

adv vastaanottajan laskuun *to call collect* soittaa vastapuhelu
collect call *s* vastapuhelu
collected *adj* **1** (teokset) kootut **2** rauhallinen, hillitty
collection /kə'lekʃən/ *s* **1** kokoelma, joukko **2** kerääminen, kokoaminen **3** (kirkon) kolehti
collective /kə'lektɪv/ *adj* yhteis-, joukko-, ryhmä-, kollektiivi-, kokonais-
collective bargaining *s* työehtosopimusneuvottelut
collective noun *s* (kieliopissa) kollektiivisana, muodoltaan yksiköllinen mutta merkitykseltään useampaan kuin yhteen viittaava sana (esim *herd, jury, crowd*)
collector /kə'lektər/ *s* **1** keräilijä **2** perijä
college /kalədʒ/ *s* **1** college, korkeakoulu, yliopisto **2** korkeakoulun, yliopiston osa **3** ammattiopisto **4** (UK) yksityinen toisen asteen oppilaitos
college board *s* ylioppilaskirjoitukset
collegiate /kə'lidʒət/ *adj* college-, yliopisto-, opiskelija-
collide /kə'laɪd/ *v* **1** törmätä yhteen **2** (kuv) ottaa yhteen, riidellä
collie /kali/ *s* skotlanninpaimenkoira
collier /kaljər/ *s* **1** hiililaiva **2** hiilikaivostyöläinen
colliery *s* hiilikaivos
collision /kə'lɪʒən/ *s* yhteentörmäys (myös kuv)
collocate /'kalə,keɪt/ *v* (kieliopissa) esiintyä rinnakkain
collocation /,kalə'keɪʃən/ *s* (kieliopissa) kollokaatio, rinnakkain esiintyminen
colloq. *colloquial* arkikieltä
colloquial /kə'loʊkwiəl/ *adj* puhekielen, arkikielen
colloquialism /kə'loʊkwiə,lɪzəm/ *s* puhekielen, arkikielen ilmaus/sanonta
colloquially *adj* puhekielen, arkikielen omaisesti
collusion /kə'luʒən/ *s* salaliitto
Colo. *Colorado*
Cologne /kə'loʊn/ Köln
Colombia /kə'loʊmbiə/ Kolumbia
Colombian *s, adj* kolumbialainen
colon /koʊlən/ *s* **1** paksusuoli **2** kaksoispiste
colonel /kərnəl/ *s* eversti
colonial /kə'loʊniəl/ *s* uudisasukas, siirtolainen
adj siirtomaa-
colonialism /kə'loʊniə,lɪzəm/ *s* kolonialismi
colonialist /kə'loʊniə,lɪst/ *s* kolonialismin kannattaja
colonist /kalənət/ *s* uudisasukas, siirtolainen
colonize /kalənaɪz/ *v* asuttaa, tehdä siirtokunnaksi/siirtomaaksi
colonnade /,kalə'neɪd/ *s* pylväikkö, kolonnadi
colony /kaləni/ *s* siirtokunta, siirtomaa
color /kʌlər/ *s* **1** väri **2** (ihon)väri, kasvojen väri *that brought the color to his face* se sai hänet punastumaan **3** väri(aine) **4** (kuv) väri, tunnelma *local color* paikallisväri **5** väritys, vääristäminen, puolueellisuus **6** lippu *to show your true colors* tunnustaa väriä, paljastaa todelliset ajatuksensa/todellinen luonteensa
v **1** värittää, värjätä, värjäytyä **2** (kuv) värittää (tarinaa), vääristää
Colorado /,kalə'rædoʊ/
Colorado Plateau /,kalə'rædoʊ,plæ'toʊ/ Coloradon laakio
color bar *s* roturajat
color blind *adj* **1** värisokea **2** jolla ei ole rotuennakkoluuloja
color blindness *s* värisokeus
colored *adj* **1** värillinen (myös ihmisestä), kirjava **2** (kuv) väritetty, vääristetty
colorfast /'kʌlər,fæst/ *adj* värinpitävä (kangas)
colorful *adj* värikäs (myös kuv), kirjava (myös kuv)
colorfulness *s* värikkyys (myös kuv), kirjavuus (myös kuv)
coloring *s* **1** ihonväri **2** väriaine **3** värittäminen, maalaaminen **4** (kuv) värittäminen, vääristäminen
coloring book *s* (lasten) värityskirja

colorization /ˌkʌlərɪ'zeɪʃən/ *s* vanhojen mustavalkoelokuvienväritys tietokoneitse
colorless *adj* väritön (myös kuv:) harmaa, ankea
colorlessness *s* värittömyys (myös kuv:) harmaus, ankeus
color line *s* roturajat
color picture *s* väri(valo)kuva
color printer /ˌkʌlər'prɪntər/ *s* väritulostin
color scheme *s* väriyhdistelmä, värit
color slide *s* väridia
color television *s* väritelevisio
color temperature *s* värilämpötila
color transparency *s* väridia
colt /koʊlt/ *s* varsa
Columbia /kə'lʌmbiə/ Kolumbia
Columbus /kə'lʌmbəs/ kaupunki Ohiossa
column /kaləm/ *s* **1** pylväs, pilari **2** (sanomalehden) palsta **3** sarake **4** jono, (perättäinen) rivi
columnist /'kaləmˌnɪst/ *s* kolumnisti
coma /koʊmə/ *s* **1** (komeetan) huntu, koma **2** kooma
comatose /'koʊməˌtoʊs/ *adj* koomassa oleva, kooma-
comb /koʊm/ *s* kampa
v **1** kammata (tukka), harjata (hevonen) **2** etsiä, haravoida (kuv) tarkkaan (*for* jotakin)
combat /kambæt/ *s* taistelu
v taistella, sotia (myös kuv)
combatant /kəm'bætənt/ *s* taistelija, soturi
combative /kəm'bætɪv/ *adj* riidanhaluinen, hyökkäävä
combination /ˌkambə'neɪʃən/ *s* yhdistelmä, pari
combination lock *s* yhdistelmälukko
combine /'kamˌbaɪn/ *s* liikeyhtymä, konserni
v yhdistää, yhdistyä, liittää/liittyä yhteen
combined /kəm'baɪnd/ *adj* yhteinen, yhdistetty, yhteis-
combine harvester /ˌkambaɪn'harvəstər/ *s* leikkuupuimuri
combo /kambou/ *s* yhdistelmä (*combination*): *a TV/VCR combo* televisio jossa on sisäänrakennettu kuvanauhuri
comb out *v* **1** kammata **2** tehdä puhdistus (kuv), poistaa (virheet)
comb through *v* etsiä, haravoida (kuv) tarkkaan
combustible /kəm'bʌstəbəl/ *s* palava aine
adj palava
combustion /kəm'bʌstʃən/ *s* palaminen, polttaminen
combustion chamber *s* (mäntämoottorin) palotila, (rakettimoottorin) polttokammio
combustion engine *s* polttomoottori
come /kʌm/ *s* (sl) sperma
v came, come **1** tulla, saapua, päästä jonnekin *she has come a long way* hän on tullut kaukaa, (kuv) hän on päässyt pitkälle *we've come to an agreement* olemme päässeet sopimukseen **2** tulla, olla, kuulua *A comes before B* A on ennen B:tä **3** tapahtua **4** lopputuloksesta: *come true* toteutua, käydä toteen *it came off* se irtosi **5** saada orgasmi *he came* häneltä tuli **6** infinitiivin kanssa: *I did not come to think of it then* se ei tullut silloin mieleenikään
come about *v* tapahtua, sattua, käydä
come across *v* **1** sattua tapaamaan, törmätä johonkuhun **2** (ark) pulittaa, maksaa **3** (ark) pitää sanansa, täyttää lupauksensa **4** olla selvä, käydä selvästi ilmi
come again *fr* anteeksi kuinka?
come along *v* **1** lähteä mukaan **2** edetä **3** tarjoutua, ilmetä
come around *v* **1** tulla tajuihinsa **2** muuttaa mielensä **3** käydä jossakin, vierailla, piipahtaa **4** leppyä, tyyntyä
come at *v* käydä/hyökätä jonkun kimppuun
come back *v* **1** palata jonnekin, tulla takaisin **2** palautua mieleen, muistua mieleen, muistaa **3** vastata (tietyllä tavalla)
come by *v* hankkia, saada käsiinsä

come clean *v* tunnustaa, kertoa kaikki
COMECON *Council for Mutual Economic Assistance* (hist) Keskinäisen taloudellisen avun neuvosto, SEV
comedian /kə'midɪən/ *s* koomikko
comedienne /kəˌmidɪ'en/ *s* komedienne
come down *v* **1** periytyä **2** (kuv) joutua kaltevalle/luisuvalle pinnalle, mennä jossakin suhteessa alaspäin **3** (sl) tapahtua *some serious shit is coming down* jotain suurta on tekeillä
come down on *v* **1** vastustaa **2** moittia, haukkua, sättiä
come down with *v* sairastua johonkin
comedy /kamədi/ *s* komedia (myös kuv), huvinäytelmä
come forward *v* tarjoutua (tekemään jotakin)
come home to roost *fr* kostautua, koitua jonkun omaksi vahingoksi
come in for *v* saada osakseen
come in handy *fr* olla hyvään tarpeeseen, olla apua
come into *v* **1** saada, päästä käsiksi johonkin **2** periä
come into line *v* **1** järjestyä riviin **2** alistua, mukautua, sopeutua
come into your own *fr* päästä omilleen/kuiville
come into the world *fr* syntyä
come off *v* **1** tapahtua, sattua **2** selvitä hienosti, onnistua **3** irrota (myös kuv:) olla onnistunut, mennä hyvin
come off it *fr* älä viitsi(valehdella)!, lopeta!
come on *v* **1** tavata, kohdata sattumalta **2** alkaa **3** (huudahduksena esim) älä viitsi!, lopeta!; kiirehdi! **4** (sl) lähennellä
come your way *fr* kohdata, sattua jollekulle, (onni) käydä
come out *v* **1** (kirjasta) ilmestyä **2** paljastua, tulla ilmi **3** päättyä, loppua (tietyllä tapaa) **4** tunnustautua homoseksualistiksi *come out of the closet* (kuv) tulla ulos komerosta
come out in the wash *fr* **1** päättyä onnellisesti, käydä hyvin **2** paljastua, tulla ilmi
come out of your shell *fr* (kuv) tulla ulos kuorestaan
come out of the closet *fr* tunnustautua homoseksualistiksi, tulla ulos komerosta; myös muusta paljastamisesta
come out with *v* **1** kertoa, paljastaa **2** julkaista, laskea liikkeelle
come rain or shine *fr* satoi tai paistoi (myös kuv)
come round ks come around
come short *fr* jäädä vajaaksi, ei riittää; ei kelvata
comet /kamət/ *s* komeetta
come through *v* **1** selvitä jostakin **2** pitää sanansa, täyttää lupauksensa *I'm not sure she will come through for me* en ole varma voinko luottaa hänen apuunsa
come to *v* **1** virota, tulla tajuihinsa **2** (hinnasta) tehdä yhteensä
come to your senses *fr* tulla järkiinsä, järkiintyä
come to pass *fr* tapahtua, sattua, käydä
come to play *fr* (ark) tulla tosissaan leikkiin mukaan
come to terms *fr* **1** päästä sopimukseen **2** (kuv) alistua, nöyrtyä (esim kohtaloonsa)
come true *his dream has come true* hänen haaveensa on toteutunut
come under *v* kuulua johonkin ryhmään/jonkin tehtäviin/vastuulle
come up *v* tulla puheeksi/esiin/käsittelyyn
come upon *v* kohdata/tavata/löytää sattumalta
come up roses *fr* selvitä pelkällä säikähdyksellä
come up to *v* **1** lähestyä, puhutella jotakuta **2** (yl kielteisenä:) ei olla lähelläkään jotakin, ei olla läheskään samaa luokkaa kuin
come up with *v* pystyä antamaan, keksiä, hankkia, pulittaa
comfort /kʌmfərt/ *s* **1** mukavuus **2** lohtu, lohdutus *v* lohduttaa

comfortable /kʌmftərbəl/ *adj* mukava (olo, tuoli, toimeentulo)
comfortably *adv* (istua, tulla toimeen) mukavasti
comfort station *s* mukavuuslaitos, wc
comic /kamɪk/ *s* **1** koomikko **2** sarjakuvalehti
adj koominen, huvittava, hauska
comical *adj* koominen, huvittava, hauska
comic book *s* sarjakuvalehti
comic relief *s* vapauttava/helpottava komiikka
comics *s* (mon) sarjakuvat
comic strip *s* sarjakuva
coming /kʌmiŋ/ *s* saapuminen, tulo
adj **1** tuleva **2** lupaava *he is a coming politician*
comma /kamə/ *s* pilkku
command /kə'mænd/ *s* **1** käsky, määräys **2** käskyvalta *to be in command* johtaa, määrätä, olla johtajana **3** valta, hallinta *my command of Russian is very poor* hallitsen venäjää erittäin huonosti
v **1** käskeä, määrätä **2** komentaa, johtaa (alusta, armeijaa) **3** hallita, olla käytössään *he commands an enormous vocabulary* hänellä on valtava sanavarasto **4** tarjota (näköala), jostakin näkee jonnekin **5** herättää (kunnioitusta) **6** vaatia (korkea hinta)
commandant /ˌkamən'dant/ *s* komendantti
commandeer /ˌkamən'diər/ *v* **1** kutsua (väkisin/pakottaa) sotilaspalvelukseen **2** ottaa (yksityisomaisuutta) armeijan käyttöön
commander /kə'mændər/ *s* komentaja, johtaja
commander-in-chief *s* (sot) ylipäällikkö
commanding *adj* **1** (olemus) kunnioitusta herättävä, (ääni) komenteleva, määräävä **2** (näköala) avara, laaja
commanding officer *s* johtava upseeri, johtaja
commandment /kə'mændmənt/ *s* käsky *the Ten Commandments*
commando /kə'mænˌdoʊ/ *s* kommando(joukkojen sotilas)
commemorate /kə'meməˌreɪt/ *v* muistaa jotakuta edesmennyttä, juhlistaa mennyttä tapahtumaa
commemoration /kəˌmemə'reɪʃən/ *s* **1** muistojuhla **2** muistomerkki
commemorative /kə'memərəˌtɪv/ *adj* muisto-
commence /kə'mens/ *v* aloittaa, alkaa
commencement /kə'mensmənt/ *s* **1** alku **2** lukukauden päätösjuhla
commend /kə'mend/ *v* **1** ylistää **2** suositella **3** antaa jonkun huostaan
commendable *adj* kiitettävä
commensurately *adj* vastaavasti, samassa määrin
commensurate with /kə'mensərət/ *adj* jotakin vastaava
comment /kament/ *s* huomautus, kannanotto *to make a comment on/about* huomauttaa jostakin, lausua mielipiteensä jostakin
v huomauttaa, ottaa kantaa, lausua mielipiteensä
commentary /'kamənˌteri/ *s* **1** selitysteos tms *a Bible commentary* **2** (radio/televisio)selostus
commentate /'kamənˌteɪt/ *v* selostaa (radiossa, televisiossa)
commentator /'kamənˌteɪtər/ *s* (radio/televisio)selostaja
commerce /kamərs/ *s* kauppa, kaupankäynti
commercial /kə'mərʃəl/ *s* televisiomainos
adj kaupallinen
commercialize /kə'mərʃəˌlaɪz/ *v* kaupallistaa
commercially *adv* kaupallisesti
commercial paper *s* (tal) luottomuoto jossa ensisijaisena luottovälineenä käytetään lyhytaikaisia velkakirjoja *(promissory notes)*
commercial traveler *s* kauppamatkustaja
commiserate /kə'mɪzəˌreɪt/ *v* ottaa osaa jonkun suruun *to commiserate with someone in something*

commiseration /kəˌmɪzəˈreɪʃən/ *s* osanotto (toisen suruun)
commission /kəˈmɪʃən/ *s* **1** komissio, toimikunta **2** välityspalkkio, myyntipalkkio, provisio *I work on commission* teen työtä provisiota vastaan **3** käyttö, liikenne *to put into commission, to take out of commission, to be out of commission* ottaa käyttöön/liikenteeseen, poistaa käytöstä/liikenteestä, olla poissa käytöstä/liikenteestä (myös kuv) **4** (työ)tilaus, (työ)määräys **5** upseeriksi nimitys *v* **1** palkata joku tekemään jotakin, tilata (maalaus) **2** nimittää upseeriksi
commissioner /kəˈmɪʃənər/ *s* **1** toimikunnan jäsen **2** *police commissioner* poliisipäällikkö
commit /kəˈmɪt/ *v* **1** tehdä (rikos, virhe) *he committed murder/an error* hän teki murhan/virheen **2** määrätä (mielisairaalaan, vankilaan) **3** sitoutua (johonkin, *to*) **4** panna (paperille), painaa (mieleen)
commitment *s* sitoumus, lupaus, sitoutuminen *to make a firm commitment* luvata vakaasti, sitoutua lujasti
committee /kəˈmɪti/ *s* komitea, toimikunta, valiokunta
commodity /kəˈmadəˌti/ *s* (kauppa)tavara, maataloustuote, (pörssissä) hyödyke
commodity exchange *s* (tal) hyödykepörssi
commodity market *s* hyödykemarkkinat
common /kamən/ *s* yhteisniitty *to have something in common with* (kuv) olla jotakin yhteistä jonkun/jonkin kanssa *adj* **1** yhteinen **2** yleinen, tavallinen **3** huono(laatuinen) **4** (tavoista) karkea, huono
commoner /kamənər/ *s* **1** tavallinen ihminen **2** (UK) aateliton ihminen
common duiker /daɪkər/ *s* grimminsukeltajakauris
common echidna /əˈkidnə/ *s* nokkasiili, myös: *short-beaked echidna*
common knowledge *s* (asia joka on) kaikkien tiedossa, yleisesti tunnettu
common law *s* angloamerikkalainen lakijärjestelmä, tapaoikeus
common-law wife *s* avovaimo
commonly *adv* yleisesti, usein, monesti
common man *s* tavallinen ihminen, keskivertoihminen
common noun *s* yleisnimi
common opossum /əˈpasəm/ *s* virginianopossumi
commonplace /ˈkamənˌpleɪs/ *s* latteus, itsestään selvyys *adj* tavallinen, arkinen
Commons /kamənz/ *s* Ison-Britannian parlamentin alahuone
common sense *s* terve (talonpoikais)järki
commonwealth /ˈkamənˌweəlθ/ *s* **1** osavaltio, liittovaltio *the Commonwealth of Kentucky* Kentuckyn osavaltio **2** *Commonwealth* Brittiläinen kansainyhteisö
Commonwealth of Nations /ˈkæmənˌweəlθəvˈneɪʃənz/ Kansainyhteisö, Brittiläinen kansainyhteisö
commotion /kəˈmoʊʃən/ *s* meteli, häly, sekaannus, äläkkä
communal /kəˈmjunəl/ *adj* **1** kunnallinen, kunnan **2** yhteinen, yhteis-
communally *adj* yhteisesti, yhteis-
commune /kamjun/ *s* kommuuni
commune /kəˈmjun/ *v* **1** käydä ehtoollisella **2** keskustella jonkun kanssa, olla yhteydessä johonkuhun
communicable /kəˈmjunɪkəbəl/ *adj* **1** (sairaus) tarttuva **2** (ajatus) jonka voi välittää toisille
communicate /kəˈmjunɪˌkeɪt/ *s* **1** tartuttaa (tauti) **2** viestiä, olla yhteydessä **3** välittää (tunne), pukea sanoiksi **4** (huoneista) olla yhteydessä toisiinsa, olla varustettu väliovella
communication /kəˌmjunɪˈkeɪʃən/ *s* **1** (taudin) tartuttaminen, tarttuminen **2** viestintä, ajatustenvaihto **3** viesti, uutinen, sanoma **4** (tieto)liikenneyhteys **5** käytävä, väliovi
communications satellite *s* viestintäsatelliitti

communicative /kə'mjunıkətıv/ *adj* puhelias, halukas puhumaan
communion /kə'mjunjən/ *s* **1** yhteys, yhteydenpito, keskustelu **2** seurakunta **3** ehtoollinen
communiqué /kə͵mjunı'keı/ *s* kommunikea, tiedonanto
communism /'kamjə͵nızəm/ *s* kommunismi
communist /'kamjə͵nıst/ *s* kommunisti
adj kommunistinen
community /kə'mjunətı/ *s* **1** yhteisö, kunta **2** (suuri) yleisö, ihmiset, yhteiskunta **3** munkkikunta, nunnakunta **4** yhteys, yhteisyys, yhteisomistus
community center *s* kuntakeskus, monitoimitalo
community relations *s* (mon) (yrityksen) yhteiskuntasuhteet
commute /kə'mjut/ *s* työmatka
v **1** kulkea työhön/työstä *she commutes by car* hän käy työssä omalla autolla **2** lieventää tuomiota **3** vaihtaa jokin johonkin
commuter *s* työmatkan tekijä
adj heiluri-, lähi *commuter traffic* heiluriliikenne, lähiliikenne, sukkulaliikenne
Comoros /'kamə͵rouz/ (mon) Komorit
compact /kampækt/ *s* **1** puuterirasia **2** pieni henkilöauto **3** virallinen sopimus
compact /kəm'pækt/ *v* (lumesta, maasta) tallata/tallautua kovaksi
adj pieni(kokoinen)
compact disc *s* cd-levy
companion /kəm'pænjən/ *s* seuralainen, ystävä
companionable *adj* seurallinen
companionship *s* seura
company /kʌmpənı/ *s* **1** seura *why don't you keep him company for a while?* pidä hänelle vähän aikaa seuraa **2** (liike)yritys *he has a small computer company* hänellä on pieni tietokonefirma **3** (sot) komppania
comparable /kampərəbəl/ *adj* vastaava, verrattavissa oleva
comparably *adv* vastaavasti, samassa määrin
comparative /kəm'perətıv/ *s* (kieliopissa) komparatiivi
adj **1** vertaileva *comparative linguistics* vertaileva kielitiede **2** aika, melko, verraten *we live in comparative comfort* elämme verraten mukavasti
comparatively *adv* **1** vertailevasti **2** aika, melko, verraten, suhteellisen
compare /kəm'peər/ *s: beyond compare* kaiken vertailun yläpuolella, verraton
v **1** verrata *to compare something with something* **2** voida verrata *these two cars don't compare well* näitä kahta autoa ei voi verrata toisiinsa, nämä kaksi autoa eivät ole ollenkaan tasaveroiset
compare notes *fr* vaihtaa kuulumisia, vertailla kokemuksiaan
comparison /kəm'perəsən/ *s* **1** vertailu *by/in comparison with* johonkin verrattuna *there is no comparison* niitä ei voi verratakaan, ne eivät ole ollenkaan tasaveroiset **2** (kieliopissa) vertailu
compartment /kəm'partmənt/ *s* **1** lokero **2** (juna)osasto
Compass (tähdistö) Kompassi
compass /kʌmpəs/ *s* **1** kompassi **2** (mon) harppi *a pair of compasses* harppi **3** (kuv) alue, puitteet, piiri
compassion /kəm'pæʃən/ *s* myötätunto
compassionate /kəmpæʃənət/ *adj* myötätuntoinen
compatibility /kəm͵pætə'bılətı/ *s* johonkin sopivuus, yhteensopivuus
compatible /kəm'pætəbəl/ *adj* johonkin sopiva, yhteensopiva, jonkin mukainen
compatibly *adv* yhteensopivasti
compatriot /kəm'peıtriət/ *s* maanmies, saman maan kansalainen
compel /kəm'pel/ *v* pakottaa joku tekemään jotakin
compelling *adj* **1** (syy) pakottava **2** (vaikutus, esitys, silmät) voimakas, voimakkaasti vaikuttava
compendium /kəm'pendiəm/ *s* käsikirja, kompendi

compensate /'kampən,seɪt/ *v* korvata, hyvittää, (psyk) kompensoida
compensation /,kampən'seɪʃən/ *s* korvaus, hyvitys, (psyk) kompensaatio
compensatory /kəm'pensə,tɔri/ *adj* korvaava, (psyk) kompensoiva
compete /kəm'pit/ *v* kilpailla *to compete with someone for something* kilpailla jonkun kanssa jostakin *to compete against someone* kilpailla jotakuta vastaan
competence /kampətəns/ *s* **1** pätevyys, taidot, osaaminen **2** (lak) pätevyys **3** (kielitieteessä) kompetenssi
competency /kampətənsi/ ks competence
competent /kampətənt/ *adj* **1** pätevä (tekemään jotakin), osaava **2** (tiedot) riittävä **3** (lak) pätevä
competently *adv* pätevästi, taitavasti, osaavasti
competition /,kampə'tɪʃən/ *s* **1** kilpailu, kilpaileminen **2** kilpailu(tilaisuus), ottelu
competitive /kəm'petətɪv/ *adj* **1** (ihminen) innokas/valmis kilpailemaan **2** (hinta) kilpailukykyinen **3** (ala) jolla vallitsee kova kilpailu
competitor /kəm'petɪtər/ *s* kilpailija (liikealalla, ottelussa ym)
compilation /,kampə'leɪʃən/ *s* kokoelma
compile /kəm'paɪəl/ *v* koota, laatia, tehdä (sanakirja, luettelo)
compiler *s* **1** (sanakirjan, luettelon) tekijä **2** (tietok) kääntäjä
complacence ks complacency
complacency /kəm'pleɪsənsi/ *s* omahyväisyys
complacent /kəm'pleɪsənt/ *adj* omahyväinen, itsekylläinen, itserakas
complacently *adv* **1** omahyväisesti, itsekylläisesti, itserakkaasti **2** varauksettomasti, harkitsematta
complain /kəm'pleɪn/ *v* valittaa, esittää valitus
complaint /kəm'pleɪnt/ *s* **1** valitus **2** vaiva, sairaus
complaisance /kəm'pleɪsəns/ *s* huomaavaisuus, kohteliaisuus, ystävällisyys
complaisant /kəm'pleɪsənt/ *adj* huomaavainen, kohtelias, ystävällinen
complement /kampləmənt/ *s* **1** täydennys **2** (miehistön) täysi vahvuus **3** (kieliopissa) objekti; predikatiivi **4** (joukko-opissa) komplementti **5** komplementtiväri
v **1** täydentää **2** saada/tehdä valmiiksi
complementary /,kamplə'mentəri/ *adj* täydentävä, toisiaan täydentävät, (väri) komplementti-
complementary color *s* komplementtiväri, täydennysväri
complete /kəm'plit/ *adj* **1** täydellinen, täysi, ehjä, eheä, kokonainen, yhtenäinen *this is a complete set* tämä on täydellinen sarja, tästä ei puutu yhtään *you are a complete fool* sinä olet täysi typerys **2** valmis
completely *adv* täysin, täydellisesti, kokonaan
completion /kəm'pliʃən/ *s* **1** valmistuminen, valmiiksi saaminen **2** täydentäminen, täydennys **3** (opintojen) päättäminen, valmistuminen
complex /kampleks/ *s* **1** (rakennus/teollisuus)kompleksi **2** (psyk) kompleksi
complex /kəm'pleks/ *adj* mutkikas, monimutkainen
complexion /kəm'plekʃən/ *s* **1** ihonväri, sävy **2** (kuv) kanta, sävy, väri *his political complexion* hänen poliittinen kantansa
complexity /kəm'pleksəti/ *s* mutkikkuus, monimutkaisuus
complex number *s* kompleksiluku
compliance /kəm'plaɪəns/ *s* kuuliaisuus, tottelevaisuus, (sääntöjen) noudattaminen
compliant /kəm'plaɪənt/ *adj* **1** kuuliainen, tottelevainen **2** avulias
complicate /'kamplə,keɪt/ *v* mutkistaa (asioita)
complicated /'kamplə,keɪtəd/ *adj* mutkikas, monimutkainen
complication /,kamplə'keɪʃən/ *s* **1** mutkikkuus, monimutkaisuus **2** (lääk) komplikaatio, lisätauti
complicity /kəm'plɪsəti/ *s* rikostoveruus, kanssasyyllisyys

compliment /kampləmənt/ *s* **1** ylistys, kiitos, kehu, kohteliaisuus **2** (mon) terveiset; onnittelut
v ylistää, kiittää, kehua
complimentary /ˌkamplə'mentəri/ *adj* **1** ylistävä, imarteleva, kohtelias **2** ilmainen *the drinks are complimentary* juomat ovat ilmaisia *a complimentary copy* ilmainen (lehden) numero
comply with /kəm'plaɪ/ *v* totella, noudattaa sääntöjä/sopimusta, suostua, myöntyä (pyyntöön, vaatimukseen)
component /kəm'poʊnənt/ *s* osa, (erillis)komponentti, osatekijä
adj osa-, erillinen, erillis-
compose /kəm'poʊz/ *v* **1** säveltää (musiikkia) **2** kirjoittaa (kirje, runo) **3** (kirjapainossa) latoa **4** koota ajatuksensa, rauhoittua **5** koostaa, koostua, muodostaa, muodostua *the mixture is composed of water and chemicals* seos on vettä ja kemikaaleja
composed *adj* rauhallinen, rauhoittunut, tyyni
composer *s* säveltäjä
composite /kəm'pazət/ *s* **1** mykerökukkainen kasvi **2** komposiittimateriaali, yhdistemateriaali
adj yhdistelmä-, (eri osista) yhdistetty
composition /ˌkampə'zɪʃən/ *s* **1** koostumus, rakenne **2** (kirjeen, runon) kirjoittaminen **3** sävellys(työ) **4** aine(kirjoitus) **5** (kirjapainossa) ladonta
compositor /kəm'pazətər/ *s* (kirjapainossa) latoja
compost /'kamˌpoʊst/ *s* komposti
composure /kəm'poʊʒər/ *s* mielenmaltti, rauhallisuus, tyyneys *I finally regained my composure* vihdoin minä rauhoituin/sain mielenmalttini takaisin
compound /'kamˌpaʊnd/ *s* **1** suljettu alue, ryhmä rakennuksia, (sota)vankilan piha, eläintarhan aitaus **2** yhdyssana **3** (kemiallinen) yhdiste
compound /kəm'paʊnd/ *v* **1** mutkistaa, sekoittaa (asioita) **2** sekoittaa (yhteen) **3** sopia (oikeusjuttu, velanmaksu)
adj yhdistelmä-, (eri osista) yhdistetty
compound interest /'kamˌpaʊnd/ *s* korkoa korolle
comprehend /ˌkamprɪ'hend/ *v* **1** ymmärtää, käsittää **2** sisältää, käsittää *her new book comprehends both psychology and psychiatry* hän käsittelee uudessa kirjassaan sekä psykologiaa että psykiatriaa
comprehensibility /ˌkamprɪhensə'bɪləti/ *s* ymmärrettävyys
comprehensible /ˌkamprɪ'hensəbəl/ *adj* ymmärrettävä *not comprehensible* käsittämätön
comprehension /ˌkamprɪ'henʃən/ *s* **1** käsityskyky, ymmärrys **2** mukaan lukeminen, sisältyminen, sisältäminen **3** (luetun/kuullun) ymmärtämiskoe
comprehensive /ˌkamprɪ'hensɪv/ *adj* laaja, kattava, perusteellinen
comprehensively *adj* laajasti, kattavasti, perusteellisesti
comprehensiveness *s* laajuus, kattavuus, perusteellisuus
comprehensive school *s* (UK) peruskoulu
compress /kəm'pres/ *v* puristaa (kokoon), puristua, tiivistää (myös tekstiä), tiivistyä, lyhentää (kirjaa)
compress /'kamˌpres/ *s* (lääk) kompressi, harsotaitos
compressed air *s* paineilma
compression /kəm'preʃən/ *s* (kokoon)puristus, tiivistys, lyhentäminen
compressor /kəm'presər/ *s* kompressori
comprise /kəm'praɪz/ *v* käsittää, kattaa, koostua jostakin
compromise /'kamprəˌmaɪz/ *s* kompromissi, sovinto, ratkaisu
v **1** tinkiä jostakin, tehdä kompromissi **2** vaarantaa, panna alttiiksi **3** saattaa häpeään, tahrata (maine)
compromising *adj* epäilyttävä (tilanne), vahingollinen (maineelle)
compulsion /kəm'pʌlʃən/ *s* **1** pakko **2** (psyk) pakkomielle, kompulsio
compulsive /kəm'pʌlsɪv/ *adj* pakonomainen, pakko-, kompulsiivinen
compulsory /kəm'pʌlsəri/ *adj* pakollinen

compunction /kəm'pʌŋkʃən/ *s* omantunnonpistot, syyllisyyden tunne
compute /kəm'pjut/ *v* laskea (tietokoneella tai muuten)
computer /kəm'pjutər/ *s* tietokone
computerize /kəm'pjutəˌraɪz/ *v* tietokoneistaa
compy. *company* yritys
comrade /'kamˌræd/ *s* toveri (myös pol)
con /kan/ *s* **1** huijaus, puhallus **2** (ark) vanki
v huijata, pettää
concave /kan'keɪv/ *adj* kovera
conceal /kən'siəl/ *v* peittää, kätkeä, salata
concealment *s* salailu, salaaminen, kätkeminen
concede /kən'sid/ *v* **1** luopua jostakin, luovuttaa, antaa pois **2** myöntää (jotakin, jollekin jotakin) **3** antaa periksi, antautua
conceit /kən'sit/ *s* omahyväisyys, itserakkaus
conceited *adj* omahyväinen, itserakas
conceitedly *adv* omahyväisesti, itserakkaasti
conceitedness *s* omahyväisyys, itserakkaus
conceivable /kən'sivəbəl/ *adj* uskottava, kuviteltavissa oleva *it is not conceivable that* on mahdotonta edes kuvitella että
conceivably *adv* mahdollisesti
conceive /kən'siv/ *v* **1** tehdä/tulla raskaaksi, hedelmöityä **2** keksiä, kuvitella, suunnitella **3** ymmärtää, käsittää, mieltää
conceive of *v* keksiä, kuvitella
concentrate /'kansənˌtreɪt/ *s* (esim mehu)tiiviste, (kem) väkevöite, konsentraatti
v **1** keskittyä, keskittää, kohdistua, kohdistaa **2** (kem) väkevöidä
concentration /ˌkansən'treɪʃən/ *s* **1** keskittyminen, keskittymiskyky **2** (esim joukkojen) keskitys **3** (kem) tiiviste, väkevöite
concentration camp *s* keskitysleiri
concentric /kən'sentrɪk/ *adj* (ympyrä) samankeskinen
concept /kansept/ *s* käsitys, käsite
conception /kən'sepʃən/ *s* **1** käsitys, käsite *in its original conception* alun perin, alkuperäisessä asussaan **2** hedelmöitys, sikiäminen
conceptual /kən'sepʃʊəl/ *adj* käsitteellinen
conceptualism /kən'sepʃʊəˌlɪzəm/ *s* konseptualismi
concern /kən'sərn/ *s* **1** asia *it's really none of your concern* se ei kuulu sinulle **2** huolenaihe, huolestuminen
v **1** koskea jotakin, liittyä johonkin, kuulua jollekulle **2** välittää, olla kiinnostunut/huolissaan jostakin
concerning *prep* jotakin koskien, mitä johonkin tulee, jostakin
concert /kansərt/ *s* **1** konsertti **2** *in concert* yhteistyössä, yhteisvoimin
concert /kən'sərt/ *v* ponnistella yhdessä, yhdistää voimat
concerted *adj* (yritys) yhteinen, yhteis-
concertina /ˌkansər'tinə/ *s* harmonikka
concerto /kən'tʃeərtoʊ/ *s* konsertto
concession /kən'seʃən/ *s* myönnytys
conciliate /kən'sɪliˌeɪt/ *v* lepyttää, saada leppymään, tyynyttää, sovittaa (kiista)
conciliation /kənˌsɪli'eɪʃən/ *s* lepyttely, leppyminen, sovinto
conciliatory /kən'sɪliəˌtɔri/ *adj* sovinnollinen, lepyttelevä, tyynnyttelevä
concise /kən'saɪs/ *adj* tiivis, ytimekäs
concisely *adv* tiiviisti, ytimekkäästi, lyhyesti
conciseness *s* tiiviys, ytimekkyys
conclude /kəŋ'klud kən'klud/ *v* **1** lopettaa, päättää **2** päätellä, tulla johonkin johtopäätökseen
conclusion /kəŋ'kluʒən kən'kluʒən/ *s* **1** lopetus, päätös, loppu *in conclusion* lopuksi, viimeiseksi **2** johtopäätös, päätelmä
conclusive /kəŋ'klusɪv kən'klusɪv/ *adj* **1** vakuuttava, aukoton (todiste) **2** lopullinen (päätös)

conclusively *adv* **1** (osoittaa) vakuuttavasti, aukottomasti, ilman epäilyksen häivää **2** (päättää) lopullisesti

concoct /kəŋ'kakt kən'kakt/ *v* **1** (ruuasta) laittaa, valmistaa, kyhätä kokoon **2** keksiä omasta päästään, sepittää

concoction /kəŋ'kakʃən kən'kakʃən/ *s* **1** (ruuasta) pöperö **2** sepite, tuulesta temmattu juttu, tekosyy

concord /'kaŋˌkɔrd, 'kanˌkɔrd/ *s* **1** sopusointu **2** yksimielisyys

concordance /kəŋ'kɔrdəns kən'kɔrdəns/ *s* **1** sopimus **2** (esim Raamatun) konkordanssi, sanahakemisto

concourse /'kaŋˌkɔrs, 'kanˌkɔrs/ *s* **1** ihmisjoukko, väentungos **2** (asema)-halli **3** (puiston ajo/kävely)tie

concrete /kəŋ'krit/ *adj* konkreettinen, kouraantuntuva *the concrete sense of a word* sanan kirjaimellinen merkitys

concrete /'kaŋˌkrit/ *s* betoni

concur /kəŋ'kər kən'kər/ *v* **1** olla samaa mieltä jostakin, suostua johonkin **2** osua samaan aikaan **3** vaikuttaa yhdessä johonkin *everything concurred to make it a perfect celebration*

concurrence *s* **1** yksimielisyys, suostumus, kannatus **2** (tapahtumien) samanaikaisuus **3** (mat) leikkauspiste

concurrent *adj* **1** yksimielinen **2** samanaikainen **3** yhteinen, yhteis- **4** samansisältöinen

concurrently *adv* samanaikaisesti

concuss /kəŋ'kʌs kən'kʌs/ *v* aiheuttaa aivotärähdys

concussion /kəŋ'kʌʃən kən'kʌʃən/ *s* aivotärähdys

condemn /kən'dem/ *v* **1** tuomita (jonkun teko, joku vankeuteen, myös kuv:) *because he had no education he was condemned to lousy jobs* hän oli koulutuksen puutteessa tuomittu tekemään hanttihommia **2** julistaa (rakennus) asuinkelvottomaksi, määrätä purettavaksi

condemnation /ˌkandəm'neɪʃən/ *s* tuomio, tuomitseminen

condemnatory /kən'demnəˌtɔri/ *adj* tuomitseva, (arovostelu) musertava

condensation /ˌkandən'seɪʃən/ *s* **1** tiivistyminen **2** (tiivistyneen kosteuden muodostamat) vesipisarat **3** (tekstin) lyhentäminen **4** (tekstin) lyhennelmä, tiivistelmä

condense /kən'dens/ *v* **1** tiivistää, tiivistyä, lauhduttaa, lauhtua, nesteyttää, nesteytyä **2** lyhentää, tiivistää (tekstiä)

condenser *s* **1** lauhdutin **2** (sähk) kondensaattori

condescend /ˌkandə'send/ *v* **1** alentua/nöyrtyä tekemään jotakin **2** käyttäytyä ylimielisesti, kohdella jotakuta alentavasti

condescending *adj* **1** alentava **2** ylimielinen

condescendingly *adj* **1** alentavasti **2** ylimielisesti

condiment /kandəmənt/ *s* (ruuan) lisuke, mauste (esim suola, mausteet, ketsuppi, sinappi)

condition /kən'dɪʃən/ *s* **1** ehto, edellytys *I'll do it on one condition* teen sen yhdellä ehdolla **2** tila, kunto *he is in no condition to work* hän ei ole työkunnossa **3** (mon) olot, olosuhteet *in Alaska, the conditions are harsh* Alaskassa on kovat elinolot
v **1** opettaa, totuttaa, valmentaa, (psyk) ehdollistaa **2** määrätä, rajoittaa, asettaa ehdoksi, edellyttää

conditional /kən'dɪʃənəl/ *s* (kieliopissa) konditionaali
adj **1** ehdollinen, jostakin riippuvainen **2** (kieliopissa) konditionaalinen, ehto-

conditional clause *s* (kieliopissa) konditionaalilause, ehtolause

conditionally *adv* ehdollisesti, jollakin ehdolla/edellytyksellä

condolences /kən'doʊlənsəz/ *s* (mon) surunvalittelut

condo *s* rivi/kerrostalo-osake (condominium)

condom /kandəm/ *s* kondomi

condominium /ˌkandə'mɪniəm/ *s* rivi/kerrostalo-osake

condone /kən'doʊn/ *v* **1** hyväksyä, suvaita **2** olla piittaamatta jostakin

conducive to /kən'dusɪv/ *adj* jotakin edistävä, hyväksi jollekin

conduct /'kan,dʌkt/ *s* **1** käytös, käyttäytyminen **2** asioiden hoito, menettely, johto
conduct /kən'dʌkt/ *v* **1** käyttäytyä **2** opastaa, johdattaa **3** johtaa (yritystä), hoitaa (asioita), käydä (keskustelua, kirjeenvaihtoa) **4** johtaa orkesteria **5** johtaa sähköä/lämpöä
conduction /kən'dʌkʃən/ *s* (lämmön, sähkön) siirtyminen, johtuminen
conductive /kən'dʌktɪv/ *adj* (lämpöä, sähköä) johtava
conductor /kən'dʌktər/ *s* **1** orkesterinjohtaja **2** rahastaja, konduktööri **3** (tekn) johde, johdin *semiconductor* puolijohde
conductress /kən'dʌktrəs/ *s* **1** (naispuolinen) orkesterinjohtaja **2** (naispuolinen) rahastaja, konduktööri
cone /koʊn/ *s* **1** kartio *ice-cream cone* jäätelötötterö **2** käpy
confection /kən'fekʃən/ *s* konvehti, makeinen
confectioner *s* makeisten valmistaja/kauppias, (myös) kondiittori, sokerileipuri
confectionery /kən'fekʃə,nerɪ/ *s* **1** makeiskauppa, (myös) konditoria **2** makeiset, konvehdit
confederacy /kən'fedərəsi/ *s* **1** liitto, yhdistys **2** valtioliitto **3** *Confederacy* Yhdysvaltain etelävaltioiden liittokunta (1860-1865)
confederate /kənfedərət/ *s* **1** liittolainen (henkilö, valtio) **2** rikostoveri **3** *Confederate* Yhdysvaltain etelävaltioiden kannattaja, etelävaltiolainen (1860–1865) *adj* **1** liitto- **2** *Confederate* Yhdysvaltain etelävaltioiden liittoa (1860–1865) koskeva, siihen kuuluva
Confederate States of America Yhdysvaltain etelävaltioiden liittokunta (1860–1865)
confederation /kən,fedə'reɪʃən/ *s* **1** liitto, yhdistys **2** valtioliitto **3** *Confederation* Yhdysvaltain 13 ensimmäisen osavaltion liitto
confer /kən'fər/ *v* neuvotella, keskustella jonkun kanssa jostakin, pohtia yhdessä
conference /kanfrəns/ *s* neuvottelu, konferenssi *in conference* kokouksessa
confer (up)on *v* myöntää, antaa (titteli), suoda (kunnia) jollekulle
confess /kən'fes/ *v* tunnustaa (tekonsa, syntinsä), myöntää
confession /kən'feʃən/ *s* tunnustus
confessional *s* rippituoli, rippi
confetti /kən'feti/ *s* konfetti, pienet eriväriset paperinpalaset joita heitellään ilmaan juhlakulkueissa ym
confidant /,kanfə'dant/ *s* uskottu
confidante /,kanfə'dant/ *s* (naispuolinen) uskottu
confide in /kən'faɪd/ *v* uskoutua jollekulle, kertoa, paljastaa
confidence /kanfədəns/ *s* **1** itseluottamus, itsevarmuus **2** luottamus, usko johonkuhun *I have no confidence in his abilities* minä en usko/luota hänen kykyihinsä **3** salaisuus, luottamuksellinen tieto
confidence man *s* huijari
confident /kanfədənt/ *adj* **1** luottavainen, varma jostakin **2** itsevarma
confidential /,kanfə'denʃəl/ *adj* **1** luottamuksellinen **2** luotettava
confidentiality /,kanfədenʃi'æləti/ *s* luottamuksellisuus
confidentially *adv* luottamuksellisesti
confidently *adv* **1** luottavaisesti, varmasti **2** itsevarmasti
configuration /,kənfɪgə'reiʃən/ *s* **1** kokoonpano, muoto, järjestys, konfiguraatio **2** (kem) konfiguraatio
confine /kən'faɪn/ *v* **1** rajoittaa *she confined her remarks to the current situation* hän käsitteli ainoastaan nykytilannetta **2** sitoa *he is confined to bed* hän on vuoteenomana
confined *adj* **1** (tilasta) ahdas **2** (ilmapiiristä) ahdistava, tukahduttava
confinement *s* (ihmisen, eläimen) vankeus, (vuoteenomana oleminen) sairausaika
confirm /kən'fərm/ *v* **1** varmistaa, vahvistaa (paikkaansapitävyys, käsitystä) **2** (usk) konfirmoida
confirmation /,kanfər'meɪʃən/ *s* **1** vahvistus, varmistus **2** (usk) konfirmaatio
confiscate /'kanfəs,keɪt/ *v* takavarikoida

confiscation /ˌkanfəs'keɪʃən/ *s* takavarikointi
conflict /kən'flɪkt/ *v* olla ristiriidassa jonkin kanssa, olla jonkin vastainen
conflict /kanflɪkt/ *s* **1** selkkaus, yhteenotto **2** ristiriita, erimielisyys
conflicting /kanflɪktiŋ/ *adj* ristiriitainen
confluence /kanflʊəns/ *s* (jokien) yhtymäkohta
conform /kən'fɔrm/ *v* **1** mukautua, sopeutua johonkin **2** vastata jotakin, olla jonkin mukainen
conformist /kən'fɔrməst/ *s* konformisti, sovinnainen ihminen
conformity /kən'fɔrməti/ *s* vastaavuus, sääntöjen tms mukaisuus
confound /kən'faʊnd/ *v* **1** hämmästyttää, hämmentää, tyrmistyttää **2** sekoittaa, sotkea
confront /kən'frʌnt/ *v* **1** kohdata, joutua vastakkain jonkun kanssa **2** näyttää jollekulle jotakin, kovistella jotakuta jollakin *the police confronted me with the evidence against me* poliisi esitti minulle minua koskevat raskauttavat todisteet
confrontation /ˌkanfrən'teɪʃən/ *s* yhteenotto, selkkaus, välienselvittely
Confucius /kən'fjuʃəs/ Konfutse
confuse /kən'fjuz/ *v* **1** sekoittaa, hämmentää **2** sekoittaa keskenään/toisiinsa, sotkea jokin johonkin
confusing /kən'fjuzɪŋ/ *adj* hämäävä, sekava
confusion /kən'fjuʒən/ *s* **1** sekaannus, hämmennys, tyrmistys **2** sekasotku, epäjärjestys **3** (toisiinsa/keskenään) sekoittaminen
congeal /kən'dʒiəl/ *v* hyytyä, kovettua, jähmettyä
congelation /ˌkandʒə'leɪʃən/ *s* hyytyminen, kovettuminen, jähmettyminen
congenial /kən'dʒinjəl/ *adj* **1** miellyttävä (ihminen, ilmapiiri, työ) **2** hyvin (yhteen)sopiva, *congenial spirit*
congenital /kən'dʒenɪtəl/ *adj* synnynnäinen, myötäsyntyinen
congested /kən'dʒestəd/ *adj* ruuhkainen, ahdas, tukkeutunut
congestion /kən'dʒestʃən/ *s* ruuhka, liikakansoitus, ahtaus
conglomerate /kəŋ'glamərət, kən'glamərət/ *s* (geologiassa) konglomeraatti; (liikealalla) konglomeraatti, monialayhtymä *adj* seka-
conglomerate /kəŋ'glaməˌreɪt, kən'glaməˌreɪt/ *v* kasata, kasaantua, sekoittaa, sekoittua
conglomeration /kəŋ'glaməˌreɪʃən, kən'glaməˌreɪʃən/ *s* kasaantuma, sekoitus
Congo /kaŋgoʊ/ Kongo
Congolese /ˌkaŋgə'liz/ *s, adj* kongolainen
congratulate /kəŋ'grætʃʊˌleɪt kən'grætʃʊˌleɪt/ *v* onnitella
congratulations /kəŋ'grætʃʊˌleɪʃənz, kən'grætʃʊˌleɪʃənz/ *s* (mon) onnittelut, (huudahduksena:) onnea!
congregate /'kaŋgrəˌgeɪt/ *v* kokoontua, kerääntyä
congregation /ˌkaŋgrə'geɪʃən/ *s* **1** väkijoukko, väenpaljous **2** (usk) seurakunta
congregational *adj* **1** seurakunnan, seurakunta- **2** (usk) *Congregational* kongregationalistinen
Congregationalism *s* (usk) kongregationalismi
congress /kaŋgrəs/ *s* **1** kongressi, kokous **2** *Congress* Yhdysvaltain kongressi
Congressional /kəŋ'greʃənəl/ *adj* (myös pienellä alkukirjaimella) Yhdysvaltain kongressia koskeva, kongressin *Congressional committee* kongressin valiokunta
Congressman /kaŋgrəsmən/ *s* (mon Congressmen) (miespuolinen) kongressiedustaja, Yhdysvaltain edustajainhuoneen *(House of Representatives)* jäsen
Congressmember /kaŋgrəsmembər/ *s* kongressiedustaja, Yhdysvaltain edustajainhuoneen *(House of Representatives)* jäsen
Congresswoman /'kaŋgrəsˌwʊmən/ *s* (mon Congresswomen) (naispuolinen) kongressiedustaja, Yhdysvaltain edus-

tajainhuoneen *(House of Representatives)* jäsen
congruence /kəŋ'gruəns/ *s* **1** yhtäläisyys **2** (geom, mat, kieliopissa) kongruenssi
congruent /kəŋ'gruənt/ *adj* **1** jonkin mukainen, johonkin sopiva, yhtäläinen **2** (geom, mat) kongruentti
congruous /kaŋgrʊəs/ *adj* jonkin mukainen, johonkin sopiva, yhtäläinen
conical /kanɪkəl/ *adj* kartiomainen, kartion muotoinen
conifer /kanɪfər/ *s* havupuu
coniferous /kə'nɪfərəs/ *adj* havu(puu)-
conjectural *adj* pelkkään arvailuun perustuva
conjecture /kən'dʒekʃər/ *s* arvaus, arvailu, luulottelu, luulo *v* arvailla, luulotella, luulla, olettaa
conjugal /kandʒəgəl/ *adj* avioliiton, avio-
conjugate /'kandʒə,geɪt/ *v* taivuttaa (verbi; verbistä:) taipua
conjugation /,kandʒə'geɪʃən/ *s* (verbin) taivutus
conjunction /kən'dʒʌŋkʃən/ *s* **1** (kieliopissa) konjunktio **2** yhteys, yhteistyö
conjure /kandʒər/ *v* taikoa, tehdä taikatemppuja
conjurer /kandʒərər/ *s* taikuri
conjure up *v* taikoa/loihtia esiin (myös kuv)
Conn. *Connecticut*
connect /kə'nekt/ *v* yhdistää, yhdistyä, liittää/liittyä yhteen (myös kuv) *the two companies are in no way connected* yritykset eivät ole missään yhteydessä toisiinsa, ovat täysin itsenäisiä
Connecticut /kə'netɪkət/
connection /kə'nekʃən/ *s* **1** yhteys *we had a bad connection* puhelinyhteys oli huono **2** suhde *he has excellent connections in the business world* hänellä on erinomaiset suhteet liikemaailmaan **3** (liikenteessä) jatkoyhteys, jatkolento *she missed her connection* hän myöhästyi jatkolennolta/junasta/linja-autosta
connective /kə'nektɪv/ *adj* side-
connivance /kə'naɪvəns/ *s* **1** juonittelu, vehkeily **2** piittaamattomuus, välinpitämättömyys (rikkeestä)
connive /kə'naɪv/ *v* juonitella, vehkeillä
connoisseur /,kanə'suər/ *s* nautiskelija, (jonkin alan) tuntija, harrastaja
connotation /,kanə'teɪʃən/ *s* konnotaatio, (sanan herättämät) assosiaatiot
conquer /kaŋkər/ *v* valloittaa, vallata
conqueror *s* valloittaja *William the Conqueror* Vilhelm Valloittaja
conquest /'kaŋ,kwest/ *s* valloitus, valtaus
consanguinity /,kansæŋ'gwɪnəti/ *s* verisukulaisuus, veriveljeys
conscience /kanʃəns/ *s* omatunto *I have a clear conscience* omatuntoni on puhdas *I have it on my conscience* se painaa omaatuntoani
conscientious /,kanʃi'enʃəs/ *adj* tunnontarkka, tunnollinen
conscientiously *adv* tunnollisesti
conscientiousness *s* tunnollisuus
conscientious objector *s* (omantunnon syistä) aseistakieltäytyjä
conscious /kanʃəs/ *adj* **1** tajuissaan **2** *conscious of* tietoinen/selvillä/perillä jostakin *he was not conscious of any conflict* hän ei huomannut asiassa ristiriitaa **3** tahallinen
consciously *adv* tietoisesti, tahallaan
consciousness /kanʃəsnəs/ *s* **1** tajunta *she lost/regained consciousness* hän menetti tajuntansa/tuli tajuihinsa **2** tietoisuus, tajunta **3** tieto jostakin, jonkin tietäminen
conscript /kanskrɪpt/ *s* asevelvollinen
conscript /kən'skrɪpt/ *v* kutsua asepalvelukseen
conscription /kən'skrɪpʃən/ *s* (asepalvelukseen) kutsunta
consecrate /'kansə,kreɪt/ *v* pyhittää, vihkiä
consecration /,kansə'kreɪʃən/ *s* pyhittäminen, pyhitys, vihkiminen
consecutive /kən'sekjətɪv/ *adj* **1** peräkkäinen **2** (kieliopissa) konsekutii-

vinen, seuraus-
consecutively *adj* peräkkäin, juoksevasti (numeroitu)
consensus /kən'sensəs/ *s* konsensus, yksimielisyys
consent /kən'sent/ *s* lupa, suostumus *v* suostua, antaa lupa johonkin
consequence /'kansə,kwens/ *s* **1** seuraus *in/as a consequence* joten, jonkin seurauksena **2** tärkeys, merkitys *nothing of consequence* ei mitään merkittävää
consequent /kansəkwənt/ *adj* jostakin/jotakin seuraava, jonkin seurauksena tapahtuva
consequential /,kansə'kwenʃəl/ *adj* **1** jostakin/jotakin seuraava, jonkin seurauksena tapahtuva **2** tärkeilevä, ylimielinen
consequently *adj* joten, jonkin seurauksena
conservation /,kansər'veɪʃən/ *s* **1** (esim luonnon, rakennusten) suojelu **2** (esim veden) säästäminen
conservatism /kən'sərvə,tɪzəm/ *s* konservatismi, vanhoillisuus
conservative /kən'sərvətɪv/ *s* **1** vanhoillinen ihminen **2** (politiikassa) konservatiivi
adj **1** vanhoillinen **2** (poliittisesti) konservatiivinen **3** (arvio, sijoitus) varovainen
conservatively *adv* vanhoillisesti, konservatiivisesti, (arvioida, sijoittaa) varovaisesti
Conservative Party Englannin konservatiivinen puolue
conservatoire /kən,sərvə'twaər/ *s* konservatorio
conservatory /kən'sərvə,tɔri/ *s* **1** konservatorio **2** talvipuutarha
conserve /kən'sərv/ *s* hillo
v **1** säästää (voimia, luonnonvaroja) **2** säilyttää ennallaan, suojella (rakennusta) **3** hillota, säilöä
consider /kən'sɪdər/ *v* **1** harkita, pohtia, miettiä **2** ottaa huomioon, piitata **3** pitää jonakin *this is widely considered the best computer available* tätä pidetään yleisesti markkinoiden parhaana tietokoneena
considerable *adj* huomattava, merkittävä
considerably *adv* huomattavasti, merkittävästi, paljon
considerate /kən'sɪderət/ *adj* huomaavainen, kohtelias, avulias
considerately *adv* huomaavaisesti, kohteliaasti, avuliaasti
consideration /kən,sɪdə'reɪʃən/ *s* **1** harkinta, pohdinta **2** huomio *we took everything into consideration* otimme kaiken huomioon *in consideration of* jonkin seikan valossa, jonkin seikan huomioon ottaen **3** huomaavaisuus, kohteliaisuus, avuliaisuus **4** näkökohta, (osa)tekijä *the price is no consideration* hinnalla ei ole väliä, hinta ei merkitse mitään
considering *prep* jotakin huomioon ottaen, jonkin valossa, johonkin nähden
consign /kən'saɪn/ *v* **1** lähettää (kauppatavaraa) **2** luovuttaa, antaa *the child was consigned to his mother's care* lapsi uskottiin äitinsä huostaan
consignee /kən,saɪ'ni/ *s* vastaanottaja
consigner /kən'saɪnər/ *s* lähettäjä
consignment /kən'saɪnmənt/ *s* (kauppatavara)lähetys
consignor /kən'saɪnər/ *s* lähettäjä
consistency /kən'sɪstənsi/ *s* **1** johdonmukaisuus **2** yhdenmukaisuus **3** (aineen) koostumus **4** (nesteen) sakeus
consistent *adj* johdonmukainen
consistently *adj* **1** johdonmukaisesti **2** yhdenmukaisesti, jonkin mukaisesti **3** kauttaaltaan
consistent with *adj* yhdenmukainen, jonkin mukainen
consist in *v* muodostua jostakin, johtua jostakin, perustua johonkin *her job consists in typing and answering the phone* hänen työnsä käsittää/on konekirjoitusta ja puhelimeen vastaamista
consist of /kən'sɪst/ *v* koostua jostakin, rakentua jostakin *that soft drink consists of water, sugar, and flavoring* tuo virvoitusjuoma on tehty vedestä, sokerista ja makuaineesta

contemporary /kən'tempəˌreri/ *s* aikalainen
adj **1** samanaikainen **2** nykyajan, nykyinen
contempt /kən'temt/ *s* halveksunta, väheksyntä, piittaamattomuus *in contempt of something* jostakin välittämättä/piittaamatta *to hold something in contempt* halveksua, väheksyä jotakin
contemptible /kən'temtɪbəl/ *adj* halveksuttava, väheksyttävä
contemptuous /kən'temtʃʊəs/ *adj* halveksiva, väheksyvä *he was contemptuous of his boss* hän halveksui/väheksyi pomoaan
contemptuously *adv* halveksivasti, halveksien
contend /kən'tend/ *v* väittää
contend with *v* taistella jonkun/jonkin kanssa/jotakuta vastaan, kilpailla, yrittää selvitä jostakin
content /kən'tent/ *s* tyytyväisyys
v tehdä/saada joku tyytyväiseksi *she contented herself with lower pay* hän tyytyi pienempään palkkaan
adj tyytyväinen
contented /kən'tentəd/ *adj* tyytyväinen
contentedly *adv* tyytyväisesti
contention /kən'tenʃən/ *s* **1** väite **2** kiista, riita
contentious /kən'tenʃəs/ *adj* **1** kiistanalainen **2** riidanhaluinen
contentment /kən'tentmənt/ *s* tyytyväisyys
contents /kantens/ *s* (mon) **1** sisältö, sisällys **2** (kirjan) sisällysluettelo *table of contents* sisällysluettelo
contest /kantest/ *s* kilpailu, ottelu
contest /kən'test/ *v* **1** kilpailla, taistella jostakin, olla ehdokkaana **2** kiistää, (lak) moittia (testamenttia, tuomiota)
contestant /kən'testənt/ *s* kilpailija, osanottaja, ehdokas
context /kantekst/ *s* yhteys, puitteet, asiayhteys, (kiel) lauseyhteys, konteksti
contextual /kən'tekstʃʊəl/ *adj* asia/lauseyhteydestä ilmenevä, kontekstuaalinen
contiguous /kən'tɪgjʊəs/ *adj* **1** (sijainnista) vierekkäinen, naapuri-; lähekkäinen, lähi- **2** (ajasta) peräkkäinen
contiguous states /kən'tɪgjʊəs steɪts/ *s* Yhdysvaltain 48 manner-osavaltiota (siis osavaltiot Alaskaa ja Havaijia lukuun ottamatta)
continence /kantənəns/ *s* **1** (sukupuolinen) pidättyväisyys **2** (lääk) pidätyskyky
continent /kantənənt/ *s* **1** maanosa, manner **2** *Continent* Euroopan manner (erotuksena Isosta-Britanniasta), Keski-Eurooppa
adj **1** maltillinen, itsensä hillitsevä, (sukupuolisesti) pidättyväinen **2** (lääk) pidätyskykyinen
continental /ˌkantə'nentəl/ *s* mannermaalainen, keskieurooppalainen
adj **1** manner- **2** mannermainen, keskieurooppalainen
continental breakfast *s* kahviaamiainen
Continental Divide Yhdysvaltain Kalliovuorien vedenjakaja
continental drift *s* mannerliikunto
continental rise *s* mannerrinteen jatke
continental shelf *s* mannerjalusta
continental slope *s* mannerrinne
contingency /kən'tɪndʒənsi/ *s* mahdollisuus, sattuma *I am prepared for every contingency* olen varautunut kaikkeen *he left nothing to contingency* hän ei jättänyt mitään sattuman varaan
contingent /kən'tɪndʒənt/ *s* **1** joukko-osasto **2** (ihmis)joukko, ryhmä **3** kiintiö
contingent upon *adj* jostakin riippuvainen, jostakin riippuen
continual /kən'tɪnjʊəl/ *adj* jatkuva, alinomainen, loputon
continually *adj* jatkuvasti, lakkaamatta, loputtomasti
continuation /kənˌtɪnjʊ'eɪʃən/ *s* jatko, jatkaminen
continue /kən'tɪnju/ *v* jatkaa, jatkua
continuing education *s* täydennyskoulutus
continuity /ˌkantə'nuəti/ *s* jatkuvuus

continuous /kən'tɪnjʊəs/ *adj* jatkuva, yhtenäinen
continuously *adj* jatkuvasti, keskeytyksettä
contort /kən'tɔrt/ *v* vääristää (kasvonsa, jonkun sanoja)
contortion /kən'tɔrʃən/ *s* **1** vääntely (kasvojen) vääristymä **2** (kuv) kiemurtelu, kiertely, temppuilu
contortionist /kən'tɔrʃəˌnɪst/ *s* käärmeihminen
contour /'kanˌtuər/ *s* **1** ääriviiva, piirre, muoto **2** (kartan) korkeuskäyrä *v* **1** muotoilla (esine) **2** mukauttaa (tie) maisemaan **3** piirtää (karttaan) korkeuskäyrät
contour line *s* (kartan) korkeuskäyrä
contraband /'kantrəˌbænd/ *s* kieltotavara, salakuljetettu tavara
contraception /ˌkantrə'sepʃən/ *s* (raskauden) ehkäisy
contraceptive /ˌkantrə'septɪv/ *s* ehkäisyväline *adj* ehkäisy-
contract /kantrækt/ *s* **1** sopimus **2** tilaus **3** *the mob put out a contract on him* mafia palkkasi murhaajan tappamaan hänet
contract /kən'trækt/ *v* **1** eri merkityksiä: *to contract an illness* sairastua *to contract a debt* ottaa laina/velkaa *to contract a marriage* solmia avioliitto, mennä naimisiin *to contract an alliance* solmia liitto **2** supistaa, supistua (lihas, otsa, silmäterä), lyhentää (sanaa, esim *do not* muotoon *don't*) **3** tilata (taideteos), palkata (joku tekemään jotakin)
contraction /kən'trækʃən/ *s* supistuminen, (lihas-, synnytys)supistus, (sanan) lyhentäminen, lyhenne(tty muoto)
contractor /'kanˌtræktər/ *s* urakoitsija
contradict /ˌkantrə'dɪkt/ *v* **1** väittää/sanoa vastaan **2** olla ristiriidassa jonkin kanssa
contradiction /ˌkantrə'dɪkʃən/ *s* ristiriita *a contradiction in terms* mahdottomuus, mahdoton/järjetön ajatus
contradictory /ˌkantrə'dɪktəri/ *adj* ristiriitainen (väite), riidanhaluinen (ihminen)
contralto /kən'træltoʊ/ *s* (mus) kontra-altto
contraption /kən'træpʃən/ *s* vekotin, vempain
contrarian /kən'trerɪən/ *s* vastarannan kiiski, toisinajattelija
contrary /kantreri/ *s* vastakohta *on the contrary* päin vastoin, ei suinkaan *adj* **1** vastakkainen (suunta, näkemys), vastainen (tuuli) **2** vastahakoinen, jääräpäinen (ihminen), vikuroiva (hevonen)
contrary to *adv* jonkin vastainen
contrast /kantræst/ *s* **1** vastakohta **2** vertailu **3** (televisio/valokuvan) kontrasti
contrast /kən'træst/ *v* **1** vertailla, verrata **2** olla ristiriidassa jonkin kanssa, erottua (selvästi/edukseen yms) jostakin
contravene /ˌkantrə'vin/ *v* rikkoa, loukata (lakia, tapaa)
contravention /ˌkantrə'venʃən/ *s* (lain, tavan) rikkomus, loukkaus
contribute /kən'trɪbjut/ *v* **1** edistää, edesauttaa, vaikuttaa osaltaan johonkin *his good looks contributed to his success as an actor* hyvä ulkonäkö vaikutti osaltaan hänen menestykseensä näyttelijänä **2** osallistua keräykseen, lahjoittaa jotakin **3** kirjoittaa (avustajana) lehteen
contribution /ˌkantrə'bjuʃən/ *s* **1** osuus, panos **2** lahjoitus **3** lehtikirjoitus
contributor /ˌkan'trɪbjutər/ *s* (lehden, keräyksen) avustaja, kirjoittaja, artikkelin tekijä
contributory /ˌkan'trɪbjutɔri/ *adj* myötävaikuttava, osa- *contributory factor* osasyy
contrivance /kən'traɪvəns/ *s* **1** laite, vekotin **2** keksintö, kekseliäisyys **3** juonittelu
contrive /kən'traɪv/ *v* **1** keksiä (suunnitelma) **2** onnistua tekemään, saada aikaan, järjestää, juonitella
contrived *adj* teennäinen, epäaito
control /kən'troəl/ *s* **1** johto, valvonta, hallinta *to be in control of an office/your feelings/yourself* johtaa konttoria/hallita

tunteensa/itsensä *to lose control of a vehicle/of a situation/of yourself* menettää ajoneuvon/tilanteen hallinta/itsehillintänsä **2** tarkastus *ticket control* lippujen tarkastus **3** säätö, valvonta **4** säädin, ohjain (myös kuv) *tone control* äänensävyn säädin
v **1** johtaa, valvoa, hallita **2** säätää, säädellä (lämpötilaa, nopeutta, kasvua)
control character *s* (tietok) ohjausmerkki
control group *s* (kokeellisen tutkimuksen) vertailuryhmä, kontrolliryhmä
controlled substance *s* huume, laiton aine
control panel *s* ohjauspaneeli, ohjauspöytä
control tower *s* lennonjohtotorni
controversial /'kantrəˌvərʃəl/ *adj* erimielisyyttä aiheuttava, kiistanalainen
controversy /'kantrəˌvərsi/ *s* kiista, riita
convalesce /ˌkanvə'les/ *v* toipua, parantua, olla toipilaana/parantumassa
convalescence /ˌkanvə'lesəns/ *s* parantuminen, toipilasaika
convalescent *s* toipilas
adj toipilas-, parantumassa oleva
convalescent home *s* toipilaskoti
convene /kən'vin/ *v* **1** kutsua koolle (kokoukseen) **2** kokoontua (neuvotteluun, kokoukseen)
convener *s* kokouksen koollekutsuja
convenience /kən'vinjəns/ *s* **1** (mon) mukavuudet *modern conveniences* nykyajan mukavuudet **2** mukavuus *in your room, a telephone is provided for your convenience* huoneessanne on puhelin
convenience store *s* elintarvikekioski
convenient /kən'vinjənt/ *adj* mukava, kätevä, sopiva, edullinen (sijainti)
conveniently *adv* mukavasti, kätevästi, sopivasti *the store is conveniently located* myymälä sijaitsee hyvällä paikalla
convent /kanvent/ *s* nunnaluostari
convention /kən'venʃən/ *s* **1** tapa **2** sovinnaisuus, konventio **3** konferenssi
conventional *adj* sovinnainen, perinteinen, tapojen mukainen
conventionally *adv* **1** sovinnaisesti **2** yleensä, tavan mukaan
converge /kən'vərdʒ/ *v* lähestyä (toisiaan)
convergence /kən'vərdʒəns/ *s* **1** lähestyminen **2** yhtyminen, leikkaaminen
converge on *v* kerääntyä, kasaantua jonnekin
conversation /ˌkanvər'seɪʃən/ *s* keskustelu, puhe *and the rest is conversation* ja loppu on pelkää puhetta
conversational /ˌkanvər'seɪʃənəl/ *adj* **1** tuttavallinen, rento **2** puhekielen
conversationalist /ˌkanvər'seɪʃənəlɪst/ *s* puhelias ihminen, seuraihminen, (joku joka on) hyvää juttuseuraa; keskustelija
converse /kanvərs/ *s* vastakohta
converse /kən'vərs/ *v* keskustella
adj vastakkainen
conversion /kən'verʒən/ *s* **1** muunto, muuttaminen, konversio **2** (usk) käännytys, kääntymys
convert /kən'vərt/ *v* **1** muuntaa, muuttaa, muuttua joksikin **2** (usk) käännyttää, kääntyä
convert /kanvərt/ *s* (usk, kuv) käännynnäinen
converter /kən'vərtər/ *s* muunnin, muuntaja *D/A converter* digitaali-analogiamuunnin
convertible /kənvərtɪbəl/ *s* avoauto
adj **1** joka voidaan muuntaa/muuttaa joksikin **2** vapaasti vaihdettava (valuutta)
convertible bond *s* (tal) vaihtovelkakirja
convex /kan'veks/ *adj* kupera
convey /kən'veɪ/ *v* **1** kuljettaa, johtaa **2** välittää (ajatus, tunne, terveiset), saada ymmärtämään jotakin
conveyance /kən'veɪəns/ *s* **1** kuljetus **2** kulkuneuvo
convict /kanvɪkt/ *s* rangaistusvanki, rikoksesta tuomittu henkilö
convict /kən'vɪkt/ *v* tuomita rikoksesta, todeta syylliseksi

conviction /kən'vɪkʃən/ *s* **1** (lak) tuomio **2** vakaumus *he has the courage of his convictions* hän on hyvin suoraselkäinen *I am open to conviction* olen valmis muuttamaan kantaani (mikäli perusteita ilmenee)
convince /kən'vɪns/ *v* saada joku vakuuttumaan jostakin
convinced *adj* vakuuttunut jostakin
convincing *adj* vakuuttava, uskottava
convincingly *adv* vakuuttavasti, uskottavasti
convivial /kən'vɪviəl/ *adj* **1** hyväntuulinen **2** seurallinen
convocation /ˌkanvə'keɪʃən/ *s* **1** kokoon/koolle kutsuminen **2** kokous, kokoontuminen
convoy /kanvɔɪ/ *s* (laiva/lento)saattue *v* saattaa
convulse /kən'vʌls/ *v* ravistella (myös kuv), (lääk) kouristella
convulsion /kən'vʌlʃən/ *s* ravistus, mullistus, (lääk) kouristus
convulsive /kən'vʌlsɪv/ *adj* kouristuksenomainen, kouristus-
coo /ku/ *v* (kyyhkysestä) kujertaa
cook /kʊk/ *s* kokki
v **1** valmistaa, laittaa, keittää, paistaa, leipoa (ruokaa) **2** (ruuasta) valmistua, kiehua, kypsyä, paistua **3** väärentää, sormeilla (tilejä)
cookbook /kʊkbʊk/ *s* keittokirja
cookie /kʊki/ *s* **1** keksi, pikkuleipä **2** *she is a smart cookie* hän on terävä ihminen, hänellä leikkaa hyvin
cookie cutter *s* piparkakkumuotti
Cookson /kʊksən/ (Peter Panissa) Kokinpoika
cook up *v* sepittää, keksiä omasta päästään
cool /kʊəl/ *s* (ilman) viileys (myös kuv:) mielenmaltti *don't lose your cool* älä pillastu, hillitse hilusi
v **1** jäähdyttää, jäähtyä, viilentyä **2** rauhoittua
adj **1** viileä **2** (viileän) rauhallinen **3** (viileän) välinpitämätön, kylmä(kiskoinen) **4** kylmäverinen **5** (sl) erinomainen, loistava
cool down *v* **1** viilentää, viilentyä, esim palautua/palauttaa ruumiinlämpö normaaliksi liikunnan jälkeen **2** rauhoittaa, rauhoittua
cool it *fr* rauhoitu!
coolly *adv* **1** rauhallisesti **2** kylmä(kiskoise)sti **3** kylmäverisesti
coolness *s* viileys (myös kuv)
cool off *v* rauhoittua, rauhoittaa, rentoutua
cool your heels *fr* odottaa
cool out *v* rentoutua, rauhoittua
coop /kup/ *s* (kana)koppi
cooperate /koʊ'apəˌreɪt/ *v* olla/toimia yhteistyössä jonkun/jonkin kanssa
cooperation /koʊˌapə'reɪʃən/ *s* yhteistyö
cooperative /koʊ'apərətɪv/ *s* osuuskunta
adj **1** avulias, halukas/valmis yhteistyöhön **2** osuustoiminnallinen, osuuskunta-
coopt /koʊ'apt/ *v* kooptoida, valita jäseneksi nykyisten jäsenten päätöksellä
coop up *v* sulkea/ahtaa joku jonnekin
coordinate /koʊ'ɔrdənət/ *s* **1** koordinaatti **2** joku/jokin rinnakkainen
adj rinnakkainen, rinnakkais-, rinnastava
coordinate /koʊ'ɔrdəˌneɪt/ *v* rinnastaa, järjestää, koordinoida
coordination /koʊˌɔrdəˌneɪʃən/ *s* rinnastus, järjestäminen, koordinaatio
coordinator *s* **1** järjestäjä, koordinaattori **2** (kieliopissa) rinnastuskonjunktio
coot /kut/ *s* nokikana *old coot* vanha äijänkäppärä
cop /kap/ *s* (sl) poliisi
cop a plea *fr* (sl) myöntää syyllisyytensä (lievempään rikokseen) saadakseen lievemmän rangaistuksen
cope /koʊp/ *v* selviytyä, tulla toimeen *he couldn't cope with his problems*
Copenhagen /'koʊpənˌheɪgən/ Kööpenhamina
copier /kapiər/ *s* **1** jäljittelijä, matkija **2** (valo)kopiokone
copious /koʊpiəs/ *adj* runsas, ylenpalttinen

copiously *adv* runsaasti, ylenpalttisesti, yllin kyllin
cop out *v* (sl) luopua leikistä
copper /kapər/ *s* **1** kupari **2** (sl) poliisi
copse /kaps/ *s* metsikkö
copulate /ˈkapjəˌleɪt/ *v* paritella
copulation /ˌkapjəˈleɪʃən/ *s* parittelu
copy /kapi/ *s* **1** jäljennös, kopio **2** (yksittäinen) kirja, lehti
v **1** jäljentää, kopioida **2** matkia, jäljitellä
copying machine *s* (valo)kopiokone
copy machine *s* (valo)kopiokone
copyright /ˈkapiˌraɪt/ *s* tekijänoikeus
coral /kɔrəl/ *s* koralli
cord /kɔrd/ *s* nuora, köysi *vocal cords* äänihuulet
cordial /kɔrdʒəl/ *adj* kohtelias
cordially *adv* kohteliaasti *cordially yours* ystävällisin terveisin
cordon /kɔrdən/ *s* vartioketju, vartiomiesten/poliisien/sotilaiden muodostama ketju
cordon off *v* eristää (alue)
corduroy /ˈkɔrdəˌrɔɪ/ *s* vakosametti
CORE *Congress of Racial Equality*
core /kɔr/ *s* **1** (omenan) kota **2** (maapallon) ydin **3** (kuv) ydin, keskeisin/olennaisin sisältö
v poistaa (omenasta) kota
corer *s* omenapora
Corfu /kɔrˈfu/ Korfu
Corinth /kɔrənθ/ Korintti
cork /kɔrk/ *s* **1** korkki(aine) **2** (pullon)-korkki
korkita, sulkea korkilla
corkscrew /ˈkɔrkˌskru/ *s* korkkiruuvi
Corn. *Cornwall*
corn /kɔrn/ *s* **1** maissi **2** jyvä **3** (UK) vilja **4** känsä
corncob /ˈkɔrnˌkab/ *s* maissintähkä
cornea /kɔrniə/ *s* (silmän) sarveiskalvo
corner /kɔrnər/ *s* **1** nurkka (myös tal) *in the corner of the room* huoneen nurkassa **2** kulma *at/on the corner of the street* kadunkulmassa
v **1** panna joku ahtaalle **2** (auto) kääntyä (mutkassa)
cornering *s* (tal) nurkanvaltaus
cornerstone /ˈkɔrnərˌstoʊn/ *s* kulmakivi (myös kuv)
cornet /kɔrˈnet/ *s* (mus) kornetti
cornflakes /ˈkɔrnˌfleɪks/ *s* (mon) maissihiutaleet
cornflour /ˈkɔrnˌflaʊər/ *s* maissijauho
cornflower /ˈkɔrnˌflaʊər/ *s* ruiskaunokki
cornhusk /ˈkɔrnˌhʌsk/ *s* (maissintähkän) lehtituppi
cornice /kɔrnəs/ *s* (arkkit) karniisi
corniche /kɔrnɪʃ kɔrˈniʃ/ *s* mutkainen vuoristotie lähellä meren rantaa
cornsilk /ˈkɔrnˌsɪlk/ *s* (maissintähkän) tupsu
corn starch /ˈkɔrnˌstartʃ/ *s* maissitärkkelys
corn syrup /ˈkɔrnˌsərəp/ *s* maissisiirappi
Cornwall /ˈkɔrnwəl/ Englannin kreivikuntia
corona /kəˈroʊnə/ *s* (auringon) korona
coronary /ˈkɔrəˌneri/ *s* sydäninfarkti
adj sepelvaltimo-
coronary artery *s* sepelvaltimo
coronary bypass *s* (sydämen)ohitusleikkaus
coronary thrombosis /θramˈboʊsɪs/ *s* sydäninfarkti
coronation /ˌkɔrəˈneɪʃən/ *s* kruunajaiset
coroner /kɔrənər/ *s* kuolinsyyntutkija, patologi
coronet /ˌkɔrəˈnet kɔrənət/ *s* (pieni) kruunu
corporal /kɔrprəl/ *s* korpraali
adj ruumiillinen
corporate /kɔrprət/ *adj* **1** osakeyhtiön, (suuren liike)yrityksen **2** yhteis-
corporation /ˌkɔrpəˈreɪʃən/ *s* **1** (UK) kunta, kaupunki **2** (US) osakeyhtiö
corporeal /ˌkɔrpəˈriəl/ *adj* ruumiillinen
corps /cɔr/ *s* (mon corps) **1** (sot) joukot *Marine Corps* merijalkaväki **2** armeijakunta
corpse /cɔrps/ *s* (kuollut) ruumis, kalmo
corpuscule /ˈkɔrˌpʌsəl/ *s* verisolu *red/white corpuscules* punasolut/valkosolut
corral /kəˈræəl/ *s* karja-aitaus
v koota/sulkea (karja) aitaukseen

correct /kə'rekt/ *v* korjata, oikaista (virhe, puhujaa)
adj **1** oikea (vastaus) **2** (käytös) sopiva, moitteeton, korrekti *that was the correct gesture* se oli oikea ele
correction /kə'rekʃən/ *s* **1** korjaus, oikaisu **2** *house of correction* (vanh) kasvatuslaitos
correctly *adv* **1** (vastata) oikein **2** (käyttäytyä) oikein, sopivasti, moitteettomasti, korrektisti
correctness /kə'rektnəs/ *s* **1** (vastauksen) paikkansapitävyys **2** (käytöksen) sopivuus, moitteettomuus
correlate /ˌkɔrə'leɪt/ *v* yhdistää, verrata, olla yhteydessä toisiinsa, korreloida
correlation /ˌkɔrə'leɪʃən/ *s* yhtäläisyys, yhteys, korrelaatio
correspond /ˌkɔrəs'pand/ *v* **1** vastata jotakin, olla samanlainen kuin **2** olla kirjeenvaihdossa
correspondence /ˌkɔrəs'pandəns/ *s* **1** vastaavuus, yhtäläisyys **2** kirjeenvaihto (myös merkityksessä:) kirjeet
correspondent /ˌkɔrəs'pandənt/ *s* **1** kirjeenvaihtotoveri **2** (sanomalehden) kirjeenvaihtaja
corridor /kɔrədər/ *s* käytävä
corroborate /kə'rabəˌreɪt/ *v* vahvistaa, tukea (käsitystä, selitystä) *I corroborated her version of the story* vahvistin hänen selostustaan tapahtumista
corrode /kəˌroʊd/ *v* syöpyä, ruostua
corrosion /kə'roʊʒən/ *s* korroosio, syöpyminen, ruostuminen
corrosive /kə'roʊsɪv/ *s* ruostumista/korroosiota aiheuttava aine
adj ruostumista/korroosiota aiheuttava, korrosiivinen
corrugated /'kɔrəˌgeɪtəd/ *adj* aalto-
corrugated paper *s* aaltopahvi
corrugation /ˌkɔrə'geɪʃən/ *s* aalto(muoto)
corrupt /kə'rʌpt/ *v* rappeuttaa, turmella, pilata *adj* rappeutunut, turmeltunut, lahjuksia vastaanottava, rötös-
corruption /kə'rʌpʃən/ *s* korruptio, lahjonta, rappio, turmelus
corset /kɔrsət/ *s* korsetti, kureliivit
Corsica /kɔrsɪkə/ Korsika
cortege /kɔr'teʒ kɔr'taʒ/ *s* (hautajais)kulkue
corvette /kɔr'vet/ **1** (alus) korvetti **2** *Corvette* eräs merikkalainen urheiluautomalli
cosmetic /ˌkaz'metɪk/ *s* kauneudenhoitoaine
adj kosmeettinen, kauneudenhoito-, kauneus-
cosmetic surgery *s* plastiikkakirurgia
cosmic /kazmɪk/ *adj* **1** kosminen, maailmankaikkeutta koskeva **2** (kuv) suunnaton, valtava
cosmology /ˌkaz'malədʒi/ *s* kosmologia
cosmonaut /'kazməˌnat/ *s* kosmonautti
cosmopolitan /ˌkazmə'palətən/ *s* maailmankansalainen, kosmopoliitti
adj yleismaailmallinen, kosmopoliittinen
cosmos /kazməs/ *s* kosmos, maailmankaikkeus
cossack /kasæk/ *s* kasakka
cost /kast/ *s* **1** kustannukset **2** hinta (myös kuv) *regardless of cost* hintaan katsomatta, mihin hintaan hyvänsä
v cost, cost: maksaa (myös kuv), olla hintana *how much did your new hat cost?* paljonko uusi hattusi maksoi? *the mistake cost him a pretty penny* erehdys maksoi hänelle sievoisen summan
costar /'koʊˌstar/ *s* (elok) toinen pääosan esittäjistä
v esittää toista pääosaa, olla toisessa pääosassa
Costa Rica /ˌkoʊstə'rikə/
Costa Rican *s, adj* costaricalainen
cost-effective /ˌkastɪ'fektɪv/ *adj* edullinen, halpa (valmistustapa tms)
costly *adj* kallis (tavara, hanke, maku)
cost of living *s* elinkustannukset
cost of living index *s* elinkustannusindeksi
costume /kastʃum, kastum/ *s* (näyttelijän) esiintymispuku *bathing costume* uimapuku
cosy ks cozy
cot /kat/ *s* **1** leirivuode, kenttävuode **2** mökki **3** (UK) lastensänky
cottage /katədʒ/ *s* mökki

cotton /katən/ *s* puuvilla

cotton (on) to *v* **1** mieltyä johonkuhun/johonkin, alkaa pitää jostakusta/jostakin **2** hyväksyä jotakin **3** käsittää, päästä jyvälle jostakin

couch /kaʊtʃ/ *s* sohva
v ilmaista, pukea sanoiksi *he couched his opinon in reserved language* hän ilmaisi mielipiteensä varautunein sanankääntein

couch potato /'kaʊtʃpəˌteɪtoʊ/ *s* television orja

cougar /kugər/ *s* puuma

cough /kaf/ *s* yskä; yskähdys
v yskiä

could /kʊd/ ks can

council /kaʊnsəl/ *s* neuvosto

councilor /kaʊnsələr/ *s* neuvoston jäsen

counsel /kaʊnsəl/ *s* **1** neuvo **2** asianajaja
v **1** neuvoa, antaa neuvoja **2** kehottaa *to counsel patience* kehottaa kärsivällisyyteen

counselor /kaʊnsələr/ *s* **1** neuvonantaja **2** asianajaja **3** opinto-ohjaaja **4** (lasten) leiriopas

count /kaʊnt/ *s* **1** luku(määrän laskeminen) *at the last count* kun viimeksi laskettiin **2** (lak) syytteen kohta, syyte **3** huomio *I took no count of what the others said* minä en piitannut toisten puheista **4** kreivi **5** (nyrkkeilyssä) kymmeneen lasku
v **1** laskea (sataan, hinta, äänet) **2** pitää jotakuta jonakin, lukea/laskea joku joksikin *you can count yourself lucky* saat kiittää onneasi

countable *adj* joka voidaan laskea (myös kieliopissa)

count down *v* laskea takaperin, tehdä lähtölaskenta

countdown /'kaʊntˌdaʊn/ *s* lähtölaskenta

countenance /kaʊntənəns/ *s* **1** kasvot **2** tuki
v (ylät) sallia, suvaita

counter /kaʊntər/ *s* **1** tiski, myyntipöytä, kassa, lippuluukku, (pitkä keittiön) pöytä **2** pelimerkki **3** laskin(laite)
v **1** vastata (iskuun, hyökkäykseen) **2** vastustaa (määräystä) **3** kumota (päätös)

counteract /ˌkaʊntər'ækt/ *v* kumota (vaikutus), vaikuttaa/taistella jotakin vastaan

counteraction /ˌkaʊntər'ækʃən/ *s* vastavaikutus, vastatoimi

counteractive /ˌkaʊntər'æktɪv/ *adj* vasta-, vastustus-

counterattack /'kaʊntərəˌtæk/ *s* vastahyökkäys

counterbalance /'kaʊntərˌbæləns/ *s* vastapaino

counterbalance /ˌkaʊntər'bæləns/ *v* olla/toimia jonkin vastapainona

counterclockwise /ˌkaʊntər'klakwaɪz/ *adv* vastapäivään

counterculture /'kaʊntərˌkʌltʃər/ *s* vaihtoehtokulttuuri

counterfeit /kaʊntərfət/ *v* väärentää
adj väärä, väärennetty

counterforce /'kaʊntərˌfɔrs/ *s* vastavoima, vastustus

countermand /ˌkaʊntər'mænd/ *s* (käskyn) peruutus *v* peruuttaa/kumota käsky

countermeasure /'kaʊntərˌmeʒər/ *s* vastatoimi, vastatoimenpide

counteroffensive /ˌkaʊntərə'fensɪv/ *s* vastahyökkäys

counteroffer /'kaʊntərˌafər/ *s* vastatarjous

counterpart /'kaʊntərˌpart/ *s* **1** vastine, joka vastaa jotakuta/jotakin **2** jäljennös, kopio **3** vastakappale

counterproductive /ˌkaʊntərprə'dʌktɪv/ *adj* vahingollinen *getting mad would be counterproductive* suuttumisesta olisi enemmän haittaa kuin hyötyä

counterrevolution /ˌkaʊntərˌrevə'luʃən/ *s* vastavallankumous

counterrevolutionary *adj* vastavallankumouksellinen

countersign /'kaʊntərˌsaɪn/ *v* varmentaa (sekki toisella) nimikirjoituksella

countersignature /ˌkaʊntərˈsɪgnətʃər/ *s* (sekin) varmennus
counter to *adv* vastoin jotakin, jonkin vastaisesti
counterweight /ˈkaʊntərˌweɪt/ *s* vastapaino
countess /kaʊntəs/ *s* kreivitär
count in *v* lukea/laskea mukaan
countless *adj* lukematon
count on *v* luottaa johonkuhun/johonkin, laskea jonkun/jonkin varaan
count out *v* **1** jättää joku pois laskuista **2** (laskea ja) jakaa jotakin jollekulle
countrified /ˈkʌntrəˌfaɪd/ *adj* maalaismainen
country /kʌntri/ *s* **1** maa **2** kansa **3** maaseutu **4** maisema **5** kantrimusiikki
country-and-western /ˌkʌntriənˈwestərn/ *s* country-and-western-musiikki, kantrimusiikki
country club *s* golfkerho
country cousin *s* (kuv) maalaisserkku
country gentleman *s* (mon country gentlemen) suurtilallinen, tilanomistaja
countryman /kʌntrɪmən/ *s* (mon countrymen) **1** maanmies **2** maalainen
country music *s* kantrimusiikki
country rock *s* kantrimusiikki jossa on rockmusiikin vaikutteita
countryside /ˈkʌntriˌsaɪd/ *s* maaseutu
countrywoman /ˈkʌntriˌwʊmən/ *s* (mon countrywomen) **1** maanmies, saman maan (nais)kansalainen **2** maalainen
count upon ks count on
county /kaʊnti/ *s* (US) piirikunta, (UK) kreivikunta
coup /ku/ *s* **1** isku, tempaus, saavutus **2** vallankaappaus
coup d'état /ˌkudəˈta/ *s* vallankaappaus
coupé /kup/ *s* coupé(-mallinen auto)
couple /kʌpəl/ *s* **1** pari *a married couple* aviopari **2** pari, muutama, jokunen *a couple of blocks from here* parin korttelin päässä
v **1** yhdistää, yhdistyä (pariksi) **2** (eläimet) paritella
couplet /kʌplət/ *s* säepari, riimipari
coupling /kʌpliŋ/ *s* **1** yhdistäminen, liittäminen **2** kytkin, liitin
coupon /kjupan kupan/ *s* (esim tarjous)kuponki
courage /kərədʒ/ *s* rohkeus
courageous /kəˈreɪdʒəs/ *adj* rohkea, urhea, peloton
courageously *adv* rohkeasti, urheasti, pelottomasti
courgette /kʊərˈʒet/ *s* (UK) courgette-kurpitsa
courier /kəriər/ *s* **1** kuriiri **2** (UK) matkaopas
course /kɔrs/ *s* **1** suunta, kurssi, kulku, kesto *the illness has run its course* sairaus on kestänyt aikansa/on ohi **2** aika, kesto *in the course of his studies* opiskellessaan, opiskeluaikanaan *in due course* aikanaan **3** (oppi)kurssi **4** (hoito-)ohjelma **5** ruokalaji **6** *of course* tottakai, tietenkin
v **1** (verestä, kyynelistä) virrata **2** metsästää
court /kɔrt/ *s* **1** oikeus, oikeussali *his case came up in court yesterday* hänen oikeusjuttunsa käsiteltiin eilen **2** hovi *at court* hovissa **3** kenttä *baskeball/handball/volleyball/tennis court* koripallo/käsipallo/lentopallo/tenniskenttä
v **1** (vanh) kosiskella (myös kuv) **2** etsiä (hankaluuksia), uhmata kohtaloaan
courteous /kərtiəs/ *adj* kohtelias
courteously *adv* kohteliaasti
courtesy /kərtəsi/ *s* **1** kohteliaisuus **2** *(by) courtesy of* jonkun suosiollisella avustuksella, lainannut käyttöön se ja se
adj ilmainen *courtesy shuttle* (hotellin asiakkaita kyyditsevä) ilmainen lentokenttäbussi tms
courtesy light *s* (henkilöauton) sisävalo
courtesy visit *s* kohteliaisuuskäynti
courthouse /kɔrthaʊs/ *s* oikeustalo
courtier /kɔrtɪər/ *s* hovimies

court-martial /ˈkɔrtˌmarʃəl ˌkɔrtˈmarʃəl/ *s* sotaoikeus
v viedä/joutua sotaoikeuteen, syyttää sotaoikeudessa
courtship /kɔrtʃɪp/ *s* seurustelu
courtyard /kɔrtjard/ *s* (sisä)piha
cousin /kʌzən/ *s* serkku *first cousin* serkku *second cousin* pikkuserkku
cove /koʊv/ *s* (pieni) lahti
Coventry /ˈkʌvənˌtri/
cover /kʌvər/ *s* **1** (laatikon, kirjan) kansi, suojus, peite **2** (kirje)kuori **3** suoja, turva, piilo *under cover of darkness* pimeyden turvin **4** vakuutussuoja **5** ks cover version
v **1** peittää, peittyä, kattaa *the streets were covered in/with snow* kadut olivat paksun lumen peitossa **2** peittää, salata (hämmästyksensä, virheensä) **3** käsitellä, kattaa, kertoa (lehdessä), uutisoida jostakin *her latest book covers a lot of ground* hän käsittelee uusimmassa kirjassaan monia asioita **4** levyttää tuttu musiikkikappale uudestaan (ks cover version)
coverage /kʌvərədʒ/ *s* **1** uutisointi, selostus (televisiossa, radiossa, lehdissä) **2** vakuutussuoja(n laajuus)
cover charge *s* (ravintolan tms) pääsymaksu, illalliskortti
cover for *v* **1** olla/toimia jonkun sijaisena **2** salata jonkun poissaolo/virhe
cover girl *s* (lehden) kansikuvatyttö
cover letter *s* saatekirje
cover story *s* **1** (lehden) kansikuvajuttu, (yksi) pääjuttu **2** veruke, meriselitys
covert /koʊˈvərt/ *s* **1** päällys, kuomu, peite **2** piilopaikka
adj vaivihkainen, salainen
covertly *adv* vaivihkaa, salaa
cover up *v* **1** peittää, salata **2** peittää kokonaan, haudata alleen
cover version *s* toisen esittäjän versio tutusta musiikkikappaleesta
cow /kaʊ/ *s* **1** lehmä **2** naaras(norsu, -virtahepo, -valas)
v pelotella, uhkailla
coward /kaʊərd/ *s* pelkuri
cowardice /kaʊərdəs/ *s* pelkuruus, arkuus
cowardly *adj* arka, pelokas, pelkurimainen
cowboy /kaʊbɔɪ/ *s* karjapaimen, cowboy
cowgirl /kaʊgərəl/ *s* karjapaimen (naispuolinen)
cowl /kaʊəl/ *s* huppu
cowlick /kaʊlɪk/ *s* otsakiehkura
cox /kaks/ *s* (kilpasoutuveneen) perämies
v pitää perää, olla perämiehenä
coxswain /kaksən/ *s* (kilpasoutuveneen) perämies
coy /kɔɪ/ *adj* (teennäisen) ujo, kaino
coyly *adv* (teennäisen) ujosti, kainosti
coyote /kaɪˈoʊti/ *s* kojootti
cozily *adv* kodikkaasti, mukavasti
cozy /koʊzi/ *adj* kodikas, mukava (huone, olo)
cozyness *s* kodikkuus, mukavuus
CPA *certified public accountant* tilintarkastaja
CPI *consumer price index* kuluttajahintaindeksi
CP/M *Control Program for Microcomputers* eräs mikrotietokoneiden käyttöjärjestelmä
CPR *cardiopulmonary resuscitation* sydänelvytys
Cpt. *captain* kapteeni
CPU *central processing unit* (tietokoneen) keskusyksikkö
CR *carriage return* (tietok) rivinvaihto
Crab (tähdistö) Krapu
crab /kræb/ *s* taskurapu
crack /kræk/ *s* **1** lohkeama, murtuma **2** läimähdys, pamahdus **3** isku, tärähdys **4** eres laimentamaton kokaiinilaji, crack
v **1** murtua, lohjeta **2** läimähtää, pamahtaa **3** (äänestä) murtua **4** ratkaista (arvoitus), purkaa (salakieli)
crack a joke *fr* kertoa/murjaista vitsi
crack a smile *fr* hymyillä, väläyttää hymy
crackbrain /ˈkrækˌbreɪn/ *s* typerys, idiootti

crack down on *v* (viranomaisista) koventaa otteitaan (taistelussa rikollisuutta vastaan)
cracker *s* **1** suolakeksi **2** sähikäinen **3** paukkukaramelli **4** maatiainen, maajussi
crackerjack /ˈkrækərˌdʒæk/ *s* jokapaikan höylä, tuhattaituri
crackle /krækəl/ *s* rätinä, ritinä
v rätistä, ritistä
crackpot /krækpat/ *s, adj* tärähtänyt
crack up *v* **1** seota, tulla hulluksi **2** purskahtaa/ratketa nauruun
cradle /kreɪdəl/ *s* **1** kehto (myös kuv) **2** kehikko, runko
v pidellä (varovasti sylissään)
craft /kræft/ *s* **1** käsityö, käsityötaito, taideteollisuus **2** taito, taitavuus, osaaminen **3** oveluus, juonikkuus **4** alus, vene, laiva
craftily *adv* ovelasti, juonikkaasti, nokkelasti
craftiness *s* oveluus, juonikkuus, nokkeluus
craftsman /kræfsmən/ *s* käsityöläinen
craftsmanship /ˈkræfsmənˌʃɪp/ *s* käsityötaito, ammattitaito
crafty /kræfti/ *adj* ovela, juonikas
crag /kræg/ *s* kallio
craggy /krægi/ *adj* kallioinen, rosoinen, kulmikas
cram /kræm/ *v* **1** ahtaa, sulloa täyteen **2** päntätä päähänsä (läksyjä)
cramp /kræmp/ *s* lihaskouristus
v **1** aiheuttaa lihaskouristus **2** ahtaa, sulloa **3** estää, rajoittaa, haitata
crampon /ˈkræmˌpan/ *s* (kenkään kiinnitettävä) jäärauta
cranberry /krænˌberi/ *s* karpalo
Crane (tähdistö) Kurki
crane /kreɪn/ *s* **1** kurki **2** nostokurki
v kurottautua, kurottaa (kaulaansa)
cranial /kreɪnɪəl/ *adj* kallon, kallo-
cranium /kreɪniəm/ *s* (mon craniums, crania) kallo
crank /kræŋk/ *s* **1** kampi **2** höynähtänyt/tärähtänyt ihminen
v kääntää/käynnistää ym kammella
crankshaft /ˈkræŋkˌʃæft/ *s* kampiaskeli
cranky *adj* **1** outo, kummallinen, löylyn lyömä (ihminen) **2** ärtyisä, äksy
crash /kræʃ/ *s* **1** kolari, onnettomuus, lentokoneen putoaminen, rysähdys (myös äänestä), törmäys **2** (talouden) romahdus
v **1** joutua kolariin/onnettomuuteen, (lentokoneesta) pudota, rysähtää (myös äänestä), törmätä johonkin **2** romahtaa (taloudellisesti), mennä vararikkoon **3** mennä kuokkavieraana jonnekin *they crashed the party* he menivät juhliin kuokkimaan **4** (sl) nukahtaa, sammua
crass /kræs/ *adj* törkeä, tökerö (virhe, käytös), ällistyttävä (tietämättömyys)
crate /kreɪt/ *s* laatikko
v pakata laatikkoon
crater /kreɪtər/ *s* kraatteri
Crater Lake /ˌkreɪtərˈleɪk/ järvi ja kansallispuisto Oregonissa
cravat /krəˈvæt/ *s* **1** kravatti, solmio **2** (vanh) kaulaliina
crave /kreɪv/ *v* kaivata/haluta kovasti
craving *s* voimakas halu
crawl /kraəl/ *s* **1** ryömintä, matelu (myös kuv) *the traffic on the freeway slowed down to a crawl* moottoritien liikenne eteni enää vain ryömintävauhtia **2** krooli(uinti)
v ryömiä, madella (myös kuv)
crayfish /kreɪfɪʃ/ *s* rapu
crayon /ˈkreɪˌan kræn/ *s* väriliitu
v värjätä väriliiduilla
craze /kreɪz/ *s* villitys, hullutus
v tehdä hulluksi *the woman had a crazed look in her eyes* naisella oli hullun kiilto silmissään
crazily *adj* **1** hullusti, hullun lailla **2** uskomattoman
craziness *s* hulluus (myös kuv), älyttömyys
crazy *adj* hullu (myös kuv) *I'm not crazy about the idea* minä en ole erityisen innostunut ajatuksesta *she is crazy about him* hän on hulluna häneen
creak /krik/ *s* narahdus
v narahtaa
creaky *adj* nariseva

cream /krim/ *s* **1** kerma (myös kuv:) parhaimmisto, hienosto **2** voide, kreemi **3** kermanväri *v* **1** kuoria kerma (myös kuv:) viedä parhaat palat **2** lisätä kermaa (kahviin, teehen) **3** (sl) tehdä selvää jälkeä jostakusta, voittaa perinpohjin
creamy *adj* kermainen, kermamainen, voidemainen
crease /kris/ *s* taite, poimu, laskos, (housun)prässit, ryppy
v taittaa, poimuttaa, laskostaa, prässätä, rypistää
create /kri'eɪt/ *v* **1** luoda **2** aiheuttaa (ongelmia), pitää (melua)
creation /kri'eɪʃən/ *s* **1** luominen **2** luomakunta
creative /kri'eɪtɪv/ *adj* luova, kekseliäs
creatively *adv* luovasti, kekseliäästi
creativeness /kri'eɪtɪvnəs/ *s* luovuus
creativity /krieɪ'tɪvəti, kriə'tɪvəti/ *s* luovuus
creator *s* luoja, tekijä, keksijä, (ajatuksen) isä *Creator* Luoja
creature /kritʃər/ *s* eläin, ihminen
creature comforts *s* perusmukavuudet
credence /kridəns/ *s* usko, luottamus (jonkin paikkansapitävyyteen) *give credence to something* uskoa, luottaa johonkin
credentials /krə'denʃəlz/ *s* (mon) suositukset, todistukset, henkilöllisyyspaperit
credibility /ˌkredə'bɪləti/ *s* uskottavuus
credible /kredəbəl/ *adj* uskottava
credibly *adv* uskottavasti
credit /kredət/ *s* **1** usko, luottamus **2** tunnustus, arvonanto **3** (pankki)luotto **4** (pankki)saatavat
creditable /kredətəbəl/ *adj* kiitettävä, hyvä, oivallinen
creditably *adv* kiitettävästi, hyvin
credit card *s* luottokortti
credit line *s* luottoraja
creditor /kredətər/ *s* velkoja
credit with *v* laskea/lukea jonkun ansioksi/syyksi
credulity /krə'dʒuləti/ *s* hyväuskoisuus, herkkäuskoisuus, narrattavuus
credulous /kredʒələs/ *adj* hyväuskoinen, herkkäuskoinen, narrattava
creed /krid/ *s* **1** usko **2** uskontunnustus
creek /krik/ *s* puro
CREEP *Committee to Reelect the President*
creep /krip/ *s* hyypiö, retale
v crept, crept **1** ryömiä, madella, hiipiä **2** (ihosta) nostaa kananlihalle
creeper *s* köynnöskasvi
creeps *to give someone the creeps* pelästyttää, kauhistuttaa, kuvottaa, inhottaa
creepy *adj* pelottava, kauhistuttava
cremate /'kriˌmeɪt/ *v* polttaa ruumis
cremation /krɪ'meɪʃən/ *s* kremaatio, ruumiin polttaminen
crematorium /ˌkrimə'tɔriəm/ *s* (mon crematoriums, crematoria) krematorio
crematory /kriməˌtɔri/ krematorio
crème fraîche /ˌkrem'freʃ/ *s* ranskankerma, crème fraîche
crepe /kreɪp/ *s* **1** kreppi(kangas) **2** surunauha **3** ohukainen, crépe
crept /krept/ ks creep
crescendo /krə'ʃendoʊ/ *s* **1** (mus) crescendo **2** (kuv) purkaus, tulva, ryöppy
crescent /kresənt/ *s* **1** kuunsirppi **2** kuunsirpin muotoinen esine **3** voisarvi, croissant
cress /kres/ *s* (kasvi) krassi
crest /krest/ *s* **1** (aallon, vuoren, hevosen) harja **2** (kuv) huippu **3** (kukon)helt-ta, (linnun) töyhtö
v **1** kiivetä (vuoren) huipulle **2** (kuv) huipentua *his fame crested in the early 1990s* hänen maineensa oli laajimmillaan 1990-luvun alussa
crestfallen /'krestˌfalən/ *adj* (täysin) lannistunut, myrtynyt, (raskaasti) pettynyt
Crete /krit/ Kreeta
cretin /kritən/ *s* **1** kretiini **2** (kuv) idiootti
crevasse /krə'væs/ *s* railo
crevice /krevəs/ *s* lohkeama, halkeama

crew /kru/ *s* **1** (laivan, lentokoneen) miehistö **2** (urheilu)joukkue **3** (työ)ryhmä, tiimi
crewcut /krukʌt/ *s* sänkitukka
crib /krɪb/ *s* **1** (US) lastensänky, häkkisänky **2** seimi **3** lunttilappu
v **1** luntata (kokeessa) **2** plagioida
cricket /krɪkət/ *s* **1** heinäsirkka **2** kriketti(peli)
cricketer *s* kriketinpelaaja
cried /kraɪd/ ks cry
crime /kraɪm/ *s* rikos, rikollisuus
Crimea /kraɪ'miə/ Krim
criminal /krɪmənəl/ *s* rikollinen
adj rikollinen, rikosoikeudellinen
criminal code *s* rikoslaki
criminal law *s* rikoslaki
criminal lawyer *s* rikosasianajaja
criminally *adv* **1** rikollisesti *an institute for the criminally insane* vankilamielisairaala **2** (kuv) törkesti, hävyttömästi
crimson /krɪmzən/ *s, adj* purppuranpunainen
cringe /krɪndʒ/ *v* **1** säpsähtää, vavahtaa **2** nöyristellä, (kuv) ryömiä jonkun edessä
crinkle /kriŋkəl/ *s* ryppy
v rypistää, rypistyä
cripple /krɪpəl/ *s* rampa, invalidi
v **1** rampauttaa **2** (kuv) lamauttaa, tehdä toimintakyvyttömäksi
crippling *adj* lamauttava, musertava
crises /kraɪsiz/ ks crisis
crisis /kraɪsəs/ *s* (mon crises) kriisi, murros, ratkaisun hetki, taitekohta
crisp /krɪsp/ *s* (UK) perunalastu
adj (ruoka) rapea, tuore, (ilma) raikas, virkistävä, (ääni) reipas, selvä, (vastaus, kirjoitustyyli) reipas, terävä, ytimekäs, (ulkonäkö) siisti, huoliteltu
crisply *adv* ks crisp
crispness *s* ks crisp
crisscross /krɪskras/ *v* **1** kulkea ristiin rastiin, sinne tänne **2** merkitä rastilla
adv ristiin rastiin
criteria /kraɪ'tɪərɪə/ ks criterion
criterion /kraɪ'tɪəriən/ *s* (mon criteria) kriteeri, tunnusmerkki, valintaperuste
critic /krɪtɪk/ *s* kriitikko, arvostelija
critical *adj* kriittinen (eri merkityksissä:) ratkaiseva, vaarallinen (hetki, tila); ankarasti arvosteleva, moittiva; arvosteluun, kritiikkiin liittyvä; kriittiseen tutkimukseen liittyvä, tarkka *don't be too critical of him* älä arvostele häntä liian ankarasti *critical acclaim* myönteiset arvostelut
critically *adv* **1** kriittisesti (ks critical) **2** ratkaisevan (tärkeä) **3** vakavasti (sairas)
criticism /'krɪtəˌsɪzəm/ *s* arvostelu, kritiikki, moite
criticize /'krɪtəˌsaɪz/ *v* arvostella, kritisoida, moittia, haukkua
croak /kroʊk/ *s* (sammakon) kurnutus, (variksen, ihmisen) rääkäisy
v (sammakko) kurnuttaa, (varis, ihminen) rääkyä
Croatia /krou'eɪʃə/ Kroatia
crock /krak/ *s* **1** (savitavara)ruukku **2** (sl) pöty(puhe), roska(puhe)
crockery /krakəri/ *s* savitavara
crocodile /'krakəˌdaɪl/ *s* krokotiili
crocodile tears *s* (mon kuv) krokotiilinkyynelet *she shed some crocodile tears* hän vuodatti krokotiilinkyyneleitä
crocus /kroʊkəs/ *s* (mon crocusses) krookus
crook /krʊk/ *s* **1** (paimen)sauva **2** (tien)mutka **3** (ark) roisto, konna
v taipua/taivuttaa mutkalle, (tie) kääntyä
crooked /krʊkəd/ *adj* käyrä, kiero (myös kuv), epärehellinen
crooner /krunər/ *s* nyyhkylaulaja
crop /krap/ *s* **1** (maat) sato **2** joukko, ryhmä, kimppu
v leikata/katkaista (lyhyeksi), lyhentää
crop rotation *s* vuoroviljely
crop up *v* ilmetä, tulla esiin, nousta (ongelma)
croquet /kroʊ'keɪ/ *s* kroketti(peli)
cross /kras/ *s* **1** risti (myös kuv) *to bear your cross* kantaa ristinsä **2** (kaavakkeessa yms) rasti **3** risteytys, (kuv) sekasikiö
v **1** ylittää, kulkea jonkin yli/poikki *they crossed the desert at night* he ylittivät aavikon yöllä **2** ristiä, panna ristiin, mennä ristiin *I'll keep my fingers*

crossed for you minä pidän sinulle peukkua *the roads cross a few miles from here* tiet risteävät muutaman mailin päässä
adj pahantuulinen, vihainen, kiukkuinen
crossbow /'kras,boʊ/ *s* varsijousi
crossbreed /'kras,brid/ *s* risteytys, sekarotuinen ihminen/eläin
v risteyttää
crossbuck /'kras,bʌk/ *s* tasoristeyksen merkki
cross-check /,kras'tʃek/ *s* tarkistus
v tarkistaa
cross-country /,kras'kʌntri/ *adj* **1** maasto-, murtomaa- **2** maan poikki ulottuva (lento)
cross-country skiing *s* murtomaahiihto, maastohiihto
cross-examination /,krasəg,zæmə'neɪʃən/ *s* ristikuulustelu
cross-examine /,krasəg'zæmən/ *v* ristikuulustella
cross-eyed /'kras,aɪd/ *adj* kierosilmäinen
cross-fade /'kras,feɪd/ *s* (video) ristikuva ristikuva, siirtymä kuvasta toiseen siten että edellinen kuva häipyy samalla kun seuraava kuva tulee näkyviin
crossfire /'kras,faɪər/ *s* ristituli
crossing *s* **1** ylitys **2** risteys, ylikäytävä
crosslegged /,kras'legəd/ *adj* jalat ristissä
cross-purposes *to be at cross-purposes* ei ymmärtää toisiaan, puhua eri asiasta; toimia toisiaan vastaan
cross reference *s* (kirjassa) viittaus
cross-reference *v* varustaa viittauksilla
crossroads /'kras,roʊdz/ *s* (mon, verbi mon tai yksikössä) (tien)risteys
cross-section /'kras,sekʃən/ *s* poikkileikkaus, läpileikkaus (myös kuv)
cross swords *fr* ottaa yhteen (myös kuv)
crosstie /'kras,taɪ/ *s* ratapölkky
crosswalk /'kras,wak/ *s* suojatie
crossword puzzle /,kraswərd'pʌzəl/ *s* sanaristikko
crotch /kratʃ/ *s* **1** puunhaara **2** nivuset **3** (vaatteen) haaravahvike
crouch /kraʊtʃ/ *s* kyykky(asento), kyyristyminen
v kyyristyä, käydä kyykkyyn
croupier /,krupi'eɪ krupiər/ *s* pelinhoitaja
crow /kroʊ/ *s* **1** varis **2** rääkäisy, huudahdus
v **1** (kukko) kiekua, (varis) raakkua, rääkäistä, (ihminen) huudahtaa **2** *(over)* leuhkia, mahtailla, rehennellä jollakin
crowbar /'kroʊ,bar/ *s* sorkkarauta
crowd /kraʊd/ *s* **1** väkijoukko, väentungos **2** yleisö **3** suuri yleisö, enemmistö
v ahtautua, ahtaa, tunkeutua, tunkea, sulloutua, sulloa jonnekin *she crowded her stuff into the bag* hän sulloi tavaransa laukkuun *the place was crowded with people* paikka oli tupaten täynnä (väkeä)
crowded *adj* täpötäysi
crown /kraʊn/ *s* **1** kruunu **2** päälaki, (hatun) kupu
v **1** kruunata (myös kuv) **2** *be crowned with* peittää, olla jonkin päällä
crowning *s* kruunajaiset
adj joka kruunaa jonkin *a crowning accomplishment* kaiken kruunaava saavutus
CRT *cathode-ray tube* katodisädeputki; (tietokone)monitori, näyttö(laite)
crucial /kruʃəl/ *adj* ratkaiseva, elintärkeä
crucially *adj* ratkaisevan, ehdottoman
crucifix /'krusə,fɪks/ *s* krusifiksi
crude /krud/ *s* (ark) raakaöljy
adj **1** raaka, jalostamaton *crude oil* raakaöljy **2** karkea, hiomaton, alkeellinen, kömpelö
crudely *adv* karkeasti, alkeellisesti, kömpelösti
crudeness *s* karkeus, hiomattomuus, alkeellisuus
crudity *s* karkeus, hiomattomuus, alkeellisuus
cruel /krʊəl/ *adj* julma, raaka, raakamainen

cruelly *adv* julmasti, raa'asti, raakamaisesti
cruelty *s* julmuus, raakuus, julma/raaka teko
cruet /kruɪt/ *s* (ruokapöydässä) etikka/öljypullo
cruise /kruz/ *s* risteily, (leppoisa auto)ajelu
v risteillä, ajaa (autolla) matkanopeutta/kiirehtimättä, lentää matkanopeutta *cruise the loop* ajaa kortteliralliа
cruiser *s* **1** (sot) risteilijä **2** huvivene
crumb /krʌm/ *s* **1** (leivän)muru **2** (kuv) hitunen, hiukkanen, tippa
crumble /krʌmbəl/ *v* **1** murentua, murtua **2** (kuv) murtua, luhistua, (toivo) sammua
crumbly *adj* hauras, helposti mureneva
crumple /krʌmpəl/ *v* **1** rypistyä, rypistää **2** romahtaa, luhistua
crunch /krʌntʃ/ *s* (suun) rouskutus, (askelten) narske **2** pula *an energy crunch* **3** kova/vakava paikka, kuumat oltavat
v **1** rouskuttaa, rouskua, narskuttaa, narskua **2** kiristää (taloutta), panna koville
crunch numbers *fr* laskea/tuottaa tietokoneella suuria määriä numerotietoa
crusade /kru'seɪd/ *s* ristiretki (myös kuv:) taistelu jonkin puolesta/jotakin vastaan
v lähteä/osallistua ristiretkelle, olla ristiretkellä, (kuv) taistella jonkin puolesta/jotakin vastaan
crusader *s* ristiretkeläinen, esitaistelija
crush /krʌʃ/ *s* **1** väentungos, (ark) ryysis **2** ihastus *he had a crush on her* hän on oli ihastunut/pihkassa häneen **3** hedelmämehu (jossa on jäljellä maltoa)
v **1** musertaa, musertua, rutistaa, puristaa, jäädä puristuksiin **2** rypistää, rypistyä **3** (kuv) lannistaa, masentaa, sammuttaa (toivo) *she was crushed when she heard he had died* hän oli musertua suruunsa kun hän kuuli miehen kuolleen
crushing *adj* murskaava (tappio)
crust /krʌst/ *s* kuori, maankuori
v (kuori) kovettua, peittää jokin (kuorella)
crustacean /krʌs'teɪʃən/ *s* äyriäinen
crusty *adj* **1** rapea, kovettunut (kuori) **2** kärttyisä, pahantuulinen
crutch /krʌtʃ/ *s* **1** kainalosauva **2** (kuv) henkinen/moraalinen tuki
crux /krʌks/ *s* ongelman/asian ydin
cry /kraɪ/ *s* **1** parahdus, huudahdus, huuto, voihkaisu, ulvahdus **2** itkunpuuska
v cried, cried **1** huutaa, parahtaa, ulvoa, ulvahtaa, voihkaista, voihkia **2** itkeä
crybaby /'kraɪˌbeɪbi/ *s* **1** itkupilli **2** ruikuttaja
cry down *v* vähätellä, (kuv) lyödä lyttyyn
cry off *v* perua sanansa/lupauksensa
cry your heart out *fr* itkeä hillittömästi
cry on someone's shoulder *fr* purkaa sydäntään jollekulle
cry out *v* **1** huutaa (jollekulle jotakin) **2** tehdä välttämättömäksi, sopia erinomaisesti johonkin tarkoitukseen
crypt /krɪpt/ *s* krypta
cryptic /krɪptɪk/ *adj* arvoituksellinen
crystal /krɪstəl/ *s* **1** kide **2** kristalli(lasi)
crystalline /krɪstələn/ *adj* kide-
crystallize /'krɪstəˌlaɪz/ *v* kiteytyä (myös kuv:) tiivistyä, täsmällistyä, kiteyttää
cry uncle *fr* (ark) antautua
cry up *v* ylistää, kehua, mainostaa
cry wolf *fr* antaa väärä hälytys
C-Span *Cable Satellite Public Affairs Network*
CT *computer tomography* (lääk) kerroskuvaus
CTRL *control*
cty. *county* piirikunta
cub /kʌb/ *s* **1** (eläimen) pentu **2** toimittajanalku **3** kolkkapoika
Cuba /kjubə/ Kuuba
Cuban *s, adj* kuubalainen
cubbyhole /'kʌbɪˌhoəl/ *s* **1** lokero, laatikko **2** pieni huone, soppi

cube /kjub/ *s* kuutio (myös mat:) kolmas potenssi
v (mat) korottaa kolmanteen potenssiin
cubic /kjubɪk/ *adj* kuutiomainen, kuutio-
cubic measure *s* tilavuusmitta
cub reporter *s* toimittajanalku
cub scout *s* kolkkapoika
cuckoo /kuku/ *s* käki
adj tärähtänyt
cucumber /'kju,kʌmbər/ *s* kurkku *cool as a cucumber* viileä kuin viilipytty
cud /kʌd/ *s* (el) märehditty ruoka
cuddle /kʌdəl/ *s* halailu, rutistus, (ark) halit
v **1** halata, (ark) halia, rutistaa, pitää hyvänä, hyväillä, kyhnytellä **2** käydä mukavaan (lepo)asentoon, kääriytyä kerälle, käpertyä (kainaloon)
cuddly *adj* söpö, halittava, hellyyttävä, hellyydenkipeä
cudgel /kʌdʒəl/ *v* lyödä/pamauttaa patukalla, piestä
cue /kju/ *s* **1** (televisio, teatteri) aloitusmerkki **2** vihje, neuvo **3** biljardikeppi, myös *billiards cue*
v antaa aloitusmerkki
cue ball *s* (biljardissa) pelipallo, lyöntipallo
cue in *v* **1** antaa aloitusmerkki **2** etsiä nauhalta haluttu kohta, kelata nauha haluttuun kohtaan **3** selittää/kertoa jollekulle jotakin, perehdyttää, saattaa tilanteen tasalle
cueing *s* (nauhurin) myötäkuuntelu pikakelauksen aikana
cuff /kʌf/ *s* (paidan) ranneke, kalvosin *off the cuff* suoralta kädeltä, valmistelematta
v läimäyttää
cuisine /kwɪ'zin/ *s* ruuanlaitto, ruoka *Finnish cuisine* suomalainen keittiö
cul-de-sac /'kʌldə,sæk/ *s* umpikuja
culminate in /'kʌlmə,neɪt/ *v* huipentua johonkin
culmination /,kʌlmə,neɪʃən/ *s* huipentuma, kulminaatio
culprit /kʌlprət/ *s* syyllinen, syypää
cult /kʌlt/ *s* (usk, kuv) kultti, palvonta
cultivate /'kʌltə,veɪt/ *v* **1** viljellä **2** sivistää, kultivoida, vaalia, kehittää
cultivated *adj* **1** viljelty **2** sivistynyt, kehittynyt
cultivation /,kʌltə'veɪʃən/ *s* **1** viljely **2** sivistäminen, kehittäminen, vaaliminen **3** sivistyneisyys
cultivator *s* **1** (maat) kultivaattori **2** viljelijä **3** vaalija, kehittäjä
cultural /kʌltʃərəl/ *adj* **1** kulttuuri- **2** viljely-
culturally *adv* kulttuurin kannalta/osalta
culture /kʌltʃər/ *s* **1** kulttuuri, sivistys **2** viljely **3** (laboratorio)viljelmä
v viljellä (maata, laboratoriossa)
cultured *adj* **1** sivistynyt **2** viljelty
culvert /kʌlvərt/ *s* viemäri, johto, putki
Cumberland /kʌmbərlənd/ Englannin lakkautettuja kreivikuntia
cumbersome /kʌmbərsəm/ *adj* kömpelö/hankala käsitellä
Cumbria /kʌmbriə/ Englannin kreivikuntia
cumulative /kjumjələtɪv/ *adj* kasaantuva, kumulatiivinen
cumulus /kjumjələs/ *s* (mon cumulus) cumulus, kumpupilvi
cuneiform /kju'neɪə,fɔrm 'kjunɪə,fɔrm/ *s* nuolenpääkirjoitus
adj nuolenpää-
cunning /kʌniŋ/ *s* oveluus, juonikkuus
adj ovela, juonikas
cunningly *adv* ovelasti, juonikkaasti
Cup (tähdistö) Malja
cup /kʌp/ *s* **1** kuppi, muki, malja (myös kuv) *my cup runneth over* maljani on ylitsevuotavainen **2** pokaali **3** (mittana) kuppi (0,22 dl)
v taivuttaa käsi kouraan/pivoon, tarttua kouralla/pivolla
cupboard /kʌbərd/ *s* (astia)kaappi
cup of tea *s* kuppi teetä *it's not my cup of tea* se ei ole minun heiniäni
cur /kər/ *s* rakki, piski
curable /kjərəbəl/ *adj* joka voidaan parantaa
curative /kjərətɪv/ *adj* parantava, parannus-

curator /kjə'reɪtər 'kjərətər/ *s* (museon) intendentti

curb /kərb/ *s* **1** (hevosen) päitset **2** (kuv) suitset, rajoitus, este **3** kadun reunakivi
v **1** hillitä (hevosta), pitää (hevonen) aisoissa **2** (kuv) hillitä, rajoittaa, jarruttaa, panna jollekulle suitset suuhun

curb bit *s* (hevosen) kankikuolain

curb chain *s* (hevosen) kankiketju

curb rein *s* (hevosen) kankiohjas

curb stone *s* kadun reunakivi

curd /kərd/ *s* rahka

cure /kjʊər/ *s* hoito(menetelmä), parannuskeino, lääke (myös kuv)
v **1** parantaa, parantua, tehdä terveeksi **2** (kuv) parantaa, auttaa joku pääsemään eroon jostakin **3** (ruokaa) kuivata, savustaa, suolata, säilöä

curfew /kərfju/ *s* ulkonaliikkumiskielto

curiosity /ˌkjəri'asəti/ *s* **1** uteliaisuus, tiedonjano **2** kuriositeetti, erikoinen/omituinen esine

curious /kjəriəs/ *adj* **1** utelias, tiedonjanoinen, (myös:) liiallisen utelias **2** outo, kumma, erikoinen, eriskummallinen

curiously *adv* **1** uteliaasti **2** oudosti, (eris)kummallisesti, ihmeellisesti

curiously enough *adv* ihmeellistä kyllä

curl /kərəl/ *s* (hius)kihara
v kihartaa, kihartua

curl up *v* kiertyä kerälle, käpertyä kokoon

curly /kərli/ *adj* kihara

Curly (Peter Panissa) Pörrö

currant /kərənt/ *s* **1** korintti **2** herukka

currency /kərənsi/ *s* **1** valuutta **2** yleisyys, levinneisyys *to gain currency* yleistyä, levitä, tulla yleiseen käyttöön

current /kərənt/ *s* **1** (vesi/ilma/sähkö)virta **2** suunta(us), yleinen mielipide
adj nykyinen, tämänhetkinen, tämän päivän, ajankohtainen

currently *adv* nykyisin, tällä hetkellä, tänä päivänä, parhaillaan

curriculum /kə'rɪkjələm/ *s* (mon curriculums, curricula) opetussuunnitelma, opinto-ohjelma, koulutusohjelma

curriculum vitae /viteɪ/ *s* (työpaikkahakemuksessa: lyhyt) elämäkerta, ansioluettelo

curry /kəri/ *s* (mauste, ruoka) curry

curry favor with *fr* tavoitella jonkun suosiota, pyrkiä jonkun suosioon, imarrella, hännystellä, mielistellä

curse /kərs/ *s* **1** kirosana **2** kirous, kirot *I felt I was under his curse* tunsin olevani hänen kiroissaan **3** kirous, vitsaus, paha asia *crime is a curse of many big cities* rikollisuus on monen suuren kaupungin kirous
v **1** kirota, kiroilla, sadatella, noitua, haukkua, moittia **2** kirota *he cursed us to hell* hän kirosi meidät helvettiin *she is cursed with a bad back* hänellä on harminaan huono selkä, hän saa kärsiä huonosta selästään

cursed /kərst kərsəd/ *adj* kirottu, viheliäinen

cursor /kərsər/ *s* (atk) kohdistin, kursori

curt /kərt/ *adj* **1** vähäpuheinen, lyhyt, ytimekäs **2** tyly(n vähäpuheinen, lyhyt)

curtail /kər'teɪəl/ *v* rajoittaa, lyhentää

curtailment *s* rajoittaminen, lyhentäminen

curtain /kərtən/ *s* **1** (ikkuna)verho *it's the curtains for me* minä olen mennyttä **2** esirippu **3** (kuv: salamyhkäisyyden) verho
v varustaa/peittää verhoilla

curtain call *s* (teatt) esiinhuuto

curtain off *v* erottaa väliverholla

curtsy /kərtsi/ *s* niiaus
v niiata

curve /kərv/ *s* **1** mutka, kaarre **2** muoto, muodot **3** (graafisen esityksen, mat) käyrä
v kääntyä, kaartua, olla kaareva/pyöreä

curved *adj* kaareva, käyrä, pyöreä

cushion /kʊʃən/ *s* tyyny
v pehmentää, vaimentaa (iskua, myös kuv)

custard /kʌstərd/ *s* vanukas

custodian *s* (tal) arvopapereiden säilytyksestä huolehtiva yhtiö

custodian /kəs'toʊdiən/ *s* **1** (alaikäisen) holhooja **2** (rakennuksen) valvoja, vartija **3** (perinteen) vaalija
custody /kʌstədi/ *s* **1** holhous, huosta *the child is now in the custody of his mother* lapsi on nyt äitinsä huostassa **2** pidätys *the police took the man in(to) custody* poliisi pidätti miehen
custom /kʌstəm/ *s* **1** (perinteinen) tapa **2** (käyttäytymis)tapa, tottumus
custom-built /ˌkʌstəm'bɪlt/ *adj* tilaustyönä valmistettu
customer *s* **1** asiakas **2** (ark) ihminen, tapaus *he is a tough customer* hän on vaikea tapaus
customs /kʌstəmz/ *s* (mon, verbi yksikössä) tulli(maksu/laitos/paikka)
cut /kʌt/ *s* **1** viilto, haava **2** leikkaaminen, viiltäminen **3** (hintojen, menojen, määrärahojen) leikkaus, supistus, vähennys **4** (vaatteiden) leikkaus **5** (lihan) paloittelu, (lihan)pala **6** (ark) osuus, osa *v* cut, cut **1** leikata, leikkautua, viiltää, katkaista, silpoa, saada haava, hakata (kiveen) **2** (kuv) katkaista (sähkö, välit), keskeyttää (puhuja) **3** leikata (menoja), laskea (hintaa), lyhentää (työaikaa, tekstiä), vähentää (tuotantoa) **4** pinnata jostakin, ei mennä jonnekin **5** (viivoista, teistä) leikata, risteytyä **6** jakaa (osiin)
cut above *to be a cut above average fr* olla keskimääräistä parempi, olla keskitason yläpuolella
cut across *v* ylittää
cut a figure *fr* antaa tietty kuva itsestään *you cut a fine figure at the party* sinä olit juhlissa eduksesi
cut-and-dried /ˌkʌtən'draɪd/ *adj* selvä, mutkaton, yksinkertainen
cutback /'kʌtˌbæk/ *s* (menojen, määrärahojen) leikkaus, supistus, vähentäminen
cut back *v* **1** vähentää, supistaa **2** lyhentää, leikata (lyhyemmäksi) **3** palata (elokuvassa, romaanissa) ajassa taaksepäin
cut both ways *fr* olla kaksipiippuinen juttu, jollakin on sekä hyvät että huonot puolensa, jostakin on sekä etua että haittaa
cut down *v* **1** vähentää, supistaa **2** hävittää, tuhota, kaataa (kuin heinää)
cut down to size *fr* nöyryyttää, ottaa joltakulta turhat luulot pois
cute /kjut/ *adj* **1** söpö, sievä **2** hyvä, hieno, nokkela **3** näsäviisas, nenäkäs
cuticle /kjutɪkəl/ *s* kynsinauha
cutie /kjuti/ *s* (ark naisesta, lapsesta) söpöliini
cut in *v* **1** keskeyttää, sanoa väliin **2** viedä toisen tanssipari kesken tanssin
cut it *fr* **1** pärjätä **2** täyttää tehtävänsä
cut it out *fr* lopettaa
cutlass /kʌtləs/ *s* lyhyt miekka
cutlery /kʌtləri/ *s* aterimet, ruokailuvälineet
cutlet /kʌtlət/ *s* (liha) leike, (kala) file
cut no ice *fr* olla yhdentekevää; jostakin ei ole mihinkään *whining cuts no ice with me* ruikutus ei tehoa minuun
cut off *v* **1** keskeyttää, sammuttaa, katkaista, lopettaa, lakata **2** leikata irti, katkaista
cut off your nose to spite your face *fr* tehdä kiusaa/vahinkoa itselleen
cut your own throat *fr* satuttaa (vain) itseään, tehdä itselleen vahinkoa
cut your teeth on *Gilbert cut his teeth on sales* Gilbert aloitti uransa myyntipuolella
cut out *v* **1** poistaa, jättää pois **2** *you certainly have your work cut out for you* sinulla näyttää tosiaan olevan kädet täynnä työtä
cut out for *adj* sopia johonkin, olla omiaan johonkin
cut short *fr* loppua/katketa/katkaista kesken/lyhyeen
cutter /kʌtər/ *s* **1** (työkalu) veitsi, leikkuri, terä *wire cutter* lankaleikkuri **2** (henkilö) leikkaaja, hioja **3** (mer) kutteri
cutthroat /'kʌtˌθroʊt/ *adj* armoton (kilpailu), kova (ala)
cutting *s* **1** leikkaaminen, leikkuu **2** (kuv: hintojen, menojen, määrärahojen) alentaminen, laskeminen, leikkaaminen *adj* terävä, pureva (myös kuv:) piikikäs, ilkeä

cut to the chase *fr* mennä (suoraan) asiaan
cut up *v* **1** pilkkoa, paloitella, leikellä **2** silpoa, haavoittaa **3** mekastaa, riehua
CV *curriculum vitae* elämäkerta (työpaikkahakemuksessa tms)
cwt. *hundredweight* sata naulaa (45,359 kg)
cyanide /ˈsaɪəˌnaɪd/ *s* syanidi
cyberspace /ˈsaɪbərˌspeis/ *s* kyberavaruus
cycle /saɪkəl/ *s* **1** sykli, kierto, jakso, sarja **2** polkupyörä; moottoripyörä *v* ajaa polku/moottoripyörällä, pyöräillä
cyclic /sɪklɪk/ *adj* jaksoittainen
cyclical /sɪkləkəl/ *adj* jaksoittainen
cyclical unemployment *s* kausityöttömyys
cyclist /saɪklɪst/ *s* polkupyöräilijä; moottoripyöräilijä
cyclone /saɪkloʊn/ *s* sykloni, pyörremyrsky
cyclotron /ˈsaɪkləˌtran/ *s* syklotroni, eräs hiukkaskiihdytin
cygnet /sɪgnət/ *s* joutsenen poikanen
cyl. *cylinder* sylinteri
cylinder /sɪləndər/ *s* **1** sylinteri, lieriö **2** (moottorin) sylinteri
cylindrical /səˈlɪndrəkəl/ *adj* sylinterimäinen, lieriömäinen
cymbals /sɪmbəlz/ *s* (mus mon) lautaset
cynic /sɪnɪk/ *s* kyynikko
cynical /sɪnəkəl/ *adj* kyyninen
cynically *adv* kyynisesti
cynicism /ˈsɪnəˌsɪzəm/ *s* kyynisyys
cypress /saɪprəs/ *s* sypressi
Cyprian /sɪpriən/ *s, adj* kyproslainen
Cypriot /sɪpriət/ *s, adj* kyproslainen
Cyprus /saɪprəs/ Kypros
cyst /sɪst/ *s* rakkula
cystic fibrosis /ˌsɪstɪkfaɪˈbrousəs/ *s* (lääk) kystinen fibroosi
czar /zar/ *s* **1** tsaari **2** johtohenkilö, mahtimies, pohatta
czarina /zaˈrinə/ *s* tsaritsa, tsaarin puoliso, keisarinna
Czech /tʃek/ *s* **1** tšekin kieli **2** tšekki
Czechoslovakia /ˌtʃekəsləˈvakɪə/ Tšekkoslovakia
Czechoslovakian *s, adj* tšekkoslovakialainen
Czech Republic *s* Tšekin tasavalta, Tšekki

D, d

D, d /di/ D, d
D/A *digital to analog* digitaali-analogia
dab /dæb/ *s* hiukkanen, hitunen, pikkuisen jotakin
v hipaista/sipaista/levittää pikkuisen jotakin jonnekin, pyyhkiä kevyesti jollakin
DAB /ˌdiei'bi/ Digital Audio Broadcasting
dabble /dæbəl/ *v* **1** loiskuttaa/pärskyttää vettä käsillä **2** tehdä jotakin huvikseen, olla harrastelija-, kokeilla onneaan jossakin
dabbler /dæblər/ *s* harrastelija
DAC *digital to analog converter* digitaali-analogiamuunnin
dachshund /daksənt/ *s* mäyräkoira
dad /dæd/ *s* isä, isi, isukki
daddy /dædɪ/ *s* isä, isi, isukki
daffodil /'dæfəˌdɪl/ *s* narsissi
Daffy Duck /ˌdæfi'dʌk/ Repe Sorsa
daft /dæft/ *adj* typerä, älytön, järjetön
dagger /dægər/ *s* tikari
daily /deɪlɪ/ *s* sanomalehti, päivälehti
adj päivittäinen, päivä-
adv päivittäin
daintily *adv* **1** sirosti, sievästi, viehättävästi **2** pikkutarkasti, turhantarkasti
daintiness *s* **1** sirous, sievyys **2** pikkumaisuus, nirsoilu
dainty /deɪntɪ/ *adj* **1** siro, sievä, viehättävä **2** herkullinen **3** pikkutarkka, turhantarkka, nirso
dairy /derɪ/ *s* **1** meijeri **2** maitokauppa **3** maitohuone **4** lypsykarjatila
dairy cattle *s* lypsykarja
dairy farm *s* lypsykarjatila
dairymaid /'derɪˌmeɪd/ *s* **1** meijerityöntekijä **2** lypsäjä
dairyman /derɪmən/ *s* (mon dairymen) **1** meijerityöntekijä **2** lypsäjä
dairywoman /'derɪˌwʊmən/ *s* (mon dairywomen) **1** meijerityöntekijä **2** lypsäjä
dais /deɪəs deɪs/ *s* puhujakoroke, puhujalava
daisy /deɪzɪ/ *s* päivänkakkara
dale /deɪəl/ *s* (runollisesti) laakso
Dallas /dæləs/ kaupunki Texasissa
Dalmatia /dæl'meɪʃə/ Dalmatia
dam /dæm/ *s* pato
v padota (myös kuv:) hillitä, estää, pysäyttää
damage /dæmədʒ/ *s* **1** vahinko, vaurio **2** (mon) vahingonkorvaus(maksu)
v **1** vahingoittaa, vaurioittaa **2** (kuv) kolhia (itsetuntoa), vahingoittaa (mainetta)
damaging *adj* vahingollinen, haitallinen, turmiollinen
Damascus /də'mæskəs/ Damaskos
dame /deɪm/ *s* **1** nainen, rouva **2** vanha rouva **3** (sl) muija **4** (UK) eräs aatelistitteli
damn /dæm/ *s I don't give a damn* minä en piittaa siitä tippaakaan *it's not worth a damn* se ei ole minkään arvoinen, siitä ei ole mihinkään
v **1** (usk) kirota, tuomita kadotukseen **2** (kuv) haukkua, pistää lyttyyn **3** sadatella **4** *damn him/the consequences* piru hänet periköön, vähät minä hänestä/seurauksista, viis hänestä/seurauksista
adj kirottu, viheliäinen, pahuksen *it's a damn shame* se on häpeä, se on kurjaa/ikävää
adv hitto vie, pahus soikoon, hiton, pahuksen
int pahus!, hitto!
damnation /ˌdæm'neɪʃən/ *s* (usk) kirous, kadotus
int pahus!, hitto!

damned /dæmd/ *adj* **1** kirottu, viheliäinen, pahuksen **2** ihmeellinen, kummallinen **3** *the damned* kirotut, kadotukseen tuomitut
damnedest /dæmdəst/ *adj* paras *to do your damnedest* tehdä parhaansa/kaikkensa, panna parastaan
damned well *adv* varmasti, takuulla
damp /dæmp/ *s* kosteus
v **1** kostuttaa **2** (kuv) sammuttaa, lannistaa
adj kostea, (ilma) nihkeä
dampen /dæmpən/ *v* **1** kostuttaa **2** (kuv) sammuttaa, lannistaa
damper /dæmpər/ *s* **1** (hormin) savupelti, säätöpelti **2** ilonpilaaja *put a damper on* latistaa tunnelma, pilata ilo
dance /dæns/ *s* **1** tanssi **2** tanssit, tanssiaiset
v tanssia (myös kuv)
dance floor *s* tanssilattia
dance in the air *fr* kuolla hirsipuussa
dancer *s* tanssija
dance to another tune *fr* jollakulla tulee toinen ääni kelloon
dandelion /'dændəˌlaɪən/ *s* voikukka
dandruff /dændrəf/ *s* hilse
Dane /deɪn/ *s* tanskalainen
danger /deɪndʒər/ *s* vaara, uhka
dangerous *adj* vaarallinen
dangerously *adv* vaarallisen, uhkaavan
dangle /dæŋgəl/ *v* roikkua, heilua, heiluttaa
Danish /deɪnɪʃ/ *s* **1** tanskan kieli **2** viineri
adj tanskalainen
dank /dæŋk/ *adj* kylmänkostea
Danube /dænjub/ Tonava
dapper /dæpər/ *adj* huoliteltu, siisti, sliipattu (ark)
Dardanelles /ˌdardə'neəlz/ (mon) Dardanellit
dare /deər/ *v* dared, dared **1** uskaltaa, rohjeta **2** yllyttää, usuttaa jotakuta tekemään jotakin **3** uhmata
apuv (kysymyksissä ja kieltolauseissa) uskaltaa, rohjeta *I dare not go there* en uskalla mennä sinne
daredevil /'derˌdevəl/ *s* uhkarohkea ihminen, rämäpää
adj uhkarohkea, tyhmänrohkea, rämäpäinen
daring *s* uskaliaisuus, rohkeus
adj uskalias, rohkea
dark /dark/ *s* pimeys, pimeä (myös kuv) *he was totally in the dark about it* hän ei tiennyt asiasta mitään
adj **1** pimeä, synkkä, kolkko **2** tumma (väri, iho) **3** (kuv) synkkä (ajatus), alakuloinen, kolkko, hirvittävä (salaisuus, uhkaus)
Dark Ages *s* (mon) **1** keskiaika **2** varhaiskeskiaika
Dark Continent *s* pimeä manner, Afrikka
darling /darlɪŋ/ *s* kulta(nen), rakas ihminen, (puhutteluna:) kultaseni, rakkaani
adj rakas
darn /darn/ *s* **1** parsittu paikka **2** *not give a darn* vähät välittää, viis veisata
v **1** parsia **2** *darn him/it* pahuksen mies/pahus soikoon!
adj pahuksen, viheliäinen
adv pahuksen *it's a darn sight better now* se on nyt koko lailla parempi
int pahus!
darned *adj, adv* pahuksen *well, I'll be darned* no johan on!, kas kummaa!
dart /dart/ *s* **1** tikka(nuoli) **2** ryntäys *he made a dart for the door* hän pinkaisi/ryntäsi/ampaisi ovelle
v ampaista, rynnätä, pinkaista *to dart a glance* vilkaista
darts *s* (mon, verbi yksikössä) tikkapeli, tikanheitto
Darwin /darwɪn/ Darwin (Australian Pohjoisterritoriossa)
Darwinism /'darwəˌnɪzəm/ *s* darvinismi
dash /dæʃ/ *s* **1** ryntäys, pinkaisu *he made a dash for the door* hän pinkaisi/ryntäsi/ampaisi ovelle **2** loiske, loiskahdus, läiskähdys **3** hiukkanen, hyppysellinen **4** ajatusviiva, (morseaakkosissa) viiva **5** lennokkuus, into, tarmo **6** (auton) kojelauta
v **1** pinkaista, rynnätä, ampaista **2** pais-

kata, paiskautua **3** lannistaa, tehdä tyhjäksi, murskata (toiveet)
dashboard /ˈdæʃˌbɔrd/ *s* (auton) kojelauta
dashing *adj* **1** tarmokas, reipas **2** komea, tyylikäs
dash off *v* **1** lähteä kiireesti, häipyä **2** tehdä kiireesti, hutaista
DAT *Digital Audio Tape* DAT
data /deɪtə dætə/ *s* (mon sanasta *datum*, verbi mon tai yksikössä) tiedot, data, informaatio
data bank *s* tietopankki
database /deɪtəbeɪs dætəbeɪs/ *s* **1** tietokanta **2** (tietok) tietokantaohjelma
data processing *s* tietojenkäsittely
date /deɪt/ *s* **1** päivämäärä **2** (sanontoja:) *out of date* poissa muodista, vanhanaikainen, vanhentunut *up to date* ajan tasalla, tuore **3** tapaaminen, treffit **4** mies/naisseuralainen, mies/nainen/poika/tyttö jonka kanssa joku menee ulos
v **1** päivätä, varustaa päivämäärällä **2** seurustella/mennä ulos jonkun kanssa **3** jäädä/käydä vanhanaikaiseksi
date back to *v* olla peräisin joltakin ajalta, olla syntynyt/saanut alkunsa johonkin aikaan
dated *adj* vanhanaikainen, vanhentunut, aikansa elänyt
daub /dab/ *v* **1** sivellä, levittää **2** töhriä, töhretää
daughter /datər/ *s* tytär
daughter-in-law *s* miniä
daunt /dant/ *v* lannistaa, masentaa
daunting *adj* lannistava, masentava
dauntless *adj* lannistumaton, rohkea, peloton, urhea
dawdle /dadəl/ *v* **1** vetelehtiä, olla joutilaana **2** löntystellä, laahustaa
dawdle away *v* panna hukkaan, tuhlata, vetelehtiä
dawn /dan/ *s* **1** aamunkoitto **2** (kuv) synty, alku
v (aamusta) valjeta
dawn on *v* valjeta/kirkastua jollekulle *it dawned on her that she was not the only one* hän oivalsi ettei hän ollut ainoa
day /deɪ/ *s* **1** päivä *the day after tomorrow* ylihuomenna *in four days* neljän päivän kuluttua *one of these days* (vielä) jonakin päivänä *day after day* jatkuvasti, päivittäin, joka päivä, päivä päivältä *day by day* päivittäin, joka päivä, päivä kerrallaan *the other day* äskettäin, tässä yhtenä päivänä *to call it a day* lopettaa (työ toistaiseksi/tältä päivältä) *have a nice day* hyvää päivänjatkoa! *day in, day out* päivästä päivään, joka päivä **2** (myös mon) aika, ajat *these days* nykyisin, nykyaikana, näinä päivinä *in days to come* tulevina aikoina, tulevaisuudessa
daybreak /ˈdeɪˌbreɪk/ *s* aamunkoitto
daydream /ˈdeɪˌdrim/ *s* valveuni, haave, haaveilu
v haaveilla, uneksia
daylight /ˈdeɪˌlaɪt/ *s* päivänvalo *in broad daylight* keskellä kirkasta päivää
daylight saving *s* kesäajan käyttö, kesäaika
daylight saving time *s* kesäaika
day school *s* **1** (lasten) päiväkoulu **2** (iltakoulun vastakohta) päiväkoulu
day shift *s* (työssä) päivävuoro
daze /deɪz/ *s in a daze* pyörällä päästään
v saattaa joku pyörälle päästään
dazed *adj* pyörällä päästään
dazzle /dæzəl/ *v* **1** sokaista *the sun dazzled him* **2** saada haukkomaan henkeään, ällistyttää
dazzling *adj* **1** sokaiseva(n kirkas) **2** henkeäsalpaava
dB *decibel* desibeli
dbl. *double* kaksois-
DBMS *database management system* (tietok) tietokannan hallintaohjelma, tietokantaohjelma
DBS *direct broadcast satellite* yleisradiosatelliitti, suorasatelliitti
D.C. *District of Columbia* Yhdysvaltain pääkaupungin Washingtonin alue, Columbian liittopiirikunta
DCC /ˌdisiˈsi/ Digital Compact Cassette
dead /ded/ *s: the dead* kuolleet *the dead of night* sydänyö
adj **1** kuollut (myös kuv:) hiljainen, autio

it's a dead place siellä ei tapahdu mitään **2** (kuv) kuuro, mykkä *I am dead to the finer points of your theory* en ymmärrä mitään teoriasi yksityiskohdista *the line went dead* puhelinyhteys katkesi **3** täydellinen, ehdoton *dead silence* kuolemanhiljaisuus, hiirenhiljaisuus *the dead center of a circle* ympyrän keskipiste **4** rättiväsynyt, lopen uupunut *adv* (voimistavana sanana:) **1** täsmällisesti, tarkasti *you were dead on target* osuit naulan kantaan **2** siihen paikkaan, siltä istumalta *to stop dead*

dead ahead *adv* suoraan edessäpäin/eteenpäin

deaden *v* vaimentaa, hiljentää, pehmentää, lievittää; kuolettaa, turruttaa, puuduttaa

dead end *s* umpikuja (myös kuv)

dead-end *v* päättyä umpikujaan *the street dead-ends a few blocks from here* katu päättyy muutaman korttelin päässä

deadhead /dedhed/ *s* **1** salamatkustaja **2** liputon katsoja **3** Grateful Dead -yhtyeen fani

dead heat *s* tasatilanne, ratkaisematon kilpailu

dead in the water *to be dead in the water* olla poissa kuvioista, olla unohdettu

deadline /dedlaɪn/ *s* määräaika, takaraja

deadlock /dedlak/ *s* (kuv) umpikuja *the negotiations have reached a deadlock* neuvottelut ovat ajautuneet umpikujaan

dead loss *s* joku/jokin josta ei ole mihinkään, toivoton tapaus, (asiasta) ajanhukka

deadly *adj* **1** tappava, hengenvaarallinen, myrkyllinen **2** veri- (vihollinen) *adv* kalman- *deadly pale* kalmankalpea

dead man's grip *s* (veturissa ym hätäkatkaisimesta) kuolleen miehen laite

deadpan /dedpæn/ *adj, adv* naama peruslukemilla

Dead Sea /ˌded'si/ Kuollutmeri

deaf /def/ *adj* **1** kuuro **2** (kuv) kuuro, välinpitämätön, piittaamaton

deafen *v* **1** tehdä kuuroksi **2** (melusta) olla korviahuumaava

deafening *adj* korviahuumaava/ vihlova

deaf-mute /'defˌmjut/ *s* kuuromykkä

deal /diəl/ *s* **1** kauppa, sopimus, diili (ark) *to close a deal* tehdä/solmia kauppa *it's a deal* sovittu! **2** (ark) kohtelu *he gave us a raw deal* hän kohteli meitä kaltoin **3** joukko, määrä *a great deal of work, a good deal of trouble* paljon työtä/vaivaa *v* dealt, dealt **1** jakaa (pelikortit) **2** (sl) välittää (huumeita)

dealer *s* **1** kauppias *bond dealer* arvopaperikauppias *foreign exchange dealer* valuuttakauppias **2** (korttipelissä) jakaja **3** (sl) huumeiden välittäjä

dealer *s* (tal) kauppias *foreign exchange dealer* valuuttakauppias, diileri *bond dealer* arvopaperikauppias

dealership /'dilərˌʃɪp/ *s* **1** myyntiedustus **2** kauppa, myymälä

deal in *v* **1** käydä kauppaa jollakin, myydä/ostaa jotakin **2** (sl) ottaa joku joukkoon mukaan

dealt /delt/ ks deal

deal with *v* **1** käsitellä jotakin, koskea jotakin *this book deals with foreign policy* tämä teos käsittelee ulkopolitiikkaa **2** selvitä jostakin, pystyä ratkaisemaan *he couldn't deal with all his problems* hän ei selvinnyt kaikista ongelmistaan

dean /din/ *s* dekaani

dear /dɪər/ *s* rakas, kulta(nen), (puhutteluna myös:) kultaseni, rakkaani *adj* **1** rakas, läheinen, hyvä (ystävä) **2** suloinen, ihastuttava **3** (kirjeen alussa:) hyvä/rakas/arvoisa **4** kallis (tavara, kauppa), korkea (hinta)

dearly *adv* **1** erittäin kovasti *he loves her dearly* **2** (maksaa) kalliisti (myös kuv)

dearth /dərθ/ *s* pula, puute jostakin *(of)*

death /deθ/ *s* kuolema (myös kuv:) loppu *at death's door* kuoleman kielissä *to bore someone to death* ikävystyttää joku kuoliaaksi *to put something to*

death surmata, lopettaa (eläin) *a fight to the death* taistelu elämästä ja kuolemasta, taistelu viimeiseen hengenvetoon
deathbed *s* kuolinvuode
death certificate *s* kuolintodistus
deathly *adj* **1** tappava (isku), kuolettava **2** kuoleman-, kalman-
death row /ˌdeθ'rou/ *s* (vankilassa) kuolemaantuomittujen sellit
Death Valley /ˌdeθ'væli/ Kuolemanlaakso (Kaliforniassa ja Nevadassa)
debase /dɪ'beɪs/ *v* halventaa, häpäistä, loukata
debasement *s* halventaminen, halveksunta, häpäisy, loukkaus
debatable /də'beɪtəbəl/ *adj* kyseenalainen, epävarma, avoin (kysymys)
debate /də'beɪt/ *s* väittely, kiista, neuvottelu, keskustelu
v väitellä, kiistellä, neuvotella, keskustella
debauch /dɪ'baʃ/ *s* orgiat, (ark) sikailu, (ark) irrottelu
v **1** turmella, rappeuttaa **2** hurjastella, irstailla, (ark) sikailla, (ark) irrotella
debauchery /dɪ'baʃəˌri/ *s* orgiat, (ark) sikailu, (ark) irrottelu
debilitate /dɪ'bɪləˌteɪt/ *v* heikentää, haitata, lamauttaa
debilitating *adj* heikentävä, lamauttava, haitallinen
debility /dɪ'bɪləti/ *s* **1** heikkous, haitta **2** sairaus, vamma
debit /debət/ *s* **1** (kirjanpidossa) debet, veloituspuoli **2** tiliveloitus
v **1** merkitä veloituspuolelle **2** veloittaa tililtä
debris /də'bri/ *s* sirpaleet, jäänteet, roskat
debt /det/ *s* velka
debtor /detər/ *s* velallinen
debut /deɪ'bju/ *s* ensiesiintyminen
debutante /ˌdebjə'tant/ *s* debytantti, tyttö joka astuu virallisesti seuraelämään
Dec. *December* joulukuu
decade /dekeɪd/ *s* vuosikymmen
decadence /dekədəns/ *s* rappio, turmelus, dekadenssi
decadent /dekədənt/ *adj* rappeutunut, turmeltunut, dekadentti
decaf /dikæf/ *s* kofeiiniton kahvi/tee
decaffeinated /dɪ'kæfəˌneɪtəd/ *adj* kofeiiniton (kahvi, tee)
decant /dɪ'kænt/ *v* dekantoida, kaataa viini karahviin
decanter *s* (viini)karahvi
decapitate /dɪ'kæpəˌteɪt/ *v* teloittaa, katkaista kaula
decay /dɪ'keɪ/ *s* **1** mätä, laho **2** (kuv) rappio, mädännäisyys, turmelus
v **1** mädäntyä, pilaantua, lahota **2** rappeutua, turmeltua, heiketä **3** (radioaktiivisesta aineesta) hajota
decease /dɪ'sis/ *s* kuolema
v kuolla *the deceased* kuollut, edesmennyt
deceit /də'sit/ *s* huijaus, kavaluus, juonittelu
deceive /də'siv/ *v* huijata, pettää (myös:) olla uskoton
deceiver *s* huijari, petturi
decelerate /dɪ'seləˌreɪt/ *v* hidastaa (nopeutta), hidastua, laskea, vähentää, vähentyä
deceleration /dɪˌselə'reɪʃən/ *s* (nopeuden) hidastaminen, hidastuminen, lasku, vähentäminen, väheneminen
December /dɪ'sembər/ *s* joulukuu
decency /disənsi/ *s* **1** hyvät tavat, kunnollisuus *he had the decency to say he was sorry* hän huomasi sentään pyytää anteeksi **2** (pukeutumisen) säädyllisyys
decent /disənt/ *adj* **1** hyvätapainen, (käytökseltään) moitteeton **2** (pukeutumisesta) säädyllinen, vaatteet päällä **3** (ark) mukiinmenevä
decently *adv* **1** hyvätapaisesti, moitteettomasti **2** säädyllisesti
deception /dɪ'sepʃən/ *s* petos, huijaus, harhautus
deceptive /dɪ'septɪv/ *adj* petollinen, harhauttava
deceptively *adv* petollisesti, petollisen, kavalasti, kavalan
decibel /desəbəl/ *s* desibeli

decide /dɪ'saɪd/ *v* **1** tuomita **2** ratkaista, päättää **3** tulla johonkin tulokseen, tehdä jokin johtopäätös, saada joku tekemään jotakin *what they said decided him* heidän sanansa saivat hänet tekemään päätöksen

decided *adj* **1** selvä, ratkaiseva (ero, parannus) **2** määrätietoinen, päättäväinen (ihminen) **3** vankkumaton, luja (mielipide)

decidedly *adv* **1** ehdottomasti, selvästi **2** päättäväisesti

decide on *v* päätyä johonkin, valita jokin vaihtoehto

deciduous /dɪ'sɪdʒʊəs/ *adj* lehti-, lehtipuu-

decimal /desəməl/ *s* desimaaliluku *adj* desimaali-

decimal point *s* desimaalipilkku

decimate /'desəˌmeɪt/ *v* hävittää/tuhota lähes sukupuuttoon/kaikki

decipher /dɪ'saɪfər/ *v* tulkita, saada/ottaa selvää jostakin

decision /dɪ'sɪʒən/ *s* **1** tuomio **2** ratkaisu, päätös **3** päättäväisyys, määrätietoisuus

decision-maker *s* päätöksentekijä

decision-making *s* päätöksenteko

decisive /dɪ'saɪsɪv/ *adj* **1** ratkaiseva **2** päättäväinen, määrätietoinen

decisively *adv* **1** ratkaisevasti **2** päättäväisesti

deck /dek/ *s* **1** (laivan) kansi **2** korttipakka *not play with a full deck* olla ruuvi löysällä, ei olla täysjärkinen **3** dekki, nauhuri

deck out *v* pyntätä, sonnustautua (hienoihin vaatteisiin), koristella

declaration /ˌdeklə'reɪʃən/ *s* julistus

Declaration of Independence *s* Yhdysvaltain itsenäisyysjulistus (4. 7. 1776)

declarative sentence /dɪ'klerətɪv/ *s* väitelause

declare /dɪ'kleər/ *v* **1** julistaa, ilmoittaa, tuoda julki **2** ilmoittaa tulliviranomaisille: *do you have anything to declare?* onko teillä tullattavaa?

decline /dɪ'klaɪn/ *s* rappio, heikentyminen, lasku, väheneminen *v* **1** rappeutua, heikentyä, laskea, taantua **2** kieltäytyä, sanoa ei **3** (maasta) viettää, laskea

decode /di'koʊd/ *v* purkaa (salakielinen viesti), selvätä

decompose /ˌdikəm'poʊz/ *v* **1** mädäntyä, hajota **2** hajottaa/jakaa osiinsa

decomposition /diˌkampə'zɪʃən/ *s* **1** mätäneminen, hajoaminen **2** osiin hajottaminen/jakaminen

decompress /ˌdikəm'pres/ *v* alentaa painetta

decompression /ˌdikəm'preʃən/ *s* paineen alentaminen

decompression sickness *s* sukeltajantauti

décor /ˌdeɪ'kɔr/ *s* **1** sisustus(tyyli) **2** koristeet, somisteet

decorate /'dekəˌreɪt/ *v* **1** koristaa, koristella, somistaa **2** sisustaa **3** antaa jollekulle kunniamerkki, palkita

decoration /ˌdekə'reɪʃən/ *s* **1** sisustus **2** koristelu **3** koriste, somiste **4** mitali, kunniamerkki

decorative /'dekərəˌtɪv/ *adj* koristeellinen, koriste-

decorator /'dekəˌreɪtər/ *s* sisustaja, somistaja, sisustussuunnittelija

decoy /dikɔɪ/ *s* **1** houkutuslintu (myös kuv) **2** syötti (myös kuv)

decoy /də'kɔɪ/ *v* houkutella

decrease /dikris/ *s* lasku, väheneminen, taantuma

decrease /dɪ'kris/ *v* laskea, vähentyä, pienentyä, heiketä

decree /dɪ'kri/ *s* määräys, käsky, julistus, (tuomioistuimen langettama) tuomio *v* määrätä, käskeä, julistaa, (tuomioistuimesta) langettaa tuomio

decrepit /də'krepət/ *adj* (ihminen) vanhuudenheikko, (rakennus) ränsistynyt

decry /dɪ'kraɪ/ *v* parjata, moittia, arvostella

dedicate /'dedəˌkeɪt/ *v* **1** omistautua jollekin asialle, paneutua johonkin antaumuksellisesti **2** vihkiä (kirkko) käyttöön **3** omistaa (kirja) jollekulle

dedication /ˌdedəˈkeɪʃən/ *s* **1** (asialle) omistautuminen, hartaus, antaumus **2** (kirkon) vihkiminen **3** (kirjan) omistus(kirjoitus)
deduce /dɪˈdus/ *v* päätellä, tehdä jokin johtopäätös, (logiikassa) dedusoida
deduct /dɪˈdʌkt/ *v* vähentää (summa)
deduction /dɪˈdʌkʃən/ *s* **1** vähennys; verovähennys; alennus **2** (logiikassa) deduktio
deductive *adj* (logiikassa) deduktiivinen
deed /did/ *s* **1** teko **2** (lak) luovutuskirja, siirtokirja, kauppakirja
deep /dip/ *s the deep* meri
adj **1** syvä *a deep lake* syvä järvi *a deep shelf* syvä hylly **2** leveä (nauha) **3** (ääni) matala, syvä **4** voimakas (suru), suuri (salaisuus, helpotus, kiinnostus), syvällinen (ajattelija, ajatus), vaikeaselkoinen (vertaus)
adv syvällä, syvälle *deep into the future* kauas tulevaisuuteen
deepen *v* syventää, syventyä, suurentaa, suurentua, voimistaa, voimistua
deep end *s* uima-altaan syvä pää *to go off the deep end* ryhtyä johonkin suin päin, mennä liian pitkälle
deep freeze *s* pakastus *put in the deep freeze* (kuv) panna jäihin, keskeyttää
deep-freeze *v* pakastaa
deeply *adv* **1** syvään, syvälle **2** (kuv) syvästi (kiitollinen), pahasti (loukkaantunut), erittäin (kiinnostunut)
deepness *s* **1** syvyys **2** leveys **3** (kuv) (ajattelun) syvällisyys, (kiinnostuksen, helpotuksen) voimakkuus, suuruus
deep-rooted *adj* syvään juurtunut
deep-seated *adj* syvään juurtunut
Deep South (Yhdysvaltain) syvä etelä
deep structure *s* (kielitieteessä) syvärakenne
deer /dɪər/ *s* hirvieläimistä *fallow deer* kuusipeura *mule deer* muulipeura *red deer* saksanhirvi *roe deer* metsäkauris *rusa deer* timorinhirvi *sika deer* japaninhirvi *swamp deer* barasinga *tufted deer* tupsuhirvi *water deer* vesikauris *white-tailed deer* valkohäntäpeura
deface /dɪˈfeɪs/ *v* rumentaa, tärvellä
defacement *s* tärvely, turmelu
defamation /ˌdefəˈmeɪʃən/ *s* panettelu, parjaus, mustaus
defame /dɪˈfeɪm/ *v* panetella, parjata, mustata (mainetta, kunniaa)
default /dɪˈfalt/ *s* **1** saapumatta jääminen, maksamatta jättäminen **2** pula, puute *in default of* jonkin puutteessa **3** (tietok) oletusarvo
v jäädä saapumatta, jättää maksamatta
defaulter *s* joku joka jää saapumatta/jättää maksamatta
default in *v* jättää maksamatta
defeat /dɪˈfit/ *s* tappio, häviö
v **1** voittaa, kukistaa **2** murskata (toiveet), lannistaa
defeatism /dɪˈfitɪzəm/ *s* tappiomieliala
defecate /ˈdefəˌkeɪt/ *v* ulostaa
defecation /ˌdefəˈkeɪʃən/ *s* ulostus
defect /difekt/ *s* vika, puute
defect /dɪˈfekt/ *v* loikata (toiseen maahan)
defection /dɪˈfekʃən/ *s* loikkaus (toiseen maahan)
defective /dɪˈfektɪv/ *adj* viallinen, epäkunnossa
defector /dɪˈfektər/ *s* loikkari
defend /dɪˈfend/ *v* puolustaa (myös kuv), suojella
defendant /dɪˈfendənt/ *s* (oik) vastaaja, syytetty
defender *s* puolustaja, (lak) puolustusasianajaja
defense /dəˈfens difens/ *s* puolustus (oikeudessa, pelissä), maanpuolustus
Defense Department *s* (Yhdysvaltain) puolustusministeriö
defenseless *adj* puolustuskyvytön, suojaton
defense mechanism *s* (psyk) puolustusmekanismi
defensible *adj* (väite, menettely) oikeutettu, perusteltu

defensive *s: on the defensive* puolustuskannalla (myös kuv) *adj* **1** puolustus- *defensive armament* puolustusaseet **2** (ihminen) defensiivinen, joka on puolustuskannalla

defensive end /dəˌfensɪv'end/ *s* (amerikkalaisessa jalkapallossa) linjapuolustaja, ks left defensive end, right defensive end

defensive tackle /dəˌfensɪv'tækəl/ *s* (amerikkalaisessa jalkapallossa) linjapuolustaja, ks left defensive tackle, right defensive tackle

defer /də'fər/ *v* lykätä (päätöstä)

defer to *v* myöntyä, alistua, antaa periksi *I'll defer to your wishes* alistun tahtoosi

defiance /də'faɪəns/ *s* uhma, tottelemattomuus *in defiance of* jonkin vastaisesti, jostakin piittaamatta

defiant /də'faɪənt/ *adj* uhmamielinen, kapinallinen, itsepäinen

deficiency /də'fɪʃənsi/ *s* **1** puute, puutos, vähyys *a vitamin deficiency* **2** vaje

deficient /də'fɪʃənt/ *adj* riittämätön, puutteellinen, vajavainen *this food is deficient in vitamin A* tässä ruuassa ei ole riittävästi A-vitamiinia

deficit /defəsɪt/ *s* vaje *a budget/trade deficit* budjettivaje, kauppataseen vaje

defile /dɪ'faɪəl/ *v* liata, tahrata (myös kuv:) häpäistä

defilement *s* likaaminen, tahraaminen (myös kuv:) häpäisy

definable /dɪ'faɪnəbəl/ *adj* joka voidaan määritellä, selvä, selvärajainen

define /dɪ'faɪn/ *v* **1** määritellä, määrittää **2** korostua, näkyä selvästi *the tower was clearly defined against the sky* torni näkyi selvästi taivasta vasten

definite /defənət/ *adj* selvä, ehdoton, yksiselitteinen, ilmeinen, varma *a definite answer/improvement* selvä vastaus/parannus

definite article *s* määräinen artikkeli *(the)*

definitely *adv* selvästi, ehdottomasti, varmasti

definition /'defəˌnɪʃən/ *s* **1** määritelmä *look up the definition of a word in the dictionary* katsoa sanan määritelmä sanakirjasta **2** (tehtävien, valtuuksien) määrittely **3** (kuvan) selvyys, terävyys, (tekn) erottelukyky *high-definition television* teräväpiirtotelevisio

definitive /də'fɪnətɪv/ *adj* selvä, ehdoton, ratkaiseva, lopullinen *the definitive book on the subject* alan pääteos, perusteos

deflate /dɪ'fleɪt/ *v* **1** päästää ilmaa (renkaasta) **2** (tal) johtaa deflaatioon **3** lannistaa (into)

deflation /dɪ'fleɪʃən/ *s* **1** ilman päästäminen/tyhjentyminen (renkaasta) **2** (tal) deflaatio

deflect /dɪ'flekt/ *v* kääntää/kääntyä/ohjata/ohjautua sivuun, poikkeuttaa/poiketa suunnasta

deflection /dɪ'flekʃən/ *s* (sivuun) kääntäminen/kääntyminen, (suunnasta) poikkeutus/poikkeaminen

defog /di'fag/ *v* **1** poistaa kosteus (auton ikkunasta) **2** (kuv) selvittää, hälventää

defogger *s* (auton) takalasin lämmitin

deforest /di'fɔrəst/ *v* kaataa, hakata (metsää)

deforestation /diˌfɔrəs'teɪʃən/ *s* (metsän) hakkuu, kaato

deform /di'fɔrm/ *v* muuttaa jonkin muotoa, johtaa epämuodostumaan, epämuodostaa, rumentaa, pilata, (kuv) turmella

deformation /ˌdefər'meɪʃən/ *s* muodonmuutos, epämuodostuma, (kuv) turmelus

deformed *adj* epämuodostunut, (kuv) turmeltunut

deformity /di'fɔrməti/ *s* epämuodostuma

defraud /di'frad/ *v* huijata, petkuttaa *the con artist defrauded him of all his money* konna huijasi häneltä kaikki rahat

defrost /dɪ'frast/ *v* sulattaa (pakaste, jääkaappi)

defroster *s* (auton) tuulilasin puhallin

deft /deft/ *adj* taitava, näppärä, kätevä

deftly *adv* taitavasti, näppärästi, kätevästi

defunct /di'fʌŋkt/ *adj* kuollut, lakkautettu, kumottu, unohdettu
defuse /di'fjuz/ *v* **1** tehdä pommi vaarattomaksi **2** rauhoittaa (tilanne), laukaista (jännitys), poistaa (vaara)
defy /di'faɪ/ *v* **1** uhmata, vastustaa, ei totella **2** usuttaa (jotakuta tekemään jotakin) **3** *to defy definition/description* olla mahdoton määritellä/kuvata sanoin
degenerate /di'dʒenərət/ *adj* rappeutunut, heikentynyt, huonontunut
degenerate /di'dʒenə,reɪt/ *v* rappeutua, heikentyä, huonontua
degradation /,degrə'deɪʃən/ *s* **1** (arvon) alennus **2** (kuv) alennus, turmelus, rappio
degrade /də'greɪd/ *v* **1** alentaa (esim sotilasarvoa) **2** (kuv) alentaa jotakuta, tuottaa jollekulle häpeää, olla jollekulle pahaksi
degree /də'gri/ *s* **1** aste, vaihe, jakso **2** aste, lämpöaste, kulma-aste, kaariaste **3** (yliopisto)tutkinto
dehydrate /dɪ'haɪ,dreɪt/ *v* kuivattaa, poistaa vesi jostakin
dehydration /,dihaɪ'dreɪʃən/ *s* vedenpoisto, dehydraatio, (lääk) nestehukka
deice /di'aɪs/ *v* poistaa jää; estää jään muodostuminen lentokoneen siiville
deign /deɪn/ *v* suvaita *to deign to do something* suvaita tehdä jotakin
Deimos /daɪməs/ Deimos, yksi Jupiterin kuu
deity /diəti/ *s* **1** jumala **2** jumaluus, jumalallisuus
déjà vu /,deɪʒa'vu/ *s* déjà vu -tuntemus, entiselämys
deject /dɪ'dʒekt/ *v* masentaa, synkistää mieli
dejected *adj* masentunut, allapäin, synkkä
dejection /dɪ'dʒekʃən/ *s* masennus, synkkyys, depressio
de jure /,dɪ'dʒuri/ *adj, adv* lain mukaan, virallisesti
Del. *Delaware*
Delaware /'delə,weər/
delay /dɪ'leɪ/ *s* viivästys, viivytys, lykkäys, myöhästyminen *v* viivyttää, lykätä myöhemmäksi, myöhästyä *our flight has been delayed* lentomme myöhästyy
delectable /dɪ'lektəbəl/ *adj* **1** herkullinen **2** miellyttävä, erinomainen, nautinnollinen
delegate /deləgət/ *s* valtuutettu, edustaja
delegate /'delə,geɪt/ *v* valtuuttaa, määrätä johonkin tehtävään; antaa jonkun tehtäväksi, jakaa tehtäviä toisille, delegoida
delegation /,delə'geɪʃən/ *s* **1** valtuuskunta **2** valtuuttaminen; delegointi, tehtävien jakaminen toisille
delete /də'lit/ *v* poistaa (tekstistä), jättää/pyyhkiä pois, yliviivata
deletion /də'liʃən/ *s* poisto (tekstistä)
deli /deli/ *s* eineskauppa
deliberate /də'lɪbəreɪt/ *v* pohtia, miettiä, keskustella, neuvotella
deliberate /də'lɪbərət/ *adj* **1** tahallinen **2** rauhallinen, harkittu, harkitseva, varovainen
deliberately *adv* **1** tahallisesti, tahallaan **2** rauhallisesti, varovaisesti, harkiten
deliberation /də,lɪbə'reɪʃən/ *s* **1** harkinta, pohdinta **2** keskustelu, neuvottelu **3** varovaisuus, rauhallisuus
delicacy /'deləkə,si/ *s* **1** herkku, herkkupala **2** (asian, ihmisen) arkaluonteisuus **3** hienotunteisuus **4** herkkyys, hauraus
delicate /deləkət/ *adj* **1** hento (ihminen), hauras (astia, luu), hieno **2** herkkä(tunteinen); hienotunteinen **3** arkaluonteinen (asia, ihminen) **4** tarkkuutta vaativa **5** (ruoka) herkullinen, (maku) hieno
delicately *adv* ks delicate
delicatessen /,deləkə'tesən/ *s* eineskauppa
delicious /də'lɪʃəs/ *adj* **1** herkullinen **2** ihastuttava, erinomainen
delight /dɪ'laɪt/ *s* ilo, ilonaihe; nautinto *v* ilahduttaa, tuottaa iloa/nautintoa jollekulle *I'd be delighted to come* tulen mielelläni
delightful *adj* ilahduttava, ihastuttava, hieno

delightfully *adv* ilahduttavasti, ihastuttavasti

delight in *v* nauttia jostakin

delinquency /də'liŋkwənsi/ *s* **1** laiminlyönti **2** rikollisuus *juvenile delinquency* nuorisorikollisuus **3** erääntynyt maksu/velka

delinquent /də'liŋkwənt/ *s* rikollinen *adj* **1** rikollinen **2** (lasku) erääntynyt

delirious /də'lɪəriəs/ *adj* **1** (lääk) houraileva, houreinen **2** haltioissaan *he was delirious with joy* hän oli suunniltaan ilosta

deliriously *adv* **1** (lääk) houraillen, houreissaan **2** haltioituneesti

delirium /də'lɪəriəm/ *s* **1** (lääk) sekavuustila, houretila, delirium **2** haltioituminen, suunnaton ilo, innostus

deliver /də'lɪvər/ *v* **1** toimittaa (tavaraa asiakkaalle); kantaa (postia) **2** (kuv) pitää lupansa *how do we know you'll deliver?* mistä tiedämme että teet kuten lupasit/ettet petä meitä? **3** (usk) vapahtaa, pelastaa *deliver us from evil* päästä meidät pahasta **4** pitää (puhe), julistaa (tuomio) **5** auttaa synnytyksessä **6** *to deliver a blow* lyödä, iskeä

deliverance /də'lɪvərəns/ *s* vapahdus, vapautus, pelastus jostakin

delivery /də'lɪvəri/ *s* **1** (tavaran)toimitus, (postin)kanto **2** (lapsen) synnytys **3** ulosanti, puhetapa **4** (usk) pelastus, vapahdus

delivery boy *s* juoksupoika

deliveryman /dəlɪvərimən/ *s* lähetti, jakeluauton kuljettaja

delivery process *s* (tal) lunastusprosessi/luovutusprosessi johdannaisinstrumenttikaupassa

delta /deltə/ *s* **1** joen suisto **2** (tal) option teoreettisen hinnan muutos suhteessa kohde-etuuden yksikkömuutokseen

delta wing *s* (lentokoneen) deltasiipi

delude /də'lud/ *v* harhauttaa, johtaa harhaan *they deluded me into thinking that I could go with them* he saivat minut uskomaan/uskottelivat minulle että pääsisin heidän mukaansa *to delude yourself* kuvitella liikoja

delusion /də'luʒən/ *s* harhaluulo, harhakuvitelma

delusions of grandeur *s* (mon) suuruudenhulluus

deluxe /dɪ'lʌks/ *adj* loisto-, ylellinen, luksus- *a deluxe hotel*

delve into /delv/ *v* **1** kaivaa (taskusta) **2** (kuv) paneutua, syventyä johonkin

Dem. *Democrat* demokraatti(sen puolueen jäsen)

demand /dɪ'mænd/ *s* **1** vaatimus **2** kysyntä
v **1** vaatia (itselleen) *he demanded an answer* **2** vaatia, edellyttää *the job of an air-traffic controller demands great concentration* lennonvalvojan työssä vaaditaan tarkkaa keskittymistä

demanding *adj* vaativa, tiukka

demarcate /'dimarˌkeɪt/ *v* merkitä rajaviiva

demarcation /ˌdimar'keɪʃən/ *s* rajaviivan merkintä, demarkaatio

demarcation line *s* rajaviiva, demarkaatiolinja

demeanor /də'minər/ *s* olemus, käytös

demented /də'mentəd/ *adj* **1** (lääk) dementiasta/tylsistymisestä kärsivä **2** (ark) hullu, tärähtänyt

dementia /də'menʃə/ *s* (lääk) dementia, tylsistyminen, (ark) hulluus

demigod /'demiˌgad/ *s* puolijumala

demilitarization /dɪˌmɪlətərə'zeɪʃən/ demilitarisointi, sotavoimien vetäminen jostakin

demilitarize /dɪ'mɪlətəˌraɪz/ *v* demilitarisoida, vetää sotavoimat jostakin

demilitarized zone *s* demilitarisoitu vyöhyke

democracy /də'makrəsi/ *s* demokratia (järjestelmä, maa), kansanvalta

democrat /deməkræt/ *s* **1** demokraatti **2** *Democrat* Yhdysvaltain demokraattisen puolueen jäsen, demokraatti

democratic /ˌdemə'krætɪk/ *adj* kansanvaltainen, demokraattinen

democratically *adv* demokraattisesti, kansanvaltaisesti

Democratic party *s* (Yhdysvaltain) demokraattinen puolue
democratize /dɪ'makrəˌtaɪz/ *v* demokratisoida, kansanvaltaistaa, demokratisoitua, kansanvaltaistua
demolish /dɪ'malɪʃ/ *v* **1** purkaa (rakennus), kaataa, hajottaa, hävittää **2** (kuv) musertaa, lyödä lyttyyn **3** (ark) pistää poskeensa, syödä kokonaan
demolition /ˌdemə'lɪʃən/ *s* (rakennuksen) purku, purkaminen
demolition derby *s* romuralli
demon /dimən/ *s* **1** demoni **2** (ark) kiusankappale; työhullu; paholainen, piru
demonic /dɪ'manɪk/ *adj* **1** demoninen **2** riivattu, mieletön
demonstrate /'demənˌstreɪt/ *v* **1** osoittaa, todistaa **2** osoittaa mieltään, osallistua mielenosoitukseen
demonstration /ˌdemən'streɪʃən/ *s* **1** osoitus, todiste, todistus **2** havaintoesitys **3** mielenosoitus
demonstrative /dɪ'manstrətɪv/ *adj* **1** joka paljastaa, osoittaa tunteensa **2** havainto-, esimerkki- **3** (kieliopissa) demonstratiivinen
demonstrative pronoun *s* (kieliopissa) demonstratiivipronomini *(this, that)*
demonstrator /'demənˌstreɪtər/ *s* **1** mielenosoittaja **2** (tuote-)esittelijä, havaintoesityksen pitäjä
demoralize /dɪ'mɔrəˌlaɪz/ *v* lannistaa, nujertaa, masentaa
demote /dɪ'moʊt/ *v* alentaa (jonkun arvoa)
demotion /dɪ'moʊʃən/ *s* (arvon)alennus
demure /dɪ'mjʊər/ *adj* **1** hiljainen, vaatimaton **2** teennäisen kaino/ujo, kainosteleva
demurely *adv* **1** vaatimattomasti **2** teennäisen kainosti/ujosti
den /den/ *s* **1** (eläimen) pesä **2** (kuv) pesä, tyyssija **3** työhuone (kotona)
Denali /də'nali/ kansallispuisto Alaskassa (entinen Mount McKinleyn kansallispuisto)
denial /də'naɪəl/ *s* **1** (pyynnön) eväämi-nen **2** (väitteen) kiistäminen, kieltäminen
denim /denəm/ *s* denimi(kangas)
denims /denəmz/ *s* (mon) denimihousut, farkut
denizen /denəzən/ *s* asukas
Denmark /'denˌmark/ Tanska
denomination /dɪˌnamə'neɪʃən/ *s* **1** nimi **2** (mitta-, raha)yksikkö **3** uskontokunta, lahko *the Lutheran denomination* luterilainen kirkko
denominational *adj* (usk) tunnustuksellinen, kirkollinen
denominator /dɪ'naməˌneɪtər/ *s* (mat) nimittäjä
denote /də'noʊt/ *v* merkitä, tarkoittaa, olla merkki jostakin
denouement /ˌdeɪnu'moʊ/ *s* (romaanin, näytelmän) loppuratkaisu
denounce /də'naʊns/ *v* **1** tuomita, parjata, haukkua **2** sanoa irti (sopimus)
dense /dens/ *adj* **1** tiheä, taaja (metsä, asutus) **2** sakea (neste, sumu) **3** tyhmä, hidasjärkinen
densely *adv* tiheään, taajaan (asuttu)
density /densəti/ *s* tiheys, taajuus *population density* asumistiheys
dent /dent/ *s* kolhu, kuhmu *make a dent in* päästä (työn) alkuun, saada jotakin aikaan
v kolhaista, kolhia
dental /dentəl/ *adj* hammas-
dentist /dentəst/ *s* hammaslääkäri
dentistry /dentəstri/ *s* hammaslääketiede
denunciation /dɪˌnʌnsi'eɪʃən/ *s* **1** tuomio, tuomitseva suhtautuminen parjaus, parjaaminen **2** (sopimuksen) irtisanominen, purkaminen
Denver /denvər/ kaupunki Coloradossa
deny /də'naɪ/ *v* **1** evätä (hakemus, pyyntö) **2** kiistää (väite)
deodorant /di'oudərənt/ *s* deodorantti
depart /dɪ'part/ *v* **1** lähteä **2** poiketa *he is again departing from company policy* hän poikkeaa jälleen yrityksen linjasta
departed *s: the departed* edesmennyt *adj* **1** edesmennyt **2** mennyt, kadotettu, entinen

department /dɪ'partmənt/ *s* **1** osasto **2** (US) ministeriö *the Department of Agriculture/State* maatalousministeriö, ulkoministeriö **3** (yliopiston) laitos **4** (ark) *that's not my department* se ei kuulu minulle, se ei ole minun heiniäni
department store *s* tavaratalo
departure /dɪ'partʃər/ *s* **1** lähtö **2** poikkeama (säännöstä), (uusi) suunta, (uusi) lähtökohta
dependable *adj* luotettava
dependence *s* **1** riippuvuus, riippuvaisuus **2** luottamus
dependent *s* **1** jostakusta riippuvainen omainen, (alaikäinen) lapsi **2** verovähennykseen oikeutettu perheenjäsen *adj* riippuvainen *to be dependent on something* riippua jostakin, olla jonkin varassa
depend on /də'pend/ *v* **1** riippua, olla riippuvainen jostakin **2** luottaa johonkuhun/johonkin
depict /dɪ'pɪkt/ *v* kuvata, kuvailla, esittää (jonkinlaiseksi)
deplete /dɪ'plit/ *v* käyttää loppuun *to be depleted* huveta, loppua
depletion /dɪ'pliʃən/ *s* loppuminen, hupeneminen
deplorable *adj* **1** valitettava **2** paheksuttava, tuomittava
deplorably *adv* valitettavasti, valitettavan
deplore /dɪ'plɔr/ *v* **1** pahoitella, olla pahoillaan jostakin **2** paheksua, tuomita
deport /dɪ'pɔrt/ *v* karkottaa (maasta)
deportation /ˌdɪpɔrˌteɪʃən/ *s* karkotus, pakkosiirto
deportee /ˌdɪpɔrˌti/ *s* karkotettu ihminen, pakkosiirtolainen
depose /dɪ'poʊz/ *v* syrjäyttää
deposit /dɪ'pazət/ *s* **1** talletus, tilillepano **2** käsiraha; kautio **3** kerros **4** (malmi-, öljy)esiintymä
v **1** tallettaa, panna tilille **2** maksaa käsiraha/kautio
depot /dipoʊ/ *s* **1** rautatieasema **2** linja-autoasema **3** asevarasto **4** varasto(rakennus)
depravation /ˌdeprə'veɪʃən/ *s* turmelus; raakuus
deprave /dɪ'preɪv/ *v* turmella, raaistaa
depraved *adj* turmeltunut, raaistunut
depravity /dɪ'prævəti/ *s* turmelus, raakuus
depreciate /dɪ'priʃiˌeɪt/ *v* **1** (arvosta) laskea, halventua **2** vähätellä, väheksyä, halveksua
depreciation /dɪˌpriʃi'eɪʃən/ *s* **1** (arvon) lasku **2** vähättely, väheksyntä, halveksunta
depreciatory /dɪ'priʃiəˌtɔri/ *adj* väheksyvä, halveksuva
depredation /'deprəˌdeɪʃən/ *s* hävitys, ryöstö
depress /də'pres/ *v* **1** masentaa, lannistaa **2** painaa (alas, myös kuv)
depressant *s* rauhoittava aine/lääke
depressed *adj* **1** masentunut, alakuloinen, lannistunut **2** (talous)lamasta kärsivä **3** alentunut, laskenut, heikentynyt **4** syvennetty, upotettu (esim kädensija)
depressing *adj* masentava
depression /də'preʃən/ *s* **1** masennus, depressio **2** (taloudellinen) lama(kausi) *the (Great) Depression* 1930-luvun lamakausi **3** matalapaine(en alue) **4** syvennys, upotus
depressive *s* masentunut, depressiivinen ihminen
adj masentava, masentunut, depressiivinen
deprivation /ˌdeprə'veɪʃən/ *s* **1** evääminen, kieltäminen **2** (psyk) deprivaatio **3** puute; hätä
deprive /dɪ'praɪv/ *v* evätä joltakulta jotakin, jättää joku ilman jotakin
dept. *department* osasto, laitos
depth /depθ/ *s* syvyys (myös kuv)
depths /depθs/ *s* (mon, kuv) *she was in the depths of despair* hän oli epätoivon kourissa *in his book, he sank to incredible depths* hän vajosi kirjassaan uskomattoman alhaiselle tasolle *it came from the depths of space* se tuli syvältä/kaukaa avaruudesta
deputation /ˌdepjə'teɪʃən/ *s* **1** valtuuskunta **2** valtuutus

deputize /'depjə,taɪz/ *v* **1** valtuuttaa, määrätä sijaiseksi (esim apulaisšeriffiksi) **2** toimia jonkun sijaisena *(for)*
deputy /depjəti/ *s* **1** valtuutettu, sijainen **2** apulaisšeriffi
deputy sheriff *s* apulaisšeriffi
derail /dɪ'reɪəl/ *v* suistaa/suistua kiskoilta
derailment *s* kiskoilta suistuminen
derange /dɪ'reɪndʒ/ *v* **1** sekoittaa, sotkea **2** rikkoa, saattaa epäkuntoon **3** tehdä hulluksi
deranged *adj* hullu, seonnut
Derby /darbi/ **1** kaupunki Englannissa **2** hevoskilpailu, Englannissa Epsom Derby /darbi/, Yhdysvalloissa erityisesti Kentucky Derby /dərbi/
Derbys. *Derbyshire*
Derbyshire /darbiʃər/ Englannin kreivikuntia
deregulate /di'reɪgjə,leɪt/ *v* lieventää valtion valvontaa, vapauttaa tiukasta valvonnasta
deregulation /di,reɪgjə'leɪʃən/ *s* valtion valvonnan lieventäminen *airline deregulation* lentoyhtiöiden välisten kilpailuesteiden kumoaminen/hellittäminen
derelict /derəlɪkt/ *s* irtolainen, koditon ihminen
adj **1** hylätty, heitteille jätetty **2** joka on laiminlyönyt velvollisuutensa
dereliction /,derə'lɪkʃən/ *s* (velvollisuuden) laiminlyönti
derivation /,derə'veɪʃən/ *s* **1** alkuperä **2** (sanan, kem) johdannainen
derivative /də'rɪvətɪv/ *s* (sanan, kem) johdannainen
adj **1** johdannainen, jostakin johdettu **2** jäljitelty, matkittu
derivative instrument *s* (tal) johdannaisinstrumentti
derive /də'raɪv/ *v* **1** saada **2** johtaa (sanoja) *the word* kiosk *is derived from the Persian* sana *kiosk* on peräisin persian kielestä **3** olla peräisin jostakin
derogatory /də'ragə,tɔri/ *adj* halventava, häpäisevä, loukkaava
derrick /derək/ *s* (öljyn)poraustorni
descend /dɪ'send/ *v* **1** laskeutua, (ihminen/tie) astua/viettää alas jostakin **2** laskea, vähentyä, alentua
descendant /dɪ'sendənt/ *s* jälkeläinen
descend from *v* **1** olla jonkun jälkeläinen **2** *be descended from* olla peräisin jostakin, olla jonkun jälkeläinen
descending colon /koʊlən/ *s* (anat) laskeva paksusuoli
descend on *v* **1** hyökätä joukkona jonkun kimppuun **2** (ark) saapua sankoin joukoin jonnekin
descent /dɪ'sent/ *s* **1** laskeutuminen, alastulo, lasku **2** alamäki, (alaspäin viettävä) rinne **3** syntyperä, suku **4** hyökkäys
describe /dɪs'kraɪb/ *v* kuvata, kuvailla (joksikin, *as*)
description /dɪs'krɪpʃən/ *s* kuvaus, kuvailu
descriptive *adj* **1** kuvaava **2** deskriptiivinen, kuvaileva, esittävä
desecrate /'desə,kreɪt/ *v* häpäistä, häväistä
desecration /,desə'kreɪʃən/ *s* häpäisy, häväistys
desegregate /di'segrə,geɪt/ *v* lopettaa rotuerottelu jossakin
desegregation /dɪ,segrə'geɪʃən/ *s* rotuerottelun lakkauttaminen
desert /dezərt/ *s* autiomaa, erämaa
adj autiomaa-, erämaa-
desert /də'zərt/ *v* **1** karata armeijasta **2** hylätä, jättää joku, lähteä jostakin
deserted /də'zərtəd/ *adj* autio, asumaton
deserter /də'zərtər/ *s* sotilaskarkuri
desertification /,dezərtɪfə'keɪʃən/ *s* aavikoituminen
desertion /də'zərʃən/ *s* sotilaskarkuruus
deserts /də'zərts/ *to get your just deserts fr* saada ansionsa mukaan, saada ansaitsemansa rangaistus
deserve /də'zərv/ *v* ansaita, olla ansainnut jotakin *she deserves to be humiliated* hän on ansainnut nöyryytyksensä

design /dəˈzaɪn/ *s* **1** piirustus, suunnitelma **2** sunnittelu, muotoilu, design **3** kuvio **4** aie, suunnitelma *I have no designs for tonight/on her* en ole sopinut mitään täksi illaksi/en yritä lähennellä häntä
v **1** piirtää, suunnitella, muotoilla; rakentaa **2** aikoa, suunnitella, tarkoittaa *the widget is designed for indoor use only* vempain on tarkoitettu vain sisäkäyttöön
designate /ˈdezɪgˌneɪt/ *v* tarkoittaa, merkitä jotakin, viitata johonkin
designate /dezɪgnət/ *adj* tuleva, (virkaan/joksikin) valittu
designate as *v* määrätä, nimittää *he designated his son as his successor* hän nimitti poikansa seuraajakseen
designer /dɪˈzaɪnər/ *s* suunnittelija, muotoilija, piirtäjä
desirable /dɪˈzaɪrəbəl/ *adj* houkutteleva, viehättävä, puoleensavetävä
desire /dɪˈzaɪər/ *s* halu, mielihalu, kaipaus, himo, toive
v haluta, kaivata, himoita, toivoa
desirous of /dɪˈzaɪrəs/ *adj* haluta, kaivata, tehdä kovasti mieli
desist /dɪˈsɪst/ *v* lakata, lopettaa, pidättyä (tekemästä jotakin, *from*)
desk /desk/ *s* (kirjoitus)pöytä
desk job *s* toimistotyö, istumatyö
desk jockey *s* konttorirotta
desktop /desktap/ *adj* (kirjoitus)pöydälle mahtuva, pöytä-
desktop computer *s* pöyätmikro, pöytätietokone
desktop publishing *s* julkaisutoiminta mikrotietokonetta käyttäen, DTP
desolate /ˈdesəˌleɪt/ *v* **1** lannistaa **2** autioittaa
desolate /desələt/ *adj* **1** lohduton **2** autio
desolation /ˌdesəˈleɪʃən/ *s* **1** lohduttomuus **2** autioituminen
despair /dəsˈpeər/ *s* epätoivo
v olla epätoivoinen, menettää toivonsa
despairing *adj* epätoivoinen
despairingly *adv* epätoivoisesti
desperado /ˌdespəˈradoʊ/ *s* lainsuojaton
desperate /desprət/ *adj* epätoivoinen, toivoton
desperately *adv* epätoivoisesti, toivottomasti
desperation /ˌdespəˈreɪʃən/ *s* epätoivo
despicable /dəsˈpɪkəbəl/ *adj* vastenmielinen, inhottava
despicably *adv* vastenmielisesti, inhottavasti
despise /dəsˈpaɪz/ *v* halveksia, väheksyä
despite /dəsˈpaɪt/ *prep* jostakin huolimatta
despondency /dəsˈpandənsi/ *s* masennus, lamaannus, toivottomuus
despondent *adj* lannistunut, masentunut, lamaantunut, toivoton
despondently *adv* lannistuneesti, masentuneesti, synkästi
despot /despət/ *s* despootti, itsevaltias, hirmuvaltias
despotic /dəsˈpatɪk/ *adj* despoottinen, itsevaltainen, mielivaltainen
despotism /ˈdespəˌtɪzəm/ *s* despotia, itsevalta, hirmuvalta
dessert /dəˈzərt/ *s* jälkiruoka
destination /ˌdestəˈneɪʃən/ *s* määränpää, matkakohde
destine /destən/ *v* (passiivissa tulevaisuudesta:) *she was destined never to see her parents again* hän ei enää koskaan ollut näkevä vanhempiaan *he is destined to become a pianist* hänellä on kaikki edellytykset tulla pianistiksi
destined for *adj* matkalla jonnekin (myös kuv)
destiny /destəni/ *s* **1** kohtalo, kaitselmus, sallimus **2** (yksittäinen) kohtalo *it was my destiny to end up a bum* minun kohtaloni oli tulla pummiksi
destitute /ˈdestəˌtut/ *adj* varaton
destitute of *adj* ilman, vailla jotakin
destitution /ˌdestəˈtuʃən/ *s* varattomuus, puute, hätä

destroy /dəs'troɪ/ *v* **1** hävittää, tuhota **2** lopettaa (eläin) **3** tehdä loppu jostakin, murskata (toivo), vahingoittaa (mainetta)
destroyer *s* hävittäjä(alus)
destruction /dəs'trʌkʃən/ *s* tuho, hävitys, vahinko, vaurio (myös kuv)
destructive /dəs'trʌktɪv/ *adj* **1** tuhoisa (myrsky, tuli) **2** murskaava (arvostelu), tuhoisa (asenne), hajottava
detach /dɪ'tætʃ/ *v* irrottaa
detached *adj* **1** (talo, osa) erillinen, irrallinen **2** välinpitämätön, etäinen **3** puolueeton
detachment *s* **1** välinpitämättömyys, etäisyys **2** puolueettomuus **3** (sot) erillisosasto
detail /dɪ'teɪəl diteɪəl/ *s* **1** yksityiskohta **2** (sot) erillisosasto
detail /dɪ'teɪəl/ *v* **1** kuvata yksityiskohtaisesti/tarkasti **2** määrätä erikoistehtävään
detain /dɪ'teɪn/ *v* pidättää jotakuta, ei päästää menemään, viivyttää, (poliisista:) pidättää joku
detainee /dɪˌteɪ'ni/ *s* pidätetty henkilö
detect /də'tekt/ *v* huomata, havaita, selvittää (rikos), saada selville/kiinni
detection /də'tekʃən/ *s* selviäminen, havaitseminen, kiinni joutuminen/saaminen
detective /də'tektɪv/ *s* (poliisi-, yksityis)etsivä
detective agency *s* etsivätoimisto
detective novel *s* rikosromaani, dekkari
détente /deɪ'tant/ *s* (pol) liennytys
detention /dɪ'tenʃən/ *s* **1** pidätys; vankeus **2** viivästys
deter (from) /dɪ'tər/ *v* pidätellä/estää tekemästä jotakin
detergent /də'tərdʒənt/ *s* pesuaine
deteriorate /də'tɪriəˌreɪt/ *v* rappeutua, ränsistyä, turmeltua, heiketä
deterioration /dəˌtɪriə'reɪʃən/ *s* rappio, ränsistyminen, turmelus
determination /dəˌtərmə'neɪʃən/ *s* **1** määrätietoisuus, päättäväisyys **2** selvitys, määritys
determine /də'tərmən/ *v* **1** määrätä, vaikuttaa ratkaisevasti johonkin **2** varmistaa, selvittää **3** määritellä, sopia **4** päättää *he determined to leave her alone* hän päätti jättää naisen rauhaan **5** saada joku päättämään jotakin *the news determined him to leave the country* uutinen sai hänet poistumaan maasta
determined *adj* määrätietoinen, päättäväinen *he is determined to leave the country* hän on päättänyt lähteä maasta
determinedly *adv* määrätietoisesti, päättäväisesti, lujasti
deterrent /də'tərənt/ *s* pelote, uhka *the nuclear deterrent* ydinpelote *adj* pelottava
detest /dɪ'test/ *v* inhota, kammoksua
detestation /ˌdites'teɪʃən/ *s* inho, kammo
dethrone /dɪ'θroʊn/ *v* syöstä vallasta/valtaistuimelta, syrjäyttää
detonate /'detəˌneɪt/ *v* sytyttää, laukaista, räjäyttää
detonation /ˌdetə'neɪʃən/ *s* sytytys, räjäytys
detonator /'detəˌneɪtər/ *s* sytytin, räjähdysnalli
detour /ditʊər dɪ'tʊər/ *s* kiertotie *v* ohjata (liikenne) kiertotietä
detract from /dɪ'trækt/ *v* vähentää, heikentää (laatua, arvoa, mainetta)
detraction /dɪ'trækʃən/ *s* vähättely, halveksunta
detriment /detrəmənt/ *s* vahinko, haitta
detrimental /ˌdetrə'mentəl/ *adj* vahingollinen, haitallinen
Detroit /dɪ'troɪt/ kaupunki Michiganissa
devaluation /dɪˌvæljʊ'eɪʃən/ *s* **1** (valuutan) devalvaatio **2** arvon lasku
devalue /dɪ'vælju/ *v* **1** devalvoida (valuutta) **2** vähentää jonkin arvoa
devastate /'devəsˌteɪt/ *v* **1** autioittaa, hävittää maan tasalle, tuhota **2** (kuv) musertaa, nujertaa, murskata
devastating *adj* **1** tuhoisa, suunnaton **2** (kuv) murskaava, musertava **3** hurmaava, ihastuttava

devastation /ˌdevəsˈteɪʃən/ *s* tuho, hävitys
develop /dəˈveləp/ *v* **1** kehittää (itseään, kykyjään, ajatusta, filmi), kehittyä (myös tilanteesta) **2** hyödyntää (luonnonvaroja), rakentaa (taloja jonnekin), saneerata, laajentaa (yritystä), suunnitella (tuote) **3** käydä ilmi
developer *s* **1** rakennusliike, rakentaja **2** (valokuva)kehittämö
developing *adj* kytevä, alkava, nouseva (myrsky, ala)
developing country *s* kehittyvä maa, kehitysmaa
development *s* **1** kehitys, kehittyminen, kehittäminen, kasvu **2** tapahtuma, muutos **3** (filmin) kehitys **4** rakentaminen (uudelle alueelle), (vanhan alueen) saneeraus, (yrityksen) laajentaminen **5** (vastavalmistunut) tai uudehko asuma-alue
developmental *adj* (aste) kehitys-
deviant /diviənt/ *s* poikkeava ihminen *adj* poikkeava
deviate from /divieɪt/ *v* poiketa jostakin (totuudesta, suunnasta)
deviation /ˌdiviˈeɪʃən/ *s* poikkeama
device /dəˈvaɪs/ *s* **1** laite **2** suunnitelma, keino, juoni, temppu
devil /devəl/ *s* paholainen, piru (myös ihmisestä ja sadatteluna)
devilish *adj, adv* pirullinen, pirullisen
devilishly *adv* pirullisesti
devil-may-care /ˈdevəlmeɪˌkeər/ *adj* (asenne) välinpitämätön; hälläväliä-, uhkarohkea
devil's advocate *s* paholaisen asianajaja, advocatus diaboli, vastakkaisen kannan puolestapuhuja
devious /diviəs/ *adj* katala, kiero
devise /dəˈvaɪz/ *v* laatia (suunnitelma), keksiä
devoid of /dəˈvoɪd/ *adj* vailla, ilman jotakin
Devon. *Devonshire*
Devon /devən/ Englannin kreivikuntia, myös *Devonshire*
devote /dəˈvoʊt/ *v* omistaa (aikaa, vaivaa) jollekin *he is devoted to his studies* hän on omistautunut opiskelulle
devoted *adj* uskollinen (puoliso, kannattaja), (asialleen) omistautunut, harras
devotedly *adv* antaumuksellisesti, uskollisesti
devotee /ˌdevəˈti/ *s* kannattaja, harrastaja, ihailija
devotion /dɪˈvoʊʃən/ *s* **1** uskollisuus, antaumus, omistautuminen **2** jonkin omistaminen/vihkiminen johonkin tarkoitukseen (mon, usk) hartaus
devour /dɪˈvaʊər/ *v* **1** niellä, pistää poskeensa **2** tuhota, hävittää
devout /dɪˈvaʊt/ *adj* hurskas, harras
devoutly *adv* hurskaasti, hartaasti
dew /du/ *s* kaste, kosteus
dewy /duwi/ *adj* kasteinen, kostea
dexterity /deksˈterəti/ *s* taitavuus, näppäryys, kätevyys; nokkeluus, kekseliäisyys
dexterous /desktrəs/ *adj* **1** taitava, näppärä, kätevä (käsistään); nokkela, kekseliäs **2** oikeakätinen
dgt. *daughter* tytär
DIA *Defense Intelligence Agency*
diabetes /ˌdaɪəˈbitəs ˌdaɪəˈbitiz/ *s* diabetes, sokeritauti
diabetic /ˌdaɪəˈbetɪk/ *s* diabeetikko, sokeritautinen *adj* diabeettinen, sokeritautinen, diabeetikon
diabolic /ˌdaɪəˈbalɪk/ *adj* pirullinen
diabolical *adj* pirullinen
diabolically *adv* pirullisesti
diagnose /ˌdaɪəgˈnoʊs/ *v* tehdä taudinmääritys, määrittää tauti
diagnosis /ˌdaɪəgˈnoʊsəs/ *s* (mon diagnoses) diagnoosi, taudinmääritys
diagnostic /ˌdaɪəgˈnastɪk/ *adj* diagnostinen
diagnostician /ˌdaɪəgnasˈtɪʃən/ *s* diagnostikko
diagonal /daɪˈægənəl/ *s* lävistäjä *adj* diagonaalinen, lävistäjän suuntainen, vino
diagonally *adv* diagonaalisesti, lävistäjän suuntaisesti, vinosti
diagram /ˈdaɪəˌgræm/ *s* diagrammi, kaavakuva, käyrästö

diagrammatic /ˌdaɪəgrəmætɪk/ *adj* kaavakuva-, käyrä-
dial /daɪəl/ *s* **1** (kello-, mittari)taulu **2** (puhelimen) valintalevy
v valita (numero puhelimella)
dial. *dialect* murre-
dialect /ˈdaɪəˌlekt/ *s* murre (alueelliselle, sosiaaliselle tai ammatilliselle puhujaryhmälle ominainen kieli)
dialog ks dialogue
dialogue /ˈdaɪəˌlag/ *s* kaksinpuhelu, keskustelu, vuoropuhelu, dialogi
diam. *diameter* halkaisija
diameter /daɪˈæmətər/ *s* halkaisija
diametric /ˌdaɪəˈmetrɪk/ *adj* **1** vastakkaisella puolella oleva **2** täysin vastakkainen
diametrically /ˌdaɪəˈmetrɪkli/ *adv* **1** vastakkaisella puolella **2** täysin vastakkaisesti
diamond /daɪmənd/ *s* **1** timantti **2** vinoneliö **3** (pelikortissa) ruutu
diaphragm /ˈdaɪəˌfræm/ *s* **1** (anatomiassa) pallea **2** (ehkäisyväline) pessaari **3** (kameran) himmennin **4** (kaiuttimen ym) kalvo
diarist /daɪərɪst/ *s* päiväkirjan pitäjä; kronikoitsija
diarrhea /ˌdaɪəˈriə/ *s* ripuli *verbal diarrhea* puheripuli
diary /daɪəri/ *s* päiväkirja; muistio
diastole /ˌdaɪˈæstli/ *s* (sydänlihaksen lepovaihe) diastole
dice /daɪs/ *s* (mon) nopat (arkikielessä myös yhdestä nopasta) *no dice* (sl) ei onnistu!, ei ikinä!
v paloitella, pilkkoa (kuutioiksi)
dicey /daisi/ *adj* kiperä, täpärä, hankala *it's a dicey situation* kinkkinen tilanne
Dictaphone® /ˈdɪktəˌfoʊn/ eräs sanelukone
dictate /dɪkteɪt/ *v* sanella (myös kuv:) määrätä
dictation /ˌdɪkˈteɪʃən/ *s* **1** sanelu **2** sanelusta kirjoitettu teksti
dictation machine *s* sanelukone
dictator /dɪkteɪtər/ *s* diktaattori, itsevaltias
dictatorial /ˌdɪktəˈtɔrɪəl/ *adj* diktatorinen, itsevaltainen
dictatorship /ˈdɪkteɪtərˌʃɪp/ *s* diktatuuri, itsevalta
diction /dɪkʃən/ *s* **1** ääntämys, lausuntatapa **2** sanavalinta
dictionary /ˈdɪkʃəˌneri/ *s* sanakirja *bilingual dictionary* kaksikielinen sanakirja
did /dɪd/ ks do
die /daɪ/ *s* **1** noppa (mon *dice*) **2** (tekn) (valu)muotti, leimasin
v **1** kuolla (myös kuv), (sotilaasta myös) kaatua *I'm dying of boredom* olen kuolla ikävään, olen pitkästynyt kuollakseni **2** (moottori) sammua **3** (tapa) jäädä pois käytöstä, (muisto) unohtua **4** *be dying to* ei malttaa odottaa jotakin, odottaa kärsimättömänä
die away *v* (ääni) vaimentua, vaieta, lakata vähitellen
die-cast *adj* painevalettu
die casting *s* painevalu
die down *v* rauhoittua, lakata, asettua
die-hard *s* härkäpää, jukuripää; patavanhoillinen ihminen
adj härkäpäinen, jukuripäinen; patavanhoillinen
die hard *v* olla (henki) sitkeässä
die off *v* kuolla yksi toisensa jälkeen, kuolla kupsahdella
die out *v* **1** (suvusta) sammua **2** vaimentua, vaieta, lakata vähitellen
diesel /disəl dizəl/ *s* diesel(polttoaine/moottori)
adj diesel-
diesel engine *s* dieselmoottori
diesel fuel *s* dieselpolttoaine
diet /daɪət/ *s* **1** ruokavalio **2** laihdutuskuuri, dieetti *she is on a diet* hän laihduttaa **3** valtiopäivät
v laihduttaa, olla dieetillä
dietary /ˈdaɪəˌteri/ *adj* ravinto-
dietary supplement /ˌdaɪəˌteriˈsʌpləmənt/ *s* lisäravinne
dietetic /ˌdaɪəˈtetɪk/ *adj* ravinto-; laihdutus-
diff. *difference* ero
differ /dɪfər/ *v* **1** erota jostakin *(from)*, olla erilainen kuin **2** olla eri mieltä kuin *(with)*

difference /dɪfrənsˈ/ *s* **1** ero *a big age difference* suuri ikäero *it makes no difference* se on yhdentekevää, sillä ei ole mitään väliä **2** (summa) erotus **3** erimielisyys
different /dɪfrənt/ *adj* **1** erilainen, eri *this is a different story* tämä on kokonaan eri juttu **2** eri *we went to many different places* kävimme monessa eri paikassa
differentiate between /ˌdɪfəˈrenʃieɪt/ *v* erottaa toistaan, tehdä ero joidenkin välillä
differently *adv* erilainen, eri lailla
difficult /dɪfəkəlt/ *adj* vaikea, vaikeaselkoinen, vaikeatajuinen, hankala, vaativa *he is a very difficult person* hänen kanssaan on hankala/vaikea tulla toimeen *Barth is a difficult writer* Barth kirjoittaa vaikeatajuisesti
difficulty /ˈdɪfəˌkʌlti/ *s* vaikeus, hankaluus
diffidence /dɪfədəns/ *s* ujous, arkuus
diffident *adj* ujo, arka, kaino
diffidently *adv* ujosti, arasti, kainosti
diffuse /dɪˈfjus/ *adj* **1** hajautunut **2** epäselvä, monisanainen
diffuse /dɪˈfjuz/ *v* levittää, hajottaa
diffusion /dɪˈfjuʒən/ *s* levitys, leviäminen, hajotus, hajoaminen, diffuusio
dig /dɪg/ *s* isku, tönäisy *she gave him a dig in the ribs* hän tökkäisi häntä kylkiluihin **2** piikikäs/kärkevä/ilkeä huomautus **3** (arkeologinen) kaivaus
v dug, dug **1** kaivaa *he dug a hole in the ground/in his pockets* **2** tökkäistä, tönäistä, iskeä **3** (sl) tykätä, digata **4** (sl) tajuta *dig it, man?* tajuutsä?
digest /daɪˈdʒest/ *v* **1** (ruoka) sulaa, sulattaa **2** (kuv) sultattaa, omaksua (asia)
digest /daɪdʒest/ *s* tiivistelmä, yhteenveto
digestion /daɪˈdʒestʃən/ *s* ruuansulatus
digestive /daɪˈdʒestɪv/ *adj* ruuansulatus-
digger *s* **1** kaivaja **2** kaivuri, kaivinkone
dig in *v* **1** (sot) kaivautua (asemiin) **2** ei antaa periksi, pitää kiinni mielipiteestään **3** ruveta syömään, käydä kiinni ruokaan
dig into *v* käydä käsiksi (työhön, ateriaan)
digit /dɪdʒət/ *s* **1** sormi, varvas **2** numero (0–9)
digital /dɪdʒətəl/ *adj* **1** sormi-, varvas- **2** digitaalinen
dignified /ˈdɪgnəˌfaɪd/ *adj* arvokas (ihminen, käytös, ryhti), arvossa pidetty (ihminen)
dignify /ˈdɪgnəˌfaɪ/ *v* **1** kunnioittaa, osoittaa kunnioitusta *he dignified the occasion with his presence* hän kunnioitti tilaisuutta läsnäolollaan **2** *I won't dignify your question with an answer* en pidä kysymystäsi vastauksen arvoisena, jätän kysymyksesi omaan arvoonsa
dignitary /ˈdɪgnəˌteri/ *s* arvohenkilö, merkkihenkilö
dignity /dɪgnəti/ *s* **1** arvokkuus **2** asema; korkea asema
dig out *v* **1** kaivaa (kuoppa) **2** kovertaa, kaivaa **3** kaivaa esiin, ottaa selvää jostakin
digress /dɪˈgres daɪˈgres/ *v* poiketa/eksyä asiasta
digression /dɪˈgreʃən daɪˈgreʃən/ *s* sivuasia, poikkeama asiasta
digs /dɪgz/ *s* (ark) kämppä, asunto *I'm gonna go to my digs real quick to change* käyn äkkiä kotona vaihtamassa kuteet
dig up *v* **1** löytää kaivamalla, kaivaa esiin **2** löytää (tietoa)
dike /daɪk/ *s* **1** pato **2** oja **3** pengertie **4** (sl) lesbo
v padota, pengertää
dilapidated /dəˈlæpəˌdeɪtəd/ *adj* ränsistynyt, rähjäinen, nuhruinen
dilate /daɪleɪt/ *v* laajentaa, laajentua, suurentaa, suurentua, paisuttaa, paisua *your eyes are dilated* silmäteräsi ovat laajentuneet
dilation /daɪˈleɪʃən/ *s* laajeneminen, suureneminen, paisuminen
dilemma /dəˈlemə/ *s* pulmatilanne, vaikea valinta
diligence /dɪlədʒəns/ *s* ahkeruus, uutteruus

diligent /dɪlədʒənt/ *adj* ahkera, uuttera; huolellinen
diligently *adj* ahkerasti, uutterasti; perusteellisesti, huolellisesti
dilute /də'lut/ *v* laimentaa, vesittää (myös kuv)
dim /dɪm/ *v* himmentää, himmentyä, hämärtää, hämärtyä
adj **1** himmeä, hämärä (valo, näkö, muisto) **2** (ark) tyhmä, hidasjärkinen
dim. *dimensions* mitat
dime /daɪm/ *s* kymmenen centin kolikko *they are a dime a dozen* ne ovat tusinatavaraa
dimension /də'menʃən/ *s* **1** ulottuvuus *the fourth dimension* neljäs ulottuvuus **2** (myös mon) mitta, ulottuvuus **3** (mon, kuv) laajuus, ulottuvuus *the dimensions of the problem* ongelman laajuus
dimensional *adj* -ulotteinen *a three-dimensional movie* kolmiulotteinen elokuva
diminish /də'mɪnɪʃ/ *v* vähentää, vähentyä, (hinta, innostus) laskea, (mahdollisuudet) heiketä
diminished *adj* vähentynyt, supistunut, heikentynyt, laskenut
diminutive /dɪ'mɪnjəˌtɪv/ *s* (kieliopissa) deminutiivi, diminutiivi (esim sanasta *drop* (pisara) johdettu *droplet* (pieni pisara))
adj hyvin pieni
dimly *adv* (nähdä, muistaa) hämärästi, himmeästi, (nähdä, näkyä, kuulla) heikosti
dimple /dɪmpəl/ *s* hymykuoppa, (leuassa) pieni kuoppa
din /dɪn/ *s* melu, meteli, mekastus
v meluta, mekastaa, pitää meteliä
dine /daɪn/ *v* syödä, aterioida, ruokailla
diner /daɪnər/ *s* **1** ruokailija, ravintola-asiakas **2** ravintolavaunu **3** ruokabaari (joskus junanvaunun kaltainen)
dingbat /diŋbæt/ *s* **1** typerys, mäntti **2** ladonnassa käytettävä koristemerkki (esim ✘, ✠, ➻)
dinghy /diŋi/ *s* pieni (soutu)vene
dinginess /dɪndʒɪnəs/ *s* sottaisuus, ränsistyneisyys
dingy /dɪndʒi/ *adj* sottainen, siivoton, ränsistynyt
dinner /dɪnər/ *s* **1** päivällinen **2** juhla-ateria
dinner jacket *s* smokki
dinosaur /'daɪnəˌsɔr/ *s* dinosaurus
diocese /'daɪəˌsis/ *s* hiippakunta
dip /dɪp/ *s* **1** pulahdus, lyhyt uinti **2** kuoppa, syvennys **3** (ruoka) dippikastike
v **1** kastaa/työntää johonkin **2** pulahtaa veteen, käväistä uimassa **3** pudota, (lämpötila, osakekurssi) laskea, (vene) sukeltaa
DIP *dual in-line package* (tietok) kaksirivikytkin
diphtheria /dɪp'θɪəriə, dɪf'θɪərɪə/ *s* kurkkumätä
diphthong /dɪpθaŋ dɪfθaŋ/ *s* diftongi (esim /ou/ sanassa *home* /houm/)
diploma /də'ploʊmə/ *s* diplomi, todistus, kunniakirja
diplomacy /də'ploʊməˌsi/ *s* diplomatia (myös kuv:) tahdikkuus
diplomat /'dɪpləˌmæt/ *s* diplomaatti (myös kuv)
diplomatic /ˌdɪplə'mætɪk/ *adj* diplomaattinen (myös kuv:) joustava, tahdikas
dire /daɪər/ *adj* **1** hirvittävä, kamala **2** kova, paha (pula)
direct /də'rekt/ *v* **1** suunnata, kohdistaa **2** ohjata, johtaa (työtä, yritystä) **3** ohjata, opastaa, neuvoa tie
adj **1** suora (tie, viiva, vaikutus, lento, lainaus, ihminen), välitön, suorasukainen **2** täydellinen (vastakohta)
direction /də'rekʃən/ *s* **1** suunta (myös kuv) **2** (yritys)johto; johtaminen **3** (elokuvan) ohjaus **4** (mon) neuvot, ohjeet *can you give me directions to the school?* voisitko neuvoa miten pääsen koululle?
directive /də'rektɪv/ *s* käsky, ohje, määräys
director /də'rektər/ *s* **1** (yrityksen, laitoksen) johtaja **2** (elokuva)ohjaaja
directory /də'rektəri/ *s* (yritys-, puhelin)luettelo

dire straits *to be in dire straits* olla ahtaalla, pahassa pulassa
dirt /dərt/ *s* **1** maa, multa; lika, pöly, kura; uloste; roska *a dirt road* hiekkatie **2** (kuv) ruma kieli, rumat puheet **3** *to do someone dirt* kohdella kaltoin, tehdä jollekulle pahaa
dirty *v* liata (kätensä, myös kuv), tahrata (maine)
adj **1** likainen, kurainen **2** kurja (ilma); likainen, harmaa (väri) **3** (kuv) likainen (mielikuvitus, teko, temppu), rivo (vitsi, sana, kieli)
dirty end of the stick *to get the dirty end of the stick* (sl) vetää lyhyempi korsi
disability /ˌdɪsə'bɪləti/ *s* vamma, (työ)kyvyttömyys
disability pension *s* työkyvyttömyyseläke
disable /dɪs'eɪbəl/ *v* **1** vammauttaa, tehdä työkyvyttömäksi **2** tuhota, lamaannuttaa, tehdä toimintakyvyttömäksi **3** tehdä/osoittaa jääviksi
disabled /dɪs'eɪbəld/ *s* vammainen
adj **1** vammainen **2** jäävi
disablement *s* **1** vamma **2** tuhoaminen, lamauttaminen
disadvantage /ˌdɪsəd'væntədʒ/ *s* haitta, huono puoli, hankaluus
disadvantaged *s: the disadvantaged* vähäosaiset
adj vähäosainen
disadvantageous /dɪsˌædvæn'teɪdʒəs/ *adj* haitallinen, epäedullinen
disagree /ˌdɪsə'gri/ *v* **1** olla eri mieltä (*with*) **2** riidellä, kinata **3** poiketa toisistaan, ei olla yhtäpitävät, ei täsmätä **4** (ruoka, ilmasto) ei sopia jollekulle
disagreeable *adj* epämiellyttävä, vastenmielinen, pahantuulinen
disagreement *s* **1** erimielisyys **2** riita, kina **3** erilaisuus, eroavuus, ristiriita
disappear /ˌdɪsə'pɪər/ *v* kadota, hävitä, lakata
disappearance /ˌdɪsə'pɪrəns/ *s* katoaminen, häviäminen, lakkaaminen
disappearing act *s* katoamistemppu *he did a disappearing act* hän katosi jäljettömiin, häipyi yhtäkkiä
disappoint /ˌdɪsə'pɔɪnt/ *v* **1** tuottaa jollekulle pettymys **2** murskata, lannistaa, tehdä tyhjäksi (toive, aie)
disappointed *adj* pettynyt (ihminen), rauennut (toive)
disappointing *adj* huono, valitettava *the outcome was disappointing* lopputulos oli pettymys
disappointment *s* pettymys
disapproval *s* paheksunta
disapprove of /ˌdɪsə'pruv/ *v* paheksua, ei hyväksyä
disarm /dɪs'arm/ *v* **1** riisua aseista (myös kuv) **2** vähentää aseistusta, harjoittaa aseistariisuntaa
disarmament /dɪs'arməmənt/ *s* aseistariisunta
disarray /ˌdɪsə'reɪ/ *s* epäjärjestys, sekasotku
v sotkea, panna sekaisin
disaster /dɪ'zæstər/ *s* (luonnon)mullistus, katastrofi (myös kuv) *he is a disaster* (ark) hän on toivoton tapaus
disastrous /dɪ'zæstrəs/ *adj* katastrofaalinen (myös kuv)
disband /dɪs'bænd/ *v* lakkauttaa (järjestö), lopettaa toimintansa, (ihmisjoukko, järjestö) hajaantua
disbelief /ˌdɪsbə'lif/ *s* epäusko, epäily *suspension of disbelief* (romaanissa, elokuvassa) tarinaan eläytyminen
disbelieve /ˌdɪsbə'liv/ *v* ei (voida) uskoa
disc /dɪsk/ *s* **1** äänilevy *Compact Disc* cd-levy **2** (tietokoneen muisti)levy, levyke **3** (selkänikamien) välilevy **4** levy, laatta
discard /dɪs'kard/ *v* hylätä, heittää menemään
disc brake *s* levyjarru
discern /dɪ'sərn/ *v* erottaa, nähdä, huomata
discernible *adj* jonka voi huomata, (silmin) nähtävä, (korvin) kuultava *the difference is hardly discernible* eroa tuskin huomaa

discernibly *adj* selvästi
discharge /'dɪs,tʃardʒ/ *s* **1** erottaminen, vapautus, (kuorman) purku, (tehtävän) hoito **2** erite, päästö
discharge /dɪs'tʃardʒ/ *v* **1** erottaa (työntekijä), vapauttaa (vanki), päästää (potilas/lapset) sairaalasta/kotiin, vapauttaa (tehtävästä, velvollisuudesta) **2** erittää, erittyä, purkautua **3** laukaista (ase) **4** suorittaa, tehdä, toimittaa (tehtävänsä, velvollisuutensa) **5** purkaa (lasti)
disciple /də'saɪpəl/ *s* opetuslapsi (myös kuv), oppilas
disciplinarian /,dɪsəplə'neriən/ *s* kova kurinpitäjä
disciplinary /'dɪsəplə,neri/ *adj* kurinpito-
discipline /dɪsəplən/ *s* **1** kuri, kurinpito, kurinalaisuus, järjestys **2** rangaistus, kuritus **3** opinala, tieteen haara *v* **1** kurittaa, rangaista **2** opettaa, valmentaa **3** hillitä (tunteet)
disc jockey *s* deejii, tiskijukka
disclaim /dɪs'kleɪm/ *s* kieltää, kiistää (vastuu)
disclose /dɪs'kloʊz/ *v* paljastaa, tuoda julki/ilmi
disclosure /dɪs'kloʊʒər/ *s* paljastus
Discman® /diskmən/ Sonyn kannettavista CD-soittimista
disco /dɪskoʊ/ *s* disko
discolor /dɪs'kʌlər/ *v* muuttaa jonkin väriä, pilata jonkin väri, värjääntyä, (väri) muuttua, haalistua
discoloration /dɪs,kʌlə'reɪʃən/ *s* **1** värjääntyminen; haalistuminen **2** (iho- tai muu) läiskä, tahra
discomfort /dɪs'kʌmfərt/ *s* epämukavuus, kiusallisuus, vaiva
disconcert /dɪskən'sərt/ *v* järkyttää, saattaa pois tolaltaan
disconcerting *adj* järkyttävä
disconnect /,dɪskə'nekt/ *v* irrottaa (johto, toisistaan), katkaista (yhteys, puhelu)
disconnected *adj* **1** katkonainen, pätkivä **2** hajanainen, epäyhtenäinen
disconsolate /dɪs'kansələt/ *adj* lohduton, toivoton, synkkä
discontent /,dɪskən'tent/ *s* tyytymättömyys
discontented *s* tyytymätön
discontinue /,dɪskən'tɪnju/ *v* lakata, lakkauttaa (lehden tilaus, tuotteen valmistus)
discord /dɪskɔrd/ *s* **1** epäsopu **2** (mus ja kuv) riitasointu
discordant /dɪs'kɔrdənt/ *adj* epäsopuinen
discotheque /'dɪskə,tek/ *s* diskoteekki
discount /dɪs'kaʊnt/ *v* alentaa (hintaa), antaa alennusta
discount /dɪskaʊnt/ *s* alennus
discourage /dɪs'kərədʒ/ *v* **1** lannistaa **2** varoittaa, kehottaa jotakuta luopumaan jostakin ajatuksesta *Mary discouraged Jim from going there alone* Mary sai Jimin uskomaan ettei tämän kannattanut mennä sinne yksin **3** torjua (yritys, ylistys), estää, ei kannustaa/rohkaista
discouragement *s* **1** lannistus, masennus **2** varoitus, kehotus olla tekemättä jotakin **3** torjunta, estäminen
discouraging *adj* **1** lannistava, masentava **2** varoittava **3** torjuva, ei kannustava
discourse /dɪs'kɔrs/ *v* keskustella, puhua jostakin, pohtia jotakin
discourse /dɪskɔrs/ *s* keskustelu, pohdinta, puhe, diskurssi
discourteous /dɪs'kərtiəs/ *adj* epäkohtelias
discourtesy /dɪs'kərtəsi/ *s* epäkohteliaisuus
discover /dɪs'kʌvər/ *v* saada/päästä selville, havaita, löytää (uutta)
discoverer *s* löytäjä
discovery *s* löytö
discredit /dɪs'kredət/ *s* häpeä, huono maine/huuto *v* **1** lyödä lyttyyn; saattaa huonoon maineeseen/huutoon/häpeään **2** ei uskoa **3** kumota, todistaa perättömäksi
discreet /dɪs'krit/ *adj* hienovarainen, hienotunteinen, tahdikas
discreetly *adv* hienovaraisesti, hienotunteisesti, tahdikkaasti

discrepancy /dɪs'krepənsi/ *s* ero, ristiriita
discrete /dɪs'krit/ *adj* erillinen, erillisosista koostuva
discretion /dɪs'kreʃən/ *s* **1** hienovaraisuus, hienotunteisuus, tahdikkuus **2** valinnanvapaus: *you can come and go at your (own) discretion* saat tulla ja mennä aivan vapaasti/oman mielesi mukaan
discriminate /dɪs'krɪmə,neɪt/ *v* (osata) erottaa (toisistaan)
discriminate against *v* syrjiä
discriminating *adj* vaativa, tarkka, tarkkanäköinen, hieno (maku)
discrimination /dɪs,krɪmə'neɪʃən/ *s* **1** syrjintä *racial discrimination* rotusyrjintä, rotusorto **2** erottaminen (toisistaan) **3** tarkkanäköisyys
discus /dɪskəs/ *s* (urh) kiekko
discuss /dɪs'kʌs/ *v* keskustella, puhua, neuvotella jostakin, käsitellä
discussion /dɪskʌʃən/ *s* keskustelu, neuvottelu
disdain /dɪs'deɪn/ *s* halveksunta, väheksyntä
v halveksua, väheksyä
disdainful *adj* halveksiva, väheksyvä
disease /dəziz/ *s* sairaus
diseased *adj* sairas
disembark /,dɪsəm'bark/ *v* nousta laivasta/maihin, poistua lentokoneesta, purkaa laivasta/lentokoneesta
disembarkation /,dɪsəmbar'keɪʃən/ *s* laivasta/lentokoneesta poistuminen/purkaminen
disengage /,dɪsən'geɪdʒ/ *v* irrottaa, irrota
disentangle /,dɪsən'tæŋgəl/ *v* selvittää ((ongelma)vyyhti), setviä, ratkaista
disfigure /dɪs'fɪgjər/ *v* rumentaa, pilata, murjoa, vääristää
disfigurement *s* ruhjoutuminen, vääristyminen, vääristäminen
disgrace /dɪs'greɪs/ *s* häpeä, häväistys
v häpäistä, saattaa häpeään, olla häpeäksi
disgraceful *adj* häpeällinen, surkea, törkeä
disgracefully *adv* häpeällisesti, surkeasti, törkeästi
disgruntled /dɪs'grʌntəld/ *adj* tyytymätön, katkera, kaunaa kantava, pahantuulinen, pottuuntunut (ark)
disguise /dɪs'kaɪz/ *s* naamio, valepuku, veruke
v naamioida, peittää, salata
disgust /dɪs'kʌst/ *s* kuvotus, ällötys, inho, vastenmielisyys
v kuvottaa, ällöttää, inhottaa
disgusting *adj* kuvottava, ällöttävä, inhottava, vastenmielinen
dish /dɪʃ/ *s* **1** kulho, (syvä) lautanen *dish antenna* lautasantenni **2** (mon) (ruoka-)astiat **3** ruokalaji **4** (sl) donna, hyvännäköinen nainen
dishearten /dɪs'hartən/ *v* lannistaa, masentaa
disheveled /dɪ'ʃevəld/ *adj* siivoton, epäsiisti, nuhruinen
dish it out *fr* (ark) antaa tulla tuutin täydeltä (kehuja, haukkuja)
dishonest /dɪs'anəst/ *adj* epärehellinen, vilpillinen
dishonesty *s* epärehellisyys, vilppi
dishonor /dɪs'anər/ *s* häpeä; loukkaus
v häpäistä; loukata
dishonorable *adj* **1** (teko, asia) häpeällinen **2** (ihminen) kunniaton
dish out *v* jakaa, jaella (ruokaa, rangaistuksia) vrt dish it out
dishwasher /'dɪʃ,waʃər/ *s* **1** astianpesijä, tiskaaja **2** astianpesukone
disillusion /,dɪsə'luʒən/ *v* saada pettymään/toiveet raukeamaan
disillusionment *s* pettymys, toiveiden raukeaminen
disinfect /dɪsən'fekt/ *v* desinfioida
disinfectant /dɪsən'fektənt/ *s* desinfiointiaine
disinherit /dɪsən'herət/ *v* tehdä perinnöttämäksi
disintegrate /dɪs'ɪntə,greɪt/ *v* hajottaa, hajota, pirstoa, pirstoutua
disintegration /dɪs,ɪntə'greɪʃən/ *s* hajoaminen, hajottaminen, pirstominen, pirstoutuminen
disinter /,dɪsən'tər/ *v* kaivaa (ruumis) haudasta

disrupt /dɪs'rʌpt/ *v* keskeyttää, häiritä, sekoittaa, panna sekaisin
disruption /dɪs'rʌpʃən/ *s* keskeytys, häiriö
dissatisfaction /ˌdɪssætɪs'fækʃən/ *s* tyytymättömyys
dissatisfy /dɪs'sætɪsˌfaɪ/ *v* tehdä tyytymättömäksi, ei tyydyttää *she was dissatisfied with the results* hän ei ollut tyytyväinen tuloksiin
dissect /dɪ'sekt daɪ'sekt/ *v* **1** tutkia (leikkaamalla) eläimen ruumis, tehdä (ihmisen ruumiille) ruumiinavaus, preparoida (kasvi) **2** (kuv) tutkia tarkkaan
dissection /dɪ'sekʃən daɪ'sekʃən/ *s* (eläimen) ruumiin tutkiminen (leikkaamalla), ruumiinavaus, preparointi
disseminate /dɪs'seməˌneɪt/ *v* levittää (tietoa)
dissemination /dɪsˌsemə'neɪʃən/ *s* (tiedon)välitys, levitys
dissension /dɪ'senʃən/ *s* erimielisyys, riita, kiista, levottomuus, tyytymättömyys
dissent /dɪ'sent/ *s* erimielisyys, (usk) eriuskoisuus
v olla eri mieltä kuin *(from)*
dissenter /dɪ'sentər/ *s* toisinajattelija, (usk) eriuskoinen
dissenting opinion *s* eriävä mielipide
dissertation /ˌdɪsər'teɪʃən/ *s* **1** (tieteellinen) esitelmä; kirjoitus **2** (tohtorin)väitöskirja
dissident /dɪsədənt/ *s* toisinajattelija, (usk) eriuskoinen
adj toisinajatteleva, hallitusta arvosteleva/vastustava
dissimilar /dɪ'sɪmələr/ *adj* erilainen, poikkeava
dissimilarity /dɪˌsɪmə'lerəti/ *s* ero, erilaisuus, poikkeavuus
dissociate /dɪ'soʊsiˌeɪt/ *v* **1** erottaa, pitää erillään **2** *to dissociate yourself from* katkaista välinsä johonkin, pyrkiä eroon jostakin, luoda etäisyyttä johonkin
dissociation /dɪˌsoʊsi'eɪʃən/ *s* erottaminen, erillään pitäminen, eroon hakeutuminen
dissolution /ˌdɪsə'luʃən/ *s* **1** sulaminen, liukeneminen **2** hajottaminen, hajautuminen, purkaminen
dissolve /dɪ'zalv/ *s* (elo/videokuvauksessa) häivytys
v **1** sulaa, sulattaa, liueta, liuottaa **2** purkaa (avioliitto), hajottaa (kokous, eduskunta), hajaantua **3** (elo/videokuvauksessa) häivyttää
dissolvent /dɪ'zalvənt/ *s* liuote
adj liuottava
dissuade /dɪs'weɪd/ *v* varoittaa jotakuta jostakin, (yrittää) suostutella joku luopumaan jostakin
dissuasion /dɪs'weɪʒən/ *s* varoittelu, suostuttelu (ks dissuade)
distance /dɪstəns/ *s* etäisyys, välimatka
distant /dɪstənt/ *adj* **1** kaukainen, etäinen *he came in a distant second* hän tuli toiseksi pitkän välimatkan päässä voittajasta **2** viileä, umpimielinen
distantly *adv* kaukaisesti, etäisesti, *distantly related* etäistä sukua
distaste /dɪs'teɪst/ *s* vastenmielisyys, vastahakoisuus
distasteful *adj* vastenmielinen
distastefully *adv* vastenmielisesti, vastenmielisen
distend /dɪs'tend/ *v* paisuttaa, turvottaa, laajentaa (verisuonia)
distension /dɪs'tenʃən/ *s* paisuminen, turvotus
distill /dɪs'tɪl/ *v* **1** tislata, polttaa (viinaa) **2** (kuv) tiivistää, tiivistyä, kiteyttää, kiteytyä
distillation /ˌdɪstə'leɪʃən/ *s* **1** tislaus, (viinan) poltto **2** tisle **3** (kuv) tiivistäminen, kiteytys; tiivistelmä
distiller *s* tislaaja, tislaamo, (viinan)polttimo/polttaja
distillery *s* tislaamo, (viinan)polttimo
distinct /dɪs'tiŋkt/ *adj* **1** erilainen, erillinen **2** selvä **3** omaperäinen
distinction /dɪs'tiŋkʃən/ *s* **1** ero, erilaisuus, (toisistaan) erottaminen **2** korkea arvo, ylhäisyys **3** erikoispiirre, ominaisuus *he has the distinction of being the fastest in the group* hänellä on kunnia olla ryhmän nopein **4** erinomainen

arvosana *to graduate with distinction* valmistua erinomaisin arvosanoin

distinctive *adj* **1** josta ei voi erehtyä, huomiota herättävä **2** yksilöllinen, omaperäinen, jollekulle/jollekin luonteenomainen, tyypillinen

distinctively *adv* ks distinctive

distinguish /dɪs'tiŋgwɪʃ/ *v* **1** erottaa (toisistaan, jostakin) **2** *to distinguish yourself* ansioitua, kunnostautua

distinguishable *adj* **1** jotka voidaan erottaa toisistaan *they are easily distinguishable* heidät on helppo erottaa (toisistaan) **2** selvä, selvästi näkyvä, merkittävä (parannus)

distinguished *adj* **1** ansioitunut, arvovaltainen **2** hienostunut, kultivoitunut

distinguishing *adj* luonteenomainen, tunnusomainen

distort /dɪs'tɔrt/ *v* vääristää (myös sanoja, tosiasioita), vääristyä, värittää (kuv: totuutta)

distortion /dɪs'tɔrʃən/ *s* vääristäminen, vääristys, vääristymä, värittäminen (kuv), (äänentoistossa:) särö

distract /dɪs'trækt/ *v* häiritä (keskittymistä), viedä huomio pois jostakin *(from)*

distraction /dɪs'trækʃən/ *s* **1** häiriö, häiritsevä seikka **2** hermostuneisuus, levottomuus *to drive someone to distraction* (kuv) tehdä joku hulluksi **3** huvitus, viihde

distraught /dɪs'trat/ *adj* järkyttynyt, poissa tolaltaan

distress /dɪs'tres/ *s* **1** hätä, ahdistus, murhe, epätoivo **2** puute, kurjuus, köyhyys
v ahdistaa, saada hätääntymään/epätoivoiseksi

distressed *adj* **1** ahdistunut, hätääntynyt, epätoivoinen **2** köyhä, varaton

distressing *adj* valitettava, huolestuttava, pelottava

distressingly *adv* valitettavan, huolestuttavan, pelottavan

distress signal *s* hätämerkki

distribute /dɪs'trɪbjut/ *v* jakaa, levittää

distribution /ˌdɪstrə'bjuʃən/ *s* jakelu, levitys, jakauma

distributor /dɪs'trɪbjətər/ *s* **1** jakaja, levittäjä **2** tukkuliike, maahantuoja **3** (autossa) virranjakaja

district /dɪstrɪkt/ *s* **1** (hallinto)alue **2** alue *the theater district* Manhattanin teatterialue *school district* koulupiiri **3** (UK: kreivikunnan osa) piirikunta

distrust /ˌdɪs'trʌst/ *s* epäluottamus, epäily
v ei luottaa johonkin/johonkuhun, epäillä, suhtautua epäillen

distrustful *adj* epäluuloinen, epäilevä

distrustfully *adv* epäluuloisesti, epäilevästi

disturb /dɪs'tərb/ *v* häiritä, keskeyttää

disturbance *s* häiriö, keskeytys

disuse /dɪs'jus/ *s* käytön puute *to fall into disuse* jäädä pois käytöstä

ditch /dɪtʃ/ *s* oja
v heittää menemään, hylätä, luopua, karata joukon luota, katkaista välinsä johonkuhun

dither /dɪðər/ *v* empiä, jahkailla

ditto /dɪtoʊ/ *s* (sprii)moniste
adv samoin, kuten edellä/yllä

ditty /dɪti/ *s* loru; laulu

divan /də'van/ *s* divaani, sohva

dive /daɪv/ *s* **1** sukellus (veteen, vedessä, myös lentokoneesta), hyppy **2** äkillinen (osakehintojen) lasku
v dived/dove, dived **1** sukeltaa (veteen, vedessä, myös lentokoneesta ja kuv), hypätä **2** työntää (käsi taskuun) **3** ampaista, pinkaista jonnekin

diver *s* sukeltaja

diverge /dɪ'vərdʒ/ *v* poiketa (toisistaan), erota

diverging *adj* erkaneva (viiva), poikkeava (mielipide)

diverse /dɪ'vərs/ *adj* erilainen, sekalainen, kirjava

diversification /dɪˌvərsəfə'keɪʃən/ *s* monipuolistaminen, (liiketoiminnan) laajentaminen

diversify /dɪ'vərsəˌfaɪ/ *v* monipuolistaa, laajentaa (harrastuksia, liiketoimintaa)

diversion /dɪ'vərʒən/ *s* **1** ohjaaminen

uuteen tarkoitukseen *the diversion of funds into charity* varojen käyttö hyväntekeväisyyteen **2** ajanviete, huvitus **3** harhautus

diversionary /dɪ'vərʒəˌneri/ *adj* harhauttava, harhautus-

diversity /dɪ'vərsəti/ *s* vaihtelu, moninaisuus, kirjavuus

divert /dɪ'vərt/ *v* **1** ohjata (keskustelu/huomio) pois jostakin, ohjata/määrätä (varoja) uuteen tarkoitukseen **2** huvittaa, viihdyttää

divide /dɪ'vaɪd/ *s* jakaja *the Continental Divide* Yhdysvaltain Kalliovuorten vedenjakaja
v jakaa (osiin, huomionsa, luku), jakautua

dividend /'dɪvəˌdend/ *s* osinko, (kuv) korko

divine /dɪ'vaɪn/ *v* ennustaa (tulevaisuutta)
adj **1** jumalallinen **2** (kuv) jumalainen, taivaallinen

diviner *s* ennustaja

divine service *s* jumalanpalvelus

diving *s* sukellus *skin diving* vapaasukellus, perusvälinesukellus *scuba diving* urheilusukellus, laitesukellus

divining rod *s* taikavarpu

divinity /dɪ'vɪnəti/ *s* **1** jumaluus, jumalallisuus **2** jumaluusoppi, teologia

divisible /dɪ'vɪzəbəl/ *adj* jaollinen (jollakin *by*)

division /dɪ'vɪʒən/ *s* **1** jakaminen, jako **2** (mat) jakolasku **3** (yrityksen, viraston) osasto, (laatikon) lokero **4** tavujako **5** erimielisyys **6** (sot, urh) divisioona

divisive /dɪ'vaɪsɪv/ *adj* erimielisyyttä aiheuttava

divorcé /dɪˌvɔr'si/ *s* eronnut mies

divorce /dɪ'vɔrs/ *s* **1** avioero **2** (kuv) ero, pesänjako
v **1** erota, ottaa avioero **2** (kuv) erota, katkaista välinsä johonkin

divorcée /dɪˌvɔr'si/ *s* eronnut nainen

divulge /dɪ'vʌldʒ/ *v* paljastaa (salaisuus)

DIY *do-it-yourself* tee itse

dizzily *adv* **1** (kävellä) hoippuen **2** (kuv) (päätä) huimaavasti

dizziness *s* huimaus

dizzy /dɪzi/ *adj* **1** *I feel dizzy* minua/päätäni huimaa **2** (kuv) (päätä) huimaava **3** (sl) tyhmä, aivoton

DJ *disck jockey* deejii, tiskijukka

DJIA *Dow-Jones Industrial Average*

Djibouti /dʒɪ'buti/

Djiboutian /dʒɪ'buʃən/*s, adj* djiboutilainen

D. Lit. *Doctor of Letters; Doctor of Literature* kirjallisuuden tohtori

dly. *daily* päivittäin, päivisin

DMV *Department of Motor Vehicles*

DNA *deoxyribonucleic acid* DNA

do /du/ *s* **1** *the dos and don'ts of creative writing* luovan kirjoittamisen säännöt **2** (ark) kampaus
v (I/you do, (s)he does, we/you/they do, I/you don't, (s)he doesn't, we/you/they don't, I/you/(s)he/we/you/they did/didn't, I have done) **1** tehdä (merkitys tulee usein substantiivista:) *he did nothing to prevent it* hän ei tehnyt mitään sen estämiseksi *she did the dishes* hän pesi astiat/tiskasi *I have done some writing* minä olen kirjoittanut jonkin verran *he did well* hän pärjäsi hyvin *I was doing 70 when the cops got me* ajoin 70:tä kun poliisi pysäytti minut **2** voida: *the patient is doing well* potilas voi/jaksaa hyvin **3** kelvata, menetellä *that will have to do* sen on pakko kelvata **4** saada valmiiksi *I'm done* minä olen valmis
apuv **1** (kysymyslauseessa) *did you do it?* teitkö sinä sen? **2** (kieltolauseessa) *she did not do it* hän ei tehnyt sitä **3** (korostuksena) *you do understand it?* ymmärräthän sinä sen varmasti? **4** (liitekysymyksessä) *you took it, didn't you* otithan sinä sen? **5** (verbin toiston välttämiseksi) *sometimes it helps and sometimes it doesn't* joskus siitä on apua ja joskus ei **6** (vertailussa) *I make more money than he does* minä tienaan enemmän kuin hän

D.O.A. *dead on arrival* kuollut jo (sairaalaan) saapuessaan

do away with *v* **1** lakkauttaa, lopettaa **2** tappaa

do by *v* kohdella *to do well by someone* kohdella jotakuta hyvin/reilusti
docile /dasəl/ *adj* säyseä, sävyisä
dock /dak/ *s* **1** tokka, telakka *wet dock* satama-allas **2** laituri(paikka) **3** (oik) syytettyjen penkki
v **1** telakoida, (avaruusaluksista) telakoitua **2** lyhentää, leikata (myös kuv)
docket /dakət/ *s* (oikeus)juttuluettelo
doctor /daktər/ *s* lääkäri, tohtori (myös oppiarvona) *Doctor of Medicine/Philosophy* lääketieteen/filosofian tohtori
v **1** tohtoroida, hoitaa **2** peukaloida, parannella (luvattomasti), väärentää
doctoral dissertation /daktərəl/ *s* tohtorinväitöskirja
doctorate /daktərət/ *s* tohtorin arvo
doctrinaire /ˌdaktrəˈneər/ *adj* ahdasmielinen, epäkäytännöllinen, kiihkoileva
doctrine /daktrən/ *s* oppi, doktriini
document /dakjəmənt/ *s* asiakirja, dokumentti
v dokumentoida, todistaa asiakirjoilla, varmentaa
documentary /ˌdakjəˈmentəri/ *s* dokumenttiohjelma/elokuva
adj dokumentaarinen, dokumentti-, todellisuuspohjainen
documentation /ˌdakjəmənˈteɪʃən/ *s* asiakirjat; (tietokoneen/ohjelman) käyttöohje ja tekniset tiedot, dokumentaatio
DOD *Department of Defense* Yhdysvaltain puolustusministeriö
Dodecanese /doʊˌdekəˈniz/ Dodekanesia
dodge /dadʒ/ *s* **1** väistö(liike) **2** temppu, niksi
v **1** väistää (isku, kysymys), vältellä, kierrellä **2** kiertää (lakia, määräyksiä, veroja)
Dodge /dadʒ/ amerikkalainen automerkki
dodger /dadʒər/ *s tax dodger* veronkiertäjä *draft dodger* kutsuntapinnari
doe /doʊ/ *s* vaadin, naarashirvi; naarasjänis; naaraskaniini; kuttu, naarasvuohi
DOE *Department of Energy* Yhdysvaltain energiaministeriö
does /dʌz/ ks do
doesn't /dʌzənt/ *does not* ks do
dog /dag/ *s* **1** koira **2** (ark) kaveri *you're a lucky dog* sinulla kävi hyvä tuuri, sinun kelpaa olla
v seurata jonkun kannoilla, vainota
dog-ear /ˈdagˌɪər/ *s* (kuv) koirankorva
dog-eared *adj* **1** joka on koirankorvilla **2** nuhruinen, ränsistynyt
dogged /dagəd/ *adj* jääräpäinen, härkäpäinen, omapäinen
doggedly *adv* jääräpäisesti, härkäpäisesti, omapäisesti
doggedness *s* jääräpäisyys, härkäpäisyys, omapäisyys
doghouse /ˈdagˌhaʊs/ *s* koirankoppi *in the doghouse* huonossa huudossa, häpeäpenkillä, epäsuosiossa
dog it *v* **1** laiskotella työssä, pinnata työstä **2** livistää, mennä sisu kaulaan
dogma /dagmə/ *s* dogmi, opinkappale
dogmatic /dagˈmætɪk/ *adj* dogmaattinen, jyrkkä, ankara, joustamaton
dogmatism /ˈdaməˌtɪzəm/ *s* dogmatismi; dogmaattisuus, jyrkkyys, ankaruus
do in *v* **1** tappaa (myös kuv:) olla vähällä tappaa *I'm all done in* olen rättiväsynyt **2** huijata, pettää
Dolby® /doəlbi/ analogisten kasettinauhureiden kohinanvaimennusjärjestelmä
Dolby Pro Logic® /ˌproʊˈladʒik/ kuvanauhureiden ja -levysoitinten monikanavaäänijärjestelmä
Dolby Stereo® /sterioʊ/ elokuvateattereiden monikanavaäänijärjestelmä
Dolby Surround® /səˈraund/ kuvanauhureiden ja -levysoitinten monikanavaäänijärjestelmä
doldrums *to be in the doldrums* /douldrəmz/ *fr* olla masentunut, alakuloinen, allapäin
dole /doəl/ *s* **1** (hyväntekeväisyys)-avustus **2** (UK) työttömyysavustus *to be on the dole* saada työttömyysavustusta
doleful *adj* apea, surullinen, alakuloinen, synkkä (ilme, näkymät)

dolefully *adv* apeasti, surullisesti, synkästi
dole out *v* jakaa (antaa)
doll /dal/ *s* **1** nukke **2** (ark) (hyvännäköinen) donna
dollar /dalər/ *s* dollari
doll up *v* pyntätä, pynttäytyä, sonnustaa, sonnustautua (parhaimpiinsa)
Dolomites /'dolə,maɪts/ (mon) Dolomiitit
Dolphin (tähdistö) Delfiini
dolphin /dalfən/ *s* delfiini
domain /doʊ'meɪn/ *s* **1** ala, piiri, alue **2** hallintoalue, valtakunta **3** *mixing in the digital domain* (äänitteen tuotannossa) digitaalinen miksaus
dome /doʊm/ *s* kupoli
domestic /də'mestɪk/ *s* kotiapulainen *adj* kodin, koti- *domestic pleasures* kodin ilot
domestic animal *s* kotieläin; lemmikki(eläin)
domesticate /də'mestə,keɪt/ *v* **1** kesyttää (eläin, myös kuv ihmisestä) **2** omaksua, sovittaa omiin oloihin (ajatus, tapa)
dominance *s* johtoasema, ylivalta, vallitsevuus (myös biol)
dominant /damənənt/ *adj* hallitseva, vallitseva (myös biol)
dominate /'damə,neɪt/ *v* hallita, vallita, johtaa
domineer /,damə'nɪər/ *v* määräillä, komennella
domineering /,damə'nɪrɪŋ/ *adj* määräilevä, komenteleva
Dominica /də'mɪnɪkə/
Dominican Republic Dominikaaninen tasavalta
dominion /də'mɪnjən/ *s* **1** valta **2** hallintoalue **3** (Ison-Britannian) dominio
dominoes /'damə,noʊz/ *s* (mon) domino(peli)
Donald Duck /,danəld 'dʌk/ Aku Ankka
donate /doʊneɪt/ *v* lahjoittaa (hyväntekeväisyyteen)
donation /doʊ'neɪʃən/ *s* lahjoitus (hyväntekeväisyyteen)
done /dʌn/ ks do
donkey /daŋki/ *s* aasi
donor /doʊnər/ *s* lahjoittaja *a blood donor* verenluovuttaja
don't /doʊnt/ *do not* ks do
donut *s* donitsi, munkkirinkilä *(doughnut)*
doom /dum/ *s* tuomio, kohtalo *he met his doom last year* hän kuoli viime vuonna *a sense of doom* kuolemanpelko *v* tuomita *I am doomed* minä olen hukassa *he was doomed to failure* hänet oli tuomittu epäonnistumaan
doomsday /dumzdeɪ/ *s* tuomiopäivä
door /dɔr/ *s* ovi (myös kuv:) tie *the door to happiness* onnen ovi
doorman /dɔrmən/ *s* portieeri
doormat /'dɔr,mæt/ *s* ovimatto *to treat someone like a doormat* (kuv) pyyhkiä jalkansa johonkuhun, kohdella jotakuta törkeästi
doorstep /'dɔr,step/ *s* kynnys
do out of *v* huijata joltakulta jotakin *he did me out of all my money* hän huijasi minulta kaikki rahani
do over *v* sisustaa, tehdä uudelleen
dope /doʊp/ *s* **1** (ark) huumeet **2** (ark) typerys, idiootti **3** (ark) uutiset, tiedot *v* huumata
dope pusher *s* huumekauppias, huumeiden välittäjä
dopey /doʊpi/ *adj* **1** (ark) typerä, älytön **2** (ark) tokkurainen, pöpperöinen
dormant /dɔrmənt/ *adj* uinuva, (eläin) talviunilla, (hanke) jäässä
dormitory /'dɔrmə,tɔri/ *s* **1** asuntola **2** makuusali
Dors. *Dorset*
Dorset /dɔrsət/ Englannin kreivikuntia, myös *Dorsetshire*
DOS /das/ *disk operating system* (tietok) (levyaseman) käyttöjärjestelmä
dosage /doʊsədʒ/ *s* annos, annostus, annostelu
dose /doʊs/ *s* annos *v* **1** annostella **2** antaa/ottaa lääkettä
do someone proud *fr* **1** olla edukseen, olla eduksi jollekulle **2** hemmotella, kohdella hyvin
do something on the spot tehdä jotakin heti/viipymättä

dossier /ˌdasiˈeɪ/ *s* **1** (asiapaperi)kansio *to keep a dossier on someone* seurata (salaa) jonkun edesottamuksia **2** (yliopistossa) nimikirja(n ote)
dot /dat/ *s* täplä
v täplittää (myös kuv) *summer cottages dotted the landscape* kesämökit täplittivät maisemaa
dotage /doʊtədʒ/ *s* seniiliys, (ark) vanhuudenhöperyys
dote on /doʊt/ *v* hemmotella, lelliä
do the trick *that should do the trick* sen pitäisi tepsiä
do time *v* (ark) istua, olla kiven sisässä
do to death *fr* toistaa jotakin kyllästymiseen saakka
double /dʌbəl/ *s* **1** kaksinkertainen määrä, tupla-annos tms **2** kaksoisolento **3** sijaisnäyttelijä
v **1** kaksinkertaistaa, kaksinkertaistua, (ark) tuplata, tuplaantua **2** esittää kaksoisroolia; toimia jonkun sijaisnäyttelijänä
adj kaksinkertainen, kaksois-, tupla-, kahden hengen (huone, vuode)
adv kaksinkertaisesti, (ark) tuplasti; kaksin kerroin
double-blind test *s* kaksoissokkokoe
double-check *v* tarkistaa, varmistaa
double-cross *v* huijata, pettää
double-date *v* mennä/olla treffeille/treffeillä neljästään
double entendre /ˌdʌbəlanˈtandər/ *s* kaksimielisyys; kaksimielinen sana
double feature *s* (elokuvateatterin) kaksoisnäytäntö
double negative *s* (kieliopissa) kahden kieltomuodon (puhekielinen) käyttö (esim *I didn't do nothing*)
double occupancy *s* (hotellissa, motellissa) *the rooms are $40 per person, double occupancy* kahden hengen huoneet maksavat 40 dollaria hengeltä
double-space *v* kirjoittaa koneella/tulostaa kakkosrivivälillä (rivien välissä yksi täysi tyhjä rivi)
double-spaced *adj* (kirjoituskoneella) kaksinkertaisella rivivälillä (kirjoitettu teksti)
double up *v* **1** jakaa huone, asua/nukkua samassa huoneessa (tilanpuutteen vuoksi) **2** taipua kaksin kerroin (tuskasta, naurusta)
doubly *adv* kaksinkertaisesti; kaksinverroin, erityisesti, varsinkin
doubt /daʊt/ *s* epäily, epäilys *I have strong doubts about his sincerity* epäilen kovasti hänen vilpittömyyttään *no doubt he has already left* hän on epäilemättä jo lähtenyt
v epäillä *I doubt whether this will work out* epäilen onnistuuko tämä
doubtful *adj* **1** epävarma **2** hämäräperäinen, kyseenalainen
doubting Thomas *s* epäilevä tuomas, epäilijä
doubtless *adv* epäilemättä
dough /doʊ/ *s* **1** taikina **2** (sl) raha
doughnut /doʊnət/ *s* donitsi, munkkirinkilä
do up *v* **1** kääriä paperiin **2** laittaa (tukka) **3** pukea, pyntätä **4** panna (napit) kiinni **5** väsyttää, uuvuttaa **6** pestä, siivota **7** kunnostaa, saneerata
douse /daʊs/ *v* kastaa/upottaa veteen; valaa/kaataa vettä jonkin päälle
Dove /dʌv/ (tähdistö) Kyyhky
dove /dʌv/ *s* **1** kyyhkynen **2** (kuv) pasifisti (vastakohta: *hawk*)
dovetail /ˈdʌvˌteɪəl/ *s* (rak) pyrstöliitos
v **1** (rak) liittää pyrstöliitoksella **2** (kuv) sovittaa/sopia yhteen
do with *v* kelvata, tehdä mieli, olla hyvään tarpeeseen *I could do with a cup of coffee* kahvi kyllä maistuisi
do without *v* tulla toimeen ilman (jotakin)
down /daʊn/ *s* **1** untuva **2** (tal) laskusuhdanne
v **1** kaataa (vastustaja), ampua (lentokone) alas **2** (kuv) päihittää (vastustaja) **3** juoda, kaataa kurkkuunsa
adv **1** alas *to go up and down* nousta ja laskea, liikkua ylösalas *the temperature has gone down* lämpötila on laskenut **2** (paikkakunnasta, alueesta: ei tarvitse

suomentaa) *he went down to Phoenix* hän meni Phoenixiin **3** pitkäkseen, maassa, maahan *he knocked me down* hän iski minut kumoon **4** muistiin, ylös *I wrote down the address*
prep alas, alhaalla, pitkin *he lives down the street* hän asuu (tämän) saman kadun varrella

down-and-out *adj* **1** rahaton, taskut tyhjänä **2** rättiväsynyt, voimaton

down East *s* Uusi-Englanti
adv Uudessa-Englannissa, Uuteen-Englantiin

downfall /ˈdaʊnˌfal/ *s* **1** tuho, rappio **2** kaatosade

downhill /ˌdaʊnˈhɪl/ *adv* alamäkeen *to go downhill* laskeutua; (kuv esim liikeyritys) mennä alamäkeen, (ihminen) joutua hunningolle

down-home *adj* koti-, maaseutu- *down-home cooking* kotiruoka

Downing Street *s* (kuv) Ison-Britannian pääministeri ja hallitus

down payment *s* käsiraha

downplay /ˌdaʊnˈpleɪ/ *v* vähätellä (merkitystä)

downpour /ˈdaʊnˌpɔr/ *s* kaatosade

downright /ˈdaʊnˌraɪt/ *adj* ilmiselvä *it's a downright lie* se on silkkaa valhetta
adv suorastaan; erittäin

downsize /ˈdaʊnˌsaɪz/ *v* pienentää *after the oil crises, American cars were downsized* öljykriisien jälkeen amerikkalaiset alkoivat valmistaa pienempiä autoja *companies are downsizing* yritykset karsivat työntekijöitä

downspout /ˈdaʊnˌspaʊt/ *s* (räystäskourun) syöksyputki

downstairs /ˌdaʊnˈsteərz/ *adj* alakerroksen, alakerran *the downstairs apartment* alakerran huoneisto
adv alakerrassa, alakertaan, alhaalla, alas *be/come/go downstairs*

down the road *fr* (kuv) tulevaisuudessa *three years down the road* kolmen vuoden päästä

down to the wire *fr* viime hetkeen saakka, viimeiseen saakka

downtown /ˌdaʊnˈtaʊn/ *s* (kaupungin) keskusta
adv keskustassa, keskustaan

downturn /ˈdaʊnˌtərn/ *s* (tal) lasku(suhdanne), käänne huonompaan

down under *s* Australia
adv Australiassa, Australiaan

downward /daʊnwərd/ *adj* alaspäin suuntautuva (liike) *a downward thrust* alastyöntö
adv (tilasta) alaspäin

dowry /daʊri/ *s* myötäjäiset

dowse /daʊz, daʊs/ *v* **1** ks douse **2** etsiä (vesisuonia) taikavarvulla

do your number *fr* **1** esittää numeronsa, pitää esityksensä **2** jauhaa samaa asiaa, käyttäytyä tapansa mukaan

do your (own) thing *fr* (ark) olla/oppia olemaan oma itsensä

doz. *dozen* tusina

doze /doʊz/ *s* torkut
v torkahtaa

dozen /dʌzən/ *s* tusina *baker's dozen* kolmetoista

D. Ph. *Doctor of Philosphy* filosofian tohtori

DPI /ˌdipiˈai/ *dots per inch* pistettä tuumalle *a laser printer with 600 DPI output* laserkirjoitin joka tulostaa 600 pistettä tuumalle

dpt. *department* osasto, laitos

Dr. *Doctor* tri

drab /dræb/ *adj* (kuv) tylsä, ikävä

draft /dræft/ *s* **1** luonnos **2** (pankki) vekseli, asete, tratta **3** (sot) kutsunnat **4** (ilmanvirtaus) veto **5** vetäminen, veto **6** tynnyriolut
v **1** suunnitella, luonnostella **2** vetää (jotakin; myös ilmanvirtauksesta) **3** valita/kutsua sotilaspalvelukseen

draft beer *s* tynnyriolut

draft board *s* (sot) kutsuntalautakunta

draft dodger *s* (sot) kutsuntapinnari

drafty *adj* (huone ym) vetoisa, jossa vetää

drag /dræg/ *s* **1** naara **2** ilmanvastus **3** (ark) pitkäveteinen/tylsä asia **4** (ark) (transvestiitti)miehen käyttämät naisten vaatteet *the men were in drag* miehet olivat pukeutuneet naisten vaatteisiin

v **1** naarata **2** kiskoa, vetää, laahata perässään **3** pitkittää, pitkittyä, (kuv) venyttää/venyä loputtomiin
drag in *v* (kuv) ottaa puheeksi, tuoda esille
dragnet /ˈdræg,net/ *s* **1** (kal) laahusnuotta **2** (poliisin toimeenpanema) suuretsintä
Dragon (tähdistö) Lohikäärme
dragon /drægən/ *s* lohikäärme (myös kuv)
drag on *v* (tilaisuus) venyä/jatkua loputtomiin
dragon breath *s* (ark) **1** pahanhajuinen hengitys **2** henkilö jolla on pahanhajuinen hengitys
drag out *v* pitkittää, venyttää (keskustelua, tilaisuutta)
drag queen *s* (sl) transvestiitti, transsu
drag your feet *fr* vitkastella, jahkailla, empiä
drain /dreɪn/ *s* **1** viemäri, viemäriputki, tyhjennysputki *to go down the drain* epäonnistua; mennä hukkaan **2** rasite, taakka
v **1** kuivata, kuivattaa, laskea vesi jostakin, (vesi) virrata jonnekin **2** uuvuttaa, viedä voimat
drainage /dreɪnədʒ/ *s* **1** kuivaus, kuivatus, veden laskeminen/poistuminen jostakin **2** (lääk) dreenaus, drenaasi
DRAM *dynamic random access memory* (tietok) dynaaminen suorasaantimuisti/RAM
drama /dramə/ *s* **1** näytelmä, draama **2** näyttämötaide **3** (huomiota herättävä) tapahtuma
drama critic *s* teatterikriitikko
dramatic /drəˈmætɪk/ *adj* **1** näytelmä-; teatteri- **2** dramaattinen, jyrkkä, yhtäkkinen; jännittävä
dramatically *adv* dramaattisesti, teatraalisesti
dramatics *s* **1** (verbi yksikössä tai mon) dramatiikka **2** (verbi mon) teatraalisuus
dramatis personae /drə,mætɪspərˈsoʊneɪ/ *s* (mon) näytelmän henkilöt
dramatist /dramətɪst/ *s* näytelmäkirjailija
dramatize /ˈdramə,taɪz/ *v* **1** dramatisoida, sovittaa näytelmäksi **2** liioitella, käyttäytyä teatraalisesti
dramedy /dramədi/ *s* draaman ja komedian aineksia sisältävä televisio-ohjelma (sanoista *drama* ja *comedy*)
drank /dræŋk/ ks drink
drape /dreɪp/ *s* (mon) verhot
v **1** verhota, peittää/varustaa verhoilla **2** drapeerata, laskostaa
drastic /dræstɪk/ *adj* yhtäkkinen, jyrkkä, raju *to take drastic measures* ryhtyä äärimmäisiin toimenpiteisiin
drastically *adv* yhtäkkiä, jyrkästi, rajusti
draught /dræft/ (UK) ks draft
draw /dra/ *s* **1** tasapeli, ratkaisematon lopputulos **2** (kuv) vetonaula
v drew, drawn **1** vetää, kiskoa **2** nostaa (vettä kaivosta) **3** piirtää **4** saada (innoitusta) **5** kerätä/saada (suuri yleisö) **6** kasvaa (korkoa)
draw ahead *v* ohittaa joku/jokin
draw away *v* **1** vetää pois jostakin **2** jättää taakseen, kasvattaa välimatkaa
drawback /ˈdra,bæk/ *s* haitta, hankaluus, huono puoli
drawbridge /ˈdra,brɪdʒ/ *s* nostosilta
draw down *v* kuluttaa/kulua loppuun, ehtyä
drawer /drɔr/ *s* (lipaston, kirjoituspöydän) laatikko
draw in *v* sekaantua johonkin, puuttua johonkin
drawing /draiŋ/ *s* piirustus (työ/taide)
drawing room *s* olohuone; salonki
drawl /draəl/ *s* hidas/leveä puhetapa
v puhua hitaasti/leveästi
drawn /dran/ ks draw
draw off *v* perääntyä jostakin, poistua
draw on *v* **1** lähestyä **2** käyttää (hyväkseen), nojautua johonkin, perustua johonkin, ammentaa (kokemuksestaan)
draw out *v* **1** vetää/ottaa esiin **2** saada joku puhumaan **3** pitkittää, venyttää **4** nostaa (rahaa pankista)

draw the line somewhere *fr* vetää raja johonkin, kaikella on rajansa
draw up *v* **1** laatia (laillinen asiakirja) **2** (auto) pysähtyä
dread /dred/ *s* kauhu, pelko
v pelätä
dreadful *adj* **1** pelottava, kauhistuttava **2** (ark) hirvittävä(n huono), kamala(n huono)
dreadfully *adv* (ark) erittäin, kamalan
dream /drim/ *s* **1** uni (unennäkö) **2** unelma, haave
v dreamt/dreamed, dreamt/dreamed **1** nähdä unta jostakin **2** uneksia, unelmoida, haaveilla jostakin
dreamer *s* uneksija
dreamily *adv* haaveksivasti; uneliaasti
dreamlike *adj* unta muistuttava, unenomainen
dreamt /dremt/ ks dream
dream up *v* keksiä, kyhätä kokoon (mielessään)
dreamy *adj* **1** haaveksiva, unelmiinsa vaipunut **2** unelias (ääni), rauhoittava (musiikki), pehmeä (väri) **3** ihastuttava, unelmien
drearily /drɪrəli/ *adv* yksitoikkoisesti, pitkäveteisesti, ikävästi
dreariness *s* yksitoikkoisuus, pitkäveteisyys, ikävyys
dreary /drɪri/ *adj* yksitoikkoinen, pitkäveteinen, ikävä
dredge /dredʒ/ *s* ruoppaaja
v ruopata
dredge up *v* (kuv) tonkia esiin, tuoda päivänvaloon (jotakin kielteistä)
dregs /dregz/ *s* (mon) pohjasakka (myös kuv)
drench /drentʃ/ *v* kastella läpimäräksi
dress /dres/ *s* **1** (naisen) puku *court dress* kävelypuku *maternity dress* äitiyspuku **2** vaatteet; pukeutuminen
v pukea, pukeutua *to get dressed* pukeutua
dress down *v* **1** nuhdella, sättiä, moittia **2** hakata, antaa selkään
dresser *s* lipasto; astiakaappi
dressing *s* **1** pukeutuminen, pukeminen **2** (lääk) sidos **3** salaatinkastike
dressing table *s* peililipasto, kampauslipasto
dress rehearsal /ˌdresrɪˈhərsəl/ *s* (näytelmän) kenraaliharjoitus
dress shirt *s* frakkipaita
dress suit *s* frakki
dress up *v* **1** pukeutua parhaimpiinsa/hienosti **2** (kuv) koristella, kaunistella
drew /dru/ ks draw
dribble /drɪbəl/ *s* **1** (vesi)tippa **2** kuola
v **1** (nesteestä) tippua, tihkua **2** (lapsi, koira) kuolata **3** kuljettaa (koripalloa)
dried /draɪd/ *v* ks dry
adj kuivatettu (hedelmä)
drift /drɪft/ *s* **1** virtaus *continental drift* mannerliikunto **2** kinos, kasa **3** tuuliajo (myös kuv) **4** poikkeama (suunnasta, arvosta)
v **1** (tuuli) kuljettaa (lunta, hiekkaa, pilviä) **2** poiketa (suunnasta, arvosta) **3** olla tuuliajolla (myös kuv), vaeltaa, kiertää
drifter *s* irtolainen, maankiertäjä
drill /drɪl/ *s* **1** pora, kaira **2** (sot) harjoittelu; sulkeiset **3** (koul) harjoitus
v **1** porata **2** (sot, koul) harjoittaa, opettaa
drill rig *s* (öljyn)porauslaitos, (öljyn)poraustorni
drink /driŋk/ *s* **1** juoma, juotava **2** (alkoholista) ryyppy, lasillinen **3** ryyppääminen, juominen
v drank, drunk **1** juoda **2** juoda (alkoholia), ryypätä *don't drink and drive* jos juot, älä aja
drinkable *adj* juomakelpoinen, juoma-
drinker *s* juoppo
drip /drɪp/ *s* **1** pisara **2** (lääk) infuusio, (ark) tiputus
v pisaroida, putoilla/tihkua pisaroina
drive /draɪv/ *s* **1** (auto)matka, ajo *it's a short drive from here* se on lyhyen ajomatkan päässä **2** pihatie **3** vietti **4** tarmo, into, veto **5** hanke, kampanja (sot ym) **6** (auto) ohjaus *left-hand drive* vasemmanpuoleinen ohjaus **7** (auto) veto *four-wheel drive* nelipyöräveto **8** (golfissa) aloituslyönti
v drove, driven **1** ajaa (liikkeelle, pois

jostakin) **2** ajaa (autoa) **3** ajaa/viedä autolla **4** käyttää, olla voimanlähteenä **5** tehdä joku joksikin, saattaa/ajaa johonkin tilaan *that noise drives me nuts* melu tekee minut hulluksi **6** panna joku koville

drive at *v* pyrkiä (puheissaan) johonkin, ajaa takaa jotakin

driven *v* ks drive
adj **1** määrätietoinen, tarmokas, yritteliäs **2** pakkomielteinen

driver *s* **1** ajaja, ajuri, kuljettaja **2** (golf) puuykkönen **3** (tietok) ohjain

driver education *s* ajo-opetus (koulussa)

driver's license *s* ajokortti

driver's training *s* ajo-opetus (koulussa)

drive someone to the wall **1** tehdä joku hulluksi **2** panna koville *they drove him to the wall* he panivat hänet ahtaalle/seinää vasten/lujille

drive up the wall *fr* tehdä joku hulluksi, saada joku kiipeämään seinille

driveway /ˈdraɪvˌweɪ/ *s* pihatie

driving range /ˈdraɪviŋˌreɪndʒ/ (golfissa) (pitkien) lyöntien harjoittelualue, driving range

drizzle /drɪzəl/ *s* tihkusade
v sataa tihkuttaa

drone /droʊn/ *s* **1** (koirasmehiläinen) kuhnuri **2** surina **3** yksitoikkoinen (puhe)ääni
v **1** surista **2** puhua yksitoikkoisella äänellä

drone on *v* jaaritella; venyä, jatkua loputtomiin

droop /drup/ *s* kyyryasento
v **1** olla/seistä kyyryssä; roikkua, nuokkua **2** (kuv) herpaantua

drop /drap/ *s* **1** pisara, tippa **2** korkeusero, pudotus, putoaminen; hyppy **3** (teatteri) esirippu
v **1** tihkua, pisaroida **2** pudottaa, pudota **3** hiljentää/madaltaa (ääntään) **4** jättää kyydistä/jonnekin **5** (hinta, lämpötila) laskea, pudota **6** sanoa ohimennen/vahingossa, lipsahtaa, vihjaista *to drop names/a hint* leuhkia (tuntemillaan) nimillä/vihjaista, antaa ymmärtää **7** kirjoittaa (kortti, lyhyt kirje) **8** jättää joku/jokin pois jostakin **9** *wait for the other shoe to drop* odottaa epämiellyttävää seurausta **10** (golfissa) dropata, pudottaa esim kentän ulkopuolelle joutunut pallo uudelleen kentälle käsivarsi suorana olkapään korkeudelta

drop behind *v* jäädä jälkeen jostakusta/jostakin

drop dead *fr* älä luulekaan!; älä yritä!; ole hiljaa!

drop-in *s* yllätysvieras

droplet *s* (pieni) pisara

drop off *v* **1** nukahtaa **2** vähentyä, laskea

dropout *s* **1** (koulunkäynnin, kurssin) keskeyttäjä, (kilpailussa) luovuttaja **2** vaihtoehtoihminen

drop out *v* erota jostakin; jättää koulu(nkäynti) kesken; astua kyydistä (kuv)

drought /draʊt/ *s* kuivuus

drove /droʊv/ *s* (eläin)lauma, (ihmis)parvi/joukko
v ks drive

drown /draʊn/ *v* **1** hukkua, hukuttaa (myös kuv:) *he drowned his sorrows in alcohol* **2** peittää alleen, tulvia

drown in *v* (kuv) hukkua johonkin, olla korviaan myöten jossakin

drowning *s* hukkuminen; hukkunut

drown out *v* (ääni) peittää, estää kuulumasta

drowse /draʊz/ *v* torkkua

drowsily *adv* unisesti, uneliaasti

drowsy *adj* uninen, unenpöpperöinen, unelias

drudge /drʌdʒ/ *s* ahertaja, puurtaja, työmyyrä
v ahertaa, uurastaa, puurtaa

drudgery *s* aherrus, uurastus

drug /drʌg/ *s* **1** lääke **2** huume, huumausaine
v huumata

drug addict /ˈdrʌgˌædɪkt/ *s* narkomaani

drug addiction /ˈdrʌgəˌdɪkʃən/ *s* huumeriippuvaisuus

drug czar /ˈdrʌgˈzaər/ *s* huumeongelman vastaista taistelua johtava

(presidentin nimittämä) korkea viranomainen
drug pusher /drʌgˌpʊʃər/ *s* huumekauppias, huumeiden välittäjä
drugstore *s* drugstore (eräänlainen apteekkikemikalio)
drug traffic /'drʌgˌtræfɪk/ *s* huumekauppa
drum /drʌm/ *s* **1** (mus) rumpu **2** (öljy)-tynnyri **3** (korvan) tärykalvo
v rummuttaa
drum brake *s* rumpujarru
drumhead /drʌmˌhed/ *s* rumpukalvo
drummer *s* rumpali *to march to a different drummer* kulkea omia polkujaan
drum out *v* erottaa
drumstick /drʌmˌstɪk/ *s* **1** rumpupalikka, rumpukapula **2** kanankoipi (ruokana)
drum up *v* **1** hankkia (asiakkaita), yrittää saada (kannatusta), (kuv) lyödä rumpua jostakin/jonkin puolesta **2** keksiä, kehittää
drunk /drʌŋk/ *s* humalainen; juoppo
v ks drink
adj juopunut, humalassa
drunken *adj* (ihminen) juopunut, humalassa; (tilaisuus) märkä, ryyppy-
dry /draɪ/ *v* dried, dried: kuivata, kuivua
adj kuiva (myös kuv) *I am dry* kurkkuani kuivaa, minulla on jano *dry town/country* paikkakunta/maa jossa alkoholin myynti(ä) on kielletty/rajoitettu
dry-clean /'draɪˌklin/ *v* kuivapestä, pestä kemiallisesti
dry cleaning *s* kuivapesu, kemiallinen pesu
dry dock /'draɪˌdak/ *s* allastelakka
dryer *s* kuivain *hair dryer, clothes dryer* hiustenkuivain, (pyykin)kuivauskone, kuivausrumpu
dryly *adv* kuivasti
dry nurse /'draɪˌnərs/ *s* lastenhoitaja
dry out *v* **1** kuivata/kuivua (täysin) **2** panna (alkoholisti)/ruveta katkaisuhoitoon
dry spell /'draɪˌspel/ *s* kuiva/sateeton kausi
dry up *v* **1** kuivata/kuivua (täysin) **2** loppua, lakata **3** (ark) vaieta, lakata puhumasta
DSP /ˌdies'pi/ Digital Signal Processing, digitaalinen signaalinkäsittely
DST *daylight saving time* kesäaika
dstspn. *dessertspoon* jälkiruokalusikallinen
DTP /ˌditi'pi/ Desktop Publishing, julkaisutoiminta mikrotietokonetta käyttäen, DTP
dual /duəl/ *adj* kaksois-, kaksi- *a personal computer with dual floppy drives* henkilökohtainen tietokone jossa on kaksi levykeasemaa
dub /dʌb/ *v* **1** jälkiäänittää (elokuva ym) **2** kopioida (äänite) **3** lyödä ritariksi tms **4** nimittää joksikin *they dubbed him a maestro* häntä alettiin kutsua maestroksi **5** sohaista, työntää
dubbing *s* (elokuvan ym) jälkiäänitys
dub in *v* lisätä äänitteeseen jotakin
dubious /dubiəs/ *adj* **1** epäröivä, epävarma **2** kyseenalainen, hämäräperäinen
Dublin /dʌblən/ Dublin
dub out *v* poistaa äänitteestä jotakin
duchess /dʌtʃəs/ *s* herttuatar
duchy /dʌtʃi/ *s* herttuakunta
duck /dʌk/ *s* ankka
v **1** kyyristyä (äkkiä) **2** vetää päänsä veden alle, työntää joku hetkeksi veteen
duckling *s* ankanpoikanen *ugly duckling* ruma ankanpoikanen
duct /dʌkt/ *s* **1** (anatomia) tiehyt, kanava **2** johdin, putki
dud /dʌd/ *s* **1** fiasko, pannukakku **2** (ammus) suutari
dude *s* (ark) kaveri, jätkä, hemmo *hey, dude, what's up?* moi, kuis huisii?
duds /dʌdz/ *s* (mon ark) vaatteet, kuteet
due /du/ *s* **1** (mon) (jäsen- tai muu) maksu **2** *to give him his due, he did try hard* täytyy myöntää että hän yritti kovasti
adj **1** erääntynyt (maksu) **2** jollekulle kuuluva; määrä tehdä jotakin *when is the baby due?* mikä on laskettu synnytysaika? *you are due to leave here at ten* sinun on määrä lähteä täältä kymmeneltä **3** asianmukainen, asiaan kuuluva *with all due respect* kaikella

kunnioituksella *in due course/time* aikanaan **4** *due to* ks hakusanaa
adv suoraan (johonkin suuntaan) *due south*
duel /duəl/ *s* kaksintaistelu (myös kuv)
v osallistua kaksintaisteluun
duelist *s* kaksintaistelija
duet /du'et/ *s* duetto
due to *prep* vuoksi, takia, tähden, johdosta *the concert was canceled due to the rain* konsertti peruutetiin sateen vuoksi
dug /dʌg/ ks dig
dugong /dugaŋ/ *s* (sireenieläin) dugongi
dugout /dʌgaʊt/ *s* **1** (sot) taisteluhauta, korsu **2** ruuhi, yhdestä puusta koverrettu kanootti **3** (baseball) pelaaja-aitio
duiker /daɪkər/ *s* sukeltaja-antilooppi *common duiker* grimminsukeltajakauris
duke /duk/ *s* herttua
dukedom /dukdəm/ *s* **1** herttuan arvo **2** herttuakunta
dull /dʌl/ *v* sumentaa (aisteja), hämärtää (muistia), tylsistyttää (terää, älyä), himmentää; vaimentaa (kipua, ääntä)
adj **1** tylsä (terä) **2** hidasälyinen **3** pitkäveteinen, tylsä, innoton **4** himmeä, haalea (väri ym), vaimea (ääni), pilvinen/harmaa (taivas)
duly /duli/ *adj* asianmukaisesti, kuten odottaa saattaa; ajoissa
dumb /dʌm/ *adj* **1** mykkä **2** (ark) tyhmä, typerä **3** (tietokone) tyhmä (vastakohta *intelligent,* älykäs)
dumbbell /dʌmbel/ *s* käsipaino
dummy /dʌmi/ *s* **1** vaatenukke, sovitusnukke **2** (kirjan tai muun esineen) malli, valekirja **3** (ark) typerys
dump /dʌmp/ *s* **1** kaatopaikka **2** rähjäinen paikka (kaupunginosa, huone)
v **1** heittää menemään, kaataa/panna jonnekin **2** hylätä, jättää (poika/tyttöystävä) **3** myydä polkuhintaan, dumpata
dumping *s* polkumyynti, dumppaus
dumping-ground *s* kaatopaikka
dumpling /dʌmpliŋ/ *s* (ruuanlaitossa) myky, kokkare
dumpy /dʌmpi/ *adj* tanakka, lyhyenläntä
dunce /dʌns/ *s* typerys
dune /dun/ *s* (hiekka)dyyni
dung /dʌŋ/ *s* lanta
dungarees /ˌdʌŋgə'riz/ *s* (mon) **1** (työ)haalarit **2** farkut
dungeon /dʌndʒən/ *s* vankiluola
dunk /dʌŋk/ *v* **1** kastaa, upottaa (ihminen veteen, pulla kahviin) **2** lyödä koripallo koriin
dup. *duplicate* jäljennös, kopio
dupe /dup/ *s* (ark) **1** huijauksen uhri **2** (dian/valokuvan) kaksoiskappale
v huijata, pettää, vetää nenästä
duplicate /dupləˌkət/ *s* jäljennös, kopio, kaksoiskappale, moniste
adj kaksois-, jäljennös-
duplicate /'dupləˌkeɪt/ *v* jäljentää, kopioida, monistaa
duplication /ˌduplə'keɪʃən/ *s* jäljentäminen, kopiointi, monistus
duplicator *s* monistuskone
Dur. *Durham*
durability /dərə'bɪlɪtɪ/ *s* kestävyys
durable /dərəbəl/ *adj* kestävä, pitkäikäinen
duration /də'reɪʃən/ *s* (ajallinen) kesto
duress /də'res/ *s* pakko
Durham /dərəm/ Englannin kreivikuntia
during /dəriŋ/ *prep* aikana, kuluessa
dusk /dʌsk/ *s* iltahämärä
dusky *adj* **1** hämärä, pimeähkö **2** tummaihoinen; tumma (väri)
dust /dʌst/ *s* pöly
v pyyhkiä pölyt jostakin
Dust Bowl *s* Yhdysvaltain keskilännen pölymyrskyalue (1930-luvulla)
duster /dʒækət/ *s* **1** pölyriepu **2** siivoustakki
dust jacket *s* (kirjan) suojapaperi
dust mop /map/ *s* moppi
dust off *v* **1** verestää vanhat taidot; ottaa uudestaan käyttöön **2** antaa selkään, hakata
dusty *adj* pölyinen
Dutch /dʌtʃ/ *s* hollannin kieli *s, adj* hollantilainen
dutiful /dutəfəl/*adj* tunnollinen, velvollisuudentuntoinen, tottelevainen

(tapaturmaisesti) sähköiskulla; teloittaa (kuolemaantuomittu) sähkötuolissa
electrocution /iˌlektrəˈkjuʃən/ *s* (tapaturmainen) sähköiskuun kuoleminen; kuolemaantuomitun teloitus sähkötuolissa
electrode /iˈlekˌtroʊd/ *s* elektrodi
electroencephalogram /iˌlektrəenˈsefalogræm/ *s* aivosähkökäyrä, elektroenkefalogrammi (EEG)
electromagnet /iˌlektrəˈmægnət/ *s* sähkömagneetti
electromechanical /iˌlektrəˌmeˈkænɪkəl/ *adj* sähkömekaaninen
electron /iˈlekˌtran/ *s* elektroni
electron gun *s* (kuvaputken) elektronitykki
electronic /ˌiləkˈtronɪk/ *adj* elektroninen
electronic mail *s* sähköposti
electronics /ˌiləkˈtronɪks/ *s* (mon, verbi yksikössä) elektroniikka
electronic tube *s* elektroniputki
electron microscope *s* elektronimikroskooppi
electrotherapy /ɪˌlektrəˈθerəpi/ *s* sähköhoito
elegance /ˈelɪgəns/ *s* eleganssi, tyyli, tyylikkyys
elegant /ˈelɪgənt/ *adj* elegantti, tyylikäs
elegantly *adv* elegantisti, tyylikkäästi
element /ˈeləmənt/ *s* **1** alkuaine **2** (mon) luonnonvoimat, luonto **3** elementti: *to be in/out of your element* olla/ei olla elementissään **4** (mon: jonkin alan) alkeet **5** osa, tekijä, seikka *courage is an important element of success* rohkeudella on menestymisessä merkittävä osuus *there was an element of threat in his voice* hänen äänessään oli mukana uhkaa **6** aines *the radical element* radikaalit
elemental /ˌeləˈmentəl/ *adj* **1** alkeellinen, alkukantainen, koruton **2** luonnon **3** alkuaine-
elementary /ˌeləˈmentəri/ *adj* **1** alkeellinen, alkeis- **2** alkeiskoulun **3** alkuaine-
elementary school *s* alkeiskoulu (vastaa Suomen peruskoulun alaastetta)
elephant /ˈeləfənt/ *s* norsu
elephant shrew /ʃru/ *s* hyppypäästäinen
elev. *elevation* korkeus (merenpinnasta)
elevate /ˈeləˌveɪt/ *v* **1** nostaa, kohottaa **2** (kuv) ylentää (mieltä)
elevation /ˌeləˈveɪʃən/ *s* **1** korkeus (merenpinnasta) **2** (virka)ylennys **3** (ajatusten ym) ylevyys, juhlavuus **4** (arkkitehtipiirustus) pystykuva, etukuva
elevator /ˈeləˌveɪtər/ *s* **1** hissi **2** (vilja)siilo; elevaattori **3** (lentokoneen) korkeusperäsin
eleven /iˈlevən/ *s* yksitoista
eleventh /iˈlevənθ/ *adj* yhdestoista
elicit /ɪˈlɪsɪt/ *v* saada/onkia (tietoa)
eligibility /ˌelədʒəˈbɪləti/ *s* sopivuus, soveltuvuus
eligible /ˈelədʒəbəl/ *adj* **1** valintakelpoinen, johonkin sopiva *the prisoner will be eligible for parole in three years* vanki voi anoa ennenaikaista vapautusta kolmen vuoden kuluttua **2** haluttu, tavoittelemisen arvoinen
eliminate /ɪˈlɪməˌneɪt/ *v* eliminoida, sulkea pois, jättää laskuista
elimination /ɪˌlɪməˈneɪʃən/ *s* pois sulkeminen/jättäminen, eliminointi
elite /əˈlit/ *s* eliitti, parhaimmisto, kerma
elitism /əˈliˌtɪzm/ *s* elitismi
elitist /əˈliˌtɪst/ *adj* elitistinen
Elizabeth /əˈlɪzəbəθ/ (kuningattaren nimenä) Elisabet
elk /elk/ *s* **1** hirvi **2** vapiti
Ellesmere Island /elzmiər/ Ellesmerensaari (Kanadassa)
ellipse /ɪˈlɪps/ *s* ellipsi
elliptical /ɪˈlɪptɪkəl/ *adj* elliptinen
elliptical galaxy *s* elliptinen galaksi
elm /elm/ *s* jalava
Elmer Fudd /ˌelmərˈfʌd/ (sarjakuvahahmo) Elmeri, Ellu
elongate /iˈlaŋˌgeɪt/ *v* pidentää, venyttää

elongation /i,laŋ'geɪʃən/ *s* pidennys, venytys
elope /i'loʊp/ *v* karata (rakastajansa kanssa)
elopement /i'loʊp,mənt/ *s* karkaaminen (rakastajansa kanssa)
eloquence /eləkwəns/ *s* kaunopuheisuus, puhetaito
eloquent /eləkwənt/ *adj* kaunopuheinen, osuva(sti ilmaistu)
El Paso /el'pæsoʊ/ kaupunki Texasissa
El Salvador /el'sælvə,dɔr/
else /els/ *adv* **1** toinen, muu *let's go somewhere else* mennään muualle *somebody else should do it* jonkun muun pitäisi tehdä se *no one else wanted it* kukaan muu ei halunnut sitä *isn't there anything else to eat?* eikö ole mitään muuta syötävää? *you're something else!* sinä sitten olet ihmeellinen! *who else but you* kukapa muu kuin sinä **2** muutoin, muussa tapauksessa *shut up now or else!* tuki suusi heti tai sinun käy huonosti!
elsewhere /'els,weər/ *adv* muualla, toisaalla, muualle, toisaalle *I wish I were elsewhere* kunpa olisin jossakin muualla *they came from elsewhere* he tulivat jostakin muualta
elude /ɪ'lud/ *v* välttää, karttaa, välttyä (joutumasta kiinni)
elusive /ɪ'lusɪv/ *adj* jota on vaikea saada kiinni; vaikeasti määriteltävä, (kuv) josta on vaikea saada otetta, epämääräinen (vastaus)
elusively *adv* (vastata) välttelevästi)
emaciated /i'meɪʃɪ,eɪtəd/ *adj* aliravittu, kovasti laihtunut
emaciation /i'meɪʃɪ,eɪʃən/ *s* aliravitsemus, huomattava laihtuminen
e-mail /'i,meɪəl/ *s (electronic mail)* sähköposti (myös email)
emanate /'emə,neɪt/ *v* olla peräisin jostakin, lähteä/tulla jostakin *rap music emanated from the cellar* kellarista kuului rapmusiikkia
emancipate /ɪ'mænsɪpeɪt/ *v* vapauttaa (orjat), saattaa (naiset) tasa-arvoiseksi
emancipated *adj* vapautunut (nainen, asenne), vapautettu (orja)
emancipation *s* vapautuminen, vapauttaminen, emansipaatio
embalm /em'bam/ *v* palsamoida (ruumis)
embankment /em'bæŋkmənt/ *s* (ranta)penger, maapato
embargo /,em'bagoʊ/ *s* embargo; kauppasaarto
v julistaa kauppasaartoon
embark /em'bak/ *v* nousta laivaan/lentokoneeseen tms
embarkation /,embarkeɪʃən/ *s* laivaan/lentokoneeseen tms nousu
embark on *v* aloittaa, ruveta, ryhtyä
embarrass /ɪm'berəs/ *v* nolostuttaa, tehdä noloksi *I felt embarrassed by your behavior* minä häpesin käytöstäsi
embarrassed *adj* nolo, kiusaantunut
embarrassing *adj* nolo, kiusallinen
embarrassingly *adv* nolon, kiusallisen
embarrassment /ɪm'berasmənt/ *s* nolostuminen, kiusaantuminen, häpeä, kiusallinen asia
embarrassment of riches *s* runsaudenpula
embassy /'embəsi/ *s* suurlähetystö
embellish /ɪm'belɪʃ/ *v* **1** koristella, kaunistaa, somistaa **2** (kuv) kaunistella, lisätä omiaan johonkin
embellishment *s* **1** koru, koriste **2** koristelu, somistus **3** (kuv) kaunistelu
embers /'embərz/ *s* (mon) hiillos
embezzle /ɪm'bezəl/ *v* kavaltaa
embezzlement *s* kavallus
embitter /ɪm'bɪtər/ *v* katkeroittaa, tehdä katkeraksi, synkistää (välit)
emblem /'embləm/ *s* tunnus, merkki
emblematic /,emblə'mætɪk/ *adj* tunnusomainen (jollekin, *of*)
embodiment /ɪm'badɪmənt/ *s* ruumiillistuma *she is the embodiment of goodness* hän on itse hyvyys, todellinen hyvyyden ruumiillistuma

embody /ɪm'badi/ *v* **1** ilmaista, pukea sanoiksi **2** ilmentää jotakin *the painting embodies the artist's idea of freedom* maalaus ilmentää taiteilijan vapauskäsitystä
emboss /ɪm'bas/ *v* puristaa/leimata johonkin kohokuvio
embrace /ɪm'breɪs/ *s* halaus, syleily *v* **1** halata, syleillä jotakuta **2** (kuv) ottaa avosylin vastaan, omaksua innokkaasti
embroider /ɪm'broɪdər/ *v* koruommella
embroidery *s* **1** koruompelimo **2** koruommel
embryo /'embrɪəʊ/ *s* **1** sikiö **2** (kuv) alku(vaihe), itu, siemen
embryonic /ˌembrɪ'ənɪk/ *adj* **1** sikiö- **2** (kuv) alku-, alustava
emerald /'emərəld/ *s* smaragdi *adj* smaragdinvihreä
emerge /ɪ'mərdʒ/ *v* **1** saapua, tulla, nousta pintaan *the sun emerged from behind the clouds* aurinko tuli esiin pilvien takaa **2** syntyä, saada alkunsa **3** tulla esiin, paljastua
emergence /ɪ'mərdʒəns/ *s* paljastuminen, esiintulo, synty, alku
emergency *s* hätä, hätätila, hätätapaus
emergency brake *s* (auton) käsijarru
emergency landing *s* pakkolasku
emergency room *s* (sairaalan) (ensiapu)poliklinikka
emery /'eməri/ *s* smirgeli
emery board *s* kynsiviila
emigrant /'emɪgrənt/ *s* maastamuuttaja, emigrantti
emigrate /'emɪgreɪt/ *v* muuttaa maasta
emigration /'emɪ'greɪʃən/ *s* maastamuutto
eminence /'emɪnəns/ *s* **1** arvovalta **2** eminenssi
eminent /'emɪnənt/ *adj* arvostettu, arvovaltainen
eminently *adv* erittäin *she is eminently suitable for the job* hän sopii työhön erinomaisesti
emir /e'mɪər/ *s* emiiri
emirate /'emɪreɪt/ *s* emiirikunta
emission /i'mɪʃən/ *s* (lämmön, valon) säteily, luovutus, päästö; (tal) emissio, osakeanti, liikkeellelasku
emit /i'mɪt/ *v* säteillä, luovuttaa, emittoida, laskea liikkeelle
emolument /i'məljʊmənt/ *s* palkkio, korvaus
emote /i'moʊt/ *v* ilmaista tunteitaan; tunteilla
emoticon /i'moʊtɪkən/ *s* hymiö
emotion /i'moʊʃən/ *s* tunne, mielenliikutus, emootio
emotional *adj* tunne-, tunteellinen, emotionaalinen, tunteikas, herkkätunteinen
emotionally *adv* tunteikkaasti, emotionaalisesti, herkkätunteisesti
emotionless *adj* tunteeton (ihminen), ilmeettömät (kasvot)
emotive /i'moʊtɪv/ *adj* tunteikas, emotionaalinen
empathize /'empəθəɪz/ *v* eläytyä toisen osaan, tuntea empatiaa jotakuta kohtaan
empathy /'empəθi/ *s* empatia, eläytyminen
emperor /'empərər/ *s* keisari
emphasis /'emfasɪs/ *s* **1** korostus, painotus *the new director put more emphasis on sales* uusi johtaja pani aiempaa enemmän painoa myyntipuolelle **2** (sana)paino, korko *the emphasis is on the second syllable* paino on toisella tavulla
emphasize /'emfəsaɪz/ *v* **1** korostaa, painottaa, (kuv) alleviivata **2** (äännettäessä) painottaa, korostaa
emphathic /ɪm'f tɪk/ *adj* painokas, voimakas, korostunut, ehdoton
emphatically *adv* voimakkaasti, jyrkästi, ehdottomasti
empire /'empaɪər/ *s* valtakunta, keisarikunta, imperiumi
Empire State Building /'empaɪərsteɪtbɪldɪŋ/ pilvenpiirtäjä New York Cityssä
empirical /em'pɪrɪkəl/ *adj* empiirinen, kokemusperäinen
empiricism /em'pɪrɪsɪzəm/ *s* empirismi

empiricist *s* empiirikko, empiristi
employ /ɪm'ploi/ *s* työ, palvelus: *he is in the employ of an automobile manufacturer* hän on erään autotehtaan palveluksessa
v **1** ottaa palvelukseen, pestata **2** käyttää *we employed a new method to fix the problem*
employee /ˌemploɪ'i/ *s* työntekijä
employer *s* työnantaja
employment *s* **1** työ, työpaikka **2** työhönotto **3** käyttö
employment agency *s* työvoimatoimisto
emporium /em'pɔrɪəm/ *s* tavaratalo
empower /əm'pauər/ *v* **1** valtuuttaa *she empowered her attorney to represent her* hän valtuutti asianajajan edustajakseen **2** mahdollistaa, antaa tilaisuus, mahdollisuus johonkin **3** tehdä täysivaltaiseksi, lisätä jonkun oman voiman tai omien kykyjen tuntoa, lisätä rohkeutta toimia omien ehtojen mukaisesti
empowerment /əm'pauərmənt/ *s* **1** valtuuttaminen, valtuutus **2** mahdollistaminen, tilaisuus/mahdollisuus johonkin **3** täysivaltaisuus, kyky vaikuttaa omaan elämään, voimantunnon kasvu
empress /'emprəs/ *s* keisarinna
emptiness /'emptənɪs/ *s* tyhjyys (myös kuv)
empty /'empti/ *s* tyhjä pullo, palautuspullo
v tyhjentää
adj tyhjä (myös kuv) *the box is empty* laatikko on tyhjä *those are just empty words* nuo ovat aivan tyhjiä sanoja
empty-handed *adj* tyhjin käsin, mitään tekemättä/tuomatta tms *he returned empty-handed* hän palasi tyhjin käsin
emulate /'emjʊleɪt/ *v* **1** jäljitellä, matkia **2** (tietok) emuloida
emulation /'emjʊ'leɪʃən/ *s* **1** jäljittely, matkiminen **2** (tietok) emulaatio
emulsion /i'mʌlʃən/ *s* emulsio
enable /ə'neɪbl/ *v* tehdä mahdolliseksi, mahdollistaa *the money enabled him to go to college* hän pystyi aloittamaan opiskelun rahojen turvin
enamel /i'næməl/ *s* **1** hammaskiille **2** emali
v emaloida
enchant /ɪn'tʃænt/ *v* **1** ihastuttaa, saada lumoihinsa **2** lumota, taikoa, loihtia
enchanting *adj* ihastuttava, lumoava
enchantment *s* ihastus, taika, taikuus, lumous
enchantress *s* (nais)taikuri; lumoojatar
enchilada /ˌentʃə'ladə, ˌentʃi'laða/ *s* **1** enchilada, meksikolaisperäinen lihalla ja kasviksilla täytetty tortillakäärö jonka päällä tarjoillaan chilikastiketta **2** *the whole enchilada* koko roska, kaikki **3** *the big enchilada* pomo
encircle /ɪn'sərkəl/ *v* ympäröidä
encl. *enclosed, enclosure* liitteenä, liitteitä
enclose /ɪn'kloʊz/ *v* **1** aidata **2** oheistaa, liittää (kirjeeseen) *enclosed please find our brochure* oheistan esitteemme
enclosure /ɪn'kloʊʒər/ *s* aitaus
encomium /en'koʊmiəm/ *s* (mon encomiums, encomia) ylistyspuhe
encore /'anˌkɔr/ *s* uusinta(esitys) *huudahdus* (esiintyjälle) uudestaan!
encounter /ɪn'kaʊntər/ *s* kohtaaminen, tapaaminen
v kohdata, tavata (sattumalta)
encourage /ɪn'kərɪdʒ/ *v* kannustaa, rohkaista
encouragement *s* kannustus, rohkaisu
encouraging /ɪn'kərɪdʒiŋ/ *adj* rohkaiseva, kannustava, innostava
encroach /ɪn'kroʊtʃ/ *v* tunkeutua (jonkun alueelle), loukata (jonkun oikeuksia), viedä (jonkun aikaa), häiritä
encroachment *s* (alueelle) tunkeutuminen, tungettelu, häiriö, (oikeuksien) loukkaus
encyclopedia /enˌsaɪklə'pidiə/ *s* tietosanakirja
encyclopedic *adj* tietosanakirja-, ensyklopedinen, laaja (sivistys)
end /end/ *s* **1** loppu *at the end of the meeting/week* kokouksen lopussa/viikon lopulla *in the end* lopuksi, loppujen

lopuksi *dad was pleased no end by the gift* isä oli lahjasta erittäin mielissään **2** kärki, pää, tynkä *the end of the road/stick* tien/kepin pää *we try to make ends meet* me yritämme saada rahat riittämään, tulla toimeen *the police put an end to the ruckus* poliisi teki riehasta lopun **3** tarkoitus, päämäärä *the end justifies the means* tarkoitus pyhittää keinot *to some people, money is an end in itself* joillekin raha on itsetarkoitus
v lopettaa, loppua, päättää, päättyä

endanger /ɪn'deɪndʒər/ *v* vaarantaa, saattaa vaaraan/uhanalaiseksi

endangered species /in'deɪndʒərd'spiʃiz/ *s* uhanalainen (eläin/kasvi)laji

endear /ɪn'dɪər/ *v* saada joku pitämään jostakin, saada joku lämpenemään jollekin

endearing *adj* rakastettava, miellyttävä, herttainen

endeavor /ɪn'devər/ *s* yritys, ponnistelu
v yrittää, ponnistella

endemic /en'demɪk/ *adj* kotoperäinen, paikallinen, endeeminen

ending /'endiŋ/ *s* (kirjan, näytelmän ym.) loppu, lopetus, (sanan) pääte

endless /'endləs/ *adj* loputon

endlessly *adv* loputtomasti, lakkaamatta, jatkuvasti

end line /'end,laɪn/ *s* (amerikkalaisessa jalkapallossa ym) päätyraja

endorse /ɪn'dɔrs/ *v* **1** kannattaa, tukea (esim vaaliehdokasta) **2** allekirjoittaa, vahvistaa nimellään (sekki, maksu ym)

endorsement *s* **1** kannatus, tuki **2** (sekin, kuitin) allekirjoitus, vahvistus

endow /ɪn'daʊ/ *v* **1** lahjoittaa, perustaa lahjoituksella **2** jollakulla on jokin lahja/kyky *he is endowed with charming looks* häntä on siunattu hyvällä ulkonäöllä

endowment *s* **1** lahjoitus **2** lahja, kyky

endurance /ɪn'dʊrəns/ *s* kestävyys, sinnikkyys, sitkeys, sietokyky

endure /ɪn'dʊr/ *v* **1** kestää, sietää *I can't endure this pain any longer* **2** joutua kestämään, kärsiä *she had to endure a lot of hardship before she finally became successful* hän joutui kokemaan kovia ennen kuin alkoi viimein menestyä

enduring *adj* pysyvä, säilyvä, pitkäaikainen, loputon

end zone /'en,zoʊn/ *s* (amerikkalaisessa jalkapallossa) maalialue

enemy /'enəmi/ *s* vastustaja, vihollinen

energetic /,enər'dʒetɪk/ *adj* **1** energinen, tarmokas, reipas, innokas **2** ponnekas, jyrkkä (vastalause), ehdoton (kielto)

energetically *adv* energisesti, tarmokkaasti, reippaasti

energize /,enədʒaɪz/ *v* **1** ladata, varata, kytkeä sähkö **2** (kuv) innostaa, sähköistää

energy /,enərdʒi/ *s* energia, tarmo, into

enfold /ɪn'foʊld/ *v* syleillä, halata

enforce /ɪn'fɔrs/ *v* toteuttaa, panna toimeen, valvoa (lain) noudattamista, pakottaa (tottelemaan)

enforceable *adj* joka voidaan toteuttaa, jonka noudattamista voidaan valvoa

enforcement *s* lain valvonta, (tottelemaan) pakottaminen

ENG *electronic news gathering*

engage /ɪn'geɪdʒ/ *v* **1** pestata, palkata, ottaa palvelukseen (erit esiintyvä taiteilija väliaikaisesti) **2** temmata mukaansa, olla mieleen *the movie enganged their attention* elokuva tempasi heidät mukaansa **3** mennä kihloihin *we are not yet engaged* emme ole vielä kihloissa **4** sitoutua, sitoa, lupautua (tekemään jotakin) **5** (sot) ottaa yhteen, taistella

engage in *v* harrastaa, harjoittaa jotakin *he did not wish to engage in such activities* hän ei halunnut sekaantua moisiin puuhiin

engagement *s* **1** tapaaminen **2** kihlaus **3** (esiintyvän taiteilijan) työ, esiintyminen **4** (sot) yhteenotto, selkkaus **5** sitoutuminen, lupaus, meno *I have many social engagements this week* joudun käymään tällä viikolla usein kylässä/eri tilaisuuksissa

engagement calendar *s* muistio, päivyri
engagement ring *s* kihlasormus
engine /'endʒɪn/ *s* **1** moottori, kone **2** veturi
engineer /ˌendʒɪ'niər/ *s* **1** teknikko, insinööri **2** veturinkuljettaja **3** (kuv) junailija, järjestäjä, toimeenpanija *v* **1** rakentaa, valmistaa **2** (kuv) junailla, järjestää, panna toimeen
engineering *s* **1** tekniikka, koneenrakennus, rakentaminen, insinöörityö **2** (kuv) junailu, järjestely, toimeenpano
English /iŋglɪʃ/ *s* englannin kieli *adj* englantilainen, englanninkielinen *the English* englantilaiset
English Channel /ˌɪŋglɪʃ'tʃænəl/ Englannin kanaali
Englishman *s* (mon Englishmen) englantilainen (mies)
Englishwoman *s* (mon Englishwomen) englantilainen (nainen)
engrave /ɪn'greɪv/ *v* **1** kaivertaa **2** painua mieleen
engraving *s* kaiverrus; kupari/puupiirros
engross /ɪn'groʊs/ *v* temmata mukaansa *she sat engrossed in her novel* hän oli uppoutunut romaaniinsa
engrossing *adj* mukaansatempaava, kiehtova
engulf /ɪn'gʌlf/ *v* ympäröidä, peittää kokonaan, hukkua (myös kuv)
enhance /ɪn'hæns/ *v* lisätä, vahvistaa, korostaa, voimistaa
ENIAC *Electronic Numerical Integrator and Calculator* eräs varhainen tietokone (1946)
enigma /ə'nɪgmə/ *s* arvoitus
enigmatic *adj* arvoituksellinen
enjoy /ɪn'dʒoi/ *v* **1** nauttia, iloita **2** saada nauttia, olla *she enjoys good health* hänellä on hyvä terveys
enjoyable *adj* nautinnollinen, hauska, mukava, hyvä
enjoyably *adv* mukavasti
enjoyment *s* nautinto, ilo
enlarge /ɪn'ladʒ/ *v* laajentaa, laajen-tua, suurentaa, suurentua, kasvattaa, kasvaa
enlargement *s* **1** (valokuva)suurennos **2** laajennus, laajentaminen, laajentuminen
enlarge on *v* käsitellä yksityiskohtaisesti, puhua pitkään jostakin
enlarger *s* (valok) suurennuskone
enlighten /ɪn'laɪtən/ *v* valistaa, sivistää
enlightenment *s* valistus, sivistys *the Enlightenment* valistusaika
enlist /ɪn'lɪst/ *v* **1** värvätä/värväytyä (sotilaspalvelukseen) **2** hankkia *he enlisted the help of a famous lawyer* hän palkkasi avukseen kuuluisan asianajajan
enlistment *s* värväys, pestaus, pestautuminen, (avun) hankkiminen
enormity /ɪ'nɔrməˌti/ *s* (rikkomuksen, teon) valtavuus, suunnattomuus, hirvittävyys
enormous /ɪ'nɔrməs/ *adj* valtava, suunnaton
enormously *adv* erittäin, valtavan, suunnattoman
enough /ɪ'nʌf/ *adj, adv* tarpeeksi, riittävästi, kylliksi *I've had enough* minä olen saanut tarpeekseni/kyllikseni *do you have enough money?* onko sinulla tarpeeksi/riittävästi rahaa? *your answer is not good enough* vastauksesi ei kelpaa/ei ole riittävä *strangely enough, he was not angry* kaikeksi ihmeeksi hän ei ollut vihainen
enquire /ɪŋ'kwaɪər/ *v* tiedustella, kysyä
enquiry /'ɪŋkwəri/ *s* **1** tiedustelu, kysely; kysymys **2** tutkimus, selvitys; kuulustelu
enrich /ən'rɪtʃ/ *v* rikastaa, rikastuttaa, lisätä johonkin jotakin
enrichment *s* rikastus, lisääminen
enroll /ən'roəl/ *v* ottaa jäseneksi, merkitä opiskelijaksi, kirjoittautua, ilmoittautua
enrollment *s* **1** ilmoittautuminen, (esim yliopistoon) kirjoittautuminen **2** opiskelijamäärä
en route /ˌan'rut ˌen'rut/ *adv* matkalla *en route to Detroit* matkalla Detroitiin

ensemble /ˌan'sambəl/ *s* yhtye; yhteisesitys, ensemble
ensign /ensən/ *s* **1** lippu, kansallislippu **2** symboli, tunnus, merkki **3** (Yhdysvaltain rannikkovartiostossa) vänrikki
enslave /ən'sleɪv/ *v* orjuuttaa, tehdä orjaksi
enslavement *s* orjuutus, orjuus
ensue /ɪn'su/ *v* seurata, olla seurauksena
ensuing *adj* seuraava
ensure /en'ʃər/ *v* varmistaa, taata
entail /ɪn'teɪəl/ *v* aiheuttaa, johtaa johonkin, liittyä johonkin
entangle /ɪn'tæŋgəl/ *v* **1** sotkea, sotkeutua *he became entangled in a web of intrigue* hän sotkeutui juonittelun verkkoon **2** tyrmistyttää, hämmentää
entanglement *s* sotkeutuminen, (kuv) vyyhti, selkkaus, sotku
enter /entər/ *v* **1** astua/tulla/mennä sisään/jonnekin **2** liittyä, astua palvelukseen, ilmoittautua **3** merkitä/kirjoittaa ylös
enter into *v* **1** osallistua **2** paneutua, perehtyä **3** liittyä, kuulua, olla osana jotakin **4** joutua johonkin tilaan
enterprise /'entərˌpraɪz/ *s* **1** yritys, hanke, suunnitelma **2** aloitekyky, yritteliäisyys, rohkeus **3** liikeyritys
enterprising *adj* yritteliäs, aloitekykyinen, kekseliäs, rohkea
entertain /ˌentər'teɪn/ *v* **1** viihdyttää, huvittaa **2** pitää vieraana **3** pohtia, elätellä, hautoa mielessään (ajatusta)
entertainer *s* viihdetaiteilija
entertaining *adj* huvittava, viihteellinen
entertainment *s* **1** viihde, huvi **2** esitys
enthrall /en'θrɔl/ *v* ihastuttaa, saada lumoihinsa
enthrone /en'θroʊn/ *v* nostaa valtaistuimelle; vihkiä (kirkolliseen) virkaan
enthuse /en'θuz/ *v* olla haltioissaan (jostakin, *over*), saada haltioihinsa
enthusiasm /en'θuzɪˌæzəm/ *s* into, innostus
enthusiast /en'θuzɪəst/ *s* innokas harrastaja *she is a golf enthusiast*
enthusiastic /enˌθuzɪ'æstɪk/ *adj* innokas
enthusiastically *adv* innokkaasti
entice /en'taɪs/ *v* kiehtoa, houkutella, vetää puoleensa
enticement *s* houkutus, kiusaus
enticing *adj* houkutteleva, kiehtova, puoleensavetävä
entire /ən'taɪər/ *adj* **1** koko *the entire family gathered in the dining room* koko perhe kokoontui ruokailuhuoneeseen **2** ehjä, joka on yhtenä kappaleena
entirely *adj* kokonaan, täysin *it was entirely my fault* syy oli kokonaan minun
entirety /ən'taɪrəti/ *s* kokonaisuus *the problem in its entirety* ongelma kokonaisuudessaan
entitle /ən'taɪtəl/ *v* oikeuttaa, antaa oikeus johonkin *you are entitled to your opinion* sinulla on oikeus mielipiteeseesi
entitlement *s* **1** oikeutus, oikeus **2** sosiaaliturvasta, ilmaisesta terveydenhoidosta, elintarvikekupongeista ja muista valtion kansalaisille maksamista tukiaisista
entity /entəti/ *s* kokonaisuus, olemus
entomb /ən'tum/ *v* haudata
entomology /ˌentə'malədʒi/ *s* hyönteistiede, entomologia
entrails /entreɪəlz/ *s* (mon) sisälmykset (myös kuv) *the entrails of a watch* kellon sisälmykset
entrance /entrəns/ *s* **1** sisäänkäynti **2** tulo, saapuminen (huoneeseen)
entrance /ən'træns/ *v* lumota
entrance fee *s* pääsymaksu
entrancing *adj* hurmaava, lumoava
entrant *s* aloittelija, osanottaja, kokelas
entreat *v* anoa, pyytää hartaasti
entreatingly *adv* hartaasti
entreaty *s* harras pyyntö
entrench /ən'trentʃ/ *v* **1** (sot) kaivautua maahan, linnoittautua **2** (kuv) urautua, juurtua syvään
entrepreneur /ˌantrəprə'nər ˌantrəprə'nʊər/ *s* (yksityis)yrittäjä

entrepreneurial /ˌantrəprəˈnəriəl/ *adj* yrittäjä-, liike-
entropy /entrəpi/ *s* entropia
entrust /ənˈtrʌst/ *v* uskoa (jonkun huostaan, jollekulle työ); paljastaa (salaisuus jollekulle) *they entrusted him with their fate* he antoivat kohtalonsa hänen käsiinsä
entry /entri/ *s* **1** saapuminen, tulo **2** ovi, sisäänkäynti, portti **3** hakusana, merkintä **4** kilpailija, kilpailuun ilmoitettu esine/eläin yms
enumerate /iˈnuməˌreɪt/ *v* luetella
enunciate /iˈnʌnsɪˌeɪt/ *v* ääntää, artikuloida
enunciation /iˌnʌnsɪˈeɪʃən/ *s* ääntäminen, artikulaatio
envelop /enˈveləp/ *v* ympäröidä, peittää
envelope /ˈenvəˌloʊp, ˈanvəˌloʊp/ *s* kirjekuori
enviable /enviəbəl/ *adj* kadehdittava
enviably *adv* kadehdittavan, kadehdittavasti
envious /enviəs/ *adj* katellinen
enviously *adv* katseellisesti
environment /ənˈvaɪərnmənt/ *s* ympäristö, lähistö, lähiseutu; luonto
environmental /ənˌvaɪərnˈmentəl/ *adj* ympäristön, ympäristö-, luonnon, luonto-
environmentalist /ənˌvaɪərnˈmentəlist/ *s* luonnonsuojelija
environs /ənˈvaɪərnz/ *s* (mon) ympäristö, lähistö, seutu, alue
envisage /ənˈvɪsədʒ/ *v* kuvitella/nähdä mielessään, odottaa
envision /ənˈvɪʒən/ *v* odottaa, nähdä mielessään (jotakin tulevaa)
envoy /ˈanˌvoi/ *s* lähetti; (diplomaatti) lähettiläs
envy /envi/ *s* kateus; kateuden kohde *to eat your heart out with envy* olla vihreänä kateudesta
v kadehtia *I envy you your job* kadehdin sinun työtäsi
enzyme /enzaɪm/ *s* entsyymi
EPA *Environmental Protection Agency* Yhdysvaltain ympäristöministeriö
epaulette /ˌepəˈlet/ *s* (sotilaspuvun) olkain, epoletti
EPCOT *Experimental Prototype Community of Tomorrow* Disney-yhtiön teemapuisto Orlandossa Floridassa
ephemeral /ɪˈfemərəl/ *adj* katoavainen, ohimenevä
epic /epɪk/ *s* **1** (runo) eepos **2** spektaakkelielokuva
adj **1** (runo) eeppinen **2** (elokuva) spektaakkeli- **3** suunnaton, valtava, mittava
epicenter /ˈepəˌsentər/ *s* (maanjäristyksen) pintakeskus, episentrumi
epidemic /ˌepəˈdemɪk/ *s* kulkutauti, epidemia
adj epideeminen
epilepsy /ˈepəˌlepsi/ *s* epilepsia
epileptic /ˌepəˈleptɪk/ *s* epileptikko
adj epileptinen
epilog /ˈepəˌlag/ *s* epilogi, loppusanat
Episcopalian /ɪˌpɪskəˈpeɪliən/ *s* episkopaalisen kirkon jäsen
adj episkopaalinen
episode /ˈepəˌsoʊd/ *s* **1** tapahtuma, episodi **2** (televisiosarjan ym) osa, jakso
epitaph /ˈepəˌtæf/ *s* hautakirjoitus, epitafi
epithet /ˈepəˌθet/ *s* liikanimi, epiteetti; pilkkanimi
epitome /ɪˈpɪtəmi/ *s* **1** todellinen ruumiillistuma, todellinen ilmentymä *she is the epitome of beauty* **2** (kirjan) lyhennelmä, tiivistelmä
epitomize /ɪˈpɪtəˌmaɪz/ *v* ilmentää, olla esimerkkinä jostakin *he epitomizes courage* hän on todellinen rohkeuden ruumiillistuma
epoch /epək ipak/ *s* aikakausi, ajanjakso
epoch-making *adj* käänteentekevä, mullistava, historiallinen
EPROM *erasable and programmable read-only memory* pyyhittävä ja ohjelmoitava lukumuisti
equal /ikwəl/ *s* tasaveroinen ihminen, vertainen
v olla (sama/yhtä kuin) *two plus two equals four*
adj **1** tasaveroinen, samanveroinen,

yhtä suuri tms **2** jonkin veroinen, jonkin tasalla oleva *he is not equal to the demands of his job* työ on hänelle liian vaativa
equality /ɪ'kwaləti/ *s* tasa-arvo; samanlaisuus
equalize /'ikwə,laɪz/ *v* tasoittaa, tasapainoittaa
equalizer /'ikwə,laɪzər/ *s* (tekn) taajuuskorjain
equally *adv* **1** yhtä *you earn equally as much as she* sinä ansaitset yhtä paljon kuin hän **2** tasan *to divide something equally among people* jakaa jokin tasan joidenkin kesken
equanimity /,ekwə'nɪməti/ *s* mielenmaltti, rauhallisuus, tyyneys
equate /i'kweɪt/ *v* pitää samana kuin, pitää jonakin, verrata
equation /i'kweɪʒən/ *s* (mat) yhtälö; tasapainoitus
equator /i'kweɪtər/ *s* päiväntasaaja, ekvaattori
equatorial /,ekwə'tɔriəl/ *adj* päiväntasaajan, ekvaattorin
Equatorial Guinea /,ekwə,tɔriəl'gɪni/ Päiväntasaajan Guinea
equestrian /i'kwestriən/ *adj* ratsastus-, hevosurheilu-
equidistant /,ikwə'dɪstənt/ *adj* yhtä kaukana oleva, tasavälinen
equilibrium /,ikwə'lɪbriəm/ *s* (mon equilibriums, equilibria) tasapaino
equinox /'ikwə,naks/ *s* päiväntasaus
equip /i'kwɪp/ *v* varustaa *he was not equipped to handle the job* hänellä ei ollut edellytyksiä selviytyä työstä, työ oli hänelle liian vaativa
equipment *s* **1** varusteet, tarvikkeet, laitteisto **2** (henkiset) edellytykset
equitable /ekwətəbəl/ *adj* oikeudenmukainen, reilu
equitably *adv* oikeudenmukaisesti, reilusti
equity /ekwəti/ *s* **1** oikeudenmukaisuus, reiluus **2** nettoarvo, (tal) oma pääoma, (ark) osuus *sweat equity* hartiapankki
equiv. *equivalent* sama kuin, vastaava
equivalence *s* vastaavuus
equivalent /ɪ'kwɪvələnt/ *s* vastine, vastaava henkilö ym *the word has no equivalent in French* sanalla ei ole vastinetta ranskan kielessä
adj vastaava, yhtäläinen, sama *that is equivalent to admitting guilt* tuo merkitsee jo syyllisyyden myöntämistä
equivocal /ɪ'kwɪvəkəl/ *adj* kaksiselitteinen, epämääräinen, epäselvä
equivocate /ɪ'kwɪvə,keɪt/ *v* vältellä, vastata välttelevästi
ER *emergency room*
ERA *Equal Rights Amendment* Yhdysvaltain perustuslain sukupuolten tasa-arvoa koskeva lisäysehdotus
era /ɪrə, erə/ *s* aikakausi, ajanjakso
eradicate /ɪ'rædə,keɪt/ *v* (kuv) kitkeä pois, tehdä loppu jostakin
eradication /ɪ,rædə'keɪʃən/ *s* lopettaminen, pois kitkeminen
erase /ɪ'reɪs/ *v* pyyhkiä pois, poistaa (äänitteestä, tietokoneen muistista), jättää mielestään
eraser *s* pyyhekumi
erasure /ɪ'reɪʃər/ *s* pois pyyhkiminen, poistaminen
erect /ɪ'rekt/ *v* pystyttää, rakentaa
adj pysty, suora *stand erect!* seiso suorana *an erect penis* erektio
erection /ɪ'rekʃən/ *s* **1** pystytys, rakentaminen **2** erektio
ergonomics /,ərgə'namɪks/ *s* (mon, verbi mon tai yksikössä) ergonomia
erode /ɪ'roʊd/ *v* murentaa (myös kuv), kuluttaa, aiheuttaa eroosiota, syövyttää *the setback eroded his confidence* takaisku murensi hänen itseluottamustaan
erosion /ɪ'roʊʒən/ *s* eroosio, syöpyminen, mureneminen (myös kuv), lakkaaminen
erotic /ə'ratɪk/ *adj* eroottinen, kiihottava
erotically *adv* eroottisesti, kiihottavasti
eroticism /ə'ratə,sɪzəm/ *s* erotiikka
err /ər/ *v* erehtyä *to err is human* erehtyminen on inhimillistä

errand /erənd/ *s* asia, tehtävä *to go on an errand* käydä hoitamassa jokin asia
errant /erənt/ *adj* **1** syntinen, hairahtunut; harhaan johdettu **2** vaeltava, kiertävä
erratic /ə'rætɪk/ *adj* arvaamaton, ailahteleva, jyrkästi poikkeava
erratically *adj* arvaamattomasti, ailahtelevasti, epätasaisesti
erroneous /ə'roʊniəs/ *adj* väärä, virheellinen
erroneously *adv* virheellisesti, (syyttää) perusteettomasti
error /erər/ *s* virhe *to make an error* erehtyä, tehdä virhe *in error* erehdyksessä, vahingossa *we showed him the error of his ways* ojensimme häntä
ersatz /ərzæts/ *adj* korvike-
erstwhile /'ərstˌwaɪəl/ *adj* entinen, muinainen, tähänastinen
adv ennen, muinoin, aikanaan
erudite /'erjəˌdaɪt/ *adj* oppinut, sivistynyt, lukenut
erupt /ɪ'rʌpt/ *v* purkautua, (kuv) räjähtää, menettää itsehillintänsä
eruption /ɪ'rʌpʃən/ *s* (tulivuoren-, vihan) purkaus
ESA *European Space Agency* Euroopan avaruusjärjestö
escalate /'eskəˌleɪt/ *v* yltyä, kiihtyä, laajentua, levitä, kiihdyttää, laajentaa *to escalate the war in Vietnam* laajentaa Vietnamin sotaa
escalation /ˌeskə'leɪʃən/ *s* yltyminen, kiihtyminen, leviäminen
escalator /'eskəˌleɪtər/ *s* liukuportaat
escapade /'eskəˌpeɪd/ *s* vallattomuus, hurjastelu, ilottelu, seikkailu
escape /ɪs'keɪp/ *s* **1** pako **2** (nesteen, kaasun) vuoto
v **1** karata, paeta, päästä karkuun **2** (neste, kaasu) vuotaa **3** välttyä, välttää *he escaped a certain death by jumping from the train* **4** ei muistaa, ei huomata *the date escapes me* en muista päivämäärää
escape artist *s* kahlekuningas
escapee /ɪsˌkeɪ'pi/ *s* karannut henkilö
escapism /ɪs'keɪpɪzəm/ *s* todellisuuspako, eskapismi
eschew /əs'tʃu/ *v* välttää, karttaa
escort /eskɔrt/ *s* saattaja, seuralainen; saattue, saattaja-alus
escort /əs'kɔrt/ *v* saattaa, olla seuralaisena, toimia saattueena
Eskimo /eskɪmo/ *s* eskimo, inuitti
ESL *English as a second language*
ESOL *English for students of other languages*
esoteric /ˌesə'tɪrɪk/ *adj* esoteerinen, harvoille ja valituille tarkoitettu/avautuva, vaikeatajuinen
ESP *extrasensory perception* aistien ulkopuolinen havainnointi
esp. *especially* erityisesti, etenkin
especially /əs'peʃəli/ *adv* erityisesti, erityisen, etenkin
espionage /'espiəˌnaʒ/ *s* vakoilu
Espiscopal /ɪ'pɪskəpəl/ *adj* episkopaalinen
Espiscopal /ɪˌpɪskə'peɪliən/ *adj* episkopaalinen
Esq. *esquire* (esim kirjeessä) herra, rouva
esquire /eskwaɪər/ *s* herra, rouva (kirjeissä tms käytettävä kohtelias titteli, lyhennetään *Esq.*)
essay /esei/ *s* essee
essayist *s* esseisti
essence /esəns/ *s* olemus, ydin, keskeinen sisältö
essential /ɪ'senʃəl/ *s* **1** tärkeä/välttämätön väline/edellytys **2** (mon) alkeet, perusteet, ydin, keskeinen sisältö
adj olennainen, keskeinen, tärkeä, välttämätön
essentially *adv* olennaisesti, pohjimmaltaan
Essex /esəks/ Englannin kreivikuntia
EST *eastern standard time* Yhdysvaltain itärannikon talviaika
est *Erhard Seminars Training*
establish /əs'tæblɪʃ/ *v* **1** perustaa, muodostaa, laatia **2** todistaa, osoittaa, varmistaa *it has been established that* on ilmennyt että **3** vakiinnuttaa, saada kannatusta jollekin

established *adj* **1** vakiintunut, asemansa vakiinnuttanut **2** todistettu, varma, yleisesti hyväksytty
establishment *s* **1** perustaminen, muodostaminen **2** todistaminen, varmistaminen **3** laitos, instituutio **4** (yhteiskunnan) valtarakenne, vallanpitäjät, yläluokka; (jonkin alan) johtajat, kerma
estate /əs'teɪt/ *s* **1** (aatelis-)maatila **2** omaisuus **3** kuolinpesä **4** ikä, elämänvaihe *he attained a man's estate* hän tuli miehen ikään
estd. *established* perustettu
esteem /əs'tim/ *s* arvostus, arvonanto, kunnioitus
v arvostaa, pitää suuressa arvossa, kunnioittaa
estimable /estɪməbəl/ *adj* **1** kunnioitettava, kunnioituksen arvoinen **2** joka voidaan arvioida
estimate /estəmət/ *s* arvio
estimate /'estəˌmeɪt/ *v* arvioida
estimation /ˌestə'meɪʃən/ *s* **1** arvio, mielipide *in my estimation* mielestäni, nähdäkseni **2** kunnioitus, arvostus, arvonanto
Estonia /əs'toʊnjə/ Viro
estuary /'estʃʊˌeri/ *s* joensuu, estuaari
et al. (lat) *et alia* ja muut
et cetera /ət'setərə/ ja niin edelleen (lyh *etc.*)
etch /etʃ/ *v* etsata, syövyttää, (kuv) syöpyä (mieleen)
etching *s* etsaus
eternal /i'tərnəl/ *adj* ikuinen, iänikuinen, iankaikkinen, alituinen
eternally *adv* ikuisesti, lakkaamatta, herkeämättä
eternity /i'tərnəti/ *s* ikuisuus
ether /iθər/ *s* eetteri
Ethernet® /'iθərˌnet/ eräs mikrotietokoneiden lähiverkko
ethical /eθɪkəl/ *adj* eettinen; eettisesti/moraalisesti oikea
ethics /eθɪks/ *s* (verbi mon tai yksikössä) etiikka; eettiset/moraaliset näkökohdat
Ethiopia /ˌiθɪ'oʊpiə/ Etiopia
Ethiopian *s, adj* etiopialainen
ethnic /eθnɪk/ *adj* etninen, kansallinen, rotu- *ethnic minority* etninen vähemmistö, kansallinen/rotuvähemmistö
etiquette /etəkət/ *s* (hyvät) tavat
ETV *educational televison* kouluteIevisio, opetustelevisio
etymology /ˌetə'malədʒi/ *s* etymologia, sanan alkuperä
eucalyptus /ˌjukə'lɪptəs/ *s* eukalyptys
euphemism /'jufəˌmɪzəm/ *s* eufemismi, kiertoilmaus, kaunisteleva ilmaus
euphemistic *adj* eufemistinen, kaunisteleva, kiertelevä
euphoria /ˌju'fɔrɪə/ *s* euforia, hurma
euphoric /ju'fɔrɪk/ *adh* haltioitunut, hurmaantunut
Euphrates /jʊ'freɪtiz/ Eufrat
Eurasia /jə'reɪʒə/ Euraasia
Euratom *European Atomic Energy Community* Euroopan atomienergiayhteisö
Euro /jəroʊ/ *s* (raha) euro
Eurobond /'jəroʊˌband/ *s* (tal) euroobligaatio
Euro kangaroo /'jəroʊˌkæŋgəˌru/ *s* wallaroo, vuorikenguru
Europa /jə'roʊpə/ Europa, yksi Jupiterin kuu
Europe /jərəp/ Eurooppa
European /jərəp/ *s* eurooppalainen, Euroopan asukas
adj eurooppalainen, Euroopan, Eurooppa-
European bison /baɪsən/ *s* visentti
European Community /kəmjunəti/ *s* Euroopan yhteisö
European Currency Unit *s* ECU, ecu, EU:n yhteisvaluutta
European option *s* (tal) eurooppalainen optio
European plan *s* (hotellissa) huoneen hinta (ilman aterioita)
European Union *s* Euroopan unioni
euthanasia /ˌjuθə'neɪʒə/ *s* eutanasia, armomurha
evacuate /ɪ'vækjʊˌeɪt/ *v* **1** evakuoida **2** tyhjentää *to evacuate the bowels* ulostaa

evacuation /ɪˌvækjʊ'eɪʃən/ *s* evakuaatio
evade /ɪ'veɪd/ *v* välttää, karttaa, väistellä, kiertää (veroja)
evaluate /ɪ'væljʊˌeɪt/ *v* arvioida, (kuv) punnita
evaluation /ɪˌvæljʊ'eɪʃən/ *s* arviointi
evanescence /ˌevə'nesəns/ *s* katoavaisuus
evanescent /ˌevə'nesənt/ *adj* katoavainen
evangelic /ˌivæn'dʒelɪk/ *adj* evankelinen
evangelical *adj* evankelinen
evangelist /i'vændʒəlɪst/ *s* evankelista
evangelize /i'vændʒəˌlaɪz/ *v* evankelioida, julistaa evankeliumia; käännyttää
evaporate /i'væpəˌreɪt/ *v* höyrystyä, haihtua (myös kuv) *his enthusiasm evaporated quickly* hänen innostuksensa haihtui/lakkasi pian
evaporation /iˌvæpə'reɪʃən/ *s* höyrystyminen, haihtuminen (myös kuv:) lakkaaminen
evasion /ɪ'veɪʒən/ *s* välttely *tax evasion* veronkierto
evasive /i'veɪsɪv/ *adj* välttelevä
eve /iv/ *s* aatto
even /ivən/ *v* tasoittaa, tasoittua
adj **1** tasainen, suora, säännöllinen, yhtä suuri **2** tasoissa oleva *now we are even* nyt olemme tasoissa/sujut **3** parillinen (luku); tasa(raha)
adv jopa *that's even better* se on vielä parempi *even now he is afraid of flying* hän pelkää lentämistä vieläkin *even if you went there* vaikka menisitkin sinne *she did not even say hello to me* hän ei edes tervehtinyt minua *even the chairman attended* itse johtokunnan puheenjohtajakin osallistui tilaisuuteen *even as we speak, millions are starving* parhaillaankin miljoonat näkevät nälkää
evening /ivnɪŋ/ *s* ilta
evenly *adv* **1** tasaisesti **2** (sanoa) tyynesti
evenness *s* **1** tasaisuus, sileys **2** säännöllisyys, tasaisuus
even out *v* tasoittaa, tasoittua, oikaista, oieta; rauhoittua, asettua
event /i'vent/ *s* tapahtuma, tapaus, tilaisuus *in any event* joka tapauksessa, kuitenkin *in the event of fire, break the glass* tulipalon sattuessa riko lasi *in the event that* siinä tapauksessa että, siltä varalta että *at all events* joka tapauksessa, kuitenkin
eventual /i'ventʃʊəl/ *adj* **1** *it lead to the eventual downfall of his business* se johti lopulta hänen liikeyrityksensä luhistumiseen **2** mahdollinen
eventuality /iˌventʃʊ'æləti/ *s* mahdollisuus
eventually *adv* lopulta, viimein, vihdoin
ever /evər/ *adv* **1** aina, koskaan *I am ever ready to talk* olen aina valmis juttelemaan *have you ever heard such rubbish?* oletko koskaan kuullut moista roskapuhetta? *should you ever be in the area, do visit us* tule ihmeessä käymään jos satut liikkumaan meillä päin **2** lähtien, alkaen *ever since his childhood* lapsuudestaan lähtien **3** (voimistavana sanana:) erittäin *I enjoyed it ever so much* minä nautin siitä kovasti *did I ever!* usko huviksesi!
Everglades /'evərˌgleɪdz/ (mon) kansallispuisto Floridassa
evergreen /'evərˌgrin/ *s* ainavihanta kasvi
adj ainavihanta, (kuv) ikivihreä
everlasting /ˌevər'læstɪŋ/ *adj* iankaikkinen *life everlasting* iankaikkinen elämä
every /evri/ *adj* **1** jokainen *every one of us* jokainen meistä **2** kaikki mahdollinen *there is every chance that we'll get home today* meillä on hyvät mahdollisuudet ehtiä kotiin vielä tänään **3** joka *take this medicine every two hours* ota tätä lääkettä kahden tunnin välein *every once in a while* aina silloin tällöin
everybody /'evriˌbʌdi/ *pron* jokainen, kaikki *raw fish is not for everybody* raaka kala ei ole kaikkien makuun
everyday /'evriˌdei/ *adj* arkipäiväinen, arkinen, arki-

everyman /'evri,mæn/ *s* tavallinen ihminen, kadunmies, matti meikäläinen, jokamies
every now and then *fr* silloin tällöin
everyone /'evri,wʌn/ ks everybody
everything /'evri,θiŋ/ *pron* kaikki *the girl means everything to him* tyttö on hänelle kaikki kaikessa
everywhere /'evri,weər/ *adv* kaikkialla, kaikkialle *from everywhere in the country* kaikkialta maasta
evict /i'vɪkt/ *v* häätää (asunnosta)
eviction /i'vɪkʃən/ *s* häätö (asunnosta)
evidence /evədəns/ *s* todiste, todisteaineisto *in evidence* näkyvillä, nähtävissä, esillä
v todistaa, ilmaista, ilmentää, osoittaa
evident *adj* ilmeinen, varma, selvä
evidently *adv* ilmeisesti, varmasti, selvästi
evil /ivəl/ *s, adj* paha
evocative of /i'vakətɪv/ *adj* joka tuo mieleen jotakin, joka muistuttaa jostakin
evoke /i'voʊk/ *v* palauttaa mieleen, muistuttaa jostakin *that song evokes fond memories* laulu tuo mieleen kauniita muistoja
evolution /,evə'luʃən/ *s* evoluutio, kehitys(oppi)
evolutionary *adj* evoluutio-, kehitys-
evolutionist *s* evoluutioteorian kannattaja, evolutionisti
evolve /i'valv/ *v* kehittyä, kehittää
ewe /ju/ *s* uuhi (täysikasvuinen naaraslammas)
ex /eks/ *s* (ark) entinen vaimo/mies
exacerbate /ɪg'zæsər,beɪt ɪk'sæsər,beɪt/ *v* pahentaa, kärjistää
exacerbation /ɪg,zæsər'beɪʃən ɪk,sæsər'beɪʃən/ *s* pahentaminen, kärjistäminen
exact /əg'zækt/ *v* vaatia
adj tarkka, täsmällinen
exacting *adj* vaativa, tarkka, ankara
exactly *adv* **1** täsmällisesti, tarkasti **2** täsmälleen, tarkasti, aivan *his parents were not exactly pleased when they saw his report card* hänen vanhempansa olivat kaikkea muuta kuin mielissään nähtyään hänen todistuksensa *exactly!* aivan!
exactness *s* tarkkuus, täsmällisyys
exaggerate /ɪg'zædʒə,reɪt/ *v* liioitella, paisutella
exaggerated *adj* liioiteltu, paisuteltu
exaggeration /ɪg,zædʒə'reɪʃən/ *s* liioittelu, paisuttelu
exalt /ɪg'zalt/ *v* **1** ylistää **2** ylentää
exam /ɪg'zæm/ *s* koe, tentti
examination /ɪg,zæmɪ'neɪʃən/ *s* **1** koe, tentti, kuulustelu **2** (lääkärin- ym) tutkimus **3** (oikeudessa) kuulustelu
examine /ɪg'zæmən/ *v* **1** tutkia, tarkastaa **2** kuulustella (oikeudessa, koulussa ym)
examinee /ɪg,zæmə'ni/ *s* kokeeseen osallistuja, kokelas
examiner /ɪg'zæmənər/ *s* kuulustelija, tentaattori
example /ɪg'zæmpəl/ *s* esimerkki *for example* esimerkiksi *she is an example to the rest of us* hän on hyvä esimerkki meille muille
exasperate /ɪg'zæspə,reɪt/ *v* raivostuttaa, käydä hermoille
exasperating *adj* raivostuttava, ärsyttävä, turhauttava
exasperation /ɪg,zæspə'reɪʃən/ *s* ärtymys, raivostuminen
exc. *except* paitsi
excavate /'ekskə,veɪt/ *v* kaivaa (esim esiin raunioita)
excavation /,ekskə'veɪʃən/ *s* (arkeologinen ym) kaivaus
exceed /ək'sid/ *v* ylittää *the car exceeded the speed limit* auto ajoi ylinopeutta
exceedingly *adv* erittäin, äärimmäisen
excel /ək'sel/ *v* kunnostautua, loistaa, menestyä erinomaisesti
excellence /eksələns/ *s* erinomaisuus, loistavuus
Excellency /eksələnsi/ *s* ylhäisyys *Your Excellency* Teidän Ylhäisyytenne
excellent /eksələnt/ *adj* erinomainen, loistava
excellently *adv* erinomaisesti, loistavasti
excelsior /ək'selsɪər/ *s* lastuvilla
except /ək'sept/ *v* tehdä poikkeus jonkun/jonkin kohdalla, ei ottaa lukuun

jotakuta/jotakin
prep paitsi, lukuun ottamatta *we all went there except Mary* me kaikki Marya lukuun ottamatta menimme sinne *I would like to do it, except for the time factor* tekisin sen mielelläni jos minulla olisi aikaa
konj mutta, paitsi että *they are identical except that one of them is red* ne ovat muuten samanlaiset mutta toinen on punainen

excepting *prep* lukuun ottamatta *excepting your tie, you are well dressed* olet pukeutunut hyvin solmiotasi lukuun ottamatta

exception /ək'sepʃən/ *s* **1** poikkeus *without exception* poikkeuksetta *to make an exception* tehdä poikkeus **2** vastustus, vastalause *to take exception to something* ei hyväksyä, vastustaa jotakin; loukkaantua, pahastua jostakin

exceptionable *adj* vastustusta herättävä, ei hyväksyttävä

exceptional *adj* poikkeuksellinen, harvinaislaatuinen

exceptionally *adv* poikkeuksellisen, harvinaisen

except to *v* ei hyväksyä, vastustaa, esittää vastalause *he strongly excepted to their methods*

excerpt /eksərpt/ *s* lainaus, sitaatti
v lainata, siteerata

excess /ək'ses/ *s* liika *he has money in excess* hänellä on rahaa kuin roskaa *this is in excess of what I already gave you* tämä menee yli sen mitä jo annoin sinulle, tämä on ylimääräistä *to do something to excess* tehdä jotakin liiaksi, mennä liiallisuuksiin

excess /ekses ək'ses/ *adj* liika *you have to pay extra for excess baggage* sallitun painon ylittävistä matkatavaroista pitää maksaa erikseen

excess baggage *s* **1** ylimääräinen (painorajan ylittävä) matkatavara **2** (kuv) ylimääräinen taakka, rasite, harmi

excessive /ək'sesɪv/ *adj* liiallinen, kohtuuton, ylenmääräinen

exchange /əks'tʃeɪndʒ/ *s* **1** (tavaran, rahan ym) vaihto *he gave me a book in exchange for my CD* hän vaihtoi CD:ni kirjaan *rate of exchange* valuuttakurssi **2** pörssi **3** puhelinkeskus, vaihde
v vaihtaa *they exchanged meaningful looks* he katsoivat toisiaan ymmärtäväisesti, merkitsevästi *at Christmas, we exchange gifts* jouluna annamme toisillemme lahjoja

exchangeable *adj* joka voidaan vaihtaa, jonka saa vaihtaa

exchange rate *s* valuuttakurssi

exchange student *s* vaihto-oppilas

Exchequer /eks'tʃekər/ *s* (UK) valtiovarainministeriö

excise /eksaɪz/ *s* valmistevero

excitable /ɪk'saɪtəbəl/ *adj* helposti innostuva

excite /ɪk'saɪt/ *v* **1** innostaa, saada innostumaan **2** kiihottaa (seksuaalisesti), ärsyttää (hermoja) **3** herättää (kiinnostusta)

excited *adj* **1** innostunut, innoissaan **2** (seksuaalisesti) kiihottunut

excitedly *adv* innokkaasti, malttamattomasti

excitement *s* **1** innostus; kohu, häly *in all this excitement, I forgot to tell you that...* unohdin kaiken tämän hälyn keskellä kertoa sinulle että **2** (seksuaalinen) kiihotus, (hermo)ärsytys

excl. *excluding* ilman

exclaim /əks'kleɪm/ *v* huudahtaa

exclamation /ˌekskləˈmeɪʃən/ *s* huudahdus

exclamation point *s* huutomerkki (!)

exclamatory /əks'klæməˌtɔri/ *adj* huudahdus-

exclude /əks'klud/ *v* jättää/sulkea pois, ei ottaa mukaan

exclusion /əks'kluʒən/ *s* pois jättäminen/sulkeminen *he doted on her to the exclusion of all others* hän hemmotteli häntä ja laiminlöi kaikki muut

exclusive /əks'klusɪv/ *adj* **1** vain tietyille/jäsenille avoin *the magazine got exclusive rights to her story* lehti sai yksinoikeudet hänen tarinaansa *mutually exclusive* toisensa pois sulkevat **2** hieno, loistelias, ylellinen, kallis **3** *(of)* lukuun ottamatta *the price is $80 ex-*

clusive of taxes hinta ilman veroa on 80 dollaria
exclusively *adv* yksinomaan, ainoastaan
excommunicate /ˌekskəˈmjunɪˌkeɪt/ *v* erottaa katolisesta kirkosta ym
excommunication /ˌekskəmjunɪˈkeɪʃən/ *s* katolisesta kirkosta erottaminen, kirkonkirous
excrement /ekskrəmənt/ *s* uloste
excrete /əksˈkrit/ *v* erittää; ulostaa
excruciating /əksˈkruʃiˌeɪtiŋ/ *adj* hirvittävä, valtava, musertava
excruciatingly *adv* hirvittävän, valtavan
exculpate /ˈekskəlˌpeɪt/ *v* julistaa syyttömäksi, vapauttaa syytteestä
excursion /əksˈkərʒən/ *s* **1** retki, (lyhyt) matka, (tutustumis)käynti **2** (kuv) harhailu, poikkeama (asiasta)
excusable *adj* anteeksiannettava
excuse /əksˈkjus/ *s* anteeksipyyntö; veruke, selitys, tekosyy
excuse /əksˈkjuz/ *v* **1** antaa anteeksi *excuse me* (suokaa) anteeksi (mutta minun on mentävä/että keskeytän teidät/mutta voisitteko väistyä hieman) *you're excused* saat mennä (poistua pöydästä) **2** vapauttaa (velvoitteesta) *he was excused from jury duty* hänet vapautettiin valamiehen tehtävästä
execute /ˈeksəˌkjut/ *v* **1** toteuttaa, panna toimeen **2** teloittaa
execution /ˌeksəˈkjuʃən/ *s* **1** toteutus, toimeenpano **2** teloitus
executioner *s* teloittaja, pyöveli
executive /ɪgˈzekjətɪv/ *s* **1** (liike/yritys)johtaja *Chief Executive Officer (CEO)* toimitusjohtaja **2** hallituksen toimeenpaneva haara *Chief Executive* (Yhdysvaltain) presidentti
adj **1** (liike/yritys)johto-, johtotason *he has executive ability* hänessä on ainesta johtajaksi/hänellä on johtajan kykyjä **2** toimeenpaneva *an executive committee* toimeenpaneva komitea
executor /ɪgˈzekjətər/ *s* testamentin toimeenpanija
exemplary /əgˈzempləri/ *adj* esimerkillinen, esikuvallinen
exemplification /əgˌzempləfɪˈkeɪʃən/ *s* selvennös, esimerkki
exemplify /əgˈzempləˌfai/ *v* olla esimerkki jostakin, havainnollistaa jotakin
exempt /ɪgˈzempt/ *v* vapauttaa *he was exempted from paying the annual dues* hänet vapautettiin vuosimaksusta
adj vapaa, vapautettu
exemption /ɪgˈzempʃən/ *s* vapautus *tax exemption* verovapaus
exercise /ˈeksərˌsaɪz/ *s* **1** (taidon, kyvyn) käyttö **2** ruumiinharjoitus, voimistelu, liikunta *cycling is good exercise* pyöräily on hyvää liikuntaa **3** harjoitus *military exercises* sotaharjoitus **4** harjoite
v **1** käyttää (taitoa, kykyä) *you should exercise caution* sinun on syytä olla varovainen **2** voimistella, liikkua, harjoittaa ruumistaan **3** (tal) lunastaa (johdannaissopimus)
exercise bicycle *s* kuntopyörä
exercise price *s* (tal) lunastushinta
exert /ɪgˈzərt/ *v* käyttää *you should exert some pressure on him* sinun kannattaa painostaa häntä *don't exert yourself too much* älä rasita itseäsi liiaksi
exertion /ɪgˈzərʃən/ *s* **1** ponnistelu, raistus **2** (voiman, vallan) käyttö
exhale /ekshеɪəl/ *v* hengittää ulos
exhaust /əgˈzast/ *s* (auton) pakoputki; pakokaasut
v **1** uuvuttaa, väsyttää **2** käyttää loppuun
exhausted *adj* **1** uupunut, väsynyt **2** loppunut, tyhjiin huvennut
exhausting *adj* uuvuttava, väsyttävä, raskas
exhaustion /əgˈzastʃən/ *s* uupumus, väsymys
exhaustive *adj* perusteellinen, tyhjentävä
exhaustively *adv* perusteellisesti, tyhjentävästi
exhaust pipe *s* (auton) pakoputki
exhibit /əgˈzɪbɪt/ *s* näyttelyesine (esim taulu)
v **1** asettaa näytteille, esitellä **2** osoittaa, olla *the machine exhibits some serious faults* koneessa on pahoja vikoja

exhibition /ˌeksəˈbɪʃən/ *s* **1** (taide)-näyttely **2** messut, (maailman)näyttely
exhibitionism /ˌeksəˈbɪʃənɪzəm/ *s* ekshibitionismi, itsensä paljastaminen
exhibitionist *s* ekshibitionisti, itsensä paljastaja
exhibitor /əgˈzɪbətər/ *s* näytteilleasettaja
exhilarate /əgˈzɪləˌreɪt/ *v* ilahduttaa, innostaa
exhilarating *adj* ilahduttava, innostava
exhilaration /əgˌzɪləˈreɪʃən/ *s* ilo, innostus
exhort /əgˈzɔrt/ *v* kehottaa, kannustaa, rohkaista
exhortation /ˌeksɔrˈteɪʃən/ *s* kehotus, kannustus, rohkaisu
exile /ˈegˌzaɪəl/ *s* maanpako
v karkottaa mastaa, ajaa maanpakoon
exist /əgˈzɪst/ *v* **1** olla olemassa *there exists another way* on olemassa toinenkin keino **2** tulla toimeen, elää *man cannot exist without water* ihminen ei tule toimeen ilman vettä
existence /əgˈzɪstəns/ *s* olemassaolo *it is no longer in existence* sitä ei enää ole olemassa
existent *adj* olemassa(oleva), vallitseva
existential /ˌeksəsˈtenʃəl/ *adj* olemassaolon, eksistentiaalinen, olemassaoleva
existentialism /ˌeksəsˈtenʃəlɪzəm/ *s* eksistentialismi
existentialist /ˌeksəsˈtenʃəlɪst/ *s* eksistentialisti
adj eksistentialistinen
existing *adj* olemassaoleva, vallitseva
exit /eksət/ *s* **1** uloskäynti, ovi, portti **2** poistuminen, lähtö
v poistua, lähteä
exodus /eksədəs/ *s* **1** (suuri) muutto-(liike), maastamuutto **2** *Exodus* (Raam) israelilaisten muutto Egyptistä **3** *Exodus* (Raam) toinen Mooseksen kirja
exonerate /əgˈzanəˌreɪt/ *v* vapauttaa (syytöksestä)
exoneration /əgˌzanəˈreɪʃən/ *s* vapautus (syytteestä)
exorbitant /əgˈzɔrbɪtənt/ *adj* kohtuuton, liiallinen
exorcise /ˈeksərˌsaɪz/ *v* manata, karkottaa (pahoja henkiä)
exorcism /ˈeksərˌsɪzəm/ *s* manaus
exorcist /eksərsɪst/ *s* manaaja
exosphere /ˈeksoʊˌsfɪər/ *s* eksosfääri
exotic /ɪgˈzatɪk/ *adj* eksoottinen
exp. *exposure* (ks hakusanaa); *expires* voimassaoloaika lakkaa
expand /əksˈpænd/ *v* laajentaa, laajentua *traveling is a good way to expand your knowledge* matkustaminen on hyvä tapa kartuttaa tietojaan *metal expands in hot weather* metalli laajenee kuumassa vedessä
expanse /əksˈpæns/ *s* (laaja) alue
expansion /əksˈpænʃən/ *s* laajeneminen, laajentaminen *the expansion of metal/trade* metallin laajeneminen/kaupankäynnin laajentaminen
expansive *adj* puhelias, hyväntuulinen
expatriate /ˌeksˈpeɪtriət/ *s* ulkomailla asuva, ulkomaalainen
adj ulkomailla asuva *expatriate Finns* ulkosuomalaiset
expatriate /eksˈpeɪtriˌeɪt/ *v* karkottaa maasta
expect /əksˈpekt/ *v* **1** odottaa *I don't expect them back before tomorrow* en odota/usko heidän palaavan ennen huomista *as expected, he was late* hän oli myöhässä kuten arvata saattoi *she is expecting a baby* hän odottaa lasta **2** olettaa, uskoa *I expect that you would like to leave immediately* sinä varmaankin haluat lähteä heti **3** vaatia, odottaa *I don't expect you to like me but you have to be polite* sinun ei tarvitse pitää minusta mutta kohtelias sinun pitää olla
expectancy /əksˈpektənsi/ *s* odotus, odottaminen
expectant *adj* toiveikas; odottava (äiti)
expectantly *adv* toiveikkaasti, toiveikkaana
expectation /ˌekspekˈteɪʃən/ *s* **1** (innostunut/jännittynyt) odotus *we waited*

in expectation odotimme toiveikkaina **2** toive *your parents have great expectations for you* vanhempasi toivovat sinusta suuria **3** mahdollisuus, todennäköisyys

expediency /əks'pidiənsi/ *s* **1** suotavuus, tarkoituksenmukaisuus **2** laskelmointi

expedient /əks'pidiənt/ *s* keino; apu, hätäkeino, hätävara
adj **1** tarkoituksenmukainen, viisas, suositeltava **2** laskelmoitu

expedite /'ekspəˌdaɪt/ *v* nopeuttaa *he tried to expedite the sale* hän yritti nopeuttaa kaupan tekoa

expedition /ˌekspə'dɪʃən/ *s* retki; tutkimusretki

expel /əks'pel/ *v* erottaa, karkottaa, häätää

expend /əks'pend/ *v* kuluttaa, käyttää

expendable /əks'pendəbəl/ *adj* ylimääräinen, tarpeeton

expenditure /əks'pendɪtʃər/ *s* **1** menot, kulut **2** käyttö, kulutus

expense /əks'pens/ *s* kustannus (myös kuv), kulut *owning a sail boat is a big expense* purjeveneen omistaminen tulee kalliiksi *at the expense of health* terveyden kustannuksella *he is willing to go to any expense to close the deal* hän on valmis vaikka mihin saadakseen kaupan tehdyksi

expense account *s* edustustili

expensive *adj* kallis

experience /əks'pɪəriəns/ *s* **1** kokemus *she has no experience in secretarial work* hänellä ei ole kokemusta sihteerin työstä *I know it from bitter experience* tiedän sen katkerasta kokemuksesta **2** elämys, kokemus *the death of your spouse is a shattering experience* puolison menetys on järkyttävä kokemus
v kokea *we are experiencing some heavy turbulence* lentokoneemme on joutunut voimakkaaseen ilmavirtaan *he experienced joy/sorrow* hän tunsi iloa/surua

experienced *adj* kokenut, harjaantunut *are you experienced in differential calculus?* onko sinulla kokemusta differentiaalilaskennasta?

experiment /əks'perəmənt/ *s* (tieteellinen) koe
v kokeilla

experimental /əksˌperə'mentəl/ *adj* kokeellinen; kokeileva (teatteri ym)

experimentally *adv* kokeellisesti; kokeeksi

experimentation /əksˌperəmən'teɪʃən/ *s* kokeilu

expert /ekspərt/ *s* asiantuntija
adj asiantunteva, asiantuntijan, taitava, taitavasti tehty

expertise /'ekspərˌtiz/ *s* asiantuntemus

expertly *adv* asiantuntevasti, taitavasti

expert system *s* (tietok) asiantuntijajärjestelmä

expiate /'ekspiˌeɪt/ *v* sovittaa (syntinsä, tekonsa)

expiation /ˌekspi'eɪʃən/ *s* (syntien, tekojen) sovitus

expiration /ˌekspə'reɪʃən/ *s* **1** (asiapaperin) vanhentuminen, (määräajan) umpeutuminen **2** uloshengitys

expiration date *s* (ruuan, lääkkeen) viimeinen myyntipäivä

expire /ək'spaɪər/ *v* **1** (asiapaperi, tuote) vanhentua, (määräaika) mennä umpeen **2** nukkua pois, kuolla **3** hengittää ulos

expiry /ekspəri/ *s* (määräajan) umpeutuminen, (asiapaperin) vanheneminen

explain /ək'spleɪn/ *v* selittää *to explain yourself* selittää tekonsa, keksiä selitys jollekin

explain away *v* keksiä selitys jollekin, selittää olemattomaksi

explanation /eksplə'neɪʃən/ *s* selitys

explanatory /ək'splænəˌtɔri/ *adj* selittävä, selitys-

expletive /'eksplәˌtɪv/ *s* kirosana; huudahdus; täytesana

explicable /ək'splɪkəbəl/ *adj* joka voidaan selittää

explicate /'eksplәˌkeɪt/ *v* selittää

explication /ˌeksplə'keɪʃən/ *s* selitys, selvennys

explicit /ək'splɪsət/ *adj* selvä, avoin, peittelemätön *he was quite explicit about what he wanted* hän sanoi suoraan mitä hän halusi
explicitly *adv* suoraan, avoimesti, peittelemättä *I explicitly told you not to do it* minähän nimenomaan kielsin sinua tekemästä sitä
explicitness *s* selvyys, avoimuus, peittelemättömyys
explode /ək'sploʊd/ *v* räjähtää, räjäyttää; purskahtaa (nauruun), (olla) haljeta (raivosta)
exploded diagram *s* räjähdyspiirustus
exploit /'ekˌsplɔɪt/ *s* sankariteko, seikkailu
exploit /ək'splɔɪt/ *v* **1** riistää, käyttää hyväkseen **2** hyödyntää (luonnonvaroja)
exploitation /ˌeksplɔɪ'teɪʃən/ *s* **1** riisto, hyväksikäyttö **2** (luonnonvarojen) hyödyntäminen
exploration /ˌeksplə'reɪʃən/ *s* tutkiminen, tukimus, tutkimusmatka, (kuv) tunnustelu, (kuv) luotaaminen
exploratory /ək'splɔrəˌtɔri/ *adj* tutkiva, tunnusteleva, koe-
explore /ək'splɔr/ *v* **1** tutkia **2** (kuv) tunnustella (mahdollisuuksia), luodata
explorer *s* tutkija; tutkimusmatkailija
explosion /əks'ploʊʒən/ *s* **1** räjähdys; pamahdus **2** raivokohtaus, vihan puuska
explosive /əks'ploʊsɪv/ *adj* **1** räjähdys-, räjähtävä **2** (kuv) tulenarka, räjähdysaltis
export /'eksˌpɔrt/ *s, adj* vienti(-) *import and export* tuonti ja vienti
export /ək'spɔrt/ *v* viedä (maasta)
exportation /ˌekspɔr'teɪʃən/ *s* (maasta) vienti
exposé /'ekspəˌzei/ *s* (esim lehdessä julkaistu) paljastus
expose /əks'poʊz/ *v* **1** paljastaa *the short skirt exposed her thighs* lyhyt hame paljasti hänen reitensä **2** altistaa, saattaa alttiiksi jollekin *you should not expose burnt skin to sunlight* palanutta ihoa ei saa pitää auringossa **3** valottaa (filmi)
exposed /əks'poʊzd/ *adj* paljas, näkyvä, suojaton, altis jollekin
exposition /ˌekspə'sɪʃən/ *s* **1** esitys, selitys *the exposition of a new theory* **2** näyttely, messut
exposure /əks'poʊʒər/ *s* **1** alttius, altistaminen *he died of exposure* hän paleltui kuoliaaksi **2** paljastus, paljastaminen *the exposure of their secret plan/of a criminal/of too much skin* salaisen suunnitelman/rikollisen paljastuminen/liian vähissä pukeissa esiintyminen **3** (rakennuksen) sijainti *a building with a western exposure* länteen päin avautuva rakennus **4** (valokuvaus) valotus *a roll of film with 24 exposures* 24 kuvan filmi **5** julkisuus, esilläolo
expound /əks'paʊnd/ *v* esittää, selittää
ex-president *s* entinen presidentti
express /əks'pres/ *s* **1** pikajuna, pikavuoro **2** pikalähetys *to send a package by express* lähettää paketti pikapostissa *v* **1** ilmaista; ilmentää **2** lähettää pikapostissa **3** puristaa (hedelmistä mehua)
expression /əks'preʃən/ *v* **1** (mielipiteen, tunteen) ilmaus **2** (kasvon)ilme **3** ilme (kuv), ilmeikkyys *there was no expression in his voice* **4** (kielellinen) ilmaus, sanonta
expressionism /əks'preʃəˌnɪzəm/ *s* ekspressionismi
expressionist *s* ekspressionisti
expressionless *adj* ilmeetön
expressive *adj* ilmeikäs, tunteikas
expressively *adv* ilmeikkäästi, tunteikkaasti
expressly /əks'presli/ *adv* **1** (kieltää) jyrkästi, nimenomaan, varta vasten **2** tahallaan, tieten tahtoen
expulsion /əks'pʌlʃən/ *s* karkotus (maasta), (koulusta) erottaminen
exquisite /əks'kwɪzət/ *adj* erinomainen, loistava, hieno, ensiluokkainen
extend /əks'tend/ *v* ojentaa (käsi), ulottaa, ulottua, jatkaa, jatkua, laajentaa, laajentua, levittää, levitä

extension /əks'tenʃən/ *s* **1** pidentäminen, jatkaminen, laajentaminen **2** jatkoaika, lisäaika **3** (rakennuksen) laajennus **4** (puhelin) rinnakkaisliittymä; alanumero
extensive *adj* laaja, mittava, kattava *the explosion caused extensive damage* räjähdys aiheutti suurta vahinkoa
extensively *adv* laajasti, perusteellisesti
extent /əks'tent/ *s* laajuus, suuruus, mitta, määrä, pituus *for the whole extent of the forest* metsän täydeltä laajuudelta, koko metsässä *it was useful to a certain extent* siitä oli jossain määrin apua *I will help you to the extent that I can* minä autan sinua mahdollisuuksieni mukaan
exterior /əks'tɪrɪər/ *s* ulkopuoli, ulkoasu, ulkonäkö
adj ulko-, ulkoinen
exterminate /əks'tərmə,neɪt/ *v* tuhota, hävittää
extermination /əks,tərmə'neɪʃən/ *s* tuhoaminen, hävitys
exterminator /əks'tərmə,neɪtər/ *s* henkilö tai yritys joka harjoittaa tuholaistorjuntaa
external /əks'tərnəl/ *adj* ulkoinen, ulkonainen
externally *adj* ulkoisesti, ulkonaisesti
extinct /əks'tiŋkt/ *adj* sukupuuttoon kuollut (laji), sammunut (tulivuori) *dinosaurs have become extinct* dinosaurukset ovat kuolleet sukupuuttoon
extinction /əks'tiŋkʃən/ *s* **1** (tulen) sammutus **2** sukupuutto(on kuoleminen)
extinguish /əks'tiŋgwɪʃ/ *v* sammuttaa
extinguisher *s* (käsi)sammutin
extort /əks'tɔrt/ *v* kiristää
extortion /əks'tɔrʃən/ *s* kiristys; kiskonta
extortionate /əks'tɔrʃənət/ *adj* kohtuuton *an extortionate price* kiskurihinta
extortionist *s* kiristäjä; kiskuri
extra /ekstrə/ *s* **1** ylimääräinen ihminen/asia **2** statisti
adj ylimäärinen, lisä-, vara- *it's a source of extra income for him* hän saa siitä lisätuloja *there is an extra charge for a television* televisiosta veloitetaan lisämaksu *you better take an extra pair of socks with you* sinun kannattaa ottaa mukan varasukat
adv **1** erityisen *please be extra careful with my car* **2** lisä-, ylimääräinen, erikseen (maksettava) *the batteries are extra* paristoista veloitetaan erikseen
extract /'eks,trækt/ *s* **1** uute, mehu **2** ote, lainaus, sitaatti
extract /əks'trækt/ *v* **1** vetää irti, irrottaa, poistaa **2** uuttaa **3** (kuv) kaivaa esiin, onkia, saada selville *I was unable to extract a promise from him* en saanut häntä lupaamaan mitään **4** lainata, siteerata
extraction /əks'trækʃən/ *s* **1** irrottaminen, poisto **2** syntyperä *she is of Russian extraction* hän on venäläistä syntyperää/ venäläissyntyinen
extracurricular /,ekstrəkə'rɪkjələr/ *adj* opintojen ulkopuolinen, vapaa-ajan
extradite /'ekstrə,daɪt/ *v* luovuttaa (toiseen maahan)
extradition /,ekstrə'dɪʃən/ *s* luovutus (toiseen maahan)
extraneous /əks'treɪnɪəs/ *adj* **1** ulkoinen, ulkopuolinen **2** asiaan kuulumaton, epäolennainen *that's extraneous to this* se on sivuseikka, se ei kuulu tähän
extraordinarily *adj* poikkeuksellisen, harvinaisen, erittäin
extraordinary /ək'strɔrdɪ,neri/ *adj* poikkeuksellinen, harvinaislaatuinen
extravagant /ək'strævəgənt/ *adj* **1** kallis (maku), ylellinen (elämäntapa), loistelias (tilaisuus) **2** tuhlaileva **3** liioiteltu, pursuileva, komeileva, mahtaileva
extravagantly *adv* **1** ylellisesti, loistokkaasti; avokätisesti **2** tuhlailevasti **3** komeilevasti, mahtaillen
extravaganza /ək,strævə'gænzə/ *s* **1** (mus, teatteri) loistokas esitys, fantasia **2** ylenpalttisuus
extreme /ək'strim/ *s* ääripää *he went to extremes* hän meni äärimmäisyyksiin
adj äärimmäinen (myös kuv), erittäin suuri *extreme happiness*

ärimmäinen/suunnaton onni *at the extreme end of the political spectrum* poliittisen kirjon ääripäässä
extremely *adv* erittäin, äärimäisen
extremist *s* ekstremisti, äärimmäisyyksiin menijä
adj äärimmäinen
extremity /ək'streməti/ *s* **1** ääripää, etäisin kohta **2** äärimmäisyys **3** hätä **4** (mon) raajat
extricate /'ekstrə,keɪt/ *v* irrottaa, saada irti, vapauttaa
extrovert /'ekstrə,vərt/ *s* ekstrovertti
exuberance *s* eloisuus, vilkkaus, into
exuberant /ɪg'zubərənt/ *adj* pursuileva, eloisa, vilkas, mukaansatempaava
exude /ɪg'zud/ *v* tihkua, pursua (myös kuv), uhkua (myös kuv) *he exudes confidence* hän suorastaan uhkuu itsevarmuutta
ex-wife *s* entinen vaimo, (ark) ex-vaimo
eye /ai/ *s* **1** silmä *an eye for an eye* silmä silmästä *to be all eyes* seurata/ katsoa tarkkaan *Jane tried to catch Paul's eye* Jane yritti saada Paulin huomaamaan hänet *to give someone the eye* katsella ihastellen *she has an eye for clothes* hänellä on silmää vaatteille *she has eyes only for John* hän on iskenyt silmänsä Johniin *to keep an eye on someone/something* pitää silmällä jotakuta/jotakin *to keep an eye out for someone/something* pitää varansa jonkun/jonkin suhteen, olla varuillaan *to keep your eyes open/peeled* pitää silmänsä auki, olla varuillaan *to lay eyes on something* nähdä *to make eyes at someone* katsella jotakuta ihastuneesti, flirttailla jonkun kanssa *to open someone's eyes* avata jonkun silmät, saada joku tajuamaan jotakin *to see eye to eye with someone* olla jonkun kanssa samaa mieltä *you're a sight for sore eyes* sinä olet tervetullut näky, onpa mukava nähdä sinut *with an eye to* jotakin silmällä pitäen **2** neulansilmä
v katsoa, tuijottaa
eyeball /'aɪ,bal/ *s* silmämuna
v mitata katseellaan, silmäillä
eyebrow /'ai,braʊ/ *s* kulmakarva
eyeglasses (mon) silmälasit
eyelash /'aɪ,læʃ/ *s* silmäripsi
eyelid /'aɪ,lɪd/ *s* silmäluomi
eyeopener /'aɪ,oʊpənər/ *s* jokin joka saa jonkun silmät avautumaan (kuv)
eyepiece /'aɪ,pis/ *s* okulaari
eyesight /'aɪ,saɪt/ *s* näkö(kyky)
eyesore /'aɪ,sɔr/ *s* häpeäpilkku, häpeätahra
eyewitness /,aɪ'wɪtnəs/ *s* silminnäkijä
v nähdä omin silmin

F, f

F, f /ef/ F, f
FAA *Federal Aviation Administration* Yhdysvaltain ilmailuhallinto
fable /feɪbəl/ *s* **1** eläintarina, eläinsatu, faabeli **2** taru, satu (myös kuv:) perätön puhe
fabled *adj* **1** tarunomainen **2** keksitty, kuviteltu
fabric /fæbrɪk/ *s* **1** kangas **2** rakenne *the fabric of society* **3** rakennus
fabricate /'fæbrɪˌkeɪt/ *v* **1** valmistaa, rakentaa **2** keksiä (omasta päästään) **3** väärentää
fabrication /ˌfæbrɪ'keɪʃən/ *s* **1** valmistus, rakentaminen **2** valhe, satu
fabulous /fæbjələs/ *adj* **1** tarunomainen, keksitty **2** (ark) uskomaton, loistava, upea
fabulously *adv* erittäin
facade /fə'sad/ *s* julkisivu, fasadi
face /feɪs/ *s* **1** kasvot *he lost his face when he was caught lying* hän menetti kasvonsa/maineensa kun hänet saatiin kiinni valehtelemisesta **2** (kasvon)ilme **3** (kellon) taulu **4** (kallio)seinämä **5** (kolikon, pelikortin) etupuoli **6**(rakennuksen) julkisivu **7** hävyttömyys *he had the face to call me an idiot* hän julkesi haukkua minua idiootiksi *v* kohdata (myös kuv), katsoa johonkuhun/johonkin päin *his study window faces the ocean* hänen työhuoneensa ikkuna avautuu merelle *you have to face the truth* sinun täytyy katsoa totuutta silmiin
face down *v* kohdata rohkeasti
faceless *adj* kasvoton, tuntematon
face-lift *s* kasvojen nosto(leikkaus)
facet /fæsət/ *s* (kuv: asian) puoli, näkökohta
face the music *fr* vastata seurauksista/teoistaan, niittää mitä on kylvänyt
facetious /fə'siʃəs/ *adj* leikkisä, leikillinen
facetiously *adv* leikkisästi, leikillään
face up to *v* myöntää, tunnustaa, kohdata
face value *s* (tal) nimellisarvo
facial /feɪʃəl/ *s* kasvohoito *adj* kasvo-
facile /fæsəl/ *adj* pinnallinen, mitäänsanomaton, helppo
facilitate /fə'sɪləˌteɪt/ *v* helpottaa, tehdä helpoksi/helpommaksi
facility /fə'sɪləti/ *s* **1** välineet, varusteet; edellytykset, mahdollisuudet; laitos, tilat **2** helppous, vaivattomuus, taitavuus
facsimile /fæk'sɪməli/ *s* **1** kopio, jäljennös **2** faksi, kaukokopiointi(laite) *v* lähettää faksilla, faksata
fact /fækt/ *s* **1** tosiasia, fakta *have you checked all the facts?* **2** todellisuus *it's part fact, part fiction* siinä on tarua ja totta **3** (eri ilmauksissa) itse asiassa *as a matter of fact* itse asiassa, oikeastaan *he is in fact coming here* hän onkin tulossa tänne
faction /fækʃən/ *s* **1** puolueryhmä; sirpaleryhmä **2** kiista, skisma
factious /fækʃəs/ *adj* riidanhaluinen; pikkumainen
fact of life *s* **1** kylmä totuus/tosiasia **2** (mon) sukupuolivalistus
factor /fæktər/ *s* tekijä *cost is not a factor here* kustannuksilla ei ole nyt väliä
factory /fæktəri/ *s* tehdas
factory worker *s* tehdastyöläinen
factual /fækʃuəl/ *adj* **1** asiallinen **2** tosiasioita/faktoja koskeva

faculty /fækəlti/ *s* **1** kyky *he is a man of great faculties* hän on kyvykäs mies **2** (yliopiston) tiedekunta *the faculty of mathematics* matemaattinen tiedekunta **3** (tiedekunnan) opettajat, henkilökunta
fade /feɪd/ *v* **1** haalistaa, haalistua, häipyä (näkyvistä), lakata kuulumasta **2** unohtua, (voimat) huveta, (toivo) sammua **3** häivyttää (televisiokuva)
fade away *v* lakata, kadota, häipyä (näkyvistä), lakata (kuulumasta), unohtua
fade in *v* häivyttää (televisiokuva näkyviin)
fade out *v* häivyttää (televisiokuva näkyvistä)
Faeroe Islands /feroʊ/ (mon) Färsaaret
fag /fæg/ *s* (sl) homo
v väsyttää, uuvuttaa
faggot /fægət/ *s* (sl) hintti
fagot /fægət/ *s* **1** risukimppu **2** kimppu, nippu
Fahr. *Fahrenheit* fahrenheitastetta
Fahrenheit /ˈferənˌheɪt/ *s* fahrenheitaste
fail /feɪəl/ *s: without fail* aivan varmasti
v **1** epäonnistua *the whole attempt failed* koko yritys epäonnistui *when it came my turn to speak, words failed me* kun tuli minun vuoroni puhua en saanut sanaa suustani **2** ei päästä/päästää läpi (tentistä), reputtaa **3** heikentyä, rappeutua *his health is failing* hänen voimansa alkavat ehtyä **4** ei tehdä jotakin: *I fail to see the humor in this* minusta tässä ei ole mitään nauramista
failure /feɪljər/ *s* **1** epäonnistuminen **2** epäonnistuja, tunari, härsijä **3** laiminlyönti, tekemättä jättäminen *Jane's failure to act caused him a lot of problems* hänelle aiheutui paljon ongelmia siitä että Jane ei ryhtynyt toimiin
faint /feɪnt/ *v* pyörtyä
adj **1** haalea (väri), heikko (ääni), hämärä (muisto) *I haven't the faintest* minulla ei ole siitä harmainta aavistusta **2** huimaava *I feel faint* minua huimaa/pyörryttää
faint-hearted *adj* pelokas, empivä, epävarma
faintly *adv* hämärästi
fair /feər/ *s* markkinat, messut
adj **1** oikeudenmukainen, reilu **2** kohtalainen, kohtalaisen suuri/hyvä tms *you have a fair chance of making it* sinulla on melko hyvät mahdollisuudet **3** vaalea(tukkainen/verinen/ihoinen) **4** kaunis (ilma)
adv reilusti, rehdisti
fairground /ˈfeərˌgraʊnd/ *s* markkinapaikka, markkinat
fair play *s* reilu peli
fair-weather friend /ˌfeərweðərˈfrend/ *s* ystävä johon ei voi luottaa kovan paikan tullen
fairy /feri/ *s* **1** keiju, haltijatar **2** (sl) hintti
fairy tale *s* satu (myös kuv)
faith /feɪθ/ *s* usko, luottamus *faith in God/someone/in someone's abilities* usko Jumalaan, usko/luottamus johonkuhun/jonkun kykyihin *to act in good faith* toimia hyvässä uskossa
faithful *adj* **1** uskollinen **2** tarkka, uskollinen
faithfully *adv* **1** uskollisesti *yours faithfully/faithfully yours* (kirjeen lopussa) ystävällisin terveisin, kunnioittaen **2** tarkasti, uskollisesti
faithfulness *s* **1** uskollisuus, luotettavuus **2** tarkkuus, uskollisuus
faith healing *s* uskolla parantaminen
fake /feɪk/ *s* **1** väärennös, jäljennös, **2** huijari, petturi, teeskentelijä **3** (urh) hämäys, harhautus
v **1** väärentää, jäljentää **2** teeskennellä (sairasta), olla olevinaan jotakin, huijata, puijata *he was not familiar with the lyrics but he tried to fake it* hän ei tuntenut laulun sanoja mutta yritti silti selvitä joten kuten (urh) hämätä, harhauttaa
falcon /fælkən/ *s* haukka
falconry *s* haukkametsästys
Falkland Islands /faəlklənd/ (mon) Falklandinsaaret, Malvinassaaret
fall /fal/ *s* **1** pudotus, putoaminen, kaatuminen, romahdus, tuho *the fall of the government* hallituksen kaatuminen

the fall of the Roman empire Rooman valtakunnan tuho **2** syntiinlankeemus, lankeemus **3** valtaus, valloitus **4** vesiputous **5** lasku, väheneminen, romahdus *the fall of the interest rates* korkojen lasku **6** syksy **7** (vesi/lumi)sade *v* fell, fallen **1** pudota, kaatua *I almost fell from the roof* olin vähällä pudota katolta **2** laskea *the temperature fell ten degrees* lämpötila laski kymmenen astetta **3** tulla vallatuksi, joutua vihollisen käsiin **4** kuolla, kaatua **5** langeta syntiin **6** (juhlapäivä) osua, olla *this year, Christmas Day falls on a Monday* tänä vuonna joulupäivä on maanantai **7** kuulua, olla *that falls outside our jurisdiction* se ei kuulu meidän toimialuceellemme **8** jakautua *the problem falls into well-defined categories* ongelma jakautuu selvärajaisiin osiin **9** tulla joksikin, joutua johonkin tilaan: *she fell asleep/ill/in a coma* hän nukahti/sairastui/joutui koomaan *my life has fallen to pieces* elämäni on aivan pirstaleina

fallacious /fə'leɪʃəs/ *adj* virheellinen, joka ei pidä paikkaansa

fallacy /fæləsi/ *s* harhaluulo, virhepäätelmä

fall all over yourself *fr* olla haltioissaan, olla suunniltaan ilosta

fall away *v* lakata kannattamasta jotakuta/jotakin, luopua uskosta tms

fall back *v* perääntyä

fall back on *v* turvautua johonkin, kajota johonkin

fall behind *v* **1** jäädä jälkeen (joukosta, työssä) **2** ei pystyä maksamaan maksuja/velkoja

fall down *v* **1** kaatua **2** (ark) epäonnistua, tunaroida

fallen /falən/ ks fall

fall for *v* **1** mennä lankaan **2** rakastua, langeta johonkuhun

fallibility /ˌfælə'bɪləti/ *s* erehtyväisyys

fallible /fæləbəl/ *adj* erehtyväinen *we are all fallible* kukaan ei ole erehtymätön

fall off *v* vähentyä, laskea

fall on *v* **1** käydä käsiksi, hyökätä kimppuun **2** kuulua jollekulle, olla jonkun tehtävä **3** kohdata, ajautua johonkin

fall out *v* **1** riidellä, kinata, olla eri mieltä **2** tapahtua, sattua

fallout /'falˌaʊt/ *s* **1** laskeuma *radioactive fallout* radioaktiivinen laskeuma **2** vaikutus, seuraus

fallow /fæloʊ/ *s, adj* kesanto(-)

fallow deer *s* kuusipeura

fall short *v* **1** ei täyttää vaatimuksia, ei olla riittävä **2** ei riittää, loppua kesken

fall short *fr* jäädä vajaaksi, ei riittää; ei kelvata

fall through *v* epäonnistua, ei toteutua

fall under *v* kuulua jonkun tehtäviin, johonkin (ryhmään, luokkaan)

false /fals/ *adj* **1** väärä *a false assumption/answer/alarm* väärä oletus/vastaus/hälytys **2** uskoton, epäluotettava *a false friend/lover* epäluotettava ystävä/uskoton rakastaja **3** vale- *a false bottom* valepohja *false teeth* tekohampaat

falsehood *s* valhe

falsely *adv* väärin, virheellisesti, (syyttää) aiheettomasti

falsification /ˌfalsəfə'keɪʃən/ *s* väärennös, väärennys

falsify /'falsəˌfaɪ/ *v* väärentää, vääristää

falter /faltər/ *v* kangerrella, empiä, epäröidä, hidastaa (askeleitaan)

falteringly *adv* kangerrellen, empien, epäröiden

fame /feɪm/ *s* maine, kuuluisuus *Brian Wilson of Beach Boys fame* Brian Wilson joka tuli kuuluisaksi yhtyeessä Beach Boys

famed *adj* maineikas, kuuluisa

familiar /fə'mɪljər/ *adj* **1** tuttu *the name sounds familiar to me/I am not familiar with the name* nimi kuulostaa tutulta/nimi ei ole minulle tuttu, en tunne nimeä **2** tuttavallinen, ystävällinen, arkinen *the author uses a familiar style* tekijä kirjoittaa arkisesti

familiarity /fəˌmɪljɪ'erɪti/ *s* **1** läheisyys, tuttuus **2** (asian) hallinta

familiarization /fəˌmɪljərə'zeɪʃən/ *s* totuttautuminen, tutustuminen johonkin (*with*)

familiarize /fə'mɪljəˌraɪz/ *v* **1** tutustuttaa joku johonkin (*with*), opettaa jollekulle jotakin **2** *to familiarize onself with* tutustua johonkin
family /fæmli/ *s* **1** perhe **2** suku
family Bible *s* perheraamattu
family planning *s* perhesuunnittelu
family tree *s* sukupuu
famine /fæmən/ *s* nälänhätä
famish /fæmɪʃ/ *v* (ark) olla nälissään, kuolla nälkään *I am famished* minulla on hirvittävä nälkä
famous /feɪməs/ *adj* kuuluisa
fan /fæn/ *s* **1** tuuletin, puhallin; viuhka **2** kannattaja, ihailija, fani
v **1** (tuuli) puhaltaa, tuulettaa; leyhytellä viuhkalla **2** levittää (viuhkaksi) **3** (kuv) herättää (kiinnostus, innostus)
fanatic /fə'nætɪk/ *s* fanaatikko, kiihkoilija, yltiöpää
adj fanaattinen, kiihkoileva, yltiöpäinen
fanatically *adv* fanaattisesti, fanaattisen
fanciful /fænsəfəl/ *adj* mielikuvituksellinen, epätavallinen, koristeellinen
fan club *s* ihailijakerho
fancy /fænsi/ *s* **1** mielikuvitus; kuvitelma **2** mieltymys: *he took a fancy to the new convertible* hän ihastui uuteen avoautoon **3** mielijohde, halu, oikku *I had this fancy of gorging on ice cream* mieleeni juolahti/mielen teki yhtäkkiä mässäillä jäätelöllä
fanfare /'fænˌfeər/ *s* fanfaari (myös kuv)
fang /fæŋ/ *s* (eläimen) hammas, (käärmeen) myrkkyhammas
fan mail *s* ihailijaposti, ihailijakirjeet
fan out *v* **1** levittäytyä, hajautua **2** levittää (viuhkaksi)
fantastic /fæn'tæstɪk/ *adj* **1** mielikuvituksellinen **2** uskomaton **3** loistava, fantastinen
fantasy /fæntəsi/ *s* **1** mielikuvitus **2** kuvitelma **3** (mus, teatteri) fantasia
FAO *Food and Agriculture Organization of the United Nations* Yhdistyneiden Kansakuntien elintarvike- ja maatalousjärjestö
far /far/ *adj* farther/further, farthest/ furthest: kaukainen, etäinen *at the far end of the room* huoneen perällä *at the far reaches of the universe* maailmankaikkeuden äärillä *a far country* kaukainen maa *in the far future* kaukaisessa tulevaisuudessa *this novel is a far cry from yours* tätä romaania ei voi verratakaan sinun romaaniisi
adv **1** kaukana, etäällä *that city is far from here* se kaupunki on kaukana täältä **2** (ajasta) myöhään, pitkään *the war continued far into the next year* sota jatkui pitkälle seuraavaan vuoteen **3** pitkällä, pitkälle *you have come far in your career* urasi on edennyt pitkälle **4** paljon *they used far more money than they had thought* **5** *as far as* sikäli kuin, mitä johonkuhun/johonkin tulee **6** *by far the longest* selvästi, ehdottomasti pisin **7** *so far so good* toistaiseksi kaikki on sujunut hyvin, toistaiseksi (meillä) ei ole mitään hätää **8** *thus far* toistaiseksi, tähän mennessä
far and away *adv* selvästi, ehdottomasti
far and wide *adv* kaukana, pitkät matkat; ummet ja lammet
faraway /'farəˌweɪ/ *adj* kaukainen, etäinen
farce /fars/ *s* farssi
fare /feər/ *s* matkalipun hinta, maksu
v selviytyä *he fared well in the examination*
Far East Kaukoitä
farewell /ˌfer'wel/ *s* jäähyväiset, hyvästit *to bid farewell to something* jättää jäähyväiset jollekin, lopettaa
far-fetched /ˌfar'fetʃt/ *adj* kaukaa haettu
far-flung /ˌfar'flʌŋ/ *adj* **1** etäinen, syrjäinen **2** laajalle levinnyt
farm /farm/ *s* maatila, farmi
v viljellä maata, kasvattaa karjaa, olla maanviljelijä
farmer *s* maanviljelijä, farmari
farm out *v* jakaa, (työ myös) delegoida
far out *adj* (sl) epätavallinen, outo, raju, pimeä

far-reaching /ˌfar'ritʃiŋ/ *adj* kauaskantoinen
far-sighted /ˌfar'saɪtəd/ *adj* **1** pitkänäköinen **2** (kuv) kaukonäköinen, kaukokatseinen
fart /fart/ *s* **1** pieru **2** *old fart* (ihmisestä) vanha pieru, kalkkis
v pieraista
farther /farðər/ *adj, adv* (komparatiivi sanasta *far*) kaukaisempi, etäisempi, kauempana, kauemmaksi
farthest /farðəst/ *adj, adv* (superlatiivi sanasta *far*) kaukaisin, etäisin, kauimpana, kauimmaksi
fascinate /'fæsəˌneɪt/ *v* kiehtoa, kiinnostaa kovasti
fascinating *adj* kiehtova, kiinnostava
fascination /ˌfæsə'neɪʃən/ *s* kiinnostus, innostus; viehätys, vetovoima
fascism /fæʃɪzəm/ *s* fasismi
fascist /fæʃɪst/ *s* fasisti
adj fasistinen
fashion /fæʃən/ *s* **1** tapa *she walks in a strange fashion* hän kävelee oudosti *he is a writer after a fashion* hän on jonkinlainen/jonkin sortin kirjailija **2** muoti *miniskirts have gone out of fashion* minihameet ovat jääneet pois muodista
v muotoilla
fashionable *adj* muodikas, muoti-
fashionably *adv* muodikkaasti
fashion plate *s* (kuv) muotinukke
fast /fæst/ *s* paasto
v paastota
adj **1** (lujasti) kiinni, kiinnitetty *to have fast colors* olla värinpitävä *a fast friend* hyvä/luotettava ystävä **2** nopea (vauhti, ihminen, valokuvausfilmi) **3** (kello) edellä *your watch is fast* kellosi on edellä/ edistää **4** *he leads a fast life* hänellä menee lujaa
adv **1** lujasti, tiukasti, kiinni *hold fast now* pidä tiukasti kiinni **2** (nukkua) sikeästi **3** nopeasti **4** *he lives fast* hänellä menee lujaa
fastback /fæstbæk/ *s* viistoperä(inen henkilöauto)
fasten /fæsən/ *v* kiinnittää, kiinnittyä
fastener *s* kiinnike, suljin
fastening *s* kiinnike, suljin
fast food *s* pikaruoka
fastidious /fæs'tɪdiəs/ *adj* pikkutarkka, turhantarkka, nirso; tunnollinen
fat /fæt/ *s* rasva
adj **1** rasvainen (ruoka) **2** lihava, paksu (ihminen) **3** paksu (kirja, nippu) **4** (taloudellisesti) kannattava; rikas
fatal /feɪtəl/ *adj* tappava, kuolettava; kova, vakava; kohtalokas *he made a fatal error* hän teki kohtalokkaan erehdyksen *it delt a fatal blow to him* se aiheutti hänelle kovan takaiskun
fatalism /'feɪtəˌlɪzəm/ *s* fatalismi, kohtalousko
fatalistic /ˌfeɪtə'lɪstɪk/ *adj* fatalistinen
fatality /ˌfeɪ'tæləti/ *s* kuolemantapaus, kuollut *there were no fatalities in the explosion* räjähdyksessä ei kuollut ketään
fatally *adj* kuolettavasti (haavoittunut)
fate /feɪt/ *s* kohtalo
fated *adj* tuomittu *your plan is fated to fail* suunnitelmasi on tuomittu epäonnistumaan
fateful *adj* kohtalokas
father /faðər/ *s* **1** isä **2** (kuv) isä, perustaja, alullepanija *the father of the revolution* vallankumouksen isä **3** (katolisessa kirkossa) isä **4** *Father* Isä, Jumala
v **1** siittää *he fathered a child* **2** (kuv) panna alulle, aloittaa
father confessor *s* rippi-isä
father-in-law *s* (mon fathers-in-law) appi
fatherland /'faðərˌlænd/ *s* isänmaa
fatherly *adj* isällinen
fathom /fæðəm/ *s* (syvyysmitta) syli
v **1** mitata syvyys **2** käsittää, ymmärtää *I can not fathom why you did it* en ymmärrä miksi teit sen
fathomless *adj* pohjaton
fatigue /fə'tig/ *s* **1** väsymys, uupumus *the plane crashed due to metal fatigue* koneen putoaminen johtui metallin väsymisestä **2** (sot) työpalvelu **3** (mon: sot) työvaatteet
v väsyttää, väsyä (myös metallista), uuvuttaa, uupua

fatten /fætən/ *v* lihottaa, lihoa
fattening *adj* lihottava
fatty *adj* rasvainen *fatty acids* rasvahapot
fatuity /fə'tuəti/ *s* **1** typeryys, tyhmyys **2** tyhmä huomautus
fatuous /fætʃuəs/ *adj* typerä, tyhmä
faucet /fasət/ *s* (vesi)hana
fault /falt/ *s* **1** vika, virhe, puute *to find fault with someone* haukkua, moittia **2** syy *it's his fault, not mine* se oli hänen eikä minun vika **3** (geologinen) siirros *San Andreas Fault* San Andreaksen siirros (Kaliforniassa)
v moittia, arvostella
faultless *adj* moitteeton, virheetön
faulty *adj* viallinen; virheellinen
fauna /fana/ *s* eläimistö, fauna
favor /feɪvər/ *s* **1** palvelus *can I ask you a favor?* saanko pyytää sinulta palvelusta/apua? *do me a favor, will you, and shut up!* etkö voisi pitää suusi kiinni? **2** suosio *to win someone's favor* päästä jonkun suosioon *the book found favor with yuppies* kirja oli juppien mieleen *to be out of favor* olla epäsuosiossa *the teacher treats her with favor* opettaja suosii/lellii häntä **3** kannatus *few people are in favor of raising taxes* vain harvat kannattavat verojen korotusta
v **1** suosia, asettaa etusijalle *as a teacher, you should not favor any student* **2** kannattaa *I favor the idea* **3** suoda, myöntää *she favored him with a kiss* hän soi hänelle suukon **4** säästää, varoa *after the accident, he has been favoring his left leg*
favorable *adj* suotuisa, myönteinen
favorably *adv* suotuisasti, myönteisesti
favorite /feɪvrət/ *s* suosikki
adj lempi-, mieli- *tacos are my favorite food* tacot ovat lempiruokaani
fawn /fan/ *s* **1** peuran vasikka **2** beesi (väri)
v (koira) heiluttaa häntäänsä (kuv myös ihmisestä:) mielistellä
adj beesinvärinen
fax /fæks/ *s* faksi, telekopio
v faksata, lähettää faksi/telekopio
fax machine *s* telekopiolaite, faksi
FBI *Federal Bureau of Investigation* Yhdysvaltain liittovaltion poliisi
FCC *Federal Communications Commission*
fcty. *factory* tehdas, tehtaalla
FDA *Food and Drug Administration*
FDIC *Federal Deposit Insurance Corporation*
fear /fɪər/ *s* **1** pelko, ahdistus *we have nothing to fear but fear itself* meillä ei ole muuta pelättävää kuin itse pelko **2** mahdollisuus, pelko *there is little fear of him coming back* ei ole juuri pelkoa siitä että hän palaisi **3** kunnioitus, pelko *to live in fear of God* elää Jumalan pelossa
v pelätä
fearful *adj* **1** pelokas, ahdistunut **2** pelottava
fearfully *adv* pelokkaasti
fearless *adj* peloton, urhea
fearlessly *adv* urheasti, rohkeasti
fearsome /fɪərsəm/ *adj* pelottava
feasibility /ˌfizə'bɪləti/ *s* toteutettavuus, käytännöllisyys *the feasibility of your plan is in question* on epävarmaa voidaanko suunnitelmasi toteuttaa käytännössä
feasible *adj* **1** mahdollinen, joka voidaan toteuttaa, käyttökelpoinen *it's not feasible to build two tunnels* kahta tunnelia ei voida rakentaa **2** uskottava, todennäköinen
feasibly *adv* **1** mahdollisesti **2** uskottavasti, todennäköisesti
feast /fist/ *s* **1** juhla **2** juhla-ateria
v **1** juhlia **2** kestitä (vierasta) **3** *to feast your eyes on something* lepuuttaa silmiään jossakin
feat /fit/ *s* teko, saavutus *it was not a little/mean feat* se oli melkoinen saavutus
feather /feðər/ *s* sulka, höyhen *they are birds of a feather* he ovat samaa maata, kuin vakka ja kansi
v: to feather your nest (kuv) paikata omia taskujaan

featherweight /ˈfeðərˌweɪt/ *s* **1** (nyrkkeilyssä) höyhensarja **2** (kuv) pikkutekijä, mitätön ihminen
feature /fitʃər/ *s* **1** (kasvon/tunnus)-piirre, tunnusmerkki, ominaisuus **2** (lehti)kirjoitus, artikkeli, lukujuttu, feature **3** (kokoillan) elokuva
v **1** julkaista (lehdessä) **2** esiintyä (elokuvassa) *a new Indiana Jones movie featuring Harrison Ford* uusi Indiana Jones -elokuva jossa esiintyy Harrison Ford
feature film *s* (kokoillan) elokuva
feature-length *adj* kokoillan, täyspitkä (elokuva)
feature story *s* (lehdessä) artikkeli, lukujuttu (ei uutinen), feature
feature writer *s* (lehdessä) lukujuttujen kirjoittaja, toimittaja
Feb. *February* helmikuu
February /ˈfebjʊˌeri ˈfebrʊˌeri/ *s* helmikuu
fed /fed/ *s* (sl) FBI:n agentti
v: ks feed
federal /fedrəl fedərəl/ *adj* liittovaltion, liitto(valtio)-
Federal Bureau of Investigation *s* Yhdysvaltain liittovaltion poliisi (FBI)
federal case *to make a federal case out of something* paisutella jotakin asiaa, ottaa liian tosissaan
federal government *s* (Yhdysvaltain) liittohallitus
federalism /fedrəlɪzəm/ *s* federalismi
federalist /fedrəlɪst fedərəlɪst/ *s* federalisti
federalize *v* alistaa/siirtää liittovaltion hallintaan
Federal Republic of Germany Saksan liittotasavalta
federate /ˈfedəˌreɪt/ *v* yhdistää liittovaltioksi/federaatioksi
federation /ˌfedəˈreɪʃən/ *s* liitto, liittovaltio, federaatio
fed up with *adj* (ark) kyllästynyt johonkin, kurkkua myöten täynnä jotakin
fee /fi/ *s* maksu, taksa
feeble /fibəl/ *adj* heikko, voimaton
feeble-minded *adj* **1** heikkolahjainen **2** typerä, älytön
feebly *adv* heikosti, voimattomasti
feed /fid/ *s* **1** ruokinta, syöttö, syöttäminen **2** rehu, ruoka, ateria
v fed, fed **1** ruokkia, syöttää *to feed the animals/fuel to an engine* ruokkia eläimet/syöttää polttoainetta moottoriin **2** syödä
feedback /fidbæk/ *s* palaute
feel /fɪəl/ *s* tuntu, tuntuma, tunnelma *velvet has a soft feel* sametti tuntuu pehmeältä *he has a feel for languages* hänellä on kielikorvaa
v felt, felt **1** tunnustella, tuntea, tuntua *the new manager is still trying to feel his way around* uusi johtaja ei ole vielä tottunut työhönsä *I feel like a fool* tunnen itseni idiootiksi **2** ajatella *she feels that you treated her badly* hänestä tuntuu että sinä kohtelit häntä huonosti
feeler *s* tuntosarvi (myös kuv) *he put out feelers to find a new job* hän nosti tuntosarvensa pystyyn löytääkseen uuden työpaikan, hän alkoi etsiä uutta työpaikkaa
feel for *v* sääliä, tuntea myöntätuntoa jotakuta kohtaan
feeling *s* **1** tunto *after sitting for hours on the plane, he had almost no feeling in his legs* hänen jalkansa olivat puutuneet **2** tunne, mielipide *I have the feeling that you are trying to avoid me* minusta tuntuu että sinä yrität vältellä minua *no hard feelings!* ei se mitään, en pane sitä pahakseni
feel like *fr* huvittaa, haluttaa *do you feel like dancing/a cup of coffee?* haluatko tanssia/maistuisiko sinulle kahvi?
feel like yourself *fr* olla entisensä, olla oma itsensä
feel out *v* tunnustella (jonkun mielipidettä tms)
feel up *v* (sl) lääppiä (seksuaalisesti)
feel up to *fr* tuntea kykenevänsä johonkin, olla valmis johonkin
feet /fit/ ks foot
feign /feɪn/ *v* teeskennellä, tekeytyä (sairaaksi, tietämättömäksi ym)
feigned *adj* tekaistu

feint /feɪnt/ *s* harhautus
v harhauttaa
feline /filaɪn/ *adj* kissa-, kissamainen
fell /fel/ *s* nahka, talja, vuota
v ks fall
adj: in one fell swoop yhdellä iskulla, yhtä aikaa
fellow /feloʊ/ *s* **1** toveri, ystävä **2** kaveri, heppu *he is a fine fellow* **3** (US yliopiston) stipendiaatti
adj kanssa-, -toveri *fellow competitor* kilpatoveri
fellowship *s* **1** toveruus, kaveruus **2** (US yliopiston) stipendi
fellow traveler *s* **1** matkatoveri **2** (poliittisen aatteen) piilokannattaja
felon /felən/ *s* (lak) törkeän rikoksen tekijä
felonious /fə'loʊniəs/ *adj* (lak) törkeä(n rikoksen luonteinen)
felony /feləni/ *s* (lak) törkeä rikos
felt /felt/ *s* huopa
v ks feel
fem. *feminine* feminiininen
female /fimeɪəl/ *s* **1** naaras(eläin) **2** (ark) nainen, (alat) muija, akka
adj naaras-, naispuolinen, nais- *a female elephant/doctor/socket* naarasnorsu/naislääkäri/naaraspistoke *female company/audience* naisseura/naisyleisö
feminine /femənən/ *s* (kieliopissa) feminiini
adj naisellinen, feminiininen; naismainen
feminism /femənɪzəm/ *s* feminismi, nais(asia)liike
feminist /femənɪst/ *s* feministi
adj feministinen
fence /fens/ *s* **1** aita (myös urh:) este **2** varastetun tavaran kätkijä/kauppias
v **1** aidata **2** miekkailla **3** (kuv) väistellä, vältellä
fence in *v* **1** aidata **2** (kuv) rajoittaa, ahdistaa, panna ahtaalle
fencer *s* miekkailija
fencing *s* miekkailu
fender *s* (auton, polku/moottoripyörän) lokasuoja
fend for yourself /fend/ *v* pitää puolensa; tulla toimeen omillaan
feral /fɪrəl/ *adj* villi
ferment /fərment/ *s* **1** (kem) fermentti, käyte **2** (kem) käyminen **3** levottomuus
ferment /fər'ment/ *v* **1** (kem) käydä **2** (kuv) (suunnitelma) kypsyä; kiehua, olla levotonta
fermentation /ˌfərmən'teɪʃən/ *s* **1** (kem) käyminen, fermentaatio **2** (kuv) (suunnitelman) kypsyminen; kiehuminen, levottomuus
fern /fərn/ *s* saniainen
ferocious /fə'roʊʃəs/ *adj* julma, vihainen, raivokas
ferociously *adv* julmasti, vihaisesti, raivokkaasti
ferocity /fə'rasəti/ *s* julmuus, viha, raivo
ferret out /ferət/ *v* kaivaa/onkia esiin, ottaa/saada selville
ferric /ferɪk/ *adj* rauta-
Ferris wheel /ferəs/ *s* maailmanpyörä
ferrite /feraɪt/ *s* ferriitti
ferry /feri/ *s* lautta
v kuljettaa (lautalla, lentokoneella, autolla)
fertile /fərtəl/ *adj* hedelmällinen (myös kuv)
fertility /fər'tɪləti/ *s* hedelmällisyys (myös kuv)
fertilization /ˌfərtələ'zeɪʃən/ *s* **1** hedelmöitys **2** lannoitus
fertilizer /'fərtəˌlaɪzər/ *s* lannoite
fervent /fərvənt/ *adj* intohimoinen, palava (halu), horjumaton (kannattaja)
fervently *adv* intohimoisesti, palavasti, innokkaasti
fervor /fərvər/ *s* intohimo, hartaus, palava into
fester /festər/ *v* **1** (haava) märkiä **2** (kuv) kalvaa/jäytää (mieltä)
festival /festəvəl/ *s* juhla, festivaali(t) *a music festival* musiikkijuhla(t)
festive /festɪv/ *adj* juhla-
festivity /fes'tɪvəti/ *s* juhla, juhlallisuus; juhlatunnelma, hilpeys
fetal /fitəl/ *adj* sikiö- *she sleeps in a fetal position* hän nukkuu sikiöasennossa
fete /fet feɪt/ *s* juhla
v juhlia
fetid /fetəd/ *adj* pahanhajuinen

fetish /fetɪʃ/ *s* fetissi
fetishism /ˈfetɪˌʃɪzəm/ *s* fetisismi
fetishist *s* fetisisti
fetter /fetər/ *s* kahleet (myös kuv)
v kahlehtia, panna kahleisiin (myös kuv)
fetus /fitəs/ *s* sikiö
feud /fjud/ *s* riita, kiista
v riidellä, kiistellä
feudal /fjudəl/ *adj* feodaali-, läänitys-
feudalism /fjudəlɪzəm/ *s* feodalismi, läänityslaitos
fever /fivər/ *s* kuume (myös kuv:) huuma, kiihtymys
feverish *adj* kuumeinen (myös kuv:) kiireinen, innokas
feverishly *adv* kuumeisesti
few /fju/ *adj, pron* harva, muutama, jokunen *few people know it* vain harvat tuntevat sen *a few people know it* muutama ihminen tuntee sen *quite a few people know it* aika moni tuntee sen *too few people know it* (aivan) liian harvat tuntevat sen *the few who like his paintings* ne harvat jotka pitävät hänen tauluistaan *you can take a few* voit ottaa muutaman
few and far between *fr* harvassa (kuin kanan hampaat), kiven alla
fewer *adj, pron* komparatiivi sanasta *few: he tried to read it no fewer than three times* hän yritti kokonaiset kolme kertaa lukea sen
fewest *adj, pron* superlatiivi sanasta *few*
ff. *page 7 ff.* sivulta 7 alkaen
fgn. *foreign* ulkomainen, tuonti-
fgt. *freight* rahti
FHA *Federal Housing Administration*
fiancé /ˌfɪanˈseɪ/ *s* sulhanen
fiancée /ˌfɪanˈseɪ/ *s* morsian
fiasco /fɪˈæskoʊ/ *s* fiasko
fib /fɪb/ *s* (ark) valhe, perätön juttu
v (ark) valehdella, puhua perättömiä
fiber /faɪbər/ *s* **1** kuitu *dietary fiber* ravintokuitu **2** (kuv) selkäranka *moral fiber*
fiberglass /ˈfaɪbərˌglæs/ *s* lasikuitu
fibrous /faɪbrəs/ *adj* kuitu-, kuitumainen
fickle /fɪkəl/ *adj* ailahteleva, oikukas
fiction /fɪkʃən/ *s* **1** kaunokirjallisuus, kertomakirjallisuus, sepitteinen kirjallisuus **2** pöty, tuulesta temmattu/keksitty juttu, satu (kuv)
fictional *adj* kuvitteellinen, keksitty *fictional characters* romaanihenkilöt
fictitious /fɪkˈtɪʃəs/ *adj* **1** kuvitteellinen, keksitty **2** tekaistu (juttu, nimi), perätön
fiddle /fɪdəl/ *s* viulu *to play second fiddle to someone* (kuv) soittaa toista viulua
v **1** (ark) vinguttaa/soittaa viulua **2** sormeilla, sorkkia, häärätä jonkin kimpussa *don't fiddle with my stereo* jätä minun stereoni rauhaan **3** (kuv) halkoa hiuksia **4** korjailla (luvattomasti), pistää omaan taskuunsa
fiddler /fɪdlər/ *s* **1** (ark) viulunsoittaja, viulunvinguttaja **2** huijari, petturi
fidelity /fəˈdeləti/ *s* uskollisuus; (käännöksen, äänentoiston) tarkkuus
fidget /fɪdʒət/ *v* liikuskella hermostuneesti *will you stop fidgeting with that lighter!* jätä se tupakansytytin rauhaan!
fidgety /fɪdʒəti/ *adj* levoton, hermostunut, rauhaton
field /fiəld/ *s* **1** pelto **2** (jää/öljy/magneetti/näkö/jalkapallo/baseball)kenttä, taistelukenttä/tanner **3** (tutkimus/ammatti)ala **4** (toimiston vastakohtana:) kenttä *they tested the computer for a year in the field* tietokonetta kokeiltiin kentällä vuoden ajan **5** (urh) kenttälajit, kenttäurheilu
v **1** (baseball) ottaa (pallo) kiinni, saada koppi **2** vastata taitavasti (kysymykseen) **3** lähettää (pelaaja, ehdokas, työntekijä) kentälle
field day *to have a field day* olla erittäin hauskaa, nauttia kovasti
field of vision *s* näkökenttä
field-test *v* kokeilla/testata käytännössä
fieldwork /fiəldwərk/ *s* kenttätyö
fiend /find/ *s* **1** paholainen, piru (myös kuv) **2** (ark) hullu *he is a football fiend* hän on intohimoinen (amerikkalaisen) jalkapallon ystävä, jalkapallohullu *he*

works like a fiend hän paiskii töitä kuin heikkopäinen **3** (ark) nero *she is a definite fiend at math* hän on nero matematiikassa
fiendish *adj* pirullinen, julma, hirvittävä
fierce /fɪərs/ *adj* hurja, raju, vihainen, terävä (arvostelu)
fiercely *adv* hurjasti, rajusti, vihaisesti, (arvostella) terävästi
fiery /faɪəri/ *adj* hehkuva, tulinen (myös kuv)
fiesta /fi'estə/ *s* fiesta, juhla
fifteen /fɪf'tin/ *s, adj* viisitoista
fifteenth /fɪf'tinθ/ *s, adj* viidestoista
fifth /fɪfθ/ *s, adj* viides *to take the fifth* (lak) käyttää vaitiolo-oikeutta
fiftieth /fɪftɪəθ/ *s, adj* viideskymmenes
fifty /fɪfti/ *s, adj* viisikymmentä
fiftysomething /'fifti,sʌmθiŋ/ *adj* (iältään) viiskyt ja risat
fifty-fifty *adj* tasan, puoliksi
fig /fɪg/ *s* viikuna
fig. *figure* kuva, piirros
fight /faɪt/ *s* **1** tappelu, riita, yhteenotto, taistelu **2** sisu, taisteluhenki
v fought, fought: tapella, riidellä, ottaa yhteen, taistella *the United States fought Japan in the Pacific* Yhdysvallat taisteli Japania vastaan Tyynellämerellä *the doctors are fighting the disease* lääkärit taistelevat tautia vastaan *the rescuers were fighting the fire* pelastajat yrittivät saada tulipalon sammumaan
fight back *v* **1** torjua (hyökkäys), puolustautua **2** niellä (kyyneleet)
fighter *s* **1** taistelija, soturi; nyrkkeilijä **2** hävittäjä(lentokone)
fighter-bomber *s* hävittäjäpommikone
fighter pilot *s* hävittäjälentäjä
fight it out *fr* tapella/riidellä kyllikseen
fight off *v* torjua (hyökkäys, sairaus)
fight shy of *fr* arastella jotakin
fight with windmills *fr* (kuv) taistella tuulimyllyjä vastaan
fig leaf *s* viikunanlehti (myös kuv)
figment /fɪgmənt/ *s* mielikuvituksen tuote, kuvittelu *that's just a figment of your imagination* kunhan kuvittelet, sinä luulet vain
figurative /fɪgjərətɪv/ *adj* kuvaannollinen *I used the word in a figurative sense* käytin sanaa kuvaannollisessa merkityksessä
figuratively *adv* kuvaannollisesti *figuratively speaking* kuvaannollisesti sanoen
figure /fɪgjər/ *s* **1** numero, luku; summa *it has a six-figure price* se maksaa kuusinumeroisen luvun **2** kuvio **3** hahmo, muoto **4** henkilö, hahmo **5** figuuri, patsas
v **1** laskea (yhteen, *up*) **2** (ark) päätellä, arvata, uskoa, luulla *he figured we'd go there alone* hän arvasi/luuli että menisimme sinne yksin **3** esiintyä jossakin *that theme figures centrally in the book* aiheella on kirjassa keskeinen merkitys **4** *it/that figures* sen saattoi arvata, se olisi pitänyt arvata
figured *adj* kuvioitu, kuvio-
figurehead *s* (kuv) (pelkkä) keulakuva
figure of speech *s* sanonta *don't worry about what he said, it's just a figure of speech* älä välitä, ei hän mitään pahaa tarkoittanut
figure on *v* **1** luottaa johonkin, laskea jonkin varaan **2** varautua johonkin
figure out *v* **1** ymmärtää, tajuta, käsittää **2** laskea
figure up *v* (summa) tehdä yhteensä, olla
Fiji /fidʒi/ Fidži
Fijian *s, adj* fidžiläinen
filament /fɪləmənt/ *s* **1** hehkulanka **2** (auringon) filamentti
file /faɪəl/ *s* **1** arkistokansio **2** asiakirja **3** (tietokoneen) tiedosto **4** jono *they marched out single file* he marssivat ulos yhtenä jonona **5** viila
v **1** arkistoida **2** (tietok) tallentaa **3** jättää sisään (hakemus) **4** marssia jonossa **5** viilata
file card *s* arkistokortti, merkintäkortti
file folder *s* arkistokansio
filing cabinet *s* arkistokaappi

Filipino /ˌfɪlə'pinoʊ/ *s, adj* filippiiniläinen
fill /fɪl/ *v* **1** täyttää, täyttyä *he is filled with sadness* hän on täynnä surua *they have already filled the vacancy* avoin työpaikka on jo täytetty **2** *to fill a need* olla hyvään tarpeeseen, olla kaivattu **3** paikata (hammas)
fillet /fɪ'leɪ/ *s* filee, seläke
v leikata fileiksi
fill in *v* **1** täyttää (kaavake, halkeama) **2** toimia jonkun sijaisena, tuurata **3** kertoa jollekulle jotakin, saattaa joku tilanteen tasalle
filling *s* **1** (ruuan) täyte **2** (hampaan) paikka
fill out *v* **1** täyttää (kaavake) **2** paisuttaa, paisua, pullistaa, pullistua
fill the bill *fr* täyttää tarkoituksensa, sopia hyvin
fill up *v* täyttää; tankata (auto) täyteen
filly /fɪli/ *s* tammavarsa
film /fɪlm/ *s* **1** kelmu, kalvo, kerros **2** (valokuvaus)filmi **3** elokuva, filmi
v filmata, kuvata, elokuvata
film camera *s* elokuvakamera
film speed *s* filmin herkkyys, filmin nopeus
filmy /fɪlmi/ *adj* **1** ohut, kalvomainen **2** hämärä
filter /fɪltər/ *s* suodatin
v suodattaa
filter-tip *s* **1** (savukkeen) suodatin **2** suodatinsavuke
filter-tipped *adj* suodatin- *a filter-tipped cigarette* suodatinsavuke
filth /fɪlθ/ *s* lika (myös kuv:) saasta *stop spreading all that filth about your brother* lakkaa puhumasta pahaa veljestäsi
filthy *adj* likainen (myös kuv) *your hands are filthy* kätesi ovat likaiset *that's a filthy lie* katala valhe *he is a filthy liar* kurja valehtelija
fin /fɪn/ *s* **1** (kalan, lentokoneen) evä **2** uimaräpylä
final /faɪnəl/ *s* **1** (yl mon) lopputentti **2** (urh) loppuottelu, finaali
adj lopullinen, loppu-, viimeinen *final payment* viimeinen (maksu)erä *final goal* lopullinen tavoite *final decision* lopullinen päätös/ratkaisu *final word* viimeinen sana
finalist *s* (urh) finalisti
finality /faɪ'næləti/ *s* (päätöksen) lopullisuus; päättäväisyys, määrätietoisuus
finalization /ˌfaɪnələ'zeɪʃən/ *s* viimeistely
finalize /'faɪnəˌlaɪz/ *v* viimeistellä, saattaa päätökseen
finally /faɪnli/ *adv* **1** viimein(kin) **2** lopuksi **3** lopullisesti, jyrkästi, määrätietoisesti **4** loppujen lopuksi, sentään
finance /faɪnæns/ *s* **1** raha-asiat, finanssit, julkinen talous **2** (mon) (raha)-varat
v rahoittaa
financial /faɪ'nænʃəl/ *adj* finanssi-, raha- *he is a financial wizard* hän on melkoinen finanssihai
financially *adv* rahallisesti, taloudellisesti
financier /ˌfaɪnæn'sɪər/ *s* finanssimies
finch /fɪntʃ/ *s* peippo
find /faɪnd/ *s* löytö, löydös *that blazer was a great find* bleiseri oli hieno löytö/ostos
v found, found **1** löytää *I can't find my other shoe* **2** saada selville, selvitä jollekulle *she found that not everybody can be trusted* hänelle selvisi ettei kaikkiin voi luottaa **3** etsiä, ottaa selville *can you please find me another pen?* viitsisitkö etsiä minulle toisen kynän? **4** tuntua joltakin, pitää jonakin, olla jotakin mieltä *I find it awkward to apologize to him* minusta on vaikea pyytää häneltä anteeksi **5** esiintyä, todeta *the jury found the defendant guilty* valamiehistö totesi syytetyn syylliseksi
finder *s* **1** löytäjä **2** (kameran, kaukoputken) etsin
finding *s* (tutkimus)tulos
find out *v* saada selville, selvitä jollekulle
find your (own) thing *fr* (ark) olla/oppia olemaan oma itsensä
find your tongue *fr* saada puhelahjansa takaisin

fine /faɪn/ *s* sakko
v sakottaa, antaa sakko
adj **1** hieno (eri merkityksissä), hyvä *the weather is fine* sää on kaunis *he did a fine job* hän hoiti työnsä hienosti *fine sand* hieno hiekka *fine watch* laatukello **2** terve, vahingoittumaton *I am fine, thank you* minä voin hyvin/hienosti, minulla ei ole mitään hätää, (minulle kuuluu) hyvää, kiitos
adv hienosti, hyvin; hienoksi
fine arts *s* (mon) kaunotaiteet
finely *adv* hienosti, kauniisti, tarkasti, pieneksi (pilkottu)
finery /faɪnəri/ *s* komeus, loisto
finesse /fə'nes/ *s* taidokkuus, tahdikkuus, neuvokkuus
finger /fiŋgər/ *s* sormi *to keep your fingers crossed* pitää peukkua *I can't put my finger on it, but I think there is something wrong here* en osaa sanoa tarkasti mutta kaikki ei mielestäni ole kohdallaan
v sormeilla, hypistellä *to twist someone around your little finger* kiertää joku pikkusormensa ympäri, pitää täysin vallassaan
fingerprint /'fiŋgər,prɪnt/ *s* sormenjälki
v ottaa joltakulta sormenjäljet *the police fingerprinted the suspect*
fingertip /fiŋgərtɪp/ *s* sormenpää *the name is at my fingertrips* nimi on aivan kieleni päällä
finish /fɪnɪʃ/ *s* **1** maali **2** loppu(kiri) **3** viimeistely, työn laatu
v **1** lopettaa, loppua, päättää, päättyä, lakata **2** viimeistellä **3** tulla maaliin *as usual, he finished last* tapansa mukaan hän tuli maaliin viimeisenä
finished *adj* **1** valmis **2** loppu(nut), päättynyt **3** hienosti viimeistelty, hiottu **4** taitava **5** mennyttä *you are finished in this company* sinulla ei ole enää minkäänlaista tulevaisuutta tässä yrityksessä
finish off *v* **1** tehdä loppu jostakin, tappaa **2** kuluttaa/syödä/juoda loppuun
finish up *v* saada/tehdä valmiiksi
finish with *v* **1** saada/tehdä valmiiksi **2** saada tarpeekseen jostakusta/jostakin
finite /faɪnaɪt/ *adj* **1** äärellinen, rajallinen **2** (kieliopissa verbin muodosta) finiitti-, persoona-
Finland /fɪnlənd/ Suomi
Finn *s* suomalainen
Finnish *s* suomen kieli
adj suomalainen; suomenkielinen
fin whale /'fɪn,weɪəl/ *s* sillivalas
fir /fər/ *s* (jalo)kuusi
fire /faɪər/ *s* **1** tuli (myös kuv:) intohimo, kiihko **2** tulipalo **3** tuli(tus) *between two fires* kahden tulen välissä (myös kuv)
v **1** polttaa **2** tulittaa, ampua **3** käynnistää (moottori) **4** innostaa, siivittää (mielikuvitusta)
fire alarm *s* palohälytys
fire away *v* tulittaa (kysymyksillä), puhua lakkaamatta
fire brigade *s* (vapaa)palokunta
fire department *s* palolaitos
fire drill *s* **1** sammutusharjoitus **2** koe(palo)hälytys
fire engine *s* paloauto, sammutusauto
fire escape *s* paloportaat
fire extinguisher *s* (käsi)sammutin
firefighter *s* palomies
firefly /'faɪər,flaɪ/ *s* tulikärpänen
fire hose *s* paloletku
firelight /'faɪər,laɪt/ *s* takkavalkea
fireman /faɪərmən/ *s* (mon firemen) palomies
fireplace /'faɪər,pleɪs/ *s* takka
firepower /'faɪər,paʊər/ *s* tulivoima
fireproof /'faɪər,pruf/ *adj* tulenkestävä
fire sale *s* tulipaloale(nnusmyynti)
fire station *s* paloasema
firewood /'faɪər,wʊd/ *s* polttopuu
fireworks /'faɪər,wərks/ *s* (mon) ilotulitus
firm /fərm/ *s* yritys, firma
adj, adv luja (myös kuv) *she has firm thighs* hänellä on kiinteät reidet *we made a firm deal* teimme lujan/vakaan sopimuksen *he has the firm support of the labor unions* hänellä on takanaan ammattiyhdistysten luja/vankka tuki

firmly *adv* lujasti, vakaasti, vankasti; päättäväisesti
firmness *s* lujuus, vakavuus; päättäväisyys
firm up *v* lujittaa
firmware /'fərm͵weər/ *s* (tietokone) laitelmisto (ROM:iin tallennettu ohjelma)
first /fərst/ *s* ensimmäinen *at first* aluksi, ensiksi
adj ensimmäinen *to put first things first* panna asiat tärkeysjärjestykseen, aloittaa tärkeimmästä päästä *first thing (in the morning)* heti alkajaisiksi, ensimmäiseksi (aamulla)
adv ensin, ensimmäiseksi, aluksi *first of all* ennen kaikkea, etupäässä *when she first visited New Zealand* hänen käydessään Uudessa-Seelannissa ensimmäistä kertaa
first aid *s* ensiapu
first class *s* ensimmäinen luokka (kulkuneuvossa, postissa)
first-class *adj* **1** ensimmäisen luokan (lippu, posti) **2** ensiluokkainen
first-come *to serve customers on a first-come, first-serve basis* palvella asiakkaita saapumisjärjestyksessä
firstcomer *s* aloittelija, ensikertalainen
first-day cover *s* (postimerkkeilyssä) ensipäivänkuori
firsthand /͵fərst'hænd/ *adj* ensi käden (tieto)
adv suoraan *she learned it firsthand from the author* hän kuuli sen itse kirjailijalta/tekijältä
first lady *s* presidentin tms puoliso
firstly *adv* ensinnäkin, ensiksikin
first-rate *adj* ensiluokkainen, erinomainen
first-time *adj* ensikertalainen, uusi
first-timer *s* ensikertalainen
firth /fərθ/ *s* (Skotlannissa) (meren)lahti, vuono
Firth of Forth /͵fərθəv'fɔrθ/ Forthinvuono
fiscal /fɪskəl/ *adj* fiskaalinen, valtion tuloja koskeva; taloudellinen, raha-
fish /fɪʃ/ *s* (mon fish, fishes) kala
v kalastaa; onkia
fish and chips *s* kala ja ranskalaiset (perunat)
fisher *s* kalastaja
fisherman /fɪʃərmən/ *s* (mon fishermen) kalastaja
Fishes (tähdistö) Kalat
fish for *v* (kuv) kalastella, kerjätä (esim kohteliaisuuksia)
fishhook /'fɪʃ͵hʊk/ *s* ongenkoukku
fishing *s* kalastus
fishing expedition *to go on a fishing expedition* (kuv) kalastella/onkia tietoja, harjoittaa hakuammuntaa
fishline /'fɪʃ͵laɪn/ *s* (ongen) siima
fishnet /'fɪʃ͵net/ *s* kalaverkko
adj verkko- *fishnet stockings* verkkosukat
fish or cut bait *fr* ratkaista mitä aikoo tehdä, päättää, lakata jahkailemasta
fish out *v* **1** kaivaa/vetää esiin **2** kalastaa tyhjäksi
fish out of water *fr* (kuin) kala kuivalla maalla
fish story *s* (kuv) perätön tarina, kalajuttu
fishtail /fɪʃ͵teɪəl/ *v* pujotella, puikkelehtia *fishtail around a corner* luisua sinne tänne kulmassa
fish up *v* kaivaa/vetää esiin
fishy *adj* **1** (ark) hämäräperäinen, epäilyttävä **2** (ark) tuulesta temmattu, jota on vaikea uskoa todeksi
fission /fɪʃən/ *s* (fysiikassa) fissio, (atomiydinten) halkeaminen
fist /fɪst/ *s* nyrkki
fit /fɪt/ *s* **1** (vaatteen) istuvuus; sopivuus *it's a perfect fit* se istuu/sopii täydellisesti **2** (sairaus-, raivo)kohtaus, (taudin, vihan, itkun) puuska *to throw a fit* saada hepulit *in fits and starts* pätkien, katkonaisesti
v fit/fitted, fitted sopia, sovittaa, olla sopiva, mahtua *the key fits into the lock* avain sopii lukkoon *she fitted the key into the lock* hän sovitti avainta lukkoon *the price does not fit the product* hinta ja tuote eivät ole sopusoinnussa
adj **1** sopiva, sovelias, asiallinen, asianmukainen *fit for drinking* juomakelpoinen

survival of the fittest sopivimman eloonjäänti (olemassaolon taistelussa) **2** (joka on hyvässä fyysisessä) kunnossa

fitful *adj* oikukas

fitfully *adv* oikutellen, pätkien

fitness *s* (fyysinen) kunto, terveys

fitness training *s* kuntourheilu, kuntoilu

fitter *s* **1** räätäli, ompelija **2** asentaja

fitting *s* (vaatteen) sovitus
adj sopiva

fittingly *adv* sopivasti

fit to be tied *fr* suunniltaan raivosta

five /faɪv/ *s, adj* viisi

five-and-dime /ˌfaɪvən'daɪm/ *s* halpahalli

five-and-ten /ˌfaɪvən'ten/ *s* halpahalli

fiver /faɪvər/ *s* (sl) vitonen, viiden dollarin (UK: punnan) seteli

fix /fɪks/ *s* **1** (ark) jama, pula *I'm in a fix* olen nesteessä **2** (ark) ratkaisu, korjaus *a quick fix for a problem*
v **1** kiinnittää *he fixed the painting to the wall; his eyes fixed on her* hänen katseensa kiinnittyi häneen **2** päättää, sopia, järjestää **3** korjata, oikaista, panna kuntoon *they promised to fix the problem immediately* he lupasivat oikaista asian heti **4** sopia, järjestää luvattomasti *the match was fixed* ottelun tulos oli sovittu etukäteen

fixation /fɪk'seɪʃən/ *s* pakkomielle

fixative /fɪksətɪv/ *s* kiinnite, kiinnitysaine

fixed-rate /'fɪkstˌreɪt/ *adj* (tal) kiinteäkorkoinen

fix someone's wagon *fr* (sl) kostaa, maksaa takaisin; antaa selkään, näyttää taivaan merkit jollekulle

fixture /fɪkstʃər/ *s* **1** (mon) varusteet, kalusteet *electrical fixtures* (talon) sähkövarusteet, pistorasiat yms *kitchen fixtures* keittiön kalusteet, vesihanat, pistorasiat yms **2** *he is a fixture in the physics department* (kuv) hän kuuluu fysiikan laitoksen (vakinaisiin) kalusteisiin, hän on juurtunut lähtemättömästi fysiikan laitokselle

fizz /fɪz/ *s* poreilu, sihinä
v poreilla, sihistä

fizzle out *v* (kuv) sammua (vähitellen), jostakin loppuu veto

fjord /fjɔrd/ *s* vuono

FL *Florida*

flabbergast /'flæbərˌgæst/ *v* ällistyttää, tyrmistyttää, saada haukkomaan henkeään

flabbergasting *adj* ällistyttävä, henkeäsalpaava

flabby /flæbi/ *adj* veltto, vetelä (myös kuv)

flag /flæg/ *s* lippu
v **1** liputtaa **2** lamaantua, laantua; väsähtää

flag down *v* viitata (taksi) pysähtymään, pysäyttää

flagpole /'flægˌpoəl/ *s* lipputanko

flagrant /fleɪgrənt/ *adj* törkeä, häpeämätön, silmiinpistävä

flagrantly *adv* törkeästi, häpeämättömästi, ilmiselvästi

flagship /'flægˌʃɪp/ *s* lippulaiva (myös kuv)

flagstaff /'flægˌstæf/ *s* lipputanko

flail /fleɪəl/ *s* varsta
v **1** puida varstalla **2** huitoa, heiluttaa (esim käsiään)

flair /fleɪər/ *s* vainu, taju, lahjat *she has no flair for elegance* hän ei osaa olla tyylikäs

flake /fleɪk/ *s* **1** hiutale *snow/corn flake* maissihiutale, lumihiutale **2** (sl) tärähtänyt (ihminen); laiska (ihminen)
v **1** (maali, iho) hilseillä, lohkeilla **2** leikata hiutaleiksi, silputa

flaky *adj* **1** (maali, iho) hilseilevä, lohkeileva **2** (sl) tärähtänyt, höynähtänyt; pinnallinen

flamboyant /flæm'boɪənt/ *adj* ylellinen, mahtaileva, pursuileva, pröystäilevä

flamboyantly *adv* ylellisesti, mahtaillen, pröystäillen

flame /fleɪm/ *s* **1** liekki (myös kuv:) hehku, innostus **2** ihastus, mies/naisystävä
v leimahtaa liekkiin, syttyä (myös kuv) *her eyes flamed* hänen silmänsä leimahtivat/säkenöivät/iskivät tulta

flamethrower /ˈfleɪmˌθroʊər/ *s* (ase) liekinheitin
flaming *adj* liekehtivä, hehkuva (väri), (kuv) palava (tunne)
flamingo /fləˈmiŋgoʊ/ *s* flamingo
flammable /flæməbəl/ *adj* tulenarka, helposti syttyvä
Flanders /flændərz/ Flanderi
flange /flændʒ/ *s* (vanteen) sarvi, (bajonetin ym) reunus, rengas
flank /flæŋk/ *s* kylki, kuve
v olla jonkin kupeessa/rinnalla
flannel /flænəl/ *s* flanelli
flap /flæp/ *s* **1** (korva- tai muu) läppä **2** (lentokoneen) laskusiiveke **3** läpsäytys **4** (ääni) läpätys, lepatus
v **1** läpättää, lepattaa **2** lyödä *the birds are flapping their wings*
flare /fleər/ *s* **1** purkauma, liekki, roihu **2** valoraketti, hätäraketti **3** (housunlahkeen, hameen) levennys
v **1** leimahtaa, hulmahtaa, roihahtaa **2** (lahkeesta, hameesta) levitä (alaspäin); (sieraimista) laajentua
flare up *v* leimahtaa, syttyä, leimahtaa ilmiliekkiin (myös kuv)
flash /flæʃ/ *s* **1** leimahdus, välähdys **2** salama **3** salamalaite **4** lyhyt uutislähetys (kesken ohjelman)
v **1** leimahtaa, välähtää, väläyttää, välkkyä *he flashed her a smile* hän hymyili hänelle lyhyesti, hän väläytti hänelle hymyn **2** vilahtaa, sujahtaa, viilettää
flashback /ˈflæʃˌbæk/ *s* (elokuvassa, romaanissa) takauma
flashlight /ˈflæʃˌlaɪt/ *s* **1** taskulamppu **2** salamavalo(lamppu)
flashy *adj* huomiota herättävä, pröystäilevä
flask /flæsk/ *s* **1** (koe)pullo **2** taskumatti
flat /flæt/ *s* **1** tasanko **2** lape; kämmen **3** (mus) alennusmerkki **4** (UK) huoneisto, asunto **5** rengasrikko *we had a flat on the way here* autosta puhkesi rengas tänne tullessamme
adj, adv **1** litteä, tasainen, suora *put your hands flat against the wall* levitä kätesi seinälle/seinää vasten **2** (kuv) haalea (väri), heikko (kysyntä), väljähtänyt (juoma) **3** (mus) alennettu (nuotti); liian matala **4** kerta- *they charge a flat rate* he veloittavat kertamaksun **5** ehdoton, jyrkkä *a flat refusal* ehdoton kieltäytyminen/kielto **6** (ark) auki, rahaton *he is flat broke again* hän on taas peeaa
flatly *adv* (kieltäytyä, kieltää) ehdottomasti
flatten *v* tasoittaa, suoristaa, oikaista; kaataa lakoon, maan tasalle
flatten out *v* tasoittaa, tasoittua, muuttua tasaise(mma)ksi
flatter /flætər/ *v* imarrella, makeilla
flatterer *s* imartelija
flattering *adv* imarteleva
flatteringly *adv* imarrellen, imartelevasti
flattery *s* imartelu, makeilu
flaunt /flant/ *v* rehennellä, leuhkia jollakin
flautist /floʊtɪst flaʊtɪst/ *s* huilunsoittaja
flavor /fleɪvər/ *s* **1** maku (myös kuv) *Baskin-Robbins ice cream comes in 31 different flavors* Baskin-Robbinsilla on 31 erimakuista jäätelöä **2** mauste, aromi; sivumaku
v maustaa, antaa makua jollekin
flavoring *s* mauste, aromi
flavorless *adj* mauton
flaw /fla/ *s* vika, puute
flawed *adj* virheellinen, ontuva (kuv)
flawless *adj* virheetön, moitteeton
flawlessly *adv* virheettömästi, moitteettomasti
flax /flæks/ *s* pellava
flaxen *adj* pellava-
flea /fli/ *s* kirppu
fleabag /ˈfliˌbæg/ *s* (ark) hotellin/motellin murju/rähjä
flea market *s* kirpputori
fleck /flek/ *s* täplä, tahra, läiskä
v roiskia jonnekin, kurata; täplittää
fled /fled/ ks flee
fledgling /fledʒliŋ/ *s* **1** (linnun)poikanen **2** aloittelija
adj aloitteleva, kokematon
flee /fli/ *v* fled, fled: paeta, karata

fleet /flit/ *s* **1** laivasto; laivue **2** (saman omistajan) autot, autokanta *the rental agency has a fleet of 400,000 cars* autonvuokraamolla on yhteensä 400 000 autoa
fleeting *adj* lyhytaikainen, ohimenevä, hetkellinen
flesh /fleʃ/ *s* **1** liha **2** (hedelmän) malto **3** (kuv) liha *it's the president in flesh and blood* presidentti ilmielävänä
flex /fleks/ *v* taivuttaa *the police are flexing their muscles* (kuv) poliisi uhoilee, näyttelee voimiaan
flexibility /ˌfleksəˈbɪləti/ *s* notkeus, joustavuus, taipuisuus
flexible /fleksəbəl/ *adj* notkea, joustava, taipuisa, venyvä
flexion /flekʃən/ *s* (kieliopissa) taivutus
flextime /ˈfleksˌtaɪm/ *s* liukuva työaika
flick /flɪk/ *s* **1** näpäytys (sormella); (piiskan) sivallus **2** (sl) filmi, (elo)kuva
v näpäyttää; sivaltaa; läimäyttää *to flick a switch* kääntää (nopeasti) katkaisijaa
flicker /flɪkər/ *s* **1** välähdys, välke **2** (kuv) kipinä, aavistus *a flicker of hope* toivon kipinä *a flicker of a smile* hymyn kare/väre
v välkkyä, (liekki) lepattaa
flier /flaɪər/ *s* **1** lentäjä, pilotti; lentomatkustaja **2** lehtinen, mainos **3** (ark) hyppy *to take a flier* hypätä
flight /flaɪt/ *s* **1** lento (myös kuv) *flight 103 to Chicago; a flight of imagination* **2** pako *take flight* paeta **3** portaat *a flight of stairs* portaat
flight deck *s* (lentokoneen) ohjaamo
flight engineer *s* (lentokoneen) toinen perämies
flight simulator *s* lentosimulaattori
flighty *adj* vilkas, oikukas, ailahteleva
flimsily /flɪmzɪli/ *adv* heppoisesti, huonosti, hatarasti, kehnosti
flimsy /flɪmzi/ *adj* heppoinen, huono(sti tehty), hatara, kehno
flinch /flɪntʃ/ *v* **1** säpsähtää, säikähtää **2** (kuv) perääntyä
fling /fliŋ/ *s* **1** heitto **2** yritys, kokeilu *I took a fling at golf* yritin (huvikseni) pelata golfia **3** irrottelu, ilonpito
v flung, flung: heittää, paiskata
flint /flɪnt/ *s* piikivi
flip /flɪp/ *s* **1** heitto, kääntäminen; näpäytys *at the flip of a switch* (kuv) nappia painamalla, heti **2** hyppy
v **1** heittää, kääntää (äänilevy ym); näpäyttää; avata (kirja) **2** hypätä **3** (sl) saada hepulit, menettää malttinsa
flippancy /flɪpənsi/ *s* nenäkkyys
flippant /flɪpənt/ *adj* nenäkäs
flirt /flərt/ *s* flirttailija
v **1** flirttailla, keimailla **2** (kuv) leikitellä (ajatuksella)
flirtation /flərˈteɪʃən/ *s* flirttailu, keimailu
flirtatious /flərˈteɪʃəs/ *adj* flirttaileva, keimaileva
flit /flɪt/ *v* pyrähtää
float /floʊt/ *s* **1** (ongen, verkon) koho **2** (lentokoneen ym) kelluke **3** pelastusliivit, kelluntaliivit, pelastusrengas **4** lautta **5** (juhlakulkueessa: koristellut) vaunut, lava
v **1** kellua; ajelehtia **2** leijua ilmassa **3** perustaa (yritys); laskea liikkeelle (laina); (valuutta:) (antaa) kellua
float around *v* (huhu) olla liikkeellä
floating-rate /ˈfloʊtiŋˌreɪt/ *adj* (tal) vaihtuvakorkoinen
Floating-Rate Note *s* (tal) vaihtuvakorkoinen velkakirja
flock /flak/ *s* lauma, parvi, (ihmis)joukko
v parveilla, tulla/mennä sankoin joukoin
flog /flag/ *v* piiskata, ruoskia
flogging *s* piiskaus
flood /flʌd/ *s* tulva (myös kuv) *a flood of orders* tilausten tulva *the Flood* vedenpaisumus
v tulvia (myös kuv) *the store is flooded with customers* kaupassa vilisee/kuhisee asiakkaita
floodlight /ˈflʌdˌlaɪt/ *s* valonheitin
floor /flɔr/ *s* **1** lattia **2** kerros *ground floor* pohjakerros, ensimmäinen kerros *first/second floor* (US) ensimmäinen/toinen kerros, (UK) toinen/kolmas kerros **3** pohja *ocean floor* merenpohja
v **1** päällystää lattia jollakin **2** iskeä lat-

tialle **3** painaa (kaasu) pohjaan **4** tyrmistyttää, saada tyrmistymään
flop /flap/ *s* epäonnistuminen, munaus, möhläys
v **1** pudota, kaatua, läpsähtää, lopsahtaa **2** epäonnistua, mennä myttyyn
flophouse /ˈflapˌhaʊs/ *s* hotellin rähjä/murju
floppy /ˌflapi/ *s* (tietokoneen) levyke
adj veltto, vetelä
floppy disk /ˌflapiˈdɪsk/ *s* (tietokoneen) levyke
floppy drive *s* (tietokoneen) levykeasema
floptical /flaptəkəl/ *s* optinen levyke (sanoista *floppy* ja *optical*)
flora /flɔrə/ *s* kasvisto, flooria
Florida /flɔrɪdə/
florist /flɔrɪst/ *s* kukkakauppias
flotilla /fləˈtɪlə/ *s* laivue
flounder /flaʊndər/ *s* kampela
v **1** räpiköidä **2** (kuv) kompuroida, nikotella
flour /flaʊər/ *s* jauhot
flourish /flərɪʃ/ *s* **1** koriste, kiehkura **2** (käden, kepin) heilautus
v **1** kukoistaa (myös kuv), menestyä hyvin **2** heilauttaa
flourishing *adj* kukoistava (myös kuv), menestyksekäs
flout /flaʊt/ *v* rikkoa (sääntöjä), ei piitata, vähät välittää
flow /floʊ/ *s* virta(us) *traffic flow* liikenteen virta *to go with the flow* (kuv) mennä joukon mukana, tehdä kuten muutkin
v virrata (myös kuv) *her hair flowed over her shoulders* hiukset roikkuivat hänen olallaan
flower /flaʊər/ *s* kukka (myös kuv) *to be in flower* kukkia, olla kukassa
v kukkia, kukoistaa (myös kuv)
flower bed *s* kukkapenkki
flower child *s* (1960-luvun) hippi, kukkaislapsi
flower girl *s* morsiusneito
flower people *s* (mon) (1960-luvun) hipit, kukkaislapset
flower pot *s* kukkaruukku
flowery *adj* **1** kukkiva, kukkien täyttämä **2** kukikas **3** (kuv) rönsyilevä, koristeellinen (tyyli)
flown /floʊn/ ks fly
flu /flu/ *s* (ark) flunssa, influenssa
fluctuate /ˈflʌkʃuˌeɪt/ *v* vaihdella, olla epävakaa, ailahdella
fluctuation /ˌflʌkʃuˈeɪʃən/ *s* vaihtelu, epävakaisuus, ailahtelu
fluency /fluənsi/ *s* sujuvuus; kielitaito *his fluency in Finnish leaves much to be desired* hänen suomen taidossaan on paljon parantamisen varaa
fluent /fluənt/ *adj* sujuva *she is fluent in several languages* hän puhuu sujuvasti useita kieliä
fluently *adv* sujuvasti
fluff /flʌf/ *s* nöyhtä, nukka
v pöyhentää, pöyhiä (tyyny)
fluffy *adj* **1** pörröinen, pehmeä, pehmoinen **2** kuohkea (ruoka) **3** (kuv) tyhmä, älytön
fluid /fluəd/ *s* neste
adj nestemäinen
fluid head /ˈfluədˌhed/ s (kamerajalustan) nestepää, kinopää
flung /flʌŋ/ ks fling
fluorescent lamp /fləˈresənt/ *s* loistelamppu
flurry /fləri/ *s* **1** tuulenpuuska, lumipyry, sadekuuro **2** (kuv) (innostuksen) puuska, kova kiire
v hermostuttaa, saada joku sekaisin
flush /flʌʃ/ *s* tulvahdus; punastuminen; (kuv) huuma
v **1** (kasvot) punastua, saada (kasvot) punastumaan **2** huuhdella (vedellä) *to flush the toilet* vetää vessa
adj **1** samassa tasossa kuin, samansuuntainen kuin *the table is flush with/against the wall* pöytä on seinän suuntainen/kiinni seinässä **2** (kuv) jollakulla on paljon jotakin *after she won the lottery, she was flush with money* hänellä oli rutkasti rahaa sen jälkeen kun hän voitti arpajaiset
fluster /flʌstər/ *v* hermostuttaa, hämmentää, saada hermostumaan/hämilleen
flute /flut/ *s* huilu

flutist /flutɪst/ *s* huilunsoittaja
flutter /flʌtər/ *v* **1** räpyttää (siipiä, silmäripsiä), heiluttaa (viuhkaa), läpättää, vipattaa **2** (sydän) tykyttää
flux /flʌks/ *s* epävakaa tila, muutostila *things are in a state of flux* tilanne on epävakaa
fly /flaɪ/ *s* kärpänen
v flew, flown **1** lentää (myös kuv), lennättää *we flew Delta* me lensimme Deltalla/Deltan koneella *he flew passengers in his plane* hän lennätti/kuljetti koneellaan matkustajia *how time flies!* miten aika lentääkään! *fly a kite* lennättää leijaa *go fly a kite!* (kuv) häivy!, ala nostella! **2** paeta, karata **3** nostaa (lippu) salkoon **4** (ark) onnistua, mennä täydestä *that won't fly* se ei onnistu, se ei mene läpi
fly-by-night *adj* **1** epäluotettava, hutiloitu, hätiköity **2** hetkellinen, ohimenevä
fly casting *s* perhokalastus
flyer /flaɪər/ ks flier
flying colors *to do something with flying colors* selvitä jostakin liput liehuen
Flying Fish (tähdistö) Lentokala
flying erase head /ˌflaɪiŋə'reɪsˌhed/ *s* (kuvanauhurin,kameranauhurin) pyörivä poistopää
flying saucer *s* lentävä lautanen
fly in the face of *fr* uhmata, rikkoa (sääntöjä), ei piitata
fly in the ointment *fr* haitta, harmi, puute
FM *frequency modulation* taajuusmodulaatio
foal /foəl/ *s* varsa
foam /foʊm/ *s* vaahto
v vaahdota
foam rubber *s* vaahtokumi
foamy *adj* **1** vaahdon peittämä, vaahtoava **2** helposti vaahtoava
f.o.b. *free on board* vapaasti aluksessa
focal /foʊkəl/ *adj: that was the focal point of my career* se oli urani kohokohta
focal length *s* polttoväli
focus /foʊkəs/ *s* **1** polttopiste *to bring a camera/something into focus* tarkentaa kamera/(kuv) ottaa jokin puheeksi, kiinnittää toisten huomio johonkin *the pictures were all out of focus* yksikään kuvista ei ollut tarkka, kaikki kuvat oli tarkennettu väärin **2** keskipiste (myös kuv), keskus *she was the focus of attention at the party*
v tarkentaa (kamera ym), keskittää (myös kuv), keskittyä, (katse) kohdistua, osua *you should try to focus on your job*
fodder /fadər/ *s* rehu (myös kuv) *cannon fodder* tykinruoka
foe /foʊ/ *s* vihollinen, vastustaja
foetus /fitəs/ ks fetus
fog /fag/ *s* sumu
v sumentaa, sumentua; (kuv) sekoittaa, hämmentää
Foggerty /fagərti/ (Peter Panissa) Simo Sumumäki
foggy *adj* **1** sumuinen **2** huuruinen (ikkuna, peili) **3** (kuv) hämärä
foghorn /'fagˌhɔrn/ *s* sumutorvi
Foghorn Leghorn /ˌfaghɔrn'leghɔrn/ Kukko Koppava
fog light *s* (auton) sumuvalo
foil /foɪəl/ *s* **1** (metalli)kelmu **2** vastakohta, täydennys **3** (miekkailussa) floretti
v tehdä tyhjäksi, estää
fold /foəld/ *s* taite, laskos, poimu, ryppy
v taittaa, taittua, laskostaa
folder /foldər/ *s* **1** arkistokansio, mappi **2** esite
folding chair *s* taittuva tuoli, klahvituoli
folding table *s* kääntölevypöytä, klahvipöytä
foliage /folɪədʒ/ *s* (puun) lehdet, lehvistö, lehvästö
folk /foʊk/ *s* (yl mon) **1** ihmiset, väki, kansa **2** omaiset, jonkun väki *my folks live in Virginia* vanhempani asuvat Virginiassa
folk dance *s* kansantanssi
folklore /'foʊkˌlɔr/ *s* folklore, kansankulttuuri
folklorist *s* folkloristi, kansankulttuurin tutkija
folk medicine *s* kansanlääkintä

folk music *s* kansanmusiikki
folk rock *s* folk rock
folk singer *s* kansanlaulaja
folk song *s* kansanlaulu
folksy /foʊksi/ *adj* **1** tuttavallinen, ystävällinen; rento **2** kansanomainen, kansan-
follow /faloʊ/ *v* **1** seurata, tulla/mennä perässä, kulkea jotakin reittiä *follow me, please* tulkaa perässäni *follow a road* seurata tietä **2** ymmärtää *I'm sorry but I don't follow you* minä putosin kärryiltä **3** noudattaa, seurata *follow the rules/your heart* noudattaa sääntöjä/ seurata sydämensä ääntä **4** seurata, tapahtua seuraavaksi *a fire followed the earthquake, the earthquake was followed by a fire* maanjäristystä seurasi tulipalo **5** seurata, lukea, katsoa *do you follow politics/Picket Fences?* seuraatko sinä politiikkaa/tv-sarjaa Rooman šeriffi?
follower *s* seuraaja, kannattaja, oppilas
following *s* kannattajajoukko, seuraajat *the politician has a large following* poliitikolla on paljon kannattajia *adj* seuraava *the following day* seuraavana päivänä *among these problems are the following* näihin ongelmiin kuuluvat mm. seuraavat:
follow out *v* noudattaa (määräyksiä), toteuttaa (käytännössä)
follow suit *v* noudattaa esimerkkiä
follow-through /ˈfaloʊˌθru/ *s* (golfissa, tenniksessä) saatto, lyönnin jatkaminen mailan kaariliikkeen loppuun sen osuttua palloon
follow through *v* **1** saattaa päätökseen, toteuttaa loppuun saakka **2** (golfissa, tenniksessä) tehdä täydellinen mailaliike, saattaa (ks edellistä hakusanaa)
follow up *v* **1** ryhtyä toimiin jonkin asian eteen **2** perehtyä johonkin tarkemmin, tutkia jotakin perusteellisemmin
folly /fali/ *s* tyhmyys, hulluus, älyttömyys
foment /foʊˈment/ *v* lietsoa (riitaa), aiheuttaa (hankaluuksia)
fond /fand/ *adj* **1** *to be fond of someone/something* pitää jostakusta/jostakin **2** rakastava, hyvä, hellä; kaunis (muisto)
fondle /fandəl/ *v* hyväillä
fondly *adv* rakastavasti, hellästi *she remembered him fondly* hänellä oli hänestä kaunis muisto
fondness *s* mieltymys, rakkaus
font /fant/ *s* **1** kastemalja **2** kirjasinlaji
food /fud/ *s* ruoka; (eläimen) rehu *here's some food for thought for you* tässä on sinulle hengenravintoa, ajattelemisen aihetta
food chain *s* ravintoketju
food poisoning *s* ruokamyrkytys
food processor *s* (keittiön) yleiskone
food rationing *s* elintarvikesäännöstely
food stamp *s* (valtion vähävaraisille jakama) elintarvikekuponki
foodstuff /ˈfudˌstʌf/ *s* elintarvike
fool /fuəl/ *s* typerys, hölmö; narri *don't make a fool of yourself by talking too much* älä nolaa itseäsi puhumalla liikaa *he was nobody's fool* häntä ei kukaan pystynyt narraamaan, hän ei ollut mikään eilisen teeren poika *v* narrata, huijata, puijata *for a while there you had me fooled* hetken aikaa olin vähällä uskoa sinua
fool around *v* **1** maleksia joutilaana/ siellä täällä **2** käydä vieraissa, juosta naisissa/miehissä
foolhardy /ˈfulˌhardi/ *adj* uhkarohkea, tyhmänrohkea
foolish *adj* typerä, älytön
foolishly *adv* typerästi, älyttömästi
foolishness *s* typeryys, älyttömyys
foolproof /fulˌpruf/ *adj* idioottivarma
fool with *v* (kuv) leikkiä (jollakin/jonkun tunteilla)
foot /fʊt/ *s* (mon feet /fit/) **1** jalka (myös kuv) *we went there on foot* menimme sinne jalan/jalkaisin *at the foot of the mountain/bed* vuoren juurella/vuoteen (jalko)päässä *to be under foot* olla tiellä *to get off on the right/wrong foot* alkaa/aloittaa hyvin, lupaavasti/ huonosti *to get your foot in the door* saada jalkansa ovenrakoon, päästä alkuun *to put your best foot forward*

esiintyä edukseen, antaa mahdollisimman hyvä kuva itsestään *to not set foot on something* ei astua jalallaankaan johonkin **2** (pituusmitta) jalka, 30,5 cm
v **1** *foot it* kävellä, mennä jalkaisin; kävellä keinuen **2** maksaa *she offered to foot the bill* hän tarjoutui maksamaan laskun
footage /fʊtədʒ/ *s* **1** mitta, pituus (jalkoina) **2** (elokuva)filmi(n katkelma)
foot-and-mouth disease *s* suu- ja sorkkatauti
football /'fʊt͵bal/ *s* **1** (peli) amerikkalainen jalkapallo **2** (pallo) jalkapallo
foothill /'fʊt͵hɪl/ *s* kukkula (vuoriston edustalla)
foothold /'fʊt͵hold/ *s* jalansija (myös kuv) *to gain a foothold in something* saada jalansija jossakin
footnote /'fʊt͵noʊt/ *s* alaviite; (kuv) lisäys, lisähuomautus
footprint /'fʊt͵prɪnt/ *s* jalanjälki
footstep /'fʊt͵step/ *s* **1** askel **2** (kuv) jälki *he followed in his father's footsteps* hän seurasi isänsä jälkiä
for /fɔr/ *prep* **1** (tarkoituksesta) varten, jollekulle, jollekin *this parcel for you* tämä paketti on sinulle *a dictionary for students* koululaissanakirja *he ran for life* hän juoksi henkensä edestä **2** (ajasta) ajan *he has played golf for three years* hän on pelannut golfia kolme vuotta **3** (kannatuksesta, sijaisuudesta) puolesta *I am all for lower taxes* minä kannatan ehdottomasti verojen alentamista *a lawyer acts for his client* asianajaja edustaa asiakastaan **4** (vastineesta) *an eye for an eye* silmä silmästä *he was punished for what he did* hän sai teostaan rangaistuksen **5** (matkan kohteesta) jonnekin *they left for Brazil two days ago* he lähtivät kaksi päivää sitten Brasiliaan **6** (syystä) *the restaurant is famous for its desserts* ravintola on kuuluisa jälkiruuistaan *I did it for no reason* tein sen huvikseni **7** (matkasta) *they drove for forty miles before they found a gas station* he ajoivat 40 mailia ennen kuin löysivät huoltoaseman **8** muita sanontoja *she is tall for a girl* hän on pitkä tytöksi *he has a weakness for chocolate* suklaa on hänen heikkoutensa *he is suprisingly modest for all his money* hän on hämmästyttävän vaatimaton paljoista rahoistaan huolimatta
konj sillä
forage /fɔrədʒ/ *s* rehu
forage for *v* etsiä jotakin
for all the world *fr* täsmälleen, tismalleen *not for all the world* ei mistään hinnasta
for all you're worth *she tried for all she was worth* (ark) hän yritti parhaansa, hän teki kaikkensa
for a song *to buy/get something for a song* ostaa/saada jokin erittäin halvalla/pikkurahalla
forbade /fər'beɪd/ ks forbid
forbear /fər'beər/ *v* forbore, forborne (ylät) pidättyä (tekemästä jotakin)
forbearance /fər'berəns/ *s* **1** pidättäytyminen **2** suvaitsevaisuus
forbid /fər'bɪd/ *v* forbad(e), forbidden **1** kieltää **2** estää, ei sallia *his injury forbids him from playing tennis* hän ei vammansa vuoksi voi pelata tennistä
forbidding *adj* ankara, uhkaava
forbore /fər'bɔr/ ks forbear
forborne /fər'bɔrn/ ks forbear
force /fɔrs/ *s* **1** voima (myös kuv) *the police had to use force to control the crowd* poliisin oli turvauduttava voimakeinoihin saadakseen väkijoukon kuriin *the law is now in force* laki on nyt voimassa *the forces of nature* luonnonvoimat *he joined the work force* hän siirtyi työelämään **2** (mon) asevoimat
v **1** pakottaa *they forced me to come* he pakottivat minut mukaansa **2** ahtaa, ahtautua, sulloa *we forced the baggage into the trunk of the car* me ahdoimme matkatavarat auton perään
force down someone's throat *she tried to force the idea down my throat* (ark) hän yritti pakottaa minut hyväksymään ehdotuksen
forceful *adj* voimakas, määrätietoinen, vakuuttava

forcefully *adv* voimakkaasti, vakuuttavasti
force majeure /ˌfɔrsmə'ʒuər/ *s* force majeure, ylivoimainen este
forceps /fɔrseps/ *s* (mon) pihdit, synnytyspihdit
forcible /fɔrsəbəl/ *adj* **1** voimakas, vakuuttava **2** pakko-, voimakeinoin tapahtuva
forcibly *adv* **1** painokkaasti, voimakkaasti **2** voimakeinoin
ford /fɔrd/ *s* kahluupaikka, kahlaamo *v* kahlata (joen yli), ylittää (joki)
Ford /fɔrd/ amerikkalainen automerkki
fore /fɔr/ *s* **1** (golfissa) fore, varoitushuuto, jolla ilmoitetaan pallon lähestyvän vaarallisesti toisia pelaajia **2** *to come to the fore* nousta etualalle, tulla näkyviin
adj etu-
forearm /fɔrarm/ *s* kyynärvarsi
forebear /'fɔrˌbeər/ *s* (yl mon) esi-isät
forebode /ˌfɔr'boʊd/ *v* ennakoida, ennustaa, olla merkki jostakin
forecast /'fɔrˌkæst/ *s* ennuste *weather forecast* sääennuste
v forecast, forecast: ennustaa
forecourt /'fɔrˌkɔrt/ *s* esipiha
forefather /'fɔrˌfaðər/ *s* esi-isä
forefinger /'fɔrˌfiŋgər/ *s* etusormi
forefront /'fɔrˌfrʌnt/ *in the forefront* (kuv) etualalla, etunenässä
forego /ˌfɔr'goʊ/ *v* **1** edeltää jotakin **2** ks forgo
foregone conclusion /'fɔrˌgan/ *s* etukäteen selvä lopputulos *his dismissal was a foregone conclusion* jo etukäteen oli selvää että hänet erotettaisiin
forehead /'fɔrˌhed/ *s* otsa
foreign /fɔrən/ *adj* **1** ulkomainen, vierasmaalainen *foreign films* **2** vieras *foreign matter* vieras aine *foreign to* johonkin kuulumaton, ei tyypillinen/ominainen jollekulle
foreign affairs *s* (mon) ulkopolitiikka
foreign aid *s* ulkomaanapu, kehitysapu
foreign correspondent *s* ulkomaan kirjeenvaihtaja
foreigner /fɔrənər/ *s* ulkomaalainen
foreign exchange dealer *s* valuuttakauppias
foreign legion *s* muukalaislegioona
foreign minister *s* ulkoministeri (ei Yhdysvalloissa)
foreign office *s* ulkoministeriö (ei Yhdysvalloissa)
foreign policy *s* ulkopolitiikka
foreign service *s* ulkoasiainhallinto
foreman /fɔrmən/ *s* (mon foremen) **1** työnjohtaja **2** valamiehistön puheenjohtaja
foremost /'fɔrˌmoʊst/ *adj* ensimmäinen, etualalla oleva *the thing that is foremost in my mind is the new law* mielessäni on juuri nyt etualla uusi laki *adv: first and foremost* ennen kaikkea
forename /'fɔrˌneɪm/ *s* etunimi
forenoon /'fɔrˌnun ˌfɔr'nun/ *s* aamupäivä
forensic /fər'enzɪk/ *adj* oikeus- *forensic medicine* oikeuslääketiede
foreplay /'fɔrˌpleɪ/ *s* esileikki (myös kuv)
forerunner /'fɔrˌrʌnər/ *s* edeltäjä
foresee /ˌfɔr'si/ *v* foresaw, foreseen: ennakoida, arvata etukäteen
foreseeable *adj* lähi- *in the foreseeable future* lähitulevaisuudessa
foreshadow /ˌfɔr'ʃædoʊ/ *v* ennakoida, olla merkki jostakin (tulevasta)
foreshore /'fɔrˌʃɔr/ *s* ranta
foresight /'fɔrˌsaɪt/ *s* (kuv) kaukonäköisyys
foreskin /'fɔrˌskɪn/ *s* esinahka
forest /fɔrəst/ *s* metsä
forestall /ˌfɔr'stal/ *v* **1** ehtiä ennen (kilpailijaa) **2** ehkäistä, tehdä tyhjäksi
forester /fɔrəstər/ *s* metsänhoitaja
forest ranger *s* metsänvartija
forestry *s* metsänhoito, metsätalous
foretaste /'fɔrˌteɪst/ *s* esimaku
foretell /ˌfɔr'tel/ *v* foretold, foretold: ennustaa
forethought /'fɔrˌθat/ *s* harkinta, varovaisuus
forever /fə'revər/ *adv* ikuisesti
forever and a day *fr* ikuisesti
forevermore /fəˌrevər'mɔr/ *adv* ikuisesti

forewarn /ˌfɔr'wɔrn/ *v* varoittaa
forewoman /'fɔrˌwʊmən/ *s* (mon forewomen) **1** työnjohtaja **2** valamiehistön puheenjohtaja
foreword /fɔrwərd/ *s* (kirjan) esipuhe, alkusanat, alkulause
forfeit /fɔrfət/ *v* menettää
forgave /fər'geɪv/ ks forgive
forge /fɔrdʒ/ *s* **1** (sepän) paja **2** ahjo *v* **1** (sepästä) takoa **2** (kuv) muovata, muokata, takoa *through the years, they forged a friendship* vuosien mittaan heistä tuli hyvät ystävät **3** väärentää **4** edetä *we forged ahead through the jungle* etenimme hitaasti viidakon halki
forger *s* väärentäjä
forgery *s* väärennös; väärentäminen
forget /fər'get/ *v* forgot, forgotten: unohtaa
forgetful *adj* huonomuistinen
forgettable *adj* jonka unohtaa helposti *a forgettable movie* mitätön elokuva
forgivable /fər'gɪvəbəl/ *adj* anteeksiannettava, jonka voi antaa anteeksi
forgive /fər'gɪv/ *v* forgave, forgiven: antaa anteeksi *forgive me, but aren't you Keanu Reeves?* suokaa anteeksi mutta ettekö te olekin Keanu Reeves?
forgiveness *s* anteeksianto *I beg forgiveness* pyydän anteeksi
forgiving *adj* anteeksiantava(inen), sovinnollinen *a forgiving golf club* golfmaila jolla on helppo lyödä hyvin
forgo /ˌfɔr'goʊ/ *v* forwent, forgone: luopua jostakin
forgot /fər'gat/ ks forget
forgotten ks forget
fork /fɔrk/ *s* **1** haarukka **2** talikko; hanko **3** tienhaara; puunhaara *v* **1** nostaa talikolla **2** haarautua
forklift truck /'fɔrkˌlɪft/ *s* haarukkatrukki
fork out *v* (ark) pulittaa, maksaa, antaa
fork over *v* (ark) pulittaa, maksaa, antaa
forlorn /fər'lɔrn/ *adj* lohduton, onneton, hylätty
form /fɔrm/ *s* **1** muoto, hahmo *the new rules are beginning to take form* uuden säännöt alkavat muotoutua/hahmottua **2** tavat **3** kaavake, lomake *you have to fill out this application form* sinun pitää täyttää tämä hakemuskaavake **4** kunto, fysiikka *I am in bad form* olen huonossa kunnossa *v* muotoilla, muotoutua, muodostaa, hahmotella, hahmottua *a thought formed in his head* hänen päässään syntyi ajatus *they form a dissenting group* he muodostavat sirpaleryhmän
formal *adj* muodollinen, virallinen *don't be so formal, mellow out* älä ole niin jäykkä, ota lunkisti *he writes in a formal style* hän kirjoittaa ylätyylillä
formality /fɔr'mæləti/ *s* **1** muodollisuus **2** virallisuus, jäykkyys
formalize /'fɔrməˌlaɪz/ *v* virallistaa, vakiinnuttaa
formally *adv* virallisesti, jäykästi, kankeasti
format /'fɔrˌmæt/ *s* koko; rakenne *the professor did not like the format of his thesis* professori ei pitänyt hänen väitöskirjansa lähestymistavasta *there are several different video formats* on useita erilaisia videojärjestelmiä
formation /fɔr'meɪʃən/ *s* **1** muodostaminen **2** muodostelma
formative /fɔrmətɪv/ *adj* muodostava *in his formative years* nuoruusvuosinaan
former /fɔrmər/ *adj* **1** entinen **2** ensiksi mainittu
formerly *adv* aikaisemmin, aiemmin, ennen
form factor *s* koko (ja muoto) *the most popular form factor in laptops* sylikoneiden suosituin kokoluokka
Formica® /fɔr'maɪkə/ *s* eräs huonekalumuovi(pinnoite), ikilevy
formidable /fər'mɪdəbəl fɔrmədəbəl/ *adv* pelottava, hirvittävä, valtaisa, suunnaton
formula /fɔrmjələ/ (mon formulas, formulae /fɔrmjəli/ *s* kaava, (lääke)-resepti *what's your formula for success?* mikä on sinun menestyksesi salaisuus *baby formula* vauvanruoka

formulate /'fɔrmjə,leɪt/ *v* muotoilla, pukea sanoiksi, ilmaista
formulation /,fɔrmjə'leɪʃən/ *s* ilmaisu, esitys, sanamuoto
for real *to be for real* **1** olla tosissaan, tarkoittaa täyttä totta **2** olla aito/rehellinen/luotettava **3** olla todellinen, ei olla pelkkää puhetta
forsake /fər'seɪk/ *v* forsook, forsaken: jättää, hylätä, luopua
for sale *fr* (kyltissä, lehti-ilmoituksessa ym) myytävänä
for starters *fr* (ark) **1** aluksi, alkajaisiksi **2** ensinnäkin, ensinnäkään
forswear /fər'sweər/ *v* forswore, forsworn **1** luopua jostakin **2** kieltää (paikkansapitävyys)
fort /fɔrt/ *s* linnoitus, linnake
forte /fɔrteɪ fɔrt/ *s* jokun vahva puoli *mathematics is not her forte* matematiikka ei kuulu hänen vahvoihin puoliinsa
forth /fɔrθ/ *adv* eri ilmauksissa: *to set forth* lähteä matkaan *and so forth* ja niin edelleen
forthcoming /,fɔrθ'kʌmiŋ/ *adj* pian alkava/ilmestyvä/esitettävä *Kevin Costner stars in a forthcoming movie about lawyers* esittää pääosaa asianajajista kertovassa elokuvassa joka tulee pian teattereihin *no help/money was forthcoming* apua ei liiennyt/rahaa ei herunut
for the present *fr* toistaiseksi, tällä haavaa, tässä vaiheessa
for the time being toistaiseksi
forthright /'fɔrθ,raɪt/ *adj* suora, peittelemätön
forthwith /,fɔrθ'wɪθ/ *adj* (ylät) välittömästi, viipymättä
fortieth /fɔrtiəθ/ *adj* neljäskymmenes
fortification /,fɔrtəfə'keɪʃən/ *s* **1** linnoitus **2** linnoittaminen **3** vahvistaminen, lujittaminen
fortify /'fɔrtə,faɪ/ *v* vahvistaa, lujittaa; linnoittaa
fortnight /'fɔrt,naɪt/ *s* kaksi viikkoa
FORTRAN *formula translation* eräs tietokonekieli
fortress /fɔrtrəs/ *s* linnoitus
fortunate /fɔrtʃənət/ *adj* onnekas *that was very fortunate for us* se oli meidän kannaltamme onnellinen tapahtuma
fortunately *adv* onneksi
fortune /fɔrtʃən/ *s* **1** kohtalo, sattuma, onni **2** omaisuus
fortune hunter *s* onnenonkija
fortuneteller /'fɔrtʃən,telər/ *s* ennustaja
Fort Worth /,fɔrt'wərθ/ kaupunki Texasissa
forty /fɔrti/ *s, adj* neljäkymmentä
fortysomething /,fɔrti,sʌmθiŋ/ *adj* (iältään) nelkyt ja risat
forum /fɔrəm/ *s* forum, foorumi, (tapahtuma)paikka, näyttämö
forward /fɔrwərd/ *s* (urh) (laita)hyökkääjä
v välittää eteenpäin, lähettää toiseen/uuteen osoitteeseen
adj **1** (tilasta) eteenpäin- **2** (ajasta) etukäteen tapahtuva, ennakko- **3** tungettelevainen, röyhkeä
adv **1** (tilasta) eteenpäin **2** (ajasta) eteenpäin, tulevaisuuteen, (jostakin) lähtien
forward contract *s* (tal) termiinisopimus
forwarding address *s* uusi osoite
forwardness *s* röyhkeys, tungettelu
forwards /fɔrwərdz/ ks forward
forward swing *s* (golfissa) eteenvienti
for what it's worth *for what it's worth, I don't believe her* jos minulta kysyt(te) niin en usko häntä
fossil /fasəl/ *s* fossiili (myös kuv)
foster /fastər/ *v* **1** edistää, tukea, kannustaa **2** kasvattaa (kasvattilapsena)
fought /fat/ ks fight
foul /faʊəl/ *s* (urh) virhe
v **1** saastuttaa, liata **2** sotkea (siima), sotkeutua **3** (urh) tehdä virhe, rikkoa sääntöjä
adj **1** paha (haju), pahanhajuinen, pilaantunut, saastunut **2** (kuv) kurja, inhottava **3** ruma, törkeä (puhe) **4** (urh) virheellinen, sääntöjen vastainen
foul-mouthed /,faʊl'maʊðd/ *adj* törkeä suustaan

foul play *s* **1** epäreilu peli **2** murha, veriteko

foul-smelling /ˌfaʊl'smeliŋ/ *adj* pahanhajuinen, löyhkäävä

foul up *v* (ark) munata, tunaroida

found /faʊnd/ *v* **1** ks find **2** perustaa *the school was founded in 1799* perustettiin 1799 *he founded his belief on what you said* hän perusti käsityksensä sinun sanoihisi **3** sulattaa ja valaa (metallia, lasia)

founder /faʊndər/ *s* **1** perustaja **2** (metallin) valaja
v (laivasta) kariutua (myös kuv:) epäonnistua *our plan foundered at the last minute* suunnitelmamme kariutui/raukesi viime hetkellä

foundry /faʊndri/ *s* valimo

fountain /faʊntən/ *s* **1** lähde **2** suihkukaivo **3** juomalaite (esim koulussa, työpaikalla)

four /foər/ *s, adj* neljä *on all fours* nelinkontin

four-cycle /'foərˌsaɪkəl/ *adj* nelitahtinen

four-horned antelope *s* nelisarviantilooppi

four-stroke /'foərˌstroʊk/ *adj* nelitahtinen

fourteen /ˌfoər'tin/ *s, adj* neljätoista

fourteenth /ˌfoərt'tinθ/ *adj* neljästoista

fourth /foərθ/ *adj* neljäs

fowl /faʊəl/ *s* **1** siipikarja; kana, hanhi, kalkkuna *he is neither fish nor fowl* (kuv) hän ei ole lintu eikä kala, hänestä ei ota selvää **2** linnunliha

fox /faks/ *s* **1** kettu **2** *Fox* yksi Yhdysvaltain neljästä suuresta televisioverkosta
v huijata, vetää nenästä

foyer /foɪər/ *s* **1** (teatterin, hotellin, kerrostalon eteis)aula
2 (yksityisasunnon) eteinen

FPO *field post office* kenttäpostitoimisto

fps *feet per second* jalkaa (30,5 cm) sekunnissa *frames per second* (kamerassa) ruutua sekunnissa

fqcy. *frequency* taajuus

fraction /frækʃən/ *s* **1** murto-osa **2** murtoluku

fracture /fræktʃər/ *s* (luun- ym) murtuma
v murtaa, lohkaista, katkaista *he fractured his leg while skiing* häneltä katkesi/murtui hiihtäessä jalka

fragile /frædʒəl/ *adj* (helposti) särkyvä; hento, herkkä *Alaska is an ecologically fragile area* Alaska on ekologisesti herkkää aluetta

fragility /frə'dʒɪləti/ *s* särkyvyys; herkkyys

fragment /frægmənt/ *s* pala(nen), sirpale; katkelma

fragment /fræg'ment/ *v* rikkoa/särkeä/särkyä palasiksi/sirpaleiksi

fragmentary /'frægmənˌteri/ *adj* katkonainen, pätkittäinen

fragmentation /ˌfrægmən'teɪʃən/ *s* särkeminen, särkyminen

fragmented *adj* katkonainen, sirpaleinen, särkynyt

fragrance /freɪgrəns/ *s* tuoksu; hajuvesi

fragrant /freɪgrənt/ *adj* hyvänhajuinen, hyvältä tuoksuva

frail /freɪəl/ *adj* heikko, heiveröinen, helposti särkyvä, herkkä *grandmother is in frail health* isoäidin terveys on heikko *grandmother is frail* isoäiti on heiveröinen nainen

frailty /freɪəlti/ *s* **1** heikkous, heiveröisyys, herkkyys **2** vika, heikkous

frame /freɪm/ *s* **1** runko **2** hahmo, olemus *he is of a slight frame* hän on ruumiinrakenteeltaan heiveröinen **3** (oven, ikkunan) karmi; (taulun, valokuvan) kehys **4** *frame of reference* viitekehys *frame of mind* mielentila
v **1** kehystää **2** laatia, kehittää **3** ilmaista, pukea sanoiksi **4** sommitella (valokuva)

frame house *s* puutalo

framework /'freɪmˌwərk/ *s* (kuv) kehys, runko, puitteet

France /fræns/ Ranska

franchise /'frænˌtʃaɪz/ *s* **1** lupa, oikeus; äänioikeus **2** toimilupa, lisenssi, fransiisi (lupa perustaa tiettyyn paikkaan

yl maanlaajuiseen ketjuun kuuluva mutta yksityisen omistama ravintola, myymälä tms)
v myöntää/antaa lupa, oikeus, äänioikeus, toimilupa, lisenssi, fransiisi, lisensoida

frank /fræŋk/ *s* nakki
adj rehti, aito, rehellinen

frankfurter /'fræŋk,fərtər/ *s* nakki

frankly *adj* rehellisesti; suoraan sanoen

frankness *s* rehellisyys, aitous, suoruus

frantic /fræntɪk/ *adj* raivostunut, kiihkeä, hätääntynyt

frantically *adj* raivoisaaan, kiihkeästi, hätääntyneesti

fraternal /frə'tərnəl/ *adj* veljellinen, veljes- *fraternal twins* erimunaiset kaksoset

fraternity /frə'tərnəti/ *s* **1** veljeys **2** veljeskunta; (yliopistossa miesten) oppilaskunta

fraternize /'frætər,naɪz/ *v* veljeillä (jonkun/vihollisen kanssa, *with*), kaveerata (ark)

fratricide /'frætrə,saɪd/ *s* **1** veljenmurha **2** veljenmurhaaja

fraud /frad/ *s* **1** petos, huijaus **2** petturi, huijari

fraudulence *s* petollisuus, petos, vilppi

fraudulent /fradʒələnt/ *adj* petollinen, kavala, vilpillinen

fraudulently *adv* petollisesti, vilpillisesti

fraught with /frat/ *adj* täynnä jotakin, erittäin *the undertaking is fraught with danger* hanke on erittäin vaarallinen

fray /freɪ/ *s* tappelu
v **1** (vaate) nuhraantua, kuluttaa/kulua puhki **2** (tunteet) kuumeta

frayed *adj* (hermot) lopussa, kuumat (tunteet)

freak /frik/ *s* **1** oikku, kummajainen; poikkeama **2** friikki *she is a health freak* hän on terveyshullu
adj outo, kummallinen, epänormaali

freak out *v* repiä pelihousunsa, saada hepulit

freckle /frekəl/ *s* pisama

freckled *adj* pisamainen

Fred Flintstone /,fred'flɪnstoʊn/ Retu Kivinen

free /fri/ *v* vapauttaa; irrottaa
adj **1** vapaa *they set the prisoner free* vanki päästettiin vapaaksi, vapautettiin *excuse me, is this seat free?* anteeksi, onko tämä paikka vapaa? **2** *free from/of* vapaa jostakin *free of taxes* veroton *free from worry* huoleton **3** ilmainen *free tickets* ilmaisliput, vapaaliput *you can have it for free* saat sen ilmaiseksi **4** *free with* avokätinen *I think you're being too free with your money* minusta sinä tuhlaat rahaa/käytät rahaa liian avokätisesti

freedom /fridəm/ *s* vapaus

freedom fighter *s* vapaustaistelija

freedom of speech *s* sananvapaus

freedom of the press *s* painovapaus

free enterprise *s* yksityisyrittäjyys

freelance /'fri,læns/ *s* freelance(r)
v työskennellä freelance(ri)nä
adj freelance-

freelancer *s* freelance(r)

freeload /'fri,loʊd/ *v* loisia, elää toisten siivellä

freeloader /'fri,loʊdər/ *s* pinnari, siivellä eläjä

Freemason /'fri,meɪsən/ *s* vapaamuurari

free share *s* vapaa osake

freestyle /'fri,staɪəl/ *s* (urh) freestyle, vapaatyyli; vapaapaini; vapaauinti, krooli

freethinker /'fri,θiŋkər/ *s* vapaa-ajattelija

freeway /'fri,weɪ/ *s* moottoritie

freewheeling /,fri'wiliŋ/ *adj* (kuv) hillitön, vastuuntunnoton

freeze /friz/ *s* **1** pakkanen **2** (palkkojen, hintojen) jäädytys
v froze, frozen **1** jäätyä, jäädyttää **2** palella **3** (kuv) jäädyttää (hinnat, palkat, asevarustelu) **4** pakastaa; olla pakkanen **5** pakastaa, panna pakastimeen **6** pysähtyä, pysäyttää, jähmettyä *he*

froze in his tracks when he saw the angry dog hän jähmettyi aloilleen kun hän näki vihaisen koiran
freeze-drying *s* pakastekuivaus
freeze frame *s* (tv, video) pysäytyskuva
freezer *s* pakastin, pakastinkaappi, pakastearkku
freezing *s* nolla astetta: *the temperature was below freezing* lämpötila oli pakkasen puolella
adj (lämpötila: lähellä nollaa, nollassa tai sen alapuolella) jäätävä, kylmä, pakkasen puolella
freezing point *s* jäätymispiste
freight /freɪt/ *s* rahti
v rahdata, kuljettaa
freighter *s* rahtialus (laiva, lentokone, avaruusalus)
freight train *s* tavarajuna
French /frentʃ/ *s* ranskan kieli
s, adj ranskalainen
French fries /ˈfrentʃˌfraɪz/ *s* (mon) ranskalaiset perunat
French leave /frentʃ/ *to take French leave* lähteä ilmoittamatta, häipyä yhtäkkiä
frenzied *adj* suunniltaan (kiihtymyksestä, pelosta tms)
frenzy /frenzi/ *s* (suunnaton) kiihko, kauhu, raivo
frequency /frikwənsi/ *s* taajuus, tiheys *frequency of occurrene* esiintymistaajuus/tiheys
frequency band *s* taajuuskaista
frequency modulation *s* taajuusmodulaatio
frequency range *s* taajuusvaste
frequent /ˌfriˈkwent friˌkwənt/ *v* käydä jossakin, olla kanta-asiakas jossakin
frequent /ˈfriˌkwənt/ *adj* yleinen, usein/tiheään esiintyvä
frequently *adv* usein
fresco /freskoʊ/ *s* fresko
fresh /freʃ/ *adj* **1** tuore (myös kuv:) uusi *fresh vegetables* tuoreet (ei säilötyt) vihannekset *a fresh perspective* tuore näkökulma *it's nice to see a fresh face* on mukava nähdä uudet kasvot *he wants to make a fresh start* hän haluaa aloittaa alusta **2** röyhkeä, töykeä, hävytön
adv juuri tapahtunut: *to be fresh out of something* jokin on juuri loppunut *fresh from school, he was very inexperienced* hän oli hyvin kokematon sillä hän oli astunut työelämään suoraan koulusta
fresh water *s* makea vesi
freshwater *adj* makean veden *freshwater fish*
fret /fret/ *v* **1** valittaa, harmitella, murehtia **2** kuluttaa, murentaa, kaivertaa, kalvaa
fretful *adj* ruikuttava, ärtyisä, pahantuulinen, levoton
FRG *Federal Republic of Germany* Saksan liittotasavalta, BRD
Fri. *Friday* perjantai
friar /fraɪər/ *s* munkki
friction /frɪkʃən/ *s* kitka (myös kuv:) erimielisyys, kiista
Friday /fraɪdi fraɪdeɪ/ *s* perjantai *he is my man Friday* hän on oikea käteni
fridge /frɪdʒ/ *s* (ark) jääkaappi
fried /fraɪd/ *v* ks fry
adj (rasvassa) paistettu
friend /frend/ *s* **1** ystävä; tuttu, tuttava; auttaja **2** kveekari
friendly *adj* ystävällinen
friendship *s* ystävyys
fries /fraɪz/ *s* (mon) ranskalaiset (perunat)
frieze /friz/ *s* (arkkitehtuurissa) friisi
frigate /frɪgət/ *s* fregatti
fright /fraɪt/ *s* **1** pelko, kauhu; järkytys, pelästys, säikähdys **2** (kuv) pelottava ilmestys, linnunpelätin
frighten *v* pelästyttää *I was very frightened* pelkäsin kovasti
frightening *adj* pelottava, kauhistuttava
frightful *adj* kauhistuttava, hirvittävä
frigid /frɪdʒəd/ *adj* (kuv) kylmä, viileä; (seksuaalisesti) frigidi
frigidity /frəˈdʒɪdəti/ *s* (kuv) kylmyys, viileys; (seksuaalinen) frigiditeetti
frill /frɪl/ *s* **1** röyhelö **2** (mon, kuv) koristeet, kiemurat

fringe /frɪndʒ/ *s* **1** hapsu **2** (myös kuv) reuna, ääri(laita) *he is on the lunatic fringe of the cultural spectrum* hän kuuluu kulttuurin kirjon hullulle äärilaidalle
fringe benefits *s* (mon) työsuhde-edut
frisk /frɪsk/ *v* **1** hyppiä, hyppelehtiä **2** tehdä jollekulle ruumiintarkastus, tarkastaa onko jollakulla (kätketty) ase
fritter /frɪtər/ *v* tuhlata, panna hukkaan
frivolity /frə'valəti/ *s* kevytmielisyys, turhamaisuus
frivolous /frɪvələs/ *adj* kevyt(mielinen), vähäpätöinen, tyhjänpäiväinen, turhamainen
frivolously *adv* kevytmielisesti, turhamaisesti
FRN *Floating Rate Note* (tal) vaihtuvakorkoinen velkakirja
fro /froʊ/ *to and fro* edestakaisin
frock /frak/ *s* (naisen) puku; (papin) kaapu
frog /frag/ *s* **1** sammakko **2** (sl) ranskalainen **3** (vaatteessa) nyörikiinnitin
frogman /fragmən/ *s* sammakkomies, sukeltaja
frolic /fralɪk/ *v* frolicked, frolicked: ilakoida, pitää hauskaa
from /frʌm/ *prep* **1** (paikasta, alkuperästä) jostakin, -sta/-stä *from New York to Detroit* New Yorkista Detroitiin *where do you hail from?* mistä päin sinä olet kotoisin *they took it from me by force* he ottivat sen minulta väkisin *who is that letter from?* keneltä se kirje on? **2** (ajasta) *from 1989* vuodesta 1989 lähtien *from now on* tästä lähtien, vastedes **3** (syystä) *he died from fatigue* hän kuoli väsymykseen *to judge from the price, it should be an excellent camera* hinnasta päätellen sen pitäisi olla erinomainen kamera **4** lähtien, alkaen *from page three* sivulta kolme alkaen *from twenty to thirty people came* sinne saapui 20–30 ihmistä **5** (vertailusta, erosta) *you're different from your brother* sinä olet erilainen kuin veljesi *he was expelled from the school* hänet erotettiin koulusta
from scratch *to start from scratch* aloittaa alusta *bake a cake from scratch* leipoa kakku kokonaan itse
from soup to nuts *fr* alusta loppuun *everything from soup to nuts* yhtä ja toista
front /frʌnt/ *s* **1** etupuoli, etupää, edusta, (paidan) etumus, (jonon) kärki *there is a car in front of the house* talon edessä on auto **2** (sot) rintama **3** (kuv) keulakuva **4** (kuv) ylimielisyys *he had the front to insult me* hänellä oli otsaa loukata minua **5** *out front* (talon) edessä; edellä (kilpailijoista); (sanoa) suoraan, kakistelematta **6** *up front* (maksaa) etukäteen; (kuv) avoin, rehellinen
v antaa jonnekin päin *the house fronts the mountains*
adj etu- *you can sit in the front seat* etuistuimella
frontage /frʌntədʒ/ *s* **1** (rakennuksen) edusta **2** (rakennuksen edustalla oleva) maa, tontti
front desk *s* (yrityksen, hotellin) vastaanotto
frontier /ˌfrʌn'tɪər/ *s* **1** raja **2** rajaseutu **3** (kuv) raja *on the frontiers of human knowledge* ihmistiedon rajamailla
front loader *s* (pesukone, kuvanauhuri ym) edestä ladattava/avattava
front month *s* (tal) (johdannaisinstrumenttikaupassa) aikaisempi erääntymiskuukausi
front office *s* pääkonttori
front runner *s* **1** edelläkävijä **2** johtoasemassa oleva henkilö
front-wheel drive *s* (autossa) etuveto
frost /frast/ *s* **1** pakkanen **2** huurre **3** (kuv) viileys, kylmyys (ihmisten välillä, käytöksessä)
v huurtaa, huurtua
frostbite /'frastˌbaɪt/ *s* kylmettyminen, paleltuma
frostbitten /'frastˌbɪtən/ *adj* kylmettynyt, paleltunut
frosting *s* (kakun) kuorrutus

frosting on the cake *s* (kuv) pintakiilto, pintasilaus
frosty *adj* **1** pakkas- **2** huurre- **3** (kuv) kylmä, viileä (käytös)
froth /fraθ/ *s* vaahto
v vaahdota, kuohua
frothy *adj* vaahtoava, kuohuva
frown /fraʊn/ *s* (otsan) rypistys
v rypistää otsaansa; paheksua
frown (up)on *v* paheksua
froze /froʊz/ ks freeze
frozen *v:* ks freeze *adj* **1** jäätynyt (järvi ym) **2** pakaste- *frozen food* **3** (kuv) jäädytetty *frozen assets* jäädytetyt varat
frugal /frugəl/ *adj* **1** säästäväinen **2** koruton, vaatimaton
frugality /fru'gæləti/ *s* **1** säästäväisyys **2** koruttomuus, vaatimattomuus
fruit /frut/ *s* hedelmä (myös kuv), hedelmät
fruit fly *s* hedelmäkärpänen
fruitful *adj* hedelmällinen (myös kuv)
fruitfulness *s* hedelmällisyys (myös kuv)
fruition /fru'ɪʃən/ *s* toteutuminen *to come to fruition* toteutua
fruitless *adj* hedelmätön (myös kuv), turha
fruitlessness *s* hedelmättömyys (myös kuv), turhuus
fruit vegetables *s* (mon) hedelmävihannekset
fruity *adj* **1** hedelmän, hedelmän makuinen/hajuinen **2** (kuv) imelä
frustrate /'frʌsˌtreɪt/ *v* **1** tehdä tyhjäksi (aie) **2** harmittaa
frustrated *adj* (ihminen) harmistunut, turhautunut
frustrating *adj* harmittava, turhauttava
frustratingly *adj* harmillisen, turhauttavan
frustration /ˌfrʌs'treɪʃən/ *s* **1** epäonnistuminen, (suunnitelman) kariutuminen **2** harmistuminen; (psyk) turhautuma, frustraatio
frwy. *freeway* moottoritie
fry /fraɪ/ *s* **1** (mon fry) kalanpoikaset **2** (mon fry) lapset; ihmiset *small fry* pikkulapset; (kuv) nappikauppiaat, mitättömät kilpailijat yms **3** (mon fries) *(French) fries* ranskalaiset (perunat)
v fried, fried **1** käristää/paistaa/paistua (rasvassa) **2** (sl) surmata/saada surmansa sähkötuolissa
frying pan *s* paistinpannu
f-stop /'efˌstap/ *s* (kameran) aukko
ft. *feet* jalkaa (30,5 cm)
FTC *Federal Trade Commission*
fuck /fʌk/ *s* **1** (sl) nussiminen, pano **2** (sl) (voimistavana ja rytmittävänä kirosanana:) *who the fuck do you think you are?* kuka helvetti sinä oikein luulet olevasi?
v **1** (sl) nussia, panna, naida **2** (sl) *fuck you!* haista paska! *huudahdus* (sl) paskat!, voi vittu!
fuck around *v* (sl) laiskotella, vetelehtiä
fucker *s* (sl) paskiainen, kusipää
fucking *adj* (sl) *it's a fucking bore* se on helvetin pitkäveteistä
fuck off *v* (sl) laiskotella, vetelehtiä *fuck off!* suksi suolle!
fuck up *v* (sl) munata, tunaroida *we fucked up the whole thing* koko homma meni päin persettä
fudge /fʌdʒ/ *s* (suklaa-, karamelli- tai muu) kastike
fuel /fjuəl/ *s* **1** polttoaine **2** (kuv) kannustus, innostus
v **1** käyttää (tietyllä) polttoaineella **2** tankata **3** (kuv) kannustaa, innostaa, siivittää (mielikuvitusta)
fugitive /fjudʒətɪv/ *s* pakolainen
adj karannut
Fujian /fu'dʒjan/ Fujian, Fukien (vanh)
fulcrum /fʌlkrəm/ *s* **1** (fys) tukipiste **2** tuki **3** (kuv) pääkohta, ydin
fulfill /fəl'fɪl/ *v* **1** täyttää (ehto, vaatimus) **2** tyydyttää, tuottaa tyydytystä, **3** (ennustus) toteutua
fulfilling *adj* tyydytystä tuottava
fulfillment *s* (suunnitelman) toteutuminen, (toiveiden) täyttyminen
full /fʌl/ *s: in full* kokonaan, täysin, täydellisesti
adj **1** täysi *this flight is full* tämä lento on täynnä *he is full of himself* hän on täynnä itseään *I am full, thank you*

kiitos, minä olen jo täynnä/kylläinen *to the full* täysin palkein, täysimittaisesti **2** täydellinen, täysi *at full speed* täyttä vauhtia **3** täyteläinen *she has a full figure/full lips* hänellä on täyteläiset muodot/huulet
adv **1** suoraan *to hit someone full in the face* iskeä jotakuta suoraan kasvoihin/keskelle kasvoja **2** täysin, erittäin *you know full well that you should be studying* tiedät aivan hyvin että sinun pitäisi olla lukemassa läksyjäsi **3** kokonaiset *the restaurant is a full five miles from here* ravintolaan on matkaa kokonaiset viisi mailia

fullback /ˈfʌlˌbæk/ *s* (amerikkalaisessa jalkapallossa) keskushyökkääjä
full-blown *adj* (kuv) täysimittainen
full house *s* (pokerissa) täyskäsi
fullness *s* täyteys, täyteläisyys, kylläisyys
full-size *adj* **1** täyskokoinen **2** (vuode) 137x193 cm kokoinen
full stop *s* piste
full tilt *at full tilt* täyttä vauhtia, täysin palkein
full-time *adj* (työ, työntekijä) kokopäivä-
full trailer *s* täysperävaunu
fully *adv* **1** täysin **2** kokonaiset, ainakin *fully one third of the respondents said no* peräti kolmannes vastaajista sanoi ei
fumarole /ˈfjuməˌrɔl/ *s* fumaroli
fumble /fʌmbəl/ *v* **1** hapuilla, haparoida **2** (jalkapallo) pudottaa
fume /fjum/ *s* (yl mon) höyry, (pako)kaasut
v **1** höyrytä, savuta **2** (kuv) kiehua, olla raivoissaan
fun /fʌn/ *s* **1** hauskuus, huvi *it's fun to be on the beach* uimarannalla on hauskaa **2** pilkka *they made fun of his baldness* he nauroivat hänen kaljuudelleen
adj hauska *it's a fun place*
function /fʌŋkʃən/ *s* **1** toiminta **2** ominaisuus, tehtävä *in her function as Vice President* varapresidentin ominaisuudessaan **3** tilaisuus, juhla **4** (mat) funktio
v toimia *the soda machine is not functioning* virvokeautomaatti ei toimi *he functions as the master of ceremonies* hän toimii seremoniamestarina
functional *adj* **1** toimiva **2** tarkoituksenmukainen **3** (lääk) toiminnallinen
functionary /ˈfʌŋkʃəˌneri/ *s* toimihenkilö, virkailija
fund /fʌnd/ *s* **1** rahasto **2** (mon) varat, rahat **3** (kuv) (ehtymätön) lähde
v rahoittaa *the project is funded by the government* hankkeen rahoittaa valtio
fund *s* (tal) rahasto
fundamental /ˌfʌndəˈmentəl/ *s* (mon) perusteet, alkeet
adj perustavan laatuinen, periaatteellinen, keskeinen
fundamentally *adv* periaatteessa, pohjimmaltaan
funeral /fjunrəl/ *s* hautajaiset *it's your funeral* omapahan on asiasi, sinähän siitä kärsimään joudut
funeral home *s* hautaustoimisto (jossa on usein myös hautauskappeli)
funeral parlor ks funeral home
funerary /ˈfjunəˌreri/ *adj* hautajais-, hautaus-
funereal /fjʊˈnɪriəl/ *adj* **1** hautajais- **2** surullinen, synkkä
fungus /fʌŋgəs/ *s* (mon fungi /ˈfʌnˌdʒaɪ, ˈfʌŋˌgaɪ/) sieni
funk /fʌŋk/ *s* **1** masennus, apeus *to be in a funk* olla masentunut/maassa **2** funk(-musiikki)
funky /fʌŋki/ *adj* **1** haiseva, löyhkäävä **2** (jatsi) bluestyyppinen, (rokki) funk-
funnel /fʌnəl/ *s* **1** suppilo **2** savupiippu
v johtaa, ohjata (myös kuv:) kanavoida
funnies /fʌniz/ *s* (mon) sarjakuvat; (sanomalehden) sarjakuvaliite
funnily *adj: funnily enough* ihme kyllä
funny /fʌni/ *adj* **1** hauska, hassu, huvittava **2** outo, kumma *I had a funny feeling when I first saw him*
funny pages *s* (mon) (sanomalehden) sarjakuvasivut, sarjakuvaliite
fur /fər/ *s* (eläimen) turkki (myös vaatteesta)
furious /fjəriəs/ *adj* raivostunut (ihminen); raivoisa (myrsky)

furiously *adv* raivoisasti, raivokkaasti, rajusti
furlong /'fər,laŋ/ *s* kahdeksasosamaili (201 m)
furn. *furnished* kalustettu
furnace /fərnəs/ *s* lämmityskattila; masuuni, sulatusuuni (myös kuv: kuuma kuin sulatusuuni)
Furnace (tähdistö) Sulatusuuni
furnish /fərnɪʃ/ *v* **1** kalustaa **2** varustaa jollakin, hankkia, toimittaa jotakin jollekulle *(someone with something)*
furnishings /'fərnə,ʃiŋz/ *s* (mon) kalusteet
furniture /fərnətʃər/ *s* huonekalut, kalusteet
furrier /fərɪər/ *s* turkkuri
furrow /fəroʊ/ *s* vako, uurre, ryppy
v kyntää (pelto), uurtaa, rypistää (otsaa)
furry *adj* karvainen; pehmoinen
further /fərðər/ *v* edistää, edesauttaa *I hope this will further your goals* toivottavasti tämä auttaa sinua pääsemään lähemmäksi tavoitteitasi
adj, adv komparatiivi sanasta *far* **1** (etäisyydestä, myös kuv) kaukaisempi, kauempana, kauemmaksi *let's not walk any further* ei kävellä yhtään kauemmaksi *he did not want to discuss it any further* hän ei halunnut puhua siitä pitempään/sen tarkemmin **2** lisä-, uusi *we will make further inquiries if necessary* jatkamme tiedusteluja tarpeen vaatiessa
furthermore /'fərðər,mɔr/ *adv* lisäksi, sitä paitsi
furthermost /'fərðər,moʊst/ *adj* etäisin, kaukaisin, äärimmäinen
furthest /fərðəst/ *adj, adv* superlatiivi sanasta *far* ks farther, farthest
furtive /fərtɪv/ *adj* vaivihkainen, salavihkainen; epäilyttävä
furtively *adv* vaivihkaa, salavihkaa; epäilyttävästi
furtiveness *s* salamyhkäisyys, salailu
fury /fjəri/ *s* raivo
fuse /fjuz/ *s* **1** sulake *he blew a fuse* (kuv) häneltä paloivat proput/päreet **2** sytytyslanka
v sulattaa, sulautua (yhteen) (myös kuv), yhdistyä, yhdistää
fuselage /fjusəlaʒ/ *s* (lentokoneen) runko
fusion /fjuʒən/ *s* (yhteen) sulautuminen, sulattaminen, yhdistyminen, yhdistäminen, (fys, tal) fuusio
fuss /fʌs/ *s* häly, kohu, (kuv) numero *to create a fuss* tehdä suuri numero jostakin, nostaa häly
v hermostua (suotta), tehdä suuri numero jostakin
fussy *adj* **1** pikkutarkka, turhantarkka; nirso **2** koristeellinen, monimutkainen
futile /fjutəl/ *adj* turha
futility /fju'tɪləti/ *s* turhuus, tarpeettomuus
future /fjutʃər/ *s* **1** tulevaisuus **2** (kieliopissa) futuuri **3** (tal) futuuri
future perfect *s* (kieliopissa) futuurin perfekti (esim *will have done*)
futures contract /fjutʃərz/ *s* (tal) futuurisopimus
futures market *s* futuuripörssi
futuristic /,fjutʃə'rɪstɪk/ *adj* tulevaisuutta koskeva, tulevaisuuden-; futuristinen, aikaansa edellä oleva
futurology /,fjutʃə'ralədʒi/ *s* futurologia, tulevaisuudentutkimus
Fuzzbuster®/'fʌz,bʌstər/ *s* tutkanpaljastin
fuzzy logic /,fʌzi'ladʒɪk/*s* (tietok) sumea logiikka
fwd *front-wheel drive* etuveto *four-wheel drive* neliveto
FYI *for your information* tiedoksi

G, g

G, g /dʒi/ G, g
Ga. *Georgia*
GA *Georgia*
gabble /gæbəl/ *s* **1** (puheen)pölinä, pulina, pölötys **2** (kanan, hanhen) kaakatus, kotkotus
v **1** pölistä, pölpöttää **2** (kana, hanhi) kaakattaa, kotkottaa
gable /geɪbəl/ *s* (satulakattoisen rakennuksen) päätykolmio
gabled *adj* satulakattoinen
gadget /gædʒət/ *s* vempain
gadgetry *s* laitteet, vempaimet
Gaelic /geɪlɪk/ *s* gaelin kieli
adj gaelinkielinen
gag /gæg/ *s* **1** suukapula **2** vitsi, huuli
v **1** tukkia jonkun suu, panna jollekulle suukapula **2** vitsailla, kertoa vitsejä, heittää huulta
gage /geɪdʒ/ ks gauge
gaggle /gægəl/ *s* parvi, joukko
gaiety /geɪəti/ *s* iloisuus, hilpeys
gaily /geɪli/ *adv* iloisesti, hilpeästi
gain /geɪn/ *s* **1** hyöty, etu **2** kasvu, lisäys
v **1** saada, saavuttaa, hankkia *the thief gained entry to the building through a window* varas pääsi rakennukseen ikkunasta *women's lib is gaining ground in this country* naisliike valtaa alaa tässä maassa *she is just trying to gain time* (kuv) hän pelaa aikaa, hän yrittää voittaa aikaa **2** kasvaa: *to gain weight* lihoa *to gain speed* nopeutua, kiihtyä **3** saapua, päästä, tulla jonnekin **4** (kello) edistää
gain time *fr* voittaa/säästää aikaa
gain (up)on *v* **1** saavuttaa, kuroa välimatkaa umpeen **2** kasvattaa välimatkaa (perässä tuleviin)
Gal. *Galatians* (Uuden testamentin) Galatalaiskirje
gala /geɪlə/ *s* suuri juhla
galactic /gə'læktɪk/ *adj* galaktinen
Galapagos Islands /gəˌlæpəgəs'aɪləns/ (mon) Galapagossaaret
galaxy /gæləksi/ *s* galaksi
gale /geɪəl/ *s* myrsky, myrskytuuli
gall /gal/ *s* **1** sappi (myös kuv), sappineste **2** (kuv) hävyttömyys *he had the gall to kick me out* hänellä oli otsaa/hän julkesi potkia minut ulos
v (kuv) sapettaa
gallant /gælənt/ *adj* urhea, ritarillinen, huomaavainen
gallantly *adv* urheasti, ritarillisesti, huomaavaisesti
gallantry *s* urheus, ritarillisuus, huomaavaisuus
gall bladder /'galˌblædər/ *s* sappirakko
galleon /gæljən/ *s* (laiva) kaljuuna
gallery /gæləri/ *s* **1** (katsomossa) galleria, ylin parvi **2** käytävä **3** (taide)-galleria
galley proof *s* palstavedos
galling *adj* ärsyttävä, harmittava, sietämätön
gallon /gælən/ *s* gallona (US 3,8 l; UK 4,5 l)
gallop /gæləp/ *s* (hevosen) laukka
v laukata
gallows /gæloʊz/ *s* (mon gallowses, gallows) hirsipuu
gallows humor *s* hirtehishuumori
gallstone /'galˌstoʊn/ *s* sappikivi
galore /gə'loər/ *adv* yllin kyllin *we have problems galore* meillä on yllin kyllin ongelmia
Gambia /gæmbiə/ Gambia

Gambian *s, adj* gambialainen
gamble /gæmbəl/ *s* riski
v **1** riskeerata, panna alttiiksi; ottaa riski, laskea jonkin varaan **2** pelata uhkapeliä, panna peliin
gamble away *v* panna menemään uhkapelissä
gambler *s* (uhka)peluri
gambling *s* uhkapeli
gambling house *s* pelikasino
game /geɪm/ *s* **1** peli; ottelu *a game of chance* onnenpeli *are you interested in a game of chess?* haluaisitko pelata šakkia? **2** leikki *to him, life is just a game* hänelle elämä on pelkkää leikkiä *you're not playing his game* (kuv) sinä et pelaa samojen sääntöjen mukaan kuin hän *that is his little game* se hänellä on mielessään **3** riista
v pelata uhkapeliä
adj **1** riista- **2** (ark) valmis, halukas *I'm game!* minä olen valmis (lähtemään jonnekin/tekemään jotakin ehdotettua)
gamekeeper /'geɪm,kipər/ *s* riistanvartija
game of chance *s* onnenpeli
game of skill *s* taitopeli
game plan *s* pelisuunnitelma (myös kuv:) strategia
gander /gændər/ *s* **1** uroshanhi **2** vilkaisu *take a gander at this* katsopa tätä
gang /gæŋ/ *s* joukko, ryhmä; jengi
gangling /gæŋgliŋ/ *adj* hontelo, pitkä ja laiha
gangrene /,gæŋ'grin/ *s* (lääk) kuolio
gangster /gæŋstər/ *s* gangsteri
gang up on *v* lyöttäytyä yhteen jotakuta vastaan, käydä yhdessä jonkun kimppuun
gangway /gæŋweɪ/ *s* **1** (laivan) laskuportaat **2** (istuinrivien välinen) käytävä
Ganymede /'gæni,mid/ Ganymedes, eräs Jupiterin kuu
gap /gæp/ *s* aukko (myös kuv), lohkeama, kolo
gape /geɪp/ *s* **1** aukko **2** töllötys, tuijotus
v **1** (esim suu) ammottaa **2** töllöttää, tuijottaa, katsoa suu auki
gaping *adj* **1** ammottava **2** töllöttävä, tuijottava
gar. *garage* autotalli
garage /gə'radʒ/ *s* **1** autotalli **2** (GB) huoltoasema
garage sale /gə'raʒ,seɪəl/ *s* (esim omakotitalon asukkaiden järjestämät) pihamyyjäiset
garbage /garbədʒ/ *s* roskat, jäte, (kuv) roska
garbage can *s* roskapönttö
garbage man *s* jätteiden kerääjä
garble /garbəl/ *v* sekoittaa, sotkea, sotkeutua sanoissaan
garbled *adj* sekava, epäselvä
garden /gardən/ *s* **1** kotipuutarha **2** puutarha, puisto **3** (UK) piha
gardenia /gar'dinjə/ *s* (kasvi) gardenia
garden-variety *adj* aivan tavallinen
gargle /gargəl/ *v* kurlata (kurkkuaan)
gargoyle /'gar,goɪəl/ *s* (rak) (pelottavaksi ihmis- tai eläinhahmoksi muotoiltu) vesinokka
garish /gerɪʃ/ *adj* räikeä
garishly *adv* räikeästi
garishness *s* räikeys
garland /garlənd/ *s* seppele
v seppelöidä
garlic /garlɪk/ *s* valkosipuli
garment /garmənt/ *s* vaate
garment bag *s* pukumatkalaukku
garnish /garnɪʃ/ *s* (esim ruuan) koriste (myös kuv), somiste
v koristaa, koristella (myös kuv), somistaa
garret /gerət/ *s* ullakko(huone)
garrison /gerəsən/ *s* varuskunta
v sijoittaa varuskunta jonnekin
garter /gartər/ *s* sukkanauha
gas /gæs/ *s* **1** kaasu **2** ilmavaivat *he had terrible gas* hänellä oli valtavia ilmavaivoja **3** bensiini **4** kaasu(poljin) **5** (sl) jyrkkä juttu
v surmata kaasumyrkytyksellä; myrkyttää (surmaamatta) kaasulla
gasbag /'gæs,bæg/ *s* (sl) poskisolisti
gas chamber /'gæs,tʃeɪmbər/ *s* kaasukammio

gash /gæʃ/ *s* syvä haava, viilto
v viiltää
gasket /gæskət/ *s* tiiviste
gaslit /ˈgæs,lɪt/ *adj* kaasulampuilla valaistu
gas mask *s* kaasunaamari
gasoline /ˈgæsə,lin/ *s* bensiini
gasp /gæsp/ *s* syvä hengenveto; säpsähdys
v huohottaa, haukkoa henkeään; säpsähtää
gas station *s* bensiiniasema
gassy *adj* **1** kaasumainen **2** (sl) puhelias
gas tank *s* (auton) bensiinitankki
gastric /gæstrɪk/ *adj* vatsa-, maha- *gastric ulcer* mahahaava
gastritis /gæsˈtraɪtɪs/ *s* mahakatarri, mahalaukun tulehdus
gastrointestinal /,gæstroʊɪnˈtestɪnəl/ *adj* mahalaukkuun ja suolistoon liittyvä
gate /geɪt/ *s* **1** portti (myös kuv), veräjä (myös tietok) **2** pääsylipputulot; yleisömäärä
gâteau /gæˈtoʊ/ (mon gâteax) *s* täytekakku
gate-crasher /ˈgeɪt,kræʃər/ *s* kuokkavieras
gatekeeper /ˈgeɪt,kipər/ *s* portinvartija
gate-leg *s* (pöydän) tukijalka
gate-leg table *s* kääntölevypöytä, klahvipöytä
gateway /geɪtweɪ/ *s* porttiaukko, portti (myös kuv)
gather /gæðər/ *v* **1** koota, kokoontua, kerätä, kerääntyä **2** kasvaa: *to gather speed* nopeutua, (vauhti) kiihtyä **3** päätellä, ymmärtää *I gather that they are ready* ymmärtääkseni he ovat valmiit
gathering *s* (ihmis)joukko; kokous, tilaisuus
gator /geɪtər/ *s* (ark) alligaattori
GATT *General Agreement on Tariffs and Trade*
gauche /goʊʃ/ *adj* (käytökseltään) kömpelö, avuton, taitamaton
gaudily *adj* pröystäilevästi, komeilevasti; mauttomasti, imelästi
gaudy /gadi/ *adj* pröystäilevä, komeileva; mauton, imelä
gauge /geɪdʒ/ *s* **1** mitta **2** mittari, mittalaite **3** raideleveys **4** paksuus, leveys **5** (kuv) mittapuu
v mitata (myös kuv:) punnita *the boss tried to gauge the new secretary's abilities* pomo yritti punnita uuden sihteerin kyvyt
gaunt /gant/ *adj* **1** hintelä, riutunut, luiseva **2** karu, autio
gauntlet /gantlət/ *s* **1** rautakäsine; käsine **2** kujanjuoksu (myös kuv) *to run the gauntlet* kärsiä (kujanjuoksu)
gauntness *s* **1** hintelyys **2** karuus, autius
gaur /gaʊər/ *s* gauri
gauze /gaz/ *s* harso; sideharso
gave /geɪv/ ks give
gay /geɪ/ *s* homoseksualisti
adj **1** iloinen, hilpeä **2** homoseksuaalinen
gayly /geɪli/ *adv* iloisesti, hilpeästi
gazelle /gəˈzel/ *s* gaselli
G.B. *Great Britain*
GCA *ground-controlled approach*
GCL *ground-controlled landing*
gd. *good; ground*
G.D. *grand duke; grand duchess; grand duchy*
GDP *gross domestic product* bruttokansantuote, BKT, bkt
GDR *German Democratic Republic* (hist) Saksan demokraattinen tasavalta, DDR
gds. *goods* tavarat
gear /gɪər/ *s* **1** vaihde *reverse gear* peruutusvaihde *the auto is in gear/out of gear* auton vaihde on päällä/auton vaihde on vapaalla *to switch gears* (kuv) panna toinen vaihde päälle, muuttua **2** varusteet *tennis gear* **3** (muoti)vaatteet
gearbox /ˈgɪər,baks/ *s* vaihdelaatikko
gear down *v* **1** vaihtaa pienemmälle vaihteelle **2** rajoittaa, supistaa, pienentää
gearshift /ˈgɪər,ʃɪft/ *s* **1** vaihdevipu **2** vaihteisto

gear to *v* mukauttaa johonkin, suunnata, tähdätä
gear up *v* **1** vaihtaa isommalle vaihteelle **2** valmistautua, varustautua johonkin
gearwheel /'gɪərˌwiəl/ *s* hammaspyörä
geese /gis/ ks goose
gelatin /dʒelətən/ *s* liivate, gelatiini
gelding /geldiŋ/ *s* (hevonen) ruuna
gem /dʒem/ *s* **1** jalokivi **2** (kuv) aarre *you're a gem*
Gemini /dʒemənaɪ/ *horoskoopissa* Kaksoset
gemsbok /gemsbak/ *s* beisa
gemstone /'dʒemˌstoʊn/ *s* jalokivi
gen. *general; genitive*
Gen.A.F. *general of the air force* ilmavoimien kenraali
gender /dʒendər/ *s* **1** sukupuoli **2** (kieliopissa) suku
gene /dʒin/ *s* geeni
genealogical /ˌdʒiniə'ladʒɪkəl/ *adj* sukuperää koskeva, genealoginen
genealogist /ˌdʒini'alədʒɪst/ *s* sukututkija, genealogi
genealogy /ˌdʒinɪ'alədʒi/ *s* **1** sukututkimus, genealogia **2** sukupuu
gene map *s* geenikartta
gene mapping *s* geenikartoitus
general /dʒenrəl/ *s* kenraali *adj* **1** yleinen, yleis- *in general* yleensä, tavallisesti *I have a general idea of what is involved* minulla on yleiskäsitys siitä mistä tässä on kyse **2** (tittelissä) pää-, yli- *the secretary general of the United Nations* Yhdistyneiden Kansakuntien pääsihteeri *Attorney General* (Yhdysvaltain) oikeusministeri
general anesthetic *s* yleispuudutus, nukutus
general delivery *s* noutoposti, poste restante
general election *s* (US) vaalit (ei esivaalit, *primary election*)
generalize /'dʒenrəˌlaɪz/ *v* yleistää (myös:) tehdä yleiseksi/yleisemmäksi
generally *adv* yleensä, yleisesti
General Motors /ˌdʒenrəl'moʊtərz/
general post office *s* (kaupungin) pääpostitoimisto
general practitioner *s* yleislääkäri
general public *s* suuri yleisö
general store *s* (yl maaseudulla) sekatavarakauppa
general strike *s* yleislakko
generate /'dʒenəˌreɪt/ *v* tuottaa; (kuv) synnyttää, herättää *to generate electricity* tuottaa sähköä *the new car has generated tremendous interest* uusi auto on herättänyt valtaisaa kiinnostusta
generation /ˌdʒenə'reɪʃən/ *s* **1** tuottaminen **2** sukupolvi
generation gap *s* sukupolvien välinen kuilu
generator /'dʒenəˌreɪtər/ *s* generaattori
generic /dʒə'nerɪk/ *adj* **1** lajia koskeva **2** yleinen, yleis-
generosity /ˌdʒenə'rasɪti/ *s* anteliaisuus, suurpiirteisyys
generous /dʒenərəs/ *adj* **1** antelias, suurpiirteinen **2** runsas, iso; uhkea
generously *adv* anteliaasti, suurpiirteisesti
genesis /dʒenəsɪs/ *s* **1** (mon geneses) synty, alku **2** *Genesis* Ensimmäinen Mooseksen kirja, Genesis
gene technology *s* geenitekniikka
genetic /dʒə'netɪk/ *adj* geneettinen
geneticist /dʒə'netəsɪst/ *s* perinnöllisyydentutkija, geneetikko
genetic probe /dʒəˌnetik'proʊb/ *s* geenikoetin
genetics /dʒə'netɪks/ *s* (verbi yksikössä) perinnöllisyystiede, genetiikka
genetive /dʒenətɪv/ *s, adj* (kieliopissa) genetiivi(-)
Geneva /dʒə'nivə/ Geneve
genial /dʒinjəl/ *adj* ystävällinen, miellyttävä, lämmin (myös kuv), leuto (ilmasto)
geniality /ˌdʒini'æləti/ *s* ystävällisyys, sävyisyys; (ilmaston) leutous
genially *adv* ystävällisesti, miellyttävästi, lämpimästi
genii /dʒini/ ks genius
genital /dʒenɪtəl/ *adj* sukupuolielimiin liittyvä, genitaalinen

Get out of here! *fr* **1** häivy! **2** älä yritä!, älä narraa!
get over *v* selvitä, parantua jostakin
get over with *v* saada valmiiksi, päästä eroon jostakin
get religion *fr* **1** tulla uskoon **2** (kuv) tulla uuteen uskoon
get sick *fr* **1** sairastua **2** oksentaa
get someone's number *fr* päästä selville jonkun aikeista, saada selville mitä joku ajaa takaa
get someone wise *fr* (sl) kertoa jollekulle jotakin
get something on the road *fr* käynnistää, aloittaa, panna alulle
get the boot *fr* saada potkut, saada kenkää
get the business *fr* saada kovaa kohtelua
get the creeps *fr* pelästyä, puistattaa
get the hang of *fr* päästä jyvälle jostakin, oppia
get the picture *fr* ymmärtää, tajuta
get the worst of *Pauline got the worst of his anger* Pauline sai kärsiä eniten hänen kiukustaan *he got the worst of it* hän veti lyhyemmän korren
get through *v* **1** selvitä jostakin **2** saada joku ymmärtämään jotakin
get through to *v* saada joku puhelimeen
get together *fr* **1** kerätä, koota; kerääntyä, kokoontua **2** päästä yksimielisyyteen/sopimukseen
get tough with *fr* koventaa otteitaan jonkun/jonkin suhteen
get underway *v* alkaa, aloittaa, lähteä
get under your skin *fr* **1** (sl) käydä jonkun hermoille **2** vaikuttaa voimakkaasti johonkuhun, joku saa väreitä jostakin
get up *v* **1** nousta (vuoteesta/ylös/seisomaan/ajoneuvoon/satulaan) **2** järjestää, valmistella *he got up a nice birthday party for his wife* hän järjesti vaimolleen kivat syntymäpäiväjuhlat
get up as *v* pukeutua joksikin
get up to *v* **1** nousta/kiivetä jonnekin **2** hautoa mielessään, juonitella
get used to *v* tottua johonkin
get wise *fr* (sl) **1** ottaa selvää jostakin **2** ruveta nenäkkääksi
get wise to something *fr* (sl) tajuta, päästä jyvälle/selville jostakin, saada tietää
get your act together *fr* ryhdistäytyä
get your second wind *fr* saada (esim juostessa) hengityksensä tasaantumaan
geyser /gaɪzər/ *s* kuuma lähde, geysir
GGPA *graduate grade-point average*
Ghana /ganə/ Ghana
Ghanaian /gə'naɪən/ *s, adj* ghanalainen
ghastly /gæsli/ *adj* **1** järkyttävä, hirvittävä (rikos) **2** kalmankalpea **3** (ark) hirvittävä, kamala, valtava
ghetto /getoʊ/ *s* getto; slummi
ghetto blaster *s* (iso) radionauhuri
ghost /goʊst/ *s* **1** henki *the Holy Ghost* Pyhä Henki *to give up the ghost* heittää henkensä; pysähtyä, sammua **2** aave, haamu **3** (kuv) kalpea aavistus jostakin
ghostly *adj* aavemainen
ghost story *s* kummitusjuttu
ghost town *s* aavekaupunki
ghostwrite *v* kirjoittaa jotakin haamukirjoittajana/jonkun toisen nimellä julkaistavaksi
ghostwriter /'goʊst,raɪtər/ *s* haamukirjoittaja
GHQ *general headquarters*
GHz *gigahertz* gigahertsi, miljardi hertsiä
GI *government issue*
giant /dʒaɪənt/ *s* jättiläinen *adj* jättiläismäinen, valtava, suunnaton
giant eland /ilənd/ *s* jättiläishirviantilooppi
giantess *s* (naispuolinen) jättiläinen
giant forest hog *s* jättilismetskarju
giant panda *s* isopanda
gibberish /dʒɪbərɪʃ/ *s* siansaksa
Gibraltar /dʒə'braltər/
giddiness *s:* ks giddy
giddy /gɪdi/ *adj* **1** huimaava *I feel a little giddy* minua huimaa/pyörryttää hieman **2** päätähuimaava **3** tyhjänpäiväinen, pinnallinen, haihatteleva, oikullinen

gift /gɪft/ *s* **1** lahja *Christmas gifts* joululahjat **2** lahja, kyky *he is a man of many gifts* hän on monipuolisesti lahjakas
gift certificate *s* lahjakortti
gifted *adj* lahjakas
gift horse *don't look a gift horse in the mouth* (sananlasku) ei lahjahevosen suuhun katsota
gift of gab *to have the gift of gab* (ark) jollakulla on sana hallussaan
gift-wrap *v* kääriä lahjapaperiin
giftwrapping *s* lahjapaperi
gigantic /dʒaɪ'gæntɪk/ *adj* jättiläismäinen, valtava, suunnaton
giggle /gɪgəl/ *s* kikatus, hihitys *v* kikattaa, hihittää
GIGO *garbage in, garbage out* kun syöttää tietokoneeseen roskaa sieltä tulee roskaa ulos
gild /gɪld/ *v* gilded, gilded: kullata
gilding *s* **1** kultaus **2** lehtikulta
gill /gɪl/ *s* (yl mon) kidukset *pale around the gills* sairaan/huonon näköinen
gilt /gɪlt/ *s* **1** kultaaminen **2** lehtikulta **3** *Gilt* (tal) Ison-Britannian valtion takaama puntamääräinen obligaatio
gilt-edged *adj* **1** kultareunainen **2** (kuv) ensiluokkainen, paras mahdollinen
gimmick *s* **1** temppu **2** vempain, vekotin
gin /dʒɪn/ *s* gini
ginger /dʒɪndʒər/ *s* inkivääri
ginger ale *s* inkiväärilimonadi
gingerly *adj* varovainen *adv* varovaisesti
giraffe /dʒə'ræf/ *s* kirahvi
Giraffe (tähdistö) Kirahvi
girder /gərdər/ *s* kannatin(palkki)
girdle /gərdəl/ *s* **1** korsetti **2** vyö **3** (kuv) kahle *v* vyöttää
girl /gərəl/ *s* tyttö; tytär
girl Friday *she is my girl Friday* hän on oikea käteni, apulaiseni
girlfriend /'gərəlˌfrend/ *s* tyttöystävä, naisystävä
girlie /gərli/ *s* alaston-, porno- *girlie magazines* pornolehdet
girlish *adj* tyttömäinen
girl scout *s* partiotyttö
girth /gərθ/ *s* ympärysmitta
gist /dʒɪst/ *s* asian ydin *forget the details, just give me the gist of it* vähät yksityiskohdista, riittää kun kerrot minulle tärkeimmän
give /gɪv/ *v* gave, given **1** antaa *the boy gave the girl an orange* poika antoi tytölle appelsiinin *the boss gave him three days to do the job* pomo antoi hänelle kolme päivää työn tekemiseen *let me give you an example* minäpä annan esimerkin **2** funktioverbinä: *to give a cry* huutaa *I gave him a good blow* löin häntä oikein kunnolla **3** järjestää, pitää: *he gave a concert/party* **4** joustaa, antaa periksi (myös kuv) **5** synnyttää *she gave him a baby girl* **6** esitellä (yleisölle) **7** sanoa terveisiä: *give my love to your wife* (sano minulta) terveisiä vaimollesi
give-and-take /ˌgɪvən'teɪk/ *s* **1** molemminpuoliset myönnytykset, (kuv) kaupanteko, kompromissi **2** ajatustenvaihto
give and take *fr* **1** tehdä molemminpuolisia myönnytyksiä, tehdä kompromissi **2** vaihtaa ajatuksia
give an ear to *fr* kuunnella
give a tinker's damn *not give a tinker's damn* viis veisata, ei välittää tuon taivaallista/tippaakaan
giveaway /'gɪvəˌweɪ/ *s* **1** *the name "Pratt" was a dead giveaway* nimi Pratt paljasti kaiken **2** lapsellisen helppo kysymys tms **3** ilmaistuote, lahja
give away *v* **1** paljastaa (salaisuus/joku), kavaltaa joku **2** (häissä) luovuttaa morsian sulhaselle **3** jakaa ilmaiseksi, antaa lahjaksi
give birth to *fr* synnyttää
give chase *fr* ajaa takaa
give color to *fr* tukea, vahvistaa, tehdä uskottavaksi
give credence to *fr* uskoa jotakin
give free rein to *fr* antaa jollekulle vapaat kädet

give full rein to *fr* antaa jollekulle vapaat kädet

give ground *v* perääntyä, antaa periksi

give in *v* **1** luopua, antaa periksi **2** antaa, luovuttaa

give it the old college try *fr* (ark) yrittää tosissaan, panna parastaan

give it to *fr* myöntää *I have to give it to you, you're real smart* täytyy myöntää että sinä olet melkoisen nokkela

given *adj* **1** tietty *at a given price* tiettyyn hintaan **2** olettaen *given that you were not there at the time of the murder...* olettaen että sinä et ollut paikalla murhan sattuessa...

given name *s* etunimi

given to *adj* altis, taipuvainen *she is given to ostentatiousness* hänellä on taipumusta rehentelyyn

give of *v* antaa aikaansa, olla käytettävissä, auttaa (myös taloudellisesti)

give off *v* tuoksua, haista *the Mexican cheese gives off a terrible smell* meksikolaisesta juustosta lähtee kamala haju

give or take *fr* suunnilleen *that's the figure, give or take a few hundred* se on oikea luku muutaman sadan tarkkuudella

give out *v* **1** säteillä, hehkua **2** jakaa **3** loppua, lopettaa **4** mennä rikki, pysähtyä, sammua

give over *v* **1** siirtää, luovuttaa jollekulle **2** luopua jostakin **3** käyttää aikaa johonkin *he gave himself over to indulgence* hän antautui/omistautui nautiskelulle

give pause *fr* tehdä mietteliääksi, saada pysähtymään

give place to *fr* tehdä tilaa jollekin, väistyä jonkin tieltä, syrjäytyä

give rein to *fr* antaa jollekulle vapaat kädet

give rise to *fr* johtaa johonkin, antaa aihetta johonkin, aiheuttaa jotakin, panna alulle jotakin

give someone enough rope *fr* antaa jonkun toimia vapaasti, antaa jollekulle vapaat kädet

give someone the slip *fr* livahtaa/karata jonkun käsistä

give the devil his due *fr* myöntää *I don't much like her but I have to give the devil his due, she is a great lawyer* en erityisemmin pidä hänestä mutta täytyy myöntää että hän on erinomainen asianajaja

give tongue to *fr* ilmaista, sanoa ääneen, pukea sanoiksi

give to understand *fr* antaa ymmärtää *they gave me to understand that I should resign* minun annettiin ymmärtää että minun tulisi erota

give up *v* **1** luopua, antaa periksi **2** lakata, luopua jostakin **3** omistautua, antautua jollekin

give up the ghost *v* heittää henkensä; pysähtyä, sammua

give voice to *fr* ilmaista, tuoda julki

give way *fr* **1** väistää, väistyä **2** (armeija) perääntyä **3** (myös kuv) sortua, luhistua, antaa periksi

give way to *fr* **1** tehdä tietä/tilaa jollekin, väistyä jonkun/jonkin tieltä **2** antaa periksi jollekin/jollekulle, antautua jollekin (esim tunteiden) valtaan

give your word *fr* luvata

Gk. *Greek*

glacial /gleɪʃəl/ *adj* **1** jääkauden aikainen/muovaama **2** (kuv) toivottoman hidas **3** (kuv) jäätävä, vihamielinen *she looked at me with glacial indifference* hän katsoi minua jäätävän välinpitämättömästi

glacier /gleɪʃər/ *s* jäätikkö

Glacier /gleɪʃər/ kansallispuisto Montanassa

glad /glæd/ *adj* iloinen *we were glad to be back* olimme iloisia päästessämme takaisin *that's glad news* se on iloinen uutinen

gladden *v* ilahduttaa, tehdä iloiseksi

glade /gleɪd/ *s* aukeama (metsässä)

glad hand *to give someone the glad hand* tervehtiä pursuavan (ja teennäisen) ystävällisesti, makeilla, hieroa (kuv) jotakuta

gladiator /ˈglædɪˌeɪtər/ *s* gladiaattori

gladly *adv* **1** iloisesti **2** mielellään
Gladstone /ˈglædˌstoʊn/ (sarjakuvahahmo) Hansu
glamor ks glamour
glamorize /ˈglæməˌraɪz/ *v* ihannoida
glamorous *adj* loistokas, hohdokas
glamorously *adv* loistokkaasti, loistavan
glamour /glæmər/ *s* loisto, komeus, hohto
glamour boy *s* kaunokainen, filmitähti tms
glamour girl *s* kaunotar, filmitähti tms
glance /glæns/ *s* vilkaisu *at a glance* yhdellä vilkaisulla *at first glance* ensi näkemältä
v vilkaista
gland /glænd/ *s* rauhanen
glandular /glændʒələr/ *adj* rauhas-
glare /gleər/ *s* **1** häikäisevä/räikeä/sokaiseva paiste/valo/loiste *the glare of the car's headlights blinded him* auton valot sokaisivat hänet **2** (vihainen) tuijotus, katse
v **1** loistaa/paistaa räikeästi **2** katsoa vihaisesti
glaring *adj* **1** häikäisevä, sokaiseva, räikeä (myös kuv) *a glaring error* räikeä virhe **2** vihaisesti tuijottava/katsova
Glasgow /glæzgoʊ/
glasnost /ˈglæzˌnast/ *s* glasnost, (Neuvostoliiton) avoimuuspolitiikka
glass /glæs/ *s* **1** (aine) lasi **2** (juoma)lasi; (ikkuna)lasi; (suurennus)lasi **3** (mon) (silmä)lasit
glassblower /ˈglæsˌbloər/ *s* lasinpuhaltaja
glassblowing /glæsbloiŋ/ *s* lasinpuhallus
glasshouse /ˈglæsˌhaʊs/ *s* (UK) kasvihuone
glass jaw /ˌglæsˈdʒa/ *s* (nyrkkeilijän) lasileuka
glassware /ˈglæsˌweər/ *s* lasitavara
glassworks /ˈglæsˌwərks/ *s* (verbi yl yksikössä) lasitehdas
glassy *adj* **1** lasinen, lasimainen **2** lasittunut (katse)
glaucoma /glaˈkoʊmə/ *s* viherkaihi
glaze /gleɪz/ *s* **1** (savitavaran pinnalla) lasitus, lasite **2** (ruuanlaitossa) kuorrutus
v **1** lasittaa (savitavaraa) **2** (ruuanlaitossa) kuorruttaa **3** (silmät, katse) lasittua
gleam /glim/ *s* kiilto, kimallus, pilke (myös kuv) *with a gleam in his eye* pilke silmäkulmassa
v kiiltää, kimaltaa, säkenöidä
gleaming *adj* kimalteleva, pilkehtivä, säkenöivä
glean /glin/ *v* saada selville, huomata, nähdä *I could glean from his eyes that he was worried* näin hänen silmistään että hän oli huolissaan
glee /gli/ *s* ilo *malicious glee* vahingonilo
gleeful *adj* iloinen; vahingoniloinen
gleefully *adj* iloisesti; vahingoniloisesti
glen /glen/ *s* (pieni) laakso
glib /glɪb/ *adj* lipevä, liukas, ovela *she did not like him, his manner was too glib* hän ei pitänyt miehestä koska tämä käyttäytyi liian lipevästi
glibly *adv* lipevästi, liukkaasti, ovelasti
glibness *s* lipevyys, liukkaus, oveluus
glide /glaɪd/ *s* **1** liukuminen **2** liukulento **3** liitolento, purjelento
v **1** liukua **2** leijua **3** liitää, lentää purjekoneella
glider /glaɪdər/ **1** purjekone **2** purjelentäjä **3** riippuliidin (myös hang glider) **4** riippuliitäjä **5** pussiliito-orava
gliding *s* purjelento
glimmer /glɪmər/ *s* kajastus, loiste, pilke (myös kuv) *a glimmer of hope* toivon pilke
v kajastaa, loistaa, pilkahtaa
glimpse /glɪmps/ *s* vilkaisu
v nähdä väläykseltä
glint /glɪnt/ *s* kimallus, pilke
v kimaltaa, säkenöidä, tuikkia
glisten /glɪsən/ *v* kimaltaa, kimallella, säkenöidä
glitter /glɪtər/ *s* kimallus, säkenöinti
v kimaltaa, säkenöidä, tuikkia *all that glitters is not gold* ei kaikki ole kultaa mikä kiiltää

glittering *adj* **1** kimalteleva, säkenöivä, tuikkiva **2** loistokas, korea; houkutteleva
glittery *adj* kimalteleva, säkenöivä
gloat /gloʊt/ *v* hekumoida jollakin, nauttia suuresti jostakin *he gloated over my failure* hän oli vahingoniloinen minun epäonnistumisestani
gloating *s* omahyväisyys, itsetyytyväisyys; vahingonilo
adj omahyväinen; vahingoniloinen
global /gloʊbəl/ *adj* maailmanlaajuinen
globally *adv* maailmanlaajuisesti
globe /gloʊb/ *s* **1** maapallo **2** (muoto) pallo **3** karttapallo
gloom /glum/ *s* hämäryys, pimeys, synkkyys (myös kuv)
gloomily *adj* (kuv) synkästi
gloominess *s* hämäryys, pimeys, synkkyys (myös kuv)
gloomy *adj* hämärä, pimeä, synkkä (myös kuv)
glorification /ˌglɔrəfɪˈkeɪʃən/ *s* ihannointi, ylistys
glorified /ˈglɔrəˌfaɪd/ *adj the resort is nothing but a glorified hotel* lomanviettopaikka on pelkkä hieno hotelli
glorify /ˈglɔrəˌfaɪ/ *v* ihannoida, ylistää
glorious /glɔriəs/ *adj* **1** maineikas, ansioitunut **2** erinomainen, loistava, ensiluokkainen
glory /glɔri/ *s* **1** maine, kunnia **2** ylistys **3** loisto, komeus **4** autuus *to go to your glory* kuolla
glory in *v* iloita, nauttia, olla ylpeä jostakin
Glos. *Gloucestershire*
gloss /glas/ *s* **1** kiilto; (kuv) pintakiilto **2** selitys, huomautus
glossary /glasəri/ *s* sanaluettelo, sanasto
gloss over *v* vähätellä, yrittää salata jotakin
glossy *adj* kiiltävä(pintainen)
Gloucestershire /glastərʃər/ Englannin kreivikuntia
glove /glʌv/ *s* käsine, sormikas, hansikas
glove compartment *s* (auton) hansikaslokero
gloved *adj he did it with gloved hands* hän teki sen käsineet kädessä
glow /gloʊ/ *s* hehku, kajaste, loiste, valo
v hehkua, kajastaa, loistaa; (kuv) pursua
glowing *adj* **1** hehkuva **2** (kuv) ylistävä, ylenpalttinen
glowingly *adv* (kuv) ylistäen, ylenpalttisesti
glucose /ˈgluˌkoʊs/ *s* glukoosi
glue /glu/ *s* liima
v liimata; (passiivissa kuv) liimautua *her eyes were glued to the other table where the movie star was sitting* hän tuijotti herkeämättä toiseen pöytään jossa filmitähti istui
glum /glʌm/ *adj* apea, alakuloinen, masentunut, synkkä
glumly *adv* apeasti, alakuloisesti
glut /glʌt/ *s* (tavaran) ylitarjonta, tulva
v olla ylitarjontaa jostakin, tulvia markkinoilla
glutton /glʌtən/ *s* ahmatti (myös eläin)
gluttonous *adj* kyltymätön
gluttony *s* (ruualla ja juomalla) mässäily, porsastelu
glyceride /glɪsəraɪd/ *s* (rasvayhdiste) glyseridi
glyceride /glɪsəral/ *s* (rasvan osa) glyseroli
GM *General Motors*
G.M. *general manager*
GMT *Greenwich Mean Time* Greenwichin aika
gnarl /narəl/ *s* (puussa) pahka
v vääristää, vääntää kieroon
gnarled /narəld/ *adj* pahkainen (puu)
gnarly /naərli/ *adj* (nuorten sl) makee
gnash /næʃ/ *v* kiristellä (hampaitaan)
gnat /næt/ *s* (yl) hyttynen
gnaw /na/ *v* kalvaa (myös kuv), nakertaa, pureskella *the dog is happily gnawing at a bone* koira kalvaa tyytyväisenä luuta
gnawing *adj* (kuv) kalvava, kiduttava
gnome /noʊm/ *s* **1** maahinen, peikko **2** finanssinero, (suur)pankkiiri, pankkimies
GNP *gross national product* bruttokansantulo, BKTL

gnu /nu/ *s* gnu *brindled gnu* juovagnu *white-tailed gnu* valkohäntägnu
go /goʊ/ *v* went, gone **1** mennä, lähteä *we went home* menimme/lähdimme kotiin *we went there by bus* menimme sinne linja-autolla *you went too far* sinä menit liian pitkälle *I have to go* minun täytyy lähteä *the children should go to bed* lasten pitäisi mennä nukkumaan *how did your test go?* miten koe meni? **2** käydä: *do you still go to school?* vieläkö sinä käyt koulua? **3** tulla joksikin *he's gone crazy* hän on tullut hulluksi **4** kuulua jonnekin/johonkin *that goes with the territory* se kuuluu työn arkeen *the red ones go into that box* punaiset kuuluvat tuohon laatikkoon **5** *anything goes* kaikki on sallittua **6** *go to show* osoittaa *that only goes to show that he is a genius* se on vain merkki siitä että hän on nero **7** (ark) sanoa *and he goes, "What do you think?"* ja sitten hän sanoi... **8** (ark) käydä vessassa *Mommy, I gotta go!* äiti, minulla on vessahätä **9** *is this for here or to go?* (pikaravintolassa:) syöttekö täällä vai otatteko ruoan mukaanne?
apuv (futuurina:) aikoa *I am going to do it* aion tehdä sen *it is going to rain* pian sataa
adj valmis *all systems go* kaikki on valmista
go about *v* tehdä (työtään), hoitaa (tehtäviään)
goad into /goʊd/ *v* kannustaa, yllyttää jotakuta tekemään jotakin
go after *v* tavoitella jotakin, pyrkiä johonkin
go against *v* (kuv) sotia jotakin vastaan, olla jonkin vastainen
go ahead *v* ole hyvä vain *go ahead if you want to leave* sen kuin lähdet vain
go-ahead /ˈgoəˌhed/ *s* (kuv) vihreä valo, lupa aloittaa *they finally got the go-ahead to launch the rocket* he saivat viimein luvan laukaista raketin
goal /goəl/ *s* **1** tavoite, päämäärä **2** (kilpailun) maali (eri merk) **3** (amerikkalaisessa jalkapallossa) potkumaali
goalie /goəli/ *s* maalivahti
goalkeeper /ˈgoəlˌkipər/ *s* maalivahti
goal line /ˈgoəlˌlaɪn/ *s* (amerikkalaisessa jalkapallossa) maalilinja
go all the way *fr* (sl) **1** tehdä jotakin täysin palkein/täysillä, astua viimeinenkin askel **2** maata jonkun kanssa
go along *v* **1** lähteä/tulla mukaan **2** suostua johonkin
goal post /ˈgoəlˌpoʊst/ *s* (amerikkalaisessa jalkapallossa) maalipylväs
go around *v* **1** riittää (kaikille) **2** kiertää, olla liikkeellä
go around with *v* liikuskella jonkun seurassa
go at *v* käydä käsiksi johonkin (myös kuv:) paneutua
goat /goʊt/ *v* **1** vuohi **2** (kuv) pukki
goatee /goʊˈti/ *s* pukinparta
go away empty-handed *fr* jäädä tyhjin käsin
go bad *fr* pilaantua
go bananas *fr* saada hepulit; tulla hulluksi
gobble /gabəl/ *v* ahmia, pistää poskeensa
gobble up *v* (kuv) ahnehtia, niellä, pistää poskeensa
go-between *s* välittäjä, sovittelija, lähetti
Gobi Desert /ˌgoubiˈdezərt/ Gobin aavikko
goblin /gablən/ *s* peikko
go by *v* **1** päästää (tilaisuus) käsistään **2** noudattaa (neuvoa)
go cold turkey *fr* **1** lopettaa esim huumeen käyttö kerralla, panna kerrasta poikki **2** ryhtyä kylmiltään johonkin
God /gad/ *s* **1** Jumala **2** *god* jumala (myös kuv) *man is trying to play god by tampering with genes* ihminen leikkii jumalaa sorkkimalla geenejä
God-awful *adj* (ark) hirvittävä, kamala
godchild /ˈgadˌtʃaɪəld/ *s* kummilapsi
goddamn /ˌgadˈdæm/ *s, adj, interj* (ark) hitto, helvetti *he is a goddamn fool* hän on täysi idiootti
goddamned *adj* (ark) pahuksenmoinen, hitonmoinen, kirottu
goddamnit /ˌgadˈdæmɪt/ *interj* (ark) hitto soikoon!
goddammit ks goddamnit

goddaughter /ˈgadˌdatər/ *s* kummityttö
godfather /ˈgadˌfaðər/ *s* kummisetä
godforsaken /ˌgadfərˈseɪkən/ *adj* Jumalan hylkäämä, (kuv) syrjäinen *he lives in some godforsaken place* hän asuu jossakin Jumalan selän takana
godless *adj* jumalaton, ateistinen
godlike *adj* jumalallinen
godliness *s* hurskaus, jumalanpelko *cleanliness is next to godliness* puhtaus on puoli ruokaa
godly *adj* **1** hurskas **2** jumalallinen, Jumalan
godmother /ˈgadˌmʌðər/ *s* kummitäti
go down *v* **1** laskea, laskeutua, vähetä **2** (sl) tapahtua
go down fighting *fr* taistella henkeen ja vereen/viimeiseen saakka (myös kuv)
go down on *v* (sl) oraaliseksistä: ottaa suuhun, imeä, nuolla
go down the tube *fr* (ark) mennä läskiksi, mennä pöntöstä alas
godsend /ˈgadˌsend/ *s* suuri apu, siunaus, luojan lykky
godson /ˈgadˌsʌn/ *s* kummipoika
Godspeed /ˈgadˌspid/ *s* hyvä onni, menestys *I wish you Godspeed* toivotan sinulle menestystä
gofer /goʊfər/ *s* (sl) juoksupoika
go for *v* **1** yrittää saada, tavoitella **2** valita
go for it *fr* yrittää tosissaan, panna parastaan, tarttua tilaisuuteen
goggle /gagəl/ *v* tuijottaa, mulkoilla; (silmät) pullistua kuopistaan
goggles /gagəlz/ *s* (mon) (suoja)lasit; uimalasit
go haywire *fr* mennä rikki, hajota, ruveta reistailemaan
go in for *v* innostua/pitää jostakin, harrastaa jotakin
going /goʊiŋ/ *s* **1** lähtö, meno **2** vauhti, nopeus, tahti
adj **1** käypä *the going price for strawberries* mansikoiden käypä hinta **2** menestyvä, menestyksekäs
go into *v* **1** paneutua johonkin, keskustella jostakin **2** ruveta opiskelemaan
go into effect *fr* astua voimaan
goitered gazelle /ˌgɔɪtərdgəˈzel/ *s* kuhertajagaselli
go-kart /ˈgoˌkart/ *s* mikroauto
gold /gold/ *s* **1** kulta **2** kullan väri
adj **1** kultainen *gold watch* kultakello **2** kullanvärinen
goldbrick /ˈgoldˌbrɪk/ *s* (sl) pinnari
v pinnata
golden *adj* **1** kultainen (myös kuv) **2** kullanvärinen
golden age *s* kulta-aika *the golden age of big band music*
Golden Arches *s* (mon) McDonald'sin pikaravintoloiden keltainen M-tunnus, kultaiset kaaret
golden calf *s* (Raam ja kuv) kultainen vasikka
Golden Horn Kultainen sarvi
golden oldie /ˌgoldənˈoʊldi/ *s* (popmusiikissa) vanha hitti
goldenrod /ˈgoldənˌrad/ *s* kultapiisku
golden rule *s* kultainen sääntö
golden section *s* (taiteessa) kultainen leikkaus
gold fever *s* kultakuume
goldfish /ˈgoldˌfɪʃ/ *s* kultakala
goldilocks /ˈgoldɪˌlaks/ *s* (verbi yksikössä, mon goldilocks) kultakutri
gold leaf *s* lehtikulta
gold mine *s* kultakaivos (myös kuv) *a gold mine of information* tiedon kultakaivos
goldsmith /ˈgoldsmɪθ/ *s* kultaseppä
gold standard *s* (tal) kultakanta
golf /galf/ *s* golf
v pelata golfia
golf bag *s* (golf)mailareppu
golf ball *s* golfpallo
golf cart *s* **1** (sähkökäyttöinen) golfvaunu **2** (käsin vedettävät) golfkärryt
golf club *s* **1** golfmaila **2** golfseura
golf course *s* golfkenttä
golfer *s* golfin pelaaja
golf links *s* (mon) golfkenttä
golf pro /ˈgalfˌproʊ/ *s* golfpro, opetusta antava ammattilainen
golf widow /ˈgalfˌwɪdoʊ/ *s* golfleski

gondola /gandələ gan'doʊlə/ *s* **1** gondoli **2** (ilmalaivan) matkustamo, (kuumailmapallon) kori
gondolier /ˌgandə'lɪər/ *s* gondolieeri
gone /gan/ ks go
gong /gaŋ/ *s* (mus) gongi
good /gʊd/ *s* **1** hyvä *a brisk walk will do you good* reipas kävely tekee sinulle hyvää **2** hyöty: *what good is a remote without batteries?* mitä kaukosäätimellä tekee jos siinä ei ole paristoja? **3** *for good* pysyvästi, lopullisesti
adj better, best **1** hyvä *the plumber did a good job* putkiasentaja teki työnsä hyvin **2** hauska *we had a good time* meillä oli hauskaa **3** hyväntahtoinen, hyväsydäminen *the good Samaritan* laupias samarialainen **4** *no good* mitätön *he is no good as a painter* hänestä ei ole taidemaalariksi **5** *as good as* kuin *it's as good as new* se on uuden veroinen
good-bye /ˌgʊd'baɪ, gə'baɪ/ *s* jäähyväiset
interj hyvästi, näkemiin
good day *interj* (käytetään tavattaessa ja erottaessa) hyvää päivää; hyvää päivänjatkoa
good deal *s* **1** *a good deal of work* paljon työtä **2** hyvä kauppa, sopimus *I made a good deal with the salesman*
good evening *interj* hyvää iltaa
good for *adj* **1** *he is good for the loan* hän maksaa kyllä lainan takaisin **2** vastata jotakin **3** kestää *those shoes are good for another year* ne kengät saavat kelvata vielä vuoden **4** olla voimassa *the pass is good for daytime shows only* vapaalipulla pääsee vain päivänäytäntöihin
good-for-nothing *s* kelvoton ihminen, vätys
adj mitätön, kelvoton
Good for you! *fr* Hienoa (sinun kannaltasi)!, Kyllähän sinun kelpaa!, Kateeksi käy!
Good Friday *s* pitkäperjantai
good-humored *adj* hyväntuulinen
goodies /gʊdiz/ *s* (mon) namut, herkut, herkkupalat (myös kuv) *you can find all sorts of goodies in an electronics store* elektroniikkakaupasta löytyy kaikenlaista jännää
good-looking *adj* hyvännäköinen
good morning *interj* hyvää huomenta
goodness *s* **1** hyvyys **2** laatu
interj hyvä tavaton!
good news *s* (verbi yl yksikössä) hyvä uutinen *he is good news* hyvä että hän tulee/on mukana yms, hänen mukanaolonsa yms enteilee hyvää
good night *interj* hyvää yötä
goods /gʊdz/ *s* (mon) kauppatavara; tavarat, omaisuus *to deliver the goods* (kuv) pitää sanansa, olla luotettava
good-sized *adj* hyvänkokoinen, iso
goodwill /ˌgʊd'wɪl/ *s* **1** hyväntahtoisuus **2** goodwill (yrityksen ym nauttima arvonanto)
goody-goody /ˌgʊdi'gʊdi/ *s* hurskastelija, (ällöttävä) pulmunen
adj hurskasteleva, ällöttävä
go off *v* **1** räjähtää, laueta **2** sujua, mennä **3** lähteä (yhtäkkiä), häipyä **4** kuolla
go off the deep end *fr* innostua/ rakastua silmittömästi, ei pysyä housuissaan
Goofy /gufi/ Hessu
go on *v* **1** tapahtua **2** jatkaa **3** pölistä, jaaritella, puhua minkä jaksaa **4** käyttäytyä tietyllä tapaa
go on a binge *fr* syödä hillittömästi, porsastella; törsätä rahaa
go on strike *fr* ruveta lakkoon
go on the stage *fr* ruveta näyttelijäksi, siirtyä teatterialalle
goose /gus/ *s* (mon geese) hanhi *my goose is cooked* minä olen nesteessä/kiipelissä
gooseberry /'gusˌberi/ *s* karviainen, karviaismarja
goose bumps *s* (kuv mon) kananliha, puistatus
goose flesh *s* (kuv) kananliha, puistatus
go out *v* **1** sammua **2** käydä ulkona, tavata ihmisiä
go out of fashion *fr* jäädä pois muodista

go out of your way *fr* tehdä kaikkensa, yrittää parhaansa, nähdä kovasti vaivaa
go over *v* **1** käydä läpi, tarkastaa **2** saada tietynlainen vastaanotto *my suggestions did not go over very well with the audience* ehdotukseni eivät olleet yleisön mieleen
go over the wall *fr* (sl) karata vankilasta, paeta
GOP *Grand Old Party* Yhdysvaltain republikaaninen puolue
go places *fr* (ark) menestyä, päästä pitkälle
goral /goərəl/ *s* (eläin) goraali
gore /gɔr/ *s* **1** (ylät) hurme, veri **2** väkivalta
v pistää, puhkaista
gorge /gɔrdʒ/ *s* **1** rotko, kuru; pieni kanjoni **2** kurkku
gorgeous /gɔrdʒəs/ *adj* komea, upea, mahtava, loistava
gorgeously *adv* ks gorgeous
gorilla /gə'rɪlə/ *s* gorilla
gory /gɔri/ *adj* **1** verinen **2** ikävä, kurja
gosh /gaʃ/ *interj* no voi että!, voi ei!, voi hurja!
goshawk /'gas,hak/ *s* kanahaukka
gosling /gazlɪŋ/ *s* hanhenpoikanen
gospel /gaspəl/ *s* evankeliumi (myös kuv) *the Gospel according to Matthew* Matteuksen evankeliumi
gospel music *s* gospelmusiikki
gospel truth *s* totinen totuus *that's the gospel truth* se on totista totta
gossip /gasɪp/ *s* **1** juoru, juoruaminen **2** juoruaja
gossip column *s* (lehden) juorupalsta
go steady *fr* (ark) seurustella vakinaisesti
got /gat/ ks get *have got* ks have
gotcha /gatʃə/ sama kuin *got you* **1** ymmärrän mitä tarkoitat **2** ähäkutti!
go the route *fr* pitää pintansa, tehdä/kestää jotakin loppuun saakka
go through *v* **1** kokea, joutua käymään läpi **2** tutkia, käydä läpi **3** mennä läpi, tulla hyväksytyksi **4** tuhlata, törsätä, käyttää loppuun
go through the roof *fr* **1** nousta/kasvaa/kallistua valtavasti **2** pillastua, raivostua, menettää malttinsa
go through with *v* kestää/saattaa loppuun/päätökseen
go together *v* **1** kuulua yhteen; sopia yhteen **2** seurustella, olla yhdessä
go to press *fr* (sanomalehti ym) mennä painoon
go to the wall *fr* **1** hävitä (kilpailu), saada selkäänsä **2** tehdä konkurssi, mennä vararikkoon **3** tehdä kaikkensa, tehdä mitä vain
gouge /gaʊdʒ/ *s* kourutaltta
v **1** kaivaa, kaivertaa, kovertaa **2** kaivaa esiin/irti **3** huijata, huiputtaa
goulash /gulaʃ/ *s* gulassi
go under *v* **1** (laivasta) upota **2** epäonnistua, kariutua **3** esiintyä jollakin nimellä, olla tunnettu jonakin
go under *fr* **1** (laiva) upota **2** (yritys) tehdä vararikko, mennä konkurssiin
go up *v* **1** kasvaa, lisääntyä **2** unohtaa vuorosanansa
gourmand /gɔr,mand/ *s* syöppö, ahmatti
gourmandize /'gɔrmən,daɪz/ *v* herkutella, syöpötellä
gourmet /gɔr'meɪ/ *s* herkuttelija, herkkusuu
gov. *government; governmental* valtio; valtion
govern /gʌvərn/ *v* **1** hallita (myös kuv) *to govern a country* hallita maata *price governed his choice of a new car* hinta ratkaisi millaisen uuden auton hän osti **2** hillitä *she was unable to govern her temper* hän ei kyennyt hillitsemään itseään
governess /gʌvərnəs/ *s* kotiopettajatar
government /gʌvərnmənt/ *s* **1** hallitus, hallitseminen **2** hallitusmuoto **3** hallitus, valtioneuvosto **4** valtio *he is a government employee* hän on valtion palveluksessa
governmental /,gʌvərn'mentəl/ *adj* valtion; hallituksen
governor /gʌvərnər/ *s* **1** kuvernööri **2** johtaja **3** (UK, ark puhuttelu) pomo *yes, governor* selvä, pomo

governorship /ˈgʌvərnərˌʃɪp/ *s* kuvernöörin virka
go west *fr* (ark) kuolla
go whole hog *fr* ei (turhia) säästellä/nuukailla *let's go whole hog and buy a car which is loaded* mitä tässä turhia nuukailemaan, ostetaan auto jossa on kaikki mahdolliset lisävarusteet
go with *v* **1** sopia johonkin/yhteen jonkin kanssa **2** seurustella jonkun kanssa
go without *v* jäädä/olla ilman jotakin, luopua jostakin
go without saying *fr* olla sanomattakin/itsestään selvää
gown /gaʊn/ *s* **1** aamutakki **2** (naisten ilta)puku **3** tuomarinviitta, papinkaapu yms
GP *general practice; general practitioner; grand prix*
GPA *grade-point average* (arvosanojen) keskiarvo
GPO *general post office* pääpostitoimisto *Government Printing Office* (Yhdysvaltain) valtion painatuskeskus
GPS /ˌdʒiˌpiˈes/ *Global Positioning System*
grab /græb/ *s* ote: *the thief made a grab at the woman's bag* varas yritti tarttua naisen käsilaukkuun *the company is up for grabs* firma on kaupan
v **1** tarttua, ottaa kiinni jostakin **2** hakea/ottaa kiireesti/ohimennen **3** anastaa, vallata, ottaa luvattomasti
grace /greɪs/ *s* **1** armo **2** suosio *to fall from grace* joutua epäsuosioon *to be in someone's good/bad graces* olla jonkun suosiossa/epäsuosiossa **3** lykkäys, lisäaika **4** suloisuus, sulo; hyvät tavat *to do something with good/bad grace* tehdä jotakin hyvillä mielin, halukkaasti/vastahakoisesti *she had the grace to help us* hän auttoi meitä armeliaasti/ystävällisesti **5** ruokarukous
graceful *adj* suloinen, viehättävä, miellyttävä, kaunis
gracefully *adv* suloisesti, viehättävästi, miellyttävästi, kauniisti
graceless *adj* töykeä, hiomaton (käytös), töksähtelevä
grace period *s* lykkäys, lisäaika, armonaika
gracious /greɪʃəs/ *adj* **1** armelias **2** suopea, hyväntahtoinen **3** hienostunut, tyylikäs, ylellinen, komea
graciously *adv* ks gracious
graciousness *s* **1** armeliaisuus **2** suopeus, hyväntahtoisuus, myötämielisyys **3** ylellisyys, hienostuneisuus
grade /greɪd/ *s* **1** taso *to make the grade* selvitä jostakin, onnistua **2** (koulu)luokka; luokka(taso) **3** (koulussa) arvosana, numero **4** laatuluokka *grade A eggs* A-luokan kananmunat *to be up to grade* täyttää laatuvaatimukset, kelvata **5** kaltevuus *there is a slight grade in the road here* tie kallistuu tässä hieman
v **1** luokitella, lajitella **2** kallistua, viettää, nousta **3** arvostella/korjata koetuloksia **4** tasoittaa (tietä)
grade crossing *s* tasoristeys
grade point *s* (numerona ilmaistu) arvosana
grade point average *s* keskiarvo
grade school *s* alakoulu (peruskoulun ala-aste)
grade-schooler *s* alakoululainen
gradient /greɪdɪənt/ *s* kallistuma, kaltevuus, (tien) nousu/lasku
gradual /grædʒʊəl/ *adj* **1** asteittainen, vähitellen tapahtuva **2** loiva (rinne)
gradually *adv* **1** vähitellen, hiljakseen **2** (viettää/nousta) loivasti
graduate /grædʒʊət/ *s* (yliopistosta ym) valmistunut (henkilö) *high-school graduate* ylioppilas
adj jatko-opintoihin liittyvä *graduate student* jatko-opiskelija
graduate /ˈgrædʒʊˌeɪt/ *v* **1** valmistua (oppilaitoksesta) *to graduate from high school* tulla ylioppilaaksi *our college graduated one hundred students this year* collegestamme valmistui tänä vuonna sata opiskelijaa **2** porrastaa, jakaa asteisiin **3** muuttua vähitellen joksikin

graduated *adj* **1** asteittainen, porrastettu *graduated income tax* porrastettu tulovero **2** asteikolla varustettu, asteisiin jaettu
graduate school *s* yliopisto/laitos jossa on mahdollisuus jatko-opintoihin
graduation /ˌgrædʒʊ'eɪʃən/ *s* **1** (oppilaitoksesta) valmistuminen **2** (oppilaitoksen) valmistumisjuhla *high school graduation* ylioppilasjuhla **3** porrastus
graffiti /grə'fiti/ *s* (mon sanasta graffito) graffiti, seinäkirjoitukset
graft /græft/ *s* (lääk) siirrännäinen; (kasv) oksas, jalostusoksa
v **1** siirtää (elin); oksastaa **2** liittää, siirtää, yhdistää *(on)* johonkin
grain /greɪn/ *s* **1** jyvä (myös kuv) *there is not a gain of truth in his story* hänen tarinassaan ei ole totuuden häivääkään **2** vilja **3** (puun) syy, (kankaan sidoksen) suunta *to go with/against the grain* (kuv) tehdä jotakin myötäkarvaan/vastakarvaan **4** (valok) rae
grain elevator *s* viljasiilo
grainfield /'greɪnˌfɪəld/ *s* viljapelto
grain of salt *to take something with a grain of salt* suhtautua johonkin varauksellisesti, ei ottaa jotakin täydestä
grainy *adj* **1** syinen **2** (valok) rakeinen
gram /græm/ *s* gramma
gram. *grammar, grammatical*
grammar /græmər/ *s* kielioppi (myös kirja)
grammar school *s* (US) peruskoulu; (UK) lukio
grammatical /grə'mætɪkəl/ *adj* kieliopillinen, kielioppi-
grammatically *adv* kieliopillisesti
gramme ks gram
gramophone /'græməˌfoʊn/ *s* (vanh) levysoitin; gramofoni
granary /greɪnəri/ *s* viljavarasto
grand /grænd/ *s* **1** flyygeli **2** (ark) tonni, tuhat taalaa
adj **1** mahtava, komea, loistelias, majesteetillinen, vaikuttava **2** pää-, suuri **3** erinomainen, loistava
Grand Canyon /ˌgræn'kænjən/ kanjoni ja kansallispuisto Arizonassa
grandchild /'grænˌtʃaɪəld/ *s* (mon grandchildren) lapsenlapsi
granddaddy /'grænˌdædi/ *s* (mon granddaddies) (ark) **1** isoisä, ukki, vaari **2** *the grandddaddy of all sports cars* kaikkien urheiluautojen kantamuoto, äiti (ark)
granddaughter /'grænˌdatər/ *s* pojantytär, tyttärentytär, lapsenlapsi
grandeur /grændʒər/ *s* loisto, komeus
grandfather /'grænˌfaðər/ *s* isoisä
grandfather clock *s* kaappikello
grand finale *s* finaali, loppunäytös
grandiose /ˌgrændi'oʊs/ *adj* **1** komea, vaikuttava **2** suurisuuntainen, mahtipontinen
grand larceny *s* törkeä varkaus
grandly *adv* komeasti, juhlallisesti, majesteetillisesti
grandma /græma/ *s* (ark) isoäiti
grandmother /'grænˌmʌðər/ *s* isoäiti
grand old man *s* grand old man, jonkin alan vanha ja tunnettu edustaja
Grand Old Party *s* Yhdysvaltain republikaaninen puolue
grand opening *s* (myymälän ym) avajaiset
grandpa /græmpa/ *s* (ark) isoisä
grandparents /'grænˌperəns/ *s* (mon) isovanhemmat
grand piano *s* flyygeli
grandson /'grænˌsʌn/ *s* pojanpoika, tyttärenpoika, lapsenlapsi
grandstand /'grænˌstænd/ *s* pääkatsomo
Grand Teton /ˌgræn'titan/ kansallispuisto Wyomingissa
Grand Tetons /ˌgræn'titanz/ vuoristo Wyomingissa
grand theft *s* törkeä varkaus
grand total *s* kokonaissumma, loppusumma
granite /grænət/ *s* graniitti
grant /grænt/ *s* stipendi, avustus
v **1** myöntää, antaa *he was granted permission to start a new project* hän sai luvan uuteen hankkeeseen **2** myöntää, tunnustaa *your new computer is fast, I'll grant you that* täytyy myöntää että uusi tietokoneesi on nopea

granular /grænjələr/ *adj* rae-, rakeinen
granulated sugar *s* hieno sokeri, kidesokeri
granule /grænjʊəl/ *s* jyvänen
grape /greɪp/ *s* viinirypäle
grapefruit /'greɪpˌfrut/ *s* greippi
grapevine /'greɪpˌvaɪn/ *s* **1** viiniköynnös **2** huhupuhe *I heard it on/through the grapevine* kuulin sen huhupuheena
graph /græf/ *s* kaavio, diagrammi, käyrä
graphic *adj* **1** graafinen **2** kouraantuntuva, havainnollinen
graphic artist *s* graafikko
graphic arts *s* (mon) grafiikka, graafinen taide
graphics *s* (verbi yl mon) grafiikka *computer graphics* tietokonegrafiikka
graphite /græfaɪt/ *s* grafiitti
graphologist *s* grafologi, käsialan tutkija
graphology /græ'falədʒi/ *s* grafologia, käsialan tutkimus
grapnel /græpnəl/ *s* (mer) naara
grapple with /græpəl/ *v* taistella, kamppailla jonkin asian kimpussa
grasp /græsp/ *s* ote (myös kuv:) käsitys *the boy has a good grasp of basic algebra* poika on hyvin perillä algebran perusteista
v tarttua, saada kiinni jostakin, saada ote jostakin (myös kuv:) käsittää *he failed to grasp the fundamental idea* hän ei ymmärtänyt perusajatusta
grass /græs/ *s* **1** heinä(kasvi), ruoho *to let grass grow under your feet* jahkailla, vitkastella **2** nurmikko **3** laidun *to go to grass* jäädä eläkkeelle **4** (sl) ruoho, marihuana
grasscutter /'græsˌkʌtər/ *s* ruohonleikkuri, ruohonleikkuukone
grasshopper /'græsˌhapər/ *s* heinäsirkka
grass roots /ˌgræs'ruts/ *s* (verbi yksikössä tai mon) **1** tavalliset ihmiset **2** maaseutu **3** maalaiset **4** (kuv) juuret, alkuperä
grass-roots *adj* ruohonjuuritason, kansan syvistä riveistä lähtevä
grate /greɪt/ *s* **1** arina **2** ritilä **3** takka
v **1** raastaa (myös kuv: hermoja), jurppia, risoa **2** raapia **3** narista
G-rated *adj* (elokuvasta) sallittu lapsille
grateful /greɪtfəl/ *adj* kiitollinen
gratefully *adj* kiitollisesti, kiitollisen
grater *s* raastin
gratification /ˌgrætəfɪ'keɪʃən/ *s* **1** (tarpeiden) tyydytys **2** tyytyväisyys, tyydytys, mielihyvä
gratify /'grætəˌfaɪ/ *v* **1** tyydyttää (tarpeet) **2** ilahduttaa, tuottaa mielihyvää/tyydytystä
gratifying *adj* ilahduttava
gratifyingly *adv* ilahduttavasti, ilahduttavan
grating *adj* raapiva, nariseva, (hermoja) raastava
gratis /grætɪs/ *adj, adv* ilmainen, ilmaiseksi
gratitude /'grætɪˌtud/ *s* kiitollisuus
gratuitous /grə'tuətəs/ *adj* tarpeeton, turha, aiheeton
gratuitously *adv* tarpeettomasti, turhaan, aiheettomasti, syyttömästi
gratuity /grə'tuəti/ *s* **1** (ylät) juomaraha **2** bonus
grave /greɪv/ *s* hauta
adj vakava (ihminen, ajatus, sairaus)
gravedigger /'greɪvˌdɪgər/ *s* haudankaivaja
gravel /grævəl/ *s* sora
graven image /ˌgreɪvən'ɪmədʒ/ *s* epäjumala, jumalankuva
graverobber /'greɪvˌrabər/ *s* haudanryöstäjä
gravestone /'greɪvˌstoʊn/ *s* hautakivi
graveyard /'greɪvˌjard/ *s* hautausmaa
graveyard shift *s* yövuoro
gravitate to /'grævəˌteɪt/ *v* hakeutua jonnekin/jonkun seuraan, tuntea vetoa jonnekin
gravitation /ˌgrævə'teɪʃən/ *s* **1** painovoima, gravitaatio **2** (kuv) virtaus, hakeutuminen, siirtyminen jonnekin
gravitational *adj* gravitaatio-
gravity /grævəti/ *s* **1** painovoima, paino *the law of gravity* painovoimalaki **2** vakavuus *do you comprehend the*

gravity of the situation? ymmärrätkö tilanteen vakavuuden?
gravy /greɪvi/ *s* kastike
gravy boat *s* kastikeastia
gravy train *to get on the gravy train* päästä paikkaamaan omia taskujaan, päästä rikastumaan
gray /greɪ/ *s, adj* harmaa, (myös kuv:) iloton, ikävä *in the gray area between fact and fiction* totuuden ja sepitteen välisellä harmaalla alueella
gray market *s* (tal) harmaat markkinat; harmaatuontitavaroiden markkinat
gray matter *s* **1** (aivojen) harmaa aine **2** (kuv) harmaat aivosolut, äly
Gray Panther *s* eläkeläisten eturyhmän jäsen
gray power *s* järjestäytyneiden eläkeläisten vaikutusvalta
gray whale *s* harmaavalas
graze /greɪz/ *s* naarmu, raapaisu
v **1** naarmuttaa, naarmuuntua, raapaista **2** laiduntaa; olla laitumella
grease /gris/ *s* rasva
v rasvata, voidella (myös kuv:) lahjoa *he had to grease the mailtre d's palm to get a table* hän joutui lahjomaan hovimestarin saadakseen pöydän
grease monkey *s* (ark) mekaanikko
greasy *adj* rasvainen
greasy spoon *s* (sl) halpa kuppila
great /greɪt/ *s* **1** iso, suuri (myös kuv) *she is in great pain* hänellä on kovia kipuja *a great many people came* paikalle saapui paljon ihmisiä *the great painters of the 17th century* 1600-luvun suuret taidemaalarit **2** suurenmoinen, erinomainen, hieno *you did a great job* teit työn hienosti **3** *great at/on* hyvä jossakin; innoissaan jostakin, halukas tekemään jotakin **4** (yhdyssanoissa) iso- *great-grandmother* isoäidin äiti
Great Australian Bight /baɪt/ Iso Australianlahti
Great Barrier Reef /ˌgreɪtˌberɪər'rif/ Iso Valliriutta (Australiassa)
Great Britain Iso-Britannia
Great Depression *s* 1930-luvun lamakausi
Greater Antilles /æn'tɪliz/ Isot-Antillit
greater glider /glaɪdər/ *s* jättiliito-orava
Greater Khingan Range /kiŋən/ Iso-Hingan (vuoristo Kiinassa)
Great Lakes /ˌgreɪt'leɪks/ (Yhdysvaltain ja Kanadan väliset) Isotjärvet (ks hakusanoja Lake Erie, Lake Huron, Lake Michigan, Lake Ontario, Lake Superior)
greatly *adv* suuresti
greatness *s* suuruus (myös kuv)
Great Salt Lake /'greɪtˌsalt'leɪk/ Iso Suolajärvi (Utahissa)
Great Sandy Desert Iso Hiekka-aavikko (Australiassa)
Great Smoky Mountains kansallispuisto Pohjois-Carolinassa ja Tennesseessä
Great Slave Lake Iso Orjajärvi, Great Slave Lake (Kanadassa)
Great Victoria Desert Iso Victorian aavikko (Australiassa)
Great Wall of China /ˌgreɪtˌwaləv'tʃaɪnə/ Kiinan muuri
great with child *fr* raskaana
Grecian /griʃən/ *s, adj* (antiikin) kreikkalainen
Greco-Roman /ˌgrekoʊ'roʊmən ˌgrikoʊ'roʊmən/ *s* kreikkalais-roomalainen paini
adj kreikkalais-roomalainen
Greece /gris/ Kreikka
greed /grid/ *s* ahneus
greedily *adv* ahneesti, kyltymättä
greedy *adj* ahne, kyltymätön, nälkäinen, janoinen (myös kuv)
Greek /grik/ *s* kreikan kieli
s, adj kreikkalainen *it's Greek to me* se on minulle hepreaa, en ymmärrä siitä mitään
green /grin/ *s* **1** vihreä väri **2** (golfissa) viheriö, griini, lyhyeksi leikattu ruohoalue reiän ympärillä
adj vihreä (myös kuv:) kokematon *he was green with envy* hän oli vihreänä kateudesta
greenback /'grinˌbæk/ *s* seteli
green card *s* **1** vihreä kortti, oleskeluviisumi **2** vihreä kortti, kansainvälinen ajoneuvovakuutustodistus

green fingers *s* (UK kuv) vihreä peukalo, (henkilö) viherpeukalo
greengrocer /ˈgrin͵groʊsər/ *s* (UK) hedelmä- ja vihanneskauppias
greengrocery /ˈgrin͵groʊʃri/ *s* (UK) hedelmä- ja vihanneskauppa
greenhouse /ˈgrin͵haʊs/ *s* kasvihuone
greenhouse effect *s* kasvihuoneilmiö
Greenland /grinlənd/ Grönlanti
Greenlander /grinləndər/ *s* grönlantilainen
Greenlandic /͵grinˈlændɪk/ *adj* grönlantilainen
Greenland Sea Grönlanninmeri
green light *s* vihreä valo (myös kuv) *he was given the green light on the proposal* hänen ehdotukselleen näytettiin vihreää valoa
greet /grit/ *v* tervehtiä, ottaa vastaan
greeting *s* tervehdys; vastaanotto; (mon) terveiset
gregarious /grəˈgerɪəs/ *adj* (eläin) lauma-; seurallinen (ihminen)
gremlin /gremlən/ *s* peikko, mörkö
Grenada /grəˈneɪdə/ Grenada
grenade /grəˈneɪd/ *s* kranaatti
Grenadian *s, adj* grenadalainen
grew /gru/ ks grow
Grévy's zebra /͵greviz'zibrə/ *s* grévynseepra
grey ks gray
greyhound /ˈgreɪ͵haʊnd/ *s* vinttikoira
grid /grɪd/ *s* **1** (grill- tai muu) ritilä **2** (kartan) ruudukko **3** (sähk) hila **4** (amerikkalaisessa jalkapallossa) kenttä
gridiron /grɪdaɪərn/ *s* **1** (amerikkalaisessa jalkapallossa) kenttä **2** (grilli- tai muu) ritilä
grief /grif/ *s* suru *to come to grief* kärsiä vahinkoa; satuttaa itsensä; epäonnistua
grief-stricken /ˈgrif͵strɪkən/ *adj* surun murtama
grieve /griv/ *v* **1** surra **2** tuottaa surua jollekin
grievous /grivəs/ *adj* vakava, paha, kova, iso
grievously *adv* vakavasti, pahasti, kovasti
grill /grɪl/ *s* grilli
v **1** grillata **2** ristikuulustella, hiostaa
grille /grɪl/ *s* **1** ikkunaristikko **2** (auton) jäähdyttäjän säleikkö
grillroom /ˈgrɪl͵rum/ *s* grilli(ravintola)
grim /grɪm/ *adj* **1** tuima, ankara, synkkä **2** sisukas
grimace /grɪməs/ *s* irvistys
v irvistää
grime /graɪm/ *s* lika; noki
grimly *adv* **1** tuimasti, ankaralla äänellä, synkästi **2** hammasta purren, hampaat irvessä, sisukkaasti
grimy *adj* likainen; nokinen
grin /grɪn/ *s* virnistys
v virnistää
grind /graɪnd/ *s* raadanta *it's Monday and I'll have to go back to the daily grind* on maanantai ja minun pitää taas ruveta raatamaan
v ground, ground **1** musertaa, hienontaa, jauhaa **2** hioa (linssiä) **3** osua kirskuen johonkin; kirskua **4** kiristää (hampaitaan) **5** (sl) pänniä, jurppia, sapettaa
grinder *s* lihamylly; kahvimylly; veitsenteroitin
grindstone /ˈgraɪn͵stoʊn/ *s* hioinkivi *to keep your nose to the grindstone* ahertaa, uurastaa
grind to a halt *fr* pysähtyä (jarrut kirskuen)
gringo /griŋgoʊ/ *s* (meksikonespanjasta) jenkki
grip /grɪp/ *s* **1** kädensija, kahva **2** ote (myös kuv) *you have a good grip* sinulla on hyvä ote (mailasta tms) *she is losing her grip* (kuv) hänen taitonsa alkavat ruostua, hän ei enää ole entisensä *come to grips with* (kuv) saada ote jostakin, päästä sinuiksi jonkin kanssa
v tarttua, ottaa kiinni jostakin
gripe /graɪp/ *s* valitus
v **1** (ark) nalkuttaa, narista **2** kouristaa (vatsasta) **3** tarttua, kahmaista, kouraista **4** (ark) ärsyttää, käydä hermoille
gripping *adj* mukaansatempaava
grisly /grɪzli/ *adj* kammottava, raaka

grit /grɪt/ *s* **1** pöly, hieno hiekka **2** sisu *v* narista; hiertää yhteen
grits *s* (verbi yksikössä tai mon) maissisuurimot
gritty *adj* **1** pölyinen, hiekkainen **2** sisukas
grit your teeth *fr* kiristää hampaitaan, jännittää, olla hermostunut
groan /groʊn/ *s* voihkaisu, ähkäisy *v* voihkaista, ähkäistä
grocer /groʊsər/ *s* elintarvikekauppias
groceries /grouʃriz, groʊsriz/ *s* (mon) elintarvikkeet
grocery /groʊʃri groʊsri/ *s* elintarvikekauppa, valintamyymälä
grocery store *s* elintarvikekauppa, valintamyymälä
groggy /gragi/ *adj* pöppöröinen, uninen, raihnainen, veltto
groin /groɪn/ *s* nivuset
groom /grum/ *s* **1** sulhanen **2** tallipoika *v* **1** sukia, harjata (hevosta) **2** siistiytyä, laittautua hienoksi **3** valmistaa jotakuta johonkin *he is being groomed for the job* häntä valmennetaan tehtävään
groove /gruv/ *s* ura (myös kuv:) *to get into the groove* päästä mukaan fiilikseen, musiikin tahtiin, homman rytmiin *v* **1** kaivertaa ura johonkin **2** (sl) tykätä, nauttia
grope /groʊp/ *v* hapuilla, tunnustella, hipelöidä (naista)
gropingly *adj* hapuillen
gross /groʊs/ *s* krossi, 12 tusinaa, 144 *v* ansaita, tuottaa (bruttona) *last year, the company grossed 500 million* viime vuonna yrityksen bruttotulot olivat 500 miljoonaa
adj **1** brutto- **2** paksu, lihava **3** karkea (kieli, tavat) **4** kyltymätön (syöppö) **5** raaka, hirvittävä, törkeä, räikeä **6** (sl) kuvottava, ällöttävä
Gross Domestic Product /ˌgroʊsˌdəˌmestɪk'pradəkt/ *s* bruttokansantuote, BKT, bkt
grossly *adv* **1** (käyttäytyä) karkeasti, kuin sika **2** hirvittävän, hirvittävästi, törkeän, törkeästi *you have grossly underestimated the cost* olet pahasti aliarvioinut kustannukset
Gross National Income /ˌgroʊsˌnæʃənəl'inkʌm/ *s* bruttokansantulo, BKTL
Gross National Product /ˌgroʊsˌnæʃənəl'pradəkt/ *s* bruttokansantulo, BKTL (vrt Gross Domestic Product, bruttokansantuote)
gross score /ˌgroʊs'skoər/ (golf) bruttotulos, lyöntien kokonaismäärä josta ei ole vähennetty tasoituista
grotesque /groʊ'tesk/ *adj* groteski, irvokas, kummallinen
grotesquely *adv* irvokkaasti, kummallisesti
grotto /gratoʊ/ *s* (mon grottos, grottoes) luola
ground /graʊnd/ *s* **1** maa; maanpinta **2** kenttä, aukio **3** (mon) (metsästys- ym) alue; maa, tontti **4** peruste, syy *on what grounds did he say no?* millä perusteella hän sanoi ei? **5** (sähk) maa
v **1** ajaa (laiva) karille **2** poistaa (lentokone) liikenteestä *the FAA (Federal Aviation Agency) has grounded all old 727's* FAA on määrännyt kaikki vanhat 727:t (väliaikaiseen) lentokieltoon **3** määrätä lapsi kotiarestiin **4** (sähk) maadoittaa, maattaa **5** ks grind
ground floor *s* pohjakerros, ensimmäinen kerros *to get in on the ground floor* päästä mukaan homman alussa, olla alusta alkaen mukana
groundless *adj* perusteeton, aiheeton
groundlessly *adv* perusteettomasti, perusteettoman, aiheettomasti
ground rule *s* perussääntö
ground water *s* pohjavesi
groundwork /'graʊndˌwərk/ *s* valmistelut *to lay the groundwork for something* luoda perusta jollekin
group *s* ryhmä
v ryhmittää, ryhmitellä
group genitive *s* (kieliopissa) genetiivin 's-tunnuksen lisääminen sanaryhmän perään, esim *the man across the street's dog* kadun toisella puolen asuvan miehen koira
grouse /graʊs/ *s* **1** metsäkana **2** valitus *v* valittaa
grove /groʊv/ *s* lehto, metsikkö

grovel /grʌvəl/ *v* **1** nöyristellä, kumarrella **2** (koira) maata lattialla/maassa
groveling *adj* nöyristelevä
grow /groʊ/ *v* grew, grown **1** kasvaa, kasvattaa *he wants to grow a beard* hän aikoo kasvattaa parran *the sales have not grown as expected* myynti ei ole kasvanut odotetusti **2** tulla joksikin *she has grown fat/old* hän on lihonut/vanhentunut
growing pains *s* (mon) kasvukivut, alkuvaikeudet
grow into *v* **1** (vaate) olla (pian) sopiva jollekulle **2** tottua johonkin, oppia suoriutumaan jostakin
growl /graʊəl/ *s* (eläimen) murina, (ihmisen) murahdus, (ukkosen) jylinä
v murista, murahtaa, jylistä
grown /groʊn/ *v* ks grow
adj täysikasvuinen, aikuinen *you're a grown man now* olet jo iso mies
grown-up *s* aikuinen
grow on *v* tottua johonkin *atonal music grows on you* atonaalinen musiikki vaatii totuttelua
grow out of *v* **1** (vaate) jäädä pieneksi **2** saada alkunsa, lähteä liikkeelle, syntyä jostakin
growth /groʊθ/ *s* **1** kasvu **2** kasvusto **3** (parran)sänki **4** (lääk) kasvain
grow up *v* **1** kasvaa isoksi *Oh, grow up!* Älä viitsi (olla niin lapsellinen)! **2** syntyä, saada alkunsa
grub /grʌb/ *s* **1** toukka **2** (ark) sapuska
v kaivaa maata; penkoa, etsiä
grubby *adj* sottainen, likainen
grudge /grʌdʒ/ *s* kauna *to bear/hold a grudge* kantaa kaunaa
v kadehtia, paheksua, antaa vastahakoisesti *she grudged her good looks* hän kadehti hänen kauneuttaan
grudging *adj* vastahakoinen
grudgingly *adv* vastahakoisesti
grueling /gruliŋ/ *adj* raskas, väsyttävä, uuvuttava
gruesome /grusəm/ *adj* kammottava, hirvittävä, raaka
gruff /grʌf/ *adj* **1** käheä (ääni) **2** töykeä, tympeä, karkea (käytös)
gruffly *adv* töykeästi, tympeästi
grumble /grʌmbəl/ *s* valitus
v **1** valittaa **2** jylistä
grump /grʌmp/ *s* narisija, alituinen valittaja
v narista, valittaa
grumpily *adv* pahantuulisesti
grumpiness *s* happamuus, pahantuulisuus
grumpy *adj* hapan, pahantuulinen
grunt /grʌnt/ *s* **1** (sian) röhkäisy, (ihmisen) ähkäisy **2** (sl) jalkaväen sotilas
v röhkäistä, ähkäistä
gr. wt. *gross weight*
GSA *General Services Administration*
GT *grand touring*
Gt.Br. *Great Britain* Iso-Britannia
guacamole /ˌgwakə'moʊli/ *s* guacamole, meksikolaisperäinen avokadokastike jossa on mm. tomaattia ja sipulia
Guam /gwam/ Guam
guanaco /gwanəkou/ *s* (eläin) guanako
Guangzhou /gwaŋ'dʒoʊ/ Kanton, Guangzhou
guarantee /ˌgerən'ti/ *s* takuu, varmuus, tae
v taata, mennä takuuseen
guaranteed *adj* taattu, varma
guarantor /gerəntər/ *s* takaaja, takuun myöntäjä
guaranty *s* takuu, takaus
v taata
guard /gard/ *s* **1** vartija **2** vartio, vartiosto **3** vartio, vartiointi *to catch someone off guard* yllättää joku, joku ei osaa varoa jotakin *to be on guard* olla varuillaan, valppaana **4** suoja; suojain, suojalaite
v vartioida; suojella
guardian /gardiən/ *s* **1** suojelija, valvoja, vartija **2** (lak) holhooja
guardian angel *s* suojelusenkeli
guardianship /'gardiənˌʃɪp/ *s* holhous; vastuu, huosta
guard of honor *s* kunniakaarti
guardsman /gardzmən/ *s* **1** (mon guardsmen) vartija **2** (Yhdysvaltain) kansalliskaartin jäsen

Guatemala /ˌgwatə'malə/ Guatemala
Guatemala City (kaupunki) Guatemala
Guatemalan *s, adj* guatemalalainen
guerilla ks guerrilla
guerrilla /gə'rɪlə/ *s* sissi
guerrilla warfare *s* sissisota
guess /ges/ *s* arvaus
v arvata
guesstimate /gestəmət/ *s* karkea arvio
guesstimate /gestəmeɪt/ *v* arvioida karkeasti
guesswork /'gesˌwərk/ *s* arvailu
guest /gest/ *s* vieras; hotellivieras
guest host *s* (tv) vieraileva juontaja
guesthouse /'gestˌhaʊs/ *s* **1** vierasrakennus **2** (UK) täysihoitola
guest of honor *s* kunniavieras
guest room *s* vierashuone
guest worker *s* vierastyöläinen
GUI /ˌdʒiju'aɪ/ *Graphical User Interface* (tietokoneessa) graafinen käyttöliittymä
guidance /gaɪdəns/ *s* opastus, ohjaus *under the guidance of* jonkun opastuksella
guide /gaɪd/ *s* **1** opas; opaskirja **2** ohjain(kisko yms)
v opastaa
guidebook /'gaɪdˌbʊk/ *s* opas(kirja)
guided missile *s* ohjus
guide dog *s* opaskoira
guideline /'gaɪdˌlaɪn/ *s* (kuv) suuntaviiva, pääperiaate
guidepost /'gaɪdˌpoʊst/ *s* suuntaviitta, tienviitta (myös kuv)
guild /gɪld/ *s* kilta
guile /gaɪəl/ *s* oveluus, kavaluus, luihuus, petos
guileful *adj* ovela, kavala, luihu
guileless *adj* viaton, vilpitön, rehellinen
guillotine /'gɪləˌtin/ *s* **1** giljotiini **2** (paperi- ym) leikkuri
v **1** surmata giljotiinilla **2** leikata (esim paperi-) leikkurilla
guilt /gɪlt/ *s* syyllisyys *the prosecution proved his guilt beyond a reasonable doubt* syyttäjä todisti hänen syyllisyytensä riittävän varmasti *ever since her divorce, she has been plagued by guilt* syyllisyyden tunteet ovat piinanneet häntä siitä lähtien kun hän otti avioeron
guiltily *adv* (myöntää jotakin) syyllisyytensä tiedostaen; (käyttäytyä) epäilyttävästi
guiltless *adj* syytön, viaton
guilty /gɪlti/ *adj* **1** syyllinen *the jury found the accused not guilty* valamiehistö totesi syytetyn syyttömäksi **2** rikollinen (aie) **3** huono (omatunto)
Guinea /gɪni/ Guinea
Guinea-Bissau /ˌgɪnibɪ'soʊ/
Guinean /gɪniən/ *s, adj* guinealainen
guinea pig /'gɪniˌpɪg/ *s* **1** marsu **2** (kuv) koekaniini
guitar /gɪ'taər/ *s* kitara
guitarist *s* kitaristi
gulf /gʌlf/ *s* **1** lahti **2** kanjoni, rotko, kuilu (myös kuv)
Gulf of Bothnia /ˌgʌlfəv'baθniə/ Pohjanlahti
Gulf of California /ˌgʌlfəvˌkælə'fɔrnjə/ Kalifornianlahti (Meksikossa)
Gulf of Finland /ˌgʌlfəv'fɪnlənd/ Suomenlahti
Gulf of Mexico /ˌgʌlfəv'meksɪkoʊ/ Meksikonlahti
Gulf of Tonkin /ˌgʌləv'taŋkən/ Tonkininlahti
Gulf Stream /'gʌlfˌstrim/ *s* Golfvirta
gull /gʌl/ *s* lokki
gullet /gʌlət/ *s* kurkku, ruokatorvi
gullible /gʌləbəl/ *adj* hyväuskoinen, helposti narrattava
gulp /gʌlp/ *s* nielaisu, kulaus
v niellä, juoda
gum /gʌm/ *s* **1** ien *to beat your gums* soittaa poskea **2** kumi **3** purukumi
v liimata
gum up the works *fr* (sl) sotkea/tehdä tyhjäksi suunnitelma, pilata asia
gun /gʌn/ *s* **1** tykki **2** (tuli)ase *to jump the gun* ottaa varaslähtö (myös kuv) **3** (sl) (ammatti)tappaja, (villissä lännessä) revolverisankari **4** *paint gun* maaliruisku

v **1** ampua, tappaa **2** huudattaa (moottoria)
gun down *v* ampua, tappaa
gunfight /'gʌn,faɪt/ *s* kaksintaistelu (tuliasein); tulitaistelu
gunfighter *s* revolverisankari
gunfire /'gʌn,faɪər/ *s* tulitus
gun for *v* **1** tavoitella, yrittää saada **2** etsiä (tappaakseen)
gunpowder /'gʌn,paʊdər/ *s* ruuti
gunshot /'gʌn,ʃat/ *s* laukaus
gunslinger /'gʌn,sliŋər/ *s* revolverisankari
gunsmith /'gʌn,smɪθ/ *s* aseseppä
gurgle /gərgəl/ *s* (veden) solina *v* solista
gush /gʌʃ/ *s* **1** roiske, roiskahdus, purkaus **2** (ark) vuodatus *v* **1** roiskua, roiskuttaa, purskahtaa, syöstä esiin, vuodattaa (kyyneliä) *blood gushed from the wound* haavasta roiskui valtoimenaan verta **2** (kuv) vuodattaa (mielipiteitään, tunteitaan), ihastella ääneen
gust /gʌst/ *s* **1** tuulenpuuska **2** (kuv) puuska, purkaus
gusty *adj* puuskainen, myrsky-
gut /gʌt/ *s* **1** suoli, maha **2** (mon) sisälmykset (myös kuv) **3** voimistavana sanana arkisissa ilmauksissa: *I feel it in my gut that he is lying* tunnen mahanpohjassani että hän valehtelee *I hate his guts* minä en voi sietää häntä **4** (mon) sisu *you don't have the guts to tell him what you think of him* sinä et uskalla sanoa hänelle mitä ajattelet hänestä *v* perata (kala), ottaa (eläimestä) sisälmykset ulos
gutless *adj* pelkurimainen
gutter /gʌtər/ *s* **1** katuoja (myös kuv:) rappio **2** räystäskouru
guy /gaɪ/ *s* **1** köysi, naru; telttanaru **2** (ark) kaveri, heppu, tyyppi *you guys* te (miehistä ja/tai naisista)
Guyana /gi'anə/ Guyana
Guyanese /,giə'niz/ *s, adj* guyanalainen
guzzle /gʌzəl/ *v* juoda valtavasti
gym /dʒɪm/ *s* **1** kuntosali, urheilusali, voimistelusali **2** (koulussa) liikunta
gymnasium /,dʒɪm,neɪziəm/ *s* (mon gymnasiums, gymnasia) **1** kuntosali, urheilusali, voimistelusali **2** (klassinen) lukio
gymnast /dʒɪmnəst/ *s* voimistelija
gymnastic /dʒɪm'næstɪk/ *adj* voimistelu-
gymnastics *s* (verbi yksikössä tai mon) voimistelu (myös kuv)
gynecological /,gaɪnəkə'ladʒɪkəl/ *adj* gynekologinen
gynecologist /,gaɪnə'kalədʒɪst/ *s* gynekologi, naistentautien erikoislääkäri
gynecology /,gaɪnə'kalədʒi/ *s* gynekologia, naistentautioppi
Gypsy /dʒɪpsi/ *s* **1** romani, mustalainen **2** romani, mustalaisten kieli *adj* romani-, mustalais-
gyrate /dʒaɪreɪt/ *v* pyöriä, kiertää, kiertää ympyrää
gyration /dʒaɪ'reɪʃən/ *s* pyörintä, pyöriminen, kiertoliike
gyroscope /'dʒaɪrə,skoʊp/ *s* gyroskooppi

H, h

H, h /eɪtʃ/ H, h
4-H *head, heart, hands, and health* neljä-H(-kerho) (harjaannus, harkinta, hyvyys, hyvinvointi)
habit /hæbət/ *s* **1** tapa, tottumus *he has a drug habit* hän on riippuvainen huumeista **2** puku, (munkin) kaapu
habitable *adj* asuinkelpoinen
habitat /'hæbəˌtæt/ *s* **1** (kasvin) kasvupaikka, (eläimen) elinalue, (kasvin, eläimen) esiintymisalue **2** asuinpaikka, kotipaikka
habitation /ˌhæbə'teɪʃən/ *s* **1** asutus **2** asumus
habitual /hə'bɪtʃʊəl/ *adj* **1** totunnainen, tavanmukainen, tavanomainen **2** parantumaton *she is a habitual liar* hän on parantumaton valehtelija
habitually *adv* jatkuvasti, aina
habituate /hə'bɪtʃʊˌeɪt/ *v* totuttaa *to habituate yourself to something* totuttautua johonkin
hack /hæk/ *s* **1** isku, viilto **2** roskakirjailija; toritaiteilija; törkytoimittaja **3** (toimittaja, kirjailija) raataja, rivimies **4** (kuv) tuuliviiri
v **1** hakata, silpoa, paloitella **2** (sl) selvitä jostakin
hack it *fr* (sl) pärjätä, selvitä *he couldn't hack it so they fired him* hän ei selvinnyt työstään joten hän sai potkut
hackneyed /'hækˌnid/ *adj* kulunut
hacksaw /hæksa/ *s* metallisaha
had /hæd/ ks have
had better/best *fr* olisi parasta, kannattaisi *you'd better check the oil in your car* sinun on syytä tarkistaa autosi öljyt
haddock /hædək/ *s* (el) kolja
Hadrian's Wall /ˌheɪdrənz'wal/ Hadrianuksen muuri (Skotlannissa)
hag /hæg/ *s* noita (myös kuv)
haggard /hægərd/ *adj* riutunut, nääntynyt, raihnainen
haggle /hægəl/ *v* tinkiä; kinata, kiistellä
hail /heɪəl/ *s* **1** rakeet **2** (kuv) sade *a hail of insults* herjausten ryöppy
v **1** sataa rakeita **2** (kuv) sataa **3** juhlia **4** huutaa **5** vilkuttaa; viitata pysähtymään
hail down *v* **1** sataa (myös kuv) **2** viitata pysähtymään, pysäyttää
hail from *v* olla kotoisin jostakin *Larry hails from Texas*
hailing distance *s* **1** kuulomatka, huutoetäisyys, huutomatka **2** *a better life is within hailing distance* (kuv) parempi elämä on lähellä, käden ulottuvilla
hailstorm /'heɪəlˌstɔrm/ *s* raemyrsky
hair /her/ *s* **1** karva; hius; harjas *the bullet missed him by a hair's breadth* luoti oli aivan vähällä osua häneen, osuma oli hiuskarvan varassa *let's not split hairs* ei ruveta halkomaan hiuksia **2** hiukset, tukka *to let your hair down* (kuv) rentoutua, vapautua; puhua suoraan, olla avoin **3** (eläimen) turkki, (sian) harjakset
hairbrush /'herˌbrʌʃ/ *s* hiusharja
haircut /'herˌkʌt/ *s* hiustenleikkuu
hairdo /herdu/ *s* kampaus
hairdresser /'herˌdresər/ *s* parturi, kampaaja
hair dryer *s* hiustenkuivain
hairless /herləs/ *adj* kalju
hairline /'herˌlaɪn/ *s* hiusraja *he has a receding hairline* hän on alkanut kaljuuntua otsalta
hair of the dog that bit you *fr* krapularyyppy
hairpiece /'herˌpis/ *s* hiuslisäke, tupee
hairpin /'herˌpɪn/ *s* hiusneula

hair-raiser /'her,reɪzər/ *s* kauhujuttu
hair-raising *adj* pelottava, joka nostattaa hiukset pystyyn
hair shirt *s* karvapaita (myös kuv:) itsekidutus
hairsplitting /'her,splɪtiŋ/ *s* hiusten halkominen
adj saivarteleva
hair stylist *s* hiusmuotoilija, kampaaja
hairy *adj* **1** karvainen **2** (kuv, ark) pelottava, joka nostattaa hiukset pystyyn **3** (kuv, ark) vaikea, visainen
Haiti /heɪti/
Haitian /heɪʃən/ *s, adj* haitilainen
Haleakala /,hale,aka'la/ kansallispuisto Havaijilla
half /hæf/ *s* (mon halves) **1** puolet, puolikas *he gave me half of his money* hän antoi minulle puolet rahoistaan *during the first half of the 15th century* 1400-luvun alkupuoliskolla **2** (urh) puoliaika
adj puolikas *add half a cup of tap water* lisää puoli kuppia vesijohtovettä
adv puoliksi *the glass is half full* lasi on puoliksi täynnä
half again as many/much *fr* puolet enemmän (kuin, *as*)
half-and-half *adj, adv* puoliksi, tasan, puolet kumpaakin
half-assed /,hæf'æst/ *adj* (sl) hutiloitu, hätiköity; osaamaton
halfback /'hæf,bæk/ *s* (amerikkalaisessa jalkapallossa) keskushyökkääjä, ks left halfback, right halfback
half-baked /,hæf'beɪkt/ *adj* (kuv) keskeneräinen, hätiköity, huonosti valmisteltu
half-blooded /,hæf'blʌdəd/ *adj* puoliverinen
half brother *s* velipuoli
half-cocked /,hæf'cakt/ *adj* (aseesta) puolivireessä *to go off half-cocked* (kuv) hätiköidä, tehdä jotakin liian aikaisin
half-life /'hæf,laɪf/ *s* (fys) puoliintumisaika
half-mast /,hæf'mæst/ *s* puolitanko
v nostaa (lippu) puolitankoon
half-moon /'hæf,mun/ *s* puolikuu
half note *s* puolinuotti
half sister *s* sisarpuoli
half size *s* puolikoko (esim 12 1/2, 13 1/2)
half-staff /,hæf'stæf/ *s* puolitanko
v nostaa (lippu) puolitankoon
halftime /'hæf,taɪm/ *s* (urh) puoliaika
half-truth /,hæf'truθ/ *s* puolittainen totuus
halfway /,hæf'weɪ/ *adj, adv* puolimatkan, puolimatkassa *to meet halfway* suostua kompromissiin
halfway house /'hæfweɪ,haʊs/ *s* puolimatkan krouvi (myös kuv:) puoliväli
half-witted /,hæf'wɪtəd/ *adj* vajaamielinen; älytön, typerä
halibut /hæləbət/ *s* ruijanpallas
Halifax /'hælə,fæks/
halitosis /,hælə'toʊsɪs/ *s* pahanhajuinen hengitys
hall /hal/ *s* **1** käytävä **2** eteinen, aula **3** sali, halli **4** (kampuksella) rakennus
hallmark /'hal,mark/ *s* **1** (jalometallin) tarkastusleima **2** tunnusmerkki
hallo /hə'loʊ/ *interj* haloo
Halloween /,hælə'win, ,halə'win/ *s* pyhäinmiestenpäivä
hallucinate /hə'lusə,neɪt/ *v* hallusinoida
hallucination /hə,lusə'neɪʃən/ *s* hallusinaatio
hallucinogenic /hə,lusənə'dʒenɪk/ *s* hallusinogeeni
halo /heɪloʊ/ *s* **1** sädekehä (myös kuv) **2** (auringon ym) halo, kehä, haloilmiö
halt /halt/ *s* **1** pysähdys, pysäytys, keskeytys *to call a halt to something* pysäyttää, keskeyttää; tehdä loppu jostakin **2** pysäkki
v **1** pysäyttää, pysähtyä **2** empiä, epäröidä
interj seis!
halting *adj* empivä, epävarma
haltingly *adv* empien, epävarmasti, epäröiden
halve /hæv/ *v* puolittaa, puolittua, vähentää puoleen
halves ks half

ham /hæm/ *s* **1** kinkku **2** polvitaive **3** (mon) reiden takaosa; reisi ja pakara **4** radioamatööri **5** liioitteleva näyttelijä
v näytellä liioitellen

Hamburg /hæmbərg/ Hampuri

hamburger /ˈhæm,bərgər/ *s* **1** jauheliha *I'll make hamburger out of you if you don't shut up* minä teen sinusta hakkelusta ellet ole hiljaa **2** hampurilaispihvi **3** hampurilainen

hamburger joint *s* hampurilaisravintola, pikaravintola

Hamilton /hæməltən/

hamlet /hæmlət/ *s* pieni kylä

hammer /hæmər/ *s* **1** vasara *to be under the hammer* olla huutokaupattavana, vasaran alla **2** moukari (myös urh)
v **1** vasaroida, takoa, moukaroida, lyödä **2** takoa päähän, päntätä; hioa, parannella

hammer and sickle *fr* sirppi ja vasara (Neuvostoliiton tunnus)

hammer and tongs *fr* (kuv) kynsin hampain

hammer throw *s* (urh) moukarinheitto

hamper /hæmpər/ *s* (pyykki- tai muu) kori
v rajoittaa, kahlehtia, haitata

Hampshire /hæmpʃər/ Englannin kreivikuntia

hamster /hæmstər/ *s* hamsteri

hand /hænd/ *s* **1** käsi (myös kuv) *at first hand* ensi kädeltä, aluksi *by hand* käsin *change hands* vaihtaa omistajaa *the matter is in your hands now* asian on nyt sinun käsissäsi/vastuulla *I have my hands full with the party* minulla on kädet täynnä työtä juhlien vuoksi *he had the list close at hand* hänellä oli luettelo käden ulottuvilla *to lay your hands on someone/something* saada käsiinsä jotakin, päästä käsiksi johonkuhun/johonkin *he did not lift a hand to help his brother* hän ei liikauttanut eväänsäkään auttaakseen veljeään **2** (kellon) viisari **3** puoli *on the left hand* vasemmalla *on one hand – on the other hand* toisaalta – toisaalta **4** suosionosoitukset, kättentaputukset, aplodit *ladies and gentlemen, give a big hand to Mr. B.B. King* arvoisa yleisö, toivottakaa tervetulleeksi Mr. B.B. King **5** apu *could you give me a hand with these boxes?* auttaisitko minua kantamaan nämä laatikot? **6** käsiala **7** apulainen, työntekijä, työläinen
v **1** ojentaa, antaa **2** auttaa

hand and foot *fr* (palvella jotakuta) orjallisesti

hand and glove *fr to be hand and glove* olla samaa pataa, veljeillä jonkun kanssa

handbag /ˈhæn,bæg/ *s* käsilaukku

handbasket /ˈhæn,bæskət/ *to go to hell in a handbasket* (kuv) mennä kovaa vauhtia alamäkeen, joutua hunningolle

handbk. *handbook*

handbook /ˈhæn,bʊk/ *s* käsikirja

hand brake /ˈhæn,breɪk/ *s* käsijarru

hand-carry /ˈhæn,keri/ *v* kuljettaa henkilökohtaisesti

handclasp /ˈhæn,klæsp ˈhæŋ,klæsp/ *s* kättely

handcuff /ˈhæn,kʌf ˈhæŋ,kʌf/ *s* käsirauta
v panna käsirautoihin

hand down *v* **1** ilmoittaa (oikeuden päätös) **2** testamentata; periä

handful /hænfəl/ *s* **1** kourallinen (myös kuv) **2** (ark kuv) *my mother-in-law is a handful* anopissani on kestämistä

hand grenade /ˈhængrə,neɪd ˈhæŋgrə,neɪd/ *s* käsikranaatti

handgun /ˈhænd,gʌn/ *s* käsiase

hand-held /ˈhænd,held/ *adj* kädessä pidettävä, käsi- *hand-held calculator* taskulaskin

handholding *s* **1** kädestä pitely **2** (kuv) apu, vakuuttelu, lohduttelu

handicap /ˈhændɪ,kæp/ *s* **1** vamma **2** haitta, huono puoli **3** (urh) tasoitus **4** (urh) tasoituskilpailu
v **1** haitata; saattaa huonoon/huonompaan asemaan **2** (urh) tasoittaa (kilpailijat)

handicapped *s: the handicapped* vammaiset
adj **1** vammainen **2** (kilpailijasta) joka on huonossa/huonommassa asemassa

handicraft /'hændɪˌkræft/ *s* **1** käsityötaito **2** käsityö, puutyö, askartelu **3** käsityötuotteet
handicraftsman *s* (mon handicraftsmen) käsityöläinen
handily *adv* **1** taitavasti, näppärästi, kätevästi **2** helposti
hand in *fr* jättää (hakemus ym) sisään
hand in hand *fr* käsi kädessä (myös kuv)
hand it to someone *fr* myöntää *I have to hand it to you, you're a good player* täytyy myöntää että olet hyvä pelaamaan
handiwork /'hændɪˌwərk/ *s* **1** käsityö **2** käsityötuotteet **3** (kuv) käsiala
handkerchief /'hæŋkərˌtʃɪf/ *s* nenäliina
handle /hændəl/ *s* **1** kädensija *fly off the handle* (kuv) räjähtää, menettää malttinsa *get a handle on something* (kuv) päästä jyvälle jostakin **2** (kuv) lähtökohta, välikappale **3** (sl) nimi **4** (ark) keino (saavuttaa jotakin)
v **1** käsitellä, sormeilla, tunnustella *handle with care* käsittele varovasti! **2** hoitaa *let her handle that* **3** (kuv) käsitellä *you handled him well* sinä osasit käsitellä häntä hyvin
handlebar /'hændəlˌbar/ *s* ohjaustanko
handlebar moustache *s* pitkät viikset
handling *s* **1** käsittely **2** (auton) ajoominaisuudet
handmade /ˌhæn'meɪd/ *adj* käsin tehty
handmaid /'hænˌmeɪd/ *s* **1** palvelijatar **2** sivuseikka (verrattuna johonkin, *to*)
hand-me-down /'hænmiˌdaʊn/ *s* (ison veljen tai siskon) vanha vaate; vanha/käytetty huonekalu yms
hand mower /ˌhæn'moʊər/ *s* työnnettävä ruohonleikkuri
hand on *v* testamentata; periä
handout /'hænˌdaʊt/ *s* **1** avustus **2** lehdistötiedote **3** esite, lehtinen, moniste
hand out *v* jakaa
hand over *v* luovuttaa, antaa
hand over fist *fr* nopeasti, (ansaita, kääriä rahaa) minkä ehtii
handrail /'hænˌdreɪəl/ *s* kaide
handsaw /'hænˌsa/ *s* käsisaha
hands down *fr* helposti, vaikka kädet taskussa; selvästi
handset /'hænˌset/ *s* (puhelimen) luuri
handshake /'hænˌʃeɪk/ *s* kättely (myös tietok)
hands-off /ˌhæn'zaf/ *adj* **1** puuttumaton *hands-off policy* puuttumattomuuspolitiikka **2** luotaantyötävä
handsome /hænsəm/ *adj* **1** komea, tyylikäs **2** runsas **3** kohtelias, reilu, (myönteisesti:) imarteleva
handsomely *adv* komeasti, tyylikkäästi; onnistuneesti; reilusti *they paid him handsomely* hänelle maksettiin hyvin
hands-on /'hænˌzan/ *adj* **1** käytännön, omakohtainen **2** käsikäyttöinen, käsivälitteinen (puhelinkeskus), ei-automaattinen
handstand /'hænˌstænd/ *s* käsinseisonta
hand's turn *he didn't do a hand's turn* hän ei liikauttanut evväänsäkään, hän ei pannut tikkua ristiin
hand-wash /'hænˌdwaʃ/ *v* pestä käsin
handwriting /'hændˌraɪtiŋ/ *s* käsiala
handwriting on the wall *fr* (kuv) myrskyn enteet, vaaran merkit
handy /hændi/ *adj* **1** kätevä, monipuolinen (ihminen, laite), taitava (ihminen) *come in handy* jostakin on paljon apua, jokin on hyvään tarpeeseen **2** käsillä, käden ulottuvilla
hang /hæŋ/ *s* juju *to get the hang of something* päästä jyvälle jostakin, tajuta
v hung, hung **1** roikkua, panna roikkumaan, riippua, ripustaa **2** (sl) pyyhkiä, mennä: *how's it hanging, guys?* miten menee?
hang *v* hanged, hanged: hirttää; kuolla hirsipuussa
hang a left/right *fr* (sl) kääntyä vasemmalle/oikealle
hangar /hæŋər/ *s* lentokonehalli
hang around *v* (ark) maleksia, vetelehtiä (jossakin/jonkun seurassa)

hang back *v* empiä, epäröidä, jäädä paikalleen
hanger /hæŋər/ *s* **1** vaateripustin **2** (takin, pyyheliinan) ripustin
hanger-on /ˌhæŋər'an/ *s* kärkkyjä, norkoilija
hang glider *s* riippuliidin
hang in the balance *fr* olla vaakalaudalla
hangman /hæŋmən/ *s* (mon hangmen) pyöveli, hirttäjä
hang on *v* **1** pitää kiinni **2** purra hammasta, kestää **3** odottaa, ei lähteä, ei katkaista puhelua *hang on, I'll be right back* odotahan, minä tulen heti takaisin
hang out *v* **1** (ark) maleksia, vetelehtiä jossakin **2** odottaa (hetki)
hang out with *v* (ark) pitää seuraa jonkun kanssa; seurustella
hangover /'hæŋˌoʊvər/ *s* krapula
hang over *v* jättää pöydälle/ratkaisematta
hangup *s* (sl) kompleksi, ongelma, pakkomielle
hang up *v* **1** katkaista puhelu **2** viivyttää, hidastaa, pysäyttää
hang your head *fr* hävetä
hanker after/for /hæŋkər/ *v* kaivata kovasti jotakin
hankering *s* kaipaus, kaipuu
hanky /hæŋki/ *s* (ark) nenäliina
hanky-panky /ˌhæŋki'pæŋki/ *s* **1** hämärät puuhat **2** syrjähypyt
haphazard /ˌhæf'hæzərd ˌhæp'hæzərd/ *adj* huolimaton, hujan hajan, miten sattuu
haphazardly *adj* huolimattomasti, hujan hajan, miten sattuu
happen /hæpən/ *s* sattua, tapahtua *accidents don't just happen* onnettomuuksia ei satu noin vain, onnettomuuksiin on aina jokin syy *I happened to meet him at the club* törmäsin häneen kerholla, satuin tapaamaan hänet kerholla
happening *s* **1** tapahtuma, tapaus, juttu **2** tilaisuus
happen on *v* tavata/löytää sattumalta, jonkun eteen osuu jotakin
happenstance /'hæpənˌstæns/ *s* sattuma
happily *adv* **1** onnellisesti, iloisesti, hilpeästi, hyväntuulisesti **2** onneksi **3** osuvasti, sattuvasti (sanottu)
happiness *s* **1** onni, tyytyväisyys, ilo, hilpeys, hyväntuulisuus **2** (sanojen) osuvuus, sattuvuus
happy /hæpi/ *adj* **1** onnellinen, iloinen, hilpeä, hyväntuulinen **2** osuva, sattuva (ilmaus, sana)
happy-go-lucky /ˌhæpigoʊ'lʌki/ *adj* huoleton
harangue /hə'ræŋ/ *s* (nuhde)saarna (kuv)
v pitää saarna (kuv) jollekulle
harass /hə'ræs herəs/ *v* kiusata, tehdä kiusaa, vaivata, piinata, ahdistella
harassment *s* (tahallinen) kiusanteko, ahdistelu
harbinger /harbındʒər/ *s* airut (myös kuv) *the release of the first hostages was a harbinger of hope* ensimmäisten panttivankien vapautus sai toivon heräämään
harbor /harbər/ *s* **1** satama **2** (kuv) levähdyspaikka, turvapaikka
v **1** antaa turvapaikka jollekulle *he was shot because he had harbored a fugitive* hänet ammuttiin koska hän oli piilotellut karkulaista **2** hautoa/elätellä mielessään
hard /hard/ *adj* **1** kova (myös kuv) *a hard nut to crack* kova pähkinä purtavaksi *hard facts* kylmä totuus *the police gave him a hard time* poliisit pistivät hänet koville *these are hard times* elämme kovia/vaikeita aikoja **2** vaikea, raskas *it's a hard job* se on vaikea/raskas työ *she is hard to please* hänelle on vaikea olla mieliksi *the girl is playing hard to get* tyttö härnää poikia
adv kovasti, kovaa *work hard, play hard* raskas työ, raskaat huvit *it is raining hard* sataa kovasti
hard-and-fast /ˌhardən'fæst/ *adj* ehdoton, järkkymätön
hard-ass /'hardˌæs/ *s* (sl) nipottaja
hardball *to play hardball* olla armoton
hardboard /'hardˌbɔrd/ *s* (kova puulevy) kovalevy

hard-boiled /ˌhard'bɔɪəld/ *adj* kovakseitetty (myös kuv rikoskirjallisuudesta), kovaotteinen, siekailematon
hard by *adv* lähellä jotakin
hard cash /ˌhard'kæʃ/ *s* käteinen (raha)
hard copy /ˌhard'kapi/ *s* (tietok) paperituloste, teksti/printti
hard-core /ˌhard'kɔr/ *adj* kova (porno)
hardcover /'hardˌkʌvər/ *s* kovakantinen kirja
adj kovakantinen
hard disk /'hardˌdɪsk/ *s* (tietokoneen) kovalevy, umpilevy
harden /hardən/ *v* kovettaa, kovettua (myös kuv:) paaduttaa, paatua
hardened *adj* kovettunut; kova, paatunut, säälimätön
hard-handed /ˌhard'hændəd/ *adj* kovaotteinen
hard hat /'hardˌhæt/ *s* **1** suojakypärä, suojapäähine **2** rakennustyöntekijä
hardheaded /ˌhard'hedəd/ *adj* **1** härkäpäinen, jääräpäinen **2** ovela, tarkkasilmäinen
hardily *adv* karaistuneesti, sinnikkäästi, sitkeästi
hardiness *s* **1** karaistuneisuus, sinnikkyys, sitkeys **2** rohkeus, pelottomuus
hard labor /ˌhard'leɪbər/ *s* pakkotyö
hardly *adv* tuskin, ei juuri *hardly ever* tuskin koskaan *you can hardly blame him* häntä ei juuri voi syyttää *but I hardly touched it!* mutta enhän minä juuri koskenutkaan siihen
hard-of-hearing /ˌhardəv'hɪəriŋ/ *adj* huonokuuloinen, kuulovammainen
hard-on /'hardˌan/ *s* (sl) erektio
hard put to *fr* jokin on vaikeaa *he was hard put to explain why he was late* hänellä oli vaikeuksia selittää miksi hän oli myöhästynyt
hard row to hoe *fr* visainen tehtävä, vaikea asia
hardship /'hardˌʃɪp/ *s* **1** hätä, puute **2** vastoinkäyminen
hard time /ˌhard'taɪm/ *s* **1** vaikeat ajat *to give someone a hard time* pistää joku koville **2** *to do hard time* olla pakkotyössä (hard labor), istua kakku (ark), lusia (ark)
hardware /'hardˌweər/ *s* **1** rautatavara **2** laitteet, koneet **3** (tietokone)laitteet **4** aseet, aseistus
hardworking /ˌhard'wərkiŋ/ *adj* ahkera, työteliäs
hardy /hardi/ *adj* **1** karaistunut, luja, vahva, sitkeä **2** raskas, vaativa **3** rohkea, urhea
hare /heər/ *s* jänis
harebrained /'herˌbreɪnd/ *adj* tärähtänyt, älytön
hark /hark/ *v* kuunnella
hark back to *v* palata johonkin asiaan; olla peräisin joltakin ajalta
harm /harm/ *s* loukkaantuminen, vahinko *to do harm to someone/something* satuttaa jotakuta/aiheuttaa vahinkoa jollekin *I came to no harm in the fall* minulle ei käynyt kaatuessani mitenkään
v satuttaa, vahingoittaa, loukata (myös kuv)
harmful *adj* vahingollinen, haitallinen
harmless *adj* **1** vaaraton **2** viaton
harmlessly *adv* viattomasti, kaikessa viattomuudessaan
harmonic /har'manɪk/
harmonica /har'manɪkə/ *s* huuliharppu
harmonics *s* **1** (verbi yksikössä) (mus) sointuoppi, harmoniikka **2** (verbi mon) (mus) yläsävelet
harmonious /har'moʊniəs/ *adj* eheä, sopusointuinen, sopusuhtainen
harmoniously *adv* eheästi, sopusointuisesti, sopusuhtaisesti
harmonium /har'moʊniəm/ *s* harmoni
harmonize /'harməˌnaɪz/ *v* **1** (mus) soinnuttaa **2** sovittaa/sopia yhteen, saattaa sopusointuun
harmony /harməni/ *s* **1** (mus) harmonia **2** sopusointu, yhteisymmärrys
harness /harnəs/ *s* valjaat (myös kuv)
v valjastaa (myös kuv)
harp /harp/ *s* harppu
Harp (tähdistö) Lyyra
harpist *s* harpunsoittaja
harp on *v* jankuttaa, (jaksaa) jauhaa

harpoon /har'pun/ *s* harppuuna
v osua/surmata/kalastaa harppuunalla
harpsichord /'harpsə,kɔrd/ *s* cembalo
harrow /heroʊ/ *s* äes
v **1** äestää **2** (kuv) käydä hermoille, risoa
harrowing *adj* tuskallinen, hermoille käyvä
harrumph /hə'rʌmf/ *v* selvittää kurkkuaan
harsh /harʃ/ *adj* **1** karkea, rosoinen **2** karski **3** karvas (maku) **4** ankara, kova (äänensävy, olot)
harshly *adv* ks harsh
hartebeest /'hartə,bist/ *s* punalehmäantilooppi
harvest /harvəst/ *s* sato; sadonkorjuu, elonkorjuu
v korjata sato
harvester *s* niittäjä, elonkorjaaja *combine harvester* leikkuupuimuri
has /hæz/ ks have
hash /hæʃ/ *s* **1** liha- ja vihanneshakkelus **2** hakkelus, sotku **3** (sl) hasis
v paloitella, silputa, hienontaa
hash browns /'hæʃ,braʊnz/ *s* (mon) ruskistettu, muhennettu (ja muotoiltu) tai paloiteltu peruna
hashish /hə'ʃiʃ/ *s* hasis
hash mark /'hæʃ,mark/ *s* #-merkki
hash over *v* ottaa uudelleen puheeksi, muistella
hasn't /hæzənt/ has not
hasp /hæsp/ *s* säppi
haste /heɪst/ *s* kiire *make haste* kiirehtiä
hasten /heɪsən/ *v* kiirehtiä *and I hasten to add that no workers will be laid off* ja haluan lisätä heti perään että yhtään työntekijää ei eroteta
hastily *adv* kiireisesti, hätäisesti
hasty /heɪsti/ *adj* kiireinen, hätäinen
hat /hæt/ *s* hattu
hatch /hætʃ/ *s* luukku *down the hatch!* terveydeksi *batten down the hatches* pitää varansa, varautua vaikeuksiin
v **1** kuoriutua (munasta) **2** (kuv) hautoa, valmistella
hatchback /'hætʃ,bæk/ *s* viistoperä(inen henkilöauto)
hatchet /hætʃət/ *s* kirves *to bury the hatchet* haudata sotakirves
hatchway /'hætʃ,weɪ/ *s* (laivassa) luukku
hate /heɪt/ *s* viha
v **1** vihata; inhota **2** harmittaa, olla pahoillaan jostakin *I hate to admit it but I like it* täytyy myöntää että pidän siitä
hateful *adj* **1** vastenmielinen, inhottava **2** vihaa uhkuva
hatefully *adv* ks hateful
hatemonger /'heɪt,mʌŋgər 'heɪt,maŋgər/ *s* vihanlietsoja
hatred /heɪtrəd/ *s* viha; inho
haughtily *adv* koppavasti, pöyhkeästi, ylimielisesti
haughtiness *s* koppavuus, pöyhkeys, ylimielisyys
haughty /hati/ *adj* koppava, pöyhkeä, ylimielinen
haul /haəl/ *s* **1** veto **2** rahti **3** matka *in the long haul* pitemmän päälle *it's a long haul* se on pitkä matka *for the short haul* lyhyen aikaa; lyhyen matkaa
v **1** vetää, hinata, kuljettaa **2** mennä jonnekin
haul down *v* laskea (lippu)
hauler *s* **1** kuljetusliike **2** kuljettaja **3** kuorma-auto, rekka-auto
haul off *v* poistua, lähteä
haunch /hantʃ/ *s* (ihmisen) lonkka, lanne, lantio, (eläimen) takamus
haunt /hant/ *s* lymypaikka, kantapaikka
v **1** kummitella *this house is haunted* talossa kummittelee **2** (kuv) vainota, kummitella jonkun mielessä **3** käydä usein jossakin, olla jonkun lymypaikka *a tea room haunted by the literary circles* kirjallisuuspiirien suosima teehuone
Havana /hə'vænə/ Havanna
have /hæv/ *v* I/you have, he/she has, we/you/they have; imperfekti: had; perfekti: I/you have had jne; pluskvamperfekti: I/you had had jne; kielteiset muodot voidaan lyhentää: have not = haven't, has not = hasn't, had not = hadn't **1** olla jollakulla (eri merkityksiä; käytetään myös muotoa: have got): *the president has two airplanes* presidentillä

on kaksi lentokonetta *I have no idea* minulla ei ole aavistustakaan **2** funktioverbinä: *to have a fight* tapella, riidellä *to have lunch with someone* lounastaa jonkun kanssa **3** juoda, syödä *do have a cookie* ota ihmeessä pikkuleipä **4** sallia, suvaita, sietää *she wouldn't have any of it* hän ei sietänyt sitä alkuunkaan *I've had it!* olen saanut tarpeekseni **5** *I have been had* minua on puijattu/petetty **6** pyytää, käskeä, kutsua *we had them over for dinner the other night* kutsuimme heidät syömään tässä eräänä iltana **7** teettää jotakin *the boss had him rewrite it* pomo pani hänet kirjoittamaan sen uudestaan *you should have you head examined* sinulla on ruuvi löysällä

have a good time *we had a good time* meillä oli hauskaa

have a shit fit (ark) saada paskahalvaus, pillastua

have a temperature *the child is having a temperature* lapsella on kuumetta

have a thick skin *fr* (kuv) olla paksunahkainen

have a thin skin *fr* (kuv) olla herkkä arvostelulle/loukkaantumaan

have a way with *fr* hallita, osata jokin, tulla hyvin toimeen jonkun kanssa *to have a way with words* olla sana hallussaan

have a word with *can I have a word with you?* voinko puhua kanssasi hetken?, minulla olisi sinulle asiaa

have got *v* olla jollakulla, ks have

have it coming *fr* ansaita saamansa rangaistus *you've had it coming for a long time, buddy* sinä olet kerjännyt selkääsi jo pitkään

have it in for *fr* kantaa kaunaa jollekulle

have it out *fr* puhua asiat selväksi

haven /heɪvən/ *s* **1** satama **2** turvapaikka

have-nots /ˈhævˌnatsǀ *s* (mon) köyhät *the haves and have-nots* rikkaat ja köyhät

have no use for *I have no use for idle talk* minulla ei ole aikaa pulinoihin; minä en siedä pulinoita

have no words for *I have no words for how sorry I am* sanat eivät riitä kuvaamaan miten pahoillani olen, olen vilpittömästi pahoillani, pyydän kovasti anteeksi

haven't /hævənt/ have not

have on *v* **1** olla jotakin päällään **2** *what do you have on for Thursday evening?* mitä olet sopinut torstai-illaksi? mitä aiot tehdä torstai-iltana?

haves /hævz/ *s* (mon) rikkaat *the haves and have-nots* rikkaat ja köyhät

have someone's number *fr* olla selvillä jonkun aikeista, tietää mitä joku ajaa takaa

have something up your sleeve *fr* olla jotakin hihassa/mielessä

have a shot at *fr* yrittää, kokeilla (onneaan)

have your way with *fr* maata jonkun kanssa (puoliväkisin)

havoc /hævək/ *s* suuri vahinko *to wreak havoc with* aiheuttaa suurta vahinkoa/hallaa jollekin

Hawaii /həˈwaɪˌi/ Havaiji

Hawaiian *s* havaijilainen, Havaijin asukas *adj* havaijilainen, Havaijin, Havaijia koskeva

Hawaiian Islands /həˌwaɪənˈaɪlənz/ (mon) Havaijisaaret

hawk /hak/ *s* haukka (myös kuv:) militaristi

hay /heɪ/ *s* heinä

hay fever /ˌheɪˈfivər/ *s* heinänuha

haystack /ˈheɪˌstæk/ *s* heinäsuova

haywire /ˈheɪˌwaɪər/ *s* sekasorto, myllerrys *to go haywire* joutua sekasorron valtaan, mennä sekaisin

hazard /hæzərd/ *s* vaara, riski *at hazard* vaarassa, vaakalaudalla *by hazard* sattumalta *v* **1** vaarantaa, riskeerata, panna alttiiksi **2** uskaltautua tekemään jotakin *to hazard a guess* (rohjeta) arvata

hazardous /hæzərdəs/ *adj* vaarallinen, uskalias

hazardous waste *s* ongelmajäte

haze /heɪz/ *s* utu, usva; hämärä (myös kuv) *he is still in a haze* hän on edelleen päästään pyörällä *v* (sot) simputtaa

hazel /heɪzəl/ *s* pähkinäpuu, pähkinäpensas
s, adj pähkinänruskea
hazelnut /'heɪzəl,nʌt/ *s* hasselpähkinä
hazily *adv* (näkyä, muistaa) hämärästi
haziness *s* **1** utuisuus, usvaisuus **2** epämääräisyys, epäselvyys, hämäryys
hazy /heɪzi/ *adj* utuinen, usvainen, hämärä (myös kuv)
HBM *Her/His Britannic Majesty*
H-bomb /'eɪtʃ,bam/ *s* vetypommi
HC *House of Commons* (Ison-Britannian parlamentin) alahuone
HDL *high-density lipoprotein* HDL-lipoproteiini
hdqrs. *headquarters* päämaja; pääkonttori
HDTV *high-definition television* teräväpiirtotelevisio
he /hi/ *s* koiras, uros; mies, poika
pron (maskuliininen; ihmisestä) hän; (eläimestä) se
head /hed/ *s* **1** pää (myös kuv) *success has gone into his head* menestys on noussut hänellä päähän *he has a good head for languages* hänellä on hyvä kielipää *at the head of the table* pöydän päässä *head of cabbage* kaalinpää *three heads of cattle* kolme nautaa *head of family* perheen pää *read/write head* (esim levykeaseman) luku/kirjoituspää **2** kärki, huipentuma *the situation is finally coming to a head* tilanne alkaa viimeinkin kärjistyä **3** johtaja *he is the head of the English department* hän on englannin laitoksen esimies
v **1** johtaa, olla jonkin kärjessä *who heads the committee?* kuka johtaa toimikuntaa? **2** mennä, suunnata *he headed toward the exit* hän käveli ovelle
adj pää- (myös kuv:) johtava, tärkein *he is the head coach* hän on päävalmentaja
headache /'hed,eɪk/ *s* päänsärky (myös kuv:) murhe
head and shoulders *adv* paljon, selvästi *she is head and shoulders above the others* hän on aivan eri luokkaa kuin toiset
headboard /'hed,bɔrd/ *s* (vuoteen) päätylevy
head count /'hed,kaʊnt/ *s* (ihmismäärän) laskeminen, luku
headdress /'hed,dres/ *s* **1** päähine **2** kampaus
header *s* **1** (ark) kaatuminen, sukellus, lento **2** (tietok) (juokseva) yläotsikko
headfirst /,hed'fərst/ *adv* päistikkaa, pää edellä
headgear /'hed,gɪər/ *s* päähine(et)
headhunt /'hed,hʌnt/ *s* pääkallonmetsästys(retki); (kuv) värväys
v (kuv) etsiä/värvätä uusia kykyjä
headhunter *s* pääkallonmetsästäjä *corporate headhunters* liikeyritysten värvääjät, kykyjenetsijät
heading *s* **1** pää, kärki **2** otsikko **3** suunta
headlight /'hed,laɪt/ *s* (auton) valonheitin, ajovalo
headline /'hed,laɪn/ *s* (sanomalehti/uutis)otsikko; pääotsikko
v **1** valita/kirjoittaa (pää)otsikoksi **2** mainostaa **3** olla pääesiintyjä/vetonaula
head linesman /,hed'laɪnsmən/ *s* (amerikkalaisessa jalkapallossa) linjatuomari
headlong /'hed,laŋ/ *adj* suin päin, päistikkaa
headmaster /'hed,mæstər/ *s* (UK) (mies)rehtori
headmistress /'hed,mɪstrəs/ *s* (UK) (nais)rehtori
head of state *s* (mon heads of state) valtionpäämies
head-on *adj, adv* suoraan *head-on collision* nokkakolari
head over heels *adv* suin päin, päistikkaa, pää kolmantena jalkana *head over heels in love* silmittömästi rakastunut
headphones /'hed,foʊnz/ *s* (mon) (korva)kuulokkeet
headpiece /'hed,pis/ *s* päähine

headquarters /ˈhed,kwɔrtərz/ *s* (mon) päämaja
head rest /ˈhed,rest/ *s* (istuimen) niskatuki
headset /ˈhed,set/ *s* (korva)kuulokkeet
headshrinker /ˈhed,ʃriŋkər/ *s* (sl) kallonkutistaja, psykiatri
heads or tails *fr* kruunu vai klaava
headstand /ˈhed,stænd/ *s* päälläseisonta
head start /,hedˈstart/ *s* etumatka: *let's give Jerry a head start* annetaan Jerrylle etumatkaa
headstone /ˈhed,stoʊn/ *s* hautakivi
headstrong /ˈhed,straŋ/ *adj* härkäpäinen, omapäinen
heads up *interj* varo!
head to head *adv* rinta rinnan
headwaiter /ˈhed,weɪtər/ *s* hovimestari
headway /ˈhed,weɪ/ *s* eteneminen, edistyminen *to make headway* edistyä, edetä
headword /ˈhed,wərd/ *s* hakusana
heady /hedi/ *adj* **1** (nopeasti) päihdyttävä, huumaava **2** (kuv) innostava, huumaava **3** äkkipikainen, ajattelematon
heal /hɪəl/ *v* parantaa, parantua
healer /hilər/ *s* **1** parantaja **2** lääke, rohto
healing *s* parantuminen
adj parantava
health /helθ/ *s* terveys
healthcare /ˈhelθ,keər/ *s* terveydenhoito
health club /ˈhelθ,klʌb/ *s* kuntokerho, kuntosali
health food /ˈhelθ,fud/ *s* terveysruoka
healthful *adj* **1** terveellinen **2** terve
health insurance /ˈhelθɪn,ʃərəns/ *s* sairausvakuutus
health professional /ˈhelθprə,feʃənəl/ *s* terveydenhoitoalan työntekijä
healthy *adj* **1** terve **2** terveellinen **3** (ark) mojova, rutka, runsas
heap /hip/ *s* kasa, pino
v kasata, kasautua, pinota

hear /hɪər/ *v* heard, heard **1** kuulla *I can't hear you* en kuule (mitä sanot) **2** kuunnella **3** kuulustella
Hear! Hear! *interj* hyvä!, totta puhut!
hearing *s* **1** kuulo **2** kuulustelu
hearing aid /ˈhɪriŋ,eɪd/ *s* kuulolaite
hearing-impaired /,hɪriŋɪmˈpeərd/ *s* (*the*) kuulovammaiset
adj kuulovammainen
hearken /harkən/ *v* (ylät) kuunnella
hear of *v* (yl kielteisenä) ei tulla kuuloonkaan *dad would not hear of me buying a car* isän mielestä ei tullut kuuloonkaan että minä ostaisin auton
hearsay /ˈhɪər,seɪ/ *s* kuulopuhe, huhu(puhe)
hearse /hərs/ *s* ruumisauto, ruumisvaunut
heart /hart/ *s* **1** sydän (myös kuv) *his heart stopped beating* hänen sydämensä pysähtyi *in my heart I knew her to be right* sydämessäni/sisimmässäni tiesin hänen olevan oikeassa *she did not have the heart to say no* hän ei hennonut kieltäytyä *the heart of the matter is that...* asian ydin on että... *in the heart of Houston* Houstonin sydämessä/keskustassa *to know/learn something by heart* osata/oppia jotakin ulkoa **2** (pelikortissa) hertta
heartache /ˈhart,eɪk/ *s* sydänsuru
heart and soul *adv* sydämensä pohjasta, vilpittömästi
heart attack /ˈhartə,tæk/ *s* sydänkohtaus
heartbeat /ˈhart,bit/ *s* sydämen syke *I'd do it again in a heartbeat* en epäröisi hetkeäkään tehdä sitä uudestaan
heartbreak /ˈhart,breɪk/ *s* suru; sydänsuru
heartbreaker *s* surun aihe; sydäntensärkijä
heartbreaking *adj* surullinen; sydäntä särkevä
heartbroken /ˈhart,broʊkən/ *adj* surun murtama; jonka sydän on särkynyt
heartburn /ˈhart,bʌrn/ *s* **1** närästys **2** (kuv) kateus

heart disease /ˈhartdəˌziz/ *s* sydänsairaus
hearten /hartən/ *v* rohkaista, kannustaa
heartfelt /ˈhartˌfelt/ *adj* vilpitön
hearth /harθ/ *s* **1** arina **2** (kuv) oma koti, kotiliesi
hear things *fr* kuulla omiaan, jollakulla on harha-aistimuksia
heartily *adj* **1** sydämellisesti; vilpittömästi, sydämensä pohjasta **2** hyvällä ruokahalulla
heartland /ˈhartˌlænd/ *s* ydinalue, tärkein alue, sydänmaa
heat /hit/ *s* **1** lämpö **2** kuumuus **3** helle **4** kuume **5** (kuv) tuoksina, kiihko, tunnekuohu *in the heat of battle* taistelun tuoksinassa **6** (sl) painostus *the cops put on the heat* poliisi painoi päälle **7** (sl) poliisi
v lämmittää, lämmetä, kuumentaa, kuumentua (myös kuv)
heated *adj* (kuv) kiihkeä, tulinen
heater *s* lämmitin, lämmityslaite
heat exchanger /ˈhitəksˌtʃeɪndʒər/ *s* lämmönvaihdin
heathen /hiðən/ *s* pakana
heathenism *s* pakanuus
heather /heðər/ *s* kanerva
heatstroke /ˈhitˌstroʊk/ *s* lämpöhalvaus
heat up *v* lämmittää, lämmetä; kiristyä
heat wave *s* helleaalto; lämpöaalto
heave /hiv/ *v* heaved/hove, heaved/hove **1** nousta, nostaa; velloa **2** heittää **3** huohottaa **4** oksentaa
heaven /hevən/ *s* (kristillisessä merkityksessä) taivas *to go to heaven* päästä/mennä taivaaseen
heavenly *adj* taivaallinen (myös kuv); taivaan
heavenly body *s* taivaankappale
heavens *s* (mon, sama kuin *sky*) taivas
interj taivas!
heavily *adv* raskaasti (myös kuv)
heaviness *s* raskaus, painavuus
heavy /hevi/ *adj* **1** raskas (myös kuv), painava *the box is heavy* laatikko on raskas *the author writes in a heavy style* kirjailijalla on raskas tyyli **2** kova (sade, isku, arvostelu), syvällinen (ajattelija) *heavy smoker* ketjupolttaja
heavy-duty /ˌheviˈduti/ *adj* **1** kestävä, tehokas, teho-, erikois- **2** (kuv) kovan luokan, tosi
heavy-handed /ˌheviˈhændəd/ *adj* **1** kovaotteinen **2** kömpelö
heavy metal /ˌheviˈmetəl/ *s* **1** raskasmetalli **2** heavy metal (-musiikki)
heavyset /ˌheviˈset/ *adj* tanakka, iso(luinen)
heavyweight /ˈheviˌweɪt/ *s* **1** raskaansarjan nyrkkeilijä **2** (kuv) raskaansarjan henkilö, yritys tms, suuryritys ym
heavy with child *fr* raskaana
Heb. *Hebrews* (Uuden testamentin) Heprealaiskirje
Hebrew /hibru/ *s* **1** heprealainen, juutalainen, israelilainen **2** heprean kieli
adj heprealainen, hepreankielinen
Hebrides /hebrədiz/ (mon) Hebridit
heck /hek/ *interj* pahus!, hitto! *Bud is one heck of a man* Bud on piru mieheksi/loistokaveri
heckle /hekəl/ *v* häiritä/keskeyttää välihuudoilla
heckler *s* häiritsijä, häirikkö
heckling *s* välihuudot
hectare /hektər/ *s* hehtaari
hectic /hektɪk/ *adj* kiireinen, kuumeinen
he'd /hid/ he had, he would
hedge /hedʒ/ *s* **1** pensasaita **2** (kuv) suoja(muuri)
v **1** aidata **2** (kuv) vältellä, väistellä
hedgehog /ˈhedʒˌhag/ *s* siili
hedging /hedʒiŋ/ *s* (tal) suojautuminen (kurssiriskiltä)
hedonism /ˈhidəˌnɪzəm/ *s* hedonismi
hedonist /ˈhidəˌnɪst/ *s* hedonisti
heed /hid/ *s* huomio *to take heed of something* ottaa jotakin huomioon
v ottaa huomioon/onkeensa
heedless *adj* välinpitämätön, ajattelematon
heedlessly *adv* välinpitämättömästi, ajattelemattomasti
heel /hiəl/ *s* **1** kantapää *the boss let him cool his heels for a while* pomo

antoi tahallaan hänen odottaa hetken aikaa **2** (kengän) korko *to be down at the heels* olla kulunut/nuhruinen/ränsistynyt **3** (laivan) kallistuma
v kallistua, kallistaa (laivaa)
heft /heft/ *s* paino (myös kuv:) merkitys
v **1** nostaa **2** punnita kädessään/käsissään, yrittää arvioida jonkin paino
hefty *adj* vahva, raskas, painava, kova (työ), paksu, sievoinen (summa)
HEH *Her/His Exalted Highness*
heifer /hefər/ *s* hieho
height /haɪt/ *s* **1** korkeus **2** (ihmisen) pituus *he is six feet in height* hän on 183 cm pitkä **3** (mon) korkea paikka, kukkula, korkeus, korkeudet **4** (kuv) huippu, huipentuma *his behavior was the height of rudeness* hänen käytöksensä oli todella töykeää
heighten *v* **1** korottaa, nostaa korkeammalle **2** korostaa, korostua, lisätä, lisääntyä, kasvattaa, kasvaa, voimistaa, voimistua
heir /eər/ *s* perijä, perillinen
heiress /erəs/ *s* perijätär, perillinen
heirloom /'erˌlum/ *s* perhekalleus
held /held/ ks hold
helical scan /helikəl/ *s* (videotekniikassa) viistopyyhkäisy
helicopter /'heləˌkaptər/ *s* helikopteri
helium /hiliəm/ *s* helium
hell /hel/ *s* helvetti (myös kuv ja lievänä kirosanana) *all hell broke loose* seurasi täydellinen sekasorto *the Corvette is one hell of a car* Corvette on hitonmoinen auto *there will be hell to pay when the boss finds out what happened* meille tulee tupen rapinat kun pomolle selviää mitä on sattunut *the dog from hell* koira josta on tolkuttomasti harmia tms
interj hitto!
he'll /hiəl/ he will, he shall
hellish *adj* helvetillinen, hirvittävä
hello /heloʊ/ *interj* haloo!; hei!
hell-raiser /'helˌreɪzər/ *s* (ark) rähinöitsijä
helluva /heləvə/ *hell of a* hitonmoinen, pahuksenmoinen
helm /heəlm/ *s* peräsin, ruori *he is at the helm of his father's company now* hän on nyt isänsä yrityksen peräsimessä/johdossa
helmet /helmət/ *s* kypärä
helmsman *s* (mon helmsmen) perämies
help /help/ *s* **1** apu **2** apulainen
v auttaa *he couldn't help himself, he just did it* hän ei pystynyt hillitsemään itseään *I can't help but wonder if he is sane* en voi olla kysymättä onko hän täysijärkinen
interj apua!
helper *s* auttaja, avustaja
helpful *adj* avulias; hyödyllinen *it was very helpful of you to come* (minulle) oli paljon apua siitä kun tulit
helpfully *adv* avuliaasti
helpfulness *s* avuliaisuus
helping *s* **1** auttaminen, apu **2** (ruoka-) annos *he took a second helping* hän santsasi
helpless *adj* avuton
helplessly *adv* avuttomasti
helplessness *s* avuttomuus
help out *v* auttaa
help yourself to *v* ottaa (ruokaa pöydästä); ottaa luvatta
hem /hem/ *s* (vaatteen) päärme
v päärmätä, varustaa päärmeellä
he-man /'hiˌmæn/ *s* macho-mies, karju
hem in *v* saartaa, piirittää
hemisphere /'heməsˌfɪər/ *s* pallonpuolisko, puolipallo
hemline /'hemˌlaɪn/ *s* **1** päärme **2** hameenhelma(n korkeus)
hemorrage /hemərədʒ/ *s* verenvuoto
hemorrhoids /'heməˌrɔɪdz/ *s* (mon) peräpukamat
hemp /hemp/ *s* hamppu
hen /hen/ *s* kana (myös kanalinnun naaraasta ja kuv naisesta)
hence /hens/ *adv* **1** siksi, sen vuoksi **2** päästä, kuluttua *six week hence* **3** siitä (johdettuna), siis
henceforth /hensfɔrθ/ *adv* vastedes, tästä lähin
henchman /hentʃmən/ *s* kätyri

hold your tongue *fr* pitää suunsa, olla hiljaa
hole /hoəl/ *s* **1** reikä **2** (eläimen) pesä, kolo **3** (kuv) aukko
v puhkaista reikä johonkin, puhjeta
hole in one *s* **1** (golfissa) hole in one (pallon saaminen reikään ensimmäisellä lyönnillä) **2** täysosuma, onnistuminen ensi yrityksellä
hole out *v* (golfissa) putata pallo reikään viheriöltä
hole up *v* ryömiä koloonsa, piiloutua jonnekin
holiday /'halə,deɪ/ *s* **1** (virallinen) juhlapäivä **2** vapaapäivä **3** (UK) loma **4** vapautus, lykkäys
Holland /halənd/ Hollanti
holler /halər/ *s* huuto *give me a holler when you need help* huuda kun tarvitset apua
v huutaa
hollow /haloʊ/ *adj* **1** ontto (myös kuv:) turha, joutava **2** kovera **3** (ääni) ontto, kumea, vaimea **4** nälkäinen
hollow out *v* kovertaa ontoksi
holly /hali/ *s* (kasv) orjanlaakeri
Hollywood /'halɪ,wʊd/
holocaust /'hoʊlə,kast/ *s* **1** (tulipalo)-katastrofi **2** polttouhri **3** *Holocaust* juutalaisten joukkomurha toisessa maailmansodassa **4** joukkomurha
hologram /'hoʊlə,græm/ *s* hologrammi
holograph /'hoʊlə,græf/ *s* holografi
holographic /,hoʊlə'græfɪk/ *adj* holografinen
holography /hə'lagrəfi/ *s* holografia
holster /holstər/ *s* pistoolikotelo
holy /hoʊli/ *s* pyhä paikka
adj pyhä
Holy Bible /,hoʊli'baɪbəl/ *s* Pyhä Raamattu
Holy Ghost /,hoʊli'goʊst/ *s* Pyhä Henki
Holy of Holies *s* kaikkein pyhin
Holy Sacrament *s* pyhä ehtoollinen
Holy Sea Pyhä istuin, Vatikaanivaltio, Vatikaani
Holy Spirit /,hoʊli'spɪrɪt/ *s* Pyhä Henki
Holy Writ /,hoʊli'rɪt/ *s* Raamattu
homage /hamədʒ/ *s* kunnianosoitus
home /hoʊm/ *s* **1** koti *to be at home* olla kotona; olla tavattavissa; olla kuin kotonaan; hallita hyvin jokin asia **2** eläimen pesä **3** kotipaikka, kotiseutu, kotimaa **4** kotikenttä *to play at home* pelata kotikentällä
adj koti- *home cooking* kotiruoka
adv kotona, kotiin *he went home; he wasn't (at) home*
home address /,hoʊmə'dres/ *s* kotiosoite
home base /,hoʊm'beɪs/ *s* (baseballissa) kotipesä
homebody /'hoʊm,bʌdi/ *s* (kuv) kotikissa
homebound /'hoʊm,baʊnd/ *adj* **1** joka on matkalla kotiin **2** joka ei voi lähteä (sairauden vuoksi) kotoaan, vuoteen oma
homeboy /'hoʊm,bɔɪ/ *s* (oman) nuorisojengin jäsen; kaveri
homecoming /'hoʊm,kʌmiŋ/ *s* **1** kotiintulo, kotiinpaluu **2** (oppilaitoksen vanhojen opiskelijoiden) vuosijuhla
home free /,hoʊm'fri/ *adj* olla loppusuoralla; olla lähes varmaa
homeless *s: the homeless* kodittomat
adj koditon
homelessness *s* kodittomuus
homely /hoʊmli/ *adj* **1** ruma **2** koruton, tavallinen, koti-
homemade /,hoʊm'meɪd/ *adj* kotitekoinen
homemaker /'hoʊm,meɪkər/ *s* perheenäiti, kotiäiti, koti-isä
home office /,hoʊm'afɪs/ *s* **1** pääkonttori **2** (etätyöntekijän) kotikonttori **3** *Home Office* (UK) ulkoministeriö
homeopathist /,hoʊmɪ'apəθɪst/ *s* homeopaatti
homeopathy /,hoʊmɪ'apəθi/ *s* homeopatia
homeowner /'hoʊm,oʊnər/ *s* asunnonomistaja, omakotitalon omistaja
home plate /,hoʊm'pleɪt/ *s* (baseball) kotilauta, kotipesä
home rule /,hoʊm'ruəl/ *s* paikallistason itsehallinto

homestead /'hoʊmˌsted/ *s* (erityisesti valtion kansalaisille ja siirtolaisille vuoden 1862 Homestead Actilla Yhdysvaltain länsiosasta ilmaiseksi antama 160 eekkerin) maatila
homesteader *s* maatilan omistaja (ks homestead)
homestretch /ˌhoʊm'stretʃ/ *s* **1** maalisuora **2** (kuv) loppusuora
home study /'hoʊmˌstʌdi/ *s* kirjekurssi
home theater /ˌhoum'θiətər/ *s* kotiteatteri (suurkuvatelevision ja stereolaitteiston kokonaisuus)
homeward /hoʊmwərd/ *adv* kotiin päin, kotia kohti
homework /hoʊmwərk/ *s* **1** läksyt, kotitehtävät **2** (palkallinen) kotityö **3** valmistautuminen, perehtyminen *the manager hadn't done his homework* johtaja ei ollut perehtynyt aiheeseen riittävästi
homeworker /'hoʊmˌwərkər/ *s* kotona työtä tekevä henkilö, etätyöntekijä
homey /hoʊmi/ *s* kaveri, jengin jäsen (sanasta *homeboy*)
adj kodikas
homicidal /ˌhamə'saɪdəl/ *adj* **1** tappo-, murha- **2** murhanhimoinen
homicide /'haməˌsaɪd/ *s* **1** tappo, murha **2** tappaja, murhaaja
homing device /'hoʊmiŋdəˌvaɪs/ *s* suuntalaite
homing instinct /'hoʊmiŋˌɪnstiŋkt/ *adj* suuntavaisto
homing pigeon /'hoʊmiŋˌpɪdʒən/ *s* kirjekyyhkynen
hominy grits /'hamәniˌgrɪts/ *s* (mon) maissiryynit
homo /hoʊmoʊ/ *s* (mon homos) (sl halv) homo
homogeneity /ˌhoʊmədʒə'neɪəti/ *s* homogeenisyys
homogeneous /ˌhoʊmə'dʒiniəs/ *adj* homogeeninen
homogenize /hə'madʒəˌnaɪz/ *v* homogeenistaa, tehdä homogeeniseksi
homograph /'haməˌgræf 'hoʊməˌgræf/ *s* homografi
homonym /'haməˌnɪm/ *s* homonyymi
homophobe /'hoʊməˌfoʊb/ *s* homoseksualistien ja homoseksuaalisuuden pelkääjä
homophobia /ˌhoʊmə'foʊbiə/ *s* homoseksualistien ja homoseksuaalisuuden pelko
homophobic /ˌhoʊmə'foʊbɪk/ *adj* joka pelkää homoseksualisteja ja homoseksuaalisuutta
homophone /'haməˌfoʊn 'hoʊməˌfoʊn/ *s* homofoni
homosexual /ˌhoʊmə'sekʃʊəl/ *s* homoseksualisti
adj homoseksuaalinen
homosexuality /ˌhoʊməˌsekʃʊ'æləti/ *s* homoseksuaalisuus
hon. *honorable; honorary*
Honduran /han'dərən/ *s, adj* hondurasilainen
Honduras /han'dərəs/
honest /anəst/ *adj* rehellinen, kunniallinen, rehellisesti ansaittu
honestly *adv* rehellisesti, kunniallisesti
honest-to-goodness /ˌanəstə'gʊdnəs/ *adj* rehti, aito, oikein kunnon
honesty /anəsti/ *s* rehellisyys, kunniallisuus
honey /hʌni/ *s* **1** hunaja **2** kultu, hani
honeybee /'hʌniˌbi/ *s* mehiläinen
honeybunch /'hʌniˌbʌntʃ/ *s* hunajapupu
Honey Bunny /'hʌniˌbʌni/ *sarjakuvahahmo* Ruusa
honeycomb /'hʌniˌkoʊm/ *s* hunajakenno
v olla läpeensä täynnä jotakin
honeymoon /'hʌniˌmun/ *s* **1** kuherruskuukausi **2** (lehdistön ja kongressin Yhdysvaltain presidentille tämän virkakauden alussa myöntämä) totuttautumiskausi, armonaika
v viettää kuherruskuukausi jossakin
Hong Kong /'haŋˌkaŋ/ Hongkong
honk /haŋk/ *s* (auton äänitorven) törähdys
v soittaa (auton ääni)torvea
Honolulu /ˌhanə'lulu/ kaupunki Havaijissa

honor /anər/ *s* **1** kunnia *in honor of* jonkun/jonkin kunniaksi **2** (mon) kunnianosoitus, kunniamerkki **3** (tuomarin, kaupunginjohtajan kunnia)titteli **4** (mon: yliopistossa erikoisalan opintomenestyksestä myönnettävä) kunniamaininta **5** *to do the honors* toimia isäntänä/emäntänä juhlapöydässä
v **1** kunnioittaa, kohdella kunnioittavasti; kunnoittaa jollakin **2** hyväksyä, ottaa vastaan *we honor American Express* meillä voitte maksaa American Express -luottokortilla

honorable /anərəbəl/ *adj* **1** kunniallinen **2** kunnianarvoisa **3** (US) tittelinä: *the Honorable Judge M. Smith presiding* istuntoa johtaa tuomari M. Smith **4** (UK) tittelinä: *the Honorable member should reconsider* arvoisan kansanedustajan on syytä miettiä asiaa uudelleen

honorable discharge *s* vapautus armeijasta moitteettomin paperein

honorable mention *s* kunniamaininta (kilpailussa)

honorably *adv* kunniallisesti; kunnioittaen

honorary /ˈanəˌreri/ *adj* kunnia- *honorary member/post/doctor* kunniajäsen/kunniavirka/kunniatohtori

hood /hʊd/ *s* **1** huppu; naamio **2** (US) (auton) konepelti **3** (sl) roisto, konna
v peittää (päänsä) hupulla; naamioida

hooded *adj* **1** jonka pää on hupun peitossa *hooded eyes* paksujen kulmakarvojen peittämät silmät **2** hupullinen

hoof /hʊf/ *s* (mon hooves) kavio

hoofbeat /ˈhʊfˌbit/ *s* kavionkapse

hook /hʊk/ *s* **1** koukku (myös nyrkkeilyssä:) koukkulyönti **2** (golfissa) hukki, pallon kaartuminen ilmassa oikealta vasemmalle (oikeakätisellä pelaajalla)
v **1** kiinnittää/sulkea koukulla **2** saada koukkuun; (kuv) saada lankaan **3** koukistaa (tarttuakseen) *he hooked his arms around the branch and tried not to fall* hän kietoi kätensä oksan ympärille jottei putoaisi

hooked on *she is hooked on Beethoven* hän on hulluna Beethoveniin

hook, line and sinker *Jim swallowed the story hook, line and sinker* Jim otti jutun täydestä

hook up *v* **1** kiinnittää/sulkea koukuilla **2** yhdistää *do you know how to hook up your stereo?* osaatko yhdistää stereolaitteesi toisiinsa?

hooligan /hulɪgən/ *s* huligaani, rellestäjä, metelöitsijä

hoop /hup/ *s* (esim tynnyrin tai voimistelu)vanne
v vannehtia, varustaaa vanteilla

hoorah /həˈra/ ks hurrah

hooray /həˈreɪ/ ks hurrah

hoot /hut/ *s* **1** (pöllön) huhuilu, huuto **2** buuaus, viheltäminen (esiintyjälle ym) **3** (kuv) *I don't give a hoot about what you think* minä viis veisaan siitä mitä sinä ajattelet
v **1** buuata, viheltää (esiintyjälle ym) **2** (pöllö) huhuilla, huutaa

hooves /hʊvz/ ks hoof

hop /hap/ *s* **1** (kasv) humala **2** hyppy **3** lyhyt (lento)matka **4** (ark) tanssit, tanssikemut
v **1** hypätä, hyppiä **2** piipahtaa, käväistä **3** matkustaa paikasta toiseen *they went bar-hopping* he lähtivät kiertämään kapakoita

hope /hoʊp/ *s* toivo *he has no/little hope of finding his lost wallet* hänellä ei ole toivoakaan/on hyvin vähän toivoa löytää hukkaamansa lompakko *she is looking for a book and the library is her last hope* hän etsii erästä kirjaa ja kirjasto on hänen viimeinen toivonsa
v toivoa

HOPE *Health Opportunity for People Everywhere*

hope against hope *fr* toivoa kaikesta huolimatta että

hopeful *adj* **1** toiveikas **2** lupaava

hopefully *adv* **1** toiveikkaasti **2** toivottavasti

hopeless *adj* toivoton, lohduton, epätoivoinen

hopelessly *adv* toivottomasti, toivottoman

hopelessness *s* toivottomuus, epätoivoisuus

horde /hɔrd/ *s* lauma, parvi, joukko
horizon /hə'raɪzən/ *s* taivaanranta, horisontti
horizontal /ˌhɔrə'zantəl/ *adj* vaakasuora
horizontally *adv* vaakasuorassa, vaakasuoraan
hormonal /hɔr'moʊnəl/ *adj* hormoni-
hormone /hɔrmoʊn/ *s* hormoni
horn /hɔrn/ *s* **1** sarvi **2** (mus) torvi; (auton ääni)torvi *to blow your own horn* kehua itseään, olla täynnä itseään
hornet /hɔrnət/ *s* herhiläinen
horny /hɔrni/ *adj* **1** sarvimainen **2** känsäinen (iho) **3** (ark) kiimainen
horoscope /'hɔrəˌskoʊp/ *s* horoskooppi
horrendous /hə'rendəs/ *adj* hirvittävä, kauhistuttava
horrendously *adv* hirvittävästi, hirvittävän
horrible /hɔrəbəl/ *adj* hirvittävä, kauhistuttava, pelottava, kamala
horribly *adj* hirvittävästi, hirvittävän
horrid /hɔrəd/ *adj* hirvittävä, pelottava
horridly *adv* hirvittävästi, hirvittävän
horrify /'hɔrəˌfaɪ/ *v* hirvittää, kauhistuttaa, pelottaa
horrifying *adj* hirvittävä, kauhistuttava
horrifyingly *adv* hirvittävästi, hirvittävän
horror /hɔrər/ *s* kauhu, järkytys; inho *they all trembled in horror* he vapisivat kauhusta *what a horror!* onpa kamala asia!
horror story /'hɔrərˌstɔri/ *s* kauhukertomus, kauhuelokuva
horror-stricken /'hɔrərˌstrɪkən/ *adj* kauhistunut, joka on kauhun vallassa
horror-struck /'hɔrərˌstrʌk/ *adj* kauhistunut, joka on kauhun vallassa
hors d'oeuvre /ɔr'dərv/ *s* (mon hors d'oeuvre, hors d'oeuvres) alkuruoka
horse /hɔrs/ *s* hevonen (myös voimistelussa) *to come/get something straight from the horse's mouth* olla peräisin/kuulla jotakin suoraan alkuperäislähteestä, luotettavasta lähteestä *Larry, you're beating a dead horse* Larry, se asia on jo puhuttu selväksi/ratkaistu
horse around *fr* (sl) pelleillä, rellastaa, mekastaa, hevostella, harrastaa hevosenleikkiä
horseback /'hɔrsˌbæk/ *s* hevosen selkä *on horseback* ratsain, hevosella *adj* summittainen, puolihuolimaton *adv* ratsain, hevosella
horse latitudes /'lətəˌtudz/ (mon) hepoasteet (tuulettomat valtamerialueet, noin 30° pohjoista ja eteläistä leveyttä)
horseless carriage /ˌhɔrsləs'kerədʒ/ *s* (hist) auto, voimavaunu
horse of another color *fr* kokonaan toinen asia/juttu
horse opera /'hɔrsˌaprə/ *s* (tv, radio) lännensarja
horseplay /'hɔrsˌpleɪ/ *s* hevosenleikki, rellastus, mekastus
horsepower /'hɔrsˌpaʊər/ *s* hevosvoima
horseshoe /'hɔrˌʃu/ *s* hevosenkenkä
horticulture /'hɔrtəˌkʌlʃər/ *s* puutarhanhoito
horticulturist /ˌhɔrtə'kʌlʃərɪst/ *s* puutarhuri
hose /hoʊz/ *s* **1** letku **2** sukka, sukat, sukkahousut *v* kastella (letkulla), pestä (vedellä)
hosiery /hoʊʒəri/ *s* sukat
hosp. *hospital* sairaala
hospice /haspəs/ *s* **1** hospitsi **2** (terminaalisairaiden) hoitokoti
hospitable /həs'pɪtəbəl/ *adj* vieraanvarainen; lämmin, ystävällinen
hospitable to *adj* vastaanottavainen, valmis kuuntelemaan/hyväksymään jotakin, avoin jollekin
hospital /haspətəl/ *s* sairaala
hospitality /ˌhaspə'tæləti/ *s* vieraanvaraisuus
hospitalization /ˌhaspətələ'zeɪʃən/ *s* sairaalaan siirto
hospitalize /'haspətəˌlaɪz/ *v* viedä/siirtää sairaalaan
host /hoʊst/ *s* **1** isäntä, emäntä **2** isäntäkasvi, isäntäeläin **3** (tv, radio ym) juontaja, seremoniamestari *v* **1** isännöidä, emännöidä *Calgary*

hosted the 1988 Winter Olympics Calgary toimi vuoden 1988 talviolympialaisten isäntänä **2** juontaa (tv- tai radio-ohjelma ym), toimia seremoniamestarina

hostage /hastədʒ/ *s* panttivanki

hostel /hastəl/ *s* asuntola *youth hostel* retkeilymaja, hostelli

hostess /houstəs/ *s* **1** emäntä **2** (tv, radio ym) (nais)juontaja, seremoniamestari **3** lentoemäntä, messuemäntä, ravintolanemäntä yms
v emännöidä, toimia emäntänä

hostile /hastəl/ *adj* vihamielinen *the company was hostile to our proposal* yritys suhtautui ehdotukseemme vastahakoisesti

hostility /has'tɪləti/ *s* vihamielisyys, vastahakoisuus

hot /hat/ *s: Tom has the hots for Jane* Tom on pihkassa Janeen
adj **1** kuuma; lämmin *two hot meals a day* kaksi lämmintä ateriaa päivässä **2** (maku) tulinen, voimakkaasti maustettu *Mexican food is often hot* meksikolainen ruoka on usein tulista **3** (luonne) tulinen, kiivas **4** (ark) innokas **5** (sl) kiimainen **6** (ark kuv) kuuma, varastettu **7** *to be hot on the trail of someone* olla aivan jonkun kannoilla, olla jonkun kintereillä *in hot pursuit* jonkun kintereillä

hot and bothered *fr* (ark) olla innoissaan, käydä kuumana

hot cake /'hat,keɪk/ *s* ohukainen *the book is selling like hot cakes* kirja menee (kaupaksi) kuin kuumille kiville

hot dog /'hat,dag/ *s* **1** nakkimakkara **2** hot dog

hotel /hoʊ'tel/ *s* hotelli

hotelier /oʊ,tel'jeɪ ˌhoʊtələr/ *s* hotellinomistaja, hotellinjohtaja

hot line /'hat,laɪn/ *s* kuuma linja

hotly *adv* kiivaasti

hot pants /'hat,pæns/ *s* **1** (mon) mikrohousut **2** (sl) (seksuaalinen) himo

hot pepper /,hat'pepər/ *s* paprika

hot potato /,hatpə'teɪtoʊ/ *s* kuuma peruna

hot rod /'hat,rad/ *s* hot rod (-auto)

hot seat /'hat,sit/ *to be in the hot seat* olla kuumilla kivillä, olla pahassa jamassa

hot shoe /'hat,ʃu/ *s* (valokuvauskoneen) salamakenkä

hot spring /'hat,sprɪŋ/ *s* kuuma lähde

hot-tempered /,hat'tempərd/ *adj* tulinen (kuv), äkkipikainen

hot tub /'hat,tʌb/ *s* poreallas

hot under the collar *fr* kimpaantunut, tulistunut

hot war /'hat,wɔr/ *s* avoin sota, kuuma sota

hot-water bag /,hat'watər,bæg/ *s* lämpöpullo

hound /haʊnd/ *s* **1** ajokoira; vainukoira **2** (ark) koira
v **1** ajaa takaa; vainuta **2** kiusata, piinata, häiritä

hour /aʊər/ *s* **1** tunti **2** aika, hetki *what is the hour?* paljonko kello on? **3** (mon) työaika, vastaanottoaika, aukioloaika *what are your hours?* mihin asti myymälänne on auki?

hourglass /'aʊər,glæs/ *s* tiimalasi

hour hand /aʊər,hænd/ *s* tuntiviisari

hourlong /'aʊər,laŋ/ *adj* tunnin mittainen

hourly *adj, adv* tunnin välein, tasatunnein (tapahtuva), tunti-

house /haʊs/ *s* **1** talo, asunto, koti **2** huone *the House of Representatives* edustajainhuone **3** suku, huone (vanh) **4** (kuv) talo *the drinks are on the house* talo tarjoaa ryypyt **5** yleisö, katsojat *to play to a full house* esiintyä täydelle salille *to bring down the house* saada yleisö haltioihinsa, saada yleisö ratkeamaan naurusta

house /haʊz/ *v* **1** majoittaa **2** olla jossakin

house arrest /'haʊsə,rest/ *s* kotiaresti

housebroken /'haʊs,broʊkən/ *adj* (eläin) siisti(ksi oppinut)

house call /'haʊs,kal/ *s* (lääkärin tms) kotikäynti

houseclean /'haʊs,klin/ *v* siivota (asunto, koti)

housecoat /'haʊs,koʊt/ *s* kotitakki

house detective /'haʊsdɪˌtektɪv/ *s* myymäläetsivä, hotellietsivä yms
housefly /'haʊsˌflaɪ/ *s* (mon houseflies) kotikärpänen
houseful *s* kodin täysi
houseguest /'haʊsˌgest/ *s* yövieras
household /'haʊsˌhoəld/ *s* (koti)talous, perhe, ruokakunta
adj **1** koti- **2** tavallinen, yleinen
householder *s* **1** talonomistaja **2** perheenpää
household word *s* tunnettu sana/nimi/sanonta, sananparsi
housekeeper /'haʊsˌkipər/ *s* taloudenhoitaja
housemaid /'haʊsˌmeɪd/ *s* kotiapulainen
housemate /'haʊsˌmeɪt/ *s* **1** asuintoveri, kämppäaveri (ark) **2** avopuoliso
house of cards *s* (kuv) korttitalo
House of Commons *s* (parlamentin) alahuone
house of ill repute *s* bordelli, porttola
House of Lords *s* (Ison-Britannian parlamentin) ylähuone
House of Representatives *s* (kongressin) edustajainhuone
house organ /ˌhaʊsˌɔrgən/ *s* henkilökuntalehti
houseplant /'haʊsˌplænt/ *s* huonekasvi
house-sit /'haʊsˌsɪt/ *v* asua talossa/asunnossa omistajan poissaollessa (esim murtovarkaiden karkottamiseksi)
Houses of Parliament *s* (mon) (Ison-Britannian) parlamenttitalo (Lontoossa)
housewarming /'haʊsˌwɔrmiŋ/ *s* tupaantuliaiset
housewife /'haʊsˌwaɪf/ *s* (mon housewives) kotirouva
housework /haʊswərk/ *s* kodin työt, taloudenhoito
houseworker *s* kotiapulainen
housing /haʊziŋ/ *s* **1** asunto **2** majoitus, asumaan sijoittaminen **3** suojus, kupu, vaippa
housing development *s* (saman rakennusyhtiön rakentama) asuinalue
housing project *s* kunnallisasumus
housing starts *s* (mon) (tiettynä aikana aloitettujen) uusien asuinrakennushankkeiden määrä
Houston /hjustən/ kaupunki Texasissa
hove /hoʊv/ ks heave
hovel /hʌvəl/ *s* **1** mökki, maja **2** murju
hover /hʌvər/ *v* **1** leijua (ilmassa), pysyä paikallaan (ilmassa) **2** norkoilla jossakin **3** empiä, olla jonkin partaalla *to hover between life and death* horjua/häilyä elämän ja kuoleman välillä
hovercraft /'hʌvərˌkræft/ *s* (mon hovercraft) (UK) ilmatyynyalus
how /haʊ/ *adv* miten, kuinka *how did he do it?* miten hän sen teki? *how much did he want for it?* paljonko hän siitä pyysi? *how many times have I told you not to do it?* kuinka monesti minä olen jo kieltänyt sinua!
how about *adv* entä: *how about a movie?* (entä) haluaisitko mennä elokuviin?
how come? *fr* (ark) miksi?
how do you do *fr* hyvää päivää
howdy /haʊdi/ *interj* terve!
however /ˌhaʊ'evər/ *adv* kuitenkin, silti, sen sijaan
howitzer /haʊətsər/ *s* haupitsi
howl /haʊəl/ *s* (suden ym) ulvahdus, (tuulen) ulvonta, huuto
v (susi, tuuli ym) ulvoa, huutaa
howling *s* ulvahdus, ulvonta, huuto
adj **1** ulvova (tuuli), huutava **2** (ark) valtaisa
how so? *fr* miksi?, mistä se johtuu?
how the wind blows *fr* (kuv) mistä tuuli puhaltaa
Hoyle /hoɪəl/ *according to Hoyle* sääntöjen mukaan, kirjaimellisesti, oikein
hp *horsepower* hevosvoima
H.P. *Houses of Parliament* (Ison-Britannian) parlamenttitalo (Lontoossa)
HRA *Health Resources Administration*
HRH *Her/His Royal Highness*
HRSA *Health Resources and Services Administration*
H.S. *high school*
ht. *height* korkeus; pituus

Huang Hai /'hwaŋ'haɪ/ Keltainenmeri, Huang Hai
Huang He /'hwaŋ'hi/ Keltainenjoki, Huangjoki, Huang He
hub /hʌb/ *s* **1** (pyörän) napa **2** (liikenteen) solmukohta
hubbub /hʌbʌb/ *s* **1** puheensorina, kohina **2** myllerrys, sekasorto
hubcap /'hʌb,kæp/ *s* (auton) pölykapseli
hubris /hjubrɪs hubrɪs/ *s* ylimielisyys, röyhkeys, julkeus
huckleberry /'hʌkəl,beri/ *s* mustikka
huckster /hʌkstər/ *s* kaupustelija, helppoheikki (myös kuv)
HUD *Department of Housing and Urban Development*
huddle /hʌdəl/ *s* **1** kasa, rykelmä, joukko **2** neuvottelu, keskustelu, kokous
v **1** kasata/kasaantua yhteen **2** neuvotella, keskustella, pohtia
Hudson Bay /hʌdsən/ Hudsoninlahti
hue /hju/ *s* **1** väri, värisävy, vivahde **2** ihonväri
hue and cry *fr* vastalause(iden myrsky)
huff /hʌf/ *s* murjotus, loukkaantuminen, pahantuulisuus
v loukata jotakuta
hug /hʌg/ *s* halaus *give me a hug!* rutista/halaa minua!
v halata
huge /hjudʒ/ *adj* valtava, suunnaton, suunnattoman suuri
hugely *adv* valtavasti, suunnattomasti, suunnattoman
hulk /hʌlk/ *s* köntys, kömpelys
hulking *adj* kömpelö, raskas, valtaisa, valtavan iso
hull /hʌl/ *s* (laivan) runko
hullo /həloʊ/ *interj* hei!; terve!; haloo?
hum /hʌm/ *s* **1** surina **2** hyräily **3** kiire, tuoksina, vauhti
v **1** surista **2** hyräillä **3** *the office is humming with activity* toimistossa on erittäin kiireistä
human /hjumən/ *s* ihminen
adj inhimillinen, ihmis- *the human race* ihmisrotu *what he did was not human* hänen tekonsa oli epäinhimillinen
human being *s* ihminen
humane /hju'meɪn/ *adj* inhimillinen, humaani
human engineering *s* ergonomia
humane society *s* eläinsuojeluyhdistys
human-interest story *s* elävästä elämästä kertova (ja samastumismahdollisuuden tarjoava) sanomalehtikirjoitus/televisio-ohjelma ym
humanism /'hjumə,nɪzəm/ *s* humanismi
humanist *s* humanisti
humanistic *adj* humanistinen
humanitarian /hju,mænə'teərɪən/ *s* hyväntekijä, ihmisystävä
adj humanitaarinen, hyväntekeväisyys-
humanity /hju'mænəti/ *s* **1** ihmiskunta **2** inhimillisyys
humanize /'hjumə,naɪz/ *v* inhimillistää, inhimillistyä
humankind /,hjumən'kaɪnd/ *s* ihmiskunta
humanly *adv* inhimillisesti *he did everything that was humanly possible to help me* hän teki kaikkensa auttaakseen minua
human nature /,hjumən'neɪtʃər/ *s* ihmisluonto, ihmisluonne
humanoid /'hjumə,nɔɪd/ *s* humanoidi, ihmisen kaltainen olio
human resources *s* (yrityksen) henkilöstö; työvoima; ihmiset
human resources department *s* (yrityksen) henkilöstöosasto
human rights /'hjumən,raɪts/ *s* (mon) ihmisoikeudet
Humbershire /hʌmbərʃər/ Englannin kreivikuntia
humble /hʌmbəl/ *v* nöyryyttää
adj **1** nöyrä, vaatimaton **2** vähäinen, alhainen *a man of humble origin* alhaissyntyinen mies
humbleness *s* nöyryys, vaatimattomuus
humble pie /,hʌmbəl'paɪ/ *to eat humble pie* joutua nöyrtymään, niellä ylpeytensä/katkera kalkki
humbly *adv* nöyrästi, vaatimattomasti

humbug /hʌmbʌg/ *s* humpuuki
humdrum /hʌmdrʌm/ *adj* tylsä, pitkäveteinen, harmaa, arkinen
humerus /hjumərəs jumərəs/ *s* (mon humeri) olkaluu
humid /hjumɪd/ *adj* kostea
humidifier /hju'mɪdəˌfaɪər/ *s* ilmankostutin
humidify *s* kostuttaa
humidity /hju'mɪdəti/ *s* (ilman)kosteus
humiliate /hju'mɪliˌeɪt/ *v* nöyryyttää, häpäistä
humiliating *adj* nöyryyttävä, häpeällinen
humiliation /hjuˌmɪli'eɪʃən/ *s* nöyryytys, häpäisy
humility /hju'mɪləti/ *s* nöyryys, vaatimattomuus
HUMINT *human intelligence* ihmisten suorittama vakoilu
hummingbird /'hʌmiŋˌbərd/ *s* kolibri
humor /hjumər/ *s* **1** huumori **2** huumorintaju **3** huvittavuus, hauskuus **4** (mon) oikut, myötä- ja vastoinkäymiset *the humors of fortune* kohtalon oikut **5** mieliala *to be in a good/bad humor* olla hyvällä/pahalla päällä *she is out of humor today* hän on tänään pahalla päällä
humorist /hjumərɪst/ *s* humoristi
humorless *adj* huumorintajuton; ikävä, pitkäveteinen, tylsä
humorous /hjumərəs/ *adj* humoristinen, hauska, huvittava; huumorintajuinen
hump /hʌmp/ *s* **1** kyttyrä, kyhmy **2** kukkula, mäki
v köyristää (selkänsä)
humpback /'hʌmpˌbæk/ *s* kyttyräselkä
humpback whale *s* ryhävalas
hunch /hʌntʃ/ *s* **1** vainu, aavistus **2** kyttyrä, kyhmy
v **1** köyristää **2** seisoa/istua kyyryssä
hunchback /'hʌntʃˌbæk/ *s* kyttyräselkä
hundred /hʌndrəd/ *s, adj* sata *the figure was in the low hundreds* määrä oli muutama sata
hundredfold /'hʌndrədˌfoʊld/ *adj* satakertainen
hundred-percenter /ˌhʌndrədpər'sentər/ *s* isänmaanystävä; yltiöisänmaallinen ihminen
hundredth /hʌndrətθ/ *s, adj* sadasosa
hundredweight /'hʌndrədˌweɪt/ *s* sentneri (US: 45,4 kg; UK: 50,8 kg)
hung /hʌŋ/ ks hang *he is well-hung* (sl miehestä) hänellä on isot munat
Hungarian /hʌŋ'gerɪən/ *s* unkarin kieli *s, adj* unkarilainen
Hungary /hʌŋgəri/ Unkari
hunger /hʌŋgər/ *s* nälkä (myös kuv)
v olla nälkä (myös kuv) *people are hungering for a sequel to the movie* yleisö kaipaa kovasti elokuvalle jatko-osaa
hunger strike /'hʌŋgərˌstraɪk/ *s* nälkälakko
hunger-strike *v* mennä nälkälakkoon, olla nälkälakossa
hung over /ˌhʌŋ'oʊvər/ *adj* krapulassa
hungry /hʌŋgri/ *adj* **1** nälkäinen **2** (ark) hanakka, ahne, aggressiivinen
hunk /hʌŋk/ *s* **1** pala, möhkäle **2** (sl) adonis **3** (sl) läski **4** (sl) hongankolistaja
hunker (down) /hʌŋkər/ *v* **1** kyykistyä, kyykistellä **2** (ark) kumartua, köyristyä **3** (ark) piileksiä jossakin
hunt /hʌnt/ *s* **1** metsästys **2** etsintä, takaa-ajo **3** metsästysseurue, metsästäjät
v **1** metsästää **2** etsiä, ajaa takaa
hunt down *v* ajaa takaa, etsiä
hunter *s* **1** metsästäjä **2** etsijä *fortune hunter* onnenonkija **3** metsästyskoira
hunt for *v* etsiä
hunting *s, adj* metsästys(-)
Hunting Dogs (tähdistö) Ajokoirat
Huntingdonshire /hʌntiŋdənʃər/ Englannin lakkautettuja kreivikuntia
hunting horn *s* (mus) metsästystorvi
hunt up *v* etsiä, kaivaa esiin
hurdle /hərdəl/ *s* **1** (urh) este, aita **2** (mon, urh) estejuoksu, aitajuoksu **3** (kuv) este, ongelma
v **1** hypätä (esteen) yli **2** selvitä esteestä/ongelmasta
hurl /hərəl/ *s* (voimakas) heitto
v **1** singota, heittää **2** (sl) yrjötä

hurly-burly /ˌhərli'bərli/ *s* sekamelska, mylläkkä
hurrah /hə'ra/ *s* hurraa-huuto *last/final hurrah* viimeinen loiston hetki, joutsenlaulu
v hurrata
interj hurraa!
hurricane /'hərəˌkeɪn/ *s* hurrikaani, pyörremyrsky
hurried /hərid/ *adj* kiireinen, hätäinen
hurriedly *adv* kiireesti, hätäisesti, äkkiä
hurry /həri/ *s* kiire
v kiirehtiä, pitää kiirettä; viedä/tuoda kiireesti; käskeä kiirehtimään
hurry up *v* kiirehtiä, käskeä kiirehtimään
hurt /hərt/ *s* **1** vamma **2** loukkaus
v hurt, hurt **1** satuttaa, loukata (myös henkisesti) **2** sattua, tehdä kipeää **3** vahingoittaa, aiheuttaa vahinkoa, olla pahaksi/haitaksi *a cup of coffee wouldn't hurt me* kahvi ei olisi pahitteeksi
adj loukkaantunut (myös henkisesti)
hurtful *adj* vahingollinen, haitallinen, loukkaava
hurtfully *adj* (sanoa jotakin) loukkaantuneesti
hurtle /hərtəl/ *v* **1** kiirehtiä, viilettää **2** romahtaa, pudota
husband /hʌzbənd/ *s* (avio)mies, puoliso
husbandry /hʌsbəndri/ *s* **1** maatalous, maanviljely, karjanhoito **2** säästeliäisyys, nuukuus **3** taloudenhoito
hush /hʌʃ/ *s* hiljaisuus
v vaieta, vaientaa, saada vaikenemaan
interj hys!, ole hiljaa!
hush money *s* vaikenemisesta maksettava lahjus
husk /hʌsk/ *s* akana, kuori
v kuoria
huskily *adj* käheästi, karkealla äänellä
husky *s* husky, siperianpystykorva
adj **1** karhea, käheä (ääni) **2** iso, vanttera (ihminen)
hustle /hʌsəl/ *s* **1** tungos, ruuhka **2** kiire, säpinä **3** (sl) huijaus, petos
v **1** tunkeutua, ahtautua **2** hutiloida, tehdä kiireesti; kiirehtiä **3** työntää, passittaa **4** (yrittää) pakottaa/saada joku tekemään jotakin, jallittaa (ark) asiakkaita, etsiä asiakkaita, olla kova liikemies **5** (sl) etsiä asiakkaita, olla katutyttö/katupoika
hustler /hʌslər/ *s* **1** jallittelija, juonittelija, pyrkyri **2** huijari **3** (sl) katutyttö, katupoika
hut /hʌt/ *s* mökki, maja
hutch /hʌtʃ/ *s* **1** koppi, häkki, aitaus **2** kaappi, lipasto **3** mökki, maja
hwy. *highway*
hyacinth /'haɪəˌsɪnθ/ *s* hyasintti
hydrant /haɪdrənt/ *s* vesiposti
hydraulic /haɪ'dralɪk/ *adj* hydraulinen
hydraulics *s* (verbi yksikössä) hydrauliikka
hydroelectric /ˌhaɪdroʊə'lektrɪk/ *adj* vesivoimalla sähkövoimaa tuottava, hydroelektrinen
hydrofoil /'haɪdrəˌfoɪəl/ *s* **1** kantosiipi **2** kantosiipialus
hydrogen /haɪdrədʒən/ *s* vety
hydrogen bomb *s* vetypommi
hyena /haɪ'inə/ *s* hyeena
hygiene /haɪdʒin/ *s* hygienia
hygienic /haɪ'dʒenɪk/ *adj* hygieeninen
hygienically *adj* hygieenisesti
hygrograph /'haɪgrəˌgræf/ *s* piirtävä kosketusmittari
hymen /haɪmən/ *s* (anat) immenkalvo
hymn /hɪm/ *s* hymni, virsi
hyper /haɪpər/ *s* **1** ylikierroksilla käyvä ihminen **2** helppoheikki, mainostaja, tiedottaja
adj **1** joka käy ylikierroksilla **2** *to be hyper about something* olla läpeensä täynnä jotakin, ei osata muusta puhuakaan kuin
hyperbole /haɪ'pərbəˌli/ *s* **1** liioittelu, paisuttelu **2** (mat) hyperbeli
hyperbolic /ˌhaɪpər'balɪk/ *adj* **1** liioiteltu, liioitteleva, paisuteltu, paisutteleva **2** (mat) hyperbolinen
hyphen /haɪfən/ *s* tavuviiva
v yhdistää tavuviivalla
hyphenate /'haɪfəˌneɪt/ *v* yhdistää tavuviivalla
hypnosis /hɪp'noʊsɪs/ *s* (mon hypnoses) hypnoosi

hypnotherapy /ˌhɪpnoʊ'θerəpi/ *s* hypnoterapia
hypnotic /hɪp'natɪk/ *s* unilääke *adj* **1** hypnoottinen **2** nukuttava
hypnotism /'hɪpnəˌtɪzəm/ *s* **1** hypnotismi **2** hypnoosi
hypnotist /hɪpnətɪst/ *s* hypnotisoida
hypnotize /'hɪpnəˌtaɪz/ *s* hypnotisoida
hypo /haɪpoʊ/ *s* (mon hypos) (ark) (lääke)ruisku
hypochondria /ˌhaɪpə'kandriə/ *s* luulosairaus
hypochondriac /ˌhaɪpə'kandriæk/ *s, adj* luulosairas
hypocrisy /hə'pakrəˌsi/ *s* tekopyhyys
hypocrite /hɪpəkrət/ *s* tekopyhä ihminen
hypocritical /ˌhɪpə'krɪtɪkəl/ *adj* tekopyhä
hypodermic /ˌhaɪpə'dərmɪk/ *s* **1** ihonalainen lääke/ruiske **2** (lääke)ruisku *adj* ihonalainen
hypodermic syringe /ˌhaɪpə'dərmɪksə'rɪndʒ/ *s* lääkeruisku
hypodermis /ˌhaɪpə'dərmɪs/ *s* (anat) ihonalaiskudos
hypotenuse /haɪ'patəˌnus/ hypotenuusa
hypothalamus /ˌhaɪpə'θæləməs/ *s* (mon hypothalami) hypotalamus
hypothesis /haɪ'paθəsɪs/ *s* (mon hypotheses) oletus, hypoteesi
hypothetical /ˌhaɪpə'θetɪkəl/ *adj* oletettu, hypoteettinen
hysterectomy /ˌhɪstə'rektəmi/ *s* kohdun poisto
hysteria /hɪs'terɪə/ *s* hysteria
hysterical /hɪs'terɪkəl/ *adj* hysteerinen; hillitön
hysterically *adv* hysteerisesti; hillittömästi
hysterics /hɪs'terɪks/ *s* (mon) hysteriakohtaus, hysteria

I, i

I, i /aɪ/ I, i
I /aɪ/ *pron* minä
Ia. *Iowa*
IA *Iowa*
IATA *International Air Transport Association* Kansainvälinen ilmakuljetusliitto
IBM *intercontinental ballistic missile* mannertenvälinen ballistinen ohjus *International Business Machines* IBM
IC *integrated circuit* integroitu piiri
ICA *International Communication Agency*
ICBM *intercontinental ballistic missile* mannertenvälinen ballistinen ohjus
ICC *Interstate Commerce Commission*
ice /aɪs/ *s* **1** jää *to put something on ice* lykätä jotakin tuonnemmaksi, panna (toistaiseksi) pöydälle *you are on thin ice* sinä liikut liian syvillä vesillä, hankkeesi on heikolla pohjalla **2** (UK) jäätelö **3** (leivonnaisen) kuorrutus *v* **1** jäätyä **2** jäähdyttää; pakastaa **3** kuorruttaa (leivonnainen)
ICE *International Cultural Exchange*
ice age /'aɪs,eɪdʒ/ *s* jääkausi
iceberg /'aɪs,bərg/ *s* jäävuori
icebox /'aɪs,baks/ *s* **1** kylmälaukku **2** (vanh) jääkaappi
icebreaker /'aɪs,breɪkər/ *s* **1** jäänmurtaja **2** jännityksen laukaiseva huomautus, vitsi tms
ice cream /'aɪs,krim/ *s* jäätelö
ice-cream cone /'aɪs,krim,koʊn/ *s* jäätelötötterö
iced /aɪst/ *adj* **1** jäätynyt, jäinen **2** jää- *iced tea* jäätee **3** kuorrutettu (leivonnainen)
ice dancing /'aɪs,dænsiŋ/ *s* jäätanssi
ice floe /'aɪs,floʊ/ *s* jäälohkare, jäälautta
ice hockey /'aɪs,haki/ *s* jääkiekko
icehouse /aɪshaʊs/ *s* jäävarasto
Iceland /aɪslənd/ Islanti
Icelander /aɪsləndər/ *s* islantilainen
Icelandic /aɪs'lændɪk/ *s* islannin kieli *adj* islantilainen
ice rink /'aɪs,riŋk/ *s* luistelurata
ice skate /'aɪs,skeɪt/ *s* luistin
ice-skate *v* luistella
ice skater *s* luistelija
icicle /aɪsɪkəl/ *s* jääpuikko
icily /aɪsəli/ *adj* (kuv) kylmästi, viileästi, jäätävästi
icon /'aɪ,kan/ *s* **1** ikoni, pyhäinkuva **2** ikoni, symboli, kuvamerkki **3** (kuva) perikuva, keulakuva
iconoclast /aɪ'kanə,klæst/ *s* ikoninsärkijä, kapinallinen
ICRC *International Committee of the Red Cross* Punaisen Ristin kansainvälinen komitea
ICU *intensive care unit* (sairaalan) tehoosasto
icy /aɪsi/ *adj* **1** jäätynyt, jäinen **2** kylmä, jäätävä (myös kuv)
id /ɪd/ *s* (psykoanalyysissä) se, id
I'd /aɪd/ I had, I would
id. *idem* sama
ID *Idaho; identification*
IDA *International Development Association* Kansainvälinen kehittämisjärjestö
Idaho /'aɪdə,hoʊ/
idea /aɪ'diə/ *s* **1** ajatus, päähänpisto, idea *he had a brilliant idea* hän sai neronleimauksen, hänellä sytytti **2** tarkoitus, ajatus, aie *he came here with the idea of buying a house* hän tuli tänne ostamaan taloa **3** tieto, käsitys, aavistus *I have no idea* minulla ei ole harmainta aavistusta **4** mielipide, käsitys *is that*

your idea of a good novel? tuotako sinä pidät hyvänä romaanina? **5** aate

ideal /aidiəl/ *s* ihanne *he is is a man of modest ideals* hänellä on vaatimattomat ihanteet
adj ihanteellinen

idealism /aɪ'diəlɪzəm/ *s* idealismi; haaveilu

idealist /aɪ'diələst/ *s* idealisti; haaveilija

idealistic *adj* ihanteellinen, haaveellinen

idealization /aɪˌdiələ'zeɪʃən/ *s* ihannointi

idealize /aɪ'diəˌlaɪz/ *v* ihannoida, ihanteellistaa

ideally *adv* ihanteellisesti, ihannetapauksessa

idea man *s* ideoija

identical /aɪ'dentəkəl/ *adj* identtinen, (aivan) sama, yhtäpitävä *identical twins* identtiset kaksoset

identically *adj* identtisesti, (aivan) samoin, yhtäpitävästi

identification /aɪˌdentəfə'keɪʃən/ *s* **1** tunnistaminen, henkilöllisyyden varmistus **2** henkilöllisyystodistus **3** samastus, samastaminen **4** suhteet *he has no identification with terrorists* hän ei ole missään tekemisissä terroristien kanssa

identification card *s* henkilöllisyystodistus

identification tag *s* (sotilaan) tuntolevy

identify /aɪ'dentəfaɪ/ *v* tunnistaa (samaksi); paljastaa (joku joksikin)

identify with *v* samastua johonkuhun/johonkin, yhdistää johonkuhun/johonkin, liittää mielessään johonkin, olla tekemisissä jonkun/jonkin kanssa

identity /aɪ'dentəti/ *s* **1** henkilöllisyys, identitetti **2** yhtäläisyys, identtisyys, samuus

identity card *s* henkilöllisyystodistus

identity crisis *s* (mon identity crises) identiteettikriisi

ideological /ˌɪdiə'ladʒəkəl ˌaɪdɪə'ladʒəkəl/ *adj* ideologinen, aatteellinen

ideologist /ɪdi'alədʒɪst aɪdɪ'alədʒɪst/ *s* ideologi

ideologue /'ɪdiəˌlag/ *s* ideologi

ideology /ɪdɪ'alədʒi aɪdɪ'alədʒi/ *s* ideologia, aate

idiocy /ɪdiəsi/ *s* älyttömyys, tyhmyys, typeryys

idiom /ɪdiəm/ *s* **1** (kielessä) idiomi, fraasi, (vakiintunut) sanonta **2** kieli, murre

idiomatic /ˌɪdiə'mætɪk/ *adj* idiomaattinen *an idiomatic expression* idiomaattinen ilmaus, idiomi

idiosyncracy /ˌɪdiə'siŋkrəsi/ *s* erityispiirre, oikku; omaperäisyys, omalaatuisuus

idiosyncratic /ˌɪdiəsiŋ'krætɪk/ *adj* omaperäinen, omalaatuinen

idiot /ɪdiət/ *s* idiootti, älykääpiö

idiot box *s* (sl) televisio

idiotic /ɪdi'atɪk/ *adj* idioottimainen, älytön, järjetön

idiotically *adv* idioottimaisesti, älyttömästi, tärähtäneesti

idiot-proof *adj* idioottivarma

idiot savant /ɪdiət sə'vant/ *s* (mon idiot savants) oppinut idiootti

idle /aɪdəl/ *v* **1** vetelehtiä, laiskotella **2** maleksia, löntystellä **3** (moottori) käydä joutokäyntiä
adj **1** toimeton **2** työtön **3** laiska, veltto **4** turha, tyhjä (lupaus), perusteeton

idly *adv* ks idle

idol /aɪdəl/ *s* epäjumala; ihanne, idoli

idolater /aɪ'dalətər/ *s* epäjumalan palvoja; ihailija; innokas harrastaja

idolatress /aɪ'dalətrəs/ *s* (naispuolinen) epäjumalan palvoja; ihailija; innokas harrastaja

idolatry /aɪ'dalətri/ *s* epäjumalan palvonta; ihannointi

idolize /'aɪdəˌlaɪz/ *v* palvoa (esim epäjumalana)

idyll /aɪdəl/ *s* idylli

IDTV *improved definition television*

idyllic /aɪ'dɪlɪk/ *adj* idyllinen

i.e. *id est* se on

if /ɪf/ *s* jos *this thing is a big if* tämä juttu on hyvin epävarma
konj **1** jos *you can go if you wish* saat

lähteä jos haluat **2** kunpa *if only you could come* kunpa vain pääsisit tulemaan **3** josko, -ko/-kö *ask her if she wants to go* kysy haluaako hän lähteä **4** joskin, vaikkakin *he is okay if a little quiet* hän on ihan mukava ihminen joskin vähän hiljainen **5** *as if* ikään kuin

iffy /ɪfi/ *adj* epävarma, siinä ja siinä, kiikun kaakun

IFO *identified flying object* tunnistettu lentävä esine

if push comes to shove *fr* kovan paikan tullen

ifs, ands, or buts *no ifs, ands, or buts* ehdottomasti

if worst comes to worst *fr* jos oikein huonosti käy, pahimmassa tapauksessa

igloo /ɪglu/ *s* (mon igloos) iglu

ignite /ɪg'naɪt/ *v* syttyä, sytyttää

ignition /ɪg'nɪʃən/ *s* **1** syttyminen, sytyttäminen **2** (polttomoottorin) sytytys(järjestelmä) *Mary put the key in the ignition* Mary pani avaimen virtalukkoon

ignoble /ɪg'noʊbəl/ *adj* alhainen, häpeällinen

ignominious /ɪg,namənəs/ *adj* häpeällinen

ignominy /ɪg,naməni/ *s* häpeä, halveksunta

ignoramus /,ɪgnə'reɪməs/ *s* (mon ignoramuses) joku joka ei tiedä mistään mitään

ignorance /ɪgnərəns/ *s* tietämättömyys, tiedon puute

ignorant *adj* tietämätön (yleisesti tai tietystä asiasta) *he was ignorant of their plan* hän ei ollut perillä/tiennyt heidän suunnitelmastaan

ignorantly *adv* tietämättömästi; kömpelösti, osaamattomasti

ignore /ɪg'nɔr/ *v* ei välittää/piitata jostakin; laiminlyödä

i.h.p. *indicated horse power*

IL *Illinois*

ILA *International Law Association* Kansainvälinen lakimiesyhdistys

I'll /aɪəl/ I will, I shall

ill /ɪl/ *s* **1** paha, vahinko *Lee often speaks ill of his boss* Lee haukkuu usein pomoaan tämän selän takana **2** sairaus, vaiva *the many ills of modern society* nyky-yhteiskunnan monet ongelmat *adj* worse, worst **1** sairas **2** huono, paha *ill will* pahantahtoisuus *you have ill manners* sinulla on huonot/pahat tavat *adv* huonosti, pahasti *I can ill afford to say no* minulla ei juuri ole varaa kieltäytyä

ill. *illustration* kuva

Ill. *Illinois*

ill-advised /,ɪləd'vaɪzd/ *adj* harkitsematon, epäviisas

ill at ease *fr* olla epämukava olo, tuntea olonsa epämukavaksi

ill-bred /,ɪl'bred/ *adj* huonosti kasvatettu, pahatapainen

ill-conceived /,ɪlkən'sivd/ *adj* huonosti suunniteltu, harkitsematon

illegal /ɪ'ligəl/ *adj* laiton, kielletty

illegal alien *s* luvaton siirtolainen

illegality /,ɪli'gæləti/ *s* laittomuus

illegalize /ɪ'ligə,laɪz/ *v* kieltää (lailla)

illegible /ɪ'ledʒəbəl/ *adj* josta ei saa (mitään) selvää, jota ei pysty lukemaan

illegitimate /,ɪlə'dʒɪtəmət/ *adj* **1** avioton, avioliiton ulkopuolinen *an illegitimate child* **2** laiton, luvaton, kielletty

ill-equipped /,ɪli'kwɪpt/ *adj* **1** huonosti varustettu **2** huonosti valmentautunut; johonkin sopimaton *I felt ill-equipped to handle the crisis* minusta tuntui ettei minulla ollut edellytyksiä selvittää kriisiä

ill-fated /ɪl'feɪtəd/ *adj* tuhoon tuomittu, joka on tuomittu epäonnistumaan

ill-favored /ɪl'feɪvərd/ *adj* ruma; vastenmielinen

ill-fitted /ɪl'fɪtəd/ *adj* johonkin sopimaton

ill-gotten /ɪl'gatən/ *adj* epärehellisesti saatu

illicit /ɪ'lɪsɪt/ *adj* laiton, kielletty

illicitly *adv* laittomasti

ill-informed /,ɪlɪn'fɔrmd/ *adj* jota ei ole valistettu riittävästi

Illinois /,ɪlə'nɔɪ/

illiteracy /ɪl'lɪtərəsi/ *s* lukutaidottomuus

illiterate /ɪl'lɪtərət/ *s, adj* lukutaidoton

ill-mannered /ɪl'mænərd/ *adj* pahatapainen, epäkohtelias, töykeä
ill-natured /ɪl'neɪtʃərd/ *adj* pahansisuinen, hankala
illness /ɪlnəs/ *s* sairaus
illogical /ɪl'ladʒɪkəl/ *adj* epälooginen
ill-suited /ɪl'sutəd/ *adj* sopimaton
illuminate /ɪ'lumə,neɪt/ *v* valaista (myös kuv:) kirkastaa, selvittää
illuminating *adj* valaiseva (myös kuv:) selventävä
illumination /ɪ,lumə'neɪʃən/ *s* valaistus (myös kuv:) selvennys
illuminative *adj* valaiseva (myös kuv:) selventävä
illus. *illustration* kuva *illustrated* kuvitettu *illustrator* kuvittaja
illusion /ɪ'luʒən/ *s* illuusio
illusionist /ɪ'luʒənəst/ *s* taikuri
illusory /ɪ'luzəri/ *adj* illusorinen: harhaanjohtava, näennäinen; todentuntuinen
illustrate /'ɪləs,treɪt/ *v* **1** kuvittaa **2** havainnollistaa, selittää esimerkein
illustration /,ɪləs'treɪʃən/ *s* **1** kuva; kuvitus **2** esimerkki
illustrational *adv* **1** kuvitukseen liittyvä, kuvitus- **2** havainnollistava, havainto-
illustrator *s* **1** kuvittaja **2** havainnollistaja, selittäjä
illustrious /ɪ'lʌstrɪəs/ *adj* maineikas, kuuluisa; loistokas
ILO *International Labor Organization* Kasainvälinen työjärjestö
ILS *instrument landing system*
I'm /aɪm/ I am
IM *intermodulation distortion* intermodulaatiosärö
image /ɪmədʒ/ *s* **1** kuva **2** mielikuva **3** image, vallitseva käsitys **4** kielikuva
imagery /ɪmədʒri/ *s* **1** mielikuvat **2** kielikuvat **3** kuvakieli
image tube *s* kuvaputki
imaginable /ə'mædʒənəbəl/ *adj* joka on kuviteltavissa, mahdollinen
imaginary /ə'mædʒə,neri/ *adj* kuvitteellinen
imagination /ə,mædʒə,neɪʃən/ *s* mielikuvitus
imaginative /ə'mædʒənətɪv/ *adj* mielikuvituksellinen, kuvitteellinen; kekseliäs
imagine /ə'mædʒən/ *v* **1** kuvitella **2** luulla, olettaa
imbalance /ɪm'bæləns/ *s* tasapainottomuus
imbecile /ɪmbəsəl/ *s* **1** (psyk) imbessiili **2** (ark) älykääpiö, idiootti
IMF *International Monetary Fund* Kansainvälinen valuuttarahasto
imitate /'ɪmə,teɪt/ *v* matkia, jäljitellä, imitoida, ottaa mallia jostakusta/jostakin
imitation /,ɪmə'teɪʃən/ *s* jäljittely; jäljennös, jäljitelmä; väärennös
imitative /'ɪmə,teɪtɪv/ *adj* jäljittelevä, mukaileva, jotakin matkiva
imitator *s* imitaattori
immaculate /ɪ'mækjələt/ *adj* puhdas, viaton, virheetön
Immaculate Conception *s* (usk) synnitön sikiäminen
immaculately *adj* puhtaasti, viattomasti, virheettömästi
immaterial /,ɪmmə'tɪəriəl/ *adj* **1** merkityksetön **2** aineeton, immateriaalinen
immature /,ɪmmə'tʃər, ,ɪmmə'tʊər/ *adj* epäkypsä
immaturely *adv* epäkypsästi
immaturity /,ɪmmə'tʃərəti, ,ɪmmə'tərəti/ *s* epäkypsyys
immeasurable /ɪm'meʒərəbəl/ *adj* mittaamaton, suunnaton, pohjaton
immeasurably *adj* mittaamattoman, suunnattomasti, suunnattoman
immediacy /ɪ'midiəsi/ *s* **1** välittömyys, suoruus **2** kiireisyys
immediate /ɪ'midiət/ *adj* välitön, suora *the immediate family has been notified of the death* lähiomaisille on ilmoitettu kuolemantapauksesta *we took immediate action* ryhdyimme heti toimiin
immediately *adv* heti, välittömästi, suoraan
immemorial /,ɪmmə'mɔriəl/ *from time immemorial* ikimuistoisista ajoista saakka
immense /ɪ'mens/ *adj* suunnaton, valtava, mieletön

immensely *adv* suunnattomasti, suunnattoman, valtavasti, valtavan
immensity /ɪ'mensəti/ *s* valtava koko, suuruus
immerse /ɪ'mərs/ *v* **1** upottaa, kastaa **2** paneutua, uppoutua johonkin *he is immersed in a thriller* hän on syventynyt trilleriin
immersion /ɪ'mərʒən/ *s* **1** upotus, kastaminen **2** paneutuminen, uppoutuminen, syventyminen **3** (usk) upotuskaste
immigrant /ɪməgrənt/ *s* siirtolainen, maahanmuuttaja
adj siirtolais-, maahanmuutto- *immigrant workers* siirtotyöläiset
immigrate /'ɪmə,greɪt/ *v* lähteä siirtolaiseksi, muuttaa toiseen maahan *millions of Europeans immigrated to America* miljoonia eurooppalaisia tuli siirtolaisina Amerikkaan
immigration /,ɪmə'greɪʃən/ *s* maahanmuutto, siirtolaisuus
imminence /ɪmənəns/ *s: he was bothered by the imminence of the elections* häntä vaivasi se että vaalit olivat lähellä
imminent /ɪmənənt/ *adj* pian odotettavissa oleva: *a crisis is imminent* pian alkanee kriisi
immobile /ɪ'moʊbəl/ *adj* liikkumaton, lamaantunut, paikallaan oleva, joka ei pääse liikkumaan *with his car stolen, he was completely immobile* hän ei päässyt lainkaan liikkumaan koska hänen autonsa oli varastettu
immobility /,ɪmoʊ'bɪləti/ *s* liikkumattomuus, paikallaan olo
immobilize /ɪ'moʊbə,laɪz/ *v* lamaannuttaa; estää liikkumasta/lähtemästä
immoderate /ɪ'madərət/ *adj* kohtuuton, hillitön, suunnaton
immoderately *adv* ks immoderate
immoderation /ɪ,madə'reɪʃən/ *s* kohtuuttomuus, hillittömyys
immodest /ɪ'madəst/ *adj* häpeämätön, töykeä, hävytön; kohtuuton
immoral /ɪ'mɔrəl/ *adj* moraaliton, epämoraalinen, siveetön
immorality /,ɪmə'ræləti/ *s* moraalittomuus, epämoraalisuus, siveettömyys
immortal /ɪm'mɔrtəl/ *adj* kuolematon, iankaikkinen
immortality /,ɪmmɔr'tæləti/ *s* kuolemattomuus, iankaikkisuus
immortalize /ɪm'mɔrtə,laɪz/ *v* ikuistaa, tehdä kuolemattomaksi
immovable feast *s* arkipyhä
immune /ɪm'mjun/ *adj* **1** (lääk ja kuv) immuuni, vastustuskykyinen **2** suojassa, turvassa joltakin
immunity /ɪm'mjunəti/ *s* **1** (lääk ja kuv) immuniteetti, vastustuskyky **2** (diplomaattinen) koskemattomuus **3** suoja/turva joltakin, suojassa/turvassa olo
immunize /'ɪmjə,naɪz/ *v* immunisoida, tehdä vastustuskykyiseksi, suojata joltakin, jotakin vastaan
immutability /ɪm,mjutə'bɪləti/ *s* muuttumattomuus, pysyvyys
immutable /ɪm'mjutəbəl/ *adj* muuttumaton, pysyvä
imp /ɪmp/ *s* vuorenpeikko
impact /ɪmpækt/ *s* **1** isku, (yhteen)törmäys, osuminen **2** vaikutus
impact /ɪm'pækt/ *v* **1** ahtaa, sulloa, pakata tiukasti/tiiviisti **2** osua, törmätä johonkin **3** vaikuttaa johonkin
impacted *adj* ahdas, täpötäysi, sullottu, täyteen ahdettu
impair /ɪm'peər/ *v* haitata, vahingoittaa, huonontaa
impairment *s* vamma, haitta, vahinko
impala /ɪm'pælə/ *s* impala(-antilooppi)
impale /ɪm'peɪəl/ *v* keihästää, seivästää, varrastaa
impartial /ɪm'parʃəl/ *adj* puolueeton, oikeudenmukainen
impartiality /ɪm,parʃi'æləti/ *s* puolueettomuus, oikeudenmukaisuus
impartially *adv* puolueettomasti, oikeudenmukaisesti
impassable /ɪm'pæsəbəl/ *adj* kulkukelvoton, josta ei voi kulkea/pääse läpi
impasse /ɪmpæs/ *s* umpikuja (myös kuv)
impassioned /ɪm'pæʃənd/ *adj* tunteikas, kiihkeä, intohimoinen *an impassioned plea for mercy* voimakas vetoomus armon puolesta

impassive /ɪm'pæsɪv/ *adj* **1** välinpitämätön, kylmä **2** rauhallinen, tyyni
impatience /ɪm'peɪʃəns/ *s* kärsimättömyys
impatient /ɪm'peɪʃənt/ *adj* kärsimätön
impatiently *adv* kärsimättömästi
impeach /ɪm'pitʃ/ *v* **1** syyttää, asettaa syytteeseen (virkavirheestä) **2** epäillä, esittää epäilyjä jostakin
impeachable *adj* joka voidaan asettaa syytteeseen virkavirheestä
impeachment *s* **1** syyte (virkavirheestä) **2** epäily
impeccable /ɪm'pekəbəl/ *adj* moitteeton, nuhteeton
impeccably *adv* moitteettomasti, nuhteettomasti
impecunious /ˌɪmpə'kjuniəs/ *adj* rahaton, varaton
impede /ɪm'pid/ *v* estää, haitata
impediment /ɪm'pedəmənt/ *s* **1** este, haitta **2** häiriö, vamma
impenetrability /ɪmˌpenətrə'bɪləti/ *s* **1** läpitunkemattomuus **2** käsittämättömyys
impenetrable /ɪm'penətrəbəl/ *adj* **1** läpitunkematon; (linnoitus) valloittamaton, jota ei voi valloittaa **2** käsittämätön, arvoituksellinen
imperative /ɪm'perətɪv/ *s* (kieliopissa) imperatiivi
adj **1** määräilevä, komenteleva, käskevä **2** pakottava (tarve) *it is imperative that you go* sinun on ehdottomasti mentävä **3** (kieliopissa) imperatiivi-
imperfect /ɪm'pərfəkt/ *s* (kieliopissa) imperfekti
adj **1** viallinen, puutteellinen, epätäydellinen **2** vajaa (määrä) **3** (kieliopissa) imperfekti-
imperfection /ˌɪmpər'fekʃən/ *s* vika, puute
imperfectly *adv* ks imperfect
imperial /ɪm'pɪəriəl/ *adj* **1** imperiumin, keisarillinen, keisarin **2** ylimielinen, komenteleva, määräilevä
imperialism /ɪm'pɪriəˌlɪzəm/ *s* imperialismi
imperialist *s* imperialisti
adj imperialistinen
imperialistic *adj* imperialistinen
imperially *adj* komentelevasti, määräilevästi, ylimielisesti
impersonal /ɪm'pərsənəl/ *adj* ei henkilökohtainen, ei yksilöllinen, mitäänsanomaton, tavallinen, persoonaton (myös kieliopissa)
impersonate /ɪm'pərsəˌneɪt/ *v* **1** esiintyä jonakin, teeskennellä olevansa **2** matkia, imitoida jotakuta
impersonation /ɪmˌpərsə'neɪʃən/ *s* **1** (jonakin toisena) esiintyminen **2** matkiminen, imitointi, imitaatio
impersonator *s* **1** huijari (joka teeskentelee olevansa joku muu) **2** imitaattori
impertinence *s* **1** hävyttömyys, röyhkeys, tungettelu **2** asiaankuulumattomuus, mitättömyys
impertinent /ɪm'pərtənənt/ *adj* **1** hävytön, röyhkeä, tungetteleva **2** asiaan kuulumaton, mitätön *don't bother me with all these impertinent facts* älä vaivaa minua sivuseikoilla
impervious /ɪm'pərviəs/ *adj* **1** läpäisemätön *the fabric is impervious to water* kangas pitää vettä **2** jostakin piittaamaton, joka ei välitä jostakin *she seems impervious to persuasion* näyttää siltä ettei häntä saa muuttamaan mieltään
impetuosity /ɪmˌpetʃʊ'asəti/ *s* hätiköinti, harkitsemattomuus, äkkipikaisuus
impetuous /ɪm'petʃʊəs/ *adj* **1** hätiköity, harkitsematon, äkkipikainen **2** raju, myrsky-
impetuously *adv* ks impetuous
impetuousness ks impetuosity
impetus /ɪmpətəs/ *s* yllyke, kannustin; ponsi, voima
impingement *s* **1** vaikutus **2** rajoittaminen, loukkaaminen **3** osuminen
impinge on /ɪm'pɪndʒ/ *v* **1** vaikuttaa johonkin, koskea jotakin **2** rajoittaa/loukata (oikeuksia) **3** osua johonkin
impish /ɪmpɪʃ/ *adj* juonikas, ovela, veitikkamainen
impishly *adv* ks impish

implant /'ɪm,plænt/ *s* (lääk) istute, implantaatti
implant /ɪm'plænt/ *v* **1** juurtua **2** (lääk) istuttaa, implantoida
implantation /,ɪmplæn'teɪʃən/ *s* **1** juurtuminen **2** (lääk) istutus, implantointi
implement /ɪmpləmənt/ *s* **1** väline, työkalu **2** (kuv) välikappale
v toteuttaa, panna täytäntöön, saattaa voimaan
implementation /,ɪmpləmən'teɪʃən/ *s* toteutus, täytäntöönpano
implicate /'ɪmplə,keɪt/ *v* sotkea joku johonkin *he was implicated in the scandal* hän oli sekaantunut skandaaliin
implication /,ɪmplə'keɪʃən/ *s* **1** merkitys, vaikutus **2** vihjaus, sisältö, implikaatio **3** sekaantuminen, osallisuus johonkin
implicit /ɪm'plɪsət/ *adj* epäsuora, johonkin sisältyvä, implisiittinen *there was an implicit threat in his voice* hänen äänessään oli mukana uhkaa
implicitly *adj* epäsuorasti, implisiittisesti
implied /ɪm'plaɪd/ *adj* epäsuora, vihjattu, implisiittinen
implied volatility /,valə'tɪləti/ *s* (tal) implisiittinen/laskennallinen volatiliteetti
implode /ɪm'ploʊd/ *v* räjähtää (sisään päin)
implore /ɪm'plɔr/ *v* anoa hartaasti, rukoilla
imploring *adj* hartaasti anova
imply /ɪm'plaɪ/ *v* **1** vihjata, ilmaista peitetysti/epäsuorasti, antaa ymmärtää, implikoida **2** viitata johonkin **3** merkitä
impolite /,ɪmpə'laɪt/ *adj* epäkohtelias
impolitely *adv* epäkohteliaasti
impoliteness *s* epäkohteliaisuus
impolitic /ɪm'palətɪk/ *adj* epäviisas, harkitsematon
import /ɪmpɔrt/ *s* **1** (maahan)tuonti **2** merkitys, sisältö *what was the import of his outburst?* mitä hän tarkoitti kiukun purkauksellaan?
import /ɪm'pɔrt/ *v* **1** tuoda maahan **2** merkitä, tarkoittaa
importance /ɪm'pɔrtəns/ *s* tärkeys, merkitys *a woman of importance* vaikutusvaltainen nainen
important *adj* tärkeä
importantly *adv* **1** ratkaisevasti **2** tärkeilevästi
impose /ɪm'poʊz/ *v* **1** määrätä, langettaa **2** tungetella, häiritä, olla vaivaksi
imposing *adj* vaikuttava *he is an imposing figure* hän on vaikuttava ilmestys
imposition /,ɪmpə'zɪʃən/ *s* **1** määräys, määrääminen **2** tungettelu, häiriö, vaiva *I know this is an imposition but could you lend me twenty dollars?* anteeksi että joudun olemaan vaivaksi mutta voisitko lainata 20 dollaria?
impossibility /ɪm,pasə'bɪləti/ *s* mahdottomuus
impossible /ɪm'pasəbəl/ *s* mahdottomuus, liika
adj mahdoton
impossibly *adv* mahdottoman
impostor /ɪm'pastər/ *s* huijari, petturi
impotence /ɪmpətəns/ *s* **1** heikkous, voimattomuus **2** (lääk) impotenssi
impotent /ɪmpətənt/ *adj* **1** heikko, voimaton *the government is totally impotent to handle the crisis* hallitus on täysin voimaton ratkaisemaan kriisin **2** (lääk) impotentti
impotently *adv* avuttomasti, heikosti *he watched impotently as the thieves took his car* hän seurasi avuttomana sivusta kun varkaat veivät hänen autonsa
impound /ɪm'paʊnd/ *v* takavarikoida
impoverish /ɪm'pavərɪʃ/ *v* köyhdyttää
impoverished *adj* köyhä, köyhtynyt
impracticable /ɪm'præktɪkəbəl/ *adj* epäkäytännöllinen, vaikea/mahdoton toteuttaa *the plan is impracticable*
impractical /ɪm'præktɪkəl/ *adj* epäkäytännöllinen, vaikea/mahdoton toteuttaa
impregnable /ɪm'pregnəbəl/ *adj* järkkymätön; kumoamaton, vastaansanomaton (väite); (linnoitus) valloittamaton, jota ei voi valloittaa

impregnate /ɪm'preg,neɪt/ *v* **1** hedelmöittää, tehdä raskaaksi **2** kyllästää, impregnoida **3** täyttää jollakin
impregnation /,ɪmpreg'neɪʃən/ *s* **1** hedelmöitys **2** kyllästäminen, impregnointi **3** täyttäminen
impress /ɪm'pres/ *v* **1** painaa **2** tehdä vaikutus johonkuhun, vaikuttaa joltakin **3** painaa mieleen, tähdentää jotakin jollekulle
impression /ɪm'preʃən/ *s* **1** painauma, jälki **2** (kirjan) painos **3** vaikutelma
impressionable /ɪm'preʃənəbəl/ *adj* vaikutuksille altis, herkkä
impressionism /ɪm'preʃə,nɪzəm/ *s* impressionismi
impressionist *s* impressionisti
impressionistic *adj* impressionistinen
impressive *adj* vaikuttava
imprint /ɪmprɪnt/ *s* **1** painauma, jälki **2** (kirjassa) kustantajan tunnus/logo **3** kustantajan kirjasarja
imprint /ɪm'prɪnt/ *v* painaa, painautua, painua (myös kuv), jättää jälkensä johonkin *the memory of those days was imprinted on his mind* päivät olivat jääneet pysyvästi hänen mieleensä
imprison /ɪm'prɪzən/ *v* sulkea vankilaan
imprisonment *s* vankilaan sulkeminen, vankeus
improbability /ɪm,prabə'bɪləti/ *s* epätodennäköisyys
improbable /ɪm'prabəbəl/ *adj* epätodennäköinen, uskomaton
improbably *adv* epätodennäköisen, uskomattoman *she looked improbably tall in the darkness* hän näytti pimeässä luonnottoman pitkältä
impromptu /ɪm'pramp,tu/ *adj, adv* valmistelematon, valmistelematta, ex tempore, kiireesti kokoon kyhätty
improper /ɪm'prapər/ *adj* sopimaton; säädytön; väärä; epärehellinen
improperly *adv* ks improper
improve /ɪm'pruv/ *v* parantaa, parantua, kohentaa, kohentua
improvement *s* parannus, kohennus
improvisation /ɪm,pravə'zeɪʃən/ *s* improvisointi
improvise /'ɪmprə,vaɪz/ *v* improvisoida
improvised *adj* improvisoitu, valmistelematon, tuulesta temmattu
impudence /ɪmpjədəns/ *s* röyhkeys, häikäilemättömyys, hävyttömyys, julkeus
impudent /ɪmpjədənt/ *adj* röyhkeä, häikäilemätön, hävytön, julkea
impudently *adv* röyhkeästi, häikäilemättömästi, hävyttömästi, julkeasti
impulse /'ɪm,pʌls/ *s* **1** (tekn, tiede) impulssi, pulssi, sykäys; hermoimpulssi **2** yllyke, heräte, alkusysäys
impulsive /ɪm'pʌlsɪv/ *adj* äkillinen, hetken mielijohteesta tapahtuva/toimiva, impulsiivinen, spontaani
impulsively *adv* äkillisesti, hetken mielijohteesta, impulsiivisesti
impulsiveness *s* äkillisyys, impulsiivisuus
impunity /ɪm'pjunəti/ *with impunity* rangaistuksetta
impure /ɪm'pjər/ *adj* epäpuhdas, likainen, saastainen (ajatus)
impurity /ɪm'pjərəti/ *s* epäpuhtaus, likaisuus, saastaisuus
in /ɪn/ *prep* **1** (paikasta) -ssa/-ssä *he is in Boston* hän on Bostonissa *he arrived in Boston today* hän saapui Bostoniin tänään **2** (ajasta) *in 1990* vuonna 1990 *in February* helmikuussa *in the evening* illalla *in two days* kahden päivän kuluttua *in thirty minutes* puolen tunnin päästä; puolessa tunnissa **3** (ammatista) *he is in computers* hän on tietokonealalla **4** (tavasta, keinosta) *he did the job in a hurry* hän teki työn kiireesti *in a way it is sad* tavallaan se on ikävää *the minister held his speech in Finnish* ministeri piti puheensa suomeksi **5** (pukeutumisesta) *she was in her Sunday best* hän oli pyhätamineissaan **6** määrästä: *nine movie stars in ten* yhdeksän filmitähteä kymmenestä *one student in three* joka kolmas oppilas/opiskelija *adv* **1** (paikasta) *do come in* tule ih-

indecision /ˌɪndəˈsɪʒən/ *s* epäröinti, jahkailu, empiminen
indecisive /ˌɪndəˈsaɪsɪv/ *adj* **1** epäröivä, empivä **2** tulokseton, hedelmätön
indeed /ɪnˈdid/ *adv* todella, todellakin, tosin, itse asiassa *indeed, Manhattan is one of the top tourist attractions in the East* Manhattan on todellakin itärannikon johtavia matkailukeskuksia *if indeed it rains, we'll cancel the picnic* peruutamme retken jos tosiaan alkaa sataa
in deep water *our company is in deep water* yrityksemme on vaikeuksissa
indefensible /ˌɪndəˈfensəbəl/ *adj* **1** anteeksiantamaton **2** kestämätön (käsitys, väite)
indefinite /ɪnˈdefənət/ *adj* epämääräinen, (kieliopissa myös) indefinittinen, tarkemmin määrittelemätön, epätarkka, epämääräinen
indefinite article *s* epämääräinen artikkeli *(a, an)*
indefinitely *adv* ks indefinite
indefinite pronoun *s* indefiniittipronomini *(any, some)*
indelible /ɪnˈdeləbəl/ *adj* lähtemätön (myös kuv), unohtumaton (muisto)
indelibly *adv* lähtemättömästi (myös kuv:) unohtumattomasti
indemnify /ɪnˈdemnəˌfaɪ/ *v* **1** vakuuttaa, suojata **2** korvata, maksaa vahingonkorvausta
indemnity /ɪnˈdemnəti/ *s* **1** vakuutus, vakuutusturva, suoja **2** korvata, maksaa vahingonkorvausta
indent /ɪndentˌ ɪnˈdent/ *s* (kirjoitusrivin) sisennys
indent /ɪnˈdent/ *v* sisentää (kirjoitusrivi)
indentation /ˌɪndenˈteɪʃən/ *s* (kirjoitusrivin) sisennys
independence *s* itsenäisyys, riippumattomuus
Independence Day *s* (US: 4.7.) itsenäisyyspäivä
independent /ˌɪndəˈpendənt/ *adj* itsenäinen, riippumaton
independently *adv* itsenäisesti *the two scientists discovered the element independently* tiedemiehet löysivät alkuaineen toisistaan tietämättä
indescribable /ˌɪndəsˈkraɪbəbəl/ *adj* sanoinkuvaamaton
indescribably *adv* sanoinkuvaamattomasti, sanoinkuvaamattoman
indestructible /ˌɪndəsˈtrʌktəbəl/ *adj* särkymätön
indeterminate /ˌɪndəˈtərmənət/ *adj* epämääräinen, tarkemmin määrittelemätön
indeterminately *adv* epämääräisen pitkään ym
indetermination /ˌɪndətərməˈneɪʃən/ *s* epäröinti, empiminen
index /ɪndeks/ *s* (mon indexes, indices) **1** hakemisto; lähdeluettelo; kortisto **2** (katolisen kirkon) kiellettyjen kirjojen luettelo **3** etusormi **4** osoitin **5** ylä/alaindeksi **6** indeksi, tunnusluku *the cost of living index* elinkustannusindeksi
index card *s* merkintäkortti, arkistokortti
index finger *s* etusormi
India /ɪndiə/ Intia
Indian /ɪndiən/ *s, adj* **1** intiaani (nyk yleensä *Native American)* **2** intialainen
Indiana /ˌɪndiˈænə/
Indianapolis /ˌɪndiəˈnæpələs/ kaupunki Indianan osavaltiossa
Indian muntjac /mʌntdʒæk/ *s* muntjakki
Indian Ocean Intian valtameri
Indian rhinoceros /raɪˈnasərəs/ *s* intiansarvikuono
indicate /ˈɪndəˌkeɪt/ *v* osoittaa (sormella), viitata, näyttää, olla merkki jostakin, kertoa *this gauge indicates air speed* tämä mittari näyttää lentonopeuden *her reticence indicates that she does not like the idea* hänen vähäpuheisuutensa on merkki siitä että ajatus ei ole hänelle mieleen
indication /ˌɪndəˈkeɪʃən/ *s* osoitus, merkki jostakin
indicative /ɪnˈdɪkətɪv/ *s* (kieliopissa) indikatiivi
indicative of *adj* joka kertoo jostakin, joka on merkki jostakin
indicator *s* **1** mittari **2** (mittarin) osoi-

tin, neula
indices /'ɪndəˌsiz/ ks index
indict /ɪn'daɪt/ *v* syyttää, nostaa syyte jotakuta vastaan
indictable /ɪn'daɪtəbəl/ *adj* (rike) josta voidaan nostaa syyte, (henkilö) jota vastaan voidaan nostaa syyte
indictment /ɪn'daɪtmənt/ *s* syyte, syytös
indifference /ɪn'dɪfərəns/ *s* välinpitämättömyys
indifferent *adj* **1** välinpitämätön **2** keskinkertainen, ei erityisen hyvä
indifferently *adv* **1** välinpitämättömästi **2** ei erityisen hyvin
indigenous /ɪn'dɪdʒənəs/ *adj* **1** (kasvi, eläin) kotoperäinen; (kansa) alkuperäis- **2** synnynnäinen, myötäsyntyinen
indigestion /ˌɪndə'dʒestʃən/ *s* ruuansulatusvaivat *that kind of talk gives me indigestion* tuollaiset puheet ärsyttävät/kuvottavat minua
indignant /ɪn'dɪgnənt/ *adj* suuttunut, tulistunut
indignantly *adv* suuttuneesti, vihaisesti
indignation /ˌɪndɪg'neɪʃən/ *s* suuttumus, tulisuus
indignity /ɪn'dɪgnəti/ *s* nöyryytys, häpeä
indigo /'ɪndəˌgoʊ/ *s* indigo
adj indigonsininen
indirect /ˌɪndə'rekt/ *adj* epäsuora, välillinen
indirect discourse *s* epäsuora esitys
indirectly *adv* epäsuorasti, välillisesti
indiscernible /ˌɪndə'sərnəbəl/ *adj* huomaamaton
indiscipline /ɪn'dɪsəplən/ *s* kurittomuus
indiscreet /ˌɪndɪs'krit/ *adj* tahditon, epähieno
indiscreetly *adv* tahdittomasti, epähienosti
indiscriminate /ˌɪndəs'krɪmənət/ *adj* harkitsematon, umpimähkäinen, sokea (kuv), arvostelukyvytön
indiscriminately *adv* harkitsemattomasti, umpimähkään, sokeasti
indiscriminating /ˌɪndəs'krɪməˌneɪtiŋ/ *adj* harkitsematon, umpimähkäinen, sokea (kuv), arvostelukyvytön
indispensable /ˌɪndəs'pensəbəl/ *adj* korvaamaton, välttämätön
indisposed /ˌɪndəs'poʊzd/ *adj* **1** huonovointinen **2** haluton (tekemään jotakin)
indisposition /ɪnˌdɪspə'zɪʃən/ *s* **1** huonovointisuus **2** haluttomuus
indisputable /ˌɪndəs'pjutəbəl/ *adj* kiistaton, eittämätön, ehdoton
indisputably *adv* kiistattomasti, ehdottomasti, selvästi, varmasti
indistinct /ˌɪndəs'tiŋkt/ *adj* epäselvä, epämääräinen
indistinctly *adv* epäselvästi, (erottua, näkyä, kuulua) huonosti
indistinguishable /ˌɪndəs'tiŋgwɪʃəbəl/ *adj* **1** jota ei voi erottaa jostakusta/jostakin *these two paintings are indistinguishable* näitä maalauksia ei pysty erottamaan toisistaan **2** joka ei näy, huomaamaton
individual /ˌɪndə'vɪdʒʊəl/ *s* yksilö, yksittäinen ihminen
adj yksittäinen, erillinen, yksittäis-, erillis-
individualism /ˌɪndə'vɪdʒʊəˌlɪzəm/ *s* individualismi
individualist *s* individualisti
individuality /ˌɪndəˌvɪdʒʊ'æləti/ *s* yksilöllisyys
individualize /ˌɪndə'vɪdʒʊəˌlaɪz/ *v* yksilöllistää
individually *adv* yksitellen, (kukin) erikseen
Indochina /ˌɪndoʊ'tʃaɪnə/ Indokiina
Indochinese /ˌɪndoʊtʃaɪ'niz/ *s, adj* indokiinalainen
indoctrinate /ɪn'daktrəˌneɪt/ *v* indoktrinoida, iskostaa mieleen (tietty maailmankatsomus ym)
indoctrination /ɪnˌdaktrə'neɪʃən/ *s* indoktrinaatio, maailmankatsomuksen ym iskostus jonkun mieleen
indolence /ɪndələns/ *s* laiskuus
indolent /ɪndələnt/ *adj* laiska

Indonesia /ˌɪndəˈniʒə/ Indonesia
Indonesian /ˌɪndəˈniʒən/ *s, adj* indonesialainen
indoor /ˈɪnˌdɔr/ *adj* sisä-
indoors /ɪnˈdɔrz/ *adv* sisällä, sisälle
induce /ɪnˈdus/ *v* **1** suostutella/saada joku tekemään jotakin **2** saada aikaan, aiheuttaa **3** indusoida, päätellä
inducement *s* **1** suostuttelu **2** kannustin, yllyke **3** aiheuttaminen, aikaansaaminen
induct /ɪnˈdʌkt/ *v* **1** vihkiä virkaan **2** vihkiä/perehdyttää joku johonkin; ottaa joku mukaan johonkin **3** kutsua/ottaa sotilaspalvelukseen
induction /ɪnˈdʌkʃən/ *s* **1** aiheuttaminen, aikaansaaminen **2** virkaan vihkiminen **3** (sot) kutsunta **4** (filosofia, matematiikka, sähköoppi, magnetismi) induktio
inductive *adj* **1** induktiivinen (eri merk) **2** *inductive to* jotakin aiheuttava, johonkin johtava
indulge /ɪnˈdʌldʒ/ *v* **1** hemmotella jotakuta/itseään, nautiskella jostakin **2** antaa periksi, suostua **3** myöntää lykkäystä/lisäaikaa
indulge in *v* nautiskella jostakin, hemmotella itseään jollakin, herkutella jollakin
indulgence /ɪnˈdʌldʒəns/ *s* **1** myönnytys, suostuminen, lupa **2** lisäaika, lykkäys **3** periksi antaminen, hemmottelu, nautiskelu, herkuttelu (myös liiallinen) **4** nautinto, herkku, ilo
indulgent *adj* peräänantava, hemmotteleva
industrial /ɪnˈdʌstriəl/ *adj* teollisuus-, teollinen
industrialism *s* teollistuminen, industrialismi
industrialist *s* teollisuusmies
industrialization /ɪnˌdʌstriələˈzeɪʃən/ *s* teollistaminen
industrialize /ɪnˈdʌstriəˌlaɪz/ *v* teollistaa
industrious /ɪnˈdʌstriəs/ *adj* ahkera, uuttera
industriously *adv* ahkerasti, uutterasti
industry /ɪndəstrɪ/ *s* **1** teollisuus **2** ala **3** ahkeruus
inebriate /ɪnˈibriət/ *s* juoppo *adj* päihtynyt
inebriate /ɪnˈibriˌeɪt/ *v* päihdyttää (myös kuv:) huumata
inebriated *adj* päihtynyt (myös kuv)
inedible /ɪnˈedəbəl/ *adj* syötäväksi kelpaamaton, ei syötävä
ineffective /ˌɪnəˈfektɪv/ *adj* **1** tehoton **2** pystymätön, osaamaton, voimaton
ineffectively *adv* tehottomasti
ineffectiveness *s* tehottomuus
ineffectual /ˌɪnəˈfekʃʊəl/ *adj* **1** tehoton **2** hedelmätön, turha **3** pystymätön, osaamaton, voimaton
ineffectuality /ɪnəˌfekʃʊˈæləti/ *s* **1** tehottomuus **2** hedelmättömyys, turhuus
ineffectually *adv* turhaan, hedelmättömästi
inefficacious /ɪnˌefɪˈkeɪʃəs/ *adj* tehoton
inefficacy /ɪnˈefɪkəsi/ *s* tehottomuus
inefficient /ˌɪnəˈfɪʃənt/ *adj* **1** tehoton; tuhlaileva **2** pystymätön, osaamaton
ineligibility /ɪnˌelədʒəˈbɪləti/ *s* soveltumattomuus, kelpaamattomuus
ineligible /ɪnˈelədʒəbəl/ *adj* ei valintakelpoinen, ei oikeutettu johonkin, soveltumaton, kelpaamaton
inept /ɪnˈept/ *adj* osaamaton, taitamaton, kömpelö, hiomaton, sopimaton
ineptitude /ɪnˈeptəˌtud/ *s* **1** taitamattomuus, kömpelyys, hiomattomuus, sopimattomuus **2** kömmähdys
ineptly *adv* ks inept
ineptness ks ineptitude
inequality /ˌɪnəˈkwaləti/ *s* eriarvoisuus, ero, erilaisuus
inequitable /ɪnˈekwɪtəbəl/ *adj* epäoikeudenmukainen
inequity /ɪnˈekwəti/ *s* epäoikeudenmukaisuus
inert /ɪnˈərt/ *adj* **1** liikkumaton **2** veltto, vetelä, laiska **3** (kem) reaktiokyvytön, inertti
inertia /ɪnˈərʃə/ *s* **1** velttous, laiskuus **2** (fys) inertia

inescapable /ˌɪnəs'keɪpəbəl/ *adj* väistämätön, vääjäämätön *we came to the inescapable conclusion that...* tulimme pakostakin siihen lopputulokseen että...
inevitability /ɪnˌevɪtə'bɪləti/ *s* väistämättömyys, vääjäämättömyys
inevitable /ɪn'evɪtəbəl/ *adj* väistämätön, vääjäämätön
inevitably *adj* väistämättä, vääjäämättä
inexact /ˌɪnəg'zækt/ *adj* epätarkka
inexcusable /ˌɪnək'skjuzəbəl/ *adj* anteeksiantamaton
inexorable /ɪn'eksərəbəl/ *adj* armoton, taipumaton, säälimätön; väistämätön, vääjäämätön
inexorably *adv* armottomasti, säälimättömästi; väistämättä, vääjäämättä
inexpensive /ˌɪnək'spensɪv/ *adj* halpa
inexpensively *adv* halvasti; vaatimattomasti
inexperience /ˌɪnək'spɪriəns/ *s* kokemattomuus
inexperienced *adj* kokematon, osaamaton
inexpert /ɪn'ekspərt/ *adj* amatöörimäinen, osaamaton, taitamaton
inexpertly *adv* ks inexpert
inexplicable /ˌɪnək'splɪkəbəl/ *adj* selittämätön, käsittämätön
inexplicably *adv* käsittämättömästi
inf. *infinitive* infinitiivi
infallibility /ɪnˌfælə'bɪləti/ *s* erehtymättömyys
infallible /ɪn'fæləbəl/ *adj* erehtymätön
infallibly *adv* erehtymättömästi
infamous /ɪnfəməs/ *adv* **1** pahamaineinen **2** halpamainen, raukkamainen, katala
infamy /ɪnfəmi/ *s* **1** paha maine, huono maine, häpeä **2** paha teko
infancy /ɪnfənsi/ *s* **1** varhaislapsuus **2** (kuv) alkuvaihe *to be in its infancy* olla lasten kengissä
infant /ɪnfənt/ *s* vauva, pikkulapsi
infanticide /ɪn'fæntəˌsaɪd/ *s* lapsenmurha
infantile /'ɪnfənˌtaɪəl/ *adj* **1** lapsellinen **2** (lääk) lapsi-
infantry /ɪnfəntri/ *s* (sot) jalkaväki
infantryman /ɪnfəntrimən/ *s* jalkaväen sotilas
infatuate /ɪn'fætʃʊˌeɪt/ *to be infatuated with* olla hullaantunut johonkuhun/johonkin
infatuation /ɪnˌfætʃʊ'eɪʃən/ *s* **1** hullaantuminen, ihastuminen **2** ihastus
infect /ɪn'fekt/ *v* **1** tartuttaa (myös kuv) **2** saastuttaa, pilata
infection /ɪn'fekʃən/ *s* **1** tartunta **2** saastuminen, pilaantuminen
infectious /ɪn'fekʃəs/ *adj* tarttuva (myös kuv) *his laughter was infectious* hänen naurunsa tarttui muihinkin
infer /ɪn'fər/ *v* päätellä *he inferred from her curtness that she did not like him* hän päätteli naisen vähäpuheisuudesta ettei tämä pitänyt hänestä
inference /ɪnfərəns/ *s* päätelmä, johtopäätös
inferior /ɪn'fɪriər/ *s* jotakuta alempiarvoinen henkilö *he treats his colleagues as his inferiors* hän pitää työtovereitaan itseään huonompina *adj* **1** huonompi kuin **2** arvoltaan alempi kuin
inferiority /ɪnˌfɪri'ɔrəti/ *s* **1** huonommuus **2** alempi arvo
inferiority complex *s* alemmuuskompleksi
infernal /ɪn'fərnəl/ *adj* helvetin, helvetillinen (myös kuv:) hirvittävä, kamala
inferno /ɪn'fərnoʊ/ *s* (mon infernos) **1** helvetti (myös kuv) **2** tulipalo, roihu, liekkimeri
infertile /ɪn'fərtəl/ *adj* hedelmätön
infertility /ˌɪnfər'tɪləti/ *s* hedelmättömyys
infest /ɪn'fest/ *v: the house is infested with rats* talossa suorastaan vilisee rottia
infidel /'ɪnfəˌdel/ *s, adj* (usk) uskoton, joka ei usko Jumalaan; toisuskoinen
infidelity /ˌɪnfə'deləti/ *s* **1** uskottomuus, aviorikos **2** (usk) uskottomuus
infighting /'ɪnˌfaɪtiŋ/ *s* **1** (nyrkkeilyssä) lähiottelu **2** (kuv) (yrityksen) sisäinen

taistelu/kamppailu
infiltrate /'ɪnfəl,treɪt/ *v* **1** soluttaa, soluttautua, ujuttaa (myös kuv) **2** suodattaa, suodattua
infiltration /,ɪnfəl'treɪʃən/ *s* **1** solutus, ujuttaminen **2** suodatus, suodattuminen
infinite /ɪnfənət/ *adj* ääretön
infinitely *adj* äärettömästi, äärettömän
infinitesimal /,ɪnfənə'tesəməl/ *adj* äärettömän pieni
infinitive /ɪn'fɪnətɪv/ *s, adj* (kielioppi) infinitiivi
infinity /ɪn'fɪnəti/ *s* äärettömyys, (mat, valok) ääretön
infirm /ɪn'fərm/ *adj* (vanhuuden)heikko
infirmary /ɪn'fərməri/ *s* sairashuone, sairaala
infirmity /ɪn'fərməti/ *s* (vanhuuden)-heikkous
inflame /ɪn'fleɪm/ *v* **1** (lääk) tulehduttaa *to be inflamed* olla tulehtunut **2** tulistuttaa, raivostuttaa, suututtaa jotakuta
inflammable /ɪn'flæməbəl/ *adj* tulenarka (myös kuv), helposti syttyvä
inflammation /,ɪnflə'meɪʃən/ *s* **1** (lääk) tulehdus) **2** (kiukun, vihan) purkaus
inflammatory /ɪn'flæmə,tɔri/ *adj* yllyttävä, yllytys-, kiihotus-
inflammatory bowel disease /ɪn,flæmətɔri'baʊəldə'ziz/ *s* (lääk) tulehdukselliset suolistosairaudet
inflatable /ɪn'fleɪtəbəl/ *s* kumivene *adj* ilmatäytteinen
inflate /ɪn'fleɪt/ *v* **1** pumpata täyteen, puhaltaa täyteen, täyttyä **2** (tal) nostaa hintoja, aiheuttaa inflaatiota **3** (kuv) paisuttaa *recent success inflated his ego* viimeaikainen menestys paisutti hänen itsetuntoaan
inflation /ɪn'fleɪʃən/ *s* **1** täyteen pumppaaminen/puhaltaminen, täyttyminen **2** (tal) inflaatio
inflationary /ɪn'fleɪʃə,neri/ *adj* (tal) inflaatiota aiheuttava, inflaatio-
inflection /ɪn'flekʃən/ *s* **1** (kieliopissa) taivutus **2** äänensävy, ääni
inflexibility /ɪn,fleksə'bɪləti/ *s* jäykkyys, taipumattomuus (myös kuv), joustamattomuus (myös kuv)
inflexible /ɪn'fleksəbəl/ *adj* jäykkä, taipumaton (myös kuv), joustamaton (myös kuv)
inflexion /ɪn'flekʃən/ ks inflection
inflict /ɪn'flɪkt/ *v* aiheuttaa (vahinkoa, kärsimystä), langettaa (rangaistus), sälyttää *Jim inflicted a blow on Tom* Jim löi Tomia
infliction /ɪn'flɪkʃən/ *s* **1** aiheuttaminen, langettaminen, sälyttäminen **2** piina, vaiva, kiusa, harmi
in-flight /'ɪn,flaɪt/ *adj* lennon aikainen *in-flight movie*
inflow /'ɪn,floʊ/ *s* **1** tulovirtaus **2** (kuv) tulva *an inflow of immigrants* siirtolaistulva
influence /ɪnflʊəns/ *s* vaikutus, vaikutusvalta *you are a bad influence on your brother* sinä olet veljellesi huono esimerkki *under the influence* (lak) alkoholin vaikutuksen alainen/alaisena *v* vaikuttaa johonkin *the new law does not influence our decision* uusi laki ei vaikuta päätökseemme
influential /,ɪnflʊ'enʃəl/ *adj* vaikutusvaltainen (ihminen); (voimakkaasti) vaikuttava (seikka)
influenza /,ɪnflʊ'enzə/ *s* influenssa
influx /'ɪn,flʌks/ *s* **1** tulovirtaus **2** (kuv) tulva
info /ɪnfoʊ/ ks information
in for *to be in for* jollakulla on edessään jotakin *you are in for a tough time* sinulla on edessä kovat ajat
infomercial /'ɪnfou,mərʃəl/ *s* valistava televisiomainos (jossa ei suoranaisesti kaupitella tiettyä tuotetta vaan kohennetaan yrityskuvaa tms) (sanoista *information* ja *commercial*)
inform /ɪn'fɔrm/ *v* **1** ilmoittaa, kertoa, tiedottaa *please inform me about any changes* ilmoita minulle mahdollisista muutoksista **2** *to inform yourself of* ottaa selvää jostakin **3** olla täynnä jotakin, kyllästää (kuv) *a melancholy mood informs his novels* hänen romaaneissaan vallitsee melankolinen tunnelma
informal /ɪn'fɔrməl/ *adj* epävirallinen;

arkinen, arkipäiväinen, arki-, rento, vapautunut

informality /ˌɪnfər'mæləti/ *s* epävirallisuus; arkisuus, rentous

informally *adv* epävirallisesti; arkisesti, rennosti

information /ˌɪnfər'meɪʃən/ *s* tieto, informaatio *that's a valuable piece of information* se on arvokas tieto

information retrieval *s* tiedonhaku

information superhighway *s* laajakaistainen tietoverkko (virallisesti *National Information Infrastructure)*

informative /ɪn'fɔrmətɪv/ *adj* valaiseva, opettavainen, informatiivinen

informed /ɪn'fɔrmd/ *adj* joka on asioista hyvin perillä

informer /ɪn'fɔrmər/ *s* ilmiantaja, kavaltaja

infotainment /ˌɪnfou'teɪnmənt/ *s* asiaviihde, viihteellisesti esitetty asia(ohjelma) (sanoista *information* ja *entertainment*)

infrared /ˌɪnfrə'red/ *s* infrapunainen *adj* infrapuna-

infrasound /ˌɪnfrə'saʊnd/ *s, adj* infraääni(-)

infrastructure /'ɪnfrəˌstrʌkʃər/ *s* infrastuktuuri

infrequent /ɪn'frikwənt/ *adj* harvinainen

infrequently *adv* (vain) harvoin

infringement *s* rikkomus, (oikeuksien) loukkaus

infringe (on) /ɪn'frɪndʒ/ *v* rikkoa (lakia), loukata (oikeuksia)

infuriate /ɪn'fjəriˌeɪt/ *v* raivostuttaa, saada raivostumaan

infuriating *adj* raivostuttava, suututtava

infuriatingly *adv* raivostuttavasti, raivostuttavan

infuse /ɪn'fjuz/ *v* **1** imeytyä, hautua, hauduttaa **2** antaa *the news infused them with enthusiasm* uutinen sai heidät (jälleen) innostumaan

infusion /ɪn'fjuʒən/ *s* **1** tee **2** (lääk) infuusio

ingenious /ɪn'dʒinjəs/ *adj* nerokas, kekseliäs

ingeniously *adv* nerokkaasti, nerokkaan

ingenuity /ˌɪndʒə'nuəti/ *s* nerokkuus, kekseliäisyys

ingenuous /ɪn'dʒenjʊəs/ *adj* **1** vilpitön, aito, rehellinen **2** naiivi, viaton

ingenuously *adv* **1** vilpittömästi, aidosti, rehellisesti **2** naiivisti, viattomasti

ingenuousness *s* **1** avoimuus, vilpittömyys **2** naiivius, viattomuus

in good time *fr* **1** hyvissä ajoin, ennen määräaikaa **2** ajoissa, oikeaan aikaan

ingot /iŋgət/ *s* (metalli)harkko

ingrained /ˌiŋ'greɪnd/ *adj* syvään juurtunut/iskostunut

ingrate /iŋgreɪt/ *s* kiittämätön ihminen

ingratitude /iŋ'grætɪˌtud/ *s* kiittämättömyys

ingredient /iŋ'gridiənt/ *s* valmistusaine, (kuv) osatekijä

inhabit /ɪn'hæbət/ *v* asua jossakin, elää jossakin

inhabitant *s* asukas

inhalator /'ɪnəˌleɪtər/ *s* lääkesumutin, inhalaattori

inhale /ɪn'heɪəl/ *v* vetää henkeä, hengittää sisään, (tupakoidessa) vetää henkoset

inherent /ɪn'herənt/ *adj* ominainen, luontainen

inherently *adj* luonnostaan

inherit /ɪn'herət/ *v* periä (myös kuv)

inheritance /ɪn'herətəns/ *s* perintö (myös kuv)

inherited *adj* perinnöllinen (ominaisuus, sairaus)

inhibit /ɪn'hɪbət/ *v* estää, ehkäistä, jarruttaa

inhibition /ˌɪnə'bɪʃən/ *s* esto, este

inhospitable /ɪn'haspɪtəbəl/ *adj* ei vieraanvarainen, epävieraanvarainen; epäsuotuisa

inhospitably *adv* ei vieraanvaraisesti, epävieraanvaraisesti

inhospitality /ɪnˌhaspə'tæləti/ *s* vieraanvaraisuuden puute, epäystävällisyys; epäsuotuisuus

in hot water *to be in hot water* olla pulassa/nesteessä

inhuman /ɪn'hjumən/ *adj* ei inhimillinen; epäinhimillinen
inhumane /ˌɪnhjʊ'meɪn/ *adj* epäinhimillinen, ihmisarvolle sopimaton
inhumanity /ˌɪnhjʊ'mænəti/ *s* epäinhimillisyys
inimical /ɪ'nɪməkəl/ *adj* vihamielinen jollekin *(to)*
initial /ɪ'nɪʃəl/ *s* alkukirjain, (mon) nimikirjaimet
v merkitä nimikirjaimensa johonkin (allekirjoitukseksi)
adj alku-, ensimmäinen-
initially *adv* aluksi, alussa
initiate /ɪ'nɪʃiˌeɪt/ *v* **1** panna alulle **2** johdattaa/opastaa joku jollekin alalle, vihkiä joku johonkin **3** ottaa jäseneksi
initiative /ɪ'nɪʃətɪv/ *s* aloite; aloitekyky; (pol) kansanaloite *the new salesman lacks initiative* uudella myyntimiehellä ei ole aloitekykyä *to act on your own initiative* toimia omasta aloitteesta/oma-aloitteisesti *to take the initiative* tehdä aloite, aloittaa
inject /ɪn'dʒekt/ *v* **1** suihkuttaa, ruiskuttaa; (lääk) antaa ruiskeena **2** (kuv) esittää (huomautus), keskeyttää, sanoa kesken kaiken **3** (kuv) tuoda *she injected new enthusiasm into the class* hän sai luokan jälleen piristymään
injection /ɪn'dʒekʃən/ *s* suihkutus, ruiskutus; (lääk) ruiske *fuel injection* polttoaineensuihkutus
injunction /ɪn'dʒʌŋkʃən/ *s* (lak) määräys/kielto
injure /ɪndʒər/ *v* loukata (myös kuv) *ten people were injured in the accident* onnettomuudessa loukkaantui kymmenen ihmistä
injurious /ɪn'dʒəriəs/ *adj* vahingollinen, haitallinen *smoking is injurious to your health* tupakointi on epäterveellistä
injury /ɪndʒəri/ *s* vamma, loukkaantuminen, (kuv) loukkaus
injustice /ɪn'dʒʌstəs/ *s* vääryys, epäoikeudenmukaisuus
ink /iŋk/ *s* muste
v tahrata musteella, töhriä musteeseen
inkblot test /'iŋkˌblat/ *s* (psyk) musteläiskätesti
ink jet printer *s* mustesuihkukirjoitin
inkling /iŋkliŋ/ *s* (harmaa) aavistus, (pieni) vihje *he didn't give me an inkling of what he had in mind* hän ei edes vihjannut siitä mitä hänellä oli mielessä
inkwell /'iŋkˌwel/ *s* mustepullo
inland /ɪnlənd/ *s* sisämaa *adj, adv* sisämaan, sisämaassa, sisämaahan
in-law /'ɪnˌla/ *s* appi, anoppi, (mon) appivanhemmat, vaimon/miehen sukulaiset
inlet /ɪnlət/ *s* lahti
in-line skates /skeɪts/ *s* (mon) jonopyöräiset rullaluistimet
in-line skating *s* rullaluistelu jonopyöräisillä luistimilla
inmate /ɪnmeɪt/ *s* **1** vanki **2** (sairaalan tms) potilas, hoidokki **3** (talon) asukas
inn /ɪn/ *s* majatalo
innards /ɪnərdz/ *s* (mon) sisukset, sisälmykset (kuv)
innate /ɪ'neɪt/ *adj* synnynnäinen, myötäsyntyinen
inner /ɪnər/ *adj* sisäinen, sisä-
Inner Mongolia /maŋ'goʊliə/ Sisä-Mongolia, Nei Monggol
innermost /'ɪnərˌmoʊst/ *adj* sisin *her innermost thoughts* hänen sisimmät ajatuksensa
inning /ɪniŋ/ *s* (baseball) pelivuoro
innkeeper *s* majatalon isäntä
innocence *s* viattomuus, syyttömyys
innocent /ɪnəsənt/ *adj* viaton, syytön
innocently *adv* viattomasti
innocuous /ɪn'nakjʊəs/ *adj* vaaraton, harmiton
innovate /'ɪnəˌveɪt/ *v* ottaa käyttöön (jotakin uutta), uudistaa, keksiä
in no time *to do something in no time* tehdä jotakin hetkessä/tuossa tuokiossa/alta aikayksikön (ark)
innovation /ˌɪnə'veɪʃən/ *s* uudistus, innovaatio, keksintö
innovative /'ɪnəˌveɪtɪv/ *adj* uudistusmielinen, kekseliäs
innovator /'ɪnəˌveɪtər/ *s* uudistaja
innuendo /ˌɪnjə'wendoʊ/ *s* vihjailu
innumerable /ɪ'numərəbəl/ *adj* lukematon
inoculate /ɪ'nakjəˌleɪt/ *v* rokottaa

inoculation /ɪˌnakjəˈleɪʃən/ *s* rokotus
inoffensive /ˌɪnəˈfensɪv/ *adj* harmiton, viaton (huomautus)
in olden times *fr* ennen vanhaan
in one word *fr* sanalla/suoraan sanoen
inoperative /ɪnˈapərətɪv/ *adj* **1** joka ei ole toiminnassa/käytössä **2** tehoton, josta ei ole apua **3** (laki, määräys) joka ei ole voimassa
inopportune /ɪnˌapərˈtun/ *adj* sopimaton (aika, huomautus)
inopportunely *adv* sopimattomaan/huonoon aikaan
in order *fr* **1** aiheellinen, paikallaan **2** kunnossa, järjestyksessä, valmiina
in order that *fr* jotta *you must go in order that you won't be late* sinun on syytä lähteä jotta et myöhästy
in order to *fr* jotta *he left early in order to beat the rush-hour traffic* hän lähti aikaisin ehtiäkseen ennen ruuhkaa
inordinate /ɪnˈɔrdənət/ *adj* kohtuuton; suunnaton
inordinately *adv* kohtuuttomasti, kohtuuttoman; suunnattoman
inorganic /ˌɪnɔrˈgænɪk/ *adj* epäorgaaninen
in other words *fr* toisin sanoen
in place *fr* **1** paikallaan *to run in place* juosta paikallaan **2** valmiina, paikallaan
in point *a case in point* hyvä esimerkki
input /ˈɪnˌpʊt/ *s* **1** syöte, syötös; (energian, ajan) käyttö **2** kanta, mielipide, ehdotus, idea
v **1** (tietok) syöttää **2** ehdottaa/esittää jotakin, osallistua keskusteluun
input/output *s* (tietok) syöttö ja tulostus, otto ja anto, siirräntä
inquest /ˈiŋkwest/ *s* kuolemansyyn selvitys
inquire /iŋˈkwaɪər/ *v* tiedustella, kysyä
inquire after *v* tiedustella jonkun vointia, kysyä mitä jollekulle kuuluu
inquire into *v* tutkia jotakin
inquiry /iŋkwəri/ *s* **1** tiedustelu, kysely; kysymys **2** tutkimus, selvitys; kuulustelu
inquisition /ˌiŋkwəˈzɪʃən/ *s* **1** (hist) inkvisitio **2** tutkimus, selvitys; kuulustelu
inquisitive /iŋˈkwɪzətɪv/ *adj* **1** utelias, tiedonjanoinen **2** liian utelias, joka urkkii (toisten asioita)
in reference to *fr* jotakin koskien
in regard to *fr* jotakuta/jotakin koskien
in relation to something *fr* jotakin koskien, johonkin liittyen
inroad /ˈɪnˌroʊd/ *s* **1** hyökkäys **2** *to make inroads on* kajota johonkin, puuttua johonkin, loukata (oikeuksia)
INS *Immigration and Naturalization Service*
ins and outs /ˌɪnzəˈnaʊts/ (mon) *to know the ins and outs of something* tuntea jokin asia läpikotaisin/kuin omat taskunsa
insane /ɪnˈseɪn/ *adj* mielenvikainen, tärähtänyt, hullu
insanity /ɪnˈsænəti/ *s* mielenhäiriö, hulluus
inscribe /ɪnˈskraɪb/ *v* **1** omistaa (kirja, valokuva jollekulle) **2** kaivertaa
inscription /ɪnˈskrɪpʃən/ *s* **1** omistus(kirjoitus) **2** kaiverrus
insect /ɪnsekt/ *s* hyönteinen
insecticide /ɪnˈsektəˌsaɪd/ *s* hyönteismyrkky
insecure /ˌɪnsəˈkjər, ˌɪnsəˈkjʊər/ *adj* epävarma, turvaton (olo), ei luja (kiinnitys)
insecurely *adv* ei lujasti (kiinnitetty)
insecurity /ˌɪnsəˈkjərəti/ *s* epävarmuus, turvattomuus
insensibility /ɪnˌsensəˈbɪləti/ *s* **1** herkkyyden puute, tunnottomuus **2** (kuv) arvostuskyvyn puute, kyvyttömyys nauttia jostakin/ymmärtää jotakin
insensible /ɪnˈsensəbəl/ *adj* **1** ei herkkä jollekin, tunnoton; tajuton **2** joka ei tiedosta/huomaa jotakin, joka ei osaa arvostaa jotakin
insensitive /ɪnˈsensətɪv/ *adj* **1** ei herkkä jollekin, tunnoton **2** (kuv) tunteeton, välinpitämätön **3** joka ei tiedosta/huomaa jotakin, joka ei osaa arvostaa jotakin
insensitivity /ɪnˌsensəˈtɪvəti/ *s* **1** herkkyyden puute, tunnottomuus **2** (kuv) tunteettomuus, välinpitämättö-

instruction /ɪn'strʌkʃən/ *s* **1** opetus, koulutus **2** neuvo, käsky, määräys, ohje, (mon) käyttöohjeet, valmistusohjeet **3** (tietok) käsky
instructor /ɪn'strʌktər/ *s* **1** opettaja, kouluttaja **2** (yliop) lehtori
instructress /ɪn'strʌktrəs/ *s* (nais)-opettaja, kouluttaja
instrument /ɪnstrəmənt/ *s* **1** väline **2** mittari, mittalaite **3** välikappale (myös ihmisestä) **4** soitin, instrumentti
instrumental /ˌɪnstrə'mentəl/ *adj* **1** hyödyllinen, josta on apua *knowledge of Russian was instrumental to his success* venäjän taito edesauttoi hänen menestymistään **2** (mus) instrumentaalinen
instrumentalist /ˌɪnstrə'mentələst/ *s* (mus) instrumentalisti
instrument panel *s* (auton) kojelauta; (lentokoneen) mittaritaulu
insubordinate /ˌɪnsə'bɔrdənət/ *adj* tottelematon, omapäinen, itsepäinen
insubordination /ˌɪnsəbɔrdə'neɪʃən/ *s* tottelemattomuus, omapäisyys, itsepäisyys
insufferable /ɪn'sʌfərəbəl/ *adj* sietämätön
insufficiency /ˌɪnsə'fɪʃənsi/ *s* riittämättömyys, vajavuus, puute
insufficient /ˌɪnsə'fɪʃənt/ *adj* riittämätön, vajavainen, puutteellinen
insufficiently *adv* riittämättömästi, riittämättömän
insular /ɪnsələr ɪnsjələr/ *adj* **1** saari-, eristynyt **2** ahdasmielinen, rajoittunut, suvaitsematon
insularity /ˌɪnsə'lerəti/ *s* **1** eristyneisyys, saariasema **2** ahdasmielisyys, rajoittuneisuus, suvaitsemattomuus
insulate /'ɪnsəˌleɪt/ *v* eristää
insulating *adj* eriste-
insulation /ˌɪnsə'leɪʃən/ *s* **1** eriste **2** (kuv) eristäminen, suojaaminen
insulator *s* eriste
insult /ɪnsʌlt/ *s* loukkaus *to add insult to injury* pahentaa asiaa entisestään
insult /ɪn'sʌlt/ *v* loukata *don't insult his intelligence* älä aliarvioi hänen älykkyyttään
insulting *adj* loukkaava
insultingly *adv* loukkaavasti
insuperable /ɪn'supərəbəl/ *adj* voittamaton (vaikeus), ylitsepääsemätön (este)
insupportable /ˌɪnsə'pɔrtəbəl/ *adj* sietämätön
insurance /ɪn'ʃərəns/ *s* vakuutus
insurance company *s* vakuutusyhtiö
insurance policy *s* vakuutus(sopimus) *after the fire, he took out a home insurance policy* hän otti tulipalon jälkeen kotivakuutuksen
insurant /ɪn'ʃərənt/ *s* vakuutuksen ottaja, vakuutettu
insure /ɪnʃər/ *v* vakuuttaa (ottaa/antaa vakuutus; vannoa), taata
insured /ɪn'ʃərd/ *s* vakuutuksen ottaja, vakuutettu
insurer /ɪn'ʃərər/ *s* vakuutuksen antaja
insurgency /ɪn'sərdʒənsi/ *s* kapina, kansannousu
insurgent /ɪn'sərdʒənt/ *s, adj* kapinallinen
insurmountable /ˌɪnsər'maʊntəbəl/ *adj* ylitsepääsemätön, voittamaton
insurrection /ˌɪnsə'rekʃən/ *s* kapina, kansannousu
int. *intelligence; international; intransitive*
intact /ɪn'tækt/ *adj* ehjä, vahingoittumaton, entisensä
intake /'ɪnˌteɪk/ *s* **1** (putki) nielu, imu **2** kulutus **3** (opiskelija)kiintiö, sisäänotto
intake valve *s* imuventtiili
in tandem *to do something in tandem* tehdä jotakin peräkkäin
intangible /ɪn'tændʒəbəl/ *adj* **1** aineeton, epäaineellinen, immateriaalinen **2** epämääräinen, vaikeasti määriteltävä
integer /ɪntədʒər/ *s* kokonaisluku
integral /ɪntəgrəl/ *s* (mat) integraali *adj* **1** (mat) integraali- **2** olennainen (osa), keskeinen **3** eheä, yhtenäinen
integrate /'ɪntəˌgreɪt/ *v* **1** yhdistää **2** avata (esim koulu) rotu- tai muille vähemmistöille, lopettaa rotuerottelu jossakin, (erityisesti) avata myös mustille
integrated *adj* **1** yhdistetty, yhtenäinen, eri osista koostuva **2** jossa rotu- tai

muiden vähemmistöjen erottelu on lakkautettu, (erityisesti) myös mustille avoin

integrated circuit *s* integroitu piiri

integration /ˌɪntə'greɪʃən/ *s* **1** yhdistäminen **2** (koulun ym) avaaminen rotu- tai muille vähemmistöille, rotuerottelun lopettaminen

integrity /ɪn'tegrəti/ *s* **1** oikeudenmukaisuus, hyveellisyys, rehellisyys **2** eheys, yhtenäisyys

intellect /ɪntəlekt/ *s* äly, älykkyys, järki

intellectual /ˌɪntə'lekʃʊəl/ *s* intellektuelli, älykkö
adj älyllinen; älykäs *I am not his intellectual equal* en ole älyllisesti samaa luokkaa kuin hän

intellectually *adv* älyllisesti

intelligence /ɪn'teləd3əns/ *s* **1** äly, älykkyys, järki *artifical intelligence* tekoäly **2** tiedot **3** tiedustelu, vakoilu **4** tiedustelupalvelu

intelligence agency *s* tiedustelupalvelu

intelligence officer *s* (sot) tiedusteluupseeri

intelligence quotient /kwoʊʃənt/ *s* älykkyysosamäärä

intelligence test *s* älykkyystesti

intelligent *adj* älykäs (myös tietok)

intelligently *adv* älykkäästi

intelligible /ɪn'teləd3əbəl/ *adj* ymmärrettävä, josta saa selvää

Intelsat *International Telecommunications Satellite*

intend /ɪn'tend/ *v* aikoa, haluta

intense /ɪn'tens/ *adj* **1** voimakas, ponteva, suuri, intensiivinen **2** vakava, totinen **3** tunteikas **4** syvä, voimakas (väri)

intensely *adv* ks intense

intensify /ɪn'tensəˌfaɪ/ *v* voimistaa, voimistua, kasvaa, yltyä

intensity /ɪn'tensəti/ *s* voimakkuus, voima, teho

intensive /ɪn'tensɪv/ *adj* **1** ankara, hellittämätön, intensiivinen **2** (lääk) teho- **3** (maatalous) voimaperäinen **4** (yhdyssanan jälkiosana:) *car manufacture is a capital intensive business* autoteollisuus on pääomavaltainen ala

intensive care *s* (lääk) tehohoito

intensive care unit *s* (sairaalan) teho-osasto

intent /ɪn'tent/ *s* aikomus, aie, suunnitelma
adj läpitunkeva (katse)

intention /ɪn'tenʃən/ *s* aikomus, aie, suunnitelma *intentions* (mon) aikeet; avioliittoaikeet

intentional *adj* tahallinen

intentionally *adv* tahallaan, tieten tahtoen

intent on *adj* keskittynyt johonkin

inter /ɪn'tər/ *v* haudata

interact /ˌɪntər'ækt/ *v* vaikuttaa toisiinsa, olla vuorovaikutuksessa/vuorovaikutussuhteessa

interaction /ˌɪntər'ækʃən/ *s* vuorovaikutus

intercept /ˌɪntər'sept/ *v* pysäyttää, torjua; siepata *the enemy agent's message was intecepted by the CIA* vihollisvakoojan viesti joutui CIA:n käsiin

interception /ˌɪntər'sepʃən/ *s* pysäytys, sieppaus

interceptor *s* (sot) torjuntahävittäjä

interchange /'ɪntərˌtʃeɪnd3/ *s* **1** keskustelu, vuoropuhelu **2** (varsinkin moottoriteiden) risteys

interchange *v* /ˌɪntər'tʃeɪnd3/ vaihtaa (jotakin johonkin; kahden esineen paikkaa; ajatuksia), vaihtua

interchangeable /ˌɪntər'tʃeɪnd3əbəl/ *adj* (keskenään) vaihdettava *a camera with interchangeable lenses* kamera jossa on vaihto-objektiiveja

intercollegiate /ˌɪntərkə'lid3ət/ *adj* collegeiden välinen

intercontinental /ˌɪntərkantə'nentəl/ *adj* mannertenvälinen

intercourse /'ɪntərˌkɔrs/ *s* **1** vuorovaikutus **2** ajatustenvaihto **3** sukupuoliyhteys, yhdyntä

interest /ɪntrəst/ *s* **1** kiinnostus, mielenkiinto **2** harrastus, kiinnostuksen kohde **3** merkitys *it is a matter of global interest* asia on yleismaailmallinen **4** korko *he took a mortgage with 9 percent interest* hän otti asuntolainan 9 prosen-

tin korolla **5** osuus, osa **6** etu *he got involved in the interest of the firm* hän puuttui asiaan firman edun nimissä
interested /ɪntrəstəd ˈɪntəˌrestəd/ *adj* **1** kiinnostunut jostakin **2** puolueellinen, omaa etuaan ajava/ajatteleva **3** jolla on osuutta johonkin *the interested parties* asianosaiset
interest group *s* eturyhmä
interesting *adj* mielenkiintoinen, kiintoisa, kiinnostava
interface /ˈɪntərˌfeɪs/ *s* **1** rajapinta, yhtymäkohta (myös kuv) **2** välittäjä **3** vuorovaikutus, viestintä **4** (tietok ym) liitin; liittymä *serial/parallel interface* sarja/rinnakkaisliitäntä *man/machine interface* käyttäjän ja koneen välinen liittymä, käyttöliittymä *graphical user interface (GUI)* graafinen käyttöliittymä *v* liittää, liittyä johonkin, yhdistää, yhdistyä johonkin *(with)*
interfere /ˌɪntərˈfɪər/ *v* **1** häiritä jotakin *(with)* **2** puuttua johonkin *(in, with)*
interference /ˌɪntərˈfɪrəns/ *s* **1** häirintä, häiriö **2** johonkin puuttuminen
interim /ɪntərəm/ *in the interim* sillä välin, sillä aikaa
interior /ɪnˈtɪrɪər/ *s* **1** sisusta, sisus **2** (auton, asunnon) sisätilat **3** sisämaa, sisäosat **4** sisäasiat *Department of the Interior* (US) sisäasiainministeriö *adj* sisä-, sisämaan, sisäinen
interior decorator *s* sisustusarkkitehti, sisustaja
interior designer *s* sisustusarkkitehti, sisustaja
interject /ˌɪntərˈdʒekt/ *v* sanoa väliin/ kesken kaiken, keskeyttää sanomalla
interjection /ˌɪntərˈdʒekʃən/ *s* **1** keskeytys, välihuomautus **2** (kieliopissa) huudahdussana, interjektio
interlock /ˌɪntərˈlak/ *v* lukita/lukkiutua yhteen, kiinnittää/kiinnittyä lujasti toisiinsa
interlude /ˈɪntərˌlud/ *s* **1** (teatt) (keskiaikainen) farssi **2** (teatt) välinäytös **3** väliaika, tauko **4** jakso, kausi **5** (mus) välisoitto
intermediary /ˌɪntərˈmidieri/ *s* välittäjä, sovittelija *adj* **1** väli-, keski- **2** välittävä, välitys-, sovittelu-
intermediate /ˌɪntərˈmidiət/ *adj* väli-, keski- *intermediate range missile* keskimatkan ohjus *intermediate students* keskiasteen opiskelija
intermediate school *s* keskikoulu, peruskoulun yläaste
interment /ɪnˈtərmənt/ *s* hautaus
intermission /ˌɪntərˈmɪʃən/ *s* väliaika
intermittent /ˌɪntərˈmɪtənt/ *adj* ajoittainen, katkonainen, pätkivä
intermittently *adv* ajoittain, katkonaisesti, pätkien tehdä jotakin
in terms of *fr* koskien *in terms of money, she got little* hän ei saanut juuri lainkaan rahaa
intern /ɪntərn/ *s* **1** (aloitteleva) apulaislääkäri **2** opetusharjoittelija, auskultantti *v* sulkea leiriin/vankilaan, internoida
internal /ɪnˈtərnəl/ *adj* sisäinen
internal combustion engine *s* polttomoottori
internalize /ɪnˈtərnəˌlaɪz/ *v* sisäistää
internally *adv* sisäisesti
Internal Revenue Service *s* (US) veroviranomainen
international /ˌɪntərˈnæʃənəl/ *adj* kansainvälinen
internationalize /ˌɪntərˈnæʃənəlaɪz/ *v* kansainvälistyä, laajeta/laajentaa kansainväliseksi
internegative /ˈɪntərˌnegətɪv/ *s* (valok) välinegatiivi
internist /ɪntərnɪst/ *s* sisätautilääkäri, sisätautien erikoislääkäri
internment /ɪnˈtərnmənt/ *s* leiriin/vankilaan sulkeminen, internointi
internment camp *s* internointileiri
interoffice /ˌɪntərˈafəs/ *adj* yrityksen sisäinen
interpersonal /ˌɪntərˈpərsənəl/ *adj* ihmissuhde-
interplanetary space /ˌɪntərˈplænəteri/ *s* planeettainvälinen avaruus
Interpol *International Criminal Police Organization*
interpose /ˌɪntərˈpoʊz/ *v* **1** panna/ mennä väliin **2** keskeyttää, sanoa väliin

jotakin
interpret /ɪn'tərprət/ *v* **1** tulkata, olla tulkkina **2** tulkita
interpretation /ɪn,tərprə'teɪʃən/ *s* tulkinta *Freud's interpretation of dreams* Freudin harjoittama unien tulkinta *what is your interpretation of his behavior?* miten sinä tulkitset hänen käytöksensä? *a liberal interpretation of a composition* sävellyksen vapaa tulkinta
interpreter /ɪn'tərprətər/ *s* tulkki (myös tietok ja:) tulkitsija, selittäjä
interpretive /ɪn'tərprətɪv/ *adj* **1** tulkitseva, selittävä **2** tulkinnallinen **3** esittävä (taide)
interracial /,ɪntər'reɪʃəl/ *adj* rotujen välinen
interregnum /,ɪntər'reɪgnəm/ *s* **1** interregnum **2** (kuv) tauko, hengähdystauko
interrelated /,ɪntərə'leɪtəd/ *adj* toisiinsa liittyvä
interrogate /ɪn'terə,geɪt/ *v* kuulustella
interrogation /ɪn,terə'geɪʃən/ *s* kuulustelu
interrogation mark *s* kysymysmerkki
interrogation point *s* kysymysmerkki
interrogative /,ɪntə'ragətɪv/ *adj* **1** kysyvä **2** (kieliopissa) interrogatiivi-, kysymys-
interrogative pronoun *s* (kieliopissa) interrogatiivipronomini, esim *who?, what?*
interrogator /ɪn'terə,geɪtər/ *s* kuulustelija
interrogatory /,ɪntə'ragətɔri/ *s, adj* kysymys(-)
interrupt /,ɪntə'rʌpt/ *s* keskeytys *v* keskeyttää, katkaista, häiritä *we interrupt this program to bring you a news update* keskeytämme ohjelman lyhyellä uutisella
interruption /,ɪntə'rʌpʃən/ *s* keskeytys, katko, häiriö
intersect /,ɪntər'sekt/ *v* leikata, mennä ristiin, risteytyä *the roads intersect two miles from here* tiet risteävät kahden mailin päässä
intersection /'ɪntər,sekʃən/ *s* **1** risteys **2** leikkauspiste
intersperse /,ɪntər'spərs/ *v* ripotella, levittää sinne tänne *the book is interspersed with case histories* kirjassa on siellä täällä tapauskertomuksia
interstate /'ɪntər,steɪt/ *s* (US) valtatie *adj* osavaltioiden välinen
interstellar /,ɪntər'stelər/ *adj* tähtien välinen
interstice /ɪntərstəs/ *s* aukko, kolo
intertwine /ɪntər'twaɪn/ *v* kietoutua yhteen *these problems are inextricably intertwined* näitä ongelmia ei voi käsitellä erillä toisistaan
interval /ɪntərvəl/ *s* **1** väli, välimatka, etäisyys; aikaväli *at intervals* aika ajoin, silloin tällöin; tietyin välimatkoin **2** tauko, väliaika **3** (mus) intervalli
intervene /,ɪntər'vin/ *v* **1** sekaantua, puuttua johonkin **2** tapahtua/olla välillä, osua johonkin väliin *they had big plans but then the war intervened* heillä oli suuria suunnitelmia mutta sitten sota tuli väliin *in the intervening years* välivuosina
intervention /,ɪntər'venʃən/ *s* sekaantuminen, puuttuminen johonkin (esim toisen maan asioihin)
intervertebral disk /,ɪntər'vərtəbrəl/ *s* selkänikamien välilevy
interview /'ɪntər,vju/ *s* haastattelu *job interview* työpaikkahaastattelu *v* haastatella; käydä haastattelussa
interviewee /,ɪntərvjʊ'i/ *s* haastateltava
interviewer /'ɪntər,vjʊər/ *s* haastattelija
intestinal /ɪn'testənəl/ *adj* suolen, suoli-
intestine /ɪn'testən/ *s* (yl mon) suoli *small/large intestine* ohutsuoli/paksusuoli
in the line of duty *fr* työssään, työtä tehdessään, työaikana
in the long run *fr* pitkällä aikavälillä, pitemmän päälle
in-the-money-option /,inðə'mʌni,apʃən/ *s* (tal) plusoptio
in the red *to be in the red* (ark) olla miinuksen puolella *the company has*

been in the red for years yritys on tuottanut tappiota vuosikausia
in the round *fr* kokonaisuutena
in the running *to be in the running* olla mukana kilpailussa; olla ehdokkaana (vaaleissa); sijoittua kärkeen, päästä kärkisijoille
in the short run *fr* lyhyellä aikavälillä, alkuvaiheessa
in the soup *to be in the soup* (ark) olla nesteessä/pulassa
in the teeth of something *fr* (olla) jonkin kourissa/hampaissa
in the wake of *fr* **1** vanavedessä *he followed in the wake of his father* hän seurasi isäänsä/isänsä perässä/kannoilla/vanavedessä **2** johdosta, vuoksi, jälkeen *in the wake of the disaster, all flights were canceled* kaikki lennot peruutettiin katastrofin jälkeen
in the way *to be in the way* olla jonkun tiellä/esteenä, estää jotakuta tekemästä jotakin
in the wind *big changes are in the wind* (kuv) luvassa on suuria muutoksia
in the world *fr* **1** *never in the world* ei ikinä/kuuna päivänä **2** *where in the world is Tupelo?* missä ihmeessä/maailmankolkassa Tupelo on?
intimacy /ɪntəməsi/ *s* **1** läheisyys, tuttavuus **2** (asian)tuntemus *she has an impressive intimacy with international law* hänellä on vaikuttavat tiedot kansainvälisestä oikeudesta **3** kodikkuus; turva, lämpö *in the intimacy of her apartment* omassa turvallisessa asunnossaan **4** intiimi ele **5** sukupuoliyhteys
intimate /ɪntəmət/ *adj* **1** läheinen, lämmin, tuttavallinen **2** yksityinen, intiimi **3** kodikas, intiimi **4** joka on hyvin perillä jostakin, jolla on asiantuntemusta jostakin *he has intimate knowledge of the security arrangements* hän tuntee hyvin turvajärjestelyt
intimate /ˈɪntəˌmeɪt/ *v* vihjata, vihjaista, antaa ymmärtää että
intimation /ˌɪntəˈmeɪʃən/ *s* vihjaus, vihjailu, vihje
in time *fr* **1** ajoissa **2** aikanaan, tulevaisuudessa **3** (oikeassa) tahdissa
intimidate /ɪnˈtɪməˌdeɪt/ *v* pelotella, uhkailla *the police intimidated the dissidents into staying at home* poliisi sai pelottelemalla toisinajattelijat pysymään kotonaan
intimidation /ɪnˌtɪməˈdeɪʃən/ *s* pelottelu, uhkailu
intl. *international* kansainvälinen
into /ɪntu/ *prep* johonkin *Harry jumped into the pool* Harry hyppäsi uima-altaaseen *the war continued into the next century* sota jatkui seuraavalle vuosisadalle *the plane crashed into the mountain* lentokone törmäsi vuoreen *the boss said to put it into writing* pomo käski kirjoittaa/pistää sen paperille *Janet is into body building* Janet on innostunut kehonrakennuksesta
in token of *fr* muistoksi/merkiksi/ osoituksena jostakin
intolerable /ɪnˈtalərəbəl/ *adj* sietämätön
intolerance /ɪnˈtalərəns/ *s* **1** suvaitsemattomuus, ahdasmielisyys **2** (lääk) allergia, intoleranssi
intonation /ˌɪntəˈneɪʃən/ *s* (puhutun kielen) intonaatio, sävelkulku
in toto *latinasta* kokonaisuutena, kaikkiaan, kokonaan
in tow *fr* **1** hinauksessa, hinattavana **2** *Mr. Frazer had his wife in tow* Mr. Frazerilla oli vaimo mukanaan *the guru had a group of disciples in tow* gurulla oli mukanaan/vanavedessään joukko oppilaita/opetuslapsia
intoxicant /ɪnˈtaksəkənt/ *s* päihde
intoxicate /ɪnˈtaksəˌkeɪt/ *v* päihdyttää (myös kuv:) huumata
intoxicated *adj* päihtynyt *she was intoxicated with happiness* hän oli pakahtua onnesta
intoxication /ɪnˌtaksəˈkeɪʃən/ *s* päihtymys, (kuv) huuma
intr. *intransitive* intransitiivinen
intransigence *s* tinkimättömyys, jääräpäisyys
intransigent /ɪnˈtrænsədʒənt/ *adj* tinkimätön, periäänantamaton, jääräpäinen

intransitive /ɪn'trænsətɪv/ *adj* (kieliopissa) intransitiivinen, joka ei voi saada objektia
intrauterine device *s* (ehkäisyväline) kierukka
intrepid /ɪn'trepəd/ *adj* peloton, rohkea
intrepidity /ˌɪntrə'pɪdəti/ *s* pelottomuus, rohkeus
intrepidly *adv* pelottomasti, rohkeasti
intricacy /ɪntrəkəsi/ *s* **1** mutkikkuus, monimutkaisuus **2** yksityiskohta, hienous
intricate /ɪntrəkət/ *adj* mutkikas, monimutkainen
intricately *adv* mutkikkaasti, monimutkaisesti
intrigue /ɪn'trig/ *s* juoni, juonittelu, vehkeily
v **1** juonitella, vehkeillä **2** kiehtoa, kutkuttaa jotakuta
intriguer *s* juonittelija, vehkeilijä
intriguing *adj* kiehtova, kutkuttava, kiintoisa
intriguingly *adv* kiehtovasti, kiintoisasti
intrinsic /ɪn'trɪnsɪk/ *adj* sisäinen, luontainen, todellinen *the vase has no intrinsic value* maljakolla ei ole sinänsä mitään arvoa, maljakolla on vain käyttöarvoa
intrinsically *adv* sinänsä
intrinsic value *s* (tal) perusarvo, reaaliarvo
introduce /ˌɪntrə'dus/ *v* **1** esitellä *let me introduce you to the guests* minäpä esittelen sinut vieraille *she introduced him to Oriental cuisine* hän tutustutti hänet itämaisiin ruokiin *the company has just introduced its fall lineup* yritys esitteli vastikään syysmallistonsa **2** ottaa käyttöön, esittää *Dr. Miller introduced a new treatment for cancer* tri Miller otti käyttöön uuden syövänhoitomenetelmän **3** tuoda *his presence introduced an element of excitement to the meeting* hänen läsnäolonsa toi kokoukseen tiettyä innostusta
introduction /ˌɪntrə'dʌkʃən/ *s* **1** esittely **2** käyttöönotto **3** (kirjan, sävellyksen) johdanto **4** (alkeisteos:) johdatus *an introduction into sociolinguistics* johdatus sosiolingvistiikkaan
introductory /ˌɪntrə'dʌktəri/ *adj* johdanto-, alustus-, alustava-, alku- *an introductory chapter* johdantoluku
introvert /'ɪntrəˌvərt/ *s* (psyk) introvertti, (ark) eristäytyjä, syrjään vetäytyjä, sisäänpäin kääntynyt ihminen
introvert /ˌɪntrə'vərt/ *v* eristäytyä, vetäytyä syrjään/omiin oloihinsa
intrude /ɪn'trud/ *v* tunkeutua, puuttua, sekaantua, häiritä
intruder /ɪn'trudər/ *s* tunkeilija, tunkeutuja
intrusion /ɪn'truʒən/ *s* tunkeutuminen, puuttuminen, sakaantuminen, häiriö
intrusive /ɪn'trusɪv/ *adj* tungetteleva, häiritsevä
in truth *fr* todellisuudessa, oikeastaan, totta puhuen
intuit /ɪn'tuət/ *v* oivaltaa, ymmärtää intuitiivisesti
intuition /ˌɪntʊ'ɪʃən/ *s* intuitio, oivallus
intuitive /ɪn'tuətɪv/ *adj* intuitiivinen, oivallettu
intuitively *adv* intuitiivisesti, oivaltaen *intuitively, I knew what to do* tiesin vaistomaisesti mitä tehdä
in tune *the piano is in tune* piano on (oikeassa) vireessä
in turn *fr* vuorollaan, vuorostaan, ajallaan
in two *she cut the loaf in two* hän leikkasi leivän kahtia
Inuit /ɪnuɪt/ *s* inuitti
inundate /'ɪnənˌdeɪt/ *v* hukuttaa (myös kuv), tulvia (myös kuv) *the movie star was inundated with fan mail* filmitähti oli hukkua ihailijapostiin
inundation /ˌɪnən'deɪʃən/ *s* tulva (myös kuv)
inure /ɪn'jʊər ɪ'nʊər/ *v* totuttaa, karaista *to become inured to something* tottua johonkin, karaistua
invade /ɪn'veɪd/ *v* **1** hyökätä, valloittaa **2** (kuv) häiritä (jonkun rauhaa), loukata (oikeuksia)
invader *s* hyökkääjä, valloittaja
invalid /ɪnvəlɪd/ *s* **1** potilas, sairas

2 vammainen, invalidi
adj **1** sairas(-), potilas- **2** vammainen, vammaisten, invalidi(-)
invalid /ɪn'væləd/ *adj* mitätön, pätemätön, joka ei pidä paikkaansa
invalidate /ɪn'vælə,deɪt/ *v* **1** kumota (väite) **2** mitätöidä (sopimus)
invalidation /ɪn,vælə'deɪʃən/ *s* **1** (väitteen) kumoaminen **2** (sopimuksen) mitätöinti
invaluable /ɪn'væljəbəl/ *adj* korvaamaton
invariable /ɪn'veriəbəl/ *adj* muuttumaton, vakio-
invariably *adv* aina, poikkeuksetta
invasion /ɪn'veɪʒən/ *s* **1** hyökkäys, valloitus **2** (kuv) (rauhan) häirintä, (oikeuksien) loukkaus *that constitutes an invasion of privacy* se on kotirauhan häirintää
invective /ɪn'vektɪv/ *s* sadattelu, haukkuminen
inveigle /ɪn'veɪgəl/ *v* houkutella, viekoitella joku tekemään jotakin *(someone into doing something)*
invent /ɪn'vent/ *v* **1** keksiä *Bell invented the telephone* Bell keksi puhelimen **2** sepitää, keksiä omasta päästään *he invented a half-baked excuse* hän keksi jonkinlaisen verukkeen
invention /ɪn'venʃən/ *s* **1** keksiminen **2** keksintö **3** kekseliäisyys **4** sepite, hätävalhe
inventive /ɪn'ventɪv/ *adj* kekseliäs
inventor /ɪn'ventər/ *s* keksijä
inventory /'ɪnven,tɔri/ *s* inventaario, tavaraluettelo
v inventoida, tehdä inventaario
inversion /ɪn'vərʒən/ *s* **1** kääntäminen **2** (kieliopissa) inversio, käänteinen sanajärjestys
invert /ɪn'vərt/ *v* kääntää ylösalaisin, vaihtaa joidenkin paikkaa, kääntää
invertebrate /ɪn'vərtəbrət/ *s, adj* selkärangaton
inverted comma *s* (UK) lainausmerkki (")
invest /ɪn'vest/ *v* **1** (tal) sijoittaa **2** omistaa, panna (aikaa, rahaa) *the teacher invested a lot of effort in helping her students* opettaja näki paljon vaivaa auttaakseen oppilaitaan **3** antaa, myöntää *the position of editor-in-chief is invested with great responsibilities* päätoimittajan työhön liittyy paljon vastuuta
investigate /ɪn'vestə,geɪt/ *v* tutkia, selvittää *the police are still investigating* poliisi jatkaa edelleen tutkimuksia
investigation /ɪn,vestə'geɪʃən/ *s* tutkimus, selvitys
investigative /ɪn'vestɪgətɪv/ *adj* tutkiva, tutkimus
investigator /ɪn'vestə,geɪtər/ *s* tutkija *private investigator* yksityisetsivä
investiture /ɪn'vestətʃər/ *s* virkaanasettajaiset, investituura
investment /ɪn'vestmənt/ *s* sijoitus
investor /ɪn'vestər/ *s* sijoittaja
in view *fr* **1** näkyvillä, näkyvissä *there were several clouds in view* näkyvillä oli useita pilviä **2** esillä, mietittävänä, harkittavana, pohdittavana
in view of *fr* jotakin silmällä pitäen, jonkin huomioon ottaen, jonkin valossa
invigilate /ɪn'vɪdʒə,leɪt/ *v* valvoa, pitää silmällä, (UK) valvoa tenttiä
invigilation /ɪn,vɪdʒə'leɪʃən/ *s* valvonta, silmälläpito, (UK) tentinvalvonta
invigilator /ɪn'vɪdʒə,leɪtər/ *s* (UK) tentin valvoja
invigorate /ɪn'vɪgə,reɪt/ *v* virkistää, piristää, vahvistaa
invincible /ɪn'vɪnsəbəl/ *adj* voittamaton (vaikeus myös:) ylitsepääsemätön
inviolable /ɪn'vaɪələbəl/ *adj* loukkaamaton, (kuv) pyhä
inviolate /ɪn'vaɪələt/ *adj* loukkaamaton, koskematon
invisibility /ɪn,vɪzə'bɪləti/ *s* näkymättömyys
invisible /ɪn'vɪzəbəl/ *adj* näkymätön
invisibly *adj* näkymättömästi
invitation /,ɪnvə'teɪʃən/ *s* kutsu; ehdotus
invite /ɪn'vaɪt/ *v* kutsua (kylään, tekemään jotakin), tarjota, pyytää *to invite criticism* suorastaan yllyttää toisia arvosteluun
invite /ɪnvaɪt/ *s* (ark) (kylään)kutsu
inviting *adj* houkutteleva

in vitro /ɪn'vitroʊ/ in vitro, koeputkessa
invocation /ˌɪnvə'keɪʃən/ *s* loitsu, manaus
invoice /ɪnvɔɪs/ *s* lasku
v laskuttaa *the company invoiced the client for the order* yritys laskutti asiakasta tilauksesta
invoke /ɪn'voʊk/ *v* vedota johonkuhun tai johonkin *he invoked the law*
involuntary /ɪn'valənˌteri/ *adj* tahaton, vaistomainen (ele), vastentahtoinen (teko) *I became an involuntary listener* kuulin vahingossa mitä he puhuivat
involve /ɪn'valv/ *v* **1** sotkea, sekoittaa, ottaa joku mukaan johonkin *he became involved in a bribery case* hän sekaantui lahjusskandaaliin *don't get involved* älä puutu juttuun! *he is involved with another woman* hänellä on suhde erään toisen naisen kanssa **2** kuulua johonkin *setting up a company involves a lot of expenses* yrityksen perustamiseen liittyy paljon menoja
involved *adj* **1** mutkikas, monimutkainen **2** sekaantunut johonkin *he is involved in a tax scam* hän on mukana verohuijauksessa **3** *to get involved* puuttua, sekaantua johonkin
involvement *s* osallisuus, osallistuminen, paneutuminen johonkin, yhteydet johonkuhun
invulnerability /ɪnˌvʌlnərə'bɪləti/ *s* haavoittumattomuus, vankkumattomuus
invulnerable /ɪn'vʌlnərəbəl/ *adj* haavoittumaton, turvallinen, vankkumaton (asema), valloittamaton (linnoitus)
inward /ɪnwərd/ *adj* sisäinen, sisään päin suuntautuva
adv sisään päin
inwardly *adv* sisäisesti, sisimmässään
inwards /ɪnwərdz/ *adv* sisään päin
in with *to be in with* olla hyvissä väleissä jonkun kanssa
in your own right *fr* sellaisenaan, sinänsä
in your tracks *he stopped in his tracks* (ark) hän pysähtyä äkkiä, hän säpsähti/säikähti

I/O *input/output* otto ja anto, syöttö ja tulostus
Io /aɪoʊ ioʊ/ Io, yksi Jupiterin kuu
IOC *International Olympic Committee* Kansainvälinen olympiakomitea
iodine /'aɪəˌdaɪn/ *s* jodi
IOM *interoffice memo*
ion /aɪan/ *s* ioni
ionize /'aɪəˌnaɪz/ *v* ionisoida
ionosphere /aɪ'anəsˌfɪər/ *s* ionosfääri
iota /aɪ'oʊtə/ *not one iota* ei tippaakaan, ei tipan tippaa
IOU /ˌaɪoʊ'ju/ *I owe you* velkakirja
I.O.W. *Isle of Wight* Wightsaari
Iowa /aɪəwə/ Yhdysvaltain keskilännen osavaltioita
IPA *International Phonetic Alphabet* kansainvälinen tarkekirjoitus
ips *inches per second* tuumaa sekunnissa
IQ /ˌaɪ'kju/ *intelligence quotient* älykkyysosamäärä, ÄO
IRA *individual retirement account*
I.R.A. *Irish Republican Army* Irlannin tasavaltalaisarmeija
Iran /ɪ'ræn ɪ'ran/ Iran
Iranian /ə'reɪniən ə'raniən/ *s, adj* iranilainen
Iraq /ɪ'ræk ɪ'rak/ Irak
Iraqi *s, adj* irakilainen
irate /aɪ'reɪt/ *adj* raivostunut, tulistunut
irately *adv* raivostuneesti, raivoissaan
IRBM *intermediate range ballistic missile* keskimatkan ballistinen ohjus
IRC *International Red Cross* Kansainvälinen Punainen Risti
Ire. *Ireland*
Ireland /aɪərlənd/ Irlanti
iridescent /ˌɪrə'desənt/ *adj* kirjava, monenkirjava
iris /aɪrɪs/ *s* (silmän) värikalvo, iiris
Irish *s, adj* irlantilainen
irk /ərk/ *v* ärsyttää, harmittaa, vaivata
irksome /ərksəm/ *adj* ärsyttävä, harmittava, harmillinen
iron /aɪərn/ *s* **1** rauta *you'd better strike while the iron is hot* sinun kannattaa takoa kun rauta on kuumaa *to pump iron* nostella puntteja, bodata (ark) **2** silitysrauta **3** (golf) rautamaila

v silittää (vaatteita)
ironclad /'aɪərn,klæd/ *adj* (kuv) raudanluja, vedenpitävä, aukoton *he has an ironclad alibi for the evening of the murder* hänellä on murhaillaksi varma alibi
iron curtain *s* rautaesirippu
ironic /aɪ'ranɪk/ *adj* ironinen, ivallinen
ironical *adj* ironinen, ivallinen
ironing board /'aɪərniŋ,bɔrd/ *s* silityslauta
ironmonger /'aɪərn,mʌŋgər/ *s* (UK) rautakauppias
ironmongery *s* (UK) rautakauppa
iron out *v* **1** silittää (vaatteita, ryppyjä) **2** selvittää, ratkaista (ongelmat)
ironpumper /'aɪərn,pʌmpər/ *s* (ark) painonnostaja, bodaaja
ironworker *s* metallityöläinen
ironworks /'aɪərn,wərks/ *s* (verbi yksikössä tai mon) rautaruukki
irony /aɪərni/ *s* ironia, (epäsuora) iva
irr. *irregular* epäsäännöllinen
irrational /ɪ'ræʃənəl/ *adj* järjenvastainen, järjetön, aiheeton, perusteeton (pelko)
irrationality /ɪ,ræʃə'næləti/ *s* järjettömyys, aiheettomuus
irrationally *adv* järjettömästi, aiheettomasti, aiheetta
irreconcilable /ɪ,rekən'saɪləbəl/ *adj* leppymätön (viha, vihamies), sovittamaton (ristiriita)
irregular /ɪ'regjələr/ *adj* epäsäännöllinen, epätasainen, epäyhtenäinen, epätavallinen, poikkeuksellinen, erikoinen, sääntöjen vastainen
irregularity /ɪ,regjə'lerəti/ *s* epäsäännöllisyys, epätasaisuus, epäyhtenäisyys, epätavallisuus, poikkeuksellisuus, erikoisuus, sääntöjen vastaisuus
irregularly *adv* epäsäännöllisesti, epätasaisesti, epäyhtenäisesti, epätavallisesti, erikoisesti, poikkeuksellisesti, sääntöjen vastaisesti
irrelevance /ɪ'reləvəns/ *s* epäolennaisuus, mitättömyys, merkityksettömyys
irrelevancy ks irrelevance
irrelevant /ɪ'reləvənt/ *adj* epäolennainen, asiaan kuulumaton
irreparable /ɪ'repərəbəl/ *adj* korvaamaton (vahinko)
irreplaceable /,ɪrə'pleɪsəbəl/ *adj* korvaamattoman arvokas, korvaamaton
irresistible /,ɪrɪ'zɪstəbəl/ *adj* **1** vastustamaton (houkutus, kiusaus) **2** ihastuttava; herkullinen; houkutteleva
irrespective of /,ɪrə'spektɪv/ *adj* jostakin huolimatta, johonkin katsomatta
irresponsibility /,ɪrə,spansə'bɪləti/ *s* vastuuntunnottomuus, anteeksiantamattomuus
irresponsible /,ɪrə'spansɪbəl/ *adj* vastuuntunnoton (ihminen), anteeksiantamaton (teko)
irreverence *s* hävyttömyys, kunnioituksen puute
irreverent /ɪ'revərənt/ *adj* hävytön, epäkunnioittava, epähieno
irrevocable /ɪ'revəkəbəl/ *adj* peruuttamaton, lopullinen
irrevocably *adv* peruuttamattomasti, lopullisesti
irrigate /'ɪrə,geɪt/ *v* kastella (maata)
irrigation /,ɪrə'geɪʃən/ *s* (maan) kastelu
irritability /,ɪrətə'bɪləti/ *s* ärtymys, äkäisyys, kärttyisyys
irritable /ɪrətəbəl/ *adj* ärtyisä, äkäinen, kärttyisä, (lääk) herkästi ärtyvä
irritably *adv* ärtyneesti, äkäisesti, kärttyisästi
irritant /ɪrətənt/ *s* **1** harmi, kiusa **2** (lääk) kiihote, kiihotusaine
irritate /'ɪrə,teɪt/ *v* ärsyttää (myös lääk), harmittaa, kiusata
irritating *adj* ärsyttävä, harmittava, kiusallinen
irritatingly *adv* ärsyttävästi, kiusallisesti
IRS *Internal Revenue Service*
is /ɪz/ ks be
ISBN *International Standard Book Number*
ISDN *integrated-services digital network* digitaalinen monipalveluverkko
Islam /ɪzlam/ *s* **1** islam, muhamettilaisuus **2** muhamettilaiset
Islamic /ɪz'lamɪk/ *adj* islamilainen, muhamettilainen

island /aɪlənd/ *s* saari (myös kuv)
islander *s* saarelainen, saaren asukas
isle /aɪəl/ *s* (pieni) saari
Isle of Man /ˌaɪələv'mæn/ Man(saari)
Isle of Wight /ˌaɪələv'waɪt/ Wightsaari
Isle Royale /ˌaɪəlrɔɪ'æəl/ kansallispuisto Michiganissa
islet /aɪlət/ *s* (pieni) saari
isn't /ɪzənt/ *is not*
ISO *International Standards Organization* Kansainvälinen standardoimisjärjestö
isobar /'aɪsəˌbar/ *s* (ilmatieteessä) isobaari
isolate /'aɪsəˌleɪt/ *v* eristää *he has isolated himself from the world* hän on eristäytynyt ulkomaailmasta
isolated *adj* **1** syrjäinen, eristyksissä elävä/oleva **2** (tapaus, esimerkki) yksittäinen, yksittäis-
isolation /ˌaɪsə'leɪʃən/ *s* eristäminen, eristäytyminen, eristyneisyys, eristys
isolationism /ˌaɪsə'leɪʃənɪzəm/ *s* eristäytymispolitiikka, isolationismi
isolationist *s* eristäytymispolitiikan kannattaja
isosceles /aɪ'sasəˌliz/ *adj* (kolmio) tasakylkinen
Isr. *Israel; Israeli*
Israel /ɪzriəl/ Israel
Israeli /ɪz'reɪli/ *s, adj* israelilainen
ISSN *International Standard Serial Number*
issue /ɪʃu/ *s* **1** asia, kysymys, kiista, ongelma *that is not at/the issue here* siitä ei ole kysymys *they are at issue over the langauge of the contract* he kiistelevät sopimuksen sanamuodosta, he ovat eri mieltä sopimuksen sanamuodosta *to take issue* olla eri mieltä **2** liikkeellelasku, anti, emissio **3** antaminen, myöntäminen, jakaminen *date of issue* (esim passin, viisumin) myöntämispäivä **4** (lak) jälkeläiset *to die without issue* kuolla lapsettomana
v **1** myöntää, antaa (passi, viisumi) *the judge issued a search warrant* tuomari myönsi etsintäluvan **2** laskea liikkeelle (rahaa, osakkeita), julkaista (kirja, lehti) **3** (savu) tupruta, (neste) vuotaa, tihkua
isthmus /ɪsməs/ *s* kannas
Isthmus of Panama /ˌɪsməsəv'pænəma/ Panaman kannas
It. *Italian; Italy*
it /ɪt/ *pron* **1** se, sen, sitä *where's the book? Jim took it* missä kirja on? Jim otti sen *he put it there* hän pani sen tuonne *he did not read it* hän ei lukenut sitä **2** muodollisena subjektina *it is raining* (ulkona) sataa *it is nice to see you* on hauska tavata sinut **3** korostettaessa *it was him who did it* hän sen teki **4** ihmisestä *who is it?* kuka siellä?, kuka soittaa?
ital. *italics* kursiivi
Italian *s* italian kieli
s, adj italialainen
italic /ɪ'tælɪk/ *adj* kursiivi-, ks italics
italicize /ɪ'tæləˌsaɪz/ *v* kursivoida
italics *s* (mon) kursiivi *this is in italics* tämä on ladottu kursiivilla
Italy /ɪtəli/ Italia
itch /ɪtʃ/ *s* **1** kutina **2** kaipaus, kaipuu, halu *she has an itch for excitement* hän kaipaa elämäänsä vaihtelua
v **1** kutista **2** haluta/kaivata kovasti, ei malttaa odottaa jotakin
itchy *adj* kutiseva *I'm itchy all over* minua kutittaa joka paikasta
it'd /ɪtəd/ *it would, it had*
item /aɪtəm/ *s* **1** kohta, merkintä, kappale **2** uutinen: *news item*
itemization /ˌaɪtəmə'zeɪʃən/ *s* erittely, yksityiskohtainen luettelo/selvitys
itemize /'aɪtəˌmaɪz/ *v* eritellä, luetella/merkitä yksitellen/kukin erikseen
iterate /'ɪtəˌreɪt/ *v* toistaa, kerrata
iteration /ˌɪtə'reɪʃən/ *s* toisto, kertaus
itinerant /aɪ'tɪnərənt/ *adj* kiertävä
itinerary /aɪ'tɪnəˌreri/ *s* matkasuunnitelma; (matka)reitti
it'll /ɪtəl/ *it will*
it never rains but it pours *fr* vahinko/hyvä onni ei tule yksin
ITO *International Trade Organization* Kansainvälinen kauppajärjestö
it's /ɪts/ *it is, it has*
its /ɪts/ *pron* (it-pronominin omistusmuoto) sen, -nsa/-nsä

itself /ɪt'self/ *pron* **1** (it-pronominen refleksiivimuoto) itse, itseään *the door opened itself/by itself* ovi avautui itsestään **2** korostuksena: *inflation/that in itself is not serious* inflaatio/se ei sinänsä ole vakava asia
ITU *International Telecommunications Union* Kansainvälinen pikatiedotusliitto
ITV *Independent Television*
IUD *intrauterine device* (ehkäisyväline) kierukka
IV *intravenous* suonensisäinen *intravenously* suonensisäisesti
I've /aɪv/ *I have*
ivory /aɪvri/ *s* norsunluu *adj* **1** norsunluinen **2** norsunluun värinen
Ivory Coast /ˌaɪvri'koʊst/ Norsunluurannikko
ivy /aɪvi/ *s* (kasvi) muratti
Ivy League *s* Yhysvaltain koillisosan eliittiyliopistot (Harvard, Princeton, Yale ym)
Iwo Jima /ˌiwə'dʒimə/ Iwo Jima

J, j

J, j /dʒeɪ/ J, j
jab /dʒæb/ *s* pisto, sohaisu, tökkäys (kepillä, neulalla)
v pistää, sohaista, tökätä (kepillä, neulalla)
jabber *s* pölinä; solkkaus
v pölistä, puhua kuin papupata; solkata
jack /dʒæk/ *s* **1** nosturi (myös auton, ark:) tunkki **2** (korttipelissä) sotilas **3** (sähkölaitteissa) jakki (johon esim korvakuulokkeet liitetään) **4** *Jack* (ark) kaveri, heppu
v nostaa nosturilla
jackal /dʒækəl/ *s* sakaali
jackass /dʒækæs/ *s* **1** aasiori **2** (kuv) aasi, idiootti, pölkkypää
jacket /dʒækət/ *s* **1** (pikku)takki *life jacket* pelastusliivit **2** (kirjan) suojapaperi, (äänilevyn) kansi, (kirje)kuori **3** (keitetyn perunan) kuori
jack-in-the-box /ˈdʒækənðəˌbaks/ *s* (rasiasta kantta avattaessa ponnahtava) vieteriukko
jackknife /ˈdʒækˌnaɪf/ *s* (iso) taskuveitsi, linkkuveitsi
v taittaa/taittua kaksinkerroin
jack-of-all-trades /ˌdʒækəvalˈtreɪdz/ *s* (mon jacks-of-all-trades) jokapaikan höylä, tuhattaituri
jack off *v* (sl) runkata, vetää käteen
jack-o'-lantern /ˈdʒækəˌlæntərn/ *s* kurpitsalyhty (pyhäinmiestenpäivänä (*Halloween*) käytettävä ontoksi koverrettu kurpitsa jonka kylkeen on veistetty irvokas naama ja jonka sisällä on kynttilä)
jackpot /ˈdʒækˌpat/ *s* päävoitto, koko potti *to hit the jackpot* voittaa päävoitto; onnistua jossakin, menestyä loistavasti
Jacksonville /ˈdʒæksənˌvɪl/ kaupunki Floridassa
jack up *v* **1** nostaa nosturilla **2** korottaa, lisätä (hintoja) **3** rohkaista, kannustaa jotakuta
jade /dʒeɪd/ *s* **1** jade, eräs korumineraali **2** (hevonen) kaakki, luuska
jaded /dʒeɪdəd/ *adj* **1** kyltynyt, sammunut **2** loppuunkulunut, loppuunväsynyt
jagged /dʒægəd/ *adj* rosoinen, lovettu, pyälletty
jaguar /dʒægwar/ *s* jaguaari
jail /dʒeɪəl/ *s* putka; vankila
v panna putkaan; vangita
jailbird /ˈdʒeɪəlˌbərd/ *s* vanki
jailbreak /ˈdʒeɪəlˌbreɪk/ *s* pako (vankilasta)
jailer *s* vanginvartija; vankilanjohtaja
jailhouse /ˈdʒeɪəlˌhaʊs/ *s* vankila
jam /dʒæm/ *s* **1** marmeladi, hillo **2** ruuhka, tungos *traffic jam* liikenneruuhka **3** (ark) tukala tilanne *she's in a jam* hän on pinteessä/pulassa
v jammed, jammed **1** sulloa, ahtaa, tunkea jotakin jonnekin **2** tukkia (liikenne ym) *the streets were jammed with traffic* kadut olivat aivan tukossa **3** juuttua kiinni *his gun jammed* hänen aseensa ei lauennut **4** *I jammed my hand in the door* käteni jäi oven väliin
Jamaica /dʒəˈmeɪkə/ Jamaika
Jamaican *s, adj* jamaikalainen
James /dʒeɪmz/ (kuninkaan nimenä) Jaakko
Jan. *January* tammikuu
jangle /dʒæŋgəl/ *s* (metallin) kilinä, kolina
v **1** (metalliesineistä) kilistä, kilistää, kolista, kolistella **2** raastaa (hermoja), käydä hermoille
janitor /dʒænətər/ *s* talonmies
January /ˈdʒænjəˌweri/ *s* tammikuu
Japan /dʒəˈpæn/ Japani

Japanese /dʒæpə'niz/ *s* japanin kieli
s, adj japanilainen
jar /dʒar/ *s* **1** ruukku, purkki, astia **2** tärähdys, tärinä **3** järkytys **4** kina, riita **5** kolina, rätinä, raastava ääni
v **1** raastaa (hermoja), käydä hermoille **2** täristä **3** kolista, rätistä
jargon /dʒargən/ *s* ammattisanasto, ammattikieli
jarring *adj* (hermoja, korvia) raastava, räikeä (väri)
jaundice /dʒandəs/ *s* keltatauti
jaundiced *adj* **1** keltatautinen **2** (kuv) kateellinen, katkeroitunut, kyyninen
jaunt /dʒant/ *s* (lyhyt huvi)matka, pyrähdys
v lähteä käymään jossakin, käväistä, pyrähtää
jauntily *adv* hilpeästi, iloisesti, reippaasti
jaunty *adj* **1** (ihminen) hilpeä, iloinen, reipas **2** (vaatteet, hattu) tyylikäs, muodikas; rempseä
Java /dʒavə/ Jaava
Javan rhinoceros /ˌdʒavənraɪ'nasərəs/ *s* jaavansarvikuono
javelin /dʒævlən/ *s* **1** keihäs **2** keihäänheitto
javelin throw *s* (urh) keihäänheitto
jaw /dʒa/ *s* **1** leuka, leukaluu **2** (mon) kita (myös kuv), suu (myös kuv) *he was saved from the jaws of death* hän pelastui kuoleman kidasta/kynsistä
jawbone /'dʒaˌboʊn/ *s* leukaluu
jawbreaker /'dʒaˌbreɪkər/ *s* sanahirviö
jay /dʒeɪ/ *s* närhi
jaybird /'dʒeɪˌbərd/ *s* närhi
jaywalker /'dʒeɪˌwakər/ *s* jalankulkija joka esim kävelee punaista valoa päin
jazz /dʒæz/ *s* jazz, jatsi
jazz band *s* jazzorkesteri, jatsiorkesteri
jazz up *v* piristää jotakin, tuoda eloa johonkin, panna vauhtia johonkin
jazzy *adj* **1** jatsahtava, jazzia/jatsia muistuttava **2** (ark) eloisa, vilkas, pirteä **3** (ark) korea, värikäs, räikeä
JCS *Joint Chiefs of Staff*
J.D. *Doctor of Jurisprudence/Law* oikeustieteen tohtori
jealous /dʒeləs/ *adj* **1** mustasukkainen **2** kateellinen *I'm jealous of your success* kadehdin menestystäsi
jealousy /dʒeləsi/ *s* **1** mustasukkaisuus **2** kateus
jeans /dʒinz/ *s* (mon) farkut
Jeep® /dʒip/ *s* (tavaramerkki, kirjoitetaan kuitenkin usein *jeep*) jeeppi
jeer /dʒɪər/ *s* pilkka, iva, pilkkahuuto
v pitää pilkkanaan, tehdä pilaa jostakusta/jostakin
Jell-O® /dʒeloʊ/ *s* (makea) hyytelö
jelly /dʒeli/ *s* **1** marmeladi, hillo **2** (UK) hyytelö
jellyfish *s* meduusa
Jentink's duiker /ˌdʒentiŋks'daɪkər/ *s* jentinkinsukeltaja-antilooppi
jeopardize /'dʒepərˌdaɪz/ *v* vaarantaa, panna vaaralle alttiiksi, riskeerata
jeopardy /dʒepərdi/ *s* vaara
Jericho /dʒerɪkoʊ/ Jeriko
jerk /dʒərk/ *s* **1** riuhtaisu, nykäisy, kiskaisu **2** (sl) idiootti, tonttu; paskiainen
v riuhtaista, nykäistä, kiskaista
jerk off *v* (sl) runkata, vetää käteen
jerky /dʒərki/ *s* kuivattu liha *beef jerky* kuivaliha(patukka)
adj **1** nykivä, pätkivä, katkonainen **2** (sl) idioottimainen, älytön, typerä
jersey /dʒərzi/ *s* neulepaita, villapaita
Jerusalem /dʒə'rusələm/ Jerusalem
jest /dʒest/ *s* leikinlasku, leikki *I just said it in jest* minä sanoin sen leikilläni, en minä sillä mitään tarkoittanut
v laskea leikkiä, vitsailla
jester *s* (hist) narri (myös kuv:) leikinlaskija, vitsailija
jet /dʒet/ *s* **1** suihke, suihku **2** suutin **3** suihkumoottori **4** suihkukone
v **1** suihkuttaa, ruiskuttaa **2** lentää/lennättää (suihkukoneella)
jet engine *s* suihkumoottori
jet lag *s* aikaerovásymys
jet plane *s* suihku(lento)kone
jet set *s* jet set, suihkuseurapiirit
jettison /dʒetəsən/ *v* **1** heittää yli laidan, heittää lentokoneesta **2** (kuv) hylätä, luopua jostakin, heittää menemään
jetty /dʒeti/ *s* aallonmurtaja; laituri

Jew /dʒu/ *s* juutalainen
jewel /dʒuəl/ *s* **1** jalokivi **2** (kuv) aarre
jeweler /dʒulər/ *s* jalokivikauppias, kultaseppä
jewelry /dʒulri/ *s* korut
Jewish /dʒuɪʃ/ *adj* juutalainen
jiffy /dʒɪfi/ *in a jiffy* hetkessä, tuossa tuokiossa
jig /dʒɪg/ *v* **1** tanssia **2** heiluttaa ylösalas/edestakaisin
jigsaw /'dʒɪg,sa/ *s* lehtisaha
jigsaw puzzle *s* palapeli
jilt /dʒɪlt/ *v* antaa rukkaset (rakastetulle), hylätä
Jim Crow /,dʒɪm'kroʊ/ *s* **1** rotusyrjintä, rotuerottelu **2** (halventavasti:) musta
jingle /dʒɪŋgəl/ *s* **1** (metalliesineiden) kilinä, helinä **2** mainosmelodia
v (metalliesineistä) kilistä, kilistää, helistä, helistää
jingo /dʒɪŋgoʊ/ *s* kansalliskiihkoilija, kiihkoisänmaallinen
jingoism /'dʒɪŋgoʊ,ɪzəm/ *s* kansalliskiihkoilu
jinx /dʒɪŋks/ *s* huono onni
v pilata, tehdä tyhjäksi
job /dʒab/ *s* **1** työ, tehtävä, homma; velvollisuus *it's your job to clean the rooms* sinun kuuluu siivota huoneet *I'm proud of you, you did a good job* olen ylpeä sinusta, hoidit asian hienosti, teit työsi hyvin **2** työpaikka, työ *he lost his job last week* hänet erotettiin viime viikolla
job-hunt *v* etsiä työtä/työpaikkaa
job-hunter *s* työnhakija
jobless /dʒabləs/ *adj* työtön *the jobless* työttömät
joblessness *s* työttömyys
job market *s* työvoimamarkkinat
jockey /dʒaki/ *s* **1** jockey, ammattikilparatsastaja *disc jockey* deejii, tiskijukka **2** (ark) kuljettaja, kuski
v **1** ratsastaa (kilpahevosella) **2** (ark) ohjata, kuskata **3** hivuttaa, hivuttautua, saada jokin mahtumaan jonnekin *he jockeyed himself into high office* hän keplotteli itsensä korkeaan virkaan *to jockey someone into doing something* houkutella/huijata joku johonkin/tekemään jotakin
jog /dʒag/ *s* **1** työntö, tönäisy; kiskaisu, nykäisy **2** hölkkä
v **1** työntää, tönäistä; kiskaista, nykäistä **2** hölkätä, juosta, käydä lenkillä
jogging *s* hölkkä, lenkkeily
joggle /dʒagəl/ *v* liikuttaa/vääntää (pienin liikkein) edestakaisin, heiluttaa (hieman)
jog/shuttle dial /,dʒag'ʃʌtəl,daɪəl/ *s* hakukiekko (esim kuvanauhurissa)
Johannesburg /dʒoʊ'hænəs,bərg/ Johannesburg
Johnny Plank /,dʒani'plæŋk/ (Peter Panissa) Lauri Laukku
join /dʒoɪn/ *v* liittää, liittyä, yhdistää, yhdistyä *he joined the army* hän meni armeijaan/armeijan palvelukseen *go ahead, I'll join you later* mene sinä edeltä, minä tulen myöhemmin perässä *we all join in wishing you a pleasant trip* me kaikki toivotamme sinulle hyvää matkaa
joiner *s* puuseppä, kirvesmies
joinery /dʒoɪnəri/ *s* puusepäntyöt, puutyöt
join forces with *fr* lyöttäytyä yhteen jonkun kanssa, ruveta yhteistyöhön jonkun kanssa
joint /dʒoɪnt/ *s* **1** nivel *to be out of joint* olla (pois) sijoiltaan; sopimaton **2** liitos, (putki)yhde **3** (sl) marihuanasavuke **4** (sl) kapakka, murju *it's a classy joint* se on tosi upea paikka
adj yhteinen, yhteis-, yhteisvoimin tapahtuva *joint venture* yhteisyritys, yhteishanke
jointly *adv* yhdessä, yhteisvoimin
joist /dʒoɪst/ *s* kannatinparru, kannatinpalkki, kannatin
joke /dʒoʊk/ *s* **1** vitsi, pila **2** jokin joka on mitätön *his new invention is a joke* hänen uusi keksintönsä on yhtä tyhjän kanssa
v vitsailla, pilailla
joker *s* **1** vitsailija, vitsien kertoja **2** (pelikortti) jokeri
jokingly *adj* pilan päiten, vitsaillen
jolly /dʒali/ *adj* iloinen, onnellinen, hyväntuulinen

adv (UK) oikein, aika, melkoisen *that's jolly good* hienoa
Jolly Roger *s* merirosvolippu
jolt /dʒolt/ *s* **1** nykäisy, töytäisy, tönäisy **2** (kuv) järkytys
v **1** heitellä, ravistella, nykäistä, riuhtaista **2** (kuv) järkyttää
Jordan /dʒɔrdən/ (joki) Jordan, (valtio) Jordania
Jordanian /dʒɔr'deɪniən/ *s, adj* jordanialainen
jostle /dʒasəl/ *s* tungos, ruuhka, ryysis (ark)
v tungeksia, tunkeutua, töniä, työntää
jot down /dʒat/ *v* kirjoittaa muistiin
journal /dʒərnəl/ *s* **1** päiväkirja **2** sanomalehti **3** (ammatti)lehti
journalese /ˌdʒərnə'liz/ *s* (kielteisesti:) sanomalehtikieli
journalism /dʒərnəlɪzəm/ *s* journalismi, lehtityö
journalist /dʒərnəlɪst/ *s* toimittaja, lehtimies, lehtinainen, journalisti
journalistic /ˌdʒərnə'lɪstɪk/ *adj* journalistinen, lehtityön, lehtityö-
journey /dʒərni/ *s* matka
v matkustaa, matkata
jovial /dʒoʊviəl/ *adj* hyväntuulinen, leppoisa, joviaali
joviality /ˌdʒoʊvi'æləti/ *s* hyväntuulisuus, leppoisuus, joviaalisuus
jowl /dʒaʊəl/ *s* **1** alaleuka **2** poski **3** kaksoisleuka
joy /dʒoɪ/ *s* ilo
joyful *adj* iloinen
joyfully *adv* iloisesti
joyless *adj* iloton, surullinen, apea, synkkä
joylessly *adv* ilottomasti, surullisesti, apeasti, synkästi
joyous /dʒoɪəs/ *adj* iloinen
joyously *adv* iloisesti
joyride /'dʒoɪˌraɪd/ *s* **1** huviajelu (vars varastetulla autolla) **2** hetken hurma
joystick /'dʒoɪˌstɪk/ *s* **1** (ark) lentokoneen ohjaussauva **2** (tietok) peliohjain, joystick
Ju. *June* kesäkuu
jubilant /dʒubələnt/ *adj* ikionnellinen, riemukas
jubilation /ˌdʒubə'leɪʃən/ *s* juhla, juhlinta
jubilee /ˌdʒubə'li/ *s* **1** (vuosi)juhla, vuosipäivä *silver jubilee* hopeahääpäivä, 25-vuotisjuhla *golden jubilee* kultahääpäivä, 50-vuotisjuhla *diamond jubilee* timanttihääpäivä, 60/70-vuotisjuhla **2** 50-vuotisjuhla, 50-vuotispäivä
Judaea /ˌdʒu'deɪə/ Juudea
judge /dʒʌdʒ/ *s* **1** tuomari (oikeudessa, kilpailussa) **2** tuntija *he is not a good judge of character* hän on huono ihmistuntija
v **1** tuomita *the defendant was judged guilty* syytetty todettiin syylliseksi, syytetty tuomittiin **2** päätellä, olettaa, arvioida, otaksua *judging from his clothes, he must be rich* hän on vaatteista päätellen rikas
judgment /dʒʌdʒmənt/ *s* **1** tuomio, tuomitseminen **2** arvostelukyky *your decision shows poor judgment* päätöksesi on merkki arvostelukyvyn puutteesta *an error of judgment* arviointivirhe, virhearviointi **3** mielipide, näkemys, katsomus
judgmental /dʒʌdʒ'mentəl/ *adj* tuomitseva, syyttävä
Judgment Day *s* tuomiopäivä
judicial /dʒu'dɪʃəl/ *adj* oikeudellinen, oikeus-
judicial separation *s* (lak) asumusero
judiciary /dʒu'dɪʃɪeri/ *s* **1** (valtionhallinnossa) tuomiovalta **2** oikeuslaitos **3** tuomarit, tuomaristo
judicious /dʒu'dɪʃəs/ *adj* harkittu, viisas, varovainen, avarakatseinen
judiciously *adv* ks judicious
judo /dʒudoʊ/ *s* judo
judoka /'dʒudoʊˌka ˌdʒudoʊ'ka/ *s* judoka
jug /dʒʌg/ *s* **1** kannu, astia, ruukku **2** (mon, sl) rinnat, melonit
juggernaut /'dʒʌgərˌnat/ *s* tuho, hävitys *the juggernaut of war* sodan Moolokin kita
juggle /dʒʌgəl/ *v* **1** temppuilla (palloilla) **2** huijata, juonitella, parannella (luvattomasti esim tilejä)

juggler /dʒʌglər/ *s* jonglööri, temppuilija
juice /dʒus/ *s* **1** mehu (myös kuv) **2** (sl) sähkö; bensa
juiciness *s* mehukkuus, mehevyys (myös kuv)
juicy /dʒusi/ *adj* mehukas, mehevä (myös kuv)
jukebox /'dʒukˌbaks/ *s* levyautomaatti
Jul. *July* heinäkuu
July /dʒə'laɪ/ *s* heinäkuu
jumbo /dʒʌmboʊ/ *s* **1** mammutti (kuv) **2** (laajarunkolentokone, erityisesti Boeing 747) jumbo jet
adj mammuttimainen, valtava, suurikokoinen
jumbo jet *s* (laajarunkolentokone, erityisesti Boeing 747) jumbo jet
jump /dʒʌmp/ *s* **1** hyppy **2** (hintojen, lämpötilan) äkillinen) nousu **3** säpsähdys, säikähdys *you gave me a jump when you entered the room without knocking* säikähdin kun tulit sisään koputtamatta
v **1** hypätä, ponnahtaa **2** (hinta, lämpötila) nousta äkkiä **3** säpsähtää, säikähtää
jump all over someone *fr* antaa jonkun kuulla kunniansa, haukkua joku pystyyn
jump at *v* tarttua innokkaasti tilaisuuteen
jump bail *fr* jättää saapumatta oikeuteen (ja menettää takausmaksu *(bail)*)
jump cut *s* (video- ja elokuvauksessa) hyppyleikkaus
jump down someone's throat *fr* (ark) ruveta haukkumaan jotakuta
jumper *s* **1** hyppääjä **2** (naisten hihaton) puku, liivihame **3** (UK) neulepusero **4** (sähkölaitteissa) hyppylanka, hyppyliitin
jump into something with both feet *fr* syöksyä/ryhtyä johonkin suin päin, hätiköidä
jump on *v* moittia, haukkua
jump-start *s* auton käynnistys kaapelilla
v käynnistää auto kaapelilla
jump the gun *fr* ottaa varaslähtö
jumpy *adj* **1** säikky, hermostunut, levoton **2** nykivä, pätkivä, katkonainen
jun. *junior* nuorempi
Jun. *June* kesäkuu
junction /dʒʌŋkʃən/ *s* **1** (rautatie-, maantie)risteys **2** liitin, liitos
juncture /dʒʌnkʃər/ **1** vaihe *at this juncture* nyt, tässä vaiheessa, tässä tilanteessa **2** ratkaisuvaihe
June /dʒun/ *s* kesäkuu
jungle /dʒʌŋgəl/ *s* viidakko *it's a jungle out there* (kuv) ulkomaailma on täysi hullunmylly
junior /dʒunjər/ *s* **1** nuorempi henkilö **2** alempiarvoinen työntekijä ym. **3** viimeistä edellisen luokan/vuoden opiskelija
adj **1** nuorempi *William Bates, Jr.* William Bates nuorempi, William Bates Jr. **2** (kuv) nuorempi, alempiarvoinen *he is a junior assistant* hän nuorempi avustaja **3** viimeistä edellisen opintovuoden
junior college *s* college jossa annetaan vain yhden tai kahden vuoden mittaista opetusta
junior high school *s* (vastaa Suomessa) peruskoulun yläaste(tta)
juniper /dʒunɪpər/ *s* kataja
junk /dʒʌnk/ *s* **1** roina, romu, roska **2** džonkki
junk food *s* kioskiruoka, roskaruoka
junkie /dʒʌnki/ *s* (ark) narkomaani *she is a coffee junkie* hän on kahvinarkomaani, hän on tullut riippuvaiseksi kahvista
junta /huntə/ *s* juntta
Jupiter /dʒupətər/ Jupiter
jurisdiction /ˌdʒərəz'dɪkʃən/ *s* **1** tuomiovalta **2** määräysvalta, valta *I am sorry but that is not your jurisdiction* olen pahoillani mutta se ei ole sinun vallassasi
jurisprudence /ˌdʒərəs'prudəns/ *s* **1** oikeustiede **2** laki, lait
jurist /dʒərɪst/ *s* lakimies, lainoppinut, juristi
Jur.M. *Master of Jurisprudence* oikeustieteen kandidaatti
juror /dʒərər/ *s* valamies

jury /dʒəri/ *s* **1** (lak) valamiehistö **2** arvostelulautakunta, (kilpailun) tuomaristo, jury
just /dʒʌst/ *adj* oikeudenmukainen, (rangaistus myös:) ansaittu
adv **1** juuri (äsken, nyt) *I was just going to call you* aioin juuri soittaa sinulle **2** juuri, nimenomaan *that is just what he meant* juuri sitä hän tarkoitti **3** juuri (ja juuri), nipin napin, niukasti *you just missed the bus* bussi ehti juuri lähteä **4** pelkästään, pelkkä, vain, ainoastaan *he is just an ordinary guy* hän on ihan tavallinen ihminen **5** kerrassaan *that record is just fantastic* tuo levy on kerta kaikkiaan loistava
justice /dʒʌstəs/ *s* **1** oikeudenmukaisuus **2** oikeus, laki **3** oikeutus, peruste *you complained with justice* valituksesi oli oikeutettu **4** tuomari
justice of the peace *s* rauhantuomari
justifiable /ˈdʒʌstəˌfaɪəbəl/ *adj* oikeutettu
justifiably *adv* oikeutetusti
justification /ˌdʒʌstəfɪˈkeɪʃən/ *s* **1** peruste, perustelu, oikeutus, puolustus **2** (tekstin asettelussa vasen/oikea) suora
justify /ˈdʒʌstəˌfaɪ/ *v* **1** puolustautua, perustella tekonsa **2** tehdä oikeutetuksi *your behavior was not justified* käytöksesi ei ollut oikeutettua **3** suoristaa (teksti)
jute /dʒut/ *s* juutti
jut out /dʒʌt/ *v* työntyä jonnekin, pistää esiin
juvenile /ˈdʒuvəˌnaɪəl/ *s* nuori, nuorukainen
adj nuorten, nuoriso-, nuoruusiän *juvenile books* nuortenkirjat
juvenile delinquency /dəˈlɪŋkwənsi/ *s* nuorisorikollisuus
juvenile delinquent /dəˈlɪŋkwənt/ *s* nuorisorikollinen
juvenile-onset diabetes *s* nuoruusiän diabetes
juxtapose /ˌdʒʌkstəˈpoʊz/ *v* rinnastaa, asettaa rinnakkain
juxtaposition /ˌdʒʌkstəpəˈzɪʃən/ *s* rinnastus

K, k

K, k /keɪ/ K, k
kabob /kə'bab/ *s* (ruoka) kebab
kaleidoscope /kə'laɪdəˌskoʊp/ *s* kaleidoskooppi
kaleidoscopic /kəˌlaɪdə'skapɪk/ *adj* monenkirjava, sekalainen, värikäs
Kampuchea /ˌkampʊ'tʃeɪə/ (vanh) Kamputsea
Kampuchean *s, adj* (vanh) kamputsealainen
Kan. *Kansas*
kangaroo /ˌkæŋgə'ru/ *s* kenguru
Kans. *Kansas*
Kansas /kænzəs/ Yhdysvaltain keskilännen osavaltioita
Kansas City /ˌkænzəs'sɪti/ kaupunki Missourin osavaltiossa
karaoke /ˌkara'oʊkeɪ, ˌkerɪ'oʊki/ s karaoke
karat /kerət/ *s* karaatti
karate /kə'rati/ *s* karate
karateka /kə'rateˌka/ *s* karateka
Karelia /kə'reɪliə/ Karjala
Karelian Isthmus /kəˌreɪlɪən'ɪsməs/ Karjalan kannas
karma /karmə/ *s* karma, kohtalo
kayak /kaɪæk/ *s* kajakki *whitewater kayak* koskikajakki, puljauskajakki *v* meloa/kulkea kajakilla
Kazakhstan /ˌkazak'stan/ Kazakstan
KB *kilobyte* kilotavu
K.C. *Kansas City*
kebab /kə'bab/ *s* (ruoka) kebab
keel /kiəl/ *s* emäpuu, köli *to be on an even keel* (kuv) olla tasapainossa
keel over *v* **1** (laiva) kaatua **2** (ihminen) kellahtaa kumoon, pyörtyä
keen /kin/ *adj* **1** innokas, halukas **2** tarkka, terävä (äly, aisti), voimakas (kipu, halu), suuri (nautinto)
keenly *adv* **1** innokkaasti, halukkaasti **2** voimakkaasti, syvästi
keenness *s* into, innokkuus, halu, halukkuus
keep /kip/ *s* **1** elanto, elatus **2** *to play for keeps* pelata/olla tosissaan *v* kept, kept **1** pitää *where do you keep the keys?* missä pidät/säilytät avaimia? *we don't keep that model in stock* me emme pidä sitä mallia varastossa, meillä ei ole sitä mallia varastossa *keep the change* pitäkää vaihtorahat *keep the engine running* anna moottorin käydä, pidä moottori käynnissä *she keeps her apartment clean* hän pitää asuntonsa siistinä *to keep a promise* pitää lupauksensa **2** pidätellä, viivytellä *I'm sorry, I'm keeping you* anteeksi, nyt minä pidättelen sinua suotta *what's keeping you from joining the army?* mikä sinua muka estää menemästä armeijaan? **3** pysyä/ pysytellä jossakin/jonkinlaisena, seurata (tietä) *slower traffic keep right* (liikennemerkkinä) hitaiden ajoneuvojen tulee käyttää oikeaa kaistaa *to keep calm* pysyä rauhallisena, säilyttää malttinsa *try to keep away from sugary foods* yritä olla syömättä sokerisia ruokia **4** jatkaa *to keep doing something; to keep on doing something* jatkaa jonkin tekemistä **5** (ruoka) säilyä **6** voida, jaksaa **7** *that will keep* se saa odottaa, se voi jäädä myöhemmäksi
keep an eye on *fr* pitää silmällä jotakuta/jotakin, seurata
keep at *v* jatkaa sinnikkäästi, ei antaa periksi
keep back *v* **1** pitää/pysyä loitolla jostakin **2** salata, ei paljastaa, pitää omana tietonaan
keep books *fr* pitää kirjaa (yrityksen menoista)

kill time *fr* tappaa/kuluttaa aikaa
kiln /kɪl/ *s* polttouuni
kilo /kɪloʊ/ *s* kilo
kilobyte /'kɪlə,baɪt/ *s* kilotavu
kilogram /'kɪlə,græm/ *s* kilogramma
kilometer /kə'lamətər/ *s* kilometri
kilowatt /'kɪlə,wat/ *s* kilowatti
kilowatt-hour *s* kilowattitunti
kilt /kɪəlt/ *s* kiltti, skottilaishame
kimono /kə'moʊnoʊ/ *s* (mon kimonos) kimono
kin /kɪn/ *s* perhe, suku, sukulaiset, omaiset *next of kin* lähin omainen, lähiomainen, lähiomaiset
kind /kaɪnd/ *s* laji, laatu, luokka, tyyppi *there are two kinds of people* ihmisiä on kahdenlaisia *this fabric is the same kind as the other* tämä kangas on samanlaista kuin tuo toinen *these two pens are of a kind* nämä kynät ovat samanlaiset **2** *a kind of* eräänlainen: *they came in a kind of station wagon* he tulivat jonkinlaisella farmariautolla *it's kind of hard to describe what it was like* on vaikea sanoa tarkkaan millainen se oli *it was kind of strange to go back to my childhood home* oli tavallaan outoa palata lapsuudenkotiini **3** *to pay in kind* maksaa luonnontuotteina; (kuv) maksaa/antaa takaisin samalla mitalla
adj hyväntahtoinen, hyvä, ystävällinen, lempeä, mukava *it was very kind of you to come* oli oikein mukavaa kun tulit
kindergarten /'kɪndər,gartən/ *s* lastentarha
kindergartner *s* **1** lastentarhassa käyvä lapsi **2** lastentarhanopettaja
kindle /kɪndəl/ *v* sytyttää, syttyä (myös kuv), palaa
kindly /kaɪndli/ *adj* hyväntahtoinen, ystävällinen, ystävällinen, lempeä, mukava
adv hyväntahtoisesti, ystävällisesti, lempeästi *kindly refrain from smoking while you're in my office* ole hyvä äläkä tupakoi minun työhuoneessani *he did not take kindly to my suggestion* hän suhtautui ehdotukseeni nuivasti
kindness *s* **1** ystävällisyys, hyväntahtoisuus, hyvyys, lempeys *she said it out of kindness* hän sanoi sen hyvän hyvyyttään **2** armelias teko
kindred /kɪndrəd/ *s* sukulaiset, suku, omaiset
adj sukulais- *we are kindred souls* olemme sukulaissieluja
kinesis /kə'nisɪs/ *s* (fysiologiassa) kineesi
kinesthesia /'kɪnəs,θiʒə/ *s* kinestesia, lihasaisti, liikunta-aisti
kinetic /kə'netɪk/ *adj* kineettinen, liike-
king /kiŋ/ *s* kuningas (myös šakissa ja kuv)
kingdom /kiŋdəm/ *s* **1** kuningaskunta **2** *animal kingdom* eläinkunta *vegetable kingdom* kasvikunta
kingdom come *s* **1** tuonpuoleinen, tuleva elämä **2** *till kingdom come* (ark) hamaan tulevaisuuteen, ties kuinka pitkään/kauan
Kings Canyon /,kiŋz'kænjən/ kansallispuisto Kaliforniassa
king's English *s* (erityisesti britti)englannin kirjakieli
king-size *adj* **1** isokokoinen, suuri, suur-, jättiläis- **2** (vuodekoko) 193–198 cm x 203–213 cm **3** (savuke) erikoispitkä, king size
kinky /kiŋki/ *adj* **1** (tukka) kähärä, käkkärä **2** (ihmisestä: sukupuolisesti) poikkeava, outo
kinship /kinʃɪp/ *s* **1** sukulaisuus **2** yhtäläisyys, samankaltaisuus, läheisyys
kiosk /kɪask/ *s* **1** kioski, myyntikoju **2** mainospylväs **3** (UK) puhelinkioski
kiss /kɪs/ *s* suudelma (myös kuv), suukko
v suudella
kiss ass *v* (sl) hännystellä, mielistellä
kiss of death *s* (kuv) kuolinisku
kiss off *v* (sl) **1** ei välittää jostakin, viitata kintaalla jollekin **2** luopua jostakin
kit /kɪt/ *s* **1** varusteet, välineet, tarpeet **2** sarja, välineistö, välineet **3** rakennussarja
kit and caboodle /,kɪtənkə'budəl/ *the whole kit and caboodle* kimpsut ja kampsut, koko konkkaronkka
kitchen /kɪtʃən/ *s* keittiö (myös ruuanlaitto, ruoka:) *Finnish kitchen*

suomalainen keittiö
kitchenette /ˌkɪtʃən'et/ *s* keittokomero
kitchen sink (kuv) *the burglars took everything except the kitchen sink* murtovarkaat veivät kaiken paitsi tuhkat uunista
kite /kaɪt/ *s* leija
kith and kin /ˌkɪθən'kɪn/ *fr* sukulaiset, verisukulaiset, tuttavat
kitten /kɪtən/ *s* kissanpentu, kissanpoikanen
kiva /kivə/ *s* (pueblointiaanien maanalainen) pyhä huone
kiwi /kiwi/ *s* **1** (lintu) kiivi **2** (hedelmä) kiwi, kiivi
KJV *King James Version* vuoden 1611 raamatunkäännös, Kuningas Jaakon Raamattu
KKK *Klu Klux Klan*
Klan /klæn/ *s* Ku Klux Klan
Klansman /klænzmən/ *s* Ku Klux Klanin jäsen
Kleenex /klineks/ *s* (tavaramerkki) paperinenäliina
kleptomania /ˌkleptoʊ'meɪniə/ *s* kleptomania, varastamishimo
kleptomaniac /ˌkleptoʊ'meɪniæk/ *s* kleptomaani
knack /næk/ *s* **1** taito, lahjat *he has a knack for languages* hänellä on kielipäätä **2** niksi, juju
knackwurst /'nakˌwərst/ *s* (voimakkaasti maustettu nakki)makkara
knapsack /'næpˌsæk/ *s* (selkä)reppu
knead /nid/ *v* **1** vaivata (taikinaa) **2** hieroa (lihaksia)
knee /ni/ *s* polvi *at the end of the war, Germany was on its knees* sodan lopussa Saksa oli polvillaan *on bended knees* polvillaan *to cut someone off at the knees* nöyryyttää joku
kneecap /'niˌkæp/ *s* polvilumpio
knee-deep *adj* polven syvyinen, (olla) polvia myöten (jossakin) *Harry is knee-deep in trouble* (kuv) Harry on pahassa pulassa
knee-high *adj* polvenkorkuinen
knee jerk *s* polviheijaste, patellaarirefleksi
knee-jerk *adj* (ark) ajattelematon, joka tekee mitä käsketään
kneel /niəl/ *s* polvistuminen
v knelt/kneeled, knelt/kneeled: polvistua
knee pants *s* (mon) polvihousut (kuv:) lapsuus
knee-socks *s* (mon) polvisukat
knell /nel/ *s* kellojen soitto (erityisesti) kuolinkellojen soitto
v soittaa (kuolin)kelloja
knelt /nelt/ ks kneel
knew /nu/ ks know
Knickerbocker *s* **1** hollantilaisperäinen newyorkilainen **2** newyorkilainen
knickerbockers /'nɪkərˌbakərz/ *s* (mon) polvihousut
knickers /nɪkərz/ *s* (mon) **1** polvihousut **2** (UK) naisten alushousut
knickknack /'nɪkˌnæk/ *s* pikkurihkama
knife /naɪf/ *s* (mon knives) veitsi *to be under the knife* olla leikkauksessa
v puukottaa, pistää/leikata veitsellä
knife edge *s* (veitsen, vaa'an) terä *to be on a knife's edge* (kuv) olla veitsenterällä
knight /naɪt/ *s* **1** ritari (myös kuv) **2** (UK) aatelismies *(Sir)*
knight-errant /ˌnaɪt'erənt/ *s* vaeltava ritari
knighthood /'naɪtˌhʊd/ *s* aatelisarvo, aateluus *to confer kinghthood upon someone* aateloida joku
knightly *adj* ritarillinen, jalo, aatelismiehen
knit /nɪt/ *v* knit/knitted, knit/knitted **1** neuloa, kutoa **2** rypistää *he knitted his brow* hän rypisti otsaansa **3** lähentää toisiinsa *(together)*, yhdistää
knitwear /'nɪtˌweər/ *s* neulevaatteet, neuleet
knives /naɪvz/ ks knife
knob /nab/ *s* nuppi, (oven) kahva
knock /nak/ *s* **1** koputus **2** isku, lyönti **3** moite, haukkumiset, morkkaus
v **1** koputtaa *to knock on wood* (kuv) koputtaa puuta **2** iskeä, lyödä *he knocked the man flat on the floor* hän iski miehen nurin **3** (ark) haukkua, moittia, morkata, lyödä lyttyyn

LAN *local area network* (tietok) paikallisverkko, lähiverkko
Lancashire /lænkəʃər/ Englannin kreivikuntia
lance /læns/ *s* peitsi
v avata/viiltää auki/leikata lansetilla
lancet /lænsət/ *s* lansetti, (kirurgin) suikulaveitsi
land /lænd/ *s* **1** maa *to sight land* saada maata näkyviin *to buy land* ostaa maata/tontti **2** maaseutu *we are thinking of moving back to the land* olemme ajatelleet muuttaa takaisin maalle
v **1** nousta/laskea maihin (laivasta) **2** (lentokone) laskeutua *the cat landed on all fours* kissa putosi jaloilleen **3** (ark) saada *he landed a good job in Chicago* hän sai Chicagosta hyvän työpaikan **4** *that move will land him in prison* hän päätyy vielä vankilaan tuon teon vuoksi
land bridge *s* maakannas, maasilta
landed *adj* maata omistava, maa-
landed property maaomaisuus
landfill /ˈlænd,fɪəl/ *s* kaatopaikka
landing *s* **1** maihinnousu (laivasta) **2** (lentokoneen) laskeutuminen **3** (laiva)-laituri **4** porrastasanne
landing gear *s* (lentokoneen) laskuteline
landlady /ˈlænd,leɪdi/ *s* vuokraemäntä, vuokranantaja
landlocked country /ˈlænd,lakt/ *s* sisämaavaltio
landlord /ˈlænd,lɔrd/ *s* vuokraisäntä, vuokranantaja
landlubber /ˈlænd,lʌbər/ *s* maakrapu
landmark /ˈlænd,mark/ *s* **1** maamerkki **2** muistomerkki, nähtävyys **3** (kuv) virstanpylväs
land-office business *to do a land-office business* olla kiireistä/vilkasta, kauppa käy kuin siimaa
land of milk and honey *s* yltäkylläisyyden maa/seutu, luvattu maa
land of the living *to come back to the land of the living* palata elävien kirjoihin
Land of the Midnight Sun *s* keskiyön auringon maa (Suomen, Ruotsin ja Norjan Lappi)
Land of the Rising Sun *s* nousevan auringon maa, Japani
land on your feet *fr* pudota jaloilleen; (kuv) selvitä ehjin nahoin
landowner /ˈlænd,oʊnər/ *s* maanomistaja
landscape /ˈlænd,skeɪp/ *s* **1** seutu, maisema **2** maisemamaalaus, maisemataulu, maisemataide
v maisemoida
landscape architecture *s* maisema-arkkitehtuuri
landscaper *s* maisemoija; maisema-arkkitehti
landscaping *s* maisemointi
landscapist *s* maisemamaalari
landslide /ˈlænd,slaɪd/ *s* **1** maanvieremä **2** (kuv) äänivyöry; murskaava vaalivoitto
lane /leɪn/ *s* **1** kuja, (kapea/kylä)tie *bike lane* pyörätie **2** (maantien) kaista *two-lane highway* kaksikaistainen maantie
language /læŋgwədʒ/ *s* **1** (puhuttu, kirjoitettu ym) kieli *artificial language* keinotekoinen kieli *computer language* tietokonekieli *the language of bees* mehiläisten kieli *watch your language!* katso mitä puhut! **2** sanamuoto *the language of the bill did not please the president* presidentti ei pitänyt lakiehdotuksen sanamuodosta
language course *s* kielikurssi
language laboratory *s* kielistudio
language learning *s* kielenoppiminen
language planning *s* kielensuunnittelu
language teacher *s* kieltenopettaja
languid /læŋgwɪd/ *adj* veltto, vetämätön, voimaton
languish /læŋgwɪʃ/ *v* riutua, kuihtua (myös kuv)
lank /læŋk/ *adj* (tukka) suora, (ihminen) hintelä, (ruoho) liian pitkä
lanky *adj* luiseva; hintelä
lantern /læntərn/ *s* lyhty
lantern-jawed *adj* leveäleukainen
Lao-tse /,laʊˈtseɪ/ Laotse
Lao-tzu /,laʊˈtsu/ Laotse

lap /læp/ *s* **1** syli *come sit in my lap* käy istumaan syliini *to live in the lap of luxury* elää ylellisesti/yltäkylläisyydessä **2** kierros
v **1** kääriä, kääriytyä, kiertää, kiertyä (jonkin ympärille) **2** ohittaa kierroksella (toinen kilpailija) **3** litkiä (nestettä) **4** (aallot) lyödä jotakin vasten
lap belt *s* kaksipisteturvavyö
LAPD *Los Angeles Police Department*
lap dog *s* sylikoira
lapel /lə'peəl/ *s* (takin) lieve
Laplander /'læpˌlændər/ *s* saamelainen, lappalainen
Lapp /læp/ *s* **1** saamelainen, lappalainen **2** saamen kieli, saame
Lappish /læpɪʃ/ *s, adj* saamelainen, lappalainen
lapse /læps/ *s* **1** erehdys, virhe, kömmähdys, hairahdus, harha-askel (kuv) **2** viivästys, viipymä, tauko, katkos *memory lapse* muistikatkos
v **1** sortua johonkin, hairahtaa johonkin *(into)* **2** raueta, umpeutua, lakata, loppua **3** vaipua johonkin tilaan *he lapsed into silence* hän vaikeni
lapsus /læpsəs/ *s* virhe, kömmähdys, lapsus
laptop *s* sylitietokone
lap up *v* **1** litkiä **2** (kuv) nauttia jostakin, ahmia jotakin, paistatella jossakin
larceny /larsəni/ *s* varkaus
lard /lard/ *s* (sian)ihra, silava
lardass /'lardˌæs/ *s* (sl) ihraperse, läski
larder *s* ruokakomero, ruokavarasto
large /lardʒ/ *s to be at large* olla vapaalla jalalla *the population at large* väestö kokonaisuudessaan, suuri yleisö *he was appointed ambassador-at-large* hänet nimitettiin erikoislähettiläaksi
adj iso, suuri (myös kuv) *in large measure* suuressa määrin, suurelta osin *on a large scale* suuressa mitassa/määrin, suurimittaisesti
adv: his disappointment was writ large on his face pettymys suorastaan paistoi hänen kasvoiltaan
largely *adj* pääasiassa, suurimmaksi osaksi, suurimmalta osin
largeness *s* **1** suuruus, mittavuus **2** anteliaisuus, avokätisyys
large order *that's a large order* se on paljon pyydetty
larger-than-life*adj* äärimmäisen vaikuttava
large-scale integration *s* (elektroniikassa) suuren luokan integrointi
largess /lar'dʒes/ *s* **1** anteliaisuus **2** paljot lahjat
lariat /lerɪət/ *s* lasso
lark /lark/ *s* **1** leivonen **2** hauskuus, ilonpito **3** lastenleikki, helppo juttu
larva /larvə/ *s* (mon larvae) toukka
laryngitis /ˌlerən'dʒaɪtɪs/ *s* kurkunpään tulehdus
larynx /lerəŋks/ *s* kurkunpää
lascivious /lə'sɪviəs/ *adj* irstas, rivo, rietas
laser /leɪzər/ *s* laser
Laserdisc® /'leɪzərˌdɪsk/ *s* Laserdisc-kuvalevy *is it available on Laserdisc?* saako sen (elokuvan tms) kuvalevyllä?
laser printer *s* laserkirjoitin
lash /læʃ/ *s* **1** ruoska **2** sivallus **3** (kuv) terävyys, piikikkyys, purevuus
v **1** ruoskia, sivaltaa, piiskata (myös kuv) **2** (kuv) lyödä lyttyyn, pistää matalaksi
lash on *v* kannustaa, yllyttää
lash out *v* **1** riuhtoa, rimpuilla, käydä jonkun kimppuun **2** (kuv) hyökätä jotakin vastaan, tuomita ankarin sanoin
lass /læs/ *s* **1** tyttö **2** tyttöystävä
Lassen Volcanic /ˌlæsənval'kænɪk/ kansallispuisto Kaliforniassa
lasso /læ'su/ *s* (mon lassos, lassoes) lasso
v lassoed, lassoing: ottaa kiinni lassolla
last /læst/ *s* viimeinen *the last of the great artisans* viimeinen vanhan ajan käsityöläinen *I hope we've seen the last of it* toivottavasti se loppui siihen *at last* viimein *at long last* vihdoin viimein *she gets paid the last of the month* hänen palkkansa maksetaan kuukauden viimeisenä päivänä
v kestää *how long will the strike last?* kaunko lakko kestää? *these batteries last longer* nämä paristot kestävät pitempään

adj **1** viimeinen *this is your last chance* tämä on viimeinen tilaisuutesi **2** viime *we did not have time for a vacation last year* viime vuonna meillä ei ollut aikaa lähteä lomalle/pitää lomaa
adv viimeisenä, viimeiseksi, lopuksi
last but not least *fr* hyväksi lopuksi
lasting *adj* kestävä, pitkäaikainen, pysyvä
last-minute *adj* viime hetken
last straw *s* (kuv) viimeinen pisara
Last Supper *s* viimeinen ehtoollinen
last word *s* viimeinen sana (myös kuv)
latch /lætʃ/ *s* salpa, säppi, telki
v teljetä, lukita
latchkey child /ˈlætʃkiˌtʃaɪld/ *s* avainlapsi
latch onto *v* **1** saada käsiinsä **2** ymmärtää, käsittää
late /leɪt/ *adj, adv* **1** myöhäinen, myöhään *it is late, let's go home* on jo myöhä, lähdetään kotiin *at this late hour* näin myöhään *many lawyers work late* monet asianajajat tekevät työtä myöhään iltaan **2** myöhässä, myöhästynyt *the teacher is never late* opettaja ei myöhästy koskaan, opettaja ei ole koskaan myöhässä **3** entinen *the late principal* entinen rehtori **4** edesmennyt *the late Winston Churchill* **5** *of late* viime aikoina
latecomer /ˈleɪtˌkʌmər/ *s* **1** myöhästyjä **2** (kuv) uusi tulokas
lately *adv* viime aikoina
late-night *adj* myöhäisillan
latent /leɪtənt/*adj* piilevä
lateral /lætərəl/*adj* sivusuuntainen, sivu-, lateraalinen
lath /læð/ *s* rima, lista
lathe /leɪð/ *s* sorvi
v sorvata
lather /læðər/ *s* **1** saippuavaahto, partavaahto **2** (hevosesta) vaahto *to be in lather over something* olla suunnattomasti mielissään jostakin, olla suunniltaan raivosta jonkin takia, olla suu vaahdossa jostakin
Latin /lætən/ *s* **1** (hist) latinalainen; roomalainen **2** romaaninen **3** latinalaisamerikkalainen **4** roomalaiskatolinen **5** latina, latinan kieli
adj **1** latinalainen (ks substantiivin merkityksiä) **2** latinankielinen
Latino /ləˈtinoʊ/ *s* latinalaisamerikkalainen, latino
Latin America /ˌlætənəˈmerɪkə/ Latinalainen Amerikka
latitude /ˈlætəˌtud/ *s* **1** (maantieteessä) leveys **2** (kuv) vapaus, pelivara
latrine /ləˈtrin/ *s* käymälä
latter /lætər/ *adj* **1** viimeksi mainittu *former – latter* edellinen – jälkimmäinen **2** viimeinen, jälkimmäinen *during the latter part of the decade* vuosikymmenen loppupuolella
Latter-day Saint *s* myöhempien aikojen pyhä, mormoni
latterly *adv* **1** viime aikoina **2** myöhemmin, viime aikoinaan
lattice /lætəs/ *s* **1** ristikko, säleikkö **2** (fysiikassa) hila
Latvia /latvɪə, lætvɪə/ Latvia
laugh /læf/ *s* **1** nauru *to have the last laugh* (kuv) nauraa viimeisenä **2** naurun aihe, jokin joka on naurettava *the new law is a laugh* uusi laki on täysin tehoton/mitätön
v nauraa
laughable /læfəbəl/ *adj* naurettava
laughably *adv* naurettavasti, naurettavan
laugh at *v* nauraa jollekulle/jollekin, pitää jotakuta/jotakin pilkkanaan *$ 3,000 is nothing to be laughed at* 3000 dollaria ei ole mikään pikkusumma
laughingstock /ˈlæfiŋˌstak/ *to make yourself the laughingstock of someone* tehdä itsensä naurunalaiseksi jonkun silmissä
laugh in your sleeve at something *fr* nauraa partaansa
laugh off *v* kuitata pelkällä olankohautuksella, ei ottaa vakavasti
laugh out of court *fr* pitää pilkkanaan, nauraa jollekin
laugh out of the other side of your mouth *fr* jonkun hymy hyytyy, jollakulla tulee toinen ääni kelloon
laughter /læftər/ *s* nauru

laugh up your sleeve *fr* nauraa partaansa
launch /lantʃ/ *s* **1** (laivan) vesillelasku **2** (raketin) laukaisu **3** aloitus, käynnistys, (yrityksen) perustaminen, (tuotteen) lanseeraus
v **1** laskea (laiva, pelastusvene) vesille **2** laukaista (raketti) **3** aloittaa, käynnistää, perustaa (yritys), lanseerata (tuote), tuoda (tuote) markkinoille
launch into *v* (kuv) puhjeta, herjetä (puhumaan)
launch pad *s* (ohjuksen, raketin) laukaisualusta
launder /landər/ *v* pestä (pyykkiä) (myös kuv:) pestä rahaa
launderette /ˌlandəˈret/ *s* itsepalvelupesula
Laundromat® /ˈlandrəˌmæt/ *s* itsepalvelupesula
laundry /landri/ *s* **1** (lika- tai puhdas) pyykki **2** pesula **3** pesuhuone, pyykkihuone
laundry list *s* (kuv) pitkä lista (esim vaatimuksia)
laureate /lɔriət/ *s* palkinnonsaaja *Nobel laureate* nobelisti *poet laureate* poëta laureatus, hovirunoilija
laurel /lɔrəl/ *s* **1** laakeripuu **2** (mon) maine, kunnia *to rest on your laurels* levätä laakereillaan **3** laakeriseppele
lava /lavə/ *s* laava
lavatory /ˈlævəˌtɔri/ *s* wc
lavish /lævɪʃ/ *adj* avokätinen, antelias, tuhlaileva, ylellinen
lavishly *adv* avokätisesti, anteliaasti, tuhlaillen, ylellisesti
lavish of *adj* joka ei säästele jotakin *when meeting the children, she was lavish of time* hän käytti runsaasti aikaa lasten kanssa olemiseen
lavish on *v: to lavish gifts/praise on someone* hukuttaa joku lahjoihin, ylistää jotakuta maasta taivaaseen
law /la/ *s* **1** laki (yksittäinen ja laki kokonaisuudessa) *to become law* tulla voimaan *Harrison wants to study law* Harrison haluaa lukea/opiskella lakia *the angry man wanted to take the law into his own hands* mies halusi suutuksissaan harjoittaa oman käden oikeutta **2** poliisi *and then the law arrived* ja sitten poliisi saapui paikalle
law-abiding *adj* lainkuuliainen
law and order *s* lainvalvonta, yleinen järjestys
lawbreaker /ˈlaˌbreɪkər/ *s* lainrikkoja, rikollinen
lawful *adj* laillinen *she is his lawful wife* nainen on hänen laillinen aviopuolisonsa
lawless *adj* **1** laiton **2** (kuv) hillitön
lawmaker /ˈlaˌmeɪkər/ *s* lainsäätäjä
lawn /lan/ *s* nurmikko, ruohikko
lawnmower /ˈlanˌmoʊər/ *s* ruohonleikkuri, ruohonleikkuukone
law of averages *s* (ark) tilastollinen todennäköisyys
law of diminishing returns *s* vähenevän tuoton laki
Law of Moses *s* Mooseksen laki
law of the jungle *s* (kuv) viidakon laki, armoton peli
lawsuit /ˈlaˌsut/ *s* kanne, oikeusjuttu
lawyer /loɪjər/ *s* asianajaja
lawyerly *adj* asianajajan, asianajajamainen
lax /læks/ *adj* löysä (myös kuv), leväperäinen, lepsu, rento, välinpitämätön
laxative /læksətɪv/ *s* ulostuslääke
laxity /læksəti/ *s* rentous, löysyys, leväperäisyys, välinpitämättömyys
lay /leɪ/ *v* laid, laid (verbiä *lay* käytetään toisinaan yleiskielen sääntöjen vastaisesti verbin *lie* asemesta) **1** panna, asettaa *lay this book on the table* pane tämä kirja pöydälle *I didn't lay hands on the cookies* minä en koskenutkaan pikkuleipiin *he tried to lay the blame on his staff* hän yritti sälyttää syyn alaistensa niskoille **2** valaa, laskea, luoda *to lay the foundation for a house/expansion* laskea talon perusta, luoda pohja (liiketoiminnan) laajentamiselle **3** munia *to lay eggs* **4** haudata **5** *to lay the table* kattaa pöytä **6** *to lay a bet* lyödä vetoa **7** *to get laid* (sl rakastelusta) saada **8** ks lie
adj maallikko-

letter drop *s* (oven) postiluukku
letterhead /'letər,hed/ *s* **1** firman tms nimi/logo kirjepaperissa **2** firman tms nimellä/logolla varustettu kirjepaperi *he wrote to them on his company's letterhead* hän kirjoitti heille firman paperilla
lettering *s* kirjaimet, kaunokirjoitus
letter-quality *adj* (tietok) kirjelaatua tulostava *letter-quality printer* laatukirjoitin
lettuce /letəs/ *s* (ruoka)salaatti
let up *v* **1** hellittää, laskea, vähentyä **2** lopettaa, keskeyttää
let up on *v* hellittää, päästää helpommalla
leukemia /lu'kimiə/ *s* leukemia, verisyöpä
leukemic /lu'kimɪk/ *adj* leukeeminen, verisyöpää sairastava, verisyöpään liittyvä
Levant /lə'vænt/ Levantti
level /levəl/ *s* **1** taso *this summer, the water level is low* vesi on tänä vuonna alhaalla *she studies physics on an advanced level* hän on jo pitkällä fysiikan opinnoisaan **2** vesivaaka
v **1** tasoittaa, siloittaa *he is trying to level the way for new legislation* hän yrittää valmistaa tietä uusille laeille, hän yrittää pohjustaa uusia lakeja **2** kaataa *the bombs leveled the city* pommit hävittivät kaupungin maan tasalle **3** tähdätä (aseella)
level best *to do your level best* tehdä/yrittää parhaansa, panna parastaan
leveler *s* tasoittaja, tasaaja *death, the great leveler* kuolema joka tasoittaa ihmisten väliset erot
levelheaded /,levəl'hedəd/ *adj* maltillinen, järkevä, harkittu
level off *v* tasoittaa, tasoittua, vakautua
level with *v* kertoa (koko) totuus, paljastaa *level with me, I want to know the truth*
lever /levər/ *s* **1** vipu **2** (kuv) keino
v vivuta, kangeta, kammeta
leverage /levrədʒ/ *s* **1** vipuvoima **2** vaikutusvalta, valta, suhteet *I have no leverage with the board* minulla ei ole mahdollisuuksia vaikuttaa johtokuntaan/johtokunnan päätöksiin
leviathan /lə'vaɪəθən/ *s* **1** merihirviö *Leviathan* (Raamatussa) Leviatan **2** (kuv) jättiläinen, mammutti
levitate /'levə,teɪt/ *v* leijua ilmassa, nostaa ilmaan, levitoida
levitation /,levə'teɪʃən/ *s* levitaatio, ilmassa leijuminen
levity /levəti/ *s* kevytmielisyys, epäasiallisuus
levy /levi/ *s* **1** vero **2** veronkanto **3** (armeijaan) kutsunta
v **1** kantaa, kerätä (veroa) **2** kutsua (armeijaan) **3** takavarikoida
lewd /lud/ *adj* irstas, rivo, himokas, vihjaileva (katse) *stop being lewd* ole siivosti!
lewdly *adv* ks lewd
lewdness *s* irtaus, rivous
lexical /leksəkəl/ *adj* sanaston, sanasto-
lexicographer /,leksə'kagrəfər/ *s* sanakirjojen tekijä/toimittaja, leksikografi
lexicography /,leksə'kagrəfi/ *s* sanakirjojen teko/toimitus, leksikografia
lexicon /'leksɪ,kan/ *s* **1** sanasto, sanakirja **2** sanasto, sanavarasto
lexis /leksɪs/ *s* (kielitieteessä) (kielen) sanasto, sanavarasto
liability /,laɪə'bɪlɪti/ *s* **1** velka **2** (kuv) taakka, haitta, huono puoli **3** (laillinen) vastuu
liability insurance *s* vastuuvakuutus
liable /laɪəbəl/ *adj* joka on (laillisesti) vastuussa
liable to *adj* jollekin altis; jolla on taipumusta johonkin *you are liable to get shot if you go there* sinut saatetaan hyvinkin ampua jos menet sinne
liaison /li'eɪzan/ *s* **1** yhteys, yhteydenpito, yhteistyö **2** yhdyshenkilö
liar /laɪər/ *s* valehtelija
lib /lɪb/ *s* vapautus *women's/gay lib* naisten/homoseksualistien vapautus/ tasa-arvo
libel /laɪbəl/ *s* herjaus (painetussa sanassa), herjauskirjoitus

v herjata (painetussa sanassa)
libeler /laɪbələr/ *s* (kirjoittamalla) herjaaja
libelous /laɪbələs/ *adj* (kirjoitus) herjaava
liberal /lɪbrəl/ *s, adj* **1** vapaamielinen, suvaitsevainen **2** *Liberal* liberaali, (Ison-Britannian) liberaalisen puolueen jäsen/kannattaja **3** vapaa *liberal translation* vapaa käännös **4** avokätinen, antelias
liberalism *s* vapaamielisyys, suvaitsevaisuus, liberalismi
liberalization /ˌlɪbrəlɪ'zeɪʃən/ *s* vapautus, vapauttaminen, liberalisointi
liberalize /'lɪbrəˌlaɪz/ *v* **1** tehdä vapaamielisemmäksi, liberalisoida **2** vapauttaa säännöstelystä/valvonnasta, lieventää säännöstelyä/valvontaa, liberalisoida
liberally *adj* **1** vapaamielisesti, suvaitsevaisesti **2** vapaasti **3** avokätisesti, anteliaasti, runsaasti *spead this ointment liberally on your skin* levitä voidetta runsaasti ihollesi
Liberal Party *s* (Ison-Britannian) liberaalinen puolue
liberate /'lɪbəˌreɪt/ *v* **1** vapauttaa **2** päästää ilmoille (esim kaasua), vapautua
liberation /ˌlɪbə'reɪʃən/ *s* vapautus, vapauttaminen, vapautuminen *women's/gay liberation* naisten/homoseksualistien tasa-arvo
liberator /'lɪbəˌreɪtər/ *s* vapauttaja
Liberia /laɪ'bɪriə/ Liberia
Liberian *s, adj* liberialainen
libertine /'lɪbərˌtin/ *s* elostelija, irstailija
liberty /lɪbərti/ *s* vapaus *I am not at liberty to say how much the new wing cost* en voi kertoa paljonko uusi siipirakennus tuli maksamaan *to take the liberty of doing something* tehdä jotakin omavaltaisesti *to take liberties with someone/something* sallia itselleen vapauksia jonkun suhteen/jossakin asiassa, käsitellä/kohdella jotakin/jotakuta hyvin vapaasti
LIBOR *London Interbank Offered Rate* (tal) Lontoon eurovaluuttamarkkinoiden keskimääräinen korkonoteeraus eurodollaritalletuksille
Libra /librə/ *horoskoopissa* Vaaka
librarian /laɪ'breriən/ *s* kirjastonhoitaja
library /laɪbreri/ *s* kirjasto *Phoebe has an extensive video library* Phoebella on laaja videokirjasto/videokasettikokoelma
library card *s* kirjastokortti
library science *s* kirjastotiede
Libya /lɪbɪə/
Libyan *s, adj* libyalainen
lic. *licence; licenced*
Lic. *Licentiate*
lice /laɪs/ ks louse
licence ks license
licence plate *s* rekisterikilpi
licencing *s* lisensointi, lisenssin myöntäminen
license /laɪsəns/ *s* **1** lupa, oikeus *driver licence; driver's licence* ajokortti **2** lisenssi **3** vapaus *poetic licence* runoilijan vapaus
v **1** myöntää/antaa lupa/oikeus **2** lisensoida, myöntää lisenssi
licensee /ˌlaɪsən'si/ *s* luvanhaltija, edustaja
lichen /laɪkən/ *s* jäkälä
lick /lɪk/ *s* nuolaisu
v **1** nuolla, nuolaista **2** (ark) hakata, antaa selkään
lick and a promise *fr* hutaisu
lick ass *fr* (sl) nuolla jonkun persettä, hännystellä, mielistellä
licking *to give someone a licking* antaa jollekulle selkään
lick into shape *fr* saada kuntoon, saada rullaamaan
lick your chops *fr* odottaa jotakin vesi kielellä
lick your wounds *fr* nuolla haavojaan
licorice /lɪkrɪʃ/ *s* lakritsi
lid /lɪd/ *s* **1** kansi *to blow the lid off something* paljastaa rötös *to blow your lid* menettää malttinsa, pillastua **2** silmäluomi *eyelid*
lie /laɪ/ *s* valhe
v lied, lied: valehdella *to lie through your teeth* lasketella palturia, valehdella

minkä ehtii, niin että korvat heiluvat
lie /laɪ/ *s* **1** sijainti, asema, paikka **2** (eläimen) pesä
v lay, lain: verbi *lie* korvautuu arkikielessä toisinaan sanalla *lay* **1** maata, olla *to lie in bed* maata vuoteessa *the keys lie on the desk* avaimet ovat pöydällä **2** sijaita, olla *the house lies in a valley* talo on laaksossa *big problems lay before us* edessämme oli isoja ongelmia
lie by *v* keskeyttää (hetkeksi), pitää tauko
Liechtenstein /ˈlɪktən͵staɪn/
Liechtensteiner *s* liechtensteinilainen
lie down *v* käydä pitkäkseen
lie down on the job *fr* laiskotella työssään
lie in state *fr* (ruumis) olla nähtävänä
lie in wait *fr* väijyä, vaania
lie low *fr* pysytellä piilossa, pitää matalaa profiilia
lie on *v* riippua jostakin, olla jonkin varassa
lie over *v* lykätä myöhemmäksi, saada odottaa
lieu /lu/ *in lieu of* jonkin asemesta, jonkin sijasta
lie upon *v* riippua jostakin, olla jonkin varassa
lieutenant /luˈtenənt/ *s* luutnantti
lieutenant governor *s* varakuvernööri
lie with *v* kuulua jonkun tehtäviin, olla jonkun vastuulla
life /laɪf/ *s* **1** elämä *life and death* elämä ja kuolema *the murderer was sentenced to life* murhaaja tuomittiin elinkautiseen vankeusrangaistukseen *the kids were full of life* lapset suorastaan pursuivat elinvoimaa **2** henki *he took his own life* hän teki itsemurhan
life-and-death /͵laɪfənˈdeθ/ *adj* elintärkeä, ratkaiseva, vakava *this is a life-and-death battle/decision* tämä on taistelua elämästä ja kuolemasta/tämä on elintärkeä kysymys
lifeblood /ˈlaɪf͵blʌd/ *s* **1** veri **2** (kuva) elinhermo, elinehto
life boat *s* pelastusvene
life expectancy /͵laɪfəksˈpektənsi/ *s* odotettavissa oleva elinikä
life force /ˈlaɪf͵fɔrs/ *s* elämänvoima
lifeguard /ˈlaɪf͵gard/ *s* hengenpelastaja
life insurance /ˈlaɪfɪn͵ʃərəns/ *s* henkivakuutus
life jacket /ˈlaɪf͵dʒækət/ *s* pelastusliivit
lifeless *adj* **1** eloton, kuollut **2** (kuv) kuollut, pitkäveteinen, tylsä
lifeline /ˈlaɪf͵laɪn/ *s* **1** pelastusköysi **2** (kuv) elinhermo, elinehto, pelastus
lifelong /ˈlaɪf͵laŋ/ *adj* elinikäinen
life of Riley *fr* (kuv) kissanpäivät
life-or-death /͵laɪfərˈdeθ/ *adj* elintärkeä, ratkaiseva, vakava *this is a life-or-death battle/decision* tämä on taistelua elämästä ja kuolemasta/tämä on elintärkeä kysymys
life preserver *s* pelastusliivit
lifer /laɪfər/ *s* (sl) **1** elinkautinen (vanki) **2** vakinainen työntekijä tms
life raft *s* pelastuslautta
lifesaver /ˈlaɪf͵seɪvər/ *s* **1** pelastaja, hengenpelastaja **2** (kuv) pelastus
life sentence *s* elinkautinen tuomio/vankeusrangaistus
life-size /ˈlaɪf͵saɪz/ *adj* luonnollisen kokoinen
life span /ˈlaɪf͵spæn/ *s* elämänkaari; odotettavissa oleva elinikä
lifestyle /ˈlaɪf͵staɪəl/ *s* elämäntapa
life-threatening /͵laɪfˈθretənɪŋ/ *adj* hengenvaarallinen
lifetime /ˈlaɪf͵taɪm/ *s* elinikä, elinaika *adj* elinikäinen, elinaikainen, elinkautinen
lifework /͵laɪfˈwərk/ *s* elämäntyö
LIFO *last in, first out*
lift /lɪft/ *s* **1** nosto (myös:) painonnosto **2** piristys *the news gave her a lift* uutinen piristi hänen mieltään **3** kyyti *can you give me a lift?* otatko minut kyytiin? **4** (UK) hissi *ski lift* hiihtohissi
v **1** nostaa *lift your right hand, please* nosta oikeaa kättäsi **2** (kuv) kohottaa, piristää *the news lifted her spirits* uutinen kohotti hänen mieltään, uutinen piristi häntä **3** (ark) varastaa, kähveltää,

kääntää **4** lopettaa, lakkauttaa *the ban on Japanese imports has been lifted* japanilaisten tavaroiden tuontikielto on kumottu
lift bridge *s* nostosilta
liftoff *s* **1** (lentokoneen, raketin) ilmaan nousu **2** (kuv) aloitus, käynnistys
lift up *v* nostaa, kohottaa
ligament /lɪgəmənt/ *s* nivelside
light /laɪt/ *s* **1** valo *the speed of light* valon nopeus *to get up at first light* nousta aamunkoitteessa *to bring something to light* paljastaa, saattaa jotakin päivänvaloon **2** lamppu *traffic lights* liikennevalot **3** tuli *could you give me a light?* onko sinulla tulta?
v lit/lighted, lit/lighted **1** valaista **2** sytyttää, syttyä **3** (lintu) laskeutua (oksalle); (ihminen) laskeutua (satulasta, ajoneuvosta)
adj **1** kevyt (myös kuv) *light entertainment* kevyt viihde **2** vähäinen, (rangaistus) lievä, (tehtävä) helppo *to make light of something* vähätellä jotakin
light bulb /'laɪt,bʌlb/ *s* hehkulamppu
light-duty /,laɪt'duti/ *adj* (ajoneuvo ym) kevyt, kevyeen käyttöön tarkoitettu
light-emitting diode *s* hohtodiodi, LED
lighten *v* **1** valaista, kirkastaa, kirkastua **2** (kuv) ilostua, piristyä, (kasvot) kirkastua, keventää, keventyä, helpottaa, helpottua
light-fingered /,laɪt'fiŋgərd/ *adj* (kuv) pitkäkyntinen
light-footed /,laɪt'fʊtəd/ *adj* nopsajalkainen
lightheaded /,laɪt'hedəd/ *adj* **1** jota huimaa/pyörryttää **2** pinnallinen; ajattelematon
lighthearted /,laɪt'hartəd/ *adj* huoleton, iloinen, hilpeä
lighthouse /'laɪt,haʊs/ *s* majakka
lighting *s* **1** sytytys, sytyttäminen **2** valaistus
lightly *adv* **1** kevyesti (myös kuv:) helposti, vähällä **2** vähätellen, vähättelevästi, kevytmielisesti
light-minded /,laɪt'maɪndəd/ *adj* kevytmielinen
lightness *s* **1** keveys (myös kuv) *the unbearable lightness of being* olemisen sietämätön keveys **2** helppous **3** vakavuuden puute, välinpitämättömyys
lightning /laɪtniŋ/ *s* salama *flash of lightning* salamanisku
lightning rod *s* **1** ukkosenjohdatin **2** (kuv) syntipukki
light on something *v* huomata/hoksata/löytää jotakin
light pen *s* (tietok) valokynä
light up *v* sytyttää, syttyä, kirkastaa, kirkastua *the explosion lit up the sky* räjähdys sai taivaan kirkastumaan
lightweight /'laɪt,weɪt/ *s* **1** kevyen sarjan nyrkkeilijä **2** mitätön ihminen *don't worry about Max, he is a lightweight* Maxia ei kannata pelätä
adj kevyt (myös kuv)
light-year /'laɪt,yɪər/ *s* **1** valovuosi **2** (kuv, mon) *we are light-years ahead of the competition* olemme valovuosia kilpailijoista edellä, meillä on selvä etumatka kilpailijoihin
likable /laɪkəbəl/ *adj* mukava, miellyttävä
like /laɪk/ *v* **1** pitää jostakusta/jostakin *do you like apples?* pidätkö omenista? *how do you like your new VCR?* mitä pidät uudesta kuvanauhuristasi? *well, how do you like that!* kaikkea sitä kuulee! **2** haluta *do as you like* tee kuten haluat *I would like to go now* haluaisin lähteä
adj, adv, prep kuin, kaltainen, samanlainen *it looks like rain* näyttää siltä että alkaa sataa *and the like* ja muuta vastaavaa *she spends money like crazy* hän törsää minkä ehtii
konj kuten *like he said, we have to go* kuten hän sanoi meidän on lähdettävä
likeable *adj* mukava, miellyttävä
like a shot *fr* kuin raketti, äkkiä
like a trooper *fr* kuin sotilas, kovasti, minkä ehtii
like father, like son *fr* mitä isä edellä sitä poika perässä
likelihood /'laɪkli,hʊd/ *s* todennäköi-

syys *what is the likelihood of us getting caught?* miten todennäköistä on että me joudumme kiinni?
likely *adj* **1** todennäköinen **2** uskottava **3** sopiva *that's a likely place for camping* tuohon on hyvä leiriytyä
likeness *s* **1** samankaltaisuus **2** kuva *God created man in His likeness* Jumala loi ihmisen omaksi kuvakseen
liken to *v* verrata jotakuta/jotakin johonkuhun/johonkin
likes and dislikes *s* (mon) maku, mieltymykset
likewise /ˈlaɪkˌwaɪz/ *adv* samoin, samalla tavoin
liking *s* mieltymys *to have/take a liking to someone/something* pitää/alkaa pitää/oppia pitämään jostakin
lilac /laɪlək/ *s* syreeni
adj liila, vaalean sinipunainen
Li'l Davy /ˌlɪəlˈdeɪvi/ (sarjakuvahahmo) Pikku Davy, Davy Crockett
Lilliputian /ˌlɪləˈpjuʃən/ *s, adj* lilliputti(-), kääpiö(-)
lilt /lɪlt/ *s* iloinen/reipas rytmi *to speak with a lilt* puhua hieman laulaen
v laulaa/soittaa/puhua reippaasti/reippaan rytmikkäästi
lily /lɪli/ *s* lilja
lily-white /ˈlɪliˌwaɪt/ *adj* **1** vitivalkoinen **2** (kuv) viaton, puhdas kuin pulmunen
limb /lɪm/ *s* **1** raaja *upper/lower limbs* yläraajat, alaraajat **2** (puun) oksa *to be out on a limb* olla heikoilla, olla (taloudellisesti tai muuten) heikolla pohjalla
limber /lɪmbər/ *adj* notkea
limber up *v* verrytellä, notkistaa, notkistella
limbic system /lɪmbɪk/ *s* (aivojen) limbinen järjestelmä
limbo /lɪmboʊ/ *s* **1** limbus, esihelvetti **2** unhola **3** välivaihe, siirtymäkausi
lime /laɪm/ *s* **1** kalkki **2** lehmus **3** limetti
v kalkita, lannoittaa kalkilla
limelight /ˈlaɪmˌlaɪt/ *s* parrasvalot (myös kuv), ramppivalot (myös kuv), (kuv) julkisuuden valokeila
limerick /lɪmrɪk/ *s* limerikki, viisisäkeinen komparuno
limestone /ˈlaɪmˌstoʊn/ *s* kalkkikivi
limey /laɪmi/ *s* (sl) britti
adj (sl) brittiläinen
limit /lɪmət/ *s* raja, yläraja, rajoitus *speed limit* nopeusrajoitus *life in Alaska tests the limits of human endurance* elämä Alaskassa panee ihmisen sietokyvyn koetteille *this is the limit!* tämä on kyllä kaiken huippu!, tämä on jo paksua!
v rajata, rajoittaa, rajoittua *the doctor told him to limit his salt intake* lääkäri käski häntä vähentämään suolan käyttöä
limitation /ˌlɪməˈteɪʃən/ *s* rajoitus, raja
limited *adj* **1** rajallinen; ahdas, pieni, vaatimaton *my time is limited, so let's begin immediatley* aloitetaan heti sillä minulla on vain vähän aikaa **2** (juna tms) pika- **3** (UK) osakeyhtiö-
limited-liability company *s* (UK) osakeyhtiö
limitless *adj* rajaton, ääretön
limousine /ˈlɪməˌzin/ *s* limusiini (yleensä kuljettajan ohjaama iso henkilöauto)
limp /lɪmp/ *s* ontuminen *the car accident left me with a limp* olen ontunut autokolarista lähtien
v ontua, nilkuttaa
adj veltto (myös kuv:) vetämätön, voimaton, (kirjan kannet:) pehmeät, taipuisat
linchpin /ˈlɪntʃˌpɪn/ *s* **1** (akselin) sokka **2** (kuv) perusta, A ja O
Lincoln /liŋkən/ amerikkalainen automerkki
Lincs. *Lincolnshire*
linden /lɪndən/ *s* lehmus
line /laɪn/ *s* **1** köysi **2** viiva, linja, jana, rajaviiva, ääriviiva, (mon) suuntaviivat *he wanted to do it along the same lines he did the first one* hän halusi noudattaa samoja suuntaviivoja kuin ensimmäisessä työssä **3** (US) jono *to wait in line* jonottaa **4** liikenneyhteys, linja; puhelinyhteys *hold the line!* älä katkaise

puhelua!, odota! **5** suvun haara, linja **6** (kirjan ym) rivi *to drop someone a line* kirjoittaa jollekulle kirje, antaa kuulua itsestään **7** menettely, suunta *it's hard to follow her line of reasoning* hänen ajatuksenjuoksuaan on vaikea ymmärtää **8** (sot) taistelulinja **9** liikeala *what is your line of business?* millä (liike)alalla sinä toimit? *our line of products* meidän tuotelinjamme/tuotteemme
v **1** viivoittaa **2** vuorata; peittää

lineage /lɪniədʒ/ *s* syntyperä; suku

linear /lɪniər/ *adj* **1** suoraviivainen, lineaarinen **2** (mitta) pituus-

linebacker /'laɪnˌbækər/ *s* (amerikkalaisessa jalkapallossa) tukimies, ks *inside linebacker, middle linebacker, outside linebacker*

line judge /'laɪnˌjʌdʒ/ *s* (amerikkalaisessa jalkapallossa) kenttätuomari

lineman /laɪnmən/ *s* (mon linemen) (amerikkalaisessa jalkapallossa) linjamies

linen /lɪnən/ *s* **1** pellava *to wash your dirty linen in public* riidellä yksityisasioista muiden kuullen **2** liinavaatteet

line of credit /ˌlaɪnəv'kredɪt/ *s* luottoraja

line of scrimmage /ˌlaɪnə'skrɪmədʒ/ *s* (amerikkalaisessa jalkapallossa) aloitusryhmitys

line out *v* **1** hahmotella, luonnostella **2** esittää, toteuttaa

liner /laɪnər/ *s* **1** matkustajalentokone; matkustajalaiva **2** äänilevyn kansi, kannet **3** vuori, vuoraus **4** (silmien)rajausväri *lipliner* huulten rajauskynä

linesman /laɪnzmən/ *s* (mon linesmen) linjatuomari

line up *v* **1** järjestää/järjestyä/käydä riviin **2** hankkia (kannattajia, esiintyjä)

lineup /laɪnʌp/ *s* **1** rivi *police lineup* rivi henkilöitä joiden joukosta silminnäkijää pyydetään tunnistamaan syyllinen **2** (urh) pelaajaluettelo **3** tarjonta, valikoima *the spring lineup of television programming* kevään televisiosarjat

line your own pockets *fr* paikkailla omia taskujaan, pistää rahaa (luvatta) omaan taskuunsa

linger /liŋgər/ *v* **1** viipyä jossakin, viivytellä **2** pysyä hengissä, olla vielä elossa

linger away/out *v* vetelehtiä, laiskotella, viettää laiskotellen

lingerie /ˌlanʒə'reɪ/ *s* naisten alusvaatteet

lingering *adj* **1** (sairaus) pitkällinen **2** hidas, pitkäveteinen **3** (epäilys) viimeinen, hienoinen

linger on *v* **1** puhua pitkään jostakin **2** lepuuttaa silmiään jossakin

lingo /liŋgoʊ/ *s* **1** (jonkin ammatti- tai muun ryhmän) erikoiskieli **2** (vieras) kieli

lingua franca /ˌliŋgwə'fræŋkə/ *s* yhteiskieli, lingua franca

linguist /liŋgwəst/ *s* kielitieteilijä, kielentutkija, lingvisti

linguistic *adj* **1** kielellinen, kieli- **2** kielitieteellinen, lingvistinen

linguistically *adv* **1** kielellisesti **2** kielitieteellisesti

linguistics /liŋ'gwɪstɪks/ *s* (verbi yksikössä) kielitiede, lingvistiikka

liniment /lɪnəmənt/ *s* (lääke)voide

lining /laɪniŋ/ *s* vuori, vuoraus

link /liŋk/ *s* **1** (ketjun) lenkki (myös kuv) *missing link* puuttuva rengas **2** kalvosinnappi **3** liikenneyhteys **4** tiedonsiirtoyhteys, linkki **5** yhteys *what is the link between these two diseases?* miten nämä kaksi sairautta liittyvät toisiinsa?
v yhdistää, yhdistyä, liittää/liittyä johonkin/yhteen

links *s* (mon) golfkenttä

link up *v* yhdistää, yhdistyä, liittää/liittyä johonkin/yhteen

linoleum /lə'noʊliəm/ *s* korkkimatto

linseed /'lɪnˌsid/ *s* pellavansiemen

linseed oil *s* pellavaöljy

lint /lɪnt/ *s* nöyhtä, nukka

lion /laɪən/ *s* **1** leijona (myös kuv) **2** (kuv) leijona, kuuluisuus, keikari *literary lion* kirjailijamaailman leijona

lioness /laɪənəs/ *s* naarasleijona

lionet /'laɪəˌnet/ *s* leijonanpentu

lionheart /'laɪənˌhart/ *s* rohkea/urhea ihminen

lionhearted /ˈlaɪənˌhartəd/ *adj* rohkea, urhea *Richard the Lion-Hearted* Rikhard Leijonamieli, Rikhard I
lionize /ˈlaɪəˌnaɪz/ *v* palvoa, ihailla
lion's share /ˈlaɪnzˌʃeər/ *s* leijonanosa, suurin osa, parhaat palat
lip /lɪp/ *s* **1** huuli *to keep a stiff upper lip* purra hammasta; ei paljastaa tunteitaan *to smack your lips over something* odottaa vesi kielellä jotakin **2** (astian) nokka **3** reuna, reunus
liposuction /ˈlɪpəˌsʌkʃən, ˈlaɪpoʊˌsʌkʃən/ *s* rasvaimu
lipreading /ˈlɪpˌridiŋ/ *s* huuliltalukeminen
lip service *to pay lip service to someone/something* muka totella/noudattaa ym jotakuta/jotakin, olla tottelevinaan/noudattavinaan ym jotakin
lipstick /ˈlɪpˌstɪk/ *s* huulipuna
liquefy /ˈlɪkwəˌfaɪ/ *v* nesteytyä, nesteyttää
liqueur /lɪˈkər lɪˈkjʊər/ *s* likööri
liquid /lɪkwəd/ *s* **1** neste **2** (fonetiikassa) likvida (äänteet /r/ ja /l/)
adj **1** nestemäinen, neste- **2** (tal) likvidi, käteinen, helposti rahaksi muutettava
liquidate /ˈlɪkwəˌdeɪt/ *v* **1** (tal) likvidoida, maksaa (velka), muuttaa rahaksi **2** tappaa, teloittaa, likvidoida
liquidation /ˌlɪkwəˈdeɪʃən/ *s* **1** (tal) likvidaatio, likvidointi **2** tappaminen, teloitus, likvidointi
liquor /lɪkər/ *s* viina, (väkevä) alkoholi
liquorice /lɪkrɪʃ/ *s* lakritsi
liquorice allsorts *s* (mon) (UK) englantilaiset lakritsikonvehdit
lisp /lɪsp/ *s* s-vika
v: she lisps hänellä on s-vika
list /lɪst/ *s* **1** luettelo, lista **2** (laivan) kallistuma
v **1** luetella, merkitä luetteloon/listaan **2** (laivasta) kallistua, olla kallistunut
listed *adj* (tal) julkisesti noteerattu
listen /lɪsən/ *v* kuunnella
listener /lɪsnər/ *s* kuuntelija
listen in *v* **1** kuunnella (radiolähetystä) **2** salakuunnella, kuunnella salaa
listening post *s* **1** (sot) (sala)kuunteluasema **2** (kuv) tuntosarvet *the CIA has listening posts all over the Middle East* CIA on työntänyt tuntosarvensa kaikkialle Lähi-itään
listless /lɪstləs/ *adj* haluton, innoton, veltto, välinpitämätön, voimaton
listlessly *adv* ks listless
listlessness *s* haluttomuus, velttous, välinpitämättömyys
list price *s* ohje(vähittäis)hinta, listahinta
lit /lɪt/ ks light
lit. *literal; literally; literary; literature*
litany /lɪtəni/ *s* **1** (rukous) litania **2** (kuv) litania
Lit.D. *Doctor of Letters/Literature* kirjallisuuden tohtori
liter /litər/ *s* litra
literacy /lɪtərəsi/ *s* **1** lukutaito, luku- ja kirjoitustaito **2** oppineisuus **3** *computer literacy* taito käyttää tietokonetta
literal /lɪtərəl/ *adj* **1** kirjoitus- **2** kirjaimellinen, sanatarkka **3** tarkka, luotettava, paikkansa pitävä **4** varsinainen, todellinen, oikea **5** (ihminen) tosikkomainen
literally *adv* **1** kirjaimellisesti, sanatarkasti **2** (kuv) kirjaimellisesti, todella, nimen omaan
literal-minded /ˌlɪtərəlˈmaɪndəd/ *adj* tosikkomainen *she is awfully literal-minded* hän on hirvittävä tosikko
literary /ˈlɪtəˌreri/ *adj* kirjallisuus-, kirjailija- *literary circles* kirjailijapiirit *he is a literary man* hän on kirjallisuuden tutkija/harrastaja
literate /lɪtərət/ *adj* **1** lukutaitoinen, luku- ja kirjoitustaitoinen **2** oppinut, sivistynyt, kouluja käynyt
literati /ˌlɪtəˈrati/ *s* (mon) kirjallisuuden harrastajat; oppineet, älymystö
literature /lɪtərətʃər/ *s* **1** kirjallisuus **2** esitteet, aineisto, mainosmateriaali *we will be happy to send you some literature on our software* lähetämme mielellämme lisätietoja ohjelmistamme
lithe /laɪð/ *adj* notkea, taipuisa, norja
lithium /lɪθiəm/ *s* litium
lithographer *s* kivenpiirtäjä, litografi
lithographic /ˌlɪθəˈgræfɪk/ *adj* kivipaino-, litografinen

lithography /lɪ'θagrəfi/ *s* kivipaino
Lithuania /ˌlɪθʊ'eɪniə/ Liettua
litigate /'lɪtəˌgeɪt/ *v* käräjöidä
litigation /ˌlɪtə'geɪʃən/ *s* käräjöinti
litigious /lɪ'tɪdʒəs/ *adj* käräjöimishaluinen
litigiousness *s* käräjöimishalu
litmus /lɪtməs/ *s* lakmus
litmus paper *s* lakmuspaperi
Litt. B. *Bachelor of Letters/Literature* kirjallisuuden kandidaatti (alin tutkinto)
Litt. D. *Doctor of Letters/Literature* kirjallisuuden tohtori
litter /lɪtər/ *s* **1** roska, roskat, jäte **2** (eläimen) pesue, poikue **3** paarit *v* **1** roskata, heittää roskia maahan tms **2** levittää/heittää/heitellä jotakin sinne tänne **3** (eläin) synnyttää
litterbag /'lɪtərˌbæg/ *s* roskapussi, jätepussi
litterbug /'lɪtərˌbʌg/ *s* roskaaja; joku joka heittää roskia maahan tms
littering *s* roskaaminen
little /lɪtəl/ *s, adj (smaller, smallest), adv (less, least)* pieni, lyhyt, vähäinen; vähän, vain vähän, pikkuisen; pieni määrä *when he was little* kun hän on oli pieni, hänen lapsuudessaan *my little sister* pikkusiskoni *just a little bit* aivan vähän, pikkuisen *a little while* pieni/lyhyt hetki, hetkinen *he gave me a little money* hän antoi minulle vähän rahaa *he gave me little money* hän antoi minulle vain/hyvin vähän rahaa *in little* pienoiskokoinen, pienoiskoossa, pienois- *a little knowledge is a dangerous thing* luulo ei ole tiedon väärti *to make little of something* vähätellä jotakin
little by little *adv* vähä vähältä, vähitellen
little finger *s* pikkusormi
little man *s* tavallinen ihminen, kadunmies, keskivertokansalainen
littleness *s* pienuus, vähäisyys
little people *s* **1** tavalliset ihmiset **2** lapset, pikkuväki **3** kääpiöt **4** (saduissa ym) pikkuväki
little toe *s* pikkuvarvas
liturgy /lɪtərdʒi/ *s* liturgia
livable /lɪvəbəl/ *adj* **1** asuinkelpoinen **2** siedettävä, elämisen arvoinen
livable-in *adj* asuinkelpoinen
livable-with *adj* siedettävä
live /lɪv/ *v* **1** elää *to live and die* elää ja kuolla *to live beyond your means* elää yli varojensa *and they lived happily ever after* ja he elivät onnellisina elämänsä loppuun asti *he lives a life of denial* hän elää kieltäymyksessä *she lived to be 100* hän eli satavuotiaaksi **2** asua jossakin *they live in the suburbs* he asuvat esikaupungissa
live /laɪv/ *adj* **1** elävä (myös kuv) *live music* elävä musiikki **2** eloisa, vilkas **3** (radio- tai televisiolähetys) suora, (äänite, tallenne) konsertti-, live- *adv* (lähettää radio- tai televisiolähetys) suorana, (äänittää, tallentaa ääninauhalle tms) konsertissa
live-action /'laɪvˌækʃən/ *adj* **1** (elokuva) animaatio-, piirretty, piirros- **2** (ark) suora (radio- tai televisiolähetys)
live by your wits *fr* pitää puolensa, olla nokkela
live high off/on the hog *fr* elää leveästi
live-in /'lɪvˌɪn/ *s* **1** isäntäväen luona asuva palvelija tms **2** avopuoliso, avopari *adj* **1** (palvelija) joka asuu isäntäväen luona **2** (avoliiton osapuolesta) avo-
live in *v* (palvelija tms) asua isäntäväen talossa
livelihood /'laɪvliˌhʊd/ *s* toimeentulo, elatus, elanto
liveliness /laɪvlinəs/ *s* eloisuus, vilkkaus
livelong /'lɪv'laŋ/ *adj* koko *do I have to sit here for the livelong day?* pitääkö minun istua tässä koko pitkän päivän?
lively /laɪvli/ *adj* eloisa, vilkas, (äly) terävä, nokkela, (vauhti) reipas
liven up /laɪvən/ *v* piristää, piristyä, tuoda (uutta) eloa johonkin
live off *v* elää jollakin/jonkun kustannuksella/siivellä
live on *v* **1** elää jollakin *he lives on vegetables* hän syö pelkästään vihanneksia **2** tulla toimeen *I can't live on*

$160 a week en tule toimeen 160 dollarilla viikossa
live out *v* (palvelija tms) ei asua isäntäväen talossa
liver /lɪvər/ *s* maksa
Liverpool /lɪvərpʊəl/
livery /lɪvəri/ *s* livree, palvelijan puku
lives /laɪvz/ ks life
livestock /ˈlaɪvˌstak/ *s* karja
live together *fr* asua yhdessä, olla avoliitossa
live up to *v* täyttää vaatimukset, vastata odotuksia
live with *v* **1** asua yhdessä jonkun kanssa, olla avoliitossa **2** sietää jotakin, selvitä jostakin, tulla toimeen jostakin huolimatta
livid /lɪvəd/ *adj* **1** sinertävä; joka on mustelmilla **2** suunniltaan raivosta
living *s* **1** *the living* elävät ihmiset **2** elatus, elanto, toimeentulo
adj elävä *there was not a living soul there* siellä ei ollut ristin sielua
living death *s* (kuv) todellinen/täysi/elävä helvetti
living room *s* olohuone
lizard /lɪzərd/ *s* sisilisko; lisko
Lizard (tähdistö) Sisilisko
llama /lamə/ *s* laama
load /loʊd/ *s* **1** kuorma, lasti **2** kuormitus **3** (kuv) taakka, rasitus *she is struggling under the heavy load of responsibility* vastuun raskas taakka painaa häntä **4** (ark) iso kasa *he has loads of CDs* hänellä on kasapäin CD-levyjä **5** (aseen) panos
v **1** kuormata, lastata **2** kuormittaa **3** ladata (ase, kamera)
load down *v* **1** kuormata (täyteen) **2** (kuv) rasittaa, sälyttää jotakin jonkun niskaan/harteille
load down with *v* **1** (kuv) hukuttaa joku johonkin **2** (kuv) luhistua taakkansa tms alle
load into *v* nousta ajoneuvoon
load the dice *fr* saattaa joku epäedulliseen asemaan, olla jollekulle vahingoksi, joutua kärsimään jostakin
loaf /loʊf/ *s* (mon loaves) leipä *a loaf of bread* leipä
v maleksia, vetelehtiä *no loafing!* asiaton oleskelu kielletty
loaf away *v* panna hukkaan
loafer *s* maleksija, vetelehtijä; asiaton oleskelija
loan /loʊn/ *s* laina *the bank gave her a loan* hän sai pankista lainan *can I take your calculator on loan?* saanko lainata laskintasi?
v lainata jollekulle, antaa lainaksi; myöntää laina
loan shark /ˈloʊnˌʃark/ *s* (ark) koronkiskuri
loanword /ˈloʊnˌwərd/ *s* lainasana *in English,* sauna *is a loanword* englannin kielessä *sauna* on lainasana
loath /loʊθ/ *to be loath to do something* olla haluton tekemään jotakin, ei suostua johonkin
loathe /loʊð/ *v* inhota, halveksia
loathful /loʊðfəl/ *adj* inhottava, vastenmielinen
loathsome /loʊðsəm/ *adj* inhottava, vastenmielinen, kuvottava
loaves /loʊvz/ ks loaf
lobby /labi/ *s* **1** aula, eteinen **2** (poliittinen) eturyhmä
v ajaa (edustajainhuoneessa tms) jotakin asiaa, puolustaa jonkin eturyhmän etuja *the NRA is lobbying against gun control* National Rifle Association yrittää estää edustajainhuonetta tiukentamasta yksityisaseiden valvontaa
lobbyist *s* (poliittisen) eturyhmän edustaja, lobbyisti
lobe /loʊb/ *s* **1** korvan nipukka **2** keuhkojen lohko
lobster /labstər/ *s* hummeri
local /loʊkəl/ *s* **1** paikallisjuna, paikallislinja-auto, paikallislehti, paikallisosasto **2** (us mon) paikallisväestö, paikkakuntalaiset
adj paikallinen, paikallis-, paikkakunta- *local transportation* paikallisliikenne *local anesthesia* paikallispuudutus
local area network *s* (tietok) paikallisverkko, lähiverkko
local color *s* (kuv) paikallisväri
local-content *adj* kotimaisuusastetta koskeva, kotimaisuusaste-

locale /loʊ'kæəl/ *s* **1** paikka, asuinsija **2** (elokuvan, kirjan) tapahtumapaikka
local government *s* **1** paikallishallinto **2** kaupunginhallitus, kunnanhallitus tms
locality /loʊ'kæləti/ *s* **1** paikka, alue **2** paikallisuus
localization /ˌloʊkələ'zeɪʃən/ *s* paikannus, paikantaminen, paikallistaminen
localize /'loʊkəˌlaɪz/ *v* paikantaa, paikallistaa
locate /loʊkeɪt/ *v* **1** sijoittaa *their home is located near the ocean* heidän talonsa on lähellä merta **2** löytää, paikantaa
location /loʊ'keɪʃən/ *s* **1** paikka, sijanti, asema **2** sijoittaminen, rakentaminen **3** löytäminen, paikantaminen, paikannus **4** (elokuvan) kuvauspaikka (studion ulkopuolella) *the movie was filmed entirely on location* filmi kuvattiin kokonaan studion ulkopuolella
loch /lak/ *s* (Skotlannissa) järvi
Loch Ness /lak'nes/ Loch Ness
Loch Ness monster /ˌlaknes'manstər/ *s* Loch Nessin hirviö
lock /lak/ *s* **1** (oven, aseen) lukko *to be under lock and key* olla hyvässä turvassa/tallessa, olla lukkojen takana **2** (hius)kihara **3** (mon) kutrit, kiharat, hiukset, tukka **4** (kanavan) sulku
v lukita, panna lukkoon, lukkiutua, mennä lukkoon
locker *s* lukollinen kaappi, laatikko; (esim rautatieasemalla maksullinen) säilytyslokero
locker room /'lakərˌrum/ *s* (urheilijoiden) pukuhuone
locker-room *adj* (kuv) miehinen, miesten keskeinen, härski
locket /lakət/ *s* medaljonki, riipus
lock horns with *fr* ottaa yhteen jonkun kanssa
lock in *v* lyödä lukkoon
lock on *v* saada tähtäimeen, seurata (tutkalla yms)
lock out *v* ei päästää sisään/jonnekin, sulkea jokin paikka joltakulta
locksmith /'lakˌsmɪθ/ *s* lukkoseppä
lock, stock, and barrel *fr* kaikkineen päivineen, koko konkkaronkka, kimpsuineen kampsuineen
lock up *v* **1** lukita ovet **2** teljetä vankilaan
locomotion /ˌloʊkə'moʊʃən/ *s* liike (paikasta toiseen)
locomotive /ˌloʊkə'moʊtɪv/ *s* (junan) veturi
adj **1** liike- **2** veturi-
locomotive engineer *s* veturinkuljettaja
locus /loʊkəs/ *s* (mon loci, loca) (yleiskielessä) paikka, keskus
locust /loʊkəst/ *s* heinäsirkka
lodge /ladʒ/ *s* **1** mökki, maja, kesämökki **2** piharakennus **3** hotelli *motor lodge* motelli **4** (järjestön) paikallisosasto
v **1** yöpyä, asua (tilapäisesti) jossakin, majoittua, majoittaa **2** asua vuokralla jossakin, ottaa vuokralaiseksi **3** juuttua, jäädä (kiinni) jonnekin
lodgepole pine /ˌladʒˌpoəl'paɪn/ *s* kontortamänty
lodger /ladʒər/ *s* vuokralainen
lodging *s* **1** majoitus **2** (mon) vuokrahuone(et)
lodging house *s* täysihoitola
loft /laft/ *s* **1** ullakko, ullakkohuoneisto **2** (heinä)yliset **3** golfmailan lavan nostokulma **4** golfpallon lentokorkeus
loftily *adv* ks lofty
lofty /lafti/ *adj* **1** korkea **2** korkeaarvoinen **3** ylevä, korkealentoinen **4** ylimielinen, koppava
log /lag/ *s* **1** tukki, (kaadettu) puunrunko; halko **2** (laivan) loki **3** (laivan) lokikirja; (lentokoneen) lentopäiväkirja
v **1** kaataa (metsää), halkoa, pilkkoa (puita) **2** merkitä lokikirjaan; merkitä muistiin, kirjata **3** kulkea, matkustaa, lentää tietty matka/aika
logarithm /'lagˌrɪðəm/ *s* logaritmi
logarithmic /ˌlag'rɪðmɪk/ *adj* logaritminen, logaritmi-
logbook /'lagˌbʊk/ *s* (laivan) lokikirja; (lentokoneen) lentopäiväkirja

loggerheads /'lagər,hedz/ *to be at loggerheads with someone* olla tukkanuottasilla/riidoissa jonkun kanssa
logic /ladʒɪk/ *s* **1** logiikka **2** loogisuus, järki, ajattelu *he was unable to follow her logic* hän ei ymmärtänyt hänen ajatuksenjuoksuaan *there is no logic in what you're saying* puhut täysin epäjohdonmukaisesti
logical *adj* **1** looginen **2** järkevä, johdonmukainen, selkeä
logically *adj* **1** loogisesti **2** järkevästi, johdonmukaisesti, asiallisesti
logician /la'dʒɪʃən/ *s* loogikko
log in *v* **1** merkitä ylös, kirjata **2** (tietok) avata yhteys esim suurtietokoneeseen
logistical *adj* kuljetus-, järjestely-, logistinen
logistics /la'dʒɪstɪks/ *s* (verbi yksikössä tai mon) **1** (sotaväen ja -kaluston) kuljetus, logistiikka **2** järjestely, logistiikka
logjam /'lag,dʒæm/ *s* **1** tukkisuma **2** (kuv) ruuhka, tulva
log off *v* (tietok) katkaista yhteys esim suurtietokoneeseen, lopettaa esim suurtietokoneen käyttö
loincloth /'loɪn,klaθ/ *s* lannevaate
loins /loɪnz/ *s* (mon) **1** lanteet **2** (kuv) kupeet *to gird up your loins* (kuv) vyöttää kupeensa, valmistautua johonkin
loiter /loɪtər/ *v* maleksia, lorvailla *no loitering!* asiaton oleskelu kielletty
loiter away *v* panna hukkaan
loiterer *s* maleksia, lorvailija; asiaton oleskelija
loll /laəl/ *v* **1** lojua, löhötä **2** roikkua, roikuttaa *his head was lolling against his chest* hänen päänsä roikkui velttona rintaa vasten
lollipop /'lali,pap/ *s* tikkukaramelli
London /lʌndən/ Lontoo
London Interbank Offered Rate *s* (tal) Lontoon eurovaluuttamarkkinoiden keskimääräinen korkonoteeraus eurodollaritalletuksille (lyh *LIBOR*)
lone /loʊn/ *adj* **1** yksinäinen *lone rider* yksinäinen ratsastaja **2** ainoa
lonelily *adv* yksinäisesti, (ypö)yksin
loneliness *s* yksinäisyys (ks *lonely*)
lonely /loʊnli/ *adj* **1** (olo) yksinäinen, joka on ypöyksin **2** (paikka) yksinäinen, autio, syrjäinen
lonesome /loʊnsəm/ *adj* **1** (olo) yksinäinen, joka on ypöyksin **2** (paikka) yksinäinen, autio, syrjäinen
long /laŋ/ *s, adj, adv* **1** pitkä (etäisyys, aika), pitkään, kauan *it's a long story* se on pitkä juttu *I can't wait that long* en voi odottaa niin pitkään *she took a long look at his car* hän katsoi hänen autoaan pitkään/oikein kunnolla *as long as* kunhan; koska; niin kauan kuin *it happened as long ago as 1899* se tapahtui jo vuonna 1899 *before long* pian, ennen pitkää *so long as he lived in Canada* sinä aikana jonka hän asui Kanadassa, niin kauan kuin hän asui Kanadassa **2** *adj* (tal) termiä *long* käytetään sijoittajasta tai vastaavasta joka omistaa arvopapereita
long and short of it *fr* asian ydin
Long Beach /'laŋ,bitʃ/ kaupunki Kaliforniassa
long-beaked echidna /ə'kɪdnə/ *s* kärsänokkasiili
longbow /'laŋ,boʊ/ *s* käsijousi
long-distance /,laŋ'dɪstəns/ *adj* **1** (puhelu) kauko- **2** (juoksija) pitkän matkan
long division /,laŋdə'vɪʒən/ *s* jakolasku paperilla
longevity /lan,dʒevəti/ *s* pitkäikäisyys
long face /,laŋ'feɪs/ *s* hapan ilme *when he heard the news, Fred pulled a long face* uutisen kuultuaan Fredin naama venähti pitkäksi
long haul /,laŋ'haəl/ *s* pitkä matka *in the long haul* pitkällä aikavälillä, pitemmän päälle
longing *s* kaipaus, kaipuu *adj* kaihoisa, kaipaava
long in the tooth *fr* iäkäs, vanha
longitude /'landʒə,tud/ *s* pituus, pituusaste
longitudinal /,landʒə'tudənəl/ *adj* pituus-, pituussuuntainen, pitkittäinen
long johns /'laŋ,dʒanz/ *s* (ark mon) pitkät alushousut/kalsarit
long jump /'laŋ,dʒʌmp/ *s* (urh) pituushyppy
long jumper *s* (urh) pituushyppääjä

long-lasting /ˌlaŋ'læstiŋ/ *adj* pitkäaikainen, pitkäkestoinen, pitkään vaikuttava, pitkävaikutteinen
long-lived /ˌlaŋ'lɪvd/ *adj* pitkäikäinen
long-playing /ˌlaŋ'pleɪiŋ/ *adj* pitkäsoitto- *long-playing record* LP
long-range /ˌlaŋ'reɪndʒ/ *adj* **1** pitkän aikavälin, pitkäaikainen **2** (ohjus) pitkänmatkan
long row to hoe *fr* visainen tehtävä, vaikea asia
long run /'laŋˌrʌn/ *in the long run* pitkällä aikavälillä, pitemmän päälle
longshore /'laŋˌʃɔr/ *adj* ranta-, satama-
longshoreman /ˌlaŋ'ʃɔrmən/ *s* (mon longshoremen) satamatyöläinen
longshorewoman /ˌlaŋ'ʃɔrˌwʊmən/ *s* (mon longshorewomen) (naispuolinen) satamatyöläinen
long shot /'laŋˌʃat/ *s* iso riski *not by a long shot* ei lähimainkaan, ei sinne päinkään
long-sighted /'laŋˌsaɪtəd/ *adj* **1** pitkänäköinen **2** (kuv) kaukonäköinen
longsome /laŋsəm/ *adj* pitkäveteinen, pitkäpiimäinen
longstanding /ˌlaŋ'stændiŋ/ *adj* pitkäaikainen, pitkällinen, pitkä
long-suffering /ˌlaŋ'sʌfəriŋ/ *adj* pitkämielinen, kärsivällinen
long term /'laŋˌtərm/ *in the long term* pitkällä aikavälillä, pitemmän päälle
long-term *adj* pitkän aikaväline, pitkäaikainen, pitkäaikais-
long-term memory *s* pitkäkestoinen muisti, säilömuisti, kestomuisti
longtime /'laŋˌtaɪm/ *adj* pitkäaikainen *Bob and I are longtime friends* Bob ja minä olemme vanhoja tuttuja
long time no see *fr* eipä ole nähtykään/tavattukaan pitkään aikaan
long-winded /ˌlaŋ'wɪndəd/ *adj* pitkäveteinen, pitkäpiimäinen, joka puhuu (liian) pitkään, (puhe) (liian) pitkä
longwise /'laŋˌwaɪz/ *adj, adv* pitkittäin(en)
look /lʊk/ *s* **1** katse, vilkaisu *will you take a quick look at these figures?* vilkaisepa näitä numeroita **2** ilme, ulkonäkö **3** (mon) ulkonäkö *at least you have the looks* ainakin sinä olet hyvän näköinen *v* **1** katsoa, vilkaista *to look in the mirror* katsoa peiliin *look at yourself!* katso nyt itseäsi! **2** näyttää joltakin *it looks like rain* näyttää siltä että kohta alkaa sataa **3** etsiä, käydä läpi
look after *v* huolehtia, pitää huoli jostakin
look-alike /'lʊkəˌlaɪk/ *s* **1** kaksoisolento *there's a Dolly Parton look-alike contest at the community center* monitoimitalolla on kilpailu jossa etsitään Dolly Partonin näköisiä naisia **2** jäljitelmä *he purchased a cheap IBM look-alike* hän osti halvan IBM-kloonin (mikrotietokoneen)
look back *v* muistella menneitä
look daggers at someone *fr* katsoa jotakuta murhaavasti
look down on *v* väheksyä/halveksua jotakuta, kohdella jotakuta ylimielisesti
look down your nose at someone/something *fr* katsoa jotakuta/jotakin nenänvartta pitkin, halveksua, väheksyä, kohdella ylimielisesti
looker *s* (ark) hyvännäköinen nainen/mies
look for *v* **1** etsiä jotakuta/jotakin **2** odottaa
look forward to *v* odottaa *looking forward to your prompt reply* (kirjeen lopussa) jään odottamaan pikaista vastaustanne
look into *v* ottaa selvää jostakin, tutkia
look on *v* pitää jotakuta/jotakin jonakin
look out *v* varoa
lookout /'lʊkˌaʊt/ *to be on the lookout for* etsiä jotakin, yrittää löytää jotakin
look out for *v* varoa jotakuta/jotakin; huolehtia jostakin *to look out for your health* pitää huolta terveydestään, vaalia terveyttään
look out for number one *fr* ajaa omaa etuaan, pitää puolensa
look-see /'lʊkˌsi/ *s* (ark) vilkaisu *come and have a look-see* vilkaisepa tätä
look up *v* **1** nostaa katseensa, katsoa ylöspäin **2** näyttää paremmalta/hyvältä/

lupaavalta **3** etsiä/katsoa (tietosanakirjasta, sanakirjasta) **4** käydä katsomassa jotakuta, piipahtaa jonkun luona

look upon *v* pitää jotakuta/jotakin jonakin

look up to *v* ihailla, kunnoittaa, pitää suuressa arvossa

loom /lum/ *s* kangaspuut
v **1** näkyä (hämärästi) (myös kuv) *those fears loom large in his mind* ne pelot kummittelevat hänen mielessään **2** seisoa (uhkaavan näköisenä)

loon /lun/ *s* **1** kuikka **2** hullu, tärähtänyt ihminen

loony bin /ˈluniˌbɪn/ *s* (ark) hullujenhuone, pöpilä

loop /lup/ *s* **1** silmukka, lenkki *to throw someone for a loop* saada joku ällistymään/haukkomaan henkeään **2** (ehkäisyväline) kierukka
v tehdä silmukka, kiertää/kiertyä silmukalle; kiemurrella, luikerrella

loophole /ˈlupˌhɔl/ *s* **1** ampuma-aukko; tirkistysreikä; tuuletusaukko **2** (kuv) porsaanreikä

loose /lus/ *s* vapaus: *to be on the loose* olla vapaalla jalalla; irrotella, ottaa ilo irti elämästä
v **1** vapauttaa **2** irrottaa **3** löysätä, höllätä
adj, adv **1** irtonainen, irronnut, löystynyt, löysä, löyhä, höllä *to come loose* irrota **2** notkea, irtonainen **3** vapaa *to break loose* karata; riuhtaista itsensä irti; irrota *to turn loose* vapauttaa, päästää vapaaksi *to let loose* vapauttaa, vapautua; antaa periksi, ei kestää **4** löysä, (moraali, kuri, järjestys), höllä, kevytmielinen, kevytkenkäinen **5** kulku- *a loose dog* kulkukoira **6** käyttämätön, ylimääräinen *loose change* pikkuraha

loose end *s* (kuv) keskeneräinen asia *to be at loose ends* (kuv) olla tuuliajolla, ei saada otetta elämästä/mistään

loose-fitting *adj* (vaate) löysä, (liian) iso

loose-jointed *adj* notkea, norja, vetreä

loose-leaf binder *s* irtolehtikansio

loosely *adv* rennosti, vapaasti, kevyesti, ajattelemattomasti, harkitsemattomasti, kevytmielisesti, kevytkenkäisesti (ks *loose*)

loosen /lusən/ *v* irrottaa, hellittää, löysätä, höllätä

loosen the purse strings *fr* löysätä rahakukkaron nyörejä

loose-tongued /ˌlusˈtʌŋd/ *adj* juoruileva

loot /lut/ *s* (sota-, ryöstö)saalis
v ryövätä, ryöstää, kähveltää

lop /lap/ *v* **1** karsia (oksia) **2** katkaista (raaja ym) **3** jättää jotakin pois jostakin, lyhentää **4** roikkua, roikuttaa, riippua, riiputtaa

lopsided /ˈlapˌsaɪdəd/ *adj* **1** vino **2** (kuv) epäsuhtainen, nurinkurinen

lord /lɔrd/ *s* **1** *Lord* Herra **2** hallitsija, valtias, isäntä, herra **3** (UK) lordi (myös erinäisissä puhutteluissa)

lord it over someone *fr* kohdella jotakuta ylimielisesti, komennella, määräillä

lordship *s* (UK) *your lordship* lordin ja tuomarin puhuttelunimitys

Lord's Prayer *s* isämeidänrukous

Lord's Supper *s* ehtoollinen, Herran ateria

Lorraine /ləˈreɪn/ Lothringen

lorry /lɔri/ *s* (UK) kuorma-auto

Los Angeleno /lasˌændʒəˈlinoʊ/ *s* Los Angelesin asukas

Los Angeles /lasˈændʒələs/ kaupunki Kaliforniassa

lose /luz/ *v* lost, lost **1** menettää, kadottaa, hukata *he lost his job/life/balance/mind* hän menetti työpaikkansa/henkensä/tasapainonsa/järkensä *Mary lost her purse* Mary hukkasi käsilaukkunsa **2** hävitä (ottelu, oikeudenkäynti, taistelu) *the team lost both games* joukkue hävisi kummankin ottelun **3** karistaa kannoiltaan, jättää jälkeensä **4** *to lose yourself somewhere* eksyä jonnekin

lose face *fr* menettää kasvonsa, saada hävetä silmät päästään

lose out *v* hävitä, joutua tappiolle

loser /luzər/ *s* (ark) toivoton tapaus *his new novel is a loser* hänen uusi romaaninsa on surkea
lose sight of *fr* **1** kadottaa näkyvistä **2** (kuv) unohtaa
lose track *fr* ei seurata jotakin, unohtaa, menettää kosketus johonkin
lose your shirt *fr* (ark) joutua puille paljaille, tehdä vararikko
lose your tongue *fr* menettää puhelahjansa
loss /las/ *s* **1** menetys *she grieved over the loss of her husband* hän suri miehensä kuolemaa **2** tappio *the company is operating at a loss* yritys toimii tappiolla, yritys tuottaa tappiota **3** *I am at a loss for words* en tiedä mitä sanoa, en osaa pukea ajatuksiani sanoiksi
lost /last/ *v:* ks lose
adj **1** hukkunut, hukassa, menetetty; edesmennyt, kuollut *the purse is lost* käsilaukku on hukassa/hukkunut *I am lost* olen hukassa/pulassa **2** *get lost!* häivy!, ala nostella!
lost cause *s* tuhoon tuomittu hanke/ajatus/aate
lot /lat/ *s* **1** arpa *they chose their leader by a lot* he valitsivat johtajan arpomalla **2** kohtalo, osa ja arpa *to cast in your lot with someone* lyöttäytyä yhteen jonkun kanssa, ryhtyä jonkun kumppaniksi **3** tontti, maa; elokuvastudion alue *back lot* elokuvastudion ulkokuvausalue *parking lot* pysäköintialue **4** joukko, ryhmä; erä *a lot of something* paljon jotakin *lots of money* paljon rahaa *the whole lot* koko joukko, kaikki **5** tyyppi *they are a bad lot* he ovat vaarallista sakkia
v jakaa jollekulle/osiin
lotion /loʊʃən/ *s* (käsi-, kasvo)voide
lottery /latəri/ *s* arpajaiset; arvonta
lotto /latoʊ/ *s* lotto *to play lotto* lotota
lotus /loʊtəs/ *s* (kasvi) lootus
loud /laʊd/ *adj* **1** (ääni, huuto) kova, voimakas, kovaääninen **2** (väri) räikeä **3** (käytös, ihminen) remuava, suurisuinen
adv (sanoa jotakin) ääneen
loudly *adv* ks loud
loudmouth /ˈlaʊdˌmaʊθ/ *s* suurisuinen ihminen, suunsoittaja
loudness *s* äänenvoimakkuus *loudness switch* (stereolaitteessa) fysiologinen korjain, loudness-kytkin
loudspeaker /ˈlaʊdˌspikər/ *s* kaiutin
Louisiana /lʊˌwiziːˈænə/ Louisiana
lounge /laʊndʒ/ *s* **1** nojatuoli, sohva **2** (hotellin) aula, oleskeluhuone, (lentokentän ym) odotussali
v loikoilla, laiskotella, vetelehtiä
lounge chair /ˈlaʊndʒˌtʃeər/ *s* nojatuoli, sohva
lounger *s* **1** loikoilija, laiskottelija **2** nojatuoli, sohva **3** (ark) kylpytakki, sisätakki
loupe /lup/ *s* luuppi, luppi, eräänlainen suurennuslasi
louse /laʊs/ *s* (mon lice) täi
lousy /laʊzi/ *adj* (ark) surkea, kurja, viheliäinen *we had a lousy time at their place* meillä oli kurjaa heidän luonaan
lousy with *to be lousy with something* (sl) jollakulla on jotakin kuin roskaa/yllin kyllin
lout /laʊt/ *s* moukka
louver /luvər/ *s* **1** sälekaihdin **2** (esim auton jäähdyttimen) säleikkö
lovable /lʌvəbəl/ *adj* rakastettava, ihana, ihastuttava
love /lʌv/ *s* **1** rakkaus (eri merkityksissä, myös:) lähimmäisenrakkaus *to make love* rakastella *for the love of decency, please shut up* ole nyt ihmeessä siivosti *there was no love lost between the brothers* veljekset eivät voineet sietää toisiaan **2** kulta, rakas *Mary was his first love* Mary oli hänen ensimmäinen ihastuksensa **3** (tennis) nolla (pistettä)
v rakastaa (eri merkityksissä) *she loves Gothic novels* hän rakastaa goottilaisia romaaneita, hän pitää kovasti goottilaisista romaaneista
love affair *s* **1** (rakkaus)suhde **2** (kuv) ihastus, innostus, harrastus
loveless *adj* rakkaudeton
love life *s* rakkauselämä *how's your love life?*
lovelorn /ˈlʌvˌlɔrn/ *adj* lemmenkipeä

lovely *adj* ihana, ihastuttava; kaunis; hauska
lovemaking /'lʌv,meɪkiŋ/ *s* rakastelu
love potion /'lʌv,poʊʃən/ *s* lemmenjuoma, afrodisiakumi
lover /lʌvər/ *s* **1** rakastaja *they say that the boss and his secretary are lovers* väitetään että pomolla ja hänen sihteerillään on suhde **2** harrastaja, ystävä *she's a music-lover* hän on musiikin ystävä
lovers' lane /,lʌvərz'leɪn/ *s* kuherruskuja
lovesick /'lʌv,sɪk/ *adj* lemmenkipeä
loving *adj* rakastava, rakastunut, hellä, lempeä
lovingly *adv* rakastuneesti; hellästi, kauniisti
low /loʊ/ *s* **1** matalapaine **2** pohjalukema *inflation has reached a new low* inflaatio on laskenut ennätyksellisen alas
adj **1** matala **2** hiljainen (ääni) **3** (kuv) matala, alhainen, halpamainen, vähäinen, pieni *the interest rate is low* korko on pieni *that was a low blow* se oli alhainen/katala temppu *these pastries are low in calories* näissä leivonnaisissa on vähän kaloreita **4** heikko, voimaton *I feel low today* minulla on tänään heikko olo
adv **1** alhaalla, alas *to lie low* piiloutua, pysytellä piilossa; pitää matalaa profiilia *to bow low* kumartaa syvään **2** vähissä, lopussa *the gas is running low* bensa alkaa loppua **3** halvalla *buy low and sell high, that's my advice* neuvon ostamaan halpaan ja myymään kalliiseen hintaan
v (lehmä) ammua
lowbrow /'loʊ,braʊ/ *s* sivistymätön ihminen
adj **1** sivistymätön **2** roska(kulttuuri)-
low-budget /,loʊ'bʌdʒət/ *adj* halvasti tehty, pienellä rahalla tehty
low-cal /,loʊ'kæəl/ *adj* (ark) vähäkalorinen
low-cost /,loʊ'kast/ *adj* halpa
low country *s* alanko, alava maa
low-density lipoprotein *s* LDL-lipoproteiini
lowdown /'loʊ,daʊn/ *s* kylmä totuus, pelkät tosiasiat
adj alhainen, halpamainen
lower /loʊər/ *v* laskea, alentaa, alentua, vähentää, vähentyä, hiljentää, hiljentyä *she refused to lower herself to answering the accusation* hän ei pitänyt syytöstä edes vastauksen arvoisena
adj, adv (komparatiivi sanasta *low*, ks tätä) alempi, alempana, matalampi, ala-
Lower 48 *s* Yhdysvaltain 48 manner-osavaltiota (siis osavaltiot Alaskaa ja Havaijia lukuun ottamatta)
lowercase /,loʊər'keɪs/ *adj* pienaakkosilla ladottu
lower class /,loʊər'klæs/ *s* alaluokka
lower-class *adj* alaluokan
Lower Michigan /,loʊər'mɪʃəgən/ Ala-Michigan
lowermost /'loʊər,moʊst/ *adj* alin
Lower Peninsula /,loʊərpə,nɪnsələ/ ks Lower Michigan
low-key /,loʊ'ki/ *adj* hillitty
v hillitä, jarruttaa
lowly /loʊli/ *adj* **1** vaatimaton **2** alhainen, vähäpätöinen **3** nöyrä
low-lying /,loʊ'laɪiŋ/ *adj* alava
low-priced /,loʊ'praɪst/ *adj* edullinen, halpa
low profile /,loʊ'proʊfaɪəl/ *to keep a low profile* pitää matalaa profiilia, pysytellä taka-alalla/piilossa
low relief /,loʊrə'lif/ *s* matala reliefi
lowrider /'loʊ,raɪdər/ *s* sarjamallista muunneltu erityisen matala henkilöauto tai pick-up
low technology /,loʊtek'nalədʒi/ *s* perustekniikka
low tide /,loʊ'taɪd/ *s* **1** laskuvesi **2** matalavesi **3** (kuv) pohjalukema(t), aallonpohja
low water *s* matalavesi
loyal /loɪjəl/ *adj* uskollinen, luotettava, rehti
loyalist *s* lojalisti (erityisesti Pohjois-Amerikan vapaussodan aikainen)
loyally *adv* uskollisesti, luotettavasti, rehdisti
loyalty /loɪjəlti/ *s* **1** uskollisuus, luotettavuus, rehtiys **2** kannatus

lozenge /lazəndʒ/ *s* (kurkku)pastilli
LPGA *Ladies Professional Golf Association*
LSD *lysergic acid diethylamide* lysergidi, LSD
Lt. *lieutenant*
Ltd. *limited*
Lt.Gov. *lieutenant governor*
lubricant /lubrəkənt/ *s* voiteluaine, rasva, öljy
lubricate /ˈlubrəˌkeɪt/ *v* **1** voidella, rasvata, öljytä **2** (kuv) voidella, saada asiat luistamaan, lahjoa
lubrication /ˌlubrəˈkeɪʃən/ *s* voitelu (myös kuv)
lucid /lusəd/ *adj* **1** selvä, havainnollinen **2** selväjärkinen; joka on tajuissaan **3** kirkas **4** läpinäkyvä
lucidity /luˈsɪdəti/ *s* selvyys, havainnollisuus
lucidly *adv* ks lucid
luck /lʌk/ *s* onni *Susan had no luck in finding an apartment* Susan ei onnistunut löytämään vuokra-asuntoa *good luck!* onnea yrityksellesi
luckily *adv* onneksi
luck into *v* saada sattumalta, onnistua saamaan
luckless *adj* huono-onninen, onneton, epäonnistunut
luck of the draw *s* pelionni
luck out *v* jollakulla käy hyvä tuuri, onni potkaisee jotakuta
lucky *adj* onnekas, onnellinen, onnen- *you were lucky* sinua onnisti, sinulla kävi hyvä tuuri *only a lucky few are admitted to that school* siihen kouluun pääsevät vain harvat ja valitut
lucky charm *s* amuletti, talismaani
lucrative /lukrətɪv/ *adj* (taloudellisesti) kannattava, tuottoisa
ludicrous /ludəkrəs/ *adj* naurettava, älytön, järjetön
ludicrously *adv* naurettavan, naurettavasti, älyttömän
lug /lʌg/ *v* raahata mukanaan, kiskoa perässään
luggage /lʌgədʒ/ *s* matkatavarat, matkalaukut
lugubrious /ləˈgubriəs/ *adj* (naurettavan) melankolinen, synkkä, surkuhupaisa
lukewarm /ˌlukˈwaərm/ *adj* **1** (vesi) haalea **2** (kuv) innoton, vaisu *his suggestion got a lukewarm response* hänen ehdotuksensa otettiin vastaan välinpitämättömästi
lull /lʌl/ *s* **1** tauko, tyven **2** (taloudellinen) lama
v **1** rauhoittaa, rauhoittua **2** tuudittaa uneen/luulemaan jotakin
lullaby /ˈlʌləˌbaɪ/ *s* kehtolaulu, tuutulaulu
lumbago /lʌmˈbeɪgoʊ/ *s* noidannuoli
lumbar /lʌmbaər/ *adj* lanne-, lantio-
lumber /lʌmbər/ *s* sahatavara, puutavara
v **1** kaataa metsää **2** lyllertää, kulkea vaivalloisesti/raskaasti
lumberjack /ˈlʌmbərˌdʒæk/ *s* metsuri
lumbermill /ˈlʌmbərˌmɪl/ *s* saha(laitos)
lumberyard /ˈlʌmbərˌjard/ *s* lautatarha
Lumholtz's tree kangaroo /lʌmhoəltsəz/ *s* lumholtzinpuukenguru
luminosity /ˌluməˈnasəti/ *s* **1** kirkkaus **2** älykkyys, nerokkuus
luminous /lumɪnəs/ *adj* **1** hohtava, loistava, kirkas **2** valaistu; kirkkaasti valaistu **3** älykäs, nerokas
lump /lʌmp/ *s* **1** möykky, paakku, kimpale **2** kuhmu, paukama **3** kasa, pino **4** sokeripala **5** (ark) kömpelys, köntys
v **1** paakkuuntua **2** niputtaa, panna/kerätä yhteen (kasaan)
adj **1** pala- *lump sugar* palasokeri **2** kerta- *lump sum* könttäsumma (ark)
lump in your throat *the problem is a lump in his throat* ongelma kuroo hänen kurkkuaan, ongelma vaivaa häntä
lump of sugar *s* sokeripala
lumpy *adj* **1** paakkuinen **2** kömpelö
lunacy /lunəsi/ *s* hulluus
lunar /lunər/ *adj* Kuun, kuu- *lunar orbit* Kuuta kiertävä rata
lunar eclipse *s* kuunpimennys

lunar module /'lunər,madʒəl/ *s* (avaruusaluksen) kuumoduli
lunar rover /'lunər,roʊvər/ *s* (avaruusaluksen) kuuauto
lunatic /lunətɪk/ *s, adj* hullu
lunch /lʌntʃ/ *s* **1** lounas *he is out to lunch* (sl kuv) hän on aivan muissa maailmoissa **2** välipala
lunch break /'lʌntʃ,breɪk/ *s* ruokatunti
lunch counter /'lʌntʃ,kaʊntər/ *s* **1** (ruokakaupan ym) lounastiski (josta saa valmista ruokaa mukaan) **2** ruokabaari
luncheon /lʌntʃən/ *s* (juhla)päivällinen
luncheonette /,lʌntʃə'net/ *s* ruokabaari
lung /lʌŋ/ *s* keuhko *to shout at the top of your lungs* huutaa kuin syötävä, huutaa suoraa huutoa
lunge /lʌndʒ/ *s* sohaisu
v **1** sohaista jollakin **2** hoippua, syöksyä, heittäytyä eteenpäin
lurch /lərtʃ/ *s* **1** kallistus **2** nytkähdys, rojahdus **3** *to leave someone in the lurch* jättää joku pulaan
v **1** kallistua **2** hoippua, nytkähtää, rojahtaa
lure /lʊər/ *s* syötti, houkutin, houkutus
v houkutella
lurid /lərəd/ *adj* **1** (väri) räikeä, räikeän värinen **2** (kuv) räikeä, sensaatiohakuinen, mauton, härski, kauhu-
luridly *adv* **1** räikeästi, räikeissä väreissä **2** (kuv) räikeästi, sensaatiohakuisesti, mauttomasti, härskisti
lurk /lərk/ *v* (myös kuv) vaania, piileksiä, piillä
luscious /lʌʃəs/ *adj* **1** (myös kuv) herkullinen, mehevä, mehukas **2** seksikäs
lusciously *adv* (myös kuv) herkullisesti, mehevästi, mehukkaasti
lusciousness *s* **1** (myös kuv) herkullisuus, mehevyys, mehukkuus **2** seksikkyys
lush /lʌʃ/ *s* (sl) juoppo
adj rehevä, reheväkasvuinen, mehevä
lust /lʌst/ *s* himo *he has an immense lust for power* hänellä on suunnaton vallanhimo
v himoita
lust after/for *v* himoita jotakin
luster /lʌstər/ *s* **1** kimallus, hohde, kiilto, loisto **2** (kuv) maine, loisto
lustful *adj* himokas
lustily *adv* **1** reippaasti, pirteästi, voimakkaasti **2** (syödä) hyvällä ruokahalulla **3** (huutaa) täyttä kurkkua
lustrous /lʌstrəs/ *adj* **1** kimalteleva, hohtava, kiiltävä, loistava **2** (kuv) maineikas, loistava, loistokas
lusty *adj* **1** reipas, pirteä, elinvoimainen, vahva **2** (ateria) runsas, (ruokahalu) hyvä **3** innokas **4** himokas
lute /lut/ *s* luuttu
Luxembourg /'lʌksəm,bərg/ Luxemburg
Luxembourgian *s, adj* luxemburgilainen
luxuriance /lʌg'ʒəriəns/ *s* rehevyys, runsaus
luxuriant /lʌg'ʒəriənt/ *adj* **1** rehevä; hedelmällinen **2** runsas, ylenpalttinen **3** (kuv) rehevä, rönsyilevä
luxuriate in /lʌg'ʒərieɪt/ *v* **1** (kasvi) kukoistaa jossakin **2** (ihminen) nauttia (täysin siemauksin) jostakin
luxurious /lʌg'ʒərɪəs/ *adj* **1** ylellinen, hieno, luksus- *she has luxurious tastes* hänellä on kallis maku **2** runsas, ylenpalttinen, (kuv) rehevä, (kuv) rönsyilevä
luxury /lʌkʃəri/ *s* **1** ylellisyys, loisto **2** (yksittäinen) luksus *you have the luxury of much free time* olet siinä onnellisessa asemassa että sinulla on paljon vapaa-aikaa
lye /laɪ/ *s* lipeä
lying /laɪiŋ/ *s* valehtelu
lynch /lɪntʃ/ *v* lynkata
lynching *s* lynkkaus
lynch law *s* lynkkausoikeus
lynchpin ks linchpin
lynx /liŋks/ *s* ilves
Lynx /liŋks/ (tähdistö) Ilves
lyre /laɪər/ *s* lyyra

lyric /lɪrɪk/ *s* **1** lyyrinen runo, lauluruno, tunnelmaruno **2** (mon) laulun sanat *adj* lyyrinen
lyrical /lɪrɪkəl/ *adj* lyyrinen
lyrically *adv* lyyrisesti
lyricism /'lirəˌsɪzəm/ *s* lyyrisyys, lyriikka
lyricist *s* lyyrikko
lyrism /lɪərɪzəm/ *s* lyyrisyys, lyriikka
lysergic acid diethylamide /laɪˌsərdʒɪkˌæsɪddaɪ'eθələˌmaɪd/ *s* lysergiinihapon dietyyliamidi, lysergidi, LSD

malaproprism /mæləprapɪzəm/ *s* kielellinen kömmähdys, sopimaton sanonta
malaria /mə'lerɪə/ *s* malaria
Malawi /mə'lawi/
Malawian *s, adj* malawilainen
Malayan tapir /mə,leɪən'teɪpər/ *s* intiantapiiri
Malaysia /mə'leɪʒə/ Malesia
Malaysian *s, adj* malesialainen
Maldives /'mal,daɪvz/ (mon) Malediivit
male /meɪəl/ *s* koiras, uros
adj koiras-, uros-, miespuolinen, mies-, miehen *male nurse* (mies)sairaanhoitaja
male bonding *s* miesten kaveruus
male chauvinism /ʃoʊvənɪzəm/ *s* (miesten) sovinismi (naisia kohtaan)
male chauvinist pig /ʃoʊvənɪst/ *s* sovinistisika
malefactor /'mælə,fæktər/ *s* **1** rikollinen **2** pahantekijä
malevolence /mə'levələns/ *s* pahansuopuus, paha tahto, ilkeys
malformation /,mælfɔr'meɪʃən/ *s* epämuodostuma
malfunction /mæl'fʌŋkʃən/ *s* toimintahäiriö, vika
v ei toimia (kunnolla), reistailla, jossakin on/esiintyy toimintahäiriöitä
Mali /mali/ Mali
Malian /maliən/ *s, adj* malilainen
malice /mæləs/ *s* ilkeys, paha tahto, pahansuopuus
malicious /mə'lɪʃəs/ *adj* **1** ilkeä, pahansuopa **2** (lak) tahallinen
maliciously *adv* ks malicious
malign /mə'laɪn/ *v* panetella, parjata
malignancy *s* **1** pahuus, ilkeys **2** pahanlaatuinen kasvain
malignant /mə'lɪgnənt/ *adj* **1** panetteleva, parjaava, pahansuopa **2** (kasvain) pahanlaatuinen
mall *s* (katettu) ostoskeskus (jossa on myös ravintoloita, elokuvateattereita ym)
mallard /mælərd/ *s* sinisorsa, heinäsorsa
malleable /mæliəbəl/ *adj* **1** pehmeä **2** (kuv) vaikutuksille altis *the director's mind is still malleable* johtajan ajatukset eivät vielä ole luutuneet, johtaja ei ole vielä kangistunut kaavoihinsa
mallet /mælət/ *s* (puu)nuija
malnutrition /,mælnʊ'trɪʃən/ *s* aliravitsemus
malpractice /mæl'præktɪs/ *s* (lääkärin tekemä) hoitovirhe *this doctor had a malpractice suit slapped on him* tämä lääkäri on haastettu oikeuteen hoitovirheestä
malt /maəlt/ *s* **1** mallas **2** mallasjuoma **3** mallaspirtelö
v mallastaa
Malta /maltə/ Malta
malted milk /,maltəd'mɪəlk/ *s* mallaspirtelö (mallasta, maitoa ja yleensä jäätelöä)
Maltese /mal'tiz/ *s, adj* maltalainen
Malthusian /mæl'θuʒən/ *s* Malthusin oppien kannattaja
adj Malthusin oppien mukainen, malthusilainen
Malthusianism *s* malthusianismi
maltreat /mæl'trit/ *v* pahoinpidellä, kohdella kaltoin/väärin/huonosti
maltreatment *s* pahoinpitely, huono kohtelu
mama /mamə/ *s* (ark) äiti
mammal /mæməl/ *s* nisäkäs
mammalian /mə'meɪlɪən/ *adj* nisäkäs-, nisäkkäiden
mammoth /mæməθ/ *s* mammutti
adj mammuttimainen, mammutti-, jättimäinen, valtava, suunnaton
Mammoth Cave /,mæməθ'keɪv/ kansallispuisto Kentuckyssa
man /mæən/ *s* (mon men) **1** mies (myös kuv) **2** (vanh) ihminen *when man first set foot on the Moon* kun ihminen astui ensi kerran Kuun kamaralle *to a man* jokainen, joka ainoa, viimeistä miestä myöten *to be your own man* olla oma herransa, olla itsenäinen **3** *the Man* (sl) pomo *she's still locked into respect for the Man* hän kunnioittaa vielä sokeasti miestään
v miehittää *when will the permanently manned spaced station be built?* milloin pysyvästi miehitetty avaruusasema rakennetaan?
Man. *Manitoba*

man about town *s* seurapiirileijona, playboy
manacle /mænəkəl/ *s* **1** käsirauta **2** (mon, kuv) kahleet
v **1** panna käsirautoihin **2** (kuv) kahlehtia, rajoittaa
manage /mænədʒ/ *v* **1** johtaa, hallita (yritystä), hoittaa (asioita, asiat) **2** hallita (jotakuta), pitää kurissa **3** selvitä jostakin, pärjätä *I don't need any help, I can manage* en tarvitse apua, selviän hyvin yksinkin **4** onnistua tekemään jotakin *she managed to get in without a ticket* hänen onnistui päästä sisään ilman lippua
manageable /mænədʒəbəl/ *adj* **1** joka on hallittavissa, jonka pystyy hallitsemaan **2** kohtuullinen
management /mænədʒmənt/ *s* **1** (yrityksen) johtaminen, hallinta **2** johtajat, johto *middle management* keskijohto *the fast food joint over there is under new management* tuon pikaruokapaikan omistaja on vaihtunut
management-buy-out *s* (tal) yrityksen johdon tai henkilöstön suorittama kyseisen yrityksen tai sen osan tai toimintojen osto
manager /mænədʒər/ *s* **1** johtaja, esimies, päällikkö **2** manageri
manageress /mænədʒrəs/ *s* (naispuolinen) johtaja
managerial /ˌmænəˈdʒɪəriəl/ *adj* johtajan *managerial duties* johtotehtävät, johtajan tehtävät *managerial class* johtajaluokka
manatee /mænəti/ *s* manaatti *Amazonian manatee* kynnetönmanaatti
Manchester /mæntʃəstər/ kaupunki Englannissa
man-child /ˈmænˌtʃaɪəld/ *s* (mon menchildren) poikalapsi
mandarin /mændərɪn mændrən/ *s* **1** (hist) mandariini, kiinalainen virkamies **2** (kasvi, hedelmä) mandariini
mandate /ˈmænˌdeɪt/ *s* **1** (äänestäjien antamat) valtuudet **2** käsky, määräys **3** mandaatti, huoltohallintoalue
v **1** valtuuttaa, antaa valtuudet johonkin **2** vaatia; määrätä
mandatory /ˈmændəˌtɔri/ *adj* pakollinen; välttämätön
mandible /mændəbəl/ *s* **1** alaleuka **2** (hyönteisen) yläleuka
mandolin /ˌmændəˈlɪn mændələn/ *s* mandoliini
mandrill /mændrəl/ *s* (eläin) mandrilli
mane /meɪn/ *s* (hevosen, leijonan) harja
man-eater /ˈmænˌitər/ *s* **1** ihmissyöjäeläin **2** ihmissyöjä, kannibaali **3** (sl naisesta) miestennielijä
maneuver /məˈnuvər/ *s* **1** (sot) joukkojen siirto **2** (mon) sotaharjoitus **3** (kuv) liike, taktikointi, juonittelu
v **1** (sot) siirtää joukkoja **2** hivuttaa, hivuttautua *he carefully maneuvered his Cadillac into the small garage* hän ajoi Cadillacinsa varovasti ahtaaseen autotalliin **3** (kuv) ohjailla, junailla, järjestellä, manipuloida
man Friday *s* apulainen, oikea käsi
manful /mænfəl/ *adj* miehekäs, rohkea, urhea
manger /meɪndʒər/ *s* seimi
mangle /mæŋgəl/ *s* mankeli
v **1** mankeloida **2** repiä, silpoa (myös kuv:) pilata
mango /mæŋgoʊ/ *s* (mon mangos, mangoes) (kasvi, hedelmä; eläin) mango
mangrove /ˈmæŋgroʊv/ *s* mangrove(kasvillisuus)
manhandle /ˈmænˌhændəl/ *v* **1** kohdella kovakouraisesti; paiskata **2** nostaa (käsivoimin)
Manhattan /mænˈhætən/ Manhattan
Manhattanite /mænˈhætəˌnaɪt/ *s* Manhattanin asukas, manhattanilainen
manhole /ˈmænˌhoəl/ *s* miesluukku, tarkastusluukku
manhood /ˈmænˌhʊd/ *s* miehuus
man-hour /ˈmænˌaʊər/ *s* (mies)työtunti
manhunt /ˈmænˌhʌnt/ *s* **1** takaa-ajo, etsintä **2** (kuv) metsästys, etsintä
mania /meɪniə/ *s* **1** (psyk) mania, maaninen tila **2** (kuv) kiihko, kiihkoilu, vimma
maniac /meɪniæk/ *s* **1** (psyk) maanikko **2** (kuv) kiihkoilija, hullu

maniacal /mə'naɪəkəl/ *adj* **1** (psyk) maaninen **2** (kuv) hullu, kiihkomielinen
manic-depressive /ˌmænɪkdə'presɪv/ *s, adj* maanis-depressiivinen (ihminen)
manic-depressive disorder *s* maanis-depressiivisyys
manicure /'mænəˌkjər, 'mænəˌkjʊər/ *s* kynsienhoito
manicurist *s* kynsienhoitaja
manifest /'mænəˌfest/ *s* lastiluettelo; matkustajaluettelo
v **1** ilmaista, tuoda ilmi *some opposition has manifested itself lately* viime aikoina on ilmennyt vastustusta **2** todistaa
adj ilmeinen, ilmiselvä, selvä
Manifest Destiny *s* USA:ssa 1800-luvulla vallinnut käsitys, että kohtalo on ilmiselvästi määrännyt Yhdysvalloille koko maanosan Atlantista Tyynellemerelle
manifesto /ˌmænə'festoʊ/ *s* (mon manifestoes) manifesti, julistus *have you read the* Communist Manifesto *by Marx and Engels?* oletko lukenut Marxin ja Engelsin Kommunistisen manifestin?
manifold /'mænəˌfoəld/ *s intake manifold* imuputki *exhaust manifold* poistoputki, pakoputki
adj moninainen, monipuolinen, monimutkainen
manikin /mənəkən/ *s* **1** kääpiö **2** ks mannequin **3** (anatomiassa) mallinukke
manila /mə'nɪlə/ *s* **1** manila(hamppu) **2** manilaköysi **3** manilapaperi *manila envelope* ruskea kirjekuori
man in the moon *s* kuu-ukko
man in the street *s* kadunmies, tavallinen ihminen, keskivertokansalainen
manipulate /mə'nɪpjʊˌleɪt/ *v* **1** manipuloida, ohjailla, muokata, käyttää (taitavasti/häikäilemättömästi) hyväkseen **2** ohjata, käsitellä *he had trouble manipulating the controls of the machine* hän ei tahtonut osata käsitellä koneen ohjaimia **3** väärentää, muuttaa omine lupineen, parannella
manipulation /məˌnɪpjʊ'leɪʃən/ *s* **1** manipulointi, ohjailu, muokkaus, (taitava/häikäilemätön) hyväksikäyttö **2** ohjaaminen, käyttö
manipulative /mə'nɪpjələtɪv/ *adj* joka käyttää toisia häikäilemättömästi/taitavasti hyväkseen
manipulator /mə'nɪpjʊˌleɪtər/ *s* **1** manipuloija, taitava/häikäilemätön ihmisten käsittelijä **2** kaukokäsittelylaite
Manitoba /ˌmænɪ'toʊbə/
mankind /ˌmæn'kaɪnd/ *s* ihmiskunta
manlike *adj* **1** inhimillinen, ihmisen kaltainen **2** miehekäs, miehinen
manliness /mænlinəs/ *s* miehekkyys
manly *adj* miehekäs, miehinen
man-made /ˌmæn'meɪd/ *adj* keinotekoinen, keino-, teko-
mannequin /mænəkən/ *s* **1** (näyteikkunassa) mallinukke **2** (räätälin) sovitusnukke **3** mannekiini
manner /mænər/ *s* **1** tapa, keino, tyyli **2** käytös, esiintyminen; (mon) tavat *where are your manners?* oletko unohtanut hyvät tavat? **3** laji *he met all manner of people while in Mexico* hän tapasi Meksikossa kaikenkarvaista väkeä
mannerism /'mænəˌrɪzəm/ *s* **1** oikku, erikoisuus, erikoinen tapa **2** teeskentely, teennäisyys **3** *Mannerism* (taidesuuntaus) manierismi
mannerless *adj* huonotapainen, pahatapainen
mannish /mænɪʃ/ *adj* (nainen) miesmäinen
manoeuvre /mə'nuvər/ ks maneuver
man of few words *Ed is a man of few words* Ed on harvasanainen, Ed ei ole puhelias
man of his word *he's a man of his word* häneen voi luottaa, hänen sanansa pitää
man of many words *Pete is a man of many words* Pete on puhelias
manor /mænər/ *s* (herras)kartano
manor house *s* kartano(rakennus)
man power /'mænˌpaʊər/ *s* ihmisvoima, ihmistyövoima
manservant /'mænˌsərvənt/ *s* (mon menservants) (mies)palvelija
mansion /mænʃən/ *s* **1** (suuri/komea) talo **2** kartano(rakennus)
mantel /'mæntəl/ *s* takan reunus
mantelpiece /'mæntəlˌpis/ *s* takan

reunus
mantelshelf /'mæntəl,ʃelf/ *s* takan reunus
mantle /mæntəl/ *s* **1** vaippa, peite **2** (Maan) vaippa **3** takan reunus (mantel)
v peittää
man-to-man /,mæntə'mæən/ *adj* (keskustelu) suora, avoin
mantra /mantrə/ *s* mantra
manual /mænjʊəl/ *s* käsikirja, käyttöohje
adj **1** käsikäyttöinen, käsi-, ei sähköinen, ei automaattinen *this car has a manual transmission* tässä autossa on käsivälitteinen vaihteisto **2** ruumiillinen *manual labor* ruumiillinen työ
manually *adv* käsin, käsivoimin
manuf. *manufacturing* valmistus
manufacture /,mænjə'fækʃər/ *s* valmistus
v valmistaa, tuottaa
manufacturer *s* valmistaja
manumission /,mænjə'mɪʃən/ *s* (orjan) vapautus, vapauttaminen
manumit /,mænjə'mɪt/ *v* vapauttaa
manure /mə'nʊər/ *s* lanta
v lannoittaa
manuscript /'mænjə,skrɪpt/ *s* käsikirjoitus
many /meni/ *s* koko joukko, paljon *a great many people* paljon ihmisiä
adj paljon *many miles* monta mailia *how many?* montako? *many a man has thought so* moni on luullut niin
many a time *fr* monesti, monta kertaa
manyfold /'meni,foəld/ *adv* moninkertaisesti
many-sided /,meni'saɪdəd/ *adj* **1** monisivuinen, monitahoinen **2** monimutkainen, monitahoinen **3** monipuolinen
Maoism /maʊɪzəm/ *s* maolaisuus
Maoist /maʊɪst/ *s, adj* maolainen
Mao Tse-tung /,maʊ,tse'tʊŋ/ (vanh) Mao Tse-tung, Mao Zedong
Mao Zedong /,maʊze'daŋ/ Mao Zedong, Mao Tse-tung,
map /mæp/ *s* kartta *genetic map* geenikartta *to put something on the map* tehdä kuuluisaksi, nostaa maailmankartalle
v kartoittaa
maple /meɪpl/ *s* vaahtera
maple leaf *s* vaahteranlehti
maple syryp *s* vaahterasiirappi
map out *v* suunnitella
mar /mar/ *v* pilata; rumentaa
Mar. *March* maaliskuu
marathon /'merə,θan/ *s* maraton
marathoner *s* maratonjuoksija
maraud /mə'rad/ *v* ryövätä, ryöstää, rosvota
marauder *s* ryöväri, ryöstäjä, rosvo
marauding *adj* (paikasta toiseen liikkuva ja) ryöväilevä, rosvoileva
marble /marbəl/ *s* **1** marmori **2** marmorikuula
adj **1** marmorinen **2** kirjava
March /martʃ/ *s* maaliskuu
march *s* **1** marssi **2** (kuv) kulku, eteneminen
v marssia, marssittaa
marching orders *s* **1** (sot) marssikäsky **2** (kuv) aloituskäsky, aloitusmääräys **3** (kuv) eropaperit, lähtöpassit
marchioness /marʃənəs/ *s* markiisitar
Mardi Gras /'mardi,gra/ *s* **1** laskiaistiistai **2** karnevaalit, karnevaaliaika
mare /meər/ *s* tamma
margarine /mardʒərən/ *s* margariini
margarita /,margə'ritə/ *s* tequilacocktail
margin /mardʒən/ *s* **1** (tekstin vierellä) marginaali, tyhjä reuna **2** reunuseste *how do you set the margins on this typewriter?* miten tämän kirjoituskoneen reunusesteet asetetaan? **3** pelivara, vara *there is no margin for error here* tässä ei ole varaa virheisiin **4** (tal) voitto *profit margin* voitto, kate
marginal *adj* **1** reuna- *marginal note* reunahuomautus **2** niukka, vähäinen *the change was marginal* muutos oli lähes olematon
marginally *adv* niukasti, vähän, hieman
mariachi /,meri'atʃi/ *s* mariachimusiikki, perinteinen meksikolaismusiikki
adj mariachi- *they had a mariachi band at the party* juhlissa soitti mariachiorkesteri
Mariana Islands /,merɪ'ænə/ (mon) Mariaanit

v olla väliä *it doesn't matter* ei se mitään
matter of course *it was a matter of course* se oli itsestään selvää, sen olisi voinut arvata
matter-of-course *adj* itsestään selvä
matter of fact *s* tosiasia *as a matter of fact* itse asiassa
matter-of-fact /ˌmætərə'fækt/ *adj* asiallinen; kuiva
mattress /mætrəs/ *s* patja
mature /mæ'tʊər mə'tʃər/ *v* **1** varttua, kasvaa, kypsyä, kypsyttää **2** (tal) erääntyä
adj **1** kypsä **2** (tal) erääntynyt
maturely *adv* kypsästi
maturity /mə'tʊrɪti mə'tʃərəti/ *s* **1** kypsyys **2** valmius *to bring something to maturity* saattaa jotakin valmiiksi **3** (tal) erääntyminen; erääntymishetki, erääntymispäivämäärä
maudlin /madlən/ *adj* tunteileva, (liika)tunteellinen, sentimentaalinen
maul /maəl/ *v* riepotella, pidellä pahoin
Mauritania /ˌmɔrɪ'teɪnjə/
Mauritanian *s, adj* mauritanialainen
Mauritian *s, adj* mauritiuslainen
Mauritius /mo'rɪʃəs/
mausoleum /ˌmazə'liəm/ *s* (mon mausoleums, mausolea) hautarakennus, mausoleumi
mauve /moʊv/ *adj* vaalean sinipunainen
maverick /mævrɪk/ *s* **1** merkitsemätön nauta, erityisesti karannut vasikka **2** (kuv) itsenäinen sielu, yksinäinen susi *he's a maverick* hän kulkee omia polkujaan
maw /ma/ *s* **1** kita (myös kuv) **2** (eläimen) maha
maxim /mæksəm/ *s* elämänohje, mietelause
maximal /mæksəməl/ *adj* suurin, enimmäis-, huippu-, maksimi-, maksimaalinen
maximize /'mæksəˌmaɪz/ *v* maksimoida, enimmäistää
maximum /mæksəməm/ *s* (mon maximums, maxima) enimmäismäärä, huippuarvo, maksimi
adj enimmäis-, huippu-, maksimi- *the maximum number of passenges on this plane is 20* tähän koneeseen mahtuu enintään 20 matkustajaa
Maxwell's duiker /daɪkər/ *s* kääpiöfilantomba
may /meɪ/ *apuv* might, might **1** mahdollisuudesta: *she may/might be at home* hän saattaa olla kotona, hän voi olla kotona *you may be right* saatat olla oikeassa, voit olla oikeassa **2** luvasta: *may I go now?* saanko lähteä?, voinko lähteä? **3** toivomuksesta: *may you two be happy* olkaa te onnellisia
May *s* toukokuu
Maya /maɪjə/ *s* maya
Mayan *s, adj* maya(-)
maybe /meɪbi/ *adv* ehkä
May Day /meɪdeɪ/ *s* vappu
Mayday *s* (kansainvälinen radiopuhelinhätähuuto) mayday
mayn't *may not*
mayo *s* (ark) majoneesi
mayonnaise /'meɪəˌneɪz 'mæˌneɪz/ *s* majoneesi
mayor /meɪər/ *s* kaupunginjohtaja, pormestari
mayoral /meɪərəl/ *adj* kaupunginjohtajan, pormestarin
mayoress /meɪərəs/ *s* **1** (naispuolinen) kaupunginjohtaja, pormestari **2** kaupunginjohtajan puoliso, pormestarinna (vanh)
maze /meɪz/ *s* **1** labyrintti, sokkelo **2** (kuv) sokkelot
M.B.A. *Master of Business Administration*
MBD *minimal brain dysfunction*
MBO *management-buyout* (tal) yrityksen johdon tai henkilöstön suorittama kyseisen yrityksen tai sen osan tai toimintojen osto
McIntosh /'mækənˌtaʃ/ *s* eräs omenalajike
Md. *Maryland*
M.D. *Doctor of Medicine* lääketieteen tohtori
MD /em'di/ **1** *Maryland* **2** Mini Disc®
me /mi/ *pronominin* I *objektimuoto* minut, minua, minulle; (korostetusti:) minä *she gave me an apple* hän antoi

minulle omenan *Who is it? - It's me* Kuka siellä on? - Minä
Me. *Maine*
ME *Maine*
meadow /medoʊ/ *s* niitty
meager /migər/ *adj* vähäinen, vaivainen, niukka, mitätön, pieni
meagerly *adv* vähän, niukasti
meagerness *s* vähäisyys, niukkuus, mitättömyys, pienuus
meal /mɪəl/ *s* **1** ateria *do you eat three meals a day?* syötkö sinä kolmesti päivässä? **2** jauho(t)
meal ticket *s* **1** lounasseteli **2** (ark) elättäjä **3** (ark) (taito ym joka on jonkun) toimeentulon perusta *good looks are a model's meal ticket* mannekiinin toimeentulo perustuu hyvän ulkonäköön
mealy /mili/ *adj* jauhoinen, jauhomainen
mean /min/ *s* **1** (mon) keino *we have to find a means of getting him out of prison* meidän on keksittävä miten saamme hänet vapaaksi vankilasta *by all means* tottakai, (totta) ihmeessä *by any means* (ei) lainkaan, (ei) millään muotoa *by no means* ei suinkaan, ei lainkaan **2** (mon) varat *to live beyond your means* elää yli varojensa **3** keskiarvo
v meant, meant **1** tarkoittaa, merkitä *what do you mean by that?* mitä sinä sillä tarkoitat? *he means business* hän on tosissaan, hän tarkoittaa täyttä totta *what does* pinnacle *mean?* mitä sana *pinnacle* tarkoittaa/merkitsee? *this means that you will have to do the job alone* tämä merkitsee sitä että sinun on tehtävä työ yksin **2** aikoa *she meant to say it out loud* hän aikoi sanoa sen ääneen
adj **1** halpamainen, ilkeä, piikikäs, alhainen, katala **2** pihi, kitsas, itara **3** huono, kehno, kurja, viheliäinen *it was no mean feat to build that bridge* sillan rakentaminen ei ollut mikään pikkujuttu **4** keskimääräinen, keski-
meander /mi'ændər/ *v* **1** (esim joki) kiemurrella, mutkitella **2** poiketa asiasta, (keskustelu) harhailla
meanders *s* (mon) kiemurtelu, mutkittelu, kiemurat, mutkat
meaning /miniŋ/ *s* merkitys *life has no longer any meaning* elämä tuntuu nykyisin merkityksettömältä *what is the meaning of this word?* mitä tämä sana tarkoittaa?
adj (katse) merkitsevä
meaningful *adj* merkityksellinen, merkitsevä, mielekäs
meaningful relationship *s* (kumpaakin osapuolta tyydyttävä) mielekäs parisuhde
meaningless *adj* merkityksetön, mitätön, mieletön
meanly *adv* halpamaisesti, ilkeästi, piikikkäästi, katalasti
meanness *s* halpamaisuus, ilkeys, piikikkyys, kataluus
meant /ment/ ks mean
meantime /'min,taɪm/ *in the meantime* sillä välin, välillä
meanwhile /'min,waɪəl/ *adv* **1** sillä välin, välillä **2** sillä aikaa
measles /mizəlz/ *s* (mon) tuhkarokko *German measles* vihurirokko
measly /mizli/ *adj* (ark) mitätön, viheliäinen, kurja
measurable /meʒərəbəl/ *adj* joka voidaa mitata
measurably *adv* selvästi *product A is measurably better than product B*
measure /meʒər/ *s* **1** mitta(yksikkö) **2** mitta(-astia, -nauha ym) **3** mitta, määrä *for good measure* (kaiken) lisäksi, varmuuden vuoksi, kaupantekiäisiksi *in some measure* jossain määrin *to be beyond measure* olla mittaamaton/suunnaton **4** (kuv) mitta, mittapuu *money is a measure of success* raha on yksi menestyksen mitta **5** toimenpide *to take measures against crime* ryhtyä toimiin rikollisuutta vastaan **6** (mus) tahti
v mitata; olla tietyn mittainen *the box measures 33 inches in length* laatikko on 84 sentin mittainen
measured *adj* **1** mitattu **2** säännöllinen **3** maltillinen, harkittu
measureless *adj* mittaamaton, suunnaton

measurement *s* **1** mittaus **2** mitta, pituus, paino tms
measure up *v* täyttää vaatimukset, olla jonkin veroinen
meat /mit/ *s* **1** (syötävä) liha **2** (hedelmän) malto **3** (kuv) (asian) ydin *it's all meat* se on täyttä asiaa
meat and potatoes *s* (ark, kuv) perusta, perusasiat
meat-and-potatoes *adj* (ark, kuv) perus-
meatloaf /'mit,loʊf/ *s* lihamureke
meaty *adj* **1** lihainen **2** (kuv) mehevä, herkullinen
Mecca /mekə/ Mekka
mechanic /mə'kænɪk/ *s* mekaanikko, korjaaja, asentaja
mechanical /mə'kænɪkəl/ *adj* mekaaninen (myös kuv), konemainen, koneellinen
mechanical engineer *s* koneenrakennusinsinööri
mechanical engineering *s* koneenrakennus
mechanically *adv* mekaanisesti (myös kuv), konemaisesti, koneellisesti, koneella
mechanics *s* **1** (verbi yksikössä) mekaniikka **2** (verbi mon) koneisto (myös kuv), mekanismi (myös kuv) *can you explain the mechanics of the deal?* osaatko selittää miten kauppa käytännössä hoidetaan?
mechanism /'mekə,nɪzəm/ *s* koneisto (myös kuv), mekanismi (myös kuv)
mechanization /,mekənə'zeɪʃən/ *s* koneistus, koneellistaminen
mechanize /'mekə,naɪz/ *v* koneistaa, koneellistaa
M.Ed. *Master of Education* kasvatustieteen kandidaatti
medal /medəl/ *s* mitali
medalist /medəlɪst/ *s* mitalisijalle päässyt urheilija, (miehestä) mitalimies
medallion /mə'dæljən/ *s* medaljonki
meddle /medəl/ *v* puuttua johonkin, sekaantua johonkin
meddler /medlər/ *s* tungettelija, tunkeilija, toisten asioihin puuttuja
meddlesome /medəlsəm/ *adj* tungetteleva, tunkeileva
media /midiə/ *s* (mon) viestimet *adj* viestintä-, viestin-
media event *s* uutistapahtuma
mediate /'midi,eɪt/ *v* toimia välittäjänä, välittää, sovittaa, sovitella, neuvotella
mediation /,midi'eɪʃən/ *s* sovittelu
mediator *s* välittäjä, sovittelija
medic /medɪk/ *s* **1** (sot) lääkintämies **2** lääkäri **3** lääketieteen opiskelija
medical /medɪkəl/ *s* lääkärintarkastus *adj* lääketieteellinen, lääkärin, lääkäri- *he quit his job for medical reasons* hän erosi terveyssyistä *he is a medical doctor* hän on lääketieteen tohtori
medical examiner *s* kuolinsyyn tutkija; patologi
medically *adv* lääketieteellisesti
medicament /medɪkəmənt/ *s* lääke
medicate /'medɪ,keɪt/ *v* lääkitä, antaa lääkettä, hoitaa lääkkeillä
medicated *adj* lääke-
medication /,medɪ'keɪʃən/ *s* lääkitys; lääkkeet
medicinal /mə'dɪsənəl/ *adj* **1** parantava, parannus- **2** (maku) lääkkeen, karvas
medicinally *adv* (käyttää jotakin) lääkkeenä, lääkkeeksi
medicine /medəsən/ *s* **1** lääketiede **2** lääkärinhoito **3** lääke *to give someone a dose of his/her own medicine* (kuv) maksaa jollekulle takaisin samalla mitalla
medicine man *s* poppamies
medieval /mə'divəl/ *adj* keskiaikainen (myös kuv:) vanhanaikainen, takapajuinen
mediocre /,midi'oʊkər/ *adj* keskinkertainen
mediocrity /,midi'akrəti/ *s* keskinkertaisuus
meditate /'medə,teɪt/ *v* **1** mietiskellä **2** miettiä, pohtia **3** hautoa (mielessään), suunnitella
meditation /,medə'teɪʃən/ *s* mietiskely

Mediterranean /ˌmedɪtə'reɪniən/ **1** Välimeri **2** Välimeren maat/alue *adj* Välimeren
Mediterranean Sea Välimeri
medium /midɪəm/ *s* (mon mediums, media) **1** väline, keino **2** viestin *the media* viestimet **3** (fys) väliaine **4** puoliväli, keskiväli, keskitie *to strike a happy medium between two things* löytää kultainen keskitie **5** (spiritistisessä istunnossa ym) meedio
adj keski- *a man of medium weight* keskipainoinen mies
medium rare *adj* (ruuanlaitossa) puolikypsä
medium-sized *adj* keskikokoinen
medley /medli/ *s* **1** sekoitus **2** (mus) (sävelmä)ketju
medulla oblongata /məˌdulәˌablaŋ'gatə/ *s* (mon medulla oblongatas, medullae oblongatae) (lääk) ydinjatke
meek /mik/ *adj* **1** nöyrä **2** nöyristelevä
meekly *adv* **1** nöyrästi **2** nöyristellen, nöyristelevästi
meerschaum /mɪərʃəm/ *s* meripihka
meet /mit/ *s* **1** metsästys(tilaisuus) **2** urheilukilpailu
v met, met **1** tavata, kohdata *I met him in the hallway* tapasin hänet käytävässä *meet you in the lobby at seven* tavataan aulassa seitsemältä *I don't believe we have met* emme tunne toisiamme, emme ole tavanneet toisiamme aiemmin **2** tulla/mennä vastaan *to meet the bus* mennä (jotakuta) linja-autopysäkille vastaan **3** kokoontua *the board will meet in a week* johtokunta kokoontuu viikon kuluttua
meet halfway *fr* tulla jotakuta puolitiehen vastaan
meeting *s* **1** tapaaminen **2** kokous, istunto *he is in a meeting* hän on kokouksessa/palaverissa **3** (teiden) risteys; (jokien) yhtymäkohta
meet with *v* **1** neuvotella jonkun kanssa, tavata, olla tapaaminen/neuvottelu jonkun kanssa **2** kohdata *they met with unexpected difficulties* he kohtasivat odottamattomia vaikeuksia
megabucks /'megəˌbʌks/ *s* (mon, ark) suunnaton summa
megalomania /ˌmegələ'meɪniə/ *s* suuruudenhulluus
megalomaniac /ˌmegələ'meɪniæk/ *s* suuruudenhullu
megaphone /'megəˌfoʊn/ *s* puhetorvi, megafoni
melancholiac /ˌmelən'kaliæk/ *s* melankolikko
melancholic /ˌmelən'kalɪk/ *adj* synkkämielinen, synkkä, apea, melankolinen
melancholy /'melənˌkali/ *s* synkkämielisyys, synkkyys, apeus, melankolia
adj synkkämielinen, synkkä, apea, melankolinen
Melbourne /melbərn/
mellow /meloʊ/ *v* **1** kypsyä, kypsyttää **2** (väri ym) pehmentyä, pehmentää
adj **1** kypsä **2** (väri ym) pehmeä **3** rento, letkeä
mellowness *s* **1** kypsyys **2** pehmeys
mellow out *v* (sl) rentoutua, rentouttaa
melodic /mə'ladɪk/ *adj* melodinen
melodious /mə'loʊdiəs/ *adj* melodinen; sointuva
melodrama /'meləˌdramə/ *s* melodraama (myös kuv)
melodramatic /ˌmelədrə'mætɪk/ *adj* melodramaattinen (myös kuv:) teatraalinen, liioiteltu
melody /melədi/ *s* sävelmä, melodia
melon /melən/ *s* meloni *watermelon* vesimeloni, arbuusi
melt /melt/ *v* melted, melted/molten: sulaa, sulattaa *snow melts indoors* lumi sulaa sisällä
melt away *v* (kuv) haihtua (kuin tuhka tuuleen), loppua
meltdown /'meltˌdaʊn/ *s* (ydinreaktorin) sulaminen
melting point *s* sulamispiste
melting pot *s* sulatusuuni (myös kuv)
melt into *v* muuttua/vaihtua joksikin
member /membər/ *s* **1** jäsen (myös kuv) **2** kongressin, edustajainhuoneen, parlamentin tms jäsen **3** penis
membership /'membərˌʃɪp/ *s* **1** jäsenyys **2** jäsenistö, jäsenkunta

millipede /ˈmɪləˌpid/ *s* tuhatjalkainen
millstone /ˈmɪlˌstoʊn/ *s* myllynkivi
millstone around your neck *fr* (kuv) myllynkivi kaulassa, raskas taakka
Milwaukee /mɪlˈwaki/ kaupunki Wisconsinissa
mime /maɪm/ *s* **1** pantomiimi **2** miimikko
v matkia, jäljitellä, esittää pantomiimiä
mimeograph /ˈmɪmiəˌgræf/ *s* **1** monistuskone **2** moniste
v monistaa
mimic /mɪmɪk/ *s* matkija, jäljittelijä, miimikko
v **1** matkia, jäljitellä, imitoida **2** muistuttaa kovasti jotakin, olla jäljitelmä jostakin
minaret /ˌmɪnəˈret/ *s* minareetti
mince /mɪns/ *v* **1** paloitella, pienentää, hienontaa, silputa **2** pehmentää, säästellä sanojaan *not to mince words* suoraan sanoen
mincemeat /ˈmɪnsˌmit/ *s* (omenoista, rusinoista, mahdollisesti lihasta ym valmistettu) piirakkatäyte *to make mincemeat of someone* (kuv) tehdä jostakusta hakkelusta
mind /maɪnd/ *s* **1** psyyke, mieli, sielu, äly, järki, ajatukset *the conscious mind* tietoisuus *try to bear/keep that in mind* yritä pitää se mielessä *it's all in the mind* se on pelkkää kuvittelua *have you lost your mind?* hulluko sinä olet? *I had a half/good mind to buy that house* olin vähällä ostaa sen talon, mieleni teki ostaa se talo *to give someone a piece of your mind* sanoa jollekulle suorat sanat, antaa jonkun kuulla kunniansa *try to make up your mind, we haven't got all day* yritä jo päättää, meillä ei ole loputtomasti aikaa **2** mieli, mielipide *why did she change her mind?* miksi hän muutti mielensä? *he's of a mind to call it quits* hän aikoo/haluaisi lopettaa
v **1** varoa, olla varovainen, pitää varansa *mind your step* varovasti!, katso mihin astut! **2** pitää huolta jostakin, huolehtia *grandma is minding the children* mummo pitää silmällä lapsia *mind your own business* pidä huoli omista asioistasi **3** välittää, panna pahakseen, olla jotakin sitä vastaan että *would you mind shutting up?* voisitko pitää suusi kiinni? **4** *never mind* ei se mitään; älä siitä välitä *never mind Mr. Roscoe* älä Mr. Roscoesta välitä
mind-reader /ˈmaɪndˌridər/ *s* ajatustenlukija
mind-altering /ˈmaɪndˌaltəriŋ/ *adj* (huume ym) aistiharhoja synnyttävä, hallusinogeeninen
mind-bending /ˈmaɪndˌbendiŋ/ *adj* (sl) ällistyttävä, tyrmistyttävä, raju
mind-blowing /ˈmaɪndˌbloʊiŋ/ *adj* (sl) ällistyttävä, tyrmistyttävä, raju
mind-boggling /ˈmaɪndˌbagliŋ/ *adj* (sl) **1** visainen, vaikea **2** ällistyttävä, tyrmistyttävä, raju
mindful of *to be mindful of something* pitää huoli jostakin, ottaa jotakin huomioon
mindless *adj* **1** mieletön, älytön, järjetön **2** *mindless of something* joka ei välitä/piittaa jostakin, jostakin huolimatta/välittämättä
mindset /ˈmaɪndˌset/ *s* **1** asenne, asennoituminen *theirs is a totally different mindset from our own* he näkevät asiat aivan eri lailla kuin me **2** aie, aikomus
mind's eye /ˌmaɪnˈzaɪ/ *in your mind's eye* mielessään, sielunsa silmillä
mind the store *fr* isännöidä/emännöidä jossakin, pitää taloa/firmaa pystyssä
mine /maɪn/ *s* **1** kaivos **2** miina **3** (kuv) kultakaivos *that man is a mine of anecdotes about the American west* mies on ehtymätön lännentarinoiden lähde
v **1** louhia/kaivaa (malmia) **2** miinoittaa
mine /maɪn/ *pronominin* I *possessiivimuoto* minun *that car is mine* tuo on minun autoni
minefield /ˈmaɪnˌfɪəld/ *s* miinakenttä (myös kuv)
miner *s* kaivostyöläinen
mineral /mɪnərəl/ *s* kivennäinen, mineraali, kaivannainen
adj kivennäis-, mineraali
mineralogical /ˌmɪnərəˈladʒɪkəl/ *adj* kivennäistieteellinen, mineraloginen

mineralogist /ˌmɪnəˈralədʒɪst/ *s* kivennäistieteilijä, mineralogi
mineralogy /ˌmɪnəˈralədʒi/ *s* kivennäistiede, mineralogia
mineral water *s* **1** kivennäisvesi **2** (UK myös) virvoitusjuoma
mingle /miŋgəl/ *v* **1** sekoittaa, sekoittua johonkin *(with)* **2** pitää seuraa jonkun kanssa, seurustella, jutella *go ahead and mingle* menehän jututtamaan ihmisiä/vieraita
mini /mɪni/ *s* minitietokone; minihame ym
adj mini- mini-, pieni, lyhyt tms
miniature /mɪnətʃər, mɪniətʃər/ *s* **1** pienoismalli, pienoiskoko ym *in miniature* pienoiskoossa **2** pienoismaalaus, miniatyyri
adj pienois-, pienoiskokoinen
miniaturize /ˈmɪnətʃəˌraɪz/ *v* (elektroniikassa) miniatyrisoida, miniatyyristää, valmistaa pienessä koossa, pienentää
minimal /mɪnəməl/ *adj* mahdollisimman pieni, erittäin pieni/vähäinen, minimaalinen
minimally *adv* mahdollisimman vähän, erittäin vähän, vain aavistuksen verran
minimize /ˈmɪnəˌmaɪz/ *v* supistaa mahdollisimman pieneksi, minimoida
minimum /mɪnɪməm/ *s* vähimmäismäärä, vähimmäisarvo, alin arvo, pohjalukema, minimi
adj vähimmäis-, alin, minimi- *minimum speed on the freeway is 40* moottoritiellä on ajettava vähintään 40 mailia tunnissa
mining *s* kaivostoiminta, kaivostyö
minion /mɪnjən/ *s* mielistelijä, hännystelijä, nöyrä palvelija
miniseries /ˈmɪniˌsɪriz/ *s* (mon miniseries) lyhyt televisiosarja *his first novel will be made into a miniseries* hänen esikoisromaanistaan tehdään lyhyt televisiosarja
miniskirt /ˈmɪniˌskərt/ *s* minihame
minister /mɪnəstər/ *s* **1** ministeri **2** pappi, pastori
v toimia pappina
ministerial /ˌmɪnəsˈtɪriəl/ *adj* **1** papin **2** ministerin
minister to *v* huolehtia jostakin
minister without portfolio *s* salkuton ministeri
ministry /mɪnəstri/ *s* **1** papin tehtävät, papin virka *John wants to enter the ministry* John haluaa ruveta papiksi **2** papisto **3** ministeriö **4** ministerit **5** ministerikausi, ministerin virkakausi
mink /miŋk/ *s* minkki
mink coat *s* minkkiturkki
minke whale *s* lahtivalas
Minn. *Minnesota*
Minneapolis /ˌmɪnɪˈæpəlɪs/ kaupunki Minnesotassa
Minnesota /ˌmɪnəˈsoʊtə/ Yhdysvaltain osavaltioita
minor /maɪnər/ *s* **1** alaikäinen **2** (yliopistossa) sivuaine **3** (mus) molli
adj vähäinen, pieni, pienempi, mitätön *that's a minor problem* se ei ole iso ongelma *that's the minor of the two problems* se on ongelmista pienempi
minor in *v* lukea/opiskella sivuaineena jotakin
minority /məˈnɔrəti/ *s* vähemmistö (äänestyksessä, yhteiskunnassa) *ethnic and religious minorities* rotu- ja uskonnolliset vähemmistöt
minority group *s* (rotu-, uskonnollinen, kieli- tms) vähemmistö(ryhmä)
minstrel /mɪnstrəl/ *s* **1** (keskiaikainen kiertävä laulaja) minstreli **2** laulaja, muusikko
minstrel show *s* kiertävä laulu-, tanssi- ja komediashow
mint /mɪnt/ *s* **1** rahapaja, setelipaino *US Mint* Yhdysvaltain seteli- ja kolikkopaino(t) **2** (kasvi) minttu
v lyödä rahaa *now that he has a new company, he is minting money* hän kääri rahaa minkä ehtii nyt kun hänellä on uusi firma
mint condition *to be in mint condition* olla kuin uusi, (uusi:) olla tuliterä
minuet /ˌmɪnjʊˈet/ *s* (mus) menuetti
minus /maɪnəs/ *s* **1** miinusmerkki **2** lasku, tappio
prep **1** miinus **2** ilman *here comes Mr. Albertson minus the wife* tässä tulee

1475 alkaen)
modernism /madərnɪzəm/ *s* modernismi
modernist *s* modernisti
modernity /mə'dərnəti/ *s* nykyaikaisuus, uudenaikaisuus, ajanmukaisuus
modernization /ˌmadərnə'zeɪʃən/ *s* uudenaikaistaminen, modernisointi
modernize /'madərˌnaɪz/ *v* nykyaikaistaa, uudenaikaistaa, ajanmukaistaa, modernisoida
modest /madəst/ *adj* **1** vaatimaton **2** siveä **3** vähäinen, niukka, pieni, vaatimaton
modestly *adv:* ks modest
modesty /madəsti/ *s* **1** vaatimattomuus **2** siveys **3** pienuus, niukkuus
modicum /madɪkəm/ *s* hiven, pikkuisen
modification /ˌmadəfɪ'keɪʃən/ *s* muutos
modifier /'madəˌfaɪər/ *s* (kieliopissa) määrite, määräys
modify /madəfaɪ/ *v* **1** muuttaa (osittain), muuntaa **2** lieventää *the opposition has modified its position* oppositio on tinkinyt kannastaan **3** (kieliopissa) määrittää
modular /madʒələr/ *adj* itsenäisistä osista muodostuva, moduulirakenteinen
module /madʒəl madʒuəl/ *s* moduuli, (itsenäinen) osa *lunar module* kuumoduli
mogul /moʊgəl/ *s* **1** *Mogul* moguli **2** pohatta, pomo *movie mogul* elokuvastudion johtaja **3** (laskettelurinteen) kumpare
mohair /'moʊˌheər/ *s* angoravilla, mohair
Mohammedan /mə'hæmədən/ *s, adj* islamilainen, muhamettilainen
moist /mɔɪst/ *adj* kostea
moisten /mɔɪsən/ *v* kostuttaa, kostua
moisture /mɔɪstʃər/ *s* kosteus
moisturizer /'mɔɪstʃəˌraɪzər/ *s* kosteusvoide
Mojave Desert /moʊˌhavi ˈdezərt/ Mojaven aavikko (Kaliforniassa)
molar /moʊlər/ *s* poskihammas
mold /moəld/ *s* **1** muotti (myös kuv) **2** (kuv) luonteenlaatu **3** home **4** (ruoka)multa
v **1** muovata (myös kuv), muotoilla **2** homehtua
molder /moldər/ *v* rapistua, ränsistyä, mädäntyä, pilaantua
Moldova /mol'doʊvə/ Moldova
mole /moəl/ *s* **1** luomi, syntymämerkki **2** myyrä **3** aallonmurtaja **4** (kem) mooli
molecular /mə'lekjələr/ *adj* molekyyli-
molecular biology *s* molekyylibiologia
molecular genetics *s* (verbi yksikössä) molekyyligenetiikka
molecular weight *s* molekyylipaino
molecule /'maləˌkjʊəl/ *s* molekyyli
molehill /'molˌhɪl/ *to make a mountain out of a molehill* tehdä kärpäsestä härkänen
molest /mə'lest/ *v* **1** vaivata, häiritä, kiusata **2** lähennellä, pahoinpidellä sukupuolisesti
molestation /ˌmaləs'teɪʃən/ *s* **1** vaivaaminen, häiritseminen, kiusanteko **2** sukupuolinen pahoinpitely
mollusk /maləsk/ *s* (eläin) nilviäinen
molt /molt/ *s* (linnun) sulkasato, (matelijan) nahanluonti
v (linnusta) olla sulkasato, (matelijasta) luoda nahkansa
molten /moltən/ *adj* (ks myös *melt*) (metallista) sula
mom /mam/ *s* (ark) äiti
moment /moʊmənt/ *s* **1** hetki, silmänräpäys *just a moment, I'll be right with you* hetkinen vain, tulen aivan heti *not a moment too soon* ei yhtään/hetkeäkään liian aikaisin **2** (fys) momentti **3** merkitys, tärkeys
momentarily /ˌmoʊmən'terəli/ *adj* **1** hetkeksi, hetken aikaa **2** aivan pian, heti
momentary /'moʊmənˌteri/ *adj* **1** lyhyt, nopea, pikainen **2** alati uhkaava
momentous /moʊ'mentəs/ *adj* merkittävä, tärkeä, ikimuistoinen *at this momentous occasion* tällä suurella hetkellä
momentousness *s* merkitys, tärkeys
momentum /moʊ'mentəm/ *s* voima,

vauhti, (kuv) puhti
momma /mamə/ *s* (ark) äiti
mommie ks momma
mommy ks momma
Monacan /manəkən/ *s, adj* monacolainen
Monaco /'manə,kou/
monarch /manark/ *s* monarkki, hallitsija
monarchic /mə'narkık/ *adj* monarkkinen
monarchical *adj* monarkkinen
monarchist *s* monarkisti
monarchy /manarki/ *s* **1** monarkia, kuningaskunta tms **2** monarkia, yksinvalta
monastery /'manəs,teri/ *s* (munkki)luostari
monastic /mə'næstık/ *adj* luostarin, luostari
Monday /mʌndi, 'mʌnd,eı/ *s* maanantai
Monegasque /,manə'gæsk/ *s, adj* monacolainen (ks myös Monacan)
monetary /'manə,teri/ *adj* raha-, rahallinen, valuutta-
money /mʌni/ *s* raha *moneys, monies* rahasumma(t) *to make good money* ansaita hyvin *your answer was right on the money* vastauksesi osui naulan kantaan *I think you're pouring money down the drain* minusta sinä panet rahasi hukkaan *to put your money where the mouth is* näyttää sanansa toteen, siirtyä sanoista tekoihin *let's see the color of your money* näytähän että sinulla todella on rahaa! *Gary has money to burn* Garylla on rahaa kuin roskaa
moneyed /mʌnid/ *adj* rahakas, rikas
money machine *s* pankkiautomaatti
moneymaker /'mʌni,meıkər/ *s* hyvä rahanlähde, kannattava yritys, myyntimenestys
moneymaking *s* rahanteko
adj tuottava, tuottoisa, kannattava
money market *s* (tal) rahamarkkinat
money order *s* postiosoitus, maksuosoitus
money's worth *to get your money's worth* saada koko rahan edestä, saada rahoilleen vastinetta
money talks *fr* rahalla saa
Mongolia /maŋ'golıə/ Mongolia
Mongolian /maŋ,goʊliən/*s, adj* mongolialainen
Mongolian gazelle /maŋ,goʊliəngə'zeəl/ *s* mongoliangaselli
mongrel /maŋgrəl/ *s* sekarotuinen koira, rakki, piski
adj sekarotuinen
monitor /manıtər/ *s* **1** tukioppilas **2** tenttivalvoja, koevalvoja **3** (televisio-, tietokone)monitori
v valvoa, tarkkailla, seurata
monk /mʌŋk/ *s* munkki
monkey /mʌŋki/ *s* **1** apina **2** (kuv) apinoija **3** (kuv lapsesta) (pikku) vintiö **4** *to make a monkey out of someone* saattaa joku naurunalaiseksi, pitää jotakuta pilkkanaan
v apinoida, matkia
monkey around/with *fr* (ark) reuhata, peuhata; sorkkia
monkey wrench *s* jakoavain *to throw a monkey wrench in the works* sabotoida, pistää kapuloita rattaisiin
mono /manoʊ/ *adj* mono(foninen)
monochrome /'manə,kroʊm/ *adj* **1** yksivärinen **2** mustavalkoinen
monocle /manəkəl/ *s* monokkeli
monogamist /mə'nagəmıst/ *s* yksiavioinen ihminen/eläin
monogamous /mə'nagəməs/ *adj* yksiavioinen
monogamy /mə'nagəmi/ *s* yksiavioisuus
monogram /'manə,græm/ *s* monogrammi, nimikirjainsommitelma
monograph /'manə,græf/ *s* erikoistutkielma
monolingual /,manə'liŋgwəl/ *s, adj* yksikielinen
monolith /'manə,lıθ/ *s* monoliitti
monolithic /,manə'lıθık/ *adj* **1** yhdestä kivilohkareesta tehty, monoliitti- **2** (kuv) järkkymätön, yhtenäinen
monologue /'manə,lag/ *s* yksinpuhelu
monomania /,manə'meınıə/ *s* monomania, liiallinen yhteen asiaan keskittyminen

monoplane /'manə,pleɪn/ *s* (lentokone) yksitaso
monopolize /mə'napə,laɪz/ *v* monopolisoida, (kuv) vallata/viedä kaikki *he monopolized the conversation* hän oli koko ajan äänessä
monopoly /mə'napəli/ *s* monopoli, yksinoikeus
monorail /'manə,reɪəl/ *s* yksiraiteinen rautatie
monosyllabic /,manəsɪ'læbɪk/ *adj* **1** yksitavuinen **2** (sanavarasto) suppea **3** (vastaus) lyhyt, juro, yksikantainen
monosyllable /'manə,sɪləbəl/ *s* yksitavuinen sana *to speak in monosyllables* puhua yksikantaan/jurosti
monotheism /'manəθi,ɪzəm/ *s* monoteismi, yksijumalaisuus
monotheistic /,manəθi'ɪstɪk/ *adj* monoteistinen, yksijumalainen
monotone /'manə,toʊn/ *s* yksitoikkoinen/väritön ääni
monotonous /mə'natənəs/ *adj* yksitoikkoinen, pitkäveteinen, tylsä, (ääni) väritön
monotonously *adv* yksitoikkoisesti, pitkäveteisesti, tylsästi, (puhua) värittömästi
monotony /mə'natəni/ *s* yksitoikkoisuus, pitkäveteisyys, tylsyys, (äänen) värittömyys
monounsaturated /,manoʊən'sætʃəreɪtəd/ *adj* (rasva) monotyydyttämätön
Monroe Doctrine /mən,roʊ'daktrən/ *s* Monroen oppi
monsoon /man'sun/ *s* monsuuni
monster /manstər/ *s* hirviö
monstrosity /man'strasəti/ *s* **1** hirviö **2** hirvittävyys
monstrous /manstrəs/ *adj* **1** hirvittävä, kamala, järkyttävä, luonnoton, suhdaton **2** suunnattoman suuri, valtava
monstrously *adv* ks monstrous
Mont. *Montana*
Montana /man'tænə/ Yhdysvaltain osavaltioita
month /mʌnθ/ *s* kuukausi
monthly *s* **1** kerran kuukaudessa ilmestyvä lehti **2** (ark, myös mon) kuukautiset
adj kuukausi- *monthly salary* kuukausipalkka *monthly magazine* kerran kuukaudessa ilmestyvä lehti
adv kuukausittain, kerran kuukaudessa
Montreal /,mantri'aəl/ kaupunki Kanadassa
monument /manjəmənt/ *s* muistomerkki, monumentti *are skyscrapers monuments to human folly?* ovatko pilvenpiirtäjät osoitus ihmisen turhamaisuudesta?
monumental /,manjə'mentəl/ *adj* **1** jykevä, vaikuttava, suunnaton, monumentaalinen **2** merkittävä, historiallinen
moo /mu/ *v* (lehmä) ammua
interj ammuu!
mood /mud/ *s* **1** mieliala, tunnelma *he's in a foul mood* hän on pahalla päällä/tuulella *I'm not in the mood to go dancing* minua ei huvita lähteä tanssimaan **2** paha tuuli, pahantuulisuus **3** (kieliopissa) tapaluokka, modus
mood-altering *adj* (lääke, huume) mielialaan vaikuttava, piristävä tai rauhoittava
moodily *adv* ks mood
moodiness *s* **1** synkkyys, apeus **2** pahantuulisuus, paha tuuli **3** oikullisuus
mood music *s* tunnelmamusiikki, hämymusiikki
moody *adj* **1** synkkä, apea **2** pahantuulinen **3** oikukas
moon /mun/ *s* kuu *full moon* täysikuu *how many moons does Saturn have?* montako kuuta Saturnuksella on? *once in a blue moon* joskus harvoin
v **1** vetelehtiä, lorvia **2** surkutella, ruikuttaa
moonlight /'mun,laɪt/ *s* kuutamo
v käydä (päätyön lisäksi) toisessa työssä, tehdä (ylimääräisiä) iltatöitä
moonlit /munlɪt/ *adj* kuutamoinen *it was a moonlit night* oli kuutamoyö
moonscape /'mun,skeɪp/ *s* kuumaisema
moonstruck /'mun,strʌk/ *adj* **1** tärähtänyt **2** (romanttisen) haaveileva
moonwalk /'mun,wak/ *s* kuukävely
moor /mʊər/ *s* (kanervaa kasvava) nummi

v kiinnittää (vene, laiva laituriin)
Moor /mʊər/ *s* mauri
moose /mus/ *s* (mon moose) hirvi
mop /map/ *s* **1** moppi **2** hiuskuontalo **3** hapan ilme
v **1** pyyhkiä/siivota mopilla **2** nyrpistää naamaansa, näyttää happamalta
moped /moʊped/ *s* mopo, mopedi
moral /mɔrəl/ *s* **1** opetus **2** (mon) moraali
adj moraalinen, moraali-
morale /mə'ræəl/ *s* moraali, henkinen ryhti *the morale of the troops is low* joukkojen taistelutahto on vähissä
moralism /'mɔrəˌlɪzəm/ *s* moralismi
moralist *s* moralisti, siveyden vartija
morality /mə'ræləti/ *s* **1** moraalisuus, siveellisyys **2** moraliteetti(näytelmä)
morality play *s* moraliteetti(näytelmä)
moralize /'mɔrəˌlaɪz/ *v* moralisoida
morally *adj* moraalisesti
moral majority *s* kristityt fundamentalistit poliittisena voimana (termin käyttäjien mielestä enemmistönä)
morass /mə'ræs/ *s* suo (myös kuv)
morbid /mɔrbəd/ *adj* (lääk ja kuv) sairas, sairaalloinen *he has a morbid sense of humor* hänellä on sairas huumorintaju
morbidity /mɔr'bɪdəti/ *s* **1** sairaalloisuus, kuvottavuus **2** (lääk) tautisuus, morbiditeetti
morbidly *adv* (kuv) sairaasti, sairaalloisesti, sairaalloisen
mordant /mɔrdənt/ *adj* pureva, piikikäs, pisteliäs
more /mɔr/ *s, adj, adv, prep* (komparatiivi sanasta *much*) enemmän, vielä, lisää *this cheese is more expensive than that one* tämä juusto on kalliimpaa kuin tuo *much more* paljon enemmän *no more* ei enää *two more days* vielä kaksi päivää *give me more* anna enemmän/lisää *that's more than enough* siinä on enemmän kuin tarpeeksi, se riittää oikein hyvin *once more* vielä kerran *not any more* ei enää *and what is more, she was arrested* ja kaiken lisäksi hänet pidätettiin
more and more *fr* yhä enemmän
more or less *fr* enemmän tai vähemmän, kutakuinkin, melko
moreover /mo'roʊvər/ *adv* lisäksi, sitä paitsi
mores /mɔreɪz/ *s* (mon) tavat, tottumukset
morgue /mɔrg/ *s* ruumishuone
mormon *s* mormoni
adj mormonien, mormoni- (ks myös Latter-day Saint)
morning /mɔrnɪŋ/ *s, adj* aamu(-)
Morning! Huomenta!
morning paper *s* aamulehti
morning sickness *s* (raskausajan) aamupahoinvointi
Moroccan /mə'rakən/*s, adj* marokkolainen
Morocco /mə'rakoʊ/ Marokko
moron /mɔran/ *s* (lääk vanh) debiili, (ark) idiootti
moronic /mə'ranɪk/ *adj* (lääk vanh) debiili, (ark) idioottimainen
morose /mə'roʊs/ *adj* synkkä, juro, apea
morpheme /'mɔrˌfim/ *s* (kielitieteessä) morfeemi (kielen pienin merkityksellinen yksikkö)
morphine /mɔrfin/ *s* morfiini
morphing /mɔrfɪŋ/ tietokoneella suoritettava kuvan metamorfoosi
morphology /mɔr'falədʒi/ *s* morfologia, muoto-oppi
Morse *s* morseaakkoset
adj morsetus-
Morse alphabet *s* morseaakkoset
Morse code /ˌmɔrs'koʊd/ *s* morseaakkoset
morsel /mɔrsəl/ *s* (ruuan) muru
mortal /mɔrtəl/ *s* kuolevainen *us mere mortals* me tavalliset kuolevaiset
adj **1** kuolevainen; maallinen **2** tappava, hengenvaarallinen **3** hirvittävä, valtava *he was in a mortal hurry* hänellä oli hirvittävä kiire
mortal enemy *s* verivihollinen, perivihollinen
mortality /mɔr'tæləti/ *s* **1** kuolevaisuus **2** kuolleisuus *mortality rate* kuolleisuus
mortally *adv* **1** (haavoittua) kuolettavasti, hengenvaarallisesti **2** (kuv) (loukkaantua) verisesti **3** (pelätä,

muted *adj* hiljainen, vaimea, hillitty
mutilate /'mjutə,leɪt/ *v* silpoa, typistää
mutilation /,mjutə'leɪʃən/ *s* silpominen, typistäminen
mutineer /,mjutə'nɪər/ *s* kapinallinen, kapinoitsija
mutinous /mjutənəs/ *adj* kapinallinen
mutiny /mjutəni/ *s* kapina *v* kapinoida, nousta kapinaan
mutt /mʌt/ *s* (sl) rakki, piski
mutter /mʌtər/ *s* **1** mumina, mutina **2** mutina, valitus, napina, nurina *v* **1** mumista, mutista **2** mutista vastaan, valittaa, napista, nurista
mutton /mʌtən/ *s* lampaanliha, lammas
mutual /mjutʃʊəl/ *adj* **1** molemminpuolinen, keskinäinen **2** yhteinen *we have many mutual interests* meillä on paljon yhteisiä etuja
mutually *adv* ks mutual *the two things are mutually exclusive* nämä asiat sulkevat toisensa pois, nämä asiat eivät sovi yhteen
muzzle /mʌzəl/ *s* **1** (eläimen) kuono **2** (koiran) kuonokoppa **3** suutin, suukappale, nokka, (aseen) suu *v* **1** panna (koiralle) kuonokoppa **2** (kuv) vaientaa
my /maɪ/ *pronominin* I *possessiivimuoto* minun, -ni *my wife* vaimoni
Myanmar /'mjan,maər/ Myanmar (ent Burma)
myopia /maɪ'oʊpiə/ *s* **1** likinäköisyys **2** (kuv) lyhytnäköisyys **3** (kuv) suvaitsemattomuus
myopic /maɪ'apɪk/ *adj* **1** likinäköinen **2** (kuv) lyhytnäköinen **3** (kuv) suvaitsematon
myriad /mɪriəd/ *s* suunnaton määrä *adj* lukematon
myrrh /mər/ *s* mirha, mirhami
myself /maɪ'self/ *pronominin* I *refleksiivinen ja korostettu muoto* minä, minä itse *I wanted to hang myself* mieleni teki hirttäytyä/hirttää itseni *I did it myself* tein sen itse/yksin *I am not myself today* en ole tänään oma itseni *we went both there, my wife and myself* me menimme sinne kumpikin, vaimoni ja minä
mysterious /mɪs'tɪriəs/ *adj* arvoituksellinen, salaperäinen, salamyhkäinen
mysteriously *adv* arvoituksellisesti, salaperäisesti, salamyhkäisesti *mysteriously, she was not happy about it* jostakin ihmeen syystä se ei ollut hänelle mieleen
mystery /mɪstəri/ *s* **1** arvoitus, salaisuus **2** rikosromaani, rikoselokuva
mystery writer *s* rikoskirjailija
mystic /mɪstɪk/ *s* mystikko *adj* mystinen
mysticism /'mɪstə,sɪzəm/ *s* mystisismi
mystify /'mɪstə,faɪ/ *v* hämmentää, tyrmistyttää, saattaa ymmälleen *I was mystified by her disappearance* hänen katoamisensa sai minut ymmälleni
mystique /mɪs'tik/ *s* (jotakuta tai jotakin ympäröivä) salaperäisyyden verho
myth /mɪθ/ *s* **1** myytti, jumalaistaru **2** myytti, taru, (pelkkä) satu
mythical /mɪθɪkəl/ *adj* **1** tarunomainen, myyttinen **2** kuvitteellinen, keksitty, mielikuvitus-, sepitteinen
mythological /,mɪθə'ladʒɪkəl/ *adj* **1** mytologinen, mytologian **2** kuvitteellinen, keksitty, mielikuvitus-, sepitteinen
mythologist /mɪ'θalədʒɪst/ *s* mytologi
mythology /mɪ'θalədʒi/ *s* **1** mytologia, myytit, jumalaistarusto **2** mytologia, myyttien tutkimus

N, n

N, n /en/ N, n
N/A *no account, not available* ei tiedossa *not applicable* (esim lomakkeessa) ei koske kyseistä asiaa
NAACP *National Association for the Advancement of Colored People*
nab /næb/ *v* (ark) napata, ottaa kiinni
NAB *National Association of Broadcasters*
nadir /neɪdər/ *s* **1** (tähtitieteessä) nadiiri **2** aallonpohja (kuv)
nag /næg/ *s* **1** kaakki, koni **2** nalkuttaja *v* piinata, vaivata, kiusata, kalvaa, nalkuttaa
nag at *v* nalkuttaa jollekulle
nagger *s* nalkuttaja
nail /neɪəl/ *s* **1** kynsi **2** naula *you hit the nail on the head* osuit naulan kantaan *v* **1** naulata **2** (kuv) naulita **3** (ark, kuv) napata, ottaa/saada kiinni
nail-biting /ˈneɪəlˌbaɪtiŋ/ *s* **1** kynsien pureskelu **2** (ark, kuv) hermostuneisuus, jännitys, pelko *adj* (ark, kuv) hermostuttava, pelottava
nail down *v* (kuv) lyödä lukkoon
nailhead /ˈneɪəlˌhed/ *s* naulan kanta
nail polish *s* kynsilakka
nail scissors *s* (mon) kynsisakset
naive /naɪˈiv/ *adj* **1** naiivi, lapsellinen, hyväuskoinen, herkkäuskoinen **2** (taiteessa) naivistinen
naiveté /naɪˌivəˈteɪ/ *s* naiivius, lapsellisuus, hyväuskoisuus, herkkäuskoisuus
naked /neɪkəd/ *adj* **1** alaston, paljas **2** (kuv) alaston, paljas, peittelemätön, kaunistelematon
naked eye *with the naked eye* paljaalla silmällä
nakedly *adv* ks naked
nakedness *s* alastomuus (myös kuv)
naked of *adj* -ton/-tön *trees naked of leaves* lehdettömät puut, alastomat puut
Nam /næm/ *s* (ark) Vietnam *when he was in Nam* kun hän oli Vietnamissa/ Vietnamin sodassa
name /neɪm/ *s* nimi (myös kuv:) maine, iso nimi *she made herself a name in retailing* hän ansioitui vähittäiskaupan alalla *he doesn't have a penny to his name* hän on pennitön, hän on rutiköyhä *to call names* nimitellä, haukkua, sättiä *v* **1** nimetä, antaa nimi **2** nimittää, kutsua joksikin **3** mainita, ilmoittaa, sanoa *without naming any names* nimiä mainitsematta *you name it!* sano sinä! **4** nimittää tehtävään/virkaan
name-brand /ˈneɪmˌbrænd/ *adj* merkkituote-, merkki-
name-calling /ˈneɪmˌcaliŋ/ *s* nimittely, haukkuminen, sättiminen
nameless *adj* **1** nimetön, jolla ei ole nimeä **2** outo, tuntematon, nimetön **3** sanoinkuvaamaton
namelessly *adv* nimettömästi
namely /neɪmli/ *adv* nimittäin, siis
name of the game *fr* (ark) pelin henki
namesake /ˈneɪmˌseɪk/ *s* kaima
Nan Hai /ˈnanˈhaɪ/ Etelä-Kiinan meri, Nan Hai
Nanjing /nanˈdʒiŋ/ Nanjing, Nanking (vanh)
nanny /næni/ *s* (UK) lastenhoitaja
nanny goat *s* kuttu, naarasvuohi
nanometer /næˈnamətər/ *s* nanometri, metrin miljardisosa
nanosecond /ˈnænəˌsekənd/ *s* nanosekunti, sekunnin miljardisosa
nap /næp/ *s* nokoset, nokkaunet, torkut *v* ottaa nokoset/nokkaunet, torkahtaa (lyhyesti)
napalm /ˈneɪˌpaəlm/ *s* napalm

nape of the neck /neɪp/ *s* niska
napkin /næpkɪn/ *s* lautasliina
Naples /neɪpəlz/ Napoli
nappy /næpi/ *s* (UK) vauvanvaippa
narcissism /'narsə,sɪzəm/ *s* narsismi
narcissist /'narsə,sɪst/ *s* narsisti
narcissus /nar'sɪsəs/ *s* (mon narcissuses, narcissi) narsissi
narcolepsy /'narkə,lepsi/ *s* (lääk) pakkonukahtelu, narkolepsia
narcosis /nar'koʊsɪs/ *s* narkoosi
narcotic /nar'katɪk/ *s, adj* huume(-) (myös kuv)
narrate /næreɪt/ *v* **1** kertoa, kuvata **2** lukea (selostus esim dokumenttiohjelmaan)
narration /næ'reɪʃən/ *s* **1** kertomus, kuvaus **2** kerronta
narrative /nærətɪv/ *s* **1** kertomus, kuvaus **2** kerronta
adj kertova, kertoma- *narrative skill* kertojan taito/taidot *narrative poem* kertomaruno *he's a writer of narrative* hän on kertomakirjailija
narratively *adv* ks narrative
narrator /næreɪtər/ *s* **1** kertoja, kuvaaja, kuvailija **2** (esim dokumenttiohjelman selostuksen) lukija
narrow /næroʊ/ *s* **1** kapeikko, ahdas kohta **2** (mon) salmi
adj **1** kapea; ahdas **2** (kuv) ahdasmielinen, rajoittunut, kapea-alainen **3** (kuv) täpärä
v kaventaa, kaventua
narrow down *v* rajoittaa, supistaa *the police have narrowed down the number of suspects to three* poliisi on supistanut epäiltyjen määrän kolmeen
narrow-minded /,neroʊ'maɪndəd/ *adj* ahdasmielinen, ennakkoluuloinen, suvaitsematon
narrow-mindedly *adv* ahdasmielisesti, ennakkoluuloisesti, suvaitsemattomasti
narrow-mindedness *s* ahdasmielisyys, ennakkoluuloisuus, suvaitsemattomuus
NAS *National Academy of Sciences; naval air station*
NASA *National Aeronautics and Space Administration,* Yhdysvaltain avaruushallitus, NASA, Nasa
nasal /neɪzəl/ *s* nasaaliäänne, nenä-äänne
adj nenä-, nasaalinen /m/ *and* /n/ *are nasal sounds* /m/ ja /n/ ovat nasaaliäänteitä
NASCAR *National Association of Stock Cat Auto Racing*
nascent /næsənt neɪsənt/ *adj* aluillaan oleva, nuori
Nashville /næʃvəl/ kaupunki Tennesseessä
nastily *adv* **1** (ihmisestä) ilkeästi, keljusti, piikikkäästi **2** kurjasti, ikävästi, inhottavasti, (satuttaa itsensä) pahasti
nastiness *s* **1** ilkeys, halpamaisuus **2** vastenmielisyys, kurjuus
nasty /næsti/ *adj* **1** (ihminen) ilkeä, kelju, piikikäs, paha **2** vastenmielinen, kurja, ikävä, inhottava, paha *nasty wound* paha haava
natal /neɪtəl/ *adj* syntymä-, synnyin-, synnytys-
natality /neɪ'tæləti/ *s* kansa(kunta)
nation /neɪʃən/ *s* syntyvyys
national /næʃənəl/ *s* kansalainen *are you a US national?* oletteko te Yhdysvaltain kansalainen?
adj kansallinen, maan, koko maata koskeva, kansallis- *on a national level* koko maan tasolla, maanlaajuisesti
National Guard *s* kansalliskaarti
National Guardsman *s* (mon National Guardsmen) kansalliskaartin jäsen
national holiday *s* kansallinen juhlapäivä
national income *s* kansantulo
nationalism /'næʃənə,lɪzəm/ *s* kansallismielisyys, kansalliskiihko, nationalismi
nationalist *s* kansallismielinen, kansalliskiihkoilija, nationalisti
adj kansallismielinen, kansalliskiihkoinen, nationalistinen
nationality /,næʃə'næləti/ *s* (ihmisen, aluksen) kansalaisuus
nationalize /'næʃənə,laɪz/ *v* **1** kansallistaa **2** myöntää kansalaisuus jollekulle; ottaa asuinmaan kansalaisuus **3** levittää koko maan tietoisuuteen

national library *s* kansalliskirjasto
nationally *adv* kansallisesti, valtakunnallisesti, maanlaajuisesti, koko maassa
national monument *s* kansallinen muistomerkki
national park *s* kansallispuisto
National Socialism *s* kansallissosialismi
National Socialist *s* kansallissosialisti
nationhood /ˈneɪʃənˌhʊd/ *s* kansallinen itsenäisyys
nation-state /ˈneɪʃənˌsteɪt/ *s* kansallisvaltio
nationwide /ˌneɪʃənˈwaɪd/ *adj* maanlaajuinen
native /neɪtɪv/ *s* **1** alkuperäisasukas, paikallinen asukas **2** syntyperäinen asukas *she's a native of Miami* hän on kotoisin Miamista
adj (kieli) äidin-, (maa) koti-, synnyin-, (asukas) alkuperäis-, (taito) synnynnäinen-, (tapa) paikallinen, (tuote) kotimainen
Native American *s* intiaani
native tongue *s* äidinkieli
nativity /nəˈtɪvəti/ *s* **1** syntymä **2** *Nativity* Kristuksen syntymä **3** *Nativity* Kristuksen syntymän juhla, joulu **4** *Nativity* Kristuksen syntymää esittävä maalaus
natl. *national*
NATO *North Atlantic Treaty Organization* Pohjois-Atlantin puolustusliitto (sopimusjärjestö), NATO, Nato
natural /nætʃərəl/ *s* **1** *he is a natural for this job* hän on omiaan tähän työhön, hänet on kuin luotu tähän työhön **2** (mus) valkoinen kosketin **3** (mus) palautusmerkki
adj **1** luonnollinen, luonnon **2** luontainen, synnynnäinen **3** luonnollinen, aito *she is very natural* hän on aivan oma itsensä
natural history *s* luonnonhistoria
naturalism /nætʃərəlɪzəm/ *s* (kirjallisuudessa, taiteessa) naturalismi
naturalist *s* **1** luonnontieteilijä, (erityisesti) eläintieteilijä, kasvitieteilijä **2** (kirjailija, taiteilija) naturalisti
naturalization /ˌnætʃrələˈzeɪʃən/ *s* **1** kansalaisoikeuksien myöntäminen/saaminen **2** kotiuttaminen, omaksuminen, lainaaminen (ks *naturalize* 2)
naturalize /ˈnætʃrəˌlaɪz/ *v* **1** myöntää/saada kansalaisoikeudet **2** kotiuttaa, omaksua toisesta kielestä/kulttuurista ja mukauttaa omaan kieleen/kulttuuriin, lainata
naturally /nætʃrəli/ *adv* **1** luonnollisesti (ks *natural*) **2** luonnostaan, luontaisesti, synnynnäisesti **3** luonnollisesti, tietenkin
natural person *s* (laki) luonnollinen henkilö
natural resources *s* (mon) luonnonvarat
natural science *s* luonnontiede
natural selection *s* luonnonvalinta
nature /neɪtʃər/ *s* **1** luonto *the wonders of nature* luonnonihmeet *the park is still in a state of nature* puisto on edelleen luonnontilassa **2** (ihmisen) luonto; luonne, luonteenlaatu *are Finns stubborn by nature?* ovatko suomalaiset syntyjään/luonteeltaan jääräpäisiä? **3** luonne *this matter is totally different in nature* asia on luonteeltaan aivan toinen
naturist /neɪtʃərɪst/ *s* **1** luonnonystävä **2** nudisti
naughtily *adv* tuhmasti, tottelemattomasti
naughtiness *s* tottelemattomuus, kurittomuus
naughty /nati/ *adj* tuhma, tottelematon
Nauru /naˈuru/
Nauruan *s, adj* naurulainen
nausea /naziə/ *s* kuvotus, pahoinvointi
nauseate /ˈnaziˌeɪt/ *v* kuvottaa (myös kuv), saada voimaan pahoin (myös kuv)
nauseating *adj* (myös kuv) kuvottava, ällöttävä, oksettava
nauseous /naziəs naʃəs/ *adj* **1** pahoinvoiva **2** (myös kuv) kuvottava, ällöttävä, oksettava
nautical /natɪkəl/ *adj* merenkulku-, meri-
nautical mile *s* meripeninkulma *international nautical mile* kansainvälinen meripeninkulma (1852 m)
naval /neɪvəl/ *adj* **1** sotalaivasto-, laivasto- *naval power* merivalta **2** laivasto, laiva-

naval mine *s* merimiina
nave /neɪv/ *s* (kirkon) keskilaiva
navel /neɪvəl/ *s* napa
navigability /ˌnævɪgəˈbɪləti/ *s* (reitin, laivan) purjehduskelpoisuus, (laivan myös) merikelpoisuus
navigable /nævɪgəbəl/ *adj* (reitti, laiva) purjehduskelpoinen, (laiva myös) purjehduskuntoinen, merikelpoinen
navigate /ˈnævɪˌgeɪt/ *v* **1** suunnistaa, ohjata (laivaa, lentokonetta) **2** purjehtia, kulkea (laivalla, lentokoneella) **3** päästä kulkemaan jostakin *he tried to navigate through the crowd* hän yritti puikkelehtia väkijoukon lomitse
navigation /ˌnævɪˈgeɪʃən/ *s* **1** (matka) purjehdus; lento **2** purjehdustaito, suunnistustaito
navigator /ˈnævɪˌgeɪtər/ *s* **1** purjehtija **2** (laivan) suunnistaja, lentosuunnistaja
navy /neɪvi/ *s* **1** sotalaivasto; merivoimat **2** laivastonsininen, tummansininen
navy blue *s* laivastonsininen, tummansininen
nay /neɪ/ *s* ei, ei-ääni, kielteinen vastaus *adv* (ja) jopa
naysayer /ˈneɪˌseɪər/ *s* pessimisti; vastarannan kiiski
Nazareth /næzərəθ/ Nasaret
Nazi /natsi, nætsi/ *s* natsi *adj* natsi-
N.B. *New Brunswick*
NBA *National Basketball Association; National Boxing Association*
NBC *National Broadcasting Company*, yksi Yhdysvaltain neljästä suuresta televisioverkosta
NBS *National Bureau of Standards*
NC *North Carolina* Pohjois-Carolina
NCO *noncommissioned officer*
ND *North Dakota* Pohjois-Dakota
NE *Nebraska* Nebraska *New England* Uusi-Englanti
Neandert(h)al /niˈəndərˌtal/ *s* **1** neandertalinihminen **2** (ark halv) luolaihminen, alkeellinen ihminen, moukka
near /nɪər/ *v* lähestyä (myös kuv) *the project is nearing its end* hanke lähestyy loppuaan, hanke on loppumaisillaan
adj, adv, prep **1** (ajasta ja tilasta) lähellä, lähelle *near the lake* järven lähellä *in the near future* lähitulevaisuudessa *come near* tule lähemmäksi! *Christmas is drawing near* joulu lähestyy, joulu on jo ovella **2** läheinen *she's a near friend* **3** täpärä *that was a near miss* se oli vähällä mennä ohi
nearby /nɪərbaɪ/ *adj* lähellä oleva, läheinen, lähi-
nearly *adv* lähes, melkein *not nearly* ei sinne päinkään, ei lähimainkaan
nearness *s* läheisyys
neat /nit/ *adj* **1** siisti **2** sievä, nätti (ark) **3** (sl) upea, hieno, mahtava
neatly *adv* **1** siististi **2** sievästi, nätisti (ark) **3** osuvasti, onnistuneesti
neatness *s* **1** siisteys **2** sievä ulkonäkö **3** osuvuus
Neb. *Nebraska*
Nebraska /nəˈbræskə/
nebulous /nebjələs/ *adj* (kuv) hämärä, sumea
necessarily /ˌnesəˈserəli/ *adv* välttämättä *that's not necessarily true* se ei välttämättä pidä paikkaansa
necessary /ˈnesəˌseri/ *s: the necessary* kaikki tarpeellinen
adj **1** välttämätön, tarpeellinen **2** väistämätön
necessitate /nəˈsesəˌteɪt/ *v* tehdä tarpeelliseksi, edellyttää
necessity /nəˈsesəti/ *s* **1** välttämättömyys, tarpeellisuus *by/of necessity* (olosuhteiden) pakosta **2** pakottava tarve, pakko **3** köyhyys, puute
neck /nek/ *s* **1** kaula (myös kuv) *to be up to your neck in something* olla uppoutunut johonkin korviaan myöten *to stick your neck out for someone* uskaltautua auttamaan jotakuta *the boss is again breathing down her neck* pomo hoputtaa häntä taas, pomo on taas hänen kimpussaan *after he blundered, Vernon got it in the neck* munauksen tehtyään Vernon sai kuulla kunniansa **2** kaulus
v kaulailla, halata jotakuta/toisiaan
neck and neck *fr* rinta rinnan, rinnakkain
necklace /nekləs/ *s* kaulaketju, kaulakoru

neck of the woods *in some neck of the woods* jossakin Jumalan selän takana, jossakin ihmeen kuusessa (alat)
necktie /'nek,taı/ *s* solmio
nectar /nektər/ *s* **1** nektari, jumalten juoma **2** mesi
nee /neı/ *adj* entiseltä nimeltään, omaa sukua *Mrs. Fox, nee* (myös *née*) *Wolf*
need /nid/ *s* **1** tarve *if need be* tarpeen tullen, tarvittaessa **2** hätä *a friend in need is a friend indeed* hädässä ystävä tutaan **3** puute, köyhyys
v **1** tarvita *you need a better knife* sinä tarvitset paremman veitsen, sinun pitää saada parempi veitsi **2** pitää, tarvita *need I go on?* tarvitseeko minun vielä/enää jatkaa? *you need not go on* sinun ei tarvitse jatkaa **3** kaivata, tarvita, ansaita *this room needs cleaning* tämä huone pitäisi siivota
neediness *s* puute, köyhyys, varattomuus
needle /nidəl/ *s* neula *it's like looking for a needle in a haystack* on kuin etsisi neulaa heinäsuovasta
v **1** neuloa **2** (ark) piikitellä, kiusata **3** (ark) suostutella (joku tekemään jotakin)
needless *adj* tarpeeton *needless to say, you acted like a jerk* sanomattakin on selvää että sinä käyttäydyit todella törpösti
needlessly *adj* tarpeettomasti
needlework /'nidəl,wərk/ *s* käsityö
needy *s: the needy* köyhät, varattomat
adj köyhä, varaton
negate /nə'geıt/ *v* **1** kieltää (väite) **2** tehdä tyhjäksi, kumota
negation /nə'geıʃən/ *s* **1** (väitteen ym) kielto, kieltäminen **2** vastakohta
negative /negətıv/ *s* **1** kielteinen vastaus *he answered in the negative* hän vastasi kieltävästi **2** (kieliopissa) kielteinen muoto **3** (valok) negatiivi **4** haitta, huono puoli, miinus
adj kielteinen, negatiivinen
negatively *adv* kielteisesti
negativity /,negə'tıvəti/ *s* kielteisyys, kielteinen asenne
neglect /nı'glekt/ *s* laiminlyönti
v **1** lyödä laimin, laiminlyödä **2** ei välittää/piitata jostakusta/jostakin **3** unohtaa *she neglected to tell me when the meeting will be held* hän unohti kertoa milloin kokous pidetään
neglectful *adj* välinpitämätön, huolimaton *she has been neglectful of her duties* hän on lyönyt tehtävänsä laimin
negligee /'neglə,ʒeı/ *s* (yl läpikuultava) aamutakki
negligence /negləd ʒəns/ *s* **1** huolimattomuus, välinpitämättömyys **2** laiminlyönti
negligent /neglədʒənt/ *adj* välinpitämätön, huolimaton
negligently *adv* välinpitämättömästi, huolimattomasti
negligible /neglədʒəbəl/ *adj* mitätön, merkityksetön, vähäpätöinen
negotiable /nə'goʊʃəbəl/ *adj* **1** avoin, josta voidaan neuvotella **2** (tal) joka voidaan myydä/siirtää
negotiate /nə'goʊʃi,eıt/ *v* **1** neuvotella; saada aikaan neuvottelemalla, järjestää **2** selvitä/ajaa jostakin, kiertää, ylittää (este) *the terrain was hard to negotiate even with four-wheel drive* maastossa oli vaikea ajaa nelipyörävedosta huolimatta
negotiation /nə,goʊʃi'eıʃən/ *s* **1** neuvottelu *the negotiations are still under way* neuvottelut ovat edelleen käynnissä **2** (esteen) ylitys, kiertäminen, jostakin selviäminen/ ajaminen
negotiator /nə'goʊʃi,eıtər/ *s* neuvottelija
Negro /nigroʊ/ *s, adj* (mon Negroes) musta(-), neekeri(-)
neighbor /neıbər/ *s* **1** naapuri **2** lähimmäinen *thy neighbor's wife* lähimmäisesi vaimo
neighborhood /'neıbər,hʊd/ *s* **1** lähistö, lähiseutu, naapuristo **2** naapurit, naapuristo **3** (kuv) seutu *the building cost in the neighborhood of 100 million* rakennus maksoi satakunta miljoonaa dollaria
neighboring *adj* lähi-, lähiseudun-, naapuri-
neighborly *adj* ystävällinen; tuttavallinen

neither /niðər naɪðər/ *adj, adv, pron, konj* ei kumpikaan, eikä: *neither you nor I* et sinä enkä minä *he does not want it and neither do I* hän ei halua sitä enkä halua minäkään *neither answer is correct* kumpikaan vastaus ei ole oikea
nemesis /neməsɪs/ *s* (mon nemeses) (kuv) kohtalo, tuho, voittamaton este *the driving test proved to be her nemesis* insinööriajo koitui hänen kohtalokseen
neoclassic /ˌnioʊ'klæsɪk/ *adj* uusklassinen
neoclassicism /ˌnioʊ'klæsəsɪzəm/ *s* uusklassisismi
neocolonialism /ˌnioʊkə'loʊniəlɪzəm/ *s* uuskolonialismi
neocortex /ˌnioʊ'kɔrteks/ *s* aivokuori
neofascism /ˌnioʊ'fæʃɪzəm/ *s* uusfasismi
Neolithic /ˌnɪə'lɪθɪk/ *adj* neoliittinen, uudemman kivikauden
neologism /nɪ'alədʒɪzəm/ *s* uudissana, uudismuodoste
neologize /nɪ'alədʒaɪz/ *v* muodostaa uusia sanoja
neon /nian/ *s* **1** (kaasu) neon **2** neonvalo
adj neon-
neo-Nazi /ˌniə'natsi/ *s* uusnatsi
neo-Nazism /ˌniə'natsiɪzəm/ *s* uusnatsismi
neon light *s* neonvalo
neophyte /'niəˌfaɪt/ *s* (kuv) aloittelija, amatööri
neorealism /ˌnioʊ'riəlɪzəm/ *s* uusrealismi
neoromanticism /ˌnioʊroʊ'mæntəsɪzəm/ *s* uusromantiikka
Nepal /nə'paəl/ Nepal
Nepalese /ˌnepə'liz/ *s, adj* nepalilainen
nephew /nefju/ *s* veljenpoika, sisarenpoika
nepotism /'nepəˌtɪzəm/ *s* (sukulaisten suosinta virantäytössä) nepotismi
Neptune /neptun/ Neptunus
nerd /nərd/ *s* (sl) nynny *computer nerd* bitti-idiootti
nerve /nərv/ *s* **1** hermo *sometimes you get on my nerves* joskus sinä käyt hermoilleni **2** (mon) hermostuneisuus, hepulit, hermopaine **3** (kuv) rohkeus *he finally got up enough nerve to ask her out* lopulta hän rohkeni pyytää naista ulos *I did not have the nerve to fire her* en tohtinut/raskinut antaa hänelle potkuja **4** röyhkeys *he had the nerve to call me a liar* hänellä oli otsaa haukkua minua valehtelijaksi! *I did not have the nerve to give him the finger* en kehdannut näyttää hänelle keskisormea *of all the nerve!* ettäs kehtaat!, kaikkea sitä kuulee!
v rohkaista (itseään), kannustaa (itseään), antaa/kerätä rohkeutta
nerveless *adj* **1** tyyni, rauhallinen **2** hervoton **3** vetämätön, voimaton, innoton
nerve-racking *adj* hermoja raastava, hermoille käyvä
nervosity /nər'vasəti/ *s* hermostuneisuus
nervous /nərvəs/ *adj* **1** hermostunut **2** hermo-, hermojen, hermoston
nervous breakdown *s* hermoromahdus
nervously *adv* hermostuneesti
nervousness *s* hermostuneisuus
nervous system *s* hermosto
nervy *adj* **1** röyhkeä, hävytön **2** urhea, rohkea **3** hermostunut
NES *Nintendo Entertainment System*
nest /nest/ *s* **1** linnunpesä *to leave the nest* (kuv) lähteä pesästä **2** sisäkkäin sopiva laatikkosarja/pöytäsarja ym *nest of tables* sarjapöytä
v **1** (lintu) pesiä **2** panna sisäkkäin
nest egg *s* pesämuna (myös kuv)
nesting table *s* sarjapöytä
nestle /nesəl/ *v* käydä mukavaan asentoon jonnekin *their house is nestled among hills* heidän talonsa on kukkuloiden lomassa
nestling /nesliŋ/ *s* **1** linnunpoikanen (joka ei vielä osaa lentää) **2** (kuv) pikkulapsi, lapsi
net /net/ *s* verkko (myös kuv) *the nets* (myös) Yhdysvaltain suurista valtakunnallisista televisioyhtiöistä *(networks)*
v **1** peittää/suojata verkolla **2** kalastaa

verkolla, saada verkkoon (myös kuv) **3** (urh) lyödä pallo verkkoon **4** ansaita/ tuottaa nettona, voittaa, netota (ark) *adj* netto- *net price* nettohinta *net result* lopputulos
Neth. *Netherlands* Alankomaat
Netherlander *s* alankomaalainen
Netherlandian *adj* alankomaalainen
Netherlands /neðərləndz/ (mon) Alankomaat
Netherlands Antilles /ˌneðərləndzæn'tɪliz/ (mon) Alankomaiden Antillit
net national product *s* nettokansantuote
net score *s* (golf) nettotulos, lyöntien kokonaismäärä josta on vähennetty pelaajan tasoitus
nettle /netəl/ *s* nokkonen
v (kuv) kismittää, harmittaa, ärsyttää, (pilkka) sattua
nettlesome *adj* **1** kiusallinen, harmillinen, ärsyttävä **2** ärtyisä, kiukkuinen
network /'netˌwərk/ *s* **1** verkosto **2** (Yhdysvaltain maanlaajuinen) radioverkko, televisioverkko (ABC, NBC, CBS, Fox,WB) **3** tietokoneverkko (LAN, WAN)
networking *s* (samankaltaisessa asemassa olevien ihmisten keskeinen) tukijärjestelmä
neural /nərəl/ *adj* hermo-, hermoston
neuralgia /nə'raldʒə/ *s* (lääk) hermosärky, neuralgia
neurasthenia /nərəs'θinjə/ *s* heikkohermoisuus, neurastenia
neurologist /nə'ralədʒɪst/ *s* neurologi, hermolääkäri
neurology /nə'ralədʒi/ *s* neurologia, hermotautioppi
neuron /nəran/ *s* hermosolu, neuroni
neuropsychiatry /ˌnəroʊsaɪ'kaɪətri/ *s* neuropsykiatria, hermo- ja mielitautioppi
neurosis /nə'roʊsɪs/ *s* (mon neuroses) neuroosi
neurosurgeon /'nəroʊˌsərdʒən/ *s* hermokirurgi *Hank is no neurosurgeon* Hank ei ole mikään ruudinkeksijä/Einstein
neurosurgery /ˌnəroʊ'sərdʒəri/ *s* hermokirurgia
neurotic /nə'ratɪk/ *s* neurootikko *adj* neuroottinen

neuter /nutər/ *s* (kieliopissa) neutri
v steriloida
adj **1** (kieliopissa) neutri-, suvuton **2** (biol) suvuton
neutral /nutrəl/ *s* **1** puolueeton henkilö/maa **2** (autossa ym) vapaa (vaihde) *adj* **1** puolueeton **2** mitäänsanomaton, väritön **3** (biol) suvuton
neutralism /'nutrəˌlɪzəm/ *s* puolueettomuus
neutralization /ˌnutrəlɪ'zeɪʃən/ *s* **1** puolueettomaksi tekeminen **2** kumoaminen **3** (sot) vaientaminen, tuhoaminen **4** (kem) neutralointi, neutraloituminen
neutralize /'nutrəˌlaɪz/ *v* **1** tehdä puolueettomaksi **2** kumota, tehdä tyhjäksi **3** (sot) vaientaa, hävittää, tuhota **4** (kem) neutraloida, neutraloitua
neutral zone *s* (jääkiekossa) puolueeton alue
neutron /nutran/ *s* neutroni
neutron bomb *s* neutronipommi
neutron star *s* neutronitähti
Nev. *Nevada*
Nevada /nə'vædə/
never /nevər/ *adv* **1** ei koskaan *he never goes to church* hän ei käy koskaan/milloinkaan kirkossa *never say never* vannomatta paras **2** voimistavana sanana: *never mind* ei se mitään!, vähät siitä! *Pamela never said a word about it to anyone* Pamela ei kertonut/maininnut siitä kenellekään
never in the world *fr* ei ikinä/kuuna päivänä
Neverland /'nevərˌlænd/ (Peter Panin) Mikä-Mikä-Maa
nevermore /ˌnevər'mɔr/ *adv* ei enää koskaan
never-never land /ˌnevər'nevərˌlænd/ *s* **1** haavemaailma, mielikuvitusmaailma **2** syrjäseutu
nevertheless /ˌnevərðə'les/ *adv* silti, siitä huolimatta, kuitenkin
new /nu/ *adj* uusi *she is new to the job* hän ei vielä osaa työtä, työ on hänelle

vielä uutta
adv (yhdyssanoissa) vasta- *new-mown grass* vastaleikattu ruoho
new age /ˈnuˌeidʒ/ *s* kokonaisvaltaista, länsimaista arvomaailmaa vieroksuvaa elämänfilosofiaa tarkoittava sateenvarjokäsite, new age
Newark /nuwərk/ *s* kaupunki New Jerseyssä
new ball game *it's a whole new ball game* tilanne on tyystin erilainen, kuviot ovat kokonaan uudet
newborn /ˈnuˌbɔrn/ *s* vastasyntynyt
adj **1** vastasyntynyt **2** uudesti syntynyt *newborn faith* uusi usko
New Brunswick /ˌnuˈbrʌnzˌwɪk/
Newcastle *to carry coals to Newcastle* (kuva) mennä merta edemmäs kalaan
Newcastle-upon-Tyne /ˈnukæsələˌpanˈtaɪn/ kaupunki Englannissa, Australiassa ja Kanadassa
newcomer /ˈnukʌmər/ *s* uusi tulokas
new covenant *s* (kristinuskossa) uusi liitto
New Criticism *s* (kirjallisuustieteessä) uuskritiikki
New Deal *s* Yhdysvaltain presidentin Franklin D. Rooseveltin 1930-luvun lamakaudella käynnistämä taloudellinen ja yhteiskunnallinen elvytysohjelma, New Deal
New England *s* Uusi-Englanti
New Englander *s* Uuden-Englannin asukas
New English *s* nykyenglanti (noin 1475 alkaen)
newfangled /ˈnuˌfæŋgəld/ *adj* uudenaikainen, uudenlainen *newfangled optimism* uusi optimismi
Newfoundland /nufəndlənd/
New Hampshire /ˌnuˈhæmpʃər/
newish *adj* uudehko
New Jersey /ˌnuˈdʒərzi/
newly *adv* **1** vastikään, äskettäin **2** uudestaan, uudelleen
newlywed /ˈnuliˌwed/ *s* vastanainut, vastavihitty
new math *s* uusi matematiikka
New Mexico /ˌnuˈmeksɪˌkou/
new moon *s* uusi kuu
newness *s* uutuus
New Orleans /nuˈwɔrlənz/ kaupunki Louisianassa
news /nuz/ *s* (verbi yl yksikössä) **1** uutinen, uutiset *a piece of news* uutinen *we still have no news of Paul* emme ole vieläkään kuulleet Paulista mitään *I have some good news* minulla on hyviä uutisia *that's news to me* sitä en ole kuullutkaan, se on minulle uutta **2** uutislähetys, uutiset
news agency *s* **1** uutistoimisto **2** sanomalehtikioski, sanomalehtimyymälä
newsbreak /ˈnuzˌbreɪk/ *s* (radio, televisio) lyhyt uutislähetys
newsmagazine /ˈnuzˌmægəˌzin/ *s* (yl viikoittain ilmestyvä) uutislehti
New South Wales Uusi Etelä-Wales (Australiassa)
newspaper /ˈnuzˌpeɪpər/ *s* sanomalehti
newspaperman /ˈnuzˌpeɪpərmən/ *s* (mon newspapermen) (sanoma)lehtimies, toimittaja; julkaisija
newspaperwoman /ˈnuzˌpeɪpərˌwʊmən/ *s* (mon newspaperwomen) (sanoma)lehtinainen, toimittaja; julkaisija
newsperson /ˈnuzˌpərsən/ *s* journalisti, toimittaja
news service *s* uutistoimisto
newsstand /ˈnuzˌstænd/ *s* lehtikioski
newsweekly /ˈnuzˌwikli/ *s* (viikoittain ilmestyvä) uutislehti
newsworthiness *s* uutisarvo
newsworthy /ˈnuzˌwərði/ *adj* uutisarvoinen
New Testament /nuˈtestəmənt/ *s* Uusi testamentti
new wave /ˌnuˈweɪv/ *s* (elokuvataiteessa, rockmusiikissa) uusi aalto, punkista kehittynyt popmusiikin uusi aalto
New Year /nuˈjɪər/ *s* uudenvuodenpäivä
New Year's Day *s* uudenvuodenpäivä
New Year's Eve *s* uudenvuodenaatto
New York /nuˈjɔrk/
New York City /ˌnujɔrkˈsɪti/
New Yorker /nuˈjɔrkər/ *s* New Yorkin

asukas, newyorkilainen
New Zealand /ˌnu'zilənd/ Uusi-Seelanti
New Zealander *s* uusiseelantilainen
next /nekst/ *s* seuraava *who's next?* kuka on seuraava(na vuorossa)?
adj seuraava, lähin, viereinen *we went there the next day* menimme sinne seuraavana päivänä
adv seuraavaksi, seuraavan kerran *what should we do next?* mitä meidän pitäisi tehdä seuraavaksi?
next-door *adj* naapuri- *we are next-door neighbors* olemme naapureita
adv ks next door
next door /neks'dɔr/ *adv* naapurissa, naapuritalossa *he went next door* hän meni käymään naapurissa
next door to *fr* **1** jonkun naapurissa *we live next door to the Shatners* olemme Shatnereiden naapureita **2** partaalla, lähellä *Sally is next door to craziness* Sally on vähällä tulla hulluksi
next of kin *s* lähin omainen
next to *adv* **1** vieressä, rinnalla **2** lähes, miltei **3** johonkin verrattuna, jonkin rinnalla
NFL *National Football League*
NH *New Hampshire*
NHL *National Hockey League*
NHRA *National Hot Rod Association*
NHTSA *National Highway Traffic Safety Administration*
N.I. *Northern Ireland* Pohjois-Irlanti
Niagara Falls /naɪˌægrə'falz/ *s* (mon) Niagaran putoukset
nib /nɪb/ *s* **1** kynän terä **2** terä, kärki
nibble /nɪbəl/ *s* **1** muru, palanen **2** (kalan) näykkäisy, nykäisy (ongesta)
v **1** nakertaa; mutustaa, pupeltaa **2** (kala) näykkiä, nykäistä (onkea)
nibble at *v* **1** näykkiä, syödä ilman ruokahalua **2** (kuv) nakertaa, syödä vähitellen
nibble away at *v* (kuv) nakertaa, syödä vähitellen
Nibs /nɪbz/ (Peter Panissa) Piikki
Nicaragua /ˌnɪkə'ragwə/
Nicaraguan *s, adj* nicaragualainen
nice /naɪs/ *adj* **1** mukava, miellyttävä, ystävällinen, kiva, hauska *try to be nice to her* yritä kohdella häntä ystävällisesti *it was nice to see you* oli mukava/kiva (ark) tavata *have a nice day* hyvää päivän jatkoa! **2** taitava, osaava **3** kunnollinen, kunnon *he has nice manners* hänellä on hyvät tavat *she's a nice girl* hän on kunnon tyttö **4** siisti, tarkka **5** nirso, pikkutarkka, vaativa **6** (ero) vähäinen, hieno
nice and *adv* mukavan, tarpeeksi, riittävän *it's a nice and quiet neighborhood* seutu on mukavan hiljainen
nicely *adv* **1** mukavasti, miellyttävästi *everything went nicely* kaikki sujui hyvin *the suitcase fits nicely under the seat* matkalaukku sopii kätevästi istuimen alle **2** tarkasti, huolellisesti
niceness *s* **1** miellyttävyys, ystävällisyys **2** kunnollisuus **3** taitavuus, osaavuus **4** nirsoilu, pikkutarkkuus
nicety /naɪsəti/ *s* hienous, pikkuseikka, yksityiskohta *the niceties of life* elämän mukavuudet
niche /nɪtʃ/ *s* **1** syvennys **2** (kuv) paikka *market niche* markkinarako
nick /nɪk/ *s* **1** lovi, ura **2** lohkeama, särö, murtuma **3** viilto, haava **4** *in the nick of time* viime tingassa, viime hetkellä
v **1** loveta, kaivertaa ura johonkin **2** satuttaa; kolhia **3** viiltää pieni haava
nickel /nɪkəl/ *s* **1** nikkeli **2** viiden centin kolikko
nickel-and-dime /ˌnɪkələn'daɪm/ *adj* pikku-, mitätön, vähäpätöinen *nickle-and-dime store* pikkukauppa *he's done some nickle-and-dime business lately* hän on käynyt viime aikoina vähän nappikauppaa (kuv)
nickname /'nɪkˌneɪm/ *s* lempinimi; haukkumanimi
v antaa lempinimeksi/haukkumanimeksi, sanoa/kutsua/haukkua joksikin
Nicosia /ˌnɪkə'siə/ Nikosia
nicotine /'nɪkəˌtin/ *s* nikotiini
nicotinism /'nɪkətiˌnɪzəm/ *s* nikotiinimyrkytys
niece /nis/ *s* veljentytär, sisarentytär

Niger /naɪdʒər/
Nigeria /naɪ'dʒɪriə/ Nigeria
Nigerian *s, adj* nigerialainen
night /naɪt/ *s* yö (myös kuv); ilta (myös kuv) *last night* viime yönä; eilen illalla *late last night* myöhään eilen illalla *Monday night* maanantai-iltana
night and day *adv* yötä päivää, lakkaamatta, jatkuvasti
nightcap /'naɪt,kæp/ *s* yömyssy (myös ryypystä)
nightclothes /'naɪt,kloʊðz/ *s* (mon) yövaatteet
nightclub /'naɪt,klʌb/ *s* yökerho
nightfall /'naɪt,faəl/ *s* iltahämärä
nightgown /'naɪt,gaʊn/ *s* (naisten, lasten) yöpaita
night hawk *s* (ark, kuv) yökyöpeli
nightingale /'naɪtən,geɪəl/ *s* satakieli
night-light /'naɪt,laɪt/ *s* yölamppu, yövalo
nightly *adj* jokaöinen, jokailtainen *adv* joka yö, joka ilta
nightmare /'naɪt,meər/ *s* painajaisuni, painajainen (myös kuv)
nightmarish *adj* painajaismainen
night owl *s* (ark, kuv) yökyöpeli
night person *s* iltaihminen
night school *s* iltakoulu
night shift *s* yövuoro
night stand *s* yöpöytä
night table *s* yöpöytä
nighttime /'naɪt,taɪm/ *s, adj* yö(-)
nightwalker /'naɪt,wakər/ *s* (prostituoitu) yöperhonen
night watch *s* yövartio
night watchman *s* (mon night watchmen) yövartija
nil /nɪl/ *s* nolla *adj* olematon
Nile /naɪəl/ Niili
nimble /nɪmbəl/ *adj* **1** notkea, nokkela, ketterä, norja, vetreä **2** (henkisesti) nokkela, vetreä, älykäs, valpas
nimbly *adv* ks nimble
nimbus /nɪmbəs/ *s* (mon nimbi, nimbuses) (kuv) sädekehä
nine /naɪn/ *s, adj* yhdeksän
nineteen /naɪn'tin/ *s, adj* yhdeksäntoista
nineteenth /naɪn'tinθ/ *s, adj* yhdeksästoista
ninetieth /naɪntiəθ/ *s, adj* yhdeksäskymmenes
nine-to-five /,naɪntə'faɪv/ *adj* päivä-; toimisto-, konttori- *she has a nine-to-five job* hän käy päivätyössä, hän tekee toimistötyötä
nine-to-fiver *s* tavallinen palkkatyöläinen, (yl) toimistotyöntekijä, konttorityöntekijä, (halv) konttorirotta
ninety /naɪnti/ *s, adj* yhdeksänkymmentä
ninth /naɪnθ/ *s, adj* yhdeksäs
NIOSH *National Institute of Occupational Safety and Health*
nip /nɪp/ *s* **1** nipistys; puraisu, näykkäisy *there's a nip in the air today* ilma on tänään purevan kylmä **2** (kuv) piikikäs/pureva huomautus, piikki **3** palanen, murunen, suupala **4** naukku, pikkuryyppy *v* nipistää; näykkäistä, puraista
nip in the bud *fr* lopettaa/tyrehdyttää heti alkuunsa
nip off *v* katkaista, irrottaa
nipple /nɪpəl/ *s* **1** nänni **2** (pullon tai irrallinen) tutti
nippy /nɪpi/ *adj* **1** purevan viileä/kylmä **2** (maku) terävä, voimakas
nirvana /nər'vænə nər'vanə/ *s* (kuv) nirvana, autuus
nitpick /nɪtpɪk/ *v* saivarella, nirsoilla, olla turhan tarkka; olla pikkumainen
nitpicker *s* saivartelija, pedantti
nitpicking *s* saivartelu
nitrogen /'naɪtrədʒən/ *s* typpi
nitroglycerin /,naɪtroʊ'glɪsərən/ *s* nitroglyseroli, nitroglyseriini
nitwit /nɪtwɪt/ *s* typerys, idiootti, pölkkypää
NJ *New Jersey*
NM *New Mexico*
NMOS *N-channel metal oxide semiconductor*
NMR *nuclear magnetic resonance* ydinmagneettinen resonanssi
NNE *north-northeast*
NNW *north-northwest*

no /noʊ/ *s* **1** kielteinen vastaus *and I won't take no for an answer* äläkä yritäkään panna vastaan; sinun on pakko suostua **2** ei-ääni
adj ei mikään, ei kukaan *no man has ever done that before* kukaan ei ole vielä tehnyt sitä *there is no telling if she'll come* on mahdotonta tietää tuleeko hän *Gary is no brain surgeon* Gary ei ole mikään ruudinkeksijä/Einstein *it's no use trying to open it* sitä on turha yrittää avata, sitä ei kannata avata *no loitering* asiaton oleskelu kielletty *by no means* ei suinkaan
adv ei *I said no to their offer* en hyväksynyt heidän tarjoustaan *no more* ei enää *this one's no better than the other* tämä ei ole sen parempi kuin tuo toinen
no. *north; number*
Noah /noə/ *s* Nooa
Noah's Ark *s* Nooan arkki
Nobelist /noʊ'belɪst/ *s* nobelisti
Nobel Prize /noʊˌbel'praɪz/ *s* Nobelin palkinto
nobility /noʊ'bɪləti/ *s* **1** aateli, aatelisto **2** aateluus **3** jalous
noble /noʊbəl/ *adj* **1** aatelinen **2** jalo, ylevä **3** vaikuttava, komea, ylevä
nobleman *s* aatelinen, aatelismies
noble-minded *adj* jalo, jalomielinen, ylevä
nobly *adv* **1** ylhäisesti *nobly born* ylhäissyntyinen **2** ylevästi, jalosti **3** rohkeasti, urheasti **4** komeasti
nobody /noʊbʌdi noʊbədi/ *s* mitätön/tuntematon henkilö *he is a nobody in artistic circles* hän ei ole minkäänlainen nimi taiteilijapiireissä
pron ei kukaan *nobody cares about it* kukaan ei välitä siitä *nobody else cares about it* kukaan muu ei välitä siitä *nobody else but you* vain sinä, ei kukaan muu kuin sinä
nobody's fool *to be nobody's fool* ei olla kenenkään narrattavissa; osata pitää puolensa
nocturnal /nak'tərnəl/ *adj* yöllinen, öinen, yö- *nocturnal animals* yöeläimet *nocturnal visit* yöllinen/öinen retki/käynti
nod /nad/ *s* nyökkäys *he gave me a nod* hän nyökkäsi minulle *the board gave us a nod* (kuv) johtokunta näytti meille vihreää valoa
v nyökätä (päätään); (pää) nuokkua
nodding acquaintance *s* **1** *to have (only) a nodding acquaintance with something* osata jotakin vain jotenkuten/huonosti **2** etäinen tuttu; joku jonka joku tuntee näöltä
nod off *v* nukahtaa, torkahtaa (istualleen)
no-fault divorce *s* (avioerosta) sopuero
no great shakes *to be no great shakes* jossakin ei ole kehumista/hurraamista
no-iron /noʊ'aɪərn/ *adj* (vaate) siliävä, jota ei tarvitse silittää
noise /noɪz/ *s* **1** melu, meteli, hälinä **2** ääni **3** (äänentoistossa) kohina
noiseless *adj* äänetön, hiljainen
noiselessly *adv* äänettömästi, hiljaa
noisily *adv* meluisasti, äänekkäästi, kovaäänisesti
noisome /noɪsəm/ *adj* **1** (haju) löyhkäävä, kuvottava **2** myrkyllinen, vahingollinen
noisy *adj* meluisa, äänekäs, kovaääninen
nomad /noʊmæd/ *s* **1** paimentolainen **2** maankiertäjä, irtolainen
nomadic /noʊ'mædɪk/ *adj* **1** paimentolais- **2** irtolais-
no man's land /'noʊmænzˌlænd/ *s* ei kenenkään maa
nominal /namənəl/ *adj* nimellinen *a nominal sum of money* nimellinen rahasumma *nominal value* nimellisarvo *the nominal ruler of the country* maan nimellinen/näennäinen hallitsija
nominal amount *s* (tal) nimellisarvo
nominally *adv* nimellisesti
nominate /'naməˌneɪt/ *v* **1** nimittää (virkaan tms) **2** nimetä virkaan tms, ehdottaa nimitettäväksi
nomination /ˌnamə'neɪʃən/ *s* nimitys, virkanimitys, nimittäminen
nominative /namɪnətɪv/ *s* (kieliopissa) nominatiivi

nominee /ˌnamə'ni/ *s* ehdokas
nonagenerian /ˌnanədʒə'neriən/ *s, adj* yhdeksänkymmentävuotias
nonaggression /ˌnanə'greʃən/ *s* hyökkäämättömyys *nonaggression pact* hyökkäämättömyyssopimus
nonaligned /ˌnanə'laɪnd/ *s, adj* (ihminen, maa) sitoutumaton
nonalignment /ˌnanə'laɪnmənt/ *s* sitoutumattomuus
nonbeliever /ˌnanbə'livər/ *s* ei-uskovainen, epäuskoinen, epäilijä; joka ei usko johonkin (Jumalaan, ajatukseen ym)
nonce /nans/ *for the nonce* tilapäisesti, toistaiseksi
nonce word *s* tilapäissana
nonchalance /ˌnantʃə'lans/ *s* välinpitämättömyys, viileys, tyyneys
nonchalant /ˌnantʃə'lant/ *adj* välinpitämätön, viileä, tyyni
non-Christian /nan'krɪstʃən/ *s* ei-kristitty
adj ei-kristillinen
noncommissioned officer /ˌnankə'mɪʃənd/ *s* (sot) aliupseeri
noncommittal /ˌnankə'mɪtəl/ *adj* epämääräinen, välttelevä, varovainen
non-Communist /nan'kamjənɪst/ *s* ei-kommunisti
adj ei-kommunistinen
noncompliance /ˌnankəm'plaɪəns/ *s* sopimuksen rikkominen, säännöistä poikkeaminen
noncompliant *adj* sopimusta rikkova, säännöistä poikkeava
non compos mentis /nanˌkampəs'mentɪs/ *adj, adv* (lak) syyntakeeton, syyntakeettomasti
nonconformist /ˌnankən'fɔrmɪst/ *s* **1** (kirkkohistoriassa) nonkonformisti **2** (yl) toisinajattelija, nonkonformisti
nonconformity /ˌnankən'fɔrməti/ *s* **1** tavoista, säännöistä tms poikkeaminen **2** poikkeama
nondegradable /ˌnandə'greɪdəbəl/ *s* (luonnossa) hajoamaton jäte/aine
adj hajoamaton
nondescript /ˌnandəs'krɪpt/ *adj* huomaamaton, vähäpätöinen, tavallinen, (väri, maku) epämääräinen
nondrinker /nan'driŋkər/ *s* raitis ihminen
none /nʌn/ *pron* ei kukaan, ei yksikään, ei mikään *none of us wants to eat now* kukaan meistä ei halua syödä nyt *do you have any ideas? – none* onko sinulla ehdotuksia? – ei (yhtään) *it's none of you business* se ei kuulu sinulle
adv ei yhtään *he arrived none too soon* hän ei saapunut yhtään liian aikaisin, hän saapui viime tingassa
nonentity /nan'entəti/ *s* tuntematon suure: *that writer is a nonentity on the West Coast* kirjailija on länsirannikolla täysin/lähes tuntematon
nonesuch /'nʌnˌsʌtʃ/ *s* verraton (ihminen, esine); joka on vertaansa vailla
nonetheless /ˌnʌnðə'les/ *adv* silti, siitä huolimatta, kuitenkin
non-Euclidean /ˌnanju'klɪdiən/ *adj* epäeuklidinen
nonfat /'nanˌfæt/ *adj* rasvaton
nonfiction /nan'fɪkʃən/ *s* tietokirjallisuus, ei-sepitteinen kirjallisuus
nonfictional /nanfɪkʃənəl/ *adj* asiakirjallisuuden, asia-, ei-sepitteinen
nongrammatical /ˌnangrə'mætɪkəl/ *adj* epäkieliopillinen
nonhero /nan'hɪroʊ/ *s* antisankari
nonhuman /nan'hjumən/ *adj* **1** ei-inhimillinen **2** tunteeton, kylmä, epäinhimillinen
nonjudgmental /ˌnandʒʌdʒ'mentəl/ *adj* ei tuomitseva, suvaitsevainen
no-no /noʊnoʊ/ *s* (ark) kielletty asia
nonpartisan /nan'partɪsən/ *adj* **1** puolueeton **2** puolueisiin kuulumaton, sitoutumaton
nonpayment /nan'peɪmənt/ *s* laskun maksamatta jättäminen
nonperishable /nan'perɪʃəbəl/ *adj* (ruoka) pilaantumaton
nonplus /nan'plʌs/ *v* ällistyttää, tyrmistyttää
nonprofit /nan'prafɪt/ *adj* ei-kaupallinen, (joskus:) hyväntekeväisyys-

nonrecurring /ˌnanrɪ'kərıŋ/ *adj* (menoerä) kertaluontoinen, ei uusiutuva
nonresident /nan'rezɪdənt/ *s* vieraspaikkakuntalainen, ulkopaikkakuntalainen, ei vakinainen asukas
adj vieraspaikkakuntalainen, ulkopaikkakuntalainen
nonsense /'nanˌsens/ *s* **1** hölynpöly, roskapuhe **2** tyhjänpäiväisyydet, älyttömyydet **3** hävyttömyys **4** älyttömyys
nonsensical /nan'sensɪkəl/ *adj* älytön, järjetön, tyhjänpäiväinen
nonsensically *adv* järjettömästi, älyttömästi, vailla mitään järkeä
non sequitur /nan'sekwɪtər/ *s* epälooginen päätelmä; asiasta poikkeava huomautus
nonsexist /nan'seksɪst/ *adj* sukupuolisesti tasa-arvoinen; joka ei syrji naisia; joka ei pidä yllä sukupuolten eriarvoisuutta
nonstandard /nan'stændərd/ *adj* yleiskielestä/kirjakielestä poikkeava
nonstop /nan'stap/ *s* välilaskuton lento
adj **1** (lento) välilaskuton, (linja-autovuoro) pika- **2** yhtäjaksoinen, jatkuva
adv **1** (lentää) välilaskutta, (ajaa) pysähtymättä **2** yhtäjakoisesti, tauotta, jatkuvasti
nonunion /ˌnan'junjən/ *adj* (työntekijä) järjestäytymätön, (yritys) jonka työntekijät eivät ole järjestäytyneet
nonunion shop *s* yritys jonka työntekijät eivät ole järjestäytyneet (ammatillisesti)
nonuser /nan'juzər/ *s* raitis ihminen; joku joka ei käytä huumeita
nonwhite /nanˌwaɪt/ *s, adj* ei-valkoihoinen
nonworking /nan'wərkıŋ/ *adj* **1** joka ei käy työssä (kodin ulkopuolella) *nonworking mothers* kotiäidit **2** vapaa-ajan
noodle /nudəl/ *s* nauhamakaroni
nook /nʊk/ *s* nurkka *we searched every nook and corner* me etsimme joka paikasta, pengoimme joka nurkan
noon /nun/ *s* keskipäivä, kello kaksitoista
noonday /'nunˌdeɪ/ *s* keskipäivä
adj keskipäivän
no one /'noʊˌwʌn/ *pron* ei kukaan
noontide /'nunˌtaɪd/ *s* **1** keskipäivä **2** (kuv) huipentuma, huippu, kohokohta
nope /noʊp/ *adv* (ark) en, et, ei
nor /nɔr/ *konj* eikä *neither you nor I* et sinä enkä minä *she does not know it and neither do I* hän ei tiedä sitä enkä tiedä minäkään
NORAD *North American Air Defense Command*
Nordic /nɔrdɪk/ *s* pohjoismaalainen
adj pohjoismaalainen, pohjoismainen
Norf. *Norfolk*
norm /nɔrm/ *s* normi, sääntö, ohje, malli
normal /nɔrməl/ *s* normaali, normaaliarvo, keskiarvo *the temperature has been above/below normal* lämpötila on ollut tavallista/keskimääräistä/normaalia korkeampi/alempi
adj normaali, tavallinen
normalcy /nɔrməlsi/ *s* normaalius *to return back to normalcy* palautua entiselleen, normaalistua
normality /nɔr'mæləti/ *s* normaalius
normalize /'nɔrməˌlaɪz/ *v* normaalistaa, normalisoida, normaalistua, normalisoitua, palauttaa/palautua entiselleen/normaaliksi
normally *adv* normaalisti, tavallisesti, yleensä
Norman *s* **1** normanni **2** normandialainen
adj **1** normannien, normanni- **2** normandialainen, Normandian
Norse /nɔrs/ *s* **1** normanni, viikinki **2** muinaisnorja(n kieli)
adj muinaisnorjalainen
Norseman /nɔrsmən/ *s* (mon Norsemen) normanni, viikinki
north /nɔrθ/ *s* **1** (ilmansuunta) pohjoinen **2** (alue) pohjoinen, pohjoisseutu **3** *North* Yhdysvaltain (sisällissodan) pohjoisvaltiot
adj pohjoinen, pohjois-
adv pohjoisessa, pohjoiseen
North America Pohjois-Amerikka
Northants. *Northamptonshire*
North Carolina /ˌnɔrθˌkerə'laɪnə/ Pohjois-Carolina

North Cascades /kæs'keɪdz/ kansallispuisto Washingtonin osavaltiossa
North Dakota /ˌnɔrθdə'koʊtə/ Pohjois-Dakota
northeast /nɔrθ'ist/ *s* koillinen
adj koillinen, koillis-
adv koillisessa, koilliseen
Northeast *s* Yhdysvaltain koillisosa, koilliset osavaltiot
northeasterly /nɔrθ'istərli/ *adj, adv* koillisessa, koilliseen, koillisesta, koillis-
Northeasterner /nɔrθ'istərnər/ *s* Yhdysvaltain koillisosan asukas
Northeast Passage /ˌnɔrθist'pæsədʒ/ Koillisväylä
northerly /nɔrðərli/ *s* pohjoistuuli
adj pohjoinen, pohjois-
northern /nɔrðərn/ *adj* pohjoinen, pohjois-
Northern Crown (tähdistö) Pohjan kruunu
northern hemisphere *s* pohjoinen pallonpuolisko
Northern Ireland /ˌnɔrðərn'aɪərlənd/ Pohjois-Irlanti
northernmost /'nɔrðərnˌmoʊst/ *adj* pohjoisin
Northern Territory Pohjois-Territorio (Australiassa)
North Korea Pohjois-Korea, Korean demokraattinen kansantasavalta
North Korean *s, adj* pohjoiskorealainen
Northman /nɔrθmən/ *s* (mon Northmen) normanni, viikinki
North Pole /nɔrθ'poəl/ *s* pohjoisnapa
North Sea /ˌnɔrθ'si/ Pohjanmeri
northward /nɔrθwərd/ *adj* pohjoinen, pohjoissuuntainen
adv pohjoiseen
northwardly ks northward
northwards ks northward
northwest /nɔrθ'west/ *s* luode
adj luoteinen, luoteis-
adv luoteessa, luoteeseen
Northwest *s* Yhdysvaltain luoteisosa, luoteiset osavaltiot
northwesterly /nɔrθ'westərli/ *adj, adv* luoteessa, luoteesta, luoteeseen, luoteis-
Northwesterner /nɔrθ'westərnər/ *s* Yhdysvaltain luoteisosan asukas
Northwest Passage /ˌnɔrθwest'pæsədʒ/ Luoteisväylä
Northwest Territories (Kanadan) Luoteisterritoriot
Norway /'nɔrˌweɪ/ Norja
Norwegian *s* norjan kieli
s, adj norjalainen
nose /noʊz/ *s* **1** nenä *don't stick your nose in other people's business* älä pistä nenääsi toisten asioihin *to follow your nose* kulkea suoraan eteenpäin; noudattaa vaistojaan *to keep your nose clean* olla ihmisiksi; pysytellä kaidalla tiellä **2** hajuaisti **3** (lentokoneen) nokka, (laivan) keula
v haistaa
nosebleed /'noʊzˌblid/ *s* nenän verenvuoto
nose candy *s* (sl) kokaiini
nose drops *s* (mon) nenätipat
nose job *s* (ark) nenäleikkaus, nenän kauneusleikkaus
nose out *v* **1** päihittää, voittaa (täpärästi) **2** nuuskia/saada selville
no-show /ˌnoʊ'ʃoʊ/ *s* no-show, koneeseen saapumatta jäänyt lentomatkustaja
no skin off your back/nose/teeth *that's no skin off my back* (sl) minä en piittaa siitä, se ei minua lotkauta
nostalgia /nəs'taldʒə/ *s* nostalgia, kaipuu, kaiho, koti-ikävä
nostalgic /nəs'taldʒɪk/ *adj* nostalginen, kaihoisa
nostril /nastrəl/ *s* sierain
no sweat /ˌnoʊ'swet/ *fr* helppo nakki, se on lastenleikkiä
no-sweat *adj* (ark) helppo, letkeä
nosy /noʊzi/ *adj* liian utelias, tungetteleva
not /nat/ *adv* ei *the box is not empty* laatikko ei ole tyhjä *not any longer* ei enää *it's not at all expensive* se ei ole alkuunkaan kallis *he is clever, is he not?* eikö hän olekin nokkela?
notable /noʊtəbəl/ *s* kuuluisuus
adj **1** huomionarvoinen, merkittävä **2** kuuluisa

notably *adv* erityisen; erityisesti, etenkin
notarize /ˈnoʊtəˌraɪz/ *v* vahvistaa notaarilla
notary /noʊtəri/ *s* notaari
notary public *s* (mon notaries public) julkinen notaari
notation /noʊˈteɪʃən/ *s* **1** merkintätapa, merkintäjärjestelmä, notaatio *musical notation* nuottikirjoitus **2** muistiinpano
not by a long shot *fr* (kuv) ei lähimainkaan, ei sinne päinkään, ei alkuunkaan
not by a long sight *fr* ei lähimainkaan, ei sinne päinkään
not care a tinker's damn *fr* viis veisata, ei välittää tuon taivaallista/tippaakaan
notch /natʃ/ *s* lovi, pykälä *this one's a notch better than the others* tämä on muita pykälän/astetta parempi
v loveta, tehdä lovi/pykälä johonkin
note /noʊt/ *s* **1** huomautus *footnote* alaviite, alahuomautus **2** muistiinpano **3** huomio *to take note of something* huomata jotakin, panna jotakin merkille; ottaa jotakin huomioon **4** (mus) nuotti **5** sävy, vivahde *do I detect a note of sarcasm in your voice?* et kai sinä ole nyt hieman ivallinen?
v huomata, panna merkille; ottaa huomioon
notebook /ˈnoʊtˌbʊk/ *s* **1** muistivihko, vihko, lehtiö **2** (tietokone) muistikirjamikro
noted /noʊtəd/ *adj* merkittävä, huomattava, tunnettu
notepad /ˈnoʊtˌpæd/ *s* muistilehtiö, lehtiö
noteworthy /ˈnoʊtˌwərði/ *adj* huomionarvoinen, huomattava, merkittävä
not give a shit *fr* viis veisata, ei välittää *she doesn't give a shit about what you think* hänelle on yksi ja sama mitä mieltä sinä olet
not give a tinker's damn *fr* viis veisata, ei välittää tuon taivaallista/tippaakaan
nothing /nʌθiŋ/ *s* **1** nolla **2** vätys, mitätön/kelvoton ihminen/esine, joku tai jokin josta ei ole mihinkään
s, adv, pron **1** ei mitään *he gave nothing to me* hän ei antanut minulle mitään *it means nothing* sillä ei ole mitään merkitystä, se ei merkitse mitään *nothing could be further from the truth* väite on täysin perätön *he does nothing but work* hän tekee lakkaamatta työtä *she made nothing of it* hän ei ollut siitä millänsäkään, hän ei pannut sitä pahakseen *she could make nothing of it* hän ei ymmärtänyt siitä mitään, hän ei tullut siitä hullua hurskaammaksi *it was an accident, nothing more, nothing less* se oli pelkkä vahinko, siinä kaikki **2** *to get something for nothing* saada jotakin ilmaiseksi **3** *in nothing flat* alta aikayksikön, heti paikalla
nothing but *that's nothing but a lie* se on silkkaa valhetta *there was nothing but junk there* siellä ei ollut kuin roinaa
nothing less than *it's nothing less than great* se on kerta kaikkiaan loistava *that was nothing less than a barb* se oli selvää piikittelyä
nothingness *s* **1** tyhjyys; äänettömyys; olemattomuus **2** mitättömyys, merkityksettömyys, tyhjyys
nothing short of *your letter was nothing short of depressing* kirjeesi oli kerrassaan masentavaa luettavaa
notice /noʊtəs/ *s* **1** ilmoitus, tiedotus, varoitus, julistus **2** irtisanominen, irtisanoituminen *he gave notice* hän sanoi itsensä irti **3** huomio *to take notice of something* huomata jotakin, panna jotakin merkille **4** kritiikki, arvostelu
v huomata, panna merkille
noticeable *adj* huomattava, jonka voi huomata, näkyvä, tuntuva, selvä *the increase was hardly noticeable* kasvua/nousua tuskin huomasi
noticeably *adv* huomattavasti, näkyvästi, tuntuvasti, selvästi
notification /ˌnoʊtɪfɪˈkeɪʃən/ *s* (virallinen) ilmoitus
notify /ˈnoʊtɪˌfaɪ/ *v* ilmoittaa jollekulle jotakin

not in so many words *he told me to resign, though not in so many words* hän käski minun erota joskaan hän ei ilmaissut sitä noin suorasti
notion /noʊʃən/ *s* **1** käsitys, yleiskäsitys **2** käsitys, mielipide **3** halu, päähänpisto, päähänpinttymä
notoriety /ˌnoʊtə'raɪəti/ *s* pahamaineisuus, paha/huono maine
notorious /nə'tɔriəs/ *adj* **1** pahamaineinen **2** kuuluisa jostakin *(for)*
Nottingham /natiŋhəm/
Notts. *Nottinghamshire*
notwithstanding /ˌnatwɪθ'stændiŋ/ *prep, konj* (jostakin) huolimatta
adv kuitenkin
not worth a tinker's damn *fr* ei minkään/penninkään arvoinen
not worth a whoop *fr* (ark) arvoton, mitätön, yhtä tyhjän kanssa
no two ways about it *there's no two ways about it* asia on (harvinaisen) selvä, sehän on selvä, siitä ei ole epäilystäkään
nougat /nugət/ *s* nugaa
nought /nat/ *s* nolla
noun /naʊn/ *s* (kieliopissa) substantiivi
nourish /nərɪʃ/ *v* **1** ravita, ruokkia (myös kuv) **2** elätellä toivoa jostakin, haaveilla jostakin
nourishment *s* ravinto
nouveau riche /nʊˌvoʊ'riʃ/ *s* (ranskasta, mon nouveaux riches) äkkirikastunut (ihminen)
Nov. *November* marraskuu
Nova Scotia /ˌnoʊvə'skoʊʃə/
novel /navəl/ *s* romaani
adj uusi, uudenlainen *that's a novel idea* se onkin tuore ajatus
novelist /navəlɪst/ *s* romaanikirjailija
novella /nə'velə/ *s* novella, pitkä novelli, pienoisromaani
novelty /navəlti/ *s* **1** uutuudenviehätys **2** uutuus, uusi asia/tavara **3** (kauppatavarana) pikkurihkama; lahjatavara
November /no'vembər/ *s* marraskuu
novice /navəs/ *s* **1** noviisi, munkkikokelas, nunnakokelas **2** aloittelija, uusi tulokas, vasta-alkaja
now /naʊ/ *adv* nyt *it's now or never* nyt tai ei koskaan *I met Wendy just now* tapasin Wendyn (juuri) äsken *let's leave it for now* jätetään se toistaiseksi, annetaan sen toistaiseksi olla *up until now* tähän saakka, tähän asti, tähän mennessä
konj now that you know what it's like, do you want to continue? haluatko vielä jatkaa kun tiedät millaista se on?
NOW *National Organization for Women*
nowadays /'naʊəˌdeɪz/ *adv* nykyisin, nykyään
no way *fr* (ark) ei ikinä!, ei missään nimessä!
nowhere /'noʊˌweər/ *adv* ei missään, ei mihinkään *she was nowhere to be seen* häntä ei näkynyt missään *you're going nowhere, buster* sinä et kuule luiki mihinkään *Larry is getting nowhere in his work* Larry ei pääse työssään eteenpäin/puusta pitkään
noxious /nakʃəs/ *adj* vahingollinen
nozzle /nazəl/ *s* suutin, nukka
NPR *National Public Radio*
NRA *National Rifle Association*
NRC *National Research Council*
NREM *nonrapid-eyemovement*
NS *Nova Scotia*
NSA *National Security Agency; National Ski Association*
NSC *National Security Council*
NSF *National Science Foundation*
N.S.W. *New South Wales*
NT *New Testament; Northern Territory; Northwest Territories*
NTGA *National Tournament Golf Association*
nth /enθ/ *to the nth degree* äärimmäisen, erittäin
NTSC *National Television System Committee;* eräsväritelevisiojärjestelmä(n määritellyt komitea)
nuance /nʊans/ *s* vivahde, vivahdus, nyanssi
nuclear /nuclɪər/ *adj* ydin-
nuclear deterrent *s* ydinpelote
nuclear energy *s* ydinenergia
nuclear family *s* ydinperhe

nuclear fission *s* fissio, atomiytimen halkeaminen
nuclear fuel *s* ydinpolttoaine
nuclear fusion *s* fuusio, yhtymisreaktio
nuclear magnetic resonance *s* ydinmagneettinen resonanssi
nuclear physics *s* ydinfysiikka
nuclear power *s* ydinvoima
nuclear power plant *s* ydinvoimala
nuclear radiation *s* ydinsäteily
nuclear reaction *s* ydinreaktio
nuclear reactor *s* ydinreaktori
nuclear war *s* ydinsota
nuclear warhead *s* ydinkärki
nuclear waste *s* ydinjäte
nuclei /nukliaɪ/ ks nucleus
nucleic acid /nuˌkliɪk'æsɪd/ *s* (biol) nukleiinihappo
nucleoid /'nukliˌoɪd/ *s* (biol) nukleoidi
nucleus /nukliəs/ *s* (mon nuclei) **1** (atomin) ydin (myös kuv) **2** (biol) tuma
nude /nud/ *s* **1** (taideteos) alastonkuva **2** *in the nude* alasti, vaatteita **3** ruskeanharmaa väri
adj **1** alaston, paljas **2** ruskeanharmaa
nudge /nʌdʒ/ *s* **1** tönäisy, sysäys **2** piinaaja; nalkuttaja
v **1** tönäistä, sysäistä, sysätä **2** piinata, vaivata **3** nalkuttaa
nudism /nudɪzəm/ *s* nudismi
nudist /nudɪst/ *s, adj* nudisti(-)
nudity /nudɪti/ *s* alastomuus
nugget /nʌgət/ *s* **1** kimpale, möykky, paakku **2** kultakimpale **3** broileripala
nuisance /nusəns/ *s* kiusankappale, kiusa, harmi, riesa
nuke /nuk/ *s* (ark) **1** ydinpommi **2** ydinvoimala
v (ark) **1** hävittää ydinaseilla, pommittaa ydinaseilla *nuke 'em back to the Stone Age* pommittaa heidän maansa takaisin kivikauteen **2** kuumentaa mikroaaltouunissa *could you nuke this for about 30 seconds, it's cold?* voisitko lämmittää tätä mikrossa kolmisenkymmentä sekuntia, koska se on kylmä?
null and void /ˌnʌlən'voɪd/ *fr* (lak) mitätön, pätemätön, kelpaamaton
Nullarbor Plain /nəl'arbər/ Nullarborin tasanko (Australiassa)
nullify /'nʌləˌfaɪ/ *v* mitätöidä (sopimus)
numb /nʌm/ *adj* **1** puutunut, tunnoton **2** (kuv) tunteeton, välinpitämätön **3** (kuv) lamaantunut *to be numb with grief* olla kauhun lamaannuttama, olla lamaantunut kauhusta
v **1** puuduttaa, tehdä tunnottomaksi **2** (kuv) lamaannuttaa
number /nʌmbər/ *s* **1** numero (eri merk:) luku, puhelinnumero, lehden numero, talon numero **2** määrä, lukumäärä *a number of people have asked me to resign* muutama henkilö on pyytänyt minua eroamaan **3** esitys, numero **4** (kieliopillinen) luku
v **1** numeroida **2** laskea *your days in this company are numbered* sinun päiväsi tässä firmassa ovat luetut **3** lukea/lukeutua johonkin kuuluvaksi *I don't number him among my friends* en lue häntä ystäviini, en pidä häntä ystävänäni **4** olla *the audience numbered several hundred* yleisöä oli useita satoja
number one *s* **1** minä (itse) **2** ykkönen, paras **3** (ark) pieni hätä, pissahätä
number two *s* (ark) iso hätä
numbly *adv* ks numb
numbness *s* **1** tunnottomuus **2** (kuv) tunteettomuus, välinpitämättömyys, kovasydämisyys
numeral /numərəl/ *s* lukusana
numerate /'numəˌreɪt/ *adj* laskutaitoinen
numerical /nu'merɪkəl/ *adj* numeerinen, numero-
numerically /nu'merɪkli/ *adv* numeerisesti, numeroin
numero uno /ˌnumərou'unou/ *s* **1** minä **2** ykkönen, paras
numerous /numərəs/ *adj* lukuisa, runsaslukuinen *there are numerous reasons why you should sell your car* on monta syytä miksi sinun kannattaa myydä autosi *a numerous audience* suuri kuulijakunta
nun /nʌn/ *s* nunna
nuptial /nʌpʃəl/ *adj* hää-
nuptials /nʌpʃəlz/ *s* (mon) häät

oblique /ə'blik, oʊ'blik/ *adj* **1** vino, viisto **2** epäsuora, vihjaileva, kiero, karsas, epäsuopea
obliquely *adv* **1** vinosti, viistosti **2** epäsuorasti, vihjaillen, kierosti, (katsoa) kieroon, karsaasti, epäsuopeasti
obliqueness *s* **1** kaltevuus **2** kierous
obliterate /ə'blɪtə,reɪt/ *v* **1** pyyhkiä pois **2** hävittää, tuhota
obliteration /ə,blɪtə'reɪʃən/ *s* **1** pois pyyhkiminen **2** hävitys, hävittäminen, tuho, tuhoaminen
oblivion /ə'blivɪən/ *s* unhola, unohdus *many rock groups have fallen into oblivion* moni rockyhtye on jäänyt unholaan/unohdettu kokonaan
oblivious /ə'blivɪəs/ *to be oblivious of/to something* ei huomata jotakin, ei piitata jostakin, ei ottaa jotakin huomioon
obliviously *adv* välinpitämättömästi, jostakin piittaamatta
obliviousness *s* välinpitämättömyys, piittaamattomuus
oblong /'ab,laŋ/ *s* suorakaide
adj suorakaiteen muotoinen
obnoxious /əb'nakʃəs/ *adj* loukkaava, häiritsevä, vastenmielinen, tympeä
oboe /oʊboʊ/ *s* oboe
oboist /oʊboʊɪst/ *s* oboisti
obscene /əb'sin/ *adj* rivo, rietas, irstas, siveetön, ruokoton, paksu (ark kuv)
obscenely *adv* ks obscene
obscenity /əb'senəti/ *s* rivous, riettaus, irstaus, siveettömyys, ruokottomuus *that movie has a lot of obscenity* siinä elokuvassa kiroillaan paljon
obscure /əb'skjʊər əb'skjər/ *adj* **1** hämärä, epäselvä, sumea **2** tuntematon, nimetön
v **1** peittää (näkyvistä) *that building obscures the ocean from our view* tuo rakennus peittää meren näkyvistä **2** sekoittaa, sotkea, hämmentää, hämärtää
obscurely *adv* hämärästi, epäselvästi, sumeasti
obscurity /əb'skjərəti/ *s* **1** pimeys, hämäryys, synkkyys **2** (ajatusten, esityksen) epäselvyys, sekavuus, hämäryys **3** *to live in obscurity* elää syrjässä/hiljaisuudessa *to rescue someone from obscurity* pelastaa joku unohduksista/unholasta
observance /əb'zərvəns/ *s* **1** lainkuuliaisuus, lain/määräysten **2** uskonnollisten tapojen noudattaminen, sunnuntain/sapatin pyhittäminen
observant /əb'zərvənt/ *adj* **1** valpas, tarkkaavainen **2** lainkuuliainen, jotakin noudattava
observantly *adv* valppaasti, valppaana, tarkkaavaisesti
observation /,absər'veɪʃən/ *s* **1** tarkkailu, seuranta, valvonta *to keep someone under observation* tarkkailla jotakuta, pitää jotakuta silmällä **2** säätöjen noudattaminen, sunnuntain/sapatin pyhittäminen **3** huomautus, huomio
observation car *s* (junassa) näköalavaunu
observatory /əb'zərvə,tɔri/ *s* observatorio
observe /əb'zərv/ *v* **1** tarkkailla, seurata, valvoa, katsella **2** huomata, panna merkille **3** noudattaa (sääntöjä, lakia) **4** pyhittää (sunnuntai, sapatti) **5** juhlia (syntymäpäivää, juhlapäivää) **6** huomauttaa, sanoa
observer *s* tarkkailija, valvoja, seuraaja *I went to the conference as an observer, not a participant* menin kokoukseen tarkkailijana enkä varsinaisena osanottajana
obsess /əb'ses/ *v* **1** riivata *to be obsessed by/with something* olla jonkin riivaama; (kuv) olla hulluna johonkin, olla täynnä jotakin **2** (ark) puhua/ajatella pakkomielteisesti jostakin/jotakin *will you stop obsessing over it!* lakkaa hössöttämästä
obsession /əb'seʃən/ *s* pakkomielle, pakkoajatus, obsessio *politics has become an obsession with him* politiikasta on tullut hänelle pakkomielle
obsessive /əb'sesɪv/ *s* obsessiivinen ihminen
adj pakonomainen, pakko-, obsessiivinen; kohtuuton, liiallinen

obsessively *adv* pakonomaisesti, kuin riivattu, kohtuuttomasti, liiallisesti
obsolescence /ˌabsəˈlesəns/ *s* (vanhanaikaiseksi jääminen) vanheneminen
obsolescent /ˌabsəˈlesənt/ *adj* joka on vanhenemassa; joka on jäämässä vanhnaikaiseksi
obsolete /ˌabsəˈlit/ *v* syrjäyttää, tehdä tarpeettomaksi; tehdä vanhanaikaiseksi *adj* vanhentunut, vanhanaikainen
obstacle /abstəkəl/ *s* este (myös kuv), vastoinkäyminen
obstacle course *s* **1** (sotilaiden valmennuksessa käytettävä) esterata **2** (ark, kuv) kivinen polku, kärsimysten tie
obstacle race *s* (urh) estejuoksu
obstetrical /əbˈstetrɪkəl/ *adj* **1** synnytys- **2** synnytysopin, synnytysopillinen
obstetrician /ˌabstəˈtrɪʃən/ *s* synnytyslääkäri
obstetrics /əbˈstetrɪks/ *s* (verbi yksikössä) synnytysoppi
obstinacy /abstənəsi/ *s* **1** jääräpäisyys, härkäpäisyys, omapäisyys **2** sinnikkyys, sitkeys
obstinate /abstənət/ *adj* **1** jääräpäinen, härkäpäinen, omapäinen **2** sinnikäs, sitkeä, hellittämätön
obstinately *adv* ks obstinate
obstruct /əbˈstrʌkt/ *v* **1** tukkia, sulkea **2** keskeyttää, pysähdyttää, estää **3** peittää näkyvistä **4** (pol) jarruttaa (parlamentin toimintaa tms)
obstruction /əbˈstrʌkʃən/ *s* **1** tukkeuma, este, kulkueste; näköeste; kulkueste; keskeytys *this is obstruction of justice* tämä on oikeuden toiminnan häirintää **2** (pol) jarrutus
obtain /əbˈteɪn/ *v* hankkia, saada
obtainable *adj* joka on saatavissa
obtuse /abˈtus/ *adj* tylsä (myös kuv:) tyhmä, (kulma ym) tylppä
obtuseness *s* tyhmyys; tylsyys, tylppyys
obvious /abviəs/ *adj* ilmeinen, ilmiselvä, silmin nähtävä, itsestään selvä, läpinäkyvä (kuv)
obviously *adv* selvästi, selvästikin, ilmiselvästi, silminnähtävästi, läpinäkyvästi (kuv) *obviously, you're wrong* on selvää että olet väärässä, olet selvästikin väärässä
obviousness *s* ilmeisyys, selvyys; läpinäkyvyys (kuv)
occasion /əˈkeɪʒən/ *s* **1** hetki, kerta *on several occasions* useita kertoja, usein **2** juhla, tilaisuus *on the occasion of your 70th birthday, we congratulate you warmly* onnittelemme sinua lämpimästi 70-vuotispäiväsi johdosta **3** tilaisuus *this is a suitable occasion to take a vacation* nyt on sopiva hetki pitää loma *to rise to the occasion* nousta tilanteen tasalle, selvitä jostakin **4** syy; tarve *you had no occasion to lie* sinulla ei ollut syytä/tarvetta valehdella
v antaa aihetta johonkin, tehdä tarpeelliseksi/aiheelliseksi
occasional /əˈkeɪʒənəl/ *adj* **1** satunnainen, silloin tällöin tapahtuva/esiintyvä **2** tilapäinen, ylimääräinen **3** tiettyä tilaisuutta varten tehty, varta vasten tehty
occasionally /əˈkeɪʒnəli/ *adv* silloin tällöin, toisinaan *very occasionally* hyvin harvoin
Occident /aksɪdənt/ *s* länsimaat
occupant /akjəpənt/ *s* (talon) asukas, (auton) matkustaja, (viran) haltija
occupation /ˌakjəˈpeɪʃən/ *s* **1** ammatti **2** virkakausi **3** puuha, tekeminen **4** (sot) miehitys
occupational *adj* **1** ammatti-; ammatinvalinta **2** miehitys-
occupational disease *s* ammattitauti
occupational hazard *s* ammatiriski
occupier /ˈakjəˌpaɪər/ *s* (talon) asukas, (viran) haltija
occupy /ˈakjəˌpaɪ/ *v* **1** viettää/kuluttaa aikaa, järjestää tekemistä itselleen/jollekulle *I can't come to the phone now, I'm occupied* en voi tulla nyt puhelimeen, minulla on muuta tekemistä *Larry, please keep the kids occupied until we leave* Larry, yritä keksiä lapsille jotakin tekemistä siihen saakka kunnes läh-

demme **2** olla jollakin paikalla, olla jossakin virassa, asua jossakin talossa/ huoneessa, istua jollakin paikalla **3** (sot) miehittää

occur /ə'kər/ *v* **1** tapahtua **2** (tauti, malmi ym) esiintyä, olla, jotakin tavataan jossakin **3** tulla mieleen, pälkähtää päähän *it occurred to him that he had not eaten all day* hän muisti yhtäkkiä ettei hän ollut syönyt koko päivänä

occurrence /ə'kərəns/ *s* **1** tapahtuma **2** (taudin, malmin ym) esiintyminen

ocean /oʊʃən/ *s* **1** valtameri **2** (kuv) meri, valtava joukko/määrä

oceanfront /'oʊʃən,frʌnt/ *s, adj* merenranta(-)

oceangoing /'oʊʃən,goʊiŋ/ *adj* valtameri-, avomeri-, meri-

Oceania /,oʊʃi'ænjə/ *s* Oseania

oceanic /,oʊʃɪ'ænɪk/ *adj* **1** valtameren, meren, meri- **2** (kuv) valtaisa, suunnaton

oceanographer /,oʊʃə'nagrəfər/ *s* merentutkija

oceanography /,oʊʃə'nagrəfi/ *s* merentutkimus

o'clock /ə'klak/ *adv* kello: *at eleven o'clock* kello yksitoista; (suunnasta) kello yhdessätoista

OCR /,oʊsi'ar/ *optical character reader/recognition* optinen lukija/luku

octagon /'aktə,gan/ *s* kahdeksankulmio

octagonal /ak'tægənəl/ *adj* kahdeksankulmainen

octane /aktеɪn/ *s* oktaani

octane rating *s* oktaaniluku

Octant /aktənt/ (tähdistö) Oktantti

octave /aktəv/ *s* oktaavi

October /ak'toʊbər/ *s* lokakuu

octogenarian /,aktədʒə'neriən/ *s, adj* kahdeksankymmentävuotias

octopus /aktəpəs/ *s* (mon octopuses, octopi) kahdeksanlonkeroinen mustekala, tursas

ocular /akjələr/ *s* okulaari *adj* silmä-, näkö-

OD /oʊ'di/ *s (overdose)* yliannos; yliannostus *v* ottaa/antaa yliannos

odd /ad/ *adj* **1** outo, erikoinen, eriskummallinen, kummallinen omituinen **2** (luku) pariton **3** ylimääräinen, pariton **4** satunnainen, tilapäinen *I've been doing some odd jobs lately* olen viime aikoina tehnyt vähän sitä sun tätä **5** (lukusanan jäljessä) noin *the tv set cost some five hundred-odd dollars* televisio maksoi viitisensataa dollaria

oddball /'ad,bal/ *s* (ark) outo lintu, outo ilmestys, harvinaisuus, tärähtänyt *adj* erikoinen, omalaatuinen, tärähtänyt

oddity /adəti/ *s* **1** outous, omituisuus, erikoisuus **2** outo lintu, outo ilmestys, erikoisuus, harvinaisuus

odd-lot /'ad,lat/ *s* (tal) tavanomaista kaupankäyntierää (esim pörssierää) pienempi kauppaerä

oddly *adv* oudosti, oudon, erikoisesti, omituisesti, omituisen *it's an oddly interesting movie* se on oudolla tavalla mielenkiintoinen elokuva

oddment /admənt/ *s* pariton kappale, ylimääräinen kappale

odds /adz/ *s* (mon) **1** todennäköisyys, mahdollisuudet *the odds are against you winning* sinulla on huonot voiton mahdollisuudet **2** ero, ylivoima, etumatka *we fought against heavy odds* taistelimme voimakkaasta vastarinnasta huolimatta **3** riita, erimielisyys *Betty is at odds with Susan over the money* Betty on Susanin kanssa eri mieltä rahasta *a Chevrolet is by all odds a better car than a Ford, Neil said* Neil sanoi että Chevrolet on joka suhteessa parempi auto kuin Ford

odds and ends /,adzən'enz/ *s* (mon) pikkurihkama, rihkama

ode /oʊd/ *s* oodi

odor /oʊdər/ *s* haju, tuoksu; hyvä tuoksu; paha haju

odorful *adj* haiseva, tuoksuva

odorless *adj* hajuton

odyssey /adəsi/ *s* seikkailut, harharetket, odysseia

OECD *Organization for Economic Cooperation and Development* Taloudellinen yhteistyö- ja kehittämisjärjestö

OED *Oxford English Dictionary*

OEM *original equipment manufacturer*

of /ʌv/ *prep* **1** omistuksesta, kuulumisesta: *a picture of Joan* Joanin (Joania esittävä) kuva *a picture of Joan's* Joanin omistama tai ottama kuva *one of us* yksi meistä **2** suunnasta: *north of here* täältä pohjoiseen **3** laadusta, lajista: *a box of chocolates* suklaarasia *a house of three rooms* kolmen huoneen talo *the Republic of Finland* Suomen tasavalta **4** materiaalista: *a house of brick* tiilitalo **5** syystä: *he died of thirst* hän kuoli janoon *he was cured of cancer* hän parani syövästä **6** verbin yhteydessä: *he did not think of it* se ei tullut hänen mieleensä

of a size *these two are of a size* nämä ovat samankokoiset

off /af/ *adj* **1** väärässä *you're badly off on those figures* numerotietosi ovat pahasti väärässä **2** runsaudesta, puutteesta: *to be well off* olla varakas/rahoissaan *he's badly off for time* hänellä on pulaa ajasta **3** peruutettu *the meeting is off* kokous on peruutettu **4** huono, kehno, surkea *this is one of my off days* tämä on yksi minun huonoja päiviäni **5** epätodennäköinen *I called her on the off chance that she might be at home* soitin hänelle siltä varalta että hän sattuisi olemaan kotona **6** hiljainen *these are off-season prices* nämä ovat hiljaisen kauden hintoja **7** etäinen, kaukaisempi (puoli); (ajoneuvon) oikea (puoli) *the off side of the building* rakennuksen toinen puoli **8** (osakehinnoista) laskenut, alempi **9** sammutettu *turn the stereo off* sammuta stereot, katkaise stereoista virta
adv **1** pois, irti *to come off* irrota *take your glasses off* riisu silmälasisi *the plane got off ground* lentokone nousi ilmaan **2** (ajasta ja tilasta) päässä *it was a long time off* se tapahtui kauan sitten *they live a few miles off* he asuvat muutaman mailin päässä **3** lähtemisestä: *off we go!* nyt lähdetään! **4** syrjässä, sivussa jostakin *take the dirt road off the highway* käänny päätieltä hiekkatielle **5** erosta: *sales are twenty percent off* myynti on laskenut 20 prosenttia
prep **1** pois, irti *the dealer gave me three hundred dollars off the list price* myyjä antoi minulle listahinnasta kolmesataa dollaria alennusta *to come off balance* menettää tasapainonsa **2** erosta, etäisyydestä *his house is a mile off the highway* hänen talonsa on mailin päässä päätieltä *sales are way off target* myynti on pahasti jäljessä ennusteista **3** elatuksesta *the farmer lives off the fat of the land* maanviljelijä elää kokonaan oman maansa tuotolla

offal /afəl/ *s* **1** (teuraseläimen) sisälmykset **2** jäte

off and on /ˌafən'an/ *adv* silloin tällöin, satunnaisesti

off on a tangent *to go off on a tangent* poiketa asiasta

off the top of your head *fr* ulkomuistista, ulkoa, suoralta kädeltä, apteekin hyllyltä

offbeat /ˌaf'bit/ *adj* epätavallinen, omaperäinen, erikoinen

offbrand /ˌaf'brænd/ *s* tuntematon tuotenimi
adj (tuote) nimetön, tuntematon

offend /ə'fend/ *v* loukata *offend the eye* loukata silmää *she was offended with him* hän loukkaantui miehelle *offend the law* rikkoa lakia

offender *s* lainrikkoja, rikollinen

offending /ə'fendiŋ/ *adj* loukkaava

offense /afens ə'fens/ *s* **1** rikos, rikkomus, rike **2** loukkaus *an offense against common decency* loukkaus hyviä tapoja vastaan *to give offense* loukata jotakuta **3** (sot, urh) hyökkäys

offensive /ə'fensɪv/ *s* (sot, urh) hyökkäys *to take the offensive* hyökätä
adj **1** loukkaava, vastenmielinen *an offensive smell* paha haju **2** hyökkäävä, hyökkäys-

offensiveness *s* loukkaavuus, vastenmielisyys

offer /afər/ *s* **1** tarjous *make me an offer* tee tarjous *an offer of assistance* avuntarjous **2** (tal) myyntikurssi, myyntinoteeraus
v **1** tarjota, tarjoutua, (palkkio) luvata

she offered to help hän tarjoutui auttamaan, hän lupasi auttaa **2** esittää, ehdottaa, antaa (neuvo) **3** uhrata (jumalalle tms)
offering *s* uhri, uhrilahja, kolehti
offering memorandum /ˌmemə'rændəm/ *s* (mon offering memorandums, offering memoranda) (tal) luottoesite
of few words *Frances is a woman of few words* Frances on harvasanainen, Frances ei ole puhelias
offhand /ˌaf'hænd/ *adj* valmistelematon, puolihuolimaton, (vastaus myös) nopea
adv valmistelematta, suoralta kädeltä, (vastata) nopeasti
office /afɪs/ *s* **1** toimisto, konttori; työhuone, virkahuone **2** virka
office automation *s* toimistoautomaatio
office holder *s* virkamies, viranhaltija
office hours *s* **1** aukioloaika **2** (toimistotyöntekijän) työaika
officer *s* **1** (sot) upseeri **2** poliisi **3** virkamies, virkailija
office seeker *s* viranhakija; ehdokas
official /ə'fɪʃəl/ *s* virkamies, virkailija
adj virallinen
officialese /əˌfɪʃə'liz/ *s* virastokieli, virkakieli, kapulakieli
officially *adv* virallisesti
officious /ə'fɪʃəs/ *adj* virkaintoinen; tungetteleva
officiously *adv* virkaintoisesti; tungettelevasti
officiousness *s* virkainto; tungettelu, tungettelevaisuus
offing /afiŋ/ *to be in the offing* olla näköpiirissä
off-line /ˌaf'laɪn/ *adj, adv* (tietok) itsenäinen, itsenäisesti, off-line
off-peak /ˌaf'pik/ *adj* sesonkiajan ulkopuolinen
offprint /'afˌprɪnt/ *s* (lehtikirjoituksen) eripainos
off-road /ˌaf'roʊd/ *adj* maasto-
off-season /ˌaf'sizən/ *s* hiljainen kausi, sesongin ulkopuolinen kausi
adj hiljaisen kauden, sesonkiajan ulkopuolinen
offset /'afˌset/ *s* **1** vastapaino, korvaus, tasoitus **2** alku, alkuvaihe **3** offsetpaino
offset /ˌaf'set/ *v* **1** kumota, korvata, tasoittaa, olla vastapainona jollekin **2** verrata
offset printing *s* offsetpaino
offshoot /'afˌʃut/ *s* **1** verso **2** (kuv) *that idea was an offshoot of our last discussion* tuo ajatus versoi viime keskustelustamme
offshore /ˌaf'ʃɔr/ *adj* **1** rannikko-; meri- **2** ulkomainen, ulkomaan
adv **1** rannikolla, rannikolle; meressä, mereen **2** ulkomailla, ulkomaille
offspring /'afˌspriŋ/ *s* **1** jälkeläinen, lapsi, (eläimen) poikanen **2** (kuv) tuote *the idea was an offspring of a fertile imagination* ajatus versoi vilkkaasta mielikuvituksesta, ajatus oli vilkkaan mielikuvituksen tuote
off the reel *fr* **1** lakkaamatta, taukoamatta, keskeytyksettä **2** heti, välittömästi
off the track *I think you're off the track now* minusta sinä olet nyt eksynyt asiasta
off the wagon *he's off the wagon* (sl) hän on ratkennut ryyppäämään
off the wall *fr* (sl) **1** kohtuuton, pöyristyttävä **2** outo, kumma, omituinen
off with *off with those stupid jokes* lopeta nuo tyhmät vitsit! *off with you* häivy siitä! *off with your clothes* riisuudu!
of many words *Alice is a woman of many words* Alice on puhelias
of no use *fr* **1** *the widget is of no use to us* vempaimesta ei ole meille mitään hyötyä **2** *it's no use telling him about it, he's not going to help us* siitä ei kannata kertoa hänelle, hän ei kuitenkaan auta meitä
often /afən/ *adv* usein *she goes there often; she often goes there* hän käy siellä usein *she goes there every so often* hän käy siellä silloin tällöin
ogre /oʊgər/ *s* **1** (saduissa ym) ihmissyöjä, hirviö **2** (kuv) hirviö, peto, sortaja

OH *Ohio*
ohc *overhead camshaft* kannen yläpuolinen nokka-akseli
Ohio /o'haɪoʊ/
OHMS *On Her/His Majesty's Service* Hänen Majesteettinsa palveluksessa
oil /ɔɪəl/ *s* **1** öljy *to pour oil on water* tyynnyttää kiihtymystä, valaa öljyä aalloille **2** (maalaustaiteessa) öljyväri **3** (maalaustaiteessa) öljyvärityö **4** (ark) imartelu, makeilu
v **1** öljytä, rasvata **2** lahjoa
oil crisis *s* (mon oil crises) öljykriisi
oil field *s* öljykenttä
oil rig *s* öljynporaustorni, öljynporauslaitos
oil spill *s* öljyvuoto (veteen), öljyvahinko (veteen)
oil tanker *s* öljysäiliöalus, öljylaiva
oil well *s* öljylähde
oily *adj* öljyinen, rasvainen
oink /oiŋk/ *v* (sika) röhkiä
interj röh!
ointment /ɔɪntmənt/ *s* voide
OIT *Office of International Trade*
OK /oʊkeɪ oʊ'keɪ/ *s* lupa, hyväksyntä *the president gave his OK to the sending of troops* presidentti antoi luvan lähettää joukkoja
v antaa lupa, hyväksyä
adj, adv hyvä, hyvin, sopiva, sopivasti, riittävä, riittävästi *you're doing OK, don't worry* älä suotta murehdi, sinä pärjäät ihan hyvin *that's OK* ei se mitään; se on ihan hyvä
interj selvä!, hyvä on!, okei!
OK *Oklahoma*
okapi /ou'kapi/ *s* okapi
okay /oʊ'keɪ/ *v* antaa lupa, hyväksyä *the boss okayed the plan* pomo hyväksyi suunnitelman
Okla. *Oklahoma*
Oklahoma /ˌoʊklə'hoʊmə/
Oklahoma City kaupunki Oklahoman osavaltiossa
old /oəld/ *s* **1** *the old* vanhukset, vanhat (ihmiset) **2** tietyn ikäisestä ihmisestä, eläimestä *many six-year-olds can read* moni kuusivuotias osaa lukea **3** menneet ajat, entisajat *in days of old* ennen vanhaan
adj (older, oldest tai elder, eldest) vanha *he's old; he's an old man* hän on vanha (mies) *he's 90 years old* hän on 90-vuotias *how old are you?* kuinka vanha olet? *in the good old days* vanhaan hyvään aikaan *old people* vanhukset, vanhat (ihmiset)
old Adam *s* vanha aatami
old country *s* (Amerikkaan muuttaneen) kotimaa
old covenant *s* (kristinuskossa) vanha liitto
olden /oldən/ *adj* (ylät) *in olden days* ennen muinoin, ennen vanhaan
Old English *s* muinaisenglanti, anglosaksi (700-1150)
older *adj* (komparatiivi sanasta *old*) vanhempi
oldest *adj* (superlatiivi sanasta *old*) vanhin
old-fashioned /'oʊld'fæʃənd/ *adj* vanhanaikainen, vanhentunut
old-fashionedly *adv* vanhanaikaisesti
old guard *s* (kuv) vanha kaarti, vanhoilliset piirit
old hand *s* (kuv) vanha tekijä
old hat *adj* vanhanaikainen *that's old hat* se on vanha vitsi
old maid *s* **1** vanhapiika **2** sievistelijä; saivartelija
old man *s* (mon old men) (ark) isäukko, isä
Oldsmobile /'oldzmoʊˌbiəl/ amerikkalainen automerkki
Old Testament *s* Vanha testamentti
oldtimer /'olˌtaɪmər/ *s* (ark) vanhus, ikämies
Olduvai Gorge /'oʊldʊˌvaɪ'gɔrdʒ/ Olduvain rotko (Tansaniassa)
olive /alɪv/ *s* oliivi
adj oliivinvihreä
olive branch *s* **1** öljypuun oksa **2** (kuv) rauhantarjous
Olympic /ə'lɪmpɪk/ kansallispuisto Washingtonin osavaltiossa
Olympic /ə'lɪmpɪk/ *adj* olympialais-, olympia-
Olympic Games /əˌlɪmpɪk'geɪmz/ *s*

(mon) olympialaiset
Olympics /ə'lɪmpɪks/ *s* (mon) olympialaiset
Omaha /'oʊmə,ha/ kaupunki Nebraskassa
Oman /oʊman/
Omani /oʊ'mani/ *s, adj* omanilainen
OMB *Office of Management and Budget*
omelet /amlət/ *s* munakas
omelette /amlət/ *s* munakas
omen /oʊmən/ *s* enne *bird of ill omen* pahan ilman lintu
ominous /amɪnəs/ *adj* **1** uhkaava, uhkaavan näköinen, pahaenteinen, pahaenteisen näköinen **2** enteellinen
ominously *adv* ks ominous
omission /oʊ'mɪʃən/ *s* **1** laiminlyönti, tekemättä jättäminen, unohtaminen **2** poisto, pois jättäminen, mainitsematta jättäminen **3** poistettu kohta, poisto
omit /oʊ'mɪt/ *v* **1** lyödä laimin, laiminlyödä, unohtaa **2** poistaa, jättää pois, ei mainita
omnipotence /am'nɪpətəns/ *s* kaikkivaltius, kaikkivoipuus
omnipotent /am'nɪpətənt/ *s, adj* kaikkivaltias, kaikkivoipa *the Omnipotent* Kaikkivaltias, Jumala
omnipresent /,amnɪ'prezənt/ *adj* kaikkialla läsnä oleva; jota on kaikkialla
omniscience /am'nɪʃəns/ *s* kaikkitietävyys
omniscient /am'nɪʃənt/ *adj* kaikkitietävä *the Omniscient* Kaikkitietävä, Jumala
omnivore /,amnɪ'vɔr/ *s* kaikkiruokainen eläin (myös kuv esim lukijasta jolle kelpaa kaikki luettava)
omnivorous /am'nɪvərəs/ *adj* kaikkiruokainen (myös kuv)
on /an/ *adj* **1** käynnissä, päällä: *the lights are on* valot ovat päällä, valot palavat *there's a war on* sota on käynnissä, (kuv) käynnissä on täysi sota **2** (esiintymis)vuorossa *you're on next* sinä olet seuraava(na vuorossa)
adv **1** paikallaan, paikalleen, kiinni, päällä, päälle **2** (ajasta, tilasta) alkaen, eteenpäin *from now on* tästä lähtien **3** jatkamisesta *to keep on doing something* jatkaa jotakin *move on!* liikettä!, jatka matkaa!
prep **1** paikasta: *the book is on the table* kirja on pöydällä *I put the book on the table* panin kirjan pöydälle *he has a hat on his head* hänellä on hattu päässään *the painting is hanging on the wall* taulu roikkuu seinällä *on the right/left* oikealla/vasemmalla *we have a cottage on the lake* meillä on mökki järven rannalla *it was on tv last night* siitä kerrottiin eilen illalla televisiossa **2** ajasta: *on Tuesday* tiistaina *on time* ajoissa, ajallaan *on his arrival* hänen saapuessaan **3** jäsenyydestä: *to serve on a committee* toimia valiokunnassa **4** aiheesta: *a book on gardening* puutarhakirja **5** tarjoamisesta: *the drinks are on the house* talo tarjoaa ryypyt **6** keinosta: *to live on your savings* elää säästöillään *the machine runs on diesel* kone käy dieselillä **7** kohteesta: *he is working on a dissertation* hän tekee väitöskirjaa **8** tilasta: *he set the car on fire* hän sytytti auton tuleen *the workers went on strike* työläiset ryhtyivät lakkoon
on and off /,anən'af/ *adv* silloin tällöin, satunnaisesti
on a roll *to be on a roll* **1** olla pelionnea, menestyä (uhka)pelissä **2** menestyä hyvin, olla kova meno päällä
once /wʌns/ *adv* **1** (yhden) kerran *you can do it once* saat tehdä sen yhden kerran *once a day* kerran päivässä *all at once* yhtäkkiä; yhtä aikaa *at once* heti; yhtä aikaa **2** kerran (menneisyydessä), ennen *he was once a famous professor* hän oli aikanaan kuuluisa professori
once and again *fr* monesti, vaikka kuinka monta kertaa
once and for all *fr* kerralla, lopullisesti
once in a while *fr* silloin tällöin, joskus harvoin
once or twice *fr* kerrain tai pari, pari kertaa
once upon a time *fr* (sadun alussa) olipa kerran
oncoming /'an,kʌmiŋ/ *adj* (liikenne) vastaan tuleva, (ajankohta) lähestyvä, (aikakausi, sukupolvi) tuleva
one /wʌn/ *s* ykkönen, yksi
adj **1** yksi *one book* **2** eräs, joku *one day*

you'll be sorry for joskus sinä vielä kadut sitä *one Mr. Smith* muuan Mr. Smith **3** ainoa *his one hope is to find a good lawyer* hänen ainoa toivonsa on löytää hyvä asianajaja **4** yhteinen, yhtenäinen *the grouped acted as one* ryhmä toimi yhtenäisesti/yhtenä rintamana
pron **1** substantiivin korvikkeena: *which one do you want? – the blue one* kumman haluat? – sinisen *one of them* yksi heistä **2** passiivisesti; voidaan joskus kääntää sanalla minä *one is always pleased when one's* (harvinainen amerikanenglannissa, mutta ei brittienglannissa)/*your relatives come to visit* on aina mukavaa kun sukulaiset tulevat käymään

one and all *fr* kaikki, joka iikka (ark)

one another *they don't like one another* he eivät pidä toisistaan

one-armed bandit *s* (ark) peliautomaatti

one by one *fr* yksitellen, yksi kerrallaan, peräkkäin

one for the road *fr* (viimeinen)ryyppy ennen matkaa, ennen lähtöä

oneself /wʌn'self/ *pron* itseään, itse *one is never sure of oneself in these situations* tällaisessa tilanteessa ei voi koskaan olla varma itsestään *to be oneself* olla oma itsensä

ongoing /'an͵goʊiŋ/ *adj* (edelleen) jatkuva, keskeytymätön

onion /ʌnjən/ *s* sipuli *Fred knows his onions* Fred osaa asiansa, Fred tietää mitä hän tekee/mistä hän puhuu

on-line /͵an'laɪn/ *adj, adv* (tietok) yhteydessä keskusyksikköön, keskusyksikön valvonnassa, on-line

onlooker /'an͵lʊkər/ *s* sivustakatsoja

only /oʊnli/ *adj* ainoa *are you an only child?* oletko sinä ainoa lapsi?
adv vain; vasta *she's only three* hän on vain/vasta kolmen vanha *if only* kunpa vain *not only is he rich but he is also talented* hän on sekä rikas että lahjakas, hän on paitsi rikas myös lahjakas *it'll only cost you ten dollars* se ei maksa kuin kymmenen dollaria
konj mutta *she wanted to buy it, only she did not have the money* hän halusi ostaa sen mutta hänellä ei ollut varaa siihen

only too *she was only too happy to go* hän lähti erittäin mielellään, hän malttoi tuskin odottaa että pääsi lähtemään

on order *fr* tilauksessa, tilattu (mutta ei saapunut)

on purpose *adv* tahallaan, tieten tahtoen

onset /'an͵set/ *s* **1** alku, alkaminen, (sairauden) puhkeaminen **2** hyökkäys

onshore /'an͵ʃɔr/ *adj* **1** mereltä puhaltava **2** rannikko-, ranta-
adv rannalla, rannalle, maissa, maihin

on sight *fr* ensi näkemältä

onslaught /'an͵slat/ *s* (raju) hyökkäys (myös kuv)

Ont. *Ontario*

Ontario /an'terioʊ/ Ontario

on the order of *fr* **1** luokka *the price was on the order of 100 million* hinta oli sadan miljoonan dollarin luokkaa **2** kaltainen *something on the order of that one* jotakin tuon kaltaista

on the right side of the tracks hyvässä kaupunginosassa/hyvissä oloissa

on the road *fr* **1** *to be on the road* olla tien päällä, olla matkalla; olla kiertueella **2** *to get something on the road* käynnistää, aloittaa, panna alulle

on the rocks *fr* **1** (ryypystä) jäiden kanssa **2** *to be on the rocks* olla vaikeuksissa, olla kariutumassa **3** *to be on the rocks* olla puilla paljailla, olla rahaton

on the run *to be on the run* olla (jatkuvasti) menossa/liikkeessä; olla pakosalla *I'll grab a bite on the run* panen matkalla jotakin suuhuni

on the shady side of *Morgan is on the shady side of fifty* Morgan on viidenkymmenen huonommalla puolella (yli viidenkymmenen)

on the skids *to be on the skids* olla menossa rappiolle, olla alamäessä

on the spot *be on the spot* olla pinteessä/kiusallisessa tilanteessa *to do something on the spot* tehdä jotakin heti/viipymättä

on the squares *fr* **1** suora, suorassa kulmassa **2** (ark kuv) rehellinen, vilpitön

on the take *to be on the take* ottaa lahjuksia
on the track of *to be on the track of someone/something* olla jonkun/jonkin jäljillä
on the turn *the century on the turn* vuosisadan vaihde, vuosisadan vaihtuminen
on time *fr* **1** *to be on time* olla/tulla ajoissa **2** *to buy on time* ostaa osamaksulla
on the up and up *to be on the up and up* (ark) olla rehellinen
on the wagon *to be on the wagon* (sl) olla kuivana, ei juoda (alkoholia)
on the whole *fr* kokonaisuutena, kaiken kaikkiaan, yleisesti ottaen
on the wing *to be on the wing* olla lennossa/ilmassa; olla liikkeellä
on to *to be on to something* olla perillä/vihillä jostakin
onto /'an,tu antə/ *prep* **1** paikasta: *he got onto the horse* hän nousi ratsun selkään **2** (kuv) *I am onto your schemes* minä olen jyvällä juonistasi, minä tiedän mitä sinä ajat takaa
ontological /,antə'ladʒɪkəl/ *adj* ontologinen
ontology /an'taləʤi/ *s* ontologia
on top *to stay on top* pysyä kärjessä, säilyttää johtoasema, menestyä
on top of *fr* **1** jonkin päällä/päälle **2** jonkin lisäksi **3** (heti) jonkin perään **4** *to be on top of the situation* hallita tilanne, olla homma hanskassa (ark)
on top of the world *to be on top of the world* menestyä; olla haltioissaan, olla ikionnellinen *she felt/was on top of the world* hän oli haltioissaan/hän menestyi loistavasti
onus /anəs/ *s* (mon onuses) velvollisuus, taakka
on view *to be on view* olla nähtävänä/näytteillä/esillä
onward /anwərd/ *adj* etenevä *the onward course of things* asioiden/tilanteen kehitys
adv eteenpäin, (ajasta) lähtien
onwards ks onward
on your own time *to do something on your own time* tehdä jotakin omalla ajallaan (ei työaikana)
on your toes *to be on your toes* olla varpaillaan/varpaisillaan/varovainen
ooze /uz/ *s* **1** tihkuminen **2** tihkunut aine, mönjä
v tihkua (myös kuv:) tihkua julkisuuteen, pursua
opacity /oʊ'pæsəti/ *s* **1** läpinäkymättömyys; himmeys, sumeus, sameus **2** vaikeaselkoisuus, hämäryys, epäselvyys **3** tyhmyys, tylsyys
opal /oʊpəl/ *s* opaali
adj opaalinvärinen
opaque /oʊ'peɪk/ *adj* **1** läpinäkymätön, ei läpinäkyvä; himmeä, sumea, samea **2** vaikeaselkoinen, vaikeatajuinen, hämärä **3** tyhmä, tylsä
op.cit. *opere citato; opus citatum* edellä mainitussa teoksessa
OPEC *Organization of Petroleum Exporting Countries*
open /oʊpən/ *s in the open* ulkona, ulkoilmassa *the whole thing is now in the open* koko juttu on nyt paljastunut
v avata (myös kuv), avautua *to open a box* avata laatikko *to open a show* avata näyttely *she wanted to open her heart to him* hän halusi avata/paljastaa miehelle sydämensä *I can't get it to open* en saa sitä auki *the box office opens at seven* teatterin kassa avataan seitsemältä *the door opens to a patio* ovi avautuu patiolle, ovesta pääsee patiolle
adj **1** avoin (myös kuv), avoinna, auki *the door is open* ovi on auki *the record store is still open* levykauppa on vielä avoinna/auki *the exhibition is open to the public* näyttely on avoinna yleisölle *the matter is still open* asia on vielä auki/ratkaisematta **2** valmis ottamaan vastaan jotakin *he says he is open to suggestions* hän sanoi olevansa valmis kuulemaan ehdotuksia **3** ulko- *in the open air* ulkona, ulkoilmassa
open air *s* ulkoilma
open-air *adj* ulkoilma-, ulko-
open-and-shut *adj* ilmiselvä *it's an open-and-shut case* tapaus on ilmiselvä
open book *s* (kuv) avoin kirja

open-door day *s* avoimien ovien päivä
open-door policy *s* avoimen oven politiikka
opener *s* avaaja, avain *can opener* tölkinavain
openers *for openers* alkajaisiksi
open-heart surgery *s* avosydänleikkaus
open house *s* **1** kutsut joihin voi saapua milloin haluaa **2** avoimien ovien päivä
opening *s* **1** avaaminen **2** aukko **3** alku, aloitus **4** avajaiset **5** vapaa työpaikka, työtilaisuus **6** tilaisuus, mahdollisuus *adj* alku-, aloitus-
opening night *s* ensi-ilta
open interest *s* (tal) avoin vastuu
openly /opənli/ *adv* avoimesti, peittelemättä *to admit something openly* myöntää avoimesti, ei yrittääkään salailla
open-minded *adj* ennakkoluuloton, vastaanottavainen
open outcry /'aʊtˌkraɪ/ *s* (tal) eräiden pörssien käyttämä kaupankäyntitapa joka perustuu huutamalla ja käsimerkein annettaviin osto- ja myyntinoteerauksiin
open stance *s* (golf) avoin stanssi, asento jossa oikeakätinen pelaaja tähtää kohteesta vasemmalle
open up *v* avata, avautua
opera /aprə/ *s* ooppera
operate /'apəˌreɪt/ *v* **1** toimia *the recorder operates on batteries* nauhuri toimii paristoilla *the company operates in many countries* yritys toimii/käy kauppaa monissa maissa **2** käyttää *do you know how to operate this machine?* osaatko käyttää tätä laitetta? **3** (lääk) leikata
operatic /ˌapə'rætɪk/ *adj* ooppera-
operating environment *s* (tietokoneen) käyttöympäristö
operating room *s* (lääk) leikkaussali
operating system *s* (tietokoneen) käyttöjärjestelmä
operating table *s* (lääk) leikkauspöytä
operating theater *s* (lääk) leikkaussali jossa on katsomo
operation /ˌapə'reɪʃən/ *s* **1** toiminta *the machine is in/out of operation* kone on toiminnassa/epäkunnossa **2** käyttö **3** hanke, toimi, toimenpide **4** (lääk) leikkaus **5** (sot) sotatoimi
operational /ˌapə'reɪʃənəl/ *adj* toimiva *the machine is not yet operational* kone ei ole vielä toiminnassa
operative /apərətɪv/ *s* **1** koneenkäyttäjä **2** etsivä **3** salainen agentti *adj* **1** tehokas, vaikuttava, toimiva **2** joka on voimassa *the law will soon become operative* laki astuu pian voimaan **3** (lääk) leikkaus-
operative word *s* avainsana, keskeinen sana
operator /'apəˌreɪtər/ *s* **1** (puhelinliikenteessä) keskus **2** koneenkäyttäjä **3** (linja-auton) kuljettaja **4** (tietokoneen) operaattori
operetta /ˌapə'retə/ *s* operetti
opinion /ə'pɪnjən/ *s* **1** mielipide **2** käsitys *she has a high opinon of herself* hänellä on suuret käsitykset itsestään **3** (lääkärin) lausunto *I want to hear a second opinion* haluan lausunnon toiseltakin lääkäriltä
opinionated /ə'pɪnjəˌneɪtəd/ *adj* (liian) itsevarma, omahyväinen, itseriittoinen, omapäinen
opium /oʊpiəm/ *s* oopiumi
opossum /ə'pasəm/ *s* pussirotista *(Didelphidae) Virginia opossum* virginianopossumi, myös: *common opossum*
opponent /ə'poʊnənt/ *s* vastustaja
opportune /ˌapər'tun/ *adj* (hetki) otollinen, (huomautus) osuva, sattuva, (teko) oikea, sopiva
opportunely *adv* ks opportune
opportunism /ˌapər'tunɪzəm/ *s* opportunismi
opportunist /ˌapər'tunɪst/ *s* opportunisti
opportunistic /ˌapərtʊ'nɪstɪk/ *adj* opportunistinen
opportunity /ˌapər'tunəti/ *s* tilaisuus, mahdollisuus *company X is an equal opportunity employer* yritys X noudattaa rotuvähemmistöjen työhönotosta annettuja suosituksia

oppose /ə'poʊz/ *v* **1** vastustaa, ei hyväksyä **2** asettua vastaehdokkaaksi
opposed *adj* **1** vastaan *to be opposed to something* vastustaa jotakin **2** *as opposed to* johonkin verrattuna, toisin kuin jokin
opposite /apəzət/ *s* vastakohta *opposites attract* erilaiset ihmiset tuntevat vetoa toisiinsa *what is the opposite of* hot? mikä on sanan *hot* vastakohta? *no, I'm not tired, quite the opposite* en suinkaan ole väsynyt, päinvastoin
adj vastakkainen *at the opposite end of the room* huoneen toisessa päässä *the opposite sex* vastakkainen sukupuoli
adv vastapäätä, vastakkaisella puolella, viereisellä sivulla
prep vastapäätä *Mrs. Smythe was seated opposite Mr. Hawk at the table* Smythe istui pöydässä Hawkia vastapäätä
opposition /ˌapə'zɪʃən/ *s* **1** vastustus, vastarinta **2** (pol) oppositio
oppositionist *s* vastustaja; opposition jäsen
oppress /ə'pres/ *v* **1** sortaa **2** ahdistaa, painaa mieltä
oppression /ə'preʃən/ *s* **1** sorto;
oppressive /ə'presɪv/ *adj* **1** painostava, ahdistava **2** sortava, tyranni-, diktatorinen
oppressiveness *s* **1** sorto **2** tukahduttavuus, raskaus, ahdistavuus
oppressor /ə'presər/ *s* sortaja
opt for /apt/ *v* valita jokin
optic /aptɪk/ *adj* silmä-, näkö-
optical /aptɪkəl/ *adj* **1** optinen **2** silmä-, näkö-
optical character reader *s* optinen lukija
optical disk *s* kuvalevy
optical illusion /ˌaptɪkəlɪ'luʒən/ *s* näköharha
optician /ap'tɪʃən/ *s* optikko
optic nerve *s* näköhermo
optics *s* (verbi yksikössä) optiikka, valo-oppi
optimism /'aptəˌmɪzəm/ *s* optimismi, toiveikkuus, elämänmyönteisyys, luottavaisuus
optimist /aptəmɪst/ *s* optimisti
optimistic /ˌaptə'mɪstɪk/ *adj* optimistinen, toiveikas, elämänmyönteinen, luottavainen
optimistical ks optimistic
optimistically *adv* optimistisesti, toiveikkaasti, elämänmyönteisesti, luottavaisesti
optimize /'aptəˌmaɪz/ *v* optimoida
optimum /aptəməm/ *s* (mon optimums, optima) optimi, ihannearvo, ihannemäärä
adj optimaalinen, paras mahdollinen
option /apʃən/ *s* **1** valinnan mahdollisuus, valinta **2** (tal) optio
optional /apʃənəl/ *adj* vapaaehtoinen, ylimääräinen *a sunroof is optional equipment on this car* kattoluukku on tässä autossa lisävaruste/maksaa lisähintaa
options exchange *s* (tal) optiopörssi
opt out *v* luopua, hylätä, erota
opulence /oʊpjələns/ *s* **1** rikkaus **2** ylellisyys, mahtavuus, koreus **3** runsaus
opulent /oʊpjələnt/ *adj* **1** rikas **2** mahtava, ylellinen **3** runsas
opus /oʊpəs/ *s* (mon opuses, opera) teos, sävellys, opus
or /ɔr/ *konj* **1** tai, (kysymyslauseessa) vai, (kielteisessä lauseessa) eikä *do you want to stay or leave?* haluatko jäädä tänne vai lähteä? *she does not want to eat or drink* hän ei halua syödä eikä juoda **2** eli *the clavicle, or collarbone, is located here* clavicula eli solisluu sijaitsee tässä
OR *Oregon; operating room*
oracle /ɔrəkəl/ *s* **1** ennustus, ennuste **2** ennustaja, oraakkeli
oral /ɔrəl/ *s* (ark) suullinen tentti/koe
adj **1** suullinen **2** suun, suu- **3** (lääke) sisäisesti nautittava
orange /ɔrəndʒ/ *s* appelsiini
adj oranssi, oranssinvärinen
orangutan /ə'ræŋəˌtæn/ *s* orangutangi, oranki
oration /o'reɪʃən/ *s* juhlapuhe, puhe
orator /ɔrətər/ *s* oraattori, kauno-

puhuja, juhlapuhuja, puhuja
orb /ɔrb/ *s* **1** pallo **2** silmämuna, silmä **3** taivaankappale **4** (hallitsijan tunnus) valtakunnan omena
orbit /ɔrbət/ *s* **1** kiertorata *to go into orbit* nousta/siirtyä kiertoradalle; (kuv) innostua valtavasti, ei tahtoa pysyä housuissaan **2** elämänpiiri, ympyrät (kuv)
v (satelliitti ym) kiertää
orbital /ɔrbətəl/ *adj* kiertoradan, kiertorata-
orbiter /ɔrbətər/ *s* avaruussukkulan varsinainen sukkulaosa; avaruusluotain
orchard /ɔrtʃərd/ *s* hedelmätarha
orchestra /ɔrkəstrə/ *s* orkesteri
orchestral /ɔr'kestrəl/ *adj* orkesteri-, orkestraalinen
orchestrate /'ɔrkəs,treɪt/ *v* **1** säveltää/sovittaa/soitintaa (musiikkia) orkesterille **2** järjestää, junailla (kuv), kyhätä kokoon
orchestration /,ɔrkəs'treɪʃən/ *s* **1** orkestrointi **2** järjestely, junailu (kuv)
orchid /ɔrkɪd/ *s* orkidea
ordain /ɔr'deɪn/ *v* **1** vihkiä papiksi **2** säätää, määrätä (laillla)
ordeal /ɔr'diəl/ *s* **1** koettelemus **2** (hist) jumalantuomio
order /ɔrdər/ *s* **1** (peräkkäinen) järjestys *in alphabetical order* aakkosittain, aakkosjärjestyksessä *in descending order of merit* parhaimmasta huonoimpaan **2** (oikea) järjestys *let me put this room in order first* odota kun järjestän ensin tämän huoneen **3** kuri, järjestys **4** kunto *the elevator is out of order* hissi on epäkunnossa **5** käsky, määräys *this is an order!* tämä on käsky! *doctor's orders* lääkärin määräyksestä **6** tilaus *can I take your order?* (ravintolassa) oletteko valmis tilaamaan? **7** (historiallisessa arkkitehtuurissa) pylväsjärjestelmä **8** yhteiskuntaluokka
v **1** määrätä, käskeä **2** järjestää **3** tilata
order *s* (tal) toimeksianto
orderly /ɔrdərli/ *s* **1** sotilaspalvelija **2** sairaala-apulainen
adj **1** siisti *he is very orderly* hän on järjestyksen ihminen **2** kurinalainen, rauhallinen
ordinal /ɔrdənəl/ *s* järjestysluku
adj järjestys-
ordinance /ɔrdnəns/ *s* (virallinen) määräys, käsky
ordinarily /,ɔrdə'nerəli/ *adv* **1** tavallisesti, yleensä **2** vaatimattomasti, tavallisesti
ordinary /'ɔrdə,neri/ *s* keskinkertaisuus *to be above the ordinary* olla tavanomaista parempi *out of the ordinary* poikkeuksellinen, harvinainen; poikkeuksellisen hyvä, harvinaisen hyvä
adj **1** tavallinen **2** keskinkertainen **3** tavanomainen, totunnainen
ordnance /ɔrdnəns/ *s* tykistö *a piece of ordnance* tykki
ore /ɔr/ *s* malmi
Ore. *Oregon*
Oreg. Oregon
oregano /ə'regə,noʊ/ *s* (mauste) oregano
Oregon /ɔrɪgən/
organ /ɔrgən/ *s* **1** elin **2** penis **3** äänenkannattaja **4** urut **5** (kuv) välikappale
organic /ɔr'gænɪk/ *adj* orgaaninen (eri merkityksissä), eloperäinen, elollinen; elimellinen; biodynaaminen; erottamaton
organically *adv* orgaanisesti (ks organic)
organic chemistry *s* orgaaninen kemia
organism /'ɔrgə,nɪzəm/ *s* **1** organismi, eliö, elimistö **2** organismi, kokonaisuus
organization /,ɔrgənɪ'zeɪʃən/ *s* **1** järjestely, suunnittelu, organisointi **2** järjestö; (liike)yritys, organisaatio **3** järjestys, jako, rakenne
organize /'ɔrgə,naɪz/ *v* **1** järjestää, järjestäytyä, suunnitella, organisoida **2** järjestäytyä ammattiyhdistykseen; yrittää saada järjestäytymään
organized *adj* **1** järjestelmällinen **2** (ammattiyhdistykseen) järjestäytynyt
organized crime *s* järjestäytynyt rikollisuus
organizer *s* järjestäjä, järjestelijä, suunnittelija, organisoija, organisaattori
orgasm /ɔrgæzəm/ *s* orgasmi
orgy /ɔrdʒi/ *s* orgiat
oribi /orəbi/ *s* oribi

Orient /ɔriənt/ *s* itämaat, orientti
orient /ɔrient/ *v* **1** suunnata, suuntautua **2** suunnistaa **3** perehdyttää joku johonkin; perehtyä johonkin
Oriental /ˌɔri'entəl/ *s* itämaalainen *adj* itämaalainen, itämainen
orientate /'ɔriənˌteɪt/ *v* ks orient
orientation /ˌɔriən'teɪʃən/ *s* **1** suuntaaminen, suuntaus **2** perehdytys; perehtyminen tutustuminen
orienteering /ˌɔriən'tɪəriŋ/ *s* (urh) suunnistus
orifice /ɔrəfəs/ *s* aukko
origin /ɔrədʒən/ *s* alkuperä, syntyperä, alkulähde (myös kuv)
original /ə'rɪdʒənəl/ *s* alkuperäiskappale *adj* **1** alkuperäinen, alkuperäis- **2** omaperäinen, itsenäinen, tuore
originality /əˌrɪdʒə'nælətі/ *s* omaperäisyys, itsenäisyys, kekseliäisyys, tuoreus
originally *adv* **1** alun perin, alkujaan **2** omaperäisesti
original sin *s* perisynti
originate /'ə'rɪdʒəˌneɪt/ *v* **1** saada alkunsa, olla peräisin jostakin *the rumors originated in this office* huhut lähtivät liikkeelle tästä toimistosta *that VCR originates from South Korea* tuo kuvanauhuri on peräisin Pohjois-Koreasta **2** panna alulle, ottaa käyttöön
originator *s* alullepanija, ajatuksen isä, keksijä
Orion /ə'raɪən/ (tähdistö) Orion
Ork. *Orkney*
Orkney Islands /ˌɔrkni'aɪlənz/ (mon) Orkneysaaret
ornament /ɔrnəmənt/ *s* **1** koriste, koru, koriste-esine **2** koristekuvio, koristelu *v* koristella
ornamental /ˌɔrnə'mentəl/ *adj* koristeellinen, koriste-
ornate /ɔr'neɪt/ *adj* (liian) koristeellinen, pramea, hienosteleva, mahtipontinen
ornately *adv* ks ornate
ornateness *s* (liika) koristeellisuus, prameus, mahtipontisuus
ornithological /ˌɔrnɪθə'ladʒɪkəl/ *adj* lintutieteellinen
ornithologist /ˌɔrnɪ'θalədʒɪst/ *s* lintujen tutkija, ornitologi
ornithology /ˌɔrnɪ'θalədʒi/ *s* lintutiede
orphan /ɔrfən/ *s, adj* orpo(-) *v* jättää orvoksi
orphanage /ɔrfənədʒ/ *s* orpokoti
orthodontics /ˌɔrθə'dantɪks/ *s* (verbi yksikössä) ortodontia, hampaiden oikominen
orthodox /'ɔrθəˌdaks/ *adj* **1** oikeaoppinen, puhdasoppinen, ortodoksinen **2** *Orthodox* ortodoksinen, kreikkalaiskatolinen; ortodoksijuutalainen **3** perinteinen, sovinnainen, totunnainen
Orthodox Church *s* ortodoksinen kirkko, kreikkalaiskatolinen kirkko
Orthodox Jew *s* ortodoksijuutalainen
orthodox sleep *s* ortodoksinen uni
orthodoxy /'ɔrθəˌdaksi/ *s* oikeaoppisuus, puhdasoppisuus, ortodoksia
orthographic /ˌɔrθə'græfɪk/ *adj* oikeinkirjoituksen, oikeinkirjoitus-
orthography /ɔr'θagrəfi/ *s* oikeinkirjoitus
orthopedic /ˌɔrθə'pidɪk/ *adj* ortopedinen
orthopedics *s* (verbi yksikössä) (tuki- ja liikuntaelinten lääkärinhoito) ortopedia
orthopedist /ˌɔrθə'pidɪst/ *s* (tuki- ja liikuntaelinten erikoislääkäri) ortopedi
oryx /ɔrəks/ *s* beisa
oscillate /'asəˌleɪt/ *v* **1** heilua **2** värähdellä **3** (kuv) ailahdella; empiä
oscillation /ˌasə'leɪʃən/ *s* **1** heilunta **2** värähtely **3** (kuv) ailahtelu; empiminen, epäröinti
oscillator *s* oskillaattori, värähtelijä
oscilloscope /ə'sɪləˌskoʊp/ *s* oskilloskooppi
OSHA *Occupational Safety and Health Administration*
Oslo /asloʊ/
OSS *Office of Strategic Services*
ostensible /əs'tensɪbəl/ *adj* näennäinen
ostensibly *adv* muka, näennäisesti
ostentation /ˌastən'teɪʃən/ *s* mahtailu, rehentely, komeilu
ostentatious /ˌastən'teɪʃəs/ *adj* mahtaileva, rehentelevä, komeileva, leuhka

osteoporosis /ˌastioupəˈrousəs/ *s* (lääk) luukato, osteoporoosi
ostracism /ˈastrəˌsɪzəm/ *s* **1** (sosiaalinen) hylkääminen **2** maasta karkotus
ostracize /ˈastrəˌsaɪz/ *v* **1** katkaista välinsä johonkuhun, hylätä joku **2** karkottaa, ajaa maanpakoon
ostrich /astrɪtʃ/ *s* strutsi
OTA *Office of Technology Assessment*
OTC *over-the-counter*
other /ʌðər/ *adj* toinen, muu *he met many other runners* hän tapasi paljon muita juoksijoita *every other* joka toinen *the other day* äskettäin *on the other hand* toisaalta
adv toinen, muu *somehow or other* jotekin, tavalla tai toisella
pron toinen, muu *others* toiset, muut *someone/something or other* joku/jokin
other than *adv* paitsi *he said nothing other than that he would come back later* hän sanoi vain että hän tulisi myöhemmin takaisin
otherwise /ˈʌðərˌwaɪz/ *adv* **1** toisenlainen, erilainen *do you believe otherwise?* onko sinulla erilainen käsitys asiasta? **2** muilta osin *otherwise, the result was satisfactory* muutoin tulos oli tyydyttävä
konj muuten, muutoin *we have to act soon, otherwise it will be too late* meidän on toimittava nopeasti ennen kuin on myöhäistä
otherwordly /ˌʌðərˈwərəldli/ *adj* (ihminen) joka on muissa maailmoissa, (asenne) todellisuudellle vieras; epäkäytännöllinen
Ottawa /atəwə/ kaupunki Kanadassa
otter /atər/ *s* saukko
ought /at/ *apuv* **1** (velvollisuus, suositus) pitää, pitäisi, kuulua, kuuluisi *everybody ought to help their neighbors* kaikkien pitäisi auttaa lähimmäisiään *you ought to read that novel* sinun pitäisi lukea se romaani **2** (todennäkäisyydestä) pitäisi *he ought to be at home by now* hänen pitäisi jo olla kotona
oughtn't /atənt/ *ought not*
ounce /auns/ *s* unssi (28,349 g) *an ounce of prevention is better than a pound of cure* parempi virsta väärää kuin vaaksa vaaraa
our /auər/ *pron* meidän *our car* meidän automme
ours /auərz arz/ *pron* meidän *that car is ours* tuo on meidän automme
ourself /auərˈself arˈself/ *pron* oma itse
ourselves /auərˈselvz arˈselvz/ *pron* (me) itse: *we did it ourselves* teimme sen itse *we did ourselves a big favor* teimme itsellemme suuren palveluksen, autoimme itseämme suuresti *we are ourselves in a lot of trouble* me olemme itsekin pahassa pulassa *after a while, we were almost ourselves again* vähän ajan päästä olimme taas melkein oma itsemme
oust /aust/ *v* syrjäyttää (virasta); ajaa pois jostakin; häätää; kitkeä pois jostakin
out /aut/ *adv* ks myös *out of* **1** ulkona, ulkopuolella, ulos *she went out* hän meni ulos, hän lähti käymään jossakin (esim toimiston ulkopuolella) *she went out with Tom* hän meni ulos/treffeille Tomin kanssa **2** poissa, *he is out of town* hän on matkoilla, hän ei ole kaupungissa *the machine is out of order* kone ei ole kunnossa, kone on epäkunnossa **3** lopussa, loppuun, tyhjä, tyhjäksi *he dried his clothes out* hän kuivasi vaatteensa *we are out of milk* maito on päässyt loppumaan *he ran out of gas* häneltä loppui (autosta) bensa *to blow out a candle* puhaltaa kynttilä sammuksiin **4** ilmestymisestä: *when will your new book be out?* milloin uusi kirjasi julkaistaan/ilmestyy? **5** tiedossa, paljastunut *the news was out before we could do anything about it* uutinen paljastui ennen kuin ehdimme tehdä mitään asian eteen *out with it!* kakista ulos vain! *she said it all out* hän kertoi/paljasti kaiken **6** tavoitteesta: *the mob is out to get you* mafia etsii sinua *she is out for fun* hän aikoo pitää hauskaa, hän on tullut pitämään hauskaa **7** ääneen, selvästi *to speak out* puhua selvästi *to say something out loud* sanoa jotakin

ääneen/kuuluvasti
8 sammunut, sammutettu, ei päällä *the lights/fire are out* valot on sammutettu, tulipalo on sammutettu/sammunut
prep ulos, pois jostakin *the man jumped out the window* mies hyppäsi ikkunasta
out and away *adv* selvästi, ehdottomasti
out-and-out /ˌaʊtənˈaʊt/ *adj* täysi, silkka, pelkkä
outback /ˌaʊtˈbæk/ *s* (Australian) syrjäseudut, takamaat
outboard motor /ˈaʊtˌbɔrd/ *s* perämoottori
outbreak /ˈaʊtˌbreɪk/ *s* (sodan, taudin) puhkeaminen, (sodan) syttyminen, (vihan, kiukun) puuska, (raivo)kohtaus
outbuilding /ˈaʊtˌbɪldiŋ/ *s* ulkorakennus
outburst /ˈaʊtˌbərst/ *s* (ilon, vihan) puuska, (raivo)kohtaus
outcast /ˈaʊtˌkæst/ *s* hylkiö
adj hylätty
outclass /ˌaʊtˈklæs/ *v* jättää joku/jokin varjoonsa *Cecil outclassed the competition* kilpailijat kalpenivat Cecilin rinnalla, Cecil jätti kilpailijat varjoonsa
outcome /ˈaʊtˌkʌm/ *s* lopputulos, seuraus
outcrop /ˈaʊtˌkrap/ *s* (kuv) puhkeaminen, puuska
outcry /ˈaʊtˌkraɪ/ *s* vastalauseiden aalto, yleinen närkästys/suuttumus *the president's announcement caused a public outcry* presidentin antama ilmoitus johti yleiseen vastalauseiden aaltoon
outdated /ˌaʊtˈdeɪtəd/ *adj* vanhentunut, vanhanaikainen
outdid /ˌaʊtˈdɪd/ ks outdo
outdistance /ˌaʊtˈdɪstəns/ *v* jättää joku jälkeensä
outdo /ˌaʊtˈdu/ *v* outdid, outdone: (kuv) ylittää, olla parempi kuin *I outdid myself in the chess game* ylitin itseni šakkiottelussa
outdoor /ˈaʊtˌdɔr/ *adj* ulko-, ulkoilma-
outdoors /ˌaʊtˈdɔrz/ *s* (verbi yksikössä) ulkoilma, luonto *as big as all outdoors* iso kuin mikä, valtava
adv ulkona, ulkoilmassa, luonnossa
outer /aʊtər/ *adj* ulompi, ulko-
outermost /ˈaʊtərˌmoʊst/ *adj* uloin, ulommainen
outer space /ˌaʊtərˈspeɪs/ *s* ulkoavaruus
outfield /ˈaʊtˌfiəld/ *s* (baseball) ulkokenttä; ulkokenttäpelaajat
outfielder *s* (baseball) ulkokenttäpelaaja
outfit /ˈaʊtˌfɪt/ *s* **1** (retkeily- ym) varusteet, varustus, välineet, tarpeet **2** (yhtenäinen) puku, asu **3** (työ)ryhmä, joukko **4** liikeyritys
v varustaa (retkeilijä ym)
outflank /ˌaʊtˈflæŋk/ *v* **1** saartaa (vihollinen) sivustasta **2** (kuv) yllättää *he outflanked the opposition* hän ohitti vastustajansa
out for *to be out for something* etsiä/tavoitella/haluta (hanakasti) jotakin
outgoing /ˌaʊtˈgoʊiŋ/ *adj* **1** (juna, lentokone, posti) lähtevä **2** joka on eroamassa/vetäytymässä syrjään (virasta ym) **3** seurallinen, ulospäin suuntautunut
outgrow /ˌaʊtˈgroʊ/ *v* outgrew, outgrown **1** *Davie has outgrown those pants* nuo housut ovat jääneet Davielle pieniksi **2** päästä eroon jostakin *he finally outgrew his selfishness* hän pääsi viimein eroon itsekkyydestään
outgrowth /ˈaʊtˌgroʊθ/ *s* seuraus; sivuvaikutus
outguess /ˌaʊtˈges/ *v* arvata/hoksata (etukäteen) jonkun aikeet, olla nokkelampi kuin
outhouse /ˈaʊtˌhaʊs/ *s* ulkohuone
outing /aʊtiŋ/ *s* (virkistys)retki
outlandish /ˌaʊtˈlændɪʃ/ *adj* **1** outo, kumma, räikeä, huomiota herättävä **2** syrjäinen, kaukainen
outlandishly *adv* ks outlandish
outlaw /ˈaʊtˌla/ *s* lainsuojaton
v **1** kieltää **2** julistaa lainsuojattomaksi
outlay /ˈaʊtˌleɪ/ *s* (rahasta) meno(t), kulu(t)
v käyttää, kuluttaa (rahaa)
outlet /aʊtlət/ *s* **1** aukko, kanava, pois-

toputki, laskuputki **2** (kuv) ilmaisun/toiminnan mahdollisuus/kanava, varoventtiili **3** tehtaanmyymälä

outline /'aʊtˌlaɪn/ *s* **1** ääriviivat **2** (kuv) ääriviivat, yleisesitys, pääpiirteet, perusteet, yhteenveto, suuntaviivat, (yleis)-suunnitelma
v **1** hahmotella, piirtää ääriviivat **2** (kuv) hahmotella, luonnehtia, kuvailla pääpiirteissään, esitellä (alustavasti)

outlive /ˌaʊt'lɪv/ *v* **1** elää kauemmin kuin *women usually outlive their husbands* naiset elävät yleensä pitempään kuin miehensä **2** selvitä jostakin, kestää jotakin

outlook /'aʊtˌlʊk/ *s* **1** näkymä, maisema **2** tulevaisuudennäkymät, tulevaisuudenkuva **3** (elämän)asenne; näkökulma

outlying /'aʊtˌlaɪiŋ/ *adj* **1** syrjäinen, kaukainen **2** ulkopuolinen, rajan takainen

outmaneuver /ˌaʊtmə'nuvər/ *v* puijata jotakuta, yllättää, ohittaa

outnumber /ˌaʊt'nʌmbər/ *v* olla enemmän kuin

out of *prep* **1** jonkin ulkopuolella, poissa jostakin *the director is out of the country right now* johtaja on juuri nyt ulkomailla *the man jumped out of the window* mies hyppäsi ikkunasta **2** alkuperästä, materiaalista: *this car is made out of fiberglass* tämä auto on valmistettu lasikuidusta *your stories are out of this world* sinun juttusi ovat uskomattomia/poskettomia *three people out of five prefer this soap* kolme ihmistä viidestä pitää tätä saippuaa parhaana **3** ilman: *we're out of milk* maito on päässyt loppumaan *you're out of luck* sinua ei onnistanut, sinä et onnistunut **4** syystä: *he did it out of malice* hän teki sen ilkeyttään/kiusallaan

out-of-date /ˌaʊtəv'deɪt/ *adj* vanhentunut, vanhanaikainen

out of it *fr* **1** tajuton, sammunut; (ajatuksista) sumeat **2** *to feel out of it* tuntea itsensä ulkopuoliseksi **3** poissa pelistä

out of line *to be out of line* **1** ei olla ojennuksessa/suorassa **2** käytännön/tapojen vastainen, poikkeava **3** olla sopimaton *you're way out of line, mister* nyt menitte kyllä liian pitkälle

out of order *fr* **1** epäkunnossa **2** sopimaton

out of place *fr* **1** väärällä paikalla **2** (kuv) sopimaton, tahditon, epähieno

out-of-pocket /ˌaʊtəv'pakət/ *adj* **1** käteis- *out-of-pocket expenses* käteismenot **2** varaton, rahaton

out-of-print /ˌaʊtəv'prɪnt/ *adj* (kirjasta) jonka painos on loppunut

out of sight /ˌaʊtə'saɪt/ *fr* **1** näkymättömissä, poissa näkyvistä **2** (ark) suunnaton, kohtuuton **3** (ark) hieno, upea, fantastinen

out of sight, out of mind *fr* mitä ei näe, sitä ei muista

out of spirits *to be out of spirits* olla mieli maassa

out of square *fr* **1** vino **2** erilainen kuin *(with)*

out of step *to be out of step* **1** ei marssia tahdissa **2** ei olla (esim ajan) tasalla

out-of-the-money-option *s* (tal) miinusoptio

out of the running *to be out of the running* ei osallistua kilpailuun, ei kilpailla; ei sijoittua kärkeen, ei päästä kärkisijoille

out-of-the-way /ˌaʊtəvðə'weɪ/ *adj* **1** syrjäinen **2** harvinainen *fr* **1** joka on poissa tieltä **2** syrjäinen, kaukainen **3** sopimaton, aiheeton, tahditon **4** harvinainen, poikkeuksellinen, uskomaton

out of time *to be out of time with* olla eri tahdissa kuin

out of tune *the piano is out of tune* piano on epävireessä

out of turn *fr* **1** epäjärjestyksessä **2** *to speak out of turn* ei odottaa puheenvuoroaan, avata suunsa väärällä hetkellä

out of whack *fr* (ark) **1** vinossa **2** epäkunnossa/rikki

out of work *to be out of work* olla työtön

outpace /ˌaʊt'peɪs/ *v* jättää jälkeensä, ohittaa

outpatient /ˈaʊtˌpeɪʃən/ *s* avopotilas
outpost /ˈaʊtˌpoʊst/ *s* etuvartioasema (myös kuv); etuvartio (myös kuv) *the place is an outpost of Western civilization* paikka on (varsinainen) länsimaisen sivistyksen etuvartioasema
output /ˈaʊtˌpʊt/ *s* **1** tuotanto **2** (tietok) tuloste *input and output* (tiedon)siirto, syöttö ja tulostus, otto ja anto
v **1** tuottaa, valmistaaa **2** (tietok) tulostaa
outrage /ˈaʊtˌreɪdʒ/ *s* **1** raakuus, julmuus, törkeä teko; häpeällinen teko, rikkomus, loukkaus *what he did was an outrage against good manners* hänen tekonsa loukkasi hyviä tapoja **2** suuttumus, närkästys
v suututtaa, närkästyttää, loukata, rikkoa jotakin vastaan
outrageous /ˌaʊtˈreɪdʒəs/ *adj* **1** raaka, raakamainen, julma **2** törkeä, röyhkeä, hävytön, loukkaava
outrageously *adv* törkeästi, röyhkeästi, hävyttömästi
outright /ˈaʊtˌraɪt/ *adj* täysi, silkka, selvä, suoranainen *that's an ouright lie* tuo on silkkaa valhetta
adv **1** suoraan, avoimesti **2** heti, välittömästi **3** (ostaa, maksaa) kerralla (maksaa heti koko hinta)
outsell /ˌaʊtˈsel/ *v* (outsold, outsold) mennä paremmin kaupaksi kuin; myydä enemmän kuin
outset /ˈaʊtˌset/ *s* alku *at the outset* (heti) alussa, (heti) aluksi *from the outset* alusta alkaen, alusta pitäen, jo alun perin
outshine /ˌaʊtˈʃaɪn/ *v* outshone/outshined, outshone/outshined: jättää joku/jokin varjoonsa *this detergent outshines its competition* kilpailevat tuotteet kalpenevat tämän pesuaineen rinnalla
outside /ˌaʊtˈsaɪd/ *s* **1** ulkopuoli *it's black on the inside and white on the outside* se on sisältä musta ja ulkoa valkoinen **2** *at the outside* korkeintaan, enintään
adj **1** ulkoinen, ulkopuolinen, ulko- **2** ääri- *give me an outside figure* kerro mitä se korkeintaan maksaa, anna hinnalle yläraja **3** epätodennäköinen, erittäin pieni *outside chance* häviävän pieni mahdollisuus
adv ulkona, ulos, ulkopuolella, ulkopuolelle
prep **1** ulkopuolella, ulkopuolelle **2** paitsi, lukuun ottamatta
outside linebacker *s* (amerikkalaisessa jalkapallossa) ulompi tukimies
outsider *s* sivullinen, ulkopuolinen
outsized /ˈaʊtˌsaɪzd/ *adj* tavallista suurempi/raskaampi, valtava, suunnaton, (vaate) iso(kokoinen)
outskirts /ˈaʊtˌskərts/ *s* (mon) laitamat *on the outskirts of the town* kaupungin laitamilla
outspoken /ˌaʊtˈspoʊkən/ *adj* suora, suorasukainen, avoin; varaukseton
outstanding /ˌaʊtˈstændiŋ/ *adj* **1** erinomainen, loistava, poikkeuksellinen, harvinaisen hyvä **2** erääntynyt, maksamaton **3** (työ) keskeneräinen, tekemätön
outstandingly *adv* ks outstanding
outstrip /ˌaʊtˈstrɪp/ *v* jättää varjoonsa/jälkeensä, peitota, ohittaa, ylittää
outward /aʊtwərd/ *adj* **1** ulkoinen, ulkonainen **2** ulospäin suuntautuva, (matka) meno-
adv ulospäin, ulos
outwardly *adv* ulkonaisesti, ulospäin, ulkopuolelta
outwards *adv* ulospäin, ulos
outweigh /ˌaʊtˈweɪ/ *v* **1** painaa enemmän kuin **2** (kuv) merkitä enemmän kuin, korvata *the advantages of the new system far outweigh its disadvantages* uudessa järjestelmässä on paljon enemmän etuja kuin haittoja
outwit /ˌaʊtˈwɪt/ *v* puijata, vetää nenästä, arvata/hoksata (etukäteen) jonkun aikeet, olla ovelampi kuin
ova /oʊvə/ ks ovum
oval /oʊvəl/ *s* oikio, ovaali
adj soikea
ovary /oʊvəri/ *s* munasarja
ovation /oʊˈveɪʃən/ *s* myrskyisät suosionosoitukset
oven /ʌvən/ *s* uuni
over /oʊvər/ *adv* **1** tänne, tuonne, tuolla

puolen, tuolle puolelle, tällä puolen, tälle puolen, yli *we swam over to the other side* uimme joen yli *move over* teehän tilaa!, siirry! *come over some day* pistäydy joskus meillä **2** *all over* kaikkialla, joka paikassa *the dog was wet all over* koira oli yltä päältä märkä, koira oli läpimärkä **3** ympäri *he turned the record over* hän vaihtoi levyn puolta, hän käänsi levyn **4** loppu, ohi *it's all over now* se on nyt ohi, se on nyt mennyttä **5** uudestaan *over and over* yhä uudestaan **6** yli *children aged five and over* vähintään viisivuotiaat lapset, viisivuotiaat ja sitä vanhemmat lapset **7** luona *can I stay over?* voinko jäädä teille yöksi?
prep **1** päällä, päälle, yllä, ylle, yli, ylitse, yläpuolella, yläpuolelle *the lamp is over the table* lamppu on pöydän päällä/yläpuolella *over my dead body!* vain minun kuolleen ruumiini yli!, ei ikinä! **2** *all over* kaikkialla, kaikkialle *there were toys all over the living room* leluja lojui pitkin olohuonetta *all over the world* kaikkialla maailmassa, eri puolilla maailmaa **3** (ajasta) aikana, ajaksi *over the years* vuosien mittaan **4** kautta: *he heard it over the phone/radio* hän kuuli sen puhelimitse/radiosta **5** aiheesta: *they bickered over the price* he kinasivat hinnasta **6** (kuv) yli *the limo is over twenty feet long* limousine on yli kuuden metrin mittainen *the weight is over the limit* paino ylittää sallitun rajan **7** ääressä *Kate fell asleep over her work* Kate nukahti työnsä ääreen *why don't we talk about it over dinner* puhutaan siitä päivällisellä

overall /ˌouvər'al/ *adj* kokonais-; yleinen
adv kaiken kaikkiaan, kokonaisuutena ottaen

overalls /'ouvərˌalz/ *s* (mon) haalarit, suojapuku

over and above *fr* lisäksi, enemmän kuin *this is over and above what I need* tässä on enemmän kuin minä tarvitsen

overbalance /ˌouvər'bæləns/ *v* **1** kaataa; kaatua, menettää tasapainonsa **2** korvata, hyvittää, merkitä enemmän kuin

overbearing /ˌouvər'beriŋ/ *adj* **1** määräilevä, komenteleva; kopea, julkea **2** ensiarvoinen, ensiarvoisen tärkeä

overboard /'ouvərˌbɔrd/ *adv* yli laidan *to go overboard* (kuv) mennä liiallisuuksiin, mennä liian pitkälle, liioitella

overcast /'ouvərˌkæst/ *adj* pilvinen

overcharge /ˌouvər'tʃaərdʒ/ *v* **1** veloittaa (asiakkaalta) liikaa **2** kuormata liian raskaasti; kuormittaa liikaa

overcoat /'ouvərˌkout/ *s* päällystakki

overcome /ˌouvər'kʌm/ *v* overcame, overcame **1** kukistaa, voittaa, päihittää **2** (kuv) vallata, musertaa *she was overcome with grief* hän oli surun murtama **3** päästä eroon jostakin, voittaa (pelko), saada (kiukkunsa) kuriin

overdo /ˌouvərˌdu/ *v* overdid, overdone: liioitella, paisutella, mennä liiallisuuksiin

overdose /'ouvərˌdous/ *s* yliannos; yliannostus
v ottaa/antaa yliannos

overdraft /'ouvərˌdræft/ *s* (sekkitilin) ylitys

overdraw /ˌouvər'dra/ *v* (overdrew, overdrawn) ylittää (sekkitili, määräraha)

overdue /ˌouvər'du/ *adj* myöhästynyt, myöhässä, (maksu myös) erääntynyt *new legislation has long been overdue* uutta lakia on saatu odottaa jo pitkään, uusi laki on pahasti myöhässä

overexpose /ˌouvərəks'pouz/ *v* **1** ottaa liikaa aurinkoa **2** (valo- ja videokuvauksessa) ylivalottaa **3** esittää/ mainostaa tms liian usein (niin että yleisö kyllästyy)

overexposure /ˌouvəreks'pouʒər/ *s* **1** liika auringonotto **2** (valo- ja videokuvauksessa) ylivalotus **3** (tuotteen, julkkiksen) kuluminen liian julkisuuden/ mainonnan tms vuoksi

overflow /'ouvərˌflou/ *s* **1** tulva **2** ylimäärä, liika

overflow /ˌouvər'flou/ *v* overflowed, overflown **1** tulvia, peittää/peittyä veden alle **2** (astia) vuotaa yli **3** (kuv) tulvia, pursua, levitä

overgeneralize /ˌoʊvərˈdʒenərəˌlaɪz/ *v* yleistää/yksinkertaistaa liiaksi, tehdä liikoja yleistyksiä
overgrow /ˌoʊvərˈgroʊ/ *v* overgrew, overgrown **1** (kasvi) peittää alleen, rehottaa **2** kasvaa liian isoksi/nopeasti
overhang /ˈoʊvərˌhæŋ/ *s* ulkonema
v overhung, overhung **1** riippua/olla jonkin yläpuolella, ulottua jonkin ylle **2** synkistää tunnelmaa, painaa mieliä, uhata, heittää varjonsa jonkin ylle
overhaul /ˈoʊvərˌhaəl/ *s* huolto, korjaus, parannustyö, uusiminen, uudistus
v huoltaa, korjata, uudistaa, uusia
overhead /ˈoʊvərˌhed/ *s* kiinteät kustannukset
adv **1** yläpuolella, yllä, ylitse, taivaalla **2** (myös kuv) pää edellä, suin päin, päistikkaa
overhead camshaft *s* kannen yläpuolinen nokka-akseli
overhead projector *s* piirtoheitin
overhear /ˌoʊvərˈhɪər/ *v* overheard, overheard: sattua kuulemaan, kuulla sattumalta (puhujan tietämättä)
overjoyed /ˌoʊvərˈdʒoɪd/ *adj* haltioissaan, ikionnellinen
overkill /ˈoʊvərˌkɪl/ *s* (yl) liika, liioittelu, liiallisuus
overland /oʊvərlənd/ *adv* maitse
overlap /ˈoʊvərˌlæp/ *s* päällekkäisyys (myös kuv), samanaikaisuus
overlap /ˌoʊvərˈlæp/ *v* mennä päällekkäin/limittäin (myös kuv), mennä ristiin, leikata (myös kuv), osua samaan aikaan, olla osittain samat, nivoutua toisiinsa/yhteen
overload /ˈoʊvərˌloʊd/ *s* ylipaino, liikapaino; ylikuormitus, liikakuormitus
overload /ˌoʊvərˈloʊd/ *v* kuormata liiaksi; kuormittaa liikaa
overlook /ˌoʊvərˈlʊk/ *v* **1** *the patio overlooks the valley* patiolta on/avautuu näköala laaksoon **2** ei huomata **3** ei välittää, katsoa läpi sormien
overly /oʊvərli/ *adv* liian *don't be overly optimistic* älä toivo liikoja
overnight /ˌoʊvərˈnaɪt ˈoʊvərˌnaɪt/ *adj* yö- *overnight letter* pikakirje (joka on perillä seuraavana (työ)päivänä)
adv yön yli, koko yön *can I stay overnight?* voinko jäädä teille yöksi?
overpass /ˈoʊvərˌpæs/ *s* (ylittävä liikenneväylä) ylikäytävä, risteyssilta
overpower /ˌoʊvərˈpaʊər/ *v* **1** nujertaa *the police overpowered the villain* poliisit nujersivat rikollisen **2** (kuv) musertaa, nujertaa *the whisky quickly overpowered her* viski nujersi hänet nopeasti *he was overpowered by his problems* hän musertui ongelmiinsa
overpowering *adj* vakuuttava, musertava, pistävä, viiltävä, läpitunkeva, vastustamaton
overprice /ˌoʊvərˈpraɪs/ *v* vaatia liian kova hinta jostakin *that microwave oven is way overpriced* tuo mikroaaltouuni on pahasti ylihinnoiteltu
overrate /ˌoʊvərˈreɪt/ *v* yliarvioida; yliarvostaa *that actress is much overrated* tuo näyttelijä(tär) on selvästi yliarvostettu
overreach /ˌoʊvərˈritʃ/ *v* ulottua jonkin yli; kurkottaa liian kauas *to overreach yourself* (kuv) kurkottaa liian korkealle, kurkottaa kuuseen, yrittää liikoja
override /ˌoʊvərˈraɪd/ *v* overrode, overridden **1** ei välittää/piitata jostakin, ei ottaa huomioon jotakin **2** kumota, hylätä, ohittaa *the chairman overrode my decision* johtokunnan puheenjohtaja kumosi päätökseni *you can override the automatic functions* automaattitoiminnot voi ohittaa/kytkeä pois päältä
overriding *adj* ensisijainen, tärkein
overrule /ˌoʊvərˈrʊəl/ *v* kumota, hylätä
overrun /ˌoʊvərˈrʌn/ *s* **1** (kustannusten, aikarajan) ylitys **2** lisäkustannus **3** ylijäämä, liika
v overran, overrun **1** vallata (myös kuv), tulvia (myös kuv), peittää alleen *the company was overrun with orders* yritys oli hukkua tilausten tulvaan **2** ylittää (määräraha, aikaraja)
overseas /ˌoʊvərˈsiz/ *adj, adv* merentakainen, ulkomainen, ulkomaan-, ulkomailla
oversee /ˌoʊvərˈsi/ *v* oversaw, overseen: johtaa, valvoa
overseer /ˈoʊvərˌsɪər/ *s* työnjohtaja,

johtaja, valvoja, päällikkö
overshadow /ˌoʊvər'ʃædoʊ/ *v* **1** varjostaa, peittää varjoonsa **2** (kuv) jättää varjoonsa, jättää jälkeensä **3** synkistää, heittää varjonsa jonkin ylle
overshoot /ˌoʊvər'ʃut/ *v* overshot, overshot **1** ampua/mennä yli (maalin) **2** mennä ohi/yli jostakin, ohittaa/ylittää jokin
oversight /'oʊvərˌsaɪt/ *s* erehdys *by oversight* epähuomiossa, vahingossa, erehdyksessä
overstep /ˌoʊvər'step/ *v* ylittää (valtuudet)
overt /oʊ'vərt/ *adj* avoin, ilmeinen, ilmiselvä
over-the-counter /ˌoʊvərðə'kaʊntər/ *adj* (lääke jota saa ilman lääkemääräystä) käsikauppa-
over the top *to go over the top* (kuv) ylittää tavoite
overthrow /ˌoʊvər'θroʊ/ *v* overthrew, overthrown **1** syrjäyttää, syöstä vallasta, kaataa **2** kaataa (kumoon)
overtime /'oʊvərˌtaɪm/ *s, adj* ylityö(-) *adv: to work overtime* tehdä ylityötä/ylitöitä
overture /oʊvərtʃər/ *s* **1** (mus) alkusoitto **2** aloite, aloitus, tarjous, lähestymisyritys, lähentely-yritys *a peace overture* rauhanaloite
overturn /ˌoʊvər'tərn/ *v* **1** kaataa, kaatua, mennä kumoon **2** (hallitus tms) syöstä vallasta **3** (päätös) kumota
overview /ˌoʊvər'vju/ *s* (yleis)katsaus, yhteenveto, tiivistelmä; yleiskäsitys, yleiskuva
overweight /ˌoʊvər'weɪt/ *s* ylipaino *adj* ylipainoinen *15 pounds overweight* joka painaa 15 naulaa yli sallitun määrän
overwhelm /ˌoʊvər'weəlm/ *v* **1** nujertaa, kukistaa **2** tyrmistyttää, mykistää *to be overwhelmed by grief* musertua suruunsa
overwhelm with *v* (kuv) hukuttaa joku johonkin
overwrought /ˌoʊvər'rat/ *adj* **1** ärtynyt, kireä, pingottunut, liiaksi kiihottunut, liian innostunut, tasapainoton **2** liioiteltu, paisuteltu, yliampuva
ovum /oʊvəm/ *s* (mon ova) munasolu
owe /oʊ/ *v* **1** olla velkaa jollekulle/jollekin **2** olla kiitollisuudenvelassa jollekulle *I owe you one* olen sinulle vastapalveluksen velkaa **3** saada kiittää jotakuta/jotakin jostakin *I owe my success to good luck* menestykseni on hyvän onnen ansiota
owing to /oʊiŋ/ *prep* vuoksi, takia, tähden, johdosta
owl /aʊəl/ *s* pöllö
own /oʊn/ *s* fraaseja: *to come into your own* päästä oikeuksiinsa *to do something on your own* tehdä jotakin yksin/omin avuin *you're on your own now* nyt olet oman apusi/itsesi varassa *to get your own back* kostaa *to hold your own* pitää puolensa
v **1** omistaa *we don't own the house we live in* me emme omista taloa jossa asumme *you don't own me, she said* sinä et omista minua, hän sanoi
2 myöntää, tunnustaa
adj, pron oma *this is my own home* tämä on minun (oma) kotini *do you have a room of your own?* onko sinulla oma huone?
owner *s* omistaja
ownership /'oʊnərˌʃɪp/ *s* omistus, omistusoikeus, omistussuhde
own up to *v* tunnustaa, myöntää (tekonsa)
ox /aks/ *s* (mon oxen) härkä
oxbow lake /aksboʊ/ *s* juolua (joenmutkasta muodostunut lampi, joka syntyy joen oikaistessa uomaansa)
Oxbridge /'aksˌbrɪdʒ/ *s, adj* Oxfordin ja/tai Cambridgen yliopisto(n)
Oxon. *Oxford*
Oxon. *Oxfordshire*
oxtail /'aksˌteɪəl/ *s* häränhäntä
oxygen /aksədʒən/ *s* happi
oxymoron /ˌaksi'mɔran/ *s* (kaksi vastakkaista käsitettä sisältävä sanonta) oksymoron
oyster /ɔɪstər/ *s* osteri
oz. *ounce* unssi (28,349 g)
ozone /oʊzoʊn/ *s* otsoni

P, p

P, p /pi/ P, p
Pa. *Pennsylvania*
PA *Pennsylvania; public address*
P/A *power of attorney* valtakirja
PABX *private automatic branch exchange* puhelinvaihde
PAC *political action committee*
pace /peɪs/ *s* **1** askel **2** vauhti, tahti *at a rapid pace* nopeasti, nopeassa tahdissa *to set the pace* (kuv) määrätä tahti
v mittailla askelillaan, astella edestakaisin *he was impatiently pacing the floor* hän käveli kärsimättömänä edestakaisin
pacemaker /'peɪsˌmeɪkər/ *s* sydämentahdistin
pacific /pə'sɪfɪk/ *s Pacific* **1** Tyynimeri **2** Tyynenmeren alue, Tyynenmeren alueen maat
adj **1** rauhaa rakastava **2** rauhan **3** rauhallinen **4** *Pacific* Tyynenmeren
pacification /ˌpæsɪfɪ'keɪʃən/ *s* rauhoittaminen, tyynnyttäminen
Pacific Ocean Tyynimeri
Pacific Plate /pəˌsɪfɪk'pleɪt/ (geologiassa) Tyynenmeren laatta
pacifier *s* tutti
pacifism /'pæsəˌfɪzəm/ *s* rauhanaate, pasifismi
pacifist /pæsəfəst/ *s* pasifisti
adj pasifistinen
pacifistic *adj* pasifistinen
pacify /'pæsəˌfaɪ/ *v* **1** rauhoittaa, tyynnyttää **2** kukistaa, tukahduttaa (sotilaallisesti)
pack /pæk/ *s* **1** nyytti **2** selkäreppu **3** pakkaus *six-pack* kuusi tölkkiä olutta/virvoitusjuomaa **4** joukko, lauma, ryhmä *a pack of thieves* varas/rosvojoukko **5** korttipakka **6** ahtojääröykkiö
v **1** pakata, paketoida; kääriä nyyttiin **2** ahtautua/ahtaa jonnekin, sulloutua/sulloa jonnekin, pakkautua *the place was packed* paikka oli tupaten täynnä **3** kuormata (eläin) **4** *to pack a gun* kantaa asetta, olla aseistettu
package /pækədʒ/ *s* paketti (myös kuoresta:) laatikko
v **1** pakata, paketoida **2** (kuv) yhdistää, koota
package deal *s* pakettitarjous, nipputarjous
package tour *s* pakettimatka
packaging *s* **1** paketointi **2** pakkaus
pack away *v* **1** passittaa/lähettää jonnekin **2** lähteä kiireesti, häipyä, livistää
packed *adj* **1** täpötäysi, tupaten täysi **2** pakkautunut **3** *action-packed* joka on täynnä toimintaa, vauhdikas
packet /pækət/ *s* **1** paketti **2** nippu
packhorse /'pækˌhɔrs/ *s* kuormahevonen
pack ice *s* ahtojää
pack in *v* luopua jostakin, luovuttaa, jättää kesken
packing *s* pakkaaminen
pack it in *fr* luovuttaa, jättää kesken, antaa periksi
pack off *v* **1** passittaa/lähettää jonnekin **2** lähteä kiireesti, häipyä, livistää
pack up *v* luopua jostakin, luovuttaa, jättää kesken
pact /pækt/ *s* valtiosopimus, sopimus *Warsaw Pact* Varsovan liitto
pad /pæd/ *s* **1** pehmuste, toppaus **2** (urheilijan) suojus **3** (vaatteen) kovike, toppaus **4** lehtiö **5** (eläimen) käpälä; (käpälän) antura **6** *brake pad* (auton) jarrupala **7** *launch pad* (raketin) laukaisualusta **8** (sl) kämppä; punkka
v **1** pehmustaa, topata **2** pitkittää, paisutella **3** lisätä (laskuun) ylimääräistä
padding *s* pehmuste, toppaus

paddle /pædəl/ *s* mela
v **1** meloa **2** räpiköidä (matalassa vedessä)
paddleboat *s* siipirataslaiva
paddle steamer *s* siipiratashöyrylaiva
paddle wheel *s* siipiratas
paddock /pædək/ *s* hevoshaka, haka
paddy /pædi/ *s* **1** riisipelto **2** leikkaamaton tai kuorimaton riisi
paddy field *s* riisipelto
padlock /'pæd,lak/ *s* munalukko
v lukita (munalukolla), panna lukkoon
pagan /peɪgən/ *s, adj* ei-kristitty; ei-juutalainen; ei-islamilainen; pakana(llinen)
page /peɪdʒ/ *s* **1** sivu **2** (kuv) vaihe, aika, kausi **3** lähetti, juoksupoika **4** (hist) hovipoika, paaši
v kutsua (paikalle/kaukohakulaitteella)
pageant /pædʒənt/ *s* **1** historiallinen kulkue **2** *beauty pageant* kauneuskilpailu, missikilpailu
pager /peɪdʒər/ *s* kaukohakulaite, piippari (ark)
pagoda /pə'goʊdə/ *s* pagodi
paid /peɪd/ ks pay
pail /peɪəl/ *s* sanko
pain /peɪn/ *s* **1** kipu, särky **2** (henkinen) tuska, kärsimys **3** (mon) vaivannäkö, vaiva *we took great pains to make you feel at home* näimme paljon vaivaa jotta tuntisit olosi kotoisaksi **4** *on/under pain of death* kuolemanrangaistuksen uhalla **5** (ark) kiusankappale, harmi
v **1** särkeä, aiheuttaa kipua **2** (kuv) satuttaa, tuottaa tuskaa *it pains me to say this but you're fired* minun on ikävä kertoa tämä uutinen mutta olet saanut potkut
painful *adj* (myös kuv) kivulias, tuskallinen, kipeä
pain in the ass *s* (sl) paskamainen/vittumainen tyyppi/juttu
pain in the neck *s* kiusankappale, harmi
painkiller /'peɪn,kɪlər/ *s* särkylääke
painless *adj* kivuton (myös kuv)
painstaking /'peɪnz,teɪkiŋ/ *adj* perusteellinen, huolellinen, tarkka
painstakingly *adv* perusteellisesti, huolellisesti, tarkasti
paint /peɪnt/ *s* maali
v maalata *he painted the house/a picture of the house* hän maalasi talon/talon (kuvan) *he painted a pretty picture of the house* (kuv) hän antoi talosta kauniin kuvan, hän kuvaili taloa kauniiksi
paintbrush /'peɪnt,brʌʃ/ *s* (maali)sivellin
painter *s* **1** maalari **2** (taide)maalari
painting *s* **1** maalaus, taulu **2** (taide)maalaus, maalaaminen **3** maalaustaide
paint the town red *fr* ottaa ilo irti elämästä, juhlia rajusti
pair /peər/ *s* pari: *a pair of old buddies* vanhat kaverukset *a pair of shoes* kenkäpari *a pair of earrings* korvakorut *a pair of scissors* sakset *a pair of jeans* farkut
v **1** jakaa/jakautua pareihin, muodostaa pari **2** (eläimiä) parittaa
pair off *v* jakautua pareiksi, muodostaa pari
pair skating *s* pariluistelu
pajamas /pə'dʒæməz/ *s* (mon) yöpuku
Pakistan /'pækɪs,tæn/
Pakistani /,pækɪs'tæni/ *s, adj* pakistanilainen
pal /pæəl/ *s* (ark) kaveri, kamu, ystävä
palace /pæləs/ *s* palatsi
palatable /pə'lætəbəl/ *adj* maukas (myös kuv:) herkullinen, houkutteleva, otollinen
palate /pælət/ *s* **1** kitalaki, suulaki **2** makuaisti **3** (kuv) maku: *that kind of music does not appeal to my palate* tuollainen musiikki ei ole minun makuuni/mieleeni
palatial /pə'leɪʃəl/ *adj* palatsimainen, ylellinen, pramea
pale /peɪəl/ *s* paalu *to be beyond the pale* mennä liian pitkälle, olla liian erilainen/erikoinen, olla mahdoton
v kalveta (myös kuv) *his Corvette pales in comparison with your Ferrari* hänen Corvettensa kalpenee sinun Ferrarisi rinnalla
adj kalpea, kelmeä, kalvakka
paleness *s* kalpeus, kalvakkuus
Palestine /'pæləs,taɪn/ Palestiina

paragraph /ˈperəˌgræf/ *s* (tekstissä) kappale
v jakaa (teksti) kappaleisiin
Paraguay /ˈperəˌgweɪ ˌparaˈgwaɪ/
Paraguayan *s, adj* paraguaylainen
parakeet /ˈperəˌkit/ *s* (pieni) papukaija
paralegal /ˌperəˈligəl/ *s* asianajajan apulainen
parallactic /ˌperəˈlæktɪk/ *adj* parallaksi-
parallax /ˈperəˌlæks/ *s* parallaksi
parallel /ˈperəˌlel/ *s* **1** (geom) paralleeli **2** leveysaste **3** vastine, rinnakkaistapaus, rinnakkaisilmiö, rinnakkaismuoto *to be without parallel* olla vertaansa vailla, olla ainoa laatuaan, olla ainutlaatuinen
v **1** seurata jotakin, kulkea jonkin suuntaisesti **2** muistuttaa jotakin, olla verrattavissa johonkin
parallel bars *s* (urh mon) nojapuut
parallelogram /ˌperəˈleləˌgræm/ *s* suunnikas
paralysis /pəˈræləsɪs/ *s* (mon paralyses) **1** halvaus **2** (kuv) lamaannus
paralytic /ˌperəˈlɪtɪk/ *s* halvautunut (ihminen)
adj halvautunut, halvaus-
paralyze /ˈperəˌlaɪz/ *v* **1** *to be paralyzed* halvautua **2** (kuv) lamaannuttaa *she was completely paralyzed when she failed to get a job* hän oli täysin lamassa kun ei löytänyt työtä *paralyzed with fear* kauhun lamaannuttama
paramedic /ˌperəˈmedɪk/ *s* ensiaputyöntekijä *have the paramedics arrived?* (myös:) joko ambulanssi on tullut?
parameter /pəˈræmətər/ *s* **1** parametri **2** (yl mon) puitteet, rajat
paramilitary /ˌperəˈmɪləteri/ *adj* puolisotilaallinen
paramount /ˈperəˌmaʊnt/ *adj* tärkein, pää-, erittäin tärkeä
paranoia /ˌperəˈnoɪə/ *s* vainoharhaisuus, paranoia
paranoid /ˈperəˌnoɪd/ vainoharhainen (ihminen), paranooikko
adj vainoharha-, paranoidi
parapet /perəpət/ *s* **1** (linnoituksen) rintavarustus **2** (parvekkeen ym) kaide
paraphernalia /ˌperəfəˈneɪlɪə/ *s* (mon) varusteet, tarvikkeet; tykötarpeet, pikkurihkama
paraphrase /ˈperəˌfreɪz/ *s* (tekstin selvennys) parafraasi
v tehdä parafraasi jostakin, selventää *let me paraphrase that* odotahan kun sanon sen omin sanoin/selvemmin
parapsychological /ˌperəˌsaɪkəˈladʒɪkəl/ *adj* parapsykologinen
parapsychologist /ˌperəsaɪˈkalədʒɪst/ *s* parapsykologi
parapsychology /ˌperəsaɪˈkalədʒi/ *s* parapsykologia
parasite /ˈperəˌsaɪt/ *s* loinen (myös kuv)
parasitic /ˌperəˈsɪtɪk/ *adj* lois-
parasol /ˈperəˌsaəl/ *s* aurinkovarjo, päivänvarjo
paratrooper /ˈperəˌtrupər/ *s* laskuvarjojääkäri
paratroops /ˈperəˌtrups/ *s* (mon) laskuvarjojoukot
parcel /parsəl/ *s* **1** paketti *to be part and parcel of something* olla (olennainen) osa jotakin **2** tontti, palsta
v paketoida, pakata
parcel out *v* jakaa
parch /paərtʃ/ *v* kuivata rutikuivaksi, korventaa
parchment *s* **1** pergamentti **2** pergamenttipaperi
parchment paper *s* pergamenttipaperi
pardon /pardən/ *s* **1** armahdus **2** anteeksipyyntö *pardon!* anteeksi! *I beg your pardon!* (pyydän) anteeksi!
v **1** armahtaa **2** antaa anteeksi *pardon me for asking but aren't you Mrs. Streep?* anteeksi että häiritsen mutta ettekö te olekin Mrs. Streep?
parent /perənt/ *s* **1** isä, äiti, toinen vanhemmista, (mon) vanhemmat **2** (kuv) edeltäjä, edelläkävijä
parentage /perəntədʒ/ *s* **1** syntyperä **2** isyys, äitiys

parental /pə'rentəl/ *adj* vanhempien *parental responsibilities* vanhempien velvollisuudet/vastuu

parenthesis /pə'renθəsɪs/ *s* (mon parentheses) sulkeet, sulkumerkit ( ) *let me mention in parenthesis that...* sivumennen sanoen

parenthesize /pə'renθə,saɪz/ *v* merkitä sulkeisiin/sulkumerkkeihin

parenthood /'perənt,hʊd/ *s* isyys, äitiys

parenting *s* (lasten) kasvatus

par for the course *that's par for the course* sen olisi voinut arvata, se olisi pitänyt arvata

pari-mutuel /,peri'mjutʃʊəl/ *s* (raviveikkaus) totalisaattori

Paris /pærɪs/ Pariisi

parish /pærɪʃ/ *s* **1** seurakunta **2** (Louisianan osavaltiossa) piirikunta

parishioner /pə'rɪʃənər/ *s* seurakuntalainen

parish register *s* kirkonkirjat

Parisian /pə'rɪʒən/ *s, adj* pariisilainen

Parisienne /pə,risi'en/ *s* pariisitar

park /park/ *s* **1** puisto *amusement park* huvipuisto *national park* kansallispuisto *theme park* teemapuisto **2** stadion **3** pysäköintialue *car park* pysäköintialue **4** (automaattivaihteiston) pysäköintiasento
v **1** pysäköidä (ajoneuvo) **2** (ark) asettua jonnekin, panna jotakin jonnekin *Harry parked himself into the easy chair* Harry oikaisi itsensä laiskanlinnaan **3** (ark) sijoittaa (varmana pidettyyn osakkeeseen tms)

parka /parkə/ *s* anorakki

parking lot /parkiŋ/ *s* pysäköintialue

parking meter *s* pysäköintimittari

parkinsonism /'parkɪnsə,nɪzəm/ *s* (lääk) parkinsonismi

Parkinson's disease /'parkɪnsənzdə,ziz/ *s* Parkinsonin tauti

parlance /parləns/ *s* (erikois)kieli, kielenkäyttö

parliament /parləmənt/ *s* parlamentti

parliamentary /,parlə'mentəri/ *adj* parlamentaarinen, parlamentti-

parlor /parlər/ *s* **1** (vanh) olohuone **2** *beauty parlor* kauneushoitola *funeral parlor* hautaustoimisto *ice cream parlor* jäätelöbaari

parlor car *s* (junassa) salonkivaunu

parmesan /parməsən/ *s* parmesanjuusto

parochial /pə'roʊkiəl/ *adj* **1** seurakunnan, seurakunta- **2** ahdasmielinen, rajoittunut

parochialism /pə'roʊkiə,lɪzəm/ *s* ahdasmielisyys, rajoittuneisuus, nurkkakuntalaisuus

parochial school *s* roomalaiskatolinen tai muu tunnustuksellinen koulu

parodic /pə'radɪk/ *adj* parodinen, ivaileva

parody /perədi/ *s* parodia
v parodioida

parole /pə'roəl/ *s* ehdonalainen vapaus; ehdonalaisuusaika *to be on parole* olla ehdonalaisessa vapaudessa
v päästää ehdonalaiseen vapauteen

parolee /pə,roʊ'li/ *s* ehdonalaiseen vapauteen päästetty henkilö

parquet /par'keɪ/ *v* parketti
v päällystää parketilla

parrot /perət/ *s* papukaija
v toistaa/matkia (toisen sanoja) kuin papukaija, apinoida

parry /peri/ *s* väistöliike, väistö (myös kuv)
v väistää (myös kuv), torjua

parsley /parsli/ *s* persilja

parson /parsən/ *s* pappi, pastori

parsonage /parsənədʒ/ *s* pappila

part /part/ *s* **1** osa *spare part* varaosa *part of the reason is that he has no money* osasyynä on se ettei hänellä ole rahaa *to be part and parcel of something* olla (olennainen) osa jotakin *in part* osittain *in good part* suureksi osaksi; (kuv) loukkaantumatta *for the most part* enimmäkseen, suurimmalta osin **2** rooli, osa, osuus *he plays an important part in our plans* hänellä on tärkeä osa suunnitelmissamme *you look the part* sinä sovit hyvin osaasi **3** osuus, osa, puoli *I have no part in it* minulla ei ole siihen osaa eikä arpaa *for my part*

omalta osaltani, omasta puolestani *we congratulate you on the part of the whole staff* onnittelemme sinua koko henkilökunnan puolesta/nimissä *Sam took Wendy's part in the debate* Sam piti väittelyssä Wendyn puolta
v **1** jakaa, jakautua; katkaista, katketa; irrottaa, irrota **2** kammata (hiukset) jakaukselle *he parts his hair in the middle* hän jakaa hiuksensa keskeltä

partake in /par'teɪk/ *v* partook, partaken: osallistua johonkin

partake of *v* partook, partaken **1** nauttia (ateria) **2** nauttia/iloita yhdessä jostakin **3** jossain on jotakin, jossain ilmenee jokin ominaisuus/piirre

part company *fr* erota, lähteä kumpikin/kukin omille teilleen; olla eri mieltä *here's where we part company* (kuv) tässä tiemme eroavat; tästä olemme eri mieltä

partial /parʃəl/ *adj* **1** osittainen, osa- **2** puolueellinen

partiality /ˌparʃi'æləti/ *s* **1** puolueellisuus **2** mieltymys johonkin *(to, for)*

partially *adv* **1** puolueellisesti **2** osittain, osaksi *you're partially responsible for this* sinä olet osittain vastuussa/osavastuussa tästä

partial to *to be partial to someone/something* pitää kovasti jostakusta/jostakin, joku/jokin on jollekulle kovasti mieleen

participant /par'tɪsəpənt/ *s* osanottaja, osallistuja

participate /par'tɪsəˌpeɪt/ *v* osallistua, ottaa osaa johonkin *(in)*, olla osallinen

participation /parˌtɪsə'peɪʃən/ *s* osanotto, osallistuminen; osuus

participator *s* **1** osanottaja, osallistuja **2** osakas, osallinen

participle /'partəˌsɪpəl/ *s* (kieliopissa) partisiippi *present participle* partisiipin preesens *(hanging); past participle* partisiipin perfekti *(hanged)*

particle /partɪkəl/ *s* **1** hiukkanen, jyvä, jyvänen **2** (fys) alkeishiukkanen **3** (kieliopissa) partikkeli, apusana

particle accelerator *s* hiukkaskiihdytin

particle physics *s* (verbi yksikössä) alkeishiukkasfysiikka, hitufysiikka

particular /par'tɪkjələr/ *s* (mon) yksityiskohdat *in particular* erityisesti, etenkin *that one in particular is nice* etenkin tuo on kiva
adj **1** juuri tämä: *in this particular case* juuri tässä tapauksessa, nimen omaan tässä tapauksessa **2** erityinen: *we took particular care not to break the glass* olimme erityisen varovaisia jottei lasi särkynyt **3** nirso, pikkutarkka, pikkumainen *why do you have to be so particular about everything?* miksi sinun pitää nirsoilla kaikessa?

particularize /par'tɪkjələˌraɪz/ *v* selittää tms yksityiskohtaisesti; mainita erityisesti, tähdentää

particularly *adv* erityisesti, erityisen, etenkin, ennen kaikkea *she was particularly pleased to see you* hän oli erityisen mielissään nähdessään sinut *not particularly* en/et/ei erityisemmin

partisan /partɪzən/ *s* **1** puoluepukari **2** partisaani, sissi
adj **1** puolueellinen, puolue- *partisan politics* puoluepolitiikka **2** sissi-

partition /par'tɪʃən/ *s* **1** jakaminen **2** väliseinä **3** tila, komero, koppi, karsina **4** soppi
v jakaa (osiin); erottaa väliseinällä

partition off *v* erottaa väliseinällä, jakaa (huone) osiin

partly /pərtli/ *adj* osittain osin, osaksi *it's partly true* se pitää osittain paikkansa

partner /partnər/ *s* toveri; liikekumppani, yhtiötoveri; rikostoveri; tanssipari; pelitoveri, ottelutoveri

partnership *s* **1** toveruus **2** yhtiötoveruus **3** yhtiö

part of speech *s* (kieliopissa) sanaluokka

partook /par'tʊk/ ks partake

partridge /partrɪdʒ/ *s* peltopyy

part-time /ˌpart'taɪm/ *adj* osa-aikainen, osa-aika-

part with *v* luopua jostakin

party /parti/ *s* **1** puolue **2** osapuoli, asianosainen (myös lak:) riitapuoli

3 ryhmä, seurue **4** juhla(t), kemut
v juhlia, bailata (ark)
party line *s* **1** puoluelinja **2** yhteinen puhelinliittymä
party liner *s* puoluelinjan kannattaja
party politics *s* (verbi yksikössä tai mon) puoluepolitiikka
pass /pæs/ *s* **1** sola **2** (kulku)väylä **3** (kulku)lupa, lupapaperit **4** vapaalippu *no passes for this engagement* ei vapaalippuja **5** (ark) lähentely-yritys *Tom made a pass at the girl* Tom yritti lähennellä tyttöä **6** vaihe, tilanne *we've come to a difficult pass* olemme vaikeassa tilanteessa
v **1** kulkea jostakin; kulkea ohi jostakin, ohittaa **2** mennä ohi, lakata **3** (aika) kulua; kuluttaa (aikaa) **4** jättää väliin, hypätä yli **5** hyväksyä (lakiehdotus), mennä läpi; läpäistä (tentti), päästä läpi (tentistä) **6** kuolla **7** ylittää **8** ojentaa *would you please pass the sugar?* saisinko sokerin?, antaisitko sokerikon? **9** pujottaa
passable /pæsəbəl/ *adj* **1** kulkukelpoinen **2** riittävä, kohtalainen *to be passable* kelvata joten kuten
passably *adv* kohtalaisesti, joten kuten
passage /pæsədʒ/ *s* **1** (laiva)matka **2** ylitys, kauttakulkumatka **3** (kautta)kulkulupa **4** (ajan) kulku, kuluminen *with the passage of time* ajan mittaan **5** siirtymävaihe, siirtyminen **6** käytävä **7** (teksti)katkelma, kohta
passageway /'pæsədʒˌweɪ/ *s* käytävä
pass along *v* maksattaa asiakkaalla, lisätä hintaan
pass away *v* nukkua pois, menehtyä, aika jättää jostakusta
passé /pæ'seɪ/ *adj* (ranskasta) vanhentunut, vanhanaikainen
passenger /pæsəndʒər/ *s* matkustaja
passerby /'pæsərˌbaɪ/ *s* (mon passersby) ohikulkija
pass for *v* käydä jostakin, kelvata
passing *to mention something in passing* mainita jotakin ohimennen
passing lane *s* (maantien) ohituskaista
passion /pæʃən/ *s* **1** kiihko, intohimo, into, tulisuus **2** kiihkeä/intohimoinen rakkaus **3** (usk) Kristuksen kärismyshistoria
passionate /pæʃənət/ *adj* **1** kiihkeä, intohimoinen, tulinen, voimakas **2** kiihkeän/intohimoisen aistillinen/seksuaalinen
passionately *adv* ks passionate
passionless *adj* kylmä, tunteeton, viileä
passion play *s* kärsimysnäytelmä
passive /pæsɪv/ *s* (kieliopissa) passiivi
adj passiivinen, toimeton, välinpitämätön, innoton, alistuvainen
passively *adv* passiivisesti (ks *passive*)
passiveness *s* passiivisuus
passive resistance *s* passiivinen vastarinta
passive smoking *s* passiivinen tupakointi
passive voice *s* (kieliopissa) passiivi
passivism /'pæsɪˌvɪzəm/ *s* passiivisuus
passivity /pæ'sɪvəti/ *s* passiivisuus
passkey /'pæsˌki/ *s* **1** yleisavain **2** tiirikka
pass muster *fr* täyttää vaatimukset, kelvata
pass off *v* **1** mennä ohi, lakata, loppua **2** käydä jostakin, mennä täydestä **3** sujua, mennä
pass off as *v* tekeytyä joksikin, esiintyä jonakin
pass off on *v* narrata joku ostamaan jotakin arvotonta *my brother bought a lemon and now he is trying to pass it off on me* veljeni osti auton joka on täysi romu ja nyt hän yrittää panna vahingon kiertämään myymällä sen minulle
pass on *v* **1** menehtyä, aika jättää jostakusta, kuolla **2** antaa/ojentaa eteenpäin, panna kiertämään myymällä sen minulle
pass out *v* **1** pyörtyä, menettää tajuntansa **2** nukkua pois, menehtyä, kuolla
pass over *v* ohittaa, hypätä yli, jättää väliin
Passover /'pæsˌoʊvər/ *s* passah, juutalaisten pääsiäinen
passport /'pæsˌpɔrt/ *s* **1** passi **2** (kuv) avain *a passport to fame* menestyksen avain

pass up *v* päästää (tilaisuus) sivu suun, ei käyttää (tilaisuutta) hyväkseen
password /'pæswərd/ *s* tunnussana
past /pæst/ *s* **1** menneisyys *in the past* menneisyydessä, aiemmin, ennen **2** (kieliopissa) imperfekti
adj **1** mennyt, entinen **2** viime *in the past few days* viime päivinä **3** (kieliopissa) imperfekti- *past participle* partisiipin perfekti *past perfect* pluskvamperfekti
adv ohi, ohitse
prep **1** (tilasta) ohi; takana *he drove past the house* hän ajoi talon ohitse **2** (ajasta) yli *it's half past one* kello on puoli kaksi **3** (määrästä) yli **4** (kuv) *she is past caring* hän ei enää välitä/jaksa välittää
pasta /pastə/ *s* pasta
past continuous /kən'tɪnjʊəs/ *s* (kieliopissa) kestomuodon imperfekti *(he was reading)*
paste /peɪst/ *s* **1** liisteri **2** voitaikina **3** tahna
v liisteröidä, liimata
pastel /pæs'tel/ *s* **1** pastelliväri **2** pastelliliitu **3** pastellimaalaus, väriliitumaalaus
adj pastellinvärinen
pasteurize /'pæstʃə,raɪz/ *v* pastöroida
pastime /'pæs,taɪm/ *s* ajanviete; harrastus
past master *s* mestari, asiantuntija
pastor /pæstər/ *s* pappi, pastori
pastoral /pæs'tɔrəl/ *adj* **1** paimen- **2** papin **3** laidun- **4** idyllinen, maaseudun, maalais-
past participle *s* (kieliopissa) partisiipin perfekti *(esim gone, fallen)*
past perfect *s* (kieliopissa) pluskvamperfekti *(he had done)*
past progressive /prə'gresɪv/ *s* (kieliopissa) kestomuodon imperfekti *(he was reading)*
pastry /peɪstri/ *s* torttu *pastries* leivonnaiset, konditoriatuotteet
pasture /pæstʃər/ *s* laidunmaa, laidun *to put someone to pasture* siirtää joku eläkkeelle
v laiduntaa (karjaa)
pasty /peɪsti/ *s* (UK) (makea tai suolainen) piiras
adj liisterimäinen; tahnamainen
pat /pæt/ *s* **1** taputus **2** nokare
v taputtaa
adj **1** oivallinen, osuva **2** (kuv) liukas, lipevä **3** sujuva
adv **1** oivallisesti, osuvasti **2** täydellisesti *to have something down pat* osata jotakin täydellisesti
patch /pætʃ/ *s* **1** (kankaan pala) tilkku; paikka **2** silmälappu **3** läiskä, tahra **4** tontti, palsta **5** (maapala) tilkku *cabbage patch* kaalimaa, kaalitarha
v **1** paikata **2** ommella tilkkutäkki **3** yhdistää (puhelimitse)
patch through *v* yhdistää (puhelimitse)
patch up *v* **1** paikata, korjata (väliaikaisesti) **2** sopia välinsä
pâté /pæ'teɪ/ *s* (ranskasta) pasteija
patent /pætənt/ *s* patentti
v patentoida
adj **1** patentoitu **2** patentti- **3** ilmeinen, ilmiselvä *that's a patent lie* se on silkkaa valhetta
patentee /,pætən'ti/ *s* patentin haltija
patent leather *s* kiiltonahka
patently *adv* ilmiselvästi, selvästi
Patent Office *s* patenttivirasto, (Suomessa:) Patentti- ja rekisterihallitus
patentor /pætəntər/ *s* patentin myöntäjä (virasto)
patent right *s* patenttioikeus
paternal /pə'tərnəl/ *adj* **1** isän puoleinen *my paternal grandmother* isäni äiti **2** isällinen
paternally *adv* ks paternal
paternity /pə'tərnəti/ *s* isyys
paternity leave *s* isyysloma
path /pæθ/ *s* **1** polku *bicycle path* pyörätie **2** reitti **3** (kuv) tie
pathetic /pə'θetɪk/ *adj* säälittävä, surkea, surkuteltava, kurja, viheliäinen
pathetically *adv* ks pathetic
pathfinder /'pæθ,faɪndər/ *s* **1** opas, tiennäyttäjä; tiedustelija **2** (kuv) edelläkävijä, uranuurtaja, tienraivaaja, esitaistelija
pathless *adj* tietön

pathogen /pæθədʒən/ *s* patogeeni, taudinaiheuttaja
pathogenic /ˌpæθə'dʒenɪk/ *adj* patogeeninen, tautia aiheuttava
pathological /ˌpæθə'ladʒɪkəl/ *adj* **1** patologinen, tautiopillinen **2** patologinen, sairaalloinen *he is a pathological liar* hän valehtelee minkä ehtii
pathologist /pæ'θalədʒɪst/ *s* patologi
pathology /pæ'θalədʒi/ *s* patologia, tautioppi
pathos /pæθas peɪθoʊs/ *s* sääli, myötätunto; säälin/myötätunnon herättäminen
pathway /'pæθˌweɪ/ *s* polku
patience /peɪʃəns/ *s* **1** kärsivällisyys **2** (UK) pasianssi
patient /peɪʃənt/ *s* potilas
adj kärsivällinen
patiently *adv* kärsivällisesti
patio /pætioʊ/ *s* patio
pat on the back *s* ylitys, pienet kehut, kehumiset
v ylistää, kehua
patriarch /'peɪtriˌark/ *s* partriarkka (usk ja yl)
patriarchal /ˌpeɪtri'arkəl/ *adj* patriarkaalinen, isänvaltainen
patriarchy /'peɪtriˌarki/ *s* isänvalta
patrician /pə'trɪʃən/ *s* ylimys, aristokraatti
adj ylimyksellinen, aristokraattinen
patricide /'pætrɪˌsaɪd/ *s* **1** isänmurha **2** isänmurhaaja
patriot /peɪtriət/ *s* isänmaallinen ihminen, isänmaanystävä
patriotic /ˌpeɪtri'atɪk/ *adj* isänmaallinen
patriotism /'peɪtriəˌtɪzəm/ *s* isänmaallisuus, isänmaanrakkaus
patrol /pə'trɔl/ *s* (sotilas-, poliisi tai muu) partio
v partioida
patrol car *s* poliisiauto
patrolman /pə'trolmən/ *s* (mon patrolmen) **1** poliisi **2** partiomies
patron /peɪtrən/ *s* **1** (kanta-)asiakas, (vakio)asiakas, (hotellin vakio)vieras **2** (taiteen, taiteilijan) suosija, mesenaatti
patronize /'peɪtrəˌnaɪz/ *v* **1** asioida/käydä säännöllisesti jossakin **2** kohdella ylimielisesti/nöyryyttävästi
patronizing *adj* ylimielinen, alentava, nöyryyttävä
patron saint *s* suojeluspyhimys
patronymic /ˌpætrə'nɪmɪk/ *s* patronyymi
patter /pætər/ *s* **1** (sateen) ropina **2** (askelten) sipsutus **3** lipevä puhe, hölötys, pälpätys
v **1** (sade) ropista **2** (ihminen) sipsuttaa **3** hölöttää, pälpättää
pattern /pætərn/ *s* **1** (koriste)kuvio **2** malli, kaava **3** esikuva, malli **4** tapa **5** säännönmukaisuus, toistuvuus *I don't see any pattern in these cases* minusta näillä tapauksilla ei ole mitään yhteistä (piirrettä)
v kuvioida, muotoilla
pattern on *v* ottaa esimerkkiä jostakin, tehdä jotakin jonkin esikuvan mukaan
paunch /pantʃ/ *s* (iso) maha
paunchy *adj* isomahainen
pauper /papər/ *s* köyhä, kerjäläinen
pause /paz/ *s* tauko *to give pause* tehdä mietteliääksi, saada pysähtymään
v pitää tauko, keskeyttää, keskeytyä
pave /peɪv/ *v* kivetä (katu, tie), päällystää (katu, tie)
pavement /peɪvmənt/ *s* (UK, Itä-USA) jalkakäytävä
pave the way for *fr* (kuv) tasoittaa tietä jollekulle/jollekin
pave the way to *fr* valmistaa tietä jollekulle/jollekin, pohjustaa jotakin
pavillion /pə'vɪljən/ *s* **1** paviljonki, huvimaja **2** (ulkoilma)konserttilava **3** näyttelyrakennus
paw /pa/ *s* käpälä (myös kuv)
v **1** (eläimestä) raapia (käpälillään) **2** (ihmisestä, ark) käpälöidä, lääppiä, hypistellä, sorkkia
pawn /pan/ *s* **1** (šakissa) sotilas **2** pantti **3** panttivanki
v **1** pantata **2** (kuv) panna pantiksi
pawnbroker /'panˌbroʊkər/ *s* panttilainaaja
pawnbroking *s* panttilainaus
pawnshop /'panˌʃap/ *s* panttilainaamo
pawn ticket *s* panttikuitti, panttilippu

v **1** kurkistaa, kurkistella, vilkaista, tirkistää, tirkistellä **2** piipittää **3** valittaa, naristа, inistä
peephole /ˈpipˌhoəl/ *s* ovisilmä; tirkistysreikä, tirkistysaukko
Peeping Tom *s* tirkistelijä, voyeuristi
peer /pɪər/ *s* **1** (UK) pääri **2** aatelinen **3** vertainen *you will be judged by a jury of your peers* joudutte vertaistenne tuomittavaksi
v tuijottaa silmiään siristäen, yrittää nähdä
peerage /pirədʒ/ *s* **1** aatelisarvo, päärin arvo **2** aateli, aateliset **3** aateliskalenteri
peeress /pirəs/ *s* aatelisnainen
peer group *s* vertaisryhmä
peerless *adj* verraton, joka on vertaansa vailla
peerlessly *adv* verrattomasti
peg /peg/ *s* **1** tappi **2** (kuv) pykälä, porras *we took him down a peg* me otimme häneltä turhat luulot pois
v **1** kiinnittää tapeilla/piikeillä **2** jäädyttää (hinnat/palkat)
Pegasus /pegəsəs/ *s* **1** (mon Pegasi) pegasos, runoratsu **2** (tähdistö) Pegasos
Pekingese /ˌpikəˈniz/ *s* kiinanpalatsikoira
pelican /pelɪkən/ *s* pelikaani
pellet /pelət/ *s* **1** pilleri **2** (paperi- tai muu) pallo **3** hauli **4** oksennuspallo
pelt /pelt/ *s* **1** (eläimen) turkki **2** *in your pelt* alasti, ilkosillaan **3** *at full pelt* täyttä häkää/vauhtia, nasta laudassa
v pommittaa (kivillä, kysymyksillä ym), viskoa, piiskata, (sade) vihmoa, ryöpyttää
pelvic /pelvɪk/ *adj* lantion, lantio
pelvis /pelvəs/ *s* (mon pelvises, pelves) lantio
pen /pen/ *s* **1** kynä **2** (mustekynän) terä **3** (eläinten) aitaus, karsina **4** leikkikehä
v **1** kynäillä, kirjoittaa, piirtää **2** sulkea (eläimet) aitaukseen
PEN *International Association of Poets, Playwrights, Editors, Essayists, and Novelists*
penal /pinəl/ *adj* rangaistus-
penal code *s* rikoslaki
penalize /ˈpinəˌlaɪz/ *v* rangaista, tuomita
penalty /penəlti/ *s* **1** rangaistus; sakko **2** (urh) rangaistusheitto, rangaistuspotku
penalty area *s* (jalkapallossa) rangaistusalue
penalty kick *s* rangaistuspotku
penalty shot *s* (jääkiekossa) rangaistuslaukaus
penance /penəns/ *s* **1** (usk) katumus **2** (usk) katumusharjoitus **3** rangaistus
pence /pens/ ks penny
pencil /pensəl/ *s* **1** lyijykynä **2** kynä **3** (ehostuksessa) rajauskynä
v kirjoittaa/piirtää kynällä
pendant /pendənt/ *s* riipus
pendent *s* riipus
adj **1** riippuva **2** ratkaisematon, keskeneräinen
pending *adj* **1** keskeneräinen, ratkaisematon **2** pian tapahtuva; uhkaava
prep **1** saakka, kunnes **2** aikana
pendulum /pendʒələm/ *s* heiluri
penetrate /ˈpenəˌtreɪt/ *v* **1** tunkeutua (syvälle) jonnekin, läpäistä jokin, mennä läpi jostakin; (sot) murtaa (vihollisen linjat) *the company is trying to penetrate the European market* yritys yrittää päästä Euroopan markkinoille **2** ymmärtää, ratkaista
penetrating *adj* **1** (katse, ääni) läpitunkeva, pureva **2** (huomio) tarkka, terävä
penetratingly *adv* **1** läpitunkevasti, purevasti **2** tarkasti, terävästi
penetration /ˌpenəˈtreɪʃən/ *s* **1** jonkin läpi/jonnekin tunkeutuminen; (sodassa) läpimurto **2** terävänäköisyys, tarkkanäköisyys, oivalluskyky **3** uuden markkina-alueen valtaus, markkinaosuus *our market penetration in Sweden is unsatisfacory* markkinaosuutemme Ruotsissa ei ole tyydyttävä
penguin /peŋgwɪn/ *s* pingviini
penicillin /ˌpenəˈsɪlən/ *s* penisilliini
penile /pinəl/ *adj* peniksen

peninsula /pəˈnɪnsələ, pəˈnɪnsjələ/ *s* niemimaa
peninsular /pəˈnɪnsələr, pəˈnɪnsjələr/ *adj* niemi-, niemimaa-
penis /pinəs/ *s* (mon penises, penes) penis
penitence /penɪtəns/ *s* katumus
penitent /penɪtənt/ *adj* katuja, katuvainen
adj katuva, katuvainen
penitentiary /ˌpenɪˈtenʃəri/ *s* rangaistuslaitos
adj vankeus-, vankila-, rangaistus
penknife /ˈpenˌnaɪf/ *s* (mon penknives) kynäveitsi
penlight /ˈpenˌlaɪt/ *s* pieni taskulamppu
Penna. *Pennsylvania*
pennant /penənt/ *s* viiri
penniless /penələs/ *adj* pennitön, varaton
Pennines /penaɪnz/ (mon) Penniinit
Pennsylvania /ˌpensəlˈveɪnjə/
penny /peni/ *s* (mon pennies, kohdissa 2 ja 3 pence puhuttaessa hinnasta, esim *sixpence*, muutoin pennies) **1** cent, dollarin sadasosa **2** (UK) penny, punnan sadasosa **3** (UK) (ennen vuoden 1971 rahanuudistusta) penny, shillingin kahdestoistaosa **4** fraaseja *to cost a pretty penny* maksaa sievoinen summa, maksaa pitkä penni *to turn an honest penny* elättää itsensä rehellisesti, ansaita palkkansa rehellisesti *a penny saved is a penny earned* ei ne pienet tulot vaan ne pienet menot
penny wise and pound foolish *fr* säästää tulitikkuja ja juoda samppanjaa, säästää väärästä päästä
penological /ˌpinəˈladʒɪkəl/ *adj* penologinen, rangaistusopillinen
penology /piˈnalədʒi/ *s* penologia, rangaistusoppi
pen pal /ˈpenˌpæəl/ *s* kirjetoveri, kirjeenvaihtotoveri
pension /penʃən/ *s* **1** eläke **2** (ei USA:ssa) täysihoitola; pieni hotelli
pensionable *adj* (työ) joka oikeuttaa eläkkeeseen *pensionable age* eläkeikä
pensioner /penʃənər/ *s* eläkeläinen
pension fund *s* eläkerahasto, eläkekassa
pension off *v* siirtää/panna eläkkeelle
pension plan *s* eläketurva
pension/retirement plan *s* eläketurva
pensive /pensɪv/ *adj* mietteliäs, vakava, hiljainen
pensively *adv* mietteliäästi, vakavasti, hiljaa, hiljaisesti
pentagon /ˈpentəˌgan/ *s* viisikulmio
pentagonal /penˈtægənəl/ *adj* viisikulmainen
pentaprism /ˈpentəˌprɪzəm/ *s* pentaprisma
pentathlete /penˈtæθˌlit/ *s* viisiottelija
pentathlon /penˈtæθˌlan/ *s* viisiottelu
Pentecost /ˈpentəˌkast/ *s* **1** (kristityillä) helluntai **2** (juutalaisilla) helluntai, viikkojuhla
Pentecostal /ˌpentəˈkastəl/ *s, adj* helluntailainen
Pentecostalist *s* helluntailainen
penthouse /ˈpentˌhaʊs/ *s* (kerrostalon) ylimmän kerroksen asunto; ullakkohuoneisto
penultimate /peˈnʌltɪmət/ *s, adj* toiseksi viimeinen, viimeistä edellinen
penumbra /pəˈnʌmbrə/ *s* (mon penumbras, penumbrae) puolivarjo
people /pipəl/ *s* **1** ihmiset; väki, kansa *there were a lot of people there* siellä oli paljon väkeä/kansaa *people don't like the Vice President* varapresidentistä ei pidetä, varapresidentti ei ole pidetty **2** väestö, asukkaat *how many people live in this city?* kuinka monta asukasta tässä kaupungissa on? **3** kansa *People's Republic of China* Kiinan kansantasavalta *the common people* tavalliset ihmiset, kansa
v kansoittaa, asuttaa
People's Democratic Republic of Yemen (hist) Jemenin demokraattinen kansantasavalta, Etelä-Jemen
pep /pep/ *s* into, pirteys, vauhti, potku
Pepe Le Pew /ˌpepiləˈpju/ (sarjakuvahahmo) Hippi Haisunäätä

pepper /pepər/ *s* **1** pippuri **2** paprika **3** cayennenpippuri
v **1** pippuroida, maustaa pippurilla **2** pommittaa (kivillä, kysymyksillä ym)
pepper-and-salt *adj* (tukka) harmahtava; jossa on mustaa ja valkoista
pepper mill *s* pippurimylly
peppermint /'pepər,mɪnt/ *s* piparminttu
pepperoni /,pepə'roʊni/ *s* pepperoni(makkara)
pep talk *s* rohkaisupuhe, kannustuspuhe, palopuhe
pep up *v* piristää, panna vauhtia johonkuhun/johonkin
per /pər/ *prep* **1** kultakin, kappaleelta, per: *$100 per year* sata dollaria vuodessa, sata dollaria per vuosi **2** välityksellä, kautta *per fax* faxilla **3** mukaan, mukaisesti *per instructions* ohjeiden/määräysten mukaan *as per* mukaan, mukaisesti
perambulator /pə'ræmbjə,leɪtər/ *s* (UK) lastenvaunut
per annum /pər'ænəm/ *adv* (latinasta) vuodessa, vuosittain, vuotta kohden
per capita /pər'kæpɪtə/ *adj, adv* asukasta kohden
perceivable *adj* havaittava; jonka voi havaita/huomata
perceive /pər'siv/ *v* **1** havaita, aistia, nähdä, tuntea, huomata **2** oivaltaa, todeta, nähdä (kuv), panna merkille
percent /pər'sent/ *s* prosentti
adj prosentin, prosentti-
percentage /pər'sentədʒ/ *s* prosenttiosuus, prosentti, osuus, osa
percentile /pər'sentaɪəl/ *s* (tilastoissa) persentiili, sadannespiste, prosenttipiste
percept /pərsept/ *s* havainto, aistimus
perceptible /pər'septɪbəl/ *adj* havaittava; huomattava, selvä
perceptibly *adv* havaittavasti, näkyvästi; selvästi
perception /pər'sepʃən/ *s* **1** havaitseminen **2** havainto, aistimus **3** oivalluskyky, tarkkanäköisyys *artistic perception* taiteilijan oivalluskyky **4** käsitys *she had no clear perception of what had happened* hänellä ei ollut tapahtuneesta/tapahtumista selvää mielikuvaa/käsitystä
perceptive /pər'septɪv/ *adj* **1** tarkkanäköinen, teränänäköinen, älykäs, syvällinen **2** havainto-, aistimus-
perceptual /pər'sepʃʊəl/ *adj* havainto-, perseptuaalinen
perch /pərtʃ/ *s* **1** ahven **2** (kanan yöpuu) orsi; oksa (tai muu paikka jolla lintu lepää)
v laskeutua/laskea orrelle/oksalle *he was perched precariously on the back of the chair* hän istui tuolin selällä sen näköisenä että saattaisi kaatua minä hetkenä hyvänsä
percolate /'pərkə,leɪt/ *v* **1** uuttaa, uuttua, suodattaa, suodattua **2** valmistaa/laittaa kahvia perkolaattorissa **3** (kuv) vilkastua, johonkin tulee eloa; (kiinnostuksesta) herätä; pursuta jotakin *(with)*
percolator *s* perkolaattori, eräänlainen kahvinkeitin
percussion /pər'kʌʃən/ *s* **1** (lääk) koputtelu, koputtelututkimus **2** (mus) lyömäsoittimet
percussionist *s* lyömäsoitinten soittaja, perkussionisti, rumpali
per diem /pər'diəm/ *s* päiväraha
adv päivässä
Père David's deer /,peər'deɪvədz,dɪər/ *s* davidinhirvi
perennial /pə'reniəl/ *s* monivuotinen kasvi
adj **1** (kasvi) monivuotinen **2** ikuinen, alituinen, jatkuva *our perennial favorite* ikuinen suosikkimme, jatkuva ykkösemme
perf. *perfect* perfekti
perfect /pərfəkt/ *s* (kieliopissa) perfekti
adj **1** täydellinen, virheetön, moitteeton **2** voimistavana sanana: *we are perfect strangers* olemme ventovieraita toisillemme *you're a perfect fool* sinä olet täysi torvi **3** (mus) absoluuttinen *she has perfect pitch* hänellä on absoluuttinen (sävel)korva **4** (kieliopissa) perfekti-
perfect /pər'fekt/ *v* viimeistellä, kehittää, parantaa, (kuv) hioa
perfect continuous /kən'tɪnjʊəs/ *s* (kieliopissa) kestomuodon perfekti tai

pluskvamperfekti *(he has/had been reading)*

perfection /pər'fekʃən/ *s* täydellisyys, virheettömyys, moitteettomuus *he has achieved perfection as a painter* hän on edennyt taidemaalarina täydellisyyden asteelle

perfectionism /pər'fekʃənɪzəm/ *s* perfektionismi, täydellisyyden tavoittelu

perfectionist /pər'fekʃənɪst/ *s* perfektionisti, täydellisyyden tavoittelija
adj perfektionistinen, täydellisyyttä tavoitteleva

perfectly *adv* **1** täydellisesti, virheettömästi, moitteettomasti **2** täysin *he made it perfectly clear that he was not going to pay* hän teki täysin selväksi ettei hän aikonut maksaa

perfect pitch /pɪtʃ/ *s* absoluuttinen sävelkorva

perfect progressive /prə'gresɪv/ *s* (kieliopissa) kestomuodon perfekti tai pluskvamperfekti *(he has/had been reading)*

perfect tense *s* (kieliopissa) perfekti *(he has done)*

perfidious /pər'fɪdiəs/ *adj* petollinen, epäluotettava, vilpillinen, uskoton

perfidiously *adv* petollisesti, epäluotettavasti, vilpillisesti, uskottomasti

perfidy /pərfədi/ *s* **1** petollisuus, vilpillisyys, uskottomuus **2** petollinen/vilpillinen/uskoton teko

perforate /'pərfəˌreɪt/ *v* rei'ittää, lävistää

perforation /ˌpərfə'reɪʃən/ *s* rei'itys

perforce /pərˌfɔrs/ *adv* (ylät) pakosta(kin), välttämättä

perform /pərˌfɔrm/ *v* **1** esiintyä; esittää (osaa, musiikkia), soittaa **2** suorittaa, tehdä, hoittaa **3** suoriutua, menestyä, pärjätä (ark) *Albert doesn't perform well under pressure* Albert ei tahdo kestää painetta

performance /pər'fɔrməns/ *s* **1** (teatteri-, musiikki)esitys, näytäntö **2** (näyttelijän, muusikon) (osa)suoritus; (tehtävän, velvollisuuksien) suorittaminen, hoito, toteutus **3** suorituskyky

performer *s* esiintyjä, esiintyvä taiteilija

perfume /pərfjum/ *s* **1** hajuvesi, hajuste, parfyymi **2** hyvä tuoksu

perfume /pər'fjum/ *v* hajustaa, tehdä hyvänhajuiseksi

perhaps /pər'hæps/ *adv* ehkä, kenties

peril /perəl/ *s* vaara
v vaarantaa, riskeerata, panna alttiiksi

perilous /perələs/ *adj* vaarallinen; uhkarohkea

perimeter /pə'rɪmətər/ *s* **1** (mat) kehä, piiri **2** raja; raja-alue, ääri, reuna; äärialue *at the perimeter of human knowledge* ihmistiedon äärialueilla/rajoilla

period /pɪriəd/ *s* **1** kausi, jakso, vaihe, ajanjakso **2** piste (.) **3** (taidokkasti rakennettu virke) periodi **4** (mus) lauseke **5** kuukautiset
adj (jonkin) aikakauden, ajan

periodic /ˌpɪri'adɪk/ *adj* **1** jaksoittainen, ajoittainen **2** säännöllinen **3** (fys, mat) jaksollinen

periodical /ˌpɪri'adɪkəl/ *s* aikakauslehti
adj **1** aikakauslehti-, lehti- *periodical magazine* aikakauslehti **2** ks periodic

periodically *adv* ks periodic

periodic system *s* jaksollinen järjestelmä

peripheral /pə'rɪfərəl/ *adj* **1** reuna-, ääri- **2** pinnallinen, epäolennainen, sivu-

periphery /pə'rɪfəri/ *s* **1** raja; raja-alue, ääri, reuna, (kaupungin) laitamat, (yhteiskunnan) varjopuoli **2** (kuv) pinta *we are still discussing the periphery of the problem* emme ole vieläkään paneutuneet ongelman ytimeen/pintaa syvemmälle

periscope /'perɪˌskoʊp/ *s* periskooppi

perish /perɪʃ/ *v* **1** menehtyä, saada surmansa, kuolla **2** päättyä, lakata, kadota **3** tuhoutua **4** (ruoka) pilaantua

perishable *s, adj* (helposti) pilaantuva (ruoka)

perish the thought *fr* pois se minusta!, kamala ajatus!

periwinkle /ˌperɪ'wiŋkəl/ *s* **1** (eläin) kotilo, (erityisesti) rantakotilo, litorinakotilo **2** (kasvi) talvio

perjure /pərdʒər/ *v* vannoa väärä vala

perjury /pərdʒəri/ *s* väärä vala
perk /pərk/ *v* ark **1** (kahvi) uutua, suodattua, valmistua **2** piristyä, innostua; pursuta jotakin *(with)*
perk out *v* **1** somistaa, kaunistaa, piristää **2** kohottaa/nostaa äkkiä
perks *s* (ark mon) luontoisedut, työsuhde-edut
perk up *v* **1** piristyä **2** somistaa, kaunistaa, piristää **3** kohottaa/nostaa äkkiä
perm /pərm/ *s* (ark) permanentti, kestokiharat
v laittaa/ottaa permanentti
permanence /pərmənəns/ *s* pysyvyys, jatkuvuus, kestävyys
permanent *s* permanentti, kestokiharat
adj pysyvä, jatkuva, kestävä, vakinainen
permanently *adv* pysyvästi, jatkuvasti, kestävästi,vakinaisesti
permanent wave *s* permanentti, kestokiharat
permeate /'pərmi,eɪt/ *v* tunkeutua jonnekin/kaikkialle, täyttää, kyllästää *disillusionment permeated the country* pettymys valtasi (koko) maan
permissible /pər'mɪsəbəl/ *adj* sallittu
permission /pər'mɪʃən/ *s* lupa *with my permission* minun luvallani *who gave you permission to take my car?* kenen luvalla otit autoni?
permissive /pər'mɪsɪv/ *adj* suvaitsevainen, avarakatseinen; löyhä, holtiton, leväperäinen
permissiveness *s* suvaitsevaisuus; holtittomuus
permit /pərmɪt/ *s* lupa
permit /pər'mɪt/ *v* sallia, luvata, antaa/myöntää lupa, suvaita
permit of *v* (ylät) *the letter permits of no other interpretation* kirjettä ei voi tulkita muulla tavoin
pernicious /pər'nɪʃəs/ *adj* **1** vahingollinen, haitallinen **2** (lääk) pahanlaatuinen, pernisiöösi
pernicious anemia *s* (lääk) pernisiöösi anemia
perpendicular /ˌpərpənˌdɪkjələr/ *s* pystysuora (viiva)
adj pystysuora, pysty, joka on pystyssä
perpetual /pər'petʃʊəl/ *adj* ikuinen, jatkuva, alituinen, loputon
perpetual calendar *s* ikuinen kalenteri
perpetually *adv* jatkuvasti, alinomaa, loputtomasti
perpetuate /pər'petʃʊˌeɪt/ *v* ikuistaa, säilyttää; jatkaa, pitää hengissä (kuv) *the use of sexist language helps perpetuate stereotypes* sukupuolisesti/naisia syrjivän kielen käyttö pitää yllä kaavoittuneita käsityksiä
perpetuation /pərˌpetʃʊ'eɪʃən/ *s* ikuistaminen, säilyttäminen; jatkaminen, hengissä pitäminen (kuv)
perplex /pər'pleks/ *v* tyrmistyttää, ällistyttää, hämmästyttää
perplexed /pər'plekst/ *adj* **1** tyrmistynyt, ällistynyt, hämmästynyt **2** mutkikas, monimutkainen, hankala, visainen
perplexedly /pər'pleksədli/ *adv* ks perplexed
perplexity /pər'pleksɪti/ *s* tyrmistys, ällistys, hämmästys
per se /pər'seɪ/ *adv* (latinasta) sinänsä, sellaisenaan, itsessään
persecute /'pərsəˌkjut/ *v* vainota
persecution /ˌpərsə'kjuʃən/ *s* vaino(t)
persecutor *s* vainooja
Perseus /pərsiəs/ (tähdistö) Perseus
perseverance /ˌpərsə'vɪrəns/ *s* sinnikkyys, sitkeys, sisukkuus, sisu
persevere /ˌpərsə'vɪər/ *v* ei antaa periksi, jatkaa sinnikkäästi, purra hammasta
persist /pər'sɪst/ *v* jatkua, pysyä elossa/hengissä (kuv)
persistence /pər'sɪstəns/ *s* sinnikkyys, sitkeys, sisukkuus, itsepintaisuus; (sairauden, huonon sään) jatkuminen
persistent /pər'sɪstənt/ *adj* sinnikäs, sitkeä, sisukas, itsepintainen, jatkuva, hellittämätön, (varoitus) toistuva
persistently *adv* ks persistent
persist in *v* jatkaa sinnikkäästi jotakin, ei antaa periksi jossakin
person /pərsən/ *s* ihminen, henkilö, henki *the van seats seven persons* vaniin mahtuu seitsemän ihmistä/henkeä/matkustajaa *in person* henkilökohtaisesti *natural person* (lak) luonnollinen hen-

kilö *to be your own person* (saada) olla oma itsensä *I have no money on my person* minulla ei ole mukana rahaa
personable *adj* hauskan näköinen
personal /pərsənəl/ *adj* **1** henkilökohtainen **2** (kieliopissa) persoona-
personality /ˌpərsə'næləti/ *s* **1** luonne, persoonallisuus **2** kuuluisuus, julkkis (ark)
personality cult *s* henkilöpalvonta
personality disorder *s* luonnehäiriö
personalize /'pərsənəˌlaɪz/ *v* **1** varustaa nimikirjaimilla tms *he has a personalized Cadillac* hänellä on yksilöllisesti koristeltu Cadillac **2** ottaa henkilökohtaisesti
personally *adv* henkilökohtaisesti *personally, I don't believe it* minä en kyllä usko sitä
personal pronoun *s* (kieliopissa) persoonapronomini
persona non grata /pərˌsoʊnəˌnan gratə/ *s* (mon personae non gratae) (latinasta) epämieluinen henkilö, ei toivottu henkilö
personification /pərˌsanəfɪ'keɪʃən/ *s* **1** henkilöinti, olennointi, elollistaminen, personointi **2** (jonkin todellinen) ilmentymä, henkilöitymä
personify /pər'sanəˌfaɪ/ *v* **1** henkilöidä, olennoida, elollistaa, personoida **2** ilmentää *she is vanity personified* hän on todellinen turhamaisuuden henkilöitymä
personnel /ˌpərsə'nel/ *s* **1** henkilökunta **2** miehistö **3** (yrityksen) henkilöstöosasto
personnel department *s* (yrityksen) henkilöstöosasto
person-to-person *person-to-person call* (käsivälitteinen) henkilöpuhelu (josta laskutetaan vain jos haluttu henkilö saadaan puhelimeen)
adv: to call person-to-person soittaa henkilöpuhelu
perspective /pər'spektɪv/ *s* **1** perspektiivi **2** (kuv) näkökulma, näkökanta, perspektiivi
perspiration /ˌpərspə'reɪʃən/ *s* **1** hikoilu **2** hiki
perspire /pər'spaɪər/ *v* hikoilla
persuade /pər'sweɪd/ *v* **1** suostutella, taivutella (joku tekemään jotakin) **2** saada joku vakuuttuneeksi jostakin *I am persuaded of his innocence* olen vakuuttunut siitä että hän on syytön
persuasion /pər'sweɪʒən/ *s* **1** suostuttelu, taivuttelu **2** suostuttelutaito **3** vakaumus, usko; uskomus, käsitys *Mr. Goldberg is of socialist persuasion* Mr. Goldbergin näkemykset nojaavat vasemmalle
persuasive /pər'sweɪsɪv/ *adj* vakuuttava, uskottava; taitava suostuttelemaan
persuasively *adv* vakuuttavasti, uskottavasti; (suostutella) taitavasti *professor Arid persuasively argues that...* professori Kuiva perustelee hyvin väitettään jonka mukaan...
persuasiveness *s* **1** suostuttelutaito **2** (väitteen) vakuuttavuus, uskottavuus
pert /pərt/ *adj* **1** hävytön, häpeämätön, julkea, röyhkeä; napakka **2** tyylikäs, muodikas, hieno **3** eloisa, pirteä, reipas, pirtsakka (ark)
pertain to /pər'teɪn/ *v* kuulua johonkin, koskea jotakin, liittyä johonkin
Perth /pərθ/
pertinent /pərtənənt/ *adj* asiaankuuluva, asianmukainen, johonkin kuuluva
pertly *adv* **1** hävyttömästi, häpeämättömästi, julkeasti, röyhkeästi; napakasti **2** tyylikkäästi, muodikkaasti, hienosti **3** eloisasti, pirteästi, reippaasti
pertness *s* **1** hävyttömyys, julkeus, röyhkeys **2** tyylikkyys, muodikkuus **3** eloisuus, pirteys, reippaus
perturb /pər'tərb/ *v* **1** tehdä/saada levottomaksi **2** sekoittaa, sotkea, hämmentää (kuv)
Peru /pə'ru/ Peru
perusal /pə'ruzəl/ *s* **1** lukeminen *he left the books here for my perusal* hän jätti kirjat minun luettavakseni **2** tutkistelu, tarkastelu
peruse /pə'ruz/ *v* lukea/tutkia tarkasti; lukea
Peruvian /pə'ruviən/ *s, adj* perulainen
pervade /pər'veɪd/ *v* tunkeutua jonnekin/kaikkialle, täyttää, kyllästää
pervasive /pər'veɪsɪv/ *adj* (haju)

läpitunkeva, pistävä; laajalle/kaikkialle levinnyt
pervasively *adv* kaikkialla, kaikkialle
pervasiveness *s* yleisyys, voimakkuus
perverse /pər'vərs/ *adj* **1** omapäinen, jääräpäinen, tottelematon **2** perverssi, luonnoton, (sukupuolisesti) poikkeava
perversity /pər'vərsɪti/ *s* perversio, luonnottomuus, (sukupuolinen) poikkeavuus
pervert /pərvərt/ *s* perverssi, sukupuolisesti poikkeava ihminen
pervert /pər'vərt/ *v* **1** turmella, pilata, rappeuttaa **2** vääristää
perverted *adj* perverssi, luonnoton, (sukupuolisesti) poikkeava
pessimism /'pesə,mɪzəm/ *s* pessimismi, synkkyys
pessimist /pesəmɪst/ *s* pessimisti
pessimistic /,pesə'mɪstɪk/ *adj* pessimistinen, synkkä, masentunut, toivoton
pessimistically *adv* pessimistisesti, synkästi, masentuneesti, toivottomasti
pest /pest/ *s* **1** vitsaus; rutto **2** syöpäläinen **3** (kuv) kiusankappale
pester *v* kiusata, häiritä, vaivata
pesticide /'pestə,saɪd/ *s* kasvinsuojeluaine
pet /pet/ *s* **1** lemmikkieläin **2** lemmikki, suosikki
v silittää, hyväillä (myös seksuaalisesti)
adj lempi-, mieli-, lemmikki-, suosikki-
PET *positron-emission tomography*
petal /petəl/ *s* (kasvin) terälehti
peter out /pitər/ *v* **1** loppua (vähitellen) **2** väsähtää, sammua
petite /pə'tit/ *s* pieni koko; pieni(kokoinen) naisten vaate
adj pieni(kokoinen)
petition /pə'tɪʃən/ *s* (kansalais)adressi, anomus, hakemus, pyyntö
v jättää (kansalais)adressi jollekulle, anoa, vedota johonkuhun, pyytää
petrified *adj* **1** kivettynyt *petrified forest* kivettynyt metsä **2** kauhun lamaannuttama
Petrified Forest /,petrə,faɪd'fɔrəst/ kansallispuisto Arizonassa
petrify /'petrə,faɪ/ *v* **1** kivettää, kivettyä, muuttua/muuttaa kiveksi **2** (kuv) saada jähmettymään/kangistumaan kauhusta
petrol /petrəl/ *s* (UK) bensiini
petroleum /pə'troliəm/ *s* raakaöljy, maaöljy, öljy
petticoat /'petɪ,koʊt/ *s* alushame
pettiness *s* **1** mitättömyys, vähäpätöisyys, merkityksettömyys **2** pikkumaisuus
petting *s* petting, seksuaalinen hyväily
petty /peti/ *adj* **1** mitätön, vähäpätöinen, vähäinen, merkityksetön **2** pikkumainen
petulance *s* ärtyisyys, kiukkuisuus; oikullisuus
petulant /petʃələnt/ *adj* ärtyisä, ärtynyt, kiukkuinen; oikukas, oikullinen
petulantly *adv* ks petulant
pew /pju/ *s* kirkonpenkki
pewter /pjutər/ *s* tina
PFC *private first class*
PG *parental guidance* (elokuvasta) sallittu lapsille, mutta vanhemman henkilön läsnäoloa suositellaan
PG-13 (elokuvasta) sallittu lapsille, mutta suositellaan että alle 13-vuotiaat katsovat elokuvan vanhemman henkilön seurassa
PGA *Professional Golfers' Association*
phallic /fælɪk/ *adj* fallinen
phallus /fæləs/ *s* fallos, penis
phantom /fæntəm/ *s* haamu, aave
adj kuvitteellinen, aave-, vale-
Pharaoh /feroʊ/ *s* faarao
Pharisee /'færəsɪ/ *s* fariseus *pharisee* (kuv) fariseus, tekopyhä/ulkokultainen ihminen
pharmaceutical /,farmə'sutɪkəl/ *s* lääke
adj farmaseuttinen
pharmaceutics /,farmə'sutɪks/ *s* (verbi yksikössä) farmasia
pharmacist /farməsɪst/ *s* farmaseutti; apteekkari
pharmacological /,farməkə'ladʒɪkəl/ *adj* farmakologinen
pharmacology /,farmə'kalədʒi/ *s* farmakologia
pharmacopoeia /,farməkə'piə/ *s* farmakopea, lääkeluettelo

pharmacy /farməsi/ *s* **1** farmasia **2** apteekki
pharyngeal /ˌferən'dʒiəl/ *adj* nielun, nielu-
pharyngitis /ˌferən'dʒaɪtɪs/ *s* nielutulehdus
pharynx /færiŋks/ *s* (mon pharynges, pharynxes) nielu
phase /feɪz/ *s* vaihe, faasi
v vaiheistaa, tahdistaa, synkronoida
phase down *v* vähentää vähitellen/asteittain
phase in *v* ottaa vähitellen käyttöön
phase out *v* poistaa vähitellen käytöstä, lakata (vähitellen) valmistamasta, lopettaa/loppua vähitellen
Ph.D. *Doctor of Philosophy* filosofian tohtori
pheasant /fezənt/ *s* fasaani
phenomena /fə'namənə/ ks phenomenon
phenomenal /fə'namənəl/ *adj* ilmiömäinen, sanoinkuvaamaton, uskomaton, satumainen
phenomenally *adv* ilmiömäisesti, ilmiömäisen, uskomattomasti, uskomattoman
phenomenon /fə'namənən/ *s* (mon phenomena) ilmiö
Phila. *Philadelphia*
Philadelphia /ˌfɪlə'delfiə/ kaupunki Pennsylvaniassa
philatelist /fə'lætəlɪst/ *s* filatelisti, postimerkkeilijä
philately /fə'lætəˌli/ *s* filatelia, postimerkkeily
philharmonic /ˌfɪlhar'manɪk/ *adj* filharmoninen
Philippine /'fɪləˌpin/ *adj* filippiiniläinen
Philippines /'fɪləˌpinz/ (mon) Filippiinit
Philistine /'fɪlɪstin/ *s* rahvaanomainen/hienostumaton/kulttuuriton ihminen
adj rahvaanomainen, hienostumaton, kulttuuriton
philological /ˌfɪlə'ladʒɪkəl/ *adj* filologinen
philologically *adv* filologisesti
philologist /fə'lalədʒɪst/ *s* filologi, kielentutkija
philology /fə'lalədʒi/ *s* filologia, kielentutkimus
philosopher /fə'lasəˌfər/ *s* filosofi
philosophical /ˌfɪlə'safɪkəl/ *adj* filosofinen
philosophically *adv* filosofisesti
philosophize /fə'lasəˌfaɪz/ *v* pohtia (näennäisen syvällisesti), järkeillä, filosofoida
philosophy /fə'lasəˌfi/ *s* filosofia
philosophy of life *s* elämänfilosofia, elämänkatsomus
phlegm /flem/ *s* lima
phlegmatic /fleg'mætɪk/ *adj* flegmaattinen, hidasluonteinen, apaattinen, vetämätön, innoton; viileä, välinpitämätön
phlegmy /flemi/ *adj* limainen
phobia /foʊbiə/ *s* (sairaalloinen) pelko, kammo, fobia
Phobos /foʊbəs/ Fobos, yksi Marsin kuu
phoenix /finɪks/ *s* feeniks(-lintu)
Phoenix /finɪks/ **1** (tähdistö) Feeniks **2** kaupunki Arizonassa
phone /foʊn/ *s* puhelin
v soittaa (puhelimella)
phone book *s* puhelinluettelo
phone booth *s* puhelinkioski, puhelinkoppi
phoneme /'foʊˌnim/ *s* foneemi
phonemic /fə'nimɪk/ *adj* fonemaattinen
phonemics *s* (verbi yksikössä) fonemiikka
phonetic /fə'netɪk/ *adj* foneettinen
phonetic alphabet *s* foneettinen tarkekirjoitus
phonetics *s* (verbi yksikössä) fonetiikka
phoney ks phony
phonograph /'foʊnəˌgræf/ *s* fonografi
phonological /ˌfanə'ladʒɪkəl/ *adj* fonologinen
phonology /fə'nalədʒi/ *s* fonologia
phony /foʊni/ *s* **1** väärennös **2** huiputtaja, huijari **3** teeskentelijä, tärkeilijä
adj **1** väärennetty, väärä **2** tekaistu, valheellinen, perätön **3** vilpillinen, epärehellinen, kiero, kavala **4** teennäinen, tärkeilevä; joka on olevinaan jotakin

phosphorus /fasfərəs/ *s* fosfori
photo /foʊtoʊ/ *s* (valo)kuva
Photo CD® /ˌfoʊtoʊsi'di/ *s* **1** Photo CD -järjestelmä **2** edellisen mukainen CD-levy (jolle on tallennettu valokuvia televisiosta tai tietokoneessa katsottavaksi)
photocomposition /ˌfoʊtoʊˌkampə'ziʃən/ *s* valoladonta
photocopier *s* (valo)kopiokone
photocopy /'foʊtəˌkapi/ *s* valokopio *v* valokopioida
photogenic /ˌfoʊtə'dʒenɪk/ *adj* valokuvauksellinen, valokuvauksellisen kaunis
photograph /'foʊtəˌgræf/ *s* valokuva *v* valokuvata *she photographs well* hän onnistuu aina (valo)kuvissa, hän on (valo)kuvissa edukseen
photographer /fə'tagrəfər/ *s* valokuvaaja
photographic /ˌfoʊtə'græfɪk/ *adj* **1** valokuvauksen, valokuvaus-, valokuva- **2** äärimmäisen tarkka/realistinen, valokuvamainen
photographical ks photographic
photographically *adv* ks photographic
photographic memory *s* valokuvamuisti, eideettinen muisti
photography /fə'tagrəfi/ *s* valokuvaus
photon /foʊtan/ *s* fotoni
photo op /'foʊtoʊˌap/ *photo opportunity*
photo opportunity /'foʊtoʊˌapər'tunəti/ *s* lehtikuvaajille järjestetty tilaisuus julkkiksen kuvaamiseksi
photosphere /'foʊtəsˌfɪər/ *s* fotosfääri
photosynthesis /ˌfoʊtoʊ'sɪnθəsɪs/ *s* yhteyttäminen, fotosynteesi
phrasal verb /freɪzəl/ *s* preposition tai muun partikkelin kanssa käytettävä verbi *(give in, give up)*
phrase /freɪz/ *s* **1** (englannin kieliopissa) lauseenjäsen, lauseen osa (jossa ei ole persoonamuotoa), lauseke **2** ilmaus, sanonta, fraasi *v* pukea sanoiksi, ilmaista, muotoilla
phraseology /freɪ'zalədʒi, ˌfreɪz'alədʒi/ *s* ilmaisut, sananvalinta *bureaucratic phraseology* virkakieli
physical /fɪzɪkəl/ *s* lääkärintarkastus *adj* **1** ruumiillinen, fyysinen *he's a very physical guy* hän on aina taputtelemassa ihmisiä **2** (fysiikassa) fysikaalinen **3** aineellinen
physical education *s* (kouluaine) liikunta, liikuntakasvatus
physical examination *s* lääkärintarkastus
physically /fɪzɪkli/ *adv* ruumiillisesti, fyysisesti
physical therapy *s* fysikaalinen hoito, fysioterapia
physician /fə'zɪʃən/ *s* lääkäri
physicist /fɪzəsɪst/ *s* fyysikko
physics /fɪzɪks/ *s* (verbi yksikössä) fysiikka
physiognomy /ˌfɪzi'agnəmi/ *s* kasvot, kasvonpiirteet, fysiognomia
physiological /ˌfɪziə'ladʒɪkəl/ *adj* fysiologinen
physiologically *adv* fysiologisesti
physiologist /ˌfɪzi'alədʒɪst/ *s* fysiologi
physiology /ˌfɪzi'alədʒi/ *s* fysiologia
physiotherapist /ˌfɪzɪə'θerəpɪst/ *s* fysioterapeutti
physique /fə'zik/ *s* fysiikka, ruumiinrakenne
pianist /piənɪst/ *s* pianisti
piano /pi'ænoʊ/ *s* (mon pianos) piano
piano player *s* pianonsoittaja, pianisti
piano tuner *s* pianonvirittäjä
piccolo /pɪkəloʊ/ *s* (mon piccolos) pikkolo, pikkuhuilu
pick /pɪk/ *s* **1** hakku **2** (mus) näppäin, plektron **3** valinta *take you pick* valitse omasi! *v* **1** valita, poimia (joukosta), etsiä *to pick a fight* haastaa riitaa **2** hakata/kaivaa (hakulla ym), nyppiä, nokkia, poimia, kaivaa (nenäänsä) **3** varastaa, tyhjentää (esim jonkun taskut) **4** tiirikoida (lukko auki)
pick a fight *fr* haastaa riitaa
pick and choose *fr* nirsoilla, valita tarkkaan
pick apart *v* haukkua pystyyn/pata-

luhaksi, lyödä lyttyyn
pick at *v* **1** moittia, sättiä, nalkuttaa **2** näykkiä (ruokaansa)
picket /pɪkət/ *s* **1** aidan lauta; tappi, piikki **2** lakkovahti **3** mielenosoittaja *v* **1** aidata, aidoittaa **2** sulkea aitaukseen, vangita **3** sijoittaa lakkovahteja/mielenosoittajia jonnekin **4** olla lakkovahtina **5** osoittaa mieltään
picket line *s* lakkovahtien rivi, (rivissä seisovat) lakkovahdit
pick holes in *fr* (kuv) lyödä lyttyyn, kumota
pickle /pɪkəl/ *s* **1** suolakurkku tms **2** suola- ja etikkaliemi **3** *to be in a pickle* olla pinteessä, olla pahassa pulassa *v* säilöä (suola- ja etikkaliemessä)
pick off *v* **1** nykäistä/kiskaista irti **2** ampua alas, pudottaa
pick on *v* **1** kiusata, härnätä **2** valita, poimia
pick out *v* **1** valita **2** huomata, erottaa, nähdä **3** ymmärtää, oivaltaa, käsittää **4** poimia, kerätä
pick over *v* tutkia (kauppatavaraa), hypistellä käsissään
pickpocket /ˈpɪkˌpakət/ *s* taskuvaras *v* varastaa, tyhjentää (esim jonkun taskut)
pick to pieces *fr* (kuv) lyödä lyttyyn, kumota
pick up *v* **1** nostaa ylös/maasta; hakea; korjata talteen, kerätä kokoon **2** oppia **3** jatkaa *he picked up where he had left off* hän jatkoi siitä mihin oli lopettanut **4** ottaa kyytiin, tarjota kyyti jollekulle **5** *to pick up speed* lisätä vauhtia; kiihtyä **6** ostaa *where did you pick up that sweatshirt?* mistä sinä tuon collegen löysit? **7** saada kuuluviin (radiolla) **8** (kaupankäynti) vilkastua, kasvaa, lisääntyä **9** (taudista) saada, tarttua johonkuhun **10** (ark) iskeä (mies, nainen)
pick up on *v* **1** huomata, panna merkille **2** pitää silmällä jotakuta/jotakin
pick up the tab *fr* maksaa lasku/viulut, tarjota
pickup truck /pɪkʌp/ *s* pickup, avolavapakettiauto
pick your steps *fr* astua/astella varovasti (jonkin yli)
picnic /pɪknɪk/ *s* piknikki, piknik *v* mennä piknikille, olla piknikillä
pictorial /pɪkˈtɔriəl/ **1** kuvalehti **2** (lehdessä) kuvajuttu, kuvareportaasi *adj* **1** kuvitettu, kuva- **2** kuvataiteellinen, kuvataiteen, kuva-
picture /pɪktʃər/ *s* **1** kuva (myös kuv) *let's take some pictures* otetaan muutama valokuva *there' a a picture of grandfather on the wall* seinällä on isoisän (muoto)kuva *MacKenzie is as pretty as a picture* MacKenzie on kuvankaunis **2** mielikuva, muistikuva, käsitys **3** elokuva *want to go to the pictures?* haluatko lähteä elokuviin? **4** jonkin ruumiillistuma *Mr. Gekko was the picture of greed* Mr. Gekko oli todellinen rahanahneuden ruumiillistuma *he's the picture of tastelessness* hän on itse mauttomuus *she's the picture of her mother* hän on ilmetty äitinsä *v* **1** kuvata, maalata, esittää **2** kuvailla, kuvata, kuvitella *he could not picture himself as a professor* hän ei uskonut että hänestä olisi professoriksi
picture book *s* kuvakirja
picture-book *adj* idyllinen, ihanne- *a picture-book life somewhere in the South Seas* haave-elämä jossakin Etelämerellä
picturesque /ˌpɪktʃəˌresk/ *adj* **1** maalauksellinen, pittoreski **2** (kieli) rehevä, mehevä, (kuvaus) elävä, todentuntuinen
picture tube *s* kuvaputki, katodisädeputki
picture window *s* maisemaikkuna
pidgin /pɪdʒən/ *s* pidginkieli
pidgin English *s* pidginenglanti
pie /paɪ/ *s* (makea tai suolainen) piiras, piirakka *to eat humble pie* niellä katkera pala/kalkki *that's easy as pie* se on lasten leikkiä, se on helppoa kuin mikä
piece /pis/ *s* **1** pala, palanen, osa, kappale, sirpale *that's a nice piece of work* sinä teit työsi hienosti, se oli hyvin tehty *a piece of furniture* huonekalu *to go to pieces* särkyä, mennä säpäleiksi; (kuv) musertua, luhistua *these two vases are of a piece* nämä maljakot

sopivat yhteen *it is time for you to speak your piece* sinun on aika puhua suusi puhtaaksi/sanoa sanottavasi/kertoa mitä sinulla on sydämelläsi **2** pelinappula, šakkinappula **3** lehtikirjoitus, artikkeli; novelli **4** (ark) ase **5** kolikko **6** taideteos, taulu; veistos; sävellys **7** amuletti, maskotti

pièce de résistance /pɪˌesdəˌreɪzɪsˈtans/ *s* ranskasta, (mon pièces de résistance) **1** pääruoka(laji) **2** pääohjelmanumero, pääartikkeli tms, herkkupala (kuv)

piecemeal /ˈpisˌmiəl/ *adv* vähitellen, vähin erin, vähän kerrallaan

piece of cake *it's a piece of cake* se on lasten leikkiä, se on helppoa kuin mikä, se on helppo nakki

piece of the action *fr* osuus jostakin *can't you guys give me a piece of the action?* ettekö te voi päästää minua osingolle/apajille?

piece out *v* koota, kasata, kyhätä kokoon

piece together *v* koota, kasata, kyhätä kokoon *I am trying to piece together what is left of my life* yritän saada elämäni rippeet jonkinlaiseen järjestykseen

pie chart *s* piirakkakuvio

pie in the sky *fr* pelkkä lupaus; onni ja autuus

pier /pɪər/ *s* laituri

pierce /pɪərs/ *v* lävistää, läpäistä, puhkaista (reikä/aukko)

piercing *adj* **1** korviavihlova, korviasärkevä **2** pureva(n kylmä) **3** läpitunkeva, tutkiva (katse)

piercingly *adv* ks piercing

piety /paɪəti/ *s* hurskaus

piezoelectricity /paɪˌizoʊəlekˈtrɪsəti/ *s* pietsosähkö

pig /pɪg/ *s* **1** sika (myös kuv) **2** sianliha, sika **3** (valu)harkko
v valaa harkoiksi

pigeon /pɪdʒən/ *s* kyyhkynen, pulu

pigeonhole /ˈpɪdʒənˌhoəl/ *s* **1** (kirjoituspöydän tms) lokero **2** (kyyhkyslakan tms) lokero
v **1** (kuv) luokitella, jaotella, karsinoida **2** (kuv) panna pöydälle, jättää toistaiseksi, lykätä myöhemmäksi

piggy *s* porsas

piggyback /ˈpɪgiˌbæk/ *s* asuntovaunu (jota vedetään pickupilla)
v kantaa reppuselässä (tästä johdettuna): kuljettaa mukanaan/kyydissä, kuljettaa kenguruliikenteessä (auton perävaunuja junassa), kuljettaa/kulkea jonkin siivellä, liittää jonkin, käyttää hyväkseen jotakin
adv reppuselässä

pig in a poke *to buy a pig in a poke* ostaa sika säkissä

piglet /pɪglət/ *s* porsas

pigment /pɪgmənt/ *s* väriaine, pigmentti
v värjätä; värjäytyä

pig out *v* sikailla, mässäillä

pig-out *s* (sl) mässäily, sikailu

pigpen /ˈpɪgˌpen/ *s* sikolätti (myös kuv)

pigskin /ˈpɪgˌskɪn/ *s* **1** siannahka **2** (ark) (amerikkalainen) jalkapallo

pigsty /pɪgˈstaɪ/ *s* sikolätti (myös kuv)

pigtail /ˈpɪgˌteɪəl/ *s* saparo, palmikko

pike /paɪk/ *s* **1** hauki **2** keihäs, peitsi; piikki, terä, kärki **3** maksullinen moottoritie; tiemaksu; maksuportti *he's the best president to come down the pike in a long time* hän on paras presidentti pitkään aikaan
v keihästää, seivästää

pile /paɪəl/ *s* **1** pino, kasa **2** (kuv) paljon, kasapäin **3** paalu, pylväs, seiväs **4** nukka **5** (mon) peräpukamat
v pinota, pinoutua, kasata, kasaantua

pile off *v* astua/marssia ulos jostakin

pile up *v* kerätä, kerääntyä, kasata, kasaantua, pinota, pinoutua, ruuhkautua; hamstrata

pileup *s* **1** ketjukolari **2** työ- tai muu ruuhka

pilfer /pɪlfər/ *v* kähveltää, pihistää

pilferer *s* varas

pilgrim /pɪlgrəm/ *s* pyhiinvaeltaja

pilgrimage /pɪlgrəmədʒ/ *s* pyhiinvaellus

Pilgrim Fathers *s* (mon hist) pyhiinvaeltajaisät (jotka perustivat Massachusettsiin siirtokunnan vuonna 1620)

pill /pɪl/ *s* pilleri, tabletti *the pill* e-pilleri *bitter pill (to swallow)* katkera pala/kalkki
pillage /pɪlədʒ/ *s* ryöstö, rosvous
v ryöstää, rosvota
pillar /pɪlər/ *s* pylväs, pilari *she's not exactly a pillar of the community* hän ei ole mikään mallikansalainen *to go from pillar to post* kulkea sinne tänne, kulkea paikasta paikkaan
pillbox /'pɪl͵baks/ *s* pillerirasia (myös hattu)
pillion /pɪljən/ *s* (moottoripyörän) takasatula
adv: to ride pillion matkustaa (moottoripyörän) kyydissä
pillory /pɪləri/ *s* häpeäpaalu, kaakinpuu
v **1** panna häpeäpaaluun **2** (kuv) pitää jotakuta pilkkanaan, tehdä pilaa jostakusta, pilkata jotakuta, saattaa joku häpeään
pillow /pɪloʊ/ *s* tyyny
pillowcase /'pɪloʊ͵keɪs/ *s* tyynyliina
pillow talk *s* (aviopuolisoiden väliset) kahdenkeskiset puheet, yksityisasiat
pilot /paɪlət/ *s* **1** luotsi **2** lentäjä, lentokoneen ohjaaja, pilotti **3** (retki)opas
v **1** luotsata **2** ohjata lentokonetta **3** opastaa
pilot lamp *s* merkkivalo, merkkilamppu
pimp /pɪmp/ *s* parittaja, sutenööri
pimple /pɪmpəl/ *s* finni
pimply *adj* finninen, finnien peittämä
pin /pɪn/ *s* **1** neula, nuppineula (myös:) hiusneula, koristeneula, solmioneula **2** (keilailussa) keila **3** pyykkipoika **4** tappi, pultti, lyhyt akseli
v kiinnittää neulalla
PIN *personal identification number*
pinafore /'pɪnə͵fɔr/ *s* **1** (lasten) esiliina **2** (naisten) esiliina-asu **3** (UK) (aikuisten) esiliina
pinball /'pɪn͵baəl/ *s* (peli) flipperi
pinball machine *s* flipperikone
pincers /pɪnsərz/ *s* (verbi yleensä mon) kärkipihdit *a pair of pincers* kärkipidit
pinch /pɪntʃ/ *s* **1** nipistys **2** hyppysellinen **3** (kuv) (omantunnon) pisto *to feel the pinch of poverty* tuntea köyhyys nahoissaan
v **1** nipistää **2** (kenkä ym) puristaa **3** työntää, painaa, ahtaa **4** vääristää, vääntää (kasvot) **5** piinata, kiusata, vaivata, (nälkä myös) kurnia vatsassa **6** joutua (taloudellisesti) koville, säästää, nuukailla, elää/joutua elämään nuukasti
pinch pennies *fr* venyttää markka soikeaksi
pin down *v* patistaa jotakuta pitämään lupauksensa/ilmoittamaan lopullinen kantansa
pine /paɪn/ *s* mänty
pineal gland /pɪniəl paɪniəl paɪ'niəl/ *s* käpylisäke
pineapple /'paɪn͵æpəl/ *s* ananas
pine away *v* riutua, kuihtua
pine cone *s* männynkäpy
pine for *v* kaivata, ikävöidä
pine needle *s* männynneulanen
ping-pong /'piŋ͵paŋ/ *v* hyppiä/pomppia/poukkoilla/juosta/juoksuttaa edestakaisin
pinion /pɪnjən/ *s* hammaspyörä, käyttöratas *rack-and-pinion steering* hammastanko-ohjaus
pink /piŋk/ *s* **1** neilikka **2** pinkki, vaaleanpunainen (väri)
adj pinkki, vaaleanpunainen
pinkie /piŋki/ *s* (ark) pikkusormi
pink-slip /'piŋk͵slɪp/ *s: to get a pink-slip* saada potkut
v (ark) antaa potkut, erottaa, lomauttaa
pinnacle /pɪnəkəl/ *s* (vuoren) huippu (myös kuv:) *she's at the pinnacle of her fame* hän on maineensa huipulla
pin on *v* sälyttää jotakin jonkun niskaan/harteille, lykätä syy jonkun vastuulle
pinpoint /'pɪn͵poɪnt/ *s* neulan kärki
v paikantaa/löytää/sanoa tarkasti
pins and needles *to be on pins and needles* olla kuin tulisilla hiilillä, olla kuin kissa pistoksissa
pinstriped /'pɪn͵straɪpt/ *adj* **1** (kangas, puku) liituraita- **2** (kuv) *pinstriped attitudes* tyypilliset johtotason/johtajatason näkemykset

pinstripe suit *s* liituraitapuku
pint /paɪnt/ *s* pint, noin puoli litraa (0,473 l)
pint-size /'paɪntˌsaɪz/ *adj* (ark) pieni, piskuinen
pinup /'pɪnˌʌp/ *s* **1** alastonkuva, nudekuva **2** nude (ark), alastonkuvan nainen/mies
pioneer /ˌpaɪə'nɪər/ *s* **1** uudisraivaaja **2** (kuv) uranuurtaja, edelläkävijä, esitaistelija **3** (sot) pioneeri
v **1** avata (uudis)asutukselle, asuttaa ensimmäisenä **2** käyttää tms ensimmäisenä, aloittaa, käynnistää
pioneering *adj* uraauurtava
pious /paɪəs/ *adj* **1** hurskas **2** tekopyhä, hurskasteleva
piously *adv* **1** hurskaasti **2** tekopyhästi, hurskastelevasti
pip /pɪp/ *s* **1** (hedelmän) siemen **2** (kortin, pelimerkin) silmä **3** (tutkan pyöröpyyhkäisylaitteen) valotäplä **4** (tal) yksi sadasosaprosentti arvopaperin nimellisarvosta
v piipitää
PIP *picture-in-picture* kuva kuvassa (-toiminne)
pipe /paɪp/ *s* **1** putki, johto (ark myös:) keuhkoputki **2** (tupakoijan) piippu *put that in your pipe and smoke it* näin on marjat; ei auta itku markkinoilla **3** pilli, huilu, klarinetti, oboe **4** (mon, ark) (laulu)ääni **5** (yl mon) säkkipilli
v **1** soittaa pillillä, huilulla tms **2** piipitää, puhua/sanoa piipittäen/kimeällä äänellä **3** johtaa (putkilla)
pipe down *v* (sl) olla hilj(emp)aa, panna suunsa kiinni
pipeline /'paɪpˌlaɪn/ *s* **1** öljyjohto **2** (kuv) kanava, väylä, (yksityinen) tietolähde *the lobbyist has a direct pipeline to the senator's office* eturyhmän edustajalla on sisäpiirin lähde senaattorin henkilökunnassa *to be in the pipeline* (kuv) olla valmisteilla/tekeillä/odotettavissa/putkessa (ark)
v **1** siirtää öljyputkea pitkin **2** (kuv) välittää, siirtää, syöttää (tietoa ym)
piper /paɪpər/ *s* huilunsoittaja, säkkipillinsoittaja *to pay the piper* vastata seurauksista; maksaa viulut
pipette /paɪ'pet/ *s* tiputin, pipetti
pipe up *v* **1** alkaa soittaa/laulaa **2** korottaa ääntään/äänensä **3** (nopeus) kasvaa, (tuuli) voimistua
pipe up with *v* sanoa jotakin piipittäen/kimeällä äänellä, korottaa äänensä ja sanoa jotakin
piquant /pɪkwənt/ *adj* **1** (maku) (miellyttävän) kirpeä **2** virkistävä, piristävä, innostava; kiintoisa, kiehtova
pique /pik/ *v* **1** loukata, harmittaa, ärsyttää **2** (kuv) kutkuttaa, herättää (uteliaisuus)
piqué /pi'keɪ/ *s* (kangas) pikee
piracy /paɪrəsi/ *s* **1** merirosvous **2** (äänilevyjen, ääninauhojen, kuvanauhojen, tietokoneohjelmien ym tallenteiden tai painotuotteiden) luvaton jäljentäminen (myyntiä varten), piraattikopiointi
piranha /pə'ranə/ *s* (mon piranhas, piranha) piraija
pirate /paɪrət/ *s* **1** merirosvo **2** piraatti (ks piracy 2)
v jäljentää (tallenteita, kirjoja) luvatta (myyntiä varten)
pirouette /ˌpɪrə'wet/ *s* piruetti, pyörähdys
v tehdä piruetti, pyörähtää
Pisces /paɪsiz/ *horoskoopissa* Kalat
piss /pɪs/ *s* (sl) kusi *to take a piss* kusta
v (sl) kusta
piss off *v* (sl) **1** ottaa kupoliin, pänniä, vituttaa **2** (käskynä) häivy!, ala kalppia!
pistachio /pɪs'tæʃioʊ/ *s* (mon pistachios) vihermanteli, pistaasi
pistol /pɪstəl/ *s* pistooli
piston /pɪstən/ *s* mäntä
pit /pɪt/ *s* **1** kuoppa **2** kaivos; kaivoskuilu **3** alamaailma, helvetti **4** (mon, sl) pohjanoteeraus *his last novel was the pits* hänen uusin romaaninsa oli varsinainen pohjanoteeraus **5** syvennys, (cd-levyssä myös:) pitti *orchestra pit* orkesterisyvennys **6** (lasin) kupla, (maalipinnan) virhe, (iho)arpi **7** (mon, ark) kainalot *to be up to your pits in something* (kuv) olla hukkua johonkin, olla jossakin kainaloitaan myöten **8** (autokilpailussa) varikko

v **1** kuopittaa, tehdä kuoppia johonkin **2** täplittää, arpeuttaa, olla täplillä/arvilla

pita bread /pitə/ *s* pitaleipä

pit against *v* asettaa vastakkain *to pit one team against another* panna joukkueet pelaamaan vastakkain

pit bull terrier *s* bullterrieri

pitch /pɪtʃ/ *s* **1** heitto, (baseballissa) syöttö **2** (golfissa) pitchi, korkea lyönti jolla lähestytään viheriötä **3** taktiikka *sales pitch* (tuotteen innokas) mainostus *to make a pitch for something* mainostaa/kehua/ylistää jotakin **4** huippu, huipentuma, taso, aste **5** äänenkorkeus *she has absolute pitch* hänellä on absoluuttinen (sävel)korva *falling/rising pitch* (fonetiikassa) laskeva/nouseva intonaatio **6** nousu, lasku, (kaltevuus)kulma, nyökkäys **7** piki
v **1** heittää, (baseballissa) syöttää *she's in there pitching* (kuv) hän yrittää kovasti, hän tekee parhaansa **2** hangota (heinää ym) **3** pystyttää (teltta yms) **4** virittää (soitin), antaa ääni **5** asettaa, panna (tietylle tasolle) *don't pitch your aspirations/hopes too high* älä toivo liikoja **6** kaatua, pudota (satulasta) **7** kehua, mainostaa, kaupitella **8** (laiva) keinua pituussuunnassa, (lentokone) nyökätä **9** pietä

pitch a curve ball *fr* **1** syöttää jollekulle kierteinen pallo **2** (kuv) lyödä joku ällikällä, yllättää joku, saada joku hämmästymään

pitch-black /ˌpɪtʃ'blæk/ *adj* pikimusta

pitcher /pɪtʃər/ *s* **1** kannu **2** syöttäjä **3** (golf) rautaseitsemän, pitcher

pitchfork /'pɪtʃˌfɔrk/ *s* (heinä)hanko, talikko

pitch in *v* (ark) **1** panna hihat heilumaan **2** osallistua keräykseen tms

pitch in and help *fr* ruveta auttamaan

pitching wedge /'pɪtʃɪŋˌwedʒ/ *s* (golf) rautamaila jolla lyödään korkeita ja tarkkoja lyöntejä *(pitch)* viheriölle

pitch into *v* (ark) **1** panna hihat heilumaan **2** käydä kiinni johonkuhun **3** haukkua jotakuta, sättiä

pitch on *v* valita (umpimähkään)

piteous /pɪtiəs/ *adj* säälittävä

piteously *adv* säälittävästi, säälittävän

pitfall /'pɪtˌfaəl/ *s* ansa (myös kuv:) vaara

pitiful /pɪtəfəl/ *adj* **1** säälittävä **2** surkea, kurja, viheliäinen

pitifully *adv* ks pitiful

pitiless /pɪtələs/ *adj* säälimätön, armoton, kova, ankara

pitilessly *adv* ks pitiless

pit stop *s* **1** (autokilpailussa) varikkokäynti **2** (ark) pysähdys (automatkalla) **3** (ark) pysähdyspaikka (matkan varrella)

Pittsburgh /'pɪtsˌbərg/ kaupunki Pennsylvaniassa

pituitary /pə'tuɪˌteri/ *s* aivolisäke *adj* aivolisäkkeen

pituitary gland *s* aivolisäke

pity /pɪti/ *s* sääli *what a pity!* sääli!, vahinko! *to have/take pity* sääliä; armahtaa
v sääliä jotakuta, käydä sääliksi

pitying *adj* säälivä

pivot /pɪvət/ *s* **1** kiertävä/pyörivä tappi, laakeritappi **2** (kuv) kiintopiste, keskipiste, tukipiste
v kiertyä/pyöriä (tapin tms varassa)

pivotal /pɪvətəl/ *adj* (kuv) keskeinen, ratkaiseva, ydin-

pivotally *adv* ks pivotal

pizza /pitsə/ *s* pitsa, pizza

pkg. *package*

pkwy. *parkway*

pl. *plural* monikko

placard /plækərd/ *s* (mielenosoittajien tai muu) (pahvi)juliste
v levittää julisteita jonnekin

placate /pleɪkeɪt/ *v* lepyttää, rauhoittaa, tyynnyttää

place /pleɪs/ *s* **1** paikka, kohta; seutu, alue *there were people all over the place* paikka oli tupaten täynnä väkeä *I lost my place* hukkasin kirjasta kohdan (jota olin lukemassa) *to be between a rock and a hard place* olla kahden tulen välissä; olla puun ja kuoren välissä *in the first place* ensinnäkin, ensinnäkään *to run in place* juosta paikallaan *to be in place* olla valmiina/valmista **2** koti, talo, mökki *they have a little place in Vermont* heillä on mökki Vermontissa *your place*

mitä saisi olla?, mistä sinä pitäisit?
pleat /plit/ *s* laskos
v laskostaa
plectrum /plektrəm/ *s* (mon plectrums, plectra) (mus) näppäin, plektron
pledge /pledʒ/ *s* **1** lupaus, vakuutus, vala **2** pantti
v **1** vannoa, luvata **2** vannottaa, vaatia vannomaan *he pledged us not to tell anyone* hän kielsi meitä kertomasta asiasta kenellekään **3** pantata **4** kohottaa/juoda malja jonkun kunniaksi
Pledge of Allegiance /ə'lidʒəns/ *s* (US) uskollisuudenvala (isänmaalle)
plentiful /plentɪfəl/ *adj* runsas
plentifully *adv* runsaasti
plenty /plenti/ *s* **1** runsaus, yltäkylläisyys *in times of plenty* yltäkylläisyyden hetkinä, yltäkylläisinä aikoina **2** *plenty of* paljon *we have plenty of money/potatoes* meillä on runsaasti/paljon rahaa/perunoita
pliability /ˌplaɪə'bɪləti/ *s* **1** taipuisuus, notkeus **2** herkkyys
pliable /plaɪəbəl/ *adj* **1** taipuisa, notkea, norja **2** herkkä, vaikutuksille altis
pliers /plaɪərz/ *s* (mon) pihdit
plight /plaɪt/ *s* hätä, ahdinko, kurjuus
plinth /plɪnθ/ *s* (pylvään aluslaatta) plintti
PLO *Palestine Liberation Organization* Palestiinan vapautusjärjestö
plod /plad/ *v* **1** laahustaa, puurtaa, lyllertää **2** ahertaa, puurtaa, raataa **3** (kuv) polkea paikallaan, laahustaa
plot /plat/ *s* **1** (maa)palsta, tontti **2** (salainen) suunnitelma, juoni **3** (kirjan, elokuvan ym) juoni
v **1** palstoittaa (maata) **2** suunnitella (salaa), juonia, vehkeillä **3** keksiä/suunnitella (kirjan ym) juoni *King's novels are artfully plotted* Kingin romaaneissa on taitavasti rakennettu juoni **4** suunnitella (laivan, lentokoneen) reitti, tehdä reittisuunnitelma **5** piirtää, esittää graafisesti
plotter *s* piirturi
plough /plaʊ/ ks plow
plow /plaʊ/ *s* aura *snowplow* lumiaura
v **1** kyntää (myös laivasta: kyntää merta) **2** aurata
plow into *v* **1** sijoittaa/pumpata (rahaa) johonkin **2** törmätä johonkin, rysähtää johonkin
plow through *v* **1** tunkeutua (esim väkijoukon) lävitse **2** käydä/lukea (vaivalloisesti) läpi, puurtaa jonkin kimpussa
ploy /plɔɪ/ *s* juoni, temppu, kepulikonsti, taktiikka
pluck /plʌk/ *s* **1** nykäisy, kiskaisu **2** rohkeus, sisu
v **1** kyniä (kana), poimia (hedelmiä), nyppiä **2** nykäistä, kiskaista, vetäistä **3** näppäillä (soitinta)
pluck up *v* (kuv) rohkaista mielensä
plucky *adj* rohkea, urhea, sisukas
plug /plʌg/ *s* **1** tulppa *to pull the plug on something* (ark) lakkauttaa, lopettaa, keskeyttää **2** sytytystulppa *spark plug* sytytystulppa **3** (sähkö) pistoke **4** piilomainos
plug up *v* **1** tukkia (vuoto, reikä) **2** (piilo)mainostaa
plum /plʌm/ *s* **1** luumu **2** (ark, kuv) paras pala, namu
adj (ark) unelma- *a plum job* unelmahomma
plumage /plumədʒ/ *s* (linnun) höyhenpeite, höyhenet, sulat
plumb /plʌm/ *s* (luotain) luoti *to be out of plumb; to be off plumb* olla vinossa/kalleellaan
v **1** luodata, mitata syvyys **2** (kuv) luodata, tutkailla, tutkia
adj pystysuora, suora
adv pystysuorassa, suorassa
plumber /plʌmər/ *s* putkiasentaja
plumbing /plʌmiŋ/ *s* putkisto, putket *there's something wrong with my plumbing* (kuv) minulla on sisuskaluissa jotakin vialla
plumb line *s* luotilanka
plume /plum/ *s* **1** töyhtö **2** savupilvi
plummet /plʌmət/ *s* (luotain) luoti
v pudota (myös kuv:) laskea/vähentyä jyrkästi *in the last quarter, sales plummeted* myynti romahti viimeisellä (vuosi)neljänneksellä
plump /plʌmp/ *adj* pyylevä, pyöreä
plunder /plʌndər/ *v* ryöstää, rosvota; anastaa

plunge /plʌndʒ/ **1** survaisu, sohaisu **2** hyppy, pulahdus *to take the plunge* rohkaista mielensä; ottaa riski; astua ratkaiseva askel
v survaista, sohaista, syöstä; syöksyä, rynnätä, hypätä *the president wanted to plunge the country into war* presidentti halusi syöstä maan sotaan
pluperfect /plu'pərfəkt/ *s* (kieliopissa) pluskvamperfekti *(he had done)*
plural /plərəl/ *s* monikko
adj monikollinen, monikko-
plus /plʌs/ *s* **1** lisä, kasvu **2** etu, plussa *computer literacy is a big plus for you* sinulle on paljon etua siitä että osaat käyttää tietokonetta **3** plusmerkki
adj **1** positiivinen **2** ylimääräinen
konj **1** (mat) plus **2** ja, sekä
plush /plʌʃ/ *s* plyysi(kangas)
adj ylellinen
Pluto /plutoʊ/ Pluto
plutonium /plu'toʊniəm/ *s* plutonium
ply /plaɪ/ *s* **1** kerros **2** (auton renkaan) kudos
v **1** tehdä; käyttää; ahertaa; harjoittaa (ammattia) *I'm just plying (at) my trade* kunhan teen työtäni **2** kyntää merta, kulkea (säännöllisesti jotakin reittiä) **3** piinata/vaivata jotakuta jollain, hukuttaa joku johonkin
Plymouth /plɪməθ/ **1** useita kaupunkeja **3** amerikkalainen automerkki
plywoood /plaɪwʊd/ *s* vaneri
p.m. /pi'em/ *post meridiem* puolen päivän jälkeen *the movie begins at 3 p.m.* elokuva alkaa kello 15 *at 12 p.m.* kello 24 *in the p.m.* iltapäivällä
pneumatic /nu'mætɪk/ *adj* pneumaattinen, paineilma-, ilma-
pneumatically *adv* pneumaattisesti, paineilmalla, ilmalla
pneumonia /nu'moʊnɪə/ *s* keuhkokuume
P.O. *post office* postitoimisto
poach /poʊtʃ/ *v* **1** hauduttaa, keittää **2** pyydystää salaa
poached egg /ˌpoʊtʃt'eg/ *s* (ruuanlaitossa) kuorittu haudutettu muna
poacher *s* salametsästäjä
P.O.B. *post office box* postilokero
pock /pak/ *s* rokkonäppylä
pocket /pakət/ *s* **1** tasku *to line your pockets* (kuv) paikkailla taskujaan, rikastua (vilpillisesti) **2** (kuv) pesäke, saareke *pocket of resistance* vastarintapesäke
v panna/pistää taskuunsa (myös kuv:) kähveltää, varastaa
pocketable /pakətəbəl/ *adj* taskuun mahtuva, taskukokoinen
pocket billiards *s* (verbi yksikössä) poolbiljardi, pool
pocketbook /'pakətˌbʊk/ *s* **1** käsilaukku **2** taskukirja **3** (kuv) kukkaro, varat **4** (UK) lompakko
pocket calculator *s* taskulaskin
pocketknife /'pakətˌnaɪf/ *s* taskuveitsi
pocket money *s* käteinen, taskuraha
pockmark /'pakˌmark/ *s* **1** rokonarpi **2** naarmu, arpi
P.O.D. *pay on delivery* jälkivaatimuksella, postiennakolla
pod /pad/ *s* **1** (hernekasvin) palko **2** (lentokoneen moottorin) suojus
podgy /padʒi/ *adj* (lyhyt ja) tanakka, pyylevä
podium /poʊdiəm/ *s* (mon podiums, podia) **1** puhujakoroke **2** orkesterinjohtajan koroke
poem /poəm/ *s* runo
poet /poət/ *s* runoilija
poetic /poʊ'etɪk/ *adj* runollinen; runoilijan
poetical *adj* runollinen; runoilijan
poetically *adv* runollisesti
poetic licence *s* runoilijan vapaus
poet laureate /ˌpoʊət'lɔrɪət/ *s* (mon poets laureate) poëta laureatus, hovirunoilija
poetry /poətri/ /p/ *s* runous
pogo stick /'poʊgoʊˌstɪk/ *s* kengurukeppi
pogrom /poʊ'gram/ *s* pogromi, (juutalaisten) joukkomurha
poignancy /poɪnjənsi/ *s* voimakkuus, liikuttavuus, kaihoisuus; terävyys, pistävyys
poignant /poɪnjənt/ *adj* voimakas, vaikuttava, liikuttava, kaihoisa; terävä, pistävä
poignantly *adv* ks poignant

poinsettia /poɪn'setə/ *s* joulutähti
point /poɪnt/ *s* **1** piste; pilkku: *the interest rate is 5.3 percent* korko on 5,3 prosenttia **2** terä, kärki **3** kohta, vaihe *we agree on all points* olemme samaa mieltä kaikesta/kaikista kohdista *at this point in time* nyt, tässä vaiheessa *he has passed the point of no return* (kuv) hän ei voi enää perääntyä *she is on the point of death* hän on kuoleman partaalla **4** (urh ym) piste **5** asian ydin *get to the point, will you?* menehän jo asiaan *is there a point to all this?* onko tällä kaikella jokin tarkoitus?; ajatko sinä takaa jotakin? *make your point* sano sanottavasi, sano mitä sinulla on mielessäsi, mene asiaan *there is no point in telling him that* sitä ei kannata kertoa hänelle, on turha kertoa sitä hänelle
v suunnata, tähdätä (aseella), osoittaa (sormella), näyttää jonnekin päin/tietä, viitata johonkin asiaan/suuntaan
point-blank /ˌpoɪntˌblæŋk/ *adv* **1** (ampua) lähietäisyydeltä, läheltä **2** (sanoa) suoraan, sumeilematta
pointed *adj* **1** terävä(kärkinen), suippo **2** (kuv) terävä, kärkevä, pureva
pointer *s* **1** (koira) pointteri **2** osoitin, neula, viisari **3** karttakeppi **4** vihje, neuvo *can I give you a few pointers?* saanko antaa muutaman neuvon?, saanko vähän neuvoa?
pointless *adj* turha *it's pointless to try* ei kannata yrittää
pointlessly *adv* turhaan
point of fact *in point of fact* itse asiassa
point out *v* **1** osoittaa (esim sormella) **2** tuoda esiin, ottaa esille, huomauttaa jostakin
poise /poɪz/ *s* **1** ryhti **2** mielenmaltti, rauhallisuus, itsevarmuus, tasapaino (kuv) **3** tasapaino
v **1** pitää koholla/valmiina (iskuun, heittoon) **2** tasapainottaa, pitää tasapainossa
poised /poɪzd/ *adj* **1** rauhallinen, tasapainoinen *she was very poised* hän hillitsi itsensä hyvin, hän oli hyvin rauhallinen **2** joka leijuu/pysyy tasapainossa jossakin **3** joka on jonkin partaalla, joka on valmiina johonkin *we are poised on the brink of war* olemme sodan partaalla
poison /poɪzən/ *s* myrkky
v **1** myrkyttää (myös kuv) **2** myrkyttää kuoliaaksi, murhata/surmata myrkyllä
poison dogwood /'dagˌwʊd/ *s* myrkkysumakkeja
poisoning *s* myrkytys
poison ivy *s* myrkkysumakkeja
poison oak *s* myrkkysumakkeja
poisonous /poɪzənəs/ *adj* myrkyllinen
poisonously *adv* myrkyllisesti
poison sumac /sumæk/ *s* myrkkysumakkeja
poke /poʊk/ *s* tönäisy, tökkäisy
v **1** tönäistä, tökkäistä **2** (sl) naida, panna
poke fun at *fr* pitää pilkkanaan jotakuta/jotakin, laskea leikkiä jonkun kustannuksella
poke out *v* pistää/työntyä esiin jostakin
poker /poʊkər/ *s* **1** hiilihanko **2** pokeri
poker face *s* pokerinaama
poke your nose into *fr* työntää nenänsä toisten asioihin
Poland /poʊlənd/ Puola
polar /poʊlər/ *adj* **1** napaseudun, napaseutujen, napa- **2** (magnettiseen napaan liittyvä) napa- **3** vastakkainen
polar bear /'poʊlərˌbeər/ *s* jääkarhu
polarity /pə'lerəti/ *s* **1** (fys) napaisuus, polariteetti **2** vastakkaisuus
polarization /ˌpoʊlərə'zeɪʃən/ *s* polarisaatio
polarize /'poʊləˌraɪz/ *v* polarisoida, polaroida
polarizer *s* polarisaattori; (valok) polarisaatiosuodin
polar lights *s* (mon) revontulet
Pole /poəl/ *s* puolalainen
pole /poəl/ *s* **1** pylväs, tanko, masto, seiväs *fishing pole* ongenvapa **2** (tieteessä, tekniikassa) napa **3** (kuv) ääripää
polecat /'polˌkæt/ *s* **1** (Euroopassa) hilleri, lahokas **2** (US) haisunäätä
poles apart *to be poles apart* olla aivan eri maata, olla tyystin erilaiset; olla aivan eri mieltä

Pole Star (tähdistö) Pohjantähti
pole vault /'pol,vaəlt/ *s* (urh) seiväshyppy
pole-vault *v* (urh) hypätä seipäällä
pole-vaulter *s* (urh) seiväshyppääjä
police /pə'lis/ *s* poliisi, poliisivoimat, poliisit
v valvoa
police court *s* (US) poliisituomioistuin
police force *s* poliisivoimat
policeman /pə'lismən/ *s* (mon policemen) poliisimies, poliisi
policeperson /pə'lis,pərsən/ *s* poliisi
police station *s* poliisiasema, poliisilaitos
policewoman /pə'lis,wʊmən/ *s* (mon policewomen) naispoliisi, poliisi
policy /paləsi/ *s* **1** periaate, linja, suuntaviivat, menettely *it's company policy not to talk about future products* yrityksemme periaatteena on olla puhumatta tulevista tuotteista **2** politiikka: *foreign policy* ulkopolitiikka **3** vakuutuskirja
policyholder /'paləsi,holdər/ *s* vakuutuksenottaja
policymaker /'paləsi,meɪkər/ *s* (valtionhallinnon) päätöksentekijä
polio /poʊlioʊ/ *s* polio, lapsihalvaus
poliomyelitis /,poʊlioʊmaɪ'laɪtɪs/ *s* poliomyeliitti, polio, lapsihalvaus
Polish *s* puolan kieli
adj puolalainen
polish /palɪʃ/ *s* **1** kiilloke, vaha **2** kiilto **3** hiottu käytös, sulavuus, tyylikkyys
v **1** kiillottaa **2** (kuv) hioa, viimeistellä
polished *adj* **1** kiillotettu **2** (käytös) hiottu, (ihminen) tyylikäs, sulava(käytöksinen)
polish off *fr* **1** pistää poskeensa, ahmia **2** (kuv) tehdä jostakusta selvää jälkeä
polish up *fr* (kuv) hioa, parantaa
polite /pə'laɪt/ *adj* **1** kohtelias **2** hieno *polite society* hienot piirit, hienot ihmiset, hienosto
politely *adj* kohteliaasti
politeness *s* kohteliaisuus
politic /palətɪk/ *adj* viisas, ovela, neuvokas, varovainen
political /pə'lɪtɪkəl/ *adj* poliittinen
political asylym *s* poliittinen turvapaikka
political economy *s* kansantaloustiede
politically /pə,lɪtɪkli/ *adv* poliittisesti
politically correct /pə,lɪtɪklikə'rekt/ *adj* ajan henkeen sopiva
political refugee *s* poliittinen pakolainen
political science *s* valtiotiede
politician /,palə'tɪʃən/ *s* poliitikko
politicization /pə,lɪtəsɪ'zeɪʃən/ *s* politisointi
politicize /pə'lɪtə,saɪz/ *v* politisoida, sekoittaa johonkin politiikkaa
politick /palətɪk/ *v* **1** politikoida **2** luovia/junailla/saada aikaan politikoimalla
politicking *s* politikointi
politicly *adv* viisaasti, ovelasti, neuvokkaasti, varovaisesti, varovasti
politico /pə'lɪtɪ,koʊ/ *s* (mon politicos) poliitikko
politics /palətɪks/ *s* (verbi yksikössä tai mon) politiikka *play politics* osallistua politiikkaan, politikoida; ajaa (häikäilemättömästi) omaa etuaan
polity /poʊləti/ *s* **1** hallinto **2** valtiomuoto, hallitusmuoto
polka /poʊkə/ *s* polkka
polka dot /'poʊkə,dat/ *s* (kankaassa) täplä
poll /poəl/ *s* **1** mielipidetiedustelu **2** äänestys **3** (yl mon) äänestyspaikka, vaaliuurnat **4** äänimäärä **5** vaalitulos
v **1** tiedustella/luodata mielipiteitä **2** äänestää **3** saada ääniä **4** laskea äänet
pollen /palən/ *s* siitepöly
pollinate /'palə,neɪt/ *v* (biol) pölyttää
pollination /,palə'neɪʃən/ *s* (biol) pölytys
pollute /pə'lut/ *v* saastuttaa
polluted *adj* saastunut
pollution /pə'luʃən/ *s* saaste
polo /poʊloʊ/ *s* **1** poolo **2** poolopaita
polo shirt *s* **1** poolopaita **2** pikeepaita
poltergeist /'poltər,gaɪst/ *s* poltergeist
polyethylene /,palɪ'eθə,lin/ *s* polyetyleeni, polyeteeni

powerlessly *adv* voimattomasti *he looked powerlessly on as the feds ransacked his apartment* hän katseli avuttomana sivusta kun liittovaltion agentit tutkivat hänen asuntonsa läpikotaisin
powerlessness *s* voimattomuus
power lunch *s* (lähinnä) työlounas
power of attorney *s* valtakirja
power pack *s* verkkolaite
power politics *s* (verbi yksikössä tai mon) **1** valtapolitiikka **2** (kansainvälinen) voimapolitiikka
power saw *s* sähkökäyttöinen saha: sirkkeli, pistosaha tms
power station *s* (sähkö)voimala, voimalaitos
power steering *s* (autossa) ohjaustehostin, tehostettu ohjaus
powers that be *fr* (todelliset) vallanpitäjät, maan mahtavat
power structure *s* valtarakenne
power supply *s* virtalähde
power tool *s* sähkötyökalu
power up *v* käynnistää (tietokone)
powwow /'paʊˌwaʊ/ *s* (ark) neuvottelu
v (ark) neuvotella
pp. *pages* sivut
P.P.S. *post postscriptum* ylimääräinen jälkikirjoitus
PR *public relations* suhdetoiminta
practicability /ˌpræktɪkə'bɪləti/ *s* käyttökelpoisuus, toimivuus, käytännöllisyys
practicable /præktɪkəbəl/ *adj* käyttökelpoinen, toimiva, käytännöllinen
practicably *adv* käyttökelpoisesti, toimivasti, käytännöllisesti
practical /præktɪkəl/ *adj* käytännöllinen *she has a practical mind* hän on käytännön ihminen
practicality /ˌpræktɪ'kæləti/ *s* **1** käytännöllisyys, käytännön läheisyys, toimivuus, käyttökelpoisuus **2** käytännöllinen/toimiva yksityiskohta
practical joke *s* kepponen, temppu, kolttonen, metku
practical joker *s* veijari, vitsailija, kelmi
practically /præktɪkli/ *adv* **1** käytännöllisesti **2** käytännöllisesti katsoen, käytännössä, oikeastaan, lähes, likimain, kutakuinkin
practice /præktɪs/ *s* **1** tapa, tottumus, käytäntö, käytänne **2** (teorian vastakohta) käytäntö, käyttö, toiminta *in actual practice* käytännössä, todellisuudessa *to put something into practice* ottaa jotakin käyttöön, soveltaa jotakin käytäntöön **3** harjoitus, harjoittelu, harjaannus, valmennus *that runner is badly out of practice* tuo juoksija on kovasti harjoituksen puutteessa/huonossa kunnossa **4** (lääkärin, asianajajan) toiminta; (lääkärin) vastaanotto, (asianajajan) toimisto, asianajotoimisto
v **1** harjoittaa, harrastaa **2** harjoitella, valmentaa, opettaa
practiced *adj* **1** taitava, taidokas, harjaantunut **2** opittu, opeteltu
practice teacher *s* opetusharjoittelija
practice what you preach /præktɪs/ *fr* ryhtyä sanoista tekoihin, antaa tekojen puhua
practise ks practice
practitioner /præk'tɪʃənər/ *s* ammatinharjoittaja, praktikko *general practitioner* yleislääkäri
pragmatic /præg'mætɪk/ *adj* käytännöllinen, pragmaattinen
pragmatical *adj* käytännöllinen, pragmaattinen
pragmatically *adv* käytännöllisesti, pargmaattisesti
pragmatism /'prægməˌtɪzəm/ *s* **1** käytännöllisyys, pragmaattisuus **2** (filosofia) pragmatismi
pragmatist /prægmətɪst/ *s* **1** käytännöllinen ihminen, pragmaatikko **2** pragmatismin kannattaja, pragmatisti
adj **1** käytännöllinen, pragmaattinen **2** pragmatismin mukainen, pragmatisti
Prague /prag/ Praha
prairie /preri/ *s* preeria
prairie dog *s* preeriakoira
prairie schooner *s* eräänlaiset katetut vankkurit
prairie wolf *s* (mon prairie wolves) preeriasusi, kojootti

praise /preɪz/ *s* ylistys, kehuminen, kehumiset
v ylistää, kehua
praise to the skies /preɪz/ *fr* ylistää jotakuta/jotakin maasta taivaaseen
praiseworthiness *s* kiitettävyys, erinomaisuus
praiseworthy /'preɪz,wərði/ *adj* kiitettävä, kiitoksen arvoinen, erinomainen
pram /præm/ *s* (UK) lastenvaunut
prance /præns/ *v* hypätä, hyppiä (ilosta), kulkea ilosta hyppien
prank /præŋk/ *s* kepponen, temppu, kolttonen, metku, ilkityö
prankster /præŋkstər/ *s* veijari, kelmi, vitsailija, lurjus
prawn /pran/ *s* katkarapu
pray /preɪ/ *v* rukoilla
prayer /preɪər/ *s* rukous, rukoilu
PRC *People's Republic of China* Kiinan kansantasavalta
preach /pritʃ/ *v* saarnata (myös kuv)
preacher /pritʃər/ *s* **1** saarnaaja **2** (kuv) moraalisaarnaaja tms
preadolescence /,priædə'lesəns/ *s* varhaisnuoruus
preadolescent *s, adj* varhaisnuori
preamble /priæmbəl/ *s* johdanto, esipuhe, alkusanat *without preamble* (sen) pitemmittä puheitta
preamp /priæmp/ *s* (ark) esivahvistin
preamplifier /pri'æmplə,faɪər/ *s* esivahvistin
precarious /pri'keərɪəs/ *adj* epävarma, epävakainen, pettävä, horjuva; vaarallinen
precaution /pri'kaʃən/ *s* **1** varovaisuus **2** varotoimi
precautionary /pri'kaʃə,neri/ *adj* (toimenpide) varo-, varoittava
precautious /pri'kaʃəs/ *adj* varovainen
precede /pri'sid/ *v* **1** edeltää, tapahtua/olla ennen jotakin; olla tärkeämpi kuin jokin, olla etusijalla **2** aloittaa jokin jollakin, tehdä ensin jotakin
precedence /presədəns/ *s* etusija *to give precedence to someone/something* asettaa joku/jokin etusijalle
precedent /presədənt/ *s* ennakkotapaus
precedent /prə'sidənt/ *adj* edeltävä, aikaisempi
preceding *adj* edellinen, edeltävä, aikaisempi
precept /pri'sept/ *s* **1** käsky, määräys, ohje **2** periaate
pre-Christian /pri'krɪstʃən/ *adj* esikristillinen
precinct /prisiŋkt/ *s* **1** piiri, hallintopiiri, poliisipiiri, vaalipiiri **2** (mon kaupungin) lähistö, ympäristö **3** (mon) raja(t)
precious /preʃəs/ *adj* **1** arvokas, kallisarvoinen *precious stones* jalokivet **2** rakas, kallisarvoinen **3** sievistelevä, teennäinen
adv erittäin *precious few people came* sinne tuli hyvin vähän väkeä
precious metal *s* jalometalli
precious stone *s* jalokivi
precipice /presəpəs/ *s* **1** jyrkänne **2** (kuv) kynnys *to be on the precipice of something* olla jonkin partaalla
precipitant /prə'sɪpətənt/ *adj* **1** joka tapahtuu päistikkää/suoraa päätä *after a precipitant fall down the stairs, she lost consciousness* hän menetti tajuntansa pudottuaan päistikkaa/pää edellä portaita alas **2** hätiköity, harkitsematon, äkkipikainen, malttamaton
precipitate /prə'sɪpə,teɪt/ *v* **1** heittää, singota, rynnätä, syöstä, syöksyä **2** (kuv) saada aikaan, syöstä (jokin kriisiin) **3** sataa
precipitate /prə'sɪpətət/ *adj* **1** joka tapahtuu päistikkää/suoraa päätä *after a precipitate fall down the stairs, she lost consciousness* hän menetti tajuntansa pudottuaan päistikkaa/pää edellä portaita alas **2** hätiköity, harkitsematon, äkkipikainen, malttamaton *he made a precipitate decision* hän teki hätiköidyn ratkaisun
precipitation /prə,sɪpə'teɪʃən/ *s* **1** heittäminen, heitto **2** (kuv) syökseminen, kiirehtiminen **3** sade, sademäärä
précis /'preɪsi/ *s* (mon précis /'preɪsiz/) tiivistelmä, yhteenveto
precise /prɪ'saɪs/ *adj* **1** tarkka, täsmälli-

lu, peruskoulun ala-aste **2** (3–4 alinta koululuokkaa) alakoulu
primate /ˈpraɪˌmeɪt/ *s* **1** (usk) priimas **2** kädellinen
prime /praɪm/ *s* kukoistus *he is past his prime* hän on jo nähnyt parhaat päivänsä *he died in the prime of youth* hän kuoli nuoruutensa kukoistuksessa *in the prime of life* elämänsä terässä, parhaina päivinään
v **1** valmistaa, valmistautua **2** ladata (ase)
adj **1** tärkein, pää- **2** ensiluokkainen, paras
prime minister *s* pääministeri
prime mover *s* alullepanija, käynnistäjä, primus motor
primer /praɪmər/ *s* **1** nalli **2** pohjamaali
primer /prɪmər/ *s* **1** aapinen **2** alkeisteos
prime rate *s* alhaisin liikepankin myöntämä korko, päiväluottokorko
primeval /praɪˈmivəl/ *adj* muinainen, ammoinen, ikivanha
primitive /prɪmətɪv/ *adj* alkeellinen, alkukantainen, kehittymätön, karkea, vanhanaikainen, primitiivinen
primitively *adv* ks primitive
primly *adv* sievistelevästi, jäykästi, virallisesti
primrose /ˈprɪmˌroʊz/ *s* esikko *evening primrose* helokki
adj vaalean keltainen
prince /prɪns/ *s* prinssi
Prince Edward Island Prinssi Edwardin saari
princely *adj* ruhtinaallinen (myös kuv)
princess /prɪnsəs/ *s* prinsessa
principal /prɪnsəpəl/ *s* **1** rehtori **2** (tal) pääoma; velka(pääoma)
adj tärkein, pääasiallinen, pää-
principality /ˌprɪnsəˈpæləti/ *s* ruhtinaskunta
principally /prɪnsəpli/ *adv* pääasiassa, pääasiallisesti, etupäässä, lähinnä
principle /prɪnsəpəl/ *s* periaate *on principle* periaatteen vuoksi/tähden, periaatteesta *in principle* periaatteessa, alustavasti, teoriassa
principled *adj* (ihminen) periaatteen *high-principled* jolla on korkeat periaatteet/ihanteet *low-principled* periaatteeton, jolla ei (juuri) ole periaatteita
print /prɪnt/ *s* **1** (painettu) teksti *read the small print before you sign* lue pieni präntti (ark) ennen kuin allekirjoitat **2** *to be in print* (kirjasta) olla saatavana *to be out of print* olla painos loppunut **3** (valokuvauksessa) paperikuva, vedos *contact print* pinnakkaisvedos **4** (elokuvan positiivinen) esityskopio **5** jälki, painallus *fingerprints* sormenjäljet
v **1** painaa (esim kirja) **2** julkaista **3** painautua, painua (myös kuv) *that incident is indelibly printed in my memory* tapahtuma on painunut pysyvästi mieleeni **4** tekstata **5** (valok) tehdä paperikuviksi, ottaa vedos, vedostaa
printable *adj* **1** painokelpoinen **2** julkaisukelpoinen
printed matter *s* painotuote
printer *s* **1** kirjanpainaja **2** (tietokoneen) tulostin, kirjoitin
printer's error *s* ladontavirhe
printhead /ˈprɪntˌhed/ *s* (tietokonetulostimen) tulostuspää, kirjoituspää
printing *s* **1** (kirjan yms) painaminen, painotyö **2** painos **3** tekstaus
printing ink *s* painomuste
printing paper *s* valokuvauspaperi, valokuvapaperi
printing press *s* painokone
print journalism *s* (sanoma- ja aikakaus)lehtityö
printout /ˈprɪntˌaʊt/ *s* (tietokonekirjoittimen) (paperi)tuloste, printti
printwheel /ˈprɪntˌwiəl/ *s* (kiekkokirjoittimen) kiekko, kirjoituspää
prior /praɪər/ *adj* aikaisempi *without prior knowledge* asiasta etukäteen mitään tietämättä
priority /praɪˈɔrəti/ *s* **1** etusija *to give priority to* antaa jollekin etusija **2** tärkeä asia *it was my first priority to get out of the burning house* ensimmäiseksi halusin päästä ulos palavasta talosta *you've got your priorities all wrong* sinulla on arvot aivan väärässä järjestyksessä
prior to *prep* ennen jotakin
prism /prɪzəm/ *s* prisma, särmiö

prismatic /prɪz'mætɪk/ *adj* prismaattinen, särmiö-
prism finder *s* (valokuvauskoneen) prismaetsin
prison /prɪzən/ *s* vankila *the judge sent him to prison for five years* tuomari langetti hänelle viiden vuoden vankeusrangaistuksen
prisoner *s* vanki (myös kuv)
pristine /prɪstin/ *adj* koskematon, neitseellinen, virheetön, moitteeton
privacy /praɪvəsi/ *s* oma rauha, yksityisasiat *in the privacy of your home* omassa kodissa, kodin rauhassa, perhepiirissä
private /praɪvət/ *s* **1** (sot) alokas; sotamies; korpraali **2** (mon) sukupuolielimet **3** *could I talk to you in private?* voisimmeko jutella kahden kesken?
adj **1** yksityinen, henkilökohtainen, oma, luottamuksellinen *do you have a private office?* onko sinulla oma työhuone? *private citizen* yksityishenkilö *private correspondence* henkilökohtainen posti **2** eristäytyvä, syrjään vetäytyvä, sulkeutunut; syrjäinen
private detective *s* yksityisetsivä
private enterprise *s* yksityisyrittäjyys
private investigator *s* yksityisetsivä
privately *adv* yksityisesti, henkilökohtaisesti, kahden kesken tms
private parts *s* (mon) sukupuolielimet
private placement *s* (tal) suunnattu anti
private practice *s* yksityisvastaanotto
private school *s* yksityiskoulu
private secretary *s* oma sihteeri, yksityissihteeri
privation /praɪ'veɪʃən/ *s* puute, pula, köyhyys *the privations of college life* opiskelijaelämän vaikeudet/vastoinkäymiset
privatize /'praɪvəˌtaɪz/ *v* siirtää yksityisomistukseen, yksityistää
privilege /prɪvlɪdʒ/ *s* erioikeus, erivapaus, etuoikeus
v myöntää jollekulle erioikeus/erivapaus/etuoikeus *to privilege someone from something* vapauttaa joku jostakin
privileged *adj* etuoikeutettu
prize /praɪz/ *s* palkkio, palkinto
v pitää suuressa arvossa, arvostaa suuresti/paljon
adj **1** palkittu, palkinnon voittanut **2** palkinto-
prized *adj* arvostettu; haluttu *much prized* suuresti arvostettu; kovasti haluttu
prizefight /'praɪzˌfaɪt/ *s* ammattinyrkkeilyottelu
prizefighter *s* ammattinyrkkeilijä
prizewinner /'praɪzˌwɪnər/ *s* palkinnonsaaja, palkittu henkilö/tuote yms, voittaja
pro /proʊ/ *s* **1** (ark) ammattilainen *the pros* urheilun ammattilaisliiga(t) **2** (jaa-äänen antaja) kannattaja *the pros have it* jaa-äänet voittavat
adj ammattilais-
adv (äänestyksessä ym) jotakin kannattava
probability /ˌprabə'bɪləti/ *s* todennäköisyys *in all probability* kaiken todennäköisyyden mukaan *yes, it is a probability* aivan, se on mahdollista/todennäköistä
probable /prabəbəl/ *adj* todennäköinen
probably /prabəbli/ *adv* todennäköisesti
probation /proʊ'beɪʃən/ *s* **1** (lak) ehdonalainen vapaus **2** (uudessa työssä) koeaika
probe /proʊb/ *s* **1** luotain **2** (esim rötöksen) tutkimus, selvitys
v **1** luodata, tutkia luotaimella **2** tutkia, selvittää, tutkistella, luodata (kuv)
probing /proʊbiŋ/ *s* tutkimus, luotaus (myös kuv)
adj tutkiva, tunnusteleva, utelias
problem /prabləm/ *s* **1** ongelma, pulma, vaikeus, hankaluus *I think you have an attitude problem* minun mielestäni sinulla on väärä asenne **2** (koulu)tehtävä

stand in the way of progress älä ole edistyksen esteenä **2** eteneminen, kulku **3** edistyminen, eteneminen *we are not making progress* työmme ei edisty **4** *to be in progress* olla käynnissä/meneillään

progress /prə'gres/ *v* edetä, mennä/kulkea eteenpäin, edistyä, kehittyä *the work is progressing slowly* työ etenee/edistyy hitaasti *she is progressing* hänen työnsä on paranemaan päin; hän on paranemaan päin

progression /prə'greʃən/ *s* **1** eteneminen, kulku **2** edistyminen, eteneminen, kehittyminen **3** (asteittainen) siirtyminen,kehittyminen, sarja (myös mat)

progressive /prə'gresɪv/ *s* edistyksellinen ihminen
adj **1** kasvava, lisääntyvä, yltyvä, voimistuva, laajeneva **2** edistyksellinen

progressively *adv* yhä enemmän, kasvavassa määrin *the situation is getting progressively worse* tilanne pahenee koko ajan

prohibit /prə'hɪbət/ *v* kieltää

prohibition /ˌproʊə'bɪʃən/ *s* **1** kielto **2** *Prohibition* kieltolaki (Yhdysvalloissa 1920–1933)

prohibitionist /ˌproʊə'bɪʃənɪst/ *s* kieltolain kannattaja

prohibitive /prə'hɪbətɪv/ *adj* **1** kieltävä, kielto- **2** (hinta yms) pilviä hipova, kohtuuton

project /pradʒekt/ *s* hanke, suunnitelma, yritys, projekti

project /prə'dʒekt/ *v* **1** suunnitella, aikoa **2** ulottua/ulottaa jonkin ylle/päälle **3** heijastaa (kuva), projisoida **4** projisoida, piirtää/suorittaa projektio **5** laukaista, ampua

projectile /prə'dʒekˌtaɪəl/ *s* ammus, luoti

projection /prə'dʒekʃən/ *s* **1** ulkonema, kieleke **2** (kuvan) heijastus, projisointi **3** (geom, psyk) projektio

projection television *s* projektoritelevisio, televisioprojektori

projector *s* projektori

proletarian /ˌproʊlə'teriən/ *s* proletaari
adj proletaarinen, köyhälistön, työväenluokan

proletariat /ˌproʊlə'teriət/ *s* köyhälistö, työväenluokka, proletariaatti

proliferate /prə'lɪfəˌreɪt/ *v* lisääntyä, yleistyä, levitä nopeasti; rehottaa (myös kuv)

proliferation /prəˌlɪfə'reɪʃən/ *s* nopea lisääntyminen, yleistyminen, leviäminen, yleisyys

prolific /prə'lɪfɪk/ *adj* **1** hedelmällinen **2** tuottelias

prolog /proʊlag/ ks prologue

prologue /proʊlag/ *s* **1** prologi, esinäytös **2** (kuv) alkusoitto
v aloittaa/alkaa jollakin

prolong /prə'laŋ/ *v* pitkittää, jatkaa, pidentää

prolongation /ˌproʊlaŋ'geɪʃən/ *s* pidennys, pidentäminen, jatkaminen, jatkoaika, jatke

PROM *programmable read-only memory* ohjelmoitava lukumuisti

promenade /ˌpramə'neɪd/ *s* **1** (huvi)kävely **2** kävelytie, kävelykatu
v **1** käydä kävelyllä, viedä kävelylle **2** esitellä, marssittaa kaikkien/jonkun editse

prominence /pramənəns/ *s* **1** ulkonevuus **2** ulkonema **3** silmiinpistävyys **4** (auringon) protuberanssi

prominent /pramənənt/ *adj* **1** ulkoneva, eteen työntyvä, esiin pistävä *she has a very prominent nose* **2** näkyvä, huomiota herättävä, silmiinpistävä **3** johtava, tärkeä, merkittävä, vaikutusvaltainen **4** tunnettu, kuuluisa

prominently *adv* ks prominent

promiscuity /ˌpraməs'kjʊəti/ *s* siveettömyys, säädyttömyys, riettaus

promiscuous /prə'mɪskjʊəs/ *adj* siveetön, säädytön, epäsiveellinen, rietas

promiscuously *adv* siveettömästi, säädyttömästi, epäsiveellisesti, riettaasti

promiscuousness *s* siveettömyys, säädyttömyys, riettaus

promise /praməs/ *s* lupaus (myös kuv:) toivo *can you keep your promise?* pystytkö pitämään lupauksesi/sanasi? *she shows promise as a pianist* hän

vaikuttaa lupaavalta pianistilta
v luvata
promise the moon to *fr* luvata jollekulle maat ja taivaat
promising *adj* lupaava
promisingly *adv* lupaavasti *the concert began promisingly* konsertti alkoi lupaavasti
promissory note /'pramə,sɔri,noʊt/ *s* vekseli
promontory /'pramən,tɔri/ *s* niemeke
promote /prə'moʊt/ *v* **1** edistää, edesauttaa, auttaa **2** ylentää **3** siirtää seuraavalle luokalle **4** mainostaa (tuotetta)
promoter *s* (konsertin, kilpailun) sponsori, tukija; järjestäjä
promotion /prə'moʊʃən/ *s* **1** (virka- tai muu) ylennys **2** mainoskampanja; mainos
prompt /prampt/ *s* **1** (teatterissa) kuiskaus **2** kannustus, yllyke, kehotus; muistutus **3** (tietok) kehote, heräte
v **1** kannustaa, kehottaa, yllyttää, patistaa **2** saada aikaan **3** (tunteita, muistoja) herättää **4** (teatterissa) kuiskata (vuorosanoja)
adj nopea *I will be looking forward to your prompt reply* (kirjeessä) jään odottamaan pikaista vastaustanne
prompter *s* (teatterissa) kuiskaaja
promptly *adv* nopeasti
promptness *s* nopeus, pikaisuus
pronation /proʊ'neɪʃən/ *s* (raajan) sisäänkierto
prone /proʊn/ *adj* joka on päinmakuulla
prone to *adj* jolla on taipumusta johonkin, joka on altis jollekin
prong /praŋ/ *s* (haarukan, hangon ym) piikki; koukku
v pistää; puhkaista
pronghorn /praŋhɔrn/ *s* hanka-antilooppi
pronoun /'proʊ,naʊn/ *s* pronomini
pronounce /,pro'naʊns/ *v* **1** ääntää *the "e" in "house" in not pronounced* kirjain "e" sanassa "house" ei äänny **2** julistaa, ilmoittaa *I pronounce you man and wife* julistan teidät vihityiksi
pronounced *adj* selvä, ilmeinen, näkyvä, voimakas
pronto /prantoʊ/ *adv* (ark) nopeasti, äkkiä, kiireesti
pronunciation /prə,nʌnsi'eɪʃən/ *s* ääntämys, ääntäminen; ääntämisohje
proof /pruf/ *s* **1** todiste **2** *to put something to proof* panna jokin koetteille *the proof is in the pudding* luulo ei ole tiedon väärti **3** alkoholipitoisuus *100 proof* alkoholipitoisuus (yleensä) 50 % **4** (kirjapainossa) (korjaus-, oikaisu)-vedos **5** (valok) vedos
-proof *adj* (yhdyssanan jälkiosana) -kestävä *bearproof* karhunkestävä *bulletproof* luodinkestävä *waterproof* vedenpitävä, vesitiivis *100 proof whisky* 50-prosenttista viskiä
proof-of-purchase *s* ostotodistus (jolla tuotteen voi vaihtaa, palauttaa tms)
proofread /'pruf,rid/ *v* oikaisulukea, tehdä korjausluku, korjata vedokset tms
proofreader *s* oikaisulukija, korjauslukija
prop /prap/ *s* **1** tuki (myös kuv) **2** potkuri **3** (teatterissa) lavasteet
v **1** tukea, pitää pystyssä **2** laskea nojaamaan jotakin vasten *she propped her bike against the wall* hän pani pyöränsä seinää vasten
propaganda /,prapə'gændə/ *s* propaganda
propagandist *s* propagandan tekijä/levittäjä, propagandisti
adj propaganda-
propagandize /,prapə'gæn,daɪz/ *v* levittää (propagandaa jonnekin)
propagate /'prapə,geɪt/ *v* **1** lisääntyä, jatkaa sukua **2** (ääni, ajatus) levitä, levittää
propagation /,prapə'geɪʃən/ *s* **1** lisääntyminen, suvunjatkaminen **2** leviäminen, levitys
propane /proʊpeɪn/ *s* propaani
propel /prə'pel/ *v* **1** liikuttaa, kuljettaa **2** (kuv) kannustaa, innostaa
propellant /prə'pelənt/ *s* **1** polttoaine **2** (sumuttimessa) ponnekaasu
propeller /prə'pelər/ *s* potkuri
propensity /prə'pensəti/ *s* taipumus, alttius

protozoan /ˌproʊtəˈzoən/ *s* (mon protozoans, protozoa) alkueläin *adj* alkueläinten, alkueläin-
protract /prəˈtrækt/ *v* **1** pitkittää, venyttää **2** kurottaa, ojentaa
protraction /prəˈtrækʃən/ *s* pitkittyminen, pitkittäminen
protractor *s* astelevy
protrude /prəˈtrud/ *v* pistää esiin, työntyä/työntää esiin, pullistua, pullistaa
protrusion /prəˈtruʒən/ *s* pullistuma, uloke, kieleke
protuberance /prəˈtubərəns/ *s* **1** esiin työntyminen, pullistuminen **2** pullistuma, kohouma, uloke
proud /praʊd/ *adj* (myönteisesti tai kielteisesti) ylpeä
proudly *adv* ylpeästi
prov. *proverb* sananlasku
Prov. *Proverbs* (Vanhan testamentin) Sananlaskut
prove /pruv/ *v* proved, proved/proven: todistaa, osoittaa, osoittautua; osoittaa todeksi
proverb /ˈpraˌvərb/ *s* sananlasku
proverbial /prəˈvərbiəl/ *adj* **1** sananlaskumainen, sananlasku- **2** kuuluisa, maankuulu
provide /prəˈvaɪd/ *v* **1** hankkia, antaa käyttöön, varustaa, tarjota, antaa *I'll provide the beer and you bring the chips* minä tuon oluen ja sinä perunalastut *the trees provide at least some shade* puut tarjoavat edes jonkinlaisen varjon **2** pitää huoli jostakusta, huolehtia, elättää **3** sopia, määrätä, vaatia (sopimuksessa tms), sisältyä (sopimukseen tms)
provide against *v* varautua johonkin
provided that *konj* edellyttäen että, siinä tapauksessa että, mikäli, jos
provide for *v* **1** elättää joku, pitää huoli jostakusta **2** varautua johonkin **3** (laki, sopimus) sisältää, määrätä *the new law provides stiff penalties for smoking on flights of less than six hours' duration* uusi laki määrää ankaran rangaistuksen tupakoinnista alle kuuden tunnin pituisilla lennoilla
providence /pravədəns/ *s* (myös *Providence*) kaitselmus
providential /ˌpravəˈdenʃəl/ *adj* onnellinen, onnekas, otollinen
providentially *adv* onnellisesti
provider *s* elättäjä
providing that *konj* edellyttäen että, siinä tapauksessa että, mikäli, jos
province /pravɪns/ *s* **1** maakunta (Kanadassa) provinssi **2** (mon) maaseutu
provincial /prəˈvɪnʃəl/ *adj* **1** maakunta- **2** maaseutu-, maalais-, pikkukaupungin
provincialism /prəˈvɪnʃəˌlɪzəm/ *s* **1** maalaismaisuus, nurkkakuntalaisuus, rajoittuneisuus, tietämättömyys **2** (kielessä) murteellisuus **3** maakuntahenkisyys
provision /prəˈvɪʒən/ *s* **1** varustaminen, varustautuminen, huolto, muonitus, huolehtiminen, huolenpito **2** varasto, (mon) muona, eväät **3** varaus, ehto, sopimus
v varustaa, muonittaa, huoltaa
provisional *adj* väliaikainen, väliaikais- *the provisional wing of the IRA* IRA:n (Irlannin tasavaltalaisarmeijan) väliaikaissiipi
provisionally *adv* väliaikaisesti, toistaiseksi
proviso /prəˈvaɪˌzoʊ/ *s* (mon provisos, provisoes) (sopimuksen tms) varaus, ehto, ehtolauseke
provisory /prəˈvaɪzəri/ *adj* **1** ehto-, varaus- **2** väliaikainen
provocation /ˌpravəˈkeɪʃən/ *s* yllytys, kiihotus, provokaatio
provocative /prəˈvakətɪv/ *adj* yllyttävä, kiihottava, (tahallaan) ärsyttävä, provosoiva
provocatively *adv* yllyttäen, yllyttävästi, kiihottaen, (tahallaan) ärsyttäen, provosoiden
provoke /prəˈvoʊk/ *v* yllyttää, usuttaa, kiihottaa, (sääliä) herättää, kannustaa, haastaa (riitaa), ajaa (riitaan), (tahallaan) ärsyttää, provosoida
prow /praʊ/ *s* (laivan, veneen) keula, (lentokoneen) nokka

prowl /praʊəl/ *s* etsintä *to be on the prowl* koluta, etsiä jotakuta/jotakin *v* koluta (löytääkseen jotakin), etsiä
prowl car *s* poliisiauto
proximity /prak'sɪməti/ *s* läheisyys
proxy /praksi/ *s* **1** valtakirja **2** edustaja *he was represented in court by proxy* hän osallistui oikeudenkäyntiin valtuutettunsa edustamana
prude /prud/ *s* kainostelija, sievistelijä
prudence /prudəns/ *s* harkinta, varovaisuus
prudent /prudənt/ *adj* harkitseva, varovainen, (teko) viisas, harkittu
prudently *adv* varovaisesti, viisaasti, harkitusti
prudery /prudəri/ *s* kainostelu, sievistely, ujostelu
prudish /prudɪʃ/ *adj* (turhan) kaino, häveliäs, ujo, sievistelevä
prudishness *s* kainostelu, häveliäisyys, ujous, sievistely
prune /prun/ *s* (kuivattu) luumu *v* **1** karsia (oksia), typistää, leikata **2** (kuv) karsia, kitkeä, typistää
Prussia /prʌʃə/ Preussi
Prussian /prʌʃən/ *s, adj* preussilainen
pry /praɪ/ *v* **1** udella, nuuskia, kurkistella, penkoa (toisen asioita) **2** avata (väkisin), vääntää auki, (vaivoin) irottaa, saada irti (myös kuv:) kaivaa esiin (salaisuus tms)
prying *adj* utelias
Przewalski's horse /pʃə'vaəlskiz, ʃə'vaəlskiz/ *s* przewalskinhevonen
P.S. *postscriptum* jälkikirjoitus
psalm /sam/ *s* psalmi *the Psalms* (Vanhan testamentin) Psalmit, Psalmien kirja
pseudonym /'sudəˌnɪm/ *s* salanimi, kirjailijanimi
pseudonymous /sʊ'danəməs/ *adj* salanimellä/kirjailijanimellä esiintyvä/kirjoittava
pseudonymously *adv* (esiintyä, kirjoittaa) salanimellä, kirjailijanimellä
psi *pounds per square inch*
PSI *Pollution Standard Index*
PST *Pacific Standard Time*
pstg. *postage* postimaksu
psyche /saɪki/ *s* psyyke, sielu, sielunelämä
psychedelic /ˌsaɪkə'delɪk/ *adj* psykedeelinen, tajuntaa laajentava, huumaava, hypnoottinen
psychiatric /ˌsaɪki'ætrɪk/ *adj* psykiatrinen
psychiatrical *adj* psykiatrinen
psychiatrically *adv* psykiatrisesti
psychiatrist /saɪ'kaɪətrɪst/ *s* psykiatri
psychiatry /saɪ'kaɪətri/ *s* psykiatria
psychic /saɪkɪk/ *s* meedio *adj* **1** psyykkinen, sielullinen, henkinen **2** yliaistillinen
psychical *adj* ks psychic
psychically *adv* ks psychic
psycho /saɪkoʊ/ *s* (mon psychos) (sl) psykopaatti
psychoactive /ˌsaɪko'æktɪv/ *adj* psykoaktiivinen
psychoanalysis /ˌsaɪkoə'næləsɪs/ *s* psykoanalyysi
psychoanalyst /ˌsaɪko'ænəlɪst/ *s* psykoanalyytikko
psychoanalytic /ˌsaɪkoˌænə'lɪtɪk/ *adj* psykoanalyyttinen
psychoanalytical *adj* psykoanalyyttinen
psychoanalytically *adv* psykoanalyyttisesti
psychoanalyze /ˌsaɪko'ænəˌlaɪz/ *v* psykoanalysoida
psychogenic /ˌsaɪkə'dʒenɪk/ *adj* psykogeeninen
psycholinguistics /ˌsaɪkəlɪŋ'gwɪstɪks/ *s* (verbi yksikössä) psykolingvistiikka
psychologic *adj* psykologinen
psychological /ˌsaɪkə'ladʒɪkəl/ *adj* **1** psykologinen **2** psyykkinen, sielullinen, henkinen
psychologically *adv* psykologisesti
psychologist /saɪ'kalədʒɪst/ *s* psykologi
psychology /saɪ'kalədʒi/ *s* psykologia
psychomotor /ˌsaɪkə'moʊtər/ *adj* psykomotorinen
psychopath /'saɪkəˌpæθ/ *s* psykopaatti, luonnevikainen

psychopathic /ˌsaɪkə'pæθɪk/ *adj* psykopaattinen, luonnevikainen
psychosexual /ˌsaɪkə'sekʃʊəl/ *adj* psykoseksuaalinen
psychosis /saɪ'koʊsɪs/ *s* (mon psychoses) psykoosi
psychosocial /ˌsaɪkə'soʊʃəl/ *adj* psykososiaalinen, psyykkis-sosiaalinen
psychosomatic /ˌsaɪkəsə'mætɪk/ *adj* psykosomaattinen
psychotherapeutic /ˌsaɪkəˌθerə'pjutɪk/ *adj* psykoterapeuttinen
psychotherapist /ˌsaɪkə'θerəpɪst/ *s* psykoterapeutti
psychotherapy /ˌsaɪkə'θerəpi/ *s* psykoterapia
psychotic /saɪ'katɪk/ *s* psykootikko, mielisairas
adj psykoottinen, mielisairas
psychotropic /ˌsaɪkə'trapɪk/ s psykotrooppinen/psykoaktiivinen lääke/aine *adj* psykotrooppinen, psykoaktiivinen
p.t. *past tense* imperfekti
PTA *parent-teacher association*
Pte. *private* alokas
pterodactyl /ˌterə'dæktəl/ *s* pterodactylus, eräs lentolisko
PTO *Patent and Trademark Office*
PTT *post, telegraph, telephone*
pub /pʌb/ *s* pub, pubi, oluttupa, kapakka
pubertal /pjubərtəl/ *adj* murrosiän, puberteetin
puberty /pjubərti/ *s* murrosikä, puberteetti
pubic /pjubɪk/ *adj* häpy- *pubic hair* häpykarvat
pubis /pjubɪs/ *s* (mon pubes) häpyluu
public /pʌblɪk/ *s* **1** (suuri) yleisö: *the movie-going public* elokuvayleisö, elokuvissa kävijät *the public at large* suuri yleisö **2** *in public* julkisesti, julkisuudessa, julkisella paikalla
adj julkinen, julkisuuden, yleinen, yhteinen, kansan- *the national parks are public property* kansallispuistot ovat (kansan) yhteistä omaisuutta *to go/ make public* paljastaa, saattaa/tuoda julkisuuteen **3** *to go public* (tal) laskea liikkeelle yleisöanti
public affairs *s* (mon) julkiset asiat
publication /ˌpʌblɪ'keɪʃən/ *s* **1** (toiminta) julkaiseminen, julkaisu, kustantaminen, kustannus **2** (tuote) julkaisu, (erityisesti:) aikakauslehti, lehti
public enemy *s* yhteiskunnan vihollinen
public eye *to be in the public eye* olla julkisuuden valokiilassa
publicist /pʌbləsɪst/ *s* tiedottaja, lehdistösihteeri
publicity /pʌb'lɪsəti/ *s* **1** tiedotus(toiminta), suhdetoiminta **2** yleinen huomio, julkisuus, mainostus *the company's new computers got a lot of publicity* yrityksen uudet tietokoneet saivat osakseen paljon julkisuutta
publicize /'pʌbləˌsaɪz/ *v* mainostaa, tehdä tunnetuksi, ilmoittaa
public library *s* lainakirjasto
publicly *adv* julkisesti, julkisuudessa
public opinion *s* yleinen mielipide
public offering (tal) yleisöanti
public prosecutor *s* yleinen syyttäjä
public relations *s* (mon) suhdetoiminta
public school *s* **1** (US) kunnallinen koulu **2** (UK) yksityiskoulu
public service *s* **1** kunnallispalvelu, julkinen palvelu **2** kunnan/valtion palvelus *he's in public service* hän on kunnan/valtion palveluksessa **3** ilmaispalvelu, yleisöpalvelu
public transportation *s* julkinen liikenne
public utility *s* kunnallispalvelu, julkinen palvelu (vesi, sähkö, kaasu ym)
publish /pʌblɪʃ/ *v* julkaista, kustantaa
publisher *s* julkaisija, kustantaja
publishing *s* kustannustoiminta, kustannusala *she wants to go into publishing* hän haluaa töihin kustannusalalle
publishing house *s* kustannusliike, kustantamo
puck /pʌk/ *s* kiekko, jääkiekko
pucker up /pʌkər/ *v* mutristaa, panna/vetää/mennä mutruun
pudding /pʊdiŋ/ *s* vanukas
puddle /pʌdəl/ *s* lätäkkö

pudu /pudu/ *s* pudu
pueblo /pʊ'eblou/ *s* (mon pueblos) **1** pueblo (intiaanien monikerroksinen asumus) **2** intiaanikylä **3** (latinalaisessa Amerikassa) kylä **4** *Pueblo* pueblo-intiaani
puerile /pjəraɪəl/ *adj* lapsellinen
Puerto Rico /ˌpwertə'rikoʊ/
puff /pʌf/ *s* **1** pöllähdys, puhahdus, tuprahdus, puuska, puuskaus **2** (tupakoinnissa) haiku **3** (leivos) tuulihattu **4** (läpinäkyvä) kehuskelu, piilomainonta, puffi (sl)
v **1** pöllähtää, puhahtaa, tuprahtaa **2** (tupakoijasta) vetää/vetäistä/pölläytellä/tuprutella haikuja **3** kehuskella, mainostaa vaivihkaa, puffata (sl)
puffy *adj* turvonnut, pöhöttynyt, pullistunut
pug /pʌg/ *s* **1** (koira) mopsi **2** nykerö, nykerönenä
pugilism /'pjudʒəˌlɪzəm/ *s* nyrkkeily
pugilist /pjudʒəlɪst/ *s* nyrkkeilijä
pugilistic /ˌpjudʒə'lɪstɪk/ *adj* nyrkkeily-
pugnacious /pʌg'neɪʃəs/ *adj* tappelunhaluinen, riidanhaluinen, uhmaava, hyökkäävä
pug nose *s* nykerönenä, nykerö
puke /pjuk/ s (sl) yrjö, oksennus
v (sl) yrjötä, oksentaa
pull /pʊl/ *s* **1** veto, nykäisy, kiskaisu **2** henkäisy, hengenveto; siemaus, ryyppy; (tupakoinnissa) haiku **3** (ark) vaikutusvalta, suhteet *I have no pull with the mayor* minulla ei ole suhteita kaupunginjohtajaan **4** (ark) vetovoima
v **1** vetää, vetäistä, kiskoa, kiskaista, nykiä, nykäistä, repiä, repäistä **2** tehdä (jotakin vilpillistä) *he pulled a trick on us* hän veti meitä höplästä
pull a boner *fr* (sl) tyriä, tunaroida, möhliä
pull ahead *v* ohittaa, päästä/mennä jonkun/jonkin *(of)* edelle
pull apart *v* arvostella ankarasti/yksityiskohtaisesti, eritellä, tutkia tarkkaan
pull at *v* kiskoa, nyhtää *she kept pulling at her hair* hän nyhti hiuksia päästään
pull away *v* **1** perääntyä, vetäytyä jostakin **2** lähteä (liikkeelle) **3** irtautua, irtaantua, päästä irti/vapaaksi
pull down *v* **1** vetää alas **2** purkaa (rakennus) **3** (ark) tienata, ansaita
pullet /pələt/ *s* nuori kana
pulley /pʊli/ *s* **1** väkipyörä **2** talja, väkipyörästö
pull for *v* kannattaa, kannustaa
pull in *v* **1** saapua (esim asemalle) **2** kiristää **3** (poliisi) pidättää
pullman kitchen /pəlmən/ *s* baarikeittiö
pull no punches *fr* ei säästellä vastustajaansa; (kuv) ei säästellä sanoja
pull off *v* onnistua jossakin, saada tehdyksi *how did you pull that off?* miten (ihmeessä) sinä sen (tempun) teit?
pull on *v* uhata jotakuta aseella *then the mugger pulled a gun on me* sitten ryöstäjä veti esiin aseen ja uhkasi sillä minua
pull out *v* **1** lähteä (liikkeelle) **2** luopua, vetäytyä, sanoutua irti jostakin
pull over *v* ajaa/pysähtyä tien sivuun
pullover /pəloʊvər/ *s* pujopaita, pujoliivi
pull rank on *fr* komennella, määräillä (korkeampaan asemaansa vedoten)
pull someone's leg *fr* narrata jotakuta, vetää jotakin nenästä/höplästä
pull strings *fr* käyttää hyväksi suhteitaan
pull the rug out from *fr* (kuv) lyödä jalat jonkun alta
pull through *v* selvitä jostakin (esim sairaudesta)
pull up *v* pysäyttää (auto tms), pysähtyä
pull up stakes *fr* vaihtaa maisemaa, siirtyä muualle
pull wires *fr* käyttää hyväksi suhteitaan
pull wool over someone's eyes *they tried to pull the wool over his eyes* he yrittivät hämätä/pettää häntä
pull yourself together *v* ryhdistäytyä
pull your weight *fr* tehdä/hoitaa (oma) osuutensa
pulmonary /'pəlməˌneri/ *adj* keuhko-

pulp /pəlp/ *s* **1** (hedelmän) malto **2** (eläimen) liha **3** (hampaan) ydin **4** selluloosa, paperimassa **5** massa **6** roskalehti, roskaromaani
v jauhaa, hienontaa, murskata massaksi
pulp canal *s* (hampaan) juurikanava
pulpit /pəlpət/ *s* **1** saarnastuoli **2** *the pulpit* papisto, kirkonmiehet
pulsar /pəlsər/ *s* pulsari
pulsate /pəlseɪt/ *v* sykkiä (myös kuv), (sydän myös) lyödä, tykyttää
pulsation /pəl'seɪʃən/ *s* sykintä, syke, tykytys, lyönti, pulssi
pulse /pəls/ *s* syke, pulssi, tykytys, sykäys
v sykkiä (sydän myös) lyödä
pulse dialing *s* (puhelimessa) impulssivalinta
pulverize /'pəlvəˌraɪz/ *v* **1** hienontaa, jauhaa hienoksi **2** (kuv) hävittää maan tasalle
puma /pjumə/ *s* puuma
pump /pʌmp/ *s* pumppu
v pumpata (myös kuv)
pumpernickel /'pʌmpərˌnɪkəl/ *s* kuorrutettu kahvileipä
pumpkin /pʌmpkɪn/ *s* kurpitsa
pumps (mon) avokkaat
pun /pʌn/ *s* sanaleikki (leikki sanojen merkityksillä, äänneasultaan samoilla mutta merkitykseltään erilaisilla sanoilla)
v leikkiä sanoilla/sanojen merkityksillä
punch /pʌntʃ/ *s* **1** isku, tälli *to pull no punches, not pull any punches* ei säästellä vastustajaansa; (kuv) ei säästellä sanoja **2** (kuv) voima, potku *to roll with the punches* väistellä iskuja; (kuv) selvitä vaikeuksista huolimatta, pitää puolensa, pärjätä
v iskeä, täräyttää, pamauttaa, antaa tälli
punch away *v* (ark) puurtaa, pakertaa
punch card *s* reikäkortti
punch in *v* leimata kellokortti, saapua työpaikalle
punch out *v* leimata kellokortti, lähteä työstä/kotiin
punch up *v* hakea (tietokoneen, päätteen) näyttöön
punctilious /pʌŋk'tɪliəs/ *adj* pikkutarkka, (turhan)tarkka, säntillinen, huolellinen, täsmällinen, tunnollinen
punctual /pʌŋkʃʊəl/ *adj* täsmällinen *you are very punctual* sinä et koskaan myöhästy
punctually *adv* (tarkalleen) ajoissa
punctuate /'pʌŋktʃʊˌeɪt/ *v* **1** laittaa välimerkit **2** keskeyttää *the concert was punctuated by frequent coughs from the audience* konsertin aikana yleisö yski vähän väliä **3** korostaa, painottaa, tähdentää
punctuation /ˌpʌŋktʃʊ'eɪʃən/ *s* välimerkit; välimerkkien käyttö; välimerkkien lisääminen
punctuation mark *s* välimerkki
puncture /pʌŋkʃər/ *s* puhkaisu, puhkaiseminen, puhkeaminen, (erityisesti) rengasrikko
v puhkaista, puhjeta; rei'ittää, tehdä reikä/reikiä johonkin
pundit /pʌndɪt/ *s* **1** tietäjä, oppinut, asiantuntija **2** kommentaattori
pungency /pʌndʒənsi/ *s* **1** (hajun, maun) pistävyys **2** (kuv) purevuus, iva, ivallisuus, piikikkyys
pungent /pʌndʒənt/ *adj* **1** (haju, maku) pistävä **2** (kuv) pureva, ivallinen, piikikäs, terävä
pungently *adv* ks pungent
Punic Wars /pjunɪk/ *s* (mon) puunilaissodat
punish /pʌnɪʃ/ *v* **1** rangaista **2** (kuv) kurittaa, panna koetteille/koville
punishable *adj* rangaistava
punishing *adj* ankara, kova, raju
punishment /pʌnɪʃmənt/ *s* **1** rangaistus **2** (kuv) koettelemus *I can take the punishment* kyllä minä siitä selviän
punitive /pjunɪtɪv/ *adj* rangaistus-
punk /pʌŋk/ *s* **1** (sl) retale, sälli, (nuori) konna **2** punk **3** punkrock **4** punkkari
adj **1** (ark) surkea, kurja, viheliäinen **2** punk-
punker *s* punkkari
punk rock *s* punkrock
punky *adj* **1** (sl) sällimäinen, huligaani- **2** punk-, punkrock-
punt /pʌnt/ *s* **1** tasapohjainen ruuhi **2** (jalkapallossa: ilmasta) potku

v **1** sauvoa (venettä) **2** kulkea/mennä jonnekin ruuhella **3** (kuv) huovata, viivytellä, vetkutella **4** (jalkapallossa) potkaista (pallo) ilmasta **5** (sl) lyödä vetoa (raveissa)

puny /pjuni/ *adj* **1** pieni, heikko, vähäinen **2** vähäpätöinen, mitätön

pup /pʌp/ *s* (koiran)pentu, penikka *v* penikoida, synnyttää penikoita

pupil /pjupəl/ *s* **1** silmäterä, mustuainen, pupilli **2** (nuori tai yksityis)oppilas

puppet /pʌpət/ *s* sätkynukke (myös kuv)

puppeteer /ˌpʌpəˈtɪər/ *s* nukketeatterin esittäjä

puppet show *s* nukketeatteri

puppy /pʌpi/ *s* (koiran)pentu

puppy love *s* nuori rakkaus, (nuorten) ihastuminen

purchase /pərtʃəs/ *s* **1** osto, ostaminen, kauppa, hankinta **2** ostos **3** ote *v* ostaa, hankkia

purchaser *s* ostaja

purchase tax *s* (UK) myyntivero

purchasing agent *s* **1** sisäänostaja **2** välittäjä

purchasing power *s* ostovoima

pure /pjʊər pjər/ *adj* puhdas (myös kuv:) tahraton, viaton; pelkkä, silkka *pure gold* puhdas kulta *do you have a pure conscience?* onko omatuntosi puhdas? *that's pure nonsense* se on silkkaa pötyä *it was pure chance that I met her* oli puhdas sattuma että tapasin hänet, tapasin hänet aivan sattumalta

purebred /ˈpjʊərˌbred ˈpjərˌbred/ *s* puhdasverinen hevonen *adj* puhdasverinen

purely *adv* puhtaasti (myös kuv)

purgative /pərgətɪv/ *s* ulostuslääke *adj* **1** (lääk) ulostus- **2** puhdistava

purgatory /ˈpərgəˌtɔri/ *s* kiirastuli (myös kuv)

purge /pərdʒ/ *s* **1** (poliittinen) puhdistus, puhdistukset **2** ulostuslääke *v* **1** puhdistaa **2** (kuv) puhdistaa, syrjäyttää, erottaa **3** ulostaa, tyhjentää suoli

purification /ˌpjərəfɪˈkeɪʃən/ *s* (myös kuv) puhdistus, puhdistaminen, puhdistautuminen

purify /ˈpjərɪˌfaɪ/ *v* (myös kuv) puhdistaa, puhdistua

purism /pjərɪzəm/ *s* purismi

purist /pjərɪst/ *s* puristi *a purist does not want autofocus in his camera* puristi ei kaipaa kameraansa automaattitarkennusta

puristic /pjəˈrɪstɪk/ *adj* puristinen

Puritan /pjərɪtən/ *s, adj* (usk) puritaani(-) *puritan* (kuv) puritaani(-)

puritanical /ˌpjərɪˈtænɪkəl/ *adj* puritaaninen, ankara; koruton, askeettinen

puritanically *adv* ks puritanical

Puritanism /ˈpjərɪtəˌnɪzəm/ *s* puritanismi, puritaanisuus

puritanism puritaanisuus, ankaruus; koruttomuus, askeesi, askeettisuus

purity /pjərəti/ *s* puhtaus (myös kuv:) tahrattomuus, viattomuus

purloin /pərlɔɪn/ *v* kähveltää, pihistää, varastaa

purple /pərpəl/ *s* purppura *adj* purppuranvärinen

purport /pərpɔrt/ s **1** sisältö **2** tarkoitus

purport /pərˈpɔrt/ *v* väittää olevansa jotakin, olla olevinaan jotakin, vihjata, antaa ymmärtää *the man at the door purports to be from the IRS* ovella seisova mies väittää olevansa verovirastosta

purported /pərˈpɔrtəd/ *adj* jonka väitetään olevan olemassa/jotakin, väitetty *the purported murderer* murhaajaksi väitetty henkilö

purportedly *adv* muka, kuten väitetään

purpose /pərpəs/ *s* **1** tarkoitus, aikomus, aie, päämäärä *it was their purpose to overthrow the government* he aikoivat kaataa hallituksen *to do something on purpose* tehdä jotakin tahallaan/tieten tahtoen **2** tehtävä, tarkoitus *what is the purpose of this button?* mihin tätä nappia tarvitaan? **3** päättäväisyys, määrätietoisuus, tahto *he has no sense of purpose* hänessä ei ole määrätietoisuutta, hän on päämäärätön

purposeful *adj* määrätietoinen, päättäväinen

purposefully *adv* määrätietoisesti, päättäväisesti
purposeless *adj* **1** päämäärätön **2** turha, tyhjänpäiväinen
purposely *adv* tahallaan, tieten tahtoen
purr /pər/ s surina, hurina, kehräävä ääni
v kehrätä (myös kuv), surista, hurista
purse /pərs/ *s* **1** käsilaukku **2** kukkaro **3** (kuv) rahat, varat **4** (kuv) palkinto(rahat)
v mutristaa, panna/vetää (huulet, suu) mutruun/mutrulle
purser /pərsər/ *s* purseri
purse strings *s* (mon kuv) rahakukkaron nyörit: *to hold the purse strings* pidellä rahakukkaron nyörejä käsissään, päättää raha-asioista *to loosen/tighten the purse strings* löysätä/kiristää rahakukkaron nyörejä
pursuant to /pər'sʊənt/ *adv* jonkin mukaisesti
prep jonkin jälkeen
pursue /pər'su/ *v* **1** ajaa takaa, (kuv) vainota **2** jatkaa **3** tavoitella jotakin, pyrkiä johonkin *she pursues high ideals* hänen tavoitteensa ovat korkealla **4** noudattaa *to pursue instructions/a plan* noudattaa ohjeita/suunnitelmaa **5** harjoittaa (ammattia) *to pursue your studies* opiskella
pursuer *s* takaa-ajaja, seuraaja
pursuit /pər'sut/ *s* **1** takaa-ajo, etsintä (myös kuv) *the pursuit of happiness* onnen tavoittelu **2** ammatti, harrastus, puuha
pus /pʌs/ *s* (lääk) märkä
push /pʊʃ/ *s* **1** työntö; tönäisy *give me a push, will you?* työnnä vähän! **2** ponnistus, yritys **3** (sotilaallinen, mainos)kampanja, (sotilaallinen) hyökkäys **4** *when push comes to shove* kovan paikan tullen, tosi tilanteessa
v **1** työntää, työntyä; tönäistä, tökkäistä; tunkea, tunkeutua **2** painostaa, patistaa, kannustaa **3** tyrkyttää, tuputtaa
push around *v* kohdella kaltoin; komennella
pushbutton phone /'pʊʃˌbʌtən/ *s* näppäinpuhelin
pushcart /'pʊʃˌkart/ *s* työntökärryt
push off *v* (ark) lähteä; jatkaa matkaa
push on *v* jatkaa (sinnikkäästi), ei antaa periksi
pushover /'pʊʃˌoʊvər/ *s* (ark) **1** helppo homma/nakki **2** vätys, vaaraton vastustaja
push to the wall *they pushed him to the wall* he panivat hänet ahtaalle/seinää vasten/lujille
push-up /'pʊʃˌʌp/ *s* etunojapunnerrus
push up daisies *fr* olla kuollut ja kuopattu, kasvaa koiranputkea
push your luck *fr* koetella onneaan, uhmata kohtaloaan
pusillanimity /ˌpjusələˌnɪməti/ *s* arkuus, pelokkuus, pelkuruus
pusillanimous /ˌpjusə'lænɪməs/ *adj* arka, pelokas, pelkurimainen
pussy /pʊsi/ *s* **1** (ark) kisu **2** (sl) vittu, pillu **3** (sl) seksi
pussycat /'pʊsiˌkæt/ *s* **1** kissimirri **2** (kuv) lammas, vaaraton tapaus
pustule /pʌstʃʊəl/ *s* (lääk) märkärakkula, pustula
put /pʊt/ *v* put, put **1** panna, laittaa, asettaa *she put the book on the table* hän pani/laski kirjan pöydälle *they put their children in a private school* he panivat lapsensa yksityiskouluun **2** ilmaista, pukea sanoiksi *I don't quite know how to put this but you're fired* en tiedä miten tämän sanoisin mutta minun on annettava sinulle potkut **3** saattaa (johonkin tilanteeseen) *you have put me in a difficult position* olet saattanut minut vaikeaan tilanteeseen *that puts you in my debt* sen vuoksi jäät minulle kiitollisuudenvelkaan **4** kirjoittaa, piirtää, raapustaa *put your name here* pane/kirjoita nimesi tähän **5** kääntää (jollekin kielelle) **6** *to stay put* pysyä aloillaan, ei liikkua **7** arvioida *I put the price at six figures* arvioin hinnan liikkuvan sadoissa tuhansissa **8** esittää (kysymys)
put across *v* **1** esittää, selittää **2** esiintyä (hyvin), olla edukseen **3** saada hyväksytyksi

put all your eggs in one basket *fr* panna kaikki yhden kortin varaan
put an end to *fr* tehdä loppu jostakin, lopettaa, saada loppumaan
put a stop to *fr* tehdä loppu jostakin, lopettaa, saada loppumaan
putative /pjutətɪv/ *adj* luuloteltu, jonakin pidetty
put at someone's disposal *fr* antaa käyttöön
put away *v* **1** panna paikalleen **2** säästää, panna talteen **3** hylätä jotakin, luopua jostakin **4** haudata **5** lähettää/panna vankilaan/laitoshoitoon **6** tappaa, ottaa hengiltä
put by *v* säästää, panna talteen
put down *v* **1** vähätellä, väheksyä **2** tukahduttaa, kukistaa, vaientaa **3** kirjoittaa muistiin/ylös **4** lopettaa (eläin)
put down as *v* pitää jotakuta jonakin, luulla jotakuta joksikin
put down for *v* luvata tehdä jotakin *she put me down for the beer* hän käski minun tuoda (juhliin) olutta
put forth *v* **1** esittää, ehdottaa **2** julkistaa, tuoda julkisuuteen, julkaista **3** tehdä (parhaansa) **4** lähteä (matkaan)
put forward *v* **1** esittää, ehdottaa **2** ehdottaa virkaan/tehtävään, asettaa ehdokkaaksi
put in a good word for *Kevin put in a good word for me with the manager* Kevin kehui/suositteli minua johtajalle
put in for *v* anoa, hakea, jättää sisään anomus/hakemus
put into words *fr* pukea sanoiksi, ilmaista
put in your two cents worth *fr* kertoa mielipiteensä
put off *v* **1** tympäistä, inhottaa, ällöttää *I'm put off by her behavior* hänen käytöksensä ärsyttää minua **2** lähteä (matkaan) **3** lykätä (myöhemmäksi), siirtää **4** käännyttää takaisin, hankkiutua eroon jostakusta **5** työntää (vene) vesille
put on *v* **1** pukea ylleen **2** teeskennellä, olla olevinaan jotakin **3** narrata, huijata, vetää nenästä/höplästä
put on airs *fr* tärkeillä, mahtailla, ylvästellä
put on a pedestal *fr* nostaa jalustalle, palvoa
put yourself out *v* nähdä kovasti vaivaa, vaivata itseään
put on hold *fr* **1** panna odottamaan (puhelimessa) **2** jättää pöydälle, panna jäihin, lykätä myöhemmäksi
put on the line *fr* panna jotakin peliin/alttiiksi, riskeerata
put on weight *fr* lihoa
put option *s* (tal) myyntioptio
put out *v* **1** sammuttaa (tulipalo) **2** viedä/päästää (esim koira) ulos **3** olla vaivaksi jollekulle, aiheuttaa jollekulle vaivaa **4** julkaista
put over on *v* huijata, käyttää jotakuta hyväkseen
putrefaction /ˌpjutrəˈfækʃən/ *s* mädäntyminen, mätäneminen, pilaantuminen, eltaantuminen
putrefy /ˈpjutrəˌfaɪ/ *v* mädäntyä, pilaantua, eltaantua
putrid /pjutrɪd/ *adj* mädäntynyt, pilaantunut, eltaantunut
put someone wise *fr* (sl) kertoa jollekulle jotakin
putt /pʌt/ *s* (golf) putti, pallon lyöminen puttausmailalla maata pitkin viheriöllä *v* (golf) putata, lyödä palloa viheriöllä kevyesti puttausmailalla
put teeth into *fr* terästää jotakin, lisätä jonkin tehokkuutta
putter /pʌtər/ *s* **1** (golf) puttaaja **2** (golf) puttausmaila *v* puuhata, häärätä
putter away *v* panna hukkaan, vetelehtiä, ei tehdä mitään
put the arm on *fr* painostaa, patistaa jotakuta johonkin, tiukata
put the cart before the horse *fr* valjastaa kärryt hevosen eteen, aloittaa väärästä päästä
put the finger on *fr* **1** syyttää jotakuta **2** sanoa tarkkaan *I can't put my finger on it but I think it's the overtime*

en ole varma mistä se johtuu mutta luulen että syy on ylitöissä
put the screws on *fr* painostaa, kiristää
put the skids under someone/ something *fr* koitua jonkun/jonkin kohtaloksi/turmioksi, tehdä loppu jostakin
put the touch on someone *fr* (ark) yrittää lainata rahaa joltakulta
put through *v* **1** saattaa päätökseen, tehdä valmiiksi **2** toteuttaa **3** yhdistää (puhelu) **4** joutua käymään läpi jotakin *she has been put through a lot of misery* hän on joutunut kärsimään kovasti
put through its paces *fr* näyttää/kokeilla mihin joku/jokin pystyy
putting green *s* (golf) viheriö
put to it *fr* olla vaikeuksia (jonkin asian kanssa), jossakin on kova työ/vaiva; olla rahapulassa
put to rest *fr* heittää/jättää mielestään, antaa olla
put to shame *fr* **1** tuottaa häpeää jollekulle **2** jättää joku varjoonsa, joku/jokin kalpenee jonkun/jonkin rinnalla
put to sleep *fr* **1** nukuttaa **2** lopettaa (eläin)
put to use *she put the money to good use* hän otti rahasta kaiken irti
put two and two together *the guy can't put two and two together* hän ei hoksaa mistä tässä on kyse
putty /pʌti/ *s* kitti
put under wraps *fr* (ark) pitää salassa/salata
put up *v* **1** pystyttää, rakentaa **2** säilöä **3** majoittaa, tarjota yösija **4** maksaa, pulittaa **5** *to put up a fight* ruveta tappelemaan; (kuv) panna vastaan **6** esittää, ehdottaa **7** asettaa ehdokkaaksi
put upon *to feel put upon* tuntea itsensä petetyksi
put up to *v* yllyttää, usuttaa (tekemään jotakin)
put up with *v* sietää jotakuta/jotakin
put wise to *fr* kertoa/paljastaa jollekulle jotakin
put your shoulder to the wheel *fr* panna hihat heilumaan, (kääriä hihansa/sylkäistä käsiinsä ja) ruveta töihin
put your teeth on edge *fr* **1** vihloa hampaita; tuntua inhottavalta **2** ärsyttää, inhottaa, kuvottaa
puzzle /pʌzəl/ *s* **1** arvoitus **2** palapeli **3** sanaristikko
v **1** askarruttaa, vaivata, kismittää, kaivella **2** miettiä, pohtia, vaivata päätään jollakin
puzzlement *s* **1** hämmästys, ällistys **2** arvoitus, mysteeri
puzzler *s* (täydellinen) arvoitus, mysteeri
PVC *polyvinyl chloride* polyvinyylikloridi, PVC
pvt. *private* yksityinen
PX *post exchange; private exchange*
pygmy /pɪgmi/ *s* **1** *Pygmy* kääpiö, pygmi **2** kääpiö, pienikokoinen ihminen/eläin/esine **3** (kuv) kärpässarjalainen
adj kääpiö- (myös kuv)
pygmy antelope /ˌpɪgmi'æntəloup/ *s* pikkuantilooppi
pygmy hippopotamus /ˌhɪpə'patəməs/ *s* kääpiövirtahepo
pygmy hog /hag/ *s* kääpiösika
a quick right whale *s* kääpiövalas
pyjamas /pə'dʒæməz, pə'daməz/ *s* (UK mon) yöpuku (US: *pajamas*)
pylon /paɪlan/ *s* **1** merkkipylväs, merkkipaalu **2** (egyptiläisessä temppelissä) pyloni **3** (sähkönsiirtojohtoja kannattava) pylväs
Pyongyang /ˌpjaŋ'jæŋ/ Pjongjang (Pohjois-Korean pääkaupunki)
pyramid /pɪrəmɪd/ *s* (arkkitehtuurissa, geometrissa) pyramidi
pyramidal /pə'ræmədəl/ *adj* pydamidin muotoinen, pyramidi-
pyre /paɪər/ *s* polttorovio
Pyrenees /'pɪrəˌniz/ (mon) Pyreneet
python /paɪθən/ *s* pytonkäärme

Q, q

Q, q /kjuː/ Q, q
Q-A *question and answer*
Q. and A. *question and answer*
Qatar /kə'taər katar/
Qatari *s, adj* qatarilainen
Q.E.D. *quod erat demonstrandum* mikä oli todistettava, m.o.t.
Qld. *Queensland*
quack /kwæk/ *s* **1** (ankan, sorsan) kaakatus **2** puoskari **3** huijari
v (ankka, sorsa) kaakattaa
quackery /kwækəriː/ *s* puoskarointi
quad /kwaːd/ *s* (ark) ks quadrangle, quadrant, quadraphonic, quadruplets
quadrangle /'kwad,ræːŋgəl/ *s* **1** nelikulmio; neliö **2** (vars kampuksen) aukio
quadrant /kwaːdrənt/ *s* (ympyrän, kuun) neljännes, (geom myös) kvadrantti
quadraphonic /,kwaːdrə'faːnɪk/ *adj* nelikanavainen
quadraphony /kwaː'drafəniː/ *s* nelikanavainen ääni
quadruped /'kwaːdrə,ped/ *s* nelijalkainen (eläin)
quadruple /kwa'druːpəl/ *s* nelinkertainen määrä
v nelinkertaistaa, nelinkertaistua
adj neljä-, neli-; nelinkertainen
quadruplets /kwa'druːpləts/ *s* (mon) neloset
quagmire /'kwæːg,maɪər/ *s* **1** suo **2** pulmatilanne, ahdinko, kiipeli
quail /kweɪəl/ *s* **1** (Euroopassa) viiriäinen **2** (Amerikassa) virginianpyy, bobwhite
v lannistua, pelästyä, vapista pelosta, mennä sisu kaulaan
quaint /kweɪnt/ *adj* **1** maalauksellinen, viehkeä, tunnelmallinen, viehättävän vanhanaikainen, idyllinen **2** (viehättävän) erikoinen, omaperäinen, hauska
quaintly *adv* ks quaint
quaintness *s* **1** maalauksellisuus, viehkeys, tunnelmallisuus, idyllisyys **2** (viehättävä) erikoisuus, omaperäisyys
quake /kweɪk/ *s* maanjäristys
v väristä, vapista, täristä
quakeproof /'kweɪk,pruːf/ *adj* maanjärityksen kestävä
Quaker /kweɪkər/ *s* kveekari
qualification /,kwaːlɪfə'keɪʃən/ *s* **1** pätevyys **2** vaatimus, edellytys **3** rajoitus, varaus, ehto *he wanted to make some qualifications to his earlier promise* hän halusi täsmentää aiemmin antamaansa lupausta
qualified *adj* **1** pätevä, kykenevä, sopiva **2** varauksellinen, ehdollinen *he answered with a qualified "yes"* hän näytti keltaista valoa
qualifier *s* (kieliopissa) **1** määrite **2** astetta ilmaiseva adverbi (esim *very, almost*)
qualify /'kwaːlə,faɪ/ *v* **1** olla pätevä johonkin, täyttää vaatimukset, kelvata; tehdä päteväksi johonkin; hankkia pätevyys johonkin, pätevöityä *being the son of the boss does not qualify you for the job* se että olet pomon poika ei tee sinua päteväksi työhön **2** (urh) selviytyä jatkoon **3** rajoittaa, esittää varauksia/ehtoja, täsmentää **4** lieventää, pehmentää **5** (kieliopissa) määrittää
qualitative /'kwaːlɪ,teɪtɪv/ *adj* laadullinen, laatu-
qualitatively *adv* laadullisesti
quality /kwaːlətiː/ *s* **1** laatu; laatuluokka **2** ominaisuus, piirre **3** luonne, olemus, ilme (kuv) **4** (äänen) väri, (värin) sävy
adj laatu-

quality control *s* laadunvalvonta
qualm /kwaːm/ *s* epäilys, tunnonvaivat *I have no qualms about telling him what I think of him* minua ei yhtään ujostuta sanoa hänelle mitä hänestä ajattelen
quandary /kwaːndəriː/ *s* pulmatilanne, vaikea valinta *we were in a quandary about whether to stay or go* emme osanneet päättää jäädäkö vai lähteä
quanta /kwaːntə/ ks quantum
quantitative /ˈkwaːntɪˌteɪtɪv/ *adj* määrällinen, määrä-
quantitatively *adv* määrällisesti
quantity /kwaːntətiː/ *s* **1** määrä *in quantity* suurina määrinä, paljon **2** (mat, fys) suure
quantum /kwaːntəm/ *s* (mon quanta) **1** (fys) kvantti **2** määrä
quantum jump ks quantum leap
quantum leap *s* **1** kvanttihyppy **2** (kuv) (suuri) edistysaskel
quantum mechanics *s* (verbi yksikössä) kvanttimekaniikka
quantum theory *s* kvanttiteoria
quarantine /ˈkwɔrənˌtiːn/ *s* karanteeni, (pakko)eristys
v määrätä/panna karanteeniin, eristää
quark /kwaərk/ *s* (fys) kvarkki
quarrel /kwɔrəl/ *s* riita, kiista, kina, erimielisyys
v riidellä, kiistellä, kinata
quarrelsome /kwɔrəlsəm/ *adj* riidanhaluinen, riitaisa, toraisa
quarrel with *to have nothing to quarrel about with something* jollakulla ei ole mitään valittamista jonkin suhteen
quarry /kwɔriː/ *s* **1** saaliseläin **2** (kuv) tavoite, päämäärä, kohde **3** louhos, kaivos **4** (kuv) kultakaivos, ehtymätön lähde
v louhia
quart /kwɔrt/ *s* quart (neljännesgallona, US 0,946 l, UK 1,136 l)
quarter /kwɔrtər/ *s* **1** neljännes **2** neljännesdollari, 25 centiä **3** neljännestunti, varttitunti *it's a quarter of five* kello on neljännestä vaille viisi **4** neljännesvuosi *our fourth-quarter profits are up* tulomme ovat nousseet viimeisellä vuosineljänneksellä **5** (yliopistossa) lukukausi **6** (urh) pelineljännes **7** (mon) majoitus, majapaikka **8** kaupunginosa, kortteli **9** taho, ilmansuunta, suunta
v **1** jakaa neljään osaan **2** majoittaa, majoittua **3** sijoittaa (sotilaita)
quarterback /ˈkwɔrtərˌbæk/ *s* (amerikkalaisessa jalkapallossa) pelinrakentaja
quarterly *s* neljännesvuosittain/ neljästi vuodessa ilmestyvä julkaisu
adj neljännesvuosittainen
adv neljännesvuosittain, neljästi vuodessa
quartet /kwɔrˈtet/ *s* kvartetti
quartz /kwɔrts/ *s* kvartsi
quasar /ˈkweɪˌzaər/ *s* kvasaari
quash /kwaʃ/ *v* **1** kukistaa, tukahduttaa, tehdä loppu jostakin **2** kumota
quasi- /kwaːzɪ kweɪzaɪ/ (yhdyssanan alkuosana) näennäinen, näennäis-, muka-
quasi-historical /ˌkwaːzɪhɪsˈtɔrɪkəl/ *adj* näennäishistoriallinen
quasi-scientific /ˌkwaːzɪˌsaɪənˈtɪfɪk/ *adj* näennäistieteellinen
quaver /kweɪvər/ *s* **1** värinä **2** (UK) kahdeksasosanuotti
v **1** väristä, vapista, tutista, hytistä **2** sanoa värisevällä äänellä
quay /kiː/ *s* laituri
Que. *Quebec*
queasy /kwiːziː/ *adj* **1** pahoinvoiva; helposti pahoinvoiva *I feel queasy* minua vähän oksettaa **2** vaivaantunut, ahdistunut **3** turhia kainosteleva
Quebec /kəˈbek kwəˈbek/ **1** kaupunki Kanadassa **2** yksi Kanadan provinsseista
queen /kwiːn/ *s* **1** kuningatar (myös šakissa, korttipelissä) **2** mehiläiskuningatar **3** homo *drag queen* tranvestiitti
Queen Elizabeth Islands (mon) Kuningatar Elisabetin saaret (Kanadassa)
queenly *adj* kuningattaren, kuningattarelle sopiva; kuninkaallinen
queen's English *s* (erityisesti britti)-englannin kirjakieli
queen-size *adj* **1** (vuodekoko) 152 cm

x 203 cm **2** (naisten vaatteista kaunistellen) isojen tyttöjen
Queensland /kwiːnzlənd/ Australian osavaltioita
queer /kwɪər/ *s* (sl) homo, hintti
adj **1** outo, kumma, omituinen, eriskummallinen **2** hämärä, epäilyttävä **3** (vointi) huono **4** (sl) homo-, hintti-
quell /kwel/ *v* kukistaa, tukahduttaa, vaientaa
quench /kwentʃ/ *v* sammuttaa (tulipalo, jano), tyydyttää (himo, halu), tukahduttaa, kukistaa (kapina)
query /kwɪərɪ/ *s* **1** kysymys **2** tiedustelu, selvitys **3** epäilys, varaus **4** kysymysmerkki (?)
v kysyä, tiedustella, udella
quest /kwest/ *s* etsintä
quest after/for *v* etsiä
question /kwestʃən/ *s* kysymys *a question of time* ajan kysymys *to beg the question* ohittaa kysymys, ei vastata kysymykseen, mennä asioiden edelle *to be beyond question* olla ilman muuta selvää, jostakin ei ole epäilystäkään *to call something into question* asettaa/saattaa/panna jotakin kyseenalaiseksi *to be out of the question* ei tulla kysymykseenkään *the man in question* kyseinen mies
v **1** kysellä, kuulustella **2** epäillä, ihmetellä; asettaa kyseenalaiseksi
questionable *adj* kyseenalainen, epävarma, epäilyttävä, hämärä
questionably *adv* ks questionable
questioning *s* tutkimus, tiedustelu, selvitys
adj **1** kysyvä, kyselevä **2** utelias, tiedonjanoinen
question mark *s* kysymysmerkki (?)
questionnaire /ˌkwestʃə'neər/ *s* kyselylomake, kyselykaavake
queue /kjuː/ *s* **1** jono **2** palmikko
v jonottaa
quibble /kwɪbəl/ *s* **1** vitkastelu; hämäys; hiusten halkominen **2** kina, erimielisyys
v **1** vitkastella; hämätä; halkoa hiuksia **2** kinata
quick /kwɪk/ *s* **1** *the quick and the dead* (vanh) elävät ja kuolleet **2** (kynsien alainen) arka liha **3** (kuv) arka paikka *to cut to the quick* loukata jotakuta verisesti
adj **1** nopea, kiireinen, pikainen, lyhyt *take a quick look at this* vilkaisepa tätä *she gave me a quick kiss* hän suuteli minua lyhyesti **2** nopeaälyinen, nokkela, terävä, valpas **3** äkkipikainen
adv nopeasti, äkkiä
quicken *v* **1** nopeuttaa, nopeutua, kiihdyttää, kiihtyä **2** vilkastuttaa, vilkastua **3** elvyttää **4** (sikiö) alkaa potkia; (odottava äiti) alkaa tuntea sikiön potkut
quickly *adv* nopeasti, äkkiä, kiireesti, lyhyesti
quick release *s* pikalukitsin *a camera tripod with a quick release* jalusta johon kamera kiinnitetään pikalukitsimella
quicksand /'kwɪkˌsæːnd/ *s* lentohiekka
quicksilver /'kwɪkˌsɪlvər/ *s* elohopea
quick-witted /ˌkwɪk'wɪtəd/ *adj* nopeaälyinen, nokkela, terävä, valpas
quid /kwɪd/ *s* (UK ark) punta
quiet /kwaɪət/ *s* hiljaisuus *could we have some quiet, please?* ettekö te voisi olla hiljaa?
v hiljentää, vaientaa, saada vaikenemaan
adj hiljainen, rauhallinen, (käytös, väri, pukeutuminen) hillitty *I haven't had a quiet moment since I arrived* en ole saanut hetken rauhaa sen jälkeen kun tulin
quieten *v* (UK) **1** hiljentää, vaientaa, saada vaikenemaan **2** rauhoittaa, tyynnyttää, (luulo) hälventää
quietly /kwaɪətli/ *adv* hiljaa (vrt quiet) *they got married quietly* he pitivät pienet häät
quill /kwɪl/ *s* **1** (siipi-, pyrstö)sulka **2** (sulan ruodon pää) kynä **3** sulkakynä **4** (siilin, piikkisian) piikki
quilt /kwɪlt/ *s* sängynpeite
quinine /kwaɪnaɪn/ *s* (lääke) kiniini
quintet /kwɪn'tet/ *s* kvintetti
quintette /kwɪn'tet/ *s* kvintetti
quintuplets /kwɪn'tuːpləts/ *s* (mon) viitoset
quip /kwɪp/ *s* letkaus, letkautus
v letkauttaa

quit /kwɪt/ *v* **1** lopettaa, lakata, luopua *quit complaning and start to work* lakkaa valittamasta ja rupea töihin **2** lähteä, poistua **3** erota (työstään)

quite /kwaɪt/ *adv* **1** aika, melko *it's quite cold in here* täällä on melko viileää *quite a few people came* sinne tuli aika paljon väkeä *she's quite an artist* hän on melkoinen taiteilija **2** täysin, aivan *he is quite unknown in this country* hän on täysin tuntematon tässä maassa *that's quite another story* se on kokonaan toinen juttu *it's quite allright* ei se mitään

quits /kwɪts/ *to call it quits* lopettaa (toistaiseksi)

quiver /kwɪvər/ *s* **1** (nuolia varten) viini **2** värinä, vapina, tutina, puistatus *v* väristä, vapista, tutista, puistattaa

quiz /kwɪz/ *s* **1** (koulussa) koe, piikit (ark) **2** tietokilpailu *v* tentata, pitää koe/piikit, kuulustella

quizmaster /ˈkwɪzˌmæstər/ *s* tietokilpailun pitäjä/juontaja

quizzical /kwɪzɪkəl/ *adj* **1** kysyvä, kyselevä, utelias **2** huvittava, naurettava, outo, kummallinen

quokka /kwoʊkə/ *s* quokka, lyhythäntäkenguru

Quonset hut® /ˈkwaːnsətˌhʌt/ *s* (puolisylinterin muotoinen aaltopelti)-parakki

quota /kwoʊtə/ *s* **1** osuus **2** kiintiö

quotable /kwoʊtəbəl/ *adj* jota voi/tekee mieli siteerata/lainata

quotation /kwoʊˈteɪʃən/ *s* **1** sitaatti, lainaus **2** (kurssin tms) noteeraus **3** hintailmoitus, hinta

quotation *s* (tal) noteeraus

quotation marks *s* (mon) lainausmerkit

quote /kwoʊt/ *s* **1** sitaatti, lainaus **2** hintailmoitus, hinta *the quotes I got from two travel agents don't jibe* kahdesta eri matkatoismistosta saamani hinnat eivät täsmää
v **1** siteerata, lainata, toistaa (jonkun sanoja) *he says that the gadget was quote unusable unquote when he got it* hänen mukaansa vekotin oli "käyttökelvoton" kun hän otti sen vastaan **2** ilmoittaa hinta

quote unquote *fr* niin sanottu, muka

quotient /kwoʊʃənt/ *s* osamäärä *intelligence quotient* älykkyysosamäärä

QWERTY /kwərtiː/ *adj* (tietokoneen näppäimistöstä jossa näppäimet on järjestetty siten kuin kirjoituskoneissa eli niin että kirjaimet q, w, e, r, t ja y ovat ylimmän kirjainrivin vasemmassa päässä) qwerty-

R, r

R, r /aər/ R, r
R & B *rhythm and blues*
R.A. *Royal Academy*
RAAF *Royal Australian Air Force*
rabbi /ræbaɪ/ *s* (mon rabbis) rabbi
rabbit /ræbət/ *s* **1** kaniini, kani (ark) *to pull a rabbit out of the hat* keksiä äkkiä jotakin/jokin ratkaisu **2** jänis
rabbit food *s* (ark) salaatti yms (laihdutus)ruoka
rabble /ræbəl/ *s* meluisa väkijoukko *the rabble* rahvas
rabble-rouse *v* yllyttää, kiihota, villitä (kansaa)
rabble-rouser /'ræbəl,raʊzər/ *s* kansanyllyttäjä, kansankiihottaja, kansanvillitsijä
rabble-rousing *s* kansan yllytys, kiihotus, villitseminen
rabid /ræbəd/ *adj* **1** vesikauhuinen, raivotautinen **2** raivoisa, hillitön, silmitön **3** kiihkomielinen, kiihko-
rabies /reɪbiz/ *s* vesikauhu, raivotauti, rabies
RAC *Royal Automobile Club*
raccoon /ræ'kun/ *s* pesukarhu, supi
race /reɪs/ *s* **1** (nopeus)kilpailu, kilpa-ajo(t), kilpajuoksu ym *arms race* kilpavarustelu *the races* ratsastuskilpailu; ravit; (vintti)koirakilpailut **2** (kuv) kilpajuoksu *the race to find a cure for AIDS* kilpajuoksu aidslääkkeen löytämiseksi **3** (ajan nopea) kulku **4** rotu; (joskus:) heimo *the human race* ihmisrotu *the Slavic races* slaavilaiset heimot
v **1** kilpailla, osallistua/ilmoittaa (nopeus)kilpailuun **2** kiitää, viilettää, kiiruhtaa
race against time *fr* kiirehtiä, pitää kiirettä
racecar /'reɪs,kar/ *s* kilpa-auto
racehorse /'reɪs,hɔrs/ *s* kilpahevonen
racer /reɪsər/ *s* **1** kilpailija **2** kilpa-auto; kilpapyörä; kilpavene; kilpasoutuvene; kilpahevonen tms **3** pikaluistin
race riot *s* rotumellakka
racetrack /'reɪs,træk/ *s* kilparata
race-walk *v* kävellä kilpaa, osallistua kilpakävelyyn
race walking *s* kilpakävely
rachis /reɪkəs/ *s* (puun lehden, linnunsulan) ruoti
racial /reɪʃəl/ *adj* rodullinen, rotu-
racially *adv* rodullisesti
racial minority *s* rotuvähemmistö
racial prejudice *s* rotuennakkoluulo
racing car *s* kilpa-auto
racing skate *s* pikaluistin
racism /reɪsɪzəm/ *s* rotusyrjintä, rotusorto, rotuviha, rasismi
racist /reɪsɪst/ *s* rasisti
adj rasistinen
rack /ræk/ *s* **1** teline, hylly **2** (tekniikassa) hammastanko **3** (poolbiljardissa) kolmio; pallojen alkuasetelma **4** kidutuspenkki **5** kidutus, piina, ahdistus
v **1** kiduttaa (kuv), piinata, ahdistaa, rasittaa *to rack your brain* ajatella päänsä puhki/ympäri **2** kiduttaa piinapenkissä
rack and pinion *s* hammastanko
rack-and-pinion steering /,rækən'pɪnjən/ *s* hammastanko-ohjaus
racket /rækət/ *s* **1** (tennis-, pöytätennis- ym) maila **2** eräänlainen lumikenkä, karpponen **3** (peli) racquetball **4** meteli, metakka, mökä **5** gangstereiden toiminta, järjetäytynyt rikollisuus
v mekastaa, meluta
racketeer /,rækə'tɪər/ *s* gangsteri, (kiristystä, salakuljetusta tms harjoittava ryhmään kuuluva rikollinen)

nousta, nousta/nosta pystyyn, nousta seisomaan *don't raise your voice* älä korota ääntäsi **2** rakentaa, pystyttää **3** (kuv) nostaa (häly, äläkkä), nousta (vastarintaan) *to raise a protest* protestoida, panna vastaan, nousta vastarintaan **4** kasvattaa (lapsia, karjaa, viljaa), viljellä **5** (kuv) kohottaa, nostaa (mielialaa) *the good news raised our spirits* iloinen uutinen piristi meitä **6** koota (armeija), kerätä (rahaa)

raise the roof *fr* nostaa äläkkä/häly, tehdä iso numero jostakin

raisin /reɪzən/ *s* rusina

raison d'être /ˌreɪzoʊn'deɪtrə/ *s* (ranskasta) olemassaolon oikeutus/peruste, henki ja elämä *football is his raison d'être* amerikkalainen jalkapallo on hänelle kaikki kaikessa

rake /reɪk/ *s* harava
v **1** haravoida **2** kohentaa (kekäleitä hiilihangolla) **3** raapaista, naarmuttaa **4** etsiä läpikotaisin, kammata, haravoida

rake in *v* (ark) kääriä rutkasti rahaa, tienata hyvin *the company is raking in profits* yritys tekee voittoa minkä ehtii

rake up *v* (kuv) herättää henkiin, kaivaa esiin (jotakin kielteistä)

rakish /reɪkɪʃ/ *adj* **1** rempseä, railakas, rohkea **2** (laiva, vene) virtaviivainen, sulavalinjainen, nopean näköinen

rally /ræli/ *s* **1** joukkokokous **2** (sotajoukkojen) järjestäytyminen, kokoaminen **3** (terveyden) paraneminen, toipuminen **4** ralli(kilpailu) **5** (tal hintojen nousu tasaisen tai laskevan kurssikehityksen jälkeen
v **1** koota, kokoontua (yhteen), kutsua koolle **2** kutsua/tulla avuksi **3** keskittää/säästää voimansa johonkin, keskittyä, valmistautua **4** järjestää, koota (sotajoukot) **5** toipua, parantua, elpyä **6** osallistua rallikilpailuun

rallye /ræli/ *s* ralli(kilpailu)

ralph /rælf/ *v* (sl) yrjötä

ram /ræm/ *s* **1** pässi **2** (hist) muurinmurtaja, muurinsärkijä
v **1** survaista, iskeä, sohaista, syöstä **2** törmätä, iskeytyä johonkin/jotakin vasten *Gary rammed the opponent* Gary paiskautui vastustajaansa päin **3** (kuv) ajaa/jyrätä (esim lakiehdotus) voimalla läpi

RAM *random access memory* suorasaantimuisti, käyttömuisti, luku-kirjoitusmuisti, RAM

Ram (tähdistö) Oinas

ramada /rə'madə/ *s* (uimarannan usein olkikattoinen) rantakoju

ramble /ræmbəl/ *s* (ajankuluksi tehty) kävely
v **1** maleksia, kävellä, kierrellä (jossakin huvikseen) **2** kiemurrella, mutkitella

ramble on *v* paasata (pitkään), puhua kuin papupata, puhua/kirjoittaa monisanaisesti/ummet ja lammet, (puhe, kirjoitus) rönsyillä

rambler /ræmblər/ *s* **1** maleksija **2** eräänlainen yksikerroksinen omakotitalo **3** köynnösruusu

rambling *adj* **1** (puhe, kirjoitus) monisanainen, rönsyilevä **2** (rakennus) laaja, valtava, lonkeroinen **3** (kasvi) köynnös-; rönsyilevä

rambunctious /ræm'bʌŋkʃəs/ *adj* (lapsi, juhlahumu) riehakas, riehaantunut, vallaton

ram down someone's throat *she tried to ram the idea down my throat* (ark) hän yritti pakottaa minut hyväksymään ehdotuksen

ramification /ˌræməfɪ'keɪʃən/ *s* **1** haara **2** (kuv) seuraus, vaikutus

ramify /'ræməˌfaɪ/ *v* haarautua, jakautua osiin, rönsyillä (myös kuv)

ramp /ræmp/ *s* **1** luiska, ramppi **2** (lentokentällä: lentokoneen siirrettävät) matkustajaportaat

rampage /'ræmˌpeɪdʒ/ *s* raivo, raivonpuuska *to go on a rampage* (myrsky, ihminen) raivota, riehua
v raivota, riehua

rampant /ræmpənt/ *adj* raivoisa, hillitön, rehottava, (huhu) joka on kaikkien huulilla, (eläin) joka seisoo takajaloillaan

rampart /'ræmˌpart/ *s* **1** (linnoituksen) valli **2** (kuv) suojamuuri

ramrod /'ræmˌrad/ *s* (aseen) latauspuikko *he's stiff as a ramrod* hän on kuin seipään niellyt

ramshackle /ˈræmˌʃækəl/ *adj* ränsistynyt, rapistunut, purkukypsä

ranch /ræntʃ/ *s* karjatila, maatila, ranch *mink ranch* minkkitarha

rancher *s* karjatilan/maatilan/ranchin omistaja/työntekijä

ranch house *s* **1** karjatilan/maatilan/ranchin päärakennus **2** eräänlainen yksikerroksinen omakotitalo

rancid /rænsɪd/ *adj* **1** härski, eltaantunut, (haju myös) kuvottava, ällöttävä **2** (kuv) kuvottava, ällöttävä, härski

rancor /ræŋkər/ *s* ilkeys, pahansuopuus, pahuus, katkeruus

rancorous /ræŋkərəs/ *adj* ilkeä, pahansuopa, katkera, katkeroitunut

random /rændəm/ *s: at random* umpimähkään, mielivaltaisesti
adj satunnainen, sattumanvarainen, umpimähkäinen, mielivaltainen

random access *s* (kuva- tai cd-levyllä) suora (kappale)haku

random-access *adj* (tietok) suorasaanti-

random error *s* satunnaisvirhe

randomize /ˈrændəˌmaɪz/ *v* satunnaistaa, järjestää/panna satunnaiseen järjestykseen, valita satunnaisesti

random number *s* satunnaisluku

random sample *s* satunnaisotos, satunnaisnäyte

range /reɪndʒ/ *s* **1** luokka, (ylä- ja alarajan) väli, (tilastossa) vaihteluväli *there are no other models in this price range* samassa hintaluokassa ei ole muita malleja **2** etäisyys, kantomatka *within shooting range* ampumaetäisyydellä **3** rivi, jono, sarja **4** valikoima *we have a wide range of models to choose from* meillä voitte valita laajasta mallistosta/mallivalikoimasta **5** kenttä, alue **6** ampumarata, (tykistön tms) harjoitusalue, koeammunta-alue **7** vuoristo *Aleutian Range* Aleuttien vuoristo **8** liesi, hella (ark) **9** laidunmaa
v **1** ulottua (jostakin johonkin), vaihdella (jollakin välillä), olla *temperatures here range from ten to twenty-five degrees in the summer* lämpötila vaihtelee täällä kesäisin 10:n ja 25 asteen välillä *the topics discussed range over a wide area* keskustelussa kosketellaan laajaa aluetta **2** järjestää, järjestyä (riviin, jonoon) **3** vaeltaa, samota **4** etsiä, käydä läpi **5** laiduntaa (karjaa jossakin)

rangeland /ˈreɪndʒˌlænd/ *s* laidunmaa

ranger *s* **1** metsänvartija **2** (Texasissa) (osavaltion) poliisi

rank /ræŋk/ *s* **1** (sotilas)arvo, (virka-) asema; korkea arvo/asema; sija *to pull rank on someone* komennella, määräillä (korkeampaan asemaansa vedoten) **2** (yhteiskunta- tai muu) luokka **3** rivi, jono, järjestys *to break ranks* poistua rivistä tms; (kuv) olla eri mieltä, ei suostua johonkin **4** (mon) rivimiehet (myös kuv)
v **1** järjestää/järjestyä (riviin/jonoon) **2** lukea/lukeutua johonkin ryhmään *Toyota ranks among the largest car manufacturers in the world* Toyota kuuluu maailman suurimpiin autotehtaisiin **3** olla korkeampiarvoinen kuin; olla arvoltaan korkein/ylin
adj **1** rehevä, rehottava **2** pahanhajuinen, löyhkäävä **3** täysi, täydellinen, pelkkä *he is a rank dilettante* hän on pelkkä amatööri **4** kuvottava, inhottava, vastenmielinen

rank and file *s* rivimiehet (myös kuv)

ranking (keskinäinen) järjestys, sijoittuminen
adj **1** korkea-arvoisempi, korkea-arvoinen **2** johtava, arvostettu, maineikas

rankle /ræŋkəl/ *v* kaivella, kismittää, harmittaa, sapettaa, vaivata

ransack /ˈrænˌsæk/ *v* **1** penkoa (läpi), kääntää (etsiessään) ylösalaisin **2** ryöstää, ryövätä, rosvota

ransom /rænsəm/ *s* **1** lunnaat **2** vapautus, vapauttaminen
v maksaa lunnaat

rant /rænt/ *s* kiivailu, kiihkoilu, kiivas puhe
v kiivailla, puhua kiihkoisasti, vaahdota, raivota

rap /ræp/ *s* **1** (kevyt isku) näpäytys, näpäys, koputus **2** (ääni) napsahdus, koputus **3** *not a rap* ei tipan tippaa, ei

tippaakaan/vähääkään **4** (sl) syyllisyys; rangaistus *to beat the rap* selvitä rangaistuksetta; päästä pälkähästä, ei joutua nalkkiin/kiinni *to take the rap* ottaa syy niskoilleen **5** (sl) vastaanotto **6** rapmusiikki
v **1** koputtaa, naputtaa **2** karjua, karjaista **3** puhua/laulaa rapmusiikin säestyksellä **4** (sl) haukkua, pistää/lyödä lyttyyn

rapacious /rəˈpeɪʃəs/ *adj* ahne

rape /reɪp/ *s* **1** raiskaus **2** (kasvi) rehurapsi
v raiskata

rapid /ræpəd/ *adj* nopea

rapidity /rəˈpɪdəti/ *s* nopeus, äkkinäisyys

rapidly *adv* nopeasti

rapids /ræpədz/ *s* (mon) koski

rapier /reɪpɪər/ *s* (miekka) floretti

rapier wit *s* terävyys, nokkeluus, veitsenterävä äly

rapt /ræpt/ *adj* lumoutunut, ihastunut, (johonkin) uppoutunut, syventynyt, (kiinnostus) herpaantumaton

rapture /ræptʃər/ *s* ihastus, lumous, innostus

rapturous /ræptʃərəs/ *adj* ihastunut, lumoutunut, innostunut

rare /reər/ *adj* **1** harvinainen, harva, jota on harvassa **2** (ilma) ohut **3** (liharuoka) puoliraaka, vain vähän paistettu

rare-earth element *s* harvinainen maametalli

rarefied *adj* hieno, hienostunut, (seura) valikoitu, (maku) harvinainen

rarefy /ˈrerəˌfaɪ/ *v* ohentaa, ohentua

rarely /reərli/ *adv* (vain) harvoin

rarity /rerəti/ *s* harvinaisuus *good manners are a rarity these days* hyvät tavat ovat nykyisin harvinaisuus/harvinainen asia

rascal /ræskəl/ *s* **1** roisto, konna **2** kelmi, vintiö

rascally *adv* hävytön, häpeämätön; kuriton, tottelematon

rase /reɪz/ *v* purkaa, hajottaa (rakennus) (yl *raze*)

rash /ræʃ/ *s* ihottuma
adj hätäinen, ajattelematon, hätiköity, ennenaikainen

rashly *adv* hätäisesti, ajattelemattomasti, hätiköiden, hätiköidysti, ennenaikaisesti

rasp /ræsp/ *s* **1** (karkea viila) raspi **2** rahina, rohina *he speaks with a rasp* hänen äänensä rahisee/kähisee
v **1** viilata, hioa (raspilla) **2** rahista, rohista, kähistä

raspberry /ræzberi/ *s* vadelma

rasping *s* rahina, rohina
adj rahiseva, rohiseva, kähisevä

raster /ræstər/ *s* rasteri

rat /ræt/ *s* **1** rotta (myös kuv) *to smell a rat* haistaa palaneen käryä **2** (sl) vasikka, ilmiantaja
v **1** (sl) vasikoida, antaa ilmi **2** (sl) jättää ystävänsä/kollegansa pulaan (vaikealla hetkellä)

ratchet /rætʃət/ *s* **1** (rattaan) säppi **2** säppipyörä, räikkäpyörä **3** (kuv) nousu; lasku
v to ratchet up nostaa, nousta *to ratchet down* laskea

ratchet wheel *s* säppipyörä, räikkäpyörä

rate /reɪt/ *s* **1** suhde, tahti, nopeus, vauhti, taajuus *the rate of progress is accelerating* edistyksen tahti kiihtyy *at this rate of speed* tällä nopeudella *at any rate* joka tapauksessa; ainakin, sentään **2** hinta, maksu, kurssi, taksa *rate of interest* korko(kanta) *rate of exchange* vaihtokurssi, valuuttakurssi *what are your rates?* paljonko liput, huoneet yms maksavat?
v **1** luokitella, luokittaa *this movie is rated R* tämä elokuva on sallittu alle 17-vuotiaille vain vanhemman henkilön seurassa **2** arvioida hinta/arvo **3** arvostella, korjata (koepaperi) **4** sijoittua (korkealle), pärjätä *Steinbeck no longer rates high with highbrows* Steinbeck ei enää ole älykköjen suosiossa

rather /ræðər/ *adv* **1** aika, melko, verraten *it's a rather sad story* se on aika ikävä tarina **2** mieluummin *I'd rather be dead than wear that jacket* kuolen ennemmin kuin panen tuon takin päälleni **3** pikemmin(kin), tarkemmin sanoen, vaan *it's not great; rather, it's* *pretty awful* se ei ole erinomainen vaan suoraan sanoen kamala

rathole /ˈrætˌhoəl/ *s* (kuv) murju, mörskä *his office is nothing but a small rathole* hänen työhuoneensa on pelkkä ahdas karsina/soppi

rating *s* **1** luokitus, luokittelu **2** (mon) (television) katsojatilastot, (radion) kuuntelijatilastot **3** (tal) luottokelpoisuusarviointi

ratio /reɪʃoʊ/ *s* (mon ratios) suhde *the ratio of cars to people* autojen määrä suhteessa asukaslukuun

ration /ræʃən/ *s* **1** osuus, kiintiö, (ruoka-)annos **2** (mon) muona, eväät
v säännöstellä

rational /ræʃənəl/ *adj* **1** järjellinen *rational beings* älylliset olennot **2** järkevä, älykäs, viisas; asiallinen, maltillinen *that was a rational decision* se oli viisas ratkaisu/päätös *let's try to be rational for a change* yritetäänpä vaihteeksi unohtaa tunteet/olla asiallisia

rationale /ˌræʃəˈnæəl/ *s* perustelu, peruste, selitys *what was your rationale for quitting your job?* miksi (ihmeessä) sinä erosit?

rationalism /ˈræʃənəˌlɪzəm/ *s* rationalismi, järkeisusko

rationalist /ræʃənəlɪst/ *s* rationalisti

rationality /ˌræʃəˈnæləti/ *s* **1** järjellisyys, älyllisyys **2** järkevyys, viisaus; asiallisuus, maltti

rationalization /ˌræʃənələˈzeɪʃən/ *s* **1** (tekojen) selittely, perustelu **2** järkeistäminen

rationalize /ˈræʃənəˌlaɪz/ *v* **1** selitellä, selittää (parhain päin), perustella (tekojaan) **2** järkeistää

ration out *v* jakaa

rat race *s* (ark) oravanpyörä (kuv), kiireinen elämänrytmi, työelämän/elintasokilpailun hullunmylly

rattle /rætəl/ **1** kolina; helinä **2** (lapsen) helistin **3** (kalkkarokäärmeen) kalistin
v **1** ravistaa, ravistella, heilua **2** (äänestä) kolista, kalista; helistä **3** kulkea hyppelehtien/pomppien *we rattled along in his old Buick* koikkelehdimme eteenpäin hänen vanhalla Buickillaan **4** paasata, pölistä, hölöttää, puhua ummet ja lammet, luetella (kuin apteekin hyllyltä) **5** häiritä, ärsyttää

rattler *s* **1** kalkkarokäärme **2** hölöttäjä

rattlesnake /ˈrætəlˌsneɪk/ *s* kalkkarokäärme

raucous /rakəs/ *adj* **1** (nauru, ääni) rämäkkä **2** (tilaisuus) riehakas, meluisa

raunchy /rantʃi/ *adj* (ark) rivo, härski, likainen, irstas

ravage /rævədʒ/ *s* tuho, hävitys *the ravages of war* sodan vahingot/tuhot/hävitys *the ravages of time* ajan hammas
v tuhota, hävittää; (kuv) raastaa, repiä

rave /reɪv/ *s* (silmitön) ihastus, ylistys
v **1** houria, raivota **2** vaahdota, paasata, ylistää jotakin *(about)* maasta taivaaseen **3** (myrsky) raivota, tehdä tuhoaan
adj ylistävä *the movie opened to rave reviews* elokuva tuli teattereihin ylistävien arvostelujen saattelemana

raven /reɪvən/ *s* korppi

ravenous /rævənəs/ *adj* erittäin nälkäinen, jolla on sudennälkä *they are ravenous for some fun* heidän tekee kovasti mieli pitää hauskaa

ravenously *adv* nälkäisesti

ravine /rəˈvin/ *s* rotko, kuru, onkalo

raving *adj* **1** houraileva, raivoava **2** sanoinkuvaamaton, uskomaton
adv raivoisan *raving mad* raivohullu, pähkähullu, seinähullu

ravish /rævɪʃ/ *v* **1** lumota, saada ihastumaan **2** raiskata

ravishing *adj* lumoava, ihastuttava, kuvankaunis

ravishingly *adv* lumoavasti, lumoavan, ihastuttavasti, ihastuttavan

raw /ra/ *s in the raw* (ark) alasti, ilkosillaan, kelteisillään
adj **1** raaka **2** (kuv) armoton, raaka **3** (kuv) kokematon **4** laimentamaton

raw material *s* raaka-aine; aineisto, materiaali

ray /reɪ/ *s* säde *v* säteillä

rayon /reɪan/ *s* (kuitu) raion

raze /reɪz/ *v* purkaa, hajottaa (rakennus)

razor /reɪzər/ *s* partaveitsi; partakone
RBG *red, green and blue*
RC *Red Cross; Roman Catholic*
RCAF *Royal Canadian Air Force*
RCMP *Royal Canadian Mounted Police*
RCN *Royal Canadian Navy*
rd. *road*
RDA *recommended daily/dietary allowance* suositeltu ravintoaineiden päiväsaanti (meilläkin yleisesti käytetty ravintoaineiden saantisuositus)
reach /ritʃ/ *s* **1** *to make a reach for* yrittää tarttua johonkin, hapuilla jotakin **2** kantama, ulottuvuus *to be within/out of reach* olla jonkun ulottuvilla/ulottumattomissa (myös kuv)
v **1** kurkottaa, kurkottua, ojentaa, ojentua, ylettää, ylettyä, ulottua *she could not reach the cookie jar on the upper shelf* hän ei ulottunut piparkakkupurkkiin joka oli ylimmällä hyllyllä **2** saapua, tulla jonnekin **3** saavuttaa *have you reached your goal?* oletko päässyt tavoitteeseesi? *GM stock has reached an all-time high* GM:n osakkeiden arvo on noussut ennätystasolle **4** saada puhelimeen/kiinni *I am sorry but Mr. Olmos can't be reached now* Mr. Olmos ei valitettavasti voi nyt tulla puhelimeen
reachable *adj* (henkilö) tavoitettavissa, (tavoite) mahdollinen
react /ri'ækt/ *v* reagoida, vastata
reaction /ri'ækʃən/ *s* reaktio, vastaus, vaikutus
reactionary /ri'ækʃəˌneri/ *s, adj* taantumuksellinen
reactivate /ri'æktɪˌveɪt/ *v* käynnistää/käynnistyä uudelleen, palauttaa voimaan, reaktivoida
reactor /ri'æktər/ *s* reaktori *nuclear reactor* ydinreaktori
read /rid/ *v* read, read **1** lukea *she read him a story* hän luki hänelle sadun **2** tulkita, lukea, ennustaa *you can read him like a book* häntä voi lukea kuin avointa kirjaa **3** kuulostaa, olla luettavissa/tulkittavissa tietyllä tavalla *the contract reads in two different ways* sopimus voidaan tulkita kahdella tavalla **4** katsoa/tarkistaa mittarin tms lukema; (mittari tms) näyttää jotakin lukemaa *read the electricity meter* lukea sähkömittarin lukema
read /red/ *adj* lukenut, oppinut *well-read* (paljon) lukenut
readable /ridəbəl/ *adj* **1** josta saa selvän **2** lukemisen arvoinen
read between the lines *fr* (kuv) lukea rivien välistä, huomata
readdress /ˌriə'dres/ *v* kirjoittaa uusi osoite johonkin
reader /ridər/ *s* **1** lukija **2** (koulussa) lukukirja **3** kokoelmateos **4** kustannustoimittaja **5** (UK) yliopiston lehtori
readership /'ridərˌʃɪp/ *s* lukijat, lukijakunta
read for *v* (näyttelijä) käydä esiintymiskokeessa
readily /redəli/ *adv* **1** helposti **2** halukkaasti
readiness /redinəs/ *s* **1** valmius *the troops are in a state of readiness* joukot ovat valmiina/valmiustilassa **2** helppous **3** halukkuus
reading *s* **1** (tapahtuma) lukeminen **2** (kirja tms) lukeminen, luettava **3** lukeneisuus, sivistys **4** tulkinta **5** (mittarin tms) lukema **6** lausuntailta, luentatilaisuus
read into *v* pistää omiaan johonkin *I think you're reading too much into what she said* minusta sinä tulkitset hänen sanojaan liian optimistisesti/jyrkästi tms
readjust *v* säätää, sovittaa (uudelleen)
readjustment /ˌriə'dʒʌstmənt/ *s* (uusi) säätö, sovitus
read lips *v* lukea huulilta *read my lips!* (sl) etkö sinä jo tajua?, pitääkö se vääntää rautalangasta?
read out *v* lukea ääneen
readout /'riˌdaʊt/ *s* (mittarin) lukema *a digital readout* digi(taali)näyttö, numeronäyttö
read out of *v* erottaa (jäsen julkisesti)
read the riot act *fr* **1** antaa jonkun kuulla kunniansa, sättiä **2** varoittaa jotakuta
read up on *v* ottaa selvää jostakin (lukemalla), perehtyä johonkin aiheeseen tarkemmin (lukemalla)

ready /redi/ *adj* **1** valmis *you coffee is ready* kahvisi on valmis *we are ready to go* olemme valmiit lähtemään *to make ready* laittaa valmiiksi, valmistaa **2** halukas, valmis *are you ready to help?* haluatko auttaa? **3** nopea, terävä (kuv), kärkäs, hanakka *she has a ready tongue* hän on terävä sanoissaan *don't be so ready to find fault with others* älä moiti toisia niin kärkkäästi **4** joka on heti saatavilla/käytettävissä *I happen to have some ready cash on me* minulla sattuu olemaan mukana käteistä rahaa
v laittaa valmiiksi, valmistaa

Ready! Set! Go! *fr* Paikoillenne, valmiit, nyt!

real /riəl/ *s* **1** (filosofiassa) *the Real* todellisuus **2** *are you for real?* oletko tosissasi? *I don't think he is for real* en usko että häneen voi luottaa
adj **1** todellinen, aito *it's real gold* se on aitoa kultaa **2** varsinainen, todellinen *he's a real asshole* hän on täysi paska **3** kiinteä: *real property* kiinteä omaisuus
adv (ark) todella *you did real fine* selvisit tosi hienosti

real estate /'riləˌsteɪt/ *s* kiinteistö(t), kiinteä omaisuus

realism /riəlɪzəm/ *s* realismi

realist /riəlɪst/ *s* realisti
adj realistinen

realistic /ˌriə'lɪstɪk/ *adj* realistinen, järkevä, asiallinen, kohtuullinen *let's be realistic about this* ollaanpa nyt tässä asiassa realisteja

realistically *adv* realistisesti, järkevästi, asiallisesti, kohtuullisesti *how much profit can we realistically expect?* paljonko voittoa meidän on kohtuullista odottaa?

reality /ri'æləti/ *s* **1** todellisuus *in reality he is a pretty nice guy* todellisuudessa on ihan mukava ihminen **2** realiteetti, tosiseikka

realization /ˌriələ'zeɪʃən/ *s* **1** oivallus, ymmärtäminen **2** toteutus, toteuttaminen, toteutuminen **3** rahaksi muuttaminen, realisaatio

realize /'riəˌlaɪz/ *v* **1** huomata, ymmärtää, oivaltaa, tajuta **2** toteuttaa *he has realized his ambitions* hän on toteuttanut haaveensa **3** muuttaa käteiseksi, realisoida; tuottaa (rahana)

really /rɪli/ *adv* **1** todellisesti, oikeastaan *he is not American, he is really Canadian* hän ei ole amerikkalainen vaan todellisuudessa kanadalainen **2** todella, todellakin *it is really nice to be here* on oikein hienoa olla täällä

realm /reəlm/ *s* **1** kuningaskunta **2** (kuv) alue, piiri *it's out of my realm* se ei ole minun heinäni/alaani

real number *s* reaaliluku

real property *s* kiinteä omaisuus, kiinteistö(t)

realtor /riəltər/ *s* kiinteistönvälittäjä

realty /riəlti/ *s* kiinteistö(t), kiinteä omaisuus

real wages /ˌriəl'weɪdʒəz/ *s* (mon) reaalipalkka

real world /ˌriəl'wərəld/ *s* todellisuus, käytäntö, todellinen elämä, kylmä maailma *welcome to the real world!* tällaista on elämä!

reap /rip/ *v* **1** niittää; korjata sato **2** (kuv) ansaita, kääriä (voittoa) *you reap what you have sown* mitä ihminen kylvää, sitä hän myös niittää

reappear /ˌriə'pɪər/ *v* ilmestyä uudelleen näkyviin/paikalle, palata, tulla takaisin *the symptoms have reappeared* oireet ovat uusiutuneet

rear /rɪər/ *s* **1** takaosa *at the rear of the house* talon takana *to bring up the rear* olla viimeinen, pitää perää, olla hännänhuippuna **2** (linja-auton) takaosa, (henkilöauton) takapenkki **3** takamus
v **1** kasvattaa (lapsi, karjaa), viljellä (viljaa) **2** rakentaa, pystyttää **3** nostaa, kohottaa *racism is again rearing its ugly head* rotuviha nostaa jälleen päätään
adj taka-, perä

rearamament /ri'armәmәnt/ *s* uudelleenvarustelu

rear end /ˌrɪər'end/ *s* **1** peräpää, takapää **2** (ark) takapuoli

rearm /ri'arm/ *v* **1** varustaa uudestaan; määrätä uudelleen aseisiin **2** varustaa uusilla aseilla

rear projection *s* (televisiossa ym) taustaprojisointi
rearview mirror /ˌrɪərvju'mɪrər/ *s* (auton) taustapeili
rear-wheel drive /ˌrɪərwɪəl'draɪv/ *s* takapyöräveto, takaveto
reason /rizən/ *s* **1** syy, peruste *by reason of* jostakin syystä, jonkin vuoksi, jollakin perusteella *with reason* hyvällä syyllä, hyvästä syystä, aiheellisesti **2** järki, äly **3** mielenterveys, järki *to bring someone to reason* saada joku järkiinsä, saada joku muuttamaan mieltään *to stand to reason* olla selvää; käydä järkeen, jossakin on järkeä **4** kohtuus *to be within reason* olla kohtuullista, olla kohtuuden rajoissa
v **1** järkeillä, päätellä **2** suositella, kehottaa, esittää
reasonable /rizənəbəl/ *adj* **1** järkevä **2** kohtuullinen; kohtuullisen hintainen
reasonably *adv* **1** järkevästi **2** kohtuullisesti, kohtuullisen, aika, melko *that's what you can reasonably expect* siihen sinun on hyvä varautua
reasoned *adj* harkittu, perusteltu, loppuun asti ajateltu/mietitty
reasoning *s* **1** looginen ajattelu, järkeily **2** perustelu
reassurance /ˌriə'ʃərəns/ *s* **1** rohkaisu, lohtu **2** vahvistus, vakuuttelu
reassure /ˌriə'ʃər/ *v* **1** rohkaista, lohduttaa, tyynnyttää, rauhoittaa **2** vakuuttaa, vahvistaa *let me reassure you that we are not going to dump you* vakuutan sinulle että me emme aio hankkiutua sinusta eroon
reassuring *adj* rohkaiseva, rauhoittava
reassuringly *adv* rohkaisevasti, rauhoittavasti
rebate /ribeɪt/ *s* alennus
rebel /rebəl/ *s* kapinallinen, kapinoitsija
rebel /rɪ'bel/ *v* kapinoida (myös kuv:) vastustaa, panna vastaan
rebellion /rə'beljən/ *s* kapina
rebellious /rə'beljəs/ *adj* kapinallinen; tottelematon, uppiniskainen
rebirth /ri'bərθ/ *s* **1** uudelleensyntyminen **2** henkiin herääminen, uusi nousu *the rebirth of Nazism* natsismin uusi nousu
rebound /ribaʊnd/ *s* (koripallossa) levypallo
rebound /ri'baʊnd/ *v* **1** kimmota, ponnahtaa/heittää takaisin **2** (kuv) toipua; kostautua
rebuff /ri'bʌf/ *s* tyly kielteinen vastaus
v torjua, evätä, kieltää (tylysti)
rebuke /ri'bjuk/ *s* nuhtelu, nuhteet, moitteet, torut, torumiset
v nuhdella, torua, moittia
recall /ri'kaəl/ *s* **1** muisti **2** takaisin kutsuminen
v **1** muistaa, palauttaa mieleen **2** kutsua takaisin *Chrysler has recalled all 1995 LeBarons* Chrysler on kutsunut kaikki vuoden 1995 malliset LeBaronit korjattaviksi
recant /ri'kænt/ *v* perua puheensa, pyörtää sanansa, muuttaa kantaansa
recapitulate /ˌrikə'pɪtʃəˌleɪt/ *v* toistaa, kerrata, tehdä yhteenveto
recapitulation /ˌrikəˌpɪtʃə'leɪʃən/ *s* toisto, kertaus, yhteenveto
recede /rə'sid/ *v* perääntyä, loitontua, vähentyä, supistua, laskea *cash payments have receded in importance* käteismaksujen merkitys on vähentynyt
receipt /rə'sit/ *s* **1** (lähetyksen tms) vastaanotto, saapuminen **2** kuitti **3** (mon) tulot **4** resepti
receivables /rə'sivəbəlz/ *s* (mon) (yrityksen) saatavat
receive /rə'siv/ *v* **1** saada **2** ottaa vastaan *to receive a guest/an offer/a radio station* ottaa vastaan vieras/tarjous/saada radioasema kuuluviin *Mrs. Smythe-Hines will now receive* Mrs. Smythe-Hines ottaa teidät (vieraan) nyt vastaan
Received Pronunciation *s* (britti)englannin yleiskielen ääntämys
Received Standard *s* (britti)englannin yleiskieli
receiver *s* **1** vastaanottaja **2** (radio-, televisio) vastaanotin; viritinvahvistin **3** (puhelimen) luuri
recent /risənt/ *adj* äskettäinen, uusi *he's a recent arrival* hän on uusi tulokas

recently *adv* äskettäin, äsken
receptacle /rɪ'septəkəl/ *s* astia, kotelo, teline
reception /rɪ'sepʃən/ *s* **1** vastaanotto *to be met with a warm reception* saada lämmin vastaanotto **2** (juhla) vastaanotto(tilaisuus); tervetuliaisjuhla **3** (radio-, televisiolähetteen) vastaanotto
reception desk *s* (yrityksen, hotellin) vastaanotto
receptionist /rɪ'sepʃənɪst/ *s* (yrityksen, hotellin) vastaanottoapulainen
reception room *s* (lääkärin tms) vastaanotto(huone)
receptive /rɪ'septɪv/ *adj* vastaanottavainen, halukas kuuntelemaan *she was not receptive to my suggestions* hän ei lämmennyt ehdotuksilleni
recess /rises/ *s* **1** tauko, (koulussa) välitunti **2** syvennys, alkovi **3** (mon) uumenet
recess /rɪ'ses/ *v* **1** pitää tauko **2** syventää
recession /rɪ'seʃən/ *s* (tal) taantuma
recharge /ri'tʃaərdʒ/ *v* ladata (uudestaan)
rechargeable *adj* joka voidaan ladata uudelleen, uudelleen ladattava
recharger *s* latauslaite
recheck /ri'tʃek/ *v* tarkistaa uudelleen
recipe /resəpi/ *s* resepti, lääkemääräys; ruuan valmistusohje *there is no recipe for happiness* ei ole olemassa onnellisuuden patenttilääkettä
recipient /rɪ'sɪpiənt/ *s* vastaanottaja; palkinnonsaaja
reciprocal /rə'sɪprəkəl/ *adj* vastavuoroinen, molemminpuolinen
reciprocally *adv* vastavuoroisesti, molemminpuolisesti
reciprocate /rə'sɪprəˌkeɪt/ *v* vastata (ehdotukseen, hymyyn), tehdä vastapalvelus; kostaa, maksaa takaisin (kuv)
reciprocating engine *s* mäntäkone, mäntämoottori
recital /ri'saɪtəl/ *s* **1** konsertti; (runon) lausunta(esitys) **2** selotus, kuvaus; selonteko, luettelo
recitation /ˌresə'teɪʃən/ *s* (runon) lausunta(esitys)
recite /rɪ'saɪt/ *v* **1** lausua (runo) **2** toistaa (ulkomuistista) **3** selostaa, kuvata, kertoa **4** luetella
reckless /rekləs/ *adj* uhkarohkea, tyhmänrohkea, päätön, hillitön
recklessly *adv* ks reckless
recklessness *s* uhkarohkeus, päättömyys, hillittömyys
reckon /rekən/ *v* **1** laskea **2** lukea/laskea johonkin kuuluvaksi *he is reckoned to be one of the best physicists in the country* häntä pidetään yhtenä maan johtavista fyysikoista **3** ajatella, uskoa, luulla *he'll be here by noon, I reckon* eiköhän hän ilmesty paikalle puoleen päivään mennessä
reckoning *day of reckoning* tilinteon hetki
reckon with *v* **1** ottaa huomioon, ottaa laskuihin mukaan, varautua johonkin **2** (yrittää) ratkaista (ongelmat), (yrittää) selviytyä jostakin
reclaim /ri'kleɪm/ *v* **1** vaatia takaisin itselleen **2** noutaa, hakea (matkatavarat tms) *passengers can reclaim their baggage on the lower level* matkatavarat luovutetaan matkustajille alakerrassa **3** ottaa (maata) käyttöön, ryhtyä viljelemään
reclamation /ˌreklə'meɪʃən/ *s* (maan) käyttöönotto
recline /rɪ'klaɪn/ *v* kallistaa/kallistua taaksepäin *he reclined on the sofa* hän kävi sohvalle pitkäkseen *the front seats of his car recline* hänen autonsa etuistuimissa on kallistuvat selkänojat
recliner *s* nojatuoli, lepotuoli, laiskanlinna
reclining *adj* kallistuva, kallistettava
recluse /reklus/ *s* erakko
recognition /ˌrekəg'nɪʃən/ *s* **1** tunnistaminen, tunteminen **2** oivaltaminen, ymmärtäminen **3** tunnustaminen, myöntäminen, hyväksyminen **4** tunnustus, arvostus
recognizable /'rekəgˌnaɪzəbəl/ *adj* jonka voi tunnistaa joksikin *after the accident, his face was hardly recognizable* onnettomuuden jälkeen hänen kasvojaan oli vaikea tunnistaa

recognizably *adv* (melko) selvästi, silmin nähden
recognize /'rekəg,naɪz/ *v* **1** tunnistaa, tuntea *I almost did not recognize you* en ollut tuntea sinua *he recognized her voice* hän tunnisti naisen äänen/äänestä **2** oivaltaa, ymmärtää, käsittää, tajuta **3** tunnustaa, myöntää, hyväksyä (oikeaksi, todeksi) **4** ilmaista tunnustuksensa/arvostuksensa, antaa tunnustus
recognized *adj* tunnustettu, arvostettu
recoil /rikoɪəl/ *s* (aseen) rekyyli, potkaisu
recoil /rɪ'koɪəl/ *v* **1** säpsähtää, säikähtää, pelästyä **2** (ase) potkaista **3** (kuv) (teko) kostautua
recollect /,rekə'lekt/ *v* muistaa
recollection /,rekə'lekʃən/ *s* muisto *I have no recollection of that event* en muista sellaista tapahtumaa
recommend /,rekə'mend/ *v* suositella
recommendation /,rekəmən'deɪʃən/ *s* suositus
recommended daily allowance /ə'laʊəns/ ks *RDA*
recommended dietary allowance /daɪəteri/ ks RDA
recompense /'rekəm,pens/ *s* korvaus, hyvitys, palkkio
v korvata, hyvittää, palkita
reconcile /'rekən,saɪəl/ *v* **1** sovittaa välit/riita, tehdä sovinto *to become reconciled* sopia välinsä **2** sovittaa yhteen **3** *to reconcile yourself to something* alistua johonkin, hyväksyä jotakin
reconciliation /,rekənsɪlɪ'eɪʃən/ *s* **1** sovinto, rauha, (riidan) sopiminen **2** (mielipiteiden ym) yhteen sovittaminen
reconfirmation /ri,kanfər'meɪʃən/ *s* (esim lentopaikkavarauksen) vahvistus
reconnaissance /rɪ'kanəsəns/ *s* (sot) tiedustelu
reconnaissance satellite *s* (sot) tiedustelusatelliitti
reconnoiter /,rikə'noɪtər, ,rekə'noɪtər/ *v* **1** (sot) tiedustella **2** tehdä maanmittauksia
record /rekərd/ *s* **1** asiakirja; pöytäkirja; luettelo *this is strictly off the record* sanon tämän täysin epävirallisesti/kahden kesken *to go on record* ilmoittaa julkisesti **2** rikosrekisteri *he has a record a mile long* hänellä on kontollaan pitkä liuta rikoksia **3** tausta, menneisyys, historia *it is the longest-running Broadway show on record* se on kaikkien aikojen pisimmin esitetty Broadway-show **4** äänilevy; äänitys **5** (urh) ennätys
record /rɪ'kɔrd/ *v* **1** merkitä/kirjoittaa jotakin muistiin; pitää pöytäkirjaa; luetteloida **2** nauhoittaa, äänittää **3** (mittari tms) näyttää (jotakin arvoa), osoittaa *extremely low temperatures were recorded in Alaska yesterday* Alaskassa mitattiin eilen poikkeuksellisen kylmiä lämpötiloja
record album *s* LP, äänilevy
recorder /rɪ'kɔrdər/ *s* **1** kirjuri **2** nauhuri, nauhoitin *tape recorder* nauhuri **3** nokkahuilu **4** piirturi
recording *s* nauhoitus, äänitys
recording artist *s* (levyttävä) muusikko
recording studio *s* äänitysstudio
record player *s* levysoitin
recount /rɪ'kaʊnt/ *v* kertoa, kuvata
recoup /rɪ'kup/ *v* **1** saada/hankkia (raha) takaisin *we will recoup our investment in three years* saamme sijoittamamme summan takaisin kolmessa vuodessa **2** korvata, hyvittää
recover /rɪ'kʌvər/ *v* **1** toipua, elpyä, tulla jälleen tajuihinsa *has he recovered consciousness?* onko hän tullut tajuihinsa? *she quickly recovered from the shock* hän toipui järkytyksestä nopeasti **2** saada/hankkia takaisin
re-cover /,ri'kʌvər/ *v* peittää/päällystää uudestaan
recovery /rɪ'kʌvəri/ *s* **1** toipuminen, elpyminen, tervehtyminen **2** takaisin saaminen/hankkiminen
recreate /,rikri'eɪt/ *v* herättää (uudelleen) henkiin, elvyttää
recreation /,rekri'eɪʃən/ *s* virkistys, rentoutuminen, vapaa-aika, (vapaa-ajan) harrastus
recreational *adj* vapaa-ajan
recreational vehicle *s* matkailuauto

recreation room *s* oleskeluhuone
recruit /rɪ'krut/ *s* alokas; uusi jäsen/työntekijä/tulokas
v värvätä (sotilaita, työntekijöitä palvelukseen)
recruitment *s* (sotilaiden, jäsenten) värväys, (jäsenten) kalastus (kuv)
rectal /rektəl/ *adj* peräsuolen, peräsuoli-
rectangle /'rek,tæŋgəl/ *s* suorakaide, suorakulmio
rectangular /rek'tæŋgjələr/ *adj* suorakulmion muotoinen, suorakulmainen
rectify /'rektə,faɪ/ *v* oikaista, korjata (virhe, vääryys)
rectitude /'rektɪ,tud/ *s* oikeudenmukaisuus
rector /rektər/ *s* **1** (usk) pappi **2** (yliopiston, collegen) rehtori
rectory /rektəri/ *s* pappila
rectum /rektəm/ *s* (mon rectums, recta) peräsuoli
recuperate /rɪ'kupə,reɪt/ *v* toipua, parantua, olla toipilaana
recuperation /rɪ,kupə'reɪʃən/ *s* toipuminen, parantuminen, tervehtyminen
recuperative /rɪ'kupərətɪv/ *adj* parantava, tervehdyttävä, hyvää tekevä, hoito-
recur /rɪ'kər/ *v* uusiutua, tapahtua uudestaan, toistua, palata (uudestaan) mieleen
recurrence *s* uusiutuminen, toistuminen
recurrent *adj* toistuva, uusiutuva; usein ilmenevä, yleinen
recurring *adj* toistuva, uusiutuva; usein ilmenevä, yleinen
recyclable /rɪ'saɪkləbəl/ *adj* joka voidaan kierrättää/käyttää uudestaan
recycle /rɪ'saɪkəl/ *v* kierrättää (jätteitä), käyttää uudestaan
recycling *s* (jätteiden) kierrätys
red /red/ *s* **1** punainen (väri) *to see red* nähdä punaista **2** (ark) vasemmistolainen, punainen **3** (ark) miinuksen puoli *the company has been in the red for years* yritys on tuottanut tappiota vuosikausia
adj punainen (myös poliittisesti) *to paint the town red* ottaa ilo irti elämästä, pitää hauskaa, rellestää
red alert *s* yleishälytys
red blood cell *s* punasolu
red brocket /brakət/ *s* isopiikkohirvi
red carpet *to get the red carpet treatment* saada ruhtinaallinen kohtelu *to roll out the red carpet* ottaa joku avosylin vastaan
red cent *not worth a red cent* ei penninkään arvoinen, ei minkään arvoinen, yhtä tyhjän kanssa
redden *v* punastua, muuttua/muuttaa punaiseksi
reddish *adj* puntertava, punakka
redecorate /rɪ'dekə,reɪt/ *v* uusia (asunnon ym) sisustus, vaihtaa tapetit
redeem /rɪ'dim/ *v* **1** lunastaa (myös lupaus) **2** maksaa (velka) **3** korvata (vika, puute) **4** (usk) vapahtaa
Redeemer /rɪ'dimər/ *s* (Jeesus) Vapahtaja
red deer *s* saksanhirvi
redemption /rɪ'dempʃən/ *s* **1** lunastaminen, lunastus **2** (velan) maksaminen **3** pelastus *good manners were his redemption* hyvät tavat olivat hänen pelastuksensa **4** (usk) vapahdus, vapautus
redhead /'red,hed/ *s* punapää
red herring *s* (kuv) harhautus(yritys), hämäys
Red Indian *s* (halv) intiaani
red kangaroo *s* punajättikenguru
red light *s* punainen (liikenne)valo (myös kuv:) kielto
red-light district *s* ilotalokortteli, punalyhtykortteli
redolent /redələnt/ *adj* **1** hyvänhajuinen, hyvältä tuoksuva **2** *redolent of* joka haisee/tuoksuu joltakin **3** *redolent of* joka muistuttaa jotakin
red panda /pændə/ *s* kultapanda
redress /rɪ'dres/ *s* (vääryyden) oikaisu, korjaus; korvaus, hyvitys
v **1** oikaista, korjata (vääryys); korvata, hyvittää **2** palauttaa tasapainoon, oikaista
Red River /,red'rɪvər/ **1** Punainenjoki (Kiinassa), Yuan Jiang **2** joki Texasissa

Red Sea /ˌred'si/ Punainenmeri
red tape *s* (ark kuv) paperisota, byrokratia
reduce /rɪ'dus/ *v* **1** vähentää, supistaa, pienentää, laskea, alentaa *to reduce speed* hidasta/hiljentää vauhtia, ajaa hiljempää *to reduce prices* alentaa/laskea hintoja **2** saattaa johonkin tilaan: *the terrible news reduced me to silence* ikävä uutinen sai minut vaikenemaan
reduction /rɪ'dʌkʃən/ *s* **1** väheneminen, vähennys, lasku *a reduction of prices/taxes* hintojen/verojen lasku *ladies and gentlemen, we have just exprienced a reduction in the number of wings* hyvät matkustajat, koneestamme on juuri hävinnyt toinen siipi *he gave me a reduction of ten percent* hän antoi minulle kymmenen prosentin alennuksen **2** supistaminen, tiivistys, alentaminen, aleneminen *his reduction to indigence* hänen täydellinen köyhtymisensä **3** (jäljennöksestä) pienennös
redundancy /rɪ'dʌndənsi/ *s* **1** tarpeettomuus **2** liikasanaisuus, monisanaisuus
redundant /rɪ'dʌndənt/ *adj* **1** tarpeeton, ylimääräinen **2** (tyyli) liikasanainen
reduplicate /rɪ'duplɪˌkeɪt/ *v* **1** toistaa **2** jäljentää
reduplication /rɪˌduplɪ'keɪʃən/ *s* **1** toisto **2** jäljennös
reedbuck /ridbʌk/ *s* ruokoantilooppi
reed /rid/ *s* **1** ruoko **2** (ruokolehtisoittimen) ruokolehti, (urkujen) kieli **3** ruokolehtisoitin
reed instrument *s* ruokolehtisoitin
reef /rif/ *s* (hiekka-, kallio- tai koralli)riutta
reefer *s* (sl) marihuanasavuke
reek /rik/ *s* **1** löyhkä, lemu **2** höyry, savu
v **1** löyhkätä, lemuta, haista **2** höyrytä, savuta
reel /rɪəl/ *s* kela *off the reel* lakkaamatta, taukoamatta, keskeytyksettä; heti, välittömästi
v kelata, (kalastuksessa) kelastaa
reel off *v* lasketella (juttua)
reel-to-reel *adj* (nauhuri ym) avokela-, kela-
reenter /ri'entər/ *v* palata jonnekin/jonkin pariin *after his illness, the senator reentered public life* senaattori palasi sairautensa jälkeen julkisuuteen *the spacecraft reentered atmosphere* avaruusalus palasi Maan ilmakehään
reentry /ri'entri/ *s* jonnekin palaaminen; (avaruusaluksen) saapuminen (takaisin) ilmakehään
Reeve's muntjac /ˌrivz'mʌntdʒæk/ *s* kiinanmuntjakki
reexamine /ˌriəg'zæmən/ *v* **1** tutkia uudelleen **2** (laki) kuulustella (todistajaa) uudelleen
refectory /rɪ'fektəri/ *s* (opiskelija- ym) ruokala
refer /rɪ'fər/ *v* **1** viitata johonkin *(to)* **2** ohjata/siirtää (asian jonkun käsiteltäväksi), opastaa (jokun jonkun luo)
referee /ˌrefə'ri/ *s* (urh) tuomari: (jääkiekossa) erotuomari, (vesipallossa) pelituomari, (amerikkalaisessa jalkapallossa, judossa) päätuomari
v (urh ja kuv) toimia/olla tuomarina
reference /refrəns/ *s* **1** viittaus, viite, vihjaus, maininta *in/with reference to something* jotakin koskien **2** (työ)todistus, suositus
v varustaa (kirja tms) viitteillä/viittauksilla
reference book *s* hakuteos
referendum /ˌrefə'rendəm/ *s* (mon referendums, referenda) kansanäänestys
referral /rɪ'fərəl/ *s* **1** viittaus, viite **2** johnkun puheille ohjattu henkilö, esim lähetteen saanut potilas
refill /rifɪl/ *s* toinen kahvikupponen (samaan hintaan)
refill /rɪ'fɪl/ *v* täyttää (uudestaan)
refine /rɪ'faɪn/ *v* **1** jalostaa, puhdistaa, raffinoida **2** kehittää, kohentaa, parantaa (tapoja, taitoa)
refined *adj* **1** jalostettu, puhdistettu, raffinoitu **2** (käytös, maku) hienostunut, hieno
refinement *s* **1** jalostus, puhdistus, raffinointi **2** hienostuneisuus, sivistyneisyys **3** parannus
refinery /rɪ'faɪnəri/ *s* jalostamo

reflect /rɪ'flekt/ *v* **1** heijastaa, kuvastaa *her picture was reflected in the window* hänen kuvansa peilautui ikkunasta **2** harkita, pohtia, miettiä
reflecting telescope *s* peilikaukoputki
reflection /rɪ'flekʃən/ *s* **1** heijastus, kuva, peilautuminen, peilikuva **2** harkinta, pohdinta; mietelmä
reflective /rɪ'flektɪv/ *adj* **1** heijastava **2** ajattelu- **3** mietteliäs, hiljainen, vakava
reflector /rɪ'flektər/ *s* **1** heijastin **2** peilikaukoputki
reflex /rifleks/ *s* refleksi, heijaste
reflex camera /rifleks/ *s* peiliheijastuskamera *single-lens reflex camera* yksisilmäinen peiliheijastuskamera
reflexion ks reflection
reflexive *adj* (kieliopissa) refleksiivi-, refleksiivinen
reflexive pronoun *s* (kieliopissa) refleksiivipronomini
reflexive verb *s* (kieliopissa) refleksiiviverbi
reforest /rɪ'fɔrəst/ *v* istuttaa uutta metsää jonnekin, metsittää (uudestaan)
reforestation /ˌrifɔrəs'teɪʃən/ *s* metsitys, metsän istutus
reform /rɪ'fɔrm/ *s* uudistus, parannus *v* uudistaa, parantaa; tehdä parannus, parantaa tapansa
re-form *v* muodostaa/koota/järjestää uudelleen
reformation /ˌrefər'meɪʃən/ *s* **1** uudistaminen, uudistus, parannus **2** *Reformation* uskonpuhdistus
reformatory /rə'fɔrməˌtɔri/ *s* koulukoti
reformer *s* **1** uudistaja, uudistusmielinen ihminen **2** *Reformer* uskonpuhdistaja
reformist *s* **1** uudistaja, uudistusmielinen ihminen **2** reformoidun kirkon jäsen, reformoitu *adj* uudistusmielinen, uudistuksellinen
reform school *s* koulukoti
refracting telescope /rɪ'fræktiŋ/ *s* linssikaukoputki
refraction /rɪ'frækʃən/ *s* refraktio, valon taittuminen
refrain /rɪ'freɪn/ *s* kertosäe *v* ei tehdä jotakin *(from)*, hillitä itsensä, pidättäytyä jostakin
refresh /rɪ'freʃ/ *v* virkistää, piristää, vahvistaa, voimistaa
refreshing *adj* virkistävä, piristävä
refreshingly *adv* virkistävästi, virkistävän
refreshment *s* **1** virvoke **2** virkistys, elvytys, piristys
refrigerate /rɪ'frɪdʒəˌreɪt/ *v* jäähdyttää, pitää/säilyttää kylmässä
refrigeration /rɪˌfrɪdʒə'reɪʃən/ *s* jäähdytys, kylmässä säilytys
refrigerator /rɪ'frɪdʒəˌreɪtər/ *s* jääkaappi
refrigerator-freezer *s* jääkaappipakastin, yhdistelmäkaappi
refuel /rɪ'fjʊəl/ *v* tankata, ostaa/ottaa (lisää) polttoainetta
refuelling *s* tankkaus, polttoainetäydennys
refuge /refjudʒ/ *s* pakopaikka, suoja(paikka), turva(paikka)
refugee /'refjəˌdʒi/ *s* pakolainen
refund /rifʌnd/ *s* takaisinmaksu, korvaus, hyvitys *no refunds* (myymälässä: ostettuja) tavaroita ei voi palauttaa
refund /rɪ'fʌnd/ *v* antaa (esim ostoksesta) rahat takaisin, maksaa takaisin, korvata (kulut)
refundable /rɪ'fʌndəbəl/ *adj* (rahasta) joka maksetaan takaisin, joka hyvitetään/korvataan
refurbish /rɪ'fərbɪʃ/ *v* sisustaa uudestaan, remontoida, kohentaa jonkin ilmettä
refusal /rɪ'fjuzəl/ *s* kieltäytyminen, hylkääminen, kielteinen vastaus
refuse /refjuz/ *s* jäte, jätteet, roskat
refuse /rɪ'fjuz/ *v* kieltäytyä, ei suostua, ei myöntää, vastata kieltävästi *he was refused entry to the factory* häntä ei päästetty tehtaaseen
refutable /rɪ'fjutəbəl/ *adj* joka voidaan kumota, joka voidaan osoittaa vääräksi
refutation /ˌrefjə'teɪʃən/ *s* (väitteen) kumoaminen, vääräksi/perättömäksi osoittaminen

refute /rɪ'fjut/ *v* kumota, osoittaa vääräksi/perättömäksi
regain /rɪ'geɪn/ *v* saada takaisin *has she regained consciousness?* onko hän tullut/palannut tajuihinsa? *he has regained all the weight he lost when dieting* hän on lihonut laihdutuskuurin jälkeen entiselleen
regal /rigəl/ *adj* kuninkaallinen (myös kuv) ylellinen, ruhtinaallinen
regalia /rə'geɪliə rə'geɪljə/ *s* (mon) **1** kruununkalleudet; arvonmerkit *in full regalia* (kuv) kaikessa loistossaan, koko komeudessaan **2** kruununoikeudet
regally *adv* kuninkaallisesti (myös kuv) ylellisesti, ruhtinaallisesti
regard /rə'gard/ *s* **1** katse **2** *in/with regard to something* jotakin koskien **3** (mon) terveiset *give them my regards* sano heille terveisiä minulta
v **1** katsoa **2** suhtautua johonkuhun/johonkin tietyllä tapaa, pitää jotakuta/jotakin jonakin *he was regarded as something of a charlatan* häntä pidettiin huijarina **3** *as regards* jotakin koskien, mitä johonkin tulee
regarding *prep* jotakuta/jotakin koskien *regarding her divorce, the movie star said nothing* filmitähti ei puhunut lainkaan avioerostaan
regardless *adv* silti, jostakin/kaikesta huolimatta, joka tapauksessa
regardless of *adj* jostakin piittaamatta/huolimatta/välittämättä
regatta /rɪ'gatə/ *s* purjehduskilpailu, soutukilpailu, regatta
regency /ridʒənsi/ *s* sijaishallitus
regenerate /rɪ'dʒenəreɪt/ *v* elvyttää, elpyä, uudistaa, uudistua, uudentua, eheyttää, eheytyä
regeneration /rɪˌdʒenə'reɪʃən/ *s* elvytys, elpyminen, uudistaminen, uudistuminen
regent /ridʒənt/ *s* **1** sijaishallitsija, regentti **2** hallitsija
reggae /regeɪ/ *s* reggae(musiikki)
regime /rə'ʒim/ *s* **1** hallitusmuoto, valtiomuoto, järjestelmä **2** hallitus, maan johto
regimen /redʒəmən/ *s* (lääk) kuuri, hoito
regiment /redʒəmənt/ *s* (sot) rykmentti
v **1** kohdella ankarasti, pitää kovassa kurissa **2** jakaa ryhmiin/(sot) rykmentteihin
regimentals /ˌredʒɪ'mentəlz/ *s* (mon) rykmentin univormu
regimentation /ˌredʒɪmən'teɪʃən/ *s* ankara kuri(npito), sotilaallisen tiukka järjestys, tiukka säännöstely
Regina /rə'dʒaɪnə/ kaupunki Kanadassa
region /ridʒən/ *s* **1** alue, seutu, (kuv) ala **2** (mon) ulottuvuudet
regional *adj* alueellinen, paikallinen, paikallis-
regionally *adv* alueellisesti, paikallisesti
register /redʒəstər/ *s* **1** rekisteri, luettelo *parish register* kirkonkirjat **2** *cash register* kassakone **3** (soittimen) äänikerta; (ihmisen, soittimen) ääniala **4** (jonkin erikoisalan tai tietyissä tilanteissa käytetty) kieli
v **1** kirjata, merkitä kirjoihin/muistiin, luetteloida, rekisteröidä **2** ilmoittautua; ottaa ilmoittautuminen vastaan **3** kirjata (postilähetys) **4** (mittari tms) näyttää (jotakin lukemaa) **5** kasvonilmeestä: *joy registered on her face* hänen kasvonsa kirkastuivat ilosta
registered mail *s* kirjattu posti(lähetys)
registered nurse *s* (valtion järjestämän tutkinnon läpäissyt) sairaanhoitaja
register ton *s* rekisteritonni
registrar /'redʒɪsˌtrar/ *s* kirjaaja, reistraattori
registration /ˌredʒɪs'treɪʃən/ *s* **1** kirjaaminen, rekisteröinti, kirjoihin/luetteloon merkitseminen, ilmoittautuminen **2** rekisteriote
registry /redʒɪstri/ *s* **1** kirjaamo **2** kirjaaminen, rekisteröinti
regret /rɪ'gret/ *s* **1** katumus, paha mieli, pahoittelu *to have regrets* katua **2** (mon) kohtelias (kutsusta) kieltäy-

tyminen
v katua, pahoitella, surra, valittaa
regretful *adj* pahoitteleva, joka on pahoillaan
regretfully *adv* pahoittelevasti
regrettable *adj* valitettava, ikävä
regrettably *adv* valitettavasti, ikävä kyllä, ikävästi
regroup /rɪ'grup/ *v* ryhmittyä, ryhmittää, järjestää, järjestyä uudelleen
regular /regjələr/ *s* **1** kanta-asiakas **2** ammattisotilas
adj **1** säännöllinen, tasasuhtainen *at regular intervals* tasaisin välein **2** tavallinen, normaali **3** vakinainen, vakio-, kanta- **4** (ark) varsinainen, melkoinen *he's a regular idiot* hän on varsinainen idiootti **5** (kokous) sääntömääräinen **6** (kieliopissa: taivutukseltaan) säännöllinen **7** (sot) vakinainen, ammatti-
regularity /ˌregjə'lerəti/ *s* säännöllisyys (ks regular)
regularize /'regjələˌraɪz/ *v* **1** säännöstellä **2** normalisoida, rauhoittaa (tilanne)
regularly *adv* **1** säännöllisesti, tasaisesti, tasaisin välein **2** yleensä, tavallisesti
regulate /'regjəˌleɪt/ *v* säätää, ohjata; puuttua johonkin
regulation /ˌregjə'leɪʃən/ *s* **1** säätäminen, säätö, säännöstely **2** määräys, ohje
adj sääntöjen määräämä
regurgitate /rɪ'gərdʒəˌteɪt/ *v* **1** märehtiä; oksentaa **2** syöksyä, syöstä takaisin, pärskyttää, pärskyä takaisin **3** (kuv) märehtiä, jauhaa, toistaa
regurgitation /rɪˌgərdʒə'teɪʃən/ *s* märehtiminen; oksentaminen
rehabilitate /ˌriə'bɪləˌteɪt/ *v* **1** kuntouttaa, kuntoutua **2** palauttaa (esim vankeuden jälkeen) yhteiskunnan jäseneksi **3** elvyttää (liikeyritys); korjata kuntoon **4** antaa jollekulle entinen arvo/ entiset oikeudet takaisin
rehabilitation /ˌriəˌbɪlə'teɪʃən/ *s* **1** kuntoutus **2** yhteiskuntaan palautuminen/palauttaminen **3** arvon/oikeuksien palautus
rehash /ri'hæʃ/ *v* käyttää (vanhaa aineistoa) uudestaan
rehearsal /rə'hərsəl/ *s* **1** (näytelmän, musiikkiesityksen) harjoitus, harjoitukset **2** harjoittelu, harjoitteleminen **3** luetteleminen, hokeminen
rehearse /rɪ'hərs/ *v* **1** harjoitella (näytelmää, musiikkiesitystä) **2** luetella, hokea
reign /reɪn/ *s* **1** hallituskausi **2** (kuninkaan) valta
v hallita; vallita
reimburse /ˌriəm'bərs/ *v* korvata, hyvittää, maksaa takaisin
reimbursement *s* korvaus, hyvitys
reimpose /ˌriɪm'poʊz/ *v* määrätä uudestaan voimaan, alistaa uudelleen valtaansa/tahtoonsa
rein /reɪn/ *s* **1** (us mon) ohjakset **2** (kuv) ohjakset, suitset, valta *to give free rein to someone* antaa jollekulle vapaat kädet
reincarnate /ˌriɪn'karneɪt/ *v* muuttaa uudelleen lihaksi *to be reincarnated* syntyä uudestaan
reincarnate /ˌriɪnˌkarnət/ *adj* jälleensyntynyt, uudestisyntynyt
reincarnation /ˌriɪnkar'neɪʃən/ *s* jälleensyntyminen, uudestisyntyminen, reinkarnaatio
reindeer /'reɪnˌdɪər/ *s* (mon reindeer) poro
reinforce /ˌriɪn'fɔrs/ *v* **1** vahvistaa lujittaa, tukea, kannattaa; lisätä, kasvattaa **2** (psykologiassa) vahvistaa
reinforcement /ˌriɪn'fɔrsmənt/ *s* **1** vahvistaminen, lujittaminen, tuki, kannatus **2** (mon) vahvistukset, lisäjoukot **3** (psykologiassa) vahvistaminen
reinstate /ˌriɪn'steɪt/ *v* palauttaa entiseen asemaansa/virkaansa, palauttaa/saattaa uudelleen voimaan
reinstatement *s* aseman/oikeuksien palautus, uudelleen voimaan saattaminen
reinsurance /ˌriɪn'ʃərəns/ *s* jälleenvakuutus
reinsure /ˌriɪn'ʃər/ *v* jälleenvakuuttaa

reissue /ri'ɪʃu/ *s* uusi painos/laitos *v* julkaista uudelleen, laskea uudelleen liikkeelle
reiterate /ri'ɪtəˌreɪt/ *v* toistaa
reiteration /riˌɪtə'reɪʃən/ *s* toisto
reject /ridʒekt/ *s* hylätty (kappale, tuote ym)
reject /rə'dʒekt/ *v* **1** hylätä, ei hyväksyä; ei suostua (tarjoukseen), ei antaa lupaa, vastata kieltävästi **2** (lääk) hylkiä (siirrännäistä)
rejection /rə'dʒekʃən/ *s* hylkääminen, hylkäys, kielteinen vastaus
rejoice /rɪ'dʒɔɪs/ *v* iloita jostakin *(in)*, tehdä iloiseksi
rejoicing *s* **1** ilakointi, ilonpito **2** ilo
rejuvenate /rɪ'dʒuvəˌneɪt/ *v* nuorentaa, elvyttää, virkistää, piristää
rejuvenation /rɪˌdʒuvə'neɪʃən/ *s* nuorentuminen, nuorentaminen, virkistys, piristys
relapse /rilæps/ *s* **1** (lääk) taudin uusiutuminen/pahentuminen **2** takaisku, takapakki (ark), vastoinkäyminen *v* **1** (lääk) (taudista) uusiutua, pahentua **2** kokea takaisku, saada takapakkia (ark), langeta (uudestaan)
relate /rɪ'leɪt/ *v* **1** kertoa **2** yhdistää, yhdistyä, liittää/liittyä toisiinsa **3** ymmärtää *I can't relate to what you're experiencing* en osaa samastua tilanteeseesi
related *adj* **1** joka on sukua jollekulle **2** joka liittyy johonkin *related languages* sukulaiskielet
relation /rɪ'leɪʃən/ *s* **1** sukulainen **2** (ihmis-, liike- tai muu) suhde; yhteys **3** *in/with relation to something* jotakin koskien, johonkin liittyen
relationship *s* **1** (ihmis-, liike- tai muu) suhde, yhteys **2** sukulaisuus **3** rakkaussuhde
relative /relətɪv/ *s* sukulainen *adj* **1** suhteellinen **2** *relative to* jotakin koskeva; johonkin verrattuna **3** *the relative merits of apples and oranges* omenoiden ja appelsiinien edut (toisiinsa verrattuina)
relatively *adv* verraten, suhteellisen, aika, melko *relatively speaking* suhteellisen, suhteellisesti
relativity /ˌrelə'tɪvəti/ *s* suhteellisuus *Einstein's general/special theory of relativitity* Einsteinin yleinen/erityinen suhteellisuusteoria
relax /rɪ'læks/ *v* rentoutua, rentouttaa, ottaa rennosti, lakata pingottamasta *he relaxed his grip on me* hän hellitti otteensa minusta
relaxation /ˌrilæk'seɪʃən/ *s* lepo, rentoutuminen; (otteen ym) hellittäminen
relaxed *adj* rento, rauhallinen, letkeä
relaxing *adj* rentouttava
relay /rileɪ/ *s* **1** (työ)vuoro, (vartiossa) vaihto **2** (urh) viestinjuoksu **3** (sähkö) rele
relay /rɪ'leɪ/ *v* relaid, relaid: välittää eteenpäin
relay race *s* viestinjuoksu
release /rɪ'lis/ *s* **1** vapautus, vapauttaminen **2** laukaisu, irrotus, heitto **3** laukaisin, irrotin **4** julkistus, julkaiseminen *press release* lehdistötiedote *v* **1** vapauttaa, päästää/laskea vapaaksi **2** laukaista, irrottaa, heittää, päästää irti **3** julkistaa, ilmoittaa julkisesti
release date *s* (lehdistötiedotteessa) julkaistavissa (silloin ja silloin)
relegate /'reləˌgeɪt/ *v* **1** määrätä/komentaa (alempiarvoiseen) tehtävään, alentaa **2** delegoida/siirtää (tehtävä) jollekulle **3** luokitella (johonkin kuuluvaksi)
relent /rɪ'lent/ *v* antaa periksi, (kipu) hellittää
relentless *adj* armoton, säälimätön, hellittämätön
relentlessly *adv* armottomasti, säälimättömästi, hellittämättä
relevance /reləvəns/ *s* tärkeys, olennaisuus *his education has no relevance to this matter* hänen koulutuksellaan ei ole mitään tekemistä tämän asian kanssa
relevant /reləvənt/ *adj* asiaan kuuluva, asianomainen, olennainen, tärkeä
reliability /rɪˌlaɪə'bɪləti/ *s* luotettavuus
reliable /rɪ'laɪəbəl/ *adj* luotettava
reliably *adv* luotettavasti
reliance /rɪ'laɪəns/ *s* luottamus

reliant /rɪˈlaɪənt/ *adj* **1** riippuvainen jostakin *(on)* **2** luottavainen

relic /relɪk/ *s* **1** muinaisjäännös; (usk) pyhäinjäännös **2** jäännös, jäänne (menneiltä ajoilta) **3** (ark kuv) kalkkiutunut ihminen; autonromu yms

relief /rɪˈlif/ *s* **1** (kivun) helpotus **2** apu, avustus **3** vaihtelu **4** (vartiossa) vaihto, (työssä: seuraava) (työ)vuoro **5** (taide) reliefi, kohokuva, korkokuva

relieve /rɪˈliv/ *v* **1** helpottaa (kipua, oloa), lievittää, vähentää, purkaa (jännitystä) **2** auttaa, avustaa **3** vaihtaa (vartio) **4** vapauttaa joku jostakin *(of)*

religion /rəˈlɪdʒən/ *s* uskonto *that was when he got religion* (ark kuv) silloin hän innostui asiasta tosissaan, silloin hän tuli uuteen uskoon

religiosity /rəˌlɪdʒɪˈasɪti/ *s* **1** hurskaus, hengellisyys **2** hurskastelu, tekopyhyys, ulkokultaisuus

religious /rəˈlɪdʒəs/ *adj* **1** uskonnollinen, uskonnon, uskon-, hengellinen **2** hurskas **3** (kuv) tunnollinen, tunnontarkka

religiously *adv* **1** hurskaasti **2** (kuv) tunnollisesti

relinquish /rəˈliŋkwɪʃ/ *v* **1** luopua (esim vallasta, hankkeesta) **2** hellittää (ote), päästää irti

relish /relɪʃ/ *s* **1** nautinto, ilo *I have no relish for violent movies* väkivaltaelokuvat eivät ole minun makuuni **2** relissi; pikkelsi
v nauttia jostakin, pitää, olla iloinen jostakin

relocate /riˈloʊkeɪt/ *v* (erityisesti liikeyrityksestä) muuttaa, siirtyä (toiseen toimipaikkaan)

relocation /ˌriloʊˈkeɪʃən/ *s* (yrityksen) muutto, siirtyminen (toiseen toimipaikkaan)

reluctance /rɪˈlʌktəns/ *s* vastahakoisuus, haluttomuus, innottomuus

reluctant /rɪˈlʌktənt/ *adj* vastahakoinen, haluton, innoton

reluctantly *adv* vastahakoisesti, haluttomasti, vasten tahtoaan

rely /rɪˈlaɪ/ *v* luottaa johonkuhun/johonkin *we rely on you to bring the beer* odotamme että sinä tuot oluen

REM *rapid eye movement*

remain /rɪˈmeɪn/ *v* **1** olla jäljellä, jäädä jäljelle **2** jäädä jonnekin, pysyä/pysytellä jossakin

remainder /rɪˈmeɪndər/ *s* **1** jäännös, loput jostakin *for the remainder of the month, you'll have to live on bread and water* sinun pitää tulla kuukauden loppuun asti toimeen pelkällä vedellä ja leivällä **2** (mat) jäännös, jakojäännös

remains /rɪˈmeɪnz/ *s* (mon) jäännökset, jäänteet *his earthly remains* hänen maalliset jäännöksensä

remark /rɪˈmark/ *s* huomautus
v huomauttaa, mainita, sanoa *to remark on* huomauttaa jostakin, kommentoida jotakin

remarkable *adj* huomattava, merkittävä, huomion arvoinen, harvinainen

remarkably *adv* huomattavasti, huomattavan, harvinaisen

remarriage /rɪˈmerɪdʒ/ *s* uusi avioliitto

remarry /rɪˈmeri/ *v* mennä uudestaan/uusiin naimisiin

remedial /rəˈmidiəl/ *adj* apu-, tuki- *remedial teaching* tukiopetus

remedy /remədi/ *s* lääke (myös kuv)
v (lääk, kuv) parantaa, korjata, oikaista

remember /rəˈmembər rɪˈmembər/ *v* **1** muistaa *I can't remember my name* olen unohtanut oman nimeni *remember to lock up when you go* muista lukita lähtiessäsi ovet **2** sanoa terveisiä joltakulta *remember me to your lovely wife* sano terveisiä vaimollesi

remembrance /rəˈmembrəns rɪˈmembrəns/ *s* **1** muisto **2** muistoesine

remind /rəˈmaɪnd/ *v* muistuttaa *you remind me of your father* sinä muistutat isääsi *remind him to buy some milk* muistuta häntä että hänen pitää ostaa maitoa

reminder *s* muistutus, kehotus, muistilappu tms

reminisce /ˌreməˈnɪs/ *v* muistella (menneitä)

reminiscence /ˌreməˈnɪsəns/ *s* muistelu, muistelo, muisto
reminiscent of /ˌreməˈnɪsənt/ *to be reminiscent of* muistuttaa jotakin, tuoda mieleen jotakin
remiss /rɪˈmɪs/ *adj* huolimaton *to be remiss in your duties* laiminlyödä velvollisuuksiaan
remission /rɪˈmɪʃən/ *s* **1** armahdus, anteeksianto, vapautus (rangaistuksesta) **2** herpaantuminen, lasku, väheneminen, heikkeneminen **3** (taudin väliaikainen tai lopullinen) hellittäminen, lieveneminen
remit /rɪˈmɪt/ *v* **1** lähettää/suorittaa maksu **2** armahtaa, vapauttaa (rangaistuksesta) **3** herpaantua, vähetä, laskea, heiketä
remittance /rɪˈmɪtəns/ *s* **1** maksu **2** maksun suoritus/lähettäminen
remnant /remnənt/ *s* jäännös, jäänne
remodel /rɪˈmadəl/ *v* remontoida, sisustaa uudestaan
remonstrate /ˈremənˌstreɪt/ *v* esittää vastalause, protestoida
remorse /rɪˈmɔrs/ *s* katumus
remorseful *adj* katuva
remorsefully *adv* katuvasti
remorsefulness *s* katumus
remorseless *adj* katumaton, paatunut, säälimätön
remorselessly *adv* katumatta, paatuneesti, säälimättä
remorselessness *s* katumattomuus, paatumus
remote /rəˈmoʊt/ *s* kaukosäädin *adj* (ajasta, tilasta, kuv) kaukainen, etäinen, syrjäinen *remote chance* vähäinen mahdollisuus
remote control *s* **1** kauko-ohjaus **2** kaukosäädin, kauko-ohjain
remotely *adv: remotely located* joka sijaitsee syrjäseudulla *he was not even remotely interested* hän ei ollut alkuunkaan kiinnostunut asiasta
remoteness *s* syrjäisyys, kaukaisuus
remove /rɪˈmoʊv/ *v* **1** poistaa, siirtää (pois), irrottaa, riisua (yltään) **2** tehdä loppu jostakin, kitkeä pois, ratkaista (ongelma) **3** erottaa (virasta tms)
removed *adj* **1** kaukainen, etäinen, syrjäinen *your idea of scholarly research is far removed from mine* sinulla on aivan toisenlainen käsitys akateemisesta tutkimuksesta kuin minulla **2** *first cousin once removed* serkun lapsi *first cousin twice removed* serkun lapsenlapsi
remunerate /rɪˈmjʊnəreɪt rəˈmjʊnəreɪt/ *v* **1** korvata (vaiva, työ), maksaa (palkkio), hyvittää **2** kannattaa, maksaa vaivan
remuneration /rɪˈmjʊnəreɪʃən rəˈmjʊnəreɪʃən/ *s* korvaus, palkkio, palkka, maksu
remunerative /rɪˈmjʊnərətɪv rəˈmjʊnərətɪv/ *adj* tuottoisa, kannattava
Renaissance /ˈrenəˌsans/ *s* renessanssi
renal /rinəl/ *adj* munuaisten, munuais-
render /rendər/ *v* **1** tehdä jotakin **2** tehdä joksikin *the blow rendered him helpless* isku teki hänestä puolustuskyvyttömän **3** tulkita (runo ym), esittää, kuvata **4** kääntää (toiselle kielelle)
rendering *s* **1** tulkinta, esitys, kuvaus **2** käännös **3** kuva, piirros *that is an artist's rendering of life on the moon* tämä on taiteilijan näkemys elämästä kuussa
rendezvous /ˈrandəˌvu/ *s* kohtaaminen, tapaaminen *v* kohdata, tavata jossakin, kokoontua jonnekin
renegade /ˈrenəˌgeɪd/ *s* luopio
renege on /rəˈnɪg/ *v* syödä sanansa, perua puheensa, ei pitää lupaustaan
renew /rɪˈnu/ *v* **1** uusia *he did not renew his subscription* hän ei uudistanut lehden tilausta **2** täydentää (varastoa)
renewable energy /rɪˈnuəbəl/ *s* uusiutuva energia(muoto)
renewal /rɪˈnuəl/ *s* uusiminen
renounce /rɪˈnaʊns/ *v* luopua jostakin; kääntää selkänsä jollekin; kieltää, hylätä, ei tunnustaa omakseen
renovate /ˈrenəˌveɪt/ *v* uudistaa, korjata, entistää
renovation /ˌrenəˈveɪʃən/ *s* korjaus, entistys
renown /rɪˈnaʊn/ *s* (hyvä) maine

renowned *adj* maineikas, kuuluisa
rent /rent/ *s* **1** vuokra *for rent* (kyltissä, ilmoituksessa) vuokrattavana **2** repeämä, halkeama, lohkeama **3** erimielisyys, kiista, kina, riita
v **1** vuokrata, antaa vuokralle **2** vuokrata, ottaa vuokralle
rent-a-car *s* **1** autovuokraamo **2** vuokra-auto
rental /rentəl/ *s* **1** vuokra(maksu) **2** vuokra-auto; vuokra-asunto, vuokratalo
rent control *s* vuokrasäännöstely
rent out *v* vuokrata, antaa vuokralle
renunciation /rɪˌnʌnsi'eɪʃən/ *s* jostakin luopuminen; jonkin kieltäminen/hylkääminen
reopen /rɪ'oʊpən/ *v* **1** avata uudestaan *reopen negotiations* jatkaa neuvotteluja **2** ottaa uudestaan puheeksi/esille
reorganization /riˌɔrgənə'zeɪʃən/ *s* uudelleenjärjestely
reorganize /ri'ɔrgəˌnaɪz/ *v* järjestää uudelleen
Rep. *Republican*
repaint /ri'peɪnt/ *v* maalata uudestaan
repair /rə'peər/ *s* (yl mon) korjaus
v **1** korjata **2** korvata, hyvittää **3** mennä/ lähteä jonnekin
repairman *s* (mon repairmen) korjaaja, huoltaja
repairperson *s* korjaaja, huoltaja
reparations /ˌrepə'reɪʃənz/ *s* (mon) sotakorvaukset
repartee /ˌrepar'teɪ ˌrepər'ti/ *s* **1** sanallinen miekkailu, sutkailu **2** terävä/ piikikäs/nokkela vastaus, sutkaus
repatriate /ri'peɪtriˌeɪt/ *v* lähettää/palauttaa kotimaahansa
repatriation /riˌpeɪtri'eɪʃən/ *s* kotimaahan palauttaminen/lähettäminen
repay /ri'peɪ/ *v* repaid, repaid: maksaa takaisin, korvata, hyvittää; kostaa
repayment *s* takaisin maksu, palkka (kuv)
repeal /rə'piəl/ *v* kumota (laki)
repeat /ri'pit/ *s* (tv, radio) uusinta(lähetys)
v **1** toistaa *repeat after me* toistakaa perässäni **2** uusia, tehdä uudestaan jotakin **3** *to repeat on someone* saada joku röyhtäisemään, röyhtäyttää
repeated *adj* toistuva, uusiutuva
repeatedly *adv* toistuvasti, usein, monta kertaa *I have repeatedly told you not to lie* minä olen jo useamman kerran kieltänyt sinua valehtelemasta
repel /rɪ'pel/ *v* **1** pakottaa (vihollinen) perääntymään; torjua (hyökkäys) **2** tyrmätä, hylätä, torjua (ehdotus) **3** karkottaa, ajaa takaisin/pois, hylkiä *this lotion repels mosquitoes* tämä voide pitää hyttyset loitolla *to repel water* olla vettä hylkivä *like poles repel* (magneetin) samat navat hylkivät toisiaan **4** kuvottaa, inhottaa, olla jollekulle vastenmielistä
repellent /rə'pelənt/ *s* hyttysvoihde, hyttyssuihke, hyttysmyrkky
adj vastenmielinen, inhottava, kuvottava
repent /rɪ'pent/ *v* katua, surra (tekoaan)
repentance /rɪ'pentəns/ *s* katumus
repentant /rɪ'pentənt/ *adj* katuva
repercussion /ˌripər'kʌʃən/ *s* **1** seuraus, vaikutus **2** kimpoaminen, ponnahdus, kilpistyminen **3** kaiku
repertoire /'repərˌtwaər/ *s* ohjelmisto
repetition /ˌrepə'tɪʃən/ *s* toisto, kertaus
repetitious /ˌrepə'tɪʃəs/ *adj* samaa/itseään toistava, yksitoikkoinen, pitkäveteinen
repetitive /rə'petətɪv/ *adj* samaa/ itseään toistava, yksitoikkoinen, pitkäveteinen
replace /ri'pleɪs/ *v* **1** panna/asettaa takaisin **2** korvata, vaihtaa, panna/mennä/astua jonkun tilalle
replaceable *adj* joka voidaan korvata/ vaihtaa *the boss let him know that he was replaceable* pomo antoi hänen ymmärtää ettei hän ole korvaamaton
replacement *s* **1** sijainen *we have to find a replacement for Kenneth* meidän pitää löytää joku Kennethin tilalle **2** varaosa
replant /ri'plænt/ *v* istuttaa uudelleen, siirtää uuteen paikkaan

replay /ri'pleɪ/ *s* **1** (tv, radio) uusinta(lähetys) **2** (tv: urheilulähetyksen avainkohdan) uusinta **3** toisto **4** uusintaottelu
v uusia, toistaa/soittaa/näyttää (uudestaan)
replenish /ri'plenɪʃ/ *v* täydentää (varastoa) *may I replenish your glass* saanko kaataa sinulle lisää?
replenishment *s* täydennys; täyttäminen
replete /rɪ'plit/ *to be replete with something* jossakin vilisee jotakin, jokin paikka pursuu/on täynnä jotakin
replica /replɪkə/ *s* jäljennös
reply /rɪ'plaɪ/ *s* vastaus
v vastata
repopulate /rɪ'papjʊˌleɪt/ *v* asuttaa (alue) uudestaan
report /rɪ'pɔrt rə'pɔɪt/ *s* **1** selonteko, selostus, selvitys, tiedonanto, raportti, reportaasi **2** huhu, juoru **3** pamahdus, paukahdus, paukaus, laukaus (ääni) **4** maine
v **1** ilmoittautua **2** selostaa, selvittää, ilmoittaa, kertoa, raportoida
report card *s* (koulu)todistus
reportedly *adj* kuulemma, kertoman mukaan
reported speech *s* (kieliopissa) epäsuora esitys
reporter *s* **1** (tv, radio, lehdistö) toimittaja, reportteri, kirjeenvaihtaja **2** (oikeudessa ym) pikakirjoittaja
repose /rɪ'poʊz/ *s* **1** lepo; uni **2** rauha
v levätä
reposeful *adj* levollinen, rauhallinen, rauhaisa, tyyni
repossess /ˌripə'zes/ *v* ulosmitata, ulosottaa
repossessor *s* ulosottomies
represent /ˌreprɪ'zent/ *v* edustaa, esittää, kuvastaa
representation /ˌreprəzən'teɪʃən/ *s* **1** kuvaus, piirros, esitys *product representation* tuote-esittely **2** edustus, edustaminen *no taxation without representation* (hist) ei verotusta ilman kansanedustusta
representative /ˌreprə'zentətɪv/ *s* **1** (kaupallinen) edustaja, (oikeudessa) edustaja, asiamies, valtuutettu, kansanedustaja, (US:) edustajainhuoneen jäsen **2** esimerkki jostakin *(of)*
adj **1** edustava, tyypillinen **2** edustajain-, (kansan)edustus-
repress /rɪ'pres/ *v* tukahduttaa (vastarinta, tunteensa); alistaa, sortaa
repression /rɪ'preʃən/ *s* **1** tukahduttaminen, alistaminen, sorto **2** (psykoanalyysissä) tukahduttaminen, repressio
repressive /rɪ'presɪv/ *adj* tukahduttava, alistava, sortava, kehitystä estävä
reprieve /rɪ'priv/ *s* **1** (rangaistuksen) lykkäys **2** (kuv) hengähdystauko
v lykätä/siirtää (rangaistusta) myöhemmäksi
reprimand /'reprəˌmænd/ *s* moite, nuhtelu, ojennus
v moittia, nuhdella, ojentaa
reprint /riprɪnt/ *s* **1** uusintapainos **2** eripainos
reprint /rɪ'prɪnt/ *v* **1** julkaista uusintapainos **2** julkaista eripainos
reprisal /rɪ'praɪzəl/ *s* **1** kosto(toimi) **2** repressaaliat (mon)
reproach /rɪ'proʊtʃ/ *s* moite *his behavior was beyond reproach* hän käyttäytyi moitteettomasti
v moittia, syyttää
reproachful *adj* moittiva, syyttävä, tuomitseva
reproachfully *adv* moittivasti, syyttävästi, tuomitsevasti
reproduce /ˌriprə'dus/ *v* **1** jäljentää, monistaa, kopioida, toisintaa, toistaa **2** lisääntyä, jatkaa sukua
reproduction /ˌriprə'dʌkʃən/ *s* **1** lisääntyminen, suvun jatkaminen **2** jäljentäminen, monistaminen, kopiointi; äänentoisto **3** jäljennös, jäljenne, kopio
reproductive /ˌriprə'dʌktɪv/ *adj* lisääntymis-, suvunjatkamis-, sukupuoli-
reptile /reptaɪəl/ *s* matelija
reptilian /rep'tɪliən/ *adj* matelijan, matelija-
republic /rɪ'pʌblɪk/ *s* tasavalta *the Republic of Finland* Suomen tasavalta
republican *s* **1** tasavaltalainen **2** *Republican* (US) republikaani(sen puoleen jäsen tai kannattaja)

adj **1** tasavaltalainen **2** *Republican* republikaaninen
republicanism *s* **1** tasavalatalaisuus **2** *Republicanism* (US) republikaanisuus
Republican party *s* (US) republikaaninen puolue
repudiate /rɪ'pjudiˌeɪt/ *v* **1** kiistää (väite) **2** ei tunnustaa omakseen, kieltää, hylätä
repugnance *s* **1** vastenmielisyys, kuvottavuus **2** inho, vastenmielisyys
repugnant /rɪ'pʌgnənt/ *adj* vastenmielinen, kuvottava
repulse /rɪ'pʌls/ *v* **1** torjua (hyökkäys), pakottaa (vihollinen) perääntymään **2** olla jostakusta vastenmielinen, kuvottaa/inhottaa jotakuta
repulsion /rɪ'pʌlʃən/ *s* **1** vastenmielisyys, kuvotus, inho **2** (fys) poistovoima
repulsive /rɪ'pʌlsɪv/ *adj* **1** vastenmielinen, kuvottava, inhottava; luotaan työntävä **2** (fys) hylkivä, poistava
reputable /repjətəbəl/ *adj* hyvämaineinen
reputation /ˌrepjə'teɪʃən/ *s* maine
repute /rɪ'pjut/ *s* maine *she is a woman of ill repute* hän on huonomaineinen nainen
v: to be reputed to be something olla jonkin maineessa
reputedly *adv* kuulemma, kertoman mukaan
request /rɪ'kwest/ *s* pyyntö, toivomus *at my request* minun pyynnöstäni
v pyytää, anoa
require /rɪ'kwaɪər/ *v* **1** tarvita **2** vaatia, edellyttää
requirement /rɪ'kwaɪərmənt/ *s* vaatimus, edellytys
requisite /rekwəzət/ *s* välttämättömyys, tarvike, väline
adj välttämätön; tarpeellinen
rescue /reskju/ *s* pelastus, apu; vapautus
v pelastaa; vapauttaa *the hostages were rescued by paratroopers* laskuvarjojoukot vapauttivat panttivangit
research /risərtʃ rə'sərtʃ/ *s* tutkimus *to conduct/carry out research* tutkia
v tutkia, selvittää, perehtyä johonkin
researcher *s* tutkija
resemblance /rɪ'zenbləns/ *s* yhdennäköisyys, samanlaisuus *they bear a close resemblance to one another* he muistuttavat toisiaan kovasti
resemble /rɪ'zembəl/ *v* muistuttaa jotakuta/jotakin
resent /rɪ'zent/ *v* paheksua jotakin, panna jotakin pahakseen, ei hyväksyä/pitää jostakin
resentful *adj* paheksuva, ärtynyt, harmistunut, kateellinen jostakin
resentfully *adv* paheksuvasti, paheksuen, ärtyneesti, harmistuneesti
resentment *s* paheksunta, ärtymys
reservation /ˌrezər'veɪʃən/ *s* **1** varaus, ehto, rajoitus, epäily *do you have any reservations about selling your car?* etkä olekaan varma haluatko myydä autosi? **2** (paikan ym) varaus *she made reservations for three at the restaurant* hän varasi ravintolasta pöydän kolmelle **3** reservaatio, reservaatti
reserve /rə'zərv/ *s* **1** varasto, vara *to keep something in reserve* säästää jotakin, pitää jotakin varalla **2** varaus, ehto, epäily *without reserve* varauksetta, suoraan, avoimesti **3** (mon, sot) reservi **4** rauhoitusalue, säästiö **5** pidättyvyys, viileys, etäisyys
v **1** säästää (johonkin tarkoitukseen, voimia), lykätä (mielipiteensä esittämistä), pidättää (oikeus itsellään) **2** varata (paikka)
reserved *adj* **1** pidättyvä, viileä, etäinen **2** varattu (paikka ym)
reservedly *adv* pidättyvästi, viileästi, etäisesti
reservoir /'rezərˌvwaər/ *s* **1** tekojärvi; vesiallas **2** (kuv) (runsas) varasto, (ehtymätön) lähde
reside /rɪ'zaɪd/ *v* **1** asua jossakin **2** sijaita, olla jossakin
residence /rezɪdəns/ *s* **1** (erityisesti hieno) asunto, talo, koti **2** asuinpaikka **3** oleskelu
resident /rezɪdənt/ *s* **1** asukas **2** erikoistumisopintoja sairaalassa suorittava lääkäri **3** (diplomatiassa) residentti
adj joka asuu/toimii jossakin

residential /ˌrezɪ'denʃəl/ *adj* asuin- *residential area* asuntoalue
residual /rə'zɪdʒʊəl/ *s, adj* jäännös(-)
residue /'rezɪˌdu/ *s* jäännös
resign /rɪ'zaɪn/ *v* **1** *to resign yourself to something* alistua, nöyrtyä johonkin **2** erota (työstä), luopua *the Secretary of State has resigned his office* ulkoministeri on eronnut (virastaan)
resignation /ˌrezɪg'neɪʃən/ *s* **1** alistuminen, nöyrtyminen **2** eroaminen, luopuminen
resilience /rɪ'zɪljəns/ *s* **1** joustavuus, taipuisuus, notkeus **2** sitkeys, sinnikkyys
resilient /rɪ'zɪljənt/ *adj* **1** joustava, taipuisa, notkea **2** sitkeä, sinnikäs, sisukas
resin /rezən, rəzən/ *s* hartsi
resist /rɪ'zɪst/ *v* **1** vastustaa, panna vastaan *the only thing I cannot resist is temptation* ainoa asia jota en pysty vastustamaan on kiusaus **2** kestää, sietää, estää *the material does not resist water* kangas ei siedä vettä
resistance /rɪ'zɪstəns/ *s* **1** vastustus, vastarinta (myös psykoterapiassa) **2** (sot) vastarintaliike **3** (lääk) vastustuskyky **4** (sähkö) (ohminen) vastus (ominaisuus ja osa)
resistant *adj* **1** kestävä **2** (lääk) vastustuskykyinen, immuuni
resistor *s* (sähkö) vastus
resolute /ˌrezə'lut/ *adj* päättäväinen, määrätietoinen, luja
resolutely *adv* päättävästi, määrätietoisesti, lujasti
resolution /ˌrezə'lʊʃən/ *s* **1** päätös, ratkaisu **2** päättäväisyys, määrätietoisuus, lujuus **3** (optiikassa ym) erottelukyky, tarkkuus
resolve /rɪ'zalv/ *s* **1** päätös, ratkaisu **2** päättäväisyys, määrätietoisuus, lujuus *v* **1** päättää, tehdä päätös **2** ratkaista **3** hälventää (epäilys) **4** hajottaa, jakaa, hajota, jakautua (osiin) **5** (optiikassa ym) erottaa, erotella, näyttää, näkyä
resonance /rezənəns/ *s* (äänen) kaikuminen; sointuvuus, täyteläisyys
resonant /rezənənt/ *adj* (ääni) kaikuva; sointuva, täyteläinen
resonate /'rezəˌneɪt/ *v* (ääni) kaikua
resort /rɪ'zɔrt/ *s* **1** lomakeskus, lomahotelli **2** pelastus, keino *as a last resort* viime hädässä, viimeisenä
resort to *v* **1** turvautua johonkin keinoon, ryhtyä johonkin **2** käydä usein jossakin
resound /rɪ'zaʊnd/ *v* kaikua
resounding *adj* **1** (ääni) kaikuva, kova **2** (kuv) erinomainen, loistava (menestys)
resource /risɔrs rə'sɔrs/ *s* **1** (mon) voimavarat, resurssit **2** (mon) luonnonvarat **3** (us mon) keino, avu *he was left to his own resources* hän jäi oman onnensa nojaan
resourceful *adj* kekseliäs, omaaloitteinen, nokkela
resourcefully *adv* kekseliäästi, nokkelasti
resourcefulness *s* kekseliäisyys, oma-aloitteisuus, nokkeluus
respect /rəs'pekt/ *s* **1** kunnioitus, arvostus, arvonanto **2** huomaavaisuus, hienotunteisuus, kohteliaisuus *out of respect for the President's death, we have postponed the meeting* lykkäsimme kokousta presidentin kuoleman johdosta/muistoksi **3** *with respect to* jotakin koskien **4** (asian) puoli, suhde *in that respect* siinä suhteessa, siltä osin **5** (mon) terveiset *to pay your respects to someone* käydä tervehtimässä jotakuta; esittää surunvalittelunsa jollekulle *v* **1** kunnioittaa, arvostaa **2** ottaa huomioon, ei loukata/häiritä (esim jonkun rauhaa)
respectability /rəsˌpektə'bɪləti/ *s* kunniallisuus, kunnollisuus, arvokkuus
respectable /rəs'pektəbəl/ *adj* **1** kunniakas, kunnianarvoinen, arvossapidetty **2** huomattava, merkittävä, suuri, iso
respectably *adv* arvokkaasti
respecter *to be no respecter of someone/something* ei katsoa henkilöön/johonkin, ei kumarrella jonkun/jonkin edessä
respectful *adj* kunnioittava, kohtelias
respectfully *adv* kunnioittavasti, kunnioittaen, kohteliaasti *respectfully*

yours (kirjeen lopussa) kunnioittavasti
respective /rəs'pektɪv/ *adj* kunkin oma, kulloinenkin *the respective merits of apples and oranges* omenoiden ja appelsiinien edut (toisiinsa verrattuina)
respectively *adv: Finland and Sweden have five and eight million inhabitants, respectively* Suomessa on viisi ja Ruotsissa kahdeksan miljoonaa asukasta
respiration /ˌrespə'reɪʃən/ *s* hengitys
respite /respət/ *s* (hengähdys)tauko, hetken helpotus
resplendent /rɪ'splendənt/ *adj* loistava, hehkuva; loistokas, komea
respond /rɪ'spand/ *v* **1** vastata (kysymykseen, pyyntöön) **2** reagoida
respondent *s* (lak) vastaaja
response /rɪ'spans/ *s* **1** vastaus *in response to my question, he rattled off a long list of examples* hän vastasi kysymykseeni luettelemalla pitkän litanian esimerkkejä **2** reaktio
responsibility /rɪˌspansə'bɪləti/ *s* vastuu, velvollisuus, tehtävä *the guests are your responsibility* vieraat ovat sinun vastuullasi, sinun kuuluu huolehtia vieraista *I'll take full responsibility for the job* otan työstä täyden vastuun
responsible /rɪ'spansɪbəl/ *adj* **1** joka on vastuussa jostakin *who is responsible for this mess?* kenen syytä tämä sotku on? *you're responsible to the boss* sinä olet vastuussa pomolle **2** (tehtävästä) jossa on suuri vastuu **3** luotettava, vastuuntuntoinen
responsibly *adv* vastuuntuntoisesti, luotettavasti
responsive /rɪ'spansɪv/ *adj* myötätuntoinen, ymmärtäväinen, avulias, kiinnostunut
rest /rest/ *s* **1** lepo; tauko (myös mus) *to lay to rest* laskea haudan lepoon, haudata; hälventää, rauhoittaa, tyynnyttää **2** tuki, teline **3** loput, loppu, jäännös *the rest of the students* loput/muut oppilaat *all the rest* kaikki muut
v **1** levätä, lepuuttaa; pitää tauko *let me rest my legs for a while* minä haluan lepuuttaa jalkojani hetken aikaa **2** nojata/panna nojaamaan johonkin **3** jäädä *rest assured that we will start a full-scale investigation into the matter* voit olla varma siitä että ryhdymme tutkimaan asiaa perin pohjin
restate /ri'steɪt/ *v* sanoa uudestaan, toistaa; sanoa toisin
restaurant /'restrant/ *s* ravintola
restaurateur /ˌrestərə'tər/ *s* ravintolan omistaja
restful *adj* rauhallinen, hiljainen, raukea
rest home *s* lepokoti
restitution /ˌrestɪ'tuʃən/ *s* palautus, korvaus, vahingonkorvaus
restive /restɪv/ *adj* **1** äksy, itsepäinen **2** levoton, hermostunut
restiveness *s* **1** kiukuttelu, äksyys, itsepäisyys **2** levottomuus, hermostuneisuus
restless /restləs/ *adj* levoton, rauhaton
rest on *v* **1** luottaa johonkuhun **2** riippua jostakin, perustua johonkin, olla jonkin varassa
restoration /ˌrestə'reɪʃən/ *s* **1** (omaisuuden, aseman, luottamuksen) palauttaminen **2** (rakennuksen ym) entistys, restaurointi **3** *Restoration* (hist) Englannin restauraatio (1660-1685)
restore /rə'stɔr/ *v* **1** palauttaa, antaa takaisin (omaisuutta, asema) *the new medicine restored his health* uusi lääke teki hänet jälleen terveeksi *what he said restored my confidence in him* hänen puheensa saivat minut jälleen luottamaan häneen **2** entistää, korjata, restauroida
restorer *s* restauroija
restrain /rɪ'streɪn/ *v* hillitä, pidätellä, rauhoittaa
restraint /rɪ'streɪnt/ *s* rajoitus *without restraint* hillittömästi
restrict /rɪ'strɪkt/ *v* rajoittaa, supistaa, hillitä, pidätellä
restricted *adj* rajoittunut, rajallinen *this is a restricted area* tänne on asiattomilta pääsy kielletty
restriction /rɪ'strɪkʃən/ *s* rajoitus, määräys, kielto
restrictive /rɪ'strɪktɪv/ *adj* rajoittava
restroom /'restˌrum/ *s* wc

rest with *the blame rests with you* syy on sinun

result /rɪ'zəlt/ *s* seuraus, tulos, lopputulos *the result of the election* vaalitulokset

v johtaa johonkin, jostakin on seurauksena jotakin, joku johtuu jostakin *the crisis resulted in the resignation of the minister* kriisi johti ministerin eroon *the drought resulted from the greenhouse effect* kuivuus johtui kasvihuoneilmiöstä

resultant /rɪ'zəltənt/ *adj* joka johtuu jostakin, joka on jonkin seuraus/tulos *there was a demonstration and in the resultant tumult, many people were injured* mielenosoitusta seuranneessa mylläkässä loukkaantui paljon ihmisiä

résumé /'rezəˌmeɪ/ *s* **1** yhteenveto **2** (työpaikkahakemuksessa) elämäkerta, ansioluettelo

resume /rɪ'zum/ *v* **1** jatkaa, aloittaa uudelleen **2** palata: *she resumed her seat* hän palasi paikalleen **3** ottaa uudestaan käyttöön/itselleen

resumption /rɪ'zʌmpʃən/ *s* jatkaminen

resurrect /ˌrezə'rekt/ *v* **1** herättää kuolleista **2** (kuv) palauttaa voimaan, herättää henkiin, ottaa uudestaan käyttöön

resurrection /ˌrezə'rekʃən/ *s* **1** ylösnousemus *Resurrection* (Jeesuksen) ylösnousemus **2** (kuv) voimaan palauttaminen, henkiin herättäminen *he fought for the resurrection of old virtues* hän halusi palauttaa kunniaan vanhat hyveet

resuscitate /rɪ'sʌsəˌteɪt/ *v* (lääk, kuv) elvyttää, (kuv) herättää henkiin

resuscitation /rɪˌsʌsə'teɪʃən/ *s* (lääk) elvytys *mouth-to-mouth resuscitation* puhalluselvytys

retail /riteɪəl/ *s* vähittäiskauppa

v myydä vähittäisportaassa *the computer retails for $1000* tietokoneen vähittäishinta on 1000 dollaria

adj, adv vähittäiskaupan, vähittäiskaupalla, (hinta) vähittäis-

retailer /riteɪlər/ *s* vähittäiskauppias

retail investor *s* (tal) loppuasiakas

retail price *s* vähittäishinta *suggested retail (price)* suositushinta, ohjevähittäishinta

retain /rɪ'teɪn/ *v* **1** pidättää, pitää itsellään, säästää *retain the stub* säilytä lipun kanta *his body has begun to retain water* hänen elimistönsä on alkanut kerätä nestettä **2** muistaa, pitää mielessä **3** *to retain a lawyer* palkata (itselleen) asianajaja

retainer /rɪ'teɪnər/ *s* **1** palvelija **2** ennakkomaksu

retake /riteɪk/ *s* uusi otos/kuva(us)

retake /rɪ'teɪk/ *v* (valo-, video- tai elo)-kuvata uudestaan

retaliate /rɪ'tæliˌeɪt/ *v* kostaa

retaliation /rɪˌtæli'eɪʃən/ *s* kosto; kostoisku, kostohyökkäys

retaliatory /rɪˌtæliə'tɔri/ *adj* kosto-

retard /ritard/ *s* (sl) kehitysvammainen

v hidastaa, hidastua, viivyttää, myöhästyä

retarded /rɪ'tardəd/ *the retarded* kehitysvammaiset

adj kehitysvammainen

retch /retʃ/ *v* **1** yökkäillä, yökätä **2** oksentaa

retention /rɪ'tenʃən/ *s* **1** pidättäminen *the retention of water in the body* nesteen keräytyminen elimistöön **2** muistaminen, muisti *the power of retention* muisti(kyky)

rethink /rɪ'θiŋk/ *v* miettiä/harkita/ajatella uudestaan *we have to rethink our marketing approach* meidän pitää järjestää markkinointi kokonaan uudestaan

reticence /retəsəns/ *s* vähäpuheisuus, hiljaisuus, viileys

reticent /retəsənt/ *adj* vähäpuheinen, hiljainen, vaisu, etäinen, viileä

retina /retɪnə/ *s* (mon retinas, retinae) (silmän) verkkokalvo

retinoid drugs /retənoɪd/ *s* (mon) A-vitamiinijohdokset

retinue /'retəˌnu/ *s* seurue, palvelijat

retire /rɪ'taɪər/ *v* **1** poistua **2** (ylät) mennä vuoteeseen/nukkumaan **3** siirtyä/siirtää eläkkeelle **4** poistaa käytöstä/liikenteestä *our company has retired punch card machines* yrityksemme on lakannut käyttämästä reikäkorttikoneita

retired *adj* **1** joka on eläkkeellä **2** syrjäinen
retiree /rəˌtaɪə'ri/ *s* eläkeläinen
retirement /rə'taɪərmənt/ *s* **1** eläkkeelle siirtyminen/siirtäminen **2** käytöstä poistaminen **3** eläkeikä, eläkevuodet **4** eläke
retirement age *s* eläkeikä
retirement community *s* eläkeläisten asuinalue
retirement plan *s* eläketurva
retiring *adj* **1** joka on siirtymässä eläkkeelle **2** ujo, arka, syrjään vetäytyvä
retort /rɪ'tɔrt/ *s* **1** (kemia) tislauspullo, retortti **2** (piikikäs/terävä) vastaus, vastaisku (kuv)
v vastata (piikikkäästi/terävästi), antaa takaisin samalla mitalla
retouch /rɪ'tʌtʃ/ *v* korjailla, parannella, retusoida
retrace /rɪ'treɪs/ *v* **1** seurata *he retraced his steps* hän palasi takaisin samaa kautta kuin oli tullut **2** muistella, palauttaa mieleen, käydä (mielessään) uudelleen läpi
retract /rɪ'trækt/ *v* **1** vetää sisään (kynnet, laskuteline) **2** perua (puheensa, tarjous)
retraction /rɪ'trækʃən/ *s* **1** (kynsien, laskutelineen) sisään vetäminen **2** (puheiden, tarjouksen) peruminen
retread /ritred/ *s* pinnoitettu (auton) rengas
retread /rɪ'tred/ *v* pinnoittaa (auton rengas) uudelleen
retreat /rɪ'trit/ *s* **1** (sot) perääntyminen **2** pako; syrjään vetäytyminen *to beat a retreat* paeta, lähteä käpälämäkeen **3** pakopaikka *we have a modest retreat in the mountains* meillä on vuoristossa pieni mökki *a religious retreat* luostari
v perääntyä; paeta; vetäytyä syrjään
retrench /rɪ'trentʃ/ *v* leikata, supistaa (menoja, henkilöstöä), säästää
retrenchment *s* (menojen, henkilöstön) leikkaaminen, supistaminen, säästäminen
retribution /ˌretrɪ'bjuʃən/ *s* kosto
retrieval /rɪ'trivəl/ *s* hakeminen, haku, noutaminen
retrieve /rɪ'triv/ *v* **1** hakea, noutaa (myös koirasta) **2** hankkia takaisin **3** korvata; korjata
retriever *s* noutaja, noutokoira *Golden retriever* kultainennoutaja *Chesapeake retriever* chesapeakenlahdennoutaja
retroactive /ˌretro'æktɪv/ *adj* takautuva, taannehtiva
retrograde /'retrəˌgreɪd/ *adj* taaksepäin suuntautuva, takaperoinen, (järjestys) käänteinen; taantuva
retrospect /'retrəˌspekt/ *s* (menneiden) muistelu *in retrospect* jälkikäteen ajatellen
retrospection /ˌretrə'spekʃən/ *s* (menneiden) muistelu; (yleis)katsaus menneeseen
retrospective /ˌretrə'spektɪv/ *s* taidenäyttely, elokuvasarja ym jossa esitellään yhden taiteilijan elämäntyötä *there was a Clint Eastwood retrospective in Paris* Pariisissa esitettiin läpileikkaus Clint Eastwoodin elokuvista
adj **1** menneitä muisteleva, taaksepäin katsova **2** takautuva, taannehtiva
return /rɪ'tərn/ *s* **1** paluu *on my return* kotiin tms palattuani/palatessani **2** palautus **3** vastine *I'll give you two oranges in return for three apples* vaihdan kaksi appelsiinia kolmeen omenaan **4** tuotto, voitto **5** veroilmoitus (myös *tax return*)
v **1** palata, tulla/mennä takaisin *has she returned home?* onko hän tullut/mennyt takaisin kotiin? **2** palauttaa; panna takaisin *when will you return my dictionary?* koska palautat sanakirjani? **3** jatkaa (esim jutun kertomista) **4** vastata (sukkelasti) *to return good with evil* vastata hyvään pahalla *she did not return my calls* hän ei soittanut minulle vaikka pyysin **5** (lak) langettaa: *the jury returned a verdict of guilty* valamiehistö teki langettavan päätöksen, valamiehistö totesi syytetyn syylliseksi **6** valita (vaaleissa) *Senator Kennedy was returned to office in the election* Senaattori Kennedy valittiin (vaaleissa) uudelleen virkaan

return on capital *s* (tal) pääoman tuottoaste (lyh *ROC*)
return on investment *s* (tal) sijoitetun pääoman tuottoaste (lyh *ROI*)
reunion /ri'junjən/ *s* **1** jälleentapaaminen **2** kokoontuminen, tapaaminen *class reunion* luokkakokous
Rev. *Revelation; reverend*
reveal /rɪ'viəl/ *v* paljastaa, kertoa *the journalist refused to reveal his sources* toimittaja kieltäytyi paljastamasta lähteitään
revealing *adj* **1** valaiseva **2** (vaate) avoin, joka ei jätä paljoa arvailun varaan
revelation /ˌrevə'leɪʃən/ *s* **1** paljastus **2** (suuri) oivallus **3** *Revelation* (usk) ilmestys *the Book of Revelation* (Raamatussa) Johanneksen ilmestys, Ilmestyskirja
revel in /revəl/ *v* nauttia (täysin siemauksin) jostakin, iloita (kovasti) jostakin
revenge /rɪ'vendʒ/ *s* kosto *to take revenge on someone* kostaa jollekulle
v kostaa
revenue /'revəˌnu/ *s* **1** tulot *Internal Revenue Service* (US) veroviranomainen **2** liikevaihto
revenue stamp *s* veromerkki
reverberate /rɪ'vərbəˌreɪt/ *v* kaikua
reverberation /rɪˌvərbə'reɪʃən/ *s* (fys) jälkikaiunta; (ark) kaiku; (kuv) jälkikaiku, seuraukset
reverberation time *s* (fys) jälkikaiunta-aika
revere /rə'vɪər/ *v* kunnioittaa, palvoa, pitää suuressa arvossa
reverence /revrəns/ *s* kunnioitus, palvonta
Reverend /revrənd/ *adj* (tittelinä) pappi *the Reverend Aldous Mulholland* pastori Aldous Mulholland
reverent /revrənt/ *adj* kunnioittava
reverential /ˌrevə'renʃəl/ *adj* kunnioittava
reverentially *adv* kunnioittavasti, kunnioittaen
reverie /revəri/ *s* valveuni, haaveilu
reversal /rə'vərsəl/ *s* **1** kääntäminen, kääntyminen; osien/suunnan vaihtaminen/vaihtuminen **2** takaisku, vastoinkäyminen, tilan huononeminen
reversal film *s* (diafilmi) kääntöfilmi
reverse /rə'vərs/ *s* **1** vastakohta **2** takaosa, kääntöpuoli, (kolikon) reverssi **3** takaisku, vastoinkäyminen **4** peruutusvaihde
v **1** kääntää, vaihtaa suuntaa *to reverse the charges* soittaa vastapuhelu, laskuttaa vastaanottajaa **2** peruuttaa (auto, tilaus, käsky), kumota (päätös, tuomio) **3** vaihtaa peruutusvaihteelle
adj **1** käänteinen, vastakkainen *a reverse image* käänteiskuva **2** (puoli) kääntö-, taka- **3** (vaihde) peruutus-
reversible /rə'vərsɪbəl/ *adj* **1** joka voidaan kääntää, jota voidaan käyttää molemmin päin *reverse jacket* kääntötakki **2** joka voidaan pysäyttää/estää *the effects of the drug are not reversible* lääkkeen vaikutukset ovat pysyvät
revert to /rɪ'vərt/ *v* **1** palata entiseen tilaansa/entiselleen, taantua **2** palata aiempaan puheenaiheeseen **3** turvautua johonkin *please do not revert to violence* älä rupea väkivaltaiseksi
review /rɪ'vju/ *s* **1** katsaus, yleiskatsaus, selvitys, selonteko **2** aikakauslehti, julkaisu **3** (taide)arvostelu
v **1** käydä uudelleen läpi, tarkistaa **2** arvostella (näytelmä, elokuva, konsertti, kirja tms) *Richard Schickel reviews for* Time *magazine* Richard Schickel on Time-lehden arvostelijoita
reviewer *s* (taide- ym) arvostelija, kriitikko
revise /rɪ'vaɪz/ *v* korjata, parantaa, tarkistaa, muuttaa
Revised Standard Version *s* Kuningas Jaakon raamatunkäännöksen tarkistettu versio (1881–1885)
revision /rɪ'vɪʒən/ *s* **1** korjaaminen, tarkistus **2** (kirjan) tarkistettu laitos
revival /rɪ'vaɪvəl/ *s* **1** elvytys, elpyminen **2** (kuv) elpyminen, uudistuminen, uudestaan syntyminen *there has been a revival of interest in medieval literature* on ilmennyt uutta kiinnostusta keskiaikaista kirjallisuutta kohtaan **3** (usk) herätyskokous

revive /rɪ'vaɪv/ *v* **1** elvyttää, elpyä, saada virkoamaan, virota, tointua **2** (kuv) herättää henkiin, ottaa uudelleen käyttöön/puheeksi, aloittaa uudestaan
revoke /rɪ'voʊk/ *v* peruuttaa, kumota *his driver's licence has been revoked* hän menetti ajokorttinsa
revolt /rɪ'volt/ *s* kapina
v **1** kapinoida, nousta kapinaan jotakin vastaan *(against)* **2** kuvottaa/ällöttää jotakuta *she revolts at violence/from sugary foods* väkivalta/makeat ruuat saavat hänet voimaan pahoin
revolting *adj* kuvottava, ällöttävä, vastenmielinen
revolution /ˌrevə'luʃən/ *s* **1** vallankumous (myös kuv) **2** kierros **3** kiertoliike *the revolution of the earth around the sun* Maan kiertoliike Auringon ympäri
revolutionary /ˌrevə'luʃəneri/ *s* vallankumouksellinen, kumouksellinen
adj **1** vallankumouksellinen, kumouksellinen (myös kuv) käänteentekevä, mullistava, täysin uusi **2** vallankumouksen (aikainen)
revolutionize /ˌrevə'luʃəˌnaɪz/ *v* mullistaa
revolve /rɪ'vaəlv/ *v* **1** pyöriä, pyörittää, kiertää **2** kohdistua johonkin, koskea jotakin *the problem revolves around money* ongelma koskee rahaa
revolver *s* revolveri
revolving *adj* pyörivä
revolving door *s* pyöröovi
revue /rə'vju/ *s* revyy
revulsion /rɪ'vəlʃən/ *s* kuvotus, inho, vastenmielisyys
reward /rɪ'wɔrd/ *s* palkkio, korvaus
v palkita
rewarding *adj* **1** (taloudellisesti) tuottoisa, kannattava **2** (kuv) joka tuottaa tyydytystä *his books are not very rewarding* hänen kirjojaan ei juuri kannata lukea
rewind /ri'waɪnd/ *s* **1** takaisinkelaus **2** takaisinkelauspainike
v rewound, rewound: kelata taaksepäin
rewire /ri'waɪər/ *v* vaihtaa uudet (sähkö)johdot jonnekin
reword /ri'wərd/ *v* ilmaista/sanoa toisin
rewrite /ri'raɪt/ *v* rewrote, rewritten: kirjoittaa uudestaan, korjata
RF *radio frequency*
R.H. *Royal Highness*
rhapsodist /ræpsədɪst/ *s* rapsodi
rhapsodize /'ræpsəˌdaɪz/ *v* **1** olla haltioissaan jostakin, puhua innostuneesti jostakin **2** lausua/kirjoittaa/säveltää rapsodioita
rhapsody /ræpsədi/ *s* (mus, runo) rapsodia
rhebok /ribak/ *s* kaurisantilooppi
rhetoric /retərɪk/ *s* **1** retoriikka, puhetaito **2** mahtipontisuus, teennäisyys, korkealentoisuus
rhetorical /rə'tɔrɪkəl/ *adj* **1** retorinen, puhetaidollinen **2** mahtipontinen, teennäinen, korkealentoinen
rhetorical question *s* retorinen kysymys
rheumatic /rʊ'mætɪk/ *s* reumasairas, reumaatikko
adj reumaattinen, reuma-; reumaa sairastava
rheumatism /rumətɪzəm/ *s* reumatismi
rheumatoid arthritis /ˌrumətɔɪdar'θraɪtɪs/ *s* nivelreuma
rheumatologist /rumə'talədʒɪst/ *s* reumatologi
rheumatology /rumə'talədʒi/ *s* reumatologia
Rhine /raɪn/ Rein
rhino /raɪnoʊ/ *s* (mon rhinos, rhino) virtahepo
rhinoceros /raɪ'nasərəs/ *s* (mon rhinoceroses, rhinoceros) virtahepo
Rhode Island /ˌroʊd'aɪlənd/
Rhodes /roʊdz/ Rodos
rhubarb /rubarb/ *s* raparperi
rhyme /raɪm/ *s* **1** riimi, loppusointu **2** riimisana **3** (runo) riimi
v riimittää
rhyme or reason *fr* järki *there seems to be neither rhyme nor reason in what you're saying* sinun puheissasi ei tunnu olevan päätä eikä häntää

rhythm /rɪðəm/ *s* rytmi
rhythm-and-blues *s* rhythm and blues (-musiikki)
rhythmic /rɪðmɪk/ *adj* **1** rytmikäs, tahdikas **2** tasainen, säännöllinen
rhythmical *adj* **1** rytmi- **2** rytmikäs, tahdikas **3** tasainen, säännöllinen
rhythmically *adv* rytmikkäästi, tahdikkaasti
RI *Rhode Island*
rib /rɪb/ *s* **1** kylkiluu (myös vaimosta) **2** (ruoka) kylki **3** (lehden) suoni **4** (sateenvarjon ym) ruoto
ribald /raɪbald/ *adj* rivo, ruokoton, säädytön, härski
ribaldry /raɪbaldri/ *s* rivo kieli/käytös, ruokottomuus, härskiys
ribbon /rɪbən/ *s* **1** (koriste- tai muu) nauha *his clothes were torn to ribbons* hänen vaatteensa repesivät riekaleiksi **2** (kirjoituskoneen) värinauha
rib cage *s* rintakehä
rice /raɪs/ *s* riisi
rich /rɪtʃ/ *s the rich* rikkaat (ihmiset) *adj* **1** rikas **2** kallis; ylellinen **3** runsas, (valikoima) laaja, ylenpalttinen **4** (ruoka) voimakkaasti maustettu; erittäin makea; erittäin rasvainen
Richard /rɪtʃərd/ (kuninkaan nimenä) Rikhard
riches *s* (mon) rikkaus, vauraus
rich in *adj* jossa on paljon/runsaasti jotakin
richly *adv* ylellisesti, komeasti, loistokkaasti; runsaasti, hyvin *he got a punishment which he richly deserved* hän sai ansaitsemansa rangaistuksen
richness *s* rikkaus (ks rich)
Richter scale /rɪktər/ *s* (maanjäristyksen mittauksessa) Richterin asteikko
rickety /rɪkəti/ *adj* ränsistynyt, rapistunut; (ihminen) raihnainen
rickshaw /ˈrɪkˌʃa/ *s* riksa
ricochet /ˈrɪkəˌʃeɪ/ *s* kimmoke
v kimmota
rid /rɪd/ *v* rid/ridded, rid/ridded **1** puhdistaa, siivota jokin jostakin *they tried to rid their house of ants* he yrittivät päästä eroon taloonsa pesiytyneistä muurahaisista **2** lopettaa, lakata **3** *to get rid of someone/something* päästä/hankkiutua eroon jostakusta/jostakin *to be rid of someone/something* olla vapaa jostakin, olla päässyt eroon jostakusta/jostakin
riddance /rɪdəns/ *good riddance* hyvä kun pääsin hänestä/siitä eroon!, tervemenoa!
ridden ks ride
-ridden *yhdyssanan jälkiosana* joka on täynnä jotakin (ikävää) *disease-ridden* sairauksien vaivaama *debt-ridden* pahasti velkaantunut *bedridden* vuoteenoma, joka on vuodepotilaana
riddle /rɪdəl/ *s* **1** arvoitus **2** seula
v **1** arvuutella **2** rei'ittää, puhkoa täyteen reikiä
riddled with *to be riddled with something* olla täynnä jotakin, olla läpeensä jotakin *to be riddled with corruption* olla oikea lahjonnan temmellyskenttä
ride /raɪd/ *s* **1** kyyti *can I give you a ride to town?* haluatko kyydin/tulla kyydissäni kaupunkiin? *let's go for a ride* lähdetään ajelemaan (autolla) *his new Cadillac has a velvety ride* hänen uudessa Cadillacissaan on samettisen pehmeä kyyti *to take somone for a ride* (sl) huijata/pettää jotakuta; (ottaa auton kyytiin ja) murhata **2** ratsastusretki, ratsastusmatka
v rode, ridden **1** ratsastaa (hevosella ym, myös kuv) **2** ajaa/olla (auton tms) kyydissä, kulkea (linja-autolla tms) **3** liitää, kiitää (veden pinnalla) *the surfers are riding the waves* lainelautailijat ratsastavat aaltojen harjoilla **4** kiusata, härnätä **5** *to let something ride* antaa jonkin asian mennä omalla painollaan, ei puuttua johonkin, hyväksyä **6** hallita, vallita, sortaa
ride down *v* **1** ratsastaa jonkun/jonkin yli, jättää hevosen jalkoihin, talloa jalkoihinsa **2** ottaa kiinni ratsain
ride for a fall *fr* toimia uhkarohkeasti, jonkun käy vielä huonosti
ride herd on *fr* komentaa, johtaa, olla komennettavanaan/alaisinaan, pitää kurissa
ride on *v* **1** riippua jostakin, olla jonkin varassa **2** käyttää hyväkseen jotakin, ratsastaa jollakin *he is clearly riding on*

his fame as a writer on selvää että hän ratsastaa kirjailijan maineellaan

ride out *v* selvitä jostakin (ehjin nahoin), pitää pintansa

rider *s* **1** ratsastaja **2** polkupyöräilijä, moottoripyöräilijä; (auton, linja-auton ym) matkustaja **3** (asiakirjan, asetuksen) lisäys; lisähuomautus

ride roughshod over *fr* kohdella kaltoin, käyttää häikäilemättömästi hyväkseen

ride shank's mare *fr* mennä apostolin kyydillä

ridesharing /ˈraɪdˌʃeriŋ/ *s* kimppakyyti, työmatkojen kulkeminen yhdessä samalla autolla

ride shotgun *fr* **1** (hist) olla posti- tai muissa vankkureissa ampujana **2** ohjailla, junailla, hoitaa jotakin *(over)*

ridge /rɪdʒ/ *s* **1** harjanne, vuorenselkä, selänne **2** (nenän) selkä **3** (aallon) harja **4** (eläimen) selkä **5** (ilmatieteessä) korkeapaineen selänne

ridicule /ˈrɪdəˌkjʊəl/ *s* pilkka, iva *to hold someone/something up to ridicule* pitää jotakuta/jotakin pilkkanaan

v pilkata, ivata, pitää pilkkanaan

ridiculous /rəˈdɪkjələs/ *adj* naurettava

ridiculously *adv* naurettavan

ridiculousness *s* naurettavuus, älyttömyys, kohtuuttomuus

riding *s* ratsastus *horsback riding* ratsastus

rife /raɪf/ *adj* yleinen

rife with *to be rife with something* olla täynnä jotakin, jossakin vilisee jotakin

rifle /raɪfəl/ *s* **1** kivääri **2** rihla

v **1** rihlata **2** ryöstää, rosvovat **3** penkoa

rifling *s* rihlaus, rihlat

rift /rɪft/ *s* **1** lohkeama, halkeama, railo **2** erimielisyys, kiista

rig /rɪg/ *s* **1** (laivan) takila, riki **2** (öljyn)porauslaitos, (öljyn)poraustorni **3** (ark) varusteet, välineet **4** (ark) kuteet, hynttyyt

v **1** laittaa (käyttö)valmiiksi **2** muuttaa luvattomasti, sormeilla, harjoittaa vilppiä

Riga /rigə/ Riika *in Riga* Riiassa

right /raɪt/ *s* **1** oikeus *you have the right to a lawyer* teillä on oikeus asianajajaan *human rights* ihmisoikeudet *who owns the rights to that movie?* kenelle kuuluvat tuon elokuvan (tekijän)oikeudet? **2** se mikä on oikein *by rights* oikeudenmukaisesti *right and wrong* oikea ja väärä *to be in the right* olla oikeassa **3** oikeudenmukaisuus **4** oikea (puoli) *right and left* oikea ja vasen *to turn to the right* kääntyä oikeaan/oikealle *make a right at the next intersection* käänny seuraavasta risteyksestä oikealle **5** oikea käsi **6** *the Right* oikeisto **7** *to set something to rights* laittaa jokin kuntoon/järjestykseen **8** *in your own right* sellaisenaan, sinänsä

v **1** oikaista, oieta, suoristaa, suoristua **2** oikaista (vääryys), korjata (virhe)

adj **1** oikeudenmukainen, oikea, oikein **2** oikeanpuoleinen, oikea **3** *she is not in her right mind* hänellä on päässä vikaa, hän ei ole oma itsensä **4** (kulma, viiva) suora **5** *to put something right* korjata jokin asia, oikaista vääryys tms

adv **1** suoraan, suoraa päätä **2** heti, välittömästi *right now* juuri nyt **3** juuri, nimen omaan *right here* juuri tässä **4** oikein *you did right* teit oikein **5** oikealla, oikealle *to turn right* kääntyä oikealle **6** hyvin, onnistuneesti *the cake came out right* kakku onnistui

right and left *adv* sinne tänne, siellä täällä

right angle *s* suora kulma

right away *adv* heti, viipymättä, siltä/tältä istumalta

right cornerback /ˌraɪtˈkɔrnərbæk/ *s* (amerikkalaisessa jalkapallossa) oikea kulmapuolustaja

right defensive end *s* (amerikkalaisessa jalkapallossa) oikea ulompi linjapuolustaja

right defensive tackle /ˌraɪtdəˌfensɪvˈtækəl/ *s* (amerikkalaisessa jalkapallossa) oikea sisempi linjapuolustaja

righteous /raɪtʃəs/ *adj* oikeudenmukainen, hyvä, rehellinen, oikeamielinen

righteously *adv* oikeudenmukaisesti, oikein, rehellisesti

righteousness *s* oikeudenmukaisuus, rehellisyys, oikeamielisyys

rightful /raɪtfəl/ *adj* oikea, oikeutettu, laillinen
rightfully *adv* oikeutetusti, laillisesti *you should take what is rightfully yours* ota mitä sinulle lain mukaan kuuluu
right guard /ˌraɪt'gard/ *s* (amerikkalaisessa jalkapallossa) oikea sisempi linjamies
right halfback *s* (amerikkalaisessa jalkapallossa) oikea keskushyökkääjä
right hand *s* oikea käsi (myös kuv:) korvaamaton apulainen
rigth-hand *adj* oikeanpuoleinen, oikea
right-handed *adj* oikeakätinen *adv* oikealla kädellä
rightly *adv* (aivan) oikein; oikeutetusti, perustellusti, hyvällä syyllä
right off *adv* heti, viipymättä, siltä/tältä istumalta
right off the reel *fr* **1** lakkaamatta, taukoamatta, keskeytyksettä **2** heti, välittömästi
right of way *s* etuajo-oikeus
right on *adv* (sl) aivan!, juuri niin!, älä muuta viserrä!
right safety /ˌraɪt'seɪfti/ *s* (amerikkalaisessa jalkapallossa) oikea takapuolustaja
right tackle *s* (amerikkalaisessa jalkapallossa) oikea ulompi linjamies
right whale *s* mustavalas *right whales* sileät valaat *(Balenidae) pygmy right whale* kääpiövalas
right wing *s* oikeistosiipi
rigid /rɪdʒɪd/ *adj* **1** jäykkä **2** (kuv) joustamaton, ankara, jyrkkä
rigidity /rɪ'dʒɪdəti/ *s* **1** jäykkyys **2** (kuv) joustamattomuus, ankaruus, jyrkkyys
rigidly *adv* (kuv) joustamattomasti, ankarasti, jyrkästi
rigor /rɪgər/ *s* ankaruus, tiukkuus, tarkkuus
rigorous /rɪgərəs/ *adj* ankara (ilmasto, kuri), tiukka, tarkka, tinkimätön (tutkimusote)
rigorously *adv* ankarasti, tiukasti, tarkasti, tinkimättä
rig up *v* laittaa (käyttö)valmiiksi
rile /raɪəl/ *v* (ark) ärsyttää, pänniä, risoa, sapettaa *what's riling him?* mikä häntä vaivaa?
rim /rɪm/ *s* **1** (kupin, kanjonin ym) reuna **2** (silmälasien) kehys
rimless *adj* (silmälaseista) kehyksettömät
rimmed *adj* (silmälaseista) kehystetyt *horn-rimmed glasses* sarvisankaiset silmälasit
rind /raɪnd/ *s* (hedelmän, juuston) kuori
ring /riŋ/ *s* **1** soitto, helinä, kilinä **2** puhelu **3** sormus **4** rengas **5** piiri **6** (sirkuksessa ym) areena **7** nyrkkeilykehä **8** (puun) vuosirengas, (vuosi)lusto **9** *to throw your hat in the ring* antaa periksi, luopua leikistä
v rang, rung **1** soittaa (kelloa, puhelimella), soida **2** soida, helistä, kilistä; kuulostaa, kaikua **3** rengastaa; ympyröidä **4** kokoontua ympyräksi jonnekin **5** kiertää jonkin ympäri
ring a bell *fr* kuulostaa tutulta
ring down the curtain on *fr* tehdä loppu jostakin
ringer /riŋər/ *to be a dead ringer for someone/something* olla täsmälleen samanlainen kuin joku/jokin *he's a dead ringer for his father* hän on ilmetty isänsä
ring in *v* leimata kellokorttinsa, saapua työhön
ringleader /'riŋˌlidər/ *s* yllyttäjä, kiihottaja
ringlet /riŋlət/ *s* hiuskiehkura
ringmaster /'riŋˌmæstər/ *s* sirkustirehtööri
ring off *v* lopettaa puhelu
ringtail possum /ˌriŋteəl'pasəm/ *s* pussiorava
ringside /'riŋˌsaɪd/ *s* nyrkkeilykehän ääri, ringside
ring the bell *fr* olla omiaan jollekulle, vastata jonkun tarpeita, sopia hyvin jollekulle
ring up the curtain on *fr* aloittaa, käynnistää
rink /riŋk/ *s* luistinrata
rinse /rɪns/ *s* **1** huuhtelu **2** hiustenhoitoaine; hiusten sävytysaine

v **1** huuhdella **2** käsitellä hiukset hoitoaineella; sävyttää hiukset
Rio Grande /ˌriə'grænd/
riot /raɪət/ *s* **1** mellakka, kapina **2** hillittömyys, hillitön meno, rellestys *to run riot* mekastaa, rellestää; kasvaa valtoimenaan **3** loistojuttu *the new Mike Myers movie is a riot* Mike Myersin uusi elokuva on älyttömän hauska
v **1** mellakoida, kapinoida **2** rellestää
riot act /'raɪətˌækt/ *to read someone the riot act* **1** antaa jonkun kuulla kunniansa, sättiä, haukkua jotakuta **2** varoittaa jotakuta
riotous /raɪətəs/ *adj* **1** mellakoiva, kapinoiva **2** hillitön, rellestävä, mekastava **3** älyttömän hauska/hyvä
R.I.P. *rest in peace, requiescat in pace* levätköön rauhassa, rauha hänen muistolleen
rip /rɪp/ *s* repeämä
v revetä, repäistä
ripe /raɪp/ *adj* kypsä (myös kuv) *to be ripe for something* olla valmis/kypsä johonkin
ripen *v* kypsyä, kypsyttää
ripeness *s* kypsyys (myös kuv)
ripple /rɪpəl/ *s* **1** (veden) väre **2** (veden) liplatus
v **1** (vesi ym) värehtiä, väreillä **2** (vesi) liplattaa
rise /raɪz/ *s* **1** (auringon ym, kuv) nousu, lisäys, kasvu *there has been a slight rise in the number of murders* murhien määrä on kasvanut hieman *a pay rise* palkankorotus **2** alkuperä, lähde *to give rise to something* aiheuttaa jotakin, panna alulle jotakin
v rose, risen **1** nousta, kohota, lisääntyä, kasvaa, yletä *the sun has risen* aurinko on noussut **2** yltyä, voimistua **3** nousta vuoteesta, herätä **4** (joki) saada alkunsa jostakin **5** viettää ylöspäin, nousta **6** yletä, edetä (uralla)
rise above *v* ei piitata jostakin
rise against *v* kapinoida/nousta jotakuta/jotakin vastaan
risen /rɪzən/ ks rise
riser /raɪzər/ *s I am an early riser* olen aamuvirkku
rise to the occasion *fr* nousta tilanteen tasalle
rise up *v* **1** nousta (vuoteesta), herätä **2** kohota, kohottautua
rising *s* **1** kapina, kansannousu **2** nousu, kohoaminen, lisääntyminen, kasvu
adj nouseva, kohoava, lisääntyvä, kasvava, enenevä
risk /rɪsk/ *s* riski, epäonnistumisen uhka *he did not want to run the risk of getting arrested* hän ei halunnut ottaa sitä riskiä että hänet pidätettäisiin *at the risk of sounding pompous, may I say that...* tiedän että tämä kuulostaa mahtipontiselta mutta....
v vaarantaa, panna vaaralle alttiiksi, riskeerata *he risked life and limb to save the little girl from the fire* hän pani henkensä alttiiksi pelastaakseen tytön tulipalosta
risk capital *s* riskipääoma
risky *adj* uhkarohkea, rohkea, uskalias, vaarallinen
risotto /rɪ'soʊtoʊ/ *s* risotto
risqué /rɪs'keɪ/ *adj* uskalias, rohkea, rivo, härski
rite /raɪt/ *s* riitti
ritual /rɪtʃʊəl/ *s* rituaali *to go through the rituals* (kuva) käydä läpi pakolliset kuviot
adj ritualistinen, rituaali-
ritualistic /ˌrɪtʃʊə'lɪstɪk/ *adj* ritualistinen
ritz /rɪts/ *to put on the ritz* (ark) elää leveästi/komeasti, rehennellä (varallisuudellaan)
ritzy /rɪtsi/ *adj* (sl) loisto-, kallis, komea, hieno
rival /raɪvəl/ *s* kilpailija
v kilpailla *the new Corvette rivals any sports car in the world* uusi Corvette on maailman parhaimpien urheiluautojen veroinen
adj kilpaileva
rivalry /raɪvəlri/ *s* kilpailu
river /rɪvər/ *s* joki *to sell someone down the river* kavaltaa, pettää; hylätä *to send someone up the river* passittaa joku telkien taakse, määrätä/lähettää vankilaan

riverbed /ˈrɪvərˌbed/ *s* joen uoma
River Eridanus /əˈrɪdənəs/ (tähdistö) Eridanus
riverside /ˈrɪvərˌsaɪd/ *s* joen ranta
adj joka on joen rannalla
rivet /rɪvət/ *s* niitti
v **1** niitata **2** (kuv) kiehtoa, naulita (katse), vangita (mielenkiinto)
riveting *adj* (kuv) kiehtova
Riviera /ˌrɪviˈerə/ *s* (Ranskan/Italian) Riviera
rivulet /rɪvjələt/ *s* puro
RN *registered nurse*
RNA *ribonucleic acid* ribonukleiinihappo, RNA
RNC *Republican National Committee*
road /roʊd/ *s* maantie, tie (myös kuv) *all roads lead to Rome* kaikki tiet vievät Roomaan *to be on the road* olla tien päällä, olla matkalla; olla kiertueella *to get something on the road* käynnistää, aloittaa, panna alulle *to burn up the road* (sl) ajaa nasta laudassa *to take to the road* lähteä matkaan, aloittaa matka *three years down the road* kolmen vuoden päästä *we hit the road at dawn* lähdimme matkaan aamunkoitteessa *one for the road* (viimeinen) ryyppy ennen matkaa
roadblock /ˈroʊdˌblak/ *s* **1** tiesulku **2** (kuv) este
v sulkea tie
roadhouse /ˈroʊdˌhaʊs/ *s* tanssibaari, kapakka, yökerho
roadie /roʊdi/ *s* (sl) roudari
roadrunner /ˈroʊdˌrʌnər/ *s* kalifornianmaakäki
Road Runner (sarjakuvahahmo) Maantiekiitäjä, Tööttö
roadside /ˈroʊdˌsaɪd/ *s* tien vieri
adj joka on tien vieressä
roadster /roʊdstər/ *s* (eräänlainen) avoauto
roadwork /ˈroʊdˌwərk/ *s* tietyö(t)
roadworthy /ˈroʊdˌwərði/ *adj* (auto ym) ajokelpoinen, ajokuntoinen
roam /roʊm/ *v* kuljeksia, vaeltaa, koluta *where the buffalo roam* (siellä) missä biisonit vaeltavat/elävät
roar /rɔr/ *s* karjaisu, mylväisy, ärjäisy
v karjua, mylviä, ärjäistä, ärjyä *the police car roared away* poliisiauto lähti matkaan moottori ulvoen
roaring *adj* **1** erinomainen, loistava *a roaring success* täydellinen menestys **2** täysi *he is roaring mad* hän on seinähullu **3** rellestävä, mekastava
roast /roʊst/ *s* **1** paisti **2** musertava arvostelu
v **1** paahtaa, paahtua, paistaa, paistua **2** (ark) arvostella ankarasti, lyödä lyttyyn
rob /rab/ *v* **1** ryöstää **2** riistää, viedä, ottaa *she was robbed of her diginity* häntä nöyryytettiin
robber *s* ryöstäjä
robbery *s* ryöstö
robe /roʊb/ *s* **1** viitta, kaapu **2** aamutakki, kylpytakki **3** (naisten) iltapuku **4** (mon) vaatteet
v pukea, pukeutua viittaan/kaapuun
robin /rabɪn/ *s* (Pohjois-Amerikassa) punarintarastas; (Euroopassa) punarinta
robin redbreast ks robin
robot /roʊbat/ *s* robotti
robotic /rəˈbatɪk/ *adj* robotti-, robotin
robotize /ˈroʊbəˌtaɪz/ *v* muuttaa robottikäyttöiseksi
robotlike *adj* joka muistuttaa robottia, joka toimii/liikkuu tms kuin robotti
rob Peter to pay Paul *fr* **1** ottaa uutta velkaa vanhan maksamiseksi **2** aiheuttaa itselleen vahinkoa
robust /roʊˈbʌst/ *adj* roteva, vahva, vankka, luja, kestävä, (liikunta) raskas, (maku, haju) voimakas, (ruokahalu) hyvä
robustness *s* rotevuus, vahvuus, lujuus, kestävyys, (liikunnan) raskaus, rasittavuus, (maun, hajun) voimakkuus
ROC *reserve officer candidate; Republic of China; return on capital* (tal) pääoman tuottoaste
rock /rak/ *s* **1** kivi *to be between a rock and a hard place* olla tiukoilla, olla kahden tulen välissä; olla puun ja kuoren välissä **2** kallio **3** (sl) jalokivi, timantti **4** rock(musiikki)
v **1** keinuttaa, keinua; tuuduttaa (lapsi uneen); ravistella, ravista, järisyttää,

järistä *to rock the boat* ottaa turhia riskejä, aiheuttaa epävarmuutta **2** rokata, tanssia/soittaa rockia
rockabilly /ˈrakəˌbɪli/ *s* rockabilly(musiikki)
rock-and-roll /ˌrakənˈroəl/ *s* rock and roll (-musiikki)
rock bottom *s* (kuv) pohjanoteeraus *to hit rock bottom* olla aivan pohjalla; joutua puille paljaille
rock-bottom /rakˈbatəm/ *adj* alin mahdollinen *rock-bottom prices* lyömättömät hinnat
rock climber *s* vuorikiipeilijä
rocker *s* **1** keinutuoli **2** (kehdon, keinutuolin) jalas *to be off your rocker* olla päästään vialla, olla tärähtänyt, ei olla järjissään **3** rock and roll -kappale **4** rockmuusikko, rocklaulaja, rokkari
rocker panel *s* (auton) helmapelti
rocket /rakət/ *s* raketti
v **1** ampua/tulittaa raketeilla **2** viilettää/kiitää/kulkea (nopeasti kuin raketti)
rocket engine *s* rakettimoottori
rocket scientist *he is no rocket scientist* hän ei ole mikään ruudinkeksijä/Einstein
Rockhampton /raˈkæmptən/
Rockies /rakiz/ (mon) Kalliovuoret (Rocky Mountains)
rocking chair *s* keinutuoli
rocking horse *s* keinuhevonen
rock-'n'-roll *s* rock and roll (-musiikki) (myös *rock 'n' roll*)
rock the boat *fr* ottaa turhia riskejä, aiheuttaa epävarmuutta
rocky *adj* **1** kivinen; kivenkova **2** (kuv) kivenkova; tunteeton; ilmeetön **3** keinuva **4** (kuv) epävarma
Rocky Mountains /ˌrakiˈmaʊntənz/ (mon) Kalliovuoret
rococo /rəˈkoʊkoʊ/ *s* rokokoo
rod /rad/ *s* **1** sauva; tanko; vapa **2** ongenvapa **3** (kuv: kuritus) keppi *my dad did not spare the rod* isäni ei keppiä säästänyt **4** ukkosenjohdatin **5** (sl) rauta, pistooli **6** (sl) penis, kulli
rode /roʊd/ ks ride
rodent /roʊdənt/ *s* jyrsijä
rodeo /roʊdɪoʊ/ *s* (mon rodeos) **1** rodeo **2** (ark) kilpailu
v osallistua rodeoon, kilpailla rodeoissa
roe /roʊ/ *s* (mon roes, roe) metsäkauris
roe deer *s* metsäkauris
roger /radʒər/ *interj* (ark) selvä, ok
rogue /roʊg/ *s* roisto; konna, kelmi; vintiö
adj **1** (eläin) erakko- **2** (kuv) tottelematon, epäluotettava
rogues' gallery *s* (poliisin) rikolliskuvasto
roguish /roʊgɪʃ/ *adj* **1** konnamainen **2** veitikkamainen, ovela, juonikas
ROI *return on investment* (tal) sijoitetun pääoman tuottoaste
role /roəl/ *s* rooli, osa, tehtävä, osuus *what is his role in this undertaking?* mikä osuus hänellä on tässä hankkeessa?
roll /roəl/ *s* **1** rulla, tela, rumpu **2** sämpylä **3** (paperi- tai muu) käärö **4** (jäsen- tai muu) luettelo, lista *to strike someone from the rolls* erottaa jäsen **5** poimu **6** *to be on a roll* olla pelionnea, menestyä (uhka)pelissä; menestyä hyvin, olla kova meno päällä **7** keinunta, huojunta **8** (lentokoneen)kallistus **9** (ukkosen ym) jylinä, jyrinä, pauhu
v **1** rullata, kääriä (rullalle), kääriytyä, kelata, kelautua **2** vierittää; työntää **3** keinua, keinuttaa, huojua, heilua **4** (lentokonetta) kallistaa **5** jylistä, pauhata **6** (ark) aloittaa **7** (ark) luistaa, sujua
roll around *v* olla jälleen vuorossa, tulla taas
roll back *v* laskea/alentaa hintaa
rollback *s* **1** hintojen lasku **2** joukkojen perääntyminen/vetäytyminen
roll by *v* **1** (ajasta) kulua **2** kulkea/mennä/lipua ohitse
roll call *s* nimenhuuto
roller /rolər/ *s* rulla, tela, rumpu, kaulin
roller bearing *s* rullalaakeri
Rollerblades® /ˈrolərˌbleɪdz/ *s* (mon) jonopyöräiset rullaluistimet
roller coaster *s* vuoristorata
roller skate *s* rullaluistin
roller-skate *v* luistella (rullaluistimilla)
roller skater *s* rullaluistelija
roll film *s* rullafilmi

roll in *v* **1** jotakin tulee jonnekin runsaasti; saapua/tulla jonnekin sankoin joukoin; saada paljon jotakin **2** jollakulla on jotakin ylen määrin **3** lisätä **4** mennä vuoteeseen/nukkumaan
rolling *adj* **1** (maa) kumpuileva; aaltoileva **2** (vesi) aaltoileva, vellova
rolling stock *s* liikkuva rautatiekalusto, veturit ja vaunut
roll in the hay *s* (sl: yhdyntä) pano
roll out *v* **1** tasoittaa, silittää suoraksi, kaulita (taikinaa), valssata **2** (ark) aloittaa, käynnistää **3** nousta vuoteesta, herätä
roll out the red carpet *fr* järjestää jollekulle juhlallinen vastaanotto; ottaa joku/jokin avosylin vastaan
roll up your sleeves *fr* panna hihat heilumaan, ryhtyä työhön
roll with the punches *fr* väistellä iskuja; (kuv) selvitä vaikeuksista huolimatta, pitää puolensa, pärjätä
Rolodex® /ˈroʊləˌdeks/ (pyöritettävä) puhelin- ja osoitemuistio
ROM /ram/ *read-only memory* lukumuisti
Roman /roʊmən/ *s* **1** (hist ja nyk) roomalainen *when in Rome, do as the Romans do* maassa maan tavalla **2** (kirjapainossa) antiikva
adj **1** roomalainen **2** antiikva- **3** roomalaiskatolinen
roman à clef /romanaˈkle/ *s* (mon romans à clef /romanəˈklef/) avainromaani
Roman candle /ˌroʊmənˈkændəl/ *s* (ilotulitusraketti) roomalainen kynttilä
Roman Catholic *s* roomalaiskatolilainen
adj roomalaiskatolinen
Roman Catholic Church *s* roomalaiskatolinen kirkko
Roman Catholicism *s* roomalaiskatolisuus
romance /roʊˈmænts/ *s* **1** romanssi; rakkauskertomus, rakkausromaani; seikkailuromaani **2** romanssi, rakkaussuhde
v **1** uneksia, haaveilla **2** kosiskella (myös kuv)
Roman Empire *s* (hist) Rooman valtakunta
Romanesque /ˌroʊməˈnesk/ *s* (arkkitehtuurissa) romaaninen tyyli
adj romaaninen
Romania /roʊˈmeɪniə/ Romania
Romanian *s* romanian kieli
s, adj romanilainen
Roman numerals *s* (mon) roomalaiset numerot
Romans *s* (Uuden testamentin) Roomalaiskirje
romantic /roʊˈmæntɪk/ *s* **1** *Romantic* romantikko, romantiikan kannattaja **2** romantikko, haaveksija, uneksija
adj **1** *Romantic* romantiikan (mukainen), romanttinen **2** romanttinen, romantiikkaan taipuvainen
romantically *adv* romanttisesti *he is romantically involved with another woman* hänellä on (rakkaus)suhde erään naisen kanssa
Romanticism /roʊˈmæntɪˌsɪzəm/ *s* (taiteessa) romantiikka
romanticize /roʊˈmæntɪˌsaɪz/ *v* romantisoida; kaunistella
Rome /roʊm/ Rooma *when in Rome, do as the Romans do* maassa maan tavalla *all roads lead to Rome* kaikki tiet vievät Roomaan
romp /ramp/ *s* rieha, mekastus, ilonpito, hauskanpito
v riehua (iloisesti), mekastaa, pitää hauskaa, karkeloida
roof /rʊf ruf/ *s* (mon roofs) **1** katto *to go through the roof* nousta/kasvaa/kallistua valtavasti; pillastua, raivostua, menettää malttinsa *to hit the roof* pillastua, raivostua, menettää malttinsa *to raise the roof* nostaa äläkkä/häly, tehdä iso numero jostakin **2** laki; huippu *the roof of the mouth* kitalaki, suulaki
v peittää, kattaa, suojata katolla
rooftop /ˈrʊfˌtap/ *s* katto(tasanne)
rook /rʊk/ *s* **1** mustavaris **2** (šakissa) torni
rookie /rʊki/ *s* aloittelija, ensikertalainen
room /rum/ *s* **1** huone *a house with three rooms* kolmihuoneinen talo **2** tila

there is no room here for another chair tänne ei enää mahdu yhtään tuolia **3** (kuv) vara, tila *there is a lot of room for improvement in your work* työssäsi on paljon parannettavaa/parantamisen varaa
room and board /ˌrumən'bɔrd/ *s* täysihoito, huone ja ateriat
roomer *s* vuokralainen
roomful *s* huoneen täydeltä jotakin *a roomful of students* luokan/salin täydeltä oppilaita/opiskelijoita
room service *s* (hotellissa) huonepalvelu
roomy *adj* tilava
roost /rust/ *s* **1** (kanalan) orsi **2** kanala *to rule the roost* olla kukkona tunkiolla
v **1** istua orrella **2** jäädä jonnekin (yöksi) **3** *to come home to roost* kostautua, koitua jonkun omaksi vahingoksi
rooster /rustər/ *s* **1** kukko **2** (ark kuv) kukkoilija
root /rʊt rut/ *s* **1** (kasvin, hampaan ym) juuri *to take root* juurtua (myös kuv) **2** (kuv) juuri, ydin *to go to the root of the problem* selvittää asia juurta jaksain/perin juurin **3** (mat) juuri *square root* neliöjuuri **4** (mon, kuv) juuret *his roots are in Africa* hänen sukunsa juuret ovat Afrikassa
v **1** juurtua (myös kuv), juurruttaa (myös kuv) **2** tonkia (kärsällä) **3** penkoa **4** hurrata, kannustaa (kilpailijaa tms)
root and branch *fr* juurta jaksain, perin juurin, läpikotaisin, täysin
root beer *s* eräänlainen virvoitusjuoma
root canal *s* (hampaan) juurikanava
root cause *s* varsinainen/todellinen syy
rooted *adj* (yhdyssanan jälkiosana) *deep-rooted* syvään juurtunut, pinttynyt
rooter *s* (kilpailijan yms) kannustaja, hurraaja
root hair *s* (kasvin) juurikarva
rootless *adj* juureton (myös kuv)
root up *v* tonkia, kaivaa esiin (esim kärsällä)
root vegetables *s* (mon) juurekset
rope /roʊp/ *s* **1** köysi *a length of rope* köyden pätkä, köysi *Harry is at the end of his rope* Harry on vetänyt itsensä piippuun; Harry on puilla paljailla *you're not giving me enough rope* sinä rajoitat toimiani liikaa, sinä et anna minun toimia tarpeeksi vapaasti **2** (mon) (nyrkkeilykehän) köydet *to be on the ropes* (kuv) olla hätää kärsimässä *to learn the ropes* oppia (uusi) työ, päästä jyvälle jostakin **3** lasso **4** hirttoköysi **5** hirttotuomio
v köyttää, sitoa (köydellä)
ropedancer /'roʊpˌdænsər/ *s* nuorallatanssija
rope in *v* houkutella ansaan, saada satimeen
rope off *v* erottaa/sulkea/eristää (alue) köydellä
rorquals /rɔərkwəlz/ *s* uurteisvalaat *(Balaenopteridae)*
Rorschach test /'rɔrˌʃak/ *s* (musteläiskätesti) Rorschachin testi
rosary /roʊzəri/ *s* rukousnauha
rose /roʊz/ *s* **1** ruusu *to come up roses* selvitä pelkällä säikähdyksellä **2** ruusunpunainen (väri); roosa
adj ruusunpunainen; roosa
roseate /roʊziət/ *adj* **1** ruusunpunainen, ruusuinen **2** lupaava, ruusuinen **3** (liian) optimistinen, ruusuinen
Rosetta stone /rə'zetə/ *s* **1** Rosettan kivi (jolla hieroglyfien arvoitus ratkesi) **2** johtolanka, vihje; oivallus, läpimurto
rostrum /rastrəm/ *s* (mon rostrums, rostra) puhujakoroke
rosy *adj* **1** ruusunpunainen; roosa; punertava, punakka **2** lupaava, ruusuinen, optimistinen
rot /rat/ *s* **1** mätä, mätäneminen **2** turmelus, rappio
v **1** mädäntyä, pilaantua *may you rot in hell!* paha sinut periköön! **2** turmeltua, rappeutua, mennä piloille
interj voi myrkky!, voi kurja!, voi harmi!
Rotarian /rə'teriən/ *s* rotaryjärjestön jäsen, rotari
adj rotari-, rotaryjärjestön
rotary /roʊtəri/ *adj* (kappale) pyörivä, kierto-, (liike) pyörintä-, kierto-

kuhun **3** (summa) tehdä: *his income runs into six figures* hän tienaa satoja tuhansia **4** joutua johonkin, kohdata jotakin *to run into debt* velkaantua *to run into problems* joutua vaikeuksiin
run into a brick wall *fr* jollakulla tulee seinä vastaan, joku ei suostu johonkin
run into the ground *fr* (kuv) toistaa jotakin loputtomasti, hokea jatkuvasti samaa
run low *fr* (alkaa) olla vähissä
runner *s* **1** juoksija, kilpajuoksija **2** lähetti **3** (reen ym) jalas **4** rulla, pyörä **5** (kasvin) rönsy
runner-up /ˌrʌnər'ʌp/ *s* (kilpailussa) toiseksi tullut/paras, kakkonen
running *s* **1** juokseminen, juoksu **2** kilpailu *to be in the running* olla mukana kilpailussa; olla ehdokkaana (vaaleissa); sijoittua kärkeen, päästä kärkisijoille *to be out of the running* ei osallistua kilpailuun, ei kilpailla; ei sijoittua kärkeen, ei päästä kärkisijoille **3** johtaminen, hoitaminen
adj **1** juokseva, juoksu- **2** (neste) vuotava; juokseva; sula **3** (kasvi) rönsyilevä **4** vallitseva, kuluva, nykyinen **5** (koneesta) joka on käynnissä **6** jatkuva, toistuva, kertautuva, peräkkäinen *we did it four times running* teimme sen neljästi/neljä kertaa peräkkäin
running joke *s* **1** kertautuva/toistuva vitsi **2** jatkuva pilan/pilkan aihe
running mate *s* (US vaaleissa) varapresidenttiehdokas
running start *s* **1** (urh) vauhdinotto **2** (kuv) hyvä alku, hyvä lähtöasema, etumatka *to be off to a running start* päästä hyvään alkuun, saada etumatkaa
running time *s* elokuvan pituus, kesto
runny *adj* **1** valuva **2** (nenä) vuotava
run off with *v* varastaa, viedä mennessään
run-of-the-mill *adj* tavallinen, keskinkertainen, mitäänsanomaton
run-of-the-mine *adj* tavallinen, keskinkertainen, mitäänsanomaton
run on *v* **1** käydä jollakin *this computer runs on a battery* tämä tietokone toimii akulla **2** jatkua, kestää
run out *v* **1** loppua, päättyä **2** karkottaa, häätää
run out of *v* joltakulta loppuu jokin *he is running out of money* häneltä alkavat loppua rahat
run out of gas *fr* **1** joltakulta (jonkun autosta) loppuu bensa **2** (kuv) joltakulta/jostakin loppuu veto/mehut, joku väsähtää, jokin lopahtaa
run out on *v* jättää pulaan, hylätä (hädän hetkellä)
run over *v* **1** ajaa jonkun päälle, törmätä johonkin **2** ylittää (raja) **3** toistaa, kerrata, käydä uudestaan läpi **4** vuotaa yli
run ragged *fr* **1** väsyttää joku, uuvuttaa joku, viedä jonkun kaikki voimat **2** rehottaa, kasvaa villinä
run rings around *fr* olla aivan eri luokkaa kuin *Jane is running rings around the rest of the class* Jane painii aivan eri sarjassa kuin luokan muut oppilaat, Janea ei voi verratakaan luokan muihin oppilaisiin
run riot *fr* villiintyä
run scared *fr* pelätä
run short *fr* alkaa loppua; alkaa olla vähissä
run the gauntlet *fr* **1** joutua kujanjuoksuun **2** (kuv) joutua kestämään koettelemus, piina, joutua koville
run the risk of *fr* vaarantaa: *to run the risk of getting killed* panna henkensä alttiiksi
run the show *fr* määrätä (missä kaappi seisoo), pitää jöötä (ark)
run through *v* **1** käyttää, kuluttaa loppuun **2** käydä läpi, kerrata
run to seed *fr* joutua rappiolle, päästää piloille
run true to form *fr* olla tavoilleen uskollinen, toimia siten kuin arvata saattaa
run up *v* kerätä, kasata *he has run up a small fortune* hän on kasannut kokoon pitkän pennin
runway /'rʌnˌweɪ/ *s* **1** (lentokentän) kiitorata **2** kiihdystyskaista; pysäköinti-

kaista **3** (eläinten) aitaus **4** joen uoma **5** (muotinäytöksessä, teatterissa) katsomoon ulottuva kapea ramppi
run wild *fr* villiintyä
run with *v* (ark) innostua jostakin, suostua johonkin; tehdä innokkaasti
rupture /rʌptʃər/ *s* **1** repeämä, puhkeama **2** (kuv) välirikko
v puhkaista, puhjeta, repäistä, revetä
rural /rərəl/ *adj* maaseudun, maaseutu-, maalais-
rusa deer /rusə/ *s* timorinhirvi
ruse /ruz/ *s* ansa, juoni
rush /rʌʃ/ *s* **1** (väen- tai muu) tungos, ryntäys, tulva, purkaus *the gold rush* kultakuume *a rush of excitement* innostuksen huuma/purkaus **2** (sot) hyökkäys **3** kiire, hätä **4** (ark) huomio, hemmottelu **5** (mon) elokuvan ensimmäinen kopio (kuvauspäivänä kehitetty filmi)
v **1** syöksyä, rynnätä, tunkeilla, tulvia, purkautua **2** kiirehtiä, hätäillä; patistaa, hoputtaa *there's no need to rush, we'll get it done in time* on turha hätäillä, me saamme kyllä työn ajoissa valmiiksi *don't rush me, I don't like it* älä hoputa minua, en pidä siitä **3** hyökätä **4** yrittää olla mieliksi jollekulle, hukuttaa joku huomionosoituksiin, hemmotella
rush hour *s* (liikenteen) ruuhka(-aika)
Russ. *Russia; Russian*
Russia /rʌʃə/ *s* **1** Venäjä **2** (hist) Neuvostoliitto
Russian *s:* venäjän kieli
s, adj **1** venäläinen **2** venäjänkielinen
Russian roulette *s* venäläinen ruletti
Russky /rʌski/ *s* (sl) ryssä
rust /rʌst/ *s* ruoste
v ruostua, ruostuttaa, saada ruostumaan
rustle /rʌsəl/ *s* kahina
v **1** kahista, kahisuttaa **2** laittaa, valmistaa
rustler /rʌslər/ *s* **1** karjavaras **2** (ark) voimanpesä, työhirmu
rustle up *v* hankkia, etsiä, löytää (kovalla vaivalla)
rust through *v* ruostua puhki
rusty *adj* ruostunut (myös kuv), ruosteinen *I was rusty on panic* en ollut aikoihin ollut paniikissa
rut /rʌt/ *s* **1** (pyörän jälki) ura **2** (kuv) tottumus *we are in a rut* me olemme urautuneet/luutuneet (tapoihimme) *Larry has fallen into a rut* Larryn elämä on urautunut, Larryn elämä on alkanut kulkea jatkuvasti samaa rataa **3** (eläimen) kiima
v **1** uurtaa, jättää (syvät) jäljet johonkin **2** (eläin) olla kiimassa
ruthless /ruθləs/ *adj* säälimätön, armoton, julma, ankara
ruthlessly *adv* säälimättömästi, armottomasti, julmasti, ankarasti
ruthlessness *s* säälimättömyys, armottomuus, julmuus, ankaruus
Rwanda /rə'wandə/ Ruanda
Rwandan *s, adj* ruandalainen
Rx *lyh* resepti
rye /raɪ/ *s* **1** ruis **2** ruisleipä *I'll have a Swiss on rye* haluan ruisleivän jolla on emmentaljuustoa **3** ruisviski
rye bread *s* ruisleipä

S, s

S, s /es/ S, s
s (mus) yläsävel
adj (mus) harmoninen
Sabbath /sæbəθ/ *s* sapatti; pyhäpäivä
sabbatical /sə'bætɪkəl/ *s* sapattiloma, sapattivuosi
sabbatical year *s* sapattivuosi
saber /seɪbər/ *s* sapeli
sable /seɪbəl/ *s* soopeli
sabotage /'sæbəˌtaʒ/ *s* sabotaasi
v sabotoida *are you trying to sabotage my work?* yritätkö sinä häiritä työtäni?
saboteur /ˌsæbə'tər/ *s* sabotoija, sabotööri
sac /sæk/ *s* (biol) *air sac* ilmarakko
saccharin /sækərən/ *s* (makeutusaine) sakariini
saccharine /sækərən/ *adj* makea, imelä (myös kuv)
sack /sæk/ *s* **1** säkki **2** pussi **3** (sl) potkut *he got the sack last week* hänet potkittiin pois viime viikolla **4** (sl) sänky *to hit the sack* painua pehkuihin **5** *to be left holding the sack* saada kaikki syyt niskoilleen, joutua syntipukiksi **6** ryöstö, rosvous
v **1** säkittää, panna säkkeihin **2** pussittaa, panna pusseihin **3** (sl) erottaa, antaa potkut **4** ryöstää, rosvota (valloituksen jälkeen)
sack out *v* (sl) **1** painua pehkuihin **2** nukahtaa, sammua
sacrament /sækrəmənt/ *s* sakramentti *Holy Sacrament* Pyhä ehtoollinen
sacramental /ˌsækrə'mentəl/ *s* sakramentaali
adj sakramentaalinen; uhri-
sacred /seɪkrəd/ *adj* pyhä
sacredly *adv* pyhästi
sacredness *s* pyhyys
sacrifice /'sækrəˌfaɪs/ *s* uhri
v uhrata *she sacrificed her career for her children* hän piti lastensa etua omaa ammattiaan tärkeämpänä
sacrificial /ˌsækrə'fɪʃəl/ *adj* uhri-
sacrilege /sækrələdʒ/ *s* pyhäinhäväistys, riena
sacrilegious /ˌsækrə'lɪdʒəs/ *adj* rienaava, pyhiä arvoja loukkaava
sacrosanct /'sækrəˌsæŋkt/ *adj* erittäin pyhä, loukkaamaton, jota ei saa loukata/arvostella, johon ei saa koskea/puuttua
sacrum /sækrəm/ *s* (mon sacra) ristiluu
sad /sæd/ *adj* surullinen, apea, alakuloinen; ikävä, kurja, huono, surkea
sadden *v* tehdä surulliseksi, synkistää
saddle /sædəl/ *s* satula *Betty is in the saddle here* (kuv) Bettyllä on täällä ohjakset käsissään
v satuloida
saddler *s* satulaseppä
saddle with *v* (kuv) sälyttää jotakin jonkun vastuulle/niskoille/harteille, panna jotakin jonkun taakaksi/vastuulle *Sean is saddled with too much responsibility* Seanilla on liikaa vastuuta
sadism /sædɪzəm seɪdɪzəm/ *s* sadismi
sadist *s* sadisti
adj sadistinen
sadistic /sə'dɪstɪk/ *adj* sadistinen
sadistically *adv* sadistisesti
sadly *adv* surullisesti, apeasti, alakuloisesti; ikävästi, kurjasti, huonosti, surkeasti
sadness *s* surullisuus, apeus, alakuloisuus
sadomasochism /ˌsædə'mæsəˌkɪzəm/ *s* sadomasokismi
sadomasochist *s* sadomasokisti
adj sadomasokistinen
sadomasochistic /ˌsædəˌmæsə'kɪstɪk/ *adj*

sadomasokistinen
SAE *self-addressed envelope; Society of Automotive Engineers*
safari /sə'fari/ *s* safari
v lähteä/mennä safarille, olla safarilla
safe /seɪf/ *s* kassakaappi
adj **1** turvallinen, varma, luotettava *your secret is safe with me* minä en paljasta salaisuuttasi *is it safe to go out after dark?* onko turvallista mennä ulos pimeän jälkeen? **2** ehjä, vahingoittumaton
safe and sound *fr* vahingoittumaton, ehjä, joka ei ole saanut/kärsinyt naarmuakaan
safeguard /'seɪf,gaərd/ *s* varotoimi; varmistin, turvalaite
safekeeping /,seɪf'kipɪŋ/ *s* säilytys, turva *can I give my Rolex to you for safekeeping?* saanko antaa Rolexini sinun huostaasi?
safely *adv* ks safe
safety /seɪfti/ *s* **1** turva *to reach safety* päästä turvaan *to play for safety* pelata varman päälle **2** turvallisuus **3** (aseen) varmistin **4** (amerikkalaisessa jalkapallossa) takapuolustaja ks *left safety, right safety*
safety belt *s* turvavyö
safety match *s* (varmuus)tulitikku
safety pin *s* hakaneula
safety valve *s* (tekn ja kuv) varoventtiili
sag /sæg/ *s* **1** painauma, syvennys, notko **2** (kuv) laantuminen, lasku, väheneminen, käänne huonompaan päin
v **1** painua alas (keskeltä), roikkua (keskeltä), olla notkolla **2** olla vinossa **3** (kuv) lannistua, (into) laantua, herpaantua, laskea, kääntyä laskuun
saga /sagə/ *s* saaga
sage /seɪdʒ/ *s* viisas, tietäjä
adj viisas
sage /seɪdʒ/ *s* **1** (kasvi) ryytisalvia, (mauste) salvia **2** maruna
sagebrush /'seɪdʒ,brʌʃ/ *s* (kasvi) maruna
Sagittarius /,sædʒə'teriəs/ *horoskoopissa* Jousimies
Sahara /sə'herə/ Sahara
said /sed/ ks say
sail /seɪəl/ *s* **1** purje *to make/set sail* lähteä purjehtimaan/matkaan *to trim your sails* leikata kustannuksia, vähentää kuluja/menoja, säästää **2** (tuulimyllyn) siipi **3** purjehdus(matka) **4** (purje)vene
v **1** purjehtia, ohjata (laivaa), kyntää (merta) **2** lähteä, matkustaa **3** liitää, kiitää
sailboarder /'seɪəl,bɔrdər/ *s* purjelautailija
sailboarding *s* purjelautailu
sailboat *s* purjevene
sail close to the wind *fr* (kuv) **1** olla säästäväinen **2** olla uskalias, ottaa riski
sailer /seɪlər/ *s* purjevene
sailing boat *s* (UK) purjevene
sail in the teeth of the wind *fr* purjehtia vastatuuleen
sail into *v* **1** panna hihat heilumaan **2** haukkua, moittia, sättiä jotakuta
sailor /seɪlər/ *s* **1** merimies, matruusi **2** purjehtija **3** (sot) matruusi
sail through *v* selvitä jostakin liehuvin lipuin, jokin on jollekulle lasten leikkiä
saint /seɪnt/ *s* pyhimys (myös kuv) *he is no saint* hän ei ole mikään pulmunen *Saint* (nimen edellä) Pyhä *Saint John* Pyhä Johannes *Gulf of Saint Lawrence* Saint Lawrencen lahti
sainted *adj* pyhimykseksi julistettu, pyhä, autuas
sainthood /'seɪnt,hʊd/ *s* pyhimyksen arvo, pyhyys
saintly *adj* pyhimykselle sopiva, pyhä
sake /saki/ *s* sake, riisiviini
sake /seɪk/ *s: for the sake of* tähden, *for old times' sake* menneiden (aikojen) muistoksi *for goodness' sake* hyvänen aika, herranen aika
Sakhalin /sakəlin/ Sahalin
salable /sæləbəl/ *adj* myyntikelpoinen, joka voidaan myydä, joka on helppo myydä, joka menee hyvin kaupaksi
salad /sæləd/ *s* salaatti
salad days *in my salad days* nuoruudessani, kun olin nuori
salad dressing *s* salaattikastike
salad fork *s* salaattihaarukka

salami /sə'lami/ *s* salami(makkara)
salaried /sælərid/ *adj* josta/jolle maksetaan kuukausipalkkaa *salaried employee* toimihenkilö *salaried job* toimistotyö
salary /sæləri/ *s* (kuukausi)palkka
sale /seɪəl/ *s* **1** myynti, myyminen *the sale of cars* autokauppa *for sale* (kilvessä, lehti-ilmoituksessa ym) myytävänä **2** (mon) myynti *our sales are up in this quarter* myyntimme on kasvanut tällä vuosineljänneksellä **3** (mon) myyntiosasto **4** alennusmyynti, ale
salesclerk /'seɪəlz,klərk/ *s* (kaupassa) myyjä
salesgirl /'seɪəlz,gərəl/ *s* (kaupassa) (nuori nais)myyjä
salesman /seɪəlzmən/ *s* (mon salesmen) myyntimies, edustaja; myyjä
salesperson /'seɪəlz,pərsən/ *s* edustaja; myyjä
sales tax *s* myyntivero (joka vaihtelee mm osavaltioittain ja lisätään ostokseen yleensä vasta kauppaa tehtäessä)
saleswoman /'seɪəlz,wʊmən/ *s* (mon saleswomen) edustaja; myyjä
salient /seɪliənt/ *adj* **1** esiin pistävä, näkyvä **2** (kuv) keskeinen, olennainen, tärkeä, näkyvä
saline /seɪlin/ *adj* suolainen, suola-
salinity /sə'lɪnəti/ *s* suolaisuus, suolapitoisuus
saliva /sə'laɪvə/ *s* sylki, kuola
salivate /'sælə,veɪt/ *v* **1** kuolata **2** (kuv) himoita *he is salivating at the prospect of being promoted* hän odottaa ylennystä kuola valuen
sallow /sæloʊ/ *adj* kalpea, kalvakka
salmon /sæmən/ *s* (mon salmons, salmon) lohi
salon /sə'lan/ *s* **1** salonki, oleskeluhuone **2** salonki, kampaamo, kauneushoitola yms **3** (taide)salonki
saloon /sə'lun/ *s* **1** saluuna; kapakka **2** (esim laivan) salonki, sali **3** (UK) henkilöauto, sedan
saloon car *s* (UK) henkilöauto, sedan
salsa /salsə/ *s* **1** (musiikki, tanssi) salsa **2** (tulinen meksikolaisperäinen kylmä kastike) salsa
salt /salt/ *s* **1** suola *you have to take his words with a grain of salt* älä ota hänen puheitaan täydestä *as an employee, he is not worth his salt* hän ei ole palkkansa väärti työntekijä **2** (kuv) maku, suola
v suolata, maustaa suolalla; levittää suolaa (maanteille)
SALT *Strategic Arms Limitation Talks* strategisten aseiden rajoittamisneuvottelut
salt-and-pepper *adj* (tukka) harmahtava; jossa on mustaa ja valkoista
salt away *v* **1** suolata, säilöä suolaa käyttäen **2** (kuv) panna talteen, säästää (myöhemmäksi)
saltcellar /'salt,selər/ *s* suolasirotin
salt flat *s* suolatasanko
salt mine *s* **1** suolakaivos **2** (mon, kuv) raadanta, arkinen aherrus, tervan juonti
salt water *s* suolainen vesi, suolavesi
saltwater /'salt,watər/ *adj* suolaisen veden, merivesi-
salty *adj* suolainen
salubrious /sə'lubriəs/ *adj* terveellinen, hyvää tekevä
salute /sə'lut/ *s* **1** tervehdys **2** kunnialaukaus
v **1** tervehtiä; (sot) tehdä kunniaa; ampua kunnialaukaus **2** olla mielissään jostakin, ottaa myönteisesti vastaan, tervehtiä tyydytyksellä yms, ylistää
Salvadorean /,sælvə'dɔriən/*s, adj* salvadorilainen, El Salvadorin (asukas)
salvage /sælvədʒ/ *s* (hädästä, tuholta) pelastaminen
v **1** pelastaa **2** ottaa/kerätä talteen, kierrättää *they salvage parts from old cars* he purkavat vanhoista autoista käyttökelpoisia osia
salvation /sæl'veɪʃən/ *s* (usk ym) pelastus, pelastaminen, pelastuminen
Salvation Army *s* pelastusarmeija
salver /sælvər/ *s* tarjotin
salvo /sælvoʊ/ *s* (mon salvos, salvoes) **1** (tykkien ym) yhteislaukaus; kunnialaukaus **2** hurraahuuto, eläköönhuuto, räiskyvät suosionosoitukset

SAM *surface-to-air missile* maasta ilmaan ammuttava ohjus
sambar /sæmbar/ *s* sambarhirvi
same /seɪm/ *adj, adv, pron* sama *he's the same man we met yesterday* hän on sama mies jonka tapasimme eilen *at the same time* samaan aikaan, yhtä aikaa *we both drive the same car* meillä on kummallakin samanlainen auto *I'll have the same* (ravintolassa tilattaessa) otan saman (kuin sinä/hän) *it's all the same to me* se on minulle yksi ja sama, se on minulle yhdentekevää *you've got to do it all/just the same* sinun on joka tapauksessa/kuitenkin tehtävä se *the same to you* kiitos samoin!, sitä samaa!
sameness *s* **1** samanlaisuus, yhdenmukaisuus **2** yksitoikkoisuus, yksitotisuus
sample /sæmpəl/ *s* näyte
v ottaa näyte jostakin *urine sample* virtsanäyte *you want to sample my chili?* haluatko maistaa chiliäni?
sampler /sæmplər/ *s* **1** (elektroninen soitin) sampler **2** kokoelma(ääni)levy **3** suklaakonvehtirasia
samurai /ˈsæməˌraɪ/ *s* (mon samurais) samurai
San Andreas Fault /ˌsænænˌdreɪəsˈfalt/ San Andreaksen siirros
San Antonio /ˌsænænˈtoʊnioʊ/ kaupunki Texasissa
sanatorium /ˌsænəˈtɔriəm/ *s* (mon sanatoriums, sanatoria) parantola
sanctimonious /ˌsæŋktɪˈmoʊniəs/ *adj* tekopyhä, hurskasteleva
sanctimoniously *adv* tekopyhästi, hurskastelevasti
sanction /sæŋkʃən/ *s* **1** lupa, suostumus **2** rangaistus **3** pakote, tehoste, sanktio
v **1** hyväksyä, suostua johonkin, antaa lupa, vahvistaa **2** rangaista **3** turvautua pakotteisiin
sanctity /sæŋktɪti/ *s* pyhyys, loukkaamattomuus, koskemattomuus
sanctuary /ˈsæŋkʃʊˌeri/ *s* **1** pyhäkkö **2** pakopaikka, turvapaikka **3** suojelualue, säästiö
sand /sænd/ *s* **1** hiekka, santa **2** (mon) hietikko **3** (mon) aika **4** hiekan väri
v **1** hioa (esim hiekkapaperilla) **2** hiekoittaa, sannoittaa
sandal /sændəl/ *s* sandaali
sandbank /ˈsændˌbæŋk/ *s* hiekkapenger
sandblast /ˈsændˌblæst/ *s* hiekkapuhallus
v käsitellä hiekkapuhaltimella
sandblaster *s* hiekkapuhallin
San Diego /ˌsændiˈeɪgoʊ/ kaupunki Kaliforniassa
sandman /ˈsændmæn/ *s* (mon sandmen) nukkumatti
sandpaper /ˈsændˌpeɪpər/ *s* hiekkapaperi
sandpit /ˈsændˌpɪt/ *s* hiekkakuoppa
sandstone /ˈsændˌstoʊn/ *s* hiekkakivi
sand wedge /ˈsændˌwedʒ/ (golf) suurikulmainen rautamaila jota käytetään hiekkaesteistä lyötessä, sand wedge
sandwich /sænwɪtʃ/ *s* (kerros)voileipä *open sandwich* voileipä
v (kuv) panna jonkin väliin, mahduttaa johonkin väliin *the silicon is sandwiched between two layers of glass* piikerros on kahden lasin välissä
sandy *adj* **1** hiekkainen **2** hiekan värinen
sane /seɪn/ *adj* **1** (mieleltään) terve, normaali **2** järkevä, viisas
San Francisco /ˌsænfrənˈsɪskoʊ/ kaupunki Kaliforniassa
San Francisco Bay /ˌsænfrənˌsɪskoʊˈbeɪ/ San Franciscon lahti
sang /sæŋ/ ks sing
sangfroid /sanˈfrwa/ *s* (mielen)maltti, rauhallisuus, tyyneys; kylmäverisyys
sanitary /ˈsænəˌteri/ *adj* **1** hygieeninen, puhdas, siisti **2** sanitetti-, terveydenhoito-
sanitary napkin *s* terveysside
sanitation /ˌsænəˈteɪʃən/ *s* **1** hygienia **2** jätehuolto
sanitation worker *s* jätteiden kerääjä
sanity /sænəti/ *s* **1** mielenterveys, järki **2** viisaus, järkevyys

San Jose /ˌsænoʊˈzeɪ/ kaupunki Kaliforniassa
sank /sæŋk/ ks sink
San Marinese /ˌsænˌmerəˈniz/ *s, adj* sanmarinolainen
San Marino /ˌsænməˈrinoʊ/ San Marino
Santa (Claus) *s* joulupukki
sap /sæp/ *s* **1** (kasvin) neste, mahla **2** (kuv) elinvoima, mehut (ark) **3** (sot) taisteluhauta **4** (ark) tomppeli *v* **1** valuttaa mahlaa jostakin **2** uuvuttaa, viedä mehut (ark) joltakulta **3** (sot) kaivaa taisteluhauta **4** (kuv) heikentää, kaivaa maata jonkun/jonkin alta
sapling /sæpliŋ/ *s* (puun) taimi
sapphire /sæfaɪər/ *s* **1** safiiri **2** safiirinsininen (väri)
SAR *Sons of the American Revolution*
S.A.R. *South African Republic*
sarcasm /sarkæzəm/ *s* **1** sarkasmi, iva **2** sarkastinen/ivallinen/pureva/piikikäs huomautus
sarcastic /sarˈkæstɪk/ *adj* sarkastinen, ivallinen, pureva
sarcastically *adv* sarkastisesti, ivallisesti, purevasti
sarcophagus /sarˈkafəgəs/ *s* (mon sargophaguses, sargophagi) kivinen ruumisarkku, sarkofagi
sardine /sarˈdin/ *s* (mon sardines, sardine) sardiini
Sardinia /sarˈdinjə/ Sardinia
Sargasso Sea /sarˌgæsoʊˈsi/ Sargassomeri
sari /sari/ *s* (mon saris) sari (eräs intialaisnaisten vaate)
sarong /səˈraŋ/ *s* sarong (malaijilainen lannevaate)
SASE *self-addressed stamped envelope* postimerkillä ja palautusosoitteella varustettu kirjekuori
sash /sæʃ/ *s* **1** (sotilasasun ym) olkavyö **2** (ikkunan) karmi; puite
sash window *s* pystysuora liukuikkuna
Sask. *Saskatchewan*
Saskatchewan /sæsˈkætʃəwən/
Saskatoon /ˌsæskəˈtun/ kaupunki Kanadassa
sat /sæt/ ks sit
SAT *Scholastic Aptitude Test*
Sat. *Saturday* lauantai
Satan /seɪtən/ *s* saatana, paholainen, perkele
satanic /seɪˈtænɪk/ *adj* **1** saatanan, saatanallinen, paholaisen **2** pirullinen
satchel /sætʃəl/ *s* (olka)laukku
sate /seɪt/ *v* tyydyttää (halu)
satellite /ˈsætəˌlaɪt/ *s* **1** (planeetan) kuu **2** tekokuu, satelliitti **3** seuralainen
satellite city *s* satelliittikaupunki
satellite country *s* satelliittivaltio
satellite dish *s* satelliittiantenni, lautasantenni
satellite receiver *s* satelliittivastaanotin
satellite television *s* satelliittitelevisio
satellite tuner *s* satelliittiviritin
satelllite antenna *s* satelliittiantenni
satin /sætɪn/ *s* (kangas) satiini
satire /sætaɪər/ *s* **1** satiiri, pilkka, iva **2** satiiri(nen kirjoitus), pilkkakirjoitus
satirical /səˈtɪrɪkəl/ *adj* satiirinen, pilkallinen, ivallinen
satirist /sætərɪst/ *s* satiirikko, pilkkaaja, ivaaja
satirize /ˈsætəˌraɪz/ *v* satirisoida, pilkata, ivata
satisfaction /ˌsætɪzˈfækʃən/ *s* **1** tyydytys, täyttymys; tyytyväisyys *have I done the job to your satisfaction?* oletko tyytyväinen työhöni? **2** korvaus, hyvitys
satisfactorily *adv* tyydyttävästi, riittävästi, riittävän hyvin/paljon
satisfactory /ˌsætɪzˈfæktəri/ *adj* tyydyttävä, riittävä
satisfied /ˈsætɪzˌfaɪd/ *adj* tyytyväinen
satisfy /ˈsætɪzˌfaɪ/ *v* **1** tyydyttää (halu); saada/tehdä tyytyväiseksi **2** saada joku vakuuttuneeksi jostakin, hälventää (epäily) **3** oikaista (vääryys), hyvittää, korvata **4** maksaa (velka), maksaa kokonaan **5** täyttää (ehto)
satisfying *adj* tyydytystä tuottava, miellyttävä, hyvä
satisfyingly *adv* miellyttävästi, hyvin
saturate /ˈsætʃəˌreɪt/ *v* kyllästää (myös kuv)

saturation /ˌsætʃəˈreɪʃən/ *s* kyllästys; (värien) kylläisyys
saturation point *s* kyllästymispiste (myös kuv)
Saturday /sætərdi/ *s* lauantai
Saturdays *adv* lauantaisin
Saturn /sætərn/ Saturnus
satyr /sætər/ *s* satyyri
sauce /sas/ *s* **1** kastike **2** (ark) hävyttömyys, röyhkeys, otsa (kuv)
v **1** maustaa **2** jauhaa, hienontaa
sauceboat /ˈsasˌboʊt/ *s* kastikeastia
saucepan /ˈsasˌpæn/ *s* kasari
saucer /sasər/ *s* (pieni) lautanen *flying saucer* lentävä lautanen
saucy /sasi/ *adj* **1** hävytön, röyhkeä **2** rempseä, rehvakas
Saudi Arabia /ˌsadiəˈreɪbiə/ Saudi-Arabia
Saudi Arabian *s, adj* saudiarabialainen
sauna /sanə saʊnə/ *s* sauna
v saunoa
saunter /santər/ *s* löntystely, maleksinta
v löntystellä, maleksia
sausage /sasədʒ/ *s* makkara
S. Aust. *South Australia*
sauté /saˈteɪ/ *v* ruskistaa (ruokaa)
savage /sævədʒ/ *s* villi(-ihminen)
v **1** raadella **2** (kuv) antaa murskaava arvostelu jostakin, tyrmätä täysin, lyödä lyttyyn
adj **1** villi **2** raju, julma, vihainen, kova, armoton
savagely *adv* rajusti, julmasti, vihaisesti, kovasti, armottomasti
savagery /sævədʒri/ *s* **1** villiys **2** julmuus, armottomuus, säälimättömyys
save /seɪv/ *v* **1** säästää, olla säästäväinen, panna talteen *she's saving to buy a house* hän säästää rahaa taloon *let's save the details for the meeting* jätetään yksityiskohdat kokoukseen **2** pelastaa *you saved my life* sinä pelastit henkeni **3** (tietok) tallentaa (muistivälineelle)
prep paitsi, lukuun ottamatta
save for *konj* (vanh) paitsi, lukuun ottamatta
save something for a rainy day *fr* säästää jotakin pahan päivän varalle
save your skin *fr* pelastaa nahkansa
save that *konj* paitsi (että)
savings (mon) säästöt *he has used up all his savings* hän on pannut kaikki säästönsä menemään
savings account *s* säästötili
savior /seɪvjər/ *s* **1** pelastaja **2** *Savior* Vapahtaja
savor /seɪvər/ *s* **1** maku (myös kuv) **2** haju
v **1** maistaa (myös kuv) **2** haistaa **3** maustaa
savor of *v* (kuv) haiskahtaa joltakin
savory *s* (kasvi) kynteli
adj **1** herkullinen, hyvän/voimakkaan makuinen **2** hyvän/voimakkaan tuoksuinen **3** (ei makea) suolainen
Savoy /səˈvɔɪ/ Savoiji
savvy /sævi/ *s* (ark) vainu, taju, hokso
v (ark) tajuta, hoksata
adj (ark) juoni, ovela, jolla on hyvä hokso/vainu
saw /sa/ s sawed, sawed/sawn **1** saha **2** sanonta, sananparsi
v **1** ks see **2** sahata
sawbuck /ˈsaˌbʌk/ *s* **1** sahapukki **2** (sl) kymppi (seteli)
sawdust /ˈsaˌdʌst/ *s* sahanpuru
sawdust trail *s* (kuv) parannuksen/katumuksen tie
sawed-off /ˌsaˈdaf/ *adj* (esim haulikon piipusta) katkaistu, lyhennetty
sawhorse /ˈsaˌhɔrs/ *s* sahapukki
sawmill /ˈsaˌmɪl/ *s* sahalaitos, saha
sawn /san/ ks saw
sawtooth /ˈsaˌtuθ/ *s* sahan(terän) hammas
saw-toothed /ˈsaˌtuθt/ *adj* sahalaitainen
saw wood *fr* (ark kuv) vetää/vedellä hirsiä
sawyer /sɔɪjər/ *s* sahuri, sahaaja
sax /sæks/ *s* (ark) saksofoni
Saxony /sæksəni/ Saksi
saxophone /ˈsæksəˌfoʊn/ *s* saksofoni
saxophonist /ˈsæksəˌfoʊnɪst/ *s* saksofonisti

say /seɪ/ *s* sananvalta *you have no say in this* sinulla ei ole tässä asiassa mitään sanomista
v said, said **1** sanoa *what did you say to him?* mitä sanoit/vastasit hänelle? *it's difficult to say whether she will succeed or not* on vaikea sanoa menestyykö hän *the new model is said to be better* uutta mallia pidetään parempana *you can say your prayers now* nyt voit rukoilla *that is to say* siis, eli, toisin sanoen **2** (kello) näyttää, osoittaa
adv esimerkiksi *if you buy, say, ten books* jos ostat vaikkapa kymmenen kirjaa
interj kas!, no johan nyt!; hei!, kuulehan!

saying *s* **1** sanonta, sananlasku, sananparsi **2** *something goes without saying* jokin on sanomattakin selvää

say uncle *fr* (ark) antautua

SC *South Carolina*

scab /skæb/ *s* **1** rupi **2** (eläimen) syyhytauti
v rupeutua, mennä ruvelle

scaffold /skæfəld/ *s* **1** rakennusteline **2** hirttolava

scaffolding *s* rakennusteline(et)

scald /skaəld/ *s* (nesteen aiheuttama) palovamma
v (neste) polttaa, (iho) palaa

scalding *adj* (neste) kiehuva, polttavan kuuma

scale /skeɪəl/ *s* **1** (kalan, käärmeen) suomu **2** (mon kuv) suomus *the scales fell from his eyes* suomut putosivat hänen silmiltään **3** mittakaava **4** asteikko **5** laajuus, suuruus **6** (mon) vaaka *she tips the scales at 110 pounds* hän painaa 50 kiloa *your vote tipped the scales in our favor* sinun äänesi käänsi tilanteen meidän eduksemme *to turn the scales* muuttaa/kääntää tilanne
v **1** suomustaa (kala) **2** (iho) hilseillä **3** nousta, kiivetä **4** punnita **5** painaa

scale down *v* pienentää, vähentää, supistaa

scale up *v* suurentaa, kasvattaa, korottaa

scallop /skæləp/ *s* kampasimpukka

scalp /skæəlp/ *s* päänahka; (lääk myös) hiuspohja
v nylkeä päänahka joltakulta

scalpel /skælpəl/ *s* (kirurgin) leikkausveitsi

scaly *adj* **1** suomuinen **2** (iho ym) hilseilevä

scamper /skæmpər/ *v* **1** kipittää **2** peuhata, temmeltää

scampi /skæmpi/ *s* **1** (mon scampi) keisarihummeri **2** (ruoka) ruskistetut katkaravut

scan /skæn/ *s* **1** (elektroninen)kuva, kuvaus *a scan from Mars* videokuva Marsista **2** (lääk) kerroskuvaus; ultraäänitutkimus
v **1** katsella (laidasta laitaan tms), tutkia katseellaan; käydä (katseellaan) nopeasti läpi *at breakfast, he quickly scanned the headlines* aamiaisella hän lukaisi (nopeasti) lehden otsikot **2** kuvata, välittää kuva jostakin **3** (elektroninen kuva) pyyhkäistä **4** (lääk) kuvata, ottaa kerroskuva yms

scandal /skændəl/ *s* skandaali, häväistysjuttu

scandalize /'skændəˌlaɪz/ *v* järkyttää, häväistä, pöyristyttää *aunt Nellie was scandalized by your behavior* käytöksesi järkytti Nellie-tätiä

scandalous /skændələs/ *adj* järkyttävä, häpeällinen, pöyristyttävä

scandalously *adv* järkyttävästi, häpeällisesti, pöyristyttävästi

Scandinavia /ˌskændə'neɪviə/ Skandinavia

Scandinavian *s* skandinaavi
adj skandinaavinen, skandinavialainen

scanner *s* **1** kuvanlukija, skanneri **2** (lääk) kuvantamislaite

scant /skænt/ *adj* vähäinen, niukka *the event got only scant attention in the press* tapauksesta kerrottiin lehdissä vain lyhyesti

scantily /skæntəli/ *adv* vähän, niukasti *she was very scantily dressed* hän oli pukeutunut hyvin paljastavasti

scantly *adv* vähän, niukasti

scanty *adj* vähäinen, niukka

scapegoat /'skeɪpˌgoʊt/ *s* syntipukki

scapula /skæpjələ/ *s* lapaluu
scar /skar/ *s* **1** arpi; naarmu **2** (kuv) arpi, haava
v arpeuttaa, arpeutua, raapia, naarmuttaa, naarmuuntua
scarce /skeərs/ *adj* **1** josta on pulaa/puutetta **2** harvinainen *to make yourself scarce* (ark kuv) häipyä, lähteä livohkaan/nostelemaan, tehdä katoamistemppu
scarcely *adv* **1** hädin tuskin, juuri ja juuri, nipin napin **2** tuskin; ei *I am scarcely the one to tell you how to live your life* minä en ole oikea ihminen neuvomaan miten sinun pitäisi elää
scarcity /skersəti/ *s* **1** pula, puute **2** harvinaisuus
scare /skeər/ *v* pelästyttää, pelästyä, säikäyttää, säikähtää
scarecrow /'skeərˌkroʊ/ *s* linnunpelätin, variksenpelätin
scared *to run scared* pelätä, olla peloissaan
scare up *v* (ark) haalia (vaivoin) kokoon, saada hankituksi
scarf /skarf/ *s* (mon scarves) huivi; kaulaliina
scarlet /skarlət/ *s, adj* tulipunainen
scarlet fever *s* tulirokko
scarlet woman *s* (naispuolinen) prostituoitu; aviorikkoja
scary *adj* **1** pelottava, kammottava **2** säikky, arka
SCAT *School and College Ability Test*
scathing /skeɪðiŋ/ *adj* (arvostelu) musertava
scathingly *adv* (haukkua) musertavasti
scatological /ˌskætə'ladʒɪkəl/ *adj* **1** (lääk) skatologinen, ulosteopillinen **2** kiroilu-
scatology /skæ'talədʒi/ *s* **1** (lääk) skatologia, ulosteoppi **2** kiroilu (ulostukseen liittyvillä sanoilla)
scatter /skætər/ *v* varistaa, ripotella, levittää, levitä, levittäytyä, hajaantua, pirstoa (kuv)
scatterbrain /'skætərˌbreɪn/ *s* hajamielinen, tärähtänyt, höynähtänyt (ihminen)
scatterbrained *adj* hajamielinen, tärähtänyt, höynähtänyt
scattered *adj* hajanainen, hajallaan sijaitseva, laajalle levinnyt, epäyhtenäinen
scavenge /skævəndʒ/ *v* **1** (eläin) kerätä/syödä haaskoja **2** lakaista/siivota katuja **3** etsiä roskapöntöistä syötävää ym **4** etsiä (erityisesti ruokaa)
scavenger /skævəndʒər/ *s* **1** haaskaeläin **2** kadunlakaisija **3** roskisdyykkari (sl)
scenario /sə'nerioʊ/ *s* (mon scenarios) **1** elokuvakäsikirjoitus, skenaario **2** (toiminta)suunnitelma, skenaario
scene /sin/ *s* **1** tapahtumapaikka, paikka, näyttämö *the scene of the crime* rikospaikka **2** (näytelmän, elokuvan) kohtaus **3** näkymä, näköala **4** äläkkä, häly, kohtaus *please don't make a scene* älä viitsi ruveta räyhäämään **5** maailma (kuv) *the publishing scene* kustannusmaailma *to make the scene* (sl) ilmestyä kuvaruutuun (kuv), käydä/liikkua jossakin **6** (teatterin) kulissi *behind the scenes* (kuv) kulissien takana
scenery /sinəri/ *s* **1** maisema; näkymä(t) **2** (teatterin ym) kulissit
scenic /sinɪk/ *s* maisemavalokuva
adj **1** maisemallinen, maisema-, näköala- *scenic route* maisemallisesti kaunis tie, näköalareitti **2** (luonnon)kaunis
scent /sent/ *s* **1** tuoksu, haju **2** hajuvesi **3** (eläimen) vainu, jäljet *to be on the scent* (kuv) olla jonkun/jonkin jäljillä
v **1** hajustaa **2** haistaa, vainuta, jäljittää
scentless *adj* hajuton, tuoksuton
scepter /septər/ *s* valtikka
sceptic /skeptɪk/ ks skeptic
schedule /skedʒʊəl/ *s* **1** ohjelma, suunnitelma, aikataulu **2** (kulkuneuvon) aikataulu *our flight arrived ahead of/on/behind schedule* lentomme tuli perille etuajassa/ajoissa/myöhässä
v suunnitella (tiettynä aikana tapahtuvaksi) *she scheduled the meeting for Tuesday* hän sopi kokouksen tiistaiksi
scheme /skim/ *s* **1** suunnitelma **2** ohjelma, järjestelmä **3** juoni, salajuoni, salahanke **4** piirros, kuvio

v juonitella, vehkeillä, suunnittella
schemer /skimər/ *s* juonittelija, vehkeilijä
schism /skɪzəm/ *s* skisma, erimielisyys, kiista
schizo /skɪtsoʊ/ *s* (mon schizos) (ark) jakomielitautinen
schizophrenia /ˌskɪtzəˈfriniə/ *s* jakomielitauti, skitsofrenia
schizophrenic /ˌskɪtsəˈfrinɪk/ *s, adj* jakomielitautinen
schnitzel /ʃnɪtsəl/ *s* (ruoka) (wienin)leike
scholar /skalər/ *s* **1** oppinut, tiedemies **2** opiskelija, oppilas **3** stipendiaatti
scholarly *adj* **1** tutkija-, tiedemies- **2** akateeminen
scholarship /ˈskalərˌʃɪp/ *s* **1** oppineisuus **2** stipendi
school /skuəl/ *s* **1** koulu *school's out for summer* kesäloma on alkanut **2** oppilaitos; college; yliopisto **3** tiedekunta **4** koulukunta **5** kalaparvi, valasparvi
v koulita, opettaa
school age *s* kouluikä
schoolbag /ˈskuəlˌbæg/ *s* koululaukku
school board *s* koululautakunta
schoolbook /ˈskuəlˌbʊk/ *s* oppikirja, koulukirja
schoolboy /ˈskuəlˌbɔɪ/ *s* koulupoika, koululainen
school bus *s* koulubussi
school day *s* koulupäivä
schoolgirl /ˈskuəlˌgərəl/ *s* koulutyttö, koululainen
schoolhouse /ˈskuəlˌhaʊs/ *s* koulurakennus, koulutalo, koulu
schoolma'am /ˈskuəlˌmæəm/ *s* opettaja(tar)
schoolmarm /ˈskuəlˌmaərm/ *s* opettaja(tar)
schoolmaster /ˈskuəlˌmæstər/ *s* opettaja
schoolmate /ˈskuəlˌmeɪt/ *s* koulutoveri
school of hard knocks *s* elämän (kova) koulu
schoolteacher *s* opettaja
schoolteaching /ˈskuəlˌtitʃɪŋ/ *s* opettajan työ, opetustyö
schoolyard /ˈskʊəlˌjaərd/ *s* koulun piha
school year *s* kouluvuosi
schooner /skunər/ *s* **1** (laiva) kuunari **2** *prairie schooner* (katetut) vankkurit
schwa /ʃwa/ *s* švaa-vokaali /ə/
science /saɪəns/ *s* **1** (luonnon)tiede **2** taito, osaaminen *the science of making good lasagna* hyvän lasagnen valmistuksen salaisuus
science fiction /ˌsaɪənsˈfɪkʃən/ *s* tieteiskirjallisuus, science fiction
scientific /ˌsaɪənˈtɪfɪk/ *adj* **1** (luonnon)tieteellinen **2** järjestelmällinen
scientifically *adv* **1** (luonnon)tieteellisesti **2** järjestelmällisesti *let's proceed scientifically* tehkäämme tämä harkitusti
scientist /saɪəntɪst/ *s* luonnontieteilijä, tutkija, tiedemies
sci-fi /saɪfaɪ/ *s* (ark) tieteiskirjallisuus, sci-fi
adj tieteis-, tieteiskirjallisuuden, sci-fi-
scimitar-horned oryx /ˌsɪmətərˌhɔrndˈɔrəks/ *s* sapelibeisa
scintillate /ˈsɪntəˌleɪt/ *v* säkenöidä (myös kuv)
scissors /sɪzərz/ *s* (verbi yksikössä tai mon) sakset *a pair of scissors* sakset
scoff /skaf/ *s* pilkkaava huomautus, piikki
v pilkata, haukkua jotakuta/jotakin *(at)*
scold /skold/ *s* moittija, haukkuja, sättijä
v moittia, nuhdella, sättiä, haukkua
scolding *s* pilkka, haukkuminen, haukkumiset
scoop /skup/ *s* **1** kauha **2** kauhallinen; (jäätelö)pallo **3** (lehdessä) jymyuutinen **4** (ark) uutinen, juju, vitsi: *what's the scoop on Mary? is she getting married?* mitä uutta Marysta kuuluu? onko hän menossa naimisiin?
v **1** kauhoa **2** lyödä laudalta (toinen lehti/toiset lehdet julkaisemalla jokin uutinen ensimmäisenä)
scooter /skutər/ *s* **1** potkulauta **2** skootteri
scope /skoʊp/ *s* suuruus, laajuus, mitta, mitat

scope out *v* (sl) pälyillä, katsella, tutkia, tsekata

scorch /skɔrtʃ/ *s* palohaava
v **1** kärventää, kärventyä, kärähtää, polttaa, palaa **2** haukkua, lyödä/pistää lyttyyn **3** (ark) kiitää, viilettää

score /skɔr/ *s* **1** pelitilanne, pistetilanne, tilanne; pistemäärä **2** maali, piste **3** merkki, jälki, viiva, ura **4** kaksikymmentä, (kananmunista myös) tiu **5** (mon) paljon *scores of people came* paikalle saapui paljon väkeä **6** (ark) uutinen, juju, vitsi: *what's the score on Mary? is she getting married?* mitä uutta Marysta kuuluu? onko hän menossa naimisiin? **7** (mus) nuotit **8** (mus) (elokuvan) musiikki **9** (kuv) velka *I have a score to settle with Earl* minulla on Earlin kanssa kana kynimättä, minulla on Earlin kanssa vanhoja kalavelkoja
v **1** tehdä/saada (lisä)piste, tehdä maali **2** saada tulokseksi, saada n pistettä **3** laskea pisteitä (kilpailussa) **4** tarkistaa/arvostella koe/testitulos **5** (mus) säveltää (elokuvamusiikki) **6** menestyä, onnistua

scoreboard /ˈskɔrˌbɔrd/ *s* pistetaulu, tulostaulu

scorecard /ˈskɔrˌkard/ *s* pistekortti, tuloskortti

scorn /skɔrn/ *s* **1** pilkka, halveksinta *to laugh something to scorn* pitää jotakin pilkkanaan, halveksua jotakin, nauraa jollekin **2** pilkan/halveksunnan kohde, pilkka
v halveksua, kohdella halveksuen, pilkata, pitää pilkkanaan

scornful *adj* pilkkaava, halveksiva

scornfully *adv* pilkkaavasti, halveksivasti, halveksuen

Scorpio /skɔrpioʊ/ *horoskoopissa* Skorpioni

scorpion /skɔrpiən/ *s* skorpioni

Scorpion (tähdistö) Skorpioni

Scot /skat/ *s* skotlantilainen

Scotch /skatʃ/ *s* **1** skotlantilainen *the Scotch* skotlantilaiset **2** skotlantilainen viski
adj skotlantilainen

Scotch tape® teippi

Scotch-tape /ˌskatʃˈteɪp/ *v* teipata, kiinnittää/sulkea teipillä

scot-free /ˌskatˈfri/ *to escape scot-free* selvitä ehjin nahoin, selvitä naarmuitta, selvitä pelkällä säikähdyksellä

Scotland /skatlənd/ Skotlanti

Scots /skats/ *s* skotlannin murre
adj skotlantilainen

Scotsman *s* (mon Scotsmen) skotlantilainen (mies)

Scotswoman *s* (mon Scotswomen) skotlantilainen (nainen)

Scottish /skatɪʃ/ *s* skotlantilainen *the Scottish* skotlantilaiset
adj skotlantilainen

scoundrel /skaʊndrəl/ *s* roisto, konna, kelmi; (lapsesta) vintiö

scour /skaʊər/ *s* hankaus, kuuraus, jynssäys, puhdistus
v **1** hangata (puhtaaksi), kuurata, jynssätä, puhdistaa **2** avata (tukkeutuma) **3** (kuv) kitkeä, puhdistaa *the new president wants to scour the government of corruption* uusi presidentti haluaa tehdä lopun valtion virkamiesten lahjonnasta

scourge /skərdʒ/ *s* **1** ruoska, piiska **2** vitsaus
v **1** ruoskia, piiskata **2** rangaista ankarasti **3** haukkua, sättiä, moittia ankarasti

scout /skaʊt/ *s* **1** (sot ym) tiedustelija **2** partiolainen **3** värvääjä *talent scout* kykyjenetsijä
v käydä tiedustelemassa, tiedustella

scouting *s* **1** tiedustelu, etsintä **2** partiotoiminta

scout out *v* etsiä jotakuta/jotakin, yrittää löytää

scout up *v* etsiä jotakuta/jotakin, yrittää löytää

scowl /skaʊəl/ *s* kyräilevä katse, synkkä/tuomitseva/vihainen katse
v kyräillä, katsoa tuomitsevasti/vihaisesti/karsaasti, paheksua, katsoa alta kulmien

scrabble /skræbəl/ *v* hapuilla, hamuta, haalia kokoon, kopeloida, raapia (käpälillä)

scram /skræm/ *v* (ark, yleensä käskynä) häipyä, lähteä, alkaa nostella

scramble /skræmbəl/ *s* **1** kiipeily, kiipeäminen **2** kilpailu, kilpajuoksu (kuv) **3** ryntäys, rytäkkä
v **1** kiivetä **2** yrittää kilpaa saada jotakin, kilpailla jostakin *when the doors were opened, the people scambled for seats* kun ovet avattiin väki ryntäsi kiireesti istumaan/parhaille paikoille **3** rynnätä *she scrambled for the door* hän ryntäsi ovelle, hän yritti rynnätä ovelle **4** sekoittaa, sotkea, panna sekaisin **5** koodata (esim televisiolähete)

scrambled eggs *s* (mon) **1** paistetut kananmunat (joissa keltuaiset ja valkuaiset on sekoitettu) **2** munakokkeli

scrap /skræp/ *s* **1** pala, palanen *I could only find scraps of information about the woman* sain naisesta vain vähän tietoa **2** (mon) (ruuan) tähteet **3** romu, romurauta tms **4** (ark) riita, kina
v **1** romuttaa (myös kuv:) korvata jokin, luopua jostakin, lakkauttaa jokin; heittää pois/menemään **2** riidellä, kinata

scrapbook /ˈskræpˌbʊk/ *s* leikekirja

scrape /skreɪp/ *s* **1** kaavinta; hionta, hankaus, hankaaminen **2** naarmu, raapaisu **3** (ääni) narske; raapiva ääni **4** tiukka paikka *to be in a scrape* olla pulassa/pinteessä **5** kiista, kina, riita
v **1** kaapia; hioa, hangata **2** raapia, raapustaa, naarmuttaa **3** narskua; pitää raapivaa ääntä **4** olla säästäväinen, elää nuukasti (ark)

scraper *s* kaavin; hioin

scrape together *v* kerätä/haalia kokoon

scrape up *v* kerätä/haalia kokoon *we have to scrape up some money for her present* meidän pitää hankkia jostakin tarpeeksi rahaa hänen lahjaansa

scrappy /skræpi/ *adj* monista osista/palasista kyhätty *his knowledge of German literature is scrappy* hänen tiedoissaan saksalaisesta kirjallisuudesta on paljon aukkoja

scratch /skrætʃ/ *s* **1** naarmu **2** raapaisu **3** raapiva ääni **4** *to start from scratch* aloittaa alusta *bake a cake from scratch* leipoa kakku kokonaan itse (ilman kakkusekoitetta) *to be up to scratch* kelvata, täyttää vaatimukset **5** (golf) peli ilman tasoitusta, scratch
v raapia, naarmuttaa, naarmuuntua *to scratch a match* raapaista tulitikku

scratch out *v* pyykiä pois/yli

scratch player *s* (golf) golffari jonka tasoitus on nolla

scrawl /skraəl/ *s* (käsiala) harakanvarpaat
v raapustaa, kirjoittaa harakanvarpailla

scrawny /skrani/ *adj* kuikelo, hintelä, hontelo

scream /skrim/ *s* huuto, parahdus, ulvahdus
v **1** huutaa, parahtaa, ulvahtaa, (tuuli) ulvoa **2** ulvoa naurusta **3** (kuv) pistää silmään, olla räikeä, huutaa, (väri myös) kirkua

screaming *adj* **1** huutava, parkuva **2** (kuv) räikeä, silmiinpistävä, silmäänpistävä, huutava, (väri myös) kirkuva **3** hirvittävän hauska, hullunhauska

screaming-meemies *to have the screaming-meemies* (ark) saada hepulit, olla hysteerinen, joutua paniikkiin

screech /skritʃ/ *s* kirkaisu; kirskuna, kirskunta; narahdus
v kirkaista; kirskua, kirahtaa; narahtaa

screen /skrin/ *s* **1** kaihdin, suojus; väliseinä **2** (elokuvan) valkokangas **3** (television) kuvaruutu, (tietokonemonitorin) näyttö(ruutu) **4** siivilä, seula
v **1** suojata, suojella, peittää **2** siivilöidä, seuloa **3** seuloa, haastatella (esim työnhakijoita), seuloa, tutkia (esim hakemukset) **4** projisoida (elokuva) **5** järjestää (elokuvan) ennakkonäytäntö (kutsuyleisölle)

screen actor *s* elokuvanäyttelijä

screen actress *s* elokuvanäyttelijä(tär)

screenplay /ˈskrinˌpleɪ/ *s* (elokuva)käsikirjoitus

screen test *s* (elokuva-alalla) koekuvaus

screen-test *v* (elokuva-alalla) koekuvata; käydä koekuvauksessa

screenwriter /ˈskrinˌraɪtər/ *s* elokuvakirjailija

screw /skru/ *s* **1** ruuvi *Professor Arid has a screw loose* professori Kuivalla on ruuvi löysällä *to put the screws on someone* painostaa jotakuta, kiristää jotakuta **2** (lentokoneen, laivan) potkuri **3** kierukka(mainen esine) **4** (sl) pano
v **1** ruuvata, kiertää, kiertyä, kiinnittää/kiinnittyä kiertämällä/ruuvaamalla **2** (kasvot) vääristää, vääristyä **3** pakottaa, uhata, kiristää (joltakulta rahaa) **4** (sl) naida, panna
screw around *v* (sl) **1** lorvailla, maleksia, vetelehtiä **2** juosta/käydä vieraissa
screwball /ˈskruˌbaəl/ *s* (sl) tärähtänyt, outo lintu, hullu
adj (sl) outo, hullu, pimeä (kuv)
screwdriver /ˈskruˌdraɪvər/ *s* **1** ruuvitaltta, ruuvimeisseli **2** (ark) votka-appelsiinimehudrinkki
screw off *v* (sl) **1** lähteä (nostelemaan), häipyä, kalppia tiehensä **2** laiskotella, vetelehtiä, lorvailla
screw-on *adj* kierrettävä, kiertämällä kiinnittyvä/kiinnitettävä
screw propeller *s* (lentokoneen, laivan) potkuri
screw thread *s* ruuvin kierre
screw-top *s* kiertokansi
adj jossa on kiertokansi
screw up *v* (sl) **1** pilata, munata, tunaroida **2** panna sekaisin, saattaa pois tolaltaan
screwup *s* (sl) **1** munaus, kömmähdys, tunarointi, epäonnistuminen **2** munari, tunari
screwy *adj* (sl) **1** tärähtänyt, hullu **2** outo, kumma
scribble /skrɪbəl/ *s* (käsiala) raapustus, harakanvarpaat, töherrys
v raapustaa, kirjoittaa harakanvarpailla, töhertää; kirjoittaa nopeasti
scribe /skraɪb/ *s* **1** kirjuri **2** (Raamatussa) kirjanoppinut
scrimmage /skrɪmədʒ/ *s* **1** kahakka, rytäkkä, yhteenotto **2** (amerikkalaisessa jalkapallossa) aloitusryhmitys *line of scrimmage* aloituslinja
script /skrɪpt/ *s* **1** käsiala, (käsin) kirjoitus **2** (näytelmän, elokuvan, kuunnelman) käsikirjoitus **3** asiakirja
v **1** kirjoittaa/laatia (elokuvan tms) käsikijoitus **2** suunnitella, järjestää
Scriptures /skrɪptʃərz/ *s* (mon) Raamattu
scriptwriter /ˈskrɪptˌraɪtər/ *s* elokuvakirjailija, tv-kirjailija, (radiossa) kuunnelmakirjailija
scroll /skrɔl/ *s* **1** (kirjoitus)käärö **2** (kierukkamainen) koristekuvio
v (tietok) vyöryttää (tekstiä ruudulla)
scrounge /skraʊndʒ/ *s* kerjäläinen, kerjääjä
v kerjätä, vipata, pummata
scrounge around for *v* etsiä, yrittää löytää
scrounger *s* kerjäläinen, kerjääjä
scrub /skrʌb/ *s* **1** pesu **2** peruutus; lykkäys **3** pensaikko **4** sekaroituinen eläin, (koirasta) rakki
v **1** pestä, kuurata **2** hangata **3** peruuttaa; lykätä (myöhemmäksi)
scrub up *v* (sairaalassa) pestä kätensä (ennen leikkausta)
scrubwoman /ˈskrʌbˌwʊmən/ *s* (mon scrubwomen) siivooja(nainen)
scruff /skrʌf/ *s* niska
scruffy *adj* likainen, sottainen, siivoton
scruple /skrupəl/ *s* esto, epäilys, tunnonvaivat *she had no scruples about informing on her boss* hän ei empinyt antaessaan pomonsa ilmi
v empiä, häikäillä, siekailla, arastella, olla tunonvaivoja
scrupleless /skrupələs/ *adj* häikäilemätön, siekailematon, arastelematon
scrupulous /skrupjələs/ *adj* tunnollinen, tarkka, pikkutarkka
scrupulously *adv* tunnollisesti, tarkasti, pikkutarkasti
scrutinize /ˈskrutɪˌnaɪz/ *v* tutkia tarkkaan/läpikotaisin
scrutiny /skrutɪni/ *s* tarkistus, tarkka tutkimus, syyni (ark)
scuba-dive *v* sukeltaa
scuba diver /ˈskubəˌdaɪvər/ *s* laitesukeltaja, sukeltaja
scuba diving *s* laitesukellus, sukellus
scuff /skʌf/ *v* laahustaa, kävellä laahustaen

scuffle /skʌfəl/ *s* kahakka, yhteenotto
v kahinoida, ottaa yhteen
sculpt /skʌlpt/ *v* veistää, muovata, muotoilla *she has a finely sculpted face* hänellä on hienot kasvonpiirteet
sculptor /skʌlptər/ *s* kuvanveistäjä
Sculptor (tähdistö) Kuvanveistäjä
sculptress /skʌlptrəs/ *s* (naispuolinen) kuvanveistäjä
sculpture /skʌlptʃər/ *s* **1** kuvanveisto(taide) **2** veistokset **3** kuvanveistos, veisto
v veistää, muovata, muotoilla
scum /skʌm/ *s* **1** vaahto, kuohu **2** roska, roina **3** (kuv) pohjasakka *you're scum* sinä olet pohjasakkaa, senkin saasta!
v **1** vaahdota, kuohua **2** kuoria vaahto/kuohu jostakin
scumbag /ˈskʌmˌbæg/ *s* (sl) mäntti, paskiainen
scurry /skəri/ *v* **1** kipittää, vipeltää **2** kiirehtiä, mennä kiireesti, hoputtaa
scurvy /skərvi/ *s* keripukki
scythe /saɪð/ *s* viikate
v niittää
SD *South Dakota* Etelä-Dakota
S. Dak. *South Dakota* Etelä-Dakota
sea /si/ *s* **1** meri, valtameri *at sea* merellä *to put to sea* lähteä merimatkalle *to go to sea* lähteä merimatkalle; lähteä merille *to be at sea about something* olla täysin ymmällään jostakin **2** merenkäynti **3** aalto; iso aalto **4** (kuv) tulva, suuri määrä/joukko **5** merimiehen työ *to follow the sea* lähteä merille
sea anchor *s* ankkuri
sea anemone /ˈsiəˌneməni/ *s* merivuokko
seabed /ˈsiˌbed/ *s* merenpohja
seabird /ˈsiˌbərd/ *s* merilintu
seaboard /ˈsiˌbɔrd/ *s* rannikko
seaborne /ˈsiˌbɔrn/ *adj* laivalla/meritse kuljetettu
sea captain *s* merikapteeni
sea change *s* jyrkkä/yhtäkkinen/äkillinen muutos; selvä parannus
sea cow *s* merilehmä*Steller's sea cow* stellerinmerilehmä
seafaring /ˈsiˌferiŋ/ *adj* merenkulkija-, merenkulku-, purjehtija-
seafood /ˈsiˌfud/ *s* meren antimet (ruokana)
Sea Goat (tähdistö) Kauris
seagoing /ˈsiˌgoʊiŋ/ *adj* **1** merikelpoinen **2** merenkulkija-, merenkulku-, purjehtija-
sea gull *s* merilokki
sea horse *s* merihevonen
seal /siəl/ *s* **1** (mon seals, seal) hylje **2** sinetti *seal of approval* hyväksyntä *she set her seal to my plan* hän hyväksyi suunnitelmani
v **1** sinetöidä (myös kuv) *my lips are sealed* huuleni ovat sinetöidyt, en pukahda asiasta kenellekään *we sealed the deal yesterday* sinetöimme kaupan/sopimuksen eilen *to seal someone's fate* sinetöidä jonkun kohtalo **2** sulkea, liimata kiinni (kirjekuori)
sea level *s* merenpinta *we are 3,000 feet above sea level* olemme (noin) kilometrin korkeudella merenpinnasta
seal off *v* eristää, sulkea (alue)
seam /sim/ *s* **1** sauma **2** ryppy, kurttu
v **1** saumata, neuloa, ommella **2** rypistää, rypistyä
seaman /simən/ *s* (mon seamen) **1** merenkulkija **2** merimies
seamanship /ˈsimənˌʃɪp/ *s* merenkulkutaito, purjehdustaito
seamless *adj* saumaton (myös)
seamount /ˈsiˌmaʊnt/ *s* merenalainen vuori, merenpohjan vuori
seamster /simstər/ *s* ompelija, räätäli
seamstress /simstrəs/ *s* ompelija(tar), räätäli
seamy /simi/ *adj* rähjäinen, kurja, ikävä
séance /seɪans/ *s* spiritistinen istunto
seaplane /ˈsiˌpleɪn/ *s* (lentokone) vesitaso
seaport /ˈsiˌpɔrt/ *s* **1** (meri)satama **2** satamakaupunki
search /sərtʃ/ *s* etsintä
v etsiä
searching *adj* tutkiva, utelias, tarkka, perusteellinen

searchlight /ˈsərtʃˌlaɪt/ *s* valonheitin
search me *fr* en minä tiedä!, mistä minä tiedän!
search party *s* etsintäryhmä, etsintäpartio
search warrant *s* etsintälupa, kotietsintälupa
sea robber *s* merirosvo
seascape /ˈsiˌskeɪp/ *s* **1** (maalaus) merimaisema **2** merinäköala, merimaisema
Sea Serpent (tähdistö) Vesikäärme
seashell /ˈsiˌʃel/ *s* simpukan kuori
seashore /ˈsiˌʃɔr/ *s* merenranta
seasick /ˈsiˌsɪk/ *adj* merisairas
seasickness *s* merisairaus, meritauti
seaside /ˈsiˌsaɪd/ *s* merenranta; rannikko
adj merenranta-, rannikko-
season /sizən/ *s* **1** vuodenaika **2** aika, kausi, sesonki *the rainy season* sadekausi *tourist season* turistikausi, (turisti)-sesonki *for a season* väliaikaisesti, jonkin aikaa *in good season* hyvissä ajoin *strawberries are not yet in season* vielä ei ole mansikka-aika *in season and out of season* alinomaa, aina, jatkuvasti
v **1** maustaa (myös kuv), höystää (myös kuv) **2** kuivata (puutavaraa) **3** (kuv) kasvattaa, kypsyttää
seasonable /sizənəbəl/ *adj* **1** vuodenaikaan nähden tavallinen/normaali **2** otollinen, oivallinen
seasonably *adv* vuodenaikaan nähden tavallisesti/normaalisti
seasonal /sizənəl/ *s* kausityöntekijä, väliaikaistyöntekijä, lomittaja
adj kausittainen, kausi-
seasoning *s* mauste, höyste
season ticket *s* kausilippu
seat /sit/ *s* **1** istuin, tuoli **2** (tuolin tms) istuin(levy, -pinta) **3** istumapaikka *a car with four seats* nelipaikkainen auto **4** housujen takamus *to know something by the seat of your pants* tietää/osata jotakin kokemuksesta/takapuolituntumalta (ark)
v **1** ohjata istumaan, istuttaa **2** olla tilaa n henkilölle *the station wagon seats eight* farmariautoon mahtuu kahdeksan henkeä **3** nimittää/asettaa johonkin virkaan/tehtävään
seat belt *s* turvavyö
seating *s* istumajärjestys, istumapaikat
SEATO *Southeast Asia Treaty Organization* Kaakkois-Aasian sopimusjärjestö
seat-of-the-pants *adj* kokemukseen perustuva, takapuolituntumalta (ark) tapahtuva
seat of the pants *s* housujen takamus *to know something by the seat of your pants* tietää/osata jotakin kokemuksesta/takapuolituntumalta (ark)
Seattle /sɪˈætəl/ kaupunki Washingtonin osavaltiossa
seaward /siwərd/ *adj* **1** joka avautuu/osoittaa merelle päin **2** (tuuli) joka tulee mereltä päin, meri-
adv merelle päin
seawards *adv* merelle päin
sea water *s* merivesi
seaweed /ˈsiˌwid/ *s* **1** merikasvi **2** merilevä
seaworthy /ˈsiˌwərði/ *adj* merikelpoinen
sebaceous gland /sɪˈbeɪʃəs/ *s* talirauhanen
sebum /sibəm/ *s* (lääk) tali
sec /sek/ *s* (ark) sekunti *I'll be with you in a sec* tulen aivan heti
SEC *Securities and Exchange Commission*
secede /səˈsid/ *v* erota (liitosta)
secession /səˈseʃən/ *s* **1** ero(aminen) (liitosta) **2** *Secession* 11 etelävaltion ero Yhdysvaltain unionista 1860–1861 (johti sisällissotaan)
secessionist *s* sesessionisti
adj sesessionistinen, eroa suunnittele-va/lietsova, eronnut
seclude /səˈklud/ *v* eristää, eristäytyä
secluded *adj* (paikka) syrjäinen, (ihminen, elämä) syrjään vetäytynyt, eristäytynyt
seclusion /səˈkluʒən/ *s* **1** eristäminen **2** eristyksissä eläminen, eristyneisyys, oma rauha
second /sekənd/ *s* **1** toinen *to come in second* tulla toiseksi **2** (autossa ym) toi-

nen vaihde, kakkosvaihde, kakkonen **3** sekundatavara **4** (kaksintaistelun avustaja) sekundantti **5** sekunti **6** kulmasekunti **7** hetki, silmänräpäys *I won't be a second* tulen heti takaisin
v **1** kannattaa, tukea (ehdotusta) **2** toimia/olla sekundanttina
adj toinen *second floor* (US) toinen kerros, (UK) kolmas kerros *every second day* joka toinen päivä, kahden päivän välein
adv toiseksi, toisena

secondary /'sekən,deri/ *adj* **1** toissijainen, toisarvoinen **2** (opetus, koulutus) toisen asteen

secondary accent *s* (sanan) sivupaino

secondary market *s* (tal) jälkimarkkinat, toissijaismarkkinat

secondary school *s* toisen asteen koulu (yläaste/lukio, ammattioppilaitos)

secondary storage *s* (tietok) massamuisti (levyke, kovalevy ym)

secondary stress *s* (sanan) sivupaino

second childhood *s* vanhuudenhöperyys, vanhuus

second-class *adj* **1** (matkustaja, istumapaikka, posti) toisen luokan **2** huono, toisen luokan
adv (matkustaa, postittaa) toisessa luokassa

second-class citizen *s* toisen luokan kansalainen

second class mail *s* toisen luokan posti

Second Coming *s* (Jeesuksen) toinen tuleminen

second cousin *s* pikkuserkku

second fiddle *to play second fiddle to someone* soittaa toista viulua, olla toisarvoisessa asemassa johonkuhun nähden

second-generation *adj* toisen (suku)polven

second-guess *v* **1** (yrittää) olla jälkiviisas **2** arvailla, arvuutella

second hand *s* sekuntiviisari

secondhand /,sekənd'hænd/ *adj* **1** käytetty *secondhand bookstore* antikvariaatti, vanhojen kirjojen kauppa **2** (tieto) toisen käden
adv **1** käytettynä *I bought the Buick secondhand* ostin Buickin käytettynä **2** (kuulla jotakin) kiertoteitse

secondly *adv* toiseksi

second nature *s* toinen luonto *to be second nature to someone* olla jollekulle toinen luonto, olla jollakulla veressä

second of arc *s* kaarisekunti

second-rate /,sekənd'reɪt/ *adj* toisen luokan, huono, kehno

second wind *s* **1** hengityksen tasaantuminen *after a mile, the runner got his second wind* mailin jälkeen juoksija sai hengityksensä tasaantumaan **2** (kuv) uusi puhti

secrecy /sikrəsi/ *s* salassapito, salamyhkäisyys, salaisuus *to be sworn to secrecy* vannottaa joku vaikenemaan jostakin asiasta

secret /sikrət/ *s* salaisuus *in secret* salaa
adj salainen, sala-

secret agent *s* salainen agentti

secretarial /,sekrə'terɪəl/ *adj* sihteerin *secretarial duties* sihteerin työt

secretariat /,sekrə'teriət/ *s* sihteeristö

secretary /'sekrə,teri/ *s* **1** sihteeri **2** ministeri *secretary of agriculture* (US) maatalousministeri **3** lipasto

secretary-general /,sekrəteri'dʒenrəl/ *s* (mon secretaries-general) pääsihteeri *the secretary-general of the United Nations* Yhdistyneiden Kansakuntien pääsihteeri

secretary of state *s* (mon secretaries of state) (US) ulkoministeri

secret ballot *s* salainen äänestys

secrete /sə'krit/ *v* **1** erittää **2** piilottaa, kätkeä

secretion /sə'kriʃən/ *s* erite

secretive /sikrətɪv/ *adj* salamyhkäinen

secretively *adv* salamyhkäisesti

secretly /sikretli/ *adv* salaa

secret police *s* salainen poliisi, suojelupoliisi

secret service *s* salainen palvelu; tiedustelu, vakoilu

secret society *s* salaseura

sect /sekt/ *s* lahko

sectarian /sek'teriən/ *s* lahkolainen; nurkkakuntalainen
adj lahko-, tunnustuksellinen; lahkolaismielinen; nurkkakuntainen

sectarianism /sek'terɪəˌnɪzəm/ *s* lahkolaisuus

section /sekʃən/ *s* **1** osa, pala, kappale, lohko; alue **2** (lehden) osa **3** (lain) kohta **4** osasto, jaos **5** (lääk) leikkaus, sektio **6** läpileikkaus, poikkileikkaus
v **1** jakaa, paloitella, lohkoa, leikata osiin **2** (lääk) tehdä aukaisu/puhkaisu

sectional /sekʃənəl/ *adj* **1** alueellinen, paikallinen; lahkolaismielinen; nurkkakuntainen **2** läpileikkaus-, poikkileikkaus

sectionalism /'sekʃənəˌlɪzəm/ *s* paikallishenkisyys, paikallisten etujen ajaminen, sektionalismi

sector /sektər/ *s* **1** (geom) sektori **2** ala, alue, sektori *the public/private sector* julkinen/yksityinen sektori

secular /sekjələr/ *adj* maallinen

secularism /'sekjələˌrɪzəm/ *s* sekularismi, maailmallisuus

secularity /ˌsekjə'lerəti/ *s* **1** maallisuus **2** sekularismi, maailmallisuus

secularize /'sekjələˌraɪz/ *v* sekularisoida, maallistaa

secure /sə'kjʊər sə'kjər/ *v* **1** saada, hankkia **2** varmistaa, turvata, suojata, suojella **3** kiinnittää **4** (laina) taata **5** vangita, saada kiinni
adj turvallinen, varma, luotettava, (olo) huoleton, (ote) luja *your money is secure* rahasi ovat (hyvässä) turvassa

securely *adv* turvallisesti, varmasti, luotettavasti, (kiinnitetty) lujasti, kunnolla

Securities and Exchange Commission *s* (US) arvopaperikauppaa valvova viranomainen

security /sə'kjərəti/ *s* **1** turva, turvallisuus; turvatoimet **2** (yl mon) arvopaperit **3** takuu, varmuus

security check *s* turvatarkastus

Security Council *s* (YK:n) turvallisuusneuvosto

security guard *s* vartija

security police *s* suojelupoliisi, salainen poliisi

security risk *s* (henkilöstä) turvallisuusriski, vaaratekijä

sedan /sə'dæn/ *s* umpiauto, sedan

sedate /sə'deɪt/ *v* rauhoittaa, tyynnyttää (potilas)
adj rauhallinen, tyyni

sedately *adv* rauhallisesti, tyynesti

sedation /sə'deɪʃən/ *s* (lääk) rauhoittaminen (erityisesti lääkkeillä)

sedative /sedətɪv/ *s* rauhoittava lääke, rauhoite
adj rauhoittava

sedentary /'sedənˌteri/ *adj* istuma- *sedentary work* istumatyö *she leads a sedentary life* hän liikkuu hyvin vähän

sediment /sedəmənt/ *s* **1** (maa)kerrostuma **2** pohjasakka, saostuma

sedimentary /ˌsedə'mentəri/ *adj* kerrostunut

sedimentation /ˌsedəmən'teɪʃən/ *s* kerrostuminen, laskeutuminen

sedition /sə'dɪʃən/ *s* (kapinaan) yllytys, (kansan) kiihotus

seditious /sə'dɪʃəs/ *adj* kapinallinen, kumouksellinen

seduce /sə'dus/ *v* vietellä, houkutella

seduction /sə'dʌkʃən/ *s* viettely, viettelys, houkutus, kiusaus

seductive /sə'dʌktɪv/ *adj* viettelevä, houkutteleva

see /si/ *s* hiippakunta *Holy See* Vatikaani
v saw, seen **1** nähdä *it's too dark, I can't see* täällä on liian pimeää, en näe mitään *I saw it on tv* näin sen televisiossa **2** katsoa *let's see what he thinks* katsotaanpa/otetaanpa selvää mitä mieltä hän on *see that he does his job properly* katso/pidä huoli siitä että hän tekee työnsä kunnolla **3** ymmärtää, oivaltaa *I see* vai niin, ymmärrän **4** kuvitella *I can't see that happening* en usko että niin käy **5** lukea (lehdestä) **6** tavata *you'd better see a doctor about that rash* sinun pitää käydä lääkärissä ihottumasi takia *Pat and Bob have been seeing each other for a year* Pat ja Bob ovat seurustelleet vuoden ajan **7** saattaa, opastaa, ohjata *I'll see you to the door* minä saatan sinut ovelle **8** (korttipelissä) katsoa

see about *v* **1** ottaa selvää jostakin, tutkia, perehtyä johonkin **2** huolehtia jostakin, hoitaa
see after *v* huolehtia jostakusta/jostakin
see a man about a dog *fr* (ark) käydä vessassa (tai muulla asialla)
seed /sid/ *s* (mon seeds, seed) siemen (myös kuv) *the seeds of strife* riidan siemen *to go/run to seed* (kasvi) tehdä siementä, puhjeta tähkään; (kuv) rappeutua, joutua rappiolle
v **1** kylvää **2** istuttaa (kaloja) **3** poistaa siemenet (hedelmästä)
seedless *adj* (hedelmä) kivetön
seedling *s* taimi
seed money *s* (liikeyrityksen, hankkeen) käynnistysrahat, alkurahat, alkupääoma
seed vegetables *s* (mon) palkovihannekset
seedy *adj* **1** ränsistynyt, rähjäinen; siivoton **2** (olo) heikko, raihnainen
see eye to eye on *fr* olla yhtä/samaa mieltä jostakin
see fit *fr* katsoa aiheelliseksi/tarpeelliseksi
seeing eye dog /ˌsiiŋ'aɪˌdag/ *s* (sokeain) opaskoira
seeing is believing *fr* ihminen ei usko ennen kuin näkee, kun näkee niin uskoo
seeing that *konj* koska
seek /sik/ *v* sought, sought **1** etsiä, tavoitella *to seek someone's advice* kysyä joltakulta neuvoa *to seek revenge* janota kostoa **2** yrittää, pyrkiä tekemään jotakin **3** *to be much sought after* olla kysytty/haluttu
seeker /sikər/ *s* etsijä
seem /sim/ *v* näyttää joltakin, vaikuttaa joltakin *that seems easy* näyttää/vaikuttaa helpolta *she seems to be serious* hän taitaa olla tosissaan, hän näyttää olevan tosissaan
seeming *adj* näennäinen, luuloteltu, kuviteltu
seemingly *adv* näennäisesti, näennäisen
seemly *adj* asiallinen, aiheellinen, sovelias
seen /sin/ ks see
see off *v* saattaa (matkaan)
see out *v* jatkaa loppuun asti
seep /sip/ *v* tihkua, vuotaa
seepage /sipədʒ/ *s* vuoto
see red *fr* nähdä punaista
seesaw /'siˌsa/ *s* hyppylauta
v **1** leikkiä hyppylaudalla **2** heilua edestakaisin, keikkua, keinua **3** (kuv) ailahdella (kahden vaiheilla), empiä, vetkutella
see stars *fr* nähdä tähtiä
seethe /sið/ *v* kuohua (myös kuv), kiehua (kuv)
see the color of someone's money *let's see the color of your money* näytähän että sinulla todellakin on rahaa
see the light *fr* tajuta, oivaltaa, jokin valkenee jollekulle
see the light at the end of the tunnel *fr* loppu alkaa häämöttää, jokin alkaa vihdoin helpottaa
see the light of day *fr* nähdä päivänvalo, syntyä, saada alkunsa
see things *fr* kuvitella (omiaan)
see through *v* **1** arvata mihin joku pyrkii **2** pitää pintansa, kestää loppuun asti
see-through /'siˌθru/ *adj* läpinäkyvä
see-thru /'siˌθru/ *adj* läpinäkyvä
see to *v* huolehtia, pitää huoli jostakin
see to it *fr* huolehtia jostakin, pitää huoli jostakin, hoitaa jokin asia *see to it that your sister gets her share* katso että siskosi saa oman osuutensa
see your way clear to *fr* pystyä tekemään jotakin, pitää sopivana, katsoa aiheelliseksi, haluta, voida
segment /segmənt/ *s* osa, lohko, kappale, (geom) segmentti
segment /seg'ment/ *v* jakaa, paloitella, osittaa
segmentation /ˌsegmən'teɪʃən/ *s* **1** jakautuminen, pirstoutuminen **2** (biol) segmentaatio, jaokkeistuminen

segregate /ˈsegrəˌgeɪt/ *v* erottaa (erityisesti rodun perusteella), jakaa erilleen, eristää
segregated *adj* (rotuerottelusta:) mustien/valkoisten *the schools in this area are still segregated* tällä alueella mustat ja valkoiset käyvät vieläkin eri kouluja
segregation /ˌsegrəˈgeɪʃən/ *s* erottelu, eristäminen *racial segregation* rotuerottelu *religious segregation* uskonnollinen syrjintä
segregationist /ˌsegrəˈgeɪʃənɪst/ *s* (rotu)erottelun kannattaja
seismic /saɪzmɪk/ *adj* maanjäristys-, seisminen
seismograph /ˈsaɪzməˌgræf/ *s* maanjäristysmittari, seismografi
seismologist /saɪzˈmalədʒɪst/ *s* seismologi
seismology /saɪzˈmalədʒi/ *s* seismologia, maanjäristysoppi
sei whale /seɪ/ *s* seitivalas
seize /siz/ *v* **1** tarttua johonkin, ottaa kiinni jostakin *seize the day* tartu päivään/tilaisuuteen! *to seize an opportunity* tarttua tilaisuuteen, ottaa tilaisuudesta vaarin **2** kaapata, siepata *to seize hostages* ottaa panttivankeja **3** käsittää, oivaltaa **4** vallata, joutua jonkin valtaan *remorse seized him* katumus valtasi hänet **5** takavarikoida
seize on *v* tarttua johonkin (myös kuv)
seizure /siʒər/ *s* **1** sieppaus, kaappaus **2** takavarikointi **3** (taudin) kohtaus
seldom /seldəm/ *adv* (vain) harvoin *she seldom goes to the movies* hän käy (vain) harvoin elokuvissa
select /səˈlekt/ *v* valita, valikoida *adj* valikoitu *we spent the evening in select company* vietimme illan harvojen ja valittujen seurassa
selectable *adj* joka voidaan valita
select committee *s* valiokunta *the senate select committee is looking into it* asiaa tutkii senaatin valiokunta
selection /səˈlekʃən/ *s* **1** (tapahtuma) valikointi, valinta **2** (tulos) valinta; valikoima
selective /səlektɪv/ *adj* **1** valinta- **2** valikoiva, tarkka, vaativa **3** (viritin) selektiivinen
selectively *adv* valkoiden, valikoivasti, tarkasti
selective service *s* (US) asevelvollisuus
selectivity /ˌsɪlekˈtɪvəti/ *s* **1** vaativuus, tarkkuus, valikoivuus **2** (virittimen) selektiivisyys
selectman /səˈlektmən/ *s* (mon selectmen) (useimmissa Uuden-Englannin osavaltioissa) raatimies
self /self/ *s* (mon selves) (oma) itse, minä *she was not her usual self last night* hän ei ollut eilen illalla oma itsensä *knowledge of self* itsetuntemus, itsensä tunteminen
self- *etuliitteenä* itse- (ks hakusanoja)
self-abasement /ˌselfəˈbeɪsmənt/ *s* itsensä alentaminen
self-absorbed /ˌselfəbˈzɔrbd/ *adj* itsekäs, itseensä uppoutunut
self-absorption /ˌselfəbˈzɔrpʃən/ *s* itsekkyys, itseensä uppoutuminen
self-abuse /ˌselfəˈbjus/ *s* **1** itsesyytökset **2** itsetyydytys
self-acting /ˌselfˈæktiŋ/ *adj* itsetoimiva, automaattinen
self-actualization /ˌselfˌæktʃuəlɪˌzeɪʃən/ *s* itsensä toteuttaminen
self-actualize /selfˈæktʃʊəˌlaɪz/ *v* toteuttaa itseään
self-addressed /ˌselfəˈdrest/ *adj* (kirjekuoresta) johon osoite on kirjoitettu valmiiksi
self-annihilation /ˌselfəˌnaɪəˈleɪʃən/ *s* **1** itsetuho, itsemurha **2** itsen sammuttaminen
self-appointed /ˌselfəˈpɔɪntəd/ *adj* tärkeilevä, mahtaileva, hurskasteleva *he is the self-appointed guardian of moral virtue* hän on ruvennut toisten moraalin vartijaksi
self-centered /ˌselfˈsentərd/ *adj* itsekeskeinen, itsekäs
self-centeredness *s* itsekeskeisyys, itsekkyys

self-complacency *s* omahyväisyys, itseriittoisuus
self-complacent /ˌselfkəm'pleɪsənt/ *adj* omahyväinen, itseriittoinen
self-conceit /ˌselfkən'sit/ *s* omahyväisyys
self-conceited *adj* omahyväinen
self-conceitedly *adv* omahyväisesti
self-concept /ˌself'kansept/ *s* minäkäsitys
self-confessed /ˌselfkən'fest/ *adj* joka on tunnustanut olevansa jotakin *she is a self-confessed romantic* hän tunnustaa itsekin olevansa romantikko
self-confidence *s* itsevarmuus
self-confident /ˌself'kanfədənt/ *adj* itsevarma
self-conscious /ˌself'kanʃəs/ *adj* estoinen, nolo, vaivautunut
self-consciousness *s* estoisuus, vaivautuneisuus
self-contained /ˌselfkən'teɪnd/ *adj* **1** itsenäinen, riippumaton **2** eristäytyvä, hiljainen, pidättyväinen **3** itseriittoinen, omahyväinen, itsevarma
self-control /ˌselfkən'troəl/ *s* itsehillintä
self-controlled *adj* joka hillitsee itsensä (hyvin), rauhallinen, tyyni, maltillinen
self-critical /ˌself'krɪtəkəl/ *adj* itsekriittinen
self-defense /ˌselfdɪ'fens/ *s* itsepuolustus
self-delusion /ˌselfdə'luʒən/ *s* itsepetos
self-deprecating /ˌself'deprəˌkeɪtiŋ/ *adj* joka vähättelee itseään
self-deprecation /ˌselfdeprə'keɪʃən/ *s* itsensä vähättely, heikko itsetunto
self-deprecatory /ˌself'deprəkəˌtɔri/ *adj* joka vähättelee itseään, jolla on heikko itsetunto, joka ilmentää heikkoa itsetuntoa
self-discipline /ˌself'dɪsəplən/ *s* itsekuri
self-disciplined *adj* jolla on hyvä itsekuri
self-effacement /ˌselfɪ'feɪsmənt/ *s* vaatimattomuus
self-effacing *adj* vaatimaton
self-effacingly *adv* vaatimattomasti
self-employed /ˌselfəm'plɔɪd/ *to be self-employed* olla itsenäinen yrittäjä, olla yksityisyrittäjä
self-esteem /ˌselfəs'tim/ *s* itsetunto
self-evident /ˌself'evədənt/ *adj* itsestään selvä, selvä
self-fulfilling /ˌselffəl'fɪliŋ/ *adj* **1** mielihyvää tuottava **2** itsensä toteuttava *self-fulfilling prophecy* itsensä toteuttava ennustus
self-fulfillment *s* itsensä toteuttaminen, omien toiveiden toteuttaminen, mielihyvä
self-image /ˌself'ɪmɪdʒ/ *s* minäkuva
self-important /ˌselfɪm'pɔrtənt/ *adj* tärkeilevä, mahtaileva
self-indulgence *s* itsensä hemmottelu, nautiskelu, hillittömyys, omahyväisyys
self-indulgent /ˌselfɪn'dʌldʒənt/ *adj* joka hemmottelee itseään, nautiskeleva, hillitön, omahyväinen
self-inflicted /ˌselfɪn'flɪktəd/ *adj* (haava) jonka joku on itse aiheuttanut, joka on jonkun omaa syytä
self-interest /ˌself'ɪntrəst/ *s* **1** oma etu **2** oman edun tavoittelu, itsekkyys
selfish /selfɪʃ/ *adj* itsekäs
selfishly *adv* itsekkäästi
selfishness *s* itsekkyys
selfless /selfləs/ *adj* epäitsekäs
selflessly *adv* epäitsekkäästi
selflessness *s* epäitsekkyys
self-love /ˌself'lʌv/ *s* itserakkaus
self-made /ˌself'meɪd/ *adj* omatekoinen *he's a self-made man* hän on noussut asemaansa omin avuin
self-opinion *s* omahyväisyys
self-opinionated /ˌselfə'pɪnjəˌneɪtəd/ *adj* **1** omahyväinen, joka luulee itsestään liikoja **2** itsepäinen, omapäinen
self-pity /ˌself'pɪti/ *s* itsesääli *he's wallowing in self-pity* hän rypee itsesäälissä
self-pitying *adj* itseään säälivä
self-pityingly *adv* täynnä itsesääliä

self-possessed /ˌselfpəˈzest/ *adj* joka hillitsee itsensä (hyvin), rauhallinen, tyyni, maltillinen
self-possession /ˌselfpəˈzeʃən/ *s* itsehillintä
self-protection /ˌselfprəˈtekʃən/ *s* itsesuojelu
self-reliance *s* itsenäisyys
self-reliant /ˌselfrɪˈlaɪənt/ *adj* itsenäinen, pystyvä
self-respect /ˌselfrɪˈspekt/ *s* itsekunnioitus
self-respectful *adj* itseään kunnioittava
self-respecting *adj* itseään kunnioittava
self-righteous /ˌselfˈraɪtʃəs/ *adj* omahyväinen; hurskasteleva
self-righteously *adv* omahyväisesti; hurskastelevasti
self-righteousness *s* omahyväisyys; hurskastelu
self-sacrifice /ˌselfˈsækrɪˌfaɪs/ *s* uhrautuminen, auttaminen
self-sacrificial /ˌselfsækrɪˈfɪʃəl/ *adj* uhrautuva, avulias
self-sacrificing *adj* uhrautuva, avulias
selfsame /ˈselfˌseɪm/ *adj* sama
self-satisfaction /ˌselfsætɪzˈfækʃən/ *s* omahyväisyys, itseriittoisuus
self-satisfied /ˌselfˈsætɪzˌfaɪd/ *adj* omahyväinen, itseriittoinen
self-satisfying *adj* joka tuottaa mielihyvää itselle; omahyväinen, itseriittoinen
self-seeker /ˈselfˌsikər/ *s* itsekäs ihminen, oman edun tavoittelija
self-seeking /ˌselfˈsikiŋ/ *s* itsekkyys, oman edun tavoittelu
adj itsekäs
self-service /ˌselfˈsərvəs/ *s, adj* itsepalvelu(-)
self-serving /ˌselfˈsərviŋ/ *adj* itsekäs, omaa etua tavoitteleva, omahyväinen
self-sufficiency *s* **1** itseriittousuus, omahyväisyys **2** omavaraisuus
self-sufficient /ˌselfsəˈfɪʃənt/ *adj* **1** itseriittoinen, omahyväinen **2** omavarainen
self-will /ˌselfˈwɪəl/ *s* omapäisyys, itsepäisyys, jääräpäisyys
self-willed /ˌselfˈwɪəld/ *adj* omapäinen, itsepäinen, jääräpäinen
self-worth /ˌselfˈwərθ/ *s* itsetunto
self-worthiness /ˌselfˈwərðɪnəs/ *s* itsetunto
sell /seəl/ *s* **1** myynti, kauppa **2** myyntitapa *hard sell* aggressiivinen myyntitapa *soft sell* pehmeä myyntitapa
v sold, sold **1** myydä *Mr. Rogers sells shoes* **2** mennä kaupaksi *the shoes sell well* kengät käyvät hyvin kaupaksi **3** (kuv) mennä kaupaksi, saada joku vakuuttuneeksi jostakin *higher taxes are hard to sell to the public* on vaikea saada suurta yleisö hyväksymään veronkorotuksia
sell a bill of goods *fr* puijata, huijata, vetää nenästä
sell at *v* maksaa *the sweatshirts sell at nine dollars* collegepaidat maksavat yhdeksän dollaria
seller /selər/ *s* **1** myyjä **2** *poor seller* tavara joka menee huonosti kaupaksi
sell for *v* maksaa *the apples sell for 79 cents a pound* omenat maksavat 79 centiä naulalta (1,74 dollaria kilo)
sell off *v* myydä (halvalla)
sell on *v* **1** saada joku ostamaan jotakin **2** (kuv) saada joku hyväksymään jotakin, saada joku vakuuttuneeksi jostakin
sell out *v* **1** myydä loppuun **2** pettää, kavaltaa
sell short *fr* (tal) myydä lyhyeksi, myydä arvopaperi omistamatta sitä (sillä tarkoituksella että ostaa sen myöhemmin takaisin alemmalla hinnalla)
selves /selvz/ ks self
semantic /səˈmæntɪk/ *adj* **1** (kielellistä) merkitystä koskeva, semanttinen **2** merkitysopillinen, semanttinen
semanticist /səˈmæntəsɪst/ *s* semantikko
semantics *s* (verbi yksikössä) **1** merkitysoppi, semantiikka **2** (kielellinen) merkitys *a dispute over the semantics of a contract* sopimuksen sanamuotoa/tulkintaa koskeva kiista

semaphore /'semə,fɔr/ *s* (rautateillä) siipiopastin, opastin
semblance /sembləns/ *s* ulkonäkö *try to do it with some semblance of seriousness* yritä nyt edes näyttää siltä että olet tosissasi, yritä tehdä se kutakuinkin tosissasi
semen /simən/ *s* siemenneste, sperma
semester /sə'mestər/ *s* (yliopistossa yms) lukukausi
semi /semaɪ/ *s* (ark) puoliperävaunu
semi- /semɪ, semii/ *sanan alkuosana* puoli- (ks hakusanoja)
semiannual /,semi'ænjʊəl/ *adj* puolivuosittainen, kaksi kertaa vuodessa ilmestyvä/tapahtuva
semiautomatic /,semi,atə'mætɪk/ *s* puoliautomaattinen ase *adj* puoliautomaattinen
semicircle /'semɪ,sərkəl/ *s* puoliympyrä
semicircular /,semɪ'sərkjələr/ *adj* puoliympyrän muotoinen
semicolon /'semɪ,koʊlən/ *s* puolipiste (;)
semiconductor /'semikən,dʌktər/ *s* puolijohde
semidarkness /,semi'darknəs/ *s* puolipimeä
semidetached house /,semidɪ'tætʃt/ *s* paritalo
semifinal /,semi'faɪnəl, ,semaɪ'faɪnəl/ *s* (urh) semifinaali, välierä
semiliterate /,semi'lɪtərət ,semaɪ'lɪtərət/ *s, adj* osittain luku(- ja kirjoitus)taitoinen (ihminen)
semimonthly /,semi'mʌnθli/ *adj* kaksi kertaa kuukaudessa ilmestyvä/tapahtuva
seminal /semɪnəl/ *adj* (kuv) omaperäinen, uraauurtava
semiotic /,semi'atɪk/ *adj* semioottinen
semiotician /,semiə'tɪʃən/ *s* semiootikko
semiotics *s* (verbi yksikössä) semiotiikka
semipro /,semi'proʊ/ *s* (ark) puoliammattilainen
semiprofessionial /,semiprə'feʃənəl/ *s* puoliammattilainen *adj* puoliammattimainen
semiround /,semi'raʊnd/ *adj* puolipyöreä
semisoft /,semi'saft/ *adj* puolipehmeä
semitrailer /'semi,treɪlər/ *s* puoliperävaunu
semivowel /'semi,vaʊəl/ *s* puolivokaali (esim. /w/)
semiweekly /,semi'wikli/ *adj* kahdesti viikossa ilmestyvä/tapahtuva
semiyearly /,semi'jɪərli/ *adj* kahdesti vuodessa ilmestyvä/tapahtuva
senate /senət/ *s* senaatti *Senate* (Yhdysvaltain) senaatti
senator /senətər/ *s* senaattori
senatorial /,senə'tɔriəl/ *adj* **1** senaattorin **2** senaattoreista koostuva
send /send/ *v* sent, sent **1** lähettää **2** ampua; iskeä *to send a blow* lyödä, iskeä *the blow sent him flying* hän lensi iskun voimasta ilmaan
sender *s* **1** lähettäjä **2** lähetin
send for *v* kutsua paikalle, lähettää joku hakemaan jotakin *let's send Davie for pizzas* käsketään Davien hakea pitsoja
send forth *v* **1** jostakin lähtee jotakin *the machine sends forth a billow of smoke* kone tupruttaa ilmoille savua **2** lähettää **3** (kukintoja ym) tuottaa
send in *v* lähettää (esim anomus, hakemus)
send off *v* lähettää, passittaa joku jonnekin
send-off *s* läksiäiset
send out *v* **1** lähettää, jakaa, postittaa **2** lähettää joku hakemaan jotakin
send packing *fr* antaa jollekulle lähtöpassit, käskeä jonkun kalppia tiehensä
send round *v* levittää (esim huhua)
send someone to the showers *fr* (baseballissa) määrätä/lähettää pelaaja pois kentältä
send up *v* **1** (ark) tuomita/passittaa vankilaan **2** tehdä pilkkaa jostakusta/jostakin, parodioida **3** lähettää lentoon/avaruuteen, päästää ilmaan

send-up *s* parodia
Senegal /senəgəl/
Senegalese /ˌsenəgə'liz/*s, adj* senegalilainen
senile /sinaɪəl/ *adj* vanhuudenheikko, seniliili, vanhuudenhöperö (ark), kalkkiutunut (ark)
senility /sə'nɪləti/ *s* vanhuudenheikkous, vanhuus, seniiliys, vanhuudenhöperyys (ark), kalkkeutuminen (ark)
senior /sinjər/ *s* **1** (kahdesta) vanhempi henkilö **2** (kahdesta) korkea-arvoisempi henkilö **3** (US) lukion, yliopiston ym ylimmän luokan/viimeisen vuoden oppilas/opiskelija **4** eläkeläinen
adj **1** vanhempi (lyhennetään nimen yhteydessä *Sr.*) *Mr. Duvall Sr.* Mr. Duvall Sr./vanhempi *he is a senior partner in a law firm* hän on asianajotoimiston vanhempi osakas *I am three years your senior* olen kolme vuotta sinua vanhempi **2** korkea-arvoisin, ylin, johtava **3** (US) (lukiossa, yliopistossa ym) viimeisen vuoden, ylimmän luokan **4** eläkeläis-, eläkeläisten
senior citizen *s* eläkeläinen
senior high school *s* lukio
seniority /sɪn'jɔrəti/ *s* **1** korkeampi ikä/asema, vanhemmus **2** pitempi palvelusaika, suurempi määrä virkavuosia
sensation /sən'seɪʃən/ *s* **1** tuntemus, tunne, aistimus **2** sensaatio
sensational /sən'seɪʃənəl/ *adj* kohua herättävä
sensationalism /sən'seɪʃənəˌlɪzəm/ *s* kohun tavoittelu, keltainen journalismi
sense /sens/ *s* **1** aisti *sixth sense* kuudes aisti **2** järki *common sense* terve järki *to come to your senses* tulla järkiinsä, järkiintyä *to make sense* käydä järkeen, jossakin on järkeä *to take leave of your senses* tulla hulluksi, menettää järkensä **3** taju, tuntu, vainu *sense of space* tilan tuntu *sense of justice* oikeuskäsitys *she has no sense of what is appropriate* hänellä ei ole käsitystä siitä mikä on kohtuullista/soveliasta **4** merkitys *what is the sense of this word?* mitä tämä sana tarkoittaa? *in a sense* tavallaan, eräässä mielessä
v aistia, tuntea *I sense from your words that you do not want to go* huomaan puheistasi että et halua lähteä
senseless *adj* **1** tajuton, tiedoton **2** järjetön, älytön, mieletön; turha
senselessly *adv* ks senseless
senselessness *s* **1** tajuttomuus **2** järjettömyys, mielettömyys, älyttömyys; turhuus
sense of duty *fr* velvollisuudentunto
sense of hearing *s* kuulo(aisti)
sense of sight *s* näkö(aisti)
sense of smell *s* hajuaisti
sense of touch *s* kosketusaisti
sense organ *s* aistin, aistinelin
sense perception *s* aistihavainto
sensibility /ˌsensə'bɪləti/ *s* **1** herkkyys, herkkätuntoisuus **2** *to hurt someone's sensibilities* loukata jonkun tunteita
sensible /sensəbəl/ *adj* **1** järkevä, viisas **2** huomattava, merkittävä **3** aisteilla havaittava **4** aistiva, joka pystyy aistimaan **5** joka on tajuissaan
sensible of *adj* tietoinen jostakin *she was not sensible of her misjudgment* hän ei huomannut arvioineensa tilanteen väärin
sensibly *adv* järkevästi, viisaasti
sensitive /sensətɪv/ *adj* **1** (ihminen) herkkä, herkkätuntoinen, arka *Wanda is very sensitive about her looks* Wanda on hyvin tarkka siitä mitä hänen ulkonäöstään ajatellaan/sanotaan **2** (laite ym) herkkä *a sensitive instrument* herkkä/tarkka mittalaite *photographic paper is sensitive to light* valokuvapaperi on valonherkkää **3** arkaluonteinen, arka *abortion is a sensitive topic* abortti on arka puheenaihe
sensitivity /ˌsensə'tɪvəti/ *s* **1** (ihmisen) herkkyys, herkkätuntoisuus, arkuus **2** (laitteen) herkkyys, tarkkuus *sensitivity to light* valonherkkyys **3** (asian) arkaluonteisuus, arkuus
sensitize /'sensəˌtaɪz/ *v* herkistää
sensor /sensər/ *s* **1** anturi **2** aistin, aistinelin
sensory /sensəri/ *adj* aistimellinen, aistimuksellinen, aisti-

sensual /senʃʊəl/ *adj* **1** aistillinen, aisti-iloinen, eroottinen, lihallinen, himokas **2** aistimellinen, aistimuksellinen, aisti-
sensualism /'senʃʊəˌlɪzəm/ *s* aistillisuus, eroottisuus, lihallisuus, himokkuus, (filosofiassa) sensualismi
sensualist /senʃʊəlɪst/ *s* nautiskelija, (filosofiassa) sensualisti
sensuality /ˌsenʃʊ'æləti/ *s* aistillisuus, eroottisuus, erotiikka, lihallisuus, himokkuus
sensually *adv* ks sensual
sensuous /senʃʊəs/ *adj* **1** aistillinen, aisti-iloinen **2** aistimellinen
sensuously *adv* **1** aistillisesti **2** aistimellisesti
sensuousness *s* **1** aistillisuus **2** aistimellisuus
sent /sent/ ks send
sentence /sentəns/ *s* **1** (oikeudessa) tuomio **2** (kielessä) lause
v tuomita *he was sentenced to death* hänet tuomittiin kuolemaan, hän sai kuolemanrangaistuksen
sententious /sen'tenʃəs/ *adj* **1** hurskasteleva; saarnaava, moralisoiva **2** joka käyttää/jossa on paljon ajatelmia/mietelmiä/mietelauseita
sentient /senʃənt/ *adj* aistiva, aistimellinen, tuntemiskykyinen
sentiment /sentəmənt/ *s* **1** asenne, mielipide, suhtautuminen, suhde **2** tunne, tuntemus **3** tunteilu, mielenliikutus **4** ajatus(sisältö)
sentimental /ˌsentə'mentəl/ *adj* tunteileva, herkkätunteinen, liikatunteellinen, haavellinen, sentimentaalinen
sentimentalism /ˌsentə'mentəˌlɪzəm/ *s* tunteilu, herkkätunteisuus, haaveellisuus
sentimentalist /ˌsentə'mentəlɪst/ *s* tunteilija, haaveilija, sentimentalisti
sentimentalize /ˌsentə'mentəˌlaɪz/ *v* **1** tunteilla **2** ihannoida, romantisoida
sentry /sentri/ *s* vartija, vartiomies
sentry box *s* vartijan koju
Seoul /soʊl/ Soul
Sep. *September* syyskuu
separate /seprət/ *adj* erillinen; irrallinen, yksittäinen, oma, eri
separate /'sepəˌreɪt/ *v* **1** erottaa (toisistaan) **2** erottaa (palveluksesta), erota jostakin *(from)* **3** tehdä asumusero **4** jakaa, lajitella, erottaa
separately *adv* erikseen
separate the sheep from the goats *fr* (kuv) erottaa hyvät pahoista/vuohet lampaista
separation /ˌsepə'reɪʃən/ *s* **1** (toisistaan) erottaminen; jakaminen, lajittelu **2** asumusero **3** aukko, lohkeama, halkeama
separation anxiety *s* (psyk) irtautumisahdistus, separaatioahdistus
Sept. *September* syyskuu
September /sep'tembər/ *s* syyskuu
septic /septɪk/ *adj* tartunnallinen, verenmyrkytystä synnyttävä, septinen
septic tank *s* sakokaivo
septuagenarian /ˌseptʊədʒə'neriən/ *s, adj* 70-vuotias
sepulcher /sepəlkər/ *s* hauta
sequel /sikwəl/ *s* **1** (jatkokertomuksen, tv-sarjan ym) osa, jatko-osa **2** (kuv) jälkinäytös, seuraus
sequence /sikwəns/ *s* **1** järjestys *in sequence* järjestyksessä **2** sarja, jakso *a sequence of events* tapahtumaketju, tapahtumasarja
v järjestää (peräkkäin), panna järjestykseen
sequencer *s* sekvensseri
sequential /sɪ'kwenʃəl/ *adj* **1** peräkkäinen, järjestyksessä tapahtuva **2** seuraava
sequentially *adv* peräkkäin, järjestyksessä
sequester /sɪ'kwestər/ *v* **1** eristää **2** takavarikoida
sequin /sikwɪn/ *s* **1** (vaatteen koriste) paljetti **2** (vanha kultakolikko) sekiini
sequoia /sə'kwoɪə/ *s* **1** jättiläispunapuu **2** mammuttipetäjä
Sequoia /sə'kwoɪjə/ kansallispuisto Kaliforniassa
serenade /ˌserə'neɪd/ *s* serenadi, öinen laulutervehdys
v pitää jollekulle serenadi
serene /sə'rin/ *adj* **1** rauhallinen, rauhaisa, tyyni **2** kirkas, selkeä

serenely *adv* rauhallisesti, tyynesti
serenity /sə'renəti/ *s* rauhallisuus, rauha, tyyneys
serf /sərf/ *s* (mon serfs) **1** maaorja **2** orja
serfdom /sərfdəm/ *s* **1** maaorjuus **2** orjuus
sergeant /sardʒənt/ *s* **1** (sot) kersantti **2** (US) (poliisi) ylikonstaapeli
serial /sɪriəl/ *s* jatkokertomus, jatkosarja, tv-sarja yms
adj jatko-, sarja-, peräkkäinen, sarjallinen
serial access *s* (tietok) sarjasaanti
serialize /'sɪriə,laɪz/ *v* **1** julkaista jatkosarjana **2** lähettää/esittää televisiosarjana, tehdä jostakin televisiosarja
serial killer *s* sarjamurhaaja
serially *adv* jatkosarjana, sarjana, peräkkäin
serial music *s* sarjallinen musiikki
serial number *s* sarjanumero, valmistusnumero
serial transmission *s* (tietok) sarjasiirto
series /sɪriz/ *s* (mon series) **1** sarja *a series of events* tapahtumasarja **2** jatkosarja, tv-sarja
serious /sɪriəs/ *adj* **1** vakava *are you serious about getting married?* aiotko tosissasi mennä naimisiin? *she is a very serious person* hän on hyvin totinen (ihminen) *the situation is serious* tilanne on vakava *the patient is in serious condition* potilaan tila on vakava **2** vaativa, vaikea *serious literature* laatukirjallisuus
seriously *adv* vakavasti *he is seriously considering their offer* hän harkitsee vakavissaan heidän tarjoustaan *she was seriously injured* hän loukkaantui vakavasti *seriously, he is quite lazy* vakavasti puhuen/totta puhuakseni hän on aika laiska
seriousness *s* vakavuus *in all seriousness* vakavissaan, tosissaan *the seriousness of the situation* tilanteen vakavuus *the seriousness of a decision* päätöksen/ratkaisun kauaskantoisuus
sermon /sərmən/ *s* saarna (myös kuv)
sermonette /,sərmə'net/ *s* lyhyt saarna
sermonize /'sərmə,naɪz/ *v* saarnata
Sermon on the Mount *s* (Jeesuksen) vuorisaarna
serology /sɪralədʒi/ *s* serologia, seerumioppi
serpent /sərpənt/ *s* käärme
Serpent (tähdistö) Käärme
Serpent Bearer (tähdistö) Käärmeenkantaja
serpentine /sərpəntin/ *v* (joki, tie) kiemurrella, mutkitella
adj kiemurteleva, mutkitteleva
serum /sɪrəm/ *s* (mon serums, sera) seerumi, verihera
servant /sərvənt/ *s* palvelija *public servant* (valtion) virkamies
serve /sərv/ *v* **1** palvella, olla palvelijana **2** tarjoilla **3** auttaa, avustaa **4** toimia jonakin, palvella jossakin tehtävässä *he is serving as chairman* hän toimii puheenjohtajana **5** kelvata, käydä **6** *to serve someone right* joku saa ansionsa mukaan **7** ojentaa, antaa *to serve a summons* antaa/toimittaa haaste **8** toimittaa: *the new power plant serves our city with electricity* kaupunkimme saa sähkönsä uudesta voimalasta
server *s* **1** tarjoilija **2** tarjoiluastia **3** (tietok) palvelin, serveri
service /sərvəs/ *s* **1** palvelus *he did me a big service* hän auttoi minua kovasti *I will be at your service* olen käytettävissäsi/palveluksessasi *Mr. Archer is in government service* Mr. Archer on valtion palveluksessa *military service* sotilaspalvelus *may I be of service?* voinko auttaa (teitä)? **2** palvelu *the service at the hotel was good* hotellissa oli hyvä palvelu *answering service* puhelinpäivystys **3** sotilaspalvelus *he is in the service* hän on armeijan palveluksessa, hän on armeijassa **4** huolto *repair service* huolto(palvelu) **5** jumalanpalvelus *divine service* jumalanpalvelus **6** käyttö, kunto *the machine is in/out of service* kone on kunnossa/epäkunnossa
v huoltaa, korjata

serviceable /sərvəsəbəl/ *adj* **1** avulias; hyödyllinen **2** kestävä **3** helppohoitoinen, joka on helppo korjata
service center *s* huoltamo, korjaamo
service charge *s* palveluraha; käsittelymaksu, toimituskulut
service court *s* (peleissä) syöttöalue
serviceman /sərvəsmən/ *s* (mon servicemen) **1** sotilas **2** korjaaja, huoltomies
service station *s* huoltoasema
servile /sərvaɪəl/ *adj* nöyristelevä; orjallinen
servilely *adv* nöyristelevästi; orjallisesti
sesame /sesəmi/ *s* **1** (kasvi) seesami **2** *open sesame* seesam aukene!
sesame seed *s* seesaminsiemen
session /seʃən/ *s* **1** istunto **2** istuntokausi **3** tapaaminen *study session* opiskelutuokio *recording session* nauhoitus, äänitys **4** (yliopistossa yms) lukukausi
set /set/ *s* **1** sarja, yhdistelmä, pari, setti *a full set of golf clubs* täysi golfmailasarja **2** joukko, piiri *the literary set* kirjallisuuspiirit **3** asento, ryhti **4** (vaatteen) leikkaus, istuvuus **5** (teatterin, elokuvan) lavasteet **6** (tenniksessä) erä **7** (radio-, televisio)vastaanotin **8** kampaus
v set, set **1** panna, laittaa, asettaa, laskea *she set the cup on the table* hän pani kupin pöydälle *to set something upright* nostaa/panna jokin pystyyn *to set a trap* virittää ansa **2** (aurinko) laskea **3** määrittää, säätää, asettaa *to set your watch* korjata kellonsa aika *to set a limit to something* määrätä jollekin raja, rajoittaa jotakin **4** sijoittaa *the movie is set in Los Angeles* elokuva tapahtuu Los Angelesissa **5** kattaa (pöytä) **6** aloittaa, käynnistää *to set someone thinking* saada joku miettimään/mietteliääksi **7** (mus) sovittaa
adj **1** (ennalta) määrätty, kiinteä, vakio- *at a set time* määräaikaan *set books* pakolliset (opiskelijoiden luettavaksi määrätyt) kirjat **2** määrätietoinen, päättäväinen, omapäinen *Mrs. Moriarty is set in her ways* Mrs. Moriarty on urautunut/tapoihinsa kangistunut **3** valmis *all set* valmista on!
interj (ark) valmiina! *Ready! Set! Go!* Paikoillenne, valmiit, nyt!
set about *v* aloittaa, käynnistää, ryhtyä johonkin
set against *v* **1** verrata jotakin johonkin **2** kääntää joku jotakin vastaan, saada joku vastustamaan jotakin *the news set her against the proposal* uutinen sai hänet vastustamaan ehdotusta
set ahead *v* siirtää myöhemmäksi
set apart *v* **1** säästää, varata, panna talteen **2** erottaa joku/jokin jostakin *the display sets the new computer apart from the competition* uusi tietokone erottuu kilpailijoistaan näyttimensä/näyttönsä vuoksi
set aside *v* **1** säästää, varata, panna talteen **2** jättää/heittää mielestään, (yrittää) unohtaa **3** hylätä, kumota, peruuttaa
set back *v* **1** estää, haitata, hidastaa **2** siirtää (kelloa) taaksepäin; säätää pienemmälle/vähemmälle **3** maksaa *that watch set him back several hundred dollars* hän pulitti kellosta satoja dollareita
setback /ˈsetˌbæk/ *s* takaisku
set by *v* säästää, varata, panna talteen
set down *v* **1** laskea kädestään/alas **2** kirjoittaa muistiin/ylös **3** pitää jotakuta jonakin **4** laskea/lukea jotakin jonkin syyksi **5** nöyryyttää **6** ohjata (lentokone) alas
set forth *v* **1** selittää, esittää, tehdä selkoa jostakin **2** lähteä matkaan, aloittaa matka
set forward *v* siirtää (kelloa) myöhemmäksi/eteenpäin
SETI *Search for Extraterrestrial Intelligence*
set in *v* alkaa
set-in sleeve *s* istutettu hiha
set off *v* **1** sytyttää, laukaista, räjäyttää **2** alkaa, aloittaa, käynnistää **3** lähteä matkalle, aloittaa matka **4** saada erottumaan selvemmin, korostaa
set on *v* yllyttää joku johonkin; usuttaa joku jonkun kimppuun

set out *v* **1** aloittaa matka, lähteä matkaan **2** ryhtyä,ruveta, aloittaa, esittää **3** suunnitella, laatia

setout /'setˌaʊt/ *s* **1** (matka)valmistelut **2** alku, aloitus **3** juhla

set sail *fr* lähteä purjehtimaan/matkaan

set something to rights *fr* laittaa jokin kuntoon/järjestykseen

set store by *fr* arvostaa jotakin, pitää jotakin suuressa arvossa, uskoa johonkin *she doesn't set much store by formalities* hän ei juuri usko muodollisuuksiin, hän ei pidä muodollisuuksia tärkeinä

settee /se'ti/ *s* sohva

setter *s* **1** (kirjapainossa) latoja **2** (koira) setteri

set theory *s* (mat) joukko-oppi

set the world on fire *the band set the world on fire* yhtyeestä tuli erittäin/valtavan kuuluisa

setting *s* **1** puitteet, ympäristö, paikka; tapahtumapaikka **2** (ruokapöydässä) kattamus **3** (teatterin, elokuvan) lavasteet **4** laskeminen, paneminen *the setting of the sun* auringonlasku

setting up (golf) asettuminen lyöntiasentoon, mailan lyöntipinnan ja vartalon suuntaaminen

settle /setəl/ *v* **1** sopia, järjestää, hoitaa kuntoon/valmiiksi *to settle a quarrel* sopia riita/välinsä **2** asettua asumaan jonnekin, asuttaa jokin alue **3** rauhoittaa, rauhoittua, asettua **4** maksaa (lasku) **5** (neste) seljetä, kirkastua; (sakka) laskeutua (pohjalle), sakkautua, saostua; painua, tiivistyä **6** laskeutua *the bird settled on the roof* lintu laskeutui katolle

settle a score *fr* maksaa (vanhat) kalavelkansa *I have a score to settle with Ralph* minulla on Ralphin kanssa kana kynimättä, minulla on Ralphin kanssa vanhoja kalavelkoja

settle down *v* **1** rauhoittua, tyyntyä **2** asettua aloilleen, lopettaa poikamieselämä, mennä naimisiin **3** keskittyä

settle for *v* tyytyä johonkin

settle into *v* totuttautua/tottua johonkin

settlement *s* **1** sopiminen, sovittaminen, sopimus **2** työehtosopimus **3** siirtokunta **4** (laskun) maksaminen

settlement date *s* (tal) arvopäivä

settler *s* uudisasukas

set to *v* **1** panna hihat heilumaan, ruveta työhön **2** puolustautua, panna hanttiin (ark)

set up *v* **1** oikaista, suoristaa, nostaa pystyyn **2** rakentaa, pystyttää **3** perustaa **4** auttaa alkuun liikealalla **5** (ark) tarjota (ryypyt, kierros) **6** (sementti ym) kovettua **7** houkutella ansaan, huijata, pettää

set upon *v* usuttaa joku jonkun kimppuun

set your face against *fr* vastustaa, ei hyväksyä, olla jotakin vastaan

set your seal to *fr* hyväksyä, antaa siunauksensa jollekin

set your teeth *fr* purra hammasta, ryhdistäytyä

set your teeth on edge *fr* **1** vihloa hampaita; tuntua inhottavalta **2** ärsyttää, inhottaa, kuvottaa

seven /sevən/ *s, adj* seitsemän

sevenfold /'sevənˌfoəld/ *adj* seitsenkertainen
adv seitsemän kertaa, seitsenkertaisesti

seven-league boots *s* (kuv) seitsemän peninkulman saappaat

seventeen /ˌsevən'tin/ *s, adj* seitsemäntoista

seventeenth /ˌsevən'tinθ/ *s, adj* seitsemästoista

seventh /sevənθ/ *s, adj* seitsemäs

seventieth /sevəntiəθ/ *s, adj* seitsemäskymmenes

seventy /sevənti/ *s, adj* seitsemänkymmentä *in the seventies* 70-luvulla *they live in the seventies* he asuvat 70.–79. kadun kohdalla

sever /sevər/ *v* katkaista, leikata poikki *he has severed all ties to his family* hän on katkaissut välinsä omaisiinsa

several /sevrəl/ *adj* **1** usea *there are several people ahead of you in the line* jonossa on sinun edelläsi useita ihmisiä

in these several states näissä osavaltioissa **2** kunkin oma *they went their several ways* he lähtivät kukin taholleen
severally *adv* yksitellen, erikseen
severance /sevrəns/ *s* katkaiseminen, katkaisu
severance pay *s* eroraha
severe /sə'vɪər/ *adj* ankara, raju, kova, vakava, uhkaava
severity /sə'verəti/ *s* ankaruus, karuus, kovuus, puute *the severity of a problem* ongelman vakavuus
severly *adv* ankarasti, kovasti (ks severe)
sew /soʊ/ *v* sewed, sewed/sewn: ommella
sewage /suədʒ/ *s* lokavesi, jätevesi
sewer /suər/ *s* **1** viemäri **2** ompelija *v* viemäröidä
sewing machine /soʊiŋ/ *s* ompelukone
sew up *v* **1** ommella umpeen/kiinni **2** sulkea, tukkia **3** solmia, sinetöidä (esim kauppa) **4** hankkia, haalia kokoon **5** omia, vallata, monopolisoida
sex /seks/ *s* **1** sukupuoli **2** sukupuolinen vetovoima, seksuaalisuus **3** yhdyntä, seksi *to have sex* rakastella **4** sukupuolielimet
sex act *s* yhdyntä
sexagenarian /ˌseksədʒə'neriən/ *s, adj* 60-vuotias
sex appeal *s* **1** seksuaalinen vetovoima, seksikkyys **2** (kuv) vetovoima, veto
sex change *s* sukupuolen vaihdos
sexed-up *adj* (ark) **1** (sukupuolisesti) kiihottunut, kiimainen (ark) **2** (kuv) piristetty, terästetty, maustettu, höystetty
sexism /seksɪzəm/ *s* sukupuoleen perustuva syrjintä, sovinismi
sexist /seksɪst/ *s* sovinisti *adj* sukupuolinen perusteella syrjivä, sovinistinen
sexless *adj* **1** sukupuoleton **2** seksuaalisesti haluton **3** joka ei ole (lainkaan) seksikäs
sexploitation /ˌseksplɔɪ'teɪʃən/ *s* (ark) seksin kaupallinen hyväksikäyttö (elokuvissa, televisiossa, kirjoissa ym)
sextant /sekstənt/ *s* sekstantti
sextet /ˌseks'tet/ *s* sekstetti
sexual /sekʃʊəl/ *adj* seksuaalinen, sukupuolinen, sukupuoli-
sexual abuse *s* seksuaalinen pahoinpitely
sexual harassment *s* seksuaalinen ahdistelu (esim työpaikalla)
sexual intercourse *s* sukupuoliyhdyntä
sexuality /ˌsekʃʊ'æləti/ *s* seksuaalisuus, sukupuolisuus; sukupuolielämä
sexually *adv* seksuaalisesti, sukupuolisesti
sexually transmitted disease *s* sukupuolitauti
sexual reproduction *s* suvullinen lisääntyminen
sex up *v* (ark) **1** kiihottaa sukupuolisesti **2** (kuv) piristää, maustaa, höystää
sexy /seksi/ *adj* seksikäs (myös kuv:) houkutteleva, puoleensavetävä, hieno *a sexy new computer* seksikäs uusi tietokone
Seychelles /seɪ'ʃelz seɪ'ʃel/ (mon) Seychellit
Seychellois /ˌseɪʃel'wa/ *s, adj* seychelliläinen
S.F. *San Francisco*
Sgt. *sergeant*
shabbily *adv* ks shabby
shabby /ʃæbi/ *adj* **1** ränsistynyt, rähjäinen, repaleinen, nuhruinen, siivoton **2** kehno, huono
shack /ʃæk/ *s* mökki, hökkeli, tönö
shackle /ʃækəl/ *s* (yl mon) kahleet (myös kuv) *v* panna kahleisiin, kahlehtia (myös kuv)
shack up *v* **1** asua/ruveta asumaan avoliitossa **2** lymytä/asua hökkelissä/tönössä
shade /ʃeɪd/ *s* **1** (myös mon) varjo (myös kuv) *to cast/put someone in the shade* (kuv) jättää joku varjoonsa **2** varjostin, kaihdin *lamp shade* lampunvarjostin *window shade* sälekaihdin; rullaverho **3** (mon sl) aurinkolasit *v* varjostaa (myös taiteessa), suojata auringolta, jättää varjoon
shadow /ʃædoʊ/ *s* **1** varjo (myös kuv) **2** hämärä **3** haamu, aave *v* **1** varjostaa (myös kuv), suojata

auringolta, jättää varjoon **2** seurata, varjostaa

shadowbox /ˈʃædoʊˌbaks/ *v* harjoittaa varjonyrkkeilyä

shadow cabinet *s* (Ison-Britannian parlamentissa) varjohallitus

shadow of a doubt *without a shadow of a doubt* ilman epäilyksen häivääkään

shadowy *adj* varjoisa, hämärä (myös kuv:) hämäräperäinen

shady /ʃeɪdi/ *adj* varjoisa, hämärä (myös kuv:) hämäräperäinen *Morgan is on the shady side of fifty* Morgan on viidenkymmenen huonommalla puolella (yli viidenkymmenen)

shaft /ʃæft/ *s* **1** varsi, aisa **2** (kuv) piikki, pisto, ilkeys **3** (valon)säde **4** (hissi-, kaivos)kuilu **5** *give someone the shaft* petkuttaa, kohdella kaltoin
v petkuttaa, kohdella kaltoin

shaggy /ʃægi/ *adj* **1** (tukka, turkki) takkuinen **2** (eläin) pitkäkarvainen, (matto) pitkänukkainen **3** rähjäinen, repaleinen, siivoton

Shah /ʃa/ *s* šaahi (myös *shah*)

shake /ʃeɪk/ *s* **1** värinä, vapina, ravistus *to give something a shake* ravistaa **2** pirtelö *strawberry milk shake* mansikkapirtelö **3** (mon) väristys, täristys(kohtaus) **4** hetki *two shakes* hetki, hetkinen *two shakes of a lamb's tail* hetki, hetkinen **5** *to be no great shakes* jossakin ei ole kehumista **6** (ark) tilaisuus, mahdollisuus *to give someone a fair shake* kohdella jotakuta reilusti
v shook, shaken **1** väristä, värisyttää, vapista, ravistaa **2** kätellä *to shake hands* kätellä **3** heristää, heiluttaa **4** (kuv) järkyttää, ravistaa, ravistella

shake a leg *fr* (ark) **1** kiirehtiä **2** tanssia

shake down *v* **1** koetella, koeajaa, koekäyttää, testata **2** (ark) kiristää (rahaa) **3** ravistaa (jotta sisältö pakkautuu tiiviimmin) **4** (sl) tehdä jollekulle ruumiintarkastus, tarkistaa onko jollakulla ase/ salakuuntelulaite

shakedown /ˈʃeɪkˌdaʊn/ *s* **1** kiristys **2** (perusteellinen) etsintä **3** testaus, koelento, koeajo, koekäyttö tms

shake hands *s* kätellä *let's shake hands on this* lyödään kättä päälle

shake off *v* karistaa kannoiltaan

shakeout /ˈʃeɪkˌaʊt/ *s* (liikealan) tervehdyttävä karsiutuminen (jossa heikot kilpailijat kaatuvat)

shake the dust from your feet *fr* pudistaa jonkun paikan pölyt jaloistaan, lähteä jostakin

shake up *v* **1** ravistaa **2** (kuv) järkyttää

shake your head *fr* **1** pudistaa päätään; ei hyväksyä, suostua tms **2** nyökätä; hyväksyä, suostua tms

shakily *adv* vapisten, tutisten; huterasti (myös kuv:) epävarmasti

shaky *adj* vapiseva, tutiseva; hutera (myös kuv:) epävarma

shale /ʃeɪəl/ *s* liuske

shale oil *s* liuskeöljy

shall /ʃæəl/ *apuv* (preesens:) shall, (imperfekti:) should, (perfekti) should have, (preesensin kieltomuoto:) shall not, shan't, (imperfektin kieltomuoto:) should not, shouldn't, (perfektin kieltomuoto:) should not have, shouldn't have **1** (aikomuksesta) *I shall do it* minä teen sen, minä aion tehdä sen *I should have done it* minun olisi pitänyt tehdä se **2** (ilmaisee käskyä, pakkoa, lupausta:) *you shall obey* sinun pitää totella *I shall pay you back* lupaan maksaa sinulle **3** (kysymyslauseessa:) *shall I go?* lähdenkö minä?, pitääkö/kuuluuko minun lähteä?

shallot /ʃælət/ *s* salottisipuli

shallow /ʃæloʊ/ *s* (mon) matalikko
adj **1** matala **2** (kuv) pinnallinen

shalt /ʃælt/ (vanh) shall (yks 2. pers) *thou shalt not steal* älä varasta

sham /ʃæm/ *s* **1** teeskentely **2** teeskentelijä, huijari
v teeskennellä, tekeytyä joksikin
adj teeskennelty, ei aito

shaman /ʃeɪmən/ *s* šamaani

shamble /ʃæmbəl/ *s* laahustava kävely
v laahustaa

shambles *s* **1** teurastamo **2** kaaos, sekasorto; sotku *my apartment is a shambles* asuntoni on kamalassa siivossa

shame /ʃeɪm/ *s* häpeä *for shame!* mikä häpeä!, sietäisit hävetä! *to put someone/something to shame* tuottaa häpeää

jollekulle; jättää joku varjoonsa, joku/jokin kalpenee jonkun/jonkin rinnalla
v **1** hävettää **2** häpäistä **3** taivutella/suostutella (häpeän tunteeseen, oikeudentuntoon vedoten) joku tekemään jotakin
shamefaced /ˈʃeɪmˌfeɪst/ *adj* **1** ujo, arka **2** nolo, jota hävettää
shameful *adj* häpeällinen, nöyryyttävä, nolo
shamefully *adv* häpeällisesti, nöyryyttävästi, nolosti
shamefulness *s* häpeällisyys
shameless *adj* häpeämätön, julkea
shamelessly *adv* häpeämättömästi, julkeasti
shamelessness *s* häpeämättömyys, julkeus
shampoo /ʃæmˈpu/ *s* sampoo, hiustenpesuaine
v pestä (hiukset)
shamrock /ˈʃæmˌrak/ *s* apila
shamus /ʃeɪməs/ *s* (sl) (mon shamuses) **1** etsivä **2** poliisi(mies)
Shanghai /ˌʃæŋˈhaɪ/ Shanghai
Shangri-la /ˌʃaŋgriˈla/ *s* paratiisi
shank /ʃæŋk/ *s* **1** (polven ja nilkan väli) sääri **2** (reisi ja sääri) jalka, alaraaja **3** (ruuanlaitossa) reisi **4** (työkalun ym) varsi
shank of the evening *fr* illan kohokohta
shank's mare *s* apostolin kyyti *to ride shank's mare* mennä apostolin kyydillä
shan't /ʃænt/ *shall not*
shanty /ʃænti/ *s* mökki, maja, röttelö
shantytown /ˈʃæntiˌtaʊn/ *s* slummi, hökkelikylä
shape /ʃeɪp/ *s* **1** muoto (myös kuv), hahmo *the plan is beginning to take shape* suunnitelma alkaa muotoutua/hahmottua **2** kunto *I am in no shape to exercise* olen niin huonossa kunnossa että en jaksa harrastaa liikuntaa
v **1** muovata, muotoilla (myös kuv) **2** kehittyä *things are shaping nicely* asiat etenevät mukavasti
shapeless *adj* muodoton, epämääräisen muotoinen
shapely *adj* (nainen) jolla on hyvät muodot, hyvännäköinen, kurvikas
shape up *v* **1** muotoutua, hahmottua, kehittyä **2** ryhdistäytyä, kunnostautua, parantaa tapansa **3** parantaa (ruumiillista) kuntoaan
shape up or ship out! *fr* jos työ ei rupea maistumaan/luistamaan niin tuossa on ovi!
share /ʃeər/ *s* **1** osa, osuus *everybody should do their share* kaikkien pitää hoitaa osuutensa **2** osake
v **1** jakaa (osiin, joidenkin kesken) *they share the credit for the success of the company* yrityksen menestys on heidän kummankin ansiota **2** kertoa, paljastaa, jakaa *a married couple should share their feelings* avioparien tulisi paljastaa tunteensa toisilleen
shareholder /ˈʃerˌholdər/ *s* (yhtiön) osakas
share in *v* osallistua johonkin, päästä osalliseksi jostakin, olla osallinen jostakin
shark /ʃark/ *s* hai
sharp /ʃarp/ *adj* **1** terävä **2** jyrkkä, äkillinen, äkkinäinen, (ero myös) selvä *a sharp turn for the worse* äkillinen huononeminen **3** (kasvot) kulmikas **4** (maku) pistävä, voimakas **5** (kipu) pureva **6** valpas, terävä (kuv), nokkela, tarkka (myös näkö) *he has a sharp mind* hän on terävä(päinen) **7** (huomautus ym) piikikäs, pisteliäs, pureva, terävä
adv **1** terävästi jne (ks adj) **2** (kellonajasta) tasan
sharp-edged /ˌʃarpˈedʒd/ *adj* **1** terävä, teräväreunainen **2** (kuv) terävä, pureva, piikikäs
sharpen /ʃarpən/ *v* (myös kuv) teroittaa, terävöittää, terävöityä
sharp-nosed *adj* **1** suipponenäinen **2** teräväkärkinen, suippokärkinen, (lentokone) suipponokkainen **3** jolla on tarkka hajuaisti
sharpshooter /ˈʃarpˌʃutər/ *s* tarkka-ampuja
sharp-sighted *adj* tarkkanäköinen, terävänäköinen (myös kuv)

sharp-tongued *adj* teräväkielinen, piikikäs, kärkevä
sharp-witted *adj* terävä-älyinen, nokkela, valpas
shatter /ʃætər/ *v* **1** särkeä/särkyä sirpaleiksi, lyödä/iskeä säpäleiksi **2** (kuv) musertaa, tehdä tyhjäksi
shave /ʃeɪv/ *s* parranajo
v shaved, shaved/shaven **1** ajaa partansa, leikata jonkun parta; leikata karvat *she's shaving her legs* hän ajaa säärikarvojaan **2** höylätä
shaver *s* parranajokone
shavings *s* (mon) lastut
shawl /ʃaəl/ *s* saali, hartiahuivi
s/he *yhdistetty pronominimuoto jota käytetään (ainoastaan kirjoitetussa tekstissä) kun tarkoitetaan jompaakumpaa sukupuolta* hän
she /ʃi/ *pron* (feminiinimuoto) hän
sheaf /ʃif/ *s* (mon sheaves) **1** lyhde **2** nippu, kimppu, pino, kasa
shear /ʃɪər/ *s* (mon) (isot) sakset, (lampaiden) keritsimet *a pair of shears* sakset *garden shears* pensassakset
v sheared, shorn/sheared: leikata, (lampaita) keritä
sheath /ʃiθ/ *s* (mon sheaths) tuppi, (miekan) huotra; suojus
v panna tuppeen/huotraan
sheathe /ʃið/ *v* **1** panna tuppeen/huotraan **2** päällystää, peittää
sheaves /ʃivz/ ks sheaf
shed /ʃed/ *s* vaja, mökki
v shed, shed **1** varistaa (lehtensä), luoda (nahkansa), olla karvanlähtö **2** vuodattaa (verta, kyyneleitä) **3** päästä eroon jostakin **4** luoda (valoa), pitää (ääntä), tuoksua
she'd /ʃid/ *she had; she would*
shed blood *fr* vuodattaa verta
shed light on *v* valaista jotakin asiaa
shed tears *fr* vuodattaa kyyneleitä
sheep /ʃip/ *s* (mon sheep) lammas *to separate the sheep from the goats* (kuv) erottaa hyvät pahoista/vuohet lampaista
sheepdog /ˈʃipˌdag/ *s* lammaskoira
sheepherder /ˈʃipˌhərdər/ *s* lammaspaimen
sheepish /ʃipɪʃ/ *adj* **1** nolostunut **2** nöyristelevä
sheepishly *adv* ks sheepish
sheepman /ʃipmən/ *s* (mon sheepmen) **1** lammasfarmari **2** lammaspaimen
sheepskin /ˈʃipˌskɪn/ *s, adj* lampaannahka(-)
sheer /ʃɪər/ *adj* **1** puhdas, pelkkä, täysi *that's a sheer lie* se on silkkaa valhetta **2** jyrkkä **3** (erittäin) ohut *sheer pantihose* ohuet sukkahousut
adv suoraan, suoraa päätä, päistikkaa
sheet /ʃit/ *s* **1** lakana **2** kerros **3** (paperi)liuska, arkki **4** sanomalehti **5** alue a sheet of water vesi(alue) **6** laakafilmi
sheet feeder *s* (tietokoneen tulostimen) arkinsyöttölaite
sheet film *s* laakafilmi
sheet metal *s* pelti *this year, the LeSabre has new sheet metal* tänä vuonna LeSabren kori on uusittu
sheet music *s* (irto)nuotit
Sheffield /ʃefiəld/
she/he *yhdistetty pronominimuoto jota käytetään (ainoastaan kirjoitetussa tekstissä) kun tarkoitetaan jompaakumpaa sukupuolta* hän
sheik /ʃik/ *s* šeikki
sheikdom /ʃikdəm/ *s* šeikkikunta
sheikh *s* šeikki
shelf /ʃəlf/ *s* (mon shelves) **1** hylly *off the shelf* suoraan myymälästä *to put something on the shelf* (kuv) panna jokin asia pöydälle, jättää jokin asia lepäämään, lykätä myöhemmäksi **2** hyllyllinen, hyllyn täysi/täydeltä jotakin **3** *continental shelf* mannerjalusta
shelfful *s* (mon shelffuls) hyllyllinen, hyllyn täysi *by the shelfful* hyllykaupalla, kasapäin
shelf life *s* (kauppatavaran) säilyvyysaika
shell /ʃəl/ *s* **1** (kananmunan, simpukan ym) kuori, (herneen) palko *to come out of your shell* (kuv) tulla ulos kuorestaan **2** patruuna **3** (tykin) kranaatti **4** (talon) seinät ja katto **5** suojus, vaippa **6** kilpasoutuvene **7** simpukka **8** (mon) simpukkamakaroni
v kuoria

she'll /ʃiəl ʃɪl/ *she will; she shall*
shell out *v* (ark) pulittaa, maksaa
shelter /ʃeltər/ *s* **1** turva, suoja, turvapaikka *to take shelter in* mennä jonnekin suojaan *under the shelter of* jonkin suojassa/turvassa/turvin **2** asunto **3** hätäasunto, yömaja
v suojata, suojautua, varjella
sheltered *adj* **1** suojattu, suojaisa *as a child, he led a sheltered life* hän eli lapsena suojattua elämää **2** (suojatulleilla) suojattu
shelve /ʃelv/ *v* **1** panna hyllylle **2** lykätä myöhemmäksi, jättää pöydälle **3** poistaa käytöstä
shelves ks shelf
Shenandoah /ˌʃenən'doʊə/ kansallispuisto Virginiassa
shenanigans /ʃə'nænɪgənz/ *s* (mon ark) **1** kuljeilu **2** juonittelu, vehkeily
shepherd /ʃepərd/ *s* lammaspaimen *the Lord is my Shepherd* Herra on minun paimeneni
v paimentaa (myös kuv)
shepherdess /ʃepərdəs/ *s* (naispuolinen) lammaspaimen
sheriff /ʃerəf/ *v* šeriffi
sherry /ʃeri/ *s* (viini) sherry, šerri
Shet. *Shetland*
shied /ʃaɪd/ ks shy
Shield (tähdistö) Kilpi
shield /ʃiəld/ *s* **1** (taistelijan ym) kilpi (myös kuv:) suojelija, suoja, turva **2** (poliisin ym) virkamerkki
v suojata, suojella
shier /ʃaɪər/ *komparatiivi sanasta* shy
shiest /ʃaɪəst/ *superlatiivi sanasta* shy
shift /ʃɪft/ *s* **1** muutos, vaihto, siirtymä **2** työvuoro **3** (auton) vaihdetanko; vaihteisto
v **1** vaihtaa, vaihtua, muuttaa, muuttua, siirtää, siirtyä *they tried to shift the blame on her* he yrittivät sysätä syyn hänen niskoilleen **2** (autossa) vaihtaa (vaihdetta) **3** (kirjoituskoneessa, tietokoneessa) painaa vaihtonäppäintä **4** tulla toimeen, pärjätä (ark)
shift key *s* (kirjoituskoneen, tietokoneen) vaihtonäppäin
shiftless *adj* laiska, veltto, vetelä, saamaton
shiftlessly *adv* laiskasti, veltosti, vetelästi, saamattomasti
shift lever *s* (auton) vaihdetanko
shifty *adj* **1** kekseliäs, nokkela, ovela **2** hämäräperäinen, hämärä; epäluotettava
Shi'ite /ʃiaɪt/ *s* ši'iitti, šiialainen
shilling /ʃɪliŋ/ *s* šillinki
shimmer /ʃɪmər/ *s* hohto, kimallus, tuike, kajaste, kajastus
v hohtaa, kimaltaa, (tähti) tuikkia, kajastaa
shimmery *adj* hohtava, kimaltava, tuikkiva, kajastava
shin /ʃɪn/ *s* (jalan etuosa polvesta nilkkaan) sääri
shinbone /'ʃɪnˌboʊn/ *s* sääriluu
shine /ʃaɪn/ *s* **1** kiilto, hohto, loisto **2** (kenkien) kiillotus *to give your shoes a shine* kiillottaa kenkänsä **3** auringonpaiste *come rain or shine* satoi tai paistoi (myös kuv) **4** *to take a shine to* (ark) ihastua/mieltyä johonkuhun/johonkin **5** (sl) musta (ihminen)
v shone, shone **1** kiiltää, hohtaa, loistaa **2** (aurinko) paistaa **3** näyttää/ohjata valoa johonkin *don't shine the torch in my face* älä osoita taskulampulla suoraan minun naamaani **4** (kuv) loistaa, olla edukseen
shingle /ʃiŋgəl/ *s* **1** (katto-, ulkoseinä-)laatta **2** (naisten) poikatukka **3** (ark) (lääkärin, asianajajan) kyltti *to hang out your shingle* avata vastaanotto, perustaa oma yritys **4** (mon, lääk) vyöruusu **5** (rannalla) pienet kivet **6** ranta (jolla on pieniä kiviä)
shining /ʃaɪniŋ/ *adj* kiiltävä, hohtava, loistava (myös kuv)
Shintoism /ˌʃɪnto'ɪsm/ *s* šintolaisuus
Shintoist /'ʃɪntoˌɪst/ *s* šintolainen
adj šintolaisuuden, šintolaisuutta koskeva
shiny *adj* **1** kiiltävä, hohtava, loistava **2** kirkas, valoisa
ship /ʃɪp/ *s* **1** laiva, alus *jump ship* karata laivasta; (kuv) lakata tukemasta/kannattamasta jotakuta/jotakin *to run a*

tight ship pitää yllä kovaa kuria, olla tarkka/nuuka *when your ship comes home* kun jotakuta onnistaa, kun onni potkaisee jotakuta **2** (laivan) miehistö (ja matkustajat)
v **1** laivata, kuljettaa laivalla **2** lähettää *we shipped your order two weeks ago* lähetimme/postitimme tilauksenne kaksi viikkoa sitten
shipboard /ˈʃɪpˌbɔrd/ *on shipboard* laivassa
shipbuilder /ˈʃɪpˌbɪldər/ *s* **1** laivanrakentaja **2** telakka
shipload /ˈʃɪpˌloʊd/ *s* laivanlasti *by the shipload* laivakaupalla, kasapäin
shipment /ʃɪpmənt/ *s* **1** lähettäminen **2** lähetys
ship out *v* **1** lähteä, lähettää (pois, toiseen maahan/tehtävään) **2** (ark) erota (työstään) *shape up or ship out!* jos työ ei rupea maistumaan/luistamaan niin tuossa on ovi!
shipper *s* **1** laivaaja; kuljetusliike, huolintaliike **2** lähettäjä
shipping *s* **1** laivaus, laivakuljetus; kuljetus; lähettäminen **2** laivat; tonnisto
shipshape /ˈʃɪpˌʃeɪp/ *adj, adv* tiptop, kunnossa
Ship's Keel (tähdistö) Köli
Ship's Sails (tähdistö) Purje
Ship's Stern (tähdistö) Peräkeula
shipwreck /ˈʃɪpˌrek/ *s* haaksirikko (myös kuv:) täydellinen epäonnistuminen
v haaksirikkoutua
shire /ʃaɪər/ *s* (UK) kreivikunta
shirk /ʃərk/ *v* välttää (esim vastuuta), karttaa, pinnata (ark)
shirker *s* pinnari (ark)
shirt /ʃərt/ *s* paita *try to keep your shirt on* (ark) yritä hillitä itsesi, älä pillastu *to lose your shirt* (ark) joutua puille paljaille, tehdä vararikko
shirt sleeve *s* paidan hiha *in your shirt sleeves* paitahihasillaan
shit /ʃɪt/ *s* paska *don't give me that shit* älä puhu roskaa, älä jauha paskaa *she doesn't give a shit about what you think* hänelle on yksi ja sama mitä mieltä sinä olet *you're full of shit* puhut paskaa, valehtelet *to be up shit creek (without a paddle)* olla nesteessä/ kusessa
v shit, shit: paskantaa, käydä paskalla
interj voi hitto! *no shit* ihan totta, en minä valehtele; ihanko totta?, älä valehtele!
shiver /ʃɪvər/ *s* puistatus, vapina, hytinä
v vapista, hytistä, puistattaa
shoal /ʃoəl/ *s* **1** kalaparvi **2** joukko, rykelmä **3** matalikko **4** hiekkasärkkä
v **1** parveilla, kerääntyä sankoin joukoin jonnekin **2** madaltaa, madaltua
shock /ʃak/ *s* **1** isku, törmäys *electric shock* sähköisku **2** järkytys **3** (lääk) sokki (myös kuv)
v **1** iskeä, iskeytyä **2** järkyttää, järkyttyä **3** antaa jollekulle sähköisku
shock absorber *s* iskunvaimennin
shocking *adj* järkyttävä, pöyristyttävä, kamala *shocking news* järkyttävä uutinen *shocking manners* hirvittävän huonot tavat
shockingly *adv* järkyttävän/hirvittävän huonosti
shock-resistant *adj* iskunkestävä
shod /ʃad/ ks shoe
shoddy /ʃadi/ *adj* huonosti tehty, hutiloitu *shoddy worksmanship* hutilointi, huono laatu
shoe /ʃu/ *s* **1** kenkä *to be in someone's shoes* olla jonkun asemassa/housuissa *to drop the other shoe* astua toinenkin/ viimeinen askel, saattaa jokin asia päätökseen *to fill someone's shoes* astua jonkun tilalle *to know where the shoe pinches* tietää mistä kenkä puristaa *the shoe is on the other foot* nyt on toinen ääni kellossa **2** hevosenkenkä **3** jarrukenkä
v shod, shod: kengittää
shoehorn /ˈʃuˌhɔrn/ *s* kenkälusikka
v ahtaa, tunkea, sulloa, sovittaa johonkin väliin
shoelace /ˈʃuˌleɪs/ *s* kengännauha
shoeless *adj* jolla ei ole kenkiä (jalassa), (hevonen) kengittämätön
shoemaker /ˈʃuˌmeɪkər/ *s* suutari
shoestring /ˈʃuˌstrɪŋ/ *s* **1** kengännauha **2** pieni rahasumma

shoestring budget *to be on a shoestring budget* olla (taloudellisesti) tiukoilla, joutua tulemaan toimeen vähällä
shogun /'ʃoʊ,gʌn/ *s* šogun
shone /ʃoʊn/ ks shine
shoo /ʃu/ *v* karkottaa, ajaa karkuun *interj* eläimen karkottamiseen käytetty huuto
shook /ʃʊk/ ks shake
shoot /ʃut/ *s* **1** ampumakilpailu **2** (kasvin) verso **3** (ark) (elokuvan) kuvaustyöt *v* shot, shot **1** ampua *President Kennedy has been shot* Presidentti Kennedy(ä) on ammuttu *he was shot at* häntä (päin) ammuttiin **2** laukaista (raketti, räjähde), räjäyttää **3** (ark) alkaa puhua, laukoa (kysymyksiä) *OK, shoot* anna tulla **4** syöstä, syöksyä, roiskuttaa, roiskua, tupruttaa, tuprua *flames were shooting from inside the building* rakennuksesta leiskui liekkejä **5** rynnätä, sännätä *the boy shot through the door* poika ryntäsi ovesta **6** luoda (nopeasti katse), väläyttää (hymy), oikaista (käsi äkkiä) **7** (valo-, elo)kuvata **8** työntyä, ulottua jonnekin **9** metsästää
shoot at *v* pyrkiä johonkin, ajaa takaa jotakin
shoot down *v* **1** ampua alas **2** (ark) haukkua pystyyn, lyödä lyttyyn
shoot-'em-up /'ʃutəm,ʌp/ *s* (ark) (televisiossa) paukkurautasarja, poliisisarja, lännensarja (jossa ammuskellaan paljon)
shooter *s* **1** ampuja **2** ase **3** (ark) valokuvaaja
shoot for *v* pyrkiä johonkin, ajaa takaa jotakin
shoot from the hip *fr* **1** ampua lonkalta **2** (kuv) olla äkkipikainen
shooting angle *s* kuvauskulma (vrt *viewing angle,* kuvakulma)
shooting gallery *s* (sisätiloissa) ampumarata
shooting iron *s* (ark) paukkurauta
shooting star *s* tähdenlento, meteori
shoot off your mouth *fr* **1** lörpötellä, paljastaa salaisuuksia **2** rehennellä, puhua liikoja
shootout /'ʃut,aʊt/ *s* ampumavälikohtaus, aseellinen yhteenotto
shoot the works *fr* (sl) törsätä, panna kaikki rahansa menemään
shoot up *v* **1** ponnahtaa ylös/pystyyn, nousta yhtäkkiä **2** ammuskella (häirikkönä) **3** haavoittaa **4** (sl) ottaa huumepiikki
shoot your bolt *fr* yrittää kaikkensa, panna parastaan
shoot your wad *fr* **1** (ark) panna rahansa menemään, tuhlata kaikki rahansa johonkin *(on)* **2** (ark) panna kaikki voimansa johonkin, väsyttää itsensä **3** (sl) (miehestä) saada orgasmi, joltakulta tulee
shop /ʃap/ *s* **1** myymälä, kauppa *to shut up shop* panna lappu luukulle (työpäivän päätteeksi tai lopullisesti) **2** työpaja, verstas, korjaamo **3** tehdas **4** (koulussa) veisto, auton korjaus yms käytännön opetus **5** työasiat *let's not talk shop at dinner* ei puhuta päivällisellä työasioista
v käydä ostoksilla *let's go shopping* lähdetään ostoksille
shop for *v* etsiä jotakin (ostaakseen), yrittää löytää *Glenda is shopping for a house with a pool* Glenda etsii taloa jossa on uima-allas
shopful *s* (mon shopfuls) kaupan täysi/täydeltä jotakin *(of)*
shopkeeper /'ʃap,kipər/ *s* (pikku)kauppias
shoplift /'ʃap,lɪft/ *v* varastaa myymälästä
shoplifter *s* myymälävaras
shoplifting *s* myymälävarkaus
shoppe /ʃap/ *s* (kauppojen nimissä) kauppa, putiikki
shopper *s* ostoksilla kävijä; asiakas
shopping bag *s* ostoskassi
shopping cart *s* ostoskärryt
shopping center *s* ostoskeskus
shopping list *s* ostoslista
shopping mall *s* (katettu) ostoskeskus (jossa on myös ravintoloita, elokuvateattereita ym)
shop steward *s* luottamusmies

shoptalk /'ʃap,tak/ *s* **1** jonkin ammatialan erikoiskieli **2** työasioista puhuminen
shopwindow /'ʃap,wɪndoʊ/ *s* näyteikkuna
shopworn /'ʃap,wɔrn/ *adj* nuhruinen, (kaupassa) nuhraantunut, kulunut
shore /ʃɔr/ *s* **1** ranta **2** (myös mon) (puheena oleva) maa *on these shores* tässä maassa **3** (kuiva) maa *on shore* kuivalla maalla
shore dinner *s* (meri)kala- tai äyriäisateria
shorefront /'ʃɔr,frʌnt/ *s, adj* ranta(-)
shoreless *adj* rajaton, ääretön, suunnaton
shoreline /'ʃɔr,laɪn/ *s* rantaviiva
short /ʃɔrt/ *s* **1** oikosulku **2** lyhytelokuva
v saattaa/joutua oikosulkuun
adj **1** lyhyt **2** tyly, tympeä **3** vajaa **4** *to make short work of* tehdä selvää jälkeä jostakin, (syödä:) pistellä (nopeasti) poskeensa
adv **1** äkkiä, yhtäkkiä, äkillisesti *to cut short* loppua/katketa/katkaista kesken/ lyhyeen **2** tylysti, tympeästi **3** vajaa: *to come/fall short* jäädä vajaaksi, ei riittää; ei kelvata *to run short* olla vähissä **4** *to sell short* (tal) myydä lyhyeksi, myydä arvopaperi omistamatta sitä (sillä tarkoituksella että ostaa sen myöhemmin takaisin alemmalla hinnalla)
shortage /ʃɔrtədʒ/ *s* **1** pula **2** vaje
short and sweet *fr* mukavan lyhyt *I'll make it short and sweet* lyhyestä virsi kaunis
short-beaked echidna /ə'kɪdnə/ *s* nokkasiili, myös: *common echidna*
short circuit /,ʃɔrt'sərkət/ *s* oikosulku
short-circuit *v* **1** saattaa/joutua oikosulkuun **2** estää, haitata, tehdä tyhjäksi, kaataa (suunnitelma)
shortcoming /'ʃɔrt,kʌmiŋ/ *s* puute, haitta, vika
shortcut /'ʃɔrt,kʌt/ *s* oikotie (myös kuv)
short-cut *v* oikaista, mennä oikotietä, (kuv) koettaa päästä oikotietä tavoitteeseensa tms
shorten /ʃɔrtən/ *v* **1** lyhentää **2** lisätä taikinaan rasvaa
short end of the stick *to get the short end of the stick* (sl) vetää lyhyempi korsi
shortening *s* (leivonta)rasva
shortfall /'ʃɔrt,faəl/ *s* vaje
short for *fr* (joka on) lyhennys jostakin *"Bob" is short for "Robert"*
shorthand /'ʃɔrt,hænd/ *s* pikakirjoitus
shorthanded /,ʃɔrt'hændəd/ *adj* jolla/jossa ei ole tarpeeksi työntekijöitä
shortie /ʃɔrti/ *s* (ark) pätkä, tumppi
short in *adj* jolta/josta puuttuu jotakin
short list /'ʃɔrt,lɪst/ *s* **1** luettelo niistä hakijoista, jotka ovat läpäisseet (ensimmäisen) karsinnan ja joista valinta/nimitys tehdään **2** karsinnan läpäisseet hakijat **3** (kuv) harvat ja valitut *to be on the short list* (kuv) kuulua harvoihin ja valittuihin
shortlist *v* valita hakija parhaimmistoon, olla karsimatta hakijaa *to be shortlisted* selvitä jatkoon
short-lived /,ʃɔrt'lɪvd/ *adj* hetkellinen, ohimenevä
shortly *adv* **1** pian, kohta **2** lyhyesti **3** tylysti, tympeästi
short on *adj* jolta/josta puuttuu jotakin
short order *s* (ruokalassa ym) pikatilaus
short-order cook *s* pikatilauksia valmistava kokki
short-range *adj* **1** lyhyen (kanto)matkan **2** lyhyen aikavälin, lähitulevaisuuden
shorts /ʃɔrts/ *s* (mon) sortsit
short shrift *to give someone short shrift* ei piitata jostakusta/jostakin, vähät välittää jostakusta/jostakin, kohdella jotakuta tylysti
short-sighted *adj* **1** likinäköinen **2** (kuv) lyhytnäköinen
short story *s* novelli
short subject *s* lyhytelokuva
short-tempered *adj* äkkipikainen, helposti kiivastuva
short-term *adj* lyhyen aikavälin, lyhytaikainen

shudder /ʃʌdər/ *s* puistatus
v puistattaa *I shudder to think what may follow* minua puistattaa/kauhistuttaa ajatella mitä seuraavaksi tapahtuu
shuffle /ʃʌfəl/ *s* **1** laahustava käynti **2** (eräs hidas) tanssi, shuffle **3** (pelikorttien) sekoitus **4** temppu
v **1** laahustaa, kävellä laahustaen **2** tanssia shufflea **3** sekoittaa (pelikortit) **4** siirrellä (esineitä) eri paikkoihin/edestakaisin **5** keplotella itsensä johonkin asemaan/eroon jostakin, luikerrella eroon jostakin
shuffleboard /ˈʃʌfəlˌbɔrd/ *s* (peli) shuffleboard
shuffle off *v* **1** hankkiutua eroon jostakin **2** laahustaa jonnekin
shun /ʃʌn/ *v* karttaa, välttää jotakuta/jotakin
shut /ʃʌt/ *v* shut, shut **1** sulkea, panna kiinni **2** lukita, teljetä (ovi, joku jonnekin) **3** erottaa, sulkea pois jostakin
adj kiinni, suljettu
shut-down /ˈʃʌtˌdaʊn/ *s* (tehtaan tms) (väliaikainen) sulkeminen
shut down /ˌʃʌtˈdaʊn/ *v* lopettaa toiminta (väliaikaisesti/lopullisesti), lakkauttaa, sulkea
shut down on *v* (ark) tehdä loppu jostakin
shuteye /ˈʃʌtˌaɪ/ *s* (ark) uni
shut in *v* **1** lukita/sulkea joku jonnekin **2** *to be shut in* joutua vuoteeseen/vuoteen omaksi
shut of *adj* vapaa jostakin
shut off *v* **1** sulkea (esim hana) **2** eristää
shut-off /ˈʃʌtˌaf/ *s* **1** sulkuventtiili tms **2** (sähkönjakelun tms) katkaisu
shut out *v* **1** ei päästää jonnekin **2** peittää näkyvistä
shutter /ʃʌtər/ *s* **1** ikkunaluukku **2** (kameran) suljin
shutter priority *s* (kameran valotusautomatiikassa) suljinajan esivalinta
shutter speed *s* (kameran) suljinaika
shuttle /ʃʌtəl/ *s* **1** sukkula **2** (heiluri/sukkulaliikenteen) lentokone, linja-auto **3** avaruussukkula
v matkustaa/kulkea/panna kulkemaan edestakaisin jotakin väliä, juoksuttaa edestakaisin
shuttle diplomacy *s* sukkuladiplomatia
shut up *v* **1** sulkea; lukita **2** sulkea/tukkia suunsa/jonkun suu, olla hiljaa, vaientaa **3** panna vankilaan, lukita jonnekin
shy /ʃaɪ/ *v* arastaa, säpsähtää, säikähtää
adj shier/shyer, shiest/shyest **1** arka, ujo, kaino; säikky, vauhko **2** vajaa *he is only one year shy of sixty* hän täyttää vuoden päästä kuusikymmentä *her paintings are nothing shy of excellent* hänen maalauksensa ovat (kerrassaan) erinomaisia **3** *to fight shy of* arastella jotakin
shyly *adv* arasti, ujosti, kainosti
shyness *s* arkuus, ujous, kainous
shyster /ʃaɪstər/ *s* (ark) vilpillinen asianajaja
SI *International System of Units* Kansainvälinen mittayksikköjärjestelmä
S.I. *Sandwich Islands; Staten Island*
Siamese cat /saɪˌmizˈkæt/ *s* siamilainen (kissa)
Siamese twins /saɪˌmizˈtwɪnz/ *s* siamilaiset kaksoset
Siberia /saɪˈbɪriə/ Siperia
sibling *s* sisarus, veli, sisko
Sicily /sɪsəli/ Sisilia
sick /sɪk/ *adj* **1** sairas *to call in sick* ilmoittautua sairaaksi, ei mennä työhön (sairauden vuoksi) **2** pahoinvoiva *he is sick* häntä oksettaa **3** kyllästynyt johonkin *(of)*, kurkkuaan myöten täynnä jotakin **4** (kuv) sairas, pahoinvoiva *the violence in the movie made him sick* elokuvan väkivaltaisuus sai hänet voimaan pahoin
sick and tired *fr* **1** *to be sick and tired of* olla kyllästynyt johonkin perin pohjin, olla kurkkuaan myöten täynnä jotakin **2** lopen uupunut, loppuunväsynyt
sick at your stomach *fr* pahoinvoiva
sick bay *s* (laivan) sairashuone, sairaala
sick call *s* (sot) lääkärin vastaanotto(aika)

sick day *s* sairaspäivä (jolta maksetaan palkkaa)
sicken *v* kuvottaa, ällöttää
sickening *adj* kuvottava, ällöttävä
sickle /sɪkəl/ *s* sirppi
sickle and hammer *s* sirppi ja vasara
sickly /sɪkli/ *adj* sairasteleva, heikko, huonovointinen; huonon näköinen
sickness *s* **1** sairaus **2** pahoinvointi *morning sickness* (odottavalla äidillä) aamupahoinvointi
sick to your stomach *fr* pahoinvoiva
side /saɪd/ *s* **1** puoli, vieri *on the right side of the building* rakennuksen oikealla puolen *the far side* takapuoli, taempi puoli **2** (tien) reuna, vieri **3** (ihmisen) kylki *side by side* kylki kyljessä, rinnakkain (myös kuv) **4** (tunnelin) seinä, seinämä, (veneen) kylki, (oven) pieli **5** (kuv) puoli *there are two sides to this issue* tässä kysymyksessä on kaksi puolta **6** (urh) puoli **7** (kuv) kanta *to take sides* ottaa kantaa, mennä jonkun puolelle **8** *the weather is on the cold side* sää on kylmänpuoleinen/kylmähkö **9** suku *on my father's side* isäni puolella/suvussa
side against *v* asettua jotakuta vastaan, vastustaa jotakuta
side by side *fr* kylki kyljessä, rinnakkain (myös kuv)
sidecar /ˈsaɪdˌkaər/ *s* sivuvaunu
sided /saɪdəd/ *yhdyssanan jälkiosana* -kylkinen, -puolinen
side effect *s* sivuvaikutus; lieveilmiö
sideline /ˈsaɪdˌlaɪn/ *s* **1** (amerikkalaisessa jalkapallossa ym) sivuraja **2** sivutoimi **3** ylimääräinen kauppatavara(laji) **4** (mon) pelikentän reuna *he had to watch from the sidelines as his brother was made chairman* (kuv) hän joutui seuraamaan sivusta kun hänen veljestään tehtiin (firman) johtaja
sidelong /ˈsaɪdˌlaŋ/ *adj* (katse) sivuun suunnattu; vaivihkainen, salavihkainen
side of the tracks *she was raised on the wrong side of the tracks* hän kasvoi kadun varjoisalla puolella
sidestep /ˈsaɪdˌstep/ *v* **1** väistää, astua sivuun/syrjään **2** (kuv) välttää, kiertää, väistää *you're sidestepping the issue* sinä puhut asian vierestä, sinä et puhu itse asiasta
sidetrack /ˈsaɪdˌtræk/ *s* sivuraide
v **1** siirtää/ajaa sivuraiteelle **2** (kuv) poiketa/johtaa pois asiasta *we became sidetracked by his jokes* hänen vitsinsä eksyttivät meidät asiasta
sidewalk /ˈsaɪdˌwak/ *s* jalkakäytävä
sidewalk artist *s* katutaitelija
sidewall /ˈsaɪdˌwaəl/ *s* (ilmarenkaan) sivu
sideward /saɪdwərd/ *adj* sivusuuntainen
adv sivulle
sideways /ˈsaɪdˌweɪz/ *adj, adv* sivuttain(en)
side with *v* asettua jonkun puolelle, puolustaa jotakuta
siding /saɪdiŋ/ *s* sivuraide
siege /sidʒ/ *s* piiritys *to lay siege to* piirittää, saartaa
v piirittää, saartaa
Sierra Leone /siˌerəliˈoʊn/
Sierra Leonean *s, adj* sierraleonelainen
sieve /sɪv/ *s* siivilä, seula, lävikkö, sihti
v siivilöidä, seuloa
sift /sɪft/ *v* **1** siivilöidä, seuloa **2** ripotella **3** (kuv) tutkia tarkkaan, eritellä, seuloa
sifter *s* siivilä, seula, lävikkö, sihti
SIG *special interest group*
sigh /saɪ/ *s* huokaus *he let out a big sigh* hän huokaisi syvään
v huokaista
sight /saɪt/ *s* **1** näkö(aisti) *he lost his sight in the war* hän sokeutui sodassa **2** näkymä, näköala, näky **3** näkemä, näkeminen, näköpiiri *at first sight* ensi näkemältä, päälle päin *to be in sight* olla näkyvissä *to catch sight of* saada näkyviin, nähdä, huomata; iskeä silmänsä johonkin *to know someone by sight* tuntea joku ulkonäöltä *to lose sight of* kadottaa näkyvistä; (kuv) unohtaa *on/upon first sight* ensi näkemältä *out of sight* poissa näkyvistä; (ark) suunnaton,

mieletön, kohtuuton, valtava **4** tähtäin **5** nähtävyys *to see the sights* katsoa nähtävyydet **6** *not by a long sight* ei lähimainkaan, ei sinne päinkään **7** (ark) (järkyttävä) ilmestys/näky
v nähdä, havaita
sight for sore eyes *fr* tervetullut näky/ilmestys
sightsee /'saɪtˌsi/ *v* tutustua nähtävyyksiin, katsoa nähtävyydet, käydä kiertoajelulla tms
sightseeing *s* nähtävyyksiin tutustuminen, nähtävyyksien katselu, kiertoajelu tms
sight unseen *to buy something sight unseen* ostaa sika säkissä
sigmoid colon /ˌsɪgmoɪd'koʊlən/ *s* (lääk) sigma, vemmelsuoli
sign /saɪn/ *s* **1** merkki (myös kuv) *that's a good sign* se on hyvä merkki/enne *traffic sign* liikennemerkki *there was not a sign of bitterness in her voice* hänen äänessään ei ollut katkeruuden häivääkään **2** kilpi, kyltti
v **1** allekirjoittaa **2** näyttää merkkiä, viitata jollekulle
signal /sɪgnəl/ *s* **1** merkki (myös kuv) **2** (puhelimessa) merkkiääni *busy signal* varattu-ääni *engaged signal* varattu-ääni **3** *traffic signal* liikennevalot **4** (radio, televisio) lähete
v antaa merkki, (esim.) viitata kädellään
adj **1** merkki- **2** huomattava, merkittävä, poikkeuksellinen
signal corps /'sɪgnəlˌkɔr/ *s* (sot) viestijoukot
signally *adv* näkyvästi
signatory /'sɪgnəˌtɔri/ *s* allekirjoittaja
signature /sɪgnətʃər/ *s* **1** allekirjoitus; allekirjoittaminen **2** (radio) (ohjelman) tunnusmelodia
sign away *v* siirtää jollekulle, luovuttaa jollekulle (allekirjoittamalla asiakirja)
signer /saɪnər/ *s* allekirjoittaja
signet /sɪgnət/ *s* sinetti
v sinetöidä
significance /sɪg'nɪfɪkəns/ *s* merkitys, merkittävyys, tärkeys *do you fully appreciate the significance of your decision?* ymmärrätkö täysin päätöksesi merkityksen/seuraukset? *to attach significance to* pitää jotakin tärkeänä
significant /sɪg'nɪfɪkənt/ *adj* merkittävä, tärkeä, huomattava
significantly *adv* merkittävästi, huomattavasti *significantly, the new rules do not say anything about it* kannattaa huomata että uusissa säännöissä ei sanota asiasta mitään
significant other *s* avio- tai avopuoliso
signify /'sɪgnəˌfaɪ/ *v* **1** merkitä, tarkoittaa **2** ilmaista, antaa ymmärtää
sign in *v* ilmoittautua/kirjoittautua (saapuneeksi) jonnekin
sign language *s* viittomakieli
sign off *v* **1** lopettaa radio/televisiolähetys, lopettaa lähetykset (yöksi) **2** (ark) vaieta, lakata puhumasta **3** sanoutua irti jostakin
sign of the cross *s* ristinmerkki
sign on *v* **1** palkata, ottaa/mennä palvelukseen, pestautua joksikin *(as)* **2** aloittaa radio/televisiolähetys, aloittaa lähetykset (päivältä) **3** avata tietokoneyhteys
sign out *v* ilmoittautua/kirjoittautua lähteneeksi jostakin
sign over *v* siirtää jollekulle, luovuttaa jollekulle (allekirjoittamalla asiakirja)
signpost /'saɪnˌpoʊst/ *s* opastaulu
signs of the zodiac *s* (mon) eläinradan merkit
sign up *v* pestautua palvelukseen, ilmoittautua (esim kurssille)
sika deer /sikə/ *s* japaninhirvi
silence /saɪləns/ *s* hiljaisuus
v **1** vaientaa **2** hälventää (epäilyt), rauhoittaa
silencer *s* (aseen) vaimennin; (UK) auton äänenvaimennin
silent /saɪlənt/ *adj* **1** hiljainen, äänetön, vaisu, vähäpuheinen **2** (fonetiikassa) mykkä, jota ei äännetä **3** (elokuva) mykkä-
silently *adv* hiljaa, äänettömästi; kaikessa hiljaisuudessa
silent majority *s* hiljainen enemmistö

silent partner *s* äänetön osakas
silent treatment *s* (kuv) mykkäkoulu *to give someone the silent treatment* leikkiä (jonkun seurassa) mykkäkoulua
Silesia /sə'leɪsiə/ Sleesia
silhouette /ˌsɪlə'wet/ *s* siluetti, varjokuva
v näkyä/näyttää siluettina
silicon /sɪləkən/ *s* pii
silicon chip *s* piinsiru
silicone /sɪləkoʊn/ *s* silikoni
Silicon Valley *s* Piilaakso (Kaliforniassa)
silk /sɪəlk/ *s* silkki
silken /sɪlkən/ *adj* **1** silkkinen, silkki- **2** (kuv) silkkinen, silkinpehmeä, sileä
silkworm /'sɪlkˌwərm/ *s* silkkitoukka
silky *adj* **1** silkkinen, silkki- **2** (kuv) silkkinen, silkinpehmeä, sileä
silly /sɪli/ *adj* typerä, tyhmä, älytön, hassu, hupsu
silo /saɪloʊ/ *s* (mon silos) **1** viljasiilo **2** ohjussiilo
silt /sɪlt/ *s* liete
silver /sɪlvər/ *s* **1** hopea **2** hopeat, hopeaesineet **3** hopeamitali, hopea
v **1** hopeoida, päällystää hopealla/hopean värillä **2** muuttua hopean väriseksi, harmaantua
adj **1** hopeinen **2** hopean värinen **3** (kuv) (kieli) liukas, lipevä **4** (25-vuotishääpäivästä) hopea- **5** (ääni) heleä
silvered *adj* hopeoitu
silver foil *s* hopeapaperi
silver gray *s* hopeanharmaa
silver haloid /hæloɪd/ *s* hopeahalogenidi
silvering *s* **1** hopeointi **2** hopeapinnoite
silver jubilee *s* 25-vuotisjuhla
silver lining *s* (kuv) toivon pilke *every cloud has a silver lining* niin kauan kuin on aikaa on myös toivoa
silver medal *s* hopeamitali
silver plate *s* **1** pöytähopeat **2** hopeapinnoite
silver-plate *v* hopeoida
silver screen *s* valkokangas (myös kuv)
silverware /'sɪlvərˌweər/ *s* (pöytä)hopeat, hopeaesineet, hopeiset aterimet
silver wedding *s* (25-vuotishäät) hopeahäät
silvery *adj* **1** hopean värinen, hopean harmaa **2** hopeoitu **3** (ääni) heleä
similar /sɪmələr/ *adj* samankaltainen, samanlainen *the two books are similar* kirjat muistuttavat toisiaan *in a similar vein* samoin, samaan tapaan
similarity /ˌsɪmə'lerəti/ *s* samankaltaisuus, samanlaisuus, yhdenmukaisuus *that's where the similarity ends* siihen yhtäläisyydet loppuvatkin
similarly *adv* samoin, samaan tapaan, samalla lailla
simile /sɪməli/ *s* vertaus
similitude /'sɪmələˌtud/ *s* samankaltaisuus, samanlaisuus
simmer /sɪmər/ *v* kiehua hiljaa
simmer down *v* (sl kuv) hiljetä, rauhoittua
simple /sɪmpəl/ *adj* yksinkertainen, helppo; koruton, tavallinen; pelkkä *it's simple, you just push this button* se on helppoa, sinun tarvitsee vain painaa tätä nappia *a simple style* yksinkertainen/koruton tyyli *simple folk* tavallinen kansa, tavalliset ihmiset *a simple "yes" is enough* riittää kun sanot kyllä *a simple lie* silkka valhe
simple majority /mə'dʒɔrɪtɪ/ *s* yksinkertainen enemmistö, suhteellinen enemmistö
Simple Simon /ˌsɪmpəl'saɪmən/ Simo Simppeli, Pölhö Pekka Pölhölästä
simpleton /sɪmpəltən/ *s* typerys, tyhmyri
simplicity /sɪm'plɪsəti/ *s* yksinkertaisuus, helppous; koruttomuus, tavallisuus *getting a loan is simplicity itself* lainan saanti on helppoa kuin mikä
simplification /ˌsɪmpləfɪ'keɪʃən/ *s* yksinkertaistus; helpotus
simplify /'sɪmpləˌfaɪ/ *v* yksinkertaistaa; helpottaa
simplistic /sɪm'plɪstɪk/ *adj* alkeellinen, liiaksi yksinkertaistettu
simply /sɪmpli/ *adv* **1** yksinkertaisesti, helposti; koruttomasti, tavallisesti **2** ker-

rassaan, kerta kaikkiaan *I simply can't do it* en kerta kaikkiaan voi tehdä sitä
Simpson Desert /ˌsɪmpsən'desərt/ Simpsonin aavikko (Australiassa)
simulate /'sɪmjəˌleɪt/ *v* **1** teeskennellä jotakin, tekeytyä joksikin **2** jäljitellä, simuloida
simulation /ˌsɪmjə'leɪʃən/ *s* **1** teeskentely **2** jäljittely, simulaatio
simultaneous /ˌsaɪməl'teɪniəs/ *adj* samanaikainen
simultaneous interpretation simultaanitulkkaus
simultaneously *adv* samanaikaisesti, yhtä aikaa
sin /sɪn/ *s* synti (myös kuv)
v tehdä syntiä
Sinai /saɪnaɪ/ Siinai
since /sɪns/ *adv* sen jälkeen, sittemmin; jostakin lähtien; sitten *she quit her job last month and I have not seen her since* hän erosi (työstään) viime kuussa enkä ole nähnyt häntä sen koommin *long since* kauan sitten *she has been mad at me ever since* hän on ollut siitä lähtien vihainen minulle
prep jostakin lähtien *since 1980, there have been several big air traffic accidents* vuodesta 1980 lähtien on sattunut useita suuria lento-onnettomuuksia
konj **1** koska *since you don't want to go there, someone else will have to do it* jonkun muun on hoidettava se koska sinä et halua mennä sinne **2** jostakin lähtien, jostakin saakka *since she bought the house* siitä lähtien kun hän osti talon
sincere /sɪn'sɪər/ *adj* vilpitön, rehti, aito
sincerely *adv* vilpittömästi, rehdisti, aidosti *sincerely yours/yours sincerely* (liikekirjeen lopussa) ystävällisin terveisin, (yksityiskirjeen lopussa) lämpimin/parhain terveisin
sincerity /sɪn'serəti/ *s* vilpittömyys, rehtiys, aitous
sinew /sɪnju/ *s* jänne
sinewy /sɪnjʊi/ *adj* **1** jäntevä, jänteikäs, (liha myös) sitkeä **2** (kuv) voimakas, luja, jäntevä, ponteva, tarmokas
sinful *adj* syntinen
sinfully *adv* syntisesti *the chocolate mousse was sinfully good* suklaavaahto oli hävyttömän hyvää
sing. *singular* yksikkö
sing /siŋ/ *v* sang, sung: laulaa
sing a different tune *since the accident, she's been singing a different tune* onnettomuuden jälkeen hänelle tuli toinen ääni kelloon
Singapore /'siŋəˌpɔr/ Singapore
Singaporean /ˌsiŋəˌpɔriən/ *s, adj* singaporelainen
singe /sɪndʒ/ *v* kärventää, korventaa, polttaa
singer /siŋər/ *s* laulaja
singing *s* laulaminen, laulu
single /siŋgəl/ *s* **1** naimaton (ihminen) **2** yhden hengen (hotelli)huone **3** (mon) (tenniksessä) kaksinpeli **4** single(äänilevy), sinkku
adj **1** (yksi) ainoa *there is one single fault with what you're saying* puheissasi on vain yksi vika *every single day* joka ainoa päivä **2** yhden hengen *a single room* yhden hengen (hotelli)huone **3** naimaton
single file *to walk (in) single file* kävellä peräkkäin
single-handed *adj* yksin tapahtuva, yksin-, joka tapahtuu omin avuin
single-handedly *adv* yksin, omin avuin, omin päin
single-minded *adj* määrätietoinen, päättäväinen
single-mindedly *adv* määrätietoisesti, päättäväisesti
single-mindedness *s* määrätietoisuus, päättäväisyys
single occupancy *s* (hotellissa, motellissa) (yöpyminen) yhden hengen huone(essa)
single out *v* valita (yksi), ottaa esille (yksi) *why did you single out Harry for rebuke?* miksi sinä otit Harryn syntipukiksi?
single-space *v* kirjoittaa koneella/tulostaa ykkösrivivälillä (rivien välissä ei tyhjää)

singly /ˈsiŋˌgli/ *adv* **1** yksin, yksitellen, erikseen **2** yksin, yksinään, omin avuin
sing out *v* (ark) huutaa
sing someone's praise *fr* ylistää jotakuta (maasta taivaaseen)
singular /siŋgjələr/ *s* (kieliopissa) yksikkö
adj **1** (kieliopissa) yksiköllinen, yksikkö- **2** erikoinen, omalaatuinen, outo, kumma **3** ainutlaatuinen, poikkeuksellinen, erinomainen
singularity /ˌsiŋgjəˈlerəti/ *s* erikoisuus, omituisuus, kummallisuus
singularly *adv* ainutlaatuisen, harvinaisen
sinister /sɪnɪstər/ *adj* synkkä, kammottava, pelottava, pahaenteinen *sinister purpose* paha aie
sink /siŋk/ *s* **1** (keittiön, kylpyhuoneen) pesuallas **2** viemäri(n suu)
v sank, sunk **1** upota, upottaa, vajota *the ship sank* laiva upposi **2** (rinne) viettää, laskea **3** (kuv) vajota, uppoutua *to sink into your thoughts* uppoutua ajatuksiinsa *to sink into despair* joutua epätoivon valtaan, menettää toivonsa **4** (kuv) laskea, vähentää, vähentyä, alentaa, alentua *the patient's blood pressure sank* potilaan verenpaine laski
sink in *v* joku tajuaa jotakin
sinking *s* uppoaminen, upottaminen, upotus
adj: I have a sinking feeling that something terrible is going to happen minä tunnen mahanpohjassani että pian tapahtuu jotakin hirvittävää
sink your teeth into *fr* **1** *he sank his teeth into the juicy steak* hän iski hampaansa mehevään pihviin **2** (kuv) tarttua hanakasti tilaisuuteen, paneutua tarmokkaasti johonkin
sinless *adj* synnitön, tahraton
sinner /sɪnər/ *s* synnintekijä, syntinen
Sino- /saɪnoʊ/ *yhdyssanan etuosana* kiinalainen, Kiinan-
sinologist /saɪˈnalədʒɪst/ *s* sinologi, Kiinan kielen ja kulttuurin tutkija
sinology /saɪˈnalədʒi/ *s* sinologia, Kiinan kielen ja kulttuurin tutkimus
sinus /saɪnəs/ *s* (mon sinuses) ontelo, (erityisesti) sivuontelo, (ark epätarkasti) nenäontelo
sinusitis /ˌsaɪnəˈsaɪtəs/ *s* (lääk) sivuontelon tulehdus
sip /sɪp/ *s* pieni siemaus/hörppäys *you can take a sip from my drink* voit maistaa minun ryyppyäni
v juoda pikkuisen kerrallaan, maistella
siphon /saɪfən/ *s* **1** lappo, imujuoksutin **2** (tarjoilupullo) sifoni
v **1** juoksuttaa lapolla **2** (kuv) siirtää (salaa)
siphon bottle *s* sifoni
siphon off *v* (kuv) siirtää salaa
sir /sər/ *s* **1** (vastaa usein suomen teitittelyä miestä puhuteltaessa) sir **2** (UK, aatelistitteli) Sir
sire /saɪər/ *s* **1** (uroseläimestä) isä **2** (kuningasta puhuteltaessa) Teidän Majesteettinne
v siittää
siren /saɪrən/ *s* **1** sireeni **2** (tarunomainen) seireeni (myös kuv:) viettelijätär
sirloin /ˈsərˌlɔɪn/ *s* filee, seläke
sister /sɪstər/ *s* **1** sisko, sisar (myös usk ja kuv) *half sister* sisarpuoli **2** sisaralus yms **3** (ark puhuttelusanana) tyttö
sisterhood /ˈsɪstərˌhʊd/ *s* **1** sisaruus **2** (uskonnollinen) sisarkunta
sister-in-law /ˈsɪstərɪnˌla/ *s* (mon sisters-in-law) käly, puolison sisar, veljen vaimo, puolison veljen vaimo
sisterly *adj* sisarellinen
sit /sɪt/ *v* sat, sat **1** istua; istuutua, käydä istumaan; istuttaa, panna istumaan **2** kokoontua **3** olla jossakin, sijaita jossakin **4** (kana) hautoa **5** *to let something sit* antaa jonkin asian olla/odottaa, jättää jokin asia lepäämään **6** (vaate) sopia, istua **7** vahtia lapsia, olla lapsenvahtina **8** olla tilaa *the table sits five* pöydässä on tilaa viidelle, pöytään mahtuu viisi ihmistä **9** toimia jonakin/jossakin tehtävässä
sitar /sɪtar/ *s* (soitin) sitar
sitcom /ˈsɪtˌkam/ *s* (television) tilannekomedia
sit down *v* istuutua; istuttaa, panna istumaan

sit-down *s* **1** (ark) levähdystauko, lepohetki, huilaus **2** istumalakko **3** valtaus (mielenosoitus jossa istutaan kielletyille paikoille tms)
sit-down strike *s* istumalakko
site /saɪt/ *s* paikka, sijainti *building site* rakennustyömaa
v **1** sijoittaa **2** suunnata, tähdätä
sit in *v* **1** osallistua (vieraana) johonkin **2** osallistua valtaukseen/istumalakkoon
sit-in *s* **1** valtaus (mielenosoitus jossa istutaan kielletyille paikoille tms) **2** istumalakko
sit in on *v* osallistua (vieraana) johonkin, olla kuunteluoppilaana, kuunnella
sit on *v* **1** keskustella jostakin, pohtia jotakin **2** (ark) salata, pitää salassa **3** (ark) vaientaa, hiljentää, tukkia jonkun suu
sit out *v* **1** odottaa kunnes jokin loppuu, kestää loppuun saakka **2** jättää väliin, ei osallistua
sit pretty *fr* (ark) jollakulla on pullat hyvin uunissa, jonkun kelpaa olla
sit tight *fr* odottaa (mitään tekemättä)
sitting *s* istunto *to do something in one sitting* tehdä jotakin yhdellä kertaa/ yhteen menoon
sitting duck *s* (kuv) helppo saalis
sitting pretty *fr* jonkun kelpaa olla, jollakulla on hyvät oltavat, jollakulla on pullat hyvin uunissa
sitting room *s* olohuone
situate /'sɪtʃʊ,eɪt/ *v* sijoittaa
situated *adj* **1** joka sijaitsee jossakin *(in)* **2** jolla on tietty taloudellinen asema *well situated* vauras, varakas
situation /ˌsɪtʃʊ'eɪʃən/ *s* tilanne; tila
situation comedy *s* tilannekomedia
sit up *v* **1** nousta (makuulta) istualleen **2** valvoa (illalla) **3** istua suorassa/selkä suorana **4** (ark) hämmästyä, ällistyä *the news made people sit up and take notice* uutinen sai ihmiset havahtumaan
sit-up *s* vatsalihasliike
sit upon *v* keskustella jostakin, pohtia jotakin
six /sɪks/ *s, adj* kuusi
sixes and sevens *to be at sixes and sevens* **1** olla mullin mallin, olla sikin sokin **2** olla riidoissa, ei tulla toimeen keskenään
sixfold /'sɪksˌfoəld/ *adj* kuusinkertainen *there has been a sixfold increase in burglaries* murrot ovat kuusinkertaistuneet
adv kuusinkertaisesti
sixfooter /ˌsɪks'fʊtər/ *s* (noin) kuuden jalan (183 cm) mittainen ihminen
six-pack /'sɪksˌpæk/ *s* kuuden olut/virvoitusjuomatölkin tms pakkaus
six-shooter /'sɪksˌʃutər/ *s* kuudestilaukeava
sixteen /sɪks'tin/ *s, adj* kuusitoista
sixteenth /sɪks'tinθ/ *s, adj* kuudestoista
sixth /sɪksθ/ *s, adj* kuudes
sixth sense *s* kuudes aisti, vainu
sixtieth /sɪkstiəθ/ *s, adj* kuudeskymmenes
sixty /sɪksti/ *s, adj* kuusikymmentä *back in the sixties* 60-luvulla *she lives in the sixties* hän asuu 60.–69. kadulla
sixty-four-dollar question *s* ratkaiseva kysymys
six-wheeler *s* kuusipyöräinen, rekka, kuormuri
sizable /saɪzəbəl/ *adj* huomattava, mittava, suuri
size /saɪz/ *s* koko *the widgets come in different sizes* vempaimia on (useita) eri kokoja *these two are of a size* nämä ovat samankokoiset *to try something on for size* sovittaa/kokeilla (vaatetta); harkita, miettiä, pohtia
sizeable *adj* ks sizable
sized *yhdyssanan jälkiosana* -kokoinen *medium-sized* keskikokoinen
size up *v* (ark) **1** mittailla (esim katseellaan), punnita (kuv), arvioida **2** täyttää vaatimukset, kelvata
size-up *s* (hinta- tai muu) arvio
sizzle /sɪzəl/ *v* **1** tiristä, käristä **2** (ark) olla paahtavan kuumaa **3** (ark) käydä kuumana, olla kimpaantunut jostakin *(over)*
SK *Saskatchewan*
ska /ska/ *s* (mus) ska

skate /skeɪt/ *s* **1** luistin **2** rullaluistin **3** luistimen terä
v **1** luistella **2** rullaluistella **3** luistaa, liukua **4** (sl) luistaa työstä, pinnata
skateboard /ˈskeɪtˌbɔrd/ *s* rullalauta
v rullalautailla
skateboarder *s* rullalautailija, skeittailija
skateboarding *s* rullalautailu, skeittailu
skate on thin ice *fr* liikkua oudoilla vesillä, olla heikolla pohjalla
skater *s* **1** luistelija **2** rullaluistelija
skating *s* **1** luistelu **2** rullaluistelu
skating rink *s* luistinrata
skeet /skit/ *s* skeet-ammunta, skeet
skeleton /skelətən/ *s* **1** luuranko **2** (kuv) runko, pääpiirteet
adj vähimmäis- *skeleton crew* (loma-aikana, pyhisin, öisin palveluksessa oleva) minimihenkilökunta
skeleton at the feast *fr* ilonpilaaja
skeleton in the closet *fr* (kuv) luuranko kaapissa, häpeällinen salaisuus
skeleton key *s* tiirikka
skeptic /skeptɪk/ *s* epäilijä, skeptikko
adj epäilevä, epäluuloinen, epävarma, skeptinen
skeptical *adj* epäilevä, epäluuloinen, epävarma, skeptinen
skeptically *adv* ks skeptical
skepticism /skeptɪsɪzəm/ *s* epäily, epäilevyys
sketch /sketʃ/ *s* **1** luonnos, hahmotelma; (alustava) suunnitelma; lyhyt selostus/selonteko **2** sketsi
v luonnostella, hahmotella; suunnitella (alustavasti); selostaa lyhyesti/pääpiirteissään
sketchbook /ˈsketʃˌbʊk/ *s* luonnosvihko
sketchily *adv* alustavasti, summittaisesti, ylimalkaisesti
sketchy *adj* alustava, joka on (vasta/vielä) luonnosteluasteella, summittainen, ylimalkainen
skewer /skjuər/ *s* varras
v varrastaa
ski /ski/ *s* **1** suksi **2** vesisuksi
v (he/she skis, skied, skied) hiihtää
skid /skɪd/ *s* **1** kisko; jalas **2** liukurata **3** (esim auton) luisto **4** (mon, ark) rappio, deekis (ark) *to be on the skids* olla menossa rappiolle, olla alamäessä *to hit the skids* joutua rappiolle/hunningolle/deekikselle *to put the skids under something* koitua jonkin kohtaloksi/turmioksi, tehdä loppu jostakin
v **1** liu'uttaa **2** luistaa, luisua, luistattaa
skid mark *s* (auton) renkaan jäljet (tiessä), jarrutusjäljet
skid row *s* pummien, puliukkojen ja narkomaanien asuttama kaupunginosa/katu
skier /skiər/ *s* laskettelija, hiihtäjä
skies /skaɪz/ ks sky
skiing /skiiŋ/ *s* laskettelu, hiihto *track skiing* latuhiihto *cross-country skiing* maastohiihto *water skiing* vesihiihto
skill /skɪl/ *s* taito *to do something with skill* tehdä jotakin taitavasti
skilled *adj* **1** taitava, taidokas **2** ammattitaitoinen *skilled worker* ammattitaitoinen työntekijä *highly skilled workforce* korkeasti koulutettua työvoimaa
skillet /skɪlət/ *s* paistinpannu
skillful *adj* taitava, taidokas
skillfully *adv* taitavasti, taidokkaasti
skim /skɪm/ *v* **1** kuoria (maitoa ym) **2** liukua jonkin pinnalla, hipoa jotakin **3** peittää ohuelti **4** lukaista, lukea nopeasti, selailla, vilkaista **5** (kuv) kuoria kerma päältä, poimia parhaat palat
skimmed milk *s* rasvaton maito
skim milk *s* rasvaton maito
skimpily *adv* **1** niukasti, niukalti, hyvin vähän **2** nuukasti, kitsaasti
skimpy /skɪmpi/ *adj* **1** niukka, vähäinen, mitätön **2** nuuka, kitsas
skin /skɪn/ *s* **1** iho, nahka (myös kuv) *to get under your skin* (sl) käydä jonkun hermoille; vaikuttaa voimakkaasti johonkuhun, joku saa väreitä jostakin *to have a thick skin* (kuv) olla paksunahkainen *to have a thin skin* (kuv) olla herkkä arvostelulle/loukkaantumaan *in/with a whole skin* ehjin nahoin *to save your skin* pelastaa nahkansa *that's no skin off my back* (sl) minä en piittaa siitä, se

ei minua lotkauta *under the skin* pohjimmaltaan, pinnan alla **2** (hedelmän, makkaran ym) kuori **3** (mon sl) rummut
v **1** nylkeä **2** kuoria **3** (iho) repeytyä auki *she skinned her elbow when she fell* hän sai kaatuessaan ihohaavoja kyynärpäähänsä
adj (sl) (elokuva tms) porno-
skin alive *fr* (ark, kuv) **1** haukkua pystyyn, lyödä lyttyyn **2** nylkeä elävältä, antaa selkään, piestä
skin and bones *to be nothing but skin and bones* olla pelkkää luuta ja nahkaa
skin care *s* ihonhoito
skin-deep *adj* pinnallinen, joka ei ulotu pintaa syvemmälle, katoavainen
skin-dive *v* sukeltaa (perusvälineillä)
skin diver *s* (perusväline)sukeltaja
skin diving *s* perusvälinesukellus
skin graft *s* (lääk) **1** ihosiirrännäinen **2** ihonsiirto
skinless *adj* (makkara) kuoreton
skinny *adj* erittäin laiha *a skinny man* miehen ruipelo
skinny-dip /ˈskɪniˌdɪp/ *v* (ark) uida/pulikoida vedessä alasti
skin of your teeth *by the skin of your teeth* täpärästi, nipin napin, jokin on hiuskarvan varassa
skintight /ˌskɪnˈtaɪt/ *adj* (vaate) tiukka, piukka, kireä, muotoja mukaileva
skip /skɪp/ *s* hyppy, hypähdys
v **1** hypätä, hyppiä, hypähdellä, hypätä yli **2** pujahtaa, sujahtaa, livahtaa **3** jättää väliin, hypätä yli *I skipped the romantic scenes* jätin romanttiset kohdat lukematta *let's skip the small talk* mennään suoraan asiaan *to skip a beat* (sydämestä) hypähtää **4** (oppilas) jättää luokka/luokkia väliin, siirtyä/siirtää ylemmälle luokalle **5** (ark) lähteä livohkaan, häipyä
ski pole *s* hiihtosauva, suksisauva
skip out on *fr* jättää joku
skipper *s* **1** kippari, kapteeni **2** (joukkueen) johtaja, kapteeni
ski rack *s* (esim auton) suksiteline
skirmish /skərmɪʃ/ *s* selkkaus, yhteenotto, riita
v ottaa yhteen, riidellä
skirt /skərt/ *s* **1** hame **2** (mon) ääri, ääret, laita, laitamat
v **1** kiertää jonkin ympäri *(around),* (kuv) kierrellä, vältellä **2** ympäröidä, olla jonkin ympärillä
skittish /skɪtɪʃ/ *adj* säikky, levoton, arka, ujo, oikukas, epävarma
skittishly *adv* ks skittish
skulduggery /skəlˈdʌgəri skʌlˈdʌgəri/ *s* juonittelu, vehkeily
skull /skəl, skʌl/ *s* (pää)kallo
skullcap /ˈskəlˌkæp, ˈskʌlˌkæp/ *s* patalakki, kalotti
skunk /skʌŋk/ *s* **1** haisunäätä, skunkki **2** (ark) mätämuna
sky /skaɪ/ *s* (mon skies) taivas
skybridge /ˈskaɪˌbrɪdʒ/ *s* kävelysilta (rakennuksen sisällä tai rakennuksesta toiseen)
skyjack /ˈskaɪˌdʒæk/ *v* kaapata (lentokone)
skyjacker *s* (lento)konekaappaaja, kaappari
skyjacking *s* (lento)konekaappaus
Skylab /ˈskaɪˌlæb/ *s* (Nasan avaruuslaboratorio) Skylab
skylark /ˈskaɪˌlark/ *s* kiuru, leivonen
skylight /ˈskaɪˌlaɪt/ *s* kattoikkuna
skylight filter /ˈskaɪlaɪtˌfɪltər/ *s* (kameraobjektiivin) skylight-suodatin, päivänvalosuodatin
Skylights /ˈskaɪˌlaɪts/ (Peter Panissa) Ankkuri-Aapo
skyline /ˈskaɪˌlaɪn/ *s* (suurkaupungin) siluetti
skyrocket /ˈskaɪˌrakət/ *s* ilotulitusraketti
v (kuv) nousta/nostaa (esim hinnat) pilviin
skyscraper /ˈskaɪˌskreɪpər/ *s* pilvenpiirtäjä
skyscraping *adj* pilviä hipova, erittän korkea
skywrite /ˈskaɪˌraɪt/ *v* savulentää (ks *skywriting*)
skywriting *s* savulento (jossa mainosteksti kirjoitetaan taivaalle laskemalla lentokoneesta savua)
S & L *savings and loan association* säästöpankki

slab /slæb/ *s* laatta, paksu levy/pala/viipale/siivu
slack /slæk/ *s* **1** (esim köyden) löysyys: *to take up the slack* kiristää; (kuv) korvata **2** lasku, hidastuminen **3** hiljainen kausi
adj **1** löysä, veltto **2** (kuv) huolimaton, löysä, veltto, hidas, hiljainen
slacken *v* (myös kuv) löysätä, löystyä, höllentää, laiskistua, hiljentyä, hidastua
slack off *v* löysätä, höllentää
slacks *s* (mon) housut
slack up *v* **1** laiskistua, (kaupankäynti ym) hiljentyä, hidastua **2** löysätä, höllätä, höllentää (myös kuv)
slag /slæg/ *s* kuona
slain /sleɪn/ ks slay
slalom /slaləm/ *s* pujottelu
v **1** (lasketella) pujotella **2** kiemurrella, mutkitella, pujotella
slam /slæm/ *v* paiskata, läimäyttää *he slammed the door in my face* hän paiskasi oven kiinni päin naamaani (ark)
slammer *s* (sl) vankila, häkki
slander /slændər/ *s* panettelu, parjaus, häväistys
v panetella, parjata, häväistä
slanderous /slændərəs/ *adj* panetteleva, parjaava, häväistys-
slang /slæŋ/ *s* slangi
slangy *adj* **1** slangi- **2** jossa on paljon slangia
slant /slænt/ *s* **1** kaltevuus **2** (kuv) taipumus; vääristymä; (esim lehtijutun) näkökulma *there's a curious slant to her views* hänen näkemyksensä ovat oudon yksipuolisia **3** näkemys, kanta, mielipide **4** (ark) vilkaisu
v **1** kallistaa, kallistua **2** (kuv) vääristää, esittää tietystä näkökulmasta **3** kohdistaa/suunnata jollekulle *(toward)*
slant-eyed /ˈslænt͵aɪd/ *adj* vinosilmäinen
slantwise /ˈslænt͵waɪz/ *adj, adv* vino(sti)
slap /slæp/ *s* läpsäys, lätkäytys, läimäys
v läpsäyttää, läimäyttää
slapdash /ˈslæp͵dæʃ/ *adj* kiireinen, hätäinen, hätiköity
adv kiireesti, hätäisesti, hätiköiden
slap down *v* vaimentaa, hiljentää
slap high-fives *fr* tervehtiä lyömällä oikeat kämmenet pään yläpuolella vastakkain
slap on *to slap a fine on someone* antaa jollekulle sakot, sakottaa
slapstick /ˈslæp͵stɪk/ *s* slapstick-komedia
slash /slæʃ/ *s* **1** viilto, haava **2** sivallus **3** vinoviiva (/)
v **1** viiltää, silpoa **2** ruoskia, piiskata, sivaltaa **3** (kuv) leikata, alentaa (hintoja), lyhentää
slat /slæt/ *s* **1** säle, lista **2** (lentokoneen siivessä) solas
slate /sleɪt/ *s* **1** liuske(kivi) **2** (liuskekivinen) kattolaatta **3** kivitalu *to have a clean slate* jollakulla on puhtaat paperit **4** ehdokasluettelo
v **1** laatoittaa, kattaa laatoilla **2** haukkua, moittia
slate for *v* **1** ehdottaa johonkin tehtävään, asettaa/nimetä ehdokkaaksi **2** *the meeting is slated for Tuesday* kokous on sovittu tiistaksi, kokous on määrä pitää tiistaina
slaughter /slatər/ *s* teurastus (myös kuv:) verilöyly
v teurastaa (myös kuv)
slaughterhouse /ˈslatər͵haʊs/ *s* teurastamo
Slav /slav/ *s* slaavi
adj slaavilainen
slave /sleɪv/ *s* orja (myös kuv) *to be a slave to something* olla jonkin orja, olla riippuvainen jostakin
v raataa (kuin orja)
slave labor *s* **1** orjatyövoima **2** orjatyö (myös kuv)
slaver *s* **1** orjakauppias **2** orjien omistaja
Slave River Orjajoki (Kanadassa)
slavery /sleɪvri/ *s* (orjana oleminen, orjien pito) orjuus (myös kuv)
slave state *s* **1** orjavaltio **2** *Slave States* (US hist) osavaltiot joissa harjoitettiin orjuutta sisällissodan päättymiseen saakka (1865)
slave trade *s* orjakauppa

slavish /sleɪvɪʃ/ *adj* orjallinen
slavishly *adv* orjallisesti
slavishness *s* orjallisuus
slay /sleɪ/ *v* slew, slain: (väkivaltaisesti) surmata, tappaa, murhata *the slain president* murhattu presidentti
slayer *s* surmaaja, murhaaja
sleaze /sliz/ *s* **1** (sl) liero (tyyppi) **2** siivoton, ruokoton tyyppi **3** (kuv) törky
sleazebag /'sliz,bæg/ *s* (sl) liero
sleazoid /'slizoɪd/ *adj* (sl) liero, törkeä, törky-
sleazy /slizi/ *adj* **1** kiero, häikäilemätön, likainen **2** (moraalisesti) törkeä, törky- *sleazy movies*
sled /sled/ *s* **1** kelkka **2** reki
sledge /sledʒ/ *s* **1** reki **2** kelkka
sledgehammer /'sledʒ,hæmər/ *s* moukari
v moukaroida
adj kovakourainen, häikäilemätön; hiomaton, alkeellinen
sleek /slik/ *adj* **1** sileä, siloinen **2** virtaviivainen, sulavalinjainen, vauhdikkaan näköinen **3** (ulkonäkö) huoliteltu, sliipattu (halv), (käytös) sulava, (halv) lipevä
sleeky *adj* sileä, siloinen
sleep /slip/ *s* uni
v slept, slept: nukkua
sleep around *v* (sukupuolisuhteista) harrastaa vapaita seksisuhteita
sleeper *s* **1** nukkuja **2** (mon) (lapsen) uniasu **3** (ark) (elokuva ym) yllätysmenestys **4** kauppatavara joka menee huonosti kaupaksi **5** vuodesohva **6** makuuvaunu
sleepily *adv* unisesti; uneliaasti
sleep-in *s* kotiapulainen tms joka asuu työnantajansa talossa
sleep in *v* (kotiapulainen) asua työnantajan talossa
sleeping bag *s* makuupussi
sleeping car *s* makuuvaunu
sleeping pill *s* unilääke
sleeping sickness *s* unitauti
sleepless *adj* uneton
sleep like a log *fr* nukkua kuin tukki
sleep like a top *fr* nukkua kuin tukki
sleep on *v* lykätä (päätöstä) *let's sleep on it* mietitään asiaa vielä
sleep-out /'slip,aʊt/ *s* kotiapulainen tms joka ei asu työnantajansa talossa
sleep out *v* (kotiapulainen) ei asua työnantajan talossa
sleep over *v* olla yövieraana jossakin
sleepover /'slip,oʊvər/ *s* **1** yön yli jatkuva vierailu **2** yövieras
sleep together *v* maata yhdessä, olla sukupuolisuhteessa
sleepwalk /'slip,wak/ *v* kävellä unissaan
sleepwalker *s* unissakävelijä
sleepwalking *s* unissakävely
sleep with *v* maata jonkun kanssa, rakastella jonkun kanssa
sleepy *adj* uninen; unelias, saamaton, hiljainen
sleet /slit/ *s* räntä(sade)
v sataa räntää
sleeve /sliv/ *s* **1** hiha *to have something up your sleeve* olla jotakin hihassa/mielessä *to laugh up your sleeve* nauraa partaansa **2** (äänilevyn) kansi, suojus **3** holkki, hylsy
sleeveless *adj* hihaton
sleigh /sleɪ/ *s* **1** reki **2** kelkka
sleight of hand /,slaɪtəv'hænd/ *s* sorminäppäryys, temppu, metku
slender /slendər/ *adj* **1** kapea, hoikka, ohut, ohkainen **2** niukka, vähäinen
slept /slept/ ks sleep
sleuth /sluθ/ *s* **1** etsivä **2** vainukoira, verikoira
v leikkiä etsivää, nuuskia
slice /slaɪs/ *s* **1** viipale; pala, palanen, palsta **2** osa, osuus **3** (golf) slaissi, pallon kaartaminen ilmassa vasemmalta oikealle (oikeakätisellä pelaajalla)
v viipaloida, paloitella
sliced bread *s* (valmiiksi) viipaloitu leipä *that's the greatest invention since sliced bread* se on mullistava keksintö
slick /slɪk/ *s* **1** laikku, läiskä *oil slick* (merellä) öljyvahinko **2** (loistelias aikakauslehti) kiiltokuvalehti **3** sileä (kilpa-auton, polkupyörän) rengas
v siloittaa, liukastaa
adj **1** liukas, lipevä, sileä, siloinen **2** (kuv) sulava, liukas, lipevä, ovela, nokkela, nerokas, pinnallinen

slick up *v* (ark) pyntätä, laittaa/laittautua komeaksi
slide /slaɪd/ *s* **1** liukuminen, luisuminen, liirto **2** liukumäki **3** maanvyöry **4** dia(kuva) **5** liukuva osa, kelkka; liukualusta, kisko(t)
v slid, slid/slidden **1** liukua, liu'uttaa, luisua, luistaa, luiskahtaa, liirtää **2** sujauttaa, sujahtaa, pujauttaa, pujahtaa, pistää/työntää vaivihkaa **3** laskea, alentua, vähentyä **4** ajautua (vähitellen) johonkin tilaan *Mr. Zbornak is beginning to slide* (kuv) Mr. Zbornak on joutunut kaltevalle pinnalle **5** *to let something slide* ei piitata/välittää jostakin, antaa jonkin asian olla
slide fastener *s* vetoketju
slide rule *s* laskutikku
slide trombone *s* vetopasuuna
sliding scale *s* liukuva (palkka- tai muu) asteikko
slight /slaɪt/ *s* vähättely, väheksyntä, loukkaus, piikki
v **1** vähätellä, väheksyä, pilkata, loukata, piikitellä **2** lyödä laimin
adj vähäinen, hienoinen, pieni, etäinen *there's a slight chance of rain later today* on mahdollista että tänään sataa *not in the slightest* ei suinkaan, ei millään muotoa
adj hento, heiveröinen
slightly /slaɪtli/ *adv* hieman, vähän, pikkuisen
Slightly (Peter Panissa) Hoikka
slim /slɪm/ *s* Afrikassa immuunikadosta eli aidsista käytetty nimitys
adj **1** hoikka, ohut, laiha **2** vähäinen, pieni, heikko *a slim chance* huonot mahdollisuudet
slim down *v* **1** laihtua **2** leikata menoja, säästää
slime /slaɪm/ *s* **1** rapa, kura **2** lima **3** (sl) liero
v kurata, sotkea
slimness *s* hoikuus, laihuus
slimy /slaɪmi/ *adj* **1** rapainen, kurainen, niljakas **2** limainen **3** (kuv) niljakas
sling /sliŋ/ *s* **1** (ase) linko **2** ritsa **3** (esim kättä kannattava) side **4** (lapsen kantamiseen käytettävä) kannatinliina **5** olkahihna, kantohihna
v slung, slung **1** heittää, singota **2** roikkua/ripustaa hihnasta
slingshot /ˈsliŋˌʃat/ *s* ritsa
slink /sliŋk/ *v* slunk, slunk: hiipiä
slip /slɪp/ *s* **1** liukastuminen, (esim jalan, otteen) lipsahdus **2** (kuv) lipsahdus, lapsus, virhe, kömmähdys **3** (kuv) lasku, väheneminen, huononeminen, heikkeneminen **4** alushame **5** tyynyliina **6** *to give someone the slip* livahtaa/karata jonkun käsistä
v **1** liukastua, luistaa, liukua, liu'uttaa, lipsua, lipsahtaa, irrota, päästä irti **2** sujahtaa, sujauttaa, pistää/työntää vaivihkaa **3** unohtaa, unohtua *it slipped my mind* unohdin sen **4** *let slip* paljastaa vahingossa, möläyttää; päästä sivu suun **5** tehdä virhe, jollekulle sattuu lipsahdus/ erehdys/lapsus **6** (taso) laskea, heiketä, huonontua *the quality of our product is slipping* tuotteemme laatu huononee jatkuvasti
slip a cog *fr* tehdä virhe, tunaroida, munata
slip away *v* **1** lähteä/häipyä vähin äänin **2** unohtua
slip between the cracks *fr* jäädä huomaamatta, päästä vahingossa läpi jostakin
slipcase /ˈslɪpˌkeɪs/ *s* kirjakotelo, kirjakasetti
slipcover /ˈslɪpˌkʌvər/ *s* (kirjan) suojapaperi
slip of the tongue *s* lipsahdus
slip-on /ˈslɪpˌan/ *s* (paita) pujo-, napiton, (kengät) nauhattomat
slip one over on *fr* huijata, puijata, vetää nenästä
slipover /ˈslɪpˌoʊvər/ *s* pujoliivi
slip over on *to slip something over on someone* huijata, pettää, vetää nenästä
slipped disk *s* (diskusprolapsi) (selkänikamien) välilevyn siirtymä
slipper /slɪpər/ *s* **1** tohveli **2** avokas
slippery /slɪpəri/ *adj* liukas (myös kuv)
slipshod /ˈslɪpˌʃad/ *adj* huolimaton, kehno, surkea, nuhruinen

slip-up /ˈslɪpˌʌp/ *s* virhe, lipsahdus, erehdys, tunarointi, munaus
slit /slɪt/ *s* rako, (matala) aukko
v slit, slit: viiltää/leikata auki
slither /slɪðər/ *v* luisua, (käärme) luikerrella, madella
sliver /slɪvər/ *s* **1** sirpale, säpäle, pirstale **2** kaistale
v pirstoa, pilkkoa
Sloane Ranger /ˌsloʊnˈreɪndʒər/ *s* (UK) Lontoon yläluokkaan kuuluva sovinnainen nuori tai nuorehko henkilö
Sloanie /sloʊni/ *s* ks *Sloane Ranger*
slogan /sloʊgən/ *s* iskulause, iskusana
slo-mo /ˈsloʊˌmoʊ/ *s* (ark) hidastus(kuva) *(slow-motion)*
slop /slap/ **1** läiskynyt vesi **2** (ruoka) litku, mönjä **3** karjan ruoka **4** likavesi, laski
v valua/mennä yli, läiskyä, läiskyttää, pärskyttää, roiskuttaa
slope /sloʊp/ *s* **1** rinne **2** kallistus, nousu, viettävä maa
v **1** viettää, nousta, kallistua, olla kalteva **2** kallistaa, tehdä kaltevaksi/vinoksi
sloppily *adv* huolimattomasti, sottaisesti, siivottomasti
sloppiness *s* huolimattomuus, sottaisuus, siivottomuus
sloppy /slapi/ *adj* huolimaton, sottainen, siivoton
Sloppy Joe /ˌslapiˈdʒoʊz/ *s* **1** eräänlainen jauhelihasämpylä **2** (mies, poika) sottapytty
slosh /slaʃ/ *v* läikyttää, roiskia
slot /slat/ *s* **1** rako, aukko, kolo **2** kolikkoaukko, rahanielu **3** (ohjelman vakinainen lähetys)aika **4** (avoin) työpaikka
sloth /slaθ/ *s* **1** laiskuus, saamattomuus, velttous **2** (eläin) laiskiainen
slothful *adj* laiska, saamaton, veltto
slot machine *s* raha-automaatti
slouch /slaʊtʃ/ *s* kyyry/kyyristynyt/kumara (seisoma- tai istuma-)asento
v kävellä/istua kyyryssä, kyyhöttää kumarassa, kävellä laahustaen, laahustaa
Slovakia /sloʊˈvækiə/ Slovakia
Slovenia /sloʊˈviniə/ Slovenia
slovenly /slʌvənli/ *adj* epäsiisti, siivoton, sottainen, huolimaton
slow /sloʊ/ *v* hidastaa, viivästyttää
adj **1** hidas, verkkainen **2** hidasälyinen, hidasjärkinen **3** (tuli, lämpö) hiljainen **4** (kello) joka on jäljessä, joka jätättää **5** (kaupunki, kaupankäynti ym) hiljainen **6** (valok) (filmi) hidas, (objektiivi myös) jonka valovoima on heikko
adv hitaasti
slowdown /ˈsloʊˌdaʊn/ *s* **1** viivästys **2** hidastuslakko **3** (urh) viivytyspeli
slow down *v* hidastaa, hidastua, hiljentää (vauhtia), viivästyttää
slowly *adv* hitaasti; vähitellen
slow motion *s* hidastus(kuva)
slow-moving /ˌsloʊˈmoʊviŋ/ *adj* hidas, verkkainen, raukea
slowness *s* **1** hitaus, verkkaisuus **2** hidasjärkisyys **3** hiljaisuus, (kaupankäynnin myös) vähäisyys
slowpoke /ˈsloʊˌpoʊk/ *s* (ark) vätys, nahjus
slowup /ˈsloʊˌʌp/ *s* viivästys
slow up *v* hidastaa, hidastua, hiljentää (vauhtia), viivästyttää
slow-witted /ˌsloʊˈwɪtəd/ *adj* hidasjärkinen, hidasälyinen
SLR *single-lens reflex* yksisilmäinen peiliheijastuskamera, (usein) järjestelmäkamera
sludge /slʌdʒ/ *s* lieju, muta
slug /slʌg/ *s* **1** (kuoreton) etana (myös kuv) **2** luoti **3** isku, lyönti
v iskeä, lyödä
sluggard /slʌgərd/ *s* laiskuri, vetelys, vätys
sluggardly *adj* laiska, vetelä, saamaton, veltto
sluggish /slʌgɪʃ/ *adj* laiska, vetelä, veltto, hidas
sluggishly *adv* laiskasti, vetelästi, veltosti, hitaasti
slug it out *fr* **1** tapella (ratkaisuun asti) **2** (kuv) pitää pintansa
sluice /slus/ *s* **1** (kanavan) sulku **2** kouru, uittokouru, oja, kanava
sluice gate *s* (kanavan) sulkuportti
slum /slʌm/ *s* slummi

slumber /slʌmbər/ *s* uni
v **1** torkkua, nukkua **2** (kuv) uinua
slumberland /ˈslʌmbərˌlænd/ *s* (kuv) unten maat
slummy *adj* slummi-, slummiutunut
slump /slʌmp/ *s* **1** kyyry/kyyristynyt asento **2** (hintojen) romahdus, (taloudellinen) taantuma, (mielialan) lasku
v **1** lysähtää **2** istua/olla kyyryssä, kyyhöttää **3** (hinnat) romahtaa, (mieliala) laskea
slung /slʌŋ/ ks sling
slunk /slʌŋk/ ks slink
slur /slər/ *s* **1** loukkaus, herjaus, herja **2** (kuv) (maineen) tahra, häpeäpilkku **3** (puhe) soperrus, takeltelu, sammallus
v **1** loukata, herjata **2** puhua takellellen, sopertaa, sammaltaa, kangertaa
slur over *v* ei tuoda riittävästi esiin, ohittaa, sivuuttaa
slush /slʌʃ/ *s* **1** märkä lumi, loska, sohjo **2** lieju, muta **3** imelä tunteellisuus, sentimentaalisuus
slush fund *s* lahjusrahat, lahjusrahasto
slushy *adj* **1** (lumi) loskainen, sohjoinen **2** (ark) imelän tunteellinen, sentimentaalinen
slut /slʌt/ *s* **1** (nainen) sottapytty **2** lutka, huora
sly /slaɪ/ *s: on the sly* salaa
adj **1** ovela, viekas, kavala **2** kujeileva, leikkisä
S & M *sadomasochism* sadomasokismi
smack /smæk/ *s* **1** isku, tälli **2** (huulten) moiskautus **3** suukko, moiskautus **4** haju, maku **5** tuntu **6** (sl) heroiini
v **1** lyödä, pamauttaa **2** moiskauttaa (huulia) **3** suudella moiskauttaa, antaa suukko **4** tuoksua, maistua joltakin **5** (kuv) vaikuttaa/tuntua joltakin *this smacks of flattery* tämä haiskahtaa imartelulta
adv suoraan: *he hit me smack in the belly* hän löi minua suoraan päin mahaa
smack-dab /ˌsmækˈdæb/ *adv* (ark) suoraan
small /smaəl/ *adj* **1** pieni *when he was small* pienenä, kun hän oli pieni/nuori *to feel small* tuntea itsensä mitättömäksi, hävetä **2** ohut, kapea, hoikka **3** mitätön, vähäpätöinen **4** pikku- *he is a small businessman* hän on pienyrittäjä **5** (ääni) hiljainen
small hours *s* (mon) pikkutunnit
smallness *s* pienuus
small of the back *s* ristiselkä
smallpox /ˈsmalˌpaks/ *s* isorokko
small talk /ˈsmalˌtak/ *s* rupattelu
smart /smart/ *s* **1** kipu, pisto, poltto **2** kärsimys, suru **3** (mon sl) järki, äly, hokso
v **1** sattua, satuttaa, tehdä kipeää, pistää, polttaa **2** kärsiä, olla surullinen
adj **1** hieno, tyylikäs, huoliteltu *the smart crowd/set* hienot ihmiset/piirit **2** terävä, nokkela, ovela, viekas **3** viisasteleva, näsäviisas *don't you get smart with me* älä rupea viisastelemaan **4** nopea, nokkela
smart aleck /ˈsmartˌælək/ *s* viisastelija, näsäviisas ihminen
smarten up *v* **1** kohentaa (esim ulkonäköään), siistiytyä **2** parantaa tapansa, herätä huomaamaan virheensä
smartly *adv* ks smart
smartness *s* **1** hienous, tyylikkyys, huoliteltu ulkonäkö/pukeutuminen ym **2** nokkeluus, oveluus, viekkaus **3** viisastelu, näsäviisaus **4** nopeus, nokkeluus
smash /smæʃ/ *s* **1** läimähdys, räsähdys, pamahdus **2** törmäys, yhteentörmäys, kolari **3** isku, lyönti **4** vararikko, konkurssi **5** (ark) suurmenestys
v **1** iskeä/lyödä/hajota säpäleiksi, särkeä, särkyä, pirstoa, pirstoutua **2** musertaa, piestä (vastustaja), kukistaa, tukahduttaa (kapina) **3** lyödä, pamauttaa **4** törmätä, ajaa päin jotakin *the car smashed into the wall* auto törmäsi seinään *he smashed the car into the wall* hän törmäsi autollaan seinään
adj menestyksekäs
smashed *adj* (sl) päissään, kännissä
smash hit *s* suurmenestys
smashing *adj* **1** loistava, erinomainen **2** murskaava, musertava
smash-up *s* (ketju)kolari

smatter /smætər/ *v* puhua (jotakin kieltä) ontuen
smattering /smætəriŋ/ *s* pinnalliset tiedot jostakin *(of)*
smear /smɪər/ *s* tahra (myös kuv), läiskä *that is a smear on his reputation* se tahraa hänen mainettaan
v **1** levittää **2** tahria, tahrata, tahraantua, sotkea, sotkeentua, töhriä **3** (kuv) tahrata (maine)
smear campaign *s* yritys/yritykset tahrata jonkun (poliitikon tms) maine, mustamaalaus(kampanja)
smell /smel/ *s* haju
v smelled, smelled/smelt **1** haista, haista pahalta, tuoksua **2** haistaa **3** vaikuttaa joltakin *(of)* **4** (ark) olla huono/surkea
smell about *v* nuuskia, kysellä, etsiä, tutkia
smell a rat *fr* haistaa palaneen käryä
smell around *v* nuuskia, kysellä, etsiä, tutkia
smell out *v* nuuskia jotakin selville
smell up *v* levittää pahaa hajua jonnekin, täyttää pahalla hajulla
smelly *adj* pahanhajuinen, haiseva
smelt /smelt/ *v* **1** ks smell **2** sulattaa (metallia)
smelter /smeltər/ *s* **1** (metallin) sulattaja **2** sulatusuuni **3** sulatto
smeltery *s* sulatto
smile /smaɪəl/ *s* hymy
v hymyillä *he smiled his way into that job* hän sai työpaikan hymyilemällä auliisti esimiehilleen
smile at *v* **1** hymyillä jollekulle/jollekin **2** vähätellä jotakin, ei ottaa tosissaan
smirk /smərk/ *s* ylimielinen/omahyväinen hymy/virnistys
v hymyillä/virnistää ylimielisesti/omahyväisesti
smith /smɪθ/ *s* seppä
smithereens /ˌsmɪðə'rinz/ *s* (mon) sirpaleet, säpäleet *to break something into smithereens* iskeä jokin säpäleiksi
smithy /smɪθi/ *s* (sepän) paja
smock /smak/ *s* työtakki, työpaita
smog /smag/ *s* savusumu
smoke /smoʊk/ *s* **1** savu **2** (kuv) pelkkä puhe, olematon asia, savu *to go up in smoke* haihtua savuna ilmaan **3** tupakointi: *let's have a smoke* vedetään sauhut
v **1** savuta **2** tupakoida, polttaa (tupakkaa tms) *do you smoke?* poltatko? **3** savustaa (kalaa, lihaa)
smoke bomb *s* savupommi
smoke detector *s* savuhälytin, palohälytin
smokehouse /'smoʊkˌhaʊs/ *s* (kalan, lihan) savustamo
smokeless *adj* savuton
smokeout /'smoʊkˌaʊt/ *s* (tupakkalakkopäivä) savuton päivä
smoke out *v* savustaa joku ulos jostakin (myös kuv:) paljastaa, tuoda ilmi
smoker *s* **1** tupakoija **2** (junassa) tupakkavaunu, tupakkaosasto
smoke screen *s* **1** savuverho **2** (kuv) hämäys
smokey /smoʊki/ *s* (mon smokeys) (sl) **1** liikkuva (poliisi) **2** liikkuvan poliisin auto
Smokey Bear /ˌsmoʊki'beər/ *s* (sl) liikkuva (poliisi)
smoking car *s* (junassa) tupakkavaunu
smoking room *s* tupakkahuone, tupakointihuone
smoky *adj* savuava, savuinen
smolder /smoldər/ *v* (tuli) kyteä (myös kuv)
smooth /smuð/ *v* tasoittaa, silittää
v **1** tasainen, sileä, siloinen, (vesi) tyyni *her Olds has a smooth ride* hänen Oldsmobilessaan on tasainen kyyti **2** rauhallinen, tyyni **3** (käytös) sulava, kohtelias
smoothly *adv* ks smooth
smoothness *s* **1** tasaisuus, sileys, siloisuus, (veden) tyyneys) **2** rauhallisuus, tyyneys **3** (käytöksen) sulavuus, kohteliaisuus
smooth over *v* vähätellä, lieventää, helpottaa
smother /smʌðər/ *v* **1** tukehduttaa (kuoliaaksi), tukehtua (kuoliaaksi) **2** tukahduttaa, sammuttaa tukahduttamalla, tukahtua, sammua **3** (kuv) tukahduttaa (tunteet) **4** peittää jollakin *(in)* **5** haudutaa (ruokaa)

smudge /smʌdʒ/ *s* **1** tahra, läiskä **2** katku, tukahduttava savu **3** katkuava nuotio (jolla karkotetaan hyttysiä) *v* tahria, tahriintua, töhriä, liata, likaantua
smug /smʌg/ *adj* ylimielinen, omahyväinen
smuggle /smʌgəl/ *v* **1** salakuljettaa **2** viedä salaa
smuggler /smʌglər/ *s* salakuljettaja
smuggling *s* salakuljetus
smugly *adv* ylimielisesti, omahyväisesti
smugness *s* ylimielisyys, omahyväisyys
smut /smʌt/ *s* **1** (noki- tai muu) tahra **2** likainen kieli, rivous, säädyttömyys, ruokottomuus, ruokottomuudet *v* noeta, tahria, töhriä
smuttiness *s* **1** tahraisuus, töhryisyys, likaisuus **2** (kielen) likaisuus, rivous, säädyttömyys
smutty *adj* **1** tahrainen, töhryinen, likainen **2** (kieli) likainen, rivo, säädytön, ruokoton
S/N *signal to noise (ratio)* signaalikohina(suhde)
snack /snæk/ *s* välipala *to go snacks* panna/jakaa (tulot, voitto) tasan *v* syödä välipalaa, käydä välipalalla, haukata jotakin, panna/käydä panemassa suuhunsa jotakin
snafu /snæ'fu/ *s* fiasko (lyhenne sanoista Situation Normal, All Fucked/ Fouled Up) *it was a real snafu* se meni läskiksi
snail /sneɪəl/ *s* (kuorellinen) etana (myös kuv:) vätys, hidas ihminen
snail's pace *at a snail's pace* etanan vauhtia, hitaasti
snake /sneɪk/ *s* **1** käärme **2** (kuv) kavala ihminen, käärme, kieroilija, liero *v* (tie, joki ym) kiemurrella, luikerrella, mutkitella
snakebite /'sneɪkˌbaɪt/ *s* käärmeen purema
snake in the grass *s* (kuv) käärme, kavala ihminen, kieroilija, liero
snake oil *s* **1** ihmelääke **2** (kuv, sl) huiputus, huijaus, tyhjät lupaukset
snap /snæp/ *s* napsahdus *v* **1** napsahtaa, napsauttaa, näpäyttää, (piiskalla) sivaltaa **2** katkaista, katketa **3** puraista, näykkäistä, haukata **4** (valokuvata) räpsiä, näpsiä (kuvia) **5** tiuskaista, laukoa (käskyjä) *to snap someone's head off* suuttua jollekulle, antaa jonkun kuulla kunniansa
snap at *v* **1** näykkäistä, puraista **2** tiuskaista, äksyillä jollekulle
snap out of *v* päästä (eroon) jostakin, päästä jonkin yli (kuv)
snapshot /'snæpˌʃat/ *s* (äkkiä otettu) valokuva
snap to *v* **1** (sotilaista) ottaa asento **2** (kuv) ryhdistäytyä, parantaa tapansa
snap up *v* (kuv) tarttua johonkin, viedä/ostaa heti/käsistä
snap your fingers at *fr* vähät välittää jostakin
snare /sneər/ *s* ansa *v* **1** pyydystää, saada ansaan **2** (kuv) houkutella (ansaan)
snare drum *s* pikkurumpu
snarl /snarəl/ *s* **1** murina; murahdus **2** vyyhti (myös kuv) *traffic snarl* liikenneruuhka *v* **1** (koira) murista (ja näyttää hampaitaan) **2** (ihminen) murista (tyytymättömänä, vihaisena), murahtaa **3** sotkea vyyhdiksi, sekoittaa, tukkia (liikenne)
snatch /snætʃ/ **1** *to make a snatch at something* (yrittää) tarttua johonkin **2** pätkä, jakso, pala, palanen **3** (sl) sieppaus, kidnappaus **4** (sl) vittu *v* **1** napata, tarttua **2** (sl) siepata, kidnapata
sneak /snik/ *v* **1** hiipiä **2** sujauttaa, pujauttaa (vaivihkaa)
sneakers *s* (mon) lenkkarit
sneaking *adj* **1** vaivihkainen, salamyhkäinen **2** vilpillinen, epäluotettava **3** salainen *sneaking suspicion* häilyvä epäilys, kalvava tunne
sneak preview *s* (elokuvan) ennakkonäytäntö
sneaky *adj* **1** vaivihkainen, salavihkainen **2** epäluotettava
sneer /snɪər/ *s* **1** ivallinen/pilkallinen virnistys/hymy **2** ivallinen/pilkallinen/

pisteliäs/ kärkevä huomautus, piikki
v **1** hymyillä/katsoa ivallisesti/pilkallisesti **2** ivata, pilkata, puhua ivallisesti/pilkaten jostakusta/jostakin *(at)*
sneeze /sniz/ *s* aivastus
v aivastaa
sneeze at *$100 is nothing to sneeze at* (ark) sata dollaria ei ole mikään pikkuraha
sniff /snɪf/ *s* **1** *to have a sniff at something* nuuskaista, haistaa jotakin **2** tuoksu, haju
v **1** nuuskia, vetää ilmaa nenäänsä, nuuskaista, haistella, haistaa **2** (kuv) haistaa, vainuta
snigger /snɪgər/ *s* (merkitsevä, osoitteleva) hihitys
v hihittää (merkitsevästi, osoittelevasti)
snip /snɪp/ *s* **1** leikkausliike **2** pala, palanen
v leikata, leikellä, saksia
snipe /snaɪp/ *v* **1** ampua (kätköstä) **2** haukkua (jatkuvasti, ilkeästi), nalkuttaa, nälviä
sniper /snaɪpər/ *s* sala-ampuja
snippet /snɪpət/ *s* palanen, muru, siru
snivel /snɪvəl/ *v* **1** vetistellä, itkeä pillittää **2** ruikuttaa, marista **3** vetää (räkää) nenäänsä
snob /snab/ *s* keikari, hienostelija
snobbish *adj* keikaroiva, hienosteleva; ylimielinen
snobby *adj* keikaroiva, hienosteleva; hienoston, hienosto-
snooker /snʊkər/ *s* (eräs biljardilaji) snooker
snoop /snup/ *v* nuuskia (toisten asioita), udella, pistää nenänsä (toisten asioihin)
snoopily *adv* (ark) (tungettelevan) uteliaasti
snoopy *adj* (ark) (tungettelevan) utelias, joka nuuskii/urkkii toisten asioita, joka pistää nenänsä toisten asioihin
snoot /snut/ *s* **1** (ark) keikari, hienostelija **2** (sl nenä) nokka
v kohdella ylimielisesti/alentavasti
snooty /snuti/ *adj* (ark) keikaroiva, hienosteleva, ylimielinen
snooze /snuz/ *s* torkut, nokoset
v torkkua, ottaa nokoset
snore /snɔr/ *s* kuorsaus *v* kuorsata
snorkel /snɔrkəl/ *s* (sukellusveneen tai sukeltajan) snorkkeli
v sukeltaa (snorkkelin avulla)
snort /snɔrt/ *s* **1** (hevosen) pärskähdys **2** tuhahdus
v **1** (hevonen) pärskiä **2** tuhahtaa halveksivasti, sanoa tuhahtaen **3** (sl) nuuskata (kokaiinia), vetää (kokaiinia) sieraimiinsa
snot /snat/ *s* **1** (alat) räkä **2** (ark) paskiainen
snotnosed /'snatˌnoʊzd/ *adj* **1** (ark) räkänokkainen **2** (ark) hävytön, röyhkeä, julkea, paskamainen
snotty *adj* **1** (alat) räkäinen **2** (ark) keikaroiva; hävytön, röyhkeä, paskamainen
snout /snaʊt/ *s* **1** kärsä (kuv myös nenästä), kuono **2** suutin, nokka
snow /snoʊ/ *s* **1** lumi *(as) pure as the driven snow* puhdas (viaton) kuin pulmunen **2** lumisade **3** (sl) kokaiini; heroiini
v **1** sataa lunta **2** (sl) huijata, vetää nenästä **3** (sl) tehdä suuri vaikutus johonkuhun, viedä jalat alta
snowball /'snoʊˌbaəl/ *s* lumipallo *v* **1** heittää lumipalloja johonkuhun päin **2** kasvaa/kasvattaa suureksi, paisua/ paisuttaa
snowball's chance in hell *to have a snowball's chance in hell* ei olla minkäänlaisia mahdollisuuksia
snowbank /'snoʊˌbæŋk/ *s* lumipenger
snow blindness *s* lumisokeus
snowcapped /'snoʊˌkæpt/ *adj* (vuori) lumihuippuinen
snowdrift /'snoʊˌdrɪft/ *s* **1** lumipenger **2** lumipyry
snowfall /'snoʊˌfaəl/ *s* **1** lumisade **2** lumisateen määrä
snowflake /'snoʊˌfleɪk/ *s* lumihiutale
snowjob /'snoʊˌdʒab/ *s* (imarteluun perustuva) hämäysyritys, sumutus (ark)
snowmaking /'snoʊˌmeɪkiŋ/ *s* (teko)lumenteko
snowman /'snoʊˌmæn/ *s* (mon snowmen) lumiukko

snowmobile /ˈsnoʊmoʊˌbiəl/ *s* moottorikelkka
v ajaa/kulkea/mennä moottorikelkalla
snowplow /ˈsnoʊˌplaʊ/ *s* lumiaura
v aurata lunta
snow sheep *s* lumilammas
snowshoe /ˈsnoʊˌʃu/ *s* lumikenkä, karpponen
snowslide /ˈsnoʊˌslaɪd/ *s* lumivyöry
snowstorm /ˈsnoʊˌstɔrm/ *s* lumimyrsky
snow tire *s* talvirengas
snow train *s* (juna joka kuljettaa väkeä hiihtokeskuksiin) hiihtolomajuna
snow under *v* **1** *to be snowed under* peittyä lumen alle, hautautua lumeen **2** (kuv) hukuttaa joku johonkin **3** (kuv) voittaa murskaavasti, päihittää, löylyttää
snow-white /ˌsnoʊˈwaɪt/ *adj* lumivalkoinen, vitivalkoinen
snowy /snoʊi/ *adj* **1** luminen *recently, the weather has been snowy* viime aikoina on satanut paljon lunta **2** lumivalkoinen
snub /snʌb/ **1** tyly/ynseä huomautus **2** tyrmäävä vastaus **3** loukkaus, näpäytys, piikikäs/kärkevä huomautus
v **1** ei olla huomaavinaankaan jotakuta, ei piitata jostakusta, kohdella tylysti/ynseästi **2** tyrmätä (ehdotus) **3** kirstää (köyttä) yhtäkkiä
adj tylppä, (kuv) tyly, (nenä) nykerö
snubby *adj* **1** (nenä) nykerö, (sormi) tylppä **3** (kuv) tyly, ynseä
snub-nosed /ˈsnʌbˌnoʊzd/ *adj* **1** nykerönenäinen **2** tylppäkärkinen
snuff /snʌf/ *s* **1** nuuskaiseminen, haistaminen **2** nuuska **3** *to be up to snuff* (ark) kelvata, täyttää vaatimukset **4** (kynttilän sydämen palanut osa) karsi
v **1** nuuhkia, nuuhkaista, haistaa **2** nuuskata **3** leikata kynttilän karsi (sydämen palanut osa)
snuffer *s* nuuskaaja
snuffle /snʌfəl/ **1** nuuhkiminen **2** honotus **3** (mon) (nuhan ym aiheuttama) nenän tukos
v **1** nuuhkia, nuuskia **2** honottaa, puhua nenäänsä
snuff out *v* **1** sammuttaa **2** kukistaa, tukahduttaa **3** (ark) tappaa, nitistää, ottaa päiviltä
snug /snʌg/ *adj* **1** mukava, kotoisa, kodikas **2** (vaate) istuva; (hieman) tiukka/piukka **3** pieni, ahdas **4** (taloudellisesti) hyvinvoiva **5** (kuv) tiivis (ryhmä)
snuggle /snʌgəl/ *s* haliminen (ark)
v painautua (pehmeästi/hellästi) jotakuta/jotakin vasten, vetää (pehmeästi/hellästi) itseään vasten, halia (ark)
snugly *adv* ks snug
so /soʊ/ *adv* **1** niin, näin *she's so pretty* hän on niin sievä *so much talk, so many promises* (niin) paljon puhetta, (niin) paljon lupauksia *do it so* tee (se) näin *you can get away with that just/only so many times* tuollaisesta selviät rangaistuksetta/kiinni jäämättä vain muutaman kerran, tuota et voi jatkaa loputtomiin/pitkään **2** kovasti, erittäin *I'm so sorry* pyydän kovasti anteeksi, olen kovasti pahoillani **3** (painokkaasti) *he did so!* tekipäs! **4** (viittaa aiemmin sanottuun) *I hope so* toivon niin, toivottavasti *she went home and so will I* hän lähti kotiin ja niin lähden minäkin *didn't I tell you so* enkö minä sanonut!
konj siksi, jotta, joten *read it yourself so there is no misunderstanding* lue se itsekin jottei synny väärinkäsityksiä
So. Afr. *South Africa*
soak /soʊk/ *v* **1** kastella/kastua läpimäräksi, liottaa **2** (ark) juoda itsensä känniin
soak in *v* (kuv: ymmärtää) mennä perille
soak up *v* **1** imeä (itseensä) *to be soaked up* imeytyä **2** (kuv) imeä itseensä (tietoa) **3** (sl) ryypätä
so-and-so /ˈsoʊənˌsoʊ/ *s* (mon so-and-sos) **1** (nimeltä mainitsematon henkilö) se ja se **2** (paskiainen) sontiainen
soap /soʊp/ *s* saippua
v saippuoida
soap bubble *s* saippuakupla (myös kuv)
soaper *s* (sl) saippuaooppera
soap opera *s* saippuaooppera

soapy *adj* **1** saippuainen **2** pehmeä **3** (ark) joka muistuttaa saippuaoopperaa, melodramaattinen
soar /sɔr/ *v* kohota, nousta (korkealle) *her hopes soared* hänen toivonsa heräsi; hän alkoi toivoa suuria
soaring *s* purjelento
so as to /soəztʊ/ *fr* jotta *he took a shortcut so as to be on time* hän ajoi oikotietä ehtiäkseen ajoissa perille
sob /sab/ *s* nyykäisy, niiskutus *v* nyyhkiä, niiskuttaa
sober /soʊbər/ *adj* **1** selvä, raitis **2** hiljainen, rauhallinen, tyyni **3** vakava, juhlallinen **4** (vaatteet, pukeutuminen) hillitty **5** kaunistelematon, pelkkä, paljas **6** järkevä, harkittu, asiallinen
soberly *adv* ks sober
sober up *v* **1** selvitä (humalasta) **2** ryhdistäytyä, tulla järkiinsä
so-called /'soʊˌkald/ *adj* niinsanottu
soccer /sakər/ *s* jalkapallo
sociability /ˌsoʊʃə'bɪləti/ *s* seurallisuus
sociable /soʊʃəbəl/ *adj* seurallinen, ystävällinen, miellyttävä, (tilaisuus myös) mukava
social /soʊʃəl/ *adj* **1** sosiaalinen, sosiaali-, yhteisö-, yhteiskunta-, yhteiskunnallinen **2** seurallinen, seura- *he is a very social fellow* hän on hyvin seurallinen, hän on hyvä seuraihminen *social and business life* seuraelämä ja työelämä *man is a social animal* ihminen on seuraläin
social class *s* yhteiskuntaluokka
social democracy *s* sosiaalidemokratia
social democrat *s* sosiaalidemokaatti
social democratic party *s* sosiaalidemokraattinen puolue
socialism /'soʊʃəˌlɪzəm/ *s* sosialismi
socialist /soʊʃəlɪst/ *s* sosialisti *adj* sosialistinen, sosialisti-
socialistic /ˌsoʊʃə'lɪstɪc/ *adj* sosialistinen
socialist realism *s* (taiteessa) sosialistinen realismi
socialite /'soʊʃəˌlaɪt/ *s* seurapiirinainen, (mies) seurapiirileijona
socially *adv* ks social
social science *s* yhteiskuntatiede
social scientist *s* yhteiskuntatieteen tutkija, yhteiskuntatieteilijä
social security /ˌsoʊʃəlsə'kjərəti/ *s* sosiaaliturva
social service *s* sosiaalipalvelu
social studies *s* (mon) yhteiskuntaoppi
social welfare *s* sosiaalipalvelu
social work *s* sosiaalityö
social worker *s* sosiaalityöntekijä
societal /sə'saɪətəl/ *adj* yhteiskunnallinen
society /sə'saɪəti/ *s* **1** yhteiskunta **2** seura, järjestö, yhdistys **3** (yhdessäolo) seura **4** seurapiirit *adj* seurapiiri-
sociobiology /ˌsoʊsɪəbaɪ'alədʒi/ *s* sosiobiologia
sociodrama /'soʊsɪəˌdramə/ *s* sosiodraama
socioeconomic /ˌsoʊsɪoʊˌikə'namɪk ˌsoʊʃɪoʊˌekə'namɪk/ *adj* yhteiskunnallis-taloudellinen, sosioekonominen
sociolinguistics /ˌsoʊsɪoʊliŋ'gwɪstɪks ˌsoʊʃɪəliŋ'gwɪstɪks/ *s* (verbi yksikössä) sosiolingvistiikka
sociological /ˌsoʊsɪə'ladʒɪkəl ˌsoʊʃə'ladʒɪkəl/ *adj* sosiologinen
sociologically *adv* sosiologisesti
sociologist /ˌsoʊsɪ'alədʒɪst/ *s* sosiologi
sociology /ˌsoʊsɪ'alədʒi/ *s* sosiologia
sociopath /'soʊsɪəˌpæθ/ *s* sosiopaatti
sociopathic /ˌsoʊsɪə'pæθɪk/ *adj* sosiopaattinen
sociopathy /ˌsoʊsɪ'apəθi/ *s* sosiopatia
sociopolitical /ˌsoʊsɪəpə'lɪtɪkəl/ *adj* yhteiskuntapoliittinen
sociotherapy /ˌsoʊsɪə'θerəpi/ *s* ryhmäterapia, sosioterapia
sock /sak/ *s* (mon socks, joskus myös sox) sukka *to knock the socks off someone* (ark) saada sukat pyörimään jonkun jalassa, tehdä voimakas vaikutus johonkuhun

v (sl) iskeä, lyödä, täräyttää
sock away *v* panna sukan varteen, säästää
socket /sakət/ *s* (tekn) istukka; (sähkö)pistorasia
sock in *v* sulkea (sään vuoksi)
sod /sad/ *s* ruohoturve
soda /soʊdə/ *s* **1** sooda **2** kivennäisvesi **3** pirtelö **4** virvoitusjuoma
soda fountain *s* jäätelöbaari
soda pop /'soʊdəˌpap/ *s* limsa
soda water *s* **1** kivennäisvesi **2** virvoitusjuoma
sodium /soʊdiəm/ *s* natrium
sodomite /'sadəˌmaɪt/ *s* (ks sodomy) sodomiitti
sodomize /'sadəˌmaɪz/ *v* (ks sodomy) harjoittaa sodomiaa jonkun kanssa; sekaantua eläimeen
sodomy /sadəmi/ *s* **1** anaaliyhdyntä, sodomia **2** eläimiin sekaantuminen, sodomia
sofa /soʊfə/ *s* sohva
sofa bed *s* vuodesohva
soft /saft/ *adj* **1** pehmeä **2** (ääni) hiljainen **3** (valo) himmeä, (väri) pehmeä **4** hellä, lempeä; (tuomitsevasti:) periänantavainen, pehmeä, heikko **5** (ark) helppo (työ) **6** *to be soft on someone* olla pihkassa/ihastunut/heikkona johonkuhun
softball /'saftˌbaəl/ *s* **1** (eräs baseballin versio) softball(peli) **2** softballpallo
softballer *s* softballin (ks softball) pelaaja/ystävä
soft copy *s* (tietok) (monitorin) ruudulle tulostettu teksti/grafiikka
soft-core /ˌsaft'kɔr/ *adj* pehmeä (porno)
softcover /'saftˌkʌvər/ *s* taskukirja, pehmeäkantinen kirja
adj pehmeäkantinen, tasku-
soft drink *s* alkoholiton juoma, virvoitusjuoma
soften /safən/ *v* pehmentää, pehmentyä
softener /safənər/ *s* pehmennin *fabric softener* (pyykinpesussa) huuhteluaine
soft energy *s* pehmeä energia, pehmeät energiamuodot, uusiutuva energia
soft focus *s* (valok) pehmeäpiirtokuva, soft focus -kuva
soft-headed *adj* hassahtanut, tärähtänyt, joka on pehmeä päästään
soft-hearted *adj* lempeä
softish *adj* pehmeähkö
softkey /'saftˌki/ *s* (tietok) ohjelmoitava näppäin, toimintonäppäin
soft lens *s* pehmeä piilolasi
softly /safli/ *adv* ks soft
soft pedal *s* **1** (pianossa) puoliäänipedaali **2** (ark kuv) jarru, vaimennin
soft-pedal *v* **1** käyttää (pianon) puoliäänipedaalia **2** (ark kuv) jarruttaa, vaimentaa, hillitä
soft porn *s* pehmeä porno
soft rock *s* soft rock
soft science *s* pehmeä tiede
soft shoulder *s* pehmeä tien piennar
softspoken /ˌsaft'spoʊkən/ *adj* (kuv) hillitty, rauhallinen
soft spot *s* (kuv) heikkous, Akilleen kantapää
soft-top *s* **1** (avoauton) kangaskatto, rättikatto (ark) **2** kangaskattoinen auto, avoauto
adj kangaskattoinen, avo-
software /'saftˌweər/ *s* **1** (tietokoneen) ohjelmat **2** (esim video-)ohjelmat, ohjelmisto
soggy /sagi/ *adj* **1** läpimärkä, märkä **2** (kuv) raskas, raskassoutuinen, tylsä
soil /sɔɪəl/ *s* **1** maaperä, maa *fertile soil* hedelmällinen maaperä **2** alue, maaperä *on American soil* Amerikassa, Amerikan maaperällä **3** (kuv) maaperä, kasvualusta
v **1** tahria, sotkea, liata **2** (kuv) tahria, tahrata (esim maineensa)
sojourn /'soʊˌdʒərn/ *s* oleskelu
sojourn /soʊ'dʒərn/ *v* oleskella jossakin
solace /saləs/ *s* lohdutus, lohtu
v lohduttaa
solar /soʊlər/ *adj* auringon, aurinko-
solar cell *s* aurinkokenno
solar eclipse *s* auringonpimennys
solar energy *s* aurinkoenergia
solar house *s* aurinkotalo
solarium /sə'leriəm/ *s* (mon solariums, solaria) solarium

solarization /ˌsoʊlərəˈzeɪʃən/ *s* (valok) solarisaatio
solarize /ˈsoʊləˌraɪz/ *v* **1** (valok) solarisoida **2** muuttaa (osittain) aurinkoenergialla toimivaksi
solar plexus *s* (lääk) sisuspunos
sold /sɔld/ ks sell
solder /sadər/ *s* juotosmetalli
v juottaa
soldering iron *s* juotin, juottokolvi
soldier /sɔldʒər/ *s* sotilas
v palvella sotilaana
soldier on *v* **1** pinnata/laiskotella työssään **2** pitää pintansa, purra hammasta, jatkaa sinnikkäästi (loppuun asti)
sole /soəl/ *s* **1** jalanpohja **2** kengänpohja **3** (esineen) pohja, antura **4** (mon soles, sole) meriantura
adj ainoa
solecism /ˈsoʊləˌsɪzəm/ *s* solesismi, kielivirhe
solely *adv* yksin, yksistään, yksinomaan
solemn /saləm/ *adj* **1** vakava, totinen **2** juhlava, juhlallinen **3** (vakuutus) juhlallinen
solemnity /səˈlemnəti/ *s* **1** juhlavuus, juhlallisuus **2** (us mon) juhlallisuus, juhlallisuudet
solemnize /ˈsaləmˌnaɪz/ *v* vihkiä (avioliittoon), toimittaa vihkimys/juhlamenot
solemnly *adv* **1** vakavasti, totisesti **2** juhlavasti, juhlallisesti **3** (vannoa) juhlallisesti, pyhästi
solenoid /ˈsoʊləˌnɔɪd/ *s* (tekn) lieriökäämi, solenoidi
solicit /səˈlɪsɪt/ *v* **1** anoa, hakea, yrittää saada (kannattajia); käydä vaalikampanjaa **2** kaupustella *no soliciting* kaupustelu kielletty **3** (prostituoitu) etsiä asiakkaita
solicitation /səˌlɪsəˈteɪʃən/ *s* **1** (kannattajien) kerääminen; vaalikampanja **2** anomus, hakemus **3** (prostituoidun harjoittama) asiakkaiden etsintä
solicitor /səˈlɪsɪtər/ *s* **1** anoja, hakija **2** (kannattajien) kerääjä, vaalikampanjatyöntekijä **3** (UK) asianajaja (joka ei esiinny tuomioistuimessa, vrt *barrister)*
solicitor general *s* (mon solicitors general) (US) **1** (eräissä osavaltioissa) korkein oikeusviranomainen **2** (liittovaltion tasolla) oikeusministerin *(Attorney General)* jälkeen korkein oikeusviranomainen
solid /saləd/ *s* **1** kiinteä aine; kiinteä ravinto **2** kiinteä kappale
adj **1** (ei nestemäinen, ei kaasumainen) kiinteä, jähmeä, (ei ontto) kiinteä, umpinainen **2** (myös kuv) luja, vankka, vakaa, varma, luotettava **3** yhtenäinen, yhtäjaksoinen, täysi, kokonainen, aito
solidarity /ˌsalɪˈderəti/ *s* yhteisvastuu, solidaarisuus
solidity /səˈlɪdəti/ *s* **1** kiinteys, jähmeys, umpinaisuus **2** lujuus, vankkuus, varmuus, luotettavuus *the solidity of the evidence* todisteiden/todisteaineiston luotettavuus
solidly *adv* ks solid
solid-state /ˌsalɪdˈsteɪt/ *adj* transistoroitu, elektroninen
solid with *to be in solid with* olla hyvissä väleissä jonkun kanssa
soliloquy /səˈlɪləˌkwi/ *s* (mon soliloquies) yksinpuhelu
solitaire /ˈsalɪˌteər/ *s* pasianssi
solitary /ˈsalɪˌteri/ *s: to be on solitary* olla eristyssellissä ks *solitary confinement*
adj yksinäinen
solitary confinement *s* eristysselli
solitude /ˈsalɪˌtud/ *s* yksinolo, yksinäisyys
solo /soʊloʊ/ *s* (mon solos, soli) (mus, baletti) soolo, yksinesitys, yksinlauluesitys, yksintanssiesitys, (laajemmin:) yksinlento
v **1** (mus) esittää soolo **2** tehdä yksin
adj (mus ja laajemmin) soolo-, yksin-
adv yksin
soloist /soʊloəst/ *s* solisti
Solomon Islands /saləmən/ (mon) Salomonsaaret
so long /səˈlaŋ/ *fr* (ark) näkemiin, hyvästi
solstice /solstɪs/ *s* päivänseisaus
summer solstice kesäpäivänseisaus
winter solstice talvipäivänseisaus
solubility /ˌsaljəˈbɪləti/ *s* liukenevuus

soluble /saljəbəl/ *adj* **1** (esim veteen) liukeneva **2** joka on ratkaistavissa, joka voidaan ratkaista
solution /səluʃən/ *s* **1** ratkaisu **2** liukeneminen **3** liuos
solvable /salvəbəl/ *adj* joka voidaan ratkaista
solve /saəlv/ *v* ratkaista
solvency /salvənsi/ *s* maksukyky
solvent /salvənt/ *s* liuotin, liuote *adj* **1** maksukykyinen **2** liuottava
Somalia /so'maliə/ Somalia
Somalian *s, adj* somalilainen
somber /sambər/ *adj* synkkä (myös kuv)
sombrero /səm'brerou/ *s* (mon sombreros) sombrero
some /sʌm/ *adj, pron* **1** (monikollisen substantiivin kanssa tai sellaiseen viitaten) suomennetaan partitiivilla tai esim sanoilla muutama, muutamia, jokunen, jotkut, toiset *he brought some books* hän toi kirjoja, hän toi muutaman kirjan *some children came to visit* meille tuli kylään lapsia/muutama lapsi *some do, some don't* jotkut (esim) suostuvat, jotkut eivät *some of them are crazy* toiset heistä ovat hulluja *I'm going to buy some apples, would you like some?* menen ostamaan omenia, haluaisitko sinäkin muutaman? **2** (yksiköllisen substantiivin kanssa tai sellaiseen viitaten) suomennetaan esim partitiivilla *he has some money* hänellä on rahaa *some of the food was pretty good* ruuasta oli osa ihan hyvää *how about some coffee?* maistuisiko kahvi? *yes, I would like some* kyllä, minulle maistuisi **3** joku, jokin, eräs *some day* jonain päivänä *some idiot has taken all the matches* joku hullu on vienyt mennessään kaikki tulitikut *some of them are very beautiful* eräät niistä ovat oikein kauniita, osa niistä on oikein kauniita **4** melkoinen *that was some lie you just told her* sinä valehtelit hänelle melkoisen paksusti *adv* **1** noin, suunnilleen *some ten years ago* kymmenisen vuotta sitten **2** (ark) hieman, vähän *she was taken aback some* hän säpsähti pikkuisen
somebody /'sʌm͵bʌdi/ *s* tärkeä ihminen *everybody who is somebody was there* paikalla oli koko kerma *pron* joku *somebody's got to help me* jonkun on pakko auttaa minua *somebody else* joku muu, joku toinen
someday /'sʌm͵deɪ/ *adv* joskus, jonain päivänä
somehow /'sʌm͵haʊ/ *adv* jotenkin *although drunk, he managed to get home somehow* hän selvisi joten kuten kotiinsa vaikka olikin juovuksissa
somehow or other *fr* jotenkin, tavalla tai toisella, jollain keinolla
someone /'sʌm͵wʌn/ *pron* joku *someone please call an ambulance* voisiko joku soittaa sairasauton? *someone else* joku toinen, joku muu *someone from your office called* työpaikaltasi soitti joku
somersault /'sʌmər͵saəlt/ *s* **1** kuperkeikka **2** (kuv) täyskäännös *v* tehdä kuperkeikka
something /'sʌm͵θiŋ/ *s* (ark) *that car is really something!* siinäpä vasta auto! *adv* **1** jonkinlainen, jossain määrin *she is something of a celebrity here* hän on tällä päin jonkinlainen julkkis/kuuluisuus **2** (ark) erittäin *the guy looked at me something crazy* kaveri mulkoili minua hullun lailla *pron* **1** jokin, jotakin *something new* jotain uutta *something else* jotakin muuta *you're really something else!* sinä se olet melkoinen tapaus! **2** vähän päälle: *the ticket cost me twenty something dollars* lippu maksoi reilut kaksikymmentä dollaria
sometime /'sʌm͵taɪm/ *adj* entinen *she's a sometime colleague of my wife's* hän on vaimoni entinen työtoveri *adv* joskus *sometime after two p.m.* joskus kello 14:n jälkeen *sometime this week* joskus tällä viikolla *sometime soon* pian, piakkoin
sometimes *adv* joskus, toisinaan
someway /'sʌm͵weɪ/ *adv* jotekin, tavalla tai toisella
somewhat /'sʌm͵wʌt/ *adv* hieman, hiukan, jonkin verran *it's somewhat too expensive* se on hieman liian kallis

somewhere /ˈsʌmˌweər/ *adv* **1** jossakin, jossain, jonnekin *she wished she were somewhere else* hän toivoi että hän olisi ollut jossakin muualla *from somewhere* jostakin **2** paikkeilla, tienoilla: *the temperature was somewhere around 80* lämpötila oli 30 (celsius)asteen paikkeilla *there were somewhere between two hundred and four hundred people there* paikalla oli 200–400 ihmistä
somewheres *adv* (ei yleiskieltä) jossakin, jonnekin
somnambulate /səmˈnæmbjəˌleɪt/ *v* kävellä unissaan
somnambulism /səmˈnæmbjəˌlɪzəm/ *s* unissakävely
somnambulist /səmˈnæmbjəˌlɪst/ *s* unissakävelijä
so much as /soʊˈmʌtʃəz/ *fr* edes *she did not so much as look at me* hän ei vilkaissutkaan/edes vilkaissut minuun päin
so much for that *fr* se siitä
son /sʌn/ *s* **1** poika **2** (puhutteluna) poikaseni **3** *the Son* Kristus, Ihmisen Poika
sonar /soʊnaər/ *s* (eräänlainen kaikuluotain) sonar
sonata /səˈnatə/ *s* sonaatti
song /saŋ/ *s* **1** laulu **2** *to buy/get something for a song* ostaa/saada jokin erittäin halvalla/pikkurahalla
song and dance *to go into your song and dance about something* ruveta kovasti selittelemään jotakin, esittää kaikenlaisia verukkeita
songfest /ˈsaŋˌfest/ *s* laulujuhla
songster /saŋstər/ *s* **1** laulaja **2** säveltäjä **3** runoilija
songstress /ˈsaŋˌstrəs/ *s* laulaja(tar)
songwriter /ˈsaŋˌraɪtər/ *s* (laulujen) säveltäjä ja/tai sanoittaja
sonic /sanɪk/ *adj* ääni-
sonic barrier *s* äänivalli
sonic boom *s* ääntä nopeamman lentokoneen ym aiheuttama paineaalto
son-in-law /ˈsʌnɪnˌla/ *s* (mon sons-in-law) vävy, tyttären mies
sonnet /sanət/ *s* (14-säkeinen runo) sonetti
son of a bitch /ˌsʌnəvəˈbɪtʃ/ *s* (mon sons of bitches) (sl) **1** paskiainen **2** paska homma/juttu/reissu
interj (sl) hitto!, helvetti!, perkele!
son of a gun *s* (mon sons of guns) (sl) **1** kelmi, konna, ryökäle **2** aika veitikka, kelpo kaveri **3** mäntti homma/juttu
interj pahus!, hitto!, vietävä!
Son of Man *s* (Kristus) Ihmisen Poika
Sonora Desert /səˌnɔrə ˈdezərt/ Sonoran aavikko (Arizonassa ja Kaliforniassa)
soon /sun/ *adv* **1** pian, kohta *as soon as possible* mahdollisimman pian *as soon as he had packed his bags* heti kun hän oli saanut laukkunsa pakatuiksi *soon after her divorce* pian avioeronsa jälkeen *it's too soon to tell what will happen* on liian aikaista sanoa miten käy **2** (toiveesta, halusta:) *I would as soon stay with you if you don't mind* jään mieluummin sinun luoksesi jos se sopii
sooner *adv* (komparatiivi sanasta *soon*) **1** aikaisemmin, ennemmin *no sooner had he bought the car than it broke down* auto hajosi heti kun hän oli ostanut sen *no sooner said than done* sanottu ja tehty **2** mieluummin
sooner or later *fr* ennemmin tai myöhemmin
soonest *adv* (superlatiivi sanasta *soon*) mahdollisimman pian *I want you to come over soonest* haluan että tulet tänne pikimmiten
soot /sʊt/ *s* noki
v noeta
soothe /suð/ *v* lievittää, helpottaa (kipua, oloa), rauhoittaa
soothing *adj* rauhoittava, (oloa) helpottava, lievittävä
soothingly *adv* rauhoittavasti, rauhoittavan, lievittävästi
soothsayer /ˈsuθˌseɪər/ *s* ennustaja, povaaja
soothsaying *s* ennustaminen, povaus
sooty /sʊti/ *adj* nokinen

sophism /safɪzəm/ *s* **1** viisastelu **2** virhepäätelmä
sophist /safɪst/ *s* **1** (hist) sofisti **2** viisastelija **3** filosofi
sophisticate /sə'fɪstɪkət/ *s* hieno ihminen; hienostelija
sophisticated /sə'fɪstəˌkeɪtəd/ *adj* **1** hienostunut, sivistynyt, tyylikäs, aistikas, kultivoitunut, elegantti *she has sophisticated tastes* hänellä on hieno maku **2** mutkikas, monimutkainen, kehittynyt, edistynyt *a sophisticated computer* pitkälle kehitetty tietokone
sophistication /səˌfɪstə'keɪʃən/ *s* **1** hienostuneisuus, sivistyneisyys, tyylikkyys, aistikkuus, kultivoituneisuus, eleganssi **2** mutkikkuus, monimutkaisuus, kehittyneisyys, edistyneisyys
sophomore /'safəˌmor/ *s* toisen vuoden opiskelija (lukiossa, collegessa)
soporific /ˌsoʊpə'rɪfɪk/ *s* unilääke
adj **1** unettava, nukuttava **2** (kuv) pitkäveteinen, ikävystyttävä, väsyttävä, nukuttava
soppy /sapi/ *adj* märkä, vetinen
soprano /sə'prænoʊ/ *s* (mon sopranos) sopraano (ääni tai laulaja)
sorbitol /'sɔrbɪˌtaəl/ *s* sorbitoli
sorcerer /sɔrsərər/ *s* noita, taikuri
sorceress /sɔrsərəs/ *s* (naispuolinen) noita, taikuri
sorcery /sɔrsəri/ *s* noituus, taikuus
sordid /sɔrdɪd/ *adj* **1** alhainen **2** kurja, surkea, viheliäinen
sordidly *adv* **1** alhaisesti **2** kurjasti, surkeasti
sordidness *s* **1** alhaisuus **2** kurjuus, surkeus
sore /sɔr/ *s* **1** haava, arka kohta (ruumiissa) **2** (kuv) arka paikka, kipeä paikka
adj **1** arka, kipeä **2** (kuv) arka, kipeä **3** (ark) kiukkuinen, ärtynyt, joka on pahalla päällä
sorely *adv* **1** arasti, kipeästi **2** (kuv) kovasti *he sorely misses her* hän kaipaa naista kipeästi
soreness *s* **1** kipu, arkuus **2** (kuv) kiukku
sorgum /sɔrgəm/ *s* (kasvi) durra
sorority /sə'rɔrəti/ *s* naisopiskelijoiden yhdistys
sorrily *adv* **1** surullisesti **2** surkeasti, kehnosti
sorrow /saroʊ/ *s* suru
v surra
sorrowful *adj* surullinen
sorrowfully *adv* surullisesti
sorry /sari/ *adj* **1** *to be sorry for something* olla pahoillaan jostakin, katua jotakin, surra jotakin **2** surkea, kehno, heikko *that's a sorry state of affairs* asiat ovat huonolla mallilla **3** anteeksi *(I am) sorry, I did not mean to hurt you* (pyydän) anteeksi, tarkoitukseni ei ollut loukata sinua
sort /sɔrt/ **1** laji, sortti (ark) *there were all sorts of people there* siellä oli kaikenlaista väkeä *what sort of book are you talking about?* minkä tyyppistä kirjaa tarkoitat? **2** eräänlainen, jonkinlainen, keskinkertainen *she's a sort of photographer* hän on jonkinlainen valokuvaaja *he's an artist of a sort* hän on jonkinlainen taiteilija **3** *to be out of sorts* olla maassa/masentunut; olla huonossa kunnossa, ei voida hyvin, sairastella; olla pahalla päällä/tuulella
v lajitella, jakaa ryhmiin
sorter *s* lajittelija
sort of *adv* aika, melko, jotenkin *it's sort of sad that she had to move* on (tavallaan) kurjaa että hän joutui muuttamaan
sort out *v* **1** lajitella, jakaa ryhmiin **2** ratketa, päättyä *let's see how this mess sorts out* katsotaan mihin tämä sotku johtaa **3** järjestää, panna järjestykseen/kuntoon
SOS (kansainvälinen hätämerkki) SOS
so that *konj* jotta
so to speak /ˌsoʊtə'spik/ *fr* niin sanoakseni/sanoaksemme
soufflé /su'fleɪ/ *s* (ruoka) kohokas
sought /sat/ ks seek
sought after *to be much sought after* olla kysytty/haluttu
soul /soəl/ *s* **1** sielu *the immortal soul* kuolematon sielu **2** (kuv) olemus, sielu, sisin, ydin *with all her soul* koko sielul-

sovereignty /savrənti/ *s* **1** täysivaltaisuus, itsenäisyys, suvereenius **2** kuninkaallisuus **3** ylin/korkein valta **4** itsehallintoalue
soviet /soʊviət/ *s* **1** neuvosto **2** *Soviet* (us mon) neuvostoliittolainen
adj **1** neuvosto- **2** *Soviet* nevostoliittolainen, Neuvostoliiton
Soviet Union /ˌsoʊviət'junjən/ (hist) Neuvostoliitto
sow /saʊ/ *s* **1** emakko **2** (esim karhun) naaras
sow /soʊ/ *v* sowed, sown/sowed: kylvää (myös kuv) *you reap what you sow* mitä ihminen kylvää sitä hän myös niittää
so what *fr* entä sitten?, mitä sitten?, mitä siitä?
sox ks sock
soy /sɔɪ/ *s* soija, soijapapu
soybean /'sɔɪˌbin/ *s* soijapapu, soija
soybean oil *s* soijaöljy
soy flour *s* soijajauho
soy sauce *s* soijakastike
S & P *Standard and Poor's*
Sp. *Spain; Spanish*
space /speɪs/ *s* **1** avaruus **2** tila, paikka, väli *lack of space* tilan puute, ahtaus *there's still space left here for more people* tänne mahtuu lisää väkeä, täällä on vielä vapaita paikkoja *there was no more space on the nine o'clock train* yhdeksän junassa ei enää ollut paikkoja/tilaa *parking space* pysäköintipaikka *leave enought space between the lines* kirjoita rivit tarpeeksi harvaan, jätä tarpeeksi tyhjää rivien väliin **3** kohta *fill out/in all the blank spaces* täytä kaikki tyhjät kohdat **4** aika *in the space of four days* neljässä päivässä
v jättää tyhjää/väliä johonkin, erottaa toisistaan
space-age *adj* avaruusajan
space bar *s* (kirjoituskoneessa, tietokoneessa) välilyöntinäppäin
space cadet *s* (sl) tärähtänyt, kaheli, joku joka elää omissa maailmoissaan
space capsule *s* avaruuskapseli
space carrier *s* kantoraketti
spacecraft /'speɪsˌkræft/ *s* (mon spacecraft) avaruusalus
spaced /speɪst/ *adj* konekirjoituksessa yms rivivälistä: *single-spaced* ykkösrivivälillä kirjoitettu/tulostettu (rivien välissä ei tyhjää) *double-spaced* kakkosrivivälillä kirjoitettu/tulostettu (rivien välissä yksi tyhjä rivi)
spaced-out *adj* (sl) **1** joka on (huume)-pilvessä **2** (kuv) jolla ei ole jalat maassa, jolla on pää pilvissä
spaceflight /'speɪsˌflaɪt/ *s* avaruuslento
Spacelab /'speɪsˌlæb/ *s* (eurooppalainen avaruuslaboratorio) Spacelab
spaceless *adj* ääretön, suunnaton, rajaton
spaceman /'speɪsˌmæn/ *s* (mon spacemen) **1** astronautti **2** avaruusolento
space medicine *s* avaruuslääketiede
space out *v* erottaa toisistaan, levittää, jättää enemmän väliä johonkin
space platform *s* avaruusasema
space probe *s* avaruusluotain
space-saving *adj* tilaa säästävä, pieni(kokoinen)
spaceship /'speɪsˌʃɪp/ *s* avaruusalus
space station *s* avaruusasema
spacesuit /'speɪsˌsut/ *s* avaruuspuku
space-time *s* (suhteellisuusteoriassa) avaruusaika
space-time continuum ks space-time
space travel *s* avaruuslennot
space walk *s* avaruuskävely
spacewoman /'speɪsˌwʊmən/ *s* (mon spacewomen) (naispuolinen) astronautti
spacing *s* (konekirjoituksessa yms) riviväli
spacious /speɪʃəs/ *adj* **1** tilava **2** laaja; lakea
spade /speɪd/ *s* **1** lapio *to call a spade a spade* puhua suoraan; suoraan sanoen **2** (pelikorteissa) pata *spades is trump* pata on valttia **3** (sl) musta (ihminen) **4** *in spades* (ark) erittäin, täysi; suoraan, siekailematta
spaghetti /spə'geti/ *s* spagetti
spaghetti western *s* (italialainen lännenelokuva) spagettiwestern, italowestern
Spain /speɪn/ Espanja

span /spæn/ *s* **1** vaaksa **2** väli, etäisyys, (sillan) kaari, (lentokoneen siiven) kärkiväli **3** aika, jakso **4** valjakko
v **1** mitata vaaksalla **2** ulottaa/ulottua jostakin johonkin *the history of our company spans three generations* yhtiömme juontaa juurensa kolmen sukupolven takaa *the Bay Bridge spans San Francisco Bay* Bay Bridgen silta ylittää San Franciscon lahden
spangle /spæŋgəl/ *s* (kiiltävä puvun koriste) paljetti
v **1** koristella paljeteilla **2** kimallella, säkenöidä
Spaniard /spænjərd/ *s* espanjalainen
spaniel /spænjəl/ *s* spanieli
Spanish *s* espanjan kieli
s, adj espanjalainen, espanjankielinen
Spanish-walk *v* marssittaa (joku väkisin ulos/jonnekin)
spank /spæŋk/ *s* läimäys, läimäytys
v läimäyttää *dad will spank you if you don't do your homework* saat isältä selkään jos et lue läksyjä
spanking *s* selkäsauna *to get a spanking* saada piiskaa, (kuv) saada sapiskaa
adj **1** vikkelä, ripeä **2** (ark) upea, komea
spanner *s* (UK) lenkkiavain *adjustable spanner* jakoavain
spar /spar/ *s* salko, masto, puomi
v **1** (nyrkkeilijä) harjoitella **2** nyrkkeillä **3** riidellä, kinata
spare /speər/ *s* ylimääräinen osa, varaosa, (autossa) vararengas
v **1** säästää joku joltakin *to spare the enemy* säästää vihollinen rangaistuksilta *spare me your boring jokes* älä viitsi kertoa minulle tylsiä vitsejäsi **2** liietä *can you spare a dime?* liikeneekö sinulta kymmenen centiä? **3** *to have something to spare* olla ylimääräistä, jäädä yli
adj **1** vara-, ylimääräinen *spare part* varaosa *spare time* vapaa-aika **2** säästeliäs, säästäväinen; niukka, vähäinen
spareribs /'sperˌrɪbz/ *s* (mon, ruuanlaitossa) kylki
spare part varaosa
spare time vapaa-aika
spark *s* kipinä
v kipinöidä, iskeä kipinöitä
sparkle /sparkəl/ *s* kipinä
v **1** kipinöidä, iskeä kipinöitä **2** (kuv) kipinöidä, säkenöidä
sparkling water *s* kivennäisvesi
sparkly *adj* (kuv) kipinöivä, säkenöivä, vilkas, eloisa
spark plug *s* sytytystulppa
sparrow /sperou/ *s* **1** sirkku **2** varpunen
sparse /spars/ *adj* vähäinen, niukka, harva
sparsely *adv* niukasti, harvaan, harvakseen
sparseness *s* vähäisyys, niukkuus
spasm /spæzəm/ *s* kouristus
spasmodic /spæz'madɪk/ *adj* **1** kouristuksellinen, spastinen **2** ajoittainan, satunnainen **3** ailahteleva, oikukas
spasmodically *adv* ks spasmodic
spastic /spæstɪk/ *s* spastikko, aivovauriolapsi
adj spastinen, kouristuksellinen
spat /spæt/ ks spit
spate /speɪt/ *s* (kuv) tulva, ryöppy
spatial /speɪʃəl/ *adj* tilaa koskeva, tila-; avaruudellinen
spatially *adv* ks spatial
spatter /spætər/ *s* **1** ripotus; sade **2** roiske, pärske
v **1** ripotella; sade **2** roiskia, roiskua, pärskiä, pärskyä
spatula /spætʃʊlə/ *s* lasta
spawn /span/ *s* **1** mäti, kutu **2** (kuv) jälkeläinen; jälkeläiset
v **1** kutea **2** (kuv) synnyttää, herättää, jostakin seuraa jotakin
spay /speɪ/ *v* steriloida (naaraseläin)
spaz /spæz/ *s* (sl) köntys
speak /spik/ *v* spoke, spoken **1** puhua **2** keskustella, jutella, jutustaa, puhua **3** pitää puhe, esitelmöidä, puhua **4** *so to speak* niin sanoakseni/sanoaksemme, tavallaan
speak by the book *fr* puhua suulla suuremmalla

speaker *s* **1** puhuja, luennoija, esitelmöijä **2** (edustajainhuoneen yms) puhemies **3** kaiutin
speakerphone /'spikər,foʊn/ *s* kaiutinpuhelin
speak for *v* **1** tukea, kannattaa jotakuta **2** puhua jonkun puolesta *speak for yourself* puhu vain omasta puolestasi **3** varata *she is already spoken for* hän ei enää ole vapaana, häntä on jo kosittu
speaking in tongues *s* kielillä puhuminen
speaking terms *to be on speaking terms with* tuntea joku (pinnallisesti); olla jonkun kanssa hyvissä väleissä *not be on speaking terms with* ei olla jonkun kanssa puheväleissä, olla riidoissa jonkun kanssa
speak of *there is no water to speak of in the wash* joen uomassa ei ole nimeksikään vettä
speak of the devil *fr* siinä paha missä mainitaan
speak out *v* ottaa kantaa, sanoa mitä ajattelee, puhua suoraan
speak up *v* **1** korottaa ääntään **2** ottaa kantaa, puhua suoraan
speak up for *v* puolustaa jotakuta
speak well for *fr* (kuv) olla merkki jostakin myönteisestä, puhua jonkun puolesta
speak your mind *fr* puhua suunsa puhtaaksi, sanoa mitä ajattelee
spear /spɪər/ *s* **1** keihäs **2** (ruohon) korsi, (jyvän) itu
v **1** puhkaista, läpäistä **2** itää
spearhead /'spɪər,hed/ *s* **1** keihään kärki **2** (kuv) johtaja, tienraivaaja, uranuurtaja, esitaistelija
v johtaa, panna alulle, ottaa ensimmäisenä käyttöön, toimia jonkin puolesta esitaistelijana
spearmint /'spɪər,mɪnt/ *s* viherminttu
special /speʃəl/ *s* **1** erikoistarjous **2** (televisiossa) erikoisohjelma
adj erityinen, erikoinen, erityis-, erikois-, poikkeuksellinen, poikkeus- *a special situation* poikkeustilanne *what's so special about it?* mitä ihmeellistä siinä on? *she's very special to me* hän on minulle hyvin tärkeä
special delivery *s* pikaposti
special drawing rights *s* (tal) (Kansainvälisen valuuttarahaston) erityiset nosto-oikeudet
special education *s* erityiskasvatus
special effects *s* (mon) (elokuvan) (erikois)tehosteet
specialist /speʃəlɪst/ *s* asiantuntija, spesialisti, (lääk) erikoislääkäri
specialization /,speʃələ'zeɪʃən/ *s* **1** erikoistuminen **2** erikoisala
specialize /'speʃə,laɪz/ *v* erikoistua johonkin *(in)*
specially *adv* erityisen, erikoisen, erityisesti, varta vasten *we had it specially made for you* teetimme sen varta vasten sinulle
specialty /speʃəlti/ *s* **1** erikoisuus, erityispiirre **2** erikoisala **3** harvinaisuus, erikoisuus, uusi kauppatavara
specie /spiʃi/ *s* **1** metalliraha **2** *in specie* metallirahana; samalla tavalla, samalla mitalla
species /spiʃiz/ *s* (mon species) laji *On the Origin of Species* (Darwinin teos) Lajien synty
specific /spə'sɪfɪk/ *adj* tietty, erityinen, nimenomainen
specifically /spə'sɪfɪkli/ *adv* erityisesti *he specifically told you not to eat any apples* hän kielsi sinua nimenomaan syömästä omenoita
specification /,spesəfə'keɪʃən/ *s* **1** täsmennys, erittely **2** (mon) (tarkka) kuvaus/suunnitelma, tekniset tms tiedot **3** erityisvaatimus, ehto
specify /'spesə,faɪ/ *v* **1** eritellä, täsmentää, ilmoittaa, mainita erikseen *unless specified* ellei erikseen mainita **2** vaatia, edellyttää
specimen /spesəmən/ *s* **1** esimerkki, mallikappale, näyte **2** (lääk) näyte
specious /spiʃəs/ *adj* joka vaikuttaa päällisin puolin hyvältä/uskottavalta/vakuuttavalta
speck /spek/ *s* **1** tahra, täplä **2** hitunen, hiukkanen
speckle /spekəl/ *s* täplä, pilkku, näppy
v täplittää, pilkuttaa; varistaa, ripotella

specs /speks/ *s* (ark mon) **1** silmälasit **2** tekniset tiedot
spectacle /spektəkəl/ *s* **1** esitys, näytös **2** komea esitys/juhla, spektaakkeli **3** (mon) silmälasit **4** *to make a spectacle of yourself* nolata itsensä
spectacled *adj* silmalasipäinen
spectacular /spek'tækjələr/ *adj* loistokas, komea, pramea, huomiota herättävä, kohua herättävä
spectacularly *adv* loistokkaasti, komeasti, prameasti, huomiota herättävästi, kohua herättävästi *he failed spectacularly* hän epäonnistui komeasti/täydellisesti
spectator /spekteɪtər/ *s* katsoja
spectator sport *s* penkkiurheilu(laji)
specter /spektər/ *s* **1** aave, haamu, kummitus **2** (kuv) uhka, pelko *the specter of failure hovered above him* epäonnistumisen uhka synkisti hänen elämäänsä
spectra /spektrə/ ks spectrum
spectroscope /'spektrəˌskoʊp/ *s* spektroskooppi
spectroscopic /ˌspektrə'skapɪk/ *adj* spektroskooppinen
spectroscopy /spek'traskəpi/ *s* spektroskopia
spectrum /spektrəm/ *s* (mon spectra, spectrums) kirjo, spektri
specula /spekjələ/ ks speculum
speculate /'spekəˌleɪt/ *v* **1** pohtia, pohdiskella, miettiä, tutkistella, järkeillä **2** arvailla, olettaa, päätellä **3** keinotella
speculation /ˌspekjə'leɪʃən/ *s* **1** pohdinta, mietiskely, tutkistelu, järkeily **2** arvailu, oletus, päätelmä *answering that question calls for speculation* kysymykseen voi vastata vain arvailemalla **3** keinottelu
speculative /spekjələtɪv/ *adj* **1** pohdiskeleva, mietiskelevä, mietteliäs **2** arvailuun, oletuksiin, päätelmiin perustuva, teoreettinen **3** keinotteleva, keinottelu-
speculatively *adv* ks speculative
speculator /'spekəˌleɪtər/ *s* keinottelija
speculum /spekjələm/ *s* (mon specula, speculums) **1** (lääk) tähystin, spekulum **2** peili
sped /sped/ ks speed
speech /spitʃ/ *s* **1** puhe, puhuminen *the faculty of speech* puhetaito **2** puhuttu kieli **3** (juhla- tai muu) puhe *that was quite a speech* (ironisesti) sinähän melkoisen puheen pidit **4** (kieliopissa) esitys *direct speech* suora esitys *indirect speech* epäsuora esitys
speechless *adj* sanaton *she was speechless* hän ei tiennyt mitä sanoa
speechreading /'spitʃˌridiŋ/ *s* huulilta lukeminen
speech recognition *s* (tietok) puheentunnistus
speech sound *s* (kielen) äänne
speech synthesis *s* (tietok) puhesynteesi
speechwriter /'spitʃˌraɪtər/ *s* (poliitikon ym) puheiden kirjoittaja
speed /spid/ *s* **1** nopeus *at the speed of sound* äänen nopeudella **2** vauhti *at full/top speed* täyttä vauhtia (myös kuv) *to be up to speed* olla täydessä vauhdissa (myös kuv) **3** (filmin) herkkyys, nopeus **4** (kameran) (suljin)aika **5** (sl) amfetamiini yms, spiidi (sl)
v sped/speeded, sped/speeded **1** kiitää, viilettää **2** rikkoa nopeusrajoitusta **3** nopeuttaa, kiirehtiä, vauhdittaa jotakin *she sped my application through the department in record time* hänen ansiostaan laitos käsitteli hakemukseni ennätysajassa
speedboat *s* pikavene
speed bump *s* (kadun) asfalttikynnys (jonka tarkoitus on varmistaa että nopeusrajoitusta noudatetaan)
speed demon *s* (ark) **1** työmyyrä **2** hurjastelija
speed freak *s* (sl) amfetamiinin tms käyttäjä, spiidin (sl) käyttäjä
speeding *s* ylinopeus, nopeusrajoituksen rikkominen *he was fined for speeding* hän sai ylinopeussakon
speed limit *s* nopeusrajoitus
speedometer /spə'damətər/ *s* nopeusmittari

speed-reading *s* pikaluku
speedster /spidstər/ *s* **1** hurjastelija **2** eräs avoautotyyppi, speedster
speed trap *s* (liikennepoliisin tutka)rysä
speed-up *s* nopeuttaminen, nopeutuminen
speed up *v* nopeuttaa, kiihdyttää, vauhdittaa
speedway /ˈspid,weɪ/ *s* (moottori)kilparata
speedy *adj* nopea
Speedy Gonzales /ˌspidigənˈzaləs/ (sarjakuvahahmo) Speedy Gonzales (Meksikon nopein hiiri)
spell /spel/ *s* **1** kausi, (ajan)jakso *the dry spell lasted for three weeks* kuivuus jatkui kolme viikkoa *sit with me for a spell* paina hetkeksi puuta **2** hetki, lyhyt aika *for a spell* hetkeksi, vähäksi aikaa **3** lumous *you put a spell on me* sinä lumosit minut
v spelled/spelt, spelled/spelt **1** tavata *please spell your full name* olkaa hyvä ja tavatkaa täydellinen nimenne **2** kirjoittaa *how do you spell your name?* miten nimesi kirjoitetaan? **3** merkitä, enteillä *the clouds spell no good for our hike* pilvet eivät enteile hyvää vaelluksemme kannalta **4** tuurata (ark), päästää joku lepäämään
spellbind /ˈspel,baɪnd/ *v* spellbound, spellbound: lumota, saada lumoihinsa
spellbinder *s* lumooja, lumoava puhuja
spellbound /ˈspel,baʊnd/ *adj* lumoutunut, (kuin) lumottu
spelldown /ˈspel,daʊn/ *s* eräänlainen oikeinkirjoituskilpailu
spell down *v* voittaa (joku/toiset) oikeinkirjoituskilpailussa
speller *s* oikeinkirjoituksen oppikirja, kirjoitusaapinen
spelling *s* oikeinkirjoitus
spelling bee *s* oikeinkirjoituskilpailu
spelling mistake *s* kirjoitusvirhe
spelling pronunciation *s* kirjoitusasun mukainen ääntämys (joka poikkeaa vanhemmasta ääntämyksestä) (esim *forehead* äännetään perinteisesti /fɔrəd/ mutta kirjoitusasun mukaan /ˈfɔr,hed/)
spelling reform *s* oikeinkirjoituksen uudistus
spell out *v* **1** selittää juurta jaksain, vääntää rautalangasta (ark kuv) **2** kirjoittaa (numero) kirjaimin, kirjoittaa (lyhenne) kokonaan, ei lyhentää
spend /spend/ *v* spent, spent **1** käyttää, kuluttaa *he has spent all his money* hän on käyttänyt kaikki rahansa *she spent two weeks writing her paper* hän käytti aineen kirjoittamiseen kaksi viikkoa **2** viettää (aikaa) *she spends the winters in Florida* hän viettää talvet Floridassa
spender *s* tuhlari *he's a big spender* hän panee rahaa menemään minkä ehtii
spendthrift /ˈspend,θrɪft/ *s* tuhlari, törsääjä (ark)
adj tuhlaavainen
spent /spent/ *v* **1** ks *spend* **2** loppu, loppuun kulunut **3** loppuun väsynyt, uupunut
sperm /spərm/ *s* **1** siemenneste, sperma **2** (mon sperms, sperm) siittiö
spermatozoon /ˌspərmətəˈzoən/ *s* (mon spermatozoa) siittiö
spew /spju/ *v* **1** oksentaa **2** syöstä
sphere /sfɪər/ *s* **1** pallo **2** (kuv) piiri, alue *rare coins are outside her sphere of interest* harvinaiset metallirahat eivät kuulu hänen harrastuksiinsa
spherical /sferɪkəl sfɪrɪkəl/ *adj* pallon muotoinen, pallomainen
sphincter /sfiŋktər/ *s* (peräsuolen) sulkijalihas
sphinx /sfiŋks/ *s* (mon sphinxes, sphinges) sfinksi
spice /spaɪs/ *s* **1** mauste **2** (kuv) pippuri, maku, mauste *he would add a little spice to his stories* hänellä oli tapana lisätä juttuihinsa omiaan
v **1** maustaa **2** (kuv) piristää, maustaa, höystää, lisätä omiaan johonkin
spick-and-span /ˌspɪkənˈspæn/ *adj* putipuhdas
spicy *adj* **1** (voimakkaasti) maustettu **2** (kuv) piikikäs, pureva, kärkevä **3** uskalias, rohkea **4** (ark) vilkas, eloisa, pirteä

spider /spaɪdər/ *s* hämähäkki
spider web *s* hämähäkinverkko
spidery *adj* joka muistuttaa hämähäkinverkkoa
spied /spaɪd/ ks spy
spiel /spiəl/ *s* (ark) mainospuhe
spike /spaɪk/ *s* **1** (rautatiessä) koiranaula **2** piikki **3** (äkillinen) kasvu, nousu, lisäys, (sähkö)pikki **4** (mon, terävärkärkiset kengät) spittarit (ark)
spike someone's guns *fr* (kuv) viedä tuuli jonkun purjeista, tehdä tyhjäksi jonkun suunnitelma
spike up *v* kasvaa, nousta, lisääntyä (äkkiä)
spiky *adj* terävä, teräväkärkinen, suippo
spill /spɪl/ *s* **1** läiskynyt neste **2** vuoto *v* spilled/spilt, spilled/spilt **1** (nesteestä, irtonaisista esineistä) läiskyä, läiskyttää, loiskua, loiskuttaa, valua/valuttaa yli, pudota/pudottaa/levitä/levittää sinne tänne; vuotaa *I spilled some milk on my pants* läikytin maitoa housuilleni **2** vuodattaa (verta) **3** (hevonen) heittää selästään **4** (ark) kertoa, paljastaa (salaisuus) *to spill the beans* (ark) möläyttää, paljastaa salaisuus (ja pilata yllätys)
spillage /spɪlədʒ/ *s* **1** (nesteen) läiskyminen; vuoto **2** läiskynyt neste; vuoto
spill your cookies *fr* (sl) yrjötä
spilt ks spill
spin /spɪn/ **1** pyörähdys, kierros **2** (auto)ajelu *can I take you for a spin?* lähdetkö kanssani ajelulle? **3** (esim hintojen) jyrkkä lasku
v spun, spun **1** kehrätä **2** pyöriä, pyörittää **3** (ark) soittaa (äänilevyjä) **4** keksiä omasta päästään; punoa
spinach /spɪnətʃ/ *s* pinaatti
spinal /spaɪnəl/ *adj* selkärangan, selkäranka-, selkäytimen, selkäydin-
spinal block *s* spinaalipuudutus
spinal canal *s* selkäydinkanava
spinal column *s* selkäranka
spinal cord *s* selkäydin
spinal ganglion /gæŋglɪən/ *s* (mon spinal ganglia, spinal ganglions) spinaaliganglio
spinal nerve *s* selkäydinhermo
spindle /spɪndəl/ *s* **1** värttinä, kehrävarsi **2** (rukissa) kehrä, värttinä, (kehruukoneessa) kehräin, värttinä **3** (analogisen levysoittimen/ levylautasen) tappi
spin-dry /spɪn'draɪ/ *v* kuivata (pyykki) linkoamalla, lingota kuivaksi
spine /spaɪn/ *s* **1** selkäranka (myös kuv:) perusta, pohja; kestokyky, vahvuus **2** (kirjan) selkä **3** (eläimen) piikki
spineless *adj* selkärangaton (myös kuv:) heikko
spinelessly *adv* (kuv) selkärangattomasti, heikosti, arasti
spinner *s* kehrääjä
spinning *s* **1** kehruu **2** kelastus, virvelionginta
spinning wheel *s* rukki
spin off *v* keksiä jotakin jonkin olemassaolevan perusteella
spin-out *s* auton luistelu (ark)
spin out *v* **1** pitkittää, venyttää **2** (auto) alkaa luistella (ark)
spinster /spɪnstər/ *s* vanhapiika
spiny *adj* **1** (eläin, kasvi) visainen **2** (ongelma) visainen
spin your wheels *fr* (ark) tuhlata voimiaan/aikaansa
spiral /spaɪrəl/ *s* kierukka, spiraali *v* **1** kiertää/kiertyä/nousta kierukan tavoin **2** (kuv) nousta, kallistua
spiral galaxy /spaɪrəl/ *s* spiraaligalaksi
spire /spaɪər/ *s* **1** terävähuippuinen torni, tornikatto **2** terävä (vuoren ym) huippu **3** laki, huippu (myös kuv) **4** kierukka, spiraali
spirit /spɪrət/ *s* **1** henki *the Holy Spirit* Pyhä Henki *to be present in spirit* olla hengessä/ajatuksissa mukana **2** aave, henki **3** rohkeus, tarmo, into, henki *that's the spirit!* noin sitä pitää! **4** olemus, henki *the spirit of the law* lain henki *the spirit of the times* ajan henki **5** (mon) mieliala *to be in low/high spirits* olla mieli maassa/korkealla *to be out of spirits* olla mieli maassa **6** (mon) viina
spirit away *v* kuljettaa/viedä salaa pois/jonnekin

spirited *adj* kiihkeä, rohkea, vilkas, ponnekas
spiritedly *adv* kiihkeästi, rohkeasti, ponnekkaasti
spiritism /ˈspɪrəˌtɪzəm/ *s* spiritismi
spiritist /spɪrətɪst/ *s* spiritisti
spiritistic /ˌspɪrəˈtɪstɪk/ *adj* spiritistinen
spiritless *adj* innoton, vaisu, laimea, ponneton
spiritlessly *adv* innottomasti, vaisusti, laimeasti, ponnettomasti
spirit level *s* vesivaaka
spirit off *v* kuljettaa/viedä salaa pois/jonnekin
spiritual /spɪrətʃʊəl/ *s* hengellinen laulu
adj hengellinen
spiritually *adv* hengellisesti
spit /spɪt/ *s* sylki
v spat, spat: sylkeä (myös kuv) *he spat the words out of his mouth* hän sylki sanat suustaan
spit and image /ˌspɪtənˈɪmədʒ/ *he is the spit and image of his father* hän on ilmetty isänsä
spite /spaɪt/ *s* ilkeys *she did it out of spite* hän teki sen ilkeyttään/kiusallaan
v kiusata jotakuta, olla ilkeä jollekulle *to cut off your nose to spite your face* aiheuttaa kiusaa vain itselleen
spiteful *adj* pahansisuinen, pahansuopa, ilkeä
spitefully *adv* ilkeästi
spit 'n' image /ˌspɪtənˈɪmədʒ/ *he is the spit 'n' image of his father* hän on ilmetty isänsä
spitting image /ˌspɪtənˈɪmədʒ/ *he is the spitting image of his father* hän on ilmetty isänsä
spittle /spɪtəl/ *s* sylky
spit up *v* oksentaa
splash /splæʃ/ *s* läiskähdys, loiskahdus, roiskahdus
v loiskahtaa, loiskauttaa, roiskua, roiskauttaa
splatter /splætər/ *v* roiskua
spleen /splin/ *s* **1** perna **2** (kuv) sappi, kiukku
spleenful *adj* sapekas, kiukkuinen, äkäinen, pahansisuinen
spleeny *adj* sapekas, kiukkuinen
splendent /splendənt/ *adj* **1** kirkas, loistava, hohtava **2** loistokas, loistelias, komea
splendid /splendəd/ *adj* **1** loistokas, loistelias, komea **2** loistava, erinomainen
splendidly *adv* **1** loistokkaasti, komeasti **2** loistavasti, erinomaisesti *you did splendidly in the exam* selvisit tentistä loistavasti
splendor /splendər/ *s* loisto, loistokkuus, komeus *Sharon Stone in all her splendor* Sharon Stone kaikessa komeudessaan
splice /splaɪs/ *s* **1** yhdistäminen, yhteen liittäminen **2** (filmin, ääninauhan) leikkaaminen
v **1** kiinnittää yhteen, yhdistää **2** leikata (ja liimata elokuvaa, ääninauhaa) **3** (ark) vihkiä (avioliittoon)
splint /splɪnt/ *s* (lääk) lasta
v (lääk) lastoittaa
splinter *s* siru, sirpale, pirstale
v **1** pirstoa, pirstoutua **2** (ryhmä) hajota, hajottaa (sirpaleryhmiksi)
splinter group *s* sirpaleryhmä
split /splɪt/ **1** halkeama, repeämä, lohkeama **2** välirikko, (puolueen tms) jakaantuminen **3** (mon) (baletissa) spagaatti **4** (jäätelöannos) banana split **5** (tal) osakkeen pilkkominen nimellisarvoltaan pienempiin yksiköihin
v split, split **1** halkaista, haljeta **2** lohkaista, lohjeta **3** repäistä (rikki), revetä **4** jakaa (keskenään, ryhmiin), jakautua/hajota (ryhmiin) **5** erota (työstä, puolisosta)
split end /ˌsplɪtˈend/ *s* (amerikkalaisessa jalkapallossa) laitahyökkääjä
split hairs *fr* halkoa hiuksia
split infinitive *s* (englannin kielessä) infinitiivin ja *to*-partikkelin erottaminen ainakin yhdellä sanalla, esim *to carefully examine* tutkia tarkkaan
split second *s* **1** sekunnin murto-osa **2** (kuv) silmänräpäys

split-second *adj* silmänräpäyksessä tapahtuva *she made a split-second decision* hän ratkaisi asian silmänräpäyksessä

split the difference *fr* puolittaa (hinta)ero, panna riita puoliksi (ark)

split up *v* **1** erota (puolisosta, seurasta) *let's split up and meet here at six* lähdetään kumpikin/kukin omille teillemme ja tavataan täällä kuudelta **2** jakaa, jakautua *we split up the money* panimme rahat tasan

split-up *s* (rymän) jakautuminen; (asumus-, avio)ero

splutter /splʌtər/ *s* **1** tohotus, soperrus **2** pärske
v **1** sopertaa, puhua tohottaa, sanoa tohottaen **2** pärskyä, pärskyttää

spoil /spɔɪəl/ *s* **1** (yl mon) (ryöstö)saalis *to the victor belong the spoils* saalis kuuluu voittajalle **2** ryöstö, ryöväys
v spoiled/spoilt, spoiled/spoilt **1** pilata, tärvellä **2** pilaantua **3** pilata (lapsi) hemmottelulla **4** ryöstää, ryövätä **5** *to be spoiling for something* (ark) odottaa malttamattomana jotakin

spoiler *s* **1** pilaaja **2** ryöstäjä, ryöväri **3** (lentokoneen, auton) spoileri

spoilsport /'spɔɪəl,spɔrt/ *s* ilonpilaaja

spoke /spoʊk/ *s* (pyörän) puola, pinna
v ks speak

spoken *v* ks speak
adj (kieli) puhuttu, puhe-

spokesman /spoʊksmən/ *s* (mon spokesmen) tiedottaja, edustaja

spokesperson /'spoʊks,pərsən/ *s* tiedottaja, edustaja

spokeswoman /'spoʊks,wʊmən/ *s* (mon spokeswomen) tiedottaja, edustaja

sponge /spʌndʒ/ *s* (pesu- tms) sieni *to throw in the sponge* (ark) antaa periksi, luovuttaa
v pestä (sienellä)

sponge out *v* pyyhkiä pois

sponge up *v* imeä (itseensä) (myös kuv)

spongy *adj* **1** (pesu)sienimäinen **2** pehmeä

sponsor /spansər/ *s* **1** takaaja **2** mainostaja, tukija, rahoittaja, sponsori
v tukea, rahoittaa, sponsoroida, mainostaa jossakin (tv-ohjelmassa, urheilukilpailussa yms)

spontaneity /,spantə'neɪəti/ *s* tahattomuus, omaehtoisuus, spontaanius

spontaneous /span'teɪnɪəs/ *adj* tahaton, omaehtoinen, spontaani

spontaneously *adv* tahattomasti, omaehtoisesti, spontaanisti

spook /spuk/ *s* (ark) aave, kummitus, haamu
v **1** kummitella **2** (ark) pelästyä, pelästyttää

spool /spʊəl/ *s* kela
v kelata

spoon /spun/ *s* lusikka *she was born with a silver spoon in her hand* hänellä on rikkaat vanhemmat, hän on rikkaasta kodista

spoon-fed *adj* hemmoteltu, lellitty

spoon-feed /,spun'fid/ *v* **1** syöttää (lusikalla) **2** hemmotella, lelliä, pitää kuin kukkaa kämennellä

spoonful *s* (mon spoonfuls) lusikallinen

sporadic /spə'rædɪk/ *adj* satunnainen, hajanainen *he made sporadic visits to his grandmother* hän kävi isoäitinsä luona silloin tällöin

sporadically *adv* satunnaisesti, hajanaisesti

spore /spɔr/ *s* itiö

sport /spɔrt/ *s* **1** (myös mon) urheilu *are you interested in sports?* kiinnostaako urheilu sinua? **2** urheilulaji **3** huvi, hauskanpito **4** pila, pilkka **5** pilkan kohde **6** (ark) kaveri, heppu
v **1** hauskutella, pitää hauskaa, huvitella **2** leikkiä, leikitellä (esim jonkun tunteilla) **3** pilkata jotakin *(at)* **4** (ark) käyttää, pitää päällään, olla jollakulla *the new model sports a six-speed transmission* uudessa mallissa on kuusinopeuksinen vaihteisto
adj urheilu-

sportfishing /'spɔrt,fɪʃiŋ/ *s* urheilukalastus

sporting *adj* urheilullinen, urheilua harrastava; urheilu- *sporting goods* (kaupassa) urheiluvälineet
sporting chance *to give someone a sporting chance* antaa jollekulle mahdollisuus voittaa/onnistua
sportive /spɔrtɪv/ *adj* **1** leikkisä, vilkas, iloinen **2** urheilu-
sports *adj* urheilu-
sports car *s* urheiluauto
sportscast /'spɔrtsˌkæst/ *s* (television, radion) urheilulähetys
sportscaster *s* urheilutoimittaja
sportscasting *s* urheilukilpailun televisiointi/radiointi
sportsman /spɔrtsmən/ *s* (mon sportsmen) **1** urheilija **2** reilu mies/ihminen
sportsmanship /'spɔrtsmənˌʃɪp/ *s* **1** urheilijan taidot **2** reiluus, rehtiys
sports medicine *s* urheilulääketiede
sportster /spɔrtstər/ *s* (ark) urheiluauto)
sportswear /'spɔrtsˌweər/ *s* urheiluvaatteet, urheiluasusteet
sportswoman /'spɔrtsˌwʊmən/ *s* (mon sportswomen) (nais)urheilija
sportswriter /'spɔrtsˌraɪtər/ *s* (lehden) urheilutoimittaja
sporty *adj* (ark) **1** urheilullinen **2** komea, upea, tyylikäs
spot /spat/ *s* **1** täplä, läiskä, pilkku **2** (kuv) tahra **3** paikka, kohta *on this very spot* juuri tässä, tällä samalla paikalla *X marks the spot* (ark) juuri tässä, tässä kohden *to be in a (bad) spot* olla pinteessä, olla tukalassa tilanteessa *to be on the spot* olla pinteessä/kiusallisessa tilanteessa *to do something on the spot* tehdä jotakin heti/viipymättä **4** (yl mon) nähtävyydet; ravintolat *we usually hit the spots after work* me lähdemme yleensä työn jälkeen kiertämään kapakoita *to hit the high spots* katsoa (vain) tärkeimmät nähtävyydet, poimia parhaat palat **5** (sl) (tietyn suuruinen) seteli: *here's a five spot, go see a movie* tuossa on vitonen, mene elokuviin **6** *to hit the spot* (ark) olla hyvään tarpeeseen **7** (tal) avista(kurssi)
v **1** tahrata, tahria **2** puhdistaa tahrat (vaatteesta ennen pesua) **3** täplittää *the hills were spotted with private homes* kukkuloilla oli siellä täällä omakotitaloja
spot check *s* pistokoe
spot-check *v* tarkistaa pistokokein, tehdä pistokoe
spotless *adj* **1** (täydellisen) siisti, puhdas **2** (kuv) tahraton, moitteeton, virheetön
spotlessly *adv* ks spotless
spotlight /'spatˌlaɪt/ *s* **1** valonheitin **2** (kuv) valokiila *to be in the spotlight* olla (julkisuuden) valokiilassa
v **1** valaista (valonheittimellä) **2** (kuv) tuoda (erityisesti) esiin, korostaa
spot price *s* (tal) avista(kurssi)
spot rate *s* (tal) avista(kurssi)
spotted *adj* täplikäs, laikukas
spotted mouse deer *s* intiankääpiökauris
spotty *adj* täplikäs, laikukas
spouse /spaʊs/ *s* puoliso
spout /spaʊt/ *s* **1** (esim kannun) nokka, suu, suutin **2** (sadevettä katolta alas johtava) syöksyputki
v **1** syöstä, ruiskuttaa, pärskyttää **2** (ark) paasata jostakin
spouted *adj* (astia) nokallinen, jossa on nokka
sprain /spreɪn/ *s* nyrjähdys
v nyrjäyttää *she sprained her ankle* hän nyrjäytti nilkkansa
sprang /spræŋ/ ks spring
sprawl /spral/ *s* **1** retkottava asento **2** levittäytyminen, leviäminen, rönsyily (kuv) *the urban sprawl* kaupunkien laajeneminen
v **1** retkottaa *he sprawled in the easy chair* hän retkotti nojatuolilla **2** rehottaa, levittäytyä (sinne tänne), rönsyillä (kuv)
spray /spreɪ/ *s* suihku, suihke
v suihkua, suihkuttaa
spray can *s* suihkepullo
spread /spred/ *s* **1** leviäminen, levittäminen *the spread of knowledge* tiedon levitys **2** väli, etäisyys **3** *(tal)* (esim osto- ja myyntikurssin tai kahden eri arvopaperin hinnan välinen) ero **4** alue: *a spread of forest* metsä **5** (vuoteen) peite

6 (ark) koreaksi pantu pöytä **7** (voileipäym) levite **8** (lehdessä) aukeama **9** (lehdessä) pitkä juttu; iso mainos
v spread, spread **1** levitä, levittää *the rumor is spreading* huhu leviää *to spread a rumor* levittää huhua *she spread mayonnaise on a bun* hän levitti sämpylälle majoneesia **2** *to spread yourself thin* olla liian monta rautaa tulessa
spread-eagle /'spred,igəl/ *v* levittää jalat ja kädet haralleen
adj **1** jolla on jalat ja kädet harallaan **2** mahtipontinen; yltiöisänmaallinen
spreader *s* lasta; voiveitsi
spreadsheet /'spred,ʃit/ *s* (tietok) taulukkolaskentaohjelma
sprightliness *s* reippaus, virkeys, vilkkaus, pirteys
sprightly /spraɪtli/ *adj* reipas, virkeä, eloisa, vilkas *he's a sprightly old man* hän on pirteä vanhus
spring /spriŋ/ *s* **1** lähde **2** kevät **3** hyppy; ponnahdus **4** jousto, joustavuus **5** vuoto
v sprang/sprung, sprung **1** hypätä **2** laukaista, laueta, (lukko) avata, avautua **3** roiskua, syöksyä **4** saada alkunsa, syntyä, olla peräisin jostakin *(from)* **5** *to spring to mind* tulla/muistua mieleen **6** *to spring a leak* puhjeta, alkaa vuotaa, johonkin tulee reikä **7** (sl) vapauttaa (vankilasta)
springboard /'spriŋ,bɔrd/ *s* ponnahduslauta (myös kuv)
springbuck /'spriŋ,bʌk/ *s* hyppyantilooppi
spring-clean /,spriŋ'klin/ *v* tehdä kevätsiivous
spring-cleaning *s* kevätsiivous
spring for *v* (ark) maksaa, tarjota
spring forth *v* roiskua, syöksyä
springtime /'spriŋ,taɪm/ *s* kevät
spring up *v* saada alkunsa, syntyä *many computer companies sprung up in Silicon Valley in the seventies* Piilaaksoon perustettiin 70-luvulla paljon tietokonealan yrityksiä
springy *adj* joustava, kimmoisa
sprinkle /spriŋkəl/ *s* **1** tihkusade **2** sirote
v ripotella, ripottaa, sirotella
sprinkler /spriŋklər/ *s* **1** (kattoon kiinnitetty palosammutin) sprinkleri **2** (puutarhan tms) sadetin
sprint /sprɪnt/ *s* kiri; (pika)juoksu
v kiriä; juosta, rynnätä
sprinter *s* pikamatkan juoksija, sprintteri
sprocket /sprakət/ *s* (ketjupyörän) hammas
sprocket wheel *s* ketjupyörä
sprout /spraʊt/ *s* **1** (kasvin) verso, vesa, itu **2** (mon) idut (ruokana) **3** *Brussels sprout* ruusukaali
v **1** (kasvi) versoa, itää, orastaa **2** (kuv) versoa, orastaa, saada alkunsa, syntyä *new office buildings are sprouting downtown* keskustaan nousee uusia toimistorakennuksia
spruce /sprus/ *s* kuusi
spruce up *v* kohentaa, parantaa, siistiä, siistiytyä
sprung /sprʌŋ/ ks spring
spun /spʌn/ ks spin
spur /spər/ *s* **1** kannus **2** (kuv) kannustin, yllyke, kiihoke **3** sivuraide
v kannustaa (myös kuv:) yllyttää, innostaa, rohkaista
spurious /spəriəs/ *adj* väärennetty, väärä, valheellinen, teeskennelty, epäaito
spurn /spərn/ *v* **1** hylätä (tarjous) halveksuen **2** halveksia, ylenkatsoa
spur of the moment *on the spur of the moment* hetken mielijohteesta, valmistelematta, yhtäkkiä
spur-of-the-moment *adj* hetken mielijohteesta tapahtunut/tehty, valmistelematon, yhtäkkinen
spurt /spərt/ *s* **1** suihku, syöksy **2** ryntäys, kiri, spurtti (ark)
v **1** syöksyä, syöstä, suihkua, suihkuttaa, ruiskuta, ruiskuttaa **2** rynnätä, kiriä
sputnik /'spʌt,nɪk/ *s* sputnik
sputter /spʌtər/ *s* **1** sihinä, rätinä **2** pärske **3** tohotus, vouhotus
v **1** sihistä, rätistä **2** pärskiä, sylkeä (kuv) **3** tohottaa, vouhottaa

spy /spaɪ/ *s* vakooja; urkkija
v **1** vakoilla; urkkia, nuuskia **2** nähdä, huomata, havaita
spyglass /ˈspaɪˌglæs/ *s* (pieni) kaukoputki
spy on *v* vakoilla jotakuta, urkkia jonkun puuhia
spy out *v* saada selville, huomata
spy plane *s* vakoilulentokone
sq. *square*
squabble /skwabəl/ *s* kina, tora, riita
v kinata, riidellä
squad /skwad/ *s* **1** (sot) ryhmä **2** (poliisi)partio
squad car *s* poliisiauto
squadron /ˈskwadrən/ *s* **1** (laivastossa) eskaaderi **2** (ilmavoimissa) laivue **3** (ilmavoimissa) lentomuodostelma **4** (ratsuväessä) eskadroona
squalid /skwaləd/ *adj* **1** siivoton, likainen, rähjäinen, ränsistynyt **2** kurja, surkea
squalidly *adv* ks squalid
squall /skwal/ *s* **1** (tuulen)puuska **2** (kuv) myrsky, melske **3** huuto, parkuna
v parkua, huutaa
squalor /skwalər/ *s* likaisuus, siivottomuus, rähjäisyys, kurjuus
squander /skwandər/ *v* tuhlata (rahaa, aikaa), panna hukkaan
square /skweər/ *s* **1** neliö **2** ruutu **3** aukio **4** (mat) neliö, toinen potenssi **5** (sl) nynny, tosikko **6** *on the squares* suora, suorassa kulmassa; (ark kuv) rehellinen, vilpitön *out of square* vino; erilainen kuin *(with)*
v **1** tehdä kulmikkaaksi; pyöristää **2** (mat) korottaa toiseen potenssiin **3** suoristaa (hartiat), suoristautua, ryhdistäytyä **4** maksaa (velka), tasoittaa (tilit, peli)
adj **1** neliömäinen, neliön muotoinen; nelikulmainen, suorakulmainen; kulmikas **2** (mitta) neliö- *square meter* neliömetri **3** kanttiinsa (ark) *the room is 15 feet square* huone on noin 5 x 5 metrin kokoinen **4** suorakulmainen, suora **5** rehellinen, suora, siekailematon, vilpitön **6** (sl) tosikkomainen, nynny
square accounts with *fr* **1** maksaa laskunsa, selvittää tilinsä **2** (kuv) selvittää välinsä jonkun kanssa, tehdä tilinsä selviksi jonkun kanssa
square away *v* hoittaa, selvittää, huolehtia jostakin
squarely *adv* (kuv) suoraan, avoimesti, siekailematta
square off *v* **1** tehdä kulmikkaaksi; pyöristää **2** valmistautua (tappeluun, taisteluun) (myös kuv)
square peg in a round hole *to be a square peg in a round hole* olla väärällä paikalla, ei sopia johonkin (tehtävään tms)
square the circle *fr* yrittää mahdottomia, yrittää neliöidä ympyrä
square up *v* maksaa lasku
square with *v* **1** sovittaa jokin johonkin/jonkin mukaiseksi **2** olla jonkin mukainen, olla yhtäpitävä jonkin kanssa
squash /skwaʃ/ **1** kurpitsa **2** (seinätennis) squash
v **1** litistää, litistyä, musertaa, musertua, survoa **2** vaimentaa, kukistaa, tukahduttaa **3** ahtaa, ahtautua, tunkea, tunkeutua, sulloa, sulloutua
squat /skwat/ *s* kyykky
v **1** kyykkiä **2** asettua (laittomasti tai laillisesti) asumaan jonnekin
adj **1** joka on kyykyssä, (asento) kyykky- **2** tanakka, lyhyenläntä, pönäkkä **3** (talo, auto) matala ja leveä
squatter /skwatər/ *s* (laiton tai laillinen) asuttaja
squaw /skwa/ *s* intiaaninainen, skuoo
squawk /skwak/ *s* kiljaisu, kirkaisu, rääkäisy
v kiljaista, kirkaista, rääkäistä
squeak /skwik/ *s* **1** kiljaisu, kirkaisu; narina, narahdus, narske **2** (ark) tilaisuus, mahdollisuus
v **1** kiljaista, kirkaista; narista, narahtaa, narskua **2** (sl) vasikoida, antaa ilmi
squeak by /skwik/ *v* **1** hiipiä jonkun ohitse **2** selvitä jostakin jotekin kuten/nipin napin/rimaa hipoen
squeaky *adj* kitisevä, nariseva, narskuva

squeaky-clean *adj* (ark) **1** putipuhdas **2** (kuv) tahraton, moitteeton, puhdas kuin pulmunen
squeal /skwɪəl/ *s* **1** kiljahdus, parahdus **2** (sl) vasikointi, ilmianto
v **1** kiljaista, kiljahtaa, parahtaa **2** (sl) vasikoida, antaa ilmi
squeamish /skwimɪʃ/ *adj* **1** pikkutarkka, nirso **2** herkkä (voimaan pahoin) **3** herkkä (loukkaantumaan/järkyttymään), herkkähermoinen, herkkätuntoinen
squeamishly *adv* ks squeamish
squeamishness *s* **1** pikkutarkkuus, nirsoilu **2** herkkyys, taipumuus pahoinvointiin **3** herkkyys, herkkähermoisuus, herkkätuntoisuus
squeegee /skwidʒi/ *s* kumireunainen lasta jolla ikkuna pyyhitään pesun jälkeen kuivaksi
squeeze /skwiz/ *s* **1** puristus, rutistus **2** kädenpuristus, kättely **3** halaus, rutistus **4** (kuv) ahdinko, pula, tiukka paikka **5** (sl) heila, tyttöystävä
v **1** puristaa, rutistaa **2** ahtaa, ahrtautua, sulloa, sulloutua, tunkea, tunkeutua **3** halata, rutistaa **4** (kuv) panna ahtaalle
squelch /skweəltʃ/ **1** (esim mudan) molskahdus **2** (radion) kohinasalpa
v **1** musertaa, litistää **2** kahlata, rämpiä, tarpoa **3** vaimentaa, hiljentää **4** (mudan äänestä) molskahtaa
squid /skwɪd/ *s* (mon squid, squids) (kymmenlonkeroinen mustekala) kalmari
squint /skwɪnt/ *s* **1** (silmien) siristys **2** (silmien) karsastus, kierosilmäisyys
v **1** siristää (silmiään) **2** (silmät) karsastaa
squint-eyed /'skwɪnt,aɪd/ *adj* **1** kierosilmäinen, karsassilmäinen **2** (kuv) karsas, nurja
squirm /skwərm/ *v* **1** vääntelehtiä **2** (kuv) olla (hyvin) vaivaantunut/kiusaantunut
squirrel /skwərəl/ *s* orava
squirrel away *v* hamstrata
squirt /skwərt/ *s* ruiskaus, ruiskautus
v ruiskaista, ruiskauttaa, ruiskuta
Sri Lanka /,ʃri'laŋkə/
Sri Lankan *s, adj* srilankalainen
SSB *single sideband*
SSE *south-southeast*
SSN *social security number* sosiaaliturvatunnus
SSR *Soviet Socialist Republic* sosialistinen neuvostotasavalta, SNT
SSW *south-southwest*
st. *street* katu
St. *Saint*
stab /stæb/ *s* **1** pisto; työntö, sohaisu **2** yritys
v **1** puhkaista, pistää **2** puukottaa **3** työntää, sohaista
stability /stə'bɪləti/ *s* **1** vakavuus, vankkuus, lujuus **2** (henkinen) tasapaino
stabilization /,steɪbələ'zeɪʃən/ *s* tukeminen, lujittaminen, vakautus
stab in the back *s* (kuv) katala temppu
v (kuv) pettää, kohdella katalasti/kavalasti
stabile /steɪbəl/ *s* talli (myös kuv:) ryhmä, joukko, joukkue
adj vankka, luja, vakaa, varma, pysyvä *the patient is in stable condition* potilaan tila on vakaa
stableford /'steɪbəlfərd/ *s* (golf) pistebogi, stableford, pistelaskujärjestelmä jossa lasketaan monellako lyönnillä alle tai yli par-luvun pelaaja reiän selvittää
stabilize /'steɪbə,laɪz/ *v* **1** tukea, lujittaa, lujittua **2** vakauttaa, vakautua
stablizer *s* vakain *horizontal stabilizer* (lentokoneen) korkeusvakain
staccato /stə'katoʊ/ *s* (mus) staccatoesitys
adj (mus) staccato, katkoen
stack /stæk/ *s* **1** pino **2** (mon) (kirja- tai muut) hyllyt **3** (mon) (kirjaston) kirjavarasto **4** savupiippu; savupiippuryhmä **5** (tietok) pino **6** *to blow your stack* (sl) polttaa päreensä, pillastua
v pinota, kasata
stack the deck *fr* huijata, pettää (esim korttipelissä)
stack up *v* **1** *to stack up well against something* (ark) kestää vertailu johonkin **2** (ark) pitää kutinsa, kuulostaa uskottavalta, olla uskottava

stadium /steɪdiəm/ *s* (mon stadiums, stadia) **1** stadion **2** (kehitys)vaihe

staff /stæf/ *s* (mon staffs) **1** henkilökunta, henkilöstö, työntekijät *teaching staff* opettajat **2** (sot) esikunta
v palkata, nimittää, ottaa työhön
adj **1** (sot) esikunta- **2** vakinainen

staff /stæf/ *s* (mon staves) **1** sauva, (kävely- tai muu) keppi, tanko **2** valtikka **3** lipputanko **4** nuottiviivasto

staffer *s* työntekijä

stag /stæg/ *s* **1** uroshirvi **2** uros **3** (juhlissa) mies ilman naisseuralaista **4** (ark) miesten kemut
v (ark) (miehestä) mennä juhliin ilman naisseuralaista
adj vain miehille tarkoitettu, miesten
adv ilman naisseuralaista

stage /steɪdʒ/ *s* **1** vaihe, porras *by easy stages* vähitellen, rauhallisesti, kaikessa rauhassa, kiireettömästi **2** puhujakoroke, puhujalava, esiintymislava **3** (teatterin) näyttämö *to be on stage* (näyttelijästä yms) esiintyä parhaillaan *to go on the stage* ruveta näyttelijäksi, siirtyä teatterialalle *to hold the stage* jatkaa (näytelmän yms) esittämistä, pitää ohjelmistossa; olla huomion keskipisteenä **4** *the stage* teatteri **5** (elok) studio **6** (hevosten vetämät) postivaunut **7** (raketin) vaihe

stagecoach *s* (hevosten vetämät) postivaunut

stage fright *s* ramppikuume

stagger /stægər/ *s* **1** huojunta, horjunta, hoippuva kävely **2** porrastus, porrasteinen järjestys
v **1** hoippua, horjua, huojua, kävellä hoippuen **2** empiä, horjua **3** hämmästyttää, ällistyttää, järkyttää **4** porrastaa

staggering *adj* hämmästyttävä, ällistyttävä, järkyttävä

stagnant /stægnənt/ *adj* pysähtynyt, seisahtunut, hidastunut

stagnation /stæg'neɪʃən/ *s* **1** pysähtyminen, seisahtuminen, hidastuminen **2** (tal) pysähdystila, stagnaatio

stag party *s* **1** miesten kemut **2** (sulhasen) polttarit

staid /steɪd/ *adj* vakava, totinen, tosikkomainen, tasainen, tyyni

staidly *adv* vakavasti, totisesti, tasaisesti, tyynesti

stain /steɪn/ *s* **1** tahra (myös kuv) **2** väri(aine)
v **1** tahria, tahrata (myös kuv) **2** värjätä

stainless *adj* **1** ruostumaton *stainless steel* ruostumaton teräs **2** moitteeton, tahraton

stair /ster/ *s* **1** porras, askelma **2** (mon) portaat

staircase /'ster,keɪs/ *s* portaikko, portaat

stairhead /'ster,hed/ *s* portaiden ylätasanne

stairstep /'ster,step/ *s* **1** porras, askelma **2** (mon) portaat, portaikko
v olla portaittain jossakin

stairway /'ster,weɪ/ *s* portaikko, portaat

stairwell /'ster,wel/ *s* porraskuilu

stake /steɪk/ *s* **1** keppi, tappi, seiväs, merkkipaalu *to pull up stakes* (ark kuv) pakata laukkunsa, lähteä, muuttaa **2** polttorovio **3** (vedonlyönnin) panos; osuus *to be at stake* olla vaakalaudalla/pelissä *what's your stake in this?* paljonko sinä olet pannut peliin?; (kuv) mikä osuus sinulla on tässä? **4** (mon) palkinto, potti (ark)
v **1** rajata, merkitä (paaluilla) **2** sitoa (eläin) **3** panna peliin/likoon, panna alttiiksi, riskeerata

stake off *v* **1** rajata, merkitä (paaluilla) **2** varata/vaatia itselleen

stakeout /'steɪk,aʊt/ *s* **1** (poliisin toimeenpanema) väijytys, varjostus, (salainen) valvonta **2** väijytyspaikka, piilo

stake out *v* **1** (poliisi) väijyä, pitää (salaa) silmällä, varjostaa **2** varata/vaatia itselleen **3** rajata, merkitä (paaluilla)

stalactite /stə'læk,taɪt/ *s* stalaktiitti, (luolan kattoon kiinnittynyt) tippukivipuikko

stalagmite /stə'læg,maɪt/ *s* stalagmiitti, (luolan pohjasta kohoava) tippukivipylväs

stale /steɪəl/ *adj* **1** (ruoka) vanha, kuivunut, (juoma) väljähtynyt, (ilma) ummehtunut **2** (kuv) väljähtynyt, kulunut, väsynyt, kyllästynyt

stalemate /ˈsteɪəlˌmeɪt/ *s* **1** (šakissa) patti **2** (kuv) umpikuja
v (kuv) saattaa/joutua/ajautua umpikujaan

Stalinism /ˈstaləˌnɪzəm/ *s* stalinismi

Stalinist /stalənɪst/ *s* stalinisti
adj stalinistinen, stalinisti-

stalk /stak/ *s* **1** (kasvin) korsi, varsi, (lehden) ruoti **2** varsi, tuki **3** väijytys
v **1** väijyä, vaania (myös kuv) **2** hiipiä **3** (kävelystä) marssia (esim tiehensä)

stalk vegetables *s* (mon) varsivihannekset

stall /staəl/ *s* **1** pilttuu **2** talli **3** koju, kioski, pieni myymälä *shower stall* suihkukaappi **4** (lentokoneen) sakkaus **5** (moottorin) sammuminen
v **1** panna pilttuuseen/talliin **2** (lentokoneesta) sakata, saada (vahingossa lentokone) sakkaamaan **3** (moottorista) sammua, sammuttaa (vahingossa moottori) **4** hidastaa, hidastua, jarruttaa, seisauttaa, seisahtua, keskeyttää, keskeytyä **5** viivytellä, vitkastella, pelata aikaa **6** juuttua, saada juuttumaan

stallion /stæljən/ *s* ori

stamina /stæmɪnə/ *s* voima, kestokyky, sietokyky

stammer /stæmər/ *s* änkytys
v änkyttää

stamp /stæmp/ *s* **1** postimerkki **2** leima **3** (kuv) jälki *to leave your stamp somewhere* jättää jälkensä johonkin **4** ruokakuponki (ks food stamp)
v **1** tallata; polkea maata; polkea sammuksiin; polkea (kiukuspäissään) jalkaansa **2** marssia (kiukuspäissään tiehensä) **3** kukistaa, tukahduttaa **4** leimata **5** varustaa postimerkillä, liimata postimerkki (kirjeeseen tms) **6** paljastaa, osoittaa joku joksikin

stamp collector *s* postimerkkeilijä

stampede /stæmˈpid/ *s* **1** (vauhkoontuneen karjan, pillastuneiden hevosten) pako **2** hillitön rytäkkä, myllerrys, sekasorto **3** rodeo- ja markkinatilaisuus
v **1** (karja, hevoset) paeta vauhkoontuneena **2** rynnätä, tulvia, syöksyä päätä pahkaa jonnekin

stance /stæns/ *s* **1** asento **2** (kuv) suhtautuminen, asenne **3** (golf) stanssi, jalkojen asento pelaajan tähdätessä palloon *open stance* avoin stanssi, asento jossa oikeakätinen pelaaja tähtää kohteesta vasemmalle *closed stance* suljettu stanssi, asento jossa oikeakätinen pelaaja tähtää kohteesta oikealle *straight stance* suora stanssi, asento jossa pelaajan jalkaterät ovat poikittain pallon suunniteltuun lentorataan nähden

stand /stænd/ *s* **1** pysähdys, seisahdus **2** kanta, asenne **3** vastarinta; taistelu **4** paikka **5** puhujakoroke, (oikeudessa) todistajan aitio *to take the stand* todistaa oikeudessa **6** (mon) katsomo **7** teline, jalusta, alusta **8** (pieni) pöytä **9** (myynti)koju, lehtikioski
v stood, stood **1** seisoa **2** nousta seisomaan **3** asettaa, panna (johonkin) *he stood the vase on the table* hän pani maljakon pöydälle **4** pysähtyä **5** kestää, sietää, kärsiä *his business dealings do not stand closer scrutiny* hänen liiketoimensa eivät kestä lähempää tarkastelua *I can't stand him* en voi sietää häntä **6** olla tietyn pituinen *she stands five feet four* hän on 160 cm:n mittainen **7** olla jotakin mieltä: *where do you stand on this issue?* mikä on kantasi tässä kysymyksessä? **8** olla voimassa *the ruling stands* päätös on edelleen voimassa **9** mahdollisuudesta: *she stands to lose/gain a lot by keeping quiet* hänelle on suurta vahinkoa/paljon hyötyä siitä jos hän pysyy hiljaa

stand a chance *fr* olla mahdollisuus/mahdollisuuksia *Senator Kennedy does not stand a chance in the election* senaattori Kennedyllä ei ole vaaleissa (minkäänlaisia) mahdollisuuksia

stand-alone *s* (tietok) itsenäinen laite
adj itsenäinen

standard /stændərd/ *s* **1** mittapuu, mitta, normi **2** taso **3** (tuotteen) tavallinen malli, vakiomalli **4** lippu **5** ikivihreä (laulu, kappale) **6** (tal) kanta: *the gold*

standard kultakanta
adj **1** normi- **2** vakiintunut, yleisesti hyväksytty **3** yleinen, tavallinen, vakio-, (kieli) yleis-
standard-bearer *s* lipunkantaja (myös kuv:) edelläkävijä, esitaistelija, tienraivaaja
standardize /ˈstændərˌdaɪz/ *v* vakioida, normittaa, standardoida
standard of living *s* elintaso
standard operating procedure *s* normaalimenettely
stand behind *v* tukea jotakuta, luottaa johonkuhun/johonkin
standby /ˈstændˌbaɪ/ *s* (mon standbys) **1** uskollinen kannattaja **2** varapelaaja, varakone yms hätävara **3** standby-matkustaja **4** *to be on standby* olla valmiina
stand by *v* **1** tukea, auttaa jotakuta **2** pitää kiinni (mielipiteestään), ei antaa periksi **3** olla valmiina (myös nousemaan lentokoneeseen standby-matkustajana), pysytellä puhelimessa
stand by your guns *fr* pitää pintansa, pysyä lujana, ei antaa periksi, ei perääntyä
stand down *v* **1** luopua (kilpailusta), luovuttaa **2** erota, erottaa, poistaa käytöstä
standee /stænˈdi/ *s* seisova matkustaja/katsoja
stand for *v* **1** tarkoittaa *what does "IRS" stand for?* mistä IRS on lyhenne? **2** kannattaa, puoltaa **3** (ark) sietää, kestää
stand-in *s* sijaisnäyttelijä, sijainen
stand in awe of *fr* kunnioittaa, pelätä jotakuta
stand in for *v* toimia jonkun sijaisena, tuurata (ark) jotakuta
standing *s* **1** asema **2** korkea/ylhäinen asema **3** kestosta: *of long standing* pitkäaikainen **4** seisominen
adj **1** seisova, pysty-, jalka- **2** (hyppy) vauhditon **3** pysähtynyt, seisahtunut **4** jatkuva, pysyvä
standing committee *s* pysyvä toimikunta/valiokunta
stand in good stead *the extra money will stand you in good stead on your trip* ylimääräisestä rahasta on sinulle matkallasi paljon apua
stand in with *v* **1** olla salaliitossa jonkun kanssa, vehkeillä/juonitella yhdessä jonkun kanssa **2** olla lähiväleissä/hyvissä väleissä jonkun kanssa
stand off *v* **1** pysytellä loitolla **2** lykätä, siirtää myöhemmäksi
standoff /ˈstænˌdaf/ *s* (urh) tasapeli
standoffish /ˌstænˈdafɪʃ/ *adj* etäinen, viileä, koppava
standoffishly *adv* etäisesti, viileästi, koppavasti
stand on *v* **1** vaatia **2** perustua johonkin, olla jonkin varassa
stand on ceremony *fr* pitää kiinni hyvistä/hienoista tavoista
stand out *v* **1** työntyä esiin, sojottaa, törröttää, ulota **2** pistää silmään, erottua hyvin, työntyä näkyviin **3** pitää pintansa, ei antaa periksi
standout /ˈstændˌaʊt/ *s* joku joka on (aivan) omaa luokkaansa, virtuoosi
stand over *v* **1** valvoa, pitää silmällä **2** lykätä, siirtää myöhemmäksi
stand pat *fr* pysyä kannassaan, ei taipua, ei muuttaa mieltään, pitää kiinni jostakin
standstill /ˈstændˌstɪl/ *s* pysähdys, seisahdus
stand still for *fr* (kielteisenä) ei sietää jotakin, ei suvaita jotakin
stand to *v* **1** pysyä kannassaan, ei perua jotakin, pitää kiinni jostakin **2** jatkaa (sinnikkäästi) **3** olla valmiina
stand to a treat *to stand someone to a treat* tarjota jollekulle jotakin (syötävää/juotavaa)
stand to reason *fr* olla selvää, kuulostaa järkevältä, käydä järkeen, jossakin on järkeä
stand up *v* **1** nousta seisomaan **2** kestää, pitää pintansa **3** (sl) antaa rukkaset, jättää saapumatta tapaamiseen
stand up for *v* **1** puolustaa **2** olla avustajana jonkun häissä

stand your ground *fr* pitää pintansa, ei antaa periksi
stank /stæŋk/ ks stink
stanza /stænzə/ *s* (mon stanzas) (runon) säkeistö
staple /steɪpəl/ *s* **1** sinkilä **2** päätuote, tärkein myyntitavara **3** peruselintarvike **4** (kuv) vakiotavara, pääasiallinen sisältö
v nitoa
adj pääasiallinen, tärkein, pää-, perus-
stapler /steɪplər/ *s* (laite) nitoja
star /star/ *s* tähti (myös kuv) *to make someone see stars* (kuv) saada joku näkemään tähtiä, iskeä joku tajuttomaksi *to thank your lucky stars* (saada) kiittää onneaan
v tähdittää, esiintyä (tähtenä) elokuvassa, näytelmässä yms
starboard /starbərd/ *s* tyyrpuuri, (laivan, lentokoneen) oikea puoli
starch /startʃ/ *s* **1** tärkkelys **2** (mon) tärkkelysruuat; ruuat joissa on runsaasti hiilihydraatteja **3** (kovitusaineena) tärkki **4** (kuv) jäykkyys, virallisuus
v tärkätä
starchy *adj* **1** tärkkelys- **2** tärkkelyspitoinen **3** tärkätty **4** (kuv) jäykkä, virallinen
stardom /stardəm/ *s* (filmi- tms) tähden asema
stardust /ˈstarˌdʌst/ *s* (kuv) (romanttinen) lumous, hohto
stare /steər/ *s* tuijotus, töllötys
v **1** tuijottaa, töllöttää, katsoa (herkeämättä) **2** pistää silmään **3** *to stare you in the face* olla (kuv) vääjämättä edessä, olla (uhkaavan) lähellä
stare down *v* mulkoilla jotakuta vihamielisesti, yrittää katseellaan saada joku tekemään/tuntemaan jotakin
stark /stark/ *adj* räikeä, silmiinpistävä, paljas, alaston, karu
adv täysin, aivan
starkly *adv* ks stark
starling /starliŋ/ *s* kottarainen
starry *adj* **1** (taivas) jolla on paljon tähtiä, tähtikirkas **2** (kuv) säkenöivä
START *Strategic Arms Reduction Talks*
start /start/ *s* **1** alku, lähtö (tapahtuma tai paikka) **2** säpsähdys **3** etumatka
v **1** lähteä, aloittaa, alkaa **2** käynnistää (moottori) **3** säpsähtää, vavahtaa **4** auttaa alkuun
starter *s* **1** aloittelija **2** (kilpailun) osanottaja **3** (kilpailussa) lähettäjä **4** (moottorin) käynnistin **5** *for starters* (ark) aluksi, alkajaisiksi; ensinnäkin, ensinnäkään
startle /startəl/ *v* **1** säikäyttää, pelästyttää *I was startled to learn that* hämmästyin kun sain kuulla että **2** säpsähtää
startling /startliŋ/ *adj* hämmästyttävä, yllättävä
start-up /ˈstartˌʌp/ *s* **1** käynnistäminen, aloittaminen **2** uusi/nuori yritys
starvation /ˈstarˌveɪʃən/ *to die of/from starvation* kuolla nälkään
starve /starv/ *v* **1** kuolla nälkään **2** nähdä nälkää, näännyttää nälkään **3** kaivata kovasti jotakin *(for)*
state /steɪt/ *s* **1** tila **2** asema **3** tyylikkyys, arvokkuus **4** valtio **5** osavaltio **6** *the States* (ark) Yhdysvallat **7** *State* Yhdysvaltain ulkoministeriö **8** *to lie in state* (ruumiista) olla nähtävänä
v esittää, sanoa, todeta
adj **1** valtion **2** osavaltion **3** juhla-
Star Wars /ˈstarˌwɔrz/ *s* (Yhdysvaltain avaruusaseiden tutkimusohjelma) tähtien sota (virallisesti Strategic Defense Initiative)
State Department *s* (Yhdysvaltain) ulkoministeriö
statehood /ˈsteɪtˌhʊd/ *s* osavaltion asema
stateliness *s* komeus, mahtavuus, loisto, juhlallisuus
stately *adj* komea, ylväs, vaikuttava, mahtava, juhlallinen
statement /steɪtmənt/ *s* **1** kannanotto, toteamus, lausunto, julkilausuma, väite **2** vaikutelma: *driving a Rolls definitely makes a statement* Rollsilla ajaminen puhuu selvää kieltä **3** (pankissa) tiliote
state of war *s* sotatila
state police *s* osavaltion poliisi
state prison *s* osavaltion vankila
state religion *s* valtionuskonto

stateroom /'steɪt͵rum/ *s* (laivassa) yhden hengen hytti, (junassa) yhden hengen (makuuvaunu)osasto
stateside /'steɪt͵saɪd/ *adj* Manner-Yhdysvaltain
adv Manner-Yhdysvalloissa
statesman /steɪtsmən/ *s* (mon statesmen) valtiomies
statesmanship /'steɪtsmən͵ʃɪp/ *s* valtiotaito
state trooper *s* osavaltion liikkuva poliisi
statewide /'steɪt͵waɪd/ *adj* koko osavaltion laajuinen/käsittävä
adv koko/kaikkialla osavaltiossa
static /stætɪk/ *s* **1** hankaussähkö, kitkasähkö **2** (radion) ilmastohäiriöt **3** (ark kuv) vaikeus, hankaluus *don't give me any static about it* älä hangoittele vastaan, älä urputa (sl)
adj **1** liikkumaton, muuttumaton, pysyvä; paikallaan polkeva **2** (sähkö, fys) staattinen
statics /stætɪks/ *s* (verbi yksikössä) statiikka
station /steɪʃən/ *s* **1** sijainti, paikka, asema **2** asema *fire station* paloasema *gas station* huoltoasema *radio station* radioasema
v sijoittaa joku jonnekin (asemapaikkaan)
stationary /'steɪʃə͵neri/ *adj* liikkumaton, paikallaan pysyvä; vakaa, sama
stationary bicycle *s* kuntopyörä
station break *s* **1** (radio- tai televisioaseman) tunnus; katko tunnuksen lähettämiseksi **2** mainoskatko
station-to-station *station-to-station call* käsivälitteinen puhelu (josta laskutetaan jos halutusta numerosta vastataan) (vrt *person-to-person*)
station wagon *s* farmariauto
statistic /stə'tɪstɪk/ *s* tilastotieto
statistical *adj* tilastollinen
statistically *adv* tilastollisesti
statistician /͵stætɪs'tɪʃən/ *s* tilastotieteilijä
statistics *s* **1** (verbi yksikössä) tilastotiede **2** (verbi mon) tilasto
statue /stætʃu/ *s* patsas, veistos
Statue of Liberty *s* Vapauden patsas
statuette /͵stætʃʊ'et/ *s* pienoisveistos
stature /stætʃər/ *s* **1** pituus, korkeus **2** asema
status /stætəs/ *s* **1** asema *social status* yhteiskunnallinen asema **2** tila
status quo /͵stætəs'kwoʊ/ *s* vallitseva tila, nykytila, status quo
status symbol *s* statussymboli
statute /stætʃut/ *s* säännös, säädös, laki
statute mile *s* maili (1609 m)
statutory /'stætʃə͵tɔri/ *adj* laillinen, lain mukainen
statutory rape *s* (lak) rakastelu alaikäisen kanssa
staunch /stantʃ/ *adj* uskollinen, luja, vannoutunut
stave /steɪv/ *s* **1** (tynnyrin) kimpi **2** (tikkaiden) puola **3** (mus) nuottiviivasto **4** (runon, laulun) säkeistö **5** sauva, keppi, tanko
v staved/stove, staved/stove: puhkaista, puhjeta
stave off *v* torjua, ehkäistä, estää
stay /steɪ/ *s* **1** pysähdys, seisahdus **2** oleskelu *during her stay in Bolivia* hänen Boliviassa ollessaan **3** (tuomion) lykkäys **4** tuki, vahvike, kovike **5** (purjelaivassa) harus
v **1** jäädä *to stay in bed* jäädä vuoteeseen, pysyä vuoteessa *the weather stayed warm* sää jatkui lämpimänä, sää pysyi lämpimänä **2** asua, oleskella, viettää (aikaa) *we stayed at a cheap motel* yövyimme halvassa motellissa **3** pysähtyä, pysäyttää, lakata, lopettaa **4** tukea (myös kuv), vahvistaa (myös kuv) **5** (mer) harustaa, tukea haruksilla
stay-at-home /'steɪət͵hoʊm/ *s* kotikissa (kuv)
adj kotiinsa kiintynyt, omiin olohinsa kiintynyt, koti-
stay on top *fr* pysyä kärjessä, säilyttää johtoasema
stay put *fr* pysyä aloillaan, ei liikkua
std. *standard*

steadfast /ˈsted,fæst/ *adj* järkkymätön, luja, vakaa
steadfastly *adv* järkkymättömästi, lujasti, vakaasti
steadily *adv* ks steady
steady /stedi/ *s* (ark) vakinainen mies/naisystävä, tyttö/poikaystävä
v tukea, lujittaa, lujittua, rauhoittaa, rauhoittua, vakauttaa, vakautua
adj **1** vankka, vakaa, luja **2** tasainen, säännöllinen, vakaa, luotettava **3** *to go steady* (ark) seurustella vakinaisesti
steady-handed *adj* (kuv) rauhallinen, vakaa, luotettava, tasainen
steak /steɪk/ *s* pihvi, (kalasta) filee
steakhouse /ˈsteɪk,haʊs/ *s* pihviravintola
steal /stiəl/ *s* (ark) erittäin halpa (kauppa)tavara: *at fifty dollars, this easy chair is a steal* 50 dollaria on pilkkahinta tästä nojatuolista
v stole, stolen **1** varastaa, viedä joltakulta jotakin **2** hiipiä, viedä salaa
stealing *s* **1** varastaminen, varkaus **2** (mon) varastetut tavarat
steal someone's thunder *fr* viedä tuuli jonkun purjeista, varastaa jonkun idea
steal the show *fr* jättää toiset varjoonsa
steam /stim/ *s* höyry *to blow off steam* päästä ilmoille liikoja höyryjä, purkaa kiukkuaan
v **1** höyrytä, höyryttää **2** (ark) suuttua; raivota
steam bath *s* höyrykylpy
steamboat /ˈstim,boʊt/ *s* höyrylaiva
steam engine *s* höyrykone
steamer *s* höyrylaiva
v matkustaa höyrylaivalla
steam hammer *s* höyryvasara
steam locomotive *s* höyryveturi
steamroller /ˈstim,rolər/ *s* höyryjyrä
v **1** jyrätä (höyryjyrällä) **2** (kuv) jyrätä alleen *the president steamrolled the bill through Congress* presidentti hyväksytti lakiehdotuksen kongressilla puoliväkisin
steamship /ˈstim,ʃɪp/ *s* höyrylaiva
steam turbine *s* höyryturbiini
steamy *adj* **1** höyryinen, kostea, höyrystynyt **2** (ark) eroottinen
steel /stiəl/ *s* teräs
v: to steel yourself to/against something valmistautua johonkin, terästäytyä kohtaamaan jokin
steel gray *s* teräksenharmaa
steelworks /ˈstiəl,wərks/ *s* (verbi yksikössä tai mon) terästehdas
steely *adj* **1** teräksinen, teräs- **2** teräksenharmaa **3** teräksenkova (myös kuv)
steelyard /ˈstiəl,jaərd/ *s* siirtopainovaaka
steep /stip/ *adj* **1** jyrkkä **2** (ark) kallis
v liottaa, liota; hauduttaa, hautua
steeped in *to be steeped in something* olla yltä päältä jonkin peitossa, olla uppoutunut johonkin, olla täynnä jotakin, olla jonkin verhoama
steeple /stipəl/ *s* (esim kirkon) torni
steeplechase /ˈstipəl,tʃeɪs/ *s* esteratsastus(kilpailu); estejuoksu(kilpailu) (maastossa)
v harrastaa esteratsastusta/estejuoksua, osallistua esteratsastuskilpailuun/estejuoksukilpailuun
steeply *adv* jyrkästi
steer /stɪər/ *s* nuori härkä
v ohjata (myös kuv) *she steered the car to the right* hän ohjasi auton oikealle
steer clear of *fr* pysytellä kaukana jostakin, välttää
steering wheel *s* ohjauspyörä
stem /stem/ *s* **1** (kasvin) varsi, (puun) runko, (lehden) ruoti, (erilaisten esineiden) varsi, kaula, ruoti **2** sanan vartalo **3** (sukupuun) päähaara **4** (hiihdossa) aura, auraus
v **1** irrottaa ruodit **2** olla peräisin jostakin *(from)* **3** padota; tukkia **4** pysäyttää, lopettaa, tyrehdyttää **5** (hiihdossa) aurata
stench /stentʃ/ *s* löyhkä, lemu, paha haju
stencil /stensəl/ *s* luotta, kaavain, malline, sabloni
v piirtää/kirjoittaa luotalla
stenographer /stəˈnagrəfər/ *s* pikakirjoittaja

stenographic /ˌstenə'græfɪk/ *adj* pikakirjoitus-
stenography /stə'nagrəfi/ *s* pikakirjoutus
step /step/ *s* **1** askel *watch your step!* katso mihin astut, ole varovainen **2** jalanjälki **3** tahti, marssi *to break step* lakata marssimasta tahdissa *to be in step* marssia tahdissa; (kuv) olla (esim ajan) tasalla *to be out of step* ei marssia tahdissa; ei olla (esim ajan) tasalla *to keep step* pysyä (samassa) tahdissa (myös kuv) **4** vaihe, askel (kuv) *the government is taking steps to increase exports* hallitus on ryhtynyt toimiin viennin lisäämiseksi *we're two steps away from disaster* me olemme katastrofin partaalla **5** (mus) sävelaskel **6** porras, askelma
v **1** astua **2** porrastaa
step by step *fr* askel askeleelta, vaihe vaiheelta, vaiheittain, vähitellen
stepdaughter /'stepˌdatər/ *s* tytärpuoli
step down *v* **1** laskea, vähentää, alentaa **2** erota (työstä), luopua (vallasta)
stepfather /'stepfaðər/ *s* isäpuoli
step in *v* **1** astua remmiin, tulla jonkun tilalle **2** puuttua johonkin, sekaantua johonkin
step into the breach *fr* astua remmiin, tulla jonkun tilalle
stepmother /'stepˌmʌðər/ *s* äitipuoli
step on it *fr* (ark) panna kaasu pohjaan, painaa nasta lautaan; pistää vipinää kinttuihin, pitää kiirettä
step on someone's toes *fr* (kuv) astua jonkun varpaille, loukata jotakuta
step out *v* **1** pistäytyä ulkona/ulkopuolella **2** kävellä nopeammin, lisätä vauhtia **3** mennä yhdessä ulos
step out of line *fr* mennä liian pitkälle, käyttäytyä sopimattomasti
steppe /step/ *s* aro
stepson /'stepˌsʌn/ *s* poikapuoli
step up *v* **1** lisätä, kasvattaa **2** nopeuttaa **3** ylentää (korkeampaan asemaan) **4** edistyä, parantua, kehittyä
stereo /sterioʊ/ *s* (mon stereos) **1** stereoäänentoisto **2** stereot, stereolaitteet
adj stereo-, stereofoninen
stereophonic /ˌsteriə'fanɪk/ *adj* stereofoninen, stereo-
stereophony /ˌsteri'afəni/ *s* stereofonia
stereotype /'steriəˌtaɪp/ *s* **1** (kirjapainossa) stereotypia **2** kaavoittunut/kaavamainen/kangistunut käsitys
v **1** (kirjapainossa) stereotypioida **2** esittää/kuvata kaavamaisesti **3** *to become stereotyped* kangistua kaavoihinsa, vakiintua
stereotypy /'steriəˌtaɪpi/ *s* **1** (kirjapainossa) stereotypia **2** (psyk) stereotypia
sterile /sterəl/ *adj* **1** hedelmätön, lisääntymiskyvytön, steriili **2** bakteeriton, (täysin) puhdas, steriili **3** (kuv) hedelmätön
sterilely *adv* ks sterile
sterility /stə'rɪləti/ *s* **1** hedelmättömyys, lisääntymiskyvyttöyys, steriiliys, steriliteetti **2** bakteerittomuus, (täydellinen) puhtaus, steriiliys **3** (kuv) hedelmättömyys
sterilization /ˌsterələ'zeɪʃən/ *s* sterilointi (ks sterile)
sterilize /'sterəˌlaɪz/ *v* **1** steriloida (ks sterile) **2** (ark) eristää, suojata, varjella joltakin *(against)*
sterling /stərliŋ/ *s* **1** Englannin raha, Englannin punta **2** sterlinghopea
adj **1** punta- **2** (hopea) sterling- **3** hopeinen, hopea- **4** erinomainen, loistava, luja, vankka
stern /stərn/ *s* **1** laivan perä **2** perä, takaosa, takapää
adj ankara, kova, vakava
sternly *adv* ankarasti, kovasti, vakavasti
sternum /stərnəm/ *s* (mon sternums, sterna) rintalasta
sternwheeler /'stərnˌwilər/ *s* siipirataslaiva jonka siipiratas on perässä
steroid /sterɔɪd/ *s* steroidi
stethoscope /'steθəˌskoʊp/ *s* stetoskooppi, (lääkärin) kuuntelulaite

stew /stu/ *s* (ruoka) muhennos
v **1** keittää/kiehua hiljaisella tulella
2 (ark) tuskailla, murehtia
steward /stuwərd/ *s* **1** taloudenhoitaja
2 tarjoilija; tarjoilun johtaja **3** (lentokoneessa, laivassa) stuertti
stewardess /stuwədəs/ *s* lentoemäntä, (laivassa) tarjoilija
stew in your own juice *fr* saada kärsiä omista teoistaan/virheistään, saada omaa lääkettään
stick /stɪk/ *s* **1** keppi, sauva, tikku, (suklaa)patukka, (katkennut) oksa, (rumpu)palikka, (jääkiekko- ym) maila
2 (kuv) kannustin, houkutin, porkkana
3 (mon ark) syrjäseutu, korpi *to live in the sticks* elää Jumalan selän takana
4 *to get the dirty/short end of the stick* (sl) vetää lyhyempi korsi
v tukea kepeillä
stick *v* stuck, stuck **1** pistää, työntää, sohaista **2** panna, laittaa, pistää **3** tarttua, juuttua, tarrautua *the cork has stuck* korkki on jäänyt kiinni (pulloon), korkki ei lähde irti **4** (kuv) pitää kiinni jostakin, pitää sanansa/lupauksensa **5** (kuv) jatkaa sinnikkäästi (loppuun asti) **6** (kuv) ei päästä eteenpäin, polkea paikallaan *I'm stuck with my work* työni ei edisty
stick around *v* (ark) odottaa, pysytellä lähettyvillä
stick by *v* (kuv) pitää kiinni jostakin, ei hylätä jotakuta
sticker *s* tarra
sticker price *s* ohjehinta
sticking plaster *s* kiinnelaastari
stick-in-the-mud /ˈstɪkɪnðəˌmʌd/ *s* vanhanaikainen ihminen, antiikkinen ihminen, homekorva
stick in your craw *fr* olla piikki jonkun lihassa, ärsyttää, käydä jonkun hermoille
stick in your throat *the words stuck in his throat* (kuv) sanat takertuivat hänen kurkkuunsa
stick it *fr* (sl) pidä hyvänäsi!
stick it out *fr* kestää, jaksaa, pitää pintansa
stick it to *fr* (sl) kohdella jotakuta kaltoin, käyttää jotakuta hyväkseen
stick it up your ass *fr* (sl) pidä hyvänäsi, työnnä se perseeseesi, haista paska
stickler /stɪklər/ *to be a stickler for something* olla tarkka jostakin
stick out *v* pistää/työntyä/työntää esiin/ulos; pistää silmään, erottua selvästi
stick out like a sore thumb *fr* pistää silmään
stick to *v* (kuv) pitää kiinni jostakin, ei hylätä jotakuta
stick together *v* pitää yhtä, pysyä yhdessä, puhaltaa samaan hiileen
stick to your guns *fr* pitää pintansa, pysyä lujana, ei antaa periksi, ei perääntyä
stick to your ribs *fr* (ruuasta) olla täyttävää, viedä nälkä
stick-up *s* (ark) ryöstö
stick up *v* (ark) ryöstää
stick up for *v* puolustaa, tukea jotakuta
stick with *v* **1** puolustaa, tukea jotakuta **2** ei vaihtaa, käyttää edelleen
3 panna jotakin jonkun vastuulle, antaa jokin jonkin tehtäväksi
sticky /stɪki/ *adj* **1** tahmea **2** (kuv) vaikea, hankala
sticky fingers *s* (ark) pitkäkyntisyys
stick your neck out *fr* puolustaa jotakuta, uskaltautua tekemään jotakin, ottaa riski
stick your nose into *fr* pistää/työntää nenänsä johonkin (toisten asioihin)
stiff /stɪf/ *s* (sl) ruumis, kalmo
adj **1** jäykkä, kankea (myös kuv) **2** voimakas, vahva, väkevä, raju **3** kallis
4 tiukka, ankara, kova
adv **1** ks adj **3** *to be bored stiff* ikävystyä kuoliaaksi
stiffen *v* jäykistää, jäykistyä, kangistaa, kangistua
stiffly *adv* jäykästi, kankeasti (myös kuv)
stiff-necked *adj* **1** jäykkäniskainen
2 (kuv) jääräpäinen, omapäinen, härkäpäinen
stifle /staɪfəl/ *v* tukahduttaa, kukistaa, vaimentaa, hillitä *she stifled a yawn* hän

tukahdutti haukotuksensa *I could not stifle my curiosity* en pystynyt hillitsemään uteliaisuuttani

stigma /stɪgmə/ *s* (mon stigmata, stigmas) **1** stigma, häpeämerkki **2** (kasvin) luotti

stigmatize /'stɪgməˌtaɪz/ *v* leimata joku joksikin (kielteiseksi), stigmatisoida *to become stigmatized as a criminal* leimautua rikolliseksi

stile /staɪəl/ *s* portaat (joita pitkin päästään aidan yli)

stiletto /stə'letoʊ/ *s* (mon stilettos, stilettoes) stiletti

still /stɪl/ *s* **1** hiljaisuus *in the still of the night* yön hiljaisuudessa **2** (elokuvafilmistä valmistettu) yksittäiskuva, valokuva **3** tislauslaite

v **1** vaientaa, vaieta, vaimentaa, saada vaikenemaan, rauhoittaa, rauhoittua *try to still the baby* yritä saada lapsi rauhoittumaan **2** tyydyttää (halu), tyydyttyä, tyynnyttää, tyyntyä **3** tislata

adj **1** liikkumaton, tyyni **2** hiljainen, äänetön

adv **1** yhä, vielä *she's still not ready* hän ei ole vieläkään valmis *still more* (yhä/vielä) lisää/enemmän **2** silti, kuitenkin **3** liikkumatta, paikallaan **4** hiljaa

konj silti, kuitenkin *he's weird but she still loves him* hän on outo mutta nainen rakastaa häntä silti

still and all *fr* silti, kuitenkin, kaikesta huolimatta

stillbirth /'stɪlˌbərθ/ *s* **1** kuolleen lapsen/eläimen syntyminen/synnytys **2** kuolleena syntynyt lapsi/eläin

stillborn /'stɪlˌbɔrn/ *adj* kuolleena syntynyt

still life *s* (taiteessa) asetelma

stillness *s* **1** liikkumattomuus, tyyneys **2** hiljaisuus

stillroom /'stɪlˌrum/ *s* (keittiöön avautuva) säilytyskomero, säilytyshuone

still water *s* suvanto

stilt /stɪlt/ *s* (mon) puujalat

stilted *adj* (kuv) jäykkä, kankea

stimulant /stɪmjələnt/ *s* **1** (aine) piriste **2** kannustin, yllyke

stimulate /'stɪmjəˌleɪt/ *v* piristää, kiihottaa, virkistää, elvyttää, kannustaa, innostaa

stimulating *adj* piristävä, kiihottava, virkistävä, elvyttävä, kannustava, innostava

stimulation /ˌstɪmjə'leɪʃən/ *s* piristys, kiihotus, virkistys, elvytys, kannustus

stimulative /stɪmjələtɪv/ *s* piriste *adj* piristävä, kiihottava, virkistävä, elvyttävä

stimulus /stɪmjələs/ *s* **1** (fysiologiassa, lääk) ärsyke **2** yllyke, kannustin, kiihoke

sting /stiŋ/ *s* **1** pisto **2** kirvely **3** (hyönteisen) piikki, (kasvin) poltinkarva kärkevä/piikikäs/pisteliäs/ivallinen huomautus, piikki, katkera kalkki **4** (sl) huijaus, petos

v stung, stung **1** pistää **2** kirvellä **3** (kuv) (kärkevä huomautus) pistää, sattua, (muisto) kirvellä mieltä, harmittaa, kaivella **4** (sl) huijata, pettää

stinger /stiŋər/ *s* **1** (hyönteisen) piikki, (kasvin) poltinkarva **2** (ark) piikki, piikikäs/kärkevä/ivallinen huomautus

stingily *adv* kitsaasti, itarasti, nuukasti, niukasti

stinginess *s* **1** kitsaus, nuukuus **2** niukkuus, vähäisyys, pienuus

stingy /stɪndʒi/ *adj* **1** kitsas, itara, nuuka **2** niukka, laiha

stink /stiŋk/ *s* löyhkä, lemu

v stank/stunk, stunk **1** löyhkätä, lemuta, haista **2**
(ark) olla surkea/kehno

stinkaroo *s* (sl) surkea esitys

stink bomb *s* hajupommi

stinker *s* (ark) **1** surkea esitys **2** vaikea/visainen tehtävä **3** paskiainen

stinkeroo /ˌstiŋkə'ru/ *s* (sl) surkea esitys

stinking *adj* **1** löyhkäävä, lemuava, haiseva, pahanhajuinen **2** surkea, kurja

stink out *v* savustaa ulos (löyhkällä, pahalla hajulla)

stink up *v* **1** saada löyhkäämään/haisemaan **2** olla surkea/kehno

stint /stɪnt/ *s* **1** komennus *he did a two-year stint in Saudi Arabia* hän oli kahden vuoden komennuksella Saudi-

Arabiassa **2** urakka, määrä **3** rajoitus, kitsastelu
v **1** säästää, nuukailla, elää nuukasti, kitsastella **2** supistaa, vähentää
stipulate /ˈstɪpjəˌleɪt/ *v* vaatia; sopia, määrätä
stipulation /ˌstɪpjəˈleɪʃən/ *s* vaatimus, ehto, sopimus
stir /stər/ *s* **1** hämminki *the news caused quite a stir in the firm* uutinen herätti yrityksessä melkoista kohua **2** (sl) vankila, häkki
v **1** hämmentää, sekoittaa **2** liikuttaa, liikkua, liikauttaa *he did not stir a muscle to help me* hän ei liikauttanut eväänsäkään auttaakseen minua **3** herättää (tunteita): *to stir pity* herättää sääliä **4** *to stir someone into action* kannustaa/saada joku toimimaan
stir-crazy *adj* (ark) mökkihöperö
stirring *adj* **1** innostava **2** kiireinen, vauhdikas, vilkas
stirrup /stərəp/ *s* jalustin
stir up *v* **1** hämmentää, sekoittaa **2** herättää (tunteita, vastustusta), vauhdittaa (mielikuvitusta) **3** yllyttää, usuttaa johonkin *to stir up trouble* lietsoa riitaa
stitch /stɪtʃ/ *s* **1** pisto, tikki **2** (lääk) ommel, tikki **3** pisto (kyljessä) **4** *to be in stitches* nauraa katketakseen/tikahtuakseen
v **1** ommella **2** koristella
St. John /ˌseɪntˈdʒan sɪndʒən/
St. Kitts and Nevis /seɪntˌkɪtsənˈnevəs/ Saint Kitts ja Nevis
St. Lawrence River /ˌseɪntˈlɔrəns/ (joki Kanadassa) St. Lawrence
St. Lawrence Seaway St. Lawrencen vesitie (Kanadan Ontariossa)
St. Louis /ˌseɪntˈluəs/ kaupunki Missourissa
St. Lucia /ˌseɪntlʊˈsiə/ Saint Lucia (Karibianmeressä)
stock /stak/ *s* **1** varasto (myös kuv) *we do not have that model in stock* sitä mallia ei ole varastossa **2** (tal) osakkeet; osaketodistus **3** (puun) runko, tukki; kanto **4** kädensija **5** kanta, laji, syntyperä, suku, heimo, alkuperä **6** karja **7** lihaliemi **8** (mon) jalkapuu **9** (rautateillä) liikkuva kalusto, myös *rolling stock*
v **1** varastoida, panna varastoon, pitää varastossa; täydentää varastoa **2** panna jalkapuuhun
stockade /staˈkeɪd/ *s* **1** paaluaita **2** sotilasvankila
v suojata paaluaidalla
stockbroker /ˈstakˌbroʊkər/ *s* pörssimeklari
stock certificate *s* osaketodistus
stock exchange *s* arvopaperipörssi
stockholder /ˈstakˌhoəldər/ *s* osakas
Stockholm /ˈstakˌhoəlm/ Tukholma
stocking *s* sukka
stocking cap *s* pipo
stocking feet *in your stocking feet* sukkasillaan
stocking stuffer *s* halpa/pieni joululahja
stock in trade *s* (kuv) perustaito; perusedellytys
stock market *s* osakemarkkinat
stockpile /ˈstakˌpaɪəl/ *s* varasto
v varastoida, kerätä, kasata, hamstrata
stockstill /ˌstakˈstɪl/ *adj* hievahtamaton
adv hievahtamatta
stocky *adj* tanakka
stockyard /ˈstakˌjaərd/ *s* (teurastamon) karjapiha, karjatarha
stodgy /stadʒi/ *adj* **1** raskas, raskassoutuinen **2** tanakka
stoic /stoʊɪk/ *s, adj* **1** stoalainen (ks *stoical*) **2** *Stoic* stoalainen, stoalaisuuden kannattaja
stoical /stoʊɪkəl/ *adj* **1** tyyni, järkkymätön, rauhallinen, stoalainen **2** *Stoical* stoalainen
stoically *adv* tyynesti, järkkymättömästi, rauhallisesti
stoicism /ˈstoʊəˌsɪzəm/ *s* **1** tyyneys, järkkymättömyys, rauhallisuus, stoalaisuus **2** *Stoicism* (filosofia) stoalaisuus
stoke /stoʊk/ *v* kohentaa (tulta)
Stoke on Trent /ˌstoʊkanˈtrent/
STOL *short take-off and landing*
stole /stoəl/ *s* (hartiavaippa) stoola
v ks steal
stolen *ks* steal

stomach /stʌmək/ *s* **1** vatsa, maha **2** mahalaukku **3** (kuv) halu, into
v kestää, sietää *Tyne couldn't stomach his company* Tyne ei voinut sietää hänen seuraansa
stomachache /'stʌmək,eɪk/ *s* vatsakipu, mahakipu
stone /stoʊn/ *s* **1** kivi (aine, kappale) *to cast the first stone* (kuv) heittää ensimmäinen kivi *to leave no stone unturned* etsiä kaikkialta, tehdä kaikkensa/parhaansa **2** jalokivi **3** (hedelmän siemen) kivi **4** hautakivi **5** pelinappula
v **1** kivittää, heitellä jotakuta kivillä **2** kivittää kuoliaaksi **3** kivetä, peittää kivillä **4** poistaa kivet (hedelmästä)
adj kivinen, kivi-
adv täysin
Stone Age *s* kivikausi
stone-blind /,stoʊn'blaɪnd/ *adj* umpisokea
stoned *adj* (sl) **1** humalassa, kännissä **2** pilvessä, huumeessa
stone-dead /,stoʊn'ded/ *adj* kuollut kuin kivi
stone-deaf /,stoʊn'def/ *adj* umpikuuro
stone fruit /'stoʊn,frut/ *s* (hedelmä) luumarja
Stonehenge /'stoʊn,hendʒ/ *s* esihistoriallinen kivipatsaiden ryhmä Englannissa
stone pigeon *s* houkutuslintu (myös kuv)
stone's throw *the place is only a stone's throw from here* paikka on vain kivenheiton päässä täältä
stone wall *to run into a stone wall* jollakulla tulee seinä vastaan, joku ei suostu johonkin
stonewall /'stoʊn,waəl/ *v* vältellä, jarruttaa (kuv), estää, viivytellä
stonewalling *s* välttely, viivyttely, jarruttelu, hidastelu
stoneware /'stoʊn,weər/ *s* kivitavara
stonewash /'stoʊn,waʃ/ *v* kivipestä (vaatteita)
stonily *adv* (kuv) ilmeettömästi; kovasti, kylmästi, sydämettömästi
stony *adj* **1** kivinen (myös hedelmästä) **2** kova (kuin kivi) **3** ilmeetön; kova, kylmä, sydämetön
stony-faced *adj* ilmeetön, kivikasvoinen
stood /stʊd/ ks stand
stool /stuəl/ *s* **1** jakkara *to fall between two stools* jäädä (empimisen vuoksi) tyhjin käsin **2** houkutuslintu **3** uloste
stoop /stup/ *s* kumara/kyyry asento
v **1** kumartua, kyyristyä **2** olla/käydä kumarassa/kyyryssä **3** alentua tekemään jotakin *I won't stoop to apologizing to her* en alennu pyytämään häneltä anteeksi
stop /stap/ *s* **1** pysähdys, pysähtyminen; loppu *wait till the bus has come to a full stop* odottakaa kunnes linja-auto on pysähtynyt **2** pysäkki **3** (UK) piste *full stop* piste **4** (valok) aukko *f-stop* aukko **5** (fonetiikassa) klusiili, umpiäänne **6** (tekn) pysäytin, liukueste **7** (uruissa) äänikerta, rekisteri *to pull out all the stops* (kuv) tehdä kaikkensa, panna parastaan **8** tulppa, korkki, tappi
v **1** pysähtyä, pysäyttää **2** lopettaa, lakata, keskeyttää, keskeytyä **3** estää **4** tukkia, tukkeutua **5** sulkea (korkilla, tulpalla)
stop at *v* yöpyä jossakin
stop at nothing *fr* ei kaihtaa keinoja, tehdä kaikkensa
stop by *v* käväistä, piipahtaa jossakin
stop down *v* (valok) pienentää (objektiivin) aukkoa, himmentää (objektiivia)
stop in *v* **1** käväistä, piipahtaa jossakin **2** yöpyä jossakin
stop in your tracks *he stopped in his tracks* (ark) hän pysähtyi yhtäkkiä; hän säpsähti/säikähti
stoplight /'stap,laɪt/ *s* **1** (auton ym) jarruvalo **2** liikennevalot
stop off *v* pysähtyä (matkalla jossakin)
stopover /'stap,oʊvər/ *s* **1** (matkalla) pysähdys **2** (matkalipun haltijan) oikeus pysähtyä matkan varrella
stop over *v* pysähtyä (matkalla), yöpyä (matkalla)

stoppage /stapədʒ/ *s* **1** tukos **2** (työn) seisaus
stop sign *s* (liikennemerkki) pakollinen pysähtyminen
stopwatch /ˈstapˌwatʃ/ *s* sekuntikello, sekundaattori
storage /stɔrədʒ/ *s* **1** varastointi **2** varasto **3** (tietok) muisti
store /stɔr/ *s* **1** kauppa, myymälä **2** ruokakauppa **3** varasto, varat *there's more trouble in store for you* sinulla on edessäsi lisää ongelmia **4** *she doesn't lay/set much store by formalities* hän ei juuri usko muodollisuuksiin, hän ei pidä muodollisuuksia tärkeinä
v **1** varastoida, panna varastoon; säästää, panna talteen; tallentaa **2** säilyä
storefront /ˈstɔrˌfrʌnt/ *s* **1** kaupan/myymälän katupuoli (jolla näyteikkunat ovat) **2** kauppa, myymälä
storehouse /ˈstɔrˌhaʊs/ *s* **1** varasto(rakennus) **2** (kuv) aarreaitta
storekeeper /ˈstɔrˌkipər/ *s* kauppias
storeroom /ˈstɔrˌrum/ *s* varasto
storewide /ˌstɔrˈwaɪd/ *adj* koko myymälän (laajuinen) *we have a storewide sale this week* tällä viikolla kaikilla osastoillamme on alennusmyynti
storey *s* (UK) (rakennuksen) kerros
storied *yhdyssanan jälkiosana* -kerroksinen *five-storied* viisikerroksinen
stork /stɔrk/ *s* **1** kattohaikara **2** (kuv) haikara *they are expecting the stork next month* heille syntyy lapsi ensi kuussa
storm /stɔrm/ *s* **1** myrsky (myös kuv) *a storm of protest* vastalauseiden myrsky/tulva **2** (sot) rynnäkkö
v **1** hyökätä jonnekin rynnäköllä, vallata rynnäköllä **2** (kuv) pomittaa jotakuta jollakin
stormily *adv* myrskyisästi (myös kuv)
storm in a teacup *fr* (kuv) myrsky vesilasissa
storm warning *s* **1** myrskyvaroitus **2** (kuv) vaaran merkki, huono enne, uhkaava ilmestys
stormy *adj* myrskyisä (myös kuv)
story *s* **1** kertomus, tarina, juttu, (lehti)kirjoitus *short story* novelli *that's a different story altogether* se on kokonaan toinen juttu **2** juoni **3** valhe, sepite **4** (rakennuksen) kerros
storyline /ˈstɔriˌlaɪn/ *s* (kertomuksen) juoni
storyteller *s* kertoja
storytelling *s* kerronta
stout /staʊt/ *adj* **1** pyylevä, paksu, lihava **2** urhea, rohkea, peloton, sinnikäs, sitkeä **3** vahva, väkevä
stout-hearted *adj* urhea, rohkea, peloton, sinnikäs
stoutly *adv* ks stout
stove /stoʊv/ *s* **1** liesi, (kannettava) keitin **2** uuni
v ks stave
stovepipe /ˈstoʊvˌpaɪp/ *s* (lieden) savupiippu
stow /stoʊ/ *v* **1** lastata, kuormata **2** varastoida, panna jonnekin **3** pakata, ahtaa, sulloa, tunkea (täyteen)
stowaway /ˈstoʊəˌweɪ/ *s* salamatkustaja, jänis
stow away /ˌstoʊəˈweɪ/ *v* matkustaa salaa/jäniksenä
straddle /strædəl/ *v* käydä/istua hajareisin
straight /streɪt/ *s* **1** suora **2** (ark) hetero; sovinnainen ihminen; joku joka ei käytä huumeita
adj **1** suora **2** (kuv) rehellinen, rehti, avoin, suora, luotettava **3** yhtenäinen, jatkuva, keskeytyksetön *we worked for three straight hours* teimme työtä kolme tuntia yhteen menoon **4** joka on järjestyksessä, kunnossa *to set something straight* oikaista jokin asia **5** (ark) hetero-; sovinnainen, perinnäinen, tavallinen; rehellinen; kuivilla, joka ei käytä huumeita *to go straight* parantaa tapansa, ruveta rehelliseksi *to play it straight* pelata reilua peliä **5** (ryyppy) laimentamaton, raaka
adv **1** suorassa, suoraan (myös kuv) *let's go straight to the point* mennään suoraan asiaan *sit up straight* istu suorassa/selkä suorana **2** rehellisesti, kunniallisesti (ks adj)
straight angle *s* 90 asteen kulma, suorakulma, oikokulma

straight arrow *s* (ark) puhdas pulmunen

straightaway /'streɪtə,weɪ/ *s* suora

straightaway /ˌstreɪtə'weɪ/ *adv* heti, välittömästi, suoraa päätä

straighten out *v* **1** saada joku ryhdistäytymään, opettaa joku paremmille/hyville tavoille **2** (kuv) oikaista, selvittää, setviä

straighten up *v* **1** suoristaa, oikaista **2** (kuv) selvittää, setviä, oikaista

straight face *he managed to keep a straight face* hän onnistui pitämään naamansa peruslukemilla, hän sai naurunsa/itsensä hillityksi

straightforward /ˌstreɪt'fɔrwərd/ *adj* **1** suora, sumeilematon, siekailematon **2** rehellinen **3** yksinkertainen, koruton, helppo

straightforwardly *adv* ks straightforward

straight from the shoulder *fr* suoraan, siekailematta, sumeilematta, rehellisesti

straightjacket *s* pakkopaita (myös kuv)

straight-laced *adj* ankaran siveellinen, sievistelevä

straight off *adv* heti, suoraa päätä, oikopäätä

straight stance *s* (golf) suora stanssi, asento jossa pelaajan jalkaterät ovat poikittain pallon suunniteltuun lentorataan nähden

straight up *adv* (ryypystä) ilman jäitä

strain /streɪn/ *s* **1** kuormitus, rasitus, jännitys, paine **2** ponnistus, ponnistelu **3** riesa, vaiva, raskas työ **4** (lihaksen, jänteen) rasittuminen, liikarasitus; (lihaksen, jänteen) venähdys **5** piirre, ominaisuus **6** rotu, laji, lajike
v **1** kuormittaa, rasittaa, jännittää, painaa **2** ponnistaa, ponnistella, pinnistää, yrittää kovasti **3** rasittaa liiaksi (lihasta, jännettä), (lihas, jänne myös) venähtää **4** koetella (kärsivällisyyttää, hermoja), venyttää (sanan merkitystä, kielikuvaa)

strain a point *fr* tehdä poikkeus, katsoa läpi sormien

strained *adj* väkinäinen, teennäinen, epäaito; kaukaa haettu

strait /streɪt/ *s* **1** (us mon) salmi **2** (us mon, kuv) tukala tilanne *to be in dire straits* olla pinteessä

straitjacket /'streɪt,dʒækət/ *s* pakkopaita (myös kuv)

strait-laced /ˌstreɪt'leɪst/ *adj* ankaran siveellinen, sievistelevä

Straits of Florida /ˌstreɪtsəv'flɔrɪdə/ (verbi yksikössä) Floridansalmi

strand /strænd/ *s* **1** ranta **2** säie **3** (hius)kiehkura, suortuva
v **1** (laiva, vene) jäädä rantaan, juuttua matalikolle, ajaa karille *whales stranded on a beach* rantahiekalle ajautuneet valaat **2** jäädä/joutua pulaan **3** punoa

strange /streɪndʒ/ *adj* **1** outo, kumma, erikoinen, eriskummallinen **2** vieras, tuntematon

strangely *adv* oudosti, kummasti, kummallisesti, erikoisesti, eriskummallisesti

strangeness *s* **1** outous, kummallisuus **2** tuntemattomuus, vieraus

stranger /streɪndʒər/ *s* vieras/tuntematon ihminen *I am no stranger to this city* minä tunnen tämän kaupungin hyvin *don't be a stranger* pidähän yhteyttä, muista tulla käymään, älä leiki vierasta

strange to *to be strange to something* ei tuntea jotakin, ei hallita jotakin, jokin on jollekulle uutta

strangle /stræŋgəl/ *v* **1** kuristaa kuoliaaksi **2** (kuv) tukahduttaa, tyrehdyttää, sammuttaa, tehdä loppu jostakin

stranglehold /'stræŋgəl,hɔld/ *s* (kuv) tukahduttava vaikutus

strangler *s* kuristaja

strangulate /'stræŋgjʊ,leɪt/ *v* **1** (lääk) kuristua, kuroutua **2** kuristaa

strangulation /ˌstræŋgjʊ'leɪʃən/ *s* **1** (lääk) kuristuma, kuroutuma **2** kuoliaaksi kuristaminen

strap /stræp/ *s* hihna, lenkki *shoulder strap* olkahihna
v sitoa kiinni johonkin

strapped *the project is strapped for funds* hanke potee rahapulaa

strapping *adj* **1** roteva **2** iso, valtava
strata /strætə/ ks stratum
strategic /strə'tidʒɪk/ *adj* strateginen
strategical *adj* strateginen
Strategic Defense Initiative *s* (ns tähtien sota) amerikkalainen avaruusaseiden tutkimusohjelma
strategist /strætədʒɪst/ *s* strategi, (sodan)johtaja, suunnittelija
strategy /strætədʒi/ *s* **1** stategia, sotataito **2** keino, menetelmä, suunnitelma, strategia
stratetigically *adv* strategisesti
stratosphere /'strætəsˌfɪər/ *s* **1** stratosfääri **2** (kuv) pilvet: *prices have risen into the stratosphere* hinnat hipovat pilviä
stratospheric /ˌstrætəs'fɪrɪk/ *adj* **1** stratosfäärin **2** (kuv) suunnattoman/kohtuuttoman korkea/suuri/kallis, pilviä hipova
stratum /strætəm/ *s* (mon strata, stratums) kerros, kerrostuma
stratus /strætəs/ *s* (mon strati) sumupilvi
straw /stra/ *s* **1** olki, oljenkorsi *to catch/clutch/grasp at straws* (yrittää) tarttua (vaikka) oljenkorteen *that was the last straw* se oli viimeinen pisara **2** imupilli **3** *to draw straws* (arpoa) vetää (pitkää) tikkua
strawberry /'straˌberi/ *s* (puutarha)mansikka
strawberry blond *s* **1** (tukan väri) jossa on vaaleaa ja punaista **2** mies/poika jolla on tukassa vaaleaa ja punaista
strawberry blonde *s* **1** (tukan väri) jossa on vaaleaa ja punaista **2** nainen/tyttö jolla on tukassa vaaleaa ja punaista
straw hat *s* olkihattu
straw man *s* **1** (oljesta tehty) linnunpelätin, olkiukko **2** pikkutekijä **3** veruke, hämäys, viikunanlehti (kuv)
stray /streɪ/ *s* kulkukissa, kulkukoira yms
v **1** eksyä, harhailla **2** (kuv) eksyä, poiketa (aiheesta), poiketa (linjasta)
streak /strik/ *s* **1** viiru, jouva **2** suikale **3** piirre *you have a mean streak* sinussa on myös pahoja piirteitä **4** (ark) jakso, kausi *lately, I've had a streak of bad luck* viime aikoina huono onni on vainonnut minua
v viiruttaa, juovittaa, piirtää/värittää juovia johonkin
stream /strim/ *s* **1** virta, joki, puro *Gulf Stream* Golfvirta **2** vuoto, virta **3** (valon) säde, (tuulen) hönkäys, puhallus, virtaus (myös kuv:) suuntaus
v **1** virrata; vuotaa **2** paistaa
streambed /'strimˌbed/ *s* joenuoma
streamline /'strimˌlaɪn/ *s* virtaviivainen/aerodynaaminen muoto
v **1** muotoilla virtaviivaiseksi **2** (kuv) tehostaa, järkeistää
streamlined *adj* **1** virtaviivainen, aerodynaaminen **2** (kuv) järkeistetty, tehostettu
stream of consciousness *s* (psykologiassa, kirjallisuudessa ym) tajunnanvirta
street /strit/ *s* katu *to be out in/on the street* olla työtön; olla koditon
streetcar /'stritˌkaər/ *s* **1** raitiovaunu **2** johdin(linja-)auto
street-smart /'stritˌsmart/ *adj* (kovia) kokenut (ja siksi taitava pitämään puolensa)
street smarts *s* (mon) (etenkin slummissa saatu) elämänkokemus (ja siihen perustuva taito pitää puolensa)
streetwise /'stritˌwaɪz/ *adj* (kovia) kokenut (ja siksi taitava pitämään puolensa)
strength /streŋθ/ *s* **1** voima, vahvuus *on the strength of something* jonkin nojalla/perusteella **2** lukumäärä, vahvuus *the U.S. is scaling back its troops in the country from their current strength of 5,000* Yhdysvallat vähentää parhaillaan maahan sijoittamiensa joukkojen vahvuutta nykyisestä 5 000:sta **3** lujuus, kestävyys, vahvuus **4** väkevyys, vahvuus *industrial strength* teollisuuskäyttöön tarkoitettu vahvuus
strengthen *v* vahvistaa, voimistaa, lujittaa

strengthless *adj* voimaton

strenuous /strenjʊəs/ *adj* **1** rasittava, uuvuttava, raskas *strenuous exercise* raskas liikunta **2** tarmokas, innokas, kärkevä

strenuously *adv* **1** rasittavasti, uuvuttavasti, raskaasti *to exercise strenuously* liikkua/harjoitella reippaasti **2** tarmokkaasti, innokkaasti, kärkevästi

stress /stres/ *s* **1** (henkinen, ruumiillinen) rasitus, (henkinen:) stressi **2** (sanan, lauseen) paino *the stress is on the second syllable* paino on toisella tavulla **3** (kuv) paino, korostus *to lay stress* korostaa, painottaa, pitää tärkeänä **4** kuormitus, rasitus
v **1** (ääntäessä ja kuv) korostaa, painottaa **2** rasittaa, kuormittaa

stressful *adj* rasittava, raskas

stress mark *s* (ääntämisohjeissa) painon merkki

stretch /stretʃ/ *s* **1** venytys, venyminen **2** joustavuus, kimmoisuus **3** alueesta, matkasta, ajasta: *a stretch of wood* metsä *for a long stretch* pitkän matkaa *for a stretch of two weeks* kaksi viikkoa, kahden viikon ajan
v **1** venyttää, venyttäytyä, venytellä, kurottaa, kurottautua, suoristaa, suoristautua, ojentaa, ojentua **2** jatkua, ulottua jonnekin *the meadow stretches all the way to the brook* niitty jatkuu purolle saakka **3** venyttää (esim sanan merkitystä, kielikuvaa), liioitella **4** yrittää saada riittämään, ottaa kaikki irti jostakin **5** jatkaa (juotavaa lisäämällä siihen vettä)

stretch a point *fr* tehdä poikkeus, katsoa läpi sormien

stretcher *s* paarit

stretch mark *s* raskausarpi

stricken /strɪkən/ *v* ks *strike*
adj järkyttynyt, joka on poissa tolaltaan *grief-stricken* surun murtama

strict /strɪkt/ *adj* ankara, tiukka, vaativa, ehdoton, tarkka, täsmällinen

strictly *adv* ankarasti, tiukasti, ehdottomasti, tarkasti

strictness *s* ankaruus, ehdottomuus, tarkkuus, täsmällisyys

stridden ks stride

stride /straɪd/ *s* harppaus *to hit your stride* (kuv) päästä vauhtiin *to take something in stride* kestää jokin hyvin, ei ottaa jotakin liian raskaasti, ei antaa jonkin nousta päähänsä
v strode, stridden: harppoa, kävellä/marssia/nousta pitkin askelin

strife /straɪf/ *s* **1** riita, kiista **2** selkkaus

strike /straɪk/ *s* **1** isku, lyönti **2** lakko *to be on strike* lakkoilla, olla lakossa *to go on strike* aloittaa lakko, mennä lakkoon **3** *to have two strikes against you* olla heikot lähtökohdat, olla heikossa asemassa, olla huonot kortit
v struck, struck **1** iskeä, lyödä **2** lakkoilla **3** raapaista (tulitikku) **4** iskeytyä, törmätä, osua johonkin **5** hyökätä **6** juolahtaa mieleen; osua silmään; sattua korvaan **7** vaikuttaa, tuntua *he strikes me as slightly mad* minusta hän vaikuttaa hieman tärähtäneeltä **8** huomata, löytää *to strike oil* löytää öljyä/öljylähde **9** tehdä: *to strike a deal* tehdä kauppa *to strike a compromise* tehdä sovitteluratkaisu

strikebreaker *s* lakonrikkoja, rikkuri

strike camp *fr* **1** purkaa leiri **2** jatkaa matkaa

strike force *s* **1** (sot) taistelujoukot **2** (poliisin) iskuryhmä

strike from the rolls *fr* erottaa (jäsen)

strike hands *fr* lyödä kättä päälle

strike home *fr* **1** (isku) osua, sattua **2** (kuv) osua arkaan paikkaan, tepsiä

strike in *v* sanoa kesken kaiken, sanoa väliin, keskeyttää

strike it rich *fr* rikastua, pistää rahoiksi

strike off *v* **1** pyyhkiä (nimi) pois/yli, poistaa (listalta) **2** tehdä jotakin nopeasti **3** lähteä, häipyä

strike oil *fr* **1** löytää öljyä **2** käydä hyvä onni, onni potkaisee jotakuta

strike out *v* **1** epäonnistua **2** pyyhkiä (nimi) yli/pois, poistaa (listalta)

strike price *s* (tal) lunastushinta

striker *s* lakkolainen, lakkoilija

strike up *v* **1** aloittaa, alkaa *to strike up a conversation* ruveta keskustelemaan **2** alkaa soittaa/laulaa

striking *adj* **1** hämmästyttävä, ihmeellinen, silmiinpistävä **2** kaunis **3** lakkoileva **4** (sot) hyökkäys-, isku-

string /striŋ/ *s* **1** naru, (paksu) lanka **2** (esim päähineen) nauha **3** kaulaketju **4** (jousen) jänne **5** (kuv) nauha, jono, sarja **6** (soittimen) kieli **7** (mon) jousisoittimet, jouset **8** (mon) ehdot *there are no strings attached to his offer* hänen tarjoukseensa ei liity ehtoja **9** *to pull strings* käyttää hyväksi suhteitaan/vaikutusvaltaansa
v strung, strung **1** panna/järjestää/yhdistää peräkkäin/jonoon, **2** virittää (jousisoitin), panna (soittimeen) kielet, kiinnittää (jouseen) jänne **3** pujottaa (esim helmiä) lankaan

strip /strɪp/ *s* **1** suikale, kaistale **2** sarjakuva **3** kiitorata; (pieni/väliaikainen) lentokenttä **4** kauppojen tms reunustamasta pääkadusta *the Las Vegas Strip*
v **1** riisua, riisuutua, (esityksessä myös) stripata, (vuode) avata, kuoria, poistaa, irrottaa, kaapia **2** tyhjentää **3** purkaa **4** pilata (ruuvin) kierteet/jengat (ark), (hammaspyörän) hampaat **5** riistää, varastaa, viedä: *he was stripped of all his privileges* kaikki hänen etuoikeutensa kumottiin **6** repiä suikaleiksi, leikata kaistaleiksi **7** esittää (tv-ohjelman osat) peräkkäisinä päivinä

stripe /straɪp/ *s* **1** viiva, viiru, juova, raita **2** (mon) (sotilasasun) (arvonmerkki)nauhat; (ark kuv) kannukset *to earn your stripes* ansaita kannuksensa **3** suikale, kaistale **4** (kuv) laji, tyyppi, luokka *they are of a different stripe* he ovat eri maata
v viivoittaa, juovittaa, raidoittaa

striped /straɪpt, straɪpəd/ *adj* juovikas, raidallinen, viirullinen

striped possum /ˌstraɪpt'pasəm/ *s* kolmijuovapussisormieläin

strip mining *s* avolouhinta

stripped-down *adj* riisuttu, pelkistetty

stripper *s* strip-teasetanssija, strippari

striptease /ˌstrɪp'tiz/ *s* strip-tease
v pitää strip-tease-esitys, stripata (ark)

stripteaser /ˌstrɪp'tizər/ *s* strip-teasetanssija, strippari (ark)

stripy /straɪpi/ *adj* juovikas, raidallinen, viirullinen

strive /straɪv/ *v* strove, striven: ponnistella, yrittää kovasti, tavoitella jotakin *(for)*, pyrkiä johonkin, taistella jotakin vastaan *(against)*

stroboscope /'stroʊbəˌskoʊp/ *s* stroboskooppi

strode /stroʊd/ ks stride

stroke /stroʊk/ *s* **1** isku, lyönti (myös urh) *stroke of lightning* salamanisku **2** (kynän) liike, (siveltimen) veto *with a stroke of the pen* helposti, hetkessä **3** yritys *(for)*; (onnen)potku *a stroke of madness* hullu piirre, hulluus **4** (kellon) lyönti *on the stroke of ten* tasan kymmeneltä **5** (lääk) (aivo)halvaus **6** sively, hyväily **7** (männän) isku; iskunpituus *two-stroke engine* kaksitahtimoottori **8** uimalaji; (uinnissa, soudussa) veto
v **1** vetää/pyyhkiä yli (esim kynällä) **2** sivellä, silittää, hyväillä **3** (ark) imarrella, hieroa (kuv)

stroll /strɔl/ *s* (leppoisa) kävely
v kävellä (leppoisasti)

strong /straŋ/ *adj* **1** (myös kuv) vahva, voimakas, luja **2** (yhdennäköisyys) suuri, (mielipide, toimenpide) voimakas, jyrkkä, (todiste) vakuuttava, (silmät, näkö) hyvä, (juoma, ruoka) vahva, väkevä, (mikroskooppi) tehokas, (verbi) vahva, (tavu) painollinen **4** joukon vahvuudesta: *we were twenty strong* meitä oli kaksikymmentä
adv vahvasti, voimakkaasti, lujasti *to come on strong* (sl) olla päällekäypä, hyökkäävä, aggressiivinen

strong-arm /'straŋˌaərm/ *v* pakottaa (väkivallalla), uhata
adj pakko- *they used strong-arm tactics to get the mayor re-elected* he käyttivät voimakeinoja saadakseen kaupunginjohtajan valituksi uudelleen

strongbox /'straŋˌbaks/ *s* kassalaatikko

stronghold /ˈstraŋˌhɔld/ *s* **1** linnoitus, linnake **2** (kuv) pesäke
strongly *adv* voimakkaasti, vahvasti, lujasti *I stongly recommend that you go* suosittelen ehdottomasti että menet sinne
strong-minded /ˌstraŋˈmaɪndəd/ *adj* voimakastahtoinen, määrätietoinen, omapäinen
strongroom /ˈstraŋˌrum/ *s* kassaholvi
strong suit *s* (kuv) vahva puoli
strong-willed /ˌstraŋˈwɪld/ *adj* voimakastahtoinen, määrätietoinen, omapäinen
strove /stroʊv/ ks strive
struck /strʌk/ ks strike
structural /strʌktʃɔrəl/ *adj* rakenteellinen, rakenne-
structurally *adv* rakenteellisesti, rakenteen kannalta
structural unemployment *s* rakennetyöttömyys
structure /strʌktʃər/ *s* **1** rakenne, koostumus, järjestys **2** rakennus
v rakentaa, koostaa, järjestää, jäsentää
structured *adj* jäsentynyt, järjestelmällinen, selvärakenteinen
structured language *s* (tietok) rakenteinen (ohjelmointi)kieli
struggle /strʌgəl/ *s* (myös kuv) kamppailu, taistelu *it was a struggle to find this book* tämä kirja oli kiven alla *struggle for independence* itsenäisyystaistelu
v **1** (myös kuv) kamppailla, taistella *she struggled to find a better place to work* hän yritti kovasti löytää paremman työpaikan **2** tarpoa, kahlata, rämpiä **3** työntää, sulloa, ahtaa, nostaa (vaivoin)
struggle for existence *s* olemassaolon taistelu, taistelu olemassaolosta
struggling *adj* joka on vaikeuksissa *a struggling new business* alkuvaikeuksiensa parissa kamppaileva uusi yritys
strum /strʌm/ *s* (soittimen) rämpytys
v rämpyttää (soitinta)
strung /strʌŋ/ ks string
strut /strʌt/ *s* **1** tuki, pönkkä **2** pöyhkeilevä kävely
v **1** tukea, pönkittää **2** kävellä pöyhkeänä
strut your stuff *fr* komeilla, pöyhkeillä, panna parastaan
stub /stʌb/ *s* **1** tynkä, pätkä, (tupakan) tumppi **2** (lipun, sekin) kanta **3** (puun) kanto
v iskeä, lyödä (vahingossa), satuttaa
stubble /stʌbəl/ *s* sänki; parransänki
stubborn /stʌbərn/ *adj* jääräpäinen, omapäinen, itsepäinen, härkäpäinen; sinnikäs, sitkeä, sisukas; vikuroiva, oikukas
stubbornly *adv* jääräpäisesti, omapäisesti, itsepäisesti, härkäpäisesti; sinnikkäästi, sitkeästi, sisukkaasti; vikuroiden, oikukkaasti
stubbornness *s* jääräpäisyys, omapäisyys; sinnikkyys, sitkeys, sisukkuus; vikurointi, oikuttelu
stubby *adj* lyhyt (ja paksu), tylppä, lyhyenläntä
stub out *v* sammuttaa, tumpata (savuke)
stuck /stʌk/ ks stick
stud /stʌd/ *s* **1** kaulusnappi **2** koristenaula **3** (talvirenkaan) nasta **4** siitosori **5** hevostalli **6** (jonkun omistamat kilpa- tai metsästyshevoset) talli **7** (sl) pukki
v **1** koristella nauloilla **2** nastoittaa (talvirengas) **3** ripotella, sirotella *to be studded with something* olla täynnä jotakin
studded tire /ˌstʌdədˈtaɪər/ *s* nastarengas
student /studənt/ *s* **1** (koulussa) oppilas **2** (collegessa, yliopistossa) opiskelija **3** *she's a student of human behavior* hän tutkii/tarkkailee ihmisten käyttäytymistä
student teacher *s* opetusharjoittelija, auskultantti
studied /stʌdid/ *adj* **1** (perusteellisesti) harkittu, mietitty **2** teennäinen, epäaito, keinotekoinen
studio /studioʊ/ *s* **1** (taiteilijan) ateljee **2** (elokuva-, radio-, televisio-, äänilevy- ym) studio **3** (asunto) yksiö
studio apartment *s* yksiö

studio audience *s* studioyleisö *the Cosby Show was taped before a studio audience* Bill Cosby Show nauhoitettiin studiossa yleisön läsnäollessa
studious /studiəs/ *adj* **1** ahkera, uuttera, tunnollinen **2** huolellinen, harkittu, tahallinen **3** opinhaluinen
studiously *adv* **1** ahkerasti, uutterasti, tunnollisesti **2** huolellisesti, harkiten, harkitusti, tahallaan
study /stʌdi/ *s* **1** opiskelu, opinnot **2** tutkielma, tutkimus **3** (kuv) tutkielma *she is a study in tranquillity* hän on itse rauhallisuus **4** oppija: *he's a quick study* hän on nopea oppimaan, hän oppii nopeasti **5** työhuone, kirjastohuone
v **1** opiskella, (kirjaa) lukea **2** tutkia, tarkastella jotakin, perehtyä johonkin
study hall *s* **1** (koulussa) läksyjenlukusali **2** läksyjenlukutunti
stuff /stʌf/ *s* **1** aine, aines, raaka-aine, materiaali; tavara, roina, roska *you really have a lot of stuff* onpa sinulla tavaraa *that's kid stuff* se sopii lapsille *don't give me that stuff about being tired* älä taas rupea sössöttämään että olet väsynyt *we've been reading books and stuff* olemme lukeneet kirjoja sun muuta; olemme lukeneet kirjoja ja tehneet yhtä ja toista muuta **2** (ark) asia, esitys *to know your stuff* osata asiansa *do your stuff now* esitä numerosi nyt **3** (sl) huume
v **1** ahtaa, sulloa, tunkea **2** täyttää **3** (vaaleissa) lisätä sekaan laittomia äänestyslippuja **4** (syömisestä) mässäillä, mässätä
stuffed shirt *s* (kuv) tärkeilijä, omahyväinen ihminen
stuffily *adv* **1** pitkäveteisesti, tylsästi, raskassoutuisesti **2** tärkeilevästi, omahyväisesti **3** (ankaran) kunnollisesti, varovaisesti, vanhoillisesti
stuffing *s* täyte *to beat the stuffing out of someone* antaa jollekulle selkään
stuffy *adj* **1** (ilma, haju) ummehtunut, (nenä) tukkoinen **2** pitkäveteinen, tylsä, raskassoutuinen **3** tärkeilevä, omahyväinen **4** (ankaran) kunnollinen, varovainen, vanhoillinen
stumble /stʌmbəl/ *s* **1** kompastuminen, kompastus **2** (kuv) kömmähdys, kompastus
v **1** kompastua **2** kompuroida **3** (kuv) kompastua, kömmähtää **4** (kuv) törmätä johonkin, löytää/huomata sattumalta
stumbling block *s* (kuv) kompastuskivi
stump /stʌmp/ *s* **1** (puun tyvi) kanto **2** tynkä, tumppi, pätkä **3** jalkaproteesi, puujalka (ark) **4** (mon ark) jalat, kintut **5** lyhyenläntä ihminen, tumppi, pätkä **6** *to go on the stump* ruveta pitämään poliittista puhetta, ruveta puhumaan politiikkaa, lähteä vaalikierrokselle **7** *to be up a stump* (ark) olla ymmällään/tyrmistynyt jostakin
v **1** typistää, leikata lyhyeksi, pätkiä **2** ontua, kävellä ontuen **3** tyrmistyttää, järkyttää, hämmästyttää
stump speech *s* poliittinen puhe (erityisesti vaalikampanjan aikana)
stumpy *adj* lyhyenläntä, lyhyt (ja paksu) *a stumpy pen* kynänpätkä
stun /stʌn/ *v* **1** iskeä/tehdä tajuttomaksi; mykistää, vaimentaa **2** tyrmistyttää, järkyttää, mykistää, hämmästyttää
stung /stʌŋ/ ks sting
stun gun *s* tainnutuspistooli
stunk /stʌŋk/ ks stink
stunning *adj* **1** tyrmistävä, mykistävä, järkyttävä, hämmästyttävä, ihmeellinen **2** ihastuttava, erittäin kaunis/hieno
stunt /stʌnt/ *s* **1** este **2** temppu
v **1** estää, ehkäistä, tyrehdyttää, jarruttaa, hidastaa **2** tehdä temppu(ja)
stunted *adj* (kasvu, kehitys) tyrehtynyt
stunt man *s* (mon stunt men) (elokuvissa) stuntman, (vaarallisten osien) sijaisnäyttelijä
stunt woman *s* (mon stunt women) (elokuvissa vaarallisten osien naispuolinen) sijaisnäyttelijä
stupendous /stʊ'pendəs/ *adj* **1** ällistyttävä, hämmästyttävä **2** suunnaton, valtava
stupendously *adv* **1** ällistyttävästi, ällistyttävän **2** suunnattomasti, suunnattoman

stupid /stupəd/ *s* (ark) typerys, hölmö, idiootti
adj tyhmä, typerä, hölmö
stupidity /stʊ'pɪdəti/ *s* **1** (ominaisuus) tyhmyys, typeryys **2** (teko) tyhmyys, hölmöily
stupor /stupər/ *s* turtumus, horros *to be in a drunken stupor* olla juopumuksesta tokkurassa/turruksissa
sturdy /stərdi/ *adj* **1** luja, vankka, kestävä **2** rohkea, urhea
sturgeon /stərdʒən/ *s* (mon sturgeons, sturgeon) sampi
stutter /stʌtər/ *s* änkytys
v änkyttää
stw. *station wagon*
sty /staɪ/ *s* **1** (siko)lätti (myös kuv) **2** (lääk) (silmäluomessa) näärännäppy
style /staɪəl/ *s* **1** (taiteessa ym) tyyli **2** tyylikkyys, (hieno) tyyli, muoti *the guy has absolutely no style* kaverilla ei ole minkäänlaista tyyliä *to be in style* olla muodissa *to go out of style* jäädä pois muodista **3** laji, tyyppi **4** titteli; yrityksen tms nimi **5** (kasvin emiön) vartalo
v **1** puhutella joksikin *(as)* **2** suunnitella, muotoilla
stylish *adj* tyylikäs, aistikas, hieno
stylishly *adv* tyylikkäästi, aistikkaasti, hienosti
stylishness *s* tyylikkyys, aistikkuus
stylist *s* **1** tyyliniekka **2** suunnittelija, muotoilija
stylistic /staɪ'lɪstɪk/ *adj* tyylillinen, tyyli-
stylistically *adv* tyylillisesti
stylistics *s* (verbi yksikössä) tyylioppi, stilistiikka
stylize /'staɪəˌlaɪz/ *v* tyylitellä
stylus /staɪləs/ *s* (mon styli, styluses) **1** (hist) stilus, kirjoituspuikko **2** (taiteilijan) kynä **3** (levysoittimen) neula
suave /swav/ *adj* sulavakäytöksinen, (käytös) sulava, luonteva
suavely *adv* sulavasti, luontevasti
suavity /swavəti/ *s* **1** sulavuus, luontevuus, sulava käytös **2** (mon) huomaavaisuuden osoitukset
sub /sʌb/ *s* (ark) **1** sukellusvene **2** sijainen **3** alainen **4** pitkä kerrosvoileipä
v toimia jonkun sijaisena, tuurata jotakuta
subatomic /ˌsʌbə'tamɪk/ *adj* atomia pienempi, subatomaarinen
subbasement /'sʌbˌbeɪsmənt/ *s* alempi/alin kellarikerros
subclass /'sʌbˌklæs/ *s* alaluokka, alaryhmä
v luokitella alaryhmään kuuluvaksi
subclassify /ˌsʌb'klæsɪˌfaɪ/ *v* jakaa alaryhmiin/alaluokkiin
subconscious /sʌb'kanʃəs/ *s* alitajunta, piilotajunta
adj alitajuinen, piilotajuinen, tiedostamaton
subconsciously *adv* alitajuisesti, tiedostamattomasti
subconscious mind *s* alitajunta, piilotajunta
subconsciousness *s* alitajunta, piilotajunta
subcontinent /ˌsʌb'kantɪnənt/ *s* manneralue *the Indian subcontinent* Intian niemimaa
subcultural /ˌsʌb'kəltʃərəl/ *adj* osakulttuurin, osakulttuuri-
subculture /'sʌbˌkəltʃər/ *s* osakulttuuri
subcutaneous /ˌsʌbkjʊ'teɪniəs/ *adj* ihonalainen
subcutaneous tissue *s* ihonalaiskudos
subdivide /'sʌbdəˌvaɪd/ *v* **1** jakaa/jakautua pienempiin osiin **2** jakaa/jakautua osiin
subdivision /'sʌbdəˌvɪʒən/ *s* **1** (osiin) jakaminen, jakautuminen **2** osa **3** (isommasta maa-alueesta kaavoitettu) asuma-alue
subdue /səb'du/ *v* **1** kukistaa, nujertaa, alistaa valtaansa **2** vaimentaa, tukahduttaa, hiljentää, himmentää
subdued *adj* **1** (ihminen) hiljainen, vaisu, hillitty **2** himmeä, vaimea, hiljainen, hillitty
subj. *subject; subjectively; subjunctive*
subject /sʌbdʒəkt/ *s* **1** kansalainen; (kuningaskunnassa) alamainen **2** (kieliopissa) subjekti **3** aihe, teema *what subject are you writing your essay on?*

mistä aiheesta kirjoitat aineesi? **4** oppiaine, oppiala, ammattiala, erityisala *she studies five subjects* hän opiskelee viittä ainetta **5** syy, aihe *(for)* **6** kohde *he has been the subject of many nasty remarks* hänestä on esitetty paljon ilkeitä huomautuksia **7** koehenkilö

subjection /səb'dʒekʃən/ *s* **1** alisteinen asema, riippuvuus **2** alistaminen, kohdistaminen: *the subjection of foreigners to bureaucratic harassment* ulkomaalaisten kiusaaminen byrokratialla

subjective /səb'dʒektɪv/ *adj* **1** omakohtainen, subjektiivinen **2** puolueellinen **3** (kieliopissa) subjektiivi-

subjectively *adv* **1** omakohtaisesti, subjektiivisesti **2** puolueellisesti

subjectivity /ˌsʌbdʒek'tɪvəti/ *s* **1** omakohtaisuus, subjektiivisuus **2** puolueellisuus

subject matter *s* (keskustelun, kirjan, tutkimuksen) aihe, aineisto

subject to /səb'dʒekt/ *v* **1** alistaa (jonkun valtaan/valtaansa) **2** altistaa jollekin, kohdistaa johonkin jotakin, tehdä jollekin jotakin *he was subjected to intense questioning* häntä kuulusteltiin tiiviisti *by refusing to fight back, you're simply subjecting yourself to more criticism* sinä saat niskaasi entistä enemmän kielteistä arvostelua koska et suostu puolustautumaan

adj: to be subject to something **1** olla jonkin kohteena, olla alttiina/altis/herkkä jollekin *if you break a window, you are subject to a fine* jos rikot ikkunan sinua voidaan sakottaa *the prices are subject to change* oikeus hintojen muutokseen pidätetään, hinnat voivat muuttua *she is subject to sudden changes of mood* hänen mielialansa ailahtelee helposti **2** olla jonkin alamainen/alaisuudessa **3** riippua jostakin *you will get the money subject to the director's approval* saat rahat mikäli johtaja suostuu siihen

subjunctive /səb'dʒʌŋktɪv/ *s* (kieliopissa) konjunktiivi

adj konjunktiivinen, konjunktiivi

sublime /sə'blaɪm/ *adj* **1** ylevä, jalo **2** ylväs, uljas, komea

sublimely *adv* **1** ylevästi, jalosti **2** ylväästi, uljaasti, komeasti *he is sublimely ignorant of what has happened* hän on autuaan tietämätön siitä mitä on sattunut

subliminal /sʌ'blɪmənəl/ *adj* (psyk) subliminaalinen, (ark) huomaamaton, piilo-

sublimity /sə'blɪməti/ *s* **1** ylevyys, jalous **2** ylväys, uljaus, komeus

submachine gun /ˌsʌbmə'ʃin/ *s* konepistooli

submarine /'sʌbməˌrin/ *s* **1** sukellusvene **2** pitkä kerrosvoileipä

adj **1** merenalainen **2** sukellusvene-

submariner *s* sukellusveneen miehistön jäsen

submerge /səb'mərdʒ/ *v* **1** upottaa (veteen), upota, sukeltaa **2** kadota näkyvistä

submerged *adj* vedenalainen, uponnut, tulvan/veden alle jäänyt

submersible /səb'mərsɪbəl/ *s* sukellusvene

adj veden alla käytettävä, upotettava

submersion /səb'mərʒən/ *s* sukeltaminen, sukellus, (veteen) upottaminen, tulvan alle jääminen

submission /sʌb'mɪʃən/ *s* **1** alistuminen, nöyrtyminen, tottelevaisuus **2** (asiapapereiden, anomuksen yms) luovuttaminen, luovutus, sisäänjättö

submissive /səb'mɪsɪv/ *adj* alistuva, nöyrä, kuuliainen, tottelevainen

submissively *adv* nöyrästi, tottelevaisesti, kuuliaisesti, kiltisti

submissiveness *s* alistuvaisuus, nöyryys, kuuliaisuus, tottelevaisuus, kilttiys

submit /səb'mɪt/ *v* **1** alistua, nöyrtyä, totella, suostua johonkin *she submitted herself to ridicule* hän suostui pilkattavaksi **2** jättää sisään (asiapapereita, hakemus yms) **3** esittää (suunnitelma, näkemys) **4** ehdottaa, mainita, sanoa *I submit that he should not be punished* minun mielestäni häntä ei pidä rangaista

subordinate /sə'bɔrdəˌneɪt/ *v* alistaa

subordinate /sə'bɔrdənət/ *s* alainen *adj* alempiarvoinen, alempi, vähemmän tärkeä, vähäisempi
subordinate clause *s* (kieliopissa) sivulause
subordinating conjunction *s* (kieliopissa) alistuskonjunktio
subpoena /sə'pinə/ *s* (lak) haaste *v* (lak) antaa/toimittaa jollekulle haaste
subscribe /səb'skraɪb/ *v* **1** lahjoittaa, luvata lahjoittaa **2** allekirjoittaa
subscriber *s* (lehden) tilaaja, (konserteista) sarjalipun haltija, (kaapelitelevision) asiakas/tilaaja, (rahaston) lahjoittaja
subscribe to *v* **1** tilata (lehti) **2** kannattaa (ajatusta), hyväksyä, uskoa johonkin
subscription /səb'skrɪpʃən/ *s* **1** lahjoitus **2** (lehden) tilaus, (konserteista) sarjalippu **3** allekirjoitus
subscription rate *s* (lehden) tilaushinta, tilausmaksu
subscription television *s* maksullinen kaapeli- tai satelliittitelevisio
subsequent /sʌbsəkwənt/ *adj* seuraava, myöhempi
subsequently *adv* seuraavaksi, jonkin jälkeen, myöhemmin, vastaisuudessa, vastedes
subservient /səb'sərviənt/ *adj* nöyristelevä, liian kuuliainen
subside /səb'saɪd/ *v* **1** (tulva, joen pinta) laskea, (maa, rakennus) vajota **2** vaieta, lakata, tyyntyä, asettua
subsidence /sʌbsədəns/ *s* (maan, rakennuksen) vajoaminen
subsidiary /səb'sɪdɪəri/ *s* tytäryhtiö *adj* apu-, lisä-, täydentävä, ylimääräinen
subsidize /'sʌbsəˌdaɪz/ *v* tukea (maksuilla), subventoida
subsidy /sʌbsədi/ *s* tukimaksu, tuki, subventio
substance /sʌbstəns/ *s* **1** aine, materiaali *controlled substance* huume **2** aihe, sisältö, ydin *the substance of our discussion* keskustelumme sisältö/aihe *his speech lacked substance* hänen puheessaan ei ollut ydintä/sisältöä *in substance* olennaisesti, olennaisilta osin, pääpiirteissään **3** varakkuus *he's a man of substance* hän on varakas (mies)
substance abuse *s* aineväärinkäyttö
substandard /ˌsʌb'stændərd/ *adj* **1** ala-arvoinen, riittämätön **2** (yleiskielen sääntöjen mukaan) virheellinen
substantial /səb'stænʃəl/ *adj* **1** olennainen, huomattava, merkittävä, tärkeä **2** tukeva, vankka, tanakka, lihaksikas **3** vaikutusvaltainen
substantially *adv* **1** olennaisesti, huomattavasti, merkittävästi **2** tukevasti, vankasti, tanakasti
substantiate /səb'stænʃiˌeɪt/ *v* todistaa, tukea, vahvistaa, lujittaa
substantiation /səbˌstænʃi'eɪʃən/ *s* todisteet, todistelu, tuki, vahvistus
substantival /ˌsʌbstən'taɪvəl/ *adj* (kieliopissa) substantiivinen, substantiivi-
substantive /sʌbstəntɪv/ *s* (kieliopissa) substantiivi
substitute /'sʌbstɪˌtut/ *s* **1** sijainen, varapelaaja, edustaja **2** korvike, vastike, varalaite yms *v* **1** vaihtaa joku johonkin, korvata jokin jollakin **2** olla/toimia jonkun sijaisena, tuurata (ark)
substitution /ˌsʌbstɪ'tuʃən/ *s* korvaaminen, vaihto
subteen /sʌb'tin/ *s* varhaisnuori
subtenant /'sʌbˌtenənt/ *s* alivuokralainen
subterranean /ˌsʌbtə'reɪnɪən/ *adj* maanalainen
subtitle /'sʌbˌtaɪtəl/ *s* **1** (kirjan) alaotsikko **2** (elokuvan, tv-ohjelman) teksti(tys)
subtle /sʌtəl/ *adj* **1** hieno, hienoinen, vähäinen, hienovarainen *there's a subtle difference* niiden välillä on hyvin pieni ero *a subtle smile* hymyn kare **2** tarkka, tarkkanäköinen, terävä, herkkä
subtlety /sʌtəlti/ *s* **1** (eron) vähäisyys, pienuus **2** hienovaraisuus, hienotunteisuus **3** tarkkanäköisyys, tarkkuus, terävyys, herkkyys
subtract /səb'trækt/ *v* vähentää

subtly *adv* **1** hieman, vähän *they are only subtly different* niiden välillä on hieno ero **2** tarkasti, terävästi, herkästi
subtraction /səb'trækʃən/ *s* vähennyslasku, vähentäminen
suburb /sʌbərb/ *s* esikaupunki, lähiö
suburban /sə'bərbən/ *s* **1** esikaupunkilainen **2** farmariauto
adj esikaupunki-
suburbanite /sə'bərbəˌnaɪt/ *s* esikaupunkilainen
suburbanize /sə'bərbəˌnaɪz/ *v* muuttaa esikaupunkimaiseksi/lähiömäiseksi
suburbia /sə'bərbiə/ *s* **1** esikaupungit, lähiöt **2** esikaupunkilaiset **3** esikaupunkielämä, lähiöelämä
subvention /səb'venʃən/ *s* tukimaksu, subventio
subversion /səb'vərʒən/ *s* **1** kumouksellisuus; kumouksellinen toiminta **2** turmelus
subversive /səb'vərsɪv/ *s, adj* kumouksellinen
subvert /səbˌvərt/ *v* **1** yrittää kaataa (hallitus tms) **2** turmella, horjuttaa
subway /'sʌbˌweɪ/ *s* **1** maanalainen **2** (UK) alikulkukäytävä, alikulkutunneli
subwoofer /sʌb'wufər/ *s* lisäbassokaiutin, subwoofer
succeed /sək'sid/ *v* **1** onnistua **2** menestyä **3** seurata, olla jonkun seuraaja: *Jimmy Carter succeeded Gerald Ford to the office of President* Jimmy Carterista tuli Gerald Fordin jälkeen presidentti
succeeding *adj* seuraava *in succeeding years* seuraavina/tulevina vuosina
success /sək'ses/ *s* menestys *to meet with success* menestyä
successful *adj* menestyvä, menestykseksäs *to be successful* menestyä
successfully *adv* menestyksekkäästi *he successfully competed for the job* hän kilpaili työpaikasta onnistuneesti, hän sai työpaikan
succession /sək'seʃən/ *s* **1** järjestys, sarja, ketju *a steady succession of salesmen called on us* luonamme kävi myyntimiehiä jatkuvana virtana **2** (virkaan) siirtyminen, (valtaan) nousu
successive /sək'sesɪv/ *adj* peräkkäinen *for five successive weeks* viisi viikkoa peräkkäin/yhtäjaksoisesti
successively *adv* peräkkäin
successor /sək'sesər/ *s* seuraaja *successor to the throne* kruununperijä
succinct /sək'siŋkt/ *adj* ytimekäs, tiivis, lyhyt
succinctly *adv* ytimekkäästi, tiiviisti, lyhyesti *let me put this as succinctly as I can* sanon tämän niin lyhyesti kuin osaan
succulent /sʌkjələnt/ *s* sukkulentti kasvi, mehukasvi, mehikasvi
adj (myös kuv) mehukas, mehevä
succumb to /sə'kʌm/ *v* langeta, sortua johonkin, antaa periksi jollekin
such /sʌtʃ/ *adj, adv* sellainen *such a man* sellainen mies *such men* sellaiset miehet *men such as yourself* sinun kaltaisesi miehet *such luck!* kylläpä onnisti! *no such luck* älä luulekaan!, ei sinne päinkään! *such was his interest that he asked her out* hän oli niin kiinnostunut naisesta että pyysi häntä ulos
pron **1** sellainen *such is life* sellaista on elämä **2** ja muut vastaavat: *books, magazines and such* kirjat, lehdet ja muut vastaavat **3** *as such* sinänsä *as such, he is no better than anybody else* hän ei sinänsä ole muita parempi
such and such *fr* se ja se, niin ja niin *she heard from such and such that he was in town* joku kertoi hänelle että mies oli paikkakunnalla
such as /sʌtʃəz ˌsʌtʃ'æz/ *fr* kuten, esimerkiksi *in big cities such as Tokyo* Tokion kaltaisissa suurkaupungeissa
suck /sʌk/ *v* imeä
sucker *s* (ark) **1** helposti narrattava ihminen **2** hullu *she's a sucker for pink convertibles* hän on hulluna vaaleanpunaisiin avoautoihin
suck face *fr* (sl) pussata, suukotella (ranskalaisittain)
suck in *v* (sl) naruttaa, huijata, pettää
suckle /sʌkəl/ *v* imettää; imeä (rintaa)
suckling /sʌkliŋ/ *s* imeväinen

suck off *v* (sl) ottaa suuhun, harjoittaa suuseksiä
suck up to *v* (sl) hännystellä, mielistellä, makeilla
sucrose /sukroʊs/ *s* (tavallinen) sokeri
suction /sʌkʃən/ *s* imu
suction cup *s* imukuppi
sudden /sʌdən/ *s: all of a sudden* yhtäkkiä
adj äkillinen, yhtäkkinen, yllättävä, odottamaton
suddenly *adv* yhtäkkiä, yllättäen
suddenness *s* äkillisyys, yllättävyys
suds /sʌdz/ *s* (mon)**1** saippuavesi **2** vaahto, kuoha, kuohu **3** (sl) olut
sudsy *adj* vaahtoava, kuohuava
sue /su/ *v* haastaa oikeuteen, tehdä/nostaa kanne *sue for damages* vaatia vahingonkorvausta
suede /sweɪd/ *s* mokkanahka
Suez Canal /sʊˌezkə'næəl/ Suezin kanava
suffer /sʌfər/ *v* **1** kärsiä **2** sietää **3** kokea: *to suffer change* käydä läpi (vaikea) muutos
suffering *s* kärsimys
suffice /sə'faɪs/ *v* riittää, olla tarpeeksi *suffice it to say that* riittää kun todetaan että, todettakoon/sanottakoon vain että
sufficiency /sə'fɪʃənsi/ *s* **1** riittävyys **2** toimeentulo
sufficient /sə'fɪʃənt/ *adj* riittävä
sufficiently *adv* riittävästi, riittävän, tarpeeksi, kylliksi
suffix /sʌfɪks/ *s* loppuliite, suffiksi
v liittää/lisätä loppuun
suffocate /'sʌfəˌkeɪt/ *v* (myös kuv) tukehtua, tukahduttaa
suffocating *adj* tukahduttava (myös kuv)
suffocation /ˌsʌfə'keɪʃən/ *s* tukehtuminen (myös kuv)
suffrage /sʌfrədʒ/ *s* **1** äänioikeus **2** ääni
suffragette /'sʌfrəˌdʒet/ *s* suffragetti, naisten äänioikeuden esitaistelija
sugar /ʃʊgər/ *s* **1** sokeri **2** kulta, kultu, kultaseni
v **1** sokeroida **2** (kuv) tehdä makeammaksi/houkuttelevammaksi, parantaa
sugar beet *s* sokerijuurikas
sugar bowl *s* sokerikko
sugarcane *s* sokeriruoko
sugarcoat /'ʃʊgərˌkoʊt/ *v* **1** päällystää sokerilla **2** (kuv) tehdä makoisaksi/houkuttelevaksi, pehmentää (ikävää asiaa)
sugar-free /ˌʃʊgər'fri/ *adj* sokeriton
sugarloaf *s* (mon sugarloaves) sokeritoppa
Sugarloaf Mountain /'ʃʊgərˌloʊf/ Sokeritoppa (Rio de Janeirossa Brasiliassa)
sugary *adj* sokerinen, sokeripitoinen, makea, imelä (myös kuv)
suggest /sə'dʒest/ *v* **1** ehdottaa, suosittaa, esittää *may I suggest that you stop blaming others?* saanko ehdottaa että lakkaat syyttämästä toisia? **2** vihjata *are you suggesting that I should do it?* et kai sinä vihjaile että minun pitäisi tehdä se? **3** viitata johonkin, tuoda mieleen, muistuttaa jotakin *the evidence suggests that crime is increasing* todisteet viittaavat siihen että rikollisuus lisääntyy **4** suggeroida
suggestion /sə'dʒestʃən/ *s* **1** ehdotus, suositus, esitys **2** vihjaus, vihjailu **3** vivahdus, häivähdys **4** vaikutelma, mielikuva **5** suggestio
suggestive /sə'dʒestɪv/ *adj* **1** *suggestive of something* joka ilmentää jotakin, joka kuvastaa jotakin **2** ylimalkainen, summittainen **3** vihjaileva, paljon puhuva, kaksimielinen **4** suggestiivinen
suggestively *adv* vihjailevasti, paljon puhuvasti
suicidal /ˌsuə'saɪdəl/ *adj* **1** itsemurhaa ajatteleva, itsemurha- **2** (kuv) uhkarohkea, tyhmänrohkea, hengenvaarallinen, harkitsematon, ajattelematon
suicide /'suəˌsaɪd/ *s* **1** itsemurha *to commit suicide* tehdä itsemurha, tappaa itsensä **2** itsemurhan tekijä **3** (kuv) itsemurha *it is political suicide for a candidate to be completely honest* vaaliehdokas tekee poliittisen itsemurhan jos hän on täysin rehellinen
suit /sut/ *s* **1** puku **2** oikeudenkäynti *to bring a suit against someone* nostaa kanne jotakuta vastaan (korttipelissä)

maa *to follow suit* (kuv) noudattaa/seurata esimerkkiä **3** sarja, ryhmä, kalusto **4** hotellihuoneisto, sviitti
v **1** sopia jollekulle *that dress suits her well* tuo leninki pukee häntä/sopii hänelle hyvin **2** sovittaa, mukauttaa
suitability /ˌsutə'bɪləti/ *s* sopivuus, soveliaisuus, asiallisuus, soveltuvuus
suitable *adj* sopiva
suitably *adv* sopivasti, sopivan
suitcase /'sutˌkeɪs/ *s* matkalaukku *to live out of a suitcase* olla jatkuvasti tien päällä; asua jossakin väliaikaisesti
suite /swit/ *s* **1** (yhteen kuuluva) sarja, ryhmä **2** (huonekalusarja) kalusto **3** hotellihuoneisto, sviitti **4** (mus) sarja
suited *adj* sopiva johonkin *(to)*
suitor /sutər/ *s* kosija
sulfur /sʌlfər/ *s* rikki
sulk /səlk/ *s* murjotus, mökötys
v murjottaa, jöröttää, mököttää
sulkily *adv* murjottaen, pahantuulisesti, jurosti
sulky *adj* murjottava, pahantuulinen, juro
sullen /sʌlən/ *adj* murjottava, pahantuulinen, juro, totinen, synkkä
sullenly *adv* murjottaen, pahantuulisesti, jurosti, totisesti, synkästi
sullenness *s* murjotus, pahantuulisuus, jurous, totisuus, synkkyys
sultan /sʌltən/ *s* sulttaani
sultanate /sʌltənət/ *s* sulttaanikunta, sultanaatti
sultry /sʌltri/ *adj* **1** helteinen, tukala, hiostava **2** intohimoinen, kuumaverinen
sum /sʌm/ *s* **1** summa, yhteislaskun tulos **2** (raha)summa, kokonaismäärä **3** kokonaisuus; ydin *the sum of your convictions* sinun kaikki uskomuksesi
sumac /sumæk/ *s* sumakki
Sumatran rhinoceros /sʊˌmatrənraɪ'nasərəs/ *s* sumatransarvikuono
sum into *v* tehdä yhteensä, nousta johonkin summaan
summa cum laude /ˌsuməkum'laudeɪ/ *fr* (todistuksessa arvosanana) korkeimmalla kiitoksella
summarily /sə'merəli/ *adj* oikopäätä, suoraa päätä, siekailematta, sumeilematta, varoituksetta
summarize /'sʌməˌraɪz/ *v* tehdä/esittää jostakin yhteenveto/tiivistelmä
summary /sʌməri/ *s* yhteenveto, tiivistelmä
adj **1** tiivis, ytimekäs, lyhyt **2** siekailematon, kursailematon, suora
summer /sʌmər/ *s* kesä
v viettää kesä jossakin
summer camp *s* kesäleiri, kesäsiirtola
summerhouse *s* kesämökki
summer school *s* (koulun, yliopiston vapaaehtoinen) kesälukukausi, (yliopistossa myös) kesäyliopisto, (koulussa, pakollinen) ehtolaiskurssi(t)
summer solstice /solstəs/ *s* kesäpäivänseisaus
summer squash *s* kesäkurpitsa
summer theater *s* kesäteatteri
summertime /'sʌmərˌtaɪm/ *s* kesä
summery *adj* kesäinen, kesä-
summit /sʌmət/ *s* **1** huippu, laki, latva, pää, kärki **2** (kuv) huippu, huipentuma **3** huipputapaaminen, huippukokous
summit conference *s* huippukokous
summit meeting *s* huipputapaaminen, huippukokous
summon /sʌmən/ *v* **1** kutsua (paikalle), määrätä, käskeä (tehdä jotakin) **2** (lak) antaa/toimittaa jollekulle haaste
summons /sʌmənz/ *s* (mon summonses) **1** käsky, määräys, kutsu **2** (lak) haaste
v (lak) antaa/toimittaa jollekulle haaste
summon up *v* (kuv) kerätä kokoon *she summoned up all her courage* hän keräsi kaiken rohkeutensa
sum total *s* **1** yhteismäärä, (kokonais)summa **2** kokonaisuus; ydin, olennainen osa
sum up *v* **1** laskea yhteen **2** tehdä/esittää tiivistelmä/yhteenveto jostakin **3** mittailla katseellaan, muodostaa käsitys/kuva jostakusta
Sun. *Sunday*
Sunderland /sʌndərlənd/

sun /sʌn/ *s* aurinko *you look like you're not getting enough sun* olet sen näköinen ettet saa tarpeeksi aurinkoa *it is his place in the sun* se on hänen paikkansa auringossa *she is the richest woman under the sun* hän on maailman rikkain nainen *against the sun* (merenkulussa) vastapäivään *with the sun* (merenkulussa) myötäpäivään
v pitää/olla/kuivattaa tms auringossa
sunbaked /ˈsʌnˌbeɪkt/ *adj* auringossa kuivattu
sunbath /ˈsʌnˌbæth/ *s* aurinkokylpy, auringonotto
sunbathe /ˈsʌnˌbeɪð/ *v* ottaa aurinkoa, kylpeä auringossa
sunbeam /ˈsʌnˌbim/ *s* auringon säde
Sunbelt /ˈsʌnˌbelt/ *s* Yhdysvaltain eteläiset ja lounaiset osavaltiot
sunblock /ˈsʌnˌblak/ *s* voimakkaasti/täydellisesti suojaava aurinkovoide
sunburn /ˈsʌnˌbərn/ *s* auringossa palanut iho(n kohta)
v joku palaa auringossa *lying on the beach sunburned him badly* hän poltti itsensä pahasti maatessaan aurinkoisella rannalla
sundae /sʌndi/ *s* (eräs jäätelöannos) sundae
sun dance /ˈsʌnˌdæns/ *s* (Pohjois-Amerikan intiaanien) aurinkotanssi
Sunday /sʌndi, ˈsʌnˌdeɪ/ *s* sunnuntai *not in a month of Sundays* ei miesmuistiin, ei pitkään aikaan
adj sunnuntai-, pyhä-
Sunday clothes *s* (mon) pyhävaatteet
Sunday driver *s* osaamaton/epävarma autoilija
Sunday school *s* pyhäkoulu
Sunday supplement *s* (sanomalehden) sunnuntailiite
sun deck *s* aurinkoterassi, (laivassa) aurinkokansi
sundial /ˈsʌnˌdaɪəl/ *s* aurinkokello
sundown /ˈsʌnˌdaʊn/ *s* auringonlasku
sun-dried /ˈsʌnˌdraɪd/ *adj* auringossa kuivattu
sundries /sʌndriz/ *s* (mon) pikkurihkama, (kaupassa) sekalainen ylijäämätavara
sundry /sʌndri/ *all and sundry* kaikki, joka iikka (ark)
sunflower /ˈsʌnˌflaʊər/ *s* auringonkukka
sung /sʌŋ/ ks sing
sunglass *adj* aurinkolasien, aurinkolasi-
sunglasses /ˈsʌnˌglæsəs/ *s* (mon) aurinkolasit
suni /suni/ *s* suni
sunk /sʌŋk/ ks sink
sunken ks sink
sunlight /ˈsʌnˌlaɪt/ *s* auringonvalo
sunlit /ˈsʌnˌlɪt/ *adj* auringon valaisema, aurinkoinen
Sunni /suni/ *s* sunniitti, sunnalainen
Sunnite /sunaɪt/ *s* sunniitti, sunnalainen
sunny /sʌni/ *adj* aurinkoinen (myös kuv:) iloinen, huoleton
sunnyside up *adj* (ravintolassa kananmunasta) vain toiselta puolelta ja keltuaista särkemättä paistettu
sun protection factor *s* aurinkosuojakerroin (lyh SPF)
sunray /ˈsʌnˌreɪ/ *s* auringonsäde
sunrise /ˈsʌnˌraɪz/ *s* **1** auringonnousu **2** aamunkoitto, sarastus **3** (kuv) alku, sarastus
adj (teollisuudenalasta, tekniikasta) uusi, nouseva
sunroof /ˈsʌnˌruf rʊf/ *s* (auton) kattoluukku
sunscreen /ˈsʌnˌskrin/ *s* **1** aurinkovoide **2** aurinkokaihdin
sunset /ˈsʌnˌset/ *s* **1** auringonlasku **2** (kuv) loppu, ilta
adj (teollisuudenalasta, tekniikasta) vanha, perinteinen, väistyvä
sunshine /ˈsʌnˌʃaɪn/ *s* **1** auringonpaiste **2** (kuv) ilo
sunshine recorder *s* aurinkoautografi
sunspot /ˈsʌnˌspat/ *s* auringonpilkku
sunstroke /ˈsʌnˌstroʊk/ *s* auringonpistos

suntan /'sʌn,tæn/ *s* **1** rusketus **2** vaaleanruskea väri
v ruskettaa, ruskettua
suntanned *adj* ruskettunut, ruskea
sun visor *s* (autossa) häikäisysuojus
super /supər/ *s* (ark) **1** talonmies, kiinteistönhoitaja **2** valintamyymälä, supermarket **3** varapelaaja, varamies **4** valvoja
adj (ark) loistava, erinomainen
superb /sə'pərb/ *adj* loistava, erinomainen
superbly *adv* loistavasti, erinomaisesti, erittäin, äärimmäisen
supercilious /,supər'sɪliəs/ *adj* koppava, tärkeilevä
superciliously *adv* koppavasti, tärkeilevästi
superciliousness *s* koppavuus, tärkeily
supercomputer /,supərkəm'pjutər/ *s* supertietokone
superconductive /,supərkən'dʌktɪv/ *adj* suprajohtava
superconductivity /,supər,kandʌk'tɪvəti/ *s* suprajohtavuus
superconductor /'supərkən,dʌktər/ *s* suprajohdin
super-duper /,supər,dupər/ *adj* (ark) loistava, uskomaton, fantastinen
superego /'supər,igoʊ/ *s* yliminä, superego
superficial /,supər'fɪʃəl/ *adj* pinnallinen, pintapuolinen, (haava) pinta-, ulkoinen, ulkopuolinen, (mitta) ulko-
superficiality /,supər,fɪʃi'æləti/ *s* pinnallisuus
superficially *adv* pinnallisesti, pintapuolisesti, ulkoisesti, päällisin puolin
superfluity /,supər'flʊəti/ *s* **1** tarpeettomuus **2** liika (määrä)
superfluous /sə'pərflʊəs/ *adj* ylimääräinen, tarpeeton, liiallinen
superhuman /,supər'hjumən/ *adj* yli-inhimillinen
superimpose /,supərɪm'poʊz/ *v* asettaa päällekkäin
superimposition /,supər,ɪmpə'zɪʃən/ *s* **1** päällekkäin asettaminen **2** (elokuva, tv) päällekkäiskuva
superintend /,supərɪn'tend/ *v* valvoa, tarkkailla
superintendent /,supərɪn'tendənt/ *s* **1** työnjohtaja, valvoja **2** kiinteistönhoitaja, talonmies **3** poliisimestari
superior /sə'pɪrɪər/ *s* **1** esimies **2** *he is my superior* hän on parempi kuin minä
adj **1** (virassa ym.) korkea-arvoisempi, ylempi, vanhempi **2** keskimääräistä/tavallista parempi, suurempi, erinomainen, ensiluokkainen *a man of superior intelligence* erittäin älykäs mies **3** ylempi, korkeampi *Lake Superior* Yläjärvi **4** ylimielinen **5** *to be superior to temptation* voittaa kiusaus, ei langeta kiusaukseen
superiority /sə,pɪrɪ'ɔrəti/ *s* **1** ylemmyys, paremmuus, korkeampi asema (ks *superior*) **2** lukumääräinen ylivoima, miesylivoima
superiority complex *s* ylemmyyskompleksi, liiallinen itsetunto
superlative /sə'pərlətɪv/ *s* **1** joku tai jokin paras, loistava, huippu **2** (kieliopissa) superlatiivi, yliaste
adj **1** verraton, loistava, erinomainen, joka on omaa luokkaansa **2** (kieliopissa) superlatiivinen, superlatiivi-
superlatively *adv* verrattomasti, verrattoman, loistavasti, erinomaisesti, erittäin
superman /'supər,mæn/ *s* (mon supermen) yli-ihminen *Superman* Superman, Teräsmies
supermarket /'supər,markət/ *s* valintamyymälä, supermarket
supernatural /,supər'nætʃərəl/ *adj* yliluonnollinen
supernova /,supər'noʊvə/ *s* supernova
supersede /,supər'sid/ *v* korvata, syrjäyttää, tulla/astua jonkin tilalle
supersonic /,supər'sanɪk/ *adj* ääntä nopeampi, supersooninen
supersonic transport *s* ääntä nopeampi matkustajalentokone
superstar /'supər,star/ *s* supertähti

superstition /ˌsupər'stɪʃən/ *s* taikausko
superstitious /ˌsupər'stɪʃəs/ *adj* taikauskoinen
superstitiously *adv* taikauskoisesti
superstitiousness *s* taikauskoisuus
supervise /'supərˌvaɪz/ *v* valvoa, seurata, tarkkailla
supervision /ˌsupər'vɪʒən/ *s* valvonta, seuranta, tarkkailu
supervisor /'supərˌvaɪzər/ *s* työnjohtaja, valvoja, tarkkailija
supervisory /ˌsupər'vaɪzəri/ *adj* valvova, valvonta-, tarkkaileva, tarkkailu-
supine /sə'paɪn/ *to be in a supine position* olla selinmakuulla
supper /sʌpər/ *s* illallinen *the Last Supper* viimeinen ehtoollinen
supplement /sʌpləmənt/ *s* **1** lisäys, täydennys **2** (sanomalehden) liite *Sunday supplement* sunnuntailiite
supplement /'sʌpləˌment/ *v* täydentää *you should eat vegetables to supplement your diet* sinun pitää täydentää ruokavaliotasi vihanneksilla
supply /sə'plaɪ/ *s* **1** (tavaran ym) toimitus, (sähkön yms) saanti **2** (tal) tarjonta **3** (us mon) varasto *while supplies last* niin kauan kuin tavaraa riittää **4** (mon) tarvikkeet *office supplies* konttoritarvikkeet, toimistotarvikkeet **5** sijainen
v **1** toimittaa (tavaraa ym), jakaa (sähköä yms) *the nuclear power plant supplies the city with electricity* kaupunki saa sähkönsä ydinvoimalasta **2** tyydyttää (tarve), kattaa (kysyntä) **3** toimia sijaisena
supply and demand *s* kysyntä ja tarjonta
supply-side economics *s* (verbi yksikössä) tarjonnan taloustiede
support /sə'pɔrt/ *s* **1** tuki, kannatus **2** tuki, kannatin **3** tukija, auttaja, kannattaja
v **1** (myös kuv) tukea, kannattaa **2** sietää, kestää **3** elättää **4** vahvistaa (oikeaksi), tukea
supportable *adj* siedettävä, hyväksyttävä
supporter *s* **1** kannattaja, tukija **2** elättäjä
supportive *adj* tukeva, tuki- *his wife is very supportive of his dealings* hänen vaimonsa tukee kovasti hänen puuhiaan
suppose /sə'poʊz/ *v* **1** olettaa, luulla *suppose he has already left* entä jos hän on jo lähtenyt **2** (passiivissa) *you're not supposed to touch the exhibits* näyttelyesineisiin ei saa koskea
supposed /sə'poʊzd sə'poʊzəd/ *adj* oletettu, luuloteltu
supposedly /sə'poʊzədli/ *adv* ilmeisesti *Oswald was supposedly a Russian undercover agent* Oswaldia väitettiin Neuvostoliiton salaiseksi agentiksi
supposing *konj* jos, jospa
supposition /ˌsʌpə'zɪʃən/ *s* oletus
suppress /sə'pres/ *v* vaimentaa, hiljentää, kukistaa, tukahduttaa (myös psyk), tehdä loppu jostakin *she suppressed a yawn* hän tukahdutti haukotuksensa
suppression /sə'preʃən/ *s* vaimentaminen, kukistaminen, tukahduttaminen (myös psyk)
supremacy /sə'preməsi/ *s* johtoasema
supreme /sə'prim/ *adj* **1** korkea-arvoisin, korkein, ylin **2** suurin, tärkein, huippu-
supreme commander *s* (sot) ylipäällikkö
Supreme Court *s* (Yhdysvaltain) korkein oikeus
supremely *adv* erittäin, äärimmäisen
supreme sacrifice *to make the supreme sacrifice* uhrata/antaa henkensä
Supreme Soviet *s* (ent Neuvostoliitossa) korkein neuvosto
surcharge /'sərˌtʃardʒ/ *s* lisämaksu
v ottaa lisämaksu jostakin
sure /ʃər/ *adj* varma *a sure method* varma menetelmä *be sure to put enough clothes on* muista panna tarpeeksi (vaatteita) päälle *for sure* varmasti *to make sure* pitää huoli jostakin, huolehtia, varmistaa *she is, to be sure, no genius* hän ei todellakaan ole mikään nero
adv (ark) varmasti

sure enough *fr* (ark) kuten arvata saattaa
surefire /'ʃər,faɪər/ *adj* (vuoren)varma, pettämätön
surely *adv* **1** varmasti, lujasti, luotettavasti *slowly but surely* hitaasti mutta varmasti **2** epäilemättä, varmasti **3** varmaankin, luultavasti, kai *surely you can't be serious* et kai ole tosissasi? **4** tottakai, mielellään *surely we'll all help you* tottakai me autamme sinua
surety /ʃərəti/ *s* **1** takaus(maksu) **2** takaaja **3** varmuus
surf /sərf/ *s* tyrsky(aallokko)
v lainelautailla, ratsastaa tyrskyillä
surface /sərfəs/ *s* **1** pinta (myös kuv) päällys *we have only scratched the surface of the problem* emme ole vielä päässeet lähellekään ongelman ydintä **2** pinta-ala
v nousta/nostaa pintaan, ilmestyä/saada näkyviin
adj **1** ulkoinen, pinta- **2** (kuv) pinnallinen **3** (posti) maa-, pinta-
surface road *s* (ympäristönsä tasolla oleva, ei-kohotettu) katu, tie (vastakohta: (koho)moottoritie)
surface structure *s* (kielitieteessä) pintarakenne
surface tension *s* (fysiikassa) pintajännitys
surface-to-air /,sərfəstʊ'eər/ *adj* (ohjus) maasta ilmaan ammuttava
surface-to-surface *adj* (ohjus) maasta maahan ammuttava
surfboard /'sərf,bɔrd/ *s* lainelauta
v lainelautailla, ratsastaa tyrskyillä
surfeit /sərfət/ *s* liika, liiallinen määrä
v ahtaa täyteen jotakin
surfer *s* lainelautailija, surffaaja
surfing *s* lainelautailu, surffaus
surge /sərdʒ/ *s* syöksy, syöksyminen, velloominen; aallokko
v velloa; tyskytä; syöksyä *blood surged on his face* puna(stus) levisi hänen kasvoilleen
surgeon /sərdʒən/ *s* kirurgi
Surgeon General *s* (Yhdysvaltain) korkein lääkintäviranomainen
surgery /sərdʒəri/ *s* **1** kirurgia **2** leikkaus **3** leikkaussali
surgical /sərdʒɪkəl/ *adj* kirurginen
surgically *adv* kirurgisesti *the tumor was surgically removed* kasvain poistettiin leikkauksessa
surliness *s* **1** pahantuulisuus, happamuus, äreys **2** (sään ym) synkkyys
surly /sərli/ *adj* **1** pahantullinen, hapan, äreä, kärtyisä **2** (sää ym) synkkä
surmise /sər'maɪz/ *v* päätellä, arvata, otaksua
surmount /sər'maʊnt/ *v* **1** nousta/kiivetä jonnekin, nostaa/laittaa jonkin päälle **2** selvitä jostakin, voittaa (este tms)
surname /'sər,neɪm/ *s* **1** sukunimi **2** lisänimi, liikanimi
surpass /sər'pæs/ *v* ylittää, olla suurempi/parempi yms kuin, jättää joku/jokin jälkeensä
surplus /sərpləs/ *s* ylijäämä, ylimäärä, liikatuotanto
adj ylimääräinen, ylijäämä-, liika-
surprise /sə'praɪz/ *s* **1** yllätys *to take someone by surprise* yllättää joku **2** (sot) yllätyshyökkäys
v **1** yllättää *I was surprised to learn that you had a new job* yllätyin/hämmästyin kuullessani että sinulla on uusi työpaikka **2** (sot) tehdä yllätyshyökkäys johonkin, yllättää **3** houkutella (paljastamaan tahattomasti jotakin)
surprising *adj* yllättävä, hämmästyttävä
surprisingly *adv* yllättävästi, yllättäen, yllättävän, hämmästyttävän
surreal /sər'riəl/ *adj* epätodellinen
surrealism /sər'riəlɪzəm/ *s* (taiteessa) surrealismi
surrealist /sər'riəlɪst/ *s* surrealisti
adj surrealistinen
surrealistic /,sərriə'lɪstɪk/ *adj* surrealistinen
surrender /sə'rendər/ *s* **1** antautuminen **2** (antaminen) luovutus, luovuttaminen
v **1** antautua **2** (antaa) luovuttaa jotakin jollekulle **3** luopua jostakin

surreptitious /ˌsərəp'tɪʃəs/ *adj* vaivihkainen, salavihkainen, salainen
surreptitiously *adv* vaivihkaa, salavihkaa, salaa, kaikessa hiljaisuudessa
surround /sə'raʊnd/ **1** reunus **2** ympäristö; sisustus
v **1** ympäröidä *our farm is surrounded by hills* maatilamme ympärillä on kukkuloita, maatilamme on kukkuloiden keskellä **2** piirittää (myös kuv)
surrounding *s* (mon) ympäristö
adj ympäröivä; lähi-
surveillance /sər'veɪləns/ *s* valvonta *he is under police surveillance* poliisi seuraa hänen toimiaan
survey /sər'veɪ/ *v* **1** silmäillä, tarkastella, katsella **2** tutkia **3** kartoittaa, tehdä maanmittausta **4** tehdä kartoitustutkimus
survey /sərveɪ/ *s* **1** katsaus, yleiskatsaus **2** tutkimus **3** kartoitustutkimus **4** maanmittaus **5** kartta **6** maanmittaustoimisto
surveying *s* maanmittaus
surveyor /sər'veɪər/ *s* maanmittausinsinööri
survival /sər'vaɪvəl/ *s* **1** eloonjäänti **2** (menneisyyden) jäänne
adj eloonjäänti-, hengissä pysymisen
survival of the fittest *s* sopivimman eloonjäänti; (vapaammin) luonnonvalinta, taistelu olemassaolosta
survive /sər'vaɪv/ *v* **1** jäädä eloon, selvitä/pysyä hengissä **2** säilyä; säilyä käytössä, olla edelleen käytössä **3** elää kauemmin kuin *he was survived by a wife and three children* häntä jäivät suremaan vaimo ja kolme lasta
survivor /sər'vaɪvər/ *s* **1** eloonjäänyt, pelastunut **2** sinnikäs/lannistumaton ihminen *don't worry about him, he's a survivor* älä hänestä murehdi, kyllä hän puolensa pitää
susceptibility /səˌseptə'bɪləti/ *s* alttius, herkkyys, arkuus, taipumus
susceptible /sə'septɪbəl/ *adj* **1** jolle voidaan tehdä jotakin, jolle voi sattua jotakin *that computer is susceptible to crashes* tuo tietokone romahtaa toisinaan **2** herkkä, arka, altis jollekin *a susceptible teenager* vaikutuksille altis nuori
sushi /suʃi/ *s* sushi, japanilaisittain kylmän riisin kanssa raakana tarjoiltava kala
sushi bar *s* sushiravintola
suspect /sʌspekt/ *s* (syylliseksi) epäilty
adj epäilyttävä
suspect /səs'pekt/ *v* **1** epäillä, uskoa (esim syylliseksi) *the enemy suspected nothing* vihollinen ei osannut epäillä mitään **2** ei luottaa, suhtautua epäluuloisesti johonkin
suspend /səs'pend/ *v* **1** roikkua, ripustaa **2** lopettaa, loppua, lakata, keskeyttää, keskeytyä **3** erottaa, määrätä pelikieltoon, perua lupa **4** lykätä, viivyttää, siirtää myöhemmäksi **5** (kuv) pitää jännityksessä
suspenders /səs'pendərz/ *s* (mon) (US) olkaimet, housunkannattimet, henkselit (ark)
suspense /səs'pens/ *s* **1** jännitys *don't keep us in suspense, tell what happened* älä pidä meitä jännityksessä vaan kerro miten kävi **2** epävarmuus, ratkaisematon tila: *to hang in suspense* roikkua ilmassa, olla auki
suspension /səs'penʃən/ *s* **1** keskeytys, katko, tauko, (oikeuden väliaikainen) kumoaminen, (työstä) erottaminen **2** (auton ym) jousitus
suspension bridge *s* riippusilta
suspension of disbelief *s* (romaanissa, elokuvassa) tarinaan eläytyminen
suspicion /səs'pɪʃən/ *s* epäilys, epäluulo *to arouse suspicion* herättää epäilystä, epäilyttää
suspicious /səs'pɪʃəs/ *adj* **1** epäluuloinen **2** epäilyttävä
suspiciously *adv* **1** epäluuloisesti **2** epäilyttävästi
Suss. *Sussex*
sustain /səs'teɪn/ *v* **1** tukea, kannattaa, kestää **2** kärsiä *the car sustained heavy damage* auto vaurioitui pahoin **3** (kuv) tukea, auttaa **4** ruokkia, elättää **5** hyväksyä, vahvistaa (oikeaksi)

sustenance /sʌstənəns/ *s* **1** ravinto **2** elatus, toimeentulo
SW *southwest*
swab /swab/ *s* **1** (laivassa) moppi **2** pumpulituppo; pumpulipuikko *v* **1** kuurata (mopilla) **2** kuivata, pyyhkiä
swagger /swægər/ **1** pöyhkeä kävely(tyyli) **2** pöyhkeily, ylpeily, ylimielisyys *v* **1** kävellä pöyhkeänä **2** pöyhkeillä, ylpeillä
swaggering *adj* pöyhkeä, ylpeä, ylimielinen
Swahili /swə'hili/ *s* **1** (henkilö) suahili, suaheli **2** (kieli) suahili, suaheli
swallow /swaloʊ/ *s* **1** nielaus, nielaisu, kulaus **2** (lintu) pääsky *v* **1** nielaista, niellä (myös kuv:) sietää *she swallow it hole* (kuv) hän otti sen täydestä **2** kadota, hukkua sekaan, nielaista mukaansa **3** perua (puheensa)
swam /swæm/ ks swim
swamp /swamp/ *s* suo, räme *v* peittää vedellä, (vesi) peittää alleen, peittyä veteen, jäädä veden alle
swamp deer *s* suohirvi
swamp gas *s* suokaasu
swampland /'swamp,lænd/ *s* suo, räme(alue)
swampy *adj* soinen, suo-, räme-
swan /swan/ *s* joutsen
swan song /'swan,saŋ/ *s* (kuv) joutsenlaulu
swap /swap/ *s* vaihto(kauppa) *v* vaihtaa jokin johonkin *(for)*
swap meet *s* (uuden ja vanhan tavaran) kirpputori
SWAPO *South-West African People's Organization* Lounais-Afrikan kansanliike
swarm /swɔrm/ *s* (mehiläis- tai muu) parvi, suuri joukko *v* (mehiläisistä ym) parveilla *the place was swarming with people* paikka oli tupaten täynnä (väkeä)
swastika /swastɪkə/ *s* hakaristi
swat /swat/ *s* läimäytys *v* läimäyttää; tappaa (läimäyttämällä) (esim kärpänen)
sway /sweɪ/ *v* **1** huojua, huojuttaa *skyscrapers sway in the wind* pilvenpiirtäjät huojuvat tuulessa **2** kallistua, kallistaa **3** (kuv) kallistua/saada kallistumaan (johonkin näkemykseen); (mielipiteet) ailahdella, huojua *the disclosure swayed public opinion against him* paljastus sai suuren yleisön kääntymään häntä vastaan
swear /sweər/ *v* swore, sworn **1** vannoa; tehdä vala **2** kiroilla
swear by *v* **1** vannoa jonkin nimeen **2** (ark) uskoa lujasti johonkuhun, luottaa johonkuhun **3** olla varma jostakin, vannoa
swear in *v* ottaa joltakulta virkavala, vannottaa
swearing-in *s* virkavalan vannomistilaisuus, virkaanastujaiset
swear off *v* vannoutua irti jostakin, luvata luopua jostakin
swearword /'swer,wərd/ *s* kirosana
sweat /swet/ *s* **1** hiki **2** kova/hikinen työ **3** (ark) vaiva, riesa *no sweat* (se on) helppo nakki/homma, (se onnistuu) ilman muuta **4** (mon) verryttelyvaatteet tms **5** saunominen intiaanien saunassa *hey, we're having a sweat Friday, wanna come?* lähdetkö perjantaina kimppaan saunomaan? *v* **1** hikoilla **2** ahertaa, ansaita kovalla työllä/otsansa hiellä **3** (sl) kiristää; hiostaa
sweat blood *fr* **1** hikoilla verta, rehkiä, ahertaa **2** pelätä, jännittää
sweater /swetər/ *s* villapaita, villatakki, neulepaita
sweat gland *s* hikirauhanen
sweat it *fr* **1** pelätä, jännittää, odottaa (ahdistuneena, jännityneenä) **2** kestää, sietää
sweat lodge /'swet,ladʒ/ *s* intiaanien sauna
sweat out *v* **1** odottaa (ahdistuneena, jännittyneenä) **2** kestää, sietää **3** laatia/tehdä (suurella vaivalla), saada tehdyksi *we finally sweated out an agreement* me pääsimme vihdoin viimein sopimukseen
sweatpants /'swet,pænts/ *s* (mon) verryttelyhousut
sweatshirt /'swet,ʃərt/ *s* collegepaita

sweatshop /ˈswet,ʃap/ *s* nälkäpalkkoja maksava firma
swede /swid/ *s* lanttu
Swede /swid/ *s* ruotsalainen
Sweden /swidən/ Ruotsi
Swedish /swidɪʃ/ *s* ruotsin kieli
adj ruotsalainen
sweep /swip/ *s* **1** lakaiseminen, siivoaminen **2** (tuulen) puhallus, (aaltojen) liike **3** heilautus, heilahdus, (laaja) liike **4** alue: *a sweep of forest* metsä **5** mutka, käänne
v swept, swept **1** lakaista **2** temmata, puhaltaa, huitaista, hujahtaa, pyyhkiä, pyyhkäistä **3** avata (polku, tie) **4** katsoa (päästä päähän, reunasta reunaan), (katse) siirtyä (päästä päähän tms) **5** voittaa (vaalit, kilpailusarja) ylivoimaisesti **6** lähteä (nopeasti) **7** tutkia onko jossakin salakuuntelulaitteita
sweeping *adj* laaja, mittava, kattava, perusteellinen, (voitto) ylivoimainen
sweepstakes /ˈswip,steɪks/ *s* (mon) arpajaiset (myös kuv:) riskialtis yritys/hanke
sweet /swit/ *s* (mon) makeiset, sokerileivonnaiset
adj **1** makea **2** suolaton **3** (haju, maku, ääni, ihminen ym) miellyttävä, hyvä, suloinen, kiltti **4** tunteileva; imelä
sweetbread /ˈswit,bred/ *s* **1** haima (ruokana) **2** kateenkorva (ruokana)
sweeten *v* **1** makeuttaa **2** pehmentää, hiljentää **3** (ark) (yrittää) tehdä houkuttelevaksi/maukkaaksi, lisätä johonkin porkkanaksi jotakin
sweetener *s* **1** makeutusaine **2** (kuv) houkutin, porkkana
sweetheart /ˈswit,hart/ *s* kulta, rakas
sweetie /switi/ *s* (ark) kulta, kultu, rakas
sweetish *adj* makeahko
sweet spot /ˈswit,spat/ *s*(golf, tennis) mailan lyöntipinnan osa johon osuessaan pallo lentää parhaiten
sweet tooth *to have a sweet tooth* olla perso makealle, olla kova makean perään
swell /swel/ *s* **1** paisuminen, turvotus **2** aalto, aallot **3** kasvu, lisäys, nousu, voimistuminen
v swelled, swelled/swollen **1** paisua, paisuttaa, turvota, turvottaa, pullistua, pullistaa **2** lisätä, voimistaa, vahvistaa, paisuttaa **3** (meri) velloa, aaltoilla **4** (kyynelet) valahtaa, nousta silmään
adj (ark) hieno, upea, komea
swelled head *he has a swelled head* hän on täynnä itseään, hänellä on noussut jokin päähän
swellhead /ˈswel,hed/ *s* tärkeilijä, mahtailija
swelter /sweltər/ *s* läkähdyttävä kuumuus/helle
v läkähtyä (kuumaan), tukahtua, läkähdyttää, tukahduttaa
sweltering *adj* läkähdyttävä, tukahduttava; läkähdyttävän/tukahduttavan kuuma/helteinen
swept /swept/ ks sweep
swerve /swərv/ *s* käännös, kierto, kaarros
v kääntyä, kääntää, väistyä, kiertyä, kiertää, kaartua, kaartaa *suddenly the car swerved to the right* auto kaarsi/kääntyi yhtäkkiä oikealle
SWIFT *Society of Worldwide Interbank Financial Telecommunication*
swift /swɪft/ *adj* nopea, vikkelä; äkillinen, äkkinäinen
swiftly *adv* nopeasti, vikkelästi; äkkiä
swiftness *s* nopeus, vikkelyys; äkkinäisyys
swig /swɪg/ *s* (ark) ryyppy
v (ark) ryypätä
swill /swɪl/ *s* **1** sianruoka **2** ryyppy
v ryystää; ryypätä
swim /swɪm/ *s* uinti *to go for a swim* mennä uimaan, käydä uimassa *to be in the swim* olla menossa mukana
v swam, swum **1** uida **2** kellua (vedessä) **3** leijua (ilmassa) **4** olla yltä päältä jossakin, olla jonkin peitossa **5** huimata, pyörryttää
swim fin *s* uimaräpylä
swimmer *s* uimari, uija
swimming *s* uinti
adj uinti-, uima-
swimming pool *s* uima-allas

swimming trunks *s* (mon) uimahousut
swimsuit /'swɪm͵sut/ *s* uimapuku
swimwear /'swɪm͵weər/ *s* uimapuvut
swine /swaɪn/ *s* (mon swine) sika (myös kuv)
swine flu *s* sikainfluenssa
swing /swiŋ/ *s* **1** heilahdus, heilautus **2** keinunta **3** isku, lyönti *to take a swing at* lyödä, yrittää lyödä (nyrkillä) **4** (selvä) tahti, rytmi, svengi **5** vapaus (työssä ym) **6** vauhti, meno *to be in full swing* olla täydessä vauhdissa **7** (hinnan) nousu; lasku *an upward/downward swing* nousu/lasku **8** swing (musiikki) **9** (golf) mailalla lönti siihen liittyvine vartalon liikeineen, svingi
v swung, swung **1** heilua, heiluttaa, heilauttaa, (nyrkkiä) heristää **2** keinua, roikkua **3** kääntyä, kääntää, kaartua, kartaa, ohjata **4** lyödä, iskeä **5** (ark) saada, onnistua saamaan, hankkia *to swing a deal* sinetöidä/tehdä kauppa **6** (mieliala) muuttua, muuttaa, vaihtua, vaihtaa *the news swung the public opinion against him* uutinen sai suuren yleisön kääntymään häntä vastaan **7** (sl) olla kova meno päällä, olla vauhdikasta, jollakulla menee lujaa **8** (ark) kuolla hirsipuussa **9** soittaa swingiä **10** (golf) lyödä svingi
swing round the circle *fr* käydä vaalikiertueella
swipe /swaɪp/ *s* **1** (mailan) isku, lyönti **2** (ark) tälli **3** (ark) piikki, pisteliäs/kärkevä huomautus
v **1** iskeä, lyödä (mailalla) **2** (ark) puhaltaa, kähveltää, kääntää
swirl /swərəl/ *s* pyörähdys, kiepsahdus, pyörre
v **1** pyörähtää, kiepsahtaa, kierähtää, pyöriä **2** pyörryttää, huimata
swish /swɪʃ/ *s* **1** huiskaisu, huitaisu **2** suhina, (silkin) kahina
v **1** huiskia, huitoa, viuhtoa **2** suhista, (silkki) kahista
Swiss /swɪs/ *s, adj* sveitsiläinen
Swiss cheese /͵swɪs'tʃiz/ *s* emmental(juusto), tahkojuusto
switch /swɪtʃ/ *s* **1** vitsa, piiska **2** kytkin, katkaisin *to be asleep at the switch* (ark) ei olla valppaana, päästää tilaisuus sivu suun **3** (rautateillä) vaihde **4** muutos, siirtymä, vaihto
v **1** piiskata, antaa vitsaa **2** kytkeä, katkaista **3** vaihtaa, vaihtua, siirtää, siirtyä, muuttaa, muuttua **4** (rautateillä) vaihtaa (toiselle raiteelle)
switchback /'swɪtʃ͵bæk/ *s* jyrkkä mutka serpentiinitiellä, polun polvi/mutka
v (tie, polku) kiemurrella, mutkitella (rinteessä)
switchblade /'swɪtʃ͵bleɪd/ *s* stiletti
switchboard /'swɪtʃ͵bɔrd/ *s* (käsivälitteinen) puhelinvaihde
Switzerland /swɪtsərlənd/ Sveitsi
swivel /swɪvəl/ *s* kiertonivel
v kiertää, kiertyä, kääntää, kääntyä
swollen /swolən/ ks swell
swoop /swup/ *s* syöksy, laskeutuminen, hyökkäys *in one fell swoop* yhdellä iskulla, siltä istumalta
v syöksyä, laskeutua (äkkiä), hyökätä
swop /swap/ ks swap
sword /sɔrd/ *s* miekka *they are always at sword's points* he ovat aina napit vastakkain, he ovat aina riidoissa *to cross swords* ottaa yhteen (myös kuv) *to put to the sword* surmata
swordfish /'sɔrd͵fɪʃ/ *s* (mon swordfishes, swordfish) miekkakala
Swordfish /'sɔrd͵fɪʃ/ (tähdistö) Kultakala
swore /swɔr/ ks swear
sworn ks swear
sworn /swɔrn/ *adj* **1** valantehnyt **2** vannoutunut
swum /swʌm/ ks swim
swung /swʌŋ/ ks swing
sycamore /'sɪkə͵mɔr/ *s* **1** (Pohjois-Amerikassa) plataani **2** (Euroopassa) vuorivaahtera
Sydney /sɪdni/ Sydney
syllable /sɪləbəl/ *s* tavu
syllabus /sɪləbəs/ *s* (mon syllabuses, syllabi) **1** opintosuunnitelma **2** yleiskatsaus, yhteenveto, tiivistelmä
Sylvester /sil'vestər/ (sarjakuvahahmo) Sylvesteri, Syltti
symbol /sɪmbəl/ *s* merkki, tunnus, vertauskuva, symboli *money is a symbol*

T, t

T, t /ti/ T, t

T /ti/ *to fit someone to a T* sopia jollekulle kuin nakutettu

ta /ta/ *interj* (UK sl) kiitti, kiitos

tab /tæb/ *s* **1** lappu, lipuke, tarra, merkki, kyltti **2** (vaatteen) ripustin **3** (ark) (ravintola)lasku *to put something on the tab* panna jotakin piikkiin, lisätä laskuun **4** (kirjoituskoneessa, tietokoneessa) sarkain **5** *to keep tabs on* pitää jotakin silmällä, seurata, tarkkailla
v **1** nimittää, kutsua **2** käyttää (kirjoituskoneen, tietokoneen) sarkainta

Tabasco® /tə'bæskoʊ/ (voimakas espanjanpippurimauste) Tabasco

table /teɪbəl/ *s* **1** pöytä *to be under the table* olla juovuksissa/päissään *to give something under the table* antaa jotakin pimeästi/salaa; lahjoa *to wait tables/on table* olla tarjoilijana **2** tasanne, tasanko **3** luettelo **4** laatta, taulu, levy **5** *to turn the tables* kääntää tilanne päinvastaiseksi
v **1** panna pöydälle **2** (kuv US) panna pöydälle, siirtää myöhemmäksi/myöhempään istuntoon **3** (kuv UK) antaa, tehdä (esitys)

tablecloth /'teɪbəlˌklaθ/ *s* (mon tablecloths) pöytäliina

tableland /'teɪbəlˌlænd/ *s* yläntasanko, (tasainen) ylänkö

Table Mountain /ˌteɪbəl'maʊntən/ Pöytävuori (Kapkaupungissa)

table of contents *s* sisällysluettelo

tablespoon /'teɪbəlˌspun/ *s* ruokalusikka

tablespoonful *s* (mon tablespoonfuls) ruokalusikallinen (14,8 ml)

tablet /tæblət/ *s* **1** lehtiö **2** laatta, taulu **3** (lääke)tabletti

table tennis *s* pöytätennis

tableware /'teɪbəlˌweər/ *s* ruoka-astiat ja ruokailuvälineet

taboo /tæ'bu/ *s* tabu, kielto
v kieltää, julistaa tabuksi
adj tabu-, kielletty

tabulate /'tæbjəˌleɪt/ *v* taulukoida

tabulation /ˌtæbjə'leɪʃən/ *s* taulukointi

tabulator /'tæbjəˌleɪtər/ *s* **1** taulukointilaite, tabulaattori **2** sarkain, tabulaattori

tachometer /tæ'kamətər/ *s* **1** nopeusmittari **2** kierroslukumittari

tacit /tæsət/ *adj* **1** sanaton, epäsuorasti ilmaistu **2** hiljainen, äänetön

tacitly *adv* **1** sanattomasti, epäsuorasti **2** hiljaa, äänettömästi

taciturn /tæsətərn/ *adj* hiljainen, vaitelias, vähäpuheinen

taciturnity /ˌtæsə'tənəti/ *s* hiljaisuus, vaiteliaisuus, vähäpuheisuus

tack /tæk/ *s* **1** pieni naula, nasta **2** (purjehduksessa) halssi *starboard/port tack* oikea/vasen halssi **3** (kuv) kurssi, näkökulma, lähestymistapa *to be on the wrong tack* olla väärässä, olla väärillä jäljillä
v **1** naulata **2** kiinnittää **3** yhdistää, liittää yhteen **4** lisätä jotakin johonkin *(on/onto)*

tackle /tækəl/ *s* **1** varusteet, välineet **2** talja, väkipyörästö **3** (purjelaivan) takila **4** (urh) taklaus
v **1** (kuv) tarttua, käydä käsiksi (esim ongelmaan) **2** valjastaa (hevonen) **3** (urh) taklata

tact /tækt/ *s* tahdikkuus, hienotunteisuus

tactful *adj* tahdikas, hienotunteinen, huomaavainen

tactfully *adv* tahdikkaasti, hienotunteisesti, huomaavaisesti

tactic /tæktɪk/ *s* **1** (myös mon, sot)

taistelutaito, taktiikka **2** (myös mon, yleiskielessä) suunnitelma, menettely, taktiikka, strategia

tactical /tæktɪkəl/ *adj* **1** taktinen **2** taitava, nokkela, laskelmoitu

tactically *adv* **1** taktisesti **2** taitavasti, nokkelasti, laskelmoiden

tactician /tæk'tɪʃən/ *s* taktikko, (kuv) taitava juonittelija

tactless *adj* tahditon, epähieno, loukkaava, moukkamainen

tactlessly *adv* tahdittomasti, epähienosti, loukkaavasti, moukkamaisesti

tad /tæd/ *a tad* (ark) hiukan, hieman *it's atad too big* se on himpun verran liian iso

tadpole /'tæd,poəl/ *s* nuijapää

Tajikistan /tə'dʒikɪ,stan/ Tadžikistan

taffy /tæfi/ *s* toffee

tag /tæg/ *s* **1** lappu, lippu, nimilappu, hintalappu **2** (vaatteessa) ripustin **3** (auton) rekisterikilpi **4** loppu(pää), häntä-(pää) **5** liikanimi, lisänimi **6** (kieliopissa) liitekysymys **7** hippaleikki, hippa
v **1** varustaa hintalapulla, nimilapulla tms **2** lisätä, liittää, sanoa/todeta lopuksi **3** sakottaa *(for)*, syyttää *(with)* **4** hinnoitella, panna hinnaksi **5** (ark) varjostaa, seurata **6** (hippaleikissä) ottaa hipaksi

tag end *s* häntäpää, loppupää, loppu

tag question *s* (kieliopissa) liitekysymys (esim *she has left, hasn't she?* eikö hän olekin jo lähtenyt?)

tail /teɪəl/ *s* **1** häntä; pyrstö (myös lentokoneen) *he had his tail between his legs* hänellä oli häntä koipien välissä **2** (kolikon) klaava(puoli) **3** (mon) frakki; frakin liepeet **4** (sl) takapuoli, pyrstö **5** (ark) varjostaja, seuraaja **6** (ark) jäljet: *to be on someone's tail* olla jonkun jäljillä **7** (sl) pano, naiminen *chase tail* yrittää iskeä tyttöä
v **1** seurata, kulkea jonkun perässä, (ark) varjostaa **2** kiinnittää/liittää yhteen/peräkkäin **3** kulkea peräkkäin **4** hävitä/kadota näkyvistä/jonnekin *(off)*

tail end *s* häntäpää, loppupää, loppu, hännänhuippu

tailgate /'teɪəl,geɪt/ *s* (farmariauton yms) peräluukku
v ajaa kiinni edellisen auton puskurissa

taillight /'teɪəl,laɪt/ *s* (auton) perävalo

tailor /teɪlər/ *s* vaatturi, räätäli
v **1** räätälöidä **2** sovittaa, mukauttaa johonkin, tehdä jonkin mukaiseksi

tailor-made /,teɪlər'meɪd/ *adj* **1** vaatturin/räätälin tekemä **2** tilaustyönä tehty, tilaus- *the job offer is tailor-made for you* työpaikkatarjous tulee sinulle kuin tilauksesta

tail pipe *s* (auton) pakoputken pää, pakoputki

taint /teɪnt/ *s* (kuv) (häpeä)tahra
v **1** (kuv) tahrata, tahria **2** pilata, pilaantua

Taiwan /taɪ'wan/ Taiwan

Taiwanese /,taɪwə'niz/ *s, adj* taiwanilainen

take /teɪk/ *s* **1** (kala-, metsästys)saalis **2** (ark) voitto **3** (elok) otos, (mus) nauhoitus **4** (ark) säpsähdys, hämmästys **5** *to be on the take* ottaa lahjuksia
v took, taken **1** ottaa *she took the book from the shelf* hän otti kirjan hyllyltä *to take a pill* ottaa pilleri **2** viedä *he took her to the movies* hän vei tytön elokuviin **3** tarttua, ottaa kiinni jostakin *the child took his hand* lapsi tarttui hänen käteensä **4** (kaupunki, laiva ym) vallata, (eläin, vanki ym) vangita, ottaa kiinni **5** ottaa vastaan, hyväksyä, suostua, kokea *don't take it too hard* älä ota sitä liian raskaasti *the mayor is taking bribes* kaupunginjohtaja ottaa vastaan lahjuksia **6** (lehti) tilata, (aitio ym) varata **7** kestää, sietää *I can't take it anymore* en kestä enää **8** (funktioverbinä) *to take a meal* aterioida *to take a bath* kylpeä *to take a walk* lähteä; lähteä kävelylle *to take an exam* käydä tentissä *to take notes* tehdä muistiinpanoja, kirjoittaa muistiin **9** olettaa, ymmärtää *I take it that you want me to leave* sinä ilmeisesti haluat minun lähtevän

take a back seat to *fr* väistyä, tehdä tilaa jollekulle/jollekin

take a bath *fr* (sl) saada takkiinsa, kärsiä tappiota

take a bow *fr* kumartaa (yleisölle)

take a chance *fr* ottaa riski, riskeerata

take a fancy to *fr* mieltyä johonkuhun/johonkin
take after *v* **1** muistuttaa jotakin *she takes after her mother* hän on tullut äitiinsä **2** seurata, ajaa takaa, varjostaa
take a gander *fr* (sl) vilkaista, katsoa
take a hint *fr* ottaa vihjeestä vaari, ymmärtää yskä
take aim *fr* **1** tähdätä (ase johonkin päin) **2** tarttua, paneutua (ongelmaan)
take a liking to *fr* mieltyä johonkuhun/johonkin
take a notion *fr* (ark) saada päähänsä (tehdä jotakin)
take a powder *fr* häippäistä, häipyä, livistää, lähteä nostelemaan
take a risk *fr* ottaa riski, vaarantaa, riskeerata
take a shine to *fr* mieltyä johonkuhun/johonkin
take a shot at *fr* **1** ampua jotakuta/jotakin (päin) **2** yrittää, kokeilla
take a stand *fr* ottaa kantaa
take a walk *fr* (ark) häivy!, ala nostella!, jätä minut rauhaan!
take back *v* **1** ottaa takaisin **2** viedä (tavara) takaisin (kauppaan) **3** perua (puheensa) **4** palauttaa mieleen *this song will take us all the way back to 1964* tämä laulu palauttaa mieleemme (kaukaisen) vuoden 1964
take care! *interj* koita pärjäillä!, tapaamisiin!
take care of *fr* **1** huolehtia jostakin, pitää huoli **2** (sl) hoidella, hakata
take charge *fr* käydä ohjaksiin/suitsiin (kuv)
take down *v* **1** laskea (alemmaksi), alentaa, vähentää, supistaa, hiljentää **2** purkaa **3** kirjoittaa muistiin/ylös **4** antaa jonkun kuulla kunniansa, sättiä, moittia
take effect *fr* **1** astua/tulla voimaan **2** vaikuttaa, tehota, tepsiä
take exception to *fr* vastustaa, moittia
take five *fr* pitää (viiden minuutin) tauko
take for *v* pitää jonakin, luulla joksikin *what do you take me for?* miksi sinä minua oikein luulet?
take for a ride *fr* (sl) **1** (viedä autolla jonnekin ja) murhata **2** huijata, puijata, pettää, käyttää hyväkseen
take for granted *fr* pitää itsestään selvänä, suhtautua välinpitämättömästi *don't take her for granted* älä kohtele häntä kuin ilmaa
take heart *fr* rohkaista mielensä
take heed *fr* varoa, pitää varansa
take ill *fr* sairastua
take in *v* **1** päästää sisään **2** pienentää, (vaatetta) kaventaa **3** ymmärtää, käsittää, tajuta **4** katsella, tarkkailla, tarkastella **5** huijata, puijata, pettää **6** ansaita (liiketoiminnalla), tienata (ark), kääriä (ark) **7** majoittaa **8** sisältää, käsittää, kattaa
take in stride *fr* suhtautua johonkin tyynesti, alistua johonkin
take into account *fr* ottaa huomioon
take issue with *fr* olla eri mieltä jonkun kanssa, riidellä
take it *fr* **1** uskoa **2** (ark) kestää, sietää, jaksaa *she couldn't take it anymore* hän ei enää kestänyt/jaksanut, hänen mittansa oli täysi
take it easy *fr* ottaa rennosti/rauhallisesti
take it into your head *fr* saada päähänsä (tehdä jotakin)
take it or leave it *fr* ota tai jätä
take it out in *fr* ottaa maksuksi jotakin
take it out of *fr* **1** uuvuttaa, väsyttää (loppuun) **2** vähentää, ottaa (pois jostakin)
take it out on *fr* (ark) purkaa kiukkunsa johonkuhun, syyttää jotakuta (aiheetta)
take its toll *fr* vahingoittaa, vaurioittaa, aiheuttaa vahinkoa, vaatia uhreja
take leave of your senses *fr* menettää järkensä, tulla hulluksi
take no prisoners *fr* (kuv) olla armoton, säälimätön
take note of *fr* huomata, panna merkille
take oath *fr* vannoa vala

takeoff /ˈteɪkˌaf/ *s* **1** (lentokoneen) lähtö, ilmaan nousu **2** (kilpailun) lähtö, aloitus **3** parodia, pilailu

take off *v* **1** nousta lentoon/ilmaan **2** riisua (vaate, jalkine, päähine) **3** viedä, ottaa mukaansa **4** (ark) lähteä, häipyä **5** erottaa, poistaa (tehtävästä) **6** surmata **7** jäljentää, kopioida **8** (ark) matkia, mukailla ivaillen, parodioida **9** (ark) lisääntyä, nousta, kasvaa, päästä vauhtiin

take off after *fr* seurata, ajaa takaa, varjostaa

take office *fr* astua virkaan

take off the edge *fr* pehmentää, lieventää (vaikutusta)

take off your hat to *fr* (kuv) nostaa hattua jollekin

take on *v* **1** ottaa palvelukseen, palkata **2** ryhtyä johonkin, ottaa hoitaakseen **3** alkaa vaikuttaa/näyttää joltakin *language skills have taken on new meaning* kielitaidon merkitys on kasvanut **4** tarttua haasteeseen, ruveta tappelemaan **5** (ark) innostua (liikaa)

take on faith *fr* uskoa näkemättä

takeout /ˈteɪkˌaʊt/ *s* **1** ruoka joka otetaan pikaravintolasta mukaan **2** (ark) pikaravintola josta ruoka otetaan mukaan *they went to a Chinese takeout* he menivät kiinalaiseen katukeittiöön/pikaravintolaan

take out *v* **1** ottaa esiin **2** ottaa (esim laina, vakuutus) *she took out a subscription to* Time *magazine* hän tilasi Time-lehden **3** ottaa mukaansa (esim ruokaa pikaravintolasta) *she took several novels out of the library* hän lainasi kirjastosta useita romaaneita **4** (seurustelusta) viedä ulos **5** lähteä, mennä

take out after *v* seurata, ajaa takaa, varjostaa

takeover /ˈteɪkˌoʊvər/ *s* **1** valtaus **2** (tal) (yritys)valtaus

take over *v* **1** (kuv) käydä ohjaksiin, käydä/ruveta suitsiin **2** (tal) vallata (yritys)

take pains *fr* yrittää kovasti, tehdä parhaansa/kaikkensa

take part *fr* osallistua johonkin *(in)*

take place *fr* tapahtua *the concert will take place at seven/in the stadium* konsertti on/pidetään seitsemältä/stadionilla

take root *fr* **1** juurtua **2** (kuv) iskostua, juurtua

take sick *fr* sairastua

take sides *fr* ottaa kantaa, puolustaa jotakuta, mennä jonkun puolelle

take someone at his/her word *fr* ottaa jonkun puheet täydestä/todesta

take someone's word for it *fr* uskoa jotakuta

take someone under your wing *fr* ottaa joku siipiensä suojaan

take steps *fr* ryhtyä toimiin, toimia *the government is taking steps to increase exports* hallitus on ryhtynyt toimiin viennin lisäämiseksi

take stock *fr* arvioida, mittailla (kuv), punnita (kuv)

take ten *fr* (ark) pitää (kymmenen minuutin) tauko

take the bull by the horns *fr* tarttua härkää sarvista

take the cake *fr* (sl) **1** olla paras, voittaa **2** olla paksua

take the edge off *fr* pehmentää, lieventää (vaikutusta)

take the fifth *fr* **1** (lak) käyttää vaitiolo-oikeutta (kieltäytyä vastaamasta kysymykseen Yhdysvaltain perustuslain viidennen lisäyksen nojalla; sen mukaan oikeudessa ei tarvitse paljastaa asioita jotka saattavat osoittaa vastaajan itsensä syylliseksi) **2** (ark) ei kertoa, ei paljastaa, ei vastata kysymykseen

take the liberty of *fr* rohjeta tehdä jotakin

take the rap *fr* (sl) ottaa/saada syy niskoilleen

take the stand *fr* todistaa oikeudessa

take the wind out of your sails *fr* yllättää, saada joku järkyttymään; viedä tuuli jonkun purjeista

take the words out of your mouth *fr* viedä joltakulta sanat suusta

take to *v* **1** mieltyä johonkin **2** ruveta (tekemään jotakin), alkaa (tehdä jotakin), ottaa tavaksi, totuttautua johonkin **3** mennä *to take to bed* mennä maate

take to task *fr* nuhdella, sättiä, moittia
take to the cleaners *fr* (sl) hoidella joku, antaa jollekulle selkään
take to the road *fr* lähteä matkaan, aloittaa matka
take turns *fr* vuorotella, tehdä jotakin vuorotellen
take up *v* **1** kiristää *take up the slack in the rope* kiristä köysi **2** ruveta tekemään/harrastamaan *you should take up skiing* sinun pitäisi ruveta hiihtämään **3** poimia, nostaa, kerätä kokoon **4** viedä (tilaa, aikaa) **5** ottaa puheeksi/esille **6** ottaa vastaan (tehdävä, haaste) **7** imeä (itseensä) **8** jatkaa (keskeytyksen jälkeen) **9** vastata jollekulle
take up a collection *fr* kerätä rahaa, pistää pystyyn keräys
take up arms *fr* nousta aseisiin
take upon yourself *v* ottaa vastuulleen/tehtäväkseen
take up with *v* **1** pitää seuraa jonkun kanssa **2** ottaa puheeksi jonkun kanssa
take water *fr* (alus) vuotaa
take wing *fr* **1** nousta lentoon/ilmaan **2** lähteä/häipyä kiireesti
take your time *fr* ei hätäillä/kiirehtiä, ei pitää kiirettä, tehdä jokin rauhassa
take your way *fr* lähteä, mennä, kulkea
takin /takən/ *s* härkägemssi *(Budorcas taxicolor)*
Taklamakan Desert /ˌtakləmə'kan/ Taklimakanin aavikko (Kiinassa)
talcum powder /tælkəm/ *s* talkki
tale /teɪəl/ *s* **1** tarina, kertomus *fairy tale* satu **2** valhe
talent /tælənt/ *s* **1** lahjakkuus, lahja **2** lahjakas ihminen, lahjakkuus
talented *adj* lahjakas, etevä, kyvykäs
talent scout *s* kykyjenetsijä
talisman /tæləzmən/ *s* **1** (taikaesine) talismaani **2** (koru) maskotti, amuletti
talk /tak/ *s* **1** puhe *talk is cheap* puhuminen ei vielä todista mitään, ainahan puhua voi (mutta tekeminen on eri asia) **2** keskustelu *the talk turned to politics* keskustelu siirtyi politiikkaan **3** neuvottelu **4** puhe, esitelmä
v **1** puhua jostakin *(about)*, jonkun kanssa *(with, to)*, jollekulle *(to)*, jollakin kielellä (esim *Finnish*, suomea, suomeksi), jutella, keskustella **2** pitää puhe/esitelmä, puhua jostakin *(on)* **3** neuvotella **4** suostutella, taivutella *you talked me into this mess!* sinähän minut tähän sotkuun houkuttelit!
talk around *v* suostutella, taivutella, saada muuttamaan mielensä
talk at *v* puhua kiukkuisesti jollekulle, läksyttää, sättiä jotakuta, räyhätä jollekulle
talkative /takətɪv/ *adj* puhelias
talk away *v* kuluttaa (aikaa) juttelemalla/rupattelemalla
talk back *v* vastata röyhkeästi/hävyttömästi, viisastella
talk big *fr* (ark) puhua suuria, mahtailla
talk down *v* **1** vähätellä, lyödä lyttyyn, pistää matalaksi **2** vaimentaa, saada vaikenemaan (puheillaan, perusteluillaan)
talk down to *v* puhua jollekulle/kohdella jotakuta ylimielisesti/alentavasti/nöyryyttävästi
talking head *s* (televisiossa) puhuva pää, lähikuva puhuvasta henkilöstä
talk of *v* puhua/keskustella jostakin (alustavasti), suunnitella, kaavailla
talk out *v* **1** puhua (asia) selväksi, puhua suunsa puhtaaksi **2** puhua itsensä väsyksiin/näännyksiin **3** suostutella/taivutella joku luopumaan jostakin (aikeesta)
talk over *v* **1** keskustella jostakin **2** suostutella, taivutella, saada muuttamaan mielensä
talk shop *fr* (ark) puhua/jutella työasioista
talk show *s* (radiossa, televisiossa) (julkkisten) haastatteluohjelma
talk someone's head off *fr* pitkästyttää jotakuta puheillaan
talk through your hat *fr* puhua läpiä päähänsä, puhua sellaisesta mistä ei tiedä
talk to death *fr* puhua jostakin kyllästymiseen saakka, jauhaa liiaksi samaa asiaa

talk turkey *fr* (ark) puhua suoraan, ei siekailla
talk up *v* **1** avata suunsa, puhua **2** mainostaa jotakin
talky *adj* **1** jossa on liikaa/paljon puhetta **2** puhelias
tall /taəl/ *adj* **1** pitkä *how tall are you?* kuinka pitkä olet? *he is six feet tall* hän on 183 cm (pitkä) **2** korkea *how tall is that building?* kuinka korkea tuo rakennus on? **3** (kuv) paksu *tall talk* paksut puheet, valhe, satu
Tallin /tə'lɪn/ Tallinna
tall order *that's a tall order* se on paljon pyydetty
tallow /tæloʊ/ *s* tali
tally /tæli/ *s* **1** (hist) pykäläpuu (velkojen merkintää varten) **2** lasku, määrä, luku
v **1** laskea, merkitä muistiin **2** olla yhtäpitävä jonkin kanssa *(with)*, käydä yksiin **3** sovittaa toisiinsa/yhteen
talon /tælən/ *s* (petolinnun) kynsi
tambourine /ˌtæmbə'rin/ *s* tamburiini
tame /teɪm/ *v* kesyttää, kesyyntyä
adj **1** kesy **2** tylsä, laimea, vaisu, kesy
tamely *adv* **1** kesysti **2** laimeasti, vaisusti
tamer *s* (eläinten)kesyttäjä
tamper with /tæmpər/ *v* **1** peukaloida, sorkkia, koskea, puuttua johonkin (luvattomasti, osaamattomasti), tehdä jotakin luvatonta **2** väärentää, muuttaa (asiakirjaa)
tampon /tæmpan/ *s* **1** (lääk) tamponi, vanutukko yms **2** terveysside, tamponi
tamponade /ˌtæmpə'neɪd/ *v* (lääk) tamponoida, asettaa tamponi (verenvuodon tyrehdyttämiseksi ym)
tan /tæn/ *s* **1** kellertävän ruskea väri, vaaleanruskea väri **2** rusketus
v **1** ruskettaa, ruskettua **2** (nahkaa) parkita
adj **1** kellertävän ruskea, vaaleanruskea **2** ruskettunut
tandem /tændəm/ *s* **1** kaksiakselinen kuorma-auto, traktori ym **2** tandempolkupyörä **3** täysperävaunullinen rekka **4** (hevosista) peräkkäiskaksivaljakko, tandem
adj (kahdesta) peräkkäinen
adv (kahdesta) peräkkäin *to do something in tandem* tehdä jotakin peräkkäin; tehdä jotakin yhteistyössä/yhteistoimin
tandem bicycle *s* tandempolkupyörä
tandem trailer *s* täysperävaunullinen rekka
tang /tæŋ/ *s* pistävä maku/haju
Tanganyika /ˌtæŋgən'jikə/ Tanganjika
tangent /tændʒənt/ *s* tangentti, sivuaja *to go off/on a tangent* poiketa asiasta
tangential /tæn'dʒenʃən/ *adj* tangentiaalinen, sivuava, (huomautus) sivu-, asiasta poikkeava
tangentially *adv* tangentiaalisesti, jotakin sivuten; ohimennen
tangerine /ˌtændʒə'rin/ *s* **1** mandariini **2** voimakas oranssi väri
adj voimakkaan oranssinvärinen
tangible /tændʒəbəl/ *adj* todellinen, kouraantuntuva, selvä, konkreettinen
tangibly *adv* selvästi, kouraantuntuvasti
tangle /tæŋgəl/ *s* **1** vyyhti (myös kuv:) sotku, sekasotku **2** (ark) riita, kina
v **1** (myös kuv) sotkea, sotkeutua **2** (ark) riidellä, kinata jonkun kanssa *(with)*
tango /tæŋgoʊ/ *s* tango
v tanssia tangoa *it takes two to tango* siihen/tähän tarvitaan kaksi, vika ei ole yksin sinun/hänen tms
tangy /tæŋi/ *adj* (maku, haju) pistävä
tank /tæŋk/ *s* **1** säilö, tankki, kattila **2** panssarivaunu **3** (sl) häkki, putka, vankila **4** (vaate) toppi
v varastoida/panna säiliöön/tankkiin
tankard /tæŋkərd/ *s* kolpakko
tanker *s* säiliölaiva, säiliö(lento)kone, säiliöauto
tank top *s* (hihaton) toppi
tank trailer *s* säiliöperävaunu
tank up *v* tankata (auto tms), täyttää
tan someone's hide *fr* (ark) antaa jollekulle selkään, piestä
tantalize /'tæntəˌlaɪz/ *v* kiihottaa, yllyttää
tantalizing *adj* **1** kiihottava, houkutteleva **2** kyltymätön
tantamount to /'tæntəˌmaʊnt/ *adj* merkitä jotakin, olla sama kuin

tantrum /tæntrəm/ *s* raivonpuuska, raivokohtaus *to throw a tantrum* saada raivonpuuska, raivota
Tanzania /tæn'zeɪnɪə. ˌtænzə'niə/ Tansania
Tanzanian *s, adj* tansanialainen
tap /tæp/ *s* **1** (kevyt lyönti) napautus, naputus, näpäytys **2** (ääni) napsahdus, näpsähdys **3** hana; (tynnyrin) tappi **4** *on tap* (oluesta) tynnyristä/hanasta (tarjoiltava); (ark kuv) joka on (käyttö)valmiina, valittavana **5** (ark) salakuuntelu
v **1** napauttaa, naputtaa, näpäyttää **2** napsahtaa, näpsähtää, kolahtaa (hiljaa) **3** naputella, kirjoittaa (kirjoituskoneella, tietokoneella, tietokoneeseen) **4** stepata, tanssia steppiä **5** laskea (esim olutta tynnyristä) **6** avata/sulkea (tynnyrin) tappi **7** käyttää, ruveta käyttämään **8** salakuunnella
tap dance *s* steppi
tap-dance *v* stepata, tanssia steppiä
tap-dancer *s* steppaaja
tape /teɪp/ *s* **1** nauha **2** teippi **3** mittanauha **4** maalinauha **5** magneettinauha, nauha, (myös ääni/video)kasetti
v **1** teipata **2** mitata (mittanauhalla) **3** nauhoittaa, tallentaa, äänittää
tape deck *s* nauhuri, nauhoitin, kasetti/avokeladekki
tape measure *s* mittanauha
tape player *s* (yl) kasettisoitin
taper /teɪpər/ *v* suipeta, suipentua, suipentaa
tape-record *v* äänittää, nauhoittaa, tallentaa
tape recorder *s* nauhuri, nauhoitin
tape recording *s* **1** äänite, tallenne, nauhoite **2** äänitys, tallennus, nauhoitus
taper off *v* **1** suipeta, suipentua **2** lakata vähitellen
tapestry /tæpəstri/ *s* kuviollinen seinävaate, gobeliini
tapeworm /'teɪpˌwərm/ *s* heisimato
tap into *v* (ark) ottaa yhteys johonkin (myös tietokoneella), käyttää hyväkseen jotakuta/jotakin
tapioca /ˌtæpɪ'oʊkə/ *s* tapioka
tapir /teɪpər/ *s* tapiiri
tar /tar/ *s* terva *to knock the tar out of someone* (ark) antaa jollekulle kunnon selkäsauna
v tervata
tar and feather *fr* **1** kierittää tervassa ja höyhenissä **2** piestä, antaa selkään, rangaista kunnolla
tarantula /tə'ræntʃʊlə/ *s* **1** (Yhdysvaltain lounaisosassa) lintuhämähäkki **2** (Etelä-Euroopassa) taranteli
tarbaby /'tarˌbeɪbi/ *s* visainen pulma, (lähes) ylitsepääsemätön este
target /targət/ *s* **1** maali(taulu) *to be on target* olla tähdätty oikein; olla oikea/tarkka, osua oikeaan **2** kohde, maali, päämäärä, tavoite
v tähdätä
adj tavoite-, kohde-
target date *s* tavoitepäivämäärä, määräpäivä
target group *s* (markkinoinnin ym) kohderyhmä
target in/on *v* (kuv) tähdätä, pyrkiä johonkin
target language *s* (käännöksen) kohdekieli, tulokieli
tariff /terəf/ *s* **1** maksuluettelo **2** maksu, hinta **3** tulli
tarmac /tarmæk/ *s* asfaltti
tarmacadam /'tarməˌkædəm/ *s* asfaltti
tarnish /tarnɪʃ/ *v* **1** (kiilto) himmentyä, himmentä **2** (kuv) tahrata, mustata (esim mainetta)
tarpaulin /tarpələn/ *s* **1** (esim öljykankainen) suojapeite **2** öljykankainen päähine
tarred with the same brush *fr* olla samasta savesta, ei olla sen parempi (kuin)
tart /tart/ *s* **1** (makea) piiras, piirakka **2** (sl) huora, lutka
adj **1** (maku) kirpeä, hapan **2** (kuv) kärkevä, piikikäs
tartan /tartən/ *s* tartaani, skotlantilainen ruudullinen villakangas
tartar /tartər/ *s* hammaskivi
tart up *v* (sl) pyntätä
Tas. *Tasmania*

task /tæsk/ *s* **1** tehtävä, työ, urakka **2** *to take someone to task* vaatia joku tilille, nuhdella, sättiä
v uuvuttaa, rasittaa, käydä voimille
task force *s* **1** (sot) erikoisyksikkö **2** työryhmä
tassel /tæsəl/ *s* tupsu
Tasmania /tæz'meɪniə/ Tasmania
taste /teɪst/ *s* **1** maku **2** palanen, tilkkanen **3** halu, ilo: *he has no taste for jazz* jazz ei ole hänen makuunsa/mieleensä **4** taju *she has a taste for class* hän ymmärtää mikä on tyylikästä **5** (kuv) maku *your behavior was in bad taste* käytöksesi oli mautonta *it left a bad taste in my mouth* minulle jäi siitä paha maku suuhun, minulle jäi siitä ikävä muisto *to your taste* jonkun maun mukainen
v **1** maistaa, maistua **2** (kielteisessä lauseessa) koskea (ruokaan), syödä **3** (kuv) saada tuntea/kokea, maistaa **4** (kuv) haiskahtaa joltakin *(of)*
taste blood *fr* päästä veren makuun
taste bud *s* makusilmu
tasteful *adj* tyylikäs, aistikas, hyvää makua osoittava
tastefully *adv* tyylikkäästi, aistikkaasti *his office was tastefully appointed* hänen työhuoneensa oli sisustettu hyvällä maulla
tasteless *adj* mauton (myös kuv), (käytös) epähieno, tökerö
tastelessly *adv* mauttomasti (myös kuv)
taster *s* maistaja
tastily *adv* **1** maukkaasti **2** (ark kuv) tyylikkäästi, aistikkaasti
tasty *adj* **1** maukas, hyvänmakuinen **2** (ark kuv) tyylikäs, aistikas
tatter /tætər/ *s* **1** riekale **2** (mon) rääsyt, ryysyt
v revetä/repeytyä/repiä/kulua riekaleiksi
tattered *adj* riekaleinen, rääsyinen, ryysyinen
tattle /tætəl/ *v* kieliä, kannella, paljastaa (salaisuus)
tattler *s* juoruaja, kantelija
tattoo /tæ'tu/ *s* tatuointi
v tatuoida
taught /tat/ ks teach
taunt /tant/ *s* pilkka, iva, kiusa
v pilkata, ivata, kiusata
Taurus /tɔrəs/ *horoskoopissa* Härkä
taut /tat/ *adj* kireä (myös kuv)
tautly *adv* kireästi, kireäksi
tautness *s* kireys (myös kuv)
tautological /ˌtatə'ladʒɪkəl/ *adj* tautologinen (esim samaa sanaa tarpeettomasti toistava)
tautology /ta'talədʒi/ *s* (sanan tarpeeton) toisto, tautologia
tavern /tævərn/ *s* kapakka, baari
tawny /tani/ *adj* kellertävänruskea
tax /tæks/ *s* **1** vero **2** taakka, kuorma, vaiva, riesa
v **1** verottaa **2** (kuv) verottaa, kuormittaa, rasittaa **3** (ark) veloittaa, verottaa **4** moittia, torua, syyttää
taxable *adj* veronalainen
taxation /tæk'seɪʃən/ *s* verotus
tax-deductible /ˌtæksdɪ'dʌktɪbəl/ *adj* verovähennettävä
tax deduction *s* verovähennys
tax evasion *s* veropetos, veronkierto (ark)
tax-exempt /ˌtæksɪg'zemt/ *adj* veroton, verovapaa
tax-free /ˌtæks'fri/ *s* (ark) veroton kauppa (lentokentällä, lentokoneessa, laivassa)
adj veroton
tax haven *s* (maa) veroparatiisi
taxi /tæksɪ/ *s* (mon taxis, taxies) taksi, vuokra-auto
v taxies, taxied, taxiing/taxying **1** ajaa/mennä/matkustaa taksilla **2** (lentokone) rullata
taxicab /'tæksɪˌkæb/ *s* taksi, vuokra-auto
taxidermy /'tæksɪˌdərmi/ *s* taksidermia
taxing *adj* uuvuttava, raskas, voimille käyvä
taxiway /'tæksɪˌweɪ/ *s* (lentokentällä) rullaustie
taxpaid /'tæksˌpeɪd/ *adj* verovaroilla maksettu
taxpayer /'tæksˌpeɪər/ *s* veronmaksaja
tax return *s* veroilmoitus

Tay. *Tayside*
TB *tuberculosis* tuberkuloosi
TBA *to be announced* ilmoitetaan myöhemmin
TBS *Turner Broadcasting System*
tbsp. *tablespoonful* ruokalusikallinen
tea /ti/ *s* **1** tee *it's not my cup of tea* se ei ole minun heiniäni **2** (UK) (iltapäivän tai illan) teehetki, (väli)ateria
teabag /ˈtiˌbæg/ *s* teepussi
teach /titʃ/ *s* (ark) ope, opettaja *v* taught, taught: opettaa
teach a lesson *fr* antaa opetus/läksytys *that should teach her a lesson* eiköhän hän nyt ota opikseen/onkeensa
teacher /titʃər/ *s* opettaja
teachers college *s* opettajankoulutuslaitos
teacher's pet *s* opettajan lemmikki
teaching *s* **1** opetus(työ), opettaminen **2** (us mon) opetus
teaching aid *s* opetuksen lisämateriaali
teach someone the ropes *you should teach her the ropes around here* sinun pitää selittää/opettaa hänelle talon tavat
teacup /ˈtiˌkʌp/ *s* teekuppi *a tempest in a teacup* myrsky vesilasissa
teakettle /ˈtiˌketəl/ *s* teekannu
team /tim/ *s* **1** työryhmä, tiimi, (urheilussa) joukkue **2** valjakko *v* yhdistää, yhdistyä, lyöttäytyä yhteen
teamster /timstər/ *s* (valjakon) ajuri, (kuorma-auton) kuljettaja
team up with *v* lyöttäytyä yhteen jonkun kanssa
teamwork /ˈtimˌwərk/ *s* ryhmätyö, yhteistyö
tea party *s* teekutsut
teapot /ˈtiˌpat/ *s* teekannu *a tempest in a teapot* myrsky vesilasissa
tear /tɪər/ *s* kyynel *to be in tears* itkeä, olla silmät kyynelissä
tear /teər/ *s* repeämä *wear and tear* (käytöstä johtuva) kuluminen *v* tore, torn **1** repiä, revetä, repäistä, repeytyä *to tear something in two/half* repäistä kahtia **2** kiskoa, kiskaista, vetäistä, nykäistä **3** (kuv) repiä, (sydäntä) raastaa **4** viilettää, kiitää, rynnätä, (tuuli) raivota, riehua
tear at *v* **1** kiskoa, tempoa, nyhtää, riuhtoa **2** (kuv) raastaa, repiä
tear down *v* **1** purkaa (rakennus) **2** lyödä lyttyyn, puhua pahaa jostakusta
teardrop /ˈtɪərˌdrap/ *s* kyynel
tear gas /ˈtɪərˌgæs/ *s* kyynelkaasu
tear into /teər/ *v* (ark) **1** käydä käsiksi johonkin **2** (kuv) hyökätä jonkun kimppuun, haukkua, sättiä
tear off /teər/ *v* (sl) kyhätä kasaan, hutaista, tehdä äkkiä
tearoom /ˈtiˌrum/ *s* teehuone
tear strip /ˈteərˌstrɪp/ *s* (pakkauksen) repäisynauha
tear up /tɪər/ *v* **1** peruuttaa, kumota **2** repiä silpuksi/palasiksi **3** repiä auki/irti, avata (esim kadun päällyste)
tear your hair /teər/ *fr* (kuv) repiä hiuksiaan
tease /tiz/ *s* kiusoittelija, härnääjä *v* kiusata, härnätä, viekoitella
teaser *s* kiusoittelija, härnääjä
tea service *s* teekalusto, teeastiasto
teat /tɪt tit/ *s* nänni
tech /tek/ *s* (ark) **1** teknikko **2** tekniikka, teknologia
technical /teknɪkəl/ *adj* **1** tekninen **2** ammatillinen, ammatti- **3** mutkikas, vaikeatajuinen
technical analysis *s* (tal) tekninen analyysi
technical director *s* tekninen johtaja
technicality /ˌteknɪˈkæləti/ *s* **1** mutkikkuus, monimutkaisuus, teknisyys **2** yksityiskohta *the accused got off on a technicality* syytetty sai vapauttavan tuomion muotovirheen perusteella
technically /teknɪkli/ *adv* **1** teknisesti **2** ammatillisesti tarkkaan ottaen
technical manager *s* tekninen johtaja
technical school *s* teknillinen koulu
technician /tekˈnɪʃən/ *s* teknikko
Technicolor ®/ˈteknɪˌkʌlər/ eräs elokuvien värijärestelmä *adj* (ark) räikeä, värikylläinen, loistokas, mahtipontinen

technique /tek'nik/ *s* **1** (esim taiteilijan, urheilijan) tekniikka, taito **2** menetelmä, keino
technological /ˌteknə'ladʒɪkəl/ *adj* teknologinen; tekninen
technologically *adv* teknologisesti; teknisesti
technologist /tek'nalədʒɪst/ *s* teknologi; teknikko
technology /tek'nalədʒi/ *s* teknologia; tekniikka *university of technology* teknillinen korkeakoulu
tedious /tidiəs/ *adj* tylsä, pitkäveteinen, yksitoikkoinen
tediously *adv* tylsästi, yksitoikkoisesti, yksitoikkoisen
tedium /tidiəm/ *s* pitkäveteisyys, yksitoikkoisuus
tee /ti/ *s* (golfissa) **1** tii, pieni puusta tai muovista valmistettu kappale joka työnnetään ruohoon tms. ja jonka päältä pallo lyödään aloituspaikalla eli tiiauspaikalla **2** tiiauspaikka josta tietyn reiän pelaaminen aloitetaan
teeing ground *s* (golf) tiiauspaikka, aloituspaikka josta kunkin reiän pelaaminen alkaa
teeming *adj* **1** täpötäysi, jossa vilisee väkeä **2** hedelmällinen, tuottelias
teem with *v* jossakin kuhisee/vilisee jotakin *the shopping mall is teeming with people* ostoskeskus on tupaten täynnä väkeä
teenage /'tinˌeɪdʒ/ *adj* teini-iän, teini-ikäisten
teenager /'tinˌeɪdʒər/ *s* teini, teini-ikäinen
teens /tinz/ *s* **1** teini-ikä **2** numerot 13-19
teensy /tinsi/ *adj* pienenpieni, pikkuruinen
teeny /tini/ *adj* pienenpieni, pikkuruinen
tee off /ˌti'af/ *v* (golf) tiiata, lyödä reiän aloituslyönti tiiauspaikalta
teepee /tipi/ *s* tiipii, intiaaniteltta
tee shirt /'tiˌʃərt/ *s* T-paita
Teesside /tizsaɪd/
teeter /titər/ *v* hoippua, huojua, huojuttaa
teeth /tiθ/ ks tooth
teethe /tið/ *v* (lapsesta) saada hampaita
teetotal /'tiˌtoʊtəl/ *adj* **1** raitis, raivoraitis **2** (ark) ehdoton, täydellinen
teetotaler /'tiˌtoʊtələr/ *s* raitis, raivoraitis (ihminen)
TEFL *teaching English as a foreign language*
telecommunications /ˌteləkəˌmjunɪ'keɪʃənz/ *s* (verbi yksikössä) tietoliikenne
telecommunications engineer *s* tietoliikenneinsinööri
telecommuting /teləkə'mjutiŋ/ *s* etätyöskentely
telefax /'teləˌfæks/ *s* **1** telefaksilaite, kaukokopiointilaite, faksi **2** telefaksilähetys, faksi
v lähettää telefaksina, faksata
telegram /'teləˌgræm/ *s* sähke
telegraph /'teləˌgræf/ *s* **1** lennätin **2** sähke
v **1** sähköttää **2** (kuv) sähköttää, ilmehtiä, paljastaa (ilmeellään/eleellään) tahattomasti
telegraphic /ˌtelə'græfɪk/ *adj* **1** lennätin- **2** lyhyt, lyhytsanainen, (liian) ytimekäs *telegraphic style* sähkösanomatyyli
telemark /'teləˌmark/ *s* (hiihdossa) telemark(käännös)
telepathic /ˌtelə'pæθɪk/ *adj* telepaattinen
telepathy /tə'lepəθi/ *s* telepatia, ajatuksensiirto
telephone /'teləˌfoʊn/ *s* puhelin
v soittaa (puhelimella)
telephone answering device *s* puhelinvastaaja
telephone answering machine *s* puhelinvastaaja
telephone book *s* puhelinluettelo
telephone booth *s* puhelinkioski
telephone box *s* puhelinkioski
telephone exchange *s* puhelinkeskus
telephone number *s* puhelinnumero
telephone pole *s* puhelinpylväs

telephoto /ˈteləˌfoʊtoʊ/ *adj* (objektiivi) tele-, kauko-
telephoto lens *s* (kameran) teleobjektiivi, kauko-objektiivi
teleplay /ˈteləˌpleɪ/ *s* televisionäytelmän (esim sarjafilmin jakson) käsikirjoitus
telescope /ˈteləˌskoʊp/ *s* kaukoputki, teleskooppi *refracting telescope* linssikaukoputki *reflecting telescope* peilikaukoputki
v lyhentää, lyhentyä, työntää/työntyä kokoon, (kuv) tiivistää
adj kokoontaittuva, sisäkkäin menevä
Telescope (tähdistö) Kaukoputki
telescopic /ˌteləˈskapɪk/ *adj* **1** kaukoputki-, teleskooppi- **2** kokoontaittuva, sisäkkäin menevä
teletext /ˈteləˌtekst/ *s* tekstitelevisio
telethon /ˈteləˌθan/ *s* tempaus, (monituntinen) televisiolähetys jossa kerätään puhelimitse rahaa hyväntekeväisyyteen
teletype /ˈteləˌtaɪp/ *s* kaukokirjoitin, teleks *v* lähettää/ilmoittaa kaukokirjoittimella/teleksillä
teletypewriter /ˈteləˌtaɪpˌraɪtər/ *s* kaukokirjoitin, teleks
televangelist /ˌteləˈvændʒəlɪst/ *s* tv-saarnaaja, televisioevankelista
televise /ˈteləˌvaɪz/ *v* televisioida
television /ˈteləˌvɪʒən/ *s* (järjestelmä tai vastaanotin) televisio
television set *s* televisiovastaanotin
television station *s* televisioasema
telex /teleks/ *s* kaukokirjoitin, teleks
v lähettää/ilmoittaa kaukokirjoittimella/teleksillä
tell /tel/ *v* told, told **1** kertoa *tell me how its was* kerro millaista siellä/se oli **2** (myös funktioverbinä) puhua, sanoa *to tell a lie* valehdella *to tell the truth* puhua totta, ei valehdella **3** erottaa (toisistaan), tietää, (osata) sanoa *she can't tell a Buick from an Olds* hän ei erota Buickia Oldsmobilesta **4** paljastaa, kertoa **5** käskeä *she told me to leave* hän käski minun lähteä
tell apart *v* (osata) erottaa toisistaan
tell a thing or two *fr* haukkua, antaa jonkun kuulla kunniansa
teller *s* **1** kertoja, tarinoija **2** pankkivirkailija
telling *adj* **1** voimakas, tehokas **2** paljastava
tell it like it is *fr* kertoa (mahdollisesti karvas) totuus, ei siekailla, puhua asiat selviksi
tell it to the marines *fr* (ark) älä valehtele!, puhu pukille!
tell off *v* (ark) sättiä kovasti, haukkua, antaa jonkun kuulla kunniansa
tell on *v* kannella, juoruta, kieliä jostakusta
telltale /ˈtelˌteɪəl/ *s* juorukello
adj **1** paljastava **2** varoitus-, varoittava
tell tales out of school *fr* kieliä, paljastaa salaisuuksia
tell time *fr* **1** (ihmisestä) tuntea kello **2** (kellosta) näyttää aikaa
telly /teli/ *s* (UK ark) telkkari, televisio
tell you what *fr* kuulehan *tell you what, let's go and see her right now* mennään kuule tapaamaan häntä nyt heti
temp. *temperature* lämpötila, lämpö
temper /tempər/ *s* **1** mieliala: *to be out of temper* olla pahalla päällä **2** kiukku, pahantuulisuus **3** (metallin) kovuus(aste)
v **1** lieventää, pehmentää, hiljentää, hillitä **2** karkaista (terästä)
tempera /tempərə/ *s* (väri, maalaus) tempera
temperament /tempərəmənt/ *s* **1** luonteenlaatu, temperamentti **2** (luonteen) tulisuus, kiihkeys, oikullisuus
temperamental /ˌtempərəˈmentəl/ *adj* **1** oikukas, oikullinen, tulinen, kiihkeä **2** luonteenlaadun, luonteenlaatua koskeva
temperamentally *adv* **1** oikukkaasti, tulisesti, kiihkeästi **2** luonteenlaadun osalta
temperance /tempərəns/ *s* **1** kohtuus, kohtuullisuus (myös alkoholin käytössä), maltillisuus, itsehillintä **2** (ehdoton) raittius

temperate /tempərət/ *adj* **1** maltillinen, hillitty, kohtuullinen **2** (ilmasto) lauhkea
temperature /temprətʃər/ *s* lämpötila, lämpö *the child is running/having a temperature* lapsella on kuumetta
tempered *adj* **1** (yhdyssanan jälkiosana) *good-/ill-tempered* hyväntuulinen/ pahansisuinen **2** (teräs) karkaistu
tempest /tempəst/ *s* myrsky (myös kuv)
tempest in a teacup *fr* myrsky vesilasissa
tempestuous /təm'pestʃʊəs/ *adj* myrskyisä, myrskyinen (myös kuv) kuohuva, kiihkeä, levoton, raju
temple /tempəl/ *s* **1** ohimo **2** pyhäkkö, temppeli
tempo /tempoʊ/ *s* (mon tempos, tempi) **1** (mus) tempo **2** (kuv) rytmi, tahti, nopeus, vauhti
temporal /tempərəl/ *adj* **1** ajallinen, aikaa koskeva **2** maallinen **3** väliaikainen, ohimenevä, hetkellinen
temporarily /ˌtempə'rerəli/ *adv* väliaikaisesti, ohimenevästi, hetkellisesti
temporary /'tempəˌreri/ *s* väliaikainen työntekijä, sijainen, lomittaja *adj* väliaikainen, hetkellinen, ohimenevä
tempt /temt/ *v* houkutella, viekotella, suostutella, johtaa kiusaukseen
temptation /ˌtem'teɪʃən/ *s* kiusaus, houkutus, viekotus, viettelys *I can resist anything but temptation* pystyn vastustamaan kaikkea paitsi kiusauksia *he yielded to the tempation of money* hän lankesi rahan kiusaukseen *do not lead me into temptation* älä johdata/saata minua kiusaukseen
tempter /temtər/ *s* **1** kiusaaja **2** *the Tempter* (usk) kiusaaja, perkele
tempting *adj* houkutteleva, viettelevä *it is tempting to say that...* tekee mieli sanoa että...
temptingly *adv* houkuttelevasti, viettelevästi
temptress /temtrəs/ *s* (naispuolinen) kiusaaja, viettelijä(tär), viekottelija
ten /ten/ *s, adj* kymmenen *to take ten* (ark) pitää (kymmenen minuutin) tauko
tenable /tenəbəl/ *adj* jota voidaan puolustaa *his position is no longer tenable* hän ei voi enää puolustaa näkemystään
tenacious /tə'neɪʃəs/ *adj* **1** (ote) luja, vankka, tiukka, kireä **2** (kuv) sitkeä, sinnikäs; härkäpäinen, omapäinen **3** tarttuva, takertuva, (muisti kuv) hyvä
tenaciously *adv* ks tenacious
tenacity /tə'næsəti/ *s* **1** (otteen) lujuus, tiukkuus **2** (kuv) sitkeys, sinnikkyys; härkäpäisyys, omapäisyys
tenancy /tenənsi/ *s* **1** vuokrasuhde **2** vuokra-aika
tenant /tenənt/ *s* vuokralainen
Ten Commandments *s* (Vanhan testamentin) kymmenen käskyä
tend /tend/ *v* **1** olla taipumusta johonkin, pyrkiä tapahtumaan *people tend to become lazy when they are on vacation* ihmisillä on taipumusta laiskistua lomalla ollessaan **2** huolehtia jostakusta/jostakin, pitää huoli, hoitaa *to tend sheep* paimentaa lampaita
tendency /tendənsi/ *s* **1** suunta; kallistus **2** (kuv) pyrkimys, taipumus, suunta
tender /tendər/ *s* **1** huolehtija, hoitaja, kaitsija **2** (rautateillä) tenderi **3** apulaiva **4** *legal tender* laillinen maksuväline *v* antaa, esittää, tarjota *adj* **1** pehmeä, hellä, herkkä **2** heikko, heiveröinen **3** nuori *he left home at the tender age of eight* hän lähti kotoa jo kahdeksan vanhana **4** kipuherkkä, herkä, arka
tendon /tendən/ *s* jänne
tenement /tenəmənt/ *s* (slummialueella) vuokra(kerros)talo
tenement house ks tenement
Tenerife /ˌtenə'rif/ Tenerife, Teneriffa
tenfold /'tenˌfoəld/ *adj* kymmenkertainen
Tenn. *Tennessee*
Tennessee /ˌtenə'si/ Yhdysvaltain osavaltioita
tennis /tenəs/ *s* tennis
tennis ball *s* tennispallo
tennis court *s* tenniskenttä
tennis elbow *s* (lääk) tenniskyynärpää

tennis racket *s* tennismaila
tennis shoe *s* tenniskenkä
tenor /tenər/ *s* **1** (keskeinen, pää)ajatus, juoni, punainen lanka **2** (mus) tenori (ääni, laulaja)
adj (mus) tenori-
tense /tens/ *v* (myös kuv) jännittää, jännittyä, kiristää, kiristyä, pingottaa, pingottua
adj (myös kuv) kireä, jännittynyt, pingottunut, pingotettu, tiukka
tensely *adv* ks tense
tension /tenʃən/ *s* **1** (myös kuv) jännitys, jännittäminen *muscle tension* lihasjännitys *the tension of the political situation* poliittisen tilanteen jännittyneisyys/kireys **2** (sähkö)jännite
tent /tent/ *s* teltta
v telttailla, leiriytyä, asua/nukkua teltassa
tentacle /tentəkəl/ *s* (eläimen) lonkero
tentative /tentətɪv/ *adj* **1** alustava, väliaikainen **2** epäröivä, varovainen
tentatively *adv* **1** alustavasti, väliaikaisesti **2** epäröivästi, epäröiden, varovaisesti
tenterhooks /ˈtentərˌhʊks/ *to be on tenterhooks* olla kuin tulisilla hiilillä
tenth /tenθ/ *s, adj* kymmenes
tenuous /tenjʊəs/ *adj* **1** (lanka) ohut **2** (kuv) epävarma, heikko, heiveröinen
tenuously *adv* (kuv) epävarmasti, heikosti, heiveröisesti
tenuousness *s* **1** ohuus **2** (kuv) epävarmuus, heikkous, heiveröisyys
tenure /tenjər/ *s* **1** (lähinnä) vakinainen virka *do you have tenure?* onko sinulla vakinainen virka **2** virkakausi, kausi, jakso *during his tenure* hänen virassa ollessaan
v antaa jollekulle vakinainen virka, vakinaistaa virka
tepee /tipi/ *s* tiipii, intiaaniteltta
tepid /tepəd/ *adj* **1** haalea, kädenlämpöinen **2** (kuv) laimea, vaisu
tepidity /təˈpɪdəti/ *s* **1** (lämmöstä) haaleus **2** (kuv) laimeus *the tepidity of their response* heidän vaisu/innoton reaktionsa
term /tərm/ *s* **1** jakso, kausi, kesto *in the long/short term* pitkällä/lyhyellä aikavälillä **2** lukukausi **3** termi, (ammatti)sana *in terms of money, she got little* hän ei saanut juuri lainkaan rahaa **4** (mon) ehdot *let's do it on my terms* tehdään se minun ehdoillani *to bring to terms* pakottaa suostumaan/alistumaan *to come to terms* päästä sopimukseen; (kuv) alistua, nöyrtyä (esim kohtaloonsa) **5** (mon) välit *she is on good terms with almost everybody* hän on hyvissä väleissä lähes kaikkien kanssa
v nimetä, nimittää, kutsua joksikin
terminal /tərmənəl/ *adj* **1** viimeinen, loppu-, (asema) pääte- **2** (sairaus) terminaalinen, kuolemaan johtava, parantumaton **3** (kuv) toivoton **4** määräaikainen, määräajoin tapahtuva, termiini-
terminally *adv* ks terminal
terminate /ˈtərməˌneɪt/ *v* **1** päättää, päättyä, lopettaa, loppua **2** (sopimus) sanoa irti **3** (työntekijä) erottaa
termination /ˌtərməˈneɪʃən/ *s* **1** päättäminen, päättyminen, lopetus **2** (sopimuksen) irtisanominen
terminology /ˌtərmɪˈnalədʒi/ *s* termistö, termit
terminus /tərmənəs/ *s* (mon terminuses, termini) **1** loppu, pää **2** päämäärä, tavoite **3** pääteasema
termite /tərmaɪt/ *s* termiitti
term paper *s* (koulussa, yliopistossa ym) seminaarityö, (pieni) tutkielma, (pitkä) aine
tern /tərn/ *s* tiira
terr. *territory*
terrace /terəs/ *s* **1** terassi, penger **2** kattotasanne, parveke, terassi **3** porrasteinen rivitalo/talorivi **4** katu (jonka varrella on porrasteisia rivitaloja/talorivejä)
v pengertää, porrastaa
terra firma /ˌterəˈfərmə/ *latinasta* terra firma, kiinteä maa; kuiva maa, manner *we're back on terra firma again* (kuv) olemme jälleen tutuilla vesillä
terrain /təˈreɪn/ *s* maasto *this is familiar terrain to him* (kuv) tämä on hänelle tuttua asiaa
terra incognita /ˌterəˌɪnkagˈnitə/

latinasta terra incognita, tuntematon maa/alue/ala, vieras asia
terrestrial /tə'restʃriəl/ *adj* **1** maapalloa koskeva, maapallon **2** (kuivaa) maata koskeva, maa-
terrible /terəbəl/ *adj* hirvittävä, kamala
terribly *adv* hirvittävästi, hirvittävän, kamalasti, kamalan *she was terribly embarassed* häntä nolotti valtavasti
terrier /terɪər/ *s* terrieri
terrific /tə'rɪfɪk/ *adj* **1** valtava, suunnaton **2** mahtava, loistava **3** hirvittävä, kammottava
terrifically *adv* ks terrific
terrify /'terəˌfaɪ/ *v* hirvittää, kammottaa, pelästyttää, pelottaa
territorial /ˌterə'tɔriəl/ **1** *adj* alueellinen **2** (eläin) reviiri-
territory /'terəˌtɔri/ *s* **1** alue **2** territorio **3** (eläimen) reviiri
terror /terər/ *s* **1** kauhu **2** hirmuvalta, terrori **3** terrorismi
terrorism /terərɪzəm/ *s* terrorismi
terrorist /terərɪst/ *s* terroristi
adj terroristi-
terrorize /'terəˌraɪz/ *v* **1** kauhistuttaa **2** terrorisoida
terror-stricken /'terərˌstrɪkən/ *adj* kauhistunut; pakokauhun valtaama
terse /tərs/ *adj* **1** lyhyt, ytimekäs **2** tyly, ynseä
tersely *adv* **1** lyhyesti, ytimekkäästi **2** tylysti, ynseästi
terseness *s* **1** lyhyys, ytimekkyys **2** tylyys, ynseys
TESL *teaching English as a second language*
TESOL *teaching English to speakers of other languages*
test /test/ *s* **1** (kelpoisuus)koe, tutkimus, testi *to put something to test* kokeilla, testata **2** tentti, koe
v testata, kokeilla, tutkia
testament /testəmənt/ *s* testamentti
testator /testeɪtər tə'stetər/ *s* testamenttaaja, testamentin tekijä
testatrix /tə'steɪtrɪks/ *s* (naispuolinen) testamenttaaja, testamentin tekijä
test blank *s* (täyttämätön) koelomake, koepaperi
test case *s* ennakkotapaus
testee /tes'ti/ *s* kokelas
tester *s* kuulustelija, tentaattori
testes /testiz/ ks testis
test flight *s* koelento
test-fly *v* koelentää, lentää kokeeksi
testicle /testɪkəl/ *s* kives
testify /'testəˌfaɪ/ *v* todistaa (esim oikeudessa) *to testify under oath* todistaa valaehtoisesti
testimonial /ˌtestə'moʊniəl/ *s* **1** suositus **2** (tunnustuksen osoitus) lahja
testimony /'testəˌmoʊni/ *s* (todistajan)lausunto
testis /testəs/ *s* (mon testes) kives
testosterone /tes'tastəˌroʊn/ *s* testosteroni, kiveshormoni
test pattern *s* (television) testikuva
test pilot *s* koelentäjä
test tube *s* koeputki
test-tube baby *s* koeputkilapsi
tetanus /tetənəs/ *s* (lääk) jäykkäkouristus *tetanus shot* jäykkäkouristusrokotus, tetantusrokotus
tâte-à-tête /ˌteɪtə'teɪt/ *s* (mon tête-à-têtes) kahdenkeskinen keskustelu *we had a little tête-à-tête after the meeting* me juttelimme kokouksen jälkeen kahden kesken
adj kahdenkeskinen
tether /teðər/ *s* lieka, köysi *he is at the end on his tether* häneltä on voimat/kärsivällisyys lopussa
v sitoa/panna liekaan
Tex. *Texas*
Texan /teksan/ *s* texasilainen/teksasilainen, Texasin asukas *adj* texasilainen
Texas /teksəs/ Texas, Teksas
Tex-Mex /ˌteks'meks/ *adj* teksasilaismeksikolainen, eteläisen Teksasin meksikolaisia vaikutteita sisältävä
text /tekst/ *s* **1** teksti, kirjoitus **2** oppikirja
textbook /'tekstˌbʊk/ *s* oppikirja
adj tyypillinen *textbook example* kouluesimerkki, tyypillinen esimerkki
textile /tekstaɪəl/ *s, adj* tekstiili(-)
textual /tekstʃʊəl/ *adj* teksti-
texture /tekstʃər/ *s* **1** pintarakenne, pinta *the handle has a smooth texture*

jostakin, ei pitää jotakin minään **2** ei arvostaa jotakuta, ei pitää jotakuta minään
think of *v* **1** keksiä, muistaa *she could not think of anything appropriate to say* hän ei keksinyt sopivaa sanottavaa **2** olla jotakin mieltä jostakusta/jostakin *what do you think of my new hat?* mitä tuumit/pidät uudesta hatustani? **3** ajatella, miettiä
think out *v* **1** ratkaista, pohtia loppuun saakka **2** keksiä, kehittää, laatia (suunnitelma)
think the world of *Warren thinks the world of her* Warren ihailee häntä kovasti/pitää hänestä kovasti
think through *v* ratkaista, pohtia loppuun saakka
think twice *fr* miettiä kahdesti (ennen kuin *before*)
think up *v* keksiä
thinner *s* ohennusaine, ohenne
thinnish *adj* ohuehko, ohuenlainen
thin off *v* ohentaa, ohentua, harventaa, harventua
thin out *v* ohentaa, ohentua, harventaa, harventua
third /θərd/ *s, adj* kolmas
third-class *adj* (esim posti) kolmannen luokan (myös kuv:) huono, surkea
third degree *to give someone the third degree* pistää joku koville, kuulustella jotakuta armottomasti
third party *s* ulkopuolinen
Third Reich /θərd'raɪk/ *s* (natsi-Saksa) kolmas valtakunta
Third World *s* kolmas maailma
thirst /θərst/ *s* jano (myös kuv) *v* **1** jotakuta janottaa, olla jano **2** (kuv) janota, haluta, kaivata *he was thirsting for adventure* (myös) hän odotti malttamattomana seikkailuita
thirstily *adv* **1** janoisesti **2** (kuv) halukkaasti, innokkaasti
thirsty *adj* **1** janoinen *he was thirsty for news from home* hän janosi uutisia kotipuolesta **2** (maa) kuiva, janoinen
thirteen /θər'tin/ *s, adj* kolmetoista
thirteenth /θər'tinθ/ *s, adj* kolmastoista
thirtieth /θərtiəθ/ *s, adj* kolmaskymmenes
thirty /θərti/ *s, adj* kolmekymmentä *he is in his thirties* hän on kolmissakymmenissä (30-39-vuotias) *they live in the thirties* he asuvat 30. ja 39. kadun välillä *back in the thirties* muinoin 30-luvulla
thirtysomething /'θərti͵sʌmθiŋ/ *adj* (iältään) kolkyt ja risat
this /ðɪs/ *adj, pron* (mon these) **1** tämä *this orange* tämä appelsiini *take this* ota tämä **2** eräs, muuan *well, there was this guy standing at the door* joku tyyppi seisoi ovella **3** *with this, she left* sen sanottuaan/jälkeen hän lähti
thistle /θɪsəl/ *s* **1** ohdake **2** karhiainen
Thomson's gazelle /͵tamsənzgə'zeəl/ *s* thomsoningaselli
thong /θaŋ/ *s* **1** nahkaremmi **2** ruoska, piiska
thorn /θɔrn/ *s* (myös kuv) oka, piikki
thorn in your flesh/side *fr* piikki jonkun lihassa
thorny *adj* **1** okainen, piikikäs **2** (kuv) okainen, visainen, hankala, vaikea
thorough /θəroʊ/ *adj* **1** perusteellinen, perinpohjainen, läpikotainen, huolellinen, tarkka **2** täydellinen, suunnaton
thoroughbred /'θəroʊ͵bred/ *s, adj* täysiverinen (hevonen)
thoroughfare /'θəroʊ͵feər/ *s* **1** läpikulkutie, kauttakulkutie *no thoroughfare* läpikulku kielletty **2** valtatie, (tärkeä) maantie **3** kulkuväylä
thoroughgoing /͵θəroʊ'goʊiŋ/ *adj* **1** perusteellinen, perinpohjainen, läpikotainen, huolellinen, tarkka **2** täydellinen *he is a thoroughgoing crook* hän on konna kiireestä kantapäähän
thoroughly *adv* **1** perusteellisesti, perinpohjaisesti, läpikotaisin, huolellisesti, tarkasti **2** täydellisesti, suunnattomasti, läpeensä *we enjoyed ourselves thoroughly* meillä oli suunnattoman hauskaa *he is a thoroughly despicable person* hän on läpeensä iljettävä mies
thoroughness *s* perusteellisuus, huolellisuus, laajuus, kattavuus
those /ðoʊz/ ks that
thou /ðaʊ/ *pron* (vanhentunut) sinä

thou /θaʊ/ *s* (sl) tuhat dollaria
though /ðoʊ/ *konj* **1** (sama kuin *although*) vaikka *he did not make the team though he tried hard* hän ei päässyt joukkueeseen vaikka yritti kovasti **2** *as though* ikään kuin *I feel as though I have never been on vacation* minusta tuntuu siltä kuin en olisi koskaan käynyt lomalla
thought /θat/ *s* **1** ajattelu **2** ajatus *now there's a thought* siinäpä vasta/hyvä idea! **3** hiukkanen *it's a thought too warm for me* sää on hieman liian lämmin minun makuuni
v ks think
thoughtful *adj* **1** huomaavainen, avulias **2** syvällinen **3** mietteliäs **4** *to be thoughtful of something* varoa jotakin, pitää huoli jostakin
thoughtfully *adv* **1** huomaavaisesti **2** syvällisesti **3** mietteliäästi
thoughtfulness *s* **1** huomaavaisuus, avuliaisuus **2** syvällisyys **3** mietteliäisyys
thoughtless *adj* **1** ajattelematon, harkitsematon **2** pinnallinen **3** *to be thoughtless of something* laiminlyödä jotakin, ei pitää huolta jostakin
thoughtlessly *adv* **1** ajattelemattomasti, harkitsemattomasti **2** huomaamattaan, vahingossa, epähuomiossa
thoughtlessness *s* **1** ajattelemattomuus **2** pinnallisuus
thousand /θaʊzənd/ *s, adj* tuhat
Thousand Island dressing *s* Thousand Island -salaatinkastike
thousandth /θaʊzənθ/ *s, adj* tuhannes
Thrace /θreɪs/ Traakia
thrash /θræʃ/ *s* **1** pieksentä, selkäsauna **2** *(thresh)* puiminen
v **1** piestä, piiskata, peitota **2** (voittaa) hakata, peitota **3** piehtaroida, rimpuilla **4** *(thresh)* puida
thrashing *s* pieksentä, selkäsauna
thrash out *v* puhua selväksi; piestä suutaan jostakin
thrash over *v* puhua selväksi; piestä suutaan jostakin
thread /θred/ *s* **1** lanka **2** (kuv) punainen lanka, juoni
v **1** pujottaa (lanka) neulaan/(helmiä) lankaan **2** sujuttaa, sujuttautua, ujuttaa, ujuttautua, pujotella, kiemurrella, mutkitella
threadbare /'θred,beər/ *adj* **1** nukkavieru, nuhruinen, nuhraantunut; ryysyinen **2** kehno, surkea, onneton
threat /θret/ *s* uhka, vaara
threaten *v* **1** uhata, uhkailla **2** uhata, olla vähällä tapahtua
threatened species *s* (mon threatened species) uhanalainen (eläin/kasvi)laji
threatening *adj* uhkaava, vaarallinen, pahaenteinen
threateningly *adv* uhkaavasti, uhkaavan *the truck tilted threateningly* auto kallistui uhkaavasti/vaarallisesti
three /θri/ *s, adj* kolme
3-D /,θri'di/ *three-dimensional* kolmiulotteinen
three-decker /,θri'dekər/ *s* kolmikerroksinen voileipä
three-dimensional /,θridə'menʃənəl/ *adj* kolmiulotteinen
threefold /'θri,foəld/ *adj* kolminkertainen
adv kolminkertaisesti
three-ring circus *s* (kuv) myllerrys, sekasorto
three's a crowd *fr* kolme (ihmistä) on liikaa
three sheets in the wind *fr* (sl) kännissä, päissään, humalassa
threesome /θrisəm/ *s* kolmikko
three-wheeler /,θri'wilər/ *s* kolmipyörä
thresh /θreʃ/ *v* **1** puida (viljaa) **2** piestä, hakata, peitota
thresher *s* puija
threshing machine *s* puimuri
threshold /θreʃoəld/ *s* kynnys (myös kuv) *we're on the threshold of a new age* olemme uuden aikakauden kynnyksellä/ovella
thresh out *v* puhua selväksi; piestä suutaan jostakin
thresh over *v* puhua selväksi; piestä suutaan jostakin
threw /θru/ ks throw

thrice /θraɪs/ *adv* (vanhentunut) kolmesti
thrift /θrɪft/ *s* **1** säästäväisyys **2** säästöpankki
thriftily *adv* **1** säästäväisesti **2** kukoistavasti
thriftless *adj* tuhlaileva, tuhlaavainen
thriftshop /'θrɪftˌʃap/ *s* vanhan tavaran kauppa
thrifty *adj* **1** säästäväinen **2** menestyvä, kukoistava
thrill /θrɪl/ *s* **1** innostus, kiihtymys, jännitys **2** värinä
v **1** innostaa, saada kiihtymään/syttymään/jännittämään *she was thrilled to bits to see him* hän oli haltioissaan/suunniltaan innostuksesta nähdessään hänet **2** väristä
thriller *s* trilleri, jännäri
thrilling *adj* **1** innostava, jännittävä, sytyttävä **2** värisevä
thrive /θraɪv/ *v* thrived/throve, thrived/throve: kukoistaa, menestyä, (lapsi) kasvaa nopeasti
throat /θroʊt/ *s* **1** (anatomiassa) kurkku *to cut your own throat* (kuv) satuttaa (vain) itseään, tehdä itselleen vahinkoa *to jump down someone's throat* (ark) ruveta haukkumaan jotakuta *the problem is a lump in his throat* ongelma kuroo hänen kurkkuaan, ongelma vaivaa häntä *she tried to ram the idea down my throat* (ark) hän yritti pakottaa minut hyväksymään ehdotuksen *the words stuck in his throat* sanat takertuivat hänen kurkkuunsa **2** (esineen) kurkku, kaula, nielu
throat microphone *s* kaulamikrofoni
throb /θrab/ *s* tykytys, syke; värinä
v tykyttää, sykkiä (tavallista nopeammin); väristä
throes /θroʊz/ *s* (mon) huiske, tuoksina, hyörinä *to be in the throes of a disease* olla sairauden kourissa *in the throes of a battle* taistelu tuoksinassa/tuokseessa
throne /θroʊn/ *s* valtaistuin (myös kuv:) *to come to the throne* nousta valtaistuimelle/valtaan
throng /θraŋ/ *s* tungos, väkijoukko
v tungeksia, ahtautua jonnekin
throttle /θratəl/ *s* **1** (tekn) kuristusläppä, kuristin *at full throttle* (kuv) nasta laudassa, täyttä häkää/vauhtia, kaasu pohjassa **2** kuristusvipu, (autossa) kaasupoljin
v **1** kuristaa, tukahduttaa (myös kuv) **2** (tekn) kuristaa, (ark autossa ym) vähentää kaasua
throttle back *v* (autossa ym) vähentää kaasua
throttle lever *s* (tekn) kuristusvipu, (autossa) kaasupoljin
throttle valve *s* (tekn) kuristusläppä, kuristin
through /θru/ *adj* **1** valmis *I'm not through with the book yet* en ole vielä lukenut kirjaa (kokonaan) **2** *to be through with someone/something* olla saanut tarpekseen jostakusta/jostakin, olla pannut välinsä poikki johonkuhun/johonkin **3** (lento ym) suora, (tie) läpikulku- *a through bus to Phoenix* suoraan Phoenixiin menevä bussi **4** *she is through as a dancer* hän on mennyttä tanssijana, hän on entinen (ark) tanssija
adv **1** läpi, lävitse, kautta **2** saakka *the bus goes through to Des Moines* linja-auto menee Des Moinesiin saakka
prep **1** läpi, lävitse, kautta *I can see through the curtains* näen verhojen läpi **2** (ajasta) läpi, kautta, (koko) ajan *through the years, she became less tense* hän alkoi vuosien mittaan rentoutua *he'll be in town through Thursday* hän on kaupungissa torstai-iltaan **3** keinosta, välineestä: *the accident happened through no fault of mine* onnettomuus ei ollut minun syytäni
through and through *adv* läpeensä, läpikotaisin, alusta loppuun, kiireestä kantapäähän
throughout /ˌθru'aʊt/ *adv, prep* **1** kaikkialla, kaikkialta, kaikkialle, läpeensä, läpikotaisin **2** koko ajan, alusta loppuun
through thick and thin *fr* myötä- ja vastoinkäymisissä, niin hyvinä kuin huonoina aikoina
throw /θroʊ/ *s* **1** heitto *the tavern is only a stone's throw from here* kapakka on

vain kivenheiton päässä täältä
2 (ark) yritys **3** *the books are a dollar a throw* (ark) kirjat maksavat dollarin kappale
v threw, thrown **1** heittää **2** funktioverbinä: *to throw a shadow* jättää varjo *to throw light* valaista (myös kuv) *to throw a glance* vilkaista *to throw a party* pitää kemut, järjestää juhlat **3** (ark) yllättää, hämmästyttää, järkyttää, hämätä

throw at 1 *to throw yourself at someone('s head)* yrittää saada joku kiinnostumaan itsestään (romanttisesti) **2** *to throw yourself at someone's feet* polvistua jonkun jalkojen eteen, nöyristellä, mielistellä; ihastella, olla haltioissaan

throw away *v* **1** heittää pois/menemään **2** tuhlata, panna menemään **3** päästää sivu suun, jättää käyttämättä

throwaway /ˈθroʊəˌweɪ/ *s, adj* kertakäyttöinen (tavara)

throw back *v* **1** viivyttää, hidastaa **2** olla peräisin/periytyä jostakin/joltakulta

throwback /ˈθroʊˌbæk/ *s* takaisku, vastoinkäyminen

throw caution to the winds *fr* unohtaa varovaisuutensa, heittäytyä (uhka)rohkeaksi

throw cold water on *fr* lyödä lyttyyn, vähätellä, hillitä (innostusta)

throw down the gauntlet *fr* **1** haastaa (taisteluun) **2** uhmata

throw down the glove *fr* **1** haastaa (taisteluun) **2** uhmata

throw for a loss *fr* (ark) yllättää, järkyttää, saattaa pois tolaltaan

throw in *v* (ark) **1** antaa kaupantekiäisiksi, antaa ilmaiseksi **2** ottaa puheeksi, mainita kesken keskustelun, heittää väliin

throw in someone's teeth *fr* syyttää jotakuta jostakin, panna jokin jonkun syyksi

throw in the sponge *fr* (ark) antaa periksi, luovuttaa

throw in the towel *fr* (ark) antautua, antaa periksi, myöntää tappio

throw into *to throw yourself into* ryhtyä innoissaan/antaumuksella johonkin

throw in your lot with *fr* koettaa onneaan jonkun kanssa

thrown /θroʊn/ ks throw

throw off *v* **1** riisua (yltään/päältään) **2** karistaa kannoiltaan, eksyttää, harhauttaa (myös kuv:) hämätä, sekoittaa **3** *to throw off a smell* haista **4** (vitsi) kertoa, letkauttaa, (tekstiä) suoltaa, kyhätä

throw off the scent *fr* karistaa kannoiltaan, harhauttaa, eksyttää

throw on *to throw yourself on someone* turvautua johonkuhun, ruveta jonkun vaivaksi/riesaksi

throw open *v* avata/aueta yhtäkkiä

throw out *v* **1** heittää menemään/pois/ulos, ajaa ulos, erottaa **2** ottaa esille/puheeksi, ehdottaa **3** unohtaa, jättää mielestä

throw out of gear *fr* **1** kytkeä/pistää (auto) vapaalle **2** (kuv) sotkea (suunnitelma), järkyttää, panna sekaisin

throw out the baby with the bathwater *fr* (kuv) heittää lapsi pois pesuveden mukana, hylätä (tyhmästi) pienen puutteen vuoksi

throw over *v* hylätä, jättää (puoliso ym), vaihtaa joku johonkin (esim miesystävä/naisystävä toiseen)

throw someone for a loop *fr* saada joku ällistymään/haukkomaan henkeään

throw the bull *fr* jutella (niitä näitä), rupatella

throw to the wolves *fr* (kuv) heittää suden kitaan, jättää pulaan

throw up *v* **1** luopua, luovuttaa, antaa periksi **2** kyhätä kiireesti kokoon, tehdä äkkiä **3** oksentaa **4** arvostella, moittia, haukkua

throw up your hands *fr* antaa periksi, luovuttaa

throw up your hands in horror *fr* järkyttyä, kauhistua

throw your hat in the ring *fr* antaa periksi, luopua leikistä

thru /θru/ ks through

thrust /θrʌst/ *s* **1** survaisu, sohaisu, sysäys, isku, työntö **2** (suihku/rakettimoottorin) työntövoima **3** ydin, pää-

tighten the purse strings *fr* kiristää rakakukkaron nyörejä, kiristää vyötä
tight-fisted /ˌtaɪt'fɪstəd/ *adj* kitsas, saita, nuuka (ark)
tightfitting /ˌtaɪt'fɪtiŋ/ *adj* (vaate) kireä, tiukka, piukka
tight-lipped /ˌtaɪt'lɪpt/ *adj* vähäpuheinen, harvasanainen
tightly *adv* ks tight
tightness *s* **1** kireys, tiukkuus **2** (kuv) (tilanteen) kiperyys, hankaluus, vaikeus, (voiton) täpäryys, (kurin) ankaruus, (aikataulun) tiukkuus **3** tiiviys (myös kuv:) ytimekkyys **4** kitsaus, saituus, nuukuus
tightrope /'taɪtˌroʊp/ *s* (nuorallatanssijan) nuora, köysi, vaijeri
v **1** kävellä nuoraa pitkin, tasapainoilla **2** (kuv) kulkea/edetä varovasti, tasapainoilla
tights *s* (mon) trikoot; sukkahousut
tigress /taɪgrəs/ *s* naarastiikeri
'til /tɪl təl/ *prep, konj* asti, saakka, kunnes ks until
tile /taɪəl/ *s* (seinä-, lattia-, katto)laatta, (katto)tiili
v laatoittaa, päällystää laatoilla
till /tɪl/ *s* kassalaatikko, kassalipas, kassa
v viljellä (maata); kyntää
prep, konj asti, saakka, kunnes, ks until
tiller *s* **1** (maan)viljelijä **2** (veneessä) peräsinvarsi, peräsintanko
tilt /tɪlt/ *s* **1** kallistus, vinous **2** turnajaiset **3** isku, sohaisu **4** *at full tilt* täyttä vauhtia, täydessä vauhdissa **5** (elo- ja videokuvauksessa) tilttaus
v **1** kallistaa, kallistua **2** iskeä, sohaista (esim peitsellä) **4** (elo- ja videokuvauksessa) tiltata, kallistaa kameraa ylös tai alas
tilt at windmills *fr* (kuv) taistella tuulimyllyjä vastaan
timber /tɪmbər/ *s* **1** puutavara, sahatavara, puu **2** metsä **3** parru, lauta, palkki **4** (kuv) aines *of presidential timber* jossa on ainesta presidentiksi
timberjack /'tɪmbərˌdʒæk/ *s* metsuri
timberline /'tɪmbərˌlaɪn/ *s* (vuoristossa) puuraja
timber mill *s* saha(laitos)
timbre /tæmbər/ *s* (äänen) sointi, sointisävy, sointiväri
time /taɪm/ *s* **1** aika *time will tell if he is right* aika näyttää onko hän oikeassa *he has no time for his kids* hänellä ei ole aikaa olla lastensa kanssa *to do something in time* tehdä jotakin ajoissa *daylight-savings time* kesäaika *to gain time* voittaa/säästää aikaa *we finished the job ahead of time* saimme työn valmiiksi etuajassa/ennenaikaisesti/ennen määräaikaa *in good time* hyvissä ajoin, ennen määräaikaa; ajoissa, oikeaan aikaan *for the time being* toistaiseksi *from time to time* aika ajoin, toisinaan, silloin tällöin *to do something in no time* tehdä jotakin hetkessä/tuossa tuokiossa/alta aikayksikön (ark) *to keep time* ottaa aikaa *to kill time* tappaa aikaa *to do something on your own time* tehdä jotakin omalla ajallaan *to be on time* olla ajoissa *to buy on time* ostaa osamaksulla **2** (us mon) aikakausi, aika *in olden times* ennen vanhaan *to be behind the times* olla ajastaan jäljessä **3** kellonaika *what time is it?* paljonko kello on? **4** kerta *two times three is six* kaksi kertaa kolme on kuusi *how many times do I have to tell you?* kuinka monta kertaa sinua pitää käskeä?/sinulle pitää toistaa? *at one time* kerran; samanaikaisesti, yhtä aikaa *many a time* monesti, monta kertaa *at times* toisinaan, ajoittain, aika ajoin **5** (mus) tahti *to be out of time with* olla eri tahdissa kuin *in time* tahdissa **6** muita sanontoja *we had a good/bad time* meillä oli hauskaa/kurjaa *to race against time* kiirehtiä, pitää kiirettä *at the same time* kuitenkin, silti, siitä huolimatta; samaan aikaan *to make time* (yrittää) kuroa aikaero umpeen, kiirehtiä *to mark time* odottaa, viivytellä, keskeyttää toistaiseksi *to take your time* ei hätäillä/kiirehtiä, ei pitää kiirettä, tehdä rauhassa
v **1** ottaa aikaa, mitata aika **2** ajoittaa, valita ajankohdaksi/hetkeksi

time after time *fr* yhä uudestaan, kerta kerran jälkeen, aina vain, vaikka kuinka monta kertaa
time and again ks time and time again
time and a half *s* (puolitoistakertainen) ylityöpalkka
time and time again *fr* yhä uudestaan, vaikka kuinka monta kertaa
time bomb *s* aikapommi (myös kuv)
timecard /ˈtaɪmˌkard/ *s* kellokortti
time-consuming /ˈtaɪmkənˌsumiŋ/ *adj* aikaa vievä
time exposure *s* (valok) aikavalotus
time frame *s* pituus, kesto, aika
time immemorial /ˌtaɪmɪməˈmɔriəl/ *since time immemorial* ikimuistoisista ajoista saakka, iät (ja) ajat
time-lag /ˈtaɪmˌlæg/ *s* viivästys, viipymä
timeless *adj* **1** ikuinen **2** ajaton, pysyvä
timely *adj* ajankohtainen, otollinen *adv* oikeaan/otolliseen aikaan
time machine *s* aikakone
time of day *s* **1** kellonaika **2** *she wouldn't give me even the time of day* hän ei ollut huomaavinaankaan minua, hän ei välittänyt minusta lainkaan **3** *to pass the time of day* jutella, rupatella
time of life *fr* ikä *at my time of life* minun iässäni
time of your life *we had the time of our life* meillä oli valtavan hauskaa, meillä ei ole koskaan ollut niin hauskaa
time-out *s* **1** pysähdys, seisahdus, keskeytys, tauko **2** (urh) tauko, aikalisä
time out of mind *since time out of mind* ikimuistoisista ajoista saakka, iät (ja) ajat
timer *s* **1** ajanottaja **2** ajastin
timesaving /ˈtaɪmˌseɪviŋ/ *adj* aikaa säästävä
time-sharing /ˈtaɪmˌʃeriŋ/ *s* **1** (tietok) osituskäyttö **2** lomaosake
times sign *s* (mat) kertomerkki
timetable /ˈtaɪmˌteɪbəl/ *s* aikataulu
time-tested /ˈtaɪmˌtested/ *adj* koeteltu, hyväksi havaittu
time value *s* (tal) aika-arvo
time zone /ˈtaɪmˌzoʊn/ *s* aikavyöhyke
timid /tɪməd/ *adj* arka, ujo
timidity /təˈmɪdəti/ *s* arkuus, ujous
timidly *adv* arasti, ujosti
timing *s* ajoitus, tahdistus
tin /tɪn/ *s* **1** tina **2** pelti **3** (uuni)vuoka **3** (UK) säilyketölkki
v **1** tinata **2** (UK) säilöä tölkkeihin
tincture /tiŋktʃər/ *s* tinktuura
tin ear *s* joku jolla ei ole sävelkorvaa
tinfoil /ˈtɪnˌfoɪəl/ *s* alumiinifolio
tinge /tɪndʒ/ *s* **1** vähäinen väri, sävy **2** (kuv) vivahdus, tuulahdus, häivähdys, häive
v **1** värjätä hieman, sävyttää **2** antaa hieman (sivu)makua johonkin, maistua hieman
tingle /tiŋgəl/ *s* nipistely
v nipistellä, jotakuta nipistelee *my ears were tingling* korviani nipisteli
tingling *adj* jota/joka nipistelee, nipistelevä
tininess /taɪninəs/ *s* pienuus, vähäisyys, mitättömyys
tinker /tiŋkər/ *s* **1** kattilanpaikkaaja **2** (osaamaton) nikkaroija **3** (korjaajasta) tuhattaituri, joka paikan höylä
v **1** paikata kattiloita, olla kattilanpaikkaajana **2** häärätä jonkin kimpussa, nikkaroida (osaamattomasti), yrittää saada jotakin tehdyksi
Tinker Bell /ˈtiŋkərˌbeəl/ (Peter Panissa) Helinä-Keiju
tinkerer ks tinker
tinker's dam ks tinker's damn
tinker's damn *s* **1** *not worth a tinker's damn* ei minkään/penninkään arvoinen **2** *to not care/give a tinker's damn* viis veisata, ei välittää tuon taivaallista/tippaakaan
tinkle /tiŋkəl/ *s* kilinä
v **1** kilistä, kilisyttää **2** (lasten kieltä) pissata
tinnitus /tɪnətəs/ *s* korvien humina, tinnitus (lääk)
tint /tɪnt/ *s* **1** väri; värisävy, sävy **2** hiusväri(aine)
v värjätä, värittää, sävyttää

tiny /taɪni/ *adv* erittäin pieni, pienenpieni, vähäinen, mitätön

tip /tɪp/ *s* **1** kärki, pää *the tip of a pen/ finger* kynän kärki/sormenpää **2** (vuoren) huippu **3** juomaraha **4** (mahdollisesti salainen) vihje, neuvo **5** koputus, näpäytys, (kevyt) lyönti
v **1** kallistaa, kallistua **2** kaataa, kaatua **3** nostaa (hattua) **4** antaa juomarahaa **5** kopauttaa, näpäyttää, lyödä (kevyesti)

tip-off *s* (ark) (salainen) vihje, varoitus

tip off *v* **1** vihjaista, neuvoa, paljastaa (salaa) **2** varoittaa (esim rikollista)

tip of the tongue *the name is on the tip of my tongue* nimi on minulla aivan kielen päällä

tipple /tɪpəl/ *s* alkoholi; viina, väkevä
v (säännöllisesti) naukkailla, naukata

tipsy /tɪpsi/ *adj* joka on hiprakassa; (juopumuksesta) huojuva, epävakaa

tiptoe /'tɪp,toʊ/ *s on tiptoe* varpaisillaan, varpaillaan (myös kuv) varuillaan, jännittyneenä
v hiipiä/sipsuttaa varpaisillaan/varpaillaan

tiptop /,tɪp'tap/ *s* huippu (ark myös kuv)
adj huippu- (ark myös kuv:) tiptop-

tip the scales *fr* muuttaa tilanne *your vote tipped the scales in our favor* sinun äänesi käänsi tilanteen meidän eduksemme

tip the scales at *fr* painaa *she tips the scales at 110 pounds* hän painaa 50 kiloa

tip your hand *fr* paljastaa korttinsa/aikeensa/tunteensa

tirade /taɪ'reɪd/ *s* saarna (kuv)

tire /taɪər/ *s* (esim auton) rengas
v **1** varustaa renkailla **2** väsyttää, väsyä, uuvuttaa, uupua *he tires easily* hän väsyy helposti

tire chain *s* lumiketju(t)

tired *adj* **1** väsynyt **2** *tired of* kyllästynyt johonkin, väsynyt johonkin **3** pitkäveteinen, kyllästyttävä, tylsä, innoton *tired joke* tylsä/vanha vitsi **4** (ark) kyllästynyt, ärtynyt

tireless *adj* väsymätön, uupumaton; kyltymätön

tirelessly *adv* väsymättä, väsymättömästi, uupumatta; kyltymättä

tiresome /taɪərsəm/ *adj* **1** väsyttävä, uuvuttava; tylsä, pitkäveteinen **2** kyllästyttävä, tympeä, vastenmielinen, ärsyttävä

tissue /tɪʃu/ *s* **1** (lääk ym) kudos **2** silkkipaperi **3** paperinenäliina; paperipyyhe; wc-paperi **4** (kuv) kudos

tissue culture *s* kudosviljelmä

tissue paper *s* silkkipaperi

tissue typing *s* kudostyypitys

tit /tɪt/ *s* **1** tiainen **2** nänni **3** (sl) tissi

Titan /taɪtən/ Titan, eräs Saturnuksen kuu

tit for tat *fr* (antaa takaisin) samalla mitalla, silmä silmästä

tithe /taɪð/ *s* kymmenys
v maksaa kymmenykset

title /taɪtəl/ *s* **1** (kirjan, näytelmän, elokuvan ym) nimi **2** (luvun ym) otsikko **3** (kirjan) nimilehti, nimiölehti, tittelilehti **4** (mon) (elokuvan) alku/lopputekstit; käännöstekstit, tekstitys **5** arvonimi, titteli **6** (laki) omistusoikeus **7** (laki) omistusoikeuskirja, omistuskirja
v nimittää, panna/antaa nimeksi, panna otsikoksi

title deed *s* (lak) omistusoikeuskirja, omistuskirja

title page *s* (kirjan) nimilehti, nimiölehti, tittelilehti

title role *s* (näytelmän, oopperan, elokuvan nimihenkilön osa) nimiosa

titmouse /'tɪt,maʊs/ *s* tiainen

tits and ass /,tɪtsən'æs/ *fr* (sl) (naisten) paljas pinta

TKO *techinical knockout* tekninen tyrmäys

TM *trademark* tavaramerkki *transcendental meditation* transsendentaalinen mietiskely

TN *Tennessee*

TNT /,tien'ti/ *s* (räjähdysaine) TNT, trinitrotolueeni

to /tu/ *prep* **1** jonnekin: *come to me* tule luokseni *he went to the door* hän meni ovelle *she moved to Sweden* hän muutti Ruotsiin **2** jollekulle, jollekin: *give the pen to her* anna kynä hänelle *she was*

very good to me hän kohteli minua oikein hyvin, hän oli minulle oikein ystävällinen **3** saakka *to this very day* tähän päivään saakka/asti *fifty to a hundred dollars* 50-100 dollaria **4** genetiivisesti: *the antenna to the radio* radion antenni **5** vertailussa: *you're comparing robots to humans* nyt vertaat robotteja ihmisiin *the game ended five to three* ottelu päättyi 5-3 *he prefers walking to jogging* hän kävelee mieluummin kuin hölkkää **6** kohden: *25 miles to the gallon* 25 mailia gallonalla (10 l/100 km)
partikkeli **1** verbin infinitiivin yhteydessä tai asemesta *she wants to go* hän haluaa lähteä *she has to go but does not want to* hänen täytyy lähteä mutta hän ei halua (lähteä) **2** tarkoituksesta, päämäärästä *he came to help* hän tuli auttamaan

TOA *time of arrival* tuloaika

toad /toʊd/ *s* **1** konna **2** (kuv) rupikonna, iljettävä ihminen/tyyppi

toadstool /'toʊd,stuəl/ *s* **1** sieni **2** myrkkysieni

toady /toʊdi/ *s* imartelija, hännystelijä, makeilija
v imarrella, hännystellä, makeilla, mielistellä jotakuta

to-and-fro /,tuən'froʊ/ *adj* edestakainen
adv edestakaisin

toast /toʊst/ *s* **1** paahtoleipä **2** malja *let me propose a toast to our dear friend Dr. Goldfarb* saanen ehdottaa maljaa hyvän ystävämme tri Goldbarbin kunniaksi **3** maljapuhe **4** merkkikenkilö, juhlittava henkilö
v **1** paahtaa (leipää) **2** juoda/esittää/kohottaa malja (jonkun kunniaksi/terveydeksi/menestykseksi)

toaster /toʊstər/ *s* **1** leivänpaahdin **2** maljan ehdottaja; maljapuheen pitäjä; maljan juoja

toast of the town *he's the toast of the town* hän on koko kaupungin ylpeys, koko kaupunki juhlii häntä

to a turn *fr* täydellisesti, juuri niin kuin pitää

tobacco /tə'bækoʊ/ *s* (mon tobaccos, tobaccoes) tupakka (kasvi, lehdet)

tobacconist /tə'bækənɪst/ *s* tupakkakaupan pitäjä, tupakkakauppias

toboggan /tə'bagən/ *s* eräänlainen (ohjas-)kelkka
v kelkkailla, laskea kelkalla

tobogganer *s* kelkkailija

tobogganist *s* kelkkailija

today /tə'deɪ/ *s* tämä päivä (myös kuv:) nykyaika
adv **1** tänään **2** nykyisin
adj (ark) tämän päivän, tämänhetkinen

toddle /tadəl/ *v* (lapsi) taapertaa

toddler *s* leikki-ikäinen (lapsi)

to-do /tə'du/ *s* (ark) häly, melu, (iso/hirveä) numero

toe /toʊ/ *s* varvas *to be on your toes* olla varpaillaan/varpaisillaan/ varovainen *to step/tread on someone's toes* (kuv) astua jonkun varpaille

TOEFL *Test of English as a Foreign Language*

toehold /'toʊ,hoəld/ *s* jalansija (myös kuv)

toe the line *fr* **1** totella, alistua, mukautua, noudattaa sääntöjä **2** hoitaa osuutensa

toffee /tafi/ *s* toffee

toffy *s* toffee

to fill someone's shoes astua jonkun tilalle

tofu /'toʊ,fu, ,toʊ'fu/ *s* (soijajuusto) tofu

together /tə'geðər/ *adv* **1** yhdessä, yhteen, koossa, kokoon *let's go there together* mennään sinne yhdessä *she put together a good dinner* hän kyhäsi kokoon hyvän illallisen *to keep/hold together* pysyä/pitää koossa **2** yhtä aikaa, samaan aikaan, yhdessä *say "hurrah" all together now* huutakaa kaikki yhtä aikaa "hurraa" **3** yhteensä *two and two together makes four* kaksi plus kaksi on neljä **4** yhtäjaksoisesti, peräkkäin, yhteen menoon *for weeks together* viikkokausia

togetherness *s* yhdessäolo; yhteenkuuluvuus

toil /tɔɪəl/ *s* uurastus, aherrus, raadanta
v uurastaa, ahertaa, raataa
toilet /tɔɪlət/ *s* **1** wc-istuin *to go down the toilet* (kuv) mennä mönkään/hukkaan **2** (huone) wc **3** kylpyhuone **4** peseytyminen, (kauneudenhoito) ja pukeutuminen **5** puku
toilet bowl *s* wc-kulho
toilet paper *s* wc-paperi
toiletry /tɔɪlətri/ *s* peseytymis/kauneudenhoitotarvikkeet
toilet tissue *s* wc-paperi
toilet training *s* (lasten) siisteyskasvatus
tokamak /'toʊkəˌmæk/ *s* (kokeellisia fuusioreaktoreita) tokamak
token /toʊkən/ *s* **1** merkki, tunnus, vertauskuva **2** osoitus, merkki jostakin **3** muisto, lahja *they gave him a plaque as a token of their appreciation* he antoivat hänelle muistolaatan osoitukseksi kiitollisuudestaan **4** rahake, poletti **5** *by the same token* lisäksi, sitä paitsi
v merkitä, symboloida, olla merkki/osoitus jostakin
adj näennäinen, nimellinen *they have a token black/woman on the board* johtokunnassa on muodon vuoksi mukana yksi musta/ nainen, johtokunnassa on kuten tapa vaatii myös yksi musta/nainen
Tokyo /'toʊkiˌoʊ/ Tokio
told /toəld/ ks tell
Toledo /tə'lidoʊ/ kaupunki Ohiossa
tolerable /talərəbəl/ *adj* siedettävä
tolerably *adv* siedettävästi, siedettävän
tolerance /talərəns/ *s* **1** suvaitsevaisuus, ennakkoluulottomuus, avarakatseisuus **2** sietokyky, sieto **3** (tekn) poikkeama, (ark) pelivara
tolerant /talərənt/ *adj* **1** suvaitsevainen, ennakkoluuloton, avarakatseinen **2** sietokykyinen
tolerantly *adv* suvaitsevaisesti, ennakkoluulottomasti
tolerate /'taləˌreɪt/ *v* sietää, suvaita; kestää
toleration /ˌtalə'reɪʃən/ *s* suvaitsevaisuus, ennakkoluulottomuus, avarakatseisuus
toll /tol/ *s* **1** tiemaksu; siltamaksu **2** (onnettomuuden ym) uhrien määrä; (kuv) hinta *even after the fire, the toll is still rising* uhreja löytyy lisää vielä tulipalon jälkeen *hard work took its toll and he became seriously ill* kova työ vaati hintansa ja hän sairastui vakavasti **3** kaukopuhelumaksu **4** (kellon) soitto, lyönti (myös äänestä)
v **1** kerätä (tie/silta)maksu **2** soittaa (kelloa), (kello) soida *for whom does the bell toll?* kenen (kuolin)hetki on tullut?, kenelle kellot soivat? **3** (kellosta) lyödä *the bell tolls three* kello lyö kolme **4** houkutella
tollbooth /'tolˌbuθ/ *s* tie/siltamaksun kerääjän koppi
toll bridge *s* maksullinen silta
toll call *s* kaukopuhelu
toll-free /ˌtol'fri/ *adj* (puhelu, silta) ilmainen, maksuton
tollgate /'tolˌgeɪt/ *s* tie/siltamaksun keräyspaikka
tollkeeper /'tolˌkipər/ *s* tie/siltamaksun kerääjä
toll road *s* maksullinen tie
tomahawk /'taməˌhak/ *s* (intiaanien sotakirves) tomahawk
tomato /tə'meɪtoʊ/ *s* (mon tomatoes) tomaatti
tomb /tum/ *s* hauta
v haudata
tomboy /'tamˌbɔɪ/ *s* poikatyttö
tombstone /'tumˌstoʊn/ *s* **1** hautakivi **2** (tal) hautakivi, lehti-ilmoitus josta käyvät ilmi luottojärjestelyssä mukana olleet osapuolet (kansainvälinen menettelytapa)
tomcat /'tamˌkæt/ *s* kollikissa
Tom, Dick, and Harry *every Tom, Dick, and Harry* joka iikka, kaikki, kuka tahansa
tomorrow /tə'maroʊ/ *s* huominen, huomispäivä (myös kuv:) tulevaisuus
adv **1** huomenna **2** tulevaisuudessa

ton /tʌn/ *s* **1** tonni (US 907 kg, UK 1016 kg) *metric ton* tonni (1000 kg) **2** (mon, ark) valtavasti, kasapäin
tone /toʊn/ *s* **1** ääni **2** sointi, äänensävy, äänenväri,äänenpaino **3** (mus) sävel **4** värisävy, sävy, vivahde **5** (lihasten ym kudosten) jänteys, paine, tonus **6** (kuv) tunnelma, sävy, ilmapiiri, henki *v* **1** soida, kuulua **2** sävyttää, värjätä, värjäytyä
tone arm *s* (levysoittimen) äänivarsi
tone color *s* äänenväri
tone control *s* (vahvistimen ym) äänenvärin säädin
tone-deaf *adj* jolla ei ole sävelkorvaa
tone dialing *s* (puhelimessa) äänitaajuusvalinta
tone down *v* pehmentää (väriä, sanojaan)
tone in with *v* sopia johonkin, sopia yhteen jonkin kanssa
toner /toʊnər/ *s* väriaine, värijauhe
tone up *v* voimistaa (väriä, lihaksia)
tone with *v* sopia johonkin, sopia yhteen jonkin kanssa
tongs /taŋz/ *s* (mon) pihdit *a pair of tongs* pihdit
tongue /tʌŋ/ *s* **1** (anatomiassa, ruuanlaitossa) kieli **2** (puhuttu) kieli *mother/ native tongue* äidinkieli **3** *speaking in tongues* kielilläpuhuminen **4** puhe *to find your tongue* saada puhelahjansa takaisin *to give tongue to something* ilmaista, sanoa ääneen jotakin *to hold your tongue* hillitä itsensä, pitää suunsa kiinni *to lose your tongue* menettää puhelahjansa *the name is on the tip of my tongue* nimi on minulla aivan kielen päällä (en muista sitä) *slip of the tongue* lipsahdus
tongue in cheek /ˌtʌŋɪnˈtʃik/ *she said it with her tongue in the cheek* hän sanoi sen leikillään/kiusallaan/ ivallisesti
tongue twister /ˈtʌŋˌtwɪstər/ *s* sana/lauseke joka on vaikea lausua
tonic /tanɪk/ *s* **1** vahvistava lääke/aine **2** piristävä asia **3** (mus) perussävel
tonic water *s* eräs kivennäisvesi
tonight /təˈnaɪt/ *s* tämä ilta/yö *adv* tänä iltana, ensi yönä
tonnage /tʌnədʒ/ *s* **1** (aluksen vetoisuus) tonnisto **2** (laivaston tonnimäärä) tonnisto
tonne /tʌn/ *s* tonni (1000 kg)
tonsillectomy /ˌtansəˈlektəmi/ *s* nielurisan poisto(leikkaus)
tonsillitis /ˌtansəˈlaɪtəs/ *s* nielurisan tulehdus
tonsils /tansəlz/ *s* (mon) nielurisat
too /tu/ *adv* **1** myös, lisäksi, -kin *I, too, want to go; I want to go too* minäkin haluan lähteä **2** liikaa, liian *too many* liian monta *too few* liian vähän, ei tarpeeksi *it's too bad* se on ikävä juttu/ harmin paikka **3** kielteisessä yhteydessä: *I wasn't too happy with your work* en ollut erityisen/kovin tyytyväinen työhösi *it happened none too soon* se ei tapahtunut yhtään liian aikaisin, oli korkea aika että niin kävi *Larry was none too happy about it* Larry ei ollut siitä erityisen mielissään **4** *she was only too happy to go* hän lähti erittäin mielellään, hän malttoi tuskin odottaa että pääsi lähtemään
took /tʊk/ ks take
tool /tuəl/ *s* **1** työkalu, väline **2** (kuv) keino, tie (johonkin, *for*), välikappale
tool up *v* valmistautua johonkin (hankkimalla koneita)
Toomai of the Elephants /tumaɪ/ (Kiplingin kertomuksessa) Norsu-Toomai
toon /tun/ *s* piirretty (sanasta *cartoon*)
tooth /tuθ/ *s* (mon teeth) **1** (ihmisen, eläimen) hammas *he was armed to the teeth* hän oli aseissa hampaita myöten *by the skin of your teeth* nipin napin, juuri ja juuri, (jokin on) hiuskarvan varassa *Gilbert cut his teeth on sales* Gilbert aloitti uransa myyntipuolella *in the teeth of something* (olla) jonkin kourissa/hampaissa *to put teeth into* terästää jotakin, lisätä jonkin tehokkuutta **2** (osa) hammas, sakara, väkä
toothache /ˈtuθˌeɪk/ *s* hammassärky
tooth and nail *to fight something tooth and nail* vastustaa jotakin kynsin hampain

kaikkiaan, kokonaan
totter /tatər/ *s* hoippuva kävely/askel; huojunta
v hoippua, huojua
tot up *v* laskea yhteen
Toucan /tukæn/ (tähdistö) Tukaani
touch /tʌtʃ/ *s* **1** kosketus (myös kuv) *it feels soft to the touch* se tuntuu (kosketettaessa) pehmeältä *this place needs a woman's touch* tämä paikka kaipaa naisen kosketusta **2** kosketusaisti **3** tuntu **4** osuminen, kosketus **5** taito, vaisto, vainu **6** (kuv) väre, kare, hiukkanen *a touch of a smile* hymyn kare **7** yhteys, kosketus *she hasn't kept in touch with her relatives* hän ei ole pitänyt yhteyttä sukulaisiinsa **8** silaus *finishing touches* loppusilaus, viimeinen silaus **9** *to put the touch on someone* (ark) yrittää lainata rahaa joltakulta
v **1** koskea, koskettaa **2** osua **3** naputtaa, koputtaa **4** olla yhteinen raja, koskettaa toisiaan **5** yltää, ylettyä (jollekin tasolle), olla samaa luokkaa **6** (kuv) liikuttaa (mieltä), koskea, koskettaa *to touch a nerve* osua/sattua arkaan paikkaan *the news touches all parents* uutinen koskettaa kaikkia vanhempia **7** (saada) käyttää, tehdä, päästä käsiksi *he hasn't touched alcohol since that day* hän ei ole siitä päivästä lähtien juonut tipan tippaa **8** (laiva) pysähtyä jossakin (satamassa)
touch and go *s* täpärä/tiukka/kiperä tilanne
touchdown /ˈtʌtʃˌdaʊn/ *s* **1** (amerikkalaisessa jalkapallossa) maali **2** laskeutuvan lentokoneen pyörien kosketus kenttään, laskeutuminen
touch-and-go *adj* **1** uskalias, vaarallinen **2** kiireinen, hätäinen
touché /tuˈʃeɪ/ *interj* **1** (miekkailussa) osuma! **2** (sanaharkassa) hyvin sanottu!, oikein!, nyt annoit/maksoit takaisin!
touchily *adv* ärtyneesti, kiukkuisesti, herkästi
touching *adj* liikuttava, koskettava, säälittävä
prep koskien, -sta/-stä
touchscreen /ˈtʌtʃˌskrin/ *s* (tietok) kosketusherkkä näyttö/monitori
touchstone /ˈtʌtʃˌstoʊn/ *s* koetinkivi (myös kuv:) mittapuu, mitta
touch-tone /ˈtʌtʃˌtoʊn/ *adj* (puhelin) äänitaajuusvalinnalla toimiva, näppäin-
touch-type /ˈtʌtʃˌtaɪp/ *v* kirjoittaa koneella kymmensormijärjestelmällä/sokkona
touch typing *s* (konekirjoituksen) kymmensormijärjestelmä, sokkokirjoittaminen
touch wood *fr* koputtaa puuta
touchy *adj* **1** (ihminen) herkkä, helposti ärtyvä/suuttuva, ärtynyt, kiukkuinen **2** (asia) arkaluonteinen, tulenarka, vaikea, herkkä, arka
tough /tʌf/ *s* kovanaama, kovis (ark)
adj **1** sitkeä, kestävä, luja, vahva **2** (kuv) sitkeä, sinnikäs, kova, (ongelma, vastustaja) vaikea, hankala, (rikollinen) paatunut, (seutu) väkivaltainen, (matka, kamppailu) raskas, rasittava, (onni) kova, huono *he's tougher than leather* hänessä on sisua, hän ei anna helposti periksi **3** *to hang tough* (sl) pysyä kovana/lujana, ei antaa periksi, ei taipua
toughen *v* kovettaa, kovettua, lujittaa, lujittua, vahvistaa, vahvistua
toughie /tʌfi/ *s* (ark) kovis, kovanaama
tough it out *fr* (ark) pitää pintansa, purra hammasta, kestää
tough-minded /ˌtʌfˈmaɪndəd/ *adj* **1** kova, siekailematon **2** omapäinen, itsepintainen
toughness *s* (ks myös tough) **1** sitkeys, kestävyys, lujuus, vahvuus **2** (kuv) sitkeys, sinnikkyys, kovuus, hankaluus, rasittavuus
toupee /tuˈpeɪ/ *s* hiuslisäke
tour /tuər/ *s* **1** kiertomatka, matka, kiertoajelu, kiertokäynti, tutustumiskäynti **2** (esiintyjän ym) kiertue *the band is on tour in Japan* yhtye on kiertueella Japanissa **3** (työ)komennus
v **1** olla kiertomatkalla, matkustaa, kiertää, tutustua (kiertokäynnillä), vierailla jossakin **2** olla (konsertti- tms) kiertueella **3** opastaa, olla (matka- tms) oppaana

tour de force /ˌtʊərdəˈfɔrs/ *ranskasta* (mon tours de force) voimannäyte, loistosuoritus
tourism /tərɪzəm/ *s* matkailu, turismi
tourist /tərɪst/ *s* **1** matkailija, turisti **2** turistiluokka
tourist car *s* (junassa) lepovaunu; makuuvaunu
tourist class *s* (laivassa, lentokoneessa) turistiluokka
touristry /tərəstri/ *s* **1** matkailijat **2** matkailu
tourist season *s* matkailukausi
tourist traffic *s* matkailuliikenne
tourist trap *s* turistirysä
tournament /tərnəmənt/ *s* **1** ottelu, kilpailu, turnaus **2** (hist) turnajaiset
tourniquet /tərnəkət/ *s* kiristysside
tout /taʊt/ *s* tyrkyttäjä, tuputtaja (ark), äänitorvi (kuv)
v **1** tyrkyttää, tuputtaa (ark) **2** ylistää, kehua, toitottaa *the company is touting the virtues of its product* yritys toitottaa tuotteensa etuja
touter *s* (ark) tyrkyttäjä, tuputtaja (ark), äänitorvi (kuv)
tow /toʊ/ *s* **1** hinaaminen, hinaus *Mr. Frazer had his wife in tow* Mr. Frazerilla oli vaimo mukanaan *the guru had a group of disciples in tow* gurulla oli suojeluksessaan joukko oppilaita/opetuslapsia; gurulla oli mukanaan joukko ihailevia oppilaita/opetuslapsia *under tow* hinauksessa, hinattavana **2** hinaaja **3** hiihtohissi
v hinata, vetää (perässään)
toward /təˈwɔrd twɔrd/ *prep* **1** kohti, päin, suuntaan, suunnassa *she threw the rock toward the lake* hän heitti kiven järvelle päin *the house is toward the lake* talo on järven suunnassa **2** (kuv) kohtaan *he was very friendly toward us* hän oli hyvin ystävällinen meitä kohtaan/ meille **3** (ajasta) paikkeilla, maissa *toward the end of the century* vuosisadan lopulla **4** tarkoituksesta: *to save toward something* säästää (rahaa) johonkin
towards ks toward
towel /taʊəl/ *s* pyyheliina, pyyhe *to throw in the towel* (ark) luovuttaa, antaa periksi
v pyyhkiä, kuivata (pyyheliinalla)
towelette /ˌtaʊəˈlet/ *s* kosteuspyyhe
tower /taʊər/ *s* **1** torni **2** lennonjohtotorni
v kohota korkeuksiin, nousta jonkin yläpuolelle, olla korkeampi/pitempi kuin
towering *adj* **1** erittäin korkea/pitkä **2** (kuv) johtava, suuri **3** suunnaton, silmitön, kohtuuton, liiallinen
tower of strength *s* tuki ja turva
tower wagon *s* tikasvaunu(t)
town /taʊn/ *s* **1** (pikku)kaupunki **2** (US) kaupunkikunta **3** (lähin) (iso) kaupunki *he's staying in town* hän jäi (yöksi) kaupunkiin/keskustaan **4** *to go to town* (ark) menestyä; kiirehtiä, pitää kiirettä; liioitella, mennä liiallisuuksiin **5** *to paint the town red* (ark) ottaa ilo irti elämästä, pitää hauskaa, juhlia rajusti
town car *s* **1** (nykyisin) iso (ja ylellinen) henkilöauto **2** (ennen) henkilöauto jossa on suljettu matkustamo ja avoin etuistuin
town hall *s* kaupungintalo, kunnallistalo
townie /taʊni/ *s* (ark) pikkukaupunkilainen, paikallinen (kaupungin) asukas
town planning *s* kaupunkisuunnittelu
townsfolk /ˈtaʊnzˌfoʊk/ *s* (mon) (pikku)kaupunkilaiset
township /ˈtaʊnˌʃɪp/ *s* (US) kaupunkikunta
townsman /ˈtaʊnzmən/ *s* (mon townsmen) (miehestä) paljasjalkainen (pikku)kaupunkilainen, paikallinen (pikkukaupungin) asukas
townspeople /ˈtaʊnzˌpipəl/ *s* (mon) **1** paikalliset (pikkukaupungin) asukkaat **2** (erotuksena maalaisista) kaupunkilaiset
Townsville /taʊnzvɪl/ kaupunki Australian Queenslandissa
townswoman /ˈtaʊnzˌwʊmən/ *s* (mon townswomen) (naisesta) paljasjalkainen (pikku)kaupunkilainen, paikallinen (pikkukaupungin) asukas
town talk *s* **1** (pikkukaupungin) juorut, huhut **2** juorun aihe

toxic /taksɪk/ *adj* myrkyllinen, myrkky-
toxication /ˌtaksɪ'keɪʃən/ *s* myrkytys
toxicity /tak'sɪsəti/ *s* myrkyllisyys
toxicology /ˌtaksɪ'kalədʒi/ *s* myrkkyoppi, toksikologia
toxin /taksən/ *s* (elimistössä muodostunut) myrkky, toksiini
toy /tɔɪ/ *s* leikkikalu, lelu (myös kuv)
v leikkiä, leikitellä *he's been toying with the idea of setting up a business of his own* hän on miettinyt oman yrityksen perustamista
toymaker /'tɔɪˌmeɪkər/ *s* leikkikalujen tekijä/valmistaja, leikkikalutehdas
toyshop /'tɔɪˌʃap/ *s* lelukauppa, leikkikalukauppa
trace /treɪs/ *s* **1** jälki, merkki *there was not a trace of anger left in him* hänessä ei enää näkynyt suuttumuksen merkkiäkään **2** häviävän pieni määrä, hitunen **3** (mon) (eläimen) jäljet **4** polku
v **1** seurata, jäljittää, etsiä, selvittää **2** olla peräisin (esim joltakin ajalta) *democracy traces back to ancient Greece* demokratia sai alkunsa antiikin Kreikassa **3** (piirturi) piirtää (käyrä jostakin)
traceable *adj* joka voidaan jäljittää/saada selville
traceable to *adj* joka johtuu jostakin
trace element *s* hivenaine
traces *to kick over your traces* (kuv) vapautua kahleista, lähteä omille teilleen, itsenäistyä
trachea /treɪkiə/ *s* (mon tracheae, tracheas) henkitorvi
track /træk/ *s* **1** rata, rautatie *she was raised on the wrong side of the tracks* hän varttui/vietti lapsuutensa laitakaupungilla/köyhässä kaupunginosassa/huonoissa oloissa **2** (pyörän jättämä) ura **3** jälki; reitti *to be on the track of someone/something* olla jonkun/jonkin jäljillä *he stopped in his tracks* (ark) hän pysähtyi yhtäkkiä; hän säpsähti *to make tracks* (ark) livahtaa, lähteä kiireesti **4** asia *I think you're off the track now* minusta sinä olet nyt eksynyt asiasta *to keep track of something* seurata jotakin, pysytellä ajan tasalla *to lose track* ei seurata jotakin, unohtaa, menettää kosketus johonkin **5** (äänilevyn, nauhan) ura **6** (äänilevyn, nauhan) kappale **7** (urh) juoksurata; (moottoriurheilussa ym) kilparata **8** (urh) rataurheilu, juoksu **9** (rautatien, auton) raideväli
v **1** seurata, kulkea, jäljittää **2** kantaa (kuraa/lunta) sisään **3** tarkkailla, seurata **4** olla raidevälinä
track and field *s* yleisurheilu, rata- ja kenttäurheilu
track-and-field *adj* yleis(urheilu)-
track down *v* etsiä, löytää, ottaa kiinni
tracking system *s* (koulussa) tasokurssit
track meet *s* yleisurheilukilpailu(t)
track record *s* menneisyys, tausta, tähänastiset saavutukset/edesottamukset
track shoe *s* (urh) piikkari (ark), piikkikenkä
tract /trækt/ *s* **1** alue, seutu; (maa) palsta, tontti **2** *digestive tract* ruuansulatuskanava **3** (uskonnollinen, poliittinen) kirjanen, traktaatti
traction /trækʃən/ *s* **1** pito *the grip of the tire on the road* renkaan pito tiestä **2** veto (myös lääk)
tractor /træktər/ *s* **1** traktori **2** (rekan) vetoauto
tractor-trailer *s* (täys/puoliperävaunullinen) rekka-auto
trade /treɪd/ *s* **1** kauppa **2** ammatti, ala *to ply your trade* tehdä työtään, harjoittaa ammattiaan *tourist trade* matkailuala **3** ammatti-ihmiset, alan ammattilaiset **4** markkinat
v **1** käydä kauppaa jollakin *(in)*, ostaa ja myydä **2** vaihtaa johonkin *(for) trade places* vaihtaa paikkaa
adj (myös mon) ammatti-
trade down *v* vaihtaa halvempaan/huonompaan
trade in *v* vaihtaa, antaa vaihdossa *she traded in her Porsche for a Corvette* hän vaihtoi Porschensa Corvetteen
trade-in *s* vaihtotavara, (esim) vaihtoauto
adj vaihtokauppa-, vaihto-

trademark *s* **1** tavaramerkki **2** (kuv) leima, jälki *it has his trademark on it* siinä näkyy hänen kättensä jälki
trade name *s* kauppanimi
trade-off *s* vaihtokauppa; vastapalvelus
trade on *v* käyttää hyväkseen, hyöytyä jostakin
trade paper *s* ammattilehti, jonkin alan lehti
trade paperback *s* pehmeäkantinen kirja, iso taskukirja
trader *s* kauppias, liikemies
trades *s* (mon) pasaati(tuuli)
trade school *s* ammattikoulu
trade secret *s* ammattisalaisuus
trade union *s* ammattiyhdistys
trade unionism *s* ammattiyhdistystoiminta
trade unionist *s* **1** ammattiyhdistyksen jäsen **2** ammattiyhdistysten kannattaja
trade up *v* vaihtaa arvokkaampaan/parempaan
trade upon *v* käyttää hyväkseen, hyöytyä jostakin
trade wind *s* pasaati(tuuli)
trading hours *s* (mon) (arvopaperimarkkinoiden) kaupankäyntiajat
trading post *s* kauppa-asema
tradition /trə'dɪʃən/ *s* **1** perimätieto **2** perinne, traditio
traditional *adj* perinteinen, perinteellinen, peritty, vanha
traditionally *adv* perinteisesti; tavallisesti, yleensä
traffic /træfɪk/ *s* **1** liikenne **2** kauppa, kaupankäynti *drug traffic* huumekauppa **3** viestintä, yhteydenpito, ajatustenvaihto
v (trafficked, trafficked, trafficking) käydä kauppaa jollakin (laittomalla)
traffic circle *s* liikenneympyrä
traffic cop *s* (ark) liikennepoliisi
traffic jam *s* liikenneruuhka
trafficker *s* (laiton) kauppias
trafficking ks traffic
traffic light *s* liikennevalo(t)
tragedy /trædʒədi/ *s* **1** murhenäytelmä, tragedia **2** (kuv) onnettomuus, järkyttävä tapahtuma
tragic /trædʒɪk/ *adj* **1** traaginen, tragedia-, murhenäytelmä-, **2** järkyttävä, traaginen
tragical ks tragic
tragically *adv* järkyttävästi, traagisesti
tragic flaw *s* (tragedian päähenkilön) traaginen erhe, hamartia
tragicomedy /ˌtrædʒə'kamədi/ *s* tragikomedia
tragicomic /ˌtrædʒə'kamɪk/ *adj* tragikoominen
trail /treɪəl/ *s* **1** jälki (myös kuv) *the car left a cloud of dust in its trail* auto jätti jälkeensä pölypilven *the police are on his trail* poliisi on hänen kannoillaan **2** polku, tie
v **1** vetää (perässään) **2** seurata (perässä) **3** laahata, viistää (maata) **4** virrata; tupruta **5** (kuv) venyttää, pitkittää
trail along *v* **1** seurata (perässä) **2** vetää (perässään), laahata (perässään)
trail away *v* vaieta, hiljentyä, lakata vähitellen
trailblazer /'treɪlˌbleɪzər/ *s* (kuv) uranuurtaja, tienraivaaja
trailer *s* **1** perävaunu **2** asuntovaunu **3** peräkärry **4** (elokuvan) mainosfilmi
trailer park *s* (leirintäalueen) asuntovaunualue
trailhead /'treɪlˌhed/ *s* polun alku
trail off *v* vaieta, hiljentyä, lakata vähitellen
train /treɪn/ *s* **1** juna **2** kulkue, jono **3** joukko, seurue
v **1** kasvattaa **2** opettaa, kouluttaa, valmentaa, valmentautua, harjoittaa, harjoitella
trainee /treɪ'ni/ *s* oppilas, koulutettava, valmennettava, kurssilainen
trainer *s* opettaja, kouluttaja, valmentaja
training *s* **1** opetus, koulutus, valmennus **2** kunto; taito *to be in/out of training* olla hyvässä/huonossa kunnossa/olla harjoituksen puutteessa

training school *s* ammattikoulu
training wheels *s* (mon) (lasten polkupyörän) apupyörät
trait /treɪt/ *s* piirre, puoli, ominaisuus
traitor /treɪtər/ *s* **1** petturi, kavaltaja **2** maanpetturi
traitorous /treɪtərəs/ *adv* **1** petollinen, kavala, kiero **2** maanpetoksellinen
trajectory /trə'dʒektəri/ *s* (lento)rata
tram /træm/ *s* (UK) raitiovaunu
tramp /træmp/ *s* **1** raskas askel **2** tömähdys **3** kävely, patikkaretki **4** kulkuri **5** lutka
v **1** tarpoa, talsia **2** survoa, tarpoa, astua päälle **3** kävellä, patikoida **4** elää/olla kulkurina, kierrellä (paikasta toiseen)
trampoline /'træmpə,lin/ *s* trampoliini
tramp on *v* tallata päälle, astua päälle
tramway /'træm,weɪ/ *s* **1** (UK) raitotie **2** (US) köysirata *aerial tramway* köysirata
trance /træns/ *s* **1** transsi **2** haltioituminen, hurmos, hurmio
v **1** saattaa transsiin **2** lumota, saada haltioihinsa
tranquil /træŋkwəl/ *adj* rauhallinen, hiljainen
tranquility /,træŋ'kwɪləti/ *s* rauha, rauhallisuus, hiljaisuus
tranquilize /'træŋkwə,laɪz/ *v* rauhoittaa
tranquilizer *s* rauhoituslääke, rauhoite
tranquilly *adv* rauhallisesti, hiljaisesti
transact /,træn'zækt/ *v* tehdä, suorittaa, käydä (kauppaa, neuvotteluita), neuvotella
transaction /,træn'zækʃən/ *s* **1** suoritus, hoito, teko *business transactions* liiketoimet, kaupankäynti **2** vuorovaikutus, kanssakäynti
transatlantic /,trænzət'læntɪk/ *adj* Atlantin takainen; Atlantin ylittävä *transatlantic phone call* puhelu Atlantin taakse
transcend /,træn'send/ *v* ylittää, rikkoa (rajat), jättää jälkeensä/varjoonsa
transcendence /,træn'sendəns/ *s* yliaistillisuus, ylimaailmallisuus, transsendenssi
transcendental /,trænsən'dentəl/ *adj* yliaistillinen, transsendentaalinen
transcendental meditation *s* transsendentaalinen mietiskely
transcontinentalal /,trænz,kantə'nentəl/ *adj* mantereen takainen; mantereen ylittävä; mannertenvälinen
transcribe /,træn'skraɪb/ *v* **1** kirjoittaa koneella/puhtaaksi (saneltu, nauhoitettu puhe tms) **2** jäljentää **3** kirjoittaa tarkekirjoituksella/ääntämisohjeet, transkriboida **4** siirtää toiseen kirjoitusjärjestelmään, transkriboida
transcript /'træn,skrɪpt/ *s* **1** koneella/puhtaaksi kirjoitettu asiakirja **2** jäljennös **3** (koulu)todistus
transcription /,træn'skrɪpʃən/ *s* **1** koneella/puhtaaksikirjoitus **2** ääntämisohjeiden kirjoittaminen, transskriptio **3** toiseen kirjoitusjärjestelmään siirtäminen, transskriptio
transfer /trænsfər/ *s* **1** siirto **2** siirtolippu **3** siirtokuva
transfer /træns'fər/ *v* siirtää, siirtyä
transform /træns'fɔrm/ *v* muuntaa, muuntua, muuttaa, muuttua
transformation /,trænsfər'meɪʃən/ *s* muuntaminen, muunnos, muunto, muutos
transformer *s* (sähkö)muuntaja
transfuse /,træns'fjuz/ *v* siirtää, välittää, iskostaa (mieleen)
transfusion /,træns'fjuʒən/ *s* siirto, (mieleen) iskostus *blood transfusion* verensiirto
transgress /,træns'gres/ *v* rikkoa (lakia, sääntöä), ylittää (kuvaannollinen raja), tehdä syntiä
transgression /,træns'greʃən/ *s* rikkomus; synti
transistor /,træn'zɪstər/ *s* transistori
transistorize /,træn'zɪstə,raɪz/ *v* transistoroida
transit /trænsət/ *s* **1** läpikulku, kauttakulku **2** kuljetus **3** liikenne *mass transit* joukkoliikenne **4** muutos; siirtymävaihe
transition /træn'zɪʃən/ *s* muutos, vaihdos, siirtyminen, siirtymävaihe
v siirtyä

transitive /trænsətɪv/ *adj* (kieliopissa) transitiivinen, joka saa objektin
transitive verb *s* (kieliopissa) transitiivinen verbi
translate /'træns,leɪt/ *v* **1** kääntää *to translate into Finnish* suomentaa **2** muuttaa: *to translate thought into action* siirtyä sanoista tekoihin, toteuttaa ajatukset käytännössä
translation /,træns'leɪʃən/ *s* **1** käännös *the Finnish translation of her book* hänen kirjansa suomennos **2** muuttaminen: *the translation of plans into reality* suunnitelmien toteuttaminen käytännössä
translator /'træns,leɪtər/ *s* kääntäjä, (suomeen myös) suomentaja
transliterate /,træns'lɪtə,reɪt/ *v* siirtää toiseen kirjoitusjärjestelmään, translitteroida
translucency *s* kuulaus, läpinäkyvyys
translucent /,træns'lusənt/ *adj* läpikuultava, läpinäkyvä, kuulas
transmission /,træns'mɪʃən/ *s* **1** lähettäminen, lähetys, siirto **2** ilmoitus, ilmoittaminen **3** (taudin) leviäminen, (ominaisuuksien) periytyminen **4** (auton) vaihteisto
transmit /træns'mɪt/ *v* **1** lähettää, siirtää **2** ilmoittaa **3** levittää (tautia), (ominaisuus) periytyä
transmitter *s* (radio)lähetin
transparency *s* **1** läpinäkyvyys (myös kuv:) vilpillisyys **2** dia(kuva)
transparent /,træns'perənt/ *adj* **1** läpinäkyvä (myös kuv:) epäaito, vilpillinen **2** ohut, läpikuultava **3** avoin, vilpitön
transparently *adv* läpinäkyvästi (myös kuv:) vilpillisesti
transplant /'træns,plænt/ *s* siirretty kasvi; (lääk) siirrännäinen; muuttaja *he is a recent transplant* hän on uusi tulokas, hän on vasta muuttanut tänne
transplant /,træns'plænt/ *v* siirtää (kasvi, elin); muuttaa (asuinpaikkaa)
transport /'træns,pɔrt/ *s* **1** kuljetus **2** kuljetusalus, kuljetus(lento)kone, matkustaja(lento)kone **3** joukkoliikenneväline **4** hurmio, hurmos, innostus **5** karkotettu henkilö **6** (nauhurin) nauhankuljetuskoneisto
transport /,træns'pɔrt/ *v* **1** kuljettaa **2** saada hurmioon/innostumaan suunnattomasti *the news transported her into bursts of joy* uutinen innosti hänet ilon purkauksiin **3** karkottaa
transportation *s* kuljetus *transportation by air/sea* lento/laivarahtaus
transpose /,trænz'poʊz/ *v* **1** vaihtaa paikkaa **2** siirtää, kuljettaa **3** (mus) vaihtaa toiseen sävellajiin, transponoida
transposition /,trænzpə'zɪʃən/ *s* **1** paikan vaihtaminen/vaihtuminen **2** (mus) sävellajin vaihto, transponointi
transverse /,trænz'vərs/ *adj* poikittainen, poikittais-, (huilu) poikki-
transverse colon /koʊlən/ *s* (anat) poikittainen paksusuoli
transversely *adv* poikittain, poikittaisesti
transvestism /,trænz'vestɪzəm/ *s* transvestisismi, transvestismi
transvestite /,trænz'vestaɪt/ *s* transvestiitti
trap /træp/ *s* **1** (myös kuv) ansa, loukku, pyydys **2** (viemärissä) vesilukko *v* **1** pyydystää; virittää ansoja; saada kiinni/ansaan **2** (kuv) saada satimeen/ansaan, huijata
trapdoor /,træp'dɔr/ *s* (katossa, lattiassa) luukku, ovi, (lattiassa) laskuovi
trapeze /træ'piz/ *s* (rekki) trapetsi
trapezius /trə'piziəs/ *s* (mon trapeziuses) epäkäslihas
trapper /træpər/ *s* turkismetsästäjä
trappings /træpiŋz/ *s* (mon) **1** koristeet, somisteet **2** puvut, asut **3** (kuv) ulkokuori, ulkoiset tunnukset *he has all the trappings of success from a BMW to a condo* hänellä on kaikki menestyjän statussymbolit BMW:stä omistusasuntoon
trash /træʃ/ *s* roska (myös kuv) *v* **1** (sl) särkeä, hävittää **2** lyödä lyttyyn, antaa murskaava arvostelu jostakin
trash can *s* roskapönttö
trasher *s* (ark) vandaali
trauma /tramə/ *s* **1** (lääk) vamma, vaurio, trauma **2** (psykologiassa) psyykkinen vamma, vaurio, trauma
traumatic /trə'mætɪk/ *adj* traumaattinen

travel /trævəl/ *s* **1** matkustus, matkustaminen, matkailu **2** (mon) matka, matkat *Gulliver's travels* Gulliverin retket **3** liikenne
v matkustaa
travel agency *s* matkatoimisto
travel agent *s* **1** matkatoimistovirkailija **2** matkatoimisto
traveler *s* **1** matkustaja, matkailija **2** myyntimies, kauppamatkustaja
traveler's check *s* matkasekki
traveling bag *s* (pieni) matkalaukku
traveling salesman *s* (mon traveling salesmen) myyntimies, kauppamatkustaja
travelog /'trævə,lag/ *s* matkasta kertova diaesitys/filmi, (luento) matkakertomus
traverse /trə'vərs/ *s* ylitys, kulkeminen jonkin yli/poikki *the traverse of the desert* aavikon ylitys
v kulkea jonkin poikki/yli/kautta, ylittää, halkaista, halkoa *the railroad traverses the city* rautatie kulkee kaupungin halki *we traversed the river yesterday* ylitimme joen eilen
adj poikittainen
travesty /trævəsti/ *s* **1** ivamukaelma, travestia **2** (kuv) irvikuva, täydellinen vastakohta *a travesty of justice* oikeuden irvikuva
trawl /traəl/ *s* laahusnuotta, trooli
v kalastaa laahusnuotalla, troolata
trawler *s* (alus) troolari
tray /treɪ/ *s* tarjotin
treacherous /tretʃərəs/ *adj* **1** petollinen, kavala, kiero **2** epäluotettava, petollinen, harhauttava, vaarallinen
treacherously *adv* **1** petollisesti, petollisen, kavalasti **2** epäluotettavasti, petollisesti, petollisen, vaarallisesti, vaarallisen
treachery /tretʃəri/ *s* petos
treacle /trikəl/ *s* **1** imelyys, tunteilu, sentimentaalisuus **2** (UK) siirappi
treacly *adj* (kuv) imelä, siirappinen
tread /tred/ *s* **1** askel **2** askelma **3** (renkaan) kulutuspinta
v trod, trodden **1** astua, kävellä **2** astua, tallata (jonkin päälle)
treadle /tredəl/ *s* (ompelukoneen, rukin ym) poljin
v polkea
treadmill /'tred,mɪl/ *s* **1** polkumylly **2** (kuv) oravanpyörä
tread on *v* astua, tallata jonkin päälle
tread on someone's toes *fr* astua jonkun varpaille, loukata jotakuta
tread the boards *fr* näytellä, olla/toimia näyttelijänä
tread water *fr* (sl kuv) polkea paikallaan, huilata, kerätä voimia *for the past month, she has been treading water* viimeisen kuukauden ajan hän on polkenut/huovannut paikallaan
treason /trizən/ *s* **1** maanpetos **2** petos; petollisuus, kavaluus
treasonable *adj* **1** maanpetoksellinen **2** petollinen, kavala
treasonous /trizənəs/ *adj* **1** maanpetoksellinen **2** petollinen, kavala
treasure /treʒər/ *s* aarre (myös kuv)
v pitää suuressa arvossa, (muistoa) vaalia
treasurer /treʒərər/ *s* (seuran) varainhoitaja, (kaupungin) kamreeri, rahoitusjohtaja (yrityksen) talouspäällikkö, (maan) valtiovarainministeri
treasure-trove /'treʒər,troʊv/ *s* (myös kuv) aarreaitta, aarrearkku
treasury /treʒəri/ *s* **1** Treasury valtiovarainministeriö **2** (seuran) kassa **3** (kuv) aarreaitta
Treasury securities *s* (mon) valtion takaamia, valtiovarainministeriön liikkeelle laskemia arvopapereita
treat /trit/ *s* **1** *it is my treat* minä tarjoan (ruuat, juomat) **2** *the new movie is a treat* uusi elokuva on loistava
v **1** kohdella *you have to treat her right* sinun on kohdeltava häntä oikein **2** suhtautua, pitää jonakin *(as)* **3** (potilasta) hoitaa **4** käsitellä (myös kuv) **5** tarjota (ateria, juomat)
treatise /tritəs/ *s* tutkielma
treatment *s* **1** kohtelu, suhtautuminen, käsittely **2** (lääk) hoito
treaty /triti/ *s* sopimus *a nuclear arms treaty* ydinase(iden rajottamis)sopimus

treble /trebəl/ *s* **1** (mus) sopraano **2** (mus) diskantti
v kolminkertaistaa
adj **1** kolminkertainen **2** (mus) sopraano **3** (mus) diskantti
tree /tri/ *s* puu *family tree* sukupuu *Christmas tree* joulukuusi *to be up a tree* olla pulassa/pinteessä
tree line *s* (vuorenrinteen) puuraja
treelined /ˈtriˌlaɪnd/ *adj* puiden reunustama
tree of knowledge of good and evil *s* hyvän ja pahan tiedon puu
tree shrew *s* tupaija
trek /trek/ *s* vaellus, (vaivalloinen) patikkamatka
v trekked, trekked, trekking: talsia, vaeltaa
tremble /trembəl/ *s* vapina, värinä, tutina
v vapista, väristä, tutista, hytistä
tremendous /trəˈmendəs/ *adj* **1** valtava, suunnaton **2** valtavan hyvä, loistava
tremendously *adv* valtavasti, valtavan, suunnattomasti, suunnattoman
tremor /tremər/ *s* **1** puistatus, väristys **2** järistys
trench /trentʃ/ *s* **1** (sot) taisteluhauta **2** kaivanto, (syvä) oja
v kaivaa taisteluhauta/taisteluhautoja, kaivautua asemiin
trench coat *s* (takki) trenssi
trench on *v* **1** loukata (esim jonkun oikeuksia) **2** haiskahtaa, näyttää, kuulostaa joltakin
trend /trend/ *s* **1** suuntaus, suunta, taipumus, kehityssuunta **2** muoti
v suuntautua, kohdistua, kehittyä johonkin suuntaan
trendily *adv* muodikkaasti, viimeisen muodin mukaisesti
trendsetter /ˈtrendˌsetər/ *s* suunnannäyttäjä, edelläkävijä
trendsetting *adj* suuntaa näyttävä, uraauurtava
trendy *adj* muodikas, viimeisen muodin mukainen
trespass /ˈtresˌpæs/ s **1** (toisen oikeuksien, rauhan) loukkaus **2** luvaton tunkeutuminen jonnekin **3** synti, rikkomus
v **1** loukata (jonkun oikeuksia, rauhaa) **2** tunkeutua luvatta jonnekin **3** tehdä syntyä, rikkoa jotakuta vastaan
trespasser *s* tunkeilija *trespassers will be prosecuted* luvaton oleskelu kielletty rangaistuksen uhalla
tress /tres/ *s* **1** (mon) kiharat, hiukset **2** (hius)suortuva
trestle /tresəl/ *s* **1** (kannatinteline) pukki **2** pukkisilta
trial /traɪəl/ *s* **1** oikeudenkäynti **2** koetus, kokeilu, koe **3** yritys **4** koettelemus, vaikeus **5** *to be on trial* olla syytettynä oikeudessa; olla koeajalla, olla kokeiltavana
trial and error *s* yritys ja erehdys
trial balloon *s* koepallo (kuv), mielialan tunnustelu(yritys)
trial court *s* alioikeus
trial lawyer *s* asianajaja, lakimies
trial run *s* koekäyttö, koeajo, koeesitys
triangle /ˈtraɪˌæŋgəl/ *s* kolmio *the Bermuda triangle* Bermudan kolmio
triangular /ˌtraɪˈæŋgjələr/ *adj* kolmiomainen, kolmion muotoinen
Triangle (tähdistö) Kolmio
triangulation /traɪˌæŋgjəˈleɪʃən/ *s* kolmiomittaus
tribal /traɪbəl/ *adj* heimo-
tribe /traɪb/ *s* heimo
tribesman /traɪbzmən/ *s* (mon tribesmen) heimon jäsen
tribespeople /ˈtraɪbzˌpipəl/ *s* (mon) heimon jäsenet
tribunal /trəˈbjunəl traɪˈbjunəl/ *s* tuomioistuin
tributary /ˈtrɪbjəˌteri/ *s* sivujoki
tribute /trɪbjut/ *s* **1** kunnianosoitus, kiitollisuudenosoitus **2** vero, pakkovero
trick /trɪk/ *s* **1** temppu, huijaus, petos **2** taito, niksi *that should do the trick* sen pitäisi tepsiä **3** kepponen **4** näköharha **5** (sl) huoran asiakas
v huijata, puijata, pettää, narrata
trickery /trɪkəri/ *s* huijaus, juonittelu, temppuilu
trick into *v* huijata/puijata/narrata joku tekemään jotakin
trickle /trɪkəl/ *s* **1** tihkuminen **2** (kuv) *a trickle of people came to congratulate*

him silloin tällöin joku kävi onnittelemassa häntä
v **1** tihkua **2** (kuv) tulla/saada vähitellen
trickle-down theory /'trikəl,daʊn/ *s* teoria suuryrityksille myönnettävien verohelpotusten ja muiden helpotusten myönteisistä kerrannaisvaikutuksista muuhun elinkeinoelämään
trick of *v* huijata/puijata joltakulta jotakin
trick or treat /,trɪkər'tʃrit/ *s* (pyhäinmiestenpäivän perinne jonka mukaan lapset kulkevat ovelta ovelle sanoen) kepponen/kuje vai makupala
trickster /trɪkstər/ *s* **1** huijari, petturi **2** kujeilija
tricky *adj* **1** ovela, viekas, kavala **2** taitava, nokkela **3** hankala, vaikea
tricycle /traɪsəkəl/ *s* kolmipyörä
tried /traɪd/ ks try
trifle /traɪfəl/ *s* **1** pikkuseikka, pikkuasia, sivuseikka, mitätön asia/esine **2** pikkusumma **3** *it's a trifle too long* se on hieman liian pitkä
v **1** leikitellä (esim jonkun tunteilla) **2** hypistellä, näpelöidä
trifling *adj* mitätön, vähäpätöinen, (keskustelu) pinnallinen
trigger /trɪgər/ *s* **1** liipaisin *to be quick on the trigger* (ark) olla nopea/äkkipikainen **2** laukaisin **3** (kuv) laukaiseva/käynnistävä tekijä, viimeinen pisara
v **1** laukaista **2** käynnistää, aloittaa
trigger finger *s* **1** liipaisinsormi **2** etusormi
triglyceride /traɪ'glisəraɪd/ *s* triglyseridi (kolme rasvahappoa sisältävä glyseridi)
trigonometric /,trɪgənə'metʃrɪk/ *adj* trigonometrinen
trigonometric function *s* trigonometrinen funktio
trigonometric series *s* (mon trigonometric series) trigonometrinen sarja
trigonometry /,trɪgə'namətʃri/ *s* trigonometria
trike /traɪk/ *s* (ark) kolmipyörä
trill /trɪl/ *s* **1** liverrys **2** (mus) liverre, trilli
v livertää
trilogy /trɪlədʒi/ *s* trilogia
trim /trɪm/ *v* **1** siistiä, viimeistellä (leikkaamalla), (puuta) karsia **2** (kuv) leikata, supistaa **3** koristella, koristaa, somistaa **4** (purjeita) sovittaa, trimmata, saattaa (laivan (paino)lasti) tasapainoon **5** (ark) moittia, haukkua, sättiä
adj **1** siisti **2** hyväkuntoinen, joka on hyvässä kunnossa **3** hoikka, solakka
trim your sails *fr* leikata kustannuksia, vähentää kuluja/menoja, säästää, kiristää vyötä
Trinidad and Tobago /,trinədædəntə'beɪgoʊ/ Trinidad ja Tobago
Trinitron® /'trɪnə,tran/ Sonyn valmistama kuvaputkityyppi
Trinity /trɪnəti/ *s* **1** (Pyhä) kolminaisuus **2** *trinity* kolmikko, kolmen ryhmä
trinket /triŋkət/ *s* rihkama(esine)
trio /trioʊ/ *s* **1** (mus) trio **2** kolmikko, kolmen ryhmä
trip /trɪp/ *s* **1** matka *round trip* menopaluumatka **2** kompastuminen **3** kömmähdys **4** (sl) hurmio, (esim huume)-trippi
v **1** kompastua **2** tehdä kömmähdys **3** sipsuttaa
tripartite /traɪ'par,taɪt/ *adj* kolmiosainen, kolmen osapuolen
triple /trɪpəl/ *s* kolminkertainen määrä
v kolminkertaistaa, kolminkertaistus
adj kolmiosainen, kolmenlainen, kolminkertainen
triplets /trɪpləts/ *s* (mon) kolmoset
triplicate /trɪplɪkət/ *s* yksi kolmesta jäljennöksestä/kappaleesta *to type something in triplicate* kirjoittaa jotakin kolmena kappaleena
adj kolmiosainen, kolmena kappaleena tehty, kolminkertainen
triplicate /'trɪplə,keɪt/ *v* kolminkertaistaa, tehdä kolmena kappaleena
tripod /'traɪ,pad/ *s* kolmijalka, jalusta
trip the light fantastic *fr* mennä/lähteä tanssimaan
trip up *v* kampata, saada kompastumaan (myös kuv)
trite /traɪt/ *adj* kulunut, lattea, väljähtänyt

tritely *adv* kuluneesti, latteasti
triteness *s* kuluneisuus, latteus
triumph /traɪəmf/ *s* **1** voitto, saavutus, riemuvoitto **2** riemusaatto, voittojuhla
v **1** voittaa, menestyä **2** riemuita, juhlia
triumphal /traɪ'ʌmfəl/ *adj* **1** voitto-, riemu- **2** riemuisa, riemukas
triumphal arch *s* riemukaari
triumphant /traɪ'ʌmfənt/ *adj* **1** voittoisa, menestykseksäs **2** riemuisa, riemukas
triumphantly *adv* **1** voittoisasti, menestyksekkäästi **2** riemuisasti, riemukkaasti
trivial /trɪviəl/ *adj* **1** mitätön, merkityksetön, vähäpätöinen **2** tavallinen, arkinen, lattea, kulunut
triviality /ˌtrɪvi'æləti/ *s* **1** mitättömyys, vähäpätöisyys **2** arkisuus, latteus, kuluneisuus
trivialize /'trɪviə'laɪz/ *v* tehdä mitättömäksi, esittää mitättömäksi, latistaa
trivially *adv* ks trivial
trod /trad/ ks tread
trodden ks tread
troll /trol/ *s* peikko
trolley bus /'trolɪˌbʌs/ *s* johdinauto, trolleybussi
trombone /ˌtram'boʊn/ *s* pasuuna *slide trombone* vetopasuuna
trombonist *s* pasuunansoittaja, pasunisti
troop /trup/ *s* **1** joukko, ryhmä **2** (ratsuväessä) eskadroona **3** (mon sot) joukot
v **1** kokoontua, kerääntyä yhteen **2** ahtautua, tunkeutua jonnekin **3** kävellä, marssia (jonossa)
trooper *s* **1** ratsuväen sotilas **2** ratsupoliisi **3** osavaltion poliisi (myös *state trooper*) **4** *like a trooper* kuin sotilas, tarmokkaasti, innokkaasti
trophy /troʊfi/ *s* **1** sotasaalis; voitonmerkki **2** palkinto, palkintomalja, pokaali
tropic /trapɪk/ *s* **1** kääntöpiiri *the Tropic of Cancer* Kravun kääntöpiiri *the Tropic of Capricorn* Kauriin kääntöpiiri **2** (mon) tropiikki
adj trooppinen
tropical *adj* trooppinen, tropiikin
troposphere /'trapəsˌfɪər/ *s* troposfääri
trot /trat/ *s* **1** (hevosen) ravi **2** (ihmisen) hölkkä **3** (mon) ripuli
v **1** (hevonen) ravata, juosta ravia, (hevosella) ratsastaa ravia **2** (kuv) ravata, kävellä nopeasti, juosta, hölkätä
trot out *v* **1** tuoda esiin, tuoda nähtäväksi **2** lasketella, kertoa
trouble /trʌbəl/ *s* vaikeus, hankaluus, vaiva (myös sairaus), häiriö, kiusa, harmi, murhe *we're in trouble* olemme pulassa *he's again looking for trouble* hän tekee elämänsä tahallaan vaikeaksi, hän kaivaa taas verta nenästään (sl) *Arnold got the girl in trouble* Arnold pamautti tytön paksuksi (sl) *what's the trouble with you?* mikä sinua vaivaa?
v vaivata, hankaloittaa, häiritä, kiusata, harmittaa *don't trouble him, he's working* älä häiritse häntä, hänellä on työt kesken
troubled waters *s* (mon) sekasorto, myllerrys, vaikeudet
troublemaker /'trʌbəlˌmeɪkər/ *s* rettelöitsijä, riitapukari, hankala tapaus (ark)
trouble over *v* murehtia jostakin, olla huolissaan jostakin
troubleshooter /'trʌbəlˌʃutər/ *s* **1** (riita-asiassa) välittäjä **2** vianetsijä, korjaaja
troublesome /trʌbəlsəm/ *adj* vaikea, hankala, ongelmallinen, pulmallinen
trouble spot *s* ongelmapesäke
trough /traf/ *s* **1** kaukalo, purtilo **2** kouru, ränni **3** syvennys, ura, vako **4** aallonpohja (myös kuv)
trounce /traʊns/ *v* **1** piestä, hakata (myös kuv:) voittaa **2** rangaista
troupe /trup/ *s* (teatteri- ym) seurue
trouser *adj* housujen, housun-
trousers /traʊzərz/ *s* (mon) housut
trout /traʊt/ *s* (mon trouts, trout) taimen; kirjolohi; nieriä, rautu
trowel /traʊəl/ *s* **1** muurauslasta **2** (puutarhassa) istutuskauha
v tasoittaa, levittää (muurauslastalla)
Troy /trɔɪ/ Troija

truancy *s* luvaton poissaolo, pinnaus (ark), lintsaus (ark)
truant /truənt/ *s* (koulussa, työssä) luvaton poissaolija, pinnari (ark), lintsari (ark)
adj joka on luvattomasti poissa koulusta/työstä
truant officer *s* (koulussa) luvattomien poissaolojen tutkija, valvoja
truce /trus/ *s* **1** aselepo **2** (kuv) hengähdystauko, tauko, helpotus
truck /trʌk/ *s* **1** kuorma-auto; rekka-auto **2** työntökärryt **3** (UK rautateillä) avoin tavaravaunu **3** vihannekset (kauppatavarana) **4** palkan maksaminen luontoisetuina, trukkijärjestelmä
v **1** kuljettaa (kuorma-autolla), ajaa kuorma-autoa **2** kärrätä, työntää (käsi)kärryillä
truckdriver /'trʌkdraɪvər/ *s* kuorma-auton kuljettaja, rekka-auton kuljettaja, rekkakuski
trucker *s* **1** kuorma-auton kuljettaja, rekka-auton kuljettaja, rekkakuski **2** huolitsija **3** vihannesviljelijä, vihannespuutarhuri
truck farm *s* vihannesviljelys, vihannespuutarha
truckload /trʌkloʊd/ *s* autokuorma, autokuormallinen
truck stop *s* rekka-autojen huoltoasema (jonka yhteydessä on usein ravintola ja motelli)
truck system *s* palkan maksaminen luontoisetuina, trukkijärjestelmä
truck tractor *s* (rekan) vetoauto
trudge /trʌdʒ/ *s* vaivalloinen kävely
v tarpoa, rämpiä
true /tru/ *adj* **1** tosi *is it true?* onko se totta? **2** aito, vilpitön, todellinen, tosi *a true friend* tosi ystävä *a true gentleman* todellinen herrasmies **3** tarkka, oikea; suora *the watch is not true* kello on väärässä **4** uskollinen, luotettava
adv **1** tarkasti, oikein **2** *his dream has come true* hänen haaveensa on toteutunut
true believer *s* **1** *he's a true believer in discipline* hän uskoo vahvasti kuriin **2** kiihkoilija
true-blue *adj* uskollinen, luotettava, järkkymätön
true-false test *s* (koulussa) oikein-väärin-koe
true level *s* vaakataso
truffle /trʌfəl/ *s* tryffeli, multasieni
truly *adv* **1** todella, vilpittömästi **2** uskollisesti **3** *yours truly* (kirjeessä) kunnioittaen, (liikekirjeessä myös) ystävällisin terveisin
trump /trʌmp/ *s* **1** (korttipelissä) valtti **2** (ark) hieno ihminen
v **1** (korttipelissä) ottaa valtilla, voittaa kierros **2** ylittää, voittaa, jättää jälkeensä/varjoonsa
trumpet /trʌmpət/ *s* **1** trumpetti **2** törähdys
v **1** puhaltaa (trumpettia) **2** töräyttää, törähtää **3** ylistää, toitottaa, mainostaa
trumpeter *s* **1** trumpetisti, trumpetinsoittaja **2** (merkki)torvensoittaja **3** ylistäjä, toitottaja, mainostaja
trump up *v* keksiä, sepittää
truncate /trʌŋkeɪt/ *v* typistää, lyhentää, leikata, katkaista
truncated *adv* typistetty, tylppä, lyhennetty, katkaistu
truncheon /trʌntʃən/ *s* (poliisin) pamppu, patukka
trunk /trʌŋk/ *s* **1** (puun)runko **2** (matka- tai muu) arkku **3** (auton) tavaratila **4** vartalo (ilman raajoja ja päätä) **5** norsun kärsä **6** (mon) sortsit *swimming trunks* uimahousut **7** (puhelinliikenteessä) kaukojohto
trunk call *s* (UK) kaukopuhelu
trunk line *s* **1** päätie **2** (puhelinliikenteessä) kaukojohto
truss /trʌs/ *s* tukirakenne, (tuki)ristikko
v **1** sitoa, niputtaa **2** tukea
trust /trʌst/ *s* **1** luottamus *he placed his trust in her* hän luotti naiseen **2** toivo, usko **3** tuki, turva **4** huosta *the millionaire left all his money in the trust of lawyers* miljonääri jätti kaikki rahansa lakimiesten valvontaan/huostaan **5** huostaan uskottu omaisuus; säätiö; rahasto **6** (tal) trusti
v **1** luottaa *trust me, I'm not lying* luota

minuun, minä en valehtele **2** uskoa, toivoa, olettaa *I trust you're satisfied with your pay?* sinä olet ilmeisesti tyytyväinen palkkaasi?
trustee /trʌs'ti/ *s* **1** (säätiön) hallituksen jäsen **2** luottamusmies, uskottu mies
trust fund *s* huostaan uskottu omaisuus; säätiö; rahasto
trustily *adv* luotettavasti, varmasti, uskollisesti
trust in *v* luottaa johonkin, uskoa johonkin
trusting *adj* luottavainen; hyväuskoinen
trustless *adj* epäluuloinen
trust to *v* laskea jonkin varaan, luottaa johonkin
trustworthy /'trʌstˌwərði/ *adj* luotettava
trusty *adj* luotettava, varma, uskollinen
truth /truθ/ *s* totuus *in truth* todellisuudessa, oikeastaan, totta puhuen
truthful *adj* rehellinen, luotettava, paikkansa pitävä, totuudenmukainen, todenmukainen, (muotokuva) näköinen, realistinen
truthfully *adv* rehellisesti, luotettavasti, totuudenmukaisesti, todenmukaisesti, realistisesti
truthfulness *s* rehellisyys, luotettavauus, todenmukaisuus, (muotokuvan) näköisyys, realistisuus
try /traɪ/ *s* yritys *why don't you give it a try?* kokeile nyt sitä! *to give it the old college try* (ark) yrittää tosissaan, panna parastaan
v tried, tried **1** yrittää *try to be nice to her* yritä olla hänelle ystävällinen **2** kokeilla *you should try jogging, it helps you relax* sinun pitäisi käydä kokeeksi lenkillä, se rentouttaa **3** maistaa *have you tried Mexican cooking yet?* joko olet maistanut meksikolaista ruokaa? **4** koetella, panna koetteille **5** (lak) syyttää jotakuta oikeudessa, tuomita/ratkaista (juttu)
trying *adj* vaikea, raskas, koetteleva
try on *v* sovittaa, kokeilla päälleen
try on for size *fr* **1** sovittaa/kokeilla (vaatetta) **2** (kuv) harkita, miettiä, pohtia
tryout /'traɪˌaʊt/ *s* **1** kokeilu, koe, valintatilaisuus **2** (näytelmän) ennakkonäytäntö
try out *v* kokeilla, (autoa) koeajaa
try out for *v* pyrkiä johonkin (esim urheilujoukkueeseen)
tsetse fly /'titsiˌflaɪ/ *s* tsetsekärpänen
T-shirt /'tiˌʃərt/ *s* T-paita
tspn. *teaspoonful* teelusikallinen
T square /'tiˌskweər/ *s* (T:n muotoinen) kulmaviivain
tsunami /tsʊ'nami/ *s* tsunami, maanjäristyksen tai tulivuorenpurkauksen aiheuttama hyökyaalto
TTL *through-the-lens; transistor-transistor logic*
Tu. *Tuesday* tiistai
tub /tʌb/ *s* **1** kylpyamme **2** sammio, amme, allas, soikko, saavi
tuba /tubə/ *s* tuuba
tube /tub/ *s* **1** putki, letku *to go down the tube* (ark) mennä läskiksi, mennä pöntöstä alas **2** purso, tuubi **3** *inner tube* (auton ym) sisärengas **4** elektroniputki **5** (ark) telkkari, televisio, (halventavasti) pötyputki **6** (UK) maanalainen, metro
tubeless tire *s* sisärenkaaton (ilma)rengas
tuber /tubər/ *s* (kasvi) juurimukula
tuberculosis /təˌbərkjə'loʊsɪs/ *s* tuberkuloosi
tuber vegetables *s* (mon) juurimukulat
tube sock *s* putkisukka
tubular /tubjələr/ *adj* putkimainen, putki-
TUC *Trades Union Congress*
tuck /tʌk/ *s* laskos
v **1** työntää, pistää, panna **2** taivuttaa, taittaa; laskostaa
tuck in *v* **1** taivuttaa, työntää (esim roikkuva paidanlieve housun) sisään **2** peittää (esim lapsi) vuoteeseen **3** (UK ark) (syödä, juoda) ahmia, ahnehtia, mässäillä
tuck into *v* pistää poskeensa, käydä käsiksi (ruokaan)
Tue. *Tuesday* tiistai
Tuesday /tuzdi, 'tuzˌdeɪ/ *s* tiistai

Tuesdays *adv* tiistaisin
tuft /tʌft/ *s* tupsu, kimppu
tufted deer /tʌftəd/ *s* tupsuhirvi
tug /tʌg/ *s* **1** kiskaisu, veto, nykäisy **2** (kuv) köydenveto, kilpailu, mittely **3** hinaaja(-alus)
v kiskoa, hinata, vetää, nykiä
tugboat /ˈtʌgˌbo͝ot/ *s* hinaaja(-alus)
tug of war /ˈtʌgəˌwɔr/ *s* köydenveto (myös kuv)
tuition /tuˈɪʃən/ *s* **1** lukukausimaksu **2** opetus
tulip /tulɪp/ *s* tulppaani
Tulsa /təlsə/ kaupunki Oklahomassa
tumble /tʌmbəl/ *s* kaatuminen, putoaminen
v **1** kaatua, kaataa, pudota, pudottaa, lentää (ark) *he tumbled down the stairs* hän kaatui/lensi portaissa **2** vyörytä, poukkoilla **3** (kuv) (vallanpitäjä) kaatua, kaataa, syöstä (vallasta), (hinnat) laskea, pudota **4** mennä/tulla hätäisesti/kiireisesti, pursuta (ovesta)
tumble-down /ˈtʌmbəlˌda͝un/ *adj* ränsistynyt
tumble-dry /tʌmbəlˈdraɪ/ *v* kuivata (pyykkiä) (rumpu)kuivauskoneessa, (hoito-ohjeissa) rumpukuivaus
tumbler *s* **1** (paksupohjainen) lasi, vesilasi, viskilasi **2** (lukon) salpa **3** voimistelutaituri, akrobaatti
tumble to *v* (ark) törmätä johonkin, huomata/saada selville sattumalta
tummy /tʌmi/ *s* (ark) masu, maha
tumor /tumər/ *s* **1** turpoama **2** kasvain, syöpä
tumult /tuməlt/ *s* **1** metakka, meteli, äläkkä, kahakka, (tappelun) nujakka **2** (kuv) myllerrys, kuohu
tumultuous /tʊˈməltʃʊəs/ *adj* meluisa, mellakoiva, rähinöivä, (myönteisesti:) railakas
tuna /tunə/ *s* makrilli *bluefin tuna* tonnikala
tundra /tʌndrə tundrə/ *s* tundra
tune /tun/ *s* **1** sävelmä, melodia *to call the tune* määrä, olla määräävässä asemassa *to change your tune* tulla toisiin aatoksiin, muttaa mielensä *since the accident, she's been singing a different tune* onnettomuuden jälkeen hänellä tuli toinen ääni kelloon **2** vire, viritys *the piano is in tune/out of tune* piano on (oikeassa) vireessä/epävireessä **3** *the government is wasting money to the tune of billions a day* valtio tuhlaa päivittän miljardeja dollareita
v virittää (soitin, radio/televisio)
tuneful *adj* melodinen
tune in *v* virittää (radio/televisiovastaanotin)
tune out *v* (kuv) lakata kuuntelemasta (jonkun puhetta)
tuner *s* **1** virittäjä **2** viritin
tune up *v* **1** virittää (soittimet) **2** ruveta laulamaan **3** huoltaa (auton moottori)
tunic /tunɪk/ *s* tunika
tuning fork *s* äänirauta
Tunisia /tʊˈniʒə/ Tunisia
Tunisian *s, adj* tunisialainen
tunnel /tʌnəl/ *s* tunneli
v **1** rakentaa/kaivaa tunneli jonnekin/jonkin ali **2** kaivautua, porautua jonkin alitse/lävitse
tunnel effect *s* (fysiikassa) tunneli-ilmiö
tunnel of love *s* (huvipuiston yms) lemmentunneli
tunnel vision *s* **1** (lääk) näkökentän supistuminen **2** (kuv) ahdasmielisyys, ennakkoluuloisuus, suvaitsemattomuus
turban /tərbən/ *s* turbaani
turbine /tərbən/ *s* turbiini
turbo /tərbo͝o/ *s* **1** turbiini **2** (ark) turboahdin, turbo **3** (ark) auto jonka moottorissa on turboahdin, turbo
turbocharger /ˈtərboˌtʃardʒər/ *s* turboahdin
turboprop /ˈtərboˌprap/ *s* **1** potkuriturbiinimoottori **2** potkuriturbiini(lento)-kone
turbo-propeller engine /ˌtərbo͝oprəˈpelər/ *s* potkuriturbiinimoottori
turbulence /tərbjələns/ *s* **1** (kuv) myrskyisyys, kiihkeys, levottomuus **2** pyörteisyys, turbulenssi
turbulent /tərbjələnt/ *adj* (kuv) myrskyisä, myrskyinen, kuohuva, kiihkeä, levoton, raju

turbulently *adj* (kuv) myrskyisästi, kiihkeästi, levottomasti, rajusti
tureen /tʊ'rin/ *s* liemimalja
turf /tərf/ *s* **1** nurmiturve **2** (poltto)turve **3** (sl) kotikontu, tuttu alue *French movies are her turf* ranskalaiset elokuvat ovat hänen heiniään
Turk /tərk/*s* tukkilainen
Turkey /tərki/ Turkki
turkey /tərki/ *s* **1** kalkkuna **2** (sl) mäntti, nuija, hölmö **3** *to go cold turkey* lopettaa esim huumeen käyttö kerralla, panna kerrasta poikki; ryhtyä kylmiltään johonkin **4** *to talk turkey* (ark) puhua suoraan, ei siekailla
Turkish bath /ˌtərkɪʃ'bæθ/ *s* turkkilainen sauna/kylpy
Turkish *s* turkin kieli
adj turkkilainen, turkinkielinen
Turkmenistan /ˌtərk'menəstan/ Turkmenistan
Turks and Caicos Islands /ˌtərksənkaɪkoʊs, ˌkeɪkoʊs/ (mon) Turks- ja Caicossaaret
turmoil /tərmoɪəl/ *s* myllerrys, mullistus, sekasorto, sekaannus *the whole country was in turmoil* koko maa oli mullistuksen kourissa
turn /tərn/ **1** pyörähdys, kierto, käännös **2** (tien ym) mutka, kaarre **3** vuoro *it's your turn* nyt on sinun vuorosi *to do something by turns* vuorotella tehdä jotakin vuorotellen *in turn* vuorollaan, vuorostaan, ajallaan *to take turns* vuorotella, tehdä jotakin vuorotellen **4** käänne *things took a turn for the worse* asiat kääntyivät huonompaan päin *at every turn* joka käänteessä/vaiheessa, jatkuvasti **5** *he didn't do a hand's turn* hän ei liikauttanut eväänsäkään, hän ei pannut tikkua ristiin
v **1** kääntää, kääntyä, kiertää, kiertyä, pyörittää, pyöriä *turn clockwise* kierrä myötäpäivään *to turn right/left* kääntyä vasempaan/oikeaan *to turn a page* kääntää sivua **2** torjua (isku, hyökkäys) **3** muuttaa, muuttua joksikin *he has turned into a monster* hänestä on tullut hirviö *to turn pale* valahtaa kalpeaksi **4** kuvottaa *it turns my stomach to hear talk like that* tuollaiset puheet ällöttävät minua **5** tulla johonkin ikään *she turned eighty last month* hän täytti viime kuussa 80 **6** kääntää: *to turn a book into French* kääntää kirja ranskaksi, ranskantaa kirja **7** sorvata
turn a blind eye to *fr* ei olla huomaavinaankaan jotakin, katsoa jotakin läpi sormien
turn about *v* kääntyä, kääntää
adv vuorotellen
turn a cold shoulder to *fr* kohdella kylmästi/tylysti
turn a deaf ear to *fr* ei ottaa jotakin kuuleviin korviinsa
turn and turn about *fr* vuorotellen
turnaround /'tərnəˌraʊnd/ *s* (täydellinen) käänne, mielipiteen/menettelyn muutos
turn back *v* **1** kääntyä/käännyttää takaisin **2** taittaa (kaksin kerroin)
turncoat /'tərnˌkoʊt/ *s* (esim puolue)loikkari
turn color *fr* vaihtaa väriä, muuttua toisen väriseksi
turndown /'tərnˌdaʊn/ *s* hylkäävä/kielteinen vastaus
turn down *v* **1** hylätä, ei hyväksyä **2** taittaa (kaksin kerroin) **3** vähentää, hiljentää, vaimentaa
turner *s* sorvaaja, sorvari
turn in *v* **1** jättää (sisään esim hakemus), luovuttaa, antaa **2** antaa ilmi, kavaltaa **3** poiketa (tieltä) **4** (ark) painua pehkuihin, mennä nukkumaan
turning *s* **1** (tien)risteys **2** (tien) mutka **3** sorvaus, sorvaaminen
turning point *s* käänne(kohta)
turn into *v* **1** muuttua/muuttaa joksikin **2** kääntyä jonnekin
turn in your grave *fr* kääntyä haudassaan
turnip /tərnɪp/ *s* nauris
turnkey /'tərnˌki/ *s* vanginvartija
adj joka myydään avaimet käteen -periaatteella
turn loose *fr* vapauttaa, päästää vapaaksi

U, u

U, u /ju/ U, u
UAE *United Arab Emirates*
UAR *United Arab Republic*
UAW *United Automobile, Aerospace and Agricultural Implements Workers of America*
ubiquitous /jʊ'bɪkwɪtəs/ *adj* kaikkialla läsnäoleva, jota on kaikkialla/joka paikassa
ubiquity /jʊ'bɪkwɪti/ *s* **1** kaikkialla olo **2** levinneisyys, yleisyys
udder /ʌdər/ *s* utare
Uganda /jʊ'gændə/
Ugandan *s, adj* ugandalainen
ugliness *s* **1** rumuus **2** pahuus, uhkaavuus, vääryys, rumuus
ugly /ʌgli/ *adj* **1** ruma *an ugly painting* ruma taulu **2** paha, synkkä, uhkaava, väärä, ruma *after a few beers, he got into an ugly mood* muutaman oluen juotuaan hän heittäytyi inhottavaksi
ugly customer *s* hankala tyyppi, vaikea tapaus
ugly duckling *s* ruma ankanpoikanen
UHF *ultrahigh frequency*
uh-huh /ˌʌ'ha/ *interj* kyllä
uh-uh /'ʌˌʌ/ *interj* ei
UK *United Kingdom (of Great Britain and Northern Ireland)* Iso-Britannia, Ison-Britannian ja Pohjois-Irlannin yhdistynyt kuningaskunta
Ukraine /ju'kreɪn/ Ukraina
ukulele /ˌjukə'leɪli/ *s* ukulele
ulcer /əlsər/ *s* (lääk) **1** haavauma, haavautuma **2** mahahaava
ulcerate /'əlsəˌreɪt/ *v* (lääk) haavautua
ulterior /əl'tɪrɪər/ *adj* **1** salainen **2** ylimääräinen, lisä- **3** ulkopuolinen
ulterior motives *s* (mon) takaajatukset
ultimate /əltɪmət/ *adj* **1** viimeinen, lopullinen **2** äärimmäinen, korkein, suurin, paras **3** perustava, perus- **4** kaukaisin, etäisin
ultimately *adv* ks ultimate
ultimatum /ˌəltɪ'meɪtəm/ *s* (mon ultimatums, ultimata) uhkavaatimus
ultraconservative /ˌəltrəkən'sərvətɪv/ *adj* äärivanhoillinen
ultrafast /ˌəltrə'fæst/ *adj* äärimmäisen/erittäin nopea
ultraleftist /ˌəltrə'leftɪst/ *s, adj* äärivasemmistolainen
ultraliberal /ˌəltrə'lɪbrəl/ *adj* äärimmäisen/erittäin vapaamielinen
ultralight /'əltrəˌlaɪt/ *s* ultrakevyt lentokone
adj ultrakevyt
ultranationalist /ˌəltrə'næʃənəlɪst/ *s, adj* kiihkoisänmaallinen
ultrarightist /ˌəltrə'raɪtɪst/ *s, adj* äärioikeistolainen
ultrasonic /ˌəltrə'sanɪk/ *adj* ultrasooninen *ultrasonic sound* ultraääni
ultrasonography /ˌəltrəsə'nagrəfi/ *s* (lääk) ultraäänikuvaus
ultrasound /'əltrəˌsaʊnd/ *s* **1** ultraääni **2** (lääk) ultraäänihoito **3** (lääk) ultraäänikuvaus
ultraviolet /ˌəltrə'vaɪələt/ *adj* ultravioletti
umbilical cord /ʌm'bɪlɪkəlˌkɔrd/ *s* napanuora
umbrella /ʌm'brelə/ *s* sateenvarjo; päivänvarjo, auringonvarjo
adj **1** varjo- **2** kattava, yleis-, yhteis-, katto- *umbrella organization* kattojärjestö
umpire /ʌmpaɪər/ *s* **1** (tennis, sulkapallo) tuomari, (koripallo, pöytätennis) aputuomari **2** (riidan) sovittelija

v **1** olla tuomarina/aputuomarina **2** sovitella, olla sovittelijana

umpteen /ʌmp'tin/ *adj* (ark) lukematon *I've told you umpteen times not to do it* minä olen kieltänyt sinua vaikka kuinka monta kertaa

umpteenth /ʌmp'tinθ/ *adj* (ark) vaikka kuinka mones, ties kuinka mones *for the umpteenth time, Bill, what is two plus two?* minä kysyn sinulta taas uudestaan, Bill, paljonko on kaksi plus kaksi?

UN *United Nations* Yhdistyneet Kansakunnat, YK

unable /ʌ'neɪbəl/ *adj he was unable to come to the party* hän ei päässyt/pystynyt tulemaan juhliin, hän ei voinut tulla juhliin

unacceptable /ʌnək'septəbəl/ *adj* ei hyväksyttävä, riittämätön, epätyydyttävä, epämieluisa *it's not unacceptable* se kelpaa, se on ihan hyvä

unaccountable /ˌʌnə'kaʊntəbəl/ *adj* selittämätön, käsittämätön

unaccountably *adv* käsittämättömästi *unacccountably, the money is missing* rahat ovat kadonneet jostain käsittämättömästä syystä

unaccounted for *three people are still unaccounted for* kolme ihmistä on edelleen kateissa

unaccustomed /ˌʌnə'kʌstəmd/ *adj* **1** *unaccustomed to* joka ei ole tottunut johonkin **2** poikkeuksellinen, harvinainen, epätavallinen

unadulterated /ˌʌnə'dəltəˌreɪtəd/ *adj* **1** laimentamaton, puhdas **2** (kuv) silkka, puhdas *that's unadulterated hogwash* tuo on silkkaa roskaa

unanimity /ˌjunə'nɪməti/ *s* yksimielisyys

unanimous /jʊ'nænɪməs/ *adj* yksimielinen

unanimously /jə'nænɪməsli/ *adv* yksimielisesti

unanswerable /ʌn'ænsərəbəl/ *adj* **1** johon ei voi vastata **2** kiistaton, eittämätön

unarm /ʌn'arm/ *v* riisua aseista

unarmed *adj* aseeton; aseistamaton

unassuming /ˌʌnə'sumiŋ/ *adj* vaatimaton, (väheksyen:) mitäänsanomaton, vähäpätöinen

unattended /ˌʌnə'tendəd/ *adj* joka on yksin, jota ei valvota, (vamma) hoitamaton, (tilaisuus) jonne ei saavu yleisöä, (tehtävä) laiminlyöty, jota ei hoideta *he left his car unattended and it was stolen* hän jätti autonsa yksin/hän ei pitänyt autoaan silmällä ja se varastettiin

unattractive /ˌʌnə'tʃræktɪv/ *adj* **1** ei kaunis **2** ei kiinnostava/houkutteleva

unauthenticated /ˌʌna'θentɪˌkeɪtəd/ *adj* varmistamaton, vahvistamaton

unavoidable /ˌʌnə'vɔɪdəbəl/ *adj* väistämätön, vääjäämätön

unavoidably *adv* väistämättä, väistämättömästi, vääjäämättä

unaware /ˌʌnə'weər/ *she was unaware of the news* hän ei tiennyt uutisesta, hän ei ollut kuullut uutista

unawares *adv* **1** tietämättään **2** yllättäen, odottamatta, varoituksetta

unbalanced /ʌn'bælənst/ *adj* (myös kuv) tasapainoton, epävakaa

unbearable /ʌn'berəbəl/ *adj* sietämätön

unbearably *adv* sietämättömästi, sietämättömän

unbeaten /ʌn'bitən/ *adj* **1** (ennätys) rikkomaton, joka on edelleen voimassa **2** (tie, myös kuv) koluamaton, tuntematon, uusi

unbecoming /ˌʌnbɪ'kʌmiŋ/ *adj* sopimaton, joka ei sovi jollekulle/johonkin

unbeknownst to /ˌʌnbɪ'noʊnst/ *adj* jonkun tietämättä

unbelievable /ˌʌnbə'livəbəl/ *adj* uskomaton

unbelievably *adv* uskomattomasti, uskomattoman

unbelieving /ˌʌnbə'liviŋ/ *adj* epäuskoinen, epäluuloinen

unbiased /ʌn'baɪəst/ *adj* puolueeton, ennakkoluuloton, reilu

unborn /ʌn'bɔrn/ *adj* syntymätön *unborn generations* tulevat sukupolvet

unbroken /ʌn'broʊkən/ *adj* **1** ehjä, kokonainen, jakamaton, särkemätön **2** yhtäjaksoinen, keskeytyksetön **3** (hevonen) kesyttämätön

uncalled-for /ʌn'kald,fɔr/ *adj* aiheeton, tarpeeton, sopimaton, tahditon
uncanny /ʌn'kæni/ *adj* **1** käsittämätön, ällistyttävä *uncanny accuracy* hämmästyttävä tarkkuus **2** kaamea, kammottava, pelottava
uncertain /ʌn'sərtən/ *adj* **1** epävarma *in no uncertain terms* suorin sanoin, siekailematta **2** epämääräinen, hämärä
uncertainty /ʌn'sərtənti/ *s* **1** epävarmuus **2** epämääräisyys, hämäryys
UNCF *United Negro College Fund*
uncharitable /ʌn'tʃerıtəbəl/ *adj* kovasydäminen, epäystävällinen, tympeä, säälimätön, armoton
uncharitably *adv* kovasydämisesti, epäystävällisesti, säälimättömästi, armottomasti
uncharted /ʌn'tʃartəd/ *adj* kartoittamaton, tutkimaton, tuntematon
unchecked /ʌn'tʃekt/ *adj* **1** tarkistamaton **2** hillitön, kohtuuton
unchristian /ʌn'krıstʃən/ *adj* **1** ei-kristitty, ei-kristillinen **2** epäkristillinen
uncircumcised /ʌn'sərkəm,saızd/ *adj* ympärileikkaamaton
uncivil /ʌn'sıvəl/ *adj* epäkohtelias
uncivilized /ʌn'sıvəlaızd/ *adj* sivistymätön, raaka, karkea
unclassified /ʌn'klæsı,faıd/ *adj* **1** luokittelematon, lajittelematon **2** ei salainen, julkinen
uncle /ʌŋkəl/ *s* setä, eno *to cry/say uncle* (ark) antautua
unclean /ʌn'klin/ *adj* likainen (myös kuv)
Uncle Sam /,ʌŋkəl'sæm/ *s* Setä Samuli, Yhdysvallat
uncomfortable /ʌn'kʌmfərtəbəl/ *adj* epämukava, kiusallinen, kiusaantunut, vaivaantunut
uncomfortably *adv* epämukavasti, epämukavan, kiusallisesti, vaivautuneesti
uncommon /ʌn'kamən/ *adj* harvinainen, epätavallinen, poikkeuksellinen
uncommonly *adv* harvinaisen, epätavallisen, poikkeuksellisen
uncommunicative /,ʌnkə'mjunıkətıv/ *adj* vähäpuheinen, hiljainen, sulkeutunut
uncompetitive /,ʌnkəm'petətıv/ *adj* ei kilpailukykyinen
uncompromising /ʌn'kamprə,maızıŋ/ *adj* tinkimätön, peräänantamaton, ehdoton, jyrkkä
uncompromisingly *adv* tinkimättömästi, tinkimättömän, ehdottomasti, ehdottoman, jyrkästi
unconcerned /,ʌnkən'sərnd/ *adj* **1** välinpitämätön, ei huolestunut, tyyni, rauhallinen **2** joka ei ole mukana jossakin, ei osallinen
unconcernedly *adv* välinpitämättömästi, tyynesti, rauhallisesti
unconditional /,ʌnkən'dıʃənəl/ *adj* ehdoton, varaukseton
unconditionally *adv* ehdottomasti, varauksettomasti, varauksetta
unconscionable /ʌn'kanʃənəbəl/ *adj* anteeksiantamaton
unconscious /ʌn'kanʃəs/ *s* alitajunta, piilotajunta
adj **1** tajuton, tiedoton **2** tietämätön jostakin *(of)*, tiedoton **3** alitajuinen, tiedostamaton **4** tahaton, vaistomainen
unconsciously *adv* **1** alitajuisesti, tiedostamatta **2** tahattomasti, vaistomaisesti
unconsciousness *s* **1** tajuttomuus **2** tiedottomuus, tietämättömyys jostakin *(of)* **3** tahattomuus
uncouple /ʌn'kʌpəl/ *adj* irrottaa (toisistaan)
uncouth /ʌn'kuθ/ *adj* (kuv) hiomaton, karkea
uncover /ʌn'kʌvər/ *v* avata, paljastaa (myös kuv:) löytää *to uncover your head* paljastaa päänsä *to uncover ruins* kaivaa esiin raunioita
undaunted /ʌn'dantəd/ *adj* **1** lannistumaton **2** peloton, rohkea
undecided /,ʌndə'saıdəd/ *adj* **1** *I'm still undecided about what to do* en ole vielä päättänyt mitä tehdä **2** ratkaisematon
undeniable /,ʌndə'naıəbəl/ *adj* kiistaton, eittämätön
undeniably *adv* kiistattomasti, kiistattoman
undenominational /,ʌndə,namə'neıʃənəl/ *adj* tunnustukseton

under /ʌndər/ *adv* alla, alle, alitse *to go under* (laiva) upota; (yritys) tehdä vararikko, mennä konkurssiin *prep* **1** alla, alle, alitse *the baby crawled under the sofa* lapsi ryömi sohvan alle *her ball was under the sofa* hänen pallonsa oli sohvan alla **2** (kuv) alle *under a hundred dollars* alle sata dollaria **3** (kuv) alainen, alaisuudessa, vallassa: *he works under Senator Guterriez* hän on senaattori Guterriezin palveluksessa/alaisia *under King Herod* kuningas Herodeksen alaisuudessa/aikana *he is under the influence of drugs* hän on huumeessa *under the circumstances* näissä oloissa, tässä tilanteessa *I was under the impression that...* olin siinä käsityksessä että... **4** mukaan: *under the new law* uuden lain mukaan **5** *to keep something under wraps* pitää jotakin salassa

underage /ˌʌndər'eɪdʒ/ *adj* alaikäinen

underarm /'ʌndərˌarm/ *s* kainalo *adj* **1** kainalo- **2** alakautta tapahtuva (pallon heitto)

underclass /'ʌndərˌklæs/ *s* (yhteiskunnan) alaluokka, vähäosaiset

underclothes /'ʌndərˌkloʊðz/ *s* (mon) alusvaatteet

undercover /ˌʌndər'kʌvər/ *adj* salainen

undercurrent /'ʌndərˌkərənt/ *s* pohjavirta (myös kuv)

undercut /ˌʌndər'kʌt/ *v* undercut, undercut: myydä halvemmalla kuin, tehdä halvempi tarjous kuin

underdeveloped /ˌʌndərdɪ'veləpt/ *adj* alikehittynyt, (luonnonvarat) hyödyntämättömät

underdog /'ʌndərˌdag/ *s* **1** (kilpailussa) varma häviäjä **2** (yhteiskunnassa) kovaosainen, vähäosainen, väliinputoaja

underdone /ˌʌndər'dʌn/ *adj* **1** (ruoka) ei kypsä **2** (UK) (liha) raaka (pyynnöstä vain osittain paistettu)

underestimate /ˌʌndər'estɪmət/ *s* liian alhainen arvio

underestimate /ˌʌndər'estɪˌmeɪt/ *v* aliarvioida

underestimation /ˌʌndərˌestɪ'meɪʃən/ *s* aliarviointi

underexpose /ˌʌndərəks'poʊz/ *v* (valo- ja videokuvauksessa) alivalottaa

underexposure /ˌʌndərəks'poʊʒər/ *s* (valo- ja videokuvauksessa) alivalotus

underfed /ˌʌndər'fed/ *adj* aliravittu

underfoot /ʌndər'fʊt/ *adv* maassa, jaloissa

undergo /ˌʌndər'goʊ/ *v* underwent, undergone: johonkuhun/johonkin kohdistuu jotakin, myös funktioverbinä: *to undergo change* muuttua *to undergo suffering* kärsiä, joutua kärsimään *to undergo surgery* käydä leikkauksessa

undergraduate /ˌʌndər'grædʒʊət/ *s* opiskelija joka ei ole vielä suorittanut alinta (korkeakoulu)tutkintoa *adj* (opinnoista) alimpaan (korkeakoulu)-tutkintoon valmistava

underground /'ʌndərˌgraʊnd/ s **1** maanalainen järjestö/liike, vastarintaliike **2** (UK) maanalainen, metro *adj* maanalainen (myös kuv) *adv* maan alla (myös kuv)

undergrowth /'ʌndərˌgroʊθ/ *s* aluskasvillisuus

underhand /'ʌndərˌhænd/ *adj* **1** salainen **2** (pallon heitto) alakautta tapahtuva *adv* **1** salaa **2** (heittää pallo) alakautta

underhanded /ˌʌndər'hændəd/ *adj* **1** (työvoimasta) vajaa *the company is underhanded* yritys potee työvoimapulaa **2** ks underhand

underline /'ʌndərˌlaɪn/ *v* alleviivata (myös kuv:) tähdentää, korostaa, painottaa

underlying /'ʌndərˌlaɪiŋ/ *adj* **1** alla oleva, alapuolinen, pohjimmainen **2** (kuv) todellinen, varsinainen, pohjimmainen

underlying security *s* (tal) kohdeetuus

undermanned /ˌʌndər'mænd/ *adj* (työvoimasta) vajaa

undermine /'ʌndərˌmaɪn/ *v* (kuv) heikentää, murentaa, kaivaa maata jonkin/jonkun alta

underneath /ˌʌndər'niθ/ *adv, prep* alla, alle, alapuolella, alapuolelle

universally *adv* yleisesti; yleispätevästi; yleismaailmallisesti, kaikkialla
universe /'junəˌvərs/ *s* **1** maailmankaikkeus, maailma **2** piiri, alue, maailma *in the universe of science* tieteen maailmassa
university /ˌjunə'vərsəti/ *s* yliopisto
unjust /ʌn'dʒʌst/ *adj* epäreilu, epäoikeudenmukainen
unkempt /ʌn'kemt/ *adj* **1** (tukka) kampaamaton **2** epäsiisti, siivoton, hoitamaton
unkind /ʌn'kaɪnd/ *adj* epäystävällinen; julma, ankara, kova
unkindly *adv* epäystävällisesti; julmasti, ankarasti, kovasti
unknown /ʌn'noʊn/ *s* tuntematon (asia) *adj* tuntematon
Unknown Soldier *s* tuntematon sotilas
unlawful /ʌn'lafəl/ *adj* **1** laiton, luvaton, kielletty **2** (lapsi) avioton
unlawfully *adv* **1** laittomasti, luvattomasti **2** (syntyä) aviottomana
unlearn /ʌn'lərn/ *v* poisoppia, unohtaa (oppimansa); luopua (pahasta tavasta)
unleash /ʌn'liʃ/ *v* **1** päästää irti/vapaaksi **2** (kuv) päästää valloilleen, purkaa
unleavened /ʌn'levənd/ *adj* happamaton
unless /ən'les/ *konj* ellei, jos ei *don't disturb him unless you're in trouble* älä häiritse häntä ellet ole pulassa *unless you come up with a better excuse, you shouldn't go to see your boss* sinun ei kannata mennä pomon puheille ellet keksi parempaa veruketta
unlike /ʌn'laɪk/ *adj* erilainen, (napa) vastakkainen
prep erilainen kuin *unlike you, she tries hard* hän eroaa sinusta siinä että hän yrittää kovasti *it's very unlike him to lose his cool like that* ei ole hänen tapaistaan polttaa päreitään tuolla tavoin
unlikely *adv* epätodennäköinen
unlimited /ʌn'lɪmətəd/ *adj* **1** rajoittamaton, varaukseton **2** rajaton, ääretön, suunnaton
unload /ʌn'loʊd/ *v* **1** purkaa (kuorma) **2** luopua jostakin (ark) purkaa sydäntään
unlock /ʌn'lak/ *v* **1** avata (lukko) **2** (kuv) paljastaa, avata (salat)
unlucky /ʌn'lʌki/ *adj* **1** huono-onninen, onneton **2** ikävä, valitettava, onneton
unmanliness *s* epämiehekkyys, naismaisuus
unmanly /ʌn'mænli/ *adj* epämiehekäs, naismainen
unmanned /ʌn'mænd/ *adj* miehittämätön
unmannerly /ʌn'mænərli/ *adj* epäkohtelias, moukkamainen, hiomaton, töykeä
unmarked /ʌn'markt/ *adj* merkitsemätön, tahraton, (poliisiauto) tunnukseton, siviili-
unmarketable /ʌn'markətəbəl/ *adj* joka ei mene kaupaksi, myyntikelvoton
unmask /ʌn'mæsk/ *v* (kuv) paljastaa
unmentionable /ʌn'menʃənəbəl/ *adj* kielletty, jota ei sovi mainita, josta ei sovi puhua
unmentionables *s* (mon) **1** alusvaatteet, nimettömät **2** (vanh) housut
unmistakable /ʌnmɪ'steɪkəbəl/ *adj* varma, selvä, ehdoton, josta ei voi erehtyä
unmistakably *adv* selvästi, ehdottomasti, varmasti
unmitigated /ʌn'mɪtəˌgeɪtəd/ *adj* täydellinen, ehdoton, sietämätön *the whole thing was an unmitigated disaster* koko homma oli täydellinen fiasko
unmusical /ʌn'mjuzɪkəl/ *adj* epämusikaalinen, epämelodinen
unnatural /ʌn'nætʃərəl/ *adj* **1** luonnoton, luonnonvastainen, epäluonnollinen **2** teennäinen, epäaito **3** epäinhimillinen **4** poikkeuksellinen, harvinainen
unnaturally *adv* **1** luonnottomasti, luonnottoman, epäluonnollisesti **2** teennäisesti, teennäisen, epäaidosti **3** epäinhimillisesti **4** poikkeuksellisesti, poikkeuksellisen, harvinaisen
unnecessarily /ʌnˌnesə'serəli/ *adv* tarpeettomasti, turhaan, suotta
unnecessary /ʌn'nesəˌseri/ *adj* tarpeeton, turha
unnerve /ʌn'nərv/ *v* lannistaa, lamauttaa, herpaannuttaa
unnoticed /ʌn'noʊtəst/ *adj* huomaamaton *to go/pass unnoticed* jäädä

huomaamatta, mennä ohi/tapahtua huomaamatta
unobtrusive /ˌʌnəb'trusɪv/ *adj* huomaamaton
unoccupied /ʌn'akjəˌpaɪd/ *adj* **1** (istuin, asunto) tyhjä, vapaa **2** toimeton, vapaa
unofficial /ˌʌnə'fɪʃəl/ *adj* epävirallinen
unofficially *adv* epävirallisesti
unorganized /ʌn'ɔrgəˌnaɪzd/ *adj* **1** sekava, sekainen, sotkuinen **2** (ammatillisesti) järjestäytymätön
unpack /ʌn'pæk/ *v* **1** purkaa (laukku), ottaa esiin (laatikosta) **2** (kuv) purkaa mieltään/sydäntään
unpalatable /ˌʌnpə'lætəbəl/ *adj* **1** (maku) epämiellyttävä, huono **2** (kuv) vastenmielinen, epämiellyttävä
unparalleled /ʌn'perəleəld/ *adj* ennennäkemätön, verraton, ainutlaatuinen, ilmiömäinen
unpleasant /ʌn'plezənt/ *adj* epämiellyttävä, ikävä, vastenmielinen, epäkohtelias
unpleasantly *adv* epämiellyttävästi, ikävästi, vastenmielisesti, epäkohteliaasti
unpleaseantness *s* **1** epämiellyttävyys, ikävyys, vastenmielisyys **2** vastoinkäyminen; epäkohteliaisuus
unplug /ʌn'plʌg/ *v* irrottaa (pistoke seinästä yms)
unpolished rice /ʌn'palɪʃt/ *s* kiillottamaton riisi
unpopular /ʌn'papjələr/ *adj* ei suosittu, ei pidetty *the senator is unpopular with the blacks* senaattori ei ole mustien suosiossa
unprecedented /ʌn'presədentəd/ *adj* ennennäkemätön, ennenkuulumaton, ainutlaatuinen, ainutkertainen
unprecedentedly *adv* ensimmäistä kertaa, ennenkuulumattomasti, ainutlaatuisesti, ainutlaatuisen
unpredictability /ˌʌnprɪˌdɪktə'bɪləti/ *s* arvaamattomuus, yllätyksellisyys
unpredictable /ˌʌnprɪ'dɪktəbəl/ *adj* arvaamaton, yllätyksellinen
unpredictably *adv* arvaamattomasti, yllätyksellisesti, yllättäen
unprofessional /ˌʌnprə'feʃənəl/ *adj* amatöörimäinen, aloittelijamainen, epäammattimainen, ammatti-ihmiselle sopimaton
unprofitable /ʌn'prafətəbəl/ *adj* **1** kannattamaton **2** (kuv) hedelmätön, hyödytön
unprofitably *adv* **1** kannattamattomasti **2** (kuv) hedelmättömästi, hyödyttömästi
unputdownable /ˌʌnpʊt'daʊnəbəl/ *adj* (ark) (kirjasta) jota ei malta jättää kesken, joka on luettava yhdeltä istumalta
unqualified /ʌn'kwalɪˌfaɪd/ *adj* **1** sopimaton, epäpätevä, ei pätevä johonkin *(for)* **2** varaukseton, ehdoton, täydellinen, täysi
unquestionable /ʌn'kwestʃənəbəl/ *adj* ehdoton, kiistaton, eittämätön
unquestionably *adv* ehdottomasti, kiistattomasti, eittämättä
unquote /ʌn'kwoʊt/ *he asked, quote, where is the money, unquote* (suorasta lainauksesta) hän kysyi "missä rahat ovat"
unravel /ʌn'rævəl/ *v* **1** selvittää, (vyyhti), purkaa **2** (kuv) selvittää, ratkaista (ongelma)
unreal /ʌn'riəl/ *adj* epätodellinen, keksitty, kuvitteellinen
unrealistic /ˌʌnriə'lɪstɪk/ *adj* epärealistinen, epätodellinen, kohtuuton, liiallinen
unrealistically *adv* epärealistisesti, epätodellisesti, kohtuuttomasti, liiallisesti
unreality /ˌʌnri'æləti/ *s* epätodellisuus
unrealized /ʌn'rɪəˌlaɪzd/ *adj* toteuttamaton, hyödyntämätön, käyttämätön
unreasonable /ʌn'rizənəbəl/ *adj* järjetön, mieletön, (hinta, vaatimus) kohtuuton, liiallinen
unreasonably *adv* järjettömästi, mielettömästi; kohtuuttomasti, kohtuuttoman, liian *one might not unreasonably ask what this is going to accomplish* on kohtuullista kysyä mitä hyötyä tästä on
unrelenting /ˌʌnrɪ'lentɪŋ/ *adj* armoton, hellittämätön, itsepintainen
unreliable /ˌʌnrɪ'laɪəbəl/ *adj* epäluotettava
unrest /ʌn'rest/ *s* levottomuus
unroll /ʌn'roəl/ *v* **1** (rullasta yms)

avata, avautua **2** esitellä, paljastaa *Detroit just unrolled next year's models* Detroitin autotehtaat esittelivät juuri ensi vuoden mallit
unruly /ʌnruli/ *adj* kuriton, tottelematon, omapäinen, levoton
unsatisfactory /ʌnsætɪs'fæktəri/ *adj* epätyydyttävä, huono, riittämätön
unsaturated /ʌnsætʃəreɪtəd/ *adj* (rasva) tyydyttämätön
unsavory /ʌn'seɪvəri/ *adj* **1** (ruoka, juoma) ei hyvä, mauton, huono **2** vastenmielinen, epämiellyttävä *he's an unsavory character* hän on tympeä tyyppi
unscathed /ʌn'skeɪðd/ *adj* vahingoittumaton, ehjä *to escape unscathed* selvitä naarmuitta
unscientific /ˌʌnsaɪən'tɪfɪk/ *adj* epätieteellinen
unscramble /ʌn'skræmbəl/ *v* purkaa (koodi), selvätä, selvittää
unscrew /ʌn'skru/ *v* kiertää/ruuvata auki, irrottaa
unscrupulous /ʌn'skrupjələs/ *adj* häikäilemätön, sumeilematon
unscrupulously *adv* häikäilemättömästi, häikäilemättömän, sumeilematta
unseasonal /ʌn'sizənəl/ *adj* (vuodenaikaan nähden) poikkeuksellinen, harvinainen
unseasonally *adv* (vuodenaikaan nähden) poikkeuksellisesti *we've had an unseasonally warm March* maaliskuu oli harvinaisen lämmin
unseasoned /ʌn'sizənd/ *adj* **1** (ruoka) maustamaton **2** (puu) kuivaamaton **3** (ihminen: ilmastoon tms) tottumaton
unseat /ʌn'sit/ *v* **1** (hevonen) heittää satulasta **2** syöstä vallasta, syrjäyttää, kaataa
unseemly /ʌn'simli/ *adj* sopimaton *adv* sopimattomasti
unseen /ʌn'sin/ *adj* **1** näkymätön **2** näkemätön *to buy something sight unseen* ostaa sika säkissä
unselfish /ʌn'selfɪʃ/ *adj* epäitsekäs
unselfishly *adv* epäitsekkäästi
unselfishness *s* epäitsekkyys
unsettle /ʌn'setəl/ *v* **1** sekoittaa **2** (kuv) järkyttää, järisyttää, hermostuttaa, pelästyttää
unsettling *adj* (kuv) järkyttävä, järisyttävä, hermostuttava, pelottava
unsightly /ʌn'saɪtli/ *adj* ruma, kammottava(n näköinen), vastenmielinen, kuvottava
unskilled /ʌn'skɪld/ *adj* **1** (työntekijä) ammattitaidoton, kouluttamaton, (työ) jossa ei vaadita koulutusta **2** taitamaton, osaamaton
unskillful *adj* taitamaton, osaamaton, kömpelö
unsound /ʌn'saʊnd/ *adj* **1** (terveys) huono, (ihminen) sairas **2** (puu) laho, (perusta) heikko **3** (kuv) epävarma, epäterve, heikko, huono, (perustelu) ontuva
unsparing /ʌn'speriŋ/ *adj* **1** tuhlaileva, suuripiirteinen **2** säälitön, armoton, kova
unsparingly *adv* **1** tuhlailevasti, suuripiirteisesti **2** säälittömästi, armottomasti, kovasti
unspeakable /ʌn'spikəbəl/ *adj* sanaton, sanoinkuvaamaton
unspeakably *adv* sanattomasti, sanoinkuvaamattomasti, sanoinkuvaamattoman
unstoppable /ʌn'stapəbəl/ *adj* **1** peruuttamaton, lopullinen **2** lyömätön, voittamaton
unstuck /ʌn'stʌk/ *to become/come unstuck* **1** irrota **2** (kuv) kaatua, mennä myttyyn
unsuccessful /ˌʌnsək'sesfəl/ *adj* menestyksetön, epäonnistunut
unsuccessfully *adv* menestyksettömästi, menestyksettä, epäonnistuneesti
unsuitable /ʌn'sutəbəl/ *adj* sopimaton, soveltumaton, asiaton
unsuitably *adv* sopimattomasti, sopimattoman
unswerving /ʌn'swərviŋ/ *adj* järkkymätön
untangle /ʌn'tæŋgəl/ *v* **1** selvittää (vyyhti), purkaa **2** (kuv) selvittää, korjata
untaught /ʌn'tat/ ks unteach
unteach /ʌn'titʃ/ *v* untaught, untaught: saada joku unohtamaan jotakin, saada joku luopumaan jostakin (huonosta tavasta)
untenable /ʌn'tenəbəl/ *adj* (väite) perusteeton, kyseenalainen
unthankful /ʌn'θæŋkfəl/ *adj* **1** (joka ei

kiitä) kiittämätön, epäkiitollinen **2** (tehtävä) epäkiitollinen, hankala, vastenmielinen, ikävä
unthinkable /ʌn'θiŋkəbəl/ *adj* mahdoton, käsittämätön
unthinking *adj* ajattelematon, harkitsematon
unthinkingly *adv* ajattelemattomasti, harkitsematta
untidy /ʌn'taɪdi/ *adj* epäsiisti, siivoton
untie /ʌn'taɪ/ *v* avata (solmu), irrottaa
until /ən'tɪl/ *prep* saakka, asti *until two p.m.* kello 14:ään saakka *not until three p.m.* vasta kello 15
konj kunnes *until further notice* kunnes toisin ilmoitetaan *not until today did I realize what was wrong* tajusin vasta tänään mikä oli vikana
unto /ʌntu ʌntə/ *prep* (vanh) **1** ks to **2** asti, saakka *unto this day* tähän päivään asti
untold /ʌn'toəld/ *adj* suunnaton, lukematon *untold millions were wasted* rahaa meni hukkaan miljoonakaupalla
untrue /ʌn'tru/ *adj* epätosi, väärä, virheellinen
untrustworthy /ʌn'trʌstˌwərði/ *adj* epäluotettava
untruth /ʌn'truθ/ *s* valhe, loru, satu (kuv)
unused /ʌn'juzd/ *adj* käyttämätön
unused to *to be unused to something* ei olla tottunut johonkin
unusual /ʌn'juʒʊəl/ *adj* epätavallinen, poikkeuksellinen, harvinainen
unusually *adv* epätavallisesti, epätavallisen, poikkeuksellisesti, poikkeuksellisen, harvinaisen
unveil /ʌn'veɪəl/ *v* paljastaa, paljastua
unveiling *s* **1** paljastus(tilaisuus) **2** ensiesitys, (ensimmäinen) esittelytilaisuus, julkistus
unvoiced /ʌn'vɔɪst/ *adj* **1** sanomatta jätetty **2** (äänne) soinniton
unwarily *adv* varomattomasti
unwary /ʌn'weri/ *adj* varomaton
unwieldy /ʌn'wɪəldi/ *adj* raskas, iso, jota on hankala/vaikea liikuttaa/siirtää
unwilling /ʌnwɪlɪŋ/ *adj* haluton, vastahakoinen *he is unwilling to do it* hän ei halua tehdä sitä
unwind /ʌn'waɪnd/ *v* unwound, unwound **1** purkaa, purkautua (kelalta), kelata, kelautua (auki) **2** (kuv) rentoutua, rentouttaa
unwise /ʌn'waɪz/ *adj* epäviisas, harkitsematon, varomaton
unwisely *adv* epäviisaasti, harkitsemattomasti, varomattomasti
unwitting /ʌn'wɪtiŋ/ *adj* tahaton
unwittingly *adv* tahattomasti, vahingossa
unwrap /ʌn'ræp/ *v* avata (paketti), purkaa, ottaa esiin
unwritten /ʌn'wrɪtən/ *adj* kirjoittamaton, suullinen
unzip /ʌn'zɪp/ *v* avata vetoketju
up /ʌp/ *s* **1** nousu, kasvu, lisäys, korotus **2** menestys **3** *to be on the up and up* (ark) olla rehellinen
v nostaa, korottaa, lisätä
adv **1** ylhäällä, ylhäälle, ylös *lift the box up on the top shelf* nosta laatikko ylimmälle hyllylle *the sun is up* aurinko on noussut *prices have gone up* hinnat ovat nousseet *when do you usually get up?* moneltako sinä yleensä nouset (vuoteesta)? **2** kohti, luo *step up to the window, please* astukaa luukulle! **3** loppuun, kaikki, valmiiksi: *I used up all my money* käytin kaikki rahani **4** (kilpailussa ym) edellä, edessä *our team is three points up on yours* joukkueemme johtaa teitä kolmella pisteellä **5** (kone, laite) toiminnassa, käynnissä **6** suunnasta, usein jätetään suomentamatta *up in New England* Uudessa-Englannissa **7** tekeillä, meneillä: *what's up?* mitä on tekeillä?; miten hurisee? *what's up with this guy?* mikä tuota kaveria vaivaa?
prep ylös, pitkin *we climbed up the mountain* kiipesimme vuorta/vuoren rinnettä ylös *he lives up the street* hän asuu tämän saman kadun varrella
up against *fr* **1** *he put his bike up against the wall* hän pani pyöränsä seinää vasten **2** *to be up against something* olla vastassaan joku/jokin
up against it *to be up against it* olla pulassa/pinteessä
up against the wall *fr* **1** ammuttavana, teloitettavana **2** *we are up against*

the wall olemme pahassa pinteessä/ pulassa, kohtalomme on veitsen terällä
up and about *fr* jalkeilla (sairauden jälkeen)
up and around *fr* jalkeilla (sairauden jälkeen)
up-and-coming /ˌʌpən'kʌmiŋ/ *adj* eteenpäin pyrkivä, lupaava
up and down *fr* **1** ylösalaisin, (katsoa) kiireestä kantapäähän **2** edestakaisin, pitkin ja poikin
up-and-down /ˌʌpən'daʊn/ *adj* **1** ylösalainen, edestakainen **2** kumpuileva **3** vaihteleva, ailahteleva
up a tree *to be up a tree* olla pulassa/pinteessä
upbeat /'ʌpˌbit/ *adj* toiveikas, optimistinen, iloinen, elämänmyönteinen
upbringing /'ʌpˌbriŋiŋ/ *s* kasvatus
UPC *Universal Product Code*
update /'ʌpˌdeɪt/ *s* **1** päivitys **2** päivite *here's a news update* tässä ovat tuoreimmat uutiset
v päivittää
up for *to be up for sale* olla myytävänä
upgrade /'ʌpˌgreɪd/ *s* **1** (ylä)mäki, nousu **2** kasvu, lisäys **3** uusi, parannettu tai laajennettu versio/malli, päivitys *memory upgrade for a computer* tietokoneen muistin laajennus *upgrades are only $99* tuotevaihdon/päivityksen hinta on vain 99 dollaria
v **1** ylentää, antaa ylennys (korkeampaan asemaan) **2** parantaa, kohentaa, laajentaa, pivitt *she upgraded her computer by adding memory* hän lisäsi tietokoneeseensa muistia
upheaval /ʌp'hivəl/ *s* mullistus, myllerys, sekasorto
upheld /ə'peld/ ks uphold
uphill /ˌʌp'hɪl/ *adj* **1** nouseva, ylämäkeen johtava **2** (kuv) raskas *it was an uphill battle* se oli kovan työn takana
adv ylämäkeen
uphold /ə'poəld/ *v* upheld, upheld: tukea, kannattaa, säilyttää, (järjestystä, lain noudattamista) valvoa, (perinnettä) vaalia, (lak päätös) vahvistaa
upholster /ə'polstər/ *v* päällystää, verhoilla (istuimia), laittaa (huoneeseen) matot/verhot
upholsterer *s* verhooja
upholstery /ə'polstəri/ *s* **1** verhoomo **2** verhoilukangas/nahka
UPI *United Press International*
upkeep /'ʌpˌkip/ *s* ylläpito, kunnossapito, huolto
upland /ʌplənd/ *s* ylänkö
uplift /'ʌpˌlɪft/ *s* **1** (olojen, aseman) parantaminen, parannus **2** mielenylennys
uplift /ʌp'lɪft/ *v* **1** kohottaa, nostaa **2** parantaa (oloja, asemaa) **3** ylentää mieltä
uplifting /ʌp'lɪftiŋ/ *adj* mieltä ylentävä, rohkaiseva
upmarket /'ʌpˌmarkət/ *adj* (tavara) kallis, korkealuokkainen
upmost /'ʌpˌmoʊst/ *adj* ylin
upon /ə'pan/ ks on
upon sight *fr* ensi näkemältä
upper /ʌpər/ *s* **1** (kengän) päällysnahka **2** (makuuosaston, kerrossängyn) ylävuode **3** (sl) piristysaine, piriste
adj **1** ylempi, ylä-, korkeampi, korkea **2** (kuv) ylempi, korkea-arvoisempi
upper class /ˌʌpər'klæs/ *s* yläluokka
upper crust *s* **1** (leivonnaisen) kuori **2** (ark) yhteiskunnan kerma, yläluokka
upper digestive tract /daɪ'dʃestɪv/ *s* (lääk) yläsuolistokanava
Upper Michigan Ylä-Michigan
uppermost /'ʌpərˌmoʊst/ *adj* **1** ylin, korkein, päällimmäinen **2** (kuv) ensimmäinen, tärkein
Upper Peninsula Ylä-Michigan
upright /'ʌpˌraɪt/ *s* piano
v nostaa pystyyn, suoristaa, oikaista
adj **1** pysty **2** rehti, rehellinen, vilpitön
adv pystyssä, pystyyn
upright piano *s* piano
uprising /'ʌpˌraɪziŋ/ *s* kapina
upriver /ʌp'rɪvər/ *adj, adv* (joka on) joen yläjuoksun varrella/suunnassa
uproar /'ʌpˌrɔr/ *s* myllerrys, sekasorto, mellakka, meteli
uproot /ʌp'rut/ *v* **1** kitkeä (juurineen maasta) **2** siirtää (väkisin) asuinsijoiltaan, katkaista jonkun juuret **3** (kuv) kitkeä, tehdä loppu jostakin
UPS *United Parcel Service*

ups and downs *fr* myötä- ja vastoinkäymiset
upscale /ʌp'skeɪəl/ *v* parantaa, kohentaa (tasoa)
adj rikas, varakas, hieno, ylellinen, yläluokan *our restaurant caters to an upscale clientele* ravintolamme palvelee vaurasta asiakaskuntaa
upset /ʌpset/ *s* **1** (kuv) järkytys, isku **2** (maha)vaiva
upset /ʌp'set/ *v* upset, upset **1** kaataa, kumota **2** järkyttää, saattaa pois tolaltaan **3** sotkea, panna sekaisin, saattaa epäjärjestykseen *to computer crash upset the bank's payments* tietokoneen romahdus sekoitti pankin maksuliikenteen
adj **1** kaatunut **2** sekainen, sotkuinen, siivoton **3** järkyttynyt
upsetting *adj* järkyttävä
up shit creek without a paddle /ˌʃɪt'krik/ *to be up shit creek without a paddle* olla nesteessä/kusessa
upshot /'ʌpˌʃat/ *s* **1** seuraus, lopputulos, tulos **2** ydin, keskeisin sisältö
upside /'ʌpˌsaɪd/ *s* yläpuoli, yläpää
upside-down /ˌʌpsaɪd'daʊn/ *adv* **1** ylösalaisin, nurin, kumossa, kumoon **2** sekaisin, ylösalaisin
upstairs /ʌp'steərz/ *s* (verbi yksikössä) **1** yläkerta **2** (kuv) johtoporras
adj yläkerran
adv **1** yläkerrassa, yläkertaan **2** (ark) päästään, nupistaan, yläkerrasta **3** johtoportaassa, ylemmällä/korkeammalla tasolla
upstanding /ʌp'stændiŋ/ *adj* (kuv) rehti, rehellinen, kunnon, kunnollinen
upstate /'ʌpˌsteɪt/ *s* osavaltion pohjoisosa, muu osavaltio (johtavasta kaupungista katsoen)
upstate /ʌp'steɪt/ *adv* osavaltion pohjoisosassa, muualla osavaltiossa (johtavasta kaupungista katsoen)
upstream /ʌp'strim/ *adv* joen yläjuoksun suunnassa
up the wall *to be up the wall* (sl) kiivetä seinille, repiä pelihousunsa
up to *fr* **1** *it's up to you to decide what to do* sinä saat itse päättää/sinun täytyy itse päättää mitä teet **2** saakka, asti, mennessä: *the theater seats up to eighty people* teatterissa on tilaa enintään 80:lle *up to now, things have been quiet* tähän saakka on ollut hiljaista **3** veroinen, tasalla: *are you really up to the job?* selviätkö sinä todellakin siitä työstä? **4** *what are you up to now?* mitä sinulla nyt on mielessä?, mitä sinä nyt vehkeilet?
up-to-date /ˌʌptə'deɪt/ *adj* joka on ajan tasalla, nykyaikainen, uusi, tuore
up to snuff *to be up to snuff* (ark) kelvata, täyttää vaatimukset
up to speed *to be up to speed* olla täydessä vauhdissa (myös kuv)
up-to-the-minute /ˌʌptəðə'mɪnət/ *adj* viime hetken, tuore
uptown /ʌp'taʊn/ *s* kaupungin pohjoisosa
adj **1** joka on kaupungin pohjoisosassa, joka kulkee kaupungin pohjoisosaan **2** hieno, tyylikäs, aistikas, ylellinen
adv kaupungin pohjoisosaan
upward /ʌpwərd/ *adj* ylöspäin liikkuva/suuntautuva
adv ylöspäin, ylös (myös kuv)
upwards /ʌpwərdz/ *adv* ylös(päin)
upwards of *adv* yli, enemmän kuin *upwards of fifty guests came* vieraita tuli yli viisikymmentä
up your ass *shove it up your ass* (sl) haista paska!; pidä hyvänäsi!
up yours *interj* (sl) haista paska!
uranium /jə'reɪniəm/ *s* uraani
Uranus /jə'reɪnəs/ Uranus
urban /ərbən/ *adj* **1** (suur)kaupungin, (suur)kaupunki- **2** kaupungistunut, urbaani
urbane /ər'beɪn/ *adj* hienostunut, urbaani, tyylikäs
urban guerrilla *s* kaupunkisissi
urban renewal *s* (slummiutuneiden suur)kaupunkien uudistus
urge /ərdʒ/ *s* pakko, tarve, kiire *he felt a sudden urge to yell* yhtäkkiä hän tunsi tarvetta ruveta huutamaan
v kannustaa, kehottaa, yllyttää *I urge you to consider their offer* kehotan sinua miettimään heidän tarjoustaan

urgency /ərdʒənsi/ *s* **1** pakottavuus, kiireellisyys **2** pakko, kiire, hätä
urgent /ərdʒənt/ *adj* **1** pakottava, kiireinen **2** itsepintainen
urgently *adv* **1** kiireesti **2** itsepintaisesti
urinal /jərənəl/ *s* **1** urinaali, virtsaamisallas **2** wc
urinalysis /ˌjərə'næləsɪs/ *s* (mon urinanalyses) virtsatutkimus
urinary bladder /'jərəˌneri/ *s* virtsarakko
urinary tract infection *s* virtsatietulehdus
urinate /'jərəˌneɪt/ *v* virtsata
urine /jərən/ *s* virtsa
urn /ərn/ *s* uurna; tuhkauurna
urologist /jə'ralədʒɪst/ *s* urologi
urology /jə'ralədʒi/ *s* urologia, virtsaelintautioppi
Uruguay /'jərəˌgweɪ/
Uruguayan *s, adj* uruguaylainen
us /ʌs/ *pron* me, meille *us and them* me ja he *she gave us a cake* hän antoi meille kakun
U.S. *United States* Yhdysvallat, USA
USA *United States Army; United States of America*
U.S.A. *United States of America* Amerikan Yhdysvallat, USA
usable /juzəbəl/ *adj* käyttökelpoinen
USAF *United States Air Force* Yhdysvaltain ilmavoimat
usage /jusədʒ/ *s* **1** tapa, tottumus, (kielen) käyttö *English usage* englannin kielen käytäntö **2** käyttö, kohtelu
USB *Universal Serial Bus*
USC *University of Southern California; University of South Carolina*
USCG *United States Coast Guard* Yhdysvaltain rannikkovartioisto
USDA *United States Department of Agriculture* Yhdysvaltain maatalousministeriö
use /jus/ *s* **1** käyttö *she put the money to good use* hän otti rahasta kaiken irti *to make use of something* käyttää jotakin (hyväkseen) *I have no use for idle talk* minulla ei ole aikaa pulinoihin; minä en siedä pulinoita **2** hyöty *the widget is of no use to us* vempaimesta ei ole meille mitään hyötyä *it's no use telling him about it, he's not going to help us* siitä ei kannata kertoa hänelle, hän ei kuitenkaan auta meitä
use /juz/ *v* **1** käyttää *use your brain* käytä järkeäsi *she feels that you are using her* hänestä tuntuu että sinä käytät häntä hyväksesi **2** *I could use a drink* minulle maistuisi lasillinen
used /juzd/ *v: we used to swim in the river every day* meillä oli tapana uida joessa päivittäin
adj käytetty
used to *adj* tottunut johonkin *I'm used to insults* olen tottunut herjoihin
useful /jusfəl/ *adj* hyödyllinen, käyttökelpoinen, arvokas *try to make yourself useful* yritä olla avuksi
usefully *adv* hyödyllisesti
usefulness *s* hyödyllisyys, hyöty, arvo
useless *adj* hyödytön, käyttökelvoton, tarpeeton *it's useless to try* ei kannata yrittää
uselessly *adv* turhaan, tarpeettomasti
uselessness *s* hyödyttömyys, tarpeettomuus, turhuus
user /juzər/ *s* käyttäjä (esim tietokoneen, huumeen) *that guy is a shameless user* tuo kaveri käyttää toisia häpeämättömästi hyväkseen
user-friendly /ˌjuzər'frendli/ *adj* käyttäjäystävällinen, helppokäyttöinen
use up *v* käyttää loppuun/kaikki, imeä tyhjiin (kuv)
USGA *United States Golf Association*
USGS *United States Geological Survey*
usher /ʌʃər/ *s* paikannäyttäjä
v ohjata paikalleen
usherette /ˌʌʃə'ret/ *s* (naispuolinen) paikannäyttäjä
usher in *v* (kuv) saattaa alkuun, käynnistää *microcomputers ushered in a new era in telecommuting* mikrotietokoneet aloittivat etätyökentelyssä uuden aikakauden
usual /juʒʊəl/ *adj* tavallinen, totunnainen, yleinen, tyypillinen *as usual, he was late* hän oli tavalliseen tapaansa/tapansa mukaan myöhässä

usually /juʒəli/ *adv* tavallisesti, yleensä
USIA *United States Information Agency*
U.S.S.R /ˌjueses'ar/ Union of Soviet Socialist Republics, Sosialististen neuvostotasavaltojen liitto, SNTL, NL
usurp /jʊ'sərp/ *v* anastaa
usurper *s* (esim vallan)anastaja
U.S. Virgin Islands /vərdʒən/ (mon) Yhdysvaltain Neitsytsaaret
Utah /'juˌta/
ute *sport ute* (ark) maasturi (sports utility vehicle, SUV)
utensil /jʊ'tensəl/ *s* (keittiö- tai muu)väline, (ruokailuväline) aterin
uterus /jutərəs/ *s* kohtu
utility /jʊ'tɪləti/ *s* **1** käyttö, hyöty, hyödyllisyys, etu *a home robot is of limited utility* kotirobotista on sangen vähän hyötyä **2** julkinen palvelu (sähkö, puhelin, joukkoliikenne) **3** julkista palvelua harjoittava (sähkö-, puhelin-, liikenne- ym) yhtiö **4** (tietok) varusohjelma, apuohjelma
utility program *s* (tietok) varusohjelma, apuohjelma
utilization /ˌjutələ'zeɪʃən/ *s* käyttö, hyväksikäyttö
utilize /'jutəˌlaɪz/ *v* käyttää, käyttää hyväkseen
utmost /'ʌtˌmoʊst/ *s to do your utmost* tehdä kaikkensa/parhaansa *to the utmost* mahdollisimman paljon/hyvin tms
adj **1** ulommaisin, kauimmaisin, etäisin, kaukaisin **2** (kuv) äärimmäinen, erittäin/mahdollisimman suuri *nuclear waste should be handled with utmost care* ydinjätteitä on käsiteltävä mahdollisimman varovasti
utopia /jʊ'toʊpiə/ *s* utopia, haave
utopian /jʊ'toʊpiən/ *s* utopisti, haaveilija
adj utopistinen, haavellinen, haaveileva
utopistic /ˌjʊtoʊ'pɪstɪk/ *adj* utopistinen, haaveellinen, haaveileva
utter /ʌtər/ *v* **1** sanoa, lausua *he did not utter a word* hän ei sanonut halaistua sanaa **2** päästää (ääni)
adj täydellinen, äärimmäinen, suunnaton, ehdoton
utterance /ʌtərəns/ *s* **1** puhetapa, ääni **2** (kielellinen) ilmaus
utterly *adv* äärimmäisen, suunnattoman, ehdottoman, täysin
U-turn /ju'tərn/ *s* **1** U-käännös **2** (kuv) täyskäännös
v **1** tehdä U-käännös **2** (kuv) tehdä täyskäännös, kääntää kelkkansa
Uzbekistan /uz'bekɪstan/ Uzbekistan

V, v

V, v /vi/ V, v
vacancy /veɪkənsi/ *s* vapaa istumapaikka, hotelli/motellihuone, vuokra-asunto, työpaikka
vacant /veɪkənt/ *adj* **1** (istumapaikka, hotelli/motellihuone, vuokra-asunto, työpaikka) vapaa **2** tyhjä, (aika) vapaa, joutilas, toimeton, (ihminen, katse) tylsä, poissaoleva
vacantly *adv* (katsoa) tylsästi, poissaolevan näköisenä
vacate /veɪkeɪt/ *v* (asunnosta) muuttaa pois, jättää (työpaikka) *you have thirty seconds to vacate the premises* teillä on 30 sekuntia aikaa poistua tästä paikasta
vacation /veɪ'keɪʃən/ *s* loma *they're on vacation in Hawaii* he ovat lomalla/ lomailevat Havaijilla
vacationer *s* lomailija, matkailija
vaccinate /'væksəˌneɪt/ *v* rokottaa
vaccination /ˌvæksə'neɪʃən/ *s* rokotus
vaccine /væksin/ *s* rokote
vacuum /vækjum/ *s* (mon vacuua, vacuums) **1** tyhjiö **2** (kuv) ontto tunne, tyhjä paikka, tyhjiö **3** pölynimuri
v imuroida
vacuum bottle *s* termospullo
vacuum cleaner *s* pölynimuri
vagabond /'vægəˌband/ *s* irtolainen, kulkuri, maankiertäjä
adj kiertävä, kulkuri-
vagina /və'dʒaɪnə/ *s* emätin, vagina
vagrant /veɪgrənt/ *s* irtolainen, kulkuri
adj kiertävä, kulkuri-
vague /veɪg/ *adj* epämääräinen, hämärä, epäselvä, samea, sumea
vaguely *adv* epämääräisesti, hämärästi, epäselvästi, sameasti, sumeasti *I vaguely remember his face* muistan hänen kasvonsa hämärästi
vagueness *s* epämääräisyys, hämäryys, epäselvyys
vaguest *I haven't the vaguest* minulla ei ole harmainta aavistusta
vain /veɪn/ *adj* **1** turhamainen **2** turha *you did it all in vain* teit kaiken turhaan, kaikki meni hukkaan *to take God's name in vain* lausua turhaan Herran nimeä
vainly *adv* **1** turhamaisesti **2** turhaan
vale /veɪəl/ *s* laakso
valentine /'vælənˌtaɪn/ *s* **1** ystävänpäiväkortti **2** ystävänpäiväkortin saaja, salainen ihastus
Valentine's Day *s* ystävänpäivä
valet /væ'leɪ/ *s* **1** (kamari)palvelija, (hotellissa, laivassa) palvelija **2** (ravintolan yms edessä) autojen pysäköijä
valet parking *s* (ravintolan yms edessä) autojen pysäköintipalvelu
valid /væləd/ *adj* (lippu, passi) joka on voimassa, (sopimus) sitova, (peruste) pätevä, paikkansa pitävä, (oletus) perusteltu
validate /'væləˌdeɪt/ *v* todistaa oikeaksi, vahvistaa (oikeaksi), tarkistaa oikeellisuus/ luotettavuus/paikkansapitävyys
validity /və'lɪdəti/ *s* (lipun, passin) voimassaolo, (väitteen) paikkansapitävyys, luotettavuus, (sopimuksen) sitovuus, (oletuksen) pätevyys
validly *adv* ks valid
valley /væli/ *s* laakso
Valley girl *s* San Fernandon laakson (Los Angelesin pohjoispuolella) onttopäiseksi kuvitellusta teinitytöstä jolla on omanlainen puhetapansa
valor /vælər/ *s* urheus, rohkeus
valuable /væljəbəl væljuəbəl/ *adj* arvokas, kallisarvoinen, hyödyllinen

valuable jewelry/advice arvokkaat korut/ arvokas neuvo
valuation /ˌvæljʊ'eɪʃən/ *s* **1** arviointi, arvon määritys **2** arvo **3** arvostus
value /vælju/ *s* **1** arvo **2** hyöty, arvo **3** (mon) arvot *where are your values?* etkö sinä nyt unohda mikä on elämässä tärkeintä?
v **1** arvioida (hinta, arvo) **2** arvostaa *he values your help highly* hän pitää apuasi suuressa arvossa
valued *adj* arvostettu, arvossa pidetty *as a valued customer, you're entitled to special service* teillä on oikeus erikoispalveluun koska olette arvostettu asiakas
value date *s* (tal) arvopäivä
value judgment *s* arvoarvostelma
valueless *adj* arvoton, hyödytön, mitätön
valve /væəlv/ *s* (tekn) venttiili, (elektroniikassa) putki, (anatomiassa) läppä
vampire /væmpaɪər/ *s* **1** (verta imevä taruolento) vampyyri **2** (naisesta) vamppi, vampyyri
vampire bat *s* (lepakko) vampyyri
van /væn/ *s* **1** (umpinainen) kuorma-auto **2** van, pakettiauto, pienoisbussi *minivan* pieni van, minivan
Vancouver /væŋ'koʊvər/ kaupunki Kanadassa
vandal /vændəl/ *s* **1** vandaali **2** *Vandal* (hist) vandaali
vandalism /'vændəˌlizəm/ *s* (tahallinen) särkeminen, hävitys, hävitysvimma, vandalismi
vandalize /'vændəˌlaɪz/ *v* (tahallaan) särkeä, hävittää, vandalisoida
vane /veɪn/ *s* **1** tuuliviiri (myös kuv:) periaatteeton ihminen **2** (tuulimyllyn, turbiinin juoksupyörän) siipi
vanilla /və'nɪlə/ *s* vanilja
vanish /vænɪʃ/ *v* kadota, häipyä, (kipu) lakata
vanishing point *s* **1** (perspektiivissä) katoamispiste, pakopiste **2** (kuv) nollapiste
vanity /vænəti/ *s* **1** turhamaisuus **2** turhuus **3** meikkilaukku **4** peililipasto, kampauslipasto
vanity case *s* meikkilaukku
vanquish /væŋkwɪʃ/ *v* kukistaa, voittaa
vantage /væntɪdʒ/ *s* etulyönti(asema)
vapor /veɪpər/ *s* höyry
vaporize /'veɪpəˌraɪz/ *v* höyrystää, höyrystyä
variable /veriəbəl/ *s* muuttuja, muuttuva suure, variaabeli
adj **1** muuttuva, vaihteleva **2** epävakaa, ailahteleva
variably *he was variably sad and happy* hän oli vuoroin onneton ja onnellinen
variance /veriəns/ *s* **1** vaihtelevuus, erilaisuus **2** (tilastotieteessä) varianssi **3** *what you did is at variance with your orders* sinä et noudattanut ohjeitasi, sinä teit toisin kuin sinua käskettiin *we are at variance with each other* olemme (asiasta) eri mieltä
variant /veriənt/ *s* muunnelma, muunnos, vaihtoehto, toisinto
adj vaihteleva, erilainen *variant spelling* vaihtoehtoinen kirjoitustapa
variation /ˌveri'eɪʃən/ *s* **1** vaihtelu, muuntelu **2** muunnelma, muunnos, vaihtoehto, toisinto; poikkeama
varices /verəsiz/ ks varix
varicose veins /ˌverəkoʊs'veɪnz/ *s* (mon) suonikohjut
variety /və'raɪəti/ *s* **1** vaihtelu **2** ero **3** valikoima, paljous, moninaisuus *a large variety of men's shoes* suuri valikoima miesten kenkiä *in a variety of places* monin paikoin *for a variety of reasons* monesta syystä **4** laji **5** varietee
variety is the spice of life *fr* vaihtelu virkistää
variety show *s* varietee
variola /və'riələ/ *s* isorokko
various /verɪəs/ *adj* **1** erilainen, eri, usea, moni *we visited various museums* kävimme useissa/monissa museoissa **2** monipuolinen **3** kirjava, monenkirjava
variously *adv* **1** eri tavoin, eri lailla **2** eri yhteyksissä *it has variously been*

called both bad and good sitä on eri tahoilla sanottu sekä hyväksi että huonoksi
varix /verəks/ *s* (mon varices) suonikohju
varnish /varnɪʃ/ *s* **1** lakka **2** (kuv) pintakiilto
v **1** lakata **2** (kuv) kaunistella
vary /veri/ *v* **1** vaihdella *temperatures here vary between sixty and eighty degrees* lämpötila vaihtelee täällä 60 ja 80 fahrenheitasteen välillä **2** erota, olla erilainen, poiketa jostakin *(from:) your approach varies drastically from hers* sinun menettelysi eroaa jyrkästi hänen menettelystään **3** muuttaa, vaihtaa, vaihdella
vase /veɪs/ *s* maljakko, (taidehistoriassa ja ark) vaasi
vast /væst/ *adj* valtava, suunnaton, laaja
vastly *adv* valtavasti, valtavan, suunnattomasti, suunnattoman, laajasti *your painting is vastly superior to mine* sinun maalauksesi on paljon parempi kuin minun
vastness *s* laajuus, valtavuus, valtava/suunnaton koko, suuruus
vat /væt/ *s* tynnyri; sammio, amme
Vatican /vætɪkən/ Vatikaani
Vatican City Vatikaanivaltio
vaudeville /ˈvadˌvɪl/ *s* vaudeville, varietee
vault /vaəlt/ *s* **1** (kaari) holvi **2** (huone) holvi, pankkiholvi ym **3** kassakaappi **4** hyppy *pole vault* seiväshyppääjä
v **1** holvata, rakentaa holvi **2** kaartua (kuten holvi) **3** hypätä
vaulted *adj* holvattu
vaulter *s* hyppääjä
vaulting horse *s* (voimistelussa) hevonen
vaunt /vant/ *v* leuhkia jollakin, rehennellä, kehua, ylistää
VCR *videocassette recorder* kuvanauhuri
VCR Plus® /ˌvisiarˈplʌs/ (Euroopassa) ShowView®
VDT *visual display terminal* näyttöpääte
veal /viəl/ *s* vasikanliha, vasikka
vector /vektər/ *s* **1** (mat, tietok) vektori **2** (biologiassa) tartunnanlevittäjä, viruksensiirtäjä, vektori
veer /vɪər/ *s* käännös, suunnanvaihdos, poikkeama
v kääntyä, kääntää, poiketa (suunnasta, asiasta)
vegetable /vedʒtəbəl/ *s* **1** vihannes *bulb vegetables* (syötävät) sipulit *fruit vegetables* hedelmävihannekset *leaf vegetables* lehtivihannekset *root vegetables* juurekset *seed vegetables* palkovihannekset *stalk vegetables* varsivihannekset *tuber vegetables* juurimukulat **2** kasvi **3** (ark) aivokuollut
vegetable kingdom *s* kasvikunta
vegetable oil *s* kasviöljy
vegetarian /ˌvedʒəˈteriən/ *s* (ihminen) kasvissyöjä, vegetaari, (eläin) kasvinsyöjä
adj kasvissyöjän, vegetaari-; kasvinsyöjän
vegetarianism /ˌvedʒəˈteriənɪzəm/ *s* vegetarismi
vegetate /ˈvedʒəˌteɪt/ *v* **1** kasvaa **2** (kuv) velttoilla, elää toimettomana/aivokuolleena, käydä aika pitkäksi
vegetation /ˌvedʒəˈteɪʃən/ *s* **1** kasvillisuus **2** toimettomuus, tylsyys, tylsä/toimeton/aivokuollut elämä
vegetative /ˈvedʒəˌteɪtɪv/ *adj* **1** vegetatiivinen, (lisääntyminen) kasvullinen, (hermosto myös) autonominen **2** toimeton
vehement /viəmənt/ *adj* kiivas, kiihkeä, tulinen, raju, voimakas
vehemently *adv* kiivaasti, kiihkeästi, tulisesti, rajusti, voimakkaasti
vehicle /viəkəl/ *s* **1** ajoneuvo, kulkuneuvo, (avaruudessa) alus **2** välikappale, väline, ilmaisuväline, keino *the seminar is the perfect vehicle for making the findings public* seminaari on oivallinen tilaisuus julkistaa tutkimustulokset
vehicular /vəˈhɪkjələr/ *adj* ajoneuvo-, liikenne-

veil /veɪəl/ *s* **1** huntu **2** (kuv) verho, harso, huntu **3** nunnan elämä, luostarielämä *to take the veil* ruveta nunnaksi
v **1** hunnuttaa kasvonsa, peittää kasvonsa hunnulla, käyttää huntua **2** (kuv) verhota, peittää, kätkeä, salata
vein /veɪn/ *s* **1** (lääk) laskimo **2** verisuoni, suoni **3** (lehden) suoni **4** (malmi)-suoni **5** uurre, viiru **6** piirre, taipumus; tyyli; tunnelma, mieliala *in a humorous vein* humoristisesti *v* **1** uurtaa; juovittaa **2** luikerrella, kiemurrella, kulkea ristiin rastiin
Velcro® /velkroʊ/ tarranauha
velocity /və'lasəti/ *s* nopeus
velour /və'luər/ *s* (kangas) veluuri
velvet /velvət/ *s* sametti
velvety *adj* samettinen (myös kuv), sametinpehmeä (myös kuv) *his new Cadillac has a velvety ride* hänen uudessa Cadillacissaan on samettisen pehmeä kyyti
veneer /və'nɪər/ *s* **1** viilu **2** (kuv) pintakiilto, pintasilaus
v viiluttaa, päällystää viilulla
venerable /venərəbəl/ *adj* kunnianarvoinen, arvossapidetty
venerate /'venəˌreɪt/ *v* kunnioittaa, arvostaa
veneration /ˌvenə'reɪʃən/ *s* kunnioitus, arvostus
venereal disease /və'nɪriəl/ *s* sukupuolitauti
Venetian /və'niʃən/ *s, adj* venetsialainen
venetian blind *s* sälekaihdin
Venezuela /ˌvenə'zweɪlə/
Venezuelan *s, adj* venezuelalainen
vengeance /vendʒəns/ *s* **1** kosto **2** *with a vengeance* raivoisasti, rajusti, intohimoisesti
vengeful /vendʒfəl/ *adj* kostonhaluinen
Venice /venɪs/ **1** (Italian) Venetsia **2** eräs Los Angelesin piirikunnan kaupunki **3** kaupunki Floridassa
venison /venəsən/ *s* hirvenliha
venom /venəm/ *s* (käärmeen, hämähäkin) myrkky (myös kuv) *the venom of jealousy* kateuden/mustasukkaisuuden myrkky
venomous /venəməs/ *adj* **1** myrkyllinen, (käärme, hämähäkki) myrkky- **2** (kuv) pureva, ilkeä, kärkevä, pisteliäs
vent /vent/ *s* **1** (tuuletus-, tyhjennys-, purkaus- ym) aukko **2** (tuuletus-, tyhjennys-, purkaus- ym) putki **3** *to give vent to your feelings* (kuv) purkaa tunteitaan
v ilmaista, purkaa (tunteitaan), päästää ilmoille (paineita)
ventilate /'ventəˌleɪt/ *v* **1** tuulettaa **2** tarkastella, tutkia, pohtia **3** ilmaista, purkaa (tunteitaan)
ventilation /ˌventə'leɪʃən/ *s* tuuletus
ventilator /'ventəˌleɪtər/ *s* tuuletin
ventricle /'ventrɪkəl/ *s* (anat) kammio
ventriloquism /ven'trɪləkwɪzəm/ *s* vatsastapuhuminen
ventriloquist /ven'trɪləˌkwɪst/ *s* vatsastapuhuja
venture /ventʃər/ *s* **1** (uskalias) yritys, hanke **2** liikeyritys **3** *at a venture* umpimähkään, satunnaisesti
v **1** uskaltaa, uskaltautua, rohjeta *he ventured into the wilderness alone* hän uskaltautui yksin erämaahan **2** panna alttiiksi, riskeerata *nothing ventured, nothing gained* yrittänyttä ei laiteta
venture capital *s* riskipääoma
venturesome *adj* uskalias, rohkea
Venus /vinəs/ Venus
veranda /və'rændə/ *s* kuistikko, vilpola, veranta
verandah /və'rændə/ ks veranda
verb /vərb/ *s* verbi, teonsana
verbal /vərbəl/ *adj* **1** sanallinen, kielellinen **2** suullinen **3** sananmukainen, kirjaimellinen **4** verbi-
verbalize /'vərbəˌlaɪz/ *v* ilmaista, pukea sanoiksi
verbally *adv* **1** sanallisesti, kielellisesti **2** suullisesti **3** verbinä, verbin tavoin
verbatim /vər'beɪtəm/ *adj* sananmukainen, kirjaimellinen
adv sananmukaisesti, kirjaimellisesti, sanasta sanaan
verbiage /vərbiədʒ/ *s* liikasanaisuus, monisanaisuus, jaarittelu
verbose /vər'boʊs/ *adj* liikasanainen, monisanainen, jaaritteleva

virtue /vərtʃu/ *s* **1** hyve *to make a virtue out of necessity* kääntää tilanne edukseen, yrittää nähdä asiat parhain päin **2** neitsyys *he lost his virginity at fifteen* hän menetti poikuutensa 15-vuotiaana, hänestä tuli mies 15-vuotiaana
virtuoso /ˌvərtʃʊ'oʊsoʊ/ *s* (mon virtuosos, virtuosi) taituri, virtuoosi *adj* taiturimainen, taitava
virtuous /vərtʃʊəs/ *adj* hyveellinen
virulent /vɪrjələnt/ *adj* **1** myrkyllinen, tappava **2** (lääk) virulentti **3** katkera, ilkeä, julma
virus /vaɪrəs/ *s* virus
vis-à-vis /ˌvizə'vi/ *s* vastapäätä oleva/istuva ihminen
prep johonkin liittyvä, jotakin koskeva, koskien
visa /visə/ *s* viisumi
visage /vɪsədʒ/ *s* kasvot
viscera /'vɪsərə/ *s* (mon) sisäelimet, sisälmykset
visceral /'vɪsərəl/ *adj* sisälmys-, sisä
viscosity /vɪs'kasəti/ *s* sakeus, sitkeys, sitkaisuus, (fys) viskositeetti
viscount /'vaɪˌkaʊnt/ *s* varakreivi
viscountess /ˌvaɪ'kaʊntəs/ *s* varakreivitär
viscous /vɪskəs/ *adj* sakea, sitkeä, sitkas
vise /vaɪs/ *s* ruuvipuristin, ruuvipenkki
visibility /ˌvɪzə'bɪləti/ *s* näkyvyys
visible /vɪzəbəl/ *adj* **1** näkyvä **2** selvä, ilmiselvä, ilmeinen
visibly *adv* **1** näkyvästi **2** selvästi, ilmiselvästi, ilmeisen *he was visibly shocked by the news* uutinen selvästikin järkytti häntä
vision /vɪʒən/ *s* **1** näkö(aisti/kyky) **2** kaukonäköisyys, laajakatseisuus **3** näky, ilmestys **4** kuvitelma, haave
visionary /'vɪʒəˌneri/ *s* näkijä
adj **1** epäkäytännöllinen, haihatteleva **2** kuvitteellinen, kuviteltu **3** näynomainen
visit /vɪzət/ *s* käynti, vierailu *they came for a visit* he tulivat käymään/kylään
v **1** käydä, vierailla, kyläillä jossakin, käydä katsomassa jotakuta/jotakin **2** vaivata, kiusata, rangaista *(on)*
visitor /vɪzətər/ *s* vieras, vierailija, kyläilijä
visor /vaɪzər/ *s* **1** silmikko, visiiri **2** (lakin) lippa **3** (autossa) häikäisysuojus
vista /vɪstə/ *s* näkymä, näköala
visual /vɪʒʊəl/ *adj* näkyvä, näkö-, kuva-, visuaalinen
visual arts *s* (mon) kuvataide
visual cortex *s* (aivojen) näkökeskus
visual display terminal *s* (tietok) näyttöpääte
visualize /'vɪʒʊəˌlaɪz/ *v* **1** kuvitella mielessään **2** tehdä nähtäväksi, visualisoida
visually *adv* näkyvästi, kuvallisesti, visuaalisesti
visually impaired *the visually impaired* (mon) näkövammaiset
visual range *s* näkyvyys
vital /vaɪtəl/ *adj* **1** elinvoimainen, vireä **2** elintärkeä, ratkaiseva
vitalize /'vaɪtəˌlaɪz/ *v* **1** elvyttää, tehdä eläväksi **2** elävöittää, elvyttää, vilkastuttaa, innostaa
vitally *adv* **1** elinvoimaisesti, vireästi **2** erittäin, ratkaisevan
vitamin /vaɪtəmən/ *s* vitamiini *vitamin C* C-vitamiini
vivacious /və'veɪʃəs, vaɪ'veɪʃəs/ *adj* eloisa, vilkas, pirteä, reipas
vivaciously *adv* eloisasti, vilkkaasti, pirteästi, reippaasti
vivaciousness *s* eloisuus, vilkkaus, pirteys, reippaus
vivacity /və'væsəti/ *s* eloisuus, vilkkaus, pirteys, reippaus
vivid /vɪvəd/ *adj* **1** (väri, valo) kirkas, voimakas **2** eloisa, värikäs, (ihminen, mielikuvitus) vilkas, (muisto) tuore
vividly *adv* **1** (väristä, valosta) kirkkaasti, voimakkaasti **2** eloisasti, vilkkaasti, (muistaa) hyvin
vividness *s* **1** (värin, valon) kirkkaus, voimakkuus **2** eloisuus, (ihmisen, mielikuvutuksen) vilkkaus, (muiston) tuoreus
vivisection /'vɪvəˌsekʃən/ *s* (eläinten leikkely tutkimustarkoituksiin) vivisektio

vivisectionist /ˈvɪvəˌsekʃənɪst/ *s* (eläimiä tutkimustarkoituksiin leikkelevä henkilö) vivisektori
vixen /vɪksən/ *s* **1** naaraskettu **2** (kuv naisesta) (paha) akka
vocabulary /vəˈkæbjəˌleri vouˈkæbjəˌleri/ *s* **1** (puhujan, kielen) sanavarasto, (koko) sanasto **2** (oppikirjan yms) sanasto **3** (taitelijan ym) ilmaisumuotojen valikoima
vocal /voukəl/ *adj* **1** ääni-, suullinen **2** (mus) laulu- **3** äänekäs, kovaääninen *the group has been very vocal in its demands* ryhmä on ajanut vaatimuksiaan hyvin voimakkaasti
vocal cords *s* (mon) äänihuulet
vocalize /ˈvoukəˌlaɪz/ *v* **1** sanoa, ääntää, lausua, tuoda esiin, ilmaista **2** laulaa
vocally *adv* **1** suullisesti **2** äänekkäästi, kovaäänisesti
vocation /vouˈkeɪʃən/ *s* **1** ammatti **2** kutsumus
vocational *adj* **1** ammatillinen, ammatti- **2** ammatinvalinta-
vocational education *s* ammattikoulutus
vocational guidance *s* ammatinvalinnan ohjaus
vocational school *s* ammattikoulu
vociferous /vouˈsɪfərəs/ *adj* **1** äänekäs, meluisa, kovaääninen **2** voimakas, ponnekas, kovaääninen
vociferously *adv* **1** äänekkäästi, meluisasti, kovaäänisesti **2** voimakkaasti, ponnekkaasti, kovaäänisesti
vodka /vadkə/ *s* votka
vogue /voug/ *s* muoti *to be in vogue* olla muodissa *to go out of vogue* joutua/jäädä pois muodista
voice /voɪs/ *s* ääni
voiced *adj* (äänne) soinnillinen
voiceful *adj* äänekäs, kovaääninen
voiceless *adj* (äänne) soinniton
voice recognition *s* (tietok) puheentunnistus
void /voɪd/ *s* **1** tyhjyys **2** (kuv) tyhjyys, tyhjä aukko, tyhjyyden tunne
v **1** tyhjentää **2** mitätöntää, mitätöidä
adj **1** tyhjä **2** *his life is void of meaning* hänen elämässään ei ole sisältöä **3** mitätön, pätemätön, kelpaamaton *null and void* mitätön
volatile /valətəl/ *adj* **1** haihtuva **2** (kuv) ailahteleva, epävakainen, oikukas, arvaamaton
volatility /ˌvaləˈtɪləti/ *s* **1** haihtuvuus **2** (kuv) ailahtelu, ailahtelevuus, epävakaisuus, oikullisuus, arvaamattomuus **3** (tal) volatiliteetti, vaihtelevuus
volcanic /valˈkænɪk/ *adj* vulkaaninen, tulivuori-, tuliperäinen
volcano /valˈkeɪnou/ *s* (mon volcanos, volcanoes) tulivuori
volley /vali/ *s* **1** yhteislaukaus **2** (kuv) myrsky, syöksy **3** (tenniksessä) lentolyönti
v ampua yhteislaukaus, laukaista yhtä aikaa
volleyball /ˈvaliˌbaəl/ *s* **1** lentopallo(peli) **2** (pallo) lentopallo
volt /voəlt/ *s* (sähköjännitteen mittayksikkö) voltti
voltage /voltədʒ/ *s* jännite
volubility /ˌvaljəˈbɪləti/ *s* (ihmisen) puheliaisuus, (halventaen:) suulaus, (puheen) vuolaus
voluble /valjəbəl/ *adj* (ihminen) puhelias, (halventaen:) suulas, kielevä, (puhe) vuolas
volubly *adj* puheliaasti, (halventaen:) suulaasti, vuolaasti
volume /valjum/ *s* **1** nidos, teos, kirja *that speaks volumes for his attitude towards foreigners* se kertoo paljon hänen suhtautumisestaan ulkomaalaisiin *her eyes speak volumes* hänellä on paljonpuhuvat silmät, hänen silmänsä kertoivat/paljastivat kaiken **2** (kirjasarjan) osa **3** vuosikerta **4** tilavuus **5** määrä, laajuus **6** suuri määrä **7** äänenvoimakkuus
volume discount *s* määräalennus
voluminous /vəˈlumɪnəs/ *adj* suuri, laaja, runsas, paljon
voluntarily /ˌvalənˈterəli/ *adv* vapaaehtoisesti, omasta tahdostaan
voluntary /ˈvalənˌteri/ *adj* vapaaehtoinen, vapaaehtois-, vapaa-

volunteer /ˌvalən'tɪər/ *s, adj* vapaaehtoinen *volunteer fire department* vapaapalokunta
v **1** ilmoittautua vapaaehtoiseksi, osallistua vapaaehtoisesti **2** kertoa/paljastaa/esittää vapaahtoisesti *he volunteered that he had been alone at the time of the murder* hän kertoi olleensa murhahetkellä yksin
voluptuous /və'lʌpʃʊəs/ *adj* (elämä) ylellinen, (nautinto) aistillinen, aisti-, (nainen) uhkea
voluptuously *adv* ks voluptuous
vomit /vamət/ *s* oksennus
v **1** oksentaa, antaa ylen **2** sylkeä/syöstä esiin, tupruta
vote /voʊt/ *s* **1** äänestys, vaalit **2** ääni **3** äänimäärä **4** äänestyksen tulos, vaalitulos **5** äänioikeus
v äänestää
vote down *v* äänestää kumoon/vastaan, kaataa äänestyksessä
vote on *v* ratkaista äänestyksellä, äänestää jostakin
voter *s* äänestäjä, valitsija
voting machine *s* äänestyskone
voucher *s* **1** takaaja **2** voucher
vouch for /vaʊtʃ/ *v* varmistaa, taata, mennä takuuseen jostakusta/jostakin *I can vouch for his integrity* voin mennä takuuseen siitä että hän on rehellinen
vouchsafe /ˌvaʊtʃ'seɪf/ *v* suoda, suvaita, sallia
vow /vaʊ/ *s* lupaus, vala *to take vows* tehdä luostarilupaus
v luvata, vannoa
vowel /vaʊəl/ *s* vokaali
voyage /voɪədʒ/ *s* matka
v matkustaa
voyager *s* matkustaja, matkalainen, matkailija
voyeur /voɪ'jər/ *s* voyeuristi, (sukupuolista mielihyvää tavoitteleva) tirkistelijä
voyeurism /voɪ'jərɪzəm, 'voɪjəˌrɪzəm/ *s* voyeurismi, (sukupuolista mielihyvää tuottava) tirkistely
vulgar /vəlgər/ *adj* **1** mauton, sivistymätön, karkea, rivo **2** tavallinen, kansanomainen, kansan-, rahvaanomainen
vulgarity /vəl'gerəti/ *s* **1** mauttomuus, sivistymättömyys, karkeus, rivous **2** tavallisuus, kansanomaisuus, rahvaanomaisuus
vulgarly *adv* ks vulgar
vulnerability /ˌvəlnərə'bɪləti/ *s* haavoittuvuus, suojattomuus, herkkyys, alttius jollekin
vulnerable /vəlnərəbəl/ *adj* haavoittuvainen, suojaamaton, turvaton, herkkä, altis jollekin
vulture /vəltʃər/ *s* **1** korppikotka **2** kondori **3** (kuv) haaska
vulva /vəlvə/ *s* (mon vulvae, vulvas) häpy, vulva
Vyborg /vibɔrg/ Viipuri

W, w

W, w /ˈdʌbəlˌju/ W, w
wacko /wækoʊ/ *s* (sl) hullu, tärähtänyt
wacky /wæki/ *adj* (sl) hullu, tärähtänyt
wad /wad/ *s* tukko, tukku, tuppo, pallo
to shoot your wad (ark) törsätä rahansa, panna rahansa menemään; väsyttää/uuvuttaa itsensä; (sl) (miehestä) saada siemensyöksy
v **1** rutistaa, puristaa/tehdä tukoksi/tukuksi/tupoksi/palloksi **2** täyttää, sulloa täyteen
waddle /wadəl/ *s* taaperrus
v taapertaa
wade /weɪd/ *v* **1** kahlata **2** polskutella, leikkiä vedessä
wade into *v* **1** panna hihat heilumaan **2** käydä jonkun kimppuun **3** haukkua, sättiä jotakuta
wader /weɪdər/ *s* kahlaaja(lintu)
wade through *v* kahlata jonkin läpi (myös kuv lukemisesta)
wafer /weɪfər/ *s* **1** vohveli(keksi) **2** ehtoollisleipä, öylätti
wafer-thin *adj* erittäin ohut
waffle /wafəl/ *s* **1** vohveli **2** (ark) sumutus, hämäys, vetkuttelu
v (ark) sumuttaa, yrittää hämätä, vetkutella
waft /waft/ *s* tuulahdus, lemahdus, heikko ääni
v tuulahtaa, lemahtaa, leijua, kuulua (heikosti)
wag /wæg/ *s* **1** (hännän ym) heilutus, heilahdus, heilautus, (sormen) heristys, (pään) nyökkäys, kumarrus, pudistus **2** lörpöttelijä, juoruilija
v **1** (häntää) heiluttaa, (sormea) heristää, (päätä) nyökätä, kumartaa, pudistaa **2** lörpötellä, juoruta
wage /weɪdʒ/ *s* **1** (us mon) (tunti/päivä/viikko)palkka **2** (mon, kuv) palkka *the wages of sin* synnin palkka
v käydä, harjoittaa: *to wage war* sotia
wage freeze *s* palkkojen jäädytys
wager /weɪdʒər/ *s* veto
v lyödä vetoa, panna pantiksi
wage slave *s* palkkaorja
waggle /wægəl/ *s* heiluminen, heilahdus, heilutus, (pään) pudistus, (sormen) heristys
v heilua, heiluttaa, (päätä) pudistaa, (sormea) heristää
wagon /wægən/ *s* **1** vaunu(t), vankkuri(t) *to circle the wagons* (villissä lännessä) järjestää vaunut suojaksi ympyrään; (sl) käydä puolustusasemiin *to fix someone's wagon* (sl) kostaa, maksaa takaisin; antaa selkään, näyttää taivaan merkit jollekulle **2** poliisiauto, mustamaija **3** *station wagon* farmariauto **4** kuorma-auto **5** pakettiauto **6** *to be on the wagon* (sl) olla kuivana, ei juoda (alkoholia) *he's off the wagon again* (sl) hän on taas ratkennut ryyppäämään
wagonload /ˈwægənˌloʊd/ *s* vaunukuorma(llinen), vaunulasti(llinen)
wagon train *s* (hist) vaunujono, vankkurijono
wail /weɪəl/ *s* voihkaisu, vaikerointi, (lapsen) itku, parahdus, (tuulen) ulvonta
v vaikeroida, voihkia, (lapsi) itkeä, parkua, (tuuli) ulvoa
waist /weɪst/ *s* vyötärö
waistband /ˈweɪstˌbænd/ *s* uumanauha
waistcloth /ˈweɪstˌklaθ/ *s* (mon waistcloths) lannevaate
waistcoat /ˈweɪstˌkoʊt/ *s* (UK) liivi
waistline /ˈweɪstˌlaɪn/ *s* vyötärönmitta, vyötärö(n ympärys)
wait /weɪt/ *s* odotus, viivytys, viivästys *we had a three-hour wait in Atlanta*

watcher *s* **1** katsoja, sivustakatsoja; vartija, valvoja **2** (poliittinen ym) tarkkailija
watch out *v* varoa
watch over *v* valvoa, vartioida, pitää silmällä
watch your step *fr* varoa, olla varovainen, astua varovasti
water /watər/ *s* **1** vesi *to travel by water* matkustaa vesitse/laivalla *some of us have trouble keeping their heads above water* toisilla meistä on vaikeuksia saada rahat riittämään *your argument doesn't hold water* perustelusi ontuu *our company is in deep water* yrityksemme on vaikeuksissa *to be in hot water* olla pulassa/nesteessä *to be dead in the water* olla poissa kuvioista, olla unohdettu *to make water* (alus) vuotaa; virtsata *to take water* (alus) vuotaa *for the past month, she has been treading water* viimeisen kuukauden ajan hän on polkenut/huovannut paikallaan **2** (mon) vedet, vesistö **3** (mon) kylpylä
v kastella *have you watered the lawn/ plants?* joko olet kastellut nurmikon/ kasvit? *the sight of the apple pie made my mouth water* omenapiirakka sai veden herahtamaan kielelleni
Water Bearer (tähdistö) Vesimies
water bird *s* vesilintu
water buffalo /bʌfəloʊ/ *s* vesipuhveli
waterbuck /'watər,bʌk/ *s* vesiantilooppi
water chevrotain /ʃevrətein/ *s* kääpiövesikauris
water closet *s* wc
watercolor /'watər,kʌlər/ *s* **1** vesiväri **2** (taidelaji) vesivärimaalaus **3** vesiväri-työ, vesivärimaalaus
water-cooled *adj* nestejäähdytteinen, vesijäähdytteinen
water deer *s* vesikauris
water down *v* **1** jatkaa, laimentaa jotakin, lisätä vettä johonkin **2** (kuv) vesittää, laimentaa, heikentää
watered-down *adj* **1** (juoma) jatkettu, laimennettu **2** (kuv) vesitetty, laimennettu
waterfall /'watər,faəl/ *s* vesiputous
water fountain *s* juomalaite
waterfowl /'watər,faʊəl/ *s* (waterfowl, waterfowls) vesilintu
waterfront /'watər,frʌnt/ *s* **1** ranta-(tontti/tontit) **2** satama(-alue)
water glass *s* vesilasi, juomalasi
watering hole *s* (ark) kapakka
water level *s* **1** vedenkorkeus **2** vesivaaka
water line *s* (aluksen) vesiviiva, vesilinja
waterlogged /'watər,lagd/ *adj* joka on täynnä vettä, joka on veden peitossa
Waterloo /'watər,lu/ *in that man, she met her Waterloo* se mies koitui hänen kohtalokseen
watermelon /'watər,melən/ *s* vesimeloni
water mill *s* vesimylly
Water Monster (tähdistö) Vesikäärme
water opossum /ə'pasəm/ *s* pussisaukko, japok *(Chironectes minimus)*
waterproof /'watər,pruf/ *v* tiivistää, tehdä vedenpitäväksi
adj vedenpitävä, tiivis
water-resistant /,watərrɪ'zɪstənt/ *adj* vettä hylkivä
water ski *s* vesisuksi
water-ski *v* hiihtää vesisuksella/vesisuksilla
water-skier *s* vesihiihtäjä
water-skiing *s* vesihiihto
water-soluble /,watər'saljəbəl/ *adj* vesiliukoinen
watersport /'watər,spɔrt/ *s* vesiurheilu
waterspout /'watər,spaʊt/ *s* (räystäskourun) syöksyputki
water table *s* pohjaveden pinta
watertight /'watər,taɪt/ *adj* **1** vedenpitävä, tiivis **2** (kuv) aukoton, ehdoton, vedenpitävä
water tower *s* vesitorni
water vapor *s* vesihöyry
waterway /'watər,weɪ/ *s* vesitie, vesireitti
waterworks /'watər,wərks/ *to turn on the waterworks* (sl) ruveta vetistelemään
watery *adj* vetinen, märkä

watt /wat/ *s* watti
wave /weɪv/ *s* **1** aalto (myös kuv) *to make waves* (ark kuv) kiikuttaa venettä, herättää huomiota **2** (käden) heilautus, heilutus, viittaus
v **1** heilua, heiluttaa, (lippu) liehua, (oksa) huojua **2** viitata, viittoa (kädellä) **3** kiemurrella, luikerrella **4** (hiukset) aallottaa, aaltoilla
wave band *s* (radio, televisio) aaltoalue
wavelength /ˈweɪvˌleŋθ/ *s* aallonpituus (myös kuv) *you and I are not on the same wavelength* emme ole samalla aallonpituudella
waver /weɪvər/ *s* **1** vilkuttaja, (lipun) heiluttaja
v **1** heilua, huojua **2** väristä, vapista **3** empiä, epäröidä **4** heiketä, huonontua, rapistua
wavy *adj* aaltoileva, aalto-, kumpuileva; mutkitteleva, kiemurteleva
wax /wæks/ *s* vaha, (esim) mehiläisvaha *whole ball of wax* (sl) koko juttu; kimpsut ja kampsut, kaikki
v **1** vahata **2** kasvaa (myös kuusta), lisääntyä, voimistua **3** tulla joksikin *he waxed enthusiastic about the deal* hän innostui kaupasta
waxen /wæksən/ *adj* **1** vaha- **2** kalvakka, kalpea **3** vaikutuksille altis, herkkä
waxing moon *s* kasvava kuu
wax museum *s* vahamuseo
wax paper *s* voipaperi
way /weɪ/ *s* **1** tie *freeway* moottoritie *the shortest way* lyhin/suorin tie *we drove to Tucson by way of Phoenix* ajoimme Tucsoniin Phoenixin kautta **2** suunta *did she go this way or that?* menikö hän tänne vai tuonne? **3** tapa, keino, menetelmä **4** puoli, suhde *in many ways* monella tapaa, monelta osin *in more ways than one* monella tapaa, monessa suhteessa *in a way* tavallaan, jossain/eräässä mielessä *no way* (ark) ei ikinä!, ei missään nimessä!
adv it's way too expensive se on aivan liian kallis *let's go way back* muistellaanpa menneitä *Barnes, you're way out of line* nyt menitte liian pitkälle, Barnes
wayfarer /ˈweɪˌferər/ *s* vaeltaja
wayfaring *s* vaellus
waylaid ks waylay
waylay /ˈweɪˌleɪ/ *v* waylaid, waylaid: hyökätä kimppuun
way out *s* (kuv) ulospääsy, ratkaisu
adj (ark) fantastinen, ihmeellinen
wayside /ˈweɪˌsaɪd/ *s* tienvieri *to fall by the wayside* jättää kesken, keskeyttää
waystation /ˈweɪˌsteɪʃən/ *s* väliasema
we /wi/ *pron* me
weak /wik/ *adj* heikko (myös kuv), (tee) laiha
weaken *adj* heikentää, heikentyä
weaker sex *s* heikompi astia/sukupuoli
weakling *s* (kuv) selkärangaton ihminen, pelkuri, jänishousu
weakly *adj* heikko, huonokuntoinen
adj heikosti (myös kuv), (puhua) hiljaa
weakness *s* heikkous
weak sister *s* (ark) pelkuri, jänishousu
wealth /weəlθ/ *s* **1** vauraus, rikkaus *a woman of wealth* vauras nainen **2** paljous, runsaus *a wealth of source material* runsaasti lähdeaineistoa
wealthily *adv* vauraasti, rikkaasti, ylellisesti
wealthy *adj* vauras, rikas; ylellinen
wean /win/ *v* vieroittaa
weapon /wepən/ *s* ase (myös kuv)
weaponry /wepənri/ *s* aseistus
wear /weər/ *s* **1** käyttö **2** kulutus, kuluminen **3** vaatteet *casual wear* vapaa-ajan vaatteet
v wore, worn **1** (vaatteista) pitää/olla päällä *what will you be wearing tonight?* mitä panet päällesi illalla? **2** (ilmeestä ym) *to wear a look of contempt* näyttää halveksivalta **3** kulua, kuluttaa, kalvaa, jäytää **4** kestää *to wear well* olla kestävä, kestää kulutusta **5** (aika) kulua (hitaasti)
wear and tear *s* (käytöstä johtuva) kuluminen
wear down *v* **1** kuluttaa/käyttää (vaate ym) loppuun **2** väsyttää, uuvuttaa
wearily *adv* väsyneesti, uupuneesti, kyllästyneesti

weariness *s* väsymys, uupumus, kyllästyminen
wear off *v* lakata (vähitellen)
wear out *v* **1** kuluttaa/käyttää loppuun **2** väsyttää, uuvuttaa
wear thin *v* **1** alkaa loppua, käydä vähiin **2** alkaa kyllästyttää, menettää viehätyksensä
weary /wɪri/ *v* väsyttää, uuvuttaa *adj* väsynyt, uupunut; väsyttävä, raskas
weary of *v* saada kyllästymään johonkin *adj: to be weary of something* olla kyllästynyt johonkin, olla saanut tarpeekseen jostakin
weasel /wizəl/ *s* **1** näätäeläin **2** (kuv) kettu
weasel out of *v* keplotella itsensä eroon/vapaaksi jostakin
weather /weðər/ *s* sää, ilma *to be under the weather* voida huonosti, ei olla oikein kunnossa; olla krapulassa; olla hiprakassa *v* **1** kuivata/varastoida (puuta) ulkona **2** kuluttaa, kulua, kalvaa, jäytää, haalistaa, haalistua, rapauttaa, rapautua **3** kestää jokin, selvitä jostakin
weathercast /ˈweðərˌkæst/ *s* säätiedotus
weather eye *to keep your weather eye open* pitää varansa, olla varuillaan
weatherman /ˈweðərˌmæn/ *s* (mon weathermen) (television, radion) säätiedottaja, ilmatieteilijä
weather map *s* sääkartta
weather report *s* säätiedotus
weave /wiv/ *s* sidos *plain weave* palttina *twill weave* toimikas *satin weave* ponsi, satiini *v* wove/woved, woven **1** kutoa **2** punoa, solmia, sitoa **3** (kuv) kertoa; keksiä **4** pujotella, luikerrella, kiemurrella
weave in *v* ottaa jotakin mukaan johonkin
weaver /wivər/ *s* kutoja
web /web/ *s* **1** verkko, (erit) hämähäkinverkko **2** (kuv) verkko, vyyhti **3** (vesilinnun jalan) räpylä *v* **1** muodostaa/tehdä verkko; peittää verkkoon **2** pyydystää, ottaa kiinni
webfoot /ˈwebˌfʊt/ *s* räpyläjalka
wed /wed/ *v* wedded/wed, wedded/wed **1** naida joku, mennä naimisiin (jonkun kanssa) **2** vihkiä (avioliittoon) **3** yhdistää, yhdistyä **4** vihkiytyä, omistautua (jollekin asialle)
we'd /wid/ *we would*
wedding /wediŋ/ *s* **1** häät **2** (kuv) yhdistelmä
wedding anniversary *s* (häiden vuosipäivä) hääpäivä
wedding band *s* vihkisormus
wedding cake *s* hääkakku
wedge /wedʒ/ *s* **1** kiila **2** (kolmion muotoinen) viipale, pala **3** (golf) rautamaila *(pitching wedge* tai *sand wedge)* jolla lyödään lyhyitä ja korkeita lyöntejä esim hiekkaesteestä *v* **1** kiilata, halkoa kiiloilla **2** kiilata, tukea/ kiinnittää kiiloilla **3** ahtaa, ahtautua, tunkea, tunkeutua, sulloa, mahtua, kiilata
wedlock /ˈwedˌlak/ *s* avioliitto *born out of wedlock* aviottomana syntynyt
Wednesday /wenzdi ʲwenzˌdeɪ/ *s* keskiviikko
Wednesdays *s* keskiviikkoisin
wee /wi/ *adj* **1** pienen pieni, pikkuruinen **2** varhainen *in the wee hours of the morning* pikkutunneilla
weed /wid/ *s* **1** rikkaruoho **2** (ark) savuke, tupakka **3** (sl) ruoho, marihuana; ruohosätkä, marihuanasavuke *v* kitkeä (myös kuv:) poistaa, lopettaa
weedy /widi/ *adj* rikkaruohoinen
week /wik/ *s* viikko
weekday /ˈwikˌdeɪ/ *s* arkipäivä
weekdays *adv* arkisin
weekend /ˈwikˌend/ *s* viikonloppu *v* viettää viikonloppu jossakin
weekends *adv* viikonloppuisin
week in, week out *fr* viikosta toiseen
weekly *s* viikkolehti *adj* viikoittainen *adv* viikoittain
weeknight /ˈwikˌnaɪt/ *s* arki-ilta
weep /wip/ *v* wept, wept **1** itkeä **2** tihkua, vuotaa
wee people *s* (satujen) pikkuväki

weigh /weɪ/ *v* **1** painaa, punnita *he weighed the rock in his hand* hän punnitsi kiveä kädessään **2** (kuv) painaa, vaivata **3** (kuv) painaa (paljon/vähän), merkitä (paljon/vähän)
weigh anchor *fr* nostaa ankkuri
weigh down *v* **1** painaa, taivuttaa alas **2** masentaa, painaa
weigh in *v* punnita, painaa *she weighs in at 120 pounds* hän painaa vain noin 55 kiloa
weigh on *v* (kuv) painaa jotakuta
weight /weɪt/ *s* paino (myös kuv) *by weight* painon mukaan *your input carries weight with us* me panemme sinun näkemyksellesi painoa *try to pull your weight* yritä tehdä oma osasi/hoitaa osuutesi, yritä kantaa kortesi kekoon *Mr. Sanchez has been throwing his weight around again* Mr. Sanchez on taas jyrännyt muut alleen/ajanut tahtonsa läpi väkipakolla
weight down *v* painaa (mieltä)
weightless *adj* painoton
weightlessness *s* painottomuus
weightlifter *s* painonnostaja
weightlifting /ˈweɪtˌlɪftiŋ/ *s* painonnosto
weight-watcher /ˈweɪtˌwatʃər/ *s* painonvartija, laihduttaja
weighty *adj* **1** raskas, painava **2** (kuv) raskas, vaikea **3** (kuv) tärkeä
weigh your words *fr* punnita sanojaan
weird /wɪərd/ *adj* **1** salaperäinen, arvoituksellinen **2** outo, kumma
weirdo /ˈwɪərˌdoʊ/ *s* (mon weirdos) (ark) **1** pimeä tyyppi **2** hullu, mielipuoli
welcome /welkəm/ *s* tervehdys, tervetulon toivotus *to wear out your welcome* ei enää olla tervetullut jonnekin, alkaa käydä isäntäväen tms hermoille
v toivottaa tervetulleeksi (myös kuv), ottaa (mielihyvin) vastaan
adj tervetullut *you're welcome to my beer* ota vapaasti olutta(ni) *thanks! – you're welcome!* kiitos! – ole hyvä!/ei kestä
interj tervetuloa!
weld /weld/ *s* hitsi
v **1** hitsata **2** yhdistää, sulaa/sulautua yhteen
welder *s* hitsaaja
welfare /ˈwelˌfeər/ *s* **1** hyvinvointi **2** hyväntekeväisyys(työ) **3** sosiaaliavustukset *to be on welfare* elää sosiaaliavustusten varassa
welfare state *s* hyvinvointivaltio
well /wel/ *s* **1** lähde (myös kuv) *oil well* öljylähde **2** säiliö **3** kuilu **4** hyvä *we wish you well* toivotamme sinulle menetystä/onnea
v pursuta, (kyynelet) nousta (silmiin)
adj (better, best) **1** terve **2** hyvä **3** *to leave well enough alone* antaa jonkin/jonkun olla, jättää joku rauhaan
adv (better, best) **1** hyvin, kunnolla *you did well* selvisit hyvin/hienosti **2** selvästi, paljon *well over three million* paljon yli kolme miljoonaa **3** *as well* lisäksi, myös, sekä *it is good as well as expensive* se on sekä hyvä että kallis *interj* no *well, I don't know* en minä tiedä *well, well!* kas! kas!
we'll /wɪl wiəl/ *we will*
well-adjusted *adj* hyvin sopeutunut
well-appointed /ˌweləˈpɔɪntəd/ *adj* (huone) hienosti/hyvin sisustettu/kalustettu/varustettu
well-balanced /ˌwelˈbælənst/ *adj* tasapainoinen, sopusuhtainen, (ruokavalio) monipuolinen
well-being /welˈbiiŋ/ *s* hyvinvointi
well-beloved /ˌwelbɪˈlʌvəd/ *adj* pidetty, suosittu, rakastettu
wellborn /ˌwelˈbɔrn/ *s* jalosukuiset
adj jalosukuinen
well-bred /ˌwelˈbred/ *adj* hyvin kasvatettu, hyvätapainen
well-connected /ˌwelkəˈnektəd/ *adj* jolla on hyvät suhteet (päättäjiin)
well-established /ˌweləsˈtæblɪʃt/ *adj* vakiintunut
wellies (UK ark) kumisaappaat, kumpparit
Wellington /weliŋtən/ ks Wellington boot
Wellington boot *s* kumisaapas
well-intentioned /ˌwelɪnˈtenʃənd/ *adj* hyvää tarkoittava

whiskey /wɪski/ *s* viski
whisper /wɪspər/ *s* **1** kuiskaus **2** huhu, juoru, kuiskuttelu **3** (puun lehtien) kuiske, kuiskaus, kahina, (tuulen) kuiske, suhina, (veden) solina
v **1** kuiskata **2** kuiskutella, kuiskia, kuiskata **3** (puun lehdet) kuiskata, kahista, (tuuli) kuiskata, suhista, (vesi) solista
whistle /wɪsəl/ *s* **1** vihellys **2** pilli *to blow the whistle* paljastaa (rötös) *to blow the whistle on* lopettaa, keskeyttää; paljastaa (rötös) (ks myös whistle blower) *to wet your whistle* (ark) kostuttaa kurkkuaan, ottaa ryyppy
v **1** viheltää **2** soittaa/puhaltaa pilliä
whistle blower *s* (hätä)kellonsoittaja, rötöksen paljastaja
whistle for *v* odottaa/pyytää turhaan
whistle stop *s* **1** pikkukaupunki, syrjäkylä (rautatien varrella) **2** (poliitikon lyhyt) vaalipuhe **3** (poliitikon, teatteriseurueen) käynti/piipahdus/näytäntö pikkukaupungissa
whistle-stop *v* käydä vaalikiertueella
white /waɪt/ *s* **1** valkoinen (väri) **2** valkoihoinen, valkoinen
adj valkoinen
white blood cell *s* valkosolu, valkoinen verisolu
white-collar /ˌwaɪt'kalər/ *s* valkokaulustyöntekijä
adj valkokaulus-
white-collar crime *s* valkokaulusrikollisuus
white corpuscule /'kɔrˌpʌsəl/ *s* valkosolu
white elephant *s* **1** (tarpeeton) rahareikä **2** (tarpeeton) esine
white gold *s* valkokulta
white goods *s* (mon) **1** liinavaatteet **2** kodinkoneet
White House *s* Valkoinen talo
white-knuckle *adj* (ark) pelottava, hirvittävä
white lie *s* hätävalhe, pikkuvalhe
white-lipped peccary /pekəri/ *s* huulipekari
white man *s* (mon white men) valkoihoinen (ihminen)
whiten *v* valkaista, valkaistua, haalistaa, haalistua
whiteness *s* **1** valkeus, valkoisuus **2** kalpeus
white out *v* peittää (kirjoitusvirhe) korjauslakalla
White rhinoceros /rai'nasərəs/ *s* leveähuulisarvikuono
white-tailed deer *s* valkohäntäpeura
white-tailed gnu *s* valkohäntägnu
whitewash /'waɪtˌwaʃ/ *s* **1** kalkkimaali **2** (kuv) peittely, kaunistelu; pintasilaus, pintakiilto
v **1** maalata valkoiseksi (kalkkimaalilla) **2** (kuv) peitellä, kaunistella
whittle /wɪtəl/ *v* vuolla; veistää
whittle away *v* supistaa, vähentää, leikata
whittle down *v* supistaa, vähentää, leikata
whity /waɪti/ *s* (sl) kalpeanaama, valkolainen
whiz kid /'wɪzˌkɪd/ *s* (ark) ihmelapsi, nero
whizz /wɪz/ *s* **1** suhina **2** (ark) nero, peto (tekemään jotakin)
v **1** suhista **2** kiitää, sujahtaa, suhahtaa, suhista
who /hu/ *pron* **1** kuka, kenet, kenelle *who is it?* kuka siellä? *who did you give it to?* kenelle annoit sen? **2** joka, jota, jolle *the man who was here* mies joka kävi täällä *the people who you thought were Finns* ihmiset joita luulit suomalaisiksi
who'd /hud/ *who would*
whodunit /ˌhu'dʌnɪt/ *s* salapoliisikertomus, rikosromaani
whoever /ˌhu'evər/ *pron* **1** kuka tahansa **2** kuka ihme/kumma?
whole /hoəl/ *s* kokonaisuus *the whole is more than the sum of its parts* kokonaisuus on enemmän kuin osien summa *as a whole* kokonaisuutena *on the whole* kokonaisuutena, kaiken kaikkiaan, yleisesti ottaen
adj **1** kokonainen, koko, kaikki, täysi *for a whole hour* kokonaisen tunnin *it is a whole lot better than the old model* se on koko lailla/paljon parempi kuin vanha malli **2** ehjä, vahingoittumaton *it is still whole* se on vielä yhtenä kappaleena

whole enchilada /ˌentʃəˈladə/ *fr* koko roska, kaikki
wholehearted /ˌholˈhartəd/ *adj* vilpitön, aito
wholeheartedly *adv* vilpittömästi, aidosti, täydestä/koko sydämestä
wholeheartedness *s* vilpittömyys, aitous
whole hog *to go whole hog* (ark) ei nuukailla/säästellä, tehdä jotakin täysin palkein
wholeness *s* eheys, täyteys, kokonaisuus, täydellisyys
wholesale /ˈholˌseɪəl/ *s* tukkukauppa
adj **1** tukkukaupan, tukkuportaan, tukku- **2** suurimittainen, laaja
adv **1** tukkukaupasta, tukkuhintaan **2** joukoittain, suurin joukoin, paljon, kosolti
wholesome /ˈholsəm/ *adj* **1** (myös kuv) tervehdyttävä, terveellinen, terve-henkinen, hyvää tekevä **2** terveen näköinen
who'll /hʊəl/ *who will*
wholly /holi/ *adv* kokonaan, täysin, läpeensä
whom /hum/ *pron* (objektimuoto sanasta *who*) ketä, kenelle *whom are you talking about?* kenestä puhut?
whomever /ˌhuˈmevər/ *pron* (objekti-muoto sanasta *whoever*) ketä/kenelle (tahansa) *whomever you give it to, don't give it to me* kenelle sen annatkin, älä anna sitä minulle
whoop /wup hup/ *s* (innostuksen) huudahdus, huuto *not worth a whoop* (ark) arvoton, mitätön, yhtä tyhjän kanssa
v **1** huutaa (innoissaan) **2** (pöllö ym) huhuta, huhuilla **3** hinkua
whooping cough /wupiŋ hupiŋ/ *s* hinkuyskä
whopper /wapər/ *s* (ark) **1** jokin valta-va, hirmu **2** emävale
whore /hɔr/ *s* huora
v huorata
who're /hʊər/ *who are*
whorehouse /ˈhɔrˌhaʊs/ *s* porttola
whorish /hɔrɪʃ/ *adj* huorahtava
who's /huz/ *who is*
whose /huz/ *pron* (genetiivimuoto sanasta *who*) **1** kenen *whose hat is this?* kenen hattu tämä on? **2** jonka *the man whose hat is on the chair* mies jonka hattu on tuolilla
who's who *s* **1** (hakuteos) kuka kukin on **2** silmäätekevät *the who's who of computers* tietokonealan huiput
why /waɪ/ *adv, konj* miksi *why did you do it?* miksi teit sen? *he does not know why he did it* hän ei tiedä miksi hän sen teki
why's /waɪz/ *why is*
whys and wherefores *fr* syyt
wick /wɪk/ *s* (kynttilä, öljylampun) sydän
wicked /wɪkəd/ *adj* **1** paha, ilkeä **2** kurja, huono **3** (sl) loistava
wickedly *adv* **1** pahasti, ilkeästi **2** kurjasti, huonosti
wickedness *s* pahuus, ilkeys
wicker /wɪkər/ *s* korityö
wicker chair *s* korituoli
wide /waɪd/ *adj* **1** leveä **2** laaja, suuri **3** *to be wide of the mark* mennä pahasti ohi/pieleen
adv kokonaan, täysin *the door is wide open* ovi on selkosen selällään *far and wide* laajalla alueella, siellä täällä
wide-angle /ˈwaɪdˌæŋgəl/ *adj* (valok) laajakulma-
widebody /ˈwaɪdˌbadi/ *s* laajarunkoinen lentokone
widely *adv* laajasti, laajalla alueella *widely different* hyvin erilainen
widely known laajalti tunnettu
widen /waɪdən/ *v* leventää, leventyä, laajentaa, laajentua, suurentaa, suurentua
wide-ranging /ˌwaɪdˈreɪndʒiŋ/ *adj* laajamittainen, laaja
wide-screen /ˈwaɪdˌskrin/ *adj* laajakangas-
widespread /ˈwaɪdˌspred/ *adj* yleinen, laajalle levinnyt
widget /wɪdʒət/ *s* vempain, veko-tin
widow /wɪdoʊ/ *s* leski(nainen)
v jäädä leskeksi
widower /wɪdoʊər/ *s* leski(mies)

widowhood /'wɪdoʊˌhʊd/ *s* leskeys, leskenä olo
widow's peak *s* leskenlovi
width /wɪdθ/ *s* leveys
wield /wiəld/ *v* käyttää (valtaa, työkalua) (taitavasti) *to wield an ax* heiluttaa kirvestä
wieldy *adj* kätevä, helppokäyttöinen
wiener /winər/ *s* nakki
Wiener schnitzel /'winərˌʃnɪtsəl/ *saksasta* wieninleike
wife /waɪf/ *s* (mon wives) vaimo *to take to wife* ottaa puolisokseen, naida
wifehood /'waɪdˌhʊd/ *s* vaimona olo
wifely *adj* vaimon, vaimolle sopiva
wife swapping *s* parinvaihto
wig /wɪg/ *s* peruukki *to flip your wig* (sl) menettää malttinsa, pillastua, repiä pelihousunsa
wiggle /wɪgəl/ *s* väristys; heilunta *v* **1** väristä, hytistä; heilua, heiluttaa **2** pujotella, luikerrella, kiemurrella
wigwam /'wɪgˌwam/ *s* (intiaanimaja) vigvami, wigwam
wild /waɪəld/ *adj* **1** villi **2** (myrsky) raju, hurja, (ihminen) raivostunut, (suunnitelma) uskalias, (elämä) hillitön *adv* villisti *to run wild* (kasvi) rehottaa; (kuv) levitä vapaasti, olla kuriton, rehottaa
wild boar /boər/ *s* villisika
wilderness /wɪldərnəs/ *s* erämaa
wild-goose chase /ˌwaɪəld'gusˌtʃeɪs/ *to go on a wild-goose chase* kurkottaa kuuseen
wilding /waiəldiŋ/ *s* jengien huliganismi ja vandalismi
wildlife /'waɪəldˌlaɪf/ *s* villieläimet
wildly *adv* villisti (ks myös wild)
wildness /waɪəldnəs/ *s* villiys, rajuus, hurjuus, raivo, uskaliaisuus, hillittömyys
wild oat *s* villikaura *to sow your wild oats* hurjastella, viettää rajua elämää, ottaa ilo irti elämästä (erityisesti nuorena)
wild pigs *s* (mon) villisiat *(Suidae)*
wilds /waɪəldz/ *s* (mon) erämaa
Wild West *s* villi länsi
wile /waɪəl/ *s* ansa, temppu, metku *v* houkutella
wile away *v* laiskotella, vetelehtiä, olla toimettomana
Wile E. Coyote /ˌwaɪəlikaɪ'oʊti/ *sarjakuvahahmo* Kelju K. Kojootti
wilily *adv* viekkaasti, ovelasti, juonikkaasti
will /wɪl/ *s* **1** tahto *at will* vapaasti, mielin määrin **2** testamentti *v* **1** pakottaa itsensä/joku johonkin (tahdonvoimalla), tahtoa **2** testamentata *apuverbi* would, (kielteiset muodot) won't (will not), wouldn't (would not) **1** tulevaisuudesta: *I will read it* minä luen sen **2** kysymyksissä: *will/would you close the window?* sulkisitko ikkunan? **3** tahdosta: *he will not do it* hän ei suostu tekemään sitä *will you shut up?* etkö voi olla hiljaa! **4** olla tapana: *on Sundays, we would go to the beach* sunnuntaisin meillä oli tapana mennä uimarannalle **5** oletuksesta: *they will have read it by now* he ovat varmaankin lukeneet sen jo **6** kyvystä: *the door won't open* ovi ei aukea, en saa ovea auki
willful /wɪlfəl/ *adj* **1** tahallinen, harkittu, tietoinen **2** omapäinen, jääräpäinen, joustamaton
willfully *adv* **1** tahallaan, harkitusti, tietoisesti **2** omapäisesti, jääräpäisesti, joustamattomasti
William /wɪljəm/ (kuninkaan nimenä) Vilhelm
William the Conqueror Vilhelm Valloittaja
willies /wɪliz/ *to get the willies* (ark) hermostua, pelästyä, saada sätkyt
willing *adj* **1** halukas, hanakka, valmis johonkin *(to)* **2** avulias, aulis
willingly *adv* halukkaasti, hanakasti, avuliaasti, auliisti
willingness *s* halukkuus, hanakkuus; avuliaisuus
will-o'-the-wisp /wɪləvðə'wɪsp/ *s* virvatuli (myös kuv:) houkutin, houkutus, saavuttamaton asia
willow /wɪloʊ/ *s* paju
willowy *adj* taipuisa, norja, (sorja ja) notkea
will power *s* tahdonvoima

wilt /wɪlt/ *v* **1** kuihtua, kuihduttaa **2** väsyä, väsyttää, uupua, uuvuttaa
wily /waɪli/ *adj* viekas, ovela, juonikas
win /wɪn/ *s* voitto
v won, won **1** voittaa **2** saada, vallata, valloittaa
wince /wɪns/ *s* säpsähdys, hätkähdys
v säpsähtää, hätkähtää
winch /wɪntʃ/ *s* **1** (käsi)kampi **2** vintturi, vinssi (ark)
v nostaa/vetää vintturilla
Winchester rifle /'wɪn,tʃestər/ *s* Winchester-kivääri
wind /wɪnd/ *s* **1** tuuli *solar wind* aurinkotuuli *big changes are in the wind* (kuv) luvassa on suuria muutoksia *how the wind blows* (kuv) mistä tuuli puhaltaa *to sail in the teeth of the wind* purjehtia vastatuuleen *to sail close to the wind* (kuv) olla säästäväinen; olla uskalias, ottaa riski *to take the wind out of someone's sails* yllättää, saada joku järkyttymään, viedä tuuli jonkun purjeista **2** puhallinsoitin, puhallin **3** (mon) (orkesterissa) puhaltimet **4** hengitys *to get your second wind* saada (esim juostessa) hengityksensä tasaantumaan **5** vihi, huhu **6** tuulahdus, suuntaus **7** ilmavaivat, ilma *to break wind* pieraista (ark)
v **1** saada hengästymään **2** antaa hengityksen tasaantua
wind /waɪnd/ *v* wound, wound **1** kiertää, kiertyä **2** kääntää, kääntyä **3** kiemurrella, mutkitella, pujotella, luikerrella **4** (kello) vetää
Wind Cave /'wɪn,keɪv/ kansallispuisto Etelä-Dakotassa
wind down *v* laantua, asettua, rauhoittua
windfall /'wɪnd,faəl/ *s* **1** tuulen maahan pudottamat hedelmät **2** (kuv) onnenpotku
winding /waɪndiŋ/ *adj* mutkitteleva, kiemurteleva
windlass /wɪndləs/ *s* vintturi
v nostaa/vetää vintturilla
windmill /'wɪnd,mɪl/ *s* tuulimylly
window /wɪndoʊ/ *s* ikkuna (myös tietok)
window dressing *s* **1** näyteikkunoiden somistus **2** (kuv) kaunistelu, hämäys, pintakiilto, pintasilaus, silmänlume
windowing *s* (tietok) ikkunointi, ikkunoiden käyttö
window pane *s* ikkunalasi
window seat *s* (lentokoneessa ym) ikkunapaikka
window shade *s* **1** (ikkunan)kaihdin **2** sälekaihdin **3** rullaverho
window-shop /'wɪndoʊ,ʃap/ *v* **1** katsella näyteikkunoita **2** (kuv) tutustua johonkin (ennen kaupantekoa)
windpipe /'wɪnd,paɪp/ *s* henkitorvi
wind power *s* tuulivoima
windscreen /'wɪnd,skrin/ *s* (UK) tuulilasi
windshield /'wɪnd,ʃiəld/ *s* (auton) tuulilasi
windshield wiper *s* tuulilasinpyyhin
Windsor /wɪnzər/
windsurf /'wɪnd,sərf/ *v* purjelautailla
windsurfer *s* purjelautailija
windsurfing *s* purjelautailu
wind tunnel *s* tuulitunneli
wind up *v* **1** päättää, saattaa päätökseen, tehdä valmiiksi **2** päätyä johonkin asemaan **3** vetää (kello) **4** kelata, kääriä kelalle/rullalle
wind vane *s* tuuliviiri
windward /wɪndwərd/ *to get to windward of* saada jokin asia hallintaansa
windy /wɪndi/ *adj* **1** tuulinen *it's windy at the top* huipulla tuulee **2** mahtipontinen, suurisanainen, suurellinen
windy /waɪndi/ *adj* kiemurteleva, mutkitteleva
wine /waɪn/ *s* viini
wine and dine *fr* syöttää ja juottaa (esim asiakkaita kauppojen edistämiseksi)
winebag /'waɪn,bæg/ *s* viinileili
wine cellar *s* viinikellari
wineglass /'waɪn,glæs/ *s* viinilasi
wineskin /'waɪn,skɪn/ *s* viinileili
wine steward *s* viinitarjoilija
wing /wiŋ/ *s* **1** siipi *to be on the wing* olla lennossa/ilmassa; olla liikkeellä *to*

take someone under your wing ottaa joku siipiensä suojaan *to take wind* nousta lentoon/ilmaan; lähteä/häipyä kiireesti **2** (puolueen) siipi **3** (teatterissa) kulissien vasen/oikea puoli
wingspan /'wiŋ,spæn/ *s* (lentokoneen, linnun) siipiväli
wink /wiŋk/ *s* **1** silmänräpäys (myös kuv) **2** silmänisku **3** (valon) tuike
v **1** räpäyttää silmää **2** iskeä silmää **3** (valo) tuikkia
winkle /wiŋkəl/ *s* kotilo
winner *s* voittaja
winner take all *s* (peli ym jossa) voittaja saa koko potin
winning *s* **1** voitto **2** (yl mon) voitto(saalis)
adj **1** voittaja-, voittoisa **2** hurmaava, ihastuttava
winningly *adv* (hymyillä) hurmaavasti, ihastuttavasti
Winnipeg /'wɪnə,peg/ kaupunki Kanadassa
win out *v* voittaa, vetää pitempi korsi
winter /wɪntər/ *s* talvi
v viettää talvi jossakin, talvehtia
winter garden *s* talvipuutarha
winter solstice /solstəs/ *s* talvipäivänseisaus
wintery /wɪntəri/ *adj* talvinen, talvi-
wintry /wɪntri/ *adj* talvinen, talvi-
wipe /waɪp/ *s* pyyhkäisy
v **1** pyyhkiä **2** (kuv) heittää mielestään, (yrittää) unohtaa, pyyhkiä pois
wipe out *v* **1** hävittää, tuhota, pyyhkiä pois **2** (ark) nitistää, tappaa **3** (sl) löylyttää, piestä, voittaa musertavasti
wiper *s* **1** pyyhe, rätti **2** tuulilasinpyyhin
wipe up *v* pyyhkiä pois, siivota
wire /waɪər/ *s* **1** (metalli)lanka, (sähkö)johto, vaijeri, kaapeli *to pull wires* (kuv) käyttää hyväksi suhteitaan **2** (ark) sähke **3** (raveissa) maaliviiva *down to the wire* viime hetkeen saakka, viimeiseen saakka *under the wire* viime hetkessä, juuri ja juuri, nipin napin
v **1** yhdistää johdoilla **2** sähköttää, lähettää sähkeellä **3** varustaa salakuuntelulaitteella/piilomikrofonilla
wired /waɪərd/ *adj* **1** sähköjohdoilla varustettu, johdotettu **2** kaapelitelevisioliitännällä varustettu **3** (ark kuv) hermostunut ja happea täynnä, jolla menee lujaa (etenkin huumeiden vaikutuksesta)
wiretap /'waɪər,tæp/ *s* salakuuntelu
v kuunnella salaa (puhelinta)
wiry /waɪəri/ *adj* (metalli)lanka-, (vartalo) jäntevä, (tukka) tankea, karkea
Wisconsin /wɪs'kansən/
wisdom /wɪzdəm/ *s* **1** viisaus **2** viisas ajatus, viisaus
wisdom tooth *s* viisaudenhammas
wise /waɪz/ *adj* viisas *to be/get wise to something* (sl) tajuta, päästä jyvälle/selville jostakin, saada tietää *to get wise* (sl) ottaa selvää jostakin; ruveta nenäkkääksi *to put/get someone wise* (sl) kertoa jollekulle jotakin
wise-ass /'waɪz,æs/ *s* (sl) viisastelija
adj viisasteleva, nenäkäs
wise-crack /'waɪz,kræk/ *s* (ark) huuli, letkautus, herja, vitsi
v (ark) heittää huuli/herja, letkauttaa, vitsailla
wise guy /'waɪz,gaɪ/ *s* (ark) **1** viisastelija **2** mafioso
wisely *adv* viisaasti
wise up *v* (sl) tajuta, päästä jyvälle jostakin, selittää jollekulle jotakin
wish /wɪʃ/ *s* toivomus, toive, halu *she got her wish* hänen toiveensa toteutui
v **1** toivoa, haluta **2** toivottaa *we wish you well* toivomme/toivotamme sinulle kaikkea hyvää
wishbone /'wɪʃ,boʊn/ *s* (linnun) hankaluu
wish fulfillment *s* toiveiden täyttymys/toteutuminen, tarpeiden tyydytys
wishful thinking *s* toiveajattelu
wish list *s* toivomuslista
wish-wash /'wɪʃ,waʃ/ *s* **1** (juoma) litku **2** hölynpöly
wishy-washy /'wɪʃi,waʃi/ *adj* **1** vetinen **2** empivä, epäröivä, jahkaileva
wisp /wɪsp/ *s* **1** tukko, kouraus **2** tupru **3** sorja/hento/heiveröinen ihminen **4** vivahde, häivähdys
wispy *adj* heiveröinen, hento, sorja, ohut, heikko

wit /wɪt/ *s* **1** (myös mon) järki, äly, hokso, nokkeluus *to be at your wit's end* olla ymmällään *to keep your wits about one* pysyä valppaana/terävänä *to live by your wits* pitää puolensa, olla nokkela **2** vitsikkyys, huumorintaju, hauskuus **3** teräväpäinen ihminen
witch /wɪtʃ/ *s* noita
witchcraft /'wɪtʃ,kræft/ *s* noituus
witch doctor *s* poppamies
witchery /wɪtʃəri/ *s* **1** noituus **2** lumous
witch hunt *s* noitavaino (myös kuv)
witch-hunt *v* vainota (esim noitana)
witching *adj* lumoava, kiehtova
with /wɪð/ *prep* **1** kanssa, luona, mukana *she wants to go with you* hän haluaa tulla kanssasi/lähteä mukaasi *I'm staying with the Hendersons* olen kylässä Hendersoneilla *hamburger with fries* hampurilainen ja ranskalaiset **2** ominaisuudesta: *a car with two doors* kaksiovinen auto **3** välineestä: *he wrote it with a pencil* hän kirjoitti sen lyijykynällä **4** suhteesta: *she's good with computers* hän hallitsee tietokoneet hyvin **5** tavasta: *handle with care* käsiteltävä varoen **6** vertailusta: *to compare A with B* verrata A:ta B:hen **7** syystä: *to die with fever* kuolla kuumeeseen **8** puolella: *he voted with me* hän äänesti samoin kuin minä
with a view to *fr* jotakin silmällä pitäen, jonkin toivossa
with a whole skin *fr* ehjin nahoin
with child *to be with child* olla raskaana
withdraw /wɪð'dra/ *v* withdrew, withdrawn **1** vetää, vetäytyä, perääntyä, poistua **2** nostaa (rahaa) tililtä **3** perua (puheensa), peräänytyä (sopimuksesta) **4** vieroittaa (huumeesta), lakata käyttämästä (huumetta)
withdrawal /wɪð'draəl/ *s* **1** perääntyminen, luopuminen **2** vieroitus
withdrawal syndrome *s* vieroitusoireet
withdrawn *v* ks withdraw
adj sulkeutunut, syrjään vetäytynyt, eristäytyvä
withdrew ks withdraw
wither /wɪðər/ *v* **1** kuihduttaa, kuihtua **2** (kuv) musertaa, hävittää
withhold /,wɪθ'hoəld/ *v* withheld, withheld: pidättää (esim palkasta veroa), pidättäytyä, ei suostua antamaan, salata *you're withholding evidence* sinä salaat todisteaineistoa
within /wɪ'ðɪn/ *adv* sisällä, sisälle *from within* sisältä
prep sisällä, -ssa/-ssä, päässä, (ajasta myös) kuluessa *within the boundaries of the park* puiston rajojen sisällä/sisäpuolella *within three hours* kolmen tunnin sisällä, kolmessa tunnissa *the car came to within two feet of the edge of the cliff* auto kävi/pysähtyi puolen metrin päähän jyrkänteen reunalta
within reason *to be within reason* olla kohtuullista, olla kohtuuden rajoissa
with it *to be with it* (sl) olla ajan tasalla/hermolla, seurata muotia
without /wɪ'ðaʊt/ *adv* ulkona, ulos, ulkopuolella, ulkopuolelle *prep* **1** ilman *a man without a home* koditon mies *without doubt* epäilemättä **2** ulkopuolella *within and without the building* rakennuksen sisä- ja ulkopuolella
without number *fr* lukematon
without price *fr* suunnattoman/sanoinkuvaamattoman/korvaamattoman arvokas/kallis
with reason *fr* hyvällä syyllä, hyvästä syystä, aiheellisesti
with reference to *fr* jotakin koskien
with regard to *fr* jotakuta/jotakin koskien
with relation to something *fr* jotakin koskien, johonkin liittyen
with respect to *fr* jotakin koskien *she had nothing to say with respect to her illness* hänellä ei ollut sairaudestaan mitään kerrottavaa
withstand /wɪθ'stænd/ *v* withstood, withstood: kestää, pitää puolensa jotakuta/jotakin vastaan
withstood /wɪθ'stʊd/ ks withstand
with that *with that she left* sen sanottuaan hän lähti
with tongue in cheek *she said it with her tongue in the cheek* hän sanoi sen leikillään/kiusallaan/ivallisesti
with your tail between your legs *fr* häntä koipien välissä

witness /wɪtnəs/ *s* **1** todistaja (oikeudessa, asiakirjan), silminnäkijä **2** todistus *to bear witness to* todistaa/kertoa jostakin, osoittaa jotakin **3** *Jehovah's Witness* Jehovan todistaja
v **1** nähdä, olla näkemässä, kokea **2** ajatella *witness the fact that...* (ajatelkaamme) esimeriksi (sitä että...) **3** todistaa (oikeudessa, oikeaksi), olla läsnä todistajana **4** osoittaa, kertoa, todistaa *as witnessed by rising inflation* kuten yltyvä inflaatio osoittaa
witness stand *s* todistajanaitio
witticism /wɪtəsɪzəm/ *s* sukkeluus, sutkaus, vitsi, pila
wittily *adv* nokkelasti, terävästi; hauskasti, vitsikkäästi
witty /wɪti/ *adj* nokkela, terävä; hauska, vitsikäs
wives /waɪvz/ ks wife
wizard /wɪzərd/ *s* **1** noita **2** taikuri **3** (kuv) nero
wizardry /wɪzərdrɪ/ *s* noituus, taikuus, taikatemput (myös kuv) *modern electronic wizardry* nykyelektroniikan ihmeet
wizened /wɪzənd/ *adj* kuihtunut, kuivunut
wobble /wabəl/ *s* heilunta, tutina, vapina
v heilua, tutista, vapista
wobbly *adj* epävakaa, hutera
woe /woʊ/ *s* suru, murhe
woebegone /'woʊbɪgan/ *adj* surullinen, surun/murheen murtama
woeful /woʊfəl/ *adj* **1** surullinen, murheellinen, surumielinen **2** surkea, kehno
woefully *adv* **1** surullisesti, murheellisesti **2** surkeasti, kehnosti *your paper is woefully inadequate* aineesi on täysin riittämätön, aineesi ei alkuunkaan täytä vaatimuksia
wok /wak/ *s* wokkipannu, vokkipannu
woke /woʊk/ ks woke
woken /woʊkən/ ks wake
wok set *s* wokkiastiasto, vokkiastiasto
wolf /wəlf/ *s* (mon wolves) susi *to cry wolf* antaa väärä hälytys *he's just trying to keep the wolf from the door* hän yrittää vain ansaita jotakin hengenpitimiksi, hän ei halua joutua puille paljaille
wolf down *v* ahmia, ahnehtia, pistää kiireesti poskeensa
wolf in sheep's clothing *fr* susi lammasten vaatteissa
Wollongong /'wʊlən,gaŋ/
Wolverhampton /'wʊlvər,hæmptən/
woman /wʊmən/ *s* (mon women /wɪmən/) nainen *to be your own woman* olla itsenäinen (nainen)
woman-chaser /'wʊmən,tʃeɪsər/ *s* naistenmetsästäjä
woman-hater /'wʊmən,heɪtər/ *s* naistenvihaaja
womanhood /'wʊmən,hʊd/ *s* **1** naisena oleminen **2** (kaikki) naiset
woman in the street *s* kadunnainen, tavallinen nainen, keskivertonainen
womanish /wʊmənɪʃ/ *adj* **1** naisellinen **2** naismainen
womanizer /'wʊmə,naɪzər/ *s* naistenmies, naistenmetsästäjä
womankind /,wʊmən'kaɪnd/ *s* naiset
womanlike /'wʊmən,laɪk/ *adj* naisellinen
womanly *adj* naisellinen
woman of few words *Frances is a woman of few words* Frances on harvasanainen, Frances ei ole puhelias
woman of letters *s* oppinut nainen, lukenut nainen, kirjailija, kirjallisuuden ystävä
woman of many words *Alice is a woman of many words* Alice on puhelias
woman of the streets *s* katunainen, huora
woman of the world *s* maailmannainen
womb /wumb/ *s* kohtu
womb-to-tomb /,wumtə'tum/ *adj* kohdusta hautaan jatkuva
women's lib ks women's liberation
women's liberation /,wɪmənz,lɪbə'reɪʃən/ *s* naisliike, naisasialiike, feminismi
women's movement *s* naisliike
women's rights *s* (mon) naisten oikeudet/tasa-arvo
won /wʌn/ ks win
wonder /wʌndər/ *s* **1** ihme *small wonder he did not make it* ei ihme ettei

hän ehtinyt (ajoissa) *the new medicine is working wonders* uusi lääke saa ihmeitä aikaan **2** ihmetys, hämmästys *v* ihmetellä, hämmästellä, miettiä *I wonder if she likes me* mahtaakohan hän pitää minusta?, pitääköhän hän minusta?

wonder drug *s* ihmelääke

wonderful *adj* ihmeellinen, ihana, ihastuttava

wonderfully *adv* ihmeellisesti, ihmeellisen, ihanasti, ihanan, ihastuttavasti, ihastuttavan

won't /woʊnt/ *will not*

wont /want/ *s* tapa, tottumus *adj: to be wont to do something* olla tapana tehdä jotakin

woo /wu/ *v* kosia (myös kuv), kosiskella (myös kuv)

wood /wʊd/ *s* **1** puu; puutavara; polttopuut *to knock on wood* koputtaa puuta **2** (mon) metsä *we're finally out of the woods* olemme viimein selvillä vesillä/kuivilla **3** (golfissa) puumaila **4** (sl) erektio

woodcarver *s* puunleikkaaja

woodcarving /ˈwʊdˌkarviŋ/ *s* puunleikkaus

woodchopper /ˈwʊdˌtʃapər/ *s* puunhakkaaja

woodchuck /ˈwʊdˌtʃʌk/ *s* metsämurmeli

woodcraft /ˈwʊdˌkræft/ *s* **1** eränkäyntitaito **2** metsänhoito **3** puunleikkaus

woodcrafter *s* puunveistäjä

woodcut /ˈwʊdˌkʌt/ *s* puupiirros

woodcutter *s* **1** puunhakkaaja **2** puunpiirtäjä, puupiirtäjä

wooded /wʊdəd/ *adj* metsäinen, puuta kasvava

wooden /wʊdən/ *adj* **1** puinen **2** kankea, kömpelö **3** tylsä, kuiva

wood engraving *s* **1** puunpiirräntä **2** puupiirros

wooden indian *s* (ark) pokerinaama, puujumala (kuv)

woodhouse /ˈwʊdˌhaʊs/ *s* puuvarasto; halkovaja

woodland /ˈwʊdˌlənd/ *s* metsä

woodpecker /ˈwʊdˌpekər/ *s* tikka

woodshed /ˈwʊdˌʃed/ *s* halkovaja

woodsman /wʊdzmən/ *s* (mon woodsmen) metsäläinen

woodwind /ˈwʊdˌwɪnd/ *s* (soitin) puupuhallin

woodwork /ˈwʊdˌwərk/ *to come out of the woodwork* (ark) ilmestyä tyhjästä, tulla esiin/näkyviin

woody /wʊdi/ *s* (sl) farmariauto jossa on puu(jäljitelmä)kyljet *adj* **1** metsäinen **2** puinen

woofer /wʊfər/ *s* bassokaiutin

wool /wəl/ *s* villa *she's a dyed-in-the-wool Democrat* hän on pesunkestävä demokraatti, hän on demokraatti henkeen ja vereen *all wool and a yard wide* aito, oikea, tosi, rehti *they tried to pull the wool over his eyes* he yrittivät hämätä/pettää häntä

woolen /wələn/ *adj* villainen, villa-

woollen ks woolen

wooly *adj* **1** villainen, villa- **2** epäselvä, hämärä

word /wərd/ *s* **1** sana *to weigh your words* punnita sanojaan *you took the words out of my mouth* veit sanat suustani *in a/one word* sanalla/suoraan sanoen *in other words* toisin sanoen *he told me to resign, though not in so many words* hän käski minun erota joskaan hän ei ilmaissut sitä noin suorasti *Frances is a woman of few words* Frances on harvasanainen, Frances ei ole puhelias *Alice is a woman of many words* Alice on puhelias *Kevin put in a word for me with the manager* Kevin kehui minua johtajalle *at a word* heti, viipymättä, välittömästi *I have no words for how sorry I am* sanat eivät riitä kuvaamaan miten pahoillani olen, olen vilpittömästi pahoillani, pyydän kovasti anteeksi **2** lupaus, sana(t) *she gave me her word* hän lupasi *he ate his words* hän söi sanansa *I keep my word* minä pidän sanani/lupaukseni *she's a woman of her word* häneen voi luottaa, hänen sanansa pitää *Carolyn is as good as her word* Carolyniin voi luottaa, Carolynin sana pitää **3** *can I have a word with you?* voinko puhua kanssasi hetken?, minulla olisi sinulle asiaa **4** tieto, uuti-

nen *to receive word of* saada tieto, kuulla jostakin **5** (mon) (laulun) sanat
v pukea sanoiksi, ilmaista, muotoilla (kieliasu)
word blindness *s* sanasokeus
word for word *adv* **1** sanasta sanaan, kirjaimellisesti **2** sana sanalta/kerrallaan
word-for-word *adj* sananmukainen, kirjaimellinen
wordily *adv* monisanaisesti, liikasanaisesti
wordiness *s* monisanaisuus, liikasanaisuus
wording *s* sanamuoto
wordless *adj* sanaton, hiljainen, äänetön
wordlessly *adv* sanattomasti, hiljaa, äänettömästi, ääneti
Word of God *s* Jumalan sana
word of honor *s* kunniasana
word of mouth *s* toisten kertoma, kuulopuhe, huhupuhe
word order *s* sanajärjestys
wordplay /'wərd,pleɪ/ *s* **1** sukkeluus, sanoilla miekkailu **2** sanaleikki
word processing /'wərd,prasesiŋ/ *s* tekstinkäsittely
word processor *s* tekstinkäsittelyohjelma
wordsmith /'wərd,smɪʃ/ *s* sanaseppä, sanaseppo
wordy *adj* monisanainen, liikasanainen
wore /wɔr/ ks wear
work /wərk/ *s* **1** työ, tehtävä, työpaikka *to be at work* olla työpaikalla/työssä; olla toiminnassa *to be out of work* olla työtön *to make short work of* tehdä nopeasti, hutaista; pistää äkkiä poskeensa; ei piitata jostakusta/jostakin **2** teos *the complete works of William Shakespeare* William Shakespearen kootut teokset **3** (mon) tehdas *to be in the works* olla tekeillä/valmisteilla **4** (mon) koneisto *to gum up the works* (sl) sotkea/tehdä tyhjäksi suunnitelma, pilata asia **5** (mon ark) kaikki, koko homma *I'll have a double cheeseburger with the works* otan kaksoisjuustohampurilaisen kaikilla lisukkeilla *to shoot the works* (sl) panna kaikki rahansa menemään
v **1** työskennellä, tehdä työtä, käydä työssä **2** toimia **3** käyttää (konetta), pitää (maatilaa, kaivosta) **4** toimia (työssään) tietyllä alueella *she's working the suburbs* hän toimii esikaupunkialueilla **5** saada aikaan *to work loose* irrottaa/irrota
workable /wərkəbəl/ *adj* mahdollinen, käyttökelpoinen
workaday /'wərkə,deɪ/ *adj* **1** työpäivä-, arkinen, arkipäivä-, arki- **2** arkinen, tavallinen
workaholic /,wərkə'halɪk/ *s* työnarkomaani
workday /'wərk,deɪ/ *s* työpäivä
worked-up *adj* kiihtynyt, tohkeissaan
worker *s* työntekijä; työläinen
work ethic *s* työeetos, työmoraali
workhorse /'wərk,hɔrs/ *s* **1** työhevonen **2** (kuv) työjuhta
working *s* **1** työnteko, työ **2** työstäminen, käsittely **3** toiminta; ajatuksenjuoksu
adj **1** työssä käyvä, työtä tekevä **2** riittävä, kohtalainen *he has a working knowledge of computers* hänellä on perustiedot tietokoneista
working class *s* työväenluokka
working-class /,wərkiŋ'klæs/ *adj* työväenluokan
workingman /'wərkiŋ,mæn/ *s* (mon workingmen) työläinen, työmies
working order *s* toimintakunto
working papers *s* työlupa
workingwoman /'wərkiŋ,wʊmən/ *s* (mon workingwomen) työläinen, työläisnainen
work into *v* lisätä jotakin johonkin, sekoittaa, ahtaa, työntää, sovittaa (väliin, kiireiseen aikatauluun)
workload /'wərk,loʊd/ *s* työmäärä *I have a heavy workload this week* minulla on tällä viikolla kiirettä/paljon tekemistä
workman /wərkmən/ *s* (mon workmen) työmies, työntekijä
workmanship /'wərkmən,ʃɪp/ *s* **1** työ **2** työn laatu

work of art *s* (mon works of art) taideteos
work off *v* purkaa (tarmonsa), kuluttaa (kalorit), maksaa (velka ahertamalla)
work on *v* **1** suostutella, taivutella jotakuta **2** *we're working on it* asia on vireillä/tekeillä/työn alla
work order *s* työmääräys
workout /'wərk,aʊt/ *s* **1** (urheilu)harjoitukset; harjoite **2** kuntoilu
work out *v* **1** onnistua, käydä hyvin päin **2** ratkaista, saada aikaan **3** kuntoilla, liikkua, voimistella **4** maksaa (velka työllään) **5** laske(summa)
work out to *v* (summasta) tehdä yhteensä
work over *v* **1** lukea/käydä/kahlata läpi **2** (ark) rökittää, höyhentää
workplace /'wərk,pleɪs/ *s* (fyysinen) työpaikka
worksheet /'wərk,ʃit/ *s* työluettelo, työlista
workshop /'wərk,ʃap/ *s* työpaja, verstas
work station *s* työasema
work through *v* **1** lukea/käydä/kahlata läpi **2** tihkua, vuotaa (läpi) **3** (psykoterapiassa) läpityöskennellä
work up *v* **1** lisätä, kasvattaa **2** laittaa, valmistaa **3** innostaa, kuohuttaa, hermostuttaa
work up to *v* nousta/edetä johonkin asemaan, tulla joksikin
workweek /'wərk,wik/ *s* työviikko
workwoman /'wərk,wʊmən/ *s* (mon workwomen) (nais)työntekijä, (nais)työläinen
world /wərəld/ *s* maailma (myös kuv) *the world of science* tieteen maailma *to bring into the world* synnyttää; avustaa synnytyksessä *to come into the world* syntyä *never in the world* ei ikinä/kuuna päivänä *where in the world is Tupelo?* missä ihmeessä/maailmankolkassa Tupelo on? *for all the world* täsmälleen, tismalleen *not for all the world* ei mistään hinnasta *she felt/was on top of the world* hän oli haltioissaan/hän menestyi loistavasti *Warren thinks the world of her* Warren ihailee häntä kovasti/pitää hänestä kovasti *the band set the world on fire* yhtyeestä tuli erittäin/valtavan kuuluisa
world-class /'wərəld,klæs/ *adj* **1** joka on kansainvälistä huippua, huipputason **2** (ark) varsinainen, todellinen
world-famous /,wərəld'feɪməs/ *adj* maailmankuulu
worldliness *s* **1** maallisuus **2** elämänkokemus
worldly /wərəldli/ *adj* **1** maallinen **2** kokenut, maailmaa nähnyt
worldly-minded /,wərəldli'maɪndəd/ *adj* maallinen
world power *s* maailmanvalta
world premiere *s* (maailman)ensi-ilta
world's fair /,wərəldz'feər/ *s* maailmannäyttely
world-shaking /'wərəld,ʃeɪkiŋ/ *adj* koko maailmaa järisyttävä
world's oldest profession *s* maailman vanhin ammatti, prostituutio
worldview /,wərəld'vju/ *s* maailmankuva
World War I /,wərəld,waər'wʌn/ *s* ensimmäinen maailmansota
World War II /,wərəld,waər'tu/ *s* toinen maailmansota
world-weary /'wərəld,wɪri/ *adj* elämään väsynyt
worldwide /,wərəld'waɪd/ *adj* maailmanlaajuinen
world without end *fr* ikuisesti, ikuisiksi ajoiksi
worm /wərm/ *s* **1** mato **2** toukka *v* **1** ryömiä, madella **2** sujauttaa, työntää vaivihkaa
worm-eaten /'wərm,itən/ *adj* madonsyömä
worm into *v* juonitella/keplotella itsensä johonkin asemaan
worn /wɔrn/ *v* ks wear *adj* kulunut
worn-out /,wɔr'naʊt/ *adj* **1** loppuunkulunut **2** loppuunväsynyt
worry /wəri/ *s* huoli, murhe, piina *v* **1** murehtia, olla huolissaan, vaivata, kiusata, piinata **2** laahustaa, kulkea vai-

valloisesti **3** raadella, pureskella, jäytää, nakertaa

worrywart /'wəri,wɔrt/ *s* (ikuinen) murehtija, pessimisti

worse /wərs/ *adj* ks bad, ill *it's none the worse for wear* se ei ole käytöstä kulunut

worsen /wərsən/ *v* huonontua, huonontaa, pahentua, pahentaa *the patient's condition has worsened* potilaan tila on huonontunut

worship /wərʃəp/ *s* **1** palvonta *the worship of money* rahan palvonta **2** jumalanpalvelus **3** palvontamenot *v* palvoa *to worship God* palvoa Jumalaa

worshipper *s* **1** kirkossakävijä **2** palvoja

worst /wərst/ *v* piestä, hakata, antaa selkään
adj ks myös bad, ill *at (the) worst* pahimmassa tapauksessa *Pauline got the worst of his anger* Pauline sai kärsiä eniten hänen kiukustaan *he got the worst of it* hän veti lyhyemmän korren *if worst comes to worst* jos oikein huonosti käy, pahimmassa tapauksessa

worst-case scenario /,wərst'keɪssə,neriou/ *s* (oletettu) pahin mahdollinen lopputulos/seuraus

worth /wərθ/ *s* arvo *to get your money's worth* saada rahalleen vastinetta, saada koko rahan edestä
adj arvoinen, kannattava *the painting is worth five million* maalaus on viiden miljoonan dollarin arvoinen *the book is worth reading* kirja kannattaa lukea, kirja on lukemisen arvoinen *what's it worth to you to help us out?* millä rahalla/ilveellä sinä suostut auttamaan meitä? *for what it's worth, I don't believe her* jos minulta kysyt(te) niin en usko häntä *she tried for all she was worth* (ark) hän yritti parhaansa, hän teki kaikkensa

worthless *adj* arvoton, mitätön, turha

worthlessly *adv* turhaan

worthlessness *s* arvottomuus, mitättömyys, turhuus

worthwhile /,wərθ'waɪəl/ *adj* kannattava *it's a worthwhile exhibition* se on katsomisen arvoinen näyttely

worthy /wərði/ *adj* kiitettävä, kunniakas, arvokas *my worthy opponent* arvoisa vastustajani *he's working for a worthy cause* hän ajaa arvokasta asiaa

worthy of *adj* jonkin arvoinen *your thesis is worthy of the highest praise* väitöskirjaasi on syytä ylistää

worth your salt *the new man is not worth his salt* uudesta miehestä ei ole mihinkään, uusi mies ei ole palkkansa väärti

worth your while *it is worth your while to read it* se on lukemisen arvoinen, se kannattaa lukea

would /wʊd/ ks will

wouldn't /wʊdənt/ *would not*

wound /wund/ *s* haava (myös kuv:) isku, kolaus, loukkaus *to lick your wounds* nuolla haavojaan
v **1** haavoittaa, haavoittua, tehdä/saada haava **2** loukata, loukkaantua, satuttaa, sattua, haavoittaa, haavoittua *her snide remark wounded his pride* naisen ilkeä huomautus loukkasi hänen ylpeyttään

wounded /wundəd/ *s: the wounded* haavoittuneet
adj **1** haavoittunut **2** (kuv) loukkaantunut, loukattu

wove /woʊv/ ks weave

woven /woʊvən/ ks weave

wrangle /ræŋgəl/ *s* riita, kina
v **1** riidellä, kinata **2** koota (karjaa) **3** hankkia, keplotella itselleen jotakin

wrangler *s* karjapaimen

wrap /ræp/ *s* kääre(paperi), päällys, suojus; peitto, peite; hartiavaippa *to keep/put under wraps* (ark) pitää salassa/salata
v kääriä, kääriytyä; peittää, verhota, verhoutua

wraparound /'ræpə,raʊnd/ *adj* **1** käärittävä, (hame) kietaisu-, (tuulilasi) päistään taivutettu, panoraama- **2** yleis-, kaiken kattava-, paketti

wraparound skirt *s* kietaisuhame

wrapped up in *to be wrapped up in* olla uppoutunut johonkin

wrapper *s* kääre(paperi), päällys

wrapping paper *s* (paksu) käärepaperi

wrappings *s* (mon) kääre(paperi), päällys
wrap up *v* **1** kääriä johonkin **2** tehdä valmiiksi
wrath /ræth/ *s* viha, raivo, suuttumus
wrathful *adj* vihainen, raivostunut
wreak havoc with /ˌrikˈhævək/ *fr* tehdä suurta tuhoa/hallaa jollekin
wreath /riθ/ *s* (mon wreaths) **1** seppele **2** (savun, pilven) kiehkura
wreathe /rið/ *v* **1** seppelöidä **2** punoa, sitoa **3** kiemuroida, kiemurrella
wreck /rek/ *s* **1** (rakennuksen) rauniot, (laivan, lentokoneen) hylky, (auton) romu **2** haaksirikko **3** tuho, loppu, turmio **4** (ihmis)raunio *he's a nervous wreck* hän on hermoraunio
v **1** haaksirikkoutua, ajaa karille **2** kolaroida, ajaa kolari, romuttaa, (rakennus) purkaa **3** tuhota, koitua jonkun turmioksi/tuhoksi, tehdä loppu jostakusta
wreckage /rekədʒ/ *s* rauniot, (laivan, lentokoneen) hylky
wren /ren/ *s* peukaloinen
wrench /rentʃ/ *s* **1** vääntö, riuhtaisu, kiskaisu **2** nyrjähdys **3** ruuviavain
v **1** vääntää, riuhtaista, kiskaista **2** nyrjäyttää **3** (kuv) vaivata, kiusata, piinata
wrestle /resəl/ *v* painia (myös kuv) *he is wrestling with his conscience* hän painii omantuntonsa kanssa
wrestler /reslər/ *s* painija
wrestling *s* paini(urheilu)
wretch /retʃ/ *s* **1** ihmisrukka, ihmisparka, ihmisraukka **2** retku, rontti, retale
wretched /retʃəd/ *adj* onneton, surkea, kurja, viheliäinen, inhottava, halpamainen
wretchedly *adv* ks wretched
wretchedness *s* surkeus, kurjuus, viheliäisyys, inhottavuus
wriggle /rɪgəl/ *s* kiemurtelu, luikertelu
v kiemurrella, vääntelehtiä, luikerrella
wriggle out *v* kiemurrella/keplotella itsensä vapaaksi jostakin
wring /riŋ/ *v* wrung, wrung: vääntää, väännellä, vääntyä, kiertää, kiertyä
wringer *s* mankeli
wring out *v* **1** kiertää/puristaa kuivaksi **2** (kuv) puristaa esiin *I'll wring out the truth from him* minä patistan hänet kertomaan totuuden
wrinkle /riŋkəl/ *s* ryppy
v rypistää, rypistyä
wrinkly *adj* ryppyinen
wrist /rɪst/ *s* ranne
wristband /ˈrɪstˌbænd/ *s* **1** (paidan) ranneke, kalvosin **2** (kellon) ranneke
wrist watch *s* rannekello
writ /rɪt/ *s* **1** virallinen määräys/kielto **2** kirjoitus *Holy Writ* Raamattu
write /raɪt/ *v* wrote, written **1** kirjoittaa **2** säveltää **3** (tal) asettaa *to write an option* asettaa optio
write down *v* **1** kirjoittaa/panna muistiin **2** kirjoittaa yksinkertaistaen, kansantajuistaa
write in *v* **1** pyytää kirjeitse jotakin *(for)* **2** lisätä (kirjoittamalla)
write-off *s* **1** (ark) toivoton tapaus **2** (taloudellisesta tappiosta laskettava) verovähennys
write off *v* **1** kirjata menetetyksi, päättää unohtaa, jättää mielestään, sivuuttaa olankohatuksella **2** (tal) kuolettaa, poistaa
write out *v* **1** panna paperille, kirjoittaa **2** kirjoittaa (luku) kirjaimin, kirjoittaa (lyhennys) kokonaan **3** kirjoittaa itsensä uuvuksiin, (kirjailijasta) väsyä, loppua mehut
writer /raɪtər/ *s* kirjailija; journalisti, toimittaja; kirjoittaja
write-up *s* lehtikirjoitus; arvostelu
write up *v* **1** panna paperille, kirjoittaa **2** kirjoittaa (lehdessä) jostakusta/jostakin
writhe /raɪð/ *v* **1** vääntelehtiä, kiemurrella, rimpuilla *the patient writhed in pain* potilas vääntelehti tuskissaan **2** (kuv) jotakuta nolottaa, olla kiusaantunut
writing *s* **1** kirjoitus, kirjoittaminen *to commit to writing* pistää paperille, kirjoittaa muistiin **2** käsiala
writing desk *s* kirjoituspöytä
writ of summons /ˌrɪtəvˈsʌmənz/ *s* haaste
written ks write
wrong /raŋ/ *s* **1** vääryys **2** *to be in the wrong* olla väärässä

names? mitkä teidän nimenne ovat? *your place or mine?* mennäänkö teille vai meille? **2** passiivin vastineena: *I think bonds are your best bet* minusta obligaatiot ovat sijoituksista paras **3** (ark, ei aina suomenneta) yleinen, tavallinen *your average American does not know where Finland is* keskivertoamerikkalainen ei tiedä missä Suomi on

yours /jɔrz jərz/ *pron* (omistusmuoto sanasta *you*) sinun, teidän, (mon) teidän *is this pen yours?* onko tämä kynä sinun? *yours is a wonderful home* teidän kotinne on ihastuttava

yourself /jər'self/ *pron* (mon yourselves) **1** (refleksiivimuoto sanasta *you*) *you did yourself a disservice* teit itsellesi karhunpalveluksen **2** (painokas muoto sanasta *you*) sinä/te itse *you said it yourself!* itsehän sinä niin sanoit! **3** sinä, te *a fine lady such as yourself* teidän kaltaisenne hieno nainen *yourself being such a learned man* te kun olette oppinut mies **4** oma itsesi *you'll be yourself again soon as you get some rest* sinä olet taas oma itsesi kunhan saat ensin levätä

yourselves /jər'selvz/ ks yourself

yours truly *s* (ark) minä, allekirjoittanut

fr (kirjeen lopussa) ystävällisin terveisin

youth /juθ/ *s* **1** nuoruus **2** nuoret **3** nuorukainen

youthful *adj* nuorekas, nuori

youthfully *s* nuorekkaasti

youthfulness *s* nuorekkuus

youth hostel /'juθ,hastəl/ *s* retkeilymaja

you've /juv/ lyh *you have*

yo-yo /joʊjoʊ/ *s* jojo

v (ark) liikkua ylösalas, nousta ja laskea, vaihdella jatkuvasti

adj (ark) ylösalas liikkuva, jatkuvasti vaihteleva, epävakaa

Yucatan /jʌkə,tæn ,juka'tan/ Jukatan, Jukatanin niemimaa (Meksikossa)

Yucatan Peninsula

Yucatan Channel Jukataninsalmi

yucca /jʌkə/ *s* (kasvi) jukka

yuck /jʌk/ *interj* (sl) yäk!

yucky *adj* (sl) kuvottava, ällöttävä

Yugoslavia /,jugə'slaviə/ Jugoslavia

Yugoslavian *s, adj* jugoslavialainen

Yukon Territory /'ju,kann/ Kanadan Yukonin territorio

yule /jʊəl/ *s* joulu

yuletide /'jʊəl,taɪd/ *s* joulunaika

adj joulunajan

yummy /jʌmi/ *s* (ark) herkku, herkkupala (myös kuv), nami

adj (ark) **1** herkullinen, herkku-, nami- **2** (kuv) herkullinen, houkutteleva

yup /jʌp/ *adv* (ark) joo, jep, kyllä

yuppie /jʌpi/ *s* juppi

Z, z

Z, z /zi/ Z, z
z's /ziz/ *to catch some z's* (sl) ottaa nokoset, vetää sikeitä
Zaire /za'ɪər/
Zairean *s, adj* zairelainen
Zambezi /zæm'bizi/ Sambesi
Zambia /zæmbiə/ Sambia
Zambian *s, adj* sambialainen
zany /zeɪni/ *s* (hist) narri; (nyk) pelle *adj* hullu(nhauska), naurettava, irvokas
zeal /ziəl/ *s* kiihko, into
zealot /zelət/ *s* kiihkoilija, kiivailija, intoilija
zealous /zeləs/ *adj* kiihkoisa, innokas, kiihkoileva
zealously *adv* kiihkoisasti, innokkaasti, kiihkoilevasti
zebra /zibrə/ *s* (mon zebras, zebra) seepra
zebra crossing *s* (UK) suojatie
zebra duiker /daɪkər/ *s* juovasukeltaja-antilooppi
zenith /zinɪθ/ *s* **1** (taivaan lakipiste) zenitti **2** (kuv) huippu, lakipiste
zephyr /sefər/ *s* **1** tuulenhenkäys, leuto tuuli **2** (ylät) länsituuli
zeppelin /zepələn/ *s* zeppeliini, ilmalaiva
zero /zɪroʊ/ *s* **1** nolla **2** nollapiste **3** ei mikään/mitään
v nollata
adj nolla-, olematon
zero-coupon bond *s* (tal) nollakuponkiobligaatio
zero hour *s* (sotilaallisen hyökkäyksen ym) aloitushetki
zero in *v* tähdätä (aseella)
zero in on *v* **1** tähdätä (aseella) **2** keskittyä johonkin, paneutua johonkin **3** lähestyä, saavuttaa jotakuta/jotakin
zero population growth *s* väestön nollakasvu
zest /zest/ *s* **1** into, innostus **2** mauste (myös kuv:) piristys
zestful *adj* innokas, railakas
zestfully *adv* innokkaasti, railakkaasti
Zhou Enlai /ˌʒoʊen'laɪ/ Zhou Enlai, Tšou En-lai
zigzag /'zɪgˌzæg/ *s* polveilu, mutkittelu, kiemurtelu
v polveilla, mutkitella, kiemurrella
adj polveileva, (pisto) polveke-, mutkitteleva, kiemurteleva
zilch /zɪltʃ/ *s* (sl) **1** nolla **2** ei mitään
zillion /zɪljən/ *s* (ark) ääretön määrä
adj äärettömän monta
Zimbabwe /zɪm'babweɪ/
Zimbabwean *s, adj* zimbabwelainen
zinc /ziŋk/ *s* sinkki
zing /ziŋ/ *s* **1** into, tarmo, ponnekkuus, syke (ark) **2** (ääni) suhahdus
v (liikkeestä) suhahtaa, suhauttaa, sujahtaa
Zion /zaɪən/ kansallispuisto Utahissa
Zionism /'zaɪəˌnɪzəm/ *s* sionismi
zip /zɪp/ *s* **1** vetoketju **2** suhahdus **3** (ark) into, tarmo **4** (sl) nolla; ei mitään **5** (ark) postinumero
v **1** sulkea vetoketju/vetoketjulla **2** suhahtaa, sujahtaa
zipcode /'zɪpˌkoʊd/ *s* postinumero
zip-code *v* merkitä postinumero johonkin
zipper /zɪpər/ *s* vetoketju
zither /zɪθər/ *s* (soitin) sitra
zodiac /'zoʊdiˌæk/ *s* eläinrata *signs of the zodiac* eläinradan merkit
zombie /zambi/ *s* **1** (vainajan liikkuva ruumis) zombie **2** (ark) unissakävelijä (kuv); idiootti

zone /zoʊn/ *s* vyöhyke
v jakaa vyöhykkeisiin/alueisiin; (asema)kaavoittaa (kaupunki)
zoning laws *s* (mon) asemakaava(lait)
zonk out /zaŋk/ *v* (sl) **1** sammua **2** ruveta nukkumaan
zoo /zu/ *s* (mon zoos) **1** eläintarha **2** (ark) hullunmylly *this place is a zoo* tämä on ihan hullu paikka
zookeeper /ˈzuˌkipər/ *s* (eläintarhan) eläintenhoitaja
zoological /ˌzoəˈladʒɪkəl/ *adj* eläintieteellinen
zoologist /zoˈalədʒɪst/ *s* eläintieteilijä
zoology /zoˈalədʒi/ *s* eläintiede
zoom /zum/ *s* **1** suhahdus, vilahdus **2** zoomaus **3** liukuobjektiivi, zoomobjektiivi
v **1** suhahtaa, sujahtaa, vilahtaa **2** zoomata **3** (ark) nousta pilviin
zoom in *v* **1** zoomata **2** tutkia tarkemmin/lähemmin
zoom lens *s* liukuobjektiivi, zoomobjektiivi
zucchini /zuˈkini/ *s* courgette-kurpitsa
Zurich /zərɪk/ Zürich
zydeco /ˈzaɪdəˌkoʊ/ *s* zydeco(musiikki)
zygote /ˈzaɪˌgoʊt/ *s* (hedelmöittynyt munasolu) tsygootti

Saatavana myös:

Päivi Rekiaro
NYKYENGLANNIN PERUSKIELIOPPI

Nykyaikainen ja helppoymmärteinen kielioppi, joka sopii käsikirjaksi tai kertauskirjaksi koululaisille yläasteelta lukion loppuun, myös opistojen pitkälle ehtineiden kurssien opiskelijoille. Kielioppisäännöt esitetään nasevasti ja esimerkit ovat tuoreita ja havainnollisia.

Päivi Rekiaro
NYKYENGLANNIN PERUSKIELIOPPI, HARJOITUSKIRJA

Nykyenglannin peruskieliopin pariksi laadittu harjoituskirja, jossa asiakokonaisuudet esitetään samassa järjestyksessä. Kirjan lopussa on tehtävien vastaukset, joten kirja kannustaa sekä koulu- että itseopiskeluun.

Päivi Rekiaro
NYKYENGLANNIN PREPPAUSKIRJA

Preppauskirja täydentää ja syventää peruskielioppia, kertaa ja laajentaa englannin oppijan sanavarastoa ja perehdyttää amerikan- ja brittienglannin eroihin. Mukana on myös katsaus englannin ääntämisen ongelmiin.

Ilkka Rekiaro - Päivi Rekiaro
NYKYENGLANNIN KÄYTTÖSANASTO AIHEALUEITTAIN

Frekvenssisanakirja, johon on koottu 10 000 englannin kielen keskeisintä sanaa suomenkielisine vastineineen. Sanat on ryhmitelty aakkosittain 70 eri aihepiiriin sekä yleissanastoon ja kahteen tasoon siten, että 3000 kaikkein yleisintä sanaa erottuvat lihavoituina. Sopii sekä aktiivisen että passiivisen sanavaraston hiomiseen.